Systematischer Praxiskommentar Betreuungsrecht

Systematischer Praxiskommentar Betreuungsrecht

von

Georg Dodegge,
Betreuungsrichter am Amtsgericht Essen

Prof. Dr. Andreas Roth,
Lehrstuhl für Deutsche Rechtsgeschichte und Bürgerliches Recht an der Johannes Gutenberg-Universität, Mainz

5. Auflage

Bundesanzeiger Verlag

Bibliografische Information der Deutschen Nationalbibliothek
Die Deutsche Nationalbibliothek verzeichnet diese Publikation in der Deutschen Nationalbibliografie; detaillierte bibliografische Daten sind im Internet über http://dnb.d-nb.de abrufbar.

Bundesanzeiger Verlag GmbH
Amsterdamer Straße 192
50735 Köln

Internet: www.bundesanzeiger-verlag.de

Dieses Werk ist Bestandteil unserer betreuungsrechtlichen Datenbank Bt Recht, siehe www.bt-recht.de

Beratung und Bestellung:
Tel.: +49 (0) 2 21/97 66 8-229
Fax: +49 (0) 2 21/97 66 8-236
E-Mail: familie-betreuung@bundesanzeiger.de

Hinweis:
Die Kommentierung berücksichtigt Literatur sowie veröffentlichte Rechtsprechung bis zum 1. Juli 2018.
Zitiervorschlag: BtKomm/*Autor*, Teil, Rn.

ISBN: 978-3-8462-0854-0

Herstellung: Günter Fabritius
Satz: Cicero Computer GmbH – Medienservice, Bonn
Druck und buchbinderische Verarbeitung: Appel & Klinger Druck und Medien GmbH, Schneckenlohe

Printed in Germany

Übersicht

Vorwort zur 5. Auflage

Das Betreuungsrecht ist und bleibt in Bewegung, da es sich um ein lebendiges Rechtsgebiet handelt. Seit der Vorauflage im Jahre 2014 hat sich wieder viel getan. Insbesondere die Rechtsprechung des Bundesverfassungsgerichts und des Bundesgerichtshofs haben dieses Rechtsgebiet verändert und den Gesetzgeber erneut in die Pflicht genommen.

Das Gesetz zur Änderung der materiellen Zulässigkeitsvoraussetzungen von ärztlichen Zwangsmaßnahmen und zur Stärkung des Selbstbestimmungsrechts von Betreuten vom 17.7.2017 (BGBl. I S. 2426) schloss eine Schutzlücke, die das Bundesverfassungsgericht konstatiert hatte: Für die ärztliche Zwangsbehandlung einwilligungsunfähiger betreuter Personen, die nicht in einer geschlossenen Einrichtung untergebracht sind, sei der Staat verpflichtet, notfalls auch eine Behandlung gegen den Willen des Betroffenen zu ermöglichen. Der neu eingefügte § 1906 a BGB regelt daher nunmehr die Zwangsbehandlung einheitlich für alle stationär Untergebrachten. Entsprechend wurden auch die verfahrensrechtlichen Vorschriften angepasst.

Wie im Betreuungsrecht nicht anders zu erwarten, waren wieder eine Reihe von gerichtlichen Entscheidungen und Literaturstellen, vor allem zum FamFG, nachzutragen. Die unverändert hohe Anzahl von Rechtsbeschwerden in Betreuungs- und Unterbringungsverfahren führte zu einer Vielzahl von Entscheidungen des Bundesgerichtshofs mit Leitliniencharakter. Sie haben weitere verfahrensrechtliche Standards für die gerichtliche und betreuungsrechtliche Praxis etabliert.

Für Anregungen und Verbesserungsvorschläge sind wir, wie immer, dankbar. Sie erreichen uns schnell und sicher über die E-Mail-Funktion auf der Internetseite www.dodegge.de.

Auch für diese Auflage schulden wir Dank für die Mithilfe: Annette Dodegge, Jessica Hamed, Marianne Mamane und Christoph Schmiegelt. Ein ganz besonderer Dank gilt unserer treuen Leserschaft und unserer Lektorin Dorothea Venator, die diese 5. Auflage erst ermöglicht haben.

Essen und Mainz, im Juli 2018

Georg Dodegge
Andreas Roth

Hinweis:
Zur besseren Lesbarkeit wird in diesem Werk auf eine Genderisierung verzichtet; sämtliche Personenbezeichnungen gelten gleichermaßen für Personen aller Geschlechtszugehörigkeiten.

Inhalt

Teil A
Die Betreuung

Teil B
Der Betreuer

Teil C
Möglichkeiten der Vorsorge

Teil D
Führung der Betreuung

Teil E
Genehmigungen

Teil F
Aufwendungsersatz und Vergütung

Teil G
Unterbringung

Teil H
Ende der Betreuung

Teil I
Kosten

Teil J
Nebengesetze

Anhang
Sozialhilferechtliche Vorschriften

Die kommentierten Vorschriften im Überblick

Dieser systematische Kommentar erläutert die unterschiedlichen gesetzlichen Vorschriften des materiellen Betreuungs- und Unterbringungsrechts sowie die entsprechenden Verfahrensvorschriften in ihrem jeweiligen Sachzusammenhang. Dieser systematische Aufbau des Kommentars bedingt, dass die Vorschriften nicht in streng numerischer Ordnung innerhalb der einschlägigen Gesetze dargestellt werden können.

Um dem Leser die gezielte Suche nach kommentierten Vorschriften zu erleichtern, werden diese im Folgenden – in numerischer Reihenfolge, geordnet nach Gesetzen – aufgeführt.

Die fett gedruckten Buchstaben bezeichnen den Teil des Werks, die mager gedruckten Ziffern die jeweilige(n) Randnummer(n) innerhalb der Teile.

Teil **A** Die Betreuung
Teil **B** Der Betreuer
Teil **C** Möglichkeiten der Vorsorge
Teil **D** Führung der Betreuung
Teil **E** Genehmigungen
Teil **F** Aufwendungsersatz und Vergütung
Teil **G** Unterbringung
Teil **H** Ende der Betreuung
Teil **I** Kosten
Teil **J** Nebengesetze

Bürgerliches Gesetzbuch (BGB)

Gerichts- und Notarkostengesetz (GNotKG)

Die kommentierten Vorschriften im Überblick

Sozialgesetzbuch Zwölftes Buch (SGB XII)

Vormünder- und Betreuervergütungsgesetz (VBVG)

Zivilprozessordnung (ZPO)

Übersichten und Muster

Übersichten

Muster

Muster	Teil	Rn.
Antrag auf Genehmigung zur Verfügung über Aktien des Betreuen, § 12812 BGB	**E**	172
Beschlusstenor zur abweichenden Bestimmung gem. § 3 Abs. 2 Satz 2 VBVG	**F**	128
Beschlusstenor zur Bewilligung eines festen Geldbetrages bei berufsmäßiger Verfahrenspflegschaft	**F**	237
Berechnungsbogen zur Ermittlung des Einkommens im Rahmen der Mittellosigkeit	**F**	259
Beschwerde eines Berufsbetreuers gegen Vergütungsfestsetzung nach § 3 Abs. 1 VBVG	**F**	354
Beantragung einer Aufwandsentschädigung nach § 1835a BGB	**F**	355
Einwilligungserklärung zu einer Unterbringungsmaßnahme	**G**	13
Antrag auf Genehmigung einer Unterbringung	**G**	338
Antrag auf Genehmigung einer Zwangsbehandlung	**G**	339
Beschwerde des Verfahrenspflegers gegen die Unterbringungsgenehmigung	**G**	340
Antragsumstellung nach Erledigung der Unterbringungsmaßnahme im Beschwerdeverfahren	**G**	341

Abkürzungen

a.A.	anderer Ansicht
a.a.O.	am angegebenen Ort
a.E.	am Ende
a.F.	alte Fassung
Abs.	Absatz
AG	Amtsgericht (mit Ortsnamen)
AG-BtG	Ausführungsgesetz(e) zum Betreuungsgesetz (der Länder)
AGGVG	Gesetz zur Ausführung des Gerichtsverfassungsgesetzes (Bayern)
AGS	Anwaltsgebühren Spezial (Zeitschrift; Verlag C.H. Beck, München)
AO	Abgabenordnung
AuslG	Ausländergesetz
BayObLG(Z)	Bayerisches Oberstes Landesgericht (amtliche Entscheidungssammlung)
BDO	Bundesdisziplinarordnung
BGB	Bürgerliches Gesetzbuch
BGBl.	Bundesgesetzblatt
BGH(Z)	Bundesgerichtshof (amtliche Entscheidungssammlung)
B/J/S	Bork/Jacoby/Schwab, FamFG – Kommentar (siehe Literatur)
BMJ/BMJV	Bundesministerium der Justiz/und für Verbraucherschutz
BRAGO	Bundesgebührenordnung für Rechtsanwälte
BRRG	Beamtenrechtsrahmengesetz
BSHG	Bundessozialhilfegesetz
BtÄndG	Betreuungsrechtsänderungsgesetz
BtBG	Betreuungsbehördengesetz
BT-Drs.	Bundestags-Drucksache
BtG	Gesetz zur Reform der Vormundschaft und Pflegschaft für Volljährige (Betreuungsgesetz)
Bt-info	Zeitschrift des Verbandes freiberuflicher Betreuer
BtMan	Betreuungsmanagement (Zeitschrift; Verlag C.F. Müller, Heidelberg)
BtPrax	Betreuungsrechtliche Praxis (Zeitschrift; Bundesanzeiger Verlag, Köln)
BVerfG(E)	Bundesverfassungsgericht (amtliche Entscheidungssammlung)
BVerwG	Bundesverwaltungsgericht
BVormVG	Berufsvormündervergütungsgesetz
BWG	Bundeswahlgesetz
BwNotZ	Zeitschrift für das Notariat in Baden-Württemberg (Württ. Notarverein e.V., Heidelberg)

DÄBl.	Deutsches Ärzteblatt (Zeitschrift; Deutscher Ärzte-Verlag, Köln)
DAV	Das Jugendamt, vormals Der Amtsvormund (Zeitschrift; Deutsches Institut für Jugendhilfe und Familienrecht, Heidelberg)
DJT	Deutscher Juristentag
DNotZ	Deutsche Notar-Zeitschrift (Verlag C.H. Beck, München)
DRiZ	Deutsche Richterzeitung (Heymanns Verlag, Köln)
DSG	Datenschutzgesetz(e) (der Länder)
EGBGB	Einführungsgesetz zum Bürgerlichen Gesetzbuche
EGGVG	Einführungsgesetz zum Gerichtsverfassungsgesetz
EGMR	Europäischer Gerichtshof für Menschenrechte
EMRK	Europäische Menschenrechtskonvention
ErbStG	Erbschaftsteuer- und Schenkungsteuergesetz
EStG	Einkommensteuergesetz
FamFG	Gesetz über das Verfahren in Familiensache und in den Angelegenheiten der freiwilligen Gerichtsbarkeit
FamRÄndG	Familienrechtsänderungsgesetz
FamRB	Familienrechtsberater (Zeitschrift; Verlag Dr. Otto Schmidt)
FamRZ	Zeitschrift für das gesamte Familienrecht (Gieseking Verlag, Bielefeld)
FEG	Freiheitsentziehungsgesetz(e) (der Länder)
FEVG	Gesetz über das gerichtliche Verfahren bei Freiheitsentziehungen
FGG	Gesetz über die Angelegenheiten der freiwilligen Gerichtsbarkeit
FGO	Finanzgerichtsordnung
FGPrax	Praxis der freiwilligen Gerichtsbarkeit (Zeitschrift; Verlag C.H. Beck, München)
Fn.	Fußnote
FPR	Familie Partnerschaft Recht (Zeitschrift; Verlag C.H. Beck, München)
FS	Festschrift
FuR	Familie und Recht (Zeitschrift; Luchterhand Verlag, Neuwied)
GBl.	Gesetzblatt
GBO	Grundbuchordnung
GG	Grundgesetz
GKG	Gerichtskostengesetz
GOÄ	Gebührenordnung für Ärzte
GVBl.	Gesetz- und Verordnungsblatt
GVG	Gerichtsverfassungsgesetz

HGB	Handelsgesetzbuch
HintO	Hinterlegungsordnung
h.M.	herrschende Meinung
HK-BUR	Heidelberger Kommentar zum Betreuungs- und Unterbringungsrecht (mit Bearbeiter)
HOAI	Honorarordnung für Architekten und Ingenieure
Hs.	Halbsatz
i.E.	im Einzelnen
i.S.d.	im Sinne des/der
i.V.m.	in Verbindung mit
IfSG	Infektionsschutzgesetz
JGG	Jugendgerichtsgesetz
J/L/L/M	Jürgens/Lesting/Loer/Marschner, Betreuungsrecht kompakt (siehe Literatur)
JMBl.	Justizministerialblatt
JR	Juristische Rundschau (Zeitschrift; de Gruyter, Berlin)
Jura	Juristische Ausbildung (Zeitschrift; de Gruyter, Berlin)
JVEG	Justizvergütungs- und -entschädigungsgesetz
JW	Juristische Wochenschrift
JWG	Jugendwohlfahrtsgesetz (aufgehoben)
JZ	Juristenzeitung (Verlag Mohr, Tübingen)
KJHG	Kinder- und Jugendhilfegesetz
KG	Kammergericht (Berlin); Kommanditgesellschaft
KGJ	Jahrbuch für Entscheidungen des Kammergerichts in Sachen der freiwilligen Gerichtsbarkeit
KostO	Kostenordnung
LG	Landgericht (mit Ortsnamen)
LPartG	Lebenspartnerschaftsgesetz
LS	Leitsatz
m.E.	meines Erachtens
m.w.N.	mit weiteren Nachweisen
MDR	Monatsschrift für Deutsches Recht (Zeitschrift; Verlag Dr. Otto Schmidt, Köln)
MedR	Medizinrecht (Zeitschrift; Springer Wissenschaft, Heidelberg)
MinBl.	Ministerialblatt

MiZI	Mitteilungen in Zivilsachen
MK	Münchener Kommentar zum Bürgerlichen Gesetzbuch (mit Bearbeiter)
n.F.	neue Fassung
NJOZ	Neue juristische Online-Zeitschrift (Verlag C.H. Beck, München)
NJW	Neue Juristische Wochenschrift (Zeitschrift; Verlag C.H. Beck, München)
NJWE-FER	NJW-Entscheidungsdienst Familien- und Erbrecht (Zeitschrift, Verlag C.H. Beck, München)
NJW-RR	NJW-Rechtsprechungsreport Zivilrecht (Zeitschrift; Verlag C.H. Beck, München)
NStZ	Rechtsprechungsreport Strafrecht (Zeitschrift; Verlag C.H. Beck, München)
NZS	Neue Zeitschrift für Sozialrecht (Verlag C.H. Beck, München)
o.Ä.	oder Ähnliches
OLG(E)	Oberlandesgericht; mit Ortsnamen (amtliche Entscheidungssammlung)
OVG	Oberverwaltungsgericht (mit Ortsnamen)
PAG	Polizeiaufgabengesetz(e) (der Länder)
P/H	Prütting/Helms, FamFG – Kommentar (siehe Literatur)
PKH	Prozesskostenhilfe
PstG	Personenstandsgesetz
PsychKG	Gesetz(e) über psychisch Kranke (der Länder)
RDG	Rechtsdepesche für das Gesundheitswesen (Zeitschrift)/Rechtsdienstleistungsgesetz
RG	Reichsgericht
RGBl.	Reichsgesetzblatt
RG(Z)	Reichsgericht (amtliche Entscheidungssammlung)
RGRK	Das Bürgerliche Gesetzbuch mit besonderer Berücksichtigung der Rechtsprechung des Reichsgerichts und des Bundesgerichtshofs: Kommentar (mit Bearbeiter)
RiA	Recht im Amt (Zeitschrift; Luchterhand Verlag)
RKEG	Gesetz über die religiöse Kindererziehung
Rn.	Randnummer
RPfleger	Der Deutsche Rechtspfleger (Zeitschrift; Gieseking Verlag, Bielefeld)
RPflG	Rechtspflegergesetz
RuP	Recht und Psychiatrie (Zeitschrift; Psychiatrie Verlag, Bonn)
SchlHA	Schleswig-Holsteinische Anzeigen
SGB	Sozialgesetzbuch
StAZ	Das Standesamt (Zeitschrift; Verlag für Standesamtswesen, Frankfurt a.M.)

StBGebV	Steuerberatergebührenverordnung
StGB	Strafgesetzbuch
StPO	Strafprozessordnung
StraFo	Strafverteidiger Forum (Zeitschrift; Deutscher Anwalt Verlag)
TVöD	Tarifvertrag für den öffentlichen Dienst
VBVG	Vormünder- und Betreuervergütungsgesetz
VG	Verwaltungsgericht (mit Ortsnamen)
VwGO	Verwaltungsgerichtsordnung
VwVfG	Verwaltungsverfahrensgesetz
WBVG	Wohn- und Betreuungsvertragsgesetz
WDO	Wehrdisziplinarordnung
ZEV	Zeitschrift für Erbrecht und Vermögensnachfolge (Verlag C.H. Beck, München)
ZPO	Zivilprozessordnung
ZRP	Zeitschrift für Rechtspolitik (Verlag C.H. Beck, München)
ZSEG	Gesetz über die Entschädigung von Zeugen und Sachverständigen
ZVG	Gesetz über die Zwangsversteigerung

Teil A
Die Betreuung

In diesem ersten Kapitel geht es um die Voraussetzungen einer Betreuungsanordnung, den möglichen Umfang einer Betreuung, ihre Wirkungen sowie ihre Aufhebung. Anschließend werden die Verfahrensfragen behandelt, so die Einleitung eines Betreuungsverfahrens, die an ihm Beteiligten, einstweilige Maßnahmen sowie mögliche Rechtsmittel. 1

I. Materielles Recht

Volljährige, die ihre Angelegenheiten ganz oder teilweise nicht mehr selbst besorgen können, bedürfen des **Schutzes vor Gefährdungen ihrer Person oder ihres Vermögens**. Diesen Schutz soll die Betreuung gewährleisten, indem ein Betreuer bestellt wird, der in einem genau festgelegten Umfang, den sog. Aufgabenkreisen (Einzelheiten dazu unten Rn. 23 ff.), für den Betreuungsbedürftigen handelt. Die Betreuung steht in einem Spannungsverhältnis zwischen staatlicher Fürsorge und dem Selbstbestimmungsrecht des Einzelnen. Die Anordnung einer Betreuung stellt häufig für den Betroffenen eine seelische Belastung dar, denn gerade ältere Menschen sehen in der Betreuung oft eher eine völlige Entrechtung statt einer Unterstützung. Hinzu kommt der Gedanke, auf fremde Hilfe angewiesen zu sein und damit die gewohnte Eigenständigkeit einzubüßen. An die Sensibilität des Betreuers sind daher unabhängig von den gesetzlichen Vorschriften erhöhte Anforderungen zu stellen. Betreuung ist gerade keine Verwaltung, sondern Hilfestellung! 2

Das Betreuungserfordernis kann auf verschiedenen Ursachen beruhen, wie etwa psychischen Krankheiten, körperlichen, geistigen oder seelischen Behinderungen sowie den Auswirkungen des Altersabbaus. Aufgrund des wachsenden Anteils älterer Menschen in der Bevölkerung[1] wird auch die Zahl der altersbedingten[2] Betreuungen ansteigen und somit die Bedeutung des Betreuungsrechts zunehmen[3].

Die absoluten **Betreuungszahlen** sind in den letzten Jahren kontinuierlich gestiegen. Die Gesamtzahl lag 1994 bei 542.000 und Ende des Jahres 2016 bei schätzungsweise knapp 1,3 Millionen[4]. Relativ betrug die Quote in den einzelnen Bundesländern zwischen gut 7 (Baden-Württemberg) und 14,6 (Berlin) auf 1.000 Einwohner. Die Zahl der neu bestellten Betreuungen ist von 1995 bis 2011 in fast allen Bundesländern (auch relativ zur Einwohnerzahl) erheblich gestiegen[5]; sie betrug im Jahr 2011 sogar 243.644[6] und geht seitdem leicht zurück. Die Gründe für den Anstieg werden zum Teil beim größeren Anteil älterer Menschen gesehen[7], zum Teil in einem Sogeffekt, der von der Betreuung ausgeht[8]. Die hohen Betreuungszahlen haben zu Reformüberlegungen geführt[9] und zum Einsatz einer 3

1 Die Zahl der über 65 Jahre alten Personen wird in der Bundesrepublik von 16 % (1999) bis 2010 voraussichtlich auf über 20 % steigen (Statistisches Bundesamt, Bevölkerungsentwicklung Deutschlands bis zum Jahr 2050, S. 22). Dies liegt auch an der gestiegenen Lebenserwartung, die sich seit 1970 um etwa 7 Jahre erhöht hat (Statistisches Bundesamt, a.a.O., S. 9). Im Jahr 2014 lag der Anteil der über 65jährigen in der Bundesrepublik bei 20,8 % (Statistisches Bundesamt, Die Generation 65+ in Deutschland, 2015, S. 6).

2 Zur rechtlichen Einordnung vgl. unten Rn. 8

3 Coester, Jura 91,4; Heck/Heck, FuR 96, 369. Ähnlich Wojnar, BtPrax 1992, 18 f.

4 Die Zahlen für 2016 lagen bei Redaktionsschluss noch nicht vollständig vor, vgl. Deinert, BtPrax 2018, 14 ff.

5 Vgl. Bundesamt für Justiz, Betreuungsverfahren – Zusammenstellung der Bundesergebnisse, abrufbar unter www.bundesjustizamt.de > Themen > Bürgerdienste > Justizstatistik > Betreuung; vgl. auch Deinert, BtPrax 2016, 9 ff.; BtPrax 2018, 15. Zu weiteren Zahlen siehe: www.bundesanzeiger-verlag.de/betreuung/wiki/Betreuungszahlen (Abruf 15.7.2018).

6 Die Zahlen wurden sehr unterschiedlich interpretiert: Während Bienwald die steigenden Zahlen als alarmierend bewertete (Bienwald, BtPrax 2002, 3), sah Rosenow, BtPrax 2002, 11, darin eine Bestätigung für die Erfolgsgeschichte des Betreuungsrechts.

7 Zum Einfluss der Demografie auf die Betreuungszahlen: Korte, FPR 2004, 643, 646

8 Vgl. Bienwald, BtPrax 2002, 3; Probst, BtPrax 2002, 9

9 Vgl. Diekmann, FPR 2004, 678

„Bund-Länder-Arbeitsgruppe“, die in einen Gesetzentwurf mündeten[10], der aber nur zu einem kleinen Teil im 2. BtÄndG umgesetzt wurde[11]. Eine Strukturreform ist immer wieder in der Diskussion[12]. Eine Mini-Reform bringt das Gesetz zur Stärkung der Funktionen der Betreuungsbehörde vom 28.8.2013 (BGBl. I S. 3393) mit Wirkung zum 1.7.2014.

▶ *Die Kommentierung des Betreuungsbehördengesetzes unter Berücksichtigung des Gesetzes zur Stärkung der Funktionen der Betreuungsbehörde finden Sie in Teil J, Rn. 58 ff.*

Neuere Untersuchungen belegen, dass die Zahl der Betreuungen in den Altersklassen ab 85 Jahre stark wächst. Da in Zukunft gerade diese Altersklassen in der Bevölkerung sowohl in absoluten Zahlen als auch relativ zunehmen werden, ist ein demographisch bedingter Anstieg der Betreuungen prognostizierbar[13].

1. Betreuerbestellung, § 1896 BGB

§ 1896 BGB Voraussetzungen

(1) ¹Kann ein Volljähriger auf Grund einer psychischen Krankheit oder einer körperlichen, geistigen oder seelischen Behinderung seine Angelegenheiten ganz oder teilweise nicht besorgen, so bestellt das Betreuungsgericht auf seinen Antrag oder von Amts wegen für ihn einen Betreuer. ²Den Antrag kann auch ein Geschäftsunfähiger stellen. ³Soweit der Volljährige auf Grund einer körperlichen Behinderung seine Angelegenheiten nicht besorgen kann, darf der Betreuer nur auf Antrag des Volljährigen bestellt werden, es sei denn, dass dieser seinen Willen nicht kundtun kann.

(1a) Gegen den freien Willen eines Volljährigen darf ein Betreuer nicht bestellt werden.

(2) ¹Ein Betreuer darf nur für Aufgabenkreise bestellt werden, in denen die Betreuung erforderlich ist. ²Die Betreuung ist nicht erforderlich, soweit die Angelegenheiten des Volljährigen durch einen Bevollmächtigten, der nicht zu den in § 1897 Abs. 3 bezeichneten Personen gehört, oder durch andere Hilfen, bei denen kein gesetzlicher Vertreter bestellt wird, ebenso gut wie durch einen Betreuer besorgt werden können.

(3) Als Aufgabenkreis kann auch die Geltendmachung von Rechten des Betreuten gegenüber seinem Bevollmächtigten bestimmt werden.

(4) Die Entscheidung über den Fernmeldeverkehr des Betreuten und über die Entgegennahme, das Öffnen und das Anhalten seiner Post werden vom Aufgabenkreis des Betreuers nur dann erfasst, wenn das Gericht dies ausdrücklich angeordnet hat.

a. Voraussetzungen

4 Die Betreuung erfasst nur volljährige Hilfsbedürftige, der zu Betreuende muss also das 18. Lebensjahr vollendet haben (§ 2 BGB). Die Anordnung einer Betreuung setzt die Hilfsbedürftigkeit der betroffenen Person voraus, die einerseits den staatlichen Eingriff rechtfertigt, andererseits einen Anspruch auf Hilfe begründet.

---

10 BT-Drucks. 15/2494

11 BT-Drucks. 15/4874; dazu: BtPrax spezial 2005. Nicht verwirklicht wurden Vorschläge, die eine gesetzliche Vertretungsmacht für Ehegatten und Angehörige einführen wollten, um die Zahl der Betreuungen zu reduzieren. Ebenfalls zurückgezogen wurde der Plan eines 3. BtÄndG, das eine Regelung der Patientenverfügung vorsah.

12 Bienwald, FamRZ 2013, 258

13 Hoffmann/Korte/v. Färber, Zum Forschungsprojekt über die Lebenslage älterer Menschen mit rechtlicher Betreuung, BtPrax 2005, 91 f.; Ergebnisse des Projekts in: Bdb-argumente Band 5, Bundesanzeiger Verlag 2005

aa. Medizinischer Befund[14]

Die Hilfsbedürftigkeit beurteilt sich zunächst danach, ob eine der in § 1896 Abs. 1 BGB genannten Krankheiten oder Behinderungen, also ein entsprechender medizinischer Befund[15] vorliegt. 5

Das Gesetz nennt Behinderungen und Krankheiten, ohne diese näher zu definieren[16]. **Krankheiten** werden verstanden als funktionale Störungen prozesshafter Natur, die sich bessern oder verschlimmern können. Mit einer Behinderung wird eine bleibende negative Konditionierung der körperlichen und/oder geistigen oder seelischen Abläufe bezeichnet, die angeboren oder krankheitsbedingt sein können[17].

(1) Psychische Krankheiten[18]

Hierunter fallen sowohl alle körperlich nicht begründbaren seelischen Erkrankungen (endogene Psychosen, beispielsweise Schizophrenie und manisch Depressive), die durch Kommunikationsstörungen und fehlende Krankheitseinsicht gekennzeichnet sind[19], des Weiteren seelische Störungen, die körperliche Ursachen haben (exogene, organische Psychosen), also beispielsweise die Folgen einer Hirnhautentzündung, von Schädel-/Hirn-Verletzungen, Tumorerkrankungen oder etwa der Parkinson-Krankheit[20]. Auch **Persönlichkeitsstörungen** wie Psychopathien oder Neurosen stellen psychische Krankheiten dar[21]. 6

Suchterkrankungen können bei entsprechendem Schweregrad ebenfalls seelische Störungen sein[22].

(2) Geistige Behinderungen

Als geistige Behinderungen werden die angeborenen, während der Geburt oder später durch Hirnschädigungen erworbenen messbaren unheilbaren Intelligenzdefekte verschiedener Schweregrade bezeichnet[23]. Geistige Behinderungen liegen als Ursache für eine Betreuung quantitativ an zweiter Stelle[24]. Im Gegensatz zu den anderen Gruppen von Betreuten ist unter den geistig Behinderten ein relativ hoher Anteil jüngerer Menschen; sie tragen dazu bei, dass insgesamt ein Viertel der Betreuten jünger als 40 Jahre ist[25]. 7

Demenzielle Erkrankungen[26] machen mittlerweile 46 % der Betreuten aus[27].

(3) Seelische Behinderungen

Seelische Behinderungen sind bleibende psychische Beeinträchtigungen infolge psychischer Krankheiten, wozu der Gesetzgeber auch die geistigen Auswirkungen des Altersab- 8

14 Dazu: Nedopil, Forensische Medizin, S. 80 ff.
15 BT-Drucks. 11/4528, S. 115
16 Zur Begriffsbildung des Gesetzgebers: MK-Schwab, § 1896 BGB, Rn. 8
17 Erman-Roth, § 1896 BGB, Rn. 5
18 Informationen finden sich auch unter www.kompetenznetz-schizophrenie.de (Abruf 21.7.2018)
19 Schmidt/Bayerlein/Mattern/Ostermann, Rn. 461 ff.
20 BT-Drucks. 11/4528, S. 116; Schmidt/Bayerlein/Mattern/Ostermann, Rn. 754 ff.
21 MK-Schwab, § 1896 BGB, Rn. 12
22 Schmidt/Bayerlein/Mattern/Ostermann, Rn. 584 ff. Die Suchterkrankung als solche rechtfertigt noch keine Betreuerbestellung, sondern erst dann, wenn sie in ursächlichem Zusammenhang mit einem der genannten medizinischen Befunde steht, vgl. BayObLG FamRZ 1993, 1489 f.; OLG Hamm BtPrax 2001, 40 f.; Bienwald, § 1896 BGB, Rn. 30 m.w.N.
23 Amtl. Begr., BT-Drucks. 11/4528, S. 110, 116; BayObLG BtPrax 1994, 29
24 Sellin/Engels, S. 182
25 Sellin/Engels, S. 182
26 Zu ihnen: Böckmann, FPR 2004, 648; Schmidt/Bayerlein/Mattern/Ostermann, Rn. 708 ff.
27 Sellin/Engels, S. 182

baus rechnet[28]. Mit dem Begriff der seelischen Behinderung als Betreuungsgrund, der in der Psychiatrie kein konkretes Bild bezeichnet, verfolgte der Gesetzgeber die Intention, Gesetzeslücken zu vermeiden. Die Einbeziehung des Altersabbaus unter diesen Begriff soll gerade auf der uneinheitlichen Fachterminologie beruhende Zweifel dahin gehend, ob Beeinträchtigungen dieser Art auch unter § 1896 Abs. 1 BGB fallen, beseitigen. Die senile Demenz ist i.d.R. irreversibel, sie kann allenfalls verlangsamt werden[29].

(4) Körperliche Behinderungen

9 Anlass für die Bestellung eines Betreuers können auch körperliche Behinderungen sein, sofern sie die Fähigkeit, die eigenen Angelegenheiten selbst zu besorgen, wesentlich beeinträchtigen oder ganz aufheben[30].

Körperliche Behinderungen i.S.d. § 1896 BGB werden als Einschränkungen körperlicher Fähigkeiten (im Vergleich mit einem Durchschnittsmenschen), insbesondere Blindheit, Taubheit, Stummheit definiert[31]. Die Grenze zwischen körperlichen Behinderungen und langfristigen Krankheiten (wie etwa schwere Herzleiden, Arthrosen, Dauerkatheter aufgrund Inkontinenz) kann dabei nicht immer scharf gezogen werden[32]. Begrifflich wird danach unterschieden, ob ein Ende der funktionalen Störung zu erwarten ist (= langfristige Krankheit) oder nicht (= Behinderung). Wenn und soweit eine Störung vorliegt, die nicht eindeutig als langfristige Krankheit oder als Behinderung einzuordnen ist, muss diese Störung im Interesse des Betroffenen als Betreuungsgrund ausreichen, selbst wenn nicht feststeht, dass es sich um eine irreversible Beeinträchtigung handelt[33].

(5) § 1896 Abs. 1 Satz 3 BGB

10 Für rein Körperbehinderte enthält § 1896 Abs. 1 Satz 3 BGB eine Sonderregelung dahin gehend, dass insofern eine Betreuung grundsätzlich nur auf Antrag des Betroffenen in Frage kommt. Das Erforderlichkeitsprinzip gebietet den Ausschluss einer von Amts wegen angeordneten (Zwangs-)Betreuung gegen den Willen des Betroffenen, wenn und soweit er in der Lage ist, diesen Willen auch kundzutun, was bei Körperbehinderten gegeben sein dürfte. Das Antragserfordernis schließt allerdings ein zunächst von Amts wegen eingeleitetes Betreuungsverfahren nicht aus. Jedoch ist zu dessen Fortführung bzw. einer Betreuungsanordnung ein Antrag oder das Einverständnis des Betroffenen als Sachentscheidungsvoraussetzung erforderlich[34].

Ist das Verfahren mittels Antragstellung des Betroffenen eingeleitet worden, kann er vor Bestellung des Betreuers seinen Antrag jederzeit zurücknehmen, mit der Folge, dass eine Beschlussfassung des Betreuungsgerichts zu unterbleiben hat. Erfolgte eine Betreuerbestellung auf Antrag oder mit Einverständnis des Betroffenen, liegt es wiederum in dessen Hand, durch entsprechenden Antrag die Aufhebung oder Einschränkung der Betreuung zu bewirken[35] (§ 1908d Abs. 2 BGB, dazu unten Rn. 31 ff.).

28 Amtl. Begr., BT-Drucks. 11/4528, S. 110, 116
29 Schmidt/Bayerlein/Mattern/Ostermann, Rn. 769
30 Zum Antragserfordernis des § 1896 Abs. 1 Satz 3 BGB bei rein körperlich Behinderten vgl. unten Rn. 10
31 MK-Schwab, § 1896 BGB, Rn. 17
32 Z.T. wird eine zeitliche Komponente als Abgrenzung herangezogen, so Bienwald, § 1896 BGB, Rn. 27: sechs Monate.
33 Dies rechtfertigt sich vor allem vor dem Hintergrund, dass eine Aufhebung der Betreuung bei Wegfall der Voraussetzungen jederzeit möglich ist (dazu unten Rn. 31).
34 Bienwald, § 1896 BGB, Rn. 69
35 Erman-Roth, § 1908d BGB, Rn. 4

bb. Bedeutung der Diagnose für die Anordnung einer Betreuung

Eine Diagnose der vorstehenden Krankheiten/Behinderungen ist notwendige, aber nicht hinreichende Bedingung für eine Betreuerbestellung. Zwar mag eine Typisierung von Krankheitsverlauf und Heilungschancen bei einzelnen Erkrankungen möglich sein, doch sind so viele individuell-situative Faktoren letztlich für eine zuverlässige Einschätzung zu beachten (persönliche Einstellung zur Krankheit, Zuwendung, Rückhalt in der Familie), dass allein die diagnostizierte Krankheit zu wenig aussagekräftig ist. Daher ist bei der Begutachtung letztlich auf eine wertende Einschätzung unter Berücksichtigung psychosozialer Faktoren zurückzugreifen[36]. **11**

cc. Hilfsbedürftigkeit

Eine Betreuungsbedürftigkeit besteht erst, wenn der Betroffene als Folge einer solchen Krankheit oder Behinderung bestimmte eigene Angelegenheiten ganz oder teilweise nicht besorgen kann (sog. sozio-juridisches Defizit)[37]. **12**

(1) Unfähigkeit des Betroffenen

Der Betroffene muss konkret auf Hilfe angewiesen sein. Die Fähigkeit zur Wahrnehmung des Selbstbestimmungsrechts muss ausgeschlossen oder so erheblich beeinträchtigt sein, dass der Betroffene keine eigenverantwortlichen Entscheidungen mehr treffen kann. Abzustellen ist hier auf die individuelle Situation des Betroffenen[38]. Kriterien für die Beurteilung dieser Frage sind die Schwere der Krankheit und/oder Behinderung sowie die Schwierigkeit der wahrzunehmenden Aufgabe.

(2) Rechtsangelegenheiten

Bei den Angelegenheiten, die der Bedürftige nicht selbst besorgen kann, muss es sich um Rechtsangelegenheiten[39] handeln. Dies wird auch in den §§ 1901 Abs. 1 und 1897 BGB sowie in der im Jahr 1999 geänderten Titelüberschrift hervorgehoben. Die gesetzliche Vertretungsmacht des Betreuers dient speziell der Unterstützung in rechtlicher Hinsicht. Der Begriff der Rechtsangelegenheit ist allerdings weit gefasst. Es fallen nicht nur Rechtsgeschäfte im engeren Sinne darunter, sondern ebenfalls sonstige Rechtshandlungen im öffentlich-rechtlichen und zivilrechtlichen Bereich sowie generell die Ausübung und Wahrung von Rechten. Diese können nicht nur den Vermögens-, sondern auch den personenrechtlichen Bereich betreffen, wie etwa die Einwilligung in ärztliche Heileingriffe. **13**

Besteht allerdings der Betreuungsgrund allein in einer körperlichen Behinderung, ist der Betroffene in der Regel voll geschäftsfähig und in der Lage, rechtliche Angelegenheiten entweder selbst oder durch eine von ihm bevollmächtigte Person ausführen zu lassen. Auszugleichende Defizite liegen dann in der Regel nicht im rechtlichen, sondern im tatsächlichen Bereich[40]. Für Rechtsangelegenheiten ist daher ein Betreuer in diesem Fall nur dann zu bestellen, wenn dem Betroffenen vertrauenswürdige Personen nicht zur Verfügung stehen oder der Betroffene so schwer behindert ist, dass er kaum kommunizieren kann[41]. Rein Körperbehinderte benötigen daher meist eine Hilfe nur, um tatsächliche Angelegenheiten wie beispielsweise Behördengänge oder Bankgeschäfte zu erledigen[42]. Tätigkeiten,

36 Von Sachsen-Gessaphe, S. 35 f.
37 Erman-Roth, § 1896 BGB, Rn. 18
38 Jürgens, BtPrax 1992, 49
39 BT-Drucks. 11/4528, 117, 121
40 Vgl. MK-Schwab, § 1896 BGB, Rn. 17
41 Bienwald, § 1896 BGB, Rn. 26
42 Beispiele für nicht in Betracht kommende Aufgabenkreise: Erman-Roth, § 1896 BGB, Rn. 16

die sich in rein tatsächlichen Angelegenheiten erschöpfen, ohne zur Rechtsfürsorge erforderlich zu sein, sind vom Betreuungsrecht ausgenommen[43].

▶ *Zu den Besonderheiten der Betreuerbestellung für rein Körperbehinderte vgl. oben Rn. 10*

(3) Drittinteressen

14 Es muss sich schließlich um **eigene** Angelegenheiten des Betroffenen handeln. Daher ist eine Betreuung unzulässig, wenn sie nur deshalb erfolgt, weil der Betroffene nicht mehr in der Lage ist, seine Verpflichtungen gegenüber Dritten zu erbringen. Auch dient die Betreuung nicht dazu, ein mögliches Defizit des Betroffenen in seiner Eigenschaft als gesetzlicher Vertreter seines Kindes auszugleichen. Allerdings kann eine Betreuung ausnahmsweise im Drittinteresse angeordnet werden, wenn anderenfalls Willenserklärungen Dritter nicht wirksam werden können, also beispielsweise keine Möglichkeit eines Vermieters bestünde, dem zu Betreuenden zu kündigen, weil dieser geschäftsunfähig ist[44]. Wenn der zu Betreuende Dritte gefährdet, z.B. Mitbewohner, wird die Betreuung meist auch in seinem eigenen Interesse notwendig sein[45].

(4) Kausalität

15 Schließlich muss die Hilfsbedürftigkeit auf der Krankheit oder Behinderung beruhen. Es genügt also nicht, dass der Betroffene z.B. aufgrund seines Starrsinns oder wegen Sprachproblemen seine Angelegenheiten nicht selbst besorgen kann[46]. Insoweit ist die Diagnose einer schweren Krankheit allein nicht ausreichend, sondern ihre Auswirkungen auf die Fähigkeiten des Betroffenen sind konkret darzulegen.

dd. Die Bedeutung einer Einwilligung des Betroffenen

16 Bei einer so genannten Zwangsbetreuung, die ohne Einwilligung des Betroffenen angeordnet wird, ist wegen des grundgesetzlich gewährleisteten Selbstbestimmungsrechts (Art. 2 Abs. 1 GG) eine Betreuung nur zulässig, wenn der Betroffene zu dieser Selbstbestimmung nicht in der Lage ist. Der Gesetzgeber des 2. BtÄndG hat in § 1896 Abs. 1a BGB klargestellt, dass gegen den freien Willen eines Betroffenen eine Betreuung nicht zulässig ist und damit die bisherige Rechtsprechung[47] bestätigt. Nach wie vor schwierig zu beantworten ist die Frage, wie die Fähigkeit freier Willensbestimmung ermittelt werden kann.

17 Die Gesetzesbegründung stellt auf die von § 104 Nr. 2 BGB aufgestellten Kriterien ab[48]. Damit ist die Fähigkeit gemeint, die für eine Betreuerbestellung entscheidenden Gesichtspunkte zu erkennen, abzuwägen und entsprechend zu entscheiden[49]. Wichtig ist letztlich, dass bei einem entgegenstehenden Willen des Betroffenen genau geprüft wird, ob unter Berücksichtigung seines Rechts auf Krankheit dieser Wille noch Ausdruck des Selbstbestimmungsrechts ist, inwieweit also die Krankheit die Einsichts- und Steuerungsfähigkeit beeinträchtigt. Je größer die Auswirkungen der Krankheit, umso weniger wird man seinen Willen, wenn er eklatant gegen seine objektiv verstandenen Interessen verstößt, zu be-

43 BT-Drucks. 13/7158, S. 33; LG Koblenz FamRZ 2005, 239
44 BayObLG BtPrax 1996, 106; Jürgens-Jürgens, § 1896 BGB, Rn. 17; vgl. auch BayObLG FamRZ 1998, 922
45 Damrau/Zimmermann, § 1896 BGB, Rn. 26
46 Vgl. Jürgens-Jürgens, § 1896 BGB, Rn. 15
47 BayObLG BtPrax 1994, 59; 1997, 160; FamRZ 2005, 63; ähnlich OLG Hamm BtPrax 1995, 70, 72; OLG Frankfurt BtPrax 1997, 123
48 BT-Drucks. 15/2494, 28
49 BGH FamRZ 2016, 456 = BtPrax 2016, 85 (LS), wonach der fehlende Wille i.S.d. § 1896 Abs. 1a deckungsgleich ist mit der Geschäftsunfähigkeit des § 104 BGB; BGH BtPrax 2015, 64.

rücksichtigen haben und umgekehrt. Allein die tatrichterliche Feststellung, die freie Willensbildung sei „erheblich beeinträchtigt", genügt nicht[50].

Die fehlende Krankheitseinsicht, die vom BGH als Kriterium angeführt wird,[51] kann lediglich ein Indiz sein, genügt für sich noch nicht.[52] Das Gericht hat konkrete Tatsachen festzustellen, die den Schluss auf eine fehlende freie Willensbestimmung zulassen[53]. Auch das Sachverständigengutachten hat sich konkret zu diesem Punkt zu äußern.[54]

b. Der Erforderlichkeitsgrundsatz

Das Betreuungsrecht versucht Eingriffe in die Rechte des Betroffenen weitgehend zu vermeiden und soll Hilfe nur dort bieten, wo dies erforderlich ist. Dieser mit Verfassungsrang ausgestattete Erforderlichkeitsgrundsatz überstrahlt das gesamte Betreuungsrecht[55]. Er besagt zunächst, dass staatlich organisierte Hilfe in Form der Betreuung nur so lange und für solche Aufgabenbereiche in Betracht kommt, in denen die Fähigkeit des Betroffenen zur Wahrnehmung des Selbstbestimmungsrechts ausgeschlossen oder zumindest so erheblich beeinträchtigt ist, dass ihm eigenverantwortliche Entscheidungen nicht (mehr) möglich sind. Die Erforderlichkeit wird nicht nur hinsichtlich der Frage, ob überhaupt ein Betreuer bestellt wird, relevant, sondern ebenfalls hinsichtlich des Umfangs des Aufgabenkreises des Betreuers, hinsichtlich der Auswirkungen der gerichtlichen Maßnahme und deren Dauer. 18

aa. Betreuungsbedarf

Zu der Krankheit oder Behinderung muss ein Fürsorgebedürfnis hinzutreten, d.h., ein Betreuer darf nur bestellt werden, „wenn der Betroffene aufgrund dieser Krankheit oder Behinderung seine Angelegenheiten ganz oder teilweise nicht zu besorgen vermag". 19

Es genügt also nicht, dass der Betreute bestimmte Angelegenheiten zwar nicht wahrnehmen kann, aber diese Angelegenheiten für ihn nicht relevant werden[56]. Es muss somit konkreter Handlungsbedarf bestehen, wobei es genügt, das dieser Bedarf jederzeit auftreten kann[57]. Sind keine Angelegenheiten zu besorgen, so bedarf auch der Schwerstbehinderte keiner Betreuung[58]. Die Regelungen des § 105a BGB (dazu unten Rn. 77 ff.) und des § 4 Abs. 2 WBVG (Wohn- und Betreuungsvertragsgesetz) gewähren einen gewissen Bestandsschutz für Geschäfte, die ein Geschäftsunfähiger eingeht. Für den Anwendungsbereich dieser Vorschrift ist daher eine Betreuerbestellung nicht erforderlich, wobei allerdings zu beachten ist, dass der Anwendungsbereich des § 105a BGB und die Rechtsfolgen nicht unumstritten sind[59]. Das Gleiche gilt, wenn die Nichterledigung bestimmter Angelegenheiten dem Willen des Betroffenen entspricht. Hinsichtlich der Erforderlichkeit ist nämlich immer zu prüfen, ob die Angelegenheit, die der Betroffene nicht selbst erledigen kann, nach seinen eigenen Vorstellungen überhaupt wichtig ist. Da im Betreuungsrecht auch seine Wünsche zu berücksichtigen sind, ist dessen Sicht auch im Rahmen der Erforderlichkeit einer Betreuung zu beachten, soweit dieser Wille nicht von der Krankheit dominiert wird (vgl. dazu oben Rn. 16).

50 BGH BtPrax 2017, 203 = FamRZ 2017, 1341; FamRZ 2018, 848
51 BGH BtPrax 2018, 32 = FamRZ 2018, 134
52 Dodegge, BtPrax 2016, 5
53 BGH BtPrax 2013, 27; BtPrax 2017, 244; Dodegge, NJW 2005, 1897
54 BGH BtPrax 2013, 26 = FamRZ 2013, 288 f.; BtPrax 2016, 151; BtPrax 2018, 35
55 BVerfG FamRZ 1999, 1419, 1420
56 BGH BtPrax 2015, 79; FamRZ 2017, 995
57 BGH BtPrax 2017, 118; BtPrax 2018, 35 = FamRZ 2018, 54
58 Jürgens-Jürgens, § 1896 BGB, Rn. 15; Damrau/Zimmermann, § 1896 BGB, Rn. 7
59 Vgl. Erman-Müller, § 105a BGB, Rn. 1, 13 f.

20 Vorrangig zu prüfen ist ferner, ob nicht andere Hilfemöglichkeiten bestehen und ausreichen. Erst wenn diese Möglichkeiten ausscheiden oder dem Fürsorgebedürfnis nicht gerecht werden, ist eine Betreuung erforderlich. Zu den „anderen Hilfen" zählt der Gesetzgeber in erster Linie Familienangehörige, Bekannte und Nachbarn[60], darüber hinaus aber auch die mannigfachen Hilfsangebote durch Verbände und die öffentliche Hand, z.B. durch soziale Dienste[61]. Zu beachten ist jedoch, dass diese häufig nur rein „tatsächliche" Verrichtungen wie Waschen, Kochen oder Körperpflege übernehmen. Letzteres ist nicht Sache der Betreuung. Sobald hingegen rechtsgeschäftliche Willenserklärungen (beispielsweise zur Geltendmachung von sozialrechtlichen Ansprüchen) oder Einwilligungen zu ärztlichen Heileingriffen abzugeben sind, kann nur eine Person für den Hilfebedürftigen handeln, die mit entsprechender Vertretungsmacht ausgestattet ist.

Insbesondere auf dem Gebiet der Vermögensangelegenheiten ist die Anordnung einer Betreuung nicht erforderlich, wenn und soweit der Hilfebedürftige eine andere Person bevollmächtigen kann oder bereits früher bevollmächtigt hat[62]. Bei der Frage, ob eine **Bevollmächtigung eine Betreuung überflüssig macht**, hat das Gericht zu prüfen, ob die Angelegenheit durch den gewählten Vertreter „genauso gut" erledigt werden kann wie durch einen Betreuer. Diese Formulierung zwingt jedoch nicht zu einem Vergleich, wer von beiden „besser" ist. Vielmehr ist dem Willen des Betroffenen, eine bestimmte Person zu beauftragen, zu entsprechen, wenn dies nicht das Wohl des Betreuten in beachtlichem Maße gefährdet[63]. Außerdem ist zu prüfen, ob die für den Betroffenen zu erledigende Aufgabe von der Vollmacht überhaupt erfasst wird[64].

Ist dem Bevollmächtigten das Selbstkontrahieren gestattet, soll für einen Kontrollbetreuer kein Bedarf bestehen[65]. Jedoch ist auch in derartigen Fällen zu unterscheiden, ob der Bevollmächtigte zum Wohle des Vollmachtgebers und entsprechend seinen Wünschen handelt oder nicht. Im letzteren Falle wäre eine staatliche Intervention sinnvoll und notwendig, so dass auch gegenüber einem relativ freigestellten Bevollmächtigten ein Kontrollbetreuer in Betracht kommen kann.

▶ *Zu Einzelheiten der Bevollmächtigung und zur Frage, ob die Möglichkeit einer Vollmachterteilung die Verweigerung einer Betreuerbestellung rechtfertigt, vgl. Teil C Rn. 6 ff.*

bb. Umfang der Betreuung

21 Dem Umfang nach kommt eine Betreuung nur für die Aufgabenkreise in Betracht, in denen der Bedürftige selbst nicht in der Lage ist, seine Angelegenheiten selbst zu regeln, § 1896 Abs. 2 BGB. Bereiche, die der zu Betreuende entweder selbst erledigen kann oder deren Erledigung für ihn unwichtig ist, dürfen dem Betreuer nicht übertragen werden[66]. Welche Aufgabenkreise jeweils zu übertragen sind, stellt das Gericht unter Berücksichtigung der konkreten aktuellen Lebenssituation des Betroffenen fest.[67]

---

60 OLG Köln BtPrax 1993, 102; FamRZ 1999, 891; Schmidt/Böcker, S. 9
61 BT-Drucks. 11/4528, S. 121 f.; OLG Köln BtPrax 1993, 102, 103; von Sachsen-Gessaphe, S. 279; vgl. OLG Oldenburg FamRZ 2004, 1320 bei Vermüllung der Wohnung
62 Vgl. OLG Zweibrücken BtPrax 2004, 155; zum Problem, dass der Betroffene grundlos eine Bevollmächtigung verweigert siehe Teil C Rn. 6 ff.
63 Vgl. BGH BtPrax 2014, 129; BtPrax 2016, 110, 187; BtPrax 2017, 31
64 BGH FamRZ 2015, 1016 (Prozessführung)
65 OLG Schleswig-Holstein, FG-Prax 2004, 70
66 BayObLG BtPrax 2001, 79
67 BGH FamRZ 2017, 995; BtPrax 2018, 35

cc. Dauer der Betreuung

Da auch die Dauer der Betreuung dem Erforderlichkeitsgrundsatz unterliegt, ist eine Betreuung nach § 1908d Abs. 1 Satz 1 BGB aufzuheben, wenn ihre Voraussetzungen weggefallen sind[68] (dazu unten Teil H). Mit dem Wegfall der Betreuungsvoraussetzungen, die auf einer Heilung der Krankheit des Betroffenen oder der tatsächlichen Erledigung der Angelegenheit beruhen kann, ist die Betreuung nicht bereits automatisch beendet. Die Überprüfung des Fortbestandes der Betreuungsvoraussetzungen wird dadurch gewährleistet, dass das Gericht bereits mit dem Beschluss über die Betreuerbestellung (oder der Anordnung eines Einwilligungsvorbehaltes) auch über den Überprüfungszeitraum zu befinden hat. Gem. § 286 FamFG ist spätestens, d.h., falls das Betreuungsgericht keine geringere Zeitspanne bestimmt hatte, nach sieben Jahren über die Aufhebung oder Verlängerung der Betreuung zu entscheiden[69]. 22

Bereits vor Ablauf der gesetzlichen oder einer gerichtlich festgelegten Überprüfungsfrist kann der Betroffene selbst eine Überprüfung der Betreuungsvoraussetzungen mit dem Ziel einer Aufhebung der Betreuung oder Einschränkung der Aufgabenkreise beantragen. Einem solchen Antrag eines rein Körperbehinderten ist zu entsprechen, während im Übrigen dem Antrag als solchem lediglich Indizwirkung zukommt[70] und eine Prüfung stattzufinden hat[71], ob die Erforderlichkeit tatsächlich entfallen ist.

c. Aufgabenkreise

Die Reichweite der gesetzlichen Vertretung des Betreuten durch den Betreuer hängt maßgeblich vom Umfang der angeordneten Betreuung ab (§ 1902 BGB). Das Betreuungsrecht bietet hierfür verschiedene variable Bausteine, die so genannten Aufgabenkreise. Wird eine Betreuung angeordnet, legt das Gericht damit gleichzeitig je nach Hilfsbedürftigkeit des Betroffenen das Einsatzgebiet, d.h. den Aufgabenkreis des Betreuers, fest. Die in diesem Gebiet konkret anfallenden Verrichtungen nennt man „Angelegenheiten"[72]. 23

Dem Betreuer kann die Sorge für alle Angelegenheiten des Betroffenen übertragen werden (so genannte Totalbetreuung), was aber nur in Frage kommt, wenn die betreffende Person in keiner Weise (mehr) für sich selbst sorgen kann[73]. Dieser weitreichendste Eingriff soll lediglich bei schwerstbehinderten Personen angeordnet werden[74]. Wird ein Betreuer für „alle Angelegenheiten" bestellt, so schließt dies nicht die Postkontrolle und auch nicht eine Einwilligung in eine Sterilisation ein[75]. Meist wird es das Gericht aber bei einzelnen Aufgabenkreisen belassen. Der Begriff Aufgabenkreis schließt auch nicht aus, dass dem Betreuer nur eine einzige Angelegenheit übertragen wird[76], wie etwa die Beantragung von Sozialhilfe für den Betreuten[77] oder die Führung eines Prozesses, sofern weitergehende Hilfe nicht erforderlich ist. Der Erforderlichkeitsgrundsatz gebietet es, den Aufgabenkreis so eng zu wählen, wie das Hilfsbedürfnis des Betroffenen besteht.

68 Vgl. MK-Schwab, § 1908d BGB, Rn. 3
69 Bei einer Verlängerung sind gem. § 295 Abs. 1 Satz 1 FamFG die Vorschriften für die erstmalige Betreuerbestellung entsprechend anzuwenden.
70 Erman-Roth, § 1908d BGB, Rn. 4
71 Erman-Roth, § 1908d BGB, Rn. 5
72 MK-Schwab, § 1896 BGB, Rn. 73
73 BayObLG BtPrax 1997, 72
74 In der Praxis kommt eine solche Betreuung für alle Angelegenheiten in 7% der Fälle vor (Sellin/Engels, S. 185).
75 Vgl. BayObLG FamRZ 2002, 1226
76 In der Praxis 6,8% der Fälle (Sellin/Engels, S. 185)
77 BayObLG NJW FER 2001, 151; nach LG Duisburg (BtPrax 2004, 156) ist für das Geltendmachen von Sozialhilfe eine Betreuung nicht erforderlich.

Im Gesetz sind die möglichen Aufgabenkreise nicht ausdrücklich aufgezählt. In der Praxis und Literatur haben sich allerdings Bereiche herausgebildet, die sich grob unter die Begriffe Personensorge oder Vermögenssorge einordnen lassen, zuweilen auch beides betreffen.

24 Zur **Personensorge** zählen etwa die in der Praxis häufigsten Bereiche der Heilbehandlung bzw. Gesundheitsfürsorge, Aufenthaltsbestimmung, des Umgangs und der Freizeitgestaltung, Wohnungsangelegenheiten[78], die Unterbringung einschließlich der Frage, in welchem Umfang hierfür Geldmittel einzusetzen sind[79]. Der Aufgabenkreis „Gesundheitsfürsorge" berechtigt nicht zur Unterbringung; dazu ist das Aufenthaltsbestimmungsrecht notwendig[80]. Ein zwingend eigener Aufgabenkreis ist die Einwilligung in eine Sterilisation (§ 1899 Abs. 2, Einzelheiten hierzu vgl. im Teil E Rn. 47 ff.). Auch in Familienangelegenheiten ist eine Betreuung denkbar, so für eine Ehescheidung oder die Aufhebung einer eingetragenen Lebenspartnerschaft, nicht aber für die – höchstpersönliche – Eheschließung oder die Ausübung der elterlichen Sorge[81].

Das Gericht sollte den Aufgabenkreis möglichst konkret umschreiben, um Zweifel zu vermeiden, wie etwa die Frage, ob der Aufgabenkreis „ärztliche Behandlung" einen Schwangerschaftsabbruch umfasst[82].

25 Aufgabe des Betreuers auf dem Gebiet der **Vermögenssorge** ist es, die finanziellen Interessen des Betreuten zu schützen. Dazu können gehören die Verfolgung von Ansprüchen des Betreuten, z.B. aus Kauf- oder Mietverträgen oder auf Unterhalt, ebenso die Geltendmachung sozialrechtlicher Ansprüche, d.h. Arbeitslosengeld/-hilfe, Sozialhilfe[83], Renten, Befreiungen oder Ermäßigungen von Rundfunk- und Telefongebühren, bei Pflegebedürftigkeit der Antrag auf Pflegegeld nach SGB-V bzw. BSHG. Der Vermögenssorge zuzurechnen ist die Abwehr von unberechtigten Ansprüchen gegen den Betreuten (z.B. von Banken, vom Vermieter) und die Vertretung in steuerlichen Fragen. Da die Vermögenssorge einen großen Regelungsbereich umfasst, empfiehlt es sich häufig, den Aufgabenkreis genauer festzulegen, wie etwa auf die Verwaltung des unbeweglichen Vermögens, die Erledigung von Versicherungs- oder Bankangelegenheiten oder die Abgabe der Steuererklärung.

d. Sonderfall Post- und Fernmeldeverkehr

26 Besonders im Gesetz geregelt ist der Aufgabenkreis der Entscheidung über den Fernmeldeverkehr des Betreuten und die Entgegennahme, das Öffnen und das Anhalten seiner Post, § 1896 Abs. 4 BGB. Diese Befugnisse stehen dem Betreuer nur zu, wenn das Gericht ausdrücklich eine solche Anordnung getroffen hat[84]; die Bestellung eines Betreuers für die Personen- und Vermögenssorge umfasst diese Aufgabe somit nicht[85]. Zwischen privatem und beruflichem/geschäftlichem Post- und Fernmeldeverkehr differenziert das Gesetz nicht.

Die Kontrolle der Post stellt eine Beschränkung des verfassungsrechtlich in Art. 10 Abs. 1 GG geschützten Grundrechts des Brief-, Post-, und Fernmeldegeheimnisses dar, so dass nur schwerwiegende Interessen diesen Grundrechtseingriff zu rechtfertigen vermögen,

78 Dazu: BGH FamRZ 2016, 291 Rn. 14 = BtPrax 2016, 30
79 Insofern überschneidet sich der Bereich mit der Vermögenssorge, die die Regelung aller vermögensrechtlichen Fragen umfasst, MK-Schwab, § 1896 BGB, Rn. 80m.w.N.
80 OLG Hamm FamRZ 2001, 861; Letzteres hält auch das OLG Stuttgart für ausreichend (FPR 2004, 711).
81 BayObLG BtPrax 2004, 239
82 Vgl. Schmidt/Böcker, Rn. 28 (verneinend)
83 Die Beantragung von Sozialhilfe wird teilweise auch der Personensorge zugerechnet, da deren Inanspruchnahme etwas Persönliches sei, vgl. OLG Zweibrücken FamRZ 2000, 1324; OVG Münster FamRZ 2001, 91 f.
84 Damrau/Zimmermann, § 1896 BGB, Rn. 154
85 MK-Schwab, § 1896 BGB, Rn. 268

etwa weil für den Betroffenen wichtige Entscheidungen nicht getroffen werden können, weil der zu seinem Schutz bestellte Betreuer ohne das Recht zur Postkontrolle keine oder nicht rechtzeitige Kenntnis über Rechnungen oder Mahnschreiben o.Ä. erhielte[86]. Für rein Körperbehinderte kommt eine solche Maßnahme daher nicht in Betracht. Entsprechend dem Subsidiaritätsprinzip hat der Betreuer von seinem Recht vorsichtig Gebrauch zu machen und damit das Persönlichkeitsrecht des Betroffenen so weitgehend wie möglich zu achten.

e. Der Kontrollbetreuer

Gem. § 1896 Abs. 3 BGB kann als Aufgabenkreis des Betreuers die **Geltendmachung von Rechten** des Betreuten **gegenüber seinem Bevollmächtigten** bestimmt werden (sog. Kontrollbetreuer)[87]. 27

▶ *Zu Einzelheiten der Vorsorgevollmacht vgl. Teil C Rn. 12 ff.*

Wegen der Subsidiarität des Betreuungsrechts ist eine Betreuung unzulässig, soweit die notwendigen Angelegenheiten durch eine wirksam bevollmächtigte Person erledigt werden. Da der Bevollmächtigte nicht unter der Kontrolle des Betreuungsgerichts steht, soll, wenn der Betroffene selbst zu einer Kontrolle nicht in der Lage ist, ein Kontrollbetreuer diese Lücke füllen.

Die sachlichen Entscheidungen trifft in diesem Falle der Bevollmächtigte. Der Kontrollbetreuer hat gem. § 1901 BGB lediglich im Innenverhältnis zum Vollmachtgeber zu überwachen, ob die getroffene Entscheidung dessen Wohl zuwiderläuft; er hat keine darüber hinausgehende Handlungskompetenz[88]. Ein Widerruf der Vollmacht steht ihm nur zu, wenn ihm dieser Aufgabenkreis zugewiesen wurde[89]. Das Betreuungsgericht wiederum kontrolliert nicht unmittelbar den Bevollmächtigten selbst, sondern prüft, ob der Kontrollbetreuer seiner Pflicht gem. § 1901 BGB nachgekommen ist[90]. Gegebenenfalls hat dieser den Bevollmächtigten hierzu anzuhalten und im Weigerungsfalle die Vollmacht gem. §§ 1896 Abs. 2 Satz 1, 1902 BGB zu widerrufen[91]. Ferner kann der Kontrollbetreuer etwaige Schadensersatzansprüche des Vollmachtgebers in seinem Verhältnis zum Bevollmächtigten durchsetzen[92].

Voraussetzung der Bestellung eines Kontrollbetreuers ist zunächst das Bestehen einer Vollmacht. Nimmt eine Person nämlich unberechtigt Aufgaben des Betroffenen wahr, so muss gegebenenfalls ein Betreuer in der Sache bestellt werden, der die Aufgaben übernimmt. Ferner setzt eine Kontrollbetreuung das Unvermögen des Vollmachtgebers voraus, den Bevollmächtigten selbst zu überwachen[93]. Auch für die Bestellung eines Kontrollbetreuers gilt der Grundsatz, dass diese nur zulässig ist, wenn der Betroffene aufgrund seiner Krankheit nicht in der Lage ist, seinen Willen frei zu bestimmen[94].

---

86 BayObLG FamRZ 2001, 871, 872; LG Köln NJW 1993, 207; Erman-Roth, § 1896 BGB, Rn. 70
87 Der Kontrollbetreuer wird nicht durch den Richter, sondern durch den Rechtspfleger bestellt (§ 15 Abs. 1 Satz 2 RPflG).
88 BGH FamRZ 2017, 1777
89 BGH BtPrax 2016, 34
90 MK-Schwab, § 1896 BGB, Rn. 264 und 266 oder 247
91 BayObLG FamRZ 1994, 1550, 1551; BT-Drucks. 11/4528, S. 226; Damrau/Zimmermann, § 1896 BGB Rn. 151; Ruffing, S. 38; a.A. Uhlenbruck, Selbstbestimmtes Sterben, S. 334, der den Kontrollbetreuer lediglich für berechtigt hält, den Bevollmächtigten zu beaufsichtigen, ihm jedoch die Befugnis abspricht, die Vollmacht zu widerrufen.
92 BayObLG FamRZ 1994, 1550 f.
93 BT-Drucks. 11/4528, S. 123
94 OLG Brandenburg BtPrax 2008, 265

28 Schließlich muss ein **konkreter Überwachungsbedarf** bestehen[95]. Dabei sollen Geschäfte größeren Umfangs und von erheblicher Schwierigkeit einen Kontrollbedarf indizieren, während Alltagsgeschäfte regelmäßig kontrollfrei bleiben[96]. Darüber hinaus müssen konkrete, tatsächliche Anhaltspunkte für einen Kontrollbedarf bestehen[97]. Allein eine Befreiung vom Verbot des Insichgeschäftes (§ 181 BGB) rechtfertigt die Bestellung noch nicht[98]. So ist es immer eine Frage des Einzelfalls und der Persönlichkeit, ob der Bevollmächtigte den Anforderungen, die an ihn gestellt werden, gewachsen ist. Vorangegangenes weisungs- oder treuwidriges Verhalten des Bevollmächtigten gibt Anlass zur Bestellung eines Kontrollbetreuers[99]. Zweifel an der Redlichkeit des Bevollmächtigten müssen durch Tatsachen belegt sein[100]. Auch ein Interessenkonflikt des Vertreters kann eine Kontrollbetreuung rechtfertigen[101]. Schließlich kann die Erteilung einer Vorsorgegeneralvollmacht (vgl. dazu Teil C Rn. 45 f.) aufgrund der hieraus resultierenden Missbrauchsmöglichkeiten grundsätzlich Anlass zur Bestellung eines Kontrollbetreuers geben, sofern nicht der Vollmachtgeber durch die Einsetzung eines Überwachungsbevollmächtigten einem solchen Missbrauch bereits ausreichend vorgebeugt hat[102]. Wird in der Vollmacht gesagt, dass ein Kontrollbetreuer nur bei einem auf konkreten Tatsachen bestehenden Verdacht eingesetzt werden soll, so ist dies laut OLG München zu beachten[103]. Indes ist fraglich, ob der Betroffene insoweit das Gericht binden kann.

Bereits das **Vorhandensein von Angehörigen** gewährleistet eine ausreichende Überwachung des Bevollmächtigten nicht und kann die Bestellung eines Kontrollbetreuers nicht entbehrlich machen[104]. Abgesehen davon, dass der in Frage kommende Personenkreis nur schwer abzugrenzen wäre (bis zu welchem Verwandtschaftsgrad sollten Angehörige Berücksichtigung finden? Müssten auch nichteheliche Lebenspartner einbezogen werden?), sagt die verwandtschaftliche Nähebeziehung noch nichts darüber aus, in welchem Umfang dieser Personenkreis überhaupt ein Interesse an der Überwachung des Bevollmächtigten zeigt oder hierzu in der Lage ist (sehr fraglich ist dies beispielsweise bei großer räumlicher Entfernung vom Wohnort des Betroffenen oder starker beruflicher Belastung). Das Kriterium des Vorhandenseins von Angehörigen ist daher ungeeignet, von vornherein einen Überwachungsbedarf abzulehnen.

29 Inhaltlich untersteht der Kontrollbetreuer seinerseits der Kontrolle des Betreuungsgerichts gem. den in § 1901 Abs. 2, 3 BGB niedergelegten Richtlinien. Da aber der Kontrollbetreuer im Verhältnis zum Vollmachtgeber in gleicher Weise der Verpflichtung zur Beachtung seiner Wünsche und seines Wohls entsprechend diesen Vorschriften unterliegt, kontrolliert letztlich das Betreuungsgericht mittelbar, ob der Bevollmächtigte gegen den Willen und/oder das Wohl des Vollmachtgebers verstößt. Liegt ein solcher Verstoß vor und schreitet der Kontrollbetreuer hiergegen nicht ein, kann das Betreuungsgericht entsprechende aufsichtliche Maßnahmen ergreifen und gegebenenfalls den Widerruf der Vollmacht durch den Kontrollbetreuer verfügen (§§ 1908i Abs. 1, 1837 Abs. 2 Satz 1 BGB).

▶ *Zu Einzelheiten der Aufsicht des Betreuungsgerichts vgl. Teil D Rn. 96 ff.*

95 BT-Drucks. 11/4528, S. 123; BGH FamRZ 2015, 2163
96 BT-Drucks. 11/4528, S. 123; Ruffing, S. 37; BayObLG BtPrax 1999, 151
97 BGH BtPrax 2012, 204; BtPrax 2014, 129; FamRZ 2017, 1712
98 BGH BtPrax 2012, 113 Rn. 14
99 MK-Schwab, § 1896 BGB, Rn. 251 f.; Damrau/Zimmermann, § 1896 BGB, Rn. 149; Langenfeld, S. 6
100 Vgl. BGH BtPrax 2014, 129; BtPrax 2015, 235; FamRZ 2017, 1712
101 BGH BtPrax 2017, 243
102 LG Augsburg BtPrax 1994, 176, 177
103 OLG München BtPrax 2007, 36 = FamRZ 2007, 582
104 Damrau/Zimmermann § 1896 BGB, Rn. 147

Das Gericht entscheidet sodann nach den allgemeinen Vorschriften über die Notwendigkeit einer Betreuerbestellung für diesen Aufgabenkreis. Der Kontrollbetreuer übernimmt also weder automatisch den „freigewordenen" Aufgabenkreis, noch kann er selbst einen Ersatzbevollmächtigten bestimmen. Zeigt sich von vornherein, dass die von einer befürchteten Unredlichkeit des Bevollmächtigten drohende Vermögensgefährdung durch einen Kontrollbetreuer nicht ausreichend abgewendet werden kann, so sollte gleich ein „Vollbetreuer" bestellt werden[105].

Darüber hinaus hat der Kontrollbetreuer auch das Recht (und ggf. die Pflicht), vom Bevollmächtigten Auskunft und Rechenschaft über dessen Handeln zu verlangen, Herausgabe des durch die Geschäftsführung Erlangten zu fordern sowie Ersatzansprüche geltend zu machen[106]. 30

Der Kontrollbetreuer hat dem Betreuungsgericht auf Verlangen jederzeit Auskunft über die Führung der Überwachungsbetreuung und über die persönlichen Verhältnisse des Betreuten zu erteilen (§§ 1839, 1908i Abs. 1 Satz 1 BGB). Zu einer geordneten Rechnungslegung ist er hingegen nicht verpflichtet, denn seine Tätigkeit ist keine Vermögensverwaltung (im Sinne der §§ 1840 Abs. 2, 1841, 1843, 1908i Abs. 1 Satz 1 BGB)[107].

▶ *Zu Einzelheiten der Vermögensverwaltung vgl. Teil D Rn. 25 ff.*

2. Änderung und Verlängerung der Betreuung und des Einwilligungsvorbehalts, § 1908d BGB

§ 1908d BGB Aufhebung oder Änderung von Betreuung und Einwilligungsvorbehalt

(1) [1]Die Betreuung ist aufzuheben, wenn ihre Voraussetzungen wegfallen. [2]Fallen diese Voraussetzungen nur für einen Teil der Aufgaben des Betreuers weg, so ist dessen Aufgabenkreis einzuschränken.

(2) [1]Ist der Betreuer auf Antrag des Betreuten bestellt, so ist die Betreuung auf dessen Antrag aufzuheben, es sei denn, dass eine Betreuung von Amts wegen erforderlich ist. [2]Den Antrag kann auch ein Geschäftsunfähiger stellen. [3]Die Sätze 1 und 2 gelten für die Einschränkung des Aufgabenkreises entsprechend.

(3) [1]Der Aufgabenkreis des Betreuers ist zu erweitern, wenn dies erforderlich wird. [2]Die Vorschriften über die Bestellung des Betreuers gelten hierfür entsprechend.

(4) Für den Einwilligungsvorbehalt gelten die Absätze 1 und 3 entsprechend.

Auch in § 1908d BGB kommt der das ganze Betreuungsrecht überspannende Subsidiaritätsgrundsatz zum Ausdruck, wonach eine Betreuung nur insoweit zulässig ist, als sie auch erforderlich ist. Deshalb kann das Gericht seine Entscheidung gegebenenfalls an veränderte Situationen anpassen, indem es die Betreuung aufhebt oder einschränkt. Aber auch eine Erweiterung ist denkbar. 31

a. Einschränkung der Betreuung

Wenn und soweit die Voraussetzungen für eine Betreuung weggefallen sind, hat das Betreuungsgericht von Amts wegen Sorge dafür zu tragen, dass der Aufgabenbereich des Betreuers entsprechend eingeschränkt oder die Betreuung ganz aufgehoben wird, § 1908d Abs. 1 BGB. 32

---

105 BayObLG FamRZ 2001, 1402
106 Erman-Roth, § 1896 BGB, Rn. 50
107 MK-Schwab, § 1896 BGB, Rn. 250

▶ *Zu den Fragen des Betreuerhandelns nach Beendigung der Betreuung vgl. Teil H Rn. 13 ff.*

Ein Wegfall der Voraussetzungen ist gegeben, wenn der Betroffene nicht mehr an der psychischen Krankheit oder körperlichen, seelischen oder geistigen Behinderung leidet, bzw. nicht mehr in dem Maße, dass er seine eigenen Angelegenheiten ganz oder teilweise selbst zu regeln nicht in der Lage ist. Eine Überprüfung hat daher bei Heilung oder erfolgreicher Rehabilitation zu erfolgen. Erforderlich ist allerdings eine nicht nur vorübergehende Besserung des Zustandes, da bei zu erwartenden Krankheitsschüben eine Aufhebung nicht angezeigt ist[108].

33 Das Tätigwerden des Betreuungsgerichts wird zum einen durch die Mitteilungspflicht des Betreuers nach § 1901 Abs. 5 BGB (vgl. zu weiteren Mitteilungspflichten Teil D Rn. 49 ff.) und zum anderen durch die gesetzliche Überprüfungspflicht nach spätestens 7 Jahren (§ 286 FamFG) gewährleistet (vgl. dazu oben Rn. 22).

Eine Einschränkung des Aufgabenkreises kommt namentlich in Betracht, wenn eine von mehreren Aufgaben erledigt ist oder hinsichtlich einer konkreten Aufgabe ein Interessenkonflikt beim Betreuer besteht.

b. Verlängerung der Betreuung

34 Das Betreuungsgericht hat über die **Verlängerung** einer laufenden Betreuung nur dann zu entscheiden, wenn ein besonderer Anlass hierzu besteht. Diesen Anlass kann ein Antrag des Betroffenen auf Aufhebung der Betreuung bilden, es können aber auch neue Tatsachen sein, die dem Betreuungsgericht zur Kenntnis gelangen. Schließlich gibt das Herannahen des nach § 286 Abs. 3 FamFG festgesetzten Zeitpunkts einen Grund, über die Aufhebung oder Verlängerung der Maßnahme zu entscheiden[109].

Die Entscheidung über die Aufhebung oder Einschränkung der Betreuung wird entweder mit der schriftlichen oder mündlichen Bekanntgabe an den Betreuer wirksam (§§ 294, 287 Abs. 1 FamFG) oder mit der bloßen Übergabe der Entscheidung an die Geschäftsstelle im Falle der Anordnung der sofortigen Wirksamkeit (§ 287 Abs. 2 Nr. 2 FamFG). Der Betreuer darf allerdings die Vermögenssorge so lange noch ausüben, bis er von der Einschränkung oder Aufhebung Kenntnis erlangt (§§ 1908i Abs. 1 Satz 1, 1893 Abs. 1, 1698a BGB). Sobald er diese Kenntnis besitzt, ist er gegenüber dem Betreuungsgericht verpflichtet, die Bestellungsurkunde zurückzugeben (§ 286 FamFG, § 1893 Abs. 2 BGB), gegenüber dem Betreuten das verwaltete Vermögen herauszugeben und Rechenschaft abzulegen (§ 1890 BGB).

c. Aufhebung/Einschränkung des Einwilligungsvorbehalts

35 Geht von den Willenserklärungen des Betroffenen keine erhebliche Gefahr für seine Person oder sein Vermögen mehr aus, oder ist sie nur noch in einem engeren Bereich als vorher gegeben, ist auch der Einwilligungsvorbehalt aufzuheben oder entsprechend einzuschränken.

▶ *Zu Einzelheiten der Aufhebung und Einschränkung des Einwilligungsvorbehalts vgl. auch unten Rn. 90 f.*

108 BayObLG FamRZ 1994, 319
109 BayObLG BtPrax 2005, 69

d. Erweiterung des Aufgabenkreises

Eine Erweiterung kann geboten sein bei **Wegfall von Hilfen** oder einer Bevollmächtigung oder bei **Verschlimmerung des Krankheitszustands**. Es gelten die gleichen Voraussetzungen und Verfahrensregeln wie bei der Erstbestellung. Auch der Erwerb neuen Vermögens aufgrund einer Erbschaft kann eine Erweiterung gebieten. 36

Für die Erweiterung ist ebenfalls zu prüfen, ob der Betreute den hinzukommenden Bereich nicht selbst zu erledigen in der Lage ist oder ob er mittels anderer Hilfen erledigt werden kann.

Für einen Einwilligungsvorbehalt gilt das Gleiche: Wird die Betreuung aufgehoben, fällt er allerdings automatisch weg[110].

3. Vorsorgliche Betreuerbestellung für Minderjährige, § 1908a BGB

§ 1908a BGB Vorsorgliche Betreuerbestellung und Anordnung des Einwilligungsvorbehalts für Minderjährige

[1]Maßnahmen nach den §§ 1896, 1903 können auch für einen Minderjährigen, der das siebzehnte Lebensjahr vollendet hat, getroffen werden, wenn anzunehmen ist, dass sie bei Eintritt der Volljährigkeit erforderlich werden. [2]Die Maßnahmen werden erst mit dem Eintritt der Volljährigkeit wirksam.

Die Bestellung eines Betreuers kommt zwar grundsätzlich nur für Volljährige in Frage, da bei Minderjährigen dem Defizit eigenverantwortlichen Handelns von den Eltern (§§ 1626, 1629 BGB) oder dem Vormund (§§ 1773, 1793 BGB) abgeholfen wird. Ist aber abzusehen, dass der Minderjährige auch mit Vollendung des 18. Lebensjahres nicht in der Lage sein wird, seine Angelegenheiten selbst zu regeln, so kann bereits vor Volljährigkeit ein Betreuer bestellt und ein Einwilligungsvorbehalt angeordnet werden. Hinsichtlich der Anordnung eines Einwilligungsvorbehalts ist Vorsicht geboten, wenn der Minderjährige als beschränkt Geschäftsfähiger sich nicht selbst geschadet hat[111]; das spricht gegen eine Gefährdung durch rechtsgeschäftliches Handeln nach Erreichen des 18. Lebensjahrs. 37

▶ *Zu Einzelheiten des Einwilligungsvorbehalts vgl. unten Rn. 44 ff.*

Die Vorschrift soll gewährleisten, dass bei vorhersehbarer Betreuungsbedürftigkeit keine Versorgungslücke zwischen Beginn der Volljährigkeit und der Wirksamkeit einer Betreuung entsteht. Die Prognose der Annahme der Betreuungsbedürftigkeit nach Eintritt der Volljährigkeit setzt nicht nur allgemeine Erwartungen oder Befürchtungen voraus, sondern die hohe Wahrscheinlichkeit eines konkreten Betreuungsbedürfnisses[112].

Falls sich eine solche Wahrscheinlichkeit abzeichnet, kann das Gericht bereits ab Vollendung des 17. Lebensjahres – aufschiebend bedingt für den Eintritt der Volljährigkeit – die erforderlichen Maßnahmen, also die Anordnung einer Betreuung und gegebenenfalls eines Einwilligungsvorbehalts, treffen[113]. Wirksam werden sie allerdings erst mit der Volljährigkeit des Betreuten, da ansonsten unzulässig in die Elternrechte eingegriffen würde. 38

Die Erforderlichkeit einer Betreuung entfällt, wenn die Eltern kraft ihres gesetzlichen Vertretungsrechts gem. § 1626 BGB dem Kind einen Bevollmächtigten bestellt haben[114]. Al-

110 Damrau/Zimmermann, § 1908d BGB, Rn. 21
111 Bienwald, § 1908a BGB, Rn. 5
112 MK-Schwab, § 1908a BGB, Rn. 3
113 Die Anregung zur Betreuung wird das Gericht bereits vor Vollendung des 17. Lebensjahrs entgegennehmen können, Erman-Roth, § 1908a BGB, Rn. 2.
114 Erman-Roth, § 1908a BGB, Rn. 3

lerdings ist es ihnen verwehrt, sich selbst zu bevollmächtigen (§§ 1629 Abs. 2 Satz 1, 1795 Abs. 2, 181 BGB). Eine Ausnahme sollte man zulassen, wenn das Betreuungsgericht ihnen gestattet, sich durch In-Sich-Geschäft selbst Vollmacht zu erteilen[115].

39 Aus der pauschalen Bezugnahme des § 1908a BGB auf § 1896 BGB stellt sich im Falle eines rein körperlich behinderten Minderjährigen die Frage, ob auch hier das Antragserfordernis des § 1896 Abs. 1 Satz 3 BGB zu beachten ist[116], das unmittelbar nur für die Betreuerbestellung eines rein körperlich behinderten Volljährigen gilt. Man wird dies letztlich bejahen.

Dem Antrag kommt sowohl verfahrens- als auch materiellrechtliche Wirkung (Doppelwirkung) zu. Als Verfahrenshandlung kann ein solcher Antrag nur von dem insoweit verfahrensfähigen Minderjährigen selbst gestellt werden (§ 275 FamFG, § 1896 Abs. 1 Satz 2 BGB) und bedürfte jedenfalls nicht der Einwilligung der gesetzlichen Vertreter[117]. Ist dem Antrag auch materiellrechtliche Wirkung beizumessen, wäre er zum einen wie bei volljährigen, rein Körperbehinderten Betreuungsvoraussetzung und zum anderen wäre wegen der Minderjährigkeit die Einwilligung der Eltern zu fordern. Ein Blick auf vergleichbare höchstpersönliche Angelegenheiten eines beschränkt Geschäftsfähigen zeigt, dass dort die Zustimmungsfreiheit etwaiger Erklärungen ausdrücklich geregelt ist, so für die Anfechtung der Vaterschaft in § 1600a Abs. 2 BGB und für die Aufhebung einer Ehe in § 1316 Abs. 2 BGB. In § 1908a BGB fehlt eine entsprechende Anordnung. Nach allgemeinen Kriterien wird daher zu differenzieren sein: Besitzt der Betroffene die Fähigkeit, die Tragweite seiner Entscheidung zu übersehen, wird er den Antrag selbst mit materiellrechtlicher Wirkung, d.h. ohne elterliche Einwilligung, stellen können. Lässt sich eine solche Reife nicht feststellen, wird zum Antrag des rein körperlich behinderten Minderjährigen zusätzlich die Zustimmung der Eltern zu fordern sein[118].

4. Betreuerbestellung in gesetzlichen Sonderfällen

40 Eine Betreuerbestellung, die auch in öffentlich-rechtlichen Angelegenheiten erforderlich sein kann, ist zulässig, soweit dies gesetzlich besonders geregelt ist; solche öffentlich-rechtlichen Vorschriften zur Betreuerbestellung gehen den allgemeinen Vorschriften des Betreuungsrechts vor.

Auch über Verweisungen ist eine Anwendung des Betreuungsrechts, wenn auch nur entsprechend, möglich. Eine solche Verweisung enthält § 16 Abs. 4, 1. Hs. VwVfG. Danach hat das Betreuungsgericht auf Ersuchen der Behörde einen geeigneten Vertreter zu bestellen, wenn ein Beteiligter aufgrund einer psychischen Krankheit, körperlichen, seelischen oder geistigen Behinderung nicht in der Lage ist, in dem Verfahren selbst tätig zu werden. Die betreuungsrechtlichen Vorschriften des BGB kommen dabei nicht nur bei der Bestellung, sondern des Weiteren auch für die Amtsführung des Vertreters zur Anwendung.

41 Für die Fälle des § 16 Abs. 1 Nr. 1 bis 3 und 5 VwVfG ordnet § 16 Abs. 4 Hs. 2 VwVfG für Verwaltungsverfahren die entsprechende Geltung der Vorschriften über die Pflegschaft (§§ 1909 ff. BGB) an. Gem. den allgemeinen Grundsätzen hat danach eine Vertreterbestellung zu unterbleiben, wenn der Betroffene bereits einen Vertreter oder Bevollmächtigten hat, es sei denn, in der Person des Vertreters selbst sind die Voraussetzungen des § 16 Abs. 1 Nr. 2 bis 4 VwVfG gegeben[119].

---

115 Erman-Roth, § 1908a BGB, Rn. 3 und Erman-Saar, § 1795 BGB, Rn. 8; a.A. MK-Schwab, § 1908a BGB, Rn. 4
116 Dafür Bienwald, § 1908a BGB, Rn. 7; Erman-Roth, § 1908a BGB, Rn. 4
117 MK-Schwab, § 1908a BGB Rn. 4
118 BGHZ 29, 36; BayObLG 85, 56 (ärztl. Eingriffe); Roßner NJW 90, 2292
119 Stelkens/Bonk-Schmitz, § 16 VwVfG, Rn. 4 und 5

Das Betreuungsgericht hat allerdings nicht jedem Ersuchen[120] der Behörde Folge zu leisten. Mit der Formulierung „hat das Betreuungsgericht ... zu bestellen" soll vielmehr nur klargestellt werden, dass das Gericht die Bestellung eines Vertreters nicht aus eigenen Ermessenserwägungen ablehnen darf, sofern die sachlichen Voraussetzungen vorliegen[121]. Gleichwohl obliegt die Auswahl des konkreten Vertreters allein dem Betreuungsgericht, das durch Vorschläge der ersuchenden Behörde nicht gebunden ist[122].

Vergleichbare Regelungen finden sich in § 81 Abs. 1 Nr. 4 und Abs. 4 AO (Abgabenordnung) für das Verfahren vor den Finanzbehörden und gem. § 15 Abs. 1 Nr. 1 bis 4 und Abs. 4 SGB X für sozialbehördliche Verfahren[123]. **42**

Zur Wahrnehmung der Interessen eines verhandlungsunfähigen Beamten ist in § 3 Bundesdisziplinargesetz (BDG) i.V.m. § 16 VwVfG und parallel in § 85 Abs. 2 Nr. 1 WDO (Wehrdisziplinarordnung) für einen Soldaten die Bestellung eines Betreuers auf Antrag der ein Disziplinarverfahren einleitenden Behörde bzw. des Wehrdisziplinaranwalts vorgesehen.

Ist der Betroffene durch Abwesenheit an der persönlichen Wahrung seiner Rechte gehindert, ermächtigen § 3 BDG bzw. § 85 Abs. 2 Nr. 2 WDO zur Bestellung eines Pflegers.

5. Wirkungen der Betreuung

a. Grundsätze

Durch die Entscheidung des Gerichts zur Betreuungseinrichtung wird einerseits die Betreuung an sich angeordnet und andererseits ein konkreter Betreuer bestellt (Einheitsentscheidung)[124]. Sowohl die Auswahl der Person als auch die Bestimmung seines Aufgabenkreises gehören zwingend zu dieser Entscheidung. Mit ihr werden die Rechte und Pflichten des Betreuers einschließlich seiner gesetzlichen Vertretungsmacht begründet. **43**

▶ *Zu den Rechten und Pflichten eines Betreuers vgl. Teil D Rn. 2 ff., 63 ff.*

Nicht berührt wird die Geschäftsfähigkeit des Betreuten, ebenso wenig seine Ehe- und Testierfähigkeit.

Wird die **Betreuung für alle Angelegenheiten** angeordnet, so ist das **Wahlrecht** des Betreuten zum Deutschen Bundestag **ausgeschlossen**, § 13 Nr. 2 Bundeswahlgesetz (BWG)[125]. Dieser schwere und auch diskriminierende Eingriff ist verfassungsrechtlich sehr bedenklich[126], vor allem auch deshalb, weil Personen, die genauso schwer beeinträchtigt sind, aber keine Vorsorgevollmacht ausgestellt haben oder mangels Erforderlichkeit nicht unter Betreuung stehen, ihr Wahlrecht behalten. Wenn nur einzelne Aufgaben aufgezählt werden, aber diese für den Betroffenen alle Angelegenheiten bedeuten, ist das Wahlrecht nicht ausgeschlossen[127]. Einschränkungen im rechtsgeschäftlichen Verkehr ergeben sich für den Betreuten erst bei Anordnung eines Einwilligungsvorbehalts, der im Folgenden behandelt wird. **44**

---

120 D.h., das Betreuungsgericht kann nicht von Amts wegen tätig werden und der Betroffene kann bei der Behörde lediglich die Stellung eines entsprechenden Antrags anregen.
121 Stelkens/Bonk-Schmitz, § 16 VwVfG, Rn. 6; Kopp/Ramsauer § 16 VwVfG, Rn. 25
122 Stelkens/Bonk-Schmitz, § 16 VwVfG, Rn. 9 f.
123 Erman-Roth, § 1896 BGB, Rn. 102
124 MK-Schwab, § 1896 BGB, Rn. 6
125 Abgedruckt z.B. bei Knittel, Textsammlung Betreuungsrecht, 2005, S. 255
126 Kritisch zum Wahlrechtsausschluss wegen Verstoßes gegen den Gleichheitsgrundsatz: MK-Schwab, § 1896 BGB, Rn. 153
127 Passmann, BtPrax 1998, 7; gegen eine Umgehung: Damrau/Zimmermann, § 1896 BGB, Rn. 57; für Wahlrechtsausschluss auch in diesem Fall: VG Neustadt FamRZ 2000, 1049

b. Einwilligungsvorbehalt, § 1903 BGB

§ 1903 BGB Einwilligungsvorbehalt

(1) [1]Soweit dies zur Abwendung einer erheblichen Gefahr für die Person oder das Vermögen des Betreuten erforderlich ist, ordnet das Betreuungsgericht an, dass der Betreute zu einer Willenserklärung, die den Aufgabenkreis des Betreuers betrifft, dessen Einwilligung bedarf (Einwilligungsvorbehalt). [2]Die §§ 108 bis 113, 131 Abs. 2 und § 210 gelten entsprechend.

(2) Ein Einwilligungsvorbehalt kann sich nicht erstrecken

1. auf Willenserklärungen, die auf Eingehung einer Ehe oder Begründung einer Lebenspartnerschaft gerichtet sind,

2. auf Verfügungen von Todes wegen,

3. auf die Anfechtung eines Erbvertrags,

4. auf die Aufhebung eines Erbvertrags durch Vertrag und

5. auf Willenserklärungen, zu denen ein beschränkt Geschäftsfähiger nach den Vorschriften der Bücher 4 und 5 nicht der Zustimmung seines gesetzlichen Vertreters bedarf.

(3) [1]Ist ein Einwilligungsvorbehalt angeordnet, so bedarf der Betreute dennoch nicht der Einwilligung seines Betreuers, wenn die Willenserklärung dem Betreuten lediglich einen rechtlichen Vorteil bringt. [2]Soweit das Gericht nichts anderes anordnet, gilt dies auch, wenn die Willenserklärung eine geringfügige Angelegenheit des täglichen Lebens betrifft.

(4) § 1901 Abs. 4 gilt entsprechend.

45 Von der Anordnung eines Einwilligungsvorbehalts, der in nicht geringem Umfang in die Rechtsstellung des Betroffenen eingreift, soll nur vorsichtig Gebrauch gemacht werden. Im Jahr 2014 wurde dementsprechend in durchschnittlich 6,26 % der Erstbestellungen und damit in insgesamt 13.189 Fällen ein Einwilligungsvorbehalt verfügt; während im Jahr 2015 die Gesamtzahl der eingerichteten Einwilligungsvorbehalte leicht zurückging, lag sie im Jahr 2016 bei 15.638[128].

aa. Grundsätze

46 Da das Betreuungsrecht die verbliebenen Fähigkeiten des Betreuten berücksichtigen und seine Rechte weitestgehend bewahren möchte, geht es im Grundsatz davon aus, dass der Betreute ungehindert am Rechtsverkehr teilnehmen kann[129]. Die Bestellung eines Betreuers lässt die Geschäftsfähigkeit des Betreuten unberührt.

Nun gibt es allerdings Fälle, in denen dem Betreuten durch sein eigenes rechtsgeschäftliches Handeln Gefahr droht, etwa weil er hinsichtlich einer Streitigkeit krankhaft uneinsichtig ist oder – fehlerhaft – glaubt, schwierige Vermögensfragen selbständig lösen zu können. Um diese Schwierigkeiten zu vermeiden und den Betreuten umfassend zu schützen, hat der Gesetzgeber den sog. Einwilligungsvorbehalt geschaffen, der es ermöglicht, die Teilnahme des Betreuten am Rechtsverkehr durch eine Entscheidung des Betreuungsgerichts einzuschränken[130]. Allerdings kann ein Einwilligungsvorbehalt gegen den Willen des

128 Die Zahlen variieren in den Bundesländern, vgl. Deinert, BtPrax 2016, 9 ff.; der Anstieg in 2016 ist fast ausschließlich auf Nordrhein-Westfalen zurück zu führen, vgl. Deinert, BtPrax 2018, 15; vgl. Bundesamt für Justiz, Verfahren nach dem Betreuungsgesetz, abrufbar unter www.bundesjustizamt.de > Themen > Bürgerdienste > Justizstatistik > Betreuung. Zu weiteren Zahlen siehe www.bundesanzeiger-verlag.de/betreuung/wiki/Betreuungszahlen (Abruf 15.7.2018)

129 BT-Drucks. 11/4528, S. 63

130 BT-Drucks. 11/4528, S. 137

Betroffenen nur angeordnet werden, wenn dieser einen freien Willen nicht bilden kann[131] (siehe oben Rn. 17).

Letzteres ist dagegen bei einem Geschäftsunfähigen normalerweise nicht indiziert, da dieser ohnehin nicht wirksam rechtlich tätig werden kann (§ 105 Abs. 1 BGB). Die Erstreckung des Einwilligungsvorbehalts auf nach § 104 Nr. 2 BGB geschäftsunfähige Betreute kann mitunter gleichwohl geboten sein[132]: Zwar kann der Betreuer sich – sofern dies zu seinem Aufgabenbereich gehört – stellvertretend für den Betreuten auf dessen Geschäftsunfähigkeit im Zeitpunkt der Willenserklärung berufen, doch muss er sie in Zweifelsfällen beweisen, da das Gesetz die Geschäftsfähigkeit als Grundsatz annimmt. Insoweit können Beweisschwierigkeiten auftreten, so dass der (geschäftsunfähige) Betreute schließlich gegebenenfalls an einer für ihn schädlichen Willenserklärung festgehalten wird. **47**

Obwohl das von einem Betreuten vorgenommene Rechtsgeschäft in einem solchen Fall nichtig ist (§§ 104 Nr. 2, 105 Abs. 1 BGB), wird die Position eines Geschäftsunfähigen (i.S.d. § 104 Nr. 2 BGB), der einen Betreuer unter Anordnung eines Einwilligungsvorbehalts erhält, verbessert. Fehlt es an der Einwilligung des Betreuers, deren Vorliegen immer der Geschäftsgegner zu beweisen hat, entfällt für den Betreuten der Nachweis, dass er im Zeitpunkt der Vornahme des Geschäfts geschäftsunfähig war[133]. Durch den Einwilligungsvorbehalt wird also eine positive Feststellung der Geschäftsunfähigkeit des Betreuten unnötig und der Schutz für den Betreuten verstärkt. Allein die Unsicherheit darüber, ob der Betroffene geschäftsfähig ist, vermag die Anordnung eines Einwilligungsvorbehaltes nicht zu rechtfertigen[134].

Als **Rechtsfolge** ergibt sich, dass der Betreute zu einer Willenserklärung, die den Aufgabenkreis seines Betreuers betrifft, dessen Einwilligung bedarf; er erhält insoweit eine ähnliche Rechtsstellung wie ein Minderjähriger (Einzelheiten zu den Rechtsfolgen vgl. unten Rn. 76 ff.). **48**

Die Anordnung eines Einwilligungsvorbehalts wird ab dem **Zeitpunkt** der Bekanntmachung an den Betreuer wirksam, § 287 FamFG (dazu unten Rn. 176 ff.). Rechtsgeschäfte, die der Betreute vorher abgeschlossen hat, bleiben wirksam, etwa eine Auflassungsvormerkung; wird erst danach – aber vor Eintragung – ein Einwilligungsvorbehalt angeordnet, ist ein Betreuerhandeln nicht erforderlich. Der entsprechend anzuwendende § 130 Abs. 2 BGB bewirkt die Wirksamkeit der zuvor abgegebenen Willenserklärung des Betreuten[135].

bb. Voraussetzungen

Der Einwilligungsvorbehalt kann nur **von Amts wegen** durch das Gericht angeordnet werden. Das ergibt sich zum einen daraus, dass ein dem § 1896 Abs. 1 BGB entsprechendes Antragsrecht nicht vorgesehen ist. Für den Betroffenen ergibt sich das daraus, dass der Einwilligungsvorbehalt die Beachtlichkeit seines Willens gerade einschränkt. Sein Antrag oder z.B. der des Betreuers oder von Dritten kann jedoch als Anregung an den Richter zur Anordnung des Einwilligungsvorbehalts dienen[136]. Zu beachten ist allerdings, dass der Betreuer eine Informationspflicht gegenüber dem Gericht hat (§ 1901 Abs. 4 Satz 2 BGB), **49**

131 BGH BtPrax 2017, 203

132 Wie hier: BtPrax 2014, 129; MK-Schwab, § 1903 BGB, Rn. 17 f. m.w.N.; a.A. Zimmermann, FamRZ 1991, 277

133 BT-Drucks. 11/4528, S. 137; vgl. OLG Düsseldorf BtPrax 1993, 175, 176 = FamRZ 1993, 1224, 1225: Es hält den Einwilligungsvorbehalt auch bei bestehender Geschäftsunfähigkeit nicht für ohne weiteres entbehrlich.

134 BGH BtPrax 2018, 115 = FamRZ 2018, 625

135 OLG Celle NJW 2006, 3501. § 878 BGB ist auf den nachträglichen Verlust der Geschäftsfähigkeit nicht anwendbar.

136 BT-Drucks. 11/4528, S. 137 und 117

wenn nach seinem Kenntnisstand ein Einwilligungsvorbehalt erforderlich wird[137]. Zuständig ist das Betreuungsgericht (Amtsgericht), nicht das im Wege der Beschwerde mit der Sache befasste Landgericht[138].

▶ *Ein Muster für die Anregung eines Einwilligungsvorbehalts findet sich unter Rn. 220.*

(1) Akzessorietät zur Betreuung

50 Wie sich aus dem Wortlaut des § 1903 BGB ergibt, setzt der Einwilligungsvorbehalt eine bestehende Betreuung voraus. Die Bestellung eines Betreuers muss allerdings nicht zeitlich vorausgehen, sondern kann zeitgleich mit der Anordnung des Einwilligungsvorbehalts wirksam werden[139], so dass über beides in einem einheitlichen Verfahren entschieden werden kann[140]. Endet die Betreuung, so endet auch der Einwilligungsvorbehalt. Gleiches gilt für die Fälle, in denen die Betreuung beschränkt wird und der Einwilligungsvorbehalt für diese Willenserklärungen angeordnet war.

Fehlt zeitweilig ein Betreuer, während die Betreuung noch fortbesteht, kann ein Einwilligungsvorbehalt gleichwohl angeordnet werden bzw. fortbestehen[141] etwa wenn der Betreuer entlassen wurde oder verstorben ist, ein Nachfolger jedoch noch nicht ernannt wurde.

Ein gesonderter Betreuer, der nur für die Abgabe der Einwilligungserklärungen im Rahmen des Einwilligungsvorbehalts zuständig ist, ist nicht vorgesehen.

(2) Erhebliche Gefahr für bestimmte Rechtsgüter durch eine Willenserklärung

51 Allein die Tatsache, dass der Betreute häufig anderer Auffassung ist als sein Betreuer, rechtfertigt noch nicht die Anordnung eines Einwilligungsvorbehalts[142]. Vielmehr muss eine erhebliche Gefahr für die Person und/oder das Vermögen des Betreuten dadurch gegeben sein, dass der Betreute Willenserklärungen abgibt und/oder entgegennimmt.

(a) Erhebliche Gefahr

Unter einer Gefahr im Sinne dieser Vorschrift versteht man jede Selbstschädigung durch den Betroffenen an persönlichen oder wirtschaftlichen Gütern[143]. Diese kann sich daraus ergeben, dass er durch eine Willenserklärung ein rechtlich (auch) nachteiliges Geschäft zustande bringt oder in das Betreuerhandeln interveniert und dadurch für ihn rechtlich negative Folgen herbeiführt; aber auch durch ein passives Verhalten, etwa durch Unterlassen eines für ihn positiven Geschäfts oder Entgegennahme einer mit nachteiligen Folgen verbundenen Willenserklärung, kann er sich selbst schädigen[144]. Solche Nachteile können z.B. sein der Verlust der Kreditwürdigkeit, der Wohnung, der Arbeitsstelle, ferner allgemeine Verschuldung[145], wirtschaftliche Nachteile durch Veräußerungen unter Wert[146].

Die Gefahr darf nicht nur potentiell in der Zukunft einmal drohen, sondern es muss die begründete Erwartung bestehen, dass der Betreute sich mit hinreichender Sicherheit durch die Abgabe oder Entgegennahme von Willenserklärungen selbst schädigen wird. Die

---

137 Nach den Übergangsbestimmungen wurden aus früheren Vormundschaften am 1.1.92 Betreuungen mit Einwilligungsvorbehalt für alle Aufgaben außer einer Sterilisation (Art. 9 § 1 Abs. 3 BtG). Bisherige Pflegschaften wurden zu Betreuungen ohne Einwilligungsvorbehalt.
138 OLG Zweibrücken FamRZ 2005, 748
139 BT-Drucks. 11/4528, S. 138
140 Bienwald, § 1903 BGB, Rn. 9
141 Bienwald, § 1903 BGB, Rn. 27
142 BGH BtPrax 2017, 42
143 MK-Schwab, § 1903 BGB, Rn. 9
144 Lipp, S. 91
145 BGH BtPrax 2016, 627
146 Aufzählung bei Staudinger-Bienwald, § 1903 BGB, Rn. 28

bloße Möglichkeit der Selbstschädigung genügt nicht[147], so dass allein die Tatsache, dass der Betroffene sein Vermögen nicht überblicken und verwalten kann, einen Einwilligungsvorbehalt noch nicht rechtfertigt[148]; es müssen darüber hinausgehende Anhaltspunkte gegeben sein[149]. Allerdings braucht die Gefahr nicht unmittelbar bevorzustehen[150].

Wegen des bedeutenden Eingriffs in die Rechte des Betreuten muss sie **erheblich** sein. 52
Die entstehenden Nachteile müssen nennenswert und von Belang für die Person oder das Vermögen des Betroffenen sein. Die Erheblichkeit betrifft sowohl den Umfang des drohenden Schadens als auch die Wahrscheinlichkeit seines Eintritts[151].

Als Maßstab dient nicht die Schwere der Behinderung oder Krankheit des Betroffenen, sondern die Selbstschädigungsgefahr, die von der Antriebsstärke des Betreuten zur Teilnahme am Rechtsleben abhängen kann[152].

Eine erhebliche Gefahr ist insbesondere in den Fällen anzunehmen, in denen der Betreute Willenserklärungen des Betreuers widerruft oder in anderer Weise zunichtemacht und sich dadurch Schaden zufügt bzw. wenn der Betreute sich zum Abschluss von für ihn schädlichen Geschäften überreden oder nötigen lässt[153]. Gleiches gilt bei Verträgen, die nur schwer rückabzuwickeln sind, wie z.B. Versicherungsverträge, Kreditgeschäfte und Mitgliedschaften in Clubs oder Buchgemeinschaften. Oft werden bei Vertragsabschlüssen auch Mittel eingesetzt, die den Betreuten überfordern. Davor gilt es den Betreuten zu schützen. Hingegen erscheint die Anordnung nicht geboten, wenn der Betreute mit geringen Geldmitteln Besorgungen macht und dabei manchmal ein nachteiliges Geschäft abschließt[154]. Dies hat der Gesetzgeber in § 105a BGB deutlich gemacht (unten Rn. 78). Auch die Nichtbezahlung einer fälligen Reparaturrechnung reicht allein noch nicht aus[155].

(b) Geschützte Rechte und Rechtsgüter des Betreuten

Geschützt durch die Anordnung eines Einwilligungsvorbehalts werden sowohl das Vermö- 53
gen als auch – jedoch nur in besonders gelagerten Ausnahmefällen – die Person des Betreuten[156].

Der Begriff „Vermögensschaden" lässt sich definieren als jede Minderung des Vermögensbestandes. Der Aktivbestand muss vermindert und/oder der Passivbestand erhöht werden. Eine Verschuldung ist nur dann ein Vermögensschaden, wenn durch sie allein die Passiva erhöht werden. Zur Beurteilung der Erheblichkeit des Vermögensschadens ist die Höhe des Vermögens im Verhältnis zum möglichen Vermögensverlust im jeweiligen Einzelfall zu betrachten[157]. Außerdem ist zu berücksichtigen, dass der Betroffene die Lebensführung selbst bestimmen kann und dass er dafür in gewissem Umfang auch die Substanz seines Vermögens einsetzen darf[158].

Der Vermögensschaden ist erheblich, wenn mit einem Geschäftsabschluss in einer nicht 54
geringfügigen Angelegenheit Leistung und Gegenleistung in einem deutlichen Missverhältnis zu Ungunsten des Betreuten stehen. Ein Schaden kommt ferner in Betracht, wenn

147 OLG Zweibrücken FamRZ 1999, 1171; Jürgens-Jürgens, § 1903 BGB, Rn. 2 m.w.N.
148 BGH FamRZ 2015, 1793
149 BGH BtPrax 2017, 73
150 LG Köln FamRZ 1992, 856, 857; vgl. LG Köln BtPrax 1992, 109, 110
151 Erman-Roth, § 1903 BGB, Rn. 9
152 Dieckmann, JZ 1988, 789, 794
153 Bienwald, § 1903 BGB, Rn. 2
154 Erman-Roth, § 1903 BGB, Rn. 9
155 LG Regensburg FamRZ 1993, 476, 477
156 BT-Drucks. 11/4528, S. 136
157 Vgl. BayObLG BtPrax 1997, 160
158 Vgl. BayObLG FamRZ 1993, 851, 852

sich der Betreute durch Abgabe einer Willenserklärung um ein wirtschaftlich günstiges Geschäft bringt oder wenn er ein Kreditgeschäft abschließt, das er nicht mit seinem Taschengeld erfüllen kann. Außerdem spielt die Häufigkeit von eingetretenen Schädigungen in der Vergangenheit eine Rolle.

55 Verschwendung allein kann keinen Einwilligungsvorbehalt rechtfertigen, da der Begriff nicht präzise genug ist, um als Voraussetzung für einen Einwilligungsvorbehalt zu dienen, da grundsätzlich jedermann Dispositionsfreiheit über sein Vermögen genießt[159]. Es ist daher über den verschwenderischen Umgang mit dem eigenen Vermögen hinaus erforderlich, dass eine erhebliche Gefahr dadurch besteht, dass der Betreuer eine Verpflichtung eingeht, die für ihn nur mit unverhältnismäßigen Ausgaben (im Verhältnis zu seinem Vermögen) zu erfüllen ist[160]. Da die Gefahr für den Betreuten bestehen muss, kann ein Einwilligungsvorbehalt im Interesse der Gläubiger zur Erhaltung des vollstreckungsfähigen Vermögens genauso wenig angeordnet werden[161] wie im Interesse der Erhaltung des Familienunterhalts[162].

Als **Beispiel einer persönlichen Schädigung** kommen u.a. in Betracht: die Vaterschaftsanerkennung, wenn Zweifel an der Vaterschaft bestehen[163], die Kündigung eines Miet-[164] oder Pflegevertrags, der Fall, dass sich der Betreute ohne Indikation einer schweren Operation unterziehen möchte, sowie weitere Gefährdungen für das Leben, die Gesundheit oder andere wichtige Persönlichkeitsgüter.

(c) Kausalzusammenhang zwischen Gefahr und Willenserklärung

56 Die Gefahr muss gerade dadurch gegeben sein, dass der Betreute Willenserklärungen abgibt oder entgegennimmt. Unter einer Willenserklärung versteht man die Äußerung eines auf die Herbeiführung einer Rechtsfolge gerichteten Willens[165]. Sie bringt einen Rechtsfolgewillen zum Ausdruck, der auf die Begründung, inhaltliche Änderung, Ausgestaltung oder Beendigung eines privaten Rechtsverhältnisses abzielt. Geht es dem Betreuten nur um die Erlangung eines Gegenstands oder die Befriedigung eines Wunsches, ohne dass dadurch die Rechtslage verändert wird, liegt keine Willenserklärung vor und ein Einwilligungsvorbehalt kann insofern nicht angeordnet werden. Der Beitritt zu Vereinen und Organisationen beispielsweise erfordert eine Willenserklärung und kann daher einem Einwilligungsvorbehalt unterstellt werden[166], nicht dagegen die rein tatsächliche Teilnahme an Veranstaltungen.

Der Einwilligungsvorbehalt dient nicht dazu, vor Tathandlungen, Zustimmungen zu Rechtsgutverletzungen oder vor Straftaten bzw. unerlaubten Handlungen zu schützen[167]. Wenn allerdings eine strafbare Handlung mit Willenserklärungen verknüpft ist bzw. durch Willenserklärungen begangen wird, wie etwa bei bestimmten Konstellationen des Betruges, der Untreue und anderer Vermögensdelikte[168], kann ein Einwilligungsvorbehalt erforderlich sein.

57 **Einwilligungen in medizinische Maßnahmen** wie die Sterilisation oder den Schwangerschaftsabbruch sind ebenfalls **keine Willenserklärungen**. Daher kann kein Einwilli-

159 MK-Schwab, § 1903 BGB, Rn. 13
160 Staudinger-Bienwald, § 1903 BGB, Rn. 32
161 MK-Schwab, § 1903 BGB, Rn. 13
162 Jürgens-Jürgens, § 1903 BGB, Rn. 5
163 BT-Drucks. 11/4528, S. 136; Erman-Roth, § 1903 BGB, Rn. 7
164 Jürgens-Jürgens, § 1903 BGB, Rn. 3
165 Vgl. Erman-Arnold, vor § 116 BGB, Rn. 1
166 Bienwald, § 1903 BGB, Rn. 17
167 Bienwald, FamRZ 1992, 1125, 1131; Jürgens-Jürgens, § 1903 BGB, Rn. 7
168 Vgl. Staudinger-Bienwald, § 1903 BGB, Rn. 16

gungsvorbehalt angeordnet werden, um den Betreuten einer für ihn objektiv notwendigen oder für notwendig gehaltenen Behandlung zuzuführen[169].

In Bezug auf den Abschluss eines Behandlungs- oder Krankenhausvertrags ist jedoch die Anordnung eines Einwilligungsvorbehalts möglich. Auch die Aufenthaltsbestimmung selbst ist Realakt und kann daher als solche nicht dem Einwilligungsvorbehalt unterliegen[170]. Etwas anderes gilt für Willenserklärungen, die im Zusammenhang mit der Aufenthaltsbestimmung abgegeben werden, etwa der Abschluss eines Miet- oder Heimvertrags bzw. dessen Kündigung[171]. Zu empfehlen ist dem Gericht, den Aufgabenkreis möglichst konkret zu umschreiben. § 309 Abs. 2 FamFG erwähnt einen Einwilligungsvorbehalt für die Aufenthaltsbestimmung des Betreuten, meint damit die An- und Abmeldetätigkeit bei der Begründung und Aufhebung eines Wohnsitzes.

(3) Geeignetheit

Die Anordnung eines Einwilligungsvorbehalts muss geeignet sein, die drohenden Schäden **58**
zu verhindern. Das wurde verneint bei einem Querulanten, der sich nicht abhalten lässt, weiter Eingaben zu machen; denn die mit der Zurückweisung verbundenen Kosten würden ihn trotz des Einwilligungsvorbehalts treffen[172]. Dem trat das KG Berlin entgegen: Der Einwilligungsvorbehalt sei geeignet, da er zur Unwirksamkeit der Verfahrenshandlungen führe und Anträge eines Prozessunfähigen keine Haftung begründeten[173].

(4) Erforderlichkeit

Zur Abwendung der Gefahr muss die Anordnung des Einwilligungsvorbehalts erforderlich **59**
sein; weniger eingreifende Maßnahmen, die mindestens den gleichen Schutz versprechen wie der Einwilligungsvorbehalt, dürfen nicht zur Verfügung stehen.

Die Erforderlichkeit des Einwilligungsvorbehalts ist für jeden einzelnen Aufgabenkreis nachzuweisen und entsprechend zu beschränken; es genügt nicht, dass er für einen Bereich besteht, in einem anderen aber nicht erforderlich ist[174].

Andere geeignete Maßnahmen können z.B. ein Ortswechsel sein oder die Begleitung durch Personen z.B. beim Einkauf, die den Betreuten von bestimmten Reizen ablenken. Außerdem kann es ausreichen, mit den entsprechenden Geschäftsleuten Kontakt aufzunehmen, wenn sich die schädigenden Handlungen des Betreuten auf eine bestimmte Art von Geschäften konzentrieren[175].

Überdies ist die Anordnung eines Einwilligungsvorbehalts davon abhängig, dass eine psy- **60**
chische Erkrankung des Betreuten, ihn an einer freien Willensbestimmung hindert[176]. Eine verfassungskonforme Gesetzesauslegung ergibt, dass der Staat seine erwachsenen und zur Willensbildung fähigen Bürger nicht zu erziehen versucht und die Gefahr einer Selbstschädigung hinnehmen muss[177]. Deshalb kommt die Anordnung eines Einwilligungsvor-

---

169 MK-Schwab, § 1903 BGB, Rn. 24; Erman-Roth, § 1903 BGB, Rn. 39 ff.; LG Hildesheim BtPrax 1996, 230, 231; OLG Hamm BtPrax 1995, 70, 73 = FamRZ 1995, 433, 435; a.A. Palandt-Götz, § 1904 BGB, Rn. 1–3, Begr.: Es komme nicht auf die Geschäftsfähigkeit, sondern auf die natürliche Einsichtsfähigkeit in Bezug auf die konkret zur Entscheidung stehende Maßnahme an.

170 Vgl. OLG Hamm BtPrax 1995, 70, 73 = FamRZ 1995, 433, 435 f.; LG Köln FamRZ 1992, 857; Erman-Roth, § 1903 BGB, Rn. 38; Bienwald, § 1903 BGB, Rn. 17.; a.A. BayObLG FamRZ 1993, 852, 853 (Einwilligungsvorbehalt auch für Aufgabenkreis der Aufenthaltsbestimmung)

171 Jürgens-Jürgens, § 1903 BGB, Rn. 8

172 OLG Schleswig-Holstein FamRZ 2005, 1196

173 KG Berlin BtPrax 2007, 84 = FamRZ 2008, 1114

174 BayObLG NJW-RR 2003, 871

175 Bienwald, § 1903 BGB, Rn. 33

176 BGH BtPrax 2017, 213

177 BayObLG FamRZ 1993, 851 = BayObLGZ 1993, 63; BayObLG FamRZ 1993, 852, 853; BayObLG BtPrax 1994, 136, 137

behalts für einen nur körperlich Behinderten nicht in Betracht[178], auch wenn er sich uneinsichtig selbst schädigt.

Allein zum Zweck der Arbeitserleichterung des Betreuers einen Einwilligungsvorbehalt anzuordnen, ist ebenfalls unzulässig[179].

61 In Rechtsprechung und Literatur gibt es mit dem Hinweis auf den Erforderlichkeitsgrundsatz Beispiele für einen zeitlich[180] oder gegenständlich[181] (etwa Geschäfte mit einem Wert über einem bestimmten Betrag) beschränkten Einwilligungsvorbehalt.

Die Erforderlichkeit wird oft durch eine erhebliche Gefahr indiziert, da bei deren Vorliegen häufig kein milderes, gleich effektives Mittel denkbar ist als die Anordnung eines Einwilligungsvorbehalts[182].

cc. Umfang

62 Der Einwilligungsvorbehalt kann grundsätzlich für alle Arten von Willenserklärungen angeordnet werden. Davon macht § 1903 Abs. 2 BGB einige Ausnahmen, die höchstpersönliche Rechtsgeschäfte auf familien- und erbrechtlichem Gebiet betreffen:

(1) Eheschließung

63 Bei Willenserklärungen, die auf Eingehung einer Ehe gerichtet sind, kommt die Anordnung eines Einwilligungsvorbehalts nicht in Betracht (§ 1903 Abs. 2 BGB). Die Ehe(un)fähigkeit bleibt also von einem Einwilligungsvorbehalt unberührt. Als Begründung wird vom Gesetzgeber angeführt, dass es sich dabei um höchstpersönliche Angelegenheiten handelt, die nicht von einem Vertreter wahrgenommen werden können[183]. Da sich die Vertretungsfeindlichkeit bereits aus § 1311 BGB, die Eheunfähigkeit des Geschäftsunfähigen aus § 1304 BGB ergibt, hat § 1903 BGB nur klarstellenden Charakter. Zu den auf die Eingehung einer Ehe gerichteten Willenserklärungen gehören das Verlöbnis (§ 1297 BGB) ebenso wie die Erklärungen der Verlobten, die Ehe miteinander eingehen zu wollen (§ 1310 Abs. 1 BGB)[184]. Gleiches muss für einen Rücktritt vom Verlöbnis gelten, da der Betroffene nicht gegen seinen Willen an sein Eheversprechen gebunden sein kann[185].

Die Gestaltung von Ehewirkungen in Eheverträgen und Scheidungsvereinbarungen sowie der Antrag auf Scheidung der Ehe können einem Einwilligungsvorbehalt unterstellt werden[186]. Für einen Ehevertrag ergibt sich dies aus § 1411 Abs. 2 BGB. Der Ehevertrag wird dann vom Betreuten mit Zustimmung des Betreuers geschlossen, nicht vom Betreuer allein[187]. Da ein in der Geschäftsfähigkeit beschränkter Ehegatte in Ehesachen prozessfähig ist, wird für Scheidungsangelegenheiten bzw. die Scheidungssache selbst ein Einwilligungsvorbehalt nur in Ausnahmefällen in Betracht kommen[188].

---

178 Vgl. BT-Drucks. 11/4528, S. 117, 137
179 Erman-Roth, § 1903 BGB, Rn. 12
180 BayObLG FamRZ 1995, 1517, 1518
181 BGH NJWRR 2017, 1304; BtPrax 2016, 147; 2017, 73; FamRZ 2015, 1793; BayObLG BtPrax 1994, 30 (mehr als 500 DM), BtPrax 1995, 143; Erman-Roth, § 1903 BGB, Rn. 14
182 Vgl. BT-Drucks. 11/4528, S. 137: Bei Gefahr erheblicher Selbstschädigung wird die Anordnung eines Einwilligungsvorbehalts v.a. erforderlich sein.
183 BT-Drucks. 11/4528, 65
184 Bienwald, § 1903 BGB, Rn. 55
185 MK-Roth, §§ 1298 BGB, Rn. 2; Bienwald, § 1903 BGB, Rn. 55
186 Roth, BtPrax 2007, 102 ff. gegen Kern, in: FS Bienwald 2006, S. 137, 142, der ein Vertretungsverbot propagiert; wie hier: BGH NJW 2002, 671; Bienwald, § 1903 BGB, Rn. 55; Cypionka, DNotZ 1991, 571, 583.
187 Ausnahme bei Geschäftsunfähigkeit des Betreuten – vgl. Roth BtPrax 2007, 100, 102
188 Bienwald, § 1896 BGB, Rn. 157, S. 107. Bienwald räumt ein, dass die Voraussetzungen des § 1903 BGB in diesem Fall in aller Regel tatsächlich nicht vorliegen werden.

(2) Verfügung von Todes wegen

Auch hinsichtlich Verfügungen von Todes wegen kann kein Einwilligungsvorbehalt angeordnet werden, § 1903 Abs. 2 BGB. Verfügungen von Todes wegen sind Rechtsgeschäfte, in denen der Erblasser Anordnungen über das Schicksal seines Vermögens nach seinem Tod trifft[189], also Testamente (§ 1937 BGB), Erbverträge (§ 1941 BGB) und gemeinschaftliche Testamente (§ 2265 BGB). Inhaltlich erfasst sind die Erbeinsetzung (§ 1937 BGB), der Ausschluss eines Verwandten oder Ehegatten von der gesetzlichen Erbfolge (§ 1938 BGB), das Vermächtnis (§ 1939 BGB), die Auflage (§ 1940 BGB), der Dreißigste (§ 1969 Abs. 1 Satz 2 BGB), die Teilungsanordnung (§§ 2044, 2048 BGB), die Anordnung der Testamentsvollstreckung (§§ 2197 ff. BGB), Anordnungen bezüglich der Pflichtteilslast (§ 2324 BGB) sowie die Entziehung oder Beschränkung des Pflichtteilsrechts (§§ 2332 bis 2338 BGB)[190]. **64**

(3) Zustimmungsfreie Willenserklärung

Zudem erstreckt sich ein Einwilligungsvorbehalt nicht auf Willenserklärungen, zu denen ein beschränkt Geschäftsfähiger nach den Vorschriften des Vierten und Fünften Buches des BGB nicht der Zustimmung seines gesetzlichen Vertreters bedarf. Hintergrund dieser Regelung ist die höchstpersönliche Natur solcher Erklärungen, die deshalb nicht von der Zustimmung des gesetzlichen Vertreters abhängen sollen. So darf sich der Einwilligungsvorbehalt nicht erstrecken auf § 1516 Abs. 2 Satz 2 BGB (Verfügungen im Rahmen der fortgesetzten Gütergemeinschaft); § 1600a Abs. 2 Satz 2 Hs. 2 BGB (Vaterschaftsanfechtung); § 1747 Abs. 2, 3 i.V.m. § 1750 Abs. 3 Satz 2 BGB (Einwilligung der Eltern des Kindes zur Adoption); § 1749 Abs. 1, 2 i.V.m. § 1750 Abs. 3 Satz 2 BGB (Einwilligung des Ehegatten zur Adoption); § 1760 Abs. 3 Satz 2 und Abs. 5 Satz 2 i.V.m. § 1750 Abs. 3 Satz 2 BGB (Aufhebung der Adoption – Ausschluss, Hindernisse); § 1762 Abs. 1 Satz 4 BGB (Antrag auf Aufhebung der Adoption); § 2229 Abs. 2 BGB (Testamentserrichtung); § 2271 Abs. 1 Satz 1 i.V.m. § 2296 Abs. 1 Satz 2 BGB (Widerruf wechselbezüglicher Verfügungen); § 2282 Abs. 1 Satz 2 (Anfechtung eines Erbvertrags); § 2290 Abs. 2 Satz 2 BGB (Aufhebung eines Erbvertrags durch Vertrag); § 2296 Abs. 1 Satz 2 BGB (Rücktritt vom Erbvertrag); § 2347 Abs. 2 Satz 1 BGB (Erbverzicht). **65**

(4) Weitere Willenserklärungen

Abgesehen davon erstreckt sich der Einwilligungsvorbehalt nicht auf: **66**

- Erklärungen, die der Betreute als gesetzlicher Vertreter seiner Kinder abgibt[191], da aus der bloßen Anordnung der Betreuung ein Ruhen der elterlichen Sorge – wie in § 1673 Abs. 2 BGB für den beschränkt Geschäftsfähigen vorgesehen – nicht folgt[192]. Außerdem führen Vertreterhandlungen letztlich zu einer Berechtigung und Verpflichtung des Kindes und nicht des Betreuten selbst. Tatsächliche Erziehungshandlungen können ohnehin nicht einem Einwilligungsvorbehalt unterstellt werden, da es sich nicht um Willenserklärungen handelt;
- die Erklärung des Religionszugehörigkeitswechsels und des Kirchenaustritts (vgl. § 1903 BGB i.V.m. § 5 RKEG)[193] (bei Geschäftsunfähigkeit ist der Austritt nicht möglich, da der Betreuer den Betreuten nicht wirksam vertreten kann)[194];

---

189 Staudinger-Otte, Vorbem. zu §§ 1937–1941 BGB, Rn. 2
190 Staudinger-Otte, Vorbem. zu §§ 1937–1941 BGB, Rn. 4 f.
191 MK-Schwab, § 1903 BGB, Rn. 24
192 Näher dazu: Staudinger-Coester, § 1673 BGB, Rn. 9 f.
193 Deinert FamRZ 2006, 243; MK-Schwab, § 1903 BGB, Rn. 24
194 Dies ist in einigen wenigen Ländergesetzen geregelt (so in § 1 Abs. 2 ReligionsaustrittsG RhPf-GVBl 1995, 421), dürfte aber ein allgemeiner Grundsatz sein.

- die Antragstellung für die Beistandschaft des Jugendamts (§§ 1712, 1713 Abs. 2 Satz 2 BGB)[195];
- die Bestimmung des Ehenamens[196].

dd. Wirkungen

(1) Einwilligungsbedürftigkeit

67 Die Wirkungen eines Einwilligungsvorbehalts hängen von der Art des Einwilligungsvorbehalts ab. Man unterscheidet zwei Arten von Einwilligungsvorbehalten, den einfachen bzw. Regel-Einwilligungsvorbehalt und den erweiterten bzw. qualifizierten Einwilligungsvorbehalt.

(a) Regel-Einwilligungsvorbehalt

68 Ist ein Regel-Einwilligungsvorbehalt nach § 1903 Abs. 1 BGB angeordnet, so bedarf der Betreute grundsätzlich zu von ihm getätigten Rechtsgeschäften, die in den Lebensbereich fallen, für den der Einwilligungsvorbehalt angeordnet wurde, der Einwilligung seines gesetzlichen Vertreters. Das Einwilligungserfordernis ist nicht als eine Beschränkung der Geschäftsfähigkeit, sondern nur als Eingrenzung der Handlungsmöglichkeiten zu verstehen[197]. Es gilt jedoch nicht bei Geschäften, die dem Betreuten lediglich einen rechtlichen Vorteil bringen, § 1903 Abs. 3 Satz 1 BGB.

(aa) Lediglich rechtlich vorteilhafte Geschäfte

69 Nicht vom Einwilligungsvorbehalt umfasst sind lediglich rechtlich vorteilhafte Geschäfte des Betreuten. Eine Willenserklärung ist nur dann lediglich rechtlich vorteilhaft für den Betreuten, wenn ihm daraus eine rechtlich günstige Position und nicht auch ein rechtlicher Nachteil erwächst. Maßgebend ist die rechtliche, nicht die wirtschaftliche Vor- bzw. Nachteilhaftigkeit. Die unmittelbaren Rechtsfolgen der Erklärung sind entscheidend. Solche rechtlich vorteilhaften Geschäfte sind z.B. grundsätzlich die Annahme einer Schenkung oder die Abtretung einer Forderung an den Betreuten sowie die Übereignung einer Sache an ihn[198]. Eine Ausnahme besteht, wenn mit der Übereignung des geschenkten Gegenstands rechtliche Nachteile verbunden sind, etwa bei einer vermieteten Eigentumswohnung. Allein die Tatsache, dass ein geschenktes Grundstück belastet ist, begründet noch keine Nachteilhaftigkeit. Entscheidend ist, ob eine konkrete Verpflichtung begründet wird, die unabhängig vom geschenkten Gegenstand besteht.

(bb) Geringfügige Geschäfte des täglichen Lebens

70 Der in Abs. 1 geregelte, normale Einwilligungsvorbehalt gestattet dem Betreuten zum anderen auch geringfügige Geschäfte des täglichen Lebens ohne Zustimmung des Betreuers, § 1903 Abs. 3 Satz 2 BGB. Es ist nicht erforderlich, dass der Betreute das Geschäft mit Geldmitteln tätigt, die ihm zu diesem Zweck oder zur freien Verfügung überlassen sind, wie es § 110 BGB verlangt. Strittig ist, ob der Betreute „anschreiben" lassen darf: Einige Autoren wollen unter Berufung auf den Zweck der Vorschrift nur Bargeschäfte darunter fallen lassen[199], während die Gegenansicht in dem beschriebenen Rahmen Kreditgeschäfte zulässt[200]. Da die Vorschrift einen Bereich definiert, in dem der Betreute uneinge-

195 Bienwald, § 1903 BGB, Rn. 58
196 Böhmer, StAZ 1992, 67 f.; Palandt-Götz, § 1903 BGB, Rn. 6
197 Bienwald, § 1903 BGB, Rn. 67
198 Vgl. Erman-Müller, § 107 BGB, Rn. 6
199 MK-Schwab, § 1903 BGB, Rn. 47; Knittel § 1903 BGB, Rn. 26; Lipp, S. 90
200 Bienwald, § 1903 BGB, Rn. 65; Erman-Roth, § 1903 BGB, Rn. 17; Damrau/Zimmermann, § 1903 BGB, Rn. 36

schränkt geschäftsfähig bleibt[201], weil seine Privatautonomie gestärkt werden soll, wird der letzten Ansicht zu folgen sein, zumal der Zweck der Vorschrift m.E. dadurch nicht entscheidend vereitelt wird.

Beispiele für solche Geschäfte sind u.a. alltägliche Bargeschäfte über geringwertige Gegenstände, wie der Kauf zum alsbaldigen Verbrauch bestimmter Hygiene- oder Lebensmittel, auch Alkoholika[202], wenn diese nach Menge und Wert das übliche Maß nicht übersteigen. Ein solcher Kauf muss nicht üblicherweise jeden Tag vorgenommen werden, um ein Geschäft des täglichen Lebens zu sein. Entscheidend ist vielmehr, ob die Maßnahme von der Verkehrsanschauung als ein Geschäft des täglichen Lebens eingeordnet wird. Als typisches Beispiel wird der Kauf einer Tube Zahnpasta angegeben[203], des Weiteren das Lösen einer Kinokarte, regelmäßige oder wiederkehrende Fahrten mit öffentlichen oder privaten Nahverkehrsmitteln, wenn der Fahrpreis jeweils für eine Fahrt oder Hin- und Rückfahrt geleistet wird. Zeitkarten hingegen erfüllen dieses Merkmal nicht[204]. Auch Ausflüge zu Gaststätten unter Inanspruchnahme eines Krankenwagens des Rettungsdienstes fallen nicht darunter[205]. Auch formgebundene Willenserklärungen sind nicht als alltäglich anzusehen[206]. Selbständige Vorratswirtschaft ist von Abs. 3 Satz 2 ebenfalls nicht erfasst[207]. Die Geringfügigkeit ist objektiv nach den Vermögensverhältnissen des Betreuten zu bestimmen, nicht subjektiv nach seinen Vorstellungen. Die Sicht des Geschäftspartners ist nicht maßgebend[208]. **71**

Ist der Betreuer unsicher, ob es sich um ein Alltagsgeschäft handelt, muss er die Erfüllung aus diesem Geschäft verweigern und dann im Rechtsstreit die Frage klären lassen[209].

Im Verhältnis zu § 110 BGB (dazu unten Rn. 86) hat § 1903 Abs. 2 Satz 3 BGB den größeren Anwendungsbereich: Sind die Voraussetzungen des § 1903 Abs. 3 Satz 2 BGB erfüllt, ist das Verpflichtungsgeschäft des Betreuten von vornherein wirksam, unabhängig davon, ob überhaupt und mit welchen Mitteln der Betreute die Leistung bewirkt hat. § 1903 Abs. 3 Satz 2 BGB greift also auch dann ein, wenn das vom Betreuten zu erbringende Entgelt mit Mitteln bewirkt wird, die Dritte ihm ohne Wissen des Betreuers überlassen haben[210]. Außerdem ist der § 110 BGB zugrunde liegende Erziehungsgedanke auf die Betreuung Volljähriger nicht übertragbar, weil das in Art. 6 Abs. 1 GG verankerte Erziehungsrecht der Eltern keine Anwendung auf Volljährige finden kann. **72**

(b) Erweiterter Einwilligungsvorbehalt

Das Gericht kann im Fall des § 1903 Abs. 3 Satz 2 BGB „etwas anderes anordnen", also den Einwilligungsvorbehalt auch auf Willenserklärungen des Betreuten in geringfügigen Angelegenheiten des täglichen Lebens erstrecken und ihn insoweit einem sog. erweiterten oder qualifizierten Einwilligungsvorbehalt unterwerfen. **73**

Ein solcher ist sinnvoll, wenn der Betreute sich durch eine Vielzahl kleinerer Geschäfte gefährdet, wenn also z.B. ein Suchtkranker ständig kleinere Mengen Alkohol erwirbt[211].

201 Vgl. von Sachsen-Gessaphe, S. 441 f.
202 BGH BtPrax 2017, 74
203 BT-Drucks. 11/4528, 139
204 Bienwald, § 1903 BGB, Rn. 64
205 LG Gießen BtPrax 2003, 88
206 Cypionka, DNotZ 1991, 571, 581
207 Bienwald, § 1903 BGB, Rn. 64; Jürgens, § 1903 BGB, Rn. 24
208 Damrau/Zimmermann, § 1903 BGB, Rn. 35
209 Bienwald, § 1903 BGB, Rn. 65. Die allgemeinen Voraussetzungen einer negativen Feststellungsklage liegen in aller Regel nicht vor.
210 Schwab, FamRZ 1992, 493, 506
211 BT-Drucks. 11/4528, S. 139; MK-Schwab, § 1903 BGB, Rn. 51

Die Ermächtigung zur vollständigen Rücknahme der Ausnahme von § 1903 Abs. 3 Satz 2 BGB kann nur durch das Betreuungsgericht erteilt werden.

(2) Folgen der Einwilligung

74 Ist der Betreute nicht geschäftsunfähig, so wird – falls ein Einwilligungsvorbehalt angeordnet ist – mit der Zustimmung des Betreuers ein sich im Rahmen dieses Einwilligungsvorbehalts bewegendes Geschäft des Betreuten wirksam.

Durch die Anordnung eines Einwilligungsvorbehalts wird ein Geschäftsunfähiger nicht (beschränkt) geschäftsfähig. Gleiches gilt für einen partiell Geschäftsunfähigen, wenn für den Bereich seiner Geschäftsunfähigkeit ein Einwilligungsvorbehalt angeordnet wird.

Hat der Betreuer seine Zustimmung zu einem Geschäft seines geschäftsunfähigen Betreuten erteilt, so kann man dies in der Regel in eine Eigenvornahme des Geschäfts durch den Betreuer umdeuten[212]. Falls es der Betreuer nur für möglich hält, dass der Betreute geschäftsunfähig ist, und seine Zustimmung erteilt, kann er sich im Nachhinein nicht auf die Nichtigkeit des Geschäfts berufen, da dann in der Zustimmung eine Bestätigung im Sinne von § 141 BGB zu sehen sein wird[213]. Bei psychischer, geistiger oder seelischer Behinderung wird man dem ersten Anschein nach davon ausgehen müssen, dass der Betreuer die Möglichkeit der Geschäftsunfähigkeit bedacht hat.

Zu Einwilligungen i.S.d. § 1903 BGB, also u.U. auch nachträglichen Genehmigungen eines Geschäfts, benötigt der Betreuer eine betreuungsgerichtliche Genehmigung, wenn sie im Rahmen seines Betreuerhandelns erforderlich wäre (z.B. in Fällen des § 1908i Abs. 1 Satz 1 i.V.m. §§ 1821, 1822 BGB[214]; § 1907 Abs. 3 BGB). Kann die Einwilligung des Betreuers in eine Willenserklärung des Betreuten oder seine Genehmigung eines Vertrags in eine Eigenvornahme durch den Betreuer umgedeutet werden, ist die erforderliche Genehmigung des Betreuungsgerichts ohnehin Wirksamkeitsvoraussetzung für das Betreuerhandeln.

(3) Beschränkte Geschäftsfähigkeit, §§ 104 bis 113, 131 BGB

75 Die Vorschriften, auf die in § 1903 Abs. 1 Satz 2 BGB Bezug genommen wird, betreffen überwiegend Willenserklärungen, die von einem oder gegenüber einem Minderjährigen abgegeben werden. Die §§ 104, 105, 108 bis 113, 131 Abs. 2 BGB sind im Betreuungsrecht über § 1903 Abs. 1 Satz 2 BGB entsprechend anwendbar. Der unter Einwilligungsvorbehalt stehende Betreute ist einem beschränkt Geschäftsfähigen gleichgestellt.

(a) § 104 BGB

§ 104 BGB Geschäftsunfähigkeit

Geschäftsunfähig ist:

1. **wer nicht das siebente Lebensjahr vollendet hat;**
2. **wer sich in einem die freie Willensbestimmung ausschließenden Zustande krankhafter Störung der Geistestätigkeit befindet, sofern nicht der Zustand seiner Natur nach ein vorübergehender ist.**

76 Der Betreute wird durch die Anordnung der Betreuung nicht geschäftsunfähig. Sowohl er selbst als auch der Betreuer sind daher im Regelfall handlungsfähig.

---

212 Vgl. BT-Drucks. 11/4528, S. 137
213 Wenn der Betreuer hingegen fahrlässig die Möglichkeit der Geschäftsunfähigkeit verkannte, kann man in seiner Zustimmung keine Bestätigung sehen.
214 Vgl. dazu Teil E, Rn. 89 ff.

Gem. § 104 Nr. 2 i.V.m. § 105 Nr. 1 BGB ist die Willenserklärung eines Betreuten, der sich in einem nicht nur vorübergehenden, die freie Willensbestimmung ausschließenden Zustand krankhafter Störung der Geistestätigkeit befand, nichtig. Maßgebend ist, ob der Betreute seine Entscheidungen noch von vernünftigen Erwägungen abhängig machen konnte[215] oder ob eine Geisteskrankheit so schwerwiegend ist, dass sie den Willen des Betroffenen derart beherrscht, dass die Bestimmbarkeit des Willens durch vernünftige Erwägungen ausgeschlossen ist[216].

Ob Geschäftsunfähigkeit Voraussetzung für die Anordnung einer Betreuung gegen den Willen des Betroffenen ist, ist streitig (dazu oben Rn. 16).

(b) § 105 BGB

§ 105 BGB Nichtigkeit der Willenserklärung

(1) Die Willenserklärung eines Geschäftsunfähigen ist nichtig.

(2) Nichtig ist auch eine Willenserklärung, die im Zustande der Bewusstlosigkeit oder vorübergehender Störung der Geistestätigkeit abgegeben wird.

Die Willenserklärung eines geschäftsunfähigen Betreuten ist nichtig (§ 105 Abs. 1 BGB). **77**
Sie wird auch nicht durch die Zustimmung des gesetzlichen Vertreters, also eines Betreuers, wirksam.

Diese Rechtsfolge aus § 105 BGB gilt auch für einen Geschäftsunfähigen, für den ein Einwilligungsvorbehalt angeordnet ist; die Vorschrift ist insoweit spezieller als der Verweis in § 1903 Abs. 1 Satz 2, Abs. 3 BGB[217]. Das bedeutet, dass ein von einem geschäftsunfähigen Betreuten vorgenommenes Rechtsgeschäft auch nicht durch die Genehmigung des Betreuers wirksam werden kann. Möglich ist insoweit lediglich die Umdeutung der Genehmigung in eine Eigenvornahme des Geschäfts durch den Betreuer[218].

Die Willenserklärung des Betreuten ist nicht nur im Falle des § 104 Nr. 2 BGB unwirksam, sondern auch im Falle des § 105 Abs. 2 BGB, d.h., wenn er zwar grundsätzlich geschäftsfähig ist, jedoch im Zustand der Bewusstlosigkeit oder der vorübergehenden Störung der Geistestätigkeit eine Willenserklärung abgibt.

Bewusstlosigkeit ist eine hochgradige Bewusstseinstrübung, die das Erkennen von Inhalt und Wesen der Rechtshandlung ganz oder in bestimmter Richtung ausschließt[219]. Sie kommt in Frage bei Trunkenheit[220], Drogeneinfluss, Fieber und Hypnose[221].

Eine vorübergehende Störung der Geistestätigkeit kann insbesondere bei Krankheitsschüben psychisch Kranker gegeben sein. Voraussetzung ist auch hier der Ausschluss freier Willensbestimmung[222].

215 Vgl. BGH NJW 1970, 1681

216 BayOLGZ 78, 301 mit Hinweis auf RGZ 130, 169; vgl. KG Berlin RuP 1987, 76, 77

217 A.A. Enderlein, JZ 1998, 485: § 1903 BGB ist spezieller, so dass der Betreute als beschränkt geschäftsfähig anzusehen ist; kritisch de lege ferenda: MK-Schwab, § 1903 BGB, Rn. 59. Wie hier die h.M.: Erman-Roth, § 1903 BGB, Rn. 20; von Sachsen-Gessaphe, S. 447 f.

218 Näher dazu: Erman-Roth, § 1903 BGB, Rn. 21

219 Erman-Müller, § 105 BGB, Rn. 5

220 OLG Nürnberg NJW 1977, 1496 bejaht Geschäftsunfähigkeit nach § 105 Abs. 2 BGB bei 3,4 Promille; BGH NJW 1991, 852 bejaht sie bei mehr als 3,0 Promille.

221 Palandt- Ellenberger, § 105 BGB, Rn. 2

222 Palandt- Ellenberger, § 105 BGB, Rn. 3

(c) § 105a BGB

§ 105a BGB Geschäfte des täglichen Lebens

[1]Tätigt ein volljähriger Geschäftsunfähiger ein Geschäft des täglichen Lebens, das mit geringwertigen Mitteln bewirkt werden kann, so gilt der von ihm geschlossene Vertrag in Ansehung von Leistung und, soweit vereinbart, Gegenleistung als wirksam, sobald Leistung und Gegenleistung bewirkt sind. [2]Satz 1 gilt nicht bei einer erheblichen Gefahr für die Person oder das Vermögen des Geschäftsunfähigen.

(aa) Anwendungsbereich

78 Die Vorschrift wurde durch das so genannte OLG-Vertretungsänderungsgesetz vom 31.7.2002 in das BGB eingefügt[223]. Sie soll die **soziale Integration erwachsener geistig behinderter Menschen** fördern[224], indem sie bestimmte Geschäfte dieses Personenkreises teilwirksam sein lässt.

Entsprechend der Intention ist der Anwendungsbereich auf volljährige Geschäftsunfähige beschränkt, also auf Menschen, die das 18. Lebensjahr vollendet haben (§ 2 BGB). Diese müssen geschäftsunfähig sein, egal ob die Geschäftsunfähigkeit nach § 104 Nr. 2 BGB oder nach § 105 Abs. 2 BGB besteht. Eine medizinische oder gerichtliche Feststellung der Geschäftsunfähigkeit ist nicht vorausgesetzt.

Unerheblich ist auch, ob sie unter Betreuung stehen oder nicht. Bei Personen, für die ein Einwilligungsvorbehalt angeordnet ist, gilt der – ähnlich lautende – § 1903 Abs. 3 BGB[225]. Ist der unter Einwilligungsvorbehalt stehende Betreute geschäftsunfähig, ist der Anwendungsbereich beider Vorschriften eröffnet.

Die Höhe hat sich an den üblichen Bargeschäften des täglichen Lebens auszurichten, wobei die Regelung über das Taschengeld im BSHG vielleicht ein sinnvoller Anhaltspunkt sein mag[226].

Soweit der Betroffene in einem sog. lichten Augenblick handelt, ist er insoweit geschäftsfähig, so dass § 105a BGB nicht eingreift[227].

Erfasst werden Geschäfte des täglichen Lebens unabhängig davon, ob der Geschäftsunfähige bei einem Kauf als Käufer oder als Verkäufer auftritt oder ob das Geschäft einseitig oder zweiseitig verpflichtend ist. Rein einseitige Willenserklärungen eines Geschäftsunfähigen unterfallen nicht der Vorschrift. Auch wenn beide Geschäftspartner geschäftsunfähig sind, greift § 105a BGB ein, soweit die Voraussetzungen im Übrigen für beide Seiten gegeben sind. Ist einer geschäftsunfähig, der andere beschränkt geschäftsfähig, so ist die Anwendung des § 105a BGB nicht generell ausgeschlossen[228]. Vielmehr hängt die Rechtsfolge des § 105a BGB davon ab, ob der gesetzliche Vertreter des beschränkt Geschäftsfähigen dem Rechtsgeschäft zustimmt. Ergibt sich die beschränkte Geschäftsfähigkeit des einen Teils aus der Anordnung eines Einwilligungsvorbehalts, so ist der Vertrag wirksam, wenn er eine geringfügige Angelegenheit des täglichen Lebens betrifft (§ 1903 Abs. 3 Satz 2 BGB). Da diese Regelung der des § 105a BGB ähnelt, werden sogar häufig entsprechende Rechtsgeschäfte zwischen beschränkt Geschäftsfähigen und Geschäftsunfähigen gem. § 105a BGB teilwirksam.

---

223 BGBl. I, S. 2856
224 BT-Drucks. 14/8763; zum Gesetzeszweck (kritisch): Pawlowski, JZ 2003, 67, 72
225 Siehe dazu unten Rn. 79
226 Lipp, FamRZ 2003, 726
227 Jauernig, § 105a BGB, Rn. 3, der die neue Vorschrift daher für überflüssig hält: Wer Geschäfte des täglichen Lebens abschließe, falle nicht auf oder handele eben „im lichten Moment".
228 Missverständlich insoweit Casper, NJW 2002, 3426

(bb) Geschäfte des täglichen Lebens

Bei der Formulierung „Geschäfte des täglichen Lebens" kann trotz des leicht abweichenden Wortlauts auf die Kasuistik, die zu § 1903 Abs. 3 Satz 2 BGB entwickelt wurde (siehe oben Rn. 70), zurückgegriffen werden[229]. Die Alltäglichkeit verlangt nicht, dass das Geschäft jeden Tag vorgenommen werden muss; es kommt vielmehr darauf an, dass **die Geschäfte regelmäßig** vorgenommen zu werden pflegen[230]. Vom Gesetzgeber wird (zu § 1903) als Beispiel für ein alltägliches Geschäft der Kauf einer Zahnbürste oder einer Zeitung sowie der Gang zum Friseur angeführt[231]. Der Kauf von Lebensmitteln zum baldigen Verbrauch (nicht dagegen zur Vorratshaltung)[232] fällt genauso darunter wie die Fahrkarten für Nahverkehrsmittel[233]. **79**

Schwierig zu beurteilen ist die Situation, dass eine **Vielzahl von Geschäften** geschlossen wird, die jeweils einzeln ein Geschäft des täglichen Lebens bilden, aber insgesamt auf eine Vorratshaltung zielen. Bei gleichzeitigem Abschluss ist das gesamte Geschäft zu bewerten; werden die Geschäfte einzeln und zeitlich unabhängig voneinander getätigt, so ist jedes gesondert zu betrachten.

Die **Geringfügigkeit** ist nach dem **Preis**[234] und den **individuellen finanziellen Verhältnissen** des Geschäftsunfähigen zu bestimmen[235].

Während § 1903 Abs. 2 BGB davon spricht, dass die Willenserklärung entsprechende Geschäfte betrifft, muss gemäß § 105a BGB das Geschäft mit geringfügigen Mitteln bewirkt werden. Die Vorschrift knüpft – anders als § 1903 oder § 104 BGB – nicht an die Willenserklärung an; stattdessen ist eine Erfüllung des Vertrags durch den Geschäftsunfähigen notwendig für das Eingreifen der Rechtsfolge. Dies ist problematisch, weil ein Geschäftsunfähiger eigentlich nicht wirksam erfüllen kann. Daher wird insoweit von einer Fiktion der Erfüllung auszugehen sein[236]. Teilweise Erfüllung, wie etwa bei einem Kreditgeschäft, genügt nicht.

(cc) Ausnahme

Bei einer **erheblichen Gefahr** für Person oder Vermögen des Geschäftsunfähigen greift die Vorschrift nicht ein (Satz 2). Erheblich ist die Gefahr, wenn sie sich mit hinreichender Sicherheit realisiert. Ferner muss die Gefahr gerade durch die fehlende Möglichkeit der Rückabwicklung bestehen. Bei Geschäften des täglichen Lebens ist eine solche Gefahr nur selten vorstellbar, da der drohende Schaden viel höher sein müsste als der Kaufpreis bzw. der Wert des Kaufgegenstands. Zu denken wäre an den Kauf einer billigen, aber gefährlichen Ware, etwa Feuerwerkskörper[237]. **80**

(dd) Rechtsfolge

Mit der Rechtsfolge, dass die getätigten **Geschäfte als wirksam gelten**, hat der Gesetzgeber bewusst davon abgesehen, eine völlige Wirksamkeit anzuordnen, sondern nur eine Fiktion normiert. Sie bewirkt allerdings, dass die ausgetauschten Leistungen nicht zurück- **81**

229 Casper, NJW 2002, 3426
230 BT-Drucks. 14/9266, S. 43
231 BT-Drucks. 11/4528, S. 139
232 Vgl. MK-Schwab, § 1903 BGB, Rn. 47
233 Bienwald, § 1903 BGB, Rn. 64
234 BT-Drucks. 14/9266, S. 43
235 MK-Schwab, § 1903 BGB, Rn. 48
236 MK-Schmitt, § 105a BGB, Rn. 11
237 Vgl. auch Jauernig, § 105a BGB, Rn. 7 (dort Messer und Strick als Beispiel)

gefordert werden können. Dies hat seinen Grund darin, dass der Geschäftsunfähige vor Schadensersatzansprüchen des Geschäftspartners geschützt werden soll[238].

So wird mitunter von einer halbseitigen Wirksamkeit ausgegangen[239]. Zu Recht wird daran kritisiert, dass eine solche einseitige Begünstigung des Geschäftsunfähigen weder gesetzessystematisch befriedigt noch vom Gesetzgeber gewollt sei[240]. Überdies versagt diese Lösung, wenn beide Geschäftspartner geschäftsunfähig sind. Daher werden gegenseitige Ansprüche befürwortet. Aus ähnlichen Erwägungen wird auch die Ansicht vertreten, dass keinerlei vertragliche Ansprüche gegeben seien[241], weil eine Schutzlücke zu Lasten des Geschäftsunfähigen nicht entstehe; denn der Betroffene könne Schadensersatzansprüche ohne einen Betreuer ohnehin nicht geltend machen, und das Entstehen solcher Ansprüche werde durch eine Genehmigung des Betreuers ermöglicht.

Voraussetzung der Fiktion ist, dass die Leistungen „bewirkt" werden, was die Frage aufwirft, ob dies auch bei einer mangelhaften Leistung der Fall ist. Die Befürworter schließen den Nacherfüllungsanspruch bzw. Rücktritt aus[242], während die Gegenansicht es bei dem Grundsatz belässt, dass eine mangelhafte Leistung keine Erfüllung ist.[243]

Fraglich ist, ob der Betreute der anderen Seite Eigentum verschaffen kann. Sinnvoll ist es, dass die schuldrechtliche und die dingliche Berechtigung nicht dauerhaft auseinander fallen. Überwiegend wird daher angenommen, dass auch das dingliche Geschäft des Geschäftsunfähigen als wirksam gilt[244]. Dem ist zu folgen.

82 Fraglich ist, ob der Betreuer ein Geschäft eines Geschäftsunfähigen genehmigen kann. Theoretisch ist dies nicht möglich, da die Willenserklärungen Geschäftsunfähiger nichtig sind (§ 105 BGB). Gleichwohl sollte dies auch dann zugelassen werden, wenn kein Einwilligungsvorbehalt angeordnet ist. Zu Recht wird dieses Ergebnis aus dem Erforderlichkeitsgrundsatz abgeleitet, der besagt, dass die Tätigkeit des Betreuers auf das Notwendigste beschränkt wird[245]. Kann der Betreuer das Geschäft selbst vornehmen, so sollte es ihm als ein Minus möglich sein, einer entsprechenden Rechtshandlung des Betreuten zuzustimmen. Gewonnen wird dieses Ergebnis im Wege einer teleologischen Reduktion der Nichtigkeitsfolgen des § 105 BGB.

(d) § 108 BGB

§ 108 BGB Vertragsschluss ohne Einwilligung

(1) Schließt der Minderjährige einen Vertrag ohne die erforderliche Einwilligung des gesetzlichen Vertreters, so hängt die Wirksamkeit des Vertrags von der Genehmigung des Vertreters ab.

(2) [1]Fordert der andere Teil den Vertreter zur Erklärung über die Genehmigung auf, so kann die Erklärung nur ihm gegenüber erfolgen; eine vor der Aufforderung dem Minderjährigen gegenüber erklärte Genehmigung oder Verweigerung der Genehmigung wird unwirksam. [2]Die Genehmigung kann nur bis zum Ablaufe von zwei Wochen nach dem Empfange der Aufforderung erklärt werden; wird sie nicht erklärt, so gilt sie als verweigert.

(3) Ist der Minderjährige unbeschränkt geschäftsfähig geworden, so tritt seine Genehmigung an die Stelle der Genehmigung des Vertreters.

---

238 BT-Drucks. 14/9266, S. 43
239 MK-Schmitt, § 105a BGB, Rn. 20 ff.
240 Erman-Müller § 105a BGB Rn. 14; Löhnig/Schärtl, AcP 104, 47.
241 Lipp, FamRZ 2003, 726; Palandt-Ellenberger § 105a BGB, Rn. 6
242 Casper NJW 2002, 3427
243 Löhnig/Schärtl, AcP 204, 46; Staudinger-Klumpp § 105a Rn. 34; Roth AcP 208, 466
244 Casper, NJW 2002, 3427; Palandt- Ellenberger, § 105a BGB, Rn. 6; Lipp, FamRZ 2003, 726
245 Lipp, FamRZ 2003, 723; Pawlowski, JZ 2003, 66, 73

Durch die Anordnung eines Einwilligungsvorbehalts bedürfen die von ihm erfassten Willenserklärungen des Betreuten zu ihrer Wirksamkeit der Einwilligung des Betreuers. Der Begriff „Einwilligung" bezeichnet in diesem Zusammenhang eine Zustimmung im Sinne des § 182 BGB. Denn aus der Verweisung auf § 108 BGB ergibt sich, dass nicht nur eine vorher erteilte Zustimmung (Einwilligung im engeren Sinn), sondern auch eine nachträglich erteilte Zustimmung (Genehmigung) der Willenserklärung des Betreuten zur Wirksamkeit verhelfen kann. Wird ein Vertrag ohne die grundsätzlich erforderliche Einwilligung des gesetzlichen Vertreters, hier des Betreuers geschlossen, hängt somit seine Wirksamkeit von dessen Genehmigung ab (§ 108 Abs. 1 BGB). **83**

Die Genehmigung ist nicht fristgebunden und kann prinzipiell auch konkludent erfolgen. Der Betreuer muss sich aber der Möglichkeit der schwebenden Unwirksamkeit bewusst gewesen sein. Durch die Genehmigung wird der Vertrag von Anfang an wirksam (§ 184 BGB).

Wenn der Vertragspartner des Betreuten den Betreuer zur Genehmigung aufgefordert hat, kann sie nur ihm gegenüber erklärt werden (§ 108 Abs. 2 BGB). Eine vorher dem Betreuten gegenüber erteilte Betreuergenehmigung oder Verweigerung der Genehmigung wird in dem Falle unwirksam (108 Abs. 2 Satz 1 BGB). Die Genehmigung kann nur bis zum Ablauf von zwei Wochen nach dem Empfang der Aufforderung gegenüber dem Vertragspartner erklärt werden, ansonsten gilt sie als verweigert (§ 108 Abs. 2 Satz 1 BGB). **84**

Wenn der Betreute unbeschränkt geschäftsfähig geworden ist, tritt seine Genehmigung an die Stelle der Genehmigung des gesetzlichen Vertreters (§ 108 Abs. 3 BGB). Für die Betreuung heißt das grundsätzlich, dass der Betreute bei Aufhebung des Einwilligungsvorbehalts nach Vertragsschluss, aber vor Erklärung des Betreuers über die Genehmigung sich selbst über die Genehmigung erklären kann. Er ist jetzt allein zuständig, nicht mehr der frühere Betreuer, auch wenn dieser zur Erklärung über die Genehmigung aufgefordert wurde.

Ist allerdings der Einwilligungsvorbehalt aufgehoben worden, weil er von Anfang an ungerechtfertigt war, geht die in § 306 FamFG enthaltene Sonderregelung dem § 108 Abs. 3 BGB vor: Die vom Betreuten getätigten Rechtsgeschäfte sind dann als wirksam zu behandeln, es sei denn, sie sind aus anderen Gründen unwirksam.

(e) § 109 BGB

§ 109 BGB Widerrufsrecht des anderen Teils

(1) [1]Bis zur Genehmigung des Vertrages ist der andere Teil zum Widerruf berechtigt. [2]Der Widerruf kann auch dem Minderjährigen gegenüber erklärt werden.

(2) Hat der andere Teil die Minderjährigkeit gekannt, so kann er nur widerrufen, wenn der Minderjährige der Wahrheit zuwider die Einwilligung des Vertreters behauptet hat; er kann auch in diesem Falle nicht widerrufen, wenn ihm das Fehlen der Einwilligung bei dem Abschlusse des Vertrags bekannt war.

Der Geschäftspartner des Betreuten hat bis zur Erteilung oder Verweigerung einer zur Wirksamkeit des Rechtsgeschäfts erforderlichen Genehmigung durch den Betreuer ein Widerrufsrecht (§ 109 Abs. 1 Satz 1 BGB). Der Widerruf kann sowohl gegenüber dem Betreuer als auch gegenüber dem Betreuten erklärt werden (§ 109 Abs. 1 Satz 2 BGB). Er kann konkludent erfolgen, es muss aber erkennbar sein, dass der Vertrag aufgrund eines Einwilligungsvorbehalts unwirksam sein soll. Ansonsten ist der Widerruf nicht wirksam[246]. **85**

---

246 Vgl. Palandt- Ellenberger, § 109 BGB, Rn. 2

Wusste der Vertragspartner vom Bestehen eines Einwilligungsvorbehalts, kann er den Vertrag nur widerrufen, wenn der Betreute die Einwilligung seines Betreuers wahrheitswidrig behauptet hat (§ 109 Abs. 2 Hs. 1 BGB). Dies gilt aber nur dann, wenn der Vertragspartner bei Vertragsschluss nichts von der fehlenden Betreuereinwilligung wusste (§ 109 Abs. 2 Hs. 2 BGB). Fahrlässige Unkenntnis des Geschäftspartners genügt für den Ausschluss des Widerrufsrechts nicht[247].

(f) § 110 BGB

§ 110 BGB Bewirken der Leistung mit eigenen Mitteln

Ein von dem Minderjährigen ohne Zustimmung des gesetzlichen Vertreters geschlossener Vertrag gilt als von Anfang an wirksam, wenn der Minderjährige die vertragsmäßige Leistung mit Mitteln bewirkt, die ihm zu diesem Zwecke oder zu freier Verfügung von dem Vertreter oder mit dessen Zustimmung von einen Dritten überlassen worden sind.

86 Wenn der Betreuer dem Betreuten Mittel zur freien Verfügung oder zu einem bestimmten Zweck überlässt, kann der Betreute eigenverantwortlich am Rechtsverkehr teilnehmen. Ein von ihm geschlossener Vertrag gilt trotz des Einwilligungsvorbehalts als von Anfang an wirksam, wenn der Betreute die vertragsmäßige Leistung mit den ihm überlassenen Mitteln bereits bewirkt, d.h. den Vertrag erfüllt hat. Eine bloße Anzahlung genügt genauso wenig wie die faktische Möglichkeit der Erfüllung.

In der Überlassung der Mittel durch den Betreuer liegt nach h.M. eine konkludente Einwilligung des Betreuers, deren Umfang sich aus der mit der Überlassung einhergehenden Zweckbestimmung ergibt[248]. Wird das zu einem bestimmten Zweck überlassene Geld für andere Dinge ausgegeben, greift § 110 BGB nicht. Anders als beim Minderjährigen kommen die überlassenen Mittel jedoch wohl i.d.R. vom Betreuten selbst und nicht vom gesetzlichen Vertreter[249]. Bis zur Erfüllung kann der Betreuer seine Einwilligung widerrufen (§ 183 BGB). Auch der Geschäftspartner hat bis dahin ein Widerrufsrecht entsprechend § 109 BGB[250]. Der Abschluss eines Mobilfunkvertrags über 24 Monate fällt auch dann nicht unter § 110 BGB, wenn dem Betreuten wöchentlich 150 € zur Verfügung stehen[251].

§ 110 BGB spielt im Rahmen der Betreuung in der Praxis eine eher untergeordnete Rolle, da geringfügige Geschäfte des täglichen Lebens ohnehin genehmigungsfrei sind (§ 1903 Abs. 3 Satz 2 BGB, dazu oben Rn. 70 ff.), solange der Einwilligungsvorbehalt nicht qualifiziert angeordnet ist[252], bzw. weil sie unter § 105a BGB fallen (dazu oben Rn. 78 ff.). Außerdem ist ein Einwilligungsvorbehalt aufgrund des Erforderlichkeitsprinzips für solche Rechtsgeschäfte nicht geboten, bei denen der Betreute sich nicht erheblich gefährdet, wenn er die vertragsmäßig geschuldete Leistung bewirkt.

(g) § 111 BGB

§ 111 BGB Einseitige Rechtsgeschäfte

[1]Ein einseitiges Rechtsgeschäft, das der Minderjährige ohne die erforderliche Einwilligung des gesetzlichen Vertreters vornimmt, ist unwirksam. [2]Nimmt der Minderjährige mit dieser Einwilligung ein solches Rechtsgeschäft einem anderen gegenüber vor, so ist das Rechtsgeschäft unwirksam, wenn der Minderjährige die Einwilligung nicht in schriftlicher Form vor-

247 Erman-Müller, § 109 BGB, Rn. 3
248 § 110 wird als Spezialfall des § 107 BGB gesehen, Erman-Müller, § 110 BGB, Rn. 1.
249 HK-BUR-Bauer/Walther, § 110 BGB, Rn. 2 f.
250 Vgl. Erman-Müller, § 110 BGB, Rn. 5
251 LG Trier BtPrax 2004, 78
252 Schwab, FamRZ 1992, 493, 506

legt und der andere das Rechtsgeschäft aus diesem Grunde unverzüglich zurückweist. [3]Die Zurückweisung ist ausgeschlossen, wenn der Vertreter den anderen von der Einwilligung in Kenntnis gesetzt hatte.

Einseitige Rechtsgeschäfte wie z.B. die Kündigung eines Miet- oder Arbeitsverhältnisses, die der Betreute im Rahmen eines Einwilligungsvorbehalts ohne vorhergehende Einwilligung des Betreuers vornimmt, sind unwirksam (§ 111 Satz 1 BGB). **87**

Hat der Betreuer eingewilligt, so ist das Geschäft dennoch (ex tunc) unwirksam, wenn die Einwilligung dem Geschäftspartner nicht in schriftlicher Form vorgelegt wird und er das Geschäft aus diesem Grunde unverzüglich zurückweist (§ 111 Satz 2 BGB). Die Zurückweisung kann durch einseitige empfangsbedürftige Willenserklärung gegenüber dem Betreuer sowie auch gegenüber dem Betreuten erfolgen (§ 109 Abs. 1 Satz 2 BGB analog)[253]. Der Zusammenhang zwischen dem nicht formgerechten Nachweis der Einwilligung und der Zurückweisung des Geschäfts muss sich aus der Erklärung des Geschäftspartners selbst oder aus den Umständen ergeben.

Der Geschäftspartner muss das Geschäft unverzüglich zurückweisen, d.h. gemäß der Legaldefinition in § 121 Abs. 1 BGB ohne schuldhaftes Zögern. Die Zurückweisung scheidet aus, wenn der Betreuer den Geschäftspartner vom Vorliegen der Einwilligung in Kenntnis gesetzt hatte (§ 111 Satz 3 BGB).

(h) § 112 BGB

§ 112 BGB Selbständiger Betrieb eines Erwerbsgeschäfts

(1) [1]Ermächtigt der gesetzliche Vertreter mit Genehmigung des Familiengerichts den Minderjährigen zum selbständigen Betrieb eines Erwerbsgeschäfts, so ist der Minderjährige für solche Rechtsgeschäfte unbeschränkt geschäftsfähig, welche der Geschäftsbetrieb mit sich bringt. [2]Ausgenommen sind Rechtsgeschäfte, zu denen der Vertreter der Genehmigung des Familiengerichts bedarf.

(2) Die Ermächtigung kann von dem Vertreter nur mit Genehmigung des Familiengerichts zurückgenommen werden.

Der Betreuer kann den Betreuten im Wirkungsbereich des Einwilligungsvorbehalts nach § 1903 BGB mit betreuungsgerichtlicher Genehmigung[254] zum selbständigen Betrieb eines Erwerbsgeschäfts ermächtigen. Der Betreute darf dann solche Geschäfte ohne die Einwilligung des Betreuers vornehmen, die der Geschäftsbetrieb mit sich bringt, § 112 Abs. 1 Satz 1 BGB. **88**

Die Verweisung auf § 112 BGB wird nur in seltenen Fällen praktisch: Wenn der Betreuer nämlich glaubt, dem Betreuten den selbständigen Betrieb eines Erwerbsgeschäfts zu seinem Wohle gestatten zu können, so wird für diese Fälle regelmäßig ein Einwilligungsvorbehalt nicht erforderlich sein. Er müsste also aufgehoben oder zumindest in dem Bereich, in dem das Geschäft geführt werden soll, eingeschränkt werden. In Betracht kommen allenfalls Fälle, in denen die Abänderung der Betreuung im Verhältnis zur geringen Bedeutung des Erwerbsgeschäfts unverhältnismäßig aufwendig wäre[255].

Ein Erwerbsgeschäft i.S.d. § 112 Abs. 1 Satz 1 BGB ist jede erlaubte selbständige, berufsmäßig ausgeübte und auf Gewinn ausgerichtete Tätigkeit, also etwa auch der Beruf des selbständigen Künstlers oder des selbständigen Handelsvertreters i.S.v. § 84 Abs. 1

253 MK-Schmitt, § 111 BGB, Rn. 18; Erman-Müller, § 111 BGB, Rn. 7
254 Fehlt die betreuungsgerichtliche Genehmigung, ist die Ermächtigung unwirksam.
255 Mitko, S. 109

HGB[256]. Welche konkreten Handlungen von der Vorschrift erfasst sind, hängt von der Verkehrsanschauung hinsichtlich des jeweiligen Erwerbsgeschäfts ab. Demnach sind nicht nur Geschäfte des laufenden Betriebs zustimmungsfrei, sondern auch außerordentliche Geschäftshandlungen, sofern sie dem Betrieb und nicht dem privaten Bereich zuzuordnen sind[257].

§ 112 Abs. 1 Satz 2 BGB nimmt Geschäfte aus, zu denen der gesetzliche Vertreter der betreuungsgerichtlichen Genehmigung bedarf. Der Betreuer kann also nicht zu Rechtsgeschäften ermächtigen, die er selbst im Rahmen seines Betreuerhandelns nicht ohne betreuungsgerichtliche Genehmigung vornehmen könnte (z.B. in Fällen des § 1908i Abs. 1 Satz 1 i.V.m. §§ 1821, 1822 BGB – dazu Teil E Rn. 109 ff., 118 ff. –; § 1907 Abs. 3 BGB).

Genauso wie die Erteilung der Ermächtigung bedarf ihre Rücknahme durch den Betreuer der Genehmigung des Betreuungsgerichts, § 112 Abs. 2 BGB.

(i) § 113 BGB

§ 113 BGB Dienst- oder Arbeitsverhältnis

(1) [1]Ermächtigt der gesetzliche Vertreter den Minderjährigen, in Dienst oder in Arbeit zu treten, so ist der Minderjährige für solche Rechtsgeschäfte unbeschränkt geschäftsfähig, welche die Eingehung oder Aufhebung eines Dienst- oder Arbeitsverhältnisses der gestatteten Art oder die Erfüllung der sich aus einem solchen Verhältnis ergebenden Verpflichtungen betreffen. [2]Ausgenommen sind Verträge, zu denen der Vertreter der Genehmigung des Familiengerichts bedarf.

(2) Die Ermächtigung kann von dem Vertreter zurückgenommen oder eingeschränkt werden.

(3) [1]Ist der gesetzliche Vertreter ein Vormund, so kann die Ermächtigung, wenn sie von ihm verweigert wird, auf Antrag des Minderjährigen durch das Familiengericht ersetzt werden. [2]Das Familiengericht hat die Ermächtigung zu ersetzen, wenn sie im Interesse des Mündels liegt.

(4) Die für einen einzelnen Fall erteilte Ermächtigung gilt im Zweifel als allgemeine Ermächtigung zur Eingehung von Verhältnissen derselben Art.

89 Der Betreuer kann den Betreuten ermächtigen, einen Dienst- oder Arbeitsvertrag zu schließen (§ 1903 Abs. 1 Satz 2 i.V.m. § 113 BGB). Die mit dem Vertrag im Zusammenhang stehenden Willenserklärungen hinsichtlich Eingehung, Aufhebung und Erfüllung der sich aus ihm ergebenden Pflichten sind dann mitumfasst und bedürfen keiner gesonderten Zustimmung des Betreuers, § 113 Abs. 1 Satz 1 BGB.

§ 113 BGB hat, aus den gleichen Gründen wie bei § 112 BGB geschildert, im Betreuungsrecht einen sehr geringen praktischen Anwendungsbereich.

Unter § 113 BGB fallen alle Dienst- und Arbeitsverträge, auch solche, die auf eine selbständige Tätigkeit zielen. Daneben sind unter Umständen auch Werkverträge erfasst, nicht hingegen Berufsausbildungsverträge, weil hier das Ausbildungs- das Arbeitsverhältnis überlagert[258]. Auf öffentlich-rechtliche Dienstverhältnisse findet die Vorschrift entsprechende Anwendung[259].

---

256 Vgl. Erman-Müller, § 112 BGB, Rn. 3
257 Vgl. BGHZ 83, 80
258 Erman-Müller, § 113 BGB, Rn. 5
259 Erman-Müller, § 113 BGB, Rn. 5; BVerwGE 34, 168 für den Bundesgrenzschutz; OVG Münster NJW 1962, 758 für Zeitsoldaten

Der Betreuer kann nicht zu Rechtsgeschäften ermächtigen, die er selbst im Rahmen seines Betreuerhandelns nicht ohne betreuungsgerichtliche Genehmigung vornehmen könnte, § 113 Abs. 2 BGB: z.B. in Fällen des § 1908i Abs. 1 Satz 1 i.V.m. §§ 1821, 1822 BGB; § 1907 Abs. 3 BGB.

Die Ermächtigung kann vom Betreuer zurückgenommen oder eingeschränkt werden, § 113 Abs. 2 BGB. Er kann sie auch dadurch konkludent einschränken, dass er einem vom Betreuten beabsichtigten Rechtsgeschäft widerspricht[260].

(j) § 131 Abs. 2 BGB

§ 131 BGB Wirksamwerden gegenüber nicht voll Geschäftsfähigen

(1) Wird die Willenserklärung einem Geschäftsunfähigen gegenüber abgegeben, so wird sie nicht wirksam, bevor sie dem gesetzlichen Vertreter zugeht.

(2) [1]Das Gleiche gilt, wenn die Willenserklärung einer in der Geschäftsfähigkeit beschränkten Person gegenüber abgegeben wird. [2]Bringt die Erklärung jedoch der in der Geschäftsfähigkeit beschränkten Person lediglich einen rechtlichen Vorteil oder hat der gesetzliche Vertreter seine Einwilligung erteilt, so wird die Erklärung in dem Zeitpunkte wirksam, in welchem sie ihr zugeht.

Im Bereich des Einwilligungsvorbehalts werden Willenserklärungen eines Geschäftspartners des Betreuten erst mit Zugang beim Betreuer wirksam, § 131 Abs. 2 Satz 1 BGB. Die Wirksamkeit tritt mit Zugang beim Betreuten ein, wenn der Betreuer eine Einwilligung erteilt hat oder die Erklärung dem Betreuten lediglich einen rechtlichen Vorteil bringt, § 131 Abs. 2 Satz 2 BGB. Letzteres gilt auch dann, wenn eine Willenserklärung geringfügige Angelegenheiten des täglichen Lebens betrifft (§ 1903 Abs. 3 Satz 2 BGB); sie wird mit dem Zugang beim Betreuten wirksam, es sei denn, dass ein qualifizierter Einwilligungsvorbehalt angeordnet ist. Wird eine Leistung an den Betreuten erbracht, der unter Eigentumsvorbehalt steht, so hat sie keine Erfüllungswirkung[261]. **90**

ee. Änderung/Aufhebung/Verlängerung, § 1908d[262]

Nach § 1908d Abs. 4, Abs. 1 Satz 1 BGB muss der Einwilligungsvorbehalt aufgehoben werden, wenn seine Voraussetzungen nicht mehr vorliegen. Fallen lediglich die Voraussetzungen des Einwilligungsvorbehalts für einen bestimmten Kreis von Willenserklärungen weg, muss er entsprechend eingeschränkt werden (§ 1908d Abs. 1 Satz 2 BGB). Wird hingegen der Einwilligungsvorbehalt für einen größeren Kreis von Willenserklärungen als bisher angeordnet erforderlich, ist er entsprechend zu erweitern (nach § 1908d Abs. 4 BGB i.V.m. den Vorschriften über die Anordnung des Einwilligungsvorbehalts)[263]. Eine Aufhebung kommt etwa in Frage, wenn der Betreute über Jahre hinweg nicht am Rechtsverkehr selbständig teilgenommen hat[264]. **91**

Damit der Einwilligungsvorbehalt nicht länger als unbedingt erforderlich besteht, hat der Betreuer dem Betreuungsgericht mitzuteilen, wenn ihm Umstände bekannt werden, die eine Aufhebung des Einwilligungsvorbehalts oder seine Einschränkung sinnvoll erscheinen

260 Vgl. Palandt- Ellenberger, § 113 BGB, Rn. 5
261 BGH FamRZ 2015, 1386 = BtPrax 2015, 208 (LS)
262 Die gesamte Vorschrift wird oben unter Rn. 31 ff. und in Teil H Rn. 3 ff. behandelt.
263 Bienwald, § 1903 BGB, Rn. 87. In dem Fall treten nicht mehrere Einwilligungsvorbehalte miteinander in Konkurrenz (arg. § 293 FamFG).
264 OLG Zweibrücken FamRZ 1999, 1171

lassen. Dies ergibt sich aus dem Verweis aus § 1903 Abs. 4 BGB[265]. Gleiches gilt danach zum Schutz des Betreuten vor Selbstschädigung, wenn dem Betreuer Umstände bekannt werden, die eine Erweiterung des Einwilligungsvorbehalts erfordern.

Eine Aufhebung oder Einschränkung des Einwilligungsvorbehalts kann ebenso wie die Anordnung nur von Amts wegen erfolgen[266]. § 1908d Abs. 2 BGB ist nicht anzuwenden. Verlängerungen und Erweiterungen sind zulässig nach Maßgabe der §§ 286, 293, 295 Abs. 1 FamFG.

ff. Nachträgliche Aufhebung, § 306 FamFG[267]

§ 306 FamFG Aufhebung des Einwilligungsvorbehalts

Wird ein Beschluss, durch den ein Einwilligungsvorbehalt angeordnet worden ist, als ungerechtfertigt aufgehoben, bleibt die Wirksamkeit der von oder gegenüber dem Betroffenen vorgenommenen Rechtsgeschäfte unberührt.

92 Wurde ein Einwilligungsvorbehalt von Anfang an ungerechtfertigterweise angeordnet und nun deswegen aufgehoben[268], so bleiben von dem Betroffenen oder ihm gegenüber während des Bestehens dieses Einwilligungsvorbehalts getätigte Rechtsgeschäfte aus Rechtssicherheitsgründen wirksam[269]. Handelte also der Betreute im Geltungsbereich des Einwilligungsvorbehalts mit Einwilligung des Betreuers, ist das so getätigte Rechtsgeschäft wirksam, es sei denn, es liegen andere Hinderungsgründe vor.

Wegen dieser Wirkungen entfällt ein schutzwürdiges Interesse an der Feststellung der Rechtswidrigkeit eines vorläufig angeordneten Einwilligungsvorbehalts nicht, auch wenn sich das Verfahren durch die endgültige Betreuerbestellung eigentlich erledigt hat[270].

Lag die nach dem Einwilligungsvorbehalt erforderliche Einwilligung des Betreuers nicht vor, ist das Rechtsgeschäft gleichwohl wirksam, soweit der Betreute geschäftsfähig ist.

Die Handlungen des Betreuers selbst sind in § 306 FamFG nicht geregelt und bleiben wirksam[271].

93 Hat der Betreuer ein inhaltlich anders lautendes Geschäft als der Betreute abgeschlossen und wird nunmehr der Einwilligungsvorbehalt aufgehoben, fragt es sich, welches Geschäft wirksam ist. Bei Verfügungen gilt das Prioritätsprinzip; im Übrigen sind beide Geschäfte selbständig wirksam[272].

gg. Weitere Wirkungen des Einwilligungsvorbehalts

94 Manche Auswirkungen des Einwilligungsvorbehalts ergeben sich nicht aus § 1903 BGB, sondern aus anderen bundesrechtlichen Vorschriften:

So kann der Betreute, für den ein Einwilligungsvorbehalt angeordnet ist, nicht Mitglied des Vorstands oder des Aufsichtsrats einer Aktiengesellschaft (§§ 76 Abs. 3 Satz 2; 100 Abs. 1 Satz 2 AktG) oder Geschäftsführer einer GmbH sein (§ 6 Abs. 2 Satz 2 GmbHG).

---

265 Bei dem Verweis in § 1903 Abs. 4 BGB auf § 1901 Abs. 4 BGB handelt es sich um ein gesetzgebungstechnisches Versehen, da § 1901 Abs. 5 BGB früher Abs. 4 war. Es wird also auf den heutigen § 1901 Abs. 5 BGB verwiesen.

266 Bienwald, § 1903 BGB, Rn. 45

267 Da die Vorschrift eine materiellrechtliche Wirksamkeitsregelung trifft, gehört sie eigentlich ins BGB, so Bienwald, § 69h FGG, Rn. 1.

268 Die Vorschrift gilt somit nicht für eine Aufhebung mit Wirkung für die Zukunft (§ 1908d Abs. 4 BGB) und nicht bei Aufhebung wegen Verfahrensfehlern, Keidel-Budde, § 306 FamFG, Rn. 2.

269 S. Gesetzesbegründung, BT-Drucks. 11/4528, S. 179

270 BayObLG FamRZ 2004, 1814

271 Damrau/Zimmermann, § 306 FamFG, Rn. 5

272 Jürgens-Kretz, § 306 FamFG, Rn. 4

Da der Betreute sich nicht mehr selbständig verpflichten kann, soweit sein rechtsgeschäftliches Handeln dem Einwilligungsvorbehalt unterliegt, fehlt ihm insofern die Prozessfähigkeit (§ 52 Abs. 1 ZPO)[273]. Fraglich ist, ob er nicht für Geschäfte über geringfügige Angelegenheiten des täglichen Lebens doch prozessfähig sein soll. Dies wird man unter Berufung auf das Selbstbestimmungsrecht bejahen können[274]. Unabhängig davon, ob ein Einwilligungsvorbehalt angeordnet ist, kann der Betreuer den Prozess als gesetzlicher Vertreter des Betreuten führen, womit dieser im Rahmen des Rechtsstreits einer nicht prozessfähigen Person gleichsteht (§ 53 ZPO). In Ehesachen ist der unter Einwilligungsvorbehalt stehende Betreute jedoch prozessfähig (§ 125 FamFG)[275], es sei denn, er ist geschäftsunfähig (§ 125 Abs. 2 FamFG). **95**

Ist für den Gegenstand eines Verwaltungsprozesses ein Einwilligungsvorbehalt angeordnet, kann der Betreute in dem Verfahren nur insoweit Prozesshandlungen vornehmen, als er nach Bürgerlichem Recht ohne Einwilligung des Betreuers handeln kann oder durch öffentlich-rechtliche Vorschriften als handlungsfähig anerkannt ist (§ 62 Abs. 2 VwGO). Gleiches gilt für das Verwaltungsverfahren (§ 12 Abs. 2 VwVfG), das Verfahren nach der Abgabenordnung (§ 79 Abs. 2 AO), das Verfahren vor den Finanzgerichten (§ 58 Abs. 3 FGO) und das Verfahren in sozialrechtlichen Angelegenheiten (§ 11 Abs. 2 SGB X). **96**

Einen Antrag auf Namensänderung kann nur der Betreuer stellen, wenn der Einwilligungsvorbehalt diese Angelegenheit erfasst (§ 2 Abs. 1 Satz 2 NamensändG). Ob der Betreute geschäftsfähig ist, ist unerheblich.

Ist ein Einwilligungsvorbehalt in Angelegenheiten der Vermögensverwaltung angeordnet und wird eine Einwilligung erforderlich, hat der Betreuer dem Kreditinstitut das Bestehen des Einwilligungsvorbehalts mitzuteilen. Dabei handelt es sich um eine Nebenpflicht aus der Vertragsbeziehung zwischen Kreditinstitut und Kunden, die dem Schutz des Betreuten dient. Eine solche Informationspflicht besteht aber nur gegenüber Kreditinstituten, mit denen der Betreute Geschäftsbeziehungen unterhält[276]. **97**

6. Einzelne Maßregeln des Gerichts nach § 1846 BGB

§ 1846 BGB Einstweilige Maßregeln des Familiengerichts

Ist ein Vormund noch nicht bestellt oder ist der Vormund an der Erfüllung seiner Pflichten verhindert, so hat das Familiengericht die im Interesse des Betroffenen erforderlichen Maßregeln zu treffen.

a. Allgemeines

Die Vorschrift soll vermeiden, dass vor Betreuerbestellung oder während der Verhinderung des Betreuers dem Betroffenen dadurch ein Nachteil entsteht, dass kein gesetzlicher Vertreter seine Interessen wahrnehmen kann. **98**

Das Betreuungsgericht kann daher in Abweichung von seiner grundsätzlich reinen Aufsichtsfunktion diese Lücke schließen, indem es durch zeitlich begrenzte und einzelfallbezogene Maßnahmen unmittelbar für den Betroffenen tätig wird. In Betracht kommt die Sicherung von Vermögensgegenständen, die Sperrung von Konten, Maßnahmen bei Woh-

273 Vgl. Bork, MDR 1991, 98
274 Ausführlich: von Sachsen-Gessaphe, S. 444 f.: Den Schutz des Betreuten kann der Betreuer dadurch verwirklichen, dass er ihn gem. § 53 ZPO verdrängt; a.A. Bork, MDR 1991, 97, 98; Damrau/Zimmermann, § 1902 BGB, Rn. 8
275 Erman-Roth, § 1903 BGB, Rn. 37
276 Bienwald, § 1903 BGB, Rn. 85

nungskündigung und -räumung oder aber auch die Unterbringung des Betroffenen. Diese Möglichkeit zivilrechtlicher Unterbringung in Eilfällen war zunächst wesentlicher Grund für die Aufnahme des § 1846 BGB in den Verweisungskatalog des § 1908i BGB[277]. Die Praxis macht von dieser Möglichkeit relativ häufig Gebrauch.

99 Im Übrigen gilt jedoch, dass ein unmittelbares Eingreifen des Gerichts gegenüber allen anderen Alternativen, insbesondere auch der Möglichkeit, in Eilfällen einen vorläufigen Betreuer zu bestellen, subsidiär ist: Im Falle der Verhinderung des Betreuers etwa durch Urlaub oder Krankheit hat das Gericht zunächst zu überlegen, ob eine (vorläufige) Bestellung eines weiteren Betreuers nach § 1899 Abs. 4 BGB (dazu Teil B Rn. 71 ff.) bzw. die Bestellung eines vorläufigen Betreuers durch einstweilige Anordnung nach §§ 300 f. FamFG in Betracht kommt. Wird kein geeigneter anderer Betreuer gefunden, kann das Gericht die zuständige Behörde ohne ihre Zustimmung zum Betreuer bestellen.

Wirksam wird diese Entscheidung, deren sofortige Wirksamkeit angeordnet werden kann, mit der Bekanntgabe gegenüber dem Betroffenen oder dem Verfahrenspfleger oder bereits mit der Übergabe an die Geschäftsstelle zum Zwecke der Bekanntgabe (§ 287 Abs. 1, 2 FamFG). Ist die Behörde zum Betreuer bestellt, ist für ein unmittelbares Einschreiten des Betreuungsgerichts nur wenig Raum, etwa wenn die Behörde keine Entscheidung in der Sache treffen konnte.

b. Die einzelnen Voraussetzungen

aa. Verhinderung des Betreuers

100 Eilmaßnahmen des Betreuungsgerichts setzen, wie erwähnt, eine Verhinderung des Betreuers voraus. Eine solche Verhinderung kann tatsächlicher Natur sein, sich z.B. aus der Abwesenheit oder dem Tode des Betreuers ergeben oder – rein rechtlich – daraus, dass die vorgesehene Maßnahme nicht unter den Aufgabenkreis des Betreuers fällt und er somit gar nicht für den Betreuten handeln darf[278]; das Gleiche gilt bei einem Interessenwiderstreit mit den Interessen des Betreuten[279]. Keine Verhinderung besteht bei Ablehnung einer vom Betreuungsgericht für erforderlich gehaltenen Maßnahme durch den Betreuer[280], da durch § 1846 BGB die gebotene Beteiligung des Betreuers am Verfahren nicht umgangen werden soll.

Diskutiert wird die Frage, ob eine Verhinderung auch darin bestehen kann, dass überhaupt noch kein Betreuer bestellt wurde. Das Problem ergibt sich daraus, dass es sich bei § 1846 BGB nicht originär um eine Vorschrift aus dem Betreuungsrecht, sondern aus dem Vormundschaftsrecht handelt, das sich von ersterem wesentlich durch sein zweistufiges Verfahren unterscheidet. Während eine Betreuung immer die Bestellung des Betreuers umfasst, hat bei der Vormundschaft über einen Minderjährigen der Bestellung eines Vormunds die formelle Anordnung der Vormundschaft vorauszugehen. Eine enge Ansicht verlangt daher für eine Maßregel nach § 1846 BGB im Betreuungsrecht, dass zumindest zeitgleich eine Betreuerbestellung erfolgt[281]; sonst würde der Einstufigkeit des Betreuungsverfahrens und der Möglichkeit, mit der Bestellung der (letzt-)zuständigen Behörden sofort eine verantwortliche Stelle zu schaffen, nicht Rechnung getragen werden. Die über-

277 BT-Drucks. 11/4528 S. 211, wobei dieser Argumentation spätestens durch das BtÄndG und die Neufassung des § 69a Abs. 3 Satz 3 n.F. FGG der Boden entzogen gewesen sein dürfte.

278 Dann hat das Betreuungsgericht vorrangig die Möglichkeit einer (unwesentlichen) Erweiterung des Aufgabenkreises nach § 293 FamFG in Erwägung zu ziehen bzw. eine wesentliche Erweiterung nach § 300 FamFG mittels einstweiliger Anordnung.

279 Damrau/Zimmermann, § 1846, Rn. 5; KGJ 27, 175, 178 = OLGE 8, 363, 364

280 BayObLG BtPrax 2001, 174; Erman-Saar, § 1846 BGB, Rn. 2

281 Rink, FuR 90, 259; Wiegand, FamRZ 1991, 1022; OLG Frankfurt BtPrax 1993, 32

wiegende Ansicht in Rechtsprechung[282] und Literatur[283] folgt hingegen der weiten Auslegung und befürwortet die Möglichkeit isolierter Maßregeln nach § 1908i BGB i.V.m. § 1846 BGB auch ohne einen Anordnungsbeschluss. Dies hat der BGH nunmehr bestätigt[284], da der Sinn der Vorschrift, der umfassende Schutz des Betroffenen, nur durch diese Auslegung verwirklicht werden könne. Die Alternative der Bestellung einer zufällig anwesenden Person zum Betreuer berge die Gefahr inkompetenter Entscheidung und belaste den Betroffenen mit einem künftigen Betreuerwechsel. Somit kann das Betreuungsgericht einstweilige Maßnahmen selbst auch dann anordnen, wenn noch kein Betreuer bestellt wurde, d.h. die Verhinderung sich aus der fehlenden Betreuerbestellung ergibt. Anders sieht es aus, wenn dem Gericht die Bestellung des Betreuers nicht bekannt ist[285].

Allerdings müssen dringende Gründe für die Annahme bestehen, dass ein Betreuer bestellt wird, dieser die Genehmigung beantragen und das Gericht die Genehmigung erteilen wird[286]. Das Gericht hat entsprechende geeignete Maßnahmen zur Bestellung eines Betreuers einzuleiten und das Verfahren zügig zu betreiben[287]. Unterlässt das Gericht dies, ist die Maßnahme rechtswidrig[288]. Im Übrigen wird die Eilentscheidung durch die Bestellung des Betreuers überholt und ist auf eine Beschwerde hin aufzuheben[289].

bb. Relevante Gefahr/drohender Nachteil für den Betreuten

Eilmaßnahmen des Betreuungsgerichts setzen weiter voraus, dass ein weiterer Aufschub einen Nachteil für den Betroffenen zur Folge hätte[290]. Es müssen konkrete Anhaltspunkte für das Vorliegen einer solchen Gefahr gegeben sein, die bloß theoretische Möglichkeit genügt nicht. Die Ausnahmevorschrift des § 1908i i.V.m. § 1846 BGB darf zwar nicht dazu missbraucht werden, eine notwendige Betreuerbestellung zu umgehen[291] oder Sachverhalte zu regeln, die keine vorläufige Betreuerbestellung rechtfertigen würden; andererseits sind an die Schwere der für den Betreuten drohenden Nachteile keine zu hohen Anforderungen zu stellen. Insbesondere medizinische Maßnahmen, auch kleinere Eingriffe, fallen darunter. **101**

Hinsichtlich der Gefahrenintensität ist im Sinne des Subsidiaritätsgrundsatzes danach zu fragen, ob sich aus der Gefahr grundsätzlich ein Betreuungsbedarf ergibt und ob diesem nicht einfacher durch die Bestellung eines Betreuers abgeholfen werden könnte.

cc. Dringlichkeit

Auch die Dringlichkeit ergibt sich nicht unmittelbar aus dem Gesetz, sondern aus dem Ausnahmecharakter der Norm[292], die nur Nachteile des Betroffenen verhindern will, weil er (vorübergehend) keinen gesetzlichen Vertreter hat. Daher ist nicht die absolute Dauer der Verhinderung maßgeblich, sondern vielmehr die Frage, ob noch mit einem rechtzeitigen Tätigwerden des Betreuers gerechnet werden kann oder nicht[293]. **102**

---

282 BayObLG BtPrax 2001, 38 (Vorlage an den BGH); OLG Hamm FamRZ 1993, 512; LG Berlin BtPrax, 1992, 43; OLG Schleswig BtPrax 1992, 107
283 Erman-Schulte-Bunert, § 1846 BGB, Rn. 4; Damrau/Zimmermann, § 1846 BGB, Rn. 11; Coeppicus, FamRZ 1992, 19; MK-Kroll-Ludwigs, § 1846 BGB, Rn. 4
284 BGH BtPrax 2002 = FamRZ 2002, 744 mit kritischer Anm. Bienwald (746)
285 OLG Frankfurt FamRZ 2007, 673–675
286 BayObLG BtPrax 2001, 38, 19;
287 BGH BtPrax 2002, 162 = FamRZ 2002, 744; BtPrax 2006, 784
288 BayObLG BtPrax 2003, 176 = FamRZ 2003, 1322; OLG Brandenburg BtPrax 2007, 223; OLG München BtPrax 2008, 77
289 OLG Zweibrücken FamRZ 2003, 1127
290 Damrau/Zimmermann, § 1846 BGB, Rn. 6
291 BayObLG FamRZ 1990, 1154; OLG Hamm FamRZ 1964, 380
292 BayObLG FamRZ 2000, 566; OLG Hamm FamRZ 1964, 380; Erman-Schulte-Bunert, § 1846 BGB, Rn. 3
293 AG Nettetal FamRZ 1996, 1104: Eilige Bluttransfusion für einen Zeugen Jehovas

Die Dringlichkeit kann allerdings nicht allein mit der Tatsache begründet werden, dass eine vorläufige Betreuerbestellung mehr Zeit in Anspruch nähme, als das unmittelbare Einschreiten, sondern hinzukommen muss eine Gefahr aufgrund der zeitlichen Verzögerung.

Es ist danach zu fragen, ob allein ein unmittelbares Tätigwerden des Betreuungsgerichts die Interessen des Betroffenen wahren kann. Scheitert die Bestellung eines vorläufigen Betreuers lediglich an der Überlastung greifbarer Berufsbetreuer oder der unzureichenden Organisation der Betreuungsbehörde, rechtfertigt dies keine Maßregelentscheidung[294].

dd. Vorläufigkeit

103 Aus dem Ausnahmecharakter des § 1846 BGB folgt weiterhin, dass die unmittelbar durch das Gericht getroffenen Maßnahmen nur vorläufiger Natur sein können, denn sobald wie möglich ist die Fürsorge wieder in die Hände eines Betreuers zu geben; anderenfalls ist die Maßnahme rechtswidrig[295]. Dieser hat dann unverzüglich zu prüfen, ob er die Maßregel aufrechterhalten, abändern oder aufheben will[296]. Demnach sollten nach Möglichkeit endgültig wirkende Maßregeln vermieden werden, um nicht in die Entscheidungskompetenz des Betreuers, der im Zweifel dem Betreuten näher steht, einzugreifen. Eine Maßregel der Wohnungsauflösung sollte daher meist ausscheiden.

Bei ärztlichen Heileingriffen ist es nicht immer möglich, die Maßregel auf vorläufige Wirkungen zu beschränken[297]. Wenn und soweit allerdings gleichwertige Behandlungsalternativen bestehen, ist dem Erforderlichkeitsgrundsatz entsprechend diejenige zu wählen, die Raum für eine nachträgliche Entscheidung des Betreuers lässt. Da eine ausdrückliche Aufhebung der Maßregel nicht erforderlich ist, sollte das Gericht klarstellend im Tenor seiner Entscheidung bereits die Befristung bis zur Entscheidung des Betreuers aussprechen[298].

294 MK-Kroll-Ludwigs § 1846 BGB, Rn. 3
295 OLG München BtPrax 2008, 77 = FamRZ 2008, 917
296 Erman-Schulte-Bunert, § 1846 BGB, Rn. 9; MK-Kroll-Ludwigs, § 1846 BGB, Rn. 10
297 Vgl. Damrau/Zimmermann, § 1846 BGB, Rn. 14, der aus diesem Grund der Vorschrift den vorläufigen Charakter abspricht (vgl. auch Jürgens-v. Crailsheim, § 1846 BGB, Rn. 6).
298 §§ 333, 334 und 323, 421 FamFG

II. Verfahrensrecht

Übersichtsskizze: Grundzüge des Verfahrens 104

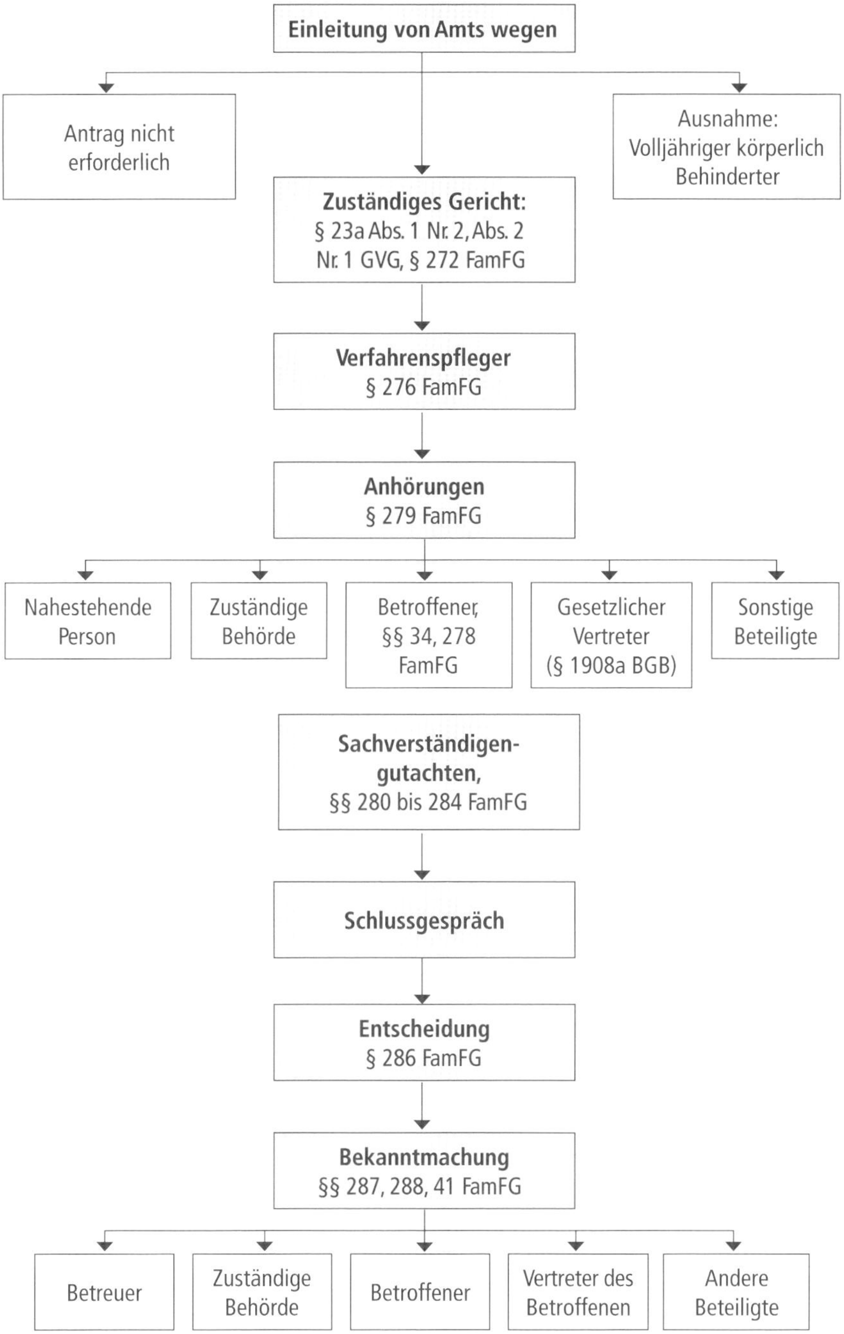

Der folgende Abschnitt betrifft das Verfahren bei einer Betreuerbestellung und der Anordnung eines Einwilligungsvorbehalts.

▶ *Zu den Verfahrensfragen bei Betreuerwechsel vgl. Teil B Rn. 115 ff.*
Zu den Verfahrensfragen bei den verschiedenen Genehmigungen vgl. Teil E Rn. 160 ff.
Zu den Verfahrensfragen bei der Unterbringung vgl. Teil G Rn. 75 ff.

1. Verfahrenseinleitung

Das Verfahren wird auf Antrag des Betroffenen oder von Amts wegen eröffnet (§ 1896 Abs. 1 Satz 1 BGB).

a. Amtsermittlung

§ 26 FamFG Ermittlungen von Amts wegen

Das Gericht hat von Amts wegen die zur Feststellung der Tatsachen erforderlichen Ermittlungen durchzuführen.

105 Der in § 26 FamFG enthaltene Amtsermittlungsgrundsatz gilt auch für das Betreuungsverfahren und hier bereits für dessen Einleitung. Somit hat das Gericht aus eigener Initiative in eine Prüfung einzusteigen, wenn es begründete Anhaltspunkte dafür erhält, dass für eine bestimmte Person eine Betreuung notwendig sein könnte. Die Anhaltspunkte können gerichtsintern bestehen oder von außen kommen. Ein Antrag ist insoweit also nicht erforderlich. Das Gericht hat daher selbständig alle zur Beantwortung der Betreuungsbedürftigkeit notwendigen Tatsachen zu ermitteln, insbesondere ob die betroffene Person an einer Krankheit oder Behinderung i.S.d. § 1896 leidet und daher ihre Angelegenheiten nicht mehr zu erledigen in der Lage ist. Die Ermittlungen sind grundsätzlich nicht an bestimmte Formen gebunden, § 29 FamFG (Grundsatz des Freibeweises). Das Gericht kann seine Kenntnisse somit aus mündlichen oder schriftlichen Auskünften, durch die Beiziehung von Akten anderer Behörden, durch persönlichen Augenschein oder ähnliche Quellen gewinnen. Eine förmliche Beweisaufnahme soll stattfinden, wenn das Gericht sich maßgeblich auf eine bestrittene Tatsache stützen will (§ 30 Abs. 3 FamFG). Ob es selbst ermittelt oder sich Dritter bedient, steht in seinem pflichtgemäßen Ermessen. Auch der Umfang der Ermittlungstätigkeit liegt im Ermessen des Gerichts[299]. An Beweisanträge oder Vorträge der Beteiligten ist es nicht gebunden, aber auf die Unterstützung durch möglichst viele (Privatpersonen oder Einrichtungen) angewiesen. Bei seiner Ermittlungstätigkeit hat das Gericht auch den Datenschutz zu beachten und insoweit den Kreis der einbezogenen Personen daran auszurichten[300].

b. Antrag/Anregung

106 Eine Ausnahme von der Einleitung von Amts wegen besteht gem. § 1896 Abs. 1 Satz 3 für einen volljährigen körperlich Behinderten, dessen Antrag Voraussetzung für die Anordnung einer Betreuung ist (dazu oben Rn. 10); ohne einen solchen Antrag kann das Gericht daher eine Betreuung für diesen Personenkreis nicht anordnen.

Darüber hinaus kann eine Person, die für sich selbst eine Betreuung wünscht, dies beantragen, selbst wenn sie geschäftsunfähig ist. Der Antrag ist eine Verfahrenshandlung, die formlos jederzeit vorgenommen werden kann[301]. Trotz eines solchen Antrags prüft das Ge-

299 Keidel-Sternal, § 26 FamFG, Rn. 16, zu Einzelheiten dort Rn. 76
300 Pardey, BtPrax 1998, 92, 96
301 Zum Antrag: Bienwald, § 1896 BGB, Rn. 63 ff.; von Sachsen-Gessaphe, S. 189 f.; Vordrucke finden sich unter www.dodegge.de > Formulare (Abruf 15.7.2018).

richt das Vorliegen der Voraussetzungen, insbesondere die Erforderlichkeit einer Betreuung, denn einen Anspruch auf eine Betreuung gewährt das Gesetz nicht. Da das Verfahren jedoch, wie erwähnt, auch von Amts wegen eingeleitet werden kann und ein Antrag deshalb für die Einleitung nicht zwingend notwendig ist, liegt die Bedeutung des Antragsrechtes vor allem in bestimmten Erleichterungen hinsichtlich des durchzuführenden Verfahrens (dazu unten Rn. 168).

Die Forderung, ein Antragsrecht Dritter zuzulassen, hat der Gesetzgeber abgelehnt, weil er Dritte nicht als formell Verfahrensbeteiligte in das Betreuungsverfahren einbeziehen wollte[302].

Da das Gericht in der Regel keine eigenen Kenntnisse hinsichtlich der Betreuungsbedürftigkeit einer bestimmten Person hat, ist es auf Hinweise anderer Personen oder Behörden angewiesen. Solche **Anregungen** betreffend eine Betreuung können daher von Angehörigen des Betroffenen, von Nachbarn, Freunden, Arbeitskollegen oder dem Hausarzt gegeben werden. Diese Möglichkeit zur Anregung eines Verfahrens ist nunmehr in § 24 FamFG ausdrücklich geregelt. Die Anregungen lösen dann die oben erwähnte Amtsermittlung durch das Betreuungsgericht aus. Es handelt sich bei solchen Anregungen um keine Verfahrenshandlungen, sondern um informelle Mitteilungen, die formlos, also auch fernmündlich gegeben werden können. Wegen der großen Bedeutung, die eine Betreuung für den Betroffenen hat, ist es meist sinnvoll, solche Anregungen schriftlich einzureichen. Dies kann geschehen bei der zuständigen Betreuungsbehörde, die diese dann an das Gericht weiterleitet, oder unmittelbar beim zuständigen (Amts-)Gericht. Gemäß § 24 Abs. 2 FamFG hat das Gericht denjenigen, der die Einleitung angeregt hat, über die Nichteinleitung des Verfahrens zu unterrichten, sofern dieser ein berechtigtes Interesse an der Information hat. 107

▶ *Ein Muster für die Anregung einer Betreuung findet sich unter Rn. 219*

Ebenfalls der Information des Gerichts dienen bestimmte Verpflichtungen anderer Behörden:

c. Mitteilungen der Gerichte und Behörden

§ 22a FamFG Mitteilungen an die Familien- und Betreuungsgerichte

(1) Wird infolge eines gerichtlichen Verfahrens eine Tätigkeit des Familien- oder Betreuungsgerichts erforderlich, hat das Gericht dem Familien- oder Betreuungsgericht Mitteilung zu machen.

(2) [1]Im Übrigen dürfen Gerichte und Behörden dem Familien- oder Betreuungsgericht personenbezogene Daten übermitteln, wenn deren Kenntnis aus ihrer Sicht für familien- oder betreuungsgerichtliche Maßnahmen erforderlich ist, soweit nicht für die übermittelnde Stelle erkennbar ist, dass schutzwürdige Interessen des Betroffenen an dem Ausschluss der Übermittlung das Schutzbedürfnis eines Minderjährigen oder Betreuten oder das öffentliche Interesse an der Übermittlung überwiegen. [2]Die Übermittlung unterbleibt, wenn ihr eine besondere bundes- oder entsprechende landesgesetzliche Verwendungsregelung entgegensteht.

§ 7 BtBG (Mitteilungen)

(1) Die Behörde kann dem Betreuungsgericht Umstände mitteilen, die die Bestellung eines Betreuers oder eine andere Maßnahme in Betreuungssachen erforderlich machen, soweit dies unter Beachtung berechtigter Interessen des Betroffenen nach den Erkenntnissen der

302 BT-Drucks. 11/4828, S. 117

Behörde erforderlich ist, um eine erhebliche Gefahr für das Wohl des Betroffenen abzuwenden.

(2) Der Inhalt der Mitteilung, die Art und Weise ihrer Übermittlung und der Empfänger sind aktenkundig zu machen.

108 § 22a FamFG enthält einerseits Mitteilungspflichten der Gerichte, andererseits lediglich Befugnisse zur Weitergabe von Informationen. Die Zulässigkeit von Informationsweitergaben durch die Behörden ist im Betreuungsrecht durch § 7 BtBG spezieller geregelt.

Wird infolge eines gerichtlichen Verfahrens eine Tätigkeit des Betreuungsgerichts erforderlich, so hat das Gericht dem – örtlich ansässigen – Betreuungsgericht Mitteilung zu machen. Die Vorschrift begründet eine Benachrichtigungspflicht der Gerichte der ordentlichen Gerichtsbarkeit (in jeder Instanz), wenn bei ihnen die Anordnung einer Betreuung für ein konkretes Verfahren notwendig wird. Allein die Tatsache, dass ein Gericht während eines Verfahrens hinsichtlich einer bestimmten Person den Verdacht der Betreuungsbedürftigkeit hegt, führt noch nicht zu einer entsprechenden Pflicht[303]. Es genügt allerdings, dass eine Betreuung zur ordnungsgemäßen Durchführung eines Verfahrens erforderlich ist[304].

109 Absatz 2 des § 22a FamFG schafft eine Rechtsgrundlage für Mitteilungsmöglichkeiten der Gerichte und Behörden. Diese dürfen personenbezogene Daten übermitteln, soweit deren Kenntnis aus ihrer Sicht für eine betreuungsrechtliche Maßnahme erforderlich erscheint und nicht mit Interessen des Betroffenen kollidiert. Diese Befugnis endet, soweit für die übermittelnde Stelle erkennbar ist, dass schutzwürdige Interessen des Betroffenen an dem Ausschluss einer Weitergabe die Interessen an der Übermittlung überwiegen. Solche Interessen an der Übermittlung sind z.B. das öffentliche Interesse an der Sachverhaltsaufklärung, u.U. aber auch das individuelle Schutzbedürfnis einer unter Betreuung stehenden Person. Deren Schutz kann aber nicht nur die Übermittlung ausschließen, sondern im Einzelfall die Kenntnis bestimmter Daten notwendig machen. Die Übermittlung unterbleibt, wenn ihr eine besondere bundes- oder entsprechende landesgesetzliche Verwendungsregelung entgegensteht.

110 Für die Betreuungsbehörden normiert § 7 Abs. 1 BtBG eine Mitteilungsbefugnis gegenüber dem Betreuungsgericht, wenn die Mitteilung erforderlich ist, um eine erhebliche Gefahr für das Wohl des Betroffenen abzuwenden. Es kann sich sowohl um Gefahren der Person als auch um solche des Vermögens handeln.

Das Mitteilungsrecht der Betreuungsbehörden nach § 7 Abs. 1 BtBG ist deshalb wichtig, weil bei ihr die fachliche Kompetenz liegt, die Bedeutung bestimmter Tatsachen für eine eventuell notwendige Betreuung zu erfassen. Neben der Betreuungsbedürftigkeit einer Person kommen in Betracht die Gefährdungen des Betreuten durch ein pflichtwidriges Betreuerhandeln oder durch ein Untätigbleiben. Unerheblich ist, woher die Behörde ihre Informationen erhalten hat[305].

Da die Weitergabe von Informationen das informationelle Selbstbestimmungsrecht der Betroffenen tangiert, hat die Behörde immer zu überlegen, ob die Mitteilung wirklich erforderlich ist. Die Behörde muss einschätzen, ob es wahrscheinlich ist, dass das Gericht die in Betracht kommende Maßnahme anordnen wird und ob der Gefahr nicht schon mit einfachen Mitteln begegnet werden kann[306]. Schließlich hat sie abzuwägen, ob die Interessen

---

303 BGH FamRZ 1992, 926
304 BGH a.a.O.
305 Bienwald, § 7 BtBG, Rn. 10
306 Bienwald, § 7 BtBG, Rn. 16

des Betroffenen (an einer Nichtübermittlung) die Interessen an der Weitergabe überwiegen[307].

Die Tatsache, dass die Behörde lediglich eine Befugnis erhält, aber keine Pflicht zur Information, wird mitunter kritisiert[308], ist aber gerechtfertigt, wenn man ein pflichtgebundenes Ermessen der Behörde annimmt. Schließlich hat die Betreuungsbehörde eine eigenverantwortliche Überprüfung der Erforderlichkeit einer Betreuung vorzunehmen; insoweit obliegt ihr eine fachliche Einschätzung[309].

2. Zuständigkeit

a. Sachliche/funktionelle Zuständigkeit

§ 23a GVG Zuständigkeit der Amtsgerichte

(1) Die Amtsgerichte sind ferner zuständig für

1. Familiensachen;

2. Angelegenheiten der freiwilligen Gerichtsbarkeit, soweit nicht durch gesetzliche Vorschriften eine anderweitige Zuständigkeit begründet ist.

Die Zuständigkeit nach Satz 1 Nummer 1 ist eine ausschließliche.

(2) Angelegenheiten der freiwilligen Gerichtsbarkeit sind

1. Betreuungssachen, Unterbringungssachen sowie betreuungsgerichtliche Zuweisungssachen,

2. Nachlass- und Teilungssachen,

3. Registersachen,

4. unternehmensrechtliche Verfahren nach § 375 des Gesetzes über das Verfahren in Familiensachen und in den Angelegenheiten der freiwilligen Gerichtsbarkeit,

5. die weiteren Angelegenheiten der freiwilligen Gerichtsbarkeit nach § 410 des Gesetzes über das Verfahren in Familiensachen und in den Angelegenheiten der freiwilligen Gerichtsbarkeit,

6. Verfahren in Freiheitsentziehungssachen nach § 415 des Gesetzes über das Verfahren in Familiensachen und in den Angelegenheiten der freiwilligen Gerichtsbarkeit,

7. Aufgebotsverfahren,

8. Grundbuchsachen,

9. Verfahren nach § 1 Nr. 1 und 2 bis 6 des Gesetzes über das gerichtliche Verfahren in Landwirtschaftssachen,

10. Schiffsregistersachen sowie

11. sonstige Angelegenheiten der freiwilligen Gerichtsbarkeit, soweit sie durch Bundesgesetz den Gerichten zugewiesen sind.

§ 23c GVG Bildung von Betreuungsgerichten

(1) Bei den Amtsgerichten werden Abteilungen für Betreuungssachen, Unterbringungssachen und betreuungsgerichtliche Zuweisungssachen (Betreuungsgerichte) gebildet.

---

307 BT-Drucks. 11/4528, S. 199
308 Damrau/Zimmermann, § 7 BtBG, Rn. 7
309 Jürgens-Winterstein, § 7 BtBG, Rn. 4; Klie, BtPrax 1998, 3 f.

(2) [1]Die Betreuungsgerichte werden mit Betreuungsrichtern besetzt. [2]Ein Richter auf Probe darf im ersten Jahr nach seiner Ernennung Geschäfte des Betreuungsrichters nicht wahrnehmen.

111 Die Vorschriften regeln die **sachliche Zuständigkeit**, die in Betreuungssachen beim Betreuungsgericht als einer Abteilung des Amtsgerichts besteht. Was Betreuungssachen sind, definiert § 271 FamFG: Verfahren zur Bestellung eines Betreuers und zur Aufhebung der Betreuung (Nr. 1), Verfahren zur Anordnung eines Einwilligungsvorbehalts (Nr. 2) sowie sonstige Verfahren, die die rechtliche Betreuung betreffen, soweit es sich nicht um eine Unterbringungssache handelt (Nr. 3). Unter den „sonstigen Verfahren" sind die aufgrund materiellen Rechts oder Spezialgesetzen explizit dem Betreuungsgericht zugewiesenen Aufgaben zu verstehen, soweit sie nicht schon in Nr. 1 und 2 genannt sind. Ferner die über §§ 1908i Abs. 1 Satz 1, 1903 Abs. 1 Satz 2 BGB entsprechend anwendbaren und eigentlich dem Familiengericht zugewiesenen Vorschriften[310].

Hinsichtlich der **funktionellen Zuständigkeit** fungiert als Betreuungsgericht einerseits der Einzelrichter (§ 22 Abs. 4 GVG) und andererseits der Rechtspfleger (§ 3 Nr. 2b RPflG). In Betreuungssachen ist grundsätzlich der Richter zur Entscheidung über die Anordnung der Betreuung und eines Einwilligungsvorbehalts berufen (§ 15 RpflG)[311].

Gemäß § 23c Abs. 2 Satz 2 GVG darf ein Richter auf Probe im ersten Jahr nach seiner Ernennung Geschäfte des Betreuungsrichters nicht wahrnehmen.

b. Internationale Zuständigkeit[312]

112 Die internationale Zuständigkeit betrifft die Frage, ob in Fällen mit **Auslandsberührung** ein deutsches Gericht zuständig ist. Dies ist nunmehr in § 104 FamFG geregelt.

§ 99 FamFG Kindschaftssachen

(1) [1]Die deutschen Gerichte sind außer in Verfahren nach § 151 Nr. 7 zuständig, wenn das Kind

1. Deutscher ist oder

2. seinen gewöhnlichen Aufenthalt im Inland hat.

[2]Die deutschen Gerichte sind ferner zuständig, soweit das Kind der Fürsorge durch ein deutsches Gericht bedarf.

(2) Sind für die Anordnung einer Vormundschaft sowohl die deutschen Gerichte als auch die Gerichte eines anderen Staates zuständig und ist die Vormundschaft in dem anderen Staat anhängig, kann die Anordnung der Vormundschaft im Inland unterbleiben, wenn dies im Interesse des Mündels liegt.

(3) [1]Sind für die Anordnung einer Vormundschaft sowohl die deutschen Gerichte als auch die Gerichte eines anderen Staates zuständig und besteht die Vormundschaft im Inland, kann das Gericht, bei dem die Vormundschaft anhängig ist, sie an den Staat, dessen Gerichte für die Anordnung der Vormundschaft zuständig sind, abgeben, wenn dies im Interesse des Mündels liegt, der Vormund seine Zustimmung erteilt und dieser Staat sich zur Übernahme bereit erklärt. [2]Verweigert der Vormund oder, wenn mehrere Vormünder die Vormundschaft gemeinschaftlich führen, einer von ihnen seine Zustimmung, so entscheidet anstelle des Gerichts, bei dem die Vormundschaft anhängig ist, das im Rechtszug übergeordnete Gericht. [3]Der Beschluss ist nicht anfechtbar.

(4) Die Absätze 2 und 3 gelten entsprechend für Verfahren nach § 151 Nr. 5 und 6.

---

310 P/H-Fröschle, § 271 FamFG, Rn. 6 ff., m.w.N.

311 Eine Ausnahme besteht für die Bestellung eines Gegenbetreuers (vgl. P/H-Fröschle, § 271 FamFG, Rn. 31, m.w.N.).

312 Vgl. P/H-Hau, § 104 FamFG, Rn. 8 ff.

§ 104 FamFG Betreuungs- und Unterbringungssachen; Pflegschaft für Erwachsene

(1) [1]Die deutschen Gerichte sind zuständig, wenn der Betroffene oder der volljährige Pflegling

1. Deutscher ist oder

2. seinen gewöhnlichen Aufenthalt im Inland hat.

[2]Die deutschen Gerichte sind ferner zuständig, soweit der Betroffene oder der volljährige Pflegling der Fürsorge durch ein deutsches Gericht bedarf.

(2) § 99 Abs. 2 und 3 gilt entsprechend.

(3) Die Absätze 1 und 2 sind im Fall einer Unterbringung nach § 312 Nr. 3 nicht anzuwenden.

Die Vorschriften sind nach § 104 Abs. 2 FamFG im Betreuungsverfahren entsprechend anzuwenden.

Gem. § 104 FamFG besteht eine internationale Zuständigkeit, wenn der Betroffene Deutscher ist oder wenn er seinen gewöhnlichen Aufenthalt im Inland hat oder soweit er der Fürsorge durch ein deutsches Gericht bedarf. **113**

Der gewöhnliche Aufenthalt ist dort, wo sich die betreffende Person meist aufhält[313] (dazu unten Rn. 115 f.). Ein Aufenthaltswechsel kann sofort einen gewöhnlichen Aufenthalt begründen, nicht erst nach Ablauf einer Zeitspanne. Häufig wird eine Zuständigkeit nach dem Haager Erwachsenenschutzübereinkommen (ESÜ) gegeben sein[314].

Für dringliche Fälle gibt es zusätzlich eine Eilzuständigkeit, wenn im Inland ein Fürsorgebedürfnis besteht, etwa wenn für einen Flüchtling, der noch keinen gewöhnlichen Aufenthalt in Deutschland begründet hat, eine Betreuung notwendig wird (Asylantrag im Transitbereich).

Dies gilt nicht im Falle einer freiheitsentziehenden Unterbringung eines Volljährigen nach den Landesgesetzen über die Unterbringung psychisch Kranker (§ 104 Abs. 3 i.V.m. § 312 Nr. 2 FamFG).

Bei konkurrierender Zuständigkeit mit einem anderen Staat, § 104 Abs. 2 i.V.m. § 99 Abs. 2 FamFG, kann das deutsche Gericht die Betreuerbestellung unterlassen, wenn **114**

- in dem anderen Staat ein Verfahren anhängig ist und
- dies im Interesse des Betroffenen liegt.

Letzteres hängt davon ab, ob das ausländische Recht ein ähnliches Rechtsinstitut wie die Betreuung kennt, das dem Betroffenen einen weitgehend gleichen verfahrensrechtlichen Schutz und die gleichen Vorteile gewährt und im Inland anerkannt werden kann[315]. Dies hat das Gericht im Rahmen einer Ermessensentscheidung zu würdigen[316].

Wenn bereits ein Betreuungsverfahren im Inland anhängig ist, kommt bei konkurrierender Zuständigkeit die Abgabe einer Betreuung an ein ausländisches Gericht in Betracht (§ 104 Abs. 2 i.V.m. § 99 Abs. 3 FamFG),

- wenn dies im Interesse des Betreuten liegt,
- der Betreuer zustimmt
- und der andere Staat sich zur Übernahme bereit erklärt.

---

313 Keidel-Engelhardt, § 99 FamFG, Rn. 8 oder 44; P/H-Prütting, § 2 FamFG, Rn. 12
314 Gesetz vom 17.3.2007 (BGBl. II S. 323); vgl. Friederici/Kemper-Kemper, § 104 FamFG, Rn. 2 ff. Helms, FamRZ 2008, 1995, 1998
315 Keidel-Engelhardt, § 104 FamFG, Rn. 7
316 OLG Hamm BtPrax 2003, 39 = FamRZ 2003, 253

Der Betroffene muss nicht zustimmen, sollte aber gehört werden. Bei Ermittlung seiner Interessen sind auch Zeit und Kosten zu berücksichtigen.

Die Abgabe beendet das Verfahren im Inland.

Die fehlende Zustimmung des Betreuers kann durch das Gericht ersetzt werden; diese Entscheidung ist nicht anfechtbar.

c. Örtliche Zuständigkeit

§ 2 FamFG Örtliche Zuständigkeit

(1) Unter mehreren örtlich zuständigen Gerichten ist das Gericht zuständig, das zuerst mit der Angelegenheit befasst ist.

(2) Die örtliche Zuständigkeit eines Gerichts bleibt bei Veränderung der sie begründenden Umstände erhalten.

(3) Gerichtliche Handlungen sind nicht deswegen unwirksam, weil sie von einem örtlich unzuständigen Gericht vorgenommen worden sind.

§ 272 FamFG Örtliche Zuständigkeit

(1) Ausschließlich zuständig ist in dieser Rangfolge:

1. **das Gericht, bei dem die Betreuung anhängig ist, wenn bereits ein Betreuer bestellt ist;**
2. **das Gericht, in dessen Bezirk der Betroffene seinen gewöhnlichen Aufenthalt hat;**
3. **das Gericht, in dessen Bezirk das Bedürfnis der Fürsorge hervortritt;**
4. **das Amtsgericht Schöneberg in Berlin, wenn der Betroffene Deutscher ist.**

(2) [1]Für einstweilige Anordnungen nach § 300 oder vorläufige Maßregeln ist auch das Gericht zuständig, in dessen Bezirk das Bedürfnis der Fürsorge bekannt wird. [2]Es soll die angeordneten Maßregeln dem nach Absatz 1 Nr. 1, 2 oder Nr. 4 zuständigen Gericht mitteilen.

§ 2 Abs. 1 FamFG knüpft bei mehreren örtlich zuständigen Gerichten an die Erstbefassung mit der Angelegenheit an.

aa. Gewöhnlicher Aufenthalt

115 Örtlich originär, d.h. für die erste Betreuerbestellung zuständig ist gem. § 272 Abs. 1 Nr. 2 FamFG das Gericht am gewöhnlichen Aufenthaltsort des Betroffenen, soweit ein solcher im Inland besteht. Der gewöhnliche Aufenthalt befindet sich dort, wo der Betroffene sich **hauptsächlich aufzuhalten pflegt**[317]. Dieser gewöhnliche Aufenthalt ist zu unterscheiden vom Wohnsitz (gem. § 7 BGB), der durch die Niederlassung an einem Ort begründet wird mit dem Willen, dort den ständigen Mittelpunkt der Lebensverhältnisse zu haben[318]. Die Begründung eines Wohnsitzes setzt einen rechtsgeschäftlich bedeutsamen Willen voraus, ein faktischer Aufenthalt genügt somit nicht. Das Betreuungsrecht knüpft bewusst nicht an diesen Wohnsitz, sondern an den gewöhnlichen Aufenthalt und damit an etwas rein Tatsächliches an. Der Grund dafür liegt zum einen darin, dass es oft zweifelhaft sein wird, ob der zu Betreuende den für die Wohnsitznahme erforderlichen rechtsgeschäftlichen Willen bilden kann. Zum anderen soll an den tatsächlichen Aufenthalt angeknüpft

317 P/H-Fröschle § 272 FamFG, Rn. 7
318 BGH NJW 1984, 971

werden, weil der persönliche Kontakt für das Betreuungsverfahren von besonderer Bedeutung ist[319].

Das Wort „gewöhnlich" deutet an, dass dieser Aufenthalt auf eine **gewisse Dauer** gerichtet sein muss. Während einer Reise oder eines vorübergehenden Klinikaufenthalts wird daher kein gewöhnlicher Aufenthalt begründet, genauso wenig bei einer mehrmonatigen Rehabilitationsmaßnahme[320]. Anders sieht es aus, wenn bei einem Klinikaufenthalt eine Rückkehrmöglichkeit äußerst unwahrscheinlich ist; in einem solchen Fall wird man von einem gewöhnlichen Aufenthalt im Krankenhaus reden können[321]. Verbringt ein deutscher Staatsbürger seinen Lebensabend im Ausland, so ist in Betreuungssachen gem § 272 Abs. 1 Nr. 4 FamFG das Amtsgericht Berlin-Schönberg zuständig[322]. **116**

Der entscheidende Zeitpunkt für die Zuständigkeitsbegründung ist die Kenntnisnahme des Gerichts, sei es aufgrund des Antrags des Betroffenen oder durch Anregungen Dritter[323].

bb. Weitere Zuständigkeiten

Fehlt ein gewöhnlicher Aufenthalt im Inland, ist das Gericht des Ortes zuständig, in dem das **Fürsorgebedürfnis** hervortritt, § 272 Abs. 1 Nr. 3 FamFG. Das wird in Betreuungssachen meist der aktuelle Aufenthaltsort des Betroffenen sein, etwa eine Klinik oder bei einem vorübergehenden Aufenthalt bei einem Angehörigen dessen Aufenthaltsort[324]. **117**

Besteht überhaupt kein Aufenthaltsort in Deutschland, etwa weil der Betroffene im Ausland lebt, ist das Amtsgericht Berlin-Schöneberg zuständig, Nr. 4.

Gem. Abs. 1 Nr. 1 bleibt das Gericht, bei dem eine Betreuungssache anhängig ist, auch für weitere Maßnahmen akzessorisch zuständig, selbst wenn sich die Umstände in der Zwischenzeit geändert haben. Voraussetzung ist die Betreuerbestellung; die Anhängigkeit (d.h. die Einleitung) des Bestellungsverfahrens genügt nicht[325]. **118**

Da bei Eilmaßnahmen eine möglicherweise langwierige Prüfung der Zuständigkeit unerwünscht ist, hat Abs. 2 insoweit eine Zuständigkeit begründet für den Ort, an dem ein konkretes Fürsorgebedürfnis hervortritt. Das kann beispielsweise der Ort sein, an dem das Sachverständigengutachten erstellt wird[326]. **119**

Das nach Abs. 2 zuständige Gericht hat die Pflicht, tätig zu werden und nicht auf das „eigentlich" zuständige Gericht zu verweisen, da sonst die Sache unnötig verzögert würde[327]. Gegebenenfalls ist ein vorläufiger Betreuer zu bestellen[328].

Hat das Gericht die vorläufige Maßnahme getroffen oder ist aus anderem Grunde das Fürsorgebedürfnis entfallen, so endet die Zuständigkeit des Eilgerichts[329].

d. Verfahrensabgabe

§ 4 FamFG Abgabe an ein anderes Gericht

[1]Das Gericht kann die Sache aus wichtigem Grund an ein anderes Gericht abgeben, wenn sich dieses zur Übernahme der Sache bereit erklärt hat. [2]Vor der Abgabe sollen die Beteiligten angehört werden.

319 BT-Drucks. 11/4528, S. 169
320 OLG Stuttgart BtPrax 1997, 161; OLG Karlsruhe BtPrax 1996, 72
321 BayObLG FamRZ 1997, 1363
322 OLG Köln BtPrax 2018, 78
323 P/H-Fröschle § 272 FamFG, Rn. 10; Keidel-Budde § 272 FamFG, Rn. 1
324 Vgl. BayObLG FamRZ 1996, 1341
325 P/H-Fröschle § 272 FamFG, Rn. 13
326 BayObLG FamRZ 1995, 485
327 Keidel-Budde, § 272 FamFG, Rn. 8
328 OLG Frankfurt FGPrax 2004, 287
329 OLG Zweibrücken FGPrax 2009, 116

§ 273 FamFG Abgabe bei Änderung des gewöhnlichen Aufenthalts

[1]Als wichtiger Grund für eine Abgabe im Sinne des § 4 Satz 1 ist es in der Regel anzusehen, wenn sich der gewöhnliche Aufenthalt des Betroffenen geändert hat und die Aufgaben des Betreuers im Wesentlichen am neuen Aufenthaltsort des Betroffenen zu erfüllen sind. [2]Der Änderung des gewöhnlichen Aufenthalts steht ein tatsächlicher Aufenthalt von mehr als einem Jahr an einem anderen Ort gleich.

120 Ist ein Gericht nach § 272 FamFG zuständig, so bleibt diese Zuständigkeit bestehen, auch wenn sich die tatsächlichen Umstände ändern. Jedoch kann es in einem solchen Fall sinnvoll werden, dass das Betreuungsgericht die Sache an ein anderes Betreuungsgericht abgibt. Der Gesetzgeber des 2. BtÄndG hat diese Abgabe erleichtert (vgl. unten Rn. 121 f.).

Voraussetzung einer solchen Abgabe sind die Bereitschaft des anderen Betreuungsgerichts zur Übernahme[330] sowie ein wichtiger Grund.

Die Übernahmebereitschaft des anderen Gerichts kann konkludent – etwa durch Fortführung des Verfahrens – erklärt werden.

121 Des Weiteren ist für die Abgabe an ein anderes Gericht ein **wichtiger Grund** vorausgesetzt (§ 4 Satz 1 FamFG). Ein solcher liegt vor allem in der vereinfachten Führung der Betreuung zum Wohle des Betroffenen. Allerdings kann auch die Erleichterung der Amtsführung für den Betreuer von Belang sein[331]. Das Gesetz nennt in § 273 FamFG ausdrücklich als Beispiel die Änderung des gewöhnlichen Aufenthalts mit der Folge, dass die Aufgaben des Betreuers überwiegend am neuen Aufenthaltsort zu erfüllen sind. Gerade wenn der Betreuer sich nicht in erster Linie um das Vermögen, sondern auch (oder ausschließlich) um die Person des Betreuten zu kümmern hat, wird diese Voraussetzung erfüllt sein, denn ein Aufenthaltswechsel führt nicht selten auch zu einem Betreuerwechsel. Denn die Ortsnähe ist grundsätzlich ein wichtiger Faktor[332], z.B. auch für die persönliche Anhörung[333]. Umgekehrt ist bei einer reinen Vermögensbetreuung eine Abgabe aus diesem Grund meist nicht notwendig. Bei mehreren Betreuern kann auch das Verfahren bezüglich eines oder einzelner Betreuer abgegeben werden, weil sich beispielsweise das Vermögen an einem anderen Ort befindet als am Aufenthaltsort des Betroffenen[334]. Daher hat der Gesetzgeber des 2. BtÄndG festgelegt, dass auch ein **tatsächlicher Aufenthalt** von mehr als einem Jahr an einem anderen Ort als dem gewöhnlichen Aufenthalt einen wichtigen Grund für die Abgabe bildet. Dadurch soll das abgebende Gericht zu der Prüfung gezwungen werden, ob der Ort, an dem sich der Betroffene nunmehr aufhält, tatsächlich Mittelpunkt seiner Lebensführung ist[335]. Der Gesetzgeber hatte vor allem solche Fälle im Blick, in denen sich der Betroffene geraume Zeit an einem neuen Ort aufhält, etwa bei einem Klinikaufenthalt.

122 Das zur Übernahme angerufene Gericht hat seine Entscheidung nach Ermessen zu treffen, wobei es die geschilderten Kriterien zu berücksichtigen hat. Ein besonderes Vertrauensverhältnis des Betreuten zum Betreuungsgericht, dessen Verlust nach Abgabe die Akzeptanz der Betreuung wesentlich erschweren würde, ist bei der Ermessensentscheidung zu berücksichtigen[336]. Das Interesse des angegangenen Gerichts daran, keine Aufgaben übernehmen zu müssen, die das andere bereits sachkundige Gericht schneller erledigen kann,

330 Bei einem Streit der beiden Gerichte entscheidet das Landgericht gem. § 5 Abs. 1 Nr. 5 FamFG i.V.m. § 72 Abs. 1a GVG.
331 Keidel-Budde, § 273 FamFG, Rn. 5
332 BT-Drucks. 11/4528, S. 170
333 BayObLG FamRZ 1999, 1594
334 OLG Celle FamRZ 1993, 220
335 BT-Drucks. 15/2494, S. 40
336 BayObLG BtPrax 2000, 91

ist demgegenüber nachrangig[337]. Dass der Wechsel des Aufenthalts längere Zeit zurückliegt, hindert eine Abgabe nicht, wenn sie zunächst auf Wunsch des Betreuers unterblieben war[338]. Es handelt sich zwar um eine Soll-Vorschrift, der Grundsatz des rechtlichen Gehörs wird in der Regel eine Anhörung erfordern[339]. Ein Widerspruchsrecht des Betroffenen oder des Betreuers besteht im FamFG nicht mehr[340].

Bereits das 2. BtÄndG hat das Erfordernis der Zustimmung des Betreuers und das **Widerspruchsrecht** des Betroffenen **beseitigt**. Deren Interessen könnten durch ihre Anhörung gewahrt werden[341]. Im Rahmen der Überlegung, ob ein wichtiger Grund für die Abgabe vorliegt, sind folglich auch die Belange des Betroffenen sowie des Betreuers in die notwendige Abwägung einzustellen. 123

Bei einem Abgabenstreit zwischen den beiden Gerichten entscheidet gem. § 5 Abs. 1 Nr. 5 FamFG das nächsthöhere Gericht. Der Beschluss, der das zuständige Gericht bestimmt, ist nicht anfechtbar, § 5 Abs. 3 FamFG.

Rechtsfolge einer Abgabe ist die Zuständigkeit des Abgabegerichts auch für alle Folgesachen[342].

3. Verfahrensbeteiligte

§ 7 FamFG Beteiligte

(1) In Antragsverfahren ist der Antragsteller Beteiligter.

(2) Als Beteiligte sind hinzuzuziehen:

1. diejenigen, deren Recht durch das Verfahren unmittelbar betroffen wird,

2. diejenigen, die auf Grund dieses oder eines anderen Gesetzes von Amts wegen oder auf Antrag zu beteiligen sind.

(3) Das Gericht kann von Amts wegen oder auf Antrag weitere Personen als Beteiligte hinzuziehen, soweit dies in diesem oder einem anderen Gesetz vorgesehen ist.

(4) [1]Diejenigen, die auf ihren Antrag als Beteiligte zu dem Verfahren hinzuzuziehen sind oder hinzugezogen werden können, sind von der Einleitung des Verfahrens zu benachrichtigen, soweit sie dem Gericht bekannt sind. [2]Sie sind über ihr Antragsrecht zu belehren.

(5) [1]Das Gericht entscheidet durch Beschluss, wenn es einem Antrag auf Hinzuziehung gemäß Absatz 2 oder Absatz 3 nicht entspricht. [2]Der Beschluss ist mit der sofortigen Beschwerde in entsprechender Anwendung der §§ 567 bis 572 der Zivilprozessordnung anfechtbar.

(6) Wer anzuhören ist oder eine Auskunft zu erteilen hat, ohne dass die Voraussetzungen des Absatzes 2 oder Absatzes 3 vorliegen, wird dadurch nicht Beteiligter.

§ 274 FamFG Beteiligte

(1) Zu beteiligen sind

1. der Betroffene,

2. der Betreuer, sofern sein Aufgabenkreis betroffen ist,

---

337 OLG Köln FamRZ 2015, 75
338 BayObLG RamRZ 2004, 736
339 Friederici/Kemper, § 4 FamFG, Rn. 11
340 BT-Drucks. 16/6308, S. 176
341 BT-Drucks. 15/2494, S. 40
342 P/H-Fröschle, § 273 FamFG, Rn. 13

3. der Bevollmächtigte im Sinne des § 1896 Abs. 2 Satz 2 des Bürgerlichen Gesetzbuchs, sofern sein Aufgabenkreis betroffen ist.

(2) Der Verfahrenspfleger wird durch seine Bestellung als Beteiligter zum Verfahren hinzugezogen.

(3) Die zuständige Behörde ist auf ihren Antrag als Beteiligte in Verfahren über

1. die Bestellung eines Betreuers oder die Anordnung eines Einwilligungsvorbehalts,

2. Umfang, Inhalt oder Bestand von Entscheidungen der in Nummer 1 genannten Art hinzuzuziehen.

(4) Beteiligt werden können

1. in den in Absatz 3 genannten Verfahren im Interesse des Betroffenen dessen Ehegatte oder Lebenspartner, wenn die Ehegatten oder Lebenspartner nicht dauernd getrennt leben, sowie dessen Eltern, Pflegeeltern, Großeltern, Abkömmlinge, Geschwister und eine Person seines Vertrauens,

2. der Vertreter der Staatskasse, soweit das Interesse der Staatskasse durch den Ausgang des Verfahrens betroffen sein kann.

124 Die Beteiligung im Betreuungsverfahren ist im FamFG nunmehr grundsätzlich in § 7 und ergänzend in § 274 gesetzlich geregelt[343]. Das Gesetz unterscheidet zwischen den „Muss-Beteiligten" (a. bis g.) und den „Kann-Beteiligten" (h. und i.).

a. Der Antragsteller

In Betreuungssachen, die im Gegensatz zu reinen Amtsverfahren auch auf Antrag eingeleitet werden, ist gem. § 7 Abs. 1 FamFG der Antragsteller Beteiligter kraft Gesetzes, ohne dass es einer Hinzuziehung durch das Gericht bedarf. Welche Verfahren Antragsverfahren sind, bestimmt das materielle Recht. So handelt es sich beispielsweise bei dem Verfahren zur Einrichtung einer Betreuung nach § 1896 Abs. 1 BGB oder bei der Entlassung eines Betreuers nach § 1908b Abs. 2 BGB um Antragsverfahren.

b. Der Betroffene

125 Zwingend zu beteiligen ist nach § 7 Abs. 2 Nr. 2 i.V.m. § 274 Abs. 1 Nr. 1 FamFG bzw. § 7 Abs. 2 Nr. 1 FamFG der Betroffene[344].

c. Andere unmittelbar in ihren Rechten betroffene Personen

126 Auch andere Personen können i.S.v. § 7 Abs. 2 Nr. 1 FamFG in ihren Rechten betroffen sein und sind dann als Beteiligte hinzuzuziehen[345]. Betroffen ist, in wessen materielle, nach öffentlichem oder privatem Recht geschützte Positionen durch das Verfahren **unmittelbar** eingegriffen wird.

Das sind beispielsweise – unabhängig von § 274 Abs. 4 Nr. 1 FamFG – die nächsten Angehörigen des Betreuten, wenn sie durch das Verfahren in ihrem Grundrecht aus Art. 6 Abs. 1 GG berührt sind[346], oder auch ein Dritter, wenn eine Betreuung im unmittelbaren Drittinteresse notwendig ist[347].

343 Einen Überblick über die Beteiligten gibt Fröschle in BtPrax 2009, 155.
344 Nach dem Willen des Gesetzgebers bleibt die obligatorische Beteiligung nach § 7 Abs. 2 Nr. 1 von den Regelungen in Absatz 1 unberührt, vgl. BT-Drucks. 16/6308; nach der Ansicht von Fröschle hat § 274 Abs. 1 Nr. 1 nur deklaratorischen Charakter, da die Vorschriften deckungsgleich seien (vgl. P/H-Fröschle, § 274, FamFG, Rn. 9).
345 BT-Drucks. 16/6308, S. 264
346 Vgl. noch zum alten Recht: Keidel-Kayser, § 68a FGG, Rn. 7
347 Vgl. insgesamt: P/H-Fröschle § 274 FamFG, Rn. 10 ff.

d. Der Betreuer

Gem. § 274 Abs. 1 Nr. 2 FamFG ist der Betreuer obligatorisch zu beteiligen, soweit sein Aufgabenkreis betroffen ist. Ist ein Betreuer bereits bestellt, wird sein Aufgabenkreis i.d.R. auch betroffen sein. Wenn mehrere Betreuer für verschiedene Aufgabenkreise bestellt wurden, ist nur derjenige zu beteiligen, dessen Aufgabenkreis vom Verfahren auch betroffen ist[348]. **127**

Die Beteiligung eines künftigen Betreuers oder auch die Entlassung eines bereits bestellten Betreuers betrifft ihn in seinen eigenen Rechten, weswegen seine Beteiligung schon aus § 7 Abs. 2 Nr. 1 FamFG folgt[349].

Bei der Aufhebung einer Betreuung hat die Beteiligung nach § 274 Abs. 1 Nr. 2 FamFG zu erfolgen.

e. Der Bevollmächtigte

Nach § 274 Abs. 1 Nr. 3 FamFG ist ein Bevollmächtigter i.S.d. § 1896 Abs. 2 BGB am Verfahren zu beteiligen, soweit sein Aufgabenkreis betroffen ist[350]. **128**

Umstritten ist, ob der Bevollmächtigte auch dann in seinen Rechten betroffen ist, wenn der Widerruf seiner Bevollmächtigung droht oder wenn Verfahrensgegenstand die Bestellung eines Kontrollbetreuers gem. § 1896 Abs. 3 BGB ist. Nach dem Willen des Gesetzgebers ist dies zu bejahen[351]. Nach richtiger Ansicht wird in diesen Fällen die Rechtstellung des Bevollmächtigten nicht verändert, da hier nur in die Rechte des Vollmachtgebers, nicht aber in die des Bevollmächtigten eingegriffen wird[352]. Gleichwohl kann seine Beteiligung sinnvoll sein.

f. Der Verfahrenspfleger

Nach § 274 Abs. 2 FamFG wird der Verfahrenspfleger durch seine Bestellung als Beteiligter zum Verfahren hinzugezogen. Er nimmt **fremde Interessen**, nämlich die des Betroffenen, **im eigenen Namen** wahr und hat damit die Stellung eines Beteiligten kraft Amtes inne[353]. **129**

g. Die Betreuungsbehörde

Die Betreuungsbehörde ist nach § 274 Abs. 3 FamFG auf ihren Antrag als Beteiligte in Verfahren über die Bestellung eines Betreuers oder die Anordnung eines Einwilligungsvorbehalts (Nr. 1) und in Verfahren über den Umfang, Inhalt oder Bestand von Entscheidungen der in Nr. 1 genannten Art hinzuzuziehen. **130**

Nach § 7 Abs. 4 FamFG muss die zuständige Behörde wegen ihres Beteiligungsrechts künftig über die Einleitung eines jeden unter § 274 Abs. 3 FamFG fallenden Verfahrens unterrichtet und über ihr Antragsrecht belehrt werden.

h. Nahestehende Personen

Nach § 7 Abs. 3 i.V.m. § 274 Abs. 4 Nr. 1 FamFG **kann** das Gericht auf ihren Antrag oder von Amts wegen den Ehegatten oder Lebenspartner des Betroffenen als Beteiligte hinzuziehen, soweit beide nicht dauernd getrennt leben. Gleiches gilt für seine Eltern, Pflegeel- **131**

---

348 BT-Drucks. 16/6308, S. 265
349 BT-Drucks. 16/6308, S. 265; P/H-Fröschle § 274 FamFG, Rn. 18
350 Vgl. zu den Voraussetzungen einer wirksamen Vollmachterteilung Teil C, S. 179 ff.
351 BT-Drucks. 16/6308, S. 265
352 P/H-Fröschle § 274 FamFG, Rn. 26, m.w.N.
353 P/H-Fröschle § 274 FamFG, Rn. 29

tern, Großeltern, Abkömmlinge, Geschwister und eine Person seines Vertrauens. Es handelt sich hierbei um eine Ermessensentscheidung des Gerichts. Eine Hinzuziehung ist **unabhängig von einem Betroffensein in eigenen Rechten** möglich, daher gilt dies nur in den in § 74 Abs. 3 FamFG genannten Verfahren.

Ehegatten, Eltern und Kinder des Betroffenen können auch schon nach § 7 Abs. 2 Nr. 1 FamFG von Amts wegen zu beteiligen sein[354], wenn sie in eigenen Rechten betroffen sind. In diesem Falle findet Abs. 4 auf sie keine Anwendung.

Unter Lebenspartner ist der Partner i.S.d. LPartG, nicht der Partner einer heterosexuellen nichtehelichen Lebensgemeinschaft zu verstehen.

132 Die Regelung, auch eine **Vertrauensperson** des Betroffenen hinzuziehen zu können, ermöglicht es dem Gericht, im Einzelfall auch entferntere Verwandte oder sonstige, mit dem Betroffenen eng verbundene Personen am Verfahren zu beteiligen. Soweit dem Betroffenen durch die Zuziehung einer nahe stehenden Person ein Gefühl der Sicherheit gegeben wird, ist dies für das Verfahren nur vorteilhaft. Diese nahe stehenden Personen sollten vom Betroffenen im Verfahren als solche benannt worden sein, da anderenfalls jeder mit der Behauptung, der Betroffenen vertraue ihm, zumindest das Zwischenverfahren nach § 7 Abs. 4 FamFG einleiten könnte[355]. Ausnahmsweise kann allerdings das Gericht eine Vertrauensperson auch ohne das Einverständnis des Betreuten hinzuziehen, wenn dies eindeutig in seinem Interesse liegt[356].

133 Die Beteiligung der nahe stehenden Personen darf **nur im Interesse des Betroffenen**, das aus seiner Sicht zu beurteilen ist, erfolgen. Damit soll vermieden werden, dass Verwandte, ohne selbst in eigenen Rechten betroffen zu sein, auch dann auf das Verfahren Einfluss nehmen können, wenn es den Interessen des Betroffenen zuwiderläuft. Ausnahmsweise ist es jedoch (außer bei der Vertrauensperson) zulässig, eine der genannten Personen auch gegen den Willen des Betroffenen zu beteiligen, wenn erkennbar ist, dass der subjektive Wille seinen objektiven Interessen zuwiderläuft und keine erheblichen Gründe vorliegen, die gegen eine Beteiligung der Verwandten sprechen[357].

§ 7 Abs. 4 FamFG begründet die Pflicht des Gerichts, die Beteiligten von der Einleitung des Verfahrens zu **benachrichtigen**, soweit sie dem Gericht bekannt sind, und sie über ihr Antragsrecht zu **belehren**. Die beschwerdeberechtigten Beteiligten haben ein Recht auf Akteneinsicht[358].

i. Der Vertreter der Staatskasse

134 Auch der Vertreter der Staatskasse ist nach § 7 Abs. 3 i.V.m. § 274 Abs. 4 Nr. 2 FamFG fakultativ zu beteiligen, soweit der Ausgang des Verfahrens fiskalische Interessen des Staates betreffen kann.

4. Die Verfahrensfähigkeit des Betroffenen

§ 275 FamFG Verfahrensfähigkeit

In Betreuungssachen ist der Betroffene ohne Rücksicht auf seine Geschäftsfähigkeit verfahrensfähig.

354 Siehe oben unter c., Rn. 126
355 P/H-Fröschle, § 274 FamFG, Rn. 45
356 B/J/H-Heiderhoff, § 274 FamFG, Rn. 8; Keidel-Budde, § 274 FamFG, Rn. 16
357 BT-Drucks. 16/6308, S. 266
358 OLG Köln FGPrax 2008, 155

Gem. § 275 FamFG ist der Betroffene verfahrensfähig, d.h., er kann seine Rechte im Verfahren selbst ausüben, auch wenn er nicht geschäftsfähig sein sollte. Mit dieser Regelung wollte der Gesetzgeber den zu Betreuenden möglichst weitgehend in das Verfahren einbeziehen, damit er nicht bloßes Objekt einer Betreuerbestellung wird[359]. **135**

Der Betreute kann somit selbst Anträge stellen, Rechtsmittel einlegen und gegebenenfalls auch auf Rechtsmittel verzichten[360]. Die Gegenansicht[361] sieht in der Regelung allein eine Schutzvorschrift für den Betroffenen; würde man, so deren Argument, einen Verzicht von Rechtsmitteln zulassen, würde sie in ihr Gegenteil verkehrt. Das Gesetz nimmt jedoch die für den Betroffenen in einem Rechtsmittelverzicht bestehende Gefahr hin und löst das Problem dadurch, dass ihm ein Verfahrenspfleger (dazu unten Rn. 138 ff.) bestellt werden muss, soweit der Verdacht besteht, dass er sich durch Verfahrenshandlungen selbst schadet. Auch der Empfang von Bekanntmachungen wird von § 275 FamFG erfasst.

Nach überwiegender Ansicht ist es eine Konsequenz der Verfahrensfähigkeit, dass auch ein geschäftsunfähiger Betreuter für das Betreuungsverfahren sowohl **eine Prozessvollmacht ausstellen** als auch einen wirksamen Anwaltsvertrag abschließen kann[362]. Der mit § 275 FamFG verfolgte Zweck, den Betroffenen als Subjekt des Verfahrens anzusehen, würde vereitelt, wenn der Betroffene für einen solchen Vertrag der Genehmigung des Betreuers bedürfte. Andererseits kann den Interessen des Betreuten auf sachverständige Unterstützung durch die Zuordnung eines Verfahrenspflegers ausreichend Rechnung getragen werden. Ob der Sinn des § 275 FamFG, den Betroffenen nicht zum Objekt des Verfahrens werden zu lassen, auch die Beauftragung eines Anwalts erfordert, ist zumindest zweifelhaft. Der neue § 105a BGB spricht eher dagegen. Immerhin bedarf es einer dem Vollmachtgeber zuzurechnenden „Willenserklärung"[363]; welche Mindestanforderungen an diese Erklärung eines Geschäftsunfähigen zu stellen sind, ist unklar[364]. **136**

Die Verfahrensfähigkeit gem. § 275 FamFG gilt für alle Verfahren, die eine Betreuung betreffen; eine Ausnahme besteht für die Unterbringung und die Genehmigung unterbringungsähnlicher Maßnahmen (zur Unterbringung vgl. Teil G Rn. 105). Sie besteht auch dann, wenn der Betroffene minderjährig ist. Sollte ein Verfahrenspfleger bestellt sein, so berührt dies die Verfahrensfähigkeit des Betroffenen unmittelbar nicht. Widersprechen sich Verfahrenshandlungen des Pflegers und des Betroffenen, so ist jede für sich gesondert zu bewerten und gegebenenfalls wie Verfahrenshandlungen von Einzelpersonen zu bescheiden[365], wie etwa die Einlegung von Rechtsmitteln mehrerer Personen. Für den Zivilprozess ist § 53 ZPO allerdings eine Spezialregelung (dazu oben Rn. 95)[366]. **137**

5. Der Verfahrenspfleger

§ 276 FamFG Verfahrenspfleger

(1) Das Gericht hat dem Betroffenen einen Verfahrenspfleger zu bestellen, wenn dies zur Wahrnehmung der Interessen des Betroffenen erforderlich ist.

359 BT-Drucks. 11/4528, S. 89
360 So Keidel-Budde, § 275 FamFG, Rn. 3 f.; Bienwald/Sonnenfeld, § 275 FamFG, Rn. 13; P/H-Fröschle, § 275 FamFG, Rn. 9
361 Damrau/Zimmermann, § 275 FamFG, Rn. 5; B/J/S-Heiderhoff, § 275 FamFG, Rn. 4
362 OLG Koblenz, BtPrax 2014, 96; Keidel-Budde, § 275 FamFG, Rn. 3
363 Dodegge, NJW 2005, 2661
364 BayObLG BtPrax 2004, 159
365 BGH FamRZ 1996, 607
366 Zur Verfahrensfähigkeit in anderen Verfahren siehe Jürgens-Kretz, § 275 FamFG, Rn. 7 ff.

Die Bestellung ist in der Regel erforderlich, wenn

1. **von der persönlichen Anhörung des Betroffenen nach § 278 Abs. 4 in Verbindung mit § 34 Abs. 2 abgesehen werden soll oder**
2. **Gegenstand des Verfahrens die Bestellung eines Betreuers zur Besorgung aller Angelegenheiten des Betroffenen oder die Erweiterung des Aufgabenkreises hierauf ist; dies gilt auch, wenn der Gegenstand des Verfahrens die in § 1896 Abs. 4 und § 1905 des Bürgerlichen Gesetzbuchs bezeichneten Angelegenheiten nicht erfasst.**

(2) [1]Von der Bestellung kann in den Fällen des Absatzes 1 Satz 2 abgesehen werden, wenn ein Interesse des Betroffenen an der Bestellung des Verfahrenspflegers offensichtlich nicht besteht. [2]Die Nichtbestellung ist zu begründen.

a. Voraussetzung der Bestellung

138 Für das Betreuungsverfahren wird ein Verfahrenspfleger bestellt, wenn dies zur Wahrung der Interessen des Betroffenen erforderlich ist, weil Letzterer nicht in der Lage ist, seine Rechte selbst wahrzunehmen. Insoweit beeinflussen einerseits die Wichtigkeit des Verfahrensgegenstands und andererseits der Grad der Krankheit oder Behinderung die Notwendigkeit der Pflegerbestellung[367]. Geht es um die Entscheidung des Betreuers für einen möglichen Abbruch einer lebenserhaltenden oder lebensverlängernden Behandlung, ist die Bestellung wohl zwingend[368]. Insgesamt wurden 2016 in knapp 130.000 Fällen Verfahrenspfleger bestellt[369]. Ein wichtiger Verfahrensgegenstand in diesem Sinne sind persönliche Angelegenheiten genauso wie Vermögensfragen. Nur bei Verfahren, deren Ergebnis von vorneherein feststeht, etwa bei einer zwingend notwendigen Entlassung des Betreuers, ist die Wahrnehmung der Interessen des Betroffenen durch einen Verfahrenspfleger nicht notwendig[370]. Im Zweifel ist ein Pfleger zu bestellen. Entsprechend hoch sind die Zahlen, die im Jahr 2014 einen neuen Rekordwert erreicht haben: 2014 wurden in Deutschland in über 137.000 Fällen ein Verfahrenspfleger in Betreuungsangelegenheiten bestellt. Die Zahl der Verfahrenspflegschaften hat sich seit 1992 mehr als verdoppelt, wobei gut 2/3 der Verfahrenspfleger Rechtsanwälte sind[371]. Etwa 25 % der Verfahrenspfleger sind ehrenamtlich tätig[372].

Hinsichtlich der Schwere der Beeinträchtigung des Betroffenen kommt es entscheidend darauf an, inwieweit eine Verständigungsmöglichkeit mit ihm gegeben ist[373] bzw. ob er in der Lage ist, seinen Willen kundzutun[374]. Bei leichteren Erkrankungen oder Behinderungen ist daher meist ein Verfahrenspfleger nicht notwendig. Das Gericht hat die dazu erforderlichen Erkenntnisse möglichst frühzeitig zu ermitteln.

139 Das Gesetz schreibt die Bestellung eines Pflegers vor,

- wenn von der persönlichen Anhörung des Betroffenen (gem. § 278 Abs. 4 i.V.m. § 34 Abs. 2 FamFG) abgesehen werden soll, weil sonst die Pflicht zur Gewährung rechtlichen Gehörs gem. Art. 103 Abs. 1 GG nicht sichergestellt werden könnte;
- wenn sich der Aufgabenkreis des Betreuers auf alle Angelegenheiten des Betroffenen erstrecken soll. Letzteres gilt sowohl hinsichtlich der Einrichtung der Betreuung als

---

367 OLG Hanau BtPrax 1993, 135
368 OLG Karlsruhe BtPrax 2004, 202 = FamRZ 2004, 1319
369 Deinert, BtPrax 2018, 15
370 Beispiele bei: Damrau/Zimmermann, § 276 FamFG, Rn. 19
371 Vgl. Deinert BtPrax 2016, 9 ff., 10; siehe auch Bundesamt für Justiz, Verfahren nach dem Betreuungsgesetz. Zu weiteren Zahlen siehe auch: www.bundesanzeiger-verlag.de/betreuung/wiki/Betreuungszahlen (Abruf 20.7.2018)
372 Sellin/Engels, S. 189
373 OLG Hamm BtPrax 1993, 135, 137
374 BayObLG BtPrax 1997, 37

auch einer Erweiterung des Aufgabenkreises. Alle Angelegenheiten sind auch dann erfasst, wenn lediglich die Sterilisation und die Postkontrolle ausgenommen sind. In diesen beiden Fällen ist ohnehin zwingend die Pflegerbestellung vorgesehen. Es genügt, wenn die Erstreckung auf alle Angelegenheiten möglich erscheint[375].

Die Verfahrenspflegerbestellung ist schon dann geboten, wenn die Betreuung für alle Angelegenheiten als möglich erscheint[376].

Auch wenn von der Bekanntmachung der Entscheidungsgründe an den Betroffenen abgesehen werden soll, wird in der Regel eine Pflegerbestellung notwendig sein, um rechtliches Gehör zu gewährleisten[377]. Wird bei einer Anordnung eines Einwilligungsvorbehalts von der Pflegerbestellung abgesehen, muss dies begründet werden.

Eine Ausnahme von der Pflicht zur Bestellung eines Verfahrenspflegers ist gegeben, wenn **140** ein Interesse des Betroffenen daran offensichtlich nicht besteht. Der Gesetzgeber dachte hier vor allem an den Fall, dass der Betroffene seinen Willen nicht kundtun kann[378]. In der Literatur wird diese Ausnahme zu Recht stark kritisiert[379] oder sogar für verfassungswidrig gehalten[380]. Selbst wenn es keine Alternative zu einer Betreuung gebe, sei gem. Art. 103 Abs. 1 GG rechtliches Gehör zu gewähren, was ohne Bestellung eines Pflegers nicht möglich sei. Die Gesetzesbegründung hatte demgegenüber darauf abgestellt, dass der Pfleger nur fiktiv die Rechte des Betroffenen schützen könne, wenn eine Verständigungsmöglichkeit mit ihm nicht möglich sei[381]. Diese Ansicht verkennt die Rolle des Verfahrenspflegers, der verpflichtet ist, objektiv im Interesse des Betroffenen dessen Rechte zu wahren.

Da auch der Verfahrenspfleger die Interessen des Betroffenen nicht im fremden, sondern im eigenen Namen vertritt, dürfte davon auszugehen sein, dass es auch genügt, wenn ein anderer Verfahrensbeteiligter, z.B. ein Angehöriger, die Interessen des Betroffenen wahrnimmt[382].

b. Person des Pflegers

Durch § 276 Abs. 3 FamFG sollen der Subsidiaritätsgedanke und der Vorrang des Ehren- **141** amtes auch für die Verfahrenspflegerbestellung unterstrichen werden[383].

Geeignet als Pfleger ist – wie bei der Betreuung selbst – grundsätzlich jede natürliche Person[384]. Minderjährige und Geschäftsunfähige kommen nicht in Betracht (§§ 1780, 1781 Nr. 1 BGB), ebenso wenig, wer selbst einen Betreuer hat (§ 1781 Nr. 2 BGB). Nur mit Einschränkungen ist geeignet, wer an der Bestellung ein eigenes (Vermögens-)Interesse hat. Weder der Betreuer noch die Betreuungsbehörde sollte zum Pfleger bestellt werden. Es kann häufig sinnvoll sein, einen Rechtsanwalt zu bestellen, wenn die zu erledigende Angelegenheit besondere Rechtskunde erfordert[385]. Geht es allerdings mehr darum, zwischen Gericht und Betroffenem zu vermitteln, so ist ein Vertrauter des Betroffenen, der die Lebensverhältnisse gut kennt, oder ein Sozialarbeiter, der im Umgang mit entsprechenden Personen erfahren ist, geeigneter[386]. Mitarbeiter von Vereinen oder Behörden können als

375 BGH BtPrax 2017, 154; BtPrax 2016, 151; BtPrax 2014, 140; BtPrax 2017, 154
376 BGH BtPrax 2013, 205; s.a. BGH BtPrax 2014, 32 für den Fall einer Kontrollbetreuung
377 Keidel-Budde, § 276 FamFG, Rn. 6; a.A.: Damrau/Zimmermann, § 276 FamFG, Rn. 6
378 BT-Drucks. 11/4528, S. 36
379 Bauer/Rink, BtPrax 1996, 158; B/J/S-Heiderhoff § 276 FamFG, Rn. 4
380 Bienwald, § 276 FamFG, Rn. 44; Keidel-Budde, § 276 FamFG, Rn. 9
381 BT-Drucks. 11/4528, S. 36
382 P/H-Fröschle, § 276 Rn. 12, m.w.N.
383 BT-Drucks. 15/2494, S. 41
384 Siehe Pohl, BtPrax 1992, 23; Rogalla, BtPrax 1993, 146
385 OLG Celle BtPrax 1994, 175
386 Bienwald, § 276 FamFG, Rn. 60

Privatpersonen bestellt werden. Strittig war, ob auch der Verein oder die Behörde selbst Verfahrenspfleger sein kann[387]. Nunmehr regelt § 277 Abs. 1 S. 1 FamFG, dass eine Behörde oder ein Verein Verfahrenspfleger sein können, aber keinen Aufwendungsersatz erhalten. Die Betreuungsbehörde soll auf Antrag des Gerichts einen Vorschlag zur Person machen.

c. Rechtsstellung/Aufgaben

142 Nach altem Recht hatte der Pfleger nach h.M. im Verfahren die Stellung wie ein gesetzlicher Vertreter[388]. Nunmehr soll er gem. § 274 Abs. 2 FamFG als Beteiligter **fremde** Interessen (die des Betroffenen) im **eigenen** Namen wahrnehmen, was ihm die Stellung eines **Beteiligten kraft Amtes** verleiht[389]. Er ist am Verfahren wie der Betroffene selbst zu beteiligen, hat Anspruch auf rechtliches Gehör und das Recht auf Akteneinsicht, darf teilnehmen und soll sich zum Gutachten äußern können und ist deshalb rechtzeitig zu benachrichtigen[390]. Er handelt selbständig, ist also insbesondere nicht weisungsabhängig, weder gegenüber dem Betroffenen noch dem Betreuungsgericht[391]. Er ist aber nicht vertretungsberechtigt, kann also z.B. nicht die Einrede der Verjährung erheben[392]. Der Pfleger hat die Einhaltung der Verfahrensgarantien zu überwachen, Ermittlungen aller Art zugunsten des Betroffenen anzustellen, entsprechende Stellungnahmen abzugeben sowie an Anhörungen teilzunehmen. Er soll insbesondere den tatsächlichen oder mutmaßlichen Willen des Betroffenen in das Verfahren einbringen[393]. Im Gegensatz zum Gericht hat er nicht den Betreuer zu überwachen. Er kann Anträge stellen und selbst Rechtsmittel einlegen. Da durch die Pflegerbestellung die Verfahrensfähigkeit des Betroffenen nicht berührt wird, können beide Verfahrenshandlungen abgeben, die getrennt zu beurteilen sind. Insbesondere bei widersprechenden Erklärungen ist die Eigenständigkeit der einzelnen Verfahrenshandlungen möglichst zu wahren: So kann weder der Betroffene ein vom Verfahrenspfleger eingelegtes Rechtsmittel zurücknehmen noch umgekehrt[394].

143 **Unterbleiben soll die Pflegerbestellung**, wenn der Betroffene bereits von einem Rechtsanwalt oder einem anderen geeigneten Verfahrensbevollmächtigten vertreten wird (§ 276 Abs. 4 FamFG). Die Bestellung ist gleichwohl erforderlich, wenn dem Vertreter die Eignung fehlt[395]. Geeignet sind aber nicht nur Rechtsanwälte, sondern auch andere Personen, die die Interessen des Betroffenen effektiv vertreten können. Bei solchen Personen hat das Gericht ihre Geeignetheit genau zu prüfen[396].

d. Verfahren

144 Ein eigenes Bestellungsverfahren für die Pflegschaft nach § 276 FamFG kennt das Gesetz nicht; die Pflegschaft wird automatisch mit der Mitteilung an den Pfleger wirksam[397]. Vom Fall des § 276 Abs. 1 Satz 2 Nr. 1 FamFG abgesehen, ist der Betroffene zu hören. Für die Pflegschaft gelten nicht die Regeln des BGB. Der Verfahrenspfleger unterliegt daher nicht der Aufsicht des Betreuungsgerichts[398]. Ein Zeitpunkt für die Einrichtung der Verfahrens-

---

387 Dafür Bienwald, § 67 FGG, Rn. 38; dagegen Deinert, DAV 1992, 332; LG Stuttgart BWNotZ 1996, 14 für die Behörde
388 Keidel-Budde, § 276 FamFG, Rn. 26 m.w.Nw.
389 P/H-Fröschle, § 274, Rn. 29
390 BGH NJW 2017, 2687; BtPrax 2017, 197 = FamRZ 2017, 1611
391 So auch: Damrau/Zimmermann, § 276 FamFG, Rn. 16
392 BGH BtPrax 2012, 252
393 BGH BtPrax 2009, 290
394 Wie hier: Keidel-Budde, § 276 FamFG, Rn. 27; a.A. Bienwald, § 276 FamFG, Rn. 17
395 P/H-Fröschle § 276 FamFG, Rn. 54
396 P/H-Fröschle, § 276 FamFG, Rn. 52
397 Keidel-Budde, § 276 FamFG, Rn. 23
398 Pohl, BtPrax 1992, 56

pflegschaft ist ebenfalls nicht vorgeschrieben, so dass das Gericht sich zunächst einen Eindruck vom Betroffenen verschaffen kann. Jedoch sollte die Bestellung so rechtzeitig erfolgen, dass eine sinnvolle Wahrnehmung der Rechte des Betroffenen möglich ist[399].

Die Bestellung eines Pflegers, die Aufhebung und auch die Ablehnung sind gemäß § 276 Abs. 6 FamFG nicht isoliert anfechtbar. Damit ist die früher h.M.[400] vom Gesetzgeber bestätigt worden. Das ist auch gerechtfertigt, da angesichts der Verfahrensfähigkeit des Betreuten die Aufhebung oder Ablehnung keinen schwerwiegenden Eingriff darstellt[401].

Die Bestellung eines Pflegers ist nicht zu begründen.

e. Beendigung

Die Pflegschaft endet gem. § 276 Abs. 5 FamFG mit der Rechtskraft der Endentscheidung, 145
so dass der Pfleger im Beschwerdeverfahren zu beteiligen ist[402]. Schließlich endet sie, wenn das Verfahren selbst endet, etwa bei Tod des Betroffenen.

Die Bestellung eines Verfahrenspflegers ist aufzuheben, wenn ihre Voraussetzungen weggefallen sind, zum Beispiel weil der Betreute einen geeigneten Verfahrensbevollmächtigten beauftragt hat (Abs. 5).

Ist der Pfleger ungeeignet, ist er zu entlassen, ohne dass die Bestellung aufgehoben wird, und stattdessen ist ein neuer Pfleger zu bestellen.

▶ *Zur Vergütung des Verfahrenspflegers vgl. Teil F Rn. 226 ff.*

6. Persönliche Anhörung

§ 34 FamFG Persönliche Anhörung

(1) Das Gericht hat einen Beteiligten persönlich anzuhören,

1. wenn dies zur Gewährleistung des rechtlichen Gehörs des Beteiligten erforderlich ist oder

2. wenn dies in diesem oder in einem anderen Gesetz vorgeschrieben ist.

(2) Die persönliche Anhörung eines Beteiligten kann unterbleiben, wenn hiervon erhebliche Nachteile für seine Gesundheit zu besorgen sind oder der Beteiligte offensichtlich nicht in der Lage ist, seinen Willen kundzutun.

(3) Bleibt der Beteiligte im anberaumten Anhörungstermin unentschuldigt aus, kann das Verfahren ohne seine persönliche Anhörung beendet werden. Der Beteiligte ist auf die Folgen seines Ausbleibens hinzuweisen.

§ 278 FamFG Anhörung des Betroffenen

(1) [1]Das Gericht hat den Betroffenen vor der Bestellung eines Betreuers oder der Anordnung eines Einwilligungsvorbehalts persönlich anzuhören. [2]Es hat sich einen persönlichen Eindruck von dem Betroffenen zu verschaffen. [3]Diesen persönlichen Eindruck soll sich das Gericht in dessen üblicher Umgebung verschaffen, wenn es der Betroffene verlangt oder wenn es der Sachaufklärung dient und der Betroffene nicht widerspricht.

(2) [1]Das Gericht unterrichtet den Betroffenen über den möglichen Verlauf des Verfahrens. [2]In geeigneten Fällen hat es den Betroffenen auf die Möglichkeit der Vorsorgevollmacht, de-

---

399 Vgl. auch P/H-Fröschle § 276 FamFG, Rn. 7

400 So die h.M.: BGH BtPrax 2003, 266 = FamRZ 2003, 1275 m. krit. Anm. Bienwald; BayObLG FamRZ 2000, 249; OLG Frankfurt BtPrax 2001, 207; OLG Stuttgart FamRZ 2001, 39; a.A. Damrau/Zimmermann, § 67 FGG, Rn. 39; Bienwald, FamRZ 1996, 358; OLG Köln FamRZ 2000, 492

401 Kritisch: Damrau/Zimmermann, § 276 FamFG, Rn. 60

402 BGH BtPrax 2015, 25

ren Inhalt sowie auf die Möglichkeit ihrer Registrierung bei dem zentralen Vorsorgeregister nach § 78a Absatz 2 der Bundesnotarordnung hinzuweisen. [3]Das Gericht hat den Umfang des Aufgabenkreises und die Frage, welche Person oder Stelle als Betreuer in Betracht kommt, mit dem Betroffenen zu erörtern.

(3) Verfahrenshandlungen nach Absatz 1 dürfen nur dann im Wege der Rechtshilfe erfolgen, wenn anzunehmen ist, dass die Entscheidung ohne eigenen Eindruck von dem Betroffenen getroffen werden kann.

(4) Soll eine persönliche Anhörung nach § 34 Abs. 2 unterbleiben, weil hiervon erhebliche Nachteile für die Gesundheit des Betroffenen zu besorgen sind, darf diese Entscheidung nur auf Grundlage eines ärztlichen Gutachtens getroffen werden.

(5) Das Gericht kann den Betroffenen durch die zuständige Behörde vorführen lassen, wenn er sich weigert, an Verfahrenshandlungen nach Absatz 1 mitzuwirken.

(6) [1]Gewalt darf die Behörde nur anwenden, wenn das Gericht dies ausdrücklich angeordnet hat. [2]Die zuständige Behörde ist befugt, erforderlichenfalls um Unterstützung der polizeilichen Vollzugsorgane nachzusuchen.

(7) [1]Die Wohnung des Betroffenen darf ohne dessen Einwilligung nur gewaltsam geöffnet, betreten und durchsucht werden, wenn das Gericht dies zu dessen Vorführung zur Anhörung ausdrücklich angeordnet hat. [2]Bei Gefahr im Verzug kann die Anordnung nach Satz 1 durch die zuständige Behörde erfolgen. [3]Durch diese Regelung wird das Grundrecht auf Unverletzlichkeit der Wohnung aus Artikel 13 Absatz 1 des Grundgesetzes eingeschränkt.

146 Die persönliche Anhörung des Betroffenen ist für die Einrichtung einer Betreuung, die Anordnung eines Einwilligungsvorbehalts und mögliche Erweiterungen des Kreises der Betreuungsangelegenheiten oder der vom Einwilligungsvorbehalt erfassten Willenserklärungen vorgeschrieben, um dem Betroffenen rechtliches Gehör (Art. 103 Abs. 1 GG) zu gewähren und sein Persönlichkeitsrecht zu wahren[403]. Auch die EMRK verlangt sie[404]. Die Vorschrift dient ferner der Konkretisierung des allgemeinen Amtsermittlungsgrundsatzes aus § 26 FamFG (dazu oben Rn. 105 ff.). Häufig kann beides in einem Termin stattfinden; die Festlegung des Zeitpunkts liegt im Ermessen des Gerichts.

§ 278 FamFG ergänzt § 34 FamFG als Vorschrift des allgemeinen Teils.

a. Persönliche Anhörung und unmittelbarer Eindruck

aa. Zweck

147 Damit das Gericht einen unmittelbaren Eindruck von der Person des Betroffenen erhält, soll es ihn persönlich, d.h. mündlich, anhören[405]. Dieser unmittelbare Eindruck erschien dem Gesetzgeber für eine Beurteilung der Betreuungsbedürftigkeit wichtig, so dass er bezüglich der Sachverhaltsaufklärung insoweit das Ermessen des Gerichtes eingeschränkt hat. Der unmittelbare Eindruck wird durch Augenscheinseinnahme gewonnen. Die Anhörung kann zwar auch im Gericht erfolgen. Sinnvollerweise wird sie aber in der üblichen Umgebung des Betroffenen vorgenommen, weil damit Anschauungen über das soziale Umfeld ermöglicht werden, die für eine Betreuungsbedürftigkeit unter Umständen von großer Bedeutung sind[406]. Auch für die Einschätzung der Persönlichkeit können u.U. Erkenntnisse gewonnen werden. Darüber hinaus kann die persönliche Anhörung die Ermittlung der Wünsche und Vorstellungen des Betroffenen, etwa was die Person des Betreuers angeht, erleichtern[407].

---

403 BVerfG BtPrax 2016, 145; BGH BtPrax 2016, 38 = FamRZ 2016, 38 (auch im Beschwerdeverfahren)
404 EGMR FamRZ 2008, 1734
405 Zu den Einzelheiten der Anhörung: Coeppicus, FamRZ 1991, 892, FamRZ 1992, 16
406 Keidel-Budde, § 278 FamFG, Rn. 4 f.
407 KG BtPrax 1995, 106

Die übliche Umgebung i.S. der Vorschrift ist normalerweise die Wohnung des Betroffenen, nicht dagegen ein Krankenhauszimmer, wohl aber das eigene Zimmer in einem Heim bei einer dauerhaften Unterbringung. Widerspricht der Betroffene einem Besuch in seiner Umgebung, hat eine solche Anhörung zu unterbleiben, weil seine Intimsphäre, die auch von Art. 13 Abs. 1 GG geschützt ist, respektiert werden muss[408]. Der Widerspruch braucht nicht auf einem vernünftigen Grund zu beruhen, setzt keine Geschäftsfähigkeit voraus und ist nicht fristgebunden. Aber auch ohne Widerspruch ist in jedem Einzelfall gesondert zu prüfen, ob ein Aufsuchen der Wohnung sinnvoll ist und die Sachaufklärung fördern kann, da immerhin auch Außenstehende wie Nachbarn von dem Verfahren Kenntnis erhalten können[409]. **148**

Ein weiterer mit dem Anhörungsgespräch verfolgter Zweck ist die Unterrichtung des Betroffenen über das bevorstehende Verfahren, § 278 Abs. 2 Satz 1 FamFG. Gerade weil der Betroffene selbst verfahrensfähig ist, muss er die notwendigen Informationen an die Hand bekommen, die ihm möglichst frühzeitig übermittelt werden sollten[410]. Weder die Zeit der Anhörung noch der Ort ist gesetzlich geregelt. Sie kann zusammen mit der Verschaffung des unmittelbaren Eindrucks stattfinden[411]. Die Anhörung ist nicht öffentlich, kann also nicht einfach am Arbeitsplatz des Betroffenen bei Anwesenheit von Kollegen durchgeführt werden. **149**

bb. Inhalt

Inhaltlich sollen dem Betroffenen die entscheidungserheblichen Gesichtspunkte dargelegt werden: Zu klären ist, wie der Betroffene im Alltag zurechtkommt, welche anderen Hilfen (Familie, Nachbarn, Sozialdienst) zur Verfügung stehen, ob er seine Kompetenz in rechtlichen Angelegenheiten realistisch einschätzt und sich entsprechend verhält (wichtig für einen Einwilligungsvorbehalt) und ob er Vorschläge zur Person des Betreuers macht. Auch über die Möglichkeit der Erteilung einer Vollmacht und ihren Inhalt ist der geschäftsfähige Betroffene zu informieren, ferner über die Möglichkeit ihrer Registrierung beim zentralen Vorsorgeregister. Eine solche Vollmachtserteilung ist nach richtiger Auffassung auch nach der Anhörung noch möglich. Des Weiteren ist mit ihm sowohl über den Ablauf des Verfahrens zu sprechen als auch über eine mögliche Begutachtung und zu fragen, ob Vertrauenspersonen zu beteiligen sind. **150**

Eine Anhörung durch den ersuchten Richter lässt das Gesetz nur eingeschränkt zu, § 278 Abs. 3 FamFG, weil es auf den persönlichen Eindruck, wie erwähnt, größten Wert legt. Eine Beurteilung ohne eigenen Eindruck des Richters ist bei eindeutigen Fällen ausnahmsweise aber möglich[412]. Zweckmäßig ist dann jedenfalls ein Wortprotokoll durch den ersuchten Richter. **151**

b. Absehen von der Anhörung

Wegen der Bedeutung, die der Gesetzgeber der Anhörung beimisst, soll nur in Ausnahmefällen von ihr abgesehen werden können[413]. Die erste Ausnahme besteht zum Schutz des Betroffenen, wenn eine persönliche Anhörung mit erheblichen Nachteilen für dessen Gesundheit verbunden wäre, § 34 Abs. 2 i.V.m. § 278 Abs. 4 FamFG. Erheblichkeit setzt schwere Schäden, wie einen Herzanfall, voraus[414], nicht dagegen kurzfristige Beeinträchti- **152**

408 BGH BtPrax 2013, 31 = FamRZ 2013, 31
409 Vgl. Coeppicus, ZRP 2000, 91; Damrau/Zimmermann, § 278 FamFG, Rn. 45
410 Zum Zeitpunkt: Keidel-Budde, § 278 FamFG, Rn. 14
411 Bienwald, § 278 FamFG, Rn. 23
412 BGH FamRZ 2016, 1667
413 Vgl. P/H-Fröschle, § 278 FamFG, Rn. 31
414 Vgl. OLG Koblenz FamRZ 1999, 670

gungen des Wohlergehens. Die Gesundheitsgefahr ist durch ein ärztliches Gutachten festzustellen, § 278 Abs. 4 FamFG. Ein bloßes Attest beispielsweise des Hausarztes genügt diesen Anforderungen nicht. Vielmehr unterliegt der ärztliche Nachweis persönlich wie verfahrensrechtlich den besonderen Anforderungen des Gutachtens (vgl. Rn. 163 ff.). Dieses kann auch mündlich erstattet werden und muss die konkret drohende Gesundheitsgefahr benennen.

153 Zum Zweiten kann von der Anhörung abgesehen werden, wenn der Betroffene offensichtlich nicht in der Lage ist, seinen Willen kundzutun, § 34 Abs. 2 FamFG. Die Geschäftsunfähigkeit rechtfertigt die Ausnahme allerdings nicht, sondern die weitergehende Tatsache, dass keine richtige Verständigung mit dem Betroffenen möglich ist. Denn wenn die Anhörung möglicherweise Schlüsse auf den natürlichen Willen des Betroffenen zulässt, ist sie nicht entbehrlich[415]. Letzteres hat das Gericht zwingend aufgrund eines unmittelbaren Eindrucks von dem Betroffenen zu ermitteln[416]. Lediglich auf die Anhörung kann gegebenenfalls verzichtet werden. Ein ärztliches Gutachten ist hier nicht erforderlich.

Wird auf eine persönliche Anhörung aus einem der beiden geschilderten Gründe verzichtet, muss ein Verfahrenspfleger gem. § 276 Abs. 1 Satz 2 Nr. 1 FamFG bestellt werden. Der Verzicht auf die persönliche Anhörung ist vom Gericht zu begründen[417].

154 Gem. § 68 Abs. 3 Satz 2 FamFG kann von einer Anhörung in der Beschwerdeinstanz abgesehen werden, wenn die Anhörung bereits in erster Instanz erfolgt ist. Das gilt nicht, wenn die erstinstanzliche Anhörung fehlerhaft war[418] oder sich nachher die Tatsachen erheblich geändert haben[419]. Ebenfalls soll eine erneute Anhörung notwendig sein, wenn die Anhörung des Amtsgerichts über sechs Monate zurückliegt[420]. Wurde die Anhörung im Rahmen der Genehmigung einer Unterbringung durchgeführt, ist eine Anhörung bei der nachfolgenden Betreuerbestellung nicht überflüssig[421]. Bei einer unwesentlichen Erweiterung des Aufgabenkreises kann die Anhörung ebenfalls unterbleiben. Das gilt aber dann nicht, wenn die Erweiterung auf Erkenntnisse gestützt wird, die das Gericht erst nach der letzten Anhörung gewonnen hat[422].

c. Vorführung zur Anhörung

155 Weigert sich der Betroffene, an seiner Anhörung mitzuwirken, stellt sich die Frage, ob notfalls Zwang angewandt werden kann. Der Gesetzgeber hat sich angesichts der großen Bedeutung, die er dem unmittelbaren Eindruck des Gerichts vom Betroffenen zumisst, dafür entschieden, dass die zuständige Behörde Zwang anwenden darf, § 278 Abs. 6 FamFG. Abs. 6 entspricht dem bisherigen § 283 Abs. 2 FamFG. Die Gewaltanwendung ist nicht Sache des Gerichts, sondern der Betreuungsbehörde. Welche Behörde dies ist, richtet sich nach §§ 1 f. BtG. Damit ist gewährleistet, dass Personen tätig werden, die im Umgang mit Betreuten Erfahrung haben, was bei einer Vorführung durch Gerichtsvollzieher oder Polizei nicht der Fall ist. Die Behörde kann allerdings, wenn sie allein keinen Erfolg hat, den polizeilichen Vollzugsdienst um Hilfe nachsuchen. Die Gewaltanwendung setzt eine ausdrückliche gerichtliche Anordnung voraus, bei der der Grundsatz der Verhältnismäßigkeit zu berücksichtigen ist. Abzuwägen ist die Bedeutung der Entscheidung, d.h. die Weite der

415 BGH BtPrax 2017, 35
416 Vgl. BT-Drucks. 11/4528, S. 172
417 BGH BtPrax 2014, 131; FamRZ 2016, 38
418 BayObLG EzFamR 2003, 247
419 BayObLG BtPrax 2004, 317
420 OLG Köln BtPrax 2009, 80 = FamRZ 2009, 814
421 OLG Naumburg FamRZ 2002, 986
422 BGH FamRZ 2017, 556; BGH BtPrax 2015, 241

betroffenen Lebensbereiche mit den negativen Folgen der Vorführung für den Betroffenen[423].

Eine zwangsweise Wohnungsöffnung zur Vorführung ist nunmehr gesetzlich geregelt (Abs. 7)[424]. Sie setzt ebenfalls eine gerichtliche Anordnung voraus, auch hier gilt, dass die Maßnahme nur als letztes Mittel in Betracht kommt, zumal die Anwendung von Gewalt häufig auch die letzten Reste an Mitwirkungsbereitschaft zerstört[425]. Eine etwaige Vorführung muss nach dem FamFG nicht vorher angedroht werden.

d. Hinzuziehung von weiteren Personen

Verfahrenshandlungen des Gerichts sind gem. § 170 Abs. GVG nicht öffentlich. Allerdings **156**
kann das Gericht etwas anderes bestimmen. Die früher ausdrücklich erwähnte Beteiligung eines Sachverständigen an der Anhörung (§ 68 Abs. 4 FGG) enthält das FamFG nicht mehr. Gleichwohl wird das Gericht nach Ermessen einen Sachverständigen oder auch andere Personen zur Anhörung hinzuziehen können, beispielsweise wenn die Kommunikation zwischen dem Gericht und dem Betroffenen erheblich gestört ist und die Beteiligung Dritter insoweit hilfreich erscheint. Gegen den Willen eines Beteiligten kann dieser jedoch nicht hinzugezogen werden (§ 170 Abs. 1 S. 2 GVG). Dem Verfahrensbevollmächtigten des Betroffenen ist die Teilnahme zu gestatten[426].

Einer Vertrauensperson des Betroffenen ist auf dessen Verlangen die Anwesenheit bei der Anhörung zu gestatten, § 170 Abs. 1 Satz 3 GVG. Das Gesetz will mit diesem Anspruch die Rechte des Betroffenen stärken. Allein die Tatsache, dass bereits ein Rechtsanwalt oder Verfahrenspfleger für den Betroffenen tätig ist, hindert nicht die Beteiligung einer weiteren Person, die der Betroffene, aus welchen Gründen auch immer, hinzuziehen möchte. Verlangt der Betroffene im Anschluss an die erfolgte Anhörung die Zuziehung einer Vertrauensperson, hat das Gericht zu überlegen, ob es eine zweite Anhörung durchführt[427].

Die hinsichtlich der Beteiligung Dritter zu treffende Ermessensentscheidung des Gerichts **157**
hat sich zunächst daran auszurichten, ob die Person das konkrete Verfahren fördern kann. Unter Umständen wird man auch ein außerhalb des Verfahrens liegendes Interesse, wie etwa das der Ausbildung, genügen lassen können[428]. Allerdings sollte der Kreis grundsätzlich klein gehalten werden. Ein Anspruch auf Zulassung besteht für Dritte nicht; die Ablehnung einer Hinzuziehung zur Anhörung kann nicht mit einem Rechtsmittel angegriffen werden, da das Verfahren grundsätzlich nicht öffentlich ist[429]. Das Vetorecht des Betroffenen gegen eine Beteiligung Dritter soll die Vertraulichkeit des Verfahrens garantieren. Vor der Hinzuziehung eines Dritten sollte das Gericht dies mit dem Betroffenen besprechen.

7. Anhörung der sonstigen Beteiligten, § 279 FamFG

§ 279 FamFG Anhörung der sonstigen Beteiligten, der Betreuungsbehörde und des gesetzlichen Vertreters

(1) Das Gericht hat die sonstigen Beteiligten vor der Bestellung eines Betreuers oder der Anordnung eines Einwilligungsvorbehalts anzuhören.

---

423 BGH BtPrax 2017, 33
424 Siehe „Gesetz zur Einführung einer Rechtsbehelfsbelehrung im Zivilprozess und zur Änderung anderer Vorschriften" vom 5.12.2012 (BGBl. I S. 2418)
425 Schmidt-Recla, FamRZ 2013, 255
426 BGH BtPrax 2017, 42
427 Eine Zurückweisung wegen Verspätung scheidet aus (Damrau/Zimmermann, § 279 FamFG, Rn. 33)
428 Bienwald, § 278 FamFG, Rn. 32 ff.
429 BT-Drucks. 11/4528, S. 89

(2) [1]Das Gericht hat die zuständige Behörde vor der Bestellung eines Betreuers oder der Anordnung eines Einwilligungsvorbehalts anzuhören. [2]Die Anhörung vor der Bestellung eines Betreuers soll sich insbesondere auf folgende Kriterien beziehen:

1. persönliche, gesundheitliche und soziale Situation des Betroffenen,

2. Erforderlichkeit der Betreuung einschließlich geeigneter anderer Hilfen (§ 1896 Absatz 2 des Bürgerlichen Gesetzbuchs),

3. Betreuerauswahl unter Berücksichtigung des Vorrangs der Ehrenamtlichkeit (§ 1897 des Bürgerlichen Gesetzbuchs) und

4. diesbezügliche Sichtweise des Betroffenen.

(3) Auf Verlangen des Betroffenen hat das Gericht eine ihm nahestehende Person anzuhören, wenn dies ohne erhebliche Verzögerung möglich ist.

(4) Das Gericht hat im Fall einer Betreuerbestellung oder der Anordnung eines Einwilligungsvorbehalts für einen Minderjährigen (§ 1908a des Bürgerlichen Gesetzbuchs) den gesetzlichen Vertreter des Betroffenen anzuhören.

158 Neben dem Betroffenen auch **alle anderen Verfahrensbeteiligten** anzuhören, um ihrem Anspruch auf Gewährung rechtlichen Gehörs aus Art. 103 Abs. 1 GG nachzukommen.

159 Die **Betreuungsbehörde** ist nach Abs. 2 vor der Bestellung eines Betreuers oder der Anordnung eines Einwilligungsvorbehalts anzuhören, wenn es der Betroffene verlangt oder wenn es der Sachaufklärung dient. Wer zuständige Behörde ist, richtet sich laut BtBG (§ 1) nach Landesrecht (dazu Teil J Rn. 59, 91 ff.). Die Landesgesetze übertragen die Aufgaben auf die Gebietskörperschaften, die das konkret zuständige Amt bestimmen. Dies ist nicht zwingend – wie früher – das Jugendamt, sondern kann auch eine neu errichtete Behörde sein. Der Sachaufklärung dient deren Beteiligung, wenn der besondere Sachverstand der Behörde gefragt ist, was der Regelfall sein dürfte: Denn die Kenntnis der Lebensbedingungen des Betroffenen ist für die gerichtliche Entscheidung wichtig, und für deren Erforschung wird normalerweise eine gutachterliche Stellungnahme der Behörde notwendig sein[430], weil das Gericht alle relevanten Gesichtspunkte ermitteln soll.

159a Mit Wirkung zum 1.7.2014 hat der Gesetzgeber eine **obligatorische Anhörung der Betreuungsbehörde** vor Bestellung eines Betreuers oder der Anordnung eines Einwilligungsvorbehalts vorgeschrieben[431]. Damit soll die Fachkompetenz der Behörde genutzt werden, vor allem, um andere Hilfen auszuschöpfen, die unterhalb der Schwelle einer Betreuung bestehen[432] (siehe dazu auch die Kommentierung des § 4 BtBG in Teil J, Rn. 58b, 64 ff.).

Der Gesetzgeber nennt in Absatz 2 Satz 2 einige besonders wichtige Kriterien, auf die sich die Anhörung beziehen soll: Neben der persönlichen, gesundheitlichen und sozialen Situation und der Frage der Betreuerauswahl sollen auch die Erforderlichkeit und die Alternative anderer Hilfen erörtert werden. Außerdem ist jeweils die Sicht des Betroffenen mit einzubeziehen.

Die Ergebnisse sind normalerweise im Freibeweis zu würdigen. Die Gewährung von Akteneinsicht liegt im Ermessen des Gerichts.

---

430 Dazu: Arndt/Oberloskamp/Balloff, Gutachterliche Stellungnahme in der sozialen Arbeit

431 So Absatz 2 Satz 1 in der Fassung des Gesetzes zur Stärkung der Funktionen der Betreuungsbehörde vom 28.8.2013 (BGBl. I S. 3393), Streichung der Wörter „,wenn es der Betroffene verlangt oder es der Sachaufklärung dient"

432 Siehe BR-Drs. 220/13, S. 8

Der Betroffene kann eine ihm **nahe stehende Person** benennen, die das Gericht ebenfalls nach Abs. 3 anzuhören hat. Hat das Gericht diese Person bereits nach § 274 Abs. 4 Nr. 1 FamFG als Beteiligten zum Verfahren hinzugezogen, ist nicht § 279 Abs. 3, sondern Abs. 1 anwendbar. 160

Der Betroffene kann einer Anhörung seiner Angehörigen **nicht widersprechen**, sobald sie zum Verfahren hinzugezogen wurden[433]. Das FamFG löst dieses Spannungsverhältnis zwischen der Anhörung der Verwandten und einem entgegenstehenden Willen des Betroffenen jetzt über den Beteiligtenbegriff[434], da wie nach altem Recht ein für einen Widerspruch erforderlicher erheblicher Grund für die Versagung rechtlichen Gehörs gegenüber einem Beteiligten kaum denkbar sei[435]. Denn auch in dem theoretischen Fall, dass ein dauernd getrennt lebender Ehegatte oder Lebenspartner gegen den Willen des Betroffenen wegen Betroffenheit in subjektiven Rechten nach § 7 Abs. 2 Nr. 1 FamFG beteiligt werden müsste, sei es nicht gerechtfertigt, seine Anhörung dem Willen des Betroffenen unterzuordnen.

Die Pflicht zur Anhörung entfällt, wenn sie zu einer **erheblichen Verzögerung** des Verfahrens führt, etwa weil die Anschrift der Vertrauensperson nicht ohne weiteres festzustellen ist. Der Betroffene soll nicht durch das Verlangen, eine schwer erreichbare Person anzuhören, das Verfahren vereiteln können[436]. 161

Eine bestimmte Form für die Anhörung sieht das Gesetz nicht vor. Die Art und Weise hängt von den Umständen des Einzelfalles ab und von den Erkenntnissen, die von der Anhörung konkret zu erwarten sind.

8. Sachverständigengutachten/ärztliches Zeugnis

a. Gutachten

§ 280 FamFG Einholung eines Gutachtens

(1) Vor der Bestellung eines Betreuers oder der Anordnung eines Einwilligungsvorbehalts hat eine förmliche Beweisaufnahme durch Einholung eines Gutachtens über die Notwendigkeit der Maßnahme stattzufinden. Der Sachverständige soll Arzt für Psychiatrie oder Arzt mit Erfahrung auf dem Gebiet der Psychiatrie sein.

(2) [1]Der Sachverständige hat den Betroffenen vor der Erstattung des Gutachtens persönlich zu untersuchen oder zu befragen. [2]Das Ergebnis einer Anhörung nach § 279 Absatz 2 Satz 2 hat der Sachverständige zu berücksichtigen, wenn es ihm bei Erstellung seines Gutachtens vorliegt.

(3) Das Gutachten hat sich auf folgende Bereiche zu erstrecken:

1. **das Krankheitsbild einschließlich der Krankheitsentwicklung,**
2. **die durchgeführten Untersuchungen und die diesen zugrunde gelegten Forschungserkenntnisse,**
3. **den körperlichen und psychiatrischen Zustand des Betroffenen,**
4. **den Umfang des Aufgabenkreises und**
5. **die voraussichtliche Dauer der Maßnahme.**

433 Dies war in der früheren Regelung des § 68a Satz 3 FGG anders, vgl. BT-Drucks. 16/6308, S. 265, 266
434 Siehe oben Rn. 131
435 BT-Drucks. 16/6308, S. 267
436 Bienwald, § 279 FamFG, Rn. 26; eine erhebliche Verzögerung ist bei mehreren Wochen gegeben (P/H-Fröschle, § 279 FamFG, Rn. 24)

162 Die Vorschrift verpflichtet das Gericht grundsätzlich, vor Anordnung einer Betreuung oder eines Einwilligungsvorbehalts ein Sachverständigengutachten einzuholen. Daher ist kein Gutachten erforderlich, wenn der Antrag oder die Anregung auf Einrichtung einer Betreuung abgelehnt wird[437]. § 281 FamFG normiert die Situationen, in denen ein ärztliches Zeugnis genügt.

aa. Form und Inhalt des Gutachtens

163 Der vom Gericht beauftragte Gutachter hat den Betroffenen persönlich zu untersuchen[438] und anschließend dem Gericht ein Gutachten entweder schriftlich oder mündlich zu Protokoll des Gerichts zu erstatten. Die Untersuchung hat in zeitlichem und sachlichem Zusammenhang mit dem Betreuungsverfahren zu erfolgen, d.h. der Gutachter muss vor der Untersuchung des Betroffenen bestellt sein[439]; ein Rückgriff auf frühere Untersuchungen oder Gespräche genügt dem genauso wenig[440] wie eine Erstellung nach Aktenlage[441]. Lehnt der Betroffene eine körperliche Untersuchung ab, so kann für die Erstellung des Gutachtens unter Umständen der unmittelbare Eindruck (neben anderen Erkenntnissen) ausreichen[442]. Der Verfahrensbevollmächtigte ist vom Termin der Untersuchung zu unterrichten[443].

Das Gutachten muss sich laut Gesetz „über die Notwendigkeit der Maßnahme" auslassen[444]. Inhaltlich hat es sich daher bei der Bestellung eines Betreuers auf die Betreuungsbedürftigkeit der betroffenen Person, die voraussichtliche Dauer einer Betreuung und eventuell den Umfang der zu bestimmenden Aufgabenkreise zu beziehen[445]. Angesprochen sind damit die Fragen, was der Betreute noch selbst kann, insbesondere ob er in der Lage ist, einen Bevollmächtigten zu kontrollieren. Dagegen wird die Frage, ob andere Hilfen in Betracht kommen, auch wenn sie zur „Notwendigkeit der Betreuung" gehören, wohl kaum durch einen Psychiater zu beantworten sein, sondern eher durch den Sozialbericht der Betreuungsbehörde.

163a Gleichwohl hat der Gesetzgeber bestimmt, dass der Gutachter das Ergebnis der Anhörung der Betreuungsbehörde berücksichtigen muss[446]. Die Einschränkung (soweit es ihm vorliegt) besagt, dass eine zeitliche Reihenfolge von Anhörung und Gutachtenerstellung vom Gesetzgeber nicht vorgeschrieben werden soll, auch vor dem Hintergrund, dem Richter im Einzelfall eine flexible Handhabung zu ermöglichen[447].

163b Schließlich hat das Gutachten eine begründete Prognose hinsichtlich der Dauer der Betreuungsbedürftigkeit einschließlich eines möglichen Behandlungserfolgs zu schildern[448]. Qualitativ hat das Gutachten einen Befund aufgrund von Tatsachen so darzulegen, dass auf die Diagnose nachvollziehbar geschlossen werden kann[449]. Bei der Anordnung eines Einwilligungsvorbehalts hat das Gutachten auch auf die Frage einzugehen, ob der Betroffene aufgrund der Krankheit seinen Willen nicht (mehr) frei bestimmen kann.

---

437 BGH BtPrax 2015, 105
438 BGH BtPrax 2015,67
439 BGH FamRZ 2017, 1614
440 Vgl. BayObLG BtPrax 1999, 195; OLG Köln FamRZ 1999, 873
441 BGH BtPrax 2014, 274; BtPrax 2017, 196
442 BGH BtPrax 2016, 148
443 BGH BtPrax 2015, 67; FamRZ 2017, 822)
444 Dazu: Holzhauer, Neue Zeitschrift für Sozialrecht 1996, 257
445 Vgl. BGH BtPrax 2014, 276; BtPrax 2017, 118
446 So der Satz 2 in Absatz 2, eingefügt durch das Gesetz zur Stärkung der Funktionen der Betreuungsbehörde vom 28.8.2013 (BGBl. I S. 3393) mit Wirkung zum 1.7.2014.
447 Siehe BR-Drs. 220/13, S. 9
448 KG BtPrax 1995, 228; zum Inhalt auch: Bienwald, §§ 280–284 FamFG, Rn. 30
449 KG BtPrax 1995, 228; 1993, 175

Im Einzelnen sind anzusprechen[450]: 164

- Beschreibung von Art und Ausmaß der Erkrankung (Krankheitsbild),
- die durchgeführten Untersuchungen und die ihnen zugrunde liegenden Erkenntnisse,
- die Chancen einer Heilung oder Besserung des Zustands,
- die Auswirkungen der Krankheit auf die Fähigkeit, bestimmte Angelegenheiten zu erledigen (Zustand des Betroffenen),
- der daraus abzuleitende Umfang der Aufgabenkreise,
- die voraussichtliche Dauer;

  die Auswirkungen der Bekanntmachung der Entscheidung auf den Betroffenen,
- bei einer Betreuerbestellung gegen den Willen des Betroffenen die Unfähigkeit, einen freien Willen zu bilden[451].

Der Gutachter kann sich weiterer Personen bedienen, muss dies allerdings deutlich machen und trägt dafür auch die Verantwortung[452].

bb. Auswahl des Gutachters

Den Gutachter bestimmt das Gericht nach Ermessen. Es muss eine natürliche Person sein, 165
nicht eine Klinik oder ein Institut. Der Gutachter sollte Arzt für Psychiatrie sein oder medizinischen Sachverstand auf dem Gebiet der **Psychiatrie** besitzen, den er durch einen entsprechenden Abschluss und eine berufliche Erfahrung auf dem entsprechenden Gebiet erworben hat[453]. Das stellt das Gesetz nunmehr ausdrücklich klar. Über die entsprechende Erfahrung hat sich das Gericht gegebenenfalls durch Rückfragen zu versichern[454]. Nach einer Entscheidung des BGH muss der Sachverständige eine aktuelle Facharztbezeichnung führen[455], andernfalls (z.B. bei einem „Arzt für psychotherapeutische Medizin oder psychosomatische Medizin") sei die Erfahrung konkret darzulegen[456].

Das Attest eines Hausarztes genügt jedenfalls nicht, aber wohl unter Umständen ein Gutachten des behandelnden Arztes der Einrichtung, in der der Betroffene untergebracht ist[457], wenn er die Kriterien erfüllt. In diesem Fall besteht allerdings das Problem der Schweigepflicht, von der der Patient den Arzt erst entbinden muss. Ein möglicherweise bestellter Verfahrenspfleger kann dies wegen der Höchstpersönlichkeit des Arztgeheimnisses nicht[458]. Abgelehnt werden kann ein Sachverständiger, wenn Umstände vorliegen, die ein Misstrauen gegen seine Unparteilichkeit begründen[459].

Keine Gutachten i.S.d. § 280 FamFG sind im Vorfeld von Privaten oder von Behörden veranlasste ärztliche Stellungnahmen, da sie nicht vom Gericht beauftragt wurden. Die Einholung eines Sachverständigengutachtens kann dadurch entbehrlich werden, dass bereits ein älteres Gutachten vorliegt (vgl. Rn. 172).

---

450 Vgl. BGH BtPrax 2011, 129; dazu Dodegge, JR 2011, 451 f.; BGH FamRZ 2017, 648 = BtPrax 2017, 118
451 BGH BtPrax 2014, 276; 2015, 64; BtPrax 2016, 151; FamRZ 2017, 1324
452 OLG Brandenburg FamRZ 2001, 40
453 Zur Qualifikation vgl. BayObLG FamRZ 1997, 1565, 1566 m. Anm. Christl
454 In Allgemeinmedizin (OLG Schleswig BtPrax 2007, 227)
455 BGH BtPrax 2011, 129
456 BGH BtPrax 2017, 79
457 Vgl. BayObLG BtPrax 1999, 247 (LS) = FamRZ 1999, 1692
458 Erman-Roth, § 1896 BGB, Rn. 89
459 OLG München NJW 1992, 1569; BayObLG NJWE FER 1997, 235; Bienwald, § 68b FGG, Rn. 51

cc. Umgang des Gerichts mit dem Gutachten

166 Das Gericht muss das Gutachten kritisch würdigen und sich ein eigenes Bild vom Vorliegen der Erkrankung und des Betreuungsbedarfs machen[460]. Es kann sich das Gutachtenbei schriftlicher Abfassung zusätzlich mündlich erläutern lassen. Letzteres wird häufig durchaus sinnvoll und dürfte bei Zweifeln und Unklarheiten hinsichtlich einzelner Punkte zwingend sein[461]. Bei schriftlicher Abfassung ist dem Betroffenen bzw. seinem Vertreter die Möglichkeit der Kenntnisnahme zu geben[462]. Wird das Gutachten mündlich erstattet, sollte ein Protokoll angefertigt werden[463]. Einwendungen des Betroffenen gegenüber dem Gutachten ist in der Regel nachzugehen.

Die Bewertung des Gutachtens durch den Richter beruht auf seiner freien Überzeugungsbildung und ist nur eingeschränkt überprüfbar; der Richter muss sich vergewissern, dass die Schlussfolgerungen des Sachverständigen zumindest möglich sind[464].

dd. Rechtstatsächliches

167 Im Rahmen der Diskussion um die zwingende Einholung eines Gutachtens für jedes Verfahren spielt auch das Kostenargument eine Rolle. Die durchschnittlichen Gutachtenkosten betrugen (im Jahr 2000) 250 DM, die für ein ärztliches Zeugnis beliefen sich auf 55 DM pro Fall[465]. Während die Gutachten der Gesundheitsämter fast immer unter 100 DM lagen, waren diejenigen, die von externen Fachärzten erstellt wurden, erheblich teurer. Die Einsparungen im Gesundheitswesen, die dazu führen, dass weniger Gutachten von den Gesundheitsämtern erstellt werden, schlagen auch hier zu Buche. Die Qualität der Gutachten wird überwiegend als gut eingeschätzt, aber es gebe noch immer eine ganze Reihe von nichtssagenden Gutachten, denen dann eine zu hohe Wertigkeit im Verfahren zukomme[466].

b. Ärztliches Attest

§ 281 FamFG Ärztliches Zeugnis; Entbehrlichkeit eines Gutachtens

(1) Anstelle der Einholung eines Sachverständigengutachtens nach § 280 genügt ein ärztliches Zeugnis, wenn

1. **der Betroffene die Bestellung eines Betreuers beantragt und auf die Begutachtung verzichtet hat und die Einholung des Gutachtens insbesondere im Hinblick auf den Umfang des Aufgabenkreises des Betreuers unverhältnismäßig wäre oder**
2. **ein Betreuer nur zur Geltendmachung von Rechten des Betroffenen gegenüber seinem Bevollmächtigten bestellt wird.**

(2) § 280 Abs. 2 gilt entsprechend.

aa. Zulässigkeit

168 Kein Gutachten, sondern ein ärztliches Attest genügt, wenn der Betroffene die Bestellung eines Betreuers beantragt, auf die Begutachtung verzichtet hat und die Einholung eines Gutachtens unverhältnismäßig wäre. Diese Ausnahme von der Gutachtenpflicht ist dann problematisch, wenn ein geschäftsunfähiger Betroffener, der wegen § 275 FamFG gleich-

460 BGH BtPrax 2012, 250; BayObLG BtPrax 1994, 59
461 BGH NJW 1992, 1459
462 BGH FamRZ 2017, 1324; BayObLG NJWE FER 1997, 235, 236
463 OLG Brandenburg FamRZ 2001, 38
464 OLG Zweibrücken FamRZ 2004, 1897
465 Sellin/Engels, S. 135 (für 2000)
466 Sellin/Engels, S. 136

wohl verfahrensfähig ist, einen Antrag auf Bestellung eines Betreuers stellt[467]. Hier kann sich nämlich die Verfahrensfähigkeit des Betroffenen zu seinem Nachteil auswirken. Das Gericht ist allerdings an einen Verzicht auf das Gutachten nicht gebunden, wird also in Zweifelsfällen doch auf einen Gutachter zurückgreifen, insbesondere wenn die Geschäftsfähigkeit des Betroffenen zweifelhaft ist.

Des Weiteren ist ein Gutachten nicht notwendig, wenn der zu bestellende Betreuer lediglich die Aufgabe erhält, einen Bevollmächtigten zu überwachen (§ 1896 Abs. 3 BGB i.V.m. § 281 Abs. 1 Nr. 2 FamFG).

bb. Qualität des Attests

Für die Ausstellung eines ärztlichen Attests ist ebenso wie für ein Gutachten eine vorherige Untersuchung durch den Arzt erforderlich, wenn diese auch nicht in einem förmlichen Beweisverfahren (gem. §§ 402 ff. ZPO) erfolgen muss. Das ärztliche Zeugnis hat der Antragsteller vorzulegen, der sich den Arzt selbst aussucht. An dessen Qualifikation sind keine Anforderungen gestellt. Das Gericht kann den Arzt nicht beauftragen. Es hat auch keine Vorführungsmöglichkeit. Das Zeugnis darf sich nicht auf eine bloße Diagnose in wenigen Zeilen beschränken, sondern muss einen ähnlichen Inhalt wie ein Sachverständigengutachten haben, wenn es auch kürzer gefasst ist. Auch wenn der Inhalt nicht gesetzlich genau vorgeschrieben ist, wäre Folgendes sinnvoll: Es sollte den Sachverhalt, die Untersuchungsergebnisse und eine Einschätzung des Arztes hinsichtlich der oben (Rn. 164) genannten Punkte enthalten. **169**

c. Vorführung zur Untersuchung

§ 283 FamFG Vorführung zur Untersuchung

(1) [1]Das Gericht kann anordnen, dass der Betroffene zur Vorbereitung eines Gutachtens untersucht und durch die zuständige Behörde zu einer Untersuchung vorgeführt wird. [2]Der Betroffene soll vorher persönlich angehört werden.

(2) [1]Gewalt darf die Behörde nur anwenden, wenn das Gericht dies auf Grund einer ausdrücklichen Entscheidung angeordnet hat. [2]Die zuständige Behörde ist befugt, erforderlichenfalls die Unterstützung der polizeilichen Vollzugsorgane nachzusuchen.

(3) [1]Die Wohnung des Betroffenen darf ohne dessen Einwilligung nur betreten werden, wenn das Gericht dies auf Grund einer ausdrücklichen Entscheidung angeordnet hat. [2]Bei Gefahr im Verzug findet Satz 1 keine Anwendung.

Das Gericht kann die Begutachtung des Betroffenen, der sich weigert, erzwingen, indem es seine Untersuchung und Vorführung durch die zuständige Behörde anordnet. Dies soll allerdings nur geschehen, wenn anderenfalls eine Begutachtung nicht möglich wäre. Daher ist zunächst dahin zu wirken, dass der Betroffene die Untersuchung freiwillig geschehen lässt, da die Entscheidung, ein Sachverständigengutachten einzuholen, auf diese Freiwilligkeit setzt. Auch deshalb soll der Betroffene vorher persönlich angehört werden, aber natürlich auch zur Gewährung rechtlichen Gehörs. Eine Pflicht zur Mitwirkung des Betroffenen besteht zunächst nicht, so dass ein Zwang ohne die Anordnung gem. § 283 Abs. 1 FamFG nicht zulässig ist. **Gewalt** darf bei einer Vorführung nur angewandt werden, wenn das Gericht dies ausdrücklich nach vorheriger Anhörung des Betroffenen (obligatorisch **170**

467 B/J/S-Heiderhoff § 281 FamFG, Rn. 2; Vordrucke für ärztliche Zeugnisse finden sich unter www.dodegge.de > Formulare (Abruf 30.6.2018).

seit 1.1.2013) angeordnet hat (§ 283 Abs. 2 FamFG). Der Betroffene ist, so die Neuregelung[468], vorher persönlich anzuhören.

170a Die Gewalt wird durch die Betreuungsbehörde angewandt, da diese in der Regel geschulte Mitarbeiter besitzt; ausnahmsweise kann sie die Hilfe der Polizei in Anspruch nehmen. Auch die Wohnung kann zum Zweck der Vorführung gewaltsam betreten werden; auch hier ist ein gerichtlicher Beschluss erforderlich, lediglich bei Gefahr im Verzug genügt eine behördliche Anordnung ohne vorherige Anhörung des Betroffenen. Gewaltanwendung ist jedoch, soweit es geht, zu vermeiden, da es die Betroffenen leicht traumatisieren kann. Nicht möglich ist es, die Untersuchung in der Wohnung zu erzwingen[469].

Eine Alternative besteht darin, dass der Gutachter während der gerichtlichen Anhörung Fragen stellt; mitunter kann dies genügen. Letztlich kann das Gericht jedoch mit der erwähnten Vorführung den Zwang durchsetzen, so dass es ein Recht zur Weigerung für den Betroffenen nicht gibt.

171 Die Vorführung ist durch Beschluss des Gerichts anzuordnen; das gilt auch für die Anwendung von Gewalt und das Betreten der Wohnung. Nur bei Gefahr im Verzug kann auf die gerichtliche Entscheidung verzichtet werden (Abs. 3). Der Beschluss ist einschließlich der Zusatzentscheidungen (etwa die Gewaltanwendung oder die Wohnung gewaltsam zu öffnen) im Gegensatz zum früheren Recht anfechtbar (§ 283 FamFG, der den früheren Ausschluss aus § 68b Abs. 3 FGG nicht enthält). Die Anordnung, der Betroffene müsse ohne rechtlichen Beistand zur Untersuchung erscheinen, war schon immer anfechtbar[470].

Die Vorführung erfolgt nicht durch die Polizei, sondern durch die Betreuungsbehörde. Diese hat in diesem Rahmen auch die Befugnis, die Wohnung zu betreten und sie gegebenenfalls zu öffnen[471]. Dazu kann sie (als Ultima Ratio)[472] die Polizei zur Unterstützung heranziehen.

d. Verzicht auf Gutachten

§ 282 FamFG Vorhandene Gutachten des Medizinischen Dienstes der Krankenversicherung

(1) Das Gericht kann im Verfahren zur Bestellung eines Betreuers von der Einholung eines Gutachtens nach § 280 Abs. 1 absehen, soweit durch die Verwendung eines bestehenden ärztlichen Gutachtens des Medizinischen Dienstes der Krankenversicherung nach § 18 des Elften Buches Sozialgesetzbuch festgestellt werden kann, inwieweit bei dem Betroffenen infolge einer psychischen Krankheit oder einer geistigen oder seelischen Behinderung die Voraussetzungen für die Bestellung eines Betreuers vorliegen.

(2) [1]Das Gericht darf dieses Gutachten einschließlich dazu vorhandener Befunde zur Vermeidung weiterer Gutachten bei der Pflegekasse anfordern. [2]Das Gericht hat in seiner Anforderung anzugeben, für welchen Zweck das Gutachten und die Befunde verwandt werden sollen. [3]Das Gericht hat übermittelte Daten unverzüglich zu löschen, wenn es feststellt, dass diese für den Verwendungszweck nicht geeignet sind.

(3) [1]Kommt das Gericht zu der Überzeugung, dass das eingeholte Gutachten und die Befunde im Verfahren zur Bestellung eines Betreuers geeignet sind, eine weitere Begutachtung ganz oder teilweise zu ersetzen, hat es vor einer weiteren Verwendung die Einwilligung des Betroffenen oder des Pflegers für das Verfahren einzuholen. [2]Wird die Einwilligung nicht erteilt, hat das Gericht die übermittelten Daten unverzüglich zu löschen.

---

468 Siehe „Gesetz zur Einführung einer Rechtsbehelfsbelehrung im Zivilprozess und zur Änderung anderer Vorschriften" vom 5.12.2012 (BGBl. I S. 2418)
469 BGH BtPrax 2013, 31 = FamRZ 2013, 31 f.
470 OLG Zweibrücken BtPrax 2000, 109
471 KG BtPrax 1996, 195; OLG Hamm BtPrax 1996, 195
472 BT-Drucks. 16/6308, S. 268

(4) Das Gericht kann unter den Voraussetzungen der Absätze 1 und 3 von der Einholung eines Gutachtens nach § 280 insgesamt absehen, wenn die sonstigen Voraussetzungen für die Bestellung eines Betreuers zur Überzeugung des Gerichts feststehen.

§ 282 FamFG soll die **Verwertung früherer Gutachten**, etwa aus einem anderen gerichtlichen Verfahren, ermöglichen. Dies sieht das Gesetz vor für die ärztlichen Gutachten des medizinischen Dienstes, die im Auftrag der Pflegekassen für die Voraussetzung der Pflegebedürftigkeit erstattet werden (§ 18 SGB XI), da die gesetzlichen Voraussetzungen der Pflegebedürftigkeit denen zur Anordnung einer Betreuung entsprechen[473]. Auch die Qualitätsanforderungen, die an ein solches Gutachten gestellt werden, seien mit denen im Betreuungsrecht deckungsgleich. Der Sinn der Regelung, Doppelbegutachtungen zu vermeiden, ist nicht nur aus Kostengründen gerechtfertigt, sondern liegt gerade auch im Interesse des Betroffenen, der dann nicht zweimal die ganze Prozedur über sich ergehen lassen muss. Voraussetzung einer solchen Verwertung ist, dass das Gutachten zur Überzeugung des Gerichts die in § 1896 Abs. 1 BGB genannten Voraussetzungen der Betreuungsbedürftigkeit (oben Rn. 4 ff.) detailliert prüft. Vor der Verwendung des in dem anderen Verfahren erstatteten Gutachtens hat das Gericht die Einwilligung des Betroffenen oder seines Verfahrenspflegers einzuholen (Abs. 3 Satz 1). Vorsicht ist geboten bei der Verwendung eines vor längerer Zeit erstatteten Gutachtens[474]. 172

Andere Gutachten, etwa solche zur Ermittlung der Schwerbehinderteneigenschaft (§ 69 Abs. 1 SGB XI) oder nach § 81 StPO, sind – anders als noch im Entwurf zum 2. BtÄndG vorgesehen – jetzt doch nicht im Betreuungsrecht zu verwerten.

§ 282 Abs. 4 FamFG lässt den **Verzicht auf ein Gutachten** insgesamt zu, wenn die Voraussetzungen für die Bestellung eines Betreuers zweifellos vorliegen. Das Einverständnis des Betroffenen ist dafür Voraussetzung. Da die gesetzlichen Verfahrensgarantien, zu denen auch das Gutachten gehört, eine wesentliche Schutzfunktion erfüllen, sind an die Voraussetzungen für eine zweifelsfreie Ermittlung der Betreuungsbedürftigkeit im Wege des Freibeweises hohe Anforderungen zu stellen.

e. Unterbringung zur Begutachtung

§ 284 FamFG Unterbringung zur Begutachtung

(1) [1]Das Gericht kann nach Anhörung eines Sachverständigen beschließen, dass der Betroffene auf bestimmte Dauer untergebracht und beobachtet wird, soweit dies zur Vorbereitung des Gutachtens erforderlich ist. [2]Der Betroffene ist vorher persönlich anzuhören.

(2) [1]Die Unterbringung darf die Dauer von sechs Wochen nicht überschreiten. [2]Reicht dieser Zeitraum nicht aus, um die erforderlichen Erkenntnisse für das Gutachten zu erlangen, kann die Unterbringung durch gerichtlichen Beschluss bis zu einer Gesamtdauer von drei Monaten verlängert werden.

(3) [1]§ 283 Abs. 2 und 3 gilt entsprechend. [2]Gegen Beschlüsse nach den Absätzen 1 und 2 findet die sofortige Beschwerde nach den §§ 567 bis 572 der Zivilprozessordnung statt.

Ferner besteht die Möglichkeit, den Betroffenen gem. § 284 FamFG zum Zwecke der Vorbereitung des Gutachtens in einer Anstalt unterzubringen. Eine vorläufige Unterbringung ist nur dann zulässig, wenn der Sachverständige den Betroffenen wegen fehlender Mitwir- 173

473 BT-Drucks. 15/2494, S. 42
474 BGH FamRZ 2016, 2091 = BtPrax 2017, 42 (LS)

kung eine gewisse Zeit beobachten muss und konkrete Anhaltspunkte für eine Betreuungsbedürftigkeit bestehen[475].

Dies soll allerdings nur erfolgen, wenn es erforderlich ist. Es ist zu überlegen, ob nicht eine Vorführung als weniger eingreifende Maßnahme genügt[476]. Vor einer Unterbringung, die stark in die Rechte des Betroffenen eingreift, sind der Betroffene sowie ein Gutachter anzuhören. Der Sachverständige kann auch der spätere Gutachter sein. Die Unterbringung darf zunächst nur für die Dauer von 6 Wochen angeordnet werden und kann gegebenenfalls bis zu einer Gesamtzeit von 3 Monaten verlängert werden. Zur Unterbringung sind auch der Einsatz körperlichen Zwanges und die Öffnung der Wohnung zulässig (§ 284 Abs. 3 S. 1 FamFG). Voraussetzung ist auch hier ein gerichtlicher Beschluss. Die körperliche Untersuchung des Betroffenen und die Beantwortung von Fragen kann allerdings nicht erzwungen werden[477].

Gegenüber der Anordnung der Unterbringung ist nach Abs. 284 Abs. 3 Satz 2 FamFG die sofortige Beschwerde gem. §§ 567 ff. ZPO gegeben[478]. Unanfechtbar ist nach h.M. die Anordnung der Begutachtung, § 280 Abs. 1 FamFG[479], wohl die zwangsweise Durchsetzung derselben.

9. Entscheidungsinhalt

§ 286 FamFG Inhalt der Beschlussformel

(1) Die Beschlussformel enthält im Fall der Bestellung eines Betreuers auch

1. die Bezeichnung des Aufgabenkreises des Betreuers;

2. bei Bestellung eines Vereinsbetreuers die Bezeichnung als Vereinsbetreuer und die des Vereins;

3. bei Bestellung eines Behördenbetreuers die Bezeichnung als Behördenbetreuer und die der Behörde;

4. bei Bestellung eines Berufsbetreuers die Bezeichnung als Berufsbetreuer.

(2) Die Beschlussformel enthält im Fall der Anordnung eines Einwilligungsvorbehalts die Bezeichnung des Kreises der einwilligungsbedürftigen Willenserklärungen.

(3) Der Zeitpunkt, bis zu dem das Gericht über die Aufhebung oder Verlängerung einer Maßnahme nach Absatz 1 oder Absatz 2 zu entscheiden hat, ist in der Beschlussformel zu bezeichnen.

§ 39 FamFG Rechtsbehelfsbelehrung

Jeder Beschluss hat eine Belehrung über das statthafte Rechtsmittel, den Einspruch, den Widerspruch oder die Erinnerung sowie das Gericht, bei dem diese Rechtsbehelfe einzulegen sind, dessen Sitz und die einzuhaltende Form und Frist zu enthalten.

174 § 286 FamFG nennt die Punkte, die bei einer Betreuerbestellung oder der Anordnung eines Einwilligungsvorbehalts in den Beschluss (gem. § 38 FamFG) aufzunehmen sind. Dazu gehören die Personalien des Betroffenen und des Betreuers, bei seiner Bestellung möglichst

475 BayObLG FGPrax 2004, 250; zu den einzelnen Aspekten der gerichtlichen Ermessensabwägung: AG Oldenburg FamRZ 2008, 1559

476 Keidel-Budde, § 284 FamFG, Rn. 4; BayObLG Fam RZ 2006, 289

477 Bienwald, §§ 280–284 FamFG, Rn. 39

478 BayObLG BtPrax 1994, 108; Keidel-Budde, § 284 FamFG, Rn. 10

479 BGH BtPrax 2008, 120; BayObLG FamRZ 2001, 255; OLG Brandenburg FamRZ 1997, 1019; a.A. KG BtPrax 2001, 42

konkret sein Aufgabenkreis und bei einem Einwilligungsvorbehalt die von diesem erfassten Willenserklärungen[480]. Der Aufgabenkreis oder die Aufgabenkreise sind so zu umschreiben, dass die Formulierung im Rechtsverkehr verstanden wird. Das Gleiche gilt für den Kreis der Willenserklärungen, die von dem Einwilligungsvorbehalt erfasst sind (§ 286 Abs. 2 FamFG). Insbesondere wenn auch geringfügige Angelegenheiten des täglichen Lebens darunter fallen sollen, ist dies zu vermerken. Erfassen die aufgezählten Aufgabenkreise alle Angelegenheiten, die bei dem Betreuten anfallen, ist dies ebenfalls zu vermerken. Da sich die Situation im Laufe der Zeit ändern kann, muss der späteste Zeitpunkt, zu dem eine Überprüfung der Voraussetzungen stattfindet, ebenfalls angegeben werden (§ 286 Abs. 3 FamFG).

Schließlich ist die Entscheidung gem. § 38 Abs. 3 FamFG mit Gründen zu versehen – auch **175**
wenn eine Betreuerbestellung oder die Anordnung eines Einwilligungsvorbehalts abgelehnt werden – und hat eine Rechtsbehelfsbelehrung für den Betroffenen zu enthalten. Die Begründung soll so formuliert sein, dass sie für den Betroffenen verständlich ist und eine Verteidigung ermöglicht. So sollte jeder Aufgabenkreis konkret begründet, das Gutachten gewürdigt und bei Ermessensentscheidungen die Ausübung des Ermessens erläutert werden. § 38 Abs. 4 FamFG nennt Ausnahmen von der Begründungspflicht. Fehlt die Begründung oder Rechtsbehelfsbelehrung oder ist sie fehlerhaft, beginnt die Rechtsbehelfsfrist gleichwohl zu laufen (§ 63 Abs. 3 FamFG). Für den Beteiligten, der die Belehrung nicht erhalten hat, kommt die Wiedereinsetzung in den vorigen Stand in Betracht (§ 17 Abs. 2 FamFG).

Bei Verstoß gegen die genannten Formvorschriften ist der Bescheid rechtswidrig und damit angreifbar. Gleichwohl führt diese Rechtswidrigkeit nicht zu einem automatischen Erlöschen der angeordneten Maßnahme[481]. Eine spätere Ergänzung durch das Gericht ist möglich. Fehlt allerdings der Aufgabenkreis, entfaltet die Betreuerbestellung keine Wirkung.

10. Wirksamwerden, Bekanntgabe

§ 287 FamFG Wirksamwerden von Beschlüssen

(1) Beschlüsse über Umfang, Inhalt oder Bestand der Bestellung eines Betreuers, über die Anordnung eines Einwilligungsvorbehalts oder über den Erlass einer einstweiligen Anordnung nach § 300 werden mit der Bekanntgabe an den Betreuer wirksam.

(2) [1]Ist die Bekanntgabe an den Betreuer nicht möglich oder ist Gefahr im Verzug, kann das Gericht die sofortige Wirksamkeit des Beschlusses anordnen. [2]In diesem Fall wird er wirksam, wenn der Beschluss und die Anordnung seiner sofortigen Wirksamkeit

1. dem Betroffenen oder dem Verfahrenspfleger bekannt gegeben werden oder

2. der Geschäftsstelle zum Zweck der Bekanntgabe nach Nummer 1 übergeben werden.

[3]Der Zeitpunkt der sofortigen Wirksamkeit ist auf dem Beschluss zu vermerken.

(3) Ein Beschluss, der die Genehmigung nach § 1904 Absatz 2 des Bürgerlichen Gesetzbuchs zum Gegenstand hat, wird erst zwei Wochen nach Bekanntgabe an den Betreuer oder Bevollmächtigten sowie an den Verfahrenspfleger wirksam.

480 Vgl. BayObLG FamRZ 1994, 1059
481 OLG Sachsen-Anhalt, OLGR Naumburg 2004, 56

§ 288 FamFG Bekanntgabe

(1) Von der Bekanntgabe der Gründe eines Beschlusses an den Betroffenen kann abgesehen werden, wenn dies nach ärztlichem Zeugnis erforderlich ist, um erhebliche Nachteile für seine Gesundheit zu vermeiden.

(2) [1]Das Gericht hat der zuständigen Behörde den Beschluss über die Bestellung eines Betreuers oder die Anordnung eines Einwilligungsvorbehalts oder Beschlüsse über Umfang, Inhalt oder Bestand einer solchen Maßnahme stets bekannt zu geben. [2]Andere Beschlüsse sind der zuständigen Behörde bekannt zu geben, wenn sie vor deren Erlass angehört wurde.

Die Vorschriften legen den Personenkreis fest, dem die Entscheidungen in Betreuungssachen zwingend bekannt zu machen ist.

a. Form der Bekanntmachung

176 Die Bekanntgabe des Beschlusses liegt gem. §§ 41, 15 Abs. 2 FamFG im Ermessen des Gerichts, das also zwischen förmlicher Zustellung gem. ZPO und der Aufgabe an die Post wählen kann. Ein anfechtbarer Beschluss ist allerdings gem. § 41 Abs. 1 S. 2 FamFG demjenigen förmlich zuzustellen (§§ 166 bis 190 ZPO), dessen erklärtem Willen er nicht entspricht. Insoweit wird das Ermessen des Gerichts eingeschränkt[482]. Einem Anwesenden kann das Gericht den Beschluss auch durch Verlesen der Beschlussformel bekanntgeben, muss dann aber die Begründung unverzüglich nachholen und schriftlich mitteilen (§ 41 Abs. 2 FamFG). Eine wirksame Bekanntgabe durch eine formlose Mitteilung (wie früher möglich) ist nach FamFG für einen anfechtbaren Beschluss nicht mehr zulässig, da nur die schriftliche Bekanntgabe die Rechtsmittelfrist in Gang setzt.

b. Bekanntmachung an den Betroffenen

177 Da der Gesetzgeber auch den nicht geschäftsfähigen Betroffenen für verfahrensfähig ansieht, ist es konsequent, dass ihm als Beteiligtem die Entscheidung bekannt gemacht werden muss, § 41 Abs. 1 FamFG[483]. Dies ist zwingend vorgeschrieben für die Entscheidungsformel. Auf die Mitteilung der Gründe kann jedoch gem. § 288 FamFG verzichtet werden, wenn sie erhebliche Nachteile für die Gesundheit des Betroffenen mit sich bringen würde. Voraussetzung für den Verzicht ist allerdings eine nicht unerhebliche Beeinträchtigung, so dass ein bloßer Ärger oder ein befürchteter Wutausbruch genauso wenig ausreicht[484] wie die Befürchtung, das Vertrauensverhältnis des Betreuten zum sozialpsychiatrischen Dienst könne gestört werden[485]. Anders sieht es aus, wenn zu erwarten ist, dass der Betroffene in eine Depression fällt, oder die Gefahr eines Nervenzusammenbruchs besteht. Die gesundheitliche Gefahr muss durch ein ärztliches Attest belegt werden.

Darüber hinaus muss der Verzicht auf die Mitteilung der Gründe zur Vermeidung der Nachteile erforderlich sein; soweit also ein milderes Mittel zur Verfügung steht, um die gesundheitlichen Gefahren abzuwehren, etwa die Hinzuziehung medizinischen Personals[486] oder eine einfühlsame Information durch einen Verfahrenspfleger oder einen Vertrauten, ist dieser Weg zu wählen, was meist möglich sein wird.

---

482 BT-Drucks. 16/6308, S. 197
483 BGH BtPrax 2015, 208 (LS); vgl. OLG München BtPrax 2007, 180, wonach die Verfahrensfähigkeit keinen Einfluss hat auf die Pflicht zur Bekanntmachung.
484 Bienwald/Sonnenfeld, § 288 FamFG, Rn. 12
485 OLG Frankfurt BtPrax 2003, 222
486 Bienwald/Sonnenfeld § 288 FamFG, Rn. 11; P/H-Fröschle, § 288 FamFG, Rn. 7

c. Bekanntmachung an weitere Beteiligte

Eine Bekanntmachung hat bei Bestellung eines Betreuers oder Anordnung eines Einwilligungsvorbehalts an die zuständige Behörde zu erfolgen, damit diese ihre Aufgaben erfüllen und den Betreuer über die Beratungsmöglichkeiten informieren kann, § 288 Abs. 2 FamFG. Dies ist bei einer ablehnenden Entscheidung nicht der Fall, es sei denn, das Gericht hatte der Behörde im Verfahren Gelegenheit zur Äußerung gegeben. **178**

Schließlich ist die Entscheidung auch **dem Betreuer bekannt zu machen**, was deshalb wichtig ist, weil die Entscheidungen nach § 287 Abs. 1 FamFG zu diesem Zeitpunkt wirksam werden. Im Normalfall genügt dieser – späte – Zeitpunkt, da erst jetzt der Betreuer seine Aufgaben wahrnehmen kann. Die Bekanntgabe an den Betroffenen schien deshalb als Zeitpunkt der Wirksamkeit ungeeignet, weil dieser wegen seiner Krankheit unter Umständen ein schlechter Adressat wäre. Ist eine Bekanntmachung an den Betreuer nicht möglich, kann das Gericht die sofortige Wirksamkeit anordnen mit der Folge, dass die Entscheidung mit Übergabe an die Geschäftsstelle wirksam wird. Letzteres gilt für den Fall, dass sich der Richter im Gericht befindet. Im Übrigen ist es möglich, dass direkt im Krankenhaus die Entscheidung gegenüber dem Betroffenen oder seinem Verfahrenspfleger für sofort vollziehbar erklärt wird[487]. Um den genauen Zeitpunkt des Eintritts der sofortigen Wirksamkeit feststellen zu können, ist dieser auf der Entscheidung zu vermerken, § 287 Abs. 2 Satz 3 FamFG.

Da der Begriff des Beteiligten i.S.d. § 41 FamFG weit ausgelegt werden kann, sollte die Entscheidung auch dem Vertreter des Betroffenen (Verfahrenspfleger, Verfahrensbevollmächtigter) sowie den anderen formell Beteiligten bekannt gemacht werden[488].

11. Einstweilige Anordnungen

§ 300 FamFG Einstweilige Anordnung

(1) [1]Das Gericht kann durch einstweilige Anordnung einen vorläufigen Betreuer bestellen oder einen vorläufigen Einwilligungsvorbehalt anordnen, wenn

1. **dringende Gründe für die Annahme bestehen, dass die Voraussetzungen für die Bestellung eines Betreuers oder die Anordnung eines Einwilligungsvorbehalts gegeben sind und ein dringendes Bedürfnis für ein sofortiges Tätigwerden besteht,**
2. **ein ärztliches Zeugnis über den Zustand des Betroffenen vorliegt,**
3. **im Fall des § 276 ein Verfahrenspfleger bestellt und angehört worden ist und**
4. **der Betroffene persönlich angehört worden ist.**

[2]Eine Anhörung des Betroffenen im Wege der Rechtshilfe ist abweichend von § 278 Abs. 3 zulässig.

(2) Das Gericht kann durch einstweilige Anordnung einen Betreuer entlassen, wenn dringende Gründe für die Annahme bestehen, dass die Voraussetzungen für die Entlassung vorliegen und ein dringendes Bedürfnis für ein sofortiges Tätigwerden besteht.

§ 301 FamFG Einstweilige Anordnung bei gesteigerter Dringlichkeit

(1) [1]Bei Gefahr im Verzug kann das Gericht eine einstweilige Anordnung nach § 300 bereits vor Anhörung des Betroffenen sowie vor Anhörung und Bestellung des Verfahrenspflegers erlassen. [2]Diese Verfahrenshandlungen sind unverzüglich nachzuholen.

487 Vgl. Damrau/Zimmermann, § 287 FamFG, Rn. 26
488 Jürgens-Kretz, § 288 FamFG, Rn. 4

(2) Das Gericht ist bei Gefahr im Verzug bei der Auswahl des Betreuers nicht an § 1897 Abs. 4 und 5 des Bürgerlichen Gesetzbuchs gebunden.

§ 302 FamFG Dauer der einstweiligen Anordnung

[1]Eine einstweilige Anordnung tritt, sofern das Gericht keinen früheren Zeitpunkt bestimmt, nach sechs Monaten außer Kraft. [2]Sie kann jeweils nach Anhörung eines Sachverständigen durch weitere einstweilige Anordnungen bis zu einer Gesamtdauer von einem Jahr verlängert werden.

Mitunter ist es notwendig, möglichst rasch – etwa wegen einer plötzlich eintretenden Krankheit – einen Betreuer zu bestellen. Dafür lässt das Gesetz **die Bestellung eines Betreuers**, die **Anordnung eines Einwilligungsvorbehalts** und die **Entlassung des Betreuers** durch einstweilige Anordnung zu[489].

a. Charakter

179 Mit Einführung des FamFG hat sich der Charakter einer vorläufigen Maßnahme bei der Betreuerbestellung, der Anordnung eines Einwilligungsvorbehalts, der Erweiterung des Aufgabenkreises oder den einwilligungsbedürftigen Willenserklärungen geändert. Während nach früherem Recht das Eilverfahren hauptsacheabhängig ausgestaltet war und die einstweilige Anordnung in einem von Amts wegen einzuleitenden Hauptsacheverfahren durch eine endgültige Maßnahme zu ersetzen war, ist die einstweilige Anordnung nunmehr auch bei Anhängigkeit der Hauptsache ein selbständiges Verfahren[490]. Der durch eine einstweilige Anordnung beschwerte Betroffene kann aber gem. § 52 Abs. 1 FamFG die Durchführung eines Hauptsacheverfahrens erzwingen, wenn das Gericht dieses nicht von Amts wegen einleitet.

Ferner unterscheidet das Gesetz eine einfache einstweilige Maßnahme von einer besonders **eilbedürftigen** nach § 301 Abs. 1 FamFG.

b. Voraussetzungen

180 Eine vorläufige Anordnung i.S.d. § 300 FamFG setzt materiell voraus, dass eine hohe Wahrscheinlichkeit für das Vorliegen der Voraussetzungen der Betreuerbestellung (oder der Anordnung des Einwilligungsvorbehalts) gegeben ist. Das Gericht muss also konkrete Umstände kennen, die für den endgültigen Erlass der Maßnahme sprechen[491]. Allein die Tatsache, dass der Betroffene zur Mitwirkung im Rahmen einer Betreuerbestellung nicht bereit ist, rechtfertigt noch keine einstweilige Anordnung[492].

Ferner muss ein **dringendes Bedürfnis** für ein sofortiges Tätigwerden bestehen. Diese neue Formulierung (bisher: „mit dem Aufschub Gefahr verbunden") soll keine inhaltliche Neuausrichtung bedeuten[493]. Die Dringlichkeit bemisst sich nach der wahrscheinlichen Dauer bis zu einer Entscheidung im Hauptverfahren. Auch hier ist zu verlangen, dass Tatsachen vorliegen, die eine solche Dringlichkeit belegen. Es genügt Glaubhaftmachung (dazu Teil G Rn. 193). Voraussetzung ist jedenfalls ein ärztliches Zeugnis, das sich nicht nur „über den Zustand" des Betroffenen, so das Gesetz, sondern auch zur Notwendigkeit der Betreuung äußert, also auch zu der Frage, ob der Betroffene konkret hilfsbedürftig ist und inwieweit andere Hilfen in Betracht kommen[494]. Die qualitativen Anforderungen sollten

489 Einen Überblick gibt Kretz, BtPrax 2009, 160
490 BT-Drucks. 16/6308, S. 271
491 Vgl. BayObLG FamRZ 1999, 1611
492 OLG Köln BtPrax 1997, 178
493 BT-Drucks. 16/6308, S. 271
494 Bienwald, FamRZ 1988, 906

denen des Gutachtens bei der Betreuerbestellung entsprechen[495]. Eine ärztliche Stellungnahme in einem Telefongespräch, das zur Vereinbarung eines Untersuchungstermins geführt wurde, genügt den Anforderungen nicht[496]. Eine persönliche Untersuchung ist zwar nicht vorgeschrieben, aber meist sinnvoll und nur ausnahmsweise verzichtbar[497], z.B. im Hinblick auf eine frühere Untersuchung.

c. Dauer

Das Gesetz hat eine Höchstdauer der einstweiligen Anordnung für sechs Monate (Verlängerung in Ausnahmefällen auf höchstens ein Jahr) festgelegt (§ 302 FamFG), damit die durch das normale Verfahren gewährleistete Rücksichtnahme auf die Rechte des Betroffenen nicht unterlaufen wird. Wird die Frist überschritten, endet die vorläufige Maßnahme[498]; dies gilt auch, wenn eine konkrete Frist durch das Gericht festgesetzt war. Schließlich endet sie gem. § 56 FamFG automatisch, wenn eine Entscheidung in der Hauptsache ergeht[499]. **181**

Bei einer Verlängerung ist ein Sachverständiger anzuhören (§ 302 Satz 2 FamFG), der deren Notwendigkeit zu begründen hat; die Form der Anhörung steht im Ermessen des Gerichts, wobei es zu berücksichtigen hat, dass die Vorläufigkeit bereits sechs Monate dauert[500]. Im Übrigen gilt dasselbe Verfahren wie beim ursprünglichen Erlass.

d. Verfahren

Die einstweilige Anordnung wird in Betreuungssachen von Amts wegen erlassen, die Zuständigkeit richtet sich nach § 51 Abs. 2 i.V.m. § 272 FamFG; für den Beschluss gelten §§ 38, 39, 286 FamFG; er wird mit der Bekanntmachung an den Betreuer oder durch Anordnung der sofortigen Wirksamkeit und Übergabe an die Geschäftsstelle wirksam (§ 287 Abs. 1, 2 FamFG). Alternativ kommt bei Gefahr im Verzug die Bekanntgabe an den Betroffenen oder den Verfahrenspfleger in Betracht (Abs. 2 Nr. 1) oder durch die Übergabe an die Geschäftsstelle zum Zwecke der Bekanntgabe (Nr. 2). **182**

Der Betroffene ist persönlich anzuhören. Dies kann auch im Wege der Rechtshilfe (abweichend von § 278 Abs. 3 FamFG) geschehen. Von einer Anhörung kann nach der allgemeinen Vorschrift des § 34 Abs. 2 FamFG abgesehen werden bei einer gesundheitlichen Gefährdung des Betroffenen oder wenn mit ihm eine Verständigung nicht möglich ist[501]. Wenn für das endgültige Verfahren ein Verfahrenspfleger zu bestellen wäre, so hat dies auch im Rahmen der einstweiligen Anordnung zu erfolgen. Diesem ist Gelegenheit zur Stellungnahme zu geben.

Bei der **eiligen Anordnung** kann auf die Anhörung und die Pflegerbestellung (zunächst) verzichtet werden, § 301 Abs. 1 FamFG. Voraussetzung ist Gefahr im Verzug, d.h., dass die mit den Verfahrenshandlungen verbundenen Verzögerungen zu einer Gefahr für den Betroffenen führen. Die Verfahrenshandlungen sind unverzüglich nachzuholen[502]. Bei der eiligen einstweiligen Anordnung gelten auch die Beschränkungen für die Betreuerbestellung nach § 1897 Abs. 4 und 5 BGB (Vorschlag nahestehender Personen durch den Betroffenen) nicht, sind dann aber bei der endgültigen Bestellung wieder zu beachten.

▶ *Zur einstweiligen Anordnung zur Entlassung des Betreuers vgl. Teil B Rn. 126.*

495 P/H-Fröschle, § 300 FamFG, Rn. 38
496 OLG Frankfurt FamRZ 2005, 303
497 B/J/S-Heiderhoff, § 300 FamFG, Rn. 6
498 Kretz, BtPrax 2009, 164
499 BayObLG FamRZ 1994, 324, 325
500 Jürgens-Kretz, § 302 FamFG, Rn. 3
501 Keidel-Budde, § 300 FamFG, Rn. 8
502 BVerfG BtPrax 2015, 195; KG BtPrax 2008, 38

12. Änderung der Betreuerbestellung

In erster Linie geht es in den §§ 293 ff. um eine Veränderung des Aufgabenkreises des Betreuers oder des Kreises der einem Einwilligungsvorbehalt unterworfenen Willenserklärungen.

▶ *Zur Entlassung des Betreuers (§ 296 FamFG) vgl. unten Rn. 188 und Teil B Rn. 122.*

a. Erweiterung, § 293 FamFG

§ 293 FamFG Erweiterung der Betreuung oder des Einwilligungsvorbehalts

(1) [1]Für die Erweiterung des Aufgabenkreises des Betreuers und die Erweiterung des Kreises der einwilligungsbedürftigen Willenserklärungen gelten die Vorschriften über die Anordnung dieser Maßnahmen entsprechend. [2]Das Gericht hat die zuständige Behörde nur anzuhören, wenn es der Betroffene verlangt oder es zur Sachaufklärung erforderlich ist.

(2) [1]Einer persönlichen Anhörung nach § 278 Abs. 1 sowie der Einholung eines Gutachtens oder ärztlichen Zeugnisses (§§ 280 und 281) bedarf es nicht,

1. wenn diese Verfahrenshandlungen nicht länger als sechs Monate zurückliegen oder

2. die beabsichtigte Erweiterung nach Absatz 1 nicht wesentlich ist.

[2]Eine wesentliche Erweiterung des Aufgabenkreises des Betreuers liegt insbesondere vor, wenn erstmals ganz oder teilweise die Personensorge oder eine der in § 1896 Abs. 4 oder den §§ 1904 bis 1906a des Bürgerlichen Gesetzbuchs genannten Aufgaben einbezogen wird.

(3) Ist mit der Bestellung eines weiteren Betreuers nach § 1899 des Bürgerlichen Gesetzbuchs eine Erweiterung des Aufgabenkreises verbunden, gelten die Absätze 1 und 2 entsprechend.

183 Für eine wesentliche **Erweiterung** des Aufgabenkreises oder des Kreises der einwilligungsbedürftigen Willenserklärungen gilt das bereits dargestellte Verfahren über die erstmalige Betreuerbestellung (vgl. oben Rn. 104 ff.). Angefügt wurde mit Wirkung zum 1.7.2014 in Absatz 1 der Satz 2, dass die Betreuungsbehörde nur angehört werden muss, wenn es der Betroffene verlangt oder es zur Sachverhaltsaufklärung erforderlich ist. Insoweit bleibt es beim bisherigen Rechtszustand, weil durch den Verweis auf § 279 FamFG ansonsten auf die – ab 1.7.2014 neue – obligatorische Anhörung der Betreuungsbehörde verwiesen worden wäre (siehe oben Rn. 159a). Eine Ausnahme besteht, wenn innerhalb eines Zeitraums von weniger als sechs Monaten vor der Entscheidung eine Anhörung erfolgt und ein Gutachten erstellt worden ist, § 293 Abs. 2 Nr. 2 FamFG. Dann kann auf die persönliche Anhörung, den unmittelbaren Eindruck vom Betroffenen, ein ärztliches Gutachten oder Attest verzichtet werden, was jedoch in jedem Einzelfall vom Gericht individuell zu entscheiden ist. Der Betroffene und die Behörde müssen allerdings zumindest schriftlich angehört werden (§ 34 Abs. 1 Nr. 1 FamFG).

Sind die Erweiterungen jedoch nur **unwesentlich**, lässt das Gesetz dieselben Verfahrenserleichterungen wie in § 293 Abs. 2 FamFG zu (nur, soweit die Verfahrenshandlungen zuvor ohne Verfahrensfehler durchgeführt wurden)[503].

Für die Frage, wann eine Aufgabenkreiserweiterung wesentlich ist, bringt das Gesetz Beispiele, die allerdings nicht abschließend sind. Genannt werden die erstmalige Übertragung der Personensorge oder die Erstreckung auf die gesamte Personensorge, wenn bisher nur ein Teilbereich erfasst war, des Weiteren der ärztliche Eingriff, die Sterilisation, die Unter-

503 BGH BtPrax 2016, 117 = FamRZ 2016, 627

bringung, eine Zwangsmaßnahme nach § 1906 a BGB sowie die Kontrolle der Post des Betroffenen. Als nicht im Gesetz genanntes Beispiel wurde in der Literatur angeführt, dass der Aufgabenkreis auf die Vermögenssorge erweitert wird[504]. Letzteres wird man jedoch nicht so pauschal annehmen dürfen, sondern davon abhängig machen, wie viele Teile der Vermögenssorge bereits vorher zum Aufgabenkreis des Betreuers gehörten. Die Erweiterung eines Einwilligungsvorbehalts dürfte in der Regel wesentlich und von der Vorschrift erfasst sein[505].

Erfolgt die **Bestellung eines weiteren Betreuers** ohne Erweiterung des Aufgabenkreises, so hat dies erleichterte Verfahrensvoraussetzungen zur Folge, § 294 Abs. 1 FamFG **184**
analog. Denn § 293 Abs. 3 erwähnt nur den Fall der Bestellung eines weiteren Betreuers mit Erweiterung des Aufgabenkreises.[506] Ist mit der Bestellung eines neuen Betreuers allerdings eine Erweiterung der Aufgabenkreise verbunden, so gelten gem. § 293 Abs. 3 FamFG alle allgemeinen Regeln: Wenn die Erweiterung unwesentlich ist, greifen die oben geschilderten Verfahrenserleichterungen, sonst gilt das normale Verfahren.

Da der Gegenbetreuer nicht gesetzlicher Vertreter des Betroffenen ist, greift Abs. 3 nicht. Es gelten die Vorschriften des Allgemeinen Teils des FamFG[507].

b. Aufhebung/Beschränkung

§ 294 FamFG Aufhebung und Einschränkung der Betreuung oder des Einwilligungsvorbehalts

(1) [1]Für die Aufhebung der Betreuung oder der Anordnung eines Einwilligungsvorbehalts und für die Einschränkung des Aufgabenkreises des Betreuers oder des Kreises der einwilligungsbedürftigen Willenserklärungen gilt § 279 Absatz 1, 3 und 4 sowie § 288 Absatz 1 Satz 1 entsprechend. [2]Das Gericht hat die zuständige Behörde nur anzuhören, wenn es der Betroffene verlangt oder es zur Sachaufklärung erforderlich ist.

(2) Hat das Gericht nach § 281 Abs. 1 Nr. 1 von der Einholung eines Gutachtens abgesehen, ist dies nachzuholen, wenn ein Antrag des Betroffenen auf Aufhebung der Betreuung oder Einschränkung des Aufgabenkreises erstmals abgelehnt werden soll.

(3) Über die Aufhebung der Betreuung oder des Einwilligungsvorbehalts hat das Gericht spätestens sieben Jahre nach der Anordnung dieser Maßnahmen zu entscheiden.

§ 294 FamFG regelt das Verfahren bei der Aufhebung einer Betreuerbestellung oder eines **185**
Einwilligungsvorbehalts sowie einer **Beschränkung** von Aufgabenkreisen oder der vom Einwilligungsvorbehalt erfassten Willenserklärungen. Es lässt Verfahrenserleichterungen zu, weil in den hier angesprochenen Maßnahmen kein Eingriff gesehen wird. Von einer erneuten persönlichen Anhörung kann daher grundsätzlich ebenso abgesehen werden wie von der Einholung eines Sachverständigengutachtens (Verweis auf § 281 Abs. 1 FamFG). Auch in diesen Fällen hat das Gericht in pflichtgemäßem Ermessen zu entscheiden, ob es von den Verfahrenserleichterungen Gebrauch macht[508]. Dies folgt auch aus dem Amtsermittlungsgrundsatz. Die generelle Pflicht, ein Gutachten einzuholen, wird man jedenfalls nicht daraus ableiten können[509]. Dies dürfte allerdings geboten sein, wenn

504 Keidel-Budde, § 293 FamFG, Rn. 7
505 P/H-Fröschle, § 293 FamFG, Rn. 22; B/J/S-Heiderhoff, § 293 FamFG, Rn. 7
506 P/H-FRöschle, § 293 FamFG, Rn. 28
507 Keidel-Budde, § 293 FamFG, Rn. 14
508 Vgl. OLG Zweibrücken BtPrax 1998, 150
509 In diese Richtung argumentierend: Damrau/Zimmermann, § 294 FamFG, Rn. 9; OLG Zweibrücken BtPrax 1998, 150

der Betreute, der mit der Anordnung der Betreuung einverstanden ist, nunmehr die Aufhebung verlangt, um festzustellen, ob dieser Wunsch auf einem freien Willen beruht[510].

Geboten ist es, der Behörde und nahe stehenden Personen Gelegenheit zur Äußerung zu geben (§ 294 Abs. 1 i.V.m. § 279 FamFG). Angefügt wurde mit Wirkung zum 1.7.2014 in Absatz 1 der Satz 2, dass die Betreuungsbehörde nur angehört werden muss, wenn es der Betroffene verlangt oder es zur Sachverhaltsaufklärung erforderlich ist. Insoweit bleibt es beim bisherigen Rechtszustand, weil durch den Verweis auf § 279 FamFG ansonsten auf die – ab 1.7.2014 neue – obligatorische Anhörung der Betreuungsbehörde verwiesen worden wäre (siehe oben Rn. 159a).

Dem Betreuten ist rechtliches Gehör zu gewähren[511]. Wirksam wird der Beschluss grundsätzlich mit Bekanntgabe an den Betreuer, der somit bei einer Aufhebung der Betreuung unmittelbar entlassen ist. Bei Ablehnung eines Antrags auf Aufhebung der Betreuung gelten allerdings die allgemeinen Vorschriften und nicht die geschilderten Erleichterungen.

Über die Aufhebung der Betreuung oder des Einwilligungsvorbehalts hat das Gericht nach § 294 Abs. 3 FamFG spätestens sieben Jahre nach Anordnung der entsprechenden Maßnahme zu entscheiden.

c. Betreuung auf Antrag

186 § 294 Abs. 2 FamFG regelt den Fall, dass eine Betreuung auf Antrag des Betroffenen eingerichtet wurde, das Gericht auf ein Gutachten verzichtet hat und dieser später die Aufhebung beantragt. Grundsätzlich ist in dieser Situation dem Antrag des Betroffenen stattzugeben. Will das Gericht den Antrag ablehnen, so hat es die Begutachtung des Betroffenen nachzuholen[512]. Dies beruht auf dem Gedanken, dass ein Gutachten damals bei der Einrichtung der Betreuung hätte eingeholt werden müssen, wenn der Betroffene nicht zugestimmt hätte. Insoweit baut § 294 Abs. 2 FamFG die übliche Verfahrensgarantie wieder ein. Will das Gericht dem Antrag auf Aufhebung stattgeben, ist keine Begutachtung erforderlich[513], ebenso wenig bei Ablehnung einer wiederholten Antragstellung.

d. Verlängerung

§ 295 FamFG Verlängerung der Betreuung oder des Einwilligungsvorbehalts

(1) [1]Für die Verlängerung der Bestellung eines Betreuers oder der Anordnung eines Einwilligungsvorbehalts gelten die Vorschriften über die erstmalige Anordnung dieser Maßnahmen entsprechend. [2]Von der erneuten Einholung eines Gutachtens kann abgesehen werden, wenn sich aus der persönlichen Anhörung des Betroffenen und einem ärztlichen Zeugnis ergibt, dass sich der Umfang der Betreuungsbedürftigkeit offensichtlich nicht verringert hat. [3]Das Gericht hat die zuständige Behörde nur anzuhören, wenn es der Betroffene verlangt oder es zur Sachaufklärung erforderlich ist.

(2) Über die Verlängerung der Betreuung oder des Einwilligungsvorbehalts hat das Gericht spätestens sieben Jahre nach der Anordnung dieser Maßnahmen zu entscheiden.

187 Bei einer Verlängerung von Betreuungsmaßnahmen gelten gem. § 295 FamFG grundsätzlich die allgemeinen Regelungen über die Betreuerbestellung (Satz 1) mit der Erleichterung, dass ein ärztliches Gutachten nicht zwingend vorgeschrieben ist, wenn sich der Umfang der Betreuungsbedürftigkeit offensichtlich nicht verringert hat (Satz 2). Es darf sich

510 BGH BtPrax 2016, 39
511 OLG Brandenburg FamRZ 2007, 1688
512 Vgl. KG FamRZ 2007, 81 = BtPrax 2006, 192 (LS)
513 Ebenso: Jürgens-Kretz, § 294 FamFG, Rn. 6

somit nicht um einen Zweifelsfall handeln. Der Betroffene ist allerdings anzuhören und ein ärztliches Attest ist beizubringen[514]. Letzteres sollte sich nicht in der Feststellung der unveränderten Sachlage erschöpfen, sondern auch Angaben zum Untersuchungsergebnis und zur Beurteilung der weiteren Betreuungsbedürftigkeit aufgrund einer persönlichen Untersuchung[515] enthalten. Bestehen Anhaltspunkte für eine Verringerung der Betreuungsbedürftigkeit, hat es hierzu Angaben zu machen[516]. Der Aussteller muss die gleiche Qualifikation wie der erste Gutachter haben[517], es kann sich um dieselbe Person handeln. Letztlich wird nur etwas Schreibarbeit gespart. Liegt das Gutachten längere Zeit zurück und ist wenig aussagekräftig, so ist ein neues einzuholen[518].

Angefügt wurde mit Wirkung zum 1.7.2014 in Absatz 1 der Satz 2, dass die Betreuungsbehörde nur angehört werden muss, wenn es der Betroffene verlangt oder es zur Sachverhaltsaufklärung erforderlich ist. Insoweit bleibt es beim bisherigen Rechtszustand, weil durch den Verweis auf § 279 FamFG ansonsten auf die – ab 1.7.2014 neue – obligatorische Anhörung der Betreuungsbehörde verwiesen worden wäre (siehe oben Rn. 159a).

▶ *Zu Einzelheiten der Gegenbetreuung vgl. Teil B Rn. 82*

e. Entlassung, Bestellung eines neuen Betreuers

§ 296 FamFG Entlassung des Betreuers und Bestellung eines neuen Betreuers

(1) Das Gericht hat den Betroffenen und den Betreuer persönlich anzuhören, wenn der Betroffene einer Entlassung des Betreuers (§ 1908b des Bürgerlichen Gesetzbuchs) widerspricht.

(2) [1]Vor der Bestellung eines neuen Betreuers (§ 1908c des Bürgerlichen Gesetzbuchs) hat das Gericht den Betroffenen persönlich anzuhören. [2]Das gilt nicht, wenn der Betroffene sein Einverständnis mit dem Betreuerwechsel erklärt hat. [3]§ 279 gilt entsprechend.

Wird ein Betreuer mit Zustimmung des Betroffenen entlassen, so gelten keine besonderen Verfahrensvorschriften. Widerspricht der Betroffene allerdings, so sind er sowie der Betreuer persönlich anzuhören. Ähnlich ist es vor der Bestellung eines neuen Betreuers: Ist der Betroffene einverstanden, so muss es ihn nicht anhören, allerdings gem. § 279 die sonstigen Beteiligten und die zuständige Behörde, wenn es der Sachaufklärung dient. Ist der Betroffene nicht einverstanden, hat das Gericht ihn persönlich anzuhören. Schließlich ist anzuhören eine vom Betroffenen benannte nahestehende Person, soweit dies das Verfahren nicht verzögert. **188**

13. Mitteilungen

§ 308 FamFG betrifft ebenso wie §§ 309 und 310 FamFG den Persönlichkeitsschutz des Betroffenen (Recht auf informationelle Selbstbestimmung)[519]. Die drei Normen regeln die Frage der Mitteilungen des Betreuungsgerichts an andere Gerichte, Behörden und gegenüber der Einrichtung, in welcher der Betroffene untergebracht ist. **189**

▶ *Zu den Mitteilungen an das Gericht vgl. oben Rn. 108 ff.*

514 Hinsichtlich des Verfahrens bei Entlassung eines Betreuers (Abs. 7) siehe unten Rn. 188
515 OLG Hamm BtPrax 1999, 238, 240
516 BayObLG BtPrax 2004, 148
517 Jürgens-Kretz, § 295 FamFG, Rn. 3; Damrau/Zimmermann, § 295 FamFG, Rn. 11
518 OLG Hamm BtPrax 1999, 240
519 BVerfGE 65,1

a. § 308 FamFG

§ 308 FamFG Mitteilung von Entscheidungen

(1) Entscheidungen teilt das Gericht anderen Gerichten, Behörden oder sonstigen öffentlichen Stellen mit, soweit dies unter Beachtung berechtigter Interessen des Betroffenen erforderlich ist, um eine erhebliche Gefahr für das Wohl des Betroffenen, für Dritte oder für die öffentliche Sicherheit abzuwenden.

(2) Ergeben sich im Verlauf eines gerichtlichen Verfahrens Erkenntnisse, die eine Mitteilung nach Absatz 1 vor Abschluss des Verfahrens erfordern, hat diese Mitteilung über die bereits gewonnenen Erkenntnisse unverzüglich zu erfolgen.

(3) [1]Das Gericht unterrichtet zugleich mit der Mitteilung den Betroffenen, seinen Verfahrenspfleger und seinen Betreuer über Inhalt und Empfänger der Mitteilung. [2]Die Unterrichtung des Betroffenen unterbleibt, wenn

1. **der Zweck des Verfahrens oder der Zweck der Mitteilung durch die Unterrichtung gefährdet würde,**
2. **nach ärztlichem Zeugnis hiervon erhebliche Nachteile für die Gesundheit des Betroffenen zu besorgen sind oder**
3. **der Betroffene nach dem unmittelbaren Eindruck des Gerichts offensichtlich nicht in der Lage ist, den Inhalt der Unterrichtung zu verstehen.**

[3]Sobald die Gründe nach Satz 2 entfallen, ist die Unterrichtung nachzuholen.

(4) Der Inhalt der Mitteilung, die Art und Weise ihrer Übermittlung, ihr Empfänger, die Unterrichtung des Betroffenen oder im Fall ihres Unterbleibens deren Gründe sowie die Unterrichtung des Verfahrenspflegers und des Betreuers sind aktenkundig zu machen.

190 § 308 FamFG enthält den Grundsatz, dass eine Mitteilung erfolgen soll, um eine **erhebliche Gefahr** für das Wohl des Betroffenen, für Dritte oder die öffentliche Sicherheit abzuwenden.

Von der Mitteilungspflicht sind alle Entscheidungen in Betreuungssachen umfasst. **Adressaten** der Mitteilungen sind nur Behörden, Gerichte und andere öffentliche Stellen. Es kommt allein auf die Wahrnehmung öffentlicher Aufgaben an[520]. Die Organisationsstruktur ist unerheblich, so dass z.B. öffentlich-rechtlich organisierte Banken (Sparkassen) nicht öffentliche Stellen i.S.d. Vorschrift sind[521]. Die Mitteilung muss der Wahrnehmung dieser öffentlichen Aufgaben dienen[522].

191 Das **Wohl des Betroffenen** ist beispielsweise gefährdet, wenn ihm Strafverfolgung droht, obwohl er sich im Betreuungsverfahren als schuldunfähig erwiesen hat, oder wenn sich seine Geschäfts- oder Prozessunfähigkeit ergeben hat, was ohne die Mitteilung unberücksichtigt bliebe[523]. **Dritte sind gefährdet**, wenn der Bedrohte zu Gewalttätigkeiten neigt[524] oder anzunehmen ist, dass der Betroffene im Rahmen seiner beruflichen Tätigkeit anderen schadet[525]. Schließlich ist beispielhaft für die dritte Alternative (Gefahr für die öffentliche Sicherheit) des Abs. 1 die Mitteilung an die Straßenverkehrsbehörde, dass der Betreute z.B. als Inhaber eines Führerscheins andere durch den Gebrauch seines Kraftfahrzeugs konkret gefährdet[526]. Da die Gefahr **erheblich** sein muss, wird eine gewisse Schwere und Wahrscheinlichkeit verlangt, aber nicht, dass sie unmittelbar bevorsteht.

520 Bienwald/Sonnenfeld, § 308 FamFG, Rn. 11
521 Damrau/Zimmermann, § 308 FamFG, Rn. 15
522 BT-Drucks. 11/4528, S. 181
523 Keidel-Budde, § 308 FamFG, Rn. 6
524 BT-Drucks. 11/4528, S. 12
525 Keidel-Budde, § 308 FamFG, Rn. 7
526 BT-Drucks. 11/4528, S. 182

Ob die berechtigten Interessen an einem **Schutz der informationellen Selbstbestimmung** des Betroffenen das öffentliche Interesse an einer Abwendung der Gefahren überwiegen, und in welchem Umfang die Mitteilung erfolgt, muss im Rahmen einer Abwägung im Einzelfall entschieden werden; hierbei ist zu berücksichtigen, dass bei einer Endentscheidung in Betreuungssachen oft für den Betroffenen ein gewichtiges Geheimhaltungsinteresse besteht[527]. Die Erforderlichkeit bestimmt auch den Umfang der Mitteilung. Das Gericht muss überlegen, inwieweit neben dem Tenor auch die Angabe der Entscheidungsgründe zur Gefahrenabwehr notwendig ist.

§ 308 Abs. 2 FamFG erweitert die Mitteilungsbefugnis auf die **Phase vor Abschluss des** 192
Verfahrens, soweit gesicherte Erkenntnisse eine Mitteilung nach Abs. 1 erforderlich machen. Die Erkenntnisse müssen für Entscheidungen anderer Gerichte oder Behörden von Bedeutung sein, und die Übermittlung muss dringlich sein, so dass der Abschluss des Verfahrens nicht abgewartet werden kann[528]. Außerdem müssen sie den Eingriff in das informationelle Selbstbestimmungsrecht des Betroffenen rechtfertigen[529].

Der Betroffene, sein Verfahrenspfleger und sein Betreuer sind vom Betreuungsgericht über Inhalt und Adressat der Mitteilung zugleich mit derselben zu unterrichten. Sie sollen die Möglichkeit haben, aktiv zu werden, bevor weitere Maßnahmen ergriffen werden[530]. § 308 Abs. 3 Nr. 1 bis 3 FamFG regelt Ausnahmen von diesem Grundsatz, so wenn dem Betroffenen Gesundheitsgefahr droht oder eine Verständigung mit ihm nicht möglich ist[531]. Der häufigste Ausnahmefall ist der, dass der Zweck der Mitteilung durch die Unterrichtung verhindert wird. Ob das der Fall ist, wird für das Betreuungsgericht oft schwer zu beurteilen sein, lässt sich aber durch eine Nachfrage beim Adressaten der Mitteilung klären[532].

Abs. 4 der Vorschrift bestimmt, was aktenkundig zu machen ist.

Die Art und Weise der Mitteilung ist in einer speziellen Verwaltungsvorschrift: „Anordnung über Mitteilungen in Zivilsachen" (MiZi) geregelt.

b. § 309 FamFG

§ 309 FamFG Besondere Mitteilungen

(1) ¹Wird beschlossen, einem Betroffenen zur Besorgung aller seiner Angelegenheiten einen Betreuer zu bestellen oder den Aufgabenkreis hierauf zu erweitern, so hat das Gericht dies der für die Führung des Wählerverzeichnisses zuständigen Behörde mitzuteilen. ²Das gilt auch, wenn die Entscheidung die in § 1896 Abs. 4 und § 1905 des Bürgerlichen Gesetzbuchs bezeichneten Angelegenheiten nicht erfasst. ³Eine Mitteilung hat auch dann zu erfolgen, wenn eine Betreuung nach den Sätzen 1 und 2 auf andere Weise als durch den Tod des Betroffenen endet oder wenn sie eingeschränkt wird.

(2) ¹Wird ein Einwilligungsvorbehalt angeordnet, der sich auf die Aufenthaltsbestimmung des Betroffenen erstreckt, so hat das Gericht dies der Meldebehörde unter Angabe des Betreuers mitzuteilen. ²Eine Mitteilung hat auch zu erfolgen, wenn der Einwilligungsvorbehalt nach Satz 1 aufgehoben wird oder ein Wechsel in der Person des Betreuers eintritt.

---

527 P/H-Fröschle § 308 FamFG, Rn. 7
528 Bienwald/Sonnenfeld, § 308 FamFG, Rn. 18
529 Jürgens-Kretz, § 308 FamFG, Rn. 9
530 Damrau/Zimmermann, § 308 FamFG, Rn. 21
531 Kritisch gegenüber dieser Ausnahme: Keidel-Budde, § 308 FamFG, Rn. 11 angesichts der Verfahrensfähigkeit des Betroffenen.
532 Damrau/Zimmermann, § 308 FamFG, Rn. 28

193 § 309 FamFG betrifft die Mitteilungspflicht in besonderen Fällen. Die Vorschrift regelt in Abs. 1 die Mitteilung an das Wahlamt, falls für alle Angelegenheiten des Betroffenen ein Betreuer bestellt ist. Der Wahlbehörde soll auf diese Weise die Feststellung erleichtert werden, ob der Betreute nach § 13 BWG vom Wahlrecht ausgeschlossen ist (dazu oben Rn. 44). Unter den Voraussetzungen des Satzes 3 muss ebenfalls eine Mitteilung erfolgen, weil in diesem Fall das Wahlrecht wieder auflebt.

Nach § 309 Abs. 2 Satz 1 FamFG besteht eine Mitteilungspflicht an die Meldebehörde unter Angabe des Betreuers, wenn ein Einwilligungsvorbehalt auch für den Aufgabenkreis der Aufenthaltsbestimmung angeordnet ist. Satz 2 betrifft die Mitteilungspflicht für die Aufhebung des Einwilligungsvorbehalts und den Betreuerwechsel.

c. § 310 FamFG

§ 310 FamFG Mitteilungen während einer Unterbringung

Während der Dauer einer Unterbringungsmaßnahme hat das Gericht dem Leiter der Einrichtung, in der der Betroffene untergebracht ist, die Bestellung eines Betreuers, die sich auf die Aufenthaltsbestimmung des Betroffenen erstreckt, die Aufhebung einer solchen Betreuung und jeden Wechsel in der Person des Betreuers mitzuteilen.

194 § 310 FamFG normiert die Mitteilungspflichten während der Dauer einer Unterbringungsmaßnahme und stellt so sicher, dass wichtige Entscheidungen auch dem Leiter der Einrichtung, in der der Betroffene lebt, bekannt werden. Z.B. soll er feststellen können, ob eine Betreuung mit dem Aufgabenkreis Unterbringung besteht bzw. ob sie aufgehoben wurde oder der Aufgabenkreis verändert wurde[533].

d. § 311 FamFG

§ 311 FamFG Mitteilungen zur Strafverfolgung

[1]Außer in den sonst in diesem Gesetz, in § 16 des Einführungsgesetzes zum Gerichtsverfassungsgesetz sowie in § 70 Satz 2 und 3 des Jugendgerichtsgesetzes genannten Fällen, darf das Gericht Entscheidungen oder Erkenntnisse aus dem Verfahren, aus denen die Person des Betroffenen erkennbar ist, von Amts wegen nur zur Verfolgung von Straftaten oder Ordnungswidrigkeiten anderen Gerichten oder Behörden mitteilen, soweit nicht schutzwürdige Interessen des Betroffenen an dem Ausschluss der Übermittlung überwiegen. [2]§ 308 Abs. 3 und 4 gilt entsprechend.

195 Während in den §§ 308 bis 310 FamFGG und 3 JGG jeweils Mitteilungs**pflichten** auferlegt werden, eröffnet § 69n FGG dem Betreuungsgericht eine Ermessensentscheidung: Ob das Gericht Informationen, die der Verfolgung von Straftaten oder Ordnungswidrigkeiten dienen, weitergibt, hat es unter Abwägung mit den schutzwürdigen Interessen des Betreuten zu entscheiden. Die Straftaten müssen nicht vom Betreuten begangen sein, sondern es kann sich auch um Handlungen Dritter handeln, die im Rahmen eines Betreuungsverfahrens bekannt geworden sind.

Der Betroffene, sein Betreuer und gegebenenfalls der Verfahrenspfleger sind zu benachrichtigen, wenn es sich um die Mitteilung von Straftaten des Betreuten handelt (§ 311 Abs. 2 i.V.m. § 308 Abs. 3, 4 FamFG).

533 Keidel-Budde, § 310 FamFG, Rn. 3

e. Verwendung der mitgeteilten Daten

Die Vorschriften der §§ 19 bis 21 EGGVG müssen im Kontext der §§ 308 bis 311 FamFG beachtet werden[534]. § 19 EGGVG bestimmt, dass die Daten nur zu dem Zweck verwendet werden dürfen, zu dem sie übermittelt wurden. Das legt es nahe, schon bei der Weitergabe der Information den Zweck möglichst genau zu kennzeichnen; die Weitergabe setzt eine Ermessensentscheidung voraus[535]. **196**

§ 20 EGGVG trägt dem Umstand Rechnung, dass sich nach Weitergabe einer Information im Verfahren des mitteilenden Gerichts etwas geändert hat. Diese **Änderungen** – sei es der Abschluss des Verfahrens oder die Abänderung einer mitgeteilten Entscheidung – sollen konsequenterweise ebenfalls mitgeteilt werden.

14. Rechtsmittel

§ 58 FamFG Statthaftigkeit der Beschwerde

(1) Die Beschwerde findet gegen die im ersten Rechtszug ergangenen Endentscheidungen der Amtsgerichte und Landgerichte in Angelegenheiten nach diesem Gesetz statt, sofern durch Gesetz nichts anderes bestimmt ist.

(2) Der Beurteilung des Beschwerdegerichts unterliegen auch die nicht selbständig anfechtbaren Entscheidungen, die der Endentscheidung vorausgegangen sind.

§ 59 FamFG Beschwerdeberechtigte

(1) Die Beschwerde steht demjenigen zu, der durch den Beschluss in seinen Rechten beeinträchtigt ist.

(2) Wenn ein Beschluss nur auf Antrag erlassen werden kann und der Antrag zurückgewiesen worden ist, steht die Beschwerde nur dem Antragsteller zu.

(3) Die Beschwerdeberechtigung von Behörden bestimmt sich nach den besonderen Vorschriften dieses oder eines anderen Gesetzes.

§ 62 FamFG Statthaftigkeit der Beschwerde nach Erledigung der Hauptsache

(1) Hat sich die angefochtene Entscheidung in der Hauptsache erledigt, spricht das Beschwerdegericht auf Antrag aus, dass die Entscheidung des Gerichts des ersten Rechtszugs den Beschwerdeführer in seinen Rechten verletzt hat, wenn der Beschwerdeführer ein berechtigtes Interesse an der Feststellung hat.

(2) Ein berechtigtes Interesse liegt in der Regel vor, wenn

1. schwerwiegende Grundrechtseingriffe vorliegen oder

2. eine Wiederholung konkret zu erwarten ist.

(3) Hat der Verfahrensbeistand oder der Verfahrenspfleger die Beschwerde eingelegt, gelten die Absätze 1 und 2 entsprechend.

§ 63 FamFG Beschwerdefrist

(1) Die Beschwerde ist, soweit gesetzlich keine andere Frist bestimmt ist, binnen einer Frist von einem Monat einzulegen.

(2) Die Beschwerde ist binnen einer Frist von zwei Wochen einzulegen, wenn sie sich gegen folgende Entscheidungen richtet:

534 P/H-Fröschle § 311 FamFG, Rn. 4
535 Jürgens-Kretz/Marschner, § 311 FamFG, Rn. 1

1. Endentscheidungen im Verfahren der einstweiligen Anordnung oder
2. Entscheidungen über Anträge auf Genehmigung eines Rechtsgeschäfts.

(3) [1]Die Frist beginnt jeweils mit der schriftlichen Bekanntgabe des Beschlusses an die Beteiligten. [2]Kann die schriftliche Bekanntgabe an einen Beteiligten nicht bewirkt werden, beginnt die Frist spätestens mit Ablauf von fünf Monaten nach Erlass des Beschlusses.

§ 64 FamFG Einlegung der Beschwerde

(1) [1]Die Beschwerde ist bei dem Gericht einzulegen, dessen Beschluss angefochten wird. [2]Anträge auf Bewilligung von Verfahrenskostenhilfe für eine beabsichtigte Beschwerde sind bei dem Gericht einzulegen, dessen Beschluss angefochten werden soll.

(2) [1]Die Beschwerde wird durch Einreichung einer Beschwerdeschrift oder zur Niederschrift der Geschäftsstelle eingelegt. [2]Die Einlegung der Beschwerde zur Niederschrift der Geschäftsstelle ist in Ehesachen und in Familienstreitsachen ausgeschlossen. [3]Die Beschwerde muss die Bezeichnung des angefochtenen Beschlusses sowie die Erklärung enthalten, dass Beschwerde gegen diesen Beschluss eingelegt wird. [4]Sie ist von dem Beschwerdeführer oder seinem Bevollmächtigten zu unterzeichnen.

(3) Das Beschwerdegericht kann vor der Entscheidung eine einstweilige Anordnung erlassen; es kann insbesondere anordnen, dass die Vollziehung des angefochtenen Beschlusses auszusetzen ist.

§ 68 FamFG Gang des Beschwerdeverfahrens

(1) [1]Hält das Gericht, dessen Beschluss angefochten wird, die Beschwerde für begründet, hat es ihr abzuhelfen; anderenfalls ist die Beschwerde unverzüglich dem Beschwerdegericht vorzulegen. [2]Das Gericht ist zur Abhilfe nicht befugt, wenn die Beschwerde sich gegen eine Endentscheidung in einer Familiensache richtet.

(2) [1]Das Beschwerdegericht hat zu prüfen, ob die Beschwerde an sich statthaft und ob sie in der gesetzlichen Form und Frist eingelegt ist. [2]Mangelt es an einem dieser Erfordernisse, ist die Beschwerde als unzulässig zu verwerfen.

(3) [1]Das Beschwerdeverfahren bestimmt sich im Übrigen nach den Vorschriften über das Verfahren im ersten Rechtszug. [2]Das Beschwerdegericht kann von der Durchführung eines Termins, einer mündlichen Verhandlung oder einzelner Verfahrenshandlungen absehen, wenn diese bereits im ersten Rechtszug vorgenommen wurden und von einer erneuten Vornahme keine zusätzlichen Erkenntnisse zu erwarten sind.

(4) Das Beschwerdegericht kann die Beschwerde durch Beschluss einem seiner Mitglieder zur Entscheidung als Einzelrichter übertragen; § 526 der Zivilprozessordnung gilt mit der Maßgabe entsprechend, dass eine Übertragung auf einen Richter auf Probe ausgeschlossen ist.

§ 69 FamFG Beschwerdeentscheidung

(1) [1]Das Beschwerdegericht hat in der Sache selbst zu entscheiden. [2]Es darf die Sache unter Aufhebung des angefochtenen Beschlusses und des Verfahrens nur dann an das Gericht des ersten Rechtszugs zurückverweisen, wenn dieses in der Sache noch nicht entschieden hat. [3]Das Gleiche gilt, soweit das Verfahren an einem wesentlichen Mangel leidet und zur Entscheidung eine umfangreiche oder aufwändige Beweiserhebung notwendig wäre und ein Beteiligter die Zurückverweisung beantragt. [4]Das Gericht des ersten Rechtszugs hat die rechtliche Beurteilung, die das Beschwerdegericht der Aufhebung zugrunde gelegt hat, auch seiner Entscheidung zugrunde zu legen.

(2) Der Beschluss des Beschwerdegerichts ist zu begründen.

(3) Für die Beschwerdeentscheidung gelten im Übrigen die Vorschriften über den Beschluss im ersten Rechtszug entsprechend.

§ 70 FamFG Statthaftigkeit der Rechtsbeschwerde

(1) Die Rechtsbeschwerde eines Beteiligten ist statthaft, wenn sie das Beschwerdegericht oder das Oberlandesgericht im ersten Rechtszug in dem Beschluss zugelassen hat.

(2) [1]Die Rechtsbeschwerde ist zuzulassen, wenn

1. die Rechtssache grundsätzliche Bedeutung hat oder
2. die Fortbildung des Rechts oder die Sicherung einer einheitlichen Rechtsprechung eine Entscheidung des Rechtsbeschwerdegerichts erfordert.

[2]Das Rechtsbeschwerdegericht ist an die Zulassung gebunden.

(3) [1]Die Rechtsbeschwerde gegen einen Beschluss des Beschwerdegerichts ist ohne Zulassung statthaft in

1. Betreuungssachen zur Bestellung eines Betreuers, zur Aufhebung einer Betreuung, zur Anordnung oder Aufhebung eines Einwilligungsvorbehalts,
2. Unterbringungssachen und Verfahren nach § 151 Nr. 6 und 7 sowie
3. Freiheitsentziehungssachen.

[2]In den Fällen des Satzes 1 Nr. 2 und 3 gilt dies nur, wenn sich die Rechtsbeschwerde gegen den Beschluss richtet, der die Unterbringung oder die freiheitsentziehende Maßnahme anordnet. [3]In den Fällen des Satzes 1 Nummer 3 ist die Rechtsbeschwerde abweichend von Satz 2 auch dann ohne Zulassung statthaft, wenn sie sich gegen den eine freiheitsentziehende Maßnahme ablehnenden oder zurückweisenden Beschluss in den in § 417 Absatz 2 Satz 2 Nummer 5 genannten Verfahren richtet.

(4) Gegen einen Beschluss im Verfahren über die Anordnung, Abänderung oder Aufhebung einer einstweiligen Anordnung oder eines Arrests findet die Rechtsbeschwerde nicht statt.

§ 303 FamFG Ergänzende Vorschriften über die Beschwerde

(1) Das Recht der Beschwerde steht der zuständigen Behörde gegen Entscheidungen über

1. die Bestellung eines Betreuers oder die Anordnung eines Einwilligungsvorbehalts,
2. Umfang, Inhalt oder Bestand einer in Nummer 1 genannten Maßnahme zu.

(2) Das Recht der Beschwerde gegen eine von Amts wegen ergangene Entscheidung steht im Interesse des Betroffenen

1. dessen Ehegatten oder Lebenspartner, wenn die Ehegatten oder Lebenspartner nicht dauernd getrennt leben, sowie den Eltern, Großeltern, Pflegeeltern, Abkömmlingen und Geschwistern des Betroffenen sowie
2. einer Person seines Vertrauens zu, wenn sie im ersten Rechtszug beteiligt worden sind.

(3) Das Recht der Beschwerde steht dem Verfahrenspfleger zu.

(4) [1]Der Betreuer oder der Vorsorgebevollmächtigte kann gegen eine Entscheidung, die seinen Aufgabenkreis betrifft, auch im Namen des Betroffenen Beschwerde einlegen. [2]Führen mehrere Betreuer oder Vorsorgebevollmächtigte ihr Amt gemeinschaftlich, kann jeder von ihnen für den Betroffenen selbständig Beschwerde einlegen.

§ 304 FamFG Beschwerde der Staatskasse

(1) [1]Das Recht der Beschwerde steht dem Vertreter der Staatskasse zu, soweit die Interessen der Staatskasse durch den Beschluss betroffen sind. [2]Hat der Vertreter der Staatskasse geltend gemacht, der Betreuer habe eine Abrechnung falsch erteilt oder der Betreute könne anstelle eines nach § 1897 Abs. 6 des Bürgerlichen Gesetzbuchs bestellten Betreuers durch eine oder mehrere andere geeignete Personen außerhalb einer Berufsausübung betreut werden, steht ihm gegen einen die Entlassung des Betreuers ablehnenden Beschluss die Beschwerde zu.

(2) Die Frist zur Einlegung der Beschwerde durch den Vertreter der Staatskasse beträgt drei Monate und beginnt mit der formlosen Mitteilung (§ 15 Abs. 3) an ihn.

§ 305 FamFG Beschwerde des Untergebrachten

Ist der Betroffene untergebracht, kann er Beschwerde auch bei dem Amtsgericht einlegen, in dessen Bezirk er untergebracht ist.

197 ***Übersichtsskizze: Die Beschwerde im Betreuungsverfahren***

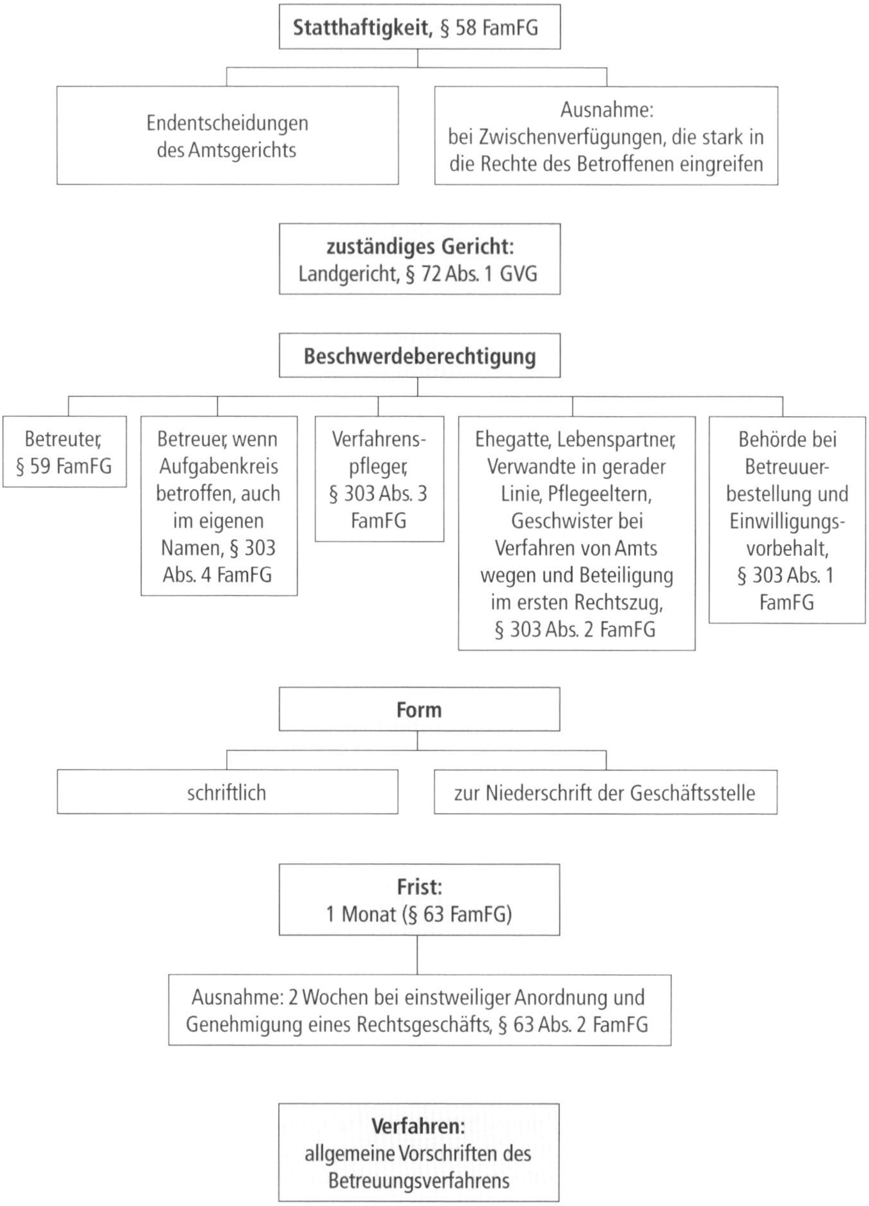

Die allgemeinen Regeln der §§ 58 ff. FamFG werden durch die speziellen Vorschriften der §§ 303 bis 305 FamFG für das Betreuungsverfahren ergänzt[536]. Diese Ergänzungen betreffen die Beschwerdeberechtigung und die Einlegung der Beschwerde des Untergebrachten.

a. Statthaftes Rechtsmittel

Gegen die Entscheidungen des Betreuungsgerichts in Betreuungssachen ist im Regelfall das Rechtsmittel der Beschwerde nach Maßgabe der allgemeinen Vorschriften der §§ 58, 59, 62 FGG gegeben. Hat der Rechtspfleger entschieden, gilt das Gleiche. **198**

Anfechtbar sind lediglich **Endentscheidungen** des Betreuungsgerichts, **nicht** aber **Zwischenentscheidungen** wie z.B. die Aufnahme von Ermittlungen[537], die Anordnung oder Ablehnung der sofortigen Wirksamkeit oder die Anordnung der Untersuchung zur Vorbereitung des Gutachtens[538]. Nur ausnahmsweise ist die Beschwerde durch Gesetz zugelassen.[539] Anfechtbar sind auch unzulässige und nichtige Entscheidungen, weil von ihnen möglicherweise ein Rechtsschein ausgeht.[540] Nicht anfechtbar ist das bloße Untätigbleiben.[541]

b. Zuständiges Gericht

Gemäß § 64 FamG ist die Beschwerde einzulegen bei dem Gericht, dessen Entscheidung angefochten wird (Amtsgericht), nicht bei dem Beschwerdegericht. Das ist eine Neuerung. Allerdings wird durch die Einlegung beim nicht zuständigen Gericht die Beschwerdefrist gewahrt[542]. § 305 FamFG enthält darüber hinaus eine Erleichterung für den untergebrachten Betroffenen: Dieser kann die Beschwerde auch bei dem AG einlegen, in dessen Bezirk er untergebracht ist. Das AG kann der Beschwerde abhelfen, wenn es sie für begründet hält. Diese neu eingeführte Abhilfemöglichkeit soll die Beschwerdegerichte entlasten. Über die Abhilfe oder Nichtabhilfe entscheidet das Gericht durch Beschluss. Hält es die Beschwerde für nicht begründet, legt es sie unverzüglich dem Beschwerdegericht vor. In Ausnahme von dem üblichen Instanzenzug nach dem FamG ist in Betreuungssachen das **Landgericht Beschwerdeinstanz** (§ 72 Abs. 1 Satz 2 GVG). Diese Abweichung hat der Gesetzgeber damit begründet, dass in Betreuungssachen die „regelmäßig geringere räumliche Entfernung der Landgerichte vom gewöhnlichen Aufenthalt des Betreuten" wichtig sei[543]. Das ist richtig, zumal in Betreuungssachen die Anhörung des Betroffenen in seiner üblichen Umgebung erfolgt.[544] **199**

c. Beschwerdeberechtigung

aa. Grundsätze

Zur Einlegung der Beschwerde ist gem. § 59 FamFG grundsätzlich nur derjenige befugt, dessen Recht durch die Verfügung betroffen ist. Hierdurch soll der Kreis der Beschwerdeberechtigten eingegrenzt und die Popularbeschwerde ausgeschlossen werden[545]. Erfor- **200**

536 Überblick über die Rechtsmittel: Sonnenfeld, BtPrax 2009, 167; Maurer, FamRZ 2009, 465
537 OLG Frankfurt, BtPrax 2008, 176
538 Vgl. BayObLG FamRZ 2001, 1559; BtPrax 2005, 38
539 Das ist etwa der Fall für Beschlüsse, mit denen die Hinzuziehung als Beteiligter abgelehnt wird (§ 7 Abs. 5), die Aussetzung des Verfahrens (§ 21 Abs. 2), die Versagung der Wiedereinsetzung (§ 19 Abs. 3), die Festsetzung von Kosten (§ 85). In diesen Fällen ist die Beschwerde nach den Regelungen der ZPO gegeben (§§ 567 ff. ZPO).
540 BVerfG NJW 1985, 788
541 BayObLG NJW RR 1999, 292
542 Friederici/Kemper-Klußmann, § 64 FamFG, Rn. 3
543 BT-Drucks. 16/6308, S. 319
544 Zustimmend Knittel BtPrax 2008, 99, 100
545 P/H-Abramenko § 59 FamFG, Rn. 6

derlich ist ein unmittelbarer, nachteiliger Eingriff in ein dem Beschwerdeführer zustehendes Recht[546]. In Betracht kommt eine Beeinträchtigung in seinem eigenen subjektiven materiellen Recht oder dem Verfahrensgrundrecht des Art. 103 Abs. 1 GG. Letzteres steht allerdings nur den formell Beteiligten zu (vgl. oben Rn. 124 ff.). Es genügt nicht die Verletzung lediglich wirtschaftlicher oder ideeller Interessen[547]. Aus § 59 Abs. 1 FamFG kann allerdings z.B. ein Vermieter beschwerdeberechtigt sein, wenn er sonst gegenüber dem geschäftsunfähigen Mieter seine mietvertraglichen Rechte nicht geltend machen kann[548].

bb. Betroffener/Verfahrenspfleger

201 In Betreuungssachen ist der Betroffene stets durch die Bestellung eines Betreuers und die Anordnung eines Einwilligungsvorbehalts in eigenen Rechten betroffen und somit zur Einlegung der Beschwerde befugt, außer die Betreuung wurde auf seinen Antrag hin erlassen[549]. Da der Betroffene verfahrensfähig ist, kann er selbst die Beschwerde einlegen.

Gegen die Ablehnung einer beantragten Betreuung ist der Betroffene ebenfalls beschwerdebefugt, ein körperlich Behinderter nach § 59 Abs. 2 FamFG. Die Ablehnung einer Unterbringung ist dagegen nicht beschwerdefähig, da der Betreute sich ja freiwillig in die entsprechende Einrichtung begeben kann[550]. Insoweit fehlt es an einer Beschwer.

Die Beschwerde gegen die Bestellung eines Betreuers kann auch auf die Frage der Auswahl des Betreuers beschränkt werden.

Auch der Verfahrenspfleger ist gemäß § 303 Abs. 3 FamFG ausdrücklich berechtigt, im Namen des Betreuten Beschwerde einzulegen. Kommt eine Beeinträchtigung seiner eigenen Interessen in Betracht, ist er auch gem. § 59 Abs. 1 FamFG im eigenen Namen beschwerdeberechtigt, etwa bei Nichtgewährung rechtlichen Gehörs.

cc. Betreuer, Bevollmächtigter

202 Gemäß § 303 Abs. 4 FamFG kann der Betreuer gegen eine Entscheidung, die seinen Aufgabenkreis betrifft, auch im Namen des Betreuten Beschwerde einlegen. Dies folgt bereits aus seiner Vertretungsbefugnis gemäß § 1902 BGB[551], die Vorschrift ist insoweit deklaratorisch. Hiermit wird das Beschwerderecht des Betreuers erweitert. Führen mehrere Betreuer ihr Amt gemeinschaftlich, kann jeder von ihnen für den Betroffenen selbständig Beschwerde einlegen. Diese Beschwerdeberechtigung im Namen des Betreuten erlischt mit der Entlassung[552], gegen die er aber nach § 59 Abs. 1 FamFG im eigenen Namen beschwerdebefugt ist.[553] Das Beschwerderecht des Betreuers, der ein Interesse an der Aufrechterhaltung eines Aufgabenkreises haben kann, kann mit dem Interesse des Betreuten kollidieren. Unter Umständen hat der Betreuer den Wunsch des Betroffenen, nicht Beschwerde einzulegen, zu respektieren (§ 1901). Der Aufgabenkreis ist unmittelbar bei Erweiterung und Einschränkung betroffen, mittelbar durch Anordnung eines Einwilligungsvorbehalts (in diesem Bereich), weil sich der Verantwortungsbereich vergrößert[554]. Bei Versagung einer betreuungsgerichtlichen Genehmigung kann der Betreuer nur im Namen des Betreuten Beschwerde einlegen[555].

546 Keidel-Meyer-Holz, § 59 FamFG, Rn. 6
547 BayObLG FamRZ 2003, 1219; P/H-Abramenko, § 59 FamFG, Rn. 2
548 BayObLG FamRZ 1996, 1370
549 OLG München, BtPrax 2008, 173
550 BayObLG, BtPrax 2005, 70
551 BR-Drucks. 309/07, S. 609
552 BayObLG BtPRax 1995, 219
553 BGH BtPrax 2015, 155
554 Bienwald/Sonnenfeld, § 303 FamFG, Rn. 44
555 BayObLG BtPrax 1998, 72

Gesetzlich geregelt ist nunmehr lediglich, dass der Bevollmächtigte jedenfalls Beschwerde im Namen des Betreuten einlegen kann, soweit sein Aufgabenkreis betroffen ist (§ 303 Abs. 4 FamFG). Das bedeutet, dass hier die Vollmacht dieses Recht umfassen muss. Kein Beschwerderecht besteht, wenn die Vollmacht bereits (wirksam) widerrufen wurde. Strittig ist, ob der **Inhaber einer Vollmacht** im eigenen Namen **beschwerdeberechtigt** ist; abgelehnt wurde dies mit dem Argument, dass er in seinem eigenen Recht nicht verletzt wird[556], während die Gegenansicht meinte, dass die Betreuerbestellung in subjektive Rechte des Bevollmächtigten eingreift, die sich aus dem der Vollmacht zugrunde liegenden Rechtsverhältnis ergäben[557]. Der Handlungsspielraum des Vertreters werde eingeengt. Dies führt jedoch nicht zu einer eigenen Beschwer. Verletzt wird allenfalls das Interesse des Betreuten, durch den Bevollmächtigten allein vertreten zu werden. Der Bevollmächtigte hat insoweit kein eigenes Beschwerderecht[558]. Aber es bleibt ihm die Möglichkeit der Beschwerde im Namen des Betroffenen. Allerdings kann der Betreuer oder Bevollmächtigte im eigenen Namen Beschwerde einreichen, wenn er als Person des Vertrauens i.S.d. §§ 303 Abs. 2, 274 Abs. 4 Nr. 1 FamFG beteiligt war und entsprechend beschwerdebefugt ist.[559]

▶ *Ein Muster für eine Beschwerde gegen eine Betreuungsanordnung findet sich unter Rn. 221.*

dd. Ehegatte, Lebenspartner, Verwandte, Vertrauenspersonen

§ 303 Abs. 2 FamFG dehnt die Beschwerdeberechtigung über § 59 FamFG hinaus aus, allerdings deutlich zurückhaltender als die frühere Vorschrift des § 69 g FGG. Nach Abs. 2 Nr. 1 sind gegen eine **von Amts wegen ergangene** Entscheidung zur Einlegung der Beschwerde befugt auch der Ehegatte bzw. Lebenspartner des Betroffenen (i.S.d. LPartG), wenn sie nicht dauernd getrennt leben, ferner die Eltern, die Großeletern, Pflegeeltern, die Abkömmlinge sowie die Geschwister. Der heterosexuelle Lebenspartner gehört nicht dazu[560] (dazu unten Rn. 205), sondern nur der Partner einer eingetragenen Lebenspartnerschaft. 203

Der Ehegatte (oder Lebenspartner) ist **nicht beschwerdebefugt, wenn die Ehegatten getrennt leben**. Letzteres kann auch in einer Wohnung der Fall sein (1567 BGB). Nicht mehr beschwerdebefugt (im Gegensatz zum früheren FGG) sind Nichte bzw. Neffe und Tante und Onkel, ebenso wenig die Schwiegertochter. Insoweit hat der Gesetzgeber den Kreis etwas verengt. Wird die Bestellung eines Betreuers abgelehnt, sind gegen diese Entscheidung nur die in § 303 FamFG genannten Personenkreise beschwerdebefugt. Der nicht zum Betreuer bestellte Antragsteller, der nicht zu diesem Personenkreis zählt, ist nicht beschwerdebefugt, denn er ist auch nicht in eigenen Rechten verletzt[561]. 204

Voraussetzung ist nunmehr, dass die betreffenden Personen **im ersten Rechtszug beteiligt** wurden. Mit dieser Regelung sollen altruistische Beschwerden solcher Angehörigen verhindert werden, die kein Interesse am Verfahren erster Instanz gezeigt haben[562]. Die in Abs. 2 genannten Personen können gem. § 274 Abs. 4 FamFG am Verfahren beteiligt werden (vgl. oben Rn. 131). Nur wenn das geschehen ist, besteht auch eine Beschwerdeberechtigung. Wird eine beantragte Beteiligung rechtswidrig abgelehnt, dürfte dadurch das

556 BayObLG R 2004, 112; BayObLG Z 2003, 106, 108
557 OLG Zweibrücken FGPrax 2002, 260
558 Wie hier: BGH FamRZ 2015, 1016 m, Anm. Fröschle, BtPrax 2015, 21; KG FamRZ 2015, 1045; P/H-Fröschle § 303 FamFG, Rn. 54 a.A. B/J/S-Heiderhoff, § 303 FamFG, Rn. 16
559 BGH FamRZ 2017, 552 m. Anm Böhm, 554
560 So auch OLG Schleswig FamRZ 2002, 987
561 LG Stuttgart BWNotZ 1993, 145
562 BT-Drucks. 308/07, S. 609

Beschwerderecht nicht ausgeschlossen sein. Das Recht zur Beschwerde steht auch einer **Vertrauensperson** zu, wenn sie im Interesse des Betroffenen in erster Instanz am Verfahren beteiligt war (Abs. 2 Nr. 2).

205 Da § 303 FamFG insoweit abschließend ist, können **Dritte** nicht in analoger Anwendung beschwerdeberechtigt sein[563]. Die Norm findet keine entsprechende Anwendung auf Lebensgefährten und Verlobte, die mit dem Betreuten in einer eheähnlichen Gemeinschaft leben[564]. Auch ergibt sich die Beschwerdebefugnis des Lebensgefährten nicht aus § 59 Abs. 1 FamFG, da der Lebensgefährte nicht in eigenen Rechten betroffen ist, insbesondere keinen Anspruch darauf hat, selbst zum Betreuer bestellt zu werden[565]. Ebenfalls nicht beschwerdeberechtigt sind Verwandte bei Fragen des Umgangsrechts mit dem Betreuten, da ihnen in der Regel kein subjektives Recht auf Besuch oder Umgang zusteht.

ee. Behörde

206 Die zuständige Behörde hat eine Beschwerdebefugnis bei Bestellung eines Betreuers, der Anordnung eines Einwilligungsvorbehalts und bei Entscheidungen über Umfang, Inhalt oder Bestand dieser Maßnahmen, also **in den Fällen, in denen sie in erster Instanz auf Antrag zu beteiligen war**. Beschwerdebefugt ist sie daher unabhängig von einer konkreten Beschwer (§ 303 Abs. 1 FamFG)[566]. Im Gegensatz zum bisherigen Recht ist sie auch bei Bestellung eines Betreuers auf Antrag des Betroffenen beschwerdebefugt[567]. Dies sei sachgerecht, um kostenintensive Betreuungsverfahren einzudämmen. Nach wie vor ist sie nicht beschwerdebefugt bei einer Entlassung eines Betreuers; dies gilt auch, wenn der Betreute geschäftsunfähig ist[568] oder wenn die Behörde den Betreuer für ungeeignet hält[569].

ff. Vertreter der Staatskasse

207 Schließlich ist die Staatskasse beschwerdeberechtigt, soweit deren Interessen durch den Beschluss betroffen sind (§ 304 Abs. 1 Satz 1 FamFG). Diese Generalklausel wird durch Satz 2 konkretisiert: Macht der Vertreter der Staatskasse geltend, dass die Betreuung anstelle eines Berufsbetreuers durch eine ehrenamtliche Person wahrgenommen werden kann und wird gleichwohl die Entlassung des Betreuers abgelehnt, kann er Beschwerde einlegen. Dies soll nicht bei erstmaliger Bestellung eines Berufsbetreuers gelten, so eine Auffassung zum früheren Recht[570]. Nunmehr ist die Staatskasse in diesem Fall aufgrund Abs. 1 Satz 1 auf jeden Fall beschwerdeberechtigt.

Die Beschwerdeberechtigung wurde durch das 2. BtÄndG auf den Fall erweitert, dass der Vertreter der Staatskasse geltend macht, der Betreuer habe eine Abrechnung vorsätzlich falsch erteilt. Überdies ist Beschwer (zu Lasten der Staatskasse) zu verlangen[571].

Laut LG Koblenz ist das Beschwerderecht auf den Fall auszudehnen, dass der Richter eine Anregung des Vertreters der Staatskasse als unzulässig ablehnt[572].

---

563 So schon die h.M. zu § 69g FGG; siehe nunmehr: Keidel-Budde, § 303 FamFG, Rn. 29
564 OLG Schleswig FamRZ 2002, 987; vergleiche auch BayOblG FamRZ 1998, 1185; OLG Oldenburg, NJW-RR 1997, 451 a.A. LG Oldenburg BtPrax 1996, 196; Bienwald/Sonnenfeld, § 303 FamFG, Rn. 18
565 BayObLG FamRZ 1998, 1185
566 Vgl. Walther, BtPrax 2002, 207
567 BR-Drucks. 309/07, S. 608
568 BayObLG FamRZ 1998, 1057
569 OLG Hamm BtPrax 2001, 213
570 OLG Schleswig BtPrax 1999, 155; OLG Hamm BtPrax 200, 265
571 Sonnenfeld, FamRZ 2005, 947
572 LG Koblenz FamRZ 2002, 1509 mit kritischer Anm. Bienwald

d. Form, Frist

Die Beschwerde ist **schriftlich** (Telefax genügt) oder zu Protokoll der Geschäftsstelle einzulegen (§ 64 Abs. 2 FamFG). Im letzteren Fall hat der Beschwerdeführer persönlich zu erscheinen, ein Telefonat genügt nicht. Das Wort „Beschwerde" muss nicht ausdrücklich erwähnt werden, es muss sich aber aus dem Schreiben ergeben, dass der Verfasser die gerichtliche Entscheidung mit einem Rechtsmittel angreifen möchte. Sie ist von dem Beschwerdeführer oder seinem Bevollmächtigten zu unterzeichnen (§ 64 Abs. 2 S. 3 FamFG)[573]. Es besteht kein Anwaltszwang. Sie ist bei dem Gericht einzulegen, dessen Beschluss angefochten wird (§ 64 Abs. 1 FamFG). Wird sie bei einem anderen Gericht eingelegt, so ist die Frist nur gewahrt, wenn sie rechtzeitig beim zuständigen Gericht eingeht. **208**

Die Frist beträgt **einen Monat** (§ 63 Abs. 1 FamFG) ab der schriftlichen Bekanntgabe an die Beteiligten. Ist eine schriftliche Bekanntgabe an einen Beteiligten nicht möglich, beginnt die Frist spätestens fünf Monate nach Erlass des Beschlusses. Dies gilt auch, wenn die Bekanntgabe der gerichtlichen Entscheidung zwar nicht unterblieben ist, aber die Zustellung fehlerhaft war[574].

Wird eine einstweilige Anordnung angegriffen oder die Genehmigung eines Rechtsgeschäfts, beträgt die Frist zwei Wochen (§ 63 Abs. 2 FamFG), für den Vertreter der Staatskasse beträgt die Frist drei Monate (§ 304 Abs. 2 FamFG), damit die Bezirksrevisoren in regelmäßigen Abständen Revisionen vornehmen können[575].

Vor Zurückweisung einer Beschwerde wegen Versäumung der Beschwerdefrist ist dem Beschwerdeführer Gelegenheit zu geben, sich zu äußern, um evtl. einen Antrag auf Wiedereinsetzung zu stellen[576].

e. Begründung

Gemäß § 65 Abs. 1 FamFG soll die Beschwerde begründet werden, wozu das Gericht dem Beschwerdeführer eine Frist setzen kann (Abs. 2). Das Unterlassen der Begründung löst keine Sanktion aus[577], begrenzt aber in der Praxis die Amtsermittlung des Gerichts. Die angemessene Frist zur Begründung beträgt ungefähr 2 bis 3 Wochen.[578] Das ist auch etwa der Zeitraum, der vom Gericht zweckmäßigerweise gewählt wird, wenn eine Frist gesetzt wird. Das Versäumen der Frist hindert eine (verspätete) Begründung allerdings nicht; diese ist gleichwohl zu berücksichtigen. In der Begründung können sowohl neue Tatsachen als auch neue Beweismittel vorgebracht werden. Das LG als Beschwerdegericht ist somit eine zweite vollständige Tatsacheninstanz. Es hat die Richtigkeit der erstinstanzlichen Entscheidung in vollem Umfang zu überprüfen, also auch hinsichtlich solcher Gründe, die vom Beschwerdeführer in seiner Begründung nicht angeführt worden sind. Auch insoweit gilt das Amtsermittlungsprinzip. Die Beschwerde kann nicht darauf gestützt werden, dass das Gericht in erster Instanz zu Unrecht seine Zuständigkeit angenommen hat. Damit sollen reine Streitigkeiten in Zuständigkeitsfragen vermieden werden[579]. **209**

573 Zur Unterschrift: Keidel-Sternal, § 64 FamFG, Rn. 31; P/H-Abramenko, § 64 FamFG, Rn. 11
574 BGH BtPrax 2013, 203 f.
575 BT-Drucks. 16/6308, S. 272
576 BGH BtPrax 2013, 205.
577 BT-Drucks. 16/6308, S. 206
578 Zöller- Heßler, § 571 ZPO, Rn. 13
579 BT-Drucks. 16/6308, S. 206

f. Anschlussbeschwerde

210 Ein Beschwerdeberechtigter kann sich der Beschwerde eines anderen anschließen. Das ist selbst dann möglich, wenn der Anschließende auf die eigene Beschwerde verzichtet hat oder die Beschwerdefrist für ihn verstrichen ist (§ 66 FamFG). Die Anschließung wird unwirksam, wenn die Ursprungsbeschwerde zurückgenommen oder als unzulässig verworfen wird.

Die Beschwerdeberechtigten haben ein Recht auf Akteneinsicht[580].

g. Beschwerdeentscheidung

211 Die Beschwerdeentscheidung hat eine Begründung (§ 69 Abs. 2) und eine Rechtsmittelbelehrung (§ 69 Abs. 3 i.V.m. § 39 FamFG) zu enthalten. Hält das Beschwerdegericht zwar die Betreuung für notwendig und lediglich den konkret bestellten Betreuer für ungeeignet, hat das Beschwerdegericht selbst eine andere Person zu bestellen und nicht etwa zurückzuverweisen (§ 69 Abs. 1 FamFG)[581]. Das Gericht hat alle vorgebrachten Tatsachen zu würdigen, auch solche, die bereits in erster Instanz hätten vorgetragen werden können; ein Ausschluss wegen verspäteten Vorbringens (Präklusion) gibt es also nicht.

Eine Abänderung der Entscheidung zu Lasten des Beschwerdeführers (*reformatio in peius*) ist nicht zulässig[582].

h. Verfahren

212 Gem. § 68 Abs. 2 FamFG gelten die besonderen Verfahrensvorschriften des Betreuungsverfahrens auch für das Beschwerdeverfahren. Das Gericht kann die Beschwerde durch Beschluss einem Mitglied der Kammer zur Entscheidung als Einzelrichter übertragen, ausgenommen ist ein Richter auf Probe. Das Amtsgericht kann der Beschwerde selbst abhelfen. Hält es die Beschwerde aber für unbegründet, legt es sie dem Landgericht vor (§ 68 Abs. 1 FamFG).

Im Übrigen kann auf die Durchführung eines Termins einer mündlichen Verhandlung oder einzelner Verfahrenshandlungen verzichtet werden, wenn diese in der ersten Instanz vorgenommen worden und von einer erneuten Verhandlung keine neuen Erkenntnisse zu erwarten sind (§ 68 Abs. 4 FamFG). Der Verzicht auf die Anhörung ist nur möglich, wenn fest steht, dass sich der Zustand des Betroffenen mit großer Wahrscheinlichkeit in der Zwischenzeit nicht geändert hat.[583] Das Absehen ist ebenfalls zu begründen[584]. Ist das Einverständnis des Betroffenen mit der Betreuung mittlerweile entfallen, so ist in der Regel eine erneute Anhörung erforderlich[585], ebenso wenn das Amtsgericht auf eine Anhörung verzichtet hatte[586]. Will das Beschwerdegericht allerdings in der Frage der Fähigkeit freier Willensbetätigung vom Gutachten abweichen, setzt dies einen persönlichen Eindruck der Richter von dem Betroffenen voraus[587].

Ein Verzicht auf die Anhörung wird in Betracht kommen, wenn es nur noch um Rechtsfragen geht oder wenn die Beschwerde unzulässig ist[588]. Umgekehrt ist sie notwendig, wenn die Entscheidung zum Nachteil des Betroffenen abgeändert werden soll, wenn neue Tatsa-

580 OLG Köln BtPrax 2008, 177
581 BayObLG BtPrax 2000, 91
582 Vgl. P/H-Abramenko § 69 FamFG, Rn. 3; § 65 FamFG, Rn. 18
583 Vgl. BGH BtPrax 2012, 160, 164
584 BayObLG FamRZ 1998, 453
585 BGH BtPrax 2015, 208 (LS) = FamRZ 2015, 1603
586 BGH BtPrax 2017, 202 = FamRZ 2017, 1323
587 BayObLG BtPrax 2005, 75 (LS)
588 P/H-Abramenko § 68 FamFG, Rn. 28

chen vorgetragen werden[589] bzw. konkrete Anhaltspunkte dafür bestehen[590] oder wenn von einem Gutachten abgewichen werden soll[591]. Auch wenn die Beschlussgründe des Betreuungsgerichts den unmittelbaren Eindruck nicht ausreichend vermitteln, ist ein Verzicht auf die Anhörung nicht angebracht[592]. Grundsätzlich ist der Verzicht auf Verfahrenshandlungen im Lichte des Art. 6 Abs. 1 EMRK restriktiv auszulegen.[593] Auch die Tatsache, dass die erste Anhörung länger (neun Monate) zurückliegt, macht die erneute Anhörung notwendig[594].

Gegebenenfalls ist ein Verfahrenspfleger zu bestellen, da dessen Amt mit der ersten Instanz endete.

i. Rechtsbeschwerde, § 70 FamFG

Gegen die Entscheidungen des Beschwerdegerichts ist das Rechtsmittel der Rechtsbeschwerde an den BGH [595] zulässig. Sie ist in bestimmten Betreuungssachen – anders als in den anderen Verfahren des FamFG – nicht an eine Zulassung durch das Gericht gebunden (§ 70 Abs. 3 FamFG)[596]: Es sind dies die Anordnung und Aufhebung einer Betreuung bzw. eines Einwilligungsvorbehalts. Der reine Betreuerwechsel gehört genauso wenig dazu[597] wie die Entlassung[598], die Bestellung eines Ergänzungsbetreuers[599] oder Zwischenentscheidungen wie die Androhung von Zwangsmitteln[600]. In den übrigen Betreuungsverfahren muss eine Zulassung erfolgen, entweder wegen grundsätzlicher Betreuung der Sache oder zur Fortbildung des Rechts bzw. der Sicherung einer einheitlichen Rechtsprechung. Es muss sich bei den angegriffenen Entscheidungen des Beschwerdegerichts um endgültige handeln, nicht um Zwischen- oder Teilentscheidungen. **213**

Die Rechtsbeschwerde ist begründet, wenn die angegriffene Entscheidung auf einer Gesetzesverletzung beruht[601]. Sie eröffnet somit keine Tatsacheninstanz, vielmehr ist die Tatsachenermittlung des Beschwerdegerichts zu übernehmen; eine (erneute) Beweiserhebung ist nicht zulässig.

Die Rechtsbeschwerde muss beim Rechtsbeschwerdegericht eingelegt werden (§ 71 Abs. 1 FamFG). Eine Abhilfebefugnis des Amts- und Landgerichts ist nicht gegeben. Es entscheidet der BGH (§§ 119 Abs. 1 Nr. 1 b i.V.m. § 133 GVG). Wird eine Beschwerdeschrift eingereicht, muss diese unterzeichnet sein. Als Alternative kann die Beschwerde zu Protokoll der Geschäftsstelle eines der erwähnten Gerichte erklärt werden. **214**

Die Frist für die Rechtsbeschwerde beträgt einen Monat (§ 71 Abs. 1 FamFG). Die Beschwerde ist innerhalb eines Monats zu begründen; die Frist beginnt mit der schriftlichen Bekanntmachung des angegriffenen Beschlusses (§ 71 Abs. 2 FamFG).

589 Vgl. Damrau/Zimmermann, § 303 FamFG, Rn. 52; BayObLG BtPrax 2004, 197
590 Vgl. auch OLG Sachsen-Anhalt, OLGR Naumburg 2004, 15
591 BayObLG BtPrax 1993, 64
592 OLG Hamm BtPrax 1999, 238
593 BT-Drucks. 16/6308, S. 207; Vorwerk, FPR 2009, 8,10
594 OLG Köln BtPrax 2009, 80
595 Kritisch gegenüber dieser Änderung: Knittel, BtPrax 2008, 99, 101, weil der Wegfall einer Instanz in Betreuungs- und Unterbringungssachen die Qualität der Rechtsprechung gefährden werde.
596 Anders in Vergütungsfragen – siehe Teil F Rn. 348
597 BGH BtPrax 2012, 207
598 BGH BtPrax 2011, 169, 212
599 BGH BtPrax 2012, 39
600 BGH MDR 2012, 931
601 Keidel-Sternal, § 72 FamFG, Rn. 5 ff.; B/J/S-Müther, vor § 70 FamFG, Rn. 7

k. Fortsetzungsfeststellungsbeschwerde

aa. Grundsatz

215 Wird vom Betreuungsgericht eine Maßnahme aufgehoben (sei es eine Betreuung, ein Einwilligungsvorbehalt oder eine Unterbringung), so ist eine Beschwerde nicht mehr zulässig, da es an der Beschwer des Betroffenen fehlt. Eine bereits erhobene Beschwerde erledigt sich mit der Aufhebung. Eine **Fortsetzungsfeststellungsbeschwerde**, die darauf gerichtet ist, die Rechtswidrigkeit der erledigten Maßnahme festzustellen, war im Bereich der freiwilligen Gerichtsbarkeit bisher nicht gesetzlich geregelt. Gleichwohl wurde sie ausnahmsweise für zulässig angesehen, um den Betroffenen in eng umgrenzten Fällen nicht rechtlos zu stellen und dem Gebot effektiven Rechtsschutzes aus Art. 19 Abs. 4 GG zu entsprechen[602]. Diese Rechtsprechung ist nunmehr im Gesetz (§ 62 FamFG) geregelt worden. Der Anspruch aus Art. 19 Abs. 4 GG ist allerdings höchstpersönlich und daher nicht vererblich[603], der Verfahrenspfleger ist nicht beschwerdeberechtigt[604]. Ein isoliertes Feststellungsverfahren ist – alternativ – nicht zulässig[605].

bb. Erledigung der Hauptsache

216 Voraussetzung ist, dass eine **Erledigung in der Hauptsache** eingetreten ist. Dafür muss zunächst einmal eine erstinstanzliche Entscheidung in der Hauptsache existieren. Daran fehlt es bei einer bloßen Ankündigung. Erledigt ist diese Entscheidung, wenn das mit der Beschwerde verfolgte Ziel nicht mehr erreicht werden kann. Der häufigste Fall ist der, dass die im Beschluss angeordnete Dauer einer Unterbringung abgelaufen ist. Das Gleiche gilt, wenn eine Betreuung (oder ein Einwilligungsvorbehalt) während des Beschwerdeverfahrens vom Gericht wieder aufgehoben wird. Allerdings genügt es auch, dass die Erledigung bereits vor Beschwerdeeinreichung eingetreten ist. Eine vorläufige Betreuerbestellung erledigt sich mit der endgültigen Bestellung.[606]

cc. Grundrechtseingriff – § 62 Abs. 2 Nr. 1 FamFG

217 Weitere Voraussetzung ist das Vorliegen eines schwerwiegenden Grundrechtseingriffs. Vor allem in Unterbringungsverfahren, aber auch bei einem körperlichen medizinischen Eingriff ist die Schwere von der Rechtsprechung schon vor Erlass des FamFG bejaht worden[607]. Diese Sachverhalte dürften auch unter der neuen Regelung die Voraussetzungen erfüllen. Umstritten war, ob auch die Bestellung eines Betreuers selbst einen solchen schweren Grundrechtseingriff darstellt.[608] Neuerdings hat das BVerfG dies zumindest für einen Einzelfall bejaht. [609] Dem ist generell zu folgen, da die in der Betreuung liegende diskriminierende Wirkung trotz des Fürsorgecharakters einen schweren Grundrechtseingriff darstellt[610]. Für nicht zulässig gehalten wird die Fortsetzungsbeschwerde, wenn die Maßnahme zwar angeordnet, aber überhaupt nicht durchgeführt worden ist[611], denn darin liegt noch kein Grundrechtseingriff.

---

602 BVerfG NJW 1997, 2163, 1998, 2131, 2432; OLG Zweibrücken BtPrax 2005, 72, FamRZ 2002, 312
603 BGH FamRZ 2013, 29, 31, so dass Angehörige nach dem Tode des Betreuten nicht beschwerdeberechtigt sind; KG BtPrax 2009, 307
604 BGH BtPrax 2012, 116
605 BGH FamRZ 2013, 28
606 BayObLG FamRZ 1994, 1270
607 Vgl. OLG Zweibrücken, FamRZ 2000, 303; BayObLG, FamRZ 1999, 1306
608 Ablehnend BayObLG FamRZ 2004, 657, 658; dafür: Roth, Festschrift Bienwald, 269
609 BVerfG FamRZ 2009, 2260
610 Wie hier jetzt auch: BGH BtPrax 2012, 214; P/H-Abramenko § 62 FamFG, Rn. 7; Keidel-Budde, § 62 FamFG, Rn. 15 ff.
611 OLG Hamm, FG-Prax 2004, 231; BayObLG FamRZ 2004, 1403 = BtPrax 2005, 75; Keidel-Budde, § 62 FamFG, Rn. 14; a.A. Heidelbach, NJW 2011, 1709, der auf die diskriminierende Wirkung abstellt.

dd. Wiederholungsgefahr

Als zweite Fallgruppe ist geregelt die drohende Wiederholungsgefahr (§ 62 Abs. 2 Nr. 2). Entsprechend der Rechtsprechung des BVerfG reicht es aus, dass eine Wiederholung nicht ausgeschlossen ist[612]; eine hohe Wahrscheinlichkeit ist nicht zu verlangen, auch wenn das Gesetz eine **konkrete** Gefahr verlangt[613]. 218

Der Wortlaut des § 62 zeigt, dass die Aufzählung nicht abschließend ist. Als weiterer Grund, der eine Fortsetzung des Verfahrens rechtfertigen kann, kommt ein Rehabilitationsinteresse in Betracht[614].

Ein Rechtsschutzinteresse wird auch dann verneint, wenn der Antrag erst längere Zeit nach Erledigung der Hauptsache gestellt wird[615].

612 BVerfG NJW 2002, 2456
613 Vgl. BT-Drucks. 16/6308, S. 205
614 Vgl. BVerfG NJW 2002, 2456
615 OLG Zweibrücken, BtPrax 2005, 72

III. Anhang: Muster

1. Anregung einer Betreuung[616]

219 An das Amtsgericht .../Betreuungsgericht

Neue Betreuung für Frau ..., geb. am ..., wohnhaft in ...

Anregung einer Betreuung

Sehr geehrte Damen und Herren,

hiermit rege ich für Frau ... die Einrichtung einer Betreuung an.

Begründung:

Ich bin die Tochter/der Nachbar/der Bruder/die Freundin von Frau ...

Nach dem Tod ihres Ehegatten vor zwei Jahren ist Frau ... zu ihrer Schwester und deren Familie umgezogen. In letzter Zeit hat sich infolge des Todes der Schwester der geistige und körperliche Zustand von Frau ... erheblich verschlechtert. Frau ... äußerte seitdem auch mehrfach den Wunsch, nach Hause zurückzukehren. Im letzten Winter verließ sie in dieser Absicht eigenmächtig das Haus und wurde daraufhin orientierungslos, halb nackt und stark unterkühlt in der Stadt aufgegriffen. Sie setzte zudem bereits die Küche in Brand, weil sie vergaß, den Herd abzuschalten, und stürzte kürzlich von der Treppe, wobei sie sich schwer verletzte. Die daraufhin notwendige ärztliche Behandlung ist noch nicht beendet. Die Tragweite der ärztlichen Eingriffe sieht Frau ... nicht mehr ab, auch wenn man sie ihr erklärt. Frau ... ist völlig desorientiert und nicht mehr in der Lage, sich selbst zu versorgen, auch nicht mit Unterstützung der Familie oder ambulanter Hilfsdienste. Daher erscheint eine Heimunterbringung von Frau ... mit ständiger pflegerischer Aufsicht nötig. Ihr Vermögen betreffende Geschäfte kann sie nicht mehr selbständig abwickeln und vermag deren Tragweite nicht einzuschätzen.

Ich halte daher die Einrichtung einer Betreuung für den Bereich der Vermögens- und Personensorge, insbesondere der Gesundheitsfürsorge und Aufenthaltsbestimmung für Frau ... für erforderlich.

Mit freundlichen Grüßen

....

(Unterschrift)

616 Ein Beschluss zur Bestellung eines Betreuers bei: Firsching/Dodegge, Rn. 439

2. Anregung eines Einwilligungsvorbehalts im Bereich der Aufenthaltsbestimmung

An das Amtsgericht .../Betreuungsgericht 220

Betreuung für Frau ...

Betreuer Frau/Herr ...

AZ: ... / ...

Anregung eines Einwilligungsvorbehalts im Bereich der Aufenthaltsbestimmung

Sehr geehrte Damen und Herren,

hiermit rege ich an anzuordnen, dass Willenserklärungen der o.g. Betreuten, die den Abschluss oder die Kündigung eines Miet- oder Heimvertrags betreffen, der Einwilligung des Betreuers bedürfen.

Begründung:

Mit Beschluss des Betreuungsgerichts ... vom ... wurde ich für Frau ... wegen einer Altersdemenz als Betreuer/in bestellt mit den Aufgabenkreisen Vermögens- und Personensorge.

Der Zustand der Betreuten ist seit der Anregung auf Einrichtung einer Betreuung (siehe Anhang ... S ...) im Wesentlichen unverändert. Vor ca. einem Monat habe ich mit Zustimmung der Betreuten ihren Umzug in ein Alters- und Pflegeheim veranlasst. Mittlerweile sieht die Betreute die Notwendigkeit ständiger pflegerischer Aufsicht jedoch aufgrund der Demenz nicht mehr ein, kann sich auch an ihre Unfälle in der jüngeren Vergangenheit nicht erinnern und will vielmehr mit einer ebenfalls gebrechlichen Freundin eine eigene Wohnung anmieten. Den von mir abgeschlossenen Heimvertrag droht sie zu kündigen, um dieses Vorhaben verwirklichen zu können.

Ich halte daher die Anordnung eines Einwilligungsvorbehalts für den Abschluss bzw. die Kündigung von Miet- oder Heimverträgen zur Abwendung von Gefahren für Frau ... für erforderlich.

Mit freundlichen Grüßen

....

(Unterschrift)

3. Beschwerde des Betreuten gegen eine Betreuungsanordnung, vertreten durch einen Rechtsanwalt

221 An das Amtsgericht …/Betreuungsgericht

Betreuung für Herrn …

Betreuer Frau/Herr …

AZ: … / …

Sehr geehrte Damen und Herren,

hiermit zeige ich an, dass mich Herr … beauftragt hat, seine Interessen in dem Betreuungsverfahren wahrzunehmen.

Ich lege namens und im Auftrag von Herrn …

Beschwerde

gegen den Beschluss des Amtsgerichts … vom … ein und beantrage:

1. Der Beschluss des Amtsgerichts … vom … wird aufgehoben.
2. Die zur zweckentsprechenden Rechtsverfolgung notwendigen Auslagen des Betreuten werden der Staatskasse auferlegt.

Zur Begründung meines Antrags trage ich Folgendes vor:

Mit dem angefochtenen Beschluss des Amtsgerichts … vom … wurde für meinen Mandanten wegen einer Altersdemenz seine Tochter zur Betreuerin bestellt mit dem Aufgabenkreis der Vermögenssorge.

Das Gutachten des medizinischen Sachverständigen vom … stellt zu Recht fest, dass mein Mandant an einer Altersdemenz leidet und nicht mehr in der Lage ist, seine Vermögensangelegenheiten selbst zu besorgen.

Allerdings hat mein Mandant bereits vor einem Jahr im Vollbesitz seiner geistigen Kräfte seinen Sohn … wirksam generalbevollmächtigt (siehe Kopie der Vollmachtsurkunde in Anlage). Der Bevollmächtigte … hat stets unter Berücksichtigung der Wünsche des Herrn … dessen Vermögen sorgfältig und zum Wohle des Herrn … gereichend verwaltet.

Eine Bestellung der Tochter als Betreuerin mit dem Aufgabenkreis der Vermögenssorge ist daher nicht erforderlich.

Mit freundlichen Grüßen

……………………

(Unterschrift)

Teil B
Der Betreuer

I. Einleitung und Übersicht

Übersichtsskizze: Rangfolge der Betreuertypen 1

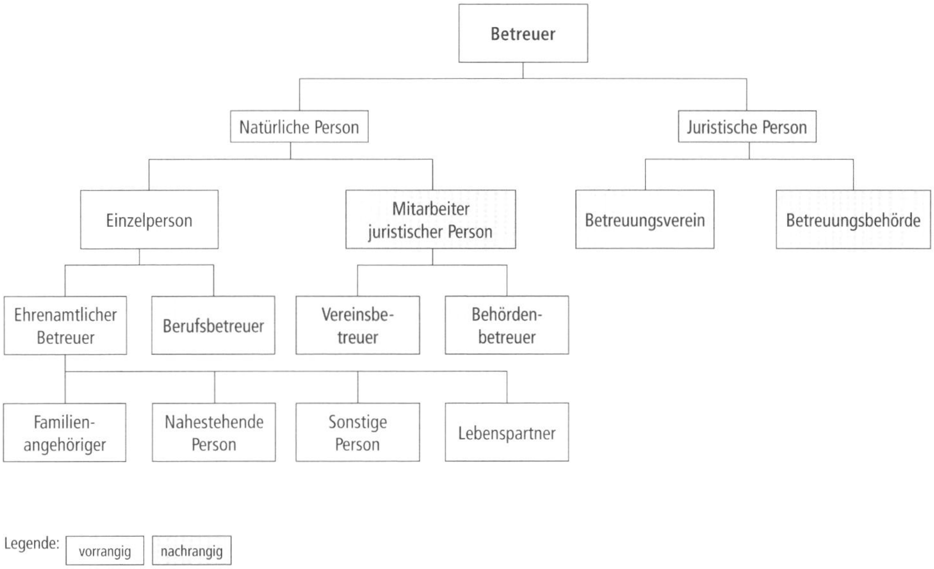

Das Betreuungsrecht kennt im Grundsatz zwei Arten von Betreuern, nämlich die in § 1897 BGB aufgelisteten natürlichen Personen – mit vier Unterfällen – und die in § 1901 BGB beschriebenen juristischen Personen Betreuungsverein und -behörde. 2

Zwischen den einzelnen Typen von Betreuern besteht nach den gesetzlichen Regelungen bzw. den Grundgedanken des Betreuungs-, Vormundschafts- und Pflegschaftsrecht ein Rangverhältnis[1] (vgl. die Übersichtsskizze oben). Nach § 1900 Abs. 1 BGB kann ein Verein nur dann zum Betreuer bestellt werden, wenn keine hinreichende Betreuung durch eine oder mehrere natürliche Person(en) möglich ist[2]. Die Behörde kann nur bestellt werden, wenn weder natürliche Personen noch ein Verein zur Verfügung stehen, § 1900 Abs. 4 BGB[3]. In der Regel soll also eine natürliche Person als Betreuer bestellt werden. Das können Einzelpersonen, die das Amt ehrenamtlich oder beruflich (sog. Berufsbetreuer) ausüben, bzw. Mitarbeiter eines Vereins oder einer Behörde, denen das Amt vom Gericht persönlich übertragen ist (sog. Vereins- bzw. Behördenbetreuer), sein. Da die Tätigkeiten von Vereins- und Behördenbetreuer im Wesentlichen so ausgelegt sind wie die des Vereins oder der Behörde selbst[4], sind sie entsprechend § 1900 BGB einem ehrenamtlichen Betreuer bzw. Berufsbetreuer gegenüber als nachrangig anzusehen. Der ehrenamtliche Betreuer wiederum ist nach § 1897 Abs. 6 BGB dem Berufsbetreuer vorzuziehen[5].

1 BGH FamRZ 1996, 1545 (1547); HK-BUR-Bauer, § 1897 BGB, Rn. 25 ff., Sonnenfeld, Rn. 88 ff.
2 BayObLG NJWE-FER 1998, 197
3 BayObLG FamRZ 1994, 1203
4 So zutreffend: Damrau/Zimmermann, § 1897 BGB, Rn. 5
5 Dazu BT-Drs. 960/96, S. 57

II. Die einzelnen Betreuertypen

§ 1897 BGB Bestellung einer natürlichen Person

(1) Zum Betreuer bestellt das Betreuungsgericht eine natürliche Person, die geeignet ist, in dem gerichtlich bestimmten Aufgabenkreis die Angelegenheiten des Betreuten rechtlich zu besorgen und ihn in dem hierfür erforderlichen Umfang persönlich zu betreuen.

(2) [1]Der Mitarbeiter eines nach § 1908f anerkannten Betreuungsvereins, der dort ausschließlich oder teilweise als Betreuer tätig ist (Vereinsbetreuer), darf nur mit Einwilligung des Vereins bestellt werden. [2]Entsprechendes gilt für den Mitarbeiter einer in Betreuungsangelegenheiten zuständigen Behörde, der dort ausschließlich oder teilweise als Betreuer tätig ist (Behördenbetreuer).

(3) Wer zu einer Anstalt, einem Heim oder einer sonstigen Einrichtung, in welcher der Volljährige untergebracht ist oder wohnt, in einem Abhängigkeitsverhältnis oder in einer anderen engen Beziehung steht, darf nicht zum Betreuer bestellt werden.

(4) [1]Schlägt der Volljährige eine Person vor, die zum Betreuer bestellt werden kann, so ist diesem Vorschlag zu entsprechen, wenn es dem Wohl des Volljährigen nicht zuwiderläuft. [2]Schlägt er vor, eine bestimmte Person nicht zu bestellen, so soll hierauf Rücksicht genommen werden. [3]Die Sätze 1 und 2 gelten auch für Vorschläge, die der Volljährige vor dem Betreuungsverfahren gemacht hat, es sei denn, dass er an diesen Vorschlägen erkennbar nicht festhalten will.

(5) Schlägt der Volljährige niemanden vor, der zum Betreuer bestellt werden kann, so ist bei der Auswahl des Betreuers auf die verwandtschaftlichen und sonstigen persönlichen Bindungen des Volljährigen, insbesondere auf die Bindungen zu Eltern, zu Kindern, zum Ehegatten und zum Lebenspartner, sowie auf die Gefahr von Interessenkonflikten Rücksicht zu nehmen.

(6) [1]Wer Betreuungen im Rahmen seiner Berufsausübung führt, soll nur dann zum Betreuer bestellt werden, wenn keine andere geeignete Person zur Verfügung steht, die zur ehrenamtlichen Führung der Betreuung bereit ist. [2]Werden dem Betreuer Umstände bekannt, aus denen sich ergibt, dass der Volljährige durch eine oder mehrere andere geeignete Personen außerhalb einer Berufsausübung betreut werden kann, so hat er dies dem Gericht mitzuteilen.

(7) [1]Wird eine Person unter den Voraussetzungen des Absatzes 6 Satz 1 erstmals in dem Bezirk des Betreuungsgerichts zum Betreuer bestellt, soll das Gericht zuvor die zuständige Behörde zur Eignung des ausgewählten Betreuers und zu den nach § 1 Abs. 1 Satz 1 zweite Alternative des Vormünder- und Betreuervergütungsgesetzes zu treffenden Feststellungen anhören. [2]Die zuständige Behörde soll die Person auffordern, ein Führungszeugnis und eine Auskunft aus dem Schuldnerverzeichnis vorzulegen.

(8) Wird eine Person unter den Voraussetzungen des Absatzes 6 Satz 1 bestellt, hat sie sich über Zahl und Umfang der von ihr berufsmäßig geführten Betreuungen zu erklären.

1. Natürliche Personen

3 Um die im früheren Vormundschafts- und Pflegschaftsrecht häufig zu beobachtende Anonymität für das Verhältnis zwischen Betreuer und Betreutem zu vermeiden, soll regelmäßig eine natürliche Person zum Betreuer bestellt werden. Zugleich hat das 1. Betreuungsrechtsänderungsgesetz noch einmal verdeutlicht, dass dem Gesetzgeber eine ehrenamtliche Ausübung des Betreueramtes vorschwebt. Zu den natürlichen Personen gehören im Einzelnen:

a. Ehrenamtliche Einzelbetreuer

Ehrenamtliche Einzelbetreuer führen die Betreuung unentgeltlich. Oftmals handelt es sich um Verwandte, Angehörige, Freunde, Bekannte oder Nachbarn[6]. Darüber hinaus gibt es in den verschiedenen Bundesländern in unterschiedlicher Ausprägung sozial engagierte Personen, die für fremde Menschen das Amt des Betreuers übernehmen. Sind diese Personen zugleich Mitglied eines Betreuungsvereins, werden sie dadurch nicht automatisch zu Vereinsbetreuern. Ehrenamtliche Betreuer können Aufwendungsersatz nach §§ 1835, 1835a BGB sowie unter besonderen Umständen eine Vergütung nach § 1836 Abs. 2 BGB erhalten. 4

b. Berufsbetreuer

Bei Berufsbetreuern handelt es sich um natürliche Personen, die die Betreuung im Rahmen ihrer Berufsausübung führen[7], z.B. Sozialarbeiter oder -pädagogen, Rechtsanwälte, Steuerberater, Angehörige aus Pflegeberufen, Kaufleute etc. Das Amt kann auch im Rahmen eines Nebenberufs berufsmäßig ausgeübt werden[8]. Ein Berufsbetreuer darf nur bestellt werden, wenn kein geeigneter ehrenamtlicher Betreuer für den konkreten Betreuungsfall vorhanden ist, § 1897 Abs. 6 Satz 1 BGB[9]. 5

▶ *Zum Vorschlag des Betreuten, einen bestimmten Berufsbetreuer zu bestellen, vgl. unten Rn. 52*

Wird ein Berufsbetreuer erstmals in dem Bezirk des Betreuungsgerichts zum Betreuer bestellt, soll das Gericht zuvor die zuständige Behörde anhören, § 1897 Abs. 7 Satz 2 BGB. Die Behörde soll zum einen ihre Einschätzung zur Eignung des ausgewählten Betreuers abgeben. Gemeint sein kann hier nur die generelle Eignung als Berufsbetreuer, z.B. fachliche Qualifikationen, charakterliche Eignung oder finanzielle Seriosität. Um eine fundierte Einschätzung abgeben zu können, soll die Behörde den zukünftigen Berufsbetreuer auffordern, ein Führungszeugnis und eine Auskunft aus dem Schuldnerverzeichnis vorzulegen, § 1897 Abs. 7 Satz 2 BGB. Ist eine Aufforderung nicht sachgemäß oder bleibt sie erfolglos, kann die Behörde das Führungszeugnis direkt beim Bundeszentralregister anfordern, wenn sie es zur Erledigung ihrer hoheitlichen Aufgabe benötigt. Ähnliches gilt für die Auskunft aus dem Schuldnerverzeichnis, vgl. § 882f Abs. 1 Nr. 2 ZPO (vgl. dazu auch unten Rn. 64). Zum anderen soll die Behörde sich dazu äußern, ob zu erwarten ist, dass dem Ausgewählten in Zukunft Betreuungen in solchem Umfang übertragen werden, dass er sie nur im Rahmen seiner Berufsausübung ausüben kann.

Um die Geeignetheit eines Berufsbetreuers im Einzelfall prüfen zu können, verpflichtet § 1897 Abs. 8 BGB den Berufsbetreuer, sich gegenüber dem Gericht über Zahl und Umfang der von ihm berufsmäßig geführten Betreuungen zu erklären (vgl. auch unten Rn. 63a).

---

6 Bei den im Jahre 2015 neu angeordneten Betreuungen wurden zu 55,44 % ehrenamtliche Betreuer, davon zu 5,72 % familienfremde Betreuer, zu 44,56 % freiberufliche Betreuer, zu 6,65 % Betreuungsvereine bzw. Vereinsbetreuer und zu 0,17 % die Betreuungsbehörde bzw. ein Behördenbetreuer zum Betreuer bestellt, vgl. Deinert, BtPrax 2016, 218. Für 2016 liegen nur unvollständige Zahlen vor, vgl. Deinert, BtPrax 2018, 14 ff. Zu weiteren Zahlen siehe auch: www.bundesanzeiger-verlag.de/betreuung/wiki/Betreuungszahlen.

7 Sie üben ein Gewerbe aus, das sie nach § 14 Abs. 1 GewO der zuständigen Behörde anzuzeigen haben, vgl. BVerwG BtPrax 2008, 123, und BtPrax 2013, 155 (zu anwaltlichen Berufsbetreuern, ebenso OVG Münster BtPrax 2012, 74) und unterliegen dem Schutz der gesetzlichen Unfallversicherung, vgl. LSG Niedersachsen/Bremen BtPrax 2007, 222.

8 BVerfG NJW-RR 2000, 1241

9 Seine Bestellung soll auch bei wesentlich besserer Eignung zulässig sein, BayObLG BtPrax 2002, 130 (LS)

Ein Berufsbetreuer erhält Aufwendungsersatz und eine Vergütung nach den §§ 1835 Abs. 1, 2, 1836 Abs. 1 Satz 2, 3 BGB, 4 bis 6 VBVG.

▶ *Zu Vergütung und Aufwendungsersatz des Berufsbetreuers vgl. Teil F Rn. 149 ff.*

c. Vereinsbetreuer

6 Der Vereinsbetreuer ist Mitarbeiter eines anerkannten Betreuungsvereins (siehe § 1908f BGB, dazu unten Rn. 10 ff.) und in dieser Eigenschaft ausschließlich oder teilweise als Betreuer tätig. Zwischen ihm und dem Verein muss ein Dienst- oder Arbeitsverhältnis bestehen. Ehrenamtliche Helfer, Vereinsmitglieder oder im Rahmen von Arbeitnehmerüberlassungsverträgen Angestellte können als solche nicht Vereinsbetreuer sein[10]. Sie unterliegen nämlich nicht den Weisungen und der Personalhoheit des Vereins. Diesen Personen können nur Hilfstätigkeiten im Rahmen der Betreuung übertragen werden[11]. Ein Vereinsbetreuer kann auch für den Aufgabenkreis der Entscheidung über die Einwilligung in eine Sterilisation bestellt werden[12].

Ein Vereinsbetreuer kann nur mit Einwilligung des Betreuungsvereins bestellt werden. Aus § 183 BGB folgt, dass sie vor der Bestellung erteilt sein muss. Bei fehlender Einwilligung bleibt die Bestellung indes wirksam[13]. Der Vereinsbetreuer ist zu entlassen, wenn der Verein nachträglich seine Einwilligung verweigert. Dies gilt auch für den Fall, dass der Verein der Bestellung des Vereinsbetreuers zunächst zustimmt, später aber dessen Entlassung beantragt, § 1908b Abs. 4 Satz 1 BGB. Eine Verpflichtung, im Einzelfall Vereinsbetreuer zur Verfügung zu stellen, besteht für den Verein nach dem Gesetz nicht[14].

Im Rahmen der Führung der Betreuung ist der Vereinsbetreuer nicht Weisungen, sondern allein der allgemeinen Rechtsaufsicht, unterlegen.

Ein Vereinsbetreuer erhält keinen Aufwendungsersatz und keine Vergütung, da er vom Verein entlohnt wird, § 7 Abs. 3 VBVG. Der Verein seinerseits kann für die Tätigkeit seines Vereinsbetreuers Aufwendungsersatz und Vergütung erhalten, § 7 Abs. 1, 2 VBVG (vgl. dazu Teil F Rn. 210 ff.).

Einem Vereinsbetreuer stehen bei der Vermögensverwaltung die in § 1857a BGB aufgeführten Befreiungen zu, § 1908i Abs. 2 Satz 2 BGB. Besonders bedeutsam ist der Praxis die Befreiung von der Rechnungslegung während der Führung der Betreuung, § 1854 BGB. Sie relativiert sich dadurch, dass der Vereinsbetreuer bei Beginn seines Amtes das Vermögen zu verzeichnen und bei Beendigung Schlussrechnung zu legen hat, §§ 1908i Abs.1, 1802, 1890 BGB[15].

Anders als der Verein selbst kann das Betreuungsgericht im Rahmen seiner Aufsicht zur Befolgung von Anordnungen dem Vereinsbetreuer ein Zwangsgeld auferlegen, §§ 1908i, 1837 Abs. 3 BGB.

---

10 OLG Hamm BtPrax 2000, 218; AG Brandenburg FamRZ 2001, 1324. Im Jahre 2015 wurden bei neuen Betreuungen in 6,65 % der Erstbestellung von Betreuern Vereinsbetreuer bestellt, vgl. Deinert, BtPrax 2016, 218. Für 2016 liegen nur unvollständige Zahlen vor, vgl. Deinert, BtPrax 2018, 14 ff.

11 Damrau/Zimmermann, § 1897 BGB, Rn. 23

12 Die Ausschlussnorm des § 1900 Abs. 5 BGB betrifft nämlich nur den Verein, nicht aber den Vereinsbetreuer; a.A. wohl HK-BUR-Deinert/Walther, § 1900 BGB, Rn. 61

13 Sie ist durch den Verein anfechtbar, LG Cottbus BtPrax 2001, 172

14 BT-Drs. 11/4528, S. 132; Damrau/Zimmermann, § 1900 BGB, Rn. 6

15 OLG Düsseldorf FamRZ 1996, 374

d. Behördenbetreuer

Ein Behördenbetreuer ist Mitarbeiter einer in Betreuungsangelegenheiten zuständigen Behörde, innerhalb derer er ausschließlich oder teilweise als Betreuer tätig ist. Für ihn gelten die Vorschriften für den Vereinsbetreuer entsprechend[16]. Dementsprechend muss die Behörde seiner Bestellung zustimmen bzw. kann seine Entlassung beantragen, § 1908b Abs. 4 Satz 3 BGB. Bei der Ausübung seiner Tätigkeit unterliegt er allein der allgemeinen Rechtsaufsicht der Behörde, nicht aber Weisungen im Einzelfall. 7

Der Behördenbetreuer kann keinen Aufwendungsersatz oder Vergütung verlangen, vgl. §§ 8 Abs. 3, 7 Abs. 3 VBVG. Zu den Ansprüchen der Behörde insoweit wird auf § 8 Abs. 1, 2 VBVG verwiesen (vgl. dazu Teil F Rn. 220 ff.). Auch dem Behördenbetreuer stehen die in § 1857a BGB aufgeführten Befreiungen zu, § 1908i Abs. 2 Satz 2 BGB.

Sonderregelungen für die Tätigkeit eines Behördenbetreuers finden sich in § 1908g BGB: 8

1908g BGB Behördenbetreuer

(1) Gegen einen Behördenbetreuer wird kein Zwangsgeld nach § 1837 Abs. 3 Satz 1 festgesetzt.

(2) Der Behördenbetreuer kann Geld des Betreuten gemäß § 1807 BGB auch bei der Körperschaft anlegen, bei der er tätig ist.

Nach Abs. 1 kann ein Behördenbetreuer nicht durch die Verhängung von Zwangsgeld zur Befolgung von Ge- und Verboten des Betreuungsgerichts (vgl. § 1837 Abs. 3 Satz 1 BGB) angehalten werden. Das hat seinen Grund darin, dass ein Behördenbetreuer in Ausübung eines öffentlichen Amtes tätig wird und die Androhung oder gar Festsetzung eines Zwangsgeldes damit nicht vereinbar wäre. Bei Missachtung von Ge- oder Verboten kann das Gericht ggf. über eine Dienstaufsichtsbeschwerde die Betreuungsbehörde zu einem Einschreiten bewegen. Absatz 2 stellt klar, dass der Behördenbetreuer Geld des Betreuten bei seiner Anstellungskörperschaft anlegen kann.

Weitere Arten von Betreuern nennt das Gesetz in § 1900 BGB: 9

§ 1900 BGB Betreuung durch Verein oder Behörde

(1) [1]Kann der Volljährige durch eine oder mehrere natürliche Personen nicht hinreichend betreut werden, so bestellt das Betreuungsgericht einen anerkannten Betreuungsverein zum Betreuer. [2]Die Bestellung bedarf der Einwilligung des Vereins.

(2) [1]Der Verein überträgt die Wahrnehmung der Betreuung einzelnen Personen. [2]Vorschlägen des Volljährigen hat er hierbei zu entsprechen, soweit nicht wichtige Gründe entgegenstehen. [3]Der Verein teilt dem Gericht alsbald mit, wem er die Wahrnehmung der Betreuung übertragen hat.

(3) Werden dem Verein Umstände bekannt, aus denen sich ergibt, dass der Volljährige durch eine oder mehrere natürliche Personen hinreichend betreut werden kann, so hat er dies dem Gericht mitzuteilen.

(4) [1]Kann der Volljährige durch eine oder mehrere natürliche Personen oder durch einen Verein nicht hinreichend betreut werden, so bestellt das Gericht die zuständige Behörde zum Betreuer. [2]Die Absätze 2 und 3 gelten entsprechend.

(5) Vereinen oder Behörden darf die Entscheidung über die Einwilligung in eine Sterilisation des Betreuten nicht übertragen werden.

---

16 Er kann daher auch zum Sterilisationsbetreuer bestellt werden; a.A. HK-BUR-Deinert/Walther, § 1900 BGB, Rn. 61

2. Betreuungsverein, § 1900 Abs. 1 BGB

a. Einleitung

10 Ein Betreuungsverein darf als Betreuer nur bestellt werden[17], wenn er als solcher anerkannt ist, er in die Übernahme des Amtes einwilligt und die Betreuung durch eine natürliche Person nicht ausreichend wahrgenommen werden kann. Soweit die Betreuung den Aufgabenkreis der Entscheidung über die Einwilligung in eine Sterilisation betrifft, ist die Bestellung eines Vereins zum Betreuer ausgeschlossen, § 1900 Abs. 5 BGB.

b. Anerkennung als Verein, § 1908f BGB

11 Die Voraussetzungen, unter denen ein Verein als Betreuerverein anerkannt werden kann, ergeben sich aus § 1908f BGB sowie dem dort in Bezug genommenen jeweiligen Landesrecht.

§ 1908f Anerkennung als Betreuungsverein

(1) Ein rechtsfähiger Verein kann als Betreuungsverein anerkannt werden, wenn er gewährleistet, dass er

1. eine ausreichende Zahl geeigneter Mitarbeiter hat und diese beaufsichtigen, weiterbilden und gegen Schäden, die diese anderen im Rahmen ihrer Tätigkeit zufügen können, angemessen versichern wird,

2. sich planmäßig um die Gewinnung ehrenamtlicher Betreuer bemüht, diese in ihre Aufgaben einführt, sie fortbildet und sie sowie Bevollmächtigte bei der Wahrnehmung ihrer Aufgaben berät und unterstützt,

2a. planmäßig über Vorsorgevollmachten und Betreuungsverfügungen informiert,

3. einen Erfahrungsaustausch zwischen den Mitarbeitern ermöglicht.

(2) [1]Die Anerkennung gilt für das jeweilige Land; sie kann auf einzelne Landesteile beschränkt werden. [2]Sie ist widerruflich und kann unter Auflagen erteilt werden.

(3) [1]Das Nähere regelt das Landesrecht. [2]Es kann auch weitere Voraussetzungen für die Anerkennung vorsehen.

(4) Die anerkannten Betreuungsvereine können im Einzelfall Personen bei der Errichtung einer Vorsorgevollmacht beraten.

aa. Übersicht

12 Vor der Einführung des Betreuungsgesetzes zum 1.1.1992 regelten die §§ 1791a BGB, 53, 54a JWG zunächst einheitlich die Voraussetzungen, die ein Verein erfüllen musste, um Vormundschaften bzw. Pflegschaften für Minderjährige zu übernehmen. Mit dem KJHG, seit dem 2.1.2007 SGB VIII, schuf der Gesetzgeber für den Bereich der Minderjährigen (vgl. § 54 SGB VIII) und ein Jahr später mit dem § 1908f BGB für den Bereich der Volljährigen eine spezielle Norm mit Anerkennungsvoraussetzungen für einen Betreuungsverein. Eine vor dem 1.1.1992 erteilte Anerkennung eines Vereins behielt nach Art. 9 § 4 BtG ihre Wirksamkeit.

Trotz ihres öffentlich-rechtlichen Charakters hat die Norm wegen des engen Sachzusammenhanges zum Betreuungsrecht Eingang in das BGB gefunden.

---

17 Bei 192.014 Fällen einer erstmaligen Bestellung eines Betreuers im Jahre 2016 wurde in 193 Fällen ein Verein als Betreuer ausgewählt, vgl. Bundesamt für Justiz, Referat III 3, Betreuungsverfahren – Zusammenstellung der Bundesergebnisse, abrufbar unter www.bundesjustizamt.de > Themen > Bürgerdienste > Justizstatistik > Betreuung. Zu weiteren Zahlen siehe: www.bundesanzeiger-verlag.de/betreuung/wiki/Betreuungszahlen.

Erfüllt ein Verein die in § 1908f BGB und dem einschlägigen Landesrecht vorgesehenen Voraussetzungen (dazu unten Rn. 21), ist ihm durch die Anerkennungsbehörde die Anerkennung (dazu unten Rn. 12 ff.) zu erteilen, gegebenenfalls unter Auflagen, Abs. 2 Satz 2. Ein Ermessen besteht nicht[18]. Bei Nichttätigwerden der Anerkennungsbehörde, bei Ablehnung oder Anerkennung nur unter Auflagen stehen dem Verein die verwaltungsgerichtlichen Rechtsmittel der VwGO zu[19]. Dem Gesetzgeber ging es darum, möglichst viele Vereine mit Vereinsbetreuern zu gewinnen, um in möglichst vielen Fällen von der institutionellen Betreuung zur individuellen Betreuung zu gelangen. Durch die limitierten landesrechtlichen Förderungsmittel hat sich in der Praxis letztlich doch eine Begrenzung ergeben[20].

bb. Anerkennungsvoraussetzungen

§ 1908f Abs. 1 BGB legt die nach Bundesrecht notwendigen Anerkennungsvoraussetzungen fest. Sie müssen im Zeitpunkt der Anerkennung noch nicht vorliegen, aber für die Zukunft gewährleistet sein. Das heißt, der Verein muss ernsthaft und konkret die in Nummern 1 bis 3 vorgesehenen Arbeitsbedingungen und Dienstleistungen umsetzen und für die weitere Zukunft mit hinreichender Sicherheit dauerhaft aufrechterhalten[21]. **13**

Ein lediglich in der Gründung befindlicher Verein kann nicht anerkannt werden. Es bedarf vielmehr eines bereits im Vereinsregister eingetragenen Vereins (vgl. dazu § 21 BGB). Weiterhin muss der Verein eine ausreichende Zahl geeigneter Mitarbeiter haben. Da zum Tätigkeitsfeld der Mitarbeiter eines Vereins Querschnittsaufgaben, die Übernahme schwieriger Betreuungen durch den Verein sowie die berufliche Übernahme von Betreuungen als Vereinsbetreuer umfasst, sind an die Eignung höhere, nicht nur auf einen konkreten Einzelfall bezogene, Anforderungen als im Rahmen des § 1897 BGB (dazu unten Rn. 35 ff.) zu stellen.

Die Mitarbeiter müssen mit anderen Worten eine ausreichende Professionalität aufweisen, also eine Ausbildung als Sozialarbeiter, -pädagoge, Jurist, Psychologe[22], Arzt, Kaufmann oder ähnliches beendet haben. Im Einzelfall können eine langjährige Erfahrung als Pfleger, Vormund bzw. Betreuer – auch ehrenamtlich – eine ausreichende Qualifizierung belegen[23]. Ein Mitarbeiter genügt nach dem Wortlaut des Gesetzes nicht, es müssen mindestens zwei sein, da ansonsten kein Erfahrungsaustausch unter den Mitarbeitern (vgl. Nr. 3) möglich wäre. Die Mitarbeiter müssen dem Verein durch ein Arbeitsverhältnis verbunden sein und dessen Personalhoheit unterliegen. Ehrenamtliche Mitarbeiter, Mitglieder des Vereins oder im Rahmen eines Arbeitnehmerüberlassungsvertrages Beschäftigte erfüllen dieses Erfordernis nicht[24].

Diese Mitarbeiter müssen vom Verein beaufsichtigt werden. Da die Mitarbeiter ohnehin im Rahmen ihres Arbeitsverhältnisses der Kontrolle und Weisung ihres Arbeitgebers unterliegen und als Vereinsbetreuer der des Gerichts (§§ 1908i Abs. 1, 1837 BGB), will das Gesetz offensichtlich einen anderen Aspekt berücksichtigen. Die Aufsicht soll sich auf einen Bereich erstrecken, der ansonsten der gerichtlichen Kontrolle entzogen ist. Der Verein muss **14**

18 Bienwald, § 1908f BGB, Rn. 33
19 Untätigkeitsklage nach Ablauf von 3 Monaten, § 75 VwGO, Verpflichtungs- bzw. Anfechtungsklage, § 42 VwGO.
20 Im Jahre 2016 existierten 880 Betreuungsvereine, die – regional unterschiedlich – mit insgesamt 12,849 Millionen Euro gefördert wurden, Deinert, BtPrax 2018, 14 ff., 15. Zu weiteren Zahlen siehe: www.bundesanzeiger-verlag.de/betreuung/wiki/Betreuungszahlen. Zu den Förderrichtlinien in den einzelnen Bundesländern vgl. Friedrichs-Heise/Kristen, bdb-aspekte 2013, S. 42 ff.
21 Vgl. auch Damrau/Zimmermann, § 1908f BGB, Rn. 5; Jürgens-Winterstein, § 1908f BGB, Rn. 7
22 Jürgens-Winterstein, § 1908f BGB, Rn. 9
23 Damrau/Zimmermann, § 1908f BGB, Rn. 6
24 Bienwald, § 1908f BGB, Rn. 42f

also dort eine Aufsicht gewährleisten, wo der Betreute wegen der Befreiung des Vereinsbetreuers von Genehmigungsvorschriften (vgl. §§ 1908i Abs. 2 Satz 2, 1857a BGB), etwa bei der Geldanlage, besonders schutzbedürftig ist. Auch die Einhaltung interner Qualitätsstandards wird man dazurechnen müssen. Die Kontrolle hat seitens des Vorstandes bzw. des satzungsmäßig dazu berufenen Organs zu erfolgen. Eine bestimmte Organisationsstruktur der Aufsicht gibt das Gesetz nicht vor[25].

15 Der Verein muss – selbst oder extern – für eine ausreichende sachliche Weiterbildung seiner Mitarbeiter einstehen[26]. Die Mitarbeiter sollen also ihre persönlichen Qualifikationen erhalten und erweitern und gegebenenfalls mit neuen sozialen Einsichten, pädagogischen oder juristischen Entwicklungen vertraut werden.

16 Gegen die Abwendung von Schäden, die die Mitarbeiter im Rahmen ihrer Tätigkeit anderen zufügen könnten, hat der Verein eine Versicherung abzuschließen. Die Versicherungspflicht bezieht sich nur auf die Vereinsmitarbeiter, nicht auf ehrenamtliche Mitarbeiter[27] oder den Verein selbst[28].

Versicherungssummen von 1.000.000,– € für Personen- (z.B. Dauerschäden aufgrund verspäteter Einleitung ärztlicher Behandlung) und 50.000,– € für Sachschäden (z.B. Zinsverluste bei verspäteter Geldanlage) dürften angemessen sein[29]. Der Gesetzgeber wollte so erreichen, dass der Betreute oder Dritte im Schadensfall nicht auf einen insolventen Vereinsbetreuer treffen, dieser andererseits aber bei der Führung der Betreuung angesichts von Haftungsrisiken nicht überängstlich agiert[30].

17 Nach der Nr. 2 des Abs. 1 muss sich der um Anerkennung bemühte Verein planmäßig um die Gewinnung ehrenamtlicher Betreuer bemühen, diese in ihre Aufgaben einführen, fortbilden und beraten. Zur Beschreibung dieser Aufgaben hat sich der Begriff der Querschnittsarbeit etabliert. Mit Wirkung zum 1.7.2014 wurde Absatz 2 Nr. 2 dahingehend erweitert, dass der Verein auch Bevollmächtigte bei der Wahrnehmung ihrer Aufgaben zu beraten hat. Gleichzeitig muss ein um Anerkennung bemühter Verein sicherstellen, dass er Betreuer und Bevollmächtigte bei der Wahrnehmung ihrer Aufgaben unterstützt. Damit soll neben der Pflicht zur Anleitung und Beratung eine Begleitung bei der Wahrnehmung der Aufgaben durch Betreuer und Bevollmächtigte bestehen, um den Rückhalt im Verein zu betonen. Im Ergebnis soll so eine bessere Einbindung ehrenamtlicher Betreuer und Bevollmächtigter in das Netzwerk der Vereine gelingen.

Die planmäßige Gewinnung ehrenamtlicher Betreuer (dazu oben Rn. 4) setzt ein langfristiges Programm mit entsprechenden Aktionen, Veranstaltungen, Werbung, Öffentlichkeitsarbeit etc. voraus. Ein Erfolg dieser Bemühungen ist nicht geschuldet, ebenso wenig ein Mindestmaß an Bemühungen[31].

Die Einführung von ehrenamtlichen Betreuern in ihre Aufgaben geschieht durch die Vermittlung eines Mindestmaßes an Kenntnissen, die für die Führung einer Betreuung uner-

---

25 VGH München BtPrax 2010, 182

26 Bezeichnenderweise die Landesjustizverwaltungen für ihre Mitarbeiter nicht

27 Sie können sich, wenn sie eine Betreuung ehrenamtlich übernehmen, selbst versichern und die Kosten dafür gegenüber dem Betreuten bzw. der Landeskasse geltend machen, § 1835 Abs. 2 BGB. In einzelnen Bundesländern gibt es darüber hinaus Gruppenhaftpflichtversicherungen für ehrenamtliche Betreuer.

28 Eine Versicherung wäre indes empfehlenswert.

29 Jürgens-Winterstein, § 1908f BGB, Rn. 12

30 Damrau/Zimmermann, § 1908f BGB, Rn. 9

31 VGH München BtPrax 2010, 182. Eine erfolgsorientierte Gewinnung ehrenamtlicher Betreuer war von der Interdisziplinären Arbeitsgruppe zum Betreuungsrecht vorgeschlagen worden (C. III. 2.), wurde aber nicht Gesetz (BtPrax, Sonderausgabe 2012 „Interdisziplinäre Arbeitsgruppe zum Betreuungsrecht – Abschlussbericht vom 20. Oktober 2011"; siehe ww.bundesanzeiger_verlag.de/bt_prax/downloads). Zur Rückforderung von Fördermitteln zur Durchführung von Querschnittsarbeit eines Betreuungsvereins vgl. VG Bayreuth BtPrax 2013, 163.

lässlich sind[32]. Dabei wird man auf einen abstrakten Maßstab abzustellen haben, nicht auf eine bestimmte Betreuung[33]. Die Vereine werden interessierten Personen also die Grundbegriffe des Betreuungsrechtes, wesentliche Genehmigungsvorschriften (z.B. §§ 1904, 1906, 1907 BGB), Grundlagen in der Berichterstattung und Abrechnung sowie in der praktischen Durchführung einer Betreuertätigkeit vermitteln müssen. Die Fortbildung ehrenamtlicher Betreuer muss ein Verein auf seine Kosten anbieten. Hier sollen ehrenamtliche Betreuer ihre allgemeinen Kenntnisse und Fähigkeiten in Bezug auf eine Betreuertätigkeit vertiefen können. Eine Teilnahmeverpflichtung besteht für sie nicht.

Schließlich muss der Verein für eine Beratung der ehrenamtlichen Betreuer Sorge tragen. **17a** Um das Rechtsinstitut der Vorsorgevollmacht zu stärken, wurde die Beratungspflicht durch das 2. BtÄndG auf Bevollmächtigte erweitert (vgl. dazu auch Teil C Rn. 10 f.). Solche Beratungspflichten bestehen daneben für das Gericht (§ 1837 Abs. 1 BGB, und die Betreuungsbehörde, § 4 BtBG). Die Beratung, gegebenenfalls Begleitung, kann sich auf Probleme, Fragestellungen oder praktische Umsetzungs- oder Lösungsmöglichkeiten im Allgemeinen, oder auch im Einzelfall beziehen[34]. Wie, wo und durch wen die Beratung erfolgt, entscheidet der Verein. Inhaltlich ist mit der Beratung in der Regel keine, den rechtsberatenden Berufen vorbehaltene, Rechtsberatung verbunden[35].

Die Anerkennungsvoraussetzungen waren bereits durch das 1. BtÄndG um die Nr. 2a dahin erweitert worden, dass ein Verein planmäßig über Vorsorgevollmachten (§ 1896 Abs. 2 BGB) und Betreuungsverfügungen (§ 1901c BGB) informiert. In der Regel erfolgen solche Informationen durch das Bereithalten von entsprechenden Broschüren, das Betreiben von Öffentlichkeitsarbeit (Presse, Rundfunk) und die Durchführung von Informationsveranstaltungen. Gemeint ist die allgemeine, nicht auf den Einzelfall bezogene Beratung (dazu unten Rn. 19). Neben den Vereinen sind die Betreuungsbehörden (§ 6 Abs. 1 Satz 2 BtBG) zur Information und Beratung bzgl. Vorsorgevollmachten und Betreuungsverfügungen verpflichtet. Die Gerichte trifft im Rahmen der persönlichen Anhörung die Verpflichtung, in geeigneten Fällen auf die Möglichkeit der Vorsorgevollmacht, deren Inhalt sowie auf die Möglichkeit ihrer Registrierung bei dem zentralen Vorsorgeregister hinzuweisen (§ 278 Abs. 2 Satz 2 FamFG)[36]. **18**

▶ *Zu Einzelheiten der Vorsorgevollmacht vgl. Teil C Rn. 2 ff.*
Zu Einzelheiten der Betreuungsverfügung vgl. Teil C Rn. 131 ff.

Letztlich muss der Verein eine Selbstverständlichkeit, nämlich den Erfahrungsaustausch unter seinen Mitarbeitern, nicht den ehrenamtlichen, gewährleisten. Diese Gespräche können auch Probleme einzelner Betreuungen zum Gegenstand haben, da die Vereinsmitarbeiter arbeitsvertraglich der Verschwiegenheit[37] unterliegen müssen[38].

Seit dem 1.7.2005 räumt § 1908f Abs. 4 BGB den **Betreuungsvereinen** die Befugnis ein, **19** **Personen im Einzelfall bei der Errichtung einer Vorsorgevollmacht zu beraten**. Insbesondere Personen, die vor einer Vollmachtserteilung für ihre konkrete Situation einen Aufklärungsbedarf sehen, aber den Weg zum Rechtsanwalt oder Notar scheuen, erhalten eine einfache Möglichkeit, eine Beratung zu erhalten (vgl. dazu auch Teil C Rn. 10 f.).

Der Gesetzgeber hat die individuelle Beratung **nicht als Pflichtaufgabe** für die Betreuungsvereine ausgestaltet. Diese Beratung soll nämlich nur geboten werden, wenn der Ver-

---

32 Bienwald, § 1908f BGB, Rn. 63
33 Insoweit ist das Einführungsgespräch bei Gericht nach § 289 Abs. 2 FamFG das geeignetere Instrument.
34 Zu weiteren Einzelheiten vgl. Bienwald, § 1908f BGB, Rn. 59 ff.
35 A.A. wohl Bienwald, § 1908f BGB, Rn. 63
36 Dazu siehe Dodegge, BtPrax 2000, 99 ff.
37 VG Ansbach BtPrax 2016, 86 (LS)
38 Vgl. Damrau/Zimmermann, § 1908f BGB, Rn. 17

ein hierfür über genügend qualifizierte Mitarbeiter verfügt. Deshalb steht es den Vereinen frei, ob sie eine individuelle Beratung – gegebenenfalls gegen Entgelt – anbieten wollen. Unabhängig davon sollten die Betreuungsvereine bei rechtlich schwierig zu beurteilenden Fällen den Ratsuchenden an Rechtsanwälte bzw. Notare verweisen[39].

cc. Verfahrensrechtliches

20 Die zuständige Behörde für das Anerkennungsverfahren ergibt sich aus den einzelnen Landesausführungsgesetzen zum Betreuungsrecht. Die Bundesländer haben vielfach die überörtliche Betreuungsbehörde[40], aber auch Landesmittelbehörden oder das zuständige Landesministerium mit der entsprechenden Zuständigkeit betraut[41].

Die Anerkennung eines Vereines gilt nur für das **jeweilige Land**, § 1908f Abs. 2 Satz 1 BGB. Der Gesetzgeber wollte keine länderübergreifenden Anerkennungen für entsprechend tätige Vereine, weil die örtlichen (Bedarfs- und Anerkennungs-)Verhältnisse verschieden ausgestaltet sein können[42]. Besteht nur für Teile eines Landes Bedarf für eine Anerkennung eines Vereins, kann diese entsprechend beschränkt werden.

Eine Anerkennung kann unter Auflagen erteilt werden, Satz 2. Als Auflagen sollen im Hinblick auf die Einstellung von zusätzlichem Personal, auf die Gestaltung von Schulungsprogrammen[43] oder auf die Vorlage von Tätigkeits- oder Sachberichten (Verwendungsnachweis)[44] möglich sein. Die Vereine können aber durch Auflagen nicht zur individuellen Beratung bei der Errichtung einer Vorsorgevollmacht verpflichtet werden (vgl. auch oben Rn. 19).

Schließlich kommt nach **Satz 2** auch ein **Widerruf der Anerkennung** in Betracht, z.B. wenn die Voraussetzungen des § 1908f BGB nicht mehr vorliegen, wegen Nichterfüllung von Auflagen, Verstößen gegen die Verpflichtung eines Vereins aus Abs. 1, Einstellung der Tätigkeit oder Vermögensverfall[45]. Gegen den Widerruf einer Anerkennung (= belastender Verwaltungsakt) kann der Verein nach erfolglosem Widerspruchsverfahren Anfechtungsklage beim Verwaltungsgericht erheben.

dd. Landesrechtliche Ausgestaltung

21 Da der Gesetzgeber nur die Grundstrukturen der Vereinstätigkeit vorgeben wollte, lässt er in § 1908f Abs. 3 BGB nähere Regelungen, auch im Hinblick auf weitere Anerkennungsvoraussetzungen, durch das jeweilige Landesrecht zu[46]. Die Vorstellung, dass dort genauere Anforderungen an die Qualifikation von hauptberuflichen Betreuern niedergelegt werden, ist allerdings nicht umgesetzt worden. An zusätzlichen Voraussetzungen nennen die einzelnen Landesgesetze etwa:

---

39 Bt-Drs. 15/2494, S. 31

40 Z.B. in NRW die Landschaftsverbände Rheinland in Köln bzw. Westfalen-Lippe in Münster. Eine Auflistung der überörtlichen Behörden findet sich in Deinert/Walther, Handbuch Betreuungsbehörde, 3. Auflage, S. 25 ff.

41 In Hessen das Regierungspräsidium, § 3 HAG BtR.

42 BT-Drs. 11/4528, S. 158. Der Verein muss gegebenenfalls in den jeweiligen Ländern gesonderte Anerkennungsverfahren durchführen.

43 BT-Drs. 11/4528, S. 158; a.A. Bienwald, § 1908f BGB, Rn. 76, der z.B. eine Verpflichtung zur Einstellung von Personal für unzulässig erachtet.

44 Damrau/Zimmermann, § 1908f BGB, Rn. 19

45 Bienwald, § 1908f BGB, Rn. 77

46 Sie erfolgten in der Regel durch Landesausführungsgesetze zum Betreuungsgesetz. Zu den einzelnen Gesetzen vgl. HK-BUR, Bd. 5 Anhang ab Nr. 4011.

- Gemeinnützigkeit des Vereins[47],
- sachliche Eignung der hauptamtlichen Mitarbeiter oder Leitung[48],
- Vereinssitz im jeweiligen Bundesland sowie überwiegende Betreuung von Personen mit gewöhnlichem Aufenthalt im jeweiligen Bundesland[49],
- Tätigkeits- oder Rechenschaftsberichte[50],
- Kooperationsbereitschaft[51],
- Fehlen institutioneller Konflikte i.S.d. § 1897 Abs. 3 BGB[52],
- Leistungsfähigkeit mit der Gewähr langfristiger Tätigkeit[53],
- sachgerechte und wirtschaftliche Verwendung der Finanzen[54],
- Abschluss einer Qualitäts- und Leistungsvereinbarung[55].

c. Keine natürliche Person als Betreuer

Weiterhin darf für den konkreten Einzelfall keine natürliche Person als Betreuer zur Verfügung stehen, § 1900 Abs. 1 Satz 1 BGB. Zu den natürlichen Personen sind die oben in Rn. 3 bis 7 Genannten zu rechnen. Mit der Möglichkeit, einen Verein zum Betreuer zu bestellen, ist der Gesetzgeber Hinweisen der Praxis gefolgt, die praktische Schwierigkeiten in Ausnahmefällen geltend gemacht hatten. Nach der Vorstellung des Gesetzgebers[56] soll daher, ausnahms- und übergangsweise, die Bestellung eines Vereins oder gar der Behörde möglich bleiben. Bei komplexem Krankheits- oder Behinderungsbild oder schwieriger Persönlichkeitsstruktur des Betroffenen[57] könne es z.B. zu tätlichen Aggressionen gegen den Betreuer kommen. Ist dann ein Verein bestellt, kann er darauf flexibel reagieren und ohne Einschaltung des Betreuungsgerichtes den im Einzelfall tätigen Vereinsmitarbeiter austauschen. Weiterhin gäbe es besonders misstrauische und argwöhnische Betroffene. Hier ermögliche die Bestellung eines Vereines, in einer Erprobungsphase einen geeigneten Vereinsbetreuer zu finden, dem der Aufbau eines Vertrauensverhältnisses gelingt. 22

Um im weiteren Verlauf den Vorrang der Einzelbetreuung ausreichend wahren zu können, gibt § 1900 Abs. 3 BGB dem Verein auf, dem Gericht Mitteilung zu machen, wenn der Betreute durch eine oder mehrere natürliche Personen hinreichend betreut werden kann[58].

---

47 Art. 3 Abs. 1 bad.-württ. AG, Art. 1 § 3 Nr. 2 berl. AG, § 3 Nr. 2 bbg. AG, Art 1 § 4 Nr. 2 brem. AG, § 1 Nr. 3 hmb. AG, § 3 Abs. 1 Nr. 2 HAG BtR, § 3 Nr. 2 mv. AG, § 2 Nr. 1 nrw. AG, Art. 1 § 3 Nr. 1 rh.-pf. AG, Art. 1 § 3 Nr. 3 saarl. AG, Art.1 § 3 Nr. 2 sächs. AG, Art. 3 Nr. 2 sa.-anh.AG, § 3 Abs. 1 Nr. 1 thür. AG.

48 Art. 3 Abs. 1 Nr. 4 bad.-württ. AG, Art. 3 Nr. 1 bay. AG, Art. 1 § 3 Nr. 3 berl. AG, § 3 Nr. 3 bbg. AG, Art.1 § 4 Nr. 3 brem. AG, § 1 Nr. 5 hmb. AG, § 3 Nr. 4 mv. AG, § 3 Nr. 5 nds. AG, § 2 Nr. 2 nrw. AG, Art.1 § 3 Nr. 2 rh.-pf. AG, Art. 1 § 3 Nr. 4 saarl. AG, Art. 3 Nr. 4 sächs. AG, Art. 1 § 3 Nr. 4 sa-.anh. AG, § 3 Abs. 1 Nr. 2 thür. AG

49 Art. 3 Abs. 1 Nr. 1 bad.-württ. AG, Art. 1 § 3 Nr. 1 berl. AG, § 3 Nr. 1 bbg. AG, Art. 1 § 4 Nr. 1 brem. AG, § 1 Nr. 2 hmb. AG, § 3 Nr. 1 mv. AG, § 3 Nr. 2 nds. AG, Art. 1 § 3 Nr. 2 saarl. AG, Art. 1 § 3 Nr. 1 sächs. AG, Art. 1 § Abs. 1 Nr. 1 sa.-anh. AG, § 1 Nr. 1 schles.-hol. AG.

50 Art. 3 Nr. 2 bay. AG, § 1 Nr. 6 hmb. AG, § 3 Nr. 4 nds. AG, § 2 Nr. 3 nrw. AG, Art.1 § 3 Nr. 5 saarl. AG.

51 Art. 1 § 3 Nr. 5 berl. AG, § 3 Nr. 5 bbg. AG, § 1 Nr. 7 hmb. AG; in Hessen Förderungsvoraussetzung.

52 Art. 3 Abs. 1 S. 2 bad.-württ. AG, Art. 3 Nr. 1 bay. AG, Art. 1 § 3 Nr. 4 berl. AG, § 3 Nr. 4 bbg. AG, Art. 1 § 3 Nr. 4 saarl. AG, Art. 1 § 3 Abs. 2 sächs. AG, § 1 Abs. 1 Nr. 2 schles.-hol. AG, § 3 Abs. 1 Nr. 3 thür. AG.

53 Art. 1 § 3 Nr. 4 berl. AG, § 3 Nr. 4 bbg. AG, § 1 Nr. 4 hmb. AG, § 3 Nr. 3 mv. AG, § 3 Nr. 3 nds. AG, Art. 1 § 3 Nr. 3 sächs. AG, Art. 1 § 3 Abs. 1 Nr. 3 sa.-anh. AG.

54 Art. 1 § 3 Nr. 3 rh.-pf. AG, § 3 Abs. 1 Nr. 3 thür. AG.

55 § 3 Abs. 1 Nr. 4, Abs. 2 rh.-pf. AG.

56 BT-Drs. 11/4528, S. 131 f. So auch BayObLG NJWE-FER 1998, 105

57 Die Gesetzesmotive nennen die Krankheitsbilder der Manie und der Alkoholabhängigkeit.

58 In der Praxis sind Verwandte anfangs häufig nicht bereit, die Betreuung zu übernehmen, um nicht das persönliche Verhältnis zu belasten. Später melden sie sich und signalisieren ihre Übernahmebereitschaft. Der Verein ist dann gegebenenfalls zu entlassen, § 1908b Abs. 5 BGB.

d. Einwilligung des Vereins

23 Der Verein muss in seine Bestellung einwilligen, § 1900 Abs. 1 Satz 2 BGB[59]. Die Einwilligungserklärung ist an keine Form gebunden. Sie kann auch pauschal für mehrere Fälle gegeben[60], aber auch widerrufen werden (arg. § 183 BGB). Die Erklärung muss aber gegenüber dem Betreuungsgericht abgegeben werden, nicht gegenüber der Betreuungsbehörde. Letzteres erfolgt in der Praxis regelmäßig zur Erlangung von Fördermitteln. Ein Betreuungsverein ist nach dem Gesetz weder verpflichtet, im Einzelfall einen Vereinsbetreuer zur Verfügung zu stellen (vgl. oben Rn. 6), noch selbst das Amt zu übernehmen. Wird der Verein dennoch bestellt, kann er dies mit dem Rechtsmittel der Beschwerde (§ 58 FamFG) anfechten.

e. Führung der Betreuung

24 Der Verein als solcher übernimmt die Wahrnehmung der Betreuung nicht, sondern überträgt sie einem Mitarbeiter (dazu oben Rn. 13 f.).

Der Verein erhält keine Vergütung, §§ 1836 Abs. 3, 1908i Abs. 1 Satz 1 BGB, und keine pauschale Aufwandsentschädigung, §§ 1835a Abs. 5, 1908i Abs. 1 Satz 1 BGB. Vorschuss und Ersatz für Aufwendungen kann er nur verlangen, wenn das einzusetzende Einkommen und Vermögen des Betroffenen dafür ausreicht, §§ 1835 Abs. 5 Satz 1, 1908i Abs. 1 Satz1 BGB.

▶ *Zu Aufwendungsersatz und Vergütung für Betreuungsvereine vgl. Teil F Rn. 210 ff.*

Bei der Vermögensverwaltung stehen dem Verein die in § 1857a BGB aufgeführten Befreiungen zu, § 1908i Abs. 1 BGB. In der Praxis relevant ist u.a. die Befreiung von der Rechnungslegung während der Führung der Betreuung, § 1854 BGB. Sie entbindet indes nicht von der Verpflichtung, bei Beginn des Amtes das Vermögen zu verzeichnen und bei Beendigung Schlussrechnung zu legen, §§ 1802, 1890 BGB.

▶ *Zu Einzelheiten der Befreiungen für Betreuungsvereine vgl. Teil E Rn. 101, 141 ff.*

Das Betreuungsgericht kann im Rahmen seiner Aufsicht über einen Betreuer einem Verein gegenüber bei Pflichtwidrigkeiten zwar mit Ge- und Verboten einschreiten (vgl. §§ 1908i Abs. 1, 1837 Abs. 2 BGB). Die Befolgung solcher Anordnungen kann allerdings nicht mit Zwangsgeld durchgesetzt werden (vgl. § 1837 Abs. 3 Satz 2 BGB). Sollte der Verein einen pflichtwidrig handelnden Mitarbeiter nicht zu einem ordnungsgemäßen Handeln veranlassen oder von der Wahrnehmung der konkreten Ausübung der Betreueraufgaben entbinden, bliebe als letztes Mittel die Entlassung des Vereins – nicht des Mitarbeiters – als Betreuer, § 1908b Abs. 1 BGB.

f. Wahrnehmung der Betreuung

25 Die Wahrnehmung der Betreuung überträgt der Verein einzelnen Personen, § 1900 Abs. 2 Satz 1 BGB. Der Gesetzgeber hat hier das im Bereich der Vormundschaft und Pflegschaft bewährte Modell übernommen[61]. Die Übertragung der Aufgaben auf einen Mitarbeiter muss nach der Intention des Betreuungsrechtes umgehend erfolgen. Dies ergibt sich aus Abs. 2 Satz 3, wonach der Verein dem Gericht alsbald[62] mitzuteilen hat, wem er die Wahrnehmung der Betreuung übertragen hat. Zuständig für die Übertragung ist das nach dem Gesetz (§ 26 Abs. 2 BGB), der Satzung bzw. vereinsinterner Regelung zuständige Organ.

59 I.d.R vertritt der Vorstand den Verein, § 26 Abs. 2 BGB
60 A.A. LG Cottbus BtPrax 2001, 172 mit Nachweisen aus der Literatur.
61 Vgl. §§ 1791a Abs. 3 Satz 1, 1.Hs., 1915 BGB
62 In der Praxis erfolgen diese Mitteilungen regelmäßig innerhalb von 3 Wochen, u.U. muss erinnert werden, vgl. § 1837 Abs. 2 BGB.

Der Verein ist dabei an keine Weisungen des Gerichtes gebunden und kann die Übertragung jederzeit abändern. Nach Satz 2 hat der Verein aber Vorschlägen des Betreuten, also dem Wunsch nach einem bestimmten Mitarbeiter des Vereins, zu entsprechen, es sei denn, wichtige Gründe stehen dem entgegen. Solche Gründe sind etwa[63]:

- gleichmäßige Arbeitsbelastung der Mitarbeiter,
- organisatorische Regelungen, z.B. Zuordnung nach Aufenthaltsorten oder Krankheitsbildern der Betreuten,
- besondere Erfahrungen oder Spezialisierung einzelner Mitarbeiter des Vereins.

Ist der Betreute mit der Auswahlentscheidung des Vereins nicht einverstanden, kann er nach § 291 FamFG gerichtliche Entscheidung beantragen. Das Betreuungsgericht kann dem Verein aufgeben, eine andere Person auszuwählen, wenn dem Vorschlag des Betreuten nicht gefolgt worden war, obwohl ihm keine wichtigen Gründe entgegenstehen, oder die bisherige Auswahl dem Wohl des Betreuten zuwider läuft[64]. Angesichts der Personalhoheit eines Vereins kann das Betreuungsgericht keine Anweisung gegeben, einen bestimmten Mitarbeiter mit der Wahrnehmung der Betreuung zu beauftragen. Der Betroffene besitzt lediglich einen verfahrensrechtlich gesicherten Einfluss auf die Auswahlentscheidung[65]. 26

g. Vereinsbetreuung, §§ 1908i Abs. 1, 1791a BGB

§ 1791a BGB Vereinsvormundschaft

(1) ¹Ein rechtsfähiger Verein kann zum Vormund bestellt werden, wenn er vom Landesjugendamt hierzu für geeignet erklärt worden ist. ²Der Verein darf nur zum Vormund bestellt werden, wenn eine als ehrenamtlicher Einzelvormund geeignete Person nicht vorhanden ist oder wenn er nach § 1776 als Vormund berufen ist; die Bestellung bedarf der Einwilligung des Vereins.

(2) Die Bestellung erfolgt durch Beschluss des Familiengerichts; die §§ 1789, 1791 sind nicht anzuwenden.

(3) ¹Der Verein bedient sich bei der Führung der Vormundschaft einzelner seiner Mitglieder oder Mitarbeiter; eine Person, die den Mündel in einem Heim des Vereins als Erzieher betreut, darf die Aufgaben des Vormunds nicht ausüben. ²Für ein Verschulden des Mitglieds oder des Mitarbeiters ist der Verein dem Mündel in gleicher Weise verantwortlich wie für ein Verschulden eines verfassungsmäßig berufenen Vertreters.

(4) Will das Familiengericht neben dem Verein einen Mitvormund oder will es einen Gegenvormund bestellen, so soll es vor der Entscheidung den Verein hören.

In § 1791a BGB finden sich ergänzend Regelungen, die die Bestellung eines Vereins zum Vormund, die Ausübung des Amtes durch Mitarbeiter oder Mitglieder, ihre Verhinderung im Einzelfall, Haftungs- und Verfahrensfragen betreffen. 27

Über § 1908i Abs. 1 Satz 1 BGB gilt – mangels spezieller Regelungen in den §§ 1896 ff. BGB – § 1791a Abs. 3 Satz 1, Hs. 2 und Satz 2 auch für Betreuungen entsprechend. Die Bezugnahme auf Abs. 3 Satz 1 ist eigentlich überflüssig. Auf Betreuungen bezogen besagt er nämlich, dass ein Vereinsmitglied oder -mitarbeiter nicht Betreuer sein darf, wenn der Betreute in einem Heim versorgt wird, dessen Träger der Verein ist. Nichts anderes regelt § 1897 Abs. 3 BGB.

63 BT-Drs. 11/4528, S. 132
64 Bienwald-Sonnenfeld, § 291 FamFG, Rn. 2
65 BT-Drs. 11/4528, S. 176

§ 1791a Abs. 3 Satz 2 BGB betrifft die Haftung des Vereins für Mitglieder und Mitarbeiter. Für deren schuldhafte Pflichtwidrigkeiten haftet der Betreuungsverein dem Betreuten gegenüber wie für solche von Vorstandsmitgliedern des Verein, also nach §§ 833, 31 BGB (Einzelheiten dazu in Teil D Rn. 117).

3. Betreuungsbehörde, § 1900 Abs. 4 BGB

a. Einleitung

28 Kann die Betreuung weder durch eine oder mehrere natürliche Person(en) oder einen Betreuungsverein ausgeübt werden, darf ausnahmsweise die zuständige Betreuungsbehörde zum Betreuer bestellt werden[66]. Dies gilt auch im Verfahren auf die vorläufige Bestellung eines Betreuers[67]. Insoweit kommt der Möglichkeit, die Betreuungsbehörde zu bestellen, ein Auffangcharakter zu.

Wie einem Verein kann auch der Behörde nicht eine Betreuung übertragen werden, die den Aufgabenkreis der Entscheidung über die Einwilligung in eine Sterilisation betrifft, § 1900 Abs. 5 BGB.

b. Zuständige Behörde

29 Welche Behörde im Einzelfall zuständig ist, regelt das jeweilige Landesrecht, § 1 Satz 1 BtBG. Das Betreuungsgesetz hatte den Ländern lediglich die Verpflichtung auferlegt, eine Behörde auf örtlicher Ebene mit den Betreuungsangelegenheiten zu betrauen. Die nähere Ausgestaltung blieb dem Landesgesetzgeber vorbehalten. Die Länder haben dies in einzelnen Landesausführungsgesetzen zum Betreuungsgesetz umgesetzt und die entsprechende Behörde zumeist bei den kreisfreien Städten bzw. den Kreisen angesiedelt[68]. Sie sind regional unterschiedlich benannt (Betreuungsbehörde/Betreuungsstelle) und ausgestattet[69].

Nach § 3 Abs. 1 BtBG richtet sich die örtliche Zuständigkeit vorrangig nach dem gewöhnlichen Aufenthalt des Betroffenen im Zeitpunkt der beabsichtigten Maßnahme; hilfsweise nach dem Ort des Fürsorgebedürfnisses bei fehlendem gewöhnlichen Aufenthaltsort (Satz 2). Ändert sich später der gewöhnliche Aufenthaltsort, ist dem Entlassungsantrag der bislang als Betreuer amtierenden Behörde stattzugeben[70].

c. Keine natürliche Person bzw. kein Verein als Betreuer

30 Die Behörde darf nur dann bestellt werden, wenn weder durch eine oder mehrere natürliche Person(en) (dazu oben Rn. 3 ff.) noch durch einen Verein die Betreuung ausreichend geführt werden kann[71]. Der Mangel an vorrangig zu berücksichtigenden Betreuern kann in objektiven (keine übernahmebereiten Bezugspersonen, fehlende Kapazitäten bei Einzel-

---

66 BayObLG BtPrax 1994, 171

67 BayObLG FamRZ 2001, 316, und 2005, 931: Je nach Eilbedürftigkeit treffen das Gericht aber geringere – summarische – Aufklärungspflichten zur Ermittlung eines vorrangig zu berücksichtigenden Betreuers.

68 Eine Übersicht zu den Behörden und ihren Anschriften findet sich in HK-BUR, Bd. 1, „Adressen/Betreuungsbehörden".

69 Zu der sachlichen und personellen Ausstattung von Betreuungsbehörden vgl. Nolting/Zich/Tisch/Braeseke, S. 82 ff.; zu den Defiziten bei der Einrichtung und Ausstattung der Behörden. Bienwald, § 1900 BGB, Rn. 16

70 OLG Hamburg BtPrax 1994, 138; a.A. Damrau/Zimmermann, § 1908b BGB, Rn. 53: Die neu zuständige Behörde wird ohne Weiteres Betreuer.

71 Bei neuen Betreuungen war das im Jahre 2016 in 101 Fällen notwendig, vgl. Deinert, BtPrax 2018, 14 ff., 15 sowie Bundesamt für Justiz, Referat III 3, Betreuungsverfahren – Zusammenstellung der Bundesergebnisse, abrufbar unter www.bundesjustizamt.de > Themen > Bürgerdienste > Justizstatistik > Betreuung. Zu weiteren Zahlen siehe: www.bundesanzeiger-verlag.de/betreuung/wiki/Betreuungszahlen.

betreuern und Vereinen, fehlende Qualifikation), aber auch in der Person des Betroffenen liegenden Gründen (dazu oben Rn. 22) seine Ursache haben.

Wie der Verein ist die Behörde zur Mitteilung an das Gericht verpflichtet, wenn der Betreute durch eine oder mehrere Person(en) bzw. einen Verein hinreichend betreut werden kann, § 1900 Abs. 4 Satz 2, Abs. 3 BGB[72].

d. Einwilligung der Behörde

Nach dem Gesetz kann die Behörde ohne ihre Einwilligung zum Betreuer bestellt werden. **31**
Auch auf ihre Eignung zur Übernahme der Betreuung im Einzelfall kommt es nicht an[73]. Die Behörde kann sich gegen ihre Bestellung nur mit einem Rechtsmittel (§ 58 FamFG) wehren und dabei dezidiert vortragen, dass eine natürliche Person oder ein Verein die Betreuung ausreichend führen kann.

e. Führung der Betreuung

Für die Führung der Betreuung nimmt § 1900 Abs. 4 Satz 2 BGB den Abs. 2 in Bezug. Die **32**
Behörde als solche nimmt die Wahrnehmung der Betreuung nicht wahr, sondern überträgt sie einem Mitarbeiter.

Die Behörde erhält keine Vergütung, §§ 1836 Abs. 3, 1908i Abs. 1 Satz 1 BGB, und keine pauschale Aufwandsentschädigung, §§ 1835a Abs. 5, 1908i Abs. 1 Satz 1 BGB. Vorschuss und Ersatz für Aufwendungen kann die Behörde nur verlangen, wenn das einzusetzende Einkommen und Vermögen des Betroffenen dafür ausreicht, §§ 1835 Abs. 5 Satz 1, 1908i Abs. 1 Satz 1 BGB.

▶ *Zu Aufwendungsersatz und Vergütung der Betreuungsbehörde vgl. Teil F Rn. 220 ff.*

Bei der Vermögensverwaltung stehen der Behörde die in § 1857a BGB aufgeführten Befreiungen zu, § 1908i Abs. 1 BGB. Relevant ist hier wiederum die Befreiung von der Rechnungslegungspflicht, während der Führung der Betreuung, § 1854 BGB. Sie entbindet nicht von der Verpflichtung, bei Beginn des Amtes das Vermögen zu verzeichnen und bei Beendigung Schlussrechnung zu legen, §§ 1802, 1890 BGB. Weitere Befreiungen im Vermögensbereich sowie beim Abschluss von Lehr- und Arbeitsverträgen sehen einzelne landesrechtliche Regelungen, die sich auf die Ermächtigung des § 1908i Abs. 1 Satz 2 BGB stützen, vor[74].

▶ *Zu Einzelheiten der Befreiungen für Betreuungsbehörden vgl. Teil E Rn. 101, 141 ff.*

Wie ein Verein unterliegt auch die Behörde der Aufsicht des Betreuungsgerichts, §§ 1837 Abs. 2, 1908i Abs. 1 Satz 1 BGB. Bei Pflichtwidrigkeiten kann das Gericht mit Ge- und Verboten einschreiten, nicht aber bei Nichtbefolgung Zwangsgeld androhen oder festsetzten, §§ 1837 Abs. 3 Satz 2, 1908i Abs. 1 Satz 1 BGB. Ist die Behörde zum Betreuer bestellt, kann ihr kein Gegenbetreuer (§§ 1792, 1908i Abs. 1 Satz 1 BGB) bestellt werden.

f. Wahrnehmung der Betreuung

Auch insoweit wird § 1900 Abs. 4 Satz 2 BGB wiederum der Abs. 2 in Bezug genommen, **33**
so dass auf die Ausführungen oben in Rn. 25 verwiesen werden kann.

---

72 Die Behörde ist dann zu entlassen, § 1908b Abs. 5 BGB.
73 Bienwald, § 1900 BGB, Rn. 16
74 Vgl. die Übersicht bei Bienwald, § 1900 BGB, Rn. 19

III. Betreuerauswahl

34 Die Grundsätze der Auswahl eines Betreuers sind in § 1897 BGB geregelt. Nach Abs. 1 bestellt das Gericht eine natürliche Person, die geeignet ist, in dem gerichtlich bestimmten Aufgabenkreis die Angelegenheit des Betreuten rechtlich zu besorgen und ihn in dem hierfür erforderlichen Umfang persönlich zu betreuen. Es soll mit anderen Worten eine Einzelperson gefunden werden, die die psychischen und physischen Eigenschaften besitzt, um die anstehenden Aufgaben zu regeln. Bei der Auswahlentscheidung verbleibt dem Gericht ein Ermessensspielraum. Beachtet es diesen, unterliegt die Entscheidung in der Rechtsbeschwerdeinstanz lediglich der Überprüfung auf Rechtsfehler[75]. Fragen der Zweckmäßigkeit und Angemessenheit der Auswahlentscheidung bleiben außen vor[76].

34a Den weiteren in § 1897 Abs. 4 und 5 BGB genannten Auswahlkriterien kommt eine unterschiedliche Gewichtung zu. In erster Linie ist an den Vorschlag des Betroffenen anzuknüpfen (Abs. 4). Eine ebenso herausragende Bedeutung bei der Betreuerauswahl ist dem Wohl des Betroffenen zuzumessen[77]. Wird nämlich das Wohl des Betroffenen verletzt, entfällt die Bindungswirkung eines Vorschlags für das Gericht.

Geringeres Gewicht entfalten im Rahmen der Betreuerauswahl der negative Wunsch des Betroffenen und der so genannte Verwandtenvorzug (Abs. 5).

Darüber hinaus muss das Gericht die institutionellen (Abs. 3) bzw. gesetzlichen Ausschlusskriterien (s. unten Rn. 46 ff. und § 1899 Abs. 1 Satz 3 BGB) beachten. Schließlich sind die in §§ 1897 Abs. 6 Satz 1, 1900 Abs. 1 und 4 BGB vorgesehenen Rangverhältnisse und die Zustimmungsbedürfnisse des § 1897 Abs. 2 BGB in die Überlegungen einzubeziehen.

Im Ergebnis muss das Gericht im Einzelfall alle einschlägigen Gesichtspunkte ermitteln, sie unter Berücksichtigung ihres Ranges und der gesetzlich vorgesehenen Regelungen gewichten und eine darauf beruhende **Auswahl zum Wohl des Betroffenen** vornehmen[78].

1. Geeignetheit

35 Der Gesetzgeber hat davon Abstand genommen, die Eignung besonders zu definieren. Es handelt sich insoweit um einen unbestimmten Rechtsbegriff. Der Begriff der Geeignetheit soll von den Gerichten unter Beachtung der relevanten und wesentlichen Umstände, auf den jeweiligen Einzelfall bezogen, im Interesse des Betroffenen ausgefüllt werden und keinen starren Vorgaben unterworfen sein. Die im Rahmen des 1. BtÄndG erfolgte Neuerfassung der Vorschrift verdeutlicht allerdings, dass sich die Eignung des auszuwählenden Betreuers darauf beziehen muss, die anstehenden Angelegenheiten in den festgelegten Aufgabenkreisen rechtlich zu besorgen und den Betreuten dabei in erforderlichem Umfang persönlich zu betreuen. Dadurch sollten die vom Betreuer geschuldeten Tätigkeiten, nämlich solche im Rahmen der Rechtsfursorge, deutlicher von den nicht geschuldeten, den so genannten faktischen Tätigkeiten bzw. tatsächlichen Hilfeleistungen aufgrund persönlichen Engagements, abgegrenzt werden. Zur Gewährleistung der persönlichen Betreuung sollen die Gerichte aber weiterhin bei der Erforderlichkeit faktischer Betreuertätigkeit zur Rechtsfürsorge einen großzügigen Maßstab anlegen[79]. Tätigkeiten zur Vertrauensbildung

75 BayObLG FamRZ 1994, 530 und 2001, 1249
76 OLG Köln FamRZ 2000, 512; BayObLG FamRZ 2001, 1249
77 BayObLG BtPrax 2004, 197 und FamRZ 2004, 1600; OLG Schleswig BtPrax 2005, 194.
78 BayObLG FamRZ 2004, 1600. Es sind alle für und gegen eine bestimmte Person sprechenden Gesichtspunkte miteinander abzuwägen, KG FamRZ 2006, 889.
79 BT-Drs. 13/7158, S. 51 und 57

und -erhaltung sind daher weiterhin dem Aufgabenkreis eines Betreuers zuzurechnen, wenn sie ihm geeignet, notwendig und verhältnismäßig erscheinen, dem Willen und dem Interesse des Betreuten besser gerecht werden zu können. Dazu gehören Gespräche mit dem Betreuten[80] sowie Zuwendung und sensible Hilfe bei der Umstellung des Betreuten auf eine neue Lebenssituation. Selbst notwendige Hilfen im tatsächlichen Bereich, die nicht rechtzeitig anderweitig zu erreichen sind, können im Einzelfall noch der Rechtsfürsorge unterfallen[81].

a. Grundsatz

Im Allgemeinen ist davon auszugehen, dass jede natürliche Person, unabhängig von ihrer Staatsangehörigkeit (vgl. § 1785 BGB), geeignet ist[82]. Nach der Rechtsprechung des Bundesgerichtshofs muss der potentielle Betreuer die sich aus der Betreuungsführung und den damit verbundenen Pflichten im Sinne des § 1901 BGB folgenden Anforderungen erfüllen können[83]. Eignungskriterien sind die intellektuellen und sozialen Fähigkeiten, die psychische und körperliche Verfassung der Person, ihre persönlichen Lebensumstände – etwa räumliche Nähe zum Betroffenen, berufliche Auslastung oder finanzielle Verhältnisse –, bereits bestehende familiäre oder sonstige Beziehungen zum Betroffenen, besondere Kenntnisse oder Einstellungen zu für die Betreuungsführung relevanten Fragen. Spezialwissen oder außergewöhnliche Fertigkeiten sind nicht nötig; es reicht, wenn sich der potentielle Betreuer erforderlichenfalls fachkundiger Hilfe bedienen kann[84]. Im Einzelfall müssen also folgende drei Komponenten zusammen kommen: 36

Der vorgesehene Betreuer muss im Hinblick auf die gerichtlich festgelegten Aufgabenkreise eine ausreichende Qualifikation besitzen. Nur so vermag er die Angelegenheiten des Betreuten zu dessen Wohl rechtlich zu besorgen.

Daneben muss er die Fähigkeiten besitzen, den Betreuten im erforderlichen Umfang persönlich zu betreuen. Erfahrungen in der Praxis zeigen, dass seitens der Betreuten neben fachlichen Kriterien im Einzelfall vor allem die Empathiefähigkeit des Betreuers ein wichtiges Kriterium der Eignung ist.

Schließlich dürfen keine gesetzlichen Ausschlussgründe entgegenstehen.

b. Anforderung der fachlichen und persönlichen Qualifikation

Trotz der immer komplizierter werdenden Angelegenheiten von Betroffenen[85], der Diskussion über Anforderungsprofile[86] oder Qualitätsstandards bzgl. Betreuern[87] und landesrechtlichen Regelungen zur Nachqualifizierung von Berufsbetreuern verlangt das Gericht keine bestimmte fachliche Qualifikation von einem Betreuer. Angesichts der Vielzahl und Vielfältigkeit von Betreuungsverhältnissen ist dies auch kaum denkbar. Letztlich hängt es vom Aufgabenkreis sowie dem Umfang und den Schwierigkeiten der einzelnen Angelegenheit ab, welche Fachbildung der zukünftige Betreuer benötigt. Fachliche Eignung meint also mit anderen Worten die Fähigkeit, die konkret anstehenden Angelegenheiten im gerichtlich festgelegten Aufgabenkreis zum Wohl des Betroffenen bewältigen zu kön- 37

80 Z.B. im Rahmen einer Feier oder eines Festes
81 HK-BUR-Bauer, § 1901 BGB, Rn. 6 ff., z.B. Erledigung von Einkäufen, Begleitung zum Arzt
82 OLG Köln FamRZ 2000, 116
83 BGH MDR 2018, 32
84 BGH BtPrax 2016, 35. Fehlt dem Betroffenen die Kooperationsbereitschaft, bedarf es eines Berufsbetreuers, LG Mainz BtPrax 2016, 246 (LS).
85 Vgl. Bienwald, FamRZ 2000, 1314 f.
86 Bienwald, § 1897 BGB, Rn. 150 ff. m.w.N. Siehe auch Schmitz/Brosey/Engels, Qualität in der rechtlichen Betreuung: Abschlussbericht.
87 Förter-Vondey, BtPrax 2005, 24 ff.

nen. Sind durch die Betreuung komplexe und anspruchsvolle Aufgaben im Rechts- oder Vermögensbereich zu regeln, kann es der Bestellung eines Rechtsanwaltes, Steuerberaters oder Kaufmannes bedürfen[88]. Bei Suchtkrankheiten benötigt der zukünftige Betreuer spezielle Erfahrungen im Umgang mit solchen Krankheitsbildern[89], bei komplexen oder schwierigen Betreuungen benötigt man oftmals die beruflichen Vorkenntnisse von Berufs- oder -Vereinsbetreuern[90], etwa Sozialarbeitern oder -pädagogen. Oftmals können auch besondere Fähigkeiten zur Kommunikation mit dem Betroffenen erforderlich werden[91]. Unzureichende Sprachkenntnisse stehen der Eignung dann nicht entgegen, wenn die ansonsten geeignete Person diese Defizite mit Hilfe Dritter zu kompensieren und so die Angelegenheiten des Betroffenen eigenverantwortlich rechtlich zu besorgen vermag[92].Zu berücksichtigen bleibt nämlich, dass es im Einzelfall ausreichen kann, wenn ein Betreuer ohne solche Kenntnisse bestellt wird, weil er sich den zusätzlichen Sachverstand durch Einschaltung/Beauftragung entsprechender Fachleute sichert. Denkbar wäre es auch, verschiedene Aufgabenkreise auf mehrere Betreuer zu verteilen (§ 1899 BGB).

Im Ergebnis wird das Gericht hinsichtlich der Eignung einer Person als Betreuer eine Prognose zu treffen haben. Sie muss sich darauf beziehen, ob die ins Auge gefasste Person die aus der konkreten Betreuung erwachsenden Aufgaben zum Wohl des Betroffenen führen wird[93].

Fehlt dem vorgesehenen Betreuer die Bereitschaft, mit den am Betreuungsverfahren Beteiligten sachgerecht zusammenzuarbeiten, dürfte er allerdings generell nicht die erforderliche fachliche und persönliche Eignung besitzen[94]. Die persönliche Eignung fehlt einer Person, die nicht in der Lage ist, die psychische Erkrankung des Betroffenen zu erkennen und zu akzeptieren, vor der der Betroffene Angst hat oder die in der Amtsführung durch eine Alkohol- bzw. Medikamentenabhängigkeit beeinträchtigt ist[95]. Ebenso begründen die eigene psychische Erkrankung oder Versuche, vom geschäftsunfähigen Betroffenen Vollmachten zu erlangen, Zweifel an der persönlichen Eignung einer Person[96]. Die persönliche Eignung, das Betreueramt für den Vermögensbereich zu übernehmen, kann bei rechtskräftiger Verurteilung wegen eines Vermögensdeliktes[97] oder enger vermögensmäßiger Verquickung zwischen dem Betroffenen und dem ins Auge gefassten Betreuer[98] fehlen. Besteht der Verdacht, dass die vorgeschlagene Person im Vorfeld Vermögen des Betroffenen beiseite geschafft hat, muss das Gericht diesen Verdacht allerdings endgültig klären, bevor es diese Person übergehen kann[99]. Die vorgeschlagene Person kann übergangen werden, wenn sie ihm Vorfeld der Betreuung fast 20.000,– € von den Konten des Betroffenen bar abgehoben hat, ohne den Verbleib des Geldes nachvollziehbar erklären zu kön-

88 BayObLG FamRZ 1994, 1353; Soergel-Zimmermann, § 1897 BGB, Rn. 6. Ohne Vorbildung oder Erfahrungen kommt es häufig zu Überforderungen, z.B. bei der Rechnungslegung oder der Vermögensverwaltung.
89 BayObLG BtPrax 2001, 37 f.
90 J/L/L/M, Rn. 102
91 Z.B. Sprachkenntnisse, vgl. BayObLG BtPrax 2001, 205; psychologische Kenntnisse bei der Gesprächsführung, einfühlsamer Umgang mit bestimmten Krankheitsbildern etc.
92 KG BtPrax 2009, 187
93 BGH BtPrax 2017, 245 f.
94 OLG Frankfurt FamRZ 2009, 1245 f.; OLG Hamm, Beschluss vom 28.2.1995 – 15 W 407/94
95 BGH BtPrax 2013, 249; KG FGPrax 2006, 258; OLG München BtPrax 2007, 77
96 BayObLG FamRZ 2005, 931 und BtPrax 2004, 159
97 OLG Brandenburg FamRZ 2001, 936. Es sind aber Feststellungen dazu erforderlich, inwieweit die Bestellung dieser Person dem Wohl des Betroffenen zuwider läuft, insbesondere welche konkreten Gefährdungen bestehen. Bei einer konkreten Gefährdung kann bereits die Einleitung eines Strafverfahrens die Eignung entfallen lassen, BayObLG FamRZ 2005, 931.
98 BayObLG BtPrax 2001, 163 und 2004, 26
99 LG Schleswig BtPrax 2007, 227. Bedenken gegen eine Eignung im Vermögensbereich kann zudem mit der Anordnung der Rechnungslegung begegnet werden, KG BtPrax 2009, 128.

nen[100]. Dagegen führen weder die ablehnende Haltung zu lebensverlängernden Maßnahmen noch die behauptete, aber vom Standesbeamten nicht gesehene Eheunfähigkeit des Betroffenen hinsichtlich des Ehegatten notwendig zu deren Ungeeignetheit[101].

c. Anforderungen der persönlichen Betreuung

Der Hauptbestandteil der Eignung als Betreuer ist weiterhin die Möglichkeit zur persönli- 38
chen Betreuung. Nach § 1901 Abs. 2 BGB soll ein Betreuer die Angelegenheiten des Betreuten nämlich an dessen Wohl orientiert besorgen. Dazu gehört auch die Möglichkeit, ihm im Rahmen seiner Fähigkeiten ein Leben nach seinen eigenen Wünschen und Vorstellungen zu ermöglichen und ihm Wünsche zu erfüllen, soweit dies nicht sein Wohl gefährdet oder für den Betreuer unzumutbar ist, § 1901 Abs. 3 BGB. Deshalb wird einer Person die Eignung als Betreuer fehlen, wenn sie Wünsche und Vorstellungen des Betroffenen aus sachfremden Gründen negiert[102] oder eine adäquate, den Wünschen des Betroffenen entsprechende Pflege aus finanziellen Gründen nicht unterstützt[103]. Schließlich soll ein Betreuer wichtige Angelegenheiten mit dem Betreuten vorher besprechen und denkbare Rehabilitationsmöglichkeiten wahrnehmen, § 1901 Abs. 4 BGB. Gemeint ist also die Art und Weise der Ausübung der Betreuung, nicht die rein tatsächliche Versorgung (Kochen, Putzen, Einkaufen, Begleitung).

Diesen Aufgaben kann ein Betreuer nur gerecht werden, wenn ausreichend persönlicher Kontakt zum Betreuten besteht. Wo und wie dieser Kontakt erfolgt, hat sich am Wohl des Betroffenen auszurichten. Er kann durch Gespräche, gegenseitige Besuche, oder auch Telefonate, Briefe oder Berichte von Auskunftspersonen (Heimmitarbeiter etc.) erfolgen. Auf Letzteres darf sich der Kontakt indes nicht beschränken, weil eine persönliche Betreuung immer auch den unmittelbaren Kontakt von Betreuer und Betreuten verlangt. Diesen Anforderungen kann eine Person, die bereits zu viele Betreuungen führt[104] nicht gerecht werden. Eine große räumliche Entfernung steht der Bestellung zum Betreuer dagegen nicht von vornherein entgegen, da ein Betreuer für den Betroffenen vorrangig die rechtlichen Entscheidungen zu treffen hat. Ob dies aus der Entfernung möglich ist, hängt vom Einzelfall ab[105]. Entscheidend ist, ob daneben eine ausreichende persönliche Betreuung gewährleistet werden kann[106], Letzteres ist auch bei erheblicher Abneigung zwischen dem Betroffenen und dem vorgesehenen Betreuer kaum denkbar. Gleiches gilt, wenn sie sich innerhalb kürzester Zeit zerstreiten würden[107].

Zu der Häufigkeit von persönlichen Kontakten lassen sich keine generellen Aussagen treffen. Als Richtschnur nennt das Gesetz den erforderlichen Umfang[108]. Deshalb bemisst sich die Intensität nach den Wünschen des Betreuten, nach Art und Umfang der Aufgabenkrei-

---

100 BGH BtPrax 2016, 234

101 LG Frankfurt a.M. NJW 2006, 3436; OLG München FGPrax 2007, 84; OLG Frankfurt a.M. FamRZ 2006, 1874

102 BayObLG BtPrax 2003, 269

103 BayObLG BtPrax 2003, 270

104 Das Gesetz kennt zwar keine Höchstzahlen. Sie lassen sich angesichts unterschiedlicher Effektivität einzelner Betreuer bzw. unterschiedlicher Arbeitsintensität einzelner Betreuungen auch nicht bilden. Eine Grenze ist erreicht, wenn die vorgeschlagene Person keine Zeit mehr findet, persönlichen Kontakt aufzunehmen und regelmäßig zu halten. Der Gesetzgeber erachtet für Berufsbetreuer in Vollzeit die Führung von 40–50 Betreuungen für auskömmlich, vgl. BT-Drs. 15/2494, S. 33.

105 BGH BtPrax 2017, 245 f.

106 OLG Köln FamRZ 1996, 506. Anders im Fall OLG Hamburg BtPrax 1994, 138

107 OLG Zweibrücken BtPrax 2005, 74

108 Der Gesetzgeber hat für Amtsvormünder in § 1793 Abs. 1a Satz 2 BGB Vorgaben zur Mindestzahl von persönlichen Kontakten in der üblichen Umgebung des Betroffenen getroffen (dazu Katzenstein, JAmt 2013, 234). Sie gelten für Betreuer nicht. § 1908i Abs. 1 Satz 2 BGB führt § 1793 BGB nämlich nicht in seiner Verweisungskette auf. Deshalb gibt es keine verbindlichen Festlegungen zur Mindestzahl von persönlichen Kontakten seitens eines Betreuers, vgl. LG Hamburg BtPrax 2012, 81.

se[109], dem Verlauf der Betreuung, der Art der Erkrankung des Betroffenen, aber auch der Bedeutung der im Einzelnen zu regelnden Angelegenheiten (§ 1901 Abs. 3 Satz 3 BGB). Kann sich der Betroffene nicht mehr äußern, lehnt er Besuche und Kontakte ab, ist der Aufgabenkreis eng zugeschnitten und/oder sind keine besonderen Dinge zu regeln, können seltene bzw. kurze persönliche Kontakte ausreichen. Sie bleiben aber nötig, um sich ein Bild von den Lebensumständen des Betroffenen und seiner ausreichenden tatsächlichen Pflege und Hilfe zu machen.

38a Das Betreuungsgericht hat zu kontrollieren, ob ausreichender persönlicher Kontakt zwischen Betreuten und Betreuer stattfindet. Der durch das Gesetz zur Änderung des Vormundschafts- und Betreuungsrechts zum 6.7.2011 eingefügte § 1840 Abs. 1 Satz 2 BGB verpflichtet den Betreuer deshalb, dem Betreuungsgericht gegenüber Angaben zum persönlichen Kontakt zum Betreuten zu machen, insbesondere zur Häufigkeit, zum Ort und zum Umfang[110]. Bei unzureichenden oder fehlenden persönlichen Kontakten besteht die Möglichkeit, den Betreuer gem. § 1908b Abs. 1 Satz 2 BGB zu entlassen (siehe dazu unten Rn. 89a).

39 Ob die fachliche und persönliche Eignung im Einzelfall gegeben ist, hat das Gericht im Rahmen seiner Amtsermittlungspflicht zu überprüfen. Dazu kann das Gericht z.B. Akten von Verfahren beziehen, in denen die ins Auge gefasste Person bereits früher zum Betreuer/Pfleger/Vormund bestellt werden war[111]. Es kann Stellungnahmen der Betreuungsbehörde einholen, Zeugen- und Urkundsbeweise erheben. Gegebenenfalls kann auch die Einholung eines Bundeszentralregisterauszuges zur Überprüfung evtl. Vorstrafen sowie von Auskünften aus der Schuldnerkartei oder der Zentralkartei der Staatsanwaltschaft sinnvoll und erforderlich sein[112]. Häufig wird auch eine persönliche Anhörung des Vorgeschlagenen notwendig werden, um sich einen unmittelbaren Eindruck von seinen Fähigkeiten, Vorkenntnissen, Motiven und Bindungen zum Betroffenen machen zu können.

2. Ausschlusskriterien

40 Die Ermittlung eines geeigneten Betreuers darf weiterhin gesetzliche oder auf allgemeinen Rechtsgedanken beruhende Ausschlussgründe nicht außer Acht lassen. Sie können dazu führen, dass die entsprechende Person für bestimmte Angelegenheiten oder insgesamt nicht zum Betreuer bestellt werden kann.

a. Institutionelle Interessenkonflikte

41 Zum Ausschluss institutioneller Interessenkonflikte regelt § 1897 BGB in seinem Absatz 3, dass eine Person, die zu einer Anstalt, einem Heim oder sonstigen Einrichtung, in welcher der Volljährige untergebracht ist oder wohnt, in einem Abhängigkeitsverhältnis oder in einer anderen engen Beziehung steht, nicht zum Betreuer bestellt werden darf. Das Gesetz vermutet hier Interessenkonflikte. Sie bedürfen keiner konkreten Ausgestaltung[113]. Die entsprechende Person darf nicht zum Betreuer bestellt werden, das Gesetz eröffnet dem Gericht keinen Ermessensspielraum[114]. Das gilt selbst dann, wenn der Betroffene ausdrücklich eine solche Person als Betreuer vorschlägt[115]. Eine wichtige Klarstellung hat aller-

109 Kann der Betreute keinen Willen mehr bekunden oder ist der Aufgabenkreis der Betreuung geringfügig, kann seltener Kontakt ausreichen, vgl. Damrau/Zimmermann, § 1897 BGB, Rn. 17.
110 MK-Kroll-Ludwigs, § 1840 BGB, Rn. 3a
111 Damrau/Zimmermann, § 1897 BGB, Rn. 46
112 OLG Brandenburg FamRZ 2001, 936; Damrau/Zimmermann, § 1897 BGB, Rn. 46
113 OLG Düsseldorf FamRZ 1994, 1416
114 BayObLG BtPrax 1997, 36 und 2001, 253; zu einem Ausnahmefall AG Kleve BtPrax 1999, 39
115 BayObLG BtPrax 1997, 36

dings das BVerfG vorgenommen. Danach gestattet es das Elternrecht aus Art. 6 GG nicht, den § 1897 Abs. 3 BGB dahin auszulegen, dass bereits die entfernte, abstrakte Möglichkeit einer Interessenkollision genügen kann, um das Recht der Eltern auf bevorzugte Berücksichtigung bei der Auswahl von Betreuern für ihr volljähriges Kind einzuschränken[116].

aa. Anstalt, Heim oder sonstige Einrichtung

Diese Begriffe korrespondieren mit denen der §§ 5 Abs. 3 VBVG, 1906 Abs. 4 BGB. Gemeint sind Krankenhäuser, etwa Landeskrankenhäuser, Seniorenanlagen oder privatwirtschaftlich betriebene Seniorenpensionen und Ähnliches, nicht aber Mitarbeiter eines ambulanten Pflegedienstes hinsichtlich des Bewohners einer selbstorganisierten Wohngemeinschaft[117] bzw. einer eigenen Wohnung[118]. Ein Interessenkonflikt besteht aber, wenn der Geschäftsführer der Einrichtung und der Arbeitgeber des vorgesehenen Betreuers personenidentisch sind[119]. Organisationsrechtliche Maßnahmen, wie Ausgliederungen, Außenwohngruppen oder betreute Wohnformen ändern den Gesamtcharakter der Einrichtung nicht. Unerheblich ist, wer Eigentümer des Geländes ist, auf dem das Heim oder die Einrichtung betrieben wird[120]. Die eigene Wohnung des Betroffenen gehört also nicht dazu. Der als Betreuer vorgeschlagene Wohnungseigentümer wäre demzufolge nicht ausgeschlossen. **42**

bb. Untergebracht oder Wohnen

Untergebracht ist der Betroffene, wenn er gegen oder ohne seinen natürlichen Willen in einer Klinik, einem Heim oder einer Einrichtung mit Freiheitsentzug festgehalten wird, eine ständige Überwachung erfolgt und er daran gehindert wird, Kontakt mit Außenstehenden aufzunehmen. **43**

Wohnen kann in Anlehnung an § 1907 BGB als das Innehaben von privat genutzten Räumlichkeiten, die den Mittelpunkt der Lebensführung des Betroffenen (Schlafen, Essen, Kochen, Aufhalten etc.) ausmachen, bezeichnet werden. Es kommt auf die tatsächlichen Umstände an[121].

cc. Abhängigkeitsverhältnis

Ein Abhängigkeitsverhältnis liegt vor, wenn der vorgeschlagene Betreuer in einem Arbeits-, Dienst- oder sonstigen vertraglichen Verhältnis zu den genannten Einrichtungen steht. Demgemaß konnen Heimmitarbeiter (z.B. Heimleiter, Pflege- oder Reinigungskräfte) entgegen der gesetzlichen Wertung des § 1897 Abs. 5 BGB nicht Betreuer für ihre in diesem Heim lebenden Angehörigen, Bekannten oder Freunde werden, es sei denn, das Elternrecht gebietet im Einzelfall eine andere Wertung. Das Abhängigkeitsverhältnis muss zur Einrichtung selbst bestehen, es reicht nicht, wenn es nur zum Träger der Einrichtung existiert[122]. Zu fragen ist nach dem juristischen bzw. persönlichen Betreiber solcher Einrichtungen, also juristischen (z.B. Heimbetreiber in Form der gemGmbH, GmbH, KG, AG) oder natürlichen Personen (z.B. Heimleiter oder Heimeigentümer)[123]. Die Rechtsprechung hat ein Abhängigkeitsverhältnis bejaht, wenn der vorgeschlagene Betreuer in einer Einrichtung angestellt ist, die der gleichen Leitung unterliegt, wie das Heim, in dem der Betrof- **44**

116 BVerfG BtPrax 2006, 228
117 LG Neuruppin FamRZ 2009, 727
118 LG Bielefeld FamRZ 2012, 1326
119 AG Bremen-Blumenthal BtPrax 2012, 219 (LS)
120 BayObLG BtPrax 2001, 253
121 BayObLG BtPrax 2001, 253: Ohne Belang ist, ob die Unterbringungskosten in Rechnung gestellt werden.
122 BayObLG BtPrax 2001, 253
123 Damrau/Zimmermann, § 1897 BGB, Rn. 35

fene lebt[124], die Trägerschaft für die Heimeinrichtung auf einen Verein übergeht, bei dem der Vorgeschlagene hauptberuflich tätig ist[125] oder der Vorgeschlagene Mitarbeiter eines Vereins ist, der seinerseits als Alleingesellschafter einer GmbH das Heim betreibt und dem Geschäftsführer der GmbH die disziplinarische Aufsicht für den Vorgeschlagenen obliegt[126]. Das Abhängigkeitsverhältnis endet, wenn die entsprechende Person berentet wird[127].

Die vorgeschlagene Person selbst muss sich in dem Abhängigkeitsverhältnis befinden. Es schadet nicht, wenn der Vorgeschlagene mit einer solchen Person verwandt, bekannt oder befreundet ist[128].

Eine Besonderheit besteht bei kommunaler Heimträgerschaft. Mitarbeiter einer Gebietskörperschaft können, sofern kein unmittelbarer beruflicher Zusammenhang zum Heim (wie z.B. bei Tätigkeit in der Heimaufsicht) besteht, grundsätzlich Betreuer werden[129].

dd. Andere enge Beziehung

45 Eine enge Beziehung besteht, wenn die vorgeschlagene Person mit den in den genannten Einrichtungen selbst tätigen Mitarbeitern verwandt, besser bekannt und vertraut oder gut befreundet ist.

Demnach scheiden als Betreuer etwa die Verwandten von Mitarbeitern der jeweiligen Einrichtung, z.B. der Ehegatte des Heimleiters[130], der Vater einer im Heim tätigen Pflegerin[131], Freunde und Bekannte einzelner Mitarbeiter[132], aber ggf. auch Mitglieder eines die Einrichtung betreibenden Vereins, ein die Einrichtung betreuender niedergelassener Arzt[133] oder Beiratsmitglieder bzw. Geschäftsführer der Komplementär-GmbH der Kommanditgesellschaft, die die Einrichtung betreibt[134], aus.

Auch hier gilt die Besonderheit, dass ein kommunaler Bediensteter zum Betreuer bestellt werden kann, wenn die Kommune Heimträger ist[135].

b. Gesetzlicher Ausschluss der Vertretungsmacht

46 Zu nennen sind hier die in § 1908i Abs. 1 BGB in Bezug genommen §§ 1795, 1796 BGB.

Damit für einen Betreuer keine Interessenkollisionen entstehen können, darf er keine Insichgeschäfte abschließen, und zwar unabhängig davon, ob ein Interessenkonflikt besteht. Er darf also nicht auf beiden Seiten eines Rechtsgeschäftes stehen, §§ 1908i Abs. 1, 1795 Abs. 2 BGB.

Betrifft der Aufgabenkreis nur oder u.a. eine solche Angelegenheit, ist die entsprechende Person von Gesetzes wegen ganz bzw. für diesen Aufgabenkreis von der Übernahme des Amtes ausgeschlossen. Der Ausschluss gilt auch für einseitige Rechtsgeschäfte.

---

124 BayObLG BtPrax 1997, 36
125 LG Stuttgart BtPrax 1996, 75
126 BayObLG BtPrax 1998, 74; AG Bremen-Blumenthal BtPrax 2012, 219
127 BayObLG FamRZ 2002, 984
128 BayObLG BtPrax 1997, 36: Es könne aber eine sog. andere enge Beziehung vorliegen und zum Ausschluss führen.
129 BayObLG BtPrax 1997, 36
130 OLG Düsseldorf FamRZ 1994, 1416
131 BayObLG FamRZ 1999, 50
132 Damrau/Zimmermann, § 1897 BGB, Rn. 38
133 Jürgens-Jürgens, § 1897 BGB, Rn. 18
134 BayObLG BtPrax 2001, 253
135 BT-Drs. 11/4528, S. 127

Beispiele: Der zukünftige Betreuer müsste einen Kaufvertrag, Darlehensvertrag o.Ä. zwischen sich und dem Betreuten abschließen, Rückzahlungsansprüche des Betroffenen gegen sich prüfen und ggf. (gerichtlich) geltend machen[136], für den Betreuten sich selbst als Vermieter die Vermietung[137] oder die Kündigung der Wohnung aussprechen, oder eine ihm erteilte Vollmacht widerrufen[138].

Nichts anderes gilt, wenn es sich um Rechtsgeschäfte mit bestimmten Angehörigen (§ 1795 Abs. 1 Nr. 1 BGB) oder um Rechtsgeschäfte, die gesicherte Forderungen des Betreuten gegen den Betreuer betreffen (§ 1795 Abs. 1 Nr. 2 BGB), handelt.

Beispiele: Der zukünftige Betreuer müsste einen Kaufvertrag, Darlehensvertrag o.Ä. für den Betreuten mit seiner Ehefrau oder seinem Sohn abschließen oder für den Betreuten seiner Ehefrau als Vermieterin die Kündigung der Wohnung aussprechen.

Letztlich gilt der Ausschluss auch dann, wenn es sich bei der reglungsbedürftigen Angelegenheit um einen Rechtsstreit zwischen den in § 1795 Abs. 1 Nr. 1 BGB genannten Personen oder bzgl. der in Abs. 1 Nr. 2 genannten Angelegenheiten handelt.

Da es sich bei einem Erbscheinsverfahren um keinen Rechtsstreit i.S.d. §§ 1908i Abs. 1 **46a** Satz 1, 1795 BGB handelt, besteht kein Vertretungsausschluss für den zukünftigen Betreuer, der neben dem Betroffenen als gesetzlicher Erbe in Betracht kommt. Dieser Umstand begründet für sich allein auch keinen Interessenkonflikt i.S.d. §§ 1908i Abs. 1 Satz 1, 1795 BGB[139]. Etwas anderes gilt aber, wenn gegen den zukünftigen Betreuer der Pflichtteil für den Betreuten geltend zu machen ist[140].

c. Rechtsgedanken der §§ 1780, 1781 BGB

Zwar nimmt § 1908i BGB die §§ 1780, 1781 BGB nicht in Bezug, gleichwohl ist ihr Rechts- **47** gedanke zu berücksichtigen. Demzufolge kann niemand zum Betreuer bestellt werden, der nicht geschäftsfähig ist, § 1780 BGB. Er könnte z.B. den Betreuten nicht gerichtlich vertreten, wie es § 1902 BGB vorsieht, vgl. §§ 51, 52 ZPO. Die Frage der Geschäftsfähigkeit bestimmt sich nach § 104 BGB. Nach dessen Nr. 1 ist das nicht 7 Jahre alte Kind geschäftsunfähig; nach Nr. 2 auch derjenige, der sich in einem die freie Willensbestimmung ausschließenden Zustand krankhafter Störung der Geistesfähigkeit befindet, sofern nicht der Zustand seiner Natur nach ein vorübergehender ist (dazu in Teil A Rn. 74).

Auch derjenige, für den ein Betreuer bestellt ist (vgl. § 1781 Nr. 2 BGB), scheidet als Betreuer für einen Dritten aus, da er schon seine eigenen Angelegenheiten, zumindest zum Teil, nicht regeln kann[141].

Da es sich bei den §§ 1780, 1781 BGB um „Sollvorschriften" handelt, ist eine trotzdem erfolgte Bestellung nicht nichtig. Die entsprechende Person ist aber nach § 1908b Abs. 1 BGB aus dem Amt zu entlassen.

136 BayObLG BtPrax 2005, 110 und BtPrax 2004, 197
137 OVG Saarlouis BtPrax 2008, 261
138 OLG Brandenburg BtPrax 2009, 79
139 AG Hameln FamRZ 2010, 1272
140 LG Braunschweig FamRZ 2011, 675
141 Bienwald, § 1897 BGB, Rn. 64

d. Nebentätigkeitserlaubnis, § 1784 BGB

§ 1784 BGB Beamter oder Religionsdiener als Vormund

(1) Ein Beamter oder Religionsdiener, der nach den Landesgesetzen einer besonderen Erlaubnis zur Übernahme einer Vormundschaft bedarf, soll nicht ohne die vorgeschriebene Erlaubnis zum Vormund bestellt werden.

(2) Diese Erlaubnis darf nur versagt werden, wenn ein wichtiger dienstlicher Grund vorliegt.

48 Diese Vorschrift ist gemäß § 1908i Abs. 1 BGB entsprechend anzuwenden. Sie soll im öffentlichen Interesse sicherstellen, dass ein Beamter nicht ohne Erlaubnis seines Dienstherrn zum Betreuer bestellt wird und gilt für Bundes- und Landesbeamte. Die einzelnen Gesetze regeln die Frage der Nebentätigkeitserlaubnis indes unterschiedlich:

Nach den Bundesgesetzen, § 97 Abs. 4 BBG, gilt, dass die Übernahme einer unentgeltlichen Betreuung für einen Angehörigen keiner Genehmigung bedarf, sondern nur angezeigt werden muss. Zu den Angehörigen gehören die in gerader Linie Verwandten sowie Verschwägerten. Nach den Intentionen des Betreuungsgesetzes ist der Begriff weit auszulegen. Die Beantragung von Aufwendungsersatz bzw. der Zahlung der Aufwandspauschale nach §§ 1835, 1835a BGB steht einer Unentgeltlichkeit nicht entgegen[142].

Entsprechendes gilt für Soldaten, §§ 20, 21 Soldatengesetz, und Richter, § 46 DRiG. Für Religionsdiener der christlichen Kirchen und anderer Religionsgemeinschaften (z.B. Priester, Diakone, Ordensmitglieder) gilt deren Kirchenrecht, das z.T. ebenfalls Genehmigungsvorbehalte kennt[143].

Bei der Übernahme der Betreuung für einen Nichtangehörigen, z.B. Arbeitskollegen, Freund, Nachbarn, oder der entgeltlichen Ausübung des Amtes bedarf es dagegen der Erlaubnis des Dienstherrn[144].

Die Landesgesetze sehen überwiegend gleichlautende Regelungen vor, z.B.vgl. etwa § 49 Abs. 1 Satz 2 LBG NRW[145]. Entsprechendes gilt für Richter, z.B. § 2 Abs. 2 Satz LRiStaG NRW.

Nach § 1784 Abs. 2 BGB darf die Erlaubnis nur aus wichtigen dienstlichen Gründen versagt werden. Abweichend davon räumen die Nebentätigkeitsbestimmungen des Bundes engere (zwingende dienstliche Gründe, vgl. § 21 Satz 2 SoldatenG), aber auch weitere (Beeinträchtigung dienstlicher Interessen, vgl. § 99 Abs. 2 BBG) Ablehnungsgründe ein. Mit der herrschenden Auffassung ist davon auszugehen, dass eine Nebentätigkeitsgenehmigung generell nur bei Entgegenstehen wichtiger dienstlicher Gründe versagt werden kann[146]. Solche Gründe können etwa vorliegen, wenn die Nebentätigkeit die Arbeitskraft des Beamten zu sehr in Anspruch nimmt, die Nebentätigkeit im Widerspruch zu dienstlichen Pflichten steht, sie die Unparteilichkeit bzw. Unbefangenheit des Beamten beeinflussen oder eine zukünftige dienstliche Verwendung einschränken kann.

49 Gegen die Versagung der Genehmigung kann der Beamte verwaltungsrechtlich vorgehen.

Ohne Nebentätigkeitserlaubnis darf das Amt des Betreuers grundsätzlich nicht übernommen werden[147]. Wird ein Beamter, Richter oder Religionslehrer ohne die erforderliche Nebentätigkeitserlaubnis zum Betreuer bestellt, ist diese Entscheidung nicht nichtig. Der be-

142 Jürgens-von Crailsheim, § 1784 BGB, Rn. 3
143 Deinert, Recht im Amt 2017, 245 ff.; Nachweise bei Erman-Saar, § 1784, Rn. 3
144 Ein Beamter kann grundsätzlich Betreuungen beruflich im Nebenberuf ausüben, BVerfG FamRZ 1999, 568
145 Ein Überblick dazu bietet: HK-BUR-Deinert, § 1784 BGB, Rn. 2
146 Jürgens-von Crailsheim, § 1784 BGB, Rn. 9
147 BVerwG NJW 1996, 139

troffene Betreuer ist aber aus dem Amt zu entlassen, §§ 1908i Abs. 1 Satz 1, 1888 BGB. Dies gilt auch, wenn die Nebentätigkeitserlaubnis später zurückgenommen wird.

3. Vorschlag des Betroffenen

Weiteres und grundsätzlich wichtigstes Kriterium bei der Betreuerauswahl ist der Vorschlag des Betroffenen, § 1897 Abs. 4 Satz 1 BGB[148]. Ein solcher, nicht dem Wohl des Betroffenen zuwiderlaufender Vorschlag ist vorrangig, selbst wenn geeignete Personen zur Verfügung ständen[149] oder ein Familienfremder benannt wird, obwohl ein Verwandter bereit wäre, das Amt zu übernehmen[150]. **50**

Wurde der Wunsch auf Bestellung einer bestimmten Person zum Betreuer lange vor Beginn des Betreuungsverfahrens geäußert, ist zu prüfen, ob der Betroffene an ihm festhalten will[151].

a. Vorschlag

Die Äußerung eines Vorschlages setzt nicht voraus, dass der Betroffene geschäftsfähig ist oder einen gewissen Grad an Einsichtsfähigkeit besitzt[152]. Der Vorschlag muss nicht einmal ernsthaft, eigenständig und dauerhaft gebildet sein[153]. Es genügt die Äußerung, eine bestimmte Person als Betreuer zu wollen[154]. Die Äußerung, keinen Betreuer, sondern eine Person, die „einen psychosozial an die Hand nimmt" zu wollen, beinhaltet allerdings noch keinen Vorschlag[155]. Gleiches gilt, wenn lediglich die Frage danach, ob eine bestimmte Person zum Betreuer bestellt werden soll, bejaht wird[156]. Bei entsprechend anderer Fragestellung würde nämlich häufig eine weitere Person bezeichnet werden[157]. **51**

Der Vorschlag kann sogar aufgrund einer Laune, aus der jeweiligen Situation heraus emotional geprägt erfolgen oder ohne ernsthaften Hintergrund dahin gesagt sein. Gerade im Licht der UN-Behindertenrechtskonvention muss sichergestellt bleiben, dass individuelle Wünsche des Betroffenen zu beachten sind. Er muss lediglich vom natürlichen Willen getragen sein[158]. Es genügt, wenn der Betroffene trotz seiner Behinderung Wünsche in Bezug auf seine Lebensumstände äußern kann[159].

Etwaigen Gefahren oder einem Missbrauch im Rahmen des Vorschlagrechts kann dadurch entgegen gewirkt werden, dass zum Wohl des Betroffenen dessen Vorschlag übergangen werden kann[160]. Es müssen dann aber nach umfassender Abwägung aller relevanter Umstände Gründe von erheblichem Gewicht gegen die Bestellung der vorgeschlagenen Person bestehen[161]. **51a**

---

148 BGH BtPrax 2016, 234 und 2015, 64 und NJW 2011, 925 und 2010, 3777. Ein Vorschlag der Betreuungsbehörde bindet die Gerichte dagegen nicht, OLG Hamm BtPrax 2006, 187.Ein Vorschlag soll das gesetzlich vorgegebene Rangverhältnis zwischen den einzelnen Betreuertypen indes nicht überwinden können, LG Kleve BtPrax 2016, 246 (LS).
149 BayObLG FamRZ 1999, 49; BtPrax 2001, 218 (LS)
150 BayObLG FamRZ 1999, 53
151 BayObLG FamRZ 2004, 1750
152 BGH BtPrax 2013, 248 und 249 sowie NJW-RR 2011, 723
153 BGH NJW 2011, 925; a.A. BayObLG BtPrax 2004, 159
154 BGH FamRZ 2018, 947; FamRZ 2018, 945; BtPrax 2017, 245 f.; BtPrax 2017, 244; BtPrax 2013, 249
155 BGH BtPrax 2010, 279
156 BayObLG NJOZ 2005, 966 und BtPrax 2004, 159; OLG Hamm FamRZ 1996, 1372
157 OLG Zweibrücken NJW-RR 2002, 292
158 Enger noch BayObLG BtPrax 2005, 35; 2002, 36; 2000, 260;
159 BayObLG BtPrax 2002, 36
160 BGH NJW 2011, 925 und 2135 sowie 2010, 3777
161 BGH NJW-RR 2011, 289

Vorsicht ist in Bezug auf den Vorschlag eines in seiner Auffassungsgabe krankheitsbedingt eingeschränkten Betroffenen geboten. Zwar kommt es nicht darauf an, ob der Wunsch des Betroffenen durch seine Krankheit beeinflusst ist[162]. Bei reduzierter oder gar aufgehobener Auffassungsgabe kann die Frage nach einem Betreuervorschlag u.U. geistig nicht als solche aufgefasst, fehlinterpretiert und/oder unrichtig umgesetzt werden.

Deshalb beinhaltet die Freude signalisierende nonverbale Reaktion eines solchen Betroffenen keinen Vorschlag[163]. Im Verfahren auf die Entlassung des bisherigen Betreuers kann es aber genügen, wenn der Betroffene sich an einen Verfahrensbevollmächtigten gewandt hat, ihn zu vertreten und sich dessen Vorschlag bzw. den der Betreuungsbehörde zu Eigen macht[164].

51b An den Inhalt eines Vorschlages dürfen keine überspannten Anforderungen gestellt werden. Lediglich unsinnige, unrealistische oder dauernd wechselnde Vorschläge, z.B. der Bundeskanzler, der Papst, Schauspieler, berühmte Sportler etc. können unberücksichtigt bleiben. Auch bei massiver Beeinflussung durch Dritte, z.B. aufgrund massiver Vermögensinteressen, bleibt der Vorschlag bindend[165]. Eine Korrektur kann nur im Rahmen des Übergehens des Vorschlages zum Wohl des Betroffenen erfolgen (siehe dazu unten Rn. 54 ff.).

Die Intensität der Bindungswirkung des Vorschlages ist davon unabhängig, ob der Betroffene geschäftsfähig ist oder nicht[166].

b. Inhalt des Vorschlages

52 Das Vorschlagsrecht kann sich nur auf eine natürliche Person, nicht aber auf einen Verein oder die zuständige Behörde beziehen. Der Vorschlag, einen bestimmten Verein oder die zuständige Behörde zu bestellen, bleibt demgemäß ohne Bindungswirkung für das Gericht[167].

Uneinheitlich wird die Frage beantwortet, ob der Vorschlag, einen bestimmten Berufsbetreuer zu bestellen, bindend ist, obgleich ein geeigneter ehrenamtlicher Betreuer vorhanden wäre. Mit zutreffender Begründung wird dies dann bejaht, wenn der Betroffene bemittelt ist und die Vergütung des Betreuers aus seinem Vermögen gewährt werden kann oder aber zwischen diesem Berufsbetreuer und dem Betroffenen eine enge persönliche Bindung besteht[168].

Der Vorschlag kann auch einen negativen Inhalt haben, d.h. den Wunsch äußern, eine bestimmte Person nicht als Betreuer zu bestellen, § 1897 Abs. 4 Satz 2 BGB. Insoweit besteht allerdings keine Bedingungswirkung; das Gericht soll diesen negativen Vorschlag lediglich berücksichtigen[169]. Er darf also nicht ohne weiteres übergangen werden oder gar unbeachtet bleiben. Vielmehr sind die maßgeblichen Gründe der Ablehnung zu ermitteln und abwägend zu beachten[170]. Etwas anderes gilt nur, wenn der Betroffene unterschiedslos alle Personen ablehnt, die geeignet und in der Lage sind, das Betreueramt zu übernehmen. Zwar kann ein negativer Vorschlag im Verfahren auf Bestellung eines vorläufigen Betreuers

162 BayObLG BtPrax 2002, 165, 166
163 OLG Köln JMBl. NRW 2005, 70
164 LG München BtPrax 2007, 221f; OLG Schleswig, FGPrax 2005, 214
165 A.A. BayObLG BtPrax 2003, 270: Der Vorschlag wurde dort nur in Gegenwart dieser Person bzw. unter außergerichtlichem Einfluss geäußert; ähnlich BayObLG BtPrax 2004, 111.
166 BayObLG BtPrax 2002, 165, 166; wohl auch OLG Düsseldorf BtPrax 1995, 110. A.A. Damrau/Zimmermann, § 1897 BGB, Rn. 43, wonach der vom Geschäftsfähigen Vorgeschlagene selbst dann zu bestellen ist, wenn damit das Wohl des Betroffenen verletzt wird.
167 BayObLG FamRZ 1999, 52
168 Thür.OLG FamRZ 2001, 714. A.A. KG NJOZ 2006, 3164; LG Kleve, FamRZ 2016, 2034, ein solcher Vorschlag kann das gesetzlich vorgegebene Rangverhältnis zwischen den einzelnen Betreuertypen nicht überwinden.
169 BGH BtPrax 2011, 208
170 KG BtPrax 2010, 235

zunächst unberücksichtigt bleiben. Er muss dann aber bei der Hauptsacheentscheidung – im Rahmen des Auswahlermessens – Beachtung finden[171].

c. Zeitpunkt des Vorschlages

In der Regel wird der Betroffene seinen Vorschlag im Betreuungsverfahren, z.B. während der persönlichen Anhörung, äußern. **53**

Nach § 1897 Abs. 4 Satz 2 BGB kommt Vorschlägen, die der Betroffene vor dem Betreuungsverfahren gemacht hat, dieselbe Wirkung zu. Etwas anderes gilt nur, wenn er an diesem früheren Vorschlag erkennbar nicht festhalten will.

Solche Vorschläge können – formlos – mündlich, z.B. gegenüber Familienangehörigen oder Freunden, sowie schriftlich, z.B. in einer Betreuungsverfügung (§ 1901c BGB) oder Vorsorgevollmacht (§ 1896 Abs. 2 BGB), geäußert werden. Aus Beweisgründen wird sich eine schriftliche Niederlegung empfehlen, gegebenenfalls muss das Gericht zu dieser Frage aber Beweis erheben.

Die Bindung entfällt, wenn der Betroffene daran erkennbar nicht festhalten will. Das lässt sich bejahen, wenn er selbst mit natürlichem Willen seinen früheren Vorschlag widerruft oder aus den gesamten Umständen erkennbar wird, dass das Gericht an die frühere Äußerung nicht mehr gebunden sein soll[172].

d. Übergehen des Vorschlages

Der Vorschlag des Betroffenen kann nur übergangen werden, wenn konkrete Tatsachen dafür vorgetragen oder ersichtlich sind, die die ernsthafte Gefahr begründen, dass diese Person das Amt nicht zum Wohle des Betroffenen führen kann oder will[173]. **54**

Das Gesetz will den Betroffenen so vor übereilten, nicht durchdachten bzw. vor von falschen oder eigennützigen Ratgebern beeinflussten Entscheidungen schützen. Zu prüfen ist vorab immer, ob das Wohl des Betreuten durch den Vorschlag wirklich konkret gefährdet ist.

Die Rechtsprechung hat eine Reihe von Konstellationen herausgearbeitet, in denen ein Vorschlag dem Wohl des Betroffenen zuwiderläuft bzw. dem Wohl nicht entgegensteht:

Zu nennen ist zuerst eine fehlende Eignung (dazu oben Rn. 35 ff.) des Vorgeschlagenen[174]. **54a**
Der Begriff der Eignung ist allerdings im Rahmen eines Vorschlags des Betroffenen individuell und unter Berücksichtigung der Wünsche des Betroffenen auszulegen. Im Ergebnis müssen die gegen die Eignung sprechenden Erkenntnisse einen das Wohl des Betroffenen gefährdenden Eignungsmangel ergeben, Dabei muss der Eignungsmangel in die Zukunft wirken und sich auf die von der Betreuung umfassten Aufgabenkreise beziehen[175]. Daneben können auch das Bestehen konkreter und erheblicher Interessenkonflikte oder das fehlende Können oder Wollen, die einzelnen in Betracht kommenden Aufgabenkreise zum Wohl des Betroffenen wahrzunehmen, zum Übergehen des Vorschlags führen. Auch die

---

171 KG NJOZ 2006, 3164; OLG Köln JMBl. NRW 2005, 20

172 Beispiel: Der Betroffene ist gegenüber dem früher Vorgeschlagenen misstrauisch, lehnt Kontakte ab oder hat sich jemandem anderes zugewandt – und bringt dieser Person erkennbar mehr Vertrauen und/oder emotionale Verbundenheit entgegen – oder führt mit ihr inzwischen sogar einen Rechtsstreit, vgl. BayObLG FamRZ 2004, 1750.

173 BGH FamRZ 2018, 947; FamRZ 2018, 945; BGH BtPrax 2017, 245 f.; BtPrax 2017, 244; BtPrax 2015, 155 und NJW 2011, 925 und 2135; 2010, 3777; BayObLG BtPrax 2002, 36; OLG Brandenburg FamRZ 2001, 936. Die übergangene Person ist zuvor vom Gericht persönlich anzuhören, BtPrax 2013, 248 und NJW 2011, 925.

174 BGH BtPrax 2018, 34; BtPrax 2013, 249: Vorgeschlagener Betreuer erkennt und akzeptiert die psychische Erkrankung des Betroffenen nicht; BayObLG FamRZ 1997, 245

175 BGH BtPrax 2017, 245 f.; BtPrax 2017, 244

fehlende Redlichkeit des Vorgeschlagenen kann dazu führen, ihn zum Wohl des Betroffenen zu übergehen.

54b So haben die Gerichte es gebilligt, den vorgeschlagenen Angehörigen zu übergehen, wenn der Vorgeschlagene die psychische Erkrankung des Betroffenen weder erkennen noch akzeptieren kann[176] oder die Interessenkonflikte zu Spannungen geführt haben, die der Betroffene wahrnimmt[177] bzw. aufgrund derer die Regelung seiner wirtschaftlichen oder sonstigen Verhältnisse nicht gewährleistet ist[178]. Gleiches gilt, wenn der Vorgeschlagene den Betroffenen offensichtlich als Pflichtteilsberechtigten benachteiligen will, eine eigennützige Vermögensverwaltung beabsichtigt oder er die Mittel zur Finanzierung einer Pflegekraft dem Vermögen des Betroffenen entnimmt, obwohl er selbst zur Kostentragung verpflichtet ist[179] bzw. an sich und andere Geldgeschenke im Wege der vorweggenommenen Erbfolge aus dem Vermögen des Betroffenen veranlasst[180]; ebenso, wenn die vorgeschlagene Ehefrau den Vermögensbereich regeln soll, wobei sich das Vermögen überwiegend aus dem von ihr und ihren Eltern bewohnten Mehrfamilienhaus des Betroffenen zusammensetzt[181].

Auch der Umstand, dass die vorgeschlagene Person als Ersatzbetreuer bereits Pflichtwidrigkeiten begangen hat[182] oder den Scham- bzw. Intimbereich des Betroffenen verletzt[183], kann die Gefährdung des Wohls des Betroffenen belegen. Eine rechtskräftige strafrechtliche Verurteilung wegen eines Vermögensdeliktes steht der Eignung für den Vermögensbereich entgegen, wenn die Bestellung der vorgeschlagenen Person das Wohl des Betroffenen gefährdet[184]. Die strafrechtliche Verurteilung wegen eines Aussagedeliktes rechtfertigt das Übergehen des Vorschlages dagegen nur, wenn sie die Ungeeignetheit für bestimmte Aufgabenkreise belegt[185]. Der Verweis auf die Feststellung der Ungeeignetheit:in einem anderen Verfahren genügt nicht. Sie ist vielmehr vollständig und überprüfbar für jedes einzelne Verfahren darzulegen[186]

54c Wird ein Rechtsanwalt als Betreuer vorgeschlagen, muss das Gericht zudem berücksichtigen, ob dieser mit der Übernahme des Betreueramtes gegen ein Tätigkeitsverbot nach § 45 Abs. 2 BRAO verstoßen würde[187]. Nach § 45 Abs. 2 Nr. 1 BRAO ist einem Rechtsanwalt eine Tätigkeit als Betreuer in solchen Angelegenheiten untersagt, mit denen er bereits gegen den Träger des zu verwaltenden Vermögens als Rechtsanwalt befasst war. Nach Nr. 2 ist eine Tätigkeit als Betreuer ausgeschlossen, wenn ein Rechtsanwalt dadurch in derselben Angelegenheit, mit der er bereits als Rechtsanwalt befasst gewesen ist, in einer nicht anwaltlichen zweitberuflichen Funktion tätig werden würde.

55 Dem Wohl des Betroffenen steht es dagegen nicht entgegen, wenn es zwar unter den Kindern des Betroffenen Streit über die Verwertung elterlichen Vermögens gibt, das vorgeschlagene Kind die Vermögensinteressen aber objektiv und sachgerecht vornimmt[188], der

176 BGH BtPrax 2013, 219
177 BayObLG BtPrax 2004, 112; OLG Köln FamRZ 2000, 188: Aber nur, wenn ein Fremder diese Spannungen vermeiden kann. Ähnlich OLG Köln FGPrax 2009, 70.
178 BayObLG BtPrax 2004, 112
179 OLG Zweibrücken BtPrax 2004, 246
180 BayObLG BtPrax 2004, 35
181 BayObLG BtPrax 2000, 91 und 260 sowie FamRZ 2001, 1249
182 BGH NJW 2011, 2135
183 LG Bielefeld FamRZ 2012, 1671
184 OLG Brandenburg FamRZ 2001, 936, weil z.B. konkrete Vermögensgefährdungen bestehen. Selbst die Einleitung eines Strafverfahrens kann die Eignung entfallen lassen, BayObLG FamRZ 2005, 931.
185 KG FamRZ 2006, 889
186 BGH BtPrax 2017, 72
187 BGH BtPrax 2016, 31 und 2014, 78: Vertretung in Strafsachen steht nicht entgegen
188 OLG Köln FamRZ 2000, 512; ähnlich BayObLG BtPrax 2002, 165, 166 f.

Vorgeschlagene und der Betroffene in einem gemeinsamen Haushalt leben, wobei der Vorgeschlagene vom Betroffenen Leistungen für geleistete Hilfen bezieht, oder allein die Rechtsstellung eines potenziellen Erben des Betroffenen[189].

Selbst wenn nun festgestellt werden kann, dass der Vorschlag dem Wohl des Betroffenen zuwiderläuft, muss das Gericht vor einer endgültigen Nichtberücksichtigung dieser Person zunächst noch eine Abwägung vornehmen. **56**

Diese Abwägung muss im Ergebnis deutlich gegen die Bestellung der vorgeschlagenen Person sprechen[190]. Kleinere Nachteile für den Betreuten, geringere Interessenkonflikte, allgemeine Befürchtungen oder der Umstand, dass eine andere Person geeigneter wäre, genügen nicht, um den Vorschlag zu entkräften[191]. In Betracht zu ziehen ist immer, ob – als milderes Mittel – nicht andere Möglichkeiten zur Verfügung stehen, Gefährdungen des Wohles des Betroffenen zu minimieren oder auszuschließen. So kann das Gericht etwa die Verpflichtung zur Rechnungslegung anordnen, wenn das an sich hiervon befreite vorgeschlagenen Kind Befürchtungen hinsichtlich einer ordnungsgemäßen Vermögensverwaltung erweckt hat oder Zweifel an seiner ausreichenden Erfahrung bzw. Sachkompetenz bestehen, vgl. §§ 1908i Abs. 2 Satz 2, 1854, 1857a BGB[192]. Ebenso können die Mittel der betreuungsgerichtlichen Aufsicht und Weisung, §§ 1837, 1839 BGB, zur Abwendung konkreter Gefährdungen zum Einsatz gelangen[193]. Bei der Abwägung ist auch zu beachten, ob der Vorschlag des Betroffenen dessen eigenen Willen widerspiegelt oder er aufgrund von Willensbeeinflussung entstanden ist[194]. Auch das persönliche Verhältnis des Vorgeschlagenen zum Betroffenen ist von Bedeutung.

Schließlich bleibt im Rahmen des Verhältnismäßigkeitsgrundsatzes zu überlegen, ob dem Vorgeschlagenen nicht zumindest die Teilbereiche der Betreuung, für deren Wahrnehmung er geeignet ist, übertragen werden können[195]. So kann gewährleistet werden, dem Vorschlag des Betroffenen weitgehend Rechnung zu tragen.

Handelte es sich um einen vor der Einleitung des Betreuungsverfahrens geäußerten Vorschlag, kann er übergangen werden, wenn der Betroffene sich von ihm distanziert hat oder an ihm erkennbar nicht mehr festhalten will[196]. **57**

Dieser Gedanke muss auch gelten, wenn der Vorschlag im laufenden Verfahren abgegeben und vor Bestellung eines Betreuers vom Betroffenen widerrufen wird.

4. Fehlender Vorschlag

Bei Fehlen eines Vorschlages des Betroffenen räumt das Gesetz dem Gericht in § 1897 Abs. 5 ein Auswahlermessen ein, um aus dem Kreis der potenziell geeigneten Personen einen Betreuer auszuwählen. Dabei soll auf die verwandtschaftlichen und sonstigen persönlichen Bindungen des Betroffenen, insbesondere auf Bindungen zu Eltern, zu Kindern, zum Ehegatten und zum gleichgeschlechtlichen Lebenspartner (§ 1 LPartG), sowie auf die Gefahr von Interessenkonflikten Rücksicht genommen werden. Sämtliche für und gegen die Bestellung sprechenden Gründe sind zu berücksichtigen. § 1897 Abs. 5 BGB gilt auch dann, wenn der Betroffene einen nahen Verwandten, der zu ihm persönliche Bindungen **58**

189 OLG Düsseldorf FamRZ 1996, 1373
190 BGH NJW-RR 2011, 289; BayObLG BtPrax 2004, 112; FamRZ 1999, 49
191 BayObLG FamRZ 1994, 323 und BtPrax 2004, 112; KG FamRZ 1995, 1442
192 KG BtPrax 2009, 128; BayObLG FamRZ 2003, 475 f.; OLG Zweibrücken NJWE-FER 1997, 155
193 BayObLG BtPrax 2003, 269 f. und FamRZ 1999, 51
194 BayObLG BtPrax 2004, 111 f. und FamRZ 1996, 1373
195 BGH FamRZ 2018, 945; BtPrax 2015, 149; KG BtPrax 2009, 128; BayObLG BtPrax 2002, 36; FamRZ 1997, 900; OLG Düsseldorf NJWE-FER 2000, 91
196 BayObLG FamRZ 2004 1750

unterhält, als Betreuer benannt hat. Aus der gesetzlichen Wertentscheidung leitet sich ab, dass dieser Verwandte „erst recht" zum Betreuer zu bestellen ist[197]. Er kann zugunsten eines Berufsbetreuers nur übergangen werden, wenn gewichtige Gründe des Wohls des Betreuten seiner Bestellung entgegenstehen.

Bei der Auswahl zwischen mehreren geeigneten Personen steht den Tatsacheninstanzen ein Ermessen zu. Im Ergebnis soll die bestmögliche Kombination von persönlicher Betreuung und Besorgung der Angelegenheiten des Betroffenen erreicht werden. Diese Bindungen bewirken keinen Vorrang der entsprechenden Person Außenstehenden gegenüber, sie müssen allerdings in die Ermessensausübung einfließen und Beachtung finden. Beachtung kann finden, ob der Betroffene einer der geeigneten Personen mehr Vertrauen entgegen bringt als anderen bzw. zwischen ihnen ein besonderes Näheverhältnis besteht[198]. Auch selbstgewählte, religiös motivierte Formen des Zusammenlebens können Berücksichtigung finden[199].

59 Die verwandtschaftlichen Bindungen nennt das Gesetz, um den in Art. 6 GG garantierten Schutz der Familie auch im Fall betreuungsbedürftiger Angehöriger zu gewährleisten. Einen bestimmten Grad der Verwandtschaft verlangt das Gesetz nicht, hebt aber Eltern, Kinder, Ehegatten und Lebenspartner besonders hervor. Sie können als Betreuer nur übergangen werden, wenn gewichtige Gründe des Wohls des Betroffenen gegen ihre Bestellung sprechen[200]. Hinzu zu zählen sind auch Lebensgefährten[201].

60 Im Einzelfall werden die Gerichte zu beachten haben, dass:

- Angehörige in der Regel die Bedürfnisse und das Äußerungsverhalten des Betroffenen besser kennen als Fremde[202], es sei denn, dass wegen räumlicher Entfernung kaum noch persönliche Kontakte bestehen[203];
- bei innerfamiliären Konflikten[204], starker emotionaler Beteiligung, fehlender Eignung[205] oder Durchsetzungsfähigkeit gegenüber dem Betroffenen sowie übermäßiger Belastung des Familienfriedens wegen der vom Betroffenen nicht akzeptierten Entscheidungen des künftigen Betreuers die Bestellung eines Fremden zum Betreuer sachgerecht sein kann[206].

Persönliche Bindungen bestehen zu Freunden, oftmals auch zu Arbeitskollegen, Mitarbeitern von Hilfsdiensten, Beratungsstellen oder zu Ärzten[207]. Das Gesetz meint damit aber auch religiöse, weltanschauliche, kulturelle oder andere Bindungen[208].

61 Letztlich hat das Gericht bei seinem Auswahlermessen den Gesichtspunkt bestehender Interessenkonflikte einfließen zu lassen. Eine Person, die sich für einen bestimmten Aufgabenkreis in einem Interessenkonflikt zum Betroffenen befindet, soll nicht bestellt werden.

---

197 BGH BtPrax 2018, 29 und 2017, 199
198 BGH MDR 2018, 32
199 LG Passau BtPrax 2016, 812: Betroffener war Ordensmitglied
200 BGH MDR 2017, 1188; NJW 2011, 925
201 OLG Köln FamRZ 2000, 116; sie haben aber keinen Anspruch darauf, zum Betreuer bestellt zu werden und demgemäß kein Beschwerderecht bei Nichtberücksichtigung, OLG Schleswig FGPrax 2002, 277
202 BayObLG NJWE-FER 2000, 259, FamRZ 2001, 1249
203 OLG Celle FamRZ 1997, 845
204 Konflikte müssen konkret mit Tatsachen belegt sein, BGH NJW 2010, 3777, vgl. auch BayObLG BtPrax 2004, 197
205 Beispielsweise aufgrund eigener psychischer Erkrankung, BayObLG FamRZ 2005, 931, oder aufgrund von Versuchen, von einem geschäftsunfähigen Betroffenen eine Vollmacht zu erlangen, BayObLG BtPrax 2004, 159.
206 Damrau/Zimmermann, § 1897 BGB, Rn. 54
207 BayObLG BtPrax 2003, 177
208 BT-Drs. 11/4528, S. 128

Der Konflikt muss sich anhand konkreter Umstände ergeben[209], darf nicht allein potenzieller Natur[210] und nicht nur von geringerem Gewicht[211] sein. Interessenkonflikte sprechen aber ohne zugrunde liegenden Vorschlag des Betroffenen eher gegen die Auswahl einer solchen Person. Sie bestehen etwa bei Hausärzten oder Mitarbeitern ambulanter Pflegedienste, wenn die Betreuung die Gesundheitsfürsorge oder die Aufenthaltsbestimmung betrifft[212] bzw. bei Anwälten, wenn sie in einem anhängigen Rechtsstreit die Gegenseite vertreten[213].

Verwandtschaftliche Bindungen können übergangen werden, wenn wegen räumlicher Entfernung kaum noch persönliche Kontakte erfolgen[214].

5. Berufsmäßige Betreuung

Nach § 1897 Abs. 6 Satz 1 BGB darf ein Berufsbetreuer nur bestellt werden, wenn ein geeigneter Betreuer, der das Amt ehrenamtlich führt, nicht zur Verfügung steht. 62

Der Gesetzgeber wollte den Vorrang des ehrenamtlichen Einzelbetreuers vor einem solchen, der das Amt beruflich ausübt, betonen. Von einem Berufsbetreuer spricht man, wenn einer Person Betreuungen in einem derartigen Umfang übertragen sind, das sie sie nur im Rahmen ihrer Berufsausübung führen kann oder wenn zu erwarten ist, dass ihr in absehbarer Zeit Betreuungen in diesem Umfang übertragen sein werden, § 1 Abs. 1 Satz 1 VBVG. Der Vorrang des ehrenamtlichen Betreuers gilt natürlich nur, wenn er im Einzelfall die ausreichende persönliche und sachliche Eignung besitzt und keine Interessenkonflikte bestehen. Eine Ausnahme wird man machen müssen, wenn der Betroffene ausdrücklich die Bestellung eines Berufsbetreuers wünscht (dazu oben Rn. 52). Ein Berufsbetreuer kann anstelle eines übernahmebereiten ehrenamtlichen Betreuers auch bestellt werden, wenn dies zum Wohl des Betroffenen erforderlich ist[215]. Soll ein Berufsbetreuer bestellt werden, wird das Gericht dafür Sorge zu tragen haben, dass sich der Betroffene und der ins Auge gefasste Berufsbetreuer rechtzeitig vor der Bestellung kennen lernen können.

Um den Vorrang des ehrenamtlichen Betreuers auch in laufenden Verfahren zu gewährleisten, ist in Satz 2 eine Mitteilungspflicht für den Berufsbetreuer verankert. Erscheint ihm im Einzelfall die Bestellung einer oder mehrere geeigneter ehrenamtlicher Betreuer möglich zu sein, hat er dies dem Gericht mitzuteilen. Eine Sanktion bei fehlender Mitteilung sieht das Gesetz nicht vor, so dass die Vorschrift nicht immer ausreichende Beachtung findet. Erfolgt eine entsprechende Mitteilung und ergeben die Ermittlungen des Gerichtes, dass das Amt von einem oder mehreren Betreuern ehrenamtlich geführt werden kann, ist der Berufsbetreuer aus seinem Amt zu entlassen, § 1908b Abs. 1 Satz 3 BGB. Dem Gericht ist dabei Ermessen eingeräumt (vgl. dazu unten Rn. 101). Lehnt das Gericht die Entlassung des Berufsbetreuers zwecks Bestellung eines oder mehrerer ehrenamtlicher Betreuer ab, steht der Landeskasse dagegen das Rechtsmittel der Beschwerde zu, § 304 Abs. 1 Satz 2 FamFG. 63

In der Praxis zeigt sich, dass im Verlaufe der Betreuung häufig Angehörige oder Dritte das Betreueramt ehrenamtlich von einem Berufsbetreuer übernehmen können und wollen.

209 BGH NJW 2010, 3777; BayObLG FamRZ 2001, 1249: Interessenkollision im Vermögensbereich. Nimmt die vorgesehene Person den Betroffenen in seinen Haushalt auf, ergeben sich daraus für den Vermögensbereich keine Interessenkonflikte, OLG München BtPrax 2008, 76.
210 Z.B. potenzieller Erbe, BT-Drs. 11/4528, S. 128
211 BayObLG BtPrax 2004, 159; OLG Köln JMBl. NRW 2005, 70
212 Jürgens-Jürgens, § 1897 BGB, Rn. 18
213 Damrau/Zimmermann, § 1897 BGB, Rn. 58
214 OLG Celle FamRZ 1997, 845
215 Etwa weil der Berufsbetreuer wesentlich geeigneter ist, BayObLG FamRZ 2002, 768

Konfliktträchtige oder belastende Entscheidungen (Zwangsbehandlungen, Wohnungsauflösung etc.) sind getroffen oder Regelungsdefizite mit Interessenkollisionen zwischen Angehörigen und Betreuern konnten beseitigt werden. Oftmals führen aber auch erste Vergütungsabrechnungen zu einer Übernahmebereitschaft Angehöriger. Hier werden die Gerichte sehr genau darauf zu achten haben, ob eine ausreichende sachliche und persönliche Eignung vorhanden ist.

Durch das 2. BtÄndG hat das Gesetz in § 1897 Abs. 8 BGB eine Erklärungspflicht für Berufsbetreuer normiert. Danach müssen sie dem Gericht Auskunft über Zahl und Umfang der von ihnen berufsmäßig geführten Betreuungen erteilen (vgl. auch oben Rn. 5). Dies geschieht durch Mitteilung der wesentlichen Kriterien[216]. Das Gericht soll so im Einzelfall die Eignung eines Berufsbetreuers besser beurteilen können.

63a Aufgrund der ab 25.5.2018 geltenden EU Datenschutz Grundverordnung (EU-DSGVO) treffen den Betreuer darüber hinaus datenschutzrechtliche Verpflichtungen. Zu Einzelheiten wird auf Teil D, Randnummer 140 ff., verwiesen.

6. Erstmalige Bestellung eines Berufsbetreuers im Gerichtsbezirk

64 Um möglichst geeignete Berufsbetreuer in den einzelnen Gerichtsbezirken zu beschäftigen, soll das Gericht die örtliche Betreuungsbehörde anhören, bevor es eine Person erstmals als Berufsbetreuer bestellt, § 1897 Abs. 7 Satz 1 BGB. Die Anhörung steht im Ermessen des Gerichtes und erfolgt schriftlich. Die Betreuungsbehörde soll sich zum einen dazu äußern, ob der Berufsbetreuer eine ausreichende Eignung aufweist. Die Betreuungsbehörde wird sich also etwa zur Ausbildung, zu der bisherigen Berufstätigkeit, besonderen fachlichen und persönlichen Fähigkeiten, aber auch zum finanziellen Hintergrund und der Kontinuität der geplanten Berufsbetreuertätigkeit äußern. Damit die Betreuungsbehörde dieser Aufgabe gerecht werden kann, räumt § 1897 Abs. 7 Satz 2 BGB ihr die Befugnis ein, von einem zukünftigen Berufsbetreuer die Vorlage eines Führungszeugnisses und einer Auskunft aus dem Schuldnerverzeichnis (siehe § 882b ZPO) zu verlangen[217] (vgl. auch oben Rn. 5). Ist eine solche Aufforderung nicht sachgemäß (was kaum denkbar ist) oder bleibt sie erfolglos, kann die Betreuungsbehörde das Führungszeugnis direkt beim Bundeszentralregister beantragen, da sie es zur Erledigung ihrer hoheitlichen Aufgaben benötigt, vgl. § 8 Satz 1 bis 3 BtBG. Entsprechendes gilt für die Auskunft aus dem Schuldnerverzeichnis, vgl. § 882f Abs. 1 Nr. 2 ZPO.

Zum anderen soll die Betreuungsbehörde eine Einschätzung dazu abgeben, ob diesem Betreuer zukünftig Betreuungen in einem Umfang übertragen werden, dass er diese nur im Rahmen seiner Berufsausübung führen kann. Diese Einschätzung kann das Gericht in der Regel selber treffen, da es die Betreuer auswählt und weder an Vorschläge der Betreuungsbehörde gebunden ist noch ein Berufsbetreuer im Einzelfall ein Recht auf Bestellung besitzt.

216 Vgl. auch das Muster bei Fröschle. Rn. 643

217 Die Gerichte können diese Auskünfte im Rahmen ihrer Amtsermittlungspflicht (§ 26 FamFG) einholen.

7. Geltung für weitere Verfahren

Die vorstehenden Grundsätze zur Betreuerauswahl gelten auch im Verfahren auf die vorläufige Bestellung eines Betreuers[218], nach Entlassung des bisherigen und Bestellung eines neuen Betreuers (§§ 1908b und 1908c BGB)[219] sowie im Verfahren auf Erweiterung[220] bzw. Verlängerung der Betreuung[221]. 65

218 BayObLG FamRZ 2001, 316. Wegen der gebotenen Eile darf sich das Gericht mit einer summarischen Prüfung begnügen, vgl. BayObLG FamRZ 2005, 931.
219 BayObLG FamRZ 2001, 252
220 BGH, FamRZ 2018, 850
221 BGH NJW-RR 2018, 513; BtPrax 2018, 34; BtPrax 2017, 244 = FamRZ 2017, 1612; FGPrax 2015, 270 (LS) und NJW 2010, 3777; BayObLG NJOZ 2005, 957 und BtPrax 2002, 165; OLG Hamm FamRZ 2001, 254. Hat der Betreute zwischenzeitlich geheiratet, ist zu prüfen, ob seine Ehefrau als Betreuer in Betracht kommt, OLG Frankfurt a.M. FamRZ 2006, 1874. Im Verlängerungsverfahren kann der Antrag auf Wechsel des Betreuers noch im Beschwerdeverfahren gestellt werden, BGH BtPrax 2011, 81.

IV. Pflicht zur Übernahme der Betreuung, § 1898 BGB

§ 1898 BGB Übernahmepflicht

(1) Der vom Betreuungsgericht Ausgewählte ist verpflichtet, die Betreuung zu übernehmen, wenn er zur Betreuung geeignet ist und ihm die Übernahme unter Berücksichtigung seiner familiären, beruflichen und sonstigen Verhältnisse zugemutet werden kann.

(2) Der Ausgewählte darf erst dann zum Betreuer bestellt werden, wenn er sich zur Übernahme der Betreuung bereit erklärt hat.

1. Grundsätze

66 Da der § 1908i BGB nicht auf § 1785 BGB verweist, der jedem Deutschen die grundsätzliche Verpflichtung auferlegt, nach seiner Auswahl das Amt eines Vormundes zu übernehmen, bedurfte es einer gesonderten Regelung der Übernahmeverpflichtung in Bezug auf eine Betreuung. Absatz 1 legt daher fest, dass der vom Betreuungsgericht Ausgewählte verpflichtet ist, die Betreuung zu übernehmen, wenn ihm die Übernahme zugemutet werden kann. Anders als im § 1785 BGB ist also auch ein Ausländer oder Staatenloser zur Übernahme verpflichtet. Das Gesetz will somit flexible Entscheidungen zum Wohl des Betreuten zulassen[222].

2. Voraussetzung der Übernahmeverpflichtung

a. Eignung

67 Zunächst muss die ausgewählte Person geeignet sein, die Betreuung zu führen.

▶ *Zu Einzelheiten des Begriffs der Eignung vgl. oben Rn. 35 ff.*

Da das Gericht ohnehin nur eine geeignete Person auswählen kann, regelt das Gesetz hier nichts Neues.

b. Zumutbarkeit der Übernahme

68 Die Zumutbarkeit der Übernahme einer Betreuung bemisst sich nach einer Gesamtbewertung aller für und gegen die Übernahme sprechenden Gründe. Der Gesetzgeber geht davon aus, dass grundsätzlich jedem Menschen die Übernahme einer Betreuung zugemutet werden kann. Nur wenn die damit verbundene persönliche Belastung das gewöhnliche Maß erheblich übersteigt, entfällt die Zumutbarkeit. Gegen eine Übernahme können nach dem Gesetz familiäre, berufliche und sonstige Gründe sprechen. Der Gesetzgeber hat auf die nähere Ausgestaltung dieser Gründe verzichtet. Überwiegend werden daher die in § 1786 BGB für das Vormundschaftsrecht aufgeführten Ablehnungsgründe herangezogen. Diese Vorschrift ist zwar mangels Nennung in § 1908i BGB nicht direkt, aber hinsichtlich ihrer Rechtsgedanken anwendbar[223].

Familiäre Gründe sind z.B. die Versorgung und Beaufsichtigung minderjähriger Kinder oder pflegebedürftiger Angehöriger sowie Streit mit anderen Angehörigen über die Übernahme der Betreuung[224]. Berufliche Gründe können sich aus einer überdurchschnittlichen Arbeitsbelastung mit vielen Überstunden, häufiger Ortsabwesenheit etc. ergeben. Höchst-

---

222 Etwa die Bestellung eines Landsmannes, der die Sprache des ausländischen Betreuten spricht. Für ausländische Staatsbürger mit gewöhnlichem Aufenthalt in Deutschland ist die Bestellung eines Betreuers möglich, vgl. Art 24 GG.

223 Jürgens-Jürgens, § 1898 BGB, Rn. 2

224 OLG Düsseldorf BtPrax 1993, 103

persönliche Gründe sind etwa ein Lebensalter von über 60 Jahren, starke psychische Belastung, große räumliche Entfernung oder eigene Krankheit[225]. Hier ist insbesondere die persönliche Belastbarkeit der ausgewählten Person zu berücksichtigen. An sonstigen Gründen können das Führen von anderen Betreuungen, Vormundschaften oder Pflegschaften oder anderweitige ehrenamtliche Tätigkeiten genannt werden.

c. Folgen der Verpflichtung

Anders als im Bereich der Vormundschaft (§ 1788 BGB) räumt das Gesetz den Gerichten keine Zwangsmittel zur Durchsetzung der Übernahmeverpflichtung ein. Dem Gesetzgeber erschien eine Bestellung gegen den Willen nicht sinnvoll zu sein. Er befürchtet, dass eine solche Person seine Pflichten nicht ordnungsgemäß erfüllen würde. Die Gerichte sollten daher versuchen, dem Ausgewählten die Übernahme nahe zu bringen, so dass er doch Interesse und Lust an der Übernahme des Amtes findet[226]. **69**

Ein Zwangsmittel zur Durchsetzung der Übernahmeverpflichtung lässt sich nur mittelbar aus einer eventuellen Schadensersatzverpflichtung nach §§ 1908i Abs. 1, 1787 BGB herleiten[227]. Danach haftet der Ausgewählte für eine grundlose Verweigerung der Übernahme bei schuldhaftem Handeln für Schäden, die durch die verzögerte Bestellung eines anderen Betreuers entstehen. Gedacht wird an Zinsverluste durch verspätete Geldanlagen, Rechtsverluste durch Verjährung oder erhöhte Behandlungskosten wegen verzögerter Heilbehandlung. Teilweise wird darauf hingewiesen, dass es keine grundlose Ablehnung der Übernahme des Amtes geben kann, da die Bestellung des Ausgewählten an dessen fehlender Bereitschaftserklärung nach § 1898 Abs. 2 BGB scheitert[228].

► *Zu Einzelheiten der Haftung gem. § 1787 BGB vgl. Teil D Rn. 130 ff.*

3. Bereiterklärung

§ 1898 Abs. 2 stellt klar, dass der Ausgewählte nur zum Betreuer bestellt werden darf, wenn er sich zur Übernahme bereit erklärt hat. Eine Verpflichtung zur Übernahme besteht unter den Voraussetzungen des Abs. 1. **70**

Die Vorschrift gilt in Bezug auf alle natürlichen Personen, die zum Betreuer bestellt werden sollen. Auch ein Vereins- oder Behördenbetreuer muss persönlich seine Übernahmebereitschaft erklaren[229].

Die Erklärung ist an keine besondere Form gebunden; sie kann auf Anfrage des Gerichtes auf eigene Veranlassung, aber auch vorab allgemein oder gegenüber der Betreuungsbehörde im Rahmen eines von dort ausgehenden Vorschlages erklärt werden. Adressat ist jeweils das zuständige Betreuungsgericht. An den Inhalt der Übernahmeerklärung sind ebenfalls keine besonderen Anforderungen gestellt. Die Erklärung sollte allerdings gegebenenfalls den Hinweis enthalten, dass das Amt beruflich ausgeübt werden soll. An eine Bedingung kann die Erklärung nicht gebunden werden. Die Bestellung des Ausgewählten, ohne eine zuvor erklärte Übernahmebereitschaft, führt nicht zur Unwirksamkeit der Entscheidung. Ist der Bestellte nicht zur Übernahme bereit, kann er Beschwerde (§ 58 FamFG) einlegen[230].

---

225 BayObLG FamRZ 2005, 931
226 BT-Drs. 11/4528, S. 129
227 J/L/L/M, Rn. 237
228 Damrau/Zimmermann, § 1898 BGB, Rn. 10
229 BayObLG BtPrax 1994, 135
230 BayObLG FamRZ 1994, 1061

Bis zur Wirksamkeit der Bestellung kann die Erklärung der Übernahmebereitschaft zurückgenommen werden, danach kommt kein Widerruf, sondern nur ein Antrag auf Entlassung aus dem Amt nach § 1908b BGB in Betracht. Bei der Erklärung der Übernahmebereitschaft handelt es sich nämlich nicht um eine Willenserklärung, so dass die §§ 116 ff. BGB keine Anwendung finden können[231].

231 Bienwald, § 1898 BGB, Rn. 15; a.A. LG Duisburg FamRZ 1993, 851

V. Betreuermehrheit, § 1899 BGB

§ 1899 BGB Mehrere Betreuer

(1) [1]Das Betreuungsgericht kann mehrere Betreuer bestellen, wenn die Angelegenheiten des Betreuten hierdurch besser besorgt werden können. [2]In diesem Falle bestimmt es, welcher Betreuer mit welchem Aufgabenkreis betraut wird. [3]Mehrere Betreuer, die eine Vergütung erhalten, werden außer in den in den Absätzen 2 und 4 sowie § 1908i Abs. 1 Satz 1 in Verbindung mit § 1792 BGB geregelten Fällen nicht bestellt.

(2) Für die Entscheidung über die Einwilligung in eine Sterilisation des Betreuten ist stets ein besonderer Betreuer zu bestellen.

(3) Soweit mehrere Betreuer mit demselben Aufgabenkreis betraut werden, können sie die Angelegenheiten des Betreuten nur gemeinsam besorgen, es sei denn, dass das Gericht etwas anderes bestimmt hat oder mit dem Aufschub Gefahr verbunden ist.

(4) Das Gericht kann mehrere Betreuer auch in der Weise bestellen, dass der eine die Angelegenheiten des Betreuten nur zu besorgen hat, soweit der andere verhindert ist.

1. Grundsätze

Als Ausnahme von dem nach § 1897 Abs. 1 BGB geltenden Grundsatz der Einzelbetreuung[232] ist die Bestellung von mehreren Betreuern nicht in das freie Ermessen des Gerichtes gestellt. Sie ist nur möglich, wenn die Angelegenheiten des Betroffenen hierdurch besser besorgt werden können (Abs. 1 Satz 1)[233], neben anderen Entscheidungen eine solche über die Einwilligung in die Sterilisation des Betreuten zu treffen (Abs. 2) oder der andere Betreuer aus rechtlichen oder tatsächlichen Gründen verhindert ist (Abs. 4)[234]. Liegt eine dieser Voraussetzungen vor, kann das Gericht mehr als einen Betreuer bestellen. Dabei kann es verschiedene Betreuertypen kombinieren, z.B. Berufsbetreuer mit einem ehrenamtlichen Einzelbetreuer, Betreuungsbehörde mit Vereinsbetreuer etc. 71

▶ *Zu den einzelnen Betreuertypen vgl. oben Rn. 3 ff.*

Die gleichzeitige Bestellung von zwei Betreuern, die eine Vergütung erhalten[235] ist aber auf drei Fallkonstellationen beschränkt (Abs. 1 Satz 3). Sie ist nur möglich, wenn der weitere Betreuer als Sterilisations-, Verhinderungs- oder Gegenbetreuer (vgl. §§ 1897 Abs. 2 und 4, 1908i Abs. 1 Satz 1, 1792 BGB) bestellt wird.

▶ *Zum Sterilisationsbetreuer vgl. unten Rn. 75; zum Verhinderungsbetreuer vgl. unten Rn. 78 ff. und zum Gegenbetreuer vgl. unten Rn. 82*

Es ist auch möglich, mehrere Betreuer gemeinsam für einzelne oder alle Aufgabenkreise der Betreuung bzw. einzelne Betreuer jeweils nur für einen oder mehrere Aufgabenkreise – ohne Aufgabenüberschneidung – zu bestellen.

Jeder einzelne ausgewählte Betreuer muss für sich die Auswahlkriterien des § 1897 BGB erfüllen. Soll ein Verein oder die Betreuungsbehörde als Betreuer mitbestellt werden, müssen zusätzlich die Voraussetzungen des § 1900 BGB vorliegen. Sofern das Gericht nichts anderes festgelegt hat, können mehrere für denselben Aufgabenkreis bestellte Betreuer 71a

232 Vgl. BT-Drs. 11/4528, S. 130

233 BayObLG NJOZ 2004, 2169; OLG Frankfurt a.M. BtPrax 2008, 268. Daran fehlt es, wenn zwischen zwei Betreuern unüberbrückbare Zerwürfnisse bestehen, OLG München BtPrax 2007, 77.

234 BayObLG BtPrax 2004, 32 f.; OLG Schleswig FGPrax 2004, 70

235 Darunter fällt auch der ehrenamtliche Betreuer, der Anspruch auf eine Vergütung nach § 1836 Abs. 2 BGB hat. Der Gesetzgeber wollte aber nur Berufsbetreuer erfassen, BT-Drs. 15/2494, S. 29. Werden mehrere Berufsbetreuer entgegen § 1897 Abs. 3 Satz 1 BGB bestellt, stellt dies einen wichtigen Grund zur Entlassung dar, OLG München FGPrax 2006, 117.

die Angelegenheiten des Betreuten in diesem Bereich nur gemeinsam besorgen (Abs. 3). Bei Gefahr im Verzug (also dem drohenden Eintritt erheblicher Nachteile für den Betreuten) kann ein Betreuer ausnahmsweise allein wirksam handeln. Im Übrigen gelten die allgemeinen Grundsätze für jeden Mitbetreuer: Er vertritt den Betreuten in seinem Aufgabenkreis gerichtlich und außergerichtlich, § 1902 BGB. Seine Betreuerpflichten bemessen sich maßgeblich nach § 1901 BGB.

Haben die Voraussetzungen für die Bestellung mehrerer Betreuer von Anfang an nicht bestanden oder sind sie später entfallen, besteht ein wichtiger Grund im Sinne des § 1908b Abs. 1 BGB zur Entlassung des weiteren Betreuers[236].

2. Mitbetreuer

72 Da in der Regel nur eine Einzelperson zum Betreuer bestellt werden soll, kommt die Bestellung mehrerer Betreuer nach § 1899 Abs. 1 Satz 1 BGB nur in Betracht, wenn die Angelegenheiten des Betroffenen dadurch besser geregelt werden können.

a. Arten der Mitbetreuung

73 Es lassen sich grob drei Fallkonstellationen denken, in denen die Bestellung mehrerer Betreuer in Betracht kommt:

Im ersten Fall bedarf der Betroffene in umfangreicher Form der Betreuung. Die gewünschte, vorgeschlagene oder bereits bestellte Person kann den Anforderungen aber nur zum Teil gerecht werden. Dies kann darauf beruhen, dass einige der zu besorgenden Tätigkeiten besondere Kenntnisse oder Fähigkeiten verlangen[237]. Ein solcher Fall liegt häufiger vor, wenn die vom Betroffenen vorgeschlagene Person für Teilbereiche nicht die nötige Qualifikation oder Eignung[238] aufweist oder sich mit der Übernahme aller Aufgaben überfordert fühlt.

Im zweiten Fall lassen Zweckmäßigkeitsgründe die Bestellung mehrerer Betreuer angezeigt sein[239]. So kann es zum Wohl des Betroffenen zweckmäßig sein, einen weiteren Betreuer zu bestellen, wenn der bisherige Betreuer in absehbarer Zeit das Amt nicht mehr ausüben kann. Damit kann die Einarbeitung des neuen Betreuers, aber auch die Kontinuität der Betreuung sowie der raschere Aufbau eines persönlichen Kontakts gewährleistet werden. Ähnliches gilt, wenn durch die Bestellung eines neutralen weiteren Betreuers in einzelnen Aufgabenkreisen die bestmögliche Versorgung des Betroffenen gewährleistet werden kann[240].

Der dritte Fall betrifft die gemeinsame Bestellung der Eltern eines Behinderten. Um der grundgesetzlichen Wertung des Schutzes der Familie (Art. 6 GG) gerecht werden zu können, sollen nach Eintritt der Volljährigkeit eines behinderten oder psychisch kranken Kindes beide Elternteile gemeinsam bestellt werden können[241]. Das kommt insbesondere in Frage, wenn an konkreten Umständen festzumachen ist, dass sich beide Eltern schon bisher um das Kind gekümmert haben und eine harmonische Beziehung der Eltern untereinander sowie zu dem Kind vorhanden ist[242].

---

236 BayObLG BtPrax 2004, 242 f.; OLG Schleswig Rpfleger 2002, 445
237 BayObLG NJWE-FER 1998, 33
238 OLG Hamm BtPrax 2003, 39 f.
239 Zu beiden Fallkonstellationen: BayObLG BtPrax 1997, 114
240 BayObLG BtPrax 2004, 197
241 OLG Zweibrücken NJW-RR 2002, 292 (hier fehlte die harmonische Beziehung der getrennt lebenden Eltern); Damrau/Zimmermann, § 1899 BGB, Rn. 6
242 Insoweit besteht aber kein Automatismus, vgl. OLG Schleswig FamRZ 2005, 1278 (LS).

Nicht erforderlich ist die Bestellung eines weiteren Betreuers, damit dieser die Amtsführung des zunächst bestellten Betreuers kontrolliert[243]. Die Überwachung eines Betreuers obliegt nämlich nach §§ 1908i, 1837 BGB dem Gericht. Ebenso wenig bedarf es der Bestellung eines weiteren Betreuers zur Unterstützung des bisherigen Betreuers[244].

b. Verteilung der Aufgabenkreise auf die Mitbetreuer

Bestellt das Gericht mehrere Betreuer, muss es festlegen, mit welchen Aufgabenkreisen der einzelne Betreuer betraut wird, Abs. 1 Satz 1. Finden sich dazu keine Ausführungen, sind im Zweifel die bestellten Betreuer mit demselben Aufgabenkreisen betraut, §§ 1908i, 1797 Abs. 1 Satz 1 BGB. In der Regel wird das Gericht indes die Aufgaben den einzelnen Betreuern explizit zuweisen, und zwar unter Beachtung des Wohles des Betroffenen. So wird es in der ersten Fallkonstellation (siehe Rn. 73) die Aufgaben entsprechend der Qualifikation bzw. Fähigkeit verteilen (Betreuer A für die Vermögensangelegenheiten, Betreuer B für die Gesundheitsfürsorge und freiheitsentziehende Maßnahmen). Voraussetzung für eine solche Verteilung wird sein, dass die Aufgabenkreise eindeutig abgrenzbar sind und es bei der Ausübung der notwendigen Tätigkeiten keine Überschneidungen gibt. In solchen Fällen mit Überschneidungen, aber auch bei Zweckmäßigkeit, können mehreren Betreuern insgesamt oder teilweise Aufgaben gemeinsam zugewiesen werden. Nimmt das Gericht keine Verteilung der Aufgaben auf die einzelnen Betreuer vor, können sie den Betroffenen nur gemeinsam vertreten, §§ 1908i Abs. 1, 1797 Abs. 1 Satz 1 BGB (vgl. zur Gesamtvertretung auch Rn. 76). Können sich Betreuer, die für denselben Aufgabenkreis bestellt sind, über einzelne Entscheidungen im gemeinsamen Aufgabenkreis wegen Meinungsverschiedenheiten nicht einigen, muss das Betreuungsgericht entscheiden, §§ 1908i Abs. 1, 1798 BGB. Das Betreuungsgericht entscheidet dann über die Vornahme der streitbefangenen Handlung. Zuständig ist insoweit der Richter, § 15 Nr. 7 RPflG. 74

3. Sterilisationsbetreuer

Sofern eine Betreuung den Aufgabenkreis der Einwilligung in eine Sterilisation umfassen muss, ist dafür stets ein besonderer Betreuer zu bestellen, § 1899 Abs. 2 BGB. Ein Ermessen besteht für das Gericht hier nicht. Der Gesetzgeber hielt diese Regelung aus zwei Gründen für erforderlich. Zum einen wollte er ausschließen, dass sich ein Betreuer in dieser Frage unter Umständen an eigenen Interessen, z.B. weniger Schwierigkeiten bei der Führung der Betreuung, orientiert. Zum anderen erachtete er besondere Fachkenntnisse bei einem Betreuer mit diesem Aufgabenkreis für wünschenswert[245]. 75

Demgemäß dürfen dem Sterilisationsbetreuer keine weiteren Aufgaben übertragen werden. Auch hinsichtlich der Auswahl dieses Betreuers gibt das Gesetz Kriterien vor. Zum einen sollte diese Person besondere fachliche Kenntnisse zu den Fragen einer Sterilisation haben. Sie müssen nicht beruflich erworben sein (als Mediziner oder Psychologe), sondern können auch auf anderer Grundlage erworben sein (eigenes Interesse, Fortbildung, persönliche Erfahrung etc.). Zwingend ist das Vorliegen solcher Fachqualifikationen nicht[246]. Auf keinen Fall können aber ein Verein oder die Betreuungsbehörde zum Sterilisationsbetreuer bestellt werden, § 1900 Abs. 5 BGB. Dagegen bleibt die Bestellung eines Berufsbetreuers zum Sterilisationsbetreuer neben einem weiteren Berufsbetreuer möglich, § 1899 Abs. 1 Satz 3 BGB (vgl. auch oben Rn. 71).

243 LG Frankfurt a.M. FamRZ 2009, 247
244 LG Mühlhausen FamRZ 2011, 1897
245 BT-Drs. 11/4528, S. 131
246 Damrau/Zimmermann, § 1899 BGB, Rn. 22

Da dem Sterilisationsbetreuer keine weiteren Aufgaben übertragen werden dürfen, kann es nicht zu Überschneidungen im Aufgabenkreis mit Mitbetreuern kommen. Alle Entscheidungen und Tätigkeiten im Zusammenhang mit der Einwilligung in die Sterilisation (ärztliche Aufklärung, Abschluss eines Behandlungsvertrages, ärztlicher Eingriff und medizinische Versorgung) obliegen allein dem Sterilisationsbetreuer.

Im Ausnahmefall kann es zur Bestellung eines Sterilisationsbetreuers kommen, ohne dass ein weiterer Betreuer bestellt ist oder wird. Kommt das Gericht nämlich zu dem Ergebnis, dass nur für den Aufgabenkreis der Einwilligung in eine Sterilisation ein Erfordernis zur Betreuerbestellung besteht (vgl. § 1896 Abs. 2 BGB), muss kein weiterer Betreuer bestellt werden[247]. Weder der Schutz des Betroffenen vor der Durchsetzung eigener Interessen eines weiteren Betreuers noch verfahrensrechtliche Aspekte zwingen dazu, einen Mitbetreuer zu bestellen.

4. Rechtsfolgen der gemeinschaftlichen Mitbetreuung

76 Werden einzelne oder alle Aufgabenkreise auf mehrere Betreuer, z.B. die Eltern des Betroffenen, übertragen, können sie die entsprechenden Angelegenheiten des Betreuten grundsätzlich nur gemeinsam besorgen, § 1899 Abs. 1 Satz 1 1. Hs. BGB. Insoweit gilt nichts anderes als bei Bestellung mehrerer Vormünder (§ 1797 Abs. 1 Satz 1 BGB) oder bei gemeinsamer elterlicher Sorge (§ 1629 Abs. 1 Satz 2 BGB). Die Mitbetreuer vertreten den Betreuten gemeinschaftlich. Nach der gesetzlichen Wertung sollen die Mitbetreuer ihre Betreuertätigkeit gemeinschaftlich entfalten, zwingend ist dies indes nicht. Vielmehr kann ein Mitbetreuer allein handeln, während der/die Mitbetreuer im Vorhinein dazu ihre Zustimmung erteilt haben bzw. die Handlung nachfolgend genehmigen. Möglich wäre auch die Bevollmächtigung eines Mitbetreuers durch den/die Mitbetreuer. Im Ergebnis darf dies aber nicht dazu führen, dass die Mitbetreuer die Aufgaben der Betreuung faktisch unter sich aufteilen oder nur noch einer der Mitbetreuer agiert. Das Gericht müsste dann vielmehr entweder die Aufgabenkreise entsprechend zuordnen (Abs. 1 Satz 2) bzw. die weiteren Betreuer entlassen.

Wenn ein Mitbetreuer nicht mitwirkt, können die §§ 177 ff. BGB analog angewendet werden. Für (rechtsgeschäftliche) Willenserklärungen gelten demgemäß die Regelungen der Vertretung ohne Vertretungsvollmacht. Sie bleiben also bis zur Genehmigung durch den Mitbetreuer schwebend unwirksam. Verweigert ein Mitbetreuer hartnäckig jegliche Mitwirkung, wird das Gericht seine Entlassung nach § 1908b BGB prüfen müssen.

Willenserklärungen gegenüber dem Betreuten, die innerhalb eines Aufgabenkreises abgegeben werden, für den mehrere Betreuer bestellt sind, werden mit Zugang an einen der Mitbetreuer wirksam. Gleiches gilt für Zustellungen an den Betreuten, §§ 15 Abs. 2 FamFG, 170 Abs. 3 ZPO. Jeder Mitbetreuer hat ein eigenständiges Beschwerderecht für den Betreuten, § 303 Abs. 4 Satz 2 FamFG, und ihm ist vor Abgabe des Verfahrens an ein anderes Gericht rechtliches Gehör zu gewähren, §§ 4 Satz 2, 273 FamFG[248].

Mitbetreuer haften für Schäden, die auf einer schuldhaften Pflichtverletzung beruhen, als Gesamtschuldner, § 1833 Abs. 2 BGB.

▶ *Zur gesamtschuldnerischen Haftung vgl. Teil D Rn. 115*

Da sich gemeinschaftliche Mitbetreuer gegenseitig zu überwachen haben, bedarf es regelmäßig nicht der Bestellung eines Gegenbetreuers, vgl. §§ 1908i Abs. 1, 1792 Abs. 2 BGB.

247 Damrau/Zimmermann, § 1899 BGB, Rn. 23
248 Keidel-Budde, § 273 FamFG, Rn. 20

Zudem entfallen betreuungsgerichtliche Genehmigungserfordernisse, §§ 1908i Abs. 1, 1810 Satz 2, 1812 Abs. 3 BGB.

Scheidet ein gemeinschaftlicher Mitbetreuer aus und verbleibt nur noch ein Betreuer, so ist dieser alleinvertretungsberechtigt. Bei Meinungsverschiedenheiten der gemeinschaftlichen Mitbetreuer entscheidet der Richter (§ 15 Nr. 7 RPflG) des Betreuungsgerichtes. Dabei kann das Gericht unter Abwägung der Interessen und des Wohles des Betreuten einer der konträren Meinungen beitreten[249] oder beide Meinungen verwerfen, wenn die Entscheidungen der Mitbetreuer als pflichtwidrig zu qualifizieren wären (§§ 1908i Abs. 1, 1837 BGB)[250].

Von der Gesamtvertretung lässt das Gesetz zwei Ausnahmen zu: **77**

Ordnet das Gericht etwas anderes an, verbleibt es natürlich nicht bei der Gesamtvertretung. Mögliche, in der Praxis aber nicht übliche andere Anordnungen wären:

- dass jeder Mitbetreuer Alleinvertretungsrecht hat,
- dass – bei mehr als zwei Mitbetreuern – die Mehrheit entscheidet oder
- die Meinung eines Mitbetreuers (Stichentscheid) den Ausschlag gibt[251].

Eine Ausnahme gilt auch dann, wenn mit dem Aufschub (der Tätigkeit) Gefahr verbunden wäre. Zu denken ist an Fälle, in denen ein Betreuer im Rahmen von Unterbringungen oder ärztlichen Maßnahmen auch ohne vorherige betreuungsgerichtliche Genehmigung handeln dürfte (vgl. §§ 1906 Abs. 2 Satz 2, 1904 Abs. 1 Satz 2 BGB und die dortige Kommentierung). Ansonsten muss eine Situation vorliegen, in der eine unverzügliche Entscheidung des präsenten Mitbetreuers erforderlich wird und keine Zeit zur Abstimmung mit dem/den weiteren Mitbetreuer/n bleibt. Sie ist außerhalb von Freiheitsentziehungen und ärztlichen Maßnahmen kaum denkbar.

5. Ergänzungsbetreuer[252]

Ein Mitbetreuer kann nach § 1899 Abs. 4 BGB auch in der Weise bestellt werden, dass er **78**
nicht gemeinschaftlich oder neben einem weiteren Betreuer zur Besorgung der Angelegenheiten des Betreuten bestellt wird, sondern nur für den Fall, dass der (vorrangig) bestellte Betreuer verhindert ist. Der Ergänzungsbetreuer kann und darf nur tätig werden, soweit der weitere Betreuer es nicht kann oder darf. Die Verhinderung kann auf tatsächlichen und rechtlichen Gründen beruhen[253]. Die Bestellung eines Ergänzungsbetreuers als weiterer Betreuer setzt ebenfalls voraus, dass sie zum Wohl des Betreuten erforderlich ist[254]. Das lässt sich nur bejahen, wenn der erste Betreuer **konkret** im Einzelfall verhindert ist und ein **Regelungsbedarf** besteht[255].

---

249 Dies geschieht durch Beschluss, durch den die Zustimmung des/der Mitbetreuer(s) ersetzt wird, vgl. Damrau/Zimmermann, § 1899 BGB, Rn. 34
250 Die Handlung muss dann unterbleiben, vgl. dazu auch Bienwald, § 1899 BGB, Rn. 30
251 HK-BUR-Bauer/Deinert, § 1899 BGB, Rn. 53
252 Die Terminologie ist nicht ganz einheitlich. Es wird auch von Delegationsbetreuer, Vertretungsbetreuer, Verhinderungs-, Ersatz- oder Subsidiarbetreuer gesprochen, vgl. Damrau/Zimmermann, § 1899 BGB, Rn. 28
253 BayObLG BtPrax 2004, 32 f.; OLG Dresden BtPrax 2001, 260; OLG Schleswig FGPrax 2004, 70
254 OLG Braunschweig, FamRZ 2006, 63; BayObLG FamRZ 2003, 1967; LG Stuttgart BtPrax 1999, 200; LG Frankfurt/Oder FamRZ 1999, 1221
255 LG Wuppertal NJW-RR 2012, 1355, das die konkrete Erforderlichkeit zur Vertretung indes ungeprüft lässt.

a. Rechtliche Verhinderung

79 Die rechtliche Verhinderung eines Betreuers besteht, wenn dieser nach § 181 BGB (Insichgeschäft) oder §§ 1908i Abs. 1, 1795, 1796 BGB von der Vertretung des Betroffenen ausgeschlossen bzw. ihm wegen (erheblicher) Interessengegensätze vom Betreuungsgericht die Vertretungsbefugnis entzogen ist[256]. Das Gericht muss dann einen weiteren Betreuer, nicht einen Ergänzungspfleger, bestellen und ihm einen entsprechenden Aufgabenkreis zuweisen, den er dann selbständig und eigenverantwortlich besorgt. In der Praxis kommen solche Fallkonstellationen häufiger vor, etwa wenn:

- der bestellte Betreuer für den Betreuten gegen sich selbst einen Prozess führen müsste[257], Schenkungen oder ein Darlehen zurückfordern müsste[258] bzw. aus einem Vertrag für den Betreuten Ansprüche gegen sich selbst geltend machen müsste, z.B. Mietminderungsansprüche oder Kündigung des Mietvertrages gegen sich als Vermieter[259], eine ihm vom Betreuten erteilte Vollmacht widerrufen müsste[260] oder
- der bestellte Betreuer für den Betreuten Pflichtteilsansprüche[261] gegen sich geltend machen müsste, z.B. die Mutter als Betreuerin für das behinderte volljährige Kind nach dem Tod des Vaters/Ehemanns, der seine Ehefrau als Alleinerbin eingesetzt hatte[262], oder
- der bestellte Betreuer und der Betreute eine Erbengemeinschaft bilden und die Erbauseinandersetzung erfolgen soll[263], oder
- der bestellte Betreuer für den Betreuten mit sich oder einem mit ihm in gerader Linie Verwandten[264] einen Vertrag abschließen müsste, z.B. über die entgeltliche Leistung von Pflegediensten, den Kauf eines Pkw, die Anmietung einer Wohnung[265] , oder
- die gesetzliche Vertretungsbefugnis wegen erheblicher Interessenkollision ausgeschlossen ist. Das ist zu bejahen, wenn bei gegensätzlicher Interessenlage die Gefahr der ungenügenden Berücksichtigung der wohlverstandenen Interessen des Betroffenen zu erwarten ist[266], oder
- eine solche Interessenkollision sich aus dem Gegensatz zu den Interessen einer dem Betreuer nahe stehenden Person ergibt[267].

Rechtliche Verhinderung besteht dagegen nicht, wenn Grundbesitz des Betroffenen an einen Dritten veräußert und dabei dem Betreuer ein Wohnrecht eingeräumt wird[268].

▶ *Zu weiteren Einzelheiten vgl. Teil D Rn. 68 ff.*

256 BayObLG BtPrax 1998, 32, 33; NJW-RR 1998, 869
257 BayObLG BtPrax 2004, 197
258 BayObLG BtPrax 2004, 197 und 2005, 110
259 BayObLG BtPrax 2004, 69
260 LG Brandenburg BtPrax 2009, 79
261 BayObLG BtPrax 2004, 32 f. und 2001, 252; LG Braunschweig FamRZ 2011, 675
262 OLG Nürnberg NJWE-FER 2001, 316 für den Fall, dass eine Mutter als Testamentsvollstreckerin einerseits und gesetzliche Vertreterin der Erbin andererseits eine Doppelstellung innehätte.
263 OLG München BtPrax 2015, 249
264 Etwa Hofübergabe mit dem Sohn des Betreuten durch die zur Betreuerin bestellten Ehefrau, OLG Stuttgart FamRZ 2005, 62.
265 VG Saarlouis BtPrax 2008, 261 (Abschluss Mietvertrag zwischen Betreuer und Betreutem)
266 BayObLG FGPrax 2003, 268
267 OLG Zweibrücken FGPrax 2004, 30
268 OLG Düsseldorf, BtPrax 2016, 40

b. Tatsächliche Verhinderung

Weiterhin können tatsächliche Gründe dazu führen, dass der bestellte Betreuer die Angelegenheiten des Betreuten nicht besorgen kann. Bei tatsächlicher Verhinderung findet die Bestellung eines weiteren Betreuers ihre Grenze in der Dauerergänzungsbetreuung[269] oder dauerhafter, unüberschaubarer Vertretung in sog. Betreuerbüros[270]. Eine tatsächliche Verhinderung kann im Einzelfall beruhen auf Urlaub[271], Krankheit[272], Fortbildung oder sonstigen Gründen, z.B. weite Entfernung des Wohnsitzes des Betreuten von dem des Betreuers[273]. **80**

Anders als bei der rechtlichen Verhinderung lassen sich die tatsächlichen Verhinderungsgründe allerdings im Vorhinein kaum beschreiben und im Beschluss zur Bestellung des weiteren Betreuers nicht konkret festlegen. Viele Gerichte bestellen den weiteren Betreuer daher pauschal für den Fall des Urlaubs, der Erkrankung oder Ortsabwesenheit des (ersten) Betreuers. Dem Gebot der Rechtssicherheit entspricht das sicher nicht. Die Gerichte verlangen daher, dass die tatsächliche Verhinderung in einem konkret umrissenen bzw. anhand tatsächlicher Umstände bestimmbaren Zeitraum vorliegt[274].

Die abstrakte Möglichkeit einer tatsächlichen Verhinderung bzw. der kurzfristige urlaubs- oder krankheitsbedingte Ausfall eines Betreuers genügen nicht. Ausreichend sind nur Zeiten des Jahresurlaubs oder konkrete, längerfristige Erkrankungen.

Daneben kommt es häufig zu Umsetzungsproblemen, weil der Rechtsverkehr auf einen Nachweis der tatsächlichen Verhinderung drängt. Ein solcher Nachweis kann durch ein Schriftstück des verhinderten Betreuers erbracht werden. Ist dies nicht möglich, bliebe letztlich nur ein Beschluss des Betreuungsgerichts, in dem das Vorliegen des Verhinderungsfalles festgestellt wird.

In der Praxis lehnen daher viele Gerichte die Bestellung eines Ergänzungsbetreuers bei tatsächlicher Verhinderung als nicht erforderlich ab[275]. Sie verweisen auf die Möglichkeit, während des Verhinderungsfalles einem Dritten eine Untervollmacht zu erteilen[276]. Solche Untervollmachten sind generell zulässig (§ 1902 BGB), es sei denn, sie verletzen den Grundsatz der persönlichen Betreuung[277]. Der Unterbevollmächtigte kann zwar keine Vergütung für seine Tätigkeit erhalten. Möglich ist aber die Vereinbarung eines Honorars mit dem Betreuer, das seinerseits vom Betreuer als Aufwendung geltend gemacht werden kann, es sei denn, der bestellte Betreuer ist berufsmäßig tätig und erhält die Vergütungs- und Aufwendungspauschale nach §§ 4, 5 VBVG.

---

269 LG Stuttgart, BtPrax 1999, 200; LG Frankfurt/Oder, FamRZ 1999, 1221
270 Damrau/Zimmermann, § 1899 BGB, Rn. 21
271 LG Wuppertal NJW-RR 2012, 1355
272 LG Cottbus BtPrax 2001, 172
273 BayObLG NJWE-FER 2000, 259
274 BayObLG BtPrax 2004, 242 f., LG Kleve BtPrax 2016, 246 (LS)
275 LG Hamburg FamRZ 1999, 797
276 Das ist tatsächlich die einfachere Lösung, vgl. Jürgens, § 1899 BGB, Rn. 6.
277 OLG Frankfurt a.M. NJW-RR 2004, 295; Jürgens, § 1902 BGB, Rn. 22, m.w.N. Unzulässig wären demgemäß nur Vollmachten, die als Generalvollmacht ausgestaltet sind, die alle wichtigen persönlichen Entscheidungen dem Unterbevollmächtigten überlassen oder den Bereich der Einwilligung in eine Sterilisation betreffen. A.A. Damrau/Zimmermann, § 1899 BGB, Rn. 36, der Untervollmachten nur für untergeordnete vermögensrechtliche Fragen für zulässig erachtet.

c. Übertragungsbetreuer

81 Die in § 1899 Abs. 4 BGB a.F. vorgesehene Möglichkeit, einen Betreuer dergestalt zu bestellen, dass er die Angelegenheiten des Betreuten nur zu besorgen hat, soweit ihm der (erste) Betreuer die Besorgung übertragen hat, ist zum 1.7.2005 entfallen. Diese Regelung galt als missglückt und überflüssig[278].

6. Gegenbetreuer

82 Zu erwähnen ist letztlich noch der Gegenbetreuer als weiterer Betreuer. Regelungen dazu finden sich nicht im § 1899 BGB, sondern in den §§ 1908i Abs. 1, 1792 BGB. Dies ist folgerichtig, da ein Gegenbetreuer nicht die Angelegenheiten des Betreuten wahrnimmt, sondern auf die pflichtgemäße Amtsführung des Betreuers zu achten hat, §§ 1908i Abs. 1, 1799 BGB. Der Gegenbetreuer nimmt dem Betreuungsgericht Kontrollaufgaben ab. Seine Bestellung liegt im pflichtgemäßen Ermessen des Gerichts, das allerdings eingeschränkt ist, wenn erhebliches Vermögen zu verwalten ist[279]. Dies bemisst sich nach dem Umfang der vom Betreuer zu erledigenden Tätigkeit, zum Beispiel Verwaltung mehrerer Immobilien und häufige Anlageentscheidungen.

278 BT-Drs. 15/2494, S. 29
279 BayObLG FamRZ 1994, 235 und BtPrax 2004, 199 f.

VI. Betreuerwechsel

Zu einem Wechsel des Betreuers kann es aus verschiedenen Gründen kommen. 83

Es kann sich im Verlaufe einer Betreuung ergeben, dass der bestellte Betreuer zu entlassen ist. Dies kann darauf beruhen, dass er nicht mehr geeignet ist, die Angelegenheiten des Betreuten zu besorgen oder ein anderer wichtiger Grund zur Entlassung besteht, § 1908b Abs. 1 BGB. Die in Absatz 1 aufgeführten Entlassungsgründe stehen untereinander in keinem Rangverhältnis[280]. Andere wichtige Gründe sind etwa die vorsätzlich falsche Abrechnung bzw. unzureichender persönlicher Kontakt eines Betreuers (vgl. dazu unten Rn. 89) bzw. die Möglichkeit, anstelle eines Berufsbetreuers einen ehrenamtlichen Betreuer zu bestellen, § 1908b Abs. 1 Satz 2 und 3 BGB. Es sind aber auch Fälle denkbar, in denen dem bestellten Betreuer die Fortführung des Amtes nicht mehr zuzumuten ist und er deshalb seine Entlassung beantragt, § 1908b Abs. 2 BGB. Ein anderer Grund zur Entlassung des bisherigen Betreuers kann aus dem Vorschlag einer gleich geeigneten, übernahmebereiten Person durch den Betreuten resultieren, § 1908b Abs. 3 BGB. Weiterhin folgt aus der Personalhoheit und der Dispositionsfreiheit der Betreuungsvereine und -behörden deren Recht, die Entlassung ihres Vereins- bzw. Behördenbetreuers auch ohne besonderen Grund verlangen zu können, § 1908b Abs. 4 BGB. Schließlich müssen der Betreuungsverein bzw. die -behörde entlassen werden, sobald der Betreute durch eine oder mehrere natürliche Personen hinreichend betreut werden kann, § 1908b Abs. 5 BGB.

Letztlich wird sich die Notwendigkeit eines Betreuerwechsels aus dem Tod des bestellten Betreuers ableiten, § 1908c BGB.

Sowohl bei der Entlassung als auch dem Tod des bisherigen Betreuers ist ein neuer Betreuer zu bestellen, § 1908c BGB. Das Gericht muss allerdings zugleich prüfen, ob nicht die Betreuung aufgehoben werden kann, § 1908d BGB. Lägen die Voraussetzungen für eine Betreuerbestellung nicht mehr vor, wäre die Aufhebung der Betreuung vorrangig.

1. Entlassung des Betreuers, § 1908b BGB

§ 1908b BGB Entlassung des Betreuers

(1) [1]Das Betreuungsgericht hat den Betreuer zu entlassen, wenn seine Eignung, die Angelegenheiten des Betreuten zu besorgen, nicht mehr gewährleistet ist oder ein anderer wichtiger Grund für die Entlassung vorliegt. [2]Ein wichtiger Grund liegt auch vor, wenn der Betreuer eine erforderliche Abrechnung vorsätzlich falsch erteilt oder den erforderlichen persönlichen Kontakt nicht gehalten hat. [3]Das Gericht soll den nach § 1897 Abs. 6 bestellten Betreuer entlassen, wenn der Betreute durch eine oder mehrere andere Personen außerhalb einer Berufsausübung betreut werden kann.

(2) Der Betreuer kann seine Entlassung verlangen, wenn nach seiner Bestellung Umstände eintreten, auf Grund derer ihm die Betreuung nicht mehr zugemutet werden kann.

(3) Das Gericht kann den Betreuer entlassen, wenn der Betreute eine gleich geeignete Person, die zur Übernahme bereit ist, als neuen Betreuer vorschlägt.

(4) [1]Der Vereinsbetreuer ist auch zu entlassen, wenn der Verein dies beantragt. [2]Ist die Entlassung nicht zum Wohl des Betreuten erforderlich, so kann das Betreuungsgericht stattdessen mit Einverständnis des Betreuers aussprechen, dass dieser die Betreuung künftig als Privatperson weiterführt. [3]Die Sätze 1 und 2 gelten für den Behördenbetreuer entsprechend.

280 OLG Hamm BtPrax 2008, 273, das Gericht kann zunächst die Entlassung eines Berufsbetreuers wegen Entfallens der Eignung prüfen, ihn dann aber zugunsten eines ehrenamtlichen Betreuers entlassen.

(5) Der Verein oder die Behörde ist zu entlassen, sobald der Betreute durch eine oder mehrere natürliche Personen hinreichend betreut werden kann.

84 Die Entlassung eines Betreuers ist in § 1908b BGB geregelt. § 1908b BGB bezieht sich nur auf die Fälle, in denen bei fortlaufender Betreuung eine isolierte Entscheidung über die Beendigung des Amtes des bisherigen Betreuers getroffen werden soll[281]. Zu unterscheiden ist zwischen den zwingenden Entlassungsgründen und den in das Ermessen des Gerichts gestellten Entlassungsgründen. Die Entlassung des bisherigen Betreuers setzt nicht zwingend voraus, dass es bereits zu einer Schädigung des Betreuten gekommen ist. Es müssen aber konkrete Gefährdungen für das Wohl des Betreuten bestehen[282].

a. Zwingende Entlassungsgründe

85 Bei den Merkmalen Eignung und wichtiger Grund in § 1908b Abs. 1 Satz 1 BGB handelt es sich um sog. unbestimmte Rechtsbegriffe. Sie räumen dem Gericht kein Ermessen ein. Allerdings hat das Gericht bei seiner Entscheidung sämtliche Tatsachen zu würdigen[283]. Es sind also alle relevanten Umstände zu ermitteln und zu bewerten.

aa. Mangelnde Eignung

86 Im Verlaufe der Betreuung kann sich ergeben, dass sich die Prognoseentscheidung des Gerichtes hinsichtlich der Eignung der ausgewählten Person als unzutreffend erweist. Zeigt sich also nach der Bestellung eines Betreuers dessen objektive Ungeeignetheit, so ist er zu entlassen.

▶ *Zum Eignungsbegriff vgl. die Ausführungen oben Rn. 35 ff.*

Die mangelnde Eignung kann sich auf die physischen und psychischen Eigenschaften des Betreuers beziehen. Deshalb genügt in der Regel jeder Grund, der ihn als nicht mehr tauglich i.S.d. § 1897 Abs.1 BGB erscheinen lässt. Das Gericht muss nicht die Ungeeignetheit des bestellten Betreuers nachweisen. Das Hervortreten berechtigter Zweifel an der Eignung genügt[284]. Es spielt auch keine Rolle, ob die Ursachen für die Ungeeignetheit verschuldet sind[285].

87 Die Eignung kann entfallen aufgrund von:

- Prognosefehlern des Gerichts oder veränderten persönlichen Einstellungen des Betreuers, z.B. bei
- ernsthaftem Verstoß gegen die Besprechungspflicht oder die Pflicht, Wünsche des Betroffenen zu beachten[286], vgl. § 1901 BGB,
- mangelndem Einsatz für die Belange des Betroffenen und daraus drohendem Schaden für den Betroffenen[287], etwa für den Fall des Unterlassens von Besuchen bei dem Betreuten über viele Jahre hinweg[288],
- Überforderung bei der Vermögensverwaltung[289], nicht nachvollziehbarer Vermögensverwaltung und unvollständiger Vermögensaufstellung[290], Vermischung von Vermö-

281 BGH, FamRZ 2018, 850
282 KG BtPrax 2008, 265; Palandt-Götz, § 1908b BGB, Rn. 2.
283 BayObLG BtPrax 2001, 163 f.
284 BayObLG FamRZ 2000, 1183
285 Jürgens-Jürgens, § 1908b BGB, Rn. 2
286 BayObLG BtPrax 2003, 269 f.
287 BayObLG BtPrax 2000, 123
288 LG Hildesheim, BtPrax 1997, 79 bzw. längerer Abwesenheit, BayObLG FamRZ 2005, 931
289 BayObLG FamRZ 2000, 514
290 BayObLG BtPrax 2001, 163; OLG München Rpfleger 2005, 533. Das gilt nicht, wenn das Verhalten des Betreuers als Anregung zur Einschränkung der Aufgabenkreise zu verstehen ist, KG BtPrax 2008, 265.

gen mehrerer Betreuter und Nichtzahlung von Rechnungen für wesentliche Leistungen zugunsten des Betreuten[291] oder falscher Vermögensabrechnung[292],

- hartnäckige Weigerung, das Vermögen des Betreuten mündelsicher anzulegen[293],
- langjähriger, nicht fristgerechter Rechnungslegung[294] oder Verstoß gegen die Berichtspflicht mit daraus folgenden Schäden[295],
- Unterlassung der Rechnungslegung und Zulassen selbstständiger Vermögensverwaltung durch den Betreuten trotz insoweit bestehendem Einwilligungsvorbehalt[296],
- Überforderung bei der Rückabwicklung von durch den Betreuten abgeschlossenen Verträgen trotz eindeutiger gerichtlicher Hinweise und gleichzeitiger Unfähigkeit, ein Vermögensverzeichnis zu erstellen[297],
- Überforderung aufgrund Änderung der konkret wahrzunehmenden Aufgaben, z.B. Anfall einer erheblichen Erbschaft,
- tatenlosem, prinzipiellem Hinnehmen einer zunehmenden Verwahrlosung und Verschlechterung der psychischen Erkrankung des Betreuten, der keinen freien Willen besitzt[298],
- längerer, ernsthafter Erkrankung[299],
- längerer Ortsabwesenheit oder Ortswechsel[300],
- neu aufgetretener ein- oder gegenseitiger Abneigung/Feindschaft, die für die Zukunft die Wahrnehmung der persönlichen Betreuung erheblich erschweren oder ausschließen würde[301],
- strafrechtlicher Verurteilung eines Vermögensbetreuers[302] oder Einleitung eines Insolvenzverfahrens bzw. Vermögensverfall[303] bzgl. des Vermögensbetreuers und daraus folgender Gefährdung des Betreutenvermögens,
- eigenmächtiger Veranlassung einer nicht beabsichtigten Testamentserrichtung des Betreuten und in diesem Zusammenhang erfolgte unwahre Auskünfte an das Gericht [304] sowie
- aufgrund des Rechtsgedankens der §§ 1780, 1781 BGB: Eintritt der Geschäftsunfähigkeit beim bestellten Betreuer oder Bestellung eines Betreuers für ihn.

291 LG Darmstadt BtPrax 2014, 50
292 OLG Köln FamRZ 2007, 765 (Gegen den Betreuer erging deshalb Strafbefehl.)
293 BayObLG FamRZ 2005, 389
294 BayObLG BtPrax 2004, 153; AG Langen BtPrax 2005, 40; OLG Schleswig FGPrax 2006, 74, wenn das Gericht seine Kontrollpflichten nicht mehr wahrnehmen kann.
295 OLG Hamm BtPrax 2008, 273
296 BayObLG FamRZ 2004, 977 f.
297 BayObLG FamRZ 2000, 514
298 LG Darmstadt BtPrax 2014, 50
299 BayObLG BtPrax 1996, 67 bzw. gesundheitliche Probleme die Amtsführung beeinträchtigen, OLG München BtPrax 2007, 77.
300 OLG Hamburg BtPrax 1994, 138
301 Es soll aber nicht jede Laune genügen und auch an die Toleranzfähigkeit des Betreuers sind hohe Anforderungen zu stellen, BT-Drs. 11/4528, S. 153.
302 LG Koblenz BtPrax 1998, 38, auch wenn sie erst nachträglich bekannt wird und schon vor Bestellung erfolgte. Verurteilung wegen § 184 StGB genügt dagegen nicht, OLG Naumburg BtPrax 2007, 265.
303 OLG Zweibrücken FGPrax 1998, 57
304 LG Frankfurt FamRZ 2009, 1245 f.

Dagegen entfällt die Eignung nicht,

- bei verspäteter Abgabe zweier Jahresberichte bei ansonsten einwandfreier Amtsführung bzw. nachträglicher Entschuldigung[305];
- bei Weigerung des Betreuers, seine Privatanschrift mitzuteilen, wenn er ausreichend erreichbar bleibt[306];
- bei Erfüllung der Wünsche des Betreuten, selbst wenn das zu dessen Tod führen kann[307] oder
- wenn sich der Betreute dem Betreuer entzieht, dieser aber trotzdem das Nötige veranlassen kann[308].

88 Die Entlassung eines Betreuers wegen weggefallener Eignung ist selbst gegen den Willen des Betreuten möglich, wenn dieser Wille seinem Wohl widerspräche[309]. Es ist aber auch hier der Willensvorrang des Betreuten nach § 1897 Abs. 4 BGB zu beachten, so dass kleinere Nachteile aufgrund des Wegfalls der Eignung noch toleriert werden können.

Ebenso ist der Verhältnismäßigkeitsgrundsatz zu berücksichtigen. Deshalb muss das Gericht vor einer Entlassung sämtliche Aufsichtsmaßnahmen als mildere Mittel ausschöpfen[310], es sei denn, der Betreuer hat zuvor gezeigt, dass er dadurch nicht zu beeindrucken ist[311]. Ein Betreuer darf nicht insgesamt entlassen werden, wenn die Ungeeignetheit nur einzelne Aufgabenkreise betrifft und die Voraussetzungen für die Bestellung eines weiteren Betreuers nach § 1899 BGB erfüllt sind (dazu oben Rn. 71 ff.).

bb. Sonstiger wichtiger Grund

89 Gemeint sind Gründe, die ihre Ursache nicht in einer mangelnden Eignung finden, den Betreuer aber als nicht mehr geeignet im Sinne des § 1897 Abs. 1 BGB erscheinen lassen. Ein einfacher Grund genügt nicht. Wann ein wichtiger Grund vorliegt, kann nicht allgemein bestimmt werden; eine Gesamtschau ist nötig. Dabei muss das Gericht eine genaue, durch Tatsachen belegte, umfassende Abwägung aller Interessen vornehmen. Zugleich müssen das Wohl und die Wünsche des Betreuten berücksichtigt werden. Der Wechsel muss im Interesse des Betreuten liegen, weil es seinem Wohl nicht unerheblich schaden würde, wenn der bisherige Betreuer im Amt bliebe[312]. Besondere Zurückhaltung ist zu üben, wenn der Betreute am ursprünglichen Betreuer festhalten will; es gilt der Willensvorrang des § 1897 Abs. 4 BGB. Schließlich ist der Grundsatz der Verhältnismäßigkeit wiederum einschlägig.

Ein wichtiger Grund zur Entlassung besteht nach der gesetzlichen Wertung auch, wenn ein Betreuer eine erforderliche Abrechnung vorsätzlich falsch erstellt bzw. den erforderlichen persönlichen Kontakt zum Betreuten nicht gehalten hat, § 1908b Abs. 1 Satz 2 BGB.

89a Gemeint sind in der ersten Alternative die Fälle, in denen der Berufsbetreuer seine Ansprüche auf Vergütung und Aufwendungsersatz vorsätzlich falsch abrechnet[313]. Nach dem Wortlaut ist aber auch die vorsätzlich falsche Abrechnung nach § 1908i Abs. 1, 1840

---

305 OLG Brandenburg FamRZ 2007, 1688 f.; BayObLG BtPrax 2002, 218
306 LG Hamburg FamRZ 2003, 1323
307 OLG München BtPrax 2007, 79 (auf mutmaßliche Einwilligung gestützte Ablehnung lebenserhaltender Maßnahmen); LG Frankfurt a.M. BtPrax 2003, 86 f.
308 BayObLG NJOZ 2005, 969
309 BayObLG BtPrax 1997, 200
310 BayObLG NJOZ 2004, 3871
311 BayObLG BtPrax 2005, 153
312 BayObLG FamRZ 2005, 750 und 1994, 1353; BtPrax 2001, 37 f.
313 BT-Drs. 15/2494, S. 30

Abs. 2 BGB zu Lasten des Betreuers erfasst[314]. Wird die Entlassung abgelehnt, steht dem Vertreter der Landeskasse dagegen ein Beschwerderecht zu, § 304 Abs. 1 Satz 2 FamFG.

Der in der zweiten Alternative genannte Entlassungsgrund („oder den erforderlichen persönlichen Kontakt nicht gehalten [hat]") wurde durch das Gesetz zur Änderung des Vormundschafts- und Betreuungsrechts mit Wirkung zum 6.7.2011 eingefügt[315]. Der Gesetzgeber hat damit auf den Umstand reagiert, dass sich seit der Einführung der Pauschalierung der Vergütung von Berufsbetreuern die Besuchsfrequenz verringert hat. Da die Mindestzahl von Besuchskontakten nicht vorgegeben ist (dazu oben Rn. 38 f.), wird dieser Entlassungsgrund nur einschlägig sein, wenn persönliche Kontakte über längere Zeit ohne Grund nicht oder in deutlich unzureichendem Maße – weniger als einmal im Jahr – stattfinden. **89b**

Wichtige Gründe zur Entlassung können sich aus einer starken Störung des Vertrauensverhältnisses, insbesondere aber aus Pflichtverletzungen des Betreuers ableiten. Pflichtverletzungen sind Verstöße gegen gesetzliche Vorschriften, gerichtliche Anordnungen oder Weisungen nach § 1837 BGB sowie das Überschreiten von Ermessensspielräumen, das Leiten lassen von unsachlichen Erwägungen zulasten des Betreuten sowie unberechtigtes Ablehnen von Wünschen des Betreuten[316]. Bei vorgetragenen Pflichtverletzungen durch den Betreuer ist aber immer ganz genau zu prüfen, ob der gerügten Handlung des Betreuers tatsächlich eine Verletzung von Betreuerpflichten zugrunde liegt. Die Schwierigkeit, eine Handlung als pflichtwidrig zu qualifizieren, beruht darauf, dass die objektive Festlegung eines allgemein gültigen Pflichtenkatalogs für jedes denkbare Betreuungsverhältnis nicht möglich ist. Zwar beschreibt § 1901 BGB die Pflichten eines Betreuers näher. In den Absätzen 2 bis 4 stellt er aber individuell auf die einzelnen Betreuungsverhältnisse, die Wünsche und das Wohl des konkret betroffenen Betreuten ab. Zudem ist dem Betreuer in Bezug auf die Art und Weise der Ausübung seiner Betreuertätigkeit ein Ermessensspielraum eingeräumt. **90**

Demgemäß stellt es keine Pflichtverletzung dar, wenn eine Entscheidung oder Tätigkeit im Rahmen der Ermessensausübung des Betreuers liegt oder er damit den Wünschen des Betreuten folgt und die Entscheidung oder Tätigkeit vertretbar ist[317]. So ist etwa dem Wunsch eines vermögenden Betreuten nach vertretbarem Luxus und Aufrechterhaltung des bisherigen Lebensstandards vom Betreuer zu entsprechen. In diesem Rahmen muss der Betreuer weder das Erbe für die Abkömmlinge des Betreuten erhalten noch Rücklagen zu Sicherung seines Vergütungsanspruches bilden[318]. **90a**

Darüber hinaus kann der Grundsatz der Verhältnismäßigkeit es gebieten, (zunächst) von einer Entlassung abzusehen. Es ist mit den Mitteln der Weisung und Aufsicht (vgl. §§ 1908i Abs. 1, 1837 BGB) zu versuchen, das pflichtwidrige Handeln des Betreuers abzustellen. So müssten im Einzelfall also abgestuft Anordnungen oder Weisungen erfolgen, Zwangsgelder angedroht und verhängt werden und schließlich die Entlassung angedroht werden[319]. Gegebenenfalls reicht auch die teilweise Entlassung des Betreuers für bestimmte Aufgabenkreise, für die bei Vorliegen der Voraussetzungen ein weiterer Betreuer nach § 1899 **90b**

314 Sonnenfeld, FamRZ 2005, 943
315 Gesetz vom 29. Juni 2011 (BGBl. I S. 1306); zu Einzelheiten vgl. Bienwald BtPrax 2010, 167
316 BayObLG NJW 1999, 3205 und FGPrax 1999, 225; zu Pflichtverletzungen vgl. auch Teil D Rn. 104 ff. sowie Sonnenfeld, Rn. 365 ff.
317 BayObLG FamRZ 1994, 1282
318 OLG Karlsruhe NJOZ 2011, 536
319 BayObLG FamRZ 2000, 514 und 1996, 1105, BtPrax 1997, 239; LG München NJWE-FER 2000, 234 . Nur wenn der Betreuer gezeigt hat, dass er dadurch nicht zu beeindrucken ist, kann darauf verzichtet werden, vgl. BayObLG BtPrax 2005, 153.

BGB (dazu Rn. 71 ff.) zu bestellen ist, aus[320]. Dies gilt insbesondere bei bestehenden persönlichen Bindungen zwischen Betreutem und Betreuer. Sofern sich die Pflichtwidrigkeiten auf den Vermögensbereich beziehen und der bestellte Betreuer als Angehöriger von der Rechnungslegung und versperrten Anlegung befreit ist (§§ 1908i Abs. 2 Satz 1, 1857a BGB), kann es auch genügen, diese Befreiungen aufzuheben. Eine solche Anordnung kann das Gericht nach § 1908i Abs. 2 Satz 2 BGB treffen.

91 Im Einzelfall haben die Gerichte auf keine die Entlassung des Betreuers rechtfertigende Pflichtverletzung erkannt, wenn

- ein Betreuer die mit Schachteln und Plastiksäcken vollgestellte Wohnung des Betreuten nicht räumt (Stichwort: Vermüllung)[321];
- ein Sterilisationsbetreuer entgegen der Erwartung des Gerichts keinen Antrag auf Genehmigung der Durchführung der Sterilisation stellt und dies vertretbar ist[322];
- aufgrund vereinzelter Maßnahmen im Vermögensbereich bloße Spannungen zwischen Betreuer und Betreutem auftreten[323];
- ein Betreuer auf Wunsch des Betreuten dessen renovierungsbedürftiges Haus nicht vermietet, die Kosten für die Lebenshaltung des Betreuten gleichwohl gedeckt sind[324], oder
- der Betreuer den Betreuten gegen dessen Willen in einem Pflegeheim unterbringt, wenn die häusliche Pflege objektiv nicht zu gewährleisten ist[325];
- der Betreuer auf Wunsch des Betreuten darauf verzichtet, eine Erwerbsbehindertenrente zu beantragen, und nach den ärztlichen Berichten Rehabilitationsmaßnahmen zur Wiederherstellung der Erwerbsfähigkeit empfohlen werden[326];
- der Betreuer kein gesondertes Konto für den Betreuten anlegt, sondern die unter dem Sozialhilfesatz liegende Rente des Betreuten auf sein eigenes Konto überweisen lässt. Die Gefahr der Vermischung der Vermögen besteht nämlich nicht; die Rente reicht nicht annähernd zur Deckung des Lebensbedürfnisse des Betreuten aus[327].

92 Bejaht worden sind zur Entlassung führende Pflichtverletzungen dagegen bei

- Verstoß gegen die Rechnungslegungspflicht bzw. die Berichtspflicht[328];
- fehlendem Schutz vor Übergriffen durch den Ehegatten des Betreuers[329];
- unzureichenden persönlichen Kontakten[330];
- Verschweigen der Betreuung bei Abschluss eines Notarvertrages über die Eigentumswohnung des Betreuten[331];
- Durchsetzung einer Unterbringung des Betreuten gegen ärztlichen Rat[332] oder

---

320 OLG Rostock FamRZ 2005, 1588
321 BayObLG BtPrax 1997, 239
322 LG Hildesheim, BtPrax 1997, 121
323 BayObLG FamRZ 1994, 136
324 LG München NJWE-FER 2000, 234
325 BayObLG FamRZ 1997, 1358
326 LG Berlin NJWE-FER 2001, 210
327 OLG Rostock FamRZ 2005, 1588
328 BayObLG BtPrax 1995, 65; 1997, 67 und 2001, 163
329 BayObLG BtPrax 2000, 123
330 LG München BtPrax 2007, 221 f.
331 BayObLG BtPrax 1995, 65
332 BayObLG FamRZ 2005, 750

- Fortsetzung der ambulanten statt der vollstationären Versorgung aus sachfremden Gründen[333].

Andere, nicht auf Pflichtverletzungen beruhende wichtige Gründe sind etwa: 93

- nach der Betreuerbestellung treten die Voraussetzungen des § 1897 Abs. 3 BGB (dazu oben Rn. 40 ff.) ein, weil der Betreute z.B. in der Einrichtung untergebracht wird, in der der Betreuer beschäftigt ist;
- eine erheblich geeignetere Person steht zur Verfügung und der Betreute wünscht deren Bestellung[334];
- ein bisher nicht übernahmebereiter, aber gewünschter Verwandter steht nunmehr zur Ablösung des zum Betreuer bestellten Dritten zur Verfügung[335]. Das gilt allerdings nicht, wenn die Bereitschaft des Angehörigen nur darauf beruht, dass er aufgrund der ersten Vergütungsabrechnung des bestellten Betreuers gegen den Betreuten das Amt übernehmen möchte, um aus eigennützigen Interessen das Vermögen des Betreuten zu erhalten[336] bzw. wenn der Betreuerwechsel dem Wohl des Betreuten nicht erheblich besser entspricht als der bisherige Zustand[337];
- erhebliche Interessenkonflikte im Vermögensbereich bei konkreten Gefährdungen[338], z.B., wenn der Betreuer den Grundbesitz, den er erben wird, deutlich besser saniert und unterhält als den übrigen Grundbesitz des Betreuten[339];
- enge vermögensmäßige Verquickungen zwischen dem Vermögen des Betreuten und des Betreuers[340];
- Notwendigkeit für den Betreuer vermögensrechtliche Ansprüche gegen den Betreuten geltend zu machen, z.B. wegen Besuchsfahrten und/oder tatsächlicher Pflege[341], oder umgekehrt für den Fall, dass der Betreuer das Haus des Betreuten bewohnt, ohne dafür Miete oder Nutzungsentschädigung zu zahlen, weshalb der Betreute Sozialhilfe beantragen muss[342];
- nach der Bestellung mehrerer Betreuer stellt sich heraus, dass die Voraussetzungen für die Bestellung mehrerer Betreuer entweder von Anfang an nicht vorgelegen haben oder später weggefallen sind[343];
- das Vorhandensein bzw. die (beabsichtigte) Bestellung eines weiteren Berufsbetreuers[344] oder
- Entlassung des alten Betreuers wird nach Rechtsmittel aufgehoben[345].

Allein der Wunsch des Betreuten nach Entlassung des Betreuers stellt keinen wichtigen Grund dar[346]. Hinzutreten müssen weitere Aspekte, wie z.B. einer der zuvor aufgeführten Punkte in nicht so ausgeprägter Form. Auch der Entlassungswunsch des Betreuten in Ver- 94

333 LG Braunschweig NJOZ 2007, 5679 ff.
334 BayObLG FamRZ 1994, 1353 und 1996, 1105
335 BayObLG Rpfleger 1998, 112
336 Damrau/Zimmermann, § 1908b BGB, Rn. 20
337 OLG Köln FamRZ 2003, 188 f.
338 BayObLG BtPrax 2001, 37 f. und FamRZ 2000, 514
339 OLG Hamm NJWE-FER 1998, 34
340 BayObLG BtPrax 2001, 163
341 BayObLG BtPrax 1995, 65
342 OLG Köln NJWE-FER 1998, 201
343 OLG München BtPrax 2007, 77 ff.; BayObLG NJOZ 2004, 3868; OLG Schleswig BtPrax 2002, 271 (LS
344 OLG München BtPrax 2006, 34 ff., selbst wenn die Bestellung bereits vor der Einführung des § 1899 Abs. 1 Satz 3 BGB erfolgte, OLG München BtPrax 2006, 109 f.
345 BayObLG FamRZ 2003, 784 ff. und BtPrax 1995, 219
346 Damrau/Zimmermann, § 1908b BGB, Rn. 26

bindung mit der Weigerung des Betreuers, den Wohnsitz des Betreuten zu verlegen[347], der bloßen Behauptung, das Vertrauensverhältnis sei zerrüttet[348], oder der Ablehnung des Betreuers durch den Betreuten[349] rechtfertigt es nicht ohne weiteres, den Betreuer gegen seinen Willen zu entlassen.

95 Der Wunsch des Betreuers nach Entlassung rechtfertigt diese allein ebenfalls nicht. Das ergibt sich aus der Wertung des Abs. 2, der eine Unzumutbarkeit der weiteren Amtsführung voraussetzt. Darüber hinaus wird damit das Interesse des Betreuten an der Kontinuität der Betreuung berücksichtigt[350]. Unterhalb der Unzumutbarkeit müssen weitere Aspekte, z.B. Wunsch des Betreuten, kleinere Pflichtverletzungen oder Interessenkollisionen, dazukommen.

cc. Antrag von Verein oder Behörde

96 Vereins- und Behördenbetreuer sind zu entlassen, wenn dies von ihrem jeweiligen Verein oder ihrer Behörde beantragt wird, § 1908b Abs. 4 Satz 1 und 3. Beide dürfen nämlich nur mit Zustimmung des Vereins bzw. der Behörde bestellt werden, § 1897 Abs. 2 BGB. Das beruht auf der Personalhoheit und der Dispositionsfreiheit dieser Institutionen. Demgemäß muss ihnen auch die Möglichkeit eröffnet werden, jederzeit ihre Entscheidung abzuändern, etwa weil der Mitarbeiter dringend für eine andere Betreuung benötigt wird.

Um die Interessen und das Wohl des Betreuten zu wahren, muss das Gericht in diesen Fällen überprüfen, ob der bisherige persönliche Vereins- oder Behördenbetreuer bereit ist, das Betreueramt außerhalb der institutionalisierten Einzelbetreuung fortzuführen, § 1908b Abs. 4 Satz 2. Eine Verpflichtung des bisherigen Betreuers besteht insoweit nicht. In diesem Fall erfolgen keine Entlassung des bisherigen Betreuers und seine Neubestellung als Privatperson. Vielmehr wandelt das Gericht die Betreuung dahin um, dass der bisherige Vereins- oder Behördenbetreuer die Betreuung als Privatperson fortführt[351]. In der Praxis sind derartige Fälle äußerst selten. Beispiel: Der persönliche Vereins-/Behördenbetreuer wechselt seinen Arbeitgeber, macht sich als Berufsbetreuer selbständig oder geht in Rente, ist aber aufgrund der inzwischen gefestigten persönlichen Beziehung zum Betreuten bereit, das Amt innerhalb oder außerhalb der Berufstätigkeit fortzuführen.

dd. Entlassung von Verein oder Behörde bei vorrangigem Betreuer

97 Ein Verein oder die Behörde sind zu entlassen, wenn die Betreuung durch eine natürliche Person (vgl. dazu oben Rn. 3 ff.) wahrgenommen werden kann, § 1908b Abs. 5 BGB. Beide Institutionen dürfen nur subsidiär bestellt werden. Ändert sich die Ausgangslage dahin, dass der Betreute nunmehr durch eine oder mehrere natürliche Personen hinreichend betreut werden kann, sind der Verein bzw. die Behörde zu entlassen. Beispiel: Nach der Einarbeitung kann der vom Verein bzw. der Behörde beauftragte Mitarbeiter (dazu oben Rn. 3, 25) das Amt des Betreuers persönlich übernehmen.

Im Rahmen des zunehmenden Angebotes an übernahmebereiten und geeigneten Berufsbetreuern dürfte es eigentlich nur noch in Ausnahmesituationen zu einer längerfristigen Bestellung eines Vereines oder der Betreuungsbehörde zum Betreuer kommen. Häufig ver-

347 BayObLG FamRZ 1998, 126: Der Wohnsitzwechsel hätte dem Wohl des Betreuten widersprochen.
348 Damrau/Zimmermann, § 1908b BGB, Rn. 26. Erforderlich ist vielmehr die starke Störung des Vertrauensverhältnisses, etwa bei Entfallen der Vertrauensbasis mit Gesundheitsverschlechterung, BayObLG NJOZ 2005, 966 und 2004, 3871.
349 OLG München BtPrax 2008, 125 ff .; BayObLG; NJOZ 2005, 966 und 2004, 3871; BtPrax 2002, 130. Allerdings nur, wenn der Betreuer weiterhin positiv einwirken kann.
350 BayObLG JurBüro 2001, 600.
351 Zu den Gründen dieser gesetzlichen Sonderregelung und der Kritik daran: Damrau/Zimmermann, § 1908b BGB, Rn. 36.

bleibt es aber aus Gründen der Kontinuität der Betreuung, einer persönlichen Bindung zwischen beauftragtem Mitarbeiter und Betreutem, fehlender persönlicher Bindungen des Betreuten zu einem Berufsbetreuer und fiskalischen Überlegungen bei der Bestellung eines Vereines oder der Betreuungsbehörde.

Ein Betreuungsverein und eine Betreuungsbehörde, die im Einzelfall zum Betreuer bestellt sind, sind verpflichtet, dem Gericht Mitteilung zu geben, wenn ihnen Umstände bekannt werden, aus denen sich die Möglichkeit ergibt, den Betreuten durch einen oder mehrere natürliche Personen (dazu oben Rn. 22) hinreichend betreuen zu lassen, § 1900 Abs. 4 Satz 2 BGB.

ee. Entlassung bei fehlender Nebentätigkeitsgenehmigung

§ 1888 BGB Entlassung von Beamten und Religionsdienern

Ist ein Beamter oder ein Religionsdiener zum Vormund bestellt, so hat ihn das Familiengericht zu entlassen, wenn die Erlaubnis, die nach den Landesgesetzen zur Übernahme der Vormundschaft oder zur Fortführung der vor dem Eintritt in das Amts- oder Dienstverhältnis übernommenen Vormundschaft erforderlich ist, versagt oder zurückgenommen wird oder wenn die nach den Landesgesetzen zulässige Untersagung der Fortführung der Vormundschaft erfolgt.

Beamte oder Geistliche sind als Betreuer zu entlassen, wenn die nach Gesetz erforderliche Genehmigung des Dienstherrn versagt oder nicht verlängert wird. Diese Regelung des Vormundschaftsrechts findet nach § 1908i Abs. 1 BGB im Betreuungsrecht Anwendung. Sie gilt nur für natürliche Personen, nicht für die nach § 1900 Abs. 2 Satz 1 BGB beauftragten Mitarbeiter eines Vereins bzw. einer Behörde. **98**

Die Regelung des § 1888 BGB ist im Kontext mit § 1784 BGB zu sehen, wonach ein Beamter oder Religionsdiener nicht ohne die im Einzelfall erforderliche Nebentätigkeitsgenehmigung als Betreuer bestellt werden soll. Dieser Vorbehalt gilt auch, wenn der bestellte Betreuer erst nach der Bestellung zum Betreuer das Amt eines Beamten oder Religionsdieners übernimmt.

Wird die Genehmigung nach der erfolgten Bestellung zum Betreuer versagt bzw. zurückgenommen oder erfolgt eine nach Landesgesetzen mögliche Untersagung der Fortführung der Betreuung, muss eine Entlassung ausgesprochen werden.

Nach § 1888 BGB ist demzufolge ein bereits bestellter Betreuer von Amts wegen[352] zu entlassen, wenn **99**

- die Bestellung erfolgte, obwohl die Genehmigung noch nicht vorlag und sie im Nachhinein versagt wird,
- der bestellte Betreuer nachträglich zum Beamten oder Religionsdiener bestellt wird und die Genehmigung versagt wird,
- die erteilte Genehmigung zurückgenommen wird oder
- eine Genehmigung zwar nicht erforderlich ist, aber die Fortführung der Betreuung aufgrund landesrechtlicher Regelungen untersagt wird.

352 Palandt-Götz, § 1888 BGB, Rn. 1

b. In das Ermessen gestellte Entlassungsgründe

aa. Entlassung eines Berufsbetreuers, § 1908b Abs. 1 Satz 3 BGB

100 Die Vorschrift wurde durch das 1. BtÄndG mit Wirkung zum 1.1.1999 eingefügt. Ein Berufsbetreuer soll danach entlassen werden, wenn der Betreute durch eine oder mehrere natürliche Person(en) außerhalb einer Berufsausübung betreut werden kann. Die Rechtsprechung geht davon aus, dass die Entlassung des Berufsbetreuers dann die Regel ist. Da es sich um eine sog. Sollvorschrift handelt, besteht aber für das Gericht ein Ermessensspielraum[353]. Eine Entlassung kann z.B. erfolgen, wenn die Fachkenntnisse eines Berufsbetreuers nicht mehr benötigt werden und bei der Führung der Betreuung menschliche und persönliche Belange im Vordergrund stehen[354]. Nur bei besonderen Umständen kann davon abgesehen werden, z.B. wenn die Entlassung dem Wohl des Betreuten schadet, etwa weil eine starke persönliche Bindung entstanden ist oder die vorgeschlagene ehrenamtlich tätige Person enge Kontakte zu einem der verfeindeten Kinder des Betroffenen pflegt[355]. Auch der Gesichtspunkt der Kontinuität der Betreuung ist zu beachten. Maßstab für die zutreffende Entscheidung über die Entlassung des Berufsbetreuers ist vorrangig das Wohl des Betreuten[356].

Wird die Entlassung des Berufsbetreuers durch das Gericht abgelehnt, kann der Vertreter der Landeskasse dagegen Beschwerde einlegen, § 304 Abs. 1 Satz 2 FamFG.

bb. Entlassung wegen Unzumutbarkeit, § 1897 Abs. 2 BGB

101 Im Verlaufe der Ausübung des Betreueramtes können sich Umstände ergeben, die die Fortführung des Amtes für den Betreuer als unzumutbar erscheinen lassen. Eine Entlassung kann dann auf Antrag des Betreuers erfolgen. Die Weiterführung des Amtes kann aufgrund veränderter persönlicher, familiärer, beruflicher oder sonstiger Umstände unter Abwägung der Interessen des Betreuten unzumutbar sein. In welcher Person (Betreuer, Betreuter oder Dritter) diese Umstände begründet sind oder ob sie von außen einwirken, ist ohne Belang[357]. Die Unzumutbarkeit kann sich aus persönlichen Gründen, wie etwa eigene Krankheiten, fortgeschrittenes Alter, aber auch gespanntes Verhältnis zu den beim Betreuungsgericht zuständigen Mitarbeitern, ergeben[358]. Andere Beispiele sind Wegzug des Betreuers oder des Betreuten, berufliche Neuorientierung, familiäre oder berufliche Überlastung, körperliche Übergriffe oder massive Störungen des Privat- oder Berufslebens seitens des Betreuten, erhebliche Änderung des Krankheits- oder Behinderungsbildes beim Betreuten, die eine andere Qualifikation des Betreuers erfordert, verschlechterte Verkehrsverbindungen zwischen Betreutem und Betreuer.

Die Unzumutbarkeit kann sich auf die Erledigung einzelner Aufgabenkreise beschränken. Das Gericht muss die Entlassung gegebenenfalls auf die Teilbereiche eingrenzen. Es müssen dann aber die Voraussetzungen für die Bestellung eines weiteren Betreuers nach § 1899 BGB vorliegen.

► *Zu den Voraussetzungen für die Bestellung eines weiteren Betreuers nach § 1899 BGB vgl. oben Rn. 71 ff.*

353 BayObLG BtPrax 2005, 148 f.; Jürgens-Jürgens, § 1908b BGB, Rn. 8
354 LG Duisburg BtPrax 2000, 43
355 BayObLG BtPrax 2005, 148 f.; LG Saarbrücken BtPrax 2000, 266
356 BayObLG BtPrax 2005, 148 f.
357 BT-Drs. 11/4528, S. 153
358 Damrau/Zimmermann, § 1908b BGB, Rn. 36

Die Unzumutbarkeit der Fortführung der Betreuung lässt sich nicht aus einer im Einzelfall unzureichenden Vergütungspraxis des zuständigen Gerichts ableiten[359]. Etwas anderes gilt allerdings, wenn ein Betreuer aufgrund der durch das 1. BtÄndG neu gefassten Vergütungsregelungen bei Würdigung seiner neuen wirtschaftlichen Situation zu dem Ergebnis gelangt, er könne seine Tätigkeit nicht mehr oder nur noch in geringerem Umfang ausüben[360]. **102**

Letztlich müssen auch Gründe, die bereits bei der Auswahl des Betreuers bekannt waren und in Erwägung gezogen werden konnten, außer Betracht bleiben.

Im Rahmen einer Gesamtschau müssen die für die Unzumutbarkeit der Fortführung geltend gemachten Gründe das Interesse des Betreuten, den bisherigen Betreuer zu halten, erheblich überwiegen, um die Entlassung eines Betreuers zu begründen[361].

cc. Anderweitiger Vorschlag des Betreuten

§ 1908b Abs. 3 BGB räumt dem Gericht im Rahmen einer Ermessensausübung die Möglichkeit ein, auf Vorschlag des Betroffenen den bisherigen Betreuer durch eine gleich geeignete andere Person als Betreuer zu ersetzen. **103**

▶ *Zu Einzelheiten des Vorschlags des Betroffenen vgl. oben Rn. 50 ff.*

Der Betroffene muss einen neuen Betreuer präsentieren, um nicht bei bloßer eigener Unzufriedenheit mit dem Betreuer zu einem Betreuerwechsel gelangen zu können[362]. Der Betreute muss die Auswechslung des Betreuers aus eigenem Antrieb anstreben und einen bestimmten neuen Betreuer wünschen. Die Zustimmung zu einer Auswahl durch einen Dritten genügt ebenso wenig wie ein kurzfristig unter Dritteinfluss geäußerter Vorschlag[363]. Diesem Antrag wird zu entsprechen sein, wenn

- die vorgeschlagene Person – sie kann auch ein Vereinsbetreuer sein[364] – zumindest die gleiche Eignung (dazu Rn. 35 ff.) wie der bestellte Betreuer aufweist. Eine weniger geeignete Person kann demnach nie bestellt werden[365], selbst wenn der bisherige Betreuer damit einverstanden wäre,
- zweitens die vorgeschlagene Person übernahmebereit ist und
- drittens die Ermessensausübung des Gerichts ergibt, dass der angeregte Wechsel angemessen, zweckmäßig und zum Wohl des Betroffenen angezeigt ist.

Die Ermessensausübung des Gerichts ist nicht zu beanstanden, wenn das Gericht einen Wechsel ablehnt, damit der bisherige Betreuer einen begonnenen, schwierigen Zivilprozess zu Ende führt[366], es nicht zu häufigen (jährlichen) Betreuerwechseln kommt oder weil die Überprüfung der Betreuung ohnehin in kurzer Zeit ansteht[367] bzw. weil der Wunsch auf einen Betreuerwechsel in Wirklichkeit auf einer Beeinflussung durch einen mit Erbaussichten rechnenden Verwandten beruht[368] oder von der Erwartung getragen wird, von einem anderen Betreuer größere persönliche Freiheit genießen zu können[369]. Ansonsten **104**

359 OLG Schleswig, BtPrax 1997, 241
360 BayObLG BtPrax 2001, 206 f., welche Betreuung er abgeben will, kann der Betreuer entscheiden.
361 BayObLG JurBüro 2001, 600
362 BT-Drs. 11/4528, S. 154. Der Auswechselungswunsch ist für das Gericht nicht bindend, BayObLG BtPrax 2002, 130 (LS).
363 BayObLG NJOZ 2005, 969 und 2004, 3871
364 BayObLG FamRZ 1996, 250
365 LG Mainz BtPrax 1993, 176
366 BayObLG FamRZ 1994, 1353
367 BayObLG NJOZ 2005, 957
368 BT-Drs. 11/4528, S. 154
369 OLG München BtPrax 2008, 125 ff; BayObLG FamRZ 2003, 784 ff.

ist dem Wunsch des Betreuten im Rahmen der Ermessensausübung aber ein starkes Gewicht einzuräumen. Dabei kann das Gericht berücksichtigen, dass bei Erfüllung des Wunsches die Aufgaben der Betreuung in einer Hand zusammengefasst werden[370]. Die Ermessensentscheidung des Gerichts kann nicht auf Angemessenheit oder Zweckmäßigkeit überprüft werden.

Das Gericht hat allerdings wiederum den Verhältnismäßigkeitsgrundsatz zu beachten und den Vorgeschlagenen zumindest für Teile der Aufgabenkreise zu bestellen, wenn die Voraussetzungen für die Bestellung eines weiteren Betreuers nach § 1899 BGB vorliegen.

▶ *Zu Einzelheiten der Betreuermehrheit vgl. oben Rn. 71 ff.*

c. Wirkung der Entlassung

105 Mit der wirksamen Entlassung ist das Amt des Betreuers beendet und er hat grundsätzlich seine Betreuertätigkeiten einzustellen.

aa. Grundsätze

106 Nach der Beendigung des Betreueramtes hat der ehemalige Betreuer nur noch diejenigen Verpflichtungen zu erfüllen, die gerade einem ehemaligen Betreuer obliegen[371]. Dazu gehören als generelle Pflichten:

- Rückgabe der Bestellungsurkunde an das Betreuungsgericht (§§ 1908i Abs. 1, 1893 Abs. 2 Satz 2 BGB) und Erstattung eines Schlussberichts;
- Rückgabe der Akten bezüglich der ausgeübten Geschäftsführung (Rechtsgrundlage ist das Auftragsverhältnis, das der Betreuer wahrgenommen hatte und aufgrund dessen er alles daraus Erlangte zurückzugeben hat). Dem ehemaligen Betreuer ist allerdings eine angemessene Zeit einzuräumen, die Akte auf den aktuellen Stand zu bringen. Zu einem evtl. Zurückbehaltungsrecht siehe unten.

Gehörten zum Aufgabenkreis des Betreuers auch die Vermögensangelegenheiten, kommen als weitere Pflichten hinzu:

- Schlussrechnung gegenüber dem Betreuungsgericht.

  Anders als ein Vermögensverzeichnis muss eine ordnungsgemäße Schlussrechnung die Zu- und Abgänge verzeichnen und mit Belegen versehen sein, soweit solche erteilt zu werden pflegen. Die Zusammenstellung muss klar, geordnet, übersichtlich und aus sich heraus verständlich sein. Die bloße Vorlage von Unterlagen, aus denen sich das Gericht erst selbst eine Übersicht erarbeiten muss, genügt nicht[372].

  Eine Schlussrechnung kann entfallen, wenn der ehemalige Betreute bzw. der neue Betreuer schriftlich dem Betreuungsgericht gegenüber darauf verzichtet[373].
- Herausgabe des Vermögens an den Berechtigten, d. h. den Betreuten, sofern er nicht verstorben ist, bzw. den neu bestellten Betreuer.

  Herauszugeben sind Gelder, soweit sie nicht bestimmungsgemäß verwendet wurden[374], aber auch Urkunden, mit denen Forderungen und Rechte geltend gemacht werden können, z.B. Sparbücher, Schuldscheine, Vertragsunterlagen, aber auch sonstige Gegenstände wie Schmuck, Bilder etc. Ein Zurückbehaltungsrecht besteht zum

---

370 BayObLG FamRZ 2004, 736
371 BayObLG NJWE-FER 2001, 99
372 BayObLG NJWE-FER 2001, 99
373 Meier/Deinert, Rn. 1805 ff.; Firsching/Dodegge, Rn. 376, mit Muster einer solchen Entlastungserklärung
374 OLG Saarbrücken FamRZ 2011, 1170

einen, soweit Unterlagen und Urkunden zunächst noch zur Schlussrechnung gegenüber dem Gericht benötigt werden, und zum anderen, soweit der ehemalige Betreuer gegenüber dem ehemaligen Betreuten noch einen Aufwendungs- bzw. Vergütungsersatzanspruch besitzt, §§ 273 f. BGB. Dieses Recht besteht allerdings nicht gegenüber der Staatskasse.

▶ *Zu den Pflichten bei Beendigung der Betreuung vgl. auch Teil H Rn. 13 ff.*

bb. Fortführung der Geschäfte

Wird der Betreuer ganz oder teilweise aus seinem Amt entlassen, darf er die mit der Betreuertätigkeit verbundenen Geschäfte fortführen, bis er von der Beendigung seines Amtes Kenntnis erlangt oder die Beendigung hätte kennen müssen, §§ 1908i Abs. 1, 1893 Abs.1, 1698a BGB. Ein Dritter kann sich allerdings auf diese Befugnis nicht berufen, wenn er bei Vornahme eines Rechtsgeschäfts die Beendigung kennt oder kennen müsste. **107**

▶ *Zur Fortführung der Geschäfte vgl. auch Teil H Rn. 22 f.*

cc. Anhängige Genehmigungsverfahren

Hatte das Gericht dem bisherigen Betreuer betreuungsgerichtliche Genehmigungen erteilt, von denen dieser (noch) nicht Gebrauch gemacht hatte, bleiben die Genehmigungen durch den Betreuerwechsel in ihrer Wirksamkeit unangetastet. Der neue Betreuer kann mit seiner wirksamen Bestellung entscheiden, ob er von ihnen Gebrauch machen will. Dies geschieht dadurch, dass er sie vollzieht, d. h. dem Gegenüber die rechtskräftige Genehmigung – dazu § 45 FamFG – mitteilt, vgl. §§ 1908i Abs. 1, 1829 BGB sowie §§ 1904, 1905, 1906 BGB. **108**

dd. Betreuermehrheit

Entlässt das Gericht den bisherigen Betreuer und bestellt zugleich einen neuen Betreuer, kann es zu einer Betreuermehrheit kommen, wenn im Rechtsmittelverfahren die Entlassung des bisherigen Betreuers (rückwirkend) aufgehoben wird. **109**

Bis zur Entlassung des neuen Betreuers nach § 1908b Abs. 1 BGB (wichtiger Grund) besteht dann eine doppelte gesetzliche Vertretung, für die § 1899 Abs. 3 BGB (dazu oben Rn. 76 f.) gilt[375]. Die Entscheidungen des neuen Betreuers bleiben bis zu dessen Entlassung wirksam, § 47 FamFG.

d. Tod des Betreuers

Die Notwendigkeit eines Betreuerwechsels kann sich letztlich aus dem Tod des bisherigen Betreuers sowie der weiterhin bestehenden Betreuungsbedürftigkeit ergeben. Den Tod eines Betreuers hat dessen Erbe bzw. ein gegebenenfalls bestellter Gegenbetreuer, den Tod eines Mit- oder Gegenbetreuers der Betreuer dem Gericht unverzüglich anzuzeigen, §§ 1908i Abs. 1, 1799 Abs. 1 Satz 2, 1894 Abs. 1 bzw. 2 BGB. **110**

▶ *Zum Tod des Betreuers vgl. auch Teil H Rn. 36*

Unverzüglich bedeutet ohne schuldhaftes Zögern, vgl. § 121 BGB. Bei Verstoß gegen diese Verpflichtung kann sich eine Haftung für den Mit- bzw. Gegenbetreuer aus § 1833 BGB, für den Erben aus § 276 BGB ergeben.

375 Damrau/Zimmermann, § 1908b BGB, Rn. 60

Mit- oder Gegenbetreuer bzw. Erben sind nicht dazu verpflichtet, die Amtsgeschäfte des verstorbenen Betreuers fortzuführen[376]. Die Erben des verstorbenen Betreuers haben die vorhandenen Unterlagen aus der Führung der Betreuung herauszugeben, sofern es sich nicht um persönliche Unterlagen des verstorbenen Betreuers handelt[377]. Umfasste die Betreuung die Vermögensangelegenheiten, haben die Erben zudem das Vermögen herauszugeben und Schlussrechnung zu erstatten. Letzteres erfordert die Auflistung der Ein- und Ausgaben von der letzten Abrechnung bis zum Tod des bisherigen Betreuers und Aufstellung der Vermögensgegenstände zum Todeszeitpunkt. Die Erben können auf der anderen Seite noch nicht abgerechnete Vergütungen bzw. Aufwendungsersatz geltend machen[378].

2. Bestellung eines neuen Betreuers, § 1908c BGB

§ 1908c BGB Bestellung eines neuen Betreuers

Stirbt der Betreuer oder wird er entlassen, so ist ein neuer Betreuer zu bestellen.

111 Mit der Entlassung bzw. dem Tod des bisherigen Betreuers endet die Betreuung als solche nicht. Vielmehr schreibt § 1908c BGB die Bestellung eines neuen Betreuers vor. Etwas anderes gilt nur, wenn bereits vorher oder gleichzeitig die Voraussetzungen für die Bestellung eines Betreuers entfallen sind. Das Gericht müsste dann vorrangig die Betreuung nach § 1908d Abs. 1 Satz 1 BGB aufheben. Trotz Entlassung oder Tod des Betreuers bestehen die Betreuung bzw. ein gegebenenfalls angeordneter Einwilligungsvorbehalt fort[379].

a. Gründe für eine Neubestellung

112 § 1908c BGB nennt zwei Gründe für die Notwendigkeit einen neuen Betreuer zu bestellen, nämlich den Tod sowie die Entlassung des bisherigen Betreuers.

▶ *Zu Einzelheiten zur Entlassung des Betreuers vgl. oben Rn. 84 ff.*

b. Auswahl und Bestellung eines neuen Betreuers

113 Für die Auswahl und die Bestellung eines neuen Betreuers gelten dieselben Grundsätze wie bei der erstmaligen Bestellung eines Betreuers. Das Gericht hat seine Entscheidung also an den Kriterien der §§ 1897, dort insbesondere Abs. 4 und 5, 1899, 1900 BGB auszurichten[380] (dazu oben Rn. 34 ff.). War bisher ein Mit- oder Gegenbetreuer bestellt, hat das Gericht zu prüfen, ob die Voraussetzungen dafür noch vorliegen. So können z.B. mit dem Tod bzw. der Entlassung des bisherigen Betreuers Umstände, wie konkrete Interessenkonflikte oder Geeignetheit in einzelnen Aufgabenkreisen, entfallen.

c. Zeitpunkt der Entscheidung

114 In den Fällen der Entlassung eines Betreuers wird das Gericht in der Regel zugleich einen neuen Betreuer bestellen, da das Betreuungsbedürfnis unverändert fortbesteht. Entlassung und Neubestellung können in einem Beschluss erfolgen. Ist dies nicht möglich, weil zum Beispiel der bisherige Betreuer wegen akuter Gefährdung des Wohles des Betreuten durch einstweilige Anordnung zu entlassen ist (vgl. § 300 Abs. 2 FamFG), Ermittlungen zur

376 Palandt-Götz, § 1894 BGB, Rn. 1
377 Bienwald, § 1908c BGB, Rn. 13
378 Eine Ausnahme besteht bei einem verstorbenen Vereins- oder Behördenbetreuer. Ansprüche auf Vergütungen bzw. Ersatz von Aufwendungen stehen dem Verein bzw. der Anstellungskörperschaft zu, Bienwald, § 1908c BGB, Rn. 14.
379 Damrau/Zimmermann, § 1908c BGB, Rn. 1
380 BayObLG FamRZ 2001, 252

endgültigen Ermittlung eines geeigneten neuen Betreuers nötig sind oder der bisherige Betreuer verstorben ist, bestehen bis zur Neubestellung eines Betreuers in Eilfällen zwei Möglichkeiten:

Das Gericht kann selbst nach §§ 1908i Abs. 1 Satz 1, 1846 BGB die nötigen Entscheidungen treffen oder mit einer einstweiligen Anordnung vorläufig einen Betreuer bestellen, § 300 Abs. 1 FamFG. Ein Eilfall liegt zum Beispiel vor, wenn in dem konkreten Fall im Vermögensbereich ein Einwilligungsvorbehalt angeordnet ist.

Sofern das Gericht nicht die sofortige Wirksamkeit der Entscheidung über Entlassung und Neubestellung eines Betreuers angeordnet hat, werden die entsprechenden Entscheidungen jeweils mit der Bekanntgabe an den bisherigen und den neuen Betreuer wirksam, vgl. § 287 Abs. 1 FamFG. Es kann also zu Überschneidungen mit zwei wirksam bestellten Betreuern kommen.

▶ *Zur Vertretung des Betreuten in diesem Zeitraum und zur Abwicklung zwischen den Betreuern vgl. oben Rn. 109*

VII. Verfahren bei Betreuerbestellung und -wechsel

115 Einheitliche Verfahrensregelungen finden sich zunächst zur erstmaligen (vorläufigen oder endgültigen) Betreuerbestellung, §§ 271 ff. FamFG. Zu einem Betreuerwechsel kann es aus vielfältigen Gründen kommen, so dass das Gesetz keine einheitlichen Verfahrensregeln aufstellt. Vielmehr finden sich Verweisungen auf das Verfahren zur Erstbestellung, ergänzt um spezielle Verfahrensregeln. Solche Regelungen enthalten §§ 293 FamFG (bei Erweiterung der Betreuung), 294 FamFG (bei Einschränkung der Betreuung), 295 FamFG (bei Verlängerung der Betreuung), 300 Abs. 1, 301 FamFG (bei Bestellung eines vorläufigen Betreuers), 296 FamFG (bei Entlassung und Neubestellung eines Betreuers) und 300 Abs. 2, 301 Abs. 2 FamFG bei einstweiliger Entlassung und Neubestellung eines Betreuers).

1. Zuständigkeiten

a. Örtlich

116 Örtlich ist bei erstmaliger Bestellung eines oder mehrerer (§ 1899 BGB) Betreuer(s) für dessen Auswahl das nach § 272 Abs. 1 Nr. 1 – 4 FamFG berufene Gericht zuständig.

▶ *Zu Einzelheiten der örtlichen Zuständigkeit in Betreuungssachen vgl. Teil A Rn. 115 ff.*

Für die Entlassung eines Betreuers nach § 1908b BGB, die Neubestellung eines Betreuers, § 1908c BGB, die nachträgliche Bestellung eines weiteren Betreuers nach § 1899 BGB sowie für die dabei zu beachtenden Auswahlgrundsätze der §§ 1897, 1898, 1900 BGB ist das Gericht zuständig, bei dem die Betreuung anhängig ist, § 272 Abs. 1 Nr. 1 FamFG. Hier gilt eine Ausnahme, wenn vorläufige Maßregeln, z.B. nach §§ 1908i Abs. 1 Satz 1, 1846 BGB, oder einstweilige Anordnungen nach § 300 FamFG erforderlich werden. Zuständig ist dann auch das Gericht, in dessen Bezirk das Fürsorgebedürfnis auftritt, § 272 Abs. 2 Satz 1 FamFG. Solche Fälle sind denkbar, wenn der Betroffene sich zu einer Rehabilitationsmaßnahme außerhalb seines Wohnortes aufhält oder in einem anderen Gerichtsbezirk geschlossen untergebracht ist.

b. Funktionell

117 Für die Auswahl eines Betreuers nach §§ 1897, 1898, 1900 BGB, die Entscheidung über die Bestellung mehrerer Betreuer nach § 1899 BGB, die Entlassung eines Betreuers nach § 1908b Abs. 1, 2, 5 BGB und die sich jeweils anschließende Neubestellung eines Betreuers, § 1908c BGB, sowie die Neubestellung eines Betreuers nach Tod des bisherigen Betreuers ist der Richter zuständig, § 15 Abs. 1 Satz 1 Nr. 1, 2 RPflG (Richtervorbehalt). Eine Ausnahme gilt, wenn das Verfahren die Bestellung eines Kontrollbetreuers, § 1896 Abs. 3 BGB, betrifft. Hier ist der Rechtspfleger zuständig, § 15 Abs. 1 Satz 2 RPflG, wenn der Kontrollbetreuer nicht zugleich eine Ermächtigung zum Vollmachtwiderruf enthält[381].

In § 19 Abs. 1 Nr. 1 RPflG werden die Landesregierungen aufgrund einer Änderung durch das 2. BtÄndG ermächtigt, diesen Richtervorbehalt ganz oder teilweise aufzuheben. Nach § 19 Abs. 1 Satz 2 können die Landesregierungen diese Ermächtigung auf die Landesjustizverwaltungen übertragen. Bislang haben in Betreuungssachen nur zwei Landesregie-

381 BGH FamRZ 2017, 549

rungen von der Ermächtigung Gebrauch gemacht[382]. Mit der Bestellung eines weiteren Betreuers geht zwar durch die Entziehung der Vertretungsmacht eine Einschränkung des Aufgabenkreises des bisherigen Betreuers gemäß § 1908d Abs. 1 Satz 2 BGB einher. Das beinhaltet aber nicht zwangsläufig eine Erweiterung oder Reduzierung Gesamtumfangs des Aufgabenkreises der Betreuung, sodass eine entsprechende landesrechtliche Aufgabenübertragung auf den Rechtspfleger möglich ist[383].

Soweit derzeit in Bayern sowie Rheinland-Pfalz und zukünftig in weiteren Ländern der Richtervorbehalt ganz oder teilweise aufgehoben ist, gelten für die Verfahren auf die Anordnung einer Betreuung und Festlegung des Aufgabenkreises des Betreuers nach § 1896 BGB die Vorschriften des FamFG, vgl. § 19 Abs. 3 RPflG. Sie würden auch für das Verfahren des Rechtspflegers nach einer Übertragung der entsprechenden Aufgaben gelten. Da die Vorschriften des BGB und des FamFG allerdings von einer so genannten Einheitsentscheidung ausgehen, sind sie nur insoweit anzuwenden, als dies sinnvoll und zur Wahrung der Verfahrensgarantien des FamFG erforderlich sind[384] (siehe dazu Teil J Rn. 22 ff.).

Der Rechtspfleger ist – soweit in einzelnen Ländern keine zusätzliche Aufgabenübertragung erfolgt ist – für die Auswahl eines Kontrollbetreuers (§ 1896 Abs. 3 BGB), auch als Mitbetreuer nach § 1899 BGB, die Entlassung eines Betreuers auf Vorschlag des Betreuten sowie die Entlassung eines Vereins- oder Behördenbetreuers auf Antrag des Vereins bzw. der Behörde (§ 1908b Abs. 3 und 4 BGB), Entlassung eines Betreuers wegen §§ 1908i Abs. 1, 1888 BGB[385] sowie die nachfolgenden Neubestellung eines Betreuers nach § 1908c BGB[386] zuständig.

2. Sachverhaltsermittlung

Für sämtliche Verfahren, die die Auswahl eines Betreuers oder weiteren Betreuers, die Entlassung bzw. die Neubestellung eines Betreuers oder weiteren Betreuers betreffen, gilt der Amtsermittlungsgrundsatz (§ 26 FamFG). Im Rahmen der §§ 1897, 1898 BGB sind alle erforderlichen Ermittlungen zur Eignung und Unzumutbarkeit von Amts wegen durchzuführen. Vorgetragene gravierende Eignungs- und/oder Redlichkeitsmängel von Angehörigen sind aufzuklären, bei gravierenden Vorwürfen regelmäßig im Rahmen einer persönlichen Anhörung[387]. Das Gericht hat die Umstände, die es rechtfertigen würden, dem Vorschlag des Betroffenen nicht zu entsprechen, ausdrücklich festzustellen. Allein der Umstand, dass sich ein Angehöriger erst seit relativ kurzer Zeit für den Betroffenen und dessen Belange interessiert, lässt für sich genommen nicht die Prognose zu, dieser Angehörige werde die Betreuung zukünftig nicht zum Wohl des Betroffenen führen können[388]. Gleiches gilt für die Voraussetzungen einer Entlassung nach § 1908b BGB[389]. Die Ungeeignetheit (Abs. 1), 118

382 Vgl. § 1 Nr. 1, 2 bay. Verordnung zur Aufhebung von Richtervorbehalten im Betreuungsverfahren vom 15. März 2006 (GVBl S. 170): Bestellung eines Ergänzungsbetreuers nach § 1899 Abs. 4 BGB sowie eines neuen Betreuers nach Tod des bisherigen Betreuers. Ebenso § 1 RPfl Landesverordnung zur Übertragung von Aufgaben auf den Rechtspfleger und den Urkundsbeamten der Geschäftsstelle vom 15.05.2008 (GVBl S. 81). Für Nachlass- bzw. Registersachen haben u. a. die Länder Baden-Württemberg durch Verordnung des Justizministeriums zur Übertragung richterlicher Aufgaben vom 10. April 2014 (GBl. S. 212)); Bremen (GBl. 2011, S. 393), Hessen, vgl. § 26 JustizzuständigkeitsVO und Mecklenburg-Vorpommern (GVOBl. M-V 2008, S. 2) von der Ermächtigung Gebrauch gemacht. Zu weiteren Einzelheiten vgl. Keidel-Zimmermann § 344 FamFG, Rn. 117.

383 BGH FamRZ 2017, 549

384 Zu Einzelheiten vgl. Fröschle, Rn. 880 ff.

385 Jürgens-Kretz, § 15 RPflG, Rn. 37

386 Die Zuständigkeit zur Neubestellung ist an die zur Entlassung gekoppelt, BayObLG FamRZ 1996, 250.

387 BGH BtPrax 2017, 245; 2013, 248 und NJW 2011, 925. Siehe auch Damrau/Zimmermann, § 1898 BGB, Rn. 11

388 BGH BtPrax 2017, 244 = FamRZ 2017, 1612

389 Damrau/Zimmermann, § 1908b BGB, Rn. 61

die Zumutbarkeit (Abs. 2) sowie eine gleich hohe Eignung (Abs. 3) müssen zur Überzeugung des Gerichts feststehen.

Aus dem Grundsatz des rechtlichen Gehörs leitet sich ab, dass der Betroffene, gegebenenfalls sein Bevollmächtigter bzw. Verfahrenspfleger, sowie alle Verfahrensbeteiligten über alle wesentlichen Ermittlungsergebnisse vom Gericht zu informieren sind. Das Gericht darf seine Entscheidung, die die Rechte eines Beteiligten beeinträchtigt, zudem nur auf Tatsachen oder Beweisergebnisse stützen, zu denen sich dieser Beteiligte vorher äußern konnte, § 37 Abs. 2 FamFG.

119 Vor der Bestellung eines Betreuers hat das Gericht den sonstigen Beteiligten Gelegenheit zur Stellungnahme einzuräumen, § 279 Abs. 1 FamFG. Das sind etwa die (Pflege-)Eltern, Ehegatten oder Lebenspartner, Geschwister bzw. Kinder, § 274 Abs. 4 FamFG. Die insoweit bislang in § 68a Satz 3 FGG enthaltene Widerspruchsmöglichkeit des Betroffenen ist entfallen. Wenn es der Sachaufklärung dient oder vom Betroffenen verlangt wird, erhält auch die zuständige Betreuungsbehörde Gelegenheit zur Stellungnahme, § 279 Abs. 2 FamFG. Sie soll zudem angehört werden, wenn ein Berufsbetreuer erstmals als solcher im Bezirk des Betreuungsgerichtes bestellt werden soll, § 1897 Abs. 7 Satz 1 BGB. Auf Verlangen des Betroffenen hat das Gericht zudem eine ihm nahe stehende Person zu hören, wenn damit keine Verzögerung verbunden ist, § 279 Abs. 3 FamFG. Entsprechendes gilt, wenn ein Betreuer nach Entlassung oder Tod des bisherigen Betreuers neu bestellt wird, §§ 296, 279 FamFG[390].

3. Persönliche Anhörung des Betroffenen

a. Grundsätze

120 Ein wesentliches Merkmal des betreuungsrechtlichen Verfahrens ist die an vielen Stellen vorgesehene Verpflichtung zur persönlichen Anhörung des Betroffenen bzw. weiterer Beteiligter. Im Rahmen der Erstbestellung eines Betreuers und bei späteren Betreuerwechseln findet diese Verpflichtung indes eine unterschiedliche Ausprägung. Bei der erstmaligen Auswahl und Bestellung eines Betreuers ist der Betroffene persönlich anzuhören[391] und das Gericht muss sich einen persönlichen Eindruck von ihm verschaffen, § 278 Abs. 1 Satz 1 FamFG. Den persönlichen Eindruck muss sich das Gericht gegebenenfalls in der üblichen Umgebung des Betroffenen verschaffen, § 278 Abs. 1 Satz 2 FamFG. Gegenstand der persönlichen Anhörung soll unter anderem die Frage sein, wer als Betreuer in Betracht kommt, vgl. § 278 Abs. 2 Satz 3 FamFG[392]. In den Fällen des § 34 Abs. 2, 278 Abs. 4 bzw. des §34 Abs. 3 FamFG kann die persönliche Anhörung, nicht die Verschaffung des persönlichen Eindrucks, unterbleiben.

120a Das Absehen von einer persönlichen Anhörung ist indes auf Ausnahmefälle beschränkt. So kann auf die persönliche Anhörung nicht nach §§ 34 Abs. 2, 274 Abs. 4 FamFG verzichtet werden, wenn mit dem Betroffenen (noch) eine nonverbale Verständigung möglich ist[393]. Ein Absehen nach § 34 Abs. 3 FamFG kommt nur in Betracht, wenn eine Vorführung des Betroffenen nach § 278 Abs. 5 FamFG unverhältnismäßig ist und das Gericht zuvor sämtliche, nicht mit Zwang verbundenen Versuche, auch den der Anhörung in der übli-

390 Keidel-Budde, § 296 FamFG, Rn. 6

391 Der persönlichen Anhörung kommt selbst in Verfahren, in denen es nicht zur Betreuerbestellung kommt, eine zentrale Rolle zu, BGH FamRZ 2016, 1663 = BtPrax 2016, 201 (LS). Nach EuGHMR FamRZ 2008, 1734 ff., ist die persönliche Anhörung aufgrund Art. 6 und 8 EMRK zwingend.

392 Dies ist zwingend, LG Duisburg FamRZ 2006, 146 f.

393 BGH BtPrax 2017, 35

chen Umgebung, vergeblich unternommen hat[394]. Weiter muss das Gericht alle verfügbaren Erkenntnismöglichkeiten ausschöpfen und auch ohne Anhörung und persönlichen Eindruck vom Betroffenen vom Vorliegen der Betreuungsvoraussetzungen überzeugt sein[395].

Diese Ausführungen gelten auch für die Erweiterung des Aufgabenkreises und die Verlängerung der Bestellung eines Betreuers, §§ 293 Abs. 1, 295 Abs. 1 Satz 1 FamFG, und dann, wenn von Anfang an zwei oder mehr Betreuer (§ 1899 BGB) bestellt werden. Sofern nachträglich ein weiterer Betreuer bestellt werden soll, muss differenziert werden. Ist mit der Bestellung eines weiteren Betreuers eine wesentliche Erweiterung des Aufgabenkreises verbunden und liegt die letzte persönliche Anhörung mehr als 6 Monate zurück, muss eine persönliche Anhörung – wie in § 278 FamFG vorgesehen – erfolgen, § 293 Abs. 1 i. V. m. Abs. 2 Satz 1 Nr. 1, 2 FamFG[396]. Bei nur unwesentlicher Erweiterung oder wenn die letzte persönliche Anhörung nicht mehr als sechs Monate zurückliegt, kann auf eine erneute persönliche Anhörung verzichtet werden § 293 Abs. 2 Satz 1 Nr. 1, 2 FamFG[397]. **121**

Ohne Erweiterung der Aufgabenkreise, z.B. bei Bestellung eines Verhinderungsbetreuers nach § 1899 Abs. 4 BGB, muss die Anhörung nicht persönlich erfolgen. Das Gericht muss dem Betroffenen allerdings Gelegenheit geben, zur Person des weiteren Betreuers Vorschläge zu unterbreiten, §§ 1897 Abs. 4, 1900 Abs. 2 Satz 2 BGB, und ihm rechtliches Gehör gewähren[398].

b. Verfahren auf Entlassung und Neubestellung eines Betreuers

§ 296 FamFG Entlassung des Betreuers und Bestellung eines neuen Betreuers

(1) Das Gericht hat den Betroffenen und den Betreuer persönlich anzuhören, wenn der Betroffene einer Entlassung des Betreuers (§ 1908b des Bürgerlichen Gesetzbuchs) widerspricht.

(2) [1]Vor der Bestellung eines neuen Betreuers (§ 1908c des Bürgerlichen Gesetzbuchs) hat das Gericht den Betroffenen persönlich anzuhören. [2]Das gilt nicht, wenn der Betroffene sein Einverständnis mit dem Betreuerwechsel erklärt hat. [3]§ 279 gilt entsprechend.

Im Verfahren auf Entlassung eines Betreuers nach § 1908b BGB genügt zunächst die Gewährung rechtlichen Gehörs für den Betroffenen. Widerspricht der Betroffene der Entlassung des Betreuers, sind er und der Betreuer persönlich anzuhören, § 296 Abs. 1 FamFG. Mangels Verweisung auf § 278 Abs. 5 FamFG ist die zwangsweise Vorführung des Betroffenen nicht zulässig[399]. **122**

Die persönliche Anhörung kann aber durch den ersuchten oder – im Beschwerdeverfahren – den beauftragten Richter erfolgen[400]. Bei erheblichen gesundheitlichen Nachteilen für die Gesundheit des Betreuten bzw. offensichtlicher Verständigungsunfähigkeit kann die persönliche Anhörung des Betroffenen unterbleiben, § 34 Abs. 2 FamFG[401].

394 BGH BtPrax 2017, 33
395 BGH BtPrax 2015, 71
396 BGH BtPrax 2017, 86
397 BGH BtPrax 2013, 203
398 BayObLG BtPrax 1998, 32 und 2002, 271 (LS); nur nach Maßgabe des § 26 FamFG wird eine persönliche Anhörung des Betroffenen erforderlich.
399 Jürgens-Kretz, § 296 FamFG, Rn. 2; dies gilt bei bloßem Betreuerwechsel auch im Rahmen des § 1908c BGB, vgl. BayObLG FamRZ 1996, 499.
400 BayObLG BtPrax 1997, 200, wenn es nicht auf den persönlichen Eindruck vom Betroffenen ankommt.
401 Fälle erheblicher gesundheitlicher Gefährdung durch eine persönliche Anhörung können in der Praxis eigentlich nicht auftreten, vgl. OLG Karlsruhe, FamRZ 1999, 670; Dodegge/Zimmermann, PsychKG NRW, Teil A Rn. 51.

c. Verfahren auf Bestellung eines neuen Betreuers

123 Bei der Bestellung eines neuen Betreuers nach Tod oder Entlassung des bisherigen Betreuers (§ 1908c BGB) ist der Betreute persönlich anzuhören, § 296 Abs. 2 Satz 1 FamFG. Eine Verweisung auf § 278 Abs. 5 FamFG fehlt auch hier, mit den zuvor (Rn. 122) aufgezeigten Konsequenzen.

Die persönliche Anhörung kann unter den Voraussetzungen des § 34 Abs. 2 FamFG unterbleiben. Eine persönliche Anhörung ist entbehrlich, wenn der Betreute sein Einverständnis mit dem Betreuerwechsel erklärt hat, § 296 Abs. 2 Satz 2 FamFG. Das Einverständnis darf nicht lediglich konkludent erfolgen, sondern muss konkret gefasst, möglichst schriftlich vorliegen[402]. Bei Zweifeln, z.B. Bedenken wegen Beeinflussung oder fehlender Äußerungsfähigkeit, gebietet § 26 FamFG eine persönliche Anhörung[403].

4. Verfahrensfähigkeit, Verfahrenspfleger

124 In den Verfahren auf erstmaligen Bestellung eines Betreuers, auf Bestellung weiterer Betreuer bzw. auf Betreuerwechsel ist der Betroffene stets verfahrensfähig, § 275 FamFG. Die Verfahrensfähigkeit besteht uneingeschränkt und ist an keine weiteren Voraussetzungen geknüpft. Der Betroffene kann daher etwa einen Rechtsanwalt für das Verfahren schriftlich, mündlich oder konkludent beantragen, ohne dass es darauf ankommt, ob er noch über einen entsprechenden natürlichen Willen verfügt[404].

In der Regel ist dem Betroffenen ein Verfahrenspfleger zu bestellen, wenn von seiner Anhörung abgesehen werden soll, § 276 Abs. 1 Satz 2 Nr. 1 FamFG, weil er etwa seinen Willen nicht kundtun kann, § 34 Abs. 2 FamFG[405]. Außerhalb der Regelfälle des § 276 Abs. 1 Satz 2 FamFG bemisst sich die Notwendigkeit einer Verfahrenspflegerbestellung nach § 276 Abs. 1 Satz 1 FamFG. Ob danach die Bestellung eines Verfahrenspflegers erforderlich ist, bestimmt sich im Einzelfall nach dem Grad der Krankheit oder Behinderung des Betroffenen sowie der Bedeutung des jeweiligen Verfahrensgegenstandes. Je weniger der Betroffene seine Interessen selbst wahrnehmen kann, je eindeutiger die geplanten Betreuungsmaßnahmen dem natürlichen Willen des Betroffenen wiedersprechen und je schwerer und nachhaltiger die beabsichtigte bzw. möglich erscheinende Betreuerbestellung in die Rechte des Betroffenen eingreift, desto notwendiger wird eine Verfahrenspflegerbestellung[406]. Eine Verfahrenspflegerbestellung kann in solchen Fällen unterbleiben, wenn ein Interesse des Betroffenen daran offensichtlich nicht besteht, § 276 Abs. 2 Satz 1 FamFG[407].

5. Entscheidung und Wirksamkeit

a. Hauptsacheentscheidung

125 Die Entscheidung, mit der ein Betreuer erstmals bestellt wird, muss unter anderem den Betreuer genau bezeichnen, § 290 Satz 2 Nr. 1 FamFG[408]. Es ist auch klarzustellen, ob die

402 LG Schleswig BtPrax 2007, 268. Das Einverständnis kann über Dritte mitgeteilt werden.
403 BayObLG FamRZ 2001, 1555
404 BGH NJW 2014, 215
405 BayObLG BtPrax 1997, 37; HK-BUR-Bauer/Deinert, § 1908c BGB, Rn. 4
406 BGH BtPrax 2013, 305 f. und FamRZ 2014, 378
407 Diese Norm ist durch das 1. BtÄndG zum 1.1.1999 eingefügt worden. Die Vorschrift ist verfassungskonform dahin auszulegen, dass in solchen Fällen zur Gewährung des rechtlichen Gehörs, Art. 103 GG, die Verfahrenspflegerbestellung trotzdem erforderlich bleiben kann.
408 Soweit Landesregierungen von der Ermächtigung des § 19 Abs. 1 Nr. 1 RPflG Gebrauch machen, kann die Bestellung und die Bezeichnung eines Betreuers dem Rechtspfleger vorbehalten bleiben.

Betreuung berufsmäßig geführt wird[409]. Bei einem Vereins- oder Behördenbetreuer muss diese Bezeichnung sowie die Bezeichnung des Vereins bzw. der Behörde erfolgen, § 290 Satz 2 Nr. 2 FamFG. Beides gilt auch bei der Bestellung eines neuen Betreuers.

Bei mehreren Betreuern ist zudem auf die Abgrenzung der Aufgabenkreise, vgl. § 1899 Abs. 1 Satz 2 BGB, bzw. die Darlegung des Verhinderungsfalles oder der Befugnis zur Übertragung zu achten, vgl. § 1899 Abs. 4 BGB.

Die Entlassung des bisherigen und die Bestellung eines neuen Betreuers können in einem Beschluss verbunden werden[410]. Die Entscheidung muss zudem begründet und mit einer Rechtsmittelbelehrung versehen sein, §§ 38 Abs. 3 Satz 1, Abs. 5 Nr. 3, 39 FamFG[411].

b. Einstweilige Anordnung

▶ *Zur vorläufigen Betreuerbestellung vgl. zunächst Teil A Rn. 179 ff.*

Bei der Betreuerauswahl hat das Gericht im Rahmen der normalen einstweiligen Anordnung, § 300 Abs. 1 FamFG die Auswahlkriterien der §§ 1897, 1900 BGB zu berücksichtigen[412]. Bei Gefahr in Verzug können sie außer Acht bleiben[413], § 301 Abs. 2 FamFG, sind bei der Hauptsacheentscheidung aber wieder maßgeblich[414]. **126**

Bei der Entlassung eines Betreuers nach § 1908b BGB ist eine vorläufige Entlassung unzulässig[415]. Es kann jedoch eine Entlassung im Wege der einstweiligen Anordnung erfolgen. Dann müssen dringende Gründe für die Annahme sprechen, dass die Voraussetzungen für die Entlassung vorliegen und ein dringendes Bedürfnis für ein sofortiges Tätigwerden besteht, § 300 Abs. 2 FamFG.

Unter den Voraussetzungen des § 300 Abs. 1 FamFG kann auch ein neuer Betreuer durch einstweilige Anordnung bestellt werden[416].

c. Bekanntgabe und Wirksamkeit

Alle Entscheidungen im Betreuungsverfahren sind dem Betroffenen bekannt zu machen, § 41 Abs. 1 Satz 1 FamFG, zu Ausnahmen siehe § 288 Abs. 1 FamFG. Der zuständigen Behörde sind alle Entscheidungen bekannt zu machen, durch die ein Betreuer bestellt wird, § 288 Abs. 2 Satz 1 FamFG; im Übrigen, soweit das Gericht sie im entsprechenden Verfahren beteiligt hatte, § 288 Abs. 2 Satz 1 FamFG[417]. Darüber hinaus ist die Entscheidung auch den übrigen Verfahrensbeteiligten (etwa Antragsteller, Vertrauensperson[418], Verfahrenspfleger oder -bevollmächtigter) bekannt zu machen, § 41 Abs. 1 Satz 1 FamFG. **127**

▶ *Zu den Formen der Bekanntmachung vgl. Teil A, Rn. 176*

In der Regel werden die Bestellung eines Betreuers oder eines weiteren Betreuers, seine Entlassung bzw. die Neubestellung eines Betreuers mit der Bekanntgabe an den jeweiligen Betreuer wirksam, § 287 Abs. 1 FamFG. **128**

Ist das nicht möglich oder besteht Gefahr in Verzug, kann das Gericht die sofortige Wirksamkeit anordnen, § 287 Abs. 2 Satz 1 FamFG. Nach Satz 2 wird die Entscheidung in dem

---

409 Damrau/Zimmermann, § 286 FamFG, Rn. 15
410 Damrau/Zimmermann, § 1908c BGB, Rn. 11
411 BezG Frankfurt/Oder, FamRZ 1994, 992; Bienwald, § 1908b BGB, Rn 78; vgl. auch § 286 Abs. 3 FamFG für die erstmalige, § 295 Abs. 1 Satz 1 FamFG für die verlängernde Bestellung eines Betreuers.
412 BayObLG BtPrax 2001, 37
413 BayObLG BtPrax 2004, 111 f. und FamRZ 2005, 931: Eine summarische Prüfung genügt zunächst.
414 OLG Köln JMBl. NRW 2005, 70
415 Damrau/Zimmermann, § 1908b BGB, Rn. 62
416 Jürgens-Jürgens, § 1908c BGB, Rn. 2
417 Jürgens-Kretz, § 288 FamFG, Rn. 6
418 Als Vertrauenspersonen kommen ausschließlich natürliche Personen in Betracht, BGH BtPrax 2018, 68

Zeitpunkt wirksam, in dem sie und die Anordnung der sofortigen Wirksamkeit dem Betroffenen oder dem Verfahrenspfleger bekannt gegeben[419] oder der Geschäftsstelle des Gerichts zur Bekanntgabe übergeben werden[420].

6. Verpflichtung des Betreuers, Einführungsgespräch, § 289, 290 FamFG

§ 289 FamFG Verpflichtung des Betreuers

(1) [1]Der Betreuer wird mündlich verpflichtet und über seine Aufgaben unterrichtet. [2]Das gilt nicht für Vereinsbetreuer, Behördenbetreuer, Vereine, die zuständige Behörde und Personen, die die Betreuung im Rahmen ihrer Berufsausübung führen, sowie nicht für ehrenamtliche Betreuer, die mehr als eine Betreuung führen oder in den letzten zwei Jahren geführt haben.

(2) In geeigneten Fällen führt das Gericht mit dem Betreuer und dem Betroffenen ein Einführungsgespräch.

§ 290 FamFG Bestellungsurkunde

[1]Der Betreuer erhält eine Urkunde über seine Bestellung. [2]Die Urkunde soll enthalten:

1. **die Bezeichnung des Betroffenen und des Betreuers;**
2. **bei Bestellung eines Vereinsbetreuers oder Behördenbetreuers diese Bezeichnung und die Bezeichnung des Vereins oder der Behörde;**
3. **den Aufgabenkreis des Betreuers;**
4. **bei Anordnung eines Einwilligungsvorbehalts die Bezeichnung des Kreises der einwilligungsbedürftigen Willenserklärungen;**
5. **bei der Bestellung eines vorläufigen Betreuers durch einstweilige Anordnung das Ende der einstweiligen Maßnahme.**

129 § 289 FamFG regelt, wie ein Betreuer nach seiner wirksamen Bestellung, diese tritt spätestens zum Zeitpunkt der Bekanntgabe der Entscheidung an ihn ein, vom Betreuungsgericht in seine Aufgaben eingeführt und begleitet wird. § 290 FamFG legt fest, welchen Inhalt die Urkunde über die Bestellung des Betreuers enthalten soll.

a. Anwendungsbereich

130 § 289 FamFG gilt seinem Wortlaut nach unmittelbar bei

- erstmaliger Bestellung eines Betreuers;
- Bestellung eines weiteren Betreuers, d.h. eines Mitbetreuers (§ 1899 Abs. 1 BGB), eines Sterilisationsbetreuers (§ 1899 Abs. 2 BGB), eines Ergänzungsbetreuers (§ 1899 Abs. 4 BGB) und eines Gegenbetreuers (§§ 1908i Abs. 1, 1792 BGB);
- Bestellung eines neuen Betreuers nach Entlassung oder Tod des bisherigen Betreuers oder im Rahmen der Verlängerung der Betreuung sowie
- Erweiterung oder Einschränkung des Aufgabenkreises oder des Einwilligungsvorbehaltes[421].

---

419 Die gerichtliche Entscheidung muss dann mit Entscheidungssatz und -gründen in vollem Wortlaut durch den Richter bzw. Rechtspfleger verkündet werden, vgl. OLG Frankfurt a.M. NJW 2005, 299

420 Der Zeitpunkt der sofortigen Wirksamkeit ist auf dem Beschluss zu vermerken, § 287 Abs. 2 Satz 3 FamFG.

421 Bei nur unwesentlicher Erweiterung oder Einschränkung können die Verpflichtung, Unterrichtung und das Einführungsgespräch entfallen, Damrau/Zimmermann, § 280 FamFG, Rn. 4.

Eine Ausnahme findet sich in Abs. 1 Satz 2 für Vereins- und Behördenbetreuer, Vereine, die zuständige Behörde, Personen, die die Betreuung im Rahmen ihrer Berufsausübung führen, und ehrenamtliche Betreuer, die mehr als eine Betreuung führen oder in den letzten zwei Jahren geführt haben. Sie müssen als Betreuer nicht mündlich verpflichtet und über ihre Aufgaben unterrichtet werden. Der Gesetzgeber unterstellt, dass dieser Personenkreis ohnehin die erforderliche Sachkunde aufweist. Wird die Betreuung, ggf. der Einwilligungsvorbehalt, ohne Auswechslung des Betreuers verlängert, kommt § 289 FamFG generell nicht zur Anwendung[422].

b. Verpflichtung und Unterrichtung

Da das Amt des Betreuers bereits mit der Wirksamkeit der Betreuerbestellung (vgl. dazu Teil A Rn. 176 ff.) beginnt, kommt der in § 289 FamFG vorgesehenen Verpflichtung und Unterrichtung des Betreuers keine konstitutive Wirkung zu. Der Betreuer agiert also u.U. bereits wirksam, ohne über seine Aufgaben, Rechte, Pflichten und Haftungsrisiken informiert zu sein. Unterrichtung und Verpflichtung müssen deshalb zeitnah zur wirksamen Bestellung durchgeführt werden[423]. **131**

aa. Verpflichtung

Die Verpflichtung erfolgt mündlich. So soll sich von Anfang an ein persönliches Verhältnis zwischen Betreuungsgericht und Betreuer entwickeln. Schriftliche und telefonische Verpflichtungen können dem nicht gerecht werden. Ausnahmen hat der Gesetzgeber ausdrücklich nur für die in § 289 Abs. 1 Satz 2 genannten Betreuer zulassen wollen[424]. Inhaltlich wird sich die Verpflichtung auf treue und gewissenhafte Führung der Betreuung richten, ohne dass dies wie bei der Vormundschaft per Handschlag besiegelt wird[425]. **132**

bb. Unterrichtung

Die Unterrichtung soll die Aufgaben des Betreuers zum Gegenstand haben. Der Betreuer ist mit seinen Aufgaben als gesetzlicher Vertreter des Betreuten, insbesondere seinen Rechten und Pflichten, vertraut zu machen. Auch die Unterrichtung muss persönlich und mündlich geschehen[426]. Die alleinige Aushändigung von Form- und Informationsblättern oder Arbeitsmaterialien auf einer CD-ROM genügen nach der Intention des Gesetzgebers – Herstellung eines persönlichen Verhältnisses zwischen Betreuungsgericht und Betreuer – nicht[427]. In der Praxis werden solche Informationsblätter[428] zwar regelmäßig ausgehändigt, aber ebenso regelmäßig nicht gelesen. Schriftliche Informationen können allenfalls die Unterrichtung begleiten bzw. vertiefen. **133**

Inhaltlich sollte die Unterrichtung folgende Punkte ansprechen:

- Stellung des Betreuers als gesetzlicher Vertreter (§ 1902 BGB);

---

422 Sofern die Bestellungsurkunde eine Befristung enthielt, muss die Verlängerung allerdings vermerkt oder eine neue Bestellung gefertigt werden.
423 Sofern ein ehrenamtlicher Betreuer nicht schon zuvor im Betreuungsverfahren oder anlässlich eines anderen Verfahrens informiert worden ist, sollte dem an ihn übersandten Beschluss zumindest eine schriftliche Einführung und Belehrung beigefügt sein.
424 Jürgens-Kretz, § 289 FamFG, Rn. 2
425 Zu Inhalt und Umfang der Verpflichtung vgl. Pufhan, BtPrax 1993, 86; J/L/L/M, Rn. 464. Mangels Verweis auf § 1789 BGB ist kein bestimmter Inhalt oder eine Form vorgeschrieben. Zum Versicherungsschutz und zur Haftung ehrenamtlicher Betreuer vgl. Diekmann, VersR 2016, 489 ff.
426 Jürgens-Kretz, § 289 FamFG, Rn. 2; a.A. Damrau/Zimmermann, § 289 FamFG, Rn. 6
427 Es soll von vorneherein ein persönliches Verhältnis ohne Hemmschwellen hergestellt werden, BT-Drs. 11/4258, S. 176.
428 Muster eines Merkblattes der Landesjustizverwaltungen bei Firsching/Dodegge, Rn. 452.

- Rechte und Pflichten des Betreuers, wie sie sich insbesondere aus § 1901 BGB ergeben;
- Darstellung der Aufgabenkreise einschließlich ihres Umfanges und ihrer Grenzen;
- zu erwartende Schwierigkeiten der konkreten Betreuung;
- konkurrierendes Agieren des Betreuten, also Fragen seiner Geschäfts- und Einwilligungsfähigkeit;
- zu beachtende Rechtsvorschriften, insbesondere Genehmigungsvorbehalte;
- zu erwartende Kosten und deren Schuldner;
- Aufwendungsersatz, -pauschale und Vergütung für den Betreuer sowie
- Haftung und Versicherungsschutz des Betreuers.

Eine ergänzende Unterrichtung und Beratung kann durch die Betreuungsbehörden und -vereine erfolgen, §§ 4 BtBG, 1908f Abs. 1 Nr. 2 BGB.

cc. Ausnahmen

134 Die persönliche, mündliche Verpflichtung kann nach dem eindeutigen Wortlaut des § 289 Abs. 1 Satz 2 nur bei den dort genannten Personen und Institutionen entfallen. Eine analoge Anwendung dieser Vorschrift auf andere Betreuer, etwa Rechtsanwälte, die nicht als Berufsbetreuer tätig sind, scheidet aus[429].

dd. Verfahrensrechtliche Aspekte

135 Für die Verpflichtung und Unterrichtung ist funktional der Rechtspfleger zuständig, §§ 3 Nr. 2b, 15 Abs. 1 RPflG.

Hat der Betreuer seinen Wohnsitz bzw. dauernden oder vorübergehenden Aufenthalt nicht im Bezirk des zuständigen Betreuungsgerichts, kann seine Verpflichtung und Unterrichtung im Wege der Amtshilfe durchgeführt werden. Bestellt das Gericht am Ort des Fürsorgebedürfnisses einstweilen einen Betreuer aus seinem Bezirk, muss es diesen zunächst verpflichten und ihm den Betreuerausweis aushändigen, bevor es die Akte an das in der Hauptsache zuständige Gericht weiterleitet[430].

Erscheint der Betreuer unentschuldigt nicht zum Verpflichtungs- und Unterrichtungstermin, wird man ihm mit erneuter Ladung für den Fall des abermaligen Nichterscheinens die Entlassung aus dem Amt nach § 1908b Abs. 1 BGB androhen.

Der ehrenamtliche Betreuer kann die Auslagen, ein Berufsbetreuer – sofern ein Sonderfall der Betreuung nach § 6 VBVG vorliegt – darüber hinaus Vergütung für den Zeitaufwand zur Teilnahme am Verpflichtungs- und Unterrichtungstermin erstattet verlangen.

c. Bestellungsurkunde

136 Nach § 290 Satz 1 FamFG erhält der Betreuer eine Urkunde über die erfolgte Bestellung zum Betreuer. Gleichzeitig wird in Satz 2 vorgegeben, was die Urkunde – mindestens – enthalten soll.

---

429 KG FamRZ 1994, 1660, 1601; Keidel-Budde, § 289 FamFG, Rn. 2.
430 OLG Frankfurt a.M. FGPrax 2004, 289 = BtPrax 2005, 76 (LS)

aa. Bedeutung

Da die Betreuerbestellung spätestens mit der Bekanntgabe des entsprechenden Beschlusses an den Betreuer wirksam wird, kommt der Bestellungsurkunde ebenfalls keine konstitutive Wirkung zu. Anders als z.B. ein Testamentsvollstreckerzeugnis entfaltet sie auch keinen Rechtsschein[431]. Im rechtsgeschäftlichen Verkehr ist dies indes weitgehend unbekannt. Behörden, Banken, Versicherungen, Geschäftspartner etc. akzeptieren i.d.R. Betreuerhandeln erst bei Vorlage der Bestellungsurkunde. Der Urkunde kommt damit eine erhebliche rechtspraktische Bedeutung zu und entbindet den Betreuer davon, den zumeist umfangreicheren Bestellungsbeschluss vorzulegen. Dies ist auch im Interesse des Betreuten, werden doch so die der Betreuerbestellung zugrunde liegenden Tatsachen nicht öffentlich. **137**

bb. Inhalt der Bestellungsurkunde

Die von den Landesjustizverwaltungen vorgehaltenen Bestellungsurkunden[432] weichen z.T. erheblich voneinander ab. Das Gesetz gibt in Satz 2 nämlich – angelehnt an § 286 Abs. 1 und 2 FamFG – als Sollvorschrift nur Mindestvoraussetzungen vor, und zwar: **138**

- die Bezeichnung des Betroffenen und des Betreuers, d.h. Angabe der jeweiligen Personalien (Nr. 1);
- bei Bestellung eines Vereins- oder Behördenbetreuers diese Bezeichnung und die Bezeichnung des Vereins oder der Behörde (Nr. 2);
- Aufgabenkreis der Betreuung (Nr. 3);
- bei Anordnung eines Einwilligungsvorbehalts die Bezeichnung des Kreises der einwilligungsbedürftigen Willenserklärungen (Nr. 4) und
- bei der Bestellung eines vorläufigen Betreuers durch einstweilige Anordnung das Ende der einstweiligen Maßnahme (Nr. 5)[433].

Als weitere Inhalte kommen in Betracht:

- die Bezeichnung eines Mit- oder Vertretungsbetreuers (§ 1899 Abs. 1 bis 3 BGB);
- Beitragsgrenzen für geringfügige Angelegenheiten[434], oder
- die Bezeichnung eines Ersatzbetreuers (§ 1899 Abs. 4 BGB) mit dem Zusatz, dass seine Bestellung nur bei Vorliegen einer Bescheinigung des Hauptbetreuers über seine Verhinderung wirksam ist[435].

cc. Verfahrensrechtliche Aspekte

Funktional ist der Rechtspfleger zuständig, §§ 3 Nr. 2b, 15 Abs. 1 RPflG. Werden mehrere Betreuer bestellt, erhalten sie – bei gemeinschaftlicher Bestellung mit demselben Aufgabenkreis – eine gemeinschaftliche Urkunde in mehreren Ausfertigungen. Bei der geteilten Mitbetreuung erhält jeder Betreuer eine Bestellungsurkunde, in der der jeweilige Aufgabenkreis festgehalten ist. Das gilt auch bei einem Vertretungsbetreuer (§ 1899 Abs. 4 BGB). Erhält er eine eigene Bestellungsurkunde, muss sie verdeutlichen, dass seine wirk- **139**

431 Die Bestellungsurkunde ist Ausweis, nicht Zeugnis, vgl. BGH BtPrax 2010, 125
432 Ein Muster findet sich bei Firsching/Dodegge, Rn. 451.
433 Bei endgültiger Betreuerbestellung ist ein solcher Zusatz nicht angebracht, weil die endgültige Betreuung – anders als die vorläufige – nicht durch Zeitablauf automatisch endet, Keidel-Budde, § 290 FamFG, Rn. 2.
434 Damrau/Zimmermann, § 290 FamFG, Rn. 4
435 Damrau/Zimmermann, § 290 FamFG, Rn. 4

same Bestellung von einer Bescheinigung des Hauptbetreuers über das Vorliegen des Verhinderungsfalles abhängt[436].

Verändert sich der Aufgabenkreis der Betreuung, ist die Bestellungsurkunde zu berichtigen. Dies gilt auch bei Abgabe des Verfahrens an ein anderes Gericht[437].

Bei Aufhebung, sonstiger Beendigung der Betreuung oder Entlassung aus dem Betreueramt hat der bisherige Betreuer die Bestellungsurkunde zurückzugeben. Agiert der ehemalige Betreuer dennoch mit der Bestellungsurkunde, sollen Haftungsansprüche nach § 839 BGB in Betracht kommen[438].

Weicht der Inhalt der Bestellungsurkunde vom anordnenden Beschluss ab, ist der Beschluss maßgeblich[439]. Wird die Berichtigung der Urkunde abgelehnt, kann dagegen Beschwerde nach § 11 RPflG eingelegt werden. Gegebenenfalls kommt auch hier Haftung nach § 839 BGB in Betracht.

d. Einführungsgespräch

140 Nach § 289 Abs. 2 FamFG führt das Gericht, zuständig ist nach §§ 3 Nr. 2b, 15 Abs. 1 RPflG der Rechtspfleger, in geeigneten Fällen[440] mit dem Betreuer und dem Betroffenen ein Einführungsgespräch. Das Gespräch kann – aus ökonomischen Gesichtspunkten – mit dem Verpflichtungs- und Unterrichtungsgespräch nach Abs. 1 verbunden werden und findet regelmäßig im Gericht statt[441]. Weitere Personen können nur mit ausdrücklicher Zustimmung der drei im Gesetz aufgeführten Beteiligten teilnehmen.

Die Vorschrift bezweckt, eine Basis für eine vertrauensvolle Zusammenarbeit der Beteiligten untereinander und mit dem Gericht herzustellen. Deshalb können weder Betreuter noch Betreuer zur Teilnahme gezwungen werden. Ein Verweis auf § 278 Abs. 5 FamFG fehlt daher.

Es sollen die durch die Betreuerbestellung veränderte rechtliche Situation, zu erwartende Schwierigkeiten besprochen und auf die Möglichkeit, später auftauchende Fragen mit dem Gericht besprechen zu können, hingewiesen werden[442]. Da diese Punkte in der Regel bereits im Anhörungsgespräch (§ 278 Abs. 2 FamFG) mit dem Betroffenen und im Verpflichtungs- und Unterrichtungstermin mit dem Betreuer zu erörtern sind, kommt dieser Regelung in der Praxis wenig Bedeutung zu, und wird für entbehrlich erachtet[443]. Das gilt umso mehr, als dass das Gesetz die Anlässe für ein solches Einführungsgespräch mit „in geeigneten Fällen" äußerst schwammig umschreibt. Das Gericht hat insoweit pflichtgemäßes Ermessen auszuüben. Je besser die Verständigungsmöglichkeiten mit dem Betroffenen, je umfangreicher, schwieriger und bedeutender die dem Betreuer übertragenen Aufgaben und je größer die zu erwartenden Schwierigkeiten sind, desto eher ist ein Einführungsgespräch angezeigt. Auch die Qualifikation des Betreuers wird eine Rolle spielen.

Der ehrenamtliche Betreuer kann die Auslagen, ein Berufsbetreuer – sofern ein Sonderfall der Betreuung nach § 6 VBVG vorliegt – darüber hinaus Vergütung für den Zeitaufwand zur Teilnahme am Einführungsgespräch erstattet verlangen.

---

436 Teilweise wird verlangt, nur dem Hauptbetreuer eine Bestellungsurkunde auszuhändigen, HK-BUR-Bauer, § 289 FamFG, Rn. 59, 65

437 Die Bestellungsurkunde muss das zuständige Betreuungsgericht und dessen Aktenzeichen benennen.

438 Damrau/Zimmermann, § 290 FamFG, Rn. 6

439 Damrau/Zimmermann, § 290 FamFG, Rn. 6

440 Also nicht nur nach erstmaliger Bestellung eines Betreuers im Verfahren.

441 Damrau/Zimmermann, § 289 FamFG, Rn. 11; a.A. HK-BUR-Bauer, § 289 FamFG Rn. 77, 90: in der üblichen Umgebung des Betreuten

442 BT-Drs. 11/4528, S. 176; J/L/L/M, Rn. 469.

443 Vgl. die m.E. berechtigte Kritik von Keidel-Budde, § 289 FamFG, Rn. 5.

7. Rechtsmittel

Hinsichtlich des jeweiligen Rechtsmittels ist nach der zugrunde liegenden Entscheidung zu differenzieren.

a. Bestellung und Auswahl eines Betreuers, §§ 1896, 1897 BGB

Das Gericht entscheidet – solange die Länder nicht von der Ermächtigung des § 19 Abs. 1 Nr. 1 RPflG Gebrauch machen – durch den Richter. Gegen diese Entscheidung kann der Betroffene insgesamt die Beschwerde, § 58 Abs. 1 FamFG, einlegen[444]. Macht eine Landesregierung von der Ermächtigung des § 19 Abs. 1 Nr. 1 RPflG Gebrauch (vgl. hierzu Teil J Rn. 22 ff.) und überträgt dem Rechtspfleger die Auswahlentscheidung, kann gegen dessen Entscheidung ebenfalls Beschwerde eingelegt werden. Wollte sich der Betroffene in einem solchen Fall gegen den Umfang des Aufgabenkreises und die Auswahl des Betreuers wenden, müsste er zwei Rechtsmittel – gegen den richterlichen und den Beschluss des Rechtspflegers – einlegen. 141

Erfolgt die Anordnung der Betreuung auf Antrag des Betroffenen, können Dritte dagegen kein Rechtsmittel einlegen[445]. Bei Anordnung der Betreuung von Amts wegen steht den nach § 274 FamFG zum Verfahren hinzugezogenen Beteiligten die Beschwerde im Interesse des Betroffenen, nicht aber im eigenen Namen zu.

Wird ein in § 303 Abs. 2 genannter Angehöriger nicht von Amts wegen am Verfahren beteiligt, kann er eine Beschwerdebefugnis nur dadurch erlangen, dass er einen Antrag auf Beteiligung nach § 7 Abs. 2 FamFG stellt und bei Ablehnung dieses Antrages dagegen sofortige Beschwerde, §§ 567 bis 572 ZPO einlegt[446]. Bei Ablehnung des Antrages auf Hinzuziehung zum Verfahren ist der Antragsteller beschwerdebefugt[447]. Dazu gehören zum Beispiel Ehegatten oder ein Kind[448] des Betroffenen, §§ 303 Abs. 2 Nr. 2, 274 Abs. 4 Nr. 1 FamFG, aber auch die Betreuungsbehörde, § 303 Abs. 1 FamFG[449]. Darüber hinaus steht nur Personen, deren Recht durch die Entscheidung des Gerichts beeinträchtigt ist, die Beschwerde zu, § 59 Abs. 1 FamFG. Da weder Angehörige noch Lebensgefährten ein Recht auf Bestellung zum Betreuer besitzen, können sie aus § 59 Abs. 1 FamFG kein Beschwerderecht ableiten[450]. 141a

Ein Rechtsmittel gegen die Entscheidung des Gerichts über die Anordnung einer Betreuung kann auf die Auswahl des Betreuers beschränkt werden[451]. Eine an sich teilbare Entscheidung kann nämlich teilweise angefochten und überprüft werden. Ziel eines solchen Rechtsmittels kann es sein, statt des A den B zum Betreuer zu bestellen. Die Anordnung der Betreuung selbst wird dann im Rechtsmittelverfahren nicht mehr überprüft[452]. Im Verfahren auf Verlängerung der Betreuung ist es darüber hinaus auch möglich, erstmals im Beschwerdeverfahren den Antrag auf Wechsel des Betreuers zu stellen[453]. 142

---

444 OLG Hamm BtPrax 1995, 221 – er muss nicht Aufhebung der Betreuung beantragen.

445 OLG München BtPrax 2008, 173; auch wenn der Betroffene geschäftsunfähig ist, BayObLG NJWE-FER 1998, 225.

446 BGH NJW-RR 2011, 1154 und FamRZ 2011, 966; LG Bielefeld BtPrax 2013, 35 und 2011, 182. Teilweise wird zu Unrecht vertreten, dass die Beschwerde eines in erster Instanz schuldlos nicht beteiligten nahen Angehörigen als Antrag auf Beteiligung auszulegen ist, der vor der Endentscheidung zu bescheiden ist: LG Verden BtPrax 2011, 242; LG Landau NJW-RR 2011, 439; LG Saarbrücken, BtPrax 2010, 147 .

447 BGH, NJW-RR 2012, 770

448 Nicht dem Lebensgefährten, OLG Karlsruhe BtPrax 2007, 258; BayObLG NJW 1998, 1567; a.A. OLG Oldenburg, BtPrax 1996, 196. Zum Beschwerderecht Angehöriger s.a. OLG Köln FGPrax 2009,71.

449 BayObLG BtPrax 1995, 181

450 BGH FamRZ 2017, 1422: Für bedürftige Angehörige scheidet daher die Gewährung von Verfahrenskostenhilfe aus; LG Bielefeld FamRZ 2016, 83; OLG Schleswig FamRZ 2002, 987 f.

451 BGH NJW-RR 2016, 1286 und 709

452 BGH NJW-RR 2016, 709

453 BGH BtPrax 2011, 81

Bei der Übertragung der Auswahlentscheidung auf den Rechtspfleger (siehe dazu Teil J Rn. 22 ff.) gilt in der Sache nichts anderes.

142a Beschwerdebefugt sind neben dem Betroffenen die Personen, die zum Verfahren als Beteiligte hinzu gezogen worden sind[454], nicht die Staatskasse bei Bestellung eines Berufsbetreuers[455], auch nicht bei erstmaliger Bestellung eines Berufsbetreuers im Bezirk[456]. Abzugrenzen ist dieses Rechtsmittel von einem Antrag, den bestellten Betreuer zu entlassen. Hier geht es nicht mehr um die Überprüfung der Auswahlentscheidung.

Dafür gibt § 303 FamFG kein Beschwerderecht[457]; Beispiel: Aufgrund veränderter Umstände will oder kann ein Angehöriger nun doch das Amt des Betreuers übernehmen und legt deshalb nachträglich Beschwerde gegen die Auswahlentscheidung des Gerichtes ein. Genau genommen liegt hier nämlich ein Verfahren auf Entlassung des Betreuers nach § 1908b BGB vor.

Ist allerdings ein Betreuer entlassen worden oder verstorben und wählt das Gericht nach § 1908c BGB einen neuen Betreuer aus, können die in § 303 FamFG genannten Personen wiederum befugt Beschwerde einlegen. Dies gilt auch im Rahmen des Überprüfungsverfahrens einer bestehenden Betreuung[458].

142b Gegen die Entscheidung des Beschwerdegerichts kann bei erstmaliger Betreuerbestellung ohne ausdrückliche Zulassung Rechtsbeschwerde eingelegt werden, § 70 Abs. 3 Satz 1 Nr. 1 FamFG. Der Zulassung der Rechtsbeschwerde (zu den Zulassungsvoraussetzungen vgl. § 70 Abs. 2 FamFG) bedarf es in Verfahren, in denen bei fortbestehender Betreuung allein über die Person des Betreuers entschieden werden soll[459] oder in denen ein Ergänzungsbetreuer bestellt werden soll[460].

In der Rechtsbeschwerdeinstanz wird die Auswahl als Betreuer zwischen mehreren geeigneten Personen nur darauf überprüft, ob sie rechtsfehlerhaft ist[461]. Letzteres ist der Fall, wenn sich das Beschwerdegericht nicht des ihm zustehenden Ermessens bewusst ist, wesentliche Umstände außer Acht lässt, von dem Ermessen nicht in einer der Ermächtigung entsprechenden Form Gebrauch macht bzw. die Ermessensgrenzen überschreitet.

b. Übernahmepflicht, § 1898 BGB

143 Im Rahmen des § 1898 BGB steht dem ausgewählten und bestellten Betreuer (auch Verein oder Behörde bei Bestellung des Behördenbetreuers), der von Anfang an nicht zur Übernahme des Amtes bereit war oder der gar nicht gefragt wurde, das Rechtsmittel der Beschwerde zu (§ 58 Abs. 1 FamFG)[462].

---

454 Also z.B. die Ehefrau oder die Tochter des Betroffenen, nicht aber der rechtskräftig geschiedene Ehegatte oder der Schwager, OLG Köln NJWE-FER 1999, 323; LG München I BtPrax 2000, 135; ein Bekannter, BayObLG BtPrax 1996, 229; die Nichte, OLG Oldenburg BtPrax 1994, 108 (LS). Bei Bestellung eines Betreuers auf Antrag des Betroffenen sind aufgrund der Neufassung des § 303 FamFG nunmehr die Betreuungsbehörde und – im Interesse des Betroffenen – die in § 303 Abs. 2 FamFG genannten Personen beschwerdeberechtigt, Keidel-Budde, § 303 FamFG, Rn. 16, 20 f. Zur bisher anders lautenden Rechtsprechung, OLG Düsseldorf FamRZ 1998, 510.

455 BayObLG FamRZ 2001, 377; OLG Schleswig, BtPrax 1999, 155; OLG Frankfurt a.M. FGPrax 2004, 75 f. und 122 f. Das gilt auch bezüglich der Feststellung der berufsmäßigen Ausübung des Amtes, OLG Frankfurt a.M. FamRZ 2004, 1324. Etwas anderes gilt, wenn ein konkret von ihr vorgeschlagener ehrenamtlicher Betreuer übergangen wird, vgl. § 304 Abs. 1 Satz 2 FamFG.

456 LG Nürnberg-Fürth BtPrax 1999, 157

457 BGH FamRZ 2011, 966

458 BayObLG FamRZ 2001, 252

459 BGH FamRZ 2016,1449 (LS); NJW-RR 2011, 1154

460 BGH BtPrax 2012, 139

461 BGH MDR 2018, 32

462 BayObLG FamRZ 1994, 1061

War der bestellte Betreuer zunächst bereit, das Amt zu übernehmen und überlegt es sich später anders, kann er dagegen nicht befugt Beschwerde einlegen. Er müsste einen Antrag nach § 1908b BGB auf Entlassung stellen[463].

Wird durch einen gesonderten Beschluss die Weigerung, sich als Betreuer bestellen zu lassen, zurückgewiesen, steht dem ins Auge gefassten Betreuer dagegen ebenfalls das Rechtsmittel der Beschwerde (§ 58 Abs. 1 FamFG) zu. Die Beschwerdefrist beginnt mit der schriftlichen Bekanntgabe der Entscheidung, § 63 Abs. 3 FamFG, das heißt beim nicht einverstandenen Betreuer mit der Zustellung, vgl. § 41 Abs. 1 Satz 2 FamFG.

Die bisher umstrittene Frage, ob die Entscheidung mit einer Rechtsmittelbelehrung versehen sein muss[464], bejaht nunmehr § 39 FamFG. Die unterlassene Rechtsmittelbelehrung hindert aber den Eintritt der Rechtskraft nicht, hat demzufolge keinen Einfluss auf die Rechtsmittelfrist[465].

c. § 1899 BGB

Die Bestellung eines weiteren Betreuers ist mit der Beschwerde anfechtbar. Neben dem 144 Betroffenen, gegebenenfalls seinem Verfahrenspfleger, sind auch die in § 274 FamFG genannten Verfahrensbeteiligten beschwerdebefugt[466]. Eine Beschwerdebefugnis fehlt allerdings dem Betreuer, wenn sein Antrag, einen Verhinderungsbetreuer zu bestellen, abgelehnt wird oder ein weiterer Betreuer für einen Aufgabenkreis bestellt wird, für den der bisherige Betreuer nicht bestellt war[467].

d. Entlassung eines Betreuers, § 1908b BGB

Gegen einen Beschluss, der die Entlassung des bisherigen Betreuers nach § 1908b BGB 145 ausspricht, können der entlassene Betreuer[468] und der Betreute, gegebenenfalls sein Bevollmächtigter oder Verfahrenspfleger, sowie die Betreuungsbehörde das Rechtsmittel der Beschwerde (§ 58 Abs. 1 FamFG) einlegen, wenn die Entlassung gegen den Willen des Betreuers erfolgte[469]. Die Beschwerdebefugnis des Betreuten und des Betreuers ergibt sich aus § 59 Abs. 1 FamFG, die des Verfahrenspflegers aus § 303 Abs. 3 FamFG, die der Betreuungsbehörde aus § 303 Abs. 1 Nr. 2 FamFG[470]. Darüber hinaus kann der Betreuer bei einer Teilentlassung die Beschwerde auch im Namen des Betreuten berechtigt einlegen, § 304 Abs. 4 Satz 1 FamFG. Auch die in § 274 Abs. 4 Nr. 1 FamFG genannten Angehörigen sind im Interesse des Betroffenen beschwerdeberechtigt, wenn das Gericht sie im ersten Rechtszug beteiligt hat, § 303 Abs. 2 FamFG[471]. Ohne Verfahrensbeteiligung besteht für Angehörige in diesen Fällen kein Beschwerderecht[472]. Aus der Beteiligung am Erstverfahren auf Betreuerbestellung lässt sich auch keine Beschwerdebefugnis für Folgeverfahren ableiten[473].

463 Damrau/Zimmermann, § 1898 BGB, Rn. 15 mit zutreffender Begründung; a.A. LG Duisburg FamRZ 1993, 851
464 Bejahend BayObLG FamRZ 1994, 323; verneinend OLG Stuttgart, FamRZ 1996, 1342
465 Keidel-Meyer-Holz, § 39 FamFG, Rn. 14. Es besteht bei Fristversäumung die Möglichkeit der Wiedereinsetzung, wobei nach § 17 Abs. 2 FamFG vermutet wird, dass kein Verschulden besteht.
466 OLG Zweibrücken FGPrax 1999, 182. Die in § 274 Abs. 4 FamFG Genannten müssen am Verfahren beteiligt worden sein, § 303 Abs. 2 FamFG.
467 LG Hamburg FamRZ 1999, 797; BayObLG FamRZ 2002, 1590
468 BGH BtPrax 2015, 155
469 Ohne Belang ist, ob die Entlassung in erster Instanz oder vom Beschwerdegericht ausgesprochen wurde, BayObLG FamRZ 1994, 781. Die Beschwerdebefugnis des Betreuers besteht auch, wenn die Betreuung wegen einer Generalvollmacht aufgehoben, gleichzeitig aber gegen den Willen des Betreuers eine andere Person zum Kontrollbetreuer bestellt wird, KG BtPrax 2006, 39.
470 So zu Recht Keidel-Budde, § 303 FamFG, Rn. 13.
471 BGH BtPrax 2015, 203; Keidel-Budde, § 303 FamFG, Rn. 18 f. Vgl. auch oben Rn. 141a.
472 BGH BtPrax 2015, 72: Angehörige müssen bei fehlender Beteiligung einen Antrag auf Hinzuziehung stellen.
473 BGH BtPrax 2015, 109

Erfolgt die Entlassung nicht gegen den Willen des Betreuers, ist ebenfalls das Rechtsmittel der Beschwerde, § 58 Abs. 1 FamFG, gegeben. Zu der Beschwerdeberechtigung kann auf die vorstehenden Ausführungen (Rn. 142a) Bezug genommen werden. Entfallen die zur Entlassung führenden Gründe im Verlauf des Beschwerdeverfahrens[474], ist die Entlassungsentscheidung aufzuheben.

Gegen einen Beschluss nach § 1908b Abs. 4 Satz 2 BGB haben der Betreuungsverein bzw. -behörde keine Beschwerdebefugnis. Wenn sie nämlich keinen neuen Vereins- bzw. Behördenbetreuer vorschlagen, können sie nicht in eigenen Rechten verletzt sein.

Wird eine Entlassung des Betreuers abgelehnt, kann dies ebenfalls mit der Beschwerde angefochten werden. Die Beschwerdebefugnis richtet sich allein nach § 59 FamFG[475] und besteht für den Betreuten, den Betreuer und einen Verfahrenspfleger. Da § 1908b Abs. 1 BGB den Schutz des Betreuten bezweckt, können Angehörige oder Lebensgefährten des Betreuten aus der Behauptung, eine mangelnde Eignung oder ein wichtiger Grund zu Entlassung läge vor, keine Verletzung eigener Rechte ableiten[476]. Sind Angehörige am Entlassungsverfahren beteiligt worden, können sie indes im Interesse des Betreuten berechtigt ein Rechtsmittel einlegen[477]. Für den Fall, dass das Gericht die Entlassung eines Berufsbetreuers zugunsten eines konkret vorgeschlagenen ehrenamtlichen Betreuers ablehnt, ist die Staatskasse berechtigt, dagegen Beschwerde einzulegen, § 304 Abs. 1 Satz 2 FamFG. Entsprechendes gilt, wenn bereits die Anregung der Staatskasse, den Berufsbetreuer gegen einen konkret benannten ehrenamtlichen Betreuer auszuwechseln, als unzulässig zurückgewiesen wird[478].

Schlägt der Betreute einen neuen Betreuer vor, § 1908b Abs. 3 BGB, und lehnt das Gericht die Bestellung ab, kann der Betreute, nicht der Vorgeschlagene mangels Recht auf Bestellung, dies berechtigt mit der Beschwerde, §§ 58 Abs. 1, 59 Abs. 1 FamFG, angreifen.

146 Ist das Rechtsmittel gegen die Entlassung eines Betreuers erfolgreich, entfällt dessen Entlassung rückwirkend, das heißt, er muss nicht neu bestellt werden. Der gegebenenfalls neu bestellte Betreuer muss entlassen werden (vgl. Rn. 93). Ihm steht insoweit keine Beschwerdebefugnis zu[479]. Wegen der Rückwirkung der Rechtsmittelentscheidung würde die zwischenzeitliche Aufhebung der Betreuung keine Erledigung des Rechtsmittels herbeiführen.

147 Die Bestellung eines neuen Betreuers nach § 1908c BGB kann mit der Beschwerde angefochten werden. Das Beschwerderecht besteht, wie bei der erstmaligen Betreuerbestellung, über den § 59 FamFG hinaus auch für die in § 303 FamFG genannten Personen und Institutionen.

Durch den Tod des Betreuten erledigt sich das gegen die Entlassung eines Betreuers eingelegte Rechtsmittel nicht[480].

147a Gegen die Entscheidung des Beschwerdegerichts hinsichtlich der vollständigen oder teilweisen Entlassung eines Betreuers kann Rechtsbeschwerde nur bei ausdrücklicher Zulassung berechtigt eingelegt werden[481].

474 Etwa weil die Interessenkollision entfällt.
475 BGH FamRZ 1996, 607
476 BGH BtPrax 1997, 28; BayObLG FamRZ 1996, 508 und FGPrax 1998, 56 – der Betroffene könne bei Gefahren für sein Wohl selbst Beschwerde einlegen. Siehe auch Keidel-Meyer-Holz, § 59 FamFG, Rn. 76.
477 BGH BtPrax 2015, 203
478 LG Koblenz FamRZ 2002, 1509
479 OLG Stuttgart FamRZ 1996, 420; OLG Düsseldorf FamRZ 1995, 1234; OLG Köln NJWE-FER 1998, 106; auch nicht, wenn er zu den in § 303 FamFG genannten Personen gehört, OLG Zweibrücken FGPrax 2002, 25.
480 BayObLG FamRZ 2000, 1183 (LS)
481 BGH BtPrax 2012, 39 und 2011, 169, 212 und 217

e. Prüfungsmaßstab im Rechtsmittelverfahren

Das Beschwerdegericht ist – wie das Amtsgericht – Tatsacheninstanz. Es gelten die entsprechenden Vorschriften wie in der ersten Instanz[482]. Betrifft das Rechtsmittel den Wechsel des Betreuers, kann das Beschwerdegericht z.B. auch eine neu benannte Person zum Betreuer bestellen[483]. **148**

Im Rahmen der Rechtsbeschwerde gilt der nachfolgende Prüfungsmaßstab: **149**

Die Begriffe der Eignung, §§ 1897 Abs. 1, 1898 Abs. 1, 1908b Abs. 1 und 3 BGB, und der Zumutbarkeit, §§ 1898, 1908b Abs. 2 BGB, unterliegen als unbestimmte Rechtsbegriffe[484] der vollen Nachprüfung. Die Beurteilung ist fehlerhaft, wenn der Tatrichter die unbestimmten Rechtsbegriffe verkennt, relevante Umstände über- oder unterbewertet oder bei der Subsumtion wesentliche Umstände unberücksichtigt lässt[485].

Bei der Auswahl unter mehreren geeigneten Personen besteht ein nur beschränkt nachprüfbares Auswahlermessen[486]. So sind die Angemessenheit und Zweckmäßigkeit der Auswahlentscheidung der Nachprüfung entzogen[487]; es findet nur eine Überprüfung auf Rechtsfehler statt, § 72 Abs. 1 FamFG. Gleiches gilt für die Feststellung der Tatsacheninstanzen, die Bestellung des vom Betroffenen Vorgeschlagenen laufe dem Wohl des Betroffenen zuwider[488], die Angelegenheiten des Betreuten seien besser durch mehrere Betreuer, § 1899 BGB, zu besorgen[489] oder die Feststellung, dass die Eignung des Betreuers entfallen ist oder ein anderer wichtiger Grund zur Entlassung besteht[490].

Eine Ausübung des Auswahlermessens ist nur fehlerhaft, wenn der Tatrichter sich des ihm zustehenden Ermessens nicht bewusst ist, nicht alle wesentlichen Umstände berücksichtigt, von dem Ermessen in einer dem Zweck der Ermächtigung nicht entsprechenden Weise Gebrauch macht oder die gesetzlichen Grenzen des Ermessens überschreitet[491].

f. Antrag auf gerichtliche Entscheidung

Einen besonderen Rechtsbehelf stellt das Gesetz dem Betroffenen gegen die Auswahl der Person, der ein Betreuungsverein bzw. die -behörde die Wahrnehmung der Betreuung überträgt (vgl. § 1900 Abs. 2, 4 BGB), mit § 291 FamFG zur Verfügung. **150**

§ 291 FamFG Überprüfung der Betreuerauswahl

[1]Der Betroffene kann verlangen, dass die Auswahl der Person, der ein Verein oder eine Behörde die Wahrnehmung der Betreuung übertragen hat, durch gerichtliche Entscheidung überprüft wird. [2]Das Gericht kann dem Verein oder der Behörde aufgeben, eine andere Person auszuwählen, wenn einem Vorschlag des Betroffenen, dem keine wichtigen Gründe entgegenstehen, nicht entsprochen wurde oder die bisherige Auswahl dem Wohl des Betroffenen zuwiderlauft. [3]§ 35 ist nicht anzuwenden.

Die Vorgängervorschrift des § 69c FGG legte ursprünglich in seinem Abs. 1 den Gerichten eine Überprüfungspflicht auf. In einem Abstand von höchstens zwei Jahren musste über- **151**

482 § 68 Abs. 3 Satz 1 FamFG, vgl. auch Keidel-Sternal, § 68 FamFG, Rn. 40 ff.
483 BGH BtPrax 2011, 81; BayObLG BtPrax 2000, 91 (LS)
484 BayObLG FamRZ 1996, 509; BtPrax 2001, 206 f.; OLG Zweibrücken, BtPrax 1997, 164
485 BayObLG FamRZ 2001, 1249
486 OLG Köln FamRZ 2000, 116; BayObLG BtPrax 1995, 181
487 OLG Köln FamRZ 2000, 116; BayObLG BtPrax 1995, 181; FamRZ 1996, 419. Das Rechtsbeschwerdegericht kann allerdings einen Rechtsfehler bejahen, wenn es meint, die Vorinstanz habe zu wenig ermittelt oder nicht ausreichend begründet.
488 BayObLG BtPrax 2002, 36
489 BayObLG BtPrax 1997, 114
490 BayObLG FamRZ 2000, 514; FamRZ 1997, 1358
491 BayObLG FamRZ 2001, 1249

prüft werden, ob anstelle des bestellten Betreuungsvereins bzw. der -behörde eine oder mehrere natürliche Personen zum Betreuer bestellt werden können. In der Praxis wurde diese Überprüfung als überflüssig angesehen und daher mit dem 1. BtÄndG aus dem Gesetz gestrichen. Es blieb die in § 291 FamFG übernommene Möglichkeit des Betroffenen, eine gerichtliche Überprüfung der Auswahlentscheidung von Verein bzw. Behörde herbeizuführen.

152 Nach der Gesetzesbegründung ist die Auswahl der Person, der ein Verein oder die Behörde die Wahrnehmung der Aufgaben der Betreuung überträgt, für den Betroffenen von überragender Bedeutung. Deshalb soll ihm mit § 291 FamFG ein verfahrensrechtlich abgesicherter Einfluss auf die Auswahl dieser Person eingeräumt werden[492].

Ist der Betreute also mit der vom Verein oder der Behörde ausgewählten Person nicht einverstanden, kann er, gegebenenfalls der Verfahrenspfleger, gerichtliche Entscheidung beantragen, Satz 1.

Andere Personen sind nicht antragsberechtigt.

Der Antrag ist an keine Form, also auch mündlich möglich, und an keine Frist gebunden. Es müssen lediglich eine Auswahlentscheidung von Verein oder Behörde sowie ein irgendwie geäußerter Wunsch des Betroffenen auf Abänderung vorliegen. Antragsgegner sind der Verein bzw. die Behörde. Das Gericht hat die Beteiligten anzuhören, persönliche Anhörung ist nicht vorgeschrieben. Es gelten die Vorschriften des allgemeinen Teils, insbesondere § 26 FamFG. Funktionell ist bei Gericht der Richter nach § 15 Abs. 1 Nr. 3 RPflG zuständig[493], es sei denn, es handelt sich um eine Kontrollbetreuerbestellung nach § 1896 Abs. 3 BGB[494] oder durch Landesrecht wurde die Auswahl des Betreuers dem Rechtspfleger übertragen. Da der Antrag auf gerichtliche Entscheidung kein Rechtsmittel im engeren Sinne ist, kann ihm auch keine aufschiebende Wirkung zukommen.

153 Die Entscheidung des Gerichtes durch Beschluss kann in zwei Richtungen gehen:

Die Auswahlentscheidung des Vereins/der Behörde wird bestätigt, weil

- dem Vorschlag des Betreuten wichtige Gründe entgegenstehen (dazu oben Rn. 25) oder
- die Auswahl des Betreuers dem Wohl des Betreuten nicht zuwiderläuft (dazu oben Rn. 54). Es sind Gründe zu verlangen, die den Anforderungen an eine Entlassung eines Betreuers nach § 1908b Abs. 1 Satz 1 BGB nahe kommen. Angesichts des Auffangcharakters der Bestellung von Verein bzw. Behörde zum Betreuer genügen indes bloße Spannungen oder fehlendes Vertrauen nicht.

Auf der anderen Seite kann dem Verein bzw. der Behörde aufgegeben werden, eine andere Person auszuwählen, § 291 Satz 2 FamFG, weil

- dem Vorschlag des Betroffenen keine wichtigen Gründe entgegenstehen (dazu oben Rn. 25) bzw.
- die Auswahl des Betreuers dem Wohl des Betreuten zuwiderläuft.

154 Dagegen kann das Gericht nicht den ausgewählten Betreuer entlassen, weil nicht die Einzelperson, sondern die Anstellungsinstitution als Betreuer bestellt ist. § 291 Satz 3 FamFG stellt zudem klar, dass dem Gericht keine Zwangsmittel (Androhung und Festsetzung von

492 BT-Drs. 11/4528, S. 176. Da das Gericht dem Verein bzw. der Behörde bezüglich der Auswahl des Wahrnehmungsbetreuers keine Anweisungen erteilen kann, bleibt der Einfluss letztlich minimal. In der Praxis sind diese Anträge daher eher selten.

493 Keidel-Budde, § 291 FamFG, Rn. 4

494 Rechtspflegerzuständigkeit, § 15 Abs. 1 Satz 2 RPflG

Zwangsgeld oder -haft) zur Verfügung stehen, um die Auswahl eines anderen Mitarbeiters herbeizuführen. § 35 FamFG ist nämlich nicht anwendbar. Verein und Behörde sind aber verpflichtet, dem Gericht mitzuteilen, wer als Mitarbeiter gegebenenfalls neu mit der Wahrnehmung der Betreuung beauftragt wurde, § 1900 Abs. 2 Satz 3, Abs. 4 Satz 2 BGB. Im Extremfall könnte das Gericht den weigerlichen Verein bzw. die weigerliche Behörde entlassen, § 1908b Abs. 1, 5 BGB.

Gegen die Entscheidung des Gerichts kann Beschwerde, § 58 FamFG, eingelegt werden. Die Beschwerdebefugnis richtet sich nach § 59 FamFG und kann grundsätzlich dem Betroffenen, seinem Verfahrenspfleger, dem Verein oder der Behörde zukommen.

VIII. Anhang: Muster

1. Entlassungsantrag eines Betreuers

155 An das Amtsgericht .../Betreuungsgericht

Betreuung für ...

AZ: .../...

Betreuerwechsel wegen Unzumutbarkeit

Sehr geehrte Damen und Herren,

ich beantrage, mich als Betreuer zu entlassen, da mir die Fortführung des Amtes nicht mehr zumutbar ist.

Wie aus der Akte bekannt ist, war die Führung der Betreuung von Anfang an problematisch. Inzwischen hat Frau/Herr ... mich in ihr/sein Wahnsystem einbezogen und in diesem Rahmen mehrfach tätlich angegriffen sowie massive Störungen meines Berufs- und Privatlebens verursacht. Neben den bereits am ... mitgeteilten Vorfällen kam es aktuell am ... zu einem erneuten Übergriff. Frau/Herr ... erschien in meinem Büro, beschimpfte mich als Gauner und Betrüger und fügte mir mit einem Messer Stichwunden am Oberarm zu. Glücklicherweise konnte ich ihr/ihm dann das Messer aus der Hand schlagen und die Polizei zu Hilfe rufen.

In den letzten Wochen suchte Frau/Herr ... mich mindestens zweimal pro Woche im Büro unangemeldet auf und beschimpfte mich, z.T. in Gegenwart anderer Personen.

Außerhalb der Bürozeiten bedroht Frau/Herr ... mich bzw. meine Familie telefonisch, zuletzt am ...

Einen neuen Betreuer kann ich nicht vorschlagen. Frau/Herr ... hat mir keine andere Person als Betreuer vorschlagen wollen.

Mit freundlichen Grüßen

...

(Unterschrift)

2. Antrag auf Bestellung eines weiteren Betreuers – rechtliche Verhinderung

156 An das Amtsgericht .../Betreuungsgericht

Betreuung für ...

AZ .../...

Bestellung eines weiteren Betreuers

Sehr geehrte Damen und Herren,

ich beantrage, einen weiteren Betreuer zu bestellen.

Die Bestellung eines weiteren Betreuers ist notwendig, weil ich mit der/dem Betroffenen einen Mietvertrag über eine in meinem Eigentum stehende Eigentumswohnung schließen möchte. Zudem soll die/der Betroffene in dieser Wohnung von meiner Tochter gepflegt werden. Meine Tochter bewohnt in diesem Haus bereits eine weitere Wohnung, ist gelernte Altenpflegerin und zur entgeltlichen Übernahme der notwendigen Pflege bereit. An dem Abschluss entsprechender Verträge bin ich rechtlich wegen §§ 181, 1795 BGB gehindert.

Als weiteren Betreuer schlage ich Frau/Herrn ... vor. Sie/Er ist zur Übernahme des Amtes bereit, führt bereits eine ehrenamtliche Betreuung und war früher beim Mieterbund tätig. Die/Der Betroffene ist mit diesem Vorschlag einverstanden.

Mit freundlichen Grüßen

...

(Unterschrift)

3. Antrag auf Bestellung eines weiteren Betreuers – tatsächliche Verhinderung

An das Amtsgericht .../Betreuungsgericht **157**

Betreuung für ...

AZ .../...

Bestellung eines weiteren Betreuers

Sehr geehrte Damen und Herren,

ich beantrage, einen weiteren Betreuer zu bestellen.

Die Bestellung eines weiteren Betreuers ist notwendig, weil ich mich am ... einer Operation unterziehen muss. Daran schließen sich ein ca. dreiwöchiger stationärer Krankenhausaufenthalt sowie eine dreimonatige Rehabilitationsbehandlung an. Der Regelungsbedarf für die Bestellung eines weiteren Betreuers ergibt sich aus dem Umstand, dass die/ der Betroffene ... (Beispiele: letzte Woche die psychiatrische Medikation eigenmächtig abgesetzt hat und absehbar ist, dass Entscheidungen über Unterbringungsmaßnahmen anstehen./ Miterbe nach ... geworden ist und ein Erbauseinandersetzungsverfahren läuft, innerhalb dessen Entscheidungen zu treffen und Genehmigungsanträge zu stellen sind./ durch den Vermieter aktuell eine Abmahnung erhalten hat und Maßnahmen zum Erhalt der Wohnung erforderlich sind./ etc.)

Als weiteren Betreuer schlage ich Frau/Herrn ... vor. Sie/Er ist zur beruflichen Übernahme des Amtes bereit. Vorrangig zu berücksichtigende Betreuer sind nicht vorhanden. Die/Der Betroffene ist mit diesem Vorschlag einverstanden.

Mit freundlichen Grüßen

...

(Unterschrift)

Teil C
Möglichkeiten der Vorsorge

In diesem Kapitel werden die Möglichkeiten dargestellt, mit denen eine Person im Zeitpunkt des Vollbesitzes der geistigen Fähigkeiten Einfluss nehmen kann für den Fall einer später vielleicht eintretenden Hilfsbedürftigkeit. An erster Stelle ist hier zu denken an die Bestellung eines **Bevollmächtigten**, um eine Anordnung einer Betreuung überflüssig zu machen. Des Weiteren kommt eine **Betreuungsverfügung** in Betracht, mit der einzelne Fragen der Betreuung, insbesondere die Auswahl des Betreuers, geregelt werden können. Schließlich ist auf die – begrenzte – Alternative der sog. **Patientenverfügung** einzugehen. 1

I. Die Vorsorgevollmacht

§ 1896 Abs. 2 und 3 BGB

(2) [1]Ein Betreuer darf nur für Aufgabenkreise bestellt werden, in denen die Betreuung erforderlich ist. [2]Die Betreuung ist nicht erforderlich, soweit die Angelegenheiten des Volljährigen durch einen Bevollmächtigten, der nicht zu den in § 1897 Abs. 3 bezeichneten Personen gehört, oder durch andere Hilfen, bei denen kein gesetzlicher Vertreter bestellt wird, ebenso gut wie durch einen Betreuer besorgt werden können.

(3) Als Aufgabenkreis kann auch die Geltendmachung von Rechten des Betreuten gegenüber seinem Bevollmächtigten bestimmt werden.

§ 1908f Abs. 4 BGB

(4) Die anerkannten Betreuungsvereine können im Einzelfall Personen bei der Errichtung einer Vorsorgevollmacht beraten.

1. Grundsatz der Nachrangigkeit (Subsidiarität) der Betreuung

Das gesamte Betreuungsrecht wird von den Grundsätzen der Erforderlichkeit und der Subsidiarität beherrscht (§ 1896 Abs. 2 BGB), die in ihrem Zusammenspiel gewährleisten sollen, dass die Freiheitssphäre des Volljährigen durch staatliche Eingriffe so wenig wie möglich tangiert wird. Jenseits dieser Grenze ist der Volljährige nicht nur gegen staatliche Eingriffe geschützt, sondern in gleicher Weise endet hier auch sein Hilfeanspruch[1]. 2

▶ *Zu Einzelheiten der Erforderlichkeit einer Betreuung vgl. Teil A Rn. 18 ff.*

§ 1896 Abs. 2 Satz 2 BGB spricht insofern von der Besorgung der Angelegenheiten des Volljährigen durch einen Bevollmächtigten oder durch „andere Hilfen".

Vorrang vor der Bestellung eines Betreuers genießt insofern die Bevollmächtigung eines Dritten durch den Betroffenen. § 1896 Abs. 2 Satz 2 1. Alt. BGB regelt somit ausdrücklich den **Vorrang der Eigenvorsorge** vor staatlich angeordneter oder bereitgestellter Hilfe. Die Vorschrift zielt darauf ab, die Privatautonomie zu stärken. Der Volljährige soll bereits vor Eintritt der Hilfebedürftigkeit die Möglichkeit erhalten, durch die Bestimmung einer Vertrauensperson seine Angelegenheiten, insbesondere aber seine persönliche Lebensgestaltung, im Voraus selbst zu regeln. Zugleich soll durch die Vermeidung unnötiger Betreuungen dem Mangel an Betreuern wirksam begegnet werden[2]. Insoweit soll das Subsidiaritätsprinzip nach dem Willen des Gesetzgebers auch einem staatlichen Interesse dienen[3] (vgl. dazu auch unten Rn. 6 f.).

1 Bienwald, § 1896 BGB, Rn. 44; von Sachsen-Gessaphe, S. 251
2 BT-Drucks. 11/4528, S. 122; wohl a.A. Jensen/Röhlig, BtPrax 2001, 197
3 Vgl. auch Bienwald, § 1896 BGB, Rn. 44; von Sachsen-Gessaphe, S. 297

Eine solche Vollmacht, die zielgerichtet einer bestimmten Vertrauensperson erteilt wird, um für die Zeit künftiger eigener Hilflosigkeit so vorzusorgen, dass die spätere Anordnung einer Betreuung erheblich eingeschränkt oder gar entbehrlich wird, wird meist als Vorsorgevollmacht bezeichnet[4].

3 Anstatt eine Vertrauensperson mit bindender Wirkung gem. § 1897 Abs. 4 BGB für die Betreuung vorzuschlagen (vgl. dazu unten Rn. 123 ff.), kann der Betroffene ein berechtigtes Interesse daran haben, eben jener Person eine Vorsorgevollmacht zu erteilen. Im Gegensatz zum Betreuer (§ 1908i Abs. 1 Satz 1 BGB i.V.m. § 1837 Abs. 2 BGB) untersteht der Bevollmächtigte nämlich einer geringeren staatlichen Kontrolle, sodass der Vollmachtgeber auf diese Weise seine Privatsphäre staatlichen Einblicken und Eingriffen entziehen kann.

4 Andererseits wird das Spannungsverhältnis „Selbstbestimmung – Fremdbestimmung", das der Gesetzgeber mit dem Betreuungsgesetz einer umfassenden Regelung zugeführt hat, durch die Erteilung einer Vorsorgevollmacht keineswegs aufgelöst. Wenn eine Person zur Besorgung ihrer Angelegenheiten auf die Hilfe eines Dritten angewiesen ist, der als Stellvertreter mit Wirkung für und gegen sie rechtsgeschäftlich handeln kann, besteht stets die **Gefahr unkontrollierter Fremdbestimmung**[5]. Damit der Schutzzweck des Betreuungsrechtes nicht durch das Institut der Vorsorgevollmacht unterlaufen wird, hat der Gesetzgeber eine dreifache Absicherung des Hilfsbedürftigen vorgesehen: Zunächst bestimmt § 1896 Abs. 2 Satz 2 BGB, dass die Anordnung der Betreuung gegenüber der Vorsorgevollmacht nur insoweit subsidiär ist, als die Angelegenheiten des Betroffenen durch den Bevollmächtigten ebenso gut erledigt werden können. Die private Fürsorge verdient also nur den Vorrang, wenn sie qualitativ den an eine ordnungsgemäße Betreuung gestellten Anforderungen gerecht wird. Zum Zweiten kann ein Betreuer bestellt werden, um die Rechte des Betreuten gegenüber dem Bevollmächtigten geltend zu machen (sog. Kontrollbetreuer, § 1896 Abs. 3 BGB). Drittens schließlich kann nach den §§ 1904 Abs. 5 und 1906 Abs. 5 BGB der Bevollmächtigte in bestimmte Maßnahmen, die besonders stark höchstpersönliche Rechtsgüter des Vollmachtgebers tangieren, nur nach ausdrücklicher Genehmigung des Betreuungsgerichts wirksam einwilligen.

a. Gleichwertigkeit von Bevollmächtigtem und Betreuer?

5 Fraglich ist, ob ein Bevollmächtigter nicht auch zum Schutz der zu vertretenden Person einer staatlichen Kontrolle unterliegen soll[6]. Präventive Kontrollen der Entscheidung des Vollmachtgebers daraufhin, ob der Bevollmächtigte geeignet ist und das in ihn gesetzte Vertrauen rechtfertigt, verbieten sich grundsätzlich, da andernfalls das Prinzip der Privatautonomie ins Leere laufen würde[7]. Erst ein konkretes Fehlverhalten des Bevollmächtigten oder seine Ungeeignetheit[8] kann Anlass zur Bestellung eines **Kontroll- oder Überwachungsbetreuers** geben[9], wobei es auf ein Verschulden nicht ankommt.[10] Nur ausnahmsweise ist ein solches Misstrauen bereits vor dem Beginn der Tätigkeit des Bevollmächtigten gerechtfertigt, wenn evident ist, dass dieser der ihm übertragenen Aufgabe

4 Rudolf/Bittler/Roth, § 1, Rn. 1; Walter, S. 2; hingegen scheint der teilweise verwandte Begriff der Altersvorsorgevollmacht (BT-Drucks. 11/4528, S. 52; Uhlenbruck, Selbstbestimmtes Sterben, S. 326) zu ungenau, da Fürsorgebedürftigkeit i.S.d. § 1896 Abs. 1 Satz 1 BGB zwar häufig altersbedingt auftreten wird, dies aber keinesfalls zwingend ist (May, S. 18). Beispielhaft seien in diesem Zusammenhang unfallbedingte Behinderungen erwähnt, die an kein Lebensalter gebunden sind.

5 Vgl. von Sachsen-Gessaphe, S. 273; Walter, S. 4

6 Strikt dagegen: Uhlenbruck, ZRP 1998, 46; ders., Selbstbestimmtes Sterben, S. 349; a.A. Berger, JZ 2000, 797, 804

7 Walter, S. 35

8 BGH BtPrax 2016, 110

9 Dazu BGH FamRZ 2012, 871, 1631

10 BGH BtPrax 2013, 253

nicht gewachsen sein wird (z. B., weil sich seine eigene gesundheitliche Lage mittlerweile erheblich verschlechtert hat). In diesem Fall wäre es eine sachlich nicht zu rechtfertigende Förmelei, wollte man für die Bestellung eines Betreuers den tatsächlichen Nachweis eines Fehlverhaltens des offenkundig ungeeigneten Bevollmächtigten verlangen. Auch ein offenkundiger Interessenkonflikt, in dem sich der Bevollmächtigte befindet, kann eine Kontrollbetreuung notwendig machen[11]. Allein eine unterschiedliche Auffassung von Gericht und Bevollmächtigtem rechtfertigt allerdings nicht eine Betreuerbestellung[12].

Die Vorsorgevollmacht erweist sich auf jeden Fall dann als unzureichend, wenn der Bevollmächtigte nicht bereit ist, die ihm zugedachte Aufgabe zu übernehmen, oder schlicht untätig bleibt[13]. Es genügt, dass durch Tatsachen begründete Zweifel an den Fähigkeiten des Bevollmächtigten oder an seiner Redlichkeit[14] bestehen.[15]

Schließlich ist eine Kontrollbetreuung veranlasst, wenn Zweifel an der Wirksamkeit der Vollmachtserteilung bestehen und aufgrund dieser Zweifel die Akzeptanz der Vollmacht im Rechtsverkehr eingeschränkt ist[16].

b. Verweisung des Hilfsbedürftigen auf die Möglichkeit, eine Vollmacht zu erteilen

Nach dem Wortlaut des § 1896 Abs. 2 Satz 2 BGB kann das Betreuungsgericht die Bestellung eines Betreuers unter Hinweis darauf ablehnen, dass der Betroffene in der Lage sei, durch die Erteilung einer oder mehrerer Vollmachten eigenverantwortlich für die Besorgung seiner Angelegenheiten zu sorgen. In Rechtsprechung und Literatur wird mitunter eine solche leistungsbegrenzende Funktion zur Abwehr von Betreuungswünschen des Betroffenen anerkannt[17]. 6

Keinesfalls kann aus § 1896 Abs. 2 Satz 2 BGB geschlossen werden, die Bestellung eines Betreuers sei bereits dann abzulehnen, wenn dem Betroffenen die Erteilung einer Vollmacht noch rechtlich möglich sei. Denn dies hätte zur Folge, dass nur für geschäftsunfähige Volljährige eine Betreuerbestellung in Betracht käme, was mit der Konzeption des Betreuungsrechts und konkret mit § 1896 Abs. 1 Satz 3 BGB nicht in Einklang steht.

Die Regelung bedarf nach h.M. allerdings einer weiteren restriktiven Auslegung: So ist die Betreuerbestellung nicht schon dadurch ausgeschlossen, dass im Verwandten- bzw. Bekanntenkreis oder auf dem Dienstleistungsmarkt eine **objektiv geeignete** Person zur Verfügung steht, die bevollmächtigt werden könnte[18]. Zum einen kann der Betroffene nicht gezwungen werden, eine Person zu bevollmächtigen, der er – trotz ihrer objektiven Fähigkeiten – kein Vertrauen entgegenbringt[19]. Zum anderen würde der Zwang, zumindest einer „anonymen" Verwaltung seines Vermögens durch einen fachlich qualifizierten Berufsträger zuzustimmen, der Schutzrichtung des Betreuungsrechtes zuwiderlaufen. Dieses propagiert das Leitbild der **persönlichen Betreuung** und eröffnet dem Hilfsbedürftigen zu diesem Zwecke gem. § 1897 Abs. 4 BGB die Möglichkeit, Einfluss auf die Auswahl des Betreuers zu nehmen. Eine auf dem Dienstleistungsmarkt erhältliche, nach rein objektiven Kriterien als ausreichend zu qualifizierende Leistung vermag dem nicht zu genügen und ist daher für sich genommen noch nicht als gleichwertig i.S.d. § 1896 Abs. 2 Satz 2 BGB 7

11 BGH BtPrax 2017, 243
12 GeneralStA Nürnberg BtPrax 2008, 90
13 OLG Schleswig BtPrax 2008, 132
14 BGH BtPrax 2014, 129; BtPrax 2016, 40 und 110; BtPrax 2017, 31
15 BGH BtPrax 2016, 187 = FamRZ 2016, 1671; OLG Köln BtPrax 2009, 306
16 BGH BtPrax 2016, 112; 2015, 239: zweifelhaft, ob Vollmacht widerrufen wurde, BtPrax 2017, 31
17 Von Sachsen-Gessaphe, S. 294 ff.; OLG München BtPrax 2005, 156 f. jetzt auch: Bienwald, § 1896, Rn. 83
18 BGH BtPrax 2018, 35 = FamRZ 2018, 54; von Sachsen-Gessaphe, S. 297
19 So auch BGH BtPrax 2015, 239; NZFam 2017, 1166

anzusehen[20]. Schließlich wäre es mit dem Grundsatz der Privatautonomie nicht zu vereinbaren, wollte man den Betroffenen zumindest mittelbar durch die Weigerung, einen Betreuer zu bestellen, dazu zwingen, eine Vollmacht zu erteilen[21].

8 Vom Grundsatz her kann das Betreuungsgericht daher entgegen dem Wortlaut des § 1896 Abs. 2 Satz 2 BGB nicht von einer Betreuerbestellung absehen, wenn der Betroffene sich weigert, einen Dritten zu bevollmächtigen, seine Angelegenheiten zu besorgen[22]. Dies bestätigt das OLG Hamm zumindest für den Fall, dass der Betroffene einen nachvollziehbaren Grund für seine Weigerung hat; einen solchen Grund hat das Gericht darin gesehen, dass der Betroffene aufgrund seiner Krankheit nicht mehr in der Lage ist, die Tätigkeit eines Bevollmächtigten zu überwachen[23].

9 Ausnahmen von diesem Grundsatz sind allenfalls in Fällen des Rechtsmissbrauchs denkbar, so etwa, wenn der Betroffene allein deshalb auf die Erteilung einer Vollmacht verzichtet, weil dies rein wirtschaftlich gesehen für ihn von Vorteil ist[24].

Dieses Problem stellt sich weniger im Fall der Mittellosigkeit des Hilfsbedürftigen, da sich ohnehin kaum eine Person freiwillig dazu bereit erklären wird, für einen anderen auf der Grundlage einer Bevollmächtigung unentgeltlich tätig zu werden. Anders stellt sich jedoch gegebenenfalls die Situation für denjenigen dar, der über ausreichende finanzielle Mittel verfügt: Würde für ihn ein Betreuer bestellt werden, so wäre eine diesem durch das Betreuungsgericht bewilligte Vergütung zwar auch aus seinem eigenen Vermögen zu zahlen (vgl. § 1836 Abs. 3, § 1836b, § 1836e BGB), doch dürften die Höchstbeträge zumeist erheblich niedriger bemessen sein als die auf dem freien Markt erzielbaren Vergütungen. Ein gewisser finanzieller Anreiz, auf die Erteilung einer Vollmacht zu verzichten, um die Bestellung eines Betreuers zu erwirken, kann hier sicher nicht geleugnet werden.

Das Absehen von der Erteilung einer Vollmacht dürfte zumindest dann als rechtsmissbräuchlich einzustufen sein, wenn die Willensentscheidung des Betroffenen, keine Vollmacht zu erteilen, **ausschließlich** ihren Grund darin hat, dass er die **finanziellen** Annehmlichkeiten staatlicher Betreuung in Anspruch nehmen will[25]. Diese ausschließliche Motivation freilich wird sich nur in den Fällen nachweisen lassen, in denen sich das Verhalten des Betroffenen anders nicht plausibel erklären lässt[26].

c. Beratung durch Betreuungsvereine und -behörden

10 Bereits durch Gesetz zum 31.7.2004 und erneut durch das 2.BtÄndG soll die **Vorsorgevollmacht gestärkt** werden.

Gemäß § 1908f Abs. 4 BGB können Betreuungsvereine **bei der Errichtung** einer Vorsorgevollmacht **beraten**, was mit der Hoffnung verbunden ist, die Bereitschaft zur Abfassung entsprechender Vollmachten zu erhöhen.

20 Von Sachsen-Gessaphe, S. 294; eingeschränkt auch Bienwald, § 1896 BGB, Rn. 83 („wenn eine Person seines Vertrauens zur Verfügung steht")
21 Walter, S. 26
22 Damrau/Zimmermann, § 1896 BGB, Rn. 139; Erman-Roth, § 1896 BGB, Rn. 45; MK-Schwab, § 1896 BGB, Rn. 71
23 OLG Hamm NJW FER 2001, 152
24 Ruffing, S. 44; Erman-Roth, § 1896 BGB, Rn. 46
25 Wie hier: OLG München BtPrax 2005, 156 f.; a.A. Schwab, in: Festschrift für Gernhuber, S. 815, 823, der die Auffassung vertritt, der Erforderlichkeitsgrundsatz gem. § 1896 Abs. 2 BGB dürfe nicht zu Lasten des Hilfsbedürftigen Anwendung finden. Es könne daher keinen Missbrauch darstellen, wenn der Betroffene die finanziellen Vorteile der §§ 1835 ff. BGB bewusst nutzen wolle und sich aus diesem Grunde entschließe, von der Erteilung einer Vorsorgevollmacht abzusehen, um auf diese Weise die Bestellung eines Betreuers zu erwirken.
26 Walter, S. 28 f.

Früher sollten die Betreuungsvereine lediglich über die Möglichkeit der Errichtung einer Vorsorgevollmacht aufklären. Nunmehr können sie auch beraten, wobei die Formulierung des Gesetzes deutlich macht, dass es sich um eine freiwillige Aufgabe handelt. Inhaltlich kann sich die Beratung auf alle möglichen Punkte (Form, Wirksamwerden, Inhalt, Grundverhältnis usw. – siehe die folgenden Abschnitte) beziehen. Die Vereine haben die Möglichkeit, mit dem zu Beratenden eine Vergütung zu vereinbaren.

Sowohl die Betreuungsvereine (§ 1908f Abs. 1 Nr. 2 BGB) als auch die Betreuungsbehörden (§ 4 BtBG) haben nunmehr die **Pflicht, Bevollmächtigte zu beraten**. Damit kann deren Kompetenz und vielleicht auch die Akzeptanz dieses Rechtsinstituts bei den Betroffenen verbessert werden. **11**

Voraussetzung für eine entsprechende Verpflichtung ist, dass der Bevollmächtigte die Beratung wünscht. Eine Zwangsberatung ist vom Gesetz nicht vorgesehen. Ferner muss es sich – entgegen dem zu ungenau geratenen Wortlaut der Vorschrift – um eine Vollmacht handeln, die betreuungsrechtlich relevant ist. Dies ist bei einer Vorsorgevollmacht der Fall, kann aber auch bei einer anderen Vollmacht gegeben sein, die zwar nicht für den Vorsorgefall ausgestellt wurde, aber für einen möglichen Aufgabenkreis eines Betreuers ausgestellt ist[27].

Inhaltlich kann sich die Beratung auf alle möglichen Fragen beziehen, die für die Vertretung des Betroffenen und eine mögliche Haftung des Bevollmächtigten von Bedeutung sind. Die Aufgabe ist deshalb anspruchsvoll, weil sich die Stellung des Bevollmächtigten in einigen Punkten von der eines Betreuers unterscheidet (dazu im Folgenden mehr).

▶ *Zur Registrierung der Vollmachten siehe unten Rn. 91*

2. Wirksame Erteilung der Vorsorgevollmacht

a. Persönliche Voraussetzungen des Vollmachtgebers

aa. Geschäftsfähigkeit

Die Vollmacht wird durch eine einseitige, empfangsbedürftige Willenserklärung begründet[28]. Der Vollmachtgeber muss daher zumindest im Zeitpunkt der Abgabe der Vollmachtserteilung geschäftsfähig sein (§ 130 Abs. 2 BGB). **12**

Da jeder Volljährige als geschäftsfähig anzusehen ist, sofern er sich nicht in einem die freie Willensbildung ausschließenden Zustand krankhafter Störung der Geistestätigkeit befindet (§ 104 Ziffer 2 BGB), spricht zunächst eine Vermutung für das Vorliegen der Geschäftsfähigkeit und damit für die Wirksamkeit der von einem Volljährigen erteilten Vorsorgevollmacht[29]. Das gilt auch für einen Betreuten. Ist nicht erwiesen, ob der Vollmachtgeber bei Erteilung der Vollmacht geschäftsunfähig war, so ist von der Wirksamkeit der Vollmacht auszugehen.

Wird allerdings die Bestellung des Betreuers mit der **Anordnung eines Einwilligungsvorbehalts** kombiniert, so erfährt seine Rechtsstellung eine Einschränkung, indem er insoweit ähnlich einem beschränkt Geschäftsfähigen behandelt wird (§ 1903 Abs. 3 BGB; Einzelheiten dazu Teil A Rn. 65 ff.). Der Betreute kann in einem solchen Fall – seine Geschäftsfähigkeit im Übrigen vorausgesetzt – Vollmachten wirksam nur für diejenigen Lebensbereiche erteilen, die von dem Einwilligungsvorbehalt nicht erfasst werden, denn bei **13**

27 Vgl. das Beispiel bei Fröschle, Rn. 60
28 Erman-Maier-Riemer, § 167 BGB, Rn. 2
29 Zu den Anforderungen an die Feststellung der Geschäftsfähigkeit: BGH BtPrax 2016, 192 = FamRZ 2016, 1446

der Erteilung einer Vollmacht in den Aufgabengebieten, für die ein Einwilligungsvorbehalt angeordnet ist, handelt es sich weder um Angelegenheiten des täglichen Lebens noch um solche, die für den Vollmachtgeber lediglich rechtliche Vorteile mit sich bringen[30].

Der Betreuer darf in einem solchen Fall die Vollmachtserteilung jedoch auch nicht dadurch ermöglichen, dass er seine Einwilligung hierzu erteilt (§ 1903 Abs. 1 Satz 2 i.V.m. § 111 Satz 2, 3 BGB). Denn soweit das Betreuungsgericht die Notwendigkeit bejaht hat, die Betreuung mit Einwilligungsvorbehalt anzuordnen, kommt der Einsatz eines Vorsorgebevollmächtigten nicht als qualitativ gleichwertiges Mittel zur Behebung des Fürsorgebedürfnisses in Betracht[31].

14 Können **Zweifel an der Geschäftsfähigkeit** des Vollmachtgebers zum Zeitpunkt der Vollmachtserteilung nicht ausgeräumt werden, kann sich daraus das Problem ergeben, dass die Vollmacht im Rechtsverkehr nicht akzeptiert wird. Dann kann der Bevollmächtigte aber die Angelegenheiten nicht so gut wahrnehmen wie ein Betreuer, so dass das Betreuungsgericht berechtigt sein kann, einen Betreuer zu bestellen[32]. Die Beweislast für die Erforderlichkeit der Einsetzung eines Betreuers trifft das Betreuungsgericht, das allerdings von Amts wegen auch Zweifeln an einer Vollmachtserteilung nachzugehen hat[33]. Solange nicht das Gegenteil belegt ist, ist von der Geschäftsfähigkeit des Betroffenen auszugehen. Auf der anderen Seite können allein schon Zweifel an der Wirksamkeit einer Vollmacht zu Akzeptanzproblemen führen, die dann zur Folge haben, dass die Angelegenheiten des Betroffenen nicht genauso gut wie durch einen Betreuer erledigt werden können.

Eine Bank oder Sparkasse, die eine privatschriftliche Vorsorgevollmacht grundlos nicht akzeptiert, kann zur Übernahme der Kosten des Betreuungsverfahrens verpflichtet werden[34] (siehe dazu auch Teil I Rn. 74).

bb. Einwilligungsfähigkeit statt Geschäftsfähigkeit als maßgebendes Kriterium in personalen Angelegenheiten?

15 Für die wirksame Erteilung einer Einwilligung in die Beeinträchtigung personaler Rechtsgüter ist nicht die Geschäfts-, sondern die Einwilligungsfähigkeit des Betroffenen erforderlich. Umstritten ist die Frage, ob diese Besonderheit dazu führt, dass es auch für die Erteilung einer (Vorsorge-)Vollmacht, die sich auf derartige Angelegenheiten bezieht, allein auf die Einwilligungsfähigkeit[35] und nicht auf die Geschäftsfähigkeit[36] des Vollmachtgebers ankommt. Dies dürfte jedoch letztlich zu verneinen sein. Bei der Vollmachtserteilung handelt es sich um ein Rechtsgeschäft, das von der Einwilligung in die Beeinträchtigung personaler Rechtsgüter zu trennen ist, sodass die allgemeinen Vorschriften über die Wirksamkeit von Willenserklärungen heranzuziehen sind.

▶ *Zu Einzelheiten der Geschäftsfähigkeit vgl. Teil A Rn. 71 ff.*
Zu Einzelheiten der Einwilligungsfähigkeit, insbes. bei ärztlichen Eingriffen, vgl. Teil E Rn. 5 ff.

---

30 Vgl. Walter, S. 51
31 Walter, S. 52
32 BGH BtPrax 2011, 173; OLG München NJW-RR 2009, 1599; BayObLG FamRZ 1994, 720, 721; 1996, 1370; MK-Schwab § 1896 BGB, Rn. 53.
33 OLG Brandenburg FamRZ 2008, 303; vgl. auch OLG Schleswig BtPrax 2006, 191; OLG Hamm FGPrax 2009, 215
34 LG Hamburg BtPrax 2018, 79; zuvor AG Hamburg-Wandsbek FamRZ 2018, 293 = BtPrax 2018, 83 (LS)
35 So Bienwald, § 1896 BGB, Rn. 90; Berger JZ 2000, 797, 803; Palandt Götz, Einf. vor § 1896 BGB, Rn.5, § 1904 BGB, Rn.26
36 So aber OLG Stuttgart BtPrax 1994, 99, 100 f.; Rudolf/Bittler/Roth, § 1, Rn. 18; Röver, S. 196; Taupitz, S. A 103

b. Persönliche Voraussetzungen des Bevollmächtigten

Bevollmächtigter kann vom Grundsatz her **jede beliebige** voll oder beschränkt geschäftsfähige **Person** und somit auch eine juristische Person sein. Letztere kann zwar naturgemäß nur durch ihre Organe handeln, sodass im Zeitpunkt der Bevollmächtigung offen bleibt, welche konkrete natürliche Person tatsächlich handeln und entscheiden wird. Die hierdurch bedingte Anonymisierung und Entpersönlichung scheint jedoch von vorneherein unschädlich, soweit es um die Erledigung von Angelegenheiten der Vermögenssorge geht, da hier mitunter bereits der Name der juristischen Person die Qualität des dort beschäftigten Fachpersonals indizieren wird. 16

Gerade in Vermögenssachen kann der Vollmachtgeber sogar ein berechtigtes Interesse daran haben, keine mit ihm in enger persönlicher Beziehung stehende Person zu beauftragen für ihn tätig zu werden, da solche Bindungen häufig zu Interessenkonflikten als Quelle sachfremder Erwägungen führen können.

Im Bereich der **Personensorge** wird demgegenüber teilweise geltend gemacht, eine **juristische Person** könne nicht bevollmächtigt werden, da hier nicht die erforderliche persönliche Vertrauensbeziehung gegeben sei[37]. Diese Auffassung vermag jedoch nicht zu überzeugen, kann der Vollmachtgeber einer bestimmten juristischen Person doch Vertrauen zumindest insofern entgegenbringen, als es darum geht, für die gewissenhafte Erledigung seiner persönlichen Angelegenheiten Sorge zu tragen. Nicht anders als im Bereich der Vermögenssorge können gerade die Struktur sowie die satzungsgemäßen Zielsetzungen einer konkreten juristischen Person diese Erwartungshaltung nähren. Die mit der Unkenntnis der konkreten natürlichen Person des später Handelnden verbundenen Risiken nimmt derjenige, der eine juristische Person bevollmächtigt, bewusst in Kauf. Es wäre mit dem Grundsatz der Privatautonomie nicht in Einklang zu bringen, dem Vollmachtgeber dies zu untersagen. 17

Selbst das Verbot des § 1897 Abs. 3 BGB, Betreiber und/oder Angestellte der dort genannten Einrichtungen zu Betreuern zu bestellen, kann nicht in gleicher Weise auf das Institut der Vorsorgevollmacht übertragen werden[38]. § 1896 Abs. 2 Satz 2 BGB ordnet daher nicht an, dass dieser Personenkreis aus dem Kreis der Bevollmächtigten ausgeschlossen ist. Die Gefahr von Abhängigkeitsverhältnissen besteht in gleicher Weise außerhalb von Pflegeheimen oder sonstigen Anstalten, in denen hilfsbedürftige Personen untergebracht sind. Gerade in Einrichtungen i.S.d. § 1897 Abs. 3 BGB aber werden oft auch intensive Vertrauensverhältnisse begründet. Wird auf der Grundlage dieses Vertrauens eine Vorsorgevollmacht erteilt, so ist dies vom Grundsatz her zu respektieren[39]. Die persönliche **Eignung des Bevollmächtigten** zu definieren, obliegt allein dem Vollmachtgeber. Ob er seiner Entscheidung eher rationale Erwägungen zugrunde legt oder ob er sich mehr von seinem Gefühl leiten lässt, bleibt ihm selbst überlassen. 18

Freilich aber kann vor allem in den genannten Fällen für das Betreuungsgericht Anlass bestehen, genau zu überprüfen, ob der Bevollmächtigte der ihm übertragenen Aufgabe gewachsen ist oder ob er möglicherweise die ihm anvertraute Stellung weisungswidrig zu eigenen Zwecken ausnutzt. Erweisen sich die Verdachtsmomente als begründet, wird die Bestellung eines Kontrollbetreuers unumgänglich sein[40].

▶ *Zu Einzelheiten der Kontrollbetreuung vgl. Teil A Rn. 27 ff.*

37 Walter, S. 61 f.
38 Rudolf/Bittler/Roth, § 1, Rn.46 ff.; Erman-Roth, § 1896 BGB, Rn. 42; a.A. Ruffing, S. 41
39 Vgl. auch Bienwald, § 1896 BGB, Rn. 95 ff.; Erman-Roth, § 1896 BGB, Rn. 42; OLG München FamRZ 2006, 441; kritischer: Klie/Bauer, FPR 2004, 672
40 BGH BtPrax 2016, 40; laut BayObLG FamRZ 2003, 1219 genügen bereits geringe Verdachtsmomente.

19 Eine abweichende Beurteilung verdient allein der Sonderfall, in dem sich die Betreiber oder Angestellten von **Pflegeheimen routinemäßig** bereits bei der Aufnahme in die Anstalt **Vorsorgevollmachten** erteilen lassen und hiervon sogar die Aufnahme abhängig machen[41]. In derartigen Konstellationen erscheint die Aussagekraft der Vollmachtserteilung schon deshalb zweifelhaft, weil der Vollmachtgeber sich der Tragweite seiner Erklärung häufig überhaupt nicht bewusst sein wird. Für die Unwirksamkeit solcher formularmäßig erteilten Vollmachten spricht ferner, dass in Fällen dieser Art ein Druck auf den Betreuten ausgeübt wird und er nicht selbstbestimmt entscheidet. Wäre die Vollmachtserteilung unter den genannten Voraussetzungen wirksam, stünde es den Pflegeheimen letztlich frei zu verhindern, dass außenstehende Dritte zu Betreuern bestellt werden, die Einblick in die Vorgänge ihrer Einrichtung gewinnen und die Besorgung der Angelegenheiten des Betroffenen maßgeblich mitgestalten könnten[42]. Da im Fall der formularmäßig erteilten Vollmacht kein Vertrauenstatbestand vorliegt, der die Entscheidung des Vollmachtgebers als besonderen Ausdruck seiner selbstbestimmten Persönlichkeit qualifizieren würde, ist es vorzugswürdig, der Umgehung des § 1897 Abs. 3 BGB dadurch zu begegnen, dass der Vollmacht, die als Aufnahmebedingung formularmäßig zu unterschreiben ist, die Wirksamkeit abgesprochen wird.

20 Von der *rechtlichen* Möglichkeit, jede beliebige voll oder beschränkt geschäftsfähige Person zum Bevollmächtigten bestimmen zu können, strikt zu unterscheiden ist die Frage, ob es *sinnvoll* und *zweckmäßig* ist, eine konkrete Person mit der Wahrnehmung einer bestimmten Aufgabe zu betrauen, wenn begründete Zweifel bestehen, ob diese sich im Interesse des Vollmachtgebers mit dieser identifizieren und sie zu seinem Wohl ausüben wird.

Demjenigen, der beabsichtigt, einem anderen eine Vorsorgevollmacht zu erteilen, kann daher nur empfohlen werden, die Eignung der von ihm ausgewählten Person im Vorfeld nach den Kriterien zu prüfen, die auch das Betreuungsgericht vor der Bestellung eines Betreuers heranzuziehen hat. Sinnvoll ist ein über einen längeren Zeitraum gewachsenes **Vertrauensverhältnis** zwischen Vollmachtgeber und Bevollmächtigtem in gleicher Weise wie die **Fähigkeit des Bevollmächtigten**, Wünsche und Grundeinstellungen des Vollmachtgebers umzusetzen und notfalls auch gegenüber Dritten zu vertreten. Ferner spielen die **zeitlichen Möglichkeiten** des Bevollmächtigten, die ihm übertragenen Aufgaben wahrzunehmen, eine gewichtige Rolle.

21 Fraglich ist, inwieweit ein bereits bestellter Betreuer vom geschäftsfähigen Betreuten über die ihm vom Betreuungsrecht gezogenen Grenzen hinaus bevollmächtigt werden kann. Die Gesetzesbegründung hatte dieses verneint[43]. Aufgrund des Grundsatzes der Privatautonomie und der dadurch gebotenen Subsidiarität des Betreuungsrechts wird man eine solche Erteilung von Vertretungsmacht zulassen müssen[44]. Allerdings wird in einem solchen Fall – unter dem Gesichtspunkt der fehlenden Erforderlichkeit – die Betreuung aufzuheben sein.

41 Rudolf/Bittler/Roth, § 1, Rn.49; auch: Bienwald, § 1896 BGB, Rn.96; a.A. Walter, S. 63 f.
42 Damrau/Zimmermann, § 1896 BGB, Rn. 126
43 BT-Drucks. 11/4528, S. 136
44 So auch die h.M., vgl. Bienwald, § 1902 BGB, Rn.10

3. Form der Vollmachtserteilung

a. Grundregel des § 167 Abs. 2 BGB

Gem. § 167 Abs. 2 BGB bedarf die Vollmachtserteilung nicht der Form, welche für das Rechtsgeschäft bestimmt ist, auf das sich die Vollmacht bezieht. Eine Vollmacht ist daher grundsätzlich formlos gültig. Hiervon ist auch für die Vorsorgevollmacht auszugehen[45]. 22

Von diesem Grundsatz gibt es Ausnahmen: Die Vorsorgevollmacht kann entsprechend den allgemeinen von Rechtsprechung und Literatur zur Formbedürftigkeit von Vollmachten entwickelten Kriterien[46] dann nicht formfrei erteilt werden, wenn der Vollmachtgeber bereits durch die Vollmachtserteilung rechtlich und tatsächlich in gleicher Weise gebunden wird wie durch den **Abschluss** des **formbedürftigen Rechtsgeschäftes** selbst. Denn in einem solchen Fall steht die Erteilung der Vollmacht der Vornahme des formgebundenen Rechtsgeschäftes wertungsmäßig gleich. Andernfalls würde der durch den Formzwang des Vertretergeschäfts bezweckte Schutz des Vertretenen vereitelt.

Andererseits ist die Durchbrechung der Formlosigkeit der Vollmacht nur insoweit anzuerkennen, als die Formvorschrift tatsächlich gerade auch den Schutz des Vertretenen bezweckt, ihr insbesondere also eine Warnfunktion zukommt. Dies ist beispielsweise der Fall, soweit der Vollmachtgeber den Bevollmächtigten zur Vornahme von Grundstücksgeschäften (§ 311b Abs. 1 BGB) oder zur Abgabe von Schenkungs- (§ 518 BGB) oder Bürgschaftsversprechen (§ 766 BGB) ermächtigt[47]. 23

Allein die Warnfunktion reicht jedoch nicht aus, um die Formbedürftigkeit der Vollmacht zu begründen. Vielmehr ist zusätzlich erforderlich, dass besondere Umstände hinzutreten, die eine rechtliche und tatsächliche Bindung des Vollmachtgebers bewirken, die derjenigen beim Abschluss des formbedürftigen Rechtsgeschäftes selbst gleichzuachten ist. Dies wiederum ist der Fall, wenn die Vollmacht **unwiderruflich** erteilt wird[48], sodann, wenn sie zwar widerruflich erteilt ist, aber dem Vollmachtgeber für den Fall des Widerrufs Nachteile drohen[49], ferner, wenn der Bevollmächtigte den Weisungen des Geschäftsgegners untersteht[50] oder wenn die Vollmacht unter Befreiung von den Einschränkungen des § 181 BGB erteilt wird und der Vollmachtgeber sich dadurch bereits nach den Umständen des Einzelfalles wie bei einem endgültigen Vertragsabschluss bindet[51].

Bei der Bevollmächtigung zu gesellschaftsrechtlichem Handeln sind die Formvorschriften der §§ 134 Abs. 3, 135 AktG, § 2 Abs. 2 GmbHG zu beachten.

b. Ausnahmetatbestände der §§ 1904 Abs. 5 Satz 2 und 1906 Abs. 5 BGB

In §§ 1904 Abs. 5 Satz 2 und 1906 Abs. 5 BGB hat der Gesetzgeber für Vorsorgevollmachten, die sich auf bestimmte schwerwiegende **Heileingriffe** beziehen, sowie für solche, die eine **Unterbringung** unter Freiheitsentziehung zum Gegenstand haben, durch das BtÄndG ein **spezielles Schriftformerfordernis** verankert. Zusätzlich muss die Vollmacht zu ihrer Wirksamkeit die in § 1904 Abs. 1 oder Abs. 2 bzw. in § 1906 Abs. 1 und 4 BGB genannten Maßnahmen ausdrücklich nennen (nicht die Gefahrenlage). Diese Anforderungen an Form und inhaltliche Gestaltung der Vollmacht sollen zum einen bewirken, dass Vorsorgevollmachten für diese Angelegenheiten nicht voreilig erteilt werden, zum anderen 24

45 Bienwald, BtPrax 1998, 164, 167; Langenfeld, A., S. 27
46 Palandt-Ellenberger, § 167 BGB, Rn. 2; MK-Schubert, § 167 BGB, Rn. 17 ff.
47 MK-Schubert, § 167 BGB, Rn. 17 ff.; Erman-Maier-Riemer, § 167 BGB, Rn. 5 f.
48 BGH NJW 1979, 2306
49 BGH NJW 1971, 93, 94; MK-Schubert, § 167 BGB, Rn. 22
50 RGZ 108, 125, 126; Medicus, Rn. 929
51 BGH NJW 1979, 2306, 2307; MK-Schubert, § 167 BGB, Rn. 21

aber auch sicherstellen, dass der nach reiflicher Überlegung kundgegebene Wille des Vollmachtgebers in Fragen der Heilbehandlung und der Unterbringung Beachtung findet[52].

Die Form kann durch die notarielle Beurkundung ersetzt werden.

25 Es ist nicht erforderlich, dass die Vorschriften der §§ 1904 Abs. 1 oder Abs. 2, 1906 Abs. 1 oder und 4 BGB in der Vollmachtsurkunde ausdrücklich genannt oder gar der Gesetzestext wiedergegeben wird[53]. Allerdings muss die Auslegung der Vollmacht eindeutig ergeben, dass die Maßnahmen im Sinne der §§ 1904 Abs. 1 oder Abs. 2 bzw. 1906 Abs. 1 und 4 BGB von der Vollmacht mit umfasst sein sollen[54] und sich für diese Auslegung in der Vollmachtsurkunde eine Andeutung findet[55]. Die Formulierung „freiheitsentziehende Maßnahmen" ist insoweit missverständlich, als sie den Eindruck erweckt, dass weniger einschneidende Maßnahmen als der Freiheitsentzug gemeint sind[56]. Der Hinweis „alle Willenserklärungen" ist ebenfalls nicht spezifisch genug[57].

Genügt die Vorsorgevollmacht diesen Voraussetzungen nicht, ist der zu Bevollmächtigende in den genannten Bereichen nicht vertretungsberechtigt; es ist eine Frage der Auslegung, ob der Vollmachtgeber für außerhalb dieser Vorschriften liegende Bereiche eine Vollmacht erteilen wollte. Ist dies der Fall, ist sie insofern mangels Formbedürftigkeit als wirksam zu betrachten.

c. Zweckmäßigkeit der notariell beurkundeten Vorsorgevollmacht

26 Eine wirksame Vorsorgevollmacht kann nur derjenige erteilen, der unbeschränkt geschäftsfähig ist (im Einzelnen dazu oben Rn. 12 ff.). Häufig wird sich bei Offenbarwerden der Hilfebedürftigkeit des Vollmachtgebers nicht mit letzter Gewissheit klären lassen, ob er zum Zeitpunkt der Abfassung der Vollmachtsurkunde noch im Vollbesitz seiner geistigen Kräfte gewesen ist, sofern diese lediglich privatschriftlich erfolgte. Dies gilt vor allem in den Fällen, in denen die Vollmachtserteilung noch nicht allzu lange zurückliegt. Wie bereits oben dargelegt, können Zweifel an der Wirksamkeit der Bevollmächtigung für die Bestellung eines Betreuers genügen (dazu im Einzelnen oben Rn. 14).

Um etwaigen Unklarheiten vorzubeugen, empfiehlt es sich daher für den Vollmachtgeber, die Vorsorgevollmacht gem. §§ 6 ff. BeurkG notariell beurkunden zu lassen[58]. Denn der Notar hat gem. § 11 BeurkG Feststellungen über die Geschäftsfähigkeit des Vollmachtgebers zu treffen. Die Beurkundung belegt, dass der Vollmachtgeber die Erklärung mit dem konkret niedergelegten Inhalt abgegeben hat. Ein weiterer **Vorteil der notariellen Beurkundung** ergibt sich daraus, dass dem Notar gegenüber dem Vollmachtgeber Belehrungspflichten obliegen (§ 17 BeurkG), sodass die notariell beurkundete Vollmacht eine **Warnfunktion** erfüllt[59].

Ferner sollte der Vollmachtgeber gerade dann, wenn er eine umfassende Vollmacht erteilen will, daran denken, dass nur die notariell beurkundete Vorsorgevollmacht auch wirklich uneingeschränkt einsetzbar ist. Abgesehen von den oben unter Rn. 22, 23 genannten Fall-

52 BT-Drucks. 13/7158, S. 34; Rudolf/Bittler/Roth, § 1, Rn. 37
53 Erman-Roth, § 1904 BGB, Rn. 33 und § 1906 BGB, Rn. 62
54 Vgl. OLG Zweibrücken BtPrax 2002, 172. Trotz einer wirksamen Bevollmächtigung im Sinne der §§ 1904 Abs. 5, 1906 Abs. 5 BGB hat der Bevollmächtigte die Genehmigung des Betreuungsgerichts vor der Durchführung der entsprechenden Heilbehandlungs- bzw. Unterbringungsmaßnahmen einzuholen. Andernfalls handelt er rechtswidrig, sofern nicht Gefahr im Verzug vorliegt (Erman-Roth, § 1904 BGB, Rn. 25, 33).
55 Erman-Roth, § 1904 BGB, Rn. 33 und § 1906 BGB, Rn. 62
56 Dodegge, NJW 1998, 3073, 3077
57 OLG Zweibrücken BtPrax 2002, 171, 172
58 So auch Schmidt/Böcker, S. 10; von Sachsen-Gessaphe, S. 291; Ruffing, S. 40; Walter, S. 93; Klie/Bauer, FPR 2004, 675
59 Langenfeld A., S. 29; Walter, S. 93

gruppen werden insbesondere im Bankverkehr häufig nur notariell beurkundete (oder bankinterne) Vollmachten anerkannt[60], obwohl dies gesetzlich nicht erforderlich ist. Eine Bank kann sich sogar schadenersatzpflichtig machen, wenn sie grundlos eine privatschriftliche Vollmacht nicht akzeptiert[61].

Schließlich sollte der Vollmachtgeber Vorsorge dafür treffen, dass die Vollmacht auch zur Kenntnis des zu Bevollmächtigten gelangt[62].

4. Inhalt und Grenzen

a. Vertretung in vermögensrechtlichen Angelegenheiten

Im Rahmen einer Generalvollmacht ist der Bevollmächtigte selbstverständlich zur Vertretung in Vermögensangelegenheiten befugt. Es kann aber im Interesse des Vollmachtgebers liegen, nur Teile der Vermögensverwaltung zu übertragen, einzelne Geschäfte auszunehmen oder nur eine Kontovollmacht zur Abwicklung notwendiger Geschäfte zu erteilen. 27

Die Vorsorgevollmacht kommt nur als Innenvollmacht im Sinne des § 167 Abs. 1 1. Alt. BGB (gegenüber dem Bevollmächtigten) in Betracht, da sich nicht vorhersehen lässt, mit welchen dritten Personen nach Eintritt der eigenen Hilflosigkeit Rechtsgeschäfte abzuwickeln sein werden. Eine Außenvollmacht würde nur gegenüber denjenigen Geschäftspartnern Wirkung entfalten, die tatsächlich Adressat der Erklärung geworden sind. Für die nach Eintritt der Hilfsbedürftigkeit erforderlich werdenden Rechtsgeschäfte mit anderen Personen bliebe die Bestellung eines Betreuers unumgänglich. 28

Durchaus zweckmäßig kann es aus der Sicht des Vollmachtgebers sein, die Vorsorgevollmacht in Vermögensangelegenheiten als sog. **transmortale Vollmacht** auszugestalten, d. h. als eine Vollmacht, die über den Tod hinaus gilt. Der Vorteil einer solchen Bevollmächtigung liegt darin, dass der Bevollmächtigte auch nach dem Eintritt des Erbfalles handeln und für eine kontinuierliche Verwaltung des Vermögens sorgen kann, bis ein Erbschein oder ein Testamentsvollstreckerzeugnis erteilt ist. Dabei kann der Bevollmächtigte sogar den Erben mit dessen Privatvermögen verpflichten, wenn dieser die Vollmacht trotz Kenntnis nicht widerruft[63]. 29

Eine transmortal erteilte Kontovollmacht ermächtigt grundsätzlich nur zu üblichen Kontovorgängen, nicht jedoch zur Kontoauflösung oder zur Umwandlung in ein Einzelkonto. Eine Ausnahme hiervon ist lediglich im Fall der gegenseitigen Bevollmächtigung von Ehegatten anzuerkennen, da diese den Zweck verfolgt, den anderen nach dem Tod des Kontoinhabers abzusichern. Die transmortale Vollmacht ist daher dahin gehend auszulegen, dass der überlebende Teil berechtigt ist, ein Konto, zu welchem er über die Alleinzeichnungsbefugnis verfügt, in ein Einzelkonto umzuwandeln[64].

Wird die Kontovollmacht zum Zwecke der Vermögensverwaltung erteilt, ist der Bevollmächtigte im Zweifel nicht befugt, über das Vermögen des Vollmachtgebers schenkweise zu verfügen[65].

Bankvollmachten, die bereits zu Zeiten geistiger Zurechnungsfähigkeit das Auftreten eines Dritten im Namen des Vollmachtgebers ermöglichen sollen, gelten im Zweifel gem. 30

60 Ruffing, S. 40
61 LG Hamburg BtPrax 2018, 79, zuvor AG Hamburg-Wandsbek FamRZ 2018, 293 = BtPrax 2018, 83 (LS)
62 Dieckmann/Jürgeleit, BtPrax 2002, 135, 139; Bienwald, BtPrax 2002, 244
63 MK-Zimmermann, vor § 2197 BGB, Rn. 19
64 Rudolf/Bittler/Roth, § 1, Rn. 81
65 Rudolf/Bittler/Roth, § 1, Rn. 83

§§ 168 Satz 1, 672 BGB bei Eintritt der Geschäftsunfähigkeit des Vollmachtgebers fort. Vom Grundsatz her können daher auch sie in ihrem Geltungsbereich die Anordnung einer Betreuung entbehrlich machen. Allerdings wird in einem solchen Fall die Bestellung eines Kontrollbetreuers ernsthaft zu erwägen sein, da der unbeschränkten Außenvollmacht die spezifische Zweckgerichtetheit fehlt, die allgemeine und dauerhafte Hilflosigkeit des Vollmachtgebers auszugleichen.

31 Bezüglich der **Grenzen der Vertretung** des Vollmachtgebers im vermögensrechtlichen Bereich stellt sich die Frage, ob die Beschränkungen der Vertretungsmacht des Betreuers, seien es Vertretungsverbote (§ 1908i Abs. 1 Satz 1 i.V.m. §§ 1795, 1796, 1804 BGB) oder betreuungsgerichtliche Genehmigungserfordernisse (§§ 1908i Abs. 1 Satz 1 i.V.m. §§ 1812, 1821, 1822 BGB), in gleicher Weise auch für den Vorsorgebevollmächtigten gelten. Dies wird man aus gesetzessystematischen Gründen verneinen müssen. Durch das BtÄndG hat der Gesetzgeber mit den §§ 1904 Abs. 5, 1906 Abs. 5 BGB in Angelegenheiten der Personensorge zwei Ausnahmetatbestände normiert, die für den Betreuer geltende Genehmigungsvorbehalte auf den Bevollmächtigten erstrecken. Vergleichbare Regelungen kennt das Gesetz im vermögensrechtlichen Bereich nicht. Im Umkehrschluss zu §§ 1904 Abs. 5, 1906 Abs. 5 BGB folgt daraus, dass der Vorsorgebevollmächtigte bei der Wahrnehmung vermögensrechtlicher Angelegenheiten grundsätzlich weder Vertretungsverboten noch Genehmigungsvorbehalten durch das Betreuungsgericht unterliegt.

Vor diesem Hintergrund aber sollte der Vollmachtgeber überlegen, ob die Beschränkung der Vertretungsmacht des Bevollmächtigten in diesen Fällen nicht in seinem Interesse liegen könnte[66]. So kann beispielsweise der **Verkauf eines Grundstücks** von so fundamentaler Bedeutung sein, dass es möglicherweise sinnvoll ist, die Entscheidung hierüber einem vom Betreuungsgericht kontrollierten Betreuer zu überlassen. Ferner dürfte es ratsam sein, Verfügungen über das Vermögen im Ganzen sowie die zugehörigen Verpflichtungsgeschäfte von der Vollmacht auszunehmen.

32 Wenn der Bevollmächtigte die Möglichkeit hätte, durch die Ausschlagung einer dem Vollmachtgeber angefallenen Erbschaft selbst in deren Genuss zu gelangen, sollte er zur Ausschlagung nicht befugt sein[67].

Soll der Bevollmächtigte berechtigt sein, **Kredite** für den Vollmachtgeber aufzunehmen, ist an eine **Begrenzung der Höhe** nachzudenken.

In gleicher Weise sollte der Vollmachtgeber überlegen, ob es in seinem Interesse liegt, die Eingehung von Bürgschaften durch den Bevollmächtigten auszuschließen oder zumindest der Höhe nach zu begrenzen.

Um zu verhindern, dass der Bevollmächtigte das Vermögen des Vollmachtgebers in großem Umfang durch **Schenkungen** reduziert, kann es angebracht sein, eine dem § 1804 BGB entsprechende Klausel in die Vollmacht aufzunehmen, sodass der Bevollmächtigte auf Pflicht- und Anstandsschenkungen beschränkt ist[68].

▶ *Zur Frage von Schenkungen und entsprechenden Regelungen vgl. die Ausführungen zur Betreuungsverfügung unten Rn. 173 ff.*

---

66 Die Vorsorgevollmacht könnte in diesem Fall beispielsweise folgende Klausel enthalten: „Der Bevollmächtigte soll die ihm übertragenen vermögensrechtlichen Angelegenheiten erledigen wie ein Betreuer." Zu den möglichen Beschränkungen im Einzelnen auch Langenfeld, A., S. 36 ff.

67 Langenfeld, A., S. 44

68 Langenfeld, A., S. 46

Sofern ausnahmsweise die Erteilung der **unwiderruflichen Vollmacht** in Vermögensangelegenheiten erheblichen Interessen des Bevollmächtigten Rechnung trägt, ist sie als wirksam zu behandeln[69]. Da die Erteilung der Vorsorgevollmacht auf einem Dauerschuldverhältnis beruht, kann sie **aus wichtigem Grunde widerrufen** werden[70]. 33

▶ *Zum Widerruf unten Rn. 48.*

Sinnvoll kann es vor allem im Bereich der Vermögensangelegenheiten sein, dass der Vollmachtgeber bereits in Tagen geistiger Zurechnungsfähigkeit seine wichtigsten dauerhaften Geschäftspartner von der Vollmachtserteilung in Kenntnis setzt, damit diese wissen, wer nach Eintritt seiner Hilfebedürftigkeit ihr Ansprechpartner sein soll.

b. Vertretung in personalen Angelegenheiten

Die Vertretung in personalen Angelegenheiten kommt ausschließlich dann in Betracht, wenn der Betroffene selbst nicht mehr einwilligungsfähig ist, d. h., wenn er nicht mehr über die erforderliche Einsichts- und Urteilsfähigkeit verfügt, um die Bedeutung und Tragweite der anstehenden Entscheidungen zu überblicken und/oder entsprechend dieser Einsicht zu handeln[71]. 34

Die Vorsorgevollmacht kann sich in personalen Angelegenheiten auf all jene Gegenstände beziehen, die auch einem Betreuer übertragen werden können. Ausgenommen bleiben somit lediglich einige höchstpersönliche Rechtsgeschäfte wie Eheschließung, Testamentserrichtung und das Wahlrecht. Auch die Einwilligung in eine Sterilisation ist wegen des abschließenden Charakters des § 1905 BGB einer Vollmacht nicht zugänglich.

Demgegenüber steht es dem Vollmachtgeber beispielsweise frei, dem Bevollmächtigten die Entscheidung zu Fragen der Heilbehandlung, der Unterbringung, des Aufenthalts oder der Pflege zu übertragen, wobei freilich in Fragen der Heilbehandlung und der Unterbringung die Genehmigungsvorbehalte der §§ 1904 Abs. 5, 1906 Abs. 5 BGB zu beachten sind. Auch hier sollte der Vollmachtgeber im eigenen Interesse durch die Erteilung von Einzelweisungen sicherstellen, dass seine bisherigen Lebensgewohnheiten und -einstellungen zukünftig Beachtung finden. 35

Die Übertragung von Aufgaben der Personensorge beinhaltet stets zugleich die Ermächtigung zum Abschluss der hierfür notwendigen Rechtsgeschäfte[72].

Der Umfang der dem Bevollmächtigten zugewiesenen Aufgabenbereiche ist im Einzelfall durch Auslegung zu ermitteln. Wird die Vollmacht ausdrücklich für alle Angelegenheiten oder ohne inhaltliche Beschränkung erteilt, ist davon auszugehen, dass sie sich auf alle Angelegenheiten im vermögensrechtlichen und auch im personalen Bereich erstreckt. Hiervon ausgenommen sind die Fragen der Heilbehandlung i.S.d. § 1904 BGB und der Unterbringung i.S.d. § 1906 BGB (sofern diese nicht ausdrücklich erwähnt werden) sowie die Sterilisation (§ 1905 BGB). 36

---

69 Langenfeld, A., S. 55

70 Die Möglichkeit der Kündigung aus wichtigem Grund ist für Dauerschuldverhältnisse allgemein anerkannt. Sie ergibt sich unmittelbar aus § 242 BGB (BGHZ 41, 104, 108) bzw. aus einer Rechtsanalogie zu §§ 626, 723 BGB, 89a HGB (RGZ 150, 193, 199).

71 Ob eine Vertretung in personalen Angelegenheiten zulässig ist, war vor Erlass des BtÄndG umstritten (Meinungsstand bei von Sachsen-Gessaphe, S. 266 ff.). Durch die Einführung der §§ 1904 Abs. 5, 1906 Abs. 5 BGB wird die Befugnis zur Einwilligung in Heilbehandlungen und Unterbringungsmaßnahmen durch einen Bevollmächtigten gewährt; damit hat der Gesetzgeber deutlich gemacht, dass er die rechtsgeschäftliche Vertretung in personalen Angelegenheiten zulässt.

72 Jürgens-Jürgens, § 1896 BGB, Rn. 24

5. Modalitäten der Vollmachtserteilung

37 Derjenige, der eine Vorsorgevollmacht erteilt, möchte für die Zeit, in der er nicht mehr in der Lage ist, einzelne oder alle seine Angelegenheiten selbst zu regeln, sicherstellen, dass ein Dritter für ihn sorgt. Die Vollmacht soll nicht unmittelbar wirksam oder doch zumindest nicht sofort im Rechtsverkehr genutzt werden, sondern erst unter den genannten Voraussetzungen.

Um dieses Ziel zu verwirklichen, stehen dem Vollmachtgeber mehrere Wege zur Verfügung:

a. Erteilung der Vorsorgevollmacht unter der aufschiebenden Bedingung der eigenen Geschäftsunfähigkeit

38 Die Erteilung einer Vollmacht unter einer aufschiebenden Bedingung wird allgemein für zulässig erachtet[73]. Keine Bedenken gegen die Wirksamkeit einer solchermaßen erteilten Vollmacht ergeben sich auch daraus, dass der Vollmachtgeber bei Bedingungseintritt möglicherweise geschäftsunfähig ist. Denn für die rechtliche Beurteilung ist allein der Zeitpunkt der Geschäftsvornahme, also der Bevollmächtigung selbst heranzuziehen. Man könnte als Zeitpunkt für das Wirksamwerden der Vollmacht den Eintritt der Geschäftsunfähigkeit wählen.

39 Allerdings sollte sich der Vollmachtgeber darüber im Klaren sein, dass sich die **Geschäftsunfähigkeit als Kriterium** in der praktischen Handhabung als durchaus **problematisch** erweisen kann. Denn sowohl für den Bevollmächtigten selbst als auch für potenzielle Geschäftspartner wird es – insbesondere wenn es sich hierbei um medizinische Laien handelt – nur sehr schwer möglich sein, zur Frage der Geschäftsfähigkeit eine verbindliche Aussage zu treffen[74]. Dies gilt insbesondere in jener „Grauzone", in der die Geschäftsfähigkeit auch bei eingehender Untersuchung des Betroffenen zweifelhaft bleibt oder nur partiell in Abrede gestellt werden kann. Für den Bevollmächtigten ist dieser Umstand deshalb besonders misslich, weil er im Fall der vorschnellen Bejahung des Bedingungseintritts Gefahr läuft, als Vertreter ohne Vertretungsmacht in Anspruch genommen zu werden (§ 179 Abs. 1 BGB).

Der Vollmachtgeber sollte darüber hinaus bedenken, dass es zwischen der uneingeschränkten Geschäftsfähigkeit und der Geschäftsunfähigkeit i.S.d. § 104 Nr. 2 BGB eine Reihe von Zwischenstadien gibt, in denen bereits eine **tatsächliche Hilflosigkeit** festzustellen ist. In einem solchen Fall müsste – zumindest vorübergehend bis zur Feststellung der Geschäftsunfähigkeit – ein Betreuer bestellt werden. Dies aber dürfte aber nicht im Interesse des Betroffenen liegen, der ja gerade durch die Erteilung der Vorsorgevollmacht eine Betreuerbestellung zu vermeiden sucht.

Das Merkmal der Geschäftsunfähigkeit dürfte daher in aller Regel als Bedingung für das Wirksamwerden der Vorsorgevollmacht nicht zweckmäßig sein[75].

40 Entschließt sich der Vollmachtgeber trotz der genannten Bedenken dazu, den Eintritt der Geschäftsunfähigkeit zum maßgeblichen Kriterium für das Wirksamwerden der Vorsorgevollmacht zu erheben, sollte er die Entscheidung bezüglich des Bedingungseintritts in der Vollmacht einer unabhängigen Person übertragen, die aufgrund ihrer Fachkompetenz in der Lage ist, die Geschäftsfähigkeit des Betroffenen zu beurteilen. In Betracht kommen könnte ein Notar, der Hausarzt, ein Facharzt für Psychiatrie oder ein Gerontologe. Wählt

73 MK-Schubert, § 167 BGB, Rn. 6; Soergel-Leptien, § 167 BGB, Rn. 4; ausführlich: Walter, S. 68 ff.
74 Zu den Problemen ausführlich: Walter, S. 72 ff.; Müller, DNotZ 1997, 106; Milzer, NJW 2003, 1836
75 So auch Müller, DNotZ 1997, 108; Langenfeld, A., S. 142

der Vollmachtgeber für diese Aufgabe einen Notar, so sollte er diesen unbedingt ermächtigen, ergänzende fachärztliche Gutachten einzuholen, da der Notar nicht berechtigt ist, von sich aus den Betroffenen untersuchen und die Frage seiner Geschäftsfähigkeit klären zu lassen. In jedem Fall sollte der Vollmachtgeber die in die Begutachtung seines Zustands eingeschalteten Ärzte bereits in der Vollmacht von ihrer Schweigepflicht entbinden[76].

b. Erteilung der Vorsorgevollmacht unter der aufschiebenden Bedingung der eigenen Fürsorgebedürftigkeit

Wählt der Vollmachtgeber hingegen für den Eintritt der aufschiebenden Bedingung die Kriterien der eigenen Fürsorgebedürftigkeit bzw. der eigenen Hilflosigkeit oder der eigenen Betreuungsbedürftigkeit, die allesamt darauf abstellen, dass der Betroffene nicht mehr in der Lage ist, die in Bezug genommenen Aufgaben selbst zu besorgen, so vermeidet er die mit der Feststellung der Geschäftsunfähigkeit verbundene Stigmatisierung seiner eigenen Person in gleicher Weise wie die schwierige medizinisch-juristische Einordnung seines Zustandes unter diesen Begriff. Darüber hinaus bietet dieses Kriterium den Vorteil, dass es die – vorübergehende – Bestellung eines Betreuers in denjenigen Fällen entbehrlich macht, in denen ein Hilfebedürfnis auf Seiten des Vollmachtgebers besteht, ohne dass die Voraussetzungen des § 104 Nr. 2 BGB erfüllt sind. **41**

Die Feststellung, ob der Vollmachtgeber in tatsächlicher Hinsicht in bestimmten Angelegenheiten der Hilfe bedarf, wird in der Regel von dem Bevollmächtigten selbst vorgenommen werden können. Damit freilich das Wirksamwerden der Vollmacht nicht zu sehr dem freien Ermessen des Bevollmächtigten überlassen bleibt, sollte der Vollmachtgeber hierfür die übereinstimmende schriftliche **Bestätigung** des Bevollmächtigten sowie einer weiteren **neutralen**, möglichst **fachkompetenten Person** fordern[77]. **42**

Für den Fall, dass dennoch die Einholung fachärztlicher oder psychiatrischer Gutachten erforderlich werden sollte, empfiehlt sich auch hier die Ermächtigung des Bevollmächtigten, solche Personen zu Rate zu ziehen und diese ihm gegenüber von der Schweigepflicht zu entbinden.

Für alle Fälle der unter einer aufschiebenden Bedingung erteilten Vorsorgevollmacht hat der Vollmachtgeber schließlich zu bedenken, dass die Vollmacht nicht von selbst unwirksam wird, wenn nach Bedingungseintritt die Voraussetzungen ihres Wirksamwerdens entfallen sollten. Der (wieder) geschäftsfähige Vollmachtgeber muss die Vollmacht widerrufen.

c. Unbedingt erteilte Vorsorgevollmacht

Alternativ zur Erteilung der Vorsorgevollmacht unter einer aufschiebenden Bedingung besteht für den Vollmachtgeber die Möglichkeit, eine Person bedingungslos zu bevollmächtigen und lediglich in dem der Vollmachtserteilung zugrunde liegenden Innenverhältnis die Ausübung der Vollmacht von Bedingungen abhängig zu machen[78]. Eine derartige Vollmacht ist somit für sich betrachtet nicht als Vorsorgevollmacht zu identifizieren, sondern nur in Verbindung mit dem Grundverhältnis. Der Vorteil eines solchen Vorgehens liegt darin begründet, dass eine unbedingt erteilte Vollmacht den Rechtsverkehr von einer etwaigen Überprüfung des Bedingungseintritts befreit und daher im **Verhältnis zu Dritten** **43**

---

76 Walter, S. 74; a.A. Damrau/Zimmermann, § 1896 BGB, Rn. 116, die bereits in der Anordnung, die Vollmacht solle bei Eintritt der Geschäftsunfähigkeit in Kraft treten, die stillschweigende Befreiung aller behandelnden Ärzte von ihrer Schweigepflicht gegenüber dem Bevollmächtigten sehen.
77 Vgl. auch Walter, S. 81; Klie/Bauer, FPR 2004, 673
78 Dazu Walter, S. 84 ff.; Milzer, NJW 2003, 1836

weitaus eher **Anerkennung** finden wird[79]. Ferner kann der Vollmachtgeber ein Interesse daran haben, dass im Rechtsverkehr gegenüber Dritten nicht offenbar wird, dass er sich nicht mehr selbst zu helfen weiß und ohne einen Bevollmächtigten nicht mehr in der Lage ist, seine Angelegenheiten zu regeln[80].

44 Von **Nachteil** ist es dagegen für den Vollmachtgeber, dass der Bevollmächtigte bereits in der Zeit vor Eintritt seiner Hilfsbedürftigkeit gegenüber Dritten von der Vollmacht Gebrauch machen kann[81]. Ein besonderes Vertrauensverhältnis zwischen Vollmachtgeber und Bevollmächtigtem wird erforderlich sein, damit dieses Risiko hingenommen wird.

Der Vollmachtgeber kann einem Gebrauch der unbedingt erteilten Vorsorgevollmacht durch den Bevollmächtigten vor Eintritt seiner Hilfsbedürftigkeit dadurch vorbeugen, dass er die Vollmachtsurkunde einer ihm vertrauenswürdig erscheinenden dritten Person aushändigt (z. B. seinem Hausarzt oder dem beurkundenden Notar) mit der Weisung, sie erst nach Eintritt der Hilfsbedürftigkeit an den Bevollmächtigten weiterzuleiten[82].

d. Vorsorgegeneralvollmacht

45 Der Vollmachtgeber hat bei der Ausgestaltung der Vorsorgevollmacht die Wahl zwischen der Übertragung aller Angelegenheiten, die einer Stellvertretung zugänglich sind, auf eine einzige Person (Generalvollmacht)[83] und der Erteilung einer oder mehrerer Spezialvollmachten für konkrete Aufgabenbereiche. Im letztgenannten Fall ist freilich die Bestellung eines Betreuers für diejenigen Aufgaben unumgänglich, auf die sich die Spezialvollmacht nicht erstreckt, sobald der Vollmachtgeber diese nicht mehr eigenverantwortlich wahrnehmen kann. Eine Vorsorgevollmacht für lediglich einzelne Angelegenheiten eignet sich daher in erster Linie für denjenigen, der in einfachen und überschaubaren Verhältnissen lebt, sodass die Gefahr, einzelne Lebensbereiche könnten ungewollt ausgeklammert bleiben, kalkulierbar ist. Dieses Risiko ist hingegen durchaus ernst zu nehmen, wenn sich das **Vermögen** des Vollmachtgebers aus vielen **verschiedenen Bestandteilen** zusammensetzt, z. B. Aktien, Grundbesitz, Betriebskapital etc., da in diesem Fall der Kreis der eventuell anfallenden Besorgungen im Voraus nur schwer zu überschauen ist[84].

In der letztgenannten Situation bietet sich daher die Erteilung einer Generalvollmacht an, wobei es im Interesse des Vollmachtgebers liegen kann, einzelne Angelegenheiten aus deren Geltungsbereich herauszunehmen und diese entweder einem anderen Bevollmächtigten zu übertragen oder insofern darauf zu vertrauen, dass ein Betreuer sie in seinem Sinne erledigen wird.

46 Die **Vorsorgegeneralvollmacht** ist grundsätzlich **widerruflich**[85] (dazu unten Rn. 48). Die Erteilung einer unwiderruflichen Vorsorgevollmacht ist unwirksam, wenn sie sich auf alle Angelegenheiten des Vollmachtgebers bezieht (unwiderrufliche Generalvollmacht). Dieser würde sich bedingungslos dem Willen des Bevollmächtigten ausliefern und „seinen Status als Rechtsperson einbüßen"[86]. Gleichwohl kommt die widerrufliche Vorsorgegeneralvollmacht rein faktisch gesehen einer unwiderruflichen Generalvollmacht insofern na-

79 Vgl. Walter, S. 87; den sich hieraus ergebenden Schwierigkeiten bei der bedingt erteilten Vorsorgevollmacht dürfte jedoch dadurch wirksam zu begegnen sein, dass ihre Wirksamkeit – wie hier vorgeschlagen – an die schriftliche Bestätigung des Eintritts der Fürsorgebedürftigkeit durch zwei Personen gebunden wird. Dieses in der Vollmachtsurkunde niedergelegte Kriterium lässt sich auch für außenstehende Dritte als potenzielle Geschäftspartner problemlos überprüfen.

80 Dies ist die in der Praxis weitgehend übliche Gestaltung, Müller, DNotZ 1997, 112

81 Langenfeld, A., S. 142

82 Rudolf/Bittler/Roth, § 1, Rn. 23; Bühler, BwNotZ 1990, 3 f.

83 Dazu Walter, S. 97 ff.; Langenfeld, A., S. 34 ff.

84 Langenfeld A., S. 34

85 BGHZ 110, 367; Erman-Maier-Riemer, § 168 BGB, Rn. 14

86 Lipp, Freiheit und Fürsorge, S. 202

he[87], als der Vollmachtgeber typischerweise nach Wirksamwerden der Vollmacht bei gleichzeitiger Geschäftsunfähigkeit schon rechtlich nicht mehr in der Lage ist, die Vollmacht zu widerrufen[88], im Übrigen aber fraglich ist, ob ihm die Möglichkeit eines an sich noch möglichen Widerrufs überhaupt bewusst ist.

Dieses Kompetenzdefizit des Vollmachtgebers kann dadurch ausgeglichen werden, dass ein **Kontrollbetreuer** eingesetzt wird, der berechtigt ist, die Vorsorgevollmacht gegebenenfalls zu widerrufen. Allerdings kann der Vollmachtgeber keinesfalls zwingend davon ausgehen, dass Betreuungsgerichte bereits das Vorliegen einer Vorsorgegeneralvollmacht zum Anlass nehmen werden, einen Kontrollbetreuer zu bestellen, mag man dies auch aufgrund der enormen Missbrauchsmöglichkeiten, welche die Stellung des Generalbevollmächtigten mit sich bringt, für wünschenswert halten. Es kann somit zumindest erhebliche Zeit verstreichen, bis der Widerruf der Vollmacht erklärt werden kann, in Extremfällen werden Missbrauchsfälle dem Betreuungsgericht niemals bekannt werden[89]. 47

Es erscheint aus der Sicht des Vollmachtgebers daher in jedem Fall geboten, zugleich mit der Erteilung einer Vorsorgeneralvollmacht eine weitere Person mit der Überwachung des Generalbevollmächtigten zu betrauen (**Überwachungsbevollmächtigter**).

e. Die Widerruflichkeit

Auch die unwiderrufliche Vorsorgevollmacht, die gegenständlich auf einzelne Angelegenheiten beschränkt ist, kann zumindest nicht als wirksam anerkannt werden, soweit sie sich auf personale Angelegenheiten bezieht. Insofern steht sie im Widerspruch zu den von der Rechtsprechung entwickelten Grundsätzen, wonach unwiderrufliche Vollmachten nur insoweit anzuerkennen sind, als der ihnen zugrunde liegende Auftrag nicht allein den Interessen des Auftraggebers dient[90], oder wenn ein Eigeninteresse des Bevollmächtigten oder eines Dritten erkennbar ist, das dem des Vollmachtgebers zumindest gleichwertig ist[91]. Denn die Wahrnehmung persönlicher Angelegenheiten des Vollmachtgebers liegt allein und ausschließlich in seinem Interesse, so dass eine Widerruflichkeit besteht. 48

Die gleichen Bedenken greifen gegenüber Vorsorgevollmachten in vermögensrechtlichen Angelegenheiten durch, sofern diese allein oder ganz überwiegend im Interesse des Vollmachtgebers erteilt worden sind. Dies wird im Regelfalle anzunehmen sein, so dass eine Widerruflichkeit besteht.

Sofern jedoch ausnahmsweise die Erteilung der unwiderruflichen Vollmacht in Vermögensangelegenheiten erheblichen Interessen des Bevollmächtigten Rechnung trägt, ist sie als wirksam zu behandeln. Da die Erteilung der Vorsorgevollmacht auf einem Dauerschuldverhältnis beruht, kann sie aus wichtigem Grunde gleichwohl widerrufen werden[92]. Diesen Widerruf kann sowohl ein vom Betreuungsgericht eingesetzter Kontrollbetreuer als auch

---

87 Vgl. auch Walter, S. 98
88 Vgl. Bay ObLG BtPrax 2002, 214 = FamRZ 2002, 1220
89 Walter, S. 99 f.
90 BGHZ 3, 354, 358; Staudinger-Schilken, § 168 BGB, Rn. 8
91 BGH NJW-RR 1991, 439, 441 f.
92 Die Möglichkeit der Kündigung aus wichtigem Grund ist für Dauerschuldverhältnisse allgemein anerkannt. Sie ergibt sich unmittelbar aus § 242 BGB (BGHZ 41, 104, 108) bzw. aus einer Rechtsanalogie zu §§ 626, 723 BGB, 89a HGB (RGZ 150, 193, 199).

ein von dem Vollmachtgeber zusätzlich beauftragter Überwachungsbevollmächtigter wirksam erklären[93].

f. Erteilung einer Untervollmacht durch den Bevollmächtigten

49 Grundsätzlich ist im Weg der Auslegung zu ermitteln, ob ein Bevollmächtigter berechtigt ist, einen Unterbevollmächtigten mit der Wahrnehmung der ihm übertragenen Aufgaben zu betrauen[94]. Bei Vollmachten, die innerhalb eines Vertrauensverhältnisses erteilt werden, ist im Zweifel davon auszugehen, dass eine Berechtigung zur Unterbevollmächtigung nicht besteht[95]. Ein Generalbevollmächtigter hingegen soll in der Regel begrenzte Untervollmachten erteilen können[96].

50 Überträgt man diese allgemeinen Grundsätze auf die Vorsorgevollmacht, so wird man wie folgt zu differenzieren haben: Soweit der Vollmachtgeber zur Erledigung seiner Angelegenheiten selbst dritte Personen eingesetzt hat oder dies verkehrsüblich ist, ist auch der Bevollmächtigte mangels gegenteiliger Weisungen in der Vollmachtsurkunde nicht zur Wahrnehmung der ihm übertragenen Aufgaben in Person verpflichtet. Die Bevollmächtigung umfasst insoweit auch die Befugnis zur Delegation.

Während im Bereich der **Vermögenssorge** von einer Befugnis zur Unterbevollmächtigung auszugehen ist, wird in Angelegenheiten der **Personensorge** die Auslegung der Vollmacht eher dafür sprechen, dass die Delegation der übertragenen Aufgabe an Dritte ausgeschlossen sein soll[97].

Um Unklarheiten zu vermeiden, sollte die Vorsorgevollmacht einen Hinweis darauf enthalten, ob und in welchem Umfang (möglicherweise auch an wen) der Bevollmächtigte ermächtigt sein soll, Untervollmachten zu erteilen.

g. Doppelbevollmächtigung

51 Der Vollmachtgeber kann zwei oder mehrere Personen mit Vorsorgevollmachten für dieselben Aufgabenbereiche ausstatten[98]. Dabei ist zwischen dem Fall zu unterscheiden, in dem diese unabhängig voneinander handeln können, und demjenigen, in dem die Bevollmächtigten lediglich zur Gesamtvertretung des Vollmachtgebers berechtigt sind. Allein in letztgenanntem Fall ist der Vollmachtgeber vor Alleingängen eines der beiden Bevollmächtigten geschützt und kann davon ausgehen, dass diese sich gegenseitig überwachen werden.

Allerdings darf nicht übersehen werden, dass die Doppelbevollmächtigung in der Form der Gesamtvertretung im Rechtsverkehr nur eingeschränkt praktikabel ist. Denn es wird doch

93 Hiergegen wendet sich Walter, Die Vorsorgevollmacht, S. 178 f. mit dem Hinweis, die Vorsorgevollmacht beruhe in besonderem Maße auf dem persönlichen Vertrauen zwischen Vollmachtgeber und Bevollmächtigtem, sodass auch der Widerruf aus wichtigem Grunde nur aufgrund der Enttäuschung dieses Vertrauens möglich sei. Dies aber sei eine höchstpersönliche Entscheidung des Vollmachtgebers, die keinem Dritten übertragen werden könne. Diese Auffassung vermag jedoch letztlich nicht zu überzeugen, da auf der Grundlage dieser Argumentation auch ein Widerruf einer widerruflich erteilten Vollmacht nur durch den Vollmachtgeber selbst erfolgen könnte. Das Vertrauensverhältnis zwischen ihm und dem Bevollmächtigten bildet schließlich auch in diesem Falle die Grundlage der Vollmachtserteilung. Dass dies nicht mit dem Gesetz in Einklang steht, zeigt bereits die Existenz der Regelung des § 1896 Abs. 3 BGB, der die Einsetzung eines Kontrollbetreuers vorsieht. Wäre dieser nicht berechtigt, die Vorsorgevollmacht zu widerrufen, wäre die Ausübung der Kontrolle durch ihn nicht effektiv möglich, seine Bestellung würde sich erübrigen. Ohne nähere Begründung generell gegen die Wirksamkeit unwiderruflicher Vorsorgevollmachten auch Rudolf/Bittler/Roth, § 1, Rn. 158

94 BGH WM 1959, 377, 378; OLG München WM 1984, 834, 835

95 BGH WM 1959, 377, 378

96 Walter, S. 102 f. (für den vermögensrechtlichen Bereich); Langenfeld, A., S. 56

97 Zu undifferenziert in diesem Zusammenhang Walter, S. 102 f., die in Vermögensangelegenheiten die Möglichkeit der Unterbevollmächtigung generell bejaht, im personalen Bereich dagegen strikt verneint.

98 Dazu: Langenfeld, A., S. 75 ff.; Walter, S. 171 f.

nur selten die Möglichkeit für beide Bevollmächtigten bestehen, sich vor jeder einzelnen Entscheidung abzusprechen und auf dieser Grundlage gemeinsam zu handeln[99].

Zweckmäßig kann die Anordnung der Gesamtvertretung dagegen im Hinblick auf besonders gewichtige Rechtsgeschäfte sein, da es den Bevollmächtigten in solchen Ausnahmefällen durchaus zumutbar ist, ihr Handeln entsprechend aufeinander abzustimmen.

Für den Fall von Meinungsverschiedenheiten unter den Bevollmächtigten sollte der Vollmachtgeber unbedingt anordnen, wem von ihnen, womöglich unter Hinzuziehung eines Dritten, der **Entscheidungsvorrang** gebührt, damit die Bevollmächtigung nicht faktisch leer läuft.

Einen Unterfall der Doppelbevollmächtigung bildet die Erteilung einer Vorsorge- sowie einer Überwachungsvollmacht. In diesem Fall ist nur der Vorsorgebevollmächtigte befugt, im Rechtsverkehr gegenüber Dritten für den Vollmachtgeber aufzutreten, während der Überwachungsbevollmächtigte lediglich die Macht erhält, die Rechte des Vollmachtgebers gegenüber dem Hauptbevollmächtigten wahrzunehmen, beispielsweise also die Vollmacht oder den ihr zugrunde liegenden Auftrag zu kündigen. 52

Eine Mischform ist gegeben, wenn zwei Personen im Außenverhältnis in gleicher Weise bevollmächtigt werden, für den Vollmachtgeber gegenüber Dritten tätig zu werden, einer der beiden aber im Innenverhältnis grundsätzlich darauf beschränkt wird, den anderen zu überwachen und nur dann nach außen hin aktiv werden darf, wenn dieser verhindert ist (sog. unechte Überwachungsvollmacht)[100].

6. Grundverhältnis zwischen Vollmachtgeber und Bevollmächtigtem

a. Vorteile einer Festlegung

Grundsätzlich kann die Vorsorgevollmacht isoliert und ohne die Vereinbarung eines zusätzlichen Schuldverhältnisses erteilt werden, das die Rechte und Pflichten im Verhältnis zwischen Vollmachtgeber und Bevollmächtigtem regelt. In diesem Fall kann der Bevollmächtigte aus reiner Gefälligkeit, d. h. unentgeltlich, uneigennützig und ohne Rechtsbindungswillen für den Vollmachtgeber tätig werden. Hierzu wird er in der Regel allenfalls bereit sein, wenn seine Tätigkeit keinen nennenswerten Arbeitsaufwand erforderlich macht[101]. In den meisten Fällen wird dagegen ein – verbindlicher – Auftrag vorliegen[102]. 53

Die Festlegung des Verhältnisses zum Bevollmächtigten hat für den Vollmachtgeber den Vorteil, dass er zum einen die Gefahr reduziert, der Bevollmächtigte könnte sich veranlasst sehen, im Zeitpunkt des Bedingungseintritts die Vollmacht zurückzuweisen. Denn der Bevollmächtigte hat nicht nur rechtsverbindlich seine Bereitschaft signalisiert, für den Vollmachtgeber tätig zu werden, sondern würde zudem im Fall der grundlosen nachträglichen Ablehnung der Tätigkeit gegebenenfalls Gefahr laufen, sich schadensersatzpflichtig zu machen. Zum anderen aber kann der Vollmachtgeber in der der Vollmachtserteilung zugrunde liegenden schuldrechtlichen Vereinbarung die **inhaltliche Gestaltung** des Vollmachtsgebrauchs konkretisieren.

Der Bevollmächtigte kann sich im Gegenzug bei Ausübung der ihm übertragenen Aufgaben gerade auf diese Weisungen berufen, um die Ordnungsgemäßheit seines Handelns zu belegen.

99 Walter, S. 172
100 Langenfeld, A., S. 83
101 Walter, S. 112 nennt insofern beispielhaft die Übertragung der Entscheidungsbefugnis betreffend die Vornahme eines Heileingriffs.
102 OLG Schleswig-Holstein FamRZ 2014, 1397

54 Da grundsätzlich nur die Weisungen eines Geschäftsfähigen zu beachten sind, muss der Vollmachtgeber im Rahmen des Grundverhältnisses gegebenenfalls die Weisung erteilen, dass bzw. in welchem Umfang sein nach Eintritt der Geschäftsunfähigkeit zum Ausdruck gekommener **„natürlicher" Wille** zu beachten ist. Diese Weisung ist für den Bevollmächtigten im Rahmen der Zumutbarkeit bindend[103].

55 Der Vollmachtgeber kann die schuldrechtliche Beziehung zwischen ihm und dem Bevollmächtigten sowohl in der Vollmachtsurkunde selbst als auch in einer gesonderten Vereinbarung konkretisieren. Theoretisch wäre es möglich, eine möglichst detaillierte Regelung in die Vollmachtsurkunde selbst aufzunehmen. Doch beeinträchtigt eine solche Regelung des Innenverhältnisses unter Umständen die Praktikabilität der Vollmacht[104]. Zwar ist es durchaus zutreffend, dass ein potenzieller Vertragspartner auf diesem Weg offensichtliche Überschreitungen der Vollmacht erkennen kann und den Abschluss des Vertrages in diesem Fall ablehnen muss, möchte er sich nicht unter dem Gesichtspunkt des kollusiven Zusammenwirkens mit dem Bevollmächtigten regresspflichtig machen. Andererseits aber wird die Einhaltung der im Innenverhältnis erteilten Weisungen im Regelfall für den Geschäftspartner nicht ohne erhebliche Nachforschungen möglich sein, sodass die begründete Gefahr besteht, dass er es vorzieht, von dem Geschäft gänzlich Abstand zu nehmen[105]. Darüber hinaus sind zahlreiche Regelungen des Innenverhältnisses denkbar, die für das Verhältnis zu Dritten unerheblich sind (z. B. Fragen der Vergütung des Bevollmächtigten, Haftung des Bevollmächtigten im Innenverhältnis gegenüber dem Vollmachtgeber).

b. Inhaltliche Gestaltung des Grundverhältnisses[106]

56 Gegenstand der inhaltlichen Gestaltung des Grundverhältnisses sind typischerweise Regelungen der Unterhaltsverwendung, der Ausgestaltung des täglichen Lebens sowie der Pflege des Vollmachtgebers, der Vergütung und der Haftung des Bevollmächtigten oder der Beschränkungen des Bevollmächtigten im Innenverhältnis (beispielsweise im Hinblick auf etwaige Schenkungen).

In gleicher Weise wie im Rahmen einer Betreuungsverfügung ist es für den Vollmachtgeber sinnvoll, dem Bevollmächtigten konkrete Richtlinien hinsichtlich der Verwendung des vorhandenen **Vermögens** an die Hand zu geben, vor allem in welcher Größenordnung Mittel für den laufenden Lebensunterhalt aufzuwenden sind, in welchem Umfang auf den Vermögensstamm zurückzugreifen ist oder in welcher Form das vorhandene Vermögen angelegt werden soll. Auch die Gewährung der Möglichkeit, über einen konkreten Gegenstand zu verfügen, bzw. ein entsprechendes Verbot sollten zur Vermeidung von Unklarheiten in diesem Zusammenhang in gleicher Weise niedergelegt werden wie der Wunsch nach Vornahme bestimmter Schenkungen.

▶ *Zu Einzelheiten der Regelung der Vermögenssorge im Rahmen der Bevollmächtigung vgl. die entsprechenden Ausführungen zur Betreuungsverfügung unten Rn. 171 ff.*

57 Der Vollmachtgeber sollte in gleicher Weise wie der Verfasser einer Betreuungsverfügung Regelungen zur **Organisation seiner Pflege** niederlegen, um dem Bevollmächtigten eine konkrete Entscheidungshilfe zu geben und die Erfüllung seines Willens sicherzustellen (z. B. durch wen soll die Pflege erfolgen, kommt eine Heimunterbringung in Betracht, unter welchen Umständen, welches Heim ist gegebenenfalls auszuwählen etc.).

---

103 MK-Schäfer, § 665 BGB, Rn. 9; Walter, S. 115
104 Rudolf/Bittler/Roth, § 1, Rn. 125
105 So auch Langenfeld, A., S. 116, 118
106 Dazu im Einzelnen: Langenfeld, A., S. 114 ff.; Kurze, BtPrax 2018, 47 ff.

▶ *Zu Einzelheiten der Regelung der Pflege im Rahmen der Bevollmächtigung vgl. die entsprechenden Ausführungen zur Betreuungsverfügung unten Rn. 175 ff.*

Soll der Bevollmächtigte für den Vollmachtgeber nicht nur in ganz geringem Umfang tätig werden, wird er hierzu in aller Regel nur bereit sein, wenn er für seine Bemühungen angemessen entlohnt wird. Ausnahmen hiervon kommen zwar in Betracht, wenn es sich bei dem Bevollmächtigten um einen nahen Angehörigen handelt. Auch in diesem Fall aber kann es sich empfehlen, eine konkrete **Vergütungsregelung**[107] vorzusehen. Das gilt z.B. auch, wenn weitere Verwandte vorhanden sind, da der Bevollmächtigte gerade im Verhältnis zu ihnen nicht einsehen wird, weshalb er mitunter Jahre seines Lebens unentgeltlich für die Pflege des Vollmachtgebers opfern soll. In der Praxis resultieren hieraus häufig gerade nach dem Ableben des Vollmachtgebers erhebliche Streitigkeiten unter nahen Angehörigen, während zu dessen Lebzeiten die Pflege so sehr im Mittelpunkt stand, dass die Frage einer finanziellen Entschädigung – oftmals auch aufgrund moralischer Erwägungen – nicht angesprochen wurde. **58**

▶ *Zu Einzelheiten der Vergütung des Bevollmächtigten vgl. die Ausführungen zur Betreuungsverfügung unten Rn. 177 ff.*

Da der Bevollmächtigte grundsätzlich dem Vollmachtgeber für jede fahrlässige und vorsätzliche Verletzung seiner Pflichten aus dem Grundverhältnis haftet, sollte die Möglichkeit einer **Haftungsbeschränkung** auf Vorsatz und grobe Fahrlässigkeit oder eine Beschränkung auf eigenübliche Sorgfalt überdacht werden[108]. Dies gilt insbesondere in den Fällen, in denen der Bevollmächtigte unentgeltlich auf der Grundlage eines Auftragsverhältnisses i.S.d. § 662 BGB tätig wird. Alternativ hierzu kann der Abschluss einer Versicherung zugunsten des Bevollmächtigten erwogen werden. **59**

7. Entscheidungsfindung des Bevollmächtigten

Soweit der Vollmachtgeber entweder in die Vollmachtsurkunde selbst oder in eine das Grundverhältnis zwischen ihm und dem Vorsorgebevollmächtigten betreffende Vereinbarung detaillierte Weisungen dazu aufnimmt, welche konkreten Maßnahmen der Bevollmächtigte unter welchen Bedingungen zu treffen oder zu unterlassen hat, ist dies grundsätzlich als für den Bevollmächtigten verbindlich anzusehen. **60**

Mit dem Grundsatz der Privatautonomie wäre es nicht in Einklang zu bringen, wollte man den Vollmachtgeber an seinen im Rahmen der Vollmachtserteilung kundgegebenen Wünschen zur inhaltlichen Gestaltung des Vertretungsverhältnisses ein für alle Mal festhalten. Er ist daher nicht daran gehindert, **nachträglich abweichende oder ergänzende Weisungen** zu erteilen, die das Grundverhältnis mit Bindungswirkung für den Bevollmächtigten neu ausgestalten[109]. Ist dieser mit den veränderten Bedingungen nicht einverstanden, kann er sich vor einer Bevormundung durch den Vollmachtgeber schützen, indem er auf die Vollmacht verzichtet. **61**

Unproblematisch ist eine solche nachträgliche Ausgestaltung des Grundverhältnisses jedenfalls, solange der Vollmachtgeber noch voll geschäftsfähig ist und keine Zweifel an der Ernsthaftigkeit der erteilten Weisungen bestehen.

Schwieriger kann die Situation freilich dann zu beurteilen sein, wenn der Vollmachtgeber nach Eintritt der Hilfsbedürftigkeit aktuell Wünsche zur Handhabung der Vollmacht äußert. Hier werden häufig Zweifel aufkommen, ob der Vollmachtgeber seine Entschei- **62**

107 Langenfeld, A., S. 127 ff.
108 Langenfeld, A., S. 138 f.
109 Walter, S. 114

dungen rational durchdacht und alle relevanten Gesichtspunkte sorgsam gegeneinander abgewogen hat. Weisungen des Vollmachtgebers in vermögensrechtlichen Fragen sind zumindest dann irrelevant, wenn er geschäftsunfähig geworden ist. Im Bereich der Personensorge hingegen spielt das Kriterium der Einwilligungsfähigkeit die entscheidende Rolle. Solange der Vollmachtgeber über eine ausreichende Einsichts- und Urteilsfähigkeit verfügt und darüber hinaus in der Lage ist, entsprechend seiner Einsicht zu handeln, ist allein sein Wille maßgeblich. Dies gilt insbesondere auch in Fragen der Heilbehandlung. Hat er hingegen diese Fähigkeiten eingebüßt, so geht die Entscheidungszuständigkeit auf den Vorsorgebevollmächtigten über, soweit sich die Vollmacht auf diesen Aufgabenkreis erstreckt. Aktuelle Wünsche sind dann gleichwohl zu berücksichtigen, wenn mehrere gleichrangige, das Wohl des Vollmachtgebers nicht beeinträchtigende Entscheidungsalternativen zur Verfügung stehen und der Vollmachtgeber eine von ihnen bevorzugt. Es wird sich insofern regelmäßig um Fragen des täglichen Lebens handeln, die für die Lebensführung des Betroffenen von eher untergeordneter Bedeutung sind. Aber auch in Fragen der Gesundheitsfürsorge ist das **Recht auf Krankheit** in gewissen Grenzen zu respektieren (dazu Teil E Rn. 4, 6). Das betrifft auch die Situation, dass dieser Wille in einer Vorsorgevollmacht geäußert wurde. Die Grenze liegt da, wo nicht mehr von einem freien Willen gesprochen werden kann[110].

63 Hat der Vollmachtgeber weder durch Weisungen in der Vollmacht selbst bzw. bei der Ausgestaltung des Grundverhältnisses noch durch aktuelle berücksichtigungsfähige Wünsche kundgetan, an welchen Maßstäben sich das Handeln des Vorsorgebevollmächtigten zu orientieren hat, so ist das dem Bevollmächtigten entgegengebrachte Vertrauen dahin gehend zu deuten, dass dieser den objektiven Interessen des Vollmachtgebers nicht zuwiderhandeln soll.

Mangels anderweitiger Festlegungen des Vollmachtgebers ist das Handeln des Bevollmächtigten zumindest dann als pflichtwidrig anzusehen, wenn ein entsprechendes Verhalten in der Person eines Betreuers ebenfalls als Pflichtenverstoß gelten müsste, da die Vorsorgevollmacht ja gerade darauf gerichtet ist, die Funktion der Betreuung zu übernehmen. Der Maßstab des § 1901 Abs. 2 BGB, der eine Orientierung am Wohl des Betroffenen vorschreibt, erlangt zumindest insofern auch für den Vorsorgebevollmächtigten mittelbar Geltung.

8. Erlöschen der Vorsorgevollmacht

a. Widerruf der Vollmacht

64 An die persönlichen Voraussetzungen des Vollmachtgebers hinsichtlich der wirksamen Ausübung des Widerrufs der Vorsorgevollmacht sind die gleichen Anforderungen zu stellen wie bezüglich ihrer Erteilung (dazu oben Rn. 12 ff.), da der Widerruf als actus contrarius spiegelbildlich hierzu zu beurteilen ist. Somit können allein der voll geschäftsfähige sowie der partiell geschäftsfähige Vollmachtgeber in denjenigen Bereichen, in denen er in seiner Geschäftsfähigkeit nicht beschränkt ist, die Vollmacht wirksam widerrufen[111].

Ist der Vollmachtgeber **geschäftsunfähig** geworden, kommt der Widerruf der Vorsorgevollmacht grundsätzlich nur noch durch einen vom Betreuungsgericht zu bestellenden

110 Vgl. KG Berlin FamRZ 2007, 580 m. Anm. Nagel

111 Schmidt/Böcker, S. 9; BayObLG BtPrax 2002, 214. Bei Vorsorgevollmachten für personale Angelegenheiten kommt dem Kriterium der Einwilligungsfähigkeit im Falle des Widerrufs der Vollmacht ebenso wenig Bedeutung zu wie bei ihrer Erteilung; a.A. Walter, S. 234.

Kontrollbetreuer in Betracht[112]. Da ein solcher jedoch nur im Fall eines dem Gericht bekannt gewordenen konkreten Überwachungsbedarfs eingesetzt wird, kann die Widerruflichkeit der Vollmacht zumindest faktisch über längere Zeit hinweg ausgeschlossen sein.

▶ *Zu Einzelheiten der Kontrollbetreuung vgl. Teil A Rn. 27 ff.*

Dieses Problem kann der Vollmachtgeber in der Regel auch nicht dadurch lösen, dass er zugleich mit der Erteilung der Vorsorgevollmacht einen Antrag auf Bestellung eines Kontrollbetreuers stellt. Denn die „vorbeugende" Bestellung eines Kontrollbetreuers ist mit dem Erforderlichkeitsgrundsatz gem. § 1896 Abs. 2 BGB nicht zu vereinbaren. Höchstens in Fällen, in denen sich die persönlichen und vor allem vermögensrechtlichen Verhältnisse des Betroffenen als außergewöhnlich komplex darstellen, wird das Betreuungsgericht bereit sein, schon vom Zeitpunkt der Kenntnis der Hilfsbedürftigkeit an einen Kontrollbetreuer einzusetzen, weil hier der Überwachungsbedarf auch ohne ein bereits nach außen sichtbar gewordenes Fehlverhalten des Bevollmächtigten zu bejahen ist[113].

Im Übrigen aber ist es dem Vollmachtgeber statt dessen anzuraten, zur Vermeidung un- **65**
kontrollierter Fremdbestimmung durch den Bevollmächtigten eine weitere Person als sog. Überwachungsbevollmächtigten einzusetzen, dem insbesondere die Absprachen im Grundverhältnis zwischen Vollmachtgeber und Vorsorgebevollmächtigten genau bekannt sind, und dem die Aufgabe zufällt, die Tätigkeit des Vorsorgebevollmächtigten zu kontrollieren[114]. Nicht zwingend muss dabei dem Überwachungsbevollmächtigten die Befugnis zum Widerruf der Vorsorgevollmacht eingeräumt werden. Als ausreichend kann es sich vielmehr schon erweisen, den Überwachungsbevollmächtigten anzuweisen, bei eventuellen Anhaltspunkten für ein pflichtwidriges Handeln des Vorsorgebevollmächtigten das Betreuungsgericht hierüber in Kenntnis zu setzen und die Bestellung eines Überwachungsbetreuers anzuregen.

Aus § 1901 Abs. 2 Satz 1 BGB folgt, dass der **Kontrollbetreuer** die Vorsorgevollmacht dann zu **widerrufen** hat, wenn das Wohl des Vollmachtgebers durch ihren Bestand derart gefährdet ist, dass nur auf diesem Weg wirksam Abhilfe geschaffen werden kann[115] (dazu Teil A Rn. 27). Da der Widerruf der Vollmacht ultima ratio ist, sollte vorher versucht werden, auf den Bevollmächtigten positiv einzuwirken (z.B. Verlangen nach Auskunft, Ausübung von Weisungen)[116].

Ferner kann der Kontrollbetreuer gehalten sein, auf Wunsch des (inzwischen geschäftsun- **66**
fähigen) Vollmachtgebers die Vollmacht zu widerrufen, soweit dies dem Wohl des Betroffenen nicht widerspricht und ihm selbst zumutbar ist (§ 1901 Abs. 3 Satz 1 BGB)[117]. Dabei ist es denkbar, dass der Vollmachtgeber bereits im Voraus festgelegt hat, unter welchen konkreten Umständen er den Widerruf wünscht. Es handelt sich dann um eine in den Grenzen des § 1901 Abs. 2, 3 BGB beachtliche antizipierte Betreuungsverfügung.

Diese kann freilich ihre Verbindlichkeit durch aktuelle Äußerungen des Vollmachtgebers einbüßen, wenn dieser beispielsweise nunmehr auf den Widerruf drängt, obwohl die vormals festgelegten Voraussetzungen nicht vorliegen und auch eine sein Wohl gefährdende Situation nicht besteht. Auf dieses Recht zur eigenen Entscheidungsänderung kann der Betroffene nicht verzichten[118]. Allerdings wird insofern Zurückhaltung geboten sein, da ein

112 Siehe BGH BtPrax 2016, 33; s.a. FamRZ 2017, 1777 f.; BayObLG FamRZ 2002, 1220,1221; Lipp, Freiheit und Fürsorge, S. 208 f.
113 Vgl. MK-Schwab, § 1896 BGB, Rn. 254
114 Vgl. auch Lipp, Freiheit und Fürsorge, S. 210 m.w.N.
115 BGH BtPrax 2015, 241 = FamRZ 2015, 1702; BayObLG FamRZ 1994, 1551
116 BGH FamRZ 2017, 1866; BtPrax 2016, 33
117 Zu den Voraussetzungen BGH BtPrax 2016, 238 = FamRZ 2016, 1668
118 Vgl. auch Lipp, Freiheit und Fürsorge, S. 210

nicht mehr geschäftsfähiger Vollmachtgeber häufig die Tragweite seiner Äußerungen nicht mehr einzuschätzen weiß und darüber hinaus mitunter leicht beeinflussbar oder in seinen Stimmungen sehr wechselhaft sein kann. Weder wäre es dem Kontrollbetreuer zuzumuten, noch würde es den Interessen des Vollmachtgebers entsprechen, würde man den Betreuer zumindest in Fällen, in denen das Verlangen nach dem Widerruf der Vollmacht ersichtlich auf irrationaler Grundlage beruht, für verpflichtet halten, diesen Widerruf zu erklären.

b. Auflösend bedingte oder befristete Vorsorgevollmacht

67 Theoretisch möglich ist es, die Vorsorgevollmacht unter eine **auflösende Bedingung** (beispielsweise unter die auflösende Bedingung der Nichtbeachtung der im Grundverhältnis erteilten Weisungen) zu stellen (§ 158 Abs. 2 BGB). Hieraus würden jedoch erhebliche **praktische Schwierigkeiten** resultieren, weil der Vertragspartner kaum erkennen kann, ob die Vollmacht noch wirksam ist.

Theoretisch möglich ist es ferner, die Vorsorgevollmacht **auflösend befristet** zu erteilen (§ 163 BGB)[119]. Hierdurch kann der Vollmachtgeber erreichen, dass seine Abhängigkeit von dem Vollmachtgeber zeitlich begrenzt und damit überschaubar wird. Im Rechtsverkehr gegenüber Dritten bietet die auflösende Befristung gegenüber der auflösenden Bedingung darüber hinaus den Vorteil, dass keine Zweifel an der Dauer ihrer Wirksamkeit auftreten können.

68 Zweckmäßig dürfte jedoch auch diese Gestaltungsform in aller Regel nicht sein, da der Vollmachtgeber nach dem Ablauf der Frist die Entscheidung über die Erteilung einer weiteren Vorsorgevollmacht zugunsten desselben oder eines dritten Bevollmächtigten treffen müsste, um die Bestellung eines Betreuers durch das Betreuungsgericht zu vermeiden. Gerade hierzu wird er aber häufig nicht mehr in der Lage sein, setzt doch bereits das Wirksamwerden der befristet erteilten Vollmacht den Eintritt seiner Hilfsbedürftigkeit bzw. Geschäftsunfähigkeit voraus. Mit einer nach diesem Zeitpunkt eintretenden Verbesserung seines geistigen Zustandes wird der Vollmachtgeber nicht ohne weiteres rechnen können[120].

c. Tod des Vollmachtgebers

69 Gem. §§ 168 Satz 1, 672 Satz 1, 675 Abs. 1 BGB erlischt eine Vollmacht durch den Tod des Vollmachtgebers im Zweifel nicht, da auch der zugrunde liegende Auftrag hierdurch in seinem Bestand grundsätzlich nicht beeinträchtigt wird. Im Fall der Vorsorgevollmacht dürfte jedoch entgegen dieser Auslegungsregel davon auszugehen sein, dass ihr Fortbestand über den Tod des Vollmachtgebers hinaus meist nicht in Betracht kommt[121]. Hierfür spricht bereits, dass der Erteilung der Vorsorgevollmacht in aller Regel ein Vertrauensverhältnis zwischen Vollmachtgeber und Bevollmächtigtem zugrunde liegt, das Ersteren dazu veranlasst, die Vorsorgevollmacht der Betreuung vorzuziehen. Ein solches Vertrauensverhältnis aber kann im Verhältnis zwischen den Erben des Vollmachtgebers und dem Bevollmächtigten nicht in gleicher Weise vorausgesetzt werden. Dieses Argument könnte freilich nicht erklären, weshalb nicht zumindest dann die Vollmacht auch über den Tod hinaus fortbestehen sollte, wenn der Bevollmächtigte zugleich Alleinerbe des Vollmachtgebers ist. Hiergegen spricht der Zweck des Instituts der Vorsorgevollmacht. Diese dient gem. § 1896

119 Müller-Freienfels, S. 35, 63
120 Vgl. Walter, S. 120
121 Differenzierend Walter, S. 123 f., die bei Vorsorgevollmachten, die sich nur auf die Regelung von Vermögensangelegenheiten beziehen, sowie bei Vorsorgegeneralvollmachten vom Fortbestehen der Vollmacht ausgeht, bei Vorsorgevollmachten für die Wahrnehmung persönlicher Angelegenheiten hingegen von deren Erlöschen. Für ein generelles Weiterbestehen: Klie/Bauer, FPR 2004, 676

Abs. 2 Satz 2 BGB dazu, die Betreuung entbehrlich zu machen[122]. Endet aber die Betreuung unzweifelhaft mit dem Tod des Betreuten, so kann auch die Wirkungsdauer der Vollmacht, die an ihre Stelle tritt, nicht abweichend bewertet werden. Etwas anderes gilt nur dann, wenn der Vollmachtgeber bestimmt, dass der Bevollmächtigte auch nach seinem Tod ermächtigt sein soll, für ihn bestimmte Angelegenheiten zu regeln (transmortale Vollmacht).

Gem. §§ 168 Satz 1, 672 Satz 2, 675 Abs. 1 BGB ist der Bevollmächtigte darüber hinaus in Notfällen verpflichtet, die ihm übertragene Aufgabe nach dem Tod des Vollmachtgebers so lange wahrzunehmen, bis die Erben anderweitig Vorsorge treffen können.

d. Geschäftsunfähigkeit des Bevollmächtigten

Der geschäftsunfähig gewordene Bevollmächtigte kann keinen rechtserheblichen Willen 70
bilden und deshalb den Vollmachtgeber nicht mehr vertreten (arg. § 165 BGB). Erlangt der Bevollmächtigte die Geschäftsfähigkeit wieder, bestehen gegen die abermalige Ausübung der Vollmachtsbefugnisse keine Bedenken. Von einem Erlöschen der Vorsorgevollmacht ist zumindest dann auszugehen, wenn die Geschäftsunfähigkeit von Dauer ist[123].

e. Tod und Verzicht des Bevollmächtigten

Mit der Auslegungsregel der §§ 168 Satz 1, 673 Satz 1, 675 Abs. 1 BGB ist davon auszuge- 71
hen, dass die Vorsorgevollmacht im Fall des Todes des Bevollmächtigten erlischt.

Sie erlischt ebenfalls mit dem ausdrücklich von dem Bevollmächtigten erklärten **Verzicht**[124]. Teilweise wird das schlichte **Untätigbleiben** des Bevollmächtigten als konkludenter Verzicht auf die Vollmacht gewertet[125]. Dies erscheint jedoch zweifelhaft. Zum einen kann die Untätigkeit des Bevollmächtigten im Einzelfall auf ganz unterschiedlichen Ursachen beruhen, die schon wertungsmäßig nicht einer Verzichtserklärung gleichgestellt werden können (beispielsweise kann der Bevollmächtigte überzeugt sein, dass die Entfaltung einer wie auch immer gearteten Tätigkeit dem Interesse des Vollmachtgebers zuwiderlaufen würde, seine Untätigkeit kann ferner schlicht darauf beruhen, dass er seiner Aufgabe nicht gewachsen ist und verkennt, welche Maßnahmen geboten wären). Zum anderen führt die Gegenansicht zu Rechtsunsicherheit, da nicht hinreichend bestimmt feststellbar wäre, ab welchem konkreten Zeitpunkt von dem Erlöschen der Vollmacht auszugehen wäre. Schließlich ist die Gleichstellung des Untätigbleibens des Bevollmächtigten mit seiner ausdrücklichen Verzichtserklärung nicht mit dem Willen des Gesetzgebers in Einklang zu bringen. Denn § 1896 Abs. 3 BGB sieht für Fälle, in denen der Bevollmächtigte seiner Aufgabe überhaupt nicht oder nur unzureichend nachkommt, die Einsetzung eines Kontrollbetreuers vor, der befugt ist, die Vorsorgevollmacht zu widerrufen.

f. Insolvenz des Vollmachtgebers oder des Bevollmächtigten

Wird ein Insolvenzverfahren über das Vermögen des Vollmachtgebers eröffnet, verliert die- 72
ser die Verwaltungs- und Verfügungsbefugnis über das zur Insolvenzmasse gehörende Vermögen. In diesem Fall **erlischt eine Vollmacht** grundsätzlich zugleich mit dem ihr zugrunde liegenden Auftrag (§§ 115 Abs. 1 InsO, 168 Satz 1 BGB). Ausnahmen kommen nur insoweit in Betracht, als der Auftrag sich auf Vermögensbestandteile bezieht, die nicht dem Insolvenzverfahren unterliegen. Diese Grundsätze sind auf die Vorsorgevollmacht zumindest anwendbar, soweit diese inhaltlich Angelegenheiten der Vermögenssorge betrifft.

122 So auch Walter, S. 123
123 MK-Schubert, § 168 BGB, Rn. 7; Bienwald, § 1896 BGB, Rn. 88
124 Soergel-Leptien, § 168 BGB, Rn. 5
125 Walter, S. 121 f.

Soweit die Wahrnehmung persönlicher Aufgaben in Frage steht, wird teilweise der Fortbestand der Vorsorgevollmacht befürwortet[126]. Richtigerweise wird jedoch wie folgt zu differenzieren sein: Die Vorsorgevollmacht sowie der ihr zugrunde liegende Auftrag können nur insoweit auch nach der Eröffnung des Insolvenzverfahrens wirksam sein, als hierdurch die Interessen der Insolvenzgläubiger nicht berührt werden. Dies ist der Fall, wenn sich die Tätigkeit des Bevollmächtigten ausschließlich auf Gegenstände bezieht, die rein persönlicher Natur sind (z. B. Entscheidung über die Vornahme von Heilbehandlungen etc.), und wenn sie darüber hinaus unentgeltlich wahrgenommen wird. Gerade Letzteres wird aber sicher nicht der Regelfall sein. Vielmehr ist typischerweise davon auszugehen, dass sich nur derjenige – zumindest dauerhaft – bereit erklären wird, als Bevollmächtigter tätig zu werden, der hierfür eine angemessene Gegenleistung erhält. In aller Regel endet mit der Eröffnung des Insolvenzverfahrens somit auch die Vorsorgevollmacht in persönlichen Angelegenheiten.

73 Das **Auftragsverhältnis** zwischen Vollmachtgeber und Bevollmächtigtem bleibt von der **Insolvenz des Bevollmächtigten** unberührt[127]. Folglich erlischt auch die Vorsorgevollmacht in diesem Fall nicht.

9. Haftung von Vollmachtgeber und Bevollmächtigtem

74 Verletzt der Bevollmächtigte bei rechtsgeschäftlichem Handeln im Rahmen seiner Tätigkeit einen Dritten schuldhaft, so haftet der Vollmachtgeber hierfür über die Zurechnungsnorm des § 278 Satz 1 BGB. Im Innenverhältnis wiederum ist der Bevollmächtigte dem Vollmachtgeber zum Ersatz des eingetretenen Schadens verpflichtet, sofern seine Haftung nicht aufgrund im Innenverhältnis vereinbarter Haftungsbeschränkungen (dazu oben Rn. 59) entfällt. Daneben haftet der Bevollmächtigte dem Dritten auch unmittelbar für eigenes Verschulden.

10. Vorsorgevollmacht oder Betreuungsverfügung[128]

a. Vorteile der Vorsorgevollmacht gegenüber der Betreuungsverfügung

75 – Der wesentlichste Vorteil der Vorsorgevollmacht gegenüber der Betreuungsverfügung besteht darin, dass sie dem Vollmachtgeber die Möglichkeit gibt, die Regelung seiner Angelegenheiten noch weitergehend **ohne staatliche Bevormundung** wahrzunehmen.

76 – Der Vollmachtgeber kann Bevollmächtigte nach seinem eigenen Gutdünken einsetzen und ist nicht darauf angewiesen, dass seine Wahl – wie im Fall der Betreuungsverfügung – die Billigung des Betreuungsgerichts findet. Dadurch, dass der Vollmachtgeber sein persönliches Umfeld naturgemäß am besten kennt, ist es ihm viel eher als dem Betreuungsgericht möglich, ein effizientes Kontrollsystem aufzubauen, indem er bestimmte Personen, denen er besonderes Vertrauen entgegenbringt, mit konkreten Überwachungsaufgaben betraut.

77 – Im Grundverhältnis zu dem Bevollmächtigten kann der Vollmachtgeber bindende Weisungen erteilen. Diese stehen – anders als bei Anordnungen in einer Betreuungsverfügung – nicht unter dem Vorbehalt, dass die Weisungen (nach Auffassung des Betreuers bzw. des Betreuungsgerichts) seinem Wohl entsprechen.

---

126 Walter, S. 139
127 Erman-Maier-Riemer, § 168 BGB, Rn. 12; Walter, S. 141
128 Zur Abwägung siehe auch: Langenfeld, A., S. 172 ff.; Uhlenbruck, NJW 1996, 1584; von Looz, BtPrax 2002, 179 ff.

- Im Bereich der Vermögensverwaltung kann es sich gerade bei größeren Vermögen und Gesellschaftsbeteiligungen als aus praktischen Gründen vorteilhaft erweisen, wenn ein Bevollmächtigter (wie im Fall der Vorsorgevollmacht) ohne gerichtliche Genehmigungserfordernisse handeln kann. Die Vollmacht ist gerade in Fällen dieser Art flexibler und unbürokratischer zu handhaben. **78**
- Die Einsetzung eines Betreuers kann zu einer seelischen Belastung des Betroffenen führen, die sich durch eine entsprechende Bevollmächtigung einer Person aus seinem persönlichen Umfeld möglicherweise vermeiden lässt. Eine selbst gewählte Bezugsperson, die der Aufsicht und den Weisungen des Vollmachtgebers als „Geschäftsherrn" untersteht, ist für den Hilfsbedürftigen im Alter vielfach leichter zu ertragen als ein staatlich bestellter Betreuer. Ferner wird dem Vollmachtgeber das häufig als demütigend empfundene Verfahren zur Betreuerbestellung, das nicht zuletzt auch die gutachterliche Überprüfung seines geistigen Zustandes zum Gegenstand hat, erspart. **79**
- Möchte der Vollmachtgeber den Eintritt seiner eigenen Fürsorgebedürftigkeit vor Dritten möglichst **geheim** halten, bietet ihm die Erteilung einer unbedingten Vollmacht hierzu die entsprechende Möglichkeit. Die notwendigen Beschränkungen des Bevollmächtigten können in einer gesonderten internen Vereinbarung getroffen werden, die Dritten nicht zugänglich ist. Tritt hingegen ein Betreuer für ihn im Rechtsverkehr auf, ist das Vorliegen seiner Hilfsbedürftigkeit evident. **80**
- Die Vorsorgevollmacht ist jederzeit **widerruflich**. Dagegen kann der Verfasser einer Betreuungsverfügung diese zwar jederzeit widerrufen, er kann dadurch jedoch nicht unmittelbar die Abberufung des bereits bestellten Betreuers herbeiführen. **81**
- Angesichts der Tatsache, dass der Anteil der über 60-jährigen Personen und damit jenes Teils der Bevölkerung, der bevorzugt auf fremde Hilfe angewiesen ist, in den letzten Jahren und Jahrzehnten deutlich angestiegen ist und voraussichtlich weiter ansteigen wird, ist vorhersehbar, dass sich die Betreuungsgerichte einer enormen Arbeitsbelastung bei der Suche nach geeigneten Betreuern ausgesetzt sehen werden. Vor diesem Hintergrund dürfte es von Vorteil sein, die Regelung der eigenen Angelegenheiten durch die Erteilung einer Vorsorgevollmacht vorausschauend selbst in die Hand zu nehmen. **82**

b. Nachteile der Vorsorgevollmacht gegenüber der Betreuungsverfügung

- Die Erteilung der Vorsorgevollmacht setzt zwingend die **Geschäftsfähigkeit** des Vollmachtgebers voraus, während zumindest vom Grundsatz her auch der nicht geschäftsfähige Volljährige eine Betreuungsverfügung errichten kann. **83**
- Der Aufbau des beschriebenen Kontrollsystems setzt außerdem voraus, dass tatsächlich **mehrere vertrauenswürdige Personen** im Umfeld des Vollmachtgebers vorzufinden sind, die geeignet und bereit sind, diese Aufgabe wahrzunehmen. Häufig können ältere Menschen nicht auf eine Vielzahl solcher Personen zurückgreifen. **84**
- Die Vorsorgevollmacht ohne gleichzeitige Einsetzung eines Überwachungsbevollmächtigten ruft die Gefahr hervor, dass **Missbräuche** der Vollmacht dem Betreuungsgericht über längere Zeit hinweg unbekannt bleiben. Die Vorsorgevollmacht ist in diesen Fällen nach Eintritt der Geschäftsunfähigkeit des Vollmachtgebers faktisch unwiderruflich. **85**
- Personen, denen es schwer fällt, über andere Kontrolle auszuüben und diese zu kritisieren, laufen Gefahr, von dem Bevollmächtigten **fremdbestimmt** zu werden. Für sie dürfte die Einsetzung eines gerichtlich überwachten Betreuers von Vorteil sein. **86**

87 – Der Bevollmächtigte wird in der Regel nur gegen Zahlung eines angemessenen Entgelts bereit sein, für den Vollmachtgeber tätig zu werden. Diese Vergütung wird mitunter diejenigen Beträge bei weitem übersteigen, die ein Betreuer von Seiten des Staates erhält. Derjenige, der über keine entsprechenden **finanziellen Mittel** verfügt, um einen Bevollmächtigten zu bezahlen, bleibt auf die Betreuung angewiesen.

88 – Die Kehrseite der gerade in Vermögensangelegenheiten flexibleren Handhabung der Vorsorgevollmacht besteht in den aus der fehlenden Kontrolle resultierenden **Missbrauchsgefahren.**

89 – Während der Betreuer durch das Betreuungsgericht gem. §§ 1908i Abs. 1 Satz 1, 1837 BGB in sein Amt eingeführt wird und dieses um Rat und Hilfe ersuchen kann, ist der Bevollmächtigte auf sich allein gestellt. Gegebenenfalls kann sich dies auf die Qualität seines Handelns negativ auswirken.

Ob eine Urkunde eine Vorsorgevollmacht enthält oder eine Betreuungsverfügung darstellt (oder beides enthält), ist durch Auslegung zu ermitteln. Da sich die Erklärung an eine Vielzahl von Personen richtet, hat sie sich am objektiven Empfängerhorizont auszurichten[129]. Auf das subjektive Verständnis des beteiligten Notars kann es somit nicht entscheidend ankommen.

11. Mitteilung, Registrierung

§ 1901c BGB Schriftliche Betreuungswünsche, Vorsorgevollmacht

[1]Wer ein Schriftstück besitzt, in dem jemand für den Fall seiner Betreuung Vorschläge zur Auswahl des Betreuers oder Wünsche zur Wahrnehmung der Betreuung geäußert hat, hat es unverzüglich an das Betreuungsgericht abzuliefern, nachdem er von der Einleitung eines Verfahrens über die Bestellung eines Betreuers Kenntnis erlangt hat. [2]Ebenso hat der Besitzer das Betreuungsgericht über Schriftstücke, in denen der Betroffene eine andere Person mit der Wahrnehmung seiner Angelegenheiten bevollmächtigt hat, zu unterrichten. [3]Das Betreuungsgericht kann die Vorlage einer Abschrift verlangen.

§ 20a BeurkG Vorsorgevollmacht

Beurkundet der Notar eine Vorsorgevollmacht, so soll er auf die Möglichkeit der Registrierung bei dem Zentralen Vorsorgeregister nach § 78a Abs. 1 der Bundesnotarordnung hinweisen.

§ 78a BNotO Zentrales Vorsorgeregister; Verordnungsermächtigung

(1) [1]Die Bundesnotarkammer führt als Registerbehörde ein automatisiertes elektronisches Register über Vorsorgevollmachten und Betreuungsverfügungen. [2]Das Bundesministerium der Justiz und für Verbraucherschutz führt die Rechtsaufsicht über die Registerbehörde.

(2) In das Zentrale Vorsorgeregister dürfen Angaben aufgenommen werden über

1. Vollmachtgeber,

2. Bevollmächtigte,

3. die Vollmacht und deren Inhalt,

4. Vorschläge zur Auswahl des Betreuers,

5. Wünsche zur Wahrnehmung der Betreuung und

6. den Vorschlagenden.

129 OLG Frankfurt FamRZ 2004, 1322

(3) Das Bundesministerium der Justiz und für Verbraucherschutz hat durch Rechtsverordnung mit Zustimmung des Bundesrates die näheren Bestimmungen zu treffen über

1. die Einrichtung und Führung des Registers,

2. die Auskunft aus dem Register,

3. die Anmeldung, Änderung und Löschung von Registereintragungen,

4. die Einzelheiten der Datenübermittlung und -speicherung und

5. die Einzelheiten der Datensicherheit.

§ 78b BNotO Auskunft und Gebühren

(1) [1]Die Registerbehörde erteilt Gerichten auf Ersuchen Auskunft aus dem Zentralen Vorsorgeregister. [2]Die Befugnis der Gerichte, Notare und Notarkammern zur Einsicht in Registrierungen, die von ihnen verwahrte oder registrierte Urkunden betreffen, bleibt unberührt.

(2) [1]Das Zentrale Vorsorgeregister wird durch Gebühren finanziert. [2]Die Registerbehörde kann Gebühren für die Aufnahme von Erklärungen in das Register erheben. [3]Zur Zahlung der Gebühren sind der Antragsteller und derjenige verpflichtet, der für die Gebührenschuld eines anderen kraft Gesetzes haftet. [4]Mehrere Gebührenschuldner haften als Gesamtschuldner. [5]Gerichte und Notare können die Gebühren für die Registerbehörde entgegennehmen.

(3) [1]Die Gebühren sind so zu bemessen, dass der mit der Einrichtung, der Inbetriebnahme, der dauerhaften Führung und der Nutzung des Zentralen Vorsorgeregisters durchschnittlich verbundene Verwaltungsaufwand einschließlich der Personal- und Sachkosten gedeckt wird. [2]Dabei ist auch der für die Aufnahme von Erklärungen in das Register gewählte Kommunikationsweg zu berücksichtigen.

(4) [1]Die Registerbehörde bestimmt die Gebühren nach Absatz 2 Satz 2 und die Art ihrer Erhebung durch eine Gebührensatzung. [2]Die Satzung bedarf der Genehmigung durch das Bundesministerium der Justiz und für Verbraucherschutz. [3]Die Höhe der Gebühren ist regelmäßig zu überprüfen.

Die Vorschriften, die zum Teil bereits zum 31.7.2004, zum Teil mit dem 2. BtÄndG in Kraft getreten sind, sollen die **Vorsorgevollmacht stärken**, einerseits um der Privatautonomie Rechnung zu tragen, aber auch mit dem Ziel der Vermeidung von Betreuungen. Durch das Gesetz zur Neuordnung der Aufbewahrung von Notariatsunterlagen und zur Einrichtung des Elektronischen Urkundenarchivs bei der Bundesnotarkammer sowie zur Änderung weiterer Gesetze vom 1.6.2017[130] wurde auch die Betreuungsverfügung mit in das Register aufgenommen. **90**

a. Mitteilung über Vorsorgevollmacht

Gemäß den durch das 2. BtÄndG eingefügten Sätzen 2 und 3 in § 1901c BGB (früher § 1901a BGB) muss jeder **Besitzer einer Vorsorgevollmacht** dem Betreuungsgericht von deren Existenz Mitteilung machen, wenn er von der Einleitung eines Verfahrens zur Bestellung eines Betreuers Kenntnis erlangt. Auf Verlangen hat er dem Gericht eine Kopie vorzulegen.

Unter die Vorschrift fallen nur schriftlich erteilte Vollmachten. Diese müssen darüber hinaus betreuungsrelevant sein, was etwa dann fehlt, wenn eine reine Prozessvollmacht für einen Rechtsanwalt besteht und die Betreuung sich auf andere Bereiche bezieht.

Verpflichtet ist der Besitzer der Originalurkunde. Bei einer notariellen Urkunde ist dies der Notar, der allerdings gem. § 18 Abs. 1 BNotO zur Verschwiegenheit verpflichtet sein kann.

130 BGBl. I S. 1396

Inwieweit der Aussteller ihn von dieser Pflicht entbunden hat, ist eine Frage des Einzelfalles.

Ist in einer Urkunde sowohl eine Vorsorgevollmacht als auch eine Betreuungsverfügung enthalten, so ist die Urkunde nicht nach § 1901c Satz 1 BGB abzugeben, da sonst die Vollmacht nicht genutzt werden könnte. Es ist lediglich Mitteilung zu machen; insoweit geht Satz 3 dem Satz 1 des § 1901c BGB vor.

b. Registrierung

91 Die Bundesnotarkammer hat im Jahr 2005 ein **zentrales elektronisches Vorsorgeregister** eingerichtet, in das Angaben über Vollmachtgeber, Bevollmächtigte und den Inhalt von Vorsorgevollmachten und Betreuungsverfügungen aufgenommen werden[131]. Sein Zweck besteht unter anderem darin, dass die Betreuungsgerichte schnell Daten abfragen können, die für eine betreuungsrechtliche Entscheidung wichtig sind, so etwa hinsichtlich der Frage, ob eine existierende Vorsorgevollmacht eine Betreuung überflüssig macht.

Eingetragen werden die Personalien von Vollmachtgeber und Bevollmächtigtem bzw. Vorschlagendem und gewünschtem Betreuer, das Datum der Errichtung und der Aufbewahrungsort der Urkunde sowie die Bereiche, die von der Vertretungsmacht bzw. Betreuung umfasst werden. Soweit eine Betreuungsverfügung oder ein Patiententestament in der Urkunde enthalten ist, wird dies ebenfalls festgehalten. Dem Betreuungsgericht soll auf sein Ersuchen hin Auskunft aus dem Register erteilt werden (§ 6 Vorsorgeregister-Verordnung, § 78a Abs. 2 BNotO). Ein Notar, der eine Vorsorgevollmacht beurkundet, soll auf die Möglichkeit der Registrierung in diesem Register hinweisen (§ 20a BeurkG)[132]. Damit ist ein wesentlicher Schritt zur Publizität getan, wenn auch sicher eine ganze Reihe von Vorsorgevollmachten existieren werden, die nicht registriert sind.

Seit dem 1.9.2009 können auch Betreuungsverfügungen (unabhängig von einer Vollmacht) registriert werden. Mit Stand 31.3.2018 waren im zentralen Vorsorgeregister über 3,9 Millionen Eintragungen vorhanden[133].

12. Muster einer Vorsorgevollmacht[134]

a. Vorsorgevollmacht[135]

92 Ich, Name: ... Vorname: ... Geburtsdatum: ... Anschrift: ...

bevollmächtige für den Fall, dass ich aufgrund körperlicher oder geistiger Krankheit bzw. Behinderung meine Angelegenheiten ganz oder teilweise nicht mehr selbst besorgen kann,[136] gem. §§ 1896 Abs. 2 Satz 2, 164 ff. BGB hiermit als meine(n) rechtsgeschäftlich bestellten Vertreter

Herrn/Frau Name: ... Vorname: ... Geburtsdatum: ... Anschrift: ...

131 Vgl. Vorsorgeregister-VO, BGBl. I 2005, S. 318; abgedruckt u.a. in: Textsammlung Betreuungsrecht, Bundesanzeiger Verlag, zuletzt 8. Auflage 2018.

132 Zu den Gebühren siehe Fröschle, Rn. 31 ff.

133 Gesamtanzahl der Eintragungen mit Stand 31.3.2018: 3.903.431, siehe www.vorsorgeregister.de > Presse > Statistik (Abruf 30.5.2018)

134 Das Muster orientiert sich an den vorstehenden Ausführungen zu den Gestaltungsmöglichkeiten der Vorsorgevollmacht. Ähnliche Vorschläge finden sich beispielsweise bei Dodegge, BtPrax 2000, 101; Langenfeld A., S. 148 ff., Uhlenbruck, Selbstbestimmtes Sterben, S. 340 ff.; Walter, ZEV 2000, 354 ff. und Rudolf/Bittler/Roth, Rn. 189 ff..; Milzer, NJW 2003, 1839; Klie/Bauer/Winkler, Vorsorgeverfügungen

135 Die notarielle Beurkundung der Versorgevollmacht wird dringend empfohlen.

136 Zum Teil wird geraten, den Bedingungseintritt nicht in der Vollmacht, sondern im Innenverhältnis zu regeln, weil Dritte einer bedingten Vollmacht skeptisch gegenüberstünden (Dodegge, BtPrax 2000, 102).

Der Nachweis des Bedingungseinritts ist geführt, wenn der/die Bevollmächtigte(n) sowie ein Arzt schriftlich deren Voraussetzungen bestätigt haben.

Der/die Bevollmächtigte(n) ist/sind befugt, ärztliche Gutachten zu der Frage einzuholen, ob die vorgenannte Bedingung eingetreten ist. Die betroffenen Ärzte entbinde ich insoweit von ihrer Schweigepflicht.

oder Alternative: unbedingte Vollmacht

Ich bevollmächtige hiermit – jederzeit widerruflich –

Herrn/Frau Name: ... Vorname: ... Geburtsdatum: ... Anschrift: ...

Der/die Bevollmächtigte(n) sind befugt, mich in meinen persönlichen Angelegenheiten sowie in Vermögens-, Steuer- und sonstigen Rechtsangelegenheiten in jeder rechtlich zulässigen Weise zu vertreten *(nicht Zutreffendes streichen)*.

Jeder Bevollmächtigte ist allein vertretungsbefugt und berechtigt, die mir gegenüber dem anderen Bevollmächtigten zustehenden Rechte geltend zu machen. Das Recht zum Widerruf der Vollmacht des jeweils anderen Bevollmächtigten ist ausgeschlossen. Die Vollmacht soll auch wirksam bleiben, wenn ich geschäftsunfähig werde.

b. Vollmachtsumfang

Der/die Bevollmächtigte ist befugt, mich in folgenden Angelegenheiten zu vertreten: **93**

aa. Vermögensangelegenheiten

Die Vollmacht umfasst insbesondere die Befugnis *(nicht Zutreffendes streichen)*:

- alle Rechtshandlungen und Rechtsgeschäfte in meinem Namen vorzunehmen
- über Vermögensgegenstände jeder Art zu verfügen
- Zahlungen und Wertgegenstände für mich anzunehmen
- Verbindlichkeiten einzugehen
- über Bankkonten und Depots sowie sonstiges Geldvermögen aller Art in meinem Namen zu verfügen sowie Bankkonten und Depots zu eröffnen und aufzulösen
- Vermögenserwerbungen und -veräußerungen sowie Belastungen jeder Art für mich vorzunehmen
- mich gegenüber Gerichten, Behörden, sonstigen öffentlichen Stellen und Privatpersonen gerichtlich und außergerichtlich zu vertreten sowie alle Prozesshandlungen und Verfahrenshandlungen, auch solche i.S.d. § 13 SGB X, für mich vorzunehmen
- einen Heimvertrag oder ähnliche Vereinbarungen abzuschließen
- den Haushalt aufzulösen und über das Inventar zu verfügen
- geschäftsähnliche Handlungen wie z. B. Mahnungen, Fristsetzungen, Anträge und Mitteilungen vorzunehmen

Von der Vollmacht ausdrücklich ausgenommen ist jedoch das Recht,

- über folgende Gegenstände zu verfügen: ...
- über ein zu meinem Vermögen gehörendes Grundstück oder ein Recht an einem solchen Grundstück zu verfügen oder die Eingehung der Verpflichtung zu einer solchen Verfügung

- über mein Vermögen im Ganzen zu verfügen bzw. die Eingehung einer Verpflichtung hierzu
- Kredite aufzunehmen, die einen Gesamtbetrag von … Euro überschreiten
- in meinem Namen Bürgschaften einzugehen
- Schenkungen in meinem Namen vorzunehmen, die nicht als Pflicht- bzw. Anstandsschenkungen zu betrachten sind.

bb. Persönliche Angelegenheiten

Die Befugnis des/der Bevollmächtigten zu meiner Vertretung in persönlichen Angelegenheiten umfasst insbesondere folgende Maßnahmen *(nicht Zutreffendes streichen)*:

- die Aufenthaltsbestimmung, insbesondere die Entscheidung über die Unterbringung in einem Krankenhaus, einem Alten- oder Pflegeheim oder einem Hospiz
- die Unterbringung gem. § 1906 Abs. 1 BGB, die zu meinem Wohl erforderlich ist, weil aufgrund einer psychischen Krankheit oder geistigen oder seelischen Behinderung die Gefahr besteht, dass ich mich selbst töte, oder erhebliche Gefahr besteht, dass ich mir gesundheitlichen Schaden zufüge, oder eine Untersuchung meines Gesundheitszustands, eine Heilbehandlung oder ein ärztlicher Eingriff notwendig ist, der ohne die Unterbringung nicht durchgeführt werden kann, und ich aufgrund einer psychischen Krankheit oder geistigen oder seelischen Behinderung die Notwendigkeit einer solchen Unterbringung nicht erkennen oder nicht nach dieser Einsicht handeln kann
- Maßnahmen i.S.d. § 1906 Abs. 4 BGB, wenn ich mich also in einer Anstalt, einem Heim oder einer sonstigen Einrichtung aufhalte und mir die Freiheit über einen längeren Zeitraum oder regelmäßig durch mechanische Vorrichtungen, Medikamente oder auf andere Weise entzogen werden soll
- Maßnahmen nach § 1904 Abs. 1 BGB, also die Einwilligung in eine Untersuchung meines Gesundheitszustandes, eine Heilbehandlung oder einen ärztlichen Eingriff, oder das Unterlassen dieser Maßnahmen, wenn die begründete Gefahr besteht, dass ich aufgrund dieser Maßnahme versterben oder einen schweren und länger andauernden gesundheitlichen Schaden erleiden kann
- die Wahrnehmung meiner Rechte gegenüber Ärzten, Krankenhäusern, Pflegeheimen etc., insbesondere das Einholen aller nötigen Auskünfte und Informationen, die Einsicht in meine Krankenakten sowie die Entscheidung über Untersuchungen, Heilbehandlungen und ärztliche Eingriffe. Die durch das Auskunfts- und Einsichtsverlangen betroffenen Personen entbinde ich insoweit von ihrer Schweigepflicht.

c. Untervollmacht

94 Der/die Bevollmächtigte(n) ist/sind berechtigt, in Vermögensangelegenheiten eine Untervollmacht an Dritte zu erteilen. In persönlichen Angelegenheiten ist dies ausgeschlossen.

d. Ersatzbevollmächtigter

Für den Fall, dass der Bevollmächtigte (einer meiner Bevollmächtigten) nicht nur vorübergehend an meiner Vertretung gehindert sein sollte, benenne ich zum/zur Ersatzbevollmächtigten **95**

Herrn/Frau Name: ... Vorname: ... Geburtsdatum: ... Anschrift: ...

Der/die Ersatzbevollmächtigte hat dieselbe Rechtsstellung wie der/die von ihm/ihr zu ersetzende Bevollmächtigte.

e. Überwachungsbevollmächtigter

Ich bevollmächtige ferner **96**

Herrn/Frau Name: ... Vorname: ... Geburtsdatum: ... Anschrift: ...

den/die Vorsorgebevollmächtigte(n) zu überwachen und ihm/ihr/ihnen gegenüber meine Rechte wahrzunehmen. Stellt der/die Überwachungsbevollmächtigte einen Pflichtverstoß des/der Vorsorgebevollmächtigten fest, so hat er diesen dem VormG unverzüglich anzuzeigen.

....

(Datum, Unterschrift)

f. Regelung des Innenverhältnisses

Vereinbarung **97**

zwischen

dem Vollmachtgeber und dem/der Vorsorgebevollmächtigten

betreffend den Gebrauch der Vorsorgevollmacht

Herr/Frau Name: ... Vorname: ... Geburtsdatum: ... Anschrift: ...

erteilt

Herrn/Frau Name: ... Vorname: ... Geburtsdatum: ... Anschrift:

eine Vorsorgegeneralvollmacht zur Besorgung aller seiner Angelegenheiten für den Fall seiner eigenen Hilfsbedürftigkeit. Zur Ausgestaltung des der Vollmachtserteilung zugrunde liegenden Rechtsverhältnisses treffen sie folgende Vereinbarung:

im Falle der unbedingt erteilten Vollmacht: **98**

Der/die Bevollmächtigte(n) darf/dürfen von der ihm/ihr/ihnen erteilten Vorsorgevollmacht nur dann und insoweit Gebrauch machen, als der Vollmachtgeber aufgrund körperlicher oder geistiger Krankheit oder Behinderung seine Angelegenheiten ganz oder teilweise nicht mehr selbst besorgen kann.

Der/die Bevollmächtigte(n) hat/haben hierzu eine vorherige schriftliche Bestätigung eines Arztes einzuholen.

Der/die Bevollmächtigte(n) ist/sind befugt, ärztliche Gutachten zu der Frage einzuholen, ob dies der Fall ist. Die betroffenen Ärzte entbindet der Vollmachtgeber insoweit von ihrer Schweigepflicht.

Alternative:

99 Der/die Bevollmächtigte(n) ist/sind gegenüber dem Vollmachtgeber im Innenverhältnis verpflichtet, von der ihm/ihr/ihnen erteilten Vorsorgevollmacht nur unter Beachtung der nachfolgenden Weisungen Gebrauch zu machen:

1. für den Lebensunterhalt des Vollmachtgebers sollen pro Monat etwa … Euro aufgewandt werden. Dabei darf der Kapitalstamm seines Vermögens (nicht) angegriffen werden. Der genannte Betrag soll vorrangig wie folgt eingesetzt werden: …

   Die genannten Beträge sind jeweils dem vom Statistischen Bundesamt jährlich festgestellten Preisindex für die Lebenshaltung aller privaten Haushalte anzupassen.

   Von diesen Vorgaben kann abgewichen werden, wenn besondere Aufgaben anfallen oder die vorgesehene Verwendung des Geldes aus anderen Gründen unmöglich wird.

2. Sollte eine Pflege durch Dritte erforderlich werden, so ist nach Lösungen zu suchen, die dem Vollmachtgeber ein Verbleiben in seiner Wohnung ermöglichen.

   Sollte jedoch die Unterbringung in einem Alters-/Pflegeheim unumgänglich werden, so ist in erster Linie das Alters-/Pflegeheim …, hilfsweise … auszuwählen. Auf keinen Fall soll der Vollmachtgeber hingegen im Alters-/Pflegeheim … untergebracht werden.

3. Der Bevollmächtigte … hat sich bei Meinungsverschiedenheiten hinsichtlich der Vollmachtsausübung der Ansicht des Bevollmächtigten … unterzuordnen.

4. Der Bevollmächtigte … hat die Aufgabe, den Bevollmächtigten … zu überwachen und die Rechte des Vollmachtgebers diesem gegenüber zu wahren. Nach außen gegenüber Dritten soll er nur tätig werden, wenn und soweit der Bevollmächtigte … hieran gehindert ist.

5. Der/die Bevollmächtigte(n) erhält (erhalten) für die Dauer seiner/ihrer auf der Grundlage der Vorsorgevollmacht ausgeübten Tätigkeit ein monatliches Entgelt in Höhe von … Euro aus dem Vermögen des Vollmachtgebers.

6. Die Haftung des/der Bevollmächtigten im Innenverhältnis zum Vollmachtgeber ist auf Vorsatz und grobe Fahrlässigkeit beschränkt.

……………………………………………………………………

(Datum, Unterschrift des Vollmachtgebers und des/der Bevollmächtigten)

II. Die Patientenverfügung

1. Einleitung

Ein Bevollmächtigter ist entsprechend dem Grundverhältnis zu seinem Auftraggeber an dessen Weisungen gebunden. 100

Auch der Betreuer hat den Wünschen des Betreuten zu entsprechen (§ 1901 Abs. 3 Satz 2 BGB), die dieser vor der Bestellung des Betreuers geäußert hat, es sei denn, dass er an diesen erkennbar nicht festhalten will.

Ist der Betreute aktuell nicht mehr in der Lage, eigene Vorstellungen zu entwickeln, so 101
kann grundsätzlich davon ausgegangen werden, dass seine vormals kundgegebenen Einstellungen weiterhin Bestand haben und von dem Bevollmächtigten sowie dem Betreuer den von ihnen zu treffenden Entscheidungen zugrunde zu legen sind, sofern sie nicht dem Wohl des Betreuten zuwiderlaufen oder die Wunschbefolgung für den Betreuer unzumutbar ist. Selbst Fragen seiner medizinischen Behandlung kann der Betreute vom Grundsatz her im Voraus verbindlich regeln, soweit er die Behandlungssituation hinreichend konkret beschreibt.

Solche Wünsche des Betreuten können auch in Tagen körperlicher Gesundheit geäußert 102
werden. Sie bezeichnet man allgemein als Patientenverfügungen. Höchst umstritten war lange Zeit, ob einer entsprechenden Anordnung, die zeitlich vorweg im Rahmen einer Patientenverfügung ergeht, das gleiche Maß an Verbindlichkeit wie einer aktuellen Äußerung zuzuerkennen ist[137]. Das hat der Gesetzgeber nach langen Diskussionen[138] geklärt (siehe unten Rn. 110 ff.)

Obwohl Patientenverfügungen entsprechend der mitunter höchst unterschiedlichen Persönlichkeitsstruktur und Weltanschauung ihrer Verfasser im Einzelfall inhaltlich erheblich voneinander abweichen, besteht eine wesentliche Gemeinsamkeit der meisten heute im Umlauf befindlichen Verfügungen darin, dass sie geprägt sind von der Furcht, am Ende des eigenen Lebens zum Objekt einer modernen Hochleistungsmedizin zu werden, die von einem Übermaß an Technik und einem Defizit an menschlicher Zuwendung geprägt ist und dem Patienten eine apparativ gesteuerte Lebens- und Leidensverlängerung aufzwingt[139]. Ziel des Verfügenden ist in der Regel somit ein weitgehend natürliches, schmerz- und angstfreies, selbstbestimmtes Sterben, hinter dem die Möglichkeiten der Lebensverlängerung deutlich zurücktreten.

Terminologisch wird unterschieden[140]: 103

Aktive Sterbehilfe: Handlungen, mit denen gezielt die Tötung des Patienten herbeigeführt wird. Die aktive oder direkte Sterbehilfe ist gemäß § 216 StGB auch dann strafbar, wenn sie auf Wunsch des Patienten erfolgt (vgl. dazu auch Teil D Rn. 24).

---

137 So gingen einige Stimmen von der Verbindlichkeit der Verfügungen aus, solange nicht der Nachweis eines späteren Sinneswandels erbracht sei, andere beschränkten diese Annahme auf Fälle, in denen auszuschließen sei, dass der Patient seine Entscheidung geändert habe, wieder andere forderten für die Annahme der Verbindlichkeit eine Eindeutigkeit der Verfügung. Noch zurückhaltender waren diejenigen, die der Patientenverfügung lediglich einen Anhaltspunkt für den zu ermittelnden mutmaßlichen Patientenwillen entnehmen wollen, während wieder ein anderer Teil der Literatur eine derartige Indizfunktion ablehnt, wenn die Verfügung älter als zwei Jahre ist – Nachweise hierzu in der 2. Auflage, Teil C Rn. 100.

138 Zur Gesetzgebungsgeschichte: Höfling, NJW 2009, 2849 f.

139 Meran, Patientenverfügung, in: Koch/Meran/Sass, S. 2, 7; Kutner, in: Suizid und Euthanasie, S. 360, 361; Baumann/Hartmann, DNotZ 2000, 594, 603; teilweise werden Patientenverfügungen daher auch als „Angstdokumente" bezeichnet (Rickmann, S. 24).

140 Vgl. auch Teil D Rn. 12 ff.

Indirekte Sterbehilfe: Medikamentöse Schmerzbekämpfung bei unheilbar Kranken, bei der das Risiko einer Lebensverkürzung in Kauf genommen wird. Sie ist unter engen Voraussetzungen zulässig (vgl. dazu auch Teil D Rn. 21).

Sterbebegleitung: Sie umfasst die palliative Schmerzbehandlung, den psychologischen ärztlichen Beistand beim Sterbevorgang sowie die Basisbetreuung. Sie ist unstreitig rechtmäßig, ja der Arzt ist sogar dazu verpflichtet (vgl. dazu auch Teil D Rn. 16 ff.).

Passive Sterbehilfe: Verzicht auf lebensverlängernde Maßnahmen: Soweit der einwilligungsfähige Patient einen solchen Verzicht oder den Abbruch der Maßnahmen verlangt oder dieses in einer Patientenverfügung niedergelegt hat, ist diesem Willen Folge zu leisten (vgl. dazu auch Teil D Rn. 22 f.)[141].

104 Soweit sich die Regelungen einer Patientenverfügung mit Fragen der **aktiven** oder **indirekten** Sterbehilfe befassen, kann ihnen von vornherein keine rechtsbegründende Wirkung zukommen. Das Strafrecht erlegt Arzt und Betreuer insofern zwingende Vorgaben auf, die keinen Handlungs- oder Entscheidungsspielraum lassen (dazu im Einzelnen unten Teil D Rn. 20 f.)[142]. Genügen Klauseln diesem Standard nicht, verstoßen sie gegen ein gesetzliches Verbot und sind gem. § 134 BGB nichtig. Hiervon betroffen sind in der Praxis vor allem Formulierungen zur indirekten Sterbehilfe, die sich mit dem undifferenzierten Hinweis begnügen, der Verfasser wünsche schmerzlindernde Maßnahmen,

- selbst wenn diese mit der unbeabsichtigten Nebenwirkung der Lebensverkürzung verbunden seien[143];
- bei denen eine Lebensverkürzung auch dann in Kauf genommen wird, wenn es sich hierbei nicht um eine unbeabsichtigte Nebenwirkung der Behandlung handelt[144];
- (die Maßnahmen der indirekten Sterbehilfe) erst nach der Diagnose des unaufhaltsamen Sterbeprozesses (zulassen), selbst wenn bereits vor diesem Zeitpunkt qualvolle Schmerzzustände auftreten[145].

105 Für den Bereich der **Sterbebegleitung** gilt ebenfalls, dass die typischerweise verwandten Klauseln lediglich deklaratorisch die bestehende Rechtslage wiedergeben, mitunter aber sogar noch hinter diesem Standard zurückbleiben, soweit die psychologische Betreuung des Sterbenden in Frage steht[146].

Etwas anderes gilt für diejenigen Anordnungen, die sich mit Maßnahmen der **passiven Sterbehilfe** befassen, da der Gesetzgeber in diesem Bereich einen breiteren Gestaltungsspielraum gewährt. So kann der Patient unstreitig in der aktuellen Krankheitssituation sämtliche Behandlungsmaßnahmen wirksam ablehnen, sofern er über die erforderliche Einwilligungsfähigkeit verfügt.

141 Der Abbruch einer bereits eingeleiteten Maßnahme ist in einem solchen Fall nicht strafbar, BGH NJW 2010, 2963

142 Vgl. von Renesse, BtPrax 2005, 47

143 So z. B. das Formular von Uhlenbruck, NJW 1978, 566, 570 oder der Vorschlag der Humanistischen Union, abgedruckt in: Evangelische Akademie Bad Boll, Protokolldienst 1/96, Patiententestament, S. 74

144 So die Patientenverfügung von Omega, abgedruckt in: Evangelische Akademie Bad Boll, Protokolldienst 1/96, Patiententestament, S. 75 f., die Patientenverfügung des Deutschen Juristinnenbundes, Patientenverfügung und Vorsorgevollmacht, S. 3 oder die Patientenverfügung der Hamburger Ärzteschaft, abgedruckt in: Evangelische Akademie Bad Boll, Protokolldienst 1/96, Patiententestament, S. 71

145 So die Patientenverfügung der Deutschen Gesellschaft für Humanes Sterben e.V. (DGHS), Formblatt A, abgedruckt in: Eser/Koch, S. 31, 170 f.

146 So beispielsweise der Vorschlag von Uhlenbruck, NJW 1978, 566, 569 f. oder der der DGHS, Formblatt A, abgedruckt in: Eser/Koch, S. 31, 170 f., die sich lediglich mit der Linderung von Leiden und Beschwerden befassen.

1901a BGB Patientenverfügung

(1) [1]Hat ein einwilligungsfähiger Volljähriger für den Fall seiner Einwilligungsunfähigkeit schriftlich festgelegt, ob er in bestimmte, zum Zeitpunkt der Festlegung noch nicht unmittelbar bevorstehende Untersuchungen seines Gesundheitszustandes, Heilbehandlungen oder ärztliche Eingriffe einwilligt oder sie untersagt (Patientenverfügung), prüft der Betreuer, ob diese Festlegungen auf die aktuelle Lebens- und Behandlungssituation zutreffen. [2]Ist dies der Fall, hat der Betreuer dem Willen des Betreuten Ausdruck und Geltung zu verschaffen. [3]Eine Patientenverfügung kann jederzeit formlos widerrufen werden.

(2) [1]Liegt keine Patientenverfügung vor oder treffen die Festlegungen einer Patientenverfügung nicht auf die aktuelle Lebens- und Behandlungssituation zu, hat der Betreuer die Behandlungswünsche oder den mutmaßlichen Willen des Betreuten festzustellen und auf dieser Grundlage zu entscheiden, ob er in eine ärztliche Maßnahme nach Absatz 1 einwilligt oder sie untersagt. [2]Der mutmaßliche Wille ist aufgrund konkreter Anhaltspunkte zu ermitteln. [3]Zu berücksichtigen sind insbesondere frühere mündliche oder schriftliche Äußerungen, ethische oder religiöse Überzeugungen und sonstige persönliche Wertvorstellungen des Betreuten.

(3) Die Absätze 1 und 2 gelten unabhängig von Art und Stadium einer Erkrankung des Betreuten.

(4) Der Betreuer soll den Betreuten in geeigneten Fällen auf die Möglichkeit einer Patientenverfügung hinweisen und ihn auf dessen Wunsch bei der Errichtung einer Patientenverfügung unterstützen.

(5) [1]Niemand kann zur Errichtung einer Patientenverfügung verpflichtet werden. [2]Die Errichtung oder Vorlage einer Patientenverfügung darf nicht zur Bedingung eines Vertragsschlusses gemacht werden.

(6) Die Absätze 1 bis 3 gelten für Bevollmächtigte entsprechend.

§ 1901b BGB Gespräch zur Feststellung des Patientenwillens

(1) [1]Der behandelnde Arzt prüft, welche ärztliche Maßnahme im Hinblick auf den Gesamtzustand und die Prognose des Patienten indiziert ist. [2]Er und der Betreuer erörtern diese Maßnahme unter Berücksichtigung des Patientenwillens als Grundlage für die nach § 1901a zu treffende Entscheidung.

(2) Bei der Feststellung des Patientenwillens nach § 1901a Absatz 1 oder der Behandlungswünsche oder des mutmaßlichen Willens nach § 1901a Absatz 2 soll nahen Angehörigen und sonstigen Vertrauenspersonen des Betreuten Gelegenheit zur Äußerung gegeben werden, sofern dies ohne erhebliche Verzögerung möglich ist.

(3) Die Absätze 1 und 2 gelten für Bevollmächtigte entsprechend.

2. Begriff

Gemäß § 1901a Abs. 1 BGB ist die Patientenverfügung eine **Entscheidung über die Einwilligung oder Nichteinwilligung** in eine bestimmte, noch nicht unmittelbar bevorstehende ärztliche Maßnahme. Damit hat der Gesetzgeber einen sehr engen Begriffsinhalt gewählt. Willensbekundungen allgemeiner Art, die etwa die Art und Weise oder den Ort einer Behandlung erfassen, fallen nicht darunter. Auch allgemeine Richtlinien, die sich etwa auf ein würdevolles Sterben beziehen, sind keine Patientenverfügungen i.S.d. Abs. 1.[147] Das gilt für manche der im Umlauf befindlichen vorformulierten Klauseln, z.B. dass „lebensverlängernde Maßnahmen unterbleiben“ sollen. Ihnen fehlt die Entscheidung 106

147 BT-Drucks. 16/84432, S. 14 f.; weiteres Beispiel aus der Gesetzesbegründung: „Wenn keine Aussicht auf Besserung im Sinne eines für mich erträglichen Lebens besteht, möchte ich keine lebensverlängernden Maßnahmen“.

über die Einwilligung oder Nichteinwilligung in eine ganz bestimmte ärztliche Maßnahme.[148] Die erforderliche Konkretisierung kann sich im Einzelfall durch die Bezugnahme auf bestimmte Krankheiten oder Behandlungssituationen ergeben[149]. Besser ist es selbstverständlich, die Patientenverfügung von vorneherein genau zu formulieren, etwa indem konkrete Operationen, Untersuchungen des Gesundheitszustandes oder bestimmte künstliche Methoden zur Lebenserhaltung (Beispiel das Legen einer Magensonde) erfasst werden. Es muss sich um **vorweggenommene** Entscheidungen handeln. Werden zeitnah durchzuführende ärztliche Maßnahmen erwähnt, so handelt es sich um eine aktuell abgegebene Willenserklärung, nicht um eine Patientenverfügung. Nach überwiegender Auffassung gehört die künstliche Ernährung zur Therapie und ist daher auch einer Patientenverfügung zugänglich. Andere sind der Auffassung, dass die Aufrechterhaltung von Grundfunktionen des Organismus (etwa Ernährung, Atmung) nicht dem Regelungsbereich der Patientenverfügung unterfällt[150].

3. Voraussetzungen

a. Volljährigkeit/Einsichtsfähigkeit

107 **Nur ein Volljähriger** kann wirksam eine Patientenverfügung errichten. Obwohl das Selbstbestimmungsrecht eines Patienten nicht erst mit Vollendung des 18. Lebensjahres beginnt, hat der Gesetzgeber sich entschieden, dass eine Verfügung im Sinne des § 1901a Abs. 1 BGB nur von Volljährigen errichtet werden kann.[151]

In einem gewissen Widerspruch dazu wird allerdings keine Geschäftsfähigkeit für die Errichtung vorausgesetzt. Es genügt die **Einwilligungsfähigkeit**. Einwilligungsfähig ist ein Betroffener, wenn er Art, Bedeutung, Tragweite und auch die Risiken einer Maßnahme erfassen und seinen Willen hiernach bestimmen kann. Letztlich sind damit die Kriterien maßgebend, die von der Rechtsprechung schon bisher für die Einwilligung in ärztliche Heilbehandlungen entwickelt wurden. Das ist konsequent. Jedoch ist der Begriff der Einsichtsfähigkeit gerade auch deshalb entwickelt worden, um nicht voll Geschäftsfähigen, d.h. (noch) nicht volljährigen Personen die Möglichkeit der Einwilligung in ärztliche Behandlungsmaßnahmen zu ermöglichen. Dies wird für die Patientenverfügung jedoch ausgeschlossen. Die Verfügung eines Minderjährigen kann vom gesetzlichen Vertreter entsprechend dem Gedanken des § 1901a Abs. 2 berücksichtigt werden.

b. Schriftform

108 Die Schriftform als Wirksamkeitsvoraussetzung soll die Betroffenen vor übereilten oder unüberlegten Festlegungen warnen[152]. Die Form entspricht § 126 BGB, so dass eine **Urkunde** erstellt werden muss[153], die vom Aussteller zu unterschreiben ist. Eine Videoaufnahme genügt der Form nicht, ist aber nach Abs. 2 beachtlich (vgl. Kap. D Rn. 14 ff.). Die **Unterschrift** kann nach h.M. nicht durch einen Vertreter geleistet werden[154]. Die Sprache, in der das Dokument abgefasst ist, ist unerheblich. Die Angabe von Zeit und Ort der Errich-

---

148 BGH BtPrax 2017, 120; vgl. auch BGH FamRZ 2016, 1671; Renner ZNotP 2009, 376; Brosey, BtPrax 2009, 175
149 BGH BtPrax 2017, 120
150 Siehe Begründung des Gesetzentwurfs BT-Drucks. 16/8442, S.13
151 Kritisch: Spickhoff, FamRZ 2009, 1950; kritisch mit Lösungsvorschlägen de lege lata: Sternberg-Lieben, NJW 2012, 257
152 BT-Drucks. 16/8442, S. 13
153 Kritisch: Renner ZNotP 2009, 377
154 Jürgens-Jürgens, § 1901a BGB, Rn. 6; MK-Schwab, § 1901a BGB, Rn. 11; Damrau/Zimmermann, § 1901a BGB, Rn. 29

tung ist nicht notwendig, empfiehlt sich aber. Sie kann etwa bedeutsam sein bei der Frage, ob die Erklärungen noch auf die aktuelle Lebens- und Behandlungssituation zutreffen.

c. Kein Widerruf

§ 1901 Abs. 1 Satz 3 BGB stellt klar, dass eine Patientenverfügung jederzeit **formlos widerrufen** werden kann, auch mündlich oder durch konkludentes Verhalten. Strittig ist, welche Anforderungen an die Willensbildung zu stellen sind. Einige Autoren verlangen eine natürliche Einwilligungsfähigkeit[155], nach anderer Auffassung genügt der natürliche Wille.[156] Die Gesetzesbegründung sagt ausdrücklich, dass allein die Willensänderung, die allerdings irgendwie zum Ausdruck kommen muss, ausreicht[157]. In der Praxis wird es allerdings häufig schwierig sein, festzustellen, ob ein solcher Widerruf etwa in einer ablehnenden Mimik oder einer entsprechenden Handbewegung gesehen werden kann. Die Formlosigkeit des Widerrufs kann nicht abbedungen werden. 109

4. Bindungswirkung/Rechtsnatur

Die Entscheidung über die Einwilligung oder Nichteinwilligung in Heilbehandlungen oder ärztliche Eingriffe sind **unmittelbar bindend**. Der Gesetzgeber geht davon aus, dass die Patientenverfügung selbst schon eine Willenserklärung darstellt. Das ist nicht ganz unproblematisch, weil eine Willenserklärung nach ihrer Definition eigentlich unmittelbar auf die Änderungen eines Rechtszustandes zielt. Im vorliegenden Fall ist es jedoch nicht sicher, dass die Situation, für die die Erklärung gedacht ist, überhaupt eintreten wird. Da nicht Geschäftsfähigkeit, sondern Einwilligungsfähigkeit vorausgesetzt ist, stellt sie keine Willenserklärung dar[158]. Überdies würden die Regeln des Allgemeinen Teils des Bürgerlichen Gesetzbuchs (z.B. §§ 119 ff. BGB) nicht passen. Die Erklärung ist vertretungsfeindlich. 110

Niemand darf zur Errichtung einer Patientenverfügung verpflichtet werden (§ 1901a Abs. 5 BGB), etwa im Rahmen eines Versicherungsvertrags. Entsprechende Klauseln wären nichtig, § 134 BGB.

5. Aufgabe des Betreuers/Bevollmächtigten und des Arztes

Der Gesetzgeber hielt eine Auffassung, wonach die Patientenverfügung noch eine Erklärung des Betreuers oder Bevollmächtigten voraussetzt, nicht mit dem Grundsatz der Erforderlichkeit für vereinbar[159]. Jedoch ist als Kompromiss zweier unterschiedlicher Auffassungen im Bundestag § 1901b BGB eingefügt worden, der den Betreuer/Bevollmächtigten verpflichtet, vor seiner Entscheidung das Gespräch mit dem Arzt zu suchen und Angehörigen Gelegenheit zur Äußerung zu geben. Dies macht nur Sinn, wenn der Betreuer einen Beurteilungsspielraum hat, den er durch eine selbständige Entscheidung ausfüllt. Am Schluss muss er daher in eigener Verantwortung eine Entscheidung treffen, die dann auch konstitutiv ist.[160] 111

Der Arzt selbst hat bei der Auslegung der Patientenverfügung eine unterstützende Funktion, entscheidet aber nicht. In einem gewissen Widerspruch dazu bestimmt § 630d 111a

155 MK-Schwab § 1901a Rn. 37; Steenbreker, NJW 2012, 3207
156 Locher, FamRB 2010, 59; Jürgens-Jürgens, § 1901a BGB, Rn. 12
157 BT-Drs. 16/8442, S. 13
158 So auch Spickhoff, FamRZ 2009, 1950
159 BT-Drucks. 16/8442, S.14
160 So auch: Diehn/Rebhahn, NJW 2009, 329; Albrecht/Albrecht, Die Patientenverfügung, Rn. 39; a.A. MK-Schwab § 1901a BGB Rn. 25

BGB[161], dass eine Einwilligung des gesetzlichen Vertreters nicht notwendig sein soll, wenn eine Patientenverfügung im Sinne des § 1901a BGB vorliegt[162]. Allerdings gilt § 630d nur für ein (aktives) Handeln des Arztes und damit nicht für einen Behandlungsabbruch. Zum anderen verlangt die Norm selbst in Abs. 2 eine Aufklärung gegenüber dem Betreuer. Da aber nur derjenige wirksam einwilligen kann, der vorher aufgeklärt wurde, entscheidet letztlich doch der Betreuer, nicht der Arzt, der sich allein auf die Patientenverfügung stützt.[163] Aufgabe des Arztes ist es, die medizinische Indikation zu stellen, d.h. festzustellen, welche Maßnahme(n) aus rein medizinischer Sicht sinnvoll ist/sind. Dazu hat er den Gesamtzustand des Patienten zu berücksichtigen und die weitere Entwicklung zu prognostizieren. Fehlt es an einer solchen medizinischen Indikation, ist auch eine Entscheidung des Betreuers nicht notwendig.

111b Der Betreuer hat dem Willen des Betreuten zum Durchbruch zu verhelfen. Zunächst besteht seine Aufgabe darin, diesen **Willen zu ermitteln**. Dies ist in zweierlei Hinsicht notwendig: Zum einen kann es unklar sein, was der Betroffene konkret mit seinen schriftlichen Fixierungen gemeint hat. Diese dürften häufig auslegungsbedürftig sein. Diese **Auslegung** ist Sache des Betreuers. Dabei hat er auch mündliche Äußerungen sowie allgemeine Wertvorstellungen des Betroffenen heranzuziehen[164]. Sie dürfen allerdings nicht allein vom Wortlaut der Erklärung ausgehen, sondern müssen versuchen, den wahren Willen des Erklärenden zu ermitteln[165]. Dazu kann auch die ergänzende Auslegungsmethode heranzuziehen sein[166]. Diese ist u.U. notwendig, wenn der Betreute bei der Abfassung der Patientenverfügung etwas nicht bedacht hat, was aber für ihn wesentlich gewesen wäre. Hinweisen auf eine mögliche Willensänderung ist nachzugehen. Hinsichtlich der Ernsthaftigkeit der geäußerten Wünsche können die Schriftlichkeit, die zeitnahe Abfassung und eine intensive ärztliche Aufklärung entscheidende Indizien sein. Der Betreuer hat den Arzt hinzuzuziehen (§ 1901b BGB), da der Gesetzgeber dem Konsens von Arzt und Betreuer große Bedeutung beimisst (weil dann die Genehmigungspflicht entfällt). Aber es kann auch sinnvoll sein, andere Personen mit in den Auslegungsprozess einzubeziehen. An die Feststellung des Patientenwillens sind strenge Maßstäbe anzulegen[167].

§ 1901b Abs. 2 BGB sieht deshalb ausdrücklich vor, dass nahen Angehörigen oder sonstigen Vertrauenspersonen des Betreuten Gelegenheit zur Stellungnahme gegeben wird.

Zum zweiten hat der Betreuer zu prüfen, ob die in der Patientenverfügung geregelte **Situation mit der aktuellen übereinstimmt**. Mitunter sind die Festlegungen in einer schriftlichen Patientenverfügung so vage oder allgemein gehalten, dass sehr fraglich ist, ob die konkret eingetretene Krankheit vom Wortlaut abgedeckt wird bzw. abgedeckt werden sollte.

112 Die Patientenverfügung ist in jedem Krankheitsstadium zu beachten (§ 1901a Abs. 3). Das Kriterium des **unumkehrbar tödlichen Verlaufs** des Grundleidens wird vom Gesetzgeber bewusst **nicht aufgestellt**[168]. Insoweit weicht das Gesetz ausdrücklich von den Empfehlungen der Enquête-Kommission „Ethik und Recht der modernen Medizin" ab. Begründet wird dies mit dem Selbstbestimmungsrecht des Patienten, das nicht nur am Ende

161 Eingefügt durch das Gesetz zur Verbesserung der Rechte von Patientinnen und Patienten vom 20.2.2013 (BGBl. I S. 277).
162 So auch BT-Drs. 17/10488, S. 55.
163 Wie hier: Boemke, NJW 213, 1414; kritisch gegenüber der gesetzgeberischen Intention auch: Olzen/Karakaya, BtPrax 2013, 130 f.
164 Zur Auslegung eingehend: BGH BtPrax 2017, 120
165 Lipp, Patientenautonomie und Lebensschutz, S. 24
166 Roth, JZ 2004, S. 499
167 BGH BtPrax 2014, 263 = FamRZ 2014, 1909 m. Anm. Spickhoff
168 BGH a.a.O.

des Lebens Berücksichtigung zu finden habe, sondern zu jedem Zeitpunkt[169]. Die von verschiedenen Seiten geforderte Reichweitenbegrenzung hat insoweit keinen Niederschlag im Gesetz gefunden.

Grundsätzlich gilt, dass eine Erklärung umso eher umgesetzt werden kann, je individueller und genauer sie abgefasst ist. Umgekehrt können vage und allgemein gehaltene Erklärungen mit unbestimmten Begriffen für einen Arzt oder Betreuer kaum eine Entscheidungshilfe sein. Aus dem Gesagten ergibt sich, dass vorformulierte Klauseln, die für eine Vielzahl von Patienten gedacht sind, zwar unter den Begriff Patientenverfügung fallen können und damit grundsätzlich Bindungskraft entfalten; weil sie aber nur geringe Rückschlüsse auf einen individuellen Willen zulassen, ist hier die Auslegung besonders schwierig. Bestehen Unklarheiten, so wird wohl im Zweifel zu Gunsten des Lebens entschieden werden. Zu den Problemen dieser Art der Patientenverfügung im Folgenden einige Gesichtspunkte. **113**

6. Unbestimmtheit vorformulierter Klauseln

Bereits zahlreiche der in den üblichen Formularvordrucken verwandten Begriffe sind problematisch, entweder weil sie dem engen Begriffsinhalt der Patientenverfügung in § 1901 a BGB nicht entsprechen oder **Zweifel** an der **praktischen Verwertbarkeit** begründen. **114**

Häufig wünscht der Verfasser beispielsweise für den Fall irreversibler Bewusstlosigkeit[170], wahrscheinlicher schwerer Dauerschädigung des Gehirns[171], des dauernden Ausfalls lebenswichtiger Funktionen[172] oder einer infausten Prognose die Einstellung lebensverlängernder Maßnahmen, zumal wenn diese nicht die Verlängerung des Lebens, sondern allein die des Sterbens bewirken könnten[173] oder nicht zu erwarten sei, dass während der verbleibenden Zeit ein lebenswertes Leben möglich sein werde[174]. Vereinzelt wird die Anwendung lebenserhaltender Maßnahmen auch davon abhängig gemacht, dass gute Aussichten bestünden, der Zustand werde sich hierdurch entscheidend verbessern[175].

Schon der Begriff der so genannten **irreversiblen Bewusstlosigkeit** kennzeichnet kein einheitliches, klar definiertes Krankheitsbild. Vielmehr werden hierunter ganz verschiedenartige Krankheitsbilder subsumiert, angefangen vom apallischen Syndrom über den fortdauernden vegetativen Zustand (PVS) bis hin zum irreversiblen Koma. Während Letzteres durch eine schwere Schädigung des Hirnstammes charakterisiert ist, die ein Wiedererwachen des Patienten unmöglich und ein Überleben über einen Zeitraum von mehr als zwölf Monaten sehr unwahrscheinlich erscheinen lässt[176], ist bei PVS-Patienten der Hirnstamm **115**

169 BT-Drucks. 16/8442, S. 16

170 So z. B. Ärztekammer Berlin, Patientenverfügung, abgedruckt in: Taupitz, Zivilrechtliche Regelungen zur Absicherung der Patientenautonomie am Ende des Lebens, S. 273, 417; Christophorus Hospiz Verein e.V., Patientenverfügung in Verbindung mit Vollmacht und Betreuungsverfügung, abgedruckt in: Taupitz, Landesbericht Deutschland in: Taupitz, Zivilrechtliche Regelungen, S. 273, 427; Ärztekammer Nordrhein, Deutsche Apotheker Zeitung 2000, 2901

171 So Uhlenbruck, NJW 1978, 566, 569; Deutsche Gesellschaft für Humanes Sterben, Patientenverfügung, Formblatt A, abgedruckt in: Koch, Materialien zur Sterbehilfe, S. 31, 170 f.

172 So Humanistische Union, Patientenverfügung, abgedruckt in: Evangelische Akademie Bad Boll, Protokolldienst 1/96, S. 74

173 Deutscher Juristinnenbund, Patientenverfügung und Vorsorgevollmacht, S. 3; Christophorus Hospiz Verein e.V., Patientenverfügung in Verbindung mit Vollmacht und Betreuungsverfügung, abgedruckt in: Taupitz, Landesbericht Deutschland in: Taupitz, Zivilrechtliche Regelungen, S. 273, 427; Kreisseniorenrat Tübingen, Patientenverfügung, abgedruckt in: Evangelische Akademie Bad Boll, Protokolldienst 1/96, Patiententestament, S. 65

174 Südwestdeutscher Rundfunk SWR, Ratgeber Recht, Patientenverfügung, abgedruckt in: Taupitz, Landesbericht Deutschland in: Taupitz, Zivilrechtliche Regelungen, S. 273, 478

175 Ministerium für Justiz und Europaangelegenheiten des Landes Brandenburg, Hilflos? Nein, weil ich vorgesorgt habe, S. 15, abgedruckt in: Taupitz, Landesbericht Deutschland in: Taupitz, Zivilrechtliche Regelungen zur Absicherung der Patientenautonomie am Ende des Lebens, S. 273, 424

176 Haider, Der Internist 1992, 536 ff.

intakt, es wechseln sich Schlaf- und Wachphasen ab, die Patienten halten die Augen oft mehrere Stunden lang geöffnet[177]. Immer wieder werden außerdem Fälle bekannt, in denen sie entgegen aller Erwartung ihre vollen kognitiven Fähigkeiten auch nach längerer Zeit wiedererlangen[178]. Das apallische Syndrom betrifft hingegen die Dissoziation der Funktionen von Groß- und Stammhirn. Auch hier besteht ein Schlaf-wach-Zyklus, Prognosen bezüglich der Wiedererlangung des Bewusstseins erweisen sich selbst nach Jahren als problematisch[179]. Klärungsbedürftig bliebe somit, welche konkrete Vorstellung der Verfasser der Patientenverfügung mit dem Begriff der irreversiblen Bewusstlosigkeit verbindet.

116 Die Formulierung „wahrscheinliche schwere Dauerschädigung des Gehirns" wirft gleich in doppelter Hinsicht Interpretationsschwierigkeiten auf. Weder Betreuer noch Arzt werden in der Lage sein, zuverlässig zu ermitteln, was der Verfügende unter einer **„schweren" Schädigung** verstanden hat. Noch nebulöser freilich ist das Abstellen auf die **„Wahrscheinlichkeit"** (große Wahrscheinlichkeit, mit an Sicherheit grenzende Wahrscheinlichkeit) einer solchen Schädigung des Gehirns, ohne dass ersichtlich wäre, welchen Grad an Gewissheit die gestellte Prognose liefern müsste.

117 Der umfassende Verzicht auf lebensverlängernde Maßnahmen im Fall einer **„infausten Prognose"** wiederum hätte, wörtlich genommen, bereits eine sehr frühzeitige Einstellung der ärztlichen Bemühungen zur Folge. Eine unheilbare, zum Tode führende Erkrankung kann sich oft über einen langen, im Voraus noch gar nicht bestimmbaren Zeitraum erstrecken, dessen Länge durch die Anwendung intensivtherapeutischer Maßnahmen zudem maßgeblich beeinflusst werden kann. Aus einer solchen Behandlung resultiert zumeist eine – zumindest vorübergehende – qualitative Verbesserung des Gesundheitszustandes des Patienten, die häufig von der betreffenden Person besonders intensiv erlebt wird. Es erscheint durchaus zweifelhaft, ob der Verfügende dies im Voraus im Einzelnen durchdacht und bei Abfassung der Verfügung tatsächlich so in seinen Willen aufgenommen hat.

118 Als für eine praktische Handhabung viel zu unbestimmt erweisen sich bei näherer Betrachtung ferner die Begriffe der **Lebens- und Sterbensverlängerung**. Da diese in hohem Maße einer Wertung des einzelnen Patienten unterliegen, wird es niemals möglich sein, eine klare Grenzlinie zwischen beiden Bereichen zu ziehen. Ist aber der Verfasser der Patientenverfügung in der entscheidungserheblichen Situation nicht mehr in der Lage, hierzu nähere Erläuterungen zu geben, bliebe allein die Möglichkeit, dem Betreuer bzw. bei Gefahr im Verzug dem behandelnden Arzt die Auslegung zu überlassen. Mit einer Stärkung des Selbstbestimmungsrechts des Patienten dürfte dies kaum einhergehen.

119 Der gleichen Kritik sieht sich die Verwendung des Begriffs des **„lebenswerten Lebens"** ausgesetzt; die Klausel, welche die Anwendung lebensverlängernder Maßnahmen von „guten Aussichten" auf eine „entscheidende" Verbesserung des Gesundheitszustandes abhängig macht, operiert gar mit zwei unbestimmten und wertausfüllungsbedürftigen Begriffen und eröffnet Dritten einen weiten Interpretationsspielraum.

120 Zusammenfassend bleibt somit festzuhalten, dass viele der in Patientenverfügungen gebrauchten **Formulierungen zu vage** sind, als dass der Betreuer bzw. in Eilfällen der behandelnde Arzt daraus konkrete Rückschlüsse auf den Patientenwillen ziehen könnte. Die Beschreibung der für die Einstellung lebensverlängernder Maßnahmen entscheidenden Situationen beschränkt sich in der Regel auf plakative Schlagworte, die nur dann einer praktischen Handhabung zugänglich wären, wenn der Verfügende jeweils detailliert beschreiben würde, welchen Inhalt er der jeweiligen Wortwahl beimisst.

---

177 Nacimento, DÄBl 1997, 661
178 Beckert, S. 371
179 May, S. 142 f.; Bade, S. 71

Unabhängig von den erwähnten Bedenken sind vorformulierte Patientenverfügungen typischerweise wenig geeignet, die später tatsächlich eintretende Situation auch nur annähernd vollständig zu skizzieren. Das konkrete Krankheitsbild des einwilligungsunfähig gewordenen Patienten wird von einer Vielzahl von Faktoren und Symptomen bestimmt, die geeignet wären, den Entscheidungsprozess des Patienten aktuell zu beeinflussen, wenn er noch in der Lage wäre, diesen eigenständig zu vollziehen. Bedenken bestehen daran, ob eine Patientenverfügung selbst im Fall hinreichender Bestimmtheit anwendbar sein kann, wenn neben dem beschriebenen Krankheitsbild weitere abwägungserhebliche Faktoren bei einer aktuell anstehenden Entscheidung zu berücksichtigen wären. **121**

Vielfach wird derjenige, der beabsichtigt, eine Patientenverfügung zu verfassen, zwar ausdrücklich mit bestimmten dort getroffenen Aussagen einverstanden sein, sich zu anderen jedoch entweder noch überhaupt keine tiefer gehenden Gedanken gemacht haben, ihren Inhalt möglicherweise nicht einmal verstehen, oder diesem im Einzelfall gar ablehnend gegenüberstehen. Liegt ihm aber gerade – und dies dürfte der Regelfall sein – kein anderes Formular vor als das, dessen Aussagen er bedingungslos akzeptiert, besteht die begründete Gefahr, dass er das Formular unter Hintanstellung seiner Bedenken unterzeichnet. **122**

Vielversprechender wäre es insofern sicher, Patientenverfügungen **losgelöst von Formularen**[180] und unter ausführlicher Erläuterung der **eigenen Behandlungswünsche** abzufassen. **123**

7. Ärztliche Aufklärung des Verfassers

Die ärztliche Aufklärung ist nicht Voraussetzung einer wirksamen Patientenverfügung, weil der Gesetzgeber keine zu hohen Hürden für die Wirksamkeit aufstellen wollte[181]. Gleichwohl kann der Verfasser eine sinnvolle Entscheidung darüber, ob er im Fall einer unheilbaren, zum Tode führenden Erkrankung eine lebenserhaltende Behandlungsmaßnahme ablehnt oder nicht, nur treffen, wenn er Bedeutung und Tragweite seiner Erklärung erfasst. Insofern unterscheidet sich die im Rahmen einer Patientenverfügung getroffene Aussage nicht von der Behandlungsentscheidung in der akuten Situation. Hat die ärztliche Aufklärung aber in letztgenanntem Fall sicherzustellen, dass der Betroffene über die erforderliche Informationsgrundlage verfügt, so ist es sinnvoll, eine solche Aufklärung in gleicher Weise vor der Abfassung einer Patientenverfügung einzuholen[182]. **124**

Eine inhaltlich ausreichende Aufklärung muss allerdings vor der Abfassung einer Patientenverfügung notgedrungen abstrakt unter Bezugnahme auf typische Krankheitsbilder erfolgen, da nicht vorhersehbar ist, welche konkrete Konstellation später einmal eintreten wird. Eine solche Informationsvermittlung vermag den Anforderungen, die die Rechtsprechung an eine ordnungsgemäße Aufklärung stellt, nicht zu genügen. Denn die höchstrichterliche Rechtsprechung zur Risikoaufklärung hat sich längst von der früher maßgeblichen abstrakt-generellen Aufklärung über die Komplikationsdichte[183] hin zu dem konkret-individuellen Maßstab der spezifischen Bedeutung des Risikos eines Eingriffs für die Lebensführung des Patienten gewandt[184]. **125**

180 Anders Vossler, BtPrax 2002, 240 ff.
181 BT-Drucks. 16/8442, S.14; kritisch Höfling, NJW 2009, 2852; s.a. Paul/Fischer, DMW 2008, 175
182 So auch die Gesetzesbegründung: BT-Drucks. 16/8442, S.14
183 BGHZ 29, 46, 57 f.; BGHZ 29, 176, 181
184 BGH NJW 1980, 1905, 1907; BGHZ 90, 103, 107; BGHZ 106, 391, 399

126 Gleichwohl sollte sich jeder Verfasser einer Patientenverfügung vorher intensiv aufklären und das Gespräch dokumentieren lassen. Bedenkt man, dass eine informative Aufklärung erst die Autonomie der Patientenentscheidung bedingt[185], so lassen die hier aufgezeigten Probleme Zweifel an der Verwirklichung des Selbstbestimmungsrechts durch eine ohne solche Informationen errichtete Patientenverfügung aufkommen.

8. Fehlende Antizipierbarkeit der entscheidungserheblichen Situation

127 Die individuellen Erwartungen, die eine dem Sterben nahe Person mit ihrem Leben verknüpft, unterscheiden sich erfahrungsgemäß in sehr starkem Maß von denen, die sie noch in gesunden Tagen geäußert und für selbstverständlich gehalten hat. Starke psychische Veränderungen sind bei schwer kranken Menschen die Regel; die Wertmaßstäbe des Betreffenden verschieben sich, und zumeist geht hiermit ein zuvor nicht für möglich gehaltenes **Erstarken des Lebenswillens** einher[186]. Der Patient nimmt eine für Außenstehende hoffnungs- und aussichtslos erscheinende Lage regelmäßig nicht als solche wahr, vormals von ihm selbst für geradezu unerträglich gehaltene Krankheitsbilder erträgt er nunmehr mit erstaunlichem Gleichmut.

Beurteilen sich aber der Wert des menschlichen Lebens sowie die Würde des Sterbens aus dem Blickwinkel eines gesunden Menschen anders als aus der Perspektive eines Moribunden, spricht dies dafür, Behandlungsanweisungen, die vor dem Eintritt der kritischen Situation im Rahmen einer Patientenverfügung erteilt werden, mit großer Vorsicht zu betrachten[187]. Von einer Entscheidung des Patienten, die als Ausdruck seines freien und selbstbestimmten Willens besondere Beachtung verdient, kann ernsthaft nur dann die Rede sein, wenn die in der Patientenverfügung enthaltene Erklärung die Gewähr dafür bietet, dass sie sich auch in der in Bezug genommenen kritischen Phase als zuverlässiger Maßstab des Willens des Betroffenen darstellt. Ist dies aber nicht der Fall, so würde auch aus der Verbindlichkeit der Patientenverfügung keine Stärkung der Privatautonomie des Einzelnen resultieren.

128 Dem lässt sich nicht mit dem Argument begegnen, für eine Stärkung des Selbstbestimmungsrechts sei nicht so sehr das objektive Freisein des Menschen von Zwängen von Bedeutung als vielmehr das subjektive Freiheitsbewusstsein sowie die **„relative Gefühlsgewissheit"**, dass die niedergelegte Entscheidung ebenso in der maßgeblichen Situation getroffen würde[188]. Denn Selbstbestimmung sollte nicht leichtfertig mit Selbsttäuschung verwechselt werden.

129 Keinen tragfähigen Ausweg aus dem aufgezeigten Dilemma der schwierigen Antizipierbarkeit der entscheidungserheblichen Situation stellt es ferner dar, in die Patientenverfügung die Klausel aufzunehmen, der Verfasser habe das Risiko bedacht, die Erklärung werde seinem späteren Willen nicht mehr entsprechen[189]. Derjenige, der eine solche Klausel unterschreibt, hält nämlich ganz offensichtlich die Gefahr eines späteren Sinneswandels fälschlicherweise für vernachlässigenswert gering. Andernfalls würde er von der Abfassung einer Patientenverfügung absehen, mit der er doch typischerweise die Vorstellung verbindet, sicherzustellen, in der entscheidungserheblichen Situation so behandelt zu werden, wie es – zu jenem künftigen Zeitpunkt! – seinen Wünschen entsprechen wird.

185 May, S. 214
186 Rickmann, S. 178; Uhlenbruck, in: Sterbehilfe und Patiententestament, S. 33, 94
187 Vgl. Möllering, S. 53 sowie die intensive und überzeugende Auseinandersetzung mit der gegenteiligen Auffassung bei Conradi, S. 575–602
188 Schöllhammer, S. 115
189 So Taupitz, S. A 117

Möglicherweise ist dies abweichend zu beurteilen, wenn der Verfügende bereits **konkrete Todeserfahrungen** gemacht oder den **Sterbeprozess einer ihm nahe stehenden Person** über einen längeren Zeitraum begleitet hat[190]. Zumindest wird der Betreffende in der Regel hierdurch in seinem Wesen und seinen Einstellungen entscheidend geprägt sein, sodass die von ihm in der Patientenverfügung niedergelegte Erklärung eher das Ergebnis eines ernsthaften und überlegten Willensbildungsprozesses ist als die einer Person, die sich nur abstrakt mit der Thematik auseinander gesetzt hat[191]. 130

Fazit: Sinnvoll ist eine Patientenverfügung als eine **individuelle Erklärung**, in welcher der Verfasser nach genauer Aufklärung konkrete Anweisungen trifft.

190 Hierfür vor allem Rickmann, S. 165

191 Allerdings besteht eine erhebliche Diskrepanz zwischen der Beurteilung der konkreten Situation durch den Kranken selbst und derjenigen durch einen außenstehenden Dritten. Daher lässt das bloße Miterleben fremden Leides keinen definitiven Rückschluss auf das eigene Empfinden in vergleichbarer Lage zu.

III. Die Betreuungsverfügung

§ 1897 Abs. 4 BGB

(4) [1]Schlägt der Volljährige eine Person vor, die zum Betreuer bestellt werden kann, so ist diesem Vorschlag zu entsprechen, wenn es dem Wohl des Volljährigen nicht zuwiderläuft. [2]Schlägt er vor, eine bestimmte Person nicht zu bestellen, so soll hierauf Rücksicht genommen werden. [3]Die Sätze 1 und 2 gelten auch für Vorschläge, die der Volljährige vor dem Betreuungsverfahren gemacht hat, es sei denn, dass er an diesen Vorschlägen erkennbar nicht festhalten will.

1. Begriffsbestimmung der Betreuungsverfügung

131 Eine Betreuungsverfügung ist eine Willensäußerung, durch die eine Person für den Fall ihrer Betreuungsbedürftigkeit Bestimmungen hinsichtlich der Auswahl des zu bestellenden Betreuers und/oder bezüglich der Ausgestaltung des Betreuungsverhältnisses trifft[192].

132 Sie bindet das Betreuungsgericht wie folgt: Dem in einer solchen Verfügung gemachten **Vorschlag** eines Volljährigen, eine **konkrete Person als Betreuer** zu bestellen, hat das Betreuungsgericht zu entsprechen, sofern dies seinem Wohl nicht zuwiderläuft (§ 1897 Abs. 4 Satz 1 BGB), in der Person des Vorgeschlagenen kein Ausschlussgrund (1897 Abs. 3 BGB) begründet ist und dieser sich zur Übernahme der Betreuung bereiterklärt (§ 1898 BGB). Wünsche des Betreuten, welche die inhaltliche Gestaltung des Betreuungsverhältnisses betreffen, hat der Betreuer zu befolgen, soweit ihm dies zumutbar ist und das Wohl des Betreuten dem nicht entgegensteht (§ 1901 Abs. 3 Satz 1 BGB).

133 Da der Betroffene zum Zeitpunkt des Eintritts der Betreuungsbedürftigkeit häufig nicht mehr in der Lage ist, seine Vorstellungen rechtswirksam kundzutun, kommt den genannten Regelungen besondere praktische Relevanz zu. Diese ermöglichen es dem Volljährigen, Vorschläge zur Person des Betreuers sowie konkrete Handlungsanweisungen diesem gegenüber bereits vor der Einleitung des Betreuungsverfahrens zu unterbreiten. Das Betreuungsgericht bzw. der Betreuer haben wiederum von der Fortdauer des vormals geäußerten Willens auszugehen, sofern der Betroffene nicht deutlich zu erkennen gibt, dass er an diesem nicht mehr festhalten möchte.

▶ *Zur Abgrenzung zwischen Betreuungsverfügung und Vorsorgevollmacht sowie zu einer möglichen Kombination beider Rechtsinstitute vgl. oben Rn. 75 ff.*

2. Persönliche Voraussetzungen des Verfassers

134 Da die in einer Betreuungsverfügung geäußerten Vorschläge und Wünsche **keine Willenserklärungen** sind[193], kann auch der nicht geschäftsfähige Volljährige vom Grundsatz her eine wirksame Betreuungsverfügung errichten[194]. Der Vorschlag muss nicht auf einem ernsthaften oder eigenständig gebildeten Willen beruhen[195]. Der Gesetzgeber hat dabei vor allem an die Äußerung von Wünschen in Situationen gedacht, in denen mehrere Entscheidungsalternativen mit dem Wohl des Betreuten vereinbar sind. So spreche beispielsweise nichts dagegen, dass der geschäftsunfähige Betreute beim Kauf eines Elektrogerätes die Marke oder beim Erwerb eines Kleidungsstücks die Farbe seinem eigenen Geschmack entsprechend aussuche[196].

---

192 Langenfeld, A., S. 156; Epple, BtPrax 1993, 156
193 BT-Drucks. 11/4528, S. 127; MK-Schwab, § 1901 BGB, Rn. 11, 13
194 Bienwald, § 1897 BGB, Rn. 84; Langenfeld, A., S. 157
195 BGH BtPrax 2011, 84
196 BT-Drucks. 11/4528, S. 67

Freilich wird im Fall der Geschäftsunfähigkeit stets intensiv zu überprüfen sein, inwiefern die Äußerung des Betroffenen seine eigenen Vorstellungen noch zuverlässig widerspiegelt. Die **Grenze der Berücksichtigungsfähigkeit** ist dort überschritten, wo Bekundungen eines Geschäftsunfähigen erkennbar willkürlich erfolgen und ohne dass er den Sinn seiner Worte zu erfassen vermag. Der Betreuungsbedürftige würde andernfalls zum Opfer seiner eigenen Unzulänglichkeiten werden, die Beachtung von ihm geäußerter Wünsche wäre gerade nicht mehr Ausdruck der besonderen Achtung seines Selbstbestimmungsrechts. In Fällen dieser Art ist die Entscheidung des Betreuungsgerichts (hinsichtlich der Berufung des Betreuers) bzw. des Betreuers (bezüglich der inhaltlichen Gestaltung des Betreuungsverhältnisses) allein am Wohl des Betreuten auszurichten. Allerdings sollten nicht leichtfertig vermeintlich unvernünftige Wünsche als unbeachtlich abgetan werden[197].

Zu beachten ist, dass der Betreuer nur diejenigen Wünsche des Geschäftsunfähigen zu berücksichtigen hat, die sich auf den ihm übertragenen Aufgabenkreis beziehen. Soll der Betreuer darüber hinausgehend rechtsgeschäftlich tätig werden, setzt dies eine wirksame Bevollmächtigung und damit die Geschäftsfähigkeit des Betreuten im Zeitpunkt der Übertragung der konkreten Aufgabe voraus.

3. Umdeutung einer nichtigen Vorsorgevollmacht in eine Betreuungsverfügung

Vorsorgevollmacht und Betreuungsverfügung verfolgen in gleicher Weise das Ziel, die Vorstellungen ihres Verfassers bezüglich der Gestaltung seines Lebens im Fall der Hilfsbedürftigkeit verbindlich festzulegen. Während jedoch die in einer Betreuungsverfügung enthaltenen Anordnungen – vorausgesetzt, sie widersprechen nicht dem Wohl des Betreuten und ihre Befolgung ist dem Betreuer zumutbar – selbst dann zu beachten sind, wenn der Verfügende sie im Zustand der Geschäftsunfähigkeit geäußert hat, setzt die Vorsorgevollmacht zu ihrer Wirksamkeit zwingend die Geschäftsfähigkeit des Vollmachtgebers voraus. 135

Stellt sich nun heraus, dass der Vollmachtgeber bei Erteilung der Vorsorgevollmacht nicht geschäftsfähig war, ist diese als solche insgesamt nichtig. Sie ist jedoch in eine Betreuungsverfügung umzudeuten, soweit sich aus ihr Wünsche ihres Verfassers zur Person sowie zur inhaltlichen Gestaltung seiner Aufgabe herleiten lassen.

► *Zu Einzelheiten der Vorsorgevollmacht vgl. die Darstellung oben Rn. 12 ff.*

4. Form der Betreuungsverfügung

Die wirksame Errichtung einer Betreuungsverfügung setzt nicht die Einhaltung bestimmter Formvorschriften voraus. Nach der Intention des Gesetzgebers soll der Willensvorrang des Betroffenen selbst dann sichergestellt sein, wenn er lediglich in **mündlicher Form** Ausdruck gefunden hat[198]. 136

Dennoch ist die **schriftliche Abfassung** der Betreuungsverfügung schon allein aus Gründen der Beweissicherung unbedingt **zu empfehlen**[199]. Zudem verdeutlicht die Existenz des § 1901c BGB (dazu unten Rn. 139 ff.), der ausdrücklich die Verpflichtung zur Ablieferung schriftlicher Betreuungsverfügungen an das Betreuungsgericht nach Einleitung des Betreuungsverfahrens normiert, dass der Gesetzgeber zumindest für den Regelfall stillschweigend von der schriftlichen Fixierung der Vorstellungen des Betroffenen ausgeht.

197 Jürgens-Jürgens, § 1901 BGB, Rn. 10 f. weist darauf hin, dass in gewissem Umfang auch ein „Recht auf Verwirrtheit" anzuerkennen sei.
198 BT-Drucks. 11/4528, S. 128, 208
199 BT-Drucks. 11/4528, S. 128

137 Die darüber hinausgehende Hinzuziehung von Zeugen bei der Abfassung der Betreuungsverfügung, die notarielle Unterschriftsbeglaubigung oder die notarielle Beurkundung des Dokuments können im Hinblick auf den Nachweis der Geschäftsfähigkeit bzw. der Fähigkeit des Betroffenen, Bedeutung und Tragweite seiner Erklärung zu erfassen, durchaus von großem Wert sein. Nicht zu unterschätzen ist darüber hinaus die praktische Gestaltungshilfe, die der Notar bei der Abfassung der Verfügung zu geben vermag.

5. Geltungsdauer der Betreuungsverfügung

138 Die wirksam errichtete Betreuungsverfügung verliert nicht durch bloßen Zeitablauf ihre Gültigkeit, sondern allein durch den nach außen in Erscheinung getretenen entgegenstehenden Willen des Betroffenen. Allerdings erhebt sich insbesondere bei Verfügungen, die bereits viele Jahre vor dem Eintritt der Betreuungsbedürftigkeit verfasst worden sind, regelmäßig die Frage, ob die in ihnen niedergelegten Vorstellungen noch mit den aktuellen Wünschen des Verfügenden korrespondieren[200]. Daher empfiehlt es sich, die Erklärung regelmäßig zu erneuern. Die zeitlichen Intervalle sollten dabei umso kürzer bemessen sein, je spürbarer die Verschlechterung der Gesamtkonstitution des Betroffenen voranschreitet und je wahrscheinlicher seine alsbaldige Betreuungsbedürftigkeit wird.

Der Betreute ist an früher geäußerte Wünsche selbst dann nicht gebunden, wenn er mittlerweile seine Geschäftsfähigkeit eingebüßt hat[201]. In derartigen Fällen ist zum einen zu prüfen, ob sich tatsächlich der Wille des Betreuten ernsthaft geändert hat oder ob er lediglich einer momentanen Stimmungsschwankung unterliegt. Zum anderen ist die Äußerung des Betreuten im Zustand der Geschäftsunfähigkeit daraufhin zu untersuchen, ob sie auf einer Beeinflussung durch Dritte beruht und damit unbeachtlich ist.

6. Aufbewahrung der Betreuungsverfügung und Pflicht zur Ablieferung

§ 1901c BGB Schriftliche Betreuungswünsche, Vorsorgevollmacht

[1]Wer ein Schriftstück besitzt, in dem jemand für den Fall seiner Betreuung Vorschläge zur Auswahl des Betreuers oder Wünsche zur Wahrnehmung der Betreuung geäußert hat, hat es unverzüglich an das Betreuungsgericht abzuliefern, nachdem er von der Einleitung eines Verfahrens über die Bestellung eines Betreuers Kenntnis erlangt hat. [2]Ebenso hat der Besitzer das Betreuungsgericht über Schriftstücke, in denen der Betroffene eine andere Person mit der Wahrnehmung seiner Angelegenheiten bevollmächtigt hat, zu unterrichten. [3]Das Betreuungsgericht kann die Vorlage einer Abschrift verlangen.

139 § 1901c BGB gebietet jedem, der sich im Besitz einer schriftlichen Betreuungsverfügung befindet, diese unverzüglich an das Betreuungsgericht abzuliefern, nachdem er von der Einleitung eines Verfahrens über die Bestellung eines Betreuers Kenntnis erlangt hat. Eine entsprechende Anwendung der Vorschrift auf andere Formen der Dokumentation (Tonband, Videokassette) scheitert an der fehlenden unbewussten Gesetzeslücke[202].

140 Die **Ablieferungsverpflichtung** gem. § 1901c BGB erstreckt sich auch auf den Widerruf von Betreuungsverfügungen, da nur so gewährleistet ist, dass das Betreuungsgericht die Verbindlichkeit einer Betreuungsverfügung zuverlässig überprüfen kann.

---

200 Vgl. BayObLG FamRZ 2004, 1750

201 Das ergibt sich schon daraus, dass für die Betreuungsverfügung die Geschäftsfähigkeit nicht vorausgesetzt ist.

202 Staudinger-Bienwald, § 1901a BGB a.F., Rn. 9: Tonband und Videoaufnahmen sind als mündliche Überlieferungen von Wünschen anzusehen, eine Verpflichtung zu deren Bekanntgabe gegenüber dem Betreuungsgericht sieht das Gesetz gerade nicht vor; a.A. MK-Schwab, § 1901c BGB Rn. 3 (für Analogie)

Sie erstreckt sich auch auf eine Vorsorgevollmacht (vgl. oben Rn. 90 ff.).

Da Wünsche des Betreuten auch nach der Betreuerbestellung jederzeit zu berücksichtigen sind, endet die Verpflichtung zur Ablieferung erst mit der Aufhebung oder sonstigen Beendigung der Betreuung. **141**

Die Ablieferung der Betreuungsverfügung kann gem. §§ 35, 285 FamFG durch die Festsetzung eines Zwangsgeldes erzwungen werden. Dies setzt freilich voraus, dass das Betreuungsgericht bereits zuverlässige Kenntnis von der Existenz einer Betreuungsverfügung in den Händen einer konkreten Person erlangt hat.

Besteht Grund zu der Annahme, dass sich jemand im Besitz einer Betreuungsverfügung befindet, zu deren Ablieferung er verpflichtet ist, kann er darüber hinaus auch vom Betreuungsgericht zur Abgabe einer **eidesstattlichen Versicherung** über deren Verbleib angehalten werden[203]. Bestreitet der Betreffende hingegen den Besitz der Verfügung, kann das Betreuungsgericht die Abgabe einer eidesstattlichen Versicherung dahin gehend verlangen, dass er die Betreuungsverfügung nicht besitze und auch nicht wisse, wo sie sich befinde (§ 35 Abs. 4 FamFG, § 883 Abs. 2 ZPO). Erscheint die betreffende Person nicht zur Abgabe der eidesstattlichen Versicherung oder verweigert sie deren Abgabe grundlos, kann das Gericht Zwangsgeld festsetzen oder Zwangshaft anordnen (§ 35 Abs. 1 FamFG). **142**

Der Gesetzgeber des Betreuungsgesetzes hatte es unterlassen, die Hinterlegung von Betreuungsverfügungen bei den Gerichten **vor** der Einleitung des Betreuungsverfahrens zu regeln[204]. Da sich die örtliche Zuständigkeit des Betreuungsgerichts nach dem gewöhnlichen Aufenthaltsort des Betroffenen zu dem Zeitpunkt bestimmt, zu dem das Gericht mit der Angelegenheit befasst wird (§ 272 Abs. 1 Nr. 2 FamFG), bietet allein die Einführung einer zentralen, bundeseinheitlichen Erfassung aller Betreuungsverfügungen die Gewähr dafür, dass diese nicht bereits durch den bloßen Wechsel des Aufenthaltsortes übersehen werden. Mit Gesetz vom 1.6.2017[205] wurde § 78a BNotO dahingehend ergänzt (s.o. vor Rn. 90), dass auch Betreuungsverfügungen im zentralen Register der Bundesnotarkammer aufbewahrt werden. **143**

In den einzelnen Bundesländern existieren unterschiedliche Handhabungen der **Hinterlegungspraxis**[206]: **144**

Während in Berlin, Brandenburg, Bremen, Hamburg, Nordrhein-Westfalen und Schleswig-Holstein keine Durchführungsbestimmungen zur Hinterlegung von Betreuungsverfügungen erlassen wurden, ist es den Betreuungsgerichten in Mecklenburg-Vorpommern, Rheinland-Pfalz und Baden-Württemberg[207] ausdrücklich freigestellt, ob sie Betreuungsverfügungen in Verwahrung nehmen möchten[208].

Im Saarland wurden die Betreuungsgerichte vom Ministerium der Justiz gebeten, Unterlagen wie Betreuungsverfügungen und Patientenschutzbriefe in Verwahrung zu nehmen.

In Hessen, Niedersachsen, Sachsen, Sachsen-Anhalt und Thüringen (auf der Grundlage von Verwaltungsvorschriften) haben die Betreuungsgerichte demgegenüber Betreuungsverfügungen auf Verlangen stets entgegenzunehmen und aufzubewahren[209].

---

203 Damrau/Zimmermann, § 1901c BGB, Rn. 7; jetzt auch: MK-Schwab, § 1901c BGB, Rn.6

204 Kritisch zur Ablehnung des Vorschlags durch den Gesetzgeber, die amtliche Verwahrung zu ermöglichen: Langenfeld, A., S. 159.

205 BGBl. I S. 1396

206 Quelle: Hoffmann/Schumacher, BtPrax 2002, 191, 193; Bienwald, § 1901c BGB., Rn. 39

207 Dort zusätzlich auch den Notariaten.

208 Zur Praxis in den Ländern ohne ausdrückliche Regelung: Hoffmann/Schumacher, BtPrax 2002, 194

209 Abdruck der Gesetze in: HK-BUR Band 3

145 Zumindest in denjenigen Bundesländern, in denen Betreuungsverfügungen nicht in betreuungsgerichtliche Verwahrung genommen werden, ist dem Verfasser eines solchen Dokumentes dringend anzuraten, Personen in seinem näheren Umfeld bereits frühzeitig auf dessen Existenz aufmerksam zu machen, um die Ablieferung nach Einleitung des Betreuungsverfahrens nicht zu gefährden. In den übrigen Bundesländern erscheint diese Vorgehensweise jedoch gleichfalls angezeigt, sofern nicht ausgeschlossen werden kann, dass noch vor der Einleitung des Betreuungsverfahrens ein Wohnsitzwechsel erfolgt, der die örtliche Zuständigkeit eines anderen Betreuungsgerichts als desjenigen begründet, bei dem die Verfügung hinterlegt worden ist.

Der Ortsverein des Deutschen Roten Kreuzes in Mainz hat die „Erste **Zentralstelle für Betreuungsverfügungen**" eingerichtet. Für die Aufbewahrung der Verfügung wird eine einmalige Gebühr in Höhe von 60,– € erhoben. Jeder, der dort eine Verfügung hinterlegt, erhält eine spezielle Ausweiskarte. Anhand dieser Karte können Betreuungsgerichte dort hinterlegte Betreuungsverfügungen jederzeit abrufen. Die Adresse lautet:

Deutsches Rotes Kreuz
Ortsverein Mainz e.V.
Altenauergasse 1
55116 Mainz

Tel.: 0 61 31/22 11 17
Telefax: 0 61 31/22 47 30
(www.zentralarchiv.info)[210]

Seit dem 1.9.2009 können Betreuungsverfügungen auch im Zentralen Vorsorgeregister der Bundesnotarkammer (vgl. unten Rn. 91 ff.) registriert werden[211].

7. Inhalt der Betreuungsverfügung

a. Vorschlag zur Auswahl der Person des Betreuers

146 Der Vorschlag des Verfügenden zur Person des Betreuers ist für das Betreuungsgericht bindend, sofern nicht in der Person des Vorgeschlagenen der Ausschlussgrund des § 1897 Abs. 3 BGB vorliegt (dazu Teil B Rn. 40 ff.), seine Bestellung aus anderen Gründen dem Wohl des Hilfsbedürftigen zuwiderlaufen würde oder dieser die Übernahme des Amtes gem. § 1898 BGB ablehnt (dazu Teil B Rn. 66 ff.). Der Vorschlag braucht nicht – so der BGH – auf einem ernsthaften oder eigenständig gebildeten Willen beruhen[212].

aa. Allgemeines

147 Bindungswirkung kann der Vorschlag zur Person des Betreuers nur insoweit erlangen, als eine **konkrete natürliche Person** in der Betreuungsverfügung benannt wird. Demgegenüber ist der Vorschlag eines Vereins oder einer Behörde als für das Betreuungsgericht unverbindlich anzusehen[213]. Der Verfasser der Betreuungsverfügung soll allein auf die Person des Betreuers, nicht auf die Struktur der Betreuung Einfluss nehmen können[214].

---

210 Vgl. auch Bundeszentralregister Willenserklärung, Europaplatz 7, 44269 Dortmund (www.hospize.de > Patientenverfügung und Vorsorgevollmacht > Hinterlegung und Aktualisierung; Abruf 30.6.2018). Weitere Hinterlegungsstellen sind genannt bei: May, S. 193.

211 www.vorsorgeregister.de

212 BGH BtPrax 2011, 84; a.A. BayObLG BtPrax 2005, 35

213 BayObLG FamRZ 1999, 52, 53: Dies ergebe sich in gesetzessystematischer Hinsicht daraus, dass die Bestellung von Vereinen und Behörden zu Betreuern in § 1900 BGB, nicht aber in § 1897 BGB geregelt sei. Deshalb könne „eine Person" i.S.d. § 1897 Abs. 4 BGB nur eine natürliche Person sein.

214 Vgl. KG BtPrax 2006, 192; im Ergebnis auch: MK-Schwab, § 1897 BGB, Rn. 26

Das Betreuungsgericht ist freilich – entsprechend dem das Betreuungsrecht beherrschenden Prinzip, dem Willen des Betreuten möglichst weitgehend Geltung zu verschaffen – gehalten, derartige unverbindliche Wünsche in seine Entscheidungsfindung einzubeziehen[215]. Wird ein Verein oder eine Behörde vorgeschlagen, so ist dies nicht verbindlich, kann aber unter Umständen dahin gehend auszulegen sein, dass der Betreuer aus den Mitarbeitern der betreffenden Institution auszuwählen ist.

Der Verfasser der Betreuungsverfügung kann sich darauf beschränken, eine einzelne Person für alle seine Angelegenheiten als Betreuer vorzuschlagen. Gleichfalls ist es möglich, verschiedenen Personen unterschiedliche Aufgabenbereiche zuzuordnen. Dies dürfte immer dann angeraten sein, wenn Zweifel an der umfassenden fachlichen Kompetenz einer ins Auge gefassten Person sowohl für Vermögens- als auch für persönliche Angelegenheiten bestehen und/oder die zeitliche Belastung einer alle Lebensbereiche betreffenden Betreuung befürchten ließe, dass der Vorgeschlagene entweder die Übernahme der Betreuung von vornherein ablehnen oder seine Aufgaben nicht mit der erforderlichen Sorgfalt durchführen würde. Da das Betreuungsgericht in Fällen dieser Art gem. § 1899 BGB ohnehin die Bestellung mehrerer Betreuer erwägen wird, kann der Verfügende nur durch einen nach Aufgabenbereichen differenzierenden Vorschlag verschiedener Betreuer sicherstellen, dass seine Wünsche umfassend Berücksichtigung finden. **148**

Nicht ausgeschlossen ist ferner der Wunsch, dass **mehrere Personen gemeinschaftlich** einen bestimmten Aufgabenbereich wahrnehmen sollen. Bei Meinungsverschiedenheiten entscheidet das Betreuungsgericht gem. §§ 1908i Abs. 1, 1797 Abs. 1 BGB, sofern nicht bei der Bestellung der Betreuer etwas anderes bestimmt wird. Auf diese Bestimmung kann im Rahmen der Betreuungsverfügung Einfluss genommen werden.

Empfehlenswert ist darüber hinaus die Benennung eines Ersatzbetreuers für den Fall, dass der primär Vorgeschlagene die Betreuung nicht übernehmen will oder hierzu nicht (mehr) in der Lage ist.

Da das Betreuungsgericht bei der Vermögensverwaltung gem. §§ 1908i Abs. 1, 1792 Abs. 2 BGB einen Gegenbetreuer bestellen soll, sofern die Verwaltung nicht nur unerheblich ist oder die Betreuung von mehreren gemeinschaftlich geführt wird, kann es auch sinnvoll sein, in die Betreuungsverfügung Anordnungen zur Auswahl des Gegenbetreuers aufzunehmen. **149**

Ferner kann die Betreuungsverfügung alternativ den Vorschlag von Personen umfassen, aus deren Kreis das Betreuungsgericht dann nach pflichtgemäßem Ermessen den seiner Auffassung nach Geeignetsten auszuwählen hat[216].

Das Vorschlagsrecht erstreckt sich nicht lediglich auf deutsche Staatsangehörige, sodass auch Ausländer benannt werden können und im Rahmen des § 1898 BGB zur Übernahme der Betreuung verpflichtet sind[217].

§ 1897 Abs. 4 Satz 2 BGB räumt dem Verfasser einer Betreuungsverfügung die Möglichkeit ein, bestimmte Personen als Betreuer abzulehnen. Das Betreuungsgericht **soll** hierauf Rücksicht nehmen. Nur ausnahmsweise ist es berechtigt, den Wunsch des Hilfsbedürftigen unberücksichtigt zu lassen, beispielsweise dann, wenn er kategorisch und ohne sachlichen Grund jeden ihm von Seiten des Gerichts zur Person des Betreuers unterbreiteten Vorschlag ablehnt[218]. **150**

---

215 Langenfeld, A., S. 159
216 Zum Auswahlermessen: Jürgens-Jürgens, § 1897 BGB, Rn. 18
217 Hierin liegt ein wesentlicher Unterschied zum Recht der Vormundschaft und Pflegschaft, bei dem sich die Übernahmeverpflichtung nur auf Deutsche bezieht.
218 BT-Drucks. 11/4528, S. 128

bb. Kriterien der persönlichen Auswahl – Wohl des Betroffenen

151 Die Bestellung einer vorgeschlagenen Person zum Betreuer läuft dem Wohl des Betreuten zuwider, wenn es ihr an der erforderlichen Eignung für die Übernahme des Amtes fehlt. Das ist nicht schon dann gegeben, wenn zwar eine besser geeignete Person benannt werden könnte, der vom Betroffenen Vorgeschlagene andererseits aber nicht ungeeignet ist[219]. Insoweit ist auf die individuelle Entscheidung Rücksicht zu nehmen. Nur wenn konkrete Gründe dafür bestehen, dass die vorgeschlagene Person die Betreuung nicht zum Wohle des Betroffenen führen kann oder will und hieraus relevante Nachteile drohen, ist der Vorschlag zu ignorieren[220].

Die Prüfung der Eignung für das Amt des Betreuers hat sich auf die nachfolgend aufgeführten Gesichtspunkte zu erstrecken:

152 **Geschäftsunfähige** oder **beschränkt geschäftsfähige** Personen können generell nicht zu Betreuern bestellt werden[221]. Die Bestellung eines Geschäftsunfähigen zum Betreuer ist nichtig, bei der Bestellung eines beschränkt Geschäftsfähigen oder bei nachträglichem Eintritt der Geschäftsunfähigkeit ist der Betreuer aufgrund seiner nunmehr fehlenden Eignung zu entlassen (§ 1908b Abs. 1 BGB).

153 **Interessenkonflikte** des Betreuers sind grundsätzlich geeignet, seine Eignung für die Übertragung des Amtes in Frage zu stellen (§ 1897 Abs. 5 BGB). Freilich reicht hierfür noch nicht jeder geringe und nur möglicherweise sich aktualisierende Interessenwiderstreit[222], vielmehr muss dieser so schwerwiegend sein, dass das Wohl des Betroffenen erheblich gefährdet ist[223]. Er muss ferner anhand konkreter Tatsachen nachweisbar sein, bloße vage Vermutungen sind keineswegs ausreichend[224].

Typische Interessenkonflikte ergeben sich aus folgenden Sachverhalten:

154 – Problematisch ist die Bestellung des **Hausarztes als Betreuer** im Bereich der Gesundheitsfürsorge, weil gerade die Überwachung der hinzugezogenen Ärzte eine wesentliche Aufgabe des Betreuers darstellt[225].

155 – Über die Eignung von **Verwandten** als Betreuer lässt sich keine allgemein gültige Aussage treffen. § 1897 Abs. 5 BGB ordnet an, dass für den Fall, dass der Betreuungsbedürftige keine konkrete Person als Betreuer ausgewählt hat, die verwandtschaftlichen Bindungen, insbesondere diejenigen zu Eltern, Kindern und Ehegatten (oder zum Lebenspartner), zu berücksichtigen sind. Auch das BVerfG leitet aus Art. 6 Abs. 1 GG die Berücksichtigungsfähigkeit von Familienangehörigen ab[226]. Für die Auswahl von Verwandten als Betreuer spricht vor allem, dass sie nicht nur über die Vermögensverhältnisse des Betreuten hinreichend informiert sind, sondern auch im Übrigen meist genau wissen, welche Einstellungen, Angewohnheiten und speziellen Bedürfnisse der Hilfebedürftige hat. In zahlreichen Fällen wird dieser gerade zu einer Person aus seinem nächsten familiären Umfeld das notwendige Vertrauen aufbringen, das Grundvoraussetzung einer kooperativen Zusammenarbeit zwischen Betreuer und Betreutem ist.

---

219 BayObLG FamRZ 1999, 53; OLG Köln FamRZ 1999, 811
220 BGH BtPrax 2011, 34 mit Hinweis auf BGH FamRZ 2010, 1897 Rn. 20
221 Jürgens-Jürgens, § 1897 BGB, Rn. 7; BT-Drucks. 11/4528, S. 125
222 KG BtPrax 1995, 106, 107
223 OLG Zweibrücken BtPrax 1997, 164 f.
224 OLG Düsseldorf BtPrax 1995, 110; BT-Drucks. 11/4528, S. 128
225 Bienwald, § 1897 BGB, Rn. 66; a.A. BayObLG BtPrax 1993, 171: Bei einem Arzt sei davon auszugehen, dass er geeignet sei. Bei einem Hausarzt komme hinzu, dass er in der Nähe des Hilfebedürftigen wohne und sich um ihn kümmern könne.
226 BVerfGE 33, 236, 238

Problematisch kann allerdings die Situation sein, dass der Betroffene eines seiner Kinder vorschlägt, dieses sich aber mit dem Geschwisterteil, bei dem der Betroffene lebt, nicht versteht[227]. Hier kann die schwierige familiäre Konstellation eine sinnvolle Aufgabenerfüllung für den Vorgeschlagenen unmöglich machen, so dass sich das Gericht eventuell über den Vorschlag des Betroffenen hinwegsetzen muss. **Spannungen** zwischen dem potenziellen Betreuer und Verwandten des Betroffenen sind aber nur erheblich, wenn konkrete Gefährdungen des Wohls des Betreuten zu erwarten sind.

Ein Interessenkonflikt liegt vor, wenn ein Verwandter, der sich gegenüber dem Betreuten verpflichtet hatte, ihn zu pflegen, zum Vermögensbetreuer bestellt ist und nunmehr entscheiden soll, aus welchem Vermögen eine Pflegekraft zu bezahlen ist[228]. **156**

Da das Betreuungsgericht sich entsprechend den Vorgaben des § 1897 Abs. 5 BGB auf der Suche nach einem geeigneten Betreuer zunächst an die nächsten Verwandten wenden wird, ist dem Verfügenden anzuraten, im Wege einer Betreuungsverfügung beizeiten abweichende Bestimmungen zu treffen, sofern er dritten Personen größeres Vertrauen entgegenbringt. Rechtsanwälte und Notare, die vor der Abfassung einer Betreuungsverfügung um ihren Rat ersucht werden, sollten deutlich auf diesen Aspekt hinweisen.

– Gegebenenfalls kann es im besonderen Interesse des Betroffenen liegen, bestimmte erb- oder **pflichtteilsberechtigte Personen** ausdrücklich vom Amt des Betreuers auszuschließen, wenn er befürchtet, die Hoffnung auf den alsbaldigen Anfall der Erbschaft werde sie veranlassen, nicht mehr alles für sein Wohlbefinden zu tun oder die ihm zur Verfügung stehenden finanziellen Mittel zu beschränken. **157**

  Derartige Aspekte sind zwar auch vom Betreuungsgericht bei der Auswahl des Betreuers zu berücksichtigen, doch sollte nicht unterschätzt werden, dass die von Amts wegen durchgeführten Ermittlungen des Betreuungsgerichts vor der Bestellung eines Betreuers oft nicht geeignet sind, mögliche Antipathien und unlautere Motivationen der nächsten Verwandten umfassend aufzudecken. Hier verbleibt der im Rahmen einer Betreuungsverfügung angeordnete Ausschluss bestimmter Personen vom Betreueramt häufig die einzige Möglichkeit für den Betreuungsbedürftigen, um sich wirksam zu schützen. Die nach außen hin erkennbare einseitige oder gegenseitige Abneigung zwischen Betreuer und Betreutem begründet die Ungeeignetheit des Ersteren für die Übernahme des Amtes[229].

Bei der Frage, ob die Bestellung einer bestimmten Person zum Betreuer sinnvoll ist, kann die Frage der **Wohnverhältnisse** eine gewichtige Rolle spielen[230]. Ist der zu Betreuende auf umfangreiche Hilfe und die Erledigung alltäglicher Besorgungen durch den Betreuer angewiesen, wohnt aber die zur Auswahl stehende Person weit entfernt und sind die Verkehrsanbindungen unzureichend, spricht dies gegen die Eignung des Betreffenden. Der wichtige persönliche Kontakt ist dann nur eingeschränkt möglich, ebenso wie die Leistung gegebenenfalls notwendiger „Soforthilfe". Abweichend ist die Sachlage möglicherweise dann zu beurteilen, wenn dem Betreuer nur bestimmte Angelegenheiten der Vermögensverwaltung übertragen werden sollen, die eine räumliche Nähebeziehung sowie den ständigen persönlichen Kontakt zu dem Betreuten nicht erforderlich erscheinen lassen. **158**

Die berufliche oder anderweitige **zeitliche Belastung** des ins Auge gefassten Betreuers sollte Anlass zur kritischen Überprüfung seiner Eignung geben. Während eine zeitlich be- **159**

227 BayObLG BtPrax 2004, 112
228 OLG Zweibrücken BtPrax 2004, 246
229 BayObLG FamRZ 1995, 1235, 1236
230 OLG Köln FamRZ 1996, 506; AG Obernburg FamRZ 2010, 403 (LS)

reits voll ausgelastete Person kaum in der Lage sein wird, eine umfassende persönliche Betreuung zum Wohle des Betroffenen zu gewährleisten, kann die Übertragung bestimmter Aufgaben der Vermögensverwaltung bei entsprechender fachlicher Kompetenz durchaus selbst dann noch sinnvoll sein.

160 Die längere **Krankheit,** zunehmende Gebrechlichkeit oder die längerfristige örtliche Abwesenheit des Betreuers kann diesen in den Augen des Betreuungsgerichts als ungeeignet erscheinen lassen[231].

Im Bereich der **persönlichen Betreuung** ist ein gewisses Maß an Tatkraft und **praktischer Veranlagung** in gleicher Weise zu fordern wie Geduld, Autorität, Toleranz und psychische Belastbarkeit. Für die erforderliche Kommunikation kann es möglicherweise unumgänglich sein, Kenntnisse und Fähigkeiten im Umgang mit bestimmten krankheits- oder behinderungsbedingten Verhaltensweisen zu besitzen, um adäquat agieren oder reagieren zu können. Im Einzelfall kann es gar erforderlich sein, einen Betreuer zu finden, der in Gesprächsführung geschult oder sprachtherapeutisch vorgebildet ist.

161 Demgegenüber setzt die **Vermögensverwaltung** zumindest Grundkenntnisse über mögliche Anlageformen und deren Risiken sowie die nötige Erfahrung im Umgang mit Banken voraus. Zur Verwaltung eines größeren Vermögens, insbesondere aber zu derjenigen eines Unternehmens werden an den Betreuer weit höhere Anforderungen zu stellen sein, vor allem volks- und **betriebswirtschaftliche Grundkenntnisse** sowie eine gewisse Erfahrung in Fragen der Unternehmensführung.

162 Dem Wohl des Betreuungsbedürftigen wird es in der Regel zuwiderlaufen, wenn in **Vermögensangelegenheiten** eine Person zum Betreuer bestellt wird, die überschuldet ist, über äußerst unregelmäßige und unsichere Einkommensverhältnisse verfügt[232] oder gar im Bereich der Vermögensdelikte straffällig geworden ist[233]. Die Gefahr, dass sich der Betreffende Mittel des Betreuten zueignet, ist hier sicher erheblich größer als bei einem Betreuer, der in geordneten finanziellen Verhältnissen lebt und auf das Vermögen des Betreuten nicht angewiesen ist.

Darüber hinaus spiegelt sich in der unsicheren Vermögenslage des potenziellen Betreuers nicht selten seine Neigung zur Eingehung riskanter Geschäfte wider. Würde man einer solchen Person die Verwaltung des Vermögens des Hilfebedürftigen anvertrauen, wäre die Gefahr groß, dass er mit diesem ähnlich verfährt, selbst wenn er dabei keine eigennützigen Motive verfolgte.

So sehr die vorgenannten Gesichtspunkte für die Ungeeignetheit in Fragen der Vermögenssorge sprechen, so wenig sagen sie andererseits über die Befähigung zur Wahrnehmung von Angelegenheiten der **Personensorge** aus.

b. Wünsche zur Ausgestaltung des Betreuungsverhältnisses und ihre Bindungswirkung für den Betreuer

163 Die in einer Betreuungsverfügung enthaltenen Wünsche zur inhaltlichen Gestaltung des Betreuungsverhältnisses sind für den Betreuer bindend, sofern sie sich auf den ihm zugewiesenen Aufgabenbereich beziehen (dazu aa., Rn. 164), dem Wohl des Betreuten nicht zuwiderlaufen (dazu bb., Rn. 165 ff.) und ihre Befolgung dem Betreuer zuzumuten ist (dazu cc., Rn. 180 ff.). Hiervon unberührt bleibt die Kontrolle des Betreuers durch das Betreuungsgericht sowie die Genehmigungspflichtigkeit bestimmter Angelegenheiten. Die

231 BayObLG BtPrax 1996, 67, 68
232 BT-Drucks. 11/4528, S. 125
233 LG Koblenz BtPrax 1998, 38

entsprechenden Regelungen stehen als zwingendes Recht nicht zur Disposition des Betreuten.

aa. Bindungswirkung nur im Rahmen des dem Betreuer zugewiesenen Aufgabenbereiches

Der Verfügende kann den Betreuer an seine Vorstellungen nur in dessen jeweiligem Zuständigkeitsbereich binden. Die Wünsche des Betreuten können den Aufgabenkreis des Betreuers niemals erweitern[234]. Der Betreuer ist freilich nicht daran gehindert, auch solche unverbindlichen Bitten des Hilfsbedürftigen auf freiwilliger Grundlage zu erfüllen. Zu beachten ist jedoch, dass etwaiges rechtsgeschäftliches Handeln für den Betreuten in Fällen dieser Art eine gesonderte wirksame Bevollmächtigung voraussetzt. 164

Im Fall einer vor Eintritt der Betreuungsbedürftigkeit errichteten Betreuungsverfügung wird das Betreuungsgericht regelmäßig die Vorstellungen des Verfügenden bei der Festlegung der Aufgabenkreise des Betreuers zu berücksichtigen haben, um eine optimale, den Bedürfnissen des Betroffenen angepasste Versorgung zu gewährleisten.

bb. Möglichkeiten zur Gestaltung des Betreuungsverhältnisses

(1) Wohl des Betreuten und Berücksichtigung seiner Wünsche als Handlungsmaximen für den Betreuer

Der Begriff des **„Wohles" des Betreuten** kann nicht lediglich an objektiven Kriterien gemessen werden, da das Wohlergehen in vielfältiger Weise auch von subjektiven Wertungen und Empfindungen des Betroffenen selbst abhängig ist[235]. Bereits die Möglichkeit, sein Leben im Rahmen seiner Fähigkeiten nach eigenen Vorstellungen zu gestalten, fördert sein Wohl (§ 1901 Abs. 2 Satz 2 BGB). Wenn ein **Wunsch des Betreuten** mit seinen gesamten Lebensverhältnissen korrespondiert, ist grundsätzlich davon auszugehen, dass seine Erfüllung seinem Wohl nicht widerspricht[236]. Der Betreuer ist in diesem Fall nicht berechtigt, seine eigenen Wertungen und Vorstellungen an die Stelle derjenigen des Betreuten zu setzen. Je mehr sich seit dem Verfassen der Betreuungsverfügung die Lebensverhältnisse des Betreuten geändert haben, desto eher drängt sich allerdings die Frage auf, ob der Betroffene auch in der konkreten Situation noch an seinen vormals kundgegebenen Vorstellungen festhalten würde. Deren Verbindlichkeit kann hierdurch in erheblichem Maß relativiert werden. 165

Allgemein gilt:

Am ehesten unbeachtlich sind Wünsche des Betreuten, wenn ihre Befolgung die Gefährdung seiner anderen Rechtsgüter mit sich bringen würde, die im Rang erheblich über den mit dem Wunsch verfolgten Interessen stehen. Keinesfalls ist der Betreuer berechtigt oder gar verpflichtet, sich an einer Selbstschädigung des Betreuten zu beteiligen[237]. 166

Die Einwilligung des Betreuers zu einer **Organspende** durch den einwilligungsunfähigen Betreuten zu dessen Lebzeiten ist von vornherein ausgeschlossen, da eine solche Maßnahme nicht auf das Wohl des Betreuten, sondern auf dasjenige eines Dritten gerichtet wäre. 167

Vorstellungen des Betreuten, deren Umsetzung zu einer merklichen **Verschlechterung** seiner gesamten **Lebens-** und **Versorgungssituation** führen würde, müssen vom Betreuer hinterfragt werden, so z. B. wenn der vorgeschlagene Umgang mit dem Vermögen 168

234 MK-Schwab, § 1901 BGB, Rn. 13
235 BT-Drucks. 11/4528, S. 134
236 Bienwald, § 1901 BGB, Rn. 22
237 BT-Drucks. 11/4528, S. 67, 133

die Gefahr begründete, dass der Unterhalt des Betreuten künftig nicht mehr aus seinen eigenen Mitteln bestritten werden kann.

169 Unwirksam ist die generelle Verfügung des Ausstellers einer Betreuungsverfügung, der Betreuer dürfe das Betreuungsverhältnis inhaltlich nach freiem Belieben gestalten, da das eigene Persönlichkeitsrecht nicht ohne Einschränkung zur Ausübung auf Dritte übertragen werden kann[238].

170 Die gesetzlich vorgesehene **Haftung des Betreuers** kann weder aufgehoben noch eingeschränkt werden, da dies dem Gesetzeszweck widersprechen würde. Dem Betreuer erwächst hierdurch freilich kein Nachteil, steht es ihm doch frei, die Kosten einer angemessenen Versicherung als erstattungsfähige Auslage ersetzt zu verlangen (§§ 1908i Abs. 1 Satz 1, 1835 Abs. 2 BGB).

Von den gesetzlichen **Genehmigungsvorbehalten** durch das Betreuungsgericht kann keine Befreiung erteilt werden.

(2) Gestaltungsmöglichkeiten im Einzelnen[239]

(a) Anordnungen zur Vermögensverwaltung

171 Die Vermögensverwaltung braucht nicht in jedem Fall strikt auf die unbedingte Erhaltung und Vermehrung des Vermögens des Betreuten gerichtet zu sein[240]. Der Wunsch des Betreuten nach vertretbarem Luxus kann seinem Wohl durchaus entsprechen.

172 Um Unsicherheiten oder einen zu großen Entscheidungsspielraum des Betreuers zu vermeiden, ist es sinnvoll, beim Abfassen der Betreuungsverfügung konkrete Richtlinien für die Verwendung des vorhandenen Vermögens festzulegen, insbesondere in welcher Größenordnung Mittel für den laufenden Lebensunterhalt aufzuwenden sind oder in welchem Maß auf den Vermögensstamm zurückgegriffen werden kann. Auch kann der Verfügende ein Interesse daran haben, dem Betreuer zu untersagen, über konkrete Gegenstände zu verfügen (z. B. Untersagung eines Hausverkaufs)[241]. Freilich sollte sich der Verfügende immer darüber im Klaren sein, dass seine Anordnungen letztlich nur insofern Wirksamkeit entfalten können, als sie auf einer realistischen Vorhersage der späteren Vermögenssituation beruhen. Darüber hinaus sind vorausschauenden Verfügungen im Bereich der Vermögenssorge natürlich insofern Grenzen gesetzt, als der Betroffene in aller Regel kaum vorherzusehen vermag, in welcher Weise sich seine Bedürfnisse im Alter, insbesondere im Fall erhöhter Pflegebedürftigkeit, verändern werden.

173 Inhalt von Betreuungsverfügungen sind im Bereich der Vermögenssorge häufig **lebzeitige Zuwendungen an Dritte**[242]. Diese können befristet oder bedingt angeordnet, jedoch zumindest auch insoweit in das pflichtgemäße Ermessen oder gar das Belieben des Betreuers gestellt werden, als es sich hierbei um Gelegenheitsgeschenke handelt, die nach den Lebensverhältnissen des Verfügenden üblich sind (§ 1908i Abs. 2 Satz 1 BGB).

Im Übrigen spricht einiges dafür, auf **Geschenke, Ausstattungen und Vermögensübergaben**, die im Rahmen einer Betreuungsverfügung angeordnet werden, die von der Rechtsprechung entwickelten Grundsätze zur Nichtigkeit des nachehelichen Unterhaltsverzichts bei erkennbarer Sozialhilfebedürftigkeit anzuwenden[243]. Danach dürfte eine Schenkung als Vertrag zu Lasten Dritter gegenüber dem Sozialhilfeträger unwirksam sein,

---

238 Langenfeld, S. 165; Lipp, Freiheit und Fürsorge, S. 202
239 Vgl. auch Epple, BwNotZ 1992 BGB, 28 f.
240 Soergel-Zimmermann, § 1901 BGB, Rn. 5
241 BayObLG FGPrax 1997, 227
242 Vgl. Epple, BwNotZ 1992, 29 f.
243 Vgl. hierzu Langenfeld, G., Rn. 428, 501.; Gottschick/Giese, § 90 BSHG, Rn. 83

wenn die Parteien voraussehen konnten, dass der Schenker infolge der Schenkung zukünftig auf Sozialhilfe angewiesen sein würde.

Im Rahmen einer Betreuungsverfügung angeordnete Befreiungen des Betreuers im Bereich der Vermögensverwaltung über die durch § 1908i Abs. 2 BGB gezogenen Grenzen hinaus sind unwirksam[244]. Gemäß dieser Vorschrift sind Eltern, Ehegatten, Abkömmlinge, Vereinsbetreuer, Behördenbetreuer, Betreuerverein und Betreuerbehörde von den in §§ 1852 Abs. 2, 1853 und 1854 BGB normierten Pflichten der Vermögensverwaltung befreit[245]. **174**

▶ *Zu Einzelheiten der Vermögensverwaltung vgl. Teil D Rn. 25 ff. sowie Teil E Rn. 53 ff.*

Keine Befreiungen sind dagegen möglich von der Pflicht zur Erstellung eines Vermögensverzeichnisses (§ 1802 BGB), von der Pflicht zur Berichterstattung über die persönlichen Angelegenheiten (§ 1840 Abs. 1 BGB), von allen sonstigen Genehmigungserfordernissen.

(b) Anordnungen zur Personensorge

Im Bereich der Personensorge bieten sich gegebenenfalls Regelungen zur **Organisation der Pflege** an, z. B. durch welchen sozialen Dienst sie erfolgen, welches Alters- oder Pflegeheim bevorzugt oder welches gerade nicht ausgewählt werden oder welcher organisatorische Aufwand betrieben werden soll, um einen solchen Heimaufenthalt zu vermeiden[246]. Erweisen sich diesbezügliche Wünsche des Verfügenden im Nachhinein als undurchführbar, hat der Betreuer sich um Ersatzlösungen zu bemühen, die den Vorstellungen des Betreuten möglichst nahe kommen[247]. **175**

▶ *Zum Inhalt der Verfügungen betreffend Heilbehandlungen sowie zur Frage ihrer Verbindlichkeit vgl. im Einzelnen die Ausführungen oben Rn. 106 ff.*

(c) Anordnungen zum Verfahren der Betreuerbestellung

Betreuungsverfügungen behandeln häufig Fragen des Verfahrens zur Betreuerbestellung. Der Verfügende kann seine Vorstellungen zur Person des Verfahrenspflegers niederlegen, eine Stellungnahme zur Äußerungsmöglichkeit nach § 279 FamFG abgeben (z. B. Ausschluss dort vorgesehener Personen von der Äußerungsmöglichkeit, Benennung einer oder mehrerer nahe stehender Personen hierzu), einen **geeigneten Sachverständigen** oder **Arzt** für die Erstellung des ärztlichen Zeugnisses vorschlagen oder die **Zuziehung weiterer Personen zur Anhörung** anordnen (§ 279 Abs. 3 FamFG)[248]. **176**

▶ *Zu Einzelheiten der Äußerungsmöglichkeiten des Betroffenen vgl. Teil A Rn. 146 ff.*

(d) Anordnungen zur Vergütung des Betreuers

Verfügt eine Person über entsprechendes Vermögen und zieht sie die Abfassung einer Betreuungsverfügung derjenigen einer Vorsorgevollmacht vor, wird es zumindest dann empfehlenswert sein, eine Vergütung des Betreuers anzuordnen, wenn dieser die Betreuung nicht berufsmäßig ausübt. Da Dienstleistungen unter Privatleuten üblicherweise vergütet werden, würde es sich auf die Bereitschaft des Betreuers, sich umfassend für die ihm übertragenen Belange des Betreuten einzusetzen, sicher nicht positiv auswirken, wenn von ihm trotz vorhandenen Vermögens des Betreuten verlangt würde, seine Arbeitskraft unentgelt- **177**

244 Epple, BwNotZ 1992, 27, 29

245 Langenfeld, A., S. 165. Die Befreiungen erstrecken sich auf die Pflicht zur Hinterlegung von Wertpapieren, § 1814 BGB; die Pflicht zur versperrten Anlegung, § 1809 BGB; die Genehmigungserfordernisse nach § 1812 BGB; die Pflicht zur Rechnungslegung, § 1840 Abs. 2 BGB. Lediglich nach jeweils zwei Jahren ist eine Übersicht über den Bestand des der Verwaltung unterliegenden Vermögens einzureichen (§ 1854 Abs. 2 BGB).

246 OLG Köln NJW-RR 1997, 451, 452

247 Langenfeld, A., S. 164

248 Jürgens-Jürgens, § 1901c BGB, Rn. 6

lich einzusetzen. Anders ist die Situation allenfalls im Eltern-Kind-Verhältnis zu beurteilen. Selbst dort kann die unentgeltliche Übernahme der Betreuung jedoch zumindest bei Vorhandensein mehrerer Kinder durchaus erhebliche Probleme aufwerfen.

178 Die Zahlung einer **fortlaufenden Vergütung** an den Betreuer in regelmäßigen (beispielsweise monatlichen) Abständen bietet für diesen den Vorteil, dass er zumindest so lange eine Vergütung erhält, bis das Vermögen aufgebraucht ist, während er im Fall der Erbeinsetzung möglicherweise Gefahr läuft, mit Ausnahme des Aufwendungsersatzes leer auszugehen. Ferner steht dem Betreuer bei regelmäßiger Bezahlung das Geld bereits unmittelbar zur Verfügung, was für seine eigene Lebensführung durchaus von Bedeutung sein kann.

Entscheidet sich der Verfügende dafür, dem Betreuer eine fortlaufende Vergütung aus seinem Vermögen zukommen zu lassen, so empfiehlt es sich unbedingt, deren Höhe eindeutig festzulegen. Die bloße Bestimmung, der Betreuer solle eine „angemessene" Vergütung erhalten, impliziert Streitigkeiten zwischen dem Betreuer und (anderen) erb- bzw. pflichtteilsberechtigten Personen bezüglich des anzuwendenden Bewertungsmaßstabes.

Insofern wäre es vorzugswürdig, eine **pauschale Vergütung** des Betreuers vorzusehen, mag es auch im Einzelfall nicht einfach sein, den zeitlichen Aufwand abzuschätzen, den die Tätigkeit des Betreuers voraussichtlich in Anspruch nehmen wird. In der Praxis stößt dieses Vorgehen auf Schwierigkeiten, da die Gerichte diese pauschale Vergütung nicht gewähren.

Ist hingegen nicht zu befürchten, dass das Vermögen des Betreuten vor seinem Tod ganz oder zu wesentlichen Teilen aufgebraucht sein wird, kann es sich empfehlen, den Betreuer im Wege der **Erbeinsetzung** zu bedenken. Hierfür spricht insbesondere die Überlegung, dass ein fortlaufend gezahltes Entgelt der Einkommenssteuerpflicht unterliegt, während im Fall der Erbeinsetzung gegebenenfalls Steuerfreibeträge ausgenutzt werden können. Darüber hinaus ist die Erbeinsetzung möglicherweise von Vorteil, wenn der wesentliche Teil des Vermögens aus Immobilien besteht und deren Veräußerung zu Lebzeiten des Betreuten auf diese Weise vermieden werden kann.

179 Im Fall der Vergütung der Leistungen des Betreuers auf erbrechtlichem Wege sollte wiederum der Abschluss eines Erbvertrages der Abfassung eines Testamentes im Interesse des Betreuers vorgezogen werden, da der Betreute andernfalls seine Verfügung von Todes wegen jederzeit widerrufen könnte. Zum Schutz des Erblassers dürfte es dabei ratsam sein, den Anfall der Erbschaft unter die auflösende Bedingung zu stellen, dass der Betreuer seiner Verpflichtung nicht oder nur unzureichend nachkommt. Als objektiv feststellbares Kriterium hierfür kann die Frage Berücksichtigung finden, ob der Betreuer vom Betreuungsgericht gem. § 1908b Abs. 1 BGB entlassen werden musste.

Alternativ hierzu kann der Weg einer Zuwendung unter Lebenden mit auf den Todesfall aufgeschobener Erfüllung gewählt werden.

cc. Zumutbarkeit der Wunschbefolgung für den Betreuer

180 Die Bindung des Betreuers an die Wünsche des Betreuten wird schließlich durch das Kriterium der Zumutbarkeit begrenzt. Dieses vermag nur insoweit Bedeutung zu erlangen, als ausnahmsweise eigene Rechte des Betreuers betroffen sind. Ist ihm hingegen die Erfüllung der ihm übertragenen Aufgabe nicht zuzumuten, ist er bereits als ungeeignet i.S.d. § 1897 Abs. 1 BGB anzusehen.

Unter dem Gesichtspunkt der **Unzumutbarkeit** kann sich der Betreuer einer überzogenen Erwartungshaltung des Betreuten entziehen[249]. Ausschlaggebend ist insofern die konkrete

249 BT-Drucks. 11/4528, S. 134

Situation und Einstellung des Betreuers[250]. Beispielsweise wird man davon auszugehen haben, dass dem Betreuer nicht abverlangt werden kann, sich täglich zu mehrstündigen Gesprächen bei dem Betreuten einzufinden[251].

dd. Folgen der Nichtbeachtung verbindlicher Wünsche

Ignoriert der Betreuer für ihn entsprechend den vorstehenden Erläuterungen verbindliche Wünsche des Betreuten, hat das Betreuungsgericht gegen ihn durch geeignete **Gebote** oder **Verbote** (§§ 1908i Abs. 1, 1837 Abs. 2 BGB) oder durch die **Festsetzung von Zwangsgeldern** vorzugehen (§§ 1908i Abs. 1, 1837 Abs. 3 BGB). Wiederholte Pflichtverletzungen indizieren die fehlende Eignung des Betreuers. In derartigen Fällen besteht die Möglichkeit, den Betreuer zu entlassen (§ 1908b Abs. 1 BGB). Unabhängig davon haftet der Betreuer gem. §§ 1908i Abs. 1, 1833 Abs. 1 BGB für den Schaden, der dem Betreuten durch schuldhaft von ihm begangene Pflichtverletzungen zugefügt worden ist. **181**

Im Außenverhältnis gegenüber Dritten sind Handlungen und Rechtsgeschäfte, die der Betreuer unter unberechtigter Außerachtlassung der Wünsche des Betreuten vornimmt, grundsätzlich wirksam. Ausnahmen hiervon gelten nur in den Fällen des sog. Missbrauchs der Vertretungsmacht, der voraussetzt, dass der Geschäftsgegner erkannte, dass der Vertreter seine im Innenverhältnis zum Vertretenen bestehenden Befugnisse überschritten hat, oder dass sich ihm begründete Zweifel insofern geradezu aufdrängen mussten[252].

8. Muster einer Betreuungsverfügung[253] **182**

Betreuungsverfügung

der/des

Herrn/Frau Name: ... Vorname: ... Geburtsdatum: ... Anschrift: ... Telefon: ...

I. Für den Fall, dass ich betreuungsbedürftig im Sinne von § 1896 Abs. 1 Satz 1 BGB werden sollte, schlage ich dem Betreuungsgericht gem. § 1897 Abs. 4 BGB vor,

   Herrn/Frau Name: ... Vorname: ... Geburtsdatum: ... Anschrift: ...

   Telefon: ...

   zum Betreuer zu bestellen.

oder

I. Für den Fall, dass ich betreuungsbedürftig im Sinne von § 1896 Abs. 1 Satz 1 BGB werden sollte, schlage ich dem Betreuungsgerichts gem. § 1897 Abs. 4 BGB vor, eine Doppelbetreuung anzuordnen und

   Herrn/Frau Name: ... Vorname: ... Geburtsdatum: ... Anschrift: ...

   Telefon: ...

   sowie

250 Bienwald, § 1901 BGB, Rn. 25
251 BT-Drucks. 11/4528, S. 67, 134
252 BGH NJW 1988, 3012, 3013; MK-Schwab, § 1902 BGB, Rn. 16.; a.A. Bienwald, § 1901 BGB, Rn. 52, der einen Missbrauch der Vertretungsmacht einschränkend nur dann bejaht, wenn neben der Missachtung des Betreutenwillens zugleich auch eine objektiv interessenwidrige, der Betreuungsaufgabe zuwiderlaufende Handlungsweise vorliegt.
253 Das Muster orientiert sich an den vorstehenden Ausführungen zu den Gestaltungsmöglichkeiten der Betreuungsverfügung. Ähnliche Vorschläge finden sich beispielsweise bei Rudolf/Bittler/Roth, § 3, Rn. 253. und Langenfeld, A., S. 170 ff.

Herrn/Frau Name: … Vorname: … Geburtsdatum: … Anschrift: …

Telefon: …

zu meinen Betreuern zu bestellen.

II. Bezüglich der Ausgestaltung des Betreuungsverhältnisses ordne ich Folgendes an:

Der Betreuer soll etwa … Euro pro Monat für meinen Lebensunterhalt verwenden. Hierfür darf (nicht) der Kapitalstamm meines Vermögens angegriffen werden. Der genannte Betrag soll wie folgt eingesetzt werden: …

Der Betreuer hat am … an … einen Betrag von … Euro auszuzahlen.

Der Betreuer soll/hat von einer Verfügung über folgende Gegenstände ab(zu)sehen: …

Sollte eine Pflege durch Dritte erforderlich werden, so soll nach Möglichkeit nach Lösungen gesucht werden, die mir ein Verbleiben in meiner Wohnung ermöglichen.

Sollte jedoch die Unterbringung in einem Alters-/Pflegeheim unumgänglich werden, so schlage ich das Alters-/Pflegeheim …, hilfsweise … vor. Auf keinen Fall möchte ich im Alters-/Pflegeheim … untergebracht werden.

Der Betreuer soll nicht in Bluttransfusionen einwilligen.

Hinsichtlich erforderlich werdender Heilbehandlungen ordne ich Folgendes an: … Die ärztliche Aufklärung über diese Maßnahmen ist erfolgt. Inhalt und Umfang des Aufklärungsgesprächs dokumentiert das beigefügte Formular.

Der Betreuer erhält zusätzlich zu der gesetzlich vorgesehenen Vergütung aus meinem Vermögen ein monatliches Entgelt von … Euro.

III. Hinsichtlich des Verfahrens zur Betreuerbestellung ordne ich an:

… soll zum Verfahrenspfleger bestellt werden.

Folgende Personen sollen unbedingt Gelegenheit zur Äußerung erhalten: … Dagegen sollen nicht angehört werden: …

IV. Ich bitte denjenigen, der in den Besitz dieser Betreuungsverfügung gelangt, diese gemäß der gesetzlichen Verpflichtung (§ 1901a BGB) beim Betreuungsgericht abzuliefern, sobald er davon erfährt, dass dort ein Verfahren zur Bestellung eines Betreuers für mich eingeleitet worden ist.

……………………………

(Datum, Unterschrift)

Teil D
Führung der Betreuung

1 In diesem Kapitel geht es um die konkrete Tätigkeit eines Betreuers. Geschildert werden die Pflichten des Betreuers: zunächst seine Verpflichtung auf das Wohl und die Wünsche des Betreuten (Rn. 2 ff.), ferner die im Gesetz nicht geregelte Frage der Sterbehilfe im weiteren Sinn (Rn. 10 ff.) und dann die gesetzlich normierten Pflichten im Vermögensbereich (Rn. 25 ff.) sowie Auskunfts- und Mitteilungspflichten (Rn. 53 ff.).

Im zweiten Abschnitt folgen die Rechte des Betreuers (Rn. 63 ff.), insbesondere die Vertretungsmacht und ihre Grenzen. Schließlich werden die gerichtliche Aufsicht (Rn. 96 ff.) sowie eine mögliche Haftung des Betreuers (Rn. 103 ff.) dargestellt.

I. Betreuerpflichten

§ 1901 BGB Umfang der Betreuung, Pflichten des Betreuers

(1) Die Betreuung umfasst alle Tätigkeiten, die erforderlich sind, um die Angelegenheiten des Betreuten nach Maßgabe der folgenden Vorschriften rechtlich zu besorgen.

(2) [1]Der Betreuer hat die Angelegenheiten des Betreuten so zu besorgen, wie es dessen Wohl entspricht. [2]Zum Wohl des Betreuten gehört auch die Möglichkeit, im Rahmen seiner Fähigkeiten sein Leben nach seinen eigenen Wünschen und Vorstellungen zu gestalten.

(3) [1]Der Betreuer hat Wünschen des Betreuten zu entsprechen, soweit dies dessen Wohl nicht zuwiderläuft und dem Betreuer zuzumuten ist. [2]Dies gilt auch für Wünsche, die der Betreute vor der Bestellung des Betreuers geäußert hat, es sei denn, dass er an diesen Wünschen erkennbar nicht festhalten will. [3]Ehe der Betreuer wichtige Angelegenheiten erledigt, bespricht er sie mit dem Betreuten, sofern dies dessen Wohl nicht zuwiderläuft.

(4) [1]Innerhalb seines Aufgabenkreises hat der Betreuer dazu beizutragen, dass Möglichkeiten genutzt werden, die Krankheit oder Behinderung des Betreuten zu beseitigen, zu bessern, ihre Verschlimmerung zu verhüten oder ihre Folgen zu mildern. [2]Wird die Betreuung berufsmäßig geführt, hat der Betreuer in geeigneten Fällen auf Anordnung des Gerichts zu Beginn der Betreuung einen Betreuungsplan zu erstellen. [3]In dem Betreuungsplan sind die Ziele der Betreuung und die zu ihrer Erreichung zu ergreifenden Maßnahmen darzustellen.

(5) [1]Werden dem Betreuer Umstände bekannt, die eine Aufhebung der Betreuung ermöglichen, so hat er dies dem Betreuungsgericht mitzuteilen. [2]Gleiches gilt für Umstände, die eine Einschränkung des Aufgabenkreises ermöglichen oder dessen Erweiterung, die Bestellung eines weiteren Betreuers oder die Anordnung eines Einwilligungsvorbehalts (§ 1903) erfordern.

1. Grundsätze des § 1901 BGB

2 Hauptpflicht des Betreuers ist die Erledigung der vom Gericht gestellten Aufgabe, wie sie sich in dem festgelegten Aufgabenkreis konkretisiert. In dem so gesteckten Rahmen hat der Betreuer alle notwendigen Angelegenheiten für den Betroffenen zu erledigen, soweit sie rechtlicher Natur sind. Für das „Wie" der Aufgabenerfüllung enthält § 1901 BGB einige Anhaltspunkte.

a. Wünsche des Betreuten

3 Während nach dem früheren Betreuungsrecht der Wille des Mündels gegenüber dem des Vormunds zurückzutreten hatte, regelt § 1901 BGB nunmehr ausdrücklich, dass es oberstes Gebot der Betreuung und damit oberste Pflicht des Betreuers ist, durch sein Wirken objektiv dem Wohl und subjektiv den Wünschen des Betreuten zu entsprechen. In § 1901 BGB wird ferner das Postulat der persönlichen Betreuung (§ 1897 Abs. 1 BGB) konkretisiert. Der Betreuer muss sich durch regelmäßige persönliche Kontakte und die Bespre-

chung wichtiger anstehender Entscheidungen ein Bild davon machen, welche Vorstellungen der Betreute hat[1]. Gleichzeitig wird durch diese **Besprechungspflicht** (Abs. 3 Satz 3) eine Beteiligung des Betreuten erreicht und die Möglichkeit der Berücksichtigung seiner **Wünsche** geschaffen[2]. Abs. 3 Satz 1 räumt dem Willen des Betreuten grundsätzlich einen Vorrang ein[3]. Sofern es nicht eindeutig dem Wohl des Betreuten zuwiderläuft oder dem Betreuer nicht unzumutbar ist, muss sich Letzterer auch nach diesen Wünschen richten, und zwar grundsätzlich in allen Fragen und nicht nur bei wichtigen Entscheidungen[4]. Insbesondere darf der Betreuer nicht ohne zwingenden Grund seine eigenen Vorstellungen an Stelle der des Betreuten setzen[5].

b. Wohl und Wünsche des Betreuten

4 Der Begriff des Wohls in § 1901 Abs. 2 BGB umfasst die Erhaltung von Leben und Gesundheit sowie die Ermöglichung eines Freiraums zur individuellen Persönlichkeitsentfaltung[6], d.h. letztlich als obersten Maßstab des Betreuerhandelns alle persönlichen und wirtschaftlichen Interessen des Betreuten. Die Beseitigung der Krankheit oder Behinderung bzw. die Verhütung der Verschlimmerung wird vom Gesetzgeber besonders hervorgehoben, Abs. 4.

Das **Wohl** des Betreuten kann auch gleichzeitig die Grenze der Berücksichtigung seiner **Wünsche** markieren, da Bestandteil jeder Betreuung auch der **Schutz** des Betreuten **vor** einer **Selbstschädigung** ist. Die Grenze, die das Wohl den Wünschen des Betreuten setzt, ist nicht immer leicht zu ziehen, da auch Kranken das Selbstbestimmungsrecht zusteht und damit das Recht auf „fehlerhafte" Entscheidungen[7]. Insoweit wird der Begriff des Wohls auch durch die Wünsche des Betroffenen beeinflusst. Soweit jedoch die Gesundheit schwer und ernsthaft gefährdet ist, darf und muss der Betreuer die Wünsche des Betreuten, wenn dieser krankheitsbedingt nicht die nötige Einsichtsfähigkeit besitzt, übergehen. Im Übrigen ist es eine schwierige Abwägung im Einzelfall, welche Risiken zugunsten des Selbstbestimmungsrechts in Kauf genommen werden dürfen.

Je stärker sich die Krankheit des Betroffenen auf seine Fähigkeit auswirkt, einen eigenverantwortlichen Willen zu bilden, desto eher tritt sein objektiv verstandenes Wohl in den Vordergrund.[8]

c. Persönliche Betreuung

5 Schon im Gesetzgebungsverfahren wurde die Wichtigkeit einer persönlichen Betreuung im Gegensatz zu einer anonymen Verwaltung hervorgehoben[9] und dann in § 1901 BGB andeutungsweise normiert.

Dieser Grundsatz ändert an der Aufgabenzuweisung, die durch den Aufgabenkreis definiert wird, nichts. Die persönliche Betreuung sagt nur, wie der Betreuer etwas zu erledigen hat, und nicht, was er zu erledigen hat[10]. Ihr Kernbereich besteht darin, dass der Betreuer einen persönlichen Kontakt zum Betreuten sucht und aufrechterhält[11]. Die persönliche Betreuung bedeutet allerdings nicht, dass der Betreuer die Alltagsaufgaben des Betreuten

1 J/K/M/W, Rn. 159
2 MK-Schwab, § 1901 BGB, Rn. 23
3 Vgl. Lipp, S. 52; Erman-Roth, § 1901 BGB, Rn. 10
4 BT-Drucks. 11/4528, S. 133
5 Vgl. Bienwald, § 1901 BGB, Rn. 22
6 Vgl. MK-Schwab, § 1901 BGB, Rn. 10; Bienwald, § 1901 BGB, Rn. 19; Erman-Roth, § 1901 BGB, Rn. 3
7 Zum Versuch, die Grenzen rechtsdogmatisch zu ziehen, siehe Lipp, S. 152 ff.
8 Vgl. BGH BtPrax 2009, 290 = FamRZ 2009, 156
9 BT-Drucks. 11/4528, S. 68 ff.
10 Jürgens, BtPrax 1998, 130
11 Vgl. Jürgens, BtPrax 1998, 129; Hoffmann, BtPrax 2008, 95 ff.

persönlich erledigt, also bspw. selbst putzt. Er organisiert vielmehr die Putzhilfe, das Essen auf Rädern, den Pflegedienst und überwacht die verschiedenen für den Betreuten tätig werdenden Personen. Die Betreuung ist nämlich eine **rechtliche Hilfe**, keine rein tatsächliche Unterstützung. Andererseits wird der Besuch zum Geburtstag des Betreuten als Betreuertätigkeit anzuerkennen sein, wenn nicht die persönliche Betreuung zur Farce werden soll[12]. Denn das Ideal persönlicher Betreuung soll auch der oft zunehmenden Einsamkeit im Alter entgegenwirken. Insoweit ist persönliche Betreuung in gewissem Umfang auch rechtliche Betreuung[13]. Wie oft der Betreuer den Betreuten aufsucht, ist eine Frage des Einzelfalls und der Gesamtumstände und hängt auch davon ab, wie viele Kontakte der Betreute sonst hat.

Eine generelle Übertragung der Aufgaben des Betreuers auf Dritte ist nicht zulässig. Dies gilt auch für wichtige Entscheidungen der Personensorge, etwa eine Operation. Bei der Entscheidung, in welchem Umfang und für welche Tätigkeiten andere Hilfe heranzuziehen ist, berücksichtigt er die Interessen und Wünsche des Betreuten. Dies gilt auch beispielsweise für die Auswahl eines Heims.

d. Beseitigung der Krankheit/Behinderung

Selbstverständlich hat sich der Betreuer um medizinische Fragen nur zu kümmern, wenn ihm ein entsprechender Aufgabenkreis zugewiesen ist. Gleichwohl will der Gesetzgeber mit der Betonung des Rehabilitationsaspekts in § 1901 Abs. 4 BGB zum Ausdruck bringen, dass jeder Betreuer diese Frage bei den von ihm zu treffenden Maßnahmen berücksichtigen soll, soweit ihm dies möglich ist. Zu Recht wird darauf hingewiesen, dass auch der Vermögensbetreuer seinen Beitrag dazu leisten kann, indem er den Betroffenen möglichst weitgehend entsprechend seinen Fähigkeiten an die Geschäfte heranführt und beteiligt[14]. 6

Um die Betreuer Behinderter in diesem Punkt zu unterstützen und zu ermutigen, normiert § 124 BSHG eine Beratungspflicht der Gesundheitsämter und der Ärzte.

e. Betreuungsplan

Gemäß dem Satz 2 in § 1901 Abs. 4 BGB hat ein **Berufsbetreuer** auf Anordnung des Gerichts einen Betreuungsplan zu erstellen[15]. Ein derartiger Plan fügt sich in neuere Tendenzen des Qualitätsmanagements, die sich davon eine durch Transparenz bewirkte Effizienzsteigerung erhoffen, während andere die verstärkte Kontrolle, der ein Betreuer unterworfen wird, kritisieren. 7

Der Betreuungsplan soll zu Beginn der Betreuung angefertigt und dem Betreuungsgericht vorgelegt werden. Er hat die Ziele der Betreuung festzulegen sowie die Maßnahmen, mit denen diese Ziele erreicht werden sollen. Die Beschränkung auf Berufsbetreuer wird damit gerechtfertigt, dass Ehrenamtliche nicht von der Übernahme einer Betreuung abgeschreckt werden sollen. Die Vorschrift gilt auch für Vereins- oder Behördenbetreuer.

Ziele können die Beseitigung der Anlasskrankheit oder die Verbesserung des Gesundheitszustands des Betreuten oder vielleicht auch nur die Verhinderung von Verschlimmerungen sein. Ebenfalls darunter fällt die Beseitigung von Folgen der Krankheit, etwa die Ordnung der finanziellen Verhältnisse. Sinnvoll wird es sein, die Situation – bezogen auf den Aufgabenkreis – bei Betreuungsbeginn zu schildern, etwa die Finanzen oder den Gesundheitszu- 8

---

12 Vgl. LG Koblenz BtPrax 1997, 242; Jürgens, BtPrax 1998, 132
13 Der Versuch einer Abgrenzung ist enthalten in der „Handreichung des Deutschen Vereins zur Abgrenzung von Tätigkeiten an der Schnittstelle zwischen rechtlicher Betreuung und Sozialleistungen vom 16.7.2007.
14 MK-Schwab, § 1901 BGB, Rn. 24
15 Gutachten zum 57. DJT, S. B 78. Dies entspricht einem Vorschlag, den Holzhauer bereits auf dem 57. DJT gemacht hatte.

stand. Festgehalten werden sollte, inwieweit der Betreute noch selbst bestimmt handeln kann, um daraus abzuleiten, welche Angelegenheiten für ihn zu erledigen sind. Alternative Hilfen sind, soweit vorhanden, anzugeben. Auch die Wünsche des Betreuten sollten dokumentiert werden[16]. Bei der Abfassung des Plans ist hinsichtlich der Schilderung von Einzelheiten aus dem persönlichen Umfeld des Betreuten Vorsicht geboten, um die Grundrechte des Betreuten, insbesondere sein Recht auf informationelle Selbstbestimmung, nicht zu verletzen. Schließlich ist auf die mögliche zeitliche Dauer der Betreuung bzw. den Überprüfungszeitraum einzugehen. Bei der Abfassung kann der Betreuer auch Hilfe der Behörde entgegennehmen (§ 4 BtBG).

9 Eine **Anordnung** des Gerichts soll lediglich in **geeigneten Fällen** erfolgen. Damit bringt der Gesetzgeber zum Ausdruck, dass ein solcher Plan von einem Berufsbetreuer nicht in jedem Fall erstellt werden soll, um unnötige Bürokratie zu vermeiden. Gedacht ist an Betreuungen, deren Aufgabenkreise schwerpunktmäßig persönliche Angelegenheiten umfassen[17], also Gesundheit und Aufenthaltsbestimmung.

Eine gerichtliche Anordnung ist auch dann möglich, wenn eine bisher ehrenamtlich geführte Betreuung nunmehr von einem Berufsbetreuer fortgeführt wird.

Der vom Betreuer erstellte Plan wird vom Gericht überprüft, das dann weitere beratende Hinweise geben kann. Bei dem jährlich zu erstellenden Bericht gemäß § 1840 Abs. 1 BGB (siehe unten Rn. 30) empfiehlt es sich, auf den Betreuungsplan Bezug zu nehmen.

2. Behandlungsabbruch, Sterbehilfe, Hilfe zum Sterben

§ 1901a Abs. 2, Abs. 4 BGB Patientenverfügung

(2) [1]Liegt keine Patientenverfügung vor oder treffen die Festlegungen einer Patientenverfügung nicht auf die aktuelle Lebens- und Behandlungssituation zu, hat der Betreuer die Behandlungswünsche oder den mutmaßlichen Willen des Betreuten festzustellen und auf dieser Grundlage zu entscheiden, ob er in eine ärztliche Maßnahme nach Absatz 1 einwilligt oder sie untersagt. [2]Der mutmaßliche Wille ist aufgrund konkreter Anhaltspunkte zu ermitteln. [3]Zu berücksichtigen sind insbesondere frühere mündliche oder schriftliche Äußerungen, ethische oder religiöse Überzeugungen und sonstige persönliche Wertvorstellungen des Betreuten.

[...]

(4) Der Betreuer soll den Betreuten in geeigneten Fällen auf die Möglichkeit einer Patientenverfügung hinweisen und ihn auf dessen Wunsch bei der Errichtung einer Patientenverfügung unterstützen.

§ 1901b Abs. 2 BGB Gespräch zur Feststellung des Patientenwillens

(2) Bei der Feststellung des Patientenwillens nach § 1901a Absatz 1 oder der Behandlungswünsche oder des mutmaßlichen Willens nach § 1901a Absatz 2 soll nahen Angehörigen und sonstigen Vertrauenspersonen des Betreuten Gelegenheit zur Äußerung gegeben werden, sofern dies ohne erhebliche Verzögerung möglich ist.

10 Anhand des praxisrelevanten und aktuellen Themas der Sterbehilfe soll die Verantwortung des Betreuers und seine Verpflichtung auf das Wohl und die Würde des Betreuten im persönlichen Bereich beispielhaft verdeutlicht werden.

16 Muster solcher Betreuungspläne bei: Fröschle, S. 117 f.; Raack/Thar, S. 85 f.
17 BT-Drucks. 15/2494, S. 29

▶ *Die allgemeinen Fragen einer Heilbehandlung werden im Zusammenhang mit der betreuungsgerichtlichen Genehmigung gefährlicher medizinischer Behandlungen in Teil E Rn. 2 ff. erörtert.*

a. Befassungs- und Entscheidungskompetenz in Fragen der Sterbehilfe

aa. Die Kompetenz des Betreuers

Bereits in der Begründung zum Betreuungsgesetz findet sich der Hinweis, der Betreuer habe Wünschen des Betreuten vom Grundsatz her selbst dann zu entsprechen, wenn sie darauf gerichtet seien, in der letzten Lebensphase nicht sämtliche lebens- und schmerzverlängernden Maßnahmen anzuwenden[18]. Es entspricht somit der Intention des Gesetzgebers, dass sich der einem Betreuer zugewiesene Aufgabenbereich auch auf existentielle Entscheidungen im Sinne der Sterbehilfe erstrecken kann. 11

Entgegen einer teilweise vertretenen Auffassung[19] steht die **Höchstpersönlichkeit** der Entscheidung zwischen Leben und Tod dem nicht entgegen. Dies belegt insbesondere die Regelung des § 1904 Abs. 2 BGB, die eine Entscheidung des Betreuers nunmehr ausdrücklich anerkennt.

Auch liegt mit § 1901 Abs. 2 BGB die erforderliche gesetzliche Ermächtigungsnorm vor, die es dem Betreuungsgericht erlaubt, dem Betreuer die Aufgabe zu übertragen, über Maßnahmen der Sterbehilfe zu entscheiden[20]. § 1901a BGB bestätigt dies ausdrücklich.

bb. Die Kompetenz des Bevollmächtigten

Das Betreuungsrecht regelt auch die Frage, dass eine von dem Betroffenen erteilte (Vorsorge-)**Vollmacht** wirksam den Regelungskomplex der **Sterbehilfe** umfassen kann (§ 1901a Abs. 6 BGB). 12

Der Gesetzgeber hat hierdurch deutlich zu erkennen gegeben, dass sich das Handeln eines Bevollmächtigten, das gesundheitliche Belange des Vollmachtgebers betrifft, grundsätzlich an den gleichen Maßstäben messen lassen muss wie entsprechende Entscheidungen des Betreuers[21]. Ist aber Letzterer befugt, im Falle entsprechender Aufgabenzuweisung durch das Betreuungsgericht auch darüber zu befinden, in welchem Umfang am Lebensende Behandlungen durchgeführt werden sollen, so können die Kompetenzen des Bevollmächtigten bei entsprechender Ausgestaltung der Vollmacht nicht abweichend hiervon beurteilt werden[22].

b. Entscheidungsmaßstab

An erster Stelle ist, wie bereits gesagt, **der Wille des Patienten** maßgeblich, wobei Vorabäußerungen, soweit sie auf Maßnahmen der Sterbehilfe gerichtet sind, teilweise (im Bereich der aktiven und indirekten Sterbehilfe sowie der Sterbebegleitung) deshalb nicht rechtsbegründend sind, weil das Gesetz keinen Gestaltungsspielraum gewährt (vgl. dazu unten Rn. 20 ff.). Im Übrigen ist eine wirksame Patientenverfügung verbindlich (vgl. dazu Teil C Rn. 100 ff.). 13

In geeigneten Fällen soll der Betreuer den Betreuten auf die Möglichkeit einer Patientenverfügung hinweisen und ihn bei der Erstellung unterstützen (§ 1901a Abs. 4). Ein geeig- 13a

---

18 BT-Drucks. 11/4528, S. 142
19 Deichmann, MDR 1995, 983, 985; Bienwald, FamRZ 1998, 1138, 1139
20 So die h.M.: Siehe u.a. BGHSt 40, 257, 262 (zum Betreuungsrecht); Taupitz, Gutachten, S. A 88; LG Duisburg NJW 1999, 2744; Conradi, S. 612; Lipp, Patientenautonomie, S. 34; a.A. Sonnenfeld, S. 11; Seitz, ZRP 1998, 417, 419; Jürgens, BtPrax 1998, 159, 160
21 Vgl. MK-Schwab, § 1904 BGB, Rn. 80 ff.
22 Dodegge/Fritsche, NJ 2001, 176, 181; dort in Fn. 44 auch Nachweise über den Streit vor Erlass des BtÄndG

neter Fall liegt z.B. vor, wenn der Betroffene nach einer Behandlung, bei der er einwilligungsunfähig war, wieder einwilligungsfähig geworden ist und nunmehr für einen denkbaren Widerholungsfall vorsorgen möchte[23].

14 Anerkannt ist mittlerweile, dass **lebenserhaltende oder -verlängernde Maßnahmen** wie etwa die Ernährung über eine Magensonde der Einwilligung des Patienten oder seines Betreuers/Bevollmächtigten bedürfen[24]. Bei der Entscheidung, ob solche Maßnahmen unterlassen oder gegebenenfalls eingestellt werden, ist ein früher geäußerter **Wille des Patienten** grundsätzlich zu berücksichtigen. Ein Betreuer kann den Betreuten jedenfalls dann vertreten, wenn ihm der Aufgabenkreis „Sorge für die Gesundheit" übertragen worden ist[25]. Ob dagegen die Aufgabenzuweisung „alle Angelegenheiten" auch **Maßnahmen der Sterbehilfe** umfasst[26], ist zumindest fraglich. Der Betreuer hat sich bei seiner Entscheidung in Vertretung des Patienten an dem wirklichen Willen des Betroffenen zu orientieren, egal, ob dieser schriftlich oder mündlich geäußert wurde.

▶ *Zur gerichtlichen Genehmigung der Entscheidung des Betreuers/Bevollmächtigten vgl. unten Rn. 24*

15 Hat aber der Patient weder in gesunden Tagen eine relevante Entscheidung zu bestimmten Behandlungsmaßnahmen getroffen noch in der konkreten kritischen Lage eine verwertbare Willensbekundung von sich gegeben, ist auf den **mutmaßlichen Willen** abzustellen[27]. Das gleiche gilt, wenn die Erklärung des Patienten formunwirksam ist, auf die aktuelle Entscheidungssituation nicht passt oder Indizien für eine Willensänderung vorliegen.

Die Ermittlung des mutmaßlichen Willens ist Aufgabe des Betreuers (oder Bevollmächtigten) – was nunmehr in § 1901a Abs. 2 (Abs. 6 für Bevollmächtigte) BGB festgeschrieben ist – und soll anhand von konkreten Gesichtspunkten erfolgen[28]. Bei den Anforderungen an die Ermittlung des mutmaßlichen Willens sind strenge Maßstäbe anzulegen[29]. Einzubeziehen sind natürlich frühere Äußerungen des Betroffenen, seine ethischen und religiösen Überzeugungen sowie seine sonstigen Wertvorstellungen. Deshalb soll der Betreuer ein Gespräch mit dem behandelnden Arzt führen. Darüber hinaus ist es sinnvoll und im Gesetz ausdrücklich vorgeschrieben, zur Ermittlung des mutmaßlichen Willens auch nahe Angehörige und andere Vertrauenspersonen des Betreuten heranzuziehen (§ 1901b Abs. 2 BGB). Gedacht ist hier an **Ehegatten**, **Lebenspartner**, **Eltern**, **Kinder und Geschwister**. Der Betreuer hat zu überlegen, ob er mit diesen Personen das unmittelbare Gespräch sucht oder ihnen lediglich Gelegenheit zur Stellungnahme gibt. Bei drohender erheblicher Verzögerung kann auch beides unterbleiben.

Aus dem Dargelegten ergibt sich, dass – falls für eine betroffene Person noch kein Betreuer bestellt ist – ein Betreuer für diese Aufgabe zu bestellen ist.

Ist ein mutmaßlicher Wille nicht zu ermitteln, ist der Betreuer auf das **Wohl des Betreuten** verpflichtet. In Fragen der Sterbehilfe gelten insoweit folgende Grundsätze:

23 BR-Drucks. 66/17, S. 14
24 BGH FamRZ 2003, 748 m. Anm. Lipp, 756 = BtPrax 2003, 123, dazu Alberts, S. 139, Paehler, S. 141 und Schaffer, S. 143; 750; Bioethik-Kommission des Landes Rheinland-Pfalz, These 12
25 BGH a.a.O.
26 OLG Frankfurt BtPrax 2002, 84 = FamRZ 2002, 575, 577
27 Vgl. BGH BtPrax 2014, 268; BtPrax 2016, 187
28 BGH BtPrax 2017, 120 = FamRZ 2017, 748 m. Anm. Spickhoff, 752 ff.
29 BGH BtPrax 2014, 268 = FamRZ 2014, 1909 m. Anm. Spickhoff; BGH BtPrax 2016, 187; BtPrax 2017, 122 f.

aa. Sterbebegleitung[30]

Die Sterbebegleitung umfasst die palliative Behandlung, den psychologischen Sterbebeistand sowie die Basisbetreuung[31]. Sie bildet die Grundlage der ärztlichen Hilfeleistungspflicht gegenüber Sterbenden und ist in der Würde des Patienten grundgelegt. Betreuer bzw. Bevollmächtigter haben auf ihre ordnungsgemäße Durchführung zu achten. 16

(1) Palliativmedizin

Palliativmedizinische Maßnahmen sind in erster Linie darauf gerichtet, im Falle einer unheilbaren, zum Tode führenden Erkrankung die Beschwerden des Patienten zu lindern, ohne deren Ursachen wirksam zu bekämpfen[32]. Daneben werden jedoch auch die psychischen und sozialen Probleme des Betroffenen in den Blick genommen. Der kompetente Einsatz der Palliativmedizin gewährleistet in den meisten Fällen die Beseitigung, zumindest aber eine wesentliche Linderung der Schmerzen auf ein erträgliches Maß[33]. Betreuer bzw. Bevollmächtigter haben zu überwachen, dass der behandelnde Arzt seiner gegenüber dem Patienten bestehenden Rechtspflicht zur **Schmerzlinderung** unter Nutzung aller ihm zur Verfügung stehenden Möglichkeiten (zu denen es auch gehören kann, den Patienten an ein Krankenhaus zu verweisen, in dem ihm wirksamer geholfen werden kann) nachkommt. 17

(2) Persönlicher Beistand

Bereits nach dem Inhalt des Behandlungsvertrags ist der Arzt verpflichtet, dem Sterbenden beizustehen, ihm Aufmerksamkeit zu schenken und Anteil an dem Sterbegeschehen zu nehmen[34]. Er hat sich stets neu um eine **vertrauensvolle Kommunikation** mit dem unheilbar erkrankten Patienten zu bemühen und geduldig dessen oft widersprüchlich erscheinende Gefühle aufzufangen, um ihm bei der Verarbeitung seiner Situation zu helfen und schließlich dazu beizutragen, dass er auch die letzte Phase seines Lebens als lebenswert erfährt. Nur allzu häufig stehen der Verwirklichung dieser idealen, aber zeitaufwendigen Form der Sterbebegleitung sowohl die Arbeits- und Funktionsteilung in den Krankenhäusern sowie die enorme Arbeitsbelastung des dort tätigen Personals als auch erhebliche Ausbildungsdefizite von Ärzten und Pflegepersonal entgegen. Für Betreuer bzw. Bevollmächtigte besteht daher in besonderer Weise Anlass, den psychologischen Sterbebeistand des Arztes einzufordern. 18

(3) Basisbetreuung

Die Basisbetreuung umfasst die **Befriedigung elementarer Grundbedürfnisse** wie Hunger, Durst oder Körperpflege[35]. Ob die **künstliche Ernährung** noch Basisbetreuung darstellt, ist umstritten. Soweit es nur um die Nahrungszufuhr und nicht den Ersatz der Verdauungsfunktionen geht, wird dies vertreten[36], während die meisten aktuellen Stellungnahmen auch die künstliche Ernährung aus dem Bereich der Basispflege ausklammern und nach den Grundsätzen der passiven Sterbehilfe beurteilen[37]. 19

---

30 Vgl. Koch, Sterbehilfe, S. 10 ff.
31 Grundsätze der Bundesärztekammer, Deutsches Ärzteblatt 2004, 1 (s.a. die jeweils aktuelle Fassung unter www.bundesaerztekammer.de)
32 Siehe die Referate auf dem 106. Deutschen Ärztetag in Köln (von Auerswald, Klaschik, Schindler, abrufbar unter www.bundesaerztekammer.de/arzt2003/ > TOP III) sowie: Neumann, in: Schweidler, Menschenleben, S. 269 ff.; Conradi, S. 232 ff. m.w.N.
33 Vgl. Medizinisch-ethische Richtlinien, NJW 1996, 768
34 Conradi, S. 237 ff.
35 Vgl. Grundsätze der Bundesärztekammer (Fn. 26)
36 Eibach, Sterbehilfe, S. 157 ff.; Dörner, ZRP 1996, 93 ff.
37 BGH NJW 1995, 204; LG Duisburg NJW 1999, 2744 f.; Taupitz, Gutachten, S. A 48; Bioethik-Kommission des Landes Rheinland-Pfalz, These 12

Soweit der Abbruch einer lebensverlängernden Maßnahme vom Betreuer rechtmäßig verlangt wird, hat er diese Entscheidung auch durchzusetzen, gegebenenfalls gegen den Willen des Arztes oder des Pflegepersonals[38]. Eine betreuungsgerichtliche Genehmigung mag da eine Hilfe sein, einen Vollstreckungstitel stellt sie nicht dar, so dass letztlich nur der Zivilrechtsweg weiterhelfen kann[39].

bb. Aktive Sterbehilfe

20 Die bewusste und zielgerichtete Tötung eines (unheilbar erkrankten) Patienten ist selbst dann gem. § 216 StGB **strafbar**, wenn sie auf dessen ausdrücklichen Wunsch hin erfolgt[40]. Betreuer bzw. Bevollmächtigter dürfen daher unter keinen Umständen ihre Einwilligung zu Mitleidstötungen eines Arztes erteilen.

Die sich in letzter Zeit mehrenden Bestrebungen, die darauf abzielen, solche Tötungshandlungen des Arztes – zumindest in hoffnungslosen Fällen – zu legalisieren [41], sind abzulehnen. An dem Prinzip des ausnahmslosen ärztlichen Tötungsverbots ist schon allein aus rechtspolitischen Gründen festzuhalten, um allen Missbrauchs- und Manipulationsmöglichkeiten sowie der sich im gesellschaftlichen Bewusstsein festigenden Tendenz der Relativierung des Lebensschutzes entgegenzuwirken[42]. Selbst vereinzelte Ausnahmen würden das Vertrauensverhältnis zwischen Arzt und Patient erheblich belasten. Keine strafbare Tötung liegt hingegen vor, wenn lediglich eine medizinische Behandlung, die dem Willen des Betroffenen widerspricht, abgebrochen wird. Der Abbruch einer Behandlung mit Willen des Patienten ist hingegen nicht strafbar[43].

cc. Indirekte Sterbehilfe

21 Maßnahmen der indirekten Sterbehilfe zeichnen sich dadurch aus, dass sie die Schmerzbekämpfung zum Ziel haben und eine damit einhergehende Lebensverkürzung nur als unbeabsichtigte und nicht sicher vorhersehbare Nebenwirkung in Kauf nehmen[44].

Die indirekte Sterbehilfe verwirklicht die tatbestandlichen Voraussetzungen eines vorsätzlichen Tötungsdeliktes. Eine **Rechtfertigung** des Arztes unter Notstandsgesichtspunkten gem. § 34 StGB kommt nur **in** denjenigen **Ausnahmefällen** in Betracht, die den Gedanken der Unantastbarkeit menschlichen Lebens unberührt lassen und nicht geeignet sind, dessen Achtung im öffentlichen Bewusstsein zu erschüttern[45]. Dies setzt besonders starke Schmerzen des Patienten voraus, die nicht auf andere Weise vergleichbar gelindert werden können. Diese müssen das verlöschende Leben in seinen zentralen Bezügen für immer überwuchernd zerstören[46]. Andererseits kann die Schmerzbehandlung nicht auf die Terminalphase der Krankheit beschränkt werden, da auch vor Einsetzen dieses Stadiums Patienten mitunter in unerträglich quälender Weise dem Tod entgegengehen[47]. Der Grundsatz

38 Vgl. BGH BtPrax 2005, 190
39 Vgl. auch Lipp, FamRZ 2004, 324; Bienwald, FamRZ 2005, 1476
40 Vgl. BGHSt 19, 135, 140; Entschließungen des 87., 98. und 99. Ärztetages (letztere in BtPrax 1997, 19 f.)
41 Zu solchen Bestrebungen siehe den Vorschlag der Bioethik-Kommission des Landes Rheinland-Pfalz, These 14 sowie Nw. bei Conradi, S. 275 ff., dort (S. 307 ff.) auch zur Rechtslage in den Niederlanden; dazu auch die Dissertation von Reuter
42 Dem entspricht die ganz herrschende Meinung in Deutschland.
43 BGH, BtPrax 2010, 226 = FamRZ 2010, 1551
44 Bade, S. 93; Beckert, S. 26; Giesen, JZ 1990, 935
45 Im Ergebnis auch die ganz h.M. im Strafrecht (BGHSt 42, 301, 305; Hanack, S. 132 f.; Otto, ZStW 83, 73; Engisch, in FS Schaffstein, S. 11 f.; v. Dellingshausen, S. 231) und auch im Zivilrecht (Nachw. bei Conradi, S. 461, Fn. 1704); aus ärztlicher Sicht s. Grundsätze der Bundesärztekammer, NJW 1998, 3407. Auch die meisten Theologen befürworten eine Rechtfertigung des Arztes in der geschilderten Situation (siehe Gemeinsame Erklärung der Deutschen Bischofskonferenz und des Rates der Evangelischen Kirche in Deutschland, in: Eser/Koch, S. 166 f.).
46 Hanack, S. 133
47 V. Dellingshausen, S. 229

der Verhältnismäßigkeit wiederum gebietet, die indirekte Sterbehilfe auf diejenigen Fälle zu begrenzen, in denen die Zeitspanne der mutmaßlichen Lebensverkürzung relativ geringfügig ist. Schließlich muss der Arzt in dem Bewusstsein handeln, nur durch die Vornahme der indirekten Sterbehilfe den Lebensrest des Patienten erträglich gestalten zu können[48].

Nur wenn sämtliche der vorstehenden Bedingungen erfüllt sind, dürfen der Betreuer bzw. der Bevollmächtigte der Durchführung der indirekten Sterbehilfe zustimmen. Da ein Untätigbleiben in dieser Situation als inhuman und für den Patienten unzumutbar zu bewerten wäre, besteht zugleich die Verpflichtung für den Betreuer, dieser Schmerzbehandlung zuzustimmen.

dd. Passive Sterbehilfe

Die grundsätzliche Verpflichtung zur Lebenserhaltung eines Patienten stößt dort an ihre Grenze, wo sie sich gegen dessen Wohl richten würde und mit geradezu inhumanen Folgen verbunden wäre. **22**

Dies kann insbesondere nach Eintritt des eigentlichen Sterbeprozesses der Fall sein. Hiervon spricht man, wenn das Grundleiden des Patienten nach ärztlicher Überzeugung einen irreversibel **zum Tode führenden Verlauf** angenommen hat und der Tod in jedem Falle – also selbst dann, wenn mit Hilfe lebenserhaltender bzw. -verlängernder Mittel gegen ihn angekämpft wird – in kurzer Zeit eintreten wird[49]. In dieser Situation wird von einem Einsatz der Intensivmedizin in aller Regel schon deshalb abzusehen sein, weil dieser entweder überhaupt keinen gesundheitlichen Vorteil für den Patienten erwarten lässt oder zumindest mit unverhältnismäßigen Belastungen verbunden ist. Stehen jedoch ausnahmsweise Behandlungsmöglichkeiten zur Verfügung, die aus der ex ante anzustellenden Prognose einen relevanten Zeitraum der Lebensverlängerung erwarten lassen, ohne zugleich unzumutbare Belastungen für den Patienten zu begründen, so sind diese anzuwenden. Denn auch das erlöschende Leben stellt unter diesen Voraussetzungen einen unbedingt zu schützenden Höchstwert dar, und selbst eine relativ kurze Zeitspanne der Lebensverlängerung kann für den Betroffenen eine ausgesprochen lebenswerte Frist darstellen. Die Behandlungspflicht und mit ihr das Behandlungsrecht entfallen hingegen, wenn zwar die Intensivbehandlung für sich genommen mit keinen gravierenden Belastungen einherginge, der **Lebensrest** des Patienten aber dennoch **von unerträglichen Schmerzen** überlagert würde, ohne dass zumindest Aussicht auf Intervalle eines erträglichen Daseins gegeben wäre[50].

Unter den gleichen Voraussetzungen entfallen auch vor dem Beginn des eigentlichen Sterbeprozesses die Lebenserhaltungspflicht bzw. das Behandlungsrecht gegenüber dem Patienten aus Gründen der Humanität und der Achtung seiner Würde[51]. Häufig dürfte aber die Aussicht bestehen, dass der Todeseintritt um einen nicht ganz unerheblichen Zeitraum hinausgezögert werden kann, ohne dass dies zwangsläufig mit unerträglichen Schmerzen einhergehen müsste. **23**

Der **Abbruch apparativer Dauerbehandlungen** ist rechtlich der passiven Sterbehilfe zuzuordnen und damit ebenfalls nach den vorstehenden Grundsätzen zu beurteilen[52].

---

48 Schönke/Schröder-Eser, vor § 211 StGB, Rn. 26 und 29
49 BGH NJW 1995, 204
50 Eibach, S. 115; Fritsche, S. 63; Bade, S. 72, 94; Möllering, S. 60
51 V. Dellingshausen, S. 229
52 Conradi, S. 511 ff. m.w.N.; Möllering, S. 61 ff.; das OLG Hamm hat eine Entscheidung von Eltern für ihr minderjähriges Kind gebilligt (FamRZ 2007, 2098), das BVerfG hat diesen Beschluss einstweilen ausgesetzt.

ee. Erforderlichkeit der Anrufung des Betreuungsgerichts vor der Ausübung der passiven Sterbehilfe

24 Äußerst kontrovers wurde in Rechtsprechung und Literatur die Frage diskutiert, ob der Betreuer bzw. der Bevollmächtigte vor dem Abbruch einer lebenserhaltenden Behandlung sowie vor der Entscheidung über deren Nichtaufnahme eine entsprechende Genehmigung des Betreuungsgerichts in **analoger Anwendung** des **§ 1904** BGB einzuholen haben[53]. In seinem Aufsehen erregenden Beschluss vom 17.3.2003 hat der BGH eine analoge Anwendung des § 1904 BGB zwar abgelehnt, aber die betreuungsgerichtliche Genehmigungspflicht im Wege richterlicher Rechtsfortbildung aus dem Wesen des Betreuungsrechts entwickeltNunmehr ist die **Genehmigungspflicht gesetzlich geregelt** (§ 1904 Abs. 2 BGB). Genehmigungspflichtig ist demnach der Widerruf einer erteilten Zustimmung zu einer lebenserhaltenden oder -verlängernde Maßnahme, aber auch das Unterlassen einer Einwilligung in eine solche Maßnahme, soweit eine Uneinigkeit zwischen Arzt und Betreuer besteht (§ 1904 Abs. 4 BGB).

▶ *Zu Einzelheiten der Genehmigungspflicht gem. § 1904 Abs. 2 BGB siehe Teil E Rn. 17 ff.*

3. Gesondert geregelte Pflichten im Vermögensbereich

25 Zur Vermögensverwaltung enthält das Recht der Vormundschaft über Minderjährige eine Reihe spezieller Bestimmungen, die der Gesetzgeber wegen der ähnlichen Schutzbedürftigkeit des Betreuten auch auf die Betreuung übertragen hat (§ 1908i Abs. 1 und 2 BGB)[54].

a. Vermögensverzeichnis, § 1802 BGB

§ 1802 BGB Vermögensverzeichnis

(1) [1]Der Vormund hat das Vermögen, das bei der Anordnung der Vormundschaft vorhanden ist oder später dem Mündel zufällt, zu verzeichnen und das Verzeichnis, nachdem er es mit der Versicherung der Richtigkeit und Vollständigkeit versehen hat, dem Familiengericht einzureichen. [2]Ist ein Gegenvormund vorhanden, so hat ihn der Vormund bei der Aufnahme des Verzeichnisses zuzuziehen; das Verzeichnis ist auch von dem Gegenvormunde mit der Versicherung der Richtigkeit und Vollständigkeit zu versehen.

(2) Der Vormund kann sich bei der Aufnahme des Verzeichnisses der Hilfe eines Beamten, eines Notars oder eines anderen Sachverständigen bedienen.

(3) Ist das eingereichte Verzeichnis ungenügend, so kann das Familiengericht anordnen, dass das Verzeichnis durch eine zuständige Behörde oder durch einen zuständigen Beamten oder Notar aufgenommen wird.

aa. Zweck

26 Ist dem Betreuer eine Angelegenheit aus dem Bereich der Vermögenssorge übertragen, so hat er zunächst ein Verzeichnis über das Vermögen des Betreuten zu erstellen[55] und beim Betreuungsgericht abzugeben. Das Gericht hat nach Eingang das Verzeichnis auf seine formelle Richtigkeit zu prüfen, die materielle Richtigkeit und Vollständigkeit nur dann, wenn

53 Dafür u.a. BGHSt 40, 257, 262; OLG Frankfurt/M. BtPrax 1998, 186; LG Duisburg NJW 1999, 2744 f.; Baumann/Hartmann, DNotZ 2000, 594, 602; Zöller, ZRP 1999, 317, 318; gegen die analoge Anwendung hingegen z.B. LG München I NJW 1999, 1788, 1789; AG Hanau BtPrax 1997, 82 f.; Stalinski, BtPrax 1999, 43 und 86, 87; Knieper, NJW 1998, 2720, 2721; Laufs, NJW 1998, 3399, 3400 f.

54 Vgl. MK-Schwab, § 1908i BGB, Rn. 1; Bienwald, § 1908i BGB, Rn. 5 ff.

55 Ein Gegenbetreuer ist zur Aufnahme des Verzeichnisses hinzuzuziehen (vgl. Erman-Roth, § 1908i BGB, Rn. 18). Dies ergibt sich aus dem Verweis des § 1908i Abs. 1 Satz 1 auf § 1802 Abs. 1 Satz 1, Abs. 2 und 3 BGB.

Bedenken hinsichtlich der Ordnungsgemäßheit bestehen[56]. Neben der Erleichterung der Aufsicht des Betreuungsgerichts dient das Verzeichnis auch als **Grundlage** für die **künftige Rechnungslegung** des Betreuers sowie für etwaige Herausgabeansprüche des Betreuten[57]. Eine Befreiung von dieser Pflicht können weder das Gericht noch (zuwendende) Dritte erteilen. Besteht bereits ein Verzeichnis, das z.B. von einem vorherigen Betreuer erstellt wurde, so kann darauf Bezug genommen werden[58]. Verantwortlich bleibt aber der unterzeichnende Betreuer.

bb. Art und Weise der Erstellung

Der Stichtag, ab dem die Bestandsaufnahme zu errichten ist, ist die Einrichtung der Betreuung[59]. Aufzunehmen sind sämtliche Aktiva und Passiva des Betreuten zu diesem Zeitpunkt, und zwar so konkret wie möglich, damit Zweifel über die Identität der einzelnen Posten ausgeschlossen sind und der weitere Verbleib des Vermögensgegenstandes nachvollzogen werden kann[60]. Unter Umständen muss auch Vorgängen aus der Zeit vor Errichtung der Betreuung nachgegangen werden[61]. **Grundstücke** sind mit ihren Grundbuchdaten und dem (geschätzten) Einheitswert anzugeben[62]; auch die Art der Nutzung ist mitzuteilen. Bei Handelsgeschäften ist eine Bilanz beizufügen; Spar- und Girokonten sowie Wertpapieranlagen sind mit der jeweiligen Nummer zu verzeichnen[63]. Bei **Forderungen** sind nicht nur die Höhe, sondern auch Gläubiger und Schuldner anzugeben[64]. **Hausrat** und persönliche Gegenstände sind nur dann aufzulisten, wenn es sich tatsächlich um wertvolle Dinge handelt, denn Kleinigkeiten können pauschal benannt werden[65], auch wenn dem Betreuer keine Erleichterung durch die Möglichkeit bloßer Angabe des Gesamtwertes der Haushaltsgegenstände (ohne Einzelaufzählung) zustattenkommt[66]. **Mitgliedschaften** des Betreuten an einer Personengesellschaft und einer Erbengemeinschaft, Schenkungen und Erbschaften müssen in das Verzeichnis aufgenommen werden. Bei den Mitgliedschaften sind sowohl der Anteil des Betreuten an ihnen anzugeben als auch die z.B. in der Erbengemeinschaft vorhandenen Sachen. Dies gilt auch hinsichtlich eines Nachlasses, für den der Betreute als Nacherbe eingesetzt ist[67]. Die Richtigkeit und Vollständigkeit ist durch Unterschrift zu bestätigen. **27**

Das inventarisierte Vermögen muss auch bewertet werden[68], wozu die Einschätzungen des Betreuers genügen. Sachverständigengutachten sind insoweit nicht einzuholen, wenngleich sich der Betreuer nach § 1802 Abs. 2 BGB sachverständiger Hilfe bedienen kann. Letzteres ist dann denkbar, wenn spezieller Sachverstand, etwa bei Kunstgegenständen, gefragt ist. Sind keinerlei Werte vorhanden, hat der Betreuer das ebenfalls mitzuteilen[69]. **28**

---

56 MK-Kroll-Ludwigs, § 1802 BGB, Rn. 13; Erman-Schulte-Bunert, § 1802 BGB, Rn. 6; LG Berlin JR 1955, 261
57 MK-Kroll-Ludwigs, § 1802 BGB, Rn. 1
58 Firsching/Dodegge, Rn. 339 i.V.m. Rn. 251
59 Sie wird mit der Mitteilung an den Betreuer wirksam; das ist der Stichtag (Damrau/Zimmermann, § 1802, Rn. 7).
60 KG OLGE 24, 45; MK-Kroll-Ludwigs, § 1802 BGB, Rn. 3; OLG Schleswig-Holstein FGPrax 2004, 238
61 Jürgens-v. Crailsheim, § 1802 BGB, Rn. 3
62 Kritisch Damrau/Zimmermann, § 1802 BGB, Rn. 9 f.
63 KG OLGE 24, 45; Erman-Schulte-Bunert, § 1802 BGB, Rn. 2c
64 KGJ 36, 38, 40; OLG Schleswig BtPrax 2004, 202; Erman-Schulte-Bunert, § 1802 BGB, Rn. 2c
65 Damrau/Zimmermann, § 1802 BGB, Rn. 3; MK-Kroll-Ludwigs, § 1802 BGB, Rn. 3
66 MK-Kroll-Ludwigs, § 1802 BGB, Rn. 3; Staudinger-Veit, § 1802 BGB, Rn. 14; s.a. Erman-Schulte-Bunert, § 1802 BGB, Rn. 2c f.
67 Jürgens-v. Crailsheim, § 1802 BGB, Rn. 6
68 Erman-Schulte-Bunert, § 1802 BGB, Rn. 2d, wobei Belege nicht beizufügen sind; vgl. MK-Kroll-Ludwigs, § 1802 BGB, Rn. 7;. Damrau/Zimmermann, § 1802 BGB, Rn. 6
69 MK-Kroll-Ludwigs, § 1802 BGB, Rn. 6

Für das Vermögensverzeichnis halten die Gerichte in der Regel Vordrucke bereit; bei der Erstellung sind dem Betreuer die Betreuungsbehörde, der Betreuungsverein oder der Rechtspfleger des Betreuungsgerichts behilflich. Gerade Privatpersonen, die eine Betreuung übernommen haben, sollten sich nicht davor scheuen, ihrerseits Hilfe bei den Formalitäten anzunehmen. Unnötige Probleme lassen sich dadurch weitgehend vermeiden. Ist ein Gegenbetreuer vorhanden, ist er hinzuzuziehen.

▶ *Ein Muster für ein Vermögensverzeichnis findet sich unter Rn. 141*

cc. Kosten

29 Die Kosten für die Erstellung des Vermögensverzeichnisses fallen dem Betreuten zur Last. Dies gilt auch dann, wenn sich der Betreuer gem. § 1802 Abs. 2 BGB der Hilfe eines sachverständigen Dritten bedient hat[70] oder wenn das Gericht gem. § 1802 Abs. 3 BGB die Aufnahme durch einen Dritten unter den dortigen Voraussetzungen angeordnet hatte. Zu beachten ist aber, dass im Normalfall die Hinzuziehung eines Dritten nicht erforderlich ist. Wenn Grund der Zuziehung des Dritten eine eigene Pflichtwidrigkeit des Betreuers war, hat der Betreuer den erforderlich gewordenen Mehraufwand gem. § 1833 BGB selbst zu tragen[71].

b. Rechnungslegung, §§ 1840, 1841 BGB

§ 1840 BGB Bericht und Rechnungslegung

(1) [1]Der Vormund hat über die persönlichen Verhältnisse des Mündels dem Familiengericht mindestens einmal jährlich zu berichten. [2]Der Bericht hat auch Angaben zu den persönlichen Kontakten des Vormunds zu dem Mündel zu enthalten.

(2) Der Vormund hat über seine Vermögensverwaltung dem Familiengericht Rechnung zu legen.

(3) [1]Die Rechnung ist jährlich zu legen. [2]Das Rechnungsjahr wird von dem Familiengericht bestimmt.

(4) Ist die Verwaltung von geringem Umfange, so kann das Familiengericht, nachdem die Rechnung für das erste Jahr gelegt worden ist, anordnen, dass die Rechnung für längere, höchstens dreijährige Zeitabschnitte zu legen ist.

§ 1841 BGB Inhalt der Rechnungslegung

(1) Die Rechnung soll eine geordnete Zusammenstellung der Einnahmen und Ausgaben enthalten, über den Ab- und Zugang des Vermögens Auskunft geben und, soweit Belege erteilt zu werden pflegen, mit Belegen versehen sein.

(2) [1]Wird ein Erwerbsgeschäft mit kaufmännischer Buchführung betrieben, so genügt als Rechnung ein aus den Büchern gezogener Jahresabschluss. [2]Das Familiengericht kann jedoch die Vorlegung der Bücher und sonstigen Belege verlangen.

aa. Rechenschaftsbericht

30 Der Betreuer ist nach § 1840 Abs. 1 BGB zur Berichterstattung über die **Entwicklung der Lebensumstände** des Betreuten verpflichtet, selbst wenn der konkrete Aufgabenkreis des Betreuers die Personensorge nicht umfasst[72]. Wegen des Grundsatzes der persönli-

70 Nach Erman-Schulte-Bunert, § 1802 BGB, Rn. 8 kommt es im Außenverhältnis darauf an, ob der Betreuer den Auftrag in eigenem Namen oder im Namen des Betreuten gemacht hat. Die Kostentragungspflicht des Betreuten im Innenverhältnis soll sich ersterenfalls nach § 1835 BGB, im zweiten Fall nach § 1833 BGB richten, wenn die Voraussetzungen des § 1833 Abs. 3 BGB vorlagen.

71 MK-Kroll-Ludwigs, § 1802 BGB, Rn. 14; Damrau/Zimmermann, § 1802 BGB, Rn. 19

72 Bienwald Anh. § 1908i BGB, Rn. 131

chen Betreuung, der für jeden Betreuer gilt, macht die Vorschrift durchaus Sinn[73]. Sie gilt auch für die Betreuungsbehörde. Der Bericht des Betreuers kann mit der Rechnungslegung, die nach § 1840 Abs. 2 vorgeschrieben ist, verbunden werden[74]. Eine Form ist nicht vorgeschrieben, so dass er auch mündlich erstattet werden kann. Inhaltlich hat er sich auf die **Wohnverhältnisse**, die **körperliche** und **geistige Entwicklung** und die persönlichen **Beziehungen** zu erstrecken[75], insbesondere sind Angaben zu den persönlichen Kontakten des Betreuers zur betreuten Person aufzunehmen (§ 1840 Abs. 1 Satz 2 BGB). Weitere Inhalte sind vom Einzelfall abhängig. Grundsätzlich ist auch die Häufigkeit persönlicher Kontakte anzugeben[76].

bb. Rechnungslegung[77]

Die Pflicht zur Rechnungslegung gem. § 1840 Abs. 2 BGB besteht für einen Betreuer, dem die Vermögenssorge obliegt. Grundlage der Rechnungslegung ist das Vermögensverzeichnis, das der Betreuer zu Beginn der Betreuung zu erstellen hat (dazu oben Rn. 26 ff.). In der Folgezeit obliegt es dem Betreuer, alle Vermögensveränderungen zu notieren und sie einmal im Jahr (§ 1840 Abs. 3 BGB) zusammen mit Quittungen, Rechnungen und Kontoauszügen in Form einer Abrechnung unaufgefordert dem Betreuungsgericht vorzulegen (§ 1841 BGB). Dies gilt auch für Vermögensbestandteile, die der Betreute durch Dritte verwalten lässt, nicht aber bei Verwaltung durch Dritte kraft Gesetzes (z.B. Nachlassverwalter[78]). Die Vorlage nur der Belege ist keine Rechnungslegung[79]. Auch wenn bei einigen Posten des Anfangsverzeichnisses keine Veränderungen eingetreten sind, sich beispielsweise Konto- oder Depotstände nicht geändert haben, sind sie dennoch in die Abrechnung mit aufzunehmen. Die Abrechnung selbst sollte so **transparent** und **nachvollziehbar** sein wie möglich; auch hierfür stehen zumeist Vordrucke zur Verfügung. Der Betreuer sollte sich insbesondere auch quittieren lassen, wenn und soweit er dem Betreuten selbst Geldbeträge aushändigt. Über ein bei einem Pflegeheim geführtes Taschengeldkonto ist nicht Rechnung zu legen, sondern es sind nur die Einzahlungen nachzuweisen[80]. 31

Die Erweiterung auf Erwerbsgeschäfte betrifft nicht nur Handelsgeschäfte, sondern unter Umständen auch landwirtschaftliche Betriebe; entscheidend ist, dass die Buchführung nach kaufmännischen Regeln erfolgt.

Die erste Rechnungslegung nach Betreuungsbeginn hat zwingend nach einem Jahr zu erfolgen[81]. Später kann das Gericht längere Abrechnungszeiträume bewilligen, verkürzen jedoch nicht. 32

In komplizierten Fällen kann der Betreuer sachkundige Hilfspersonen hinzuziehen, ohne dass er dadurch von seiner eigenen Verantwortung entbunden wäre[82]. Die Kosten dafür sind erstattungsfähig (§ 1835 Abs. 1 BGB).

▶ *Ein Muster für die jährliche Rechnungslegung findet sich unter Rn. 142.*

73 Siehe LG Hamburg BtPrax 2012, 81.
74 Diese Verbindung des Berichts mit der Rechnungslegung ist durchaus praktisch (Jürgens-von Crailsheim, § 1840 BGB, Rn. 4).
75 Vgl. RGRK-Dickescheid, § 1840 BGB, Rn. 2; vgl. Staudinger-Veit, § 1840 BGB, Rn. 6
76 LG Hamburg BtPrax 2012, 81 (die anders lautende Entscheidung LG Hamburg FamRZ 2011, 1329, erging vor der Änderung des § 1840).
77 Muster unten sowie bei Firsching/Dodegge, Rn. 254 i.V.m. 339
78 Damrau/Zimmermann, § 1840 BGB, Rn. 6
79 BayObLG BtPrax 2001, 39
80 LG Mönchengladbach BtPrax 2010, 148
81 Erman-Schulte-Bunert, § 1840 BGB, Rn. 2c; RGRK-Dickescheid, § 1840 BGB, Rn. 7
82 Staudinger-Veit, § 1841 BGB, Rn. 14

Die Tatsache, dass das Gericht die Rechnungslegung prüft, hat keine Auswirkungen auf eventuell bestehende Ansprüche des Betreuten gegen den Betreuer, also keine Entlastungsfunktion[83].

cc. Befreiungsmöglichkeiten

§ 1857a BGB Befreiung des Jugendamts und des Vereins

Dem Jugendamt und einem Verein als Vormund stehen die nach § 1852 Abs. 2, §§ 1853, 1854 zulässigen Befreiungen zu.

33 Das Gesetz sieht für einen speziellen Personenkreis Befreiungen von der Pflicht zur Rechnungslegung vor. Von der periodischen Rechnungslegung sind folgende Betreuer gem. 1857a BGB befreit, sofern das Gericht nichts anderes angeordnet hat: Eltern, Ehegatte, Abkömmlinge, Vereins- und Behördenbetreuer.

Ein Betreuungsverein oder eine Betreuungsbehörde sind während der Dauer ihres Amtes unbeschränkt und auch unbeschränkbar von der Rechnungslegungspflicht befreit (§§ 1857a, 1854 BGB). Ihnen obliegt es aber dennoch gem. § 1854 Abs. 2 BGB, alle zwei Jahre eine Vermögensübersicht einzureichen, sodass es sich auch für sie empfiehlt, Rechnungen und Belege in geordneter Form aufzubewahren.

Für die Erstellung eines Bestandsverzeichnisses kann das Gericht einen längeren Zeitraum festlegen, der allerdings eine Spanne von fünf Jahren nicht überschreiten darf (§ 1854 Abs. 2 BGB).

Der Betreute selbst kann nicht befreien, da die Vorschrift auch öffentlichen Interessen dient[84].

▶ *Die Kommentierung der §§ 1852 bis 1854 BGB finden Sie in Teil E Rn. 141 ff.*

c. Vermögensverwaltung bei Erbschaft und Schenkung, § 1803 BGB

§ 1803 BGB Vermögensverwaltung bei Erbschaft oder Schenkung

(1) Was der Mündel von Todes wegen erwirbt oder was ihm unter Lebenden von einem Dritten unentgeltlich zugewendet wird, hat der Vormund nach den Anordnungen des Erblassers oder des Dritten zu verwalten, wenn die Anordnungen von dem Erblasser durch letztwillige Verfügung, von dem Dritten bei der Zuwendung getroffen worden sind.

(2) Der Vormund darf mit Genehmigung des Familiengerichts von den Anordnungen abweichen, wenn ihre Befolgung das Interesse des Mündels gefährden würde.

(3) [1]Zu einer Abweichung von den Anordnungen, die ein Dritter bei einer Zuwendung unter Lebenden getroffen hat, ist, solange er lebt, seine Zustimmung erforderlich und genügend. [2]Die Zustimmung des Dritten kann durch das Familiengericht ersetzt werden, wenn der Dritte zur Abgabe einer Erklärung dauernd außerstande oder sein Aufenthalt dauernd unbekannt ist.

aa. Anordnungen Dritter

34 Wer dem Betreuten etwas vererbt oder schenkt, soll hinsichtlich dieser Zuwendungen auch in gewissem Umfang bestimmen können, wie mit ihnen zu verfahren ist. Inhaltlich kann der **Zuwendende** den Betreuer von der Verwaltung des Verfügungsgegenstands völlig ausschließen oder **Anordnungen** betreffend die **Modalitäten der Verwaltung** treffen.

---

83 OLG Karlsruhe FamRZ 2004, 1601 m. Anm. Bienwald
84 Damrau/Zimmermann, § 1857a BGB, Rn. 1

Die Vorschrift erfasst unentgeltliche Zuwendungen, d.h. insbesondere Schenkungen und Ausstattungen, sowie den Erwerb von Todes wegen, d.h. als Erbe, Ersatzberechtigter, Auflagenbegünstigter, Vermächtnisnehmer und Pflichtteilsberechtigter[85]. Der Erwerb von Todes wegen im Sinne des § 1803 BGB setzt nicht voraus, dass die Zuwendung als solche auf einer (letztwilligen) Verfügung des Dritten beruht, sodass auch für gesetzliche Erbansprüche, Pflichtteils- und Erbersatzansprüche Verwaltungsanordnungen durch letztwillige Verfügung getroffen werden können[86].

Anordnungen dieser Art binden den Betreuer nur dann, wenn sie durch letztwillige Verfügung (im Testament oder Erbvertrag) oder zusammen mit der Zuwendung[87] getroffen worden sind, während eine nachträgliche erstmalige Anordnung durch den zuwendenden Dritten keine Wirkung entfaltet[88]. Den Betreuer können solche Anordnungen beschränken, indem etwa Hinterlegungspflichten erweitert werden. Sie können ihn aber auch beispielsweise von den gesetzlichen Beschränkungen der §§ 1807 Abs. 1 ff. BGB befreien[89]. Eine Befreiung von der Genehmigungspflicht gem. § 1821 BGB ist allerdings nicht möglich, da diese Begrenzung der Vertretungsmacht auch im öffentlichen Interesse besteht[90]. Aus dem gleichen Grund scheidet auch eine Beschränkung der Aufsichts- und Überwachungsfunktion des Betreuungsgerichts gegenüber dem Betreuer durch Anordnung eines Dritten grundsätzlich aus[91]. Und umgekehrt ist es nicht möglich, eine neue Genehmigungspflicht einzuführen[92], da es sonst ein Dritter in der Hand hätte, dem Gericht neue Aufgaben (in beliebigem Umfang) zuzuweisen. 35

Andererseits kann der Betreuer auch völlig von der Verwaltung ausgeschlossen werden. In diesem Fall ist ein weiterer Betreuer zu bestellen[93].

bb. Abweichungen

Unter bestimmten Voraussetzungen kann der Betreuer von den Anordnungen abweichen. Bei Zuwendungen unter Lebenden ist dafür die **Zustimmung des Zuwendenden** notwendig; das Betreuungsgericht ist dann nicht beteiligt. Bei Anordnungen zum Erwerb von Todes wegen sowie bei Zuwendungen unter Lebenden auf den Todesfall muss eine Genehmigung des Betreuungsgerichts erfolgen (§ 1803 Abs. 2 BGB). Eine solche Genehmigung ist jedenfalls statthaft, wenn ohne eine solche Abweichung die (Vermögens-)Interessen des Betreuten gefährdet wären[94]. 36

Unklar ist in diesem Zusammenhang, ob eine Gefährdung bereits dann vorliegt, wenn dem Betreuten durch die Verwaltungsanordnung die **Möglichkeit** einer **höheren Gewinnerzielung** abgeschnitten wird. Überwiegend wird bei bloßer Wahrscheinlichkeit, dass ein Gewinn entgeht, dem Willen des Zuwendenden bzw. Erblassers der Vorzug gegeben; erst bei größeren entgehenden Gewinnen wird die Möglichkeit einer abändernden Genehmigung durch das Betreuungsgericht zugelassen[95]. Teilweise wird dies dann aner- 37

85 Damrau/Zimmermann, § 1803 BGB, Rn. 4
86 MK-Kroll-Ludwigs, § 1803 BGB, Rn. 2
87 Teilweise wird vertreten, eine solche Anordnung könne bei der Zuwendung auch stillschweigend erfolgen, vgl. Soergel-Damrau, § 1803 BGB, Rn. 2; BayObLG FamRZ 65, 522. Es muss indes klar sein, dass es sich nicht um einen bloßen Wunsch, sondern eine bindende Anordnung handelt (Staudinger-Veit, § 1803 BGB, Rn. 8).
88 Erman-Schulte-Bunert, § 1803 BGB, Rn. 2
89 MK-Kroll-Ludwigs, § 1803 BGB, Rn. 4
90 MK-Kroll-Ludwigs, § 1803 BGB, Rn. 4; Erman-Schulte-Bunert, § 1803 BGB, Rn. 3
91 MK-Kroll-Ludwigs, § 1803 BGB, Rn. 4
92 Damrau/Zimmermann, § 1803 BGB, Rn. 7
93 Erman-Roth, § 1908i BGB, Rn. 19, § 1899 BGB, Rn. 6; Damrau/Zimmermann, § 1803 BGB, Rn. 3
94 RG SeuffA 60 (1905) Nr. 194; Erman-Schulte-Bunert, § 1803 BGB, Rn. 4; MK-Kroll-Ludwigs, § 1803 BGB, Rn. 10; Damrau/Zimmermann, § 1803 BGB, Rn. 10
95 So Staudinger-Veit, § 1803 BGB, Rn. 19 u. 21; RGRK-Dickescheid, § 1803 BGB, Rn. 9

kannt, wenn die Befolgung der Anordnung eine vernünftige Vermögensverwaltung unmöglich macht[96].

38 Abweichungen von Verwaltungsanordnungen eines lebenden Dritten sind möglich, wenn und soweit der Dritte zustimmt (§ 1803 Abs. 3 Satz 2 BGB). Das Betreuungsgericht kann dessen Zustimmung allenfalls dann ersetzen, wenn er zur Abgabe der Erklärung dauerhaft außerstande oder sein Aufenthalt dauerhaft unbekannt ist. Übergehen kann es auch die grundlose Weigerung nicht[97].

cc. Rechtsfolgen ungerechtfertigter Abweichung

39 Werden die wirksam getroffenen Anordnungen vom Betreuer nicht befolgt, sind die Abweichungen und ihre Folgen zwar im Außenverhältnis nicht unwirksam, der Betreuer macht sich jedoch unter Umständen schadensersatzpflichtig (§ 1833 BGB). Überdies ist das Betreuungsgericht gem. § 1837 Abs. 2 bis 4 BGB zum Einschreiten verpflichtet.

▶ *Zu Einzelheiten der Aufsicht des Betreuungsgerichts vgl. unten Rn. 96 ff.*
Zu Einzelheiten der Haftung des Betreuers vgl. unten Rn. 103 ff.

Unterbleibt das Einschreiten bzw. lehnt es das Betreuungsgericht ab, hat der Zuwendende ein Beschwerderecht gem. § 59 FamFG[98].

d. Schenkungsverbot, § 1804 BGB

§ 1804 BGB Schenkungen des Vormunds

[1]Der Vormund kann nicht in Vertretung des Mündels Schenkungen machen. [2]Ausgenommen sind Schenkungen, durch die einer sittlichen Pflicht oder einer auf den Anstand zu nehmenden Rücksicht entsprochen wird.

aa. Anwendungsbereich

40 Die Vorschrift dient der Erhaltung des Vermögens des Betreuten[99]. Aufgrund des Schenkungsverbots des § 1804 BGB darf der Betreuer grundsätzlich keine Schenkungen in Vertretung des Betreuten vornehmen, mögen sie auch wirtschaftlich noch so sinnvoll sein, wie etwa die unentgeltliche Übertragung des Grundbesitzes des Betreuten auf dessen Ehegatten oder künftigen Erben, um Steuern zu sparen[100]. Eine solche Schenkung ist nichtig und zurückzufordern[101], selbst wenn sie vom Betreuungsgericht genehmigt worden ist[102]. Die Nichtigkeit erfasst auch das dingliche Geschäft. Durch die Bestellung eines Pflegers, der die Schenkung vornimmt, kann das Schenkungsverbot nicht umgangen werden, denn auf diesen findet gem. § 1915 BGB die Vorschrift des § 1804 BGB ebenfalls Anwendung.

Die Vorschrift findet keine Anwendung auf einen Bevollmächtigten, mag dieser auch für andere Aufgabenkreise bestellt sein[103].

41 Der **Schenkungsbegriff** ist allgemein zu bestimmen; es fallen sowohl Handschenkungen (§ 516 BGB) als auch Schenkungsversprechen (§ 518 BGB) unter § 1804 BGB. Eine Schenkung kann auch in der Änderung der Bezugsberechtigung einer Lebensversicherung vom

---

96 MK-Kroll-Ludwigs, § 1803 BGB, Rn. 10
97 Vgl. MK-Kroll-Ludwigs, § 1803 BGB, Rn. 9
98 MK-Kroll-Ludwigs, § 1803 BGB, Rn. 11
99 Rechtspolitisch kritisch: Holzhauer, FamRZ 2000, 1063
100 BayObLG FamRZ 1996, 1359; Rpfleger 2003, 649; anders OLG Hamm Rpfleger 1987, 200, das daraus eine sittliche Pflicht konstruiert und damit das Schenkungsverbot umgeht.
101 Nach Canaris, JZ 1987, 993 ff. verstößt die zwingende Nichtigkeitsfolge gegen das Übermaßverbot.
102 BayObLG BtPrax 1998, 72–74; Rpfleger 1988, 22; BayObLGZ 1996, 118, 120
103 BayObLG BtPrax 2004, 149

Betreuten auf einen Dritten[104] bestehen, oder aber in Aufhebungen oder Minderungen eines subjektiven Rechts (Verzicht, Erlass)[105].

Schwierig ist die Beurteilung von scheinbaren Gegenleistungen (sog. Entgeltlichkeitskonstruktionen)[106], die den Wert des Geschenks nicht erreichen (z.B. bei Einräumung eines Wohnrechts oder Nießbrauchs). Man spricht in solchen Fällen von **gemischten Schenkungen**. Im Zweifel ist das gesamte Geschäft gem. § 139 BGB nichtig, es sei denn, dass der entgeltliche Teil überwiegt[107]. Entspricht die Gegenleistung 80 % des Verkehrswertes, so ist eine Unentgeltlichkeit zu verneinen[108].

Bei ehebedingten **Zuwendungen** handelt es sich nicht um Schenkungen, sodass sie auch nicht unter das Verbot des § 1804 BGB fallen und damit zulässig sind[109]. Keine Schenkung stellen die Erbausschlagung und der Erbverzicht dar. Der Verzicht auf ein Wohnrecht des Betreuten ist grundsätzlich eine Schenkung; dies gilt allerdings dann nicht, wenn der Betroffene zur Nutzung der Wohnung nicht mehr in der Lage ist und das Recht daher keinen wirtschaftlichen Wert mehr hat[110]. **41a**

Für den Betreuten selbst findet § 1804 BGB keine Anwendung. Er kann, soweit er geschäftsfähig ist, ohne Einschränkung nach eigenem Ermessen Geschenke machen, auch an den Betreuer[111]. **41b**

bb. Zulässige Schenkungen des Betreuers

§ 1908i Abs. 2 BGB verweist auf § 1804 BGB mit der Modifikation, dass Gelegenheitsgeschenke zulässig sind, soweit sie dem Wunsch des Betreuten entsprechen und nach seinen Lebensverhältnissen üblich sind. Ausnahmen vom grundsätzlichen Verbot des § 1804 BGB sind einerseits Schenkungen des Betreuers, durch die einer sittlichen Pflicht oder einer auf den Anstand zu nehmenden Rücksicht entsprochen wird, andererseits die so genannten Gelegenheitsgeschenke. **42**

(1) Anstandsschenkungen

Auf den Willen des Betroffenen ist bei der Prüfung, ob ein Ausnahmefall vorliegt, Rücksicht zu nehmen[112]. Aus Anstand ist eine Schenkung erfolgt, wenn anderenfalls der Schenker in sozial gleichgestellten Kreisen an Achtung und Ansehen verlieren würde[113]. Zu den so genannten Anstandsschenkungen zählen etwa: Geschenke zu Geburtstagen, Weihnachten, Verlobungen und Hochzeiten usw. an nahe Angehörige, wobei sich die Höhe nach den Einkommens- und Vermögensverhältnissen des Betreuten sowie danach richtet, wie und in welchem Umfang er in der Vergangenheit üblicherweise Geschenke gemacht hat. Selbst wenn es sich um eine unentgeltliche Zuwendung mit sehr hohem Geldwert handelt, kann sie dennoch als Anstandsschenkung eingestuft werden, sofern der Lebensstandard des Schenkers überhaupt nicht und sein Vermögen nicht nennenswert berührt werden[114]. **43**

104 MK-Kroll-Ludwigs, § 1804 BGB, Rn. 7; OLG Hamm FamRZ 1985, 206 f.; LG Düsseldorf, FamRZ 2013, 1836
105 MK-Kroll-Ludwigs, § 1804 BGB, Rn. 7
106 Vgl. Holzhauer, FamRZ 2000, 1067
107 Vgl. OLG Frankfurt BtPrax 2008, 84 = FamRZ 2008, 544
108 KG Berlin BtPrax 2012, 123
109 Böhmer, MittBayNotZ 1996, 407; HK-BUR-Deinert, § 1804 BGB, Rn. 4; differenzierend zu Recht Holzhauer, FamRZ 2000, 1063, 1066
110 BGH NJW 2012, 1956, Rn. 18
111 Schwab, FamRZ 1990, 681, 688; LG Ansbach NJW 1988, 2387
112 OLG Karlsruhe FGPrax 2000, 145 f.
113 BGH NJW 1981, 111; Staudinger-Veit, § 1804 BGB, Rn. 21; BayObLG BtPrax 1998, 72; Rpfleger 2003, 649
114 LG Kassel BtPrax 2012, 259, 161; BayObLG Rpfleger 1988, 22

Das Bestehen einer sittlichen Pflicht wird nicht schon dadurch begründet, dass der Schenker aus Nächstenliebe hilft oder dass die Schenkung im Rahmen des sittlich noch zu Rechtfertigenden bleibt[115]. Zulässig ist eine Schenkung aus diesem Grund erst, wenn das Unterlassen der Schenkung dem Betreuten als Verletzung einer ihm obliegenden **sittlichen Pflicht** zur Last zu legen wäre[116]. Dabei ist auch auf den Willen des Betreuten Rücksicht zu nehmen[117].

(2) Gelegenheitsgeschenke

44 Für das Betreuungsrecht bilden die so genannten Gelegenheitsgeschenke eine weitere Ausnahme (§ 1908i Abs. 2 Satz 1 BGB). Diese Ausnahme ist dahingehend zu verstehen, dass der Betreuer auf Wunsch und in Vertretung des Betreuten auch Zuwendungen an Personen außerhalb des Personenkreises des § 1804 Satz 2 BGB erbringen darf. Dazu gehören insbesondere fürsorgliche Bekannte, Nachbarn und Freunde. Auch **Spenden** an gemeinnützige Vereine dürften insoweit zulässig sein[118].

(3) Großzügige Auslegung

45 Gelegenheitsgeschenke müssen ebenfalls dem Wunsch und den **Lebensverhältnissen des Betreuten** entsprechen. Auch der nicht geschäftsfähige oder unter Einwilligungsvorbehalt stehende Betreute kann einen solchen Wunsch äußern. Die Ausnahme dient letztlich auch der Verwirklichung des Selbstbestimmungsrechts des Betreuten[119] und sollte im Betreuungsrecht großzügig ausgelegt werden[120]. Anderenfalls wären verfassungsrechtliche Zweifel an der Vorschrift angebracht[121]; denn anders als bei der Vormundschaft über Minderjährige geht es im Betreuungsrecht nicht in erster Linie um den Erhalt des Vermögens für die Zukunft, sondern um die Verwirklichung der Lebenspläne des Betreuten; dazu können auch Geschenke gehören.

cc. Genehmigung des Betreuungsgerichts

46 Grundsätzlich sind die im Rahmen des § 1804 zulässigen Geschenke genehmigungsfrei. Ist jedoch ein Grundstück Gegenstand der Schenkung, bedarf diese der gerichtlichen Genehmigung (§ 1821 Abs. 1 Nr. 1 BGB). Im Rahmen der Prüfung der Genehmigungsfähigkeit prüft das Gericht auch, ob es sich um einen unter das Schenkungsverbot des § 1804 Satz 1 BGB fallenden Vorgang handelt oder nicht[122]. Sofern eine Schenkung unter die soeben dargestellten Ausnahmeregelungen fällt, kann sie betreuungsgerichtlich genehmigt werden. Dies bedeutet zum einen, dass unzulässige Schenkungen nicht genehmigungsfähig sind; zum anderen ist das Betreuungsgericht nicht verpflichtet, jede nach § 1804 Satz 2 BGB oder § 1908i Abs. 2 Satz 1 BGB zulässige Schenkung zu genehmigen, denn neben den dort genannten Voraussetzungen ist bei einer Grundstücksschenkung auch das Wohl des Betreuten im Einzelfall zu beachten. Eine Genehmigung wird in der Regel erteilt werden, wenn das zu genehmigende Rechtsgeschäft im Ganzen, d.h. auch unter Zweckmä-

115 BGH NJW 1981, 111; BayObLG BtPrax 1998, 72; Rpfleger 2003, 649; a.A. OLG Hamm FamRZ 1985, 751
116 BayObLG FamRZ 1999, 47 f.; BayObLGZ 1996, 118, 121 m.w.N.; MK-Kroll-Ludwigs, § 1804 BGB, Rn. 13 lässt demgegenüber auch die Verwirklichung sozialer Ziele wie Linderung der Wohnungsnot (BayObLGZ 22, 249) oder Aufrechterhaltung des Familienfriedens (KG JFG 13, 187) genügen. Vgl. auch OLG Frankfurt BtPrax 2008, 84 = FamRZ 2008, 544
117 OLG Karlsruhe BtPrax 2000, 177
118 Jürgens-von Crailsheim, § 1804 BGB, Rn. 12
119 Vgl. Lipp, S. 163 ff.
120 Vgl. Staudinger-Veit, § 1804 BGB, Rn. 23
121 Holzhauer, FamRZ 2000, 1063, 1065; Canaris, JZ 1987, 993, 998
122 BayObLG FamRZ 1996, 1359, 1360

ßigkeitsgesichtspunkten, vorteilhaft erscheint[123] und den Interessen des Betreuten entspricht[124].

Bei einem **Verstoß** gegen § 1804 ist die **Schenkung unwirksam**; sie kann weder durch das Betreuungsgericht noch vom Betreuten genehmigt werden.

e. Verwendung, § 1805 BGB

§ 1805 BGB Verwendung für den Vormund

[1]Der Vormund darf Vermögen des Mündels weder für sich noch für den Gegenvormund verwenden. [2]Ist das Jugendamt Vormund oder Gegenvormund, so ist die Anlegung von Mündelgeld gemäß § 1807 auch bei der Körperschaft zulässig, bei der das Jugendamt errichtet ist.

aa. Anwendungsbereich

Die Vorschrift statuiert den Grundsatz der **Fremdnützigkeit**, der es dem Betreuer verbietet, das Vermögen des Betreuten für sich oder den Gegenbetreuer zu verwenden, gleichgültig, ob das für den Betreuten vorteilhaft ist oder nicht. Handelt der Betreuer dem zuwider, treffen ihn gem. §§ 1834, 1833 BGB Verzinsungs- und unter Umständen Schadensersatzpflichten. Die Vorschrift gilt auch für einen Gegenbetreuer. **47**

Um Transparenz zu wahren, hat der Betreuer das Vermögen des Betreuten getrennt von seinem eigenen und von dem anderer Betreuter zu halten[125]. Es ist grundsätzlich unzulässig, das Geld mehrerer Betreuter auf einem Sammelkonto (Treuhandkonto) des Betreuers oder eines Betreuungsvereins zu verwalten, auch wenn aus der internen Buchführung jederzeit eine Zuordnung der Beträge zweifelsfrei ermittelt werden könnte[126]. Vielmehr ist das Geld des Betreuten auf dessen Namen anzulegen. Diese **Trennungspflicht** dient dem Schutz des Betreuten und soll der Gefahr begegnen, dass Gläubiger des Betreuers oder anderer Betreuter Pfändungsmaßnahmen treffen, die zunächst abgewehrt werden müssten. Auch im Falle eines Betreuerwechsels würde das Betreutenvermögen nicht sofort in die Verfügungsgewalt des neuen Betreuers übergehen, sondern müsste erst übertragen werden[127]. Daher sind auch Treuhandkonten nur ausnahmsweise eine geeignete Form der Geldverwaltung[128]. **48**

Wird das Vermögen dennoch vermischt, ist dies ein Verstoß gegen die Trennungspflicht, bedeutet aber noch keine Verwendung, die automatisch Schadensersatzansprüche auslösen würde[129]. Eine Verwendung liegt jedoch vor, wenn Geld des Betreuten auf das Konto des Betreuers eingezahlt wird oder wenn vermischte Gelder verbraucht werden[130].

Nicht nur der Verbrauch von Geldern fällt unter das Verwendungsverbot, sondern etwa auch die unentgeltliche **Nutzung von Sachen** des Betreuten oder die **Ausnutzung der Arbeitskraft** des Betreuten; insofern gilt ein funktionaler Vermögensbegriff[131]. Der Betreuer darf daher den Betreuten auch nicht zu Ausbildungszwecken für sich unentgeltlich **49**

123 Wobei es nicht Aufgabe des Betreuungsgerichts sein kann, den Betreuten vor dem üblichen wirtschaftlichen Risiko jedes Rechtsgeschäfts zu bewahren.
124 OLG Hamm BtPrax 2000, 261 f.
125 Vgl. RGRK-Dickescheid, § 1805 BGB, Rn. 2
126 OLG Köln FamRZ 1997, 899
127 LG Krefeld Rpfleger 2001, 302
128 LG Münster BtPrax 2012, 219; Jürgens-von Crailsheim, § 1805, BGB Rn. 5; weitergehend: Palandt-Götz, § 1805 BGB, Rn. 1
129 Palandt-Götz, § 1834 BGB, Rn. 1; s.a. Erman-Schulte-Bunert/Posselt, § 1834 BGB, Rn. 1
130 Erman-Schulte-Bunert/Posselt, § 1834 BGB, Rn. 1; Damrau/Zimmermann, § 1805 BGB, Rn. 2
131 Erman-Schulte-Bunert, § 1805 BGB, Rn. 2 ff.

arbeiten lassen[132]. Dagegen dürfte die Mitarbeit im gemeinsamen Haushalt von Betreuer und Betreutem zulässig sein[133]. Beim Ver- oder Gebrauch von Sachen, beispielsweise des PKW des Betreuten durch den Betreuer, wird zu differenzieren sein: Eine Benutzung allein zu Eigenzwecken des Betreuers ist als Verwendung untersagt, während Fahrten zumindest auch zum Transport des Betreuten zulässig sind; es wird insoweit auf den Schwerpunkt der Nutzung abzustellen sein.

bb. Ausnahmen

50 Eine Ausnahme zum Verwendungsverbot des § 1805 BGB bilden die Entnahmerechte der §§ 1835 bis 1836a BGB für die Betreuerentschädigung aus dem Vermögen des Betreuten (dazu Teil F Rn. 6 ff., 49, 99 ff., 144).

Zu § 18 05 Satz 2 gibt es eine Spezialvorschrift im Betreuungsrecht: Gemäß **§ 1908g Abs. 2 BGB** kann der Behördenbetreuer Geld für den Betreuten bei der Körperschaft anlegen, bei der er tätig ist; das ist die Beschäftigungs- und nicht die Anstellungskörperschaft. Bei Teilzeitbeschäftigung des Behördenbetreuers oder einer Tätigkeit für zwei verschiedene Betreuungsbehörden kommt es für die Anlegung des Geldes seiner Betreuten darauf an, welches die zuständige Behörde für die einzelne Betreuung i.S.d. § 1897 Abs. 2 Satz 2 BGB ist[134]. Zum Beispiel kann ein städtischer Beamter als Behördenbetreuer Geld bei der städtischen Sparkasse anlegen[135].

f. Verzinsung, § 1834 BGB

§ 1834 BGB Verzinsungspflicht

Verwendet der Vormund Geld des Mündels für sich, so hat er es von der Zeit der Verwendung an zu verzinsen.

51 Wenn der Betreuer entgegen seiner Pflicht Geld des Betreuten für sich verwendet, muss er es von der Zeit der verbotenen Verwendung an verzinsen (§ 1805 BGB). Der gesetzliche Zinssatz beträgt 4 % (§ 246 BGB). Die Verzinsungspflicht ist unabhängig davon, ob der Betreuer schuldhaft gehandelt hat und ob dem Betreuten ein Schaden entstanden ist. Gegebenenfalls haftet der Betreuer darüber hinaus nach § 1833 BGB oder § 823 Abs. 2 BGB i.V.m. §§ 246, 266 StGB (dazu unten Rn. 103 ff.). Zwar ist die Vermischung des Geldes des Betreuten mit dem des Betreuers unzulässig (§ 1805 BGB), jedoch liegt darin noch keine Verwendung. Sie tritt erst dann ein, wenn das vermischte Geld verbraucht wird. In dem Fall muss nur der Anteil des Betreuten verzinst werden. Wird das Geld des Betreuten auf das Konto des Betreuers überwiesen oder eingezahlt, so liegt bereits mit der Überweisung bzw. Einzahlung eine Verwendung vor[136]. Die Vorschrift findet nur auf Geld Anwendung, nicht auf die Verwendung anderer Sachen (etwa eines PKW).

g. Geldanlage

52 Die Geldanlage für den Betreuten ist in den §§ 1806 ff. BGB detailliert geregelt. Die Vorschriften bestimmen, dass **Geld** grundsätzlich **verzinslich** (§ 1806 BGB) und **mündelsicher** (d.h. in bestimmten Anlageformen, § 1807 BGB) **anzulegen** ist. Darüber hinaus wird für manche Anlagen die Einrichtung eines Sperrvermerks gefordert (§ 1809 BGB), sodass der Betreuer nur mit Genehmigung des Betreuungsgerichts über das Geld verfügen kann.

---

132 Damrau/Zimmermann, § 1805 BGB, Rn. 4
133 Jürgens-von Crailsheim, § 1805 BGB, Rn. 8
134 Bienwald, § 1908g BGB, Rn. 5
135 Damrau/Zimmermann, § 1908g BGB, Rn. 4
136 MK-Kroll-Ludwigs, § 1834 BGB, Rn. 2

Auch für andere Anlageformen und Verfügungen ist die gerichtliche Genehmigung vorgeschrieben (§§ 1811, 1812 BGB). Schließlich gibt es eine Reihe von Ausnahmen von diesen Grundsätzen (§§ 1813, 1817, 1857a BGB). Aus dem Gesagten geht hervor, dass bei der Geldanlage meist die Frage im Vordergrund steht, inwieweit das Betreuungsgericht eingeschaltet werden muss.

▶ *Die Einzelheiten zu den Geldanlagen und den entsprechenden betreuungsgerichtlichen Genehmigungen sind im Teil E Rn. 57 ff. behandelt.*

4. Auskunfts- und Mitteilungspflichten

a. Auskunftspflicht, § 1839 BGB

§ 1839 BGB Auskunftspflicht des Vormunds

Der Vormund sowie der Gegenvormund hat dem Familiengericht auf Verlangen jederzeit über die Führung der Vormundschaft und über die persönlichen Verhältnisse des Mündels Auskunft zu erteilen.

Die Vorschrift erleichtert dem Betreuungsgericht die Führung der Aufsicht über den Betreuer. **53**

Betreuer und Gegenbetreuer müssen dem Betreuungsgericht jederzeit über die Führung der Betreuung und über die persönlichen Verhältnisse des Mündels Auskunft erteilen, wenn dieses es verlangt. Ob und wann das Gericht eine solche Auskunft verlangt, steht in seinem Ermessen. Es kann auf einem periodischen Bericht bestehen[137].

Verpflichtet ist jeder Betreuer; auch wenn sein Aufgabenkreis nur Vermögensangelegenheiten umfasst, kann er zur Auskunft über die persönlichen Verhältnisse angehalten werden[138], da der Grundsatz persönlicher Betreuung immer gilt (dazu oben Rn. 5).

Das Betreuungsgericht kann die Vorlage und gegebenenfalls Beschaffung von Belegen verlangen; dies gilt für Unterlagen von Dritten nur, soweit der Betreuer einen Anspruch auf Ausstellung des Belegs hat[139]. Auch die Vorlage des Sparbuchs kann verlangt werden. Der Betreuer kann zwar grundsätzlich die Auskunft durch einen Bevollmächtigten erteilen, muss aber auf Verlangen des Betreuungsgerichts persönlich erscheinen bzw. berichten[140].

Die Auskunftspflicht obliegt auch den befreiten Betreuern einschließlich Amts- bzw. Vereinsbetreuern; da diese nicht zur jährlichen Rechnungslegung verpflichtet sind, bietet sich ihnen gegenüber unter Umständen ein Vorgehen gem. § 1839 BGB an.

b. Mitteilungen an die Betreuungsbehörde, § 10 VBVG

§ 10 VBVG Mitteilungen an die Betreuungsbehörde

(1) Wer Betreuungen entgeltlich führt, hat der Betreuungsbehörde, in deren Bezirk er seinen Sitz oder Wohnsitz hat, kalenderjährlich

1. die Zahl der von ihm im Kalenderjahr geführten Betreuungen aufgeschlüsselt nach Betreuten in einem Heim oder außerhalb eines Heimes und

2. den von ihm für die Führung von Betreuungen im Kalenderjahr erhaltenen Geldbetrag mitzuteilen.

---

137 Jürgens-v. Crailsheim, § 1839 BGB, Rn. 2
138 Erman-Schulte-Bunert, § 1840 BGB, Rn. 1a i.V.m. § 1839 Rn. 3; Jürgens-v. Crailsheim, § 1839 BGB, Rn. 3
139 Nachweise bei Erman-Schulte-Bunert, § 1839 BGB, Rn. 2
140 Nachweise bei MK-Kroll-Ludwigs, § 1839 BGB, Rn. 4 mit Fn. 7

(2) [1]Die Mitteilung erfolgt jeweils bis spätestens 31. März für den Schluss des vorangegangenen Kalenderjahres. [2]Die Betreuungsbehörde kann verlangen, dass der Betreuer die Richtigkeit der Mitteilung an Eides Statt versichert.

(3) Die Betreuungsbehörde ist berechtigt und auf Verlangen des Betreuungsgerichts verpflichtet, dem Betreuungsgericht diese Mitteilung zu übermitteln.

54 Die früher in § 1908k BGB normierte Pflicht der Abgabe einer Jahresmitteilung ist nunmehr in § 10 VBVG mit kleinen Änderungen geregelt.

Nach der Vorschrift haben Betreuer, die die Betreuung gegen Entgelt ausüben, eine besondere Mitteilungspflicht gegenüber der zuständigen Betreuungsbehörde. Der Gesetzgeber hat mit der Neufassung wohl zum Ausdruck gebracht, dass alleiniger Zweck der Mitteilungspflicht die Beurteilung sein soll, ob einen Betreuer eine zu starke Belastung durch viele Betreuungen trifft, so dass das Ziel der persönlichen Betreuung gefährdet erscheint[141]. Allerdings kann die Zahl der Betreuungen lediglich ein Indiz sein und nicht konkret auf eine Überlastung schließen lassen[142].

Gegenüber der Vorgängernorm wurden Bedenken hinsichtlich ihres praktischen Nutzens geäußert[143] und angesichts des mit dem Datenaustausch verbundenen Eingriffs in das Recht zur **informationellen Selbstbestimmung** auch verfassungsrechtliche Zweifel angemeldet[144].

aa. Anwendungsbereich

55 Entgeltlich sind all jene Betreuungen, für die eine Vergütung beantragt und gewährt wurde. Maßgebend ist der formale Status des Betreuers und nicht die inhaltliche Ausgestaltung des Betreuungsverhältnisses oder der Auftrag des Betreuers[145].

Mitteilungspflichtig sind Berufsbetreuer, nicht dagegen die nebenberuflichen Betreuer, die gem. § 1836 Abs. 2 BGB eine Vergütung erhalten. Wenn der Betreuungsverein als juristische Person eine Betreuung führt, kann er keine Vergütung verlangen (§ 1836 Abs. 4 BGB) und ist folglich nicht zur Mitteilung verpflichtet[146].

Folgt man dem Wortlaut (siehe § 1908e Abs. 1 BGB), fällt auch der **Vereinsbetreuer** unter die Vorschrift[147], wobei die Mitteilungspflicht den Verein trifft, der die Unterlagen hat[148]. Andere möchten den Vereinsbetreuer nach Sinn und Zweck von der Meldepflicht ausnehmen[149].

56 Nicht von der Vorschrift erfasst ist ein **Behördenbetreuer**[150], dem wie einem ehrenamtlichen Betreuer nur eine Ermessensvergütung bewilligt werden kann (§ 1908h Abs. 2 i.V.m. § 1836 Abs. 3 BGB). Denn die Vorschrift zielt nach der Gesetzesbegründung ausschließlich darauf ab, selbständige Berufsbetreuer und Betreuungsvereine, die bezahlte Vereinsbetreuer beschäftigen, in die Pflicht zu nehmen[151]. Die Betreuungsbehörde kann im Übrigen die Betreuung wegen § 1836 Abs. 4 BGB nicht entgeltlich führen.

141 MK-Fröschle, § 10 VBVG, Rn. 1
142 Kritisch zum Zweck auch: MK-Fröschle, § 10 VBVG, Rn. 1
143 Walther, BtPrax 2000, 6; Schumacher, BtPrax 2000, 227; auch der Sinn der geltenden Fassung wird angezweifelt (MK-Fröschle, § 10 VBVG, Rn. 1).
144 Schumacher, BtPrax 2000, 227
145 Damrau/Zimmermann, § 10 VBVG, Rn. 3
146 HK-BUR-Walther, § 1908k BGB, Rn. 8
147 Jürgens-Winterstein, § 10 VBVG, Rn. 3
148 MK-Fröschle, § 10 VBVG, Rn. 4; Jürgens-Winterstein, § 10 VBVG, Rn. 3; Damrau/Zimmermann, § 10 VBVG, Rn. 4
149 Sonnenfeld, FamRZ 2005, 943
150 Damrau/Zimmermann, § 10 VBVG, Rn. 4; Fröschle, Rn. 595
151 BT-Drucks. 13/10331, S. 28

Ein Betreuer, der nur nach § 1835 BGB einen Anspruch auf Erstattung seiner Aufwendungen oder nach § 1835a BGB einen Anspruch auf pauschale Aufwandsentschädigung hat, unterfällt dem Wortlaut nach zwar der Vorschrift, wenn er eine Ermessensvergütung nach § 1836 Abs. 2 BGB erhält; der oben geschilderte Zweck der Vorschrift verbietet allerdings generell eine Anwendung von § 10 VBVG auf ehrenamtliche Betreuer[152]. Deshalb ist auch ein ehrenamtlicher Betreuer, der mehr als zehn Betreuungen führt, nicht meldepflichtig.

bb. Mitteilungsgegenstand

Der Inhalt der Mitteilungspflichten ergibt sich abschließend aus Abs. 1 Nr. 1 und 2. Mitzuteilen sind: 57

- die **Gesamtzahl** der im Kalenderjahr geführten **Betreuungen** (Nr. 1). Eine Bestandsmitteilung zum 31.12. des Vorjahres ist ebenso wenig erforderlich wie eine Differenzierung nach Zu- und Abgängen[153]. Aus der Gesamtzahl allein lässt sich jedoch aufgrund der erheblichen Schwankungen innerhalb des Kalenderjahres hinsichtlich neu übernommener oder beendeter Betreuungen keine Aussage zur Überlastung des einzelnen Betreuers treffen[154]. Neu ist, dass die Zahl der geführten Betreuungen aufzuschlüsseln ist nach Betreuten in einem Heim oder außerhalb eines Heims, da diese Information Rückschlüsse auf die Belastung des Betreuers zulässt (vgl. § 5 VBVG).

  Nicht mit anzugeben sind Vormundschaften, Pflegschaften und Verfahrenspflegschaften, wohl aber die nebenher geführten ehrenamtlichen Betreuungen.

- der für die Führung der Betreuungen insgesamt **in Rechnung gestellte Geldbetrag** (Nr. 2). Fraglich war bisher, ob darin auch die Jahresgesamtsumme der in Rechnung gestellten oder erhaltenen Aufwendungen nach § 1835 BGB enthalten ist oder nur die Jahresgesamtsumme der Vergütung nach § 1836 BGB[155]. Da die Bruttogesamtsumme nunmehr in der Regel auch die Aufwendungen mit abdeckt, ist diese anzugeben, nicht dagegen die Geldzuflüsse aus ehrenamtlichen Betreuungen[156].

  In den Bericht nicht aufzunehmen sind die Zahl der abgerechneten Stunden sowie der Gesamtbetrag, da beides als nicht sehr aussagekräftig angesehen wurde.

cc. Modalitäten der Mitteilung

Nach Abs. 2 Satz 1 muss die Mitteilung jedes Jahr bis spätestens 31. März für den Schluss des vorangegangenen Kalenderjahres bei der zuständigen Behörde eingereicht werden. 58

Hat der Betreuer erst im laufenden Kalenderjahr die Betreuung übernommen, berichtet er nur über diesen Zeitraum. Hingegen entfällt jegliche Mitteilungspflicht für einen Berufsbetreuer, der vor Ablauf des Kalenderjahres die Amtsführung eingestellt hat. Wer als Vereinsbetreuer im laufenden Jahr ausscheidet, jedoch als unabhängiger Berufsbetreuer die Betreuungen fortführt, den trifft die volle Meldepflicht[157].

Nach Abs. 2 Satz 2 kann die Betreuungsbehörde vom Betreuer eine eidesstattliche Versicherung über die Richtigkeit der Mitteilung verlangen. Dies wird insbesondere dann relevant, wenn Unklarheiten oder Hinweise auf fehlerhafte Mitteilungen bestehen[158]. 59

---

152 Erman-Posselt, Anh. § 1836, Rn. 21
153 MK-Fröschle, § 10 VBVG, Rn. 6; a.A. Gregersen, BtPrax 1999, 16, 17
154 MK-Fröschle, § 10 VBVG, Rn. 16
155 Bienwald,4. Aufl, § 1908k BGB, Rn. 13
156 MK-Fröschle, § 10 VBVG, Rn. 8.
157 Damrau/Zimmermann, § 10 VBVG, Rn. 4
158 Auf die falsche Abgabe einer solchen Versicherung an Eides Statt steht eine Freiheitsstrafe bis zu drei Jahren oder eine Geldstrafe (§ 156 StGB).

Die Betreuungsbehörde darf nach Abs. 3 unter Beachtung der Verhältnismäßigkeit dem Betreuungsgericht die Mitteilungen übersenden. Dies kommt nur in Fällen in Betracht, in denen Unregelmäßigkeiten in der Kostenaufstellung zweifellos sichtbar geworden sind. Auf Verlangen des Gerichts muss sie die Mitteilungen übersenden[159], allerdings nur für konkrete Verfahren, nicht pauschal[160].

60 Ein Transfer der über § 10 VBVG gewonnenen Daten zwischen verschiedenen Betreuungsbehörden ohne schriftliche Einwilligung des Betreuers ist nach den für die Betreuungsbehörden anzuwendenden Landesdatenschutzgesetzen nicht ohne weiteres zulässig. Der Betreuer ist ausdrücklich darauf hinzuweisen, dass seine Einwilligung freiwillig ist und welche Rechtsfolgen die Verweigerung haben könnte (vgl. § 7 Abs. 2 Hess. DSG, vgl. § 65 Abs. 3 Rh.-Pf. DSG). Eine **Datenübermittlung** innerhalb des öffentlichen Bereichs ist in Einzelfällen erlaubt, jedoch nur unter der Voraussetzung, dass sie zur rechtmäßigen Erfüllung von Aufgaben des Empfängers erforderlich ist (vgl. § 11 Abs. 1 Hess. DSG bzw. § 14 Abs. 1 Rh.-Pf. DSG)[161].

dd. Durchsetzungsmöglichkeiten

61 Schwierig sind die formellen Durchsetzungsmöglichkeiten, wenn der Berufsbetreuer bzw. die Betreuungsbehörde der Mitteilungspflicht nicht nachkommt[162]: Eine Auffassung geht von der Sanktionslosigkeit eines Verstoßes des Betreuers gegen die Pflicht zur Erstattung des Jahresberichts aus[163]. Die Betreuungsbehörde dürfe nicht nach den allgemeinen verwaltungsrechtlichen Vorschriften, z.B. §§ 6, 11 VwVfG, bzw. den landesrechtlichen Verwaltungsvorschriften vorgehen, weil dies einen Verwaltungsakt voraussetze. Die Mitteilungspflichten seien aber zivilrechtlicher Natur, die daher nicht mit Mitteln des öffentlichen Rechts durchgesetzt werden könnten.

62 Nach anderer Ansicht spricht schon der Behördencharakter des Berechtigten für die Mitteilungspflicht als eine öffentlich-rechtliche Pflicht; da die Betreuungsbehörden Landesbehörden seien, richte sich die Erzwingung nach den Landesverwaltungsvollstreckungsgesetzen[164]. Die Verortung der Norm im VBVG spricht dafür. Vorausgesetzt ist allerdings ein Verwaltungsakt, für dessen Erlass eine Rechtsgrundlage bestehen muss[165]. Diese könnte durch Landesgesetz geschaffen werden, wie dies in Mecklenburg-Vorpommern durch § 2 Abs. 3 AG BtG[166] geschehen ist. Andere Bundesländer, die auch ihre Gesetze geändert haben, sind diesem Beispiel nicht gefolgt[167].

159 Damrau/Zimmermann, § 10 VBVG, Rn. 12
160 Erman-Posselt, Anh. § 1836 Rn. 21
161 HK-BUR-Walther, § 10 VBVG, Rn. 27 ff.
162 Vgl. auch MK-Fröschle, § 10 VBVG, Rn. 12 ff.
163 Damrau/Zimmermann, § 10 VBVG, Rn. 14; Walther, BtPrax 1998, 125, 127
164 Siehe MK-Fröschle, § 10 VBVG, Rn. 13 f. Der zu erzwingende Verwaltungsakt ist die an den Betreuer zu richtende Mahnung der Behörde, den Bericht zu erstatten; sobald er unanfechtbar ist, kann er Grundlage des Erzwingungsverfahrens werden. Die Betreuungsbehörde ist Vollzugsbehörde.
165 HK-BUR-Walther, § 10 VBVG, Rn. 35 f.
166 Vom 31.7.2000 (GBl. S. 358)
167 So Bayern, Rheinland-Pfalz, Schleswig-Holstein; fraglich ist, ob § 10 VBVG eine solche Rechtsgrundlage darstellt (siehe MK-Fröschle, § 10 VBVG, Rn. 13 f.).

II. Betreuerrechte

1. Die Vertretungsmacht

a. Grundsatz des § 1902

§ 1902 BGB Vertretung des Betreuten

In seinem Aufgabenkreis vertritt der Betreuer den Betreuten gerichtlich und außergerichtlich.

aa. Allgemeine Wirkungen

Der Betreuer besitzt im Rahmen seines Aufgabenkreises eine gesetzliche Vertretungsmacht, diese ist die eigentliche Funktion der Betreuung[168]. Die Beschränkung auf den jeweiligen Aufgabenkreis ergibt sich aus dem Erforderlichkeitsprinzip. Handelt der Betreuer außerhalb des Aufgabenkreises, so ist er ein Vertreter ohne Vertretungsmacht (§§ 177 ff. BGB). Die Wirksamkeit des Geschäfts hängt dann von einer Genehmigung des Betreuten ab (§ 184 BGB). 63

Im Rahmen seines Aufgabenkreises hat der Betreuer allerdings zwingend eine **umfassende Vertretungsmacht**, selbst wenn der Betreute seinerseits geschäftsfähig ist. Zur Gesundheitssorge gehört beispielsweise der Abschluss eines Arztvertrags[169].

Es gelten die §§ 164 ff. BGB. Daraus folgt, dass die vom Betreuer im Namen des Betreuten abgegebenen Willenserklärungen diesem gegenüber wirksam sind[170]. So ist der Betreute verpflichtet, die Heimkosten zu tragen, wenn der Betreuer für ihn einen Heimvertrag abschließt. Der Betreuer muss im Namen des Betreuten handeln, was sich auch aus den Umständen ergeben kann. Bei Bargeschäften des täglichen Lebens wird eine Ausnahme von diesem Erfordernis gemacht (sog. „Geschäft für den, den es angeht"), da es den Geschäftspartner nicht interessiert, mit wem er den Vertrag schließt[171].

Die Vertretungsmacht bezieht sich nur auf Willenserklärungen und geschäftsähnliche Handlungen, nicht auf reine Realakte wie Waschen, Rasenmähen usw. Sie besteht nicht nur bei aktivem rechtsgeschäftlichem Handeln des Betreuers, sondern auch, wenn er lediglich passiv eine Willenserklärung eines Geschäftspartners des Betreuten entgegennimmt (z.B. die Kündigung des Vermieters des Betreuten). 64

Hinsichtlich eventueller Willensmängel, Irrtümer und des Kennens bestimmter Umstände kommt es auf die Person des Betreuers an (§ 166 BGB).

bb. Prozessführung

Die Vertretungsmacht schließt auch eine Prozessführung im Bereich des Aufgabenkreises ein; sie muss nicht gesondert zugewiesen werden. Da ein geschäftsfähiger Betreuter selbst prozessfähig ist (§ 52 ZPO) und damit in einem vom Betreuer für ihn geführten Prozess ebenfalls wirksam Prozesshandlungen vornehmen könnte, hat der Gesetzgeber in § 53 ZPO aus Gründen der Rechtssicherheit und -klarheit eine Sonderregelung getroffen: Führt der Betreuer einen Prozess in einer Angelegenheit, die zu seinem Aufgabenkreis gehört, 65

168 Die gesetzliche Vertretung hat eine Doppelfunktion: Sie eröffnet dem Betreuten den Zugang zum Rechtsverkehr und schützt ihn gleichzeitig gegen Beeinträchtigungen seines Wohls (vgl. dazu Lipp, Freiheit, § 4).

169 Jürgens-Jürgens, § 1902 BGB, Rn. 2

170 Zudem kann der Betreute, sofern er geschäftsfähig und kein Einwilligungsvorbehalt angeordnet ist, natürlich auch selbst rechtsgeschäftlich wirksam handeln.

171 BGHZ 114, 79; Erman-Maier-Reimer, § 164 BGB, Rn. 14

oder tritt er in einen vom Betreuten geführten Prozess ein, ist der Betreute in diesem Verfahren einem Prozessunfähigen gleichgestellt. Insoweit ist eine **Doppelzuständigkeit** von Betreuer und Betreutem **ausgeschlossen**.

cc. Verhältnis zum Betreutenhandeln

66 Da eine Betreuerbestellung die Geschäftsfähigkeit des Betroffenen nicht einschränkt[172], bleibt dessen Befugnis zu eigenständigem Handeln auch in dem Bereich bestehen, der als Aufgabenkreis des Betreuers bestimmt wurde. Insoweit konkurrieren die Kompetenzen beider[173]. Bei widersprüchlichen Erklärungen gelten die allgemeinen Regeln: Soweit eine Willenserklärung unmittelbar bindende Wirkung entfaltet, wie etwa die **Verfügung**, gilt das **Prioritätsprinzip**. Ansonsten stellt die jüngere Rechtshandlung einen Widerruf einer älteren dar. Nicht kollidierende Rechtsgeschäfte (z.B. Kaufverträge) sind jeweils wirksam: Wird eine Sache zweimal verkauft, ergeben sich allerdings unter Umständen Schadensersatzansprüche.

Im **Innenverhältnis** zwischen Betreuer und Betreutem gilt § 1901 Abs. 2 BGB, wonach der Betreuer die **Wünsche des Betreuten** zu beachten hat. Wenn der Betreuer bei Abschluss eines Vertrags für den Betreuten dessen Wünsche und Vorstellungen nicht respektiert, ist zwar sein Handeln wirksam[174], er kann sich aber schadensersatzpflichtig machen. Die Besprechungspflicht (§ 1901 Abs. 3 Satz 3 BGB) sollte daher ernst genommen werden, bevor von der umfassenden Vertretungsbefugnis Gebrauch gemacht wird.

dd. Umfang

67 Der Umfang der **Vertretungsmacht** ist **kongruent** zum **Aufgabenkreis**[175]. Beschränkungen der Vertretungsmacht innerhalb eines Aufgabenkreises oder aber Erweiterungen der Vertretungsmacht über einen bestimmten Aufgabenkreis hinaus sind nicht möglich. Allerdings kann der geschäftsfähige Betreute dem Betreuer eine über die gesetzlichen Befugnisse hinausgehende Vertretungsmacht mittels Vollmacht einräumen[176]. Aus der Beschränkung der Vertretungsmacht auf den zugewiesenen Aufgabenkreis folgt auch, dass sich das Handeln des Betreuers nicht auf Gebiete erstrecken kann, die einer Vertretung nicht zugänglich sind, wie höchstpersönliche Angelegenheiten (Eheschließung, Verfügungen von Todes wegen etc.)[177]. Auch die Entscheidung über eine Organtransplantation fällt nicht in seine Kompetenz[178].

Der Betreuer ist auch berechtigt, eine Untervollmacht zu erteilen. Eine Generalvollmacht dürfte allerdings nicht zulässig sein, da sonst das Prinzip der persönlichen Betreuung ausgehöhlt würde[179].

b. Ausschluss des Vertreterhandelns

68 Von dem Grundsatz der umfassenden Vertretungsmacht sind eine Reihe von Rechtsgeschäften insoweit ausgenommen, als der Betreuer zu ihrer Vornahme einer gerichtlichen Genehmigung bedarf.

▶ *Die einzelnen Genehmigungstatbestände werden im Teil E behandelt.*

---

172 Ausnahme ist die Anordnung eines Einwilligungsvorbehalts.
173 Vgl. MK-Schwab, § 1902 BGB, Rn. 20 ff.
174 Ausnahme: Der Geschäftspartner weiß von der Bindung im Innenverhältnis (Lipp, S. 189; MK-Schwab, § 1902 BGB, Rn. 16).
175 Erman-Roth, § 1902 BGB, Rn. 3
176 Damrau/Zimmermann, § 1902 BGB, Rn. 5; Bienwald, § 1902 BGB, Rn. 8 f.
177 Erman-Roth, § 1902 BGB, Rn. 4 f.; dazu unten Rn. 69
178 Damrau/Zimmermann, § 1902 BGB, Rn. 44
179 Jürgens-Jürgens, § 1902 BGB, Rn. 22

Im Folgenden werden die Ausnahmen dargestellt, die sich aus dem höchstpersönlichen Charakter eines Rechtsgeschäfts ergeben (Rn. 69), sowie die gesetzlich geregelten Fälle eines Interessenkonflikts von Betreuer und Betreutem (Rn. 70 ff. und Rn. 76 ff.).

aa. Höchstpersönliche Geschäfte

Generell nicht vertretungsberechtigt ist der Betreuer u.a.[180] für die Eheschließung, die bei einer Adoption notwendigen Einwilligungen, die Testamentserrichtung und den Abschluss eines Erbvertrags oder den Rücktritt von einem solchen, für einen Religionswechsel und die Ausübung des politischen Wahlrechts. **69**

Für verschiedene andere Rechtsgeschäfte hat der Gesetzgeber angeordnet, dass sie der geschäftsfähige oder beschränkt geschäftsfähige Betreute nur selbst abschließen kann; ist er jedoch geschäftsunfähig, so kann er in diesen Angelegenheiten von seinem Betreuer vertreten werden. Dazu gehören: die Vaterschaftsanerkennung (§ 1596 Abs. 1 und 3 BGB), die Anfechtung der Vaterschaft (§ 1600a Abs. 2 und 5 BGB), der Abschluss eines Ehevertrags (§ 1411 Abs. 1 Satz 4 BGB), der Scheidungsantrag (§ 125 FamFG), die Beantragung einer Beistandschaft (§ 1713 Abs. 2 Satz 2 BGB) sowie die Anfechtung eines Erbvertrags (§ 2282 Abs. 1 BGB)[181].

bb. Insichgeschäft, § 1795 Abs. 2 i.V.m. § 181 BGB

§ 1795 BGB Ausschluss der Vertretungsmacht

(1) Der Vormund kann den Mündel nicht vertreten:

1. **bei einem Rechtsgeschäfte zwischen seinem Ehegatten, seinem Lebenspartner oder einem seiner Verwandten in gerader Linie einerseits und dem Mündel andererseits, es sei denn, dass das Rechtsgeschäft ausschließlich in der Erfüllung einer Verbindlichkeit besteht;**
2. **bei einem Rechtsgeschäfte, das die Übertragung oder Belastung einer durch Pfandrecht, Hypothek, Schiffshypothek oder Bürgschaft gesicherten Forderung des Mündels gegen den Vormund oder die Aufhebung oder Minderung dieser Sicherheit zum Gegenstande hat oder die Verpflichtung des Mündels zu einer solchen Übertragung, Belastung, Aufhebung oder Minderung begründet;**
3. **bei einem Rechtsstreite zwischen den in Nummer 1 bezeichneten Personen sowie bei einem Rechtsstreit über eine Angelegenheit der in Nummer 2 bezeichneten Art.**

(2) Die Vorschrift des § 181 bleibt unberührt.

Die Vorschrift dient der Beschränkung der Vertretungsmacht des Betreuers in Fällen, in denen er der Gefahr von Interessenkollisionen ausgesetzt ist. § 1795 BGB ist aufgrund der Verweisung in § 1908i Abs. 1 Satz 1 BGB auch auf die Betreuung anwendbar: Während § 1795 Abs. 2 i.V.m. § 181 BGB den Grundsatz aufstellt, dass der Betreuer nicht mit sich selbst ein Rechtsgeschäft abschließen kann, erweitert Abs. 1 den Kreis der Fälle, in denen ein Interessenkonflikt vermutet wird. **70**

§ 181 BGB Insichgeschäft

Ein Vertreter kann, soweit nicht ein anderes ihm gestattet ist, im Namen des Vertretenen mit sich im eigenen Namen oder als Vertreter eines Dritten ein Rechtsgeschäft nicht vornehmen, es sei denn, dass das Rechtsgeschäft ausschließlich in der Erfüllung einer Verbindlichkeit besteht.

---

180 Vgl. Erman-Roth, § 1902 BGB, Rn. 5
181 Vgl. Erman-Roth, § 1902 BGB, Rn. 6; Damrau/Zimmermann, § 1902 BGB, Rn. 18 ff.

Das Insichgeschäft ist ein Rechtsgeschäft, das eine Person gegenüber sich selbst vornimmt. Die beiden Formen sind das Selbstkontrahieren und die sog. Mehrvertretung.

(1) Vom Wortlaut erfasste Fälle

71 **Selbstkontrahieren** i.S.d. § 181 Alt. 1 BGB ist dann gegeben, wenn bspw. der Betreuer im Namen des Betreuten mit sich selbst im eigenen Namen ein Rechtsgeschäft abschließt. Davon zu unterscheiden ist der andere in § 181 BGB geregelte Fall, die sog. **Mehrvertretung**. Hier schließt ein Vertreter (der Betreuer oder Vorsorgebevollmächtigter) im Namen des Vertretenen (Betreuter) mit einem Dritten ein Rechtsgeschäft, den er ebenfalls vertritt. Der Betreuer fungiert also gewissermaßen als „Diener zweier Herren", so wenn ein Betreuer zwei Geschwister betreut und zwischen ihnen als Vertreter einen Vertrag schließt. Nach § 181 BGB sind solche Insichgeschäfte grundsätzlich verboten, weil Interessenkollisionen vermieden werden sollen. Die im Prinzip bestehende Vertretungsmacht ist insofern begrenzt. Wird ein solches Insichgeschäft dennoch abgeschlossen, ist es als Vertrag schwebend unwirksam, als einseitiges Rechtsgeschäft sofort unwirksam. § 181 BGB kann auch nicht dadurch umgangen werden, dass ein ahnungsloser Untervertreter eingeschaltet wird[182].

Der Vater als Betreuer ist ausgeschlossen zur Prüfung und Geltendmachung von Ansprüchen, die dem Betreuten als Pflichtteilsberechtigtem gegen ihn als Alleinerben zustehen[183]. Auch die Prüfung und Geltendmachung etwaiger Rückforderungsansprüche, die dem Betreuten gegen den Betreuer zustehen, ist ausgeschlossen[184].

72 Erfasst werden nicht nur zweiseitige Rechtsgeschäfte wie Verträge, sondern auch einseitige wie Anfechtung, Kündigung usw., allerdings nicht, wenn der Betreuer nur die Erklärung entgegennimmt[185]. § 181 BGB gilt auch für Rechtsstreitigkeiten, in der freiwilligen Gerichtsbarkeit allerdings mit der Einschränkung, dass nur die echten Streitigkeiten unter die Norm fallen, nicht die so genannten Fürsorgeangelegenheiten[186], in denen das Gericht über die Interessen des Betreuten wacht (beachte § 1796 BGB).

Der Vertreter muss bei einem Insichgeschäft allerdings auf beiden Seiten des Rechtsgeschäfts stehen. Daran fehlt es, wenn Betreuer und Betreuter so genannte parallele Erklärungen abgeben[187]. Dies ist z.B. dann der Fall, wenn beide Mitglied einer Erbengemeinschaft sind und diese einem Dritten einen Erbschaftsgegenstand veräußert. Hier haben Betreuer und Betreuter dasselbe Interesse, so dass der Betreuer nicht in eine Konfliktsituation gerät. Anders ist es, wenn beide Mitglieder einer Erbengemeinschaft sind und es um die Auflösung dieser Gemeinschaft geht[188].

(2) Erweiterung nach Sinn und Zweck

73 Nach ganz h.M. ist § 181 BGB nicht streng nach dem Wortlaut, sondern nach Sinn und Zweck auszulegen[189]. Wenn der Betreuer eine Erklärung gegenüber einer Behörde abgibt, etwa gegenüber dem Grundbuchamt oder gegenüber dem Nachlassgericht (Anfechtung eines Testaments vor dem Nachlassgericht), und damit selbst begünstigt wird, ist die Vorschrift nach heute ganz h.M. anwendbar[190].

182 BGH JR 2014, 439
183 BayObLG BtPrax 2004, 32
184 BayObLG BtPrax 2005, 110
185 Erman-Schulte-Bunert, § 1795 BGB, Rn. 3
186 Jürgens-von Crailsheim, § 1795 BGB, Rn. 26
187 Vgl. OLG Düsseldorf NJW 1985, 390
188 OLG München BtPrax 2015, 249
189 Vgl. BGH NJW 1980, 932; MK-Schubert, § 181 BGB, Rn. 3 ff. m.w.N.
190 Erman-Maier-Reimer, § 181 BGB, Rn. 14

Ebenfalls über den Wortlaut hinausgehend wird der Fall erfasst, dass an dem Rechtsgeschäft zwar formal verschiedene Personen beteiligt sind, inhaltlich aber Betreuer und Betreuter betroffen sind, wenn etwa der Betreuer das Handeln eines Dritten, der als Vertreter ohne Vertretungsmacht auftritt, genehmigt[191]. Ist ein Einwilligungsvorbehalt angeordnet, wird auch die Zustimmung des Betreuers zu einem Geschäft erfasst, das der Betreute mit dem Betreuer getätigt hat[192]. Wenn der Betreuer im Namen des Betreuten gem. § 414 BGB mit seinem eigenen Gläubiger vereinbart, dass der Betreute seine Schuld übernimmt, ist § 181 BGB ebenfalls analog anzuwenden[193]. Das Verbot des Insichgeschäfts kann auch nicht durch die Erteilung einer **Untervollmacht** umgangen werden, indem der Betreuer mit dem Untervertreter ein Rechtsgeschäft abschließt[194] oder einen **Strohmann** einschaltet[195]. In beiden Fällen greift § 181 BGB.

Im Übrigen gilt die Vorschrift auch für Erbengemeinschaften und Gesellschaften: Sowohl bei der Gründung der Gesellschaft als auch bei einer Änderung des Gesellschaftsvertrags kann der Betreuer den Betreuten nicht vertreten, wenn er selbst an der Gesellschaft beteiligt ist[196]. Davon ausgenommen sind Maßnahmen der fortlaufenden Geschäftsführung[197] und Beschlüsse der Willensbildung[198]. Die Genehmigungsbedürftigkeit entfällt nicht deshalb, weil die Ehefrau, die mit dem Betroffenen in Gütergemeinschaft lebt, für ihn gemäß § 1458 BGB handeln könnte. Diese Vorschrift aus dem Recht der Gütergemeinschaft greift nämlich nicht ein, wenn ein Betreuer bestellt ist[199].

(3) Ausnahmen

Das Gesetz macht von dem Grundsatz der Unwirksamkeit des Rechtsgeschäfts zwei Aus- **74**
nahmen. Zum einen soll das Geschäft wirksam sein, wenn dem Vertreter durch Gesetz oder Rechtsgeschäft das Insichgeschäft gestattet ist. Eine rechtsgeschäftliche Gestattung ist eine empfangsbedürftige Willenserklärung, die auch konkludent abgegeben werden kann[200]. Selbstverständlich kann sie nur der geschäftsfähige Betreute erteilen, das Betreuungsgericht dagegen nicht. Daher ist auch die Erteilung einer betreuungsgerichtlichen Genehmigung kein Dispens vom Verbot des Selbstkontrahierens[201].

Zum anderen ist ein Insichgeschäft wirksam, wenn es der Erfüllung einer Verbindlichkeit dient. Die Verbindlichkeit muss allerdings wirksam begründet sein. Dies gilt sowohl für Verbindlichkeiten des Betreuers als auch für solche des Betreuten.

Darüber hinaus bedarf der Vertretene nicht des Schutzes bei **lediglich rechtlich vorteil** **75**
haften Geschäften (dazu bereits oben in Teil A Rn. 69). Insoweit ist § 181 BGB teleologisch zu reduzieren[202]. Ausgenommen vom Vertretungsverbot sind insoweit Schenkungen oder die Abtretung einer Forderung an den Betreuten. Allerdings hat der BGH[203] eine Einschränkung von der Ausnahme gemacht, wenn die Erfüllung der Schenkung, die eigentlich wegen § 181 Hs. 2 BGB möglich wäre, einen rechtlichen Nachteil brächte. Hier müsse eine Gesamtbetrachtung erfolgen. Danach ist die Schenkung einer vermieteten Wohnung

---

191 Damrau/Zimmermann, § 1795 BGB, Rn. 12
192 Jürgens-v. Crailsheim, § 1795 BGB, Rn. 15
193 Damrau/Zimmermann, § 1795 BGB, Rn. 14; a.A. Erman-Maier-Reimer, § 181 BGB, Rn. 16
194 KG FGPrax 1998, 81; MK-Schramm, § 181 BGB, Rn. 43
195 MK-Spickhoff, § 1795 BGB, Rn. 16 f.
196 Jürgens-von Crailsheim, § 1795 BGB, Rn. 12
197 Erman-Maier-Reimer, § 181 BGB, Rn. 19; MK-Schubert, § 181 BGB, Rn. 33 f.
198 BGHZ 65, 96
199 BayObLG BtPrax 2005, 32; MK-Kanzleiter, § 1458 BGB, Rn. 2.
200 Erman-Maier-Reimer, § 181 BGB, Rn. 27
201 BayObLG BtPrax 2004, 69
202 Allg. Meinung: Jürgens-von Crailsheim, § 1795 BGB, Rn. 17; Erman-Maier-Reimer, § 181 BGB, Rn. 22 f.; MK-Schubert, § 181 BGB, Rn. 29
203 BGH NJW 1981, 109

wegen der damit verbundenen Pflichten für den Betreuten als Vermieter genauso wenig lediglich rechtlich vorteilhaft[204] wie die Schenkung eines Anteils an einer Personengesellschaft[205], die ja ebenfalls eine persönliche Haftung nach sich zieht.

cc. Erweiterung der Interessenkollision, § 1795 Abs. 1 BGB

(1) Rechtsgeschäfte mit Angehörigen des Betreuers

76 § 1795 Abs. 1 Nr. 1 BGB betrifft den Fall, dass der Betreuer im Namen des Betreuten mit seinem Ehegatten oder einem seiner Verwandten in gerader Linie ein Rechtsgeschäft vornehmen will. Nicht erfasst sind der ehemalige Ehegatte, Geschwister und Verschwägerte.

Der Betreuer kann den Betreuten gegenüber den betreffenden Personen nicht vertreten, weil er sich sonst in einem Interessenkonflikt befände. Die Vorschrift ist nicht nur formal dahin gehend zu verstehen, dass die genannten Personen unmittelbar mit dem Betreuer das Geschäft schließen, sondern sie greift auch bei einem Vertrag zugunsten Dritter (d.h. zugunsten des betreffenden Personenkreises) ein. Als Beispiel kommt in Betracht, dass der Betreuer im Namen des Betreuten eine Lebensversicherung zugunsten des Ehegatten des Betreuers ändert. Im Übrigen betrifft die Vorschrift dieselben Arten von Rechtsgeschäften wie § 181 BGB, mit einer Ausnahme: Der Wortlaut von § 1795 Abs. 1 Nr. 1 BGB spricht von einem Rechtsgeschäft **zwischen** dem Betreuer und den genannten Personen. Damit sind einseitige Rechtsgeschäfte, bei denen der **Betreuer** nur **passiv** eine **Erklärung** für den Betreuten **entgegennimmt**, vom Anwendungsbereich ausgenommen[206]. Der Sohn des Betreuers kann somit gegenüber dem Betreuten kündigen, indem er die Kündigung dem Betreuer gegenüber erklärt.

(2) Gesicherte Forderungen

77 § 1795 Abs. 1 Nr. 2 BGB regelt den Ausschluss der Vertretung bei Rechtsgeschäften, die eine gesicherte Forderung betreffen, die der Betreute gegen den Betreuer hat. Die gesicherte Forderung darf zum einen nicht übertragen oder belastet werden. Zum anderen darf die Sicherheit selbst nicht aufgehoben oder gemindert werden. Zum dritten darf der Betreuer den Mündel nicht zu solchen Übertragungen oder Belastungen, Aufhebungen oder Minderungen verpflichten. Dies gilt auch für eine Grundschuld des Betreuten am Grundstück des Betreuers, wenn der Grundschuld eine entsprechende Forderung zugrunde liegt[207]. Analog ist die Vorschrift auf das Sicherungseigentum zu erstrecken[208].

(3) Prozessvertretung

78 § 1795 Abs. 1 Nr. 3 BGB schränkt die Vertretungsmacht für bestimmte Rechtsstreitigkeiten ein: Kann der Betreuer den Betreuten bei Rechtsgeschäften aus den in § 1795 Abs. 1 Nr. 1 und 2 BGB genannten Gründen nicht vertreten, so hat er auch bei entsprechenden Rechtsstreitigkeiten für den Prozess keine Vertretungsmacht. Nicht darunter fallen die Fürsorgeangelegenheiten der freiwilligen Gerichtsbarkeit wie etwa das Erbscheinsverfahren oder ein außergerichtlicher Streit[209]. Die Entscheidung, ob ein Prozess geführt werden soll, ist vom Vertretungsverbot nicht erfasst, sondern richtet sich nach § 1796 BGB[210].

---

204 OLG Oldenburg NJW-RR 1988, 839
205 OLG Zweibrücken FamRZ 2000, 117
206 Erman-Schulte-Bunert, § 1795 BGB, Rn. 3; kritisch: Jürgens-von Crailsheim, § 1795 BGB, Rn. 23
207 Damrau/Zimmermann, § 1785 BGB, Rn. 36; Erman-Schulte-Bunert, § 1795 BGB, Rn. 10; a.A. Staudinger-Veit, § 1795 BGB, Rn. 46
208 Erman-Schulte-Bunert, § 1795 BGB, Rn. 10 für die Sicherungsgrundschuld
209 Jürgens-von Crailsheim, § 1795 BGB, Rn. 26
210 BayObLG BtPrax 2004, 32

dd. Ergänzungsbetreuer

Handelt es sich um ein gem. § 181 BGB verbotenes Rechtsgeschäft, so kann dieses (bzw. 79
die Genehmigung dazu) durch einen gesondert zu bestellenden (Ergänzungs-)Betreuer vorgenommen werden, dessen Aufgabenkreis auf die Geschäfte zu beschränken ist, für die eine Verhinderung besteht[211]. Ein solcher ist vom Betreuungsgericht zu bestellen, soweit der Betreuer von der Vertretung ausgeschlossen ist (§ 1899 Abs. 4 BGB). Für die Bestellung ist der Richter zuständig. Steht der Betreute nicht mehr unter Betreuung, kann die Genehmigung auch von ihm erteilt werden, sofern er geschäftsfähig und das Rechtsgeschäft bzw. die Erklärung des ehemaligen Betreuers noch genehmigungsfähig ist[212]. Der Betreuer selbst kann nicht genehmigen, da sonst das Vertretungsverbot umgangen würde[213].

Gesondert geregelt ist ein Fall der Interessenkollision schließlich in § 150 Abs. 2 des Gesetzes über den Versicherungsvertrag (VVG), nämlich eine Änderung der Bezugsberechtigung einer Lebensversicherung.

ee. Entziehung der Vertretungsmacht durch das Gericht, § 1796 BGB

§ 1796 BGB Entziehung der Vertretungsmacht

(1) Das Familiengericht kann dem Vormunde die Vertretung für einzelne Angelegenheiten oder für einen bestimmten Kreis von Angelegenheiten entziehen.

(2) Die Entziehung soll nur erfolgen, wenn das Interesse des Mündels zu dem Interesse des Vormundes oder eines von diesem vertretenen Dritten oder einer der in § 1795 Nr. 1 bezeichneten Personen in erheblichem Gegensatze steht.

Über das Vertretungsverbot des § 1795 BGB hinaus hat das Betreuungsgericht dem Be- 80
treuer die Vertretung für einzelne Angelegenheiten oder für einen bestimmten Geschäftskreis zu entziehen, wenn sich eine erhebliche Interessenkollision ergibt (§ 1796 Abs. 2 BGB). Trotz des Wortlauts steht dem Gericht kein Ermessen zu[214]. Die Vorschrift ist abschließend, d.h., das Gericht hat keine weiteren Möglichkeiten zur Einschränkung der Vertretungsmacht ohne Änderung des Aufgabenkreises des Betreuers. Mitunter wird der rechtspolitische Sinn der Vorschrift angezweifelt, da dem Betreuungsgericht genügend andere Möglichkeiten offenstünden, im Aufsichtswege vorzugehen[215].

Ein erheblicher Interessenkonflikt ist gegeben, wenn die Förderung des Interesses des Betreuers (oder einer der in § 1795 Abs. 1 Nr. 1 BGB genannten Personen) nur auf Kosten des Betreuten erfolgen kann, etwa bei der Geltendmachung von Pflichtteilsansprüchen des Betroffenen gegen die Tochter des Betreuers[216]. Daher hat das Gericht von Amts wegen zu ermitteln, welche Maßnahmen der Betreuer plant und welche Interessen berührt sind. Relevant ist nur ein rechtsgeschäftliches Handeln, da für rein tatsächliches der Entzug der Vertretungsmacht nicht weiterhilft.

Handelt es sich um andere als die im Gesetz genannten Personen, etwa den Bruder des Betreuers, greift die Vorschrift nicht ein; in einem solchen Fall hat das Gericht zu überlegen, ob es gegebenenfalls nach § 1837 Abs. 2 BGB (dazu unten Rn. 96 ff.) tätig werden sollte.

---

211 Bienwald, FamRZ 2004, 1750
212 Bienwald, § 1902 BGB, Rn. 53
213 Vgl. BayObLG NJW 1960, 577
214 Jürgens-von Crailsheim, § 1796 BGB, Rn. 5; MK-Spickhoff, § 1796 BGB, Rn. 3
215 Damrau/Zimmermann, § 1796 BGB, Rn. 1
216 BayObLG BtPrax 2004, 32

81 Der Interessengegensatz muss **erheblich** sein. Es genügt bereits eine Gefährdung, für die konkrete Umstände sprechen. Daran fehlt es, wenn der Betreuer trotz des bestehenden Konflikts nach Überzeugung des Gerichts im Interesse des Betreuten handeln wird. Letztlich ist jeder Einzelfall gesondert zu prüfen. Beispiele für typische Konstellationen sind die Ausschlagung einer Erbschaft für den Betreuten, die zum Erbschaftsanfall an den Betreuer oder seinen Ehegatten führt[217], oder die Geltendmachung eines Schadensersatzanspruchs des Betreuten gegen den Betreuer[218].

82 Die Entziehung wird mit der Mitteilung an den Betreuer **wirksam** (§ 40 Abs. 1 FamFG), was auch konkludent durch die Bestellung eines Ergänzungsbetreuers möglich ist[219]. Die Gründe sind anzugeben, und die Angelegenheiten, für welche die Entziehung erfolgt, sind genau zu bezeichnen[220]. Der Betreuer und der Betreute sind vorher anzuhören[221], da beide beschwerdeberechtigt sind.

Die Vorschrift gilt auch für Behörden und Vereine.

Hinsichtlich der Bestellung eines Ergänzungsbetreuers gilt das zu § 1795 BGB und § 181 BGB Gesagte (vgl. oben Rn. 79).

c. Allgemeine Regeln, §§ 180, 182 bis 184 BGB

83 Die Vorschriften betreffen die Folgen eines Vertreterhandelns ohne die dafür erforderliche Vertretungsmacht. Da der Betreuer für seinen Aufgabenkreis immer eine Vertretungsmacht besitzt, ist dies nur gegeben, wenn der Betreuer außerhalb seines Aufgabenkreises tätig wird, ein Insichgeschäft vorliegt oder ihm die erforderliche betreuungsgerichtliche Genehmigung (dazu im Einzelnen Teil E) fehlt. Die §§ 182 bis 184 BGB betreffen die Genehmigung allgemein, also nicht nur die des Betreuten zu einem schwebend unwirksamen Handeln des Betreuers, sondern auch die Genehmigung des Betreuers zu einem Rechtsgeschäft des Betreuten, der unter Einwilligungsvorbehalt steht.

aa. Einseitiges Rechtsgeschäft, § 180 BGB

§ 180 BGB Einseitiges Rechtsgeschäft

[1]Bei einem einseitigen Rechtsgeschäft ist Vertretung ohne Vertretungsmacht unzulässig. [2]Hat jedoch derjenige, welchem gegenüber ein solches Rechtsgeschäft vorzunehmen war, die von dem Vertreter behauptete Vertretungsmacht bei der Vornahme des Rechtsgeschäfts nicht beanstandet oder ist er damit einverstanden gewesen, dass der Vertreter ohne Vertretungsmacht handele, so finden die Vorschriften über Verträge entsprechende Anwendung. [3]Das Gleiche gilt, wenn ein einseitiges Rechtsgeschäft gegenüber einem Vertreter ohne Vertretungsmacht mit dessen Einverständnisse vorgenommen wird.

84 Bei einseitigen Rechtsgeschäften wie der Kündigung eines Mietvertrags oder Arbeitsverhältnisses oder dem Widerruf einer Willenserklärung sind Vertretungen ohne Vertretungsmacht grundsätzlich nichtig, § 180 Satz 1 BGB.

Eine Haftung des Vertreters entsprechend § 179 BGB ist in § 180 Satz 1 BGB nicht vorgesehen. Daher kommt nur eine Haftung nach den allgemeinen Grundsätzen, insbesondere aus Delikt, in Betracht. Erfasst von Satz 1 sind grundsätzlich alle einseitigen Rechtsgeschäfte eines Vertreters ohne Vertretungsmacht.

---

217 OLG Hamm FamRZ 1993, 1122
218 Jürgens-von Crailsheim, § 1796 BGB, Rn. 2
219 BayObLG BtPrax 2004, 32
220 Damrau/Zimmermann, § 1796 BGB, Rn. 8
221 Jürgens-von Crailsheim, § 1796 BGB, Rn. 8

Von dem Grundsatz der **Nichtigkeit** macht Satz 2 eine **Ausnahme**. Beanstandet der Erklärungsempfänger die behauptete Vertretungsmacht nicht oder ist er einverstanden mit dem Handeln ohne Vertretungsmacht, finden die Vorschriften über Verträge entsprechende Anwendung. 85

Der Vertreter muss seine Vertretungsmacht behaupten. Eine solche Behauptung liegt schon in dem Auftreten als Betreuer eines anderen. Äußert der Vertreter jedoch Zweifel an seiner Vertretungsmacht oder legt er gar offen dar, dass er für den konkreten Aufgabenkreis nicht bestellt ist, ist dieses Tatbestandsmerkmal nicht erfüllt. Der Empfänger darf das Fehlen der Vertretungsmacht nicht kennen, damit die Rückwirkung des § 180 Satz 2 Alt. 1 BGB eintreten kann[222].

Eine Beanstandung des Empfängers liegt vor, wenn er erkennbar das Rechtsgeschäft gerade wegen der nachgewiesen fehlenden oder angezweifelten Vertretungsmacht nicht gelten lassen will[223]. Ob er das Fehlen der Vertretungsmacht kennt, ist unerheblich. Die Beanstandung muss bei der Vornahme des Rechtsgeschäfts erfolgen.

Weiß der Empfänger von der fehlenden Vertretungsmacht oder zweifelt er sie an, kommt ein vor oder beim Empfang der Willenserklärung ausdrücklich oder konkludent erklärtes Einverständnis des Erklärungsempfängers in Betracht[224]. Bloßes Schweigen genügt nicht. Das Einverständnis muss sich erkennbar auf die Vornahme eines Rechtsgeschäfts gerade durch einen Vertreter ohne Vertretungsmacht beziehen.

Rechtsfolge eines Einverständnisses bzw. einer fehlenden Beanstandung ist die schwebende Unwirksamkeit des Geschäfts. Der vertretene Betreute kann es rückwirkend genehmigen (§ 177 Abs. 1 BGB), und der Empfänger kann ihn zur Erteilung dieser Genehmigung auffordern (§ 177 Abs. 2 BGB). Sein Recht zum Widerruf (§ 178 BGB) kann er durch Zurückweisung des Rechtsgeschäfts ausüben. Es entfällt jedoch, wenn er den Mangel der Vertretungsmacht kannte. Genehmigt der Vertretene das Rechtsgeschäft nicht, haftet der Vertreter (§ 179 BGB analog). 86

Auf geschäftsähnliche Handlungen ist § 180 BGB entsprechend anwendbar.

bb. Einwilligung/Genehmigung, §§ 182 bis 184 BGB

§ 182 BGB Zustimmung

(1) Hängt die Wirksamkeit eines Vertrags oder eines einseitigen Rechtsgeschäfts, das einem anderen gegenüber vorzunehmen ist, von der Zustimmung eines Dritten ab, so kann die Erteilung sowie die Verweigerung der Zustimmung sowohl dem einen als dem anderen Teile gegenüber erklärt werden.

(2) Die Zustimmung bedarf nicht der für das Rechtsgeschäft bestimmten Form.

(3) Wird ein einseitiges Rechtsgeschäft, dessen Wirksamkeit von der Zustimmung eines Dritten abhängt, mit Einwilligung des Dritten vorgenommen, so finden die Vorschriften des § 111 Satz 2, 3 entsprechende Anwendung.

§ 183 BGB Widerruflichkeit der Einwilligung

[1]Die vorherige Zustimmung (Einwilligung) ist bis zur Vornahme des Rechtsgeschäfts widerruflich, soweit nicht aus dem ihrer Erteilung zugrunde liegenden Rechtsverhältnisse sich ein anderes ergibt. [2]Der Widerruf kann sowohl dem einen als dem anderen Teile gegenüber erklärt werden.

222 MK-Schramm, § 180 BGB, Rn. 7
223 BGH BB 1969, 293
224 MK-Schramm, § 180 BGB, Rn. 12

§ 184 BGB Rückwirkung der Genehmigung

(1) Die nachträgliche Zustimmung (Genehmigung) wirkt auf den Zeitpunkt der Vornahme des Rechtsgeschäfts zurück, soweit nicht ein anderes bestimmt ist.

(2) Durch die Rückwirkung werden Verfügungen nicht unwirksam, die vor der Genehmigung über den Gegenstand des Rechtsgeschäfts von dem Genehmigenden getroffen worden oder im Wege der Zwangsvollstreckung oder der Arrestvollziehung oder durch den Insolvenzverwalter erfolgt sind.

87 Unter Einwilligung und Genehmigung versteht man die zwei unterschiedlichen Formen der Zustimmung zu einem Rechtsgeschäft.

Dabei ist die Einwilligung die vorherige Zustimmung, die einem zustimmungsbedürftigen Rechtsgeschäft zeitlich vorausgeht, § 183 Satz 1 BGB. Sie ist der vom Gesetz geforderte Regelfall. Die Genehmigung folgt dem Rechtsgeschäft nach, sie ist eine nachträgliche Zustimmung. Im Betreuungsrecht kommt es auf die Genehmigung an, wenn der Betreute ohne Vertretungsmacht handelt oder der unter Einwilligungsvorbehalt stehende Betreute ein Rechtsgeschäft abschließt. Im ersten Fall ist die Genehmigung des (geschäftsfähigen) Betreuten erforderlich, im letztgenannten die des Betreuers.

Die Zustimmung kann sowohl dem einen als auch dem anderen Teil gegenüber erklärt werden, § 182 Abs. 1 BGB. Das heißt im Falle der Betreuung, dass der Betreuer, dem gegebenenfalls durch Anordnung eines Einwilligungsvorbehalts das Recht zur Zustimmung zufällt, die Zustimmung gegenüber dem Betreuten oder gegenüber dessen Geschäftspartner erklären kann.

Aus § 182 Abs. 1 BGB ergibt sich, dass die Zustimmung nicht der für das Rechtsgeschäft bestimmten Form bedarf. Wenn also z.B. ein Grundstückskauf getätigt wird, ist dieser zwar formbedürftig (§ 311b Abs. 1 Satz 1 BGB), nicht aber eine gegebenenfalls erforderliche Zustimmung des Betreuers zu dem vom Betreuten getätigten Grundstückskauf.

88 Die Einwilligung kann vom Einwilligenden bis zur Vornahme des zustimmungsbedürftigen Rechtsgeschäfts grundsätzlich frei widerrufen werden, § 183 Satz 1 BGB. Auch der **Widerruf** kann, wie oben beschrieben, dem Betreuten oder dem Geschäftspartner erklärt werden, § 183 Satz 2 BGB. Jedoch kann im Einzelfall auch die Einwilligung unwiderruflich sein, so z.B., wenn das Gesetz die Widerruflichkeit ausschließt, die Einwilligung unwiderruflich erteilt wurde oder die Unwiderruflichkeit sich schon aus dem Rechtsgeschäft, für das sie erteilt wurde, ergibt (siehe § 183 Satz 1 BGB). Eine Genehmigung kann man allerdings nicht mehr widerrufen, da dann das Geschäft schon wirksam geworden ist und der Rechtsverkehr darauf vertrauen darf, dass es wirksam bleibt.

Die Genehmigung wirkt auf den Zeitpunkt der Vornahme des Rechtsgeschäfts zurück, § 184 Abs. 1 BGB. Eine Ausnahme gilt allerdings dann, wenn etwas anderes bestimmt ist. Die Rückwirkung lässt keine Verfügungen unwirksam werden, die der Genehmigende vor der Genehmigung über den Gegenstand des Rechtsgeschäfts getroffen hat, § 184 Abs. 2 BGB.

2. Ausstattung aus Vermögen, § 1625 BGB

§ 1625 BGB Ausstattung aus dem Kindesvermögen

[1]Gewährt der Vater einem Kinde, dessen Vermögen kraft elterlicher Sorge, Vormundschaft oder Betreuung seiner Verwaltung unterliegt, eine Ausstattung, so ist im Zweifel anzunehmen, dass er sie aus diesem Vermögen gewährt. [2]Diese Vorschrift findet auf die Mutter entsprechende Anwendung.

Die Auslegungsregel des § 1625 BGB greift ein, wenn Vater oder Mutter als Betreuer dem (volljährigen) Kind eine Ausstattung gewähren. Bei Herausgabe des (Betreuten-)Kindesvermögens kann dieses Geld abgezogen werden. Die Vorschrift erleichtert die Rechnungslegung gem. § 1698 BGB[225]. **89**

Ausstattung sind Vermögenswerte, die einem Kind anlässlich der Heirat oder Selbständigkeit zugewendet werden, so die früher übliche Aussteuer, ein Geldbetrag, aber auch eine Hofübergabe (vgl. dazu auch Teil E Rn. 54 f.).

3. Herausgabe des Betreuten, § 1632 i.V.m. § 1908i Abs. 1 BGB

§ 1632 BGB Anspruch auf Herausgabe des Kindes; Bestimmung des Umgangs; Wegnahme von der Pflegeperson.

(1) Die Personensorge umfasst das Recht, die Herausgabe des Kindes von jedem zu verlangen, der es den Eltern oder einem Elternteil widerrechtlich vorenthält.

(2) Die Personensorge umfasst ferner das Recht, den Umgang des Kindes auch mit Wirkung für und gegen Dritte zu bestimmen.

(3) Über Streitigkeiten, die eine Angelegenheit nach Absatz 1 oder 2 betreffen, entscheidet das Familiengericht auf Antrag eines Elternteils.

(4) Lebt das Kind seit längerer Zeit in Familienpflege und wollen die Eltern das Kind von der Pflegeperson wegnehmen, so kann das Familiengericht von Amts wegen oder auf Antrag der Pflegeperson anordnen, dass das Kind bei der Pflegeperson verbleibt, wenn und solange das Kindeswohl durch die Wegnahme gefährdet würde.

a. Allgemeine Voraussetzungen

Auf Antrag des Betreuers entscheidet das Betreuungsgericht[226] über die Herausgabe des Betreuten oder dessen Umgang mit Dritten, § 1632 Abs. 3 BGB. Ein solcher Antrag des Betreuers setzt voraus, dass sich der Aufgabenkreis entweder allgemein auf die Personensorge bezieht oder gezielt auf die Befreiung des Betreuten aus widerrechtlicher Freiheitsbehinderung oder auf den Schutz vor Drittbelästigung[227]. Der Aufgabenkreis der Aufenthaltsbestimmung ist lediglich ein Teil der Personensorge, reicht daher nicht für eine weiter gehende Umgangsbestimmung aus, wohl aber für den Antrag auf Herausgabe[228]. **90**

Bei mehreren Betreuern, denen jeweils die Aufenthaltsbestimmung zugewiesen ist, kann der Antrag nur gemeinsam gestellt werden. Beantragt nur einer eine betreuungsgerichtliche Entscheidung, so folgt dessen Zuständigkeit aus § 1797 Abs. 1 Satz 2 i.V.m. § 1908i Abs. 1 Satz 1 BGB[229].

---

225 MK-von Sachsen-Gessaphe, § 1625 BGB, Rn. 1

226 Die durch das KindRG vorgenommene Umstellung der Zuständigkeit vom Betreuungsgericht auf das Familiengericht passt nicht auf das Betreuungsrecht, so dass es insofern bei der Allzuständigkeit des Betreuungsgerichts verbleibt. Die sinngemäße Anwendung des § 1632 Abs. 1 bis 3 BGB erstreckt sich nur auf den materiellrechtlichen Bereich und nicht auf die Zuständigkeitsfrage, vgl. Erman-Roth, § 1908i BGB, Rn. 3; Bienwald, § 1908i BGB, Rn. 24.

227 Bienwald, § 1908i BGB, Rn. 16 ff

228 Erman-Roth, § 1908i BGB, Rn. 3 ff; HK-BUR-Bauer, § 1632 BGB, Rn. 68; MK-Schwab, § 1896 BGB, Rn. 90 ff. u. 99.

229 Ohne entsprechenden Antrag des Betreuers kommt allerdings eine einstweilige Maßregel nach §§ 1846 i.V.m. 1908i Abs. 1 Satz 1 BGB in Betracht bzw. vorrangig die Bestellung eines vorläufigen Betreuers im Wege der einstweiligen Anordnung (§ 300 FamFG).

b. Herausgabeverlangen

91 Von einem widerrechtlichen Vorenthalten als Voraussetzung eines Herausgabeverlangens kann nur dann die Rede sein, wenn der Dritte den Betreuten ohne rechtfertigenden Grund (widerrechtlich) in seiner unmittelbaren oder mittelbaren Gewalt hat und die Wiedererlangung durch den Betreuer verhindert[230]. Der Dritte muss sich daher durch sein Verhalten mit dem Herausgabeverlangen in Widerspruch setzen, beispielsweise wenn die Familie des Betreuten dem Betreuer die Herausgabe des Betreuten verweigert[231] oder den Aufenthaltsort verheimlicht. Bloßes Zur-Verfügung-Stellen von Unterkunft und Nahrung ist noch kein Vorenthalten[232]. Ein Vorenthalten wird grundsätzlich widerrechtlich sein.

Anspruchsgegner kann auch ein anderer Betreuer (§ 1899 Abs. 1 BGB) sein, der dem personensorgeberechtigten Betreuer (oder Betreuer mit Aufenthaltsbestimmungsrecht) den Betroffenen vorenthält, wenn ihm nicht das Aufenthaltsbestimmungsrecht zusteht[233]. Eine vorläufige Anordnung ist möglich[234].

Bei der Frage, ob von dem Recht zur Herausgabe Gebrauch gemacht wird, ist auch der Wille des Betreuten einzubeziehen, der nur bei drohender Selbstschädigung und fehlender Einsichtsfähigkeit völlig unbeachtlich ist. Vollstreckt wird die Entscheidung gegen den Dritten gem. § 35 FamFG.

c. Umgangsbestimmung

aa. Allgemeines

92 Das Umgangsbestimmungsrecht steht nur dem Betreuer zu, dessen Aufgabenkreis sich über die gesamte Personensorge erstreckt oder dem dieses Aufgabengebiet besonders zugewiesen ist. Fehlt es daran, darf der Betreuer keine Kontaktverbote aussprechen[235]. Unter Umständen kann auch die Aufgabe der zwangsweisen Unterbringung das Recht zur Umgangsbestimmung enthalten[236]. Das Aufenthaltsbestimmungsrecht genügt dagegen nicht[237].

Als Anspruchsgegner einer Umgangsregelung scheidet ein anderer Betreuer aus, da jeder Betreuer nicht nur das Recht zum Umgang mit dem Betroffenen hat, sondern vielmehr die Pflicht, wichtige Angelegenheiten mit dem Betroffenen zu besprechen (§ 1903 Abs. 2 Satz 3 BGB). Anderenfalls würde dem anderen Betreuer die Verwirklichung der persönlichen Betreuung und damit ein wesentlicher Bestandteil seines Betreuungsrechts unmöglich gemacht[238]. Eine Rangfolge hinsichtlich des Umgangs kann es demnach nicht geben. Zeigt sich, dass der Umgang mit einem Betreuer dem Wohl des Betreuten nicht zuträglich ist, besteht nach §§ 1837, 1908i Abs. 1 Satz 1 BGB zunächst die Möglichkeit, den Betreuer aufzufordern, sein Amt entsprechend dem Wohl des Betreuten zu führen. Sofern der Betreuer einer solchen Aufforderung nicht nachkommt, ist unter Umständen die Entlassung des Betreuers geboten (§ 1908b BGB).

---

230 Bienwald, § 1908i BGB, Rn. 22
231 LG Köln FamRZ 72, 376; Bienwald, § 1908i BGB, Rn. 22; Münder, NJW 86, 811; HK-BUR-Bauer, § 1632 BGB, Rn. 90
232 MK-Huber, § 1632 BGB, Rn. 10; Erman/Döll, § 1632 BGB, Rn. 4
233 Erman-Roth, § 1908i BGB, Rn. 4
234 Erman-Roth, § 1908i BGB, Rn. 4
235 OLG München BtPrax 2008, 74
236 vgl. Erman-Roth, § 1908i BGB, Rn. 5
237 BayObLG FamRZ 1991, 1481
238 HK-BUR-Bauer, § 1632 BGB, Rn. 105

bb. Inhalt der Umgangsentscheidung

Eine Umgangsentscheidung durch den Betreuer setzt eine **wesentliche Gefährdung des Betreuten** voraus. Sie steht als Eingriff in die Freiheitsrechte des Betroffenen ebenfalls unter dem Erforderlichkeitsgrundsatz, so dass der Umgang des Betreuten nur im unbedingt notwendigen Ausmaß reguliert werden darf, etwa bei Süchtigen im Verhältnis zu einem Dealer. Gerade gegenüber Angehörigen ist deren Recht auf Kontakt aus Art. 6 Abs. 1 GG zu beachten[239]. 93

Insbesondere ist vor einem völligen Umgangsausschluss zu erwägen, ob nicht ein Umgang des Dritten bei gleichzeitiger Anwesenheit z.B. des Betreuers ausreichend dem Interesse des Betreuten gerecht wird. Da oftmals die sozialen Kontakte des Betroffenen ohnehin eingeschränkt sind, sollten weitere Einschränkungen nur restriktiv gehandhabt werden[240].

Konkret wird die Bestimmung durch Weisungen oder Umgangsverbote ausgeübt, die auch briefliche und telefonische Kontakte erfassen können[241]. Für Letztere bedarf der Betreuer einer ausdrücklichen Zuweisung dieser Aufgabe durch das Gericht (§ 1896 Abs. 4 BGB).

d. Der Wille des Betreuten

In Fällen, in denen sich die gerichtliche Umgangs- oder Herausgabeentscheidung in Widerspruch zum Willen des Betreuten setzen würde, ist gesondert zu prüfen, ob die Herausgabe dem Wohl des Betreuten wirklich entspricht[242], ja man wird darüber hinaus fordern müssen, dass die Schwelle, die für die Anordnung eines Einwilligungsvorbehalts besteht, gegeben ist (erhebliche Gefahr)[243]. 94

Entspricht der Aufenthalt bei oder der Umgang mit einem Dritten dem Wunsch des Betreuten und ist dies seinem Wohl nicht abträglich, hat der Betreuer gem. § 1901 Abs. 2 BGB diesem Wunsch zu entsprechen. Untersagt der Betreuer bei dieser Sachlage gleichwohl den Umgang, ist als letztes Mittel sogar eine Betreuerentlassung gem. § 1908b Abs. 1 BGB denkbar, wenn jegliche Vertrauensbasis und die persönliche Betreuung in Frage gestellt sind[244].

Die Durchsetzung erfolgt nach entsprechender Androhung grundsätzlich mittels Zwangsgeldes, ausnahmsweise nach besonderer Verfügung des Gerichts auch mittels Gewalt (§ 90 Abs. 1 FamFG), die sich allerdings nicht gegen den eventuell Widerstand leistenden Betreuten richten darf[245].

e. Verfahren

Das Gericht (zuständig ist der Richter, § 15 Abs. 1 Satz 1 Nr. 7 RPflG) kann nur auf Antrag entscheiden. Von Amts wegen kann es den/die Betreuer (§ 1899 Abs. 3 BGB) nur dazu auffordern, entsprechende Anträge zu stellen, und gegebenenfalls hierzu auch konkret anweisen (§ 1837 Abs. 2 BGB). 95

Beschwerdebefugt sind neben dem Betreuten auch nahe Angehörige, da ihnen aus Art. 6 Abs. 1 GG ein Recht auf Kontakt mit dem Betreuten zusteht[246].

239 Jürgens-von Crailsheim, § 1632 BGB, Rn. 8
240 Vgl. Bienwald, § 1908i BGB, Rn. 36
241 MK-Huber, § 1632 BGB, Rn. 67
242 Damrau/Zimmermann § 1632 BGB, Rn. 5, 6
243 HK-BUR-Bauer, § 1632 BGB, Rn. 103
244 HK-BUR-Bauer, § 1632 BGB, Rn. 88
245 HK-BUR-Bauer, § 1632 BGB, Rn. 54, 56; Bienwald, § 1908i BGB, Rn. 28
246 Vgl. BayObLG FamRZ 1993, 1222

III. Aufsicht über den Betreuer, § 1837 i.V.m. § 1908i Abs. 1 BGB

§ 1837 BGB Beratung und Aufsicht

(1) [1]Das Familiengericht berät die Vormünder. [2]Es wirkt dabei mit, sie in ihre Aufgaben einzuführen.

(2) [1]Das Familiengericht hat über die gesamte Tätigkeit des Vormunds und des Gegenvormunds die Aufsicht zu führen und gegen Pflichtwidrigkeiten durch geeignete Gebote und Verbote einzuschreiten. [2]Es hat insbesondere die Einhaltung der erforderlichen persönlichen Kontakte des Vormunds zu dem Mündel zu beaufsichtigen. [3]Es kann dem Vormund und dem Gegenvormund aufgeben, eine Versicherung gegen Schäden, die sie dem Mündel zufügen können, einzugehen.

(3) [1]Das Familiengericht kann den Vormund und den Gegenvormund zur Befolgung seiner Anordnungen durch Festsetzung von Zwangsgeld anhalten. [2]Gegen das Jugendamt oder einen Verein wird kein Zwangsgeld festgesetzt.

(4) §§ 1666, 1666a und 1696 gelten entsprechend.

1. Aufsichtsführung

96 Wegen des Grundsatzes der Eigenverantwortlichkeit des Betreuers kann das Betreuungsgericht nicht selbständig anstelle des Betreuers tätig werden, sondern ist auf eine Aufsichtsrolle beschränkt. Eine Vertretungsmacht besitzt nur der Betreuer. Dieser unterliegt der Aufsicht des Betreuungsgerichts, was nicht nur repressiv zu verstehen ist. Gem. Abs. 1 hat das Gericht den Betreuer zunächst zu beraten und ihn bei seiner Arbeit zu **unterstützen**, z.B. bei Kontakten mit Behörden. Des Weiteren hat es gegebenenfalls bereits im Vorfeld darauf hinzuweisen, ob eine beabsichtigte Maßnahme eine Pflichtwidrigkeit bedeuten würde[247]. Umgekehrt kann der Rat des Gerichts den Betreuer auch vor einer Haftung bewahren. Ferner hat es den Betreuer in sein Amt einzuführen. Diese Unterrichtung ist in § 289 Abs. 1 Satz 1 FamFG für das Betreuungsrecht speziell geregelt.

▶ *Zur Amtseinführung durch das Betreuungsgericht vgl. Teil B Rn. 129 ff.*

Im Rahmen der Aufsicht hat das Betreuungsgericht allein die Interessen des Betreuten im Auge zu halten, nicht auch Rechte Dritter. Theoretisch kann das Gericht zur Aufsicht auch eigene Ermittlungen anstellen, in der Praxis ist es aber meist auf konkrete Hinweise angewiesen. Wegen der besonderen Bedeutung des persönlichen Kontakts zwischen Betreuer und Betroffenem (vgl. z.B. § 1840 Abs. 1 Satz 2) hat der Gesetzgeber in § 1837 Abs. 2 Satz 2 ausdrücklich geregelt, dass sich die Aufsicht des Gerichts auch darauf beziehen muss.

Mögliche Maßnahmen des Gerichts sind die **Beratung**, die **Anweisung** einer Maßnahme, der **Entzug der Vertretungsmacht** und als äußerstes Mittel die **Entlassung**. Die Entlassung ist bei wiederholtem Verstoß gegen Betreuungspflichten möglich, auch wenn nicht sämtliche Aufsichtsmaßnahmen zuvor erschöpft wurden[248]. Die Verweigerung jeglicher Kooperation mit dem Gericht über einen längeren Zeitraum rechtfertigt die Entlassung[249]. Aufgrund des Verweises in Abs. 4 auf § 1666 BGB kommt auch die Ersetzung einer Erklärung des Betreuers in Betracht (§ 1666 Abs. 3). Eine solche Maßnahme ist aber nur subsidiär und in Ausnahmefällen zulässig[250].

---

247 BayObLG FamRZ 1999, 1460
248 BayObLG Bt Prax 2004, 153
249 SchlH OLG BtPrax 2006, 79
250 MK-Kroll-Ludwigs, § 1837 BGB, Rn. 25

Bei Pflichtwidrigkeiten des Betreuers hat das Betreuungsgericht von Amts wegen einzuschreiten, wenn es Kenntnis erlangt, dass etwa der Betreuer gerichtliche Anordnungen missachtet oder seinen Betreuerpflichten nicht ordnungsgemäß nachkommt. Das Betreuungsgericht kann gegen eine Pflichtwidrigkeit des Betreuers konkrete Anordnungen erlassen, etwa dem Betreuer aufgeben, für eine medizinische Behandlung des Betreuten zu sorgen. Ein Ermessen steht dem Gericht nicht hinsichtlich des „Ob", sondern nur hinsichtlich des „Wie" des Einschreitens zu. Ein Schaden ist nicht erforderlich, auch keine Gefährdung; es genügt die Pflichtwidrigkeit an sich[251]. Da der Betreuer sein Amt eigenverantwortlich wahrnimmt, sind präventive Weisungen nur zulässig, wenn die konkrete Gefahr pflichtwidrigen Handelns besteht[252]. **97**

Diese Ge- und Verbote kann das Gericht gem. § 1837 Abs. 3 Satz 1 BGB bei Nichtbefolgung nach entsprechender Androhung durch Festsetzung eines **Zwangsgeldes** (von 5 Euro bis 25.000 Euro) unter gleichzeitiger Auferlegung der Verfahrenskosten durchsetzen (§ 35 Abs. 1, 3 FamFG). Das ist aber nur bei schuldhaftem Verhalten des Betreuers zulässig[253]. Eine Wiederholung ist möglich. **98**

Gegen Behördenbetreuer, die nach § 1897 Abs. 2 Satz 2 BGB als natürliche Personen zu Betreuern bestellt sind, kann kein Zwangsgeld nach § 1837 Abs. 3 Satz 1 festgesetzt werden (§ 1908g Abs. 1 BGB), genauso wenig gegen die Betreuungsbehörde selbst (siehe § 1900 Abs. 4 BGB). Das Gleiche gilt für einen Betreuungsverein (§ 1900 Abs. 1). Es bleiben in diesen Fällen nur geeignete Ge- und Verbote des Betreuungsgerichts gegenüber dem Behördenbetreuer, die im Rahmen der Dienstaufsicht über die Anstellungsbehörde durchgesetzt werden können.

Die Aufsicht umfasst den ganzen Aufgabenkreis des Betreuers, egal ob Bereiche der Personen- oder Vermögenssorge zugewiesen sind. Sie ist eine reine **Rechtsaufsicht**, also eine Aufsicht über die Gesetzmäßigkeit des Handelns mit einer Weisungsbefugnis in rechtlichen Fragen, nicht aber eine Fachaufsicht, d.h., es besteht kein inhaltliches Weisungsrecht[254]. Das Gericht beurteilt nicht, was für den Betreuten besser ist, sondern ob eine Entscheidung des Betreuers zulässig ist[255]. Es kann allerdings bei Pflichtverstößen die Entlassung des Behördenbetreuers aussprechen (§ 1908b Abs. 4 Satz 3 BGB)[256]. **99**

Um dem Betreuungsgericht seine Aufsichtsfunktion zu erleichtern, hat der Betreuer auf Verlangen jederzeit über die Führung der Betreuung und die persönlichen Verhältnisse des Betreuten Auskunft zu erteilen[257], die sich vom Umfang auch über die gesamten Aufgabenkreise erstrecken kann (§ 1839 BGB). Eine Konkretisierung der Aufsicht stellen die Genehmigungserfordernisse (dazu im Einzelnen in Teil E) dar, eine Erleichterung die Berichts- und Auskunftspflichten der §§ 1839, 1840 BGB (dazu oben Rn. 30 ff., 49 ff.). Das Betreuungsgericht kann auch Einsicht in alle sich auf die Betreuung beziehenden Papiere verlangen (§ 1799 Abs. 2 BGB), und zwar unabhängig von der turnusmäßigen Pflicht zur Rechnungslegung oder Erstellung einer Vermögensübersicht. Es kann sich auch sachverständiger Hilfe bedienen.

251 OLG Karlsruhe FGPrax 2005, 155
252 OLG Karlsruhe FamRZ 2006, 507 m. Anm. Bienwald; OLG Saarbrücken MDR 2004, 1121
253 P/H-Stößer. § 35 FamFG, Rn. 9
254 HK-BUR-Bauer, § 1908g BGB, Rn. 3; BayObLG FamRZ 1992, 108; OLG Karlsruhe NJW-RR 2000, 1313
255 Lipp, S. 159
256 HK-BUR-Bauer, § 1908g BGB, Rn. 4
257 Staudinger-Bienwald, § 1908i BGB, Rn. 121

2. Pflichtwidrigkeiten

100 Das Vorliegen einer Pflichtwidrigkeit ist unabhängig davon, ob den Betreuer ein Verschulden trifft. Zum einen ist eine solche Pflichtwidrigkeit gegeben bei Verstoß gegen die gesetzlich vorgeschriebenen Pflichten, wie sie im Vorangehenden beschrieben wurden (vgl. auch unten Rn. 104 ff.). Zu erwähnen ist ferner die Nichtbefolgung berechtigter Wünsche des Betreuten[258], die Überschreitung des Aufgabenkreises[259] usw. Ob eine Pflichtwidrigkeit vorliegt, ist voll überprüfbar; ein Ermessen besteht insoweit nicht[260].

Andererseits rechtfertigt allein die Tatsache, dass der Betreuer in einer bestimmten Angelegenheit anderer Auffassung ist als das Betreuungsgericht, dessen Einschreiten noch nicht. In Fragen der Geldanlage, des Taschengelds des Betreuten oder beim Aussuchen eines Pflegeheims[261] steht dem Betreuer ein **Beurteilungsspielraum** zu. In Zweckmäßigkeitsfragen ist daher ein Einschreiten im Aufsichtsweg nicht möglich. Eine Ausnahme besteht insoweit, wenn der Betreuer aus sachfremden Erwägungen handelt, etwa einen Prozess mutwillig führt[262]. Auch unabhängig von einem konkreten Gesetzesverstoß kommt eine Pflichtwidrigkeit in Betracht, so wenn der Betreuer keinen persönlichen Kontakt mit dem Betreuten pflegt oder allein aus Verärgerung über den Betreuten ein Heim wählt, das dieser ablehnt.

3. Versicherung

101 Gem. § 1837 Abs. 2 BGB kann das Gericht dem Betreuer aufgeben, eine Versicherung abzuschließen, die Schäden zu Lasten des Betreuten abdeckt. Die Kosten sind erstattungsfähig. Die Vorschrift ist auf den Gegenbetreuer anwendbar, für die Betreuungsbehörde gilt nur Satz 1. Bei Berufsbetreuern wird von den Betreuungsbehörden regelmäßig eine Haftpflichtversicherung verlangt[263].

4. Gerichtliches Fehlverhalten

102 Das Gericht ist durch die Aufsicht und Überwachung des Betreuers auf seine Weise ebenfalls in die Fürsorgepflicht für den Betreuten mit einbezogen. Verstößt es gegen seine Pflichten, löst dies eine Staatshaftung gem. Art. 34 GG i.V.m. § 839 BGB aus.

Gegen Anordnungen des Gerichts steht dem Betreuer die Beschwerde zu, auch gegen die Anordnung eines Zwangsgeldes[264]. Dritte können die Weigerung des Gerichts, gegen einen Betreuer einzuschreiten, nicht mit der Beschwerde angreifen[265].

---

258 BayObLG FamRZ 2000, 565
259 BayObLG FamRZ 1991, 1481; OLG München v. 30.1.2008
260 BayObLG BtPrax 2004, 69 f.
261 LG Chemnitz FamRZ 2000, 1312
262 Weitere Beispiele bei Damrau/Zimmermann, § 1837 BGB, Rn. 11
263 Zur Haftpflichtversicherung siehe: Deinert/Lütgens/Meier, S. 401 ff.
264 OLG Hamm FamRZ 1996, 363
265 Damrau/Zimmermann, § 1837 BGB, Rn. 29; OLG Zweibrücken NJW-RR 2003, 870 f.

IV. Haftung des Betreuers

1. Haftung gegenüber dem Betreuten, § 1833 i.V.m. § 1908i Abs. 1 Satz 1 BGB

§ 1833 BGB Haftung des Vormunds

(1) [1]Der Vormund ist dem Mündel für den aus einer Pflichtverletzung entstehenden Schaden verantwortlich, wenn ihm ein Verschulden zur Last fällt. [2]Das Gleiche gilt von dem Gegenvormund.

(2) [1]Sind für den Schaden mehrere nebeneinander verantwortlich, so haften sie als Gesamtschuldner. [2]Ist neben dem Vormunde für den von diesem verursachten Schaden der Gegenvormund oder ein Mitvormund nur wegen Verletzung seiner Aufsichtspflicht verantwortlich, so ist in ihrem Verhältnisse zueinander der Vormund allein verpflichtet.

a. Allgemeines

Gegenüber dem Betreuten haften Betreuer und Gegenbetreuer für Schäden, die aus der schuldhaften Pflichtverletzung im Rahmen der Amtsführung resultieren (§ 1833 Abs. 1 BGB). Insoweit muss eine Kausalität gegeben sein[266]. Die Haftung gründet sich auf ein gesetzliches Schuldverhältnis familienrechtlicher Art[267], das zwischen Betreuer und Betreutem besteht, und beginnt mit der Bestellung des Betreuers. Die Vorschrift ist anwendbar für **alle Betreuertypen**. 103

Soweit der Betreute einem von ihm geschädigten Dritten selbst haftet, kann ein interner Regressanspruch des Betreuten gegenüber dem Betreuer begründet sein, wenn die Drittschädigung auf der mangelhaften Amtsführung beruhte. Anders ist es, wenn das deliktische Verhalten des schuldfähigen Betreuten das Verhalten des Betreuers überlagert: Hat der Betreuer es in seinem Aufgabengebiet beispielsweise pflichtwidrig unterlassen, bei einem altersdementen, aber noch deliktsfähigen Betreuten eine Gefahrenquelle für Dritte (z.B. Gas- oder Elektroherd als Gefahrenquelle für Nachbarn) zu beseitigen, kommt ein solcher Regressanspruch wegen des Verschuldens des Betreuten nicht in Betracht[268].

▶ *Zur möglichen Haftung des Betreuers wegen Verletzung einer Aufsichtspflicht vgl. die Ausführungen zu § 832 BGB, unten Rn. 124 ff.*

b. Pflichtverletzung

Unter den Begriff „Pflichtverletzung" in § 1833 BGB fallen alle Verstöße gegen eine vom Gesetz oder Betreuungsgericht auferlegte Verpflichtung[269]. Eine Verletzung **gesetzlich vorgeschriebener Pflichten aus dem Bereich der Personensorge** sind z.B.: 104

- die Nichtmitteilung von Umständen, die eine Aufhebung, Einschränkung oder Erweiterung der Betreuung oder die Anordnung eines Einwilligungsvorbehalts erfordern (§ 1901 Abs. 4 BGB),
- die Nichteinholung der betreuungsgerichtlichen Genehmigung bei Einwilligung in einen risikoreichen ärztlichen Eingriff (§ 1904 BGB) oder in eine Sterilisation (§ 1905 BGB) sowie

---

266 LG Nürnberg-Fürth BtPrax 2006, 112
267 Damrau/Zimmermann, § 1833 BGB, Rn. 1; für den Vormund: BGH NJW 1955, 867
268 HK-BUR-Bauer/Knieper, § 832 BGB, Rn. 57
269 Vgl. Deinert/Lütgens/Meier, S. 58 f. mit zahlreichen Beispielen.

- die Nichtbeendigung freiheitsentziehender Maßnahmen nach Wegfall der Unterbringungsvoraussetzungen (§ 1906 BGB).

105 Ferner kommen als Verletzungen von **Pflichten aus dem Bereich der Vermögenssorge** in Betracht:

- der voreilige Verkauf eines Hausgrundstücks in Zeiten ansteigender Preise[270],
- die Anlage von Geld des Betreuten, das dieser nicht aktuell benötigt, mit einem zu geringen Zinssatz. Ein Beispiel hierfür ist, dass der Betreuer Barvermögen auf einem Sparbuch mit gesetzlicher Kündigungsfrist zum Eckzinssatz anstatt in Schatzbriefen, Sparkassenbriefen, Sparkassenobligationen oder als Termingeld anlegt[271] (soweit letzteres höhere Zinsen abwirft),
- die Unterlassung der Unterhaltsbeitreibung[272],
- die zu Unrecht gewährte Unterhaltsstundung[273],
- die Unterhaltsabfindung zuungunsten des Betreuten[274],
- die Geldanlage in (unsicheren) ausländischen Wertpapieren[275] sowie
- die unkritische Übernahme der Bewertung von Grundvermögen[276],
- das Unterlassen, Gewinne des Betreuten geltend zu machen[277],
- die ungesicherte Übertragung des beweglichen Inventars eines Baugeschäfts des Betreuten, ohne sicherzustellen, dass als Gegenleistung die Übernahme von Verbindlichkeiten erfolgt[278],
- die Überlassung hoher Geldbeträge an den Betreuten ohne ausreichende Kontrolle[279].

106 Beispiele für die Verletzung bestimmter **nicht gesetzlich ausdrücklich vorgeschriebener Pflichten** sind:

- die zwangsweise Verbringung des Betreuten in ein offenes Altenpflegeheim[280],
- die Führung eines aussichtslosen Prozesses[281],
- die fehlerhafte Führung eines Prozesses[282],
- das Versäumen von Rechtsmittelfristen[283],
- das Unterlassen der Klage vor Verjährung[284],
- das Unterlassen einer Mitteilung über finanzielle Verpflichtungen des Betreuten infolge eines verlorenen Prozesses[285],

---

270 Vgl. BGH MDR 1967, 473
271 Vgl. AG Bremen NJW 1993, 205; vgl. LG Bremen Rpfleger 1993, 338; vgl. DIV-Gutachten DAV 1988, 370
272 Vgl. LG Berlin DAV 1974, 62, 63; vgl. KG DAV 1975, 439, 443; vgl. LG Siegen DAV 1988, 722, 723 und DAV 1989, 312, 313; vgl. DIV-Gutachten DAV 1987, 516, 519 f.
273 Vgl. OLG Köln DAV 1991, 195, 196
274 Vgl. BGHZ 22, 72; 9, 255: Hier wird die Unterhaltsabfindung zuungunsten eines vom Vormund vertretenen Kindes als Pflichtverletzung angesehen.
275 Vgl. DIV-Gutachten DAV 1992, 1212, 1213
276 Vgl. BGH DAV 1983, 951, 953
277 BGH BtPrax 2005, 104
278 BGH NJW 2004, 220
279 LG Mainz FamRZ 2012, 1325
280 LG Offenburg FamRZ 1997, 899 f.
281 Vgl. OLG Hamburg NJW 1960, 1207 f.
282 Vgl. OLG Stuttgart MDR 1956, 169
283 Vgl. BGH VersR 1968, 1165
284 Vgl. BGH VersR 1968, 1165, 1167
285 LG Coburg DAV 1993, 191

- das Unterlassen, eine Krankenversicherung abzuschließen[286], sowie
- die pflichtwidrige Aufgabe der Wohnung des Betreuten ohne Genehmigung des Betreuungsgerichts[287].

Wie bereits im Abschnitt über die Aufsicht erwähnt, ist die Tatsache, dass das Gericht in Zweckmäßigkeitsfragen anderer Auffassung als der Betreuer ist, keine Pflichtwidrigkeit. Insbesondere bei der Frage, inwieweit Wünsche des Betroffenen zu berücksichtigen sind, räumt die Rechtsprechung einen Ermessensspielraum ein[288]. So kann bei einem vermögenden Betreuten auch eine unwirtschaftliche PKW-Reparatur zulässig sein, wenn der Betreute dies wünscht[289]. Etwas anderes gilt, wenn sich der Betreuer von sachfremden Erwägungen leiten lässt.

Der **Gegenbetreuer** haftet vor allem für die ordnungsgemäße **Überwachung** des Betreuers, zu der er nach § 1799 Abs. 1 i.V.m. § 1908i Abs. 1 Satz 1 BGB verpflichtet ist. Außerdem haftet er für eine pflichtwidrige Erteilung der ihm obliegenden Genehmigungen[290]. 107

c. Versicherung

Eine allgemeine Pflicht zum Abschluss besteht nicht, doch kann den Betreuer im Einzelfall 108
die Pflicht treffen, für den Betreuten eine **Haftpflichtversicherung** abzuschließen, insbesondere, wenn sich aus den Umständen eine erhöhte Gefahr haftpflichtrechtlicher Inanspruchnahme ergibt[291]. Allerdings muss sich der Betreute die Haftpflichtversicherung leisten können. Eine Pflicht zur Versicherung entfällt daher z.B. bei Sozialhilfeempfängern, welche die Versicherungsbeiträge nicht oder nur gegen weitere Einschränkung des Minimums an Lebensstandard aufbringen können, da nach h.M. eine solche Versicherung nicht Teil des notwendigen Lebensbedarfs ist[292]. Sind die Finanzen vorhanden, muss der Betreuer die Versicherung auch gegen den Willen des Betreuten abschließen, wenn es dessen Wohl dient[293]. Bei einem deliktsunfähigen Betreuten kommt der Abschluss einer Haftpflichtversicherung nur dann in Betracht, wenn er aufgrund seines herausragenden Vermögens eventuell nach § 829 BGB aus Billigkeitsgründen haften würde[294] (dazu unten Rn. 139 ff.). Allerdings werden die meisten Versicherungen aufgrund des erhöhten Risikos nicht zum Vertragsabschluss bereit sein oder zumindest nicht unter wirtschaftlich vertretbaren Bedingungen[295].

d. Haftung trotz Genehmigung

Selbst für eine vom Betreuungsgericht genehmigte Maßnahme kann die Haftung eintre- 109
ten[296]. Auch wenn es sich nach h.M. um eine Außengenehmigung handelt[297], entlastet sie den Betreuer nicht generell von seiner Verantwortung für das Wohl des Betreuten[298]. Insbesondere wenn sich die Umstände seit Erteilung der Genehmigung geändert haben,

286 OLG Brandenburg FamRZ 2008, 916
287 HK-BUR-Bauer/Deinert, § 1833 BGB, Rn. 31
288 BayObLG FamRZ 2000, 565
289 OLG Karlsruhe FamRZ 2010, 2018
290 Vgl. Palandt-Götz, § 1833 BGB, Rn. 2
291 Vgl. BGH NJW 1980, 2249, 2251
292 Deinert/Lütgens/Meier, S. 433.
293 HK-BUR-Bauer/Knieper, § 832 BGB, Rn. 61
294 HK-BUR-Bauer/Knieper, § 832 BGB, Rn. 62
295 Vgl. BGH NJW 1980, 2249, 2251
296 Vgl. BGH JZ 1964, 324; vgl. BGH MDR 62, 466; BGH BtPrax 2004, 30, NJW 2004, 220; Deinert/Lütgens/Meier, S. 72 ff.; Ausnahmen von dem dort statuierten Grundsatz: vgl. RGZ 132, 257, 260
297 Damrau/Zimmermann, § 1904 BGB, Rn. 9; Palandt-Götz, § 1904 BGB, Rn. 25; MK-Schwab, § 1904 BGB, Rn. 39; a.A. Staudinger-Bienwald, § 1904 BGB, Rn. 86 ff. : Innengenehmigung
298 Vgl. Erman-Roth, § 1904 BGB, Rn. 25 f.

z.B. wenn sich der Gesundheitszustand des Betreuten verbessert hat, kann es geboten sein, von der Genehmigung für einen ärztlichen Eingriff keinen Gebrauch zu machen[299].

e. Verschulden

aa. Verschuldensmaßstab

110 Der Verschuldensmaßstab im Rahmen des § 1833 BGB ist der des § 276 BGB. Der Betreuer haftet somit für Vorsatz bis hin zur einfachen Fahrlässigkeit.

Unter Vorsatz versteht man das Wissen und Wollen des tatbestandlichen Erfolgs, wobei das Wissen nicht sicher sein muss. Der Betreffende muss den Erfolgseintritt zumindest für möglich halten und billigend in Kauf nehmen. Einfache Fahrlässigkeit ist das Außerachtlassen der im Verkehr erforderlichen Sorgfalt. Grobe Fahrlässigkeit ist gegeben, wenn man die im Verkehr erforderliche Sorgfalt in hohem Maße außer Acht lässt, d.h. nicht beachtet, was unter den gegebenen Umständen jedem schlechterdings einleuchten muss.

Ist der Betreuer nicht für den Betreuten tätig geworden, weil er zu beschäftigt war, ist dies kein Entschuldigungsgrund[300]. Gleiches gilt für die Aussichtslosigkeit, für Aufwendungen Ersatz zu erlangen oder bei einer Überforderung des Betreuers[301].

Maßstab ist diejenige Sorgfalt, die man von einem **verständigen Menschen** erwarten kann. Jedoch spielt auch eine Rolle, welchem Lebenskreis der Betreuer angehört; **rechtliche Unerfahrenheit** kann z.B. einen ehrenamtlichen Betreuer **entschuldigen**[302]. Allerdings ist auch zu berücksichtigen, dass der Betreuer beim Betreuungsgericht Rat einholen kann. Bei einem Berufsbetreuer ist unter Umständen ein erhöhter Maßstab anzulegen; so sollten ein Diplomsozialwirt und erst recht ein Anwalt über Rechtskenntnisse verfügen, deren Fehlen den Vorwurf der Fahrlässigkeit begründen kann[303]. Eine Überforderung wegen Krankheit entschuldigt nicht immer, weil der Betreuer bei längerer Krankheit auf seine Entlassung hinwirken muss[304]. Eine Haftungserleichterung gemäß § 1664 BGB kommt für den mit dem Betreuten verwandten Betreuer nicht in Betracht.

bb. Einstehen für das Verhalten Dritter

111 Bedient sich der Betreuer zur Aufgabenerfüllung **unzulässigerweise** einer **dritten Person** und verursacht diese einen Schaden, wird das Verschulden des Betreuers in der Heranziehung dieser dritten Person gesehen, deren Verschulden dem Betreuer zugerechnet wird. Eine Haftung kann aber auch in der fehlerhaften Auswahl begründet sein[305].

112 Hat der Betreuer jedoch **zulässigerweise** einen Dritten herangezogen, so ist das Verschuldenskriterium streitig.

Nach **einer Ansicht** hängt seine Haftung dann davon ab, ob er das Geschäft auch selbst hätte vornehmen können. Ist dies der Fall, hafte er analog § 278 BGB für ein Verschulden des Dritten, wie wenn es sein eigenes wäre[306]. Das kann etwa der Fall sein, wenn ein Betreuer für die Vermögensverwaltung eingesetzt wird und sich eines Anlageberaters bedient[307]. Ist es hingegen ein Geschäft, bei dem die Heranziehung des Dritten notwendig

299 Vgl. Deinert/Lütgens/Meier, S. 73 zur Frage der Notwendigkeit einer Heimunterbringung bei verbessertem Gesundheitszustand
300 Vgl. KG Berlin OLGE 4, 414
301 Vgl. Palandt-Götz, § 1833 BGB, Rn. 6
302 OLG Schleswig FamRZ 1997, 1427
303 BGH BtPrax 2004, 30; OLG Zweibrücken FGPrax 2003, 170
304 LG Köln FamRZ 2006, 1874 (LS)
305 Allgemeine Meinung: MK-Kroll-Ludwigs, § 1833 BGB, Rn. 9
306 MK-Kroll-Ludwigs, § 1833 BGB, Rn. 9
307 LG Waldshut BtPrax 2008, 87

war (z.B. bei ärztlichen Heileingriffen oder Anwaltsprozessen), hafte er nur für ein Verschulden bei der Auswahl oder Überwachung[308]. Diese Ansicht wird damit gerechtfertigt, dass eine grundlegende Intention des Betreuungsrechts die persönliche Betreuung durch den Betreuer sei, da er persönlich für dieses Ehrenamt aufgrund seiner Befähigung bestellt wurde und es deswegen keinen Grund gebe, den Betreuer von der Haftung freizustellen, wenn er eine Aufgabe, die er selbst hätte wahrnehmen können, an einen Dritten delegiert hat[309].

Die **Gegenansicht** nimmt bei zulässiger Hinzuziehung Dritter generell als Maßstab, ob den Betreuer hinsichtlich Auswahl, Unterweisung oder Beaufsichtigung ein Verschulden trifft[310]. Sie provoziert allerdings Haftungslücken, wenn die Haftung des Dritten für leichte Fahrlässigkeit ausgeschlossen ist und dem Betreuer ein Auswahl- oder Überwachungsverschulden nicht nachgewiesen werden kann[311]. Daher ist die zuerst genannte Ansicht vorzugswürdig.

cc. Mitverschulden

Ein Mitverschulden des Betreuten wird haftungsmindernd berücksichtigt (§ 254 BGB). Die **113** Fähigkeiten des Betreuten sind dabei ausschlaggebend, die Vorschrift ist zu Lasten des Betreuten zurückhaltend anzuwenden.

f. Rechtsfolgen

aa. Haftung des Betreuers

Der Betreuer ist dem Betreuten bei Vorliegen der Voraussetzungen zum Ersatz des aus der **114** Pflichtverletzung adäquat-kausal resultierenden Schadens verpflichtet (§ 1833 Abs. 1 BGB). Es gelten insoweit die §§ 249 ff. BGB. Zu ersetzen ist jeder Vermögensschaden des Betreuten, der auch darin bestehen kann, dass der Betreute seinerseits gegenüber Dritten für das Betreuerhandeln einstehen muss.

Sind mehrere Betreuer (oder Betreuer und Gegenbetreuer) verantwortlich, haften sie als **115** **Gesamtschuldner** (§ 1833 Abs. 2 Satz 1 BGB), d.h., die Schädiger sind dem Dritten zum Ersatz des gesamten Schadens verpflichtet, der Geschädigte als Gläubiger ist allerdings den Schadensersatz nur einmal zu fordern berechtigt[312]. Der Geschädigte kann den Schadensersatz von jedem haftungsverpflichteten Schädiger ganz oder teilweise fordern (§ 421 BGB); jeder bleibt bis zur vollständigen Erfüllung dem Geschädigten gegenüber verpflichtet. Hat ein Schuldner (Betreuer) erfüllt, wirkt dies auch gegen den anderen Betreuer (§ 422 Abs. 1 BGB). Befriedigt ein Gesamtschuldner (Betreuer) die Forderung des geschädigten Betreuten wenigstens teilweise, geht insoweit grundsätzlich die Forderung des Gläubigers auf den entsprechenden Gesamtschuldner über (§ 426 BGB). Er kann dann grundsätzlich bei seinem Mitschädiger bzw. seinen Mitschädigern Regress nehmen (§ 426 Abs. 2 Satz 1 BGB).

Für das Verhältnis der Gesamtschuldner zueinander gilt gegebenenfalls vorrangig § 1833 Abs. 2 Satz 2 BGB: Ist ein Gegenbetreuer oder Mitbetreuer nur wegen einer Aufsichtspflichtverletzung neben dem Betreuer haftbar, so haftet der Betreuer im Innenverhältnis

308 Vgl. RGZ 76, 185, 186; vgl. MK-Kroll-Ludwigs, § 1833 BGB, Rn. 9; vgl. RGRK-Dickescheid, § 1833 BGB, Rn. 13; Gernhuber/Coester-Waltjen, S. 1179; Erman-Schulte-Bunert, § 1833 BGB, Rn. 8
309 HK-BUR-Deinert/Lütgens, § 1833 BGB, Rn. 111
310 Vgl. Damrau/Zimmermann, § 1833 BGB, Rn. 16; Palandt-Götz, § 1793 BGB, Rn. 12 u. § 1833 BGB Rn. 4.
311 HK-BUR-Deinert/Lütgens, § 1833 BGB, Rn. 111 f.
312 A.A. Damrau/Zimmermann, § 1833 BGB, Rn. 20, für den Fall geteilter Betreuung. Wenn jedoch die Betreuer trotz geteilter Aufgaben gemeinsam denselben Schaden herbeiführen, haften sie als Gesamtschuldner.

allein. Die Schädiger bleiben jedoch gegenüber dem Betreuten Gesamtschuldner (§ 1833 Abs. 2 Satz 1 BGB)[313].

116 Außer in Nordrhein-Westfalen und im Saarland haben alle Bundesländer ehrenamtliche Betreuer durch **Sammelhaftpflichtversicherungen** für Personen-, Sach- und Vermögensschäden abgesichert[314]. Individuell kann sich der Betreuer darüber hinausgehend gegen Vermögensschäden versichern[315]. Die Versicherungsprämien sind bei ehrenamtlichen Betreuern gem. § 1835 Abs. 2 BGB als Aufwendungsersatz abrechenbar[316].

Freiberuflich tätige Betreuer sind nicht vom Versicherungsschutz der Sammelversicherungen erfasst. Für sie empfiehlt sich der Abschluss einer Berufshaftpflicht[317]. Ein Betreuungsverein muss seine Vereinsbetreuer gem. § 1908f Abs. 1 Nr. 1 BGB gegen Haftpflichtansprüche des Betreuten oder Dritter angemessen auf Vereinskosten versichern. Da § 1908e BGB nicht auf § 1835 Abs. 2 BGB verweist, kann er die Versicherungsprämien nicht als Aufwendungsersatz abrechnen[318]. Der Verein selbst muss sich grundsätzlich nicht haftpflichtversichern. Allerdings können die Anerkennungsbehörden der Länder Vereine nachträglich mit der Auflage belegen, ihren Versicherungsschutz sicherzustellen[319].

bb. Haftung der Betreuungsvereine

117 Überträgt ein Betreuungsverein (§ 1900 Abs. 1 BGB) die Aufgabe an ein Mitglied (§ 1900 Abs. 2 BGB), haftet er bei Vorliegen der übrigen Voraussetzungen für das Verschulden jedes Mitglieds bzw. Mitarbeiters sowie für das Verschulden des Vorstands, der Vorstandsmitglieder und anderer verfassungsmäßig berufener Vertreter (§§ 1791a Abs. 3 Satz 2, 31 i.V.m. § 1908i Abs. 1 Satz 1 BGB).

Die Satzung regelt die Möglichkeiten des Rückgriffs bei Vereinsmitgliedern; Vorstandsmitglieder haften dem Verein gegenüber grundsätzlich für jedes Verschulden. Bei angestellten Mitarbeitern ist der Inhalt des Arbeitsverhältnisses maßgebend[320]. Fallen sie in den Geltungsbereich des TVöD, ist ein Rückgriff gegen den eigentlichen Schadensverursacher nur bei Vorsatz oder grober Fahrlässigkeit möglich (§ 3 Abs. 6 TVöD i.V.m. den jeweiligen Beamtengesetzen)[321].

cc. Haftung für Vereinsbetreuer

118 Ein Vereinsbetreuer, der als natürliche Person zum Einzelbetreuer bestellt wurde (§ 1897 Abs. 2 Satz 1 BGB), muss für einen Schaden aufkommen, der im Rahmen seiner Betreuungstätigkeit verursacht wurde. Streitig ist, ob zusätzlich auch der Betreuungsverein haftet. Die Gesetzesbegründung verneint die Haftung des Vereins mit dem Hinweis, dass auch bei der Vormundschaft der Verein nicht für den als Einzelvormund bestellten Mitarbeiter hafte[322]. Dem folgt die Mehrheit der Literatur, da der Vereinsbetreuer, der hauptamtlicher Mitarbeiter ist, nicht als Vereinsmitglied, sondern als Betreuer tätig werde[323]. Für den Wegfall seines Haftungsrisikos müsse der Verein nämlich seine Mitarbeiter angemessen versi-

313 Vgl. MK-Kroll-Ludwigs, § 1833 BGB, Rn. 8
314 Vgl. Knittel, § 1835 BGB, Rn. 21; Deinert/Lütgens/Meier, S. 404 ff., mit den Adressen der Versicherungen
315 Zu den Lücken: Fiala/Keppel, BtPrax 2008, 198 ff.
316 Erman-Posselt, § 1835 BGB, Rn. 5 ff.
317 Vgl. Deinert/Lütgens/Meier, S. 412 ff. mit Hinweisen zu den Haftungssummen und Adressen von Gesellschaften, die Versicherungen für Berufsbetreuer anbieten.
318 HK-BUR- Deinert, § 1833 BGB, Rn. 300
319 HK-BUR- Deinert, § 1833 BGB, Rn. 305
320 J/K/M/W, Rn. 255
321 Siehe auch Deinert/Lütgens/Meier, S. 397
322 BT-Drucks. 11/4528, S. 158
323 Vgl. Damrau/Zimmermann, § 1908f BGB, Rn. 11; vgl. Erman-Schulte-Bunert, § 1833 BGB, Rn. 13; HK-BUR-Deinert/Walther, § 1908f BGB, Rn. 24 f.: für eine Analogie bei hohen Schäden – so auch: Deinert/Lütgens/Meier, Rn. 1289

chern gegen Schäden, die andere durch deren Betreuungstätigkeit erleiden können (§ 1908f Abs. 1 Nr. 1 BGB)[324].

Eine andere Ansicht begründet die Haftung des Betreuungsvereins mit der analogen Anwendung von § 1791a Abs. 3 Satz 2 BGB; beide Arten von Betreuung seien gleichwertig[325]. Denn auch die Mitarbeiter des Vereins, die in dessen Diensten stehen, seien dienstlichen Anweisungen unterworfen, soweit das Dienstverhältnis betroffen sei, und die dem Verein zustehenden Befreiungen gälten ja auch für den Vereinsbetreuer[326]. Zumindest wegen einer Verletzung der Aufsichtspflicht müsse der Verein haften[327].

Gegen die Haftung spricht die Tatsache, dass Vereinsmitglieder in ihrer Funktion als Betreuer Anweisungen des Vereins nicht unterworfen sind, sondern eigenverantwortlich handeln. Ein Grund, warum der Verein (von eigenem Verschulden abgesehen) einstehen soll, ist nicht ersichtlich. Lediglich die Schließung von Haftungslücken ist m.E. kein ausreichender Grund für eine Analogie.

dd. Haftung der Betreuungsbehörden

Für ein Verschulden ihrer Mitarbeiter haften die Betreuungsbehörden auch gegenüber Dritten nach den Grundsätzen der Amtshaftung gem. Art. 34 GG i.V.m. § 839 BGB[328]. Bei hoheitlichem Handeln, etwa bei der Betreuungsgerichtshilfe gem. § 8 BtBG ist die Eigenhaftung des Mitarbeiters ausgeschlossen. Bei unzureichender Personalausstattung haftet die Behörde eventuell wegen eines Organisationsmangels[329]. **119**

Die Betreuungsbehörden haften ferner für sich selbst als Betreuer gemäß § 1833 BGB und, da sie insoweit hoheitlich handeln, gem. § 839 Abs. 1 BGB i.V.m. Art. 34 GG.

Hinsichtlich der bei ihnen als Einzelbetreuer beschäftigten Behördenbetreuer gilt, dass diese gem. § 1833 BGB i.V.m. § 1908e BGB haften. Fraglich ist, ob zusätzlich auch die Behörde haftet. Dies wird heute fast allgemein bejaht, was zum Teil mit § 1833 BGB begründet wird[330], von anderen über die Regeln der Amtspflichtverletzung[331]. Zutreffend wird jedenfalls die Überwachung, Auswahl und Anleitung der Behördenbetreuer als Amtspflicht der Behörde angesehen, die dann auch eine Haftung auslösen kann[332]: Welche Anstellungskörperschaft, die Mitarbeitern die hoheitlichen Aufgaben übertragen hat, haftet, richtet sich nach dem jeweiligen Landesrecht. Ein Rückgriff der jeweiligen Anstellungskörperschaft gegen ihre Mitarbeiter kommt gem. Art. 34 Satz 2 GG i.V.m. dem jeweiligen Landesbeamtengesetz nur bei Vorsatz und grober Fahrlässigkeit in Betracht[333].

g. Schaden

Schaden ist jede unfreiwillige Einbuße an Rechtsgütern, wozu sowohl Vermögens- als auch Personenschäden gehören. Vermögensschäden sind die Einbußen an allen geldwerten Rechtsgütern, wozu auch Sachbeschädigungen zu rechnen sind. Personenschäden sind Gesundheitsbeeinträchtigungen oder Körperverletzungen, so dass hier vor allem Heilungskosten als Schadensfaktoren relevant werden. **120**

324 BT-Drucks. 11/4528, S. 158; Bienwald, § 1908f BGB, Rn. 52 f.
325 MK-Schwab, § 1908i BGB, Rn. 26; Jürgens-von Crailsheim, § 1833 BGB, Rn. 12; Palandt-Götz vor § 1896 BGB, Rn. 18
326 Jürgens-von Crailsheim, § 1833 BGB, Rn. 12
327 LG Stade FamRZ 2008, 2232
328 HK-BUR-Bauer/Deinert, § 1833 BGB, Rn. 16; Erman-Schulte-Bunert, § 1833 BGB, Rn. 14 f.
329 Palandt-Götz, § 1833 BGB, Rn. 4
330 MK-Schwab, § 1908i BGB, Rn. 27
331 Deinert/Lütgens/Meier, Rn. 1374
332 Wie hier: Fröschle BtPrax 2008, 190, 194
333 Damrau/Zimmermann, § 1833 BGB, Rn. 6

Die Beweislast für Pflichtverletzung, Schaden und die Ursächlichkeit der Pflichtverletzung trägt der Betreute[334].

h. Zuständigkeit und Verfahrensfragen

121 Sachlich zuständig zur Geltendmachung des Schadensersatzanspruchs des Betreuten gegenüber dem Betreuer sind die ordentlichen Zivilgerichte (§§ 1843 Abs. 2, 1908i Abs. 1 Satz 1 BGB). Falls dem Betreuer insoweit die Vertretungsmacht wegen eines Interessenkonflikts fehlt (§§ 1795, 181 BGB) oder entzogen wurde[335], ist für den Betreuten ein Ergänzungsbetreuer zu bestellen.

i. Verjährung

122 Da die Betreuerbestellung zwischen Betreuer und Betreutem ein Schuldverhältnis familienrechtlicher Art begründet[336], gilt die 3-jährige Verjährungsfrist (§ 195 BGB). Allerdings ist der Lauf der Frist während der Dauer des Betreuungsverhältnisses gehemmt (§ 207 Abs. 1 Nr. 4 BGB).

2. Haftung für Drittschäden

123 Der geschilderte § 1833 BGB hat grundsätzlich keine drittschützende Wirkung[337]. Eine Haftung für Drittschäden kann sich somit nur aus dem Deliktsrecht (§§ 823 ff. BGB) ergeben.

a. Haftung bei deliktischem Verhalten, § 832 BGB

§ 832 BGB Haftung des Aufsichtspflichtigen

(1) [1]Wer kraft Gesetzes zur Führung der Aufsicht über eine Person verpflichtet ist, die wegen Minderjährigkeit oder wegen ihres geistigen oder körperlichen Zustands der Beaufsichtigung bedarf, ist zum Ersatz des Schadens verpflichtet, den diese Person einem Dritten widerrechtlich zufügt. [2]Die Ersatzpflicht tritt nicht ein, wenn er seiner Aufsichtspflicht genügt oder wenn der Schaden auch bei gehöriger Aufsichtsführung entstanden sein würde.

(2) Die gleiche Verantwortlichkeit trifft denjenigen, welcher die Führung der Aufsicht durch Vertrag übernimmt.

124 Wenn der Betreute einem Dritten durch eine unerlaubte Handlung Schaden zufügt, kann der Betreuer wegen der Verletzung seiner Aufsichtspflicht möglicherweise zum Schadensersatz verpflichtet sein.

Es wird allerdings die Ansicht vertreten, dass der Betreuer nicht aus § 832 BGB hafte, da ihn keine Aufsichtspflichten hinsichtlich des Betreuten treffen[338]; der Betreuer habe nicht im Interesse Dritter tätig zu werden und deshalb auch keine Aufpasserrolle.

---

334 BGH NJW-RR 2011, 1009

335 Vgl. §§ 1796, 1908i Abs. 1 Satz 1 BGB

336 Damrau/Zimmermann, § 1833 BGB, Rn. 1, 22

337 OLG Düsseldorf BtPrax 1999, 74

338 Bauer/Knieper, BtPrax 1998, 123, 168. Keine Aufsichtspflicht, aber eine Mitteilungs- und Unterstützungspflicht des Betreuers kann sich z.B. aus § 16 Abs. 5 IfSG, § 11 Abs. 2 des Gesetzes zur Bekämpfung der Geschlechtskrankheiten und aus § 43 Abs. 1 WaffenG ergeben. Im Einzelfall könne sich eine Haftung aus § 823 Abs. 2 BGB i.V.m. einem Schutzgesetz ergeben, wenn die genannten Mitteilungs- und Unterstützungspflichten verletzt werden. Des Weiteren komme eine Schadensersatzpflicht nach § 823 Abs. 1 BGB des Betreuers gegen einen Dritten in Betracht, wenn der Betreuer als Haushaltsvorstand eines Betreuten, der mit ihm zusammenlebt, dessen drittschädigendes Verhalten nicht unterbindet. Die Mitteilungspflicht aus § 1903 Abs. 4 i.V.m. § 1901 Abs. 5 BGB sei nicht drittschützend.

Überwiegend wird die Möglichkeit einer Haftung nach § 832 BGB nicht generell ausgeschlossen, da der Betreuer in seinem Aufgabenkreis auch aufsichtspflichtig sei. Eine solche Pflicht kommt aber nur dann in Betracht, wenn zum Aufgabenkreis des Betreuers die Personensorge gehört oder ihm die Beaufsichtigung des Betreuten ausdrücklich auferlegt wurde[339]. Dann aber ist auch eine Aufsichtspflicht denkbar. Zwar fehlt im Betreuungsrecht im Gegensatz zur Vormundschaft über Minderjährige die Erziehungsfunktion, gleichwohl bestehen für den Betreuer gewisse Fürsorgepflichten, die letztlich im Einzelfall auch eine Pflicht zur Aufsicht beinhalten können[340]. Wird die Beaufsichtigung vom Gericht auferlegt, so besteht eine – auch strafrechtlich relevante – Garantenpflicht zur Verhinderung von Straftaten[341].

Der Umfang der Aufsichtspflicht richtet sich nach den Umständen des Einzelfalls. Insbesondere ist die Vorhersehbarkeit des schädigenden Verhaltens zu berücksichtigen und hier konkret die Aufsichtsbedürftigkeit des Betreuten. Diese ist jeweils konkret nachzuweisen[342]. In der Regel muss der Betreuer nicht ständig auf den Betreuten aufpassen, die Aufsicht muss jedoch umso intensiver erfolgen, je größer die Gefahr einer Schädigung des Betreuten selbst oder Dritter ist. Ein Kriterium ist dabei sicher, ob der Betreute bereits in der Vergangenheit Schäden angerichtet hat. **125**

Eine Aufsichtspflichtverletzung soll z.B. vorliegen, wenn der Betreuer dem Betreuten ein Fahrrad überlässt, ohne vorher zu überprüfen, ob der Betreute damit ordnungsgemäß im Straßenverkehr umgehen kann[343]. So allgemein wird man dem nicht folgen können, sondern allenfalls in der Situation, dass sich aus der Krankheit oder Behinderung des Betreuten Anzeichen ergeben, die auf einen fehlerhaften Umgang in dem betreffenden Bereich schließen lassen.

Will der Betreuer der Haftung entgehen, so muss er gegebenenfalls beweisen, dass er seiner Aufsichtspflicht genügt hat bzw. dass der Schaden auch bei ordnungsgemäßer Aufsichtsführung eingetreten wäre. **126**

Wenn eine Aufsichtspflicht besteht, kann sie an andere Personen vertraglich übertragen werden, z.B. an Heimpflegedienste. Dann allerdings haftet der Betreuer für die sorgfältige Auswahl der Aufsichtsperson und für die sorgfältige Instruktion hinsichtlich ihrer Aufsichtspflichten und muss dies gegebenenfalls auch beweisen[344]. Lebt der Betreute in einem Heim, ist von einer (konkludenten) Übertragung der Aufsichtspflicht auszugehen, selbst wenn dies nicht ausdrücklich geschehen ist[345].

Bei Vorliegen der Voraussetzungen des § 832 BGB ist eine gesamtschuldnerische Haftung des Betreuers und des deliktsfähigen Betreuten denkbar. Im Innenverhältnis haftet allerdings der deliktsfähige Betreute allein (§ 840 Abs. 2 Alt. 1 BGB). Ist der Betreute deliktsunfähig und nur aus Billigkeit zum Schadensersatz verpflichtet (siehe unten Rn. 139 ff.), so haftet der Betreuer im Innenverhältnis allein (§ 840 Abs. 2 Alt. 2 BGB).

---

339 LG Bielefeld BtPrax 1999, 111; J/K/M/W, Rn. 257; Jürgens-Jürgens, § 832 BGB, Rn. 2, vgl. AG Düsseldorf BtPrax 2008, 89
340 Erman-Roth, § 1908i BGB, Rn. 24d; Staudinger-Bienwald, § 1902 BGB, Rn. 141 f.
341 OLG Celle BtPrax 2008, 86
342 Vgl. Geigel-Haag, Kap. 16, Rn. 28 u. 38; BGH NJW 1976, 1145, 1146
343 Vgl. BGH VersR 61, 838, 839
344 Jürgens-Jürgens, § 832 BGB, Rn. 3
345 LG Bremen NJW-RR 1999, 969

b. Haftung bei rechtsgeschäftlichem Verhalten

127 Hat der Betreuer als Vertreter des Betreuten im Rahmen einer rechtsgeschäftlichen Handlung einem Dritten rechtswidrig einen Schaden zugefügt, haftet der Betreute gegenüber dem Dritten für den Schaden, da ihn die Rechtsfolgen des Vertreterhandelns treffen (Beispiel: Vertreter schließt pflichtwidrig einen Vertrag gegen den Willen des Betreuten). Der Betreuer muss allerdings dem Betreuten diesen Haftungsschaden ersetzen.

Eine **Ausnahme** davon gilt in Fällen, in denen dem Betreuer im Einzelfall die Vertretungsmacht fehlte, er also als **Vertreter ohne Vertretungsmacht** i.S.d. § 179 BGB handelte. Eine solche Situation ist denkbar, wenn die Vertretungsmacht z.B. wegen § 1795 oder § 1796 BGB ausgeschlossen ist (dazu oben Rn. 70 ff., 80 ff.), wenn der Betreuer seinen Aufgabenkreis überschreitet oder wenn ihm zum rechtsgeschäftlichen Handeln eine erforderliche betreuungsgerichtliche Genehmigung fehlt. Nunmehr kann der geschäftsfähige Betreute die Verträge des Betreuers, bei denen dieser ohne Vertretungsmacht handelt, genehmigen mit der Folge, dass er dann Vertragspartner wird und die Folgen des Vertrags ihn treffen[346]. Für einen Schadensersatz ist dann kein Raum. Genehmigt der Betreute den Vertragsschluss nicht (bzw. liegt ein einseitiges Rechtsgeschäft vor), haftet der Betreuer direkt gegenüber dem Dritten auf Erfüllung oder Schadensersatz als ein Vertreter ohne Vertretungsmacht (§ 179 Abs. 1 BGB)[347].

128 Haftung auf Erfüllung bedeutet dabei, dass der Betreuer die Vertragsleistung selbst erbringen muss. Er muss also z.B. den Werklohn oder den Kaufpreis bezahlen. Schadensersatz heißt grundsätzlich, dass das Erfüllungsinteresse zu befriedigen ist: Der Vertragspartner ist so zu stellen, wie wenn der Vertrag ordnungsgemäß zustande gekommen wäre. Daher hat der Ersatzpflichtige zunächst die Vertragsleistung zu erbringen und gegebenenfalls auch einen entgangenen Gewinn zu ersetzen.

Weiß jedoch der Betreuer infolge von Fahrlässigkeit nicht, dass er keine Vertretungsmacht hatte, kann der Dritte nur Anspruch auf den Vertrauensschaden geltend machen (§ 179 Abs. 1 Satz 2 BGB). Er ist dann so zu stellen, wie wenn er nie von dem Geschäft gehört, also auch nicht auf seine Gültigkeit vertraut hätte. Beispiele für einen typischen Vertrauensschaden sind Portokosten, Fahrtkosten oder Telefongebühren.

Ein Haftungsausschluss besteht gemäß § 179 Abs. 3 BGB, wenn der Dritte die fehlende Vertretungsmacht kannte. Eine Literaturansicht geht bei genehmigungsbedürftigen Geschäften davon aus, dass diese Haftungserleichterung eingreift, da die Genehmigungsbedürftigkeit als allgemein bekannt vorauszusetzen sei[348]. Dem wird man so nicht folgen können, da der Kreis der genehmigungsbedürftigen Geschäfte selbst unter Juristen nicht generell gewusst wird, so dass dies erst recht nicht von einem Vertragspartner des Betreuers angenommen werden kann. Die Haftungsbeschränkung greift deshalb nur dann ein, wenn der Dritte tatsächlich Kenntnis von der Genehmigungsbedürftigkeit hatte.

129 Es bleibt die Frage, ob sich ein Betreuer, der eine Pflichtverletzung begeht, der Gefahr einer Strafbarkeit aussetzt. Dies kommt etwa in Betracht, wenn er gegen eine unzulässige freiheitsentziehende Maßnahme gegenüber dem Betreuten nicht eingreift oder wenn er Straftaten des Betreuten nicht verhindert. In diesen beiden Situationen käme eine Strafbarkeit durch Unterlassen (§ 13 StGB) in Betracht, die eine Pflicht des Betreuers zum Handeln – sogenannte Garantenstellung – voraussetzt.

---

346 Dies ist nicht möglich bei einseitigen Rechtsgeschäften wie z.B. der Kündigung eines Miet- oder Arbeitsvertrags (§ 180 BGB).

347 Gleiches gilt, wenn der Betreuer geschäftsunfähig ist und ein weiterer Betreuer, der für diesen Geschäftskreis bestellt wurde, dem betreffenden Betreuer gegenüber die Genehmigung verweigert.

348 Wolf, Die Haftung des Einzelvormunds, S. 125

3. Unbegründete Amtsablehnung, § 1787 BGB

§ 1787 BGB Folgen der unbegründeten Ablehnung

(1) Wer die Übernahme der Vormundschaft ohne Grund ablehnt, ist, wenn ihm ein Verschulden zur Last fällt, für den Schaden verantwortlich, der dem Mündel dadurch entsteht, dass sich die Bestellung des Vormunds verzögert.

(2) Erklärt das Familiengericht die Ablehnung für unbegründet, so hat der Ablehnende, unbeschadet der ihm zustehenden Rechtsmittel, die Vormundschaft auf Erfordern des Familiengerichts vorläufig zu übernehmen.

Eine Person, die als Betreuer geeignet und der die Betreuungsübernahme nach den Umständen zumutbar ist, muss laut Verweisung des § 1908i Abs. 1 Satz 1 auf § 1787 Abs. 1 BGB Ersatz für einen Schaden leisten, der durch die schuldhafte[349] Ablehnung der Betreuungsübernahme entstanden ist[350]. Dem wird entgegengehalten, dass es eine erzwingbare Pflicht zur Übernahme einer Betreuung nicht gebe und somit eine solche Pflicht auch nicht verletzt werden könne[351]. Richtig daran ist, dass ein Schadensersatz nicht dazu missbraucht werden sollte, die fehlende Erzwingbarkeit zu umgehen. 130

Doch geht das Gesetz eindeutig von einer grundsätzlichen Pflicht zur Übernahme aus. Allein die Tatsache, dass diese Pflicht nicht mit Zwang durchsetzbar ist (§ 1898 Abs. 2 BGB gilt im Betreuungsrecht nicht), spricht nicht dagegen, an sie in Ausnahmefällen Sanktionen anderer Art (hier Schadensersatz) zu knüpfen.

Eine Ablehnung ist dann gegeben, wenn der potenzielle Betreuer dem Betreuungsgericht gegenüber die für die Bestellung erforderliche Bereitschaftserklärung nicht abgibt. Betreuungsvereine oder -behörden können die Bestellung eines Mitarbeiters verweigern (§ 1897 Abs. 2 BGB). 131

Eine Schadensersatzpflicht entsteht, wenn der potenzielle Betreuer, der wusste oder hätte wissen können, dass er zur Übernahme der Betreuung geeignet und sie ihm zumutbar ist, der Betreuungsübernahme seine Zustimmung nach § 1898 Abs. 2 BGB versagt[352] oder entgegen der gebotenen Sorgfalt auf eine entsprechende Anfrage nicht innerhalb angemessener Frist reagiert[353]. Für die Beurteilung der Unbegründetheit der Ablehnung sind die Ablehnungsgründe des § 1786 BGB nicht heranzuziehen, denn § 1908i BGB verweist nicht auf diese Vorschrift. Allerdings sollen sie bei der Ermittlung der Zumutbarkeit der Betreuungsübernahme helfen[354] (vgl. dazu Teil B Rn. 68), wobei diese Frage vom Prozessgericht mitentschieden wird.

Durch die Ablehnung der Betreuungsübernahme muss ein Schaden hervorgerufen worden sein, z.B. Vermögenseinbußen durch Forderungen, die aufgrund der ablehnungsbedingten Verspätung verfristet sind, oder Zinsverluste, die aus verspäteter Vermögensanlage folgen. Das wird wohl ganz selten der Fall sein.

349 Hinsichtlich des Verschuldens gelten der Maßstab des § 276 BGB und die Zurechnungsregel des § 278 BGB.
350 So die h.M.: MK-Spickhoff, § 1787 BGB, Rn. 1; Erman-Roth, § 1908i BGB, Rn. 8; Deinert/Lütgens/Meier, S. 84 f.; Bienwald, § 1898 BGB, Rn. 5
351 Damrau/Zimmermann, § 1787 BGB, Rn. 1
352 HK-BUR-Bauer, § 1787 BGB, Rn. 4
353 MK-Spickhoff, § 1787 BGB, Rn. 4; HK-BUR-Bauer/Deinert, § 1787 BGB, Rn. 6
354 HK-BUR-Bauer/Deinert, § 1787 BGB, Rn. 7

4. Allgemeine deliktische Anspruchsgrundlagen, §§ 823, 826, 829 BGB

§ 823 BGB Schadensersatzpflicht

(1) Wer vorsätzlich oder fahrlässig das Leben, den Körper, die Gesundheit, die Freiheit, das Eigentum oder ein sonstiges Recht eines anderen widerrechtlich verletzt, ist dem anderen zum Ersatze des daraus entstehenden Schadens verpflichtet.

(2) [1]Die gleiche Verpflichtung trifft denjenigen, welcher gegen ein den Schutz eines anderen bezweckendes Gesetz verstößt. [2]Ist nach dem Inhalte des Gesetzes ein Verstoß gegen dieses auch ohne Verschulden möglich, so tritt die Ersatzpflicht nur im Falle des Verschuldens ein.

a. Verletzung eines absoluten Rechtsguts

132 Wer durch ein zurechenbares, rechtswidriges und schuldhaftes Handeln ein sog. absolutes Rechtsgut eines anderen verletzt hat, muss diesem den daraus entstandenen Schaden ersetzen, § 823 Abs. 1 BGB.

Neben den in § 823 Abs. 1 BGB genannten **Rechtsgütern** Leben, Körper, Gesundheit, Freiheit und Eigentum fallen darunter als sonstige Rechtsgüter z.B. auch Dienstbarkeiten, Hypotheken, Grundschulden[355], der rechtmäßige Besitz, soweit er eigentumsähnlich ausgestaltet ist[356], Anwartschaftsrechte[357], das Namensrecht, Patent- und Urheberrechte[358], das allgemeine Persönlichkeitsrecht[359] und das Recht am eingerichteten und ausgeübten Gewerbebetrieb[360]. Das Vermögen hingegen ist kein „sonstiges Recht" i.S.d. Vorschrift[361].

Ein zurechenbares Verhalten liegt grundsätzlich bei positivem Tun vor. Ein **Unterlassen** steht dem nur gleich, wenn eine Rechtspflicht zum Handeln besteht. Der in Anspruch Genommene muss gegenüber dem Verletzten eine Garantenstellung im Hinblick auf das verletzte Rechtsgut haben. Beim Betreuer kann sie sich aus einer Pflicht zur Personen- oder Vermögenssorge oder zur Sorge für einzelne Beziehungen aus diesen Bereichen ergeben. Insbesondere die Aufsichtspflicht ist hier zu nennen[362].

Erforderlich für ein **Verschulden** ist, dass der Handelnde überhaupt deliktsfähig ist. Die Deliktsfähigkeit ist in den §§ 827, 828 BGB geregelt (dazu unten Rn. 136 ff.). Für das Verschulden gilt der Maßstab des § 276 BGB, d.h., es liegt bei Vorsatz, grober Fahrlässigkeit und einfacher Fahrlässigkeit vor.

133 Der Schadensersatz erfolgt nach den §§ 249 ff. BGB. Grundsätzlich muss der Zustand wie vor dem Schadensereignis hergestellt werden (§ 249 Satz 1 BGB). Es muss also z.B. für einen zerstörten Gegenstand Ersatz beschafft oder ein beschädigter Gegenstand instand gesetzt werden. Dies ist jedoch regelmäßig bei einer Sachbeschädigung oder einer Körperverletzung dem Schädiger nicht möglich. Daher bestimmt § 249 Satz 2 BGB, dass die zur Herstellung erforderlichen Kosten zu zahlen sind. Darunter fallen z.B. die Kosten für eine Reparatur, eine Ersatzanschaffung, die Miete für den Ersatz während der Reparatur, für Gutachter und Abschleppdienst bzw. die Krankenhaus-, Arzt- und Arzneikosten. Falls eine Herstellung unmöglich, ungenügend oder unverhältnismäßig ist, gewährt § 251 BGB einen Anspruch in Geld.

355 Erman-Wilhelmi, § 823 BGB, Rn. 37 f.
356 BGH NJW 1981, 750
357 BGHZ 55, 20, 25
358 Jauernig-Teichmann, § 823 BGB, Rn. 18
359 BGHZ 13, 334, 337 ff.; Jauernig-Teichmann, § 823 BGB, Rn. 64a ff.
360 RGZ 28, 238, 243 f.
361 Erman-Wilhelmi, § 823 BGB, Rn. 36
362 Erman-Roth, § 1908i BGB, Rn. 24d

b. Verletzung eines Schutzgesetzes

Nach § 823 Abs. 2 BGB ist Ersatz für den Schaden zu leisten, der aus der rechtswidrigen und schuldhaften Verletzung eines Schutzgesetzes entstanden ist. **134**

Schutzgesetze sind sowohl formelle Gesetze (wie beispielsweise Strafvorschriften) als auch z.B. Verordnungen und öffentlich-rechtliche Satzungen. Der besondere Charakter des Schutzgesetzes ist gegeben, wenn der Schutz der Rechtsnorm zumindest auch den Interessen des einzelnen Bürgers dient[363]. Im Betreuungsrecht kommen in Betracht die Verletzung von Mitteilungspflichten, beispielsweise aus dem Infektionsschutzgesetz (§16 Abs. 5) oder dem Waffengesetz (§ 43 Abs. 1).

Deliktsfähigkeit muss auch hier vorliegen. Das Verschulden richtet sich in diesem Fall nicht nach § 276 BGB, sondern nach dem Maßstab, den das Schutzgesetz vorgibt. Verlangt dieses also z.B. wie bei Diebstahl (§ 242 StGB) Vorsatz, so ist für eine Haftung nach § 823 Abs. 2 BGB auch Vorsatz erforderlich. Ist von dem Schutzgesetz auch fahrlässiges Handeln erfasst, so genügt dieses auch für eine Haftung aus § 823 Abs. 2 BGB. Kann schuldlos gegen das Schutzgesetz verstoßen werden, so muss dennoch der Verstoß gegen das Schutzgesetz zumindest leicht fahrlässig sein, um eine Haftung nach § 823 Abs. 2 BGB auszulösen[364].

Der Schadensersatz erfolgt ebenfalls nach den §§ 249 ff. BGB.

c. Sittenwidrige Schädigung, § 826 BGB

§ 826 BGB Sittenwidrige vorsätzliche Schädigung

Wer in einer gegen die guten Sitten verstoßenden Weise einem anderen vorsätzlich Schaden zufügt, ist dem anderen zum Ersatze des Schadens verpflichtet.

Auch wenn keines der Rechtsgüter oder Rechte des § 823 Abs. 1 BGB verletzt wird, gewährt § 826 BGB demjenigen einen Anspruch auf Schadensersatz, dem ein Schaden (auch ein Vermögensschaden) durch vorsätzliche sittenwidrige Schädigung eines anderen entstanden ist. **135**

Die Vorschrift hat im Betreuungsrecht keine praktische Bedeutung.

Sittenwidrigkeit liegt dann vor, wenn das Handeln gegen das Anstandsgefühl aller billig und gerecht Denkenden verstößt. Sie ist möglich, wenn das angewandte Mittel, das an sich nicht zu beanstanden ist, im Verhältnis zum Zweck, der ebenfalls für sich genommen zulässig ist, unter Berücksichtigung aller Umstände des Einzelfalls außer Verhältnis steht[365].

Für den Vorsatz reicht sog. bedingter Vorsatz aus, d.h., der Handelnde muss es für möglich halten und billigend in Kauf nehmen, dass ein Schaden aus seinem Handeln entsteht. Erforderlich ist nur die Kenntnis der Umstände, die eine Sittenwidrigkeit begründen, nicht aber ein Bewusstsein der Sittenwidrigkeit.

d. Ausschluss und Minderung der Verantwortlichkeit, § 827 BGB

§ 827 BGB Ausschluss und Minderung der Verantwortlichkeit

[1]Wer im Zustande der Bewusstlosigkeit oder in einem die freie Willensbestimmung ausschließenden Zustande krankhafter Störung der Geistestätigkeit einem anderen Schaden zufügt, ist für den Schaden nicht verantwortlich. [2]Hat er sich durch geistige Getränke oder

363 Vgl. Jauernig-Teichmann, § 823 BGB, Rn. 43 f.
364 Jauernig-Teichmann, § 823 BGB, Rn. 60
365 Palandt-Sprau, § 826 BGB, Rn. 4 ff.

ähnliche Mittel in einen vorübergehenden Zustand dieser Art versetzt, so ist er für einen Schaden, den er in diesem Zustande widerrechtlich verursacht, in gleicher Weise verantwortlich, wie wenn ihm Fahrlässigkeit zur Last fiele; die Verantwortlichkeit tritt nicht ein, wenn er ohne Verschulden in den Zustand geraten ist.

136 Die Vorschrift ist keine Anspruchsgrundlage, sondern regelt einen allgemeinen Haftungsgrundsatz. Sie gilt auch im Vertragsrecht sowie im Rahmen eines möglichen Mitverschuldens (§ 254 BGB).

Bei Bewusstlosigkeit und einem die freie Willensbestimmung ausschließenden Zustand krankhafter Störung der Geistestätigkeit besteht keine Deliktsfähigkeit, da der Betreffende unzurechnungsfähig ist (§ 827 Satz 1 BGB).

137 Allein die Bestellung eines Betreuers führt nicht zu einem Ausschluss der Verantwortlichkeit des Betreuten[366]. Maßgebend für die Deliktsunfähigkeit infolge **Geisteskrankheit** ist, ob der Betreute seine Entscheidungen noch von vernünftigen Erwägungen abhängig machen konnte[367]. Eine Geisteskrankheit muss so schwerwiegend sein, dass sie den Willen des Betroffenen derart beherrscht, dass die Bestimmbarkeit des Willens durch vernünftige Erwägungen ausgeschlossen ist[368]. Der Betreute darf seinen Willen krankheits- oder behinderungsbedingt nicht frei bestimmen können[369].

Nicht ausreichend sind für sich allein eine bloße Minderung der Geistes- und Willenskraft, krankhafte Gleichgültigkeit gegen die Folgen des eigenen Handelns oder die Unfähigkeit zu ruhiger und vernünftiger Überlegung[370]. Möglicherweise können sich dem Sachverständigengutachten, das bei Anordnung der Betreuung eingeholt wurde, Anhaltspunkte entnehmen lassen [371].

Die Beweislast für seine fehlende Deliktsfähigkeit trifft den Betreuten als Schädiger[372], da die Unzurechnungsfähigkeit eine Ausnahme von der generell anzunehmenden Deliktsfähigkeit darstellt.

e. Billigkeitshaftung, § 829 BGB

§ 829 BGB Ersatzpflicht aus Billigkeitsgründen

Wer in einem der in den §§ 823 bis 826 bezeichneten Fälle für einen von ihm verursachten Schaden auf Grund der §§ 827, 828 nicht verantwortlich ist, hat gleichwohl, sofern der Ersatz des Schadens nicht von einem aufsichtspflichtigen Dritten erlangt werden kann, den Schaden insoweit zu ersetzen, als die Billigkeit nach den Umständen, insbesondere nach den Verhältnissen der Beteiligten, eine Schadloshaltung erfordert und ihm nicht die Mittel entzogen werden, deren er zum angemessenen Unterhalte sowie zur Erfüllung seiner gesetzlichen Unterhaltspflichten bedarf.

138 Falls eine Haftung wegen fehlender Deliktsfähigkeit nach §§ 827, 828 BGB ausscheidet, kommt eine Billigkeitshaftung nach § 829 BGB in Betracht, die eine Ausnahme vom Verschuldensprinzip statuiert. Voraussetzung ist, dass der Schädiger, bspw. der Betreute, ob-

366 Jürgens-Jürgens, § 827 BGB, Rn. 1
367 Vgl. BGH NJW 1970, 1681
368 MK-Schmitt, § 104 BGB, Rn. 14
369 Vgl. Palandt-Sprau, § 827 BGB, Rn. 2; vgl. zu den Folgen der Unfähigkeit des Betreuten zu freier Willensbestimmung auch: BayObLG FamRZ 1995, 510; FamRZ 1994, 720, 721; OLG Hamm BtPrax 1995, 70, 72 = FamRZ 1995, 433, 435
370 Palandt-Sprau, § 827 BGB, Rn. 2
371 Jürgens-Jürgens, § 827 BGB, Rn. 2
372 Vgl. BGHZ 98, 135; 102, 227

jektiv und subjektiv einen der genannten Deliktstatbestände verwirklicht hat[373]. Nach § 829 BGB hat dann auch ein für sein Handeln nicht Verantwortlicher gleichwohl den Schaden zu ersetzen, soweit die Billigkeit nach den Umständen, insbesondere **aus wirtschaftlichen Gesichtspunkten**, aber auch unter Berücksichtigung der Umstände der Tat sowie der natürlichen Verschuldensfähigkeit[374], eine Schadloshaltung des Opfers erfordert.

Voraussetzung ist, dass der Schädiger im Verhältnis zum Geschädigten wirtschaftlich erheblich besser steht[375]. Dem Schädiger dürfen jedoch nicht die Mittel entzogen werden, deren er zu seinem eigenen Unterhalt und zur Erfüllung seiner gesetzlichen Unterhaltspflichten bedarf[376].

Die Ersatzpflicht eines anderen geht dem § 829 BGB vor[377]. Das gilt auch für die Haftung **139** eines zur Aufsicht verpflichteten Dritten nach § 832 BGB, also bspw. des Betreuers. Diese schließt somit eine Billigkeitshaftung des Betreuten aus.

Greift die Ersatzpflicht des Aufsichtspflichtigen gem. § 832 BGB aus Rechtsgründen nicht durch oder kann aus tatsächlichen Gründen von ihm kein Ersatz erlangt werden, besteht der Anspruch aus § 829 BGB. Ist der Ersatz aus tatsächlichen Gründen ausgeschlossen, haften jedoch deliktsunfähiger Schädiger und der Aufsichtspflichtige als Gesamtschuldner[378], also z.B. deliktsunfähiger Betreuter und Betreuer. Im Innenverhältnis haftet allerdings der Aufsichtspflichtige allein (§ 840 Abs. 2 BGB).

Das Bestehen einer Haftpflichtversicherung wird von der Rechtsprechung bei der Bestimmung der Höhe des Anspruchs berücksichtigt[379]. Die neuere Rechtsprechung zieht tendenziell eine bestehende Pflichthaftpflichtversicherung auch für den Grund des Anspruchs heran[380]. Das Bestehen einer freiwilligen Haftpflichtversicherung dürfte allein nicht die Haftung aus § 829 BGB begründen[381].

373 BGHZ 39, 281, 284
374 Jauernig-Teichmann, § 829 BGB, Rn. 4
375 Palandt-Sprau, § 829 BGB, Rn. 4; BGH NJW 1969, 1762, 1763; BGH NJW 1979, 2096, 2097
376 MK-Wagner, § 829 BGB, Rn. 23
377 Erman-Wilhelmi, § 829 BGB, Rn. 2
378 Palandt-Sprau, § 829 BGB, Rn. 3
379 BGHZ 23, 90, 99 f.; BGH NJW 1979, 2096
380 BGHZ 76, 279, 283 ff.; 127, 186, 191 f.
381 BGHZ 127, 186, 191; kritisch dazu Jauernig-Teichmann, § 829 BGB, Rn. 4; Erman-Wilhelmi, § 829 BGB, Rn. 5 m.w.N.

V. Datenschutz

140 Durch die EU-Datenschutzgrundverordnung (EU-DSGVO), die ab dem 25.5.2018 geltendes Recht ist, wird das Datenschutzrecht in Deutschland auf eine neue gesetzliche Grundlage gestellt. Da der Datenschutz auch aufgrund dieser Richtlinie an Bedeutung gewonnen hat, wird diese Materie auch für Betreuer immer wichtiger.

Die Datenschutzrechte, die dem Betreuten gegen Dritte zustehen, kann der Betreuer im Namen des Betreuten geltend machen, wenn ihm ein entsprechender Aufgabenkreis zugewiesen ist. In der Zuweisung der Personensorge ist diese Aufgabe enthalten, der Datenschutz kann aber auch speziell als Aufgabenkreis zugewiesen werden.

Als Rechte der Betreuten kommen unter anderem in Betracht: die Einwilligung zur Datenverarbeitung (Art. 7, 8 DSGVO), das Recht auf Auskunft/ Herausgabe (Art. 15 DSGVO), ein Anspruch auf Löschung (Art. 17 DSGVO), oder die Geltendmachung eines Anspruchs auf Schadensersatz (Art. 82 DSGVO). Wie auch sonst hat der Betreuer bei seinem Handeln auch in diesem Bereich nicht allgemeine datenschutzrechtliche Grundsätze zugrunde zu legen, sondern das Wohl des Betreuten und dessen Willen.

141 Umgekehrt wird der Betreuer durch das neue Gesetz allerdings auch selbst datenschutzrechtlich verpflichtet, soweit er Daten des Betroffenen speichert, was die meisten Betreuer wohl praktizieren. Letzteres ist grundsätzlich zulässig, solange die Speicherung für die Führung der Betreuung notwendig ist (Art. 5, 6 Abs. 1 lit c DSGVO). Dies ist in der Regel der Fall und kann auch noch nach dem Tod des Betreuten gegeben sein, zum Beispiel, weil mögliche (Schadensersatz-)Ansprüche noch nicht verjährt sind (Art. 17 Abs. 3 lit e DSGVO).

Werden die gespeicherten Daten nicht mehr benötigt, so besteht ein Anspruch des Betroffenen zur Löschung und eine entsprechende Pflicht des Betreuers.

Betreuungsvereine und die Betreuungsbehörden sind verpflichtet, ein Verfahrensverzeichnis zu führen, in dem der vollständige Umgang mit den Daten der Betreuten dokumentiert wird (Art. 30 DSGVO).

142 **Lektüre für weitere Hinweise:**

Spieker, Wilk, EU-Datenschutzgrundverordnung (DSGVO): Die Auftragsdatenverarbeitung und Fremddatenspeicherung in der betreuungsrechtlichen Praxis, BtPrax 2018, S. 63; *Kranig/Sachs/Gierschmann*, Datenschutz-Compliance nach der DSGVO, Handlungshilfe für Verantwortliche inklusive Prüffragen für Aufsichtsbehörden, Bundesanzeiger Verlag 2017; *Kühling/Buchner*, DS-GVO/BDSG – Kommentar, 2. Auflage, C.H. Beck 2018

VI. Anhang: Muster[382]

1. Vermögensverzeichnis über das Vermögen des Betreuten zu Beginn der Betreuung

An das Amtsgericht .../Betreuungsgericht 143

Betreuung für Herrn ...
AZ: .../...

Sehr geehrte Damen und Herren,

nachdem ich die Vermögens- und Einkommensverhältnisse des Betreuten sorgfältig geprüft habe, kann ich folgende Angaben zur Vermögens- und Einkommenssituation machen:

Aktiva:

1. **Immobilien, dingliche Rechte**
   - ☐ Grundstückseigentum, Wohnungseigentum, Nießbrauchs- und Wohnrechte u.Ä.
   - ☐ möglichst genau nach Gemeinde, Grundbuchblatt, Katasternummer, Straße, Hausnummer zu bezeichnen
   - ☐ Größe und Verkehrswert sind anzugeben.
2. Forderungen
   - ☐ z.B. Ansprüche auf Pflegegeld und sonstige Sozialleistungen, Forderungen aus Versicherungs-, Miet-, Kauf-, Darlehensverträgen und anderen Verträgen, Forderungen aus Grundschulden, Hypotheken, Pfandrechten
   - ☐ genaue Bezeichnung der Forderung, Benennung ihrer Rechtsgrundlage, Angabe von Name und vollständiger Anschrift des Schuldners oder der Zahlstelle sowie, bei eingetragenen Forderungen, der Bezeichnung nach dem Grundbuch
   - ☐ Bei Versicherungsforderungen sind die Gesellschaft, die Versicherungsnummer, die versicherte Person und die Fälligkeit anzugeben. Versicherungsforderungen sind mit dem Rückkaufswert zu bewerten.
3. Unternehmen mit Zubehör und Warenvorräten
4. Geld und Wertpapiere
   - ☐ Bargeld, Kontostand aller Konten, Aktien, Fondsanteile etc.
   - ☐ Wertpapiere sind börsenmäßig zu bezeichnen.
   - ☐ Bei Konten sind IBAN, BIC, Name und Sitz der Sparkasse oder Bank anzugeben.
5. Beteiligungen an Gesellschaft, Erbengemeinschaft, Genossenschaft, Bruchteilsgemeinschaft
   - ☐ Alle in die Gemeinschaft fallenden Sachen und der Anteil des Betreuten daran sind zu bezeichnen.
6. Schmuck, Edelmetalle, Kunstgegenstände

382 Vgl. auch Firsching/Dodegge, Rn. 254, 340

7. PKW, Motorrad, Fahrrad u.Ä.
   - □ Bei Kraftfahrzeugen sind Typ, Baujahr, Zulassungsnummer, Fahrzeugpapiere und deren Aufbewahrungsort anzugeben.
8. Fernsehgerät, Stereoanlage, Hausratsgegenstände, Wohnungseinrichtung
   - □ Es genügt die Angabe des Gesamtwerts. Eine Pauschalierung ist zulässig.
9. Gegenstände des persönlichen Gebrauchs
   - □ z.B. Kleider, Bücher, Instrumente, optische Geräte

Passiva:

1. Grundstücksbelastungen
   - □ Grundschulden, Hypotheken, Rentenschulden, Reallasten zu Lasten eines Grundstücks des Betreuten etc.
   - □ Es ist jeweils die Grundbuchbezeichnung anzugeben.
2. Sonstige Verbindlichkeiten
   - □ Alle Schulden bei Banken, Finanzämtern, Geschäften, Privatleuten
   - □ Angabe der Gläubiger, des Schuldgrundes, Fälligkeit der Forderungen, Höhe der Raten, des Zinssatzes, Schuldenstand am Stichtag

Einkommen:

1. Aus Erwerbstätigkeit
2. Rentenansprüche
   - □ z.B. Betriebsrente, Witwenrente, Unfallrente
   - □ jeweils monatliche Höhe und Art der Verwendung angeben
3. Unterhaltsansprüche
4. Zinseinkünfte

Weiteres Vermögen konnte ich nicht feststellen. Deshalb versichere ich die Richtigkeit und Vollständigkeit dieser Angaben.

....

(Ort, Datum, Unterschrift)

2. Jährliche Rechnungslegung gemäß §§ 1840, 1841 BGB

An das Amtsgericht .../Betreuungsgericht 144

Betreuung für Herrn ...
AZ: .../...

Sehr geehrte Damen und Herren,

anbei die Rechnungslegung über das Vermögen des Betreuten ... für die Zeit vom ... bis ...

1. Grundstücke

Im Vermögen des Betreuten befanden sich während des gesamten Zeitraumes,

über den Rechnung gelegt wird, folgende Grundstücke:

....

....

zum Verkehrswert von .... Euro

Die Belastungen betrugen .... Euro

2. Bargeld, Bankguthaben

(alle Konten sind gesondert aufzuführen und jeweils anzugeben:)

....

....

....

Bestand am Beginn des Abrechnungszeitraums .... Euro

Einnahmen .... Euro

Ausgaben .... Euro

Bestand am Ende des Abrechnungszeitraums .... Euro

3. Wertpapiere

... Aktien der ....

Bestand am Jahresanfang .... Euro

Bestand am Jahresende .... Euro

4. Hausrat .... Euro

5. Sonstiges .... Euro

Ich versichere, dass die vorstehenden Angaben richtig und vollständig sind.

....

....

(Ort, Datum, Unterschrift)

Teil E
Genehmigungen

Da der Betreuer von staatlicher Seite bestellt wird und die Betreuerbestellung in die Rechte des Betroffenen eingreift, ist es Aufgabe des Staates, dafür Sorge zu tragen, dass die Interessen der Betroffenen nicht verletzt werden. Dem dient das **Wächteramt** des Betreuungsgerichts über den Betreuer, das sich neben der Aufsicht gem. § 1837 BGB (vgl. dazu Teil D Rn. 96 ff.) vor allem darin konkretisiert, dass schwerwiegende Maßnahmen des Betreuers einer betreuungsgerichtlichen Genehmigung unterworfen werden. Solche Genehmigungspflichten werden in diesem Kapitel behandelt; sie bestehen sowohl im Rahmen der Personensorge (bei bestimmten ärztlichen Heileingriffen, dazu unten Rn. 2 ff., bei der Sterilisation, dazu Rn. 36 ff., und der Wohnungsauflösung, dazu Rn. 49 ff.) als auch für eine Reihe von Geschäften der Vermögensverwaltung (dazu Rn. 53 ff.). 1

▶ *Ausführungen zur Unterbringung finden sich im Teil G*

I. Materielles Recht

1. Genehmigungen im Bereich der Personensorge

a. Ärztliche Maßnahmen, § 1904 BGB

§ 1904 BGB Ärztliche Maßnahmen

(1) [1]Die Einwilligung des Betreuers in eine Untersuchung des Gesundheitszustandes, eine Heilbehandlung oder einen ärztlichen Eingriff bedarf der Genehmigung des Betreuungsgerichts, wenn die begründete Gefahr besteht, dass der Betreute auf Grund der Maßnahme stirbt oder einen schweren und länger dauernden gesundheitlichen Schaden erleidet. [2]Ohne die Genehmigung darf die Maßnahme nur durchgeführt werden, wenn mit dem Aufschub Gefahr verbunden ist.

(2) Die Nichteinwilligung oder der Widerruf der Einwilligung des Betreuers in eine Untersuchung des Gesundheitszustands, eine Heilbehandlung oder einen ärztlichen Eingriff bedarf der Genehmigung des Betreuungsgerichts, wenn die Maßnahme medizinisch angezeigt ist und die begründete Gefahr besteht, dass der Betreute auf Grund des Unterbleibens oder des Abbruchs der Maßnahme stirbt oder einen schweren und länger dauernden gesundheitlichen Schaden erleidet.

(3) Die Genehmigung nach den Absätzen 1 und 2 ist zu erteilen, wenn die Einwilligung, die Nichteinwilligung oder der Widerruf der Einwilligung dem Willen des Betreuten entspricht.

(4) Eine Genehmigung nach den Absätzen 1 und 2 ist nicht erforderlich, wenn zwischen Betreuer und behandelndem Arzt Einvernehmen darüber besteht, dass die Erteilung, die Nichterteilung oder der Widerruf der Einwilligung dem nach § 1901a festgestellten Willen des Betreuten entspricht.

(5) [1]Die Absätze 1 bis 4 gelten auch für einen Bevollmächtigten. [2]Er kann in eine der in Absatz 1 Satz 1 oder Absatz 2 genannten Maßnahmen nur einwilligen, nicht einwilligen oder die Einwilligung widerrufen, wenn die Vollmacht diese Maßnahmen ausdrücklich umfasst und schriftlich erteilt ist.

aa. Ärztlicher Heileingriff

Jeder **ärztliche Eingriff,** jede **Heilbehandlung**, ja sogar jede **Untersuchung** eines Patienten bedarf wegen des Eingriffs in die körperliche Unversehrtheit dessen Einwilligung. Ist er dazu nicht in der Lage, weil ihm die Einwilligungsfähigkeit fehlt, kann unter bestimmten Voraussetzungen ein Betreuer für den Patienten diese Einwilligung erteilen. Dies ist nur möglich, wenn dem Betreuer ein entsprechender Aufgabenkreis zugewiesen ist (Gesund- 2 heitsfürsorge, ärztliche Heilmaßnahmen oder eine konkrete Einzelmaßnahme[1]). Die Zahlen derartiger Maßnahmen variieren erheblich und gehen seit Jahren zurück. Im Jahr 2012 wurden 1.707 ärztliche Maßnahmen an Betreuten gemäß § 1904 BGB genehmigt und 2016 waren es nur 916[2]. Etwa 16 % wurden von einem Bevollmächtigten beantragt.

Bei der Prüfung der Frage, welche medizinische Behandlung im konkreten Einzelfall objektiv dem wohlverstandenen Interesse des Patienten entspricht, haben der Betreuer bzw. der Bevollmächtigte die erhofften positiven Auswirkungen (Beseitigung von Schmerzen, Behebung einzelner Funktionsstörungen oder vollkommene Wiederherstellung der Gesundheit) den mit dem Eingriff verbundenen Gefahren für die Gesundheit des Betroffenen gegenüberzustellen. Die Gefährlichkeit des Eingriffs, aber auch der Krankheit, der zu erwartende oder zumindest mögliche Nutzen für den Patienten sowie mögliche Behandlungsalternativen sind in den **Abwägungsprozess** ebenso einzubeziehen[3] wie das Risiko des Eintritts unbeabsichtigter Nebenfolgen sowie die Wahrscheinlichkeit des erstrebten Heilerfolges[4].

Sollten die Risiken des beabsichtigten Eingriffs dessen Nutzen überwiegen, so entspricht die konkrete Behandlung nicht dem wohlverstandenen Interesse des Betreuten bzw. des Vollmachtgebers. Betreuer bzw. Bevollmächtigter dürfen ihre Einwilligung zu ihr nicht erteilen. Im umgekehrten Fall, in dem der zu erwartende Behandlungserfolg die Inkaufnahme der mit dem Eingriff verbundenen Nachteile und Begleitfolgen gerechtfertigt erscheinen lässt oder ihr Eintritt unwahrscheinlich ist, folgt die Berechtigung und Verpflichtung des Betreuers bzw. Bevollmächtigten, dessen Vornahme zuzustimmen, ebenfalls allein aus der **medizinischen Indikation.**

Hat die Behandlung allerdings keine positiveren Auswirkungen auf die gesundheitliche Situation des Betroffenen als das bloße Untätigbleiben, so fehlt es an der erforderlichen medizinischen Indikation, weil ihre Vornahme nicht das Wohl des Betreuten fördert.

§ 1904 Abs. 5 Satz 1 BGB erstreckt das Genehmigungserfordernis in gleichem Umfang auf die Einwilligung eines Bevollmächtigten.

▶ *Zu den Formerfordernissen einer Vollmacht für Maßnahmen nach § 1904 Abs. 5 BGB vgl. Teil C Rn. 24 ff.*

Mit der Einführung des § 1904 BGB verfolgte der Gesetzgeber das Ziel, der früheren Überbetonung der Vermögenssorge und der Vernachlässigung der Personensorge im Rahmen des Betreuungs- und Pflegschaftsrechts entgegenzuwirken[5]. Zugleich ist die Regelung ein Beleg für die Intention des Betreuungsrechts, den Betreuer in stärkerem Maße der **betreuungsgerichtlichen Kontrolle** zu unterwerfen als den Vormund nach der früheren Rechtslage[6].

3 Die Vorschrift sah sich vielfacher **Kritik** ausgesetzt, weil der Betreuungsrichter eine sachlich weit größere Distanz zu dem betreffenden Patienten habe als der behandelnde Arzt. Während der Richter naturgemäß eher eine routinemäßige Entscheidung fällen müsse, könne der Arzt, der auf die Verallgemeinerungsfähigkeit seiner Entscheidung keine Rücksicht zu nehmen brauche, diese eher dem Einzelfall angemessen fällen[7]. Außerdem sei es

1 Letzteres wird generell verlangt von HK-BUR-Rink, vor § 1904 BGB, Rn. 17
2 Vgl. Deinert, Betreuungszahlen 2012, BtPrax 2013, 243; BtPrax 2016, 9 ff.; 2018, 14 ff. Zu weiteren Zahlen siehe: www.bundesanzeiger-verlag.de/betreuung/wiki/Betreuungszahlen (Abruf 15.7.2018).
3 Nedopil, FamRZ 1993, 24, 26
4 Dazu Conradi, S. 194
5 BT-Drucks. 11/4528, S. 227
6 Bienwald/Sonnenfeld/Hoffmann, Einf., Rn. 11
7 So der Bundesrat im Gesetzgebungsverfahren (BT-Drucks. 11/4528, S. 208); Frister, Anmerkung zu OLG Frankfurt/M., JR 1999, 73, 74; (kritisch auch MK-Schwab, 7. Aufl., § 1904 BGB, Rn. 1)

dem Betreuungsrichter mangels eigener medizinischer Sachkunde allenfalls möglich, durch die Einholung des Sachverständigengutachtens eines weiteren Arztes evidente Fehlentscheidungen des behandelnden Arztes zweifelsfrei festzustellen[8]. Da (gem. § 298 FamFG) Sachverständiger und behandelnder Arzt nicht mehr zwingend personenverschieden sein müssen, besteht darüber hinaus im Fall ihrer Identität die Gefahr, dass der Richter mangels eigenen Fachwissens die Feststellungen und Folgerungen des behandelnden Arztes letztlich nur zu übernehmen vermag[9].

Diesen Bedenken ist nunmehr insoweit Rechnung getragen, als die Regelung des § 1904 BGB seit dem 1.9.2009 die Genehmigungsbedürftigkeit der Einwilligung des Betreuers bzw. des Bevollmächtigten auf Sachverhalte beschränkt, in denen ein Dissens zwischen Arzt und Betreuer besteht (§ 1904 Abs. 4 BGB – siehe unten Rn. 21 ff.).

bb. Einwilligungszuständigkeit des Betreuers

Aus dem allgemeinen Persönlichkeitsrecht und dem Recht am eigenen Körper folgt, dass 4
grundsätzlich der Betroffene selbst, soweit er dazu in der Lage ist, die Einwilligung in eine ärztliche Maßnahme erteilt oder verweigert. Für ein Betreuerhandeln ist daneben kein Raum[10]. Die Einwilligung ist, wenn nicht Willenserklärung, so doch geschäftsähnliche Handlung[11]. Ob der Betreute die Entscheidung selbst treffen kann, hängt von seiner **Einwilligungsfähigkeit** ab, d.h. von der Fähigkeit, Art, Bedeutung und Tragweite der Maßnahme zu erfassen und nach seinem Willen zu bestimmen (**Einsichts- und Steuerungsfähigkeit**)[12]. Im Zweifel ist eine Person als einwilligungsfähig zu behandeln.

(1) Einwilligungsfähigkeit

Zu fordern ist für diese **Einsichts- und Steuerungsfähigkeit,** dass der Patient zunächst 5
die Möglichkeit zur sinnlichen und intellektuellen Kenntnisnahme der Tatsachen hat, welche die Krankheitssituation charakterisieren, und diese in ihrer Bedeutung erfasst[13]. Ferner muss er über die Einsicht in die Existenz der Krankheit als solche sowie deren Behandlungsbedürftigkeit verfügen, das ihm vorgelegte Tatsachenmaterial unter Einbeziehung der unmittelbaren und mittelbaren Wirkungen prognostisch zu beurteilen verstehen, zu einer wertenden Entscheidung zwischen verschiedenen möglichen Alternativen fähig sein und sich schließlich entsprechend seiner Einsicht verhalten können[14]. Die Einwilligungsfähigkeit wird bei einfacheren Eingriffen eher zu bejahen sein, weil der Kranke zu ihrer umfassenden Beurteilung eine geringere intellektuelle Leistungsfähigkeit benötigt als beispielsweise im Hinblick auf eine komplizierte Operation.

Umgekehrt sind bei rein präventiven Eingriffen grundsätzlich intellektuell höhere Anforderungen an den Patienten zu stellen, da hier in der Regel umfangreiche Abwägungen zwischen verschiedenen Verhaltensmöglichkeiten mit oft ganz unterschiedlichen Risikopotenzialen erforderlich sind[15].

Sind parallel zueinander verschiedene Behandlungsmaßnahmen indiziert, gilt es festzustellen, bezüglich welcher **Teilbereiche** der Patient in der Lage ist, **eigenverantwortlich zu entscheiden** und inwiefern die Entscheidungszuständigkeit des Betreuers eröffnet ist.

8 Taupitz, Gutachten, S. A 84
9 Erman-Roth, § 1904 BGB, Rn. 22
10 OLG Hamm BtPrax 1997, 162; BayObLG FamRZ 1990, 1155; Damrau/Zimmermann, § 1904 BGB, Rn. 12; MK-Schwab, § 1904 BGB, Rn. 11
11 Zu Recht für Willenserklärung: MK-Schwab, § 1904 BGB, Rn. 9
12 BT-Drucks. 11/4528, S. 71; BGHZ 29, 33; FamRZ 2001, 149, 161
13 BGHZ 29, 33; BGH NJW 1974, 1947, 1950; BGHSt 23, 1, 4
14 Vgl. Kuhlmann, S. 26 f.; MK-Schwab, § 1904 BGB, Rn. 12 f. und der BGH (siehe vorige Fn.)
15 Kuhlmann, S. 43; Damrau/Zimmermann, § 1904 BGB, Rn. 6

Es ist daher durchaus nicht ausgeschlossen, dass der Patient in bestimmten Situationen als lediglich teilweise einwilligungsfähig anzusehen ist[16]. Dies gilt freilich nur dann, wenn die verschiedenen indizierten Maßnahmen völlig unabhängig voneinander durchgeführt werden können. Soweit sie demgegenüber in einem wechselseitigen Abhängigkeitsverhältnis zueinander stehen und damit einer einheitlichen Beurteilung unterliegen, hat der Betreuer auf die Einwilligungsfähigkeit des Betreuten hinsichtlich des Gesamtkomplexes abzustellen.

6 Andererseits ist die Einwilligungsfähigkeit eines im Übrigen verständigen Patienten unter Umständen zu verneinen, wenn er unter **starken Schmerzen** leidet und so auf diese fixiert ist, dass er nicht mehr in der Lage ist, sich ausreichend auf die anstehende Behandlungsentscheidung zu konzentrieren[17].

Bei älteren Patienten können insbesondere die Symptome gerontopsychiatrischer Erkrankungen einen Hinweis auf möglicherweise vorliegende Einschränkungen der Einwilligungsfähigkeit geben. Haben diese **alterspsychiatrischen Erkrankungen** Einbußen der intellektuellen Leistungsfähigkeit des Betroffenen zur Folge, ist davon auszugehen, dass sich dies negativ auf die natürliche Einsichts- und Urteilsfähigkeit auswirkt[18].

Persönlichkeitsveränderungen, die insbesondere bei der Pickschen Krankheit, bei Depressionen sowie bei Hypochondrien auftreten, wirken sich dann nachteilig auf die Einwilligungsfähigkeit aus, wenn sie zu einer krankhaften Verschiebung des Wertesystems führen, die wiederum eine eigenverantwortliche Entscheidung des Patienten unmöglich macht[19]. Allerdings genügt allein die Diagnose nicht, um die Unfähigkeit freier Willensbildung zu begründen. Diese ist vielmehr in jedem Einzelfall nachzuweisen.

(2) Unklarheit über die Einsichts- und Steuerungsfähigkeit

7 Lässt sich nicht eindeutig klären, ob der Patient hinsichtlich einer konkreten Heilbehandlung einwilligungsfähig ist, stellt sich die Frage, ob ein Betreuer für ihn handeln kann: Nach einer Auffassung ist die alleinige **Entscheidungszuständigkeit des Betreuers**[20] eröffnet, **nach anderer die des Patienten**[21]. Man könnte auch für die wirksame Einwilligung in eine Heilbehandlung die kumulative Zustimmung beider voraussetzen[22]. Schließlich wird auch dem Betreuer ein Alleinentscheidungsrecht für diejenigen Fälle zugesprochen, in denen die Gefahr einer erheblichen oder dauerhaften Selbstschädigung, insbesondere durch eine unangebrachte Behandlungsverweigerung, besteht[23].

8 Überzeugend dürfte sein, das Alleinentscheidungsrecht des Patienten zu befürworten, solange nicht der positive Nachweis seiner Einwilligungsunfähigkeit erbracht ist[24]. Das Betreuungsrecht verfolgt das Ziel der möglichst **umfassenden Achtung des Selbstbestimmungsrechts** des Hilfsbedürftigen und wird von den Grundsätzen der Subsidiarität und Erforderlichkeit beherrscht. Daher sind Entscheidungen des Betreuers nur dann und insoweit zulässig und geboten, als der Betreute nicht in der Lage ist, seine Angelegenheiten selbständig zu erledigen. Da der Betreuungsbedarf aber jeweils positiv festgestellt werden muss und jede Einschränkung des Selbstbestimmungsrechts einer Rechtfertigung bedarf, trifft den Betreuer auch in Angelegenheiten der Gesundheitsfürsorge die Darlegungs- und

16 Vgl. Conradi, S. 83
17 OLG Frankfurt MedR 1984, 194, 196
18 Kuhlmann, S. 77 f.
19 Kuhlmann, S. 81
20 So Lachwitz, FuR 1990, 266, 269
21 Taupitz, S. A 62
22 Damrau/Zimmermann, § 1904 BGB, Rn. 14; Voll, S. 92
23 Kuhlmann, S. 90
24 Erman-Roth, § 1904 BGB, Rn. 7

Beweislast dafür, dass die Voraussetzungen seiner Entscheidungszuständigkeit gegeben sind. Für die Möglichkeit der Aufteilung der Entscheidungsbefugnisse in Fragen der Heilbehandlung zwischen dem Betreuer und dem Betreuten lassen sich jedoch dem Gesetz keine Anhaltspunkte entnehmen.

Seiner Handlungsbefugnis sicher kann der Arzt in einer solchen unklaren Situation nur sein, wenn beide, Betreuter und Betreuer, in die Maßnahme einwilligen.

In der Praxis ist allerdings zu berücksichtigen, dass einem Betreuer der Aufgabenkreis „Gesundheitsfürsorge" nur übertragen werden darf, wenn dem Betroffenen die Einwilligungsfähigkeit für diesen Bereich (zumindest teilweise) fehlt. Da dies durch ein Gutachten nachgewiesen werden muss (vgl. dazu Teil A Rn. 162 ff.), spricht diese Tatsache insoweit für die Einwilligungszuständigkeit des Betreuers[25].

cc. Tatbestandsmerkmale des § 1904 Abs. 1 Satz 1 BGB

Die Untersuchung des Gesundheitszustandes umfasst alle **diagnostischen Maßnahmen**, die von Ärzten oder auch vom Krankenpflegepersonal vorgenommen werden. Genehmigungspflichtig können hier insbesondere die Angiographie, das Setzen eines Herzkatheters, die Gelenkarthroskopie und die Liquorentnahme sein[26]. 9

Heilbehandlungen beziehen sich auf jede **Therapie**, die das Ziel verfolgt, die Gesundheit des Betreuten soweit wie möglich wiederherzustellen, beispielsweise Operationen, Gabe von Medikamenten (auch durch Spritzen) oder Therapiegespräche. Stets genehmigungspflichtig sind insofern Herz-/Lungenoperationen am offenen Brustkorb, alle Transplantationen von Fremdorganen mit Ausnahme von Hornhauttransplantationen, Operationen bei Hauptschlagaderaussackungen (Aneurysmen) und fast alle Amputationen. Demgegenüber begründet die Narkose für sich genommen keine Genehmigungspflicht, sofern der Patient nicht erheblich geschwächt ist (und sich in einem schlechten Allgemeinzustand befindet)[27]. Operationen am Gehirn oder Rückenmark sind wohl immer genehmigungspflichtig, Herz-, Leber- und Knochenmarktransplantationen auch. 10

Hiervon abzugrenzen ist wiederum der Begriff des **ärztlichen Eingriffs**, der sich auf jene Maßnahmen erstreckt, die keinem kurativen Zweck dienen (z.B. Schönheitsoperationen und der Schwangerschaftsabbruch)[28]. 11

Dass ein Betreuer in einen **Schwangerschaftsabbruch** einwilligen kann, wird fast allgemein zu Recht bejaht[29]. Eine Genehmigung ist meist nicht erforderlich, weil normalerweise keine der in § 1904 BGB genannten Gefahren droht[30]. Fraglich ist, ob der Abbruch auch **gegen den Willen der nicht einwilligungsfähigen Betreuten** zulässig sein soll. Für den Fall einer medizinischen Indikation ist dies zu bejahen[31]. Die Beachtlichkeit eines natürlichen Willens hätte der Gesetzgeber – wie bei § 1905 BGB geschehen – explizit regeln müssen.

25 Vgl. Damrau/Zimmermann, § 1904 BGB, Rn. 7
26 Erman-Roth, § 1904 BGB, Rn. 13
27 BT-Drucks. 11/4528, S. 71
28 Erman-Roth, § 1904 BGB, Rn. 18, 19
29 Damrau/Zimmermann, § 1904 BGB, Rn. 47; a.A. nur Reis, ZRP 1988, 321
30 Wie hier: Damrau/Zimmermann, § 1904 BGB, Rn. 47
31 So auch MK-Schwab, § 1904 BGB, Rn. 37; a.A.: Kern, MedR 1991, 70

(1) Gefahr

12 Um das Genehmigungserfordernis nicht über das erforderliche Maß hinaus auszuweiten, hat der Gesetzgeber dessen Notwendigkeit davon abhängig gemacht, dass eine **begründete Gefahr** der genannten **schwerwiegenden Folgen** vorliegt. Diese Gefahr setzt die ernste und konkrete Erwartung sowie ein besonderes, über das gewöhnliche Maß hinausreichendes Risiko des Todes oder einer länger dauernden gesundheitlichen Schädigung voraus[32]. Grundsätzlich ist insofern ein Wahrscheinlichkeitsgrad von etwa 20 % bei kunstgerechter Durchführung der betreffenden Maßnahme zu fordern[33]. Zwar fixieren Prozentzahlen keine genaue Grenze, doch können sie Anhaltspunkte geben für die Bewertung, in die zusätzlich die konkreten Verhältnisse einzubeziehen sind. Ein unter Narkose durchgeführter zahnärztlich-chirurgischer Eingriff zur Abwehr eines Kieferabszesses bedarf regelmäßig nicht der Genehmigung[34].

Denn eine Katalogisierung genehmigungspflichtiger ärztlicher Eingriffe kommt nicht in Betracht, weil sich allgemeingültige Aussagen über Gesundheitsgefahren eines bestimmten Eingriffs oder Medikaments schon aufgrund der oftmals sehr unterschiedlichen gesundheitlichen Konstitution der Patienten nicht treffen lassen[35]. Vielmehr ist bei der Erstellung der Prognose stets auf die konkreten Verhältnisse des Betreuten bzw. Vollmachtgebers abzustellen. Die Gefahr von Fehlern, die etwa bei einer komplizierten Operation häufiger passieren, ist zu berücksichtigen. Im Übrigen ist davon auszugehen, dass der Arzt keinen Kunstfehler begeht, wobei die Fähigkeit des konkreten Arztes zu berücksichtigen ist (Beispiel: hoch qualifizierter Spezialist).

(2) Schwere Folgen

13 Bei der Auslegung des Begriffs der **schweren und länger dauernden gesundheitlichen Schäden** können zwar nach dem Willen des Gesetzgebers die Wertungen des § 226 Strafgesetzbuch (StGB) herangezogen werden[36], entscheidend ist jedoch letztlich, in welcher Weise der Betroffene in seiner alltäglichen Lebensführung im Vergleich zu einem gesunden Menschen beeinträchtigt wird. Insoweit sind wiederum nicht nur körperliche Funktionsbeeinträchtigungen, beispielsweise schwerwiegende Nebenwirkungen von Medikamenten, von Bedeutung, sondern in gleicher Weise schwere psychische Beeinträchtigungen einschließlich Reaktionen auf die Umwelt wie z.B. Distanz, Abwehrreaktionen[37].

Ein gesundheitlicher Schaden i.S.d. § 1904 BGB kann auch ein psychischer Schaden sein, der als Nebenwirkung eines Medikaments auftreten kann[38]. Hinsichtlich der Genehmigungspflicht von Medikamenten werden im Einzelfall recht unterschiedliche Auffassungen vertreten[39]. Letztlich wird man nicht allein auf das Medikament abstellen können[40], sondern auch auf die Dosierung und die voraussichtliche Dauer der Verabreichung[41] sowie auf die Konstitution des Patienten.

32 BT-Drucks. 11/4528, S. 140; Damrau/Zimmermann, § 1904 BGB, Rn. 32 ff.; MK-Schwab, § 1904 BGB, Rn. 32
33 Wiebach, BtPrax 1997, 48, 49
34 OLG Hamm NJW 2003, 2392
35 Nedopil, FamRZ 1991, 1014 ff.; 1993, 24, 26; Dose, FamRZ 1993, 1032, 1033
36 BT-Drucks. 11/4528, S. 140
37 MK-Schwab, § 1904 BGB, Rn. 33; Erman-Roth, § 1904 BGB, Rn. 9, 10
38 Vgl. Schreiber, FamRZ 1991, 1014
39 Vgl. OLG Zweibrücken BtPrax 2000, 88; Nedopil, FamRZ 1993, 24; Wojnar, BtPrax 1999, 11; Dose, FamRZ 1993, 1032; Schreiber, FamRZ 1991, 1014; Wolter-Henseler, BtPrax 1994, 183
40 Eine Listenlösung befürwortet Schreiber, FamRZ 1991, 1014
41 Vgl. zu einzelnen Medikamenten auch: Jürgens-Marschner, § 1904 BGB, Rn. 9

(3) Längere Dauer

Eine Maßnahme, die einen nur vorübergehenden, wenn auch heftigen Schmerz auslöst, ist nicht genehmigungspflichtig. Im Regelfall ist nach einem Zeitraum von einem Jahr von einem **länger dauernden** Schaden auszugehen[42]; bei schwerwiegenden Beeinträchtigungen können jedoch auch kürzere Zeiträume ausreichend sein[43]. 14

(4) Negativattest

Ist der Betreuer im Zweifel darüber, ob eine konkrete ärztliche Maßnahme der Genehmigung des Betreuungsgerichts gem. § 1904 BGB bedarf, so ist er berechtigt, die Beratung durch das Gericht in Anspruch zu nehmen (§§ 1908i Abs. 1 Satz 1, 1837 Abs. 1 Satz 1 BGB)[44] und dieses gegebenenfalls um die Ausstellung eines Negativattestes zu ersuchen[45]. 15

Gegen die Zurückweisung des Antrags auf Erteilung der Genehmigung, nicht jedoch gegen das Negativattest, ist das Rechtsmittel der Beschwerde gegeben.

dd. Gefahr in Verzug, § 1904 Abs. 1 Satz 2 BGB

Bei Gefahr in Verzug können die in § 1904 Abs. 1 Satz 1 BGB genannten ärztlichen Maßnahmen ohne die Genehmigung des Betreuungsgerichts durchgeführt werden. Dies setzt voraus, dass aufgrund des **zeitlichen Aufschubs** die **Gefahr** einer **erheblichen Gesundheitsbeeinträchtigung** besteht, die den Grad einer ernstlichen und dringenden Gefahr für Leib und Leben erreicht, d.h., dass der Zustand des Betreuten eine beachtliche Verschlimmerung erfahren würde, wenn man erst die Genehmigung abwarten würde[46]. Neben der Dringlichkeit des medizinischen Eingriffs ist hier die zu erwartende Verfahrensdauer, d.h. insbesondere die Arbeitsbelastung des Gerichts und die Verfügbarkeit eines Sachverständigen, ein Beurteilungskriterium. 16

Nur wenn es in ärztlichen Notfällen auf jede Minute ankommt, so dass die Einschaltung des Betreuers bzw. des Bevollmächtigten den Erfolg der Maßnahme gefährden würde, ist neben der betreuungsgerichtlichen Genehmigung auch die Erklärung der Einwilligung durch den Betreuer bzw. Bevollmächtigten entbehrlich[47]. Eine nachträgliche Genehmigung des Betreuungsgerichts ist nicht notwendig.

ee. Abbruch/Unterlassen lebenserhaltender Maßnahmen – § 1904 Abs. 2

Im Rahmen der gesetzlichen Neuregelung der Patientenverfügung[48] hat der Gesetzgeber auch die Frage normiert, inwieweit das Unterlassen einer medizinischen Heilbehandlung bzw. der Widerruf einer solchen Behandlung einer gerichtlichen Genehmigung bedarf[49] (§ 1904 Abs. 2 BGB). 17

---

42 BT-Drucks. 11/4528, S. 141; MK-Schwab, § 1904 BGB, Rn. 33

43 Damrau/Zimmermann, § 1904 BGB, Rn. 45; LG Hamburg NJW-RR 1998, 203: Bei Gedächtnisstörungen, die die eigene Biographie des Patienten betreffen und die als Folge einer Elektrokrampfbehandlung auftreten, sollen bereits sieben Monate wegen der besonderen persönlichkeitsbeeinflussenden Wirkung genügen. Jedoch wird die Elektrokrampftherapie z.T. nicht für genehmigungsbedürftig gehalten, da die neue Technik die genannten Störungen weitgehend ausschließt (vgl. Dodegge, FamRZ 1996, 75, 78; s.a. Jürgens-Marschner, § 1904 BGB, Rn. 7).

44 Damrau/Zimmermann, § 1904 BGB, Rn. 10

45 Jürgens-Marschner § 1904 Rn. 13

46 Damrau/Zimmermann, § 1904 BGB, Rn. 57; Erman-Roth, § 1904 BGB, Rn. 30

47 Staudinger-Bienwald, § 1904 BGB, Rn. 99; Damrau/Zimmermann, § 1904 BGB, Rn. 58

48 3. Gesetz zur Änderung des Betreuungsrechts vom 29.7.2009 (BGBl. I 2009, 2286)

49 Zuvor war diese Frage sehr umstritten gewesen. Der BGH hatte eine gerichtliche Genehmigung im Wege richterlicher Rechtsfortbildung verlangt. Vgl. auch Wagenitz, FamRZ 1998, 1256; MK-Schwab, 5. Aufl. § 1904 BGB, Rn. 33; Knittel, § 1904 BGB, Rn. 9; Kuhlmann, S. 149 war für eine analoge Anwendung des § 1904 BGB auf ein Unterlassen eingetreten.

(1) Nichteinwilligung oder Widerruf

18 Ein **Unterlassen** ist an sich nicht genehmigungsbedürftig, solange eine medizinische Maßnahme nicht indiziert ist. Denn solange der Betreute gesund ist, besteht keine Handlungspflicht für den Betreuer. Anders sieht es aus, wenn ein Symptom darauf hindeutet, dass eine ärztliche Untersuchung notwendig sein kann oder wenn sogar ein Arzt eine konkrete Behandlung für sinnvoll erachtet. Schwierig zu bestimmen ist der Zeitpunkt der Genehmigungspflicht. Wann konkret die Pflicht besteht, eine ärztliche Untersuchung anzuregen und gegebenenfalls eine Genehmigung einzuholen, lässt sich nicht abstrakt festlegen, sondern ist eine Frage des Einzelfalles.

(2) Medizinische Indikation

19 Eine Genehmigungspflicht besteht nur für Maßnahmen, die **medizinisch angezeigt** sind. Damit fallen solche Situationen aus dem Anwendungsbereich heraus, in denen der Arzt eine weitere Behandlung für sinnlos hält, etwa weil sie das Sterben nur unter Qualen verlängern würden. Es geht hier um eine rein medizinische Sichtweise, die Frage des Patientenwillens ist insoweit nicht relevant. Eine medizinische Indikation fehlt auch, wenn eine Heilbehandlung zwar bei der entsprechenden Krankheit häufig vorgenommen wird, in der konkreten Situation aber keinerlei Erfolg verspricht.

(3) Drohende Gefahr

20 Erfasst sind nur Entscheidungen des Betreuers über die Nichteinwilligung oder den Widerruf, wenn das Unterbleiben oder der Abbruch der Maßnahme die begründete **Gefahr des Todes** oder des Eintritts schwerer und länger dauernder **Schäden** des Betreuten mit sich bringt. Ob eine solche Gefahr besteht, beurteilt sich nach den gleichen Maßstäben wie bei Abs. 1 (vgl. oben Rn. 13 ff.).

ff. Dissens zwischen Arzt und Betreuer, § 1904 Abs. 4

(1) Einigsein

21 Eine gerichtliche **Genehmigung** (sowohl der Heilbehandlung als auch des Abbruchs) ist **nicht notwendig**, wenn **Arzt und Betreuer sich einig sind**, dass die Vornahme der Maßnahme oder ihr Unterlassen dem Willen des Betreuten entspricht. Dieser Wille kann in einer Patientenverfügung festgelegt sein (siehe dazu Teil C Rn. 100 ff., 106 ff.) oder aktuell geäußert werden. Voraussetzung ist jeweils die Einwilligungsfähigkeit des Betroffenen. Nur bei **unterschiedlichen Auffassungen zwischen Arzt und Betreuer** über den Behandlungswillen soll das Betreuungsgericht zum Schutz des Betreuten eingeschaltet werden. Dagegen hält der Gesetzgeber eine gerichtliche Kontrolle nicht mehr für notwendig, wenn Arzt und Betreuer keine Zweifel am Behandlungswillen des Betreuten haben, da ein generalisierender Missbrauchsverdacht gegen die handelnden Personen jeder Grundlage entbehre[50]. Das ist eine wesentliche Änderung gegenüber dem früheren Recht. Diese ist vor allem vor dem Hintergrund der Neuregelung der Patientenverfügung zu sehen, in der der Wille des Betreuten geäußert sein kann.

22 Holt der Betreuer keine Genehmigung ein, kann der Arzt, der die Verweigerung des Betreuers für nicht sachgemäß hält, sich an das Betreuungsgericht wenden, das wiederum gegebenenfalls auf den Betreuer gem. §§ 1908i Abs. 1 Satz 1, 1837 Abs. 2 BGB einwirken wird, um ihn zur Erklärung der Einwilligung oder zum Antrag auf Genehmigung der Nichteinwilligung zu bewegen, oder ihn gar entlässt (§ 1908b Abs. 1 BGB)[51]. Daneben besteht

50 BT-Drucks. 16/8442, S. 19
51 MK-Schwab, § 1904 BGB, Rn. 40, 41; Erman-Roth, § 1904 BGB, Rn. 22

für das Gericht auch die Möglichkeit, die Einwilligungserklärung des Betreuers zu ersetzen (§§ 1908i Abs. 1 Satz 1, 1837 Abs. 4 BGB).

Wird die Einwilligung in einen notwendigen Eingriff hingegen von dem **Bevollmächtigten** verweigert, fehlt die Befugnis zur Ersetzung. Das Gericht hat dann einen Kontrollbetreuer zu bestellen und durch diesen die Vollmacht widerrufen zu lassen (§§ 1908i Abs. 1 Satz 1, 1837 Abs. 2 BGB). Anschließend muss es einen Betreuer in der Sache selbst ernennen und schließlich – notfalls unter Nutzung der durch §§ 1908i Abs. 1 Satz 1, 1837, 1666 BGB eingeräumten Möglichkeiten – dafür sorgen, dass dieser die erforderliche Einwilligung erteilt. Äußerstenfalls muss das Gericht diese Erklärung ersetzen (dazu Teil D Rn. 97). **23**

(2) Der Wille des Betreuten

Eine gerichtliche Genehmigung ist nur entbehrlich, wenn sich das Einigsein von Arzt und Betreuer darauf bezieht, dass der Betroffene das Unterlassen will. Dieser Wille setzt entweder eine wirksame Patientenverfügung voraus oder eine aktuelle Äußerung, für die zwar nicht Geschäftsfähigkeit, aber die notwendige Einsichtsfähigkeit bestehen muss. Fehlt es daran oder ist die Patientenverfügung zu vage oder stimmt die konkrete Situation nicht mit der in der Patientenverfügung beschriebenen überein, so ist der Wille nicht verbindlich und der Betreuer hat (unter den Voraussetzungen des § 1904 Abs. 1 oder 2 BGB) eine gerichtliche Genehmigung einzuholen, selbst wenn der Arzt genau wie der Betreuer den Abbruch billigt, es sei denn, es lässt sich ein entsprechender (auch mutmaßlicher) Wille anders feststellen. **24**

gg. Rechtsnatur der betreuungsgerichtlichen Genehmigung

Der **betreuungsgerichtlichen Genehmigung** im Sinne des § 1904 BGB kommt nicht nur **Bedeutung für die Rechtmäßigkeit** des Handelns des Betreuers bzw. des Bevollmächtigten, sondern auch für das des Arztes zu[52]. Dieses ist ohne Vorliegen der Genehmigung rechtswidrig, wenn nicht ein Eilfall gem. § 1904 Abs. 1 Satz 2 BGB vorliegt. Keinesfalls kann sich der Arzt unter den tatbestandlichen Voraussetzungen des § 1904 Abs. 1 Satz 1 BGB also damit begnügen, allein die Einwilligung des Betreuers bzw. Bevollmächtigten einzuholen[53]. Anders ist dies, wenn ein beachtlicher Wille des Patienten vorliegt (dazu oben Rn. 21). **25**

Andererseits aber kommt die legitimierende Wirkung der betreuungsgerichtlichen Genehmigung nur insoweit zum Zuge, als das Gericht bei seiner Entscheidungsfindung von einer zutreffenden Tatsachengrundlage ausgegangen ist. War dies nicht der Fall oder haben sich die tatsächlichen Verhältnisse zwischen der Erteilung der Genehmigung und der Vornahme der ärztlichen Handlung kurzfristig geändert, entfaltet die Genehmigung keine rechtfertigende Wirkung. Arzt und Betreuer bzw. Bevollmächtigter müssen ihre Entscheidung dann neu überdenken und tragen für diese die volle Verantwortung[54].

hh. Inhaltlicher Maßstab für die Entscheidung des Gerichts, § 1904 Abs. 3

Die gesetzlichen Vorgaben des § 1901 BGB sind auch für die Entscheidung des Betreuungsgerichts über die Erteilung der Genehmigung zu der von dem Betreuer bzw. Bevollmächtigten erteilten Einwilligung zu einer Heilbehandlung maßgebend. Sie werden durch § 1904 Abs. 3 konkretisiert: Das Gericht hat die Entscheidung des Betreuers bzw. Bevollmächtigten zu genehmigen, wenn sie dem **Willen des Betreuten** bzw. Vollmachtgebers entspricht. **26**

---

52 H.M., vgl. Erman-Roth, § 1904 BGB, Rn. 25 m.w.N.
53 A.A.Staudinger- Bienwald, § 1904 BGB, Rn. 97, der hier eine reine Innengenehmigung annimmt.
54 Erman-Roth, § 1904, Rn. 25

27 Der Wille des Betreuten kann auch in einer Patientenverfügung festgelegt sein (vgl. Teil C Rn. 100 ff., 106 ff.). Das Betreuungsgericht hat dann bei seiner Entscheidung zu beurteilen, ob die Verfügung wirksam ist und ob der rechtliche Rahmen vom Betreuer eingehalten wurde: Zum einen ist zu überprüfen, ob die Maßnahme (bzw. ihr Unterlassen) dem Willen (evtl. mutmaßlichen) des Betreuten entspricht (§ 1904 Abs. 3), oder, soweit es an einem solchen fehlt, das Wohl des Patienten gewahrt wird. Zu überprüfen ist ferner, ob die medizinische Indikation für die Maßnahme gegeben ist und ob sich der Wille des Betreuten auf die konkret gegebene Situation bezieht. Ferner darf sich die Situation des Betroffenen im Vergleich zum Zeitpunkt der Abfassung der Patientenverfügung nicht entscheidend geändert haben. Schließlich hat das Gericht zu beachten, dass die vom Strafrecht gezogene Grenze (§ 216 StGB, vgl. Teil D Rn. 20) nicht überschritten wird.

28 Darüber hinaus ist es gerade in diesem sensiblen Bereich unerlässlich, den Beschluss so eindeutig wie möglich zu formulieren. So muss etwa die Genehmigung des Abbruchs lebenserhaltender Ernährung über eine PEG-Sonde klar erkennen lassen, ob sie sich nur auf die Zufuhr von Nahrungsersatz oder auf jedwede Versorgung (z.B. auch mit Flüssigkeiten zur Verhinderung von Durst oder mit Medikamenten zur Linderung von Schmerzen) bezieht[55]. Letzteres wäre dabei als menschenunwürdig und damit als unzulässig zu beanstanden.

29 Die Einschätzung des Betreuers, ob eine beabsichtigte ärztliche Maßnahme dem Willen oder dem Wohl des Betreuten entspricht oder nicht, unterliegt in vollem Umfang der betreuungsgerichtlichen Kontrolle. Keinesfalls hat der Gesetzgeber bereits durch die Verwendung des unbestimmten Rechtsbegriffs des „Wohles des Betreuten" zu erkennen gegeben, dass die von dem Betreuer getroffenen Wertungen nur begrenzt einer gerichtlichen Kontrolle zugänglich seien[56].

ii. Der Bevollmächtigte, § 1904 Abs. 5

30 Auch der **Bevollmächtigte** kann die in Abs. 1 und 2 genannten Entscheidungen treffen, wenn die Vollmacht diese Maßnahmen umfasst (§ 1904 Abs. 5 Satz 2 BGB). Die Vollmacht muss allerdings schriftlich erteilt sein und die Maßnahmen ausdrücklich nennen. Dies kann entweder geschehen, indem § 1904 Abs. 1 und 2 BGB ausdrücklich genannt sind. Es reicht aber auch, dass die dort genannten Maßnahmen in der Vollmachturkunde umschrieben werden.

31 Seine Entscheidung unterliegt im selben Umfang der Genehmigungspflicht wie die des Betreuers. Anders als der Betreuer untersteht der **Bevollmächtigte** nicht der unmittelbaren Kontrolle des Betreuungsgerichts. Lediglich über die Bestellung eines Kontrollbetreuers i.S.d. § 1896 Abs. 3 BGB ist es dem Gericht mittelbar möglich, seine Entscheidungen auf deren Angemessenheit hin zu überprüfen. Die Tätigkeit des Kontrollbetreuers unterliegt allerdings in vollem Umfang der Aufsicht des Betreuungsgerichts, das ihn gegebenenfalls veranlassen kann, auf den Bevollmächtigten in bestimmter Weise einzuwirken oder – für den Fall, dass diese Weisungen nicht zum Erfolg führen – seine Vollmacht zu widerrufen (vgl. dazu Teil C Rn. 64 ff.).

In diesem Fall ist bei fortbestehender Betreuungsbedürftigkeit ein Betreuer in der Sache selbst einzusetzen, der ebenfalls der Aufsicht des Betreuungsgerichts untersteht und dem kein Beurteilungsspielraum diesem gegenüber zusteht.

---

55 OLG Düsseldorf FamRZ 2008, 1283 f.
56 So aber Kollmer, S. 122 f.

jj. Durchsetzung der Heilbehandlung/des Abbruchs

Nicht in § 1904 BGB geregelt ist die Frage einer möglichen **zwangsweisen Durchsetzung** der von Betreuer und Betreuungsgericht genehmigten Maßnahme. § 326 FamFG erlaubt Gewaltanwendung nur für eine Unterbringung, in deren Rahmen dann auch eine Zwangsbehandlung möglich ist. 32

Im Hinblick auf eine ambulante ärztliche Behandlung vertrat die früher herrschende Lehre ebenfalls die Auffassung, dass eine solche bei Gefahr für das Leben des Betreuten notfalls auch mit Gewalt gegenüber dem Betreuten durchgesetzt werden könne[57]. Der BGH hat sich der Gegenansicht[58] angeschlossen: Danach ist für eine ambulante Behandlung gegen den Willen des Betreuten die Anwendung von Gewalt nicht zulässig[59]. Es bleibt insoweit keine andere Möglichkeit als den Betreuten unterzubringen und anschließend behandeln zu lassen[60]. 33

Dies ist allerdings nach einer neuen Entscheidung des BGH auch nur noch dann möglich, wenn die Freiheitsentziehung als solche für die Vornahme der Behandlung notwendig ist[61]. Ist dies nicht der Fall und soll die Genehmigung nach § 1906 BGB letztlich nur die Rechtsgrundlage abgeben, den Betroffenen in einer offenen Abteilung der Einrichtung einer erforderlichen – auch zwangsweisen – Behandlung mit Medikamenten zu unterziehen, so begründet die Erforderlichkeit der medizinischen Maßnahme für sich genommen noch keine Notwendigkeit, den Betroffenen freiheitsentziehend unterzubringen. Der BGH möchte hiermit letztlich eine Umgehung seines ausgesprochenen Verbotes ambulanter Zwangsbehandlungen verhindern[62]. 34

Als milderes Mittel gegenüber einer Unterbringung soll es aber zugunsten des von der Freiheitsbeschränkung Betroffenen möglich sein, eine sich nur in der Intensität, nicht aber in der Art und Weise unterscheidende Maßnahme zuzulassen und betreuungsgerichtlich zu genehmigen, wenn die Voraussetzungen für die belastendere Maßnahme ebenfalls erfüllt wären[63]. Dies ergibt sich aus dem Verhältnismäßigkeitsgrundsatz. Wichtig ist, dass die weniger belastende Maßnahme tatsächlich ein Minus zur belastenderen darstellt und nicht ganz anders geartet ist. Danach wäre in Ausnahmefällen auch nach der Ansicht des BGH der Einsatz von Zwangsmitteln in der ambulanten Behandlung – weil weniger belastend – möglich. Das gilt aber nicht für regelmäßig wiederkehrende Behandlungen, weil diese nicht ein Minus, sondern ein aliud zur Unterbringung darstellen. Es wäre sinnvoll, wenn sich der Gesetzgeber dieser Frage annehmen würde. 35

57 OLG Hamm BtPrax 2000, 173; Taupitz, Gutachten, S. A 73; Bienwald/Sonnenfeld/Hoffmann, § 1904 BGB, Rn. 10; Schweitzer, FamRZ 1996, 1324
58 OLG Zweibrücken BtPrax 2000, 88; LG Kassel BtPrax 1997, 38
59 BGH FamRZ 2001, 149; OLG Bremen NJW-RR 2006, 75
60 Kritisch deswegen gegenüber der BGH-Entscheidung: MK-Schwab, § 1904 BGB, Rn. 23; für eine Änderung des Gesetzes: Grensel/Roth, ZRP 2013, 15
61 BGH BtPrax 2008, 115 = FamRZ 2008, 866, 867; vgl. auch Anmerkung von Bieg, jurisPR-FamR 16/2008
62 Kritisch hierzu: Brosey, BtPrax 2008, 108 ff.
63 BGH BtPrax 2001, 32 = FamRZ 2001, 149, 151

b. Sterilisation, § 1905 BGB

§ 1905 BGB Sterilisation

(1) [1]Besteht der ärztliche Eingriff in einer Sterilisation des Betreuten, in die dieser nicht einwilligen kann, so kann der Betreuer nur einwilligen, wenn

1. **die Sterilisation dem Willen des Betreuten nicht widerspricht,**
2. **der Betreute auf Dauer einwilligungsunfähig bleiben wird,**
3. **anzunehmen ist, dass es ohne die Sterilisation zu einer Schwangerschaft kommen würde,**
4. **infolge dieser Schwangerschaft eine Gefahr für das Leben oder die Gefahr einer schwerwiegenden Beeinträchtigung des körperlichen oder seelischen Gesundheitszustandes der Schwangeren zu erwarten wäre, die nicht auf zumutbare Weise abgewendet werden könnte, und**
5. **die Schwangerschaft nicht durch andere zumutbare Mittel verhindert werden kann.**

[2]Als schwerwiegende Gefahr für den seelischen Gesundheitszustand der Schwangeren gilt auch die Gefahr eines schweren und nachhaltigen Leides, das ihr drohen würde, weil betreuungsgerichtliche Maßnahmen, die mit ihrer Trennung vom Kind verbunden wären (§§ 1666, 1666a), gegen sie ergriffen werden müssten.

(2) [1]Die Einwilligung bedarf der Genehmigung des Betreuungsgerichts. [2]Die Sterilisation darf erst zwei Wochen nach Wirksamkeit der Genehmigung durchgeführt werden. [3]Bei der Sterilisation ist stets der Methode der Vorzug zu geben, die eine Refertilisierung zulässt.

aa. Normzweck

36 Die Vorschrift regelt die Einwilligung des Betreuers in die Sterilisation einer Betreuten[64], die selbst nicht mehr einwilligungsfähig ist, sowie die Notwendigkeit der betreuungsgerichtlichen Genehmigung dazu.

▶ *Zur Frage der Zulässigkeit der Sterilisation männlicher Betreuter siehe unten Rn. 46*

Eine solche Sterilisation ohne Zustimmung des Betroffenen war in Deutschland nach dem Zweiten Weltkrieg über viele Jahre hinweg ein Tabu-Thema. Dies lag an den Verbrechen, die nach dem Erlass des Erbgesundheitsgesetzes im Jahre 1933[65] von den Nationalsozialisten auf diesem Gebiet begangen worden waren[66]. Gleichwohl wurde geschätzt, dass in der Bundesrepublik ca. 1.000 Personen jedes Jahr gegen ihren Willen ohne gesetzliche Grundlage sterilisiert wurden[67]. Angesichts dieser Praxis wurde es überwiegend begrüßt, dass die **Sterilisation Einwilligungsunfähiger** bei Schaffung des Betreuungsgesetzes im Jahre 1990 geregelt wurde. Durchschnittlich werden zwischen 26 und 70 Sterilisationen pro Jahr genehmigt, 2016 waren es 26[68].

37 Sterilisation ist die gezielte dauerhafte Unfruchtbarmachung: Sie wird heutzutage durch operative Unterbrechung der Ei- oder Samenleiter durchgeführt. Ist die Unfruchtbarkeit nur Nebenfolge eines anderen Eingriffs, ist dies keine Sterilisation i.S.d. § 1905 BGB[69]. Zweck der Vorschrift ist es, auch Einwilligungsunfähigen das Erleben von Sexualität zu ermöglichen, ohne die von einer Schwangerschaft oder Geburt gegebenenfalls ausgehenden Gefahren in Kauf zu nehmen. Verhindert werden soll die früher übliche Praxis, solche Personen wegzuschließen, nur um eine Schwangerschaft zu verhindern.

---

64 Nach der hier vertretenen Auffassung ist eine Sterilisation nach § 1905 BGB an Männern nicht zulässig.
65 Gesetz vom 14.7.1933 (RGBl. 1933, 529)
66 Zur Geschichte genauer: Roth/Schlatmann, Die Geschichte der so genannten Zwangssterilisation
67 Schätzungen des Rechtsausschusses (BT-Drucks. 11/6949, S. 74)
68 Quelle: Bundesamt für Justiz, Sondererhebung Verfahren nach dem Betreuungsgesetz 1992–2011, siehe auch Deinert, BtPrax 2012, 243; BtPrax 2016, 9; BtPrax 2018, 14. Zu weiteren Zahlen siehe: www.bundesanzeiger-verlag.de/betreuung/wiki/Betreuungszahlen (Abruf 15.7.2018).
69 Erman-Roth, § 1905 BGB, Rn. 9; Damrau/Zimmermann, § 1905 BGB, Rn. 1

bb. Die Voraussetzungen im Einzelnen

(1) Fehlende Einwilligungsfähigkeit (Abs. 1 Nr. 1)

Die Betroffene darf nicht selbst einwilligungsfähig sein; ihr muss somit die Fähigkeit fehlen, Art, Bedeutung und Tragweite des Eingriffs zu verstehen und den eigenen Willen nach dieser Kenntnis zu bilden[70]. Die Einwilligungsfähigkeit unterscheidet sich, wie bereits bei § 1904 BGB dargestellt (vgl. oben Rn. 5 ff.), insoweit von der Geschäftsfähigkeit. Sie umfasst auch die Fähigkeit, die ärztliche Aufklärung zu verstehen. Es ist davor zu warnen, aus Gründen des angeblichen Schutzes des **Selbstbestimmungsrechts** eine solche Einsichtsfähigkeit vorschnell anzunehmen und damit den Schutz, den § 1905 BGB gewährt, zu umgehen[71]. Selbstverständlich steht es jedem einwilligungsfähigen Betreuten frei, sich freiwillig sterilisieren zu lassen. Doch ist bei Menschen mit geistiger Behinderung darauf zu achten, dass sie wirklich verstehen, was sich mit diesem Eingriff verbindet, damit nicht letztlich Wünsche von Verwandten oder Pflegepersonal verwirklicht werden. Denn Psychiater weisen auf die leichte Manipulierbarkeit von Menschen mit psychischer oder geistiger Behinderung hin[72], und aus der Vergangenheit gibt es reichlich Beispiele, in denen man eine „Einwilligung" durch Zwang oder Belohnung erlangt hat[73]. **38**

§ 1905 Abs. 1 Nr. 1 BGB verbietet die **Zwangssterilisation,** indem das Gesetz den entgegenstehenden Willen einer einwilligungsunfähigen Betreuten gleichwohl beachtlich sein lässt. Insoweit kommt es nicht auf eine bestimmte Einsichtsfähigkeit an, es genügt ein **natürlicher Wille.** Fraglich ist, ob eine Sterilisation schon dadurch unzulässig wird, dass sich der Widerstand der Betreuten nicht gegen die Sterilisation richtet, sondern auf der Angst vor einer Spritze oder dem Arzt beruht. Die Auffassung, die in einem solchen Fall die Sterilisation zulassen möchte[74], ist zwar insoweit einleuchtend, als Reaktionen, die mit der Sterilisation nichts zu tun haben, für die Entscheidung eigentlich nicht maßgeblich sein dürften. Wegen der kaum möglichen Abgrenzung gerade bei Menschen mit geistigen Behinderungen wird man jede Gegenwehr ausreichen lassen müssen[75]. **39**

(2) Dauerhaftigkeit (Abs. 1 Nr. 2)

Die Einwilligungsunfähigkeit muss **dauerhaft** fehlen. Besteht eine konkrete Aussicht auf Besserung des Zustandes dergestalt, dass in absehbarer Zeit mit einer Einwilligungsfähigkeit zu rechnen ist, darf die Sterilisation nicht durchgeführt werden. Vorübergehende Defizite sollen nicht mit einem endgültigen Eingriff verbunden werden[76]. Bei geistigen Behinderungen ist eine unter Umständen zu erwartende Persönlichkeitsentwicklung zu berücksichtigen. Insoweit ist eine Prognose für die Zukunft zu treffen und nicht allein auf ein aktuelles Krankheitsbild abzustellen. **40**

(3) Schwangerschaftserwartung (Abs. 1 Nr. 3)

Es muss eine **konkrete Schwangerschaftserwartung** bestehen. Diese ist nicht schon dann gegeben, wenn die Fortpflanzungsfähigkeit der Betreuten festgestellt wird[77]. Nicht zulässig ist somit eine vorsorgliche Sterilisation. Vielmehr muss die Gefahr der Schwangerschaft aufgrund einer konkreten sexuellen Aktivität der Betreuten bestehen. Hat die Be- **41**

---

70 Vgl. Erman-Roth, § 1905 BGB, Rn. 8
71 Ähnlich warnend: MK-Schwab, § 1905 BGB, Rn. 13
72 Bruder, Gutachten B/C 17
73 Roth/Schlatmann, S. 170 f.
74 Nach OLG Hamm BtPrax 2000, 168 reicht ein genereller Widerstand nicht aus; so auch Damrau/Zimmermann, § 1905 BGB, Rn. 19.
75 So die h.M.: Lachwitz, FuR 1990, 266; Erman-Roth, § 1905 BGB, Rn. 10; MK-Schwab, § 1905 BGB, Rn. 18; Jürgens-Jürgens, § 1905 BGB, Rn. 7; Hoffmann, BtPrax 2000, 135; Pöld-Krämer, BtPrax 2000, 237
76 BT-Drucks. 11/4528, S. 76
77 BayObLG BtPrax 2001, 204

treute dagegen keine sexuellen Kontakte, die zu einer Schwangerschaft führen könnten, und fehlt auch das Interesse daran, ist eine Sterilisation unzulässig[78]. Der Gefahr sexuellen Missbrauchs ist auf andere Weise zu begegnen.

(4) Notlage (Abs. 1 Nr. 4)

42 Anlass einer Sterilisation im Interesse der Betreuten muss eine konkret zu befürchtende Notlage sein. Diese ist gegeben, wenn aufgrund der möglichen Schwangerschaft **Lebensgefahr oder schwerwiegende Beeinträchtigung des Körpers** oder des seelischen Gesundheitszustandes droht. Die drohende Beeinträchtigung ist dann schwerwiegend, wenn sie weit über die mit einer normalen Schwangerschaft verbundenen Beschwerden hinausgeht. Gedacht ist vor allem an die durch eine Schwangerschaft oder Geburt unmittelbar drohenden gesundheitlichen Gefahren. Aber auch mittelbare Auswirkungen, etwa die Gefahr eines möglichen Selbstmordes, sind zu berücksichtigen[79].

Ferner sind seelische Belastungen aufgrund der Schwangerschaft wie z.B. Depressionen zu berücksichtigen, und auch seelisches Leid im Anschluss an die Geburt, etwa weil Mutter und Kind voneinander getrennt werden müssen, fällt unter dieses Tatbestandsmerkmal. Eine solche Trennung ist bei Behinderten nicht automatisch geboten, so dass Betreuer und Gericht eine doppelte Prognose anstellen müssen: Würde die Betreute im Fall einer Geburt mit anderweitiger Unterstützung das Kind behalten können und würde eine erforderliche Trennung zu einem schweren nachhaltigen Leiden bei ihr führen? Daran fehlt es, wenn die Betreute aufgrund ihrer Behinderung ohnehin kaum Bindungen an das Kind entwickeln würde.

43 Interessen Dritter sind nicht zu berücksichtigen, insbesondere nicht die Verhinderung behinderten Nachwuchses oder drohende Mehrbelastungen für Familienangehörige. Allein die aufgezeigten Nachteile für die Betreute vermögen den Eingriff zu rechtfertigen.

Des Weiteren darf die Gefahr nicht auf **andere zumutbare Weise abgewendet werden** können. Zu denken ist an eine medizinische Behandlung, die das seelische Leid mindert, wenn etwa durch Medikamente Depressionen beseitigt werden können. Keine Alternative ist der Schwangerschaftsabbruch, der nicht als milderes Mittel im Verhältnis zur Sterilisation zu sehen ist[80].

(5) Fehlen anderweitiger Mittel (Abs. 1 Nr. 5)

44 Es dürfen keine anderen zumutbaren Mittel zur Verhinderung der Schwangerschaft zur Verfügung stehen. So ist zu überlegen, ob andere Methoden der **Empfängnisverhütung** in Betracht kommen. Letzteres ist allerdings nur dann der Fall, wenn eine solche andere Methode sowohl relativ sicher eine Schwangerschaft verhindert als auch ein milderes Mittel gegenüber der Sterilisation darstellt. Auch bei diesem Kriterium ist nur auf die Betreute und nicht auf die Interessen Dritter abzustellen, so dass ein eventuell größerer Aufwand für Verwandte oder Pflegepersonal außer Betracht bleibt[81].

Keine sinnvolle Alternative ist die dauerhafte Unterbringung der Betreuten, da sie eine noch stärker in die Rechte der Betreuten eingreifende Maßnahme darstellt[82]. Ob empfängnisverhütende Mittel tatsächlich einen wirksamen Schutz gewähren, ist eine Frage des Einzelfalls und hängt insbesondere davon ab, ob die Betreute willens und in der Lage ist,

---

78 BayObLG BtPrax 2001, 204
79 BT-Drucks. 11/4528, S. 78
80 BT-Drucks. 11/4528, S. 144; HK-BUR-Hoffmann, § 1905 BGB, Rn. 81; Jürgens-Jürgens, § 1905 BGB, Rn. 13; MK-Schwab, § 1905 BGB, Rn. 27
81 Jürgens-Jürgens, § 1905 BGB, Rn. 14
82 BayObLG BtPrax 1997, 158

diese Mittel regelmäßig anzuwenden. Bei persönlichkeitsverändernden Medikamenten (3-Monatsspritzen) ist Vorsicht geboten, da diese mitunter einen schwerwiegenderen Eingriff in den Körper bedeuten als eine Sterilisation und insoweit nicht zumutbar sein können. Auch die zwangsweise Verabreichung empfängnisverhütender Mittel stellt – mangels Genehmigungsfähigkeit[83] – keine Alternative dar.

cc. Sterilisation Minderjähriger und männlicher Betreuter

Die Sterilisation **Minderjähriger** ist generell gem. § 1631c BGB untersagt. Fraglich ist, ob 45
eine Ausnahme zu machen ist, wenn der Minderjährigen im Fall einer Schwangerschaft Lebensgefahr droht[84]. Jedoch würde diese Ausnahme das absolute Verbot umgehen und ist deshalb abzulehnen. Die minderjährige Betreute ist daher notfalls unterzubringen, um mit der Entscheidung über eine Sterilisation zu warten, bis sie volljährig ist.

Diskutiert und praktiziert wird auch eine **Sterilisation von Männern,** um drohende Ge- 46
sundheitsgefahren von seiner Partnerin abzuwenden[85]. Problematisch ist dies, da die aufgrund der Schwangerschaft bestehenden Gefahren eben nicht die zu sterilisierende Person betreffen würden. In dem hier zu diskutierenden Fall würde es sich um eine **Sterilisation im Drittinteresse** handeln, die aber letztlich gerade **nicht zulässig** ist. In der Literatur wird versucht, dem argumentativ dadurch zu begegnen, dass das Wohl der zu sterilisierenden Person, das sich aus einem mutmaßlichen Willen entnehmen lasse, die Maßnahme rechtfertige[86]. Damit wird jedoch der Schutzzweck des § 1905 BGB unterlaufen, der eben nicht allein auf das Wohl und die Wünsche des (einwilligungsunfähigen) Betroffenen abstellt, sondern, wie aufgezeigt, eine viel höhere Eingriffsschwelle normiert, die hier nicht erfüllt ist. Nur klarstellend sei darauf hingewiesen, dass es selbstverständlich jedem Geschäftsfähigen, auch wenn er unter Betreuung steht, unbenommen bleibt, sich zugunsten seiner Partnerin sterilisieren zu lassen.

dd. Sterilisationsbetreuer

Neben der Einwilligung des Betreuungsgerichts ist die Einwilligung eines speziell zu diesem 47
Zweck bestellten **Sterilisationsbetreuers** notwendig (§ 1899 Abs. 2 BGB). Letzteres soll Interessenkonflikte vermeiden helfen, die dadurch entstehen können, dass der „normale" Betreuer ein eigenes Interesse an einer Sterilisation verfolgt, etwa um eine ihn stark belastende Aufsichts- und Fürsorgepflicht loszuwerden. Außerdem setzte der Gesetzgeber auf eine besondere Sachkunde, die z.B. beruflich bedingt (Mediziner), aber auch durch ehrenamtliche Arbeit erworben sein kann.

Der Sterilisationsbetreuer wird nicht zur Abgabe der Einwilligung eingesetzt, sondern hat eine eigene Entscheidung zu treffen. Er hat die Voraussetzungen selbständig zu prüfen und kann auch zu einem anderen Ergebnis als das Gericht gelangen. Andere Aufgaben als die Entscheidung über eine Sterilisation dürfen ihm nicht übertragen werden.

Das Verfahren zu dessen Bestellung entspricht dem allgemeinen Verfahren bei der Betreuerbestellung.

▶ *Zum Verfahren der Betreuerbestellung vgl. Teil A Rn. 105 ff.*

Unzulässig ist es gem. § 1900 Abs. 5 BGB, einen Verein oder eine Behörde zum Sterilisationsbetreuer zu ernennen.

83 OLG Karlsruhe BtPrax 2008, 78
84 Vgl. Wolf, ZRP 1988, 316
85 Dafür BT-Drucks. 11/4528, S. 79; Lipp, S. 234
86 Lipp, S. 234

48 Die Einwilligung kann nicht statt durch einen Betreuer von einem Vorsorgebevollmächtigten erteilt werden. Ebenfalls nicht zulässig ist es, die gerichtliche Genehmigung im Wege der einstweiligen Anordnung zu erteilen.

▶ *Zu den verfahrensrechtlichen Besonderheiten bei der Sterilisation selbst siehe unten Rn. 164 ff.*

c. Wohnungsauflösung, § 1907 BGB

§ 1907 BGB Aufgabe der Mietwohnung

(1) [1]Zur Kündigung eines Mietverhältnisses über Wohnraum, den der Betreute gemietet hat, bedarf der Betreuer der Genehmigung des Betreuungsgerichts. [2]Gleiches gilt für eine Willenserklärung, die auf die Aufhebung eines solchen Mietverhältnisses gerichtet ist.

(2) [1]Treten andere Umstände ein, auf Grund derer die Beendigung des Mietverhältnisses in Betracht kommt, so hat der Betreuer dies dem Betreuungsgericht unverzüglich mitzuteilen, wenn sein Aufgabenkreis das Mietverhältnis oder die Aufenthaltsbestimmung umfasst. [2]Will der Betreuer Wohnraum des Betreuten auf andere Weise als durch Kündigung oder Aufhebung eines Mietverhältnisses aufgeben, so hat er dies gleichfalls unverzüglich mitzuteilen.

(3) Zu einem Miet- oder Pachtvertrag oder zu einem anderen Vertrag, durch den der Betreute zu wiederkehrenden Leistungen verpflichtet wird, bedarf der Betreuer der Genehmigung des Betreuungsgerichts, wenn das Vertragsverhältnis länger als vier Jahre dauern oder vom Betreuer Wohnraum vermietet werden soll.

aa. Drohender Wohnungsverlust

(1) Aufgabe der Wohnung durch den Betreuer

49 Der Zweck der Bestimmung liegt in der Erhaltung des Wohnraums des Betreuten, weil der räumliche Lebensmittelpunkt für jeden Menschen einen zentralen Aspekt des täglichen Lebens bildet. Deshalb benötigt der Betreuer für die **Kündigung eines Mietvertrages** zu Lasten des Betreuten als Mieter oder für die Aufhebung eines solchen Mietverhältnisses eine gerichtliche Genehmigung, § 1907 Abs. 1 BGB. Eine Kündigung ist nur genehmigungsfähig, wenn eine Rückkehr des Betreuten in die eigene Wohnung ausgeschlossen ist[87].

Soweit die finanzielle Belastung nicht unverhältnismäßig ist, kann die Wohnung trotz Heimunterbringung aufrecht erhalten werden, da dies positive Auswirkungen auf die Befindlichkeit des Betroffenen haben kann[88]. Soweit sich aber die gesamte Lebens- und Versorgungssituation merklich verschlechtert, etwa weil der eigene Unterhalt gefährdet ist, ist die Wohnung aufzugeben[89].

Die das Mietverhältnis betreffenden Fragen werden zum Teil unter den Aufgabenkreis Vermögenssorge gefasst[90], zum Teil unter die Personensorge[91]. Mag auch die Aufenthaltsbestimmung zur Personensorge gehören, so werfen die mietrechtlichen Fragen doch andere Probleme auf, die eher vermögensrechtlicher Natur sind. Sinnvollerweise sollte für eine Kündigung konkret der Aufgabenkreis „Mietverhältnisse" oder „Wohnungsauflösung" zugewiesen werden.

---

87 LG Frankfurt FamRZ 2006, 1875 f.
88 BayObLG BtPrax 2004, 69
89 OLG Oldenburg NJW-RR 2003, 587
90 Bobenhausen, Rpfleger 1994, 14
91 Jürgens-Marschner, § 1907 BGB, Rn. 2

Erfasst werden die Kündigung, die Vertragsaufhebung, aber auch der Wohnungstausch[92], weil die Norm nicht nur vor der Obdachlosigkeit schützen will. Durch den Tausch geht die angestammte und gewohnte Umgebung verloren. Die Genehmigungspflicht greift auch dann ein, wenn sich der Betreute kurzfristig woanders aufhält, z.B. im Krankenhaus. **50**

Entscheidend ist, dass der Wohnraum gerade für den Betreuten angemietet wurde. Hat der Betreute aber eine Wohnung für sein eigenes Kind angemietet, die er selbst nicht bewohnen will, so ist die Kündigung dieses Vertrages nicht nach § 1907 BGB genehmigungspflichtig[93]. Ebenfalls nicht unter die Vorschrift fällt die Kündigung durch den Betreuten selbst oder durch seinen Bevollmächtigten, sondern nur die durch den Betreuer.

(2) Drohender Wohnungsverlust auf andere Weise

Für den Betreuten droht die gleiche Gefahr, wenn nicht der Betreuer, sondern der Vermieter kündigt. Damit auch in diesem Fall Vorsorge für den Betreuten getroffen werden kann, besteht eine **Anzeigepflicht** des Betreuers gegenüber dem Betreuungsgericht, damit dieses gegebenenfalls den Betreuer beraten kann, § 1907 Abs. 2 Satz 1 BGB. Mitzuteilen sind auch Mietrückstände oder ein anderes Verhalten des Betreuten, das zu einer fristlosen Kündigung führen kann. Eine Anzeigepflicht besteht ferner, wenn eine Aufgabe von Wohnraum auf andere Art und Weise als durch eine Kündigung seitens des Betreuers droht (Abs. 2 Satz 2), z.B. weil der Betreuer eine Wohnung, an welcher der Betreute dinglich berechtigt ist, faktisch aufgibt[94]. Bereits die Absicht des gesetzlichen Vertreters, eine Wohnung aufzugeben, ist dem Gericht mitzuteilen, damit keine unumkehrbaren Tatsachen geschaffen werden[95]. **51**

Das Gericht hat bei seiner Entscheidung zu berücksichtigen, dass dem Betreuten die vertraute Umgebung gegen seinen Willen nur in Ausnahmefällen entzogen werden soll; insoweit kommt dem **Wunsch des Betreuten** im Rahmen dieser Entscheidung **erhebliches Gewicht** zu.

bb. Langfristige Verträge

§ 1907 Abs. 3 BGB hat eine doppelte Schutzfunktion: Zum einen die bereits in den ersten beiden Absätzen Geschilderte, dem Betreuten den Wohnraum zu sichern[96]. Dies wird dadurch verwirklicht, dass eine Genehmigungspflicht für die **Vermietung von Wohnraum** seitens des Betreuers eingeführt wird. Nach dem geschilderten Zweck wird man die Vorschrift einschränkend auslegen können, wenn der Betreute in seinem eigenen Mietshaus bereits eine Wohnung bewohnt, so dass der Betreuer genehmigungsfrei die anderen Wohnungen vermieten kann[97]. **52**

Die zweite Schutzrichtung des Abs. 3 wendet sich gegen die Gefahren, die durch langfristige vertragliche Bindungen drohen können. Daher sind alle Verträge genehmigungspflichtig, die **wiederkehrende Leistungen** über einen **längeren Zeitraum** als vier Jahre beinhalten. Entscheidend ist die Dauer des Vertrages, unabhängig davon, welcher Vertragstyp gewählt wird. Ebenfalls anwendbar ist die Vorschrift, wenn ein Rechtsgeschäft auf unbestimmte Zeit abgeschlossen wird, aber eine Kündigung vor Ablauf von vier Jahren

---

92 Bienwald, § 1907 BGB, Rn. 23
93 Erman-Roth, § 1907 BGB, Rn. 2
94 MK-Schwab, § 1907 BGB, Rn. 19
95 Vgl. Harm, BtPrax 2013, 99 f. mit der Forderung nach einer verfahrensrechtlichen Absicherung
96 Amtliche Begründung, BT-Drucks. 11/4528, S. 149
97 LG Münster BtPrax 1994, 67

nicht möglich ist. Beispiele für solche langfristigen Verträge in der Praxis sind Lebensversicherungsverträge[98], Ratensparverträge, langfristige Abzahlungsgeschäfte[99].

2. Genehmigungen im Bereich der Vermögenssorge

53 Übersichtsskizze: Genehmigungen im Bereich der Vermögenssorge

Bloße Ordnungsvorschrift
▶ ohne Auswirkung auf die Wirksamkeit

↓

§ 1908 BGB Versprechen oder Gewähren von Ausstattung aus dem Vermögen des Betreuten	**§§ 1908i i.V.m. 1810 BGB** bei verzinslicher Anlage von Geld i.S.d. §§ 1806, 1807 BGB
§§ 1908i i.V.m. 1809 BGB Abheben des Geldes vom Konto mit Sperrvermerk	**§§ 1908i i.V.m. 1811 BGB** für andere Geldanlagen als solche i.S.d. 1806, 1807 BGB
§§ 1908i i.V.m. 1814, 1815 BGB - bei Hinterlegung und Umschreibung von Inhaberpapieren - bei Herausgabe von hinterlegten Inhaberpapieren (§ 1809 BGB)	**§§1908i i.V.m. 1823 BGB** - zur Auflösung eines bestehenden Erwerbsgeschäfts des Betreuten oder - zum Beginn eines neuen Erwerbsgeschäfts
§§ 1908i i.V.m. 1824 BGB zur Überlassung von Gegenständen an den Betreuten, soweit normalerweise für die Veräußerung eine Ordnungsvorschrift greifen würde	

Zwingende Außengenehmigung
▶ bei Verstoß Unwirksamkeit, aber nachträglich genehmigbar

↓

§§ 1908i i.V.m. 1812 BGB bei Verfügungen oder Verpflichtungen zur Verfügung über eine Forderung oder ein Wertpapier des Betreuten	**§§ 1908i i.V.m. 1820 BGB** bei Verfügungen oder Verpflichtungen zur Verfügung über Inhaberpapiere nach Hinterlegung sowie Verfügungsverpflichtungen nach Umwandlung
§§ 1908i i.V.m. 1821 für bestimmte Grundstücksgeschäfte; aufgezählt in § 1821 Nr. 1 bis 5 BGB	**§§1908i i.V.m. 1822 (ohne Nr. 5) BGB** für sonstige als wichtig angesehene Geschäfte; aufgezählt in § 1822 Nr. 1 bis 13 BGB
§§ 1908i i.V.m. 1824 zur Überlassung von Gegenständen an den Betreuten, soweit normalerweise für die Veräußerung eine Außergenehmigung greifen würde	

98 LG Frankfurt NJW 1999, 5566; OLG Hamm NJW-RR 1992, 1186 f.
99 MK-Kroll-Ludwigs, § 1822 BGB, Rn. 36, 37

a. Allgemeines

Im Betreuungsrecht selbst gibt es nur eine einzige Vorschrift, die für Vermögensfragen eine Genehmigungspflicht anordnet, nämlich § 1908 BGB. Im Übrigen bestehen in diesem Bereich Genehmigungspflichten aufgrund der Verweisung des **§ 1908i BGB** auf entsprechende Vorschriften aus dem Recht der Vormundschaft über Minderjährige. In allen diesen Genehmigungsvorbehalten geht es darum, solche rechtsgeschäftlichen Handlungen des Betreuers, die sich besonders nachhaltig auf das Vermögen des Betreuten auswirken können, einer **gerichtlichen Kontrolle** zu unterwerfen. 54

Mit dem Wort Genehmigung ist entgegen den Regelungen in §§ 182 bis 184 BGB (dazu Teil D Rn. 97 ff.) die **vorherige oder nachträgliche Zustimmung** des Betreuungsgerichts gemeint. Das ergibt sich bereits aus der Formulierung in § 1829 Abs. 1 BGB, auf den § 1908i BGB u. a. verweist (Ausnahme bei einseitigen Rechtsgeschäften vgl. § 1831 BGB, dazu unten Rn. 156 ff.).

Das Erfordernis einer Genehmigung für den Betreuten gilt stets, wenn der Betreuer selbst handelt, aber auch dann, wenn der Betreuer einen Dritten zur Vornahme der betroffenen Rechtsgeschäfte bevollmächtigt (im Gegensatz zu der Situation, in welcher der geschäftsfähige Betreute selbst eine Vollmacht erteilt) oder wenn der Betreuer dem Abschluss eines Rechtsgeschäfts durch den unter Einwilligungsvorbehalt stehenden Betreuten (§ 1903 BGB) zustimmt[100].

Wird die Genehmigungspflicht ignoriert, kann dies zu einer **Haftung** des Betreuers wegen pflichtwidrigen Verhaltens nach § 1833 BGB führen sowie zu Aufsichtsmaßnahmen nach § 1837 Abs. 1 bis 3 BGB bis hin zur Entlassung des Betreuers gem. § 1908b Abs. 1 BGB.

▶ *Zur Haftung des Betreuers vgl. Teil D Rn. 103 ff.*
Zur Aufsicht des Betreuungsgerichts vgl. Teil D Rn. 96 ff.

b. Ausstattung aus dem Vermögen des Betreuten, § 1908 BGB

§ 1908 BGB Genehmigung des Betreuungsgerichts bei der Ausstattung

Der Betreuer kann eine Ausstattung aus dem Vermögen des Betreuten nur mit Genehmigung des Betreuungsgerichts versprechen oder gewähren.

Gemäß § 1908 BGB ist eine gerichtliche Genehmigung erforderlich, wenn der Betreuer einem anderen aus dem Vermögen des Betreuten eine **Ausstattung** verspricht (Verpflichtungsgeschäft) oder gewährt (Verfügungsgeschäft). Somit ist auch die Übereignung genehmigungspflichtig. Falls jedoch das Versprechen auf genau bezeichnete Gegenstände bezogen und vom Gericht genehmigt ist, bedarf die dingliche Erfüllung keiner gesonderten Genehmigung mehr[101]. 55

Ausstattung meint Vermögenswerte, die Eltern ihren Kindern anlässlich der Heirat oder zur Begründung einer eigenständigen Lebensführung zuwenden (§ 1624 BGB). Das kann ein Geldbetrag sein, aber auch eine Hof- oder Geschäftsübergabe. Grundstücksübertragungen an ein Kind zu dem Zweck, das Anwesen der Familie des Betroffenen zu sichern, stellt keine Ausstattung i.S.d. § 1624 BGB dar[102].

---

100 Zu den Rechtsfolgen bei fehlender Genehmigung und der Unterscheidung zwischen Genehmigungen, welche die Wirksamkeit direkt beeinflussen und solchen, die bloße Ordnungsvorschriften sind, siehe bei §§ 1828 ff. BGB, unten Rn. 145 ff.
101 Palandt-Götz, § 1908 BGB, Rn. 1
102 BayObLG FamRZ 2003, 1967

Von Ausstattung kann nur so lange gesprochen werden, wie die Zuwendung nach den Umständen, insbesondere gemessen an den Vermögensverhältnissen des Betreuten, noch verhältnismäßig ist. So müssen jedenfalls die eigene Lebensstellung und gewöhnliche Lebensführung des Betreuten erhalten bleiben. Wird über die Verhältnisse hinaus etwas zugewendet, ist es als Schenkung anzusehen und beurteilt sich damit nach § 1804 BGB[103] (dazu Teil D Rn. 40 ff.).

56 Bei der Entscheidung steht allein das Interesse des Betreuten im Vordergrund, nicht das des Ausstattungsempfängers. Da die Weggabe von Vermögenswerten selten dem Wohl des Betreuten entsprechen wird, kommt den Wünschen des Betreuten eine besondere Bedeutung zu. Als Kriterium der Genehmigungsfähigkeit sind evtl. übernommene Gegenleistungen (Wohnungsrecht, Pflegeleistungen), an denen der Betreute ein Interesse hat, zu berücksichtigten[104]. Wenn die Gegenleistung deutlich hinter den absehbaren Bedürfnissen des Betreuten zurückbleibt, hat die Maßnahme zu unterbleiben.

Zu berücksichtigen sein kann auch der eventuell schlechte Einfluss der Ausstattungszuwendung auf das Verhältnis des Betreuten zu anderen Familienangehörigen, die dadurch benachteiligt werden[105].

c. Geldanlage, § 1810 BGB, §§ 1806, 1807 BGB

§ 1810 BGB Mitwirkung von Gegenvormund oder Betreuungsgericht

[1]Der Vormund soll die in den §§ 1806, 1807 vorgeschriebene Anlegung nur mit Genehmigung des Gegenvormundes bewirken; die Genehmigung des Gegenvormundes wird durch die Genehmigung des Betreuungsgerichts ersetzt. [2]Ist ein Gegenvormund nicht vorhanden, so soll die Anlegung nur mit Genehmigung des Betreuungsgerichts erfolgen, sofern nicht die Vormundschaft von mehreren Vormündern gemeinschaftlich geführt wird.

aa. Allgemeines

57 Obwohl die §§ 1806, 1807 BGB die Formen der **mündelsicheren Geldanlage** vorschreiben und somit eine gewisse Gewähr für den Erhalt des Vermögens des Betreuten bieten, soll das Gericht gleichwohl die Grundsätze der Wirtschaftlichkeit überprüfen, um die Interessen des Betreuten zu wahren. Deshalb hält der Gesetzgeber auch hier eine Genehmigung für erforderlich, soweit nicht mehrere Betreuer gemeinschaftlich die Geschäfte des Betreuten besorgen (§ 1899 Abs. 4 BGB; §§ 1908i Abs. 1, 1792 Abs. 2 BGB) oder ein Gegenbetreuer die Anlegung genehmigen kann (§§ 1908i Abs. 1 i.V.m. 1792 BGB). Bei Meinungsverschiedenheiten zwischen mehreren Betreuern entscheidet das Betreuungsgericht gem. §§ 1908i Abs. 1 i.V.m. 1797 Abs. 1 Satz 2 BGB. Auch wenn Gegen- oder Mitbetreuer vorhanden sind, ist die Genehmigung des Gerichts allein ausreichend. Gegen- oder Mitbetreuer sind aber anzuhören und können Rechtsmittel einlegen, falls sie übergangen wurden[106].

Sinn des § 1810 BGB ist also die höhere Sicherheit für den Betreuten, da sich mehrere Personen mit der bestmöglichen Geldanlageart beschäftigen. Daneben wird aber auch der Betreuer selbst abgesichert, denn er müsste eventuell für die Auswahl einer ungesicherten

---

103 Vgl. OLG Frankfurt BtPrax 2008, 84 = FamRZ 2008, 544
104 OLG Stuttgart FamRZ 2005, 62
105 Damrau/Zimmermann, § 1908 BGB, Rn. 7
106 MK-Kroll-Ludwigs, § 1826 BGB, Rn. 6

bzw. unwirtschaftlichen Geldanlage haften gem. §§ 1908i Abs. 1 i.V.m. 1833 BGB, was bei der Genehmigung durch das Betreuungsgericht regelmäßig nicht der Fall ist[107].

▶ *Zu Einzelheiten der Haftung des Betreuers vgl. Teil D Rn. 103 ff.*

Eine nachträgliche Genehmigung ist auch durch schlüssiges Verhalten möglich, z.B. wenn bei der Rechnungslegung gem. § 1840 BGB keine Beanstandung durch das Gericht erfolgt[108].

Kein Genehmigungsvorbehalt besteht bei der befreiten Betreuung, §§ 1908i, 1857a, 1852 Abs. 2 BGB. Ebenfalls entbindet eine Befreiung nach § 1817 BGB durch das Gericht von der Pflicht des § 1810 BGB.

▶ *Zu Einzelheiten der Befreiung vgl. unten Rn. 94 ff.*

Bei der Vorschrift des § 1810 BGB handelt es sich um eine „Soll-"Vorschrift (Ordnungsvorschrift). Daher wird die Wirksamkeit der Geldanlage durch die fehlende Genehmigung nicht berührt (im Gegensatz zu den sog. Außengenehmigungen).

bb. Mündelgeldanlage, §§ 1806, 1807, 1809 BGB

§ 1806 BGB Anlegung von Mündelgeld

Der Vormund hat das zum Vermögen des Mündels gehörende Geld verzinslich anzulegen, soweit es nicht zur Bestreitung von Ausgaben bereitzuhalten ist.

§ 1807 BGB Art der Anlegung

(1) Die im § 1806 vorgeschriebene Anlegung von Mündelgeld soll nur erfolgen:

1. **in Forderungen, für die eine sichere Hypothek an einem inländischen Grundstücke besteht, oder in sicheren Grundschulden oder Rentenschulden an inländischen Grundstücken;**
2. **in verbrieften Forderungen gegen den Bund oder ein Land sowie in Forderungen, die in das Bundesschuldbuch oder Landesschuldbuch eines Landes eingetragen sind;**
3. **in verbrieften Forderungen, deren Verzinsung vom Bund oder einem Land gewährleistet ist;**
4. **in Wertpapieren, insbesondere Pfandbriefen, sowie in verbrieften Forderungen jeder Art gegen eine inländische kommunale Körperschaft oder die Kreditanstalt einer solchen Körperschaft, sofern die Wertpapiere oder die Forderungen von der Bundesregierung mit Zustimmung des Bundesrats zur Anlegung von Mündelgeld für geeignet erklärt sind;**
5. **bei einer inländischen öffentlichen Sparkasse, wenn sie von der zuständigen Behörde des *Landes*, in welchem sie ihren Sitz hat, zur Anlegung von Mündelgeld für geeignet erklärt ist, oder bei einem anderen Kreditinstitut, das einer für die Anlage ausreichenden Sicherungseinrichtung angehört.**

(2) Die Landesgesetze können für die innerhalb ihres Geltungsbereichs belegenen Grundstücke die Grundsätze bestimmen, nach denen die Sicherheit einer Hypothek, einer Grundschuld oder einer Rentenschuld festzustellen ist.

107 So schon RG JW 1911, 973, 984
108 Jürgens-von Crailsheim, § 1810 BGB, Rn. 4; Damrau/Zimmermann, § 1810 BGB, Rn. 1

(1) Begriff des Anlagevermögens

58 Gem. § 1806 BGB ist das Vermögen des Betreuten verzinslich anzulegen, sofern es nicht für den regelmäßigen Bedarf, also für die Lebensführung (Essen, Wohnung, Kleidung etc.) benötigt wird. Letzteres bildet das sog. **Ausgaben- oder Verfügungsgeld,** auf das die nachstehend erörterten Einschränkungen und Besonderheiten keine Anwendung finden. Der Betreuer ist nicht verpflichtet, diesen Teil des Betreutenvermögens verzinslich anzulegen, er kann es sogar in bar oder auf einem Girokonto bereithalten[109]. Damit wird eine gewisse Flexibilität der Vermögensverwaltung für kurzfristig notwendig werdende Ausgaben erreicht. Nur die darüber hinausgehenden Barmittel oder Giralgelder sind verzinslich anzulegen. Das Ausgabengeld umfasst nur die Alltagsausgaben, nicht aber das Geld, das für größere Anschaffungen bereitgehalten wird[110]. Würde man auch Vermögensumschichtungen als Ausgabengeld qualifizieren, wäre die Gefahr der Umgehung groß[111].

Zins im Sinne der Vorschrift ist eine Vergütung, die nach Laufzeit bestimmt ist; darunter fällt auch die Abzinsung oder die Zuschlagung des Zinses zum Kapital (Thesaurierung)[112].

59 Aus § 1806 BGB folgt die Pflicht des Betreuers, das Betreutenvermögen so anzulegen, dass sich die größtmögliche Rendite bei gleich bleibender Sicherheit ergibt. Bietet sich hierfür eine andere als die in § 1807 BGB genannte Anlageform an, hat er sich beim Betreuungsgericht um eine entsprechende Genehmigung nach § 1811 BGB zu bemühen. Eine Pflicht zur Bildung von Ersparnissen lässt sich allerdings aus § 1806 BGB nicht herleiten[113]. Unter Umständen kann die Anlage eines größeren Geldbetrages auf einem Sparkonto der Wirtschaftlichkeit widersprechen und eine rentablere Anlageform, wenn auch mit längerer Kündigungsfrist, gebieten[114]. Bei größeren Vermögen empfiehlt sich eine Streuung verschiedener Anlageformen[115]. Kaum genehmigungsfähig dürfte eine mit Kosten verbundene Rente für einen 91-jährigen Betreuten sein[116].

(2) Art und Weise der Anlage, § 1807 BGB

60 Die Art und Weise der **mündelsicheren Vermögensanlage** regelt **§ 1807 BGB**. Will der Betreuer Geld ohne gerichtliche Genehmigung anlegen, hat er auf die dort genannten Anlageformen zurückzugreifen.

(a) Abs. 1 Nr. 5

In der Praxis wird vor allem die Anlage bei inländischen öffentlichen Sparkassen oder einem anderen „mündelsicheren" Geldinstitut relevant, wozu jedenfalls die gängigen **Großbanken, Volksbanken und Raiffeisenbanken, Stadt- und Kreissparkassen** zählen, nicht aber die Bausparkassen[117].

Ob eine Sparkasse öffentlich ist, richtet sich nach Landesrecht, ist aber insoweit unerheblich, als alle, also auch die privaten Sparkassen für mündelsicher erklärt worden sind[118].

Für die anderen Kreditinstitute wird die Mündelsicherheit dadurch gewährleistet, dass sie „einer für die Anlage ausreichenden Sicherungseinrichtung angehören".

---

109 Erman-Schulte-Bunert, § 1806 BGB, Rn. 3; RGRK-Dickescheid, § 1806 BGB, Rn. 5
110 Erman-Schulte-Bunert, § 1806 BGB, Rn. 3
111 So Soergel-Zimmermann, § 1806 BGB, Rn. 10
112 Vgl. Damrau/Zimmermann, § 1806 BGB, Rn. 2
113 OLG Düsseldorf Rpfleger 1980, 471
114 LG Bremen Rpfleger 1993, 338
115 LG Lübeck FamRZ 2016, 399 = BtPrax 2015, 209 (LS)
116 LG Karlsruhe NJW 2014, 2203
117 Jürgens-von Crailsheim, § 1807 BGB, Rn. 12
118 Sichtermann, S. 41; MK-Schwab, § 1807 BGB, Rn. 18

Gemeint sind **Einlagensicherungsfonds,** die bei einer Insolvenz des Geldinstituts die Einlagen absichern. In Umsetzung einer EG-Richtlinie hat der Gesetzgeber einen Entschädigungsanspruch gegen die Sicherungseinrichtung vom Umfang her begrenzt, den Kreditinstituten aber eine freiwillige bessere Absicherung anheim gestellt[119]. Alle deutschen Banken und Genossenschaftsbanken gehören einem Sicherungsfonds an[120]. Es obliegt jedoch dem Betreuer zu prüfen, ob dieser ausreicht bzw. ob die konkrete Anlageart vom Fonds gedeckt wird. So werden mitunter bestimmte Anlageformen nicht abgesichert, so beispielsweise Inhaberpapiere der betroffenen Bank[121].

Informationen erteilen die einzelnen Kreditinstitute sowie die übergeordneten Verbände (z.B. Bundesverband deutscher Banken[122], Bundesverband der Deutschen Volksbanken und Raiffeisenbanken[123], Deutscher Sparkassen- und Giroverband[124]).

(b) Die anderen mündelsicheren Anlagen des § 1807 BGB

Als Anlageform nennt das Gesetz in Nr. 1 sichere **Hypotheken** oder **Grundschulden** an inländischen Grundstücken, die aber in der Praxis nur noch selten gewählt werden[125]. **61**

Verbriefte Forderungen gegen den Bund oder ein Land (Nr. 2) sind die **Bundesschatzbriefe** und **Bundesobligationen.** Wichtig ist, dass über die Forderung eine Urkunde ausgestellt oder sie in das Schuldbuch des Bundes bzw. der Länder eingetragen wurde.

Unter Nr. 3 fallen Schuldverschreibungen von Unternehmen, für die sich der Staat (aus einem öffentlichen Interesse) verbürgt oder die Schuldmitübernahme erklärt hat. Auch hier ist die Ausstellung einer Urkunde (verbrieft) obligatorisch.

Eine größere Rolle spielen **Wertpapiere, Pfandbriefe** und **verbriefte Forderungen gegen eine kommunale Körperschaft** oder eines ihrer Kreditinstitute (Nr. 4)[126]. Voraussetzung ist, dass das konkrete Papier für mündelsicher erklärt worden ist[127]. Dies geschah für die Pfandbriefe generell durch eine Verordnung von 1940 über die Mündelsicherheit der Pfandbriefe[128]. Forderungen gegen kommunale Körperschaften und deren Kreditinstitute sind für mündelsicher erklärt, soweit die Forderungen vom Gläubiger, also dem Betreuten, gekündigt werden können[129]. Erfasst sind die Gemeinden, Gemeindeverbände, Landkreise und Sparkassen- und Giroverbände. Kreditinstitute sind die Sparkassen der Gemeinden, nicht aber die Girozentralen.

Darüber hinaus werden auch in den Bundesländern einzelne Papiere für mündelsicher erklärt[130].

---

119 Gesetz zur Umsetzung der EG-Einlagensicherungsrichtlinie vom 16.7.1998 (BGBl. I, S. 1842)
120 Z. B. Einlagensicherungsfonds der Privatbanken, der öffentlichen Banken sowie Sicherungseinrichtungen der Genossenschaftsbanken und der Sparkassenorganisation
121 Damrau/Zimmermann, § 1807 BGB, Rn. 21
122 www.bankenverband.de (Abruf 15.6.2018)
123 www.vr-networld.de (Abruf 15.6.2018)
124 www.dsgv.de (Abruf 15.6.2018)
125 Damrau/Zimmermann, § 1807 BGB, Rn. 9
126 Dabei ist auch zu klären, ob und in welcher Form eine Hinterlegung oder Verwahrung etwaiger Wertpapiere erfolgen soll.
127 Die wichtigsten Bestimmungen sind abgedruckt bei: HK-BUR-Deinert/Perlwitz, Verordnungen zu § 1807 BGB
128 RGBl. 1940 I, S. 756
129 Gesetz vom 7.7.1901 (RGBl. S. 263)
130 Zu den Vorschriften: Damrau/Zimmermann, § 1807 BGB, Rn. 17

(3) Sperrvermerk, § 1809 BGB

§ 1809 BGB Anlegung mit Sperrvermerk

Der Vormund soll Mündelgeld nach § 1807 Abs. 1 Nr. 5 nur mit der Bestimmung anlegen, dass zur Erhebung des Geldes die Genehmigung des Gegenvormundes oder des Betreuungsgerichts erforderlich ist.

62 Die Vorschrift gilt nur für die Anlagen bei inländischen öffentlichen Sparkassen oder anderen Kreditinstituten, die der oben erwähnten Sicherungsfunktion genügen (§ 1807 Abs. 1 Nr. 5 BGB), nicht aber für Anlageformen gem. § 1807 Abs. 1 Nr. 1 bis 4 BGB. Über den Wortlaut hinaus wird die Vorschrift auch auf Geld angewandt, das der Betreuer bereits (angelegt) vorgefunden hat[131]. Die Höhe der angelegten Summe ist unerheblich, einen Mindestbetrag gibt es nicht.

Das Geld des Betreuten soll mit der Bestimmung angelegt werden, dass es nur mit Genehmigung des Betreuungsgerichts oder des Gegenbetreuers abgehoben werden kann. Es ist bei der Anlage bei einer Sparkasse oder einem anderen Kreditinstitut mit einem so genannten Sperrvermerk zu versehen. Die Soll-Vorschrift des § 1809 BGB statuiert eine grundsätzliche Verpflichtung des Betreuers[132], der den Sperrvermerk mit dem Kreditinstitut zu vereinbaren hat. Üblicherweise wird der Sperrvermerk dann im Sparbuch eingetragen.

63 Er bewirkt, dass der Betreuer von einem unter § 1807 Abs. 1 Nr. 5 BGB fallenden Konto ohne Zustimmung des Betreuungsgerichts keine Gelder abheben kann, was ihm sonst gem. § 1813 Abs. 1 Nr. 3 i.V.m. Abs. 2 BGB möglich wäre[133]. Der Sperrvermerk setzt die qualifizierte Legitimationswirkung des § 808 BGB außer Kraft und begrenzt somit die Vertretungsmacht des Betreuers. Er hindert die Pfändung durch einen Gläubiger allerdings nicht[134].

Der geschäftsfähige Betreute wird ebenfalls nicht an einer Verfügung über das Geld auch ohne Einschaltung des Betreuungsgerichts gehindert[135]. Etwas anderes gilt, wenn ein Einwilligungsvorbehalt angeordnet wurde oder der Betreute geschäftsunfähig ist.

64 Von der Erforderlichkeit dieses Sperrvermerkes kann das Betreuungsgericht gem. § 1817 BGB befreien. Nach dieser Vorschrift sind auf Antrag des Betreuers allgemein Befreiungen von den in den §§ 1806 bis 1816 BGB festgelegten Pflichten möglich, soweit der Umfang der Vermögensverwaltung dies rechtfertigt (§ 1817 Abs. 1 Satz 1 Nr. 1 BGB) und eine Gefährdung des Vermögens nicht zu besorgen ist (§ 1817 Abs. 1 Satz 1 Nr. 2 BGB). Im Regelfall liegt ein geringer Umfang vor, wenn der Wert des mobilen Vermögens 6.000 Euro nicht übersteigt (§ 1817 Abs. 1 Satz 2 BGB).

▶ *Zu Einzelheiten der Befreiung vgl. unten Rn. 94 ff.*

131 Jürgens-von Crailsheim, § 1809 BGB, Rn. 6; Erman-Schulte-Bunert, § 1809 BGB, Rn. 1
132 Damrau/Zimmermann, § 1809 BGB, Rn. 5
133 Staudinger-Veit, § 1809 BGB, Rn. 2
134 MK-Kroll-Ludwigs, § 1809 BGB, Rn. 8
135 Jürgens-von Crailsheim, § 1809 BGB, Rn. 3; Damrau/Zimmermann, § 1809 BGB, Rn. 13

d. Andersartige Geldanlage, § 1811 BGB

§ 1811 BGB Andere Anlegung

[1]Das Betreuungsgericht kann dem Vormund eine andere Anlegung als die in § 1807 vorgeschriebene gestatten. [2]Die Erlaubnis soll nur verweigert werden, wenn die beabsichtigte Art der Anlegung nach Lage des Falles den Grundsätzen einer wirtschaftlichen Vermögensverwaltung zuwiderlaufen würde.

§ 1811 stellt eine Ausnahme von den in §§ 1806, 1807 BGB festgelegten Geboten der Mündelsicherheit und der Verzinslichkeit (dazu oben Rn. 58 ff.) dar. **65**

Die Vorschrift gilt für alle Betreuer, somit grundsätzlich auch für die Betreuungsbehörden. In einigen Bundesländern sind die Behörden allerdings von der Vorschrift befreit, so in Bayern, Berlin, Hamburg, Hessen und Sachsen-Anhalt[136].

aa. Anlageformen

Andere Geldanlageformen als die mündelsicheren nach §§ 1806, 1807 BGB können vom **66** Betreuungsgericht gestattet werden, wenn **wirtschaftliche Grundsätze der Vermögensverwaltung** nicht verletzt werden. Die gesonderte Erlaubnis ist dann nicht erforderlich, wenn das Betreuungsgericht den Betreuer von dieser Pflicht befreit hat, §§ 1908i Abs. 1 i.V.m. 1817 BGB (dazu unten Rn. 94 ff.), oder falls eine Situation des § 1803 BGB vorliegt (dazu Teil D Rn. 34 ff.).

Unter die damit beschriebenen Anlagemöglichkeiten fallen unstreitig z.B. Wertpapiere, Inhaberschuldverschreibungen der Banken, Kommunalanleihen, ausländische Staatsanleihen und Investmentanteile.

Nach h.M. sind auch nicht verzinsliche Sachanleihen wie Investitionen in Gold, Immobilien, Unternehmensbeteiligungen und Kunstobjekte unter die Vorschrift zu fassen[137]. Dies ergibt sich m.E. schon aus dem Wortlaut („andere Anlegung“).

bb. Wirtschaftliche Vermögensverwaltung

(1) Sicherheit der Anlage

Die Frage, ob eine Anlage sicher ist, lässt sich nicht pauschal beantworten. Standardinvest- **67** mentfonds von Sparkassen oder Großbanken dürften genügend sicher sein[138].

Unter die genehmigungsfähigen Anlageformen fallen regelmäßig nicht Anlagen bei Kreditinstituten, welche nicht einem Einlagensicherungssystem angehören (dazu oben Rn. 60) oder mit ausländischen Immobilien spekulieren[139]. Auch weitere spekulative Anlageformen entsprechen i.d.R. nicht dem Absicherungserfordernis, so etwa kurzfristige Anlagen in Aktien oder Investmentpapiere bei nicht unerheblichem **Kursrisiko**[140].

Doch ist nicht jede Anlage in **Aktien** unsicher i.S.d. § 1811 BGB: Langfristige Geldanlagen in **stabilen Standardaktien und -investmentfonds** bei nicht unerheblichem Vermögen sind prinzipiell genehmigungsfähig. Grundsätzlich ist es nämlich nicht erforderlich, die gleiche Absicherung wie bei Anlagearten i.S.d. § 1807 BGB bei gleichzeitig höherer Vor-

136 Damrau/Zimmermann, § 1811 BGB, Rn. 12

137 Jürgens-von Crailsheim, § 1811 BGB, Rn. 8; Hoffmann, BtPrax 2000, 242; a.A.: OLG Frankfurt NJW 1953, 67, 68: nur andere verzinsliche Anlageformen und Wertpapiere erfasst; RGRK-Dickescheid, § 1806 BGB, Rn. 2

138 OLG Schleswig-Holstein FGPrax 2002, 23

139 LG Darmstadt NJW 1979, 274 zu einer KG, die in außereuropäischen Immobilien anlegt

140 Hinsichtlich Investmentanteilen gelten straffe Voraussetzungen. Zum Ganzen siehe Vogt, Rpfleger 1996, 389 ff.; Fiala/Behrendsen, Rpfleger 1997, 281, 287 f.

teilserwartung zu haben, da dies meist (z.B. wegen Kursschwankungen) nicht möglich sein wird[141]. Der undifferenzierte Hinweis auf das Risiko der Kursschwankung im Wertpapiermarkt reicht für eine Verweigerung der Genehmigung nicht aus, da auch hier stets „die Lage des Falls" entscheidend sein muss. Gerade bei größeren Vermögen sollten auch langfristige Anlagen in Renten- und Aktienfonds in Betracht gezogen werden, denn in diesen Fällen ist oftmals eine **Streuung des Vermögens** in unterschiedliche Anlageformen die wirtschaftlichste Vermögensverwaltung[142].

68 Bei der Beurteilung der Anlagesicherheit und Wirtschaftlichkeit von Wertpapieren handelt es sich um ein komplexes Problem, das, wenn in sehr komplizierten Fällen die Kenntnisse fehlen, durch ein Sachverständigengutachten zu klären ist[143]. Allgemeingültige Aussagen zu den einzelnen Wertpapieren oder sonstigen Geldanlagen sind hier nicht möglich. Auch der **Begriff „Standardwerte"** ist zu schemenhaft, da selbst die DAX-Werte schon als nicht genehmigbar angesehen wurden[144] und die Entwicklung an den Börsen im Jahr 2002 und besonders 2008/2009 die Schwierigkeiten selbst renommierter Werte deutlich vor Augen geführt hat.

Allerdings lassen sich für die Sicherheit einer Anlage gewisse **konstante Kriterien** aufstellen, wie Konjunkturanfälligkeit, Inflationsrisiko, Steuerbelastung, Nebenkosten, Bonität des Schuldners usw. Aufgrund des steten Wandels in der Wirtschaft sind die genehmigungsfähigen konkreten Geldanlagen variabel. Nähere Informationen lassen sich über die aktuellen **Wertpapier-Risikogruppen** der Banken oder über die Stiftung Warentest[145] einholen. Gerade in Phasen von Null-Prozent-Zinsen wird, jedenfalls bei größerem Vermögen, eine Anlage in Aktien oder Rentenfonds in Betracht zu ziehen sein[146], u.U. auch in Edelmetall[147].

Bei Auslandsanleihen sind zusätzlich das Währungsrisiko und die politische Situation im Anlageland zu berücksichtigen.

(2) Weitere Faktoren

69 Wann die wirtschaftlichen Grundsätze der Vermögensverwaltung verletzt sind, entscheidet das Gericht nach **pflichtgemäßem Ermessen** unter Berücksichtigung der **individuellen Verhältnisse** (z.B. der voraussichtlichen Dauer der Betreuung, Höhe des Vermögens, des Lebensstils des Betreuten, seinem früheren Anlageverhalten usw.) und der **wirtschaftlichen Begebenheiten** im Zusammenhang mit der Anlageform (z.B. der Steuersituation, Rentabilität, den Risiken, der Verfügbarkeit usw.)[148]. Das gegebenenfalls höhere Risiko sollte durch andere Vorteile ausgeglichen werden. Dies ist bei hinreichender Absicherung der Anlage und einer hohen Wahrscheinlichkeit von geldwerten Vorteilen (**Abwägung der zu erwartenden Vor- und Nachteile**) denkbar[149].

---

141 a.A.: OLG Frankfurt Rpfleger 1984, 147
142 OLG Schleswig-Holstein BtPrax 2000, 87
143 Damrau/Zimmermann, § 1811 BGB, Rn. 8
144 Vgl. LG Berlin JR 1961, 183 f.
145 Siehe: www.test.de (Abruf 15.4.2018)
146 LG Augsburg, Beschluss vom 25.5.2018 – 054 T 1089/18, juris; LG Lübeck FamRZ 2016, 399 = BtPrax 2015, 209 (LS); OLG München FamRZ 2009, 1860
147 LG Rottweil BtPrax 2017, 85
148 Vgl. zu den Kriterien OLG Frankfurt BtPrax 2002, 266 (Anlage in einem offenen Immobilienfonds)
149 LG Hannover FamRZ 1965, 163; Damrau/Zimmermann, § 1811 BGB, Rn. 5, 6

cc. Besonderheit des Betreuungsrechts

Insgesamt ist festzuhalten, dass die für die Mündelsicherheit entwickelten Kriterien nicht ganz exakt auf das Betreuungsrecht übertragbar sind, da neben dem Erhalt und der Mehrung des Betreutenvermögens auch die **Lebensführung des Betreuten** für die Anlageart ein zu berücksichtigender Faktor sein kann. 70

In Ausnahmefällen kann sogar eine Anlageform genehmigt werden, die nicht ohne weiteres den Grundsätzen einer wirtschaftlichen Vermögensverwaltung entspricht, da auch die **Wünsche** des Betreuten zu berücksichtigen sind. Denkbar ist die Genehmigung einer solchen Anlageform vor allem bei Investitionen in Familienbetriebe oder bei Darlehen an Angehörige[150].

dd. Wirkung der gerichtlichen Genehmigung

Die Genehmigung berechtigt zu einer ganz **konkreten Anlage** und ist kein Freibrief für künftige Anlagen ähnlicher Art[151]. Notwendig ist, anders als bei § 1810 BGB, die Genehmigung des Betreuungsgerichts, die des Gegen- oder Mitvormundes genügt nicht. 71

§ 1811 BGB ist bloße **Ordnungsvorschrift,** so dass Geldanlagen ohne die gerichtliche Erlaubnis wirksam sind[152], aber eine Haftung des Betreuers nach sich ziehen können. Gegen die Verweigerung der Genehmigung ist die Beschwerde des Betreuers zulässig.

▶ *Zur Haftung des Betreuers vgl. Teil D Rn. 103 ff.*
Zu den Rechtsmitteln vgl. die Ausführungen in Teil A Rn. 197 ff.

e. Verfügungen über Forderungen und Wertpapiere, § 1812 BGB

§ 1812 BGB Verfügungen über Forderungen und Wertpapiere

(1) [1]Der Vormund kann über eine Forderung oder über ein anderes Recht, kraft dessen der Mündel eine Leistung verlangen kann, sowie über ein Wertpapier des Mündels nur mit Genehmigung des Gegenvormundes verfügen, sofern nicht nach den §§ 1819 bis 1822 die Genehmigung des Betreuungsgerichts erforderlich ist. [2]Das Gleiche gilt von der Eingehung der Verpflichtung zu einer solchen Verfügung.

(2) Die Genehmigung des Gegenvormundes wird durch die Genehmigung des Betreuungsgerichts ersetzt.

(3) Ist ein Gegenvormund nicht vorhanden, so tritt an die Stelle der Genehmigung des Gegenvormundes die Genehmigung des Betreuungsgerichts, sofern nicht die Vormundschaft von mehreren Vormündern gemeinschaftlich geführt wird.

Über Forderungen, sonstige Rechte auf eine Leistung (d.h. Ansprüche des Betreuten im weitesten Sinne) und Wertpapiere des Betreuten darf der Betreuer nur mit Genehmigung des Betreuungsgerichts verfügen. Die Pflichten aus § 1812 BGB betreffen nur den Betreuer und das Gericht, nicht etwa die beteiligten Kreditinstitute[153].

▶ *Zu den Befreiungen vgl. unten Rn. 94 ff.*
Zur Möglichkeit einer allgemeinen Ermächtigung durch das Betreuungsgericht nach § 1825 BGB vgl. unten Rn. 138 ff.

---

150 Vgl. OLG Köln FGPrax 1999, 26; str., siehe Jürgens-von Crailsheim, § 1811 BGB, Rn. 9; Damrau/Zimmermann, § 1811 BGB, Rn. 9
151 MK-Kroll-Ludwigs, § 1811 BGB, Rn. 18
152 Jürgens-von Crailsheim, § 1811 BGB, Rn. 13; RG JW 17, 282, 290
153 BGH BtPrax 2007, 170 = NJW 2006, 430 f.

aa. Forderungen und sonstige Rechte

72 Forderung ist jeder schuldrechtliche Anspruch. Der Begriff „sonstiges Recht" erweitert den Anwendungsbereich im Prinzip auf alle Ansprüche auf eine Leistung. In dieser weiten Fassung fallen auch z.B. Mietverträge oder Dienstleistungen unter die Vorschrift.

Die h.M. nimmt den Anspruch auf Herausgabe einer beweglichen Sache allerdings vom Anwendungsbereich aus: Da der Betreuer eine bewegliche Sache nach §§ 929, 930 BGB genehmigungsfrei durch Übergabe übereignen kann, soll ihm das für die Übereignungsvariante des § 931 BGB (Abtretung des Herausgabeanspruchs) nicht verwehrt sein[154].

bb. Verfügungen

73 **Verfügungen** sind alle Rechtsgeschäfte, die sich auf ein bestehendes Recht auswirken, sei es, dass sie dieses Recht aufheben, belasten, übertragen oder inhaltlich ändern. Zu Verfügungen zählen beispielsweise der Erlass, Verzicht oder die Abtretung einer Forderung, die Aufrechnung[155] und auch die Kündigung eines Mietverhältnisses für den Betreuten als Vermieter[156]. Die Aufgabe von Mietwohnungen ist dabei in § 1907 BGB speziell geregelt (siehe oben Rn. 49 ff.). Der Rücktritt von einem Vertrag ist eine Verfügung, wenn dadurch der Leistungsanspruch des Betreuten verändert wird oder untergeht[157].

Die Vorschrift gilt auch für alle Grundpfandrechte, also für die Aufhebung einer dem Betreuten zustehenden Eigentümergrundschuld[158], auch für die Löschung eines Grundpfandrechts des Betreuten an einem fremden Grundstück[159]. Fraglich ist die Zustimmung zur Löschung einer Fremdgrundschuld[160], weil der Betreute dadurch ein Anwartschaftsrecht auf die Eigentümergrundschuld verliert.

74 Auch die **Annahme von Zahlungen** zur Erfüllung einer Verbindlichkeit gegenüber der betreuten Person ist eine Verfügung, da hiermit Erfüllung eintritt und der Anspruch erlischt (§ 362 BGB). Die Barabhebung von Geld fällt ebenso unter den Verfügungsbegriff wie die Überweisung durch den Betreuer[161]. Auch die Entgegennahme anderer Leistungen durch den Betreuer lässt den Erfüllungsanspruch untergehen und unterliegt somit § 1812 BGB (zu den Ausnahmen vgl. unten Rn. 80 ff.). Bei der Leistung an Erfüllungs statt gilt das Gleiche[162].

Von § 1812 Abs. 1 Satz 1 BGB erfasst ist auch die **Auflösung eines Girokontos**[163]. Die Bank ist aus dem Girovertrag gegenüber dem Betreuten zur Erfüllung von Dienstleistungen verpflichtet. Durch Aufhebung des Girovertrags verfügt der Betreuer über eine Forderung des Betreuten gegenüber der Bank auf Erfüllung dieser Dienstleistungen.

Keine Verfügungen sind: Mahnung, Quittungserteilung oder Erteilung einer Vollmacht durch den Betreuer[164].

75 Zu beachten ist, dass gem. § 1812 Abs. 1 Satz 2 BGB **nicht nur die Verfügung** selbst einer Genehmigungspflicht unterliegt, sondern **bereits die Verpflichtung,** also das schuld-

---

154 MK-Kroll-Ludwigs, § 1812 BGB, Rn. 17 m.w.N.; Damrau/Zimmermann, § 1812 BGB, Rn. 5
155 Im Einzelnen umstritten, siehe MK-Kroll-Ludwigs, § 1812 BGB, Rn. 29 f.
156 OLG Hamm FamRZ 1991, 605. Nicht zu § 1812 BGB, aber zu § 1822 Nr. 5 BGB zählt die Vermietung einer Wohnung des Betreuten (LG Münster FamRZ 1994, 531).
157 MK-Kroll-Ludwigs, § 1812 BGB, Rn. 19
158 BayOLG Rpfleger 1985, 24; str., a.A. Damrau Rpfleger 1985, 26
159 Erman-Schulte-Bunert, § 1812 BGB, Rn. 10
160 MK-Kroll-Ludwigs, § 1812 BGB, Rn. 32
161 MK-Kroll-Ludwigs, § 1812 BGB, Rn. 27
162 MK-Kroll-Ludwigs, § 1812 BGB, Rn. 27
163 LG Meiningen FamRZ 2008, 1375
164 LG Frankfurt FamRZ 1975, 354, wonach erst das Geschäft selbst der Genehmigungspflicht unterliegt; a.A.: Dölle, Familienrecht II, S. 756

rechtliche Kausalgeschäft, zu einer solchen Verfügung. Das Rechtsgeschäft muss sich aber stets auf eine von der Norm erfasste Forderung, ein Recht (z.B. Hypothek oder Grundschuld) oder ein Wertpapier beziehen.

cc. Teleologische Reduktion

Problematisch ist jedoch die dem Wortlaut nach entstehende **Weite des § 1812 BGB,** da sie sich auf alle Verfügungen im Hinblick auf ein Recht bezieht, kraft dessen der Betreute eine Leistung verlangen kann. Der Betreuer wird durch die Genehmigungspflicht stark in der rechtsgeschäftlichen Selbständigkeit behindert, weshalb es nach allgemeiner Ansicht einer **einschränkenden Auslegung** bedarf[165]. **76**

Teilweise wird die Regelung auf Verfügungen über Geldleistungsansprüche beschränkt[166], weil nur bei diesen der Zweck der Vorschrift, der Schutz vor Veruntreuung, relevant werde. Jedoch würde eine solche Auslegung zu willkürlichen Ergebnissen führen, etwa wenn ein Anspruch auf Lieferung einer Sache in einen Schadensersatzanspruch übergeht[167].

Sinnvoller ist eine teleologische Reduktion des § 1812 BGB hinsichtlich solcher Geschäfte, die lediglich der **persönlichen Lebensführung** des Betreuten dienen sollen, also eher zur Personensorge im weitesten Sinne zählen[168]. Dazu gehören etwa **Geschäfte des täglichen Lebens,** Kündigungen von Vereinsmitgliedschaften und Zeitschriftenabonnements oder die Annahme von Unterhaltsleistungen[169] sowie der Abschluss eines Dienstvertrages[170]. Unter § 1812 BGB fallen dann nur noch Geschäfte der Vermögensverwaltung. Nicht erfasst sind demnach z.B. der Austritt aus dem Gesangsverein oder die Kündigung eines Reisevertrages. **77**

Eine Verfügung ist nicht genehmigungsfähig, wenn das Bestehen der Forderung zweifelhaft ist, jedenfalls dann, wenn die Rechtsverfolgung keine hinreichende Aussicht auf Erfolg hat und daher nicht mit einem Prozess zu rechnen ist[171].

dd. Mehrere Betreuer

Eine Ausnahme von der betreuungsgerichtlichen Genehmigungspflicht besteht, wenn mehrere Betreuer gemeinschaftlich für eine Aufgabe bestellt sind (§ 1899 Abs. 4 BGB) oder ein Gegenbetreuer (§§ 1908i Abs. 1 i.V.m. 1792 BGB) die Verfügung genehmigen kann (§ 1812 Abs. 3 BGB)[172]. Die Genehmigung des Gegenbetreuers oder die gemeinschaftliche Besorgung des Geschäftes durch mehrere Betreuer reicht hingegen dann nicht, wenn das Geschäft unter einen der gerichtlichen Genehmigungsvorbehalte aus §§ 1819 bis 1822 BGB fällt; dann ist stets die Zustimmung des Gerichts erforderlich. Soweit eine Genehmigung des Gerichts vorliegt, kann auch auf die Genehmigung des Gegenbetreuers bzw. eine gemeinschaftliche Besorgung verzichtet werden, da diese in jedem Fall ausreichend ist. **78**

---

165 OLG Karlsruhe NJW-RR 2008, 235 und 313; Damrau, FamRZ 1984, 842; Erman-Schulte-Bunert, § 1812 BGB, Rn. 6; MK-Kroll-Ludwigs, § 1812 BGB, Rn. 11 ff. m.w.N.
166 Damrau, FamRZ 1984, 842, 844; Staudinger-Veit, § 1812 BGB, Rn. 31 ff., 39 ff.; a.A.: OLG Hamm Rpfleger 1991, 56 f.
167 MK-Kroll-Ludwigs, § 1812 BGB, Rn. 12
168 Jürgens-von Crailsheim, § 1812 BGB, Rn. 3 m.w.N.
169 MK-Kroll-Ludwigs, § 1812 BGB, Rn. 13
170 LG Karlsruhe NJW-RR 2008, 236
171 BGH BtPrax 2013, 68 = NJW RR 2013, 323
172 Weitere Ausnahmen von § 1812 BGB: §§ 1813; 1857a, 1852 Abs. 2, 1817 BGB (vgl. unten Rn. 62 ff., 76 ff.); zur Möglichkeit einer allgemeinen Ermächtigung durch das Betreuungsgericht siehe § 1825 BGB (unten Rn. 138 ff.)

79 Bei § 1812 BGB handelt es sich **nicht** um eine **bloße Ordnungsvorschrift,** sondern um eine **sog. Außengenehmigung,** bei deren Fehlen das Rechtsgeschäft unwirksam ist[173].

▶ *Zur Möglichkeit der nachträglichen Genehmigung siehe die Ausführungen zu § 1829 BGB, unten Rn. 154*

ee. Annahme geschuldeter Leistungen, § 1813 BGB

§ 1813 BGB Genehmigungsfreie Geschäfte

(1) Der Vormund bedarf nicht der Genehmigung des Gegenvormundes zur Annahme einer geschuldeten Leistung:

1. wenn der Gegenstand der Leistung nicht in Geld oder Wertpapieren besteht;

2. wenn der Anspruch nicht mehr als 3000 Euro beträgt;

3. wenn der Anspruch das Guthaben auf einem Giro- oder Kontokorrentkonto zum Gegenstand hat oder Geld zurückgezahlt wird, das der Vormund angelegt hat;

4. wenn der Anspruch zu den Nutzungen des Mündelvermögens gehört;

5. wenn der Anspruch auf Erstattung von Kosten der Kündigung oder der Rechtsverfolgung oder auf sonstige Nebenleistungen gerichtet ist.

(2) [1]Die Befreiung nach Absatz 1 Nr. 2, 3 erstreckt sich nicht auf die Erhebung von Geld, bei dessen Anlegung ein anderes bestimmt worden ist. [2]Die Befreiung nach Absatz 1 Nr. 3 gilt auch nicht für die Erhebung von Geld, das nach § 1807 Abs. 1 Nr. 1 bis 4 angelegt ist.

80 § 1813 regelt Ausnahmen von dem Grundsatz der Genehmigungspflicht sonstiger Geldanlagen nach § 1812 BGB (dazu oben Rn. 72 ff.).

Besteht der Gegenstand der Leistung, die der Betreute verlangen kann, nicht in Geld oder Wertpapieren (Abs. 1 Nr. 1), sondern in der **Lieferung einer Sache** oder in einer **Dienstleistung,** ist die Entgegennahme ohne gerichtliche Genehmigung möglich. Auf den Wert kommt es nicht an.

81 § 1813 Abs. 1 Nr. 2 BGB betrifft den Fall, dass der Anspruch zu **geringfügig** ist. Für die Berechnung der Summe kommt es nicht auf den Wert der Leistung an, die der Betreuer entgegennimmt, sondern auf den **Wert der geschuldeten Leistung:** Eine Teilleistung von 1.000 Euro ist genehmigungspflichtig, wenn die gesamte Schuld 3.500 Euro beträgt. Bei Abhebungen vom Sparkonto ist folgerichtig der Kontostand maßgeblich. Bei einem Kontostand von 3.000 Euro (oder mehr) ist jede Abhebung genehmigungspflichtig, bei niedrigerem Kontostand nicht. Bei der Kündigung einer Lebensversicherung durch den Betreuer ist auf die vereinbarte Todesfallleistung und nicht auf den Rückkaufswert abzustellen[174]. Nach Nr. 3[175] ist die Abhebung von einem Giro- oder Kontokorrentkonto unabhängig von der Höhe des Guthabens genehmigungsfrei.

Ist ein Sperrvermerk gem. § 1809 BGB (dazu oben Rn. 62 ff.) eingetragen, gilt die Erleichterung nicht (Abs. 2 Satz 1).

82 **§ 1813 Abs. 1 Nr. 3** BGB ist 2009 neu gefasst worden[176] und trägt den Schwierigkeiten Rechnung, die Betreuer bei der Führung eines Girokontos in der Vergangenheit beklagt haben, weil sie Gelder von einem Girokonto, dessen Guthaben 3.000 Euro übersteigt, nicht ohne gerichtliche Genehmigung abheben konnten. Zum Teil wurde Betreuern sogar

173 OLG Karlsruhe NJW-RR 1999, 230
174 OLG Nürnberg BtPrax 2016, 157
175 Eingefügt durch Gesetz vom 6.7.2009 (BGBl. I S. 1696)
176 Gesetz zur Änderung des Zugewinnausgleichs- und Vormundschaftsrechts vom 6. Juli 2009 (BGBl. I S. 1696).

die Teilnahme am automatisierten Zahlungsverkehr von einigen Kreditinstituten verwehrt. Entscheidend war, von wem das Geld eingezahlt worden war. Nunmehr gilt die Befreiung von der Genehmigungspflicht für alle Ansprüche, die das Guthaben auf einem Giro- oder Kontokorrentkonto betreffen. Von Nr. 3 wird also sowohl die Auszahlung als auch die Überweisung von Geld erfasst. Damit ist die Flexibilität des Betreuerhandelns deutlich erhöht worden. Die Gefahr des Missbrauchs wird vom Gesetzgeber gering eingeschätzt, da sich unredliche Kontobewegungen leichter nachverfolgen ließen als unredliche Verfügungen über Bargeld[177].

Unter **Nutzungen i.S.d. § 1813 Abs. 1 Nr. 4 BGB** versteht man die Früchte einer Sache 83
oder eines Rechtes (§ 100 BGB). Früchte sind die Erzeugnisse und die bestimmungsgemäß gewonnene sonstige Ausbeute sowie die Vorteile, die der Gebrauch der Sache oder des Rechtes mit sich bringt (§ 99 BGB). Gehört zu dem Vermögen des Betreuten beispielsweise ein Haus, das er vermietet hat, zählen die Einnahmen aus dieser Vermietung zu den Früchten der Sache und damit zu den Nutzungen. Nutzungen in Form von Rechtsfrüchten sind z.B. der Ertrag des Pächters, den er aufgrund seines Pachtrechts abschöpft. Die praktisch häufigste Form sind die Zinsen. Diese kann der Betreuer – in der Höhe unbegrenzt – genehmigungsfrei einziehen. Das Gleiche soll auch für Rentenzahlungen gelten[178].

Schließlich kann der **Anspruch auf Erstattung von Kosten der Kündigung oder der** 84
Rechtsverfolgung oder auf sonstige Nebenleistungen entgegengenommen werden (Abs. 1 Nr. 5).

f. Hinterlegung und Umschreibung von Inhaberpapieren, §§ 1814, 1815 BGB

§ 1814 BGB Hinterlegung von Inhaberpapieren

[1]Der Vormund hat die zu dem Vermögen des Mündels gehörenden Inhaberpapiere nebst den Erneuerungsscheinen bei einer Hinterlegungsstelle oder bei einem der in § 1807 Abs. 1 Nr. 5 genannten Kreditinstitute mit der Bestimmung zu hinterlegen, dass die Herausgabe der Papiere nur mit Genehmigung des Betreuungsgerichts verlangt werden kann. [2]Die Hinterlegung von Inhaberpapieren, die nach § 92 zu den verbrauchbaren Sachen gehören, sowie von Zins-, Renten- oder Gewinnanteilscheinen ist nicht erforderlich. [3]Den Inhaberpapieren stehen Orderpapiere gleich, die mit Blankoindossament versehen sind.

§ 1815 BGB Umschreibung und Umwandlung von Inhaberpapieren

(1) [1]Der Vormund kann die Inhaberpapiere, statt sie nach § 1814 zu hinterlegen, auf den Namen des Mündels mit der Bestimmung umschreiben lassen, dass er über sie nur mit Genehmigung des Betreuungsgerichts verfügen kann. [2]Sind die Papiere vom Bund oder einem Land ausgestellt, so kann er sie mit der gleichen Bestimmung in Schuldbuchforderungen gegen den Bund oder das Land umwandeln lassen.

(2) Sind Inhaberpapiere zu hinterlegen, die in Schuldbuchforderungen gegen den Bund oder ein Land umgewandelt werden können, so kann das Betreuungsgericht anordnen, dass sie nach Absatz 1 in Schuldbuchforderungen umgewandelt werden.

177 BT-Drucks. 16/10798, S. 38
178 BSG MDR 1982, 698; Damrau/Zimmermann, § 1813 BGB, Rn. 12

aa. Hinterlegung

(1) Erfasste Fälle

85 Der Betreuer ist verpflichtet, Inhaberpapiere[179], Erneuerungsscheine (sog. Talons, § 805 BGB)[180] und Orderpapiere mit Blankoindossament[181] zu Sicherheitszwecken zu hinterlegen[182]. Inhaberpapiere sind z.B. Pfandbriefe, Anleihen, Inhaberaktien usw. Nicht hierzu gehören Sparbücher, Sparbriefe und sonstige Namenspapiere.

Ausgenommen von der Hinterlegungspflicht sind gem. § 1814 Satz 2 BGB die Inhaberpapiere, die zu den verbrauchbaren Sachen i.S.d. § 92 BGB zählen (z.B. Banknoten, Inhaberschecks usw.) sowie Zins-, Renten- und Gewinnanteilscheine.

Papiere, die nicht unter § 1814 BGB fallen, werden dennoch regelmäßig von der Verfügungsbeschränkung des § 1812 BGB erfasst (dazu oben Rn. 72 ff.).

Bei der Hinterlegung muss der Betreuer bestimmen, dass die Herausgabe dieser Scheine bzw. Papiere nur mit Genehmigung des Betreuungsgerichts erfolgen darf (**Sperrvermerk** i.S.d. § 1809 BGB, dazu oben Rn. 62 ff.). Auch für bereits vor Antritt der Betreuung hinterlegte Papiere muss der Betreuer einen entsprechenden Sperrvermerk eintragen lassen. Wurde der Sperrvermerk bewirkt, ist eine Herausgabe der Papiere nur mit Genehmigung des Gerichts möglich.

▶ *Zur Genehmigungspflicht bei Verfügungen über die hinterlegten Papiere vgl. die Ausführungen zu § 1819 BGB, unten Rn. 91 ff.*

86 **Hinterlegungsstellen** sind gem. § 1 Abs. 2 Hinterlegungsordnung (HintO) die Amtsgerichte, die Staatsbanken gem. § 27 HintO und die in § 1807 Abs. 1 Nr. 5 BGB genannten Kreditinstitute, bei denen sich die Hinterlegung nach dem Depotgesetz richtet (Errichtung eines Wertpapierdepots auf den Namen des Betreuten). Es reicht nicht, wenn bei der Bank ein Schließfach gemietet wird, um die Papiere dort zu verwahren.

Stehen die an sich hinterlegungspflichtigen Papiere nur im Miteigentum (§ 1008 BGB) des Betreuten, so ist § 1814 BGB nicht anwendbar, weil sie dann der gemeinschaftlichen Verwaltung unterliegen (§ 744 BGB)[183]. Für die Anwendbarkeit des § 1814 BGB ist ebenfalls vorausgesetzt, dass die Papiere nicht einem Dritten verpfändet oder mit einem Nießbrauch belastet sind. An der Anwendbarkeit der Vorschrift fehlt es überdies, wenn der Betreute Nießbraucher ist. Sie gilt schließlich auch nicht für vorgefundene Papiere[184].

(2) Wirkung

87 Die Verfügungsbeschränkung betrifft **nur das Stammrecht,** also nicht die Zinserträge (siehe § 1820 BGB).

Problematisch sind die Auswirkungen einer Hinterlegung (§ 1814 BGB) oder des Sperrvermerks (§§ 1809, 1816 BGB)[185] für einen **Betreuten, der selbst geschäftsfähig** ist und für den kein Einwilligungsvorbehalt i.S.d. § 1903 BGB angeordnet ist. Problematisch ist es, wenn der Betreuer durch die Vereinbarung mit dem Dritten (i.d.R. der Bank) das grundsätzlich weiterhin bestehende Dispositionsrecht des Betreuten einschränkt, weil dann auch der Betreute keine Rechtsgeschäfte hinsichtlich der gesperrten Rechte mehr tätigen kann. Je-

179 Zum Begriff Palandt-Sprau, Einf. zu § 793 BGB, Rn. 3
180 Palandt-Sprau, § 803 BGB, Rn. 3
181 Palandt-Sprau, Einf. zu § 793 BGB, Rn. 4
182 Mit der Hinterlegung i.S.d. § 1814 BGB ist nicht die Hinterlegung gem. §§ 372 ff. BGB als mögliches Erfüllungssurrogat gemeint. Vielmehr handelt es sich um eine Sicherheitsleistung i.S.d. § 232 BGB.
183 Erman-Schulte-Bunert, § 1814 BGB, Rn. 4; Damrau/Zimmermann, § 1814 BGB, Rn. 13
184 RGZ 137, 320; Erman-Schulte-Bunert, § 1814 BGB, Rn. 4
185 Dieses Problem besteht auch im Rahmen des Sperrvermerkes nach § 1809 BGB.

denfalls tritt die **einschränkende Wirkung gegenüber dem Betreuten** ein, wenn er zustimmt[186] oder unter Einwilligungsvorbehalt (§ 1903 BGB) steht[187]. Ansonsten sollte der Betreuer mit dem Dritten vereinbaren, dass dem Betreuten weiterhin die Dispositionsmöglichkeit verbleibt[188].

Für **befreite Betreuer** nach §§ 1857a, 1853 BGB gilt die Hinterlegungs- und Sperrpflicht (§ 1816 BGB) nicht. Gleiches gilt für nach § 1817 BGB oder § 1803 BGB befreite Betreuer.

▶ *Zu den Befreiungen vgl. unten Rn. 94 ff.*

Andererseits kann aus besonderen Gründen, wenn z.B. der Betreuer keine ausreichende Verwahrungsmöglichkeit hat, nach § 1818 BGB die Hinterlegungspflicht durch Anordnung des Betreuungsgerichts auf **andere Wertpapiere und Kostbarkeiten** ausgedehnt werden. Dies ist nicht angebracht bei Unzuverlässigkeit des Betreuers, da dieser dann gem. § 1908b BGB entlassen werden müsste.

bb. Umschreibung

Die unter § 1814 BGB genannten Inhaberpapiere kann der Betreuer, anstelle der Hinterlegung nach § 1814 BGB, in Namenspapiere (sog. Rektapapiere) oder Briefrechte gegen den Staat oder ein Bundesland umschreiben lassen. Bei Papieren von Bund und Ländern ist es auch möglich, diese in Buchforderungen umzuwandeln (§ 1815 Abs. 1 Satz 2 BGB). Dabei hat der Betreuer zu bestimmen, dass er nur mit Genehmigung des Gerichts über diese verfügen kann (Sperrvermerk)[189]. Auch bei Anordnung der Betreuung bereits vorhandener Buchforderungen gegen den Bund oder ein Land (insbesondere hinsichtlich Staatsanleihen und Schatzbriefen) hat der Betreuer gem. § 1816 BGB einen Sperrvermerk in das Schuldbuch eintragen zu lassen. **88**

Allerdings hat die Umschreibung wenig praktische Bedeutung, weil der Aussteller gem. § 806 BGB nicht zur Umschreibung verpflichtet werden kann und die Umwandlung im Vergleich zur Hinterlegung in der Regel teurer ist[190].

Bei §§ 1814, 1815 BGB ist eine Genehmigung des Gegenbetreuers nicht ausreichend. **89**

Ohne die erforderliche Bestimmung einer Sperrung wäre die Hinterlegung bzw. Umschreibung gleichwohl wirksam (**bloße Ordnungsvorschrift**). Es verbleibt jedoch die Genehmigungsbedürftigkeit nach § 1812 BGB[191].

g. Sperrung von Buchforderungen, § 1816 BGB

§ 1816 BGB Sperrung von Buchforderungen

Gehören Schuldbuchforderungen gegen den Bund oder gegen ein Land bei der Anordnung der Vormundschaft zu dem Vermögen des Mündels oder erwirbt der Mündel später solche Forderungen, so hat der Vormund in das Schuldbuch den Vermerk eintragen zu lassen, dass er über die Forderungen nur mit Genehmigung des Betreuungsgerichts verfügen kann.

Hat der Betreute Buchforderungen gegen die Bundesrepublik Deutschland oder ein Land, muss der Betreuer einen Vermerk in das Schuldbuch eintragen lassen, dass er über die Forderung nur mit Genehmigung des Betreuungsgerichts verfügen kann. Dies gilt für Buch- **90**

186 Bobenhausen, BtPrax 1994, 158, 159
187 Nach Ansicht des LG Mönchengladbach entfällt sogar die Pflicht zur Sperrung und es wird vorgeschlagen, das Vermögen aufzuteilen, wobei eine Hälfte mit Sperrvermerk angelegt werden soll (BtPrax 1997, 203).
188 Bobenhausen, BtPrax 1994, 158, 159; Bienwald, BtPrax 1998, 15 ff.
189 Hinsichtlich der Verpflichtung zu einer solchen Verfügung siehe § 1820 BGB, unten Rn. 92.
190 Damrau/Zimmermann, § 1815 BGB, Rn. 1
191 Damrau/Zimmermann, § 1814 BGB, Rn. 15

forderungen, die bei der Anordnung der Betreuung zum Vermögen des Betreuten gehören oder während der Betreuung hinzukommen[192]. Dazu gehören beispielsweise Bundesschatzbriefe.

Der Betreuer muss die Eintragung des Vermerks unverzüglich i.S.d. § 121 Abs. 1 Satz 1 BGB, d.h. ohne schuldhaftes Zögern, auch ohne Anordnung durch das Gericht veranlassen[193].

h. Verfügungen nach Hinterlegung, § 1819 BGB bzw. Verfügungsverpflichtungen nach Umschreibung, § 1820 BGB

§ 1819 BGB Genehmigung bei Hinterlegung

[1]Solange die nach § 1814 oder nach § 1818 hinterlegten Wertpapiere oder Kostbarkeiten nicht zurückgenommen sind, bedarf der Vormund zu einer Verfügung über sie und, wenn Hypotheken-, Grundschuld- oder Rentenschuldbriefe hinterlegt sind, zu einer Verfügung über die Hypothekforderung, die Grundschuld oder die Rentenschuld der Genehmigung des Betreuungsgerichts. [2]Das Gleiche gilt von der Eingehung der Verpflichtung zu einer solchen Verfügung.

§ 1820 BGB Genehmigung nach Umschreibung und Umwandlung

(1) Sind Inhaberpapiere nach § 1815 auf den Namen des Mündels umgeschrieben oder in Schuldbuchforderungen umgewandelt, so bedarf der Vormund auch zur Eingehung der Verpflichtung zu einer Verfügung über die sich aus der Umschreibung oder der Umwandlung ergebenden Stammforderungen der Genehmigung des Betreuungsgerichts.

(2) Das Gleiche gilt, wenn bei einer Schuldbuchforderung des Mündels der im § 1816 bezeichnete Vermerk eingetragen ist.

91 Die Genehmigung des Betreuungsgerichts ist des Weiteren[194] erforderlich, wenn über die hinterlegten Papiere oder verbrieften Forderungen verfügt werden soll (§ 1819 Satz 1 BGB). Dies gilt ebenso für hinterlegte Hypotheken-, Grundschuld- oder Rentenbriefe. Der Genehmigung bedarf ferner die Eingehung einer **Verpflichtung zu einer solchen Verfügung während der Hinterlegungszeit** (§ 1819 Satz 2 BGB).

Nach der Zurücknahme der hinterlegten Wertpapiere oder Kostbarkeiten oder bei Fehlen des Sperrvermerkes ist § 1819 BGB nicht (mehr) einschlägig. Eine Verfügungsbeschränkung ergibt sich dann allenfalls noch aus § 1812 BGB.

92 Schließlich bedarf der Betreuer zur **Verpflichtung zu einer Verfügung über** die nach § 1815 BGB **umgeschriebenen Inhaberpapiere** gem. § 1820 Abs. 1 BGB der Genehmigung des Betreuungsgerichts. Dies gilt nach § 1820 Abs. 2 BGB auch für die **mit Sperrvermerk versehenen Buchforderungen** i.S.d. § 1816 BGB. Von dem Genehmigungserfordernis erfasst werden aber nur die Rechtsgeschäfte hinsichtlich des **Stammrechts,** d.h. die verbriefte Forderung oder das Recht als solches, nicht etwaige Zinsansprüche daraus.

93 Da die §§ 1819, 1820 BGB **Folgevorschriften zu den §§ 1814 bis 1816 BGB** sind, gelten sie nicht für den **befreiten Betreuer** (§ 1817; § 1803; §§ 1857a, 1853 BGB; dazu unten Rn. 94 ff.), selbst wenn dieser freiwillig hinterlegt bzw. umgeschrieben hat[195]. In diesen Fällen ist auf § 1812 BGB zu achten.

---

192 Erman-Schulte-Bunert, § 1816 BGB, Rn. 1
193 MK-Kroll-Ludwigs, § 1816 BGB, Rn. 3
194 D. h. nicht nur bei der Herausgabe nach § 1814 BGB
195 MK-Kroll-Ludwigs, § 1820 BGB, Rn. 5

Im Rahmen der §§ 1819, 1820 BGB reicht eine Genehmigung des Gegen- oder Mitvormundes nicht aus. **Stets ist die gerichtliche Entscheidung** erforderlich.

Bei §§ 1819, 1820 BGB handelt es sich **nicht um bloße Ordnungsvorschriften,** sondern um sog. **Außengenehmigungen.** Ohne die Genehmigung ist das Rechtsgeschäft unwirksam (vgl. §§ 1828, 1829 BGB).

i. Befreiungen, §§ 1817 BGB, 1857a, 1852, 1854 BGB

§ 1817 BGB Befreiung

(1) [1]Das Betreuungsgericht kann den Vormund auf dessen Antrag von den ihm nach den §§ 1806 bis 1816 obliegenden Verpflichtungen entbinden, soweit

1. der Umfang der Vermögensverwaltung dies rechtfertigt und

2. eine Gefährdung des Vermögens nicht zu besorgen ist.

[2]Die Voraussetzungen der Nummer 1 liegen im Regelfall vor, wenn der Wert des Vermögens ohne Berücksichtigung von Grundbesitz 6000 Euro nicht übersteigt.

(2) Das Betreuungsgericht kann aus besonderen Gründen den Vormund von den ihm nach den §§ 1814, 1816 obliegenden Verpflichtungen auch dann entbinden, wenn die Voraussetzungen des Absatzes 1 Nr. 1 nicht vorliegen.

aa. § 1817 BGB

Das Betreuungsgericht kann unter bestimmten Voraussetzungen auf Antrag des Betreuers eine Befreiung von den Anlagebeschränkungen und Regelungen über den Umgang mit Wertpapieren aus §§ 1806 bis 1816 anordnen. 94

▶ *Zu den einzelnen Regelungen über den Umgang mit Wertpapieren vgl. die Ausführungen zu den §§ 1806 bis 1816, oben Rn. 56 ff., 65 ff., 72 ff., 80 ff., 85 ff., 90.*

Ihm kann die Anlage in nicht mündelsicheren Anlageformen ohne Genehmigung im Einzelfall gestattet werden, ferner die Freiheit zur Verfügung über Forderungen, die Aufhebung der Sperrvermerkspflicht für die Anlagen und die Befreiung von Hinterlegungs- und Umschreibungspflicht bei Wertpapieren.

Voraussetzung ist, dass der geringe Umfang der Vermögensverwaltung die Befreiung rechtfertigt und keine Gefährdung des Vermögens des Betreuten zu befürchten ist.

(1) Geringer Umfang der Vermögensverwaltung

Der Umfang der Vermögensverwaltung ist in der Regel gering, wenn das Vermögen des Betreuten ohne Einbeziehung von Grundbesitz 6.000 Euro nicht übersteigt (Abs. 1 Satz 2). Es handelt sich um ein Regelbeispiel, d.h. im Einzelfall können auch bei kleinem Vermögen Gründe gegen eine Befreiung sprechen oder kann eine Befreiung gerechtfertigt sein, auch wenn das Vermögen 6.000 Euro übersteigt[196]. Die Höhe des Vermögens wird dabei allein aus dem Aktivvermögen ermittelt, d.h. aus allen Rechten und Forderungen, die entweder auf Geld gehen oder einen geldwerten Inhalt haben. Sie lässt sich aus dem gem. § 1802 BGB anzufertigenden Vermögensverzeichnis ersehen[197]. Grundbesitz ist vom Gesetzgeber von dieser Berechnung ausgenommen worden. 95

196 Staudinger-Veit, § 1817 BGB, Rn. 18
197 HK-BUR-Hoffmann/Deinert, § 1817 BGB, Rn. 24 ff.

(2) Keine Vermögensgefährdung

96 Eine Vermögensgefährdung ist z.B. bei einer risikoreichen Kapitalanlage zu befürchten. Hingegen sprechen gute, geordnete Vermögensverhältnisse gegen eine Vermögensgefährdung. Die **Vermögensgefährdung** muss sich gerade aus der Art der Vermögensverwaltung ergeben. Der Umstand, dass gerade einem bestimmten Betreuer die Vermögensverwaltung obliegt, reicht für die Annahme einer Vermögensgefährdung nicht aus[198], solange er die Vermögensverwaltung ordnungsgemäß durchführt.

(3) Beantragung der Befreiung

97 Schließlich muss der Betreuer die Befreiung beantragt haben. Da das Antragserfordernis zum einen dem Schutz des Vermögens des Betreuten dient und zum anderen den Betreuer vor Schadensersatzansprüchen des Betreuten nach § 1833 BGB schützen soll, wird davon ausgegangen, dass das Antragserfordernis die Qualität einer Sachentscheidungsvoraussetzung hat[199]. Der **Antrag** kann **jederzeit zurückgenommen werden.** Die Befreiungserteilung ist im Falle einer Rücknahme des Antrags ausgeschlossen[200].

Funktional zuständig für die Entscheidung über einen Antrag auf Befreiung gem. § 1817 Abs. 1 BGB oder eine Befreiung gem. § 1817 Abs. 2 BGB ist der Rechtspfleger (§ 3 Nr. 2a RPflG). Dies gilt auch für die Einschränkung oder Aufhebung der Befreiung. Wird die Befreiung schon im Rahmen des Bestellungsverfahrens erteilt, entscheidet der Richter.

bb. Erleichterung bei §§ 1814 und 1816 BGB

98 Von den Verpflichtungen aus §§ 1814 und 1816 BGB (dazu oben Rn. 85 ff., 90) kann unter Umständen auch befreit werden, wenn die Voraussetzung des geringen Umfangs der Vermögensverwaltung nicht erfüllt ist, aber **besondere Gründe** vorliegen. Diese sind gegeben, wenn eine Gefahr für das Vermögen des Betreuten auch ohne die Erfüllung der durch die Schutzvorschriften auferlegten Pflichten ausscheidet.

Als Beispiel seien die Fälle genannt, dass die Kosten der Hinterlegung gegenüber dem zu hinterlegenden Vermögen überproportional groß sind, eine **Interessengemeinschaft zwischen dem Betreuten und dem Betreuer** besteht oder dass vom Betreuer **andere Sicherheiten** und Garantien abgegeben werden.

99 Strittig ist, ob die besondere Vertrauenswürdigkeit des Betreuers allein ausreicht[201]. Dagegen wird vorgebracht, dass dadurch unzulässig zwischen den Betreuern klassifiziert würde[202]. Zuzugeben ist, dass die persönliche Vertrauenswürdigkeit allein noch nicht genügt. Kommen jedoch weitere Faktoren hinzu, wie geordnete Vermögensverhältnisse des Betreuers und eventuell unbeanstandete Amtsführung in anderen Betreuungsfällen[203], ist die Befreiung gerechtfertigt.

100 Das Vorliegen besonderer Gründe ist im Rechtsbehelfsverfahren voll überprüfbar, da es sich um einen unbestimmten Rechtsbegriff handelt[204]. Die Befreiung kann im Rahmen des gerichtlichen Ermessens zeitlich begrenzt, auf einzelne der Bindungsvorschriften beschränkt oder nur unter Auflage erteilt werden[205].

---

198 HK-BUR-Hoffmann/Deinert, § 1817 BGB, Rn. 29
199 HK-BUR-Hoffmann/Deinert, § 1817 BGB, Rn. 31 (allerdings rechtpolitisch kritisch); anders Staudinger-Engler, § 1817 BGB, Rn. 29
200 HK-BUR-Hoffmann/Deinert, § 1817 BGB, Rn. 31
201 MK-Kroll-Ludwigs, § 1817 BGB, Rn. 12
202 RGRK-Dickescheid, § 1817 BGB, Rn. 2; Gernhuber/Coester-Waltjen, § 72 III, Rn. 39
203 Vgl. Damrau-Zimmermann, § 1817 BGB, Rn. 7; MK-Kroll-Ludwigs, § 1817 BGB, Rn. 12
204 Damrau-Zimmermann, § 1817 BGB, Rn. 8; vgl. Erman-Schulte-Bunert, § 1817 BGB, Rn. 5; a.A. vgl. RGRK-Dickescheid, § 1817 BGB, Rn. 3
205 Vgl. MK-Kroll-Ludwigs, § 1817 BGB, Rn. 14; Damrau/Zimmermann, § 1817 BGB, Rn. 7

Das Gericht kann auch dann die Befreiung erteilen, wenn sie nicht zwingend geboten, aber vorteilhaft erscheint[206].

Ein Antrag ist bei einer Befreiung von § 1814 und § 1816 BGB zwar nicht erforderlich, in der Praxis wird das Betreuungsgericht aber kaum eine Befreiung erteilen, wenn der Betreuer dies nicht verlangt hat[207].

cc. Betreuungsvereine und -behörden, § 1857a BGB

101 Den Betreuungsvereinen und den Behörden als Betreuer stehen die in §§ 1852 Abs. 2, 1853, 1854 BGB genannten **Befreiungen kraft Gesetzes** zu (§ 1857a BGB).

Demnach unterliegt das Anlegen von Betreutengeld nicht den in §§ 1809, 1810 BGB genannten Beschränkungen und muss nicht gem. § 1810 BGB durch den Gegenbetreuer oder durch das Betreuungsgericht genehmigt werden (§ 1852 Abs. 2 BGB). Für Anlagen i.S.d. § 1807 Abs. 1 Nr. 5 BGB muss kein Sperrvermerk eingetragen werden. Des Weiteren erlaubt § 1852 Abs. 2 BGB, dass über Forderungen und Wertpapiere ohne die nach § 1812 BGB sonst erforderliche Genehmigung des Gegenvormundes bzw. des Gerichts frei verfügt wird.

§ 1853 BGB befreit Betreuungsvereine und Behörden als Betreuer ferner von der Verpflichtung zur Hinterlegung von Inhaberpapieren aus § 1814 BGB sowie zur Eintragung eines Sperrvermerks bei Schuldbuchforderungen aus § 1816 BGB. Gleichzeitig entfallen die Genehmigungspflichten der §§ 1819, 1820 BGB.

Auch die Verpflichtung zur laufenden Rechnungslegung aus § 1840 Abs. 2 bis 4 BGB während der Dauer ihres Amtes besteht nicht (§§ 1857a, 1854 Abs. 1 BGB). Allerdings müssen sie nach dem Ablauf von je zwei Jahren eine Übersicht über den Bestand des ihrer Verwaltung unterliegenden Vermögens beim Betreuungsgericht einreichen (§ 1854 Abs. 2 Satz 1 BGB)[208]. Diese Übersicht kann auf das eingereichte Vermögensverzeichnis Bezug nehmen und braucht nicht die Zu- und Abgänge anzugeben. Das Betreuungsgericht kann diesen Zeitraum auf bis zu fünf Jahre ausdehnen (§ 1854 Abs. 2 Satz 2 BGB). Von der Pflicht zur Erstellung eines Vermögensverzeichnisses und der Schlussrechnung ist eine Befreiung nicht möglich.

dd. Familienangehörige, § 1908i Abs. 2 Satz 2 i.V.m. § 1857a BGB

102 Die in § 1857a BGB geschilderten **Befreiungen** gelten auch **für** bestimmte nahe Angehörige als Betreuer**: Eltern, Ehegatten, Abkömmlinge** sowie Lebenspartner nach dem LPartG; nicht erfasst ist der Partner einer nichtehelichen Lebensgemeinschaft.

Das Betreuungsgericht kann jedoch bei ihrer Bestellung anordnen, dass die Befreiungen für sie nicht gelten. Es kann im Rahmen seines Ermessens auch nur von einzelnen Vorschriften befreien oder Auflagen anordnen. Die Befreiungen können auch jederzeit ganz oder teilweise aufgehoben werden, wenn eine engere Kontrolle der genannten Personen angezeigt ist[209]. Gesichtspunkte der gerichtlichen Entscheidung sind der Wert des Vermögens und die Fähigkeiten des Betreuers[210].

206 HK-BUR-Hoffmann/Deinert, § 1817 BGB, Rn. 37
207 MK-Kroll-Ludwigs, § 1817 BGB, Rn. 9
208 LG Hechingen BtPrax 2016, 158
209 Jürgens-von Crailsheim, § 1857a BGB, Rn. 10
210 Vgl. LG München BtPrax 1998, 83

j. Vorbemerkung zu §§ 1821, 1822 BGB

103 §§ 1821, 1822 BGB sind die spezielleren Regelungen gegenüber § 1812 BGB, der aber hilfsweise anwendbar bleibt.

Die Vorschriften betreffen Geschäfte von großer vermögensrechtlicher Bedeutung, so dass sie vom Vormund/Betreuer nicht ohne Zustimmung des Gerichts getätigt werden können.

104 Eine Genehmigung des Gegen- oder Mitvormundes reicht für das Genehmigungserfordernis der §§ 1821, 1822 BGB nicht aus. Es ist **stets eine gerichtliche Entscheidung erforderlich.**

Die Genehmigungspflicht des Rechtsgeschäfts besteht immer dann, wenn der Betreuer an ihm mitwirkt, sei es durch Selbstvornahme, sei es, dass er dem Geschäftsabschluss des unter Einwilligungsvorbehalt stehenden Betreuten (§ 1903 BGB) zustimmt. Es ist auch nicht möglich, diese Pflicht zu unterlaufen, indem der Betreuer einen Dritten bevollmächtigt: Das daraufhin getätigte Geschäft des Bevollmächtigten bedarf dann der gerichtlichen Genehmigung. Es genügt nicht, dass die im Kaufvertrag enthaltene Belastungsvollmacht bereits genehmigt wurde[211].

Unerheblich ist ebenfalls, ob **bereits eine Verpflichtung** zur Vornahme eines Rechtsgeschäfts i.S.d. Norm besteht[212]. Wird eine Verpflichtung zu einer Verfügung genehmigt, ist damit nicht schon die Genehmigung für die Verfügung selbst gegeben. Vielmehr ist auch hierfür eine gesonderte Zustimmung erforderlich, die aber eventuell aus der ersten Genehmigung abgeleitet werden kann (siehe bei §§ 1828 ff. BGB, unten Rn. 145 ff.)[213].

105 Nach der herrschenden Ansicht sind **Prozesserklärungen** wie beispielsweise ein Anerkenntnis (§ 307 ZPO) oder ein Klageverzicht (§ 306 ZPO) **nicht genehmigungspflichtig**[214]. Etwas anderes gilt für den Prozessvergleich, der auch materiell-rechtliche Wirkung entfaltet.

Zur Durchführung der **Zwangsvollstreckung** für oder gegen den Betreuten bedarf es regelmäßig keiner gerichtlichen Genehmigung[215].

106 Obwohl es sich um **formal zwingende Vorschriften** handelt[216], wird gelegentlich, abweichend vom konkreten Wortlaut der Norm, auch ihr Schutzzweck zu berücksichtigen sein[217]. Dies kann zu einer Ausnahme vom Genehmigungserfordernis oder der Annahme einer Genehmigungspflicht führen. Beispielsweise könnte auf die Genehmigung verzichtet werden, wenn ein wirtschaftlich unbedeutendes Geschäft vorliegt[218]. Umgekehrt ist die Genehmigung, trotz des Wortlauts der Norm, für einen Vorvertrag zum Grundstückskauf notwendig[219].

Bei der Erteilung der Genehmigung im Rahmen der §§ 1821, 1822 BGB handelt es sich laut Rechtsprechung um eine **Ermessensentscheidung** des Betreuungsgerichts[220]. Ge-

---

211 OLG Zweibrücken FGPrax 2005, 59
212 BayOLG FamRZ 1977, 141
213 Zur konkludenten Genehmigung der Auflassung aufgrund der Zustimmung zum Grundstücksverkauf siehe BayOLG Rpfleger 1985, 235 m.w.N., wonach regelmäßig eine schlüssige Genehmigung anzunehmen ist.
214 Erman-Schulte-Bunert, vor §§ 1821, 1822 BGB, Rn. 4; MK-Kroll-Ludwigs, § 1821 BGB, Rn. 14; Damrau/Zimmermann, Vorb. §§ 1821, 1822 BGB, Rn. 6 m.w.N; a.A.: Brüggemann, FamRZ 1989, 1137 f.
215 Eickmann, Rpfleger 1983, 199 f.; MK-Kroll-Ludwigs, § 1821 BGB, Rn. 14
216 BGH NJW 1970, 33; 1985, 136
217 MK-Kroll-Ludwigs, § 1821 BGB, Rn. 5; Jürgens-von Crailsheim, § 1821 BGB, Rn. 4
218 BGHZ 38, 26, 28
219 OLG Köln Rpfleger 1995, 353 f.
220 BGH NJW 1986, 2829 f.; BayOLG FamRZ 1998, 455, 456; BayObLG DNotZ 2002, 547; Damrau/Zimmermann, Vorbem. zu §§ 1821, 1822 BGB, Rn. 13; aber a.A.: Mayer, FamRZ 1994, 1007 f.; Staudinger-Veit, § 1828 BGB, Rn. 14

steht man jedoch dem Betreuer ein Ermessen zu, in dessen Rahmen er selbständig handelt, müsste das Gericht sich konsequenterweise darauf beschränken, zu prüfen, ob der Betreuer diesen Rahmen überschritten hat[221]. Dann gibt es aber nur eine richtige Antwort.

Zuständig ist der Rechtspfleger gem. § 3 Nr. 2b RPflG. Als Kriterium für die Genehmigungsfähigkeit ist einerseits die Wirtschaftlichkeit zu nennen, andererseits ist aber auch auf die **Interessen und Wünsche des Betreuten** Rücksicht zu nehmen[222] (dazu auch unten Rn. 148 ff.).

Ein **Testamentsvollstrecker** oder ein vom Erblasser **postmortal bzw. transmortal Bevollmächtigter** bedürfen keiner Genehmigung. Ebenso unterliegt der vom Betreuten selbst Bevollmächtigte nicht der Genehmigungspflicht, soweit der noch geschäftsfähige Betreute, für den kein Einwilligungsvorbehalt angeordnet ist, einen anderen bevollmächtigt. 107

Strittig ist, ob der Betreute auch den **Betreuer bevollmächtigen** und so den Genehmigungsvorbehalt unterlaufen kann[223]. Die Gesetzesbegründung spricht sich dagegen aus[224]. Gesetzeswortlaut und die Berücksichtigung der Wünsche des Betreuten werden für die gegenteilige Auffassung angeführt[225]. Für die Möglichkeit einer solchen Bevollmächtigung und der daraus folgenden Nichtanwendbarkeit der Genehmigungsvorbehalte in dieser Situation spricht der Rechtsgedanke des § 1829 Abs. 3 BGB, wonach ein geschäftsfähiger Betreuter grundsätzlich selbst genehmigen können müsste[226]. Nicht möglich ist es jedoch, den Betreuer durch den Betreuten von der betreuungsgerichtlichen Aufsicht generell oder für bestimmte Aufgaben freizustellen. Zulässig ist allenfalls die Befreiung durch Bevollmächtigung für ein einzelnes Geschäft[227].

Ohne die erforderliche Genehmigung ist ein unter §§ 1821, 1822 BGB fallendes einseitiges Rechtsgeschäft unwirksam (§ 1831 BGB), ein Vertrag schwebend unwirksam. Im Gegensatz zu §§ 1810, 1811, 1823 BGB handelt es sich hier um **sog. Außengenehmigungen,** nicht bloße Ordnungsvorschriften. Nach § 1829 BGB kann die Wirksamkeit durch nachträgliche Genehmigung und Mitteilung dieser Genehmigung an den Vertragspartner durch den Betreuer noch eintreten (dazu unten Rn. 154; zu den Rechtsfolgen unten Rn. 145 ff.). 108

k. Grundstücksgeschäfte, § 1821 BGB

§ 1821 BGB Genehmigung für Geschäfte über Grundstücke, Schiffe oder Schiffsbauwerke

(1) Der Vormund bedarf der Genehmigung des Betreuungsgerichts:

1. **zur Verfügung über ein Grundstück oder über ein Recht an einem Grundstück;**
2. **zur Verfügung über eine Forderung, die auf Übertragung des Eigentums an einem Grundstück oder auf Begründung oder Übertragung eines Rechts an einem Grundstück oder auf Befreiung eines Grundstücks von einem solchen Recht gerichtet ist;**
3. **zur Verfügung über ein eingetragenes Schiff oder Schiffsbauwerk oder über eine Forderung, die auf Übertragung des Eigentums an einem eingetragenen Schiff oder Schiffsbauwerk gerichtet ist;**

---

221 Vgl. Bienwald, Anm. DNotZ 2002, 551
222 BGH NJW 1986, 2829; BayOLG Rpfleger 1998, 22
223 Nach OLG Köln treten die betreuungsrechtlichen Beschränkungen selbst dann ein, wenn ein Vollmachtgeber nach der Erteilung der Vollmacht in ein Betreuungsverhältnis gestellt wird und der bereits Bevollmächtigte zum Betreuer ernannt wird (FamRZ 2000, 1525).
224 BT-Drucks. 11/4528, S.135 f.; OLG Köln FamRZ 2000, 1525; Erman-Roth, § 1902 BGB, Rn. 16
225 Jürgens-von Crailsheim, Vorb. § 1802 BGB, Rn. 8; MK-Schwab, § 1902 BGB, Rn. 10 m.w.N.
226 Dazu kritisch OLG Frankfurt BtPrax 1997, 76 ff.
227 Eppel, BtPrax 1993, 156 f.

4. zur Eingehung einer Verpflichtung zu einer der in den Nummern 1 bis 3 bezeichneten Verfügungen;

5. zu einem Vertrage, der auf den entgeltlichen Erwerb eines Grundstücks, eines eingetragenen Schiffs oder Schiffsbauwerks oder eines Rechtes an einem Grundstück gerichtet ist.

(2) Zu den Rechten an einem Grundstück im Sinne dieser Vorschriften gehören nicht Hypotheken, Grundschulden und Rentenschulden.

aa. Abs. 1 Nr. 1

Genehmigungsbedürftig sind alle **Verfügungen über ein Grundstück (des Betreuten) oder ein Recht an einem Grundstück.**

(1) Verfügungen

109 Verfügungen sind Rechtsgeschäfte, die sich auf ein bestehendes Recht auswirken durch inhaltliche Änderung, Aufhebung, Übertragung oder Belastung (zum Verfügungsbegriff auch oben Rn. 73). Verfügungen sind etwa die Auflassung des Grundstückes im Rahmen der Eigentumsübertragung nach §§ 873, 925 BGB, die Begründung von Wohnungseigentum, die Übertragung oder Belastung mit beschränkt dinglichen Rechten (auch die Belastung mit einer Grundschuld, Hypothek oder Rentenschuld, weil es hierbei um Verfügungen über das Grundstück geht[228] und nicht über das Recht am Grundstück, wofür § 1821 BGB nach Abs. 2 nicht gelten würde), Übernahme einer Baulast[229] und die Zustimmung zur Verfügung eines Nichtberechtigten[230]. Auch die Änderung der Fälligkeit oder des Zinses eines Grundpfandrechts trotz Abs. 2 gehört hierher, weil auch in diesem Fall über das Grundstück und nicht über das Recht am Grundstück verfügt wird[231], ebenso die Bewilligung einer Vormerkung[232] sowie der Verzicht auf die Grundbuchberichtigung zu Lasten des Betreuten[233].

Als Verfügung gilt nicht die Überlassung bzw. Ausübung eines Grundstücksrechts oder die Abrede darüber, welche Forderung durch eine (bereits genehmigte) Sicherungsgrundschuld gesichert werden soll[234]. Nicht unter Nr. 1, sondern unter Nr. 2 (vgl. unten Rn. 112) fällt die Abtretung des Anspruches auf Auflassung (Eigentumsübertragung).

(2) Grundstücke/Rechte am Grundstück

110 Zu den Rechten an einem Grundstück zählen das Eigentum, die Dienstbarkeiten, die Reallasten, der Nießbrauch, das Vorkaufsrecht und das Wohnungseigentum sowie eine Auflassungsvormerkung[235]. Obwohl auch Hypotheken, Grundschulden und Rentenschulden Rechte am Grundstück sind, werden sie durch § 1821 Abs. 2 BGB vom Anwendungsbereich des § 1821 Abs. 1 Nr. 1 BGB ausgenommen[236]. Nicht zu den Rechten am Grundstück gehören die rein obligatorischen Rechte, wie Miete oder Pacht.

Genehmigungsbedürftig ist eine Verfügung auch dann, wenn der Betreute nur einen Anteil am Grundstück bzw. am Recht an diesem Grundstück hat, so etwa bei der Anteilsüber-

---

228 LG Hagen BtPrax 2014, 505
229 OVG Münster NJW 1996, 275
230 BayOLGZ 13, 287
231 BGH BB 1951, 404; BGHZ 1, 295, 305 f.
232 OLG Celle Rpfleger 1980, 187; OLG Frankfurt FamRZ 1997, 1342; jedoch hindert eine noch ausstehende Genehmigung nicht die Eintragung der Vormerkung, BayOLG DNotZ 1994, 182.
233 BGH FamRZ 1955, 359
234 Diese Rechtsgeschäfte können aber unter § 1812 BGB fallen; BayOLG FamRZ 1986, 597
235 KG Rpfleger 2017, 266
236 Sie fallen unter § 1812 BGB und unter Umständen unter § 1819 BGB.

tragung oder Auseinandersetzung der gesamthänderischen Erbengemeinschaft[237] oder der Gesellschaft bürgerlichen Rechts.

§ 1821 Abs. 1 Nr. 1 BGB bezieht sich aber **nur auf bereits vorhandenes Grundstückseigentum**[238]. Die Übernahme oder die Begründung von Belastungen im Rahmen des Grundstückserwerbs (z.B. Grundschuld zur Finanzierung des Grundstücks) bedürfen grundsätzlich keiner betreuungsgerichtlichen Genehmigung[239]. Insoweit ist die Vorschrift einschränkend auszulegen, da sie nur bereits vorhandenes Vermögen schützen will[240]. Soll eine solche Belastung zur Finanzierung des Grundstücks allerdings erst nach dem Erwerbsgeschäft erfolgen, d.h. ohne zeitlich und sachlich unmittelbaren Bezug zum Erwerb, handelt es sich um eine Verfügung über bereits vorhandenes Vermögen, die damit grundsätzlich der Genehmigungspflicht[241] unterliegt. **111**

Ist der **Betreute Gesellschafter** einer OHG, die Eigentümerin von Grundstücksrechten ist, so ist eine Verfügung über dieses Grundstück genehmigungsfrei, weil die OHG, wie andere juristische Personen auch, selbst Rechtssubjekt ist[242].

Grundsätzlich **nicht** unter § 1821 Abs. 1 Nr. 1 BGB fällt **der dingliche Erwerb** des Grundstücks oder Grundstücksrechts, da in diesem Fall nicht der Betreute verfügt, sondern der Vertragspartner. Demnach ist die Entgegennahme der Auflassung durch den Betreuten bzw. Betreuer nicht genehmigungspflichtig[243].

bb. Abs. 1 Nr. 2

Zu den **Verfügungen über eine Forderung** i.S.d. Nr. 2 gehören vor allem die Abtretung des Anspruchs auf Auflassung, d.h. auf Übertragung des Eigentums, aus dem schuldrechtlichen Vertrag, die Wiederaufhebung eines Grundstückskauf- oder Schenkungsvertrages[244], die Löschung einer Auflassungsvormerkung und die Abtretung des schuldrechtlichen Anspruchs auf ein Recht am Grundstück (z.B. Dienstbarkeiten)[245]. Die Entgegennahme der Auflassung durch den Betreuer fällt nicht unter die Vorschrift. **112**

cc. Abs. 1 Nr. 3

Das zu Nr. 1 und 2 Gesagte (oben Rn. 109 ff., 112) gilt entsprechend für Verfügungen hinsichtlich eines eingetragenen Schiffs oder Schiffsbauwerks sowie für die Forderung auf Eigentumsübertragung eines solchen Schiffs oder Schiffsbauwerks. **113**

dd. Abs. 1 Nr. 4

Nach Nr. 4 bedarf bereits die Eingehung einer **Verpflichtung,** d.h. eines entsprechenden schuldrechtlichen Vertrags **zu einer der in Nr. 1 bis 3 bezeichneten Verfügungen** für den Betreuten, der Genehmigung durch das Betreuungsgericht. Diese Verpflichtungen können beispielsweise der Kaufvertrag über ein Grundstück des Betreuten, die Vereinba- **114**

237 BGH NJW 1971, 1805
238 Schutz des bereits vorhandenen Vermögens; Damrau/Zimmermann, § 1821 BGB, Rn. 3
239 BGH NJW 1998, 453 = FamRZ 1998, 24; BayOLG Rpfleger 1992, 62
240 MK-Kroll-Ludwigs, § 1821 BGB, Rn. 23
241 Klüsener, Rpfleger 1981, 258, 263; a.A. OLG Frankfurt Rpfleger 1981, 19, wenn bei Erwerb diese Finanzierungsmöglichkeit vorbehalten wurde.
242 RGZ 54, 278 f.
243 BayOLG Rpfleger 1992, 62 f. Möglicherweise greift § 1812 BGB. Zu beachten ist aber, dass nach § 1821 Nr. 5 BGB der schuldrechtliche, entgeltliche Vertrag (z. B. Kauf- oder Tauschvertrag) genehmigungspflichtig ist, wenn er auf den Erwerb des Grundstücks (oder bezogen auf ein eingetragenes Schiff, Schiffsbauwerk oder sonstiges Recht am Grundstück) durch den Betreuten gerichtet ist.
244 OLG Karlsruhe FamRZ 1973, 378
245 Nicht zu den Verfügungen i.S.d. § 1821 BGB gehören Hypotheken, Grundschulden und Rentenschulden, wie sich aus Abs. 2 ergibt.

rung einer Belastung eines solchen Grundstücks mit einem Grundpfandrecht oder die Begründung eines vormerkungsgesicherten Rechts sein.

ee. Abs. 1 Nr. 5

115 Die Genehmigungspflicht besteht auch bei der Verpflichtung, d.h. einem schuldrechtlichen Vertrag, der auf den **entgeltlichen Erwerb des Grundstücks (-rechts),** eines eingetragenen Schiffs oder Schiffsbauwerks gerichtet ist, beispielsweise ein Tausch- oder Kaufvertrag. Das Grundbuchamt ist allerdings nicht berechtigt, die Genehmigung dieses schuldrechtlichen Kausalgeschäfts zu prüfen[246], so dass es in der Regel doch zu einer Eintragung kommen wird, soweit die Verfügung genehmigt ist. Eine Schenkung als **unentgeltliches Geschäft** unterliegt nicht der Genehmigungspflicht, selbst dann nicht, wenn das geschenkte Grundstück belastet ist[247]. Etwas anderes gilt nur, wenn in der Belastung eine versteckte Gegenleistung zu sehen ist. Eine Ausnahme besteht nach § 1822 Nr. 10 BGB, falls die Belastung eine persönliche Verpflichtung (z.B. Reallast) mit sich bringt[248]. Soll der Betreute eine Hypothek mit der zugrunde liegenden Forderung übernehmen, ist fraglich, ob die Vorschrift eingreift[249].

Wird im Rahmen einer **Zwangsversteigerung** durch den Betreuer für den Betreuten geboten, so bedarf der Betreuer gem. § 1821 Abs. 1 Nr. 5 BGB analog der Genehmigung des Gerichts zum Bieten[250].

Ebenfalls analog anzuwenden ist die Vorschrift beim Erbschaftskauf, wenn wesentlicher Bestandteil des Nachlasses ein Grundstück ist[251].

ff. Erklärungen vor dem Grundbuchamt

116 Zur Bewilligung im Grundbuchverfahren gem. § 19 GBO bzw. zum Nachweis der Einigung i.S.d. § 20 GBO bedarf der Betreuer dann keiner gesonderten Genehmigung mehr, wenn bereits das zugrunde liegende Rechtsgeschäft (z.B. die Grundschuldbestellung, der notarielle Kaufvertrag oder die dingliche Auflassung) genehmigt wurde. Anders ist es bei der Berichtigungsbewilligung hinsichtlich einer falschen Buchposition. Hier bedarf es der gerichtlichen Kontrolle.

gg. Maßstab

117 Maßstab für die Erteilung oder Versagung der betreuungsgerichtlichen Genehmigung für Grundstücksgeschäfte sind das Interesse und das Wohl des Betreuten zum Zeitpunkt der Entscheidung[252]. Dabei sind alle Umstände des Einzelfalles zu berücksichtigen unter Abwägung aller Vor- und Nachteile[253]. In seine Überlegungen hat das Gericht auch eine rechtliche Prüfung einzubeziehen, etwa die Frage, ob das Geschäft wegen eines Verstoßes gegen §§ 134, 138 BGB als sittenwidrig und nichtig anzusehen ist[254]. Überträgt ein Betreuer das Grundstück des Betreuten auf einen Angehörigen, um dieses Grundstück bei einer absehbaren späteren Inanspruchnahme staatlicher Unterstützung dem Zugriff des Sozialhilfeträgers zu entziehen, so ist eine Sittenwidrigkeit gegeben[255]. Ein solches Geschäft ist nicht genehmigungsfähig.

---

246 BayOLG Rpfleger 1992, 62, 63
247 Damrau/Zimmermann, § 1821 BGB, Rn. 20; Erman-Schulte-Bunert, § 1821 BGB, Rn. 14
248 Z.T. str., siehe Klüsener, Rpfleger 1981, 461, 466 f.
249 Nachweise bei Damrau/Zimmermann, § 1821 BGB, Rn. 20
250 MK-Kroll-Ludwigs, § 1821 BGB, Rn. 44; Brüggemann, FamRZ 1990, 5, 9 f.
251 Erman-Schulte-Bunert, § 1821 BGB, Rn. 13; MK-Kroll-Ludwigs, § 1821 BGB, Rn. 45
252 BGH NJW 1986, 2829
253 Siehe BGH BtPrax 2017, 77
254 OLG Frankfurt BtPrax 2004, 200
255 OLG Frankfurt BtPrax 2004, 200

I. Sonstige Geschäfte, § 1822 BGB (ausgenommen Nr. 5)

§ 1822 BGB Genehmigung für sonstige Geschäfte

Der Vormund bedarf der Genehmigung des Betreuungsgerichts:

1. **zu einem Rechtsgeschäfte, durch das der Mündel zu einer Verfügung über sein Vermögen im Ganzen oder über eine ihm angefallene Erbschaft oder über seinen künftigen gesetzlichen Erbteil oder seinen künftigen Pflichtteil verpflichtet wird, sowie zu einer Verfügung über den Anteil des Mündels an einer Erbschaft,**
2. **zur Ausschlagung einer Erbschaft oder eines Vermächtnisses, zum Verzicht auf einen Pflichtteil sowie zu einem Erbteilungsvertrag,**
3. **zu einem Vertrag, der auf den entgeltlichen Erwerb oder die Veräußerung eines Erwerbsgeschäfts gerichtet ist, sowie zu einem Gesellschaftsvertrage, der zum Betrieb eines Erwerbsgeschäfts eingegangen wird,**
4. **zu einem Pachtvertrag über ein Landgut oder einen gewerblichen Betrieb,**
5. **zu einem Miet- oder Pachtvertrag oder einem anderen Vertrage, durch den der Mündel zu wiederkehrenden Leistungen verpflichtet wird, wenn das Vertragsverhältnis länger als ein Jahr nach dem Eintritt der Volljährigkeit des Mündels fortdauern soll,**
6. **zu einem Lehrvertrag, der für längere Zeit als ein Jahr geschlossen wird,**
7. **zu einem auf die Eingehung eines Dienst- oder Arbeitsverhältnisses gerichteten Vertrag, wenn der Mündel zu persönlichen Leistungen für längere Zeit als ein Jahr verpflichtet werden soll,**
8. **zur Aufnahme von Geld auf den Kredit des Mündels,**
9. **zur Ausstellung einer Schuldverschreibung auf den Inhaber oder zur Eingehung einer Verbindlichkeit aus einem Wechsel oder einem anderen Papier, das durch Indossament übertragen werden kann,**
10. **zur Übernahme einer fremden Verbindlichkeit, insbesondere zur Eingehung einer Bürgschaft,**
11. **zur Erteilung einer Prokura,**
12. **zu einem Vergleich oder einem Schiedsvertrag, es sei denn, dass der Gegenstand des Streites oder der Ungewissheit in Geld schätzbar ist und den Wert von 3000 Euro nicht übersteigt oder der Vergleich einem schriftlichen oder protokollierten gerichtlichen Vergleichsvorschlag entspricht,**
13. **zu einem Rechtsgeschäfte, durch das die für eine Forderung des Mündels bestehende Sicherheit aufgehoben oder gemindert oder die Verpflichtung dazu begründet wird.**

aa. Nr. 1

Fraglich ist, ob die Pflicht zur Verfügung **über das Vermögen des Betreuten im Ganzen** gegeben ist, wenn sie sich lediglich auf einen einzelnen Vermögensgegenstand erstreckt und diese **faktisch das ganze Vermögen** bildet[256]. Aus Gründen der Rechtssicherheit ist hier, anders als bei § 1365 BGB, der formalen Auslegung der Vorrang zu geben, so dass Verfügungen über Einzelgegenstände genehmigungsfrei sind[257]. Da als Einzelgegenstände, die das gesamte Vermögen ausmachen, in der Praxis meist Grundstücke in Be- 118

256 BGH DNotZ 1957, 503, 504 = FamRZ 1957, 121 f.; Klüsener, Rpfleger 1993, 133; wegen der streng formalen Sicht und zugunsten der Rechtssicherheit.

257 Wie hier Erman-Schulte-Bunert, § 1822 BGB, Rn. 1 m.w.N.; Damrau/Zimmermann, § 1822 BGB, Rn. 4 m.w.N.; a.A. Reinicke, DNotZ 1957, 505; Kurz, NJW 1992, 1798, 1799 mit dem Hinweis, dass es im Rahmen der §§ 1365, 1423 BGB allgemeine Ansicht ist, unter Vermögen im Ganzen auch einzelne Gegenstände zu subsumieren, die tatsächlich ca. 80 % des Vermögens bilden.

tracht kommen und diese unter § 1821 Nr. 1 BGB fallen, hat der Streit praktisch kaum Relevanz.

Ebenso genehmigungsbedürftig wie Verfügungen i.S.d. § 1822 Nr. 1 BGB ist die **Verpflichtung zur Verfügung über eine bereits angefallene Erbschaft bzw. einen Erbschaftsanteil oder den künftigen gesetzlichen Erbteil bzw. Pflichtteil**[258]. Erfasst werden der Erbschaftskauf und Erbauseinandersetzungsverträge. Ebenfalls genehmigungsbedürftig ist die Verpflichtung des Betreuten zu einem **Erbverzichtsvertrag** i.S.d. § 2347 Abs. 1 BGB.

Die Verfügung selbst wird von § 1822 BGB nicht erfasst; eine Ausnahme macht das Gesetz für die Verfügung über einen Erbanteil, z.B. die Verpfändung an den Sozialhilfeträger[259]. Ein Genehmigungserfordernis hierfür kann sich aber aus anderen Vorschriften ergeben, z.B. aus § 1821 BGB (dazu oben Rn. 109 ff.).

bb. Nr. 2

119 Des Weiteren bedarf die **Ausschlagung der Erbschaft** (§§ 1942 ff. BGB), **nicht** hingegen **die Annahme der Erbschaft,** die der Gesetzgeber für vorteilhaft ansieht, der gerichtlichen Genehmigung. Die Anfechtung der Annahme ist genehmigungspflichtig, da diese gem. § 1957 Abs. 1 BGB als Ausschlagung gilt[260].

Das Gleiche gilt für die **Ausschlagung eines Vermächtnisses** (§ 2180 BGB), während die Annahme des Vermächtnisses keiner Genehmigung bedarf. Mangels eines Verweises in § 2180 BGB auf § 1957 BGB ist auch die Anfechtung der Annahme des Vermächtnisses im Gegensatz zur Anfechtung der Annahme der Erbschaft nicht genehmigungspflichtig[261]. Auch die Anfechtung des Testamentes ist nicht genehmigungsbedürftig[262].

Unter den Genehmigungsvorbehalt fällt der **Verzicht auf den Pflichtteil**, i.d.R. durch Erlassvertrag nach § 397 BGB mit den Erben, sowie gem. §§ 2346, 2347 Abs. 1 BGB der generelle Erbverzichtsvertrag und der **Erbteilungsvertrag**. Letzterer ist die Einigung über die gänzliche oder teilweise Auseinandersetzung der Erbengemeinschaft, zu welcher der Betreute gehört (daher auch Auseinandersetzungsvertrag genannt). Erfasst wird sowohl die schuldrechtliche Aufhebungsvereinbarung als auch das dingliche Vollzugsgeschäft[263]. Als Erbteilung wird teilweise z.B. auch die Veräußerung eines Nachlassgegenstandes zur anschließenden Teilung des Erlöses unter den Erben angesehen[264]. Ebenfalls darunter fällt laut OLG Hamm der Abschichtungsvertrag, mit dem Miterben aus der Erbengemeinschaft ausscheiden[265]. Erfolgt die Auseinandersetzung nach den gesetzlichen Vorschriften der §§ 2042, 749 ff. BGB, ist sie nach richtiger Auffassung nicht genehmigungsbedürftig[266]. Nicht unter Nr. 2, sondern unter Nr. 1 fällt die Veräußerung des Erbanteils.

---

258 BGH Rpfleger 1986, 181; Klüsener, Rpfleger 1993, 133. Bei der Veräußerung der Erbschaft gelten auch die speziellen Voraussetzungen der §§ 2371 ff. BGB und bei der Bestellung eines Nießbrauchs an der Erbschaft § 1089 BGB. Für eine künftige Erbschaft beachte § 311b Abs. 4, 5 BGB.

259 Jürgens-von Crailsheim, § 1822 BGB, Rn. 6

260 BayOLG FamRZ 1983, 834

261 Erman-Schulte-Bunert, § 1822 BGB, Rn. 3

262 OLG Frankfurt AGS 2016, 427

263 Damrau/Zimmermann, § 1822 BGB, Rn. 13

264 Klüsener, Rpfleger 1993, 133, 134; a.A. OLG Jena Rpfleger 1996, 26, dort wird die Veräußerung noch als bloße Vorbereitung der Auseinandersetzung angesehen, die aber unter § 1821 BGB fallen kann.

265 OLG Hamm ZErb 2017, 317

266 Weil keine Interessengefährdung für den Betreuten besteht (Brüggemann, FamRZ 1990, 124, 128; a.A. Staudinger-Veit, § 1822 BGB, Rn. 26 m.w.N.). Gleiches gilt für die Erhebung der Teilungsklage auf gesetzliche Auseinandersetzung und den Antrag an das Nachlassgericht auf Vermittlung bei der Auseinandersetzung (OLG Frankfurt Rpfleger 1993, 505).

Genehmigungsbedürftig nach anderen Normen sind die Anfechtung und die Aufhebung des Erbvertrags (§ 2282 Abs. 2 BGB; § 2290 Abs. 3 BGB) sowie der Abschluss eines Erbverzichtsvertrags (§ 2347 BGB).

Die Ausschlagung eines Erbteils des Betreuten, der mehr Aktiva als Passiva aufweist, ist i.d.R. nicht genehmigungsfähig, obwohl dies durchaus im Interesse des Betreuten liegen kann (§ 1901 BGB), etwa wenn mit der Ausschlagung der Zugriff durch den Sozialhilfeträger (BSHG) verhindert werden soll[267], da ein solches Rechtsgeschäft zu Lasten der Sozialhilfe und damit der Allgemeinheit nach h.M. sittenwidrig i.S.d. § 138 BGB wäre[268]. Gleiches wird auch für den Verzicht auf den Pflichtteil gelten. 120

cc. Nr. 3

(1) Erwerbsgeschäft

Bei dem schuldrechtlichen Vertrag über den entgeltlichen Erwerb eines Erwerbsgeschäfts[269] drohen Gefahren vor allem durch die persönliche Haftung des Betreuten[270], bei dessen Veräußerung durch den Verlust einer möglichen Existenzgrundlage. 121

Genehmigungspflichtig ist sowohl das Kausal- als auch das Erfüllungsgeschäft[271].

Unter einem **Erwerbsgeschäft** versteht man jede berufsmäßig, selbständig ausgeübte Tätigkeit zur Gewinnerzielung, unabhängig davon, ob es sich um eine landwirtschaftliche, handwerkliche, wissenschaftliche oder sonstige Tätigkeit handelt. Hierzu sollten auch die **freiberuflichen Praxen** (z.B. Anwaltskanzlei, Arztpraxis usw.) gezählt werden[272]. Unerheblich ist, ob es sich um ein Einzelunternehmen, eine Personengesellschaft oder eine von der Erbengemeinschaft fortgeführte Gesellschaft handelt. Ausreichend ist es, wenn nur Teile des Geschäfts betroffen sind, so etwa bei dem entgeltlichen Erwerb der Beteiligung an einer der geschilderten Gesellschaften. 122

Unter die Genehmigungspflicht der Nr. 3 fallen nach h.M. auch die Verpfändung, der Erwerb und die Veräußerung eines **Nießbrauchs** an dem Erwerbsgeschäft[273], da stets die Gefahr eines hohen Haftungsrisikos besteht. Bei der **Beteiligung an einer Kapitalgesellschaft** (z.B. GmbH, AG usw.) ist das Genehmigungserfordernis aber nur dann gegeben, wenn der Anteilserwerb wirtschaftlich dem Erwerb eines Erwerbsgeschäfts gleichkommt, etwa weil dem Geschäft über die bloße Kapitaleinlage hinaus eine wirtschaftliche Bedeutung zukommt[274]. Der Veräußerung steht das Ausscheiden aus der Gesellschaft gegen **Abfindung** gleich.

Nicht unter Nr. 3 gehört die **Auflösung eines Erwerbsgeschäfts**[275] sowie die **Kündigung des Gesellschaftsvertrags**[276], was aber regelmäßig von § 1823 BGB erfasst wird (dazu unten Rn. 136). 123

---

267 OLG Stuttgart BtPrax 2001, 255 ff.
268 OLG Hamm BtPrax 2009, 302 mit kritischer Anmerkung von Ihrig. Nach den Umständen des Einzelfalls kann es auch Ausnahmen von der Sittenwidrigkeit geben (OLG Stuttgart BtPrax 2001, 255, 257; vgl. auch OLG Frankfurt BtPrax 2004, 284).
269 Die unentgeltliche Veräußerung fällt regelmäßig unter §§ 1908i Abs. 2 i.V.m. 1804 BGB (dazu Teil D Rn. 40 ff.).
270 Jürgens-von Crailsheim, § 1822 BGB, Rn. 11
271 Damrau/Zimmermann, § 1822 BGB, Rn. 15
272 MK-Kroll-Ludwigs, § 1822 BGB, Rn. 11a m.w.N. auch zur entgegengesetzten älteren Rspr.
273 Brüggemann, FamRZ 1990, 124, 126; Palandt-Götz, § 1822 BGB, Rn. 7; Damrau/Zimmermann, § 1822 BGB, Rn. 23; a.A. MK-Kroll-Ludwigs, § 1822 BGB, Rn. 18
274 Klüsener, Rpfleger 1993, 133, 136; BGH NJW 1989, 1926 ff.; BGH NJW 1976, 1946
275 BGH NJW 1970, 33
276 BGH NJW 1961, 724, 725

Ebenfalls nicht von Nr. 3 erfasst ist die Schenkung oder Vererbung eines Erwerbsgeschäfts an den Betreuten, da dies unentgeltlich erfolgt. Wird der Betreute in diesen Fällen in ein Geschäft eingebunden, ist eine Genehmigungspflicht aber nach § 1822 Nr. 10 BGB denkbar[277].

(2) Gesellschaftsvertrag

124 Ausdrücklich nennt das Gesetz einen **Gesellschaftsvertrag,** der zum Betrieb eines Erwerbsgeschäfts eingegangen wird[278]. Ob dies für eine BGB-Gesellschaft zutrifft, muss im Einzelfall geklärt werden: Von der Genehmigungspflicht wird eine Gesellschaft nicht erfasst, deren **alleiniger Zweck die Verwaltung von Familienvermögen** ist[279]. Problematisch ist hier die Abgrenzung zur Erwerbsgesellschaft[280], die sich nach dem Umfang der geschäftlichen Tätigkeit, deren Dauer und dem übernommenen Risiko richtet[281].

Anders als bei dem Erwerb ist es bei der **Eingehung eines Gesellschaftsvertrages oder dem Beitritt** zu einem solchen **unerheblich, ob** der Betreute hierfür eine **Gegenleistung** erbringen muss, weil hier das entstehende Haftungsrisiko entscheidend ist[282]. Genehmigungsfrei ist allerdings die Erlangung einer Gesellschafterstellung durch eine Erbschaft, z.B. aufgrund Nachfolgeklausel[283] oder durch Eintrittsklauseln[284], die ein Optionsrecht zum Eintritt gewähren[285].

Unter Nr. 3 fallen z.B. die **Gründungsverträge** für eine Kapital- oder Personengesellschaft bzw. der **Beitritt zu einer solchen Gesellschaft** und zwar unabhängig von der Art der Gesellschafterstellung für den Betreuten[286], so die Gründung einer stillen Gesellschaft bzw. der Beitritt als stiller Gesellschafter[287], die Gründung einer GbR mit dem Zweck der Verwaltung und Verwertung von Immobilien[288], einer Leasinggesellschaft[289], einer Kapitalgesellschaft (etwa GmbH[290] oder AG)[291], der Beitritt zu einer KG als Kommanditist[292]. Auch der Erwerb eines Anteils an einem geschlossenen Immobilienfonds in Form einer GmbH fällt darunter, ebenso ist der Erwerb eines erheblichen Anteils an einer GmbH (etwa 50 %) oder AG genehmigungspflichtig[293].

Obwohl der Wortlaut der Nr. 3 sich augenscheinlich nur auf die Eingehung bzw. den Beitritt zu einem Gesellschaftsvertrag bezieht, werden von dem Genehmigungsvorbehalt

277 BGH FamRZ 1989, 605; BGH NJW 1985, 136 f.

278 Zur Problematik siehe Klüsener, Rpfleger 1990, 321 ff.

279 LG Münster FamRZ 1997, 842

280 BayOLG Rpfleger 1996, 67 ff.; 1997, 377 ff. sowie LG Aachen Rpfleger 1994, 104 f.

281 Vgl. LG Münster FamRZ 1997, 842; BayOLG FamRZ 1996, 119

282 OLG Zweibrücken FamRZ 2000, 117

283 Enthält ein Gesellschaftsvertrag einer Personengesellschaft (siehe z.B. § 139 HGB) eine Nachfolgeklausel für den Todesfall, so tritt der/die Erbe(n) in die Gesellschafterstellung des Erblassers ein. Die gesetzlich vorgesehene Fortführung der Gesellschaft mit den übrigen Gesellschaftern gem. § 131 Abs. 3 Nr. 1 HGB entfällt.

284 Erman-Schulte-Bunert, § 1822 BGB, Rn. 10; z.T. str.; siehe Klüsener, Rpfleger 1993, 133, 136; wohl herrschend ist die Ablehnung einer Genehmigungspflicht (Damrau/Zimmermann, § 1822 BGB, Rn. 27; BGH NJW 1985, 136), die u.a. mit § 1629a BGB begründet wird (MK-Kroll-Ludwigs, § 1822 BGB, Rn. 23), was für das Betreuungsrecht nicht überzeugt.

285 KG JW 1933, 118 f.; MK-Kroll-Ludwigs, § 1822 BGB, Rn. 23

286 Grube, Rpfleger 1990, 67 ff.

287 LG Bielefeld NJW 1969, 753; aber im Einzelnen sehr str.: differenzierend nach Ausgestaltung des Gesellschaftsvertrages, Klüsener, Rpfleger 1993, 133, 136; BGH NJW 1957, 672, der auf die Verlustbeteiligung abstellt; jedenfalls bleibt Genehmigungspflicht nach § 1811 BGB (Brüggemann, FamRZ 1990, 124, 127 f.).

288 BayOLG FamRZ 1997, 842 f.; 1996, 119 f.

289 BayOLG FamRZ 1990, 208

290 LG Memmingen Rpfleger 1993, 337

291 Kurz, NJW 1992, 1798, 1800. Zwar ist die Kapitalgesellschaft jur. Person, bei der Gründung ist aber nicht bloß von einer Kapitaleinlage auszugehen, weil die Gründer bis zur Eintragung in das Handelsregister das Unternehmen betreiben, siehe § 41 Abs. 1 AktG bzw. § 11 GmbHG.

292 BGHZ 17, 160, 161

293 BGH DNotZ 2004, 152

auch die (wesentlichen) **Änderungen eines Gesellschaftsvertrags** erfasst, da sonst Schutzlücken entstehen würden, die nicht begründbar sind[294]. Nicht genehmigungspflichtig ist der auf eine Verminderung des Geschäftsbetriebes zielende Vertrag.

Eine Genehmigung wird i.d.R. erteilt werden müssen, wenn die **Regeln der Wirtschaftlichkeit** dafür sprechen. Dabei sind hier aber insbesondere auch die unternehmerischen **Risiken** und, wie stets, die **Wünsche bzw. das Wohl des Betreuten** zu berücksichtigen (dazu unten Rn. 148 ff.). Die finanziellen Risiken und damit auch das Wohl des Betreuten werden insbesondere bei einer persönlichen Haftung häufig einer Genehmigung im Wege stehen. 125

Der Erwerb oder die Veräußerung ohne Genehmigung sind unwirksam. Dies hat aber nicht notwendig die Unwirksamkeit der bereits getätigten einzelnen Ausführungsgeschäfte zur Folge, die allenfalls nach anderen Normen unwirksam sind. Wurde ein genehmigungsbedürftiger **Gesellschaftsvertrag ohne Genehmigung** geschlossen, so ist der Betreute nicht an der (Kapital- oder Personen-) Gesellschaft beteiligt (beachte aber die Möglichkeit nachträglicher Genehmigung gem. § 1829 BGB). Die innerhalb dieses Erwerbsgeschäfts mit Dritten abgeschlossenen Verträge sind zwar wirksam, aus ihnen haftet aber nicht der Betreute, auch nicht aus einer sog. faktischen Gesellschaft[295].

dd. Nr. 4

Genehmigungsbedürftig ist ein **Pachtvertrag über Landgut oder einen gewerblichen Betrieb**[296] unabhängig von der Dauer der Pachtzeit oder der Stellung des Betreuten als Pächter oder Verpächter. Ein **Landgut** ist jedes zum selbständigen Betrieb der Landwirtschaft (Bodenbewirtschaftung, Viehhaltung und -zucht, Forstwirtschaft) geeignete und eingerichtete Grundstück samt Gebäuden. Unter **gewerblichem Betrieb** ist jede berufsmäßig, selbständig ausgeübte Tätigkeit zur Gewinnerzielung zu verstehen, unabhängig davon, ob es sich um eine landwirtschaftliche, handwerkliche, wissenschaftliche oder sonstige Tätigkeit handelt. Hierzu zählen wohl auch die **freiberuflichen Praxen** von Anwälten, Ärzten usw.[297]. 126

ee. Nr. 5

§ 1822 Nr. 5 BGB ist von der Verweisung des § 1908i Abs. 1 BGB ausgeschlossen, weil es in § 1907 Abs. 3 BGB eine spezielle Regelung dazu gibt. 127

▶ *Zu Einzelheiten siehe die Ausführungen oben zu § 1907 Abs. 3, Rn. 52*

ff. Nr. 6

Lehrverträge (Ausbildungsverträge) über längere Zeit als ein Jahr, die vorher von dem Betreuten nicht vermögensnachteilslos gekündigt werden können, bedürfen ebenfalls der Genehmigung. Aufhebung und Kündigung sind nicht genehmigungspflichtig[298], gegebenenfalls aber die spätere inhaltliche Änderung dieser Verträge. 128

In Ermangelung einer Genehmigung zum Vertragsschluss wird der Vertrag aber erst für die Zukunft, d.h. ex nunc, unwirksam, um dem Betreuten den Anspruch auf Arbeitsentgelt wegen der bis dahin geleisteten Dienste zu sichern (faktisches Arbeitsverhältnis).

---

294 Im Einzelnen streitig. Stöber, Rpfleger 1968, 2, 3 ff.; Erman-Schulte-Bunert, § 1822 Rn. 16; Staudinger-Veit, § 1822 Rn. 68 m.w.N.; Jürgens-von Crailsheim, § 1822 BGB, Rn. 21; differenzierend: BGH NJW 1992, 300 f., wonach eher § 1822 Nr. 10 BGB greift, soweit der Betreute eine erweiterte Haftung eingeht.
295 BGH NJW 1983, 748
296 Auch aus § 1907 BGB kann sich neben Nr. 4 eine Genehmigungspflicht ergeben.
297 Damrau/Zimmermann, § 1822 BGB, Rn. 35 m.w.N.
298 Dammrau/Zimmermann, § 1822 BGB, Rn. 26

gg. Nr. 7

129 Das unter Nr. 6 (oben Rn. 128) Gesagte gilt auch für **Arbeits- oder Dienstverträge**, die den Betreuten zu persönlichen Leistungen über ein Jahr hinaus verpflichten[299]. Keiner Genehmigung bedarf der Beitritt zu einer Gewerkschaft[300].

hh. Nr. 8

130 Genehmigungsbedürftig ist auch die **Aufnahme eines Geldkredits** für den Betreuten. Nr. 8 bezieht sich auf **jede Kreditart**, also auch auf Kontokorrent, Dispositionskredit, finanzierte Kaufverträge und Schuldanerkenntnis zum Zwecke der Geldbeschaffung, insbesondere aber die Aufnahme eines Darlehens.

Nicht unter Nr. 8 fallen Abzahlungskauf[301], Verpfändung, Sicherungsabtretung[302], Vorauszahlung auf die Lebensversicherung (sog. Policendarlehen)[303] und die Stundung eines Kaufpreises[304], weil dadurch kein Geld aufgenommen wird. Denkbar ist aber eine Genehmigungspflicht nach anderen Normen.

▶ *Zur Möglichkeit einer allgemeinen Ermächtigung durch das Betreuungsgericht vgl. die Ausführungen zu § 1825 BGB, unten Rn. 138 ff.*

ii. Nr. 9

131 **Schuldverschreibungen** auf den Inhaber und **Orderpapiere** sind genehmigungspflichtig. Umstritten ist, ob die Begebung eines Inhaberschecks erfasst wird, da dieser nicht durch Indossament übertragen wird[305].

▶ *Zur Möglichkeit einer allgemeinen Ermächtigung durch das Betreuungsgericht vgl. die Ausführungen zu § 1825 BGB, unten Rn. 138 ff.*

jj. Nr. 10

132 Nr. 10 betrifft die **Übernahme fremder Verbindlichkeiten**.

▶ *Zur Möglichkeit einer allgemeinen Ermächtigung durch das Betreuungsgericht vgl. die Ausführungen zu § 1825 BGB, unten Rn. 138 ff.*

Sinn und Zweck der Nr. 10 ist der Schutz des Betreuten hinsichtlich solcher Verbindlichkeitsübernahmen, bei denen ein Rückgriff auf den eigentlichen Schuldner, dessen Schuld übernommen wurde, möglich ist. Denn im Allgemeinen besteht eher die Bereitschaft zur Eingehung, hier der Übernahme einer Verbindlichkeit, wenn man nicht sofort zahlen muss und sich durch einen Rückgriffsanspruch, hier die Regressmöglichkeit des Betreuten beim eigentlichen Schuldner, gesichert fühlt. Dies wird auch durch das im Wortlaut der Nr. 10 aufgenommene, typische Beispiel der Bürgschaft (§ 765 BGB) verdeutlicht. Unter Nr. 10 fallen somit neben dieser die Verpfändung eines Gegenstandes des Betreuten zur Sicherung einer Forderung gegenüber einem Dritten (§§ 1204 ff. BGB), die Sicherungsübereignung für fremde Schulden, die Sicherungsabtretung, die Grundschuldbestellung, die Schuldübernahme (§§ 414 ff. BGB) usw., soweit eine Erstattung vorgesehen ist[306].

---

299 Beachte: § 1907 Abs. 3 BGB, wenn der Betreute Dienstherr sein soll.
300 Erman-Schulte-Bunert, § 1822 BGB, Rn. 26; a.A. LG Essen NJW 1965, 2302
301 BGH WM 1972, 698 f.
302 OLG Celle NJW 1954, 1729
303 LG Berlin ZVersWes 1963, 233
304 BGH WM 1972, 698; kritisch Damrau/Zimmermann, § 1822 BGB, Rn. 40
305 Westermann, FamRZ 67, 645, 650 bejaht mit der wohl herrschenden Ansicht die Geltung der Nr. 9; ebenso Erman-Schulte-Bunert, § 1822 BGB, Rn. 31; a.A. Klüsener, Rpfleger 1993, 133, 138
306 Damrau/Zimmermann, § 1822 BGB, Rn. 46; Jürgens-von Crailsheim, § 1822 BGB, Rn. 29

Aus dem erwähnten Sinn der Vorschrift folgt nach allgemeiner Ansicht eine den Wortlaut einschränkende Auslegung (teleologische Reduktion). Erfasst werden nur diejenigen Verbindlichkeiten, für welche eine **Rückgriffsmöglichkeit beim Erstschuldner** besteht[307]. Daher fallen nicht in den Anwendungsbereich von Nr. 10 der Eintritt in Mietverträge bei Veräußerung von Wohnraum (§ 566 BGB; dies fällt auch nicht unter § 1907 Abs. 3 BGB[308]), die Tilgung fremder Schulden oder die Übernahme als eigene Schuld[309] ohne Erstattungsanspruch (z.B. Grundstückskauf mit Übernahme einer Belastung des Grundstücks unter Anrechnung auf den Kaufpreis) sowie die Sicherungsübereignung für eine eigene Schuld.

Fraglich ist, ob die Beteiligung an einer Genossenschaft oder einer GmbH unter die Vorschrift zu fassen ist. Obwohl formal eine Verbindlichkeit des Betreuten gegenüber der juristischen Person besteht, haftet er inhaltlich für die Schulden der Gesellschaft, so dass eine Analogie befürwortet wird[310]. Nach Ansicht des BGH ist der Beitritt zu einer Genossenschaft mit beschränkter Haftung nicht genehmigungsbedürftig[311]. Anders ist nach h.M. der Erwerb von GmbH-Anteilen vor Einzahlung der Einlage zu beurteilen[312].

kk. Nr. 11

Genehmigungsbedürftig ist die **Erteilung der Prokura** (§ 48 HGB) durch den Betreuer, 133
nicht hingegen deren Widerruf (§ 52 HGB) oder sonstige Vollmachtserteilungen (z.B. § 54 HGB[313]). Der wirksam bestellte Prokurist bedarf für Rechtsgeschäfte innerhalb seiner Prokura keiner betreuungsgerichtlichen Genehmigung. Für das **einseitige Rechtsgeschäft** der Prokuraerteilung ist eine **vorherige Genehmigung** (auch Vorgenehmigung genannt) i.S.d. § 1831 BGB erforderlich. Nachträglich kann nicht genehmigt werden.

Durch die Eintragung der Prokura ins **Handelsregister** tritt **keine Heilung** der Unwirksamkeit der Erteilung ein, selbst einem gutgläubigen Dritten gegenüber nicht[314]. Die Erteilung der Prokura für eine Gesellschaft, an welcher der Betreute beteiligt ist, bedarf keiner Genehmigung[315].

ll. Nr. 12

Ein Vergleich (§ 779 BGB) **oder Schiedsvertrag** (§§ 1025 ff. ZPO) ist genehmigungsbe- 134
dürftig. Gleiches gilt für den Prozessvergleich wegen der Doppelnatur als Prozesshandlung und Rechtsgeschäft. Die Genehmigungsbedürftigkeit besteht auch bei einem **Abfindungsvergleich**, den ein vom Betreuer beauftragter Rechtsanwalt geschlossen hat[316].

Eine Ausnahme ist für einen schriftlichen oder protokollierten gerichtlichen Vergleichsvorschlag zu machen, da in diesem Fall der gerichtliche Schutz bereits gewährt ist. Im Rahmen der Genehmigung eines im Vergleichswege abgegebenen Schuldanerkenntnisses hat das Gericht zu prüfen, ob die Forderung hinsichtlich ihres Bestehens und ihrer Durchsetzbarkeit schlüssig dargelegt ist[317].

---

307 RGZ 133, 7, 13; BGH Rpfleger 1989, 281; Damrau/Zimmermann, § 1822 BGB, Rn. 44
308 BGH NJW 1983, 1780
309 BayOLG FamRZ 1964, 526
310 Nachweis bei MK-Kroll-Ludwigs, § 1822 BGB, Rn. 65; denkbar ist auch ein Genehmigungserfordernis nach § 1822 BGB Nr. 3 (dazu oben Rn. 121 ff.).
311 BGHZ 41, 71
312 MK-Kroll-Ludwigs, § 1822 BGB, Rn. 65 m.w.N.; Damrau/Zimmermann, § 1822 BGB, Rn. 48
313 OLG Hamm FamRZ 1972, 270, 271
314 MK-Kroll-Ludwigs, § 1822 BGB, Rn. 68
315 Erman-Schulte-Bunert, § 1822 BGB, Rn. 31
316 AG Neuruppin FamRZ 2012, 1090 (LS)
317 BayObLG BtPrax 2003, 271

Keine Genehmigung ist erforderlich, wenn der Gegenstand des Streites oder der Ungewissheit 3000 € nicht übersteigt. Auf den Wert des gesamten Anspruches kommt es also nicht an, sondern allein auf die streitbefangene Summe. Abweichendes gilt, wenn eine andere Norm (z.B. § 1821 BGB) die Genehmigung vorschreibt. Allgemeine Prozesshandlungen bedürfen grundsätzlich keiner betreuungsgerichtlichen Genehmigung.

mm. Nr. 13

135 Die Genehmigungsbedürftigkeit der Aufhebung bzw. Minderung einer Sicherheit für eine Forderung oder die Verpflichtung zur Aufhebung einer solchen Sicherheit ist in Nr. 13 geregelt. Solche Sicherheiten sind z.B. Pfandrecht, Grundschuld, Hypothek, Bürgschaft sowie das Sicherungseigentum.

Die Vorschrift greift ein, wenn eine solche Sicherheit aufgegeben wird, obwohl die Forderung weiter besteht. Ein auf die Forderung selbst bezogenes Rechtsgeschäft fällt nicht unter Nr. 13. Eine Aufhebung erfolgt etwa durch Verzicht, Entlassung des Bürgen bzw. Freigabe verpfändeter Sachen.

Eine Minderung der Sicherheit ist beispielsweise bereits in der Umwandlung einer Hypothek (§§ 1113, 1116 BGB) in eine Sicherungshypothek (§ 1184 BGB) zu sehen, weil damit die Beweisführung bei der Rechtsverfolgung erschwert wird, oder in einem Rangrücktritt. Als Sicherheitsminderung gilt auch die Vorrangeinräumung im Grundbuch (§ 880 BGB)[318].

m. Beginn oder Auflösung eines Erwerbsgeschäfts, § 1823 BGB

§ 1823 BGB Genehmigung bei einem Erwerbsgeschäft des Mündels

Der Vormund soll nicht ohne Genehmigung des Betreuungsgerichts ein neues Erwerbsgeschäft im Namen des Mündels beginnen oder ein bestehendes Erwerbsgeschäft des Mündels auflösen.

136 Die Vorschrift stellt eine Ergänzung zu § 1822 Nr. 3 und 4 BGB dar.

▶ *Zum Begriff des Erwerbsgeschäfts vgl. die Ausführungen zu § 1822 Nr. 3 BGB, oben Rn. 122*

Beispiel für eine Auflösung ist die Einstellung eines Einzelunternehmens, die Mitwirkung an einem Auflösungsbeschluss einer Personengesellschaft oder die Kündigung des Gesellschaftsvertrages.

Bei der **Fortführung** eines bestehenden, geerbten oder sonst erworbenen Erwerbsgeschäfts ist die Genehmigungspflicht nach § 1823 BGB regelmäßig zu verneinen, gegebenenfalls greift aber § 1822 Nr. 3, 10 BGB (dazu oben bei Nr. 3, Rn. 121 ff.). Wird jedoch von den Erben eines Einzelunternehmens eine neue Gesellschaft zu dessen Fortführung gegründet, so bedarf es der Genehmigung[319].

Allerdings wäre ein solches Rechtsgeschäft auch ohne Genehmigung durch den Betreuer rechtswirksam, da es sich um eine „Soll-Vorschrift" (**bloße Ordnungsvorschrift**) handelt. Selbst die Eintragung ins Handelsregister darf nicht abgelehnt werden[320]. Zu beachten ist aber die zwingend notwendige Genehmigung nach § 1822 Nr. 3 BGB, wenn ein Erwerbsgeschäft veräußert oder erworben werden soll bzw. ein Gesellschaftsvertrag zum Betrieb eines Erwerbsgeschäfts eingegangen wird.

---

318 Vgl. Erman-Schulte-Bunert, § 1822 BGB, Rn. 33
319 MK-Kroll-Ludwigs, § 1822 BGB, Rn. 24
320 KGJ 20 A 160

n. Überlassung von Gegenständen an den Betreuten, § 1824 BGB

§ 1824 BGB Genehmigung für die Überlassung von Gegenständen an den Mündel

Der Vormund kann Gegenstände, zu deren Veräußerung die Genehmigung des Gegenvormundes oder des Betreuungsgerichts erforderlich ist, dem Mündel nicht ohne diese Genehmigung zur Erfüllung eines von diesem geschlossenen Vertrags oder zu freier Verfügung überlassen.

Die Norm will eine Umgehung der Genehmigungspflichten unterbinden, die sonst wegen § 1903 Abs. 1 Satz 2 i.V.m. § 110 BGB drohen würde, wonach der Betreute wirksam handeln kann, wenn der Betreuer ihm Gegenstände zur freien Verfügung überlässt. **137**

Der Betreuer darf dem Betreuten Gegenstände, zu deren Veräußerung die Genehmigung eines Gegenbetreuers oder des Betreuungsgerichts nötig wäre, nicht **zur freien Verfügung oder zur Erfüllung** eines vom Betreuten geschlossenen schuldrechtlichen Vertrages überlassen. Gegenstände sind neben körperlichen Sachen z.B. auch Rechte. Der Begriff „Veräußerung" umfasst schuldrechtliche Veräußerungsverträge und die dingliche Übertragung.

§ 1824 BGB **gilt nicht für den geschäftsfähigen Betreuten**, der nicht unter Einwilligungsvorbehalt steht[321].

Im Rahmen der Vorschrift ist es entsprechend § 1812 Abs. 2 BGB möglich, die Genehmigung des Gegenbetreuers durch die gerichtliche Zustimmung zu ersetzen.

Die **Wirkung einer fehlenden Genehmigung** ist abhängig von den Normen, die sich auf den Gegenstand beziehen, also §§ 1812, 1813, 1819 bis 1822 BGB. Danach entscheidet sich, ob es sich um eine **bloße Ordnungsvorschrift** oder eine **echte Außengenehmigung** handelt.

o. Allgemeine Ermächtigung, § 1825 BGB

§ 1825 BGB Allgemeine Ermächtigung

(1) Das Betreuungsgericht kann dem Vormund zu Rechtsgeschäften, zu denen nach § 1812 die Genehmigung des Gegenvormundes erforderlich ist, sowie zu den im § 1822 Nr. 8 bis 10 bezeichneten Rechtsgeschäften eine allgemeine Ermächtigung erteilen.

(2) Die Ermächtigung soll nur erteilt werden, wenn sie zum Zwecke der Vermögensverwaltung, insbesondere zum Betrieb eines Erwerbsgeschäfts, erforderlich ist.

Zu Rechtsgeschäften, die nach § 1812 BGB von der Genehmigung des Gegenbetreuers abhängen oder nach § 1822 Nr. 8 bis 10 BGB der Genehmigung des Gerichtes bedürfen, kann das Betreuungsgericht eine allgemeine Ermächtigung erteilen (§ 1825 BGB)[322]. Dies dient der Erleichterung der Vermögensverwaltung durch den Betreuer. § 1812 BGB betrifft Verfügungen über Forderungen und Wertpapiere und Verpflichtungen zu solchen Verfügungen (dazu oben Rn. 72 ff.), § 1822 Nr. 8 bis 10 BGB die Geldkreditaufnahme, die Ausstellung von Schuldverschreibungen etc. sowie die Übernahme einer fremden Verbindlichkeit (dazu oben Rn. 130 bis 132). **138**

Für die Erteilung der Ermächtigung durch das Betreuungsgericht wird in der Praxis eine **Anregung** des Betreuers beim Gericht nötig sein.

321 Damrau/Zimmermann, § 1824 BGB, Rn. 3
322 § 1825 BGB ist als Ergänzung zu § 1817 BGB zu sehen.

139 Die Erteilung einer solchen Ermächtigung soll aber nur erfolgen, **wenn dies zur Vermögensverwaltung erforderlich** ist, insbesondere zum Betrieb eines Erwerbsgeschäfts. Gerade bei Betreuungsverhältnissen, die durch eine Vielzahl von genehmigungsbedürftigen Einzelgeschäften geprägt sind, könnte die Führung der Betreuung unverhältnismäßig erschwert werden, wenn jedes Mal eine Genehmigung eingeholt werden müsste. Hier kann eine solche Ermächtigung i.S.d. § 1825 BGB sinnvoll sein, z.B. bei umfangreicher Vermögensverwaltung die Ermächtigung für Bankgeschäfte. Aber auch außerhalb eines Erwerbsgeschäfts kann eine solche Erleichterung für den Betreuer angezeigt sein[323].

Ob sich die Genehmigung auf alle in § 1825 BGB genannten Rechtsgeschäftstypen bezieht oder nur einzelne **Geschäftsarten** erfasst, ist eine Frage des jeweiligen Einzelfalls. Grundsätzlich muss die Ermächtigung **ausdrücklich erteilt** werden[324]. Sie wirkt wie eine **Befreiung vom Genehmigungserfordernis.**

140 Der Gegenbetreuer hat gegen die Entscheidung des Betreuungsgerichts ein Beschwerderecht. Das Gericht kann von Amts wegen (§§ 26, 29 FamFG) die allgemeine Ermächtigung **jederzeit zurücknehmen,** z.B. durch Befristung beschränken oder sie erweitern (§ 48 FamFG). Über die in § 1825 BGB genannten Rechtsgeschäfte hinaus kann eine allgemeine Ermächtigung nicht erteilt werden[325].

p. Befreiung für Behörden und Vereine sowie weitere genannte Betreuer, §§ 1908i Abs. 2 Satz 2, 1857a, 1852 Abs. 2, 1853, 1854 BGB

§ 1852 BGB Befreiung durch den Vater

(1) Der Vater kann, wenn er einen Vormund benennt, die Bestellung eines Gegenvormunds ausschließen.

(2) [1]Der Vater kann anordnen, dass der von ihm benannte Vormund bei der Anlegung von Geld den in den §§ 1809, 1810 bestimmten Beschränkungen nicht unterliegen und zu den im § 1812 bezeichneten Rechtsgeschäften der Genehmigung des Gegenvormunds oder des Betreuungsgerichts nicht bedürfen soll. [2]Diese Anordnungen sind als getroffen anzusehen, wenn der Vater die Bestellung eines Gegenvormunds ausgeschlossen hat.

§ 1853 BGB Befreiung von Hinterlegung und Sperrung

Der Vater kann den von ihm benannten Vormund von der Verpflichtung entbinden, Inhaber- und Orderpapiere zu hinterlegen und den in § 1816 bezeichneten Vermerk in das Bundesschuldbuch oder das Schuldbuch eines Landes eintragen zu lassen.

§ 1854 BGB Befreiung von der Rechnungslegungspflicht

(1) Der Vater kann den von ihm benannten Vormund von der Verpflichtung entbinden, während der Dauer seines Amtes Rechnung zu legen.

(2) [1]Der Vormund hat in einem solchen Falle nach dem Ablauf von je zwei Jahren eine Übersicht über den Bestand des seiner Verwaltung unterliegenden Vermögens dem Betreuungsgericht einzureichen. [2]Das Betreuungsgericht kann anordnen, dass die Übersicht in längeren, höchstens fünfjährigen Zwischenräumen einzureichen ist.

(3) [1]Ist ein Gegenvormund vorhanden oder zu bestellen, so hat ihm der Vormund die Übersicht unter Nachweisung des Vermögensbestands vorzulegen. [2]Der Gegenvormund hat die Übersicht mit den Bemerkungen zu versehen, zu denen die Prüfung ihm Anlass gibt.

---

323 Vgl. OLG Karlsruhe FGPrax 2001, 23
324 Damrau/Zimmermann, § 1825 BGB, Rn. 2; a.A. OLG Frankfurt JW 1931, 1380
325 MK-Kroll-Ludwigs, § 1825 BGB, Rn. 2

§ 1908i Abs. 2 Satz 2 BGB verweist nicht direkt auf die §§ 1852 ff. BGB, so dass es dem Betreuten selbst nicht möglich ist, durch eine Betreuungsverfügung den Betreuer von den dort genannten Verpflichtungen freizustellen[326]. Nur der geschäftsfähige Betreute kann für einzelne Geschäfte **Bevollmächtigungen** erteilen und diese somit der Genehmigungspflicht entziehen. Aufgrund der Verweisung in § 1908i Abs. 2 Satz 2 BGB auf § 1857a BGB gelten jedoch die dort genannten Befreiungen nach §§ 1852 Abs. 2, 1853, 1854 BGB **kraft Gesetzes für Betreuungsbehörden und -vereine** (§ 1900 BGB) sowie darüber hinaus für die in § 1908i Abs. 2 Satz 2 BGB aufgeführten **Betreuer (Vater, Mutter, Ehegatte, Lebenspartner i.S.d. § 1 LPartG und Abkömmlinge).** 141

Zweck der **„befreiten" Betreuung** ist es, Betreuer, die dem Betreuten besonders nahe stehen oder die bereits durch ihre Behörde oder ihren Verein kontrolliert werden, von bürokratischen Lasten zu befreien. Allerdings kann das Betreuungsgericht gem. § 1908i Abs. 2 Satz 2 BGB bereits bei der Bestellung oder später eine **gegenteilige Anordnung** treffen[327], wenn es das Interesse des Betreuten gebietet[328]. Eine solche Anordnung, welche die Befreiung aufhebt, ist aber nicht gegenüber den Behörden oder Vereinen möglich[329]. Diesen gegenüber kann das Betreuungsgericht nur Maßnahmen nach § 1837 BGB ergreifen oder die Entlassung des Betreuers nach § 1908b BGB verfügen[330].

Nach **§ 1852 Abs. 2 BGB** unterliegen die genannten befreiten Betreuer, d.h. Vereins- und Behördenbetreuer oder Vater, Mutter, Abkömmlinge, Lebenspartner nach LPartG und Ehegatten grundsätzlich nicht den Beschränkungen der §§ 1809, 1810, 1812 BGB. Allerdings sind auch diese Betreuer an die als gesichert angesehenen Anlageformen aus §§ 1806, 1807 BGB gebunden, nur dass sie eben nicht der Genehmigung i.S.d. § 1810 BGB bedürfen oder gem. § 1809 BGB Anlagen nach § 1807 Abs. 1 Nr. 5 BGB sperren lassen müssen. 142

Gem. § 1853 BGB sind die befreiten Betreuer nicht verpflichtet, nach § 1814 BGB zu hinterlegen oder nach § 1816 BGB einen Sperrvermerk für Buchforderungen zu bewirken. Durch diese Befreiung sind auch die Genehmigungspflichten aus den §§ 1815, 1819, 1820 BGB erfasst, da jene Normen Folgevorschriften des § 1814 BGB sind. Lässt der Betreuer trotzdem einen Vermerk eintragen oder hinterlegt er die Papiere, so treten die Beschränkungen aus §§ 1819, 1820 BGB nicht ein. 143

Weitere Befreiungen bzw. Befreiungsmöglichkeiten im Zusammenhang mit der Genehmigungspflicht von Rechtsgeschäften ergeben sich aus **§§ 1803, 1813, 1817, 1825 BGB oder nach § 1908i Abs. 1 Satz 2 BGB durch das Landesrecht.** Die Landesgesetzgeber haben in unterschiedlicher Weise von dieser Möglichkeit Gebrauch gemacht[331]. 144

q. Rechtsfolgen, §§ 1828, 1829, 1830, 1831 BGB

aa. Erteilung der Genehmigung

Die Genehmigung ist ein staatlicher Hoheitsakt, der privatrechtliche Wirkungen entfaltet[332], aber kein privatrechtliches Rechtsgeschäft. 145

326 Damrau/Zimmermann, § 1852 BGB, Rn. 1
327 BayObLG FamRZ 1999, 51
328 Siehe LG Mainz, Rpfleger 2017, 704
329 Damrau/Zimmermann, § 1857a BGB, Rn. 1
330 Jürgens-von Crailsheim, § 1857a BGB, Rn. 10
331 Abdruck der Gesetze (teilweise) bei: Staudinger-Bienwald, § 1908i BGB, Rn. 248 ff.; s.a. Jürgens-von Crailsheim, § 1857a BGB, Rn. 13 ff.
332 Erman-Schulte-Bunert, § 1828 BGB, Rn. 4 m.w.N.; Damrau/Zimmermann, § 1828 BGB, Rn. 7

(1) Empfangszuständigkeit, § 1828 BGB

§ 1828 BGB Erklärung der Genehmigung

Das Betreuungsgericht kann die Genehmigung zu einem Rechtsgeschäft nur dem Vormund gegenüber erklären.

146 Nach § 1828 BGB kann die Genehmigung eines Rechtsgeschäfts **nur dem Betreuer gegenüber erklärt** werden. Diese Regelung soll dem Betreuer Gelegenheit zur Prüfung geben, ob er das Rechtsgeschäft noch wirksam werden lassen will oder nicht, weil es vielleicht mittlerweile dem Wohl oder den beachtlichen Wünschen des Betreuten zuwiderläuft. Der Betreuer kann einen **Dritten bevollmächtigen,** die Genehmigung zu beantragen und entgegenzunehmen. Wird die Genehmigung anderen Personen (z.B. dem Geschäftspartner) gegenüber erklärt, die nicht empfangsbevollmächtigt sind, entfaltet diese Bekanntgabe keine Wirkung[333].

Die Vorschrift gilt nur für die **sog. Außengenehmigungen** im Rahmen der §§ 1812, 1819, 1820, 1821, 1822 BGB, **nicht für bloße Ordnungsvorschriften** wie §§ 1810, 1811, 1823 BGB.

(2) Zeitpunkt der Genehmigungserteilung

147 Die Genehmigungen können vor dem Rechtsgeschäft erfolgen (**sog. Vorgenehmigung**) oder im Nachhinein (**sog. Nachgenehmigung**, § 1829 BGB)[334]. Ob das eine oder andere erfolgt, entscheidet der Betreuer durch seinen Antrag. Die Genehmigung wirkt auf den Zeitpunkt der Vornahme des Rechtsgeschäfts zurück. Zwischenzeitlich getroffene Verfügungen werden von der Rückwirkung nicht betroffen. Ist das Geschäft befristet und die Frist abgelaufen, kann allerdings nicht mehr (rückwirkend) genehmigt werden; eine Ausnahme wird für die Ausschlagung der Erbschaft gemacht[335].

(3) Voraussetzungen der Genehmigung

148 Bei der **Beurteilung der Genehmigungsfähigkeit** hat das Gericht zunächst zu prüfen, ob das Rechtsgeschäft wirksam ist, ob der Betreuer vielleicht von der Vertretung ausgeschlossen ist (§ 1795 BGB) oder ob eine unwirksame Schenkung vorliegt. Gesetzes- oder sittenwidrige Geschäfte können nicht genehmigt werden (vgl. oben Rn. 117).

Sodann hat es, ebenso wie der Betreuer, vorrangig auf die **Wünsche und das Wohl** des Betreuten zu achten (§ 1901 Abs. 1 bis 3 BGB, dazu Teil D Rn. 3 ff.)[336], so dass eventuell auch wirtschaftlich günstige Geschäfte für den Betreuten zu unterlassen sind oder ein nicht sehr vorteilhaftes Geschäft genehmigt werden kann. Ein Wunsch, der dem Wohl des Betreuten nicht zuwiderläuft, ist grundsätzlich zu beachten.

Interessen von Familienangehörigen sind unter dem Gesichtspunkt des Familienfriedens nur dann zu berücksichtigen, wenn gleichzeitig ein Interesse des Betreuten daran vorliegt[337]. Jedenfalls geht es bei der Vermögensverwaltung für den Betreuten nicht nur darum, das Vermögen für die Erben zu konservieren[338]. Es kann durchaus im Interesse des Betreuten liegen, mit einem Angehörigen ein Geschäft zu schließen, das für das Betreutenvermögen wirtschaftlich eher nachteilig ist.

---

333 MK-Kroll-Ludwigs, § 1828 BGB, Rn. 27
334 Ausnahme: bei einseitigen Rechtsgeschäften, § 1831 BGB (dazu unten Rn. 156 ff.)
335 Damrau/Zimmermann, § 1831 BGB, Rn. 7
336 BayOLG FamRZ 1998, 455
337 OLG Hamm Rpfleger 1987, 200
338 OLG Düsseldorf BtPrax 1993, 103 f.; BayOLG NJW 1991, 432

Auch auf die **Nützlichkeit und Zweckmäßigkeit** der Rechtsgeschäfte für den Betreuten ist – anders als bei der allgemeinen Aufsicht – zu achten[339]. Das Vermögen des Betreuten soll gerade auch zu dessen Lebensführung und der **Erhaltung seines Lebensstandards** eingesetzt werden, wobei sowohl immaterielle als auch wirtschaftliche Gesichtspunkte eine Rolle spielen können[340]. Das Gericht hat alle Umstände des Einzelfalls in seine Erwägungen einzubeziehen, etwa ob ein Veräußerungserlös benötigt wird oder Unterhaltskosten entfallen. Kein Kriterium für die Ausschlagung einer Erbschaft ist die Verhinderung des Zugriffs des Sozialhilfeträgers[341]. Letztlich kann sogar der Wunsch des Betreuten nach Luxus eine Entscheidung beeinflussen. **149**

Die herrschende Meinung geht von einer pflichtgemäßen Ermessensentscheidung des Gerichts aus[342].

Nach der Gegenauffassung hat das Gericht über **unbestimmte Rechtsbegriffe** zu entscheiden[343]. Dafür spricht, dass sowohl der Betreuer als auch das Gericht bei seiner Genehmigung immer gemäß dem Grundsatz des § 1901 BGB das Wohl des Betreuten zu beachten haben und dieses (bzw. das Wohl des Kindes) nach allgemeiner Ansicht einen unbestimmten Rechtsbegriff darstellt. Überdies besteht die Funktion des Betreuungsgerichts bei der Erteilung der Genehmigung darin, zu überprüfen, ob der gesetzliche Vertreter rechtmäßig oder pflichtwidrig gehandelt hat, und es geht gerade nicht darum, die eigene Entscheidung an die Stelle des gesetzlichen Vertreters zu setzen. Daher ist die Entscheidung auch in der Beschwerdeinstanz voll überprüfbar.

(4) Umfang der Genehmigung

Grundsätzlich umfasst die Genehmigung nur das Rechtsgeschäft, wie es dem Gericht unterbreitet wurde und auch nur das konkrete genehmigungsbedürftige Geschäft. Weiter gehende Abreden oder sonstige nicht mitgeteilte Nebenabreden sind von ihr nicht gedeckt[344]. **150**

Zusammengehörende Rechtsgeschäfte wie etwa der Grundstückskaufvertrag und die zur Erfüllung dieses Vertrages notwendige Auflassung (Übereignung) sind grundsätzlich gesondert zu genehmigen; allerdings kann man regelmäßig in der Genehmigung zum einen Geschäft eine **konkludente Genehmigung** zum Folgegeschäft sehen[345].

Wird durch das Betreuungsgericht ein Geschäft des Betreuers genehmigt, das nicht mehr von seinem Aufgabenkreis umfasst ist, so heilt die Genehmigung nicht den Mangel der Vertretungsmacht. In der Regel liegt hierin auch keine **schlüssige Erweiterung des Aufgabenkreises** durch das Gericht[346].

Das Gericht kann seine Genehmigung an eine aufschiebende Bedingung koppeln, insbesondere daran, dass noch Nachbesserungen zugunsten des Betreuten vorgenommen werden. Eine auflösende Bedingung ist dagegen nicht zulässig[347].

339 BayOLG FamRZ 1990, 208
340 MK-Kroll-Ludwigs, § 1828 BGB, Rn. 19
341 OLG Stuttgart BtPrax 2001, 255
342 BGH NJW 1986, 2829, 2830; Bay ObLG FamRZ 2001, 51; BtPrax 2003, 271; HK-BUR-Bauer/Deinert, § 1837 BGB, Rn. 92; (Keidel-Meyer-Holz, § 72 FamFG Rn. 14 und 17 – aber differenzierter im Hinblick auf das Zusammenspiel von Ermessen und unbestimmten Rechtsbegriffen); Palandt-Götz, § 1828 BGB, Rn. 8 m.w.N.
343 MK-Kroll-Ludwigs, § 1828 BGB, Rn. 15; Erman-Schulte-Bunert, vor § 1821 BGB, Rn. 2, § 1828, Rn. 7; MK-Huber, § 1643 BGB, Rn. 32; Gernhuber/Coester-Waltjen, § 60 IV (8) Rn. 59
344 MK-Kroll-Ludwigs, § 1828 BGB, Rn. 9
345 BayOLG Rpfleger 1985, 235 m.w.N.; allerdings ist dies eine Frage des Einzelfalls.
346 BayOLG Rpfleger 1986, 471
347 Jürgens-von Crailsheim, § 1828 BGB, Rn. 22

(5) *Wirksamwerden der Genehmigung*

151 Adressat der gerichtlichen Genehmigung ist der Betreuer. Die Genehmigung ist allerdings erst mit Rechtskraft wirksam (§ 40 Abs. 2 FamFG). Auf die Mitteilung an den Geschäftspartner oder die Bekanntgabe an den Betreuer kommt es nicht an.

Von der Wirksamkeit der Genehmigung zu unterscheiden ist die Wirksamkeit des Rechtsgeschäfts, auf das sich die Genehmigung bezieht. Ein vorher genehmigtes schuldrechtliches oder dingliches Rechtsgeschäft wird mit seinem Abschluss wirksam, ein nachträglich genehmigtes erst, wenn die Genehmigung dem Geschäftsgegner mitgeteilt wird.

Zur rückwirkenden Wirksamkeit des Vertrages reicht es aber nicht aus, wenn nur die nachträgliche Genehmigung erteilt wird. Nach § 1829 Abs. 1 Satz 2 BGB bedarf es noch der **Mitteilung** dieser Genehmigung durch den Betreuer **an den Geschäftspartner,** da die Genehmigung des Gerichts nur dem Betreuer gegenüber erklärt wird. Diese Mitteilung ist eine empfangsbedürftige Willenserklärung[348], mit der dem Geschäftspartner deutlich gemacht wird, dass der Betreuer den Vertrag jetzt für wirksam erachtet. Eine Mitteilung durch das Betreuungsgericht ist wirkungslos[349].

152 Auf die Genehmigung ist beim Abschluss des Rechtsgeschäftes hinzuweisen. Das Mitteilungserfordernis gegenüber dem Geschäftsgegner hat auch den Sinn, dass der Betreuer erneut entscheiden kann, ob er die Wirksamkeit des Geschäfts herbeiführen will. Er ist nämlich **nicht verpflichtet, die Genehmigung einzuholen oder von ihr Gebrauch zu machen**[350].

Teilt der Betreuer mit, dass die Genehmigung verweigert wurde, so ist der Vertrag hinfällig und zwar auch dann, wenn er dies der Wahrheit zuwider behauptet hat.

Der Betreuer kann auch einen Dritten, in der Praxis oft ein Notar, zu dieser Mitteilung bevollmächtigen. Dies ist auch im Wege der **Doppelvollmacht** möglich. Bei der Doppelvollmacht wird etwa der Notar vom Betreuer bevollmächtigt, die Genehmigung zu beantragen, sie vom Gericht entgegenzunehmen sowie diese Genehmigung dem Geschäftsgegner mitzuteilen. Gleichzeitig erhält der Notar die Vollmacht von dem Geschäftsgegner, diese Mitteilung für den Geschäftsgegner entgegenzunehmen, ohne dass ein Verstoß gegen § 181 BGB vorliegt[351].

Auf die Mitteilungspflicht kann **nicht** etwa durch Vertrag **verzichtet** werden[352]. Grundsätzlich ist die Mitteilung **formlos und konkludent möglich,** es sei denn, eine besondere Form ergibt sich aus anderen Vorschriften (z.B. §§ 19, 20, 29 GBO).

(6) *Rechtsnatur der Genehmigung*

153 Die betreuungsgerichtliche Genehmigung ist ein Akt der freiwilligen Gerichtsbarkeit und nicht mit einer rechtsgeschäftlichen Willenserklärung vergleichbar, wie dies früher teilweise vertreten wurde. Sie ist daher auch nicht gem. §§ 119 ff. BGB anfechtbar[353].

---

348 BayOLG FamRZ 1989, 540, 541; Damrau/Zimmermann, § 1828 BGB, Rn. 8; a.A.: geschäftsähnliche Handlung, die wie eine Willenserklärung behandelt wird (MK-Kroll-Ludwigs, § 1829 BGB, Rn. 18)
349 BayOLG FamRZ 1996, 242
350 BayOLG FamRZ 1989, 1113, 1115; Damrau/Zimmermann, § 1829 BGB, Rn. 4
351 BayOLG FamRZ 1998, 1325
352 BayOLG FamRZ 1989, 1113, 1115
353 MK-Kroll-Ludwigs, § 1828 BGB, Rn. 5 m.w.N.

Gem. § 1832 BGB gelten die §§ 1828 bis 1831 BGB auch entsprechend für das Genehmigungserfordernis seitens des Gegenbetreuers[354].

bb. Fehlende Genehmigung

(1) § 1829 BGB

§ 1829 BGB Nachträgliche Genehmigung

(1) [1]Schließt der Vormund einen Vertrag ohne die erforderliche Genehmigung des Betreuungsgerichts, so hängt die Wirksamkeit des Vertrags von der nachträglichen Genehmigung des Betreuungsgerichts ab. [2]Die Genehmigung sowie deren Verweigerung wird dem anderen Teil gegenüber erst wirksam, wenn sie ihm durch den Vormund mitgeteilt wird.

(2) Fordert der andere Teil den Vormund zur Mitteilung darüber auf, ob die Genehmigung erteilt sei, so kann die Mitteilung der Genehmigung nur bis zum Ablauf von zwei Wochen nach dem Empfange der Aufforderung erfolgen; erfolgt sie nicht, so gilt die Genehmigung als verweigert.

(3) Ist der Mündel volljährig geworden, so tritt seine Genehmigung an die Stelle der Genehmigung des Betreuungsgerichts.

Schließt der Betreuer ein Geschäft ab, ohne zuvor die geforderte Genehmigung des Be- **154**
treuungsgerichts eingeholt zu haben, ist der Vertrag nach § 1829 Abs. 1 Satz 1 BGB **„schwebend unwirksam"** und damit von der nachträglichen Genehmigung sowie deren Mitteilung an den Geschäftspartner abhängig[355]. Dies **gilt jedoch nur für die Außengenehmigungen,** die sich auf die Wirksamkeit des Rechtsgeschäfts auswirken (vgl. Übersicht oben Rn. 53).

Nach § 1829 Abs. 2 BGB kann der Vertragspartner den „Schwebezustand" beenden, indem er den Betreuer **zur Mitteilung über die Genehmigung auffordert.** Wird nach Zugang dieser Aufforderung nicht **binnen zwei Wochen** mitgeteilt, ob die Genehmigung erteilt wird, so gilt sie unabhängig von der tatsächlichen Lage als verweigert. Diese zweiwöchige Frist kann durch Vereinbarung verlängert oder verkürzt werden. Die Mitteilung kann erst erfolgen, wenn die gerichtliche Genehmigung mit ihrer Rechtskraft wirksam geworden ist[356]. Der Betreuer muss im Genehmigungsverfahren mitwirken, sonst kann er sich haftbar machen[357].

Wird die **Betreuung aufgehoben,** so tritt die Genehmigung des Betreuten an die Stelle der nachträglichen Zustimmung durch das Betreuungsgericht (Abs. 3). Das gilt auch, wenn der Aufgabenkreis, in den das Rechtsgeschäft fällt, von der Betreuung ausgeschlossen wurde. Stirbt der Betreute während der „schwebenden Unwirksamkeit", so geht das Entscheidungsrecht über die Genehmigung auf die Erben über[358].

---

354 MK-Kroll-Ludwigs, § 1832 BGB, Rn. 6; Jürgens-von Crailsheim, § 1832 BGB, Rn. 1. Zwar wird in § 1908i BGB nicht auf § 1832 BGB verwiesen, aber auf § 1792 BGB für die Bestellung eines Gegenbetreuers. § 1832 BGB gilt als anwendbar, da es sich um eine korrespondierende Norm für den Gegenbetreuer handelt und der fehlende Verweis nur als redaktionelles Versehen gewertet werden kann.

355 Zur Bevollmächtigung des Betreuers durch den Betreuten siehe Vorbemerkungen zu §§ 1821, 1822 BGB, oben Rn. 103 ff.

356 KG Berlin FamRZ 2016, 324 = BtPrax 2015, 208 (LS)

357 OLG Düsseldorf MittBayNot 2017, 155 = FamRZ 2016, 1877 (LS)

358 Erman-Schulte-Bunert, § 1829 BGB, Rn. 9a

(2) Widerruf, § 1830 BGB

§ 1830 BGB Widerrufsrecht des Geschäftspartners

Hat der Vormund dem anderen Teil gegenüber der Wahrheit zuwider die Genehmigung des Betreuungsgerichts behauptet, so ist der andere Teil bis zur Mitteilung der nachträglichen Genehmigung des Betreuungsgerichts zum Widerruf berechtigt, es sei denn, dass ihm das Fehlen der Genehmigung bei dem Abschluss des Vertrags bekannt war.

155 Die „schwebende Unwirksamkeit" kann auch durch einen **Widerruf** des Geschäfts seitens des Geschäftspartners beendet werden. Als einseitige **empfangsbedürftige Willenserklärung** muss der Widerruf gegenüber dem Betreuer erfolgen.

Ein Widerrufsrecht gem. § 1830 BGB steht dem Geschäftsgegner dann zu, wenn der Betreuer dem anderen Teil gegenüber **objektiv wahrheitswidrig das Vorliegen einer Genehmigung** des Gerichts behauptet hat. **Auf ein Verschulden** des Betreuers in Bezug auf die Unwahrheit **kommt es nicht an**[359].

Das Widerrufsrecht besteht jedoch dann nicht, wenn der andere Teil **bei Vertragsschluss das Fehlen der Genehmigung positiv kannte** (Kennenmüssen, d.h. fahrlässige Unkenntnis, reicht nicht aus). Ein Widerrufsrecht des anderen Teils ist auch nicht gegeben, wenn ein **Verzicht** darauf erklärt wurde. Ein solcher Verzicht liegt regelmäßig in der Aufforderung des Geschäftsgegners an den Betreuer zur Erklärung i.S.d. § 1829 Abs. 2 BGB, wenn sie in Kenntnis des Widerrufsrechts erfolgt[360].

§ 1830 BGB ist **analog** anzuwenden, wenn der Betreute unter Einwilligungsvorbehalt steht (§ 1903 BGB) und selbst das Geschäft unter falscher Behauptung einer gerichtlichen Genehmigung schließt[361]. Beim Vorspiegeln einer Einwilligung des Betreuers durch den Betreuten ergibt sich das Widerrufsrecht bereits aus § 1903 Abs. 1 Satz 2 i.V.m. § 109 BGB (dazu Teil A Rn. 80).

Eine **Frist** für das Widerrufsrecht gibt es nicht. Es erlischt aber mit dem Zugang der Mitteilung über die Genehmigung.

(3) Einseitige Rechtsgeschäfte, § 1831 BGB

§ 1831 BGB Einseitiges Rechtsgeschäft ohne Genehmigung

[1]Ein einseitiges Rechtsgeschäft, das der Vormund ohne die erforderliche Genehmigung des Familiengerichts vornimmt, ist unwirksam. [2]Nimmt der Vormund mit dieser Genehmigung ein solches Rechtsgeschäft einem anderen gegenüber vor, so ist das Rechtsgeschäft unwirksam, wenn der Vormund die Genehmigung nicht in schriftlicher Form vorlegt und der andere das Rechtsgeschäft aus diesem Grunde unverzüglich zurückweist.

156 § 1831 BGB gilt **nur für einseitige Rechtsgeschäfte,** vorgenommen durch den Betreuer. Ein solches Rechtsgeschäft, das ohne die erforderliche **vorherige Genehmigung** des Betreuungsgerichts (**bezogen auf die Außengenehmigungen** und nicht auf bloße Ordnungsvorschriften) getätigt wird, ist unheilbar nichtig. Im Gegensatz zu zweiseitigen Rechtsgeschäften (§ 1829 BGB) kann ein einseitiges Rechtsgeschäft also nicht in der Schwebe stehen (dazu oben Rn. 154).

---

359 Damrau/Zimmermann, § 1830 BGB, Rn. 2
360 Staudinger-Veit, § 1830 BGB, Rn. 11; z.T. str., Wilhelm, NJW 1992, 1666 f.; Damrau/Zimmermann, § 1830 BGB, Rn. 3
361 Jürgens-von Crailsheim, § 1830 BGB, Rn. 3

Solche **einseitigen Rechtsgeschäfte** sind beispielsweise die Kündigung eines Mietverhältnisses, die Erteilung einer Prokura, die Aufrechnung, die Anfechtung und der Rücktritt.

Obwohl auch die Ausschlagung einer Erbschaft gem. § 1942 BGB ein einseitiges Rechtsgeschäft ist, das gem. § 1822 Nr. 2 BGB genehmigt werden muss, reicht hier eine nachträgliche Genehmigung binnen der Ausschlagungsfrist des § 1944 BGB[362]. Das Gleiche gilt für die Aufhebung eines Rechts an einem Grundstück (§ 875 BGB), wenn sie bis zum Zeitpunkt der Eintragung genehmigt wird[363]. Hieraus kann der Grundsatz entnommen werden, dass **bei amtsempfangsbedürftigen Willenserklärungen** mit Fristgebundenheit die **nachträgliche Genehmigung innerhalb der Frist ausreicht,** da die Rechtssicherheit nicht in besonderem Maße tangiert wird[364]. Bei genehmigungsbedürftigen Klagen/Anträgen (z.B. für den Antrag auf Scheidung gem. § 125 Abs. 2 Satz 2 FamFG) ist die Genehmigung bis zum Zeitpunkt der letzten mündlichen Verhandlung möglich[365].

Nicht zu den einseitigen Rechtsgeschäften i.S.d. § 1831 BGB zählt die **Zustimmung** **157**
des Betreuers zu einem Rechtsgeschäft des Betreuten **im Rahmen des Einwilligungsvorbehalts** (§ 1903 BGB). Es ist ausreichend, wenn die Genehmigung im Zeitpunkt der Vornahme des Geschäfts durch den Betreuten vorliegt. § 1831 BGB ist weiterhin nicht anwendbar auf die **bloße Erteilung einer Vollmacht** oder die **Annahme eines Angebotes,** weil es sich dabei nicht um eine einseitige Erklärung in diesem Sinne handelt.

Aufgrund der unheilbaren Nichtigkeit einseitiger Erklärungen kann eine Wirksamkeit nur **158**
erreicht werden, wenn das Rechtsgeschäft erneut mit Genehmigung des Gerichts vorgenommen wird. Möglich ist es aber auch, die Erklärung unter die **Bedingung der Genehmigung** zu stellen, soweit das Rechtsgeschäft eine Bedingung zulässt[366].

Nichtig ist ein einseitiges Rechtsgeschäft trotz vorheriger Genehmigung durch das Betreu- **159**
ungsgericht gem. § 1831 Satz 2 BGB auch dann, wenn der Betreuer die erteilte Genehmigung nicht in **schriftlicher Form** dem Geschäftsgegner vorlegt und dieser das Rechtsgeschäft aus diesem Grunde unverzüglich, d.h. ohne schuldhaftes Zögern (§ 121 Abs. 1 Satz 1 BGB) zurückweist. Zur Wahrung der Anforderungen an die Form ist eine Ausfertigung oder beglaubigte Abschrift nötig.

362 OLG Frankfurt FamRZ 1966, 259; MK-Kroll-Ludwigs, § 1831 BGB, Rn. 7 m.w.N.
363 MK-Kroll-Ludwigs, § 1831 BGB, Rn. 8
364 OLG Celle Rpfleger 1980, 187; OLG Düsseldorf Rpfleger 1993, 337; BayOLG Rpfleger 1996, 450 f.; MK-Kroll-Ludwigs, § 1831 BGB, Rn. 9
365 Erman-Schulte-Bunert, § 1831 BGB, Rn. 4
366 Damrau/Zimmermann, § 1831 BGB, Rn. 2

II. Verfahrensrecht

1. Allgemeines

160 Eine Genehmigung kann grundsätzlich auch von Amts wegen erteilt werden, obwohl das Gericht meist nur auf Antrag des Betreuers mit einem konkreten Rechtsgeschäft befasst wird. Hinsichtlich der entscheidungswichtigen Umstände gilt der **Amtsermittlungsgrundsatz**[367] (dazu Teil A Rn. 105).

Von den Angehörigen abgesehen, deren Anhörung in §§ 297 Abs. 3, 298 Abs. 1 Satz 2 FamFG geregelt ist, soll gem. § 1826 BGB ein Gegenvormund angehört werden.

Die Entscheidung wird dem **Betreuer** gegenüber mit der **Rechtskraft wirksam** (§ 40 Abs. 2 FamFG).

2. Personensorge

a. Ärztlicher Eingriff, Abbruch einer Heilbehandlung, Wohnungsaufgabe

§ 298 FamFG Verfahren in Fällen des § 1904 des Bürgerlichen Gesetzbuchs

(1) [1]Das Gericht darf die Einwilligung, die Nichteinwilligung oder den Widerruf einer Einwilligung eines Betreuers oder eines Bevollmächtigten (§ 1904 Absatz 1, 2 und 5 des Bürgerlichen Gesetzbuchs) nur genehmigen, wenn es den Betroffenen zuvor persönlich angehört hat. [2]Das Gericht soll die sonstigen Beteiligten anhören. [3]Auf Verlangen des Betroffenen hat das Gericht eine ihm nahestehende Person anzuhören, wenn dies ohne erhebliche Verzögerung möglich ist.

(2) Die Bestellung eines Verfahrenspflegers ist stets erforderlich, wenn Gegenstand des Verfahrens eine Genehmigung nach § 1904 Absatz 2 des Bürgerlichen Gesetzbuchs ist.

(3) [1]Vor der Genehmigung ist ein Sachverständigengutachten einzuholen. [2]Der Sachverständige soll nicht auch der behandelnde Arzt sein.

161 Die **persönliche Anhörung des Betroffenen** ist vorgeschrieben (§ 298 Abs. 1 Satz 1 FamFG) vor der Genehmigung eines ärztlichen Eingriffs oder eines Abbruchs einer Behandlung i.S.d. § 1904 Abs. 1 BGB; ferner ist sie notwendig (§ 299 Satz 2 FamFG) bei der Wohnungsaufgabe i.S.d. § 1907 BGB, bei der Genehmigung von Dauerschuldverhältnissen über einen längeren Zeitraum als vier Jahre (§ 1907 Abs. 3 BGB) und der Vermietung von Wohnraum des Betreuten. Die Möglichkeiten, von der persönlichen Anhörung abzusehen (früher § 68 Abs. 2 FGG), sind gestrichen worden. Wird die Genehmigung abgelehnt, ist trotz des missverständlichen Wortlauts des § 299 FamFG eine Anhörung nicht erforderlich.[368] Fraglich ist die Verpflichtung zur persönlichen Anhörung bei Abbruch einer medizinischen Maßnahme, denn § 1904 Abs. 2 BGB wird hier nicht erwähnt, möglicherweise ein Redaktionsversehen[369]. Jedenfalls wird in einem Verfahren mit solch schwer wiegenden Folgen eine persönliche Anhörung zwingend sein, was sich notfalls aus dem Amtsermittlungsgrundsatz herleiten läßt.

▶ *Zur persönlichen Anhörung vgl. die Ausführungen zu § 278 FamFG in Teil A Rn. 147 ff.*

162 Ein **Sachverständigengutachten** ist bei den **ärztlichen Maßnahmen gem. § 1904 BGB zwingend** (§ 298 Abs. 3 FamFG). Es muss sich zur Erforderlichkeit und der Gefähr-

367 Vgl. BGH NJW 1986, 2829
368 Keidel-Budde, § 299 FamFG, Rn. 1
369 Keidel-Budde, § 298 FamFG,Rn. 9

lichkeit des Eingriffs äußern sowie zur fehlenden Einwilligungsfähigkeit des Patienten. Die Qualifikation des Gutachters hängt von der jeweils geplanten medizinischen Maßnahme ab. Bei Unterlassen oder Abbruch einer medizinischen Maßnahme aufgrund einer Patientenverfügung hat es sich auch darüber zu äußern, inwieweit die in der Verfügung beschriebene Situation mit der tatsächlich eingetretenen übereinstimmt. Bei einem aktuell geäußerten Willen des Betroffenen hat es die Einwilligungsfähigkeit zu bewerten. Die Personenidentität des Gutachters und des Arztes, der später den medizinischen Eingriff ausführt, ist nicht generell untersagt („soll nicht")[370], wie das früher der Fall war, um das Gutachten von jeglichen finanziellen Interessen frei zu halten. Dies wurde 1998 geändert, um in eilbedürftigen Fällen überhaupt ein Gutachten zu erhalten[371]. Allerdings soll die Personenidentität nur in Ausnahmefällen erlaubt sein[372] und ist dann zu begründen[373].

Die sonstigen Beteiligten sollen ebenfalls angehört werden.

▶ *Zur Anhörung Dritter vgl. die Ausführungen zu § 279 FamFG in Teil A Rn. 158 ff.*

Die Anhörung von Verwandten ist sinnvoll, eine Pflicht besteht dazu nur, soweit der Betroffene es wünscht. Bei Fragen der Auslegung einer Patientenverfügung dürfte es notwendig sein, die engsten Angehörigen – persönlich – anzuhören. Für diese Anhörungen reicht die Schriftform. Die Anhörung einer dem Betroffenen nahestehenden Person kann unterbleiben, wenn sie zu einer erheblichen Verzögerung führen würde.

Soweit es um die Genehmigung eines Abbruchs einer lebenserhaltenden oder -verlän- **163**
gernden Maßnahme geht, ist ein **Verfahrenspfleger** (§ 276 FamFG) zu bestellen (§ 298 Abs. 2 FamFG). Das gilt unabhängig davon, ob die Entscheidung auf eine Patientenverfügung oder auf den mutmaßlichen Willen des Patienten gestützt wird[374]. Begründet wird dieses Erfordernis damit, dass der Pfleger den Betreuer entlasten könne und dass er „die allein den Interessen des Betroffenen verpflichtete Person" sei. Liegt eine Patientenverfügung vor, hat der Verfahrenspfleger diese auszulegen, dann zu ermitteln, ob der eingetretene Zustand mit dem in der Patientenverfügung genannten übereinstimmt sowie, ob es Anhaltspunkte für eine Willensänderung des Patienten gibt (vgl. Teil C Rn. 111 ff.).

Der Beschluss über die Genehmigung nach § 1904 Abs. 1 BGB wird mit Rechtskraft gem. § 40 Abs. 2 FamFG wirksam, bei einer Nichteinwilligung oder dem Widerruf einer Einwilligung in eine Heilbehandlung (§ 1904 Abs. 2 BGB) wird er zwei Wochen nach Bekanntgabe wirksam (§ 287 Abs. 3 FamFG)[375]. Diese Abweichung vom Allgemeinen Teil des FamFG ist im Sinne eines effektiven Rechtsschutzes notwendig, weil der Betroffene als Folge der Entscheidung möglicherweise innerhalb kurzer Zeit stirbt und die Entscheidung insoweit irreversibel ist[376].

b. Besonderheiten bei der Sterilisation

§ 297 FamFG Sterilisation

(1) [1]Das Gericht hat den Betroffenen vor der Genehmigung einer Einwilligung des Betreuers in eine Sterilisation (§ 1905 Abs. 2 des Bürgerlichen Gesetzbuchs) persönlich anzuhören und sich einen persönlichen Eindruck von ihm zu verschaffen. [2]Es hat den Betroffenen über den möglichen Verlauf des Verfahrens zu unterrichten.

370 Kritisch Dodegge, NJW 1998, 3073, 3077
371 Vgl. Damrau/Zimmermann, § 298 FamFG, Rn. 29; Jürgens-Kretz, § 298 FamFG, Rn. 5
372 Vgl. P/H-Fröschle, § 298 FamFG, Rn. 23; B/J/S-Heiderhoff, § 298 FamFG, Rn. 6
373 Keidel-Budde, § 298 FamFG, Rn.5
374 So schon OLG Karlsruhe BtPrax 2004, 202 = FamRZ 2004, 1319
375 P/H Fröschle, § 287 FamFG, Rn. 25a f., hält diese Regelung für verfassungswidrig.
376 Vgl. auch Brosey, BtPrax 2009, 177

(2) Das Gericht hat die zuständige Behörde anzuhören, wenn es der Betroffene verlangt oder es der Sachaufklärung dient.

(3) [1]Das Gericht hat die sonstigen Beteiligten anzuhören. [2]Auf Verlangen des Betroffenen hat das Gericht eine ihm nahestehende Person anzuhören, wenn dies ohne erhebliche Verzögerung möglich ist.

(4) Verfahrenshandlungen nach den Absätzen 1 bis 3 können nicht durch den ersuchten Richter vorgenommen werden.

(5) Die Bestellung eines Verfahrenspflegers ist stets erforderlich, sofern sich der Betroffene nicht von einem Rechtsanwalt oder einem anderen geeigneten Verfahrensbevollmächtigten vertreten lässt.

(6) [1]Die Genehmigung darf erst erteilt werden, nachdem durch förmliche Beweisaufnahme Gutachten von Sachverständigen eingeholt sind, die sich auf die medizinischen, psychologischen, sozialen, sonderpädagogischen und sexualpädagogischen Gesichtspunkte erstrecken. [2]Die Sachverständigen haben den Betroffenen vor Erstattung des Gutachtens persönlich zu untersuchen oder zu befragen. [3]Sachverständiger und ausführender Arzt dürfen nicht personengleich sein.

(7) Die Genehmigung wird wirksam mit der Bekanntgabe an den für die Entscheidung über die Einwilligung in die Sterilisation bestellten Betreuer und

1. **an den Verfahrenspfleger oder**
2. **den Verfahrensbevollmächtigten, wenn ein Verfahrenspfleger nicht bestellt wurde.**

(8) [1]Die Entscheidung über die Genehmigung ist dem Betroffenen stets selbst bekannt zu machen. [2]Von der Bekanntgabe der Gründe an den Betroffenen kann nicht abgesehen werden. [3]Der zuständigen Behörde ist die Entscheidung stets bekannt zu geben.

164 Ohne Ausnahme[377] hat der Gesetzgeber in diesem Verfahren die **persönliche Anhörung** und den **unmittelbaren Eindruck** des Gerichts von der Betroffenen vorgeschrieben. Es hat die Betreute über den Ablauf des Verfahrens aufzuklären. Im Übrigen zielt die Anhörung auf die Tatbestandsvoraussetzungen des § 1905 BGB.

▶ *Zur persönlichen Anhörung des Betroffenen vgl. die Ausführungen zu § 278 FamFG in Teil A Rn. 147 ff.*

Angesichts der Tragweite des Eingriffs ist dies hier zwingend[378]. Ferner hat das Gericht die Betroffene über den Inhalt des Gutachtens und den Gang des Verfahrens zu unterrichten. Verfahrenshandlungen mittels eines ersuchten Richters sind nicht zulässig. Der Richter soll vielmehr aufgrund eines eigenen Eindrucks und nicht aufgrund eines bloßen Aktenstudiums entscheiden.

Der zuständigen Behörde ist Gelegenheit zur Äußerung zu geben (Abs. 2), wenn es die Betroffene wünscht. Dann ist auch die Anhörung der sonstigen Beteiligten und nahestehenden Personen der Betroffenen vorgeschrieben (Abs. 3).

▶ *Zur Anhörung der Behörde und anderer Personen vgl. die Ausführungen zu § 279 FamFG in Teil A Rn. 158 ff.*

Voraussetzung ist des Weiteren die Einholung von **mindestens zwei Sachverständigengutachten,** Abs. 6, die aufgrund einer persönlichen Untersuchung der Betroffenen erstellt sein müssen. Wegen der weiten Gebiete, auf die sich die Gutachten beziehen müssen (medizinische, psychologische, soziale, sonder- und sexualpädagogische Gesichtspunkte), sind

377 Die Ausnahmen gem. § 34 FamFG sind hier nicht anwendbar – so auch P/H-Fröschle, § 297 Rn. 11
378 Keidel-Budde, § 297 FamFG, Rn. 2, der aber die Ausnahmen nach § 34 Abs. 2 FamFG für anwendbar hält und demnach nicht in jedem Fall zwingend eine persönliche Anhörung vorsieht.

mehrere, d.h. mindestens zwei Gutachter notwendig. Ferner **verbietet das Gesetz,** im Gegensatz zu den anderen medizinischen Maßnahmen, die **Personenidentität von Gutachter und dem Arzt,** der die Maßnahme durchführen soll (Abs. 6 Satz 3).

Die Gutachten haben sich medizinisch und psychologisch zur Einwilligungsfähigkeit der Betroffenen zu äußern, zu ihrer sozialen Situation, zu der Frage, ob eine Schwangerschaft auf andere Weise verhindert werden kann, welches die geeignetste Methode der Sterilisation ist, sowie zur Zumutbarkeit anderer Mittel.

Nach OLG Hamm brauchen Verfahrenshandlungen gleichen Inhalts und Zwecks wie etwa eine Anhörung oder ein Gutachten nicht noch einmal vorgenommen zu werden, wenn sie bereits bei der Bestellung des Sterilisationsbetreuers zeitlich kurz zuvor durchgeführt wurden[379]. Dagegen spricht, dass der Gesetzgeber bei der Sterilisation bewusst hohe Hürden aufgestellt hat – auch was das Verfahrensrecht angeht – und die doppelte Vornahme einer Anhörung vor dem Hintergrund einer Änderung der Umstände (entgegenstehender natürlicher Wille) Sinn machen kann. 165

Die Bestellung eines **Verfahrenspflegers** ist ebenfalls zwingend vorgeschrieben (Abs. 5), es sei denn, die Betroffene wird durch einen geeigneten Verfahrensbevollmächtigten vertreten.

▶ *Zur Bestellung eines Verfahrenspflegers vgl. die Ausführungen zu § 276 FamFG in Teil A Rn. 137 ff.*

Die Entscheidung ist stets der Betroffenen und der Behörde bekannt zu machen (Abs. 8). Daneben gilt § 41 FamFG[380], so dass sie auch allen anderen Beteiligten bekannt zu machen ist. Sie wird wirksam mit der **Bekanntmachung** an den Verfahrenspfleger (oder Verfahrensbevollmächtigten) und den Sterilisationsbetreuer (Abs. 7)[381]. Die Sterilisation darf frühestens zwei Wochen nach Wirksamkeit der Genehmigung durchgeführt werden (§ 1905 Abs. 2 Satz 2 BGB). Da die Einlegung eines Rechtsmittels keine aufschiebende Wirkung hat und diese 2-Wochen-Frist nicht sehr lang ist, empfiehlt es sich, mit der Einlegung der Beschwerde den Erlass einer einstweiligen Anordnung zu verbinden. 166

3. Vermögenssorge

§ 299 FamFG Verfahren in anderen Entscheidungen

[1]Das Gericht soll den Betroffenen vor einer Entscheidung nach § 1908i Abs. 1 Satz 1 in Verbindung mit den §§ 1821, 1822 Nr. 1 bis 4, 6 bis 13 sowie den §§ 1823 und 1825 des Bürgerlichen Gesetzbuchs persönlich anhören. [2]Vor einer Entscheidung nach § 1907 Abs. 1 und 3 des Bürgerlichen Gesetzbuchs hat das Gericht den Betroffenen persönlich anzuhören.

Die persönliche Anhörung ist vorgeschrieben für die genehmigungsbedürftigen Grundstücksgeschäfte des § 1821 BGB sowie die in § 1822 BGB genannten Rechtsgeschäfte, da diese von besonderer Tragweite sind. 167

Die Norm ist eine Sollvorschrift, was bisher unterschiedlich verstanden wurde: Überwiegend wurde sie so ausgelegt, dass zwar eine Anhörung vorgeschrieben wird, diese jedoch nicht immer persönlich sein muss, sondern unter Umständen auch schriftlich erfolgen

379 OLG Hamm BtPrax 2000, 168
380 P/H-Fröschle, § 297 FamFG, Rn. 37
381 Jürgens-Kretz, § 297 FamFG, Rn. 10

kann[382]. Nach anderer Auffassung normiert die Vorschrift ein Regel-Ausnahme-Verhältnis zu Gunsten der persönlichen Anhörung[383].

In den nicht ausdrücklich genannten anderen Fällen der betreuungsgerichtlichen Genehmigung hat das Gericht selbständig zu entscheiden, ob es den Betroffenen persönlich anhört. Insoweit gilt der Amtsermittlungsgrundsatz des § 26 FamFG, der mitunter eine persönliche Anhörung notwendig machen wird, etwa weil ihm nur so rechtliches Gehör gewährt werden kann.

Für die Durchführung der Anhörung, ob und welche anderen Personen hinzuzuziehen sind, gelten die allgemeinen Regeln.

▶ *Zu Einzelheiten der persönlichen Anhörung vgl. die Ausführungen zu § 278 FamFG in Teil A Rn. 147 ff.*
Zur Anhörung anderer Personen vgl. die Ausführungen zu § 279 FamFG in Teil A Rn. 158 ff.

4. Rechtsmittel

168 Gegen die Verweigerung der Genehmigung kann der Betreute (oder in seinem Namen der Betreuer) die **Beschwerde** gem. §§ 58 f. FamFG erheben. Hält ein Gericht eine Genehmigung für nicht erforderlich, kann der Betroffene Beschwerde einlegen, wenn er geltend macht, dass die beabsichtigte Maßnahme genehmigungsbedürftig und nicht genehmigungs**fähig** ist[384].

▶ *Zu Einzelheiten der Rechtsmittel vgl. die Ausführungen in Teil A Rn. 195 ff.*

Der Betreuer ist nur im Namen des Betreuten, nicht aber im eigenen Namen beschwerdebefugt[385]. Genauso wenig sind Angehörige oder der Geschäftspartner beschwerdeberechtigt[386], es sei denn, letzterer macht geltend, das Rechtsgeschäft sei nicht genehmigungsbedürftig[387]. Ebenfalls ausnahmsweise beschwerdebefugt ist der Vertragspartner, wenn eine erteilte Genehmigung wieder aufgehoben wurde und er geltend macht, dass diese bereits wirksam geworden sei[388]. Der Vorschlag, im Falle des Abbruchs einer lebenserhaltenden Maßnahme nahen Angehörigen ein Beschwerderecht zu gewähren, ist vom FamFG nicht aufgenommen worden.

Gegen die erteilte Genehmigung ist der Betreute beschwerdebefugt, der Betreuer aber grundsätzlich nicht, weil er ja nachträglich noch sein Einverständnis widerrufen kann; allenfalls in seltenen Fällen, in denen das Gericht ihn übergangen hat, kommt eine Beschwerdebefugnis in Betracht[389]. Die Frist beträgt zwei Wochen (§ 63 Abs. 2 Nr. 1 FamFG).

169 Früher kam eine solche Beschwerde in der Praxis oft nicht in Betracht, wenn die Genehmigung bereits erteilt war: Denn ab Bekanntgabe an den Geschäftsgegner war das Beschwerderecht aus Gründen der Rechtssicherheit ausgeschlossen (§§ 69e, 55, 62 FGG a.F.). Nunmehr ist auch eine Genehmigung voll im Rechtsmittelverfahren überprüfbar. Denn der Beschluss über die Genehmigung wird erst mit formeller Rechtskraft wirksam

---

382 Bienwald, § 299 FamFG, Rn. 9; Damrau/Zimmermann, § 399 FamFG, Rn. 11; a.A. HK-BUR-Hoffmann, § 69d FGG, Rn. 13
383 B/J/S-Heiderhoff, § 299 FamFG, Rn. 2 m.w.N.
384 OLG Hamm NJW 2003, 2392
385 OLG Stuttgart BtPrax 2001, 255; BayOLG FuR 2002, 160; a.A. MK-Kroll-Ludwigs, § 1828 BGB, Rn. 51
386 OLG Frankfurt Rpfleger 1979, 423. Das privilegierte Beschwerderecht naher Angehöriger bezieht sich nicht auf die Materien der Genehmigung.
387 MK-Kroll-Ludwigs, § 1828 BGB, Rn. 53
388 BGH BtPrax 2016, 27
389 Vgl. Beispiele bei Damrau/Zimmermann, § 1828 BGB, Rn. 35

(§ 40 Abs. 2 FamFG). Der Nachweis kann durch ein Zeugnis über den Eintritt der formellen Rechtskraft, ausgestellt von der Geschäftsstelle des Gerichts, geführt werden (§ 46 FamFG).

Gem. § 48 Abs. 3 FamFG ist gegen einen Beschluss, durch den die Genehmigung erteilt oder verweigert wird, eine Wiedereinsetzung in den vorigen Stand, eine Abänderung oder eine Wiederaufnahme nicht zulässig, wenn die Genehmigung dem Dritten gegenüber wirksam geworden ist. Insoweit erwächst der Beschluss in **materielle Rechtskraft**[390].

390 Kemper/Schreiber-Simon, § 40 FamFG, Rn. 17

III. Anhang: Muster[391]

1. Antrag auf Genehmigung der Kündigung eines Mietverhältnisses des Betreuten, § 1907 Abs. 1 BGB

170 An das

Amtsgericht .../Betreuungsgericht

Betreuung für Frau/Herrn ...

Betreuer Frau/Herr ...

AZ: .../...

Antrag auf betreuungsgerichtliche Genehmigung der Kündigung des Wohnraumes des Betreuten

Sehr geehrte Damen und Herren,

ich beantrage die gerichtliche Genehmigung der Kündigung des Wohnraummietvertrages zwischen der/dem Betreuten Frau/Herrn ... und dem Vermieter Frau/Herrn ... über die Wohnung in Musterstadt, Musterstraße ...

Ich bin seit Beschluss des Betreuungsgerichts vom ... als Betreuer/-in von Frau/Herrn ... bestellt und habe den Aufgabenkreis Vermögenssorge sowie insbesondere Mietangelegenheiten übertragen bekommen.

Begründung:

Die/Der Betreute ist aufgrund ihres/seines Alters und zunehmender gesundheitlicher Beschwerden nicht mehr in der Lage, ihren/seinen Haushalt zu führen und bedarf der ständigen Pflege und Aufsicht (Beweis: Attest von Dr. Muster anbei).

Im Einvernehmen mit der/dem Betreuten erfolgt daher ein Umzug ins Pflegeheim. Die Mietwohnung der/des Betreuten wird daher überflüssig.

Ich bitte um schnellstmögliche, positive Nachricht, um die Kündigung mit einer Frist von ... einleiten zu können.

Mit freundlichem Gruß

....

(Ort, Datum, Unterschrift)

391 Weitere Muster bei Firsching/Dodegge sowie bei Kierig/Kretz

2. Antrag auf Genehmigung der Einwilligung zur medikamentösen Behandlung mit risikobehafteten Medikamenten, § 1904 BGB

An das 171

Amtsgericht .../Betreuungsgericht

Betreuung für Frau/Herrn ...

Betreuer Frau/Herr ...

AZ: .../...

Antrag auf betreuungsgerichtliche Genehmigung der Einwilligung zur medikamentösen Heilbehandlung der/des Betreuten

Sehr geehrte Damen und Herren,

ich beantrage die gerichtliche Genehmigung meiner Einwilligung zur regelmäßigen, ärztlichen Verabreichung des pharmazeutischen Wirkstoffes ... für die/den Betreuten durch Dr. Muster und künftig nach Anweisung des Arztes durch mich.

Ich bin seit Beschluss des Betreuungsgerichts vom ... als Betreuer/-in von Frau/Herrn ... bestellt und habe den Aufgabenkreis Personensorge sowie insbesondere gesundheitliche Angelegenheiten übertragen bekommen.

Begründung:

Die/Der Betreute ist aufgrund einer psychischen Erkrankung gezwungen, über einen längeren Zeitraum regelmäßig Neuroleptika verabreicht zu bekommen (Beweis: Attest von Dr. Muster anbei). Die Verabreichung ist laut Arzt unumgänglich, da die/der Betreute anderenfalls schizophren werden könnte. Die Medikation kann allerdings unerwünschte Spätfolgen bis hin zu bleibenden Nervenschäden hervorrufen. Die Betreute ist nicht in der Lage, einen freien Willen in dieser Angelegenheit zu bilden.

Ich bitte um schnellstmögliche, positive Nachricht, um die Heilbehandlung vorantreiben zu können.

Mit freundlichem Gruß

....

(Ort, Datum, Unterschrift)

3. Antrag auf betreuungsgerichtliche Genehmigung zur Verfügung über Aktien des Betreuten, § 1812 BGB

172 An das

Amtsgericht .../Betreuungsgericht

Betreuung für Frau/Herrn ...

Betreuer Frau/Herr ...

Antrag auf Verfügung über Aktien des/der Betreuten

Sehr geehrte Damen und Herren,

ich bin mit Beschluss des Betreuungsgerichts vom ... als Betreuer/-in von Frau/Herrn ... mit dem Aufgabenkreis Vermögensfürsorge bestellt.

Die/Der Betreute erhält lediglich eine monatliche Rente von 1.450 Euro, von der größere Beträge nicht angespart werden können Das Girokonto weist einen Kontostand von 200 Euro auf. Ich habe im Namen des Betreuten das Heizöl für die Winterperiode bestellt und will nunmehr die Rechnung in Höhe von 1.680 Euro begleichen. Dazu bedarf es des Verkaufs eines Aktienanteils des Betreuten (25 Stück Allianz, WPKN 008404005, im Wert von ca. 2.000 Euro). Ich bitte um die Genehmigung, diesen veräußern zu dürfen.

Ich weise darauf hin, dass meine Vermögensverhältnisse geordnet sind.

Mit freundlichen Grüßen

....

(Ort, Datum, Unterschrift)

Teil F
Aufwendungsersatz und Vergütung

I. Vorbemerkung

Das Gesetz unterscheidet von jeher zwischen dem Ersatz tatsächlicher Aufwendungen und der Vergütung, also der Bezahlung geleisteter Arbeit. Mit der Einführung des Betreuungsrechtes differenzierte es beim Aufwendungsersatz zusätzlich zwischen der pauschalen Abgeltung (ursprünglich geringfügiger) Aufwendungen (Aufwandsentschädigung, § 1835a BGB) und den sonstigen Aufwendungen (§ 1835 BGB). Aufwendungen wurden und werden grundsätzlich erstattet. Seit dem 1.7.2005 werden die Aufwendungen eines Berufsbetreuers pauschaliert (§ 4 VBVG). Geleistete Arbeit als Vormund (Betreuer) blieb und bleibt dagegen in der Regel unvergütet. Seit dem Inkrafttreten des Betreuungsrechtes wird dem Berufsvormund (Berufsbetreuer) indes ein Vergütungsanspruch zuerkannt. Die jetzige Gesetzesfassung beruht auf historischen und verfassungsrechtlichen Vorgaben.

Die Ämter des Vormunds und Pflegers als Vorläufer des Amtes des Betreuers waren traditionell Ehrenämter. Das gesetzliche Leitbild der Vormundschaft war der Einzelvormund bzw. -pfleger, der ein oder zwei Vormund- bzw. Pflegschaften führte. Demzufolge bedurfte es grundsätzlich keiner Entgeltregelung. Vormund und Pfleger übten ihre Tätigkeit zwar im staatlichen Interesse aus, wurden vorrangig aber als Mitglieder der Gesellschaft, für die sie mit einzustehen haben, in Anspruch genommen[1]. Nur aus besonderen Gründen konnte das Vormundschaftsgericht dem Vormund bzw. Pfleger als Bezahlung seiner geleisteten Arbeit eine Vergütung bewilligen, wobei die Höhe der Vergütung im Ermessen des Gerichts stand, § 1836 BGB a.F. Für tatsächliche Aufwendungen, die einem Vormund bei Wahrnehmung seines Amtes entstanden waren, konnte ohne weitere Voraussetzungen Ersatz verlangt werden, § 1835 BGB a.F.

Das BVerfG[2] verlangte schließlich im Jahre 1980 eine verfassungskonforme Auslegung dieser Vorschriften. Demzufolge muss einer Person, die berufsmäßig Vormundschaften bzw. Pflegschaften führt, neben den Barauslagen auch eine Entschädigung für ihre anteiligen Bürokosten und ihren Zeitaufwand zugunsten des Mündels zugebilligt werden.

Mit der Einführung des Betreuungsrechtes zum 1.1.1992 verblieb es bei dem Grundsatz der unentgeltlichen Führung einer Betreuung, Vormund- oder Pflegschaft. Die bisherigen Regelungen im Vormundschaftsrecht blieben über § 1915 BGB für das Pflegschaftsrecht maßgeblich und über § 1908i BGB nunmehr auch für das Betreuungsrecht. Dies erklärt, dass sich die maßgeblichen Regelungen zur Vergütung und zum Aufwendungsersatz eines Betreuers im Vormundschaftsrecht finden. Gleichzeitig wurden umfangreiche Änderungen des Rechts auf Aufwendungsersatz und auf Vergütung vorgenommen, um den verfassungsrechtlichen Vorgaben zu genügen[3]. Insbesondere wurde das Entstehen eines Vergütungsanspruches nicht mehr von der Vermögenssituation des Mündels (Betreuten) abhängig gemacht. Bei Mittellosigkeit wurde und wird die Vergütung aus der Staatskasse gewährt.

In der Praxis führten diese Änderungen alsbald zu einer überproportional ansteigenden Belastung der Staatskasse mit Betreuer- und Verfahrenspflegervergütungen. Hinzu kamen eine zersplitterte Rechtsprechung zur Vergütungshöhe und eine kontinuierlich wachsende Belastung der Gerichte mit Vergütungsstreitigkeiten. Zum 1.1.1999 hat der Gesetzgeber

1 Deinert/Lütgens, Rn. 46
2 BVerfG FamRZ 1980, 765
3 Zu den Änderungen vgl. Deinert/Lütgens, Rn. 57. Diese Regelungen waren verfassungskonform, BVerfG BtPrax 2000, 77, bis auf die Fälle, in denen die Umsatzsteuer nicht gesondert neben dem Stundenhöchstsatz gewährt wurde oder einem Vereinspfleger eine angemessene Vergütung vorenthalten blieb, BVerfG FamRZ 2000, 414.

das Recht auf Aufwendungsersatz und auf Vergütung eines Betreuers mit dem 1. BtÄndG grundlegend neu gefasst[4].

Weitere Änderungen ergaben sich durch die Euro-Umstellung zum 1.1.2002, in deren Folge sich die pauschale Aufwandsentschädigung (§ 1835a BGB), die Fahrtkostenerstattung sowie die Stundensätze für die Betreuervergütung (§1 BVomVG a.F.) leicht erhöhten. Eine weitere Erhöhung ergab sich als Folge des Kostenrechtsmodernisierungsgesetzes zum 1.7.2004.

Mit der Einführung des SGB XII zum 1.1.2005 erfolgten insbesondere Änderungen hinsichtlich der Freibeträge, die im Rahmen der Heranziehung des Betroffenen zu den Kosten der Betreuung zu beachten sind[5].

Zuletzt erfolgte mit Wirkung zum 1.7.2005 durch das 2. BtÄndG eine abermalige Neuordnung der Vergütungsvorschriften. Zwar betont § 1836 Abs. 1 Satz 3 BGB unverändert, dass nur bei berufsmäßiger Amtsführung ein Vergütungsanspruch besteht. Die Einzelheiten der Vergütung ergeben sich indes nicht mehr aus dem aufgehobenen BVormVG, sondern dem neuen VBVG, das ausdrücklich sowohl für bemittelte als auch mittellose Mündel, Pfleglinge und Betreute gilt. Im Gegensatz zu der Vergütung für berufsmäßige Vormünder und Pfleger wird der Vergütungsanspruch der Berufsbetreuer pauschaliert. Dabei umfassen die festgelegten monatlichen Stundenpauschalen nicht nur den eigentlichen Vergütungsanspruch, sondern auch die Ansprüche auf Ersatz von Aufwendungen, die auf der Führung der Betreuung beruhen, sowie auf Erstattung der Umsatzsteuer[6].

Einen neuen Standort im Gesetz fanden die Regelungen zur ausnahmsweisen Vergütung eines ehrenamtlichen Vormundes, Pflegers bzw. Betreuers, zu den Voraussetzungen der berufsmäßigen Ausübung des Amtes, zur Vergütungsbewilligung und Leistung aus der Staatskasse bei Mittellosigkeit sowie zum Erlöschen der Ansprüche in den §§ 1836 Abs. 2 BGB, 1, 2 VBVG[7].

Diese Vorschriften sind die derzeit geltende Rechtsgrundlage.

4 Zu den Änderungen Deinert/Lütgens, Rn. 80 ff.
5 Dazu Deinert/Lütgens, Rn. 85 ff. und 97 ff.
6 Vgl. §§ 4 Abs. 2 Satz 1 und 5 VBVG. Eine Ausnahme gilt nur für Sonderfälle der Betreuung nach § 6 VBVG.
7 Zu den Änderungen durch das 2. BtÄnG vgl. Dodegge, NJW 2005, 1896 ff.; Sonnenfeld, FamRZ 2005, 941 ff.; Zimmermann, FamRZ 2005, 950 ff; Deinert/Lütgens, Rn. 103 ff.

II. Materielles Recht

Der Ersatz von Aufwendungen, die ein Betreuer zur Wahrnehmung seiner Tätigkeit getätigt hat, sowie die Bewilligung bzw. Festsetzung einer Vergütung für die geleistete Arbeit eines Betreuers sind nicht im Betreuungsrecht selbst (§§ 1896 ff. BGB) geregelt. Vielmehr sind nach § 1908i Abs. 1 BGB die entsprechenden Regelungen des Vormundschaftsrechts, nämlich §§ 1835 bis 1836e BGB, sinngemäß anzuwenden. Im Folgenden wird, auch wenn es nach dem Gesetzeswortlaut zunächst Aufwendungsersatz bzw. Vergütung eines Vormunds heißt, vorrangig vom Aufwendungsersatz bzw. von der Vergütung eines Betreuers die Rede sein. Die gesetzlichen Regelungen gelten nur hinsichtlich solcher Aufwendungen und Vergütungen, die vom 1.7.2005 an getätigt wurden. 1

1. Überblick

In den §§ 1896 ff. BGB finden sich keine materiellen Regelungen zum Aufwendungsersatz und zur Vergütung eines Betreuers. Vielmehr erklärt § 1908i Abs. 1 BGB die Regelungen des Vormundschaftsrechts, §§ 1835 bis 1836e BGB, für sinngemäß anwendbar. Allerdings sind auch dort die Fragen des Aufwendungsersatzes und der Vergütung nicht einheitlich an einer Stelle geregelt. Neben den §§ 1835 bis 1836e BGB ist das VBVG zu beachten und es bestehen zusätzlich noch Verweisungen auf das SGB XII und das JVEG. Darüber hinaus differenziert das Gesetz danach, wer Schuldner des Betreuers ist. Sofern der Betroffene mittellos ist, trägt die Staatskasse die Vergütung bzw. erstattet die Aufwendungen. Andernfalls hat der Betroffene sie selbst aus seinem Vermögen zu leisten. In Bezug auf eine Vergütung macht das Gesetz die Gewährung einer Vergütung letztlich noch dem Grunde nach vom Betreuertyp abhängig. Ehrenamtliche Betreuer erhalten grundsätzlich nämlich entsprechend dem gesetzlichen Leitbild der ehrenamtlichen, unentgeltlichen Führung der Betreuung keine Vergütung. Nur im Sonderfall des § 1836 Abs. 2 Hs. 1 BGB billigt das Gesetz ihnen eine Vergütung aus dem Vermögen des Betreuten zu. Betreuer, die ihr Amt berufsmäßig ausüben, erhalten dagegen immer eine Vergütung entsprechend den Regelungen des VBVG, vgl. §§ 1836 Abs. 1 Satz 2, 3 BGB, 1 Abs. 2 Satz 1 VBVG. 2

Generell ist also zwischen Aufwendungsersatz, der in §§ 1835, 1835a BGB seine materiell-rechtliche Regelungsgrundlage findet, und Vergütung, die in §§ 1836 bis 1836e BGB, 1 ff. VBVG materiell-rechtlich ausgestattet ist, zu unterscheiden. Einen ersten Überblick vermitteln die folgenden Schemata zu Rn. 3 und 4.

Übersichtsskizze: Vergütung für Betreuer

3

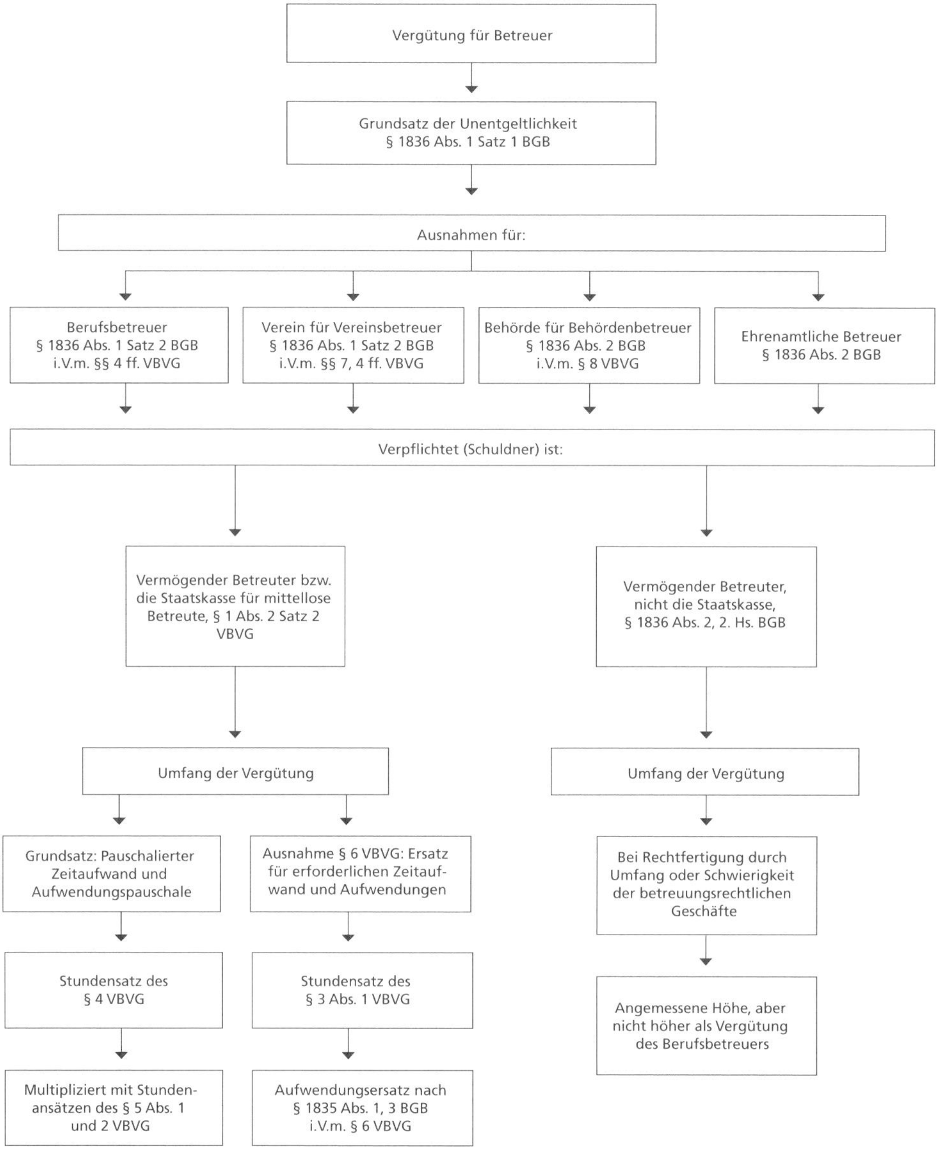

Übersichtsskizze: Aufwendungsersatz für Betreuer und Verfahrenspfleger 4

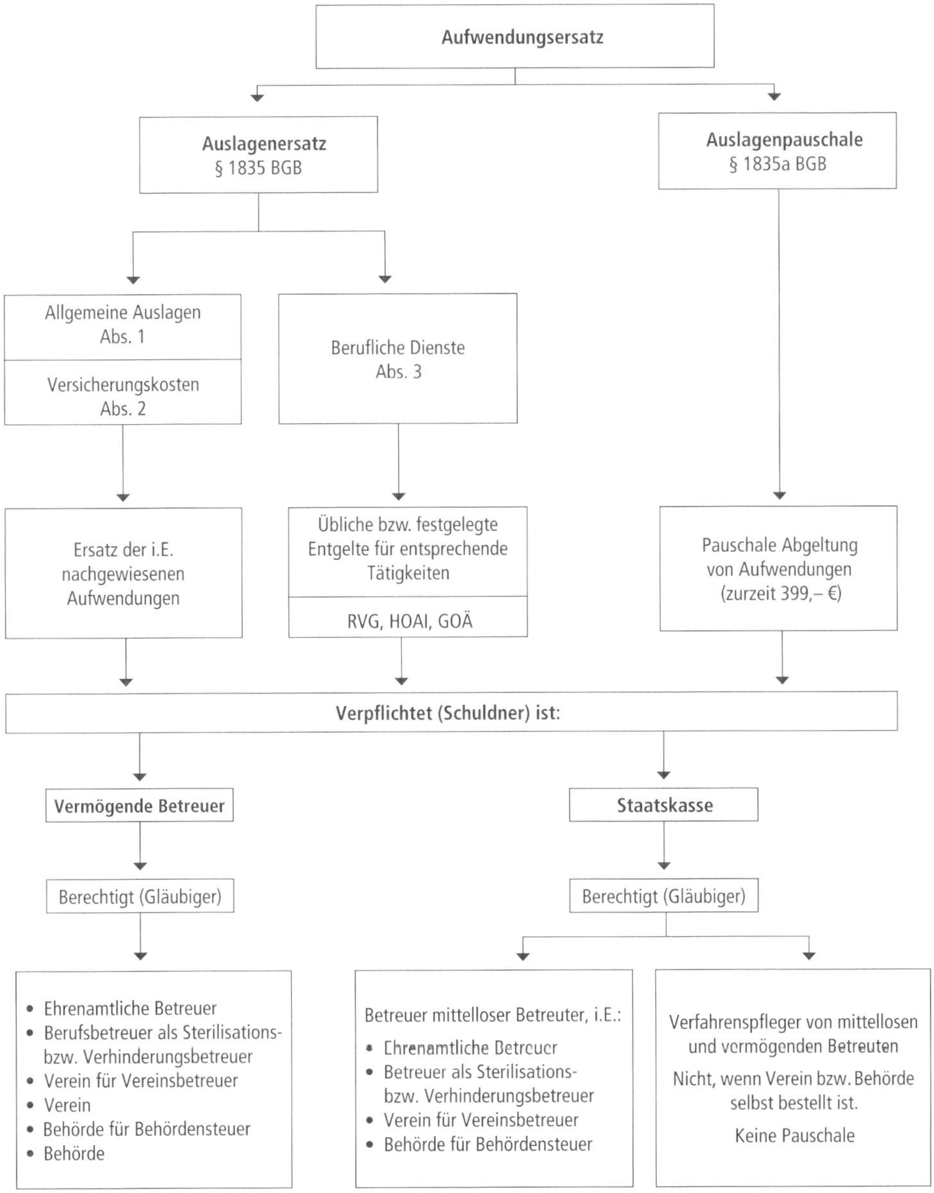

2. Aufwendungsersatz, § 1835 BGB

§ 1835 BGB regelt die Gewährung von Vorschuss auf (beabsichtigte) Aufwendungen bzw. 5
die Erstattung von (getätigten) Aufwendungen eines Vormundes im Rahmen seiner Amtsausübung. Über § 1908i Abs. 1 BGB gilt die Vorschrift sinngemäß für Betreuer. Im Betreuungsverfahren meint Aufwendungsersatz demgemäß den Ausgleich der vom Betreuer in Ausübung seiner Betreuertätigkeit für den Betreuten erbrachten Vermögensopfer; während Aufwendungsvorschuss die Gewährung eines Betrages für beabsichtigte (berech-

tigte) Aufwendungen meint. Die jetzige Gesetzesfassung beruht auf den umfänglichen Änderungen des 1. BtÄndG sowie einer geänderten Verweisung in Abs. 2 Satz 2 durch das 2. BtÄndG und gilt in dieser Fassung seit dem 1.7.2005.

Für das Verfahren zur Festsetzung von Vorschuss auf Aufwendungen bzw. Ersatz von Aufwendungen ist § 168 FamFG maßgeblich (dazu unten Rn. 289 ff.).

§ 1835 BGB Aufwendungsersatz

(1) [1]Macht der Vormund zum Zwecke der Führung der Vormundschaft Aufwendungen, so kann er nach den für den Auftrag geltenden Vorschriften der §§ 669, 670 von dem Mündel Vorschuss oder Ersatz verlangen; für den Ersatz von Fahrtkosten gilt die in § 5 des Justizvergütungs- und -entschädigungsgesetzes für Sachverständige getroffene Regelung entsprechend. [2]Das gleiche Recht steht dem Gegenvormund zu. [3]Ersatzansprüche erlöschen, wenn sie nicht binnen 15 Monaten nach ihrer Entstehung gerichtlich geltend gemacht werden; die Geltendmachung des Anspruchs beim Familiengericht gilt dabei auch als Geltendmachung gegenüber dem Mündel.

(1a) [1]Das Familiengericht kann eine von Absatz 1 Satz 3 abweichende Frist von mindestens zwei Monaten bestimmen. [2]In der Fristbestimmung ist über die Folgen der Versäumung der Frist zu belehren. [3]Die Frist kann auf Antrag vom Familiengericht verlängert werden. [4]Der Anspruch erlischt, soweit er nicht innerhalb der Frist beziffert wird.

(2) [1]Aufwendungen sind auch die Kosten einer angemessenen Versicherung gegen Schäden, die dem Mündel durch den Vormund oder Gegenvormund zugefügt werden können oder die dem Vormund oder Gegenvormund dadurch entstehen können, dass er einem Dritten zum Ersatz eines durch die Führung der Vormundschaft verursachten Schadens verpflichtet ist; dies gilt nicht für die Kosten der Haftpflichtversicherung des Halters eines Kraftfahrzeugs. [2]Satz 1 ist nicht anzuwenden, wenn der Vormund oder Gegenvormund eine Vergütung nach § 1836 Abs. 1 Satz 2 in Verbindung mit dem Vormünder- und Betreuervergütungsgesetz erhält.

(3) Als Aufwendungen gelten auch solche Dienste des Vormunds oder des Gegenvormunds, die zu seinem Gewerbe oder seinem Beruf gehören.

(4) [1]Ist der Mündel mittellos, so kann der Vormund Vorschuss und Ersatz aus der Staatskasse verlangen. [2]Absatz 1 Satz 3 und Absatz 1a gelten entsprechend.

(5) [1]Das Jugendamt oder ein Verein kann als Vormund oder Gegenvormund für Aufwendungen keinen Vorschuss und Ersatz nur insoweit verlangen, als das einzusetzende Einkommen und Vermögen des Mündels ausreicht. [2]Allgemeine Verwaltungskosten einschließlich der Kosten nach Absatz 2 werden nicht ersetzt.

a. Grundsätze

6 Nach § 1835 Abs. 1 BGB kann der (Mit-, Gegen-)Vormund, Betreuer (§ 1908i BGB), (Nachlass-)Pfleger (§ 1915 BGB) oder Verfahrenspfleger (§ 277 Abs. 1 FamFG) für die zum Zwecke der Führung dieses Amtes getätigten Aufwendungen nach den für den Auftrag geltenden Vorschriften der §§ 669, 670 BGB vom Mündel (Betreuten) Vorschuss oder Ersatz verlangen.

Dabei gelten Besonderheiten für den Ersatz von Fahrtkosten (Satz 1 Hs. 2) und es sind Erlöschensfristen zu beachten. Die Vorschrift gilt generell für alle Betreuertypen, zu Ausnahmen siehe Abs. 5.

aa. Allgemeine Aufwendungen

7 Aufwendungen sind freiwillige Vermögensopfer, d.h. Vermögensleistungen oder vermögenswerte Leistungen, die freiwillig, auf Weisung des Betroffenen oder des Gerichtes bzw. als notwendige Folge der Führung des Amtes, etwa in Form der Entrichtung von Steuern

oder von Kosten eines Rechtsstreits, erbracht werden[8]. Es handelt sich also um Ausgaben bzw. Verpflichtungen, die unmittelbar durch die Führung der Betreuung entstehen oder notwendige Folge einer Betreuung sind. Auch die Eingehung von Verbindlichkeiten rechnet dazu.

bb. Aufwendungen zum Zwecke der Führung der Betreuung

Die Aufwendungen müssen zum Zwecke der Führung der Betreuung entstehen. Aufwendungen können demzufolge nur im Rahmen von Tätigkeiten, die zum übertragenen Aufgabenkreis des Betreuers gehören, anfallen[9]. Bei einem Berufsbetreuer wären das nur solche Tätigkeiten, die vergütungsfähig sind (dazu unten Rn. 104 ff.). Die Aufwendungen müssen dem Betreuer selbst für seine Aufgabenerfüllung entstehen. Das ist zum Beispiel der Fall für Auslagen, die dem Betreuer für Portokosten, Telefonate oder Fahrtkosten zum Betreuten oder zum Gericht entstehen. 8

Daraus folgt, dass Ausgaben des Betreuers für den Betreuten dem Aufwendungsersatz grundsätzlich nicht unterfallen[10]. Bezahlt der Betreuer also z.B. Einkäufe für den Betreuten, tätigt er für ihn Anschaffungen (Möbel, Bekleidung etc.), begleicht für ihn Kosten und Gebühren für Vordrucke und Passfotos[11] oder übernimmt er die Bezahlung von Handwerkern, Pflegediensten oder Haushaltshilfen, liegen keine Aufwendungen zum Zwecke der Führung der Betreuung vor. Tatsächlich tätigt der Betreuer hier nämlich Rechtsgeschäfte im Namen des Betreuten. Streckt der Betreuer die entsprechenden Beträge aus seinem eigenen Vermögen vor, kann er sie unmittelbar dem Vermögen oder den laufenden Einkünften des Betreuten entnehmen[12]. Besteht eine solche Möglichkeit mangels Vermögen oder Einkünften nicht, muss der Betreuer die entsprechenden Sozialhilfeleistungen für den Betreuten beantragen und daraus die Finanzierung vornehmen[13].

cc. Erforderlichkeit der Aufwendungen

Das Gesetz unterscheidet hier zwischen der Erstattung von und dem Vorschuss für Aufwendungen. Erstattung kann für die nach den Umständen erforderlichen Aufwendungen verlangt werden. Die Verweisung auf § 670 BGB bringt also zum Ausdruck, dass insoweit kein objektiver, sondern ein subjektiver Maßstab gilt. Die Aufwendungen müssen nicht objektiv, das heißt wirklich erforderlich gewesen sein. Es genügt, wenn der Betreuer guten Glaubens im Vorhinein meinte („nach den Umständen"), sie seien im Interesse des Betreuten notwendig, selbst wenn sich später ergibt, dass dies eine Fehlbeurteilung war[14]. Er muss dabei aber eine ausreichende Sorgfalt, also die eines sorgfältigen und abwägenden Betreuers, an den Tag legen[15]. Gleichzeitig hat er die Lebensverhältnisse und die Wünsche des Betroffenen zu berücksichtigen. Aufwendungen, die auf ausdrücklichen Wunsch getätigt wurden, sind in der Regel zu erstatten[16]. 9

Nach § 1901 Abs. 3 BGB darf der Betreuer sich den Wünschen des Betroffenen nur verschließen, wenn sie dem Wohl des Betroffenen zuwiderlaufen oder die Erfüllung für den Betreuer unzumutbar wäre. Demgemäß kann der Betreuer nach sorgfältiger Abwägung

8 BGHZ 8, 222, 229; Bienwald, § 1835 BGB, Rn.17; Palandt-Sprau, § 670 BGB, Rn. 3
9 OLG Schleswig NJW-RR 2008, 91; OLG Brandenburg FPR 2002, 106
10 Jürgens-von Crailsheim, § 1835 BGB, Rn. 4
11 BayObLG FG Prax 2003, 76 ff.
12 Deinert/Lütgens, Rn. 184 ff.
13 Jürgens-von Crailsheim, § 1835 BGB, Rn. 4; Damrau/Zimmermann, § 1835 BGB, Rn. 19
14 BayObLG FamRZ 2002, 638, 639; OLG Frankfurt a.M. FamRZ 2002, 59
15 BayObLG FamRZ 2002, 638, 639; Bienwald, § 1835 BGB, Rn. 17
16 HK-BUR- Deinert, § 1835 BGB, Rn. 69

grundsätzlich selbst entscheiden, wie oft er den Betreuten besucht und damit Fahrtkosten verursacht[17].

9a Ist dem Betreuer der Aufgabenkreis der Gesundheitsfürsorge übertragen, gehört zu seinen Aufgaben die Sicherstellung und Kontrolle der ärztlichen Behandlung sowie der Befolgung der ärztlichen Anweisungen und Ratschläge. Unter Berücksichtigung des § 1901 Abs. 4 BGB kann daher im Einzelfall die Teilnahme des Betreuers an für die Diagnose oder weitergehende Behandlungen wichtigen Arztbesuchen gerechtfertigt sein[18]. Das rechtfertigt allerdings nicht die Anwesenheit bei jeder Dialysebehandlung des Betreuten. Ist der Betreute nur zu einer eingeschränkten Kommunikation in der Lage, können zwei Begleitungen im Monat als erforderlich angesehen und die entsprechenden Fahrtkosten abgerechnet werden[19].

9b Wegen der Notwendigkeit der persönlichen Betreuung und der Pflicht, wichtige Angelegenheiten mit dem Betroffenen zu besprechen, ist großzügig zu verfahren[20]. Auf der anderen Seite darf er nicht außer Acht lassen, ob die verursachten Kosten in einem angemessenen Verhältnis zum angestrebten Zweck stehen. Auch bei einem absehbaren Ende der Betreuung, z.B. bei Übersiedlung des Betroffenen ins Ausland, ist Zurückhaltung in Bezug auf Auslagen geboten[21]. Ein anderer Maßstab gilt, wenn der Betreuer einen Vorschuss für Aufwendungen geltend machen möchte. Die Verweisung auf § 669 BGB verdeutlicht, dass die Aufwendungen objektiv zur Ausführung der beabsichtigten Tätigkeit[22] im Rahmen der Betreuung erforderlich werden müssen.

dd. Erstattungsfähige Aufwendungen

10 In Rechtsprechung und Literatur finden erstattungsfähige Aufwendungen im Rahmen des § 1835 Abs. 1 BGB Anerkennung. Zu berücksichtigen ist allerdings jeweils, dass berufsmäßig tätige Betreuer aufgrund der seit dem 1.7.2005 geltenden Pauschalierung Aufwendungen nicht mehr gesondert abrechnen können.

(1) Beratungskosten

11 Erfolgt in einer konkreten Angelegenheit einer Betreuung eine Beratung, sind die daraus entstandenen Kosten erstattungsfähig[23]. Zu denken ist an eine konkrete Beratung eines ehrenamtlichen Betreuers durch einen Mieterverein oder eine Schuldnerberatung, wenn kostenlose Beratungsangebote fehlen[24].

(2) Berufliche Dienstleistungen des Betreuers

12 Als Ausnahme von dem Grundsatz, dass die Arbeitszeit des Betreuers grundsätzlich nicht erstattungsfähig ist, lässt § 1835 Abs. 3 BGB als erstattungsfähige Aufwendungen auch Dienste des Betreuers, die zu seinem Gewerbe oder Beruf gehören, gelten (dazu unten Rn. 41 ff.).

---

17 Jürgens-von Crailsheim, § 1835 BGB, Rn. 5; BayObLG FamRZ 2003, 633 ff.: wöchentliche Besuche; die landgerichtliche Rechtsprechung ist restriktiver und erachtet in der Regel 1–2 Besuche/Monat für ausreichend, vgl. etwa LG Mainz BtPrax 2002, 174; LG Koblenz FamRZ 2003, 1777; FamRZ 2004, 220 (LS); AG Koblenz FamRZ 2003, 1872 f. Vorgaben zur Mindestzahl von persönlichen Kontakten fehlen, da § 1793 Abs. 1a Satz 2 BGB mangels Verweisung in § 1908i Abs. 1 BGB keine Anwendung findet; zur Kontakthäufigkeit siehe auch Teil B Rn. 38f. und Teil D Rn. 5.

18 OLG Schleswig FamRZ 2015, 770 (LS): Ergänzungspflegschaft

19 LG Osnabrück JurBüro 2017, 429

20 HK-BUR-Bauer/Deinert, § 1835 BGB, Rn. 69

21 BayObLG FPR 2002, 638, 640

22 Palandt-Sprau, § 669 BGB, Rn. 1

23 Jürgens-von Crailsheim, § 1835 BGB, Rn. 13

24 Deinert/Lütgens, Rn. 231

(3) Dolmetscherkosten

13 Spricht der Betreute nicht (ausreichend) Deutsch und bedarf der Betreuer daher der Hilfe durch einen Dolmetscher, ist dessen Vergütung als Aufwendung im angemessenen Rahmen (§ 9 Abs. 3 JVEG) erstattungsfähig[25]. Das gilt allerdings nur, wenn der Betreuer keine Pauschalvergütung nach §§ 4, 5 VBVG erhält. In diesem Fall sind die Dolmetscherkosten bereits mit der Pauschale abgedeckt[26].

(4) Fahrtkosten

14 Fahrtkosten sind – soweit aus der subjektiven Sicht des Betreuers erforderlich – erstattungsfähig. Sie können aus Anlass von Besuchen beim Betreuten, Fahrten zu Gerichten, Behörden, Banken[27], Ärzten bzw. sonstigen Fahrten im Rahmen der Amtsführung des Betreuers entstehen. In der Vergangenheit war die Höhe der Erstattung von Fahrtkosten umstritten[28]. Mit der Neufassung des § 1835 Abs. 1 Satz 1, 2. Hs. BGB durch das 1. BtÄndG und das Kostenrechtsmodernisierungsgesetz gilt für die seit dem 1.7.2004 anfallenden Fahrtkosten § 5 JVEG.

§ 5 JVEG Fahrtkosten

(1) Bei Benutzung von öffentlichen, regelmäßig verkehrenden Beförderungsmitteln werden die tatsächlich entstandenen Auslagen bis zur Höhe der entsprechenden Kosten für die Benutzung der ersten Wagenklasse der Bahn einschließlich der Auslagen für Platzreservierung und Beförderung des notwendigen Gepäcks ersetzt.

(2) [1]Bei Benutzung eines eigenen oder unentgeltlich zur Nutzung überlassenen Kraftfahrzeugs werden

1. **dem Zeugen oder dem Dritten (§ 23) zur Abgeltung der Betriebskosten sowie zur Abgeltung der Abnutzung des Kraftfahrzeugs 0,25 Euro,**
2. **den in § 1 Abs. 1 Satz 1 Nr. 1 und 2 genannten Anspruchsberechtigten zur Abgeltung der Anschaffungs-, Unterhaltungs- und Betriebskosten sowie zur Abgeltung der Abnutzung des Kraftfahrzeugs 0,30 Euro**

für jeden gefahrenen Kilometer ersetzt zuzüglich der durch die Benutzung des Kraftfahrzeugs aus Anlass der Reise regelmäßig anfallenden baren Auslagen, insbesondere der Parkentgelte. [2]Bei der Benutzung durch mehrere Personen kann die Pauschale nur einmal geltend gemacht werden. [3]Bei der Benutzung eines Kraftfahrzeugs, das nicht zu den Fahrzeugen nach Absatz 1 oder Satz 1 zählt, werden die tatsächlich entstandenen Auslagen bis zur Höhe der in Satz 1 genannten Fahrtkosten ersetzt; zusätzlich werden die durch die Benutzung des Kraftfahrzeugs aus Anlass der Reise angefallenen regelmäßigen baren Auslagen, insbesondere die Parkentgelte, ersetzt, soweit sie der Berechtigte zu tragen hat.

(3) Höhere als die in Absatz 1 oder Absatz 2 bezeichneten Fahrtkosten werden ersetzt, soweit dadurch Mehrbeträge an Vergütung oder Entschädigung erspart werden oder höhere Fahrtkosten wegen besonderer Umstände notwendig sind.

(4) Für Reisen während der Terminsdauer werden die Fahrtkosten nur insoweit ersetzt, als dadurch Mehrbeträge an Vergütung oder Entschädigung erspart werden, die beim Verbleiben an der Terminsstelle gewährt werden müssten.

---

25 Deinert/Lütgens, Rn. 219 ff.: Zweckmäßiger wäre die Bestellung eines Betreuers, der die Sprache beherrscht.

26 BGH BtPrax 2014, 174

27 Viele Banken bestehen bei Aufnahme der Betreuertätigkeit auf persönlichem Erscheinen und Legitimation des Betreuers. Eine darüber hinaus gehende Verpflichtung zur – ständigen – Vorlage des Betreuerausweises besteht nicht, vgl. BGH BtPrax 2010, 125.Sie kann allenfalls bei ausdrücklicher vertraglicher Grundlage im Girokontovertrag in Betracht kommen, AG Mannheim BtPrax 2018, 43 (LS).

28 Vgl. Dodegge, NJW 1999, 2709, 2716

(5) Wird die Reise zum Ort des Termins von einem anderen als dem in der Ladung oder Terminsmitteilung bezeichneten oder der zuständigen Stelle unverzüglich angezeigten Ort angetreten oder wird zu einem anderen als zu diesem Ort zurückgefahren, werden Mehrkosten nach billigem Ermessen nur dann ersetzt, wenn der Berechtigte zu diesen Fahrten durch besondere Umstände genötigt war.

Erstattet werden also die bei Benutzung von öffentlichen Verkehrsmitteln angefallenen tatsächlichen Kosten.

Bei der Benutzung öffentlicher Verkehrsmittel werden in der Regel nur einzelne Fahrscheine erstattet, eine Ausnahme mag gelten, wenn die konkrete Betreuung aufgrund der Erforderlichkeit häufiger Fahrten die Anschaffung von Mehrfach- oder Zeitfahrkarten rechtfertigt. Erstattungsfähig ist der tatsächlich entrichtete Fahrpreis, selbst wenn dieser auf persönlichen Ermäßigungen (z.B. Bahncard) beruht, § 1835 Abs. 1 Satz 1, 2. Hs. BGB, § 5 Abs. 1 JVEG. Tarifbedingte Zuschläge werden erstattet, ebenso Auslagen für die Platzreservierung und die Beförderung notwendigen Gepäcks. Berufsbetreuer, die keine separate Erstattung von Aufwendungen erhalten, sollten von der günstigen Reservierungsmöglichkeit im Internet Gebrauch machen.

Seit der Geltung des § 5 JVEG ist auch bei Benutzung eines Pkw für Fahrtstrecken unter 200 km die Erstattung von Fahrtkosten möglich, § 5 Abs. 2 JVEG. Aus § 5 Abs. 2 JVEG folgt indes, dass dann nicht die tatsächlichen Kosten für die Nutzung des Pkws zugrunde gelegt werden können. Vielmehr werden 0,30 € für den angefallenen Kilometer des Hin- und Rückweges ersetzt. Mit diesem Pauschalbetrag sind alle weiteren Aufwendungen im Zusammenhang mit dem Pkw, Abnutzung und Wertverlust, Versicherungskosten, Benzin, Reparaturkosten, Anschaffung des Fahrzeugs und Zubehör (z.B. Winterreifen[29]) abgegolten[30]. Nicht mit dem Pkw direkt zusammenhängende Aufwendungen, z.B. für Parkhäuser oder -automaten, sind dagegen erstattungsfähig[31].

Nicht erstattungsfähig sind Bußgelder, Strafen oder Ähnliches[32].

(5) Fotokopierkosten

15 Sie sind erstattungsfähig, wenn sie von Dritten (Gericht, Behörden, Banken etc.) im Rahmen der konkreten Betreuung angefordert werden, zur Erfüllung der Informationspflichten gegenüber dem Betreuten nötig werden[33] oder sonst erforderlich sind, z.B. zur Anlage einer nachvollziehbaren Handakte, zur Dokumentation der Führung der Betreuung[34].

Zu erstatten sind die tatsächlichen Kosten, also z.B. vom Gericht oder Kopierladen berechnete Kosten. Streitig ist, welche Kosten für Fotokopien zu erstatten sind, wenn der konkrete Aufwand nicht oder nur mit unverhältnismäßigem Aufwand belegt werden kann. Zum Teil wurde in analoger Anwendung des § 7 Abs. 2 JVEG für Kopien bis zu einer Größe von DIN A 3 für die ersten 50 Seiten eines konkreten Betreuungsverfahrens bzw. eines Kalenderjahres 0,50 € je Seite und für jede weitere Seite 0,15 € für gerechtfertigt erachtet, was der BGH inzwischen verworfen hat[35]. Da der Gesetzgeber in § 1835 Abs. 1 Satz 1 BGB nur auf § 5 JVEG Bezug nimmt, fehlt es an einer gesetzlichen Regelung zur Höhe der zu

29 LG Koblenz BtPrax 1997, 247
30 HK-BUR- Deinert, § 1835 BGB, Rn. 77; Jürgens-Jürgens, § 1835 BGB, Rn. 6
31 Damrau/Zimmermann, § 1835 BGB, Rn. 15; a.A. LG Koblenz FamRZ 1998, 1533
32 Zu Ausnahmen siehe Deinert/Lütgens, Rn. 211
33 Deinert/Lütgens, Rn. 196
34 OLG Brandenburg FPR 2002, 106, 107
35 BGH BtPrax 2014, 80; a.A. LG Koblenz BtPrax 2000, 180; Bach, BtPrax 1995, 9; HK-BUR-Deinert, § 1835 BGB, Rn. 89; Jürgens-von Crailsheim, § 1835 BGB, Rn. 9: 0,15 €

ersetzenden Kopierkosten. Auch die überwiegende Rechtsprechung[36], die einen Betrag von 0,15 € pro Seite und für Farbkopien von 0,30 € pro Seite, jeweils zuzüglich Mehrwertsteuer, als angemessen angesehen hatte, folgt der BGH nicht. Können die Kopierkosten nicht konkret dargelegt werden, sind die Kosten nach – dem ggf. zu schätzenden – Aufwand zu ersetzen.

Bei einem anwaltlichen Betreuer bzw. Verfahrenspfleger gibt für die Anfertigung von Kopien das Vergütungsverzeichnis des RVG in Nr. 7000 Nr. 1 einen Anhaltspunkt zur Abschätzung der tatsächlich anfallenden Kosten[37]. Danach sind für die ersten 50 abzurechnenden Seiten pro Seite 0,50 €, für jede weitere Seite 0,15 € und für Farbkopien für die ersten 50 abzurechnenden Seiten pro Seite 1,– €, für jede weitere farbige Seite 0,30 € anzusetzen.

(6) Handykosten

Die bei Benutzung eines Handys entstehenden Mehrkosten sollten nach früher herrschen- 16
der Rechtsprechung generell nicht erstattungsfähig sein[38], sondern nur bei Unzumutbarkeit der Benutzung eines Festnetzanschlusses bzw. einer Telefonzelle, z.B. bei besonderer Dringlichkeit oder notwendiger ständiger Erreichbarkeit. Meines Erachtens ist diese Differenzierung nicht zutreffend. Wenn ein Betreuer unter Beachtung der Wünsche und der bisherigen Lebensführung des Betreuten sowie der Bedürfnisse der sachgerechten Führung der Betreuung die Benutzung eines Handys für erforderlich erachtet, sind die Aufwendungen für Gespräche damit generell erstattungsfähig. Nicht die preiswertesten, sondern die dem Wohl des Betreuten und der effektiven Führung der Betreuung entsprechenden Mittel sind sachgerecht. Hinzu kommt, dass die Benutzung von Mobiltelefonen inzwischen so verbreitet ist, dass ihr Gebrauch als allgemein üblich anzusehen ist. Deshalb sind die Kosten für die Benutzung eines Handys grundsätzlich ohne weitere Begründung abrechenbar[39]. Vielfach werden ohnehin wegen der verbreiteten Flatrates keine gesonderten Kosten anfallen.

(7) Personalkosten für Hilfskräfte

▶ *Zum Sonderfall der Schreibkraft vgl. unten Rn. 21*

Grundsätzlich muss ein Betreuer die Betreuung persönlich führen und die damit zusam- 17
menhängenden Tätigkeiten in eigener Person wahrnehmen. Werden solche Tätigkeiten delegiert, sind die Aufwendungen dafür nicht erstattungsfähig[40]. Deshalb kann der Einsatz von Hilfskräften nur im Rahmen untergeordneter Tätigkeiten und bei über die allgemeine Führung der Betreuung hinausgehenden Tätigkeiten in Betracht kommen[41]. Im letzteren Fall handelt es sich etwa um die Einschaltung von Hilfskräften zur Vermögens- oder Grundstücksverwaltung, zur Durchführung komplizierter Kontenabrechnung oder aber auch zur Beaufsichtigung der Kinder des Betreuers[42]. Die Honorare dieser Hilfskräfte sind – soweit aus Sicht des gewissenhaft abwägenden Betreuers erforderlich – erstattungsfähig[43].

---

36 OLG München FamRZ 2018, 515 ff.; BayObLG NJWE-FER 2001, 292; OLG Brandenburg FPR 2002, 106, 107; OLG Zweibrücken FamRZ 2001, 864; OLG Dresden Rpfleger 2001, 492 f.; LG Darmstadt, FamRZ 2000, 1046; ebenso Damrau/Zimmermann, § 1835 BGB, Rn. 16

37 BGH BtPrax 2014, 80

38 LG Koblenz FamRZ 1998, 1533; LG Frankenthal JurBüro 1998, 39

39 Ebenso Deinert/Lütgens, Rn. 206; Damrau/Zimmermann, § 1835 BGB, Rn. 30

40 Etwa für die Durchführung der vom Betreuer geschuldeten wesentlichen Betreuungsaufgaben, wie z.B. maßgebliche Entscheidungen, Besuche etc.; OLG Frankfurt a.M. NJW-RR 2004, 295 ff.; Damrau/Zimmermann, § 1835 BGB, Rn. 18.

41 OLG Brandenburg FPR 2002, 106 f: im Rahmen einer Verfahrenspflegschaft

42 Deinert/Lütgens Damrau/Zimmermann, § 1835 BGB, Rn. 18 und 37

43 Damrau/Zimmermann, § 1835 BGB, Rn. 18

Uneinheitlich wird die Erstattungsfähigkeit dagegen bei der Einschaltung von Hilfskräften für untergeordnete Tätigkeiten, z.B. Post holen, Belege sortieren, Schreibarbeiten, Entgegennahme von Mitteilungen, Weiterleitung vorab ausgefüllter Überweisungen, Aktenführung, gesehen. Nach einer Auffassung[44] sind solche Kosten als Aufwendungen zu erstatten, wenn sich die Delegation auf einzelne Tätigkeiten bezieht, durch die sich der Betreuer nicht der ihm übertragenen Entscheidungskompetenz und Verantwortung für den Betreuten entzieht[45]. Nur so werde transparent, welche Dienste der Betreuer selbst und welche eine Hilfskraft erledigt hat. Auch ein Betreuungsverein kann anteilige Kosten einer Verwaltungskraft als Aufwendung geltend machen, wenn der bestellte Vereinsbetreuer zulässigerweise Tätigkeiten delegiert hat[46].

Anderer Auffassung war das BayObLG, das generell Kosten für Hilfskräfte, auf die untergeordnete Tätigkeiten im Rahmen der Betreuung delegiert sind, für nicht erstattungsfähig erachtete. Wegen der beabsichtigten Abweichung von der obigen Rechtsprechung hatte das BayObLG die Sache dem BGH zur Entscheidung vorgelegt[47], der in engen Grenzen eine Erstattungsfähigkeit bejahte[48].

18 Nachfolgend hat das BayObLG die Erstattbarkeit der Kosten für eine Delegation einzelner Tätigkeiten auf untergeordnete Kräfte für überschaubare einzelne Verwaltungsaufgaben ohne eigene Entscheidungsbefugnis bejaht, wenn der Betreuer zeitlich begrenzt abwesend ist[49]. Da Berufsbetreuer seit dem 1.7.2005 ohnehin keine Aufwendungen nach § 1835 Abs. 1 BGB separat geltend machen können (vgl. § 4 Abs. 2 VBVG) ist diese Frage nur noch für Berufsvormünder und -pfleger relevant.

Der Berufsbetreuer wird Hilfskräfte aus seiner Betreuervergütung finanzieren müssen und kann Kosten für Hilfskräfte nur im Rahmen von Betriebsausgaben steuerlich geltend machen[50].

(8) Post- und Portokosten

19 Erstattungsfähig sind die Kosten für Porto, die durch Briefsendungen mit den am Betreuungsverfahren beteiligten Personen und Institutionen entstehen[51]. Zu erstatten ist auch die auf das Porto entfallende Mehrwertsteuer[52]. Ist dem Betreuer die Postkontrolle übertragen, gehören die Kosten eines Postnachsendeantrages zur Umleitung der Post des Betroffenen zu den erstattungsfähigen Aufwendungen[53].

Porto für sonstigen Schriftverkehr, der unabhängig vom Bestehen der Betreuung auch sonst beim Betreuten angefallen wäre, unterfällt nicht dem Aufwendungsbegriff (siehe oben Rn. 8). Die Kosten sind aus dem Vermögen des Betreuten zu entnehmen.

---

44 BayObLG FamRZ 2004, 565 f.; OLG Frankfurt a.M. BtPrax 2002, 170; OLG Dresden BtPrax 2001, 260; OLG Bremen BtPrax 2000, 88; Jürgens-von Crailsheim, § 1835 BGB, Rn. 11; Deinert/Lütgens, Rn. 222. Letztere mit Hinweis darauf, dass die vor dem 1.1.1999 mögliche Erhöhung des Stundensatzes bei Einsatz von Hilfskräften entfallen ist.

45 OLG Frankfurt a.M. BtPrax 2002, 170: Diese Grundsätze gelten auch im Fall der tatsächlichen Verhinderung des Berufsbetreuers durch urlaubsbedingte Abwesenheit.

46 LG Bremen FamRZ 2005, 393

47 BayObLG BtPrax 2001, 125: ebenso LG Koblenz FamRZ 2002, 638.

48 BGH NJW-RR 2006, 145 ff.: im Rahmen zulässiger und erforderlicher Delegation bei arbeitsteiliger Büroorganisation des Betreuers.

49 BayObLG FamRZ 2004, 565 f.

50 Deinert/Lütgens, Rn. 227

51 Jürgens-von Crailsheim, § 1835 BGB, Rn. 7

52 OLG Düsseldorf FPR 2002, 93

53 OLG Zweibrücken FGPrax 2005, 216 f.

(9) Kosten für Rechtsstreitigkeiten bzw. -beratung

Die Kosten für Rechtsstreitigkeiten bzw. -beratung sind als Aufwendungen zu erstatten, soweit sie sich als notwendige Folge der Amtsführung ergeben[54]. Ein solcher Fall liegt vor, wenn der Betreuer sich einen konkreten Rat in Bezug auf die Führung der Betreuung beim Rechtsanwalt einholt. **20**

Der Betreuer ist allerdings verpflichtet, die Kosten dafür gering zu halten. Bei Vorliegen der wirtschaftlichen Voraussetzungen ist Beratungshilfe zu beantragen[55]. Nicht aber, wenn der Betreute Rechtsmittel gegen die Anordnung der Betreuung einlegt und der Betreuer einen Anwalt beauftragt, weil er Betreuer bleiben will[56]. Auch die Kosten für die streitige Geltendmachung von Vergütungsansprüchen des Betreuers stellen keine Aufwendungen dar.

(10) Kosten für Schreibauslagen, -papier, -kräfte

Für einen ehrenamtlichen Betreuer sind Auslagen für Papier, Umschläge, Aktenordner und sonstige Materialien erstattungsfähig, es sind die reinen Materialkosten zugrunde zu legen. Bei einem Berufsbetreuer sind solche Aufwendungen mit den Vergütungssätzen der §§ 1836 Abs. 1 Satz 2 BGB, 1 ff. VBVG abgegolten[57]. **21**

Werden externe Schreibkräfte beschäftigt, z.B. zum Tippen der Berichte des Betreuers an das Gericht, zum Erstellen der Abrechnung, können nach der herrschenden Meinung pro Seite ca. 2,– € zugrunde gelegt werden[58]. Nach anderer Auffassung stellt das der Schreibkraft gewährte Honorar eine erstattungsfähige Aufwendung dar[59].

(11) Kosten für Telefax

Die Kosten für Telefax sind wie die Kosten für Porto (vgl. Rn. 18) zu erstatten; anteilige Kosten für Beschaffung und Wartung der Telefaxgeräte dagegen nicht[60]. **22**

(12) Telefonkosten

Grundsätzlich sind die Kosten für Telefonate aus dem Festnetz (eigener Anschluss, Telefonzelle) erstattungsfähig. Die anteiligen Kosten für die Beschaffung und Wartung des Telefons sind nicht zu erstatten[61]. **23**

▶ *Zu den Kosten für Handys siehe Rn. 16*

(13) Umsatzsteuer

Nach inzwischen einhelliger Auffassung steht dem Betreuer auch die Umsatzsteuer zu, die er auf Aufwendungen zu zahlen hat[62]. Das gilt auch für den Ersatz von umsatzsteuerfreien Aufwendungen, etwa für Portokosten oder Pauschalen (Fahrten mit dem Pkw, Kopierkosten) als steuerbares Entgelt nach § 10 Abs. 1, 2 UStG[63]. Kann der Betreuer sie allerdings **24**

---

54 Deinert/Lütgens, Rn. 218; Damrau/Zimmermann, § 1835 BGB, Rn. 25

55 BGH BtPrax 2007, 126 f.

56 AG Völklingen FamRZ 1996, 229

57 OLG Schleswig BtPrax 2002, 221 f.; OLG Zweibrücken BtPrax 2003, 28

58 AG Uelzen FamRZ 1992, 1349; seit der Einführung des JVEG aber nur noch 0,75 € je 1.000 Anschläge, Deinert/Lütgens, Rn. 195

59 Damrau/Zimmermann, § 1835 BGB, Rn. 28. M.E. kann das nur zutreffen, wenn man mit OLG Bremen BtPrax 2000, 88, grds. die Erstattungsfähigkeit für Tätigkeiten von Hilfskräften bejaht, s.o. Rn. 17.

60 OLG Schleswig BtPrax 2002, 221 f.; Deinert/Lütgens, Rn. 204; a.A. LG Lüneburg FamRZ 2001, 1025, 1026

61 OLG Schleswig BtPrax 2002, 221 f.; Deinert/Lütgens, Rn. 204; a.A. LG Lüneburg FamRZ 2001, 1025, 1026

62 OLG Dresden BtPrax 2000, 217; OLG Frankfurt a.M. BtPrax 2000, 263; OLG Düsseldorf FamRZ 2001, 447; FamRZ 2002, 638; OLG Zweibrücken NJWE-FER 2000, 315; OLG Brandenburg FamRZ 2001, 448; OLG Hamm BtPrax 2000, 37

63 Deinert/Lütgens, Rn. 234 ff.

seinerseits von der eigenen Umsatzsteuer abziehen (Vorsteuerabzug nach § 15 UStG), scheidet eine Erstattung aus[64].

(14) Verdienstausfall

25 Ein Verdienstausfall kann sich durch die Führung der Betreuertätigkeit regelmäßig nur für ehrenamtliche Betreuer ergeben. Der Berufsbetreuer erhält für seine Betreuertätigkeit eine Vergütung[65].Handelt es sich um eine Tätigkeit im Rahmen seines Gewerbes bzw. seines Berufes, erhält er gegebenenfalls Aufwendungsersatz nach § 1835 Abs. 3 BGB (dazu unten Rn. 43 ff.). Ein Verdienstausfall wegen Wahrnehmung von ehrenamtlichen Betreueraufgaben während der Arbeitszeit ist erstattungsfähig, wenn es sich um eine wichtige Angelegenheit handelt, die nicht auf eine Zeit nach Ende der Arbeitstätigkeit des Betreuers verschoben werden konnte[66]. Ob der Betreuer einer selbständigen Tätigkeit nachgeht oder in einem Angestelltenverhältnis steht, ist ohne Belang[67].

(15) Verpflegungs- und Übernachtungsmehraufwand

26 Werden im Rahmen der Betreuung Reisen erforderlich, können die Verpflegungs- und Übernachtungsmehrkosten als Aufwendung erstattet werden, wenn sie angemessen sind[68]. Bei Verpflegungskosten ist das nur zu bejahen, wenn es sich um eine mehrtägige Reise handelt und soweit die Kosten der Selbstverpflegung überschritten werden.

(16) Versicherungskosten

▶ *Zu der Erstattung von Kosten für eine angemessene Versicherung, § 1835 Abs. 2 BGB, siehe Rn. 39 ff.*

(17) Zinsen

27 Der Aufwendungsersatzanspruch des Betreuers unterliegt nach §§ 670, 256 Satz 1 BGB der Verzinsung in Höhe von mindestens 4%[69], §§ 256, 246 BGB. Verzugszinsen können erst nach einer verzugsbegründenden Mahnung verlangt werden[70] und betragen dann mindestens 5% über dem Basiszinssatz, § 288 BGB.

Sofern der Betreuer den Aufgabenkreis der Vermögenssorge übertragen erhalten hat, kann er die Beträge selbst entnehmen, so dass kaum Verzugszinsen anfallen können. Erhält ein Berufsbetreuer eine Vergütung nach §§ 4, 5 VBVG sind damit allerdings auch Zinsen abgegolten.

---

64 Z.B. bei Aufwendungen für Büromaterialien, die ihrerseits Umsatzsteuer enthalten, LG Lüneburg FamRZ 2001, 1025; LG Göttingen Rpfleger 2002, 520; Jürgens-von Crailsheim, § 1835 BGB; Rn. 14. Die Vergütung eines Berufsbetreuers unterliegt seit dem 1.7.2013 dagegen nicht mehr der Umsatzsteuerverpflichtung, vgl. § 4 Nr. 16k UStG. Auch für die Zeiträume davor bestand eine solche Verpflichtung nicht, BFH BtPrax 2013, 153. Siehe hierzu auch Rn. 125.

65 Eine zusätzliche Entschädigung kann er nicht verlangen, LSG Bayern, JurBüro 2012, 603 und BtPrax 2012, 218, auch nicht für Teilnahme am Strafverfahren des Betroffenen, es sei denn, er ist als Zeuge geladen, AG Köln, BtPrax 2014, 97 (LS).

66 Damrau/Zimmermann, § 1835 BGB, Rn. 32; Jürgens-von Crailsheim, § 1835 BGB, Rn. 10; Erman-Holzhauer, § 1835 BGB, Rn. 1: Es handele sich nicht um eine bare Aufwendung.

67 A.A. Staudinger-Engler, § 1835 BGB, Rn. 7

68 BayObLG FamRZ 2004, 565 f.

69 BayObLG BtPrax 2001, 39

70 LG Karlsruhe FamRZ 2004, 1816

ee. Nicht erstattungsfähige Aufwendungen

Nicht erstattungsfähige Aufwendungen sind dagegen: **28**

(1) Bürokosten

Allgemeine Kosten für ein Büro des Betreuers, z.B. Miete, Nebenkosten oder Vorhaltekosten für Computer, Faxgeräte bzw. Schreibmaschinen, können nicht als (anteilige) Aufwendungen erstattet werden[71]. Bei einem Berufsbetreuer finden sie im Rahmen der pauschalierten Vergütung Berücksichtigung. **29**

(2) Kosten für allgemeinen Erfahrungsaustausch, Fortbildung

Solche Kosten sollten nach dem ursprünglichen Willen des Gesetzgebers zu den anrechenbaren Aufwendungen zählen, wurde später aber nicht Gesetz[72]. Diese Kosten, z.B. für eine Supervision[73], können daher nicht als Aufwendungen erstattet werden[74]. **30**

(3) Kosten für Fachliteratur

Die Anschaffung von Fachbüchern rechnet zu den Allgemeinkosten, die nicht als Aufwendungen erstattet werden können[75]. In Ausnahmefällen, ein Fachbuch wird konkret für die Beantwortung einer wichtigen Angelegenheit im Rahmen der Betreuung benötigt[76], mag eine Erstattungsfähigkeit bestehen. Auch bei ehrenamtlichen Betreuern kann ein großzügiger Maßstab angelegt werden[77]. **31**

(4) Betreuertätigkeit

Beim ehrenamtlichen Betreuer wird dessen Arbeitskraft angesichts des Grundsatzes der Unentgeltlichkeit nicht berücksichtigt. Beim Berufsbetreuer wird die Arbeitskraft über §§ 1836 Abs. 1 Satz 3 BGB, 1 ff. VBVG und in Einzelfällen über § 1835 Abs. 3 BGB entlohnt. **32**

(5) Lebenshaltungskosten des Betreuten

Zahlt der Betreuer die Kosten für Miete, Einkäufe, Medikamente, ärztliche Behandlung etc. für den mittellosen Betreuten können diese nicht als Aufwendungen gegen die Staatskasse geltend gemacht werden[78]. Sie wären gegebenenfalls beim Sozialamt, der Krankenkasse etc. geltend zu machen. Ist der Betreute vermögend, handelt es sich ebenfalls nicht um Aufwendungen. Die Forderung aus den zugrunde liegenden Rechtsgeschäften ist eine solche des Dritten gegen den Betreuten. Der Betreuer kann – mit entsprechendem Aufgabenkreis – das vorgestreckte Geld direkt dem Vermögen des Betreuten zur Erfüllung von dessen Verbindlichkeit entnehmen[79]. Gleiches gilt für Pflegeleistungen, die der Betreuer für den Betroffenen erbringt. Insoweit wäre zudem ein weiterer Betreuer zu bestellen, der einen entsprechenden Pflegevertrag mit dem Betreuer für den Betreuten schließen könnte. Die gleichzeitige Übernahme des Betreueramtes und der Budgetassistenz soll dagegen nicht möglich sein[80]. **33**

---

71 OLG Schleswig BtPrax 2002, 221 f.; OLG Brandenburg FPR 2002, 106; Damrau/Zimmermann, § 1835 BGB, Rn. 12
72 BT-Drs. 11/4528, S. 110; 11/6949, S. 8 und 69
73 OLG Brandenburg FamRZ 2003, 256 f.
74 OLG Frankfurt a.M. BtPrax 2004, 117 (Fortbildung)
75 Damrau/Zimmermann, § 1835 BGB, Rn. 14
76 Etwa zur Klärung der Einwilligung in eine neuartige, mit hohen Risiken verbundene Heilbehandlung
77 Deinert/Lütgens, Rn. 233
78 Damrau/Zimmermann, § 1835 BGB, Rn 19
79 Karmesin, BtPrax 1998, 123
80 AG München BtPrax 2010, 195

Zu den Lebenshaltungskosten gehören auch Verwaltungsgebühren, z.B. für die Ausstellung eines Passes[81].

(6) Schädigungen des Betreuers

34 Erleidet der Betreuer bei der Ausübung des Betreueramtes einen Schaden, weil er zum Beispiel in einen Verkehrsunfall verwickelt wird, seine Bekleidung beschädigt oder er tätlich angegriffen und verletzt wird, stellt dies keinen erstattungsfähigen Aufwand dar[82].

(7) Kosten, die nicht der Führung der Betreuung dienen

35 Das sind Kosten, die nicht direkt mit der Führung der Betreuung verbunden sind (Geschenke an den Betreuten), die außerhalb des Aufgabenkreises der Betreuung oder nach der Beendigung der Betreuung angefallen sind. Gegebenenfalls kommt eine Erstattung nach den Grundsätzen der Geschäftsführung ohne Auftrag oder nach § 1698a, b BGB in Betracht. Nach dem Ende der Betreuung können allerdings noch Auslagen im Zusammenhang mit der Erstellung des Schlussberichtes, der Schlussrechnung und der Rückgabe des Betreuerausweises entstehen, die erstattungsfähig sind, soweit dem Betreuer keine Vergütung nach §§ 4, 5 VBVG zusteht[83].

(8) Kosten der Rechtsverfolgung durch den Betreuer

36 Kosten der Rechtsverfolgung durch den Betreuer, z.B. gegen die Ablehnung der Erweiterung des Aufgabenkreises oder gegen seine Entlassung aus dem Amt, unterfallen ebenfalls nicht dem Aufwendungsbegriff.

ff. Erlöschen des Aufwendungsersatzanspruches

37 Eine Ausschlussfrist zur Geltendmachung der Ansprüche auf Aufwendungsersatz sieht der durch das 1. BtÄndG neu gefasste § 1835 Abs. 1 Satz 3 BGB vor. Nach dieser Vorschrift erlöschen Ersatzansprüche, wenn sie nicht binnen 15 Monaten nach ihrer Entstehung gerichtlich geltend gemacht werden. Die Frist von 15 Monaten kann das Gericht nach § 1835 Abs. 1a Satz 1 BGB abändern[84]. Demzufolge muss die Frist mindestens zwei Monate betragen und kann auf Antrag[85] – vor Fristablauf – verlängert werden, § 1835 Abs. 1a Satz 3 BGB. Auf die Folgen der Fristversäumung ist der Betreuer hinzuweisen, § 1835 Abs. 1a Satz 2 BGB.

38 Der Anspruch kann beim Betreuten oder beim – zuständigen[86] – Betreuungsgericht geltend gemacht werden. Wird er beim Betreuungsgericht geltend gemacht, gilt das auch als Geltendmachung gegenüber dem Mündel, Abs. 1 Satz 3, 2. Hs. Geltend machen bedeutet, dass er beziffert werden muss; Belege können nachgereicht werden (zu Einzelheiten siehe Rn. 309 ff.). Der Anspruch auf Aufwendungsersatz entsteht in dem Zeitpunkt, in dem die entsprechende Aufwendung tatsächlich anfällt, bei Fahrtkosten also z.B. am Tage der Fahrt. Aus Zweckmäßigkeitsgründen wird nicht immer jede Aufwendung gesondert geltend gemacht werden. Der Gesetzgeber wollte mit der Ausschlussfrist sicherstellen, dass Aufwendungen bei laufenden Betreuungen dennoch zeitnah abgerechnet werden,

81 BayObLG FGPrax 2003, 76 ff.; SG Aachen, Urteil vom 5.6.2012, S 20 SO 179/11; a.A. zu einem ausländischen Pass Deinert/Lütgens, Rn. 217
82 Bienwald, § 1835 BGB, Rn. 32. Das gilt auch, wenn dem Betreuer durch den Betreuten Schäden zugefügt werden, LG Hamburg BtPrax 2002, 270; vgl. auch unten Rn. 41.
83 Deinert/Lütgens, Rn. 243, Fn. 61
84 BGH NJW 2012, 3307
85 Die Fristverlängerung soll durch pauschalen Antrag für die Zukunft möglich sein, OLG Bremen NJOZ 2012, 1913; a.A. zu Recht OLG Frankfurt a.M. BtPrax 2003, 134
86 OLG Brandenburg FamRZ 2013, 319

um den Betreuten nicht dem Risiko auszusetzen, noch Jahre später mit hohen, aufgelaufenen Ansprüchen des Betreuers konfrontiert zu werden[87].

Soweit dem Betreuer die Vermögenssorge zusteht und er die jeweilige Aufwendung dem Vermögen des Betreuten entnehmen kann, muss die Entnahme innerhalb der Ausschlussfrist von 15 Monaten erfolgen[88].

Bei Versäumung der Ausschlussfrist kann keine Wiedereinsetzung in den vorherigen Stand erfolgen, auch nicht bei gerichtlicher Abänderung der 15-monatigen Frist[89]. Die Versäumung der Frist kann allenfalls nach Treu und Glauben unbeachtlich sein[90]. Die Gerichte müssen einen Berufsbetreuer nicht auf den Fristablauf hinweisen[91] oder zu einem (rechtzeitigen) Antrag auffordern[92].

b. Versicherungskosten

§ 1835 Abs. 2 BGB bestimmt für zwei Konstellationen ausdrücklich, dass die Kosten einer 39
angemessenen, durch den Betreuer abgeschlossenen Versicherung erstattungsfähige Aufwendungen darstellen. Zum einen handelt es sich um eine Versicherung gegen Schäden, die dem Betreuten durch den Betreuer zugefügt werden können. Gemeint sind Fälle schuldhafter Pflichtverletzungen des Betreuers bei der Amtsführung (§ 1833 BGB). Etwa, wenn der Betreuer es pflichtwidrig unterlässt, rechtzeitig einen Renten- oder Sozialhilfeantrag zu stellen[93], den Abschluss einer Krankenversicherung für den Betreuten unterlässt[94], das kontoführende Geldinstitut nicht über die Gefahr vermögensgefährdender Verfügungen des geschäftsunfähigen Betreuten informiert[95] oder er den Betreuten zu Unrecht geschlossen unterbringt, und der Betreute deshalb einen Vermögensschaden erleidet[96]. Eine Haftung kann sich auch daraus ergeben, dass der Betreuer überlassene Gelder nicht ordnungsgemäß verwaltet[97] oder die Vollstreckung aus einem gerichtlichen Urteil zulasten des Betreuten unterlässt[98].

▶ *Zu Haftpflicht begründenden Pflichtverletzungen vgl. Teil D Rn. 103 ff.*[99]

Zum anderen sind Versicherungen gegen Schäden gemeint, die dadurch entstehen, dass der Betreuer einem Dritten zum Ersatz eines durch die Führung der Betreuung verursachten Schadens verpflichtet ist. Hier haftet der Betreuer allerdings allenfalls aus Sachwalterhaftung oder nach allgemeinen Grundsätzen[100].

Eine solche Schadensersatzverpflichtung kann sich z.B. daraus ergeben, dass der Betreuer im Rahmen seiner Aufsichtspflichten[101] die Beseitigung von Gefahrenquellen in der Woh-

87 BT-Drs. 11/7158, S. 22, 24
88 Jürgens-von Crailsheim, § 1835 BGB, Rn. 18
89 BayObLG FGPrax 2004, 77f.; LG Koblenz FamRZ 2003, 1970 (LS), siehe auch OLG Frankfurt a.M. FamRZ 2002, 194 (LS); BtPrax 2001, 257
90 Zu einem solchen Ausnahmefall: BGH NJW-RR 2013, 519; OLG Frankfurt a.M. BtPrax 2001, 257
91 BayObLG FGPrax 2004, 77 f. und 117 ff.; OLG Dresden FamRZ 2004, 137 f.
92 LG Nürnberg-Fürth FamRZ 2004, 138 (LS)
93 Dazu BGH BtPrax 2011, 171; LG Berlin NJWE-FER 2001, 210
94 OLG Brandenburg FamRZ 2008, 916 (LS)
95 OLG Koblenz FamRZ 2013, 69
96 Dazu OLG Hamm FamRZ 2001, 861: Der entsprechende Aufgabenkreis fehlte.
97 OLG Naumburg BtPrax 2008, 262; LG Waldshut-Tiengen BtPrax 2008, 87 ff.: Außerachtlassen der Mündelsicherheit
98 LG Lüneburg FamRZ 2008, 1030 (LS)
99 Weitere Informationen sowie Rechtsprechung auch unter www.betreuerhaftung.de
100 LG Flensburg BtPrax 2008, 228 f.: Verneint für Schäden im Rahmen eines Mietverhältnisses
101 Vgl. dazu etwa LG Stade FamRZ 2008, 2232; AG Düsseldorf BtPrax 2008, 89 f.; AG Laufen FamRZ 2001, 1554. Zu weitgehend OLG Celle BtPrax 2008, 86 f., das eine Verpflichtung des Betreuers zur Verhinderung von Straftaten des Betreuten sieht. Richtig VG Potsdam BtPrax 2013, 35, das keine ordnungsrechtliche Verpflichtung des Betreuers sieht, die von einem baufälligen Haus des Betreuten ausgehenden Gefahren zu beseitigen.

nung des Betreuten versäumt und der Eigentümer deshalb einen Vermögensschaden erleidet. Aufsichtspflichten bestehen aber nur, wenn dem Betreuer die gesamte Personensorge oder speziell die Beaufsichtigung als Aufgabenkreis übertragen ist[102].

40 Berücksichtigt werden nur die Kosten einer angemessenen Versicherung. Die Angemessenheit verlangt, dass kein anderweitiger Versicherungsschutz besteht (z.B. nach der gesetzlichen Unfallversicherung), keine ungünstig hohen Versicherungssummen abgeschlossen oder kaum denkbare Risiken abgesichert werden. Da ein Betreuer für Vorsatz und jede Form von Fahrlässigkeit haftet (§ 276 BGB), ist es angemessen, den Versicherungsschutz unter Abbedingung des § 61 VVG auch auf grobe Fahrlässigkeit zu erstrecken[103]. Darüber hinaus haben die Länder, bis auf das Saarland (in NRW sind Vermögensschäden nicht mit versichert)[104], Sammelversicherungen zur Abdeckung der Grundrisiken von Betreuern, Vormündern und Pflegern abgeschlossen[105]. Da damit in der Regel Vermögensschäden bis zu 25.000,– bzw. 50.000,– € abgedeckt sind, kann im Einzelfall eine höhere Absicherung nötig und angemessen sein.

41 Aufwendungen für andere Versicherungen können nicht erstattet verlangt werden. Insbesondere erfolgt keine Erstattung für:

(1) Eine Versicherung gegen Schäden, die der Betreuer selbst in Ausübung des Amtes erleidet[106]. Eine solche Versicherung liegt nämlich im Eigeninteresse des Betreuers, nicht des Betreuten. Gemeint sind etwa Versicherungen, die Körperverletzungen oder Sachschäden des Betreuers, die er durch Handlungen des Betreuten erleidet, abdecken. Es besteht zugunsten des Betreuers aber die gesetzliche Unfallversicherung, § 2 Abs. 1 Nr. 10 SGB VII, die Personenschäden abdeckt.

(2) Nicht erstattungsfähig sind ebenfalls die Kosten einer Kfz-Haftpflichtversicherung und -Kaskoversicherung, § 1835 Abs. 2 Satz 1, 2. Hs. BGB[107]. Dazu rechnet auch die Selbstbeteiligung einer Kfz-Kaskoversicherung, die der Betreuer nach unverschuldetem Schaden zu tragen hat[108].

42 Von der Erstattung für Aufwendungen für eine Versicherung sind generell auch Berufsbetreuer ausgeschlossen. Nach § 1835 Abs. 2 Satz 2 BGB gilt die Regelung des Satzes 1 nämlich nicht, wenn der Betreuer eine Vergütung nach § 1836 Abs. 1 Satz 2, 3 BGB in Verbindung mit §§ 4 Abs. 2 Satz 1, 6 Satz 1, Hs. 1 VBVG erhält[109].

Auch ein Vereinsbetreuer (§ 1897 Abs. 2 Satz 1 BGB), Behördenbetreuer (§ 1897 Abs. 2 Satz 2 BGB), der Verein bzw. die Betreuungsbehörde als Betreuer können keinen Aufwendungsersatz für Versicherungskosten erhalten. Vereins- und Behördenbetreuer können nämlich selbst keine Vergütung oder Auslagenersatz geltend machen, §§ 7 Abs. 3, 8 Abs. 3 VBVG. Die Vergütung, die der Verein für den Vereinsbetreuer geltend machen kann, gilt angefallene Aufwendungen mit ab, §§ 7 Abs. 1, 4 Abs. 2 Satz 1 VBVG. In Sonderfällen der Betreuung werden die Versicherungskosten von der Erstattung ausdrücklich ausgenommen, § 6 Satz 1 Hs. 2 VBVG. Der Behörde steht für ihren Mitarbeiter immer nur der

---

102 Deinert/Lütgens Rn. 251 m.w.N.
103 Damrau/Zimmermann, § 1835 BGB, Rn. 50
104 Hier existieren z.T. kommunale Sammelversicherungen.
105 In 10 Bundesländern bestehen Sammelversicherungen zum Schutz von ehrenamtlichen Betreuern, dazu https://www.ecclesia.de/ecclesia-allgemein/service/ehrenamt/
106 Damrau/Zimmermann, § 1835 BGB, Rn. 52; a.A. Seitz, BtPrax 1992, 82, 85
107 LG Bückeburg NJW-RR 2002, 506; Bienwald, § 1835 BGB, Rn. 29; Deinert/Lütgens, Rn. 255; a.A. Seitz, BtPrax 1992, 82, 85
108 Eine Ausnahme gilt nur, wenn der Betreuer – entsprechend § 683 BGB – eine im Interesse des Betreuten unbedingt erforderliche, gefährliche Handlung vornimmt, LG Bückeburg NJW-RR 2002, 506.
109 Die Gewährung einer Ermessensvergütung nach § 1836 Abs. 2 BGB steht nicht entgegen.

Aufwendungsersatz nach § 1835 Abs. 1 Satz 1 und 2 BGB, § 8 Abs. 2 VBVG zu. Verein und Behörde selbst haben nach §§ 7 Abs. 2 Satz 1, 8 Abs. 2 Satz 1 VBVG keine Ansprüche.

c. Berufliche Dienste als Aufwendung

43 Nach § 1835 Abs. 3 BGB gelten auch Dienste, die zum Gewerbe oder Beruf des Betreuers gehören, als erstattungsfähige Aufwendungen. Nach einhelliger Auffassung in Rechtsprechung und Literatur ist diese Vorschrift aber eng auszulegen. Die Führung einer Betreuung ist nämlich bereits ihrer Natur nach mit zahlreichen Rechtshandlungen und Tätigkeiten in speziellen Materien verbunden. Insbesondere obliegt einem Betreuer die rechtliche Besorgung von Angelegenheiten des Betreuten und dessen gerichtliche und außergerichtliche Vertretung, §§ 1901 Abs. 1, 1902 BGB. Hierzu bedarf es allgemeiner, spezieller und letztlich auch rechtlicher Kenntnisse und Fertigkeiten, die den jeweiligen Lebensumständen des Betreuten gerecht werden. Es beginnt mit einem einfachen, üblicherweise jeder in geschäftlichen Angelegenheiten einigermaßen bewanderten Person geläufigen Grundwissen. In der nächsten Stufe wird das Wissen einer mit rechtlichen und sozialen Angelegenheiten vertrauten und in der Führung von Betreuungen geschulten und erfahrenen Person zu finden sein und endet bei einer Person, die noch darüber hinaus besonderes Wissen oder spezielle Kenntnisse in wirtschaftlichen, pädagogischen, rechtlichen oder sonstigen Sondergebieten aufweist[110].

Bei der Betreuerauswahl ist das Gericht nach § 1897 Abs. 1 BGB dazu verpflichtet, eine Person zu suchen, die die im Rahmen der konkreten Betreuung erforderlichen Kenntnisse selbst aufweist oder aber in der Lage ist, Fachleute mit entsprechendem Fachwissen heranzuziehen und in ihrer Tätigkeit sachgerecht zu überwachen. Im Rahmen der Gewährung einer Vergütung wird der unterschiedlichen (beruflichen) Qualifikation des Betreuers mit unterschiedlich hohen Stundensätzen in §§ 3, 4 VBVG Rechnung getragen. Deshalb muss die mit der abzurechnenden Tätigkeit verbundene Aufgabe besondere berufliche Qualifikationen erfordern und eine originäre Dienstleistung in dem jeweiligen speziellen gewerblichen oder beruflichen Bereich darstellen[111]. Es muss sich m.a.W. um eine Aufgabe handeln, für die ein anderer Betreuer in vergleichbarer Lage vernünftigerweise einen Fachmann herangezogen hätte, weil es eine für dessen Beruf spezifische Tätigkeit darstellt[112]. Abzustellen ist dabei auf die Sicht eines anderen Betreuers, der eine gleich hohe Qualifikation als Betreuer aufweist. Erfüllt also ein Betreuer aufgrund seiner Vorbildung die Voraussetzungen der höchsten Vergütungsstufe des § 4 Abs. 1 Satz 2 Nr. 2 VBVG, ist zu fragen, ob ein anderer Betreuer, der diese Voraussetzung ebenfalls erfüllt, in vergleichbarer Situation die Beiziehung eines Fachmannes für erforderlich hätte halten dürfen[113]. In der Regel kann das bejaht werden, wenn Leistungen in Frage stehen, die zum jeweiligen Kernbereich der speziellen Dienste rechnen.

44 Bei einem Rechtsanwalt gilt die Besorgung einer Angelegenheit, bei der wegen ihrer Bedeutung und/oder Schwierigkeit notwendiger – oder üblicherweise professioneller – Rechtsrat eingeholt wird und ein Betreuer ohne Ausbildung zum Volljuristen berechtigterweise einen Rechtsanwalt beauftragt hätte, als abrechnungsfähiger Aufwand i.S.d. § 1835 Abs. 3 BGB. Sie kann sich auf gerichtliche und außergerichtliche Tätigkeiten beziehen. Ureigenste Aufgabe von Anwälten ist es aber, Ansprüche vor Gericht durchzusetzen bzw.

110 Vgl. BayObLG FamRZ 2002, 573, 574
111 BVerfG FamRZ 2000, 345, 348; BayObLG FamRZ 2002, 573, 574
112 BVerfG FamRZ 2000, 345, 348; BGH BtPrax 2013, 106 und NJW 2011, 453
113 BGH BtPrax 2007, 126 ff.; OLG München NJW-RR 2006, 931 f.; BayObLG FamRZ 2002, 573, 574

abzuwehren, selbst wenn kein Anwaltszwang besteht[114]. Außergerichtlich sind schwierige und komplexe Angelegenheiten zu nennen, die eine Befassung mit rechtlich schwierigen Fragen erfordern oder üblicherweise rechtsberatenden Berufen vorbehalten sind. Das ist etwa der Fall bei Vertragsgestaltungen, der Veräußerung oder Belastung von Grundbesitz[115, 116] oder bei Verhandlungen mit Behörden oder Dritten, die nicht alltägliche Rechtsfragen betreffen.

Will der anwaltliche Betreuer berufliche Dienste geltend machen, muss er von Anfang an hinreichend klarstellen, dass er als Rechtsanwalt tätig wird[117].

44a Als erstattungsfähige berufliche Dienste nach § 1835 Abs. 3 BGB kommen nur Tätigkeiten in Betracht, die Inhalt einer (zulässigen) Betreuertätigkeit sein können[118] und zum Aufgabenkreis des Betreuers gehören[119]. Das können die berufliche Tätigkeit eines Steuerberaters[120], die Prozessführung oder die juristische Beratung eines Rechtsanwaltes[121] sein. Aber auch psychosoziale Therapien[122], ärztliche Behandlung oder Reparaturen eines Handwerkers können als berufliche bzw. gewerbliche Dienste im Rahmen des § 1835 Abs. 3 BGB erstattungsfähig sein. Letzteres wird nur zu bejahen sein, wenn ein Notfall vorliegt, Dritte diese Tätigkeit nicht mit demselben Erfolg anbieten oder vom Betreuer mit wesentlich geringerem Aufwand angeboten werden können[123]. Es schadet nicht, wenn der entsprechende Beruf nicht mehr aktiv ausgeübt wird[124]. Keine Anerkennung fand die Tätigkeit eines Gebärdendolmetschers[125].

45 Dienste, die von jeder anderen, mit einer dem konkreten Betreuer vergleichbaren Qualifikation versehenen Person erbracht werden können, sind dagegen in diesem Rahmen nicht erstattungsfähig. Das gilt auch, wenn der Betreuer aufgrund seines Berufes dazu besonders geeignet ist. So erhalten ein Rechtsanwalt für die Abfassung eines Mahnschreibens bzw. die Prüfung und Geltendmachung von Rückforderungsansprüchen aus einem notariellen Vertrag[126] oder die Regelung des Unterhalts des Betreuten[127], den Abschluss eines Grabpflegevertrages[128], die Kontrolle der Vermögensverwaltung durch einen Bevollmäch-

---

114 BVerfG FamRZ 2000, 1284, 1285; OLG München FamRZ 2018, 515 ff.: Vertretung als Verteidiger im Strafverfahren mit erheblichem Tatvorwurf und NJW-RR 2006, 931 f.: für einen anwaltlichen Verfahrenspfleger im Unterbringungsverfahren; BayObLG FamRZ 2002, 573, 574; FG Prax 2003, 179 ff.; BtPrax 2004, 70 f.: Vertretung in Teilungsversteigerungs- und Mietzinsverfahren beim Amtsgericht; LG Limburg Rpfleger 2005, 361 f.: Abschluss eines Abfindungsvergleiches; LSG NRW BtPrax 2008, 271 f.: Vertretung in einem sozialgerichtlichen Verfahren; nicht aber bei Vertretung in einem einfachen Mietrechtsstreit, LG Mainz NJW-RR 2006, 1445 f.

115 OLG Köln FamRZ 2018, 534 ff.: Nicht wenn der Grundbesitz ohne weitere Mitwirkung versteigert wird (Nachlasspflegschaft).

116 BGH BtPrax 2013, 106: Ergänzungsbetreuer im Erbausschlagungsverfahren; OLG Braunschweig FamRZ 2017, 648: Ergänzungspfleger für Grundstücksübertragungsvertrag; OLG Hamm BtPrax 2011, 220: Mitwirkung an Genehmigungsverfahren zur Teilerbauseinandersetzung; OLG München BtPrax 2009, 34 ff.: Prüfung ausländischen Rechts; OLG Hamm, FamRZ 2007, 1186 f.: Entwurf eines Arbeitsvertrages; LG Darmstadt FamRZ 2005, 735: Gestaltung eines nicht einfachen Darlehensvertrages; LG Rostock BtPrax 2013, 34: Mitwirkung bei Auflösung eines Immobilienkaufvertrages bei zweifelhafter Geschäftsunfähigkeit des Betreuten

117 SG Berlin FamRZ 2011, 1170

118 Deinert/Lütgens, Rn. 266

119 OLG Hamm FamRZ 2008, 91: zur anwaltlichen Verteidigung im Strafverfahren

120 LG Düsseldorf NJW-RR 2008, 1606

121 Vgl. OLG Thüringen FamRZ 2002, 988 (LS): Vertretung in einem Berufungsverfahren vor dem OLG, für das Anwaltszwang bestand; LG Berlin BtPrax 2001, 129: jur. Überprüfung eines Vergütungsantrages; BayObLG FamRZ 2002, 573: ablehnend für Vereinbarungen zum Unterhalt.

122 BayObLG BtPrax 1998, 146; OLG Köln FamRZ 1998, 1451; Deinert/Lütgens, Rn. 266

123 Vgl. etwa BayObLG FamRZ 2003, 633 ff.

124 OLG München BtPrax 2008, 129 ff.

125 OLG Köln FamRZ 2008, 921; a.A. zurecht Deinert/Lütgens, Rn. 221

126 OLG Frankfurt a.M. NJW 2003, 3642 f.

127 BayObLG FamRZ 2002, 573, 574

128 LG Karlsruhe FamRZ 2004, 403 f.

tigten[129] sowie ein Immobilienmakler oder -verwalter für eine Hausverwaltung bzw. den Abschluss eines Mietvertrages[130] keinen Aufwendungsersatz nach § 1835 Abs. 3 BGB. Derartige „normale Betreuertätigkeit" kann nur nach § 1836 Abs. 1 Satz 2, 3 BGB vergütet werden[131].

Die Erbringung der beruflichen bzw. gewerblichen Dienste durch den Betreuer muss zudem aus dessen (verständiger) Sicht auf unbedingt erforderliche und nicht lediglich zweckmäßige Tätigkeiten beschränkt bleiben. Der Betreuer wird abzuwägen haben, ob die Bedeutung der zu regelnden Angelegenheit die Inanspruchnahme des Betreuten bzw. der Staatskasse rechtfertigt oder dem Betreuten zuzumuten ist, auf den Dienst zu verzichten[132]. So mag die Erbringung ärztlicher, pflegerischer oder psychotherapeutischer Dienste im Einzelfall zweckmäßig sein. Eine Erforderlichkeit dürfte aber nur bei entsprechender ärztlicher Verordnung oder Indikation bestehen. Dann greifen in der Regel aber die Erstattungsmöglichkeiten über Sozialversicherungsträger (Krankenkasse, Pflegeversicherung etc.) ein. § 1835 Abs. 3 BGB räumt nicht die Möglichkeit ein, zusätzliche staatliche Sozialleistungen zu finanzieren, die bei Nichtbetreuten von Krankenkassen, Versicherungsträgern etc. nicht übernommen würden[133].

Demgemäß muss ein Betreuer zunächst immer überprüfen, ob bei den beruflichen Diensten nicht ein anderer, vorrangig in Anspruch zu nehmender Kostenträger vorhanden ist. Der Betreuer muss nämlich im Interesse des Betreuten die Aufwendungen möglichst niedrig halten. **46**

Ein Rechtsanwalt wird daher vorrangig Prozesskostenhilfe zur Führung eines Prozesses in Anspruch nehmen müssen, wenn der Betreute ein entsprechend niedriges Einkommen besitzt[134]. Wird ein Rechtsanwalt nach § 121 Abs. 2 ZPO im Rahmen der PKH beigeordnet, könnte er als Aufwendungen nach § 1835 Abs. 3 BGB allenfalls noch die Differenz zwischen den abrechenbaren PKH-Gebühren und denen eines Wahlanwaltes erstattet bekommen[135]. Dies wird überwiegend und zu Recht abgelehnt. Demgemäß kann der anwaltliche Betreuer eines mittellosen Betroffenen nur die Gebühren eines beigeordneten Rechtsanwaltes entsprechend § 49 RVG verlangen[136].

Wird PKH nicht bewilligt, kann dennoch zum Wohl des Betreuten die Prozessführung erforderlich sein[137], es sei denn, der Prozess war aus damaliger Sicht des Betreuers von Anfang an ohne Erfolgsaussicht[138]. Bei einem mittellosen Betreuten kommt nach der Rechtsprechung eine Erstattung der anwaltlichen Gebühren als Aufwendungsersatz nach § 1835 Abs. 3 BGB aber nur dann gegen die Staatskasse in Betracht, wenn mit einer für den Betreuten ungünstigen Entscheidung im PKH-Verfahren nicht gerechnet werden konnte, z.B. aufgrund einer offensichtlich nicht tragfähigen Begründung[139].

---

129 OLG Köln FGPrax 2008, 155
130 HK-BUR- Deinert, § 1835 BGB, Rn. 143
131 Deinert/Lütgens, Rn. 261
132 OLG Frankfurt a.M. FamRZ 2002, 59
133 Damrau/Zimmermann, § 1835 BGB, Rn. 59; Deinert/Lütgens, Rn. 266. Dies hat BayObLG BtPrax 1998, 146 offenbar übersehen.
134 BGH BtPrax 2007, 126 ff.; OVG Hamburg BtPrax 2009, 132 ff.; BayObLG FGPrax 2003, 179 ff.; BtPrax 2004, 70 f.; LG Darmstadt FamRZ 2005, 735; LG Nürnberg-Fürth, Rpfleger 2004, 489; OLG Thüringen FamRZ 2002, 988 (LS); OLG Frankfurt a.M. FamRZ 2002, 59; LG Mainz BtPrax 2010, 244
135 LG Hannover Rpfleger 1993, 65; LG Oldenburg Rpfleger 1993, 65; Meier, S. 341; a.A. Knittel, § 1835 BGB, Rn. 27
136 BGH BtPrax 2014, 95; 2007, 126 ff.; OLG Frankfurt a.M. FamRZ 2011, 670; BayObLG FGPrax 2003, 179 ff.; Deinert/Lütgens, Rn. 286 m.w.N.
137 OLG Frankfurt a.M. FamRZ 2002, 59
138 OLG Thüringen BtPrax 2002, 132 (LS)
139 BGH BtPrax 2007, 126 ff.: Der Anwalt erhält auch dann nur die Gebührensätze des § 49 RVG.

Diese Grundsätze gelten auch für die außergerichtliche Vertretung und Beratung durch den anwaltlichen Betreuer. Vorrangig sind dann die Leistungen der Beratungshilfe in Anspruch zu nehmen[140]. Der Aufwendungsersatzanspruch ist insoweit auf die Gebührensätze der Beratungshilfe beschränkt[141].

47 Die Höhe des Aufwendungsersatzes für berufliche oder gewerbliche Dienste richtet sich nach festgelegten bzw. üblichen, für den jeweiligen Beruf[142] geltenden Vergütungen. Demgemäß können Rechtsanwälte nach dem RVG, Architekten nach der HOAI, Ärzte nach der GOÄ und Steuerberater nach der StBGebV abrechnen. Sofern das nach diesen Vorschriften vorgesehene Entgelt niedriger ausfallen sollte als die nach Zeitaufwand zustehende Vergütung für diese beruflichen Dienste nach §§ 1836 Abs. 1 Satz 2, 3 BGB, 1 ff. VBVG wird dem Betreuer ein Wahlrecht zugestanden[143]. Der Betreuer konnte dann entweder für seine beruflichen Dienste Aufwendungsersatz nach § 1835 Abs. 3 BGB oder Vergütung nach § 1836 Abs. 2 BGB a.F. verlangen[144].

Da seit dem 1.7.2005 die Ansprüche eines Berufsbetreuers nach § 4 VBVG pauschaliert werden, daneben aber die Geltendmachung von Ansprüchen nach § 1835 Abs. 3 BGB gesondert möglich bleibt, § 4 Abs. 2 Satz 2 VBVG, wird das Wahlrecht[145] insoweit gegenstandslos bleiben. Zur Vermeidung finanzieller Einbußen wird ein entsprechend qualifizierter Betreuer neben der Pauschalvergütung auch den Aufwendungsersatz nach § 1835 Abs. 3 BGB (zusätzlich) geltend machen. Selbst nach einem Antrag auf Festsetzung einer pauschalen Vergütung bleibt eine nachträgliche Geltendmachung von Aufwendungsersatz nach § 1835 Abs. 3 BGB für einen im betreffenden Zeitraum erbrachten anwaltlichen Dienst möglich[146]. Streitigkeiten über die Qualifizierung einzelner Betreuertätigkeiten als berufsspezifisch im Sinne des Abs. 3 BGB sind zwar vorprogrammiert. Andererseits eröffnet er entsprechend qualifizierten Berufsbetreuern die Möglichkeit, über die pauschalierte Vergütung hinaus Einkünfte zu erzielen.

d. Anspruchsverpflichteter

aa. Vermögende Betreute

48 Nach § 1835 Abs. 1 Satz 1 BGB richtet sich der Anspruch auf Vorschuss bzw. Erstattung für/von Aufwendungen grundsätzlich gegen den Betreuten. Nach dessen Tod sind seine Erben verpflichtet. Ein Betreuer, dem die Vermögenssorge nicht zusteht, ein Gegenbetreuer sowie ein Verfahrenspfleger (dazu unten Rn. 53 ff.) müssen ihren Aufwendungsersatzanspruch also gegen den Betreuten, seinen Bevollmächtigten oder den insoweit bestellten Betreuer, gegebenenfalls nach dem Tod des Betreuten seinen Erben gegenüber, geltend machen. Wird nicht gezahlt, ermöglicht § 168 Abs. 1 Satz 1 Nr. 1 FamFG es, die gerichtliche Festsetzung zu beantragen. Der Festsetzungsbeschluss ist ein Vollstreckungstitel gegen den Betreuten bzw. seine Erben, § 86 Abs. 1 Nr. 1 FamFG.

▶ *Zum Verfahren der Vergütungsfestsetzung siehe unten Rn. 289 ff.*

49 Steht dem Betreuer der Aufgabenkreis der Vermögenssorge zu, kann er die Aufwendungen selbst aus dem Vermögen des Betreuten entnehmen, ohne dass dafür eine betreu-

140 BGH BtPrax 2007, 126 ff.; KG BtPrax 2011, 270
141 BGH FamRZ 2014, 472 = BtPrax 2014, 95 (LS)
142 Vgl. OLG Thüringen FamRZ 2002, 988 (LS)
143 OLG Frankfurt a.M. FamRZ 2013, 894 und 2002, 59; KG BtPrax 2011, 270; BayObLG FamRZ 2002, 573, 574; BtPrax 1999, 29; a.A. Damrau/Zimmermann, § 1835 BGB, Rn. 73
144 Deinert/Lütgens, Rn. 264
145 Dazu OLG Frankfurt FamRZ 2013, 894
146 BGH BtPrax 2014, 234

ungsgerichtliche Festsetzung nötig wäre[147]. Eine dennoch erfolgte Festsetzung des Aufwendungsersatzes aus dem Vermögen des Betreuten ist unwirksam[148]. Sofern kein Geld zur Begleichung der Aufwendungen vorhanden ist[149], steht dem Betreuer ein Anspruch auf Genehmigung nach §§ 1812 ff., 1821 ff. BGB zu, um auf das angelegte Vermögen zurückgreifen zu können. Der entnommene Betrag ist in der periodischen Abrechnung des Betreuers (vgl. §§ 1908i, 1840 Abs. 2 bis 4 BGB) aufzunehmen. Das Betreuungsgericht kann im Rahmen der Prüfung der Rechnungslegung (vgl. § 1843 BGB) die Entnahme von Aufwendungen beanstanden, aber nicht darüber entscheiden[150]. Es kann den Betreuer auffordern, die entsprechenden Aufwendungen dem Vermögen des Betreuten wieder zurückzuzahlen bzw. beanstandete Aufwendungen in Zukunft zu unterlassen. Letzteres gilt allerdings nicht, wenn es sich um Aufwendungen handelt, deren Erforderlichkeit sich nach der Zweckmäßigkeit richtet. Insoweit steht dem Betreuer ein Ermessen zu, das das Betreuungsgericht nicht reduzieren kann (z.B. bzgl. Besuchsfahrten). Kommt ein Betreuer der Weisung, Aufwendungen zurückzuerstatten, nicht nach, besteht die Möglichkeit, einen weiteren Betreuer (§ 1899 BGB) zum Zwecke der Rückforderung dieser Aufwendungen zu bestellen.

bb. Mittellose Betreute

Ist der Betreute mittellos im Sinne der §§ 1836c, 1836d BGB (dazu unten Rn. 246 ff.), kann **50**
der Betreuer Vorschuss auf künftige Aufwendungen und Ersatz für getätigte Aufwendungen von der Staatskasse verlangen, Abs. 4. Damit soll sichergestellt werden, dass die zum Wohl des Betreuten erforderlichen Maßnahmen unabhängig davon getätigt werden, ob das Einkommen oder das Vermögen des Betreuten zum Ersatz der Aufwendungen des Betreuers ausreicht. Ansprüche gegen die Staatskasse auf Vorschuss bzw. Erstattung von Aufwendungen sind nach § 168 Abs. 1 Satz 1 Nr. 1 FamFG zu beantragen und können im Verwaltungsverfahren durch den Urkundsbeamten der Geschäftsstelle angewiesen bzw. durch Rechtspfleger oder Richter (im Unterbringungsverfahren) festgesetzt werden (dazu unten Rn. 293 und 301 f.).

e. Anspruchsberechtigter

Der Vorschuss auf Aufwendungen bzw. der Ersatz von Aufwendungen steht generell je- **51**
dem Betreuer zu, unabhängig davon, ob er das Amt beruflich oder ehrenamtlich, als Mitarbeiter eines Vereins oder einer Behörde ausübt oder Verein bzw. Behörde selbst zum Betreuer bestellt sind. Besonderheiten gelten nach § 1835 Abs. 2 BGB indes für die Geltendmachung von Kosten einer angemessenen Versicherung (siehe oben Rn. 39 ff.) und für einzelne Betreuertypen nach Abs. 5.

Demzufolge kann ein Verein bzw. die Behörde, die zum Betreuer bestellt ist, keinen Vorschuss auf Aufwendungen verlangen[151], § 1835 Abs. 5 BGB. Gleiches gilt für den Verfahrenspfleger, § 277 Abs. 1 Satz 2 FamFG.

Ist ein Vereins- oder Behördenbetreuer (§ 1897 Abs. 2 Satz 1 und 2 BGB) bestellt, können sie nach §§ 7 Abs. 3, 8 Abs. 3 VBVG selbst keine Rechte nach § 1835 BGB geltend machen[152]. Der Verein kann für den Vereinsbetreuer indes Ansprüche nach § 1835 Abs. 1 und 4 BGB[153] geltend machen, wenn der Vereinsbetreuer als Sterilisations- bzw. Verhinde-

147 LG Koblenz FamRZ 1999, 458; Damrau/Zimmermann, § 1835 BGB, Rn. 75
148 BayObLG BtPrax 1995, 1375; 1996, 1166; 1999, 465; BtPrax 2001, 77; OLG Köln FamRZ 1998, 1451
149 Etwa weil der Betreuer es verzinslich anzulegen hat, § 1806 BGB.
150 BayObLG FamRZ 1996, 242
151 Damrau/Zimmermann, § 1835 BGB, Rn. 93
152 OLG Hamm FamRZ 2001, 1540
153 Also keine Versicherungskosten nach Abs. 2 und keine beruflichen Dienste nach Abs. 3

rungsbetreuer bestellt worden ist, §§ 7 Abs. 2 Satz 1, 6 Satz 1 VBVG. Allgemeine Verwaltungskosten sind gemäß der Verweisung in § 7 Abs. 2 Satz 2 VBVG nicht zu erstatten. In allen anderen Fällen der Bestellung eines Vereinsbetreuers zum Betreuer kann der Verein keinen separaten Aufwendungsersatz geltend verlangen. Mit der dem Verein nach §§ 7 Abs. 1, 4, 5 VBVG zustehenden Vergütung sind auch die Aufwendungen abgegolten. Ansprüche nach § 1835 Abs. 3 BGB schließt § 7 Abs. 1 Satz 2 VBVG ausdrücklich aus[154].

Die Behörde kann für einen Behördenbetreuer nur Ansprüche nach § 1835 Abs. 1 Satz 1 und 2 BGB – und dies auch nur vom vermögenden Betreuten, aber nicht von der Staatskasse für den mittellosen Betreuten – geltend machen, § 8 Abs. 2 VBVG. Nach § 8 Abs. 2 VBVG, der auf § 1835 Abs. 5 Satz 2 BGB verweist, dürfen zudem kein Aufwendungen für allgemeine Verwaltungskosten erstattet verlangt werden (vgl. dazu unten Rn. 221 ff.).

f. Verfahrensrechtliche Aspekte

52 Die Aufwendungen – beabsichtigt oder bereits getätigt – sind, soweit möglich, durch Belege nachzuweisen. Eine Pauschalierung ist nicht möglich. Der Betreuer hat die Wahl, insgesamt die Aufwendungspauschale nach § 1835a BGB oder den konkret berechneten Ersatz nach § 1835 BGB geltend zu machen[155]. Eine Kumulation beider Ansprüche scheidet aus. Die Rechtsprechung lässt es allerdings zu, die Höhe von Aufwendungen nach § 287 ZPO zu schätzen, wenn der Einzelnachweis mit zu hohem Aufwand verbunden wäre[156].

Wird eine Festsetzung der Aufwendung erforderlich, weil der Betreuer des vermögenden Betreuten nicht die Vermögenssorge hat, der Verfahrenspfleger Aufwendungsersatz verlangt bzw. der Betreute mittellos ist, ist der Rechtspfleger zuständig, §§ 3 Nr. 2b, 15 RPflG[157]. Sofern sich die Ansprüche gegen die Staatskasse richten, kann – ohne förmliche Festsetzung – durch den Urkundsbeamten im Verwaltungsverfahren die Feststellung der aus der Staatskasse zu erstattenden Auslagen und deren Anweisung erfolgen, § 168 Abs. 1 Satz 4 FamFG. Welches Rechtsmittel gegen die Festsetzung zulässig ist, richtet sich nach dem Beschwerdewert. Übersteigt der Beschwerdewert 600,– € oder ist die Beschwerde zugelassen (dazu unten Rn. 343), kann innerhalb von einem Monat Beschwerde (§§ 58 Abs. 1, 61 Abs. 1 FamFG) beim Landgericht eingelegt werden. In den übrigen Fällen ist die Erinnerung (§ 11 Abs. 2 RPflG) statthaft. Die Erinnerung ist seit dem 1.1.2014 innerhalb einer Frist von zwei Wochen einzulegen, § 11 Abs. 2 Satz 1 RPflG (zu Einzelheiten siehe Teil J Rn. 53 ff.). Eine Rechtsbeschwerde gegen die Entscheidung des Landgerichts ist nur bei ausdrücklicher Zulassung, vgl. § 70 Abs. 1 FamFG, möglich.

▶ *Zu Einzelheiten der Rechtsmittel vgl. die Ausführungen zu § 168 FamFG, unten Rn. 289 ff., 338 ff.*

Der Auslagenersatz ist ab Entstehung der Aufwendung mit 4% zu verzinsen[158].

▶ *Zum Erlöschen der Ansprüche vgl. die Ausführungen zu § 2 VBVG, unten Rn. 142 ff.*

154 Das entspricht der früheren Rechtslage, vgl. BT-Drs. 15/4874, S. 32

155 LG München I BtPrax 1999, 205; LG Koblenz FamRZ 2001, 1324; Jürgens-von Crailsheim, § 1835a BGB, Rn. 3: Nur wenn er bereits Aufwendungen erstattet erhalten hat, kann er nach § 1835a Abs.1 BGB die Pauschale unter Anrechnung der erstatteten Aufwendungen erhalten.

156 Z.B. bei Ermittlung der Kosten einer Fotokopie mit eigenem Kopiergerät, OLG Zweibrücken FamRZ 2001, 864

157 BGH NJW 2011, 453; Bienwald, § 168 FamFG, Rn. 62; a.A.: Im Unterbringungsverfahren ist der Richter zuständig, BayObLG Rpfleger 1993, 483.

158 BayObLG BtPrax 2001, 39

g. Aufwendungsersatz für Verfahrenspfleger

aa. Regelung bis zum 30.6.2005

Mit dem 1. BtÄndG wurde der Aufwendungsersatz für Verfahrenspfleger durch § 67 Abs. 3 Satz 1 FGG a.F. dahin geregelt, dass die Erstattung – auch bei vermögenden Betreuten – immer aus der Landeskasse erfolgt. Nach §§ 67 Abs. 3 Satz 2, 70b Abs. 1 Satz 3 FGG a.F. bestimmten sie sich sowohl im Betreuungs- als auch im Unterbringungsverfahren in entsprechender Anwendung der §§ 1908e bis 1908i BGB a.F., mit Ausnahme der dort in Bezug genommenen §§ 1835 Abs. 3 und 4, 1835a BGB a.F. Erstattet wurden demzufolge die Aufwendungen gemäß § 1835 Abs. 1 und 2 BGB (dazu oben Rn. 5 ff., 39 ff.). Der Verfahrenspfleger konnte also grundsätzlich weder die Auslagenpauschale geltend machen noch für berufliche oder gewerbliche Dienste (dazu oben Rn. 43 ff.) die festgelegte bzw. übliche Vergütung verlangen. Die Vergütung von beruflichen Diensten, z.B. die eines Rechtsanwaltes, richtete sich allgemein nach § 1836 BGB und den in § 1 BVormVG a.F. genannten Stundensätzen. Obwohl ein Verfahrenspfleger nach der gesetzlichen Wertung des § 67 Abs. 3 Satz 2, 2.Hs FGG a.F. für seine beruflichen bzw. gewerblichen Dienste keinen Aufwendungsersatz nach § 1835 Abs. 3 BGB erhalten sollte, machte die Rechtsprechung aufgrund der Rechtsprechung des BVerfG[159] davon eine Ausnahme, sofern berufliche Dienste eines Rechtsanwaltes als Verfahrenspfleger betroffen waren. Demgemäß bestand die Möglichkeit zur Abrechnung beruflicher Dienste eines Rechtsanwaltes nach der BRAGO (jetzt dem RVG). Nach der Konzeption des Gesetzgebers wurde die Verfahrenspflegschaft allerdings nicht als anwaltsspezifische oder dem Anwaltsberuf vorbehaltene Tätigkeit angesehen[160]. 53

Im Einzelfall wurde für die Tätigkeit eines anwaltlichen Verfahrenspflegers im Verfahren auf Bewilligung einer Vergütung für den Betreuer[161], in einem Zwangsversteigerungsverfahren[162] bzw. Überprüfung eines Vorbescheides[163] oder in einem Unterbringungsverfahren[164] grundsätzlich die Abrechnung nach der BRAGO erwogen[165]. Ob im Betreuungsverfahren die Zuziehung eines Rechtsanwaltes als üblich angesehen werden konnte, sollte sich danach bemessen, ob im konkreten Einzelfall ein Laie in vergleichbarer Situation einen Rechtsanwalt hinzugezogen hätte[166]. Dies wurde nur bei tatsächlichen, vor allem aber rechtlichen Schwierigkeiten und nicht in typischen Routinesachen bejaht. Als maßgeblicher Zeitpunkt zur Beurteilung galt der Zeitpunkt der Bestellung zum Verfahrenspfleger, gegebenenfalls ein späterer Zeitpunkt, wenn erst im Verlaufe des Verfahrens Schwierigkeiten auftreten (zu weiteren Einzelheiten siehe Rn. 226 ff.).

Die Gerichte sollten bei Bestellung klarstellen, ob die Auswahl eines anwaltlichen Verfahrenspflegers erfolgte, weil die Beiordnung eines Anwalts geboten schien[167]. Erfolgte eine Bestellung unter dem Zusatz, dass die Verfahrenspflegschaft anwaltsspezifische Tätigkeiten umfasst, ergab sich daraus ein Vertrauensschutz in Hinblick auf einen Aufwendungsersatz nach § 1835 Abs. 3 BGB[168].

---

159 BVerfG FamRZ 2000, 1280 und 1284
160 BVerfG FamRZ 2000, 1280, 1281 sowie 1284
161 BayObLG FamRZ 2003, 1046f; LG Berlin BtPrax 2001, 129; a.A. LG München I BtPrax 2001, 175
162 LG Leipzig FamRZ 2001, 864
163 BayObLG FGPrax 2005, 21
164 BGH NJW 2011, 453; BayObLG FamRZ 2000, 566; KG FamRZ 2003, 936f.; LG Mönchengladbach FamRZ 2005, 922
165 Es ist aber restriktiv zu prüfen, ob im konkreten Einzelfall ein Rechtsanwalt üblicherweise oder von einem gleich qualifizierten Betreuer in vergleichbarer Lage hinzugezogen worden wäre, was in den zuvor genannten Entscheidungen jeweils verneint wurde.
166 OLG Düsseldorf FamRZ 2008, 76 f.; OLG Köln NJWE-FER 2001, 290; LG München I BtPrax 2001, 175
167 BVerfG BtPrax 2000, 254, 256
168 OLG Stuttgart NJW-RR 2004, 424f; OLG Hamm JMBl. NRW 2003, 237; LG Saarbrücken BtPrax 2013, 211

bb. Regelung seit dem 1.7.2005

54 Ohne wesentliche inhaltliche Änderungen fasste der durch das 2. BtÄndG eingefügte § 67a FGG die Aufwendungsersatz- und Vergütungsansprüche des beruflichen Verfahrenspflegers zusammen. Diese Regelung übernimmt § 277 FamFG weitgehend. Wie bisher versucht der Gesetzgeber den Kreis der Verfahrenspfleger, denen eine Vergütung zustehen kann, einzuschränken, § 276 Abs. 3 FamFG. Nach dieser Vorschrift wird ein beruflicher Verfahrenspfleger nämlich nur noch ausnahmsweise für den Fall bestellt, dass ein ehrenamtlicher Verfahrenspfleger nicht zur Verfügung steht (zu Einzelheiten siehe Teil A, Rn. 141).

§ 277 Abs. 1 FamFG gewährt nur den Aufwendungsersatz nach § 1835 Abs. 1 und 2 BGB[169]. Ein Vorschuss ist nicht möglich, § 277 Abs. 1 Satz 2 FamFG. Unter den Voraussetzungen des § 277 Abs. 3 FamFG ist eine Pauschalierung möglich. Ihre Höhe richtet sich nach der Zahl der – pauschal – veranschlagten Stunden und beträgt 3,– € pro Stunde, § 277 Abs. 3 Satz 2 FamFG.

Ein Verein kann für seinen zum Verfahrenspfleger bestellten Mitarbeiter ebenfalls Aufwendungsersatz nach § 1835 Abs. 1 BGB erhalten, § 277 Abs. 4 Satz 1 FamFG.

Völlig ausgeschlossen ist ein Aufwendungsersatz, wenn ein Behördenverfahrenspfleger bestellt ist, § 277 Abs. 4 Satz 3 FamFG.

cc. Aufwendungsersatz nach § 1835 Abs. 3 BGB

55 Wie seine Vorgängervorschrift sieht § 277 Abs. 1 Satz 1, Abs. 2 Satz 2 FamFG für berufliche bzw. gewerbliche Dienste mangels ausdrücklicher Verweisung auf § 1835 Abs. 3 BGB keinen entsprechenden Aufwendungsersatz vor[170]. Allerdings wird auch zukünftig die Rechtsprechung des BVerfG[171] zu berücksichtigen sein[172]. Demzufolge gilt eine Ausnahme, sofern berufliche Dienste eines Rechtsanwaltes als Verfahrenspfleger betroffen sind. Ihm muss – entsprechend der bisherigen Rechtsprechung – die Möglichkeit erhalten bleiben, seine beruflichen Dienste im Einzelfall nach dem RVG abzurechnen. Bei anwaltlichen Verfahrenspflegern gebietet nämlich eine am Grundgedanken des § 1835 Abs. 3 BGB orientierte Auslegung der §§ 277 Abs. 1, 2 und 318 FamFG, eine Vergütung nach dem RVG für solche Tätigkeiten zuzulassen, bei denen üblicherweise ein Rechtsanwalt zugezogen zu werden pflegt oder bei denen ein Laie in vergleichbarer Lage vernünftigerweise einen Rechtsanwalt zuziehen würde, weil gerade anwaltsspezifische Tätigkeiten anfallen[173]. Insoweit kann auf die Ausführungen unter Rn. 43 Bezug genommen werden.

▶ *Zu Einzelheiten der Verfahrenspflegschaft und deren Vergütung vgl. unten Rn. 226 ff.*

Das Verfahren bestimmt sich nach § 168 Abs. 1 FamFG, auf den § 277 Abs. 5 Satz 2 FamFG Bezug nimmt (dazu unten Rn. 289 ff.). Die von der Staatskasse erstatteten Aufwendungen – sie stellen Auslagen des Gerichts dar, vgl. KV GNotKG, Anlage 1 zu § 3 Abs. 2, Teil 3, Hauptabschnitt 1, Vorbemerkung 3.1, Nr. 31015 – werden dem vermögenden Betreuten in Rechnung gestellt, vgl. § 23 Nr. 1 GNotKG[174]. Über § 26 Abs. 3 GNotKG gilt das auch für Verfahrenspflegschaften im Unterbringungsverfahren.

---

169 Der berufsmäßige Verfahrenspfleger erhält gemäß § 1835 Abs. 2 Satz 2 BGB nur Aufwendungen nach Abs. 1 erstattet.
170 Deinert/Lütgens, Rn. 287; a.A. zu Unrecht Jürgens-Kretz, § 277 FamFG, Rn. 6
171 Vgl. BVerfG FamRZ 2000, 1280 und 1284
172 Keidel-Budde, § 277 FamFG, Rn. 9 f.
173 Ebenso: BGH BtPrax 2014, 95; NJW 2011, 453; OLG Karlsruhe FGPrax 2001, 72; OLG Zweibrücken BtPrax 2002, 41; OLG Köln NJWE-FER 2001, 290; LG München I BtPrax 2001, 175; LG Leipzig FamRZ 2001, 864
174 BayObLG FGPrax 2005, 21, wobei die Berechtigung von Aufwendungen in Frage gestellt werden kann

3. Aufwandsentschädigung, § 1835a BGB

§ 1835a BGB regelt die Gewährung einer (pauschalen) Aufwandsentschädigung für einen Vormund im Rahmen seiner Amtsausübung. Über § 1908i Abs. 1 BGB gilt die Vorschrift sinngemäß für Betreuer. Die Vorschrift wurde durch das 1. BtÄndG zum 1.1.1999 neu gefasst. Die Aufwandsentschädigung nach § 1835a BGB meint die Abgeltung aller Ansprüche auf Aufwendungsersatz nach § 1835 BGB für ein Jahr. Die Pauschale tritt an die Stelle der Ansprüche nach § 1835 BGB. Für das Verfahren zur Festsetzung der Aufwandsentschädigung ist § 168 FamFG maßgeblich. **56**

▶ *Zum Verfahren und den Rechtsmitteln nach § 168 FamFG vgl. unten Rn. 289 ff.*

§ 1835a BGB Aufwandsentschädigung

(1) [1]Zur Abgeltung seines Anspruchs auf Aufwendungsersatz kann der Vormund als Aufwandsentschädigung für jede Vormundschaft, für die ihm keine Vergütung zusteht, einen Geldbetrag verlangen, der für ein Jahr dem Neunzehnfachen dessen entspricht, was einem Zeugen als Höchstbetrag der Entschädigung für eine Stunde versäumter Arbeitszeit (§ 22 des Justizvergütungs- und -entschädigungsgesetzes) gewährt werden kann (Aufwandsentschädigung). [2]Hat der Vormund für solche Aufwendungen bereits Vorschuss oder Ersatz erhalten, so verringert sich die Aufwandsentschädigung entsprechend.

(2) Die Aufwandsentschädigung ist jährlich zu zahlen, erstmals ein Jahr nach Bestellung des Vormunds.

(3) Ist der Mündel mittellos, so kann der Vormund die Aufwandsentschädigung aus der Staatskasse verlangen; Unterhaltsansprüche des Mündels gegen den Vormund sind insoweit bei der Bestimmung des Einkommens nach § 1836c Nr. 1 nicht zu berücksichtigen.

(4) Der Anspruch auf Aufwandsentschädigung erlischt, wenn er nicht binnen drei Monaten nach Ablauf des Jahres, in dem der Anspruch entsteht, geltend gemacht wird; die Geltendmachung des Anspruchs beim Familiengericht gilt auch als Geltendmachung gegenüber dem Mündel.

(5) Dem Jugendamt oder einem Verein kann keine Aufwandsentschädigung gewährt werden.

a. Entwicklung der Norm und Anwendungsbereich

Mit dem Betreuungsgesetz wurde zum 1.1.1992 durch Einfügung des § 1836a BGB a.F. **57** und entsprechende Verweisung in § 1908i Abs. 1 BGB die Möglichkeit für Betreuer geschaffen, zur Abgeltung geringfügiger Aufwendungen eine pauschale Aufwandsentschädigung zu verlangen. Sie betrug anfangs 300,– DM, ab 1.7.1994 375,– DM/pro Jahr. Mit dem 1. BtÄndG wurde der § 1836a BGB a.F. zum § 1835a BGB. Gleichzeitig erhöhte der Gesetzgeber die pauschale Aufwandsentschädigung auf den 24fachen Betrag dessen, was einem Zeugen als Höchstbetrag der Entschädigung für eine Stunde versäumter Arbeitszeit nach dem aufgehobenen ZSEG gewährt werden konnte. Dieser Stundensatz betrug bis zum 31.12.2001 25,– DM, und wurde im Zuge der Euroumstellung auf 13,– € erhöht. Mit dem Inkrafttreten des Kostenrechtsmodernisierungsgesetzes und der damit verbundenen Schaffung des Justizvergütungs- und -entschädigungsgesetzes (JVEG) zum 1.7.2004 legte der dortige § 22 den Höchstsatz der Zeugenentschädigung auf 17,– € pro Stunde fest. Gleichzeitig wurde der Multiplikator in § 1835a Abs. 1 Satz 1 BGB von 24 auf

19 gesenkt[175]. Mit dem Inkrafttreten des Zweiten Kostenrechtsmodernisierungsgesetzes (2. KostRMoG)[176] zum 1.8.2013 ist der Höchststundensatz auf 21,– € pro Stunde angehoben worden. Demgemäß kann ein Betreuer pro Kalenderjahr derzeit 399,– € als Pauschale erhalten.

Neben dem Gesichtspunkt der Verfahrensökonomie dient die relativ großzügig bemessene Höhe der Pauschale dazu, ehrenamtliche Tätigkeiten anzuerkennen, zu stärken und zu fördern. Die Pauschale kann nur von Betreuern, denen keine Vergütung zusteht (Abs. 1 Satz 1), also ehrenamtlichen Betreuern, verlangt werden[177]. Berufsbetreuer können Aufwendungen nur unter konkreter Berechnung nach § 1835 BGB erstattet erhalten, wenn ihre Vergütung nicht pauschaliert ist.

§ 1835a BGB gilt zur Abgeltung von Aufwendungen, die seit dem 1.1.1999 angefallen sind. Nach den gesetzlichen Erhöhungen der Pauschale war jeweils streitig, in welcher Höhe sie anfällt, wenn der Abrechnungszeitraum Zeiten vor und nach der Erhöhung betrifft. Nach richtiger Auffassung ist die zum Zeitpunkt der Fälligkeit der Pauschale geltende Höhe maßgeblich, eine Quotelung findet nicht statt[178]. Der Betrag von 399,– € kann daher verlangt werden, wenn die Pauschale ab dem 1.8.2013 fällig geworden ist.

b. Höhe der Aufwandsentschädigung, § 1835a Abs. 1 BGB

aa. Grundsätze

58 Die Aufwandspauschale betrug bis zum 31.12.2001 600,– DM (24 mal 25,– DM, vgl. § 2 Abs. 2 Satz 1 ZSEG), seit dem 1.1.2002 312,– € (24 mal 13,– €), seit dem 1.7.2004 323,– € (19 × 17,– €) und beträgt seit dem 1.8.2013 399,– € (19 × 21,– €) pro Jahr[179]. Das Jahr beginnt mit der wirksamen Bestellung zum (vorläufigen) Betreuer (dazu unten Rn. 188). Das Fristende berechnet sich nach § 188 Abs. 2 BGB. Wurde also eine Betreuung am 2.1.2017 wirksam, endet das Jahr am 2.1.2018[180]. Endet eine Betreuung vor Ablauf eines vollen Jahres, steht dem Betreuer lediglich eine in der Höhe entsprechend reduzierte Pauschale zu[181].

Sind für den Betroffenen mehrere Betreuer bestellt, so steht jedem Betreuer die volle Auslagenpauschale zu[182]. Dabei spielt es keine Rolle, ob die Betreuer für dieselben oder unterschiedliche Aufgabenkreise bestellt sind[183] und ob die Voraussetzungen für die Bestellung mehrerer Betreuer vorlagen. Einem weiteren Betreuer, der (nur) für den Vertretungsfall bestellt ist, steht die volle Aufwandspauschale dagegen nicht zu[184]. Führt ein Betreuer mehrere Betreuungen, so steht ihm die Aufwandspauschale für jede der betreuten Personen zu, wenn die sonstigen Voraussetzungen erfüllt sind[185].

---

175 Zu den gesetzlichen Grundlagen vgl. Deinert/Lütgens, Rn. 317 ff.

176 Gesetz vom 23. Juli 2013 (BGBl. I S. 3393)

177 Führt ein Berufsbetreuer nebenher ehrenamtlich eine Betreuung, kann er dort die Pauschale nach § 1835a BGB geltend machen, Knittel, § 1835a BGB, Rn. 3; a.A. Deinert/Lütgens, Rn. 327

178 OLG Hamm BtPrax 2000, 90; BayObLG FamRZ 1999, 1602; Deinert, BtPrax 2013, 198

179 Deinert, BtPrax 2013, 198 und 214, 70

180 LG Koblenz BtPrax 2002, 88

181 Deinert/Lütgens, Rn. 350

182 OLG Thüringen, FamRZ 2005, 478; OLG Köln FamRZ 2004, 77 f.; BayObLG BtPrax 2002, 36; OLG Zweibrücken FamRZ 2002, 1061 f.; LG Lübeck Rpfleger 2011, 503; LG Koblenz BtPrax 2010, 189; a.A. LG Kempten FPR 2002, 99; LG Münster BtPrax 2001, 220 (LS)

183 BayObLG FamRZ 2003, 479 (LS); LG Mönchengladbach FamRZ 2003, 559 f.; a.A. AG Betzdorf FamRZ 2004, 486

184 Sondern nur anteilig für den Vertretungszeitraum: OLG Köln FamRZ 2004, 77 f.; LG Münster MDR 1996, 1262; LG Frankenthal BtPrax 2001, 88; Damrau/Zimmermann, § 1835a BGB, Rn. 14; offengelassen von OLG Zweibrücken FamRZ 2002, 1061 f. Die Pauschale des Hauptbetreuers ist zeitanteilig für die Verhinderungszeit zu kürzen, LG Nürnberg-Fürth FamRZ 2008, 719 f.

185 Deinert/Lütgens, Rn. 333

Die pauschale Aufwandsentschädigung ist zu versteuern[186], es gelten aber Freibeträge des § 3 Nr. 26b EStG[187]. Die pauschale Aufwandsentschädigung zählt aber hinsichtlich des den Freibetrag von 200 €[188] übersteigenden Anteils als Einkommen im Rahmen des Grundsicherungsrechts. Sie wäre dort nur anrechnungsfrei, wenn es sich um eine zweckbestimmte Einnahme im Sinne des § 11a Abs. 3 Satz 1 SGB II handeln würde. Daran fehlt es, weil der Betreuer die Pauschale nach eigenen Vorstellungen verwenden kann und nicht nachweisen muss, welcher konkrete finanzielle Aufwand ihm durch die Führung der Betreuung entstanden ist. Der Betreuer hat allerdings die Möglichkeit, seine tatsächlichen notwendigen Ausgaben nach § 11b Abs. 1 Satz 1 Nr. 5 SGB II abzusetzen. Dazu muss er die Ausgaben genau beziffern[189]. Darüber hinaus soll die gezahlte Aufwandsentschädigung der Gewährung des steuerrechtlichen Pflegepauschbetrages nach § 33b Abs. 6 Satz 1 EStG entgegenstehen[190].

Der Bezug von Pflegegeld nach § 39 SGB VIII steht der Gewährung der pauschalen Aufwandsentschädigung nicht entgegen[191].

bb. Anrechnung

Sofern der Betreuer im abgelaufenen Jahr bereits aufgrund einer Geltendmachung nach **59** § 1835 BGB für einzelne Aufwendungen Vorschuss oder Ersatz erhalten hat, verringert sich die Auslagenpauschale um den entsprechenden Betrag. Das Gesetz räumt dem Betreuer damit im Verlaufe des Jahres die Möglichkeit ein, zunächst nach § 1835 BGB Vorschuss oder Ersatz für Aufwendungen zu verlangen, dann aber letztlich doch die Pauschale geltend zu machen. Ein solches Vorgehen kann sinnvoll sein, wenn sich im Laufe des Jahres abzeichnet, dass die Einzelabrechnung zu aufwendig oder die Geltendmachung der Pauschale lukrativer ist. Eine Kumulation beider Ansprüche scheidet allerdings aus[192].

cc. Fälligkeit

Im Gegensatz zu einer nach § 1835 BGB abgerechneten einzelnen Aufwendung, die so- **60** fort nach ihrem Anfall fällig wird, wird die Pauschale erstmals ein Jahr nach wirksamer Bestellung zum Betreuer (dazu unten Rn. 188) fällig. Danach wird sie jeweils nach Ablauf eines weiteren Jahres erneut fällig[193]. Endet die Betreuung vor Ablauf eines (weiteren) Jahres, ist die Aufwandspauschale sofort fällig.

dd. Anspruchsverpflichteter

(1) Vermögende Betreute

Nach § 1835a BGB richtet sich der Anspruch auf Zahlung der Aufwandsentschädigung **61** grundsätzlich gegen den vermögenden Betreuten bzw. nach dessen Tod gegen seine Erben. Steht dem Betreuer die Vermögenssorge zu, kann er den entsprechenden Betrag dem Vermögen des Betreuten entnehmen. Einer gerichtlichen Genehmigung bedarf es nicht.

Steht kein Bargeld nach § 1806 BGB zum Ausgleich der Forderung des Betreuers zur Verfügung, hat er Anspruch darauf, dass das Betreuungsgericht ihm nach §§ 1812 ff., 1821 ff.

---

186 BFH BtPrax 2013, 33
187 BMF-Schreiben vom 25.11.2008, DStR 2008, 2479; FinanzG Kiel BtPrax 2004, 206; Deinert, BtPrax 2004, 181; derzeit 2400,– €, vgl. § 3 Nr. 26 Satz 1 EStG
188 Vgl. § 11b Abs. 2 Satz 2 Nr.1 SGB II
189 BSG BtPrax 2018, 70 ff.; a.A. noch SG Cottbus NZS 2014, 838
190 FG Düsseldorf, Urteil vom 13.11.2017 – 15 K 3228/16 E: Das Rechtsmittel ist beim BFH unter VI R 52/17 anhängig.
191 BayObLG FamRZ 2002, 1222 f.
192 Deinert/Lütgens, Rn. 364 f.
193 LG Koblenz BtPrax 2002, 88

BGB eine Genehmigung erteilt, auf das vorhandene, angelegte (Grund-)Vermögen zurückzugreifen. Der entnommene Betrag ist in der jährlichen Abrechnung aufzuführen (zu weiteren Einzelheiten vgl. oben Rn. 49). Steht dem Betreuer die Vermögenssorge nicht zu oder wird die Aufwandsentschädigung von einem Gegenbetreuer geltend gemacht, muss sich der Berechtigte an den Betroffenen bzw. an dessen Bevollmächtigten oder insoweit bestellten Betreuer, gegebenenfalls nach dem Tod des Betreuten an dessen Erben wenden. Wird nicht gezahlt, ermöglicht § 168 Abs. 1 Satz 1 FamFG es, die gerichtliche Festsetzung zu beantragen (dazu unten Rn. 289). Der Festsetzungsbeschluss ist ein vollstreckbarer Titel, vgl. § 86 Abs. 1 Nr. 1 FamFG.

(2) Mittellose Betreute

62 Ist der Betreute mittellos im Sinne der §§ 1836c, d BGB kann der Betreuer die Aufwandsentschädigung aus der Staatskasse verlangen, § 1835a Abs. 3 BGB. Hier gilt die Besonderheit, dass Unterhaltsansprüche des Betreuten gegen den Betreuer bei der Bestimmung des Einkommens nach § 1836c Nr. 1 BGB nicht zu berücksichtigen sind, Abs. 3, Hs. 2. Relevant wird diese Regelung insbesondere für Eltern, die Betreuer für ihr Kind sind, bzw. Kinder, die zum Betreuer für einen Elternteil bestellt sind. Es wird so verhindert, dass der jeweilige Betreuer sich im Endergebnis die Aufwandsentschädigung im Rahmen seiner Unterhaltsverpflichtung selbst zahlen müsste[194]. Auch ein Regress der Staatskasse beim Betreuten ist insoweit nicht möglich[195].

Der Anspruch nach § 1835a BGB gegen die Staatskasse ist nach § 168 Abs. 1 Satz 1 FamFG zu beantragen (wird also nicht von Amts wegen bewilligt) und kann im Verwaltungsverfahren durch den Urkundsbeamten der Geschäftsstelle angewiesen bzw. durch den Rechtspfleger festgesetzt werden (dazu unten Rn. 293 und 301).

ee. Anspruchsberechtigter

63 Der Anspruch auf Aufwandsentschädigung nach § 1835a BGB steht Betreuern zu, soweit sie nicht eine Vergütung nach §§ 1 ff. VBVG (als Berufsbetreuer) oder § 1836 Abs. 2 BGB (ehrenamtlicher Betreuer im Einzelfall nach Ermessensentscheidung) beanspruchen können. Sofern die nach § 1836 Abs. 2 BGB zu gewährende Vergütung weniger als 399,– € beträgt, kann ein Betreuer nicht unter Verzicht auf die Vergütung die pauschale Aufwandsentschädigung verlangen. Er kann seine Aufwendungen aber zusätzlich nach § 1835 BGB abrechnen[196]. Nach den Vorstellungen des Gesetzgebers sollte nur der echte Einzelbetreuer, der das Amt also ehrenamtlich führt, von der Aufwandsentschädigung profitieren[197]. Auch – unterhaltsverpflichtete – Angehörige haben Anspruch auf die Pauschale, da die Übernahme des Betreueramtes weit über die nach dem Gesetz geschuldete Beistandspflicht (§ 1618a BGB) hinausgeht[198].

Dagegen können Berufsbetreuer grundsätzlich keine Aufwandsentschädigung nach § 1835a BGB erhalten, es sei denn, sie führen die Betreuung nebenher ehrenamtlich.

Vereinsbetreuer und Behördenbetreuer (§ 1897 Abs. 2 Satz 1 und 2 BGB) können mangels entsprechender Verweisung in §§ 7, 8 VBVG ebenfalls keine Aufwandsentschädigung gel-

---

194 Jürgens-von Crailsheim, § 1835a BGB, Rn. 4. Deshalb wird man auch Unterhaltsansprüche gegen den Elternteil unberücksichtigt lassen müssen, der mit dem zum Betreuer bestellten Elternteil und dem betreuten Kind in Haushaltsgemeinschaft lebt, OLG Düsseldorf BtPrax 2002, 267.

195 HK-BUR-Bauer/Deinert, § 1835a BGB, Rn. 22. Ein vermögender Betreuter kann dagegen mit Unterhaltsforderungen aufrechnen, Damrau/Zimmermann, § 1835a BGB, Rn. 18.

196 Bienwald, § 1835a BGB, Rn. 8

197 Deinert/Lütgens, Rn. 325

198 Dies wurde früher von einigen Gerichten verneint, z.B. LG Passau JurBüro 1993, 734; ist nach BGH BtPrax 1997, 29, aber nicht mehr bestritten.

tend machen. Letztlich steht auch dem Betreuungsverein bzw. der Betreuungsbehörde die Aufwandsentschädigung nicht zu, §§ 1908i Abs. 1, 1835a Abs. 5 BGB.

ff. Erlöschen des Anspruchs

Nach § 1835a Abs. 4 BGB erlischt der Anspruch auf Aufwandsentschädigung, wenn er nicht binnen 3 Monaten nach Ablauf des Jahres, in dem er entstanden ist, beim zuständigen Gericht[199] geltend gemacht wird[200]. Diese Frist gilt gegenüber dem vermögenden Betreuten und auch gegenüber der Staatskasse. Anders als in Abs. 2 meint der Begriff „Jahr" in Abs. 4 das Kalenderjahr[201]. Erfolgt die wirksame Bestellung zum Betreuer also am 1.12.2017, endet die Frist am 31.3.2019, fällig wäre die Aufwandspauschale erstmals am 1.12.2018 gewesen. 64

Bei der Frist des Abs. 4 handelt es sich um eine Ausschlussfrist, so dass der Anspruch mit Fristablauf erlischt. Bei der Versäumung einer Ausschlussfrist kann keine Wiedereinsetzung in den vorherigen Stand erfolgen[202]. Die Versäumung der Frist kann allenfalls nach Treu und Glauben unbeachtlich sein[203].

gg. Verfahrensrechtliche Aspekte

▶ *Zu den verfahrensrechtlichen Aspekten vgl. die Ausführungen zu § 1835 BGB, oben Rn. 52, bzw. zu § 168 FamFG, unten Rn. 289 ff.* 65

hh. Aufwandsentschädigung für Verfahrenspfleger

Verfahrenspfleger in Betreuungs- und Unterbringungsverfahren können keine Aufwandsentschädigung nach § 1835a BGB beanspruchen, vgl. §§ 277 Abs. 1 Satz 1, 318 FamFG. Der Verfahrensbeistand des Kindes kann die Aufwendungspauschale ebenfalls nicht beanspruchen, § 158 Abs. 7 FamFG. 66

4. Grundsätze der Vergütung eines Vormundes, Pflegers und Betreuers

Vergütung meint den finanziellen Ausgleich für die von einem Betreuer geleistete Arbeit und die von ihm aufgewendete Zeit[204]. In § 1836 BGB finden sich Regelungen dazu, ob und gegebenenfalls unter welchen Voraussetzungen einem Vormund für seine im Rahmen der Amtsausübung vorgenommenen Tätigkeiten eine Vergütung zusteht. Über § 1908i Abs. 1 BGB ist die Vorschrift auf Betreuer, über § 1915 BGB Abs. 1 Satz 1 BGB auf Pfleger und über §§ 277 Abs. 2 Satz 1, 318 FamFG auf Verfahrenspfleger sinngemäß anzuwenden. Die Vorschrift wurde durch das 2. BtÄndG zum 1.7.2005 vollständig neu gefasst. 67

§ 1836 BGB Vergütung des Vormunds

(1) ¹Die Vormundschaft wird unentgeltlich geführt. ²Sie wird ausnahmsweise entgeltlich geführt, wenn das Gericht bei der Bestellung des Vormunds feststellt, dass der Vormund die Vormundschaft berufsmäßig führt. ³Das Nähere regelt das Vormünder- und Betreuervergütungsgesetz.

199 OLG Brandenburg FamRZ 2013, 319
200 BGH NJW 2012, 3307
201 BT-Drs. 960/96, S. 24; OLG Celle FamRZ 2002, 1591; OLG Frankfurt a.M. BtPrax 2001, 257; a.A. Palandt-Götz, § 1835a BGB, Rn. 4: Abzustellen ist jeweils auf den konkreten Beginn der Betreuung.
202 OLG Frankfurt a.M. FamRZ 2002, 194 (LS); BtPrax 2001, 257
203 Zu einem Ausnahmefall: BGH NJW 2013, 519; OLG Frankfurt a.M. BtPrax 2001, 257
204 Deinert/Lütgens, Rn. 375

(2) Trifft das Gericht keine Feststellung nach Absatz 1 Satz 2, so kann es dem Vormund und aus besonderen Gründen auch dem Gegenvormund gleichwohl eine angemessene Vergütung bewilligen, soweit der Umfang oder die Schwierigkeit der vormundschaftlichen Geschäfte dies rechtfertigen; dies gilt nicht, wenn der Mündel mittellos ist.

(3) Dem Jugendamt oder einem Verein kann keine Vergütung bewilligt werden.

a. Überblick

68 Das 1. und 2. BtÄndG hatten an dem Grundsatz der unentgeltlichen Führung einer Vormundschaft, Pflegschaft bzw. Betreuung festgehalten. Als Ausfluss der Rechtsprechung des Bundesverfassungsgerichts[205] anerkennt § 1836 BGB jedoch den mit der berufsmäßigen Ausübung dieses Amtes – ausnahmsweise – verbundenen Vergütungsanspruch. Mit der Neuregelung des 1. BtÄndG stellte das Gesetz präziser und besser handhabbare Kriterien zur Bestimmung der berufsmäßigen Ausübung sowie zur Festlegung der Vergütungshöhe zur Verfügung. Aufgrund der Änderungen durch das 2. BtÄndG finden sich diese Regelungen nunmehr in § 1 Abs. 1 und 2 VBVG. § 1836 Abs. 1 BGB stellt die ehrenamtliche, d.h. unentgeltliche, Amtsführung als Regel der berufsmäßigen Amtsführung gegenüber. Im Abs. 2 finden sich Regelungen, die sich damit befassen, unter welchen Voraussetzungen ein nicht berufsmäßiger Vormund, Pfleger bzw. Betreuer eine Vergütung für seine Tätigkeit – zugunsten eines vermögenden Mündels, Pfleglings bzw. Betreuten – erhalten kann. Abs. 3 schließlich stellt klar, dass sowohl einer Behörde selbst als Amtsträger (vgl. §§ 1791b, c, 1900 Abs. 4, 1915 Abs. 1 Satz 1 BGB) als auch einem Verein als Amtsträger (vgl. §§ 1791a, 1900 Abs. 1, 1915 Abs. 1 Satz 1 BGB) keine Vergütung nach §§ 1836 BGB, 1 ff. VBVG gewährt werden kann. Für die Höhe der Vergütung ist § 1836 Abs. 1 Satz 3 BGB mit seinem Verweis auf das VBVG zu beachten. Bis zum 30.6.2005 verwies § 1836a BGB a.F. nur bei mittellosen Mündeln, Pfleglingen und Betreuten auf die Stundensätze des § 1 BVormVG a.F.[206]. Seit der Neuregelung durch das 2. BtÄndG gelten für den Vergütungsanspruch die Regelungen des VBVG unabhängig davon, ob Mittellosigkeit besteht oder nicht[207].

▶ *Zum Verfahren zur Festsetzung bzw. Bewilligung einer Vergütung vgl. die Kommentierung zu § 168 FamFG unten Rn. 289 ff.*

b. Grundsatz der Unentgeltlichkeit, Abs. 1 Satz 1

69 Der Gesetzgeber hat mit der Schaffung des Betreuungsrechts an dem Grundsatz der Unentgeltlichkeit der Amtsführung festgehalten. Der durch das 1. und 2. BtÄndG neugefasste § 1836 BGB bestätigt dies noch einmal ganz ausdrücklich in seinem Satz 1. Der Grundsatz der Unentgeltlichkeit korrespondiert mit dem vom Gesetzgeber gewollten Leitbild der echten Einzelbetreuung, die als allgemeine staatsbürgerliche Pflicht in der Freizeit zu erfüllen ist. Dieser Grundsatz ist mit dem Grundgesetz vereinbar, da das Gesetz in § 1836 Abs. 1 Satz 2 und 3 BGB für den Fall der berufsmäßigen Ausübung des Amtes die

205 BVerfG FamRZ 1980, 765
206 Für bemittelte Betroffene galten bis zum 30.6.2005 die Stundensätze des § 1 BVormVG a.F. als Orientierungsgrundlage, vgl. BGH BtPrax 2002, 30 ff.
207 Deinert/Lütgens, Rn. 469

Möglichkeit einer Vergütung vorsieht[208]. Gleichwohl dürfen die Gerichte nicht unterstellen, dass eine Person das konkrete Amt ehrenamtlich führt. Dies ist vielmehr im Vorfeld ausdrücklich zu klären[209]. Eine ehrenamtliche Amtsführung liegt nur dann vor, wenn die betreffende Person die mit dem übernommenen Amt anfallenden Aufgaben in ihrer Freizeit erledigen kann und will[210]. Daran fehlt es, wenn sie damit (auch nebenberuflich) ihren Lebensunterhalt bestreiten will.

c. Entgeltliche Amtsführung, Abs. 1 Satz 2 und 3

aa. Überblick

Als Ausnahme vom Grundsatz der unentgeltlichen Amtsführung sieht Satz 2 vor, dass das Amt entgeltlich geführt wird, wenn das Gericht bei Bestellung des Vormundes (Pflegers bzw. Betreuers) feststellt, dass er das Amt berufsmäßig führt. Nach Satz 3 regelt das VBVG das Nähere; die Voraussetzungen zur Feststellung der Berufsmäßigkeit der Amtsführung finden sich daher jetzt in § 1 VBVG, dort im Abs. 1. **70**

bb. Feststellung der Berufsmäßigkeit

(1) Grundsätze

Die Feststellung der Berufsmäßigkeit soll in der Regel bei der Bestellung erfolgen. Es ist indes unstreitig, dass die Feststellung auch nachträglich erfolgen kann[211]. Dies lässt sich schon daraus ableiten, dass § 1836 Abs. 1 Satz 2 BGB erst durch das 1. BtÄndG zum 1.1.1999 eingefügt worden ist und zuvor bestellten Berufsvormündern (und Berufspflegern bzw. -betreuern) nicht die Möglichkeit abschneiden wollte, (weiterhin) eine Vergütung zu erhalten. Die Anerkennung der berufsmäßigen Führung des Amtes ist für die Vergütung nämlich von konstitutiver Wirkung. Eine nachträgliche Feststellung der Berufsmäßigkeit mit Rückwirkung scheidet deshalb aus[212]. Es besteht dafür auch kein Bedürfnis, weil Vormund, Pfleger bzw. Betreuer sich gegen eine unterbliebene Feststellung der berufsmäßigen Führung des Amtes mit dem Rechtsmittel der Beschwerde wenden können, vgl. § 58 FamFG. Eine Korrekturmöglichkeit kann sich nur aus § 42 Abs. 1 FamFG (Berichtigung) bzw. bei nachträglicher Änderung der Sach- und Rechtslage aus § 48 Abs. 1 FamFG (Abänderung einer rechtskräftigen Endentscheidung) ergeben. **71**

---

208 In BVerfG FamRZ 1980, 765, hatte das BVerfG ausgeführt, dass eine verfassungskonforme Auslegung des § 1835 Abs. 2 BGB a.F. gebiete, dem Vormund (Betreuer) auch die Vermögenswerte zu ersetzen, die er in Gestalt anteiliger Bürokosten und seines Zeitaufwandes zugunsten des Mündels (Betreuten) aufopfert. Das Betreuungsgesetz hat dieser Entscheidung durch Schaffung des § 1836 Abs. 2 BGB a.F. Rechnung getragen. Der durch das 1. BtÄndG geänderte § 1836 Abs. 1, 2 Satz 2 BGB a.F. ist mit dem Grundgesetz vereinbar, BVerfG BtPrax 2000, 212 = FamRZ 2000, 1277. Dies gilt auch für die Änderungen durch das 2. BtÄndG, BVerfG FamRZ 2009, 1123 f.: in Hinblick darauf, dass §§ 4, 5 VBVG für die Betreuung bemittelter und mittelloser Betreuer unterschiedliche Stundenansätze vorsehen; BVerfG, FamRZ 2009, 1899 und BtPrax 2009, 181: soweit die Umsatzsteuer nicht gesondert ausgewiesen werden kann; BGH BtPrax 2010, 30 ff.: soweit die Pauschalvergütung auch für besonders schwierige und zeitaufwändige Betreuungen gilt; OLG Celle FGPrax 2008, 241 f.; OLG München BtPrax 2007, 31 ff.: soweit für bemittelte Betreute höhere Pauschalen als für mittellose Betreute gewährt werden, auch wenn die Betreuung die Vermögenssorge nicht umfasst, BVerfG BtPrax 2011, 255; OLG Karlsruhe FamRZ 2007, 2008: soweit individuell ungleiche Umsatzsteuersätze zu unterschiedlichen Vergütungshöhen führen; OLG Köln FGPrax 2008, 108: soweit die Pauschalen trotz Erhöhung der Umsatzsteuer unverändert blieben.

209 BayObLG Rpfleger 2000, 65: Zur Übernahme einer Betreuung

210 Deinert/Lütgens, Rn. 382

211 OLG Hamm BtPrax 2008, 136 f.; BayObLG BtPrax 2000, 34; 2001, 124; LG Dresden FamRZ 2001, 181; Jürgens-von Crailsheim, § 1 VBVG, Rn. 8f.; Keidel-Engelhardt, § 168 FamFG, Rn. 15; auch (inzidenter) im Vergütungsfestsetzungsverfahren, OLG Brandenburg FamRZ 2012, 1672; OLG Naumburg FamRZ 2011, 1252; 2009, 370 und BtPrax 2010, 96 (LS); OLG Brandenburg NJOZ 2009, 513 ff.; OLG Hamm FamRZ 2004, 1324 und 2001, 1398

212 BGH FamRZ 2018, 1006, Anm. Schneider, FamRB 2018, 264; FamRZ 2014, 1283 = BtPrax 2014, 191 (LS)

Die Notwendigkeit der nachträglichen Feststellung der Berufsmäßigkeit kann auf verschiedenen Konstellationen beruhen:

- Die entsprechende Feststellung kann vom Gericht bei Bestellung des Vormundes (Pflegers bzw. Betreuers) übersehen oder vergessen worden sein. Die Unrichtigkeit muss sich allerdings aus dem Beschluss selbst oder aus den Vorgängen bei einer Verkündung oder Bekanntgabe ergeben und ohne weiteres erkennbar sein[213].
- Ein ursprünglich ehrenamtlicher Vormund (Pfleger bzw. Betreuer) führt aufgrund veränderter persönlicher Rahmenbedingungen nunmehr das Amt beruflich oder erfüllt die Voraussetzungen für eine berufsmäßige Amtsführung nach §§ 1836 Abs. 1 Satz 2, 3 BGB, 1 Abs. 1 VBVG erst zu einem späteren Zeitpunkt.
- Es ergibt sich im Verlaufe der Amtsführung, dass aufgrund anfangs nicht erkannter oder bekannter Umstände eine Ausübung des Amtes nur im Rahmen einer Berufsausübung möglich ist.

Nur im ersten Fall wirkt die nachträgliche Feststellung rückwirkend ab dem Zeitpunkt der wirksamen Betreuerbestellung[214]. In den anderen Fällen kommt eine rückwirkende Feststellung allenfalls auf den Zeitpunkt eines entsprechenden Antrages des Vormundes (Pflegers bzw. Betreuers) in Betracht[215]. Hatte das Gericht einen Vormund bewusst als ehrenamtlichen Vormund bestellt, scheidet eine Rückwirkung aus[216]. Das ergibt sich schon daraus, dass das Gericht unter Umständen keinen Berufsvormund hätte bestellen können, § 1897 Abs. 6 BGB.

Lehnt das Gericht die Feststellung der Berufsmäßigkeit ab, kann der Vormund (Pfleger bzw. Betreuer) dagegen Beschwerde, § 58 FamFG, einlegen[217]. Die Staatskasse kann gegen die Festsetzung der Berufsmäßigkeit befugt kein Rechtsmittel einlegen[218]. Das gilt auch für den bestellten Verfahrenspfleger, da die zugrunde liegende Entscheidung nicht anfechtbar ist, vgl. § 276 Abs. 6 FamFG[219].

(2) Sonderfall der Bestellung vor dem 1.1.1999

72 Ob ein vor dem 1.1.1999 bestellter Vormund (Pfleger bzw. Betreuer) sein Amt berufsmäßig ausübt und demgemäß Anspruch auf eine Vergütung besitzt, beurteilt sich nach den gesamten Umständen des Einzelfalls und den in Abs. 1 Satz 3 und § 1 Abs. 1 VBVG festgelegten Kriterien[220]. Aus der regelmäßigen Gewährung einer Vergütung aufgrund entsprechender Anträge eines vor dem 1.1.1999 bestellten Vormundes (Pflegers bzw. Betreuers), der auf die berufsmäßige Wahrnehmung des Amtes hingewiesen hatte, ergibt sich ohne weiteres, dass das Gericht ihn als Berufsvormund (-pfleger bzw. -betreuer) angesehen hat. Einer ausdrücklichen, nachträglichen Feststellung der Berufsmäßigkeit bedarf es dann nicht mehr[221]. Im Bereich der Betreuung dürfte die Frage kaum noch praktische Bedeutung

---

213 BGH FamRZ 2018, 1006, Anm. Schneider, FamRB 2018, 264, etwa aufgrund der Beschlussgründe
214 BGH FamRZ 2018, 1006 (Pflegschaft), Anm. Schneider, FamRB 2018, 264; FamRZ 2014, 1283 = BtPrax 2014, 191 (LS); KG NJW 2011, 1824 FamRZ 2012, 815 (LS); Deinert/Lütgens, Rn. 466 m.w.N.
215 BGH BtPrax 2014, 191, 138 und 76ff.; BayObLG BtPrax 2001, 124; LG Kleve BtPrax 2013, 214; LG Dessau-Roßlau BtPrax 2012, 86. Wird indes durch einen fehlerhaften Berichtigungsbeschluss rückwirkend die berufsmäßige Führung des Amtes festgestellt, kommt dieser Entscheidung mit Eintritt der Rechtskraft Bindungswirkung für das Vergütungsverfahren zu, vgl. BGH, Beschluss vom 11.4.2018 – XII ZB 487/17 – juris.
216 BayObLG BtPrax 2001, 124: für den Fall einer Betreuerbestellung.
217 BGH BtPrax 2014, 76ff. ; Keidel-Meier-Holz, § 58 FamFG, Rn. 22, wenn die Voraussetzungen des § 61 FamFG erfüllt sind. Zum alten Recht vgl. BayObLG BtPrax 2001, 124; OLG Frankfurt a.M. FamRZ 2001, 790
218 OLG Hamm BtPrax 2000, 265; OLG Schleswig, NJWE-FER 1999, 237; a.A. hinsichtlich der Feststellung der Berufsmäßigkeit einer Verfahrenspflegschaft OLG Köln FamRZ 2004, 715 f.
219 Keidel-Budde, § 277 FamFG, Rn. 5; a.A. nach altem Recht OLG Brandenburg NJOZ 2009, 513 ff.
220 Zum alten Recht: OLG Frankfurt a.M. FamRZ 2001, 790 f.
221 BGH FamRZ 2000, 1569

besitzen, da bis zum 30.6.2005 die längst mögliche Überprüfungsfrist 5 Jahre betrug. Die Gerichte sollten spätestens bei der Entscheidung über die Fortdauer der Betreuung eine Klarstellung zur Berufsmäßigkeit der Amtsführung vorgenommen haben.

(3) Entfallen der Feststellung

Die einmal erfolgte Feststellung der Berufsmäßigkeit kann im Rahmen eines konkreten Amtes nur für die Zukunft – etwa bei veränderten tatsächlichen Umständen –, niemals aber rückwirkend[222] oder gegen den Willen des Vormundes (Pflegers bzw. Betreuers) zu einem bestimmten Zeitpunkt wieder aufgehoben werden[223]. **73**

Auch bei einem Zurückgehen der Fallzahlen und der damit verbundenen Nichterfüllung der Voraussetzungen des § 1 VBVG entfällt nicht automatisch die Berufsmäßigkeit hinsichtlich der noch ausgeübten Ämter[224].

(4) Zuständigkeit

Die Feststellung der Berufsmäßigkeit obliegt bei Gericht dem jeweils funktional zuständigen Rechtspflegeorgan. Bei der Bestellung eines Vormundes oder Pflegers in der Regel also dem Rechtspfleger, bei der Bestellung eines Betreuers regelmäßig dem Richter, soweit ihm die Auswahl und Bestellung eines Betreuers vorbehalten ist[225]. Letzteres ergibt sich schon daraus, dass der Richter bei der Auswahl des Betreuers abzuwägen hat, ob die Übernahme des Amtes nur im Rahmen der Berufstätigkeit dieser Person erwartet werden kann und/oder es ihr gerade im Hinblick auf ihre berufliche Ausbildung und Kenntnisse übertragen wird. Liegen die Voraussetzungen der berufsmäßigen Ausübung der Betreuung (dazu Rn. 76 ff.) vor, muss das Gericht die Berufsmäßigkeit feststellen. Ein Ermessen besteht nicht[226]. **74**

Die Feststellung kann das Gericht durch Beschluss, i.d.R. gleichzeitig mit der Bestellung, aber auch im Rahmen eines Aktenvermerkes oder einer Verfügung treffen. Es bestehen keine besonderen Formvorschriften, so dass auch eine konkludente Feststellung, etwa durch Bewilligung einer Vergütung nach §§ 1836 Abs. 1 Satz 2, 3 BGB, 1 ff. VBVG denkbar ist[227].

cc. Voraussetzungen der Berufsmäßigkeit, § 1 Abs. 1 VBVG

Den Anspruch auf eine Vergütung knüpft das Gesetz an die Feststellung der berufsmäßigen Ausübung des Amtes, § 1836 Abs. 1 Satz 2 BGB. Unter welchen Voraussetzungen eine solche berufsmäßige Amtsführung vorliegt und in welcher Höhe dann Vergütungsansprüche bestehen, regelt das Gesetz seit dem 1.7.2005 durch die Verweisung des § 1836 Abs. 1 Satz 3 BGB auf das Vormünder- und Betreuervergütungsgesetz (VBVG). § 1 Abs. 2 VBVG spricht in seinem Satz 1 aus, dass das Gericht verpflichtet ist, dem Vormund bei berufsmäßiger Amtsausübung eine Vergütung zu bewilligen. Nach Satz 2 kann der Vormund die Vergütung aus der Staatskasse verlangen, wenn der Mündel mittellos im Sinne des § 1836d BGB ist. **75**

---

222 BayObLG BtPrax 2001, 124; NJW-RR 2001, 580; LG Kleve BtPrax 2013, 214 (Ls)
223 OLG Frankfurt a.M. FGPrax 2004, 287
224 Deinert/Lütgens, Rn. 454
225 BayObLG BtPrax 2000, 34; LG Dresden FamRZ 2000, 181; Damrau/Zimmermann, § 1836 BGB, Rn. 14; offengelassen von OLG Zweibrücken FamRZ 2000, 566
226 Damrau/Zimmermann, § 1 VBVG, Rn.4; vgl. auch Satz 3 („hat"); Deinert/Lütgens, Rn. 447
227 Zum alten Recht: BGH BtPrax 2002, 30

§ 1 VBVG Feststellung der Berufsmäßigkeit und Vergütungsbewilligung

(1) [1]Das Familiengericht hat die Feststellung der Berufsmäßigkeit gemäß § 1836 Abs. 1 Satz 2 des Bürgerlichen Gesetzbuchs zu treffen, wenn dem Vormund in einem solchen Umfang Vormundschaften übertragen sind, dass er sie nur im Rahmen seiner Berufsausübung führen kann, oder wenn zu erwarten ist, dass dem Vormund in absehbarer Zeit Vormundschaften in diesem Umfang übertragen sein werden. [2]Berufsmäßigkeit liegt im Regelfall vor, wenn

1. **der Vormund mehr als zehn Vormundschaften führt oder**
2. **die für die Führung der Vormundschaft erforderliche Zeit voraussichtlich 20 Wochenstunden nicht unterschreitet.**

(2) [1]Trifft das Familiengericht die Feststellung nach Absatz 1 Satz 1, so hat es dem Vormund oder dem Gegenvormund eine Vergütung zu bewilligen. [2]Ist der Mündel mittellos im Sinne des § 1836d des Bürgerlichen Gesetzbuchs, so kann der Vormund die nach Satz 1 zu bewilligende Vergütung aus der Staatskasse verlangen.

(1) Überblick

76 Bei der Einführung des Betreuungsgesetzes verzichtete der Gesetzgeber auf eine Definition eines Berufsvormundes (-pflegers bzw. -betreuers). Dies führte häufig zur Abgrenzungsschwierigkeiten und einer Vielzahl von (vergütungsrechtlichen) Streitverfahren. Im Interesse der Rechtsklarheit und Kalkulierbarkeit hatte das 1. BtÄndG daher in § 1836 Abs. 1 Satz 3 und 4 BGB a.F. erstmals eine nähere Definition der Berufsmäßigkeit vorgenommen. Diese Regelungen hat der Gesetzgeber im Rahmen des 2. BtÄndG unverändert in § 1 Abs. 1 VBVG aufgenommen. Obwohl § 1 VBVG nur von Vormündern spricht, gelten seine Regelungen über §§ 1908i Abs. 1, 1915 Abs. 1 Satz 1, 1836 Abs. 1 Satz 3, 277 Abs. 2 Satz 1 FamFG auch für Betreuer, Pfleger und Verfahrenspfleger.

Berufsmäßigkeit liegt vor, wenn einer Person in solchem Umfang Vormundschaften (Pflegschaften bzw. Betreuungen) übertragen sind, dass sie sie nur im Rahmen einer Berufsausübung führen kann, oder zu erwarten ist, dass ihm in absehbarer Zeit entsprechende Ämter in diesem Umfang übertragen werden. Satz 2 nennt dann zwei Regelfälle, in denen die Voraussetzungen erfüllt sind.

(2) Umfang der übernommenen Vormundschaften, Satz 1, 1. Alt.

77 Wenn § 1 Abs. 1 Satz 1 VBVG an den Umfang der übernommenen Vormundschaften (Pflegschaften bzw. Betreuungen) anknüpft, dient dies zunächst der Abgrenzung zu der als gesetzlichem Leitbild vorgesehenen ehrenamtlichen und damit regelmäßig unentgeltlichen Führung der Betreuung. Eine berufsmäßige Ausübung setzt demnach eine Tätigkeit voraus, die über die Erfüllung der allgemeinen staatsbürgerlichen Pflicht in der Freizeit hinausgeht. Deshalb war bereits vor dem Betreuungsrecht und auch vor dem 1. BtÄndG von der Rechtsprechung, später im Rahmen des § 1836 Abs. 2 BGB a.F., anerkannt, dass selbst bei der Übernahme nur eines Amtes eine berufsmäßige Führung vorliegen kann. Dies wurde angenommen, wenn die Übernahme des Amtes vom Vormund, Pfleger bzw. Betreuer nur im Rahmen seiner Berufstätigkeit erwartet werden kann und es ihm gerade im Hinblick auf seine berufliche Ausbildung und Kenntnisse übertragen wurde. Insbesondere bei Rechtsanwälten und Steuerberatern wurde dies häufig angenommen[228].

Dies hat der Gesetzgeber aufgegriffen und eine berufliche Ausübung dann unterstellt, wenn ein Aufgabenkreis des übertragenen Amtes zu der ohnehin ausgeübten Berufstätigkeit der ausgewählten Person gehört, wobei die Berufstätigkeit durchaus auch andere Ge-

228 Vgl. etwa BayObLG BtPrax 1999, 29

schäfte als Vormundschaften, Pflegschaften oder Betreuungen umfassen kann[229]. Danach ist etwa bei einem Rechtsanwalt oder Steuerberater nicht generell von der berufsmäßigen Führung eines Amtes auszugehen, wohl aber dann, wenn ihm dieses gerade im Hinblick auf seine berufliche Qualifikation übertragen wurde[230].

Indikatoren für eine berufsmäßige Ausübung sind demgemäß: **78**

- ein fehlender privater Kontakt zum Betroffenen,
- die Notwendigkeit, eine familienfremde, besonders qualifizierte Person auszuwählen[231],
- über dem normalen liegende rechtliche Schwierigkeiten, überdurchschnittliche Schwierigkeiten im Umgang mit dem Mündel, Pflegling bzw. Betreuten[232],
- außergewöhnlich hoher Arbeitsumfang[233] oder
- bei einem Rechtsanwalt dessen Auswahl, weil anstehende rechtliche und wirtschaftliche Entscheidungen mit notwendiger Fachkunde zu treffen bzw. typische anwaltliche Tätigkeiten wahrzunehmen sind[234].

(3) Zukünftige Übertragung, Abs. 1 Satz 1, 2. Alternative

Die Feststellung einer berufsmäßigen Ausübung der Vormundschaft, Pflegschaft oder Betreuung ist nach der 2. Alternative des Satz 1 auch gerechtfertigt, wenn zu erwarten ist, dass dem Vormund, Pfleger bzw. Betreuer in absehbarer Zeit Ämter in dem in der ersten Alternative genannten Umfang übertragen sein werden. Damit soll gewährleistet werden, dass auch Berufsanfänger bei Aufnahme ihrer Tätigkeit ein Vergütungsanspruch zukommen kann, obwohl die Regelvoraussetzungen des Satz 2 noch nicht erfüllt sind. Soll eine solche Person erstmals im Bezirk des Betreuungsgerichts als Betreuer bestellt werden, soll das Betreuungsgericht die zuständige Betreuungsbehörde zu den in § 1 Abs. 1 Satz 1, 2. Alt. BGB genannten Kriterien anhören, vgl. § 1897 Abs. 7 Satz 1 BGB. So soll gewährleistet werden, dass ungeeignete Berufsbetreuer nicht bestellt werden. **79**

In welcher Zeit der Berufsanfänger die Voraussetzungen für die Feststellung der Berufsmäßigkeit erfüllen muss, definiert das Gesetz nicht. M.E. ist ein Zeitraum von einem Jahr angemessen. Innerhalb dieser Zeit müsste es einem Berufsanfänger möglich sein, eine der Regelvoraussetzungen des Abs. 1 Satz 2 BGB zu erfüllen[235]. Die teilweise geübte Gerichtspraxis, zunächst zehn Betreuungen ehrenamtlich übernehmen zu müssen, bevor die erste berufsmäßige Übertragung erfolgen kann, widerspricht deshalb der gesetzlichen Wertung.

Die 2. Alternative des Satz 3 wird teilweise für Berufsbetreuer relevant, die ursprünglich einmal eines der Regelbeispiele des Satz 2 erfüllten, deren Betreuungen dann aber zahlenmäßig zurückgegangen sind. Beabsichtigen sie, weiterhin berufsmäßig tätig zu sein und neue Betreuungen zu übernehmen, verlieren sie ihre Berufsbetreuereigenschaft nicht[236].

---

229 BT-Drs. 13/10331, S. 41
230 BayObLG BtPrax 1999, 30; OLG Frankfurt a.M. FamRZ 2001, 790; LG München I FamRZ 1999, 1235; HK-BuR-Bauer, § 1 VBVG, Rn. 9.; Jürgens-von Crailsheim, § 1 VBVG, Rn.5
231 OLG Frankfurt a.M. FamRZ 2001, 790
232 BayObLG BtPrax 1999, 30
233 OLG Zweibrücken Rpfleger 1999, 118
234 LG München I FamRZ 1999, 1235
235 Damrau/Zimmermann, § 1 VBVG, Rn. 17: spricht von 1 bis 2 Jahren. Zu Anfang muss der Wille erkennbar sein, das Amt als Teil einer späteren Berufsbetreuertätigkeit zu führen, LG Hamburg, BtPrax 2002, 132 (LS)
236 OLG Frankfurt a.M. FamRZ 2001, 790; OLG Zweibrücken FamRZ 2000, 556

(4) Regelfälle des Satz 2

80 Zur Verdeutlichung der in Satz 1 erfolgten Definition der berufsmäßigen Führung einer Vormundschaft (Pflegschaft, Betreuung) nennt Satz 2 in zwei Regelbeispielen quantitative Merkmale, ohne aber damit eine abschließende Regelung zu bezwecken[237]. Ein Vormund (Pfleger, Betreuer) kann also selbst dann berufsmäßig tätig sein, wenn er keines der beiden Regelbeispiele erfüllt, aber andere Umstände diese Feststellung rechtfertigen. Andererseits kann trotz Vorliegens einer oder beider Regelbeispiele eine berufsmäßige Führung im Einzelfall nicht gegeben sein[238].

Nach dem ersten Regelbeispiel ist anzunehmen, dass einem Vormund (Pfleger bzw. Betreuer) Vormundschaften (Pflegschaften bzw. Betreuungen) in einem derartigen Umfang übertragen sind, dass er sie nur im Rahmen seiner Berufsausübung führen kann, wenn er mehr als 10, also mindestens 11 dieser Ämter führt. Sie können bei verschiedenen Familien- bzw. Betreuungsgerichten oder an unterschiedlichen Orten geführt werden. Da § 1836 BGB auch für die Führung von (Verfahrens-)Pflegschaften und Betreuungen gilt, fließen sie bei der Berechnung ein[239].

Das 2. Regelbeispiel erfüllt ein Vormund bzw. Pfleger (nicht aber ein Betreuer), wenn der erforderliche Zeitaufwand zur Führung der Vormundschaften – (Verfahrens-)Pflegschaften zählen gegebenenfalls mit – 20 Stunden nicht unterschreitet. Hier hat das Gericht eine Prognoseentscheidung zu treffen. Es muss dabei berücksichtigen, dass der Zeitaufwand größeren Schwankungen unterworfen sein kann und der tatsächliche Zeitaufwand erst nachträglich festzustellen ist. Das Gericht kann sich daher zum Beispiel an Erfahrungssätzen orientieren, Schätzungen (vgl. § 287 ZPO) vornehmen oder den Zeitaufwand in der Vergangenheit berücksichtigen. Für Betreuer gilt das 2. Regelbeispiel – mit Ausnahme der Sonderfälle der Betreuung nach § 6 VBVG – seit der Einfügung des § 4 Abs. 3 Satz 2 VBVG durch das 2. BtÄndG nicht mehr. Er schließt nämlich die Anwendung dieses Regelbeispiels aus, weil ein Berufsbetreuer nach § 5 VBVG ohnehin nicht mehr die erforderliche Zeit erstattet bekommt, sondern nur den pauschalierten Stundenansatz[240].

Die beiden Regelbeispiele müssen nicht kumulativ vorlegen, um eine berufsmäßige Führung der Betreuung bejahen zu können.

(5) Nebenberufliche Ausübung

81 Anfangs war es umstritten, ob Vormundschaften (Pflegschaften bzw. Betreuungen) auch nebenberuflich geführt werden können. Mehrere Gerichte waren der Auffassung, dass für eine berufsmäßige Führung eines Amtes kein Raum ist, wenn die entsprechende Person im Hauptberuf einer anderen Tätigkeit nachgeht[241]. Das BVerfG[242] hat dagegen ausdrücklich bestätigt, dass auch eine nebenberufliche Tätigkeit (Zweitberuf) das Merkmal einer berufsmäßigen Führung von Betreuungen (also auch Vormund- und Pflegschaften) im Sinne des § 1836 Abs. 1 Satz 3 bzw. 4 BGB a.F., jetzt § 1 Abs. 1 VBVG, erfüllen kann. Art. 12 GG schützt auch das Ergreifen und Ausüben von mehr als einem Beruf. Die Berufsbetreuereigenschaft wurde daher zum Beispiel bei einem angestellten Diplom-Sozialarbeiter[243], einer

237 OLG Frankfurt a.M. FamRZ 2001, 790
238 Etwa wenn 12 Ämter mit minimalem Zeitaufwand und ohne besondere rechtliche oder tatsächliche Schwierigkeiten geführt werden.
239 Damrau/Zimmermann, § 1 VBVG, Rn. 15
240 Jürgens-von Crailsheim, § 1 VBVG, Rn. 3
241 Für das Amt eines Betreuers: OLG Hamm FamRZ 1996, 1107; LG Leipzig FamRZ 1997, 55
242 BVerfG BtPrax 1999, 70; 2000, 120; im Ergebnis ebenso bereits vorher OLG Köln NJWE-FER 1998, 228
243 OLG Frankfurt a.M. FamRZ 2001, 790: 5 Betreuungen im Nebenberuf; OLG Zweibrücken FamRZ 2000, 566, 568: 7 Betreuungen im Nebenberuf

Justizfachangestellten[244], einer Angestellten eines Gesundheitsamtes[245] oder eines Grundschullehrers[246] bejaht.

(6) Sonderfälle

Wird ein Verein oder die Behörde zum Vormund, Pfleger oder Betreuer bestellt, bedarf es keiner Feststellung zur berufsmäßigen Führung des Amtes. Einem Verein selbst kann ebenso wie einer Behörde keine Vergütung gewährt werden, § 1836 Abs. 3 BGB. Auch bei einem Vereinsbetreuer erübrigt sich die Feststellung; er wird immer berufsmäßig tätig, § 7 Abs. 1 Satz 2 VBVG. Einem Behördenvormund (-pfleger bzw. -betreuer) schließlich kann ohnehin niemals eine Vergütung für eine berufsmäßige Tätigkeit, sondern allenfalls eine Vergütung nach § 1836 Abs. 2 BGB zugebilligt werden. **82**

dd. Vergütungsanspruch und -schuldner, § 1 Abs. 2 VBVG

(1) Überblick

§ 1 Abs. 2 VBVG entspricht dem früheren §§ 1836 Abs. 2 Satz 1, 1836a BGB a.F. Die Vorschriften waren verfassungskonform[247]. Während Satz 1 Aussagen zum Vergütungsanspruch bei berufsmäßiger Amtsführung enthält, stellt Satz 2 für den Fall der Mittellosigkeit des Betroffenen die Staatskasse als weiteren Vergütungsschuldner zur Verfügung. Seit der Einführung des Betreuungsgesetzes im Jahre 1992 stieg die Belastung der Staatskasse mit Aufwendungsersatz- und Vergütungsansprüchen der Berufsbetreuer kontinuierlich an. Zahlte die Staatskasse im gesamten Bundesgebiet 1998 knapp 410 Mio. DM, stieg diese Summe 2000 bereits auf etwa 572 Mio. DM und 2015 auf 896,1 Mio. Euro[248]. **83**

(a) Vergütungsanspruch

Satz 1 hält fest, dass einem Vormund, Pfleger bzw. Betreuer (auch Gegenvormund, -pfleger bzw. -betreuer) eine Vergütung zu gewähren ist, wenn das Gericht die berufsmäßige Führung des Amtes nach Abs. 1 festgestellt hat. Ein Ermessen besteht dann nicht mehr. **84**

(b) Vergütungsschuldner

Der Vergütungsanspruch richtet sich grundsätzlich gegen den Betroffenen. Satz 2 bestimmt für den Fall, dass der Betroffene mittellos ist, als – weiteren – Schuldner der Vergütung die Staatskasse. Wann ein Betroffener mittellos ist, definiert das Gesetz in § 1836d BGB. Danach gilt der Betroffene im Vergütungsverfahren als mittellos, wenn er die Vergütung aus seinem einzusetzenden Einkommen oder Vermögen **85**

- nicht oder nur zum Teil oder
- nur in Raten oder
- nur im Wege gerichtlicher Geltendmachung von Unterhaltsansprüchen

aufbringen kann. Welches Einkommen oder Vermögen der Betroffene aufzubringen hat, ergibt sich wiederum aus § 1836c BGB.

▶ *Zu weiteren Einzelheiten vgl. die Kommentierung zu § 1836d BGB, unten Rn. 246 ff. Zur Feststellung bzw. Unaufklärbarkeit der Mittellosigkeit vgl. die Kommentierung zu § 168 FamFG, unten Rn. 316, 326*

---

244 BVerfG BtPrax 1999, 70
245 BayObLG FamRZ 1997, 1305: 3 Betreuungen und 350 Stunden Tätigkeit pro Jahr
246 LG Göttingen Rpfleger 1997, 308
247 BVerfG BtPrax 2000, 212
248 Zu weiteren Einzelheiten und Verteilung auf die Bundesländer siehe Deinert/Lütgens, Rn.171 ff. und BtPrax 2016, 20. Neue Zahlen sind indes nicht mehr erhoben worden, vgl. Deinert, BtPrax 2018, 14.

d. Anspruchsberechtigte

86 Hinsichtlich der Berechtigung, eine Vergütung für die als Vormund, Pfleger bzw. Betreuer geleistete Tätigkeit zu erhalten, ist nach den einzelnen Amtsinhabern zu unterscheiden:

aa. Vormund, Pfleger und Betreuer

87 Ein Vormund, Pfleger bzw. Betreuer, der das Amt berufsmäßig ausübt, erhält nach dem VBVG immer eine Vergütung. Für den Betreuer ergibt sich dies über die Verweisung des § 1908i Abs. 1 BGB, für den Pfleger über die Verweisung des § 1915 Abs. 1 Satz 1 und 2 BGB.

Gleiches gilt für einen Gegenvormund (-pfleger, -betreuer). Erfüllt er die Anforderungen an eine berufsmäßige Ausübung des Amtes nicht, steht ihm eine Vergütung nach § 1836 Abs. 2 BGB nur aus besonderem Grund zu. In der Regel werden bei der Bestellung eines Gegenbetreuers (-vormundes, -pflegers) – in der Praxis ist er ohnehin zumeist Berufsbetreuer (-vormund, -pfleger) – besondere Gründe vorliegen, weil es ansonsten schon seiner Bestellung kaum bedurft hätte[249].

bb. Verein, Behörde bzw. deren Mitarbeiter

88 Der Verein und die Behörde, die als Institution selbst bestellt sind, erhalten in keinem Fall eine Vergütung nach § 1836 BGB, wie sich aus Abs. 3 ergibt.

Auch ein Vereinsbetreuer (§ 1897 Abs. 2 Satz 1 BGB) und ein Behördenbetreuer (§ 1897 Abs. 2 Satz 2 BGB) haben selbst keinen Anspruch auf eine Vergütung, §§ 7 Abs. 3, 8 Abs. 3 VBVG.

Für den Behördenmitarbeiter als Vormund, Pfleger bzw. Betreuer kann die Behörde allerdings eine Vergütung nach § 1836 Abs. 2 BGB gegen den vermögenden Betroffenen geltend machen, §§ 1915 Abs. 1, 1908i Abs. 1 BGB, 8 Abs. 1 VBVG. Darüber hinaus kann die Behörde aber nicht gegen einen mittellosen Betroffenen oder nach den §§ 3 bis 7 VBVG eine Vergütung für den bei ihr tätigen Behördenbetreuer geltend machen[250].

Ein Verein kann für den bei ihr tätigen Vereinsbetreuer eine Vergütung nach § 7 Abs. 1 und 2 VBVG beanspruchen. Das sind der pauschalierte Vergütungsanspruch nach §§ 4, 5 VBVG bzw. der Vergütungsanspruch in Sonderfällen der Betreuung nach § 6 i.V.m. § 3 VBVG. Der Anspruch richtet sich entweder gegen den vermögenden Betreuten oder – bei mittellosen Betreuten – gegen die Staatskasse, § 1 Abs. 2 VBVG. Bei der Festsetzung der Vergütung aufgrund der Tätigkeit eines Vereinsbetreuers für einen vermögenden Betroffenen ist zu berücksichtigen, dass die Vereine nach den gesetzlichen Vorgaben qualifiziertes Personal anstellen und vergüten müssen. Die regelmäßige Festsetzung von Vergütungen im unteren Bereich würde die Vereine in ihren Grundrechten verletzen[251]. Ein Verein ist in Ansehung der Vergütungsstundensätze grundsätzlich nicht anders zu behandeln als ein einzelner Berufsbetreuer[252].

Vorstehendes gilt auch für einen Mitbetreuer (§ 1899 BGB). Haben sie denselben Aufgabenkreis und engagieren sich unterschiedlich, kann die Vergütungshöhe nur variieren, wenn ein Sonderfall der Betreuung nach § 6 VBVG vorliegt.

---

249 Damrau/Zimmermann, § 1836 BGB, Rn. 35
250 Deinert/Lütgens, Rn. 883
251 BVerfG BtPrax 2002, 35 f. zum alten Recht
252 BayObLG FGPrax 2004, 289 ff.

cc. Verfahrenspfleger

Übt eine natürliche Person ihr Amt als Verfahrenspfleger berufsmäßig aus, erhält sie eine Vergütung, vgl. §§ 1836 Abs. 1 BGB, 277 Abs. 2 Satz 1, 318 FamFG. Ihre Höhe richtet sich nach § 3 VBVG, wobei die Erhöhungsmöglichkeit der Stundensätze bei bemittelten Betroffenen ausgeschlossen wird, §§ 277 Abs. 2 Satz 2, 2.Hs., 318 FamFG. 89

Ein ehrenamtlicher Verfahrenspfleger kann nicht nach § 1836 Abs. 2 BGB vergütet werden, da § 277 Abs. 2 Satz 1 FamFG seine Anwendung ausnimmt.

Ein Verein bzw. die Behörde als Institution erhalten keine Vergütung für eine Verfahrenspflegertätigkeit, §§ 277 Abs. 2 Satz 1 FamFG, 1836 Abs. 3 BGB. Ist ein Mitarbeiter eines Betreuungsvereines als Verfahrenspfleger bestellt, kann der Verein für ihn eine Vergütung nach §§ 277 Abs. 4 Satz 1 FamFG, 1836 Abs. 1 BGB, 7 Abs. 1 Satz 1, 4, 5 VBVG verlangen. Für den Mitarbeiter der Betreuungsbehörde kann die Behörde keine Vergütung verlangen, §§ 277 Abs. 4 Satz 2, 318 FamFG.

Die Vergütung wird – bei vermögenden und mittellosen Betreuten – immer aus der Staatskasse gezahlt, §§ 277 Abs. 5 Satz 1, 318 FamFG.

Eine Entlohnung beruflicher oder gewerblicher Dienste des Verfahrenspflegers über § 1835 Abs. 3 BGB ist grundsätzlich nicht mehr möglich, da § 277 Abs. 1 Satz 1, 318 FamFG den § 1835 Abs. 3 BGB ausdrücklich nicht in ihre Verweisung aufgenommen haben. Zu einer verfassungsmäßig gebotenen Ausnahme bei beruflichen Diensten eines Rechtsanwaltes als Verfahrenspfleger siehe oben Rn. 55.

► *Zum Verfahren auf Bewilligung und Festsetzung einer Vergütung vgl. die Ausführungen zu § 168 FamFG, unten Rn. 289 ff.*

e. Vergütung des Nichtberufsvormundes, § 1836 Abs. 2 BGB

Sofern das Gericht bei der Bestellung – gegebenenfalls auch nachträglich – keine Feststellung zur Berufsmäßigkeit der Amtsausübung trifft, kann dem Vormund (Pfleger bzw. Betreuer) eines vermögenden Betroffenen gleichwohl eine Vergütung gewährt werden, soweit der Umfang oder die Schwierigkeit der entsprechenden Geschäfte dies rechtfertigt, § 1836 Abs. 2 BGB[253]. Einem Gegenvormund (-betreuer) kann nur bei Vorliegen besonderer Gründe eine Vergütung nach Abs. 2 gewährt werden. 90

aa. Vermögender Betroffener

Der Betroffene darf nicht mittellos i.S.d. §§ 1836c, d BGB sein, Abs. 2., Hs. 2 (dazu unten Rn. 246 ff.). Maßgeblicher Zeitpunkt für die Feststellung der Mittellosigkeit ist der Zeitpunkt, zu dem das Familien- bzw. Betreuungsgericht über die Festsetzung der Vergütung entscheidet[254]. 91

bb. Umfang der vormundschaftlichen Geschäfte

Wenn der Umfang der vormundschaftlichen Geschäfte ausnahmsweise eine Vergütung rechtfertigen soll, muss er über das normale Maß einer ehrenamtlichen Amtsführung hinausgehen. Anders als die Rechtslage bis zum 31.12.1998 lässt sich ein besonderer Umfang der entsprechenden Geschäfte nicht allein aus der Vermögenssorge ableiten[255]. 92

---

253 Die Regelung begegnet keinen verfassungsrechtlichen Bedenken, BayVerfGH BtPrax 2011, 265.
254 Wird Rechtsmittel eingelegt, ist der Zeitpunkt der letzten Tatsacheninstanz maßgeblich, BGH BtPrax 2013, 65; OLG Frankfurt a.M. FamRZ 2001, 868; OLG Schleswig FamRZ 2001, 252; OLG Jena FGPrax 2001, 22 f.: bei Versterben des Betreuten der Todestag.
255 Dodegge, NJW 1998, 3073, 3075

Mit dem Umfang der vormundschaftlichen Geschäfte ist vielmehr der erforderliche Zeitaufwand gemeint. Es kann daher auf die Ausführungen zu Rn. 103 ff. verwiesen werden. Für ehrenamtliche Vormundschaften, Pflegschaften bzw. Betreuungen wird regelmäßig von einem Zeitaufwand von 2 Wochenstunden pro Amt auszugehen sein[256]. Nur wenn dieser Zeitrahmen nachhaltig über längere Zeit eindeutig überschritten wird, rechtfertigt sich eine Vergütung[257]. Ein solcher, außergewöhnlicher Zeitaufwand kann sich ergeben aus:

- der Person und dem Verhalten des Betroffenen, z.B. schwierige soziale Verhältnisse oder ein schwieriges Umfeld, labile Gesundheit, häufige Krisenintervention;
- dem familiären Umfeld des Betroffenen, z.B. durch Erschweren oder gar Sabotieren der Tätigkeit des Vormundes, Pflegers bzw. Betreuers;
- der Höhe und Zusammensetzung des zu verwaltenden Vermögens.

Es ist eine Gesamtschau vorzunehmen, wobei etwa berücksichtigt werden kann, ob und dass der ehrenamtliche Vormund, Pfleger bzw. Betreuer im Rahmen seiner Tätigkeit berufliche Dienste nach § 1835 Abs. 3 BGB als Aufwendung erstattet erhält[258]. Zeitaufwand für soziales oder gesellschaftliches Engagement begründet keinen berücksichtigenswerten Zeitaufwand[259]. Es muss sich um einen Zeitaufwand handeln, der auch bei berufsmäßiger Ausführung vergütungsfähig wäre[260].

cc. Schwierigkeit der vormundschaftlichen Geschäfte

93 Eine Vergütung kann sich auch aus der Schwierigkeit der entsprechenden Geschäfte eines Vormundes, Pflegers bzw. Betreuers ergeben. Diese Schwierigkeiten müssen ebenfalls das normale Maß an Schwierigkeiten einer ehrenamtlichen Vormundschaft, Pflegschaft bzw. Betreuung nachhaltig über längere Zeit hinweg deutlich übersteigen und als außergewöhnlich zu qualifizieren sein[261].

Die Schwierigkeit kann in tatsächlicher und/oder rechtlicher Hinsicht begründet sein. Die Gesamtumstände des konkreten Amtes sind zu berücksichtigen. Keine Rolle spielt die (besondere) berufliche Qualifikation des Vormundes, Pflegers bzw. Betreuers. Im Einzelfall werden bei der Bemessung der Schwierigkeit einer Betreuung z.B. die Persönlichkeit des Betreuten[262] und seine Fähigkeit und Bereitschaft zur Zusammenarbeit mit dem Betreuer, die Notwendigkeit häufiger Kriseninterventionen, das Umfeld des Betreuten, die Notwendigkeit, verantwortliche Entscheidungen zu treffen[263], die Übersichtlichkeit und Ordnung in seinen wirtschaftlichen Angelegenheiten, Verwaltung erheblichen Vermögens im In- und Ausland[264], die Unterhaltung eines Büros durch den Betreuer sowie das Zeitverhältnis zwischen schwierigen und einfachen Tätigkeiten eine Rolle spielen[265]. Insgesamt muss es sich um Tätigkeiten handeln, die nicht zum Alltag eines ehrenamtlichen Vormundes, Pflegers oder Betreuers gehören und die ein besonders hohes Maß an Verantwortung mit sich bringen. Anders als vor dem Inkrafttreten des 1. BtÄndG kommt der Höhe des Vermögens allein kein eigenständiges Bemessungskriterium mehr zu. Der Vermögenshöhe kommt nur

256 Deinert/Lütgens, Rn. 396: Gemeint sind Ämter, die nicht von Angehörigen geführt werden.
257 OLG München BtPrax 2009, 32 ff.; BayObLG NJOZ 2004, 2164; LG Kassel NJOZ 2009, 4520 ff.
258 Damrau/Zimmermann, § 1836 BGB, Rn. 23
259 Deinert/Lütgens, Rn. 398
260 LG Mainz BtPrax 2013, 119
261 BayObLG NJOZ 2004, 2164
262 Z.B. aggressives Verhalten/Tätlichkeiten gegen den Betreuer bzw. besonders anspruchsvolle Tätigkeit aufgrund der privaten Situation, OLG Köln BtPrax 2008, 271 ff.
263 Z.B. Einwilligungen nach §§ 1904, 1906 Abs. 1 und/oder Abs. 4, 1906a BGB
264 OLG Köln BtPrax 2008, 271 ff.
265 LG Paderborn Rpfleger 1993, 19

mittelbar, bei der Beurteilung des Umfangs der Schwierigkeiten einer Vormundschaft, Pflegschaft bzw. Betreuung, Bedeutung zu[266].

dd. Keine Feststellung der Berufsmäßigkeit

Das Amt darf nicht berufsmäßig ausgeübt werden. Denkbar ist allerdings, dass ein Berufsvormund, -pfleger oder -betreuer im konkreten Fall das Amt ehrenamtlich ausübt und unter den Voraussetzungen des Abs. 2 eine Vergütung erhalten kann. **94**

ee. Vergütungshöhe

Dem Vormund, Pfleger bzw. Betreuer kann (Ermessen des Familien- bzw. Betreuungsgerichts) bei Vorliegen der zuvor dargelegten Voraussetzungen eine angemessene Vergütung bewilligt werden. Dazu, welche Vergütung im Einzelfall angemessen ist, gibt das Gesetz keine Vorgaben. Der besonderen beruflichen Qualifikation eines Betreuers[267] kommt zum Beispiel – anders als beim Berufsbetreuer – keine Maßgeblichkeit für die Vergütungshöhe bei[268]. Wie bei beruflicher Amtsführung müssen Umfang und/oder Schwierigkeit des Amtes im Rahmen einer Gesamtschau einfließen. Die Vergütung kann im Ergebnis durchaus höher sein als die eines Berufsbetreuers, da dessen Vergütung aufgrund der Pauschalisierung unabhängig von der tatsächlichen Schwierigkeit und dem erforderlichen Zeitaufwand gewährt wird[269]. **95**

Bei der Festlegung der Vergütungshöhe – sie kann nach Stundenaufwand, aber auch als einheitliche Gesamtsumme festgelegt werden[270] – sind im Einzelnen zu beachten: **96**

- Tatsächlicher Zeitaufwand: Er muss vom ehrenamtlichen Vormund, Pfleger oder Betreuer zwar nicht detailliert, aber nachvollziehbar beschrieben werden, § 28 FamFG[271]. Der Stundensatz ist dann nicht nach dem VBVG festzulegen. Die dortigen Stundensätze können zwar einen Anhaltspunkt geben. Es wäre aber nicht sachgerecht, einem ehrenamtlichen Vormund, Pfleger bzw. Betreuer gleich hohe Stundensätze zuzubilligen wie einem beruflich Tätigen[272]. Auch Vergütungsordnungen vergleichbarer Berufsgruppen können nur als Anhaltspunkt herangezogen werden.
- Vermögenshöhe, und zwar als Korrelat zur Vergütungshöhe. Die Vergütung sollte nicht den nötigen Lebensbehalt des Betroffenen begrenzen bzw. das Vermögen aufzehren[273], zum Zeitaufwand in einem rechten Verhältnis stehen (z.B. wenn erheblicher Zeitaufwand zur Verwaltung des komplexen und umfangreichen Vermögens erforderlich war oder der Vormund, Pfleger bzw. Betreuer durch persönliches Engagement besonders hohe Einkünfte aus dem Vermögen erzielt hat) und dem Umstand der mit steigender Vermögenshöhe wachsenden Verantwortlichkeit gerecht werden. Nicht mehr zulässig ist indes die Bemessung der Vergütung alleine nach einem bestimmten Prozentsatz des Vermögens.

---

266 BGH BtPrax 2001, 30; BayObLG FamRZ 2001, 378; FamRZ 2000, 318; OLG Frankfurt a.M. BtPrax 2000, 219
267 Sprich die für die Führung der Betreuung nutzbaren Fachkenntnisse.
268 BT-Drs. 13/7158, S.27. Deshalb besteht regelmäßig ein Unterschied zur Vergütungshöhe eines Berufsbetreuers, a.A.: Damrau/Zimmermann, § 1836 BGB, Rn.28.
269 OLG München BtPrax 2009, 32 ff.; OLG Köln BtPrax 2008, 271 ff.; a.A. LG Kleve BtPrax 2008, 138 f.; LG Kassel NJOZ 2009, 4520 ff. Anhaltspunkte für die Vergütungshöhe kann § 3 VBVG geben, OLG Frankfurt a.M. BtPrax 2008, 275 (LS).
270 BayObLG BtPrax 1998, 161
271 Deinert/Lütgens, Rn. 422, 1565
272 OLG Hamm Rpfleger 2002, 518, 520: zu einer Nachlasspflegschaft; BayObLG NJOZ 2004, 2164; BtPrax 1998, 148: allenfalls in Ausnahmefällen möglich.
273 LG Kassel NJWE-FER 2001, 208

- Besonderes persönliches Engagement des Vormundes, Pflegers bzw. Betreuers, z.B. bei Kriseninterventionen oder im Rahmen einer Betreuung bei der Rehabilitation nach § 1901 Abs. 4 BGB sowie besondere Erfolge in der Tätigkeit[274].
- Übernahme besonders verantwortlicher, gegebenenfalls schon das Fachwissen eines Berufsvormundes, -pflegers bzw. -betreuers erfordernde Entscheidungen.
- Maß der Kooperationswilligkeit des Betroffenen und seines Umfeldes[275].
- Berufliche oder gewerbliche Dienste des ehrenamtlichen Vormundes, Pflegers bzw. Betreuers, soweit sie nicht als Aufwendungsersatz nach § 1835 Abs. 3 BGB geltend gemacht werden.

Neben diesen positiven Aspekten sind aber auch gegebenenfalls vergütungsmindernde Umstände zu berücksichtigen, etwa nachlässige oder fehlerhafte Amtsführung[276] oder verwandtschaftliche Nähe zum Betroffenen, die ebenfalls einen Abschlag rechtfertigt[277]. Im Ergebnis muss eine plausible, der Billigkeit entsprechende Vergütung stehen.

Eine Abschlagszahlung auf die Ermessensvergütung nach § 1836 Abs. 2 BGB ist nicht möglich, da der Gesetzgeber sie nicht vorgesehen hat[278].

ff. Entscheidung des Betreuungsgerichts

97 § 1836 Abs. 2 BGB räumt dem Familien- bzw. Betreuungsgericht ein – pflichtgemäßes – Ermessen ein, ob es dem Vormund, Pfleger bzw. Betreuer eine Vergütung gewährt. Anders als in § 2 VBVG sieht § 1836 Abs. 2 BGB keine Ausschlussfrist zur Geltendmachung des Vergütungsanspruches vor. Der Anspruch unterliegt daher der normalen dreijährigen Verjährung, § 195 BGB. Solange das gesetzliche Vertretungsverhältnis besteht, ist der Verjährungseintritt gehemmt, § 204 Satz 2 BGB.

f. Vergütung für die Behörde oder den Verein, § 1836 Abs. 3 BGB

98 Weder die Behörde noch der Verein selbst können eine Vergütung erhalten, wenn sie für das Amt eines Vormundes, Pflegers oder Betreuers bestellt worden sind. Dies ergibt sich aus dem Abs. 3, der unverändert die Regelung des zum 1.7.2005 aufgehobenen § 1836 Abs. 4 BGB wiedergibt.

5. Die einzelnen Vergütungstatbestände für Vormund, Pfleger und Betreuer

a. Überblick

99 Das Berufsvormünder- und Betreuervergütungsgesetz regelt nicht nur die in Rn. 75 ff. dargestellten Voraussetzungen der Berufsmäßigkeit bei der Führung von Vormundschaften, Pflegschaften und Betreuungen. Vielmehr enthält es in den §§ 3 bis 8 VBVG zusätzlich Aussagen zur Vergütungshöhe[279]. Der Gesetzgeber wollte so die bis zum 30.6.2005 in § 1836 Abs. 1 Satz 3 und 4 sowie Abs. 2 BGB a.F. enthaltenen Regelungen über die Vergütungsbewilligung bei berufsmäßiger Amtsführung und die zum 30.6.2005 aufgehobenen

274 BayObLG FamRZ 1998, 1052
275 Deinert/Lütgens, Rn. 401
276 Da der Festsetzungsbeschluss des Familien- bzw. Betreuungsgerichts ein vollstreckbarer Titel ist, § 86 Abs. 1 Nr. 1 FamFG, müssen solche Einwendungen Beachtung finden.
277 Bzw. als nicht vergütungsfähige Tätigkeiten im Rahmen der Verwandtschaft anzusehen sind, vgl. LG Kassel NJWE-FER 2001, 208, 209 a.E.
278 So jetzt auch Deinert/Lütgens, Rn. 419
279 Die Vergütungshöhe der berufsmäßigen Führung einer Pflegschaft regelt § 1915 Abs. 1 Satz 2 BGB.

Regelungen des BVormVG über die Vergütung aus der Staatskasse zusammenführen[280]. Wesentliche Änderungen ergaben sich hinsichtlich der Vergütungshöhe aus der Pauschalierung der Vergütung für Berufsbetreuer (§§ 4, 5 und 7 VBVG) und der Klarstellung schon in der Überschrift, wonach die Regelungen insbesondere auch für Berufsbetreuer gelten.

b. Vergütung des Berufsvormundes, § 3 VBVG

100 § 3 VBVG regelt die Vergütung des Berufsvormundes, über § 6 VBVG aber auch die Vergütung eines Berufsbetreuers in den dort genannten Sonderfällen. Weiter ist er – beschränkt auf Abs. 1 und 2 – auch für die Vergütung eines beruflichen Verfahrenspflegers maßgeblich, §§ 277 Abs. 2 Satz 2, 318 FamFG. Für einen Berufspfleger bestimmt sich die Vergütung nach § 3 VBVG, wenn der Pflegling bzw. der Nachlass mittel- bzw. masselos ist[281], § 1915 Abs. 1 BGB.

§ 3 VBVG Stundensatz des Vormunds

(1) [1]Die dem Vormund nach § 1 Abs. 2 zu bewilligende Vergütung beträgt für jede Stunde der für die Führung der Vormundschaft aufgewandten und erforderlichen Zeit 19,50 Euro. [2]Verfügt der Vormund über besondere Kenntnisse, die für die Führung der Vormundschaft nutzbar sind, so erhöht sich der Stundensatz

1. auf 25 Euro, wenn diese Kenntnisse durch eine abgeschlossene Lehre oder eine vergleichbare abgeschlossene Ausbildung erworben sind;

2. auf 33,50 Euro, wenn diese Kenntnisse durch eine abgeschlossene Ausbildung an einer Hochschule oder durch eine vergleichbare abgeschlossene Ausbildung erworben sind.

[3]Eine auf die Vergütung anfallende Umsatzsteuer wird, soweit sie nicht nach § 19 Abs. 1 des Umsatzsteuergesetzes unerhoben bleibt, zusätzlich ersetzt.

(2) [1]Bestellt das Familiengericht einen Vormund, der über besondere Kenntnisse verfügt, die für die Führung der Vormundschaft allgemein nutzbar und durch eine Ausbildung im Sinne des Absatzes 1 Satz 2 erworben sind, so wird vermutet, dass diese Kenntnisse auch für die Führung der dem Vormund übertragenen Vormundschaft nutzbar sind. [2]Dies gilt nicht, wenn das Familiengericht aus besonderen Gründen bei der Bestellung des Vormunds etwas anderes bestimmt.

(3) [1]Soweit die besondere Schwierigkeit der vormundschaftlichen Geschäfte dies ausnahmsweise rechtfertigt, kann das Familiengericht einen höheren als den in Absatz 1 vorgesehenen Stundensatz der Vergütung bewilligen. [2]Dies gilt nicht, wenn der Mündel mittellos ist.

(4) Der Vormund kann Abschlagszahlungen verlangen.

aa. Grundsatz

101 § 3 VBVG hat die bisherigen Kriterien des aufgehobenen § 1 BVormVG für die Bemessung der Vergütung eines Berufsvormundes übernommen. § 1 BVormVG war mit Wirkung zum 1.1.1999 durch das 1. BtÄndG eingefügt worden und war verfassungskonform[282]. Der Gesetzgeber hatte sich für eine Stundenvergütung nach Zeitaufwand entschieden und dem Kriterium des Umfangs und der Schwierigkeit der betreuungsrechtlichen Geschäfte in typisierender Form Rechnung getragen.

Mit der Neuregelung durch das 2. BtÄndG hat der Gesetzgeber allerdings die Stundensätze angehoben und eine Öffnungsklausel geschaffen, die eine Erhöhung der Stundensätze ausnahmsweise ermöglicht, wenn der Mündel bemittelt ist.

280 BT-Drs. 15/4874, S. 30
281 BT-Drs. 15/4874, S. 27
282 BVerfG BtPrax 2000, 212

Abs. 1 gewährt dem Berufsvormund eine Vergütung für die zur Führung der Vormundschaft aufgewandte und erforderliche Zeit. Gleichzeitig legt er, gestaffelt nach den für die Amtsführung nutzbaren besonderen Kenntnissen des Vormundes, Stundensätze zwischen 19,50 € und 33,50 € fest. Sie gelten unabhängig davon, ob der Mündel bemittelt oder mittellos ist. Abs. 2 enthält die Regelung des aufgehobenen § 1 Abs. 2 BVormVG, wonach in der Regel allgemein nutzbare besondere Kenntnisse eines Vormundes auch im Einzelfall der übertragenen Vormundschaft als nutzbar gelten. Mit Abs. 3 hat der Gesetzgeber eine Öffnungsklausel eingefügt, die ausnahmsweise bei besonderer Schwierigkeit der vormundschaftlichen Geschäfte eine Erhöhung des Stundensatzes ermöglicht, wenn der Mündel bemittelt ist. Die im aufgehobenen § 1 Abs. 3 BVormVG enthaltene Besitzstandsregelung zur Vergütungshöhe (dazu siehe 1. Auflage Teil F, Rn. 140 ff.) ist ausgelaufen und entfallen[283].

Ein Anspruch auf Vergütung besteht erst ab wirksamer förmlicher Bestellung und nur für die Dauer der Bestellung[284]. Das gilt auch dann, wenn der Vormund bereits zuvor auf Veranlassung des Gerichts seine Tätigkeit aufgenommen hat[285]. Die wirksame Bestellung kann schon vor der schriftlichen Bekanntgabe durch mündliche Bekanntgabe an den Vormund erfolgen[286].

bb. Bemessungskriterien, Abs. 1

102 Nach Abs. 1 Satz 1 bemisst sich die Höhe der Vergütung des Berufsvormundes nach der für die Führung der Vormundschaft aufgewandten und erforderlichen Zeit sowie den für die Führung der Vormundschaft nutzbaren besonderen Kenntnissen des Vormundes.

(1) Aufgewandte und erforderliche Zeit, Satz 1

103 Als erstes Kriterium zur Bestimmung der Vergütungshöhe nennt der Satz 1 den aufgewandten und erforderlichen Zeitaufwand. Der erforderliche Zeitaufwand – häufig unter dem Schlagwort vergütungsfähige Tätigkeiten behandelt – umfasst die Tätigkeiten des Vormundes, die für die Erfüllung seiner Aufgaben erforderlich sind, und die Zeit, die er zur pflichtgemäßen Wahrnehmung seiner Aufgaben benötigt[287]. Ob bestimmte Zeiten für die Führung der Vormundschaft erforderlich waren, bestimmt sich weder nach dem für Sachverständige geltenden Maßstab des § 8 JVEG noch aus einer nachträgliche Betrachtungsweise. Entscheidend ist vielmehr die Lage, wie sie sich dem seine Sorgfaltspflichten beachtenden Vormund im Zeitpunkt seines Tätigwerdens darstellt. Die Erforderlichkeit bezieht sich sowohl auf das „Ob" der Tätigkeit als auch den aufgewendetem Zeitumfang. Der objektiv erforderliche Zeitaufwand ist allerdings individuell unter Berücksichtigung der vorhandenen nutzbaren Fachkenntnisse des einzelnen Vormunds zu ermitteln[288]. Grundsätzlich gehören dazu nur Tätigkeiten, die der Vormund im Rahmen der ihm übertragenen Personen- und Vermögenssorge (§§ 1793, 1800 BGB) erbringt und die er nach den Umständen des Einzelfalls aus seiner Sicht für erforderlich erachten durfte[289]. Er unterliegt in seiner Tätigkeit grundsätzlich keinen Weisungen des Familien- bzw. Betreuungsgerichts

283 BT-Drs. 15/4874, S. 31

284 BGH FamRZ 2018, 40 und 2017, 1846: Pflegschaft; BtPrax 2012, 62; OLG Stuttgart FamRZ 2013, 650 und NJW-RR 2011, 737; OLG Hamm, Rpfleger 2014, 82 f. und FGPrax 2006, 161 f.; OLG Braunschweig FamRZ 2006, 290 f.; AG Weißenburg BtPrax 2011, 137. Das heißt erst mit der förmlichen Verpflichtung, §§ 1789, 1915 BGB. Zu Ausnahmefällen nach Treu und Glauben: OLG Frankfurt a.M. BtPrax 2012, 174; OLG Saarbrücken FamRZ 2012, 888; OLG Koblenz FamRZ 2010, 1173

285 BGH FamRZ 2018, 513 ff.

286 OLG München BtPrax 2008, 260 f., siehe jetzt §§ 287 Abs. 1, 41 Abs. 2 Satz 1 FamFG: Verlesen der Beschlussformel

287 BayObLG BtPrax 1994, 104; 1999, 73; Jürgens-von Crailsheim, § 3 VBVG, Rn. 2

288 OLG München FamRZ 2018, 515 ff.

289 Zum Betreuungsrecht: BayObLG FamRZ 2002, 638 und 2005, 550; Deinert/Lütgens, Rn. 763

(Ausnahme § 1837 BGB) und ist eigenverantwortlich tätig. Dabei muss berücksichtigt werden, dass der Vormund den Mündel im erforderlichen Umfang auch persönlich zu begleiten hat, was insbesondere durch persönlichen Kontakt und dabei auch durch das persönliche Gespräch zu gewährleisten ist[290].

Zwar ist durch das 1. BtÄndG eine Klarstellung dahin erfolgt, dass einem Betreuer vornehmlich die rechtliche Besorgung der Angelegenheiten eines Betreuten obliegt. Dieses kann nicht ohne weiteres auf eine Vormundschaft übertragen werden. Zudem ist der Grenzverlauf zwischen geschuldeter Rechtsfürsorge und bloß tatsächlicher Zuwendung (ohne Vergütungsrelevanz) nicht nach starren Regeln festzulegen. Dem Vormund obliegen nicht nur das rechtsgeschäftliche Handeln, sondern auch die zur Vorbereitung dieses Handelns erforderlichen Tätigkeiten, insbesondere vertrauensbildende Maßnahmen, um Wohl und Willen des Mündels zu erkunden und den Auftrag persönlicher Amtsführung verantwortlich wahrzunehmen[291]. Bei der Prüfung von faktischen Maßnahmen zur Rechtsfürsorge ist daher ein großzügiger Maßstab anzulegen und auf das Postulat persönlicher Amtsführung Bedacht zu nehmen. Auf der anderen Seite schuldet ein Berufsvormund (-pfleger, -betreuer) natürlich auch ein professionelles Handeln und hat – soweit tunlich – zeitgemäße Kommunikationsmittel zu benutzen[292]. Was in diesem Rahmen noch zu den Tätigkeiten im übertragenen Aufgabenkreis zu zählen ist und vom Vormund (Pfleger bzw. Betreuer) zurecht als erforderlich erachtet werden darf, war Gegenstand vieler veröffentlichter und nicht veröffentlichter Entscheidungen. Nachstehend eine Auflistung in der Praxis häufig relevanter Fragen[293].

Als **vergütungsfähig** sind einzustufen:

(a) Grundsatz

Tatsächlich aufgewendete Zeit für erforderliche Tätigkeiten im Rahmen der zugewiesenen Aufgaben[294] während der Dauer des Amtes. **104**

(b) Tätigkeiten im Rahmen des Aufgabenkreises

Die generellen Verpflichtungen eines Vormundes beschreiben insbesondere §§ 1793, 1800 i.V.m. §§ 1631 bis 1633 BGB. Nach § 1631 BGB umfasst die Personensorge neben dem Pflegerecht des Mündels auch das Recht zur Erziehung, zur Beaufsichtigung und zur Aufenthaltsbestimmung. Gerade die Erziehung bedeutet eine auf längere Zeit angelegte, individuelle persönliche Kontaktaufnahme zu dem Mündel. Ist der Vormund hierzu nicht in der Lage, ist ihm allerdings nicht verwehrt, im wohlverstandenen Interesse des Mündels die Erziehung Dritten anzuvertrauen. Beim Abschluss des Erziehungsvertrages verpflichtet der Vormund im eigenen Namen oder im Namen des Kindes den Erzieher zur Ausübung eines Teils seiner (des Vormundes) Befugnisse. Soweit der Vormund den Aufenthalt des Kindes zu bestimmen hat, kann er das Kind von jedem anderen, somit auch von den Eltern, herausverlangen. Begrenzt wird das Recht nach § 1666 BGB in Verbindung mit § 1837 BGB. **105**

Ist der Vormund für ein Mündel mit einer Behinderung im Sinne des § 2 Abs. 1 SGB IX bestellt, gehört die Vorstellung bei Beratungsstellen für die Rehabilitation oder einem Arzt zur Beratung über geeignete Leistungen zur Teilhabe zu den generellen Pflichten, vgl. § 60

290 Zum Betreuungsrecht: BayObLG BtPrax 1998, 237; 1999, 173; OLG Schleswig BtPrax 1998, 238
291 Zur Betreuung: BayObLG FamRZ 2001, 374; BtPrax 2001, 128; OLG Zweibrücken FamRZ 2001, 447; LG Göttingen Rpfleger 2001, 30
292 BayObLG NJW-RR 2005, 156; FamRZ 2005, 550
293 Die nachfolgenden Rechtsprechungsbeispiele beziehen sich auf Entscheidungen in Betreuungsverfahren.
294 OLG Düsseldorf Rpfleger 2012, 444: Zur Nachlasspflegschaft; OLG Schleswig NJW-RR 2008, 91; OLG Hamm NJW 2006, 1144 ff.; OLG Frankfurt a.M. FamRZ 2006, 146 und BtPrax 2005, 197 f.

SGB IX. Bei einer Tätigkeit des Mündels in einer Behindertenwerkstatt gehört auch die Wahrnehmung der Rechte und Pflichten des gesetzlichen Vertreters gegenüber der Werkstatt dazu[295].

(c) Tätigkeiten aufgrund gesetzlicher Verpflichtungen

106 Neben den zuvor genannten Tätigkeiten ist der Vormund aufgrund gesetzlicher Vorschriften dem Gericht gegenüber zu Tätigkeiten verpflichtet, die dann ebenfalls vergütungsfähig sind. Dabei handelt es sich um Verpflichtungen, die im Rahmen der Aufsicht und Kontrolle des Familiengerichts bestehen. So ist der Vormund nach § 1839 BGB jederzeit zur Erteilung von Auskünften über die Führung der Vormundschaft, die Häufigkeit persönlicher Kontakte und die persönlichen Verhältnisse des Mündels verpflichtet. Davon unabhängig muss er zumindest einmal im Jahr diese Angaben tätigen und bei Übertragung der Vermögenssorge jährlich Rechnung legen, § 1840 BGB, zu Anfang der Vermögensbetreuung eine Vermögensübersicht erstellen sowie die dazu erforderlichen Unterlagen sichten[296]. Darüber hinaus bestehen in einzelnen Aufgabenkreisen Genehmigungsvorbehalte, z.B. §§ 1802 ff., 1821 f. BGB (im Rahmen der Vermögenssorge) und § 1631b BGB (im Rahmen der geschlossenen Unterbringung). Schließlich muss der Vormund auf Ladung zur mündlichen Verpflichtung (§ 1789 BGB) oder anlässlich persönlicher Anhörungen des Mündels bei Gericht erscheinen.

Alle diese Tätigkeiten und damit verbundener Zeit- und Fahrtaufwand sind vergütungsfähig[297]. Auch das Abholen des Bestellungsausweises zählt dazu[298].

(d) Allgemeine Tätigkeiten

107
- persönliche Zuwendung aus besonderen Anlässen, wie z.B. Weihnachten oder bei Jubiläen[299],
- Anlegen und Fortführen einer Akte[300],
- Fertigung von Mitteilungsschreiben bzw. Bearbeitung des Posteinganges[301],
- Teilnahme an Hilfeplankonferenzen, in denen konkrete Maßnahmen für den Betroffenen besprochen und in die Wege geleitet werden[302],
- Tätigkeiten, die nicht an Hilfskräfte zu delegieren sind, weil das nicht möglich, unzweckmäßig oder unwirtschaftlich wäre[303],
- Information des Urlaubsvertreters, wenn sich der Vormund alle wesentlichen Entscheidungen vorbehält[304],

---

295 Deinert/Lütgens, Rn. 817
296 LG Koblenz FamRZ 2006, 506 (LS); Deinert/Lütgens, Rn. 762; zu Unrecht begrenzt AG Westerburg FamRZ 2005, 305, den Zeitaufwand auf 5 Minuten.
297 Deinert/Lütgens, Rn. 764
298 LG Leipzig FamRZ 1999, 1608
299 Soweit dies zum Halten des persönlichen Kontaktes und Aufbau oder Erhalt eines Vertrauensverhältnisses geschieht, LG Koblenz BtPrax 1998, 195 (altes Recht).
300 LG Hamburg BtPrax 1997, 207; LG Frankfurt/Oder FamRZ 2003, 190 (LS)
301 LG Koblenz FamRZ 2004, 220 (LS); LG Mönchengladbach FamRZ 2004, 486 (LS)
302 BayObLG FamRZ 2003, 1969 f.
303 BayObLG FamRZ 2003, 623ff. und Rpfleger 1998, 515. In diesem Rahmen sind z.B. vergütungsfähig: Begleitung zu Einkäufen, BayObLG BtPrax 1998, 237; zum Optiker zwecks Erwerb einer Brille, LG Aachen BtPrax 1999, 37 oder Hilfe beim Umzug, OLG Zweibrücken BtPrax 2000, 86.
304 OLG Frankfurt a.M. BtPrax 2002, 170; BayObLG FamRZ 2001, 374; OLG Dresden BtPrax 2001, 260; zu Einzelheiten der Erstattbarkeit im Rahmen des Aufwendungsersatzes siehe Rn. 17.

- Besuche 1- bis 2-mal im Monat[305],
- Besorgen eines Passes (umstritten)[306]
- notwendige Besprechungen[307] und Gespräche mit dem Mündel[308] sowie
- telefonische und schriftliche Kontakte zu Angehörigen, mit der Polizei und Gerichten, soweit es sich im Rahmen der zugewiesenen Aufgaben hält[309] sowie
- Beauftragung eines Verteidigers für ein Strafverfahren gegen den Mündel mit schwerem Tatvorwurf[310].

(e) Tätigkeiten im Rahmen der Gesundheitsfürsorge

- Begleitung zum Arzt, wenn der Mündel dies wegen besonderer Umstände (massive Ängste) wünscht, der Arzt darauf besteht (Aufklärung, Einwilligung)[311] oder der Vormund im Interesse ausreichender Informationen ein Gespräch mit dem Arzt anstrebt[312] bzw. die Gespräche die Grundlage für eine konkret zu treffende Entscheidung bilden, **108**
- Bewahren vor Schäden, die durch krankheitsbedingte, unrealistische Einschätzung der eigenen Fähigkeiten entstehen könnten[313],
- Begleitung ins Krankenhaus sowie nach Entlassung in neues soziales Umfeld, um dieses kennen zu lernen[314],
- Literaturstudium, wenn nur so eine konkrete notwendige Entscheidung zur ärztlichen Behandlung getroffen werden kann[315] oder
- Organisation von Krankenbesuchen und Medikamentenbeschaffung[316].

(f) Tätigkeiten im Rahmen der Aufenthaltsbestimmung und Wohnungsangelegenheiten

- Aufsuchen einer Einrichtung oder Wohnung, in die der Mündel einziehen soll[317], **109**
- Gespräche mit der Einrichtungsleitung sowie mit Pflegekräften, die den Betroffenen versorgen[318],

---

305 BayObLG BtPrax 2001, 76; LG Koblenz FamRZ 2004, 220 (LS); LG Leipzig FamRZ 2000, 1047; LG Mainz BtPrax 2002, 174; AG Koblenz FamRZ 2003, 1872 f. Es gibt aber keine festen Regeln, Damrau/Zimmermann, § 1897 BGB, Rn. 16f. Selbst einmal in der Woche, BayObLG FamRZ 2003, 633 ff. Anders, wenn Entlassung des Betreuers unmittelbar bevorsteht: AG Betzdorf FamRZ 2001, 1242. Inzwischen sieht § 1793 Abs. 1a Satz 2 BGB in der Regel einen Besuchskontakt pro Monat durch den Vormund vor.

306 BayObLG FGPrax 2003, 76 ff.

307 Selbst wenn sie auf Ausflügen stattfinden, BayObLG BtPrax 2000, 124

308 LG Chemnitz FamRZ 2001, 1026, 1027: für Umfang und Häufigkeit gibt es keine allgemeinen Richtlinien. Nötig sind sie zur Klärung von Krisensituationen, um das soziale Umfeld des Betreuten kennen zu lernen und um gefährlichen Umgang des Betreuten zu unterbinden.

309 BayObLG BtPrax 1999, 73; zu den tolerierten Zeitansätzen für Telefonate vgl. Deinert/Lütgens, Rn. 788 ff.

310 OLG München FamRZ 2018, 515 ff.: Das Strafgericht hatte die Bestellung eines Pflichtverteidigers abgelehnt.

311 LG Kaiserslautern FamRZ 2001, 869: tel. Auskünfte wurden verweigert.

312 Etwa bei Gesprächen, ob ein verordnetes Medikament nach § 1904 BGB genehmigungsbedürftig ist, LG Koblenz FamRZ 1996, 1348. Vgl. auch LG Kaiserslautern FamRZ 2001, 869: Tel. Auskünfte wurden verweigert; BayObLG BtPrax 1998, 237; LG Dessau FamRZ 2000, 1530; LG Mainz JurBüro 1999, 603; LG Chemnitz FamRZ 2001, 1026, 1028.

313 OLG Stuttgart FPR 2002, 327f: bzgl. Begleitung bei einer Umschulungsmaßnahme bei unrealistischem Berufsziel

314 LG Chemnitz FamRZ 2001, 1026, 1028

315 Etwa bei Ablehnung eines bestimmten Medikamentes des Betreuten und wenn von Ärzten keine befriedigenden Auskünfte erlangbar sind, BayObLG BtPrax 1996, 104

316 LG Kassel NJWE-FER 2001, 208, 209

317 BayObLG FamRZ 2002, 638; a.A. LG Potsdam BtPrax 1998, 242

318 Deinert/Lütgens, Rn. 812

- Kontakte zu Vermieter und Nachbarn im Rahmen von Mietstreitigkeiten,
- Entrümpelung der bewohnten Wohnung[319],
- Anwesenheit/Hilfe bei Umzug oder Wohnungsauflösung, soweit wertvolle Gegenstände im Auge behalten werden müssen oder besondere Umstände bestehen[320], ansonsten nur Organisation dieser Dinge[321] oder
- Begleitung zur Unterbringung bis zur Klinik, vgl. § 1631b Satz 1 und 2 BGB[322].

(g) Tätigkeiten im Rahmen der Vermögenssorge

110 - Erstellung des Vermögensverzeichnisses[323],
- Verhandlungen mit Banken, Gläubigern, Schuldnern etc. des Mündels[324],
- Informationseinholung zur Vorbereitung von Anlageentscheidungen,
- Beantragung von Sozialleistungen und Überprüfung der Richtigkeit der Leistungen,
- Stellung eines Rentenantrages[325],
- Beauftragung von Hilfen im Alltag oder
- Abschluss von Kaufverträgen, es sei denn, zum Erwerb von Waren des täglichen Bedarfs[326].

(h) Tätigkeiten nach dem Tod des Mündels bzw. Ende des Amtes

111 - lediglich die Geschäfte, die nicht ohne Gefahr aufgeschoben werden können oder der Erfüllung der Pflichten aus §§ 1840 ff. BGB dienen[327]. Zu letzteren gehören die Erstellung des Schlussberichts, der Vermögensaufstellung, der Zusammenstellung der Einnahmen und Ausgaben[328]
- sowie der Aufwand für die Rückgabe von Unterlagen, aber auch
- Tätigkeiten in Unkenntnis der wirksam erfolgten Entlassung[329].

112 Als **nicht vergütungsfähig** wurden erachtet:

- Teilnahme an Strafverhandlung des Betreuten[330];

---

319 BayObLG FamRZ 2002, 348
320 LG Leipzig FamRZ 2000, 1047; Damrau/Zimmermann, § 3 VBVG, Rn. 34
321 LG Chemnitz FamRZ 2001, 1026, 1029
322 Deinert/Lütgens, Rn. 810
323 BayObLG MDR 1998, 1294
324 LG Leipzig FamRZ 2000, 980
325 Nicht aber das Aufsuchen des Versicherungsältesten, damit dieser den Antrag stellt, LG Koblenz FamRZ 2005, 133
326 LG Chemnitz FamRZ 2001, 1026, 1029: Sofern der Betroffene dazu nicht selbständig in der Lage ist, z.B. bei Klinikaufenthalt. Ausnahmsweise auch täglicher Bedarf und Versorgung: LG Göttingen Rpfleger 2001, 30, 32; LG Mainz JurBüro 1999, 603: zur Vertrauensbildung.
327 OLG Frankfurt a.M. FGPrax 2005, 208; OLG Schleswig NJWE-FER 2000, 149 (Schlussbericht); BayObLG BtPrax 1998, 234; 1996, 69; OLG Düsseldorf FamRZ 1997, 767
328 OLG Frankfurt a.M. FGPrax 2008, 208: Abwicklungstätigkeiten; OLG Karlsruhe BtPrax 2002, 132 (LS); LG Mainz BtPrax 2002, 132 (LS); AG Mülheim a.d.R. FamRZ 2001, 1168, 1169
329 LG Cottbus FamRZ 2003, 61 f.
330 BayObLG BtPrax 1999, 73; LG Frankenthal BtPrax 1998, 151; AG Andernach BtPrax 1998, 244: AG Koblenz FamRZ 2004, 1065. Ein Betreuer kann auch keine Entschädigung nach dem JVEG verlangen, AG Köln BtPrax 2014, 97 (LS); Ausnahme: Der Betreuer war als solcher geladen und der Betreute nicht anwaltlich vertreten: OLG Frankfurt a.M. FamRZ 2006, 146 und BtPrax 2005, 197 f.; BayObLG BtPrax 2001, 128; OLG Dresden BtPrax 2002, 219; LG Koblenz FamRZ 1999, 464; LG Memmingen BtPrax 1998, 116; oder der Aufgabenkreis ist übertragen bzw. es bestehen besondere Umstände, OLG Frankfurt a.M., NJW-RR 2005, 1166

- Begleitung zu Ärzten, wenn keine wesentlichen Entscheidungen anstehen[331], (Kleider-)Einkäufen[332], zu einem Kochabend, zu Ausflügen oder Tierparkbesuchen oder gemütlichem Kaffeetrinken[333];
- ständige Begleitung zur Dialyse[334];
- Erstellen des Vergütungsantrages nebst Dokumentation und Durchsetzung des Anspruchs[335];
- Abholen von Kontoauszügen bei der Bank[336] bzw. persönliches Abgeben von Überweisungen bei der Bank[337];
- nutzlose Tätigkeiten wie erfolgloses Aufsuchen von Banken oder Behörden ohne vorherige Terminvereinbarung[338] oder zusätzlicher Besuch zur Taschengeldauszahlung, obwohl am nächsten Tag ein obligater Besuch anstand[339];
- Tätigkeiten, die mit anderen zur Kostenersparung verbunden werden könnten[340];
- Tätigkeiten vor wirksamer Bestellung bzw. nach Ablauf der befristeten Bestellung[341], z.B. vorheriges Aufsuchen des Mündels, Teilnahme am Anhörungstermin zur Anordnung einer Vormundschaft. Eine Ausnahme soll gemacht werden, wenn ein Vereinsbetreuer nicht mehr tätig werden kann und der später bestellte neue Vereinsbetreuer die Betreuertätigkeit fortführt[342];
- unzulässige Delegation von Aufgaben, die den Kernbereich des Amtes berühren[343];
- Anlegung eines Sparbuches für einen Angehörigen des Mündels[344];
- pflegerische, therapeutische[345] und versorgende Tätigkeiten[346];
- Anlegen eines Tagebuches über den Mündel[347];

---

331 BayObLG FamRZ 2003, 477 (LS)
332 BayObLG BtPrax 1998, 237; LG Potsdam BtPrax 1998, 242: Bei geschäftsunfähigen Betreuten sind Hilfskräfte zu beauftragen, wenn es sich um größere Einkäufe handelt; AG Sinzig FamRZ 2004, 1065; LG Koblenz FamRZ 2005, 239. Zu Ausnahmen s.o. Rn. 110.
333 BayObLG BtPrax 1999, 463
334 LG Osnabrück Jur Büro 2017, 429
335 OLG Düsseldorf FamRZ 2005, 2019 (LS); BayObLG FamRZ 1999, 1233 und 1606; BtPrax 2001, 76; OLG Schleswig BtPrax 1998, 238; LG Düsseldorf Rpfleger 2004, 488
336 AG Betzdorf FamRZ 2000, 981 (LS); 1047 (LS); 2001, 1242 (LS)
337 AG Betzdorf FamRZ 2001, 1242 (LS); LG Koblenz JurBüro 2001, 602. Einige Banken akzeptieren Überweisungsaufträge allerdings nur, wenn der Betreuer sie persönlich einreicht und sich dabei legitimiert. Das dürfte nach BGH BtPrax 2010, 125, nicht zulässig sein.
338 LG Dessau FamRZ 2000, 1530; LG Koblenz JurBüro 2001, 602: Behördenangelegenheiten sind i.d.R. vom Schreibtisch aus zu erledigen. Sofern persönliche Rücksprachen nötig sind, ist zu beachten, dass inzwischen viele Behörden, z.B. Arbeitsagenturen, kaum noch Termine vergeben und regelmäßig Wartezeiten in Kauf zu nehmen sind.
339 LG Dessau FamRZ 2000, 1530
340 LG Dessau FamRZ 2000, 1530
341 OLG Stuttgart FamRZ 2005, 655; BayObLG FamRZ 2001, 575; BtPrax 1999, 30; OLG Schleswig FamRZ 1998, 1536; OLG Karlsruhe BtPrax 2002, 124; LG Koblenz, FamRZ 2005, 1752 und NJW-RR 2005, 660; AG Sinzig FamRZ 2005, 306 und für den Ablauf einer befristeten, vorläufigen Betreuerbestellung LG Koblenz FamRZ 2005, 1580 ff. Bei mündlicher Bestellung kann die Vergütung bereits vor der schriftlichen Bekanntgabe begehrt werden, OLG München BtPrax 2008, 260 f.
342 OLG Brandenburg FPR 2002, 201
343 OLG Frankfurt a.M. NJW-RR 2004, 295
344 AG Koblenz FamRZ 2005, 478
345 AG Koblenz FamRZ 2005, 656
346 LG Koblenz FamRZ 2004, 220 (LS) und FPR 2002, 98; LG Duisburg JurBüro 1998, 38; LG Kassel NJWE-FER 2001, 208, 209: Krankenbesuche und Medikamentenbesorgung
347 LG Saarbrücken BtPrax 1997, 124

- Gespräche mit dem Pfarrer[348] oder den Angehörigen des verstorbenen Mündels[349];
- Tätigkeiten nach Tod des Betroffenen im Rahmen der Totenfürsorge[350].

Zu beachten bleibt hier, dass ausnahmsweise eine Vergütung möglich ist, wenn die vorgenannten Tätigkeiten im Rahmen der Vertrauensbildung oder -erhaltung erfolgen.

113 Der Zeitaufwand muss letztlich angemessen sein. Dabei ist es grundsätzlich Sache des Vormundes, wie viel Zeit er im Einzelfall aufwendet. Es kommt nur darauf an, ob er seine Tätigkeit vom Aufwand her vor Beginn dieser Tätigkeit aus seiner Sicht für erforderlich erachten durfte. Unerheblich ist, ob sie sich nachher als nutzlos erwies. Pauschale Kürzungen sind daher unzulässig[351]. Regelmäßig wird von den Gerichten eine minutengenaue Abrechnung der einzelnen Tätigkeiten verlangt. Einzelne Zeitansätze können nicht auf volle Stunden aufgerundet werden. Gegebenenfalls kann das Gericht den angemessenen Zeitaufwand nach § 287 ZPO schätzen[352].

cc. Nutzbare besondere Kenntnisse

114 Zweites Kriterium zur Bestimmung der Vergütungshöhe ist die Qualifikation des Vormundes. Diese fließt nämlich unter dem Stichwort der nutzbaren besonderen Kenntnisse ein. Es kommt auf die nutzbaren, also die vorhandenen Fachkenntnisse des Vormundes an, nicht darauf, ob sie im konkreten Einzelfall erforderlich sind und zur Anwendung gelangen konnten[353]. Nutzbar sind Kenntnisse, wenn sie geeignet sind, die Geschäftsführung im konkreten Fall zu erleichtern; der Vormund seine Aufgaben besser und effizienter zum Wohl des Betroffenen erbringen kann[354]. Besondere Kenntnisse meint Fähigkeiten, die über das jedermann zu Gebote stehende Wissen hinausgehen[355], regelmäßig nicht durch Lebenserfahrung erworben werden[356] und sich für die Führung der Vormundschaft generell oder bezüglich bestimmter Aufgabenkreise als hilfreich erweisen. Die besonderen Kenntnisse müssen nicht das gesamte Spektrum der Vormundschaft abdecken. Es genügt, wenn die Kenntnisse zur Bewältigung eines bestimmten Aufgabenkreises hilfreich sind. Neben rechtlichen Kenntnissen sind solche aus den Bereichen Medizin, Psychologie, Sozialarbeit, (Sozial-)Pädagogik, Soziologie und Wirtschaft relevant[357]. Gleiches gilt für besondere Kenntnisse, die auf die Vermittlung sozialer Kompetenzen und zwischenmenschlicher Kommunikation gerichtet sind[358]. Allgemein vermittelt der Abschluss einer Ausbildung bzw. eines Studiums in überwiegend oder ausschließlich technisch orientierten Fachrichtungen, z.B. Architektur oder Maschinenbau, keine für die Führung einer Vormundschaft nutzbaren besonderen Kenntnisse[359].

---

348 AG Sinzig FamRZ 2005, 306
349 OLG Düsseldorf FamRZ 2005, 2091 f.
350 LG Leipzig FamRZ 1996, 1361; LG Frankenthal JurBüro 1995, 602; LG Koblenz FamRZ 1995, 1376
351 LG Marburg BtPrax 1999, 248; LG Frankfurt a.M. BtPrax 1999, 115
352 BayObLG BtPrax 1998, 234; OLG Zweibrücken NJWE-FER 1999, 120
353 OLG Naumburg NJW-RR 2011, 737; OLG Brandenburg Rpfleger 2011, 328; OLG Zweibrücken BtPrax 2000, 89
354 BGH BtPrax 2012, 129 und FamRZ 2012, 1133; OLG Zweibrücken BtPrax 2001, 43; BayObLG BtPrax 2001, 81 und 124; FamRZ 2001, 187 und 306; OLG Dresden BtPrax 2000, 260; OLG Schleswig BtPrax 2000, 171
355 Dieses Grundwissen kann je nach Bildungsstand und Ausbildung mehr oder weniger umfangreich sein, BayObLG BtPrax 2000, 81 und 85
356 BGH BtPrax 2012, 129 und NJW-RR 2012, 774; BT-Drs. 11/4528, S. 111; Damrau/Zimmermann, § 4 VBVG, Rn. 5
357 Dodegge, NJW 1998, 3073, 3074
358 Wie z.B. bei einem Theologen, vgl. OLG Hamm FamRZ 2006, 1630 (LS), OLG Köln FamRZ 2004, 1604, einem Master of Art, KG FGPrax 2008, 60 f., einem Politologen, KG FamRZ 2006, 291 (LS) oder einem Musiktherapeuten, LG Würzburg BtPrax 2010, 290
359 Für die Betreuung: BayObLG FGPrax 2004, 124 f.; FamRZ 2000, 844; OLG Hamburg BtPrax 2002, 131 (LS)

(1) Grundsatz, Abs. 1 Satz 1

Ein Berufsvormund (ggf. auch Berufspfleger bzw. -betreuer) erhält als Mindestvergütung für die zur Führung der Vormundschaft (Pflegschaft, Betreuung im Sonderfall) aufgewandte und erforderliche Zeit (dazu oben Rn. 103 ff.) pro Stunde 19,50 €. Diesen Stundensatz erhalten Berufsvormünder ohne jede Ausbildung, z.B. Hausmann oder -frau. Auch Berufsvormünder mit einer abgeschlossenen Ausbildung, die in ihrem **Kernbereich** nicht auf die Vermittlung vormundschaftsrelevanter Fachkenntnisse ausgerichtet war, erhalten nur diesen Grundbetrag. Nichts anderes gilt für Berufsvormünder mit abgeschlossenem Hochschulstudium ohne Bezug zur Führung einer Vormundschaft. Ein solcher Bezug fehlt einer Ausbildung zum Zahntechniker[360], zum Optiker[361], zur Chemielaborantin[362], zum Polsterer[363], zur pharmazeutisch-kaufmännischen Angestellten[364], zum Altenpfleger[365], zum Meister der Textilbranche[366], zur Industrieschneiderin[367], zum Industriemechaniker[368], zum Techniker[369], zum Bau- oder Teilzeichner[370], zum Sport- und Fitnesskaufmann[371] oder zur Hauswirtschaftsgehilfin[372] sowie einem BWL-Studium[373], einem technischen Studium[374], einem Studium des Bauingenieurwesens[375], der Landschafts- und Raumplanung[376], der Rechtswissenschaften in der Türkei[377], des Maschinenbaus[378], der Architektur[379], der Versorgungs- oder Verfahrenstechnik mit Teilnahme am Zertifizierungskurs des Instituts Weinberger Forum[380], der Geographie[381], der Diplompädagogik in der ehemaligen DDR[382], des Bio-Ingenieurwesens[383], des Agraringenieurwesens[384], der Staatswissenschaften[385], der Chemie an einer technischen Hochschule[386], als Diplom-Betriebswirt[387], als Diplom-Museologe[388], der Ausbildung zum Elektroinstallateur[389], zum Teilezeichner[390], zum Landschafts- und Freiraumplaner[391], zum Chemiker[392], zum Diplom-Militärwissenschaft- 115

360 LG Nürnberg-Fürth Rpfleger 2000, 215 (LS)
361 BayObLG BtPrax 2000, 124
362 BayObLG FamRZ 2000, 1306
363 OLG Schleswig FamRZ 2001, 304
364 BayObLG FamRZ 2001, 713
365 OLG Dresden BtPrax 2000, 260, wenn der Aufgabenkreis der Gesundheitsfürsorge nicht übertragen ist
366 OLG Dresden FamRZ 2000, 551 (LS)
367 OLG Dresden FamRZ 2001, 656 (LS)
368 BayObLG BtPrax 2001, 205
369 LG Chemnitz BtPrax 2002, 269
370 LG Hamburg FamRZ 2002, 1064 (LS); OLG Hamm NJOZ 2005, 3622
371 LG Görlitz BtPrax 2014, 50 (LS)
372 LG Koblenz FamRZ 2001, 1031
373 LG Offenburg BtPrax 2012, 210
374 BGH BtPrax 2012, 251
375 OLG Jena BtPrax 2000, 170
376 OLG Frankfurt a.M. FamRZ 2005, 1279 (LS)
377 BayObLG BtPrax 2001, 205 und 218 (LS): mangels Vermittlung deutschen Rechts
378 BayObLG BtPrax 2001, 85 (LS) und FGPrax 2004, 124
379 OLG Hamburg BtPrax 2002, 131 (LS)
380 BGH BtPrax 2012, 129 und FamRZ 2012, 1135
381 BayObLG BtPrax 2000, 81
382 OLG Dresden BtPrax 2000, 126
383 LG Hamburg FamRZ 2001, 1032 (LS)
384 BGH FamRZ 2014, 471 = BtPrax 2014, 95 (LS)
385 OLG Brandenburg FamRZ 2002, 349 und BtPrax 2001, 219 (LS); LG Nürnberg-Fürth FamRZ 2004, 138 (LS)
386 BGH FamRZ 2014, 113 ff.; OLG Frankfurt a.M. FamRZ 2005, 1199 f. (LS)
387 BGH BtPrax 2003, 264 f.; OLG Schleswig FGPrax 2003, 1767
388 OLG Naumburg FamRZ 2014, 235
389 AG Sinzig FamRZ 2005, 1861 (LS)
390 OLG Hamm NJOZ 2005, 3622 ff.
391 OLG Frankfurt a.M. FamRZ 2005, 1279 (LS)
392 OLG Frankfurt a.M. BtPrax 2005, 198 f. (LS)

ler[393], zum Agrarwissenschaftler[394] oder zum Facharbeiter Datenverarbeitung[395] sowie dem Studium der Pflanzenproduktion[396]. Hatte der Berufsvormund eine Ausbildung oder ein Studium nicht abgeschlossen, verbleibt es ebenfalls bei dem Grundbetrag von 19,50 €, selbst wenn dabei besondere nutzbare Kenntnisse vermittelt wurden. Es fehlt am Abschluss[397].

(2) Besondere – für die Führung der Vormundschaft nutzbare – Kenntnisse, Abs. 1 Satz 2

116 Nach § 3 Abs. 1 Satz 2 VBVG erhöht sich der Stundensatz, wenn der Berufsvormund über besondere Kenntnisse verfügt, die für die Führung der Vormundschaft nutzbar sind, und diese Kenntnisse durch eine abgeschlossene Ausbildung erworben worden sind.

(a) Besondere Kenntnisse

117 Der Begriff der besonderen Kenntnisse nach § 3 Abs. 1 Satz 2 VBVG meint Kenntnisse, die – bezogen auf ein spezielles Fachgebiet – über ein bestimmtes Grundwissen deutlich hinausgehen und den Vormund in die Lage versetzen, seine Aufgaben zum Wohl des Betroffenen besser und effektiver zu erfüllen[398]. Dabei kann das Grundwissen je nach Bildungsstand oder Ausbildung differieren. So verlangt etwa die Tätigkeit, Briefe zu schreiben oder mit einem Kranken oder gebrechlichen Menschen umzugehen bzw. ihn zu versorgen, keine besonderen Kenntnisse. Es müssen darüber hinausgehende Kenntnisse, z.B. rechtliche, steuerrechtliche, kaufmännische oder psychologische bzw. pflegerische, vorhanden sein. Die besonderen Kenntnisse werden i.d.R. nicht allein durch Lebenserfahrung[399] oder durch Fremdsprachenkenntnisse erworben[400].

(b) Nutzbarkeit

118 Diese besonderen Kenntnisse müssen für die Führung einer Vormundschaft generell nutzbar sein. Aufgrund § 3 Abs. 2 Satz 1 VBVG wird nämlich vermutet, dass die besonderen Kenntnisse dann auch im Einzelfall nutzbar sind. Der Gesetzgeber wollte – in Abänderung der Rechtslage vor dem 1. BtÄndG – allein auf die vorhandenen, nutzbaren Qualifikationen des Vormundes, Pflegers oder Betreuers abstellen, nicht darauf, ob sie im konkreten Fall erforderlich sind und Anwendung finden können[401]. Für die Führung einer Vormundschaft sind Kenntnisse nutzbar, wenn sie den Vormund befähigen, seine Aufgaben zum Wohle des Mündels besser und effektiver zu erfüllen, um somit eine erhöhte Leistung zu erbringen.

Besondere Bedeutung kommt rechtlichen Kenntnissen zu, wie das 1. BtÄndG für den Berufsbetreuer zum Ausdruck gebracht hat. Relevant sind aber auch Kenntnisse in den Bereichen Medizin, Psychologie, Kinder-, Jugend- und Sozialarbeit, Sozial-, Arbeits-, Kinder-

393 KG BtPrax 2006, 192 (LS)
394 OLG Köln BtPrax 2008, 178
395 OLG Dresden FamRZ 2001, 1323; s.a. LG Görlitz BtPrax 2014, 50 (LS)
396 OLG Naumburg FGPrax 2008, 27
397 BayObLG BtPrax 2000, 124: für ein nach 11 Semestern abgebrochenes Jurastudium; BtPrax 2001, 205: für die Beherrschung der türkischen Sprache als Muttersprache; FamRZ 2000, 1306; NJOZ 2004, 3861: für Sprachkenntnisse
398 BGH BtPrax 2013, 151
399 BGH BtPrax 2013, 129. Zum Begriff der besonderen Kenntnisse kann auf die Rechtsprechung zu §§ 1836 Abs. 2 Satz 2 BGB a.F., 1 Abs. 1 Satz 2 BVormVG a.F. zurückgegriffen werden, da die Begriffe unverändert blieben. Vgl. insoweit KG BtPrax 2002, 167; BayObLG BtPrax 2000, 81 und 124; OLG Dresden BtPrax 1999, 39.
400 BGH NJW-RR 2018, 708 = FamRZ 2018, 851 (LS); BtPrax 2017, 76 und 2013, 151; LG Kassel BtPrax 2018, 43 (LS): Auch wenn der Betreuer gerade in Hinblick auf seine Fremdsprachenkenntnisse ausgewählt wurde.
401 Dodegge, NJW 1998, 3073, 3074

und Jugendpädagogik, Soziologie und Wirtschaft[402], aber auch solche der zwischenmenschlichen Kommunikation und der sozialen Kompetenzen[403]. Dabei ist es nicht nötig, dass die besonderen Kenntnisse das gesamte Anforderungsprofil der Vormundschaft abdecken. Vielmehr reichen Kenntnisse zur Bewältigung eines bestimmten Aufgabenkreises im Einzelfall aus. Deshalb verfügen über nutzbare besondere Kenntnisse eine Zahnarzthelferin[404], Krankengymnastin bzw. Physiotherapeutin[405] oder ein Alten- bzw. Krankenpfleger, wenn Fragen der Gesundheitsfürsorge zu regeln sind[406], eine Reisefachfrau[407], eine Finanzfachfrau, ein Industriekaufmann, eine Sozialversicherungsfachangestellte[408] bzw. ein Wirtschaftsfachmann, wenn vermögensrechtliche Probleme anstehen[409] oder ein Diplom-Ingenieur der Elektrotechnik mit einem postgradualen Hochschulstudium als Patentingenieur in der ehemaligen DDR[410], wenn rechtliche Fragen im Rahmen der Vormundschaft im Vordergrund stehen. Besondere nutzbare Kenntnisse fehlen dagegen bei einem Studium als Diplom Betriebswirt (FH) oder einer Ausbildung als Industriekauffrau in der früheren DDR[411].

Es genügt nicht, wenn die Ausbildung gleichsam am Rande auch die Vermittlung betreuungsrelevanter Kenntnisse zum Inhalt hat. Erforderlich ist vielmehr, dass sie im Kernbereich auf die Vermittlung solcher Kenntnisse ausgerichtet ist[412]. Eine nur berufsbegleitende Ausbildung genügt nicht[413]. Ggf. sind die Lehrinhalte des Studiums zu prüfen[414].

(c) Ausbildung

Um welchen Stundensatzbetrag sich die Vergütung erhöht, hängt davon ab, welche Art von Ausbildung der Vormund zur Erlangung seiner besonderen Kenntnisse abgeschlossen hat. Nach Abs. 1 Satz 2 Nr. 1 erhöht sich der Stundensatz auf 25,– €, wenn die Kenntnisse durch eine abgeschlossene Lehre oder eine vergleichbare abgeschlossene Ausbildung erworben sind. Sind die Kenntnisse durch eine abgeschlossene Ausbildung an einer Hochschule oder durch eine vergleichbare abgeschlossene Ausbildung erworben, beträgt nach Abs. 1 Satz 2 Nr. 2 der Stundensatz 33,50 €. Die abgeschlossene Ausbildung muss im Kernbereich auf die Vermittlung von relevantem Fachwissen für die Führung einer Vormundschaft bzw. Betreuung ausgerichtet sein[415]. Nicht ausreichend ist es, wenn die relevanten Fragen wegen der Komplexität der Fachrichtung nur eine untergeordnete Rolle im Rahmen der Ausbildung spielen bzw. dort nur Grundkenntnisse vermittelt werden[416]. **119**

402 BayObLG BtPrax 2000, 81 und 124; OLG Schleswig BtPrax 2000, 171; OLG Dresden BtPrax 1999, 39; 2000, 126; OLG Braunschweig BtPrax 2002, 131 (LS); OLG Hamm BtPrax 2002, 42; OLG Zweibrücken BtPrax 2001, 43; a.A. bzgl. Sozialpädagogik, Soziologie, sozialer Berufe, Kindergärtner etc. Damrau/Zimmermann, § 4 VBVG, Rn.33.
403 OLG Köln FamRZ 2004, 1604
404 LG Stendal FamRZ 2006, 1229 (LS)
405 LG Darmstadt BtPrax 2018, 43 (LS), aufgehoben durch BGH FamRZ 2018, 956, im Hinblick auf eine fehlende konkrete Betrachtung des tatsächlichen Inhalts der Ausbildung
406 OLG Dresden BtPrax 2000, 260; LG Darmstadt BtPrax 2018, 43 (LS); LG Landau FamRZ 2001, 790 (LS)
407 LG Bielefeld FamRZ 2016, 329 (LS)
408 BGH NJW-RR 2017, 646
409 OLG Dresden FamRZ 2000, 551 (LS); LG Hamburg FamRZ 2014, 2026
410 KG BtPrax 2002, 167, 168
411 BGH BtPrax 2015, 155 und FamRZ 2015, 1104 (LS)
412 BGH BtPrax 2015, 258 (LS) und 155; FamRZ 2014, 119
413 BGH BtPrax 2016, 32f.
414 BGH FamRZ 2014, 471 = BtPrax 2014, 95 (LS)
415 BGH FamRZ 2014, 119; BayObLG BtPrax 2000, 81; Jürgens-Jürgens, § 3 VBVG, Rn. 5
416 KG BtPrax 2002, 167, 168

Abgeschlossen ist eine Ausbildung, wenn ihr Erfolg durch eine vor einer staatlichen oder staatlich anerkannten Stelle abgelegte Prüfung belegt ist[417]. Kenntnisse, die durch Berufserfahrung oder Fortbildung erworben wurden, bleiben unbeachtet[418].

(aa) Lehre

120 Lehre meint insbesondere staatlich geregelte bzw. anerkannte Berufsausbildungen, z.B. nach dem Berufsausbildungsgesetz[419]. In der Rechtsprechung fanden als abgeschlossene Lehren, die im Kernbereich für die Führung des Amtes (als Betreuer) relevante Kenntnisse vermitteln, Anerkennung:

(Kinder)Krankenpfleger(in)[420], Krankengymnastin bzw. Physiotherapeutin[421], Arzthelferin[422], Zahnarzthelferin[423], Heilerziehungspflegerin[424], Handwerksmeister[425], Industriekaufmann[426], Bankkaufmann[427], Heilpraktiker(in)[428], Kaufmannsgehilfe im Hotel- und Gaststättengewerbe[429], Milch- und Molkereiwirt[430], Einzelhandelskauffrau[431], Rechtsanwalts- und Notargehilfin[432] und hauswirtschaftliche Betriebsleiterin[433].

▶ *Zu den nicht anerkannten Lehrberufen siehe oben Rn. 115*

(bb) Eine einer Lehre vergleichbare Ausbildung

121 Eine Ausbildung ist einer Lehre vergleichbar, wenn sie in ihrer Wertigkeit einer solchen Ausbildung gleichkommt. Davon ist auszugehen, wenn sie staatlich reglementiert oder anerkannt ist und wenn das durch sie vermittelte Wissen in Breite und Tiefe dem durch eine erfolgreiche abgeschlossene Lehre erworbenen Wissen entspricht[434]. Der Abschluss dieser Ausbildung wird durch eine vor einer staatlichen oder staatlich anerkannten Stelle abgelegten Prüfung[435] bzw. einer Anerkennung in einem förmlichen Verfahren[436] belegt. Ohne Abschluss tritt keine vergütungssteigernde Wirkung ein[437]. Als Wertungskriterien für die Vergleichbarkeit sind der mit der Ausbildung verbundene Zeitaufwand, der Umfang des Lehrstoffes und die Ausgestaltung der Abschlussprüfung heranzuziehen, aber auch die durch die Abschlussprüfung erworbene Qualifikation und Zugangsmöglichkeit zu Berufen[438]. Bei der Prüfung der Vergleichbarkeit hat das Gericht einen strengen Maßstab anzulegen. Dabei muss das Gericht eine konkrete Betrachtung des tatsächlichen Inhalts der Ausbildung vornehmen, insbesondere den Umfang der für die Betreuung nutzbaren Aus-

---

417 BayObLG FamRZ 2001, 187; OLG Köln FamRZ 2000, 1303; OLG Schleswig BtPrax 2000, 172 und 262
418 BayObLG NJOZ 2004, 3861; LG Nürnberg-Fürth Rpfleger 2000, 215 (LS)
419 Jürgens-von Crailsheim, § 3 VBVG, Rn. 5
420 OLG Dresden FamRZ 2000, 552; LG Landau FamRZ 2001, 790 (LS)
421 LG Darmstadt BtPrax 2018, 43 (LS): Bestellung umfasste Gesundheitsfürsorge, aufgehoben durch BGH FamRZ 2018, 956
422 OLG Dresden FamRZ 2000, 551 (LS)
423 LG Stendal FamRZ 2006, 1229 (LS)
424 LG Zwickau FamRZ 2004, 220 (LS); AG Westerburg FamRZ 2000, 551 (LS)
425 LG Koblenz FamRZ 2001, 303: wegen der vermittelten Kenntnisse im Bereich Rechnungs-, Rechts- und Sozialwesen sowie Wirtschaftslehre
426 LG Hamburg FamRZ 2014, 2026
427 LG Koblenz FamRZ 2001, 1490
428 LG Hamburg FamRZ 2001, 1168 (LS)
429 OLG Saarbrücken BtPrax 2003, 184 (LS)
430 LG Fulda FamRZ 2003, 707 (LS)
431 LG Saarbrücken BtPrax 2002, 272 (LS)
432 OLG Hamm BtPrax 2002, 125
433 BayObLG BtPrax 2002, 216 ff.
434 BGH BtPrax 2014, 233f.
435 BayObLG FamRZ 2001, 187; BtPrax 2000, 32, 33 und 124; OLG Dresden BtPrax 1999, 39; OLG Schleswig BtPrax 2000, 172 und 262
436 BayObLG BtPrax 2000, 33
437 BayObLG NJOZ 2004, 3861
438 BGH BtPrax 2013, 151: Vergleichbarkeit eines Hochschulausbildung in der ehemaligen DDR

bildungsinhalte bzw. deren Anteil an der Gesamtausbildungszeit feststellen und die Würdigung einbeziehen, inwieweit diese Kenntnisse selbständiger und maßgeblicher Inhalt der Abschlussprüfung sind[439].

Anerkennung als eine einer Lehre vergleichbare Ausbildung fand:

Ausbildung zum Beamten des mittleren nicht-technischen Dienstes der Bundesbahn[440], Fachschulabschluss als Fachökonom in der ehemaligen DDR[441], Zuerkennung der fachlichen Eignung gemäß § 76 Abs. 3 BBiG[442] bzw. als Ausbilder in einem entsprechenden Lehrberuf[443], Ausbildung zur staatlich anerkannten Erzieherin[444] und zum Krankenpflegehelfer[445], Abschluss eines Lehrganges „Leitung Pflegedienst"[446] sowie Kenntnisse aus einem Studium, das im Kernbereich nicht auf die Vermittlung betreuungsrelevanter Kenntnisse ausgerichtet ist[447].

Keine Anerkennung fand:

Eine einjährige Fortbildung zur Bürokauffrau[448] bzw. zur Krankenpflegehelferin[449], ein nicht abgeschlossenes Jurastudium[450], die halbjährige Teilnahme an einem Modellprojekt EDV, die Ausbildung zur Bauspar- und Finanzfachfrau beim Berufsbildungswerk der Bausparkassen[451] sowie die Teilnahme an verschiedenen Fortbildungsmaßnahmen einer Sparkasse[452].

▶ *Zu der Möglichkeit, durch eine Nachqualifizierung im Rahmen landesgesetzlicher Vorgaben eine einer Lehre vergleichbare Ausbildung nachzuweisen, siehe § 11 Abs. 1 VBVG, dazu unten Rn. 130 ff.*

(cc) Hochschulausbildung

Hochschulen sind Universitäten oder Fachhochschulen[453], nicht Fachakademien[454] bzw. Fachschulen[455]. Relevante Studiengänge sind insbesondere die der Rechtswissenschaften bzw. -pflege, Psychologie, Sozialpädagogik, Soziologie, Sozialarbeit oder Betriebswirtschaft[456]. Das Studium muss abgeschlossen sein[457]. **122**

439 BGH FamRZ 2018, 956; FamRZ 2014, 119 = BtPrax 2014, 95 (LS); BtPrax 2013, 151
440 BayObLG FamRZ 2001, 304
441 LG Leipzig FamRZ 2000, 1306 (LS)
442 BayObLG BtPrax 2000, 33; OLG Zweibrücken Rpfleger 2000, 64
443 BayObLG FGPrax 2004, 124 f.
444 OLG Braunschweig BtPrax 2000, 130; OLG Dresden BtPrax 1999, 39; LG Dresden FamRZ 2000, 181
445 OLG Hamm Rpfleger 2002, 313 (LS)
446 OLG Zweibrücken FamRZ 2003, 1047 (LS)
447 LG Münster, Beschluss vom 1.3.2011, 5 T 328/11
448 OLG Dresden FamRZ 2000, 551 (LS)
449 BGH BtPrax 2012, 27
450 BGH BtPrax 2013, 113; BayObLG BtPrax 2000, 124
451 OLG München BtPrax 2008, 34
452 BayObLG FamRZ 2000, 1306
453 OLG Braunschweig BtPrax 2000, 130; OLG Düsseldorf FamRZ 2000, 1309; OLG Hamm BtPrax 2002, 125f
454 BayObLG BtPrax 2000, 91 (LS)
455 BayObLG BtPrax 2000, 223 (LS); LG Osnabrück FamRZ 2000, 1308 (LS)
456 BayObLG BtPrax 2000, 81 und 124; OLG Dresden BtPrax 1999, 39; 2000, 126
457 OLG München BtPrax 2008, 34

Anerkennung fanden in der Rechtsprechung (Fach-)Hochschulabschlüsse als:

Diplomökonom[458], Lehrer[459] der Sekundarstufe[460] und an Gymnasien[461], Diplomlehrer[462], Diplomingenieur für Landbau[463], Diplompolitologin[464], Forstwirt an der Fachhochschule für Forstwirtschaft[465], Patentingenieur[466], Diplom-Kauffrau[467], Diplom-Jurist[468] oder Veterinär[469].

Keine Anerkennung fanden:

(Fach-)Hochschulabschluss der Fachrichtung Landschafts- und Freiraumplanung[470], als Diplombauingenieur[471], Maschinenbauingenieur[472], Studium der Pflanzenproduktion oder der Betriebswirtschaft[473] [474], Studienabschluss als Diplom-Agraringenieur[475], als Diplomgeograph[476] bzw. als Staatswissenschaftler[477],oder Studienabschluss Abschluss als Heilpädagogin an einer Fachschule für Heilpädagogik[478] sowie die berufsbegleitend abgeschlossene Ausbildung zum „Betriebswirt (VWA)" an einer Verwaltungsakademie[479].

(dd) Einer Hochschulausbildung vergleichbar

123 Einer Hochschulausbildung ist eine Ausbildung vergleichbar, wenn sie Fachkenntnisse im Rahmen einer Ausbildung vermittelt, in ihrer Wertigkeit einer (Fach-)Hochschulausbildung entspricht und einen formalen Abschluss aufweist[480]. Es kann insoweit auf die Darlegungen oben unter Rn. 121 Bezug genommen werden.

Die Vergleichbarkeit zu einer Hochschulausbildung ist gewährleistet, wenn die Ausbildung in einer Einrichtung erfolgt, die einer überwiegend wissenschaftlichen Lehrstoffvermittlung dient, über einen entsprechenden wissenschaftlichen Lehrkörper verfügt und die Erlangung graduierter Abschlüsse zum Ziel hat, deren Erfolg durch Fachprüfung vor einer staatlichen oder staatlich anerkannten Stelle belegt ist bzw. vom Staat in einem förmlichen Verfahren anerkannt ist. Zudem muss die Mindeststudiendauer von drei Jahren annähernd

458 OLG Zweibrücken BtPrax 2000, 89; LG Zwickau, Beschluss vom 13.11.2013 – 9 T 123/13
459 LG Koblenz FamRZ 2005, 656; auch bei ausländischem Studienabschluss: BayObLG NJOZ 2004, 3863
460 BayObLG FamRZ 2001, 306; OLG Schleswig BtPrax 2000, 262; OLG Zweibrücken BtPrax 2001, 43; OLG Hamm BtPrax 2002, 42
461 LG Saarbrücken BtPrax 2002, 268 f.
462 BGH FamRZ 2014, 116 f = BtPrax 2014, 49 (LS): Diplomlehrerin für Russisch und Geschichte; OLG Dresden FamRZ 2000, 1310, anders in BtPrax 2000, 126
463 OLG Schleswig NJWE-FER 2000, 233
464 KG NJOZ 2005, 1616; LG Frankfurt/Oder FamRZ 2003, 190 (LS); LG Hamburg FamRZ 2000, 1309
465 OLG Saarbrücken FGPrax 2003, 222 f.; LG Kassel BtPrax 2014, 187
466 KG BtPrax 2002, 167 ff.
467 OLG Hamm FGPrax 2003, 126 f.
468 BayObLG, FamRZ 2004, 1604: wenn mehrere Semester Jurastudium an deutscher Hochschule sowie Abschluss als Bankkaufmann hinzutreten. Offen gelassen von BGH BtPrax 2013, 151 bzgl. des Abschlusses an der Hochschule Potsdam-Eiche in der ehemaligen DDR.
469 LG Kassel FamRZ 2002, 988 (Betreuung umfasste Gesundheitsfürsorge); a.A. wohl zurecht OLG Frankfurt a.M. BtPrax 2002, 272 (LS)
470 OLG Frankfurt a.M. FamRZ 2005, 1279 (LS)
471 OLG Jena BtPrax 2000, 170
472 BayObLG BtPrax 2001, 85 (LS)
473 AG Offenbach FamRZ 2017, 247: Vermögenssorge war von der Betreuung nicht umfasst
474 OLG Naumburg FGPrax 2008, 27
475 BGH FamRZ 2014, 471 = BtPrax 2014, 95 (LS)
476 BayObLG BtPrax 2000, 81; FGPrax 2000, 22
477 BGH FamRZ 2017, 1258
478 BGH FamRZ 2014, 377 f. = BtPrax 2014, 95 (LS)
479 BGH FamRZ 2014, 117 f. = BtPrax 2018, 95 (LS)
480 BayObLG BtPrax 2000, 32; OLG Hamm BtPrax 2002, 125 f.

erreicht sein[481]. Der erforderliche Zeitaufwand wird nicht bereits bei einer Ausbildungsdauer von 1.080 Stunden erreicht[482].

Als Kriterien für eine Vergleichbarkeit können insbesondere der mit der Ausbildung verbundene Zeitaufwand, der Umfang und der Inhalt des Lehrstoffes und die Zulassungsvoraussetzungen heran gezogen werden[483]. Wurde die Ausbildung in der ehemaligen DDR abgeschlossen, ist ihre Vergleichbarkeit mit einem Hochschulstudium im Grundsatz in gleicher Form zu prüfen[484]. Die Vergleichbarkeit kann sich auch aus einem Gleichstellungsbescheid des zuständigen Ministeriums[485], einer Anerkennung[486] oder einem Vertrauensschutz[487] ergeben.

Anerkennung als eine einer Hochschulausbildung vergleichbare Ausbildung fand:

Ausbildung zum Stabsoffizier[488], das 1. Lehrer-Staatsexamen[489], Ablegung der Fachprüfung II im Rahmen der Ausbildung zum Versicherungsangestellten an der bayerischen Verwaltungsschule[490], Ablegung der 2. Prüfung für Angestellte im kommunalen Verwaltungsdienst mit Abschluss Verwaltungsfachwirt[491], Ausbildung als Theologe[492] bzw. am theologischen Seminar des Bundes ev.-freikirchlicher Gemeinden[493], Abschluss der bayerischen Verwaltungs- und Wirtschaftsakademie[494], Abschluss an der Fachhochschule für Binnenhandel als Ökonom[495], Ausbildung zum Diplom-Verwaltungswirt (Fachhochschule)[496], zur staatlich anerkannten Heilpädagogin[497], Fortbildung zum „Zertifizierten Betreuer Curator de jure"[498] sowie berufliche Weiterbildung, die dem Absolventen aufgrund gesetzlicher Vorschriften ein berufliches Tätigkeitsfeld vermittelt, das üblicherweise (Fach-)Hochschulabsolventen vorbehalten ist[499].

Keine Anerkennung fand:

Teilnahme an einem Managementseminar zur Pflegedienstleitung an einer Fachakademie[500] bzw. am „Hochschulzertifikatskurs Rechtliche Betreuung" der Hochschule Neubrandenburg und BeckAkademie[501], das Kontaktstudium „Weiterbildung Berufsbetreuung"[502], die Weiterbildung zur Personal- und Bildungsreferentin[503], die Ausbildung zur Er-

---

481 BayObLG FamRZ 2000, 1309
482 BGH MDR 2017, 1149
483 BGH FamRZ 2014, 119 und BtPrax 2013, 151
484 BGH NJW-RR 2014, 389 und BtPrax 2013, 151; KG BtPrax 2002, 167, 168; das gilt auch für ein Studium im Ausland: BayObLG FamRZ 2004, 403 (LS) und 2003, 1873 (LS); LG Nürnberg-Fürth FamRZ 2003, 1503 (LS)
485 OLG Dresden FamRZ 2001, 188; OLG Brandenburg FamRZ 2002, 349 und BtPrax 2001, 219 (LS); KG BtPrax 2002, 167, 169; LG Leipzig FamRZ 2001, 304; LG Zwickau, Beschluss vom 13.11.2013 – 9 T 123/13. Zur Bindungswirkung eines solchen Bescheides vgl. Seifert, Rpfleger 2013, 373
486 OLG Naumburg FamRZ 2006, 363 (LS)
487 OLG München BtPrax 2006, 79 (LS)
488 BayObLG BtPrax 2000, 32
489 OLG Düsseldorf NJW-RR 2001, 583, auch in Kasachstan, OLG Frankfurt a.M. FamRZ 2008, 1659 f. (LS)
490 BayObLG FamRZ 2001, 187
491 OLG Düsseldorf FamRZ 2001, 1309 (LS)
492 OLG Köln FamRZ 2004, 1604
493 OLG Schleswig FamRZ 2000, 1532
494 BayObLG FamRZ 2003, 787 (LS)
495 LG Magdeburg, Beschluss vom 11.9.2007, Az. 3 T 410/07
496 LG Kiel BtPrax 2002, 174 f.
497 OLG Frankfurt a.M. FamRZ 2002, 1657 (LS); OLG Zweibrücken NJOZ 2004, 1572; OLG Brandenburg BtPrax 2009, 298 f.; a.A. zu Recht BGH FamRZ 2014, 377 = BtPrax 2018, 95 (LS) und zuvor bereits BayObLG FamRZ 2004, 1065
498 BGH NJW 2017, 900 = BtPrax 2017, 163 (LS); BtPrax 2017, 207 (LS)
499 OLG Hamm BtPrax 2002, 132 (LS)
500 BayObLG NJWE-FER 2000, 58
501 BGH BtPrax 2017, 199 und NJOZ 2017, 207 (LS)
502 BGH FamRZ 2018, 136 = BtPrax 2018, 42 (LS)
503 BGH FamRZ 2017, 1258

zieherin und Kinder- und Familientherapeutin[504], die Meisterausbildung[505], die Ausbildung an einer Fachschule für Alten- und Krankenpfleger[506], Ausbildung als Lehrer für Pflegeberufe[507] bzw. als Hygieneinspektor[508], die Ausbildung zum Betriebswirt[509], die Ausbildung an der Fachhochschule für Sozialpädagogik[510], die Ausbildung zum Polizeibeamten nebst Weiterbildung zum DSB-Manager[511], die Ausbildung zum Ingenieurpädagogen an einer Fachschule[512], die Ausbildung als Erzieher mit Weiterbildung zum Sozialsekretär[513], die Ausbildung zum Bankfachwirt[514] bzw. der Abschluss als Sparkassenbetriebswirt an einer Sparkassenakademie[515], der Studiengang als Betriebswirt Sozialwesen an der Kolpingakademie[516] bzw. als Sozialwirtin an einer Fachschule für Betriebswirtschaft[517], Ausbildung an der Fachakademie Hochschulfortbildung mit Diplomzeugnis über eine Prüfung zum Rechtswirt[518], eine Fortbildung zur Bürovorsteherin einer gelernten Rechtsanwalts- und Notargehilfin[519], eine Ausbildung an der Fachakademie Saar[520],an der Verwaltungs- und Wirtschaftsakademie für Sozialökonomen[521], Ausbildung zum Rechtsökonom und Betriebswirt an einer Verwaltungsakademie[522], eine Fortbildung zum Fachkrankenpfleger und Fachwirt in der Alten- und Krankenpflege[523], ein berufsbegleitendes Studium an der sächsischen Verwaltungs- und Wirtschaftsakademie zum Betriebswirt (VWA)[524], Fortbildung als Sozialwirtin an einer Fachschule für Betriebswirtschaft[525], ein Fachhochschulstudium Organisation und Datenverarbeitung in der Ökonomie[526], Ausbildung zum Oberleutnant der Reserve[527], die Teilnahme an universitären Fortbildungen[528] oder die Priesterausbildung in einem Studienhaus[529].

► *Zu der Möglichkeit, durch eine Nachqualifizierung im Rahmen landesrechtlicher Vorgaben eine einer Hochschulausbildung vergleichbare Ausbildung nachzuweisen, siehe § 11 Abs. 2 VBVG, dazu unten Rn. 132 f.*

(3) Herabsetzung in den neuen Bundesländern, Art. 4 des 1. BtÄndG a.F.

124 Nach Art. 4 des 1. BtÄndG a.F. ermäßigten sich die Stundensätze für Berufsvormünder, die ihren Wohnsitz oder Sitz in den neuen Bundesländern haben, um jeweils 10 %[530]. Dieser

504 OLG Braunschweig BtPrax 2000, 130
505 OLG Köln FamRZ 2000, 1303
506 BayObLG BtPrax 2000, 223 (LS); LG Osnabrück FamRZ 2000, 1308 (LS)
507 OLG Hamm Rpfleger 2002, 313 (LS)
508 LG Neubrandenburg BtPrax 2000, 221
509 BGH FamRZ 2014, 117 f.; OLG Schleswig BtPrax 2000, 172
510 LG Heilbronn FamRZ 2007, 766 (LS)
511 LG Saarbrücken FamRZ 2001, 713
512 OLG Frankfurt a.M. BtPrax 2002, 169 f.
513 AG Sinzig FamRZ 2005, 394 und 656
514 OLG Celle NJOZ 2005, 1613
515 BGH NJW-RR 2012, 774
516 BayObLG FamRZ 2005, 932
517 BGH BtPrax 2012, 129
518 OLG Schleswig FamRZ 2005, 1200 (LS)
519 OLG Hamm BtPrax 2002, 125 f.
520 OLG Schleswig FamRZ 2005, 1200 (LS)
521 OLG Frankfurt a.M. FamRZ 2009, 457 (LS)
522 BGH BtPrax 2015, 30 und 111
523 LG Bonn BtPrax 2013, 35
524 BGH FamRZ 2014, 117 f. und Beschlüsse vom 11.12.2013 – XII ZB 205/13 und XII ZB 383/12
525 BGH BtPrax 2013, 122; LG Augsburg BtPrax 2013, 35
526 LG Görlitz BtPrax 2014, 50
527 BGH BtPrax 2014, 233: Ausbildung an der Parteihochschule „Karl Marx"
528 OLG Düsseldorf ZEV 2015, 490 (LS)
529 LG Augsburg FamRZ 2010, 1474
530 OLG Dresden FamRZ 2000, 552; BtPrax 2000, 126; LG Dresden BtPrax 2000, 133; LG Gera Rpfleger 2000, 171

Abschlag wurde in Berlin mit Wirkung zum 1.3.2002 aufgehoben[531], für die übrigen neuen Bundesländer zum 1.7.2004.

(4) Umsatzsteuer, Abs. 1 Satz 3

Die vor dem 1.1.1999 umstrittene Frage der Erstattbarkeit der Umsatzsteuer regelt § 1 Abs. 1 Satz 3 VBVG. Danach ist sie den in § 1 Abs. 1 Satz 2 VBVG genannten Stundensätzen hinzuzusetzen, es sei denn, die Mehrwertsteuer bleibt beim Berufsvormund nach § 19 Abs. 1 UStG unerhoben. Unerhoben bleibt die Mehrwertsteuer nur, wenn der Steuerpflichtige bestimmte Umsatzhöhen (zurzeit für das vorangegangene Kalenderjahr 17.500,– € und im laufenden Kalenderjahr nicht mehr als 50.000,– €) nicht überschreitet und keine Verzichtserklärung nach § 19 Abs. 2 UStG abgegeben hat. **125**

Inzwischen ist die gesetzliche Regelung überholt, da die Tätigkeit des Berufsvormunds ebenso wie die des Berufsbetreuers[532] nicht der Umsatzsteuerpflicht unterliegt. Seit dem 1.7.2013 erbrachte Leistungen eines Berufsvormundes bzw. -betreuers sind nach § 4 Nr. 16k UStG umsatzsteuerfrei.

(5) Vermutung der konkreten Nutzbarkeit besonderer Kenntnisse, Abs. 2

Vor dem Inkrafttreten des 1. BtÄndG ging die überwiegende Rechtsprechung davon aus, dass nach § 1836 Abs. 2 Satz 3 BGB a.F. die nutzbaren und vorhandenen Qualifikationen des Vormundes bei der Bemessung der Vergütung nur Berücksichtigung finden können, wenn diese Qualifikationen im Einzelfall erforderlich waren und auch zur Anwendung gelangten[533]. Die entsprechende Darlegung und Überprüfung band erhebliche Ressourcen der Gerichte. Der Gesetzgeber hatte daher mit § 1 Abs. 2 BVormVG a.F. klargestellt, dass der von ihm vorgegebene Maßstab zur Ermittlung der Vergütungshöhe trotz individueller Komponenten abstrakt bleibt. Der § 3 Abs. 2 VBVG hat wortgleich den aufgehobenen § 1 Abs. 2 BVormVG übernommen. **126**

(a) Vermutung, Abs. 2 Satz 1

Demgemäß vermutet Abs. 2 Satz 1, dass die vom Vormund vorgehaltenen besonderen Kenntnisse, die generell geeignet sind, die Führung des Amtes zu erleichtern, für den Einzelfall nutzbar und somit vergütungsrelevant sind. Im Vergütungsverfahren wird nicht mehr überprüft, ob die vorhandenen besonderen Kenntnisse im konkreten Vormundschaftsfall tatsächlich nutzbar waren[534]. Das Vergütungsverfahren soll so vereinfacht und standardisiert werden. Einem anwaltlichen Vormund kann also nicht entgegengehalten werden, dass seine Kenntnisse im konkreten Fall nicht nutzbar waren und er deshalb nur 19,50 € statt 33,50 € pro Stunde erhalten kann. **127**

(b) Abweichende Bestimmung, Abs. 2 Satz 2

Nur wenn das Familiengericht bei Bestellung des Vormundes aus besonderen Gründen etwas anderes bestimmt hat, kann ein geringerer Stundensatz als der nach der Qualifikation des Vormundes geschuldete festgesetzt werden. Der Gesetzgeber wollte den Gerichten dadurch die Möglichkeit eröffnen, bei einem Überhang von qualifizierten Berufsvormündern einen überqualifizierten Vormund zu bestellen und dann leistungsgerecht – niedriger – zu entlohnen[535]. Könnte also z.B. eine Vormundschaft von einer gelernten Kinder- **128**

531 Vgl. KostGErmAufHG Bln vom 22.2.2002, BGBl. I S. 981.
532 Dazu BFH BtPrax 2013, 153 und Schreiben des Bundesfinanzministeriums vom 22.11.2013, Geschäftszeichen IV D 3 – S 7172/13/10001, DOK 2013 1007334
533 Siehe dazu Dodegge, NJW 1995, 2389, 2396
534 OLG Zweibrücken BtPrax 2000, 89; 2001, 43; BayObLG FamRZ 2001, 187 und 306; OLG Dresden BtPrax 2000, 260; OLG Jena BtPrax 2000, 170; OLG Schleswig BtPrax 2000, 171; OLG Köln FamRZ 2000, 1303
535 BT-Drs. 960/ 96, S.27

pflegerin als Berufsvormundin sachgerecht geführt werden, kann das Gericht einen übernahmebereiten Diplom-Pädagogen bestellen und in dem entsprechenden Beschluss festhalten, dass er nicht 33,50 €, sondern lediglich 25,– € pro Stunde nebst Mehrwertsteuer an Vergütung erhält.

Muster eines entsprechenden Beschlusstenors:

Frau/Herr ... wird zur/zum Vormünderin/Vormund bestellt.

Sie/Er übt das Amt berufsmäßig aus.

Ihre/Seine Vergütung beträgt 25,– € zuzüglich Umsatzsteuer pro Stunde.

(6) Übergangsweise Besitzstandsregelung, § 1 Abs. 3 BVormVG a.F.

129 Mit dem 1. BtÄndG verfolgte der Gesetzgeber unter anderem das Ziel, die bis dahin ständig steigenden Kosten für die Gewährung von Vergütungen für Berufsbetreuer zu begrenzen. Bis zum 31.12.1998 wurden aus der Staatskasse Stundensätze zwischen 25,– und 75,– DM, in Ausnahmefällen sogar von 100,– bzw. 125,– DM bewilligt. Mit dem 1. BtÄndG erfolgte eine Begrenzung auf 35,– DM, 45,– DM bzw. 60,– DM. Zur Vermeidung von Härten für bereits vor dem 1.1.1999 tätige Berufsvormünder (-pfleger, -betreuer) sah § 1 Abs. 3 BVormVG a.F. übergangsweise die Möglichkeit vor, höhere, 60,– DM (später 31,– €) nicht überschreitende Stundensätze zu gewähren, damit Berufsvormünder (-pfleger-, -betreuer) durch Umschulung oder Nachqualifikation eine bessere Stundenvergütung erreichen können, vgl. § 2 BVormVG a.F.[536], jetzt § 11 VBVG. Die Übergangsfrist wurde vom 30.6.2000 auf den 30. 6.2001 verlängert[537], zugleich erhielten die Landesgesetzgeber die Befugnis, die Frist höchstens zum 31.12.2002 zu verlängern, § 1 Abs. 3 Satz 1 BVormVG a.F.[538]. Da die entsprechenden Fristen inzwischen abgelaufen sind, ist die Vorschrift ersatzlos entfallen[539]. Inzwischen besteht in keinem Bundesland mehr die Möglichkeit einer Nachschulung und Prüfung[540].

▶ *Zu den damaligen Voraussetzungen siehe Vorauflage Teil F Rn. 141 ff.*

(7) Umschulung und Fortbildung, § 11 VBVG

130 Um die starren Vergütungsregelungen des § 3 VBVG, aber auch die des § 4 VBVG, aufzulockern, räumt § 11 VBVG den Landesgesetzgebern die Möglichkeit ein, festzulegen, dass Vormünder und Betreuer durch Umschulung und Fortbildung die formalen Abschlüsse für bestimmte Vergütungsstufen der §§ 3 Abs. 1, 4 Abs. 1 VBVG erlangen. Die Bundesländer sind allerdings nicht verpflichtet, entsprechende Vorschriften zu erlassen. Eine verfassungskonforme Auslegung des § 11 VBVG gebietet es jedoch, eine von einem Vormund oder Betreuer in einem Bundesland mit entsprechenden Vorschriften erfolgreich beendete Umschulung bzw. Fortbildung in dem Bundesland, in dem der Vormund oder Betreuer seinen Wohnsitz bzw. Sitz hat und das keine entsprechenden Regelungen erlassen hat, anzuerkennen[541].

536 Die Vorschrift ist verfassungskonform, BVerfG BtPrax 2000, 212
537 Fernabsatzgesetz vom 27.6.2000, BGBl. I, S.897, 907f
538 Gebrauch machten davon durch Verlängerung bis zum 31.12.2002: Bayern, Hamburg, Mecklenburg-Vorpommern, Nordrhein-Westfalen und Schleswig-Holstein bzw. bis zum 30.6.2002 Sachsen-Anhalt. Siehe auch die Übersicht in BtPrax 2001, 201 ff.
539 BT-Drs. 15/4874, S. 31
540 Deinert/Lütgens, Rn. 713
541 BVerfG BtPrax 2000, 212; Deinert/Lütgens, Rn. 687

Bislang haben nicht alle Bundesländer von der Ermächtigung des § 11 VBVG Gebrauch gemacht, eigene Nachqualifizierungsregelungen zu schaffen bzw. die Anerkennung von Nachqualifizierungen in anderen Bundesländern zu regeln[542]. Die Vorschrift des § 11 VBVG entspricht dem § 2 BVormVG a.F. und wurde durch das 2. BtÄndG eingefügt.

§ 11 VBVG Umschulung und Fortbildung von Berufsvormündern

(1) [1]Durch Landesrecht kann bestimmt werden, dass es einer abgeschlossenen Lehre im Sinne des § 3 Abs. 1 Satz 2 Nr. 1 und § 4 Abs. 1 Satz 2 Nr. 1 gleichsteht, wenn der Vormund oder Betreuer besondere Kenntnisse im Sinne dieser Vorschrift durch eine dem Abschluss einer Lehre vergleichbare Prüfung vor einer staatlichen oder staatlich anerkannten Stelle nachgewiesen hat. [2]Zu einer solchen Prüfung darf nur zugelassen werden, wer

1. **mindestens drei Jahre lang Vormundschaften oder Betreuungen berufsmäßig geführt und**
2. **an einer Umschulung oder Fortbildung teilgenommen hat, die besondere Kenntnisse im Sinne des § 3 Abs. 1 Satz 2 und § 4 Abs. 1 Satz 2 vermittelt, welche nach Art und Umfang den durch eine abgeschlossene Lehre vermittelten vergleichbar sind.**

(2) [1]Durch Landesrecht kann bestimmt werden, dass es einer abgeschlossenen Ausbildung an einer Hochschule im Sinne des § 3 Abs. 1 Satz 2 Nr. 2 und § 4 Abs. 1 Satz 2 Nr. 2 gleichsteht, wenn der Vormund oder Betreuer Kenntnisse im Sinne dieser Vorschrift durch eine Prüfung vor einer staatlichen oder staatlich anerkannten Stelle nachgewiesen hat. [2]Zu einer solchen Prüfung darf nur zugelassen werden, wer

1. **mindestens fünf Jahre lang Vormundschaften oder Betreuungen berufsmäßig geführt und**
2. **an einer Umschulung oder Fortbildung teilgenommen hat, die besondere Kenntnisse im Sinne des § 3 Abs. 1 Satz 2 und § 4 Abs. 1 Satz 2 vermittelt, welche nach Art und Umfang den durch eine abgeschlossene Ausbildung an einer Hochschule vermittelten vergleichbar sind.**

(3) [1]Das Landesrecht kann weitergehende Zulassungsvoraussetzungen aufstellen. [2]Es regelt das Nähere über die an eine Umschulung oder Fortbildung im Sinne des Absatzes 1 Satz 2 Nr. 2, Absatzes 2 Satz 2 Nr. 2 zu stellenden Anforderungen, über Art und Umfang der zu erbringenden Prüfungsleistungen, über das Prüfungsverfahren und über die Zuständigkeiten. [3]Das Landesrecht kann auch bestimmen, dass eine in einem anderen Land abgelegte Prüfung im Sinne dieser Vorschrift anerkannt wird.

(a) Prüfung zur Erreichung der Gleichstellung mit einer abgeschlossenen Lehre, Abs. 1

Abs. 1 sieht vor, dass ein Vormund oder Betreuer ohne besondere Fachkenntnisse die Vergütungsstufe eines Betreuers mit abgeschlossener Lehre oder vergleichbarer Ausbildung **131**
erreichen kann, wenn er (zumindest)

- mindestens drei Jahre Vormundschaften oder Betreuungen berufsmäßig geführt hat,
- an einer Umschulung oder Fortbildung teilgenommen hat, die besondere Kenntnisse im Sinne der §§ 3 Abs. 1 Satz 2 Nr. 1, 4 Abs. 1 Satz 2 Nr. 1 VBVG vermittelt hat, welche nach Art und Umfang den durch eine abgeschlossene Lehre vermittelten vergleichbar sind und
- nach Zulassung eine dem Abschluss einer Lehre vergleichbare Prüfung vor einer staatlichen oder staatlich anerkannten Stelle erfolgreich ablegt.

---

542 Zu den landesrechtlichen Regelungen und ihren Inhalten: Deinert/Lütgens, Rn. 696 ff.

(b) Prüfung zur Erreichung der Gleichstellung mit einem abgeschlossenen Hochschulstudium, Abs. 2

132 Abs. 2 sieht vor, dass ein Vormund oder Betreuer die Vergütungsstufe eines Vormundes oder Betreuers mit einer abgeschlossenen Hochschulausbildung erreichen kann, wenn er (zumindest)

- mindestens fünf Jahre Vormundschaften oder Betreuungen geführt hat,
- an einer Umschulung oder Fortbildung teilgenommen hat, die besondere Kenntnisse im Sinne der §§ 3 Abs. 1 Satz 2 Nr. 2, 4 Abs. 1 Satz 2 Nr. 2 VBVG vermittelt hat, welche nach Art und Umfang den durch eine abgeschlossene Hochschulausbildung vermittelten vergleichbar sind und
- nach Zulassung eine dem Hochschulabschluss vergleichbare Prüfung vor einer staatlichen oder staatlich anerkannten Stelle erfolgreich ablegt.

(c) Weitere landesrechtliche Voraussetzungen, Abs. 3

133 Abs. 3 ermöglicht es dem jeweiligen Landesgesetzgeber, weitere Zulassungsvoraussetzungen zur Prüfungszulassung, das nähere Verfahren der Umschulung bzw. Fortbildung, Art und Umfang der zu erbringenden Prüfungsleistung, das Prüfungsverfahren, die Zuständigkeiten sowie die Anerkennung von Prüfungen in anderen Bundesländern zu regeln[543].

Von der Befugnis, die Anerkennung von Prüfungen in anderen Bundesländern zu regeln, hatte das Land Nordrhein-Westfalen Gebrauch gemacht. Gemäß § 2 Abs. 1 AGBVormVG NRW stand es einer abgeschlossenen Ausbildung an einer Hochschule gleich, wenn ein Betreuer besondere Kenntnisse, die für die Führung der Vormundschaft nutzbar sind, durch eine Umschulung oder Fortbildung erworben und durch eine Prüfung nachgewiesen hatte. Nach § 2 Abs. 2 AGBVormVG NRW wurden als Prüfung i.S.v. Abs. 1 alle Prüfungen anerkannt, die in einem anderen Land der Bundesrepublik Deutschland auf der Grundlage der jeweiligen landesrechtlichen Ausführungsvorschriften zu § 2 BVormVG mit Erfolg abgelegt worden waren, wobei aus dem Zeugnis über die Prüfung hervorgehen musste, welchen Kenntnissen die durch die Prüfung nachgewiesenen Kenntnisse entsprachen. Allerdings schränkte § 1 Nr. 2 AGBVormVG NRW dies dahingehend ein, dass solche Nachqualifikationen nur bei Berufsbetreuern anerkannt wurden, die bereits vor dem 30.5.1998 Vormundschaften berufsmäßig geführt haben[544].

(d) Praktische Bedeutung

134 § 2 BVormVG a.F. beruhte auf der Befürchtung der neuen Bundesländer, dass viele berufliche Vormünder oder Betreuer in den neuen Bundesländern die formalen Abschlüsse für die erhöhten Vergütungsstufen nicht erfüllen, obwohl sie sich in langjähriger Berufstätigkeit bereits selbst in schwierigen Vormundschaften bzw. Betreuungen bewährt hatten. Ihnen sollte ermöglicht werden, sich nachzuqualifizieren[545]. Aktuell spielt § 11 VBVG keine Rolle mehr[546].

543 Zu dem von den Landesjustizverwaltungen abgestimmten Katalog von Kenntnissen und Fähigkeiten, der in Prüfungsordnungen Eingang finden soll, Jürgens-Winterstein, § 11 VBVG, Rn. 6

544 BGH FamRZ 2018, 136 = BtPrax 2018, 42 (LS)

545 Jürgens-Winterstein, § 11 VBVG, Rn. 2

546 Deinert/Lütgens, Rn. 713: Der infrage kommende Personenkreis dürfte zudem erschöpft sein.

dd. Bewilligung eines erhöhten Stundensatzes, § 3 Abs. 3 VBVG

In Abs. 3 hat der Gesetzgeber die Möglichkeit eröffnet, einem Berufsvormund einen höheren als den in Abs. 1 vorgesehenen Stundensatz der Vergütung zu bewilligen. Diese Regelung nimmt die Vorgaben entsprechender obergerichtlicher Rechtsprechung auf[547]. Die Bewilligung kann erfolgen, wenn die besondere Schwierigkeit der vormundschaftlichen Geschäfte dies ausnahmsweise rechtfertigt (Satz 1), aber nur wenn der Mündel bemittelt ist (Satz 2). Die Schwierigkeit kann in tatsächlicher und/oder rechtlicher Hinsicht begründet sein. Es sind die Gesamtumstände der konkreten Vormundschaft zu berücksichtigen. Diesem Merkmal kommt nach den Änderungen durch das 1. BtÄndG nur noch eine geringe Bedeutung zu. Das Gericht muss nämlich bereits bei der Auswahl eines Vormundes den im Einzelfall bestehenden Schwierigkeiten Rechnung tragen und eine entsprechend qualifizierte Person auswählen. 135

Die von der bisherigen Rechtsprechung zu einer vergütungserhöhenden Schwierigkeit in Betreuungsverfahren entwickelten Grundsätze können – unter Beachtung der Besonderheiten einer Vormundschaft – weiter als maßgebend gelten. Danach ist ein außergewöhnliches Engagement oder eine andere – besondere – Schwierigkeit für den Vormund im konkreten Abrechnungszeitraum zu verlangen. Beides muss über den Zeitaufwand bzw. die Schwierigkeiten im Regelfall einer Vormundschaft mit entsprechenden Aufgaben deutlich hinausgehen. Eine Vergütung nach den Stundensätzen des VBVG müsste zudem zu der vom Vormund erbrachten Leistung – gemessen an seiner konkreten Qualifikation – in einem deutlichen Missverhältnis stehen[548]. Dabei muss eine Gesamtwürdigung sämtlicher Faktoren erfolgen. Einzelne Umstände, die für sich eine solche vergütungserhöhende besondere Schwierigkeit nicht ausmachen, können in ihrem Zusammenwirken ausreichen. So stellt die Höhe und Zusammensetzung des Vermögens des Mündels keine besondere Schwierigkeit einer Vormundschaft dar. Bringt aber eine Vermögensverwaltung erhebliche und vielfältige Anforderungen mit sich, etwa Schwierigkeiten mit Mietern eines dem Mündel gehörenden Wohnhauses, ist das Zusammenwirken mit einem Testamentsvollstrecker und einem Gegenvormund erforderlich, und ist der Mündel wenig kooperativ sowie zeitweise vermisst, kommt eine Erhöhung des Stundensatzes des § 3 Abs. 1 VBVG in Betracht[549]. Die Höhe des Stundensatzes hängt vom jeweiligen Einzelfall ab[550]. 136

Die Gerichte billigen insbesondere beruflichen Nachlasspflegern – für sie ist § 3 Abs. 3 VBVG gemäß § 1915 BGB anwendbar – erhöhte Stundensätze in Höhe von 100,– bis 150,– € zu[551]. 136a

547 Dazu siehe Dodegge, NJW 2004, 2641

548 BGH BtPrax 2001, 30; BayObLG BtPrax 2001, 75, 77; OLG Hamm FamRZ 2001, 655 (LS); OLG Zweibrücken BtPrax 2001, 78; OLG Karlsruhe NJW 2001, 1220; OLG Frankfurt a.M. FGPrax 2000, 147; 2001, 73; OLG Düsseldorf FGPrax 2000, 197; OLG Brandenburg FGPrax 2001, 73

549 OLG Frankfurt a.M. FamRZ 2001, 711: 41 € bei einem Vermögen von ca. 1,75 Mio. €; BayObLG NJW-RR 2002, 652: bei einem Vermögen von ca. 1 Mio. €

550 Vgl. dazu OLG Zweibrücken NJW-RR 2008, 369; OLG Dresden NJOZ 2007, 5635 ff.

551 OLG Stuttgart FamRZ 2018, 537: 100,– €, solange Aktivnachlass vorhanden ist und Rpfleger 2013, 396; OLG Karlsruhe NJW 2015, 2051: 90,– €; OLG Frankfurt a.M. BtPrax 2015, 165 (LS): 100,– €; OLG Saarbrücken FamRZ 2015, 2003: 125,– €; OLG Köln BtPrax 2013, 256; OLG Jena BtPrax 2013, 158; OLG Düsseldorf FamRZ 2014, 1662: 75,– € und FGPrax 2013, 69; OLG Schleswig BtPrax 2013, 174 (LS); KG FamRZ 2012, 818; OLG Celle Rpfleger 2012, 257; OLG Naumburg NJW-RR 2011, 737. Differenzierter OLG Jena NJW-RR 2013, 1229: nur bei schwierigen Fällen 115,– €

Besondere Schwierigkeiten können sich im Einzelnen ergeben aus:

137 – Verhalten und Persönlichkeit des Mündels bei unmittelbarer, erschwerender Auswirkung auf die Führung der Vormundschaft, z.B. erhebliches aggressives Verhalten dem Vormund gegenüber oder aktives Behindern seiner Tätigkeit[552];

– Verhalten des persönlichen Umfeldes des Mündels, das dazu führt, dass die Vormundschaft wesentlich behindert oder gar sabotiert wird[553];

– Erfordernis besonderer Fachkenntnisse, die an sich erst in einer höheren Vergütungsgruppe als der des Vormundes vorausgesetzt werden[554];

– schwieriger Wohnungsauflösung mit dort befindlichen erheblichen Vermögensgegenständen[555];

– Höhe und Zusammensetzung des Vermögens und Notwendigkeit der Beurteilung ausländischer Rechtsgeschäfte[556] oder

– dem Erfordernis, im Rahmen der Durchsetzung von Renten und der Erstellung von Steuererklärungen zugunsten des Mündels gegen Behörden vorzugehen, Rechtsmittel einlegen zu müssen und erfolgreich durchzusetzen[557].

138 Vergütungserhöhende **Schwierigkeiten liegen dagegen nicht vor**, wenn

– sich die konkreten Schwierigkeiten auf frühere Abrechnungszeiträume beziehen[558];

– sich der anwaltliche Vormund in eine besondere Rechtsvorschrift einarbeiten und einen Vertragsentwurf erstellen muss[559];

– überwiegend einfache verwaltungsmäßige Tätigkeiten und Organisationsmaßnahmen ausgeübt werden[560];

– die Angehörigen des Betroffenen zerstritten sind und es an der Kooperationsbereitschaft eines weiteren Vormundes fehlt[561];

– das Anwaltsbüro des Vormundes einen erhöhten Kostenaufwand im Vergleich zu anderen aufweist[562];

– alle Aufgabenkreise regelungsbedürftig sind und der Mündel früher problematisch war[563];

– ein (erhebliches) Vermögen zu verwalten ist[564];

---

552 Deinert/Lütgens, Rn. 657. Ich habe z.B. in anhängigen Verfahren erlebt, dass der Betreute sich im fahrenden Pkw des Betreuers mit einem Messer in suizidaler Absicht Stichverletzungen zufügte, in die Privatwohnung des Betreuers bei akutem Liebeswahn mehrfach eingebrochen ist, tageweise durch krankheitsbedingtes Verhalten die normale Bürotätigkeit einer Anwaltssozietät zum Erliegen brachte oder den Betreuer nächtelangem Telefonterror aussetzte.

553 Ich habe Angehörige erlebt, die Betreuer immer wieder tätlich angegriffen haben, z.T. mit Waffen, die den Zugang zum Betreuten zu hindern suchten, die Hilfen blockierten oder gar notwendige Medikamenteneinnahmen vereitelten oder den Betreuten mit Suchtmitteln versorgten.

554 Besondere Fachkenntnisse können nämlich bewertend einfließen, BGH BtPrax 2001, 30.

555 LG Köln BtPrax 2003, 231f.

556 BayObLG FGPrax 2004, 236

557 BayObLG BtPrax 2001, 252

558 BGH BtPrax 2001, 30

559 BayObLG BtPrax 2001, 75: betreffend Art.18 AGBG

560 OLG Hamm FamRZ 2001, 655 (LS)

561 OLG Karlsruhe NJW 2001, 1220

562 OLG Frankfurt a.M. FGPrax 2000, 147; BayObLG BtPrax 2001, 262

563 BGH BtPrax 2001, 30; FamRZ 2000, 1569

564 OLG Brandenburg FGPrax 2001, 73 für ein Vermögen von ca. 5500,– €

- die Tätigkeit sehr zeitaufwendig und intensiv ist[565] oder
- Mehrfachqualifikationen vorliegen[566].

Auch die Billigung eines erhöhten Stundensatzes durch den Verfahrenspfleger im Vergütungsverfahren genügt nicht[567].

ee. Verzinsung 139

Eine Verzinsung der Vergütung ist nicht vorgesehen und kann daher nur nach allgemeinen Grundsätzen nach Verzugseintritt bestehen[568].

ff. Vereinbarung über die Vergütungshöhe

Sofern der Mündel über Vermögen verfügt, kann eine privatrechtliche Vereinbarung über die angemessene Höhe der Vergütung zwischen Vormund und Mündel in Frage kommen[569]. Da der Mündel nicht geschäftsfähig ist, bedarf es der Bestellung eines Ergänzungspflegers (§ 1909 BGB) zum Abschluss einer solchen Vereinbarung. 140

gg. Abschlag, § 3 Abs. 4 VBVG

In Abs. 4 hat der Gesetzgeber die Regelung des § 1836 Abs. 2 Satz 3 BGB a.F. übernommen. Für bereits geleistete Tätigkeiten kann der Vormund danach sowohl vom vermögenden als auch bei mittellosen Betreuten einen Abschlag auf seine Vergütung erhalten, solange eine abschließende Berechnung noch nicht möglich ist[570]. Nach dem Gesetzeswortlaut hat der Betreuer einen Anspruch auf Bewilligung eines Abschlages. Dem Gericht steht insoweit kein Ermessen zu. Die Beantragung eines Abschlages in vierteljährlichem Abstand wird für angemessen erachtet[571]. Dies ergibt sich jetzt auch aus dem § 9 VBVG. 141

hh. Erlöschen der Vergütung, § 2 VBVG

(1) Überblick

Die im § 1836 Abs. 4 Satz 2 BGB a.F. enthaltenen Regelungen zum Erlöschen von Vergütungsansprüchen eines Berufsvormundes (-pflegers, -betreuers) sind unverändert in den § 2 VBVG übernommen worden. Sie gelten nur im Fall der berufsmäßigen Ausübung des Amtes als Vormund (Pfleger bzw. Betreuer), weil § 1836 Abs. 1 Satz 3 BGB nur dann auf die Regelungen des VBVG verweist. Demzufolge gelten sie nicht für die ausnahmsweise mögliche Vergütung eines ehrenamtlichen Betreuers nach § 1836 Abs. 2 BGB[572]. Die Vorschrift gilt nicht nur für Vergütungsansprüche gegen die Staatskasse, sondern auch gegen den vermögenden Mündel (Pflegling bzw. Betreuten). 142

565 OLG Karlsruhe BtPrax 2002, 124, 125

566 Sie reichen allein nicht, BayObLG BtPrax 2001, 252

567 BayObLG FPR 2004, 710

568 BayObLG FamRZ 2002, 767: in entsprechender Anwendung des § 291 BGB erst ab Rechtskraft der Festsetzung; LG Karlsruhe FamRZ 2004, 1816

569 OLG München BtPrax 2008, 129 ff.; HK-BUR-Bauer, § 1836 BGB, Rn. 63; Damrau/Zimmermann, § 1836 BGB, Rn. 11; offengelassen von: BayObLG FamRZ 2002, 130f, bzgl. einer Stundensatzvereinbarung zwischen Betreuer und Erben des Betreuten. Der Vereinbarung wurde Indizcharakter zugemessen. A.A. LG Saarbrücken FamRZ 2009, 1091 (LS); LG Köln FamRZ 2009, 371 (LS): Vergütungsanspruch beruht auf der Übernahme eines öffentlichen Amtes und ist gesetzlich geregelt.

570 Es besteht aber auch eine Berechtigung zur endgültigen Abrechnung bereits erbrachter Tätigkeiten, vgl. OLG Stuttgart FamRZ 2018, 536=BtPrax 2018, 83 (LS): Nachlasspflegschaft.

571 Deinert/Lütgens, Rn. 721, auch zur Problematik von Überzahlungen aufgrund später eingetretener Mittellosigkeit des Betreuten. Zeichnet sich eine solche ab, sollte der Betreuer statt eines Abschlages besser Vergütung beantragen, wenn er Stundensätze über dem VBVG begehrt. Nach Damrau/Zimmermann, § 3 VBVG, Rn. 49, kann jederzeit ein Abschlag beantragt werden.

572 Damrau/Zimmermann, § 2 VBVG, Rn. 1

§ 2 VBVG Erlöschen der Ansprüche

[1]Der Vergütungsanspruch erlischt, wenn er nicht binnen 15 Monaten nach seiner Entstehung beim Familiengericht geltend gemacht wird; die Geltendmachung des Anspruchs beim Familiengericht gilt dabei auch als Geltendmachung gegenüber dem Mündel. [2]§ 1835 Abs. 1a des Bürgerlichen Gesetzbuchs gilt entsprechend.

(2) Voraussetzungen des Erlöschens

143 Der Anspruch erlischt **(Ausschlussfrist)**, wenn er nicht binnen 15 Monaten nach seiner Entstehung beim Familien- bzw. Betreuungsgericht geltend gemacht wird[573]. Nach § 2 Satz 1 Hs. 2 VBVG gilt die Geltendmachung des Anspruchs beim Familien- bzw. Betreuungsgericht auch als Geltendmachung gegenüber dem Mündel bzw. Betreuten. Daraus folgt, dass die gerichtliche Geltendmachung des Vergütungsanspruchs gegenüber der Staatskasse die Frist des § 2 Satz 1 Hs. 1 VBVG auch in Bezug auf die Möglichkeit einer späteren Inanspruchnahme des Mündel bzw. Betreuten wahrt[574]. Denkbar sind solche Fälle, wenn sich erst im Festsetzungsverfahren ergibt, dass der Betroffene bemittelt ist. Umgekehrt wahrt der ursprüngliche Festsetzungsantrag gegen den bemittelten Betroffenen auch die Frist gegenüber der Staatskasse[575], etwa weil sich herausstellt, dass der Betroffene mittellos ist.

Geltend machen bedeutet, den Anspruch zu beziffern, vgl. §§ 2 Satz 2 VBVG, 1835 Abs. 1a Satz 4 BGB. Belege können nachgereicht werden. Eine Geltendmachung der Ansprüche dem Grunde nach genügt nicht. Es bedarf vielmehr zumindest nachvollziehbarer Angaben über den Zeitaufwand sowie Art und Umfang einzelner Tätigkeiten[576], im Fall der pauschalen Vergütung nach §§ 4, 5 VBVG bedarf es der Angabe, für welchen Zeitraum die Vergütung geltend gemacht wird[577].

Grundsätzlichen verfassungsrechtlichen Bedenken in Hinblick auf Art. 12 und 14 GG unterliegt die Ausschlussfrist des § 2 VBVG nicht[578].

143a Der Anspruch auf eine Vergütung entsteht jeweils mit der einzelnen, durchgeführten Tätigkeit[579] bzw. im Fall der pauschalierten Vergütung ab der wirksamen Anordnung der Betreuung zu dem Zeitpunkt, zu dem dem Berufsbetreuer eine zusammenfassende Abrechnung möglich und zumutbar ist[580]. Selbst wenn dem Berufsbetreuer seine Bestellung unbekannt ist[581] oder die Bestellung in Unkenntnis des Todes des Betroffenen erfolgt, besteht ein Vergütungsanspruch des Berufsbetreuers[582].

---

573 § 2 VBVG gilt auch für den berufsmäßigen Nachlasspfleger, OLG Frankfurt a.M. FamRZ 2017, 1881. Für den berufsmäßigen Verfahrensbeistand in einer Kindschaftssache gilt entsprechend § 1835 Abs. 1 Satz 3 BGB ebenfalls eine 15-monatige Ausschlussfrist, vgl. BGH ZKJ 2017, 67 = FamRZ 2017, 231. Für den Nachlassverwalter gilt § 2 VBVG nicht, BGH FamRZ 2018, 958 = MDR 2018, 679

574 BGH BtPrax 2015, 237

575 BGH BtPrax 2015, 237

576 BGH BtPrax 2013, 153: Der Antrag muss Prüfung und Feststellung der zutreffenden Vergütungshöhe ermöglichen; KG FamRZ 2013, 1606

577 OLG Frankfurt a.M. MDR 2002, 156: zum alten Recht. Nur in dieser Höhe tritt Fristwahrung ein, OLG Hamm BtPrax 2009, 130 ff.

578 BVerfG FamRZ 2015, 2040

579 BGH BtPrax 2013, 109; OLG Köln FamRZ 2013, 1837; BayObLG FamRZ 2003, 438; OLG Schleswig BtPrax 2002, 271; LG Mönchengladbach NJOZ 2008, 1185 ff.

580 BGH BtPrax 2012, 118: Einen zeitlichen Anhaltspunkt setzt dafür § 9 VBVG, der Abrechnungszeiträume von drei Monaten vorgibt.

581 AG Weißenburg BtPrax 2011, 137

582 AG Gelnhausen NJOZ 2013, 1084

Besucht z. B. der Vormund (Pfleger bzw. Betreuer im Fall des § 6 VBVG) den Mündel (Pflegling bzw. Betreuten) am 15. Mai 2018, so endet die Frist zur Geltendmachung der darauf entfallenden Vergütung am 15. August des folgenden Jahres. Im Fall der pauschalierten Betreuervergütung nach §§ 4, 5 VBVG kann die Ausschlussfrist bei einer wirksamen Anordnung der Betreuung am 15. Mai 2018 erst in dem Moment zu laufen beginnen, in dem als eine Geltendmachung der Ansprüche möglich wäre. Da nach § 9 VBVG frühestens nach Ablauf von drei Monaten abgerechnet werden kann, beginnt die Ausschlussfrist demgemäß am 16. August 2018.

Inzwischen hat auch der BGH entschieden, dass für die pauschale Vergütung nach §§ 4, 5 VBVG grundsätzlich die Ausschlussfrist zur Geltendmachung der Vergütung erst mit dem Tag beginnt, an dem der Anspruch gemäß § 9 VBVG erstmals geltend gemacht werden kann[583]. **143b**

Das Betreuungsgericht trifft keine Verpflichtung, einen Berufsvormund (-pfleger oder -betreuer) auf das Ablaufen dieser Ausschlussfrist hinzuweisen[584]. Ein vorsorglicher Vergütungsantrag ohne weitere Angaben zur Überprüfung der geltend gemachten Vergütung, z.B. hinsichtlich des Stundenansatzes, genügt zur Fristwahrung nicht[585]. Bei Versäumung der Frist ist eine Wiedereinsetzung in den vorherigen Stand wegen Versäumung der Frist ebenso ausgeschlossen wie eine Hemmung der Frist[586]. **143c**

Der Umstand, dass in der Vergangenheit einmal eine Vergütung ohne Berücksichtigung der Ausschlussfrist festgesetzt wurde, begründet keinen Vertrauenstatbestand, dahin, dass die Ausschlussfrist auch zukünftig unbeachtet bleibt[587]. Die Versäumung der Frist kann allenfalls nach Treu und Glauben unbeachtlich sein[588].

Das Gericht kann die 15-monatige Frist nach §§ 2 Satz 2 VBVG, 1835 Abs. 1a Satz 1 BGB abändern. Demzufolge muss die Frist mindestens zwei Monate betragen[589] und kann auf Antrag[590] – vor Fristablauf – verlängert werden, vgl. §§ 2 Satz 2 VBVG, 1835 Abs. 1a Satz 3 BGB[591]. Die Fristverlängerung muss ausdrücklich erfolgen[592]. Auf die Folgen der Fristversäumung ist der Betreuer hinzuweisen. Bei Versäumung der so festgelegten Frist ist ebenfalls keine Wiedereinsetzung möglich[593]. **143d**

---

583 BtPrax 2013, 109. Ebenso bereits früher OLG Brandenburg FamRZ 2010, 65 (LS); KG BtPrax 2009, 37; OLG Dresden FamRZ 2008, 1285.

584 BGH BtPrax 2013, 152; BayObLG FamRZ 2004, 1137; OLG Dresden FamRZ 2004, 137

585 KG BtPrax 2013, 113

586 OLG Schleswig BtPrax 2002, 271

587 OLG Hamm BtPrax 2015, 165 (LS)

588 Etwa wenn das Gericht von Amts wegen vor Fristablauf eine Vergütung nach § 168 Abs.1 FamFG festsetzen könnte, Damrau/Zimmermann, § 2 VBVG, Rn. 9, das Verhalten des Gläubigers ursächlich für die Fristversäumung war, BGH BtPrax 2013, 152; OLG Koblenz FamRZ 2003, 190 f. oder das Gericht trotz Erlöschens des Anspruchs weitere Tätigkeiten verlangt, OLG Zweibrücken BtPrax 2015, 165 (LS).

589 Eine solche Verkürzung wird nur in Betracht kommen, wenn die Vormundschaft (Pflegschaft, Betreuung) unzweifelhaft beendet ist und ein zügiger Verfahrensabschluss erreicht werden soll, vgl. Jürgens-Jürgens, § 2 VBVG, Rn. 2, darf aber nicht dazu führen, dass der Anspruch erlischt, bevor er geltend gemacht werden kann, vgl. den Fall des § 9 VBVG.

590 Es bedarf eines konkreten Antrages, OLG Frankfurt a.M. BtPrax 2003, 220; a.A. OLG Bremen NJOZ 2012, 1913

591 Etwa bei längerer Erkrankung des Vormundes, Pflegers oder Betreuers; a.A. LG Koblenz FamRZ 2003, 1970 (LS)

592 OLG München FamRZ 2008, 2296 f.

593 BayObLG FamRZ 2004, 1137; OLG Schleswig BtPrax 2002, 271

ii. Anspruchsverpflichteter

144 Der Vergütungsanspruch richtet sich grundsätzlich gegen den vermögenden Mündel (Pflegling bzw. Betreuten) bzw. nach dessen Tod gegen seine Erben[594]. Ein Vormund bzw. ein Betreuer, dem die Vermögenssorge zusteht, kann nach wirksamer Festsetzung der Vergütung durch das Betreuungsgericht den entsprechenden Betrag dem Vermögen des Mündels bzw. Betreuten entnehmen. Einer gerichtlichen Genehmigung bedarf es nicht.

Steht kein Bargeld nach § 1806 BGB zur Verfügung, hat der Vormund bzw. Betreuer Anspruch darauf, dass das Betreuungsgericht ihm nach §§ 1812 ff., 1821 ff. eine Genehmigung erteilt, auf das vorhandene angelegte (Grund-)Vermögen zurückzugreifen.

▶ *Zu weiteren Einzelheiten der Entnahme aus dem Vermögen des Betreuten vgl. oben Rn. 49*

145 Steht dem Betreuer die Vermögenssorge nicht zu oder wird die Vergütung von einem Gegenbetreuer bzw. Pfleger geltend gemacht, muss sich der Berechtigte mit dem Festsetzungsbeschluss an den Betroffenen bzw. an dessen Bevollmächtigten oder insoweit bestellten Vormund bzw. Betreuer, ggf. nach dem Tod des Betroffenen an dessen Erben wenden. Wird nicht gezahlt, ermöglicht § 86 Abs. 1 Nr. 1 FamFG eine Vollstreckung aus dem Festsetzungsbeschluss (zu weiteren Einzelheiten siehe oben Rn. 48).

146 Ist der Mündel, Pflegling bzw. Betreute mittellos i.S.d. § 1836c, d BGB, kann der Vormund, Pfleger bzw. Betreuer die Vergütung aus der Staatskasse verlangen, § 1 Abs. 2 VBVG. Der Anspruch des Vormundes, Pflegers bzw. Betreuers gegen den Mündel, Pflegling bzw. Betreuten geht in diesem Fall auf die Staatskasse über, § 1836e Abs. 1 Satz 1 BGB.

▶ *Zum gesetzlichen Forderungsübergang vgl. Kommentierung zu § 1836e BGB, unten Rn. 273 ff.*

Der Anspruch gegen die Staatskasse ist nach § 168 Abs. 1 Satz 1 FamFG zu beantragen und kann im Verwaltungsverfahren durch den Urkundsbeamten der Geschäftsstelle angewiesen bzw. durch den Rechtspfleger festgesetzt werden (dazu unten Rn. 293 und 301 f.).

jj. Anspruchsberechtigter, Abs. 4

147 § 3 VBVG gilt nach seinem Wortlaut unmittelbar für den berufsmäßigen Vormund, über § 1915 BGB für den Berufspfleger, über §§ 1836 Abs. 1 Satz 2 und 3 BGB, 6 VBVG für den Berufsbetreuer in den Sonderfällen der Betreuung und über § 277 Abs. 2 Satz 2 FamFG hinsichtlich seiner Abs. 1 und 2 auch für den Berufsverfahrenspfleger.

kk. Verfahrensrechtliches

148 Zum Verfahren auf Bewilligung und Festsetzung einer Vergütung kann auf die Ausführungen zu § 168 FamFG, unten Rn. 289 ff., verwiesen werden.

c. Vergütung des Berufsbetreuers im Regelfall §§ 4, 5 VBVG

149 Der Vergütungsanspruch eines Berufsbetreuers wird jetzt im Einzelnen im VBVG geregelt und im Gegensatz zum früheren Recht pauschaliert. Nur der für einen ehrenamtlichen Betreuer ausnahmsweise bestehende Anspruch auf Vergütung ist weiterhin im BGB geregelt, vgl. §§ 1908i Abs. 1, 1836 Abs. 2 BGB (dazu oben Rn. 90 ff.). Die für den Berufsbetreuer für den Regelfall einer Betreuung in §§ 4, 5 VBVG festgelegten monatlichen Stundenpauschalen umfassen dabei nicht nur den eigentlichen Vergütungsanspruch, sondern auch die Ansprüche auf Ersatz von Aufwendungen, die auf der Führung der Betreuung beruhen[595],

---

594 OLG Köln FamRZ 1998, 1617; BayObLG BtPrax 1996, 151

595 BGH BtPrax 2014, 174: Auslagen für die Hinzuziehung eines Gebärdendolmetschers können nicht gesondert geltend gemacht werden.

sowie nach der Gesetzeskonzeption auf Erstattung der Umsatzsteuer, die für Berufsbetreuer aber nicht mehr anfällt (siehe dazu oben Rn. 125). Wird ein Berufsbetreuer als gesetzlicher Vertreter – nicht als Zeuge – in einem straf- oder sozialgerichtlichen Verfahren des Betreuten geladen, kann der deshalb auch keine gesonderte Vergütung nach dem JVEG verlangen[596].

Vergütung kann ein Berufsbetreuer erst ab wirksamer Bestellung[597] und nur für die Dauer seiner Bestellung, nicht für die Zeit der so genannten Betreuervakanz (Zeitraum zwischen Ende der vorläufigen Betreuung und Wirksamwerden der Hauptsacheentscheidung) erhalten[598]. Der Vergütungsanspruch besteht bis zur wirksamen Beendigung der Betreuung durch Tod des Betreuten[599], Aufhebung der Betreuung[600] bzw. Entlassung des Berufsbetreuers. **149a**

Die Vergütungs- und Auslagenpauschale wird unabhängig davon gewährt, ob und in welchem Umfang Aufwendungen bzw. Betreuertätigkeit angefallen sind[601]. Hat der Betreuer allerdings dem Gericht mitgeteilt, dass die Betreuung aus seiner Sicht beendet ist und ihm zugleich den Betreuerausweis sowie einen sich bis zu diesem Zeitpunkt erstreckenden Vergütungsantrag übersandt, steht einem Vergütungsantrag für die Folgezeit bis zur gerichtlichen Aufhebung der Betreuung, in der der Betreuer keine Tätigkeit mehr entfaltet, der Einwand von Treu und Glauben gem. § 242 BGB entgegen[602]. Ein Berufsbetreuer, der zusätzlich durch weiteren Beschluss in derselben Sache als Kontrollbetreuer bestellt wird, hat nur Anspruch auf eine Pauschalvergütung[603]. **149b**

Wird das Betreueramt berufsmäßig ausgeübt, erzielt der Betreuer zwar keine Einkünfte aus Gewerbebetrieb[604], muss – auch als anwaltlicher Berufsbetreuer – seine Tätigkeit als Gewerbe anmelden[605]. Er unterliegt aber weder der Gewerbesteuer[606] noch besteht eine Beitragspflicht zur IHK[607]. **149c**

aa. Überblick

§ 4 VBVG regelt die Vergütung des Betreuers[608] bei berufsmäßiger Führung der Betreuung. Nach Abs. 1 bemisst sich die Vergütung nach dem Stundensatz des Betreuers, der sich aus seiner individuellen Qualifikation und der jeweils anzusetzenden Stundenanzahl ergibt. Die Stundensätze gelten nicht nur den Anspruch auf Vergütung ab, sondern auch die Ansprüche auf Ersatz von Aufwendungen (§ 1835 BGB) sowie der Erstattung der Umsatzsteuer, wenn eine solche erhoben wird, Abs. 2. **150**

Die Vorschrift ist in Zusammenhang mit § 5 VBVG zu sehen, wonach sich der für die Bewilligung anzusetzende Zeitaufwand nach festen monatlichen Stundenansätzen richtet. Die dort gebildeten Stundenpauschalen differenzieren nach der Dauer der Betreuung, dem Aufenthaltsort des Betreuten in einer Einrichtung oder zu Hause sowie dem Umstand, ob

596 LSG Bayern BtPrax 2012, 218; AG Köln BtPrax 2014, 97 (LS)
597 BGH BtPrax 2014, 275: Auch bei fehlerhafter Bestellung oder nachträglicher Aufhebung der Betreuung.
598 BGH BtPrax 2016, 154
599 BGH BtPrax 2016, 200
600 BGH BtPrax 2013, 252
601 BGH BtPrax 2014, 275 und 2013, 108
602 BGH BtPrax 2015, 244
603 LG Koblenz Rpfleger 2011, 182
604 BFH BtPrax 2010, 232 und NJW 2011, 110 unter Aufgabe seiner früheren Rechtsprechung in FamRZ 2005, 516. Gleiches gilt für den berufsmäßigen Verfahrenspfleger.
605 BVerwG BtPrax 2013, 155; Jahn, ThürVBl. 2013, 145
606 BFH BtPrax 2010, 232; Deinert/Lütgens, Rn. 1893 f.; a.A. VG Minden BtPrax 2009, 202 ff.
607 Deinert/Lütgens, Rn. 1900; a.A. VG Neustadt a.d.W. FamRZ 2007, 302 f.
608 Auch des Gegen- und Kontrollbetreuers, OLG Köln FGPrax 2008, 155

der Betreute bemittelt oder mittellos ist. Die Vorschrift gilt für alle Tätigkeiten eines Betreuers ab dem 1.7.2005, vgl. Artikel 229, § 14 EGBGB[609].

§ 4 VBVG Stundensatz und Aufwendungsersatz des Betreuers

(1) [1]Die dem Betreuer nach § 1 Abs. 2 zu bewilligende Vergütung beträgt für jede nach § 5 anzusetzende Stunde 27 Euro. [2]Verfügt der Betreuer über besondere Kenntnisse, die für die Führung der Betreuung nutzbar sind, so erhöht sich der Stundensatz

1. **auf 33,50 Euro, wenn diese Kenntnisse durch eine abgeschlossene Lehre oder eine vergleichbare abgeschlossene Ausbildung erworben sind;**
2. **auf 44 Euro, wenn diese Kenntnisse durch eine abgeschlossene Ausbildung an einer Hochschule oder durch eine vergleichbare abgeschlossene Ausbildung erworben sind.**

(2) [1]Die Stundensätze nach Absatz 1 gelten auch Ansprüche auf Ersatz anlässlich der Betreuung entstandener Aufwendungen sowie anfallende Umsatzsteuer ab. [2]Die gesonderte Geltendmachung von Aufwendungen im Sinne des § 1835 Abs. 3 des Bürgerlichen Gesetzbuchs bleibt unberührt.

(3) [1]§ 3 Abs. 2 gilt entsprechend. [2]§ 1 Abs. 1 Satz 2 Nr. 2 findet keine Anwendung.

609 Die Pauschalen können nicht schon vor dem 1.7.2005 zugrunde gelegt werden, OLG und LG Zweibrücken NJOZ 2005, 982 und FamRZ 2004, 1752. Zur Rechtslage bis zum 30.6.2005 siehe 1. Auflage, Teil F Rn. 124 ff.

Übersicht: Vergütungsgrundlagen für Betreuer

Grundlage: § 1908i Abs. 1 BGB i.V.m.	§§ 1836 Abs. 1 Satz 2, 3 BGB, 1, 4, 5 VBVG	§ 1836 Abs. 2 BGB	§§ 1836 Abs. 1 Satz 2, 3 BGB, 1, 7 Abs. 1 i.V.m. §§ 4, 5 VBVG	§ 1836 Abs. 2 BGB i.V.m § 8 Abs.1 VBVG	§§ 1836 Abs. 1 Satz 2, 3 BGB, §§ 1, 6 i.V.m. 3 VBVG
Bemessung/ Umfang	Besondere für eine Betreuung allgemein nutzbare Fachkenntnisse Stundensatz nach § 4 VBVG mit pauschalem Stundenansatz nach § 5 Abs. 1 VBVG bei vermögenden und nach § 5 Abs. 2 VBVG bei mittellosen Betreuten	Angemessenheit Umfang oder Schwierigkeit der betreuungsrechtlichen Geschäfte	Besondere für eine Betreuung allgemein nutzbare Fachkenntnisse Stundensatz nach § 4 VBVG Pauschaler Stundenansatz nach § 5 Abs.1 VBVG bei vermögenden und nach § 5 Abs. 2 VBVG bei mittellosen Betreuten	Angemessenheit Umfang oder Schwierigkeit der betreuungsrechtlichen Geschäfte	Besondere für eine Betreuung allgemein nutzbare Fachkenntnisse Aufgewandte und erforderliche Zeit Stundensatz nach § 3 Abs.1 VBVG
Berechtigt	Berufsbetreuer nach §§ 1836 Abs. 1 Satz 2, 3 BGB, 1 Abs. 1, 2 VBVG nicht Verein bzw. Behörde, § 1836 Abs. 3 BGB	Ehrenamtliche Betreuer nicht Verein bzw. Behörde, § 1836 Abs. 3 BGB	Betreuungsverein für Vereinsbetreuer	Betreuungsbehörde für den Behördenbetreuer	Berufsbetreuer und Verein für Vereinsbetreuer, vgl. § 7 Abs. 2 VBVG, im Falle der Bestellung als Betreuer nach § 1899 Abs. 2 oder 4 (nur bei rechtlicher Verhinderung) BGB Nicht Verein selbst oder Behörde selbst, vgl. § 1836 Abs. 3 BGB bzw. für angestellten Behördenbetreuer, vgl. § 8 Abs. 1 VBVG
Verpflichtet	Vermögender Betreuter bzw. die Staatskasse für mittellose Betreute, § 1 Abs. 2 Satz 2 VBVG	Vermögender Betreuter	Vermögender Betreuter bzw. die Staatskasse für mittellosen Betreuten, § 1 VBVG	Vermögender Betreuter	Vermögender Betreuter bzw. die Staatskasse für mittellose Betreute, § 1 Abs. 2 Satz 2 VBVG

bb. Stundensatz des Betreuers, Abs. 1

151 Wie § 3 Abs. 1 VBVG legt § 4 Abs. 1 VBVG drei Vergütungsstufen fest. Welche Vergütungsstufe ein Betreuer erreicht, hängt von seiner individuellen Qualifikation ab. Diese fließt nämlich unter dem Stichwort der nutzbaren besonderen Kenntnisse ein. Die Stundenansätze gelten unabhängig davon, ob der Betreute die Vergütung selbst zahlt oder sie aus der Staatskasse geleistet wird[610].

Hinsichtlich eines einmal gewährten (höheren) Stundensatzes besteht kein Vertrauensschutz für die Zukunft[611]. Der Betreuer muss nämlich damit rechnen, dass der vom Amtsgericht zugebilligte Stundesatz bei einer Überprüfung durch das Beschwerdegericht herab gesetzt wird.

(1) Grundsatz

152 Nach § 4 Abs. 1 Satz 1 VBVG stehen einem Betreuer[612] als Mindestvergütung pro Stunde 27,– € zu. Diesen Stundensatz erhalten alle Betreuer ohne Ausbildung, aber auch Betreuer mit einer Ausbildung, die in ihrem Kernbereich nicht auf die Vermittlung betreuungsrelevanter Kenntnisse ausgerichtet ist. Gleiches gilt, wenn eine Ausbildung nicht abgeschlossen wird.

▶ *Zu Einzelheiten und Fallbeispielen aus der Rechtsprechung vgl. oben Rn. 114*

(2) Besondere für die Führung der Betreuung nutzbare Kenntnisse, Abs. 1 Satz 2

153 Nach Abs. 1 Satz 2 Nrn. 1 und 2 erhöht sich der Stundensatz auf 33,50 € bzw. 44,– €, wenn der Betreuer über besondere Kenntnisse verfügt, die für die Führung der Betreuung nutzbar sind und diese Kenntnisse durch eine bestimmte abgeschlossene Ausbildung erworben worden sind.

(a) Besondere Kenntnisse

154 Der Begriff der besonderen Kenntnisse des § 4 Abs. 1 VBVG entspricht dem des § 3 Abs. 1 VBVG[613]. Auf die dortigen Ausführungen, vgl. Rn. 116 f., kann verwiesen werden.

(b) Nutzbarkeit

155 Die besonderen Kenntnisse müssen für die Führung einer Betreuung generell nutzbar sein. Hier gilt im Grundsatz nichts anderes als im Rahmen des § 3 Abs. 1 VBVG.

▶ *Zu der Nutzbarkeit besonderer Kenntnisse vgl. oben Rn. 118*

Da § 4 Abs. 3 Satz 1 VBVG zudem auf § 3 Abs. 2 VBVG verweist, wird auch bei einem Betreuer vermutet, dass seine vorhandenen besonderen Kenntnisse im Einzelfall nutzbar sind. Dies gilt nur dann nicht, wenn das Gericht bei der Bestellung des Betreuers aus besonderen Gründen etwas anderes bestimmt hat, vgl. §§ 4 Abs. 3 Satz 1, 3 Abs. 2 Satz 2 VBVG.

▶ *Zur Vermutung der Nutzbarkeit besonderer Kenntnisse vgl. oben Rn. 126 f.*

610 BT-Drs. 15/4874, S. 31
611 BGH FamRZ 2014, 117 f.
612 Sind entgegen § 1899 Abs. 1 Satz 3 BGB mehrere Berufsbetreuer bestellt, erhält jeder die Pauschalvergütung, OLG Hamm FGPrax 2007, 81 f.
613 Vgl. auch Deinert/Lütgens, Rn. 503 ff.

(c) Ausbildung

Um welchen Stundensatz sich die Vergütung eines Betreuers erhöht, hängt davon ab, welche Art von Ausbildung der Betreuer zur Erlangung seiner besonderen Kenntnisse abgeschlossen hat. **156**

Nach § 4 Abs. 1 Satz 2 Nr. 1 VBVG erhöht sich der Stundensatz auf 33,50 €, wenn die Kenntnisse durch eine abgeschlossene Lehre oder eine vergleichbare abgeschlossene Ausbildung erworben sind. Sind die Kenntnisse durch eine abgeschlossene Ausbildung an einer Hochschule oder durch eine vergleichbare abgeschlossene Ausbildung erworben worden, beträgt nach § 4 Abs. 1 Satz 2 Nr. 2 VBVG der Stundensatz 44,– €. Auch insoweit kann auf die Ausführungen oben im Rahmen des § 3 VBVG verwiesen werden, und zwar im Einzelnen:

- *Zum Abschluss einer Lehre vgl. oben Rn. 120 f.*
  Zum Abschluss einer einer Lehre vergleichbaren Ausbildung vgl. oben Rn. 121
  Zum Abschluss eines Hochschulstudiums vgl. oben Rn. 122
  Zum Abschluss einer einem Hochschulstudium vergleichbaren Ausbildung vgl. oben Rn. 123

(d) Nachqualifizierung

Durch eine Nachqualifizierung nach § 11 VBVG oder Abschluss einer Lehre bzw. eines Hochschulstudiums kann ein Berufsbetreuer im Einzelfall eine höhere Vergütungsstufe erreichen. **157**

- *Zur Nachqualifizierung vgl. oben Rn. 130 ff.*

(3) Inklusivstundensatz, Abs. 2

Neben dem Vergütungsanspruch deckt die Pauschale nach Abs. 1 auch die Ansprüche des Betreuers auf die Erstattung anfallender Umsatzsteuer[614] und entstandener Aufwendungen[615] ab, Satz 1. Bei der Festlegung der Höhe des jeweiligen Stundensatzes hat der Gesetzgeber pro anzusetzender Stunde einen pauschalen Aufwendungsersatz von 3,– € zugrunde gelegt[616]. **158**

Soweit ein anerkannter Betreuungsverein, der nach §§ 1 Abs. 2, 7 Abs. 1 Satz 1, 4, 5 VBVG ebenfalls eine Vergütung für seinen zum Betreuer bestellten Mitarbeiter verlangen kann, ursprünglich eine niedrigere Umsatzsteuer als ein freiberuflicher Betreuer zu entrichten hatte, war dieser Vorteil gewollt[617], ist aber spätestens seit dem 1.7.2013 entfallen und muss von daher zukünftig seitens des Gesetzgebers kompensiert werden (siehe dazu auch oben Rn. 125).

Nach Satz 2 allerdings bleibt der Anspruch nach § 1835 Abs. 3 BGB vom Ausschluss des Aufwendungsersatzanspruches unberührt. Demzufolge kann ein Berufsbetreuer (nicht der Verein für den Vereinsbetreuer, vgl. § 7 Abs. 1 Satz 2 VBVG) für Dienste, die zu seinem Gewerbe oder seinem sonstigen Beruf gehören, Aufwendungsersatz geltend machen. Das ermöglicht einem entsprechend qualifizierten Berufsbetreuer, Einkünfte über die feste Vergütungspauschale hinaus zu erzielen. Nach der Gesetzesfassung können nämlich Vergü-

614 Ein Betreuer, der nicht umsatzsteuerpflichtig ist, erhält trotzdem den vollen Stundensatz, BGH BtPrax 2013, 108. Eine Umsatzsteuerverpflichtung besteht indes nicht mehr, vgl. BFH BtPrax 2013, 153 und für die ab 1.7.2013 erbrachten Leistungen § 4 Nr. 16k EStG (siehe oben Rn. 125).

615 Etwa für die Hinzuziehung eines Dolmetschers, OLG Schleswig BtPrax 2009, 85 f.; OLG Frankfurt a.M. FamRZ 2009, 1008 f.

616 BT-Drs. 15/2494, S. 35 f. Dabei hat er die Ergebnisse einer rechtstatsächlichen Untersuchung zur Höhe der Aufwendungen bei der Führung von Betreuungen als Maßstab genommen, vgl. Sellin/Engels, S. 160 ff.

617 BT-Drs. 15/4874, S. 31: Betreuungsvereine sollen gezielt gefördert werden.

tungsansprüche nach §§ 4, 5 VBVG und Aufwendungsersatzansprüche nach § 1835 Abs. 3 BGB kumulativ geltend gemacht werden[618].

► *Zum Aufwendungsersatz nach § 1835 Abs. 3 BGB vgl. Rn. 43 ff.*

(4) Erhöhung der Stundensätze, Abschlagszahlungen, Abs. 3

159 Abs. 3 Satz 1 erklärt nur Abs. 1 und 2 des § 3 VBVG für entsprechend anwendbar. Demzufolge kommt eine Erhöhung des Stundensatzes eines Berufsbetreuers selbst bei besonderer Schwierigkeit der betreuungsrechtlichen Geschäfte gegenüber einem vermögenden Betreuten nicht in Betracht[619]. Die Verweisung auf § 3 Abs. 3 VBVG fehlt. Sie war im ursprünglichen Entwurf noch vorgesehen[620], ließ sich im Gesetzgebungsverfahren aber nicht durchsetzen. Die fehlende Verweisung lässt sich damit erklären, dass einem Betreuer in § 5 Abs. 1 VBVG höhere Stundenansätze bei bemittelten Betreuten als in § 5 Abs. 2 VBVG bei mittellosen Betreuten zugebilligt werden[621].

Erkennt ein Betreuer, dass die Vermögensverwaltung derart aus dem Rahmen üblicher Betreuungen fällt, dass die Wahrnehmung zu den Pauschalsätzen billigerweise nicht erwartet werden kann, muss er Teile davon durch Dritte, z.B. Steuerberater, wahrnehmen lassen[622]. Ausnahmsweise kann ein Ergänzungsbetreuer bestellt werden, um für den Betroffenen eine vertragliche Vereinbarung mit dem Betreuer zur Vergütung dieser Vermögensverwaltung zu vereinbaren.

Ebenso wenig kann ein Betreuer einen Abschlag auf seine Vergütung erhalten, da die Verweisung auf § 3 Abs. 4 VBVG fehlt[623]. Dies wird damit begründet, dass für die Vergütungsabrechnung des Betreuers nunmehr Abrechnungszeiträume nach § 9 VBVG vorgesehen sind[624].

Abs. 3 Satz 2 schließlich erklärt § 1 Abs. 1 Satz 2 Nr. 2 VBVG, in dem ein Regelbeispiel für die Berufsmäßigkeit einer Amtsführung aufgeführt ist, für nicht anwendbar. Dies ist folgerichtig, weil ein Berufsbetreuer für seine Tätigkeit nicht nach der für die Führung der Betreuung erforderlichen Zeit vergütet wird, sondern nach einem pauschalierten Stundenansatz.

cc. Stundenansatz des Betreuers

160 Den Zeitaufwand, den ein Betreuer pro Monat und Betreuung zugrunde legen kann, legt § 5 VBVG verbindlich fest.

§ 5 VBVG Stundenansatz des Betreuers

(1) [1]Der dem Betreuer zu vergütende Zeitaufwand ist

1. in den ersten drei Monaten der Betreuung mit fünfeinhalb,

2. im vierten bis sechsten Monat mit viereinhalb,

3. im siebten bis zwölften Monat mit vier,

4. danach mit zweieinhalb

Stunden im Monat anzusetzen. [2]Hat der Betreute seinen gewöhnlichen Aufenthalt nicht in einem Heim, beträgt der Stundenansatz

---

618 Vor dem 1.1.2005 war eine gleichzeitige Geltendmachung nicht möglich, vielmehr musste der Berufsbetreuer wählen, welchen der beiden Ansprüche er geltend machen will.
619 OLG München NJW-RR 2007, 513 f.
620 Vgl. § 1908l Abs. 4 BGB-E in BT-Drs. 15/2494, S. 34
621 Dies sah § 1908l Abs. 1 und 2 BGB-E nicht vor.
622 OLG München BtPrax 2008, 129 ff.
623 Deinert/Lütgens, Rn. 719
624 BT-Drs. 15/4874, S. 31

1. in den ersten drei Monaten der Betreuung achteinhalb,

2. im vierten bis sechsten Monat sieben,

3. im siebten bis zwölften Monat sechs,

4. danach viereinhalb

Stunden im Monat.

(2) [1]Ist der Betreute mittellos, beträgt der Stundenansatz

1. in den ersten drei Monaten der Betreuung viereinhalb,

2. im vierten bis sechsten Monat dreieinhalb,

3. im siebten bis zwölften Monat drei,

4. danach zwei

Stunden im Monat. [2]Hat der mittellose Betreute seinen gewöhnlichen Aufenthalt nicht in einem Heim, beträgt der Stundenansatz

1. in den ersten drei Monaten der Betreuung sieben,

2. im vierten bis sechsten Monat fünfeinhalb,

3. im siebten bis zwölften Monat fünf,

4. danach dreieinhalb

Stunden im Monat.

(3) [1]Heime im Sinne dieser Vorschrift sind Einrichtungen, die dem Zweck dienen, Volljährige aufzunehmen, ihnen Wohnraum zu überlassen sowie tatsächliche Betreuung und Verpflegung zur Verfügung zu stellen oder vorzuhalten, und die in ihrem Bestand von Wechsel und Zahl der Bewohner unabhängig sind und entgeltlich betrieben werden. [2]§ 1 Abs. 2 des Heimgesetzes gilt entsprechend.

(4) [1]Für die Berechnung der Monate nach den Absätzen 1 und 2 gelten § 187 Abs. 1 und § 188 Abs. 2 erste Alternative des Bürgerlichen Gesetzbuchs entsprechend. [2]Ändern sich Umstände, die sich auf die Vergütung auswirken, vor Ablauf eines vollen Monats, so ist der Stundenansatz zeitanteilig nach Tagen zu berechnen; § 187 Abs. 1 und § 188 Abs. 1 des Bürgerlichen Gesetzbuchs gelten entsprechend. [3]Die sich dabei ergebenden Stundenansätze sind auf volle Zehntel aufzurunden.

(5) [1]Findet ein Wechsel von einem beruflichen zu einem ehrenamtlichen Betreuer statt, sind dem beruflichen Betreuer der Monat, in den der Wechsel fällt, und der Folgemonat mit dem vollen Zeitaufwand nach den Absätzen 1 und 2 zu vergüten. [2]Dies gilt auch dann, wenn zunächst neben dem beruflichen Betreuer ein ehrenamtlicher Betreuer bestellt war und dieser die Betreuung allein fortführt. [3]Absatz 4 Satz 2 und 3 ist nicht anwendbar.

(1) Überblick

§ 5 VBVG legt in Ergänzung zu § 4 VBVG, der Bestimmungen zur Ermittlung des individuellen Stundensatzes eines Betreuers enthält, den im Einzelfall einer Betreuung zugrunde zu legenden Stundenansatz fest. Dabei wird danach differenziert, ob es sich um einen vermögenden oder mittellosen bzw. in einem Heim oder außerhalb eines Heimes lebenden Betreuten handelt. **161**

Nach einer rechtstatsächlichen Studie, die das Bundesministerium der Justiz in Auftrag gegeben hatte, ist der zeitliche Aufwand eines Betreuers für einen mittellosen Betreuten geringer als der bei einem vermögenden Betreuten. Mit Fortdauer der Betreuung sinkt der Aufwand für beide[625]. Wie bei den niedrigeren Gebührenansätzen der Prozesskostenhilfe

625 Sellin/Engels, S. 149 ff.

für Rechtsanwälte soll zudem den berechtigten Interessen der Staatskasse bei Gewährung von sozialen Leistungen für Mittellose Rechnung getragen werden[626].

In Abs. 1 werden die Stundenansätze für den Vergütungsanspruch des Betreuers festgelegt, der sich gegen den vermögenden Betreuten richtet. Differenziert wird nach der Dauer der Betreuung und dem Aufenthaltsort des Betreuten in einem Heim oder zu Hause. Der Abs. 2 enthält entsprechende Regelungen für den Fall, dass sich der Vergütungsanspruch gegen die Staatskasse richtet. Abs. 3 enthält eine Definition des Heimbegriffes, Abs. 4 Regelungen zur Berechnung der Dauer einer Betreuung. Abs. 5 schließlich enthält eine Sonderregelung für den Fall des Wechsels von einem berufsmäßigen zu einem ehrenamtlichen Betreuer.

(2) Zeitansatz bei Vergütungsanspruch gegen vermögende Betreute, Abs. 1

(a) Überblick

162 Abs. 1 legt einen festen Zeitaufwand pro Monat und Betreuung für den Fall der Betreuung eines bemittelten Betreuten verbindlich fest. Mit zunehmender Zeitdauer reduziert sich der Anspruch, und zwar anfangs quartalsweise. Ab dem 13. Monat wird ein Basiszeitaufwand festgelegt, der bis zum Ende der Betreuung fort gilt[627]. Die im Vergleich zum mittellosen Betreuten erhöhten Stundenzahlen lassen sich damit erklären, dass die bis zum 30.6.2005 vorhandene Möglichkeit, höhere Stundensätze bei den bemittelten Betreuten zu erhalten, entfallen ist. Verfassungsrechtliche Bedenken bestehen hinsichtlich der unterschiedlichen Stundenansätze bei bemittelten und unbemittelten Betreuten nicht, auch wenn die Betreuung nicht die Vermögenssorge umfasst[628].

Die Vergütungshöhe im Einzelfall errechnet sich, indem der individuelle Stundensatz des Betreuers mit dem im Einzelfall geltenden Stundenansatz multipliziert wird.

(b) Stundenansatz nach Abs. 1

163 Nach Abs. 1 ergeben sich, wenn der Betreute vermögend ist, folgende Stundenansätze:

	Betreute(r) ist vermögend und lebt ...	
Zeitraum	**... im Heim**	**... außerhalb eines Heimes**
1. – 3. Monat	5,5	8,5
4. – 6. Monat	4,5	7
7. – 12. Monat	4	6
ab 13. Monat	2,5	4,5

(c) Abstraktheit des Zeitansatzes

164 Der Stundenansatz legt nur fest, welchen Zeitaufwand der Betreuer vergütet erhält. Abzustellen ist auf den Zeitpunkt der erstmaligen wirksamen Bestellung[629]. Dieser Zeitansatz ist

626 BT-Drs. 15/4874, S. 31 f.

627 Gegen die Richtigkeit und Angemessenheit der Zeitansätze werden beachtliche Bedenken vorgetragen. So werden sie einerseits als zu hoch erachtet, vgl. Zimmermann, FamRZ 2005, 950, 953; Jürgens-von Crailsheim, § 5 VBVG, Rn. 4; andererseits die für mittellose Betreute als zu niedrig bezeichnet, vgl. Deinert/Lütgens, Rn. 974. M.E. sind die rechtstatsächlichen Grundlagen zu schmal und belegen die Berechtigung der höheren Stundenansätzen bei vermögenden Betreuten nicht, vgl. Dodegge, FGPrax 2004, 159 f. In der Praxis haben die offenbar zu knapp bemessenen Zeitansätze dazu geführt, dass die persönlichen Kontakte zwischen Betroffenen und Berufsbetreuern deutlich rückläufig sind, vgl. Bienwald, BtPrax 2009, 280, 282.

628 BVerfG BtPrax 2011, 255

629 LG Göttingen FamRZ 2009, 458 (LS), unerheblich ist, ob der Betreuer Kenntnis von seiner Bestellung hat, AG Weißenburg BtPrax 2011, 137

vom tatsächlich aufgewandten und erforderlichen Zeitaufwand im Einzelfall unabhängig[630]. Der Betreuer ist nicht verpflichtet, die Stundenanzahl auszuschöpfen[631]. Er kann andererseits bei Überschreitung der Stundenanzahl keine höhere Vergütung verlangen. Unter dem Stichwort der Mischkalkulation nimmt der Gesetzgeber es bewusst in Kauf, dass im Einzelfall erheblich mehr Stunden erforderlich sind, als vergütet werden. Welcher Zeitaufwand im Einzelfall erforderlich ist, richtet sich danach, was zur Erfüllung der Betreueraufgaben notwendig wird. Die Pflichten eines Betreuers ergeben sich im Einzelnen aus § 1901 BGB.

▶ *Zu den Pflichten eines Betreuers im Einzelnen vgl. Teil D Rn. 2 ff.*

Der Betreuer darf deshalb seine Tätigkeit – bei bestehendem Handlungsbedarf – nicht einstellen. Das Gericht wird dann nach §§ 1908i Abs. 1, 1837 Abs. 1 BGB einwirken müssen. Andererseits muss ein Betreuer keine zusätzlichen Tätigkeiten entfalten, wenn der festgelegte Zeitaufwand nicht erreicht wird. Dementsprechend fehlen auch Kontrollinstrumente zur Überprüfung. Dieser Umstand hat zur Folge, dass Berufsbetreuer ihre Tätigkeiten delegieren, um damit Kosten einsparen können. Sie werden auf eine Delegation von Aufgaben verzichten, wenn das mit zusätzlichen Kosten verbunden ist, die durch die pauschale Vergütung nicht abgedeckt werden können. Ist z.B. der Betreute aufgrund der Insolvenz einer von ihm geführten Firma mittellos und eigentlich ein Wirtschaftsprüfer zur (steuerrechtlichen) Abwicklung erforderlich, kann der Betreute aus eigenen Mitteln einen solchen Fachmann nicht bezahlen. Aus der Staatskasse kann der Betreuer aber andererseits keinen Aufwendungsersatz verlangen, wenn er einen Fachmann beauftragt, da dieser Aufwand durch die pauschale Vergütung als abgegolten gilt. Auch die Bestellung eines weiteren Betreuers mit besonderen Fachkenntnissen, z.B. eines Wirtschaftsprüfers als Berufsbetreuer, scheidet aus. Die gleichzeitige Bestellung zweier Berufsbetreuer ist nämlich nicht mehr zulässig, § 1899 Abs. 1 Satz 2 BGB.

Die Gerichte haben nicht mehr zu überprüfen, ob eine Tätigkeit des Betreuers zu vergüten ist, sondern ob er bestimmte Tätigkeiten höchstpersönlich zu erbringen hat bzw. delegieren muss[632], damit er nicht pflichtwidrig handelt. Bei Pflichtwidrigkeit müsste er nämlich gegebenenfalls entlassen werden (§1908b Abs. 1 BGB). Dabei kann nicht auf die bisherige Rechtsprechung dazu, was vergütungs- bzw. delegationsfähig ist, abgestellt werden. Daraus ergibt sich nämlich gerade nicht, dass umgekehrt auch eine Pflicht zum entsprechenden Tätigwerden des Betreuers besteht[633]. **165**

Als Richtschnur dafür, was ein Berufsbetreuer unter Geltung der Pauschalierung noch selbst an Tätigkeit zu entfalten hat, dürften nachstehende Punkte gelten. Danach muss ein Betreuer eine Tätigkeit selbst ausüben, die:

- den Kernbereich der Betreuung betrifft, also insbesondere Aufrechterhaltung des persönlichen Kontaktes[634] und Wahrnehmung aller anstehenden Entscheidungen, die untergeordnete Hilfs- und Verwaltungsaufgaben übersteigen,
- zu den in § 1901 Abs. 2 bis 4 BGB konkretisierten Pflichten des Betreuers gehört, etwa die Besprechung wichtiger Angelegenheiten,
- aus Gründen des Wohls des Betreuten vom Betreuer selbst zu erbringen ist, z.B. Weichenstellungen für das künftige Leben des Betreuten,

630 BGH BtPrax 2013, 252; OLG München BtPrax 2007, 129 f.; OLG Schleswig BtPrax 2007, 133 f.; BT-Drs. 15/2494, S. 33
631 Jürgens-von Crailsheim, § 5 VBVG, Rn. 2
632 Deinert/Lütgens, Rn. 1171
633 Deinert/Lütgens, Rn. 1173
634 LG Memmingen FamRZ 1999, 459

- der Betreute selbst, wenn er noch gesund wäre, wegen ihrer Wichtigkeit nicht delegiert hätte.

Letztlich ist zu beachten, dass ein Betreuer keinesfalls die Gesamtheit seiner Aufgaben delegieren darf[635].

(d) Gewöhnlicher Aufenthalt

166 Gewöhnlicher Aufenthalt meint den Ort, an dem sich der Betreute tatsächlich, nicht nur vorübergehend, sondern auf eine gewisse Dauer aufhält und an dem er seinen Lebensmittelpunkt besitzt[636]. Dabei ist kein dauerhafter oder längerer Aufenthalt nötig. Es genügt, dass der Betroffene sich an dem Ort bis auf weiteres im Sinne eines zukunftsoffenen Verbleibs aufhält und dort den Mittelpunkt seiner Lebensbeziehungen hat[637]. Maßgeblich sind die tatsächlichen Verhältnisse und der Umstand, bei geringerem Aufwand für den Betreuer eine geringere Vergütung gewähren zu wollen[638].

▶ *Zu weiteren Einzelheiten vgl. Teil A Rn. 115 f.*

Im Einzelfall kann ein gewöhnlicher Aufenthalt bereits vom ersten Tag an bestehen, wenn keine realistische Aussicht auf Rückkehr an den bisherigen gewöhnlichen Aufenthaltsort besteht oder eine solche Rückkehr an den bisherigen Aufenthaltsort (vorerst) nicht geplant oder möglich ist[639]. Auf den Willen des Betreuten kommt es dabei nicht an[640]. Umgekehrt kann er erst später eintreten, wenn anfangs eine (rasche) Rückkehr geplant war, die sich aber später zerschlagen hat. Deshalb kann selbst in einem Frauenhaus ein gewöhnlicher Aufenthalt begründet werden, wenn es der einzige Ort zur Begründung eines solchen Aufenthaltes ist und Alternativen fehlen[641]. Allein aufgrund der Wohnungsauflösung[642] oder eines längeren Klinikaufenthaltes[643] ändert sich der gewöhnliche Aufenthalt noch nicht.

167 **Ein gewöhnlicher Aufenthalt im Heim wird im Einzelfall fehlen bei:**

- Aufenthalt in einem Pflegeheim zur Kurzzeitpflege oder vorübergehender Aufenthalt in einem Heim, etwa nach Ausfall einer Pflegeperson. Als zeitliche Grenze kann hier auf die in § 1 Abs. 4 HeimG a.F. genannten drei Monate zurückgegriffen werden. Diese zeitlichen Grenzen nennen jetzt etwa § 1 Abs. 4 Heimgesetz für Baden-Württemberg und § 2 Abs. 2 Satz 2 Einrichtungenqualitätsgesetz Mecklenburg-Vorpommern (EQG M-V). In der Rechtsprechung der Verwaltungsgerichte wird unter Bezug auf § 30 Abs. 3 Satz 2 SGB I darauf abgestellt, ob bei rein tatsächlicher Betrachtung die Begründung eines gewöhnlichen Aufenthaltes in der Einrichtung angestrebt ist oder es sich um eine Durchgangsstation handelt[644],
- Regelfall der Behandlung in einem Krankenhaus oder einer Rehabilitationseinrichtung, wenn also die Behandlung zeitlich begrenzt ist bzw. Rückkehrwille und -möglichkeit besteht[645]. Im Einzelfall soll dies selbst noch nach zwei Jahren gelten[646]. Mei-

---

635 OLG Frankfurt a.M. NJW-RR 2004, 295 ff.
636 OLG Zweibrücken FamRZ 2007, 1833; LG Koblenz FamRZ 2006, 1483 f.
637 BVerwGE 42, 196 und FamRZ 2006, 266 (LS); VGH Kassel NJW 2004, 874, jeweils im Rahmen der Begriffsbestimmung des gewöhnlichen Aufenthaltes i.S.d. § 30 Abs. 3 SGB I
638 BGH NJW-RR 2012, 451
639 OLG Köln BtPrax 2008, 178; OLG Hamm FGPrax 2007, 80 ff.; OLG München FGPrax 2006, 213 f.; BVerwG NVwZ-RR 2004, 662 f. zu § 30 Abs. 3 SGB I; Fröschle, Rn. 309
640 BGH NJW-RR 2012, 451
641 BVerwG NVwZ-RR 1999, 589; VGH Kassel NJW 2004, 874
642 LG Mönchengladbach FamRZ 2006, 1229 (LS)
643 OLG Köln FGPrax 2007, 83, es sei denn, eine Entlassung ist nicht absehbar, LG Koblenz FamRZ 2007, 501 f.
644 BVerwG NVwZ-RR 2004, 662 f.
645 Deinert/Lütgens, Rn. 1128 f.
646 OLG Karlsruhe BtPrax 1996, 72; LG Freiburg BtPrax 2015, 209 (LS)

nes Erachtens kann auf die Regelung des § 273 Satz 2 FamFG zurückgegriffen werden, wonach der Aufenthalt von mehr als einem Jahr an einem anderen Ort der Änderung des gewöhnlichen Aufenthaltes gleichsteht,

- vorläufiger Unterbringung in der Untersuchungshaft[647] bzw. dem Maßregelvollzug (§ 126a StPO),
- Aufenthalt in einem Internat, wenn dort nur während der Schulzeit übernachtet wird[648],
- Einrichtungen der Tages- und Nachtpflege, wenn die Wohnung des Betreuten bestehen bleibt[649].

Wichtiges Indiz ist jeweils, ob der Betreuer eine Rückkehr an den bisherigen gewöhnlichen Aufenthaltsort plant bzw. die bisherige Wohnung erhalten bleibt. Da insbesondere Streitigkeiten über den genauen Zeitpunkt des Aufenthaltswechsels absehbar sind, ist dem Betreuer anzuraten, dem Gericht vor einem Aufenthaltswechsel jeweils die damit verbundene Intention mitzuteilen.

Ein gewöhnlicher Aufenthalt im Heim liegt in der Regel vor: 168

- bei dauerhaft angelegtem Wechsel des Aufenthaltsortes des Betreuten, wobei der Aufenthaltswechsel bereits am ersten Tag vorliegen kann[650],
- (spätestens) mit rechtskräftiger Genehmigung der Wohnungsauflösung nach §1907 BGB bzw. der Genehmigung der Veräußerung des bisher bewohnten eigenen Wohnhauses, § 1821, 1908i BGB,
- bei fehlender (realistischer) Möglichkeit, an einen Ort außerhalb eines Heimes zurückzukehren, bzw. wenn ein solcher Ort überhaupt fehlt,
- bei über sechsmonatiger Strafhaft[651], Maßregelvollzug oder Sicherungsverwahrung,
- bei Aufenthalt in einem Krankenhaus für Langzeitpatienten oder einer entsprechenden Rehabilitationseinrichtung, wenn keine anderen konkreten Aufenthaltsmöglichkeiten bestehen[652] oder langfristige Genehmigungen für die Unterbringung an einem solchen Ort erteilt sind[653],
- bei Aufenthalt in einem Hospiz, wenn die Rückkehr des Betreuten in seine Wohnung nicht beabsichtigt ist[654].

Entscheidendes Abgrenzungskriterium ist, ob ein neuer Daseinsmittelpunkt geplant ist oder nicht und eine (realistische) Alternative erhalten bleibt[655].

Fehlt ein gewöhnlicher Aufenthaltsort, z.B. bei einem obdachlosen Betreuten oder bei unbekanntem Aufenthaltsort des Betreuten, ist davon auszugehen, dass der gewöhnliche Aufenthalt nicht in einem Heim ist.

---

647 BGH BtPrax 2014, 127 f.; OLG München BtPrax 2007, 257 f., da nur ein tatsächlicher Aufenthalt besteht.
648 Deinert/Lütgens, Rn. 1132
649 Deinert/Lütgens, Rn. 1141
650 Deinert/Lütgens, Rn. 1157
651 BGH NJW-RR 2012, 451: langjährige Haft; LG Osnabrück JurBüro 2011, 545; AG Koblenz FamRZ 2011, 1754
652 Fröschle, Rn. 308. Der gewöhnliche Aufenthalt entfällt nicht durch wiederholtes Entweichen, LG Kleve Rpfleger 2008, 257 ff.
653 Deinert/Lütgens, § 1836 BGB, Rn. 117
654 Deinert/Lütgens, Rn. 1140
655 Zu weiteren Einzelfällen vgl. Deinert, FamRZ 2005, 954 ff. Das Bestehenbleiben der Wohnung steht nicht entgegen, LG Arnsberg FamRZ 2006, 1788 (LS).

Zwar ist gesetzestechnisch der Aufenthalt in einem Heim als Regelfall ausgestaltet[656], die Unaufklärbarkeit des gewöhnlichen Aufenthalts kann aber nicht vergütungstechnisch zu Lasten des Betreuers gehen[657]. Bei obdachlosen Betreuten bzw. bei Betreuten mit unbekanntem Aufenthalt besteht zudem in der Regel ein höherer Zeitaufwand als bei Heimbewohnern.

(e) Gewöhnlicher Aufenthalt innerhalb eines Heimes, Satz 1

169 Lebt der vermögende Betreute in einem Heim (dazu unten Rn. 177 ff.), erhält der Betreuer in den ersten drei Monaten 5,5 Stunden pro Monat vergütet. Diese Stundenzahl reduziert sich mit der Fortdauer der Betreuung und beträgt ab dem 13. Monat nur noch 2,5 Stunden.

Ergeben sich im Verlaufe des Quartals Änderungen hinsichtlich des Aufenthaltsortes bzw. der Fähigkeit, die Vergütung selbst zahlen zu können, oder ein Betreuerwechsel, ist dies beim Zeitansatz zu berücksichtigen. Der maßgebliche Zeitansatz ist dann nach Abs. 4 (dazu unten Rn. 186 ff.) zu berechnen.

(f) Gewöhnlicher Aufenthalt außerhalb eines Heimes, Satz 2

170 Lebt der bemittelte Betreute außerhalb eines Heims, erhält der Betreuer in den ersten drei Monaten 8,5 Stunden pro Monat vergütet. Dieser Stundenansatz reduziert sich ebenfalls fortlaufend, bis ab dem 13. Monat der Basiszeitansatz von 4,5 Stunden erreicht ist. Auch hier sind Änderungen im Verlaufe des Quartals zu berücksichtigen und der jeweils geltende Stundenansatz ist nach Abs. 4 zu berechnen (dazu unten Rn. 186 ff.).

(3) Zeitansatz bei Vergütungsanspruch gegen den mittellosen Betreuten, Abs. 2

(a) Überblick

171 In Abs. 2 wird der Zeitansatz festgelegt, den der Betreuer gegenüber der Staatskasse für einen mittellosen Betreuten geltend machen kann. Ob Mittellosigkeit vorliegt, regelt § 1835d BGB (dazu siehe unten Rn. 246 ff.).

(b) Stundenansatz nach Abs. 2

172 Nach Abs. 2 ergeben sich, wenn der Betreute mittellos ist, folgende Stundenansätze:

	Betreute(r) ist mittellos und lebt ...	
Zeitraum	**... im Heim**	**... außerhalb eines Heimes**
1. – 3. Monat	4,5	7
4. – 6. Monat	3,5	5,5
7. – 12. Monat	3	5
ab 13. Monat	2	3,5

(c) Abstraktheit des Zeitansatzes

173 Auch im Rahmen des Abs. 2 ist der Zeitansatz abstrakt (dazu siehe oben Rn. 164).

656 Obwohl zu Beginn einer Betreuung 52 %, selbst nach 5 Jahren noch 43,8 % der Betroffenen zuhause leben, vgl. Sellin/Engels, S. 83.
657 A.A. Fröschle, Rn. 311

(d) Gewöhnlicher Aufenthalt

Der gewöhnliche Aufenthalt im Rahmen des Abs. 2 bemisst sich nach denselben Kriterien wie in Abs. 1 (dazu siehe oben Rn. 166). **174**

(e) Aufenthalt innerhalb eines Heimes in Satz 1

Lebt der mittellose Betreute in einem Heim (dazu unten Rn. 177 ff.), erhält der Betreuer in den ersten drei Monaten 4,5 Stunden pro Monat vergütet. Diese Stundenzahl reduziert sich mit der Fortdauer der Betreuung und beträgt ab dem 13. Monat nur noch 2 Stunden. **175**

Ergeben sich im Verlaufe eines Quartals Veränderungen hinsichtlich des Aufenthaltsortes bzw. der Fähigkeit, die Vergütung selbst zahlen zu können, oder ein Betreuerwechsel, ist dies beim Zeitansatz zu berücksichtigen. Der maßgebliche Zeitansatz ist dann nach Abs. 4 (dazu unten Rn. 186 ff.) zu berechnen.

(f) Gewöhnlicher Aufenthalt außerhalb eines Heimes

Lebt der mittellose Betreute außerhalb eines Heimes, erhält der Betreuer in den ersten drei Monaten 7 Stunden pro Monat vergütet. Auch hier reduziert sich der Stundenansatz fortlaufend, bis ab dem 13. Monat der Basiszeitansatz von 3,5 Stunden erreicht ist. Auch hier sind Änderungen im Verlaufe des Quartals zu berücksichtigen und der jeweils geltende Stundenansatz ist nach Abs. 4 zu berechnen (dazu unten Rn. 186 ff.). **176**

(4) Heimbegriff, Abs. 3

In Abs. 3 findet sich eine Legaldefinition des in Abs. 1 und 2 verwendeten Heimbegriffes. Dies geschah in Anlehnung an die Definitionen des § 1 Abs. 1 Satz 2 HeimG a.F., löst den Anwendungsbereich jedoch von bestimmten Krankheitsbildern. Heime sind danach Einrichtungen, die dem Zweck dienen, ältere Menschen oder pflegebedürftige oder behinderte Volljährige aufzunehmen, ihnen Wohnraum zu überlassen sowie tatsächliche Betreuung und Verpflegung zu stellen oder vorzuhalten, und die in ihrem Bestand vom Wechsel und von der Zahl der Bewohner unabhängig sind und entgeltlich betrieben werden. Zu fragen ist jeweils, ob der Betroffene heimmäßig untergebracht ist[658]. **177**

Nach einer Grundsatzentscheidung des BGH wird eine Nutzung als Heim dadurch gekennzeichnet, dass die Unterkunft in einer für eine Vielzahl von Menschen bestimmten Einrichtung erfolgt, deren Bestand von den jeweiligen Bewohnern unabhängig ist und in der eine heimtypische Organisationsstruktur an die Stelle der Eigengestaltung der Haushaltsführung und des häuslichen Wirkungskreises tritt. Hinzutreten muss eine Dienst- oder Pflegeleistung und/oder eine Überwachung und Kontrolle. Die Bewertung hat im Rahmen einer Gesamtschau verschiedener Kriterien unter Einbeziehung der Art der Einrichtung, der baulichen Gestaltung und Beschaffenheit zu erfolgen[659]. **177a**

Im Bereich der Altenpflege ist zusätzlich zwischen einem Altenpflegeheim, der häuslichen Pflege und betreutem Wohnen zu unterscheiden. Bei einer Intensivpflege in den eigenen vier Wänden, bei betreutem Wohnen oder ambulant betreuten Wohngemeinschaften oder -gruppen wird man eher davon sprechen können, dass es um eine nicht heimmäßige Aufenthaltsform handelt. Anders ist es bei Einrichtungen mit Pflege- und Betreuungscharakter, die durch die hierfür erforderlichen Pflege- und Dienstleistungen geprägt werden, etwa stationären Pflegeeinrichtungen oder ausgelagerten Pflegestationen[660].

---

658 OLG München BtPrax 2006, 107 f.
659 BGH NJW 2018, 41 = BtPrax 2018, 42 (LS): Zu einer Flüchtlings- und Arbeiterunterkunft.
660 BGH NJW 2018, 41 = BtPrax 2018, 42 (LS)

In früheren – vergütungsrechtlichen – Entscheidungen ist der BGH von einer heimmäßigen Unterbringung ausgegangen, wenn zum einen der jeweilige Aufenthalt von einem Träger, der selbst Heime führt, organisiert wird[661]. Hinzu treten muss, dass dieser Träger den Aufenthalt ständig kontrolliert und begleitet sowie mit geschultem Personal eine umfassende, von der aktuellen Situation des Betroffenen grundsätzlich unabhängige, und so den Betreuer dauerhaft entlastende Versorgungsgarantie übernommen hat.

177b Für die Einstufung als Heim kommt dem Umstand, ob eine Einrichtung der Heimaufsicht unterliegt, indizielle Bedeutung zu[662]. Weiter wird darauf abgestellt, ob die jeweilige Wohnform eine professionelle Führung durch ausgebildetes Leitungs- und geschultes Pflegepersonal aufweist[663].

Das HeimG ist mit Wirkung zum 1.9.2009 aufgehoben worden und durch landesrechtliche Regelungen, die weitgehend ähnliche Begriffsbestimmungen getroffen haben, abgelöst worden. Ähnliche Begriffsbestimmungen enthalten jetzt § 1 Heimgesetz für Baden-Württemberg (BW/HeimG), Art. 1, 2 Pflege- und Wohnqualitätsgesetz – PfleWoqG (Bayern), § 3 Wohnteilhabegesetz – WTG (Berlin), § 4 Brandenburgisches Pflege- und Betreuungswohngesetz (BbgPBWoG), § 2 Bremisches Wohn- und Betreuungsgesetz (BremWoBwG), § 2 Hamburgisches Wohn- und Betreuungsqualitätsgesetz (HmbWBG), § 2 Hessisches Gesetz über Betreuungs- und Pflegeleistungen (HGBP), § 2 Einrichtungenqualitätsgesetz Mecklenburg-Vorpommern (EQG M-V), § 2 Niedersächsisches Heimgesetz (NHeimG), § 18 Wohn- und Teilhabegesetz NRW (WTG NRW), § 4 Wohnformen und Teilhabe-Gesetz Rheinland-Pfalz (LWTG Rh.-Pf.), § 1a Saarländisches Wohn-, Betreuungs- und Pflegequalitätsgesetz (SaarlWBPfQuG), § 2 Sächsisches Betreuungs- und Wohnqualitätsgesetz (SächsBeWoG), § 3 Wohn- und Teilhabegesetz Sachsen-Anhalt (WTG LSA), § 7 Selbstbestimmungsstärkungsgesetz Schleswig-Holstein (SbStG) und § 2 Thüringer Wohn- und Teilhabegesetz (ThürWTG).

§ 1 HeimG (a.F.) Anwendungsbereich

(1) [1]Dieses Gesetz gilt für Heime. [2]Heime im Sinne dieses Gesetzes sind Einrichtungen, die dem Zweck dienen, ältere Menschen oder pflegebedürftige oder behinderte Volljährige aufzunehmen, ihnen Wohnraum zu überlassen sowie Betreuung und Verpflegung zur Verfügung zu stellen oder vorzuhalten, und die in ihrem Bestand von Wechsel und Zahl der Bewohnerinnen und Bewohner unabhängig sind und entgeltlich betrieben werden.

(2) [1]Die Tatsache, dass ein Vermieter von Wohnraum durch Verträge mit Dritten oder auf andere Weise sicherstellt, dass den Mietern Betreuung und Verpflegung angeboten werden, begründet allein nicht die Anwendung dieses Gesetzes. [2]Dies gilt auch dann, wenn die Mieter vertraglich verpflichtet sind, allgemeine Betreuungsleistungen wie Notrufdienste oder Vermittlung von Dienst- und Pflegeleistungen von bestimmten Anbietern anzunehmen, und das Entgelt hierfür im Verhältnis zur Miete von untergeordneter Bedeutung ist. [3]Dieses Gesetz ist anzuwenden, wenn die Mieter vertraglich verpflichtet sind, Verpflegung und weitergehende Betreuungsleistungen von bestimmten Anbietern anzunehmen.

(3) [1]Auf Heime oder Teile von Heimen im Sinne des Absatzes 1, die der vorübergehenden Aufnahme Volljähriger dienen (Kurzzeitheime), sowie auf stationäre Hospize finden die §§ 6, 7, 10 und 14 Abs. 2 Nr. 3 und 4, Abs. 3, 4 und 7 keine Anwendung. [2]Nehmen die Heime nach Satz 1 in der Regel mindestens sechs Personen auf, findet § 10 mit der Maßgabe Anwendung, dass ein Heimfürsprecher zu bestellen ist.

(4) Als vorübergehend im Sinne dieses Gesetzes ist ein Zeitraum von bis zu drei Monaten anzusehen.

---

661 BtPrax 2008, 118 ff.
662 BGH NJW-RR 2011, 433; OLG Zweibrücken FamRZ 2011, 1754
663 OLG Hamm NJOZ 2011, 397

(5) [1]Dieses Gesetz gilt auch für Einrichtungen der Tages- und der Nachtpflege mit Ausnahme der §§ 10 und 14 Abs. 2 Nr. 3 und 4, Abs. 3, 4 und 7. [2]Nimmt die Einrichtung in der Regel mindestens sechs Personen auf, findet § 10 mit der Maßgabe Anwendung, dass ein Heimfürsprecher zu bestellen ist.

(6) [1]Dieses Gesetz gilt nicht für Krankenhäuser im Sinne des § 2 Nr. 1 des Krankenhausfinanzierungsgesetzes. [2]In Einrichtungen zur Rehabilitation gilt dieses Gesetz für die Teile, die die Voraussetzungen des Absatzes 1 erfüllen. [3]Dieses Gesetz gilt nicht für Internate der Berufsbildungs- und Berufsförderungswerke.

(a) Einrichtung

Einrichtung meint eine Verbindung sachlicher und personeller Mittel unter der Verantwortung eines Trägers, wobei mit dem Bewohner kein einheitlicher Vertrag geschlossen sein muss[664]. Ohne Bedeutung ist, wie sich die Einrichtung benennt (etwa „Seniorenstift", „Residenz" etc.) oder in welcher Form sie organisiert ist. **178**

(b) Aufnahme Volljähriger

Dieses Merkmal soll zum Ausdruck bringen, dass eine gewisse Intensität der Eingliederung der Bewohner in eine Organisationsform erreicht sein muss[665]. **179**

(c) Überlassung von Wohnraum

Den Bewohnern muss weiterhin ein Gebäude, in dem ein Wohnen möglich ist, zur Verfügung stehen[666]. **180**

(d) Tatsächliche Betreuung und Verpflegung

Tatsächliche Betreuung meint fürsorgende Zuwendung[667], also die Übernahme bzw. Unterstützung bei den tagtäglichen Verrichtungen (An-, Auskleiden, Körperpflege, Toilettengänge, Nahrungsaufnahme, Behandlungspflege), aber auch soziale Betreuung und Daseinsvorsorge. Verpflegung meint Speisen und Getränke. **181**

Tatsächliche Betreuung und Verpflegung müssen zur Verfügung gestellt bzw. vorgehalten werden. Es ist also nicht ausreichend, wenn entsprechende Angebote von Drittanbietern zur freien Auswahl stehen und keine Verpflichtung besteht, diese Leistung vom Heimträger oder seinen Vertragspartnern anzunehmen, §1 Abs. 2 Satz 3 HeimG[668]. Gleiches gilt, wenn nur ein Grundservice mit Hausnotruf, Hausmeisterservice und Vermittlung weiterer Dienste angeboten wird, § 1 Abs. 2 Satz 2 HeimG. Diese Dienste müssen aber von untergeordneter Bedeutung bleiben, woran es fehlt, wenn die Kosten dafür mehr als 20 % der Mietkosten inklusive Betriebskosten ausmachen[669].

Vom Betreuten Wohnen unterscheiden sich Heime im Ergebnis dadurch, dass ein Heimträger eine Versorgungsgarantie übernimmt, selbst wenn sich der Gesundheitszustand des Bewohners verschlechtert. Die Möglichkeit des Heimträgers, den Heimvertrag bei verändertem Gesundheitszustand des Bewohners und Unmöglichkeit sachgerechter Versorgung zu kündigen, steht der Qualifikation als Heim nicht entgegen[670].

664 Deinert/Lütgens, Rn. 1102
665 Deinert/Lütgens, Rn. 1101
666 Jürgens-von Crailsheim, § 5 VBVG, Rn. 9
667 Jürgens-von Crailsheim, § 5 VBVG, Rn. 9
668 BGH FamRZ 2005, 1076, 1077; Deinert/Lütgens, Rn. 1111
669 Fröschle, Rn. 295
670 BGH NJW-.RR 2011, 433

(e) Unabhängigkeit des Bestandes

182 Um die Heimeigenschaft zu bejahen, muss die Einrichtung weiterhin in ihrem Bestand von der Zahl und dem Wechsel der Bewohner unabhängig sein. Das bedeutet, dass der Platz in der Einrichtung für wechselnde Bewohner zur Verfügung gestellt wird. Damit fallen sogenannte Altenwohngemeinschaften bzw. die Versorgung in einer Wohnung mit ambulanten Pflegediensten nicht unter den Heimbegriff des § 5 Abs. 3 VBVG[671].

(f) Entgeltlichkeit

183 Entgeltlichkeit liegt vor, wenn der einzelne Bewohner selbst oder ein Dritter (Pflegekasse, Sozialhilfeträger) für ihn ein Entgelt für die Leistung des Heimträgers zu entrichten hat bzw. nach dem Gesetz schuldet[672].

(g) Einzelfälle

184 **Unter den Heimbegriff fallen generell:**

- Einrichtungen, die der Heimaufsicht unterliegen[673],
- Pflege- und Altenheime, Altenwohnheime[674], Altenkrankenheime, Wohnstifte[675], Behindertenheime,
- Kurzzeitheime (sie unterfallen generell dem Heimbegriff – die landesrechtlichen Vorschriften zum Heimbegriff nehmen nur die Geltung bestimmter Regelungen für sie aus, siehe z.B. § 2 Abs. 2 EQG-MV),
- Hospize[676], Einrichtungen zur Tages- und Nachtpflege,
- stationäre Einrichtungen der Behinderten-, Obdachlosen-[677] oder Altenhilfe[678],
- Außenwohngruppen von Heimeinrichtungen,
- ambulant betreute Wohngruppe mit Sicherstellung der Daseinsfürsorge in allen Bereichen[679],
- Justizvollzugsanstalten[680],
- Kliniken des Maßregelvollzuges[681] bzw. psychiatrische Kliniken[682],
- Krankenhäuser und Rehabilitationseinrichtungen[683],
- Internate.

671 Jürgens-von Crailsheim, § 5 VBVG, Rn. 10
672 Z.B. bei einem Strafgefangenen, vgl. Deinert/Lütgens, Rn. 1118
673 BGH NJW-RR 2011, 433; OLG Zweibrücken FamRZ 2011, 1754; LG Flensburg NJOZ 2006, 2149 ff.; Deinert, FamRZ 2005, 954, 958
674 OLG Stuttgart NJW-RR 2007, 1594 ff.
675 LG Dortmund FamRZ 2006, 1788 (LS)
676 OLG Köln FGPrax 2007, 84; LG Heilbronn FamRZ 2007, 2009 (LS)
677 LG Bad Kreuznach BtPrax 2017, 159
678 Fröschle, Rn. 296
679 LG Rottweil BtPrax 2017, 208 (LS)
680 OLG Hamm FGPrax 2007, 80 ff.; OLG München BtPrax 2006, 183 f.
681 OLG Köln NJW-RR 2007, 517 f. und FGPrax 2007, 83 (§ 126a StPO); OLG Rostock FGPrax 2007, 230; OLG München FGPrax 2006, 213 f.; LG Regensburg FamRZ 2006, 1062
682 OLG Zweibrücken FamRZ 2007, 1833; LG Kleve Rpfleger 2008, 2577 ff.; LG Koblenz BtPrax 2007, 267 (LS); a.A: LG Stendal FamRZ 2007, 500 f.
683 Fröschle, Rn. 308; Deinert/Lütgens, Rn. 1084

Unter den Heimbegriff fallen dagegen nicht: 185

- Alten- und Behindertenwohngemeinschaften[684], es sei denn, es handelt sich um ein heimorganisiertes Wohnen in einer Außenwohngruppe[685],
- Einrichtungen des Betreuten Wohnens ohne professionellen Organisationsapparat[686],
- Wohnung, die vom ambulanten Pflegedienst zur Anmietung zur Verfügung gestellt wird mit gleichzeitiger ambulanter Betreuung[687],
- Wohnstättenvertrag, der heimmäßige Angebote vorhält, ohne eine Verpflichtung zur Annahme vorzusehen[688],
- Probewohnen in einem Heim[689],
- Wohnen ohne Verpflichtung zur Betreuung und Versorgung der Bewohner[690],
- Wohnform einer Außenwohngruppe unter Gewährung einer Verpflegungspauschale[691],
- Wohnen bei einer Pflegefamilie[692],
- Wohneinrichtung zur vorübergehenden Aufnahme zwecks Verselbstständigung Heranwachsender[693]
- Einrichtungen, die nicht der Heimaufsicht unterliegen.

(5) Berechnung des Zeitansatzes, Abs. 4

§ 5 Abs. 4 VBVG regelt, wie die für die Stundenansätze nach Abs. 1 und 2 maßgeblichen Monatszeiträume zu berechnen sind. Der Gesetzgeber wollte so genannte „harte Pauschalen", weshalb er die Art und Weise der Berechnung möglichst genau ausgestalten wollte. Vergütungsstreitigkeiten sollten vermieden werden[694]. 186

(a) Berechnung der Dauer der Betreuung, Abs. 4 Satz 1

Mit der Verweisung des Satz 1 auf die §§ 187 Abs. 1, 188 Abs. 2, 1. Alt. BGB soll eine taggenaue Abrechnung der maßgeblichen Zeitansätze erreicht werden. Angesichts der Regelung in § 16 Abs. 2 FamFG hätte es der zusätzlichen Verweisung in § 5 Abs. 4 Satz 1 VBVG nicht bedurft. 187

§ 16 FamFG Fristen

(1) Der Lauf einer Frist beginnt, soweit nichts anderes bestimmt ist, mit der Bekanntgabe.

(2) Für die Fristen gelten die §§ 222 und 224 Abs. 2 und 3 sowie § 225 der Zivilprozessordnung entsprechend.

---

684 Deinert/Lütgens, Rn. 1104; LG Flensburg NJOZ 2006, 2149 ff.
685 LG Duisburg BtPrax 2007, 266 f.
686 BGH FamRZ 2008, 778 ff.; a.A. noch OLG Stuttgart JurBüro 2007, 267 (LS)
687 OLG Dresden FamRZ 2007, 499 ff.; OLG Schleswig, FamRZ 2006, 1229 (LS)
688 LG Hildesheim FamRZ 2007, 500 (LS)
689 LG Meiningen FamRZ 2015, 1523
690 OLG Hamm NJOZ 2011, 397
691 LG Arnsberg BtPrax 2015, 165 (LS)
692 OLG Stuttgart BtPrax 2008, 38; LG Darmstadt FamRZ 2013, 1327; a.A. OLG Oldenburg NJOZ 2007, 439 ff. sowie für einen Ausnahmefall OLG Stuttgart NJW-RR 2008, 234 f.
693 OLG Hamm BtPrax 2010, 238
694 BT-Drs. 15/4874, S. 33. Diese Hoffnung hat sich angesichts der Schwierigkeiten, die relevanten Umstände jeweils an einen bestimmten Tag zu knüpfen, nicht erfüllt, vgl. bereits Dodegge, NJW 2005, 1899.

§ 222 ZPO Fristberechnung

(1) Für die Berechnung der Fristen gelten die Vorschriften des Bürgerlichen Gesetzbuchs.

(2) Fällt das Ende einer Frist auf einen Sonntag, einen allgemeinen Feiertag oder einen Sonnabend, so endet die Frist mit Ablauf des nächsten Werktages.

(3) Bei der Berechnung einer Frist, die nach Stunden bestimmt ist, werden Sonntage, allgemeine Feiertage und Sonnabende nicht mitgerechnet.

§ 187 BGB Fristbeginn

(1) Ist für den Anfang einer Frist ein Ereignis oder ein in den Lauf eines Tages fallender Zeitpunkt maßgebend, so wird bei der Berechnung der Frist der Tag nicht mitgerechnet, in welchen das Ereignis oder der Zeitpunkt fällt.

(2) [1]Ist der Beginn eines Tages der für den Anfang einer Frist maßgebende Zeitpunkt, so wird dieser Tag bei der Berechnung der Frist mitgerechnet. [2]Das Gleiche gilt von dem Tage der Geburt bei der Berechnung des Lebensalters.

§ 188 BGB Fristende

(1) Eine nach Tagen bestimmte Frist endigt mit dem Ablaufe des letzten Tages der Frist.

(2) Eine Frist, die nach Wochen, nach Monaten oder nach einem mehrere Monate umfassenden Zeitraum – Jahr, halbes Jahr, Vierteljahr – bestimmt ist, endigt im Falle des § 187 Abs. 1 mit dem Ablauf desjenigen Tages der letzten Woche oder des letzten Monats, welcher durch seine Benennung oder seine Zahl dem Tage entspricht, in den das Ereignis oder der Zeitpunkt fällt, im Falle des § 187 Abs. 2 mit dem Ablauf desjenigen Tages der letzten Woche oder des letzten Monats, welcher dem Tage vorhergeht, der durch seine Benennung oder seine Zahl dem Anfangstag der Frist entspricht.

(3) Fehlt bei einer nach Monaten bestimmten Frist in dem letzten Monat der für ihren Ablauf maßgebende Tag, so endigt die Frist mit dem Ablauf des letzten Tages dieses Monats.

(aa) Fristbeginn

188 Um die einem Berufsbetreuer im Einzelfall zustehende Monatspauschale zu ermitteln, ist vom Beginn der Betreuung auszugehen. Das ist der Zeitpunkt, in dem die erstmalige Bestellung eines Betreuers wirksam wird. Die Wirksamkeit tritt ein mit der Bekanntgabe an den Betreuer bzw. bei Anordnung der sofortigen Wirksamkeit mit der Bekanntmachung an den Betroffenen bzw. den Verfahrenspfleger oder der Übergabe an die Geschäftsstelle, § 287 Abs. 1, 2 FamFG.

Eine Ausnahme von dem Grundsatz der Anknüpfung an die erstmalige Bestellung des Betreuers macht die Rechtsprechung nur für den Fall einer – zeitlich erheblichen – Betreuervakanz, also dem Zeitraum zwischen Ablaufen einer einstweiligen Betreuerbestellung und Bestellung des Betreuers in der Hauptsache oder Aufhebung einer Betreuung und neuer Bestellung eines Betreuers[695]. Unklar ist, ob diese Grundsätze auch gelten, wenn sich die Bestellung eines neuen Betreuers nach Tod des bisherigen Betreuers verzögert[696].

▶ *Zu Einzelheiten des Eintritts der Wirksamkeit einer Betreuerbestellung vgl. Teil A Rn. 176 ff.*

695 OLG Karlsruhe BtPrax 2007, 183 f.; OLG Zweibrücken FGPrax 2006, 121 f. (9 Monate); LG Koblenz FamRZ 2007, 677. Kürzere Zeiten der Betreuervakanz genügen nicht, OLG München BtPrax 2006, 110 ff. (3 Monate); LG Lübeck FamRZ 2007, 1917 (7 Monate); LG Koblenz FamRZ 2007, 677 (LS), 767 (LS); a.A. OLG Frankfurt a.M. FamRZ 2008, 1708. Bleibt der vorläufige Betreuer trotz Auslaufens der einstweiligen Anordnung tätig, fehlt eine Vakanz, OLG München FGPrax 2006, 213 f.; OLG Hamm NJW-RR 2006, 1299 f.

696 OLG München BtPrax 2006, 110 ff. M.E. ist das wegen der Vergleichbarkeit der vom neuen Betreuer vorgefundenen Situation zu bejahen.

Unerheblich ist es, ob es sich bei der erstmaligen Anordnung der Betreuung um eine einstweilige Anordnung oder um eine Hauptsacheentscheidung handelt.

Nach § 187 Abs. 1 BGB zählt der Tag der Bestellung des Betreuers nicht mit, die Frist beginnt am nächsten Tag. Das bedeutet zum Beispiel, dass bei wirksamer Betreuerbestellung am 29.7.2017 der Fristbeginn der 30.7. 2017 ist[697]. Der Ablauf der Frist ist nach § 188 Abs. 2, 1. Alt. BGB der Tag, der durch seine Benennung oder seine Zahl dem Tag entspricht, in den das Ereignis fällt, das den Fristbeginn begründet. Im Beispielsfall würden also die ersten drei Monate am 29.10.2017 enden, das zweite Quartal am 30.10.2017 beginnen.

Fallbeispiel:

Ein mittelloser Heimbewohner erhält einen Betreuer der höchsten Vergütungsstufe. Die Betreuung wird am 29.7.2017 wirksam, so dass der 1. Monat am 30.7.2017 beginnt und am 29.8. 2017, 24.00 Uhr, endet.

Die Vergütung beträgt

- bis zum 29.10. 2017 pro Monat: 4,5 Stunden × 44 Euro = 198,– Euro;
- vom 30.10. 2017 bis zum 29.1.20148 beträgt sie pro Monat: 3,5 Stunden × 44 Euro = 154,– Euro;
- im nächsten Halbjahr vom 30.1.2018 bis 29.7.2018 pro Monat: 3 × 44 Euro = 132,– Euro und
- ab dem 30.7.2018 pro Monat: 2 × 44 Euro = 88,– Euro.

§ 5 Abs. 4 Satz 1 VBVG verweist zur Berechnung der Monatszeiträume nicht auf § 188 Abs. 3 BGB. Über §§ 16 Abs. 2 FamFG, 222 Abs. 1 ZPO ist dessen Anwendung aber möglich.

Fallbeispiel:

Die Betreuung wurde am 30.11.2017 wirksam. Das 1. Quartal endet dann rechnerisch am nicht existenten 30.2.2018. Nach § 188 Abs. 3 BGB ist hier der 28.2.2018 maßgeblich.

(bb) Änderungen im Fristbeginn

Der so errechnete Beginn der Betreuung wird durch nachfolgende Änderungen nicht beeinflusst[698]. Der Zeitpunkt des Beginns der Betreuung ändert sich daher nicht, wenn: **189**

- nach anfänglicher Bestellung eines ehrenamtlichen Betreuers später ein Berufsbetreuer bestellt wird[699], wobei eine Ausnahme dann gelten soll, wenn dem Berufsbetreuer ausdrücklich der Aufgabenkreis Regressansprüche gegen den bisherigen Betreuer übertragen wird[700],
- der ursprünglich bestellte (berufliche) Betreuer wegen Pflichtverletzung entlassen werden musste[701],
- sich das Krankheitsbild des Betreuten verändert, also schlechter oder besser wird,

697 Verstirbt der Betreute direkt am 29.7.2017, muss dem Betreuer nach der Gesetzesintention für diesen Tag ein Vergütungsanspruch zustehen, ohne dass es darauf ankommt, ob der Betreuer von seiner Bestellung Kenntnis hatte, ebenso AG Weißenburg BtPrax 2011, 137.

698 BT-Drs. 15/2494, S. 34 f.

699 BGH BtPrax 2012, 162; OLG Brandenburg FamRZ 2008, 1562 (LS); OLG Stuttgart FGPrax 2007, 1317; OLG Frankfurt a.M. BtPrax 2007, 136 f.; OLG Saarbrücken BtPrax 2007, 268 (LS); OLG Karlsruhe FamRZ 2006, 1483 (LS); OLG Köln FamRZ 2006, 1876 (LS); OLG Schleswig BtPrax 2006, 74 ff.; OLG Hamm FamRZ 2006, 1066 (LS); OLG München BtPrax 2006, 110 ff.

700 OLG Zweibrücken NJW-RR 2006, 873 f.; LG Bückeburg FamRZ 2009, 1709 f.

701 BGH BtPrax 2012, 162

- der Aufgabenkreis der Betreuung erweitert[702] oder eingeschränkt wird,
- (nachträglich) ein Kontrollbetreuer (§ 1896 Abs. 3 BGB) oder Gegenbetreuer (§§ 1908i Abs. 1,1792 BGB)[703] bestellt wird,
- eine kurzzeitige (missbräuchliche) Aufhebung der Betreuung mit zeitnaher erneuter Betreuerbestellung erfolgt[704],
- ein weiterer Betreuer bei tatsächlicher Verhinderung des ursprünglichen Betreuers bestellt wird, § 1899 Abs. 4 BGB,
- (nachträglich) ein weiterer Betreuer bestellt wird, § 1899 Abs. 1 BGB,
- eine Abänderung der Aufhebung einer Betreuung durch das Rechtsmittelgericht erfolgt.

Treten solche Änderungen bei der im Fallbeispiel am 29.7.2017 wirksam angeordneten Betreuung am 30.9.2018 ein, kann nur der nach dem 13. Monat gültige Basiszeitansatz beansprucht werden.

(b) Änderungen während eines Monats, Satz 2

190 Ergeben sich Änderungen während eines laufenden Monats, ist für nicht vollendete Monate – ebenfalls taggenau – eine anteilige Berechnung vorzunehmen[705]. Relevante Änderungen können sein:

- Tod des Betreuten,
- Aufhebung der Betreuung,
- Wechsel des Betreuers,
- Entlassung und Neubestellung eines Betreuers wird vom Beschwerdegericht aufgehoben,
- Erreichen einer höheren Vergütungsstufe durch den Betreuer, z.B. nach Abschluss einer Nachqualifizierung (§ 11 VBVG) oder Abschluss einer Lehre oder eines Studiums,
- Wechsel in oder aus einem Heim,
- Eintritt bzw. Wegfall der Mittellosigkeit.

Zudem bedarf es einer anteiligen Berechnung dann, wenn eine Betreuung zwischen dem 1.7.2004 und dem 29.6.2005 wirksam angeordnet worden ist. Hier entsteht zunächst ein Rumpfquartal (dazu unten Rn. 193).

Fallbeispiel:

Für einen Betreuten ist die Betreuung am 1.1.2018 wirksam angeordnet worden. Die Aufhebung der Betreuung erfolgt wirksam zum 11.8.2018. Der volle (7.) Monat endet am 1.8. 2018.

Es bleiben anteilig 10/31 Monat, d.h. 1,9 Stunden (von 6) bei einem bemittelten Betreuten, 1,6 Stunden (von 5) bei einem mittellosen Betreuten.

---

702 BGH BtPrax 2012, 162

703 OLG Köln FGPrax 2007, 123; OLG Schleswig FGPrax 2006, 166 f.

704 In der Regel ist allerdings nach Aufhebung einer Betreuung von einer neu eingerichteten Betreuung mit neuem Fristbeginn auszugehen. Indizien für einen Missbrauch können ein weitgehend identischer Aufgabenkreis, ein identischer Betreuer und ein kurzer Zeitabstand sein.

705 LG Kassel BtPrax 2017, 247f.

(c) Einzelfälle

Im Einzelfall kann es bei der taggenauen Abrechnung zu Unklarheiten bzw. Ungerechtigkeiten kommen. **191**

(aa) Ende der Betreuung

Da die Betreuung mit dem Tod oder der wirksamen Aufhebung endet, können so genannte Abwicklungsarbeiten des bisherigen Betreuers nach der Vorstellung des Gesetzgebers (taggenaue Abrechnung) nicht mehr vergütet werden[706]. Sachgerecht erscheint das nicht zu sein, da bis zum 1.7.2005 Tätigkeiten nach dem Ende der Betreuung, wie z.B. Erstellen des Schlussberichtes und der Schlussrechnung, aber auch Tätigkeiten im Rahmen der §§ 1908i Abs. 1, 1893, 1698a und b BGB, als vergütungsfähig angesehen wurden. Die Rechtsprechung behilft sich damit, dass in diesen Fällen eine fortlaufende Vergütung für Tätigkeiten im Rahmen der Notgeschäftsführung (§§ 1908i Abs. 1, 1893, 1698b BGB) gewährt wird. **192**

Zutreffend erscheint mir die Auffassung zu sein, dass diese Tätigkeiten nach tatsächlichem Aufwand entsprechend § 3 VBVG mit den dortigen Stundensätzen abgerechnet werden können[707]. Auf jeden Fall wird man aber eine Ausnahme zu machen haben, wenn der Tod erst später bekannt wird[708].

(bb) Betreuerbestellung zwischen dem 1.7.2004 und dem 30.6.2005

Die Problematik bei den zwischen dem 1.7.2004 und dem 30.6.2005 angeordneten Betreuungen hat sich inzwischen erledigt, weil ab dem 2. Jahr der Betreuung nicht mehr taggenau abzurechnen ist. Ursprünglich war in diesen Fällen anfangs ein Rumpfquartal zu bilden (dazu unten Rn. 203) und später quartalsweise weiter zu rechnen. **193**

(cc) Änderungen hinsichtlich der Mittellosigkeit

Gesetzlich nicht geregelt ist der Fall, dass sich im laufenden Monat bzw. Quartal die Mittellosigkeit des Betreuten einstellt oder umgekehrt wegfällt. **194**

Vor dem 1.7.2005 und der Einführung der Vergütungspauschale stellte die Rechtsprechung bei der Frage der Mittellosigkeit auf den Zeitpunkt der Entscheidung der letzten Tatsacheninstanz ab[709]. Die Mittellosigkeit war nach dieser Rechtsprechung zudem einheitlich für den jeweiligen Abrechnungszeitraum festzustellen und zugrunde zu legen. Nach dem früheren Recht bedeutete dies, dass ein Betreuer die Vergütung nur aus der Staatskasse verlangen konnte, wenn der Betreute zwar zum Zeitpunkt der Erbringung der Betreuerleistung (noch) vermögend war, nach Antragstellung bzw. zum Zeitpunkt der Entscheidung aber Mittellosigkeit eingetreten war. Zudem konnte der Betreuer dann nur die im Gesetz vorgesehenen niedrigeren Stundensätze für mittellose Betreute geltend machen. An diesen Prinzipien wollte der Gesetzgeber offensichtlich nichts ändern.

706 BGH BtPrax 2016, 200: Allenfalls über bloße Abwicklungtätigkeiten hinausgehende Tätigkeiten des Betreuers können bei entsprechender Darlegung im Ausnahmefall vergütet werden, vgl. auch OLG Köln FGPrax 2006, 163; OLG München NJW-RR 2006, 1517 f.; OLG Dresden FamRZ 2006, 1483 (LS); OLG Frankfurt a.M., FamRZ 2006, 1161 f. Bei Aufhebung der Betreuung erst mit Bekanntgabe an den Betreuer, AG Kassel FamRZ 2006, 484 (LS)

707 OLG München NJW-RR 2006, 1517 f.; LG Wuppertal FamRZ 2006, 1063; a.A. LG Stendal FamRZ 2006, 1063 ff.; LG Traunstein FamRZ 2010, 329: fortlaufende Pauschalvergütung

708 Der Betreuer muss allerdings nach Übernahme einer neuen Betreuung zeitnah Informationen zum Betreuten einholen und kann eine Vergütung nur bis zu dem Zeitpunkt verlangen, zu dem der Tod des Betreuten hätte bekannt sein können, AG Gelnhausen NJOZ 2013, 1084.

709 BayObLG BtPrax 2002, 123; OLG Schleswig BtPrax 2000, 128

Da die Stundenansätze des § 5 Abs. 1 und 2 VBVG unterschiedliche Stundenansätze bei bemittelten und mittellosen Betreuten zugrunde legen, würde eine taggenaue Abrechnung (sie würde den Abrechnungszeitraum in zwei Abschnitte aufteilen) mit der früheren Rechtsprechung nicht zu vereinbaren sein. Es müsste vielmehr zum Zeitpunkt der Entscheidung über den Vergütungsantrag geprüft werden, ob der Betreute vermögend ist oder nicht, und dann mit den jeweiligen Stundenansätzen für vermögende bzw. mittellose Betreute gerechnet werden. Läge der Betreute knapp über den Grenzen, könnte er also die Vergütung nach den Stundensätzen für einen mittellosen Betreuten insgesamt für ein Quartal zahlen, nicht aber die Vergütung, die er unter Anwendung der Stundensätze für einen vermögenden Betreuten schuldet, müsste er als mittellos gelten.

195 Anders als früher kann ein Betreuer aber wegen der Abrechnungszeiträume des § 9 VBVG seinen Vergütungsantrag nicht mehr zeitlich anpassen und z.B. monatlich abrechnen. Deshalb ist eine Ausnahme zu machen, wenn im laufenden Quartal Mittellosigkeit eintritt. Tritt im Abrechnungsquartal während eines Monats Mittellosigkeit ein, ist nicht taggenau abzurechnen, sondern noch bis zum Ende des Abrechnungsmonats der höhere Stundenansatz für bemittelte Betreute zugrunde zu legen[710].

Für die sich anschließende Frage, ob die Vergütung vom Betreuten oder aus der Staatskasse zu zahlen ist, kommt es darauf an, ob der Betreute zum Zeitpunkt der Entscheidung der letzten Tatsacheninstanz mittellos oder bemittelt ist. Dabei ist für die Entscheidung über das Vorliegen der Mittellosigkeit der nach den vorstehenden Ausführungen gefundene Stundenansatz mit dem dem jeweiligen Betreuer zustehenden Stundensatz zu multiplizieren und für das gesamte Quartal zugrunde zu legen. Ist der Betreute nicht in der Lage, diese Summe ganz zu zahlen, besteht Mittellosigkeit im Sinne der §§ 1835c, 1835d BGB mit der Folge, dass die Staatskasse die Vergütung insgesamt zu zahlen hat, auch wenn sie der Höhe nach zum Teil auf den Stundenansätzen für bemittelte Betreute beruht. Dieser Auffassung hat sich die überwiegende Rechtsprechung angeschlossen[711].

Fallbeispiel:

Eine Betreuung ist am 1.7.2017 wirksam angeordnet worden und der Betreute ist vermögend. Da der Betreuer rückständige Mieten zu begleichen hat, tritt am 1.8.2017 Mittellosigkeit ein. Dem Betreuer ist für einen Monat der Stundenansatz, der im Hinblick auf einen vermögenden Betreuten gewährt wird, zuzubilligen sowie für zwei Monate der Stundenansatz bei einem mittellosen Betreuten.

Da der Betreute zum Zeitpunkt der letzten Tatsacheninstanz mittellos ist, müsste die Vergütung insgesamt aus der Staatskasse gezahlt werden.

196 Weitere Problemfälle können sich daraus ergeben, dass ein Betreuter aufgrund seiner finanziellen Situation nach den jeweiligen Zahlungseingängen und -ausgängen tageweise die Grenzen der Mittellosigkeit über- bzw. unterschreitet. Hier wird eine sachgerechte Lösung dadurch möglich werden, dass man auf das jeweilige Quartal bezogen über die Mittellosigkeit dergestalt entscheidet, dass von den festen Einnahmen die festen Ausgaben zunächst abzuziehen sind und erst dann über das Vorliegen oder nicht Vorliegen der Mittellosigkeit eine Entscheidung getroffen wird.

Diese Lösungen gewährleisten, dass ein Betreuer bei der Zumessung der Vergütung im Grundsatz nicht anders behandelt wird als vor der Rechtsänderung mit der Einführung der

710 BGH BtPrax 2013, 65 und 2011, 83; LG Kassel BtPrax 2012, 77; Deinert/Lütgens, Rn. 1228

711 BGH BtPrax 2013, 65; OLG Hamm NJW-RR 2009, 1310 f.; OLG Frankfurt a.M. BtPrax 2008, 175 f.; OLG Hamburg FamRZ 2008, 91 (LS); OLG Brandenburg BtPrax 2007, 267 (LS); LG Bückeburg BtPrax 2011, 136; LG Halle FamRZ 2009, 371 (LS); a.A. OLG München BtPrax 2009, 30 ff., das die Rechtsfrage zur Klärung dem BGH vorgelegt hatte.

Pauschalierung. Auf der anderen Seite ist die Staatskasse nicht unbillig belastet, weil sie ihrerseits – gerade in den Grenzfällen – die Möglichkeit hat, Regress beim Betreuten zu nehmen (vgl. § 1836e BGB), wenn sie eine Vergütung zahlt, die z.T. Stundenansätze für vermögende Betreute enthält.

(dd) Auf- und Abrundungen

Bei der Berechnung der Zeitansätze nach Satz 2 ergeben sich nicht immer volle Stunden. **197**
Deshalb ordnet Satz 3 an, dass gegebenenfalls auf volle Zehntel aufzurunden ist. Demzufolge müsste bei einem Wert von 2,2129 Stunden auf 2,3 Stunden aufgerechnet werden. Die Gesetzesbegründung rundet in diesem Beispielsfall allerdings auf 2,2 Stunden ab und erst bei einem Wert von über fünf und mehr in der zweiten Stelle hinter dem Komma auf[712]. Nach dem eindeutigen Wortlaut des Abs. 2 kann das nicht zutreffend sein.

Bei der anteiligen Berechnung ist jeweils die tatsächliche Anzahl der Tage des betreffenden Monats zugrunde zu legen, da das Gesetz nicht auf § 191 BGB, wonach grundsätzlich 30 Tage zugrunde zu legen sind, verweist.

(6) Sonderfall Wechsel zum ehrenamtlichen Betreuer, Abs. 5

Eine Sonderregelung bei der Berechnung des Zeitansatzes enthält Abs. 5 für den Fall des **198**
Wechsels vom Berufsbetreuer zu einem ehrenamtlichen Betreuer. Dieser Wechsel soll angesichts des Vorranges der ehrenamtlichen Betreuung, vgl. § 1897 Abs. 6 Satz 1 BGB, besonders gefördert werden. Das gilt selbst dann, wenn der bisherige Berufsbetreuer das Amt ehrenamtlich fortführt[713] oder der Wechsel erst im Beschwerdeverfahren erfolgt[714]. Dazu spricht Abs. 5 Satz 1 einem Berufsbetreuer für den laufenden Monat, in dem der Wechsel wirksam wird, sowie für den Folgemonat jeweils die volle Monatspauschale zu. Die Berechnung der zu vergütenden Monate richtet sich dabei nach den Betreuungs-, nicht den Kalendermonaten[715]. Nach Satz 2 gilt das auch, wenn zunächst neben dem ehrenamtlichen Betreuer ein Berufsbetreuer als weiterer Betreuer bestellt war (vgl. § 1899 Abs. 1 BGB). Der Gesetzgeber wollte damit einen Anreiz schaffen, die Betreuung an einen ehrenamtlichen Betreuer abzugeben, gleichzeitig aber auch einen nötig werdenden Mehraufwand abgelten[716].

dd. Abrechnungszeitraum für die Vergütung, § 9 VBVG

Mit dem 2. BtÄndG wird in § 9 VBVG erstmals ein gesetzlicher Abrechnungszeitraum für **199**
die jeweils zurückliegenden Monate eingeführt, wobei sich die Vorschrift ihrem Regelungsinhalt nach nur auf die Pauschalvergütung der Berufsbetreuer nach §§ 4, 5 VBVG bezieht. Die im Gesetzgebungsverfahren vorgesehene Verpflichtung für die Berufsbetreuer, Änderungen, die sich auf die Bemessung der Vergütung auswirken können, unverzüglich dem Gericht mitzuteilen, wurde nicht Gesetz[717]. Es dürfte aber ohnehin schon eine entsprechende Verpflichtung der Berufsbetreuer bestehen, vgl. §§ 1901 Abs. 5, 1907 Abs. 2 BGB, 168 Abs. 2 Satz 1 FamFG.

712 Vgl. BT-Drs. 15/2494, S. 34
713 OLG Hamm FGPrax 2008, 20 f.
714 OLG Frankfurt a.M. BtPrax 2008, 202 f.
715 BGH BtPrax 2013, 110
716 Beides ist inkonsequent, da der Mehraufwand anlässlich eines Wechsels angeblich in den Zeitansätzen berücksichtigt ist, vgl. BT-Drs. 15/2494, S. 34, und ein Berufsbetreuer qua Gesetz verpflichtet ist, auf die Übernahme des Amtes durch einen ehrenamtlichen Betreuer hinzuwirken, vgl. § 1897 Abs. 6 Satz 2 BGB. Zimmermann, FamRZ 2005, 950, 951, spricht von einem Sozialplan für den „arbeitslos" werdenden Berufsbetreuer. Vgl. auch LG Münster BtPrax 2010, 247
717 Vgl. § 1908o Abs. 2 BGB-E

§ 9 VBVG Abrechnungszeitraum für die Betreuungsvergütung

[1]Die Vergütung kann nach Ablauf von jeweils drei Monaten für diesen Zeitraum geltend gemacht werden. [2]Dies gilt nicht für die Geltendmachung von Vergütung und Aufwendungsersatz in den Fällen des § 6.

(1) Überblick

200 § 9 VBVG legt in Satz 1 für die pauschalierte Vergütung des Berufsbetreuers einen periodischen Abrechnungszeitraum von drei Monaten fest, wobei nach Satz 2 Ansprüche nach § 6 VBVG nicht erfasst werden.

(2) Anwendungsbereich

201 Der periodische Abrechnungszeitraum des § 9 VBVG umfasst neben den Ansprüchen des einzelnen Berufsbetreuers nach §§ 4,5 VBVG auch die Ansprüche des Vereins für seinen Vereinsbetreuer nach § 7 Abs. 1 Satz 1 VBVG.

Nicht erfasst werden die Ansprüche des Vormundes nach § 3 VBVG, was sich aus der Stellung des § 9 VBVG im Abschnitt „Sondervorschriften für Betreuer" ergibt. Ebenso gilt die Vorschrift nicht für Ansprüche des berufsmäßigen Verfahrenspflegers, da § 277 Abs. 2 Satz 2 und 3 FamFG nur auf die §§ 1 bis 3 Abs. 2 VBVG verweist. Schließlich gilt die Vorschrift nicht für Vergütungsansprüche der Betreuungsbehörde für ihren Behördenbetreuer, weil insoweit keine Ansprüche nach §§ 4 ff. VBVG bestehen, sondern nur nach § 1836 Abs. 2 BGB.

Nach Satz 2 gilt die Vorschrift auch nicht für die Sonderfälle der Vergütung nach § 6 VBVG.

(3) Abrechnungszeitraum

202 § 9 Satz 1 VBVG legt einen periodischen Abrechnungszeitraum von drei Monaten für die Pauschalvergütung eines Berufsbetreuers nach §§ 4,5 VBVG fest. Kürzere Zeitabstände sollen wegen des damit verbundenen Verwaltungsaufwandes – erhebliche Steigerung der Auszahlungsvorgänge – nicht sinnvoll sein[718].

(4) Beginn des Abrechnungszeitraumes

203 Bei Betreuerbestellungen ab dem 1.7.2005 beginnt der Abrechnungszeitraum mit der wirksamen Anordnung. Wurde also eine Betreuung am 11.7.2013 neu angeordnet, kann erstmals am 12.10. 2013 die Pauschale geltend gemacht werden, da die ersten drei Monate am 11.10. 2013 um 24 Uhr enden[719]. Die nächste Abrechnungsmöglichkeit besteht dann erst wieder am 12.1.2014. Der Betreuer kann aber auch später abrechnen, z.B. nach neun Monaten für drei Quartale, muss dabei aber den Ablauf der 15-monatigen Ausschlussfrist des § 2 VBVG im Auge behalten[720]. Ein Berufsbetreuer ist nicht gehindert, die Vergütung nur für Teile eines Quartals geltend zu machen[721].

Für Betreuerbestellungen, die zwischen dem 1.7.2004 und dem 30.6.2005 wirksam geworden waren, musste zunächst ein Rumpfquartal bis zum 30.6.2005 gebildet werden (Abrechnungsmöglichkeit nach dem alten, nicht pauschalierten Vergütungsrecht) und

---

718 BT-Drs. 15/2494, S. 36. Auch vor dem 1.7.2005 rechneten Berufsbetreuer auf Wunsch der Gerichte häufig quartalsweise ab, vgl. Deinert/Lütgens, Rn. 1696
719 A.A. Jürgens-Winterstein, § 9 VBVG, Rn. 1, bereits am 11.10.2013.
720 Deinert/Lütgens, Rn. 1697
721 LG Wuppertal FamRZ 2007, 1272 (LS)

nach dem 1.7.2005 zunächst der Ablauf des Restquartals abgewartet werden, bis eine Abrechnung möglich wurde[722].

War z.B. eine Betreuung am 1.5.2005 wirksam angeordnet worden, begann der 1. Monat am 2.5.2005 und endete am 1.6.2005, der 2. Monat endete demgemäß am 1.7.2005, so dass eine erste Abrechnungsmöglichkeit nach dem neuen Recht nach Ablauf des 3. Monats, also am 2.8.2005 möglich war. Hätte man die erste Abrechnungsmöglichkeit nach neuem Recht erst am 2.10.2005 zugelassen, also drei Monate nach Einführung des neuen Rechts, würde dies den gesetzgeberischen Motiven nicht gerecht, da keine zusätzlichen Auszahlungsvorgänge entstehen sollten.

Nach einem Betreuerwechsel beginnt der Abrechnungszeitraum für die Betreuervergütung des neuen Berufsbetreuers mit seiner wirksamen Bestellung. Er tritt nicht in die Abrechnungsfristen seines Vorgängers ein[723]. Ähnliches wird zu gelten haben, wenn es zu einer kurzzeitigen Unterbrechung der Betreuung, etwa durch Zeitablauf einer vorläufigen Betreuung oder eine kurzzeitige Aufhebung der Betreuung kommt[724]. Für die Berechnung der Dauer der Betreuung nach § 5 Abs. 1, 2 VBVG bleibt indes der Zeitpunkt der erstmaligen Betreuerbestellung maßgeblich. **204**

Ungeregelt lässt § 9 Satz 1 VBVG den Fall, dass eine Betreuung wirksam während eines laufenden Abrechnungsquartals endet. Nach der Gesetzesintention, Verwaltungsaufwand gering zu halten, muss dann auch vor Ablauf der dreimonatigen Frist eine Abrechnung möglich sein, da dadurch kein zusätzlicher Auszahlungsvorgang entsteht[725]. Vielmehr wird so ein zeitnaher Abschluss des Verfahrens ermöglicht. **204a**

(5) Fälligkeit

§ 9 VBVG enthält nach der gesetzgeberischen Intention keine Regelungen zur Fälligkeit der Pauschalvergütung, sondern „lediglich" zu den Abrechnungsmodalitäten[726]. Die Fälligkeit der Vergütung ist von § 9 VBVG losgelöst zu ermitteln. Dazu kann die bisherige Rechtsprechung zugrunde gelegt werden, wonach die Fälligkeit der Vergütung grundsätzlich mit der Erbringung der jeweiligen, vergütungserzeugenden Tätigkeit eintritt. Da der Gesetzgeber mit der Pauschalvergütung indes nicht mehr an einzelne Tätigkeiten anknüpft, sondern einen Vergütungsanspruch vom Zeitpunkt der wirksamen Anordnung der Betreuung an entstehen lässt, tritt die Fälligkeit der Pauschalvergütung jeweils mit jedem Tag, den ein Berufsbetreuer im Amt ist, für den jeweiligen Tag ein. Demgemäß wird der Anspruch bereits vor seiner Abrechnungsmöglichkeit fällig. **205**

Wichtig ist dies im Hinblick auf die Ausschlussfrist des § 2 VBVG. Diese Frist beginnt mit der Fälligkeit des Anspruches zu laufen, ohne dass eine Abrechnungsmöglichkeit vorhanden ist. Der BGH hat deshalb inzwischen entschieden, dass aus dem Zweck des § 2 VBVG und dem Zusammenhang mit der Fälligkeitsregelung in § 9 VBVG folgt, dass der pauschale Vergütungsanspruch des Berufsbetreuers erst zu dem Zeitpunkt entsteht, in dem er gemäß § 9 VBVG erstmals geltend gemacht werden kann[727]. Der Vergütungsanspruch eines Berufsbetreuers wird also nicht sofort mit der jeweiligen Tätigkeit, sondern erst nach Ablauf von drei Monaten fällig. **205a**

---

722 Eine Umstellung auf kalendervierteljährliche Abrechnung ab dem 1.7.2005 ist nicht möglich, OLG München BtPrax 2006, 18 ff. und BtPrax 2008, 174 f. Entsprechendes gilt bei Bestellung vor dem 1.1.1992, LG Göttingen FamRZ 2009, 458 (LS)

723 BGH BtPrax 2011, 218

724 LG Kassel BtPrax 2018, 121

725 Im Ergebnis ebenso: Deinert/Lütgens, Rn. 1697

726 Deinert/Lütgens, Rn. 1704

727 BGH BtPrax 2013, 109

205b Zinsen kann ein Berufsbetreuer erst ab rechtskräftiger Festsetzung seiner Vergütung geltend machen[728].

▶ *Zum Erlöschen der Vergütung vgl. oben Rn. 142 ff.*

d. Vergütung des Berufsbetreuers in Sonderfällen, § 6 VBVG

aa. Überblick

206 § 6 VBVG regelt die Vergütung eines Berufsbetreuers in besonderen Fällen, worunter das Gesetz zum einen den Sterilisationsbetreuer nach § 1899 Abs. 2 BGB und zum anderen den Verhinderungsbetreuer nach § 1899 Abs. 4 BGB versteht. In beiden Fällen kann die für Berufsvormünder in § 3 VBVG vorgesehene Vergütung sowie Aufwendungsersatz nach § 1835 BGB (mit Ausnahme des Abs. 2) verlangt werden. § 6 VBVG kann nicht analog auf Betreuer mit begrenztem Aufgabenkreis angewandt werden[729].

§ 6 VBVG Sonderfälle der Betreuung

[1]In den Fällen des § 1899 Abs. 2 und 4 des Bürgerlichen Gesetzbuchs erhält der Betreuer eine Vergütung nach § 1 Abs. 2 in Verbindung mit § 3; für seine Aufwendungen kann er Vorschuss und Ersatz nach § 1835 des Bürgerlichen Gesetzbuchs mit Ausnahme der Aufwendungen im Sinne von § 1835 Abs. 2 des Bürgerlichen Gesetzbuchs beanspruchen. [2]Ist im Fall des § 1899 Abs. 4 des Bürgerlichen Gesetzbuchs die Verhinderung tatsächlicher Art, sind die Vergütung und der Aufwendungsersatz nach § 4 in Verbindung mit § 5 zu bewilligen und nach Tagen zu teilen; § 5 Abs. 4 Satz 3 sowie § 187 Abs. 1 und § 188 Abs. 1 des Bürgerlichen Gesetzbuchs gelten entsprechend.

bb. Sonderfälle der Betreuung, Satz 1

207 Von der Regelvergütung eines Berufsbetreuers nach §§ 4,5 VBVG nimmt § 6 Satz 1 VBVG zwei Fälle aus. Es sind dies der für die Einwilligung in eine Sterilisation eines Betreuten (vgl. dazu § 1905 BGB) nach § 1899 Abs. 2 BGB bestellte Sterilisationsbetreuer und der für einen Verhinderungsfall des ursprünglichen Betreuers nach § 1899 Abs. 4 BGB bestellte Verhinderungsbetreuer.

▶ *Zu Einzelheiten dieser beiden Betreuertypen vgl. Teil B Rn. 75, 78 ff.*

Bei einem Verhinderungsbetreuer ist zu unterscheiden, ob der Verhinderungsfall tatsächlicher (z.B. Urlaub, Krankheit, längere Abwesenheit) oder rechtlicher (z.B. Verbot des Vertragsschlusses mit sich selbst, § 181 BGB, Vertretungsausschluss, § 1795 BGB) Natur ist. Aus Satz 2 ergibt sich nämlich, dass nur der Fall der rechtlichen Verhinderung gemeint ist.

▶ *Zu den Fallkonstellationen mit rechtlicher Verhinderung vgl. Teil B Rn. 79*

207a Der BGH wendet darüber hinaus § 6 VBVG analog an, wenn neben einem Bevollmächtigten, der rechtlich an der Verrichtung einzelner Tätigkeiten gehindert ist, ein Betreuer bestellt wird[730] Das gilt allerdings nicht, wenn die Vollmacht von vorneherein sachlich beschränkt war[731].

cc. Vergütungsbemessung

208 In den genannten Sonderfällen der Betreuung erhält der Berufsbetreuer die aufgewendete und erforderliche Zeit nach den in § 3 Abs. 1 VBVG vorgesehenen Stundensätzen[732]. Auch

728 OLG Rostock FamRZ 2007, 1690 f.; OLG Brandenburg FamRZ 2010, 592 ff. (Nachlasspflegschaft)
729 BGH BtPrax 2013, 107
730 BGH BtPrax 2015, 203
731 BGH BtPrax 2017, 155
732 OLG Celle FamRZ 2008, 1213 f.

wenn die Tätigkeit eines Verhinderungsbetreuers auf längere Zeit angelegt ist, kann ihm keine Pauschalvergütung nach § 4 VBVG gewährt werden[733].

▶ *Zu Einzelheiten vgl. oben Rn. 100 ff.*

Zusätzlich kann der Berufsbetreuer in diesen Fällen Aufwendungsersatz nach § 1835 BGB – mit Ausnahme des Absatzes 2, also der Versicherungskosten – verlangen.

▶ *Zu Einzelheiten vgl. oben Rn. 6 ff.*

dd. Ausnahme von der Sonderregelung, Satz 2

Wird ein Verhinderungsbetreuer für den Fall der tatsächlichen Verhinderung des Betreuers **209** bestellt (z.B. in Zeiten des Urlaubs oder der Krankheit des ursprünglichen Betreuers[734]), bleibt es für den beruflichen Verhinderungsbetreuer bei der – zeitanteiligen – Vergütungsbemessung nach §§ 4, 5 VBVG.

▶ *Zu den Fallkonstellationen mit tatsächlicher Verhinderung vgl. Teil B, Rn. 80*
Zur Vergütung nach §§ 4, 5 VBVG vgl. oben Rn. 150 ff.

In diesem Fall erhält der Verhinderungsbetreuer eine nach §§ 4, 5 VBVG zu bemessene Vergütung, und zwar für den gesamten Zeitraum der Verhinderung des ursprünglichen Betreuers[735], der seinerseits für diese Zeit keine Vergütungspauschale erhält. Um die dem Verhinderungsbetreuer zustehende Vergütung zu errechnen, ist eine taggenaue Berechnung nach § 5 Abs. 4 VBVG vorzunehmen.

▶ *Zur taggenauen Berechnung nach § 5 Abs. 4 VBVG vgl. oben Rn. 186 ff.*

Wird für einen tatsächlichen Verhinderungsfall ein Betreuungsverein bzw. eine -behörde oder ein ehrenamtlicher Betreuer bestellt, ist die Pauschale des verhinderten Betreuers nicht um den Zeitraum des Verhinderungsfalles zu kürzen, weil diesen Verhinderungsbetreuern selbst keine Vergütung zusteht[736].

e. Vergütung und Aufwendungsersatz für Betreuungsvereine, § 7 VBVG

§ 7 VBVG spricht durch die Verweisung auf §§ 4, 5, 6 VBVG einem Vereinsbetreuer eine **210** Vergütung und einen Aufwendungsersatz wie einem Berufsbetreuer zu und ordnet den jeweiligen Vergütungsanspruch dem Betreuungsverein zu. Insoweit übernimmt § 7 Abs. 1 und 3 VBVG die Regelungen des aufgehobenen § 1908e BGB. In § 7 Abs. 2 VBVG finden sich Aussagen zu den Sonderfällen einer Betreuung, die dem Gesetz vor dem 1.7.2005 nicht bekannt waren.

§ 7 VBVG enthält spezielle Regelungen zu den Ansprüchen eines anerkannten Betreuungsvereins (vgl. § 1908f BGB und dazu in Teil B Rn. 10 ff.) auf Aufwendungsersatz und Vergütung für die Tätigkeit eines hauptberuflichen Mitarbeiters als Vereinsbetreuer (vgl. § 1897 Abs. 2 Satz 1 BGB). Über §§ 277 Abs. 4 Satz 2, 318 FamFG gilt § 7 Abs. 1 Satz 2 und Abs. 3 VBVG auch für den Fall der Verfahrenspflegerbestellung eines hauptberuflichen Vereinsmitarbeiters[737] sowie nach §§ 1908i Abs. 1, 1792, 1799 BGB für dessen Bestellung als Gegenbetreuer. Die Vorschrift wurde durch das 2. BtÄndG zum 1.7.2005 in das Gesetz eingefügt.

---

733 BGH BtPrax 2014, 228
734 Zweifelnd: Deinert/Lütgens, Rn. 950f. für den Fall der Arbeitsunfähigkeit eines Vereinsbetreuers bzw. der Auflösung seines Arbeitsverhältnisses.
735 Deinert/Lütgens, Rn. 951
736 Deinert/Lütgens, Rn. 956 ff.
737 Die Vorenthaltung jeglicher angemessener Entschädigung verstößt gegen das Grundgesetz, BVerfG FamRZ 2000, 414.

Wird der Verein selbst zum Betreuer bestellt, kann er keine Vergütung verlangen, §§ 1908i Abs. 1, 1836 Abs. 3 BGB[738]. Er kann lediglich von einem bemittelten Betreuten Aufwendungsersatz unter Ausschluss der allgemeinen Verwaltungskosten beanspruchen, § 1908i Abs. 1, 1835 Abs. 5 BGB. Nicht verlangen kann er Aufwendungsentschädigung nach §§ 1908i Abs. 1, 1835a BGB (dort Abs. 5).

§ 7 VBVG Vergütung und Aufwendungsersatz für Betreuungsvereine

(1) [1]Ist ein Vereinsbetreuer bestellt, so ist dem Verein eine Vergütung und Aufwendungsersatz nach § 1 Abs. 2 in Verbindung mit den §§ 4 und 5 zu bewilligen. [2]§ 1 Abs. 1 sowie § 1835 Abs. 3 des Bürgerlichen Gesetzbuchs finden keine Anwendung.

(2) [1]§ 6 gilt entsprechend; der Verein kann im Fall von § 6 Satz 1 Vorschuss und Ersatz der Aufwendungen nach § 1835 Abs. 1, 1a und 4 des Bürgerlichen Gesetzbuchs verlangen. [2]§ 1835 Abs. 5 Satz 2 des Bürgerlichen Gesetzbuchs gilt entsprechend.

(3) Der Vereinsbetreuer selbst kann keine Vergütung und keinen Aufwendungsersatz nach diesem Gesetz oder nach den §§ 1835 bis 1836 des Bürgerlichen Gesetzbuchs geltend machen.

aa. Überblick

211 Nach Abs. 1 kann der Verein für die bei ihm beschäftigten Vereinsbetreuer die pauschalierte Vergütung nach §§ 1 Abs. 2, 4, 5 VBVG verlangen. Die Geltendmachung von beruflichen Aufwendungen nach § 1835 Abs. 3 BGB, die § 4 Abs. 2 Satz 2 VBVG für den freiberuflichen Betreuer eröffnet, wird ausgeschlossen. Absatz 2 lässt für den Fall der Bestellung eines Vereinsbetreuers als Sterilisations- oder Verhinderungsbetreuer über § 6 VBVG die Abrechnung der Vergütung nach der aufgewendeten und erforderlichen Zeit zu den Stundensätzen des § 3 Abs. 1 VBVG sowie Vorschuss und Ersatz von Aufwendungen nach § 1835 Abs. 1, 1a und 4 BGB zu. Allgemeine Verwaltungskosten sind allerdings – wie bisher – nicht zu erstatten. Abs. 3 legt fest, dass der Vereinsbetreuer selbst keine Vergütungs- und Aufwendungsersatzansprüche geltend machen kann.

bb. Ansprüche des Betreuungsvereins auf Aufwendungsersatz und Vergütung im Regelfall, Abs. 1

212 Vom Grundsatz her gelten für die Ansprüche des Vereins auf Erstattung von Aufwendungen und Zahlung einer Vergütung für die Tätigkeit ihres Vereinsbetreuers die gleichen Bestimmungen wie für (freiberufliche) Berufsbetreuer. Anspruchsberechtigt ist grundsätzlich ein nach § 1908f BGB anerkannter Betreuungsverein. Für den Vereinsbetreuer ist seit dem 1.7.2005 grundsätzlich die pauschale Betreuervergütung nach §§ 4, 5 VBVG zu bewilligen, in den Sonderfällen der Betreuung die nach § 6 VBVG (dazu Abs. 2).

(1) Vergütung

213 Für die Tätigkeit seines wirksam bestellten Vereinsbetreuers steht dem Verein im Regelfall eine Vergütung nach §§ 4, 5 VBVG zu[739], wobei § 4 VBVG die Höhe des Stundensatzes und § 5 VBVG die in Rechnung zu stellende Stundenanzahl regelt.

738 Eine Ausnahme soll gelten, wenn der Verein nur als Synonym für den im Einzelfall verhinderten, ursprünglich bestellten Vereinsbetreuer tätig wird, OLG Düsseldorf BtPrax 2010, 126.

739 Fehlende Anerkennung des Vereins nach § 1908f BGB steht nicht entgegen, KG BtPrax 2006, 118 (LS), ebenso wenig die Beendigung des Arbeitsverhältnisses zwischen Verein und Vereinsbetreuer, LG Koblenz FamRZ 2006, 64 f.

(a) Stundensätze, Abs. 1 Satz 1 i.V.m. § 4 VBVG

214 Mit der Verweisung auf § 4 VBVG stellt § 7 Abs. 1 Satz 1 VBVG klar, dass dem Verein für seinen Vereinsbetreuer dieselbe Vergütung wie einem freiberuflichen Berufsbetreuer zusteht[740]. Der Stundensatz bemisst sich also nach der beruflichen Qualifikation des jeweiligen Vereinsbetreuers, vgl. §§ 7 Abs. 1 Satz 1, 4 Abs. 1 VBVG.

▶ *Zu Einzelheiten vgl. oben Rn. 151 ff.*

Wie bei einem freiberuflichen Berufsbetreuer wird vermutet, dass allgemein nutzbare besondere Kenntnisse im Einzelfall konkret nutzbar sind, §§ 7 Abs. 1 Satz 1, 4 Abs. 3 Satz 2, 3 Abs. 2 Satz 1 VBVG. Das gilt nur dann nicht, wenn das Gericht ausdrücklich etwas anderes festlegt, vgl. §§ 7 Abs. 1 Satz 1, 4 Abs. 3 Satz 1, 3 Abs. 2 Satz 2 VBVG.

▶ *Zu Einzelheiten siehe oben Rn. 126 ff. und 155*

(b) Stundenansatz, Abs. 1 Satz 1 i.V.m. § 5 VBVG

215 Die in Rechnung zu stellende Zeit ergibt sich aus § 5 VBVG, auf den § 7 Abs. 1 Satz 1 VBVG ebenfalls verweist. § 5 VBVG differenziert danach, ob der Betreute vermögend oder mittellos ist und ob er seinen gewöhnlichen Aufenthalt außerhalb oder innerhalb eines Heimes besitzt.

▶ *Zu Einzelheiten siehe oben Rn. 160 ff.*

(c) Berufsmäßigkeit, Abs. 1 Satz 2

216 Ein Vereinsbetreuer führt eine Betreuung immer berufsmäßig, vgl. § 7 Abs. 1 Satz 2 VBVG[741].

(2) Aufwendungsersatz

217 Da die Vergütung der §§ 4, 5 VBVG neben dem eigentlichen Vergütungsanspruch auch die Ansprüche auf Erstattung der Umsatzsteuer und Aufwendungsersatz abgilt (vgl. § 4 Abs. 2 VBVG), kann der Verein im Regelfall für die Aufwendungen seines Vereinsbetreuers keinen Aufwendungsersatz verlangen. Darüber hinaus kann der Verein für ihn – anders als der freiberufliche Betreuer – keinen Aufwendungsersatz nach § 1835 Abs. 3 BGB für berufliche oder gewerbliche Dienste verlangen, Abs. 1 Satz 2. Das entspricht der bisherigen Rechtslage[742]. Eine Besserstellung gegenüber einem freiberuflichen Betreuer räumte der Gesetzgeber Vereinen dadurch ein, dass der Verein nur einen ermäßigten Steuersatz (zuletzt 7 %) an das Finanzamt abzuführen hatte[743]. Dieser Vorteil ist inzwischen entfallen (dazu oben Rn. 125).

Nur in den Sonderfällen der Betreuung nach § 6 VBVG (dazu oben Rn. 206 ff.) kann Aufwendungsersatz nach § 1835 Abs. 1, 1a und 4 BGB verlangt werden, § 7 Abs. 2 Satz 1 VBVG. Der Anspruch auf Ersatz von Versicherungskosten ist also wie der auf Ersatz von Aufwendungen für berufliche und gewerbliche Dienste auch hier ausgeschlossen[744]. Zudem können allgemeine Verwaltungskosten nicht erstattet werden, §§ 7 Abs. 2 Satz 2 VBVG, 1835 Abs. 5 Satz 2 BGB. Gemeint sind damit Kosten, die keiner konkreten Betreuung zugerechnet werden können. Solche Kosten sollen durch globale Zuschüsse und

740 Das entspricht Forderungen der Rechtsprechung, vgl. BayObLG FGPrax 2004, 289.
741 BT-Drs. 15/4874, S. 32
742 BT-Drs. 15/4874, S. 32
743 Deinert/Lütgens, Rn. 862. Insoweit bestehen keine verfassungsrechtlichen Bedenken, OLG Karlsruhe FGPrax 2008, 107 f.
744 Jürgens-Winterstein, § 7 VBVG, Rn. 9

Spenden abgedeckt werden[745]. Zu den allgemeinen Verwaltungskosten gehören die Kosten der Geschäftsführung und der inneren Verwaltung des Vereins. Dazu rechnen: Büropersonal, Schreib-, Putzkräfte, Miete, Mietnebenkosten, Beschaffung und Instandhaltung von Büroeinrichtungen und -geräten[746], Fort- und Weiterbildungen.

(3) Ansprüche des Vereinsbetreuers, Abs. 3

218 Der Vereinsbetreuer selbst kann weder Aufwendungsersatz und -entschädigung noch Vergütung nach den §§ 1835 bis 1836 BGB, 3 bis 6 VBVG verlangen[747]. Seine Ansprüche werden dem Verein zugeordnet. Der Vereinsbetreuer wird seinerseits i.d.R. als Angestellter oder in einem sonstigen Dienstleistungsverhältnis vom Verein beschäftigt und entlohnt. Er ist daher nicht auf Ansprüche gegen den Betreuten bzw. die Staatskasse angewiesen[748].

Der Grundsatz von Treu und Glauben kann es gebieten, einem Verein die Vergütung für einen verstorbenen Vereinsbetreuer zuzubilligen, wenn dessen Vertreter die Tätigkeit in Kenntnis des Gerichtes fortführt[749].

(4) Fälligkeit und Erlöschen der Ansprüche

219 Wie der freiberufliche Betreuer kann auch der Betreuungsverein die pauschalierte Vergütung für seinen Vereinsbetreuer nur unter Beachtung des Abrechnungszeitraumes des § 9 VBVG verlangen.

▶ *Zu Einzelheiten vgl. oben, Rn. 200 ff.*

Das Erlöschen der Ansprüche des Betreuungsvereins für seinen Vereinsbetreuer richtet sich nach § 2 VBVG.

▶ *Zu Einzelheiten vgl. oben, Rn. 143 ff.*

f. Aufwendungsersatz und Vergütung für Behördenbetreuer, § 8 VBVG

220 In § 8 VBVG finden sich spezielle Regelungen zu den Ansprüchen der zuständigen Betreuungsbehörde (vgl. § 1 BtBG) auf Aufwendungsersatz und Vergütung für die Tätigkeit eines Behördenbetreuers (vgl. § 1897 Abs. 2 Satz 2 BGB). Über §§ 1908i Abs. 1, 1792, 1799 BGB gilt die Vorschrift auch bei der Bestellung als Gegenbetreuer. Die Vorschrift wurde durch das 2. BtÄndG eingefügt und gilt in dieser Form seit dem 1.7.2005. Sie übernimmt sinngemäß die Regelungen des aufgehobenen § 1908h BGB und ist lediglich dem neuen Vergütungsrecht angepasst worden. Unverändert kann die Behörde für ihren Behördenbetreuer eine Vergütung von einem vermögenden Betreuten erhalten, §§ 8 Abs. 1 VBVG, 1836 Abs. 2 BGB.

Wird die Behörde selbst zum Betreuer bestellt, kann sie lediglich vom vermögenden Betreuten Ersatz von allgemeinen Aufwendungen (§ 1835 Abs. 1 Satz 1 und 2 BGB) verlangen, §§ 1835 Abs. 5 Satz 1 BGB, 8 Abs. 2 VBVG. Allgemeine Verwaltungskosten, Aufwendungen für Versicherungskosten (§ 1835 Abs. 2 BGB), Aufwandsentschädigung (§ 1835a BGB) sowie Vergütung vom vermögenden bzw. mittellosen Betreuten (§§ 8 Abs. 2, 1836 Abs. 2, 1836a BGB) kann die zuständige Behörde dagegen nicht verlangen, §§ 8 Abs. 2 VBVG, 1835 Abs. 5, 1835a Abs. 5, 1836 Abs. 3 BGB.

745 BT-Drs. 11/4528, S. 157. Es handelt sich um Eigenkosten, die nicht auf Betroffene umgelegt werden sollen, Jürgens-von Crailsheim, § 1835 BGB, Rn. 20
746 OLG Düsseldorf BtPrax 1997, 166; Deinert/Lütgens, Rn. 194
747 So ausdrücklich BT-Drs. 15/4874, S. 32
748 Jürgens-Winterstein, § 7 VBVG, Rn. 10
749 OLG Frankfurt a.M. BtPrax 2008, 227 f.

§ 8 VBVG Vergütung und Aufwendungsersatz für Behördenbetreuer

(1) [1]Ist ein Behördenbetreuer bestellt, so kann der zuständigen Behörde eine Vergütung nach § 1836 Abs. 2 des Bürgerlichen Gesetzbuchs bewilligt werden, soweit der Umfang oder die Schwierigkeit der Betreuungsgeschäfte dies rechtfertigen. [2]Dies gilt nur, soweit eine Inanspruchnahme des Betreuten nach § 1836c des Bürgerlichen Gesetzbuchs zulässig ist.

(2) Unabhängig von den Voraussetzungen nach Absatz 1 Satz 1 kann die Betreuungsbehörde Aufwendungsersatz nach § 1835 Abs. 1 Satz 1 und 2 in Verbindung mit Abs. 5 Satz 2 des Bürgerlichen Gesetzbuchs verlangen, soweit eine Inanspruchnahme des Betreuten nach § 1836c des Bürgerlichen Gesetzbuchs zulässig ist.

(3) Für den Behördenbetreuer selbst gilt § 7 Abs. 3 entsprechend.

(4) § 2 ist nicht anwendbar.

aa. Überblick

Nach Abs. 1 kann der Behörde für die Tätigkeit der bei ihr beschäftigten Behördenbetreuer 221
weiterhin eine Vergütung nach Ermessen gegen den vermögenden Betreuten (§ 1836 Abs. 2 BGB) bewilligt werden.

Nach Abs. 1 Satz 1 kann die zuständige Behörde für den bei ihr beschäftigten Behördenbetreuer zudem Ersatz (keinen Vorschuss) für Aufwendungen nach § 1835 Abs. 1 Satz 1 und 2 BGB verlangen, soweit sich der Anspruch gegen einen vermögenden Betreuten richtet. Allgemeine Verwaltungskosten werden nicht ersetzt, Abs. 2 i.V.m. § 1835 Abs. 5 Satz 2 BGB.

Der Behördenbetreuer selbst kann keine Ansprüche auf Ersatz (gegebenenfalls Vorschuss) von Aufwendungen bzw. Vergütung geltend machen, wie sich aus Abs. 3 ergibt.

Nach Abs. 4 ist die Vorschrift des § 2 VBVG mit ihren Regelungen zum Erlöschen der vorgenannten Ansprüche nicht anzuwenden.

bb. Ansprüche der Behörde auf Vergütung für die Tätigkeit des Behördenbetreuers, Abs. 1

§ 8 Abs. 1 VBVG gibt der Behörde für die Tätigkeit ihres Behördenbetreuers einen Vergü- 222
tungsanspruch nur gegen den vermögenden Betreuten. Ob ein Betreuter vermögend ist, bemisst sich nach § 1836c und d BGB (dazu Rn. 246 ff.). Es kann aber nur eine Vergütung nach § 1836 Abs. 2 BGB gewährt werden. Danach kann das Betreuungsgericht eine Vergütung bewilligen, soweit der Umfang oder die Schwierigkeit der betreuungsrechtlichen Geschäfte dies rechtfertigt.

► *Zu weiteren Einzelheiten der Vergütung nach § 1836 Abs. 2 BGB vgl. oben Rn. 90 ff. Zur Ermittlung der Vergütungshöhe nach § 1836 Abs. 2 BGB vgl. oben Rn. 95 f.*

Eine Vergütung nach §§ 3 oder 4, 5 bzw. 6 VBVG (dazu oben Rn. 100 ff., 149 ff. und 206 ff.) kann nicht gewährt werden[750].

cc. Ansprüche der Behörde auf Aufwendungsersatz, Abs. 2

Nach Abs. 2 kann die zuständige Behörde Erstattung der so genannten allgemeinen Auf- 223
wendungen des § 1835 Abs. 1 Satz 1 und 2 BGB (dazu oben Rn. 6 ff.) erstattet verlangen. Vorschuss kann nicht beansprucht werden, weil dieser in der abschließenden Regelung des § 8 VBVG nicht genannt wird. Ersatz kann nur verlangt werden, als eine Inanspruchnahme des Betreuten nach § 1836c BGB zulässig ist, er also über einzusetzendes Einkommen bzw.

750 BT-Drs. 15/4874, S. 32. Nach LG Kassel BtPrax 2011, 87 (Ls) = NJOZ 2009, 4520 ff., soll die Vergütung des Behördenmitarbeiters auf den Betrag begrenzt sein, der einem Berufsbetreuer für die gleiche Tätigkeit zusteht

Vermögen verfügt (dazu Rn. 246 ff.). Ist der Betreute mittellos, scheidet eine Erstattung aus der Staatskasse also aus.

Nicht erstattungsfähig sind mangels ausdrücklicher Nennung die Kosten einer angemessenen Versicherung des Behördenbetreuers gegen Schäden, die dem Betreuten durch diesen zugefügt werden können oder die dadurch entstehen können, dass der Behördenbetreuer einem Dritten zum Ersatz eines durch die Führung der Betreuung verursachten Schadens verpflichtet ist (§ 1835 Abs. 2 BGB).

Gleiches gilt für Dienste des Behördenbetreuers, die für einen freiberuflichen Berufsbetreuer als gewerbliche oder berufliche Dienste nach § 1835 Abs. 3 BGB als Aufwendungsersatz erstattungsfähig wären. Dies rechtfertigt sich daraus, dass es schwierig wäre, die jeweiligen Kosten auf den Einzelfall umzurechnen. Zudem ist es für die Behörde zumutbar, diese Kosten selbst zu tragen.

Auch die Aufwandsentschädigung nach § 1835a BGB kann die Behörde für ihren Behördenbetreuer nicht beanspruchen. Wie beim Verein kann die Behörde allgemeine Verwaltungskosten (dazu oben Rn. 217) nicht geltend machen, wie die Verweisung auf § 1835 Abs. 5 Satz 2 BGB belegt.

dd. Ansprüche des Behördenbetreuers, Abs. 3

224 Der Behördenbetreuer selbst kann weder Aufwendungsersatz oder -entschädigung noch Vergütung nach §§ 1835 bis 1836 BGB, 3 bis 6 VBVG geltend machen. Der Behördenbetreuer steht in einem Dienstverhältnis zur Behörde und wird von dieser entlohnt[751].

ee. Abrechnungszeitraum und Erlöschen (Abs. 4)

225 Da der Betreuungsbehörde keine Vergütungsansprüche nach §§ 4, 5 VBVG zustehen, muss sie – ebenso wie der ehrenamtliche Betreuer – den Abrechnungszeitraum des § 9 VBVG nicht einhalten.

Abs. 4 nimmt – wie das bisherige Recht – die Ansprüche der Betreuungsbehörde auf Aufwendungsersatz und Vergütung von der Erlöschensfrist des § 2 VBVG aus. Es gilt daher die Verjährungsfrist von 3 Jahren, § 195 BGB[752].

g. Aufwendungsersatz und Vergütung Verfahrenspfleger, §§ 277, 318 FamFG

226 Die Fragen des Aufwendungsersatzes und der Vergütung für Verfahrenspfleger waren bis Ende 1998 stark umstritten[753]. Dabei wurde insbesondere die Frage, ob anwaltliche Verfahrenspfleger ihre Dienste nach den Sätzen der aufgehobenen BRAGO (jetzt RVG) über § 1835 Abs. 3 BGB als Aufwendungsersatz abrechnen oder (nur) eine Vergütung nach § 1836 BGB beanspruchen können, unterschiedlich beantwortet.

Durch das 1. BtÄndG wollte der Gesetzgeber den Streit mit der Neufassung des § 67 Abs. 3 FGG a.F. dahin gelöst wissen, dass sich die Ansprüche eines Verfahrenspflegers auf Aufwendungsersatz und Vergütung generell nach den §§ 1908e bis 1908i und den dort in Bezug genommenen §§ 1835 Abs. 1, 2, 5, 1836, 1836b Abs. 1 Nr. 1 BGB a.F., 1 BVormVG a.F. richten. Eine Vergütung anwaltlicher (oder anderer beruflicher oder gewerblicher) Dienste als Aufwendungsersatz nach § 1835 Abs. 3 BGB sollte für Verfahrens-

751 Jürgens-Winterstein, § 8 VBVG, Rn. 6
752 Damrau/Zimmermann, § 8 VBVG, Rn. 20
753 Vgl. Dodegge, NJW 1996, 2405, 2413

pfleger ausgeschlossen sein[754]. Gleichzeitig wurde die Stundensatzhöhe der Vergütung auf die Sätze des aufgehobenen § 1 BVormVG begrenzt.

Auf der anderen Seite sollte durch die Bestimmung, dass Auslagenerstattung und Vergütung immer (auch bei vermögenden Betreuten) aus der Staatskasse erfolgen, eine erleichterte Abrechnungsmöglichkeit geschaffen werden. Die Staatskasse konnte ihrerseits den an den Verfahrenspfleger geleisteten Betrag dem leistungsfähigen Betreuten (vgl. § 1836c BGB) als Auslagen in Rechnung stellen, §§ 137 Nr. 16, 128b Satz 2, 93a Abs. 2 KostO a.F. Die durch das 1. BtÄndG – auch aus fiskalischen Gründen – angestrebte Klärung der Verfahrenspflegervergütung trat – zumindest in Bezug auf anwaltliche Verfahrenspfleger – aufgrund der Rechtsprechung des BVerfG[755] nicht ein (dazu unten Rn. 53 ff.). Die ständige Rechtsprechung billigte den anwaltlichen Verfahrenspflegern nämlich in Ausnahmefällen die Abrechnungsmöglichkeit über § 1835 Abs. 3 BGB i.V.m. der aufgehobenen BRAGO (jetzt RVG) zu.

Der mit dem 2. BtÄndG zum 1.7.2005 eingefügte § 67a FGG fasste – ohne wesentliche Änderungen – die Aufwendungs- und Vergütungsansprüche eines beruflichen Verfahrenspflegers zusammen. Neu war allerdings, dass ein beruflicher Verfahrenspfleger nur noch ausnahmsweise bestellt werden sollte, vgl. § 67 Abs. 1 Satz 6 FGG a.F. Das FamFG hat in § 277 die Regelungen des bisherigen § 67a FGG übernommen.

Die Vorschrift des § 277 FamFG gilt für Betreuungsverfahren, über § 318 FamFG für Unterbringungsverfahren. Für den ehrenamtlichen Verfahrensbeistand des Kindes gilt § 277 Abs. 1 FamFG, für den berufsmäßigen Verfahrensbeistand die Sonderregelung des § 158 Abs. 7 Satz 2 bis 6 FamFG.

Aus § 277 Abs. 4 FamFG ergibt sich ausdrücklich, dass auch ein Mitarbeiter eines anerkannten Betreuungsvereines bzw. ein Mitarbeiter der Betreuungsbehörde als Verfahrenspfleger bestellt werden kann[756].

§ 277 FamFG Vergütung und Aufwendungsersatz des Verfahrenspflegers

(1) [1]Der Verfahrenspfleger erhält Ersatz seiner Aufwendungen nach § 1835 Abs. 1 bis 2 des Bürgerlichen Gesetzbuchs. [2]Vorschuss kann nicht verlangt werden. [3]Eine Behörde oder ein Verein erhält als Verfahrenspfleger keinen Aufwendungsersatz.

(2) [1]§ 1836 Abs. 1 und 3 des Bürgerlichen Gesetzbuchs gilt entsprechend. [2]Wird die Verfahrenspflegschaft ausnahmsweise berufsmäßig geführt, erhält der Verfahrenspfleger neben den Aufwendungen nach Absatz 1 eine Vergütung in entsprechender Anwendung der §§ 1, 2 und 3 Abs. 1 und 2 des Vormünder- und Betreuervergütungsgesetzes.

(3) [1]Anstelle des Aufwendungsersatzes und der Vergütung nach den Absätzen 1 und 2 kann das Gericht dem Verfahrenspfleger einen festen Geldbetrag zubilligen, wenn die für die Führung der Pflegschaftsgeschäfte erforderliche Zeit vorhersehbar und ihre Ausschöpfung durch den Verfahrenspfleger gewährleistet ist. [2]Bei der Bemessung des Geldbetrags ist die voraussichtlich erforderliche Zeit mit den in § 3 Abs. 1 des Vormünder- und Betreuervergütungsgesetzes bestimmten Stundensätzen zuzüglich einer Aufwandspauschale von drei Euro je veranschlagter Stunde zu vergüten. [3]In diesem Fall braucht der Verfahrenspfleger die von ihm aufgewandte Zeit und eingesetzten Mittel nicht nachzuweisen; weitergehende Aufwendungsersatz- und Vergütungsansprüche stehen ihm nicht zu.

754 Dies wurde auch durch die entsprechende Änderung des § 1 Abs. 2 BRAGO manifestiert.
755 BVerfG FamRZ 2000, 1280, 1284
756 Keidel-Budde, § 276 FamFG, Rn. 18

(4) [1]Ist ein Mitarbeiter eines anerkannten Betreuungsvereins als Verfahrenspfleger bestellt, stehen der Aufwendungsersatz und die Vergütung nach den Absätzen 1 bis 3 dem Verein zu. [2]§ 7 Abs. 1 Satz 2 und Abs. 3 des Vormünder- und Betreuervergütungsgesetzes sowie § 1835 Abs. 5 Satz 2 des Bürgerlichen Gesetzbuchs gelten entsprechend. [3]Ist ein Bediensteter der Betreuungsbehörde als Verfahrenspfleger für das Verfahren bestellt, erhält die Betreuungsbehörde keinen Aufwendungsersatz und keine Vergütung.

(5) [1]Der Aufwendungsersatz und die Vergütung des Verfahrenspflegers sind stets aus der Staatskasse zu zahlen. [2]Im Übrigen gilt § 168 Abs. 1 entsprechend.

§ 318 FamFG Vergütung und Aufwendungsersatz des Verfahrenspflegers

Für die Vergütung und den Aufwendungsersatz des Verfahrenspflegers gilt § 277 entsprechend.

aa. Aufwendungsersatz für Verfahrenspfleger, Abs. 1

227 Aufwendungsersatz steht sowohl ehrenamtlichen als auch berufsmäßigen Verfahrenspflegern zu[757]. Erstattet werden nach Abs. 1 Satz 1 die Aufwendungen gemäß § 1835 Abs. 1 und 2 BGB[758]. Vorschuss auf Aufwendungen kann nicht verlangt werden, Satz 2.

Wird ein Verfahrenspfleger jeweils für das einstweilige und das Hauptsacheverfahren bestellt, kann er für beide Verfahren eigenständig eine Vergütung verlangen, da es sich um zwei eigenständige Verfahren handelt[759].

Ein Betreuungsverein bzw. eine Betreuungsbehörde als Verfahrenspfleger kann keinen Aufwendungsersatz erhalten, § 277 Abs. 1 Satz 3 FamFG. Der Verein kann allerdings bei Bestellung eines Vereinsmitarbeiters als Verfahrenspfleger Ersatz von dessen Aufwendungsersatz verlangen, § 277 Abs. 4 FamFG.

Kosten einer angemessenen Versicherung (§ 1835 Abs. 2 BGB) und allgemeine Verwaltungskosten können nicht geltend gemacht werden, §§ 277 Abs. 1 Satz 1 FamFG, 1835 Abs. 2 Satz 2 BGB und § 277 Abs. 4 Satz 2 FamFG. Die Betreuungsbehörde kann auch bei Bestellung eines ihrer Mitarbeiter keinen Ersatz für dessen Aufwendungen verlangen, vgl. § 277 Abs. 4 Satz 3 FamFG.

Die Ansprüche erlöschen innerhalb von 15 Monaten nach ihrer Fälligkeit, Abs. 1 Satz 1 i.V.m. § 1835 Abs. 1 Satz 3 BGB. Der Verfahrenspfleger kann also grundsätzlich weder die Auslagenpauschale (§ 1835a BGB) geltend machen noch für berufliche oder gewerbliche Dienste (dazu Rn. 43 ff.) die festgelegte bzw. übliche Vergütung verlangen.

▶ *Zu Einzelheiten des Begriffs der Aufwendungen gemäß § 1835 Abs. 1 und 2 BGB vgl. oben Rn. 6 ff., 37 ff.*

Die Vergütung von beruflichen Diensten, z.B. die eines Rechtsanwaltes, richtet sich daher allgemein nach §§ 1836 Abs. 1 und 3 BGB, 1 bis 3 Abs. 2 VBVG, § 277 Abs. 2 Satz 2 FamFG.

---

757 Jürgens-Kretz, § 277 FamFG, Rn. 4; Keidel-Budde, § 277 FamFG, Rn. 3, 5

758 Dies gilt auch für den ehrenamtlichen Verfahrensbeistand des Kindes, §§ 158 Abs. 7 Satz 1, 277 Abs.1 Satz 1 FamFG.

759 BGH NJW 2011, 455

Übersichtsskizze: Aufwendungsersatz für Verfahrenspfleger

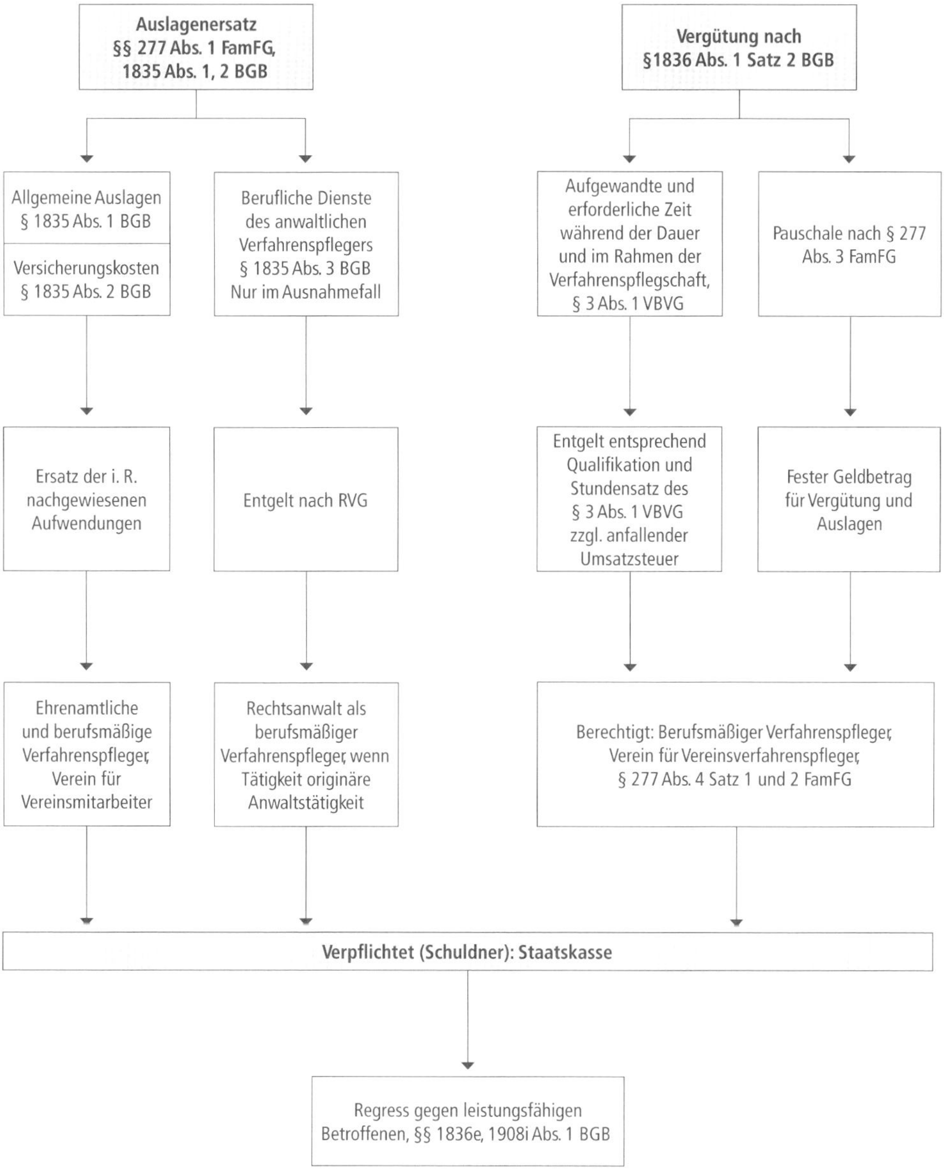

228 Eine Ausnahme muss weiterhin nach der Rechtsprechung des BVerfG[760] aufgrund verfassungskonformer Auslegung gelten, sofern berufliche Dienste eines Rechtsanwaltes als Verfahrenspfleger betroffen sind.

Bei anwaltlichen Verfahrenspflegern gebietet eine am Grundgedanken des § 1835 Abs. 3 BGB orientierte Auslegung der §§ 277 Abs. 1 bis 3 und 318 FamFG, eine Vergütung nach dem RVG für solche Tätigkeiten zuzulassen, bei denen üblicherweise ein Rechtsanwalt zugezogen zu werden pflegt oder bei denen ein Laie in vergleichbarer Lage vernünftigerweise einen Rechtsanwalt zuziehen würde, weil gerade anwaltsspezifische Tätigkeiten anfallen[761]. Dabei kann es sich sowohl um eine gerichtliche als auch außergerichtliche Tätigkeit handeln.

Nach der Konzeption des Gesetzgebers ist die Verfahrenspflegschaft allerdings keine anwaltsspezifische oder dem Anwaltsberuf vorbehaltene Tätigkeit[762] und die Bestellung eines berufsmäßigen Verfahrenspflegers hat die Ausnahme zu bleiben, § 276 Abs. 3 FamFG.

229 Die Frage, welche Tätigkeiten eines zum Verfahrenspfleger bestellten Rechtsanwaltes i.S.d. § 1835 Abs. 3 BGB ein zu seinem Beruf gehörender Dienst ist und eine Abrechnung auf der Grundlage des RVG rechtfertigt, wirft schwierige Abgrenzungsfragen auf.

Eine solche Tätigkeit liegt vor, wenn die zu bewältigende Aufgabe besondere rechtliche Tätigkeiten erfordert und daher eine originär anwaltliche Dienstleistung darstellt[763]. Es muss sich um eine Aufgabe handeln, für die ein anderer Verfahrenspfleger in vergleichbarer Lage vernünftigerweise einen Rechtsanwalt herangezogen hätte.

Abzustellen ist darauf, ob gerade auch ein Verfahrenspfleger mit einer Qualifikation, die ihm Anspruch auf Honorierung seiner Tätigkeit nach der höchsten Vergütungsstufe gibt, im konkreten Fall einen Rechtsanwalt zu Rate gezogen hätte. Das ist (nur) zu bejahen bei gerichtlicher Geltendmachung oder Abwehr von Ansprüchen sowie außergerichtlicher Vertretung in rechtlich besonders schwierig gelagerten Fällen oder Verhandlungen[764]. Ob ein solcher Fall vorliegt, ist häufig zu Anfang – bei der Entscheidung ob die Verfahrenspflegschaft übernommen werden soll – für einen Rechtsanwalt nur schwer zu beurteilen.

230 Die Gerichte sollen daher bei der Bestellung eines Verfahrenspflegers klarstellen, ob die Auswahl des anwaltlichen Verfahrenspflegers gerade im Hinblick darauf erfolgt, dass im konkreten Fall die Zuziehung eines Rechtsanwaltes wegen rechtlicher Schwierigkeiten für nötig erachtet wird. Der Rechtsanwalt darf dann auf den (richterlichen) Hinweis zur rechtlichen Schwierigkeit einer Verfahrenspflegschaft vertrauen[765].

---

760 BVerfG FamRZ 2000, 1280 und 1284

761 Ebenso: BGH NJW 2012, 3307 und 2011, 453; OLG Oldenburg Rpfleger 2012, 629; OLG Hamm BtPrax 2011, 220; OLG München BtPrax 2008, 219 f.; OLG Karlsruhe FGPrax 2001, 72; OLG Zweibrücken BtPrax 2002, 41; OLG Köln NJWE-FER 2001, 290; LG München I BtPrax 2001, 175; LG Leipzig FamRZ 2001, 864

762 BVerfG FamRZ 2000, 1280, 1281 sowie 1284

763 BVerfG FamRZ 2000, 345, 348; BGH BtPrax 2014, 224; BayObLG BtPrax 2002, 121. Allein der Umstand, dass das Vergütungsverzeichnis zum RVG für die entsprechende Tätigkeit gesondert Gebühren vorsieht, führt nicht dazu, dass es sich in jedem Fall und unabhängig von der Schwierigkeit der Aufgabe um eine anwaltsspezifische Tätigkeit handelt, OLG Schleswig, NJW 2013, 3189

764 OLG Düsseldorf FamRZ 2008, 76; OLG München BtPrax 2008, 219 f.; BayObLG BtPrax 2002, 121; Keidel-Budde, § 277 FamFG, Rn. 11

765 OLG Stuttgart NJW-RR 2004, 424 f.; OLG Hamm JMBl. NRW 2003, 237. Die Feststellung, die Verfahrenspflegschaft erfordere anwaltsspezifische Tätigkeit, ist nicht mit der Beschwerde angreifbar, BGH BtPrax 2013, 207

Die Erwartung, nach dem RVG vergütet zu werden, ist in diesem Fall geschützt[766]. Etwas anderes gilt nur, wenn das Gericht lediglich – ohne Benennung eines entsprechenden Sachverhaltes – mitteilt, dass anwaltsspezifische Tätigkeiten zu erwarten sind[767]. Dann besteht ein Vergütungsanspruch nach dem RVG nur, wenn der Rechtsanwalt seine beruflichen Dienste – aus dem Blickwinkel eines verständigen Verfahrenspflegers – bei Aufnahme der Tätigkeit für erforderlich erachten durfte. Dafür wird er im Rahmen der ihm bekannten Umstände eine Prognose hinsichtlich der o.g. Voraussetzungen anstellen müssen[768]. Die Bestellung als anwaltlicher Berufsverfahrenspfleger berechtigt allein nicht eine solche Erwartung[769].

Demgemäß besteht die Möglichkeit zur Abrechnung beruflicher Dienste eines Rechtsanwaltes nach dem RVG im Einzelfall für die Tätigkeit eines anwaltlichen Verfahrenspflegers im Verfahren auf Bewilligung einer Vergütung für den Betreuer[770], auf die Überprüfung einer Scheidungsfolgenvereinbarung[771], auf Überprüfung eines Mietvertrages[772] auf Genehmigung der Veräußerung eines Grundbesitzes[773] oder in einem Zwangsversteigerungsverfahren[774]. Hier werde jeweils juristisch geschulter Sachverstand benötigt, so dass ein vergleichbar qualifizierter Betreuer vernünftigerweise einen Rechtsanwalt beauftragt hätte. **231**

Da die Verteidigung gegen eine Freiheitsentziehung ureigenste Aufgabe von Rechtsanwälten ist[775], kann ein anwaltlicher Verfahrenspfleger im Unterbringungsverfahren eher seine beruflichen Dienste im Einzelfall nach dem RVG abrechnen[776].

Im Betreuungsverfahren ist die Zuziehung eines Rechtsanwaltes regelmäßig nicht üblich. Hier ist zu fragen, ob im konkreten Einzelfall ein gleich qualifizierter Betreuer einen Rechtsanwalt hinzugezogen hätte[777]. Dies wird nur bei tatsächlichen, vor allem aber rechtlichen Schwierigkeiten und nicht in typischen Routinesachen zu bejahen sein.

Wird in einem Betreuungsverfahren ein Antrag auf betreuungsgerichtliche Genehmigung, z.B. eines umfangreichen Vertragswerkes mit komplexen Rechtsfragen, ggf. aus unterschiedlichsten Rechtsbereichen, gestellt, wird in der Regel die Zuziehung anwaltlichen

766 BGH BtPrax 2013, 207

767 BayObLG BtPrax 2002, 121: Das damalige Vormundschaftsgericht hatte bei der Bestellung nicht zwischen Betreuungs- und Unterbringungsverfahren unterschieden und später für das Betreuungsverfahren die Begründung daraus herleiten wollen, dass der Antragsteller sich selbst als Betreuer vorgeschlagen hatte. Vgl. auch LG Saarbrücken BtPrax 2013, 211.

768 BayObLG BtPrax 2002, 121; MDR 2001, 1376

769 LG Saarbrücken BtPrax 2013, 211

770 OLG Frankfurt a.M. NJOZ 2005, 3616 f.: Wenn vertiefte spezifische Rechtskenntnisse erforderlich sind und ein berufsmäßiger Verfahrenspfleger der höchsten Vergütungsstufe einen Rechtsanwalt hinzugezogen hätte; LG Berlin BtPrax 2001, 129; a.A. LG München I BtPrax 2001, 175

771 LG Limburg FamRZ 2009, 1006

772 BGH BtPrax 2015, 109

773 BGH BtPrax 2015, 26

774 LG Leipzig FamRZ 2001, 864

775 BayObLG FamRZ 2000, 566

776 BGH NJW 2011, 453. Es ist aber restriktiv zu prüfen, BGH BtPrax 2014, 224: Tätigkeit, die sich auf Gespräch mit dem Betroffenen und kurze Stellungnahme beschränkt, genügt nicht. Vgl. auch OLG München BtPrax 2008, 219 f.; BayObLG MDR 2001, 1376, 1377; OLG Zweibrücken BtPrax 2002, 41; LG München I BtPrax 2001, 175. Es ist darauf abzustellen, ob im konkreten Einzelfall ein Rechtsanwalt üblicherweise oder von einem gleich qualifizierten Betreuer in vergleichbarer Lage hinzugezogen worden wäre (jeweils verneint). Allein die Bestellung als beruflicher Verfahrenspfleger im Unterbringungsverfahren rechtfertigt nicht die Erwartung, nach RVG vergütet zu werden, LG Saarbrücken BtPrax 2013, 211

777 OLG Hamm BtPrax 2011, 220: Tätigkeit im Rahmen der Genehmigung einer Teilerbauseinandersetzung; OLG Frankfurt a.M. NJOZ 2005, 3616 f.; OLG Köln NJWE-FER 2001, 290; LG München I BtPrax 2001, 175

Sachverstandes unabdingbar sein[778]. Maßgeblicher Zeitpunkt zur Beurteilung ist der Zeitpunkt der Bestellung zum Verfahrenspfleger, ggf. ein späterer Zeitpunkt, wenn erst im Verlaufe des Verfahrens Schwierigkeiten auftreten.

bb. Vergütung für Verfahrenspfleger, Abs. 2

232 Zu unterscheiden ist, ob der Verfahrenspfleger sein Amt berufsmäßig oder ehrenamtlich ausübt.

(1) Berufsmäßiger Verfahrenspfleger

233 Ein Vergütungsanspruch besteht nur, wenn das Gericht den Verfahrenspfleger ausdrücklich bestellt und dabei feststellt, dass das Amt berufsmäßig ausgeübt wird, Abs. 2 Satz 1 i.V.m. §§ 1836 Abs. 1 Satz 2 BGB, 1 Abs. 1 VBVG[779].

▶ *Zu Einzelheiten des Begriffs der Berufsmäßigkeit gemäß §§ 1836 Abs. 1 BGB, 1 Abs. 1 VBVG vgl. oben Rn. 71 ff.*

Unterbleibt bei der Bestellung des Verfahrenspflegers die Feststellung der Berufsmäßigkeit der Amtsführung versehentlich, kann sie nachgeholt werden[780].

Der berufsmäßige Verfahrenspfleger erhält also den aufgewandten und erforderlichen Zeitaufwand nach Stunden, multipliziert mit dem – nach der jeweiligen Qualifikation des Verfahrenspflegers zu bestimmenden – Stundensatz des § 3 Abs. 1 VBVG.

▶ *Zu Einzelheiten vgl. die Ausführungen zu § 3 VBVG, oben Rn. 100 ff.*

Die Stundensätze des § 3 Abs. 1 VBVG sind verbindlich. Anfallende Umsatzsteuer wird zusätzlich erstattet, § 3 Abs. 1 Satz 3 VBVG. Die Stundensätze können bei besonderer Schwierigkeit der Geschäfte des Verfahrenspflegers auch dann nicht erhöht werden, wenn der Betroffene vermögend ist. § 277 Abs. 2 Satz 2 FamFG nimmt die Anwendung des § 3 Abs. 3 VBVG nämlich ausdrücklich aus. Begründet wird das damit, dass die Vergütung für einen berufsmäßigen Verfahrenspfleger immer aus der Staatskasse gewährt wird, vgl. § 277 Abs. 5 Satz 1 FamFG[781].

Betreuungsvereine und -behörden erhalten als Verfahrenspfleger keine Vergütung vgl. §§ 277 Abs. 2 Satz 1 FamFG, 1836 Abs. 3 BGB.

Während aber ein Betreuungsverein nach § 277 Abs. 4 Satz 1 FamFG für den Vereinsverfahrenspfleger eine Vergütung geltend machen kann, schließt § 277 Abs. 4 Satz 3 FamFG dies in Bezug auf die Betreuungsbehörde für deren Mitarbeiter als Verfahrenspfleger aus[782].

---

778 OLG Düsseldorf FamRZ 2008, 76: Prüfung umfangreichen Vertragswerkes; LG Limburg FamRZ 2009, 1006: Prüfung einer Scheidungsfolgenvereinbarung; Keidel-Budde, § 277 FamFG, Rn. 11. Offen gelassen bzgl. der Tätigkeit im Genehmigungsverfahren betreffend Verkauf und Abtretung von Gesellschafteranteilen, BGH NJW 2012, 3307.

779 LG Bückeburg, Beschluss vom 5.10.2017 – 4 T 55/17: Bestellung kann mündlich oder sogar konkludent erfolgen, muss aber vom – in eindeutiger Weise zum Ausdruck kommenden – Willen des Richters bzw. Rechtspflegers getragen sein.,

780 BGH BtPrax 2014, 76 = FamRZ 2014, 468

781 BT-Drs. 15/4874, S. 29. Angesichts der Möglichkeit der Staatskasse, die Verfahrenspflegerkosten als Auslagen vom vermögenden Betroffenen als Auslagen erstattet zu erhalten, überzeugt das nicht.

782 Der Verein erhält für den Vereinsverfahrenspfleger eine Vergütung nach §§ 1 bis 3 Abs. 2 VBVG, vgl. Damrau/Zimmermann, § 277 FamFG, Rn. 47.

(2) Ehrenamtlicher Verfahrenspfleger

Erfüllt ein Verfahrenspfleger nicht die Voraussetzungen der §§ 1836 Abs. 1 Satz 2, 3 BGB, 1 Abs. 1 VBVG, so dass er das Amt ehrenamtlich ausübt, kommt eine Vergütung nicht in Betracht. § 277 Abs. 2 Satz 1 FamFG verweist nicht auf den § 1836 Abs. 2 BGB, der ausnahmsweise bei ehrenamtlicher Amtsführung eine Vergütung ermöglicht. Insoweit wurde die frühere Rechtslage durch das 2. BtÄndG geändert, ohne dass der Gesetzgeber dies begründete. **234**

(3) Abschlag auf die Vergütung

Ein Abschlag auf die Vergütung kann nicht verlangt werden, da § 277 Abs. 2 Satz 2 FamFG die entsprechende Regelung in § 3 Abs. 4 VBVG von der Anwendung auf die Verfahrenspflegervergütung ausschließt. **235**

cc. Pauschalierung von Aufwendungsersatz und Vergütung, Abs. 3

Abs. 3 sieht die Möglichkeit vor, dem berufsmäßigen Verfahrenspfleger anstelle von Aufwendungsersatz und Vergütung im Wege der Einzelabrechnung eine dem aufgehobenen § 1836b Satz 1 Nr. 1 BGB nachgebildete Individualpauschale zu bewilligen. **236**

(1) Fester Geldbetrag

Die Entscheidung des Betreuungsgerichts muss auf einen bestimmten Betrag lauten und den gesamten Tätigkeitszeitraum umfassen. **237**

Die Entscheidung könnte bei einem umsatzsteuerpflichtigen Verfahrenspfleger der höchsten Vergütungsstufe bei 3 Stunden Zeitaufwand lauten:

> Frau/Herr X wird zur/zum Verfahrenspflegerin/-pfleger für das Verfahren auf Genehmigung der Wohnungsauflösung (§ 1907 BGB) bestellt.
>
> Sie/Er übt das Amt berufsmäßig aus.
>
> Sie/Er erhält für ihre/seine Tätigkeit als Verfahrenspflegerin/-pfleger einen pauschalierten Aufwendungsersatz und eine Vergütung in Höhe von 109,50 € zuzüglich Mehrwertsteuer.

(2) Vorhersehbarkeit der erforderlichen Zeit

Der erforderliche Zeitaufwand muss im konkreten Verfahren hinreichend sicher zu prognostizieren sein. Dazu bedarf es entsprechender Erfahrungswerte beim Betreuungsgericht. Anders als zu Beginn einer Betreuung lassen sich solche Erfahrungswerte für Verfahrenspflegschaften relativ rasch und einfach bilden. Insbesondere in durchschnittlich gelagerten Fällen der Verfahrenspflegschaft in Genehmigungsverfahren bei einer Wohnungsauflösung nach § 1907 BGB, einer Unterbringung nach § 1906 BGB oder im Verfahren auf Bewilligung einer Vergütung aus dem Vermögen des Betroffenen dürften sich Pauschalierungen anbieten. **238**

(3) Gewähr der Ausschöpfung des prognostizierten Zeitaufwandes

Weiter muss gewährleistet sein, dass der Verfahrenspfleger den prognostizierten Zeitaufwand tatsächlich aufwenden muss. Es darf keine Anhaltspunkte dafür geben, dass der Zeitaufwand im Einzelfall aufgrund besonderer tatsächlicher oder rechtlicher Gründe niedriger ausfallen könnte. Zudem muss der einzelne Verfahrenspfleger die persönliche Gewähr dafür bieten, den prognostizierten Zeitaufwand auch tatsächlich auszuschöpfen. Dabei ist es nicht ausreichend, wenn der Verfahrenspfleger in Einzelfällen die Zeit nicht ausfüllt, sie in der Summe der von ihm geführten Verfahrenspflegschaften aber einhält. **239**

(4) Höhe der Pauschale, Abs. 3 Satz 2

240 Die Höhe des festen Geldbetrages errechnet sich aus der voraussichtlich erforderlichen Zeit, sprich Stundenzahl, multipliziert mit dem nach § 3 Abs. 1 VBVG zu ermittelnden Stundensatz zuzüglich einer Aufwendungspauschale von 3,– € je veranschlagter Stunde, Abs. 3 Satz 2[783].

Eine Pauschalierung der Ansprüche berufsmäßiger Verfahrenspfleger erfolgte in der Praxis schon vor dem 2. BtÄndG und hatte sich dort bewährt[784].

(5) Nachweisung und Nachforderung, Abs. 3 Satz 3

241 Abs. 3 Satz 3 stellt klar, dass der Verfahrenspfleger die in der konkreten Verfahrenspflegschaft aufgewandte Zeit nicht nachweisen muss. Umgekehrt können die Staatskasse bzw. der Pflegling keinen Zeitnachweis vom Verfahrenspfleger verlangen.

Darüber hinaus schließt Abs. 3 Satz 3, 2. Hs. weitergehende Aufwendungsersatz- und Vergütungsansprüche des Verfahrenspflegers aus.

dd. Anspruchsberechtigte, Abs. 4

242 Neben dem berufsmäßigen (Einzel-)Verfahrenspfleger ist auch der anerkannte Betreuungsverein berechtigt, für den von ihm beschäftigten Mitarbeiter Aufwendungsersatz und Vergütung zu verlangen, wenn er zum Vereinsverfahrenspfleger bestellt wird, Abs. 4 Satz [785]1. Der Vereinsverfahrenspfleger übt das Amt immer berufsmäßig aus, Abs. 4 Satz 2 i.V.m. § 7 Abs. 1 Satz 2 VBVG. Der Vereinsverfahrenspfleger hat selbst keinen Anspruch auf Aufwendungsersatz und Vergütung, Abs. 4 Satz 2 i.V.m. § 7 Abs. 3 VBVG. Allgemeine Verwaltungskosten und Kosten einer angemessenen Versicherung (§ 1835 Abs. 2 BGB) werden nicht erstattet, vgl. § 277 Abs. 4 Satz 2 FamFG mit seinem Verweis auf § 1835 Abs. 5 Satz 2 BGB und §§ 277 Abs. 1 Satz 1 FamFG, 1835 Abs. 2 Satz 2 BGB.

Für den zum Verfahrenspfleger bestellten Mitarbeiter der Betreuungsbehörde kann die Betreuungsbehörde keinen Aufwendungsersatz bzw. keine Vergütung beanspruchen, Abs. 4 Satz 3.

ee. Anspruchsverpflichteter, Abs. 5

243 Wie nach bisheriger Rechtslage sind Aufwendungsersatz und Vergütung generell aus der Staatskasse zu zahlen, Abs. 5.

Die von der Staatskasse erstatteten Aufwendungen – sie stellen Auslagen des Gerichts dar, vgl. KV GNotKG, Anlage 1 zu § 3 Abs. 2, Teil 3, Hauptabschnitt 1, Vorbemerkung 3.1, Nr. 31015 – werden dem vermögenden Betreuten in Rechnung gestellt, vgl. § 23 Nr. 1 GNotKG. Über § 26 Abs. 3 GNotKG gilt das auch für Verfahrenspflegschaften im Unterbringungsverfahren.

ff. Erlöschen

244 Aufwendungsersatzansprüche des Verfahrenspflegers erlöschen, wenn sie nicht binnen 15 Monaten nach ihrer Entstehung gerichtlich geltend gemacht werden, §§ 277 Abs. 1 Satz 1 FamFG, 1835 Abs. 1 Satz 3 BGB.

▶ *Zu Einzelheiten des Erlöschens des Aufwendungsersatzanspruches vgl. oben Rn. 37*

783 Umsatzsteuer wird – soweit sie anfällt – zusätzlich erstattet, § 3 Abs. 1 Satz 3 VBVG
784 A.A. offenbar Damrau/Zimmermann, § 277 FamFG, Rn. 22.
785 BGH FGPrax 2014, 62: Verfahrensbeistand

Der Vergütungsanspruch des berufsmäßigen Verfahrenspflegers erlischt, wenn er nicht binnen 15 Monaten nach seiner Entstehung beim Betreuungsgericht geltend gemacht wird, § 2 VBVG[786].

▶ *Zu Einzelheiten des Erlöschens des Vergütungsanspruches vgl. oben Rn. 143*

gg. Verfahrensrechtliches

Das Verfahren bestimmt sich nach § 168 Abs. 1 FamFG, auf den §§ 277 Abs. 5 Satz 2 und 318 FamFG Bezug nehmen. **245**

▶ *Zu Einzelheiten des Verfahrensrechtes vgl. die Ausführungen zu § 168 FamFG, unten Rn. 289 ff.*
Zu Einzelheiten der Verfahrenspflegschaften im Unterbringungsrecht vgl. Teil G Rn. 142 ff.

6. Mittellosigkeit, §§ 1836c und 1836d BGB

Mit den durch das 1. BtÄndG zum 1.1.1999 in Kraft getretenen §§ 1836c und 1836d BGB legt das Gesetz den Begriff der Mittellosigkeit fest und schafft damit erstmals eine Grundlage für die sichere Feststellung, wann die Staatskasse für Aufwendungen oder Vergütungen einzutreten hat. **246**

Die Vorschriften gelten für die Vormundschaft, über § 1915 Abs. 1 BGB für Pflegschaften und sind gemäß § 1908i Abs. 1 BGB sinngemäß auch auf Betreuungen anzuwenden.

Die nachfolgenden Ausführungen sind generell auf die Betreuung ausgerichtet, gelten aber entsprechend auch für Vormundschaften und Pflegschaften.

§ 1836c BGB Einzusetzendes Vermögen

Der Mündel hat einzusetzen

1. **nach Maßgabe des § 87 des Zwölften Buches Sozialgesetzbuch sein Einkommen, soweit es zusammen mit dem Einkommen seines nicht getrennt lebenden Ehegatten oder Lebenspartners die nach den §§ 82, 85 Abs. 1 und § 86 des Zwölften Buches Sozialgesetzbuch maßgebende Einkommensgrenze für die Hilfe nach dem Fünften bis Neunten Kapitel des Zwölften Buches Sozialgesetzbuch übersteigt. Wird im Einzelfall der Einsatz eines Teils des Einkommens zur Deckung eines bestimmten Bedarfs im Rahmen der Hilfe nach dem Fünften bis Neunten Kapitel des Zwölften Buches Sozialgesetzbuch zugemutet oder verlangt, darf dieser Teil des Einkommens bei der Prüfung, inwieweit der Einsatz des Einkommens zur Deckung der Kosten der Vormundschaft einzusetzen ist, nicht mehr berücksichtigt werden. Als Einkommen gelten auch Unterhaltsansprüche sowie die wegen Entziehung einer solchen Forderung zu entrichtenden Renten;**
2. **sein Vermögen nach Maßgabe des § 90 des Zwölften Buches Sozialgesetzbuch.**

§ 1836d BGB Mittellosigkeit des Mündels

Der Mündel gilt als mittellos, wenn er den Aufwendungsersatz oder die Vergütung aus seinem einzusetzenden Einkommen oder Vermögen

1. **nicht oder nur zum Teil oder nur in Raten oder**
2. **nur im Wege gerichtlicher Geltendmachung von Unterhaltsansprüchen**

aufbringen kann.

786 Deinert/Lütgens, Rn. 893

a. Überblick

247 Nach § 1836d BGB ist ein Betreuter mittellos, wenn er den Aufwendungsersatz oder die Vergütung des Betreuers aus seinem einzusetzenden Einkommen oder Vermögen nicht oder nur zum Teil, nur in Raten oder nur im Wege gerichtlicher Geltendmachung von Unterhaltsansprüchen aufbringen kann. Welchen Teil seines Einkommens und/oder Vermögens der Betreute einzusetzen hat, bestimmt sich nach § 1836c BGB. Nach Nr. 1 dieser Vorschrift hat der Betreute sein Einkommen nach Maßgabe des § 87 SGB XII einzusetzen, soweit es – gegebenenfalls gemeinsam mit dem Einkommen des nicht getrennt lebenden Ehegatten oder Lebenspartners – die nach den §§ 82, 85 Abs. 1 und 86 des SGB XII maßgebenden Einkommensgrenzen für die Hilfe nach dem 5. bis 9. Kapitel des SGB XII übersteigt. Dabei dürfen Beträge, deren Einsatz bereits im Rahmen der Sozialhilfegewährung für zumutbar erklärt wurden, nicht nochmals berücksichtigt werden. Anzurechnen sind ebenfalls Unterhaltsansprüche sowie die wegen Entziehung einer solchen Forderung zu entrichtenden Renten. In Nr. 2 ist bestimmt, dass das Vermögen nach Maßgabe des § 90 SGB XII einzusetzen ist. Der Gesetzgeber definiert das Betreuungsrecht damit ausdrücklich als Sozialleistung des Staates mit der Folge, dass der Betroffene, soweit es ihm zuzumuten ist, für die Leistungen des Staates an den Betreuer in Regress genommen werden kann.

▶ *Einzelheiten zum Regress vgl. unten Rn. 273 ff.*

Die Ermittlung der Mittellosigkeit vollzieht sich in drei Stufen. Zunächst hat das Betreuungsgericht festzustellen, in welcher Höhe dem Betreuer ein Aufwendungsersatz oder eine Vergütung zusteht. Als Zweites folgt die Überprüfung, über welches Einkommen oder Vermögen der Betreute verfügt und drittens, was er davon nach § 1836c BGB einzusetzen hat. Liegt dieser Anteil über dem Betrag des Aufwendungsersatzes und/oder der Vergütung, ist der Betreute nicht mittellos. Liegt er darunter, gilt der Betreute als mittellos, er muss dann nicht – auch nicht anteilig – die Kosten für den Betreuer aufbringen. Vielmehr zahlt die Staatskasse den Gesamtbetrag und überprüft danach die Möglichkeit, ganz oder teilweise Rückerstattung vom Betroffenen zu erlangen.

b. Mittellosigkeit

248 § 1836d BGB stellt für die Ermittlung der Mittellosigkeit auf die Leistungsfähigkeit des Betreuten ab. Fehlt sie ganz oder teilweise (Nr. 1) bzw. stehen ihr rechtliche Hindernisse (Nr. 2) entgegen, gilt der Betreute als mittellos.

aa. Fehlende bzw. nur teilweise Leistungsfähigkeit

249 Besitzt der Betreute kein – anrechenbares – Einkommen und/oder Vermögen, bzw. liegt der Betrag seines – anrechenbaren– Einkommens und/oder Vermögens unter dem, was dem Betreuer als Aufwendungsersatz oder Vergütung zusteht, gilt der Betroffene als mittellos[787].

▶ *Einzelheiten zum Begriff des Einkommens vgl. unten Rn. 255 ff.*

Probleme können auftreten, wenn der Betreute grundsätzlich über einzusetzendes Einkommen und/oder Vermögen verfügt und der Betreuer durch seine Abrechnungspraxis entscheidet, ob der Betreute als mittellos gilt oder nicht. So ist es etwa denkbar, dass der Betreute bei dreimonatlicher Abrechnung leistungsfähig ist, nicht aber bei jährlicher, weil dann monatliche Überschüsse ganz oder teilweise anderweitig eingesetzt wurden. Ähnliche Situationen können auftreten, wenn dem Betreuten eine Erbschaft anfällt oder er Ren-

---

787 Theoretisch könnte der einzusetzende Betrag des Betreuten 1 Cent unter der zugebilligten Vergütung liegen. Unbilligkeiten können hier über den in § 1836e BGB eröffneten Weg des Regresses gegen den Betreuten vermieden werden.

tennachzahlungen, Abfindungen vom Arbeitgeber etc. erhält und der Betreuer für den Betreuten Anschaffungen tätigt und erst später eine Vergütung beantragt oder der Sozialhilfeträger seinen bestehenden Rückgriffsanspruch nach § 102 SGB XII noch nicht durchgesetzt hat[788]. Da ein (Vermögens-)Betreuer grundsätzlich nicht verpflichtet ist, Rücklagen für die Vergütung und den Aufwendungsersatz zu bilden[789], zu bestimmten Zeiten abzurechnen[790] oder Abrechnungszeiträume so auszuwählen, dass die Staatskasse geschont wird[791], ist auch in diesen Fällen eine Mittellosigkeit zu bejahen. Einen Ausgleich ermöglicht im Einzelfall der in § 1836e BGB vorgesehene Regress gegen den Betreuten. Eine Ausnahme wird man zu machen haben, wenn der Betreuer sachwidrig und mutwillig die Mittellosigkeit herbeiführt[792]. In diesem Zusammenhang verpflichtet die Rechtsprechung den Betreuer, die Vermögensentwicklung des Betreuten im Auge zu behalten. Sofern der Betreuer erkennt, dass künftig Vergütungsfestsetzungen gegen den Betreuten wegen Vermögensverfall nicht mehr möglich sein werden, muss er im Rahmen des Zumutbaren und Möglichen den Vergütungsantrag so rechtzeitig stellen, dass die Vergütung noch aus dem Vermögen des Betreuten gewährt werden kann. Unterlässt er das schuldhaft, kann seine Vergütung nach Treu und Glauben auf das gekürzt werden, was für die Betreuung eines mittellosen Betreuten angefallen wäre[793].

Die Mittellosigkeit kann aber andererseits auch nicht ohne weiteres mutwillig herbeigeführt werden. So ist etwa ein Vertrag, mit dem ein Betreuter ein Grundstück einem Angehörigen überträgt, um diesen Vermögensgegenstand bei einer absehbaren späteren Inanspruchnahme staatlicher Unterstützung dem Zugriff des Sozialhilfeträgers zu entziehen, sittenwidrig und damit nichtig[794].

Kommt es zu Missbräuchen bei der Abrechnung, hätte das Betreuungsgericht die Möglichkeit, die Vergütung von Amts wegen nach dem jeweiligen Ablauf eines Abrechnungsquartals festzusetzen oder dem Betreuer nach Treu und Glauben nur den Stundenansatz für mittellose Betreute zuzubilligen[795]. Grundsätzlich wird es daher hier dabei bleiben, dass maßgeblicher Zeitpunkt für die Feststellung der Mittellosigkeit der Zeitpunkt der Entscheidung des Betreuungsgerichts über den Vergütungs- und Aufwendungsersatzanspruch, ggf. der Zeitpunkt der letzten Tatsacheninstanz, ist.

bb. Rechtliche Hindernisse (Unterhaltsansprüche)

Lange Zeit war streitig, ob ein Betreuter, der über kein ausreichendes Einkommen und/oder Vermögen verfügte, trotz bestehender, aber nicht freiwillig geleisteter Unterhaltsansprüche gegen Verwandte als mittellos zu behandeln ist. § 1836d Nr. 2 BGB bejaht dies. Ein Fall des § 1836d Nr. 2 BGB liegt zum Beispiel vor, wenn sich der Unterhaltsverpflichtete durch Anwaltsschreiben ablehnend äußert[796] oder nach Verhandlungen nicht freiwillig zahlt[797]. Ob die Unterhaltsansprüche bestehen, ist im Vergütungsverfahren nicht zu prü- **250**

788 Zu solchen Fallkonstellationen: BGH BtPrax 2013, 65; BayObLG BtPrax 2002, 262; OLG Zweibrücken BtPrax 1999, 32; LG Hamburg FamRZ 2001, 1324
789 OLG Düsseldorf NJW-RR 1999, 1677; LG Kiel FamRZ 2001, 190
790 LG Kiel FamRZ 2001, 190 und OLG Schleswig FamRZ 2001, 190; NJWE-FER 2001, 233: Dem Betreuer steht der nach § 1836 Abs. 2 Satz 4 BGB vorgegebene Zeitraum von 15 Monaten zur Geltendmachung der Vergütung zur Verfügung.
791 OLG Schleswig NJWE-FER 2000, 233; OLG Köln BtPrax 2002, 264
792 LG Koblenz BtPrax 2012, 175; LG Hamburg FamRZ 2001, 1324
793 OLG München BtPrax 2009, 181 f.
794 OLG Frankfurt a.M. FamRZ 2005, 60
795 OLG München BtPrax 2009, 181 f.
796 OLG Düsseldorf FamRZ 2001, 1099
797 BayObLG BtPrax 2002, 40

fen[798]. Für die Zukunft muss der Unterhaltsanspruch indes gerichtlich realisiert werden, gegebenenfalls durch einen Betreuer oder durch die Staatskasse im Wege des Regresses[799].

cc. Zeitpunkt der Mittellosigkeit

251 Nach inzwischen weitgehend einhelliger Auffassung ist der maßgebliche Zeitpunkt bei der Feststellung der Mittellosigkeit der Zeitpunkt, in dem das Betreuungsgericht über den Antrag auf Aufwendungsersatz bzw. Vergütung entscheidet. Bei Einlegung eines Rechtsmittels gegen diese Entscheidung ist gegebenenfalls der Zeitpunkt der Entscheidung der letzten Tatsacheninstanz – in der Regel das Landgericht – maßgeblich[800]; bei Tod des Betreuten der Todeszeitpunkt[801]. Die Mittellosigkeit ist dabei für den gesamten Abrechnungszeitraum einheitlich zu beurteilen[802].

Zu den Problemen der Festlegung des maßgeblichen Zeitpunktes der Mittellosigkeit im Rahmen der pauschalierten Vergütung für Berufsbetreuer kann auf die dortigen Ausführungen (vgl. oben Rn. 194 f.) verwiesen werden.

dd. Feststellung der Mittellosigkeit

252 Die zur Feststellung der Mittellosigkeit notwendigen Tatsachen sind vom Betreuungsgericht zu ermitteln (§ 26 FamFG)[803]. Der Betreuer hat allerdings Mitwirkungspflichten, § 168 Abs. 2 FamFG (dazu unten Rn. 316). Er muss die ihm möglichen Angaben und Auskünfte erteilen. Umfasst die Betreuung nicht die Vermögenssorge, muss der Betreute dem Gericht die notwendigen Feststellungen ermöglichen. Er hat sein derzeitiges Einkommen und Vermögen offenzulegen und seine Angaben zu belegen[804]. Ergeben diese Auskünfte kein ausreichendes Bild zu seinen wirtschaftlichen Verhältnissen, muss das Gericht im Rahmen seiner Amtsermittlungspflicht diese aufklären und unter Umständen Auskünfte von Verwandten einholen[805]. Kann nach den Ermittlungen des Betreuungsgerichts nicht sicher festgestellt werden, ob der Betreute leistungsfähig i.S.d. § 1836d BGB ist, muss zu seinen Gunsten vom Vorliegen der Mittellosigkeit ausgegangen werden[806]. Das Gericht hat zudem die Möglichkeit, bei unverhältnismäßigem Aufwand hinsichtlich der Ermittlung der Mittellosigkeit diese zu unterstellen, § 168 Abs. 2 Satz 3 FamFG (dazu unten Rn. 326).

c. Einzusetzendes Einkommen und Vermögen

253 § 1836c BGB regelt, welchen Teil seines Einkommens und/oder Vermögens der Betreute zur Abgeltung der Ansprüche des Betreuers[807] auf Aufwendungsersatz, Aufwandspauschale bzw. Vergütung einzusetzen hat. Aus dem Vergleich dieses Betrages mit dem dem Betreuer zustehenden Betrag ergibt sich, ob der Betreute mittellos ist, vgl. § 1836d BGB (dazu oben Rn. 248 ff.). Welchen Teil seines Einkommens der Betreute einzusetzen hat, ergibt sich aus Nr. 1, der weitgehend auf sozialhilferechtliche Vorschriften Bezug nimmt.

---

798 OLG Schleswig FamRZ 2005, 1579; BayObLG BtPrax 2002, 40
799 Damrau/Zimmermann, § 1836d BGB, Rn. 15
800 BGH BtPrax 2013, 65; OLG Hamm NJW-RR 2009, 1310 f.; OLG München BtPrax 2009, 30 ff. und 2007, 131 f.; NJOZ 2009, 2088 ff.; OLG Frankfurt a.M. BtPrax 2008, 175 f.; FGPrax 2001, 116; FamRZ 2001, 868; OLG Hamburg FamRZ 2008, 91 (LS); OLG Brandenburg BtPrax 2007, 267 (LS); BayObLG BtPrax 2002, 123; BtPrax 2000, 82; OLG Schleswig BtPrax 2000, 128; FamRZ 2001, 252; Deinert/Lütgens, Rn. 1205
801 OLG Jena FGPrax 2001, 22; Jürgens-Marschner, § 1836d BGB, Rn. 6
802 BayObLG BtPrax 2002, 123; OLG Frankfurt a.M. BtPrax 2001, 219 (LS)
803 So schon zum Rechtszustand vor dem 1.1.1999: BayObLG BtPrax 1995, 227. Einzelheiten zum Amtsermittlungsgrundsatz siehe Teil G, Rn. 94.
804 LG Kleve FamRZ 2002, 564
805 OLG Schleswig MDR 2004, 814
806 LG Zwickau BtPrax 2008, 275 (LS); Deinert/Lütgens, Rn. 1201
807 Ggf. auch im Wege des Regresses für an den Verfahrenspfleger geleistete Zahlungen

Nr. 2 legt fest, welchen Vermögensanteil der Betreute einzusetzen hat, und verweist dazu auf § 90 SGB XII.

aa. Einzusetzendes Einkommen

Einzusetzen hat der Betreute sein Einkommen – gegebenenfalls zusammen mit dem seines nicht getrennt lebenden Ehegattens oder Lebenspartners[808] – nach Maßgabe des § 87 SGB XII (dazu unten Rn. 261), wenn es bestimmte – nach dem SGB XII zu ermittelnde – Beträge übersteigt. Der Betreute hat dann – ganz oder teilweise – an die Staatskasse bzw. den Betreuer zu zahlen. **254**

(1) Einkommen

Bei der Einkommensermittlung gilt der sozialhilferechtliche Grundsatz der Bedarfsdeckung aus dem Einkommen im Zuflussmonat nicht[809]. Der Einkommensbegriff des § 1836c BGB bestimmt sich nach *§ 82 SGB XII*. **255**

▶ *Die Vorschrift des § 82 SGB XII ist im Anhang, S. 839 f., abgedruckt*

Einkommen sind demnach alle Einkünfte in Geld oder Geldeswert, also auch Sachbezüge. Zu Letzteren gehören etwa die Leistungen der Pflegeversicherung[810]. Darüber hinaus kommen Arbeitseinkünfte, Renten, Pensionen, Mieteinnahmen, Wohngeld[811], Kindergeldzahlungen[812], Zinseinkünfte sowie jegliche andere Form von dem Betroffenen zufließenden Beträgen – ohne Rücksicht auf ihre Herkunft und Rechtsnatur – in Betracht, § 1 DurchführungsVO zu § 82 SGB XII. Die einzelnen Einkünfte sowie die Form der Bewertung von Sachbezügen werden in §§ 2 bis 8 der Verordnung näher beschrieben.

▶ *Die DurchführungsVO zu § 82 SGB XII ist im Anhang, S. 846 ff., abgedruckt*

(2) Unterhaltsansprüche

Als Einkünfte gelten nach § 1836c Nr. 1 Satz 2 BGB auch Unterhaltsansprüche sowie die wegen Entziehung einer solchen Forderung zu entrichtenden Renten. In zwei Fällen bleiben Unterhaltsansprüche indes unberücksichtigt. Nach § 1835a Abs. 3, Hs. 2 BGB bleiben Unterhaltsansprüche gegen den Betreuer und nach § 1836d Nr. 2 BGB Unterhaltsansprüche, die nur im Wege gerichtlicher Geltendmachung aufgebracht werden können, unberücksichtigt. Ansonsten werden Unterhaltsansprüche unabhängig davon, ob die Unterhaltsleistungen tatsächlich zur Verfügung stehen, angerechnet. Grund und Höhe der Unterhaltsansprüche ergeben sich aus §§ 1360 ff. BGB (Ehegattenunterhalt) und §§ 1601 ff. BGB (Unterhalt für Verwandte in gerader Linie). In der familiengerichtlichen Praxis wird zur Berechnung des konkreten Unterhaltes auf Unterhaltstabellen[813] zurückgegriffen. **256**

Besteht dem Grunde nach ein Unterhaltsanspruch, bleibt zu prüfen, ob er (auch) die Kosten für die Betreuung umfasst. Nach § 1610 Abs. 2 BGB schuldet der Unterhaltsverpflichtete nämlich (lediglich) den angemessenen Unterhalt. Zum Teil werden die Kosten einer Betreuung nicht dazugerechnet[814]. Die Rechtsprechung behandelt die Betreuungskosten dagegen als unterhaltsrechtlichen Sonderbedarf aufgrund von Alter bzw. Krankheit[815].

808 Gemeint ist der Lebenspartner i.S.d. § 1 LPartG.
809 BGH BtPrax 2013, 67
810 Sie werden nach § 13 Abs. 5 Satz 1 SGB IX a.F. aber nicht als Einkommen berücksichtigt, OLG Zweibrücken FamRZ 2001, 309; offengelassen LG Koblenz FamRZ 2002, 495
811 BVerwG FamRZ 2005, 1245 (LS)
812 LG Gießen FamRZ 2009, 457: Auch Nachzahlungen gelten als anteilige monatliche Einkünfte.
813 Z.B. Düsseldorfer Tabelle
814 Deinert/Lütgens, Rn. 1252 ff.
815 OLG Nürnberg BtPrax 1999, 236 (zum alten Recht); LG Kleve FamRZ 2000, 1534; LG Duisburg JurBüro 2001, 267 f.

Dieser Rechtsprechung ist m.E. zu folgen. Anders als im Sozialhilferecht besteht keine Begrenzung von Unterhaltsansprüchen auf Verwandte 1. Grades[816]. Sofern die Gegenauffassung damit verbundene Härten für die Betreuung anführt, kann diesen im Rahmen der Ermessensausübung nach § 87 SGB XII (dazu Rn. 261) begegnet werden. Nicht zum unterhaltsrechtlichen Sonderbedarf rechnet die Vergütung eines Verfahrenspflegers[817].

Zu prüfen bleibt stets auch, ob Dritte für die Kosten der Betreuung einzustehen haben. Das kann etwa ein Unfallversicherter sein, wenn die Betreuung infolge eines Arbeitsunfalls zur sozialen Rehabilitation angeordnet wurde[818].

(3) Kein Einkommen

257 Nach der ausdrücklichen Wertung des § 82 Abs. 1 SGB XII gelten bestimmte Einkünfte nicht als Einkommen, und zwar:

- Leistungen nach dem SGB XII, also Hilfen zum Lebensunterhalt (§§ 27 ff.)[819], Hilfen zur Gesundheit (§§ 47 ff.), Hilfe für behinderte Menschen (§§ 53 ff.), Hilfe zur Überwindung besonderer sozialer Schwierigkeiten (§§ 67 ff.) und Hilfe in anderen Lebenslagen (§§ 70 ff.);
- Grundrenten nach dem Bundesversorgungsgesetz (Kriegsbeschädigten- und Kriegshinterbliebenenversorgung sowie gleichgestellte Renten)[820];
- Renten oder Beihilfen, die nach dem Bundesentschädigungsgesetz für Schäden an Leben sowie an Körper oder Gesundheit gewährt werden, bis zur Höhe der vergleichbaren Grundrente nach dem Bundesversorgungsgesetz;
- Grundrente oder Leistungen nach §§ 5 Abs. 2, 21 Abs. 2 Stiftungsgesetz für behinderte Kinder („Conterganfälle") bzw. Mutter und Kind sowie gleichgestellte Leistungen durch Landesstiftungen;
- Kindererziehungsrenten, § 299 SGB V;
- Erziehungsgeld bzw. Elterngeld bis 300 €, vergleichbare Leistungen der Länder sowie Mutterschaftsgeld und vergleichbare Leistungen (Dienst-, Anwärterbezüge und Zuschüsse nach beamten- oder soldatenrechtlichen Vorschriften für die Zeit der Beschäftigungsverbote), soweit diese auf das Erziehungsgeld bzw. Elterngeld angerechnet werden, §§ 8 Abs. 1 Satz 1 BErzGG, 10 Abs. 1 BEEG;
- Unterstützungsleistungen für SED-Opfer, § 9 BerRehaG[821];
- Leistungen nach dem HIV- sowie dem Häftlingshilfegesetz, dem Kriegsgefangenenentschädigungsgesetz, dem Heimkehrerstiftungsgesetz und dem Bundesgrenzschutzgesetz;
- Motivationshilfen nach dem europäischen Sozialfonds bis zu bestimmten Grenzen;
- vermögenswirksame Leistungen des Arbeitgebers (nicht der Arbeitnehmeranteil)[822] sowie

816 LG Duisburg JurBüro 2001, 267 f.
817 LG Braunschweig BtPrax 1999, 34
818 LSG Rheinland-Pfalz BtPrax 2005, 115
819 Hier sind Beiträge zu einer privaten Haftpflichtversicherung einkommensmindernd zu berücksichtigen, SG Nordhausen BtPrax 2018, 43 (LS).
820 Siehe §§ 80 SoldatenversorgungsG, 47 ZivildienstG, 60, 63 InfektionsSchG, 1, 10a OEG (vgl. BayObLG BtPrax 2005, 108), 292 Abs. 2 Nr. 1 bis 3 LAG, 82 Abs. 1 SGB XII
821 Dazu LG Verden FamRZ 2004, 221 L
822 Deinert/Lütgens, Rn. 1240

- zweckbestimmte Leistungen, die nach § 83 SGB XII nicht dem Lebensunterhalt zu dienen bestimmt sind, z.B. Blinden- und Gehörlosengeld, Blindenführhundleistungen, humanitäre Soforthilfen für HIV-Infizierte, Krankenversicherungszuschüsse für freiwillig versicherte Rentner, Kurzuschüsse, Rehabilitationsleistungen, Überbrückungshilfen für Strafentlassene sowie Schmerzensgeld (§ 253 Abs. 2 BGB)[823].

Ebenfalls unberücksichtigt bleiben Leistungen der Pflegeversicherung nach der Wertung des § 13 Abs. 5 Satz 1 SGB XI. Da der Gesetzgeber im 1. BtÄndG das Betreuungsrecht ausdrücklich als Sozialleistung des Staates definiert hat und zur Einkommensermittlung auf das SGB XII zurückgreift, muss dessen Wertung Berücksichtigung finden[824]. Zur Ermittlung des Einkommens sind die maßgeblichen Einkünfte des Betreuten sowie seines nicht getrennt lebenden Ehegatten bzw. Lebenspartners zu addieren.

(4) Abzugsbeträge

Von dem so ermittelten Einkommen sind nach § 82 Abs. 2 SGB XII abzuziehen: **258**

- die auf das Einkommen zu entrichtende Steuer, z.B. Lohnsteuer;
- Pflichtbeiträge zur Sozialversicherung einschließlich Arbeitsförderung;
- vorgeschriebene bzw. nach Grund und Höhe angemessene Beträge zu öffentlichen oder privaten Versicherungen oder ähnlichen Einrichtungen, wie z.B. Kranken-, Unfall-, Haftpflicht-, Sterbefall-, Hausrat- oder Kfz-Versicherung (soweit ein Pkw für die Berufstätigkeit nötig ist), nicht aber Kapitallebensversicherung auf den Erlebensfall[825], aber auch Altersvorsorgebeiträge, die nach § 82 EStG gefördert werden, etwa für die „Riester-Rente";
- Arbeitsförderungsgeld und Erhöhungsbeträge des Arbeitsentgelts im Sinne von § 43 Satz 4 SGB IX;
- die mit der Erzielung des Einkommens verbundenen notwendigen Ausgaben, z.B. Fahrtkosten zur Arbeit, Arbeitsmaterialien und ähnliche Werbungskosten (vgl. im Einzelnen §§ 3 Abs. 4 bis 7, 7 Abs. 2 und 3 DurchführungsVO zu § 82 SGB XII – abgedruckt im Anhang auf Seite 803 ff.);
- sowie nach § 82 Abs. 3 SGB XII bei Bezug von Hilfe zum Lebensunterhalt und Grundsicherung im Alter und bei Erwerbsminderung ein Betrag von 30% für Einkommen aus selbstständiger und nicht selbstständiger Tätigkeit, höchstens jedoch 50 % des Eckregelsatzes[826]. Davon abweichend ist bei Beschäftigung in einer Werkstatt für behinderte Menschen von dem Entgelt ein Achtel des Eckregelsatzes zuzüglich 25% des diesen Betrag übersteigenden Entgelts abzuziehen[827]. Verbindlichkeiten, die § 82 Abs. 2 SGB XII nicht aufführt, sind nicht zu berücksichtigen[828].

Im Ergebnis erhält man damit das so genannte bereinigte Einkommen des Betreuten.

823 Zwar erstreckt sich die Verweisung des § 1836c BGB nicht auf § 83 SGB XII, der in Abs. 2 den § 253 Abs. 2 BGB nennt. Schmerzensgeld ist aber nach § 90 Abs. 3 SGB XII (ggf. § 87 SGB XII bei laufender Zahlung) nicht zu berücksichtigen, OLG Jena FGPrax 2005, 125; Jürgens-Marschner, § 1836c BGB, Rn. 4.

824 LG Koblenz BtPrax 2001, 222; Deinert/Lütgens, Rn. 1243ff.; Jürgens-Marschner, § 1836c BGB, Rn. 4; a.A. OLG Zweibrücken FamRZ 2001, 309; Damrau/Zimmermann, § 1836c BGB, Rn. 4

825 Deinert/Lütgens, Rn. 1244

826 Nach alter Rechtslage waren Beträge in angemessener Höhe absetzbar, in der Regel zwischen 33% und 50%.

827 Zu Einzelheiten der Einkommensberechnung bei Werkstattbeschäftigten s. Deinert/Lütgens, Rn. 1247

828 LG Koblenz FamRZ 2005, 306

259 *(5) Berechnungsbogen zur Feststellung des bereinigten Einkommens*

	Euro	Euro
1. Einnahmen:		
Bruttoeinnahmen aus nicht selbständiger Tätigkeit	______	
Einnahmen aus selbstständiger Tätigkeit	______	
Leistungen nach Hartz I, II, IV	______	
Rente/n	______	
Kindergeld	______	
Kapitaleinkünfte	______	
Geleistete bzw. realisierbare Unterhaltsansprüche	______	
Sonstige Einnahmen (nicht nach dem SGB XII)	______	
Des nicht getrennt lebenden Ehegattens	______	
Des nicht getrennt lebenden Lebenspartners	______	______
2. Davon sind abzusetzen:	______	
Lohnsteuer/Einkommenssteuer		
Solidarzuschlag	______	
Kirchensteuer	______	
Kapitalertragssteuer	______	
Sonstige Steuern/Abgaben	______	
Pflichtbeiträge zur:	______	
Krankenversicherung	______	
Rentenversicherung	______	
Arbeitsförderung	______	______
Beiträge zur:		
Krankenversicherung (privat oder freiwillig)	______	
Unfallversicherung	______	
Haftpflichtversicherung	______	
Sterbegeldversicherung	______	
Hausratversicherung	______	
KFZ-Versicherung	______	
geförderte Altersvorsorgebeträge	______	______
Die mit der Erzielung des Einkommens verbundenen notwendigen Ausgaben (= Werbungskosten) für:		
Arbeitsmaterialien	______	
Fahrtkosten	______	
Beiträge zu Berufsverbänden	______	

Mehraufwendungen für doppelte Haushaltsführung	________	
Sonstiges	________	________
3. Sonstige Absetzungen:		
Vermögenswirksame Leistungen des Arbeitgebers	________	
Freibeträge für Einkommen aus selbstständiger und nicht selbstständiger Tätigkeit	________	
Bereinigtes Einkommen (Differenz aus 1. – 2.)	________	________

(6) Vergleichsmaßstab, maßgebliche Einkommensgrenze

Das so ermittelte bereinigte Einkommen des Betreuten wird mit der maßgeblichen Einkommensgrenze verglichen, die sich aus § 85 SGB XII ergibt. Nach dessen Abs. 1 bestimmt sich diese Grenze nach einem Grundbetrag in Höhe des zweifachen Eckregelsatzes, den Kosten der Unterkunft in angemessenem Umfang sowie einem Familienzuschlag. **260**

Seit dem 1.1.2018 beträgt der zweifache Eckregelsatz der Sozialhilfe 832,– €[829]. Dieser Freibetrag gilt unabhängig davon, ob der Betroffene die individuellen Voraussetzungen des § 85 SGB XII erfüllt, und – über die Verweisung in § 1836c BGB – unmittelbar auch für alle Mündel, Pfleglinge und Betreute[830].

Der maßgebende Eckregelsatz bestimmt sich nach dem Ort, an dem der Leistungsberechtigte die Leistung erhält; bei der Leistung in einer Einrichtung nach dem gewöhnlichen Aufenthaltsort des Leistungsberechtigten, vgl. § 85 Abs. 3 SGB XII.

Diesem Grundbetrag sind die Unterkunftskosten in angemessenem Umfang hinzuzurechnen. Zu den Unterkunftskosten zählen neben der (Kalt-)Miete die Nebenkosten, nicht aber die Stromkosten. Inwieweit die Heizkosten anrechenbar sind, ist umstritten. M.E. müssen sie Anrechnung finden, da das Beheizen zur ordnungsgemäßen Nutzung einer Unterkunft unerlässlich ist und demgemäß die Einkünfte belastet[831]. Ist der Betreute (Mit-)Eigentümer des Hauses, können die angemessenen Kosten zum Erhalt dieser Unterkunft berücksichtigt werden. Wird die Wohnung von mehreren Personen bewohnt, kann für den Betreuten der vereinbarte Anteil angerechnet, hilfsweise auf die Kopfteile bzw. das Verhältnis der genutzten Fläche abgestellt werden.

Schließlich ist ein Familienzuschlag hinzuzusetzen. Er beträgt 70 % des Eckregelsatzes[832] für einen nicht getrennt lebenden Ehegatten sowie für jede Person, die vom Betreuten oder seinem nicht getrennt lebenden Ehegatten überwiegend unterhalten wird oder dem sie unterhaltspflichtig ist. Gleiches gilt für den nicht getrennt lebenden Lebenspartner i.S.d. § 1 LPartG. Seit dem 1.1.2018 beträgt der Familienzuschlag 292,– €.

Letztlich ist zu prüfen, ob von der so gefundenen, im Einzelfall maßgeblichen Einkommensgrenze noch Absetzungen zu erfolgen haben. Sie können sich nach SGB XII daraus ergeben, dass bereits der Einsatz eines Teils des Einkommens zur Deckung eines bestimmten Bedarfs im Rahmen der Hilfe nach dem 5. bis 9. Kapitel des SGB XII zugemutet oder verlangt wird. Ist also bei der Gewährung von Sozialhilfe ein Einkommensanteil des Betreuten berücksichtigt worden, darf er nicht nochmals angerechnet werden. Ob und gegebe-

829 Dazu Schwabe, FPR 2009, 459 ff.
830 Deinert/Lütgens, Rn. 1234 ff.
831 LG München I BtPrax 2000, 134; a.A. Deinert/Lütgens, Rn. 1235; offen gelassen Damrau/Zimmermann, § 1836c BGB, Rn. 9
832 Er ist auf volle Euro aufzurunden, § 85 Abs. 1 Nr. 3 SGB XII

nenfalls in welcher Höhe Einkommensteile bei der Gewährung von Sozialhilfe – etwa Hilfe zur Pflege (§§ 61 f. SGB XII) oder Eingliederungshilfe für behinderte Menschen (§§ 53 ff. SGB XII) – angerechnet wurden, ergibt sich aus dem Sozialhilfebescheid.

Einem Betreuer wird daher zu empfehlen sein, immer einen Sozialhilfeantrag zu stellen, weil auch bei Ablehnung von Leistungen Aussagen getroffen werden, in welchem Umfang die die Einkommensgrenze überschreitenden Einkünfte sozialhilferechtlich Berücksichtigung finden[833].

Die so ermittelte maßgebliche Einkommensgrenze wird mit dem bereinigten Einkommen des Betreuten verglichen. Überschreitet die Einkommensgrenze den Betrag des bereinigten Einkommens, ist der Betreute mittellos und muss auch nicht an die Staatskasse im Wege des Regresses bezahlen.

Zur Veranschaulichung nachstehendes Beispiel:

Der verheiratete Betreute hat ein bereinigtes Einkommen in Höhe von 1.300,– €. Der Grundfreibetrag beträgt 832,– €, der Familienzuschlag für die nicht getrennt lebende Ehefrau 292,– €[834] und die Unterkunftskosten 300,– €, so dass die maßgebliche Einkommensgrenze 1.424,– € beträgt. Der Betreute gilt als mittellos. Wäre er ledig, betrüge die maßgebliche Einkommensgrenze 1.132,– €, und er müsste 168,– € seines Einkommens einsetzen.

(7) Ermessensentscheidung (§ 87 SGB XII)

261 Ob dieser Betrag schlussendlich wirklich einzusetzen ist, ist im Rahmen einer Ermessensausübung durch das Betreuungsgericht zu ermitteln. Das Einkommen ist nämlich (nur) nach Maßgabe des § 87 SGB XII einzusetzen.

▶ *Die Vorschrift des § 87 SGB XII ist im Anhang, S. 842, abgedruckt*

Dem Betreuten darf demzufolge nur in angemessenem Umfang der Einsatz seines die Einkommensgrenze überschreitenden Einkommensanteils zugemutet werden. Es kommt auf den jeweiligen Einzelfall an. So wird das Betreuungsgericht zu berücksichtigen haben, ob

- der Betreute rein tatsächlich die in den Freibeträgen berücksichtigten Unterhaltsverpflichtungen hat;
- Zahlungsverpflichtungen aus der Zeit vor der Betreuerbestellung bestehen[835];
- besondere Aufwendungen wegen Krankheit, Pflegebedürftigkeit, Ausbildung etc. von Angehörigen des Betreuten bestehen;
- erhöhte Kosten für die Unterkunft (behindertengerecht, nahe Lage zu Angehörigen etc.) oder die Heimpflege (gerontopsychiatrische Einrichtung oder Ähnliches) bestehen;
- der Betreute mit der Inanspruchnahme eine Einschränkung seiner bisherigen Lebensverhältnisse hinnehmen müsste[836];
- andere besondere Belastungen im Einzelfall bestehen[837] und dass
- der Betreute ein Taschengeld für sich behält[838].

---

833 Jürgens-Marschner, § 1836c BGB. Rn. 10
834 70 % des (aufzurundenden) NRW-Regelsatzes
835 Spielraum zur Schuldentilgung, Deinert/Lütgens, Rn. 1304 ff.
836 Das ist ihm nicht zuzumuten, OLG Schleswig BtPrax 1994, 139; LG Oldenburg BtPrax 1994, 215; LG Koblenz BtPrax 1998, 82, jeweils zum alten Recht; Deinert/Lütgens, Rn. 1314
837 Z.B. Kosten einer Person, die soziale Aktivitäten für den Betreuten durchführt, LG Koblenz FamRZ 2002, 495
838 Bei einem die Heimkosten selbst tragenden Heimbewohner soll dies in Anlehnung an § 21 BSHG 45% des Regelsatzes eines Haushaltsvorstandes betragen, LG Koblenz FamRZ 2002, 495.

In der Regel dürfte das Ermessen nur dann korrekt ausgeübt werden, wenn dem Betreuten nicht der gesamte Einsatz des überschießenden Betrages, sondern nur ein Teilbetrag zugemutet wird[839]. Insbesondere bei Blinden (vgl. § 72 SGB XII) und Schwerstpflegebedürftigen (vgl. § 64 Abs. 3 SGB XII) müssen mindestens 60% des die Einkommensgrenze übersteigenden Betrages anrechnungsfrei bleiben[840].

bb. Einzusetzendes Vermögen, § 1836c Nr. 2

Sein Vermögen hat der Betreute nach Maßgabe des § 90 SGB XII einzusetzen. **262**

▶ *Die Vorschrift des § 90 SGB XII ist im Anhang, S. 843 f., abgedruckt*

(1) Begriff

Nach § 90 Abs. 1 SGB XII ist das gesamte verwertbare Vermögen erfasst[841]. Vermögen ist verwertbar, wenn seine Gegenstände verbraucht, übertragen oder belastet werden können[842]. Vermögen meint den Inbegriff der in Geld oder Geldeswert errechenbaren Güter im Eigentum einer Person[843]. Dazu gehören alle Vermögensgegenstände und vermögenswerte Rechte, denen ein wirtschaftlicher Wert zukommt, also Geld, angespartes Vermögen, z.B. aus Renten- oder Sozialhilfenachzahlungen[844], Wertpapiere, Kapitallebensversicherungen bzw. deren Rückkaufswert[845], Grundstücke, Nutzungsrechte, Forderungen[846], wie etwa Anspruch gegen den Testamentsvollstrecker im Rahmen eines Behindertentestamentes[847] sowie auf Schenkungsrückforderung oder verwertbare Anteile an einer Gesellschaft oder Erbengemeinschaft[848], aber auch ein Pkw, (persönlicher) Schmuck oder Kunstgegenstände. Auch Erspartes, das aus der Zahlung geschützter Renten herrührt, rechnet zum anrechenbaren Vermögen[849], ebenso der Rückkaufswert von Lebensversicherungen[850], angespartes Pflegegeld[851] und Bausparverträgen[852]. Die Verwertung kann als unzumutbare Härte entfallen (dazu unten Rn. 272). **263**

Zum Vermögen rechnet auch Grundbesitz[853], der zunächst noch verwertet werden muss. Dauert die Verwertung nach allgemeiner Lebenserfahrung sechs Monate, soll das einer Berücksichtigung nicht entgegenstehen[854].

Kann ein Vermögensgegenstand dagegen in absehbarer Zeit nicht verwertet werden oder würde dessen Verwertung zu keinem nennenswerten Erlös führen, bleibt er außer Be- **263a**

839 A.A. Deinert/Lütgens, Rn. 1311
840 Deinert/Lütgens, Rn. 1315; Jürgens-Marschner, § 1836c BGB, Rn. 11
841 LG Detmold NJOZ 2011, 537; LG Koblenz BtPrax 2010, 191
842 BSG NZS 2018, 283
843 OLG Zweibrücken NJW-RR 2001, 436
844 LG Kleve BtPrax 2012, 34; LG Hamburg BtPrax 2011, 41
845 BGH BtPrax 2013, 65; LG Kassel BtPrax 2012, 79; LG Detmold NJOZ 2011, 537
846 Vgl. Deinert/Lütgens, Rn. 1322; auch Bargeld, LG Koblenz FamRZ 2010, 758.
847 BGH BtPrax 2013, 106. Gibt der Testamentsvollstrecker in einem solchen Fall Vermögen durch Überweisung auf das Konto des Betreuten frei, kann der leistungspflichtige Sozialhilfeträger in den Grenzen des § 90 SGB XII darauf zugreifen, Hess. LSG BtPrax 2013, 208. Ähnliches gilt, wenn die Zweckbindung durch Erbteilübertragungsvertrag entfällt, LG Kassel BtPrax 2013, 258.
848 OLG Oldenburg FamRZ 2000, 1534: LG Münster FamRZ 1999, 1362; LG Oldenburg FamRZ 2001, 309. Pflichtteilsansprüche sind erst ab Realisierung zu berücksichtigen, LG Hannover FamRZ 2008, 817 f.
849 BayObLG FGPrax 2005, 119
850 OLG Köln BtPrax 2006, 237 f.
851 LG Heilbronn FamRZ 2016, 402
852 AG Sinzig FamRZ 2005, 238
853 Insbesondere der nicht selbst bewohnte, OLG München BtPrax 2005, 191 ff.; auch Ersparnisse für die Anschaffung einer selbst genutzten Immobilie, sofern es keine konkreten Erwerbsschritte gibt, OLG Hamm FamRZ 2006, 506 (LS).
854 LG Schweinfurt FamRZ 2002, 1146 L: Dem Betreuer sei es zuzumuten, so lange auf seine Vergütung zu warten; ebenso AG Sinzig FamRZ 2006, 730 (LS). M.E. wäre es richtiger, zunächst aus der Staatskasse zu vergüten und dann Regress im Wege der §§ 1908i Abs. 1, 1836e BGB zu nehmen.

tracht[855]. Die Verwertungshindernisse können tatsächlicher oder rechtlicher Natur sein[856]. Ein im laufenden Verfahren für einen Bestattungsvorsorgevertrag ausgegebener Geldbetrag ist nicht als – fiktiver – Vermögensgegenstand zu berücksichtigen[857].

263b Ein rechtliches Hindernis ergibt sich daraus, dass ein Grundbesitz zur Insolvenzmasse gehört[858]. Auch die im Rahmen eines sog. Behindertentestamentes angeordnete Testamentsvollstreckung kann ein rechtliches Hindernis darstellen. Die angeordnete Testamentsvollstreckung schränkt die Verfügungsbefugnis des Betreuten als Erben nämlich ein, § 2211 BGB, und bewirkt, dass sich die nicht zu den Nachlassgläubigern gehörenden Gläubiger nicht an die der Verwaltung des Testamentsvollstreckers unterliegenden Nachlassgegenstände halten können, § 2214 BGB. Allerdings hat der Betreute einen Anspruch darauf, dass der Testamentsvollstrecker die vom Erblasser getroffenen Verwaltungsanordnungen i.S.d. § 2216 Abs. 2 BGB umsetzt.

Zu prüfen ist daher, ob der Erblasser die Zahlung der Betreuervergütung aus dem Erbteil anordnen wollte oder nicht. Dafür gelten die allgemeinen Auslegungsregeln der §§ 133, 2084 BGB. Ist die Zahlung der Betreuervergütung nicht vom Erblasserwillen umfasst gewesen, gilt der Betreute selbst dann als mittellos, wenn der Testamentsvollstrecker einen Nachlassgegenstand pflichtwidrig für den Betreuten frei geben hat[859]. Ergibt die Auslegung des Erblasserwillens dagegen, dass der Testamentsvollstrecker auf das Nachlassvermögen Zugriff nehmen darf, um dem Betreuten durch Sachleistungen und Vergünstigungen Erleichterung und Hilfe zu verschaffen, kann dies auch eine Betreuerbestellung umfassen, sodass der Betreute als bemittelt gilt[860]. Auch mit einer Erbteilsübertragung entfällt die Schutzfunktion eines Behindertentestamentes, da das Verwertungshindernis entfallen ist[861].

Ein tatsächliches Verwertungshindernis besteht etwa, wenn unterschiedliche Verwertungsinteressen und Erlöserwartungen bei ungeteilter Erbengemeinschaft an einem Grundstück bestehen[862]. Etwas anderes gilt, wenn die Belastung des Grundstücks mit einem Pfandrecht möglich ist[863].

263c Schulden des Betroffenen sind bei der Ermittlung seines Vermögens nicht zu berücksichtigen, selbst wenn sie tituliert sind. Sie werden erst relevant, wenn die entsprechenden Beträge aus dem Vermögen abgeflossen sind[864]. Anderes gilt für Rückforderungsansprüche eines Sozialhilfeträgers. Sie mindern das Vermögen bereits ab Konkretisierung der Rückforderung durch Leistungsbescheid oder Überleitungsanzeige[865], nicht erst mit dem Abfließen des Betrages aus dem Vermögen[866].

---

855 OLG Hamm NJOZ 2014, 1122; OLG Naumburg BtPrax 2013, 255: Grundstück ist wegen wertübersteigender Belastung nicht geeignet, Einkünfte zu erzielen; OLG Schleswig MDR 2004, 814; BayObLG BtPrax 2002, 130 (LS); OLG Frankfurt a.M. BtPrax 2008, 269 ff. und FGPrax 2003, 33 f.; OLG Oldenburg FamRZ 2000, 1534; LG Oldenburg FamRZ 2001, 309; a.A. LG Koblenz FamRZ 2002, 970; LG Detmold BtPrax 2008, 275 (LS)

856 OLG Köln FamRZ 2009, 1091 f.: Ererbtes Vermögen unterliegt der Testamentsvollstreckung, die Auszahlungen aus dem Vermögensstamm begrenzte; OLG Naumburg BtPrax 2013, 255: Grundstück, das wegen wertübersteigernder Belastung nicht geeignet ist, Einnahmen zu erzielen; LG Köln FamRZ 2009, 1092: Lebensversicherung mit Verwertungsausschluss.

857 OLG Frankfurt a.M. FamRZ 2001, 868; VG Sigmaringen BtPrax 1999, 33; LG Stade BtPrax 2003, 233

858 OLG Schleswig FamRZ 2015, 281 (LS): Unklar war auch, ob eine die Vergütung deckende Masse zu erzielen sein wird.

859 BGH BtPrax 2017, 206 und NJW-RR 2017, 770 = BtPrax 2017, 127 (LS)

860 BGH BtPrax 2013, 106; LG Düsseldorf ZEV 2018, 355 (LS)

861 LG Kassel BtPrax 2013, 258

862 OLG Saarbrücken FamRZ 2015, 281; OLG Naumburg FamRZ 2011, 1253

863 LG Kassel BtPrax 2012, 79

864 BayObLG FamRZ 2004, 308

865 BGH FamRZ 2013, 620

866 So aber LG Siegen BtPrax 2015, 81

(2) Schonvermögen

Was vom Betreuten nicht eingesetzt werden muss bzw. verwertet werden kann (so genanntes Schonvermögen), führt zunächst § 90 Abs. 2 SGB XII auf[867]. Hervorzuheben sind hier: **264**

- Vermögen zur baldigen Beschaffung oder Erhaltung eines angemessenen Hausgrundstückes, soweit dies zu bestimmten Wohnzwecken dient, etwa Bausparvertrag zur Erhaltung oder Beschaffung von Wohnraum für Behinderte[868]. **265**
- Angemessener Hausrat unter Berücksichtigung der bisherigen Lebensverhältnisse. **266**
- Angemessenes vom Betreuten, seinem Ehegatten, Lebenspartner oder minderjährigen Kind bewohntes Hausgrundstück oder Betriebsgrundstück des erwerbstätigen Betreuten[869]. **267**

Was als angemessen anzusehen ist, richtet sich nach der Zahl der Bewohner, ihrem individuellen Wohnbedarf (behinderter, pflegebedürftiger oder blinder Bewohner), der Grundstücks- und Hausgröße, dem Zuschnitt und der Ausstattung des Wohngebäudes[870]. Als angemessen gelten bei Eigenheimen 130 m², bei Eigentumswohnungen 120 m², wobei sich ab dem 5. Bewohner die Wohnfläche um jeweils 20 m² und bei einer im Haus lebenden Pflegekraft um 20% erhöht[871]. Die Grundstücksgröße gilt als angemessen, wenn sie sich im Rahmen der Größen des öffentlich geförderten Wohnungsbaus hält (250 bis 500 m² je nach Bautyp und örtlichen Sonderheiten). Wird dieser Maßstab überschritten, bleibt zu prüfen, ob die Verwertung zu einer unzumutbaren Härte führen würde (dazu unten Rn. 272). Ggf. ist der Teil des Wertes, der den Wert des unberücksichtigten angemessenen Grundbesitzes übersteigt, anzusetzen[872]. Zieht der allein stehende Betreute auf Dauer in ein betreutes Wohnen oder ein Heim, ist sein Grundbesitz nicht mehr geschützt[873]. Ist das Haus belastet, kommt es darauf an, ob die Verwertung zu einem wirtschaftlich vernünftigen Ergebnis führt[874].

(3) Kleinere Barbeträge oder sonstige Geldwerte

Welcher Geldbetrag anrechnungsfrei bleibt, ergibt sich aus der hierzu ergangenen DurchführungsVO. **268**

▶ *Die DurchführungsVO zu § 90 Abs. 2 Nr. 9 SGB XII ist im Anhang, S. 851, abgedruckt*

(a) Grund-Schonbetrag

Da § 1836c BGB in seiner Nr. 1 hinsichtlich des einzusetzenden Einkommens ausdrücklich auf die für die Hilfe in besonderen Lebenslagen geltende Grenze abstellt, ist nach h.M. auch im Rahmen der Nr. 2 der für diesen Fall maßgebliche Betrag von 5.000,– € (§ 1 Abs. 1 Satz 1 Nr. 1a DurchführungsVO) zugrunde zu legen[875]. Zwar findet sich die entsprechende **269**

---

867 Die höheren Freibeträge des BVersG gelten nicht mehr, OLG Köln FamRZ 2007, 1043 f.
868 LG Koblenz Rechtsdienst der Lebenshilfe 1999, 174
869 BGH BtPrax 2013, 65; BayObLG FamRZ 1999, 1234; LG Kassel BtPrax 2012, 261. Zur Angemessenheit einer Immobilie vgl. BSG NJW 2009, 2327; FamRZ 2007, 729 (LS)
870 Korintenberg-Fackelmann, KV GNotKG Vorb. 1.1, Rn. 23
871 Deinert/Lütgens, Rn. 1359. Nach OLG Hamm FamRZ 2015, 595, beträgt die angemessene Wohnfläche i. S. d. § 90 SGB XII pro Person 70 m².
872 Korintenberg-Fackelmann, KV GNotKG Vorb. 1.1, Rn. 27
873 Gleiches gilt für das Vermögen aus der Veräußerung des ursprünglich selbst bewohnten Eigentums, OLG Düsseldorf BtPrax 2001, 166.
874 BayObLG FamRZ 1999, 1234
875 Zum alten Recht: OLG München BtPrax 2006, 79 (LS); LG Kassel BtPrax 2012, 79; LG Koblenz BtPrax 2010, 191 und FamRZ 2006, 507 und 891

Bezugnahme in Nr. 2 nicht, es gibt aber keine sachgerechten Gründe, Einkommen und Vermögen insofern unterschiedlich zu behandeln[876].

Dieser Schonbetrag erhöht sich um jeweils 5.000,– €, wenn der Betroffene verheiratet ist bzw. einen gleichgeschlechtlichen Lebenspartner (§ 1 LPartG) hat bzw. eine alleinstehende minderjährige Person zu der sozialhilferechtlichen Einstandsgemeinschaft gehört, sowie um 500,– € für jede Person, die vom Betroffenen bzw. seinem Ehegatten/Lebenspartner i.S.d. LPartG überwiegend unterhalten wird, vgl. § 1 Satz 1 Nr. 1 und 2 DurchführungsVO zu § 90 Abs. 2 Nr. 9 SGB XII.

(b) Erhöhter Schonbetrag

270 Die bis zum 1.1.2005 geltenden erhöhten Schonbeträge für Blinde und erhöht Pflegebedürftige sind entfallen. Sind allerdings bei Eheleuten bzw. Lebenspartnern i.S.d. LPartG beide Partner blind (vgl. § 72 SGB XII) oder schwerstpflegebedürftig (vgl. dazu Pflegezulagen Grade 2 bis 5 nach § 35 Abs. 1 Satz 2 BVG), können bei besonderer Notlage die Freibeträge aber angemessen erhöht werden, vgl. § 2 Abs. 1 Satz 1 DurchführungsVO zu § 90 Abs. 2 Nr. 9 SGB XII (abgedruckt im Anhang, Seite 851).

Darüber hinaus hat das Bundesteilhabegesetz die Rechtslage geändert. Nach § 90 Abs. 3 S. 2 SGB XII gilt für Betroffene, die Leistungen nach dem 6. bis 9. Kapitel des SGB XII beziehen bis zum 31.12.2019 ein zusätzlicher Freibetrag von bis zu 25.000 € für die Lebensführung und die Alterssicherung als angemessen und darf nicht als Vermögen berücksichtigt werden. Daraus wird abgeleitet, dass für die Frage der Mittellosigkeit eines Betreuten, der Eingliederungshilfe nach dem 6. Kapitel des SGB XII erhält, von einem Schonbetrag von 25.000 € auszugehen ist[877].

(c) Andere Schongrenzen

271 Die in anderen Gesetzen festgelegten Schonbeträge, z.B. nach § 25f BVG im Rahmen der Kriegsopferfürsorge, sind im Bereich der Betreuervergütung nicht zu berücksichtigen. Maßgeblich ist allein § 90 SGB XII[878].

Bis zum 1.1.2005 galt für Betroffene, die in einer Werkstatt für Behinderte beschäftigt sind, ein erhöhter Freibetrag[879]. Da die entsprechende Regelung nicht mehr in § 90, sondern in § 92 SGB XII enthalten ist, kann dieser Freibetrag bei der Feststellung der Mittellosigkeit nicht mehr berücksichtigt werden. Eine entsprechende Verweisung in § 1836c BGB fehlt nämlich.

(4) Unzumutbare Härte

272 Über § 90 Abs. 2 SGB XII hinaus darf der Einsatz oder die Verwertung von Vermögen nach § 90 Abs. 3 SGB XII nicht verlangt werden, wenn dies für den Betreuten oder seine unterhaltsberechtigten Angehörigen eine Härte bedeuten würde.

Eine solche Härte liegt vor, wenn die Anwendung der Vorschriften zu einem der Leitvorstellung des § 90 Abs. 2 SGB XII nicht entsprechenden Ergebnis führt[880]. Eine besondere Härte

876 Noch zum alten DM-Betrag: BGH BtPrax 2002, 75, 76; auf Vorlage durch BayObLG BtPrax 2001, 207; vorher bereits in FamRZ 2001, 793; OLG Zweibrücken BtPrax 2000, 264; OLG Schleswig FGPrax 2001, 75; OLG Frankfurt a.M. BtPrax 2002, 131 (LS); a.A. OLG Köln OLG-Report 2001, 92, 94; Damrau/Zimmermann, § 1836c BGB, Rn. 17; Jürgens-Marschner, § 1836c BGB, Rn. 12

877 LG Chemnitz FamRZ 2018, 709. Richtigerweise müsste von 30.000,– € ausgegangen werden. Zu beachten ist, dass bei einem Empfänger von Hilfe zur Pflege das zusätzliche Schonvermögen nach § 66a SGB XII nur einschlägig ist, wenn es überwiegend aus eigenen Arbeitseinkünften gebildet wurde.

878 BayObLG BtPrax 2005, 108 und 2004, 247; FamRZ 2002, 701; OLG Frankfurt a.M. FGPrax 2004, 72 f.; OLG Hamm NJOZ 2005, 1614; Deinert/Lütgens, Rn. 1334 ff.; Damrau/Zimmermann, § 1836c BGB, Rn. 24

879 Deinert/Lütgens, Rn. 1331

880 BayObLG FamRZ 1996, 245, 247; BtPrax 2001, 207; 2002, 123

erfordert außergewöhnliche Umstände, die dem Betreuten ein eindeutig größeres Opfer abverlangen als eine einfache Härte und erst recht als die mit der Vermögensverwertung stets verbundenen Einschnitte[881]. Für den Betreuten und seine Angehörigen ist eine solche Härte insbesondere gegeben, wenn die Aufrechterhaltung einer angemessenen Lebensführung oder einer angemessenen Alterssicherung wesentlich erschwert wird, vgl. § 90 Abs. 3 Satz 2 SGB XII. Ohne Belang für die Anwendung des § 90 Abs. 3 SGB XII ist allerdings die Herkunft des Vermögens. Werden Leistungen nach dem Bundesversorgungsgesetz in Verbindung mit dem Opferentschädigungsgesetz oder einer Grundrente im sozialen Entschädigungsrecht[882] nicht verbraucht, sondern dem Vermögen zugeführt, sperrt § 90 Abs. 3 SGB XII nicht automatisch deren Verwertung. Das gilt auch, wenn die Schutzfunktion eines Behindertentestaments durch Erbteilsübertragung entfällt[883]. Es muss darüber hinaus eine besondere Härte hinzutreten[884]. Nur dann können Ersparnisse[885], eine Eigentumswohnung, die zu Besuchszwecken für den im Heim lebenden Sohn genutzt wird[886] oder zu große Hausgrundstücke[887] von einer Verwertung ausgenommen werden.

Eine Härte kann auch vorliegen, wenn der Betreute Vermögen einsetzen soll, das aus einer Zahlung nach dem Opferentschädigungsgesetz (OEG)[888] oder einer Zahlung von Schmerzensgeld[889] herrührt. Bejaht wurde eine besondere Härte in Hinblick auf den Einsatz von Vermögen, das zur Begleichung rückständiger Heimkosten benötigt wird[890], der Alterssicherung[891] bzw. der Bestattungsvorsorge dient[892], aus einer laufenden Sterbeversicherung[893] oder einer Nachzahlung von Grundsicherung herrührt[894]. Eine besondere Härte stellt es auch dar, wenn Vermögensgegenstände eingesetzt werden sollen, die geeignet sind, die angemessene Lebensführung des Betroffenen auf Dauer zu sichern[895], oder deren Verwertung zu keinem nennenswerten Erlös führen würde[896]. Auch Beträge, die eine angemessene Grabpflege für die Dauer der Mindestruhezeit im Rahmen einer Aufrechterhaltung eines der Friedhofsordnung entsprechenden Zustands sicherstellen sollen, können der Härtefallklausel des § 90 Abs. 3 SGB XII unterfallen[897]. Gleiches gilt für Entschädigungen nach dem Strafrechtlichen Rehabilitierungsgesetz (StrRehaG) für eine zu Unrecht erlit- **272a**

881 BSG NZS 2018, 283
882 Sie sind nach § 83 SGB XII nicht als Einkommen zu berücksichtigen, vgl. Deinert/Lütgens, Rn. 1242.
883 LG Kassel BtPrax 2013, 258
884 BayObLG BtPrax 2002, 123, 124; FamRZ 2002, 701: Diese Leistungen sollen einen schädigungsbedingten Mehraufwand abdecken. Fällt der Mehraufwand in dem Zeitraum, für den die Rente gewährt wird, nicht an, hat er sich erledigt. Der Schutzzweck entfällt; vgl. auch LG Osnabrück FamRZ 2002, 702. A.A. offenbar Damrau/Zimmermann, § 1836c BGB, Rn. 26
885 Ersparnisse aus Leistungen nach § 16 StrRehaG, BGH BtPrax 2015, 69 f.; 10.000–12.500,– €: OLG Oldenburg FamRZ 1996, 1361; LG Itzehoe BtPrax 1995, 146; restriktiver: BayObLG BtPrax 2002, 123, 124
886 LG Darmstadt BtPrax 2015, 36 (LS)
887 Für den Fall, dass bei einer Verwertung weniger als eine Schuldentilgung herauskommt: BayObLG BtPrax 1998, 1054 (LS).
888 LG Mühlhausen, BtPrax 2014, 96 (LS); LG Münster FamRZ 2011, 1898
889 OLG Frankfurt a.M. NJW-RR 2009, 11 f. und BtPrax 2009, 305 f.; OLG Thüringen FamRZ 2005, 1199 (LS)
890 OLG Schleswig FGPrax 2005, 161 f.
891 OLG München BtPrax 2009, 72 f.: Angemessenheit der Alterssicherung bemisst sich nach sozialhilferechtlichen Normen. Nicht wenn Alterssicherung nicht tangiert ist, LG Koblenz FamRZ 2006, 647.
892 BGH BtPrax 2014, 171 ff.; BSG FamRZ 2008, 1616 (LS); LG Fulda BtPrax 2017, 161; LG Koblenz NJW-RR 2006, 724 f. Als Richtwert einer angemessenen Bestattung können 7.000 € gelten, SG Gießen ZEV 2017, 597 (LS). Eine Barrücklage für die Bestattung ist kein geschütztes Vermögen nach § 90 Abs. 3 SGB XII, vgl. SG Karlsruhe, Urteil vom 20.4.2018 – S 2 SO 3939/17 – juris
893 OLG München BtPrax 2007, 130 f.; OLG Schleswig BtPrax 2007, 133; OLG Zweibrücken FGPrax 2006, 21
894 LG Aachen BtPrax 2009, 142 f.
895 LG Bochum BtPrax 2004, 247: Für Grundbesitz und Vermögen in Höhe von 70.000,– €. A.A. wenn das Leben des Betroffenen von Betreuungsbedürftigkeit geprägt war und bleiben wird, OLG München FGPrax 2005, 210 ff.
896 OLG Schleswig MDR 2004, 814
897 BVerwG NJW 2004, 2914

tene Strafhaft[898], Kapitalerträge, die Unterhaltsansprüche ausgleichen sollen[899], und Vermögensgegenstände, deren Verwertung wegen persönlicher, aus dem Krankheitsbild folgender Umstände nicht zumutbar ist[900].

272e An einer Härte fehlt es dagegen, wenn durch Bestellung eines unentgeltlichen Wohnrechtes auf Lebenszeit sichergestellt wird, dass der Betreute und/oder seine Angehörige auf Dauer im verwerteten Wohnhaus wohnen bleiben können[901], das Wohnhaus ohnehin zwangsversteigert werden soll[902],eine Lebensversicherung nur einen geringen Rückkaufswert aufweist[903] oder es sich um eine kapitalbildende Lebensversicherung auf den Todesfall ohne Zweckbindung für die Bestattungsvorsorge handelt[904].

7. Gesetzlicher Forderungsübergang, § 1836e BGB

273 § 1836e BGB wurde durch das 1. BtÄndG mit Wirkung zum 1.1.1999 in das Gesetz eingefügt, gilt von seinem Wortlaut für den Vormund, aufgrund des § 1915 Abs. 1 Satz 1 BGB für den Pfleger und ist über § 1908i Abs. 1 BGB auf Betreuer sinngemäß anzuwenden. Er gilt für Tätigkeiten und Aufwendungen, die nach dem 1.1.1999 erbracht worden oder entstanden sind. Die in § 1836e Abs. 1 Satz 2 BGB a.F. vorgesehene Erlöschensfrist von 10 Jahren wurde mit Wirkung zum 1.1.2010 aufgehoben.

Da § 1836d BGB davon ausgeht, dass der Vormund, Pfleger bzw. Betreuer bei Mittellosigkeit des Betroffenen seinen Anspruch insgesamt und nicht nur in dem Maße, in dem der Betroffene zur Leistung nicht in der Lage ist, gegen die Staatskasse geltend machen kann, räumt § 1836e BGB der Staatskasse ein Rückgriffsrecht gegenüber dem Betroffenen bzw. seinen Erben ein. Darüber hinaus kann das Gericht nach § 168 Abs. 2 Satz 2 FamFG den Betroffenen ohne nähere Prüfung als mittellos ansehen, tatsächlich ist der Betroffene aber bemittelt oder er erwirbt später Einkünfte oder Vermögen. Auch in diesen Fällen soll die Staatskasse einen Rückgriff nehmen können. Letztlich sind noch die Vergütung und der Aufwendungsersatz des Verfahrenspflegers relevant, die unabhängig von der Mittellosigkeit des Betroffenen zunächst immer aus der Staatskasse gezahlt werden. Die Ansprüche des Vormundes, Pflegers, Betreuers bzw. Verfahrenspflegers gehen mit deren Befriedigung auf die Staatskasse über und verjähren in drei Jahren.

Im Folgenden sind die Ausführungen generell auf die Betreuung ausgerichtet; sie gelten aber entsprechend auch für Vormundschaften und Pflegschaften.

§ 1836e BGB Gesetzlicher Forderungsübergang

(1) [1]Soweit die Staatskasse den Vormund oder Gegenvormund befriedigt, gehen Ansprüche des Vormundes oder Gegenvormunds gegen den Mündel auf die Staatskasse über. [2]Nach dem Tode des Mündels haftet sein Erbe nur mit dem Wert des im Zeitpunkt des Erbfalls vorhandenen Nachlasses; § 102 Abs. 3 und 4 des Zwölften Buches Sozialgesetzbuch gilt entsprechend, § 1836c findet auf den Erben keine Anwendung.

(2) Soweit Ansprüche gemäß § 1836c Nr. 1 Satz 3 einzusetzen sind, findet zugunsten der Staatskasse § 850b der Zivilprozessordnung keine Anwendung.

---

898 LG Verden FamRZ 2004, 221 (LS)
899 Wenn dies auf der Grundlage eines gerichtlichen Vergleichs erfolgte, OLG Hamm FGPrax 2003, 223 f.
900 BayObLG FamRZ 2004, 566 f.
901 BayObLG FamRZ 1996, 245
902 BayObLG FGPrax 1997, 102, 103
903 Damrau/Zimmermann, § 1836c BGB, Rn. 29
904 BGH BtPrax 2014, 171 ff.

a. Überblick

§ 1836e Abs. 1 Satz 1 BGB regelt den Forderungsübergang von Ansprüchen des Betreuers gegen den Betreuten auf die Staatskasse[905], soweit sie den Betreuer befriedigt. Dabei spielt es keine Rolle, ob der Betreute erst nachträglich leistungsfähig oder zunächst zu Unrecht für leistungsunfähig erachtet worden ist[906]. Ist der Betroffene verstorben, haftet der Erbe nach Abs. 1 Satz 2 mit dem Wert des im Zeitpunkt des Erbfalls vorhandenen Nachlasses, wobei die zugunsten des Betroffenen geltenden Schonbeträge (dazu oben Rn. 260, 264 ff.) entfallen. Auf Vorschlag des Bundesrates ist in Abs. 2 festgehalten, dass bezüglich der übergegangenen Ansprüche die Unpfändbarkeitsregelungen des § 850b ZPO nicht gelten. **274**

b. Anspruchsübergang

Ansprüche des Betreuers gegen den Betreuten gehen auf die Staatskasse über, soweit sie diesen befriedigt, § 1836e Abs. 1 Satz 1 BGB. Anders als in § 1 Abs. 2 Satz 2 VBVG, wo der Schuldner der Vergütung wechselt (Staatskasse statt Betreuter), wechselt jetzt der Gläubiger (Staatskasse statt Betreuer). Der Anspruch geht uneingeschränkt und nicht etwa auf die Leistungsfähigkeit des Betreuten beschränkt über[907]. **275**

Zahlt die Staatskasse den Aufwendungsersatz bzw. die Vergütung des Betreuers, geht dieser Anspruch vom Betreuer auf die Staatskasse über (vgl. § 412 BGB). Damit wird der Staatskasse der Erlass einer Überleitungsanzeige bzw. dem Betreuer eine Abtretung erspart. Voraussetzung ist, dass die Staatskasse den Betreuer bezüglich seiner Ansprüche auf Zahlung von Aufwendungsersatz oder Vergütung befriedigt, das heißt, tatsächlich Zahlung leistet. Die Geltendmachung bzw. Festsetzung der Ansprüche allein reicht also nicht aus. Mit der Leistung gehen die Ansprüche des Betreuers gegen den Betreuten über, nicht Ansprüche gegen Dritte oder Ansprüche des Betreuten gegen Unterhaltsverpflichtete[908]. Der Höhe nach ist der übergegangene Anspruch auf den Betrag der erbrachten Leistung der Staatskasse begrenzt. Eine Verzinsung ist nicht vorgesehen.

Wie die Staatskasse mit dem auf sie nach § 1836e BGB übergegangenen Vergütungsansprüchen umgeht, insbesondere ob und welche Vollstreckungsmaßnahmen sie einleitet oder ob sie auf die Forderung verzichtet, kann das Betreuungsgericht nicht vorgeben. Die Entscheidung darüber liegt allein bei der Staatskasse[909]. **275a**

c. Erlöschen des Rückgriffsanspruchs

Nach § 1836e Abs. 1 Satz 2 BGB a.F. erlosch der Rückgriffsanspruch der Staatskasse gegen den Betreuten in 10 Jahren vom Ablauf des Jahres an, in dem die Staatskasse die Aufwendungen oder Vergütung gezahlt hat. War also ein Aufwendungsersatzanspruch im Dezember 2005 fällig, im Oktober 2006 beim Betreuungsgericht geltend gemacht und im Februar 2007 von der Staatskasse gezahlt worden, erlosch der Rückgriffsanspruch erst 10 Jahre nach Ablauf des Jahres 2007, also am 31.12.2017. **276**

---

905 Nach Wohnortwechsel in ein anderes Bundesland ist die Staatskasse am neuen gewöhnlichen Aufenthaltsort forderungsberechtigt, OLG Köln BtPrax 2009, 81 f.
906 LG Detmold NJOZ 2011, 537
907 BGH BtPrax 2013, 67
908 BayObLG BtPrax 2002, 40
909 LG Bückeburg BtPrax 2013, 165

Diese lange Frist war von Anfang an Gegenstand heftiger Kritik. Mit Wirkung zum 1.1.2010 wurde § 1836 Abs. 1 Satz 2 BGB a.F. ersatzlos gestrichen[910]. Es gilt nunmehr die **allgemeine Verjährungsfrist von drei Jahren**, § 195 BGB[911]. Das Erlöschen des Anspruchs war von Amts wegen zu berücksichtigen, die Verjährung ist nur auf die entsprechende Einrede zu beachten[912]. Eine Unterbrechung oder Hemmung des Fristablaufs ist nach §§ 194 ff. BGB möglich (dazu Näheres bei der Erbenhaftung, unten Rn. 286). Die Mittellosigkeit des Betroffenen steht dem Verjährungsbeginn nicht entgegen und führt auch nicht zur Hemmung der Verjährung nach § 205 BGB[913]. Hemmung der Verjährung kann durch die Eröffnung eines Insolvenzverfahrens über das Vermögen des Betreuten eintreten[914]. Mittellosigkeit hemmt den Verjährungsablauf nicht[915].

Die Frist wird nur eingehalten, wenn das Betreuungsgericht vor ihrem Ablauf die an die Staatskasse zu leistenden Zahlungen festsetzt und der entsprechende Beschluss durch Zustellung an den Zahlungspflichtigen bekannt gegeben (dazu § 15 FamFG) und damit wirksam wird[916].

d. Rückgriffsverpflichtete

277 Der Rückgriffsanspruch der Staatskasse richtet sich in erster Linie gegen den – leistungsfähigen – Betreuten und nach dessen Tod gegen seine Erben. Der Rückgriffsanspruch gegen einen Miterben kann allerdings frühestens nach der Auseinandersetzung der Erbschaft festgesetzt werden[917].

aa. Rückgriff gegen den Betreuten

278 Die Staatskasse kann den Betreuten nur insoweit in Anspruch nehmen, als er die Kosten teilweise, in Raten oder nach späterem Vermögenserwerb (z.B. durch Erbschaft) bzw. inzwischen erzieltem – einzusetzenden – Einkommen oder gerichtlich durchgesetzten Unterhaltsleistungen bestreiten kann[918]. Denkbar ist auch, dass der Betreute zu Unrecht für nicht leistungsfähig gehalten wurde. Was der Betreute an Vermögen bzw. Einkommen einzusetzen hat, bemisst sich nach §§ 1836c und 1836d BGB.

▶ *Einzelheiten zum Einsatz des Vermögens bzw. Einkommens des Betreuten vgl. oben Rn. 246 ff.*

Der Betreute muss also leistungsfähig sein[919]. Ein Anspruch auf Sicherung eines möglicherweise später entstehenden Rückgriffsanspruches besteht nicht[920]. Bei der Bemessung des Regressbetrages ist die Härtefallregelung des § 90 Abs. 3 SGB XII zu beachten[921].

---

910 Gesetz zur Änderung des Erb- und Verjährungsrechts vom 24.9.2009 (BGBl. I S. 3142). Die Übergangsregelung des Art. 229 § 23 EGBGB findet auf Regressansprüche des § 1836e BGB keine Anwendung, BGH BtPrax 2012, 118; Deinert/Lütgens, Rn. 1430 ff. Fristbeginn für die dreijährige Verjährung ist der 1.10.2010, LG Detmold, NJOZ 2011, 537; LG Schweinfurt BtPrax 2011, 135; LG Würzburg BtPrax 2011, 135

911 BGH BtPrax 2012, 118

912 BGH BtPrax 2014, 173

913 BGH BtPrax 2013, 29 und 2012, 118; LG Kleve BtPrax 2013, 34

914 BGH BtPrax 2013, 29

915 LG Koblenz Rpfleger 2013, 29

916 LG Kleve FamRZ 2017, 1159 = BtPrax 2017, 127 (LS)

917 OLG Schleswig NJW-RR 2003, 726

918 OLG Frankfurt a.M. BtPrax 2008, 269 ff.

919 BayObLG BtPrax 2002, 40; OLG Düsseldorf BtPrax 2001, 166 f. Unter Umständen sind angemessene Raten zu bewilligen, LG Koblenz FamRZ 2009, 371 f.; FamRZ 2007, 236 (LS) und 675 (LS).

920 OLG Düsseldorf BtPrax 2001, 166 f.: Die Staatskasse wollte eine Sicherungshypothek zulasten der vom Betreuten bewohnten Eigentumswohnung durchsetzen, obwohl derzeit mangels einzusetzenden Vermögens keine Festsetzung gegen den Betreuten möglich war.

921 OLG Zweibrücken FGPrax 2007, 232

bb. Rückgriff gegen Unterhaltspflichtige des Betreuten

Gilt der Betreute als mittellos, weil ihm Unterhaltsverpflichtete nicht freiwillig Unterhalt leisten, §§ 1836c Nr. 1 Satz 3, 1836d Nr. 2 BGB, kann die Staatskasse die aufgrund des übergegangenen Anspruchs vom Betreuten zu leistenden Zahlungen unter Einbeziehung der Unterhaltsschuld festsetzen[922]. Mit Hilfe eines solchen Titels (aus Festsetzungsbeschlüssen nach § 168 Abs. 1 Satz 1 FamFG gegen den Betreuten findet die Zwangsvollstreckung statt, § 86 Abs. 1 Nr. 1 FamFG) kann die Staatskasse eine Pfändung und Überweisung des Unterhaltsanspruchs vornehmen, § 1836e Abs. 2 BGB[923]. Der Festsetzungsbeschluss muss deutlich machen, dass er Grundlage für die Pfändung möglicher Unterhaltsansprüche zur Einziehung und Überweisung bilden soll[924]. Das Bestehen der Unterhaltsansprüche hat das Betreuungsgericht dabei nicht zu prüfen[925]. Etwas anderes gilt nur, wenn ein Unterhaltsanspruch offensichtlich nicht besteht[926]. Ob die Anordnung des Regresses eine unbillige Härte i.S.d. § 94 Abs. 3 Nr. 2 SGB XII darstellt, ist erst im Vollstreckungsverfahren zu prüfen. 279

Die Zulässigkeit des Regresses ist nicht auf den Unterhalt beschränkt, den der Unterhaltsverpflichtete ggf. seit dem Zugang der Leistungsmitteilung der Staatskasse schuldet, da § 1836e BGB – anders als § 94 SGB VII – eine entsprechende Begrenzung der Unterhaltspflicht nicht enthält[927].

Alternativ wäre es möglich, dass der mit entsprechendem Aufgabenkreis bestellte oder zu bestellende Betreuer die Unterhaltsansprüche gerichtlich einklagt[928]. Die gerichtliche Geltendmachung von Unterhaltsansprüchen wird regelmäßig dem Wohl des Betreuten entsprechen[929].

cc. Rückgriff gegen Erben

Nach dem Tod des Betreuten haften seine Erben[930] für die auf die Staatskasse übergegangenen Ansprüche, und zwar beschränkt auf den im Zeitpunkt des Erbfalls vorhandenen Nachlass, § 1836e Abs. 1 Satz 2, 1. Hs. BGB. In den Halbsätzen 2 und 3 wird festgelegt, in welchem Umfang der Nachlass zur Abdeckung von Betreuerkosten einzusetzen ist[931]. 280

(1) Vorhandener Nachlass

Der Wert des Nachlasses besteht in dem vom Erblasser hinterlassenen Aktivvermögen abzüglich der Nachlassverbindlichkeiten[932]. Dies ergibt sich aus der Verweisung auf § 102 Abs. 2 und 3 SGB XII, zu dessen Auffüllung wiederum Rückgriff auf § 2311 BGB genommen wird[933]. Demgemäß gehören zum Nachlass auch Vermögensgegenstände, die zu Lebzeiten dem Schonvermögen des Betreuten unterfielen. Vermögensgegenstände, die nicht 281

922 Im Festsetzungsbeschluss ist klarzustellen, dass der Titel nur Grundlage für die Pfändung und Überweisung von Unterhaltsansprüchen ist, BayObLG BtPrax 2002, 40 f.
923 BayObLG BtPrax 2002, 40 f.
924 OLG Düsseldorf JurBüro 2003, 40; OLG Hamm FamRZ 2003, 1873 ff.
925 OLG Schleswig FamRZ 2005, 1579 f.; BayObLG BtPrax 2002, 40 f.; LG Verden Rpfleger 2000, 550. Das gilt generell bei Ansprüchen des Betreuten gegen Dritte, vgl. OLG Hamm FamRZ 2003, 1873 ff.
926 LG Duisburg FamRZ 2006, 507 (LS)
927 OLG Schleswig FamRZ 2005, 1579 f.
928 Ggf. auf Anweisung des Betreuungsgerichts, § 1837 BGB, Damrau/Zimmermann, § 1836e BGB, Rn. 14
929 Der Widerspruch des Betreuten allein steht dem nicht entgegen, a.A. Jürgens-Marschner, § 1836e BGB, Rn. 7.
930 BayObLG BtPrax 2005, 151 f.; OLG München NJW-RR 2005, 1531 ff. Nicht aber Dritte, vgl. OLG Frankfurt a.M. NJW-RR 2003, 1586 f. Jeder Erbe haftet voll, LG Koblenz FamRZ 2007, 2008.
931 Siehe auch den Überblick bei Deinert, FamRZ 2002, 374 ff.
932 OLG Naumburg BtPrax 2013, 255; OLG München NJW-RR 2005, 1531 ff. BayObLG BtPrax 2002, 77; OLG Hamm Rpfleger 2002, 314 f.; Deinert/Lütgens, Rn. 1397
933 Deinert/Lütgens, Rn. 1393

in den Nachlass fallen, z.B. Lebensversicherungen mit Bezugsberechtigtem oder aufgrund Verfügung von Todes wegen nach § 328 BGB, bleiben außen vor. Berücksichtigt werden nur verwertbare Gegenstände[934].

(2) Nachlassverbindlichkeiten

282 Zu den Nachlassverbindlichkeiten rechnen die im Zeitpunkt des Erbfalls bereits existierenden rechtlichen Verpflichtungen des Erblassers (z.B. aus Darlehensgewährung), § 1967 Abs. 2 BGB, sowie solche Verbindlichkeiten, deren Rechtsgrund bereits beim Erbfall bestand, vgl. § 2311 Abs. 1 Satz 1 BGB. Letztere finden aber nur Berücksichtigung, soweit sie wegen ihrer Zwangsläufigkeit für die Erben nach dem Sinn und Zweck des § 1836e BGB Vorrang vor dem Rückgriffsanspruch der Staatskasse beanspruchen können. Dazu rechnen insbesondere die Kosten einer angemessenen Beerdigung[935]. Was angemessen ist, richtet sich nach den Lebensverhältnissen, insbesondere auch den Vorstellungen und Wünschen des verstorbenen Betreuten sowie den örtlichen Besonderheiten. Eine höhenmäßige Begrenzung angemessener Beerdigungskosten findet sich im Gesetz nicht. Die Freibeträge des § 103 Abs. 3 SGB XII, der nach § 1836e Abs. 1 Satz 2, 2. Hs. BGB anzuwenden ist, verhalten sich nur zur Frage der Geltendmachung eines Kostenersatzanspruchs. Zudem wird eine solche Begrenzung dem Sinn des § 1836e BGB nicht gerecht, weil der Erbe dann in der Regel Maßnahmen zur Begrenzung seiner Haftung ergreifen oder die Erbschaft ausschlagen müsste[936]. Gleich- und nachrangige Nachlassverbindlichkeiten, wie z.B. Vermächtnisse, Pflichtteilsansprüche, Erstattungsansprüche des Sozialhilfeträgers, dürfen dagegen nicht in Abzug gebracht werden[937].

(3) Vom Erben einzusetzendes Vermögen

283 Welcher Anteil des vererbten Vermögens von den Erben einzusetzen ist, bestimmt sich nach § 1836 Abs. 1 Satz 2, 2. und 3. Hs. BGB. Der Gesetzgeber hat hier Haftungsgrenzen festgelegt, um Ausschlagungs- und Haftungsbegrenzungsverfahren durch die Erben nach §§ 1945 ff., 1975 BGB zu vermeiden.

(a) Schonbeträge des § 1836c BGB

284 Soweit zugunsten des Betreuten § 1836c BGB einen Rückgriff nur im Rahmen von dessen Leistungsfähigkeit ermöglicht, gilt dies für die Erben nicht. § 1836e Abs. 1 Satz 2, 3. Hs. BGB schließt die Anwendung des § 1836c BGB ausdrücklich aus[938].

(b) Freibeträge des § 102 Abs. 3 SGB XII

285 In § 102 Abs. 3 SGB XII sind für drei Konstellationen Freibeträge für Erben eines Hilfeempfängers nach dem SGB XII vorgesehen. § 102 Abs. 4 SGB XII trifft Aussagen über die Hemmung und Unterbrechung der Verjährung des Rückgriffsanspruchs des Sozialhilfeträgers gegen die Erben und erklärt § 102 Abs. 3 Satz 2 SGB XII für entsprechend anwendbar. Bei mehreren Erben können die genannten Freibeträge nur einmal Berücksichtigung finden[939].

---

934 OLG Naumburg BtPrax 2013, 255; OLG Frankfurt a.M. NJW 2004, 373 f.; OLG Schleswig MDR 2004, 576 f.; BayObLG FPR 2002, 573; FamRZ 2003, 1129 f.; OLG Düsseldorf FamRZ 2002, 1859

935 OLG Frankfurt a.M. NJW 2004, 373; OLG Zweibrücken Rpfleger 2004, 488; BayObLG BtPrax 2002, 77; Damrau/Zimmermann, § 1836e BGB, Rn. 19; Deinert/Lütgens, Rn. 1397 ff.; LG Koblenz FamRZ 2004, 221 f.

936 OLG Düsseldorf BtPrax 2002, 263; BayObLG BtPrax 2002, 77, mit krit. Anm. Bienwald in FamRZ 2002, 700 f.; OLG Jena FGPrax 2001, 22; LG Trier BtPrax 2000, 132, 133; LG Koblenz FamRZ 2001, 714. OLG Stuttgart NJW-RR 2007, 1593 f., eröffnet die Möglichkeit der Haftungsbeschränkung durch die Vollstreckungsabwehrklage nach §§ 781, 785, 767 ZPO.

937 BGH BtPrax 2014, 272 ff.; BayObLG BtPrax 2005, 151 f.; LG Saarbrücken BtPrax 2009, 88 ff.

938 BayObLG BtPrax 2005, 151 f.

939 Deinert/Lütgens, Rn. 1405

Nach § 102 Abs. 3 Nr. 1 SGB XII steht den Erben demgemäß grundsätzlich ein Freibetrag in Höhe von 2.346,– € zu[940].

Hat ein Erbe den Verstorbenen, mit dem er nicht nur vorübergehend in häuslicher Gemeinschaft gelebt hat, gepflegt und war er mit ihm bis zu dessen Tod verheiratet oder verwandt, gilt nach § 102 Abs. 3 Nr. 2 SGB XII ein erhöhter Freibetrag von 15.340,– €. Diese Voraussetzungen müssen kumulativ vorliegen und setzen keinen Mindestzeitraum voraus[941]. Es schadet nicht, wenn der Betreute kurz vor seinem Tod in einem Krankenhaus aufgenommen wird und dort verstirbt. Erfüllen mehrere Erben diese Voraussetzungen, steht ihnen jeweils der erhöhte Freibetrag zu[942]. Nach § 102 Abs. 3 Nr. 3 SGB XII steht einem Erben schließlich ein Freibetrag in der Höhe zu, in der eine Inanspruchnahme im Einzelfall eine besondere Härte für ihn darstellen würde. Es müssen besondere Gründe bestehen, etwa dass nur zwei der Voraussetzungen des § 102 Abs. 3 Nr. 2 SGB XII erfüllt sind[943] oder der Erbe das von ihm und dem verstorbenen Betreuten bewohnte Haus durch erhebliche Eigenleistungen oder Investitionen aufgewertet hat[944]. Will der Erbe den Anspruch der Staatskasse wegen einer besonderen Härte abwenden, muss es sich um eine in seiner Person realisierende Härte handeln[945].

▶ *Die Vorschrift des § 102 Abs. 3 SGB XII ist im Anhang, S. 844 f., abgedruckt*

(c) Erlöschen des Anspruchs, § 102 Abs. 4 SGB XII

Der auf die Staatskasse übergegangene Anspruch gegen die Erben des Betreuten erlischt **286**
entsprechend dem in Bezug genommenen § 102 Abs. 4 Satz 1 SGB XII in drei Jahren nach dem Tod des Betreuten oder seines Ehegatten/Lebenspartners.

Nach § 102 Abs. 4 Satz 2 SGB XII gilt zudem § 103 Abs. 3 Satz 2 SGB XII entsprechend. Das bedeutet, dass die Bestimmungen des BGB über die Hemmung und Unterbrechung der Verjährung entsprechend anzuwenden sind. Gemeint sind dabei die §§ 194 ff. BGB. Dabei steht einer Klageerhebung die Geltendmachung der Ansprüche durch Beschluss gegenüber den Erben gleich. Hemmung tritt etwa durch Stundung (§ 205 BGB) ein oder wenn die Erben unbekannt sind (§ 211 BGB). Die Einleitung des Regressverfahrens oder die Anhörung des Betreuten bzw. seiner Erben hemmt den Fristablauf nicht[946]. Unterbrochen wird der Fristablauf beispielsweise durch Anerkenntnis der Erben oder teilweise Leistungen.

▶ *Die Vorschrift des § 102 Abs. 4 SGB XII ist im Anhang, S. 844 f., abgedruckt*

e. Pfändbarkeit

Sofern der Betreute Unterhaltsansprüche zur Abdeckung von Betreuerkosten einzusetzen **287**
hat, vgl. § 1836c Nr. 1 Satz 2 BGB, regelt § 1836e Abs. 2 BGB, dass diese entgegen § 850b Abs. 1 Nr. 2 ZPO pfändbar sind. So ist der Weg für die Staatskasse frei, etwaige Unterhaltsansprüche im Wege der Pfändung und Überweisung einzuziehen.

---

940 Sechsfacher Regelecksatz, Deinert/Lütgens, Rn. 1405. Er beträgt seit dem 1.1.2018 2.496,– €.
941 Deinert/Lütgens, Rn. 1411 f.; Damrau/Zimmermann, § 1836e BGB, Rn. 23 verlangt einige Monate
942 Damrau/Zimmermann, § 1836e BGB, Rn. 25
943 Beispiele: Nach langjähriger Lebensgemeinschaft kam es wegen Hirninfarktes des Betreuten nicht zur Eheschließung oder Adoption oder es fehlte häusliche Gemeinschaft.
944 Deinert/Lütgens, Rn. 1414
945 LG Verden BtPrax 2016, 84 f.
946 BGH FamRZ 2015, 45 ff.

f. Verfahren

288 Das Verfahren beim Rückgriff gegen den Betreuten bzw. nach dessen Tod gegen seine Erben richtet sich nach § 168 FamFG (dazu unten Rn. 289 ff.). Der Betreute kann im Regressverfahren die Einrede der Verjährung erheben, selbst wenn er durch unrichtige Angaben zur Höhe seines Vermögens Zahlungen aus der Staatskasse an den Betreuer veranlasst hat[947]. Das Betreuungsgericht – der Rechtspfleger – kann durch Beschluss im Ergebnis zum Beispiel festsetzen, dass der Betreute 594,– € in monatlichen Raten zu 50,– €, beginnend mit dem 1.5.2018 an die Staatskasse zu zahlen hat. Der Festsetzungsbeschluss muss die geltend gemachte Forderung nämlich konkret und bestimmbar bezeichnen[948].

Der Beschluss kann zusammen mit der Entscheidung über die Vergütung oder den Ersatz von Aufwendungen, aber auch später ergehen. Gegen die Festsetzung von Zahlungen des Betreuten an die Staatskasse, aber auch gegen deren Ablehnung[949], ist das Rechtsmittel der Beschwerde gegeben.

Bei wesentlicher Änderung der wirtschaftlichen und/oder persönlichen Verhältnisse des Betreuten kann das Betreuungsgericht jederzeit den Beschluss mit der Festsetzung der Zahlung an die Staatskasse abändern, §§ 168 Abs. 2 Satz 2 FamFG i.V.m. § 120a Abs. 1 Satz 1 bis 3 ZPO.

Umstritten ist, ob für den Rückforderungsanspruch der Staatskasse wegen überzahlter Betreuervergütung in entsprechender Anwendung des § 2 VBVG eine 15-monatige Ausschlussfrist[950] oder die allgemeine dreijährige Verjährungsfrist[951] gilt. Gegen die entsprechende Anwendbarkeit des § 2 VBVG spricht, dass es an einer Regelungslücke fehlt und § 2 VBVG in erster Linie dem Interesse der Staatskasse geschuldet ist.

---

947 LG Kassel BtPrax 2013, 116: Deliktisches Verhalten ist materielle Einrede, die im Vergütungsverfahren unbeachtlich bleibt.
948 LG Mainz BtPrax 2017, 208 (LS); LG Kassel BtPrax 2018, 123 und BtPrax 2013, 116
949 BayObLG BtPrax 2002, 130 (LS)
950 LG Münster FamRZ 2011, 1689
951 LG Detmold BtPrax 2012, 33; wohl auch KG FGPrax 2013, 264 f.

III. Verfahrensrecht und Rechtsmittel, § 168 FamFG

Mit dem durch das 1. BtÄndG zum 1.1.1999 in Kraft getretenen § 56g FGG a.F. hatte das Gesetz erstmals eine einheitliche Regelung für das gerichtliche Verfahren bei Aufwendungsersatz und Vergütung geschaffen. Die Regelungen des Abs. 1 bis 4 und 7 wurden unverändert in den § 168 FamFG übernommen. Die Regelungen des § 56g Abs. 5 FFG a.F. waren angesichts der einheitlichen Ausgestaltung der Rechtsbehelfe in §§ 58 ff. und 70 ff. FamFG, die des Abs. 6 angesichts der §§ 86 ff. FamFG nicht mehr erforderlich. § 168 FamFG sieht verfahrensrechtliche Regelungen für die gerichtliche Festsetzung von Ansprüchen nach §§ 1835 ff. BGB vor. Die Vorschrift gilt ausdrücklich für Vormundschaften, über Abs. 5 für Pflegschaften und über § 292 Abs. 1 BGB für Betreuungen. § 168 Abs. 1 FamFG gilt über § 277 Abs. 5 Satz 2, 318 FamFG für Verfahrenspflegschaften und über § 158 Abs. 7 Satz 6 FamFG für den Verfahrensbeistand für das Kind. Die Kommentierung erfolgt nachstehend für das Betreuungsverfahren. 289

§ 168 FamFG schafft einen einheitlichen Verfahrenszug bei der gerichtlichen Festsetzung von Vergütungsansprüchen gegen den vermögenden Betreuten sowie von Aufwendungsersatz- und Vergütungsansprüchen gegen die Staatskasse bei mittellosen Betreuten. Kein Raum ist dagegen im Rahmen des Vergütungsfestsetzungsverfahrens nach § 168 Abs. 1 FamFG für materiell-rechtlich auf § 242 BGB gestützte Erwägungen zur Begründung eines Zahlungsanspruches eines nicht wirksam bestellten Vormunds, Pflegers oder Betreuers[952].

§ 168 Abs. 1 Satz 4 FamFG ermöglicht in unproblematischen Fällen zudem im (vereinfachten) Verwaltungsverfahren die Anweisung des entsprechenden Betrages durch den Urkundsbeamten der Geschäftsstelle. Nach § 86 Abs. 1 Nr. 1 FamFG kann der Betreuer aus dem Festsetzungsbeschluss des Betreuungsgerichts gegen den Betreuten nach den Vorschriften der ZPO die Zwangsvollstreckung betreiben.

§ 168 FamFG Entscheidungen in Aufwendungsersatz-, Vergütungs- und Regressfragen

(1) [1]Das Gericht setzt durch gerichtlichen Beschluss fest, wenn der Vormund, Gegenvormund oder Mündel die gerichtliche Festsetzung beantragt oder das Gericht sie für angemessen hält:

1. **Vorschuss, Ersatz von Aufwendungen, Aufwandsentschädigung, soweit der Vormund oder Gegenvormund sie aus der Staatskasse verlangen kann (§ 1835 Abs. 4, § 1835a Abs. 3 des Bürgerlichen Gesetzbuchs) oder ihm nicht die Vermögenssorge übertragen wurde;**
2. **eine dem Vormund oder Gegenvormund zu bewilligende Vergütung oder Abschlagzahlung (§ 1836 des Bürgerlichen Gesetzbuchs).**

[2]Mit der Festsetzung bestimmt das Gericht Höhe und Zeitpunkt der Zahlungen, die der Mündel an die Staatskasse nach den §§ 1836c und 1836e des Bürgerlichen Gesetzbuchs zu leisten hat. [3]Es kann die Zahlungen gesondert festsetzen, wenn dies zweckmäßig ist. [4]Erfolgt keine Festsetzung nach Satz 1 und richten sich die in Satz 1 bezeichneten Ansprüche gegen die Staatskasse, gelten die Vorschriften über das Verfahren bei der Entschädigung von Zeugen hinsichtlich ihrer baren Auslagen sinngemäß.

(2) [1]In dem Antrag sollen die persönlichen und wirtschaftlichen Verhältnisse des Mündels dargestellt werden. [2]§ 118 Abs. 2 Satz 1 und 2 sowie § 120 Absatz 2 und 3 sowie § 120a Absatz 1 Satz 1 bis 3 der Zivilprozessordnung sind entsprechend anzuwenden. [3]Steht nach der freien Überzeugung des Gerichts der Aufwand zur Ermittlung der persönlichen und wirtschaftlichen Verhältnisse des Mündels außer Verhältnis zur Höhe des aus der Staatskasse zu begleichenden Anspruchs oder zur Höhe der voraussichtlich vom Mündel zu leistenden Zah-

952 BGH FamRZ 2018, 513 f.: Vormund.

lungen, so kann das Gericht ohne weitere Prüfung den Anspruch festsetzen oder von einer Festsetzung der vom Mündel zu leistenden Zahlungen absehen.

(3) [1]Nach dem Tode des Mündels bestimmt das Gericht Höhe und Zeitpunkt der Zahlungen, die der Erbe des Mündels nach § 1836e des Bürgerlichen Gesetzbuchs an die Staatskasse zu leisten hat. [2]Der Erbe ist verpflichtet, dem Gericht über den Bestand des Nachlasses Auskunft zu erteilen. [3]Er hat dem Gericht auf Verlangen ein Verzeichnis der zur Erbschaft gehörenden Gegenstände vorzulegen und an Eides statt zu versichern, dass er nach bestem Wissen und Gewissen den Bestand so vollständig angegeben habe, als er dazu imstande sei.

(4) [1]Der Mündel ist zu hören, bevor gemäß Absatz 1 eine von ihm zu leistende Zahlung festgesetzt wird. [2]Vor einer Entscheidung nach Absatz 3 ist der Erbe zu hören.

(5) Auf die Pflegschaft sind die Absätze 1 bis 4 entsprechend anzuwenden.

1. Überblick

290 Die Verfahrensregelungen des § 168 FamFG gelten unmittelbar für die Geltendmachung von Ansprüchen auf Aufwendungsersatz und Vergütung von (Gegen-)Vormund, (Gegen-)Pfleger, (Gegen-, Mit-, Ergänzungs-)Betreuer, auch für Betreuungsvereine bzw. -behörden, soweit ihnen selbst als Betreuer oder für die Tätigkeit ihrer Mitarbeiter solche Ansprüche zustehen. Die Vorschrift regelt die Festsetzung bzw. Zahlung im vereinfachten Verwaltungsverfahren von

- Vorschuss, Ersatz von Aufwendungen und Aufwandsentschädigung (§§ 1835, 1835a BGB), soweit sie aus der Staatskasse verlangt werden oder dem Betreuer nicht die Vermögenssorge zusteht, Abs. 1 Satz 1 Nr. 1;
- Vergütung oder Abschlagszahlung (§ 1836 BGB), also die Ermessensvergütung nach §§ 1836 Abs. 2, 8 VBVG, Vergütung nach Zeitaufwand nach §§ 3, 6 VBVG, 277, 318 FamFG, Abschlagszahlungen nach § 3 Abs. 4 VBVG, Pauschalvergütungen nach §§ 4, 5, 7 VBVG und Zahlungen von Leistungen aus der Staatskasse, wenn keine Festsetzung erfolgt, Abs. 1 Satz 1 Nr. 2; sowie
- den Rückgriff auf das Einkommen und/oder Vermögen des Betreuten (§ 1836e Abs. 1 Satz 1 BGB), Abs. 1 Satz 2 und Satz 3;
- den Rückgriff auf den Nachlass des verstorbenen Betreuten (§ 1836e Abs. 1 Satz 2 BGB), Abs. 3;
- die Anhörung des Betreuten bzw. seiner Erben, Abs. 4 und
- die Anwendbarkeit auf Pflegschaften, Abs. 5.

Für die gerichtliche Festsetzung von Aufwendungsersatz und Vergütung des Verfahrenspflegers in Betreuungs- und Unterbringungssachen findet § 168 Abs. 1 FamFG entsprechende Anwendung, §§ 277 Abs. 5 Satz 2, 318 FamFG.

Die zulässigen Rechtsmittel nebst Rechtsmittelweg und die Vollstreckbarkeit aus Festsetzungsbeschlüssen regeln nunmehr die §§ 58 ff. FamFG und § 86 FamFG.

2. Festsetzungsverfahren

291 In seinem Abs. 1 regelt § 168 FamFG, unter welchen Voraussetzungen zugunsten eines Betreuers Ansprüche auf Aufwendungsersatz bzw. Vorschuss und Vergütung gegen die Staatskasse bzw. den vermögenden Betreuten festgesetzt werden können.

a. Festsetzung auf Antrag bzw. von Amts wegen

Eine Festsetzung erfolgt nicht allein auf Antrag des (anspruchsberechtigten) Betreuers, sondern auch auf Antrag des Betreuten sowie durch das Familien- bzw. Betreuungsgericht, soweit dieses es angemessen erachtet, § 168 Abs. 1 Satz 1 FamFG. Hat ein (anwaltlicher) Berufsbetreuer seine Vergütungsansprüche an einen Dritten abgetreten, kann dieser Festsetzung beantragen, einer Einwilligung des Betreuten in die Abtretung bedarf es nicht[953]. Die Staatskasse hat dagegen kein Antragsrecht[954]. Schriftform ist für den Antrag nicht vorgesehen, angesichts der Anforderungen der Rechtsprechung wohl unumgänglich[955]. **292**

▶ *Zur Form des Antrags vgl. unten Rn. 318*

Von Amts wegen dürfte ein Bedarf für eine Festsetzung vorliegen, wenn

- Anhaltspunkte bestehen, dass der im vereinfachten Verwaltungsverfahren (vgl. Abs. 1 Satz 4) zahlbar gemachte Betrag unrichtig errechnet ist[956];
- die Staatskasse es anregt[957];
- der Betreuer nur teilweise Ansprüche geltend macht oder diese streitig sind[958];
- der Betreute verstorben ist und sich der Anspruch gegen den Nachlass richtet[959] oder
- zugleich oder später auf das Vermögen des Betreuten Rückgriff genommen werden soll, vgl. § 168 Abs. 1 Satz 2, 3 FamFG[960].

▶ *Zum Inhalt des Antrags vgl. unten Rn. 310 ff.*

b. Zuständigkeit und Entscheidung

Zuständig ist das Betreuungsgericht – im Beschwerdeverfahren das Landgericht –, und zwar örtlich das Gericht, das für die Betreuung zuständig war oder auf Grund vollzogener Abgabe zuständig geworden war[961]. Funktionell ist beim Betreuungsgericht der Rechtspfleger zuständig, und zwar auch für ein Festsetzungsverfahren bezüglich von im Unterbringungsverfahren entstandenen Ansprüchen eines Verfahrenspflegers[962], weil auch insoweit kein Richtervorbehalt besteht. **293**

Die Entscheidung erfolgt durch Beschluss, der zu begründen ist[963]. Er muss insbesondere angeben, welche Ansprüche in welcher Höhe und gegebenenfalls für welchen Zeitraum Gegenstand der Entscheidung sind. Mit formeller Rechtskraft des Beschlusses sind nämlich keine Änderungen mehr möglich, etwa zugunsten des Betreuers für übersehene Vergütungen[964]. Da der Beschluss ein zur Vollstreckung geeigneter Titel ist, muss er Gläubiger und Schuldner hinreichend bezeichnen und einen festen Geldbetrag angeben[965]. Soweit

---

953 BGH BtPrax 2013, 206: Die Abtretung an eine anwaltliche Verrechnungsstelle verstößt gegen kein gesetzliches Verbot; OLG Düsseldorf BtPrax 2010, 84 f.
954 OLG Dresden FamRZ 2011, 320
955 § 292 FamFG ermächtigt allerdings die Länder, durch Rechtsverordnung amtliche Vordrucke für die Abrechnung von Betreuervergütungen einzuführen (dazu unten Rn. 318).
956 Jürgens-Kretz, § 168 FamFG, Rn. 8
957 Keidel-Engelhardt, § 168 FamFG, Rn. 8
958 Deinert/Lütgens, Rn. 1521
959 Deinert/Lütgens, Rn. 1522
960 Weitere Beispiele bei HK – BUR – Bauer §§ 168, 292 FamFG, Rn. 40.
961 BayObLG BtPrax 1997, 114
962 BGH NJW 2011, 453; vgl. auch BGH BtPrax 2012, 249; Jürgens-Kretz, § 15 RPflG Rn. 50; a.A. LG Kaiserslautern Rpfleger 1994, 453; Damrau/Zimmermann, § 168 FamFG, Rn. 30; Deinert/Lütgens, Rn. 1604
963 Es handelt sich nämlich um eine Endentscheidung, vgl. § 38 Abs. 1 und 3 FamFG und zum alten Recht, LG Berlin FamRZ 2008, 1481 f.
964 Keidel-Engelhardt, § 168 FamFG, Rn. 22
965 LG Koblenz FamRZ 2012, 484: Auch der Zeitpunkt der Zahlung ist zu bestimmen.

der Beschwerdewert 600,– € nicht übersteigt, hat das Gericht über die Zulassung der Beschwerde zu entscheiden, § 61 FamFG. Eine Rechtsmittelbelehrung schreibt § 39 FamFG vor. Fehlt sie, beginnt die Rechtsmittelfrist trotzdem zu laufen; ein Wiedereinsetzungsantrag lässt sich aber auf ihr Fehlen stützen. Der Beschluss wird mit der Bekanntgabe an den Beteiligten, für den er seinem wesentlichen Inhalt nach bestimmt ist, wirksam, § 40 Abs. 1 FamFG. Er ist demjenigen, dessen ausdrücklich geäußertem Willen er widerspricht, zuzustellen, § 41 Abs. 1 Satz 2 FamFG[966]. Die Entscheidung über die Bewilligung oder die Ablehnung einer Vergütung oder Aufwandsentschädigung ist der materiellen Rechtskraft fähig. Nach rechtskräftiger Entscheidung über einen Antrag ist daher eine erneute Sachentscheidung unter denselben Beteiligten über denselben Verfahrensgegenstand unzulässig[967].

▶ *Zu der Zulässigkeit und der Behandlung von materiell-rechtlichen Einwendungen des Betreuten gegen die Festsetzung siehe unten Rn. 336*

c. Gegenstand der Festsetzung

294 Gegenstand einer Festsetzung können zulässigerweise Ansprüche gegen die Staatskasse bzw. durch den nicht für die Vermögenssorge bestellten Betreuer auf Vorschuss, Ersatz von Aufwendungen einschließlich der Aufwandspauschale (§§ 1835 und 1835a BGB) sowie auf Vergütung bzw. Abschlagszahlungen auf Vergütungen (§ 1836 BGB) gegen die Staatskasse bzw. den vermögenden Betreuten sein.

aa. Aufwendungsersatz, -vorschuss und -entschädigung

295 Nach § 168 Abs. 1 Satz 1 Nr. 1 FamFG kann sich die Festsetzung auf die Ansprüche des Betreuers hinsichtlich eines Vorschusses auf Aufwendungen bzw. des Ersatzes von Aufwendungen nach § 1835 BGB (dazu Rn. 6 ff.) sowie der Aufwendungsentschädigung nach § 1835a BGB beziehen. Eine Festsetzung kommt dann in zwei Fällen in Betracht:

Der Anspruch richtet sich gegen die Staatskasse. Dieser Fall ist gegeben, wenn der Betreute mittellos im Sinne des §§ 1836c und 1836d BGB ist.

▶ *Zur Mittellosigkeit des Betroffenen vgl. oben Rn. 246 ff.*

Der Anspruch richtet sich gegen einen vermögenden Betreuten, dessen Betreuer die Vermögenssorge nicht oder nicht mehr[968] zusteht. Stünde dem Betreuer die Vermögenssorge zu, könnte er die ihm nach den §§ 1835, 1835a BGB zustehenden Beträge selbst dem Vermögen des Betreuten entnehmen. Eine gerichtliche Festsetzung ist dann unzulässig[969]. Erweisen sich bewilligte Vorschüsse auf Aufwendungen als zu hoch, hat das Gericht den übersteigenden Betrag aufzuführen und nach § 1837 Abs. 1 BGB auf Rückzahlung zu drängen[970].

Da Gegenbetreuern und Verfahrenspflegern niemals die Vermögenssorge zustehen kann, kann zu ihren Gunsten ein Festsetzungsverfahren erfolgen[971]. Soweit der Betreuer die ihm zustehenden Beträge dem Vermögen des Betreuten entnimmt, hat er dies in seine Rech-

966 Die Entscheidung über die Vergütung des Vereinsbetreuers ist dem Verein bekannt zu geben bzw. zuzustellen, vgl. LG Koblenz FamRZ 2005, 1778 (LS). Wird gegen die Staatskasse festgesetzt, hat die Bekanntgabe an den Vertreter der Staatskasse, etwa durch gezielte Aktenübersendung zu erfolgen, vgl. LG Lüneburg FamRZ 2007, 1843.

967 Keidel-Engelhardt, § 168 FamFG, Rn. 22

968 Etwa, wenn die Betreuung durch Tod oder Aufhebung beendet ist, vgl. OLG Hamm FamRZ 2004, 1065 oder der Betreuer entlassen ist, BayObLG FamRZ 2005, 393.

969 BayObLG BtPrax 2001, 77. Dies gilt auch für Aufwendungen nach § 1835 Abs. 3 BGB, OLG Düsseldorf FamRZ 1995, 1375.

970 BayObLG FGPrax 2003, 173 ff.: zu Abschlagszahlungen auf eine Vergütung

971 Deinert/Lütgens, Rn. 1509

nungslegung (§ 1840 Abs. 2, 3 BGB) aufzunehmen, ist er davon befreit, in die Schlussrechnung (§ 1892 BGB). Die Kontrolle durch das Betreuungsgericht erfolgt über §§ 1837,1843,1890,1892 BGB. Steht kein frei verfügbares Vermögen und/oder Einkommen für den Betreuer bereit, hat er Anspruch auf Freigabe des gesperrt angelegten Vermögens durch das Betreuungsgericht[972]. Streitigkeiten über die Berechtigung einer Entnahme zwischen Betreuer und Betreuten sind gegebenenfalls vor den ordentlichen Gerichten, nicht dem Betreuungsgericht auszutragen.

Berufsbetreuer, die seit dem 1.7.2005 eine pauschale Vergütung nach §§ 4, 5 VBVG erhalten, können Aufwendungen nur noch für berufliche bzw. gewerbliche Dienste nach §§ 1835 Abs. 3, 1908i Abs. 1 BGB (vgl. dazu oben Rn. 43 ff.) festgesetzt verlangen bzw. dem Vermögen des Betreuten entnehmen.

bb. Vergütungen

Nach § 168 Abs. 1 Satz 1 Nr. 2 FamFG kann sich die Festsetzung außerdem auf die Ansprü- **296**
che des Betreuers auf Bewilligung einer Vergütung (§§ 1836 Abs. 2 BGB bzw. 1836 Abs. 1 BGB i.V.m. §§ 1 ff. VBVG), eines Abschlages auf eine Vergütung beziehen[973]. Die Ansprüche können sich gegen die Staatskasse bei mittellosen Betreuten, aber auch gegen den vermögenden Betreuten selbst richten.

d. Mit der Festsetzung verbindbare Entscheidungen

Das Betreuungsgericht soll mit der Festsetzung bezüglich der in Nr. 1 und 2 genannten An- **297**
sprüche des Betreuers weitere Bestimmungen verbinden.

aa. Bestimmung zumutbarer Zahlungen nach §§ 1836c, 1836e BGB

Wenn der Betreute aus seinem – nach § 1836c BGB zu bestimmenden – einzusetzenden **298**
Einkommen und/oder Vermögen die Ansprüche des Betreuers, Pflegers etc. zum Teil oder in Raten bezahlen kann, kann das Betreuungsgericht die entsprechende Höhe im Festsetzungsbeschluss bestimmen. Das Betreuungsgericht kann also im Beschluss zum Beispiel aufnehmen, dass der Betreute auf den festgesetzten Betrag ab dem 1.1.2018 monatlich 50,– € an die Staatskasse zu zahlen hat, vgl. § 1836e BGB.

▶ *Zur Mittellosigkeit des Betreuten vgl. oben Rn. 246 ff.*
Zum Regress vgl. oben Rn. 273 ff.

bb. Bestimmung zumutbarer Zahlungen unter Einbeziehung von Unterhaltsansprüchen des Betreuten nach §§ 1836c, 1836e BGB

Ein weiterer denkbarer Fall ist, dass der Betreute als mittellos gilt, weil der Unterhaltsver- **299**
pflichtete nicht freiwillig Unterhalt leistet (dazu oben Rn. 250). Das Betreuungsgericht kann dann unter Einbeziehung der Unterhaltsschuld – die Ansprüche des Betreuten gegen den Unterhaltsschuldner gehen durch Leistung der Staatskasse an den Betreuer insoweit auf die Staatskasse über – die vom Betreuten zu leistenden Zahlungen bestimmen.

cc. Gesonderte Entscheidung

Nach § 168 Abs. 1 Satz 3 FamFG kann das Betreuungsgericht die vom Betreuten zu leisten- **300**
den Zahlungen auch gesondert festsetzen, wenn dies zweckmäßig ist. Ein solcher Fall kann vorliegen, wenn zur Ermittlung der Leistungsfähigkeit des Betreuten weitere umfangreiche

---

972 LG Dortmund Rpfleger 1993, 439, auch insoweit kann das Gericht Kontrolle ausüben.
973 Erweisen sich bewilligte Abschlagszahlungen als zu hoch, hat das Gericht den übersteigenden Betrag aufzuführen und nach § 1837 Abs. 1 BGB auf Rückzahlung zu drängen, vgl. BayObLG FGPrax 2003, 173 ff.

Ermittlungen nötig sind[974] oder sich eine Veränderung der maßgeblichen Einkommens- oder Vermögensverhältnisse abzeichnet. Letzteres ist denkbar bei bevorstehender Aufnahme einer Berufstätigkeit nach Arbeitslosigkeit oder bevorstehendem Vermögenserwerb (tatsächliche oder rechtliche Hindernisse bei der Verwertung von Vermögen entfallen demnächst).

e. Verzicht auf Festsetzungsverfahren

301 § 168 Abs. 1 Satz 4 FamFG ermöglicht die Erstattung der vom Betreuer begehrten Ansprüche in einem vereinfachten Verfahren, sofern Vergütung und/oder Auslagenersatz aus der Staatskasse begehrt werden und kein Festsetzungsverfahren erfolgt. Die Verweisung auf das Verfahren bei der Entschädigung von Zeugen hinsichtlich ihrer Barauslagen (dies richtet sich nach dem JVEG) besagt nämlich, dass der Urkundsbeamte der Geschäftsstelle des Betreuungsgerichts die aus der Staatskasse zu zahlenden Beträge im Verwaltungswege feststellen und zur Anweisung (Auszahlung) bringen kann. Dies ist unter folgenden Voraussetzungen möglich:

aa. Keine Festsetzung

302 Eine Festsetzung entfällt, wenn sie nicht ausdrücklich – vom Betreuer oder Betreuten – beantragt ist und das Betreuungsgericht sie auch nicht für angemessen erachtet (§ 168 Abs. 1 Satz 1 FamFG). Letzteres prüft der Rechtspfleger des Betreuungsgerichts. Stellt er fest, dass es sich um einen einfach gelagerten Sachverhalt handelt, kann er die Angelegenheit an den Urkundsbeamten der Geschäftsstelle weiterleiten. Der Sachverhalt kann selbst dann einfach gelagert sein, wenn Regressansprüche in Betracht kommen[975]. Sie können gegebenenfalls durch gesonderten Beschluss festgesetzt werden, vgl. § 168 Abs. 1 Satz 3 FamFG.

302a Ein Betreuer muss sich allerdings vor Augen halten, dass bei Zahlung der Vergütung ohne förmliche Festsetzung überzahlte Beträge – etwa wegen unzutreffender Zubilligung der höchsten Vergütungsstufe – zurück gefordert werden können[976]. Die Überzahlung kann im Wege des öffentlich-rechtlichen Erstattungsanspruchs zurück verlangt werden. Der Rückforderungsanspruch unterliegt nicht der zeitlichen Grenze des § 2 VBVG. Die Rückforderung kann indes nach Treu und Glauben ausgeschlossen sein. Unter Berücksichtigung des § 20 Abs. 1 GNotKG kann ein solcher Fall vorliegen, wenn die Rückforderung nicht in angemessener Frist erfolgt und der Betreuer gutgläubig auf die Beständigkeit der Vergütungszahlung vertraut hat[977]. Nach § 20 Abs. 1 GNotKG können Gerichtskosten nachgefordert werden, wenn der berechtigte Ansatz dem Zahlungspflichtigen vor Ablauf des nächsten Kalenderjahres nach Abschluss der den Rechtszug abschließenden Kostenrechnung mitgeteilt worden ist. Übertragen auf ein Vergütungsverfahren ist das gutgläubige Vertrauen auf die erhaltenen Zahlungen seitens des Betreuers nach Ablauf des nächsten Kalenderjahres nach Auszahlung der Vergütung schutzwürdig[978].

Allein der Umstand, dass dem Betreuer in einem vorangegangenen Verfahren ein höherer Stundensatz zugebilligt worden war, rechtfertigt nicht das Vertrauen, dass ihm dieser höhere Stundensatz auch in Zukunft wider zuerkannt wird[979].

974 Das Gericht kann z.B. nach § 168 Abs. 2 Satz 3 FamFG zunächst auf Ermittlungen verzichten und Mittellosigkeit unterstellen.
975 Damrau/Zimmermann, § 168 FamFG, Rn. 40
976 BGH BtPrax 2014, 33; KG BtPrax 2013, 262; OLG Köln FGPrax 2006, 116 f. (zu Unrecht zugrunde gelegte vergütungserhöhende Qualifikation); LG Braunschweig FamRZ 2008, 1117 (LS)
977 BGH BtPrax 2016, 77 f.; FamRZ 2014, 113 ff. und 33
978 LG Leipzig BtPrax 2015, 121; AG Marsberg, Beschluss vom 20.12.2017 – 2 XVII 45/11 H– juris
979 BGH FamRZ 2014, 117 f.: Der Betreuer musste auch früher damit rechnen, dass der vom Amtsgericht zugebilligte Stundesatz bei einer Überprüfung durch das Beschwerdegericht herab gesetzt wird.

bb. Ansprüche gegen die Staatskasse

Weiterhin müssen sich die Ansprüche gegen die Staatskasse richten. **303**

cc. Prüfungsmaßstab

Der Urkundsbeamte der Geschäftsstelle hat die vorgelegte Abrechnung zu prüfen und **304** kann auch Abstriche machen. Ist der Betreuer damit nicht einverstanden, kann er Festsetzung nach Satz 1 beantragen, ein Feststellungsverfahren nach § 4 JVEG findet nicht statt[980]. Das Betreuungsgericht ist dann nicht an die Feststellungen des Urkundsbeamten der Geschäftsstelle gebunden.

f. Wiederholtes Festsetzungsverfahren

In Ausnahmefällen kann ein wiederholtes Festsetzungsverfahren in Betracht kommen. **305** Entschieden ist das für den Fall der rechtskräftig erfolgten Ablehnung eines Vergütungsanspruches gegen die Staatskasse mangels Mittellosigkeit. Stellt sich nachträglich heraus, dass der Betroffene bzw. sein Nachlass von Anfang an oder wegen veränderter Umstände nicht über ausreichendes Vermögen verfügt, um die Betreuerforderung zu erfüllen, kann sich ein zweites Festsetzungsverfahren gegen die Staatskasse anschließen. Der Betreuer muss aber alles Mögliche und Zumutbare unternommen haben, um seinen Vergütungsanspruch gegen den Betroffenen bzw. den Nachlass durchzusetzen[981].

g. Aussetzung des Festsetzungsverfahrens

Bei Vorgreiflichkeit eines anhängigen Rechtsstreits, z.B. über die Berechtigung von Auf- **306** wendungen, die in der Vergangenheit bereits in gleicher Form angefallen und dem Vermögen des Betreuten entnommen worden waren, kann das Festsetzungsverfahren ausgesetzt werden[982]. Gleiches gilt, wenn der Verdacht einer Straftat des Betreuers besteht und insoweit ein Ermittlungsverfahren der Staatsanwaltschaft anhängig ist[983].

3. Antrag und gerichtliche Ermittlungen

In § 168 Abs. 2 FamFG finden sich Regelungen zu inhaltlichen Anforderungen an einen **307** Antrag auf Festsetzung an das Betreuungsgericht, zur Glaubhaftmachung sowie zum Ermittlungsumfang des Betreuungsgerichts vor einer Festsetzung (Satz 2 und 3).

a. Überblick

Detaillierte oder zwingende Vorgaben zum Inhalt eines Festsetzungsantrages nach Abs. 1 **308** finden sich in § 168 FamFG nicht. Nach Abs. 2 Satz 1 sollen (also keine zwingende Voraussetzung) die persönlichen und wirtschaftlichen Verhältnisse des Betreuten dargestellt werden. Indes lassen sich aus anderen gesetzlichen Regelungen sowie den von der Rechtsprechung entwickelten Vorgaben eine Reihe von inhaltlichen Anforderungen ableiten.

---

980 BayObLG BtPrax 1999, 195; a.A. Deinert/Lütgens, Rn. 1492
981 OLG Frankfurt a.M. FGPrax 2009, 160 f.; BayObLG FamRZ 2004, 305 ff. und 308 ff.
982 BayObLG FamRZ 2004, 1323
983 BayObLG FamRZ 2004, 1323

b. Antragsinhalt

Der Antrag sollte nachstehende Punkte umfassen:

aa. Antragsgegner

309 Da sich die Ansprüche gegen den Betreuten, gegebenenfalls seine Erben, oder die Staatskasse richten können, ist eine entsprechende Klarstellung sinnvoll. Bei unklarer Einkommens- und/oder Vermögenssituation kann der Anspruch gegen beide möglichen Vergütungsschuldner, nämlich Betreutem und Staatskasse geltend gemacht werden[984]. Ist nach dem Tod des Betreuten unklar, ob ausreichender Nachlass zur Zahlung der Betreuervergütung vorhanden ist, soll zunächst die Staatskasse verpflichtet sein, die Vergütung zu zahlen. Die Staatskasse kann ggf. die Erben nach § 1836e BGB in Regress nehmen[985]. Damit wird auch das Erlöschen der Ansprüche gegen den Betreuten verhindert, vgl. §§ 1835 Abs. 1 Satz 3, 1835a Abs. 4 BGB, 2 Satz 1 VBVG.

bb. Antragsinhalt und -begründung

310 Die Ansprüche (Aufwendungsvorschuss, -ersatz, Aufwendungsentschädigung, Abschlagszahlung auf Vergütung, Vergütung etc.) müssen genau angegeben werden, weil der Antrag nur so nachvollziehbar und von anderen oder künftigen Ansprüchen abgrenzbar und für das Betreuungsgericht überprüfbar ist[986]. Der Antrag muss insbesondere eine Prüfung der geltend gemachten Vergütungshöhe ermöglichen, weshalb die bloße Angabe der Stundenzahl ohne konkreten Tätigkeitsnachweis außerhalb der pauschalierten Vergütung nicht ausreicht[987]. Auch sollte klargestellt werden, dass eine Festsetzung begehrt wird. Weiterhin muss eine Begründung des Anspruches erfolgen.

Hinsichtlich des Umfanges der Darlegungen zu den getätigten Aufwendungen bzw. des mit der Amtsführung verbundenen Zeitaufwandes ist danach zu unterscheiden, durch wen im Einzelnen Aufwendungsersatz bzw. Vergütung geltend gemacht wird.

(1) Ehrenamtlicher Vormund bzw. Betreuer und Behördenbetreuer

311 Sie werden den besonderen Umfang bzw. die besondere Schwierigkeit der Amtsführung, die ausnahmsweise eine Vergütung rechtfertigen, darzulegen haben (dazu Rn. 92 f.), wenn sie eine Vergütung begehren. Hinsichtlich von Aufwendungen nach §1835 BGB bedarf es nachvollziehbarer Angaben zu Art und Umfang der Aufwendungen.

(2) Berufsbetreuer im Regelfall der Betreuung (§§ 4, 5 VBVG)

312 Bei erstmaliger Antragstellung sind – sofern noch nicht erfolgt – Angaben zur beruflichen Qualifikation zwecks Einstufung in die drei Vergütungsstufen zu machen. Ggf. sind später erfolgte Nachqualifizierungen darzulegen.

Weiter sind Angaben zum geltend gemachten Stundenansatz und dem gewöhnlichen Aufenthalt des Betreuten während des Abrechnungszeitraumes nebst Klarstellung, ob es sich um ein Heim handelt oder nicht, erforderlich[988].

Angaben zu Aufwendungen sind entbehrlich, da sie mit dem Stundensatz als abgegolten gelten.

---

984 BGH BtPrax 2015, 237 f.
985 LG Kassel FamRZ 2015, 1317
986 OLG Dresden FamRZ 2004, 137 f.; Jürgens-von Crailsheim, § 1836 BGB, Rn. 12; a.A. wohl Damrau/Zimmermann, § 168 FamFG, Rn. 24
987 BGH BtPrax 2013, 152; OLG Brandenburg FamRZ 2013, 319
988 Soweit Deinert/Lütgens, Rn. 1574 ff. weitere Angaben verlangen, ergeben sich diese bereits in der Regel aus der Gerichtsakte.

(3) Berufsvormund, Berufsbetreuer in den Sonderfällen der Betreuung und berufsmäßiger Verfahrenspfleger

Bei der Geltendmachung eines Vergütungs- und Aufwendungsersatzanspruches bedarf es nachvollziehbarer Angaben über den Zeitaufwand sowie von Art und Umfang von Aufwendungen. Fehlen sie, würde der Antrag die Ansprüche nur dem Grunde nach geltend machen und den Ablauf der Ausschlussfristen nicht verhindern[989]. Im Einzelfall kann aber ein Antrag auf Bewilligung von Abschlagszahlungen und Entnahme nach Bewilligung ausreichen[990]. Dagegen genügt die Angabe von Stundenzahlen pro Jahr nicht[991]. **313**

Bei Vergütungsansprüchen empfiehlt es sich, den Zeitaufwand zu erfassen, die einzelnen Tätigkeiten dazu stichwortartig zu beschreiben und zu jeder Tätigkeit die dazugehörenden Aufwendungen, z.B. Telefon, Porto, Kopierkosten etc., festzuhalten[992]. Diese Anforderungen gelten auch bei einem EDV-unterstützten Nachweis[993]. Eine detaillierte Aufschlüsselung der Ansprüche führt zudem dazu, dass beim Betreuungsgericht lediglich eine Plausibilitätsprüfung, z.B. hinsichtlich des Zeitaufwandes und seiner Erforderlichkeit, stattfindet[994]. Erfolgen diese Angaben nicht, steht dem Betreuungsgericht ein Schätzungsermessen nach § 287 ZPO zu[995]. Begehrt der Vormund bzw. Betreuer eines vermögenden Betroffenen einen über die Stundensätze des § 3 Abs. 1 VBVG hinausgehenden Stundensatz, muss er darlegen und belegen, welche besonderen Schwierigkeiten (vgl. § 3 Abs. 3 VBVG) dies rechtfertigt[996].

cc. Geltend gemachter Betrag

Die Bezifferung des geltend gemachten Anspruchs ist eine Selbstverständlichkeit. **314**

dd. Anspruchszeitraum

Aus dem Antrag muss sich auch ergeben, für welchen Zeitraum die Erstattung von Aufwendungen und Vergütung beantragt wird[997]. Nur so lässt sich eine ausreichende Abgrenzung vornehmen und überprüfen, ob die Ansprüche überhaupt bestehen (z.B. bei der Aufwendungspauschale, bei Abschlagszahlungen oder Zahlung der Pauschale nach §§ 4, 5 VBVG, vgl. § 9 VBVG) bzw. wegen Fristablaufs erloschen sind. **315**

ee. Persönliche und wirtschaftliche Verhältnisse des Betreuten

Nach § 168 Abs. 2 Satz 1 FamFG soll (nicht muss) der Antrag die persönlichen und wirtschaftlichen Verhältnisse des Betreuten darstellen. **316**

Zu den persönlichen Verhältnissen gehören Angaben dazu, ob der Betreute ledig, verheiratet, getrennt lebend ist oder einen Lebenspartner i.S.d. § 1 LPartG hat. Diese Angaben sind in der Regel jedem Betreuer möglich, da er persönlichen Kontakt zum Betreuten hat und sie im Jahresbericht an das Betreuungsgericht ohnehin berichten muss. Für das Betreu-

---

989 OLG Frankfurt a.M. MDR 2002, 156 sowie BtPrax 2001, 261
990 BayObLG FamRZ 2003, 1221 f.
991 OLG Schleswig BtPrax 2004, 245
992 Jürgens-Kretz, § 168 FamFG, Rn. 16. Teilweise werden sehr detaillierte Nachweise verlangt, OLG Zweibrücken BtPrax 2000, 220; LG Kleve BtPrax 1999, 201. Die Darlegungslast richtet sich im Einzelfall nach den konkret erhobenen Einwendungen des Betroffenen, LG München I BtPrax 2002, 272 (LS).
993 LG Traunstein BtPrax 1998, 193
994 BayObLG BtPrax 2001, 76; OLG Zweibrücken FamRZ 2002, 627; OLG Brandenburg FamRZ 2002, 626 zu § 50 Abs. 5 FGG a.F.; LG Kaiserslautern FamRZ 2001, 869: Sie beschränkt sich auf Kontrolle von Verstößen gegen Denkgesetze oder auf missbräuchliche, offensichtlich überzogene oder sachlich völlig ungerechtfertigte Forderungen. OLG Schleswig FamRZ 2001, 1480: zur Abwesenheitspflegschaft
995 OLG Zweibrücken FamRZ 2000, 1533; BtPrax 2000, 220; BayObLG BtPrax 2001, 76; OLG Schleswig FamRZ 2001, 1480: zur Abwesenheitspflegschaft
996 BayObLG BtPrax 2001, 252
997 Deinert/Lütgens, Rn. 1551

ungsgericht sind diese Angaben z.B. wichtig im Rahmen der Ermittlung der Leistungsfähigkeit des Betreuten (vgl. §§ 1836c Nr. 1 BGB, 82, 85 Abs. 1, 86, 87, 90, 102 SGB XII).

Zu den wirtschaftlichen Verhältnissen des Betreuten zählen die Einkommens- und Vermögensverhältnisse, Unterhaltsverpflichtete bzw. -berechtigte[998]. Verfügt der Betreuer nicht über den Aufgabenkreis der Vermögenssorge, wird er häufig dazu keine genauen Angaben machen können. Er wird sich im Rahmen seiner Mitwirkungspflichten[999] auf die Mitteilung bekannter Umstände und die Benennung von Auskunftspersonen beschränken können. Das Betreuungsgericht wird dann im Rahmen seiner Amtsermittlungspflicht die notwendigen Angaben vom Betreuten erfragen. Ergeben dessen Auskünfte kein ausreichendes Bild zu seinen wirtschaftlichen Verhältnissen, muss das Gericht ggf. Auskünfte von Verwandten des Betreuten einholen[1000]. Es kann auch die Betreuungsbehörde um Hilfestellung bitten, vgl. § 8 BtBG. Gehört die Vermögenssorge zum Aufgabenkreis der Betreuung, werden sich die Einkommens- und Vermögensverhältnisse regelmäßig aus der Akte ergeben, sofern der Betreuer zur jährlichen Rechnungslegung verpflichtet ist.

ff. Angabe von Namen und Anschrift sowie Bankverbindung des Betreuers

317 Ohne diese Angaben kann keine Zahlung erfolgen. Bei einem umsatzsteuerpflichtigen Betreuer bedarf es grundsätzlich nicht der Angabe einer laufenden Rechnungsnummer, der Umsatzsteuernummer (bzw. ID-Nummer) und des zuständigen Finanzamtes[1001].

c. Antragsform, § 292 Abs. 2 FamFG

§ 292 FamFG Zahlungen an den Betreuer

(1) In Betreuungsverfahren gilt § 168 entsprechend.

(2) [1]Die Landesregierungen werden ermächtigt, durch Rechtsverordnung für Anträge und Erklärungen auf Ersatz von Aufwendungen und Bewilligung von Vergütung Formulare einzuführen. [2]Soweit Formulare eingeführt sind, müssen sich Personen, die die Betreuung innerhalb der Berufsausübung führen, ihrer bedienen und sie als elektronisches Dokument einreichen, wenn dieses für die automatische Bearbeitung durch das Gericht geeignet ist. [3]Andernfalls liegt keine ordnungsgemäße Geltendmachung im Sinne von § 1836 Abs. 1 Satz 2 des Bürgerlichen Gesetzbuchs in Verbindung mit § 1 des Vormünder- und Betreuungsvergütungsgesetzes vor. [4]Die Landesregierungen können die Ermächtigung nach Satz 1 durch Rechtsverordnung auf die Landesjustizverwaltungen übertragen.

318 § 292 Abs. 2 FamFG, der auf den zum 30.4.2004 in das Gesetz eingefügten § 69e FGG zurückgeht, ermächtigt die Landesregierungen durch Rechtsverordnung, amtliche Vordrucke für die Abrechnung von Betreuervergütungen einzuführen, Satz 1. Sofern solche Vordrucke durch das Bundesland eingeführt worden sind, müssen sich Berufsbetreuer ihrer bedienen. Sie sind als elektronisches Dokument einzureichen, wenn dieses für die automatische Bearbeitung durch die Gerichte geeignet ist, Satz 2. Die Übermittlung nach § 126a BGB ist allerdings nicht vorgesehen, so dass Berufsbetreuer nicht gezwungen sind, eine zertifizierte Signatur zu erwerben[1002]. Die Übermittlung kann daher per E-Mail, Einsendung eines Datenträgers (Diskette, CD-Rom) oder – falls vorhanden – per online ausgefülltem Formular erfolgen. Geschieht die Verwendung der Vordrucke nicht, fehlt es an einer

998 OLG Köln FGPrax 2009, 268; LG Kleve BtPrax 1999, 201
999 LG Kleve BtPrax 2014, 192: Nach Ende der Betreuung gehen die Mitwirkungspflichten auf den Betroffenen über.
1000 OLG Schleswig MDR 2004, 814
1001 Schreiben des BMF vom 3.8.2004, Az. IV B 7 – S 7280a – 1271a
1002 Dazu siehe das Vertrauensdienstegesetz (VDG)

ordnungsgemäßen Geltendmachung, Satz 3. Das Gericht könnte dann nur nach § 168 Abs. 1 Satz 1 FamFG von Amts wegen die Vergütung festsetzen[1003].

Bisher haben die Bundesländer von der Ermächtigung keinen Gebrauch gemacht. Allerdings haben die Bundesländer Brandenburg, Sachsen, Sachsen-Anhalt und Thüringen die Möglichkeit des Satz 4 genutzt und die Befugnis zwecks Erlass einer entsprechenden Rechtsverordnung auf das Justizministerium delegiert[1004].

Wie schon im § 69e Abs. 2 Satz 3 FGG ist auch in § 292 Abs. 2 Satz 3 FamFG die Verweisungskette missglückt. Gemeint sein dürften § 1836 Abs. 1 Satz 3 BGB, der für die Vergütung des Berufsvormundes (-betreuers) auf das VBVG verweist, und § 2 Satz 1 VBVG, der das Erlöschen der Ansprüche regelt.

d. Anwendung von PKH-Vorschriften

In § 168 Abs. 2 Satz 2 FamFG finden sich Verweisungen auf Vorschriften der ZPO zum PKH-Verfahren. Sie bedeuten im Einzelnen Folgendes: **319**

aa. § 118 Abs. 2 Satz 2 ZPO

Danach kann das Betreuungsgericht vom Betreuer oder Betreuten die Glaubhaftmachung seiner Angaben verlangen. Glaubhaftmachung kann durch eidesstattliche Versicherung der Richtigkeit der Angaben gegenüber dem Betreuungsgericht erfolgen, § 31 Satz 1 FamFG. Sie kann sich auf die Angaben des Betreuers zum Stundenaufwand oder den Anfall von Fahrtkosten oder die Angaben des Betreuten zu seinen wirtschaftlichen Verhältnissen beziehen. **320**

bb. § 118 Abs. 2 Satz 1 ZPO

Das Betreuungsgericht muss von Amts wegen die erforderlichen Tatsachen ermitteln und Erhebungen dazu anstellen, insbesondere die Vorlage von Urkunden (Sparbücher, Darlehensverträge, Mietvertrag) anordnen und Auskünfte einholen und u.a. Zeugen oder Sachverständige vernehmen. **321**

cc. § 120 Abs. 2 ZPO

Setzt das Betreuungsgericht vom Betreuten zu zahlende Leistungen fest, hat die (Rück-)Zahlung an die Landeskasse zu erfolgen. **322**

dd. § 120 Abs. 3 ZPO

Der Betreute hat nichts mehr zu zahlen, wenn er voll bezahlt hat (Nr. 1). Das Betreuungsgericht kann zudem anordnen, dass die Staatskasse nicht mehr an den Betreuer zahlt, wenn der Betreute wegen zwischenzeitlichen Vermögenserwerbs selbst zahlen muss (Nr. 2). **323**

1003 Deinert/Lütgens, Rn. 1536

1004 Brandenburg: GVBl. II 2014 Nr. 23, 479; Hamburg: GVBl. 2006, 455, zuletzt geändert GVBl. 2015, 250, 252; Hessen: GVBl. 2016, 2; Mecklenburg-Vorpommern: GVBl. 2006, 755; Niedersachsen: GVBl. 2007, 244; Nordrhein-Westfalen hat eine entsprechende Ermächtigung des Justizministeriums aus dem Jahre 2004 (GV.NRW 2004, 616) durch Art. 20 der Verordnung zur Änderung der Befristung von Rechtsvorschriften im Geschäftsbereich des Justizministeriums vom 24.9.2014 wieder aufgehoben (GV.NRW 2014, 619); Rheinland-Pfalz: GVBl. 2015, 175, zuletzt geändert GVBl. 2017, 86, ber. 121; Sachsen: GVBl. 2007, 501, zuletzt geändert GVBl. 2014, 673; Sachsen-Anhalt: GVBl. 2008, 137; Schleswig-Holstein: GVBl. 2014, 219; Thüringen: GVBl. 2004, 846.

ee. § 120a Abs. 1 Satz 1 und 2 ZPO

324 Bei maßgeblicher Veränderung der persönlichen und wirtschaftlichen Verhältnisse des Betreuten kann das Betreuungsgericht den Beschluss über die vom Betreuten zu leistenden Zahlungen abändern. Nimmt der Betreute etwa eine Arbeit mit höherem Einkommen auf, können die Raten erhöht werden. Umgekehrt können sie bei Verlust der Arbeit herabgesetzt werden. Sofern sich Änderungen der wirtschaftlichen Verhältnisse des Betreuten aufgrund einer Erhöhung des Freibetrages wegen einer Heraufsetzung des Eckregelsatzes ergeben, werden diese nur auf Antrag des Betreuten bzw. des Betreuers berücksichtigt, § 120a Abs. 1 Satz 2 ZPO.

ff. § 120a Abs. 1 Satz 3 ZPO

325 Der Betreute bzw. der Betreuer mit dem Aufgabenkreis der Vermögenssorge haben sich auf Verlangen des Betreuungsgerichts dazu zu äußern, ob eine Veränderung der persönlichen oder wirtschaftlichen Verhältnisse des Betreuten eingetreten ist. Die Nichtbeachtung bleibt wegen des fehlenden Verweises auf § 124 Abs. 1 Nr. 2 ZPO folgenlos.

e. Absehen von weiteren Ermittlungen

326 Steht der Aufwand zur Ermittlung der persönlichen und wirtschaftlichen Verhältnisse des Betreuten in keinem Verhältnis zu den zu erwartenden Regressforderungen der Staatskasse, kann das Betreuungsgericht auch ohne weitere Ermittlungen (Prüfung) gem. § 168 Abs. 2 Satz 3 FamFG den Anspruch festsetzen. Das Gericht muss den voraussichtlich zu erwartenden Rückzahlungsanspruch gegen den Betreuten mit den Kosten vergleichen, die auf Seiten des Gerichts und des Betreuers entstehen[1005]. Das Gericht darf nicht jede vorherige Prüfung unterlassen. Umfasst die Betreuung die Vermögenssorge nicht, ist beim Betreuten nachzufragen, wie es um seine persönlichen und wirtschaftlichen Verhältnisse bestellt ist. Unter Umständen hat das Betreuungsgericht bei den Angehörigen des Betreuten nachzufragen. Nur wenn von vornherein konkrete Anhaltspunkte vorliegen, dass die Kosteneinziehung aussichtslos ist, z.B. bei Bezug von Sozialhilfe, kann auf Ermittlungen verzichtet werden[1006].

4. Rückgriffsansprüche gegen den Erben

327 § 168 Abs. 3 FamFG enthält Regelungen für das Verfahren, wenn

- nach dem Tod des Betreuten Zahlungen gegen den Erben wegen der aus der Staatskasse geleisteten und damit auf sie übergegangenen Ansprüche des Betreuers gegen den Betreuten (vgl. § 1836e BGB);
- oder die Vergütung direkt gegen den Erben

festgesetzt werden sollen, Satz 1.

Der Erbe ist in beiden Fällen zu hören, § 168 Abs. 4 Satz 2 FamFG. In der Regel geschieht das im schriftlichen Verfahren.

Bei der Ermittlung der Erben kann das zuständige Nachlassgericht (siehe dazu §§ 343 f. FamFG) um Amtshilfe gebeten werden. Sind die Erben unbekannt, besteht die Möglichkeit, dass das Nachlassgericht einen Nachlasspfleger nach §§ 1960, 1961 BGB bestellt, der dann vom Betreuungsgericht zu beteiligen ist. Den Erben treffen nach Satz 2 und 3 Mitwirkungspflichten.

1005 Deinert/Lütgens, Rn. 1560
1006 LG Essen NJWE-FER 2001, 133

a. Festsetzung von Zahlungen

Die Bestimmung, dass der Erbe Zahlungen zu leisten hat, kommt in zwei Fällen in Betracht: 328

- Zum einen ist denkbar, dass die Staatskasse Ansprüche des Betreuers nach §§ 1835 ff. BGB, 1 ff. VBVG durch Zahlung befriedigt hat, der Betreute verstorben ist und einzusetzender Nachlass vorhanden ist (vgl. § 1836e Abs. 1 Satz 2 BGB). War der ursprüngliche Festsetzungsbeschluss vor dem Tod des Betreuten rechtskräftig geworden, stehen den Erben insoweit keine Einwendungen mehr zu. Das Gericht kann nach den nötigen Ermittlungen festsetzen, welche Zahlungen die Erben zu erbringen haben[1007]. Eine Abänderung ist möglich, soweit sich die wirtschaftlichen und persönlichen Verhältnisse geändert haben, etwa dadurch, dass Schonbeträge, die nur dem Betreuten zustanden, entfallen.
- Zum anderen können Ansprüche des Betreuers nach §§ 1835 ff. BGB, 1 ff. VBVG bestehen, die vor dem Tod des Betreuten noch nicht festgesetzt worden waren. Hier kann die Festsetzung nach dem Tod des Betreuten erfolgen[1008], selbst wenn die Ersatzansprüche aus dem Nachlass des vermögenden Betreuten zu bewilligen sind[1009].

b. Auskunftserteilung

§ 168 Abs. 3 Satz 2 FamFG verpflichtet den Erben, dem Betreuungsgericht Auskunft über den Bestand des Nachlasses zu erteilen. Gegebenenfalls können Zwangsmittel nach § 35 FamFG eingesetzt werden, Rückgriff auf den Inhalt der Nachlassakten genommen oder einfach Rückgriff angeordnet werden. 329

c. Nachlassverzeichnis und eidesstattliche Versicherung

Wenn das Betreuungsgericht es fordert, hat der Erbe ein Nachlassverzeichnis vorzulegen und an Eides statt zu versichern, dass dieses nach bestem Wissen und Gewissen den Bestand so vollständig wiedergibt, wie es ihm möglich ist, § 168 Abs. 3 Satz 3 FamFG. Umfasste die Betreuung die Vermögenssorge, dürfte regelmäßig das abschließend zu erstellende Vermögensverzeichnis des Betreuers ausreichen. 330

d. Anhörung

§ 168 Abs. 4 FamFG sieht die Anhörung des Betreuten vor einer Festsetzung einer von ihm zu leistenden Zahlung (Satz 1) bzw. des Erben, gegen den die Zahlung einer Leistung an die Staatskasse bestimmt werden soll (Satz 2), vor. 331

aa. Anhörung des Betreuten

Die Anhörung – schriftlich oder mündlich – ist erforderlich, wenn der Betreute Vergütung und/oder Aufwendungsersatz selbst zu zahlen hat. Sie dient der Gewährung rechtlichen Gehörs. Dieses Grundrecht bestimmt auch den Maßstab dafür, ob die Anhörung schriftlich oder mündlich zu erfolgen hat und gegebenenfalls ein Verfahrenspfleger zu bestellen ist. Die Notwendigkeit einer Verfahrenspflegerbestellung im Vergütungsverfahren bemisst sich im Einzelfall danach, ob überhaupt noch eine Verständigung mit dem Betreuten möglich ist[1010] bzw. ein Interesse des Betreuten an der Verfahrenspflegerbestellung besteht[1011]. 332

1007 Damrau/Zimmermann, § 168 FamFG, Rn. 50
1008 OLG Frankfurt a.M. NJW 2004, 373 f.; OLG Hamm JMBl. NRW 2003, 237 ff.; BayObLG BtPrax 2001, 163; FamRZ 1999, 1609 und 1996, 372; LG Leipzig FamRZ 2000, 1451
1009 BayObLG FGPrax 1999, 182; OLG Düsseldorf BtPrax 2002, 265 f.
1010 BayObLG BtPrax 2004, 159 (LS) ; OLG Köln FamRZ 2003, 171
1011 OLG Karlsruhe FamRZ 2003, 405

Ist der Betreute mittellos, bedarf es einer Anhörung nur, wenn er im Wege des Regresses (§ 1836e BGB) in Anspruch genommen werden soll[1012].

bb. Anhörung der Staatskasse

333 Obwohl die Staatskasse nicht ausdrücklich in § 168 Abs. 4 FamFG genannt ist, ergibt sich aus dem Grundsatz des rechtlichen Gehörs sowie landesrechtlichen Vorschriften, dass sie anzuhören ist, wenn Zahlungen aus der Staatskasse erfolgen sollen.

cc. Anhörung der Erben

334 Die Anhörung des Erben[1013], der im Rahmen des § 168 Abs. 3 FamFG in Anspruch genommen werden soll, erfolgt regelmäßig schriftlich. Sind die Erben unbekannt, ist für sie durch das Nachlassgericht ein Nachlasspfleger gem. §§ 1961, 1962 BGB zu bestellen.

5. Zwangsvollstreckung

a. Grundsatz

335 Der Festsetzungsbeschluss nach § 168 Abs. 1 FamFG gegen den vermögenden Betreuten ist ein Vollstreckungstitel. Demzufolge kann der Betreuer mit einer vollstreckbaren Ausfertigung aus diesem Titel gegen den Betreuten vollstrecken, vgl. § 86 Abs. 1 Nr. 1 FamFG. Wichtig ist das für Fälle, in denen ihm die Vermögenssorge nicht zusteht und er deshalb keinen Zugriff auf das Vermögen des Betreuten besitzt. Die Vollstreckung aus dem Titel erfolgt nach den Vorschriften der ZPO, vgl. § 95 Abs. 1 Nr. 1, Abs. 2 FamFG.

Nach dem Tod des Betreuten kann der Titel gegen dessen Erben umgeschrieben werden und gegen sie vollstreckt werden[1014]. Gemäß § 1 Abs. 1 Ziffer 4b JBeitrO werden Ansprüche nach §§ 168, 292 Abs. 1 FamFG nach der JBeitrO beigetrieben, wenn die Staatskasse ihre Regressansprüche nach gerichtlicher Festsetzung gegen die Erben des Betreuten vollstrecken will. Wegen der gesamtschuldnerischen Haftung der Erben, vgl. § 2058 BGB, kann die Leistung von jedem der Miterben ganz gefordert werden, § 421 BGB[1015].

Soweit die Vorschriften der ZPO für anwendbar erklärt werden, bedeutet das auch, dass die Schuldnerschutzvorschriften zu beachten sind[1016].

b. Materiell-rechtliche Einwendungen

336 Wie materiell-rechtliche Einwendungen des Betreuten gegen die Festsetzung von Ansprüchen des Betreuers nach §§ 1835 ff. BGB, 1 ff. VBVG zu behandeln sind, ist teilweise umstritten. Nach einer Meinung[1017] sind solche Einwendungen, z.B. Erlöschen durch Erfüllung; Verzicht; Erlass; Aufrechnung, etwa mit behaupteten Schadensersatzansprüchen gegen den Betreuer nach § 1833 BGB; Nicht- oder Schlechterfüllung behaupteter Tätigkeiten etc. im Festsetzungsverfahren generell zu berücksichtigen. Aufgrund des § 86 Abs. 1 Nr. 1 FamFG sei der Festsetzungsbeschluss zugleich Vollstreckungstitel. Zudem passe es strukturell besser, diese Einwendungen vom Betreuungsgericht statt vom Zivilgericht nach § 767 ZPO prüfen zu lassen. Mit dieser Argumentation lässt die Rechtsprechung zumindest den

1012 BT-Drs. 13/7158, S. 57
1013 Siehe dazu auch OLG Köln FamRZ 2018, 534 ff.: Nachlasspflegschaft
1014 Deinert/Lütgens, Rn. 1674, allerdings nur aus dem Nachlass des Betreuten, OLG Celle FamRZ 2017, 389 = BtPrax 2016, 245 (LS).
1015 LG Essen, Beschluss vom 1.7.2005, Az. 7 T 59/05 (unveröffentlicht)
1016 Vgl. etwa §§ 850 bis 850l ZPO
1017 Damrau/Zimmermann, § 168 FamFG, Rn. 28

Einwand der Verwirkung[1018] und die Einrede der Verjährung im Festsetzungsverfahren zu[1019].

Nach anderer Auffassung kann der Betreute im Festsetzungsverfahren allein die Höhe der Vergütung bemängeln und muss Einwendungen, wie Verzicht, Aufrechnung oder abweichende Vergütungsvereinbarung im Zwangsvollstreckungsverfahren erheben[1020].

Nach meinem Erachten zutreffender Meinung[1021] ist zu differenzieren. Erhebt der Betreute die Anspruchsgrundlage bzw. die Höhe oder das Erlöschen der Vergütung betreffende Einwendungen, wie z.B. Aufwendungen seien nicht angefallen, im Rahmen des § 3 VBVG abgerechnete Tätigkeiten des Betreuers seien tatsächlich nicht erbracht worden oder erforderlich gewesen bzw. die Ansprüche sind nach § 2 VBVG erloschen[1022] bzw. verjährt[1023], sind diese vom Betreuungsgericht im Festsetzungsverfahren zu beachten[1024]. Zu Recht weist der BGH inzwischen darauf hin, dass der im Vergütungsverfahren zuständige Rechtspfleger auf die Prüfung und Entscheidung über Grund und Höhe des Vergütungsanspruches beschränkt ist. Die Prüfung umfasst deshalb nur, ob der Vormund, Pfleger bzw. Betreuer im maßgeblichen Abrechnungszeitraum wirksam bestellt war und ob die sich aus dem Vergütungsrecht ergebenden Voraussetzungen für die geltend gemachten Ansprüche erfüllt sind[1025]. Im Vergütungsverfahren ist auch der sich aus § 242 BGB ergebende Einwand der unzulässigen Rechtsausübung zu berücksichtigen. Das gilt allerdings nur, wenn die tatsächlichen Umstände, die Anknüpfungspunkte für die Annahme treuwidrigen Verhaltens sind, feststehen[1026]. Das Betreuungsgericht darf dabei allerdings keine Zweckmäßigkeitserwägungen anstellen oder pauschale Kürzungen vornehmen[1027]. Unbeachtlich bleiben dagegen Behauptungen, der Betreuer habe seine Leistung mangelhaft erbracht[1028]. Sie können nur im Rahmen eines Prozesses vor dem Zivilgericht nach §§ 95 Abs. 1 Nr. 1 FamFG, 767 ZPO geltend gemacht werden. Das gilt auch für die Einwendungen des Erlasses der Ansprüche, der Aufrechnung und des Zurückbehaltungsrechts[1029].

Auch umgekehrt findet deliktisches Verhalten des Betreuten im Vergütungsverfahren keine Berücksichtigung[1030].

1018 OLG Hamm BtPrax 2007, 134: Unterschlagungen des Betreuers; OLG Frankfurt a.M. FGPrax 2005, 24; BayObLG FamRZ 2004, 1323; OLG Schleswig BtPrax 2004, 156; LG Koblenz NJOZ 2005, 3631

1019 BayObLG MDR 2000, 1135: Welche weiteren Einwendungen zu berücksichtigen sind, bleibt offen. Da Aufwendungsersatz- und Vergütungsansprüche seit dem 1.1.1999 innerhalb einer 15-monatigen Ausschlussfrist geltend zu machen sind, was von Amts wegen zu beachten ist, kommt den Verjährungsvorschriften keine praktische Bedeutung mehr zu. Die regelmäßige Verjährungsfrist beträgt nämlich bereits 3 Jahre, § 195 BGB.

1020 Zum Streitstand vgl. Damrau/Zimmermann, § 168 FamFG, Rn. 28

1021 Jürgens-Kretz, § 168 FamFG, Rn. 21

1022 Dazu BGH BtPrax 2012, 163

1023 BGH BtPrax 2015, 23: Zu prüfen ist aber, ob die Einrede treuwidrig erhoben wird und ihr somit § 242 BGB entgegensteht. Die Einrede der Vergütung kann nicht vom Verfahrenspfleger des Betreuten wirksam geltend gemacht werden, BGH BtPrax 2012, 252.

1024 So auch BGH BtPrax 2015, 23; Keidel-Engelhardt; § 168 FamFG, Rn. 19

1025 BGH FamRZ 2018, 513 ff.

1026 BGH BtPrax 2016, 75: Die Mitteilungspflicht nach § 1901 Abs. 5 BGB begründet keine Verpflichtung, dafür Sorge zu tragen, dass die Betreuung nicht unnötig lange aufrechterhalten bleibt.

1027 LG Marburg BtPrax 1999, 248 (LS)

1028 So auch BGH BtPrax 2012, 163; KG BtPrax 2008, 77 ff.; OLG Schleswig FamRZ 2012, 143 und 2001, 1480 f.; BayObLG FamRZ 1999, 1591, 1592; BtPrax 2001, 163; LG Koblenz FamRZ 2006, 647 (LS); Keidel-Engelhardt; § 168 FamFG, Rn. 21

1029 BayObLG FamRZ 1999, 1591, 1592; Jürgens-Kretz, § 168 FamFG, Rn. 22

1030 LG Kassel BtPrax 2013, 116

6. Entsprechende Anwendbarkeit

337 Nach § 168 Abs. 5 FamFG sind die Absätze 1 bis 4 entsprechend auf Pflegschaften anzuwenden.

7. Rechtsmittel

338 Die früher in § 56g Abs. 5 FGG enthaltenen Regelungen zum Rechtsweg gegen Entscheidungen, die im Rahmen dieser Vorschrift vom Gericht getroffen wurden, konnten aufgrund der Regelungen in §§ 58 ff., 70 ff. FamFG entfallen.

a. Überblick

339 Gegen Entscheidungen des Gerichts im Festsetzungsverfahren kann regelmäßig die Beschwerde nach §§ 58 ff. FamFG, wenn der Wert des Beschwerdegegenstands 600,– € übersteigt bzw. das Gericht des ersten Rechtszuges die Beschwerde zugelassen hat, § 61 Abs. 1, 2 FamFG, eingelegt werden. Anderenfalls ist nach § 11 Abs. 2 RPflG die Erinnerung als Rechtsmittel gegeben.

b. Beschwerde

340 Nach § 58 Abs. 1 FamFG ist das Rechtsmittel der Beschwerde gegen die im ersten Rechtszug ergangenen Endentscheidungen der Amts- und Landgerichte gegeben, wenn der Beschwerdewert 600,– € übersteigt bzw. das Gericht des ersten Rechtszugs die Beschwerde bei darunter liegendem Beschwerdewert ausdrücklich zugelassen hat. Die Entscheidung über die Bewilligung oder die Ablehnung einer Vergütung bzw. einer Aufwandsentschädigung stellt eine Endentscheidung dar (dazu Rn. 293).

aa. Grundsätze

341 Demgemäß ermöglicht § 58 Abs. 1 FamFG den Rechtsbehelf der Beschwerde gegen Entscheidungen, die die Festsetzung

- von Vorschuss, Ersatz von Aufwendungen und Aufwandsentschädigung, soweit der Betreuer sie aus der Staatskasse verlangen kann oder ihm die Vermögenssorge nicht übertragen wurde, betreffen (§§ 1835 Abs. 4, 1835a Abs. 3 BGB), vgl. § 168 Abs. 1 Satz 1 Nr. 1 FamFG;
- einer dem Betreuer zu bewilligenden Vergütung oder Abschlagszahlung (§ 1836 BGB) betreffen, vgl. § 168 Abs. 1 Satz 1 Nr. 2 FamFG;
- von gleichzeitigen Rückzahlungen des Betreuten an die Staatskasse betreffen (§ 1836e Abs. 1 Satz 1 BGB), vgl. § 168 Abs. 1 Satz 2 FamFG[1031];
- von gesonderten Rückzahlungen des Betreuten an die Staatskasse (§ 1836e Abs. 1 Satz 1 BGB) betreffen, vgl. § 168 Abs. 1 Satz 3 FamFG;
- von Ratenänderungen beinhalten, vgl. § 168 Abs. 2 Satz 2 FamFG (der Verweis auf Satz 1 macht keinen Sinn);
- von Rückzahlungen der Erben des Betreuten an die Staatskasse betreffen (§ 1836e Abs. 1 Satz 2 BGB), vgl. § 168 Abs. 3 FamFG;
- von Aufwendungsersatz und Vergütung für Verfahrenspfleger betreffen, vgl. §§ 277 Abs. 5 Satz 2, 318 FamFG;

1031 Nach alter Rechtslage war umstritten, welches Rechtsmittel für die Staatskasse bei Ablehnung solcher Rückzahlungen gegeben war, vgl. BayObLG BtPrax 2002, 130 (LS): sofortige Beschwerde; OLG Thüringen FGPrax 2001, 158: einfache Beschwerde.

- sowie Entscheidungen zur Feststellung der Berufsmäßigkeit der Betreuung[1032]
- bzw. der anwaltlichen Ausübung einer Verfahrenspflegschaft[1033],

zum Gegenstand haben, und der Beschwerdewert 600,– € übersteigt bzw. bei darunter liegendem Beschwerdewert das Gericht sie wegen grundsätzlicher Bedeutung ausdrücklich zugelassen hat.

Die Beschwerde kann auf die Frage der Höhe des Stundensatzes des Berufsbetreuers eingeschränkt werden[1034].

Die Beschwerde ist innerhalb einer Frist von 1 Monat einzulegen, § 63 Abs. 1 FamFG. Die Frist beginnt für jeden Beteiligten – für die Staatskasse ist das der Bezirksrevisor – mit der schriftlichen Bekanntgabe, spätestens mit Ablauf von fünf Monaten seit Erlass des Beschlusses, § 63 Abs. 3 FamFG. Die Frist für eine Beschwerde der Staatskasse gegen Festsetzungsentscheidungen in Betreuungssachen (dazu § 271 FamFG) beträgt davon abweichend 3 Monate, §§ 59 Abs. 3, 304 Abs. 2 Satz 1 FamFG[1035], und beginnt mit der formlosen Mitteilung der Entscheidung (dazu § 15 Abs. 3 FamFG)[1036]. Wird die Zustellung durch Niederlegung bewirkt, läuft die Frist mit diesem Tag. Zur Fristberechnung vgl. §§ 16 Abs. 2 FamFG, 222 ZPO, 191 BGB (siehe dazu oben Rn. 187 f.). Die Frist beginnt nicht vor der schriftlichen Bekanntgabe des Beschlusses zu laufen, § 63 Abs. 3 Satz 1 FamFG,[1037] spätestens aber nach Ablauf von 5 Monaten seit Erlass der Entscheidung. Die bisherige Rechtsprechung, wonach bei längerer Duldung einer rechtswidrigen Zustellungspraxis eines Gerichts durch die Landeskasse Verwirkung des Rechts zur Einlegung eines Rechtsmittels eintreten konnte[1038], ist deshalb obsolet geworden.

Das Rechtsmittel muss innerhalb der Frist bei dem Gericht eingegangen sein, das die Entscheidung erlassen hat, und kann schriftlich oder mündlich zur Niederschrift der Geschäftsstelle erfolgen, § 64 Abs. 1, 2 FamFG.

Die Unterlassung der in § 39 FamFG vorgeschriebenen Rechtsmittelbelehrung im Beschluss rechtfertigt bei Fristversäumung i.d.R. die Wiedereinsetzung in den vorigen Stand, § 17 Abs. 2 FamFG[1039]. Von einem Berufsbetreuer ist aber zu erwarten, dass er sich alsbald nach Zustellung einer Entscheidung hinsichtlich Form und Frist eines beabsichtigten Rechtsmittels kundig macht[1040], so dass das schuldlose Versäumen der Rechtsbehelfsfrist bei ihm nicht unterstellt werden kann.

Über die Beschwerde entscheidet das übergeordnete Beschwerdegericht. Das ist in Verfahren auf die erstinstanzliche Festsetzung von Vergütung oder Aufwendungsersatz für Betreuer und Verfahrenspfleger in Betreuungs- und Unterbringungssachen das Landgericht, § 72 Abs. 1 Satz 2 GVG.

Ob der Rechtspfleger vor der Vorlage der Beschwerde an das Landgericht abhelfen kann bzw. einen Nichtabhilfebeschluss fassen muss, war nach früherer Rechtslage umstrit-

1032 OLG Brandenburg BtPrax 2012, 166 ff.; OLG Hamm BtPrax 2008, 136 f.; BayObLG BtPrax 2001, 124; FamRZ 2002, 767, 768Deinert/Lütgens. Sie kann auch inzidenter im Verfahren des § 168 FamFG getroffen werden, OLG Hamm FamRZ 2001, 1398, 1399.

1033 OLG Köln FamRZ 2004, 715 f.; LG Mönchengladbach FamRZ 2005, 922

1034 KG FGPrax 2003, 123 f.; OLG Schleswig FamRZ 2002, 1286 ff.

1035 BGH NJW-RR 2017, 770

1036 BGH NJW-RR 2017, 770; Zustellung an die Staatskasse kann durch gezielte Aktenübersendung an den Vertreter der Staatskasse erfolgen, LG Lüneburg BtPrax 2007, 186 f.

1037 Zum alten Recht: LG Koblenz NJOZ 2005, 3631; Deinert/Lütgens. Rn. 1586 m.w.N.

1038 OLG Schleswig NJW-RR 2003, 439 f.; LG Koblenz NJOZ 2005, 3631

1039 BGH FamRZ 2010, 365 ff.: Es wird ein schuldloses Versäumen der Rechtsbehelfsfrist vermutet.

1040 BGH FGPrax 2018, 96; OLG Zweibrücken FGPrax 2003, 170 und 2004, 74 ten[1041]. Jetzt hat der Rechtspfleger bzw. Richter, der die Entscheidung erlassen hat, ein Abhilferecht bzw. eine -pflicht, wenn das Rechtsmittel begründet ist, § 68 Abs. 1 Satz 1 FamFG[1042]. Die Form der Abhilfeentscheidung ist nicht vorgeschrieben. Sie sollte aber als Beschluss ergehen[1043], insbesondere bei erfolgter Abhilfe wird eine erfolgte Endentscheidung abgeändert, was nach § 38 Abs. 3 Satz 1 FamFG begründet werden muss.

bb. Beschwerdewert bis 600,– €

342 Der Beschwerdewert entspricht dem Betrag, um den der Beschwerdeführer durch die Entscheidung in seinen Rechten verkürzt zu sein behauptet und in dessen Höhe er mit seiner Beschwerde Abänderung der angegriffenen Entscheidung begehrt[1044]. Will der Betreuer also konkret 1.000,– € Vergütung und werden 800,– € festgesetzt, beträgt er 200,– €.

Bei einem Rechtsmittel der Staatskasse bestimmt sich der Beschwerdewert aus dem Betrag, um den der Bezirksrevisor den Festsetzungsbeschluss gekürzt sehen will[1045].

Übersteigt der so ermittelte Betrag den Wert von 600,– € nicht, so ist zu unterscheiden:

(1) Zulassung der Beschwerde

343 Bei Zulassung ist die Beschwerde trotz des zu geringen Wertes gegeben. Die Zulassung der Beschwerde kann nach zutreffender Auffassung sowohl durch den Rechtspfleger als auch den Richter erfolgen[1046]. Enthält die Entscheidung keine Ausführungen zur Zulassung der Beschwerde, entfällt dieses Rechtsmittel[1047]. Die Zulassung muss ausdrücklich erfolgen[1048] und kann nicht nachgeholt werden[1049]. Eine Ausnahme gilt für den Fall der Berichtigung der ursprünglichen Entscheidung nach § 42 FamFG[1050], der erfolgreichen Rüge der Verletzung des rechtlichen Gehörs (nach § 44 Abs. 5 FamFG ist das Verfahren fortzuführen) oder der nachträglichen Zulassung im Rahmen der Abhilfeentscheidung des Rechtspflegers nach § 11 Abs. 2 Satz 2 RPflG[1051] (dazu unten Rn. 344).

Die Zulassung kann bei grundsätzlicher Bedeutung der Rechtssache, zur Fortbildung des Rechtes oder zur Sicherung der Einheitlichkeit der Rechtsprechung im Bezirk des Beschwerdegerichts erfolgen, § 61 Abs. 3 Nr. 1 FamFG, wenn der Beschwerdewert 600,– € nicht übersteigt, § 61 Abs. 3 Nr. 2 FamFG. Eine grundsätzliche Bedeutung der Rechtssache liegt vor, wenn die Sache – bezogen auf den Bezirk des Beschwerdegerichtes – eine den Einzelfall überschreitende Bedeutung hat, die sich aus tatsächlichen oder wirtschaftlichen Hintergründen des Falles ergeben kann[1052]. Zur Sicherung einer einheitlichen Rechtspre-

1041 Vgl. einerseits OLG Stuttgart Rpfleger 1998, 509; OLG Köln Rpfleger 1999, 121; OLG Schleswig Rpfleger 1999, 322; LG München I FamRZ 2001, 376; andererseits OLG Frankfurt a.M. Rpfleger 1999, 119, 121; OLG Brandenburg Rpfleger 1999, 174 f.

1042 Deinert/Lütgens, Rn. 1628; Damrau/Zimmermann, § 168 FamFG, Rn. 63

1043 Schulte-Bunert/Weinreich-Unger/Roßmann, § 68 FamFG, Rn. 19

1044 BayObLG FamRZ 2001, 379

1045 BayObLG BtPrax 2001, 86

1046 BayObLG BtPrax 2001, 75; OLG Hamm BtPrax 2000, 219; OLG Frankfurt a.M. BtPrax 2000, 131; LG Gera Rpfleger 2000, 271. Durch den Richter z.B. im Erinnerungsverfahren, LG Passau BtPrax 1999, 158, aber auch durch den Rechtspfleger, OLG Stuttgart FGPrax 2010, 111 f.; Deinert/Lütgens, Rn. 1632.

1047 BayObLG FamRZ 2001, 379

1048 OLG Stuttgart FGPrax 2009, 114 ff.; OLG München FGPrax 2008, 113; OLG Schleswig BtPrax 2007, 225 f.

1049 Sternal, FGPrax 2010, 112. OLG Karlsruhe FamRZ 2000, 302; OLG Schleswig FamRZ 2000, 301; OLG Brandenburg BtPrax 2000, 127 ließen bei Fehlen jeder gesetzlichen Grundlage, Unvereinbarkeit mit der Rechtsordnung schlechthin oder wenn die Entscheidung dem Gesetz fremd ist, ausnahmsweise eine außerordentliche Beschwerde ohne Zulassung zu, was durch die Änderung des § 321a ZPO aber obsolet geworden ist.

1050 Die ursprüngliche Entscheidung enthielt also die Zulassung der Beschwerde wegen eines Schreibfehlers oder einer offensichtlichen Auslassung nicht.

1051 OLG Stuttgart FGPrax 2010, 111 f. Zum alten Recht: BayObLG FamRZ 2004, 304

1052 Keidel-Meyer-Holz, § 61 FamFG, Rn. 28, nicht aber aus einer fehlerhaften Subsumtion unter einen zutreffend gewählten Obersatz, BGH FamRZ 2013, 1723 chung ist eine Zulassung geboten, wenn verschiedene, abweichende erstinstanzliche Entscheidungen im Bezirk des Beschwerdegerichtes in vergleichbaren Fällen vorliegen oder zu erwarten sind. Die Zulassung kann sich auf einzelne – selbstständig abtrennbare – Aspekte der Entscheidung beschränken. Bei unzulässiger Zulassungsbeschränkung gilt die Zulassung als unbeschränkt[1053].

(2) Nichtzulassung, Erinnerungsverfahren (§ 11 Abs. 2 RPflG)

Übersteigt der Beschwerdewert 600,– € nicht[1054] und wird die Beschwerde nicht zugelassen, ist gegen die oben unter Rn. 341 genannten Entscheidungen das Rechtsmittel der (befristeten) Erinnerung zulässig, § 11 Abs. 2 RPflG. Wird gleichwohl Beschwerde eingelegt, ist diese als Erinnerung zu deuten und bei Nichtabhilfe dem Richter zur Entscheidung vorzulegen[1055]. Seit dem 1.1.2014 gilt eine Frist von zwei Wochen, §§ 11 Abs. 2 Satz 1 RPflG[1056], 63 Abs. 1 FamFG[1057]. **344**

Für die Einlegung dieses Rechtsbehelfs gelten die Ausführungen zur Beschwerde. Die Regelungen über die Beschwerde sind nämlich entsprechend anzuwenden, § 11 Abs. 2 Satz 4 RPflG. Es sind in der Sache folgende Entscheidungen möglich:

- der Rechtspfleger hilft ab, d.h., er gibt dem Erinnerungsführer Recht,
- der Rechtspfleger hilft (ganz oder teilweise) nicht ab und legt sie dem Richter des Betreuungsgerichts zur Entscheidung vor. Dieser kann
- das dann als Beschwerde geltende Rechtsmittel (ganz oder teilweise) zurückweisen und dabei die Beschwerde zum Landgericht (nachträglich) zulassen[1058] oder nicht,
- dem dann als Beschwerde geltende Rechtsmittel (ganz oder teilweise) stattgeben und dabei wiederum die Beschwerde zum Landgericht zulassen oder nicht[1059].

Die Entscheidung des Richters ihrerseits ist unanfechtbar[1060].

c. Nicht anfechtbare Entscheidungen

Gegen sonstige Entscheidungen, die nicht als Endentscheidungen i.S.d. § 38 FamFG zu qualifizieren sind, ist kein Rechtsbehelf möglich. Solche so genannten verfahrensleitenden oder Zwischenentscheidungen sind: **345**

- die – inzidenter – im Festsetzungsverfahren erfolgte Feststellung zur Berufsmäßigkeit der Betreuung (Vormundschaft bzw. Pflegschaft)[1061]
- Verkürzung bzw. Verlängerung der Fristen in §§ 1835 Abs. 1a, 2 Satz 2 VBVB.

Die Beschwerde ist ebenfalls nicht zulässig gegen eine im vereinfachten Verwaltungsverfahren vorgenommene Zahlung, hier kann Festsetzung beantragt werden[1062].

1053 OLG Schleswig NJW-RR 2005, 1093 ff.
1054 Eine an sich zulässige Beschwerde wird nicht dadurch unzulässig, dass der Rechtspfleger ihr in unzulässiger Weise zum Teil abhilft und damit der Beschwerdewert nicht mehr erreicht ist, vgl. zum alten Recht dazu OLG Brandenburg FGPrax 2008, 239 ff.
1055 BGH NJW-RR 2012, 1476. Die Entscheidung über die Nichtabhilfe muss in den wesentlichen Punkten die Tatsachen benennen, die die Grundlage der Entscheidung des Rechtspflegers sind, OLG Düsseldorf FGPrax 2013, 288; vgl. auch OLG Hamm Rpfleger 1996, 99
1056 Geändert durch das Gesetz zur Einführung einer Rechtsmittelbelehrung im Zivilprozess und zur Änderung anderer Vorschriften, vgl. BGBl. I 2012, S. 2418.
1057 Keidel-Meyer-Holz, Anh. § 58 FamFG, Rn. 5
1058 BGH FamRZ 2017, 1318 und 1158
1059 BGH FamRZ 2017, 1318 und 1158
1060 Keidel-Meyer-Holz, Anh. § 58 FamFG, Rn. 7
1061 Sie ist nicht gesondert angreifbar, OLG Hamm FamRZ 2001, 1398, 1399.
1062 A.A. Deinert/Lütgens, Rn. 1492

d. Beschwerdebefugnis

346 Beschwerdeberechtigt sein können diejenigen, die von der Entscheidung in ihren Rechten betroffen sind, § 59 Abs. 1 FamFG, also

- der Betreute, wenn er zur Zahlung aus seinem Einkommen und/oder Vermögen verpflichtet wird, nicht bei Ablehnung der Zahlung aus der Staatskasse[1063],
- der Betreuer, Verfahrenspfleger[1064] etc., wenn seinem Antrag nicht (in vollem Umfang) entsprochen wird, allerdings nicht, wenn die Vergütung gegen den Betroffenen statt gegen die Staatskasse festgesetzt wird[1065],
- der Erbe bei Festsetzung von Ansprüchen gegen den Nachlass des verstorbenen Betreuten,
- die Staatskasse, vgl. für Betreuungssachen §§ 59 Abs. 3, 304 Abs. 1 Satz 1 FamFG, soweit Zahlungen aus der Staatskasse zu erbringen sind. Sind die Zahlungen aus dem Vermögen des Betreuten festgesetzt, steht der Staatskasse kein Beschwerderecht zu. Das gilt auch, wenn sie mit dem Rechtsmittel das Ziel verfolgt, die festgesetzte Vergütung herabzusetzen, um auf den frei werdenden Vermögensbetrag im Wege des Regresses wegen früher geleisteter Zahlungen zurückgreifen zu können[1066]. Wird die Berufsmäßigkeit der Betreuung festgestellt, steht der Staatskasse dagegen – im Gegensatz zum Betreuten – ebenfalls keine Beschwerdebefugnis zu[1067].

Die Beschwerdebefugnis fehlt dagegen anderen Beteiligten, etwa in Hinblick auf die Feststellung der berufsmäßigen Führung der Betreuung[1068]. Auch ein Sozialhilfeträger ist in Hinblick auf erbrachte Sozialleistungen nicht gegen einen Beschluss, der Höhe und Zeitpunkt von Zahlungen des Betreuten nach § 1836e BGB festsetzt beschwerdeberechtigt[1069]. Gleiches gilt für einen Testamentsvollstrecker, der im Rahmen eines Behindertentestaments für den Betreuten bestellt ist[1070].

Ist die beantragte Festsetzung durch Beschluss zurückgewiesen, steht dagegen nur dem Antragsteller ein Beschwerderecht zu, § 59 Abs. 2 FamFG.

e. Verschlechterung

347 Im Beschwerdeverfahren gilt das Gebot der reformatio in peius (Verschlechterungsverbot)[1071]. Demgemäß darf, wenn nur der Betreuer das Rechtsmittel einlegt, die Entscheidung des Landgerichts den Betreuer nicht noch schlechter stellen. Etwas anderes gilt, wenn auch oder nur der Betreute bzw. die Staatskasse Rechtsmittel, etwa eine Anschlussbeschwerde nach § 66 FamFG, eingelegt hat[1072].

1063 OLG Hamm FGPrax 2007, 171 ff.; BayObLG BtPrax 2000, 259
1064 Etwa wenn die Feststellung der berufsmäßigen Amtsführung unterbleibt, OLG Brandenburg NJOZ 2009, 513 ff.
1065 OLG Hamm FamRZ 2007, 854 (LS)
1066 BayObLG BtPrax 2001, 261
1067 BayObLG BtPrax 2001, 204
1068 OLG Köln FGPrax 2008, 108
1069 BGH BtPrax 2014, 173: Verringerung des Rückzahlungsanspruches des Sozialhilfeträgers ist nur mittelbare Folge.
1070 BGH BtPrax 2015, 149
1071 BGH BtPrax 2014, 79f.
1072 BayObLG FamRZ 2002, 130, 131

f. Rechtsbeschwerde

Gegen die Entscheidung des Beschwerdegerichts kann die Rechtsbeschwerde, §§ 70 ff. FamFG, eingelegt werden, wenn das Beschwerdegericht das wegen der grundsätzlichen Bedeutung der zur Entscheidung stehenden Frage, zur Fortbildung des Rechts oder zur Sicherung einer einheitlichen Rechtsprechung zugelassen hat, § 70 Abs. 1, 2 Satz 1 Nr. 1 und 2 FamFG. Die Zulassung kann sich auf einzelne Aspekte der Entscheidung beschränken. Bei unzulässiger Zulassungsbeschränkung gilt die Zulassung als unbeschränkt[1073]. Ohne Zulassung ist die Rechtsbeschwerde nicht zulässig. **348**

Ist das Beschwerdegericht irrtümlich von der Zulassungsfreiheit der Rechtsbeschwerde ausgegangen, kann die Zulassung nicht im Wege eines Berichtigungsbeschlusses oder eine nachträgliche Zulassung nachgeholt werden[1074]. Nur wenn sich aus den Umständen auch für Dritte eindeutig ergibt, dass die Rechtsbeschwerde schon im ursprünglichen Beschluss zugelassen werden sollte, kommt eine nachträgliche Zulassung im Wege der Berichtigung nach § 42 FamFG in Betracht[1075].

Einige Obergerichte ließen in der Vergangenheit bei greifbarer Gesetzeswidrigkeit die damalige weitere Beschwerde zu[1076]. Diese Möglichkeit besteht mit der Schaffung der Anhörungsrüge, § 44 FamFG (dazu unten Rn. 351 ff.), aber nur, wenn ein Verstoß gegen den Anspruch auf rechtliches Gehör vorgelegen hat[1077].

Grundsätzliche Bedeutung liegt vor, wenn entscheidungserhebliche neue oder sonst ungeklärte Rechtsfragen zu entscheiden sind, die aus Sicht des Beschwerdegerichts zweifelhaft sind[1078]. Zudem muss die Frage für die Entscheidung bedeutsam sein und nicht nur einen Einzelfall betreffen. Zur Fortbildung des Rechts ist eine Entscheidung des Rechtsbeschwerdegerichtes erforderlich, wenn der vom Beschwerdegericht entschiedene Fall Veranlassung gibt, Leitsätze für die Auslegung und Anwendung von Vorschriften des materiellen oder formellen Rechts aufzustellen oder Gesetzeslücken zu schließen[1079].

Die Zulassung muss ausdrücklich erfolgen, fehlt sie, gilt sie als nicht erfolgt (dazu siehe oben Rn. 343). Sie kann nicht nachgeholt werden[1080].

Mit der Zulassung ist die Rechtsbeschwerde statthaft. Über ihre Zulässigkeit, z.B. Beschwerdebefugnis, und Begründetheit sagt sie nichts aus.

An die Zulassung ist das Rechtsbeschwerdegericht gebunden, § 70 Abs. 2 Satz 2 FamFG. Nach § 74a Abs. 1 FamFG kann das Rechtsbeschwerdegericht die vom Beschwerdegericht zugelassene Rechtsbeschwerde durch einstimmigen Beschluss ohne mündliche Verhandlung oder Erörterung im Termin zurückweisen, wenn es davon überzeugt ist, dass die Voraussetzungen für die Zulassung der Rechtsbeschwerde nicht vorliegen und die Rechtsbeschwerde keine Aussicht auf Erfolg hat. Gegen die Nichtzulassung der Rechtsbeschwerde gibt es keinen Rechtsbehelf. Das Rechtsbeschwerdegericht ist an die Nichtzulassung der

1073 OLG Schleswig NJW-RR 2005, 1093 ff.
1074 BGH BtPrax 2014, 225
1075 BGH FamRZ 2018, 936 = MDR 2018, 690
1076 Bei Fehlen jeder gesetzlichen Grundlage, Unvereinbarkeit mit der Rechtsordnung schlechthin oder wenn die Entscheidung dem Gesetz fremd ist, OLG Brandenburg BtPrax 2000, 127
1077 BGH FamRZ 2018, 936 = MDR 2018, 690, weil ein auf die Zulassungsentscheidung bezogener Vortrag der Beteiligten verfahrensfehlerhaft übergangen wurde.
1078 Keidel-Meyer-Holz, § 70 FamFG, Rn. 21. Das Begehren auf Feststellung, die Staatskasse sei nicht in Anspruch zu nehmen, genügt nicht, BayObLG BtPrax 1999, 195, ebenso wenig die fehlerhafte Subsumtion unter einen zutreffend gewählten Obersatz, BGH FamRZ 2013, 1723
1079 BGH NJW-RR 2007, 1022
1080 Sternal, FGPrax 2010, 112; OLG Karlsruhe FamRZ 2000, 302; OLG Schleswig FamRZ 2000, 301; OLG Brandenburg BtPrax 2000, 127: Nur wenn sie versehentlich unterblieb und dies im Beschluss zum Ausdruck kommt.

Rechtsbeschwerde durch das Beschwerdegericht gebunden[1081]. Zur Sprungrechtsbeschwerde siehe § 75 FamFG.

349 Die Rechtsbeschwerde ist innerhalb einer Frist von einem Monat einzulegen, § 71 Abs. 1 Satz 1 FamFG. Die Frist beginnt mit der schriftlichen Bekanntgabe, § 71 Abs. 2 Satz 2 FamFG. Die Frist für eine Rechtsbeschwerde der Staatskasse gegen Festsetzungsentscheidungen in Betreuungssachen beträgt davon abweichend drei Monate, §§ 59 Abs. 3, 304 Abs. 2 Satz 1 FamFG[1082],

▶ *Zur Zustellung und Fristberechnung siehe oben Rn. 341*

Die Rechtsbeschwerde kann nur durch einen beim BGH zugelassenen Rechtsanwalt eingelegt werden, § 10 Abs. 4 Satz 1 FamFG[1083]. Rechtsbeschwerdegericht ist der BGH, § 133 GVG. Das Rechtsmittel ist beim Rechtsbeschwerdegericht, also dem BGH, einzulegen, § 71 Abs. 1 Satz 1 FamFG. Zum Inhalt einer Rechtsbeschwerdeschrift vgl. § 71 Abs. 1 Satz 2, 3, 4, Abs. 2 und 3 FamFG.

Für die Rechtsbeschwerde gilt: Tatsachenfeststellungen können nicht gerügt und zur Überprüfung gestellt werden. Die Rechtsbeschwerde kann nur darauf gestützt werden, dass die angefochtene Entscheidung auf der Verletzung des Rechts beruht, § 72 Abs. 1 Satz 1 FamFG. Nach § 72 Abs. 1 Satz 2 FamFG ist das Recht verletzt, wenn eine Rechtsnorm nicht oder nicht richtig angewendet worden ist. Es wird also nur auf Rechtsfehler überprüft, also ob die Tatsacheninstanzen (Betreuungsgericht und Landgericht)

- sich eines ihnen zustehenden Ermessens bewusst waren,
- von ungenügenden oder verfahrenswidrig zustande gekommenen Feststellungen ausgegangen sind,
- wesentliche Umstände außer Acht gelassen haben,
- bei der Bewertung relevanter Umstände unrichtige Maßstäbe zugrunde gelegt haben,
- gegen Denkgesetze verstoßen haben,
- Ermessensspielräume fehlgebraucht oder ihre Grenzen überschritten haben.

Neue Tatsachen werden nicht berücksichtigt, Beweisaufnahmen erfolgen nicht. Zum Verfahren des BGH vgl. § 74 Abs. 4 FamFG, zu seinem Prüfungsmaßstab vgl. § 74 Abs. 1 bis 3 FamFG und zu seiner Entscheidung siehe § 74 Abs. 5 und 6 FamFG.

g. Außerordentliche Beschwerde

350 Aufgrund des zum 1.1.2002 eingeführten § 321a ZPO ist im Vergütungsverfahren keine außerordentliche Beschwerde wegen greifbarer Gesetzeswidrigkeit – etwa bei Nichtzulassung der Rechtsbeschwerde – mehr möglich[1084].

h. Anhörungsrüge, § 44 FamFG

351 § 44 FamFG regelt bei Verletzung des rechtlichen Gehörs (Art. 103 Abs. 1 GG) die Abhilfemöglichkeit bei ansonsten unanfechtbaren Entscheidungen.

1081 OLG Düsseldorf FamRZ 2001, 1325; OLG Zweibrücken BtPrax 1999, 156; BayObLG BtPrax 1999, 195
1082 BGH NJW-RR 2017, 770
1083 Eine Liste der zugelassenen Anwälte findet sich unter www.bundesgerichtshof.de/Rechtsanwälte beim BGH
1084 BayObLG BtPrax 2004, 243; OLG Köln NJOZ 2004, 384; KG FamRZ 2005, 918: zumindest seit Geltung der Anhörungsrüge; vgl. bereits BGH NJW 2002, 1577, auch nicht wenn das Beschwerdegericht die Rechtsbeschwerde nicht zulässt, OLG München NJW-RR 2009, 220 f.

§ 44 FamFG Abhilfe bei Verletzung des Anspruchs auf rechtliches Gehör

(1) [1]Auf die Rüge eines durch eine gerichtliche Entscheidung beschwerten Beteiligten ist das Verfahren fortzuführen, wenn

1. ein Rechtsmittel oder ein anderer Rechtsbehelf gegen die Entscheidung oder eine andere Abänderungsmöglichkeit nicht gegeben ist und

2. das Gericht den Anspruch dieses Beteiligten auf rechtliches Gehör in entscheidungserheblicher Weise verletzt hat.

[2]Gegen eine der Endentscheidung vorausgehende Entscheidung findet die Rüge nicht statt.

(2) [1]Die Rüge ist innerhalb von zwei Wochen nach Kenntnis von der Verletzung des rechtlichen Gehörs zu erheben; der Zeitpunkt der Kenntniserlangung ist glaubhaft zu machen. [2]Nach Ablauf eines Jahres seit Bekanntgabe der angegriffenen Entscheidung an diesen Beteiligten kann die Rüge nicht mehr erhoben werden. [3]Die Rüge ist schriftlich oder zur Niederschrift der Geschäftsstelle bei dem Gericht zu erheben, dessen Entscheidung angegriffen wird. [4]Die Rüge muss die angegriffene Entscheidung bezeichnen und das Vorliegen der in Absatz 1 Satz 1 Nr. 2 genannten Voraussetzungen darlegen.

(3) Den übrigen Beteiligten ist, soweit erforderlich, Gelegenheit zur Stellungnahme zu geben.

(4) [1]Ist die Rüge nicht in der gesetzlichen Form oder Frist erhoben, so ist sie als unzulässig zu verwerfen. [2]Ist die Rüge unbegründet, weist das Gericht sie zurück. [3]Die Entscheidung ergeht durch nicht anfechtbaren Beschluss. [4]Der Beschluss soll kurz begründet werden.

(5) Ist die Rüge begründet, so hilft ihr das Gericht ab, indem es das Verfahren fortführt, soweit dies aufgrund der Rüge geboten ist.

Im Bereich des Festsetzungsverfahrens nach § 168 FamFG kann § 44 FamFG relevant werden, wenn z.B. einem Betreuer (Vormund bzw. Pfleger) vor einer richterlichen Entscheidung kein rechtliches Gehör gewährt wurde und gegen die Entscheidung kein weiteres Rechtsmittel mehr gegeben ist[1085]. Ausgeschlossen ist die Gehörsrüge gegen Entscheidungen des Rechtspflegers. Der Anspruch auf rechtliches Gehör nach Art 103 GG besteht nur in Verfahren vor dem Richter[1086]. **352**

Die Anhörungsrüge nach § 44 FamFG gibt einem Verfahrensbeteiligten einen Rechtsbehelf für die Fälle, in denen ein Rechtsmittel bzw. -behelf oder eine Abänderungsmöglichkeit[1087] gegen die betreffende Entscheidung von der Rechtsordnung an sich nicht (mehr) vorgesehen ist und in entscheidungserheblicher Weise das rechtliche Gehör einer Person oder eines Beteiligten verletzt wurde.

§ 44 FamFG gilt dagegen nicht bei der Verletzung anderer Verfahrensgrundsätze[1088]. Gegen eine Zwischenentscheidung, die der Endentscheidung vorausgeht, ist die Anhörungsrüge nicht gegeben[1089], ebenso wenig gegen nicht richterliche Entscheidungen.

Die Anhörungsrüge ist innerhalb einer Frist von zwei Wochen zu erheben. Die Frist beginnt mit dem Zeitpunkt, in dem der Beteiligte Kenntnis von der Verletzung des rechtlichen Gehörs erhält, und endet spätestens ein Jahr nach Bekanntgabe der angegriffenen Entscheidung, Abs. 2 Satz 1 und 2. Formlos mitgeteilte Entscheidungen gelten mit dem dritten Tag **353**

1085 Weil z.B. der Beschwerdewert 600,– € und weniger beträgt und kein Rechtsmittel zugelassen wird. Vgl. auch BGH FamRZ 2018, 936, Anm. Stockmann, FamRB 2018, 268.
1086 BVerfG NJW 2000, 1709; Schulte-Bunert/Weinreich-Oberheim, § 44 FamFG, Rn. 23
1087 In Betracht kommen die Abhilfemöglichkeiten des § 48 Abs. 1 und 2 FamFG, vgl. auch zum alten Recht Treber, NJW 2005, 97, 100.
1088 Keidel-Meyer-Holz § 44 FamFG, Rn. 8
1089 Treber, NJW 2005, 97, 98

nach Aufgabe zur Post als bekannt gegeben, § 15 Abs. 2 Satz 2 FamFG. Der Zeitpunkt der Kenntniserlangung ist glaubhaft zu machen.

▶ *Zur Bekanntmachung einer Entscheidung nach § 41 FamFG vgl. Teil G Rn. 219*

Im Vergütungsfestsetzungsverfahren wird das in der Regel das Bekanntwerden der Beschwerdeentscheidung des Richters (Entscheidung über eine Erinnerung gegen die Entscheidung des Rechtspflegers) oder des Landgerichtes sein.

Die Rüge ist schriftlich oder mündlich zur Niederschrift des Gerichts, dessen Entscheidung angegriffen wird, einzulegen, Abs. 2 Satz 3. Wird die Rüge gegen eine Entscheidung des BGH eingelegt, muss bei schriftlicher Einlegung der Rüge ein Rechtsanwalt dieses Schriftstück unterzeichnen, § 10 Abs. 4 Satz 1 FamFG.

Ist eine Rüge begründet, so hilft ihr das Gericht ab, indem es das Verfahren fortführt, soweit dies aufgrund der Rüge geboten ist, Abs. 5. Das Verfahren wird also in den Stand, in dem es sich vor der abschließenden Entscheidung befand, zurückversetzt[1090]. Das Gericht wird also z.B. dem Betreuer die Möglichkeit einräumen, zu entscheidungsrelevanten Tatsachen, zu denen er sich bislang nicht äußern konnte, eine Stellungnahme abzugeben[1091].

1090 Treber, NJW 2005, 97, 98
1091 Deinert/Lütgens, Rn. 1664

IV. Anhang: Muster[1092]

1. Beschwerde eines Berufsbetreuers gegen Vergütungsfestsetzung nach § 3 Abs. 1 VBVG

An das Amtsgericht .../Betreuungsgericht 354

Betreuung für ...

AZ .../...

Beschwerde gegen den Vergütungsfestsetzungsbeschluss vom ...

Sehr geehrte Damen und Herren,

gegen den Beschluss vom ..., mit dem meine Vergütung für den Zeitraum vom ... bis zum ... festgesetzt worden ist, lege ich Beschwerde ein. Der Beschluss wurde mir am ... zugestellt.

Die Beschwerde richtet sich gegen die Stundensatzhöhe, die nach § 3 Abs. 1 VBVG festgelegt worden ist, obwohl die/der Betroffene vermögend ist und die Führung der Betreuung im genannten Zeitraum mit besonderen Schwierigkeiten verbunden war.

Nach § 3 Abs. 3 VBVG rechtfertigt sich bei besonderen Schwierigkeiten einer konkreten Betreuung ein über die Stundensätze des Abs. 1 hinausgehender Stundensatz. Vorliegend halte ich einen Stundensatz von 75 Euro für angemessen.

Zu den Schwierigkeiten der Betreuung im Einzelnen[1093]: ...

Ferner beantrage ich, den unstreitigen Teil der Vergütung durch besonderen Beschluss festzusetzen und anzuweisen.

Mit freundlichen Grüßen

....

Unterschrift

1092 Weitere Muster, z.B. für einen Antrag auf Zahlbarmachung bzw. Vergütungsfestsetzung bei mittellosen bzw. vermögenden Betreuten finden sich bei Deinert/Lütgens, Rn. 1504.

1093 Vgl. etwa oben Rn. 137

2. Beantragung einer Aufwandsentschädigung nach § 1835a BGB

355 An das Amtsgericht .../Betreuungsgericht

Betreuung für …

AZ …./…

Aufwandsentschädigung nach § 1835a BGB

Sehr geehrte Damen und Herren,

ich möchte für das abgelaufene Jahr vom ... bis zum ... die Gewährung der Aufwandsentschädigung nach § 1835a BGB in Höhe von 399 Euro beantragen. Aufwendungsersatz oder Vergütung habe ich für diesen Zeitraum nicht erhalten.

Der Antrag richtet sich gegen die Staatskasse, da die/der Betroffene mittellos ist. Sie/Er bezieht laufend Sozialhilfe und besitzt lediglich ein Sparvermögen von 460 Euro.

Ich bitte um Überweisung auf mein Konto IBAN ….

Mit freundlichen Grüßen

………

Unterschrift

Teil G
Unterbringung

I. Materielles Recht

Die materiell-rechtlichen Voraussetzungen für die Unterbringung eines Betreuten legt § 1906 BGB fest; die für eine ärztliche Zwangsmaßnahme § 1906a BGB.

§ 1906 BGB Genehmigung des Betreuungsgerichts bei freiheitsentziehender Unterbringung und bei freiheitsentziehenden Maßnahmen

(1) Eine Unterbringung des Betreuten durch den Betreuer, die mit Freiheitsentziehung verbunden ist, ist nur zulässig, solange sie zum Wohl des Betreuten erforderlich ist, weil

1. **auf Grund einer psychischen Krankheit oder geistigen oder seelischen Behinderung des Betreuten die Gefahr besteht, dass er sich selbst tötet oder erheblichen gesundheitlichen Schaden zufügt, oder**
2. **zur Abwendung eines drohenden erheblichen gesundheitlichen Schadens eine Untersuchung des Gesundheitszustands, eine Heilbehandlung oder ein ärztlicher Eingriff notwendig ist, ohne die Unterbringung des Betreuten nicht durchgeführt werden kann und der Betreute auf Grund einer psychischen Krankheit oder geistigen oder seelischen Behinderung die Notwendigkeit der Unterbringung nicht erkennen oder nicht nach dieser Einsicht handeln kann.**

(2) [1]Die Unterbringung ist nur mit Genehmigung des Betreuungsgerichts zulässig. [2]Ohne die Genehmigung ist die Unterbringung nur zulässig, wenn mit dem Aufschub Gefahr verbunden ist; die Genehmigung ist unverzüglich nachzuholen. [3]Der Betreuer hat die Unterbringung zu beenden, wenn ihre Voraussetzungen wegfallen. [4]Er hat die Beendigung der Unterbringung dem Betreuungsgericht anzuzeigen.

(3) [1]Der Betreuer hat die Unterbringung zu beenden, wenn ihre Voraussetzungen weggefallen sind. [2]Er hat die Beendigung der Unterbringung dem Betreuungsgericht unverzüglich anzuzeigen.

(4) Die Absätze 1 bis 3 gelten entsprechend, wenn dem Betreuten, der sich in einem Krankenhaus, einem Heim oder einer sonstigen Einrichtung aufhält, o durch mechanische Vorrichtungen, Medikamente oder auf andere Weise über einen längeren Zeitraum oder regelmäßig die Freiheit entzogen werden soll.

(5) [1]Die Unterbringung durch einen Bevollmächtigten und die Einwilligung eines Bevollmächtigten in Maßnahmen nach Absatz4 setzt voraus, dass die Vollmacht schriftlich erteilt ist und die in den Absätzen 1 und 4 genannten Maßnahmen ausdrücklich umfasst. [2]Im Übrigen gelten die Absätze 1 bis 4 entsprechend.

§ 1906a Genehmigung des Betreuungsgerichts bei ärztlichen Zwangsmaßnahmen

(1) [1]Widerspricht eine Untersuchung des Gesundheitszustands, eine Heilbehandlung oder ein ärztlicher Eingriff dem natürlichen Willen des Betreuten (ärztliche Zwangsmaßnahme), so kann der Betreuer in die ärztliche Zwangsmaßnahme nur einwilligen, wenn

1. die ärztliche Zwangsmaßnahme zum Wohl des Betreuten notwendig ist, um einen drohenden erheblichen gesundheitlichen Schaden abzuwenden,
2. der Betreute auf Grund einer psychischen Krankheit oder einer geistigen oder seelischen Behinderung die Notwendigkeit der ärztlichen Maßnahme nicht erkennen oder nicht nach dieser Einsicht handeln kann,
3. die ärztliche Zwangsmaßnahme dem nach § 1901a zu beachtenden Willen des Betreuten entspricht,
4. zuvor ernsthaft, mit dem nötigen Zeitaufwand und ohne Ausübung unzulässigen Drucks versucht wurde, den Betreuten von der Notwendigkeit der ärztlichen Maßnahme zu überzeugen,

5. der drohende erhebliche gesundheitliche Schaden durch keine andere den Betreuten weniger belastende Maßnahme abgewendet werden kann,

6. der zu erwartende Nutzen der ärztlichen Zwangsmaßnahme die zu erwartenden Beeinträchtigungen deutlich überwiegt und

7. die ärztliche Zwangsmaßnahme im Rahmen eines stationären Aufenthalts in einem Krankenhaus, in dem die gebotene medizinische Versorgung des Betreuten einschließlich einer erforderlichen Nachbehandlung sichergestellt ist, durchgeführt wird.

[2]§ 1846 ist nur anwendbar, wenn der Betreuer an der Erfüllung seiner Pflichten verhindert ist.

(2) Die Einwilligung in die ärztliche Zwangsmaßnahme bedarf der Genehmigung des Betreuungsgerichts.

(3) [1]Der Betreuer hat die Einwilligung in die ärztliche Zwangsmaßnahme zu widerrufen, wenn ihre Voraussetzungen weggefallen sind. [2]Er hat den Widerruf dem Betreuungsgericht unverzüglich anzuzeigen.

(4) Kommt eine ärztliche Zwangsmaßnahme in Betracht, so gilt für die Verbringung des Betreuten gegen seinen natürlichen Willen zu einem stationären Aufenthalt in ein Krankenhaus § 1906 Absatz 1 Nummer 2, Absatz 2 und 3 Satz 1 entsprechend.

(5) [1]Die Einwilligung eines Bevollmächtigten in eine ärztliche Zwangsmaßnahme und die Einwilligung in eine Maßnahme nach Absatz 4 setzen voraus, dass die Vollmacht schriftlich erteilt ist und die Einwilligung in diese Maßnahmen ausdrücklich umfasst. [2]Im Übrigen gelten die Absätze 1 bis 3 entsprechend.

1. Überblick

a. Regelungsinhalt der §§ 1906, 1906a BGB

1 § 1906 Abs. 1 und 2 BGB regelt, als Ausfluss der in Art. 104 Abs. 1 GG geschützten persönlichen Freiheit und der nach § 104 Abs. 2 GG vorgesehenen richterlichen Entscheidung über die Zulässigkeit und Fortdauer einer Freiheitsentziehung, die Notwendigkeit einer gerichtlichen Genehmigung sowie die materiellen Voraussetzungen für die Genehmigung einer Freiheitsentziehung. Regelungsgegenstand der Vorschrift war ursprünglich die Unterbringung eines unter Betreuung stehenden Volljährigen durch seinen Betreuer.

Die Einwilligung des Betreuers in eine Unterbringung unterliegt dem Genehmigungsvorbehalt durch das Betreuungsgericht, § 1906 Abs. 2 Satz 1 BGB. Damit soll zum Schutz des Selbstbestimmungsrechts des Betreuten eine vorherige, unabhängige Prüfung der Voraussetzungen der Unterbringung und eine effektive sowie rechtzeitige Rechtschutzmöglichkeit gewährleistet werden. Nur bei Gefahr in Verzug ist eine Unterbringung ohne gerichtliche Genehmigung zulässig. Die Genehmigung ist unverzüglich nachzuholen, § 1906 Abs. 2 Satz 2 BGB. Nach Abs. 3 hat der Betreuer die Unterbringung zu beenden, wenn ihre Voraussetzungen entfallen sind, Satz 1, und die Beendigung dem Gericht unverzüglich mitzuteilen, Satz 2. § 1906 Abs. 4 erklärt die Absätze 1 bis 3 bei den so genannten freiheitsentziehenden Maßnahmen für entsprechend anwendbar.

Aufgrund des durch BtÄndG zum 1.1.1999 eingefügten Absatz 5 gelten für die Unterbringung bzw. ärztliche Zwangsmaßnahmen eines Vollmachtgebers durch einen Bevollmächtigten die Absätze 1 bis 4 entsprechend, wenn die Vollmacht bestimmten formellen und inhaltlichen Anforderungen genügt.

Die zum 26.2.2013 neugefassten bzw. eingefügten § 1906 Abs. 3, 3a BGB a. F. behandelten die Einwilligung in eine ärztliche Zwangsmaßnahme. Diese Regelungen wurden mit

Wirkung zum 22.7.2017 größtenteils in den § 1906a BGB überführt und um weitere Voraussetzungen ergänzt[1].

Als Ausfluss der aus Art. 2 Abs. 2 Satz 1 GG resultierenden Schutzpflicht des Staates gegenüber seinen krankheitsbedingt im Gesundheitsbereich nicht zu einer freien Willensbestimmung fähigen Bürgern regelt § 1906a BGB seit dem 22.7.2017, wann im Einzelfall eine zwangsweise ärztliche Behandlung eines Betreuten zulässig ist[2].

In Abs. 1 Satz 1 definiert der Gesetzgeber eingangs den Begriff der Zwangsbehandlung und regelt in den folgenden Nummern 1 bis 7 unter welchen Voraussetzungen die betreuungsgerichtliche Genehmigung erteilt werden darf. Abs. 1 Satz 2 stellt klar, dass die eigenständige richterliche Anordnungsbefugnis nach § 1846 BGB nur anwendbar ist, wenn der Betreuer an der Erfüllung seiner Pflichten verhindert ist.

Wie die Einwilligung des Betreuers in eine Unterbringung unterliegt die Einwilligung in eine ärztliche Zwangsmaßnahme dem Genehmigungsvorbehalt durch das Betreuungsgericht, § 1906a Abs. 2 BGB.

Nach Abs. 3 hat der Betreuer die Einwilligung in die ärztliche Zwangsmaßnahme zu widerrufen, wenn ihre Voraussetzungen entfallen sind, Satz 1, und den Widerruf dem Gericht unverzüglich mitzuteilen, Satz 2.

Abs. 4 enthält Regelungen für die Verbringung des Betreuten gegen seinen natürlichen Willen in einen stationären Krankenhausaufenthalt.

Abs. 5 BGB schließlich erstreckt die Regelungen zur Einwilligung eines Betreuers in eine ärztliche Zwangsmaßnahme und zur Verbringung auch auf einen Bevollmächtigten. Dieser kann allerdings nur wirksam in eine solche Maßnahme einwilligen, wenn die Vollmacht schriftlich erteilt ist und ärztliche Zwangsmaßnahmen ausdrücklich umfasst. Ist das der Fall, gelten die Absätze 1 bis 3 entsprechend. Mit der Erstreckung auf den Bevollmächtigten folgt der Gesetzgeber der bisherigen Systematik des Betreuungsrechts, das bereits in §§ 1901a Abs. 5, 1901b Abs. 3, 1904 Abs. 4 und 1906 Abs. 5 BGB hinsichtlich der Patientenverfügung und der Genehmigungsvorbehalte bei ärztlichen Maßnahmen und Unterbringung die entsprechende Geltung der Regelungen für Betreuer in Hinblick auf Bevollmächtigte vorsieht.

---

1 Gesetz zur Änderung der materiellen Zulässigkeitsvoraussetzungen von ärztlichen Zwangsmaßnahmen und zur Stärkung des Selbstbestimmungsrechts von Betreuten vom 17. Juli 2017 (BGBl. I S. 2426)

2 BT-Drs. 18/12842, S. 1 unter Hinweis auf BVerfG BtPrax 2016, 182 ff.

2 *Übersichtsskizze: zivilrechtliche Unterbringung*

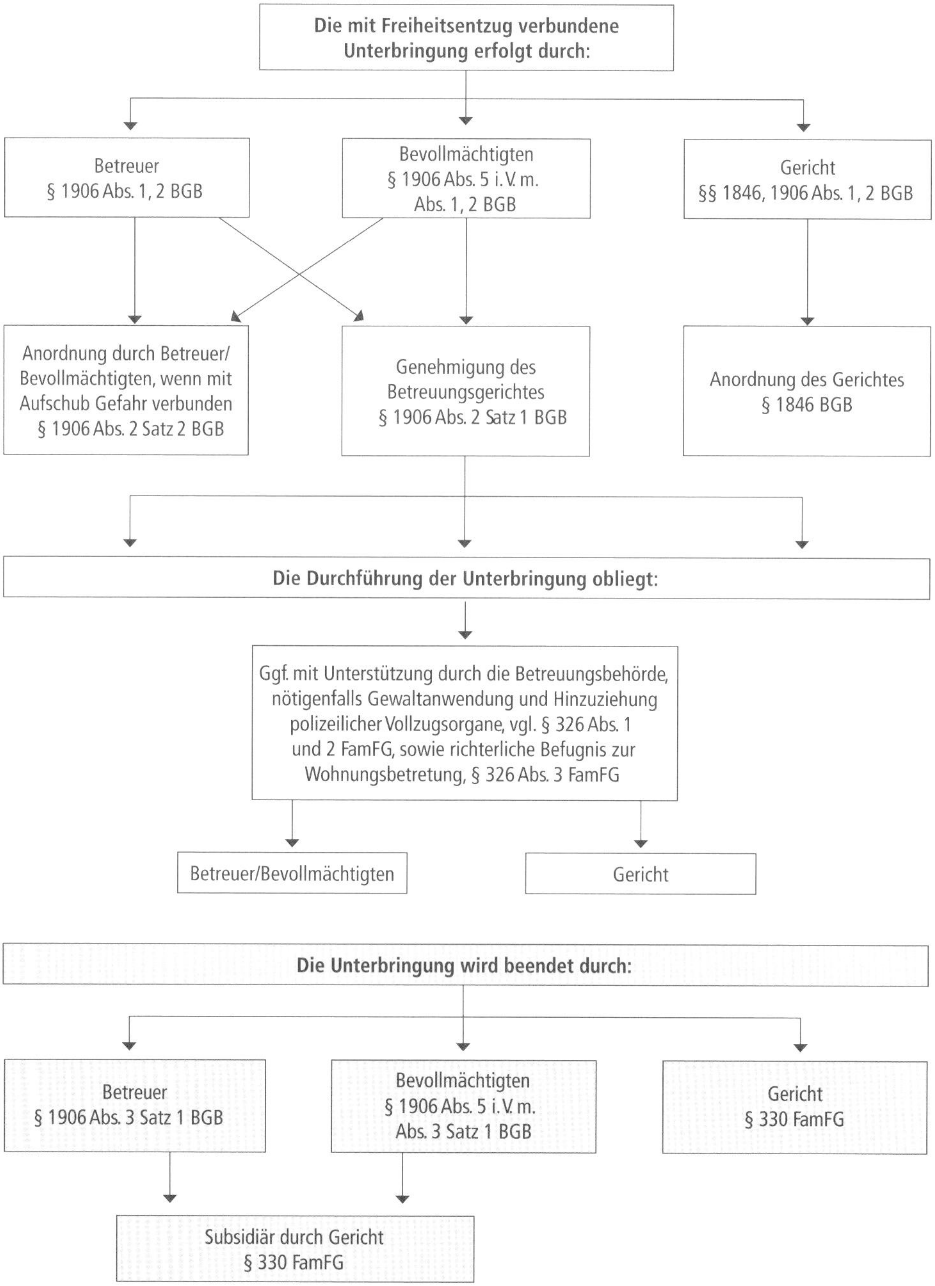

b. Unterbringung nach anderen Rechtsgrundlagen

Neben dieser betreuungsrechtlichen Unterbringung kennen Bundes- und Landesgesetze weitere Formen von Unterbringungen. Sie lassen sich, ausgehend von ihrer materiellrechtlichen Grundlage, als zivilrechtliche, öffentlich-rechtliche und strafrechtliche Unterbringung beschreiben. 3

Neben der betreuungsrechtlichen Unterbringung nach § 1906 BGB rechnet die Unterbringung Minderjähriger nach § 1631b BGB[3] zu den zivilrechtlichen Unterbringungen. Sie kann durch die sorgeberechtigten Eltern, Elternteile, § 1629 BGB, gegebenenfalls durch einen Vormund, § 1793 BGB, oder Pfleger, §§ 1800, 1915 BGB, veranlasst werden.

In besonderen Eilfällen können diese zivilrechtlichen Unterbringungen auch durch den zuständigen Richter[4] durchgeführt werden, § 1846 BGB[5].

Öffentlich-rechtliche Unterbringungen sind die Unterbringungen nach den Landesunterbringungsgesetzen[6] sowie Unterbringungen auf bundesrechtlicher Basis nach dem Ausländergesetz[7] und dem Infektionsschutzgesetz[8].

Bei den strafrechtlichen Unterbringungen sind die Maßregeln nach den §§ 63, 64, 66 StGB möglich. Kommt neben einer strafrechtlichen Unterbringung eine solche nach § 1906 BGB in Betracht, ist die Unterbringungsform zu wählen, die entweder sicherer oder aber für den Betroffenen weniger belastend ist[9]. Daneben bestehen – subsidiär – polizeirechtliche Vorschriften über die Unterbringung[10].

c. Verfahrensrechtliches

Das Verfahren bei zivilrechtlicher und öffentlich-rechtlicher Unterbringung ist weitgehend einheitlich[11] in den §§ 1 ff., 312 bis 339 FamFG geregelt. Die Unterbringungsgenehmigung bzw. -anordnung des Gerichts kann im Regel-, d.h. Hauptsacheverfahren, aber auch durch eine (gewöhnliche oder eilige) einstweilige Anordnung, §§ 330, 331 FamFG, erfolgen[12] (Einzelheiten dazu unten Rn. 240 ff.). 4

Für die Verfahren nach dem Ausländer- und dem Infektionsschutzgesetz gelten die Vorschriften der §§ 1 ff., 415 bis 432 FamFG.

Das strafrechtliche Unterbringungsverfahren schließlich richtet sich bzgl. der Anordnung von Maßregeln der Besserung und Sicherung nach den Vorschriften des Strafgesetzbuches und der Strafprozessordnung. Für Entscheidungen im Maßregelvollzug finden sich die verfahrensrechtlichen Vorschriften im Strafvollzugsgesetz sowie den jeweiligen Vollzugsvorschriften der Länder.

---

3 Dazu Hoffman, FamRZ 2013, 1346 ff.; Beermann, FÜR 2011, 535 ff.; Wille, DAV 2000, 449 ff.
4 Zuständig ist für die Unterbringung Minderjähriger das Familiengericht, §§ 23a Abs. 1 Nr. 1, 23b Abs. 1 GVG, 111 Nr. 2 151 Nr. 6 FamFG
5 Im Betreuungsrecht gilt der § 1846 BGB über die §§ 1908i Abs. 1 BGB, 334 FamFG; im Pflegschaftsrecht über §§ 1800, 1915 BGB.
6 Zu den PsychKG bzw. Unterbringungsgesetzen der Länder siehe z.B. HK-BUR, Band 5, ab Nr. 4000
7 Abschiebehaft nach § 57 Abs. 1, 2 AuslG. Dazu Firsching/Dodegge, Rn. 661 ff.
8 Absonderung nach § 30 Abs. 2 InfSchG. Dazu Firsching/Dodegge, Rn. 649
9 LG Hildesheim FamRZ 2010, 2020
10 Z.B.Art.17 BayPAG oder § 35 PolG NRW
11 Einige Landesunterbringungsgesetze haben ergänzende Verfahrensregelungen, z.B. auf der Ermächtigungsgrundlage des § 315 Abs. 4 Satz 2 FamFG, geschaffen.
12 Einen Sonderfall betrifft die Unterbringung zur Beobachtung zwecks Gutachtenerstattung nach §§ 284, 322 FamFG

d. Rechtstatsächliches

5 Im Jahre 2016 wurde in 56.048 Fällen eine Unterbringungsgenehmigung bzw. -anordnung nach § 1906 Abs. 1, 2 BGB erstmals erlassen bzw. verlängert. Hinzu kamen 51.097 Genehmigungen nach § 1906 Abs. 4, 5 BGB sowie 3.376 Genehmigungen ärztlicher Zwangsmaßnahmen nach § 1906a BGB[13].

2. Voraussetzungen der Unterbringung durch Betreuer und Bevollmächtigten

6 Eine mit Freiheitsentzug verbundene Unterbringung des Betroffenen ist nur zulässig, wenn für ihn ein Betreuer[14] mit einem entsprechenden Aufgabenkreis bestellt ist bzw. gleichzeitig oder zeitnah bestellt wird, die Unterbringung zum Wohl des Betreuten nach den in § 1906 Abs. 1 Nr. 1 oder Nr. 2 BGB niedergelegten Gründen erforderlich ist und eine Genehmigung des Betreuungsgerichtes vorliegt bzw. nachgeholt wird, weil mit einem Aufschub Gefahr verbunden wäre, Abs. 2. Eine Unterbringungsgenehmigung durch das Gericht setzt voraus, dass konkrete Tatsachen festgestellt sind, die mit hinreichender Wahrscheinlichkeit die Voraussetzungen des § 1906 Abs. 1 BGB erfüllen[15] und der Betroffene zu keiner freien Willensbestimmung in der Lage ist[16].

a. Betreuung

7 Da § 1906 Abs. 1 BGB die Unterbringung durch einen Betreuer regelt, muss für den Betroffenen bereits, zumindest einstweilen nach § 300 FamFG, ein Betreuer wirksam bestellt sein oder zeitgleich wirksam bestellt werden. Die Kompetenz zur Einwilligung in die Unterbringung muss dem Betreuer für den gesamten Zeitraum der Genehmigungsdauer zukommen. Deshalb scheidet eine gerichtliche Genehmigung über den Zeitpunkt des Ablaufs der einstweiligen Betreuerbestellung aus[17].

▶ *Zur Betreuerbestellung vgl. in Teil A Rn. 4 ff., 104 ff.*

Der Aufgabenkreis der Betreuung muss das Recht zur Unterbringung umfassen, was bei eng, unklar oder allgemein gefassten Aufgabenkreisen manchmal nur schwerlich erkennbar wird. Eindeutig ist dieses Recht nur bei den Aufgabenkreisen Aufenthaltsbestimmung[18], Klinikunterbringung, Unterbringung oder Bestimmung freiheitsentziehender Maßnahmen.

Nach herrschender Auffassung enthält dagegen der Aufgabenkreis der Gesundheitsfürsorge das Recht zur Unterbringung nicht, auch nicht als Annexbefugnis[19]. Gegebenenfalls wäre der Aufgabenkreis entsprechend zu erweitern oder der Richter müsste im Wege einer einstweiligen Maßregel nach §§ 1846, 1906 i.V.m. 1908i Abs. 1 BGB entscheiden[20]. Um-

---

13 Dazu und zu weiteren Zahlen siehe Bundesamt für Justiz, Verfahren nach dem Betreuungsgesetz, abrufbar unter www.bundesjustizamt.de > Themen > Bürgerdienste > Justizstatistik > Betreuung (Abruf 6.7.2018); Deinert, BtPrax 2018, 14 ff.

14 Ggf. ein ausreichend Bevollmächtigter vorhanden ist, § 1906 Abs. 5 BGB

15 OLG Schleswig FGPrax 2008, 180 f.

16 BGH BtPrax 2016, 149 f.; OLG Hamm FGPrax 2009, 135 ff.

17 BGH BtPrax BtPrax 2014, 39 ff.

18 BGH BtPrax 2013, 39; OLG Stuttgart FPR 2004, 711: Die Berechtigung zur Freiheitsentziehung muss nicht ausdrücklich aufgeführt sein. Vgl. auch BayObLG FamRZ 1994, 320 und LG Kassel BtPrax 2012, 221: Ggf. kann der Richter selbst die Unterbringung nach §§ 1908i, 1846, 1906 BGB anordnen.

19 OLG Hamm, FamRZ 2001, 861 m.w.N.; Damrau/Zimmermann, § 1906 BGB, Rn. 14. Insbesondere genügt dieser Aufgabenkreis nicht, wenn die im Raum stehende Behandlung zwangsweise durchgesetzt werden muss, KG BtPrax 2010, 92 ff.

20 LG Kassel BtPrax 2012, 221

gekehrt muss eine Betreuung die Gesundheitsfürsorge umfassen, wenn eine Unterbringung nach § 1906 Abs. 1 Nr. 2 BGB beabsichtigt ist[21].

Umstritten ist, ob der Aufgabenkreis der Personensorge das Recht zur Unterbringung umfasst. Dies wird man bejahen müssen[22]. Der Begriff der Personensorge entstammt nämlich dem Vormundschaftsrecht und grenzte umfassend alle persönlichen Angelegenheiten, also auch die des Aufenthaltsortes, von denen der Vermögenssorge ab. Wie § 1896 Abs. 4 BGB zeigt, muss die Aufenthaltsbestimmung auch nicht ausdrücklich im Aufgabenkreis benannt werden[23].

Gleiches gilt für das Recht zur Einwilligung in ärztliche Zwangsmaßnahmen. Es muss nicht ausdrücklich im Aufgabenkreis aufgenommen sein. Ausreichend sind die Aufgabenkreise Gesundheitsfürsorge und das Recht die Verbringung zur stationäre Krankenhausaufnahme zu bestimmen[24].

b. Bevollmächtigung

Durch den mit dem BtÄndG eingefügten § 1906 Abs. 5 BGB hat der Gesetzgeber den bis 8
dahin herrschenden Streit darüber, ob einem Bevollmächtigten auch die Befugnis übertragen werden kann, den Vollmachtgeber mit Freiheitsentzug unterzubringen, positiv entschieden. Allerdings verlangt das Gesetz eine schriftlich erteilte Vollmacht, die sich ausdrücklich auf die Möglichkeit einer Unterbringung erstreckt (Warnfunktion).

▶ *Weitere Einzelheiten zur Unterbringung durch einen Bevollmächtigten vgl. unten Rn. 100 ff.*

Die Vollmacht muss wirksam, d.h. mit Einwilligungsfähigkeit und zum Unterbringungszeitpunkt geltend, erteilt sein[25]. Solange die Einwilligungsfähigkeit des Vollmachtgebers erhalten bleibt, kann er gegen seinen Willen nicht untergebracht werden[26].

Aufgrund des Gesetzes zur Regelung der betreuungsrechtlichen Einwilligung in eine ärztli- 9
che Zwangsmaßnahme vom 18.2.2013 wurde § 1906 Abs. 5 BGB dahin erweitert, dass der Bevollmächtigte auch in eine ärztliche Zwangsmaßnahme einwilligen kann. Voraussetzung ist auch insoweit, dass die Vollmacht schriftlich erteilt ist und sie die ärztliche Zwangsmaßnahme ausdrücklich umfasst. Aufgrund des Gesetzes zur Änderung der materiellen Zulässigkeitsvoraussetzungen von ärztlichen Zwangsmaßnahmen und zur Stärkung des Selbstbestimmungsrechts von Betreuten vom 17.7.2017 findet sich die entsprechende Regelung mit Wirkung seit dem 22.7.2017 in § 1906a Abs. 5 BGB[27].

c. Freiheitsentziehung

aa. Begriffsbestimmung

Die Unterbringung des Betreuten muss mit einem Freiheitsentzug verbunden sein. Ein sol- 10
cher Freiheitsentzug liegt vor, wenn eine Person gegen ihren Willen oder im Zustand der Willenlosigkeit in einem räumlich begrenzten Bereich eines geschlossenen Krankenhauses,

21 FamRZ 2013, 1726 = BtPrax 2013, 39; OLG Brandenburg BtPrax 2007, 223 f.
22 Damrau/Zimmermann, § 1906 BGB, Rn. 13. Bedenken bestehen m.E. nur gegen die Verwendung des Begriffs Personensorge allgemein als Aufgabenkreis. Er ist nicht hinreichend konkret genug gefasst, § 1896 Abs. 2 BGB.
23 A.A. Jürgens-Marschner, § 1906 BGB, Rn. 2
24 Der BGH geht bislang von einem ausreichendem Aufgabenkreis aus, wenn ein Betreuer, dem die Aufenthaltsbestimmung und die Gesundheitsfürsorge übertragen sind, in eine ärztliche Zwangsmaßnahme einwilligt und dafür die betreuungsgerichtliche Genehmigung beantragt, vgl. BGH FamRZ 2017, 2056 = BtPrax 2018, 42 (LS); FamRZ 2014, 29. A.A. LG Tübingen FamRZ 2014, 419
25 Bienwald-Bienwald, § 1906 BGB, Rn. 129
26 Bienwald-Hoffmann, § 1906 BGB, Rn. 37, 131
27 BGBl. I S.2426

einer anderen geschlossenen Einrichtung oder dem abgeschlossenen Teil einer solchen Einrichtung festgehalten, ihr Aufenthalt ständig überwacht und die Kontaktaufnahme mit Personen außerhalb des Bereichs durch Sicherheitsmaßnahmen eingeschränkt wird[28]. Freiheitsentzug als schwerste Form der Freiheitsbeschränkung ist gegeben, wenn die tatsächlich und rechtlich an sich gegebene körperliche Bewegungsfreiheit nach jeder Richtung hin aufgehoben wird[29].

bb. Räumliches Kriterium

11 Die Abgrenzung erfolgt nach dem tatsächlichen Eingriff in die Freiheit, das heißt nach dem Fehlen freien Zutritts und der Ausgangsmöglichkeit ohne Aufsicht[30]. Entscheidendes Kriterium für eine zivilrechtliche, aber auch öffentlich-rechtliche Unterbringung ist eine nicht nur kurzfristige Beschränkung der persönlichen Bewegungsfreiheit. Anders als im Bereich der öffentlich-rechtlichen Unterbringung verzichtet das Gesetz aber darauf, den Einrichtungsbegriff zu definieren. Gleichwohl geht es in Abs. 1 von einem engen Unterbringungsbegriff aus, wie der Blick auf Abs. 4 zeigt. In der Regel erfüllen geschlossene Heime, Kliniken, Krankenhäuser oder Anstalten, in denen die Bewegungsfreiheit durch Einschließen oder Absperren beschränkt wird, den Unterbringungsbegriff des § 1906 BGB[31]. Der Aufenthalt in anderen – offenen oder halboffenen – Einrichtungen, die zwar nicht geschlossen sind, aber mit anderen Maßnahmen – z.B. durch elektronische Hilfsmittel, einen Pförtner, mit hohen Zäunen o.Ä. – den Betroffenen am Verlassen des Hauses hindern, können im Einzelfall ebenfalls eine Unterbringung mit Freiheitsentzug bedeuten. Entscheidend ist hier aber, dass der Betroffene mit über bloßes Zureden oder Überreden hinausgehenden Mitteln am Verlassen der Räumlichkeiten gehindert sowie der Kontakt von oder nach außen reglementiert wird[32].

Beschränkt sich dagegen das Einwirken der Einrichtung auf Zureden oder Versprechungen seitens seiner Mitarbeiter, bleibt die Kontaktaufnahme generell uneingeschränkt möglich oder wird der Zu- oder Abgang zu der Einrichtung lediglich überwacht, z.B. mit Kameras, fehlt es an einer Freiheitsentziehung.

cc. Abgrenzungen

12 In der Praxis ergeben sich bei der Beurteilung des räumlichen Kriteriums immer wieder Abgrenzungsprobleme.

(1) Freiheitsentziehende Maßnahmen

Diese ergeben sich zum einen aus der Art der Sicherungsmaßnahme: Stellt z.B. ein nicht abgeschlossenes Heim mit einem im Einzelfall unüberwindlichen Zaun ein geschlossenes Heim dar? Wie ist es, wenn einzelne Bewohner durch Bedienen eines Trickschlosses oder Aushändigung eines Schlüssels den Zaun durch eine Tür überwinden können? Erfüllen so genannte halboffene Stationen[33] die Anforderungen an eine geschlossene Einrichtung oder auch Krankenhäuser bzw. Heime, die mit Personenortungsanlagen und/oder Kameras das Verlassen des Hauses verhindern wollen? Ähnliche Probleme entstehen, wenn an sich offene Ausgangstüren durch Vorhänge, Bildtapeten etc. so kaschiert werden, dass einzelne Bewohner der Einrichtung sie krankheitsbedingt nicht als Ausgang wahrnehmen oder aufgrund versteckt angebrachter Türöffner, die Türen nicht zu öffnen wissen.

---

28 BGH BtPrax 2001, 32
29 BVerfG NVwZ 2011, 743
30 Marschner/Volckart/Lesting, Kap. C, § 1906 BGB, Rn. 4 f.
31 Dodegge/Zimmermann, Teil A, Rn. 219
32 Jürgens-Marschner, § 1906 BGB, Rn. 4; Damrau/Zimmermann, § 1906 BGB, Rn. 16. Zu Unterbringungen auf offenen Stationen siehe AG Wolfhagen BtPrax 1998, 83.
33 Dazu KreisG Schwedt FamRZ 1993, 601

Richtigerweise wird man hier darauf abstellen müssen, ob sämtliche Bewohner der Einrichtung von der Maßnahme betroffen sind oder nicht. Haben einzelne Personen die Möglichkeit, das Haus bzw. den entsprechenden Bereich (relativ) ungehindert zu verlassen, stellt es sich für die übrigen Bewohner als freiheitsentziehende Maßnahme im Sinne des Abs. 4 dar (dazu unten Rn. 83 ff.). Können also einzelne Bewohner und Außenstehende die Hindernisse umgehen, fehlt es insgesamt an einem Freiheitsentzug im Sinne des Abs. 1.

Weiterhin ist zu beachten, dass es bei der Frage nach dem freiheitsentziehenden Charakter nicht so sehr auf die Vorkehrungen ankommt, ein Entweichen zu verhindern, als auf die räumliche Beschränkung der Betroffenen, die Reglementierung ihres Lebens und ihres Kontaktes zur Umwelt[34].

(2) Bewegungsfähigkeit

Von einem Freiheitsentzug kann auch dann keine Rede sein, wenn der Betroffene über keine Fähigkeit zur Fortbewegung mehr verfügt und eine solche auch nicht will. Wer also auf Grund einer Erkrankung selbst mit Hilfe nicht mehr in der Lage ist, eine Räumlichkeit zu verlassen und auch keinen entsprechenden Willen mehr zeigt, kann keiner Freiheitsentziehung unterliegen.

Beispiel: Hochgradig gelähmte oder im Wachkoma befindliche Menschen, die gelagert werden und mit einem Bettgitter vor dem Herausrutschen aus dem Bett gesichert werden.

Ist der Betroffene dagegen noch in der Lage, sich mit einem Rollstuhl eigenständig fortzubewegen sowie bei offener Tür den natürlichen Willen zu entwickeln und umzusetzen, eine Wohneinrichtung zu verlassen, stellt das Verschließen der Außentür der Einrichtung einen Freiheitsentzug dar[35].

(3) Offene Einrichtungen

An einem Freiheitsentzug fehlt es auch, wenn der Betroffene gegen seinen Willen („zwangsweise") in eine offene Heimeinrichtung oder auf eine offene Krankenhausstation verbracht wird, die er jederzeit verlassen könnte. Demgemäß kommt die Genehmigung[36] eines Aufenthaltes in einer solchen Einrichtung bzw. der gewaltsamen Zuführung dorthin nach § 1906 Abs. 1, 4 BGB nicht in Betracht[37]. Angesichts der Wertung des Art. 104 Abs. 1 GG scheidet auch eine analoge Anwendung aus[38].

(4) Freiheitsbeschränkung

Letztlich unterfallen bloße Freiheitsbeschränkungen nicht dem Begriff der freiheitsentziehenden Unterbringung. Freiheitsbeschränkung und Freiheitsentzug sind entsprechend ihrer Intensität (Dauer) voneinander abzugrenzen[39]. Kurzfristige Bewegungseinschränkungen, wie Verbringen in eine Klinik und Arztpraxis, gegebenenfalls mit Fixierung, zur Verabreichung eines Medikamentes (ambulante Zwangsbehandlung, dazu unten Rn. 40) erreichen nicht den Grad und die Intensität einer Unterbringung[40]. Eine zeitliche Grenze lässt sich insoweit allerdings nicht bilden[41].

34 Jürgens-Marschner, § 1906 BGB, Rn. 4
35 BGH BtPrax 2017, 201 f.: Fehlende Versuche lassen keinen Schluss auf den Willensinhalt zu.
36 Einschlägig könnte allenfalls § 1907 BGB sein.
37 OLG Hamm FamRZ 2003, 255 f.; a.A. LG Bremen BtPrax 1994, 102
38 BGH BtPrax 2001, 32 zum Fall der gewaltsamen Zuführung zur ambulanten Behandlung
39 BVerfG NVwZ 2011, 743
40 BGH BtPrax 2001, 32; OLG Zweibrücken BtPrax 2000, 88
41 Damrau/Zimmermann, § 1906 BGB, Rn. 26. M.E. gehen bereits zeitliche Schranken von 24 Stunden zu weit.

Auch die Anbringung eines Türentriegelungsknopfes in üblicher Schalterhöhe stellt angesichts des mit dem Verlassen des Raumes verbundenen geringen psychischen und zeitlichen Mehraufwandes keine freiheitsentziehende Maßnahme dar[42]. Etwas anderes kann nur gelten, wenn der Betroffene die Funktion des Entriegelungsknopfes krankheitsbedingt nicht mehr zu erfassen vermag.

dd. Gegen oder ohne den Willen des Betroffenen

13 Gegen den Willen erfolgt der Freiheitsentzug, wenn der Betroffene ihn mit natürlichem Willen, d.h. mit ausreichender Einsichtsfähigkeit in den Umfang und die Tragweite der Maßnahme[43], ablehnt und dies irgendwie zu erkennen gibt[44].

Von einem Freiheitsentzug ohne Willen spricht man, wenn:

- der Betroffene aktuell zur Bildung eines natürlichen Willens nicht in der Lage ist, z.B. wegen hochgradiger frühkindlicher Hirnschädigung, Demenz oder perniziöser Katatonie;
- der Betroffene zwar zur Bildung eines natürlichen Willens in der Lage ist, ihn aber nicht äußern kann, z.B. bei autistischem Syndrom;
- der Betroffene einen natürlichen Willen bilden kann, es aber unterlässt, ihn zu äußern, z.B. bei ausgeprägten Antriebsstörungen im Rahmen einer Depression.

Ist der Betroffene dagegen mit seiner Unterbringung einverstanden, liegt keine Freiheitsentziehung vor. Dies entspricht der herrschenden Auffassung in Rechtsprechung[45] und Literatur[46], wonach auch ein Betreuter bei ausreichender Einwilligungsfähigkeit eine Freiwilligkeitserklärung abgeben kann. Dieser Erklärung liegt nämlich kein Rechtsgeschäft und keine Willenserklärung – die Geschäftsfähigkeit verlangen würden – zugrunde. Vielmehr handelt es sich um die Gestattung, in rechtlich geschützte Güter einzugreifen[47]. Der Betroffene muss ausreichend einsichts-, urteils- und steuerungsfähig sein[48].

Die von ihm erteilte Gestattung wird nicht nur für den Moment abgegeben, sondern wirkt bis zu ihrem Widerruf fort. Ein Widerruf kann ausdrücklich erfolgen, sich aber auch konkludent aus dem Verhalten des Betroffenen ergeben, wenn er etwa auf Entlassung drängt bzw. sein Verhalten nahe legt, dass er mit seiner Unterbringung nicht mehr einverstanden ist.

Die Erklärung kann formfrei abgegeben werden, wird aber regelmäßig – wegen der ärztlichen Verpflichtung zur Dokumentation – schriftlich niedergelegt.

---

42 OLG Celle NJW 2014, 163 f. = ZKJ 2013, 502: zu § 1631b BGB
43 BayObLG FamRZ 1996, 1375; Coeppicus, S. 106 und 176
44 Etwa durch tätlichen Angriff auf das Pflegepersonal, vgl. BayObLG FamRZ 2005, 238
45 BayObLG FamRZ 1996, 1375
46 Damrau/Zimmermann, § 1906 BGB, Rn. 19; Jürgens-Marschner, § 1906 BGB, Rn. 6
47 BGH NJW 1964, 1177
48 OLG München BtPrax 2007, 218 und FamRZ 2005, 1590 (LS)

Muster einer Einwilligungserklärung

Einverständniserklärung

Ich erkläre mich hiermit einverstanden, in einer geschlossenen Station oder in einem geschlossenen Bereich der Klinik/Einrichtung XY zu verbleiben.

....

(Ort und Datum) (Unterschrift des Betroffenen)

Anhaltspunkte, die gegen das Vorliegen einer natürlichen Einsichtsfähigkeit der/des Betroffenen in Bezug auf Inhalt und Bedeutung der Erklärung über die geschlossene Unterbringung sprechen könnten, liegen nicht vor.

....

(Stempel und Unterschrift Ärztin/Arzt)

Für die Einwilligungsfähigkeit kommt es darauf an, ob der Betroffene mit natürlichem Wil- 14
len eine freiwillige und ernsthafte Zustimmung geben kann. Dies setzt voraus, dass er Wert und Bedeutung des betroffenen Freiheitsrechts sowie die Folge und Risiken seiner Zustimmung erkennen („Ich kann mich nicht mehr frei bewegen bzw. habe dies auch gar nicht vor") und bei seiner Entscheidung eventuelle Alternativen (z.B. weniger belastende Maßnahmen, ambulante Therapien) einbeziehen und sein Handeln danach bestimmen kann. Dies ist jeweils im Einzelfall unter Berücksichtigung des aktuellen Krankheitsbildes zu entscheiden. Dabei sind strenge Anforderungen zu stellen. Fragwürdige oder fiktive Einwilligungen genügen nicht[49]. Der Betroffene ist gegebenenfalls dazu vom Richter unter Einschaltung eines medizinischen Sachverständigen persönlich anzuhören[50].

Es darf nicht verkannt werden, dass Einwilligungen z.T. auf fragwürdigen Motiven beruhen, eventuell von einer Zwangslage bestimmt sind. Auf der anderen Seite werden bei einer Anerkennung der Einwilligung Selbstbestimmungswillen und -fähigkeit des Betroffenen geachtet (vgl. § 1901 Abs. 2 BGB). Auch kann unter Beachtung des Verhältnismäßigkeitsgrundsatzes (dazu unten Rn. 38) eine freiwillige Behandlung als geringerer Eingriff in die Rechte des Betroffenen gewertet werden[51]. Die Einwilligung muss darüber hinaus ernstlich und verlässlich sein. Daran fehlt es, wenn der Betroffene äußert, in erster Linie nach Hause zurückkehren zu wollen und nur „unter Umständen" für einen von vorneherein begrenzten Zeitraum freiwillig in der Einrichtung zu bleiben[52]. Es darf also nicht die Befürchtung bestehen, dass der Betroffene die Freiwilligkeitserklärung alsbald oder vor Erreichen des Unterbringungsziels widerruft. Dies kann krankheitsbedingt der Fall sein, z.B. bei instabiler psychischer Lage, ausgeprägter Ambivalenz oder Erkrankungen mit Affektdurchbrüchen, aber auch starkem Suchtdruck. Bei einer nicht ausreichend ernstlichen Freiwilligkeitserklärung kann also eine Unterbringung mit Freiheitsentzug erforderlich werden.

Auch Minderjährige können – unter Beachtung der vorstehenden Grundsätze – nach überwiegender Auffassung eine Freiwilligkeitserklärung abgeben[53]. Eine ausreichende Einwilligungsfähigkeit wird man – in Anlehnung an §§ 167 Abs. 3, 316 FamFG – bei Minderjährigen ab dem 14. Lebensjahr annehmen können.

49 OLG München FGPrax 2007, 43; BayObLG FamRZ 1996, 1375
50 Die Erforderlichkeit dazu ist im Einzelfall nach § 26 FamFG zu bemessen, Damrau/Zimmermann, § 1906 BGB, Rn. 22.
51 Marschner/Volckart/Lesting, Kap. C, § 1906 BGB, Rn. 7
52 OLG München FamRZ 2005, 1590 (LS). Die Freiwilligkeitserklärung muss die zeitliche Reichweite der im Raum stehenden Unterbringungsgenehmigung abdecken, OLG München FGPrax 2007, 267 f.
53 Ein Überblick zu den insoweit kontroversen Ansichten bietet Hoffmann, FamRZ 2013, 1346 ff.

15 Eine ursprünglich wirksam abgegebene Freiwilligkeitserklärung kann jederzeit widerrufen werden[54]. Der Widerruf muss nicht mündlich oder schriftlich erfolgen. Er kann sich auch aus dem Verhalten des Betroffenen ergeben[55]. Der Betroffene ist dann zu entlassen, es sei denn, dass nunmehr die Voraussetzungen für eine Unterbringung vorliegen und der Betreuer eine entsprechende Genehmigung des Gerichtes herbeiführt bzw. das Gericht selbst nach §§ 1846,1906 Abs. 1, 2 BGB tätig wird.

Eine Freiwilligkeitserklärung kann auch dadurch gegenstandslos werden, dass im weiteren Verlauf der Unterbringung die Einsichtsfähigkeit des Betroffenen entfällt. Im Verlauf einer Behandlung kann sich z.B. trotz medikamentöser Behandlung und weiterer Therapie das Krankheitsbild gravierend verschlechtern. Drängt der Betroffene auf Entlassung oder legt sein Verhalten den Wunsch auf Entlassung nahe, muss durch den Betreuer eine gerichtliche Genehmigung der Unterbringung herbeigeführt oder vom Gericht selbst nach §§ 1846, 1906 BGB angeordnet oder der Betroffene entlassen werden.

16 Gibt der Betroffene nach erfolgter Unterbringung gegen oder ohne seinen Willen im Verlaufe der Unterbringung eine ernsthafte und wirksame Freiwilligkeitserklärung ab, lässt dies die Unterbringungsvoraussetzungen entfallen. Die Unterbringungsgenehmigung bzw. -anordnung ist aufzuheben, § 330 FamFG.

d. Zum Wohl des Betroffenen

17 Eine Unterbringung ist nur zum Wohle des Betroffenen, das heißt nicht aus Allgemein- oder Drittinteresse, zulässig. Begeht der Betroffene Straftaten, kommt es zu fremdaggressivem Verhalten, belästigt er seine Umgebung oder führt er Vermögensschädigungen Dritter herbei, kommt eine Unterbringung nach § 1906 BGB grundsätzlich nicht in Betracht[56].

Eine Ausnahme gilt, wenn der Betroffene sich durch diese Handlungen selbst erheblich gefährdet. Greift er also unter dem Einfluss von Stimmen realitätsfern wahllos Passanten an und setzt sich der Gefahr erheblicher – durch Notwehr gerechtfertigter – Gegenwehr aus, der er nichts entgegenzusetzen hat, sind nicht nur Drittinteressen betroffen[57]. Es ist ausreichend, wenn zwar in erster Linie Dritte gefährdet werden, damit zugleich aber die Gefahr verbunden ist, dass der Betroffene selbst gesundheitlichen Schaden erleidet[58]. Nimmt der Betroffene in diesen Fällen krankheitsbedingt die Realität nur verzerrt oder gar nicht mehr war, kann es durch die Reaktion der Umwelt zu einer erheblichen Beeinträchtigung des Wohls des Betroffenen kommen[59]. Sowohl im Rahmen der geschlossenen Unterbringung als auch eines stationären Krankenhausaufenthaltes kann nach den allgemein für ärztliche Behandlungen geltenden Grundsätzen auch eine Zwangsbehandlung erfolgen. Sie ist zulässig, wenn der Betreute einwilligungsunfähig und die Zwangsbehandlung im Hinblick auf drohende gewichtige Gesundheitsschäden verhältnismäßig ist[60] (zu Einzelheiten vgl. unten Rn. 40 ff.).

---

54 BayObLG FamRZ 1996, 1375
55 BayObLG FamRZ 2005, 238: Tätlicher Angriff auf das Pflegepersonal mit anschließender Notwendigkeit einer Sedierung
56 OLG Hamm BtPrax 2001, 40: Der Schutz der Allgemeinheit oder Dritter ist ausschließliche Aufgabe der Landesunterbringungsgesetze. Vgl. auch OLG Schleswig FGPrax 2008, 180 f.
57 OLG Hamm FPR 2002, 96 im Rahmen einer öffentlich-rechtlichen Unterbringung
58 OLG Karlsruhe BtPrax 2009, 38, das im Verfahren nach § 1906 Abs. 4 BGB drohende Eskalation ausreichen lässt.
59 BGH FamRZ 2013, 289; OLG Hamm FPR 2002, 96 im Rahmen einer öffentlich-rechtlichen Unterbringung. Mittelbare Gefährdungen erachtete auch der Gesetzgeber für ausreichend, vgl. BT-Drs. 11/4528, S. 146; Bienwald-C. Bienwald, § 1906 BGB, Rn. 25.
60 BGH BtPrax 2001, 32 und 2006, 145; OLG Schleswig BtPrax 2002, 126 und 2003, 223 f.: Etwa zur Rückbildung der Krankheitssymptome mit Herbeiführung und Stabilisierung der Einsichts- und Steuerungsfähigkeit des Betroffenen

Eine Konkretisierung des Begriffes „Wohl des Betroffenen" nimmt das Gesetz in § 1906 Abs. 1 Nr. 1 und 2 BGB vor.

aa. Selbstgefährdung

Das Gesetz sieht in § 1906 Abs. 1 Nr. 1 BGB das Wohl des Betroffenen tangiert, wenn aufgrund einer psychischen Krankheit oder geistigen oder seelischen Behinderung die Gefahr besteht, dass der Betroffene sich selbst tötet oder erheblichen gesundheitlichen Schaden zufügt. Die Unterbringung erfolgt zur Abwendung einer Eigengefährdung, nicht zur Heilbehandlung (dazu siehe Nr. 2, unten Rn. 25). Ist der Untergebrachte einwilligungsunfähig, muss sein Betreuer, sofern ihm der Aufgabenkreis der Gesundheitsfürsorge übertragen ist, in eine Behandlung einwilligen. **18**

(1) Psychische Krankheit oder geistige oder seelische Behinderung

- *Zur Erläuterung dieser Begriffe vgl. die Ausführungen zu § 1896 BGB in Teil A Rn. 5 ff.*

Eine solche Erkrankung bzw. Behinderung muss beim Betroffenen vorliegen; eine Verdachtsdiagnose genügt nicht[61]. Auch die Diagnose eines Alkoholismus erfüllt die medizinischen Voraussetzungen des § 1906 Abs. 1, 3 BGB nicht[62]. Vielmehr muss der Alkoholismus entweder im ursächlichen Zusammenhang mit einem geistigen Gebrechen stehen oder er muss einen Zustand herbeigeführt haben, der das Ausmaß eines geistigen Gebrechens erreicht[63]. Um zu vermeiden, dass in unverhältnismäßiger Weise in die Rechtsstellung des Betroffenen eingegriffen wird, ist die psychische Krankheit bzw. geistige oder seelische Behinderung fachpsychiatrisch zu konkretisieren. Dazu sind deren Auswirkungen auf die kognitiven und voluntativen Fähigkeiten des Betroffenen darzulegen[64]. **19**

- *Zur Problematik bei Alkohol-, Drogen- oder Medikamentenabhängigkeit vgl. unten Rn. 22 f. und 36*

Eine fehlende Therapiefähigkeit steht – anders als bei Nr. 2 – einer Unterbringung nicht entgegen[65].

(2) Gefahr und ihre Ursache

Gefahr meint die Prognose eines missbilligten Umstandes in Form eines Schadenseintrittes. Die Prognose findet ihre Grundlage in den in der Vergangenheit festgestellten Tatsachen. Die Prognose hat im Wesentlichen auf der persönlichen Anhörung des Betroffenen und des ärztlichen Gutachten zu fußen[66]. Anders als bei der öffentlich-rechtlichen Unterbringung bedarf es keiner akuten, unmittelbar bevorstehenden Gefahr für den Betroffenen[67]. Die Gefahr muss sich aber an objektivierbaren konkreten Anhaltspunkten festmachen lassen, ihre Ursache in der Krankheit haben und erheblich sein[68]. Bloße Befürchtungen genügen ebenso wenig wie die nicht näher konkretisierte Tatsache eines gefährlichen Verhaltens im Straßenverkehr[69]. **20**

61 BGH BtPrax 2012, 161: im Rahmen des § 1896 BGB
62 BGH BtPrax 2016, 149; NJW-RR 2016, 513 = BtPrax 2016, 123 (LS); BtPrax 2015, 153 und 2011, 259. Gleiches gilt für eine Politoxikomanie, AG Frankfurt a.M. BtPrax 2015, 165 (LS)
63 BGH NJW 2018, 1548 ff.: Hirnorganisches Psychosyndrom; BtPrax 2015, 153: Amnestisches Syndrom
64 BayObLG BtPrax 2002, 37 (zu § 1896 BGB und einem Altersstarrsinn)
65 OLG München BtPrax 2005, 113; BayObLG FamRZ 2004, 1135; OLG Hamm BtPrax 2003, 182
66 BGH BtPrax 2017, 201
67 BGH BtPrax 2017, 201; FamRZ 2012, 1705; NJW-RR 2011, 423 und 1012; 2010, 1649; BtPrax 2010, 78 ff.; LG Fulda NJW-RR 2016, 1099 = BtPrax 2016, 202 (LS)
68 BGH NJW 2018, 1548 ff.; BGH BtPrax 2014, 129; OLG Schleswig BtPrax 2003, 223 f.
69 OLG Schleswig FGPrax 2008, 180 f.; Damrau/Zimmermann, § 1906 BGB, Rn. 35

Anhand von konkreten Umständen müssen sich Art, Umfang und Wahrscheinlichkeit einer gesundheitlichen Selbstschädigung ergeben[70]. Die Anforderungen an die Vorhersehbarkeit einer Selbsttötung oder einer erheblichen Gesundheitsschädigung dürfen dabei nicht überspannt werden[71].

Die Gefahr muss immer in Bezug auf den individuellen Einzelfall vorliegen. Ein allgemeiner Rückgriff auf statistische Daten für bestimmte Krankheitsgruppen oder -bilder wird dem nicht gerecht. Bedeutsam sind frühere Krankheitsverläufe, Verhaltensmuster oder -abläufe des Betroffenen, aber auch seine bisherige Entwicklung und seine Krisenanfälligkeit. Ist der Betroffene nicht in der Lage, seine Handlungen zu durchdenken und zu steuern und neigt er zu Affektausbrüchen, innerhalb derer er sich verletzt hat und sich wieder verletzen wird, besteht eine solche Gefahr[72]. Bei der Entscheidung über die Wahrscheinlichkeit der Gefahr sind die Schwere des bedrohten Rechtsgutes und die Eigenheiten der psychischen Erkrankung zu beachten. Ist der Betroffene bereits untergebracht, hat das Gericht bei der Prognoseentscheidung darauf abzustellen, wie sich die Situation bei einer Entlassung des Betroffenen darstellen würde. Der Grad der Gefahr ist nämlich in Relation zum möglichen Schaden ohne Vornahme der Freiheitsentziehung zu bemessen[73]. Die Gefahr muss nicht auf einem zielgerichteten Verhalten beruhen, planloses Verhalten oder ein Unterlassen können also genügen[74].

Bei bereits länger andauernder Freiheitsentziehung muss die verstrichene Unterbringungszeit in die Prognose einfließen und es ist zu prüfen, ob angesichts des Zeitablaufs die Gefährdung in der für eine Unterbringung erforderlichen Intensität fortbesteht. Mit anderen Worten hat sich die Gefährdungsprognose darauf zu erstrecken, ob die die Prognose ursprünglich tragenden Tatsachen an Gewicht verloren haben und die Entwicklung des Betroffenen während der Unterbringung Anhaltspunkte für eine geringere Wahrscheinlichkeit des Eintritts einer Lebensgefahr bzw. erheblicher Schäden für die Gesundheit des Betroffenen ergeben. Lässt sich dabei keine hinreichend sichere Prognose einer Gefährdung stellen, ist die Unterbringung zu beenden[75].

Die im Einzelfall festgestellte Gefahr muss ihre Ursache in einer psychischen Krankheit oder einer geistigen oder seelischen Behinderung des Betroffenen haben. Wenn z.B. jemand unter Alkoholeinfluss sich misshandeln lässt und dies nur Folge der alkoholischen Enthemmung ist, nicht aber auf der alkoholtoxischen Schädigung des Gehirns beruht, liegt kein ursächlicher Zusammenhang zwischen Krankheit und Gefährdung vor. Ähnliches gilt für einen psychisch Kranken, der HIV-infiziert ist. Er könnte nicht nach § 1906 BGB untergebracht werden, wenn er Raubüberfälle begeht, dabei die Opfer mit einer Infektion bedroht und dieses Verhalten kriminelle, aber nicht krankheitsbedingte Gründe hat[76]. Ebenso wenig können leichtsinnig herbeigeführte Gefahren, z.B. durch übermäßiges Essen oder Nikotinabusus, eine Unterbringung rechtfertigen[77].

70 Auch bei wiederholender Unterbringung darf sich die Begründung nicht auf floskelhafte Wendungen beschränken, OLG München BtPrax 2006, 26.
71 BGH BtPrax 2010, 279 und NJW-RR 2010, 1370
72 BayObLG FPR 2002, 94 zu einer öffentlich-rechtlichen Unterbringung
73 BGH BtPrax 2017, 197
74 BGH FamRZ 2012, 1705 und NJW-RR 2011, 1012
75 BGH NJW 2018, 1548 ff.
76 Vgl. BayObLG FamRZ 1998, 1328
77 BT-Drs. 11/4528, S. 146

(3) Selbsttötung

Denkbare Fälle sind Suizidversuch bzw. -gefahr[78]. Suizidale Handlungen weisen die unterschiedlichste Prägung auf: Strangulation, Aufschneiden der Pulsadern, Einnahme einer Überdosis von Medikamenten, Drogen oder Gift, Sprung von Bauwerken, Benutzung von Pistolen oder anderen Waffen (z.B. PKW) etc. Medizinische Untersuchungen[79] haben ergeben, dass 10% der Patienten mit Suizidversuch später tatsächlich durch Suizid sterben. Andererseits handeln die Betroffenen oft nicht aus unerschütterlichem Todeswunsch, sondern in der unterschwelligen Hoffnung, ihr verzweifelter Schrei nach menschlichem Beistand werde gehört[80]. Es ist daher immer genau zu prüfen, ob ein suizidales Verhalten bzw. die Gefahr eines solchen besteht. Steht der Betroffene unter dem Einfluss imperativer Stimmen, die sein eigenständiges Handeln und Entscheiden überdecken, oder will er seine Erkrankung mit ihren Symptomen nicht offenbaren (sogenannte doppelte Buchführung), muss man in der Regel von einer ernstlichen Suizidgefahr ausgehen. Dies gilt auch, wenn ein depressiver Betroffener mit bekannten Suizidversuchen in der Vergangenheit und Zukunftsängsten eine Waffe erwirbt, um sich zu töten[81]. Dem Sprung aus einem Parterrefenster, dem oberflächlichen Schneiden der Pulsadern, der Einnahmen niedriger Dosen von Medikamenten, Drogen oder Gift kommt dagegen oftmals mehr demonstrativer, hilfesuchender Charakter bei als ernstliche Suizidalität. Diese Handlungen können unter Umständen aber den Grad einer erheblichen Gesundheitsgefährdung erreichen, insbesondere wenn ausgeprägte Suizidgedanken bei Überlagerung der eigenständigen Willensbildung (imperative Stimmen) bestehen. Bei depressiven Krankheitsbildern lässt sich häufig eine anhaltende Basissuizidalität beobachten. Ohne krisenhafte Zuspitzung vermag sie ebenso wenig eine Unterbringung zu rechtfertigen[82] wie das bloße Äußern von Suizidideen ohne eindeutige Hinweise auf ernst zu nehmende Gefährdungen[83]. 21

Dies gilt auch für den so genannten Bilanzsuizid, d.h. einer in freier Willensbestimmung nach ernsthafter Abwägung getroffenen Entscheidung zum Sterben[84]. Ob der Betroffene in freier Selbstbestimmung gehandelt hat, ist allerdings im Einzelfall schwer abzugrenzen. Die äußeren und inneren Motivationsfaktoren sind sorgfältig abzuklären, ebenso die Frage, ob die Entscheidung auf Willensmängeln beruht[85].

(4) Erheblicher gesundheitlicher Schaden

Die Gesundheitsgefährdung muss einen derartigen Schweregrad erreicht haben, dass eine Freiheitsentziehung gerechtfertigt erscheint[86], etwa wenn die Erkrankung erheblichen Einfluss auf die Willensbildungs- und Steuerungsfähigkeit des Betroffenen hat[87]. Fürsorgerisches Eingreifen ist dem Staat nur bei erheblicher Gesundheitsgefährdung gestattet. Bei der Beurteilung, ob die Gefahr eines erheblichen gesundheitlichen Schadens besteht, ist bei bereits untergebrachten Betroffenen auch auf die Situation abzustellen, die sich bei der 22

78 Art. 2 EMRK verpflichtet Deutschland als Vertragsstaat der EMRK, Menschen an einer Selbsttötung zu hindern, wenn sie die Entscheidung dazu nicht frei und in Kenntnis aller Umstände getroffen haben, EGMR FamRZ 2011, 3773. Zum Zusammenspiel von Betreuungs- und Vollstreckungsgericht bei suizidgefährdeten Schuldnern vgl. BVerfG NJW 2013, 290 und NJW-RR 2012, 393; BGH NJW 2013, 628 ff. und 2011, 2807 sowie Kaiser, NJW 2011, 2412.

79 Coeppicus, S. 148 f.

80 Vgl. BGH NJW 1984, 2639

81 OLG Hamm FamRZ 2007, 934 ff.

82 OLG Stuttgart NJW-RR 1995, 662

83 BayObLG FamRZ 2003, 783 f.

84 OLG Zweibrücken FGPrax 2006, 23 ff.; BayObLG FamRZ 1993, 600; Coeppicus, S. 148 f.

85 Coeppicus, S. 150

86 BayObLG NJW 2002, 146 und 1999, 1789; Saarl. OLG BtPrax 1997, 202

87 OLG Naumburg NJOZ 2006, 3170 ff.

Entlassung aus der Unterbringung ergäbe[88]. Mit zunehmender Dauer einer Unterbringung steigen die verfassungsrechtlichen Anforderungen an die Erheblichkeit des Gesundheitsschadens und an dessen Wahrscheinlichkeit[89]. Zu berücksichtigen ist die in gewissen Grenzen bestehende „Freiheit zur Krankheit"[90]. Der gesundheitliche Schaden muss nicht wie in § 1904 BGB längerfristig andauern. Sofern das Krankheitsbild schon länger andauert, muss allerdings festgestellt sein, dass sich die Krankheit unmittelbar zuvor verschlimmert hat[91]. Ein nachhaltiger Therapieerfolg ist – anders als bei der Nr. 2 – nicht zu verlangen[92].

Als erhebliche gesundheitliche Schäden sind anzusehen:

- krankheitsbedingte Verweigerung von Getränken und/oder Nahrung bzw. lebenswichtiger Medikamente[93] bzw. das stete Absetzen der nötigen Medikation in der Vergangenheit mit der Folge der jeweiligen Unterbringung zur Fortführung der Medikation[94];
- planloses Herumirren ohne Beachtung des Straßenverkehrs und/oder Suche nach verstorbenen Angehörigen, ohne adäquate Bekleidung (z.B. im Winter nachts im Nachthemd oder Sonnen in Badehose im Stadtpark bei Dauerfrost)[95]; Ablegen der Kleidung, Herumirren und Schmieren mit Kot[96];
- Ablehnung der ärztlichen Behandlung bei Prädelir oder Delir (Mortalität liegt dann bei 20%, wenn Behandlung unterbleibt);
- wiederholte „krankheitsbedingte" Stürze mit Verletzungen bei Alkoholikern[97];
- Ablehnung der erforderlichen Psychopharmaka würde zu einer derartigen Chronifizierung der Krankheit führen, dass der Betroffene dauerhaft in beschützender Umgebung wohnen müsste[98];
- Leben in einer vermüllten Wohnung, von der tatsächliche Gesundheitsgefahren ausgehen[99];
- völlige Verwahrlosung und darauf beruhende körperliche Verelendung und Unterversorgung[100];
- fortgesetzter Alkohol- oder Drogenmissbrauch bei Notwendigkeit einer Entgiftung[101], bei Fortschreiten der Krankheit und Bedrohung des Lebens des Betroffenen[102] bzw. bei Unfähigkeit, den Suchtmittelmissbrauch zu steuern mit desolatem körperlichem Zustand[103];

88 BVerfG BtPrax 1997, 196
89 BGH NJW 2018, 1548 ff.; BayObLG BtPrax 2005, 68
90 BVerfG NJW 1998, 1774
91 BVerfG FamRZ 1998, 895: wenn eine vorläufige Unterbringung erfolgen soll
92 BGH NJW 2018, 1548 ff.; BtPrax 2015, 153 und 2011, 259; OLG Rostock BtPrax 2010, 134 ff.; OLG München BtPrax 2005, 113; BayObLG FamRZ 2004, 1135; OLG Hamm BtPrax 2003, 182 f.
93 Z.B. Insulin oder Medikamente gegen die Abstoßung transplantierter Organe, vgl. OLG Hamm NJW 1976, 378, oder der Nahrung bei Vergiftungswahn, OLG Brandenburg BtPrax 2007, 224 f.
94 BGH NJW-RR 2010, 1370
95 BT-Drs. 11/4528, S. 146; OLG München BtPrax 2006, 105 und FGPrax 2006, 87. Siehe auch OLG Frankfurt a.M. BtPrax 1993, 138; LG Hamburg FamRZ 1994, 1619 jeweils im Rahmen von § 1906 Abs. 4 BGB.
96 BayObLG MDR 1994, 922
97 OLG Hamm DAV 1997, 55
98 OLG Schleswig BtPrax 2003, 223 f.; KG FamRZ 2001, 172
99 BayObLG FamRZ 1993, 998
100 BGH BtPrax 2017, 197 f.; FamRZ 2012, 1705; NJW-RR 2011, 1012
101 Damrau/Zimmermann, § 1906 BGB, Rn. 38
102 OLG München BtPrax 2005, 113; BayObLG BtPrax 2004, 193 sowie FamRZ 2004, 1135 und 2002, 908, 909
103 BGH BtPrax 2011, 259; OLG Hamm BtPrax 2003, 182 f.

- kurzfristiger Alkoholrückfall mit der Gefahr eines Deliriums tremens bei gleichzeitigem Absetzen von Medikamenten, die Wahnideen mit suizidalen Gedanken hemmen[104];
- Äußerung von Selbsttötungsabsichten durch einen extrem angespannten und gereizten Betroffenen mit Vergiftungs- und Verfolgungswahn[105];
- Drohung sich ein mitgeführtes Messer in den Bauch zustechen[106]:
- Eintreten psychischer Defekte, wie Intelligenzdefekt oder Wesensänderung;
- Durchführen von suizidalen oder parasuizidalen Handlungen, die zum Tode oder zu irreversiblen Schäden führen können[107];
- Spontanes Begeben in den Straßenverkehr[108];
- Verlust der sozialen Kompetenz, d.h. aufgrund Verfestigung der Erkrankung nicht mehr Auto fahren, eigenbestimmt leben und arbeiten sowie soziale Kontakte aufrechterhalten zu können.

Bei der Unterbringung von Drogen- und Alkoholabhängigen[109] ergeben sich immer wieder Probleme. Zunächst muss die Suchterkrankung aufgrund von Folgeschäden ein Ausmaß erreicht haben, dass der Krankheitsbegriff des § 1896 BGB ausgefüllt ist. Eine Unterbringung zur Abwehr einer Gesundheitsgefährdung kann aber auch nur dann erfolgen, wenn der Betroffene gegenüber seiner Erkrankung völlig unkritisch und nicht in der Lage ist, seinen Alkoholgenuss in freier Willensbestimmung zu steuern, um so einen Rückfall in den Alkoholmissbrauch zu vermeiden, der zu weiteren Schädigungen führen müsste. Diese Gefahr muss mit ausreichenden Feststellungen belegt sein. Vorfälle mit alkoholischen Exzessen oder Verwahrlosungen reichen dafür allein nicht. Etwas anderes gilt aber, wenn der zucker- und alkoholkranke Betroffene bei freiem Zugang zu Alkohol bei nicht ausreichend schneller medizinischer Intervention in einen lebensbedrohlichen Zustand gerät[110] oder bei stationärer Aufnahme jeweils erheblich verletzt war[111]. Bei Vorliegen eines alkoholbedingten Kleinhirnschadens kann eine vorangehende dreimalige Aufnahme im Zustand akuter Intoxikation mit Promillewerten bis zu 4,6 ‰ das Vorliegen der gesetzlichen Voraussetzungen des § 1906 Nr. 1 BGB belegen[112]. Soll eine langfristige Unterbringung erfolgen, deren Hauptzweck in dem Ausschluss weiteren Alkoholmissbrauches liegt, muss bei weiterem Alkoholmissbrauch eine lebensbedrohliche Gefährdung bestehen[113]. **23**

Die Gefährdungen sind konkret darzulegen. Anzugeben ist, wie hoch die Wahrscheinlichkeit eines Rückfalls bzw. eines dabei auftretenden Krampfanfalls im Einzelfall ist, welche Intensität ein Rückfall haben wird und welche gesundheitlichen Schäden bei einem Rückfall konkret eintreten werden[114]. Unter dem Blickwinkel des Erwachsenenschutzes kommt bei suchtkranken Betroffenen nur im Ausnahmefall eine dauerhafte Unterbringung in Betracht[115].

---

104 BGH BtPrax 2015, 153
105 BayObLG NJWE-FER 2001, 177, 178 a.E. zu einer öffentlich-rechtlichen Unterbringungsmaßnahme
106 BGH BtPrax 2010, 279
107 OLG Brandenburg FamRZ 2007, 1127 (LS)
108 BGH BtPrax 2017, 197
109 Zur Diagnosestellung, Ursachen und Behandlung einer Alkoholabhängigkeit vgl. Schirmer/Bublath,/Simon, NZFam 2018, 492
110 BGH BtPrax 2011, 259; BayObLG FamRZ 2001, 576 und 578; siehe auch Schmidt, BtPrax 2001, 188 ff. und oben Fn. 74
111 OLG Hamm BtPrax 1997, 55
112 BGH BtPrax 2016, 149
113 OLG Hamm FGPrax 2009, 135 ff.
114 BGH NJW 2018, 1548 ff.
115 BGH NJW 2018, 1548 ff.: Der inzwischen 52-jährige Betroffene war seit 8,5 Jahren geschlossen untergebracht.

Nicht ausreichende Gesundheitsschäden drohen dagegen bei:

- Ablehnung der Medikamente oder Verweigerung einer Behandlung und unbestimmter Gefahr eines gesundheitlichen Rückfalls[116] oder Chronifizierungsgefahr[117];
- Neigung, nach Absetzen der Medikamente planlos ins Ausland zu fahren und hilfesuchend bei Krankenhäusern vorzusprechen[118];
- Verlängerung einer manischen Phase aufgrund Medikamentenverweigerung[119];
- Orientierungslosigkeit ohne Weglauftendenzen und Verirren[120];
- Gefahren im Straßenverkehr ohne Beschreibung der krankheitsbedingten Hilflosigkeit und der konkreten Umstände im Straßenverkehr[121];
- bloßer Verwahrlosung[122];
- körperlicher Verwahrlosung und unterernährtem Zustand[123];
- Sturz mit Oberarmfraktur eines Dementen, wenn ein Zusammenhang zwischen Demenz und Sturz fehlt[124];
- anhaltender desolater Situation des Betroffenen und Unklarheit hinsichtlich der Diagnose und der Besserungsmöglichkeit durch Neuroleptika[125].

(5) Vermögensschaden

24 Die Fälle der Gefährdung des eigenen Vermögens sind nicht erfasst. Sie sollen aber eine Unterbringung nach Nr. 1 rechtfertigen, wenn die Vermögensschädigungen so erheblich sind, dass sich dadurch die familiären Beziehungen des Betroffenen nachhaltig verschlechtern und dies zur Verschlimmerung der Krankheit führt[126]. In solchen Fällen wird aber vorrangig zu prüfen sein, ob nicht durch Anordnung eines Einwilligungsvorbehalts (§ 1903 BGB) die Ursache für die Vermögensschädigungen effektiver und dauerhafter zu beseitigen ist. Gegebenenfalls kommt auch eine Unterbringung zur Heilbehandlung in Frage.

bb. Durchführung ärztlicher Maßnahmen

25 Eine Unterbringung nach § 1906 Abs. 1 Nr. 2 BGB kann erfolgen, wenn

- eine Untersuchung des Gesundheitszustandes, eine Heilbehandlung oder ein ärztlicher Eingriff bzgl. des Betroffenen notwendig sind,
- ohne die Durchführung der ärztlichen Maßnahme die Gefahr eines erheblichen gesundheitlichen Schadens besteht,
- die ärztliche Maßnahme ohne Unterbringung nicht durchgeführt werden kann und
- der Betroffene auf Grund der psychischen Krankheit oder geistigen oder seelischen Behinderung nicht in der Lage ist, die Notwendigkeit einer Unterbringung zu erken-

---

116 BGH BtPrax 2015, 123 (LS); OLG Brandenburg BtPrax 2007, 224 f.; OLG Saarbrücken BtPrax 1997, 202; Jürgens-Marschner, § 1906 BGB, Rn. 13
117 BGH BtPrax 2017, 197 f.: Mögliche Chronifizierung beschreibt nur abstrakte Gefahren.
118 BGH BtPrax 2014, 129
119 OLG München BtPrax 2006, 26
120 AG Soltau BtPrax 1993, 112
121 BGH NJW 2018, 1548 ff.
122 OLG Hamm JMBl. NRW 1959, 113: Der Begriff der Verwahrlosung ist ohne eigentliche Aussagekraft. Das verkennt noch BGH FamRZ 2010, 365 ff., vgl. Zimmermann, FamRZ 2010, 367.
123 BGH BtPrax 2015, 258 (LS) und 241: Sie besagen nichts über eine bestehende gesundheitliche Gefährdung, der nur mit einer Unterbringung und nicht durch ambulante Hilfen begegnet werden kann.
124 OLG Zweibrücken NJW 1985, 2769
125 OLG Bremen BtPrax 2007, 87 ff.
126 BT-Drs. 11/4528, S. 146; a.A. BayObLG FamRZ 2003, 783 f.

nen bzw. nicht nach dieser Einsicht handeln kann, mit anderen Worten die Einsichts- und Steuerungsfähigkeit beeinträchtigt ist[127].

Zu beachten ist, dass die ärztlichen Maßnahmen unter Umständen zusätzlich einer Genehmigungspflicht nach § 1904 Abs. 1, 2 BGB unterliegen können[128], sofern kein Fall des § 1904 Abs. 4 BGB vorliegt. Auch nach § 1906a Abs. 1, 2 BGB kann im Hinblick auf ärztliche Zwangsmaßnahmen eine zusätzliche Genehmigungspflicht bestehen.

Voraussetzung ist aber jeweils, dass im Rahmen der Unterbringung tatsächlich eine ärztliche Maßnahme erfolgt. Wird etwa eine ursprünglich angestrebte Heilbehandlung auf einer geschlossenen Station nicht mehr durchgeführt, weil eine Gesprächstherapie auf einer offenen Station sich als ausreichend erweist, bedarf es keiner Unterbringung[129].

(1) Untersuchung des Gesundheitszustandes

▶ *Zum Begriff der Untersuchung des Gesundheitszustands vgl. auch die Ausführungen zu § 1904 BGB in Teil E Rn. 9*

Gemeint sein kann hier eine Diagnostik zur Abklärung von unvorhersehbaren Erregungsdurchbrüchen, ausgeprägten Verwirrtheitszuständen oder krankheitsbedingten Auffälligkeiten. Die Zweckmäßigkeit einer Untersuchung ist nicht ausreichend, sie muss im Rahmen des Unterbringungsgrundes relevant, zur Durchführung der anschließenden Heilbehandlung und Abwendung späterer Gesundheitsschäden erforderlich sein. Es ist darzulegen, welcher gesundheitliche Schaden bei Unterlassung der Untersuchung droht[130]. Zwangsuntersuchungen bei Bagatellkrankheiten sollen nicht ermöglicht werden[131]. **26**

(2) Heilbehandlung

Heilbehandlung meint Besserung des Krankheitszustandes, Linderung von Krankheitssymptomen, zumindest die Verhinderung der Verschlechterung des Gesundheitszustandes auf der Grundlage ärztlichen Handelns. Das Verbleiben auf einer geschlossenen Station ohne tatsächliche ärztliche Maßnahme füllt den Begriff der Heilbehandlung nicht aus[132]. **27**

▶ *Zum Begriff der Heilbehandlung vgl. auch die Ausführungen zu § 1904 BGB in Teil E Rn. 10*

Eine Heilbehandlung kann sich z.B. auf die Gabe der notwendigen Psychopharmaka bei erneutem Auftreten (Exacerbation) einer Psychose, beruhigender Medikamente zur Behandlung von akuten Erregungs- oder Verwirrtheitszuständen im Rahmen einer Demenz oder einer Elektrokrampftherapie bei katanoner Schizophrenie bzw. hartnäckiger Depression beziehen. Eine Heilbehandlung ist medizinisch notwendig, wenn es nach den objektiven medizinischen Befunden und wissenschaftlichen Erkenntnissen zum Zeitpunkt der Behandlung vertretbar ist, sie als medizinisch notwendig anzusehen. Das ist regelmäßig dann der Fall, wenn eine wissenschaftlich anerkannte Behandlungsmethode zur Verfügung steht, die geeignet ist, die Krankheit zu heilen oder zu lindern[133].

Nach den Vorgaben des Gesetzgebers ist die Behandlung dieser so genannten Anlasskrankheiten (= Krankheiten, die Anlass für eine Betreuerbestellung waren) nur zulässig, wenn die beabsichtigte Heilbehandlung geeignet ist, den gewünschten Erfolg herbeizu- **28**

---

127 OLG Düsseldorf BtPrax 1995, 29
128 OLG Hamm BtPrax 2000, 173
129 BGH BtPrax 2011, 170
130 BGH BtPrax 2015, 241 und 258 (LS)
131 Damrau/Zimmermann, § 1906 BGB, Rn. 45
132 OLG Brandenburg BtPrax 2009, 182 f.
133 OLG Nürnberg NJOZ 2016, 626

führen, und die Nachteile, die ohne Unterbringung und Behandlung entstehen würden, die Schwere der Freiheitsentziehung überwiegen[134].

Das ist zu bejahen, wenn im Rahmen der in der Unterbringung erfolgenden Behandlung mit Psychopharmaka eine Rückbildung der Krankheitssymptome mit Herbeiführung und Stabilisierung der Einsichts- und Steuerungsfähigkeit des Betroffenen zu erwarten ist[135]. Soll eine solche Medikation über mehrere Monate hinweg fortdauern, muss dafür unter Anlegung eines strengen Prüfungsmaßstabes eine medizinische Indikation bestehen und der mögliche therapeutische Nutzen gegen die Gesundheitsschäden abgewogen werden, die ohne Behandlung entstehen würden[136]. In der Hauptsacheentscheidung ist dann darzulegen, welche Gesundheitsschäden bei Absetzen der Medikamente drohen und welche Behandlungen mit welchen Erfolgsaussichten durchgeführt werden sollen[137].

29 Soll die Behandlung gegen den natürlichen Willen des Betroffenen durchgeführt werden, ist das nur unter den Voraussetzungen des § 1906a BGB möglich (dazu unten Rn. 40 ff.). Lehnt der Betroffene bereits im Vorfeld eine ärztliche Maßnahme mit natürlichem Willen ab, kann gleichwohl eine Genehmigung der Unterbringung zur Heilbehandlung in Betracht kommen, wenn nicht von vorneherein ausgeschlossen ist, dass der Betroffene sich in der Unterbringung behandeln lassen wird[138]. Ist auszuschließen, dass der Betroffene eine Behandlung ohne Zwang vornehmen lassen wird, ist eine Unterbringung zur Heilbehandlung nur möglich, wenn trotzdem eine erfolgversprechende Heilbehandlung erfolgen kann. Mit anderen Worten muss die Überwindung seines entgegenstehenden natürlichen Willens mittels ärztlicher Zwangsbehandlung rechtlich zulässig sein. Es müssen also die Voraussetzungen des § 1906a Abs. 1 BGB vorliegen und die ärztliche Zwangsmaßnahme nach § 1906a BGB rechtswirksam genehmigt sein[139] (dazu unten Rn. 40 ff.). Die Unterbringung zur Heilbehandlung darf die sechswöchige Höchstfrist des § 329 Abs. 2 BGB für eine Genehmigung ärztlicher Zwangsmaßnahmen in diesen Konstellationen im Einzelfall überschreiten. Dies ist zulässig, wenn der Tatrichter zu der Überzeugung gelangt, dass die notwendige Heilbehandlung über den genehmigten Zeitraum der Zwangsbehandlung hinaus sichergestellt ist[140]. Das kann bei Feststellung konkreter Tatsachen dazu, dass der Betroffene sich anschließend freiwillig behandeln lässt, keinen die Behandlung ablehnenden Willen mehr manifestiert[141] oder eine weitere Zwangsbehandlung rechtswirksam genehmigt werden kann, bejaht werden[142].

30 Therapieerfolg meint die Verbesserung der Lebensqualität des Betroffenen bzw. Vermeidung einer konkret drohenden Verschlechterung[143]. Bei einem alkoholkranken Betroffenen kommt eine langfristige Unterbringung zur Heilbehandlung in Frage, wenn die beabsichtigte Therapie greifbare Aussichten auf einen Behandlungserfolg verspricht, ein Fortschreiten des Alkoholmissbrauches gegenwärtige schwerste Gesundheitsgefahren in sich birgt und die langfristige Unterbringung das letzte Mittel zur Abwehr einer lebensbedrohlichen Entwicklung ist[144].

134 BT-Drs. 11/4528, S. 147
135 OLG Schleswig BtPrax 2003, 223 f.
136 OLG Hamm BtPrax 2009, 77 ff.
137 OLG Schleswig FGPrax 2008, 180 f.; OLG Naumburg FamRZ 2008, 2060 ff.
138 BGH NJW 2018, 1086 ff. und 2012, 3234, Rn. 13
139 BVerfG BtPrax 2015, 192; BGH NJW 2018, 1086 ff.; BtPrax 2017, 197 und 2014, 277
140 Die Genehmigung darf aber nicht über den Fristablauf einer einstweiligen Betreuerbestellung für den Gesundheits- und Aufenthaltsbereich erteilt werden, BGH BtPrax 2013, 39
141 Nur dann kann von einer Zwangsbehandlung gesprochen werden, vgl. BGH FamRZ 2013, 1726, Rn. 26 = BtPrax 2013, 39; Dodegge, NJW 2012, 1265, 1266
142 BGH FamRZ 2018, 525
143 OLG Hamm BtPrax 2009, 77 ff.
144 OLG Hamm FGPrax 2009, 135 ff.

Die Unterbringung zur Heilbehandlung ist auch gerechtfertigt, wenn nur so der Gesundheitszustand in Bezug auf die psychische Krankheit stabil gehalten und eine weitere Chronifizierung verhindert oder eine bereits eingetretene Chronifizierung noch beeinflusst werden kann[145]. Gleiches gilt, wenn die Medikation eingestellt werden muss, damit der Betroffene unter dem Einfluss der Medikamente zumindest für einige Zeit in der Lage ist, die verordneten Medikamente einzunehmen[146]. Auch der Umstand, dass der Betroffene ohne Unterbringung die Behandlung sofort abbrechen und in alte Verhaltensmuster, insbesondere verbal aggressives Verhalten gegenüber seinen Angehörigen, zurückfallen würde, kann eine Unterbringung zur Heilbehandlung rechtfertigen[147]. **31**

Neben der Anlasserkrankung können auch Krankheiten, die nicht Grundlage der Betreuerbestellung waren, eine Unterbringung nach Nr. 2 rechtfertigen. Beispiele sind die wahnhafte Ablehnung der lebenserhaltenden Dialyse, einer Krebsbehandlung oder einer Operation sowie die Ablehnung einer Amputation von Gliedmaßen bei Diabeteserkrankung mit Nekrosen und Gefahr einer Sepsis oder die krankheitsbedingte Unfähigkeit, sich selbst die erforderlichen Insulinspritzen zu geben[148]. **32**

Hinzutreten muss jeweils, dass weiter gehende Gesundheitsgefährdungen ernstlich zu befürchten sind[149].

Steht allerdings fest, dass die angestrebte Heilbehandlung – aus welchen Gründen auch immer – nicht oder nicht mehr durchgeführt wird, kommt eine Genehmigung nach § 1906 Abs. 1 Nr. 2 BGB ebenso wenig in Betracht wie bei einem Betreuten, der bereits aufgrund einer anderen Rechtsgrundlage untergebracht ist[150].

(3) Ärztlicher Eingriff

Ärztlicher Eingriff meint als Auffangtatbestand alle ärztlichen Handlungen, die nicht Heilbehandlung, aber doch ärztlichen Eingriff meinen, also z.B. kosmetische Operationen[151]. **33**

▶ *Zum Begriff des ärztlichen Eingriffs vgl. auch Teil E Rn. 11*

(4) Notwendigkeit

Dieses Tatbestandsmerkmal beschreibt eine Selbstverständlichkeit und ist Ausfluss des Verhältnismäßigkeitsgrundsatzes, der ohnehin bei jeder Entscheidung über eine Unterbringung Berücksichtigung finden muss (dazu unten Rn. 38). **34**

Das Bundesverfassungsgericht hat diesen Gedanken nochmals hervorgehoben[152]. Danach gebietet eine verfassungskonforme, am Verhältnismäßigkeitsgrundsatz ausgerichtete Anwendung des § 1906 BGB, eine Unterbringung nur zu genehmigen, wenn diese sich als unumgänglich erweist, um drohende gewichtige gesundheitliche Schädigungen vom Betroffenen abzuwenden. In weniger gewichtigen Fällen muss dem psychisch Kranken, geistig oder seelisch Behinderten die Freiheit zur Krankheit zugestanden werden. Die gefährdeten Rechtsgüter müssen also von erheblichem Gewicht, die den geschützten Rechtsgütern drohende Gefahr muss erheblich sein. Letzteres erfordert, dass mit der Be-

---

145 OLG München BtPrax 2006, 36 f.; OLG Schleswig FGPrax 2005, 136 und NJOZ 2005, 3628 f.; ähnlich KG NJOZ 2005, 3225 ff.
146 BayObLG NJW-RR 2004, 8 ff.
147 OLG München BtPrax 2005, 155 f.
148 BayObLG FamRZ 2002, 908, 909
149 LG Rostock FamRZ 2003, 704 f.: Zu Unrecht sieht das Gericht eine temporäre Besserung des Gesundheitszustandes als nicht ausreichend an.
150 BGH BtPrax 2010, 80; OLG München BtPrax 2009, 243 f.
151 Damrau/Zimmermann, § 1904 BGB, Rn. 30
152 BVerfG NJW 1998, 1774; vgl. auch BayObLG NJW 2002, 146 und FPR 2002, 94

einträchtigung der Rechtsgüter mit hoher Wahrscheinlichkeit und jederzeit gerechnet werden muss[153].

An der Notwendigkeit einer Unterbringung zur Durchführung einer ärztlichen Maßnahme fehlt es also bei Bagatellerkrankungen oder Krankheiten ohne gravierende bzw. nicht anhaltende Beeinträchtigungen der psychischen oder physischen Gesundheit.

Besteht etwa keine Heilungs- oder Besserungsaussicht[154], kann die Behandlung keinen Erfolg bieten[155] oder soll eine Krankheits- bzw. Behandlungseinsicht erzwungen werden[156], ist die Unterbringung nicht notwendig im Sinne der Nr. 2. Die fehlende Bereitschaft des Betroffenen, sich behandeln zu lassen, beseitigt die Notwendigkeit der Unterbringung indes nicht. Ansonsten würden z.B. Betroffene, die so schwer psychisch erkrankt sind, dass sie noch nicht einmal ihre Krankheit erkennen können, entgegen der gesetzlichen Intention nicht behandelt werden können.

Zur Abschätzung der Notwendigkeit muss zum einen der Verlauf der Krankheit mit Unterbringung und Behandlung und zum anderen der Verlauf ohne Unterbringung, gegebenenfalls mit alternativer oder ambulanter Behandlung, prognostiziert und miteinander abgewogen werden[157]. Es muss mit erheblicher Wahrscheinlichkeit ohne Behandlung und Unterbringung im konkreten Einzelfall ein erheblicher Gesundheitsschaden eintreten. Ein solcher Fall ist zu bejahen, wenn mit der beabsichtigten Behandlung einer Chronifizierung der psychischen Krankheit mit ihren negativen sozialen Folgen Einhalt geboten werden kann[158], ein Alkohol- oder Drogenabhängiger akut entgiftet werden muss[159] oder sich der Gesundheitszustand des krankheitsuneinsichtigen Betroffenen ohne Medikamente weiter verschlechtern und er immer mehr in seiner Psychose versinken würde mit der Gefahr, dass eine Erfolg versprechende Behandlung immer schwieriger wird[160].

(5) Ohne Unterbringung nicht durchführbar

35 Besteht die Möglichkeit, die ärztliche Maßnahme anders vorzunehmen, entfällt das Erfordernis stationärer Unterbringung. So können ärztliche Maßnahmen zum Beispiel in offenen Einrichtungen, Tageskliniken oder ambulant durchgeführt werden. Zu fragen ist nach alternativen Behandlungsmethoden außerhalb von Einrichtungen mit Freiheitsentzug. Insoweit beschreibt auch dieses Merkmal wiederum eine Komponente des Verhältnismäßigkeitsgrundsatzes (dazu Rn. 38). Eine Unterbringung kann nur in Frage kommen, wenn der Betroffene sich derartigen Behandlungsmöglichkeiten räumlich durch Weglaufen oder Fernbleiben entziehen würde[161].

Alternative Behandlungsmethoden sind aber nur vorrangig, wenn sie im konkreten Einzelfall anwendbar sind. Zeigt der Betroffene keine ausreichende Compliance (d. h. Behand-

153 BayObLG NJW 2002, 146

154 KG NJOZ 2005, 3625 ff.; BayObLG BtPrax 2001, 251: für eine ärztlich nicht korrigierbare „Sammelwut"; OLG Saarbrücken BtPrax 1997, 202; LG Berlin FamRZ 1993, 597: Wahn war chronifiziert und medikamentös und therapeutisch nicht mehr beeinflussbar.

155 Der Gesetzgeber nennt den Fall der Entwöhnungstherapie gegen den Willen des Betroffenen Bt-Drs. 11/4528, S. 147, vgl. auch OLG Schleswig FamRZ 1998, 1328.

156 OLG Schleswig MDR 2000, 87; LG Frankfurt a.M. FamRZ 1993, 478. Zeigt der Krankheitsverlauf, dass nach stationärer Neuroleptikabehandlung eine Krankheits- und Behandlungseinsicht eintritt und die Krankheitssymptome zurückgehen, muss m.E. allerdings im Rahmen der Verhältnismäßigkeit abgewogen werden, ob der dadurch erreichte Erfolg nicht doch eine zeitlich befristete Unterbringung rechtfertigt. So auch OLG Schleswig BtPrax 2003, 223 f.; KG NJOZ 2005, 3625 ff.

157 Jürgens-Marschner, § 1906 BGB, Rn. 19

158 Z.B. Sozialer Rückzug, Verlust der Möglichkeit ein eigenständiges Leben zu führen, einen PKW zu führen und einen Beruf ausüben zu können, vgl. dazu KG FamRZ 2001, 172

159 BT-Drs. 11/4528, S. 147

160 BayObLG NJW-RR 2004, 8 ff.

161 BGH BtPrax 2008, 115 ff.

lungseinsicht und Absprachefähigkeit), ist eine hochdosierte Gabe von Psychopharmaka mit Nebenwirkungen und Überwachungsbedarf nötig oder hat der Betroffene in der Vergangenheit das Krankenhaus immer vorzeitig verlassen[162], fehlen Behandlungsalternativen, die die Unterbringung entbehrlich machen könnten.

(6) Krankheitsbedingtes Fehlen der Unterbringungseinsicht

Als weiteres Element verlangt die Nr. 2 eine Aufhebung bzw. Einschränkungen der Einsichts- und Steuerungsfähigkeit hinsichtlich der Unterbringung. **36**

Aufgrund[163] psychischer Krankheit oder geistiger oder seelischer Behinderung (vgl. hierzu im Einzelnen § 1896 BGB, Teil A, Rn. 5 ff.) darf der Betreute die Notwendigkeit der Unterbringung nicht erkennen oder nicht nach dieser Einsicht handeln können. Bei Drogen- und Alkoholabhängigen ist die Frage einer zugrunde liegenden psychischen Krankheit oder geistigen oder seelischen Behinderung immer wieder genau zu prüfen. Sie kann bejaht werden bei einer auf ausgeprägter Persönlichkeitsstörung beruhenden Drogen- oder Alkoholkrankheit mit dadurch hervorgerufener Persönlichkeitsveränderung[164] bzw. daneben bestehender Minderbegabung[165]. Die Unmöglichkeit der Durchführung der ärztlichen Maßnahme muss ihre Ursache in psychischer Krankheit oder geistiger oder seelischer Behinderung finden.

Die fehlende Erkenntnisfähigkeit zur Notwendigkeit einer Unterbringung meint primär das Unvermögen, die Notwendigkeit der im Einzelnen erforderlichen ärztlichen Maßnahme sowie die daraus resultierende Notwendigkeit einer nur durch Unterbringung durchführbaren Besserung des Gesundheitszustandes bzw. Heilung zu erkennen[166].

Beispiel: Fehlt eine Krankheits- oder Behandlungseinsicht aufgrund einer psychischen Krankheit („Ich bin nicht psychisch krank und benötige deshalb weder ärztliche Behandlung noch Medikamente"), liegt ein wahngesteuertes Denken und Handeln („Ich lehne die Dialyse ab, weil die Mafia mich verfolgt und mit der Dialyse Gift in den Körper leiten will") oder eine schwere geistige Behinderung mit Verlust eines kritischen Situationsüberblicks vor; es besteht keine Einsichtsfähigkeit in die Notwendigkeit einer Unterbringung[167].

Im Gegensatz zu diesen kognitiven Aspekten bezieht sich die Unfähigkeit, nach der gewonnenen Einsicht zu handeln, auf die voluntativen Aspekte einer Entscheidung und ihrer Durchführung. Der Betreute kann in diesem Fall zwar die Notwendigkeit einer Unterbringung erkennen, aber nicht dementsprechend handeln. Er nimmt also keine stationäre Behandlung auf oder ist nicht bereit, sie ausreichend lange fortzusetzen. Solche Konstellationen treten auf, wenn der Betreute krankheitsbedingt weitgehend antriebslos, ausgeprägt ambivalent ist – er schwankt zwischen verschiedenen Meinungen hin und her, ohne eine abschließende Entscheidung treffen zu können – oder unter dem Einfluss imperativer, d.h. befehlender, Stimmen steht.

Sobald der Betroffene die Steuerungs- und Einsichtsfähigkeit zurückerlangt, ist die Unterbringung nicht mehr zulässig[168].

Differenzierte Betrachtungsweisen sind geboten, wenn eine Behandlung vom Betroffenen verweigert wird. Die Ablehnung einer ärztlich indizierten Maßnahme rechtfertigt nicht au-

162 OLG Hamm DAV 1997, 55
163 Es muss Kausalität bestehen, BayObLG BtPrax 1996, 28
164 BayObLG FamRZ 1999, 1304 und 1306
165 OLG Hamm DAV 1997, 55
166 BayObLG FamRZ 1998, 921; Damrau/Zimmermann, § 1906 BGB, Rn. 55
167 Unzutreffend insoweit Jürgens-Marschner, § 1906 BGB, Rn. 23, der einer fehlenden Krankheitseinsicht keine Bedeutung beimessen will.
168 OLG Düsseldorf BtPrax 1995, 29

tomatisch den Schluss auf eine fehlende Einsichtsfähigkeit. Beruht die Ablehnung auf einer, von Krankheiten unbeeinflussten freien Willensbestimmung (häufig zum Beispiel bei Krebspatienten zu beobachten), religiösen (Ablehnung von Bluttransfusionen) oder weltanschaulichen Gründen, kann die Behandlung nicht über eine Unterbringung erzwungen werden. Zwangsbehandlungen sind nur zulässig, wenn der Betroffene einwilligungsunfähig und die Zwangsbehandlung im Hinblick auf drohend gewichtige Gesundheitsschäden verhältnismäßig ist[169] (dazu unten Rn. 40 ff.).

e. Fehlende freie Willensbestimmung

37 Als weiteres, ungeschriebenes Tatbestandsmerkmal verlangt die ständige Rechtsprechung[170], dass der Betroffene aufgrund der Erkrankung nicht in der Lage sein darf, seinen Willen frei zu bestimmen. Dies gebietet eine verfassungskonforme Auslegung, da der Staat nicht das Recht hat, seine erwachsenen und zu freier Willensbestimmung fähigen Bürger zu erziehen, bessern oder zu hindern, sich gesundheitlich zu schädigen. Durch das 2. BtÄndG ist dieses Tatbestandsmerkmal im Rahmen der Betreuerbestellung in § 1896 Abs. 1a BGB gesetzlich verankert. Es reicht aus, wenn der Ausschluss der freien Willensbestimmung partiell die Umstände betrifft, aus denen sich die Unterbringungsbedürftigkeit ergibt[171]. Für die entsprechende Feststellung kann es ausreichen, dass der Betreuungsrichter in seiner Entscheidung die hierfür maßgeblichen Symptome der psychischen Krankheit und ihre Auswirkungen auf die Willensbestimmung des Betroffenen darstellt. Bei ausführlicher und sachkundiger Begründung aufgrund konkreter Anhaltspunkte kann das Gericht auch von einer anders lautenden Feststellung im Gutachten abweichen[172]. Eine mangelnde freie Willensbestimmung kann bejaht werden, wenn der Betroffene krankheits- und behandlungsuneinsichtig ist[173]. Er kann dann nämlich seinen Willen nicht unbeeinflusst von der Krankheit bzw. Behinderung bilden und nicht nach zutreffend gewonnenen Einsichten handeln[174]. Gleiches gilt, wenn die Erkrankung die Willensbestimmung des Betroffenen weitgehend überlagert, etwa bei akustischen Halluzinationen mit Selbsttötungsbefehlen und Schneidedruck[175] oder aufgrund eines systematisierten Wahns mit fehlendem Realitätsbezug[176]. Bei Alkoholabhängigen kann nicht allein die Feststellung, der Betroffene könne im nüchternen Zustand nicht adäquat die Selbstgefährdung durch Einnahme des Suchtstoffes einschätzen, den Schluss auf eine fehlende freie Willensbestimmung rechtfertigen[177]. Ein in freier Willensbestimmung geplanter oder versuchter Suizid kann dagegen eine Unterbringung nicht rechtfertigen[178].

f. Verhältnismäßigkeit

38 Letztlich ist eine Unterbringung mit Freiheitsentzug immer am Verhältnismäßigkeitsgrundsatz zu messen[179]. Es gilt mit anderen Worten der Grundsatz der Verhältnismäßigkeit von Erfolg und angewandten Mitteln bei geringst möglichem Eingriff. Die Freiheitsentziehung

169 BGH BtPrax 2001, 32; OLG Schleswig BtPrax 2002, 126 und 2003, 223 f.
170 BGH BtPrax 2016, 152 sowie 149 und 123 L); 2011, 259; ursprünglich beginnend mit BayObLG FamRZ 1993, 998.
171 OLG Hamm DAV 1997, 55
172 BGH BtPrax 2014, 132:
173 BGH BtPrax 2016, 152 und 123 (LS)
174 BayObLG NJW-RR 1997, 834; vgl. auch Sonnenfeld, Rn. 324
175 OLG München FGPrax 2007, 43 ff.
176 LG Augsburg FamRZ 2014, 1734
177 BGH BtPrax 2016, 149 f.; a.A. noch OLG München BtPrax 2007, 218 f.; OLG Hamm DAV 1997, 55: Alkoholabhängige mit zusätzlich bestehenden hirnorganischem Psychosyndrom.
178 OLG Zweibrücken FGPrax 2006, 23 ff.
179 Dieser Grundsatz gilt unabhängig von dem ohnehin im Gesetz verankerten Erforderlichkeitsgrundsatz, BVerfG BtPrax 1998, 144; BGH BtPrax 2012, 63; BayObLG BtPrax 1999, 794.

muss immer „ultima ratio" sein. Bei Zweifeln ist der grundgesetzlich geschützten Freiheit der Vorzug zu geben („in dubio pro libertate"). Im Rahmen des Verhältnismäßigkeitsgrundsatzes ist einerseits zu berücksichtigen, dass sich aus Art. 2 Abs. 2 Satz 1 GG eine verfassungsrechtliche Verpflichtung des Staates ergibt, Schutzmaßnahmen für Betroffene vorzusehen, die krankheitsbedingt nicht in der Lage sind, Gefährdungen für sich zu erkennen oder nach einer solchen Erkenntnis zu handeln. Solche Menschen darf die staatliche Gemeinschaft nicht sich selbst – schutz- und hilflos – überlassen, wenn ihnen die Fähigkeit zu einer freien Willensbestimmung fehlt[180]. Andererseits ist zu beachten, dass die Voraussetzungen für die Verhältnismäßigkeit eines Freiheitsentzuges umso stringenter und enger auszulegen sind, desto länger der Freiheitsentzug andauert. Mit wachsender Intensität engt sich der Bewertungsrahmen des Tatrichters bei zunehmender Kontrolldichte ein[181]. Der Anspruch des Betroffenen auf persönliche Freiheit gewinnt mit Fortdauer der Unterbringung an Gewicht.

Das Mittel der Unterbringung muss als Erfolg zur Abwehr einer gewichtigen (Eigen-)Schädigung des Betroffenen unumgänglich sein. Andere Hilfen, die ausreichen, den mit der Unterbringung erwünschten Erfolg herbeizuführen, sind ohne Rücksicht auf wirtschaftliche Erwägungen einzusetzen[182]. Die fehlende Überprüfung milderer Mittel kann einen Verstoß gegen Art. 5 EMRK beinhalten[183].

Die milderen Mittel müssen aber realistisch und durchführbar sein[184]. So ist bei älteren, psychisch veränderten Menschen oft nur unter (geschlossenen) stationären Bedingungen eine (Neu-)Einstellung von Medikamenten zur Behandlung von psychomotorischer Unruhe, Erregungsdurchbrüchen, akuten Verwirrtheitszuständen etc. möglich. Auf der anderen Seite stellen bei einem Alkoholiker das Auffangen der Erkrankung durch die eigenen, minderjährigen Kinder bzw. eine ambulante Therapie, wenn eine solche zuletzt nach einem Rückfall abgebrochen wurde, keine realistischen milderen Mittel dar[185]. Ebenso scheidet die Behandlung eines suizidalen Betroffenen auf einer offenen Station als milderes Mittel aus, weil es dort an den notwendigen Überwachungs- und Sicherungsmaßnahmen fehlt[186].

Bei der Bewertung der Frage des verhältnismäßig mildesten Mittels kann eine Einverständ- **39**
niserklärung des Betroffenen, die nicht rechtserheblich ist, herangezogen werden[187]. Bei krankheitsuneinsichtigen Betroffenen lassen sich in der Regel Eigengefährdungen durch weniger einschneidende Mittel als durch eine Unterbringung nicht mit hinreichendem Erfolg abwenden[188]. Andererseits steht es mit dem Grundsatz der Verhältnismäßigkeit nicht in Einklang, die Freiheitsentziehung als Beugemittel anzuwenden, selbst wenn dies von dem Gedanken der Fürsorge für den Betroffenen getragen ist.

---

180 BVerfG BtPrax 2016, 182 ff.: zu ärztlichen Zwangsmaßnahmen; BGH NJW 2018, 1548 ff.
181 BVerfG BtPrax 2016, 182
182 BayObLG BtPrax 1994, 211
183 EGMR FamRZ 2011, 1481
184 Bei weglaufgefährdeten und desorientierten Heimbewohnern hat das Gericht die Personalsituation der Einrichtung hinzunehmen. Ggf. hat der Betreuer zu prüfen, ob eine andere Einrichtung mit mehr Freiraum zur ungerichteten Fortbewegung gefunden werden kann, OLG München FamRZ 2006, 63 (LS) und BtPrax 2006, 105.
185 OLG München BtPrax 2005 113
186 OLG Hamm FamRZ 2007, 934 ff.
187 BayObLG MDR 1994, 922: Da die Einverständniserklärung nicht rechtserheblich war, blieb eine Genehmigung erforderlich.
188 BayObLG NJWE-FER 2001, 177, 178 a.E. zu einer öffentlich-rechtlichen Unterbringungsmaßnahme

An vorrangigen Hilfs- und Behandlungsmöglichkeiten sind etwa zu beachten:

- freiwillige stationäre, auch geschlossene, Behandlung;
- Entlassung nach Hause mit einer 24 Stunden-Pflege[189];
- Aufnahme des Betroffenen in einer betreuten Wohneinrichtung[190];
- kurzzeitige Fixierung zur Durchführung eines ärztlichen Eingriffs oder nach einer Operation[191];
- teilstationäre/ambulante Behandlung[192];
- Hilfen durch Krisendienste, sozial-psychiatrischen Dienst, betreutes Wohnen;
- ambulante und/oder innerfamiliäre häusliche Versorgung und/oder Beaufsichtigung[193], etwa Sicherstellung der Einnahme verordneter Medikamente im häuslichen Umfeld durch einen Pflegedienst[194];
- Beseitigung von Gefahrenquellen[195];
- Einsatz einer Personenortungsanlage bei einem weglaufgefährdeten Betroffenen[196];
- Rückkehr eines suchtkranken Ausländers in sein Heimatland, in dem kein freier Zugang zu Alkohol besteht[197].

Die Erforderlichkeit einer Unterbringung ist auch zu verneinen bei:

- beabsichtigter Entwöhnungstherapie gegen den Willen des Betreuten[198] und anderen Fällen fehlender Erfolgsaussichten, z.B. bei medikamentös und therapeutisch nicht zu beeinflussendem Wahnsystem[199];
- vorsorglichen Maßnahmen[200], z.B. bei Abbruch der ambulanten fachärztlichen Behandlung, ohne dass sich bislang eine Gesundheitsverschlechterung zeigt;
- unerlaubten Behandlungsmethoden, wie Einsatz nicht zugelassener oder verbotener Medikamente.

Mildere Mittel fehlen allerdings, wenn der Betroffene im Vorfeld offene Therapien abgebrochen hat und aus einer geschlossenen Unterbringung entwichen ist[201].

---

189 BGH BtPrax 2016, 76 = FamRZ 2016, 300
190 BGH BtPrax 2012, 63
191 Maßnahmen nach § 1906 Abs. 4 BGB sind im juristischen Sinne verhältnismäßig mildere Mittel, obwohl sie rein tatsächlich oft die Freiheit weitaus stärker einschränken.
192 OLG Karlsruhe NJW-RR 2007, 1591 ff.; hatte der Betroffene dagegen in der Vergangenheit mehrfach eigenmächtig die Medikamente abgesetzt, bleibt sie außer Betracht, vgl. BayObLG NJW-RR 2004, 8 ff. Ebenso, wenn eine Krankheitseinsicht fehlt, KG NJOZ 2005, 3625 ff.
193 AG Frankfurt a.M. BtPrax 1999, 246; allerdings nicht bei Suchtkranken, die den Suchtmittelgebrauch nicht steuern und eigenverantwortlich darauf reagieren können, OLG Hamm BtPrax 2003, 182.
194 BGH BtPrax 2011, 258
195 AG Frankfurt a.M. BtPrax 1999, 246
196 LG Fulda NJW-RR 2016, 1099 = BtPrax 2016, 202 (LS)
197 OLG Stuttgart NJOZ 2004, 1574
198 OLG Schleswig FamRZ 1998, 1328; LG Regensburg FamRZ 1997, 125
199 OLG Hamm, Beschluss vom 30.4.2001, Az. 15 W 83/01: Ggfs. ist darzulegen, welche Behandlungsperspektive mit welcher Erfolgsaussicht besteht.
200 AG Soltau BtPrax 1993, 212: vorsorgliche Unterbringung eines Altersdementen ohne Weglauftendenz
201 BGH BtPrax 2011, 259

3. Voraussetzungen der betreuungsrechtlichen Zwangsbehandlung

Mit dem Inkrafttreten des Betreuungsrechts im Jahre 1992 ging der Gesetzgeber als selbst- **40**
verständlich davon aus, das das Wohl des Betreuten – sprich die Erhaltung seiner Gesundheit und die Verringerung oder Beseitigung von Krankheiten oder Behinderungen – nicht durch dessen mangelnde Einsichts- und Steuerungsfähigkeit gefährdet werden dürfe[202]. Ein Betreuer müsse deshalb auch gegen den natürlichen Willen des Betreuten in ärztliche Maßnahmen einwilligen können. Infolgedessen erachtete der BGH im Jahre 2006 eine Zwangsbehandlung im Rahmen der stationären Unterbringung nach § 1906 BGB für rechtlich zulässig, wenn der Betreute einwilligungsunfähig und der Grundsatz der Verhältnismäßigkeit strengstens beachtet ist[203].

Im Juni 2012 änderte der BGH allerdings seine Rechtsprechung[204] infolge der Rechtsprechung des BVerfG zur ärztlichen Zwangsbehandlung im Maßregelvollzug. Das BVerfG hatte die Zulässigkeit einer Zwangsbehandlung im Maßregelvollzug von einer ausdrücklichen gesetzlichen Ermächtigungsgrundlage, die ihrerseits wiederum verfassungsrechtlichen Geboten entsprechen muss, abhängig gemacht[205]. Eine solche ausdrückliche gesetzliche Grundlage zur Zulässigkeit einer betreuungsrechtlichen Zwangsbehandlung vermisste der BGH in den gesetzlichen Regelungen des Betreuungsrechts. Die Regelungen des Betreuungsrechts enthielten nämlich in §§ 1901, 1902, 1906 BGB keine ausdrücklichen Regelungen zur Zulässigkeit einer Zwangsbehandlung.

Mit dem Gesetz zur betreuungsrechtlichen Einwilligung in eine ärztliche Zwangsmaßnahme schuf der Gesetzgeber in § 1906 Abs. 3, 3a BGB mit Wirkung zum 26.2.2013 eine ausdrückliche Gesetzesgrundlage[206]. Im FamFG erfolgten zusätzlich verfahrensrechtliche Absicherungen. Eine ärztliche Zwangsmaßnahme war danach nur unter geschlossen stationären Bedingungen zulässig. Diese Koppelung zwischen Unterbringung und Zwangsbehandlung erachtete der BGH indes für verfassungswidrig. Auf Vorlage des BGH[207] erklärte das BVerfG am 26.7.2016 die Neufassung der gesetzlichen Regelung zur Genehmigung ärztlicher Maßnahmen aus dem Jahre 2013 für teilweise verfassungswidrig[208]. In dieser Entscheidung bestätigte das BVerfG zwar ausführlich die grundsätzliche Zulässigkeit gesetzlicher Regelungen zu ärztlichen Zwangsmaßnahmen. Allerdings erachtet es den Ausschluss einwilligungsunfähiger Betroffener, die nicht untergebracht sind, vom Schutz der gesetzlichen Regelungen als verfassungswidrig. Zugleich erteilt es Kritikern, die in entsprechenden gesetzlichen Regelungen einen Verstoß gegen hoherrangiges Volkerrecht sehen, eine deutliche Absage[209]. Weiter führt das BVerfG aus, dass bis zu einer gesetzlichen Neuregelung § 1906 Abs. 3 BGB analog auf stationär behandelte Betroffene anzuwenden ist, die sich einer ärztlichen Zwangsmaßnahme nicht räumlich entziehen können.

Am 22.7.2017 ist nun abermals eine Neuregelung hinsichtlich ärztlicher Zwangsmaßnahmen im Rahmen des Betreuungsrechts in Kraft getreten[210]. Vorrangig ist der Gesetzgeber mit der Neuregelung dem verfassungsgerichtlichen Auftrag zur Entkoppelung von ärztli-

---

202 BT-Drs. 11/4528, S. 147
203 BGH NJW 2006, 1277, 1279 und zuletzt NJW 2010, 3718
204 BGH NJW 2012, 2967 sowie BtPrax 2013, 23 = FamRZ 2013, 289, dazu Dodegge, NJW 2012, 3694; Grotkopp, SchlHA 2012, 285; Lipp, JZ 2012, 1186; Marschner/Pauling, FamFR 2012, 385
205 BVerfG NJW 2011, 2113, 2114, Rn. 39; s.a. BVerfG BtPrax 2014, 266; 2013, 61, 62 und NJW 2011, 3571, 3572, Rn. 38
206 BGBl. I 2013, 266. Dazu Dodegge, NJW 2013, 1265 ff.; Grotkopp, BtPrax 2013, 83 ff.; Henking/Mittag, JR 2013, 341; Lipp, FamRZ 2013, 913; Masuch/Gmati, NZS 2013, 521
207 FamRZ 2015, 1484 = BtPrax 2015, 208 (LS), dazu Dodegge, BtPrax 2015, 185
208 BVerfG BtPrax 2016, 182 ff.
209 BVerfG BtPrax 2016, 182
210 Gesetz zur Änderung der materiellen Zulässigkeitsvoraussetzungen von ärztlichen Zwangsmaßnahmen und zur Stärkung des Selbstbestimmungsrechts von Betreuten vom 17. Juli 2017 (BGBl. I S. 2426)

chen Zwangsmaßnahmen und freiheitsentziehender Unterbringung nachgekommen. Die materiellen Voraussetzungen für eine ärztliche Zwangsmaßnahme finden sich statt in § 1906 Abs. 3 BGB jetzt in § 1906a BGB. Sie knüpfen nicht mehr an eine geschlossene Unterbringung, sondern an einen stationären Krankenhausaufenthalt an, innerhalb dessen die gebotene medizinische Versorgung einschließlich einer Nachbehandlung sichergestellt ist. Darüber hinaus wird die Beachtung des Willens des Betroffenen, den er in einwilligungsfähigem Zustand in einer Patientenverfügung geäußert hat bzw. der aufgrund anderer Äußerungen oder Umstände ermittelt werden kann[211], als Zulässigkeitsvoraussetzung im Gesetz neu verankert. Schließlich regelt Abs. 4 die Verbringung eines Betreuten zu einem stationären Aufenthalt in einem Krankenhaus. Insoweit gelten § 1906 Abs. 1 Nr. 2, Abs. 2 und Abs. 3 Satz 1 BGB entsprechend. Im Übrigen blieben die materiell- und verfahrensrechtlichen Zulässigkeitsvoraussetzungen des § 1906 Abs. 3, 3a BGB a. F. für ärztliche Zwangsmaßnahmen erhalten.

Die Regelungen zur Genehmigung ärztlicher Zwangsmaßnahmen sind innerhalb von drei Jahren seit Inkrafttreten des Gesetzes zu evaluieren, vgl. Art 7 Gesetzes zur Änderung der materiellen Zulässigkeitsvoraussetzungen von ärztlichen Zwangsmaßnahmen und zur Stärkung des Selbstbestimmungsrechts von Betreuten[212]. Die Evaluierung soll sich insbesondere auf die Art und Häufigkeit von betreuungsgerichtlich genehmigten und angeordneten ärztlichen Zwangsmaßnahmen, die Gruppe der Betroffenen, ihr Geschlecht und Alter sowie die Wirksamkeit der Schutzmechanismen nach § 1906a Abs. 1 Satz 1 Nr. 3 bis 7 BGB und des Verfahrensrechts beziehen[213].

41 Da ärztliche Zwangsmaßnahmen vom Gesetzgeber lediglich als letztes, absolut unverzichtbares Mittel angesehen werden, wird es in Zukunft – insbesondere in Hinblick auf die völkervertraglichen Verpflichtungen aus der UN-Behindertenrechtskonvention – verstärkter Anstrengungen bedürfen, ärztliche Zwangsmaßnahmen weitgehend verzichtbar zu machen. Erste Schritte dahin skizziert die Stellungnahme der Zentralen Ethikkommission bei der Bundesärztekammer zur Zwangsbehandlung bei psychischen Erkrankungen[214]. Sie empfiehlt Verbesserungen auf der individuellen und Beziehungsebene, Nutzung der Möglichkeiten einer (psychiatrischen) Patientenverfügung, Verbesserungen auf struktureller und institutioneller Ebene, z.B. Deeskalationstraining für Ärzte und Pflegekräfte, offene Türen auf Akutstationen, Psychoedukation, Verbesserung ambulanter Versorgungssysteme, verbesserte Personalausstattung, Schaffung von Leitlinien etc. und begleitende Maßnahmen im nichtärztlichen Bereich.

a. Überblick

42 Mit der Regelung der betreuungsrechtlichen Einwilligung in ärztliche Zwangsmaßnahmen will der Gesetzgeber die Anforderungen der höchstrichterlichen Rechtsprechung an eine ärztliche Zwangsmaßnahme möglichst nah abbilden[215]. Das BVerfG hatte 2013 ausgeführt, dass bei untergebrachten Grundrechtsträgern, die infolge krankheitsbedingter Einsichtsunfähigkeit zu keiner eigenverantwortlichen Wahrnehmung ihrer Selbstbestimmungsrechte auf körperliche Unversehrtheit und Freiheit in der Lage sind, der Gesetzgeber unter engen Voraussetzungen berechtigt ist, Zwangsbehandlungen zu ermöglichen. Dabei sei die grundgesetzlich geschützte Freiheit zur Krankheit zu beachten, weshalb besonders gewichtige Gründe zum Wohl des Untergebrachten dafür sprechen müssen, ihm die Frei-

211 Siehe dazu § 1901a BGB
212 BGBl. I S. 2426
213 BT-Drs. 18/11240, S. 23
214 Veröffentlicht in Deutsches Ärzteblatt 2013, A 1334 ff.
215 BT-Drs. 17/11513, S. 5 und BT-Drs. 18/11240, S. 1

heit zu entziehen und einer ärztlichen Zwangsmaßnahme auszusetzen[216]. Gleichzeitig soll – den Forderungen der UN Behindertenrechtskonvention entsprechend – mehr Transparenz und eine Vereinheitlichung der gerichtlichen Praxis erreicht werden.

Da eine ärztliche Zwangsmaßnahme einen erheblichen Grundrechtseingriff beinhaltet, soll sie nur als letztes Mittel zur Abwehr einer erheblichen Selbstgefährdung des Betreuten in Betracht kommen. Um dem Selbstbestimmungsrecht des Betreuten ausreichend Rechnung zu tragen, sind die Voraussetzungen des § 1906a Abs. 1 Satz 1 BGB streng einzuhalten und im Vorfeld alle Alternativen auszuloten[217]. Nachdem anfangs klinische Berichte belegten, dass offenbar in nur wenigen Fällen ärztliche Zwangsmaßnahmen durchgeführt werden, belegen inzwischen die Justizstatistiken, dass die Zahlen weiter sinken[218].

Das dürfte damit zusammenhängen, dass ein Betreuer bereits vor der Erteilung der Einwilligung zu überprüfen hat, ob die geplante ärztliche Maßnahme dem früher erklärten freien Willen des Betreuten entspricht. Er ist nämlich an eine auf die aktuelle Situation zutreffende Patientenverfügung, oder an die Behandlungswünsche bzw. den zu ermittelnden mutmaßlichen Willen des Betreuten gebunden[219]. Dies ergibt sich aus §§ 1901 Abs. 3, 1901a, 1901b und 1904 BGB, weshalb der Gesetzgeber im Jahre 2013 – trotz anders lautender Vorschläge im Gesetzgebungsverfahren – keine entsprechende Verpflichtung in § 1906 Abs. 3 BGB a.F. aufgenommen hatte. Zur Klarstellung hat diese Verpflichtung nun in § 1906a Abs. 1 Satz 1 Nr. 3 BGB Eingang gefunden. 43

Fehlt eine Patientenverfügung, ist Maßstab für die Entscheidung das, was der Betroffene entschieden hätte, wenn er aktuell einwilligungsfähig wäre. Nur wenn die geplante ärztliche Behandlung mit dem früher erklärten Willen oder mit dem übereinstimmt, in was der Betreute einwilligen würde, wäre er aktuell nicht aufgrund seiner psychischen Krankheit oder geistigen bzw. seelischen Behinderung einwilligungsunfähig, darf der Betreuer in sie einwilligen.

Darüber hinaus obliegt es dem Betreuer, den Betreuten rechtzeitig über eine geplante ärztliche Zwangsmaßnahme zu informieren, vgl. § 1901 Abs. 3 BGB, und ihm diese möglichst verständlich zu machen. Dazu hat er dem Betreuten die Erklärungen in leichtverständlicher, möglichst plastischer Sprache zu vermitteln. Ist ein Berufsbetreuer bestellt, sollte er bereits zu Anfang der Betreuung die Möglichkeiten des Betreuungsplanes nutzen (vgl. dazu § 1901 Abs. 4 Satz 2 BGB sowie in Teil D, Rn. 7 ff.). Hier lassen sich für die Zukunft Behandlungsvorstellungen und Wunsche des Betreuten dokumentieren[220]. 44

b. Materielle Voraussetzungen

Eine zwangsweise ärztliche Behandlung kann sich sowohl auf die Anlasserkrankung, also die Krankheit bzw. Behinderung, die zur Betreuerbestellung geführt hat, als auch auf eine Begleiterkrankung, also anderen, etwa internistischen Erkrankungen, beziehen[221]. Der Gesetzgeber hat insoweit keine Unterscheidung vorgenommen und folgt damit der ursprünglichen Intention des Gesetzgebers bei Schaffung des Betreuungsrechts. Gegen- 45

---

216 BVerfG NJW 2011, 2113, 2115, Rn. 49

217 So bereits BGH BtPrax 2011, 38. Bei Missachtung der erforderlichen Sorgfalt kann die Durchführung einer ärztlichen Zwangsmaßnahme eine Verletzung des Art. 8 EMRK darstellen, EGMR BtPrax 2113, 246.

218 Müller, FamRZ 2014, 173 ff. Während 2015 noch 5.682 Genehmigungen zu ärztlichen Zwangsmaßnahmen erteilt wurden, sank die Zahl der Genehmigungen 2016 auf 3.376, vgl. Deinert, BtPrax 2018, 14 ff. sowie Bundesamt für Justiz, Verfahren nach dem Betreuungsgesetz, abrufbar unter www.bundesjustizamt.de > Themen > Bürgerdienste > Justizstatistik > Betreuung (Abruf 6.7.2018)

219 Allein aus dem Umstand, dass der Betroffene Tabletten anlässlich vorangegangener stationärer Aufenthalte verabreichte nicht schlucken wollte, lässt sich nicht schließen, dass der Betroffene die Behandlung gänzlich ablehnt, weil denkbar ist, dass er eine andere Verabreichungsform akzeptiert, vgl. BGH BtPrax 2011, 38.

220 BT-Drs. 17/11513, S. 6

221 Zu den Fragen der Zwangsbehandlung Suchtkranker siehe Körkel, BtPrax 2015, 9

stand einer ärztlichen Zwangsmaßnahme können alle gesetzlich zulässigen und ärztlich indizierten Behandlungsmaßnahmen, insbesondere (medikamentöse) Heilbehandlungen (dazu oben Rn. 27), aber auch operative Eingriffe sein.

Der Gesetzgeber hat die Art der ärztlichen Behandlungsmaßnahme nicht vorgegeben, insbesondere darauf verzichtet, bestimmte Behandlungen – etwa solche die zu Persönlichkeitsänderungen führen könnten – auszuschließen[222]. Unter welchen Voraussetzungen eine betreuungsrechtliche Zwangsbehandlung zulässig ist und genehmigt werden kann, regelt § 1906a Abs. 1 Satz 1 BGB. Abs. 1 Satz 1 enthält zunächst eine Legaldefinition des Begriffes ärztliche Zwangsmaßnahme und listet in Nrn. 1 bis 7 auf, unter welchen gesetzlichen Voraussetzungen ein Betreuer in eine ärztliche Zwangsmaßnahme einwilligen kann. Willigt der Betreuer ein, bedarf er der Genehmigung des Betreuungsgerichts, § 1906a Abs. 2 BGB. Das Betreuungsgericht seinerseits kann eine Genehmigung nur aussprechen, wenn die materiellen Voraussetzungen des § 1906a BGB erfüllt und die verfahrensrechtlichen Vorbehalte beachtet sind. Dabei muss das Betreuungsgericht vom Vorliegen der gesetzlichen Genehmigungsvoraussetzungen, die kumulativ vorliegen müssen, überzeugen. Diese Überzeugung lässt sich nicht durch eine dem Betroffenen vermeintlich günstige Annahme ersetzen[223].

Von der Rechtsgrundlage des § 1906a BGB sind freiheitsentziehende Maßnahmen i.S.d. § 1906 Abs. 4 BGB umfasst, die im Rahmen des stationären Krankenhausaufenthaltes in einem Krankenhaus zur Durchführung der ärztlichen Zwangsmaßahme unmittelbar erforderlich sind. Das gilt aber nur, wenn sie nicht über einen längeren Zeitraum oder regelmäßig durchgeführt werden (dazu unten Rn. 88)[224].

aa. Ärztliche Zwangsmaßnahme, Abs. 1 Satz 1

46 § 1906a Abs. 1 Satz 1 BGB definiert als Zwangsbehandlung eine medizinische Behandlung des Betreuten gegen seinen natürlichen Willen. Einen natürlichen Willen kann auch ein einwilligungsunfähiger Betroffener bilden. Maßgeblich ist ein natürlicher Wille auch im Rahmen der Sterilisationsgenehmigung, vgl. § 1905 Abs. 1 Satz 1 Nr. 1 BGB, und hinsichtlich des Betreuervorschlags durch den Betreuten, vgl. § 1897 Abs. 4 Satz 1 BGB.

Ungeregelt ist, in welcher Form sich ein entgegenstehender Wille manifestieren muss. Schon das BVerfG hatte nur einen Rahmen abgesteckt, indem es allein einer freien, d.h. ohne Druck, und auf der Grundlage der gebotenen ärztlichen Aufklärung erteilten Einwilligung des einwilligungsfähigen Betreuten den Charakter einer Zwangsbehandlung abspricht und andererseits für die Kundgabe der Ablehnung einer Behandlung keinen physischen Widerstand verlangt[225]. Der BGH hatte anklingen lassen, dass der Betreute einen entgegenstehenden natürlichen Willen ausdrücklich äußern, zumindest aber seinen der beabsichtigten medizinischen Maßnahme entgegenstehenden natürlichen Willen manifestieren muss[226]. Ein geheimer oder innerer Vorbehalt des Betreuten genügt demnach nicht. Er muss seine Ablehnung äußern oder konkludent durch sein Verhalten – Weigerungshaltung – zu erkennen geben, und zwar mit einer gewissen Nachhaltigkeit[227]. Die Notwendigkeit, einen entgegenstehenden Willen zu manifestieren, vermag den Fällen einer verdeckten Medikamentengabe nicht gerecht zu werden. Zum Teil wird deshalb die

222 Seitens der Psychiatrie werden bleibende Persönlichkeitsveränderungen durch die Gabe von Neuroleptika ausgeschlossen, vgl. BVerfG NJW 2011, 2113 ff., Rn. 35.
223 BGH FamRZ 2018, 121 = BtPrax 2018, 42 (LS)
224 BT-Drs. 18/11240, S. 19
225 BVerfG NJW 2011, 2113, 2114, Rn. 41
226 BGH NJW 2012, 2967, Rn. 15 und NJW 2012, 3234, Rn. 13
227 Eine genaue Vorstellung von der Tragweite und Bedeutung der ärztlichen Maßnahme muss der Betroffene nicht besitzen, Grotkopp, BtPrax 2013, 83, 85.

verdeckte Medikamentengabe in einem Pflegeheim als ärztliche Zwangsmaßnahme verstanden[228]. Richtigerweise wird man eine verdeckte Medikamentengabe – unabhängig davon wo und durch wen sie erfolgt – als generell unzulässig und Verstoß gegen die Grundrechte des Betroffenen auf Achtung der Menschenwürde (Art. 1 Abs. 1 GG) und der freien Entfaltung der Persönlichkeit sowie Achtung der körperlichen Unversehrtheit (Art. 2 Abs. 1 und 2 GG) zu werten haben. Äußert der Betroffene seinen natürlichen Willen nicht, liegt begrifflich keine Zwangsbehandlung vor. Dabei ist es unerheblich, ob der Betroffene seinen Willen nicht äußern möchte oder es überhaupt nicht kann[229]. Demzufolge handelt es sich nicht um eine Zwangsbehandlung, wenn der Betroffene die Notwendigkeit der medizinischen Maßnahme bejaht oder zumindest keinen der medizinischen Maßnahme entgegenstehenden natürlichen Willen manifestiert, er aber nicht die Notwendigkeit der Unterbringung einsieht. Der Betreuer kann hier die Unterbringung zur Untersuchung des Gesundheitszustandes, zur Heilbehandlung oder zum Zwecke des ärztlichen Eingriffes veranlassen, weil den ärztlichen Maßnahmen in diesem Fall kein Zwangscharakter zukommt. Selbst wenn der Betroffene im Vorfeld eine ärztliche Maßnahme mit natürlichem Willen ablehnt, kann eine Genehmigung der Unterbringung zur Heilbehandlung zunächst ohne gleichzeitige Genehmigung der Einwilligung in eine ärztliche Zwangsmaßnahme in Betracht kommen, wenn nicht von vorneherein ausgeschlossen ist, dass der Betroffene sich in der Unterbringung behandeln lassen wird[230].

bb. Erheblicher gesundheitlicher Schaden, Abs. 1 Satz 1 Nr. 1

Die ärztliche Zwangsmaßnahme muss im Rahmen der Unterbringung nach Absatz 1 zum Wohl des Betreuten erforderlich sein, um einen drohenden erheblichen gesundheitlichen Schaden abzuwenden. Zur Feststellung, ob eine ärztliche Zwangsmaßnahme zum Wohl des Betreuten erforderlich ist, muss eine umfassende Bewertung aus **Sicht des Betreuten** durch den Betreuer und das Betreuungsgericht vorgenommen werden. Die Bewertung, ob eine ärztliche Maßnahme zur Abwehr eines drohenden erheblichen gesundheitlichen Schadens notwendig ist, muss zunächst vom behandelnden Arzt und im gerichtlichen Genehmigungsverfahren vom Sachverständigen beurteilt werden. Bei der Prognoseentscheidung kann einfließen, inwieweit die Erkrankung die Willensbildungs- und Steuerungsfähigkeit des Betreuten beeinflusst. Je länger der erwartete erhebliche Gesundheitsschaden andauern wird, desto gewichtiger wird er sein. Das gilt umso mehr, wenn irreversible Schäden zu erwarten sind. Dabei kann auch auf die Situation abgestellt werden, die sich im Fall der Entlassung ergäbe. **47**

Es bedarf konkreter Darlegungen zu den gesundheitlichen Gefährdungen[231]. Ein schwerer gesundheitlicher Schaden kann sich daraus ergeben, dass der Betroffene wegen krankheitsbedingter Eigengefährdung längerfristig untergebracht bleiben muss, unfähig bleibt am sozialen Leben teilzunehmen und aufgrund psychotischer Gedankeninhalte einen Leidensdruck verspürt[232]. Für die Frage, ob ein erheblicher gesundheitlicher Schaden droht, kann zudem auf die bisherige Rechtsprechung zu § 1906 Abs. 1 Nr. 1 BGB zurückgegriffen werden, wonach für die Unterbringung eines Betreuten zur Abwehr einer Selbstgefährdung bereits vor der gesetzlichen Regelung der Zwangsbehandlung von der Rechtsprechung das Bestehen eines erheblichen gesundheitlichen Schaden verlangt wurde. Demnach muss der drohende gesundheitliche Schaden einen derartigen Schweregrad erreichen, dass ein Eingriff in das Selbstbestimmungsrecht hinsichtlich der körperlichen

228 LG Lübeck, BtPrax 2014, 282
229 BT-Drs. 17/11513, S. 7
230 BGH BtPrax 2012, 253, 254
231 BVerfG BtPrax 2015, 192. Zu den gesundheitlichen Gefährdungen siehe Steinert, DÄ 2016, 1252
232 LG München II FamRZ 2014, 418 = BtPrax 2014, 96 (LS)

Integrität gerechtfertigt erscheint. Der gesundheitliche Schaden muss allerdings – anders als in § 1904 BGB – nicht längerfristig andauern.

48 Als erheblicher gesundheitlicher Schaden sind von der Rechtsprechung etwa qualifiziert worden:

- Die krankheitsbedingte Durchführung von suizidalen bzw. parasuizidalen Handlungen, die zum Tod oder zu irreversiblen Gesundheitsschäden führen[233]
- Vorliegen eines Krankheitsbildes mit einer Wahnsymptomatik, einem Aggressionspotential und einer Realitätsverkennung, das bei entsprechender situativer Zuspitzung zu suizidalen Handlungen führt[234]
- Dauerhafte Schädigung des Magen-Darm-Traktes und der Knochensubstanz bzw. der Eintritt einer lebensbedrohlichen Situation bei Ablehnung einer Nahrungsaufnahme durch eine magersüchtige Betroffene[235] bzw. Eintreten eines Body-Maß-Index von unter 13, da dann jederzeit ein Mangelzustand bei akuter Lebensgefahr eintreten kann[236]
- Nachhaltige Nahrungsverweigerung aufgrund eines Vergiftungswahns[237]
- Krankheitsbedingte Ablehnung einer Diabetes-Behandlung mit der konkreten Gefahr eines Komas
- Fortdauer krankheitsbedingter Selbstgefährdung mit der Unfähigkeit, am sozialen Leben teilzunehmen und anhaltendem Leidensdruck[238]
- Konkrete Gefahr der Selbstverstümmelung bzw. Gifteinnahme[239]
- Heraufbeschwören eines gesundheitlichen Rückfalls durch Ablehnung der Einnahme der zur Behandlung erforderlichen Medikamente, was zu einer Chronifizierung mit der Notwendigkeit dauerhafter stationärer Behandlung bzw. einem Leben in beschützter Umgebung bei Verlust der sozialen Kompetenzen[240] oder zum Eintreten psychischer Defekte wie Intelligenzminderung oder Wesensänderung führen würde. Auch bei bereits eingetretener Chronifizierung kann eine weitere Verschlimmerung mit irreversiblen Folgen drohen, wenn es in der Vergangenheit bei vergleichbarer Krankheitssituation ernsthafte Suizidversuche gegeben hat[241]

Dagegen genügen weniger gewichtige Schäden, etwa die Verweigerung einer Behandlung und Medikamenteneinnahme mit der unbestimmten Gefahr eines Krankheitsrückfalls[242] oder die Verlängerung einer manischen Phase[243], nicht.

Ein schwerer gesundheitlicher Schaden liegt vor, wenn der Betroffene wegen krankheitsbedingter Eigengefährdung längerfristig untergebracht bleiben muss, unfähig bleibt am

233 OLG Brandenburg FamRZ 2007, 1127
234 BGH NJW-RR 2013, 321
235 OLG Schleswig NJW-RR 2002, 794
236 OLG München MedR 2006, 105: Eintritt eines hypoxischen Hirnschadens
237 OLG Brandenburg BtPrax 2007, 224. Der Abgeordnete Thomae nennt die wahnhafte Verweigerung einer lebensnotwendigen Dialyse, vgl. BT-Plenarprotokoll 17/217, S. 26877, der Abgeordnete Silberhorn die wahnhafte Ablehnung der Blinddarm-OP, S. 26880; der Abgeordnete Henke nennt das Beispiel einer Magersüchtigen und eines Patienten mit einer Cortison bedingten Psychose, der wahnbedingt massiv eigengefährdendes Verhalten zeigt, eine rasch wirkende Medikation aber ablehnt, S. 26884.
238 LG München II FamRZ 2014, 418 = BtPrax 2014, 96 (LS)
239 OLG Hamm NJW 1976, 378
240 OLG Schleswig BtPrax 2003, 223
241 OLG München BtPrax 2006, 36
242 OLG Brandenburg BtPrax 2007, 214; OLG Saarbrücken BtPrax 1997, 2002
243 OLG München BtPrax 2006, 26

sozialen Leben teilzunehmen und einen Leidensdruck verspürt[244]. Es bedarf konkreter Darlegungen zu den gesundheitlichen Gefährdungen[245].

cc. Einwilligungsunfähigkeit, Nr. 2

Der Betreute darf auf Grund einer psychischen Krankheit **oder einer geistigen oder seelischen Behinderung** die Notwendigkeit der ärztlichen Maßnahme nicht erkennen oder nicht nach dieser Einsicht handeln können[246]. Diese Voraussetzung entspricht der des § 1906 Abs. 1 Nr. 2 BGB, muss sich aber auf die Notwendigkeit der ärztlichen Maßnahme beziehen. Das Gesetz spricht damit sowohl intellektuelle als auch voluntative Aspekte an[247]. Das Abweichen von durchschnittlichen Präferenzen belegt **keine Einwilligungsunfähigkeit**[248]. Der Betreute muss hinsichtlich der geplanten ärztlichen Maßnahme einwilligungsunfähig sein, da mit der ärztlichen Zwangsmaßnahme ein über die Unterbringung hinausgehender Grundrechtseingriff erfolgt[249]. Die Einwilligungsunfähigkeit muss sich darauf beziehen, das Grundrecht auf körperliche Unversehrtheit selbstbestimmt wahrzunehmen. Eine Zwangsbehandlung einwilligungsfähiger Betroffener scheidet aus verfassungsrechtlichen Gründen (vgl. Art. 2 Abs. 2 Satz 1 GG) aus[250]. 49

Zu einer zeitweisen Einschränkung der Einwilligungsfähigkeit kann es bei Betreuten mit schweren psychischen Erkrankungen, etwa schweren rezidivierenden Depressionen, Manien, Essstörungen oder Schizophrenien, mit geistiger Behinderung, etwa bei herausforderndem Verhalten oder in Kombination mit zusätzlicher psychischer Erkrankung, mit oder mit neurologischen und anderen Erkrankungen, die die Funktion des Gehirns beeinträchtigen, etwa akuter Meningoenzephalitis oder postoperativ auftretenden psychischen Störungen bzw. deliranten Syndromen, kommen.

Eine dauerhafte Aufhebung der Einsichtsfähigkeit kann mit dem Krankheitsbild der fortgeschrittenen Demenz, der frontalen traumatischen Hirnschädigung oder des Schlaganfalls einhergehen[251].

Einwilligungsunfähigkeit besteht, wenn die Einsichtsfähigkeit des Betreuten und/oder dessen Fähigkeit, danach handeln zu können, die sog. Steuerungs- bzw. Handlungsfähigkeit, fehlen. Einsichtsfähigkeit setzt die Fähigkeit des Betreuten voraus, das Vorliegen einer Erkrankung und die ärztlichen Möglichkeiten ihrer Behandlung zu erkennen. Weiter muss er im Grundsatz die für bzw. gegen die geplante ärztliche Maßnahme sprechenden Gesichtspunkte erfassen und gegeneinander abwägen können. Der Betreute muss dabei seine krankheitsbedingten Defizite im Wesentlichen zutreffend einschätzen können und es darf nicht krankheitsbedingt zu selbstschädigenden Fehlreaktionen kommen[252]. Kann der Betreute in akuten Krankheitsphasen demzufolge Informationen nicht mehr rational, sondern nur noch paranoid verarbeiten, fehlt ihm die Einsichtsfähigkeit[253]. Gleiches gilt, wenn der Betreute unter extremen Störungen des Kurzzeitgedächtnisses leidet[254], bei ihm keine 50

244 LG München II FamRZ 2014, 418 = BtPrax 2014, 96 (LS)
245 BVerfG BtPrax 2015, 192
246 BGH FamRZ 2018, 121 = BtPrax 2018, 42 (LS)
247 Spickhoff, FamRZ 2017, 1633, 1636
248 BVerfG BtPrax 2015, 192
249 BT-Drs. 17/11513, S. 7
250 BVerfG BtPrax 2017, 240, 242 und 2011, 112, 114: zum Maßregelvollzug; FamRZ 2015, 1588
251 Stellungnahme Hauth im Rechtsausschuss des Bundestages am 10.12.2012, vgl. www.bundestag.de/bundestag/ausschuesse17/a06/anhoerungen/archiv/33_Zwangsma__nahme/04_Stellungnahmen/Stellungnahme_Hauth.pdf
252 OLG Hamm FGPrax 2009, 111
253 OLG Schleswig FGPrax 2010, 32
254 BGH FGPrax 2011, 119

Krankheits- und Behandlungseinsicht besteht[255], er demenzbedingt keinen eigenen Willen bekunden kann[256] oder er eine Fremdbeeinflussung erlebt.

Steuerungs- bzw. Handlungsfähigkeit meint, dass der Betreute in der Lage sein muss, die von ihm mit ausreichender Einsicht getroffene Entscheidung umzusetzen[257]. Diese Fähigkeit ist krankheitsbedingt aufgehoben, wenn der Betreute unter dem Einfluss akustischer Halluzinationen steht, denen er nach eigenen Angaben nichts entgegensetzen kann[258], die Erkrankung mit einer Ambivalenz[259], einer erheblichen Suggestibilität einhergeht oder eine Erkrankung vorliegt, innerhalb derer keine rationalen Entscheidungen möglich sind, weil die Erkrankung dazu führt, dass der Betreute allein von seinen Gefühlen gelenkt wird[260].

dd. Beachtlicher Wille des Betroffenen, Nr. 3

51 Bei der Entscheidung über eine ärztliche Zwangsmaßnahme sind entsprechend § 1901a BGB eine Patientenverfügung, ein Behandlungswunsch bzw. ein mutmaßlicher Wille des Betreuten zu beachten. Nach dem Gesetzeswortlaut sind dazu positive Feststellungen erforderlich[261].

Die Regelung der Nr. 3 korrespondiert mit dem ebenfalls zum 22.7.2017 eingefügten § 1901a Abs. 4 BGB. Danach hat ein Betreuer[262] den Betreuten in geeigneten Fällen auf die Möglichkeit einer Patientenverfügung hinweisen und ihn auf dessen Wunsch bei der Errichtung einer Patientenverfügung zu unterstützen[263]. Eine solche Situation kann eintreten, wenn der Betreute nach einer (zwangsweisen) ärztlichen Behandlung wieder einwilligungsfähig geworden ist und für die Zukunft ein Krankheitsrückfall mit Verlust der Einwilligungsfähigkeit zu befürchten steht[264]. Damit soll das Selbstbestimmungsrecht eines Betreuten gestärkt werden. Zugleich erhofft sich der Gesetzgeber, Zwangsmaßnahmen damit vermeiden zu können[265].

In einer Patientenverfügung können konkrete Entscheidungen über die Einwilligung oder Nichteinwilligung in bestimmte, anstehende ärztliche Maßnahmen, die Einnahme von Medikamenten oder die Auswahl eines Krankenhauses getroffen werden. Eine Patientenverfügung ist verbindlich, wenn sie im Zustand der Einwilligungsfähigkeit getroffen wurde und sie auf die konkrete Lebens- und Behandlungssituation des Betroffenen zutrifft. Liegt eine bindende Handlungsanweisung des Betreuten vor, ist sie vom Arzt umzusetzen ist. Die Überprüfung der Wirksamkeit und der Bindungswirkung einer Patientenverfügung obliegt dem behandelnden Arzt. Ist ein Betreuer bzw. Bevollmächtigter vorhanden, wird er nach § 1901a Abs. 1 Satz 1 BGB in die geschilderte Überprüfung der Patientenverfügung eingebunden. Der behandelnde Arzt muss gemäß § 630e Abs. 1 BGB den Betreuer über die wesentlichen Umstände aufklären, vgl. § 630e Abs. 1 BGB. Dem Betreuten sind im

255 OLG München FGPrax 2007, 267
256 KG NJOZ 2010, 1682
257 OLG Hamm FGPrax 2009, 111
258 OLG München FGPrax 2007, 43
259 Zeitgleiches Auftreten widersprüchlicher Gefühle mit der Unfähigkeit, sich nachhaltig zu entscheiden.
260 Etwa im Rahmen einer Borderline-Erkrankung.
261 Spickhoff, FamRZ 2017, 1633, 1636
262 Nicht der Bevollmächtigte, vgl. BT-Drs. 18/11240, 18, was problematisch ist. Nach § 1896 Abs. 2 BGB ist eine Vorsorgevollmacht nur dann geeignet, eine Betreuung entbehrlich zu machen, wenn damit die Angelegenheiten des Vollmachtgebers genauso gut wie durch eine Betreuung geregelt werden können. Daran fehlt es aber, wenn den Bevollmächtigten keine Verpflichtung trifft, den Vollmachtgebrer auf die Möglichkeit der Errichtung einer Patientenverfügung hinzuweisen und ihn ggf. bei der Errichtung zu unterstützen.
263 Zum Teil werden Patientenverfügungen auch in Form von Behandlungsvereinbarungen, vgl. etwa § 2 PsychKG NRW, oder psychiatrischen Verfügungen erstellt.
264 BT-Drs. 18/11240, 18
265 BT-Drs. 18/11240, 14

Rahmen seiner Verständigungsmöglichkeit die wesentlichen Umstände mitzuteilen, vgl. § 630e Abs. 5 BGB. Gelangen Arzt und Betreuer bzw. Bevollmächtigter übereinstimmend zum Ergebnis einer im konkreten Behandlungsfall bindenden Patientenverfügung, hat der Arzt diese umzusetzen. Dem Betreuer bzw. Bevollmächtigten obliegt lediglich noch nach § 1901a Abs. 1 Satz 2, Abs. 5 BGB die Aufgabe, dem Willen des Betroffenen Ausdruck und Geltung zu verschaffen

▶ *Zu Einzelheiten siehe Teil C, Rn. 106 ff.*

Fehlt eine wirksame Patientenverfügung, sind im nächsten Schritt konkrete Behandlungswünsche und bei deren Fehlen der mutmaßliche Wille des Betreuten zu ermitteln, § 1901a Abs. 2 Satz 1 BGB[266]. Behandlungswünsche können inhaltlich einen auf Bejahung, aber auch einen auf Ablehnung bestimmter ärztlicher Maßnahmen Willen enthalten. Entschließt sich etwa der Betreute im Zustand freier Willensbestimmung dazu, die ärztliche verordneten Psychopharmaka abzusetzen, kann darin ein nach § 1901a Abs. 2 BGB beachtlicher Wille liegen, der eine entsprechende ärztliche Zwangsmaßnahme ausschließt[267]. Ob ein Behandlungswunsch mit ausreichender Einwilligungsfähigkeit geäußert werden muss oder nicht, ist umstritten. Die Frage ist indes eher akademischer Natur, da im Ergebnis ein mit fehlender Einwilligungsfähigkeit geäußerter Behandlungswunsch auf jeden Fall im Rahmen der Ermittlung des mutmaßlichen Willens Beachtung finden müsste[268].

Bei der Ermittlung eines mutmaßlichen Willens ist darauf abzustellen, wie der Betreute selbst entscheiden würde, wenn er einwilligungsfähig wäre. Ist mangels konkreter Anhaltspunkte auch ein mutmaßlicher Wille nicht feststellbar, so kann der Betreuer dennoch zum Wohl und Schutz des Betreuten in die ärztliche Zwangsmaßnahme einwilligen, wenn alle weiteren Voraussetzungen des § 1906a Abs. 1 Satz 1 Nummern 1 bis 7 erfüllt sind[269].

ee. Versuch der Therapieeinwilligung, Nr. 4

Bevor eine Genehmigung der Einwilligung in eine ärztliche Zwangsmaßnahme erteilt werden kann, muss intensiv versucht worden sein, den Betreuten von der Notwendigkeit der ärztlichen Maßnahme zu überzeugen. Dabei handelt es sich um eine materielle Genehmigungsvoraussetzung[270]. Es muss ein ernsthafter, mit angemessenem – also ausreichendem – Zeitaufwand und ohne Druckausübung vorgenommener Versuch vorgeschaltet werden, bei dem Betreuten ein Therapieverständnis nebst -einwilligung zu erreichen[271]. Dieser Versuch sollte im Rahmen der stationären Behandlung durch die dort tätigen Ärzte, aber auch den ärztlich beratenen Betreuer oder Vertrauenspersonen aus dem Angehörigen-, Freundes- oder Bekanntenkreis des Betreuten in einem Zeitraum von 10 bis 14 Tagen nach der stationären Aufnahme des Betreuten – der Betreuer kann den behandelnden Arzt ihnen gegenüber von der ärztlichen Schweigepflicht entbinden erfolgen. Zeigt sich, das der Betreute verbal nicht erreichbar ist, sich Therapiegesprächen entzieht oder in seiner Auffassung bzw. der Realitätswahrnehmung krankheitsbedingt massiv eingeschränkt ist, kann ein kürzerer Zeitraum ausreichen. Der Zeitraum für einen Therapieversuch bemisst 52

266 BGH BtPrax 2016, 187 ff.; Spickhoff, FamRZ 2017, 1633 ff., 1636
267 BVerfG BtPrax 2015, 192
268 So zu Recht HK-BUR-Bauer/Braun, § 1906a BGB, Rn. 180: auch zum Streitstand
269 BT-Drucks. 18/112842, Seite 8
270 BGH BtPrax 2014, 277 und 229; LG Lübeck FamRZ 2014, 1734
271 BGH NJW 2017, 3714. Eine so erreichte Einwilligung kann indes nicht rechtserheblich sein, weil eine Zwangsbehandlung nur im Rahmen einer geschlossenen Unterbringung zulässig ist und der Betreute nur untergebracht werden kann, wenn er krankheitsbedingt nicht erkennen kann, dass die angestrebte ärztliche Maßnahme notwendig ist oder er nicht nach dieser Einsicht handeln kann, Schmidt-Recla, MedR 2013, 567, 568. Das BVerfG, BtPrax 2013, 61, 63, unterscheidet daher inzwischen die positive Einwilligung in eine ärztliche Maßnahme einerseits von der Vetofähigkeit des Betroffenen andererseits.

sich nämlich maßgeblich danach, wieviel Zeit den Ärzten verbleibt, die Realisierung einer erheblichen Gefahr einer erheblichen Selbstschädigung des Betreuten zu vermeiden[272].

Zwar trifft bereits den Betreuer nach § 1901 Abs. 3 Satz 3 BGB eine Verpflichtung, die geplante ärztliche Zwangsmaßnahme mit dem Betreuten zu besprechen. Dennoch soll dem Betreuten nochmals die geplante ärztliche Maßnahme nebst ihren Wirkungen entsprechend seinen Verständnismöglichkeiten erläutert werden. Auch wenn ein einwilligungsunfähiger Betroffener nicht wirksam ärztlich aufgeklärt werden kann, soll er nicht über das Ob und Wie der ärztlichen Behandlung im Unklaren bleiben[273]. Diese ärztliche Verpflichtung ergibt sich auch aus § 630e Abs. 5 BGB.

53 Zudem belegen ärztliche Berichte, dass in der Praxis durch die Ärzte nach erfolgter stationärer Aufnahme sehr häufig ein einvernehmliches Zusammenwirken zur Behandlung erzielt werden kann, der Betreute also seinen natürlichen Willen so ändert, dass er nicht mehr gegen die geplante ärztliche Maßnahme gerichtet ist. Das beruht oft schon darauf, dass der Betroffene die Situation der stationären Behandlung bzw. Unterbringung zunächst als bedrohlich erlebt, dann aber durch den geregelten Tagesablauf, die Kontakte und Zuwendung sowie das Abwarten der Ärzte erste Grundlagen für eine Vertrauensbildung gelegt werden. Ärztliche Standards in Hinblick auf die Durchführung und den Inhalt von ärztlichen Gesprächen zum Erwirken eines Therapieeinverständnisses fehlen derzeit noch. In der ärztlichen Praxis wird von erfolgreichem Einwirken durch geduldiges Verhandeln, „Dabei-sein" bzw. permanentes Gespräch zwischen Arzt, Betreutem, Betreuer und Angehörigen berichtet[274].

Das Vorliegen eines ausreichenden Versuchs, den Betreuten von der Notwendigkeit der ärztlichen Maßnahmen zu überzeugen, ist in jedem Einzelfall festzustellen und vom Gericht in seiner Entscheidung in nachprüfbarer Weise darzulegen[275]. Das Gericht wird also in seiner Entscheidung Dauer, Häufigkeit und Inhalt des Überzeugungsversuches nach Befragen des behandelnden Arztes, des Betreuers, des Verfahrenspflegers oder ggf. der Vertrauensperson beschreiben müssen. Dies kann im Wege des Freibeweises erfolgen[276]. Die Ausgestaltung des Überzeugungsversuches hängt vom Krankheitsbild des Betroffenen im Einzelfall ab[277].

Der Überzeugungsversuch muss mit der notwendigen Sorgfalt und Intensität durchgeführt werden[278]. Einen ausreichenden Überzeugungsversuch kann die Feststellung belegen, dass der Betroffene schon vor der stationären Aufnahme regelmäßig auf die Notwendigkeit der Medikamenteneinnahme angesprochen worden ist und während der stationären Behandlung andauernd Versuche des behandelnden Arztes erfolgten, den Betroffenen zu einer freiwilligen Medikamenteneinnahme zu bewegen[279]. Gleiches gilt, wenn über vier Monate hinweg zweimal wöchentlich Visitengespräche durch Arzt und Oberarzt mit dem Betreuten erfolgten, in denen versucht wurde, ihm Sinnhaftigkeit, Notwendigkeit und Grund der ärztlichen Maßnahme zu erklären[280].

Erst dann, wenn ein Arzt nach intensiven Bemühungen kein Therapieverständnis beim Betreuten erreichen kann, wird er aus seiner fachlichen Sicht abzuwägen haben, ob die ge-

272 Spickhoff, FamRZ 2017, 1633, 1637: Kostendruck, Ungeduld des Personals bzw. Dritter sind irrelevant.
273 BVerfG NJW 2011, 2113, 2116, Rn. 59
274 Zinkler, Psychosoziale Umschau (PSU) 2013, 24
275 BVerfG BtPrax 2015, 192; BGH FamRZ 2017, 2056 = BtPrax 2018, 42 (LS); BtPrax 2015, 238
276 Gietl, NZFam 2017, 1072
277 LG Augsburg FamRZ 2014, 1734
278 LG Saarbrücken NJW-RR 2016, 1987
279 BGH NJW 2017, 3714 ff. Zu Umfang und Inhalt eines solchen Überzeugungsversuches vgl. LG Augsburg FamRZ 2014, 1734.
280 BGH NJW-RR 2016, 258

plante ärztliche Maßnahme auch unter Anwendung von Zwang indiziert ist, um zum Wohl des Betreuten ein bestimmtes Behandlungsziel zu erreichen. Bejaht der Arzt dies, sind die weiteren Voraussetzungen des § 1906a BGB zu prüfen[281].

Sofern es während dieses Zeitraumes zu einer psychiatrischen Krise mit der Notwendigkeit einer ärztlichen Zwangsmaßnahme kommt, kann diese nach § 34 StGB gerechtfertigt sein[282] (siehe auch unten Rn. 63).

ff. Keine weniger belastende Maßnahme, Nr. 5

Der erhebliche gesundheitliche Schaden darf durch keine andere dem Betreuten zumutbare Maßnahme abgewendet werden können. Diese Voraussetzung stellt einen Ausfluss des Verhältnismäßigkeitsgrundsatzes dar. Sie veranschaulicht, dass allein die Sicht des Betreuten, nicht die Dritter maßgeblich ist[283]. Es darf keine aus der Sicht des Betreuten zumutbare Behandlungsalternative geben, die das Behandlungsziel ebenso gut wie die geplante ärztliche Zwangsmaßnahme herbeizuführen vermag. Denkbar sind insbesondere in Hinblick auf psychiatrische Behandlungen – sofern vorhanden – Angebote wie das sog. weiche Zimmer, das Home Treatment (Behandlung in häuslicher Umgebung) oder Begleitung durch Kriseninterventionsstellen[284]. Weniger belastend können auch einzelfallbezogene Überwachungs- und Absonderungsmaßnahmen in Bezug auf den Betroffenen sein[285] oder Alternativbehandlungen[286]. Ansonsten können konservative oder medikamentöse Behandlungen anstelle von Operationen sich als weniger belastend darstellen. Bei medikamentösen Zwangsbehandlungen dürfte eine orale Gabe im Einzelfall weniger belastend sein als eine gespritzte Medikation[287]. Fehlen mildere Mittel, bedarf es konkreter Darlegungen dazu, weshalb mildere Mittel fehlen[288]. 54

gg. Überwiegen des Nutzens der Zwangsmaßnahme, Nr. 6

Der zu erwartende Nutzen der ärztlichen Zwangsmaßnahme muss die zu erwartenden Beeinträchtigungen deutlich überwiegen. Der Gesetzgeber will damit verdeutlichen, dass die ärztliche Zwangsmaßnahme immer „ultima ratio" sein muss. Die Belastung des Betreuten durch eine ärztliche Zwangsmaßnahme darf nicht außer Verhältnis zu dem Nutzen der ärztlichen Zwangsmaßnahme stehen[289]. Je schwerwiegender der Eingriff ist, etwa durch das mit ihm einhergehende Gefühl der Entwürdigung bzw. Traumatisierung oder in Hinblick auf unerwünschte Nebenwirkungen, desto deutlicher muss der Nutzen für den Betreuten hervortreten und die bei ihm eintretenden Nachteile wesentlich übersteigen. Ein leichtes Überwiegen genügt also nicht. Bei der Abwägung ist die Sicht des Betreuten maßgeblich[290]. Zu prüfen ist, ob es aus seiner Individualität heraus Hinweise auf ein subjektives Überwiegen des Nutzens für den Betreuten gibt. Hinweise können insbesondere die Ergebnisse früherer Behandlungen geben. Lassen sich keine Hinweise aus der Sicht des Betreuten ermitteln, sind bei der Abwägung fachmedizinische Standards und ein objektivier- 55

281 Abgeordneter Silberhorn, BT-Plenarprotokoll 17/217, S. 26880
282 LG Kassel BtPrax 2012, 208
283 BT-Drs. 18/11240, S. 20
284 Die Monitoring-Stelle zur UN-Behindertenrechtskonvention beklagt in ihrer Stellungnahme zur Anhörung am 10.12.2012 im Rechtsausschuss des Bundestages zu Recht die fehlende Fortentwicklung der psychiatrischen Versorgung mit dem Ziel der Vermeidung von Zwangsbehandlungen.
285 OLG Karlsruhe, Beschluss vom 26.3.2018 – 2 Ws 79/18 – juris = BtPrax 2018, 124 (LS): zum baden-württembergischen PsychKHG
286 Dazu LG Saarbrücken BtPrax 2016, 43
287 HK-BUR-Bauer/Braun, § 1906a BGB, Rn. 208
288 BVerfG BtPrax 2015, 192
289 BT-Drs. 17/11513, S. 7; unangenehme Nebenwirkungen sind eher hinzunehmen als (vital) gefährliche, LG München II FamRZ 2014, 418 = BtPrax 2014, 96 (LS)
290 BT-Drs. 18/11240, S. 20

tes Wohl nach allgemeinen Maßstäben zugrunde zu legen[291]. Auch psychologische Folgen einer zwangsweisen Behandlung sind beim Betreuten zu beachten und in die Abwägung einzubeziehen[292].

Angesichts medizinischer Prognoserisiken und methodischer Schwierigkeiten der Vergleichserhebung kann ein deutliches Überwiegen des Nutzens nur bejaht werden, wenn in medizinischen Fachkreisen ein deutlich feststellbares Überwiegen des Nutzens der geplanten ärztlichen Zwangsmaßnahme festzustellen ist[293]. Insbesondere sind bekannte oder in der medizinischen Fachpresse beschriebene (Neben- bzw. Langzeit-)Wirkungen von Medikationen bzw. Therapien zu beachten sowie die Möglichkeiten, unerwünschte Nebenwirkungen zu vermeiden bzw. zu mildern. Unangenehme Nebenwirkungen sind im Gegensatz zu gefährlichen oder vital bedrohlichen eher zu vernachlässigen, wenn das Medikament in der Vergangenheit bereits zu einer Verbesserung des Gesundheitszustandes geführt hatte[294].

Bei der Abwägung kann darauf abgestellt werden, ob die ärztliche Zwangsmaßnahme für eine Rückbildung der Symptomatik, wie sie etwa in einer früheren Behandlung gelungen war, und für die Herbeiführung und Stabilisierung der Einsichts- und Steuerungsfähigkeit des Betreuten geeignet ist[295] und so die Fähigkeit des Betreuten zur selbstbestimmten Entscheidung über eine ärztliche Maßnahme wiederhergestellt werden kann. Weiter kann bei der Abwägung einfließen, ob es bei Unterlassen einer ärztlichen Zwangsmaßnahme wegen des Fortdauerns einer erheblichen Eigengefährdung zu einer deutlichen Verlängerung der Verweildauer auf einer geschlossenen Station kommt. Schließlich kann einfließen, ob und in welchem Umfang körperlicher Zwang zur Durchsetzung der ärztlichen Maßnahme erforderlich wird, wie häufig und mit welcher Zeitdauer eine ärztliche Zwangsmaßnahme erfolgen muss sowie inwieweit das Vertrauensverhältnis zu Ärzten leidet. Im Rahmen der Abwägung sind auch Ausführungen zur Begründung der Auswahl von Medikamenten und ihrer Dosis erforderlich[296].

Die Darlegungsanforderungen hinsichtlich möglicher Nebenwirkungen der Behandlung bestimmen sich nach dem Grad der Wahrscheinlichkeit ihres Eintritts, ihrer Schwere und den Chancen der Vermeidung durch begleitende Maßnahmen[297]. In erster Linie geht es dabei darum zu vermeiden, dass ein nicht zu vernachlässigendes Risiko irreversibler Gesundheitsschäden besteht[298]. Selbst wenn keine Heilung einer chronischen Schizophrenie durch eine ärztliche Zwangsbehandlung erreicht wird, kann allerdings das Herbeiführen einer Milderung der ausgeprägten paranoiden Symptomatik und der damit einhergehenden negativen Folgen (Obdachlosigkeit, Verlust sozialer Bezüge, aggressive Impulsdurchbrüche etc.) das Überwiegen des Nutzens der ärztlichen Zwangsbehandlung belegen[299]. Nur zweifelhafte Besserungsaussichten genügen nicht[300]. Bei einem langen und ungünstigen Behandlungsverlauf bedarf es detaillierter Darlegungen, warum eine nunmehr vorge-

291 Spickhoff, FamRZ 2017, 1633,1637: Das objektivierte Interesse steht indes unter dem subjektiven Korrekturvorbehalt.
292 BVerfG BtPrax 2015, 192 ff.
293 BVerfG NJW 2011, 2113 ff., Rn. 61
294 LG München II FamRZ 2014, 418 = BtPrax 2014, 96 (LS)
295 OLG Schleswig BtPrax 2003, 223; LG München II FamRZ 2014, 418 = BtPrax 2014, 96 (LS)
296 OLG Karlsruhe BtPrax 2017, 1128 (LS): zum Maßregelvollzug
297 OLG Karlsruhe FamRZ 2016, 1600 = BtPrax 2016, 160 (LS) zum Maßregelvollzug
298 BVerfG, BtPrax 2011, 112 ff. OLG Karlsruhe, Beschluss vom 26.3.2018 – 2 Ws 79/18 – juris = BtPrax 2018, 124 (LS): zum baden-württembergischen PsychKHG
299 OLG Karlsruhe MedR 2017, 562 = FamRZ 2017, 1000 (LS)
300 BGH BtPrax 2014, 229

schlagene Behandlung bzw. Medikation noch Erfolg verspricht. Ein Behandlungsoptimismus, der sich im „Durchprobieren" erschöpft, genügt nicht[301].

hh. Stationärer Aufenthalt in einem Krankenhaus, Nr. 7

Die ärztliche Zwangsmaßnahme darf nur im Rahmen eines stationären Aufenthalts in einem Krankenhaus durchgeführt werden. Ebenso wie bei Nr. 4 handelt es sich um eine materielle Genehmigungsvorsetzung. Nur so lässt sich ausreichend sicherstellen und gerichtlich überprüfen, dass dem ultima ratio Grundsatz in Hinblick auf ärztliche Zwangsmaßnahmen ausreichend Rechnung getragen wird[302]. **56**

Der Gesetzgeber hat darauf verzichtet, den Begriff Krankenhaus näher zu umschreiben, allerdings inhaltliche Vorgaben gemacht. Im Krankenhaus muss nämlich die gebotene medizinische Versorgung des Betreuten einschließlich einer erforderlichen Nachbehandlung[303] sichergestellt sein. Damit will der Gesetzgeber vorrangig ärztliche Zwangsbehandlungen auf das unvermeidbare Mindestmaß reduzieren und ambulante ärztliche Zwangsmaßnahme unverändert ausschließen. Ausgeschlossen sind damit Heime, z.B. geschlossene (gerontopsychiatrische) Einrichtungen. Dies lässt sich damit begründen, dass es dort – ebenso wie bei der ambulanten Zwangsbehandlung – an der Sicherstellung der medizinischen Nachbehandlung fehlt. Zudem lässt sich im Rahmen eines stationären Krankenhausaufenthaltes verlässlicher und sicherer feststellen, ob die Voraussetzungen für die Einwilligung eines Betreuers in eine ärztliche Zwangsmaßnahme, insbesondere die nach § 1906a Abs. 1 Satz 1 Nr. 2 BGB erforderliche Einwilligungsunfähigkeit, vorliegen. Schließlich wünscht der Gesetzgeber eine restriktivere Handhabung[304].

Für die **Definition eines stationären Krankenhausaufenthaltes** kann auf sozialgesetzliche Vorschriften zurückgegriffen werden. Nach § 107 Abs. 1 Nrn. 1 bis 4 SGB V sind Krankenhäuser im Sinne dieses Gesetzbuchs Einrichtungen, die der Krankenhausbehandlung oder Geburtshilfe dienen, fachlich-medizinisch unter ständiger ärztlicher Leitung stehen, über ausreichende, ihrem Versorgungsauftrag entsprechende diagnostische und therapeutische Möglichkeiten verfügen und nach wissenschaftlich anerkannten Methoden arbeiten, mit Hilfe von jederzeit verfügbarem ärztlichem, Pflege-, Funktions- und medizinisch-technischem Personal darauf eingerichtet sind, vorwiegend durch ärztliche und pflegerische Hilfeleistung Krankheiten der Patienten zu erkennen, zu heilen, ihre Verschlimmerung zu verhüten, Krankheitsbeschwerden zu lindern oder Geburtshilfe zu leisten, und in denen die Patienten untergebracht und verpflegt werden können. Damit ist zugleich sichergestellt, dass sie die notwendige Versorgung einschließlich einer erforderlichen Nachversorgung auch im Rahmen einer ärztlichen Zwangsmaßnahme grundsätzlich gewährleisten können. Auch Privatkliniken, die diesen Anforderungen genügen, sind nach dem gesetzgeberischen Vorstellungen geeignet, ärztliche Zwangsmaßnahmen durchzuführen. Vorsorge- oder Rehabilitationseinrichtungen nach § 107 Abs. 2 SGB V sind dagegen nicht ausreichend, weil sie anders als Krankenhäuser gesetzlich nicht gehalten sind, jederzeit verfügbare ärztliche Hilfeleistung sicherzustellen[305].

Im Einzelfall muss nach dem Wortlaut der Vorschrift hinzukommen, dass es sich um ein Krankenhaus handelt, das für die beabsichtigte ärztliche Maßnahme **im konkreten Fall**

---

301 OLG Stuttgart FamRZ 2014, 1896 (LS): zum Maßregelvollzug
302 Offen gelassen von HK-BUR-Bauer/Braun, § 1906a BGB, Rn. 229
303 Dies umfasst alle erforderlichen ärztlichen Maßnahmen, die sich als Folge der zwangsweisen Behandlung ergeben, bis hin zur therapeutischen Aufarbeitung der Zwangsbehandlung, vgl. BT-Drs. 18/11240, S. 20.
304 BT-Drs. 18/11240, S. 19, a.A. Kretz/Albrecht/Wittkämper, J 2, Rn. 14
305 A.A. HK-BUR- Bauer/Braun, § 1906a BGB, Rn. 222, der verkennt, dass Vorsorge- und Rehabilitationseinrichtungen über Nacht keine ärztliche Hilfe sicherstellen müssen und zudem nach ihrer Ausrichtung auf die Behandlung therapiewilliger Patienten ausgerichtet sind.

qualifiziert ist. Geht es beispielsweise um die Versorgung einer Oberschenkelhalsfraktur im Wege einer ärztlichen Zwangsmaßnahme, muss das konkrete Krankenhaus neben einer unfallchirurgischen bzw. orthopädischen Kapazität auch die fachgerechte und an den individuellen Bedürfnissen des Betreuten orientierte Begleitung einer zwangsweisen Behandlung sicherstellen können. In diesem Rahmen wird das ärztliche Personal des Krankenhauses in der Lage sein müssen, psychische, psychosomatische und internistische Belastungen des Betroffenen – ggf. auftretende psychiatrische Krisensituationen – aufzufangen, zu begleiten und zum Wohl des Betreuten adäquat ärztlich und therapeutisch behandeln zu können. Im Einzelfall kann dies durch Hinzuziehung von Konsiliarärzten oder die Verlegung in ein psychiatrisches Krankenhaus unter Sicherstellung der erforderlichen orthopädischen Nachsorge geschehen[306].

Hinsichtlich der Krankenhausbehandlung unterscheidet § 39 Abs. 1 Satz 1 SGB V zwischen vollstationär, stationsäquivalent, teilstationär, vor- und nachstationär sowie ambulant erbrachter Behandlung. Im Rahmen des § 1906a BGB erfüllt nur die vollstationäre Aufnahme die Voraussetzung des Abs. 1 Satz 1 Nr. 7. Eine vollstationäre Krankenhausbehandlung setzt eine physische und organisatorische Eingliederung des Patienten in das spezifische Versorgungssystem eines Krankenhauses voraus und unterscheidet sich von teilstationärer und ambulanter Krankenhausbehandlung durch das Merkmal der geplanten Aufenthaltsdauer. Demnach ist eine vollstationäre Krankenhausbehandlung gegeben, wenn sie sich nach dem Behandlungsplan des Krankenhausarztes zeitlich über mindestens einen Tag und eine Nacht erstreckt[307]. Im Einzelfall ist der stationäre Aufenthalt aber so auszugestalten, dass die gebotene sorgfältige Prüfung der gesetzlichen Voraussetzungen für die beabsichtigte ärztliche Zwangsmaßnahme durch den Arzt und den Betreuer im Rahmen des stationären Aufenthaltes möglich ist[308]. Eine nur stationsäquivalente oder teilstationäre Behandlung genügt nicht, da hier die Gefahr besteht, den vom Gesetzgeber gewollten ultima ratio Grundsatz zu umgehen und sich der nicht gewünschten ambulanten Zwangsbehandlung zu nähern[309].

Da eine Krankenhausbehandlung nach § 39 Abs. 1 Satz 3 SGB V im Rahmen des Versorgungsauftrags des Krankenhauses alle Leistungen umfasst, die im Einzelfall nach Art und Schwere der Krankheit für die medizinische Versorgung der Versicherten im Krankenhaus notwendig sind, ist damit auch im Einzelfall die gebotene medizinische Versorgung des Betreuten einschließlich einer erforderlichen Nachbehandlung sichergestellt.

ii. Geltung für Bevollmächtigte

57 § 1906a Abs. 5 BGB erstreckt die Regelungen zur Einwilligung eines Betreuers in eine ärztliche Zwangsmaßnahme und die Verbringung zu einem stationären Aufenthalt in ein Krankenhaus auch auf einen Bevollmächtigten. Dieser kann allerdings nur wirksam in solche Maßnahmen einwilligen, wenn die Vollmacht schriftlich erteilt ist und die Einwilligung in eine ärztliche Zwangsmaßnahme und das Verbringen in ein Krankenhaus zu einem stationären Aufenthalt ausdrücklich umfasst. Mit der Erstreckung auf den Bevollmächtigten folgt der Gesetzgeber der bisherigen Systematik des Betreuungsrechts, das bereits in §§ 1901a Abs. 5, 1901b Abs. 3, 1904 Abs. 4 und 1906 Abs. 5 BGB hinsichtlich der Patientenverfügung und der Genehmigungsvorbehalte bei ärztlichen Maßnahmen und Unterbringung die entsprechende Geltung der Regelungen für Betreuer in Hinblick auf Bevoll-

306 HK-BUR- Bauer/Braun, § 1906a BGB, Rn. 227
307 BSG NZS 2006, 88 ff.; MedR 2004, 702 ff.: Die Unterzeichnung eines Krankenhaus Aufnahmevertrages und die Inanspruchnahme eines Bettes genügt nicht
308 BT-Drs. 18/11240, S. 20
309 A.A. HK-BUR- Bauer/Braun, § 1906a BGB, Rn. 223

mächtigte vorsieht[310]. Von daher gelten hinsichtlich der Formerfordernisse an die Vollmacht die Anforderungen, die der BGH zu § 1904 Abs. 5 BGB entwickelt hat[311]. Es ist allerdings nicht zu verlangen, dass in der Vollmacht die einzelnen ärztlichen Maßnahmen konkret benannt werden, dies hat im Rahmen einer (psychiatrischen) Patientenverfügung zu erfolgen[312].

Unklar ist, wie mit Vollmachten zu verfahren ist, die vor dem 22.7.2017 errichtet wurden. Sie verweisen naturgemäß nicht auf § 1906a BGB, sondern beziehen sich auf ärztliche Zwangsmaßnahmen im Rahmen der freiheitsentziehenden Unterbringung. Nach richtiger Ansicht genügen sie den Formerfordernissen des § 1906a BGB, wenn im Wege der Auslegung der Vollmacht davon ausgegangen werden kann, dass der Bevollmächtigte im Falle einer solchen (alten) Vollmacht auch nach der Gesetzesänderung im vollen Umfang zu einer Einwilligung in ärztliche Zwangsmaßnahmen bevollmächtigt bleiben soll[313].

Der Gesetzgeber kommt mit § 1906a Abs. 5 BGB seiner Schutzverpflichtung gegenüber betroffenen Bürgern nach, da eine Kontrolle des Bevollmächtigten im Rahmen der Gesundheitsfürsorge in gleicher Weise wie bei Betreuern geboten ist. Gleichzeitig wird so der Anwendungsbereich einer Vorsorgevollmacht erweitert, um dem Selbstbestimmungsrecht des Einzelnen gerecht zu werden.

d. Richterliche Anordnung einer ärztlichen Zwangsmaßnahme

§ 1906a Abs. 1 Satz 2 BGB stellt klar, dass die eigenständige richterliche Anordnungsbefugnis nach § 1846 nur anwendbar ist, wenn der Betreuer an der Erfüllung seiner Pflichten verhindert ist. Der Gesetzgeber wollte keine generelle Ermächtigungsgrundlage zur Zwangsbehandlung in Krisensituationen schaffen. Für Fälle akuter psychiatrischer Krisenintervention, sieht der Gesetzgeber einen Vorrang der Landesunterbringungsgesetze. Zudem kann eine akute psychiatrische Zwangsbehandlung ihre Rechtfertigung in allgemeinen Rechtfertigungsgrundlagen, etwa § 34 StGB, finden (dazu unten Rn. 63)[314] **58**

e. Ärztliche Zwangsmaßnahme hinsichtlich Minderjähriger

1906a BGB regelt allein die Einwilligung in eine ärztliche Zwangsmaßnahme bei Volljährigen, da nur für sie wirksam ein Betreuer bestellt sein kann bzw. durch sie wirksam ein Dritter zur Entscheidung über die Einwilligung in ärztliche Zwangsmaßnahmen bevollmächtigt sein kann. Eine analoge Anwendung der Vorschrift auf Minderjährige scheidet aus denselben Gründen wie die analoge Anwendung des § 1906 Abs. 4 BGB auf Minderjährige aus (dazu siehe unten Rn. 90). Für Minderjährige enthält das BGB keine dem § 1906a BGB entsprechende Vorschrift, die eine Zwangsbehandlung Minderjähriger betrifft. Deshalb umfasst die elterliche Sorge nach derzeitiger Rechtslage die Veranlassung von ärztlichen Maßnahmen – auch gegen den natürlichen Willen – des Minderjährigen sowie die Einwilligung in ärztliche Eingriffe gemäß § 630d BGB[315]. Genehmigungsvorbehalte sieht das Gesetz nur **59**

310 Bohnert, RuP 2013, 18, 22, misst dem Bevollmächtigten lediglich die Rolle eines Erklärungsboten zu, der die antizipierte Einwilligung des Vollmachtgebers übermittelt. Dann wäre die Übertragung von Zwangsbefugnissen auf den Bevollmächtigten nicht erforderlich. Das kann nur zutreffen, wenn gleichzeitig eine Patientenverfügung des Vollmachtgebers existiert, die wirksam in die beabsichtigte Behandlung einwilligt.
311 Dazu BGH BtPrax 2016, 187
312 Spickhoff, FamRZ 2017, 1633, 1637
313 Spickhoff, FamRZ 2017, 1633, 1637: Eine Anpassung ist nur erforderlich, wenn die bestehende Vollmacht nach dem 22.7.2017 erweitert und erstmals auch die Einwilligung in ärztliche Zwangsmaßnahmen und die Verbringung in ein Krankenhaus umfassen soll.
314 LG Kassel BtPrax 2012, 208
315 Der Gesetzgeber sieht insoweit allerdings Prüfbedarf, vgl. BT-Drs. 18/11741, S. 31. Nach Grotkopp, BtPrax 2013, 83, 86, soll eine zwangsweise ärztliche Behandlung Minderjähriger nur auf der Grundlage allgemeiner Rechtfertigungsgründe zulässig sein. Er übersieht m.E. das Elternrecht.

§ 1631b BGB für eine Freiheitsentziehung zur Unterbringung, Abs. 1, und für eine Freiheitsbeschränkung durch unterbringungsähnliche Maßnahmen, Abs. 2, vor. Zum Teil enthalten Landesunterbringungsgesetze Regelungen zu ärztlichen Zwangsmaßnahmen bei Minderjährigen[316].

f. Verbringen zum stationären Krankenhausaufenthalt, § 1906a Abs. 4 BGB

aa. Überblick

60 § 1906a Abs. 4 BGB beruht auf Änderungsvorschlägen des Rechtsausschusses im Bundestag[317]. Solange ein Betreuter keinen natürlichen Willen gegen einen stationären Krankenhausaufenthalt bekundet, vermag ein Betreuer, dem das Aufenthaltsbestimmungsrecht zusteht, ohne weiteres die stationäre Einweisung veranlassen. Lehnt der Betreute dagegen mit natürlichem Willen eine ärztliche Maßnahme ab und ist nicht bereit, sich zur Behandlung in ein Krankenhaus zu begeben, regelt § 1906a Abs. 4 BGB unter welchen Voraussetzungen das (zwangsweise) Verbringen in ein Krankenhaus möglich ist. § 1906a Abs. 4 BGB bietet auch die Rechtsgrundlage für freiheitsentziehende Maßnahmen i.S.d. § 1906 Abs. 4 BGB, die im Rahmen der Verbringung zu einem stationären Krankenhausaufenthaltes notwendig werden[318]. Die Notwendigkeit einer gesetzlichen Ermächtigungsgrundlage für das Verbringen eines Betreuten zu einem stationären Krankenhausaufenthalt ergibt sich daraus, dass mit § 326 FamFG bislang nur für die zwangsweise Zuführung zu einer freiheitsentziehenden Unterbringung nach § 1906 Abs. 1 BGB eine Ermächtigungsgrundlage vorhanden ist. Für die (bloße) Verbringung in ein Krankenhaus zum Zwecke der Durchführung einer ärztlichen Zwangsmaßnahme gegen den natürlichen Willen des Betreuten, ohne dass es dort zu einer Unterbringung kommt, muss durch eine eigene Vorschrift geregelt werden[319].

Erfasst werden damit die Fallkonstellationen, in denen der Betreute es mit natürlichem Willen ablehnt, ein Krankenhaus aufzusuchen, sich nach der Verbringung dem Aufenthalt dort der ärztlichen Maßnahme nicht entziehen kann (weil er z.B. immobil ist) oder will. Eine Unterbringung ist in solchen Fällen nicht notwendig, was nach früherer, verfassungswidriger Rechtslage eine ärztliche Zwangsmaßnahme ausschloss. Auf keinen Fall soll mit Absatz 4 eine Verbringung in ein Krankenhaus zu einer ambulanten ärztlichen Zwangsmaßnahme ermöglicht werden[320]. Mit der Regelung des § 1906a Abs. 4 BGB will der Gesetzgeber sicherstellen, dass im ersten Schritt nur über die Verbringung in ein Krankenhaus entschieden wird. Im Krankenhaus soll nach der Verbringung dorthin versucht werden, ein Therapieeinverständnis beim Betreuten zu erreichen, um (weitere) Zwangsmaßnahmen entbehrlich zu machen. Erst wenn der Betreute danach unverändert der Durchführung der ärztlichen Maßnahme mit natürlichem Willen widerspricht, soll darüber entschieden werden, ob die Genehmigung der Einwilligung in eine ärztliche Maßnahme erteilt werden kann[321]. Zugleich schafft der Gesetzgeber mit dem § 1906a Abs. 4 BGB einen Genehmigungsvorbehalt für den Betreuer, der anderenfalls nur an die Vorgaben des § 1901 BGB gebunden wäre.

Den Vollzug der Verbringung regelt § 1906a Abs. 4 BGB nicht. Die in diesem Rahmen erforderlichen Entscheidungen trifft der Betreuer. Auf seinen Wunsch hin, hat ihn die Betreuungsbehörde bei der Verbringung zu unterstützen, § 326 Abs. 1 FamFG. Bei Gefahr in Ver-

316 Vgl. § 18 Abs. 7 PsychKG NRW
317 BT-Drs. 18/12842, S. 8
318 BT-Drs. 18/11240, S. 19: Verbringung ist ein einmaliger Akt.
319 BT-Drs. 18/12842, S. 8
320 BT-Drucks. 18/112842, Seite 8. Kritisch dazu unter Hinweis auf einen Verstoß gegen den Verfassungsgrundsatz der Verhältnismäßigkeit Spickhoff, FamRZ 2017, 1633, 1639.
321 BT-Drs. 18/12842, S. 8

zug (dazu unten Rn. 263) ist der Betreuer berechtigt, die Verbringung ohne vorherige betreuungsgerichtliche Genehmigung zu veranlassen. Die Genehmigung ist unverzüglich nachzuholen, vgl. §§ 1906a Abs. 4, 1906 Abs. 2 Satz 2 BGB.

bb. Materielle Voraussetzungen der Verbringung

Kommt eine ärztliche Zwangsmaßnahme in Hinblick auf den Betreuten in Betracht, verweist § 1906a Abs. 4 BGB für die Voraussetzungen der Verbringung des Betreuten zu einem stationären Krankenhausaufenthalt gegen seinen natürlichen Willen auf § 1906 Abs. 1 Nr. 2, Abs. 2 und 3 Satz 1 BGB. Mit dem Verweis auf § 1906 Abs. 2 Satz 1 BGB unterwirft das Gesetz die Entscheidung des Betreuers über die Verbringung des Betreuten zu einem stationären Krankenhausaufenthalt (dazu oben Rn. 56) einem Genehmigungsvorbehalt. Nur wenn mit dem Aufschub der Verbringung Gefahr verbunden ist, darf sie ohne betreuungsgerichtliche Genehmigung erfolgen, vgl. § 1906 Abs. 2 Satz 2 BGB. Sie muss dann aber unverzüglich nachgeholt werden, § 1906 Abs. 2 Satz 2 2. Hs. BGB. Hinzu treten muss nicht, dass es letztendlich zur Einwilligung des Betreuers in eine ärztliche Zwangsmaßnahme kommt. Dies ist vor der Verbringung kaum sicher vorher zu sagen. Zudem soll nach der Verbringung in das Krankenhaus der Versuch unternommen werden, ein Therapieeinverständnis des Betroffenen zu erzielen, um die Anwendung von (weiterem)Zwang entbehrlich zu machen. **61**

Die Einwilligung des Betreuers in eine ärztliche Zwangsmaßnahme muss aber zumindest vor der gerichtlichen Genehmigung der Verbringung sehr wahrscheinlich sein. Letztlich setzt die gerichtliche Genehmigung der Verbringung des Betreuten zu einem stationären Krankenhausaufenthalt voraus, dass die Voraussetzungen des § 1906 Abs. 1 Nr. 2 BGB erfüllt sind. Mit dem Verweis auf die Voraussetzungen einer freiheitsentziehenden Unterbringung zur Heilbehandlung will der Gesetzgeber einen Gleichlauf der gesetzlichen Regelungen zur Verbringung und zur Unterbringung herbeiführen sowie zum Schutz des Betreuten eine vergleichbare Praxis ermöglichen[322].

Keinesfalls ermöglicht § 1906a Abs. 4 BGB das Verbringen eines Betreuten zu einer ambulanten Zwangsbehandlung.

cc. Verfahren der Anordnung zur Verbringung

Für das Verfahren auf Anordnung der Verbringung des Betreuten zu einem stationären Krankenhausaufenthalt gegen seinen natürlichen Willen gelten verfahrensrechtlich die Regelungen der §§ 312 ff. FamFG. Es handelt sich um eine Unterbringungssache nach § 312 Nr. 3 FamFG, weshalb der Richter zuständig ist. Daneben verdienen der Anspruch auf rechtliches Gehör gem. Art 103 GG und der Grundsatz der Amtsermittlung, § 26 FamFG, besondere Beachtung. Angesichts des mit der Verbringung verbundenen Eingriffs in die Freiheit, den eigenen Aufenthaltsort zu bestimmen, vgl. Art 2 Abs. 2 Satz 1 GG, und um den Betreuten vor Überraschungsentscheidungen zu schützen bedarf es aus verfassungsrechtlichen Gründen stets der vorherigen persönlichen Anhörung des Betreuten[323]. Dem trägt das Verfahrensrecht in § 319 FamFG Rechnung. Vor einer Entscheidung, die seine Rechte betrifft, muss der Betreute zu Wort kommen und Einfluss auf das Verfahren und sein Ergebnis nehmen können. **62**

Die Notwendigkeit einer Verfahrenspflegerbestellung bemisst sich nach § 317 Abs. 1 Satz 3 FamFG. Angesichts des erheblichen Grundrechtseingriffes ist sie regelmäßig erforderlich.

---

322 BT-Drs. 18/12842, S. 8

323 So BVerfG BtPrax 2018, 151 – zur vergleichbaren Situation bei einer Vorführung nach §§ 283, 322 FamFG

Der Beschluss selbst muss den Anforderungen der §§ 38, 39 FamFG genügen. Die Entscheidung des Gerichts kann mit der Beschwerde nach §§ 58 ff FamFG (dazu unten Rn. 288) angegriffen werden. Bei der Genehmigung einer Verbringung des Betreuten zu einem stationären Krankenhausaufenthalt gegen seinen natürlichen Willen handelt es sich nach der gesetzgeberischen Wertung um eine eigenständige, gesondert angreifbare Endentscheidung[324] und nicht lediglich um eine Zwischenentscheidung im Rahmen der Genehmigung einer ärztlichen Zwangsmaßnahme.

Nach § 326 Abs. 1 FamFG hat die Betreuungsbehörde den Betreuer bzw. Bevollmächtigten auf deren Wunsch bei der Verbringung des Betreuten zu unterstützen. Auf ausdrückliche Anordnung des Gerichts darf die Betreuungsbehörde bei der Verbringung Gewalt anwenden, § 326 Abs. 2 Satz 1 FamFG. Die Betreuungsstelle kann ihrerseits die Polizei um Unterstützung beim Vollzug bitten, § 326 Abs. 2 Satz 2 FamFG. Nach § 326 Abs. 3 FamFG kann das Gericht im Einzelfall mit der Anordnung der Verbringung des Betreuten verbinden, dass die Wohnung des Betreuten gegen dessen Willen gewaltsam geöffnet, betreten und durchsucht werden darf – dazu ist der Betreute zuvor persönlich anzuhören, § 326 Abs. 3 Satz 1 und 2 FamFG. Nur bei Gefahr in Verzug kann die Anordnung, dass die Wohnung des Betreuten gegen dessen Willen gewaltsam geöffnet, betreten und durchsucht werden darf, durch die zuständige Betreuungsbehörde ohne vorherige Anhörung des Betreuten erfolgen, vgl. § 326 Abs. 3 Satz 3 FamFG.

▶ *Zu weiteren Einzelheiten siehe unten Rn. 231 ff.*

g. Verfahrensrechtliche Voraussetzungen

63 Die Einwilligung des Betreuers in eine ärztliche Zwangsmaßnahme unterliegt dem Genehmigungsvorbehalt durch das Betreuungsgericht, § 1906a Abs. 2 BGB. Damit soll zum Schutz des Selbstbestimmungsrechts des Betreuten eine vorherige, unabhängige Prüfung der Voraussetzungen der Zwangsbehandlung und eine effektive sowie rechtzeitige Rechtschutzmöglichkeit gewährleistet. Der gerichtliche Genehmigungsvorbehalt soll nach dem gesetzgeberische Willen nicht dadurch entfallen, dass eine wirksame Patientenverfügung, die auf die aktuelle Lebens- und Behandlungssituation zutrifft, die konkrete ärztliche Zwangsmaßnahme ausdrücklich zulässt[325]. Begründet wird das damit, dass § 1906a Abs. 2 BGB als „lex specialis" dem § 1904 BGB vorgeht[326].

Außerhalb einer gerichtlichen Genehmigung kann eine ärztliche Zwangsmaßnahme nur im Rahmen eines – psychiatrischen oder somatischen – akuten Notfalles nach § 34 StGB eine Rechtfertigung erfahren[327]. Gemeint sind damit Situationen, in denen Ärzten und Betreuern nicht genügend Zeit zur Einholung einer einstweiligen gerichtlichen Genehmigung verbleibt, ohne den Betroffenen damit einer Lebensgefahr oder eines erheblichen gesundheitlichen Schadens auszusetzen. Das Bundesverfassungsgericht hat ärztliche Zwangsmaßnahmen außerhalb einer planmäßigen Behandlung zur Abwendung eines akuten Notfalles als verfassungsrechtlich unbedenklich eingestuft[328]. Nach § 34 StGB kann bei Bestehen einer gegenwärtigen, nicht anders abwendbaren Gefahr für Leben, Leib, Freiheit, Ehre, Eigentum oder ein anderes Rechtsgut des Betreuten der Eingriff in Form einer ärztlichen Maßnahme gerechtfertigt sein. Die ärztliche Maßnahme muss aber notwendig sein, um die Gefahr vom Betreuten mit einem angemessenen Mittel abzuwenden. Letztlich

324 BT-Drs. 18/12842, S. 8: Zunächst ist eigenständig über eine Verbringung zu entscheiden, „bevor später in einem zweiten Schritt darüber zu entscheiden ist, ob die Genehmigung der Einwilligung in eine ärztliche Zwangsmaßnahme erteilt werden darf.
325 BT-Drs. 18/11240, S. 20; HK-BUR-Bauer/Braun, § 1906a BGB, Rn. 173
326 Spickhoff, FamRZ 2017, 1633 ff., 1637
327 Zu Einzelheiten vgl. HK-BUR-Bauer/Braun, § 1906a BGB, Rn. 258 ff.
328 BVerfG BtPrax 2013, 112 ff., 117

muss die Abwägung der widerstreitenden Interessen, nämlich der Rechtsgüter des Betroffenen auf körperliche Unversehrtheit und Achtung des Selbstbestimmungsrechtes einerseits und des Schutzes seines Lebens bzw. seiner Gesundheit andererseits unter Beachtung des Grades der ihnen drohenden Gefahren, ein wesentliches Überwiegen der letztgenannten Rechtsgüter ergeben.

In § 312 Nr. 3 FamFG definiert der Gesetzgeber die Genehmigung der Einwilligung des Betreuers in eine ärztliche Zwangsmaßnahme als Unterbringungssache, weshalb die Regelungen des Unterbringungsverfahrens einschlägig sind, die durch weitergehende verfahrensrechtliche Sicherungen ergänzt werden.

▶ *Zu Einzelheiten des Unterbringungsverfahrens siehe unten Rn. 106 ff.*

4. Exkurse: Unterbringung zur Beobachtung – ambulante Zwangsbehandlung

a. Unterbringung zur Beobachtung

§ 284 FamFG Unterbringung zur Begutachtung

(1) [1]Das Gericht kann nach Anhörung eines Sachverständigen beschließen, dass der Betroffene auf bestimmte Dauer untergebracht und beobachtet wird, soweit dies zur Vorbereitung des Gutachtens erforderlich ist. [2]Der Betroffene ist vorher persönlich anzuhören.

(2) [1]Die Unterbringung darf die Dauer von sechs Wochen nicht überschreiten. [2]Reicht dieser Zeitraum nicht aus, um die erforderlichen Erkenntnisse für das Gutachten zu erlangen, kann die Unterbringung durch gerichtlichen Beschluss bis zu einer Gesamtdauer von drei Monaten verlängert werden.

(3) [1]§ 283 Abs. 2 und 3 gilt entsprechend. [2]Gegen Beschlüsse nach den Absätzen 1 und 2 findet die sofortige Beschwerde nach den §§ 567 bis 572 der Zivilprozessordnung statt.

§ 322 FamFG Vorführung zur Untersuchung; Unterbringung zur Begutachtung

Für die Vorführung zur Untersuchung und die Unterbringung zur Begutachtung gelten die §§ 283 und 284 entsprechend.

aa. Überblick

Im Vorfeld einer Hauptsacheentscheidung zur Bestellung eines Betreuers bzw. zur Genehmigung einer Unterbringung ermöglichen § 284 FamFG bzw. § 322 FamFG, der auf § 284 FamFG verweist, eine Unterbringung und Beobachtung des Betroffenen, soweit dies zur Erstellung eines vom Gericht in Auftrag gegebenen Gutachtens erforderlich ist. Gelegentlich ist ein Gutachten erst möglich, wenn der Betroffene längere Zeit beobachtet werden kann. Es handelt sich hierbei um eine Unterbringung mit Freiheitsentzug[329]. **64**

bb. Allgemeine Verfahrensvoraussetzungen

Auch ohne ausdrückliche Bestimmung sind die Verfahrensgrundsätze der §§ 271 ff., 312 ff. FamFG zu beachten. Es muss also gegebenenfalls ein Verfahrenspfleger bestellt werden, Vertrauenspersonen bzw. Angehörige sind zu beteiligen und der Amtsermittlungsgrundsatz ist zu beachten. Aus Gründen des fairen Verfahrens ist eine Unterbringung zur Beobachtung zuvor anzudrohen[330]. **65**

329 MK/FamFG-Schmidt-Recla, § 284, Rn. 1
330 MK/FamFG-Schmidt-Recla, § 284, Rn. 6

cc. Besondere Voraussetzungen

66 Weitere Voraussetzungen ergeben sich aus § 284 FamFG, auf den § 322 FamFG Bezug nimmt, sowie dem Verhältnismäßigkeitsgrundsatz.

(1) Zur Vorbereitung eines Gutachtens erforderlich

67 Die Unterbringung zur Beobachtung zwecks Erstellung eines Gutachtens ist nur erforderlich, wenn sich der Betroffene hartnäckig weigert, sich untersuchen zu lassen und keine andere Möglichkeit zur Vorbereitung des Gutachtens besteht[331]. Der Gutachter muss vergeblich versucht haben, den Betroffenen in seiner üblichen Umgebung zu untersuchen und auch mit Ladungen in seine Praxis/Klinik erfolglos geblieben sein. Auch eine Vorführung beim Gutachter bzw. zu einem Erörterungstermin bei Gericht sind zu versuchen[332].

(2) Vorherige Anhörung eines Sachverständigen

68 Ein Sachverständiger, er muss nicht mit dem beauftragten Gutachter identisch sein, soll sich vor der Anordnung der Vorführung zur Notwendigkeit, zum Zweck und zur voraussichtlichen Dauer der Unterbringung aus medizinischer Sicht äußern. Handelt es sich um ein Gutachten zur Frage der Unterbringung, soll der Sachverständige in der Regel Arzt für Psychiatrie, zumindest muss er aber auf diesem Gebiet erfahren sein (§ 321 Abs. 1 Satz 4 FamFG). Angesichts der Erheblichkeit des beabsichtigten Eingriffs sollte der Sachverständige diese Qualifikation ebenfalls aufweisen, wenn es um ein Gutachten zur Betreuerbestellung geht.

Da das Gesetz keine persönliche Anhörung des Sachverständigen vorsieht, kann sie im schriftlichen Verfahren erfolgen[333]. Der Sachverständige muss vom Betroffenen keinen persönlichen Eindruck besitzen, sondern kann sich auf den Akteninhalt berufen[334]. Da das Gesetz dies nicht vorschreibt und der Betroffene sich im Vorfeld gerade jeder Untersuchung durch den Gutachter entzogen hat, ist der persönliche Eindruck entbehrlich.

(3) Persönliche Anhörung des Betroffenen

69 Der Betroffene ist vor einer Unterbringung zur Beobachtung – vom Richter – persönlich anzuhören. In einem Unterbringungsverfahren kommt nämlich dem Recht des Betroffenen, auf die Sachverhaltsermittlung und Entscheidungsfindung des Betreuungsgerichts in Anhörungen und Stellungnahmen einwirken zu können, besondere Bedeutung zu. Dem trägt § 322 in Verbindung mit § 283 Abs. 3 Satz 2 FamFG durch eine grundsätzlich zwingende Anhörung vor einer Vorführungsanordnung im Unterbringungsverfahren Rechnung. Die Anhörung schützt den Betroffenen auch vor einer überraschenden zwangsweisen Vorführung[335].

Die persönliche Anhörung kann nicht ohne weiteres aus den in § 34 Abs. 2 FamFG aufgeführten Gründen unterbleiben[336]. § 319 Abs. 3 FamFG ermöglicht ein solches Vorgehen nur auf der Grundlage eines Gutachtens, wenn von der persönlichen Anhörung aufgrund drohender erheblicher Nachteile für die Gesundheit des Betroffenen abgesehen werden soll. Gegebenenfalls muss der Betroffene dann zur Anhörung vorgeführt werden, § 319 Abs. 5 FamFG. Eine Ausnahme wird man nur machen müssen, wenn die Vorführung zur

---

331 BT-Drs. 11/4528, S. 175

332 Keidel-Budde, § 284 FamFG, Rn. 4; OLG Köln FamRZ 2001, 310: Ermöglicht der Betroffene lediglich eine Exploration am Fenster durch den vor der Wohnung stehenden Gutachter, kommt eine Vorführung beim Sachverständigen in Betracht.

333 Keidel-Budde, § 284 FamFG, Rn. 3

334 Ebenso MK/FamFG-Schmidt-Recla, § 322, Rn. 4; Damrau/Zimmermann, § 284 FamFG, Rn. 4

335 BVerfG BtPrax 2018 151; Keidel-Budde, § 283 FamFG, Rn. 5

336 A.A. Keidel-Budde, § 284 FamFG, Rn. 2

Anhörung unverhältnismäßig wäre, z.B. weil das Gericht bereits aus früheren Anhörungen mit gleich gelagertem Krankheitsbild einen persönlichen Eindruck vom Betroffenen hat.

(4) Verhältnismäßigkeitsgrundsatz

Bei einer Unterbringung zur Beobachtung wird zudem zu prüfen sein, ob die Einholung eines Gutachtens nach dem Verfahrensrecht überhaupt zwingend ist. So bedarf es etwa im Verfahren auf Verlängerung einer einstweiligen Anordnung oder Genehmigung einer Unterbringungsmaßnahme nach § 1906 Abs. 4 BGB nicht grundsätzlich eines Gutachtens, vgl. §§ 331 Satz 1 Nr. 2, 333, 321 Abs. 2 FamFG. Darüber hinaus müssen alle anderen Möglichkeiten der Gutachtenerstellung, insbesondere der Versuch einer zwangsweisen Vorführung beim Gutachter, ausgeschöpft sein und die Unterbringung zur Beobachtung zuvor angedroht sein. Weiter müssen überhaupt Anhaltspunkte dafür bestehen, dass der Betroffene krankheitsbedingt nicht in der Lage sein könnte, für seine Angelegenheiten selbst zu sorgen, oder seine Unterbringung nach § 1906 Abs. 1 BGB bzw. dem jeweiligen Landesunterbringungsgesetz notwendig sein könnte[337]. Schließlich muss der Schluss naheliegen, dass die Grundlage für die Entscheidung darüber nur durch eine Beobachtung und Untersuchung des Betroffenen über einen längeren Zeitraum hinweg gewonnen und in ein Gutachten mit aussagekräftigem Inhalt eingebracht werden kann[338]. Begibt sich der Betroffene zur Untersuchung durch den Gutachter, ist die Vorführungs- bzw. Unterbringungsanordnung aufzuheben. 70

▶ *Zum Verhältnismäßigkeitsgrundsatz vgl. auch oben Rn. 38*

dd. Unterbringungsdauer

Nach §§ 322, 284 Abs. 2 Satz 1 FamFG darf die Unterbringung die Frist von sechs Wochen nicht überschreiten. Diese Frist ist sicherlich großzügig bemessen[339], zu beachten ist aber, dass der Betroffene zunächst in der entsprechenden Unterbringungseinrichtung aufgenommen werden muss, was bei weigerlichen Betroffenen einige Zeit in Anspruch nimmt. 71

Begibt sich der Betroffene nicht freiwillig in die Unterbringung zur Beobachtung, kann das Gericht anordnen, dass er der Unterbringungseinrichtung durch die zuständige Behörde (= örtlich zuständige Betreuungsbehörde) zugeführt wird, §§ 322, 283 Abs. 1 Satz 1 FamFG. Die Unterbringung kann durch weiteren Beschluss auf eine Gesamtdauer von drei Monaten verlängert werden, wenn der Zeitraum von sechs Wochen sich als nicht ausreichend erwies, die erforderlichen Kenntnisse für das Gutachten zu erlangen, §§ 322, 284 Abs. 2 Satz 2 FamFG. Dies kann durch eine weitere Stellungnahme des Sachverständigen geklärt werden. Dem Betroffenen ist rechtliches Gehör zu gewähren, einer erneuten persönlichen Anhörung bedarf es nach dem Gesetz nicht. Allerdings werden für die Verlängerung einer Unterbringung zur Begutachtung dieselben Verfahrensgarantien wie für die Verlängerung einer (einstweiligen) Unterbringung zu gelten haben. Hier bedarf es jeweils einer erneuten persönlichen Anhörung, vgl. § 329 Abs. 2 Satz 1 FamFG[340]. Der Betroffene kann gegen die Anordnung der Unterbringung zur Beobachtung die sofortige Beschwerde nach den §§ 567 bis 572 ZPO (§§ 322, 284 Abs. 3 Satz 2 FamFG) einlegen[341].

337 BayVerfGH BtPrax 1995, 179; BayObLG BtPrax 2004, 250
338 BayObLG BtPrax 2002, 215
339 Zumeist müssen diagnostische Maßnahmen, Anamnese und weiterführende Gespräche und einige Zeit der Beobachtung erfolgen, was regelmäßig nicht länger als zwei Wochen dauern dürfte, vgl. Marschner/Volckart/Lesting, Kap. D, § 322 FamFG, Rn. 8; BayObLG FGPrax 2004, 250, großzügiger noch in FamRZ 2002, 419, 420; a.A. offenbar MK/FamFG-Schmidt-Recla, § 322, Rn. 4.
340 Keidel-Budde, § 284 FamFG, Rn. 7, § 333 FamFG, Rn. 10; a.A. Damrau/Zimmermann, § 284 FamFG, Rn. 12
341 BayObLG FamRZ 1994, 1190 und BtPrax 2002, 215

b. Zwangsweise Zuführung zur Dauermedikation (ambulante Zwangsbehandlung)

72 In der Praxis sind immer wieder Fälle relevant geworden, in denen es um eine zwangsweise Dauermedikation mit Psychopharmaka bei Krankheitsuneinsichtigen geht. Schlagwortartig werden diese Fälle mit dem Begriff der ambulanten Zwangsbehandlung umschrieben. Dabei kann die Zuführung zum Arzt und die Gabe des notwendigen Medikamentes – zumeist einer Depotspritze – nur gegen den erheblichen verbalen und/oder körperlichen Widerstand des Betroffenen erfolgen. Juristisch ist nicht die Durchführung der ärztlichen Maßnahme als solche als problematisch anzusehen. Sie ist, vorbehaltlich einer Genehmigungspflicht nach § 1904 BGB, von der Einwilligung des für diesen Aufgabenkreis bestellten Betreuers gedeckt, wenn der Betroffene einwilligungsunfähig ist und sie nicht mit natürlichem Willen ablehnt.

Umstritten war, ob und gegebenenfalls welche Instrumentarien das Betreuungsrecht zur praktischen Durchsetzbarkeit bietet. Vielfach hatten Gerichte dem Betreuer eine auf § 1906 Abs. 1 Nr. 2 BGB gestützte Genehmigung erteilt, den Betroffenen zur Verabreichung des Medikamentes jeweils, gegebenenfalls unter Gewaltanwendung, in der zuständigen Klinik vorführen zu lassen[342].

Der BGH hat entschieden, dass es für eine betreuungsgerichtliche Genehmigung der zwangsweisen Vorführung des Betroffenen zur Verabreichung einer Dauermedikation keine gesetzlichen Grundlagen gibt. § 1906 Abs. 1 BGB betrifft nicht die nur kurzfristige Beschränkung der persönlichen Bewegungsfreiheit auf einen bestimmten Lebensraum. Zudem wird der Betroffene durch die zwangsweise Zuführung nicht in seiner gesamten Lebensführung auf einen bestimmten räumlichen Bereich begrenzt. § 1906 Abs. 4 BGB scheidet aus, weil die kurzfristige Anwendung von Gewaltmaßnahmen nicht den Grad einer Freiheitsentziehung im Sinne dieser Vorschrift aufweist. Eine analoge Anwendung des § 1906 Abs. 1 oder 4 BGB scheitert an den Garantien des Art. 104 GG[343].

Der Entwurf des 2. BtÄndG sah deshalb in § 1906a BGB-E eine entsprechende gesetzliche Ermächtigungsgrundlage vor[344]. Sie stieß auf verfassungsrechtliche Bedenken, weshalb der Gesetzgeber letztlich auf eine Umsetzung verzichtete[345]. Auch im Gesetzgebungsverfahren zur betreuungsrechtlichen Einwilligung zur Zwangsbehandlung gab es Anregungen, zusätzlich die ambulante Zwangsbehandlung zu regeln. Der Gesetzgeber hat allerdings bewusst darauf verzichtet. Dies hängt damit zusammen, dass der Gesetzgeber ärztliche Zwangsmaßnahmen als „ultima ratio" nur im Rahmen der stationären Krankenhausbehandlung nach § 1906a BGB zulassen will.

Schließlich ist auch die (wiederholte) einstweilige Genehmigung der geschlossenen Unterbringung zur Heilbehandlung nach § 1906 Abs. 1 Nr. 2 BGB mit dem Ziel, dem Betroffenen unter Durchbrechung seines aktiven Widerstandes auf einer geschlossenen Station eines Krankenhauses die ärztlich indizierte Depotmedikation zu spritzen und ihn am nächsten Tag (jeweils wieder) zu entlassen, unzulässig. § 1906 Abs. 1 Nr. 2 BGB rechtfertigt dieses Vorgehen nicht, weil damit versucht wird, die an sich gewollte, nach dem Gesetz aber nicht mögliche ambulante Zwangsbehandlung durchzusetzen[346].

---

342 Vgl. OLG Hamm BtPrax 2000, 173; OLG Zweibrücken BtPrax 2000, 88

343 In die Freiheit einer Person darf nur aufgrund eines Gesetzes eingegriffen werden. Siehe insgesamt dazu BGH BtPrax 2001, 32 ff. Gleiches gilt für eine zwangsweise Vorführung zur Verabreichung einer Depotspritze zur Schwangerschaftsverhütung, OLG Karlsruhe NJW-RR 2008, 813 ff.

344 Siehe BT-Drs. 15/2494, S. 7, 23 und 30

345 Vgl. BT-Drs. 15/2494, S. 46 und 15/4874, S. 59

346 OLG Bremen NJW-RR 2006, 75

Der Gesetzgeber hat auch mit der Regelung des § 1906a BGB ausdrücklich an der Ablehnung einer ambulanten Zwangsbehandlung festgehalten (dazu oben Rn. 56). Soweit der Gesetzgeber pauschal und ohne Ausnahme selbst in einfachen und komplikationslosen Fällen ärztlicher Behandlungen, etwa einer zahnärztlichen Behandlung eines vereiterten Zahnes, ambulante Zwangsbehandlungen ausschließt, dürfte dies dem verfassungsrechtlichen Gebot der Wahrung der Verhältnismäßigkeit widersprechen[347]. Das BVerfG hatte bisher keine Gelegenheit dazu Stellung zu nehmen[348].

In der Praxis muss ein Betreuer gegebenenfalls einen durch die Medikamentenverweigerung ausgelösten erneuten Krankheitsschub abwarten, um dann eine möglicherweise für längere Zeit nötige Unterbringung herbeizuführen.

5. Genehmigung des Betreuungsgerichts

Die Unterbringung ist nur mit Genehmigung des Gerichts zulässig, § 1906 Abs. 2 Satz 1 **73**
BGB. Ist mit dem Aufschub der Unterbringung Gefahr verbunden, kann sie allerdings zunächst ohne Genehmigung erfolgen. Die Genehmigung muss dann unverzüglich nachgeholt werden, Abs. 2 Satz 2. Die Notwendigkeit einer richterlichen Genehmigung leitet sich aus Art. 104 Abs. 2 GG ab.

Auch die Einwilligung in eine ärztliche Zwangsmaßnahme durch den Betreuer unterliegt einem Genehmigungsvorbehalt, § 1906a Abs. 2 BGB. Eine Zwangsbehandlung des Betroffenen darf ohne Genehmigung nicht erfolgen, auch bei Gefahr in Verzug räumt das Gesetz dem Betreuer keine dem § 1906 Abs. 2 Satz 2 vergleichbare Rechtsmacht ein. Hier besteht nur die Möglichkeit, akuten Notfällen im Rahmen des § 34 StGB zu begegnen (dazu oben Rn. 63).

a. Genehmigung

Anders als bei einer Unterbringung nach den Landesunterbringungsgesetzen ordnet der **74**
Richter nicht selbst die Unterbringung des Betroffenen bzw. dessen ärztliche Zwangsbehandlung nach §§ 1906, 1906a BGB an[349]. Die Entscheidung über den Freiheitsentzug bzw. die Durchführung einer ärztlichen Zwangsmaßnahme obliegt vielmehr dem mit einem entsprechenden Aufgabenkreis versehenen Betreuer bzw. Bevollmächtigten. Ist bislang noch kein Betreuer bestellt oder ein Betreuer ohne den Aufgabenkreis der Unterbringung, ist das Gericht nicht gehindert, bei Vorliegen der entsprechenden Voraussetzungen mit einstweiliger Anordnung nach § 300 FamFG einen vorläufigen Betreuer zu bestellen und ihm gleichzeitig mit einstweiliger Anordnung nach § 331 FamFG eine Unterbringungsgenehmigung sowie ggfs. zeitlich nachfolgend eine einstweilige Genehmigung der ärztlichen Zwangsmaßnahme zu erteilen[350].

▶ *Zur einstweiligen Anordnung nach § 300 FamFG vgl. Teil A Rn. 179 ff.*
Zur einstweiligen Anordnung nach § 331 FamFG vgl. unten Rn. 240 ff.

347 So zurecht Spickhoff, FamRZ 2017, 1633 ff., 1639
348 Vgl. BVerfG FamRZ 2018, 1021 = BtPrax 2018, 163 (LS)
349 Eine Ausnahme gilt nur, wenn der Richter in einem Eilfall nach § 1846 BGB entscheidet, dazu unten Rn. 201
350 BT-Drs. 11/4528, S. 81

Eines ausdrücklichen Genehmigungsantrages (des Betreuers bzw. Bevollmächtigten) bedarf es nicht. Es muss nur zum Ausdruck kommen, dass eine Unterbringung bzw. eine konkret bezeichnete ärztliche Zwangsmaßnahme und deren Genehmigung gewollt sind[351].

Die Genehmigung entfaltet keine Bindungs- oder Tatbestandswirkung für andere Verfahren[352].

b. Nachträgliche Genehmigung

75 In einigen Fällen kann mit der Unterbringung des Betroffenen nicht abgewartet werden, bis eine Unterbringungsgenehmigung vorliegt. Dem Betreuer räumt § 1906 Abs. 2 Satz 2 BGB daher die Möglichkeit ein, den Betroffenen vorab, ohne Genehmigung des Gerichts – vorübergehend – unterzubringen. Gleichzeitig wird der Betreuer verpflichtet, die Genehmigung unverzüglich nachzuholen[353]. Eine solche Unterbringung ohne Genehmigung darf nur erfolgen, wenn mit ihrem Aufschub Gefahr verbunden wäre.

Für die Genehmigung einer ärztlichen Zwangsmaßnahme hat der Gesetzgeber ein solches Verfahren nicht vorgesehen. Dies hängt damit zusammen, dass eine ärztliche Zwangsmaßnahme nur im Rahmen einer geschlossenen Unterbringung zulässig ist und nach erfolgter Unterbringung zunächst der Versuch unternommen werden muss, ein Therapieeinverständnis des Betroffenen zu erreichen.

aa. Aufschub

76 Damit meint das Gesetz den Zeitraum, der bis zum Vorliegen einer wirksamen gerichtlichen Genehmigung (dazu siehe unten Rn. 224 ff.) vergeht. Die gerichtliche Entscheidung kann in Eilfällen auch als einstweilige Anordnung nach § 331 FamFG ergehen (dazu unten Rn. 240 ff.)[354]. Der Zeitraum, der bis zur gerichtlichen Genehmigung vergehen würde, darf nicht unerheblich sein. Ein solcher Fall wird etwa gegeben sein, wenn der Betroffene nachts akut suizidal ist und vom Betreuer einer geschlossen stationären Behandlung zugeführt wird.

bb. Gefahr für den Betroffenen

77 Der Aufschub der Unterbringung muss für den Betroffenen mit einer Gefahr verbunden sein. Es müssen mit anderen Worten für den Betroffenen erhebliche Nachteile, zum Beispiel in Form einer akuten gesundheitlichen Verschlechterung[355], entstehen. Daran kann es fehlen, wenn für diesen Zeitraum ausreichende ärztliche oder pflegerische Versorgung außerhalb einer Unterbringung besteht. Bei der Beurteilung der Gefahrenlage muss sich der Betreuer an den Unterbringungsvoraussetzungen des § 1906 Abs. 1 BGB orientieren.

cc. Nachträgliche Genehmigung

78 Die Genehmigung ist unverzüglich nachzuholen. Unverzüglich bedeutet, dass jede Verzögerung, für die kein sachlicher, also tatsächlicher oder rechtlicher, Grund besteht, zu vermeiden ist[356]. Demgemäß müssen Unterbringungseinrichtung und/oder Betreuer umgehend, das heißt unter Vernachlässigung nicht gleich wichtiger Angelegenheiten, das Gericht über die Unterbringung informieren. Das Gericht, also der Richter, muss seinerseits

351 BayObLG BtPrax 1994, 98; OLG Schleswig FamRZ 2003, 1499; BGH BtPrax 2015, 200
352 BSG BtPrax 2005, 105: im Hinblick auf den Vergütungsanspruch eines Krankenhausträgers gegenüber der Krankenkasse des Betroffenen
353 Ein Antragsmuster findet sich bei Kretz/Albrecht/Wittkämper, H 7
354 BT-Drs. 11/4528, S. 81
355 BVerfG BtPrax 1998, 144; BayObLG FamRZ 2000, 566 jeweils zu § 70h FGG
356 Insoweit gilt nicht die Definition des § 121 BGB, vgl. BGH NJW 1974, 807

unter Hintanstellung weniger wichtiger Dienstgeschäfte tätig werden[357]. Das gerichtliche Verfahren richtet sich nach den §§ 312 ff. FamFG.

▶ *Zum gerichtlichen Verfahren gemäß §§ 312 ff. FamFG vgl. unten Rn. 106 ff.*

6. Beendigung der Unterbringung bzw. der ärztlichen Zwangsmaßnahme

Nach § 1906 Abs. 1 BGB ist die Unterbringung nur zulässig, solange die dort aufgelisteten Voraussetzungen vorliegen. Entfallen sie, ist die Unterbringung zu beenden, § 1906 Abs. 3 Satz 1 BGB. Der Betroffene ist zu entlassen, es sei denn, er erklärt sich in rechtserheblicher Form mit einer freiwilligen Weiterbehandlung einverstanden. 79

▶ *Zur Einwilligung des Betroffenen vgl. oben Rn. 13 ff.*

Über die Unterbringung entscheidet allein der Betreuer bzw. Bevollmächtigte. Nach der Erteilung der gerichtlichen Genehmigung muss er daher prüfen, ob er von der Genehmigung Gebrauch macht, gegebenenfalls für wie lange oder ob er auf eine Unterbringung verzichtet. Dementsprechend verpflichtet § 1906 Abs. 3 Satz 1 BGB den Betreuer dazu, die Unterbringung bei Wegfall der Unterbringungsvoraussetzungen zu beenden, z.B. weil die Gefährdung entfällt, die Behandlung beendet oder ohne Erfolgsaussicht ist. Unter Beachtung des Wohls des Betroffenen hat der Betreuer die Unterbringung, unter Umständen auch gegen ärztlichen Rat, zu beenden, muss dabei aber Haftungsrisiken im Auge behalten (§ 1833 BGB). Nach Abs. 3 Satz 2 hat der Betreuer die Beendigung der Unterbringung dem Gericht anzuzeigen[358]. Die Anzeige muss unverzüglich erfolgen, damit das Gericht den Genehmigungsbeschluss aufheben kann. Unverzüglich bedeutet ohne schuldhaftes Zögern, vgl. § 121 Abs. 1 BGB, und ist vom Betreuer ohne weiteres zu veranlassen, sobald die gesetzlichen Voraussetzungen wegfallen.

Das Gericht sollte dann seinerseits den Genehmigungsbeschluss aufheben, um eine erneute, vom Gericht nicht überprüfte Unterbringung auf der Grundlage dieser Genehmigung auszuschließen[359]. 80

Es ist im Übrigen unklar, ob und gegebenenfalls wann eine Herausnahme des Betroffenen aus der Unterbringung zu einem Verbrauch der gerichtlichen Genehmigung führt. Wird der Betroffene endgültig aus der Unterbringung entlassen, ist dies zu bejahen[360]. Zum Teil wird allerdings verlangt, dass zu der Entlassung ein Zeitablauf hinzu treten muss[361]. Schwieriger ist es bei einer probeweisen Verlegung auf eine offene Station, etwa zur Überprüfung, ob eine ausreichende Stabilisierung des Gesundheitszustandes erreicht ist. Scheitert eine solche Verlegung, wird man nur in sehr engen sachlichen und zeitlichen Grenzen keinen Verbrauch der ursprünglichen Genehmigung unterstellen und Weiterbehandlung mit Freiheitsentzug ohne erneute gerichtliche Genehmigung für zulässig erachten können[362]. Es müssen allerdings die zugrunde liegenden Voraussetzungen fortbestehen und ein enger zeitlicher Zusammenhang zum genehmigten Unterbringungsende vorliegen[363].

Auch die Durchführung einer ärztlichen Zwangsmaßnahme ist nur zulässig, solange ihre Voraussetzungen nach § 1906a BGB vorliegen. Entfallen diese Voraussetzungen, hat der 81

357 BVerfG NJW 1990, 2309
358 Diese Regelung hat einen verfahrensökonomischen Grund, dazu BT-Drs. 11/4528, S. 148. Ein Antragsmuster findet sich bei Kretz/Albrecht/Wittkämper, H 6
359 BT-Drs. 11/4528, S. 148; auch zur Beendigung des Rechtsscheins: BayObLG BtPrax 1995, 144, LG Landshut FamRZ 2001, 1539.
360 OLG Hamm BtPrax 2000, 34
361 BayObLG FamRZ 2004, 1323: Spätestens nach mehr als 2 Monaten ohne Vollzug der Genehmigung ist dieses Merkmal erfüllt.
362 So in Übereinstimmung mit BT-Drs. 11/4528, S.148, OLG Hamm BtPrax 2000, 34
363 KG FamRZ 2006, 1481 (LS)

Betreuer bzw. Bevollmächtigte die Einwilligung in die ärztliche Zwangsmaßnahme zu widerrufen, § 1906a Abs. 3 Satz 1 BGB. Die Voraussetzungen nach § 1906a BGB können z. B. dadurch entfallen, dass der Betroffene wieder einwilligungsfähig ist oder die genehmigte Medikation freiwillig einnimmt[364]. Den Widerruf hat der Betreuer bzw. Bevollmächtigte dem Betreuungsgericht anzuzeigen, § 1906 Abs. 3 Satz 2 BGB. Die Anzeige muss unverzüglich erfolgen, damit das Gericht den Genehmigungsbeschluss mit Wirkung für die Zukunft aufheben kann. Unverzüglich bedeutet ohne schuldhaftes Zögern, vgl. § 121 Abs. 1 BGB, und ist vom Betreuer ohne weiteres zu veranlassen, sobald die gesetzlichen Voraussetzungen wegfallen[365].

82 Ergänzt werden die Regelungen in §§ 1906 Abs. 3 Satz 1, 1906a Abs. 3 Satz 1 BGB durch den § 330 Satz 1 FamFG. Danach hat das Betreuungsgericht die Unterbringungsmaßnahme aufzuheben, wenn ihre Voraussetzungen entfallen sind. Das Gericht kann – notfalls auch gegen den Willen des Betreuers bzw. Bevollmächtigten oder der behandelnden Ärzte – für die Beendigung einer nicht mehr gerechtfertigten Unterbringung bzw. ärztlichen Zwangsmaßnahme Sorge tragen. Mittelbar kann das Gericht so auch die Entlassung des Betroffenen aus der Unterbringung erwirken, da eine Unterbringung ohne die Genehmigung nur noch bei einer Freiwilligkeitserklärung des Betroffenen möglich wäre[366].

7. Freiheitsentziehende Maßnahme

83 Nach § 1906 Abs. 4 BGB gelten die Absätze 1 und 2 entsprechend, wenn dem Betreuten, der sich in einer Anstalt, einem Heim oder sonstigen Einrichtung aufhält, ohne untergebracht zu sein, durch mechanische Vorrichtungen, Medikamente oder auf andere Weise über einen längeren Zeitraum oder regelmäßig die Freiheit entzogen werden soll. Beabsichtigt ist der Schutz der räumlichen Bewegungsfreiheit, und zwar der Handlungsfreiheit auch außerhalb der Fortbewegungsfreiheit[367]. Nach rechtstatsächlichen Studien und ihrer Auswertung wurde davon ausgegangen, dass im Jahre 2000 täglich 350.000 bis 400.000 Menschen von freiheitsentziehenden Maßnahmen in Einrichtungen betroffen waren[368]. Genehmigt wurden solche Maßnahmen im Jahr 2012 immerhin in 85.132 Fällen. Inzwischen sind die Genehmigungen rückläufig, da im Rahmen des „Werdenfelser Weges" (dazu unten Rn. 98) oftmals freiheitsentziehende Maßnahmen entbehrlich geworden sind[369].

a. Freiheitsentzug

84 Ein Freiheitsentzug kann außer durch Unterbringung auch durch die in Abs. 4 genannten Maßnahmen erfolgen. Der ursprüngliche Gesetzesentwurf knüpfte eine Genehmigungspflicht daran, dass der Betreute am Verlassen seines Aufenthaltsortes gehindert wird[370]. Auf Anregung des Bundesrates wurde dies dahin geändert, dass es sich um freiheitsentziehende Maßnahmen handeln muss. Dadurch sollte sichergestellt werden, dass nur solche Maßnahmen erfasst werden, deren Auswirkungen einer Unterbringung gleichkommen. Sie müssen also nicht den engen Unterbringungsbegriff des Absatz 1 ausfüllen.

364 OLG München BtPrax 2017, 128 (LS)
365 Spickhoff, FamRZ 2017, 1633 ff., 1635
366 Ein Fall des § 1906 Abs. 2 Satz 2 BGB wäre nur theoretisch konstruierbar.
367 OLG Hamm NJWE-FER 1997, 178
368 Klie, BtPrax 1998, 50 ff.
369 2016 wurden noch 51.097 Genehmigungen bei 5.441 Ablehnungen erteilt. Dazu und zu weiteren Zahlen siehe Bundesamt für Justiz, Verfahren nach dem Betreuungsgesetz, abrufbar unter www.bundesjustizamt.de > Themen > Bürgerdienste > Justizstatistik > Betreuung (Abruf 6.7.2018); Deinert, BtPrax 2018, 14 ff.
370 BT-Drs. 11/4528, S.16

Es sind nicht nur individuelle, personenbezogene Einzelmaßnahmen umfasst, sondern auch Maßnahmen, die sich auf eine Mehrzahl oder alle Bewohner einer Einrichtung als Begrenzung der Bewegungsfreiheit auswirken, aber unterhalb der zeitlichen Schwelle für ein Eingreifen des § 1906 Abs. 1 BGB bleiben. Fehlt es an einer rechtswirksamen Einwilligung des Betroffenen, ist eine Maßnahme als freiheitsentziehend zu qualifizieren, wenn sie, ohne eine Unterbringung zu sein, die Bewegungsfreiheit des Betroffenen über einen längeren Zeitraum oder regelmäßig begrenzt und dies zumindest auch bezweckt. Kurzzeitige Beschränkungen der Bewegungsfreiheit sind genehmigungspflichtig, wenn sie regelmäßig vorgenommen werden und nicht nur unerhebliche Verzögerungen – deutlich unter 30 Minuten – darstellen. Schließlich muss die Maßnahme zumindest auch auf eine Beschränkung der Bewegungsfreiheit des Betroffenen zielen[371].

Von einer freiheitsentziehenden Maßnahme i.S.d. § 1906 Abs. 4 BGB wird man also zu sprechen haben, wenn diese Maßnahme zu einer Einschränkung der körperlichen Bewegungsfreiheit führt. Die Bewegungsfreiheit ist immer dann betroffen, wenn nicht ausgeschlossen werden kann, dass der Betroffene ohne die Maßnahme zu einer willensgesteuerten Aufenthaltsänderung in der Lage wäre. Hiervon ist bei einem Beckengurt regelmäßig auszugehen, bei einem Bettgitter immer dann, wenn nicht ausgeschlossen werden kann, dass der Betroffene in der Lage wäre, das Bett durch seinen natürlichen Willen gesteuert zu verlassen[372]. Die Verwendung eines Pflegeoveralls, der es verhindern soll, dass der Betroffene sich auszieht, Windeln entfernt und mit Exkrementen spielt bzw. schmiert, weist dagegen keinen freiheitsentziehenden Charakter auf, da es durch ihn zu keiner Einschränkung der Bewegungsfreiheit des Betroffenen kommt und er nicht am Verlassen seines derzeitigen Aufenthaltsortes gehindert wird[373].

Grundsätzlich kann also von einem Freiheitsentzug nur ausgegangen werden, wenn der Betroffene den natürlichem Willen besitzt, den Ort zu verlassen und körperlich – gegebenenfalls mit Hilfsmitteln – dazu in der Lage ist, sowie in anderer Weise als durch Bitte und Überredung auf die Entscheidung des Betreuten eingewirkt wird. Bitte und Überredung müssen selbstverständlich frei von List, (psychologischem) Druck oder Drohung sein[374].

Von einem Freiheitsentzug lässt sich auch sprechen, wenn der Betreute, trotz objektiv fehlender Fortbewegungsmöglichkeit, einen natürlichen Willen im Hinblick auf eine Fortbewegung bildet. Kann der Betroffene seinen natürlichen Willen nicht verbal oder gestisch artikulieren, ist zunächst zu unterstellen, dass er einen entsprechenden Willen besitzt. Bei Kommunikationsunfähigen ist daher regelmäßig davon auszugehen, dass Sicherungsmaßnahmen einen freiheitsentziehenden Charakter aufweisen[375]. Nur wenn es keinerlei Hinweise auf eine willentliche Bewegung (z.B. entsprechende Gesten, Versuch, Bettgitter zu überwinden oder sich trotz Gurt zu erheben) gibt, fehlt es an einem Freiheitsentzug. Letzteres ist häufig bei Schlaganfallpatienten, die gelagert werden, zu beobachten. Sie liegen zumeist ruhig im Bett und werden nur vor dem Herausrutschen aus der Lagerung bei unwillkürlichen Bewegungen (Muskelreflexen) geschützt.

▶ *Zu weiteren Einzelheiten des Begriffs der Freiheitsentziehung und zur Abgrenzung vgl. oben Rn. 10 ff.*

An einem Freiheitsentzug fehlt es, wenn der Betroffene mit den freiheitsentziehenden Maßnahmen einverstanden ist. Wie bei einer Einwilligung in eine Unterbringungsmaß- **85**

371 BGH, BtPrax 2015, 65: Regelmäßiges nächtliches Verschließen der Eingangstür
372 BGH BtPrax 2012, 206
373 Letzteres muss nach den Gesetzesmotiven aber Zweck der Einwirkung und nicht Nebenfolge sein, BT-Drs. 11/4528, S. 148; siehe auch OLG Hamm NJWE-FER 1997, 178.
374 OLG Hamm BtPrax 1993, 172 und 1994, 32
375 OLG Hamm BtPrax 1993, 172 = FamRZ 1993, 1490

nahme nach Abs. 1 reicht eine Einwilligung aus, wenn sie von der natürlichen Einsichtsfähigkeit des Betroffenen in die Art, Tragweite und Bedeutung des (freiheitsentziehenden) Eingriffs getragen ist. Eine „Einwilligung" von Verwandten, Ärzten oder Heimmitarbeitern ist irrelevant, da sie den Betroffenen ohne Vollmacht oder Betreuerbestellung nicht wirksam vertreten können. Hat ein einwilligungsfähiger Betroffener bei Einzug in die Einrichtung oder später der Anwendung freiheitsentziehender Maßnahmen zugestimmt oder für bestimmte Fallkonstellationen in der Zukunft vorab eine Einwilligung erteilt, bleibt diese wirksam, solange die Fähigkeit zur natürlichen Willensbildung fortbesteht und die Einwilligung nicht widerrufen wird[376].

Entfällt die Einwilligungsfähigkeit nachträglich, kann in der Regel nicht davon ausgegangen werden, dass der Betroffene weiterhin einverstanden ist[377].

▶ *Zu weiteren Einzelheiten der Einwilligung des Betroffenen vgl. oben Rn. 14 ff.*

b. Anwendung bestimmter freiheitsentziehender Mittel

86 Als Mittel der Freiheitsentziehung nennt das Gesetz mechanische Vorrichtungen, Medikamente oder sonstige Vorkehrungen. In der Praxis geschehen freiheitsentziehende Maßnahmen nach § 1906 Abs. 4 BGB meist durch:

- nächtliches Abschließen des Zimmers[378];
- das Festbinden des Betreuten durch einen Leibgurt am Stuhl oder Bett, also die typische Fixierung oder Fesselung[379];
- das Verhindern des Verlassens des Bettes durch Bettgitter[380] oder besondere Schutzdecken;
- das Anbringen eines Therapietisches am Stuhl oder Rollstuhl[381];
- das Verhindern des Verlassens der Einrichtung durch besonders komplizierte Schließmechanismen oder durch zeitweises Sperren der Eingangstür tagsüber und/oder nachts, ohne dass der Betreute einen Schlüssel erhält oder das Öffnen der Tür anderweitig sichergestellt ist;
- das Arretieren des Rollstuhls, ohne die Möglichkeit des Betroffenen, diese zu lösen;
- das Verhindern des Verlassens der Einrichtung durch das Personal oder einen Pförtner; etwas anderes gilt, wenn in üblicher Schulterhöhe ein Türentriegelungsknopf angebracht wird und dadurch nur ein geringer physischer und zeitlicher Mehraufwand für den Betroffenen ausgelöst wird[382];
- das Verhindern des Verlassens der Einrichtung durch Gabe von Medikamenten, Schlafmitteln und Psychopharmaka;
- Wegnahme der Straßenbekleidung oder Verwendung besonderer Pflegehemden;
- Ausüben psychischen Drucks sowie Anwendung von Verboten, List, Zwang und/oder Drohungen, oder

376 BayObLG FamRZ 1994, 1418
377 Damrau/Zimmermann, § 1906 BGB, Rn. 96, es sei denn, es gibt keinerlei Anzeichen dafür, dass der Betroffene den Willen hat, sich fortzubewegen und er objektiv nicht mehr fortbewegungsfähig ist.
378 AG Wolfenbüttel bei Pardey, FamRZ 1995, 714
379 OLG Koblenz NJW 1985, 1409
380 Dazu Klie, BtPrax 1998, 50 und Wojnar, BtPrax 1997, 92
381 OLG Frankfurt a.M. BtPrax 1993, 138 = FamRZ 1994, 992
382 OLG Celle NJW 2014, 163 f. = ZKJ 2013, 502: zu § 1631b BGB. Nur wenn der Betroffene die Funktion des Entriegelungsschalters nicht mehr zu erfassen vermag, kann eine freiheitsentziehende Maßnahme vorliegen.

- Ausstattung von Heimbewohnern mit Signalsendern/Chips, wobei strittig ist, ob dies als Verstoß gegen die Menschenwürde als unzulässig zu qualifizieren ist[383]. Der Einsatz solcher Signalgebungsanlagen ist für sich sicher nicht freiheitsentziehend. Entscheidend ist, ob nach der Signalgebung des Betroffenen ein über eine Bitte oder ein Überreden hinausgehendes Zurückhalten oder -bringen gegen den Willen des Betroffenen erfolgt[384].
- Ähnliches gilt, wenn durch Vorhänge, Bildtapeten etc. Ausgänge kaschiert werden bzw. Türöffner versteckt angebracht sind. Auch diese Maßnahmen sind für sich nicht freiheitsentziehend und können allenfalls im Einzelfall wegen der krankheitsbedingten Defizite eines Bewohners und zusätzlichen Einwirkens seitens der Einrichtung freiheitentziehenden Charakter aufweisen.
- Anbringen eines Türentriegelungsknopfes in Schalterhöhe. Dies stellt indes nur eine freiheitsentziehende Maßnahme dar, wenn der Betroffene gezielt an der Fortbewegung gehindert werden soll und dieses Hindernis nicht ohne weiteres umgehen kann[385].

Diese Maßnahmen müssen den Zweck verfolgen, die Freiheit zu entziehen. Werden sie **87** ausschließlich zu anderen Zwecken eingesetzt (z.B. Durchführung einer Infusion; Verhinderung des Ziehens von Kathedern[386]; Benutzung des Toilettenstuhls[387], Ermöglichen der Nahrungsaufnahme durch Füttern bzw. der regelmäßigen Körperpflege etc.) ist § 1906 Abs. 4 BGB nicht einschlägig[388]. Andererseits wird der Charakter der gezielten freiheitsentziehenden Maßnahme nicht dadurch aufgehoben, dass andere Gründe daneben mitgespielt haben mögen (Personalmangel, Arbeitserleichterung, Heilbehandlung, Verhinderung des Zutritts Unbefugter).

Ein Graubereich ist die Gabe von sedierenden/beruhigenden Medikamenten. Ihnen kommt freiheitsentziehender Charakter zu, wenn die Medikamente gezielt dazu verwendet werden, den Betreuten an der Fortbewegung in der Einrichtung oder am Verlassen der Einrichtung zu hindern. Werden Medikamente zu Heilzwecken oder aus therapeutischen Gründen gegeben, ist § 1906 Abs. 4 BGB nicht anwendbar[389]. Ein Arzt wird in der Regel solche Medikamente nicht allein zur Sedierung verabreichen, sondern aufgrund seiner Verpflichtung, den Betroffenen zu heilen, sein Leiden zu mindern oder eine Verschlechterung zu vermeiden, immer auch zum Zwecke der Heilbehandlung verordnen. Von daher lässt sich in der Praxis kaum einmal eine Genehmigungsbedürftigkeit feststellen. Zu prüfen bleibt, sofern kein Fall des § 1904 Abs. 4 BGB zu bejahen ist, ob bei einer längerfristigen Gabe von Psychopharmaka eine Genehmigung nach § 1904 Abs. 1, 2 BGB erforderlich ist.

c. Längerer Zeitraum bzw. Regelmäßigkeit

Die Freiheitsentziehung durch die genannten Mittel muss über einen längeren Zeitraum **88** oder regelmäßig erfolgen. Die Definition des längeren Zeitraums wird unterschiedlich vor-

383 So AG Hannover BtPrax 1992, 113; a.A. zurecht AG Stuttgart-Bad Cannstadt FamRZ 1997, 704
384 OLG Brandenburg FamRZ 2006, 1481 f.; LG Ulm NJW-RR 2009, 225 f.; AG Coesfeld FamRZ 2008, 304; AG Meißen BtPrax 2007, 187 f.
385 OLG Celle NJW 2014, 163 = ZKJ 2013, 502: zu § 1631b BGB
386 Das LG Lübeck BtPrax 2013, 74, verneint bereits einen Freiheitsentzug, wenn „nur" die Hände des Betroffenen an das Bett gebunden werden. Richtigerweise ist darauf abzustellen, dass die Fixierung überwiegend medizinische Gründe hat und nicht den Zweck verfolgt, die Bewegungsfreiheit einzuschränken.
387 A.A. AG Nidda BtPrax 2007, 40
388 A.A. bzgl. der Körperpflege AG Hof BtPrax 2004, 119 f.
389 OLG Hamm BtPrax 1997, 162. Zur Abgrenzung vgl. Kirsch/Hirsch, BtPrax 2016, 12 ff.

genommen. Die angegebenen Zahlen schwanken zwischen einem Tag und 14 Tagen[390]. Ein längerer Zeitraum[391] wird in der Praxis häufig bejaht, wenn die Maßnahme über mehrere Tage angelegt ist bzw. bereits gehandhabt wird und eine Beendigung nach dem Krankheitsbild in naher Zukunft nicht zu erwarten ist.

Regelmäßigkeit liegt vor, wenn eine freiheitsentziehende Maßnahme entweder stets zur selben Zeit (z.B. nachts oder mittags) oder aus wiederkehrendem Anlass (z.B. bei der Gefahr aus dem Bett zu fallen, wiederkehrenden Unruhezuständen) erfolgt. Das bedeutet aber, dass bei einem kurzfristigen postoperativen Unruhezustand im Rahmen eines Durchgangssyndroms sowie bei einmaligem akuten Verwirrtheitszustand nach Heimaufnahme dieses Tatbestandsmerkmal nicht erfüllt ist.

d. Krankenhaus, Heim oder sonstige Einrichtung

89 Mit den in § 1906 Abs. 4 BGB genannten Begriffen Krankenhaus, Heim[392] und sonstige Einrichtung sind Krankenhäuser jeder Fachrichtung[393], psychiatrische, gerontopsychiatrische sowie andere Abteilungen innerhalb eines Krankenhauses, Sanatorien, Rehabilitationskliniken, Altenheime, Altenpflegeheime, Seniorenanlagen, auch privat betriebene Seniorenresidenzen, zu zählen. Organisationsrechtliche Maßnahmen, wie Ausgliederungen, Außenwohngruppen oder betreute Wohngruppen, ändern den Gesamtcharakter der Einrichtung nicht. Den vor dem 22.7.2017 verwendeten Begriff der Anstalt erachte der Gesetzgeber als nicht mehr zeitgemäß[394].

§ 1906 Abs. 4 BGB umfasst ausschließlich freiheitsentziehende Maßnahmen in Einrichtungen. Werden freiheitsentziehende Maßnahmen im ambulanten/häuslichen Bereich notwendig, z.B. Abschließen der Wohnungstür, Anbringung eines Bettgitters, Gabe sedierender Medikamente, so ist keine Genehmigung des Gerichts erforderlich. Der Gesetzgeber hat den in Art. 6 GG verankerten Schutz der Familie respektieren und Freiheitsentziehungen in diesem Rahmen nicht staatlicher Aufsicht unterziehen wollen[395].

Die nicht vorgesehene Genehmigungspflicht bedeutet keineswegs die generelle Zulässigkeit der freiheitsentziehenden Maßnahmen im familiären Bereich. Vielmehr unterliegen diese den allgemeinen strafrechtlichen Vorschriften der Freiheitsberaubung, das heißt, es müssen allgemeine Rechtfertigungsgründe vorliegen. Diese können in der rechtserheblichen Einwilligung des Betroffenen (dazu oben Rn. 14 ff.) oder im Rahmen der Notwehr/Nothilfe (vgl. § 32 StGB) bzw. des Notstandes (§ 34 StGB) bestehen. Für den nicht einwilligungsfähigen Betroffenen sollte ein Betreuer mit dem Aufgabenkreis der Entscheidung über freiheitsentziehende Maßnahmen bestellt werden. So kann für die entsprechenden Maßnahmen die Entscheidung einer dazu befugten Person herbeigeführt werden.

---

390 Zu den verschiedenen Ansichten vgl. Damrau/Zimmermann, § 1906 BGB, Rn. 88; Jacobs, BtPrax 2013, 16. Nach OLG Bamberg NJW-RR 2012, 467 = BtPrax 2012, 175 (Ls) und RDG 2011, 306 ist ein Zeitraum von mehr als drei Tagen gemeint.

391 Wenige Stunden erfüllen dies Kriterium nicht, OLG Frankfurt a.M. FamRZ 2007, 673 ff.

392 Zum Einrichtungs- bzw. Heimbegriff vgl. die landesrechtlichen Regelungen der Bundesländer, etwa § 2 WTG NRW, § 1 bad-württ. LHeimG, Art. 2 bay. PfleWoqG, § 4 hess. LWTG

393 Zur sozialrechtlichen Definition eines Krankenhauses vgl. § 107 Abs. 1 SGB V.

394 BT-Drs. 18/11240, S. 19

395 BayObLG BtPrax 2003, 37 f.; a.A. LG München BtPrax 1999, 242; AG Garmisch Partenkirchen BtPrax 1999, 207: Die eigene Wohnung sei als sonstige Einrichtung zu qualifizieren, wenn der institutionelle Rahmen der Pflege dem in einem Heim vergleichbar sei und die Wohnung selbst nur noch eine Hülle darstelle. Vgl. auch LG Hamburg BtPrax 1995, 31; AG Tempelhof/Kreuzberg BtPrax 1998, 194; Damrau/Zimmermann, § 1906 BGB, Rn. 85

e. Persönlicher Geltungsbereich

aa. Betreuer bestellt

§ 1906 Abs. 4 BGB betrifft nur Volljährige[396], für die ein Betreuer bestellt ist, zu dessen Aufgabenkreis auch die Entscheidung über den Einsatz der genannten freiheitsentziehenden Mittel gehört[397]. **90**

Ist kein Betreuer bestellt oder besitzt der bestellte Betreuer keinen ausreichenden Aufgabenkreis, muss bei der Erforderlichkeit von Maßnahmen im Sinne des Abs. 4 gegebenenfalls die Bestellung eines Betreuers bzw. die Erweiterung des Aufgabenkreises angeregt werden. Die Einrichtung ist – solange die dort tätigen Mitarbeiter Sicherungsmaßnahmen für entbehrlich erachten – nicht zu einer solchen Anregung verpflichtet[398]. Auch Krankenhäuser sind nicht generell verpflichtet, ein Betreuungsverfahren nebst Genehmigung freiheitsentziehender Maßnahmen im Wege einer einstweiligen Maßnahme anzuregen, wenn ein Patient freiheitsentziehender Maßnahmen unterworfen ist[399]. Dies ist solange nicht erforderlich, wie sich der nicht ansprechbare lebensbedrohlich erkrankte Patient in einem (künstlichen) Koma befindet, da dann allgemeine Rechtfertigungsgründe eingreifen. Danach ist zu prüfen, ob Anhaltspunkte dafür bestehen, dass nach einer vorausschauenden Prognose die Voraussetzungen für eine Betreuerbestellung erfüllt sind.

Währenddessen sind freiheitsentziehende Maßnahmen nur nach allgemeinen Rechtfertigungsgründen erlaubt, also im Rahmen der Notwehr/Nothilfe (§ 32 StGB) bzw. des Notstandes (§ 34 StGB).

bb. Ohne untergebracht zu sein

Die Genehmigung so genannter freiheitsentziehender Maßnahmen war nach dem bis zum 21.7.2017 geltenden Wortlaut des § 1906 Abs. 4 BGB nur bei Betreuten, die – ohne untergebracht zu sein – in einer Heimeinrichtung leben, erforderlich. Sofern für den Betroffenen die Unterbringung nach § 1906 Abs. 1, 2 BGB genehmigt ist, war umstritten, ob es einer weiteren betreuungsgerichtlichen Genehmigung bedurfte[400]. Überwiegend wurde unter Berufung auf eine verfassungskonforme Auslegung eine zusätzliche Genehmigung des Gerichts für erforderlich erachtet[401]. **91**

Angesichts des unterschiedlichen Unterbringungsbegriffes in Abs. 1 und 4 und der tatsächlich unterschiedlichen Ausgestaltung[402] war dieser Auslegung bereits in den Vorauflagen dieses Kommentars der Vorzug gegeben worden. Mit Wirkung zum 22.7.2017 hat

396 Es war verfassungsrechtlich nicht geboten § 1906 Abs. 4 BGB analog auf Minderjährige anzuwenden, BGH NJW 2013, 2969. Durch das Gesetz zur Einführung eines familiengerichtlichen Genehmigungsvorbehaltes für freiheitsentziehende Maßnahmen bei Kindern vom 17.7.2017 (BGBl. I S. 2424) hat der Gesetzgeber mit Wirkung zum 1.10.2017 in § 1631b Abs. 2 BGB einen dem § 1906 Abs. 4 BGB vergleichbaren Genehmigungsvorbehalt bzgl. Minderjähriger eingefügt.

397 Über § 1906 Abs. 5 Satz 1 BGB gilt die Vorschrift auch, wenn ein ausreichend Bevollmächtigter vorhanden ist. Auf die gerichtliche Überprüfung der vom Bevollmächtigten erteilten Einwilligung kann der Betroffene nicht vorgreifend verzichten, BGH BtPrax 2012, 206.

398 Vgl. BGH, FamRZ 2005, 1074 f. mit Anm. Bienwald. Offengelassen von OLG Nürnberg BtPrax 2011, 40; OLG Schleswig NJOZ 2004, 2766 ff. Nach OLG Dresden BtPrax 2005, 38 ff., ist die Einrichtung verpflichtet, das Gericht zu informieren, wenn der Betroffene dreimal in einem Monat stürzt und zeitweilig verwirrt ist. Nach OLG Jena, NJW-RR 2012, 1419 und OLG Düsseldorf NJW-RR 2012, 716 kann für eine Einrichtung aber eine erfolgsbezogene Obhutspflicht für einen akut sturzgefährdeten Bewohner bestehen.

399 So zu Recht OLG Bamberg NJW-RR 2012, 467 und RDG 2011, 306

400 LG Ulm NJOZ 2011, 714; LG Freiburg NJW-RR 2011, 10; LG Baden-Baden FamRZ 2010, 1471; Klüsener, NJW 1993, 617, 623; Holzhauer-Reinicke, § 1906 BGB, Rn. 51

401 BGH BtPrax 2015, 200 ff.; OLG Frankfurt a.M. FamRZ 2007, 673 ff.; OLG München NJW-RR 2005, 1530 f.; BayObLG FamRZ 1994, 721; Damrau/Zimmermann, § 1906 BGB, Rn. 86 m.w.N.

402 Eine Fixierung mit Bauchgurt im Bett bedeutet faktisch einen über die eigentliche Unterbringung auf einer geschlossenen Station hinausgehenden Freiheitsentzug, vgl. schon Dodegge, MDR 1992, 437.

der Gesetzgeber den Abs. 4 nun so geändert, dass auch im Rahmen einer nach § 1906 Abs. 1 BGB genehmigten Unterbringung, eine weitere Genehmigung nach § 1906 Abs. 4 BGB erforderlich ist, wenn in Bezug auf den Betroffenen freiheitsentziehende Maßnahmen zur Anwendung gelangen[403].

f. Materielle Genehmigungsvoraussetzungen

92 Hinsichtlich der materiellen Genehmigungsvoraussetzungen einer freiheitsentziehenden Maßnahme verweist § 1906 Abs. 4 BGB auf eine entsprechende Anwendung des Abs. 1. Das bedeutet, dass die Maßnahme dem Wohl des Betroffenen entsprechen muss. Das Wohl des Betroffenen wird in den Nummern 1 und 2 konkretisiert (vgl. dazu oben Rn. 17 ff.).

Überwiegend werden freiheitsentziehende Maßnahmen zur Abwehr einer erheblichen Gesundheits- oder Lebensgefährdung für den Betroffenen (§ 1906 Abs. 1 Nr. 1 BGB), seltener solche zur Durchführung eines ärztlichen Eingriffes etc. (§ 1906 Abs. 1 Nr. 2 BGB) in Betracht kommen. Die Genehmigung freiheitsentziehender Maßnahmen ist aber auch gerechtfertigt, wenn der Betroffene durch sein Verhalten in erster Linie Dritte gefährdet, damit zugleich aber die Gefahr verbunden ist, dass er selbst erheblichen gesundheitlichen Schaden erleidet[404]

Dagegen rechtfertigt der Gedanke der Sturzprävention ohne eine im Einzelfall bestehende konkrete Sturzgefahr keine freiheitsentziehenden Maßnahmen[405]. Es bestehen auch nur eingeschränkte Obhutspflichten zur Sturzvermeidung auf Seiten der Einrichtungen[406].

aa. Selbstgefährdung

93 Beispiele für eine Selbstgefährdung im Rahmen freiheitsentziehender Maßnahmen sind:

- zielloses Verlassen eines Heimes mit Herumirren unter Missachtung des Straßenverkehrs bzw. Herausfallen aus dem Bett mit Sturzverletzungen[407];
- Ablegen der Kleidung, Herumschmieren mit Kot und Herumirren im Heim[408];
- Sturz mit erheblichen Verletzungsfolgen[409];
- gewaltsames Herausziehen von Kathetern, Infusionen oder PEG-Sonden;
- Laufen bis zur körperlichen Erschöpfung bei innerer Unruhe mit der Folge von Stürzen und fehlender Nachtruhe.

bb. Ärztlicher Eingriff etc.

94 Beispiele für freiheitsentziehende Maßnahmen zur Ermöglichung ärztlicher Eingriffe sind:

- regelmäßige Fixierungen oder Sedierungen zur Gabe von Infusionen bei einem motorisch unruhigen oder wahnhaften Betroffenen[410];
- regelmäßige oder langandauernde Fixierungen oder Sedierungen, um das Entfernen von Wundverbänden etc. zu verhindern;

403 Gesetz zur Änderung der materiellen Zulässigkeitsvoraussetzungen von ärztlichen Zwangsmaßnahmen und zur Stärkung des Selbstbestimmungsrechts von Betreuten vom 17. Juli 2017 (BGBl. I S. 2426)
404 OLG Karlsruhe BtPrax 2009, 38 ff.: Angriffe gegen Dritte, die sich zur Wehr setzen, drohende Eskalation genügt.
405 OLG Düsseldorf NJOZ 2011, 1042
406 OLG Düsseldorf NJW-RR 2010, 1533
407 OLG Frankfurt a.M. BtPrax 1993, 138
408 BayObLG MDR 1994, 922
409 OLG Frankfurt a.M. BtPrax 1993, 139
410 Zu einem solchen Fall siehe LG Lübeck BtPrax 2013, 74

- regelmäßige oder langandauernde Fixierungen oder Sedierungen, um ein Langzeit-EKG oder andere ärztliche Untersuchungen zu ermöglichen.

Sie unterfallen in der Praxis allerdings selten der Genehmigungspflicht des § 1906 Abs. 4 BGB, weil sie vorrangig nicht die Freiheitsentziehung, sondern die ärztliche Heilbehandlung bezwecken (siehe oben Rn. 87).

cc. Drittinteressen

Gefährdet der Betroffene durch sein Verhalten allein Dritte, z.B. andere Heimbewohner, **95**
rechtfertigt dies keine freiheitsentziehenden Maßnahmen gegen ihn. Dringt der Betroffene also etwa in fremde Zimmer ein, stört die Nachtruhe oder schlägt den anderen Bewohner, um sich in dessen Bett zu legen, greift er Mitbewohner oder Pflegepersonal tätlich an oder entwendet er fremdes Eigentum, kann die Einrichtung nur versuchen, durch Intervention des Personals oder organisatorische Maßnahmen die Gefahr abzuwenden. Letztlich bliebe der Einrichtung nur die Möglichkeit, bei der zuständigen Behörde Maßnahmen nach den jeweiligen Landesunterbringungsgesetzen anzuregen.

Der Betreuer sollte in diesem Fall allerdings prüfen, ob sich der Betreute durch sein fremdaggressives Verhalten nicht doch (auch) selbst gefährdet. Die Genehmigung freiheitsentziehender Maßnahmen ist nämlich auch möglich, wenn der Betroffene durch sein Verhalten zwar in erster Linie Dritte gefährdet, damit zugleich aber die Gefahr verbunden ist, dass er selbst gesundheitlichen Schaden erleidet[411]. Wehren Dritte, die ihrerseits vielleicht ebenfalls nicht ausreichend einsichtsfähig sind, die Angriffe ab und kann der Betroffene sich krankheitsbedingt nicht ausreichend schützen oder sind Dritte ihm körperlich überlegen, besteht im Einzelfall eine Selbstgefährdung des Betroffenen. Dabei kann eine drohende Eskalation genügen. Gleiches gilt, wenn Dritte durch Notwehr oder -hilfe gerechtfertigte Gegenwehr ausüben.

Auch unzureichende organisatorische und personelle Ausstattungen von Einrichtungen und damit verbundene finanzielle Gesichtspunkte rechtfertigen keine Eingriffe in Grundrechte und damit auch nicht die Anwendung freiheitsentziehender Maßnahmen.

dd. Fehlende freie Willensbestimmung

Wie im Rahmen des § 1906 Abs. 1 BGB muss auch bei freiheitsentziehenden Maßnahmen **96**
nach Abs. 4 hinzukommen, dass der Betroffene seinen Willen krankheitsbedingt nicht frei bestimmen kann[412].

ee. Erforderlichkeit

Der Erforderlichkeitsgrundsatz verlangt, dass bei freiheitsentziehenden Maßnahmen sol- **97**
che Sicherungsmaßnahmen unterbleiben, die in der Form überhaupt nicht oder nur in weniger belastender Form eingesetzt werden müssen. Reicht also ein Abfangen am Ausgang durch das Personal aus, bedarf es nicht des Einschließens oder des Angurtens. Das mildere Mittel muss aber gleich geeignet sein[413]. Bei der Verwendung eines Gurtes im Bett kann zusätzlich ein Gitter nötig sein, um bei unruhigen Betroffenen ein Herausfallen mit Verletzungsfolgen zu verhindern[414]. Anstelle eines Bettgitters kann ein so genanntes Bettnest genügen[415] oder die Verwendung spezieller Pflegebetten.

---

411 OLG Karlsruhe BtPrax 2009, 38 ff.
412 BayObLG BtPrax 1993, 139
413 Ein Bettgitter während der Nachtruhe kann regelmäßig nicht durch häufige Kontrollen einer Nachtwache gleich gut ersetzt werden, weil es Stürze in unbeobachteten Zeiten nicht sicher genug ausschließt.
414 Vgl. Wojnar, BtPrax 1997, 95
415 OLG München FamRZ 2006, 441 ff.

ff. Verhältnismäßigkeitsgrundsatz

98 Auch im Rahmen der freiheitsentziehenden Maßnahmen gebietet der Verhältnismäßigkeitsgrundsatz ein Übermaßverbot bzw. ein Abwägungsgebot mit möglichst schonendem Ausgleich der beteiligten Rechtsgüter. Hier spielen ebenso wieder Fragen der Erforderlichkeit hinein. Freiheitsentziehende Maßnahmen sind nur als letztes Mittel zur Abwehr eines unmittelbaren drohenden Schadens für den Betroffenen zulässig. Hinsichtlich ihres Umfangs müssen sie sich ebenso wie hinsichtlich ihrer Dauer auf das unbedingt notwendige Maß beschränken. Nur dann ist die Verhältnismäßigkeit gewahrt und auch kein Verstoß gegen Art. 3 EMRK gegeben[416].

▶ *Zum Verhältnismäßigkeitsgrundsatz vgl. auch oben Rn. 38*

Generell wird man zu beachten haben, dass freiheitsentziehende Maßnahmen bei nicht sorgfältiger Anwendung dramatische Risiken, bis hin zum Tod des Betroffenen, haben können[417].

Andererseits müssen tatsächliche Vorgaben, wie Bausubstanz der Einrichtung, pflegerische Ausstattung, Personalsituation etc. beachtet und auch hingenommen werden[418]. Der Betreuer ist allerdings verpflichtet, dafür zu sorgen, dass die Pflegeeinrichtung alternative Hilfsmittel anbietet, um eine Fixierung entbehrlich zu machen[419]. Dies kann auch auf Aufforderung der Heimaufsicht geschehen[420]. Auf Dauer wird der Betreuer aber eine besser geeignete Einrichtung suchen müssen. Kostenintensive Maßnahmen, wie z.B. die Einstellung zusätzlichen Personals, können im Rahmen des § 1906 Abs. 4 BGB nicht verlangt werden. Sie stellen daher auch kein verhältnismäßig milderes Mittel dar. Alternativen müssen realisierbar sein. Das kann der Fall sein, wenn einem mittellosen Betreuten nach §§ 19 Abs. 3, 53, 54, Abs. 1 Satz 1 SGB XII, 55 Abs. 2 Nr. 6 SGB IX ein Anspruch auf Finanzierung einer (persönlichen) Nachtwache zusteht[421]. Im Einzelfall können die Verwendung eines Pflegebettes mit zweigeteilten Bettelementen, die ein bewusstes Verlassen des Bettes gestatten, die Verwendung eines Niedrigflurbettes oder eines sog. Bettnestes[422] bzw. eine nächtliche Sitzwache ein milderes Mittel sein[423]. In der gerichtlichen Praxis kommt es durch die Anwendung des sog. Werdenfelser Weges[424] zu einer deutlichen Reduzierung von freiheitsentziehenden Maßnahmen in Pflegeeinrichtungen.

g. Genehmigung und Beendigung

99 Für freiheitsentziehenden Maßnahmen nimmt § 1906 Abs. 4 BGB hinsichtlich des Genehmigungserfordernisses und der Beendigung den Absatz 2 in Bezug.

▶ *Zu Genehmigung und Beendigung vgl. die Ausführungen oben Rn. 73 ff. und 79 ff.*

---

416 ERMG, Urteil vom 18.10.2012, Application no. 37679/08, Rn.: 86 und 95: Fixierte Personen müssen zudem unter Beobachtung stehen.

417 Berzlanovich, Dt. Ärzteblatt 2012, 27 und BtPrax 2012, 95; Wojnar, BtPrax 1997, 95

418 OLG Frankfurt a.M. FamRZ 1994, 991; OLG Hamm BtPrax 1993, 172;LG Arnsberg BtPrax 2016, 47: Fehlende Niederflurbetten. Andererseits ist die Anbringung eines Bettgitters unverhältnismäßig, wenn nicht gleichzeitig während der Bettruhezeiten ausreichende, begleitete Toilettengänge ermöglicht werden.

419 AG Frankfurt a. M. BtPrax 2013, 76, bestätigt durch LG Frankfurt a.M., FamRZ 2013, 1606

420 VG Würzburg BtPrax 2014, 288, das die Aufforderung der Heimaufsicht an eine Pflegeeinrichtung, Niederflurbetten anzuschaffen, für rechtswirksam erklärt hat.

421 Ein solcher Anspruch kann im Einzelfall bestehen, vgl. LSG NRW FamRZ 2013, 1335

422 AG Frankfurt a. M. FamRZ 2011, 1816

423 AG Neuruppin BtPrax 2004, 80. Sozialrechtlich kann nach §§ 19 Abs. 3, 53, 54 Abs. 1 Satz 1 SGB XII, 55 Abs. 2 Nr. 6 SGB IX ein Anspruch gegen den Sozialhilfeträger auf Übernahme der Kosten für eine nächtliche Sitzwache bestehen, LSG NRW FamRZ 2013, 1335 (Ls); SG Freiburg BtPrax 2012, 35. Weitere Alternativen zeigen Röttgers/Nedjat in BtPrax 2003, 116 ff. auf.

424 Zu diesem Modell: www.justiz.bayern.de/gericht/ag/gap/daten/02939/index.php bzw. www.werdenfelser-weg-original.de. Die Justizministerkonferenz hat die Verbreitung fixierungsvermeidender Strategien nach dem Werdenfelser Weg und Redufix ausdrücklich begrüßt, vgl. Ergebnisse der Tagung vom 6.11.2014.

8. Unterbringung durch einen Bevollmächtigten

Um die praktische Bedeutung von Vorsorgevollmachten zu stärken und die Fähigkeit der Betroffenen, in voller geistiger Klarheit über ihr zukünftiges Schicksal selbst zu entscheiden, umfassender berücksichtigen zu können, hat sich der Gesetzgeber mit einer starken Meinung in der Rechtsprechung[425] zur Anerkennung der Erteilung von Vollmachten für den Bereich von Unterbringungsmaßnahmen entschieden. Gleichzeitig hat er versucht, die von der Gegenmeinung[426] ins Feld geführten Schutzgesichtspunkte zu integrieren. Demzufolge können Bevollmächtigte nur dann wirksam in Unterbringungsmaßnahmen einwilligen, wenn die zugrunde liegende Vollmacht die in § 1906 BGB genannten Maßnahmen ausdrücklich umfasst und die Vollmacht schriftlich erteilt ist. Darüber hinaus unterwirft § 1906 Abs. 5 BGB den Bevollmächtigten ebenso wie einen Betreuer der betreuungsgerichtlichen Genehmigungspflicht. Auf die gerichtliche Überprüfung der vom Bevollmächtigten erteilten Einwilligung kann der Betroffene nicht vorgreifend verzichten[427]. Die Verpflichtung des Bevollmächtigten, bei der Einwilligung in freiheitsentziehende Maßnahmen nach § 1906 Abs. 5 i.V.m. Abs. 2 Satz 1 BGB eine betreuungsgerichtliche Genehmigung einholen zu müssen, ist verfassungsrechtlich nicht zu beanstanden[428]. **100**

a. Formelle Voraussetzungen

Die Vollmacht muss wirksam erteilt sein. **101**

▶ *Zu Einzelheiten der Voraussetzungen einer Bevollmächtigung vgl. die Ausführungen im Teil C Rn. 2 ff. und 24 f.*

Ob für den Bereich der Bevollmächtigung im Unterbringungsbereich das Vorliegen einer ausreichenden Einsichtsfähigkeit genügt, ist umstritten (vgl. dazu Teil C Rn. 15).

Weiter muss die Vollmacht schriftlich erteilt sein. Vordrucke sind ausreichend, wenn sie unterschrieben sind. Das Gesetz verlangt nicht, dass die Vollmacht eigenhändig geschrieben und unterschrieben ist.

Schließlich muss die Vollmacht die in § 1906 Abs. 1 BGB (Unterbringung) und/bzw. die in Abs. 4 (freiheitsentziehende Maßnahmen) genannten Unterbringungsmaßnahmen ausdrücklich umfassen. Insoweit kommt dem Abs. 5 Satz 1 eine Warnfunktion zu. Zu Recht wird verlangt, dass die Vollmacht klar zum Ausdruck bringt, dass der Vollmachtgeber sie bewusst und gewollt für den Bereich der Aufenthaltsbestimmung mit Freiheitsentzug erteilt hat[429]. Die Vollmacht muss mit anderen Worten für einen Laien hinreichend bestimmt sein und ihren Umfang unmissverständlich und klar, ohne Verklausulierungen, benennen. Nennt die Vollmachtsurkunde ausdrücklich nur die Berechtigung zur Entscheidung über freiheitsentziehende Maßnahmen nach § 1906 Abs. 4 BGB, berechtigt sie nicht zur Entscheidung über eine Unterbringung nach § 1906 Abs. 1, 5 BGB[430]. Der Passus „Entscheidung über notwendige Schutzmaßnahmen" kann allerdings in Verbindung mit dem bei der Vollmachtserteilung vorhandenen Willen des Vollmachtgebers ausreichen, dem Bevollmächtigten eine Entscheidungsbefugnis über freiheitsentziehende Maßnahmen nach § 1906 Abs. 4 BGB zuzubilligen[431].

---

425 OLG Stuttgart BtPrax 1994, 99; LG Stuttgart BtPrax 1994, 64; Meier, BtPrax 1994, 190
426 LG Frankfurt a.M. FamRZ 1994, 125; Klie, BtPrax 1996, 38
427 BGH BtPrax 2012, 206
428 BVerfG BtPrax 2015, 196
429 OLG Zweibrücken BtPrax 2002, 171 f: Unerheblich ist, ob die Vollmacht bereits vor dem 1.1.1999 erteilt wurde und dies Erfordernis damals nicht bekannt war; LG Düsseldorf FamRZ 2000, 135; früher bereits: OLG Stuttgart BtPrax 1994, 99
430 LG Frankfurt a. M. FamRZ 2001, 1555
431 BVerfG BtPrax 2009, 118 ff.

b. Entsprechende Anwendung

102 Wie in § 1906 Abs. 4 Satz 1 BGB bedient sich das Gesetz einer entsprechenden Anwendung der Absätze 1 bis 3, hier erweitert um Abs. 4. Dies bedeutet, dass der Bevollmächtigte in die in Abs. 1 und 4 genannten Unterbringungsmaßnahmen einwilligen kann und dann dafür eine Genehmigung benötigt. Die Genehmigung kann erteilt werden, wenn die Genehmigungsvoraussetzungen des Abs. 1 (dazu oben Rn. 17 ff.) erfüllt sind.

Im Rahmen des Verhältnismäßigkeitsgrundsatzes muss auch der Bevollmächtigte im Vorfeld und bei der Nachsorge gewährleisten, dass eine Unterbringung durch mildere Mittel abgewendet wird[432]. Ist mit dem Aufschub der Unterbringungsmaßnahme Gefahr verbunden (dazu oben Rn. 75 ff.), kann der Bevollmächtigte sofort die Unterbringungsmaßnahme durchführen, muss aber unverzüglich die Genehmigung nachholen, Abs. 5 Satz 2 i.V.m. Abs. 2 Satz 2.

Sind die Voraussetzungen für eine Unterbringung oder eine freiheitsentziehende Maßnahme entfallen, muss der Bevollmächtigte sie beenden und dies dem Gericht anzeigen, Abs. 5 Satz 2 i.V.m. Abs. 3.

9. Konkurrenzen

In der Praxis ergeben sich oftmals Abgrenzungsprobleme dahin, ob ein Betroffener auf zivil-, straf- oder öffentlich-rechtlicher Grundlage unterzubringen ist.

a. Öffentlich-rechtliche Unterbringung

103 Im Grundsatz ist davon auszugehen, dass eine Unterbringung nach § 1906 BGB bzw. Landesunterbringungsgesetzen, soweit Überschneidungen bestehen (Eigengefährdung), gleichrangig sind[433]. Da die Landesunterbringungsgesetze zunehmend den Fürsorgecharakter betonen und in den Vordergrund rücken, haftet ihnen kaum noch der Makel der erhöhten Schwere des Eingriffs oder der Gemeingefährlichkeit an[434]. Allein sachliche Gesichtspunkte und das Wohl des Betroffenen sollten den Ausschlag für die Wahl der jeweiligen Rechtsgrundlage geben.

Ist bereits ein Betreuer bestellt oder muss er gleichzeitig mit einstweiliger Anordnung bestellt werden, ist bei Vorliegen der Voraussetzungen des § 1906 Abs. 1 und 2 BGB der zivilrechtlichen Unterbringung der Vorzug zu geben[435]. Ist noch kein Betreuer bestellt oder nur ein Betreuer mit nicht ausreichendem Aufgabenkreis bestellt und handelt es sich um eine Maßnahme zur psychiatrischen Krisenintervention, ist eher an eine Unterbringung nach dem jeweiligen Landesunterbringungsgesetz zu denken. Das gilt auch, wenn allein eine Fremdgefährdung besteht. Ist allerdings bereits eine Unterbringung nach dem jeweiligen Landesunterbringungsgesetz angeordnet, hat weder eine gleichgerichtete noch eine abweichende Bestimmung des Aufenthaltes durch einen gesetzlichen oder gewillkürten Vertreter einen vorrangigen Einfluss. Sie kann erst nach Aufhebung der Unterbringungsanordnung maßgeblich werden.

---

432 AG Frankfurt a.M. BtPrax 1999, 246
433 Jürgens-Marschner, § 1906 BGB, Rn. 56. Bei Fremdgefährdung kommt nur eine Unterbringung nach dem jeweiligen Landesunterbringungsgesetz in Betracht.
434 So aber Damrau/Zimmermann, § 1906 BGB Rn. 29, wohl auch BayObLG NJWE-FER 2001, 177 f., für das BayUnterbrG, das vornehmlich die Aufrechterhaltung der öffentlichen Sicherheit und Ordnung zum Ziel habe.
435 OLG Hamm BtPrax 2000, 35

b. Strafrechtliche Unterbringung

Die zivilrechtliche Unterbringung hat zurückzustehen, wenn eine Unterbringung nach §§ 63, 64 StGB erfolgt ist oder erfolgen kann. Eine Ausnahme gilt nur, wenn der Betroffene im Rahmen einer zivilrechtlichen Unterbringung Straftaten gegen das Pflegepersonal begangen hat[436] oder die strafrechtliche Unterbringung aus besonderem Umstand[437] zur Bewährung ausgesetzt wird oder werden kann[438]. **104**

Vor einer Aussetzung hat das Strafgericht allerdings seinerseits zu prüfen, ob die vom Betroffenen ausgehende Gefahr sich durch die zivilrechtliche Unterbringung abwenden oder jedenfalls so stark abschwächen lässt, dass ein Verzicht des Vollzugs einer nach § 63 StGB angemessenen Maßnahme gemäß § 67b Abs. 1 Satz a StGB gewagt werden kann[439].

10. Vollzug

Vollzugsregelungen wie im Bereich der öffentlich-rechtlichen Unterbringung (§§ 327, 328 FamFG sowie in den jeweiligen Landesunterbringungsgesetzen) kennt die zivilrechtliche Unterbringung nicht. Hat der Betreuer einen entsprechenden Aufgabenkreis, obliegen ihm die Entscheidungen zu Ausgang, Urlaub, Besuchen, Post, Zwangsbehandlung etc. **105**

Besteht kein entsprechender Aufgabenkreis, muss die Betreuung gegebenenfalls erweitert werden bzw. muss sich die Unterbringungseinrichtung mit dem Betroffenen entsprechend vereinbaren. Anhaltspunkte können dann im Einzelfall Hausordnungen oder interne Richtlinien geben.

436 BGH RuP 1998, 204
437 Nämlich der zivilrechtlichen Unterbringung, § 67b StGB
438 BGH RuP 1993, 32 und 1997, 183
439 BGH NStZ 2002, 367 = FamRZ 2002, 1556

II. Das Unterbringungsverfahren

1. Überblick

106 Spezielle Regelungen für das gerichtliche Genehmigungsverfahren von Unterbringungsmaßnahmen finden sich in den §§ 312 bis 339 FamFG. Sie gelten, mit wenigen Ausnahmen[440], sowohl für zivilrechtliche als auch öffentlich-rechtliche Unterbringungen. Den Begriff einer Unterbringungsmaßnahme definiert § 312 FamFG. Demzufolge finden die §§ 312 ff. FamFG Anwendung in Verfahren auf Genehmigung bzw. Anordnung von freiheitsentziehenden Unterbringungen und Einwilligungen in eine ärztliche Zwangsmaßnahme bei:

- Volljährigen durch den bestellten Betreuer bzw. den Bevollmächtigten, §§ 1906 Abs. 1, 2, 4 und 5, 1906a Abs. 1, 2, 4 und 5 BGB, vgl. § 312 Nr. 1, 2 und 3 FamFG,
- Volljährigen, bei denen die Voraussetzungen für eine Betreuerbestellung vorliegen, aber noch kein Betreuer bestellt bzw. dieser verhindert ist, §§ 1846, 1906 Abs. 1, 2 BGB, vgl. § 312 Nr. 1 FamFG, wobei hinsichtlich der Einwilligung in eine ärztliche Zwangsmaßnahme die Besonderheit besteht, dass diese nur bei Verhinderung des Betreuers bzw. Bevollmächtigten möglich ist, vgl. § 1906a Abs. 1 Satz 2 BGB,
- volljährigen psychisch Kranken, Behinderten oder Süchtigen nach den jeweiligen Landesunterbringungsgesetzen, vgl. § 312 Nr. 4 FamFG

sowie über §§ 167 Abs. 1 Satz 2, 151 Nr. 6 und 7 FamFG hinsichtlich freiheitsentziehender Unterbringungen bei:

- minderjährigen psychisch Kranken, Behinderten oder Süchtigen nach den jeweiligen Landesunterbringungsgesetzen, vgl. § 312 Nr. 4 FamFG, und
- Minderjährigen, die durch den Sorgeberechtigten, Vormund oder Pfleger untergebracht werden, § 1631b BGB, vgl. § 312 Nr. 1 FamFG.

In den §§ 312 ff. FamFG sind die Fragen der gerichtlichen Zuständigkeiten, der Verfahrensfähigkeit, der Beteiligung von Dritten einschließlich eines Verfahrenspflegers, der Anhörung des Betroffenen, der Einholung von Gutachten und/oder ärztlichen Zeugnissen, einstweiliger Maßnahmen des Gerichtes, des Inhaltes von gerichtlichen Entscheidungen, ihrer Wirksamkeit, sowie ihrer Anfechtbarkeit und Mitteilung an Dritte geregelt. Daneben sind einige Normen aus dem allgemeinen Teil des FamFG (§§ 1 bis 110 FamFG) relevant[441].

Gerichtliche Verfahren bezüglich einer Unterbringungsmaßnahme müssen beschleunigt abgewickelt werden. Aus Art. 19 Abs. 4 GG folgt ein Anspruch des Bürgers auf wirksamen Rechtsschutz, der das Gebot von Rechtsschutz in angemessener Zeit einschließt[442]. Demzufolge müssen die Gerichte für eine beschleunigte Erledigung der Verfahren sorgen. Feste Fristen, innerhalb derer solcher Verfahren zu beenden sind, bestehen indes nicht.

---

440 Z.B. §§ 312 Nr. 4, 313 Abs. 3, 330 Satz 2, 327, 328 FamFG: Sie gelten nur für öffentlich-rechtliche Unterbringungen.

441 Etwa § 26 FamFG (Amtsermittlung), §§ 29 bis 31 FamFG (Beweiserhebung), § 40, 41 FamFG (Wirksamwerden und Bekanntgabe), § 16 FamFG (Fristberechnung), §§ 58 ff. FamFG (Rechtsmittel) oder § 13 FamFG (Akteneinsicht)

442 BayObLG FamRZ 1995, 1208

Übersichtsskizze: Unterbringungsverfahren

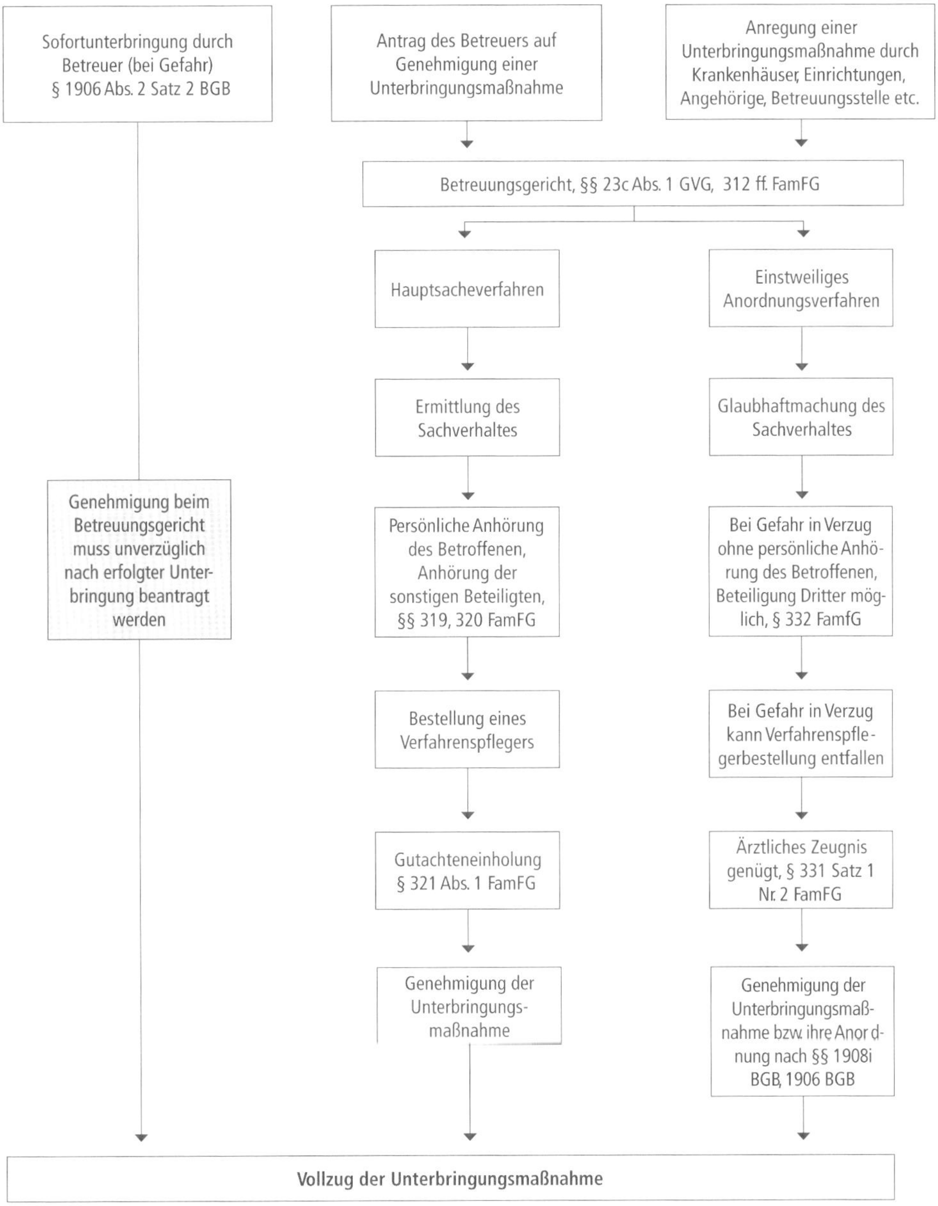

2. Verfahrenseinleitung

§ 23 FamFG Verfahrenseinleitender Antrag

(1) [1]Ein verfahrenseinleitender Antrag soll begründet werden. [2]In dem Antrag sollen die zur Begründung dienenden Tatsachen und Beweismittel angegeben sowie die Personen benannt werden, die als Beteiligte in Betracht kommen. [3]Der Antrag soll in geeigneten Fällen die Angabe enthalten, ob der Antragstellung der Versuch einer Mediation oder eines anderen Verfahrens der außergerichtlichen Konfliktbeilegung vorausgegangen ist, sowie eine Äußerung dazu, ob einem solchen Verfahren Gründe entgegenstehen. [4] Urkunden, auf die Bezug genommen wird, sollen in Urschrift oder Abschrift beigefügt werden. [5]Der Antrag soll von dem Antragsteller oder seinem Bevollmächtigten unterschrieben werden.

(2) Das Gericht soll den Antrag an die übrigen Beteiligten übermitteln.

§ 24 FamFG Anregung des Verfahrens

(1) Soweit Verfahren von Amts wegen eingeleitet werden können, kann die Einleitung eines Verfahrens angeregt werden.

(2) Folgt das Gericht der Anregung nach Absatz 1 nicht, hat es denjenigen, der die Einleitung angeregt hat, darüber zu unterrichten, soweit ein berechtigtes Interesse an der Unterrichtung ersichtlich ist.

a. Zivilrechtliche Unterbringung

107 Ein Verfahren auf Genehmigung einer Unterbringungsmaßnahme kann auf verschiedene Art und Weise seinen Anfang nehmen. Bei einer zivilrechtlichen Unterbringungssache (dazu oben Rn. 2) liegt in der Regel ein Antrag bzw. eine Anregung[443] vor seitens

- des Betreuers mit entsprechendem Aufgabenkreis,
- des Bevollmächtigten im Falle der §§ 1906 Abs. 5,1906a Abs. 5 BGB oder
- der Eltern, des Vormundes oder Pflegers eines Minderjährigen.

Die Anregung einer Unterbringungsmaßnahme kann auch von anderen Stellen (Pflegeheim, Unterbringungseinrichtung, Betreuungsbehörde, Angehörige etc.) herrühren. So ist zum Beispiel ein Pflegeheim verpflichtet, das Gericht über die Notwendigkeit der Genehmigung freiheitsentziehender Maßnahmen nach § 1906 Abs. 4 BGB zu informieren, wenn der – vorrangig verpflichtete – Betreuer bzw. Bevollmächtigte dies unterlässt[444]. Sie kann dann vom gesetzlichen bzw. gewillkürten Vertreter aufgegriffen werden[445] oder, falls dieser nicht erreichbar oder noch nicht bestellt ist, von Amts wegen zu einer gerichtlichen Unterbringungsanordnung führen, §§ 1846, 1906, 1906a Abs. 1 Satz 2,1631b BGB.

b. Öffentlich-rechtliche Unterbringung

108 Die Landesunterbringungsgesetze setzen in der Regel einen Antrag der zuständigen Behörde[446], teilweise auch der Klinikleitung[447], voraus. Dritte haben hier nur die Möglichkeit, bei der zuständigen Behörde einen entsprechenden Antrag anzuregen[448].

443 Es muss kein förmlicher Antrag gestellt werden. Es reicht die Mitteilung, dass eine Unterbringungsmaßnahme beabsichtigt und gewünscht ist, BGH BtPrax 2015, 200; BayObLG FamRZ 2000, 566; BtPrax 1994, 98; OLG Schleswig FamRZ 2003, 1499. Antragsmuster finden sich bei Kretz/Albrecht/Wittkämper, H 1 – 5 (Unterbringung) und I 1 – 4, 6 (freiheitsentziehende Maßnahmen).

444 OLG Koblenz, RDG 2013, 290: Das Heim darf die Entscheidung des Betreuers aber abwarten; KG NJOZ 2004, 4591 ff.

445 Greift er die Anregung nicht ausdrücklich auf, ist dem Gericht ein Genehmigungsverfahren nach § 1906 Abs. 4 i.V.m. Abs. 5 BGB nicht angefallen, BVerfG BtPrax 2009, 118 ff.

446 Z.B.§ 12 PsychKG NRW

447 Z.B.§§ 15 Abs. 1Satz 3 bad.-württ. PsychKHG, 18 Abs. 6 Satz 2, 20 Abs. 2 Satz 1 PsychKG NRW

448 Zimmermann, Art. 5 bayUBG, Rn. 3.

3. Geltungsbereich, Zuständigkeit und Abgabe, §§ 312 bis 314 FamFG, 23c und 23d GVG

§ 312 FamFG Unterbringungssachen

[1]Unterbringungssachen sind Verfahren, die

1. freiheitsentziehenden Unterbringung nach § 1906 Absatz 1 und 2 auch in Verbindung mit Absatz 5 des Bürgerlichen Gesetzbuchs,
2. freiheitsentziehenden Maßnahme nach § 1906 Absatz 4 auch in Verbindung mit Absatz 5 des Bürgerlichen Gesetzbuchs,
3. ärztlichen Zwangsmaßnahme, auch einschließlich einer Verbringung zu einem stationären Aufenthalt, nach § 1906a Absatz 1, 2 und 4 auch in Verbindung mit Absatz 5 des Bürgerlichen Gesetzbuchs oder
4. freiheitsentziehenden Unterbringung und einer ärztlichen Zwangsmaßnahme bei Volljährigen nach den Landesgesetzen über die Unterbringung psychisch Kranker

betreffen.

§ 313 FamFG Örtliche Zuständigkeit

(1) Ausschließlich zuständig für Unterbringungssachen nach § 312 Nr. 1 bis 3 ist in dieser Rangfolge:

1. das Gericht, bei dem ein Verfahren zur Bestellung eines Betreuers eingeleitet oder das Betreuungsverfahren anhängig ist;
2. das Gericht, in dessen Bezirk der Betroffene seinen gewöhnlichen Aufenthalt hat;
3. das Gericht, in dessen Bezirk das Bedürfnis für die Unterbringungsmaßnahme hervortritt;
4. das Amtsgericht Schöneberg in Berlin, wenn der Betroffene Deutscher ist.

(2) [1]Für einstweilige Anordnungen oder einstweilige Maßregeln ist auch das Gericht zuständig, in dessen Bezirk das Bedürfnis für die Unterbringungsmaßnahme bekannt wird. [2]In den Fällen einer einstweiligen Anordnung oder einstweiligen Maßregel soll es dem nach Absatz 1 Nr. 1 oder Nr. 2 zuständigen Gericht davon Mitteilung machen.

(3) [1]Ausschließlich zuständig für Unterbringungen nach § 312 Nr. 4 ist das Gericht, in dessen Bezirk das Bedürfnis für die Unterbringungsmaßnahme hervortritt. [2]Befindet sich der Betroffene bereits in einer Einrichtung zur freiheitsentziehenden Unterbringung, ist das Gericht ausschließlich zuständig, in dessen Bezirk die Einrichtung liegt.

(4) [1]Ist für die Unterbringungssache ein anderes Gericht zuständig als dasjenige, bei dem ein die Unterbringung erfassendes Verfahren zur Bestellung eines Betreuers eingeleitet ist, teilt dieses Gericht dem für die Unterbringungssache zuständigen Gericht die Aufhebung der Betreuung, den Wegfall des Aufgabenbereiches Unterbringung und einen Wechsel in der Person des Betreuers mit. [2]Das für die Unterbringungssache zuständige Gericht teilt dem anderen Gericht die Unterbringungsmaßnahme, ihre Änderung, Verlängerung und Aufhebung mit.

a. Geltungsbereich

aa. Unterbringungsmaßnahmen

Nach § 312 FamFG gelten die nachfolgenden Vorschriften für Verfahren über Unterbringungsmaßnahmen, wobei die Nummern 1 bis 4 den Begriff einer Unterbringungsmaßnahme definieren. 109

§ 312 FamFG wurde durch das Gesetz zur Regelung der betreuungsrechtlichen Einwilligung in eine ärztliche Zwangsmaßnahme vom 18.2.2013[449] in Satz 1 neugefasst und um die Sätze 2 und 3 erweitert. Durch Gesetz vom 17.7.2017 wurde er mit Wirkung vom 22.7.2017 abermals geändert[450]. Die Regelung des Satz 2 zu ärztlichen Zwangsmaßnahmen findet sich jetzt in Nr. 3, die des Satzes 3 zur Notwendigkeit der Bestellung eines Verfahrenspflegers in diesen Verfahren systemgerecht in § 317 Abs. 1 Satz 3 FamFG. Obwohl die freiheitsentziehende Unterbringung nicht mehr materielle Voraussetzung für die Genehmigung einer ärztlichen Zwangsmaßnahme ist, hat der Gesetzgeber insoweit an der Legaldefinition der Unterbringungssache und dem Begriff der Unterbringungsmaßnahme festgehalten.

Als Unterbringungssachen bezeichnet er alle Verfahren, die auf die Genehmigungen bzw. Anordnungen von mit Freiheitsentzug (dazu oben Rn. 10 f.) verbundenen Unterbringungen, freiheitsentziehenden Maßnahmen sowie von ärztlichen Zwangsmaßnahmen, auch einschließlich einer Verbringung zu einem stationären Aufenthalt:

- eines Betreuten nach § 1906 Abs. 1 und 2 BGB (Nr. 1),
- oder einer Person, die einen Dritten gemäß § 1906 Abs. 5 BGB zu ihrer Unterbringung, die mit Freiheitsentzug verbunden ist, bzw. zu der Einwilligung in eine ärztliche Zwangsmaßnahme bevollmächtigt hat (Nr. 1),
- eines Betreuten nach § 1906 Abs. 4 BGB, auch i.V.m. Abs. 5 (Nr. 2),
- eines Betreuten nach §1906a Abs. 1 und 4, auch i.V.m. Abs. 5 (Nr. 3),
- eines Volljährigen nach den Landesgesetzen über die Unterbringung psychisch Kranker (Nr. 4),

sowie über §§ 167 Abs. 1 Satz 1, 151 Nr. 6 und 7 FamFG:

- eines Kindes durch seine Eltern (§ 1631b BGB) oder durch den Vormund, § 1800 BGB, oder den mit entsprechendem Aufgabenkreis bestellten Pfleger, § 1915 BGB (Nr. 3),
- eines Kindes nach § 1631b Abs. 2 BGB
- eines Minderjährigen nach den Landesgesetzen über die Unterbringung psychisch Kranker[451],

gerichtet sind.

110 Neben der Entscheidung über die Genehmigung bzw. Anordnung einer Unterbringungsmaßnahme sind natürlich auch die Verfahren, die den Vollzug, die Beendigung und die Aufhebung der Unterbringungsmaßnahme betreffen, geregelt. Obwohl gerichtliche Unterbringungsmaßnahmen, die sich auf § 1846 BGB stützen, nicht ausdrücklich aufgeführt sind, gelten auch für sie die §§ 312 ff. FamFG[452]. Dies lässt sich aus § 334 FamFG ableiten, der für solche Maßnahmen §§ 331 bis 333 FamFG in Bezug nimmt.

111 § 312 Nr. 3 FamFG sieht vor, dass die Bestimmungen der §§ 312 bis 339 FamFG auch für ein Verfahren auf Einwilligung in eine ärztliche Zwangsmaßnahme gelten. Obwohl eine freiheitsentziehende Unterbringung nicht mehr materiell-rechtliche Voraussetzung der

449 BGBl. I, S. 266

450 Gesetz zur Änderung der materiellen Zulässigkeitsvoraussetzungen von ärztlichen Zwangsmaßnahmen und zur Stärkung des Selbstbestimmungsrechts von Betreuten vom 17. Juli 2017 (BGBl. I S. 2426)

451 Die Verweisung umfasst nicht die Verfahren auf Anordnung einer ärztlichen Zwangsmaßnahme, z.B. nach § 18 Abs. 7 i.V.m. Abs. 5 PsychKG NRW, sowie die Genehmigung freiheitsentziehender Maßnahmen, z.B. nach § 20 Abs. 2 Satz 1 i.V.m. § 18 Abs. 5 und 7 PsychKG NRW. Einer entsprechende Anregung des Bundesrates, dazu BT-Drs.18/11617, S. 5 f. und 9 f., ist der Gesetzgeber nicht gefolgt.

452 So jetzt ausdrücklich BT-Drs. 18/11240, Seite 22

Genehmigung einer ärztlichen Zwangsmaßnahme ist, hat der Gesetzgeber an ihrer Bezeichnung als Unterbringungssache festgehalten. Sachlich rechtfertigt sich das, weil der Gesetzgeber ärztliche Zwangsmaßnahmen unverändert nur als letztes Mittel zulassen will[453].

bb. Landesrechtliche Überschneidungen

Eine Besonderheit ist für das Verfahren einer landesrechtlichen Unterbringung zu beachten. Grundsätzlich heben die §§ 312 ff. FamFG landesrechtliche Verfahrensvorschriften in den jeweiligen Landesunterbringungsgesetzen auf, Art. 31 GG. Da Art. 31 keine Ausnahmen zulässt, muss das auch für verfahrensrechtliche Verschärfungen durch das Landesrecht gelten[454]. Einzig § 315 Abs. 4 Satz 2 FamFG ermöglicht landesrechtliche Ergänzungen (dazu unten Rn. 164). Da die §§ 312 ff. FamFG indes (nur) das gerichtliche Verfahren einer Unterbringungsmaßnahme regeln, bleiben landesrechtliche Vorschriften zum Verfahren vor einer gerichtlichen Unterbringungsmaßnahme wirksam[455]. Die jeweiligen Landesunterbringungsgesetze können daher die Zuständigkeit bestimmter Behörden für Maßnahmen im Vorfeld, zum Verfahren bei sofortiger Unterbringung des Betroffenen im verwaltungsrechtlichen Verfahren, zur Zuständigkeit der Antragstellung im gerichtlichen Verfahren sowie verwaltungsrechtlicher Verfahren im Rahmen der Nachsorge bestimmen. **112**

cc. Keine Anwendbarkeit

Keine Anwendung finden die §§ 312 ff. FamFG auf **113**

- Freiheitsentziehungssachen, also Verfahren, die die auf Grund von Bundesrecht angeordnete Freiheitsentziehung betreffen, soweit das Verfahren nicht bundesrechtlich abweichend geregelt ist[456], § 415 Abs. 1 FamFG, für die die §§ 416 ff. FamFG gelten, und
- auf strafrechtliche und strafprozessuale Unterbringungen, für die die strafprozessualen Vorschriften gelten.

b. Zuständigkeiten

§ 23a GVG (Zuständigkeit in Familiensachen und in Angelegenheiten der freiwilligen Gerichtsbarkeit)

(1) [1]Die Amtsgerichte sind ferner zuständig für

1. Familiensachen;

2. Angelegenheiten der freiwilligen Gerichtsbarkeit, soweit nicht durch gesetzliche Vorschriften eine anderweitige Zuständigkeit begründet ist.

[2]Die Zuständigkeit nach Satz 1 Nummer 1 ist eine ausschließliche.

(2) Angelegenheiten der freiwilligen Gerichtsbarkeit sind

1. Betreuungssachen, Unterbringungssachen sowie betreuungsgerichtliche Zuweisungssachen,

...

453 BT-Drs. 18/11240, S. 2 und 21
454 A.A. Jürgens-Marschner, § 312 FamFG, Rn. 8
455 OLG Frankfurt a.M. NJW 1992, 1395; BayObLG NJW 1992, 2709
456 Etwa Freiheitsentziehungen nach §§ 15 Abs. 5 und 6, 57, 62 AufenthG, 30 IfSG. Einzelheiten bei Schulte-Bunert/Weinreich-Dodegge, §§ 415 ff. FamFG.

§ 23c GVG (Betreuungsgerichte)

(1) Bei den Amtsgerichten werden Abteilungen für Betreuungssachen, Unterbringungssachen und betreuungsgerichtliche Zuweisungssachen (Betreuungsgerichte) gebildet.

(2) [1]Die Betreuungsgerichte werden mit Betreuungsrichtern besetzt. [2]Ein Richter auf Probe darf im ersten Jahr nach seiner Ernennung Geschäfte des Betreuungsrichters nicht wahrnehmen.

§ 104 FamFG Betreuungs- und Unterbringungssachen; Pflegschaft für Erwachsene

(1) [1]Die deutschen Gerichte sind zuständig, wenn der Betroffene oder der volljährige Pflegling

1. Deutscher ist oder

2. seinen gewöhnlichen Aufenthalt im Inland hat.

[2]Die deutschen Gerichte sind ferner zuständig, soweit der Betroffene oder der volljährige Pflegling der Fürsorge durch ein deutsches Gericht bedarf.

(2) § 99 Abs. 2 und 3 gilt entsprechend.

(3) Die Absätze 1 und 2 sind im Fall einer Unterbringung nach § 312 Nr. 4 nicht anzuwenden

aa. Sachliche Zuständigkeit

114 Für Unterbringungsmaßnahmen sind grundsätzlich die Betreuungsgerichte, die eine Abteilung des Amtsgerichtes sind, zuständig, §§ 23a Abs. 1 Nr. 2, Abs. 2 Nr. 1, 23c Abs. 1 FamFG.

Eine Ausnahme macht das Gesetz für die Unterbringungsmaßnahmen nach § 1631b BGB durch die Eltern bzw. einen Elternteil und die Anordnung einer freiheitsentziehenden Unterbringung für einen Minderjährigen nach den Landesgesetzen über die Unterbringung psychisch Kranker. Insoweit sind die Familiengerichte zuständig[457].

bb. Funktionelle Zuständigkeit

115 Für Verfahren, die eine Unterbringungsmaßnahme zum Gegenstand haben, ist allein der Richter zuständig, Art. 104 Abs. 2 Satz 1 GG. Da der Gesetzgeber die Einwilligung in eine ärztliche Zwangsmaßnahme als Unterbringungssache qualifiziert hat, erstreckt sich der Richtervorbehalt auch auf diese Verfahren. Dabei darf ein Richter auf Probe im ersten Jahr nach seiner Ernennung nicht tätig werden, § 23c Abs. 2 Satz 2 GVG. Der Ausschluss beschränkt sich nicht auf die Betreuungssachen. Dies ist sachgerecht, weil der Gesetzgeber so ein Mindestmaß an richterlicher Erfahrung im sensiblen Bereich der Fürsorge für behinderte bzw. psychisch erkrankte Personen sicherstellt.

cc. Internationale Zuständigkeit

116 Die internationale Zuständigkeit deutscher Gerichte ist in § 104 FamFG ausdrücklich nur für zivilrechtliche Unterbringungen geregelt. Sie besteht für:

- deutsche Staatsangehörige, Abs. 1 Nr. 1,
- ausländische Staatsangehörige und Staatenlose mit gewöhnlichem Aufenthalt in Deutschland, Abs. 1 Nr. 2, und
- ausländische Staatsangehörige und Staatenlose ohne gewöhnlichem Aufenthalt in Deutschland, wenn sie, z.B. auf der Durchreise oder im Urlaub, der Fürsorge des deutschen Gerichtes bedürfen, Abs. 1 Satz 2.

457 Vgl. §§ 23a Abs. 1 Nr. 1, 23b GVG, 167 Abs. 1 Satz 2, 151 Nr. 6 und 7 FamFG

Nach § 104 Abs. 2 FamFG können Unterbringungsmaßnahmen bei nicht deutschen Staatsangehörigen in deren Interesse unterbleiben, wenn die Zuständigkeit eines anderen Staates besteht und dort ein einem Betreuungsverfahren entsprechendes Verfahren anhängig ist.

Für öffentlich-rechtliche Unterbringungen gilt nichts anderes. Bei ihr folgt die internationale der örtlichen Zuständigkeit, § 105 FamFG[458].

dd. Örtliche Zuständigkeit

Das Gesetz hat für die zivilrechtliche und die öffentlich-rechtliche Unterbringung in § 313 Abs. 1, 2 FamFG einerseits und § 313 Abs. 3 FamFG andererseits unterschiedliche, von den Erfahrungen der Unterbringungspraxis geprägte, örtliche Zuständigkeitsregelungen getroffen. **117**

(1) Zivilrechtliche Unterbringung

Für zivilrechtliche Unterbringungen (§ 312 Nr. 1, 2 und 3 FamFG) ist grundsätzlich das Gericht zuständig, bei dem bereits ein Verfahren zur Bestellung eines Betreuers, Vormundes oder Pflegers eingeleitet oder ein entsprechendes Verfahren anhängig ist[459] (Abs. 1 Nr. 1). Anhängig bedeutet, dass bereits eine Vormundschaft oder Pflegschaft (zumindest vorläufig) angeordnet bzw. ein Betreuer (zumindest einstweilen) bestellt ist[460]. Eine zuständigkeitsbegründende Wirkung kommt aber auch schon der Einleitung eines entsprechenden Verfahrens zu, wenn also ein Antrag oder eine Anregung zur Anordnung einer Vormundschaft oder Pflegschaft bzw. zur Bestellung eines Betreuers beim örtlich zuständigen Gericht eingeht[461]. Ist bereits eine Pflegschaft bzw. Betreuung ohne den Aufgabenkreis der Unterbringung angeordnet, wird man daher das entsprechende Gericht für örtlich zuständig erachten, wenn ihm der Unterbringungsbedarf bekannt wird. **118**

Ist noch kein Vormundschafts-, Betreuungs- oder Pflegschaftsverfahren anhängig oder eingeleitet, ist das Gericht zuständig, in dessen Bezirk sich der gewöhnliche Aufenthalt des Betroffenen befindet, § 313 Abs. 1 Nr. 2 FamFG.

Fehlt ein gewöhnlicher Aufenthaltsort ist das Gericht zuständig, in dessen Bezirk das Fürsorge- bzw. Unterbringungsbedürfnis auftritt, § 313 Abs.1 Nr. 3 FamFG. Für im Ausland lebende Deutsche ohne gewöhnlichen Aufenthalt im Inland ist das Amtsgericht Berlin Schöneberg zuständig, § 313 Abs.1 Nr. 4 FamFG.

▶ *Zu weiteren Einzelheiten vgl. die Ausführungen zu § 272 FamFG in Teil A Rn. 115 ff.*

Das Amtsgericht Berlin-Schöneberg kann ein solches Unterbringungsverfahren nach Maßgabe des § 314 FamFG abgeben. Es muss dann dem Betroffenen vor der Abgabe Gelegenheit zur Äußerung geben.

▶ *Zu weiteren Einzelheiten vgl. die Ausführungen zu § 273 FamFG in Teil A Rn. 120 ff.*

Für einstweilige Anordnungen oder einstweilige Maßregeln ist auch das Gericht zuständig, in dessen Bezirk das Bedürfnis für eine Unterbringungsmaßnahme bekannt wird, § 313 Abs. 2 FamFG.

---

458 Keidel-Engelhardt, § 105 FamFG, Rn. 2 f.; Zimmermann, Bayerisches Unterbringungsgesetz, Teil A, Rn. 27

459 Der Aufgabenkreis der Unterbringung muss nach dem geänderten Gesetzeswortlaut nicht mehr umfasst sein. Diese Auslegung wird dem Wohl des Betroffenen gerecht, ermöglicht sie es doch, gerichtsbekannte Erkenntnisse zu verwerten. Zudem entspricht es im Ergebnis der gesetzlichen Intention, Verfahren grundsätzlich bei einem Gericht zu konzentrieren. A.A. Keidel-Budde § 313 FamFG Rn. 2, der von einem Redaktionsversehen spricht.

460 Keidel-Budde, § 313 FamFG Rn. 3

461 Fröschle-Jox, § 313 FamFG, Rn. 2; Schulte-Bunert/Weinreich-Dodegge, § 313 FamFG Rn. 3

Diese Zuständigkeitsregelung gilt für vorläufige Unterbringungsmaßnahmen in Bezug auf Ausländer (Art. 24 Abs. 3 EGBGB), vorläufige Maßregeln durch das Gericht nach §§ 334 FamFG, 1846, 1908i Abs. 1 Satz 1 BGB und einstweilige Anordnungen nach §§ 331 bis 333 FamFG. Neben dem an sich nach § 313 Abs. 1 Nr. 3 FamFG zuständigen Gericht ist auch das Gericht, in dessen Bezirk sich ein Fürsorgebedürfnis ergibt, örtlich zuständig. Hält sich der Betroffene zum Beispiel zwecks Erstellung eines Gutachtens zur Notwendigkeit einer Betreuerbestellung in einer Klinik auf und wird dann unterbringungsbedürftig, kann dort das entsprechende Fürsorgebedürfnis auftreten[462]. Es bestehen also zwei parallele Zuständigkeiten. Die des Fürsorgegerichtes entfällt allerdings mit dem Wegfall des Fürsorgebedürfnisses[463] oder dem Tätigwerden des grundsätzlich zuständigen Gerichtes[464]. Das als Fürsorgegericht zuständige Gericht hat nach seinem Tätigwerden die Akte an das hauptsächlich zuständige Gericht zur Fortführung zu senden (keine Abgabe nötig[465]).

(2) Öffentlich-rechtliche Unterbringungen

119 Nach § 313 Abs. 3 Satz 1 FamFG ist für eine öffentlich-rechtliche Unterbringung grundsätzlich das Gericht zuständig, in dessen Bezirk das entsprechende Bedürfnis für die Unterbringungsmaßnahme aufgetreten ist. Dieser Ort kann von dem gewöhnlichen Aufenthaltsort des Betroffenen abweichen. Wenn ein psychisch Kranker auf einer Reise oder aber im Rahmen einer auswärtigen Rehabilitation für sich oder andere gefährlich wird, muss das für den entsprechenden Ort zuständige Gericht tätig werden[466].

In Abs. 3 Satz 2 findet sich ergänzend eine ausschließliche Sonderzuständigkeit. Für den Fall, dass der Betroffene sich bereits in einer Einrichtung zur freiheitsentziehenden Unterbringung befindet, ist allein das Gericht zuständig, in dessen Bezirk sich diese Einrichtung befindet[467]. Der Gesetzgeber wollte erreichen, dass an Wochenenden die nötigen eiligen Unterbringungen nach den Landesunterbringungsgesetzen durch das für die Unterbringungseinrichtung zuständige Gericht erfolgen können[468].

Wird der Betroffene nach Erlass der Unterbringungsanordnung in eine Klinik an seinem Wohnort verlegt, kann das Unterbringungsverfahren an das dort zuständige Gericht abgegeben werden, § 314 FamFG.

c. Verfahrensabgabe, § 314 FamFG

§ 314 FamFG enthält Regelungen zur Abgabe eines Verfahrens, das eine Unterbringungsmaßnahme (dazu oben Rn. 109) betrifft. Sachlich zuständig für die Abgabe ist der Richter.

§ 314 FamFG Abgabe der Unterbringungssache

Das Gericht kann die Unterbringungssache abgeben, wenn der Betroffene sich im Bezirk des anderen Gerichts aufhält und die Unterbringungsmaßnahme dort vollzogen werden soll, sofern sich dieses zur Übernahme des Verfahrens bereit erklärt hat.

462 BayObLG FamRZ 1995, 304 und 485
463 Die erforderliche gerichtliche Maßnahme wurde vom hauptsächlich zuständigen Gericht getroffen oder der Gesundheitszustand des Betroffenen hat sich gebessert.
464 OLG Hamm NJW-RR 2007, 157 ff.
465 BayObLG BtPrax 2000, 223 (LS) und BtPrax 2002, 129 (LS)
466 Bonn und Berlin haben für akut psychisch Erkrankte häufig eine besondere Anziehungskraft, so dass es dort oft ein Fürsorgebedürfnis zur Unterbringung gibt.
467 Vgl. auch OLG Hamm BtPrax 2009, 40 f.
468 BT-Drs. 13/7158, S. 40

aa. Anwendungsbereich

Das Gericht kann unabhängig davon, ob bereits eine Vormundschaft, Pflegschaft oder Betreuung anhängig ist (dazu oben Rn. 118), das Unterbringungsverfahren an das Gericht abgeben, in dessen Bezirk sich der Betroffene aufhält und die Unterbringungsmaßnahme vollzogen werden soll. Nach seinem Wortlaut bezieht sich § 314 FamFG auf alle Unterbringungsmaßnahmen. Wird das gesamte Unterbringungsverfahren abgegeben, erfasst die Abgabe auch anhängige Unterbringungsverfahren, ohne dass es einer gesonderten Abgabe bedarf[469]. **120**

bb. Voraussetzungen

(1) Aufenthalt und Vollzug der Unterbringung in einem anderen Bezirk

Der Betroffene muss sich im Bezirk eines anderen Gerichts aufhalten. Es genügt die – kurzfristige – Anwesenheit an diesem Ort. Ein längerfristiges Verbleiben oder gar ein gewöhnlicher Aufenthalt an diesem Ort wird nicht verlangt[470], schadet aber auch nicht. Hinzu treten muss, dass die Unterbringungsmaßnahme an diesem Aufenthaltsort des Betroffenen vollzogen werden soll. Dem Gesetzgeber standen dabei Fallkonstellationen vor Augen, in denen der Betroffene – etwa auf Reisen – außerhalb seines gewöhnlichen Aufenthaltsortes akut psychisch erkrankt und ein Unterbringungsbedürfnis entsteht bzw. der Betroffene sich weit von seinem Wohnort entfernt in einem Heim befindet und dort freiheitsentziehende Maßnahmen nach § 1906 Abs. 4 BGB erforderlich werden[471]. Der Aufwand für das an sich zuständige Gericht, insbesondere für die persönliche Anhörung des Betroffenen, erschien dem Gesetzgeber unverhältnismäßig zu sein. **121**

Weitere Voraussetzungen schreibt § 314 FamFG nicht vor. Zu beachten ist aber zusätzlich das Wohl des Betroffenen[472].

Liegen der aktuelle Aufenthaltsort des Betroffenen und der Ort, an dem die Unterbringungsmaßnahme vollzogen werden soll, in unterschiedlichen Gerichtsbezirken, bleibt angesichts der gesetzgeberischen Intention das Gericht des Aufenthaltsortes solange zuständig, bis es zum Vollzug der Unterbringungsmaßnahme kommt[473]. Gegebenenfalls kann unter den Voraussetzungen des § 314 FamFG eine weitere Abgabe erfolgen.

(2) Anhörung des gesetzlichen Vertreters

Weiterhin ist der gesetzliche Vertreter[474] vor der Abgabe anzuhören. Er muss mit anderen Worten Gelegenheit zu Stellungnahme erhalten. **122**

▶ *Zur erforderlichen Anhörung vgl. auch Teil A Rn. 123*

Die Ablehnung der Abgabe durch den gesetzlichen Vertreter steht dieser nicht mehr entgegen. Es bedarf nicht mehr der Anrufung des oberen gemeinschaftlichen Gerichts.

(3) Anhörung des Betroffenen

Der Betroffene muss zur Abgabe, gegebenenfalls schriftlich, ebenfalls angehört werden. Da es sich um die Gewährung rechtlichen Gehörs handelt, muss gegebenenfalls dazu ein Verfahrenspfleger bestellt werden[475]. **123**

---

469 LG Meiningen BtPrax 2018, 124 (LS)
470 KG FGPrax 2010, 318
471 BT-Drs. 14/2494, S. 43
472 OLG Karlsruhe NZFam 2014, 965
473 OLG Zweibrücken FGPrax 2009, 116; OLG München FamRZ 2008, 1117
474 Ggf. der Bevollmächtigte, vgl. BayObLG FamRZ 2003, 705
475 A.A. Damrau/Zimmermann, § 314 FamFG, Rn. 9

(4) Übernahmebereitschaft

124 Das andere Gericht muss übernahmebereit sein. Die Übernahmebereitschaft kann sich (konkludent) aus der Fortführung des Verfahrens durch den Richter ergeben. Wird die Übernahme durch das andere Gericht abgelehnt, muss eine Entscheidung des gemeinschaftlichen oberen Gerichtes herbeigeführt werden. Das ergibt sich aus § 5 Abs. 1 Nr. 5 FamFG.

Verweigert das andere Gericht die Übernahme des Verfahrens, bleibt bis zur Entscheidung des gemeinschaftlichen oberen Gerichtes das abgebende Gericht zuständig. Daneben ist das nicht übernahmebereite Gericht nach § 313 Abs. 2 Satz 1 FamFG zuständig, wenn sich in seinem Bezirk das Bedürfnis für eine Unterbringungsmaßnahme im Wege der einstweiligen Anordnung oder der einstweiligen Maßregel ergibt[476].

cc. Weitere Abgabe

125 Ein bereits einmal abgegebenes Unterbringungsverfahren kann unter den vorgenannten Voraussetzungen nochmals abgegeben werden.

dd. Wirkung der Abgabe

126 Mit der Abgabe des Verfahrens an das übernahmebereite Gericht bzw. mit der entsprechenden Entscheidung des nach § 5 Abs. 1 Nr. 5 FamFG angerufenen gemeinschaftlichen Gerichtes wird das um Übernahme ersuchte Gericht zuständig, z.B. für die Verlängerung einer Unterbringungsmaßnahme. Die Abgabe wirkt nur für die Sache, auf die sie sich bezieht. Die Abgabe des Unterbringungsverfahrens hat daher keinen Einfluss auf das Betreuungsverfahren.

d. Verordnungsermächtigung

§ 23d GVG (Gemeinsames Amtsgericht in Familien- und Handelssachen sowie in Angelegenheiten der freiwilligen Gerichtsbarkeit)

[1]Die Landesregierungen werden ermächtigt, durch Rechtsverordnung einem Amtsgericht für die Bezirke mehrerer Amtsgerichte die Familiensachen sowie ganz oder teilweise die Handelssachen und die Angelegenheiten der freiwilligen Gerichtsbarkeit zuzuweisen, sofern die Zusammenfassung der sachlichen Förderung der Verfahren dient oder zur Sicherung einer einheitlichen Rechtsprechung geboten erscheint. [2]Die Landesregierungen können die Ermächtigungen auf die Landesjustizverwaltungen übertragen.

127 § 23d GVG ermächtigt die Länder, **öffentlich-rechtliche** Unterbringungen durch Rechtsverordnung bei bestimmten Amtsgerichten zu konzentrieren[477], um eine sachdienliche Förderung und rasche Erledigung der Verfahren zu ermöglichen, Satz 1. Die Landesregierungen können die Ermächtigung auf die Justizverwaltung delegieren, Satz 2.

e. Information

128 § 313 Abs. 4 FamFG sieht eine gegenseitige Informationspflicht von Unterbringungsgericht und dem Gericht, bei dem die Betreuung geführt wird, vor. Die Information ist vom Richter zu veranlassen, vgl. auch II 1 Abs. 1 Nr. 2, Abs. 2 MiZi.

---

476 Keidel-Budde, § 314 FamFG, Rn. 6

477 Erfolgt ist dies in Hamburg, VO vom 7.1.1992, GVBl. 1992, S. 1, Bremen, VO vom 21.1.1992, GVBl. 1992, S. 13, und Baden-Württemberg, § 3a ZuständigkeitsVO Justiz, GBL. 1998, S. 680; Bayern hat seine ursprüngliche Verordnung zum 1.10.1995 wieder aufgehoben.

4. Sachverhaltsermittlung

Die §§ 312 ff. FamFG enthalten keine Angaben dazu, welche Anforderungen das Gericht im Hinblick auf die Ermittlung des für die Unterbringungsmaßnahme maßgeblichen Sachverhalts zu erfüllen hat und welcher Mittel es sich dabei bedienen kann. Es gelten deshalb die allgemeinen Grundsätze des FamFG, hier also die §§ 26, 29 bis 31 FamFG.

a. Amtsermittlung, § 26 FamFG

§ 26 FamFG Ermittlung von Amts wegen

Das Gericht hat von Amts wegen die zur Feststellung der entscheidungserheblichen Tatsachen erforderlichen Ermittlungen durchzuführen.

aa. Überblick

Das Gericht hat von Amts wegen die zur Feststellung der Tatsachen erforderlichen Ermittlungen durchzuführen und die geeignet erscheinenden Beweise aufzunehmen. Unverzichtbare Voraussetzung eines rechtsstaatlichen Verfahrens ist es, dass Entscheidungen, die den Entzug der persönlichen Freiheit betreffen, auf zureichender richterlicher Sachaufklärung beruhen und eine in tatsächlicher Hinsicht genügende Grundlage haben, die der Bedeutung der Freiheitsgarantien entspricht[478]. Kernstück der Amtsermittlung im Unterbringungsverfahren ist die persönliche Anhörung des Betroffenen[479]. **129**

bb. Von Amts wegen

Von Amts wegen bedeutet, dass das Gericht auf Anregung oder eigener Kenntnis zu ermitteln hat, ob eine Unterbringungsmaßnahme angezeigt ist (zur Verfahrenseinleitung vgl. oben Rn. 107 f.). **130**

Da ein förmlicher Unterbringungsantrag bei zivilrechtlicher Unterbringung nicht erforderlich ist, sind Anregungen wie Anträge, ein gerichtliches Unterbringungsverfahren einzuleiten, zu behandeln. Auch im Verfahren auf Genehmigung der Einwilligung in eine betreuungsrechtliche Zwangsbehandlung ist ein Antrag nicht als Verfahrensvoraussetzung verlangt, sodass ebenfalls eine Anregung genügt. Eine Besonderheit besteht aber insoweit, als ein Betreuer zunächst eine konkrete Einwilligung in eine bestimmte ärztliche Behandlungsmaßnahme erteilen muss. Den Inhalt dieser Einwilligung wird er dem Gericht im Rahmen der Anregung mitzuteilen haben, da nur so der Genehmigungssachverhalt hinreichend konkretisiert ist[480]. Die entsprechende Verpflichtung des Betreuers dazu ergibt sich aus § 24 Abs. 1 FamFG. Das Gericht seinerseits ist nicht an Anträge gebunden[481]. Eine Antragsrücknahme beendet das Verfahren nicht ohne weiteres.

In der Praxis erlangt das Gericht zumeist durch einen Antrag des Betreuers oder aufgrund von Anregungen durch Verwandte, Ehegatten, Nachbarn, Unterbringungseinrichtungen oder Mitarbeitern von Einrichtungen, in denen der Betroffene lebt, Kenntnis von der Notwendigkeit einer Unterbringungsmaßnahme.

478 BVerfG BtPrax 1998, 144
479 BGH BtPrax 2014, 137 f.
480 Thar, BtPrax 2013, 91 ff., 94 mit einem Muster einer entsprechenden Anregung. Zu einem weiteren Muster siehe Dodegge, BtPrax 2014, 10 und unten Rn. 339.
481 BayObLG FamRZ 2000, 566; BtPrax 1994, 98; Damrau/Zimmermann, § 1906 BGB, Rn. 109

cc. Feststellung der Tatsachen

131 Im Rahmen der Genehmigung von Unterbringungsmaßnahmen sind die Tatsachen, die die formellen und materiellen Voraussetzungen einer gerichtlichen Genehmigung ausfüllen, vom Gericht zu ermitteln und festzustellen.

Am Ende muss der Sachverhalt so vollständig aufgeklärt sein, dass von weiteren Ermittlungen ein sachdienliches, die Entscheidung beeinflussendes Ergebnis nicht mehr erwartet werden kann[482].

Dabei sind die Beteiligten gehalten, durch eingehende Tatsachendarstellung an der Aufklärung des Sachverhaltes mitzuwirken. Je mehr das Gericht auf die Mitwirkung einzelner Beteiligter angewiesen ist, desto höher ist deren Darlegungslast. Ist der höchstpersönliche Lebensbereich betroffen – dies ist bei Unterbringungsmaßnahmen in der Regel der Fall –, besteht also eine erhöhte Pflicht der Beteiligten, dem Gericht die wesentlichen Tatsachen zu unterbreiten[483]. Beim Erlass einer einstweiligen Anordnung oder Maßregel (vgl. §§ 331 ff. FamFG, hierzu unten Rn. 240 ff.) muss der Sachverhalt nicht erschöpfend aufgeklärt sein. Die Glaubhaftmachung reicht aus[484].

dd. Erforderliche Ermittlungen

132 Den Umfang der Ermittlungen bestimmt das Gericht nach pflichtgemäßem Ermessen[485]. Den Maßstab für den Umfang der Ermittlungen im Unterbringungsverfahren setzt der Verhältnismäßigkeitsgrundsatz. Da die Freiheit einer Person Verfassungsrang genießt, sind sorgfältige und umfangreiche Sachverhaltsermittlungen vonnöten. Ungenügende Floskeln und Wertungen („verwahrlost", „drohende Haltung") sind zu hinterfragen und aufzuklären[486]. Andererseits genügt das Gericht seiner Amtsermittlungspflicht und der Gewährung rechtlichen Gehörs in der Regel dadurch, dass es versucht, den jeweiligen Beteiligten anzuhören[487].

Eine Bindung an Vortrag und Beweisanträge von Beteiligten besteht nicht. Ebenso muss ein unstreitig gebliebener Sachverhalt unter Umständen überprüft werden. Das Gericht ist dabei auf den Vortrag von Tatsachen und gegebenenfalls die Benennung von Beweismitteln durch die Verfahrensbeteiligten (dazu unten Rn. 139 ff., 142 ff., 158 ff.) und Dritte angewiesen. Das Gericht kann sich bei der Tatsachenermittlung der Hilfe Dritter bedienen, aber auch selbst die Ermittlungen durchführen. So kann das Gericht die Betreuungsbehörde um Unterstützung bei der Feststellung des Sachverhaltes bitten, § 8 Abs. 1 Satz 2 Nr. 2 BtBG (vgl. dazu Teil J Rn. 85). Die Behörde ist aufgrund eines solchen Ersuchens zur Tätigkeit verpflichtet[488]. Auch Sozialdienste im Krankenhaus[489] oder andere Einrichtungen können bei der Sachverhaltsermittlung Unterstützung bieten.

ee. Beweisaufnahme

133 An die Tatsachenfeststellung hat sich für das Gericht die Überzeugungsbildung anzuschließen. Dazu hat das Gericht die geeignet erscheinenden Beweise zu erheben, also Auskünfte einzuholen, Urkunden beizuziehen, Gutachten einzuholen, Beteiligte und Zeugen zu vernehmen.

482 Keidel-Sternal, § 26 FamFG, Rn. 25 m.w.N.
483 Keidel-Sternal, § 27 FamFG, Rn. 3
484 Keidel-Sternal, § 26 FamFG, Rn. 81
485 Keidel-Sternal, § 26 FamFG, Rn. 16
486 BayObLG NJW 2000, 881; OLG Schleswig BtPrax 2003, 41 f.
487 BayObLG FamRZ 2001, 1561
488 Jürgens-Winterstein, § 8 BtBG, Rn. 3
489 Vgl. z.B. § 5 Abs. 2 Satz 2 KHGG NRW

Beweiserhebungen kann das Gericht im Verfahren des Freibeweises, z.B. durch Anrufe, informelle Gespräche oder im förmlichen Beweisverfahren durchführen.

ff. Rechtliches Gehör

Nach § 37 Abs. 2 FamFG dürfen die ermittelten Tatsachen – zum Nachteil des Betroffenen – nur verwertet werden, wenn sie ihm bekannt gemacht wurden und er sich zu ihnen äußern konnte[490]. So muss der Betroffene etwa den schriftlichen Unterbringungsantrag zu Kenntnis erhalten oder über seinen Inhalt informiert werden, § 23 Abs. 2 FamFG[491]. Gleiches gilt für den Inhalt telefonischer Ermittlungen des Gerichts[492]. **134**

b. Exkurs: Beweiserhebung und förmliches Beweisverfahren

Die Form der Beweisaufnahme regeln §§ 29, 30 FamFG. Grundsätzlich entscheidet das Gericht nach pflichtgemäßem Ermessen darüber, ob es sich mit formlosen Ermittlungen (Freibeweis) begnügt oder ein förmliches Beweisverfahren (Strengbeweis) durchführen will[493]. Begrenzt wird dieses Ermessen durch § 30 Abs. 2 und 3 FamFG, das für bestimmte Fälle ein förmliches Beweisverfahren ausdrücklich vorschreibt. **135**

§ 29 FamFG Beweiserhebung

(1) [1]Das Gericht erhebt die erforderlichen Beweise in geeigneter Form. [2]Es ist hierbei an das Vorbringen der Beteiligten nicht gebunden.

(2) Die Vorschriften der Zivilprozessordnung über die Vernehmung bei Amtsverschwiegenheit und das Recht zur Zeugnisverweigerung gelten für die Befragung von Auskunftspersonen entsprechend.

(3) Das Gericht hat die Ergebnisse der Beweiserhebung aktenkundig zu machen.

§ 30 FamFG Förmliche Beweisaufnahme

(1) Das Gericht entscheidet nach pflichtgemäßem Ermessen, ob es die entscheidungserheblichen Tatsachen durch eine förmliche Beweisaufnahme entsprechend der Zivilprozessordnung feststellt.

(2) Eine förmliche Beweisaufnahme hat stattzufinden, wenn es in diesem Gesetz vorgesehen ist.

(3) Eine förmliche Beweisaufnahme über die Richtigkeit einer Tatsachenbehauptung soll stattfinden, wenn das Gericht seine Entscheidung maßgeblich auf die Feststellung dieser Tatsache stützen will und die Richtigkeit von einem Beteiligten ausdrücklich bestritten wird.

(4) Den Beteiligten ist Gelegenheit zu geben, zum Ergebnis einer förmlichen Beweisaufnahme Stellung zu nehmen, soweit dies zur Aufklärung des Sachverhalts oder zur Gewährung rechtlichen Gehörs erforderlich ist.

§ 31 FamFG Glaubhaftmachung

(1) Wer eine tatsächliche Behauptung glaubhaft zu machen hat, kann sich aller Beweismittel bedienen, auch zur Versicherung an Eides statt zugelassen werden.

(2) Eine Beweisaufnahme, die nicht sofort erfolgen kann, ist unstatthaft.

490 BGH BtPrax 2013, 254; BayObLG BtPrax 2005, 75 und 2004, 197; OLG Schleswig FPR 2004, 709
491 OLG Schleswig BtPrax 2004, 154 f.
492 OLG Schleswig FPR 2004, 709
493 Keidel-Sternal, § 30 FamFG, Rn. 3

136 Zur Vorbereitung seiner Entscheidung hat das Gericht die geeignet erscheinenden Beweise zu erheben, also Auskünfte oder Urkunden einzuholen, Beteiligte (z.B. Angehörige, sozialpsychiatrischer Dienst) bzw. Zeugen (z.B. behandelnder Arzt) zu vernehmen. Solche Beweiserhebungen kann das Gericht zunächst im Verfahren des **Freibeweises** (d.h. durch formlose Ermittlungen) nach § 29 FamFG vornehmen. In § 30 FamFG schreibt das Gesetz allerdings vor, wann die Beweiserhebung im Wege der **förmlichen Beweisaufnahme** zu erfolgen hat. Für das förmliche Beweisverfahren erklärt § 30 Abs. 1 FamFG die Vorschriften der Zivilprozessordnung (ZPO) für entsprechend anwendbar. Das Gericht hat somit verfahrensmäßig die Einnahme des Augenscheins an den §§ 371 bis 372a ZPO, die Vernehmung von Zeugen an den §§ 373 bis 401 ZPO, die Einholung eines Sachverständigenbeweises an den §§ 402 bis 414 ZPO, zur Beteiligtenvernehmung an den §§ 445 bis 455 ZPO und zum Urkundenbeweis an §§ 415 bis 444 ZPO auszurichten, sofern dies mit den Besonderheiten des Unterbringungsverfahrens zu vereinbaren ist.

§ 30 FamFG sieht eine förmliche Beweisaufnahme in drei Fällen vor. Zum Ersten, wenn sie nach pflichtgemäßem Ermessen erforderlich ist, Abs. 1, etwa wegen der Bedeutung der Angelegenheit. Zum Zweiten, wenn es im FamFG ausdrücklich vorgesehen ist, Abs. 2. In Unterbringungssachen ist dies bei Unterbringungsmaßnahmen i.S.d. § 312 Nr. 1 und 3 FamFG der Fall, sofern die Unterbringung bzw. ärztliche Zwangsmaßnahme in der Hauptsache genehmigt oder angeordnet werden soll, vgl. § 321 Abs. 1 FamFG. Drittens, wenn es auf die Richtigkeit einer Tatsachenbehauptung ankommt, die Richtigkeit von einem Beteiligten ausdrücklich bestritten wird und das Gericht seine Entscheidung maßgeblich auf die Feststellung dieser Tatsache stützen will, Abs. 3[494].

Die förmliche Beweisaufnahme ist für die Verfahrensbeteiligten[495] öffentlich; sie sind über Termine zu informieren. Es gilt der Grundsatz der Unmittelbarkeit der Beweisaufnahme, § 355 Abs. 1 ZPO. Die §§ 159 ff. ZPO über die Protokollierung gelten indes nicht. Insoweit ist das Gericht nach § 28 Abs. 4 Satz 1 FamFG verpflichtet, einen Vermerk anzulegen, in dem die wesentlichen Vorgänge des Termins und ggfs. einer persönlichen Anhörung festzuhalten sind, § 28 Abs. 4 Satz 2 FamFG[496]. Zu beachten ist in diesem Zusammenhang der Grundsatz des rechtlichen Gehörs, Art. 103 GG[497]. Er verlangt, dass insbesondere dem Betroffenen, gegebenenfalls seinem Bevollmächtigten oder dem Verfahrenspfleger, alle entscheidungserheblichen Ermittlungen zugänglich zu machen sind bzw. über ihren Inhalt zu informieren und ihre Stellungnahmen zur Kenntnis zu nehmen und in die Erwägungen einzubeziehen sind[498].

137 Für einige Verfahren lässt das Gesetz die **Glaubhaftmachung** ausreichen. Hauptanwendungsfall ist § 51 Abs. 1 Satz 2 FamFG, wonach im Verfahren auf eine einstweilige Anordnung (dazu §§ 331, 332, 334 FamFG) deren Voraussetzungen glaubhaft zu machen sind. Daneben sehen § 6 FamFG i.V.m. § 44 Abs. 2 ZPO (Ablehnung einer Gerichtsperson), § 13 Abs. 2 FamFG (Akteneinsicht) und § 18 Abs. 2 FamFG (Wiedereinsetzung) das Mittel der Glaubhaftmachung vor. Glaubhaft gemacht ist das Vorliegen einer Tatsache schon dann, wenn eine überwiegende Wahrscheinlichkeit dafür spricht[499]. Mittel der Glaubhaftmachung sind u.a. Urkunden, Aussagen präsenter Zeugen, schriftliche Zeugenbekundung aus anderen Verfahren, schriftliche Bestätigung dritter Personen, Gutachten, eidesstattliche Versicherung Dritter.

494 Zu Einzelheiten vgl. Keidel-Sternal, § 30 FamFG, Rn. 7 ff.
495 Also der Betroffene, sein Verfahrensbevollmächtigter oder -pfleger, der gesetzliche oder gewillkürte Vertreter, ggfs. die in §§ 315 Abs. 4, 320 FamFG genannten Personen und Institutionen.
496 Zu Einzelheiten vgl. Coeppicus, S. 228 ff.
497 Zu Einzelheiten Keidel-Sternal, § 26 FamFG, Rn. 44
498 BayObLG NJW 2000, 881 und BtPrax 2005, 75; 2004, 197 und 2002, 121
499 BGH NJW-RR 2007, 776 f. = FamRZ 2007, 552 (LS); Schulte-Bunert/Weinreich-Brinkmann § 31 FamFG, Rn. 9

5. Verfahrensbeteiligte

Im gerichtlichen Verfahren auf Genehmigung einer Unterbringungsmaßnahme sind verschiedene Personen zu beteiligen. Allgemeine Regelungen finden sich zu den Beteiligten in § 7 FamFG, zur Beteiligtenfähigkeit in § 8 FamFG und zur Verfahrensfähigkeit in § 9 FamFG. Spezielle Regelungen für das Unterbringungsverfahren enthält § 315 FamFG zu den Beteiligten und § 316 FamFG zur Verfahrensfähigkeit des Betroffenen. **138**

Das Gesetz unterscheidet zwischen Beteiligten, die zwingend zum Verfahren hinzuzuziehen sind („Muss-Beteiligte"), und solchen die zum Verfahren hinzugezogen werden können („Kann-Beteiligte").

§ 7 FamFG Beteiligte

(1) In Antragsverfahren ist der Antragsteller Beteiligter.

(2) Als Beteiligte sind hinzuzuziehen:

1. diejenigen, deren Recht durch das Verfahren unmittelbar betroffen wird,

2. diejenigen, die auf Grund dieses oder eines anderen Gesetzes von Amts wegen oder auf Antrag zu beteiligen sind.

(3) Das Gericht kann von Amts wegen oder auf Antrag weitere Personen als Beteiligte hinzuziehen, soweit dies in diesem oder einem anderen Gesetz vorgesehen ist.

(4) [1]Diejenigen, die auf ihren Antrag als Beteiligte zu dem Verfahren hinzuzuziehen sind oder hinzugezogen werden können, sind von der Einleitung des Verfahrens zu benachrichtigen, soweit sie dem Gericht bekannt sind. [2]Sie sind über ihr Antragsrecht zu belehren.

(5) [1]Das Gericht entscheidet durch Beschluss, wenn es einem Antrag auf Hinzuziehung gemäß Absatz 2 oder Absatz 3 nicht entspricht. [2]Der Beschluss ist mit der sofortigen Beschwerde in entsprechender Anwendung der §§ 567 bis 572 der Zivilprozessordnung anfechtbar.

(6) Wer anzuhören ist oder eine Auskunft zu erteilen hat, ohne dass die Voraussetzungen des Absatzes 2 oder Absatzes 3 vorliegen, wird dadurch nicht Beteiligter.

§ 315 FamFG Beteiligte

(1) Zu beteiligen sind

1. der Betroffene,

2. der Betreuer,

3. der Bevollmächtigte im Sinne des § 1896 Abs. 2 Satz 2 des Bürgerlichen Gesetzbuchs.

(2) Der Verfahrenspfleger wird durch seine Bestellung als Beteiligter zum Verfahren hinzugezogen.

(3) Die zuständige Behörde ist auf ihren Antrag als Beteiligte hinzuzuziehen.

(4) [1]Beteiligt werden können im Interesse des Betroffenen

1. dessen Ehegatte oder Lebenspartner, wenn die Ehegatten oder Lebenspartner nicht dauernd getrennt leben, sowie dessen Eltern und Kinder, wenn der Betroffene bei diesen lebt oder bei Einleitung des Verfahrens gelebt hat, sowie die Pflegeeltern,

2. eine von ihm benannte Person seines Vertrauens,

3. der Leiter der Einrichtung, in der der Betroffene lebt.

[2]Das Landesrecht kann vorsehen, dass weitere Personen und Stellen beteiligt werden können.

§ 316 FamFG Verfahrensfähigkeit

In Unterbringungssachen ist der Betroffene ohne Rücksicht auf seine Geschäftsfähigkeit verfahrensfähig.

a. Betroffener

139 Vorrangig bedarf es der Beteiligung des Betroffenen. Er ist nach §§ 7 Abs. 2 Nr. 2 i.V.m. 315 Abs. 1 Nr. 1 FamFG zwingend zu beteiligen („Muss-Beteiligter") und wird vom Gesetz als vollwertiger Beteiligter mit allen Verfahrensrechten behandelt. Dies wird dadurch erreicht, dass der Betroffene im Unterbringungsverfahren als verfahrensfähig behandelt wird, § 316 FamFG.

b. Verfahrensfähigkeit des Betroffenen

aa. Anwendungsbereich

140 § 316 FamFG gilt für alle zivilrechtlichen und öffentlich-rechtlichen Unterbringungsmaßnahmen nach §§ 312 ff. FamFG.

bb. Voraussetzung der Verfahrensfähigkeit

141 Der volljährige Betroffene ist, unabhängig von seiner Geschäftsfähigkeit oder dem Ausmaß seiner Erkrankung, unbeschränkt verfahrensfähig. Er kann also z.B. wirksam einen Anwalt für das Verfahren beauftragen, Rechtsmittel einlegen oder zurücknehmen, auch wenn das für ihn nachteilig ist[500]. Sofern eine Unterbringungsmaßnahme einen Minderjährigen betrifft, hat der Gesetzgeber eine Altersgrenze, nämlich die Vollendung des 14. Lebensjahres festgelegt, § 167 Abs. 3 FamFG.

▶ *Zu weiteren Einzelheiten vgl. die Kommentierung zur Verfahrensfähigkeit im Betreuungsverfahren in Teil A Rn. 135 ff.*

c. Verfahrenspfleger, § 317 FamFG

142 Unter den in § 317 Abs. 1 FamFG genannten Voraussetzungen ist dem Betroffenen für das gerichtliche Genehmigungsverfahren einer Unterbringungsmaßnahme ein Verfahrenspfleger zu bestellen. Mit seiner Bestellung erlangt der Verfahrenspfleger kraft Gesetzes die Stellung als Verfahrensbeteiligter, § 315 Abs. 2 FamFG, der zwingend zu beteiligen ist („Muss-Beteiligter").

§ 317 FamFG Verfahrenspfleger

(1) [1]Das Gericht hat dem Betroffenen einen Verfahrenspfleger zu bestellen, wenn dies zur Wahrnehmung der Interessen des Betroffenen erforderlich ist. [2]Die Bestellung ist insbesondere erforderlich, wenn von einer Anhörung des Betroffenen abgesehen werden soll. [3]Bei der Genehmigung einer Einwilligung in eine ärztliche Zwangsmaßnahme oder deren Anordnung ist die Bestellung eines Verfahrenspflegers stets erforderlich.

(2) Bestellt das Gericht dem Betroffenen keinen Verfahrenspfleger, ist dies in der Entscheidung, durch die eine Unterbringungsmaßnahme genehmigt oder angeordnet wird, zu begründen.

(3) Wer Verfahrenspflegschaften im Rahmen seiner Berufsausübung führt, soll nur dann zum Verfahrenspfleger bestellt werden, wenn keine andere geeignete Person zur Verfügung steht, die zur ehrenamtlichen Führung der Verfahrenspflegschaft bereit ist.

---

500 Angesichts der Fiktionswirkung des § 316 FamFG bedarf es dazu noch nicht einmal eines entsprechenden natürlichen Willens des Betroffenen, vgl. BGH BtPrax 2014, 37 im Hinblick auf die Beauftragung eines anwaltlichen Bevollmächtigten im Verfahren. A.A. BayObLG NJOZ 2004, 2915, das eine dem Betroffenen zuzurechnende Willenserklärung verlangt.

(4) Die Bestellung eines Verfahrenspflegers soll unterbleiben oder aufgehoben werden, wenn die Interessen des Betroffenen von einem Rechtsanwalt oder einem anderen geeigneten Verfahrensbevollmächtigten vertreten werden.

(5) Die Bestellung endet, sofern sie nicht vorher aufgehoben wird, mit der Rechtskraft der Endentscheidung oder mit dem sonstigen Abschluss des Verfahrens.

(6) Die Bestellung eines Verfahrenspflegers oder deren Aufhebung sowie die Ablehnung einer derartigen Maßnahme sind nicht selbständig anfechtbar.

(7) Dem Verfahrenspfleger sind keine Kosten aufzuerlegen.

aa. Überblick

Die jetzige Fassung der Vorschrift beruht auf den durch das 1. und 2. BtÄndG zum 1.1.1999 und 1.7.2005 vorgenommenen Gesetzesänderungen mit redaktionellen Änderungen und wurde durch das FamFG um die Absätze 3, 6 und 7 ergänzt. Durch Gesetz vom 17.7.2017 wurde die systematisch verfehlte Regelung zur Notwendigkeit der Bestellung eines Verfahrenspflegers bei der Genehmigung einer Einwilligung in eine ärztliche Zwangsmaßnahme oder deren Anordnung in § 312 Satz 3 FamFG a.F. korrigiert und in Abs. 1 Satz 3 eingefügt[501] (siehe dazu unten Rn. 148). Der Aufgabenkreis eines Verfahrenspflegers ist ebenso wenig festgelegt wie die zur Ausübung des Amtes notwendige Qualifikation. Ein Verfahrenspfleger ist an keine Weisungen gebunden. Die Verfahrenspflegschaft ist eine Pflegschaft eigener Art. Die Vorschrift korrespondiert mit § 276 FamFG, der die Erforderlichkeit einer Verfahrenspflegerbestellung im Betreuungsverfahren regelt. **143**

bb. Voraussetzungen, Abs. 1

Während § 317 Abs. 1 Satz 1 FamFG die grundsätzliche Voraussetzung für eine Verfahrenspflegerbestellung nennt, beschreiben Satz 2 und 3 zwingende Fälle der Verfahrenspflegerbestellung. **144**

(1) Satz 1

Grundsätzlich setzt die Bestellung eines Verfahrenspflegers voraus, dass dies zur Wahrnehmung der Interessen des Betroffenen erforderlich ist. **145**

Der Gesetzgeber wollte – aus Kostengründen – die Bestellung eines Verfahrenspflegers nicht als Regel ausgestaltet wissen[502]. Die gerichtliche Praxis erachtet indes – zumindest bei Unterbringungen nach § 1906 Abs. 1 BGB[503] und den Landesunterbringungsgesetzen[504] – regelmäßig die Bestellung eines Verfahrenspflegers für notwendig[505]. Maßgebliches Kriterium für die Erforderlichkeit einer Verfahrenspflegerbestellung ist, ob die konkrete Verfahrenssituation es angebracht erscheinen lässt, dem Betroffenen einen Beistand an die Seite zu stellen[506]. Das wird der Fall sein, wenn der Betroffene nicht ausreichend sein Recht auf Wahrnehmung des rechtlichen Gehörs wahrnehmen kann (etwa durch adäquate Stellungnahme zu dem ermittelten Sachverhalt, zu Zeugenaussagen und zu ärztlichen Gutachten), ihm die Möglichkeit fehlt, sich differenzierend begründend zum Antrag zu äußern bzw. auf der Hand liegende Einwendungen vorzutragen[507], ihm die Entscheidungsgründe nicht

501 Gesetz zur Änderung der materiellen Zulässigkeitsvoraussetzungen von ärztlichen Zwangsmaßnahmen und zur Stärkung des Selbstbestimmungsrechts von Betreuten vom 17. Juli 2017 (BGBl. I S. 2426)
502 Damrau/Zimmermann, § 317 FamFG; Rn. 1
503 BayObLG FamRZ 2000, 566; LG Kleve BtPrax 2012, 262; Jürgens-Marschner, § 317 FamFG, Rn. 3 m.w.N.
504 OLG Schleswig BtPrax 1994, 62
505 Der Strafprozess sieht in vergleichbarer Situation die Bestellung eines Pflichtverteidigers vor, vgl. auch BayObLG FamRZ 2000, 566; Jürgens-Marschner, § 317 FamFG, Rn. 3 m.w.N.
506 Damrau/Zimmermann, § 317 FamFG, Rn. 4. Nur, wenn die Verfahrenspflegerbestellung einen rein formalen Charakter hat, wird man auf sie verzichten können, BGH BtPrax 2013, 205: zu § 276 FamFG
507 OLG Köln FamRZ 2003, 171; BayObLG FamRZ 2003, 1044

bekannt gegeben werden sollen, grundrechtsrelevante Bereiche betroffen sind[508], eine ärztliche Stellungnahme in seiner Abwesenheit abgegeben wird[509] oder eine Genehmigungsdauer von 2 Jahren im Raum steht[510]. Bei einer zivilrechtlichen Unterbringung wird dies auch der Fall sein, wenn beim gesetzlichen Vertreter Interessenkollisionen vorliegen oder der Betroffene den Freiheitsentzug mit natürlichem Willen ablehnt[511].

146 Bei freiheitsentziehenden Maßnahmen (§ 1906 Abs. 4 BGB) wird man eher eine Erforderlichkeit der Interessenwahrnehmung durch einen Dritten verneinen können. Entscheidend sind Art, Dauer und Intensität der Maßnahme. Geht es (lediglich) um das nächtliche Verschließen der Haustür oder das nächtliche Anbringen eines Bettgitters, um dem Betroffenen eine gefahrlose Nachtruhe zu gewährleisten, kann eher auf einen Verfahrenspfleger verzichtet werden als bei dem längerfristigen Anlegen eines Bauchgurtes[512].

Stellt das Gericht – dies kann auch das Beschwerdegericht sein – fest, dass eine Verfahrenspflegerbestellung erforderlich ist, muss sie erfolgen. Es besteht kein Ermessen[513]. Will das Gericht dagegen die Genehmigung einer Unterbringungsmaßnahme ablehnen, bedarf es keiner Verfahrenspflegerbestellung[514].

▶ *Zur Erforderlichkeit der Bestellung eines Verfahrenspflegers vgl. die Ausführungen zu § 276 FamFG in Teil A Rn. 138 ff.*

(2) Zwingende Verfahrenspflegerbestellung

(a) § 317 Abs. 1 Satz 2

147 Nach Satz 2 ist eine Verfahrenspflegerbestellung zwingend, wenn das Gericht nach §§ 319 Abs. 3, 34 Abs. 2 FamFG von der persönlichen Anhörung des Betroffenen absehen will. §§ 319 Abs. 3, 34 Abs. 2 FamFG ermöglichen dies, wenn

- nach ärztlichem Gutachten von der persönlichen Anhörung erhebliche Nachteile für die Gesundheit des Betroffenen zu besorgen sind (dazu Teil A Rn. 152), oder
- der Betroffene nach dem persönlichen Eindruck des Gerichtes offensichtlich nicht in der Lage ist, seinen Willen kundzutun (dazu Teil A Rn. 153)[515].

Gleiches muss gelten, wenn das Gericht die Entscheidungsgründe unter den Voraussetzungen des § 325 FamFG nicht an den Betroffenen bekannt machen will[516].

(b) § 317 Abs. 1 Satz 3

148 Einen weiteren Fall der zwingenden Verfahrenspflegerbestellung benennt § 317 Abs. 1 Satz 3 FamFG. Er schreibt für das Verfahren auf die Genehmigung der der Einwilligung in eine ärztliche Zwangsmaßnahme die Bestellung eines Verfahrenspflegers vor. Dem Gericht ist insoweit kein Ermessen eingeräumt. Der Gesetzgeber will sicherstellen, dass dem Betroffenen ein erhöhter Schutz gewährt wird, insbesondere in Bezug auf das rechtliche Gehör, wenn es in der Unterbringung zusätzlich zu einer ärztlichen Zwangsmaßnahme kommt[517]. Da eine Zwangsbehandlung nach § 1906a Abs. 1 Satz 1 Nr. 2 BGB voraussetzt,

508 OLG Karlsruhe BtPrax 2008, 77 ff., im Fall einer medikamentösen Zwangsbehandlung
509 OLG Köln BtPrax 2008, 35 f.; KG BtPrax 2008, 42 f.
510 BayObLG NJW-RR 2005, 1314 f.
511 BGH BtPrax 2013, 205: zu § 276 FamFG; Damrau/Zimmermann, § 317 FamFG, Rn. 4
512 Damrau/Zimmermann, § 317 FamFG, Rn. 6
513 Keidel-Budde, § 317 FamFG, Rn. 2
514 BayObLG FamRZ 1996, 1375
515 Verfahrenspflegerbestellung ist dann zur Gewährung des rechtlichen Gehörs unabdingbar.
516 Keidel-Budde, § 317 FamFG, Rn. 3
517 BT-Drs. 17/12086, S 14. Die Rechtsprechung sah bereits vor der gesetzlichen Regelung ein entsprechendes Bedürfnis, OLG Stuttgart BtPrax 2014, 43: zu § 8 bad.württ. UBG a.F.

dass der Betroffene krankheits- bzw. behinderungsbedingt die Notwendigkeit einer ärztlichen Maßnahme nicht erkennen oder nicht nach dieser Einsicht handeln kann, wird er zudem im gerichtlichen Verfahren i.d.R. seine Rechte nicht ausreichend selbständig wahrnehmen können. Dem Verfahrenspfleger wird es insbesondere obliegen, darauf zu achten, dass dem Betroffenen ausreichendes rechtliches Gehör gewährt wird und die verfahrens- und materiell rechtlichen Voraussetzungen einer ärztlichen Zwangsmaßnahme streng beachtet werden, damit die ärztliche Zwangsmaßnahme ultima ratio bleibt.

(3) Person des Verfahrenspflegers

Aus Kostengründen hat der Gesetzgeber darauf verzichtet, bestimmte persönliche oder fachliche Qualifikationen für die Person des Verfahrenspflegers festzulegen. Grundsätzlich kann daher jede geeignete Person, z.B. Angehöriger, Sozialarbeiter, Mitarbeiter der Betreuungsstelle, Rechtsanwalt etc., bestellt werden. **149**

Im Verfahren auf Genehmigung einer Zwangsbehandlung wird angesichts der Schwere des Grundrechtseingriffs regelmäßig die Bestellung eines in rechtlichen oder medizinischen Fragen besonders qualifizierten Verfahrenspflegers erforderlich sein. Der Gesetzgeber wünscht hier nämlich, dass neben dem Betreuer auch ein besonders qualifizierter Verfahrenspfleger die Rechte und Interessen des Betreuten im Genehmigungsverfahren deutlich wahrnimmt.

Wie im Betreuungsverfahren (vgl. § 276 Abs. 3 FamFG) gilt grundsätzlich aber ein Vorrang für den ehrenamtlichen Verfahrenspfleger.

▶ *Zur Person des Verfahrenspflegers vgl. auch Teil A Rn. 141*

Im Gegensatz dazu hatten einige Landesunterbringungsgesetze früher die Beiordnung eines Rechtsanwaltes vorgeschrieben. Angesichts des gravierenden Eingriffs in die Freiheitsrechte wird daher zu Recht verlangt, dass zumindest bei Unterbringungen nach § 1906 Abs. 1 BGB und den Landesunterbringungsgesetzen der zu bestellende Verfahrenspfleger Rechtsanwalt sein muss[518].

Um Interessenkonflikte zu vermeiden, sollte bei Unterbringungsmaßnahmen gegen Volljährige nicht die Betreuungsbehörde[519] und gegen Minderjährige nicht das Jugendamt bzw. ein dort tätiger Mitarbeiter zum Verfahrenspfleger bestellt werden. In der Regel genügt es, einen Verfahrenspfleger zu bestellen[520].

(4) Rechtsstellung des Verfahrenspflegers

Die Bestellung eines Verfahrenspflegers im Unterbringungsverfahren soll die Wahrung der Belange des Betroffenen im Verfahren gewährleisten. Der Betroffene soll bei den besonders schwerwiegenden Eingriffen in das Grundrecht der Freiheit der Person bzw. der körperlichen Integrität nicht allein stehen, sondern fachkundig beraten und vertreten werden[521]. Die Aufgabe des Verfahrenspflegers besteht darin, Sprachrohr des Betroffenen zu sein, also dessen Willen gegenüber dem Gericht kundzutun. Darüber hinaus soll er den Anspruch des Betroffenen auf rechtliches Gehör verwirklichen[522]. Wegen der Erforderlich- **150**

518 Verteidigung gegen die Freiheitsentziehung ist die ureigenste Aufgabe von Rechtsanwälten, vgl. BayObLG FamRZ 2000, 566; LG Oldenburg BtPrax 1993, 34: Damrau/Zimmermann, § 317 FamFG, Rn. 12 m.w.N. Der Anwalt wird aber nicht generell nach dem RVG für die Verfahrenspflegschaft vergütet, BayObLG, MDR 2001, 1376 f; OLG Schleswig, BtPrax 2002, 41 f.; siehe auch Teil F, Rn. 230
519 Schädlich ist ihre Bestellung nicht, LG Ingolstadt FamRZ 2007, 1355 f.
520 OLG München BtPrax 2006, 29 f.
521 BT-Drs. 11/4528, S. 93
522 BGH BtPrax 2017, 156.

keit, rechtliches Gehör zu gewähren, bedarf es auch in Fällen, in denen die Bestellung eines Verfahrenspflegers formalen Charakter aufweist, dessen Bestellung[523].

Der Verfahrenspfleger ist vom Gericht im selben Umfang wie der Betroffene an den Verfahrenshandlungen zu beteiligen[524]. Er hat daher insbesondere ein Recht auf Teilnahme an der persönlichen Anhörung des Betroffenen[525] und ihm ist Gelegenheit einzuräumen, sich zu den Beweismitteln, die der Entscheidung zugrunde gelegt werden, zu äußern. Das gilt namentlich für das Sachverständigengutachten. Auch nach Beendigung der Unterbringung kann es gerechtfertigt sein, Einblick in die ärztlichen Unterlagen der Unterbringungsklinik zu nehmen[526]. Die Vergütung des berufsmäßigen Verfahrenspflegers richtet sich nach § 277 FamFG.

In Fällen, in denen im Unterbringungsverfahren unmittelbar bevorstehende Zwangsmaßnahmen Verfahrensgegenstand sind, billigt das Bundesverfassungsgericht dem für das Unterbringungsverfahren bestellten Verfahrenspfleger die Befugnis zu, im Interesse des Betroffenen über die einfachrechtlichen Rechtsmittel hinaus Verfassungsbeschwerde zu erheben[527].

▶ *Zur Rechtsstellung des Verfahrenspflegers vgl. auch Teil A Rn. 138 ff., 142 f.*
Zur Vergütung des Verfahrenspflegers vgl. die Ausführungen in Teil F Rn. 226 ff.

(5) Zeitpunkt der Bestellung

151 Das Gesetz schreibt nicht vor, zu welchem Zeitpunkt ein Verfahrenspfleger zu bestellen ist. Die Bestellung sollte aber möglichst frühzeitig erfolgen. Steht der Betroffene nach einer vor oder in der persönlichen Anhörung erstatteten ärztlichen Stellungnahme mit hoher Wahrscheinlichkeit in einer akuten Krankheitsphase und zeichnet sich die Genehmigung einer Unterbringungsmaßnahme ab, bedarf es jedenfalls der rechtzeitigen Bestellung eines Verfahrenspflegers und dessen Ladung zum Termin[528]. Auf jeden Fall muss die Verfahrenspflegerbestellung – sofern sie erforderlich ist – so frühzeitig erfolgen, dass der Verfahrenspfleger noch Einfluss auf die Entscheidung nehmen[529] und an der abschließenden Anhörung des Betroffenen teilnehmen kann[530].

cc. Unterbleiben der Verfahrenspflegerbestellung

152 Nach § 317 Abs. 4 FamFG soll die Bestellung eines Verfahrenspflegers unterbleiben, wenn der Betroffene von einem Rechtsanwalt oder einem anderen geeigneten Verfahrensbevollmächtigten vertreten wird[531].

Neben einem Rechtsanwalt kommen auch andere – sachkundige – Personen als Bevollmächtigte in Betracht. Werden andere Personen als Bevollmächtigte beauftragt, dürfen an ihre Sachkunde keine überspannten Anforderungen gestellt werden. Wichtig kann auch die Fähigkeit sein, auf den Betroffenen einzugehen und mit ihm kommunizieren zu können. Da der Betroffene verfahrensfähig ist, kann er auch bei Geschäftsunfähigkeit wirksam einen entsprechenden Auftrag erteilen. Bei der Beauftragung eines Rechtsanwaltes kann

523 BGH BtPrax 2017, 196 zu § 276 FamFG
524 BayObLG FamRZ 2002, 629. Ein anwaltlicher Verfahrenspfleger wird i.d.R. im Verlaufe des Verfahrens eine Stellungnahme abgeben. Ein Muster findet sich bei Meier, S. 293 ff.
525 BGH BtPrax 2017, 156; OLG Hamm FGPrax 2009, 135 ff.
526 LG Münster, FamRZ 2010, 150 (LS)
527 BVerfG FamRZ 2018, 622; BtPrax 2018, 111 ff. und 151 f.
528 OLG Hamm FamRZ 2000, 494
529 BGH BtPrax 2011, 125
530 BGH BtPrax 2017, 38 und 2012, 116
531 Die Bevollmächtigung ist ggf. nachzuweisen, § 11 FamFG

dieser gegebenenfalls im Wege der Verfahrenskostenhilfe dem Betroffenen beigeordnet werden[532].

Meldet sich im Verfahren ein Bevollmächtigter, kann – muss aber nicht – die Bestellung eines Verfahrenspflegers unterbleiben. Die Bestellung eines Verfahrenspflegers dürfte aber nur noch in atypischen Fallkonstellationen in Betracht kommen[533]. Ein Verfahrenspfleger kann erforderlich bleiben, wenn der nichtanwaltliche Bevollmächtigte keine ausreichende Sachkunde besitzt oder der Betroffene durch krankheitsbedingte unsinnige Anweisungen eine adäquate Vertretung unterläuft.

dd. Begründung der unterlassenen Bestellung

Erfolgt eine Verfahrenspflegerbestellung, bedarf diese Entscheidung keiner Begründung. **153**
Etwas anderes gilt, wenn die Verfahrenspflegerbestellung unterbleibt, § 317 Abs. 2 FamFG.

Das Unterbleiben ist in der Entscheidung, durch die eine Unterbringungsentscheidung getroffen wird, zu begründen. Eine formelhafte, unter Verwendung von Vordrucken abgefasste Begründung genügt nicht[534]. Es bedarf einer auf den Einzelfall zugeschnittenen Begründung. Sie kann sich daraus ergeben, dass der Betroffene von einem Rechtsanwalt oder anderen geeigneten Verfahrensbevollmächtigten vertreten wird bzw. dessen Bevollmächtigung ankündigt. Auf die Bestellung eines Verfahrenspflegers kann auch verzichtet werden, wenn es in der Sache keine Entscheidungsalternativen gibt und die Entscheidung durch den Verfahrenspfleger nicht zu beeinflussen ist[535] bzw. wenn in Vorverfahren durch den Verfahrenspfleger nichts zugunsten des Betroffenen zu erreichen war. Erfolgt die Bestellung eines Verfahrenspflegers – verspätet – nach erfolgter persönlicher Anhörung des Betroffenen, ist darzulegen, warum keine genügende Veranlassung zur Bestellung eines Verfahrenspflegers vor der Anhörung gesehen wurde[536].

ee. Beendigung der Verfahrenspflegschaft

Die Verfahrenspflegschaft findet ihr Ende durch: **154**

- Aufhebung, § 317 Abs. 5 1. Alt. FamFG,
- Eintritt der Rechtskraft der das Verfahren abschließenden Entscheidung, § 317 Abs. 5 2. Alt. FamFG, oder
- mit sonstigem Abschluss des Verfahrens, § 317 Abs. 5 3. Alt. FamFG.

Die Aufhebung erfolgt durch begründeten Beschluss und ist in den Fällen des Abs. 4 möglich (dazu oben Rn. 152). Darüber hinaus ist die Verfahrenspflegerbestellung aufzuheben, wenn die Gründe für die Bestellung eines Verfahrenspflegers nachträglich entfallen.

Dagegen lässt sich eine Aufhebung nicht damit begründen, dass das Unterbringungsverfahren entscheidungsreif und mit der Entscheidung erledigt sei[537].

Bei Genehmigung einer Unterbringungsmaßnahme endet die Verfahrenspflegschaft mit dem Eintritt der formellen Rechtskraft (dazu unten Rn. 225). Wird gegen die Entscheidung

532 Insoweit müssen die wirtschaftlichen Voraussetzungen erfüllt sein. Die Anforderungen an die Erfolgsaussicht der beabsichtigten Verteidigung dürfen nicht zu hoch angesetzt werden.
533 LG Bremen FamRZ 2005, 222. Etwa, wenn der anwaltliche Bevollmächtigte gleichzeitig von einem anderen Beteiligten bevollmächtigt ist, KG FGPrax 2004, 117.
534 OLG Schleswig BtPrax 1994, 62; LG Köln BtPrax 1992, 74
535 BayObLG FamRZ 2003, 786 f.: für den Fall eines Verfahrens auf Entlassung des Betreuers
536 BGH BtPrax 2018, 113
537 BayObLG FamRZ 2002, 1362 (LS)

des Amtsgerichts Beschwerde und weiter Rechtsbeschwerde eingelegt, besteht die Verfahrenspflegschaft bis zur abschließenden Entscheidung der 3. Instanz.

Die Verfahrenspflegschaft endet schließlich auch mit dem sonstigen Abschluss des Verfahrens. Gemeint sind damit etwa die Rücknahme des Antrages bei öffentlich-rechtlichen Unterbringungsmaßnahmen, Entlassung des Betroffenen aus der Unterbringung oder Tod des Betroffenen.

ff. Verlängerung

155 Ist nach Beendigung der Verfahrenspflegschaft eine Verlängerung bzw. neue Unterbringungsmaßnahme nötig, ist neu zu prüfen, ob die Voraussetzungen für eine Verfahrenspflegerbestellung vorliegen[538].

gg. Rechtsmittel

156 Ebenso wie bei der Verfahrenspflegerbestellung im Betreuungsverfahren[539] besteht nach § 317 Abs. 6 FamFG keine Möglichkeit der gesonderten Anfechtbarkeit der Verfahrenspflegerbestellung[540].

▶ *Zur Anfechtbarkeit der Verfahrenspflegerbestellung vgl. auch Teil A Rn. 144*

hh. Kosten

157 Der Verfahrenspfleger ist nach § 315 Abs. 2 mit seiner Bestellung Beteiligter des Verfahrens. Das mit der Beteiligtenstellung verbundene Kostenrisiko nach § 81 FamFG schließt das Gesetz mit der spezielleren Regelung des § 317 Abs. 7 FamFG für den Verfahrenspfleger aus. Sofern der Betreute über einzusetzende Mittel i.S.d. § 1836c, d BGB verfügt, muss er die vom Gericht an den Verfahrenspfleger erstatteten Kosten als Auslagen ersetzen, § 26 Abs. 3 GNotKG i.V.m. Nr. 31015 KV (zu Einzelheiten siehe Teil I Rn. 41 f.).

d. Betreuer bzw. Bevollmächtigter

aa. Betreuer

158 Zwingend ist der Betreuer am Unterbringungsverfahren zu beteiligen („Muss-Beteiligter"), § 315 Abs. 1 Nr. 2 FamFG. Sein Aufgabenkreis spielt keine Rolle, auch nicht der Umstand, ob er vorläufig oder endgültig bestellt ist[541].

bb. Bevollmächtigter

159 Ebenso ist der Vorsorgebevollmächtigte i.S.d. § 1896 Abs. 2 BGB am Unterbringungsverfahren zu beteiligen („Muss-Beteiligter"), § 315 Abs. 1 Nr. 3 FamFG. Wie beim Betreuer spielt der ihm mit der Vollmacht übertragene Aufgabenkreis keine Rolle.

e. Zuständige Behörde

160 Die zuständige Behörde ist auf ihren Antrag hin zwingend am Verfahren zu beteiligen („Muss-Beteiligter"), § 315 Abs. 3 FamFG. Bei den unterschiedlichen zivil- und öffentlich-

538 Damrau/Zimmermann, § 317 FamFG, Rn. 29

539 BGH BtPrax 2003, 266

540 BGH BtPrax 2013, 207, auch nicht wegen der gesonderten Feststellung der beruflichen Führung; OLG Köln FamRZ 2017, 917. Jetzt auch Bienwald-Harm, § 317 FamFG, Rn. 25. Ebenso zum früheren Recht: OLG Schleswig FamRZ 2003, 1499; OLG Brandenburg FGPrax 2004, 53; OLG Brandenburg FamRZ 2000, 1295; OLG Stuttgart FamRZ 2001, 39; BayObLG FamRZ 1993, 1106; 1995, 301; 2000, 249; KG FGPrax 1995, 155; OLG Hamm FamRZ 1997, 440; OLG Hamburg FGPrax 1997, 28; a.A. OLG Köln FamRZ 2000, 492; Damrau/Zimmermann, § 317 FamFG, Rn. 30

541 Jürgens-Marschner, § 315 FamFG, Rn. 2

rechtlichen Unterbringungsmaßnahmen sind unterschiedliche Behörden zuständig, nämlich:

- das Jugendamt (§ 162 Abs. 1 FamFG) bei Unterbringungsmaßnahmen bezüglich eines Kindes nach § 151 Nr. 6 FamFG i.V.m. § 312 Nr. 1 FamFG,
- die Betreuungsbehörde[542] bei freiheitsentziehenden Unterbringungen und freiheitsentziehenden Maßnahmen sowie Verfahren auf Anordnung bzw. Genehmigung der Einwilligung in eine ärztliche Zwangsmaßnahme bezüglich eines Betreuten oder Vollmachtgebers nach § 312 Nr. 1, 2 und Nr. 3 FamFG,
- die nach dem jeweiligen Landesunterbringungsgesetz zuständige Behörde[543] bei Unterbringungsmaßnahmen nach § 312 Nr. 4 FamFG, in Bezug auf Minderjährige, zusätzlich das Jugendamt.

f. „Kann-Beteiligte"

aa. Überblick

Im gerichtlichen Verfahren auf Genehmigung einer Unterbringungsmaßnahme können **161** neben den „Muss-Beteiligten" weitere Personen und Institutionen beteiligt werden. Ihre Beteiligung hat der Gesetzgeber davon abhängig gemacht, dass sie vom Gericht im Interesse des Betroffenen als Beteiligte hinzugezogen werden, § 315 Abs. 4 Satz 1 FamFG, bzw. aufgrund landesrechtlicher Vorschriften eine Beteiligung vorgesehen ist, § 315 Abs. 4 Satz 2 FamFG. Der Sinn ihrer Beteiligung liegt darin, alle relevanten Gesichtspunkte zugunsten des Betroffenen zu ermitteln und zugrunde legen zu können[544]. Die aufgeführten Personen und Institutionen stehen dem Betroffenen in der Regel nahe und können zu seiner Lebensweise, seinem aktuellen Verhalten und seinem Lebensumfeld Auskunft erteilen.

Das Interesse des Betroffenen an der Beteiligung der genannten Personen ist nicht objek- **162** tiv, sondern aus seiner Sicht zu beurteilen; sein Wohl, seine Wünsche und Belange hat das Gericht zu berücksichtigen[545]. Dies gilt insbesondere weil diesen Personen mit der Beteiligung im Gegensatz zum früheren Recht vom Betroffenen die Teilnahme an der persönlichen Anhörung nicht verwehrt werden kann. Bestehen Zweifel, ob der Betroffene mit der Hinzuziehung einer Person einverstanden ist, ist er zuvor dazu anzuhören. Gegen den Willen des Betroffenen kommt eine Beteiligung Verwandter nur in Betracht, wenn dieser Wille dem objektiven Interesse des Betroffenen zuwider läuft und keine erheblichen Gründe gegen die Beteiligung sprechen.

Die einmal erworbene Beteiligtenstellung besteht im Beschwerdeverfahren fort[546]. Die Beteiligtenstellung kann nur jeweils für ein konkretes Verfahren erreicht werden, eine generelle Bestellung für alle zukünftigen Verfahren ist nicht möglich[547].

bb. Genannte Personen bzw. Institutionen

Genannt werden in § 315 Abs. 4 Satz 1 Nr. 1 bis 3 FamFG insgesamt sieben verschiedene **163** Arten von Personen und Institutionen, denen Gelegenheit zur Beteiligung eingeräumt ist. Im Einzelnen:

---

542 Welche Behörde auf örtlicher Ebene zuständig ist, bestimmt das Landesrecht, § 1 BtBG
543 In NRW z.B. die Ordnungsbehörde, § 12 Satz 1 PsychKG NRW
544 BT-Drs. 11/4528, S.184
545 BGH NJW-RR 2012, 770
546 BGH NJW-RR 2012, 961
547 LG Freiburg BtPrax 2013, 260

– Ehegatte

Er erhält Gelegenheit zur Beteiligung am Unterbringungsverfahren, wenn er nicht dauernd getrennt vom Betroffenen lebt. Maßgeblicher Zeitpunkt ist der der Verfahrenseinleitung[548]. Bei erst kurz zuvor erfolgter Trennung kann zumindest eine Beteiligung als Auskunftsperson oder Zeuge nach § 26 FamFG erfolgen[549].

– Lebenspartner

Unter Lebenspartner sind Partner gleichgeschlechtlicher Partnerschaften im Sinne des § 1 LPartG gemeint, nicht Partner einer nichtehelichen Gemeinschaft. Auch der Lebenspartner darf vom Betroffenen nicht dauernd getrennt leben.

– Elternteil

Ein Elternteil erhält Gelegenheit zur Beteiligung am Unterbringungsverfahren, wenn der Betroffene bei ihm lebt oder zum Zeitpunkt der Verfahrenseinleitung dort gelebt hat. Der Elternteil muss nicht der Sorgerechtsinhaber sein oder gewesen sein. Fehlt eine häusliche Gemeinschaft, kann zumindest eine Beteiligung als Auskunftsperson oder Zeuge nach § 26 FamFG erfolgen.

– Kind

Der Betroffene muss bei dem Kind leben, was nur der Fall sein kann, wenn das Kind volljährig ist, vgl. § 11 BGB. Auch nichteheliche, Stief-[550] und Adoptivkinder sind gemeint. Fehlt eine häusliche Gemeinschaft, kann zumindest eine Beteiligung als Auskunftsperson oder Zeuge nach § 26 FamFG erfolgen.

– Pflegeeltern

Ausreichend ist bereits ein faktisches Pflegeverhältnis ohne Pflegeerlaubnis nach § 44 SGB VIII[551].

– Vertrauensperson

Der Betroffene kann eine oder mehrere natürliche Personen (nicht Organisationen oder Institutionen) als Vertrauensperson benennen, ohne dazu verpflichtet zu sein. Die Benennung einer Person mit natürlichem Willen genügt. Lediglich unsinnige Nennungen (Papst, englische Königin, Filmfiguren) bleiben unbeachtlich. Mit ihrer Benennung kann das Gericht sie zum Verfahren hinzuziehen, § 315 Abs. 4 Satz 1 Nr. 2 FamFG.

Eine Besonderheit gilt nach der Rechtsprechung im Verfahren auf die Unterbringung eines Minderjährigen. Hier ist keine ausdrückliche Benennung erforderlich. Es kann genügen, wenn aus den Äußerungen des Minderjährigen oder den übrigen Umständen heraus erkennbar ist, dass eine weitere Person existiert, der der Minderjährige sein Vertrauen schenkt und deren Beteiligung an dem Verfahren im Interesse des Minderjährigen geboten ist. Es steht dann im Ermessen des Gerichts, ob es diese Vertrauensperson am Verfahren beteiligt[552]. Diese Grundsätze sind auf Unterbringungsverfahren Volljähriger zu übertragen, wenn der Betroffene sich krankheitsbedingt in einem vergleichbaren Zustand befindet.

548 Damrau/Zimmermann, § 315 FamFG, Rn. 13; Bienwald-Sonnenfeld, § 274 FamFG, Rn. 19: Zeitpunkt der Entscheidung. Der Streit ist akademisch, da die Trennung dann erst kurz zurückliegt und der Ehegatte nach § 26 FamFG zu hören sein wird.
549 Damrau/Zimmermann, § 315 FamFG, Rn. 13
550 LG Oldenburg BtPrax 1996, 31
551 Schulte-Bunert/Weinreich-Dodegge, § 315 FamFG, Rn. 16
552 BGH BtPrax 2013, 34; OLG Hamm NJOZ 2012, 1390

– Leiter der Einrichtung, in der der Betroffene lebt

Beteiligen kann sich seitens der Einrichtung derjenige, dem innerhalb der Einrichtung diese Aufgabe intern zugewiesen ist[553].

▶ *Zum Begriff der Einrichtung vgl. Teil B Rn. 42*

cc. Erweiterung nach Landesrecht

§ 315 Abs. 4 Satz 2 FamFG ermächtigt den Landesgesetzgeber für öffentlich-rechtliche Unterbringungsmaßnahmen, weitere Personen und Stellen vorzusehen, denen Gelegenheit zur Äußerung zu geben ist[554]. **164**

dd. Unterbleiben der Beteiligung

Bei einstweiliger Anordnung einer vorläufigen Unterbringungsmaßnahme nach §§ 331, 332 FamFG kann, sofern Gefahr im Verzug (dazu unten Rn. 263) vorliegt, die Beteiligung der in § 315 Abs. 4 FamFG genannten und hinzugezogenen Personen und Institutionen unterbleiben, ist aber nachzuholen. Ansonsten ist die Beteiligung zwingend, auch wenn der Betroffene ihr widerspricht[555]. Eine Äußerungsgelegenheit soll ausnahmsweise unterbleiben können, wenn das zu erheblichen Verzögerungen führen würde[556] oder die Genehmigung abgelehnt werden soll[557]. **165**

6. Persönliche Anhörung und persönlicher Eindruck, § 319 FamFG

Auch im Unterbringungsverfahren sind die persönliche Anhörung und die Gewinnung eines persönlichen Eindrucks vorgeschrieben, um dem Gebot des rechtlichen Gehörs (vgl. Art. 103 Abs. 1 GG) zu entsprechen. Bereits vor dem Inkrafttreten des Betreuungsrechts wurde aus dem Gebot des rechtlichen Gehörs und zur Sicherstellung des für unverzichtbar erachteten persönlichen Eindrucks des Gerichts vom Betroffenen eine entsprechende Verpflichtung angenommen[558]. Gleichwohl wird in der gerichtlichen Praxis dagegen immer wieder verstoßen. Zwar kann unter strengen Voraussetzungen bei einstweiligen Anordnungen auf eine persönliche Anhörung verzichtet werden[559], nicht aber auf die Verschaffung eines persönlichen Eindrucks vom Betroffenen[560]. **166**

Der im Grundgesetz verankerte Anspruch auf Gewährung rechtlichen Gehörs soll gewährleisten, dass der Betroffene nicht bloßes Objekt des gerichtlichen Verfahrens ist. Vielmehr soll er vor einer Entscheidung, die seine Rechte betrifft, zu Worte kommen, um Einfluss auf das Verfahren und sein Ergebnis nehmen zu können. Damit ist auch ein Schutz vor Überraschungsentscheidungen verbunden[561]. Angesichts des mit einer Unterbringung verbundenen massiven Grundrechtseingriffs kommt in einem Unterbringungsverfahren dem Recht des Betroffenen, auf die Sachverhaltsermittlung und Entscheidungsfindung des zuständigen Betreuungsgerichts in Anhörungen und Stellungnahmen einwirken zu kön-

553 BT-Drs. 11/4528, S. 184
554 In NRW ist davon dahin Gebrauch gemacht worden, dass der Sozialpsychiatrische Dienst der unteren Gesundheitsbehörde zu beteiligen ist, § 13 Abs. 2 PsychKG NRW.
555 Damrau/Zimmermann, § 320 FamFG, Rn. 11
556 Damrau/Zimmermann, § 320 FamFG, Rn. 14 (arg. § 332, 333 FamFG)
557 Bzgl. der Betreuungsbehörde: BayObLG FamRZ 1996, 1375; anders noch BtPrax 1993, 139
558 BVerfG NJW 1982, 691 und 1990, 2309
559 KG FGPrax 2008, 38 ff.
560 BayObLG FamRZ 2001, 578; OLG Karlsruhe FamRZ 1999, 670
561 BVerfGE 107, 395 = FamRZ 2003, 995

nen, besondere Bedeutung zu[562]. Ein Verstoß gegen dieses verfassungsrechtliche Gebot wird durch eine Nachholung nicht geheilt[563].

§ 319 FamFG Anhörung des Betroffenen

(1) [1]Das Gericht hat den Betroffenen vor einer Unterbringungsmaßnahme persönlich anzuhören und sich einen persönlichen Eindruck von ihm zu verschaffen. [2]Den persönlichen Eindruck verschafft sich das Gericht, soweit dies erforderlich ist, in der üblichen Umgebung des Betroffenen.

(2) Das Gericht unterrichtet den Betroffenen über den möglichen Verlauf des Verfahrens.

(3) Soll eine persönliche Anhörung nach § 34 Abs. 2 unterbleiben, weil hiervon erhebliche Nachteile für die Gesundheit des Betroffenen zu besorgen sind, darf diese Entscheidung nur auf Grundlage eines ärztlichen Gutachtens getroffen werden.

(4) Verfahrenshandlungen nach Absatz 1 sollen nicht im Wege der Rechtshilfe erfolgen.

(5) Das Gericht kann den Betroffenen durch die zuständige Behörde vorführen lassen, wenn er sich weigert, an Verfahrenshandlungen nach Absatz 1 mitzuwirken.

(6) [1]Gewalt darf die Behörde nur anwenden, wenn das Gericht dies ausdrücklich angeordnet hat. [2]Die zuständige Behörde ist befugt, erforderlichenfalls um Unterstützung der polizeilichen Vollzugsorgane nachzusuchen.

(7) [1]Die Wohnung des Betroffenen darf ohne dessen Einwilligung nur gewaltsam geöffnet, betreten und durchsucht werden, wenn das Gericht dies zu dessen Vorführung zur Anhörung ausdrücklich angeordnet hat. [2]Bei Gefahr im Verzug kann die Anordnung nach Satz 1 durch die zuständige Behörde erfolgen. [3]Durch diese Regelung wird das Grundrecht auf Unverletzlichkeit der Wohnung aus Artikel 13 Absatz 1 des Grundgesetzes eingeschränkt.

§ 320 FamFG Anhörung der sonstigen Beteiligten und der zuständigen Behörde

[1]Das Gericht hat die sonstigen Beteiligten anzuhören. [2]Es soll die zuständige Behörde anhören.

a. Überblick

167 § 319 FamFG wurde durch das Gesetz zur Einführung einer Rechtsbehelfsbelehrung im Zivilprozess und zur Änderung anderer Vorschriften vom 5.12.2012[564] um die Absätze 6 und 7 erweitert. Dies war erforderlich, weil das Bundesverfassungsgericht schon vor Inkrafttreten des FamFG für das gewaltsame Öffnen, Betreten und Durchsuchen der Wohnung in Hinblick auf Art. 13 GG eine ausdrückliche gesetzliche Ermächtigungsgrundlage verlangt hatte[565].

§ 319 FamFG gilt für Unterbringungsmaßnahmen, also die in § 312 Nr. 1 bis 4 FamFG aufgeführten Verfahren (dazu siehe oben Rn. 109). Über § 329 Abs. 2 Satz 1 FamFG gilt er auch für Erweiterungen oder Verlängerung von Unterbringungsmaßnahmen. Bei einer vorläufigen Unterbringungsmaßnahme durch einstweilige Anordnung (§ 331 FamFG) schreibt § 331 Satz 1 Nr. 4 FamFG eine persönliche Anhörung vor.

Bei Ablehnung oder Abkürzung einer Unterbringungsmaßnahme bedarf es dagegen nicht immer der persönlichen Anhörung und der Verschaffung eines persönlichen Eindrucks[566].

562 BVerfG BtPrax 2018, 151
563 OLG Hamm FGPrax 2008, 43 f.; BayObLG FamRZ 2001, 578; 2000, 566. Zu den zeitlichen Fristen für die Nachholung der persönlichen Anhörung vgl. LG Kleve, FamRZ 2009, 1245 (LS) und 2010, 326 f.
564 BGBl. I, S. 2418
565 BVerfG FamRZ 2009, 1814
566 Ihre Notwendigkeit bemisst sich allein nach § 26 FamFG, Jürgens-Marschner, § 319 FamFG, Rn. 1; Damrau/Zimmermann, § 319 FamFG, Rn. 2

Dies gilt auch im Verfahren auf Klärung der Rechtmäßigkeit einer erledigten Unterbringungsmaßnahme[567].

§ 320 FamFG betrifft die – in der Regel schriftliche – Anhörung der sonstigen Beteiligten (dazu oben Rn. 158 bis 164) und der zuständigen Behörde (dazu oben Rn. 160). Die Anhörung der sonstigen Beteiligten ist zwingend, die der zuständigen Behörde nach pflichtgemäßem Ermessen vorzunehmen und dient der Sachverhaltsaufklärung. Der Betroffene ist über den Inhalt erfolgter Äußerungen zu informieren.

b. Persönliche Anhörung und persönlicher Eindruck

Nach § 319 Abs. 1 Satz 1 FamFG muss das Gericht den Betroffenen vor einer Unterbrin- **168**
gungsmaßnahme persönlich, das heißt mündlich, anhören. Die persönliche Anhörung des Betroffenen gehört zu den bedeutsamen Verfahrensgarantien im Unterbringungsverfahren und ist Kernstück der Amtsermittlung[568].

Wünscht der Betroffene die Anwesenheit seines Verfahrenspflegers im Anhörungstermin, ist dieser zum Termin zu laden. Unterbleibt die Ladung oder wird sein Wunsch nach Terminverlegung nicht berücksichtigt, ist die Anhörung fehlerhaft und muss wiederholt werden[569].

Weiterhin muss sich das Gericht einen unmittelbaren Eindruck vom Betroffenen verschaffen. Dies geschieht durch eine Augenscheinseinnahme des Betroffenen und seiner Umgebung.

▶ *Ist in der Hauptsache über die Genehmigung einer Unterbringungsmaßnahme zu entscheiden, darf die Anhörung erst nach Vorlage des Gutachtens erfolgen, da sich das Gericht im Rahmen der Würdigung des Gutachtens einen persönlichen Eindruck vom Betroffenen zu verschaffen hat[570]. Vgl. hierzu auch die Ausführungen zur Anhörung im Betreuungsverfahren, § 278 FamFG in Teil A Rn. 146 ff.*

c. Ort der Anhörung und der Verschaffung des persönlichen Eindrucks

Zwar schreibt § 319 Abs. 1 Satz 2 FamFG nur für die Verschaffung des persönlichen Ein- **169**
drucks vor, dass sie, soweit erforderlich, in der üblichen Umgebung des Betroffenen erfolgt. Da es aber keinen Sinn macht, persönliche Anhörung und Verschaffung des persönlichen Eindrucks in zwei Verfahrensschritten vorzunehmen, sollte beides zusammen und in der Regel in der üblichen Umgebung des Betroffenen durchgeführt werden[571].

Die Anhörung in der üblichen Umgebung ist nicht zwingend, vielmehr entscheidet das Gericht darüber nach pflichtgemäßem Ermessen in Hinblick auf die notwendige Sachverhaltsaufklärung[572]. Kommt es darauf an, die Persönlichkeit des Betroffenen in seinem persönlichen Lebensumfeld zu beobachten und einschätzen zu können, sein soziales Umfeld oder die aktuelle (Wohnungs-)Situation zu erleben, wird eine Anhörung in der üblichen Umgebung erforderlich sein. Auch im Rahmen eines Verfahrens nach § 1906 Abs. 4 BGB ist häufig der unmittelbare Eindruck von der üblichen Umgebung wichtig (bauliche und pflegerische Besonderheiten der Einrichtung etc.). Ist der Betroffene bettlägerig, ernstlich erkrankt

567 OLG Schleswig FamRZ 2000, 247 = BtPrax 1999, 248 (LS)
568 BGH BtPrax 2014, 137 f.
569 BGH BtPrax 2018, 113 und 2012, 116; BayObLG NJWE-FER 2001, 324
570 BGH BtPrax 2012, 116
571 Eine ausführliche Anhörung ohne Gewinnung eines persönlichen Eindrucks ist kaum denkbar.
572 Keidel-Budde, § 319 FamFG, Rn. 4. Akut psychotisches und fremdaggressives Verhalten des Betroffenen oder der Umstand, dass er niemanden in seine Wohnung lässt, können gegen eine Anhörung in der üblichen Umgebung sprechen.

oder nur eingeschränkt körperlich oder geistig in der Lage, in das Gericht zu kommen, sollte die Anhörung ebenfalls in der üblichen Umgebung erfolgen.

▶ *Zum Ort der Anhörung vgl. auch die Ausführungen zur Anhörung im Betreuungsverfahren in Teil A Rn. 148*

Anders als in § 278 Abs. 1 Satz 3 FamFG räumt § 319 Abs. 1 Satz 2 FamFG dem Betroffenen keinen Anspruch auf Anhörung in seiner üblichen Umgebung ein. Ebenso wenig kann er der Anhörung in seiner üblichen Umgebung widersprechen[573]. Das Gericht ist allerdings nicht berechtigt, eine Anhörung gegen den Willen des Betroffenen in dessen Wohnung durchzusetzen[574]. Möglich ist allenfalls die Vorführung des Betroffenen nach Abs. 5. Ist der Betroffene bereits untergebracht, befindet er sich im Krankenhaus, einer Rehabilitationsklinik oder einer Kurzzeitpflege, kann die Anhörung nicht in der üblichen Umgebung erfolgen.

d. Inhalt der Anhörung

aa. Verfahrensablauf

170 § 319 Abs. 2 FamFG sieht als Inhalt der Anhörung lediglich die Unterrichtung über den möglichen weiteren Verfahrensablauf vor. Dem Betroffenen soll das Verfahren verständlich gemacht werden, damit er die für ihn wichtigen Gesichtspunkte vortragen kann, insbesondere solche, die gegen eine Unterbringung sprechen könnten[575]. Sofern das Verfahren die Einwilligung in eine ärztliche Zwangsmaßnahme betrifft, hat der Gesetzgeber ergänzende Regelungen als unnötig erachtet[576].

▶ *Zum Inhalt einer Anhörung vgl. auch die Ausführungen zur Anhörung im Betreuungsverfahren in Teil A Rn. 150 f.*

bb. Weitere Gesichtspunkte

171 Im Verfahren auf Genehmigung bzw. Anordnung einer Unterbringungsmaßnahme werden zudem folgende Gesichtspunkte bei der Anhörung wichtig sein:

- Klärung der Personalien,
- Besprechung der Vorgänge/Gefährdungstatbestände, die zum Verfahren geführt haben,
- Besprechung der Grunderkrankung – ggfs. aktuelle Begleiterkrankungen – des Betroffenen sowie Klärung, ob Bereitschaft des Betroffenen besteht, sich freiwillig behandeln zulassen und die erforderlichen Medikation bzw. sonstigen ärztlichen Maßnahmen einzuwilligen[577], ggfs. Gründe für die Ablehnung der ärztlichen Maßnahmen,
- Eindruck vom Betroffenen und seiner Umgebung (wichtig für die Art seiner Erkrankung, seine Verhaltensweisen, welche anderen Hilfen bestehen, Erforderlichkeit der Maßnahme, Kontrolle des ärztlichen Gutachtens bzw. Zeugnisses[578]),
- Klärung, wer als Vertrauensperson, Angehöriger oder Institution zu beteiligen ist (§ 315 FamFG),

573 Coeppicus, S. 19; Bahrenfuss-Grotkopp, § 319 FamFG, Rn. 12
574 BGH NJW 2013, 691 zu § 278 FamFG
575 Bahrenfuss-Grotkopp, § 319 FamFG, Rn. 14
576 Der Abgeordnete Silberhorn weist allerdings auf den zwingenden Charakter des § 319 FamFG hin, vgl. BT-Plenarprotokoll 17/217, S. 26880
577 Bahrenfuss-Grotkopp, § 319 FamFG, Rn. 19
578 BVerfG NJW 1990, 2309, 2310

- Klärung, ob ein Rechtsanwalt oder eine andere Person bevollmächtigt ist oder wird bzw. ein Verfahrenspfleger (§ 317 FamFG) zu bestellen ist,
- Klärung, ob der Betroffene über die Mitteilung der Entscheidung an andere Behörden unterrichtet werden kann (§ 338 FamFG).

Bei ausländischen Staatsangehörigen muss im Rahmen der Anhörung ein Hinweis auf ihr Recht nach Art. 36 des Wiener Übereinkommens über konsularische Beziehungen – Information der für sie zuständigen konsularischen Vertretung ihres Heimatlandes über den Freiheitsentzug – erfolgen[579].

e. Verfahrensrechtliche Aspekte

Hinsichtlich der verfahrensrechtlichen Aspekte regelt § 319 in Abs. 3 bis 5 FamFG die Frage der Einschaltung eines ersuchten Richters.

aa. Ersuchter Richter

Die persönliche Anhörung und die Verschaffung eines persönlichen Eindrucks sollen nicht durch einen ersuchten Richter (Rechtshilferichter eines anderen als des entscheidenden Gerichtes) erfolgen, Abs. 4. Das schließt eine derartige Verfahrensweise aber nicht generell aus[580]. Ob eine Anhörung durch einen ersuchten Richter genügt, ist unter Beachtung des § 26 FamFG nach pflichtgemäßem Ermessen zu entscheiden. Nach den Gesetzesmotiven sollte sie auf seltene Ausnahmen beschränkt bleiben[581]. Zu denken ist an folgende Fälle: 172

- Betroffener ist kommunikationsunfähig[582],
- freiheitsentziehende Maßnahmen nach § 1906 Abs. 4 BGB[583],
- Verfahren auf Anordnung einer einstweiligen Unterbringung, § 331 Satz 2 FamFG[584],
- Verlängerung von Unterbringungsanordnungen bzw. -genehmigungen bei unverändertem Krankheitsbild[585] oder
- erstmalige Unterbringungsanordnung bzw. -genehmigung bei eindeutigem Krankheitsbild mit weitgehend eingeschränkter Kommunikationsfähigkeit[586] (Betroffener ist verwirrt und völlig desorientiert, Bestehen einer globalen Aphasie).

Der ersuchte Richter muss aber den persönlichen Eindruck vom Betroffenen aktenkundig wiedergeben[587].

bb. Auslandsberührung

Hat der Betroffene seinen Aufenthalt nicht nur vorübergehend im Ausland, erfolgen die Anhörung und die Verschaffung des persönlichen Eindrucks durch den ersuchten (ausländischen) Richter. 173

579 LG Nürnberg-Fürth BtPrax 2014, 90. Ebenso in Freiheitsentziehungssachen BGH FGPrax 2011, 257.
580 BGH FamRZ 2017, 996; BtPrax 2016, 114 f.; OLG Hamm, Beschluss vom 15.3.2018 – 1 W 13/18 – juris; LG Wuppertal FamRZ 2015, 1423
581 BT-Drs. 11/4528, S. 219 und 11/6949, S.84. Sie ist aber auch nicht schädlich, BayObLG FamRZ 2001, 566.
582 BGH FamRZ 2017, 996; BtPrax 2016, 114 f.: Das Gericht muss in seiner Entscheidung aber die Gründe für diese Form der Anhörung nachvollziehbar darlegen.
583 Keidel-Budde § 319 FamFG Rn. 7
584 Vgl. bereits BayObLG FamRZ 1998, 841
585 Zweifelnd Keidel-Budde § 319 FamFG Rn. 10
586 Damrau/Zimmermann, § 319 FamFG, Rn. 19
587 BayObLG FamRZ 2001, 566

cc. Unterbleiben der Anhörung

174 Nur die Anhörung, nicht die Verschaffung des persönlichen Eindrucks, kann nach § 319 Abs. 3 FamFG unterbleiben, wenn die Voraussetzungen des dort in Bezug genommenen § 34 Abs. 2 FamFG erfüllt sind. Es müssen dann – durch ein ärztliches Gutachten belegt – erhebliche Gesundheitsnachteile für den Betroffenen zu befürchten sein oder der Betroffene darf nicht in der Lage sein, seinen Willen kundzutun.

▶ *Zum Absehen der Anhörung vgl. auch die Ausführungen zur Anhörung im Betreuungsverfahren in Teil A Rn. 152 ff.*

Sie kann ebenfalls unterbleiben, wenn das Gericht keine Unterbringungsmaßnahme genehmigen oder anordnen will.

Geht der Betroffene selbst von der Notwendigkeit einer Unterbringung aus, rechtfertigt das nicht das Absehen von einer persönlichen Anhörung[588].

Bei der Genehmigung einer ärztlichen Zwangsmaßnahme ist die persönliche Anhörung des Betroffenen regelmäßig erforderlich. Ihr kommt im Verfahren eine zentrale Bedeutung zu[589]. Auch der Umstand, dass der Betroffene bereits im einstweiligen Anordnungsverfahren zur Frage einer ärztlichen Zwangsmaßnahme angehört wurde, rechtfertigt kein Absehen von der persönlichen Anhörung im Hauptsacheverfahren[590].

dd. Vorführung des Betroffenen

175 Verweigert der Betroffene eine persönliche Anhörung in seiner üblichen Umgebung und weigert sich zu der persönlichen Anhörung in das Gericht zu kommen, kann das Gericht ihn zwangsweise vorführen lassen, § 319 Abs. 5 FamFG. Die Vorführung sollte zuvor angedroht worden sein. Die Entscheidung ergeht in einem eigenständigen Verfahren.

Die Gerichte müssen prüfen, ob mit der Anordnung der Gewaltanwendung das Wohl des Betroffenen gewährt bleibt. Insbesondere muss die Erforderlichkeit konkret festgestellt werden und die Verhältnismäßigkeit gewahrt sein. Das kann z.B. bejaht werden, wenn ein Versuch erfolglos bleibt, den Betroffenen ohne Gewaltanwendung zu bewegen, den Anhörungstermin wahrzunehmen oder der Betroffene sich dem gerichtlichen Verfahren entzieht. Der Grundsatz der Verhältnismäßigkeit kann es gebieten, anstelle einer gewaltsamen Vorführung den Weg über § 34 Abs. 1 und 3 FamFG mit der Möglichkeit, auch ohne persönliche Anhörung des Betroffenen zu entscheiden[591], zu gehen. Die zuständige Behörde ist bei entsprechender gerichtlicher Anordnung berechtigt, die Polizei um Unterstützung zu ersuchen. Die Behörde darf der Polizei die Zuführung nicht überlassen, sondern nur zur Unterstützung heranziehen. Die Polizei ist nach den Grundsätzen der Amtshilfe zur Vollzugshilfe verpflichtet.

176 Mit der Einfügung des § 319 Abs. 6 FamFG stellt der Gesetzgeber eine ausdrückliche Rechtsgrundlage für die Anwendung von unmittelbarem Zwang im Rahmen der Vorführung zur Verfügung. Nach Satz 1 darf die zuständige Behörde Gewalt allerdings nur auf ausdrückliche Anordnung des Gerichtes anwenden. Nach Satz 2 kann die zuständige Behörde bei Bedarf, etwa wenn abzusehen ist, dass körperliche Gewalt nötig wird, die Polizei zur Unterstützung heranziehen. Über die entsprechende Notwendigkeit entscheidet die zuständige Behörde im Rahmen von pflichtgemäßem Ermessen. Abs. 6 entspricht § 283 Abs. 2 FamFG, der die Vorführung zur Untersuchung im Betreuungsverfahren regelt.

---

588 BayObLG FamRZ 1995, 695
589 BGH BtPrax 2014, 137 f.; OLG Nürnberg StraFo 2018, 259: zum BayMRVG
590 OLG Karlsruhe, Beschluss vom 26.3.2018 – 2 Ws 79/18 – juris = BtPrax 2018, 124 (LS): zum baden-württembergischen PsychKHG
591 BGH FamRZ 2010, 1650

Sofern die zuständige Behörde zum Zweck der Vorführung die Wohnung des Betroffenen gewaltsam öffnen, betreten oder durchsuchen muss, bedarf es dafür – sofern keine Gefahr im Verzug besteht – einer gerichtlichen Anordnung. § 319 Abs. 7 Satz 1 FamFG enthält dazu eine ausdrückliche Rechtsgrundlage und kommt damit den verfassungsrechtlichen Anforderungen der Art. 13 Abs. 1, 2 und 19 Abs. 1 Satz 2 GG nach[592]. Die Anordnung darf nur zu dem Zweck erfolgen, den Betroffenen aufzufinden, um ihn zu einer persönlichen Anhörung und der Verschaffung eines persönlichen Eindrucks nach Abs. 1 vorzuführen. Anders als in § 326 Abs. 7 Satz 2 FamFG (siehe dazu unten Rn. 237 ff.) setzt die Durchsuchungsanordnung nach § 319 Abs. 7 FamFG keine gesonderte persönliche Anhörung des Betroffenen voraus. Dies mag damit zusammenhängen, dass sich der Betroffene im Vorfeld einer persönlichen Anhörung durch den Richter entzogen hat. 177

Eine Anordnung zum gewaltsamen Öffnen und Betreten der Wohnung eines Dritten, in der sich der Betroffenen aufhält, ohne dort zu wohnen, ermöglicht Abs. 7 nicht. Bei Gefahr im Verzug bedarf es keiner vorherigen ausdrücklichen Entscheidung des Gerichts, Satz 2. Gefahr im Verzug kann bejaht werden, wenn auf die gerichtliche Entscheidung nicht gewartet werden kann, ohne dass es zu einer Gefährdung der Gesundheit oder des Lebens des Betroffenen kommt. § 319 Abs. 7 Satz 3 FamFG trägt dem Zitiergebot des Art. 13 Abs. 1 Satz 2 GG Rechnung. Zur Kostentragungspflicht bei der Hinzuziehung eines Schlüsseldienstes zur Wohnungsöffnung vgl. Rn. 237.

▶ *Zur Vorführung des Betroffenen vgl. auch die Ausführungen zur Anhörung im Betreuungsverfahren in Teil A Rn. 155*

ee. Hinzuziehung eines Sachverständigen und anderer Personen

Nach § 170 Abs. 1 Satz 1 GVG ist die persönliche Anhörung des Betroffenen grundsätzlich nicht öffentlich. Ein Anwesenheitsrecht besteht für den Richter, den Betroffenen, den gesetzlichen Vertreter des Betroffenen[593], gegebenenfalls Verfahrenspfleger bzw. -bevollmächtigten. Ist ein Verfahrenspfleger bestellt, ist ihm Gelegenheit zu geben, an der Anhörung teilzunehmen. Geschieht das nicht, begründet es einen Verfahrensfehler[594]. Zur Anhörung darf ein Sachverständiger hinzugezogen werden, da der Sachverständige den Betroffenen persönlich zu untersuchen und zu befragen hat, vgl. § 321 Abs. 1 Satz 2 FamFG. Nach § 170 Abs. 1 Satz 3 GVG ist auf Verlangen des Betroffenen seiner Vertrauensperson die Anwesenheit zu gestatten. Letztlich kann das Gericht die Anwesenheit weiterer Personen gestatten, jedoch nicht gegen den Willen des Betroffenen, § 170 Abs. 1 Satz 2 GVG. 178

▶ *Zur Hinzuziehung von Dritten vgl. auch die Ausführungen zur Anhörung im Betreuungsverfahren in Teil A Rn. 156 ff.*

ff. Schlussgespräch

Das FamFG hat die bisherigen Regelungen zur Notwendigkeit eines Schlussgespräches nicht übernommen. Ist in der Hauptsache über die Genehmigung einer Unterbringungsmaßnahme zu entscheiden, darf die Anhörung ohnehin erst nach Vorlage des Gutachtens erfolgen, da sich das Gericht im Rahmen der Würdigung des Gutachtens einen persönlichen Eindruck vom Betroffenen zu verschaffen hat[595]. Wird ein weiteres Gutachten eingeholt, muss eine erneute persönliche Anhörung erfolgen[596]. 179

592 BT-Drs. 17/10490, S. 21
593 BGH BtPrax 2017, 156: Für den Betreuer
594 BGH BtPrax 2017, 38 und 156
595 BGH BtPrax 2012, 116; a.A. noch OLG Rostock FamRZ 2007 1767 f.: Wenn sich das Gericht durch mehrere, zeitlich unmittelbar vorausgehende Anhörungen einen ausreichenden Eindruck verschafft hat.
596 BGH BtPrax 2017, 86 (LS) und 29

gg. Anhörungsvermerk

180 Eine gesetzliche Regelung zur Notwendigkeit, das Ergebnis einer persönlichen Anhörung und eines persönlichen Eindruckes festzuhalten, findet sich in § 28 Abs. 4 FamFG. Nach § 28 Abs. 4 Satz 2 FamFG sind in dem Vermerk die wesentlichen Vorgänge der persönlichen Anhörung aufzunehmen. Erforderlich sind Angaben zu den anwesenden Personen, Zeit und Ort der Anhörung sowie zu den wesentlichen, entscheidungsrelevanten Verfahrenshandlungen. Ggfs. sind Aussagen von Zeugen oder Sachverständigen festzuhalten. Im Verfahren auf Unterbringungsmaßnahmen empfiehlt sich die Anhörung in Form eines Gespräches und die möglichst genaue Wiedergabe von Frage und Antwort[597]. Auch der persönliche Eindruck, die Ergebnisse der Beobachtung, äußere Erscheinung, Umfeld, Gesprächsablauf, Gestik, Mimik, Verhalten sowie Vormedikation sollten festgehalten werden[598].

Formvorschriften hinsichtlich der Abfassung des Vermerks bestehen nicht, insbesondere beanspruchen die Vorschriften zur Protokollierung im Zivilprozess, vgl. §§ 159 ff. ZPO, keine Geltung. Deshalb kann der Vermerk auch nach der Durchführung der Anhörung – in Abwesenheit der Beteiligten – angefertigt werden. Sobald die Voraussetzungen für den elektronischen Rechtsverkehr erfüllt sind, kann der Vermerk als elektronisches Dokument angefertigt werden, vgl. § 14 FamFG. Ein Vermerk kann auf Antrag eines Beteiligten bzw. von Amts wegen berichtigt werden. Dafür gelten die Voraussetzungen für eine Protokollberichtigung nach § 164 ZPO nicht[599].

7. Sachverständigengutachten und ärztliches Zeugnis, § 321 FamFG

Wie die §§ 280, 281 FamFG im Verfahren auf die Bestellung eines Betreuers legt § 321 FamFG für Unterbringungsverfahren fest, in welchen Fällen ein Gutachten eines Sachverständigen einzuholen ist und wann ein ärztliches Zeugnis genügt. Daneben finden sich Regelungen zur erforderlichen Qualifikation eines Sachverständigen sowie zum Verfahren der Gutachtenerstellung.

§ 321 FamFG Einholung eines Gutachtens

(1) [1]Vor einer Unterbringungsmaßnahme hat eine förmliche Beweisaufnahme durch Einholung eines Gutachtens über die Notwendigkeit der Maßnahme stattzufinden. [2]Der Sachverständige hat den Betroffenen vor der Erstattung des Gutachtens persönlich zu untersuchen oder zu befragen. [3]Das Gutachten soll sich auch auf die voraussichtliche Dauer der Unterbringung erstrecken. [4]Der Sachverständige soll Arzt für Psychiatrie sein; er muss Arzt mit Erfahrung auf dem Gebiet der Psychiatrie sein. [5]Bei der Genehmigung einer Einwilligung in eine ärztliche Zwangsmaßnahme oder bei deren Anordnung soll der Sachverständige nicht der zwangsbehandelnde Arzt sein.

(2) Für eine Maßnahme nach § 312 Nr. 2 genügt ein ärztliches Zeugnis.

a. Überblick

181 Zum Anwendungsbereich gelten die Ausführungen zu § 319 FamFG (vgl. oben Rn. 167). § 321 FamFG betrifft die Frage, wann im Unterbringungsverfahren ein Sachverständigengutachten einzuholen ist, Abs. 1, bzw. wann ein ärztliches Zeugnis ausreichend ist, Abs. 2. Zudem finden sich in der Vorschrift Regelungen hinsichtlich der erforderlichen Qualifika-

597 Dodegge, NJW 1987, 1912; Coeppicus, S. 32 ff.
598 Damrau/Zimmermann, § 319 FamFG, Rn. 10
599 Schulte-Bunert/Weinreich-Brinkmann § 28 FamFG, Rn.35 ff.

tion eines Sachverständigen, seines Begutachtungsverfahrens und des Gutachteninhaltes, Abs. 1 Satz 2 bis 4.

b. Sachverständigengutachten

Als Regel geht das Gesetz davon aus, dass vor einer gerichtlichen Unterbringungsmaßnahme (dazu oben Rn. 109) ein Sachverständigengutachten einzuholen ist. Lediglich für Verfahren in Bezug auf eine freiheitsentziehende Maßnahme, § 312 Nr. 2 FamFG, genügt grundsätzlich ein ärztliches Zeugnis, Abs. 2 (dazu unten Rn. 195). 182

Auch in Verfahren auf Anordnung einer Unterbringungsmaßnahme nach den Landesunterbringungsgesetzen, also Unterbringungssachen nach § 312 Nr. 4 FamFG, besteht die Verpflichtung der Gutachteneinholung. Sie wird durch den Umstand, dass die zuständige Behörde nach dem jeweiligen Landesrecht ihrem Antrag ohnehin ein fachärztliches Gutachten beifügen muss, nicht hinfällig[600].

aa. Gutachten 183

Um die Qualität eines Gutachtens zu erreichen, muss die sachverständige Äußerung gewisse Mindeststandards erfüllen.

▶ *Zu Form und Inhalt des Gutachtens vgl. auch die Ausführungen zu § 280 FamFG in Teil A Rn. 162 ff.*

Auch im Unterbringungsverfahren kommt es nicht maßgeblich auf den Umfang, sondern allein auf den Inhalt der Sachverständigenäußerung an. Der notwendige Inhalt eines Gutachtens im Rahmen von Unterbringungsmaßnahmen bestimmt sich nach der Art der Erkrankung bzw. Behinderung sowie der Intensität der vorgesehenen Maßnahme. Es dürfen angesichts des Verfassungsranges der persönlichen Freiheit keine geringeren Anforderungen als im Strafverfahren gestellt werden[601]. Ein Gutachten darf auf frühere Gutachten Bezug nehmen und muss so gestaltet sein, dass es eine in den Einzelheiten nachvollziehbare und überprüfbare Entscheidungsgrundlage schafft[602].

Inhaltlich schreibt § 321 Abs. 1 Satz 3 FamFG lediglich vor, dass das Gutachten Ausführungen zur voraussichtlichen Dauer der Unterbringung enthalten soll. Daneben wird es folgende Punkte beinhalten[603]: 184

- Sachverständige Darstellung und Erörterung durchgeführter Untersuchungen, Testungen, Befragungen und der ermittelten Befunde[604];
- Beschreibungen von Art und Ausmaß der Erkrankung bzw. Behinderung und der medizinischen Gesichtspunkte, die die materiellen Unterbringungsvoraussetzungen ausfüllen[605], also die materiellen Voraussetzungen der §§ 1631b bzw. 1906 BGB oder des jeweiligen Landesunterbringungsgesetzes bzw. die materiellen Voraussetzungen zur Genehmigung einer ärztlichen Zwangsmaßnahme sowie Darlegung eines Behandlungskonzeptes[606];

---

600 BGH BtPrax 2013, 25
601 Bienwald-Harm, § 321 FamFG, Rn. 4
602 OLG Naumburg FamRZ 2008, 2060 f.
603 OLG Naumburg FamRZ 2008, 2060 f. sowie BayObLG FamRZ 1995, 695 und BtPrax 2001, 166; ähnlich OLG Düsseldorf BtPrax 1995, 29; OLG Brandenburg FamRZ 2001, 40, jeweils zu § 68b FGG. In Verbindung mit früheren aktenkundigen Gutachten kann im Einzelfall eine gutachterliche Stellungnahme genügen, vgl. KG NJOZ 2005, 3625 ff.
604 BGH BtPrax 2017, 118: zu § 280 FamFG und BtPrax 2013, 39
605 OLG Naumburg FamRZ 2008, 2060 f.; KG BtPrax 2007, 85 ff.; OLG Hamm FGPrax 2006, 230 f., d. h. also die materiellen Voraussetzungen der §§ 1631b bzw. 1906 BGB oder des jeweiligen Landesunterbringungsgesetzes
606 BGH BtPrax 2013, 39

- Feststellung, ob der Betroffene bezüglich der konkreten Unterbringungsmaßnahme bzw. der beabsichtigten ärztlichen Zwangsmaßnahme seinen Willen frei bestimmen kann[607];
- Ausführungen zur voraussichtlichen Dauer der Unterbringungsmaßnahme bzw. der beabsichtigten ärztlichen Zwangsmaßnahme sowie zu Rehabilitations- und Therapiemöglichkeiten;
- Auseinandersetzung mit Alternativen zur Unterbringungsmaßnahme bzw. zur beabsichtigten ärztlichen Zwangsmaßnahme;
- in Hinblick auf eine ärztliche Zwangsmaßnahme Feststellungen zum Überwiegen des Nutzens der beabsichtigten ärztlichen Maßnahme im Verhältnis zu den Folgen des Zwangseingriffes und schließlich
- Stellungnahme dazu, ob das Gutachten und die gerichtlichen Entscheidungsgründe dem Betroffenen in vollem Umfang bekannt gemacht werden können und ob bei einer persönlichen Anhörung durch den Richter erhebliche Nachteile für den Betroffenen zu befürchten sind.

185 Das Gericht seinerseits hat die Aufgabe, das Gutachten kritisch zu würdigen[608] und insbesondere auf typische Mängel im Unterbringungsgutachten zu achten, z.B. Fehlen einer eindeutigen Diagnose oder von konkreten Aussagen zum Ausschluss der freien Willensbestimmung bzw. zu einer Eigengefährdung, Darlegung der Verhältnismäßigkeit[609]. Langjährige Erfahrung und Sachkunde des Richters machen die Einholung eines Gutachtens nicht entbehrlich[610]. Ein Gutachten ist nur dann nicht erforderlich, wenn das Gericht nach den übrigen Ermittlungsergebnissen keine Unterbringungsmaßnahme anordnen will.

bb. Grundlagen des Gutachtens

186 Das Gericht muss die Tatsachen bezeichnen und gegebenenfalls zuvor über bestrittene oder unklare Tatsachen Beweis erheben, auf deren Feststellung es für die Beurteilung der Erforderlichkeit einer Unterbringungsmaßnahme ankommt[611]. Nach §§ 30 Abs. 2, 321 Abs. 1 Satz 1 FamFG erfolgt die Einholung eines Gutachtens im Wege der förmlichen Beweisaufnahme[612]. Insoweit gelten also für das gerichtliche Verfahren die Vorschriften der ZPO entsprechend, § 30 Abs. 1 FamFG.

Der Sachverständige hat den Betroffenen persönlich zu untersuchen und zu befragen, Abs. 1 Satz 2[613]. Dazu darf der Sachverständige den Betroffenen allerdings nicht gegen dessen Willen in dessen Wohnung aufsuchen und untersuchen[614]. Möglich ist allenfalls die Vorführung nach § 322 FamFG. Die Untersuchung des Betroffenen durch den Sachverständigen darf erst nach dessen gerichtlicher Bestellung erfolgen[615]. Da der Sachverständige insoweit keiner ärztlichen Schweigepflicht unterliegt und demgemäß kein Aussage- und Gutachtenverweigerungsrecht besteht[616], bilden diese Untersuchungen und Befra-

607 Bei verfassungskonformer Auslegung des § 1906 BGB ist dies zumindest in den dort geregelten Unterbringungsmaßnahmen ein ungeschriebenes Tatbestandsmerkmal, vgl. dazu oben Rn. 37.
608 BayObLG BtPrax 1994, 59 und BtPrax 2002, 121, zu § 68b FGG
609 Marschner/Volckart/Lesting, Kap. D, § 321 FamFG, Rn. 16
610 OLG Stuttgart FamRZ 1993, 1365 zu § 68b FGG
611 OLG Hamm BtPrax 2009, 77 ff.
612 BGH BtPrax 2015, 204
613 Vor der Untersuchung hat der Sachverständige den Betroffenen über den Zweck der Untersuchung zu informieren, BGH FamRZ 2015, 2156
614 BGH NJW 2013, 691: zu § 278 FamFG
615 BGH BtPrax 2013, 254
616 Jürgens-Marschner, § 321 FamFG, Rn. 5; zur therapeutischen Verschwiegenheit vgl. Marschner/Volckart/Lesting, Kap. D, § 321 FamFG, Rn. 21 ff.

gungen den Grundstock des Gutachtens. Dem Erfordernis der persönlichen Untersuchung wird der Gutachter nicht gerecht, wenn er das Gutachten nur nach Aktenlage[617], aufgrund einer Exploration am Fenster[618] bzw. am Telefon[619], aufgrund seiner Erkenntnisse als behandelnder Arzt[620] oder auf Grundlage eines Gespräches aus anderem Anlass[621] erstattet. Lehnt der Betroffene allerdings die Befragung und die körperliche Untersuchung durch den Sachverständigen ab, kann der persönliche Eindruck des Sachverständigen vom Betroffenen in Zusammenhang mit den zur Verfügung stehenden Unterlagen und den Angaben handelnder Personen eine ausreichende Grundlage für ein Gutachten über die Notwendigkeit der Betreuung darstellen[622]. Auch die Herstellung eines verbalen Kontaktes zwischen Sachverständigen und Betroffenen ist nicht erforderlich[623]. Die Untersuchung darf erst nach der Bestellung zum Sachverständigen erfolgen[624]. Der Sachverständige muss dem Betroffenen den Zweck der Untersuchung eröffnen[625]. Es bestehen darüber hinaus aber keine allgemeinen Anforderungen an die Art und Weise der psychiatrischen Begutachtung[626].

Die Untersuchung zur Gutachtenerstattung muss in einem engen zeitlichen Abstand erfolgen[627]. Schließlich darf sich der Sachverständige bei den Untersuchungen Hilfspersonen bedienen, z.B. für Laboruntersuchungen oder testpsychologische Abklärungen. Er muss diese Hilfspersonen in seinem Gutachten aber benennen und für deren Ergebnisse die Verantwortung übernehmen[628].

cc. Auswahl und Qualifikation des Sachverständigen

(1) Allgemeines

Nach dem entsprechend anwendbaren § 440 Abs. 1 Satz 1 ZPO hat das Gericht das Gutachten einzuholen. Deshalb hat das Gericht den Gutachter selbst nach pflichtgemäßem Ermessen auszuwählen und zu beauftragen. Behördenintern erstellte ärztliche Stellungnahmen oder andere, nicht gerichtlich veranlasste Gutachten können niemals als Sachverständigengutachten Verwertung finden[629]. Auch Gutachten, die eine antragstellende Behörde nach dem jeweiligen Landesunterbringungsgesetz ihrem Antrag beizufügen hat, sind keine Gutachten im Sinne des § 321 FamFG. Es fehlt an der Beauftragung durch das Gericht[630]. Das Gericht kann den Gutachter allerdings unter Umständen als Sachverständigen auswählen und beauftragen, ein (weiteres) Gutachten im Verfahren zu erstatten[631]. **187**

Zu beauftragen ist immer eine Einzelperson, nicht eine Behörde (fachärztlicher Dienst der **188**
Stadt), eine Institution oder eine Klinik. Ein Arzt, der die Unterbringung angeregt hat, soll in der Regel nicht als Sachverständiger ausgewählt werden, da es an der Unbefangenheit

---

617 BGH BtPrax 2017, 196 f.OLG Brandenburg FamRZ 2001, 40
618 OLG Köln FamRZ 2001, 310; 1999, 873 jeweils zu § 68b FGG
619 Damrau/Zimmermann, § 321 FamFG, Rn. 21
620 BGH BtPrax 2013, 39; KG BtPrax 2008, 38 ff.: Es bedarf einer erneuten persönlichen Untersuchung.
621 Z.B. im Rahmen einer Begutachtung zur Schuldfähigkeit in einem Strafverfahren oder zur forensischen Unterbringung, Damrau/Zimmermann, § 321 FamFG, Rn. 21; s. auch OLG Köln FamRZ 1999, 873 zu § 68b FGG.
622 BGH BtPrax 2018, 118 ff. = FamRZ 2018, 525 m. Anm. Dodegge; BtPrax 2016, 148
623 BGH FamRZ 2017, 1324 = BtPrax 2017, 207 f. (LS)
624 BGH FamRZ 2015, 2156 und 2013, 1726 und NJW 2013, 3784 ff.
625 BGH NJW-RR 2017, 1219; BtPrax 2015, 204
626 OLG Hamm BtPrax 2009, 77 ff.
627 BayObLG BtPrax 2004, 114 f.
628 OLG Brandenburg FamRZ 2001, 40 zu § 68b FGG
629 KG FamRZ 1995, 1379; BayObLG BtPrax 2001, 166
630 BGH BtPrax 2013, 25
631 Es sei denn, er ist nicht (mehr) objektiv, Jürgens-Marschner, § 321 FamFG, Rn. 4

fehlen könnte[632]. Gleiches gilt für den behandelnden Arzt des Betroffenen[633]. Dieser darf zudem nicht ohne weiteres seine Kenntnisse aus der Vorbehandlung verwerten. Sie unterliegen grundsätzlich dem Gebot der ärztlichen Schweigepflicht. Nur bei Einwilligung des Betroffenen[634] oder anderen Rechtfertigungsgründen[635] darf der behandelnde Arzt solche Kenntnisse als Sachverständiger verwerten. Verwertet der Sachverständige im Gutachten entgegen seiner Verschwiegenheitsverpflichtung Vorkenntnisse, bleiben diese trotzdem für das Gericht verwertbar[636].

Bei der Auswahl des Sachverständigen ist ferner § 329 Abs. 2 Satz 2 FamFG zu beachten (siehe dazu auch unten Rn. 284 ff.). Danach soll das Gericht bei Unterbringungen mit einer Gesamtdauer von mehr als vier Jahren keinen Sachverständigen bestellen, der den Betroffenen bisher behandelt oder begutachtet hat oder in der Einrichtung tätig ist, in der der Betroffene untergebracht ist. Dabei reicht es aus, dass der mit der aktuellen Entscheidung ins Auge gefasste Unterbringungszeitraum über die 4-Jahresfrist hinausreicht. Die gesetzliche Vorschrift will gerade vermeiden, dass eine Unterbringung über einen Zeitraum von vier Jahren hinaus aufrechterhalten wird, ohne dass ihr das Gutachten eines außenstehenden Sachverständigen zugrunde liegt[637].

(2) Besonderheiten im Verfahren auf Genehmigung einer ärztlichen Zwangsmaßnahme

189 Eine Besonderheit bei der Auswahl des Gutachters gilt es im Rahmen eines Verfahrens auf Genehmigung einer **ärztlichen Zwangsmaßnahme** zu beachten. Um in diesen Verfahren eine sachgerechte gerichtliche Entscheidung zu gewährleisten, soll das Gericht nach § 321 Abs. 1 Satz 5 FamFG nicht den zwangsbehandelnden Arzt als Sachverständigen auswählen. Mit diesem sog. Vier-Augen-Prinzip will der Gesetzgeber eine unabhängige Überprüfung der angestrebten ärztlichen Zwangsmaßnahme durch einen Arzt, der nicht in die Behandlung des Betreuten eingebunden ist, erreichen[638]. Zudem erhofft er sich, dass der Betreute im Rahmen der Begutachtung doch noch die Behandlung akzeptieren könnte. Soweit der Gesetzgeber die Vorschrift als Sollvorschrift ausgestaltet hat, wollte er damit den Problemen der gerichtlichen Praxis, geeignete Sachverständige zu finden, Rechnung tragen.

190 Nach der gesetzgeberischen Wertung ist von der Ausnahmeregelung nur restriktiv Gebrauch zu machen. Nur in atypischen und eng begrenzten Ausnahmefällen kann der zwangsbehandelnde Arzt als Sachverständiger ausgewählt werden[639]. Angesichts des in Deutschland fehlenden Netzes von Psychiatern kann ein solcher Fall vorliegen, wenn in ländlichen Bereichen personelle Engpässe bestehen und trotz intensiver Bemühungen kein entsprechender Facharzt gefunden werden kann, der zur Gutachtererstattung in der Lage wäre[640]. Auch wenn § 321 Abs. 1 Satz 5 FamFG nicht die Regelung des § 329 Abs. 3 FamFG aufgreift, sollte neben dem zwangsbehandelnden Arzt auch ein Arzt, der den Betroffenen im Vorfeld behandelt bzw. begutachtet hat oder in der Einrichtung, in der der

632 LG Tübingen FamRZ 1996, 1344; a.A. Keidel-Budde, § 280 FamFG, Rn. 12
633 Solange kein Fall des § 329 Abs. 2 Satz 2 FamFG vorliegt, soll seine Bestellung aber möglich sein, BGH NJW 2011, 520 und MDR 2011, 788.
634 Auch antizipierte, z.B. in einer Betreuungsverfügung, (Vorsorge-)Vollmacht oder Behandlungsvereinbarung (dazu siehe § 2 PsychKG NRW)
635 In Betracht kommen mutmaßliche Einwilligung oder übergesetzlicher Notstand, vgl. Schimke, BtPrax 1993, 74 ff.
636 BGH NJW 2011, 520 und MDR 2011, 788: Offen bleibt, ob das auch gilt, wenn er die Unterbringung angeregt hat.
637 BGH BtPrax 2017, 29 f.
638 BGH BtPrax 2015, 204: Ausnahme in Eilfällen möglich und NJW 2013, 3784 ff.
639 BGH FamRZ 2014, 29
640 BGH NJW 2013, 3784 ff., BT-Plenarprotokoll 17/217, S. 26879 und 26881

Betreute untergebracht ist, beschäftigt ist, nicht als Sachverständiger ausgewählt werden[641]. Sofern das Gericht von der Regel bei der Auswahl des Sachverständigen abweicht, sind die Gründe dafür im Genehmigungsbeschluss konkret aufzuführen[642].

(3) Fachärztliche Qualifikation

Hinsichtlich der Qualifikation des zu beauftragenden Sachverständigen legt § 321 Abs. 1 Satz 4 FamFG fest, dass dieser in der Regel Arzt für Psychiatrie sein soll. In jedem Fall muss der Sachverständige aber über Erfahrungen auf dem Gebiet der Psychiatrie verfügen. Die Qualifikation als Arzt für Psychiatrie setzt eine entsprechende Ausbildung mit erfolgreichem Abschluss sowie eine dauernde Tätigkeit auf dem ärztlichen Fachgebiet der Psychiatrie bzw. Psychiatrie und Neurologie voraus. Nach den Weiterbildungsordnungen der Ärztekammern[643] umfasst das Gebiet der Psychiatrie die Vorbeugung, Erkennung und somatotherapeutische sowie sozial-psychiatrische Behandlung und Rehabilitation von psychischen Erkrankungen und psychischen Störungen in Zusammenhang mit körperlichen Erkrankungen unter toxischen Schädigungen unter Berücksichtigung ihrer psychosozialen Anteile, psychosomatischen Bezüge und forensischen Aspekten. Die Qualifikation als Arzt für Psychiatrie setzt eine entsprechende – i.d.R. 60-monatige – Ausbildung mit erfolgreichem Abschluss sowie eine dauernde Tätigkeit auf dem ärztlichen Fachgebiet der Psychiatrie, Psychotherapie bzw. Neurologie voraus. Ist der Sachverständige Facharzt für Psychiatrie und Psychotherapie, stellt es keinen Verfahrensfehler dar, wenn dem Betroffenen diese Qualifikation nicht unaufgefordert mitgeteilt wird[644]. Ein öffentlich bestellter Amtsarzt mit psychiatrischer Vorbildung erfüllt dieses Kriterium[645]. Ergibt sich die Qualifikation nicht ohne weiteres aus dem Titel des Arztes, ist seine Sachkunde vom Gericht in der Entscheidung darzulegen[646]. **191**

Als in der Psychiatrie erfahren gelten Ärzte, die im Rahmen ihrer ärztlichen Tätigkeit psychische und Suchtkrankheiten behandeln und entsprechende Leistungen abrechnen können, oder Ärzte, die im Rahmen von Weiterbildungen entsprechende Erfahrungen erworben haben. **192**

Zu ersteren zählen:

- Ärzte mit der Fachbezeichnung Neurologie[647], Psychotherapie oder -analyse, Allgemeinmedizin, innere Medizin, öffentliches Gesundheitswesen, Geriatrie, psychosomatische oder suchtmedizinische Grundversorgung, Rettungsdienst.
- Ärzte, die eine mehr als dreimonatige[648] Tätigkeit innerhalb einer Station eines psychiatrischen Krankenhauses, einer psychiatrischen Fachabteilung oder einer vergleichbaren Einrichtung aufweisen;

---

641 BGH NJW 2013, 3784 ff., BR-Drs. 26/13, S. 14(a)
642 BGH BtPrax 2015, 204 und FamRZ 2014, 29
643 Vgl. etwa Weiterbildungsordnung der Ärztekammer Westfalen-Lippe vom 9.4.2005 i.d.F. vom 26.11.2016, Ministerialblatt NRW 2016, 336
644 BGH BtPrax 2013, 69
645 BGH BtPrax 2014, 38: zu § 280 FamFG; BayObLG BtPrax 1993, 30; differenzierter in FamRZ 1997, 901 und 1565: Aus der Berufsbezeichnung Amtsarzt beim bay. Gesundheitsamt ergibt sich nicht ohne weiteres eine ausreichende Kenntnis bzw. Erfahrung im Bereich der Psychiatrie. Eine ausreichende Qualifikation kann auch bestehen, wenn der Sachverständige psychiatrisch erfahren ist, KG NJOZ 2005, 3625 ff.
646 BGH FamRZ 2013, 1800: zu § 280 FamFG, und NJW-RR 2012, 962; BtPrax 2012, 160; NJW 2011, 520 und FamRZ 2010, 1726. Die Qualifikation ergibt sich z.B. nicht ohne Weiteres bei einem Vertragsarzt der bay. Bezirkskrankenhäuser, BayObLG FamRZ 1998, 1188, oder bei einem an einem Gesundheitsamt als Medizinaloberrat tätigen Arzt, BayObLG FamRZ 1997, 1565
647 Sie hospitieren in der Regel mehrere Monate während ihrer Fortbildung auf einer psychiatrischen Station.
648 Zu dieser zeitlichen Vorgabe siehe BayObLG FamRZ 1997, 1565, das drei Monate noch nicht für ausreichend erachtete. Vielfach wird deshalb ein Zeitraum von sechs Monaten für notwendig erachtet.

zu letzteren rechnen:

- Ärzte, die sich seit mehr als drei Monaten in einer Weiterbildung zum Arzt für Psychiatrie und/oder Neurologie, Psychotherapie oder -analyse befinden und diese Weiterbildung innerhalb einer anerkannten Weiterbildungseinrichtung erfolgt.

Ergibt sich die ausreichende Qualifikation eines Arztes zur Gutachtenerstattung nicht aus seiner Fachbezeichnung ist die ausreichende Erfahrung eines Arztes auf dem Gebiet der Psychiatrie ist vom Gericht zu prüfen und im Genehmigungs- bzw. Anordnungsbeschluss darzulegen[649]. Sie kann sich aus der entsprechenden Feststellung des Gerichts in der Entscheidung ergeben[650]. Ein Arzt im Praktikum (AiP) erfüllt diese Voraussetzung nicht, da er seine Ausbildung noch nicht beendet hat[651].

Bei Jugendlichen kann es sinnvoll sein, einen Facharzt für Kinder- und/oder Jugendpsychiatrie heranzuziehen[652] oder – wenn pädagogische Ursachen zugrunde liegen – einen Pädagogen, was § 167 Abs. 6 FamFG ausdrücklich zulässt.

Weist ein Sachverständiger nicht die erforderliche Qualifikation auf, kann das Gericht seine Entscheidung nicht auf ein entsprechendes Gutachten stützen[653]. Dies wäre verfahrensfehlerhaft.

Vorstehende Grundsätze gelten auch für die Qualifikation des Sachverständigen im Verfahren auf die Genehmigung einer ärztlichen Zwangsmaßnahme. Dies ist dem Umstand geschuldet, dass der Sachverständige – wie im Verfahren auf Genehmigung einer Unterbringung – stets feststellen muss, ob der Betreute einwilligungsunfähig ist.

Problematisch ist dies in Fallkonstellationen, in denen sich das Gutachten auf die zwangsweise Behandlung einer somatischen Erkrankung bezieht. Ein Arzt für Psychiatrie oder mit Erfahrungen auf dem Gebiet der Psychiatrie verfügt in der Regel nicht über eine ausreichende Qualifikation, die Behandlungsnotwendigkeit einer somatischen Erkrankung nebst drohender Schäden zu beurteilen und eine Abwägung der Vor- und Nachteile vorzunehmen. Angesichts des mit einer ärztlichen Zwangsmaßnahme verbundenen massiven Grundrechtseingriffes, der über den mit einer Unterbringung verbundenen Eingriff hinaus geht, ist die Einholung eines weiteren Sachverständigengutachtens durch einen für die Beurteilung der somatischen Erkrankung ausreichend qualifizierten Sachverständigen[654] als Regel zu verlangen. Die Entscheidung über die Hinzuziehung eines weiteren Sachverständigen darf nicht dem Betreuungsrichter im Rahmen der bestehenden Amtsermittlungspflicht gemäß § 26 FamFG als pflichtgemäße Ermessensentscheidung überlassen bleiben. Auch die Vorstellung des Gesetzgebers, dass der ausgewählte psychiatrische Sachverständige im Wege des Konsils das Fachwissen anderer Ärzte mit einbeziehen kann[655], trägt nicht, da der hinzugezogene Arzt nicht vom Gericht beauftragt wurde. Der vom Gesetzgeber ins Auge gefasste Weg erweist sich allenfalls in Eilfällen nach § 331 FamFG als ausreichend tragfähig, um unvertretbare Verzögerungen zu vermeiden. Ansonsten ist entsprechend §§ 321, 30 Abs. 2 FamFG i.V.m. 407a ZPO zu verfahren. Nach § 407a Abs. 1 ZPO hat der Sachverständige unverzüglich zu prüfen, ob der Auftrag in sein Fachgebiet fällt und ohne die Hinzuziehung weiterer Sachverständiger sowie innerhalb der vom Gericht gesetzten Frist erledigt werden kann. Ist das nicht der Fall, so hat der Sachverständige das Gericht unverzüglich zu verständigen. Das Gericht seinerseits kann dann dem Sachverstän-

649 BGH BtPrax 2017, 79
650 BGH BtPrax 2016, 235
651 KG BtPrax 2007, 82 ff.
652 Schulte-Bunert/Weinreich-Dodegge, § 321 FamFG, Rn. 11: ggfs. auch einen Psychologen
653 BGH NJW 2011, 520
654 Facharzt auf dem Gebiet der somatischen Erkrankung
655 BT-Drs. 18/12842, S. 7

digen die Hinzuziehung eines vom Gericht ausgewählten Facharztes, der für die jeweilige somatische Erkrankung qualifiziert ist, zubilligen bzw. ein weiteres Gutachten in Auftrag geben.

Generell als Sachverständiger ungeeignet ist ein Gutachter, der das medizinische Klassifizierungssystem der ICD 10 pauschal ablehnt und eine vom geltenden Betreuungsrecht abgewandte Grundhaltung aufweist[656].

(4) Information des Betroffenen

Das Gericht hat den Betroffenen rechtzeitig über die Anordnung der Begutachtung und die Person des Sachverständigen zu informieren[657]. Diese (formlose) Mitteilung der Ernennung eines Sachverständigen ist notwendig, damit der Betroffene ggfs. von seinem Ablehnungsrecht, §§ 30 FamFG, 406 ZPO, Gebrauch machen und sein Recht zur Teilnahme an der Beweisaufnahme sinnvoll nutzen kann[658]. **193**

dd. Form und Verwertung des Gutachtens

Das Gutachten kann schriftlich oder mündlich erstattet werden, ihm muss aber auf jeden Fall die Qualität eines medizinischen Sachverständigengutachtens zukommen (dazu oben Rn. 183). Die Stellungnahme des behandelnden Arztes im Anhörungstermin vermag eine förmliche Beweisaufnahme durch Gutachteneinholung allerdings nicht zu ersetzen[659]. Wird das Gutachten mündlich erstattet, so ist es in dem Vermerk über die persönliche Anhörung bzw. über einen Termin oder in die Entscheidungsgründe aufzunehmen[660]. Sofern der Betroffene in dem Termin, in dem das Gutachten mündlich erstattet worden ist, nicht anwesend ist, ist ihm ein Vermerk über die Anhörung bzw. den Termin mit dem Gutachteninhalt zu übersenden und ihm ausreichend Gelegenheit zur Stellungnahme einzuräumen[661]. Nur so kann sich der Betroffene auf den Anhörungstermin, in dem das Gutachten zu erörtern ist, ausreichend vorbereiten und durch Erhebung von Einwendungen und Vorbehalten an den Sachverständigen eine andere Einschätzung erhalten. **194**

Das Gutachten eines Sachverständigen darf vom Gericht nur verwertet werden, wenn es den Betroffenen, ggfs. seinem Verfahrensbevollmächtigten[662], vollständig, schriftlich und rechtzeitig vor der Anhörung zur Stellungnahme überlassen worden ist[663]. Die Bekanntgabe an den Verfahrenspfleger ersetzt die Bekanntgabe an den Betroffenen nicht. Auf die Bekanntgabe an den Betroffenen kann nur unter den Voraussetzungen des § 325 FamFG verzichtet werden (dazu Rn. 221). In den Fällen des § 325 FamFG wird durch die Bekanntgabe an den Verfahrenspfleger zumindest ein Mindestmaß an rechtlichem Gehör sichergestellt[664]. Es muss nämlich sichergestellt sein, dass der Verfahrenspfleger mit dem Betroffenen über das Gutachten spricht[665].

---

656 BGH BtPrax 2016, 149
657 BGH FamRZ 2015, 2156 sowie 2013, 1726 und BtPrax 2013, 25; KG BtPrax 2007, 137 f. und FamRZ 2007, 1043. Dies gebietet auch § 6 Abs. 1 EMRK, vgl. EGMR NJOZ 2018, 472.
658 BGH FamRZ 2015, 2156 und 29; BtPrax 2013, 25 und NJW 2011, 520
659 BGH BtPrax 2012, 63
660 OLG Brandenburg FamRZ 2001, 38 (zu § 68b FGG). Angesichts der Schwere des Grundrechtseingriffs sollte ein Gutachten in Unterbringungssachen in der Regel schriftlich erstattet werden.
661 BGH BtPrax 2013, 39
662 Der Verfahrensbevollmächtigte ist rechtsgeschäftlicher Vertreter des Betroffenen, sodass die Bekanntgabe an ihn für und gegen den Betroffenen selbst wirkt, BGH FamRZ 2018, 954.
663 BGH BtPrax 2017, 196 und 29; FamRZ 2017, 1715 f. und 2015, 2156; BtPrax 2015, 204; 2013, 254 in ständiger Rspr.
664 BGH, Beschluss vom 16.5.2018 – XII ZB 14/18 – juris; FamRZ 2018, 707 = BtPrax 124 (LS) und FamRZ 2017, 911 = BtPrax 2017, 163 (LS)
665 BGH BtPrax 2017, 156

Auch ein Gutachten, das im Verfahren schon vor längerer Zeit erstattet wurde, kann im Einzelfall verwertbar sein[666]. Gleiches gilt für ein in einem anderen Verfahren eingeholtes Gutachten, wenn den Beteiligten zum Gutachten zuvor rechtliches Gehör gewährt wurde[667].

Das Gutachten selbst muss so formuliert sein, dass der Richter die Gedankengänge des Sachverständigen nachvollziehen kann. Er muss dies kritisch würdigen und überprüfen sowie sich ein eigenes Bild von der Richtigkeit des vom Sachverständigen gebotenen Ergebnisses machen können. Bedarf es einer mündlichen Erläuterung des Gutachtens, kann diese Tätigkeit nicht formlos auf einen anderen Arzt übertragen werden[668].

c. Ärztliches Zeugnis[669]

195 Betrifft die beabsichtigte Unterbringungsmaßnahme die Genehmigung einer Maßnahme nach § 1906 Abs. 4 BGB (sogenannte freiheitsentziehende Maßnahmen, dazu oben Rn. 83 ff.), lässt § 321 Abs. 2 FamFG anstelle eines Gutachtens ein ärztliches Zeugnis genügen. Das kann aber nur gelten, wenn die Einholung allein eines ärztlichen Zeugnisses dem Amtsermittlungsgrundsatz nach § 26 FamFG gerecht wird[670].

In der gerichtlichen Praxis werden häufig Betreuungen aus Anlass freiheitsentziehender Maßnahmen angeregt. Hier können gutachterliche Äußerungen zu beiden Komplexen (Betreuerbestellung und Genehmigung von Unterbringungsmaßnahmen) erforderlich werden und in einem Antrag verbunden werden. Für spätere Verlängerungen genügen dann häufig ärztliche Zeugnisse.

Ein solches ärztliches Zeugnis muss allerdings ebenfalls gewissen Mindestanforderungen genügen. Dazu gehört, dass der ausstellende Arzt den Betroffenen zeitnah untersucht hat[671], die Auswirkungen der Erkrankung beschreibt, eine nachvollziehbare Diagnose stellt, die dafür maßgeblichen Anknüpfungspunkte aufführt sowie zur Erforderlichkeit und Dauer der in Frage stehenden Maßnahme Stellung nimmt. Qualitativ sollte sich das Attest nicht von einem Gutachten unterscheiden[672]. Im Gegensatz zu einem Gutachten, das vom Gericht eingeholt werden muss, kann ein ärztliches Zeugnis von einem Beteiligten beigebracht werden.

An die Qualifikation des ausstellenden Arztes stellt das Gesetz keine besonderen Anforderungen. Die Gerichte lassen in eindeutigen Fällen[673] ärztliche Zeugnisse des behandelnden Allgemeinmediziners regelmäßig ausreichen. Allenfalls im Rahmen der Amtsermittlungspflicht nach § 26 FamFG kann eine besondere Qualifikation des Arztes erforderlich sein[674].

▶ *Zum ärztlichen Zeugnis vgl. auch die Ausführungen zu § 281 FamFG, Teil A Rn. 168 f.*

666 BGH FamRZ 2016, 2091 = BtPrax 2017, 42 (LS): 1 Jahr (zu § 280 FamFG)
667 BGH BtPrax 2017, 35 zu § 280 FamFG
668 OLG Naumburg FamRZ 2007, 186 f.
669 Vordrucke für ärztliche Zeugnisse finden sich unter www.dodegge.de (Formulare).
670 BT-Drs. 11/4528, S. 219: Solche Fälle sind eher selten.
671 BGH NJW-RR 2017, 1283: zu § 281 FamFG; OLG Frankfurt a.M. FGPrax 2005, 23 zu § 69f FGG
672 OLG Frankfurt a.M. FGPrax 2005, 23 zu § 69f FGG; LG Hildesheim BtPrax 1993, 210
673 Beispiel: altersverwirrter Patient mit krankhaftem Getriebensein bei Gang- und Stehunsicherheit, § 1906 Abs. 4 BGB
674 Keidel-Budde, § 281 FamFG, Rn. 7

d. Untersuchung zur Gutachtenerstattung

§ 322 FamFG Vorführung zur Untersuchung; Unterbringung zur Begutachtung

Für die Vorführung zur Untersuchung und die Unterbringung zur Begutachtung gelten die §§ 283 und 284 entsprechend.

Nach § 322 FamFG sind § 283 und 284 FamFG entsprechend anwendbar. Dies bedeutet, dass der Betroffene gegebenenfalls zwangsweise beim Sachverständigen vorgeführt und untersucht werden kann. Voraussetzung ist dabei, dass dies zur Vorbereitung des Gutachtens erforderlich ist und der Betroffene freiwillig nicht bereit ist, zur Untersuchung zu erscheinen bzw. sich untersuchen zu lassen, oder das Gutachten auf andere Weise nicht erstattet werden kann[675]. 196

▶ *Zur Vorführung vgl. auch die Ausführungen zu § 283 FamFG in Teil A Rn. 170 f.*

Vor der Anordnung der Vorführung soll der Betroffene persönlich angehört werden, § 283 Abs. 1 Satz 2 FamFG. Der Gesetzgeber hat damit die Anhörung in das pflichtgemäße Ermessen des Gerichts gestellt, geht wegen der Grundrechtsrelevanz des Eingriffs indes davon aus, dass die Anhörung zur Gewährung rechtlichen Gehörs unverzichtbar ist[676]. Die Anordnung der Vorführung ist einschließlich eventueller Nebenentscheidungen, z.B. Gestattung der Anwendung einfacher körperlicher Gewalt oder des Öffnens, Betretens und Durchsuchens der Wohnung, unanfechtbar[677]. Das gilt selbst dann, wenn der Betroffene aufgrund einer solchen Anordnung (irrtümlich und ohne Rechtsgrundlage) einige Tage in einer Klinik untergebracht wird[678].

Mangels gesetzlicher Grundlage kann die Begutachtung des Betroffenen in seiner Wohnung – ggf. unter Einsatz von Gewalt – nicht gegen seinen Willen angeordnet werden[679]. Die Vorführung erfolgt durch die jeweils zuständige Behörde (dazu oben Rn. 160).

e. Unterbringung zur Beobachtung zwecks Gutachtenerstattung

Da § 322 FamFG auch § 284 FamFG für entsprechend anwendbar erklärt, ist eine befristete Unterbringung und Beobachtung des Betroffenen möglich, soweit dies zur Erstellung des Gutachtens erforderlich ist. 197

Eine solche Maßnahme kann nur nach Anhörung eines Sachverständigen zur Frage der Unterbringung zwecks Beobachtung (insoweit bestehen keine besonderen Formvorschriften, vgl. Teil A Rn. 173) angeordnet werden. Der Betroffene soll vorher persönlich angehört, werden §§ 322, 284 Abs. 1 Satz 2 FamFG. Sie darf nur so lange andauern, als dies zur Vorbereitung des Gutachtens notwendig ist[680]

Die Vorführung zur Unterbringung erfolgt durch die zuständige Behörde (dazu oben Rn. 160), §§ 322, 284 Abs. 3 Satz 1, 283 Abs. 2 und 3 FamFG. Die Entscheidung des Gerichts kann mit der sofortigen Beschwerde entsprechend §§ 567 bis 572 ZPO angefochten werden, §§ 322, 284 Abs. 3 Satz 2 FamFG.

▶ *Zur Unterbringung zur Begutachtung vgl. auch die Ausführungen zu § 284 FamFG in Teil A Rn. 173 und oben Rn. 64 ff.*

---

675 BT-Drs. 11/4528, S.175
676 BT-Drs. 17/10490, S. 21
677 OLG Hamm FamRZ 1997, 440; Keidel-Budde, § 283 FamFG, Rn. 7
678 BayObLG FamRZ 2002, 419
679 BVerfG FamRZ 2018, 622 und BtPrax 2018, 111 f.
680 BT-Drs. 11/4528, S. 175: grundsätzlich sechs Wochen, ausnahmsweise bis zu einer Gesamtdauer von drei Monaten. In der Regel werden 2 Wochen ausreichen, BayObLG FGPrax 2004, 250, großzügiger noch in FamRZ 2002, 419, 420

8. Entscheidungsinhalt, § 323 FamFG

Wie der § 286 FamFG für den Inhalt einer Entscheidung, durch die ein Betreuer bestellt oder ein Einwilligungsvorbehalt angeordnet wird, schreibt der § 323 FamFG ergänzend zu den allgemeinen Regelungen des § 38 FamFG den Inhalt einer Entscheidung, durch die eine Unterbringungsmaßnahme getroffen wird, vor.

§ 323 FamFG Inhalt der Beschlussformel

(1) Die Beschlussformel enthält im Fall der Genehmigung oder Anordnung einer Unterbringungsmaßnahme auch

1. die nähere Bezeichnung der Unterbringungsmaßnahme sowie

2. den Zeitpunkt, zu dem die Unterbringungsmaßnahme endet.

(2) Die Beschlussformel enthält bei der Genehmigung einer Einwilligung in eine ärztliche Zwangsmaßnahme oder bei deren Anordnung auch Angaben zur Durchführung und Dokumentation dieser Maßnahme in der Verantwortung eines Arztes.

§ 38 FamFG Entscheidung durch Beschluss

(1) [1]Das Gericht entscheidet durch Beschluss, soweit durch die Entscheidung der Verfahrensgegenstand ganz oder teilweise erledigt wird (Endentscheidung). [2]Für Registersachen kann durch Gesetz Abweichendes bestimmt werden.

(2) Der Beschluss enthält

1. die Bezeichnung der Beteiligten, ihrer gesetzlichen Vertreter und der Bevollmächtigten;

2. die Bezeichnung des Gerichts und die Namen der Gerichtspersonen, die bei der Entscheidung mitgewirkt haben;

3. die Beschlussformel.

(3) [1]Der Beschluss ist zu begründen. [2]Er ist zu unterschreiben. [3]Das Datum der Übergabe des Beschlusses an die Geschäftsstelle oder der Bekanntgabe durch Verlesen der Beschlussformel (Erlass) ist auf dem Beschluss zu vermerken.

(4) Einer Begründung bedarf es nicht, soweit

1. die Entscheidung auf Grund eines Anerkenntnisses oder Verzichts oder als Versäumnisentscheidung ergeht und entsprechend bezeichnet ist,

2. gleichgerichteten Anträgen der Beteiligten stattgegeben wird oder der Beschluss nicht dem erklärten Willen eines Beteiligten widerspricht oder

3. der Beschluss in Gegenwart aller Beteiligten mündlich bekannt gegeben wurde und alle Beteiligten auf Rechtsmittel verzichtet haben.

(5) Absatz 4 ist nicht anzuwenden:

1. in Ehesachen, mit Ausnahme der eine Scheidung aussprechenden Entscheidung;

2. in Abstammungssachen;

3. in Betreuungssachen;

4. wenn zu erwarten ist, dass der Beschluss im Ausland geltend gemacht werden wird.

(6) Soll ein ohne Begründung hergestellter Beschluss im Ausland geltend gemacht werden, gelten die Vorschriften über die Vervollständigung von Versäumnis- und Anerkenntnisentscheidungen entsprechend.

a. Anwendungsbereich

Der § 322 FamFG gilt für alle Unterbringungsmaßnahmen i.S.d. § 312 FamFG (dazu oben Rn. 109), die vom Gericht angeordnet bzw. genehmigt werden. Die Vorschrift wurde durch das Gesetz zur Regelung der betreuungsrechtlichen Einwilligung in eine ärztliche Zwangsmaßnahme vom 18.2.2013 neu gefasst und um Abs. 2 erweitert[681]. **198**

b. Inhalt einer getroffenen Unterbringungsmaßnahme

Unterbringungsmaßnahmen werden durch einen Beschluss des Betreuungsgerichts getroffen. Welchen Inhalt ein solcher Beschluss zwingend enthalten muss, legen §§ 38 Abs. 2, 323 FamFG fest. **199**

aa. Bezeichnung des Betroffenen

Nach dem Beschlusseingang („In dem Unterbringungsverfahren ...") folgen gemäß § 38 Abs. 2 Nr. 1 FamFG die genauen Personalien des Betroffenen (Vor-, Familienname, Geburtstag, Anschrift[682]). Anzugeben sind hier auch – sofern vorhanden – Verfahrensbevollmächtigter bzw. -pfleger, gesetzlicher Vertreter. Die weiteren Beteiligten des Verfahrens, die das Gericht hinzugezogen hat, sind ebenfalls aufzuführen[683]. **200**

bb. Bezeichnung des Gerichts

Weiter sind das Gericht und die Namen der an der Entscheidung mitwirkenden Gerichtspersonen zu nennen, § 38 Abs. 2 Nr. 2 FamFG. **201**

cc. Beschlussformel

Die inhaltlichen Anforderungen an die nach § 38 Abs. 2 Nr. 3 FamFG erforderliche Beschlussformel konkretisiert § 323 FamFG für Unterbringungsmaßnahmen. Eine nähere Bezeichnung der Unterbringungsmaßnahme muss erfolgen, da das Gesetz in § 312 FamFG verschiedene Arten von Unterbringungsmaßnahmen beschreibt. Der Tenor der Entscheidung kann also gerichtet sein auf: **202**

(1) Genehmigung der Unterbringung mit Freiheitsentzug eines Kindes, eines Betreuten oder eines Vollmachtgebers, §§ 1631b, 1906 Abs. 1, 5 BGB i.V.m. § 312 Nr. 1 und § 167 Abs. 1, 151 Nr. 6 FamFG

In diesen Fällen obliegt es den Eltern bzw. dem Elternteil, Vormund, Pfleger, Betreuer bzw. Bevollmächtigten, die konkrete Unterbringungseinrichtung zu bestimmen[684]. Angesichts der Festlegung regionaler Zuständigkeiten von Unterbringungseinrichtungen durch die jeweiligen Landeskrankenhausgesetze besteht in der Praxis kaum ein tatsächliches Wahlrecht. Die gerichtliche Entscheidung benennt daher häufig die entsprechende Einrichtung, wobei dem Bestimmungsrecht des gesetzlichen bzw. gewillkürten Vertreters durch den Zusatz „oder einer andere Einrichtung" Rechnung getragen wird[685]. Welche ärztlichen Maßnahmen anlässlich der Unterbringung mit Freiheitsentzug durchgeführt werden, muss das Gericht nicht festlegen[686]. Insoweit entscheidet der Betroffene, gegebenenfalls bei **203**

681 BGBl. I, S. 266
682 Der Beruf ist nicht anzugeben, a.A. Damrau/Zimmermann, § 323 FamFG, Rn. 3.
683 Schulte-Bunert/Weinreich-Oberheim, § 38 FamFG, Rn. 32 ff.
684 OLG Brandenburg FGPrax 2004, 52
685 Grundsätzlich muss der Beschluss nur die Art der Unterbringungseinrichtung (psychiatrische Klinik, Rehaklinik etc.) nennen. Bedarf es der zwangsweisen Zuführung des Betroffenen nach § 326 FamFG, gibt es allerdings bei der Vollstreckung ohne Benennung einer konkreten Einrichtung Probleme, weil die Polizei häufig Vollzugshilfe nur bei festgelegter Klinik leisten will. Die Rechtsprechung behandelt allerdings einen solchen Zusatz als nicht geschrieben, BayObLG FamRZ 1994, 320; OLG Düsseldorf FamRZ 1995, 118.
686 Keidel-Budde, § 323 FamFG, Rn. 2, 4; a.A. OLG Brandenburg FamRZ 2007, 1127 (LS)

entsprechendem Aufgabenkreis der bestellte bzw. gewillkürte Vertreter. Lediglich bei einer gerichtlichen Unterbringungsanordnung im Rahmen des § 1846 BGB muss der Beschluss zwingend Angaben zur konkreten Unterbringungseinrichtung und gegebenenfalls zur Durchführung ärztlicher Maßnahmen enthalten[687]. Hier tritt der Richter nämlich an die Stelle des gesetzlichen bzw. gewillkürten Vertreters. Nach der früheren Rechtsprechung des BGH[688] sollen auch dann Angaben zur Art und Weise der ärztlichen Behandlung erforderlich sein, wenn der Betroffene im stationären Rahmen gegen seinen natürlichen Willen unter Anwendung von Zwang behandelt werden soll.

(2) Genehmigung einer Einwilligung einer ärztlichen Zwangsmaßnahme bzw. der Verbringung zu einem stationären Aufenthalt nach § 1906aAbs. 1 Satz 1, Abs. 4 BGB, § 312 Nr. 3 FamFG

204 ▶ *Zur betreuungsrechtlichen Einwilligung in ärztliche Zwangsmaßnahmen vgl. oben Rn. 40 ff.*

In den Fällen einer ärztlichen Zwangsmaßnahme obliegt es dem Betreuer bzw. Bevollmächtigten, über die Art und Weise einer ärztlichen Maßnahme gegen den Willen des Betreuten bzw. Vollmachtgebers zu entscheiden. Im Hinblick auf die Entscheidung des Bundesgerichtshofs zur betreuungsrechtlichen Einwilligung in eine ärztliche Zwangsmaßnahme[689] hat der Gesetzgeber dem § 323 FamFG allerdings einen Abs. 2 angefügt, wonach die Beschlussformel zu enthalten hat, dass die Zwangsmaßnahme unter der Verantwortung eines Arztes durchzuführen und zu dokumentieren ist. Damit soll sicher- und für den Rechtsverkehr klargestellt werden, dass nicht nur die Anordnung einer ärztlichen Zwangsmaßnahme, sondern auch deren Umsetzung und Durchführung nur unter der Aufsicht und Verantwortung eines Arztes – regelmäßig eines Facharztes für Psychiatrie – erfolgen können. Angesichts des gravierenden Grundrechtseingriffes durch eine ärztliche Zwangsmaßnahme sollen Änderungen des Krankheitsbildes und im Einzelfall auftretende Nebenwirkungen rasch erkannt und dokumentiert werden. Da der zwangsbehandelnde Arzt nicht am Verfahren beteiligt ist, kommt diesem Ausspruch ihm gegenüber nur deklaratorische Wirkung zu. Der Arzt wird nicht durch den Genehmigungsbeschluss bindend verpflichtet[690], entsprechende Verpflichtungen ergeben sich aber bereits aus dem Behandlungsvertrag mit dem Betroffenen und ärztlichen Standesregelungen.

Darüber hinaus hat der Ausspruch, dass die Zwangsmaßnahme unter der Verantwortung eines Arztes durchzuführen und zu dokumentieren ist, nicht nur einen klarstellenden Inhalt. Vielmehr wird durch den Beschlusstenor die Rechtmäßigkeit der ärztlichen Zwangsmaßnahme unabhängig von aus dem zivilrechtlichen Behandlungsvertrag folgenden Pflichten daran geknüpft, dass diese Vorgaben erfüllt sind[691]. Fehlt dieser Zusatz, ist der Beschluss rechtswidrig[692].

▶ *Zu den gesetzlichen Voraussetzungen für die Genehmigung der Verbringung vgl. oben Rn. 60 ff.*

Widerspricht ein Betreuter, der körperlich nicht in der Lage oder nicht willens ist, sich einer ärztlichen Maßnahme räumlich zu entziehen, mit natürlichem Willen der Verbringung in

687 M.E. würde z.B. eine Ermächtigung zur Vornahme einer psychiatrischen Heilbehandlung nach den Regeln der ärztlichen Kunst möglich und ausreichend sein, vgl. aber BayObLG NJW-RR 2002, 1446 f.

688 BtPrax 2006, 145 ff. („obiter dictum"). A.A. OLG Karlsruhe NJW-RR 2007, 1591 ff. § 323 Abs. 1, 2 FamFG verlangt das im Rahmen der gesetzlichen Neuregelung zur betreuungsrechtlichen Einwilligung in eine ärztliche Zwangsmaßnahme nicht mehr, vgl. auch Dodegge, NJW 2013, 1265, 1270.

689 BGH NJW 2012, 2967, 2971, Rn. 40 f.

690 Grotkopp, BtPrax 2013, 83, 90

691 BGH BtPrax 2015, 64; 2014, 229 ff.

692 BGH BtPrax 2015, 238 f. und 64

ein Krankenhaus, kann das Gericht die Genehmigung zu einem stationären Aufenthalt genehmigen, vgl. § 1906a Abs. 2 und 4 BGB.

Auch in den Fällen der Verbringung obliegt es dem Betreuer bzw. Bevollmächtigten, das konkrete Krankenhaus zu bestimmen. Angesichts der Festlegung regionaler Zuständigkeiten von Krankenhäusern durch die jeweiligen Landeskrankenhausgesetze besteht in der Praxis kaum ein tatsächliches Wahlrecht. Die gerichtliche Entscheidung sollte das entsprechende Krankenhaus trotzdem benennen, obwohl § 323 FamFG dies für den Beschlusstenor nicht vorschreibt. Er sieht nur die nähere Beschreibung der Unterbringungsmaßnahme vor, § 323 Abs. 1 Nr. 1 FamFG. Dem Bestimmungsrecht des gesetzlichen bzw. gewillkürten Vertreters kann durch den Zusatz „oder einer andere Einrichtung" Rechnung getragen werden kann[693].

Dagegen bedarf es in der Beschlussformel nicht der Darlegung, welches Medikament der Betroffene in welcher Dosis und Verabreichungsfolge erhält[694]. Entsprechenden Anregungen im Gesetzgebungsverfahren hat sich der Gesetzgeber nicht angeschlossen[695]. Allerdings wird sich das Gericht mit diesen Fragen bei der Begründung einer Genehmigungsentscheidung auseinander zu setzen haben, um die Beachtung des Verhältnismäßigkeitsgrundsatzes im Einzelfall zu belegen[696]. **205**

(3) Genehmigung einer Maßnahme nach § 1906 Abs. 4 BGB, § 312 Nr. 2 FamFG

▶ *Zu freiheitsentziehenden Maßnahmen vgl. oben Rn. 83 ff.* **206**

Eine ausdrückliche Benennung der Einrichtung ist nicht erforderlich, sie ergibt sich bereits aus dem Aufenthaltsort des Betroffenen. Die Art der Maßnahme, zum Beispiel Anlegen eines Bauchgurtes, Anbringung eines Bettgitters, Abschließen eines Raumes etc., muss allerdings angegeben werden, ebenso ein zeitlicher Rahmen, z.B. während der nächtlichen Bettruhe, während der Mahlzeiten oder während der Infusionen. Die Formulierungen sollten nicht zu eng sein. Auch hier obliegt die konkrete Ausgestaltung dem gesetzlichen bzw. gewillkürten Vertreter[697]. Das Gericht wird genehmigend tätig.

Der Zusatz, dass eine Maßnahme nur nach ausdrücklicher vorheriger Anordnung eines Arztes erfolgen darf, soll zulässig sein[698]. Da ohnehin nur auf der Grundlage eines ärztlichen Zeugnisses genehmigt werden kann und dem Betreuer letztlich die konkrete Ausgestaltung obliegt, sind solche Zusätze wenig sinnvoll. Gleiches gilt für die Auflage, dass die Einrichtung die Maßnahmen zu dokumentieren hat. Dies geschieht ohnehin.

(4) Anordnung einer freiheitsentziehenden Unterbringung nach dem jeweiligen Landesrecht, § 312 Nr. 4 FamFG

Bei der Anordnung einer Unterbringung nach Landesrecht muss die Entscheidung nur die Art der Unterbringungseinrichtung, z.B. psychiatrisches Krankenhaus, Rehabilitationsklinik **207**

---

693 So lassen sich praktische Probleme bei der (gewaltsamen) Verbringung des Betreuten nach § 326 FamFG vermeiden, Bei der Vollstreckung ohne Benennung einer konkreten Krankenhauses gibt es in der Praxis Probleme, weil die Polizei häufig Vollzugshilfe nur bei festgelegter Klinik leisten will.

694 BGH BtPrax 2018, 118 = FamRZ 2018, 525 m. Anm. Dodegge, hat die Tenorierung der Vorinstanz, die nur eine ärztliche Zwangsmaßnahme mit einem atypischen Neuroleptikum (im konkreten Fall Zypadhera) genehmigt hatte, zu Recht nicht beanstandet. Wie hier: Bienwald-Harm, § 323, Rn. 12. A.A. Keidel-Budde, § 323 FamFG, Rn. 7; Leeb/Weber, BtPrax 2013, 95, 97

695 Lipp, Stellungnahme zur Öffentlichen Anhörung im Rechtsausschuss des Bundestages vom 10.12.2012, S. 14, V. 2 c (4).

696 Vgl. etwa LG Magdeburg, Beschluss vom 18.7.2017 – 9 T 271/17, Rn. 33 – als Vorinstanz zu BGH BtPrax 2018, 118 = FamRZ 2018, 525 m. Anm. Dodegge

697 Es müssen deshalb auch keine genauen Uhrzeiten im Beschluss angegeben werden, sie wären ohne Bindungswirkung für den Betreuer etc., vgl. LG Essen, Beschluss vom 31.1.1996, Az. 7 T 34/96, unveröffentlicht.

698 BayObLG FamRZ 1994, 721

etc., benennen. Die konkrete Auswahl des Krankenhauses oder der Klinik steht der zuständigen Behörde zu. Deren Auswahl ist angesichts der in den Ländern bestehenden gesetzlichen Regelungen zur Festlegung der zuständigen Aufnahmeklinik[699] ebenfalls begrenzt.

Sofern zusätzlich eine Entscheidung über eine ärztliche Zwangsmaßnahme bei einem volljährigen Untergebrachten erfolgt, muss die Beschlussformel zusätzlich enthalten, dass die Zwangsmaßnahme unter der Verantwortung eines Arztes durchzuführen und zu dokumentieren ist.

(5) Ablehnung des Antrages auf Erlass einer Unterbringungsmaßnahme

208 Hier bestehen keine Besonderheiten. Der Tenor der Entscheidung lautet auf Zurückweisung der begehrten Unterbringungsmaßnahme.

(6) Feststellung der Rechtswidrigkeit, § 62 FamFG

209 Bei einer beendeten Unterbringungsmaßnahme besteht in Hinblick auf den hohen Wert des Freiheitsrechtes regelmäßig ein fortwährendes Rechtsschutzinteresse an einer Sachentscheidung über die Rechtmäßigkeit des Eingriffes[700]. In Hinblick auf eine erledigte ärztliche Zwangsmaßnahme ergibt sich ein Feststellungsinteresse stets aus dem Rehabilitationsinteresse bzw. der Bedeutung des grundgesetzlich geschützten Persönlichkeitsrechts nach Art. 2 Abs. 1 i.V.m. Art. 1 Abs. 1 GG[701]. Die Feststellung erfolgt nur auf entsprechenden Antrag[702]. Neben dem Betroffenen ist der Verfahrenspfleger antragsberechtigt, wenn er ursprünglich die Beschwerde eingelegt hatte[703].

▶ *Zu Einzelheiten siehe unten Rn. 307 ff.*

Die Beschlussformel lautet hier auf Feststellung, dass die Genehmigung bzw. Anordnung der Unterbringung den Beschwerdeführer in seinen Rechten verletzt hat. Weitere Besonderheiten bestehen nicht.

dd. Ende der Unterbringungsmaßnahme

§ 329 FamFG Dauer und Verlängerung der Unterbringung

(1) [1]Die Unterbringung endet spätestens mit Ablauf eines Jahres, bei offensichtlich langer Unterbringungsbedürftigkeit spätestens mit Ablauf von zwei Jahren, wenn sie nicht vorher verlängert wird. [2]Die Genehmigung einer Einwilligung in eine ärztliche Zwangsmaßnahme oder deren Anordnung darf die Dauer von sechs Wochen nicht überschreiten, wenn sie nicht vorher verlängert wird.

(2) [1]Für die Verlängerung der Genehmigung oder Anordnung einer Unterbringungsmaßnahme gelten die Vorschriften für die erstmalige Anordnung oder Genehmigung entsprechend. [2]Bei Unterbringungen mit einer Gesamtdauer von mehr als vier Jahren soll das Gericht keinen Sachverständigen bestellen, der den Betroffenen bisher behandelt oder begutachtet hat oder in der Einrichtung tätig ist, in der der Betroffene untergebracht ist.

(3) Bei der Genehmigung einer Einwilligung in eine ärztliche Zwangsmaßnahme oder deren Anordnung mit einer Gesamtdauer von mehr als zwölf Wochen soll das Gericht keinen Sachverständigen bestellen, der den Betroffenen bisher behandelt oder begutachtet hat oder in der Einrichtung tätig ist, in der der Betroffene untergebracht ist.

699 Z.B. §§ 18 Abs. 1 Nr. 5 i.V.m. 2 Abs. 1 Satz 3 KHG NRW
700 BGH BtPrax 2014, 229
701 BGH BtPrax 2015, 204
702 OLG Celle BtPrax 2007, 263 f.
703 BGH FamRZ 2018,121 = BtPrax 2018, 42 (LS); NJW-RR 2017, 645 = BtPrax 2017, 163 (LS)

210 Die Entscheidung muss weiterhin den Zeitpunkt angeben, zu dem die Unterbringungsmaßnahme – das kann auch die Genehmigung in eine ärztliche Zwangsbehandlung sein – endet, wenn sie nicht vorher verlängert wird, § 323 Abs. 1 Nr. 2 FamFG. Damit soll gewährleistet werden, dass die Maßnahme auf die voraussichtlich notwendige Zeit begrenzt wird, andererseits die Beteiligten ausdrücklich auf die Möglichkeit einer Verlängerung hingewiesen werden. Die Unterbringung darf längstens für den Zeitraum genehmigt werden, in dem voraussichtlich die gesetzlichen Voraussetzungen dafür erfüllt sind. Deshalb darf die Unterbringung nur für den Zeitraum genehmigt werden, in dem einem Betreuer die zur Unterbringung erforderlichen Aufgabenkreise wirksam übertragen sind[704].

Zur Klarheit sollte das Ende der Unterbringungsmaßnahme kalendermäßig festgelegt werden. Zwingend ist dies nicht, so dass auch ein bestimmbares Ende, wie z.B. sechs Wochen, drei Monate etc., zur ausreichenden Bezeichnung genügt. Die entsprechende Frist beginnt mit der Bekanntgabe der Entscheidung zu laufen, § 16 Abs. 1 FamFG, soweit nichts anderes bestimmt ist. Ihr Ende berechnet sich nach §§ 16 Abs. 2 FamFG, 222 Abs. 1 ZPO, 191 BGB[705].

Bei der Festlegung des Endes der Unterbringungsmaßnahme wird sich das Gericht an den Aussagen des Sachverständigengutachtens bzw. des ärztlichen Zeugnisses zur voraussichtlichen, notwendigen Dauer der Maßnahme orientieren[706]. Sie sollte unter Beachtung der Verhältnismäßigkeit so gewählt werden, dass der Zweck der Unterbringung bis zum Fristablauf erreicht werden kann. Deshalb ist das Gericht nicht daran gebunden, die Unterbringung nur für einen bestimmten beantragten Zeitraum zu genehmigen[707]. Bei einer langfristigen Genehmigung hat das Gericht aber die vorgesehenen Behandlungsmaßnahmen einschließlich der damit verbundenen Risiken und Heilungsaussichten sowie die Erforderlichkeit der Dauer darzulegen[708]. Will das Gericht von der gutachterlich vorgeschlagenen Genehmigungsdauer abweichen, muss es die Gründe dafür in den Entscheidungsgründen darlegen. Ist nach der Vorgeschichte eine lange Unterbringungsdauer absehbar und wird der Verhältnismäßigkeitsgrundsatz gewahrt, kann eine 2-jährige Genehmigung angemessen sein[709]. Da bei öffentlich-rechtlichen Unterbringungen die akute Krisenintervention im Vordergrund steht, werden sie regelmäßig kürzer sein. Die Festlegung der Frist hat sich dabei an dem Zeitpunkt der Erstellung der ärztlichen Stellungnahme, nicht der gerichtlichen Entscheidung auszurichten[710].

211 Hinsichtlich der Höchstdauer differenziert § 329 Abs. 1 FamFG zwischen der Genehmigung der geschlossenen Unterbringung, Satz 1, und der Genehmigung einer Einwilligung in eine ärztliche Zwangsmaßnahme, Satz 2.

Nach § 329 Abs. 1 Satz 1 FamFG darf das Ende der Unterbringungsmaßnahme höchstens ein Jahr, bei offensichtlich langer Unterbringungsbedürftigkeit zwei Jahre nach Erlass der Entscheidung liegen. Will das Gericht eine Unterbringungsmaßnahme für länger als ein Jahr genehmigen, muss es ausreichend begründen, warum es von der einjährigen Frist des

704 BGH FamRZ 2013, 1726: für den Fall einer Genehmigung über das Ende der vorläufigen Betreuerbestellung hinaus.
705 BGH NJW 1995, 1898; OLG München BtPrax 2008, 75 f.
706 Keidel-Budde, § 329 FamFG, Rn. 4. Eine Bindung an die Empfehlung des Gutachters bzw. Arztes besteht nicht, das Gericht darf von einer fundierten Prognose aber nicht ohne weiteres abweichen.
707 OLG Schleswig FamRZ 2003, 1499
708 OLG Hamm FamRZ 2007, 763
709 BGH BtPrax 201, 291
710 BGH BtPrax 2016, 152. Schlägt der Sachverständige also im Gutachten vom 1.3.2018 eine Unterbringungsdauer von 6 Monaten vor, sollte die Genehmigung höchstens bis zum 1.9.2018 erteilt werden, auch wenn die gerichtliche Entscheidung erst am 15.4.2018 ergeht.

§ 329 Abs. 1 FamFG abweichen will[711]. Das kann etwa durch personenbezogene Tatsachenfeststellungen hinsichtlich der Erzielung einer Behandlungsbereitschaft und nachfolgender Therapie erfolgen oder sich aus fehlenden Heilungs- und Besserungsaussichten bei anhaltender Eigengefährdung ergeben[712]. Die Gründe für die über ein Jahr hinaus währende Unterbringungsbedürftigkeit müssen deutlich und erkennbar hervortreten. Läuft die Frist ab, ohne dass das Gericht zuvor verlängert hat, endet die Unterbringungsmaßnahme ohne weiteres. Für verlängernde Unterbringungsmaßnahmen gilt § 329 Abs. 2 FamFG.

Die Unterbringungsgenehmigung zur Heilbehandlung darf die sechswöchige Höchstfrist des § 329 Abs. 2 BGB für eine Genehmigung ärztlicher Zwangsmaßnahmen im Einzelfall überschreiten. Dies ist zulässig, wenn der Tatrichter zu der Überzeugung gelangt, dass die notwendige Heilbehandlung über den genehmigten Zeitraum der Zwangsbehandlung hinaus sichergestellt ist[713]. Das kann bei Feststellung konkreter Tatsachen dazu, dass der Betroffene sich anschließend freiwillig behandeln lässt, keinen die Behandlung ablehnenden Willen mehr manifestiert[714] oder eine weitere Zwangsbehandlung rechtswirksam genehmigt werden kann, bejaht werden[715].

212 Betrifft das Verfahren die Einwilligung in eine **ärztliche Zwangsmaßnahme**, darf die Anordnung bzw. Genehmigung nach § 329 Abs. 1 Satz 2 FamFG höchstens für sechs Wochen ausgesprochen werden. Der Gesetzgeber ist aufgrund von Erfahrungen in der ärztlichen Praxis davon ausgegangen, dass – anders als bei Unterbringungen – nur eine Behandlungsbedürftigkeit von wenigen Wochen besteht[716] und anderslautenden Empfehlungen im Gesetzgebungsverfahren nicht gefolgt. Bei der Festlegung der Dauer der Anordnung bzw. Genehmigung nach Satz 2 wird sich das Gericht an den Aussagen des Sachverständigengutachtens bzw. des ärztlichen Zeugnisses zur voraussichtlichen, notwendigen Dauer der ärztlichen Zwangsmaßnahme orientieren. Sie sollte unter Beachtung der Verhältnismäßigkeit so gewählt werden, dass der Zweck der Behandlung bis zum Fristablauf erreicht werden kann. Deshalb ist das Gericht nicht daran gebunden, die Genehmigung nur für einen bestimmten beantragten Zeitraum zu genehmigen. Will das Gericht von der gutachterlich vorgeschlagenen Genehmigungsdauer abweichen, muss es die Gründe dafür in den Entscheidungsgründen darlegen. Trifft das Gericht selbst nach § 1846 BGB die Anordnung einer Zwangsbehandlung, ist diese unter Beachtung der Höchstdauer auf den voraussichtlichen Zeitraum der Verhinderung des Betreuers zu begrenzen, vgl. § 1906a Abs. 1 Satz 2 BGB.

ee. Rechtsmittelbelehrung

213 Letztlich muss die Entscheidung, durch die eine Unterbringungsmaßnahme getroffen wird, eine Rechtsmittelbelehrung enthalten, § 39 FamFG. Sie richtet sich allein an den Betroffenen und muss oberhalb der Unterschrift des Richters stehen[717].

Die Rechtsmittelbelehrung muss den statthaften Rechtsbehelf (Beschwerde nach § 58 FamFG), das Gericht, bei dem das Rechtsmittel einzulegen ist, sowie die einzuhaltende Form und Frist enthalten. Fehlt die Rechtsmittelbelehrung, beginnt die Rechtsmittelfrist

711 BGH NJW 2018, 1548 ff.; BtPrax 2017, 36 und 2016, 150: nicht bei erstmaliger Genehmigung in der Hauptsache; FamRZ 2010, 365, 367; BayObLG FamRZ 2002, 629 und 2005, 1278 (LS)
712 BGH FamRZ 2017, 996; OLG München BtPrax 2005, 113; OLG Schleswig FGPrax 2006, 138
713 Die Genehmigung darf aber nicht über den Fristablauf einer einstweiligen Betreuerbestellung für den Gesundheits- und Aufenthaltsbereich erteilt werden, BGH BtPrax 2013, 39
714 Nur dann kann von einer Zwangsbehandlung gesprochen werden, vgl. BGH BtPrax 2013, 39; Dodegge, NJW 2012, 1265, 1266
715 BGH NJW 2018, 1086 ff., Rn. 24
716 BT-Drs. 17/11513, S. 8
717 BayObLG BtPrax 1993, 30: Beilegen eines Formularblattes mit der Belehrung genügt nicht.

trotzdem zu laufen[718]. Nichts anderes gilt, wenn die Rechtsmittelbelehrung unvollständig oder falsch ist. In diesen Fällen kann aber eine Wiedereinsetzung in den vorherigen Stand nach § 17 FamFG in Betracht kommen[719].

ff. Fehlen vorstehender Angaben

Ohne ausreichende Bezeichnung des Betroffenen ist die Unterbringungsmaßnahme nicht vollstreckbar. Sofern die weiteren verlangten Angaben fehlen, wird die Entscheidung dadurch nicht unwirksam, aber anfechtbar. Das Gericht kann die fehlenden Angaben durch weiteren Beschluss ergänzen, § 43 FamFG[720]. **214**

Hatte das Gericht notwendige Angaben im Beschluss versehentlich unterlassen, kann es sie im Wege der Berichtigung nachholen, § 42 FamFG. Der Beschluss gilt dann mit dem berichtigten Inhalt als von Anfang an erlassen[721].

gg. Begründung

Die Entscheidung muss – auch im Falle der Ablehnung – zudem eine Begründung enthalten, § 38 Abs. 3 Satz 1 FamFG, was sich schon aus dem Gebot der Rechtsstaatlichkeit ergibt. In der Praxis werden Unterbringungsmaßnahmen bzw. Ablehnungen teilweise nur mit Wiederholung des Gesetzestextes und Standardfloskeln begründet, was nicht ausreicht. **215**

Erforderlich sind im Einzelnen:

- vollständige und verständliche Sachverhaltsschilderung[722];
- Beweiswürdigung;
- Befassung mit dem Gutachten bzw. ärztlichen Zeugnis;
- rechtliche Grundlage und deren Ausfüllung, die die Unterbringungsmaßnahme rechtfertigen;
- sowie, sofern ein Ermessen eingeräumt ist, Gesichtspunkte, die für die Ermessensausübung herangezogen wurden; und schließlich gegebenenfalls
- Begründung für die gewählte Frist[723], insbesondere bei Ausschöpfung der Höchstfrist[724].

Besondere Begründungen verlangt das Gericht bei

- Absehen von der Bestellung eines Verfahrenspflegers, § 317 Abs. 2 FamFG;
- Nichtbekanntmachung der Entscheidungsgründe an den Betroffenen, § 325 Abs. 1 FamFG.

718 BGH FamRZ 2010, 365, 366; Schulte-Bunert/Weinreich-Oberheim, § 39 FamFG, Rn. 63
719 Bienwald-Harm, § 323 FamFG, Rn. 30
720 Wenn das Gericht einen gestellten Antrag ganz oder teilweise übergangen hat oder eine Kostenentscheidung unterblieben ist.
721 BayObLG FPR 2002, 94, 96
722 OLG Schleswig NJOZ 2004, 113 f.
723 Damrau/Zimmermann, § 323 FamFG, Rn. 15
724 BGH FamRZ 2010, 365 ff.; OLG München BtPrax 2005, 113 ff. und 2006, 105 ff.; BayObLG FamRZ 1995, 695; 2002, 629; NRW-RR 2005 1314 f.

hh. Weiterer Entscheidungsinhalt

216 Neben den genannten, zwingenden Inhalten können Entscheidungen über Unterbringungsmaßnahmen zweckmäßigerweise weitere Inhalte aufweisen. Denkbar sind Aussagen und Begründungen zur:

- Anordnung der sofortigen Wirksamkeit nach § 324 Abs. 2 Satz 1 FamFG[725];
- Gestattung der Gewaltanwendung nach § 326 Abs. 2 und 3 FamFG;
- Mitteilung und Unterrichtung anderer Behörden und öffentlicher Stellen, § 338 FamFG[726];
- Aussetzung der Vollziehung nach § 328 FamFG[727].

217 Aussagen zu den Kosten sind bei der Anordnung einer Unterbringungsmaßnahme nicht notwendig.

Das Verfahren ist für volljährige Betroffene gerichtsgebührenfrei, § 26 Abs. 3 GNotKG. Der Betroffene schuldet allenfalls die vom Gericht an den Verfahrenspfleger gezahlten Beträge als Auslagen gem. Nr. 31015 KV GNotKG, wenn er über einzusetzende Mittel i.S.d. § 1836c BGB verfügt und das Gericht die Gerichtskosten nicht einem anderen Beteiligten auferlegt hat. Für minderjährige Betroffene ergibt sich die Gebührenfreiheit aus Vorbemerkung 1.3.1 Abs. 1 Nr. 2 vor Nr. 1310 KV FamGKG[728]. Die Auslagen für den Sachverständigen können in diesen Verfahren unabhängig von der Kostengrundentscheidung auch nicht von den Kindeseltern erhoben werden, Vorbemerkung 2 Abs. 3 Satz 2 vor Nr. 2000 KV FamGKG i.V.m. Vorbemerkung 1.3.1 Abs. 1 Nr. 2 vor Nr. 1310 KV FamGKG.

Außergerichtliche Kosten, z.B. für einen Rechtsanwalt, hat der Betroffene selbst zu tragen[729]. Eine Ausnahme gilt nur im Fall des § 337 FamFG. Danach kann das Gericht die Auslagen des Betroffenen unter den dort genannten Voraussetzungen der Staatskasse bzw. der Körperschaft, der die antragstellende Behörde angehört, auferlegen.

▶ *Zu Einzelheiten der Kosten in Betreuungs- und Unterbringungsverfahren vgl. Teil I*

c. Inhalt einer ablehnenden Entscheidung

218 Für sie schreibt § 38 Abs. 3 FamFG ebenfalls eine Begründung vor (vgl. oben Rn. 215). Der Tenor der Entscheidung lautet auf Ablehnung der – beantragten – Maßnahme.

Hier können gegebenenfalls die außergerichtlichen Kosten des Betroffenen der Staatskasse, § 337 Abs. 1 FamFG auferlegt werden. War eine öffentlich-rechtliche Unterbringung beantragt, können die Auslagen des Betroffenen gegebenenfalls der Körperschaft, der die antragstellende Behörde angehört, auferlegt werden, § 337 Abs. 2 FamFG. Die Vergütung eines Rechtsanwaltes im Unterbringungsverfahren bestimmt sich nach VV Anlage 1, Teil 6, Abschnitt 3 des RVG.

▶ *Zu Einzelheiten der Kosten in Betreuungs- und Unterbringungsverfahren vgl. Teil I*

Eine Rechtsmittelbelehrung sieht § 39 FamFG auch bei einer ablehnenden Entscheidung vor[730].

725 BayObLG NJW 1975, 2148
726 Bienwald-Harm, § 323 FamFG, Rn. 29
727 Schulte-Bunert/Weinreich-Dodegge, § 323 FamFG, Rn. 25
728 OLG Hamm NJW 2012, 790
729 Ausnahmen können sich bei einem von Anfang an unbegründeten Unterbringungsverfahren ergeben.
730 Schulte-Bunert/Weinreich-Oberheim, § 39 FamFG, Rn. 8

9. Bekanntmachung und Wirksamkeit der Entscheidung, §§ 324 bis 326 FamFG

§§ 324 bis 326 FamFG treffen Regelungen zur Bekanntmachung und Wirksamkeit einer Entscheidung im Unterbringungsverfahren sowie zu ihrer Umsetzung.

§ 324 FamFG Wirksamwerden von Beschlüssen

(1) Beschlüsse über die Genehmigung oder die Anordnung einer Unterbringungsmaßnahme werden mit Rechtskraft wirksam.

(2) [1]Das Gericht kann die sofortige Wirksamkeit des Beschlusses anordnen. [2]In diesem Fall wird er wirksam, wenn der Beschluss und die Anordnung seiner sofortigen Wirksamkeit

1. dem Betroffenen, dem Verfahrenspfleger, dem Betreuer oder dem Bevollmächtigten im Sinne des § 1896 Abs. 2 Satz 2 des Bürgerlichen Gesetzbuchs bekannt gegeben werden,

2. einem Dritten zum Zweck des Vollzugs des Beschlusses mitgeteilt werden oder

3. der Geschäftsstelle des Gerichts zum Zweck der Bekanntgabe übergeben werden.

[3]Der Zeitpunkt der sofortigen Wirksamkeit ist auf dem Beschluss zu vermerken.

§ 325 FamFG Bekanntgabe

(1) Von der Bekanntgabe der Gründe eines Beschlusses an den Betroffenen kann abgesehen werden, wenn dies nach ärztlichem Zeugnis erforderlich ist, um erhebliche Nachteile für seine Gesundheit zu vermeiden.

(2) [1]Der Beschluss, durch den eine Unterbringungsmaßnahme genehmigt oder angeordnet wird, ist auch dem Leiter der Einrichtung, in der der Betroffene untergebracht werden soll, bekannt zu geben. [2]Das Gericht hat der zuständigen Behörde die Entscheidung, durch die eine Unterbringungsmaßnahme genehmigt, angeordnet oder aufgehoben wird, bekannt zu geben.

§ 326 FamFG Zuführung zur Unterbringung; Verbringung zu einem stationären Aufenthalt

(1) Die zuständige Behörde hat den Betreuer oder den Bevollmächtigten im Sinne des § 1896 Abs. 2 Satz 2 des Bürgerlichen Gesetzbuchs auf deren Wunsch bei der Zuführung zur Unterbringung nach § 312 Nr. 1 zu unterstützen.

(2) [1]Gewalt darf die Behörde nur anwenden, wenn das Gericht dies ausdrücklich angeordnet hat. [2]Die zuständige Behörde ist befugt, erforderlichenfalls die Unterstützung der polizeilichen Vollzugsorgane nachzusuchen.

(3) [1]Die Wohnung des Betroffenen darf ohne dessen Einwilligung nur gewaltsam geöffnet, betreten und durchsucht werden, wenn das Gericht dies zu dessen Zuführung zur Unterbringung oder zu dessen Verbringung nach § 312 Nummer 3 ausdrücklich angeordnet hat. [2]Vor der Anordnung ist der Betroffene persönlich anzuhören. [3]Bei Gefahr im Verzug kann die Anordnung durch die zuständige Behörde ohne vorherige Anhörung des Betroffenen erfolgen. [4]Durch diese Regelung wird das Grundrecht auf Unverletzlichkeit der Wohnung aus Artikel 13 Absatz 1 des Grundgesetzes eingeschränkt.

a. Bekanntgabe der Entscheidung

Eine Entscheidung im Verfahren über Unterbringungsmaßnahmen ist verschiedenen Personen bzw. Stellen bekannt zu geben. Diese werden aber nicht im Einzelnen in § 325 FamFG abschließend aufgezählt. Deshalb muss zur Bestimmung der Adressaten § 41 Abs. 1 FamFG und zur Klärung, in welcher Form die Bekanntgabe zu erfolgen hat, § 15 FamFG hinzugenommen werden. **219**

§ 15 FamFG Bekanntgabe; formlose Mitteilung

(1) Dokumente, deren Inhalt eine Termins- oder Fristbestimmung enthält oder den Lauf einer Frist auslöst, sind den Beteiligten bekannt zu geben.

(2) [1]Die Bekanntgabe kann durch Zustellung nach den §§ 166 bis 195 der Zivilprozessordnung oder dadurch bewirkt werden, dass das Schriftstück unter der Anschrift des Adressaten zur Post gegeben wird. [2]Soll die Bekanntgabe im Inland bewirkt werden, gilt das Schriftstück drei Tage nach Aufgabe zur Post als bekannt gegeben, wenn nicht der Beteiligte glaubhaft macht, dass ihm das Schriftstück nicht oder erst zu einem späteren Zeitpunkt zugegangen ist.

(3) Ist eine Bekanntgabe nicht geboten, können Dokumente den Beteiligten formlos mitgeteilt werden.

§ 41 FamFG Bekanntgabe des Beschlusses

(1) [1]Der Beschluss ist den Beteiligten bekannt zu geben. [2]Ein anfechtbarer Beschluss ist demjenigen zuzustellen, dessen erklärtem Willen er nicht entspricht.

(2) [1]Anwesenden kann der Beschluss auch durch Verlesen der Beschlussformel bekannt gegeben werden. [2]Dies ist in den Akten zu vermerken. [3]In diesem Fall ist die Begründung des Beschlusses unverzüglich nachzuholen. [4]Der Beschluss ist im Fall des Satzes 1 auch schriftlich bekannt zu geben.

(3) Ein Beschluss, der die Genehmigung eines Rechtsgeschäfts zum Gegenstand hat, ist auch demjenigen, für den das Rechtsgeschäft genehmigt wird, bekannt zu geben.

220 Grundsätzlich ist ein Beschluss[731] im Unterbringungsverfahren, egal ob stattgebend oder ablehnend, den Beteiligten bekannt zu geben, § 41 Abs. 1 Satz 1 FamFG. In Unterbringungssachen sind das die Personen und die Behörde, die das Gericht nach § 315 FamFG am Verfahren beteiligt hat. Das ist in erster Linie der Betroffene. Daneben ist die Entscheidung aber auch den weiteren Muss-Beteiligten nach § 315 Abs. 1 bis 3 FamFG, den Kann-Beteiligten nach § 315 Abs. 4 sowie – soweit im Landesrecht vorgesehen – den dort genannten Beteiligten bekannt zu geben.

Die Bekanntgabe hat unabhängig davon zu erfolgen, ob die Unterbringungsmaßnahme genehmigt bzw. angeordnet oder abgelehnt wird[732]. Die Art und Weise der Bekanntgabe liegt im Ermessen des Gerichtes. Sie kann nach § 15 Abs. 2 FamFG im Wege der förmlichen Zustellung nach den Vorschriften der ZPO (§§ 166 bis 195 ZPO) oder durch Aufgabe zur Post erfolgen. Die Vermutung der Bekanntgabe – drei Tage nach Aufgabe zur Post – nach § 15 Abs. 2 Satz 2 FamFG kann widerlegt werden[733]. Schließlich ermöglicht § 41 Abs. 2 Satz 1 FamFG die Bekanntgabe eines Beschlusses Anwesenden gegenüber durch Verlesen der Beschlussformel (dazu Rn. 227). Die Begründung des Beschlusses ist dann unverzüglich nachzuholen, ebenso die Bekanntgabe des schriftlichen Beschlusses. Erst dann läuft die Beschwerdefrist, § 63 Abs. 1 Satz 1 FamFG. Sofern ein Beschluss eine Endentscheidung enthält, die dem erklärten Willen eines Beteiligten nicht entspricht, ist das Auswahlermessen des Gerichtes eingeschränkt. Die Bekanntgabe an diesen Beteiligten geschieht im Wege der förmlichen Zustellung, § 41 Abs. 1 Satz 2 FamFG[734].

---

731 Beschluss meint nicht nur die verfahrensabschließende Hauptsacheentscheidung und vorgeschaltete einstweilige Anordnungen nach §§ 331, 332, 334 FamFG, sondern auch sog. Zwischenentscheidungen, wie Bestellung eines Verfahrenspflegers, Erlass eines Beweisbeschlusses oder die Anordnung einer Vorführung.

732 Keidel-Budde, § 325 FamFG, Rn. 2: Im Gegensatz zum früheren § 70g Abs. 2 Satz 1 FGG, der zur Vermeidung einer negativen Publizität die Bekanntgabe einer ablehnenden Entscheidung nur an einen engen begrenzten Kreis vorsah.

733 BGH BtPrax 2012, 250

734 BGH FamRZ 2017, 127 = BtPrax 2017, 163 (LS); Keidel-Sternal, § 15 FamFG, Rn. 8

aa. Bekanntgabe an den Betroffenen

Dem Betroffenen ist in Unterbringungssachen stets ein Beschluss bekannt zu geben, da er zwingend am Verfahren zu beteiligen ist, §§ 7 Abs. 2 Nr. 2, 315 Abs. 1 Nr. 1 FamFG. Auch wenn ein Verfahrenspfleger für den Betroffenen bestellt ist, ist ihm die Entscheidung persönlich bekannt zu geben[735]. Da der Beschluss über die Anordnung bzw. Genehmigung einer Unterbringungsmaßnahme regelmäßig dem erklärten Willen des Betroffenen widersprechen dürfte, ist er dem Betroffenen zuzustellen, § 41 Abs. 1 Satz 2 FamFG[736]. Erfolgt die Bekanntgabe durch Zustellung, vgl. § 15 Abs. 2 Satz 1 FamFG, kann sie wirksam an den Betroffenen persönlich erfolgen und setzt die Rechtsmittelfrist in Gang[737]. Neben der persönlichen Zustellung an den Betroffenen (vgl. §§ 166 Abs. 1, 177 ZPO) kommt auch eine Ersatzzustellung (vgl. §§ 178 ff. ZPO), z.B. an mit dem Betroffenen zusammenlebende Familienmitglieder oder Leiter von Einrichtungen oder Krankenhäusern, in denen sich der Betroffene aufhält, nach §§ 15 Abs. 2 Satz 1 FamFG, 178 Abs. 1 Nr. 1 und 3 ZPO in Betracht[738]. 221

Auf die Bekanntgabe der Gründe eines Beschlusses – nicht der Beschlussformel – an den Betroffenen kann unter den Voraussetzungen des § 325 Abs. 1 FamFG abgesehen werden. Voraussetzung ist, dass nach einem ärztlichen Zeugnis durch die entsprechende Bekanntgabe erhebliche Gesundheitsnachteile für den Betroffenen zu befürchten sind.

▶ *Vgl. zu Einzelheiten auch die Ausführungen zu § 288 FamFG in Teil A Rn. 177.*

bb. Bekanntgabe an weitere Beteiligte

Neben dem Betroffenen ist ein Beschluss in Unterbringungssachen den weiteren Muss-Beteiligten, d.h. dem gesetzlichen Vertreter des Betroffenen, also z.B. seinem Betreuer, Pfleger, Vormund oder seinen Eltern, sowie gegebenenfalls seinem Verfahrensbevollmächtigten oder Verfahrenspfleger und dem Antragsteller, z.B. der nach Landesrecht zuständigen Behörde, bekannt zu geben (zu den Muss-Beteiligten siehe Rn. 103 bis 122). Schließlich erfolgt die Bekanntgabe an die vom Gericht hinzugezogenen Kann-Beteiligten. Das sind etwa der Ehegatte, der Lebenspartner, die Vertrauensperson, die Kinder bzw. (Pflege-)Eltern, bei denen der Betroffene lebt, sowie der Leiter der Einrichtung, in der der Betroffene lebt (zu den Kann-Beteiligten siehe Rn. 123 bis 125), aber nur soweit sie zum Verfahren hinzugezogen worden sind. 222

Eine Sonderregel schafft § 325 Abs. 2 FamFG, der die Bekanntgabe eines Beschlusses, der eine Unterbringungsmaßnahme genehmigt oder anordnet, an den Leiter der Unterbringungseinrichtung und die zuständige Behörde (dazu oben Rn. 160) vorsieht. Der Behörde ist zusätzlich auch eine Entscheidung bekannt zu machen, die eine Unterbringungsmaßnahme aufhebt. Mit der Neufassung der Vorschrift wollte der Gesetzgeber klarstellen, dass der zuständigen Behörde auf jeden Fall alle Entscheidungen hinsichtlich einer Unterbringungsmaßnahme bekannt zu machen sind.

Nach § 325 Abs. 2 Satz 1 FamFG sind Entscheidungen, durch die eine Unterbringungsmaßnahme getroffen wird, neben den Muss-Beteiligten und den zum Verfahren hinzugezogenen Kann-Beteiligten auch dem Leiter der Einrichtung, in der der Betroffene untergebracht werden soll, mitzuteilen. So sollen sie rechtzeitig Kenntnis von der Entscheidung erhalten und die erforderlichen Maßnahmen ergreifen können.

735 BayObLG FamRZ 2002, 848 f. = BtPrax 2002, 130 (LS)
736 BGH FamRZ 2017, 127 = BtPrax 2017, 163 (LS). Erfolgt die Zustellung fehlerhaft, beginnt die Beschwerdefrist erst nach Ablauf der fünfmonatigen Frist des § 63 Abs. 3 Satz 3 FamFG, BGH BtPrax 2013, 203 f.
737 BayObLG FamRZ 2000, 1445: Der Betroffene ist nämlich verfahrensfähig, § 316 FamFG
738 BayObLG FamRZ 2002, 848 f. = BtPrax 2002, 130 (LS)

Eine Bekanntgabe von ablehnenden Entscheidungen an diesen Kreis hielt der Gesetzgeber zur Vermeidung einer entsprechenden negativen Publizität zu Lasten des Betroffenen für nicht angezeigt. Zu beachten ist, dass dem Einrichtungsleiter ablehnende Entscheidungen zumindest dann bekannt zu machen sind, wenn er als Beteiligter zum Verfahren hinzugezogen worden ist.

cc. Art und Weise der Bekanntmachung

223 Im Hinblick auf Art. 104 Abs. 4 GG ist die Bekanntgabe vom Gericht unverzüglich zu veranlassen. In welcher Art und Weise – formlose Übersendung bzw. Zustellung – die Bekanntgabe durchzuführen ist, richtet sich nach §§ 15 Abs. 2 und 3, 41 FamFG.

Grundsätzlich steht dem Gericht ein pflichtgemäßes Ermessen zu, welche der gesetzlichen Möglichkeiten der Bekanntgabe es wählt[739]. Ein anfechtbarer Beschluss ist allerdings einem Beteiligten, dessen erklärtem Willen er nicht entspricht, förmlich zuzustellen, § 41 Abs. 1 Satz 2 FamFG. Sofern eine Unterbringungsmaßnahme genehmigt oder angeordnet wird, wird dies in der Regel der Betroffene sein. Bei einer Ablehnung oder Aufhebung einer Unterbringungsmaßnahme kommen aber auch der die Unterbringung betreibende Antragsteller sowie weitere Verfahrensbeteiligte in Betracht.

b. Wirksamkeit von Entscheidungen

224 Wann eine Entscheidung in Unterbringungssachen wirksam wird, regelt § 324 Abs. 1 FamFG.

aa. Grundsatz

225 Als Ausnahme zur Grundregel des § 40 Abs. 1 FamFG bestimmt § 324 Abs. 1 FamFG, dass eine Entscheidung über die Genehmigung oder Anordnung einer Unterbringungsmaßnahme[740] erst mit Rechtskraft wirksam wird. Aus dem Wortlaut ergibt sich, dass sowohl stattgebende als auch ablehnende Entscheidungen gemeint sind[741]. Rechtskraft tritt also erst mit fruchtlosem Ablauf der Frist für die Einlegung der Beschwerde gegen die genehmigte bzw. angeordnete Unterbringungsmaßnahme ein (§ 45 Satz 1 FamFG). Diese Frist muss in Bezug auf alle Beschwerdeberechtigten abgelaufen sein. Bei einer Hauptsacheentscheidung beträgt die Beschwerdefrist einen Monat, bei einer einstweiligen Anordnung zwei Wochen, § 63 Abs. 1, 2 Nr. 1 FamFG.

bb. Anordnung der sofortigen Wirksamkeit

226 Das Gericht kann nach § 324 Abs. 2 Satz 1 FamFG von Amts wegen oder auf Anregung eines Beteiligten[742] die sofortige Wirksamkeit der Entscheidung anordnen. Die Anordnung kann auch stillschweigend erfolgen, wenn sich der Betroffene bereits im Freiheitsentzug befindet und der Richter mit seiner Entscheidung die Fortwirkung der Unterbringung bewirken wollte[743]. Den entsprechenden Ausspruch in der Entscheidung kann das Gericht nach §§ 42, 43 FamFG in einem Berichtigungs- bzw. Ergänzungsbeschluss nachholen.

Die Anordnung der sofortigen Wirksamkeit setzt voraus, dass Gefahr im Verzug ist. Das ist bei Unterbringungen in der Regel der Fall, wenn die Unterbringung bereits erfolgt oder eine einstweilige Unterbringung angeordnet ist oder werden soll. Ansonsten ist sorgfältig

739 Keidel-Sternal, § 15 FamFG, Rn. 8
740 Dies gilt auch für vorläufige Unterbringungsmaßnahmen, Keidel-Budde, § 324 FamFG, Rn. 2.
741 A.A. offenbar Bahrenfuss-Grotkopp, § 324 FamFG, Rn. 2
742 Damrau/Zimmermann, § 324 FamFG, Rn. 6 f.
743 BayObLG BtPrax 2002, 39

zu prüfen, ob die Umstände des Einzelfalls eine Anordnung der sofortigen Wirksamkeit erforderlich machen[744].

In § 324 Abs. 2 Satz 2 Nr. 1 bis 3 FamFG ist geregelt, zu welchem Zeitpunkt eine Entscheidung, deren sofortige Wirksamkeit angeordnet ist, wirksam wird. Das Gesetz eröffnet folgende Möglichkeiten, die richterliche Entscheidung möglichst umgehend wirksam werden zu lassen: **227**

- Mündliche oder schriftliche Bekanntgabe der Entscheidung und der Anordnung der sofortigen Wirksamkeit an den Betroffenen, den Verfahrenspfleger oder den Betreuer bzw. den Bevollmächtigten i.S.d. § 1896 Abs. 2 BGB, vgl. Nr. 1. Eine ordnungsgemäße Bekanntgabe setzt hier nach § 41 Abs. 2 Satz 1 FamFG voraus, dass zumindest die Beschlussformel der Entscheidung in vollem Wortlaut durch den Richter mündlich verlesen wird. Zudem müssen die Verlesung und die Anwesenheit der Beteiligten vermerkt werden, § 41 Abs. 2 Satz 2 FamFG[745].
- (Mündliche oder schriftliche) Mitteilung der Entscheidung und der Anordnung der sofortigen Wirksamkeit an einen Dritten, z.B. den Leiter der Unterbringungseinrichtung bzw. den Arzt zum Zweck des Vollzuges der Entscheidung, vgl. Nr. 2.
- Übergabe der (schriftlichen) Entscheidung und der Anordnung der sofortigen Wirksamkeit an die Geschäftsstelle zur Bekanntgabe, vgl. Nr. 3.

Wählt das Gericht mehrere dieser Möglichkeiten, tritt die Wirksamkeit mit dem frühesten Zeitpunkt ein. Der entsprechende Zeitpunkt ist auf der Entscheidung zu vermerken, § 324 Abs. 2 Satz 3 FamFG. Die Begründung des Beschlusses und die schriftliche Bekanntgabe sind in allen der Fällen unverzüglich nachzuholen, § 41 Abs. 2 Satz 3 und 4 FamFG.

Die Anordnung der sofortigen Wirksamkeit kann nicht isoliert angefochten werden[746]. **228**

Wird die in erster Instanz genehmigte bzw. angeordnete Unterbringungsmaßnahme mit einem Rechtsmittel angegriffen, hat das Beschwerdegericht in seiner Entscheidung auch über die Anordnung der sofortigen Wirksamkeit zu befinden.

Es kann

- die Anordnung der sofortigen Wirksamkeit treffen, wenn dies erstinstanzlich unterblieben war,
- die Anordnung der sofortigen Wirksamkeit bestätigen – eines gesonderten Ausspruchs bedarf es nicht[747],
- die Vollziehung der erstinstanzlich angeordneten sofortigen Wirksamkeit aussetzen, § 64 Abs. 3 FamFG[748].

cc. Ende der Wirksamkeit

Die Wirksamkeit einer Entscheidung, die eine Unterbringungsmaßnahme zum Gegenstand hat, endet, wenn **229**

- die in der Entscheidung angegebene Frist abgelaufen ist, ohne dass eine Verlängerung erfolgte, oder
- die Unterbringungsmaßnahme aufgehoben wird, und zwar durch:

744 Marschner/Volckart/Lesting, Kap. D, § 324 FamFG, Rn. 5
745 Keidel-Budde, § 324 FamFG, Rn. 4; Bahrenfuss-Grotkopp, § 324 FamFG, Rn. 5
746 Jürgens-Marschner, § 324 FamFG, Rn. 4
747 Bienwald-Harm, § 324 FamFG, Rn. 23: Die Bestätigung erfolgt durch Zurückweisung des Rechtsmittels.
748 BGH NJW 2013, 3784 ff.

- endgültige Entlassung durch den Betreuer, Bevollmächtigten, Pfleger, Vormund sowie bei öffentlich-rechtlicher Unterbringung durch die zuständige Behörde bzw. den Klinikleiter,
- Aufhebung der Unterbringungsgenehmigung bzw. -anordnung durch das Gericht.

Die Wirksamkeit endet nicht allein aufgrund

- eines Entweichens des Betroffenen, auch wenn seine Rückkehr ungewiss ist[749];
- einer auf einige Tage beschränkten probeweisen Entlassung zum Ende des genehmigten Unterbringungszeitraumes[750];
- kurzzeitiger Verlegung von einer geschlossenen auf eine offene Station in engen Grenzen[751];
- Aufgabe der Unterbringungsabsicht des Betreuers, Bevollmächtigten, Pflegers, Vormundes bzw. der zuständigen Behörde[752].

Endet die Unterbringung vor Ablauf der in der Entscheidung genannten Frist, ist die Entscheidung zur Beseitigung des Rechtscheins aufzuheben.

c. Vorführung

230 Soweit sich Vorführungen im Rahmen des Unterbringungsverfahrens als notwendig erweisen, haben sie durch die zuständige Behörde (dazu oben Rn. 160) zu erfolgen. Der Gesetzgeber wollte damit sicherstellen, dass das bei den jeweils zuständigen Behörden vorhandene Fachpersonal für eine möglichst schonende Vorführung zur Verfügung steht[753]. Denkbare Fälle einer Vorführung im Unterbringungsverfahren sind:

- Vorführung zur Anhörung nach § 319 Abs. 5 FamFG,
- Vorführung zur Untersuchung nach § 322 i.V.m. § 283 FamFG,
- Vorführung zur Unterbringung zur Beobachtung nach § 322 i.V.m. § 284 FamFG.

Die Polizei kann von der zuständigen Behörde um Vollzugshilfe gebeten werden[754].

d. Zuführung zur Unterbringung; Verbringung zu einem stationären Aufenthalt § 326 FamFG

231 Unterschiedliche Regelungen finden sich dazu, wie die in § 312 Nrn. 1 bis 4 FamFG genannten Unterbringungsmaßnahmen vollzogen werden. Dabei geht es um die Frage, wer, gegebenenfalls mit welchem Mittel, tatsächlich die genehmigte bzw. angeordnete Unterbringungsmaßnahme durchsetzt und ausgestaltet.

---

749 Der Betroffene kann nicht durch sein Verhalten das Ende der Unterbringungsmaßnahme bestimmen, Damrau/Zimmermann, § 324 FamFG, Rn. 5; a.A. Jürgens-Marschner, § 324 FamFG, Rn. 5; Keidel-Budde, § 324 FamFG, Rn. 5.

750 KG, FamRZ 2006, 1481 (LS); BayObLG FamRZ 1995, 1296; a.A. Keidel-Budde, § 324 FamFG, Rn. 5

751 Sind seit der Verlegung bereits sechs Wochen vergangen, wird die Entscheidung allerdings gegenstandslos, OLG Hamm BtPrax 2000, 34; weitergehend BayObLG FamRZ 2004, 1323: nach 2 Monaten. Bei einer Rückverlegung auf eine geschlossene Station bedarf es dann einer neuen Genehmigung bzw. Anordnung.

752 Diese Beteiligten sind für den Vollzug zuständig und können daher die Unterbringung selbst tatsächlich beenden, die innere Absicht kann deshalb nicht maßgeblich sein.

753 BT-Drs. 11/4528, S. 185

754 Vgl. etwa §§ 48, 50 thür. PAG, Art. 67, 69 bayPAG, §§ 47, 49 PolG NRW

aa. Zivilrechtliche Unterbringungen, ärztliche Zwangsmaßnahmen und Verbringung zu einem stationären Aufenthalt (§ 312 Nr. 1 und 3 FamFG)

232 Die Vollziehung einer zivilrechtlichen Unterbringung (dazu oben Rn. 107) bedarf keiner besonderen gesetzlichen Regelung, da sie durch den gesetzlichen bzw. gewillkürten Vertreter erfolgt. Hat das Gericht ihm die erforderliche Genehmigung erteilt, hat er zu entscheiden, ob er davon Gebrauch macht und sie bejahendenfalls umsetzt. Demgemäß müssen Eltern, alleinsorgeberechtigter Elternteil, Vormund oder Pfleger das Kind in der von ihnen ausgewählten Einrichtung unterbringen. Beim volljährigen Betreuten trifft diese Verpflichtung den Betreuer und beim Vollmachtgeber den Bevollmächtigten. Rein tatsächlich gelingt es aber häufiger nicht ohne weiteres, den Betroffenen unterzubringen. Der Gesetzgeber wollte daher eine Anlaufstelle schaffen, an die der Wunsch auf Unterstützung bei der Unterbringung herangetragen werden kann[755].

§ 326 Abs. 1 Satz 1 FamFG stellt klar, dass die zuständige Behörde bei der Zuführung zur Unterbringung nicht nur den gesetzlichen, sondern auch den gewillkürten Vertreter zu unterstützen hat.

233 Der neugefasste § 326 Abs. 3 FamFG schafft eine Rechtsgrundlage zur Genehmigung des gewaltsamen Öffnens, Betretens und Durchsuchens der Wohnung des Betroffenen zwecks Zuführung zur Unterbringung. Nach Art. 13 Abs. 2 GG bedarf es nämlich einer gesetzlichen Ermächtigungsgrundlage für die richterliche Anordnung der Durchsuchung. Das gilt auch, wenn das gewaltsame Öffnen und Betreten einer Wohnung zur gewaltsamen Vorführung nicht mit einem Durchsuchen verbunden ist[756].

234 Nach § 326 Abs. 3 Satz 1 FamFG bedarf die zuständige Behörde, wenn sie im Rahmen der Vorführung die Wohnung des Betroffenen gewaltsam öffnen, betreten oder durchsuchen will, einer gerichtlichen Anordnung. Die Anordnung darf nur zu dem Zweck erfolgen, den Betroffenen aufzufinden, um ihn einer Unterbringung zuzuführen. Eine Anordnung zum gewaltsamen Öffnen, Betreten und Durchsuchen der Wohnung eines Dritten, in der sich der Betroffene aufhält, ohne dort zu wohnen, ermöglicht Abs. 3 nicht. Der Betroffene ist vor der Anordnung durch das Gericht persönlich anzuhören, § 326 Abs. 3 Satz 2 FamFG. Wegen der erhöhten Grundrechtsrelevanz hat der Gesetzgeber die persönliche Anhörung für notwendig erachtet[757].

Nur bei Gefahr im Verzug besteht nach § 326 Abs. 3 Satz 3 FamFG für die zuständige Behörde die Befugnis, die Wohnung des Betroffenen ohne gerichtliche Anordnung zum Zwecke der Vorführung zur Unterbringung gewaltsam zu öffnen, zu betreten und zu durchsuchen. Gefahr in Verzug kann vorliegen, wenn auf die gerichtliche Entscheidung nicht gewartet werden kann, ohne dass es zu einer Gefährdung der Gesundheit oder des Lebens des Betroffenen kommt.

§ 326 Abs. 3 Satz 4 FamFG ist dem Zitiergebot des Art. 19 Abs. 1 Satz 2 GG geschuldet.

235 § 326 Abs. 1 FamFG sieht vor, dass die zuständige Behörde[758] den Betreuer oder den Bevollmächtigten i.S.d. § 1896 Abs. 2 BGB auf dessen Wunsch bei der Zuführung zur Unterbringung nach § 312 Nr. 1 FamFG zu unterstützen hat. Das gilt unabhängig davon, ob die Unterbringung auf der Grundlage einer gerichtlichen Genehmigung (§ 1906 Abs. 2 Satz 1 BGB) oder als Eilmaßnahme durch den Betreuer bzw. Bevollmächtigten bereits vor der gerichtlichen Genehmigung (§ 1906 Abs. 2 Satz 2 BGB) erfolgen soll. Demgemäß können

755 BT-Drs.11/4528, S.185. Zur praktischen Durchführung von Unterbringungen siehe Dodegge, BtPrax 1998, 43.
756 BVerfG, FamRZ 2009, 1814 ff. zu § 68b III FGG
757 BT-Drs. 17/10490, S. 20
758 Bei minderjährigen Kindern das Jugendamt, bei volljährigen Betreuten die Betreuungsbehörde

weder das Gericht[759] noch Dritte diese Unterstützung anfordern, sondern nur der gesetzliche bzw. gewillkürte Vertreter. Unterstützung bedeutet Begleitung und Hilfe durch das geschulte Personal der Behörde, etwa

- beim Zutritt zur Wohnung des Betroffenen;
- beim Transport in die Unterbringungseinrichtung[760];
- bei der Überwindung von (verbalem oder tätlichem) Widerstand des Betroffenen;
- bei der Suche nach dem untergetauchten Betroffenen,
- aber auch bei der Rückführung des entwichenen bzw. zeitlich befristet beurlaubten und nicht rückkehrwilligen Betroffenen.

Vorstehende Ausführungen gelten auch für die Verbringung eines Betreuten zu einem stationären Krankenhausaufenthalt zum Zwecke der Durchführung einer ärztlichen Maßnahme, vgl. § 1906a Abs. 4 BGB. Mit der Einführung des § 1906a Abs. 4 BGB zum 22.7.2017 hat der Gesetzgeber eine Ergänzung des § 326 Abs. 1 FamFG vorgenommen. Damit entsprechen die verfahrensrechtlichen Regelungen zur Durchführung der Verbringung denen für die Zuführung zur Unterbringung[761].

Für den Vollzug einer Genehmigung zu einer ärztlichen Zwangsmaßnahme (dazu oben Rn. 40) bedarf es ebenfalls keiner gesonderten Regelung, da der Betreute sich vor einer Genehmigung bereits in einem offenen oder geschlossenen Krankenhaus befindet und der Betreuer allein über die Art und Weise des Vollzuges entscheidet. Ärzte und Pflegekräfte sind im Krankenhaus ihrerseits nach landesrechtlichen Regelungen befugt, die genehmigten Maßnahmen auf Wunsch des Betreuers bzw. Bevollmächtigten mit Zwang durchzusetzen[762].

236 Die Auswahl der Unterbringungseinrichtung bzw. des Krankenhauses und die eigentliche Organisation des Transportes sind dagegen alleinige Aufgabe des gesetzlichen bzw. gewillkürten Vertreters.

Ist die Zuführung zur Unterbringung bzw. die Verbringung in ein Krankenhaus erfolgt, enden die Aufgaben der zuständigen Behörde zur Hilfestellung. Den weiteren Vollzug gestaltet die jeweilige Unterbringungseinrichtung bzw. das Krankenhaus in Absprache mit dem gesetzlichen bzw. gewillkürten Vertreter.

Kann die zuständige Behörde die Zuführung zur Unterbringung oder die Verbringung in ein Krankenhaus nicht zwanglos unterstützen, darf sie Gewalt (gemeint ist unmittelbarer Zwang) anwenden, aber nur auf der Grundlage einer vorherigen gerichtlichen Entscheidung, § 326 Abs. 2 Satz 1 FamFG. Die Entscheidung ergeht in einem eigenständigen Verfahren, kann aber mit dem Unterbringungsverfahren verbunden werden. In der Praxis wird die Gestattung zur Gewaltanwendung häufig regelhaft erteilt, wenn sich der Betroffene noch nicht in der Unterbringungseinrichtung bzw. im Krankenhaus befindet. Richtigerweise müssen die Gerichte prüfen, ob mit der Gestattung der Gewaltanwendung das Wohl des Betroffenen gewahrt bleibt. Insbesondere muss die Erforderlichkeit konkret festgestellt werden und die Verhältnismäßigkeit gewahrt sein. Das kann z.B. bejaht werden, wenn ein Versuch erfolglos bleibt, den Betroffenen ohne Gewaltanwendung zu bewegen, in die Unterbringungseinrichtung bzw. das Krankenhaus zu gehen, oder der Betroffene

759 Nur wenn das Gericht anstelle eines Betreuers tätig wird, kann es bei der zuständige Behörde um Unterstützung bei der Zuführung zur Unterbringung ersuchen.
760 Weil z.B. ein besonderes Fahrzeug, etwa mit der Möglichkeit zur Fixierung, oder besonders geschultes Personal benötigt wird.
761 BT-Drs. 18/11240, S. 22
762 Vgl. etwa § 68 Abs. 1 Nr. 15 VwVG NRW

sich in seiner Wohnung einschließt und niemanden zu sich lässt. Die Gestattung zur Anwendung von Gewalt umfasst nicht auch die Zulässigkeit des zwangsweisen Betretens der Wohnung. Sie setzt nach § 326 Abs. 3 Satz 1 FamFG eine gesonderte, ausdrückliche Entscheidung des Gerichtes und ist nur bei Gefahr in Verzug entbehrlich, § 326 Abs. 3 Satz 3 FamFG.

Die Gestattung der Gewaltanwendung und des Betretens der Wohnung kann mit der Beschwerde (§ 58 FamFG) gesondert angegriffen werden, da es sich um eine eigenständige Anordnung mit abgrenzbarem Inhalt handelt.

Sofern die zuständige Behörde die Unterbringung zusammen mit dem gesetzlichen bzw. **237** gewillkürten Vertreter durchführt, ist sie berechtigt, die Polizei um Unterstützung zu ersuchen, § 326 Abs. 2 Satz 2 FamFG. Bedarf dafür kann etwa bestehen, wenn abzusehen ist, dass der Einsatz körperlicher Gewalt nötig wird. Über die entsprechende Notwendigkeit entscheidet die zuständige Behörde im Rahmen von pflichtgemäßem Ermessen. Aufgrund des Grundsatzes der Subsidiarität ist die Polizei zur Vollzugshilfe aber nur verpflichtet, wenn die Behörde nicht selbst über die hierzu erforderlichen Dienstkräfte verfügt[763]. Die Behörde darf der Polizei die Zuführung nicht überlassen, sondern sie nur zur Unterstützung heranziehen. Die Polizei ist nach den Grundsätzen der Amtshilfe zur Vollzugshilfe verpflichtet[764].

Ergibt sich für die zuständige Behörde im Rahmen der Zuführung zu einer Unterbringungsmaßnahme die Notwendigkeit, einen Schlüsseldienst zur Öffnung der Wohnung des Betroffenen heranzuziehen, muss sie dessen Kosten tragen[765]. Da der Gesetzgeber die Aufgabe der Vorführung bzw. des gewaltsamen Öffnens, Betretens und Durchsuchens der Wohnung des Betroffenen eindeutig der zuständigen Behörde zuweist, muss sie die anfallenden Kosten des Schlüsseldienstes tragen. Über die Ausgestaltung der Unterbringung sowie die dort gegebenenfalls notwendige ärztliche Behandlung entscheidet der gesetzliche bzw. gewillkürte Vertreter, sofern ihm die entsprechenden Aufgaben zugewiesen sind (zur Zwangsbehandlung Betreuter im Rahmen der geschlossenen Unterbringung siehe Rn. 40 ff.).

bb. Freiheitsentziehende Maßnahmen (§ 312 Nr. 2 FamFG)

Auch der Vollzug von freiheitsentziehenden Maßnahmen bleibt dem jeweiligen gesetzli- **238** chen oder gewillkürten Vertreter vorbehalten. Er darf daher ein Bettgitter oder einen Leibgurt anbringen oder eine Tür abschließen. In der Regel wird er damit Mitarbeiter der jeweiligen Einrichtung beauftragen[766].

Da sich der Betroffene schon in einer Einrichtung befindet, bedarf es keiner Regelungen zur Zuführung. § 326 FamFG gilt insoweit nicht[767].

Die Gestattung, eine gewaltsame Zuführung des Betroffenen in eine offene (Alten)Heimeinrichtung vorzunehmen, kann nicht nach § 326 FamFG ausgesprochen werden. Weder

763 VG Gelsenkirchen FamRZ 2016, 1709
764 Vgl. etwa §§ 48 Abs. 2 Satz 2 thür. PAG, Art. 67 Abs. 3 bayPAG, §§ 47 Abs. 2 Satz 2 PolG NRW. Auch im Vorfeld einer gewaltsamen Zuführung kommt die Vollzugshilfe durch die Polizei in Betracht. So ist etwa auf Bitte eines Betreuers, dem das Aufenthaltsbestimmungsrecht zusteht, die Ausschreibung des entwichenen Betroffenen im Fahndungssystem der Polizei zur Aufenthaltsermittlung und bei Hinweisen auf eine Suizidgefahr oder eine hilflose Lage beim Betroffenen die Ausschreibung zur Aufenthaltsermittlung mit dem Zusatz „Bei Antreffen Unterbringungserfordernis prüfen", möglich. Ist im Unterbringungsgenehmigungsbeschluss die Gewaltanwendung angeordnet, kann der Betroffene zur Ingewahrsamsnahme durch die Polizei in deren Fahndungssystem ausgeschrieben werden.
765 BGH BtPrax 2016, 77; LG Dresden BtPrax 2014, 91(LS)
766 Damrau/Zimmermann, § 326 FamFG, Rn. 12
767 Keidel-Budde, § 326 FamFG, Rn. 1; Bahrenfuss-Grotkopp, § 326 FamFG, Rn. 1

§ 1906 Abs. 4 BGB noch § 326 FamFG – er regelt nur den Vollzug einer auf anderer Rechtsgrundlage ergangenen Entscheidung – oder § 1906a BGB enthalten eine entsprechende gesetzliche Ermächtigung (dazu oben Rn. 12).

cc. Öffentlich-rechtliche Unterbringung (§ 312 Nr. 4 FamFG)

239 Für den Vollzug einer öffentlich-rechtlichen Unterbringung sind die nach den jeweiligen Landesunterbringungsgesetzen zuständigen Behörden verantwortlich. Das Ergreifen und die Zuführung des Betroffenen in die Unterbringungseinrichtung erfolgt durch die zuständigen Behörden. Ergänzende Regelungen zum Vollzug einer öffentlich-rechtlichen Unterbringung finden sich in § 328 FamFG (Aussetzung des Vollzuges), dazu unten Rn. 320, und § 327 FamFG (gerichtliche Entscheidung hinsichtlich einzelner Vollzugsmaßnahmen), dazu unten Rn. 329.

10. Vorläufige Unterbringung, §§ 331 bis 334 FamFG

240 Da bis zum Vorliegen aller Voraussetzungen für eine Unterbringung oder einer Genehmigung der Einwilligung in eine ärztliche Zwangsmaßnahme in der Hauptsache einige Zeit verstreichen kann, ermöglichen §§ 331, 332 FamFG den Erlass einer einstweiligen Anordnung. Mit ihr kann eine vorläufige Unterbringungsmaßnahme ergehen. So ist gewährleistet, dass in Gefahrensituationen rasch eine Unterbringungsmaßnahme ergehen kann. Solche Situationen können entstehen, wenn der Betroffene freiwillig in der Klinik war, nun aber vorzeitig gehen will, oder der Betroffene, weil mit dem Aufschub Gefahr verbunden war, vom Betreuer bzw. Bevollmächtigten untergebracht wurde (§ 1906 Abs. 2 Satz 2 BGB). Vom gesetzgeberischen Willen als Ausnahmeverfahren in Krisensituationen konzipiert, nutzt die gerichtliche Praxis vorläufige Unterbringungsmaßnahmen zumindest bei zivilrechtlichen Unterbringungen nach §§ 1631b, 1846, 1906 Abs. 1 BGB und den öffentlich-rechtlichen Unterbringungsmaßnahmen weitgehend als Regelverfahren. Gefördert wird diese Tendenz durch Bestrebungen, stationäre Unterbringungen aus finanziellen Erwägungen zeitlich eng zu befristen[768]. Hinzu kommt, dass die Verfahren auf einstweilige Anordnung durch § 51 Abs. 3 Satz 1 FamFG seit dem 1.9.2009 als eigenständige Verfahren, auch bei anhängigem Hauptsacheverfahren definiert sind.

§ 331 FamFG Einstweilige Anordnung

[1]Das Gericht kann durch einstweilige Anordnung eine vorläufige Unterbringungsmaßnahme anordnen oder genehmigen, wenn

1. **dringende Gründe für die Annahme bestehen, dass die Voraussetzungen für die Genehmigung oder Anordnung einer Unterbringungsmaßnahme gegeben sind und ein dringendes Bedürfnis für ein sofortiges Tätigwerden besteht,**
2. **ein ärztliches Zeugnis über den Zustand des Betroffenen und über die Notwendigkeit der Maßnahme vorliegt; in den Fällen des § 312 Nummer 1, 3 und 4 muss der Arzt, der das ärztliche Zeugnis erstellt, Erfahrung auf dem Gebiet der Psychiatrie haben und soll Arzt für Psychiatrie sein,**
3. **im Fall des § 317 ein Verfahrenspfleger bestellt und angehört worden ist und**
4. **der Betroffene persönlich angehört worden ist.**

[2]Eine Anhörung des Betroffenen im Wege der Rechtshilfe ist abweichend von § 319 Abs. 4 zulässig.

768 Sog. Drehtürpsychiatrie

§ 332 FamFG Einstweilige Anordnung bei gesteigerter Dringlichkeit

[1]Bei Gefahr im Verzug kann das Gericht eine einstweilige Anordnung nach § 331 bereits vor Anhörung des Betroffenen sowie vor Anhörung und Bestellung des Verfahrenspflegers erlassen. [2]Diese Verfahrenshandlungen sind unverzüglich nachzuholen.

§ 334 FamFG Einstweilige Maßregeln

Die §§ 331, 332 und 333 gelten entsprechend, wenn nach § 1846 des Bürgerlichen Gesetzbuchs eine Unterbringungsmaßnahme getroffen werden soll.

a. Anwendungsbereich

Wie §§ 300, 301 FamFG für das Betreuungsverfahren sehen §§ 331, 332, 334 FamFG für das Unterbringungsverfahren den Erlass von einstweiligen Anordnungen bzw. vorläufigen Maßregeln vor. Diese Vorschriften gelten für alle Unterbringungsmaßnahmen im Sinne des § 312 Nrn. 1 – 4 FamFG (dazu oben Rn. 109). **241**

Unberührt von §§ 331, 332, 334 FamFG bleiben die nach den jeweiligen Landesunterbringungsgesetzen vorgesehenen (verwaltungsrechtlichen) Sofortunterbringungen[769] sowie polizeirechtliche Freiheitsentziehungen[770]. Sie können also einer vorläufigen Unterbringung nach §§ 331, 332, 334 FamFG vorausgehen.

Wie nach der bisherigen Rechtslage sind insgesamt drei Arten einstweiliger Anordnungen zu unterscheiden:

- (normale) einstweilige Anordnung nach § 331 FamFG,
- (dringende) einstweilige Anordnung nach § 332 FamFG,
- einstweilige Maßregel nach § 334 FamFG, 1846, 1908i BGB.

Soweit in §§ 331 bis 334 FamFG keine anders lautenden Regelungen getroffen sind, gelten für das auf eine vorläufige Unterbringungsmaßnahme gerichtete Verfahren die allgemeinen Voraussetzungen nach §§ 312 ff. FamFG, vgl. § 51 Abs. 2 Satz 1 FamFG. Anders als nach der bisherigen Rechtslage ist das einstweilige Anordnungsverfahren ein selbständiges Verfahren, § 51 Abs. 3 FamFG, und nicht mehr von der Anhängigkeit eines Hauptsacheverfahrens abhängig. Das Gericht hat von Amts wegen zu prüfen, ob es überhaupt ein Hauptsacheverfahren einleiten will. Die Verfahrensbeteiligten können allerdings nach § 52 Abs. 1 FamFG die Einleitung eines Hauptsacheverfahrens erzwingen. Im Antragsverfahren nach den Landesunterbringungsgesetzen hat das Gericht auf Antrag anzuordnen, dass – spätestens innerhalb einer Frist von drei Monaten – ein Antrag in der Hauptsache gestellt wird, § 52 Abs. 2 Satz 1 FamFG. Erfolgt das nicht, ist die einstweilige Anordnung aufzuheben.

b. Voraussetzungen einer (normalen) vorläufigen Unterbringungsmaßnahme

In Ergänzung der 49 ff. FamFG bestimmt § 331 FamFG die eigenständigen Voraussetzungen für eine einstweilige Anordnung in Unterbringungssachen. Demzufolge sind für eine normale einstweilige Anordnung folgende Voraussetzungen zu erfüllen: **242**

769 Vgl. etwa § 14 PsychKG NRW
770 Z.B. polizeilicher Gewahrsam nach § 35 PolG NRW

aa. Dringende Gründe für das Vorliegen der Voraussetzungen für eine endgültige Unterbringungsmaßnahme

243 Das Gesetz stellt in Nr. 1 klar, dass die materiell-rechtlichen Voraussetzungen einer vorläufigen Unterbringung mit denen einer Unterbringung in der Hauptsache deckungsgleich sind[771]. Dringende Gründe müssen die Annahme rechtfertigen, dass die Voraussetzungen für eine endgültige Unterbringungsmaßnahme gegeben sind, Satz 1 Nr. 1. Das Gericht muss also zunächst aufgrund eines Antrages oder einer Anregung konkret mit der Entscheidung über eine endgültige Unterbringungsmaßnahme befasst sein. Weiterhin muss eine ausreichende, das heißt erhebliche Wahrscheinlichkeit[772] bestehen, dass eine endgültige Genehmigung bzw. Anordnung der Unterbringungsmaßnahme erfolgt. Das kann nicht bedeuten, dass in jedem Einzelfall am Ende des Verfahrens eine endgültige Unterbringungsentscheidung steht[773]. Vielmehr bedarf es konkreter Umstände, wonach die Voraussetzungen für die Genehmigung bzw. Anordnung einer Unterbringung nach § 1906 Abs.1, 2 BGB oder einer Einwilligung in eine ärztliche Zwangsmaßnahme nach § 1906a Abs. 1 Satz 1 BGB bzw. einer freiheitsentziehenden Maßnahme nach § 1906 Abs. 4 BGB oder für die Anordnung einer Unterbringung bzw. einer ärztlichen Zwangsmaßnahme nach den jeweiligen Landesunterbringungsgesetzen mit erheblicher Wahrscheinlichkeit vorliegen[774].

244 Bei der zivilrechtlichen Unterbringung (dazu oben Rn. 2) muss also zumindest gleichzeitig ein (vorläufiger) Betreuer, Vormund oder Pfleger bestellt werden bzw. ein solcher, ein Bevollmächtigter oder Eltern(-teil) vorhanden sein, der über einen entsprechenden Aufgabenkreis verfügt. Weiter muss der gesetzliche bzw. gewillkürte Vertreter gewillt sein, eine entsprechende Unterbringungsmaßnahme zu initiieren.

Schließlich müssen konkrete Umstände mit erheblicher Wahrscheinlichkeit darauf hindeuten, dass bei Volljährigen aufgrund einer psychischen Krankheit oder einer körperlichen, geistigen oder seelischen Behinderung die Gefahr besteht, dass entweder

- der Betroffene sich selbst tötet oder sich erheblichen gesundheitlichen Schaden zufügt (dazu oben Rn. 21 ff.) und insoweit auch seinen Willen nicht frei bestimmen kann, oder
- eine Heilbehandlung notwendig ist, jedoch ohne die Unterbringung nicht durchgeführt werden kann, weil der Betroffene aufgrund einer psychischen Krankheit oder geistigen oder seelischen Behinderung nicht in der Lage ist, die Notwendigkeit von Behandlungsmaßnahmen einzusehen und nach dieser Einsicht zu handeln (dazu oben Rn. 25 ff.).

Bei der Genehmigung bzw. der Anordnung einer Einwilligung in eine ärztliche Zwangsmaßnahme eines Volljährigen müssen konkrete Umstände mit erheblicher Wahrscheinlichkeit darauf hindeuten, dass die ärztliche Zwangsmaßnahme als ultima ratio erforderlich ist und die materiellen Voraussetzungen des § 1906a Abs. 1 Satz 1 BGB erfüllt sind.

Bei Minderjährigen müssen konkrete Umstände mit erheblicher Wahrscheinlichkeit darauf hindeuten, dass zum Wohle des Kindes eine Unterbringung erforderlich ist (§ 1631b BGB). Darüber hinaus bedarf es eines entsprechenden Unterbringungsantrages des/ der Sorgeberechtigten[775].

---

771 Keidel-Budde, § 331 FamFG, Rn. 3
772 BayObLG FamRZ 2005, 477; OLG Frankfurt a.M. NJW-RR 1999, 144
773 In der weit überwiegenden Anzahl der Fälle erledigt sich das Unterbringungsverfahren nach Erlass einer einstweiligen Anordnung durch Entlassung, der Verlegung des Betroffenen auf eine offene Station oder Abgabe einer Freiwilligkeitserklärung.
774 BayObLG FamRZ 2005, 477
775 OLG Bremen NJW-RR 2013, 579

Bei einer öffentlich-rechtlichen Unterbringung bzw. der Anordnung einer ärztlichen Zwangsmaßnahme in einem solchen Verfahren bedarf es der Anhängigkeit eines entsprechenden Unterbringungsverfahrens, das heißt einer (zumindest gleichzeitigen) Antragstellung der zuständigen Behörde bzw. Klinikleitung oder Initiierung des Verfahrens durch Eilmaßnahmen der Polizei[776]. Darüber hinaus muss die erhebliche Wahrscheinlichkeit dafür bestehen, dass die materiellen Voraussetzungen für eine Unterbringung bzw. eine ärztliche Zwangsmaßnahme nach dem jeweiligen Landesunterbringungsgesetz erfüllt sind. 245

bb. Dringendes Bedürfnis für ein sofortiges Tätigwerden

Soweit das Gesetz früher Gefahr in Verzug voraussetzte, ist damit inhaltlich keine Änderung beabsichtigt gewesen[777]. Ein dringendes Bedürfnis für ein sofortiges Tätigwerden besteht, wenn ein Abwarten bis zur endgültigen Entscheidung nicht möglich ist, weil diese zu spät kommen würde, um die zu schützenden Interessen zu wahren[778]. Es ist nach zivilrechtlichen und öffentlich-rechtlichen Unterbringungsmaßnahmen zu differenzieren. 246

(1) Zivilrechtliche Unterbringungsmaßnahme

Bei einer zivilrechtlichen Unterbringungsmaßnahme muss mit dem Aufschub der konkreten Maßnahme Gefahr für den Betroffenen verbunden sein. Die Abwägung der zu erwartenden Nachteile für den Betroffenen bei Unterbleiben der Unterbringungsmaßnahme gegen die mit der Unterbringungsmaßnahme verbundenen Einschränkungen des Betroffenen muss das sofortige Handeln des Betreuungsgerichts rechtfertigen. Das kann der Fall sein, wenn ohne sofortige Behandlung des Betroffenen die Gefahr besteht, dass er jederzeit in hochpsychotische Erregungszustände geraten kann, die – verbunden mit einer vorhandenen depressiven Stimmungslage – zu schweren gesundheitlichen Schäden bis hin zur Selbsttötung führen können[779]. Ähnliches gilt, wenn vor einer Hauptsacheentscheidung des Gerichtes noch weitere Ermittlungen erfolgen müssen oder ein Gutachten einzuholen ist und sich währenddessen eine akute Gesundheitsverschlechterung[780] oder eine Chronifizierung der Erkrankung[781] beim Betroffenen ergäbe. 247

Ist Gegenstand des Verfahrens die Einwilligung bzw. die Anordnung einer Einwilligung in eine **ärztliche Zwangsmaßnahme** eines Volljährigen, bedarf es einer besonders sorgfältigen Überprüfung des dringlichen Bedürfnisses für ein Tätigwerden. Angesichts des massiven Grundrechtseingriffs und des Erfordernisses, zunächst ein Therapieverständnis beim Betroffenen zu erreichen, vgl. § 1906a Abs. 1 Satz 1 Nr. 4 BGB, kommen einstweilige Anordnungen nur in seltenen Ausnahmefällen in Betracht[782].

Kann dagegen das normale (Hauptsache-)Unterbringungsverfahren ohne Gefährdung der Gesundheit oder des Lebens des Betroffenen durchgeführt werden, etwa weil das Krankheitsbild seit langem bekannt ist und jetzt eine Unterbringung zur Heilbehandlung erfolgen soll, oder ergeben sich nur geringe Verzögerungen (vgl. § 320 Satz 1 und 2 FamFG), ist keine Gefahr mit dem Aufschub der Unterbringungsmaßnahme verbunden[783]. Auch eine

776 Zu einem solchen Fall nach dem hess. Unterbringungsgesetz: OLG Frankfurt a.M. NJW 1992, 1395
777 BT-Drs.16/6308, S. 271
778 OLG Brandenburg FamRZ 2010, 1743
779 BayObLG BtPrax 2003, 268 f.
780 Zu einem solchen Fall: BayObLG FamRZ 2000, 566
781 KG FamRZ 2001, 172
782 Jürgens-Marschner, § 331 FamFG, Rn. 1; A.A. Grotkopp, BtPrax 2013, 83, 87, der davon ausgeht, dass der Richter in Eilfällen auch das Überzeugungsgespräch zur Erzielung eines Therapieeinverständnisses zu führen hat.
783 Eine solche Konstellation lag der Entscheidung des BVerfG FamRZ 1998, 895, zugrunde: Der Betroffene litt seit Jahren an einer chronifizierten paranoiden Psychose und wollte sich die – vermeintlich – in seine Ohren implantierten Wanzen entfernen lassen. Die durch einstweilige Anordnung genehmigte vorläufige Unterbringung hob das BVerfG mangels akuter Gefährdung für den Betroffenen auf.

ungeklärte Wohnsituation bei schon länger desolater Situation des Betroffenen erfüllt die Kriterien einer konkreten Gefahr für den Betroffenen bei Aufschub der Unterbringungsmaßnahme nicht[784].

(2) Öffentlich-rechtliche Unterbringungsmaßnahme

248 Bei einer öffentlich-rechtlichen Unterbringungsmaßnahme kann die Gefahr zum einen in Bezug auf den Betroffenen[785] bestehen und zum anderen für die öffentliche Sicherheit oder Ordnung[786], erhebliche Rechtsgüter Dritter[787] bzw. die sonstigen in den jeweiligen Landesunterbringungsgesetzen geschützten Drittinteressen.

Das Vorliegen der Gefährdungssituationen muss vom Gericht an konkreten Tatsachen festgemacht werden[788]. Die Gefahr muss sich auf erhebliche Rechtsgüter beziehen, dies verlangt der Verhältnismäßigkeitsgrundsatz. Schließlich ist zu verlangen, dass sich die Gefahr mit hinreichender Wahrscheinlichkeit realisiert, wobei ein für das praktische Leben brauchbarer Grad der Wahrscheinlichkeit genügt.

Dabei können frühere Verhaltensweisen des Betroffenen, seine Persönlichkeit, seine aktuelle Befindlichkeit sowie seine zu erwartenden Lebensumstände berücksichtigt werden[789].

cc. Glaubhaftmachung

249 Diese beiden Voraussetzungen müssen nicht zur Überzeugung des Gerichts bewiesen sein. Vielmehr reicht ihre Glaubhaftmachung aus.

Die Glaubhaftmachung bezieht sich auf den Grad der richterlichen Überzeugung. Dieser Überzeugungsgrad liegt niedriger als der für die volle richterliche Überzeugung. Es reicht aus, dass bei verständiger Würdigung die Wahrheit einer bestimmten Tatsache bis auf weiteres angenommen werden kann. Es muss mit anderen Worten für das Vorliegen der einzelnen Tatsachen anhand konkreter Umstände eine erhebliche Wahrscheinlichkeit bestehen. Daher darf sich das Gericht nicht auf allgemein gehaltene ärztliche Diagnosen, etwa behandlungsbedürftige psychische Erkrankung, oder die pauschale Unterstellung einer fehlenden Krankheitseinsicht stützen und formelhafte Wendungen in Hinblick auf die Unterbringungsvoraussetzungen anführen. Ein Mittel der Glaubhaftmachung kann die eidesstattliche Versicherung sein, § 31 Abs. 1 FamFG. Der glaubhaft gemachte Sachverhalt darf trotz pauschalen Bestreitens des Betroffenen zugrunde gelegt werden[790]. Erhebt der Betroffene in seiner persönlichen Anhörung indes konkrete Einwendungen, muss das Gericht näher begründen, warum es auf der Grundlage der gebotenen summarischen Prüfung eine andere Darstellung für überwiegend wahrscheinlicher erachtet[791].

dd. Ärztliches Zeugnis

250 Weiterhin muss über den Zustand des Betroffenen und die Notwendigkeit der Maßnahme ein ärztliches Zeugnis (dazu oben Rn. 195) vorliegen, Satz 1 Nr. 2. Zwar verlangt das Gesetz kein Gutachten, qualitativ sollte das ärztliche Zeugnis angesichts des massiven Grund-

---

784 OLG Bremen BtPrax 2007, 87 ff.
785 Die Landesunterbringungsgesetze schützen auch den Betroffenen vor Eigengefährdungen, vgl. z.B. für das PsychKG NRW Dodegge/Zimmermann, PsychKG NRW, Teil B, § 11, Rn. 8a
786 So z.B. Art.1 Abs. 1 Bay.UntG
787 So z.B. § 11 Abs. 1 Satz 1 PsychKG NRW
788 BayObLG FamRZ 2000, 566. Die Tatsachen müssen nach Ort, Zeit und Umständen bestimmt sein, OLG Saarbrücken BtPrax 1997, 202.
789 BayObLG NJW 2000, 881; Firsching/Dodegge, Rn. 619 mit Beispielsfällen
790 BayObLG BtPrax 2004, 159 (LS)
791 Keidel-Budde, § 331 FamFG, Rn. 6

rechtseingriffs aber einem Gutachten entsprechen[792]. Der ausstellende Arzt muss den Betroffenen also zeitnah untersucht haben[793], die Auswirkungen der Erkrankung darstellen, eine Diagnose nachvollziehbar darlegen, zur Erforderlichkeit und Dauer der in Frage stehenden Maßnahme Stellung nehmen und die maßgeblichen Anknüpfungspunkte benennen. Ein Zeugnis, dass bereits ein Monat alt ist, kann nicht mehr verwertet werden[794].

Eine besondere Qualifikation des ausstellenden Arztes sieht Satz 1 Nr. 2, 2. HS in den Fällen des § 312 Nr. 1, 3 und 4 FamFG vor (dazu unten Rn. 251). Damit sind die Verfahren der freiheitsentziehenden Unterbringung nach § 1906 Abs. 1 und 2 bzw. Abs. 5 BGB, Nr. 1, der ärztlichen Zwangsmaßnahme einschließlich der Verbringung zu einem stationären Aufenthalt nach § 1906a Abs. 1, 2, 4 bzw. Abs. 5 BGB, Nr. 3, und der freiheitsentziehenden Unterbringung sowie der ärztlichen Zwangsmaßnahme bei Volljährigen nach den Landesgesetzen über die Unterbringung psychisch Kranker, Nr. 4, gemeint.

Demzufolge bestehen lediglich für Verfahren der freiheitsentziehenden Maßnahme nach § 1906 Abs. 4 bzw. Abs. 5 keine besonderen gesetzlichen Regelungen zur Qualifikation des ausstellenden Arztes. Teilweise wird allerdings verlangt, dass der das Attest ausstellende Arzt generell die gleiche Qualifikation aufweisen muss wie der Sachverständige nach § 321 Abs. 1 Satz 4 FamFG[795]. Richtigerweise wird das Gericht im Rahmen seiner Amtsermittlungspflicht nach § 26 FamFG darüber zu befinden haben, welche Qualifikation des Arztes im Einzelfall erforderlich ist. Ist die Erkrankung bereits früher diagnostiziert worden und hat zu Unterbringungsmaßnahmen geführt, wird eher das ärztliche Zeugnis des behandelnden Nichtfacharztes[796] ausreichen als bei Erstmanifestation einer Erkrankung. Auch der Grad der Eilbedürftigkeit und der Erreichbarkeit eines Facharztes bzw. eines in der Psychiatrie oder Neurologie erfahrenen Arztes wird zu beachten sein[797].

Bei Unterbringungsmaßnahmen nach § 312 Nr.1 FamFG in Bezug auf ein Kind soll der Arzt Facharzt für Kinder- und Jugendpsychiatrie oder -psychotherapie sein, § 167 Abs. 6 Satz 1 FamFG. Es reicht im Fall des §151 Nr. 6 FamFG (Genehmigung nach §§ 1631b, 1800, 1915 BGB) die Beurteilung eines in Fragen der Heimerziehung ausgewiesenen Psychotherapeuten, Psychologen, Pädagogen oder Sozialpädagogen, § 167 Abs. 6 Satz 2 FamFG[798].

Betrifft das Verfahren die vorläufige Anordnung bzw. Genehmigung einer Einwilligung in eine **freiheitsentziehende Unterbringung nach Betreuungsrecht oder den Landesunterbringungsgesetzen** bzw. eine **ärztliche Zwangsmaßnahme** bedarf es einer besonderen Qualifikation des Arztes, Satz 1 Nr. 2, 2. HS. Hier muss der das Zeugnis ausstellende Arzt über Erfahrungen auf dem Gebiet der Psychiatrie (dazu oben Rn. 192) verfügen und soll Arzt für Psychiatrie sein. (dazu oben Rn. 191) Dadurch soll ein Mindestmaß an fachlicher Qualifikation des Arztes gewährleistet werden, und zwar insbesondere in Hinblick auf die erforderlichen Aussagen zur Einsichtsunfähigkeit des Betroffenen[799]. Erforderlichenfalls kann der ausstellende Arzt das Fachwissen anderer Ärzte einbeziehen. Anders als in § 321 Abs. 1 Satz 5 FamFG verzichtet der Gesetzgeber darauf, den behandelnden Arzt als Aussteller des ärztlichen Zeugnisses auszuschließen. Damit trägt der Gesetzgeber dem Umstand Rechnung, dass in der gerichtlichen Praxis nicht immer ausreichend qualifi- 251

792 OLG Zweibrücken FGPrax 2006 232 ff. sowie LG Hildesheim BtPrax 1993, 210: für eine Unterbringungsmaßnahme nach § 1906 Abs. 4 BGB
793 BVerfG BtPrax 2015, 198; BGH NJW-RR 2017, 1283: zu § 281 FamFG
794 BVerfG FamRZ BtPrax 2015, 192
795 OLG Zweibrücken BtPrax 2003, 80 f.; Jürgens-Marschner, § 331 FamFG, Rn. 5
796 Ein anderer Arzt ist nicht zwingend nötig: LG Tübingen FamRZ 1996, 1344.
797 Anders offenbar Damrau/Zimmermann, § 331 FamFG, Rn. 7
798 OLG Naumburg NJOZ 2013, 531
799 Zudem begegnet ein Zeugnis eines nicht ausreichend qualifizierten Arztes verfassungsrechtlichen Bedenken, BVerfG BtPrax 2015, 198: Kinderarzt.

zierte externe Ärzte zur Verfügung stehen. Sofern externe und ausreichend qualifizierte Ärzte zur Verfügung stehen, sollten sie vorrangig das erforderliche ärztliche Zeugnis ausstellen. Das Abweichen von der Soll-Vorschrift ist im Genehmigungsbeschluss zu begründen. Ergibt sich die Facharzteigenschaft bzw. der Umstand der Erfahrung auf dem Gebiet der Psychiatrie bzgl. des Ausstellers des ärztlichen Zeugnisses nicht aus dem ärztlichen Zeugnis, ist dies im Genehmigungsbeschluss darzulegen.

ee. Verfahrenspfleger

252 Da in Unterbringungsverfahren regelmäßig die Voraussetzungen für die Bestellung eines Verfahrenspflegers nach § 317 Abs. 1 Satz 1 FamFG erfüllt sind (dazu oben Rn. 144)[800], ist unverzüglich ein Pfleger für das Verfahren zu bestellen, § 331 Satz 1 Nr. 3 FamFG. Für das Verfahren auf Genehmigung bzw. Anordnung einer Einwilligung in eine ärztliche Zwangsmaßnahme eines Volljährigen ist die Bestellung eines Verfahrenspflegers zwingend vorgeschrieben, § 317 Abs. 1 Satz 3 FamFG. Dem Verfahrenspfleger ist Gelegenheit zur Äußerung zu geben, einer persönlichen Anhörung bedarf es nicht[801]. Von der Anhörung des Verfahrenspflegers darf nur unter den Voraussetzungen des § 332 FamFG abgesehen werden.

ff. Persönliche Anhörung

253 Der Betroffene muss durch den Richter persönlich angehört worden sein, § 331 Satz 1 Nr. 4 FamFG. Die Anhörung kann auch durch den ersuchten Richter im Wege der Rechtshilfe erfolgen, § 331 Satz 2 FamFG. Ein entsprechendes Rechtshilfeersuchen darf nicht abgelehnt werden[802]. Angesichts der Schwere des in Frage stehenden Eingriffs ist auch die Verschaffung eines persönlichen Eindrucks vom Betroffenen notwendig[803]; dieser muss gegebenenfalls vom ersuchten Richter aktenkundig gemacht werden.

254 Ein Verzicht auf die persönliche Anhörung ist nur unter den Voraussetzungen des § 332 FamFG bei Gefahr in Verzug sowie im Fall des § 34 Abs. 2 FamFG möglich. Soll von der persönlichen Anhörung wegen Gefahr in Verzug abgesehen werden, muss detailliert und konkret dargelegt werden, warum vor dem Erlass der Entscheidung, notfalls unter Zurückstellung anderer weniger wichtiger Dienstgeschäfte, keine persönliche Anhörung möglich war und worin die Gefahr in Verzug liegt[804]. Die Anhörung ist unverzüglich, das heißt spätestens am nächsten Tag nachzuholen[805]. Der in der Nichtanhörung liegende Verfahrensverstoß wird durch die nachträgliche Anhörung nicht geheilt[806].

Nach § 34 Abs. 2 FamFG kann eine persönliche Anhörung in zwei Konstellationen entbehrlich sein. Entweder sind von der Anhörung erhebliche Nachteile für die Gesundheit des Betroffenen zu besorgen. Dies kommt in der Praxis nicht vor. Vorübergehende Verschlechterungen oder solche, denen mit Medikamenten entgegengewirkt werden kann, reichen nämlich nicht aus[807]. Zum anderen kann die persönliche Anhörung unterbleiben, wenn der Betroffene offensichtlich nicht in der Lage ist, seinen Willen kundzutun. Davon hat sich der Richter aber durch eine persönliche Kontaktaufnahme selbst zu überzeu-

800 BayObLG FamRZ 2000, 566; OLG Schleswig BtPrax 1994, 62: für eine öffentlich-rechtliche Unterbringungsmaßnahme; Keidel-Budde, § 331 FamFG, Rn. 9
801 Keidel-Budde, § 317 FamFG, Rn. 2
802 OLG Hamm, Beschluss vom 15.3.2018 – 1 W 13/18 – juris; BayObLG FamRZ 1998, 841 (Ausnahme: Rechtsmissbräuchlichkeit)
803 OLG Karlsruhe FamRZ 1999, 670
804 BayObLG FamRZ 2001, 578; 2000, 566
805 OLG Naumburg NJOZ 2013, 531; BayObLG FamRZ 2001, 578; LG Kleve FamRZ 2010, 326 f.
806 BayObLG FamRZ 2001, 578; 2000, 566
807 OLG Karlsruhe FamRZ 1999, 670: Es muss sich um schwerwiegende, insb. irreversible oder lebensbedrohliche Gefährdungen handeln.

gen[808]. Die in ärztlichen Zeugnissen häufig anzutreffende Aussage, der Betroffene ist zu einem geordneten Gespräch nicht in der Lage, erfüllt die Voraussetzungen des § 34 Abs. 2 FamFG nicht.

gg. Gelegenheit zur Äußerung

Den in § 320 Satz 1 FamFG genannten Beteiligten ist Gelegenheit zur Äußerung zu geben 255
(dazu siehe oben Rn. 158 bis 164). Bei Gefahr in Verzug (dazu siehe unten Rn. 263) kann dieser Verfahrensschritt unterbleiben. Er ist ggf. nachzuholen, die Beteiligung vor Erlass der Hauptsacheentscheidung ist ausreichend[809].

hh. Verhältnismäßigkeit

Schließlich ist der Verhältnismäßigkeitsgrundsatz zu beachten. Deshalb darf die Freiheit 256
des Betroffenen nur unter Beachtung der in gewissen Grenzen bestehenden Freiheit zur Krankheit aus besonders gewichtigem Grund angetastet werden[810]. Es müssen also bei Verzicht auf eine einstweilige Anordnung gewichtige gesundheitliche Schädigungen des Betroffenen bzw. bei öffentlich-rechtlichen Unterbringungsmaßnahmen gewichtige Schädigungen des Betroffenen oder von Rechtsgütern Dritter drohen[811]. Hinzu treten muss, dass das Gericht die ihm zur Verfügung stehenden Erkenntnisquellen im Rahmen des Zumutbaren nutzt, um eine dem Charakter des einstweiligen Anordnungsverfahrens gerecht werdende Sachverhaltsermittlung zu gewährleisten. In erster Linie ist an die Einholung telefonischer Auskünfte, etwa bei vorbehandelnden Ärzten und/oder Verfahrensbeteiligten und Zeugen, zu denken.

c. Voraussetzungen einer (dringenden) vorläufigen Unterbringungsmaßnahme

§ 332 FamFG ermöglicht es, in noch eiligeren Fällen (zunächst) auf weitere Verfahrens- 257
handlungen zu verzichten. Demzufolge kann das Gericht bei Gefahr in Verzug (dazu siehe unten Rn. 263) eine einstweilige Anordnung bereits erlassen:

- vor der persönlichen Anhörung[812] des Betroffenen sowie
- vor Bestellung[813] und Anhörung des Pflegers für das Verfahren.

Der Erlass der einstweiligen Anordnung muss zur Abwendung einer nachhaltigen Gefährdungslage so dringlich sein, dass nicht einmal die persönliche Anhörung des Betroffenen durch den Richter und die Bestellung und Anhörung eines Verfahrenspflegers abgewartet werden kann. Ein solcher Fall wird kaum zu bejahen sein, wenn der Betroffene sich bereits aufgrund einer behördlichen Sofortunterbringung oder einer Entscheidung des Betreuers im Rahmen des § 1906 Abs. 2 Satz 2 BGB in einer Klinik mit Freiheitsentzug befindet[814]. Hier ist der zeitliche Rahmen ausreichend, vor Erlass der Entscheidung eine persönliche Anhörung durchzuführen[815].

---

808 Keidel-Budde, § 331 FamFG, Rn. 10
809 Bislang wurde die Beteiligung vor Erlass der Hauptsacheentscheidung als ausreichend angesehen, was angesichts der Eigenständigkeit der Verfahren auf einstweilige Anordnung nicht mehr gelten kann.
810 BayObLG FamRZ 2000, 566
811 BayObLG NJW 2002, 146
812 Nach BayObLG FamRZ 2001, 578 und 2000, 566, ist diese gesetzliche Regelung verfassungsrechtlich bedenklich; Rink, RuP 1991, 161, hält sie für verfassungswidrig.
813 Soll von der persönlichen Anhörung des Betroffenen abgesehen werden, kann m.E. nicht gleichzeitig auf die Bestellung eines Verfahrenspflegers verzichtet werden, § 317 Abs. 1 Satz 2 FamFG. Mit der Bestellung ist in der Regel kein Zeitverlust verbunden.
814 KG FamRZ 2008, 813
815 Keidel-Budde, § 332 FamFG, Rn. 2

Die weiteren Voraussetzungen für den Erlass einer einstweiligen Anordnung, nämlich dass

- dringende Gründe für die Annahme bestehen, dass die Voraussetzungen für eine endgültige Unterbringungsmaßnahme gegeben sind (dazu oben Rn. 243),
- ein dringendes Bedürfnis für ein sofortiges Tätigwerden besteht (dazu oben Rn. 246),
- diese beiden Voraussetzungen glaubhaft gemacht sind (dazu oben Rn. 249),
- ein ärztliches Zeugnis vorliegt (dazu oben Rn. 195) und
- die Verhältnismäßigkeit gewahrt ist,

müssen allerdings erfüllt sein. Die unterlassenen Verfahrenshandlungen sind unverzüglich, das heißt in Bezug auf die persönliche Anhörung spätestens am nächsten Tag[816], nachzuholen. Dies ist durch die Zurückstellung weniger dringlicher Dienstgeschäfte oder die Einrichtung eines richterlichen Bereitschaftsdienstes sicherzustellen.

d. Voraussetzungen einer einstweiligen Maßregel

258 § 334 FamFG ermöglicht es dem Gericht, anstelle eines vorhandenen oder sogar noch nicht bestellten gesetzlichen Vertreters ausnahmsweise selbst im Wege einer einstweiligen Anordnung zivilrechtliche Unterbringungsmaßnahmen nach § 312 Nr. 1, 2 und 3 FamFG anzuordnen (dazu oben Rn. 109)[817]. Im Fall der Einwilligung in eine ärztliche Zwangsmaßnahme besteht eine Befugnis nach § 1846 BGB nur für den Fall der Verhinderung des bestellten Betreuers bzw. des Bevollmächtigten, § 1906a Abs. 1 Satz 2 BGB. Im Gesetzgebungsverfahren zum Betreuungsgesetz war es umstritten, ob den Gerichten diese Befugnis durch die Bezugnahme auf § 1846 BGB eingeräumt werden sollte[818]. Mit der herrschenden Meinung hat sich der Gesetzgeber zu dieser Lösung entschieden. Die Gerichte sollen in Eilfällen tätig werden können, wenn eine Unterbringungsmaßnahme notwendig wird, aber

- noch kein Vormund, Pfleger oder Betreuer für den Betroffenen bestellt ist, oder
- ein gesetzlicher Vertreter zwar bestellt ist, er aber nicht über einen ausreichenden Aufgabenkreis verfügt, oder
- der bestellte gesetzliche Vertreter an der Erfüllung seiner Aufgaben verhindert ist[819], z.B. durch Ortsabwesenheit, Urlaub, Erkrankung etc.

Müsste in diesen Fällen zunächst ein gesetzlicher Vertreter ausgewählt und bestellt, sein Aufgabenkreis erweitert oder sein Aufenthaltsort ermittelt werden, würde Zeit vergehen, die Gefährdungen zu Lasten des Betroffenen mit sich bringen könnten.

§ 334 FamFG ermöglicht es daher, dass das Gericht selbst im Interesse des Betroffenen ausnahmsweise im Einzelfall die erforderliche Unterbringungsmaßnahme anordnet. Neben § 1846 BGB gelten für eine solche Maßnahme §§ 331, 332 FamFG entsprechend. Es müssen also nachstehende Voraussetzungen für eine dringende einstweilige Anordnung nach § 334 FamFG erfüllt sein:

---

816 OLG Naumburg NJOZ 2013, 531; BayObLG FamRZ 2001, 578; LG Kleve BtPrax 2014, 143: hinsichtlich unterbliebener Verfahrenspflegerbestellung und FamRZ 2010, 326 f.

817 Die Verweisung auf § 1846 BGB verdeutlicht, dass nur zivilrechtliche, nicht öffentlich-rechtliche Unterbringungsmaßnahmen vom Gericht selbst getroffen werden können, vgl. auch Marschner/Volckart/Lesting, Kap. D, § 334 FamFG, Rn. 3 und 6. Zu einem Beschlussmuster vgl. Firsching/Dodegge, Rn. 634

818 Vgl. Rink, FamRZ 1993, 512

819 Von der Verhinderung muss sich das Gericht durch geeignete Maßnahmen überzeugen, OLG Frankfurt a.M. FGPrax 2007, 149 f.

aa. Dringende Gründe für das Vorliegen der Voraussetzungen für eine endgültige Unterbringungsmaßnahme

Diese Voraussetzung ist zu bejahen, wenn eine erhebliche Wahrscheinlichkeit besteht, dass 259

- ein (vorläufiger) Betreuer, Vormund oder Pfleger bestellt wird, bzw. es muss ein solcher, ein Bevollmächtigter oder Eltern(-teil) vorhanden sein, der zur Entscheidung über die Unterbringung befugt ist,
- er eine Unterbringungsmaßnahme initiieren wird und
- die sachlichen Voraussetzungen für eine Unterbringungsmaßnahme (nach §§ 1906 Abs. 1, 2 oder 4, 1906a Abs. 1, 2, 1631b BGB) gegeben sind.

bb. Verhinderung des gesetzlichen Vertreters

Dieser gesetzliche Vertreter muss gehindert sein, eine Entscheidung über die in Frage stehende Unterbringungsmaßnahme zu treffen[820]. Die Verhinderung kann darauf beruhen, dass der gesetzliche Vertreter – bei gleichzeitiger Bestellung – von seiner Bestellung noch keine Kenntnis besitzt[821] oder dass er – bei vorangegangener Bestellung – aufgrund Krankheit, Ortsabwesenheit, Urlaub, Unerreichbarkeit, organisatorischer Probleme[822] nicht handlungsfähig ist. 260

Kein Fall der Verhinderung liegt vor, wenn der vorhandene gesetzliche Vertreter die konkrete Unterbringungsmaßnahme – aus welchen Gründen auch immer – nicht durchführen will[823] oder das Gericht übersieht, dass bereits ein vorläufiger Betreuer bestellt ist[824]. Keinesfalls darf sich das Gericht nämlich des § 1846 BGB bedienen, um in die Führung der Betreuung einzugreifen[825].

Umstritten war, ob das Gericht für den Fall, dass noch kein Betreuer bestellt ist, eine vorläufige Unterbringung nach § 1846 BGB anordnen kann. Nach einer Auffassung[826] sollte dies nur möglich sein, wenn zumindest gleichzeitig und sofort wirksam ein Betreuer mit einem ausreichenden Aufgabenkreis bestellt wird. Derart gravierende Eingriffe in das grundgesetzlich geschützte Freiheitsrecht seien nur im Rahmen eines persönlichen Verantwortungs-, sprich Betreuungsverhältnisses möglich. In Notfällen könne eine öffentlich-rechtliche Unterbringungsmaßnahme erfolgen. 261

Auf Vorlage des BayObLG[827] hat der BGH[828] mit der überwiegenden Meinung[829] keine gleichzeitige, sondern lediglich eine unverzügliche Betreuerbestellung für notwendig erachtet. § 1908i BGB verweist nämlich uneingeschränkt auf eine Anwendung des § 1846 BGB[830]. Dessen Wortlaut umfasst aber gerade auch den Fall, dass ein Vormund (Betreuer) noch nicht bestellt ist. Weder aus dem Gesetzgebungsverfahren[831] noch aus dem Sinn der 262

---

820 BayObLG FamRZ 1999, 1304
821 OLG Schleswig BtPrax 2001, 211
822 LG Berlin BtPrax 1992, 43
823 Hier bliebe bei akuter Gefährdung des Betroffenen oder Dritter die Möglichkeit der öffentlich-rechtlichen Unterbringung, vgl. OLG Schleswig BtPrax 2001, 211; Damrau/Zimmermann, § 334 FamFG, Rn. 8.
824 BayObLG FamRZ 2002, 419, 421
825 OLG Schleswig BtPrax 2001, 211; LG Frankfurt a.M. BtPrax 2001, 174: Das Gericht muss ggfs. die Mittel der §§ 1908i, 1837 BGB (Aufsicht/Weisung) oder letztlich des § 1908b BGB (Entlassung) nutzen.
826 OLG Frankfurt a.M. BtPrax 1993, 32; BezG Chemnitz BtPrax 1992, 11; Wiegand, FamRZ 1991, 1022
827 BayObLG FamRZ 2001, 576: Vorlagebeschluss gem. § 28 Abs. 2 FGG zum BGH
828 BGH BtPrax 2002, 162 ff.
829 OLG Schleswig BtPrax 1993, 107; BayObLG BtPrax 2001, 38; LG Berlin BtPrax 1992, 43; LG Hamburg BtPrax 1992, 111; Damrau/Zimmermann, § 334 FamFG, Rn. 9; Keidel-Budde, § 334 FamFG, Rn. 4; Marschner/Volckart/Lesting, Kap. C, § 1846 BGB, Rn. 2 ff.
830 § 334 FamFG verdeutlicht dies nunmehr dadurch, dass er den § 1846 BGB ausdrücklich aufführt.
831 BT-Drs. 11/4528, S. 18, 54, 81, 160, 185, 211 und 11/6949, S. 38, 85

Vorschrift lässt sich ableiten, dass zumindest gleichzeitig ein Betreuer bestellt werden müsste. Der Gesetzgeber wollte bewusst die Möglichkeit für das Betreuungsgericht schaffen, eine vorläufige Unterbringung Volljähriger nach § 1846 BGB anzuordnen. Eine solche Schutzmaßnahme sollte unabhängig von der Betreuung zulässig sein. Dies entspricht auch dem Sinn der Vorschrift, einen umfassenden Schutz des hilfebedürftigen Betroffenen zu erreichen, selbst wenn dieser Schutz noch nicht durch einen gesetzlichen Vertreter wahrgenommen werden kann. In dringenden Fällen kann vor Bestellung eines Betreuers die Unterbringung nach § 1846 BGB notwendig und sinnvoll sein. Zudem brächte ein gleichzeitig bestellter Betreuer dem Betroffenen nicht immer nur einen Vorteil. In der Eilsituation kann der Richter nämlich nicht immer sicher überblicken, ob ein naher Angehöriger oder eine vorrangig zu berücksichtigende Person als Betreuer gewonnen werden kann[832]. Würde eine zufällig anwesende Person zum Betreuer bestellt, wäre nicht sichergestellt, dass sie über ausreichende Kenntnisse der persönlichen Verhältnisse des Betroffenen bzw. die ausreichende Fachkompetenz verfügt. Zudem würde der Betroffene später mit einem evt. notwendigen Betreuerwechsel belastet. Würde eine nicht anwesende Person oder gar die Betreuungsbehörde bestellt, wäre dies ein rein formaler Akt. Die Bestellung eines im konkreten Zeitpunkt nicht handlungsfähigen Betreuers brächte dem Betroffenen keinerlei Vorteile. Der BGH weist allerdings ausdrücklich auf den Ausnahmecharakter des § 1846 BGB hin. Demzufolge kommt eine Anwendung dieser Vorschrift nur unter besonderen Voraussetzungen und in zeitlich eng umgrenzten Situationen in Betracht. Im Einzelnen müssen folgende Voraussetzungen erfüllt sein:

- Dringender Fall, in dem mit dem Aufschub der Maßnahme für den Betroffenen ein Nachteil verbunden wäre.
- Gleichzeitige Einleitung eines Verfahrens zur Bestellung eines Betreuers mit dem Ziel der unverzüglichen Bestellung eines Betreuers.
- Beschleunigtes Betreiben des Verfahrens zur unverzüglichen Bestellung eines Betreuers. Bietet sich keine Person, die die Voraussetzungen des § 1897 Abs. 4 und 5 BGB erfüllt, als vorläufiger Betreuer an, muss zumindest eine telefonische Anfrage oder Faxanfrage an die zuständige Betreuungsbehörde gerichtet werden, die entsprechend ihrer Verpflichtung nach § 8 Abs. 1 Satz 2 Nr. 3 BtBG eine geeignete Person vorzuschlagen hat[833]. Erfolgt die Anordnung der vorläufigen Unterbringung außerhalb des Gerichtsgebäudes an Ort und Stelle oder außerhalb der normalen Dienstzeit durch einen Bereitschaftsdienst, kann es ausreichen, wenn durch geeignete Maßnahmen sichergestellt wird, dass die Einleitung des Verfahrens zur Bestellung eines Betreuers unverzüglich, regelmäßig am nächsten Arbeitstag, nachgeholt wird[834].
- Vorliegen der weiteren Voraussetzungen für eine einstweilige Unterbringungsanordnung nach §§ 331, 332 FamFG (dazu oben Rn. 240 ff.).

Trifft das Gericht nicht gleichzeitig mit der Anordnung der Unterbringung die zur unverzüglichen Bestellung eines Betreuers erforderlichen Maßnahmen, ist die Unterbringungsanordnung von vornherein unzulässig[835]. Offen gelassen hat der BGH, ob die Unterbringungsanordnung – ex nunc – unzulässig wird, wenn die zur Betreuerbestellung erforderli-

832 Sind solche Personen anwesend, können sie ggfs. zu Betreuern bestellt werden, so dass sich die Frage nach einer Maßnahme nach § 1846 BGB gar nicht mehr stellt.

833 BayObLG BtPrax 2003, 176 f.

834 Etwa dadurch, dass gerichtsintern die Vorlage des Verfahrens spätestens am nächsten Tag beim ordentlichen Dezernenten bzw. seinem Vertreter zur Durchführung dieses Verfahrens sichergestellt wird.

835 BGH BtPrax 2002, 162 ff.: bejaht für den Fall, dass nur ein Gutachten zur Erforderlichkeit der Betreuung eingeholt wird. Das Gericht nimmt damit in Kauf, dass der Betroffene u.U. wochenlang ohne Betreuer bleibt. Vgl. auch BayObLG BtPrax 2003, 176 f.

chen Maßnahmen zwar ordnungsgemäß eingeleitet, aber nicht mit der notwendigen Beschleunigung betrieben werden. M.E. kann das nur bejaht werden, wenn die Gründe dafür im Verantwortungsbereich des Gerichts liegen. Die Unterbringungsanordnung gilt auch dann als unzulässig, wenn das Gericht zwar unverzüglich einen vorläufigen Betreuer bestellt, diesem aber nicht die Gelegenheit gibt, die Interessen des Betroffenen wahrzunehmen und die Entscheidung über die Fortdauer der Unterbringung in eigener Verantwortung zu treffen[836]. Ansonsten wird die nach § 1846 BGB angeordnete vorläufige Unterbringung unzulässig, wenn die Verhinderung des Betreuers entfällt[837].

cc. Gefahr in Verzug

Weitere Voraussetzung für den Erlass einer einstweiligen Unterbringungsmaßnahme nach § 1846 BGB ist das Bestehen von Gefahr in Verzug. Mit dem Aufschub der Unterbringung bis zur Bestellung eines gesetzlichen Vertreters bzw. bis zum Entfallen der Verhinderung des bestellten gesetzlichen Vertreters sowie dessen Entscheidung über die anstehende Unterbringungsmaßnahme muss Gefahr verbunden sein. Diese Gefahr muss durch konkrete Tatsachen belegt sein und sich im Sinne des Eintritts erheblicher Nachteile, z.B. gesundheitliche Verschlechterung oder krankheitsbedingte Selbstgefährdung, für den Betroffenen äußern[838]. Ein solcher Fall liegt etwa vor, wenn einer drohenden Chronifizierung der Erkrankung beim Betroffenen nur auf der Stelle und nicht auch noch mit Maßnahmen in der näheren Zukunft begegnet werden kann[839]. War der alkoholkranke Betroffene dagegen in der Vergangenheit schon mehrfach nach §§ 1846, 1906 Abs. 1 Satz 1 BGB zur Entgiftung untergebracht worden, ohne dass es jemals zur Bestellung eines (vorläufigen) Betreuers kam, ist diese Voraussetzung nicht erfüllt[840]. **263**

dd. Ärztliches Zeugnis

Letztlich muss ein ärztliches Zeugnis über den Zustand des Betroffenen und die Notwendigkeit der Maßnahme vorliegen (dazu oben Rn. 195). Wie bei einer dringenden vorläufigen Unterbringungsmaßnahme (dazu oben Rn. 257) können die persönliche Anhörung des Betroffenen[841], Bestellung und Anhörung eines Verfahrenspflegers (zunächst) unterbleiben. Die unterlassenen Verfahrenshandlungen sind unverzüglich nachzuholen. **264**

Von der Möglichkeit des § 334 FamFG darf das Gericht nur ganz ausnahmsweise Gebrauch machen. Maßnahmen nach §§ 300, 301, 331, 332 FamFG sind vorrangig auszuschöpfen. Ist das Gericht selbst tätig geworden, hat es diese Maßnahmen aufzuheben, sobald ein Betreuer, Vormund oder Pfleger bestellt ist und dieser entscheidet bzw. der verhinderte gesetzliche Vertreter wieder entscheiden kann[842].

e. Höchstdauer einer einstweiligen Anordnung, § 333 FamFG

§ 333 FamFG Dauer der einstweiligen Anordnung

(1) [1]Die einstweilige Anordnung darf die Dauer von sechs Wochen nicht überschreiten. [2]Reicht dieser Zeitraum nicht aus, kann sie nach Anhörung eines Sachverständigen durch eine weitere einstweilige Anordnung verlängert werden. [3]Die mehrfache Verlängerung ist

---

836 BayObLG FamRZ 2003, 783 f.: Das Gericht muss dem bestellten Betreuer mitteilen, welche Aufgaben bezüglich der Unterbringung auf ihn zukommen, und eine Aufenthaltsbestimmung erfragen.
837 OLG Schleswig BtPrax 2001, 211
838 BayObLG FamRZ 2001, 576 und 192; 1999, 1304; OLG Karlsruhe NJW-RR 2000, 1172 = BtPrax 2000, 224 (LS)
839 OLG Karlsruhe NJW-RR 2000, 1172 = BtPrax 2000, 224 (LS)
840 BayObLG FamRZ 2001, 576
841 Da der Richter an die Stelle des gesetzlichen Vertreters tritt, sind nur ganz ausnahmsweise solche Fälle denkbar, z.B. bei fehlender tatsächlicher Durchführbarkeit.
842 Zu weiteren Einzelheiten: Keidel-Budde, § 334 FamFG, Rn. 5

unter den Voraussetzungen der Sätze 1 und 2 zulässig. [4]Sie darf die Gesamtdauer von drei Monaten nicht überschreiten. [5]Eine Unterbringung zur Vorbereitung eines Gutachtens (§ 322) ist in diese Gesamtdauer einzubeziehen.

(2) [1]Die einstweilige Anordnung darf bei der Genehmigung einer Einwilligung in eine ärztliche Zwangsmaßnahme oder deren Anordnung die Dauer von zwei Wochen nicht überschreiten. [2]Bei mehrfacher Verlängerung darf die Gesamtdauer sechs Wochen nicht überschreiten.

265 In § 333 FamFG finden sich Regelungen zur zeitlichen Befristung von einstweiligen Anordnungen. Diese Regelungen gelten für alle drei vorgestellten Arten einer einstweiligen Anordnung.

Die Vorschrift wurde durch das Gesetz zur Regelung der betreuungsrechtlichen Einwilligung in eine ärztliche Zwangsmaßnahme vom 18.2.2013 neu gefasst und um Abs. 2 erweitert[843]. Die Zeitdauer einer einstweiligen Anordnung ist in Abs. 1 und 2 unterschiedlich geregelt. Dies wurde erforderlich, weil der Gesetzgeber im Jahr 2013 neben der freiheitsentziehenden Unterbringung auch die Einwilligung in eine ärztliche Zwangsbehandlung eines Volljährigen als Unterbringungssache qualifiziert hatte (vgl. § 312 Satz 1 Nr. 1 FamFG a.F.), gleichzeitig aber insoweit eine stärkere zeitliche Begrenzung wünschte[844].

aa. Absatz 1

266 Die Regelung des Abs. 1 betrifft die einstweilige Anordnung im Hinblick auf die Anordnung bzw. Genehmigung einer freiheitsentziehenden Unterbringung eines Betreuten (vgl. § 1906 Abs. 1, 2 BGB) oder einer Person, die einen Dritten zu ihrer freiheitsentziehenden Unterbringung bevollmächtigt hat (vgl. § 1906 Abs. 5 BGB), und eines Minderjährigen (vgl. § 1631b BGB), die Genehmigung einer freiheitsentziehenden Maßnahme (vgl. § 1906 Abs. 4 BGB) sowie die freiheitsentziehende Unterbringung eines Volljährigen nach den Landesgesetzen über die Unterbringung psychisch Kranker. Sie sind in § 312 Nr. 1, 2 und 4 FamFG als Unterbringungssachen definiert.

(1) Satz 1

267 Satz 1 legt als Höchstfrist einer freiheitsentziehenden Unterbringung bzw. einer freiheitsentziehenden Maßnahme einer einstweiligen Anordnung sechs Wochen fest. Die Frist beginnt mit dem Wirksamwerden der Entscheidung (dazu oben Rn. 224 ff.). Der Gesetzgeber erachtete diese Frist als ausreichend, um über eine endgültige Unterbringungsmaßnahme entscheiden zu können[845]. Nennt die Entscheidung des Gerichts keine Frist, gilt die vom Gesetz vorgesehene Frist von sechs Wochen[846]. Für die Berechnung der Frist gilt § 16 FamFG. Wird das Fristende kalendermäßig in der Entscheidung bestimmt, ist das Fristende auf den Kalendertag zu bestimmen, der der Benennung oder Zahl nach dem Kalendertag vorausgeht, an dem die Wirksamkeit der gerichtlichen Entscheidung eingetreten ist[847]. Die Wirksamkeit einer einstweiligen Anordnung endet automatisch mit Fristablauf bzw. zuvor durch Aufhebung (§ 330 FamFG) oder Wirksamwerden der Hauptsacheentscheidung[848].

Obwohl in der Praxis Unterbringungen oftmals schon nach zwei oder drei Wochen beendet werden können[849], werden in der Regel einstweilige Anordnungen für sechs Wochen

843 BGBl. I, S. 266
844 BT-Drs. 17/11513, S. 8
845 BT-Drs. 11/4528, S. 186
846 Damrau/Zimmermann, § 333 FamFG, Rn. 1
847 Keidel-Budde, § 329 FamFG, Rn. 6 f.
848 KG FamRZ 1993, 84
849 Vgl. Jensen/Röhlig, BtPrax 1998, 17

ausgesprochen, ohne dass die Gerichte im Einzelfall die angemessene Dauer überprüft hätten. Dies hängt wahrscheinlich mit dem erhöhten Verfahrensaufwand bei Verlängerung einer einstweiligen Anordnung zusammen. Ist das Gericht selbst nach § 1846 BGB tätig geworden, wird allerdings genau zu prüfen und darzulegen sein, wie lange der gesetzliche Vertreter voraussichtlich verhindert ist bzw. wie viel Zeit für die Auswahl und Bestellung eines gesetzlichen Vertreters benötigt wird. Im letzten Fall dürften in der Regel zwei Wochen ausreichen[850]. Diese Zeitspanne dürfte auch genügen, um dem bestellten Verfahrenspfleger Gelegenheit zur Stellungnahme einzuräumen[851].

(2) Satz 2

Eine Verlängerung ist nach Satz 2 zulässig. Als Höchstdauer nennt Satz 4 dann drei Monate. Eine solche Verlängerung setzt voraus: **268**

- Vorliegen der Voraussetzungen des Erlasses einer einstweiligen Anordnung nach § 331, 332 FamFG (dazu oben Rn. 240 ff.). Zwar ist das einstweilige Anordnungsverfahren ein selbständiges Verfahren, § 51 Abs. 3 Satz 1 FamFG, dennoch bedarf es in Verfahren nach den Landesunterbringungsgesetzen keines neuerlichen Antrages der zuständigen Behörde auf weitere einstweilige Anordnung[852]. Dies verlangt das Gesetz nur für das Hauptsacheverfahren.
- Der Unterbringungszeitraum von sechs Wochen reicht zum Erlass einer Hauptsacheentscheidung nicht aus, z.B. weil das Gutachten nicht rechtzeitig fertig gestellt werden kann oder noch Beweis erhoben werden muss. Die Verlängerung bis zu einer Gesamtdauer von drei Monaten muss aber Ausnahmefällen vorbehalten bleiben, in denen aus besonderen Gründen nicht vorher über die endgültige Unterbringungsmaßnahme entschieden werden kann[853].
- Anhörung eines Sachverständigen, das heißt eines Arztes, der die Qualifikation des § 321 Abs. 1 Satz 4 FamFG aufweist (dazu Rn. 191 f.). Im Hinblick auf die Dauer und Bedeutung der Verlängerung einer Unterbringungsmaßnahme wird ein ärztliches Zeugnis allein nicht für ausreichend erachtet. Inhaltlich muss die – schriftliche – Stellungnahme des Sachverständigen substantielle Ausführungen zu den in § 321 FamFG aufgeführten Punkten enthalten (dazu oben Rn. 183). Eine persönliche Anhörung des Sachverständigen ist im Gesetz nicht vorgeschrieben, sie kann aber im Rahmen der Amtsermittlungspflicht (§ 26 FamFG) im Einzelfall erforderlich werden[854]. Der Sachverständige muss – nach Befragung und Untersuchung des Betroffenen – Aussagen zum gesundheitlichen Zustand sowie zur weiteren Erforderlichkeit der Unterbringung machen.
- Durchführung des in § 331 FamFG vorgesehenen Verfahrens. Da das Gesetz in § 333 Abs. 1 Satz 2 FamFG von einer weiteren einstweiligen Anordnung spricht, müssen die Verfahrensvoraussetzungen für den Erlass einer einstweiligen Anordnung erneut erfüllt werden (dazu oben Rn. 242 ff.). Demzufolge muss unter anderem der Betroffene erneut persönlich angehört werden.

Nach Ablauf von drei Monaten kann in derselben Sache keine weitere einstweilige Anordnung ergehen, sondern nur mit einer Hauptsacheentscheidung über die weitere Fortdauer der Unterbringungsmaßnahme entschieden werden.

---

850 LG Hamburg BtPrax 1992, 111
851 LG Stuttgart FamRZ 2011, 1612 (LS)
852 A.A. Keidel-Budde, § 333 FamFG, Rn. 9
853 OLG Karlsruhe FamRZ 2002, 1127 f: für eine Unterbringungsmaßnahme nach § 1631b BGB
854 Jürgens-Marschner, § 333 FamFG, Rn. 3, etwa für den Fall von Widersprüchen in der fachärztlichen Stellungnahme, BayObLG NJWE-FER 2001, 324

(3) Satz 3 bis Satz 5

269 Wie bisher kann eine einstweilige Anordnung mehrfach verlängert werden, Satz 3. Dabei sind jeweils die Voraussetzungen des § 333 Abs. 1 Satz 1 und 2 FamFG zu erfüllen. Nach Satz 4 darf dabei aber die Gesamtdauer von drei Monaten nicht überschritten werden[855]. An der bisherigen Rechtsprechung[856], wonach die Verlängerung einer einstweiligen Anordnung Ausnahmefällen vorbehalten ist, kann angesichts der Selbständigkeit des einstweiligen Anordnungsverfahrens nicht mehr festgehalten werden[857]. Satz 5 stellt klar, dass bei der Berechnung der Gesamtdauer einer Unterbringungsmaßnahme die Zeit einer Unterbringung zur Vorbereitung eines Gutachtens nach § 322 i.V.m. § 284 FamFG einzubeziehen ist. Das gilt auch bei einer Überleitung einer nach Landesrecht angeordneten Unterbringung in eine zivilrechtliche[858].

bb. Absatz 2

270 Abs. 2 betrifft die einstweilige Anordnung in Hinblick auf die Anordnung bzw. Einwilligung in eine ärztliche Zwangsmaßnahme nach Betreuungsrecht (vgl. § 1906a Abs. 1 Satz 1 BGB) sowie nach den Landesgesetzen über die Unterbringung psychisch Kranker (vgl. etwa § 18 Abs. 5 PsychKG NRW). Sie sind in § 312 Nr. 4 FamFG ebenfalls als Unterbringungssache definiert. Angesichts des massiven Grundrechtseingriffs und des Erfordernisses, zunächst ein Therapieverständnis beim Betroffenen zu erreichen, vgl. § 1906a Abs. 1 Satz 1 Nr. 4 BGB (dazu oben Rn. 52 f.) bzw. § 18 Abs. 5 Satz 1 Nr. 4 PsychKG NRW für das Landesrecht kommen einstweilige Anordnungen nur in seltenen Ausnahmefällen in Betracht[859]. Satz 1 legt als Höchstfrist einer einstweiligen Anordnung hinsichtlich einer Anordnung oder Einwilligung in eine ärztliche Zwangsmaßnahme zwei Wochen fest.

Der Gesetzgeber hat eine zeitliche Begrenzung in Abweichung der Frist des Abs. 1 angesichts des mit einer ärztlichen Zwangsmaßnahme verbundenen erheblichen Grundrechtseingriffs für notwendig erachtet. Dabei hat er auch Erfahrungen der ärztlichen Praxis berücksichtigt, die von einer nur wenige Wochen andauernden Behandlungsbedürftigkeit mit Zwang ausgehen und die Zeitdauer der des § 329 Abs. 1 FamFG angepasst, der in der Hauptsache eine Höchstfrist von sechs Wochen bestimmt[860]. Die Frist beginnt mit dem Wirksamwerden der Entscheidung (dazu § 324 FamFG). Nennt die Entscheidung des Gerichts keine Frist, gilt die vom Gesetz vorgesehene Frist von zwei Wochen. Die Wirksamkeit einer einstweiligen Anordnung endet automatisch mit Fristablauf bzw. zuvor durch Aufhebung (§ 330 FamFG), Wirksamwerden einer anderweitigen Regelung (§ 56 FamFG) oder der Hauptsacheentscheidung.

271 Nach Satz 2 kann eine einstweilige Anordnung hinsichtlich einer Anordnung oder Einwilligung in eine ärztliche Zwangsmaßnahme einmal, aber auch mehrfach bis zu einer Höchstdauer von sechs Wochen verlängert werden. Die Voraussetzungen einer solchen Verlängerung sind nicht besonders geregelt. Von daher gelten die Regelungen des Abs. 1 Satz 2 und 5 sowie die weiteren Regelungen zum erstmaligen Erlass einer einstweiligen Anordnung (vgl. dazu oben Rn. 268 f.). Nach Ablauf von sechs Wochen kann in derselben Sache keine weitere einstweilige Anordnung ergehen, sondern nur mit einer Hauptsacheent-

855 LG Lübeck BtPrax 2015, 119
856 OLG Karlsruhe FamRZ 2002, 1127: Nur wenn aus besonderen Gründen das Hauptsacheverfahren noch nicht zum Abschluss gebracht werden kann.
857 Keidel-Budde, § 333 FamFG, Rn. 12
858 BVerfG BtPrax 2015, 192
859 A.A. Grotkopp, BtPrax 2013, 83, 87
860 Formulierungshilfe für einen Änderungsantrag der Fraktionen der CDU/CSU und FDP zu dem Gesetzentwurf der Bundesregierung, BT-Drs. 17/10492, S. 9. Bei der Gabe einer Depotmedikation mit einer regelmäßigen Wirkungsdauer von zwei Wochen, würde sich die einstweilige Anordnung indes mit der einmaligen Gabe des Medikamentes erschöpfen.

scheidung über die weitere Fortdauer der Anordnung bzw. Genehmigung entschieden werden.

f. Entscheidungsinhalt

Die Entscheidung ergeht – im Rahmen des Hauptsacheverfahrens – durch Beschluss. Da die einstweilige Anordnung eine Unterbringungsmaßnahme enthält, sind für den Inhalt der Entscheidung §§ 38, 323 FamFG maßgeblich. **272**

▶ *Zum Inhalt der Entscheidung vgl. die Ausführungen zu § 323 FamFG, oben Rn. 199 ff.*

Die Höchstdauer der Unterbringungsmaßnahme bestimmt sich allerdings nicht nach § 329 Abs. 1 FamFG, sondern für eine Unterbringung nach § 333 Abs. 1 Satz 1 und 4 FamFG und für die Genehmigung einer Einwilligung in eine ärztliche Zwangsmaßnahme nach § 333 Abs. 2 Satz 1 und 2 FamFG. Eine Entscheidung zur sofortigen Wirksamkeit ist regelmäßig notwendig[861]. Wenn sich aus den Begleitumständen ergibt, dass die einstweilige Anordnung sofort vollziehbar und wirksam sein soll, kann bei Fehlen des entsprechenden Ausspruches an eine stillschweigende Anordnung der sofortigen Wirksamkeit gedacht werden und diese zur Klarstellung im Wege der nachträglichen Berichtigung erfolgen[862]. Eine Kostenentscheidung muss nach § 51 Abs. 4 FamFG erfolgen, dafür gelten die allgemeinen Vorschriften (dazu Rn. 217).

Für das Verfahren auf Erlass einer einstweiligen Anordnung in Unterbringungssachen fallen keine Gerichtsgebühren an, § 26 Abs. 3 GNotKG. Der Betroffene schuldet allenfalls die vom Gericht an den Verfahrenspfleger gezahlten Beträge als Auslagen gem. Nr. 31015 KV GNotKG, wenn er über einzusetzende Mittel i.S.d. § 1836c BGB verfügt und das Gericht die Gerichtskosten nicht einem anderen Beteiligten auferlegt hat. Die Vergütung eines Rechtsanwaltes im einstweiligen Anordnungsverfahren bestimmt sich nach VV Anlage 1, Teil 6, Abschnitt 3 des RVG.

g. Bekanntgabe, Wirksamkeit und Abänderung einer einstweiligen Anordnung

Für die Bekanntgabe und Wirksamkeit einer einstweiligen Anordnung gilt nichts anderes als bei einer Hauptsacheentscheidung, § 51 Abs. 2 Satz 1 FamFG, soweit sich nicht aus den §§ 331 bis 334 FamFG etwas anderes ergibt. Nach § 54 Abs. 1 Satz 1 kann das Gericht seine Entscheidung nach Eintritt der Wirksamkeit aufheben oder abändern, in öffentlich-rechtlichen Unterbringungssachen nach § 312 Nr. 4 FamFG allerdings nur auf Antrag, es sei denn, das Gericht hatte die einstweilige Anordnung ohne Durchführung einer nach dem Gesetz notwendigen Anhörung erlassen, § 54 Abs. 1 Satz 2, 3 FamFG. **273**

Die Regelungen des § 52 FamFG zur zeitnahen Einleitung eines Hauptsacheverfahrens nach Erlass einer einstweiligen Anordnung können wegen der Besonderheiten in Unterbringungssachen keine uneingeschränkte Geltung beanspruchen. Es ist allgemein anerkannt, dass dem Gericht im Rahmen von Unterbringungsverfahren eine besondere Beaufsichtigungs- und Fürsorgefunktion zukommt[863] und es von Amts wegen jederzeit die Rechtmäßigkeit und die Notwendigkeit der Fortdauer bzw. Aufhebung einer Unterbringungsmaßnahme zu überprüfen hat. Damit ist ausreichend sichergestellt, dass im Bedarfsfall die Einleitung eines Verfahrens in der Hauptsache erfolgt. Die Rechte der Beteiligten auf Beantragung der Einleitung eines Hauptsacheverfahrens bzw. – im Fall der öffentlich- **274**

---

861 BayObLG BtPrax 2002, 39; Damrau/Zimmermann, § 331 FamFG, Rn. 27
862 BayObLG BtPrax 2002, 39
863 Dazu Bahrenfuss-Grotkopp, § 331 FamFG, Rn. 14

rechtlichen Unterbringung – auf Bestimmung einer Frist zur Einleitung eines Hauptsacheverfahrens nach § 52 Abs. 1 bzw. 2 FamFG bleiben indes unberührt.

▶ *Zur Wirksamkeit vgl. die Ausführungen zu § 324 FamFG, oben Rn. 224 ff.*

h. Anfechtbarkeit

275 Gegen Entscheidungen, durch die eine einstweilige Unterbringungsmaßnahme getroffen oder abgelehnt wird, kann das Rechtsmittel der Beschwerde eingelegt werden (vgl. §§ 51 Abs. 2 Satz 1, 58 FamFG). Erfolgt die Anordnung bzw. Genehmigung einer ärztlichen Zwangsmaßnahme zusammen mit einem Unterbringungsbeschluss kann sie – wegen des weitergehenden Grundrechtseingriffs mit einem selbständigen, trennbaren Regelungsinhalt – gesondert angegriffen werden[864]. Das entscheidende Gericht kann im Rechtsmittelverfahren seine Entscheidung abändern (§ 68 Abs. 1 Satz 1 FamFG), und zwar indem es der Beschwerde abhilft. Auch wenn das Gericht nicht abhilft und das Verfahren dem Beschwerdegericht vorlegt, bleibt eine Aufhebung der Entscheidung wegen Wegfalls der Unterbringungsvoraussetzungen (§ 330 Satz 1 FamFG) möglich. § 330 FamFG ist als „lex specialis" zu § 54 Abs. 4 FamFG zu sehen.

276 Die Beschwerde ist auch gegen einstweilige Unterbringungsmaßnahmen in Bezug auf Minderjährige gegeben. § 57 Satz 1 FamFG wird – bei verfassungskonformer Auslegung – durch die über § 167 Abs. 1 Satz 1 FamFG anwendbaren spezielleren Regelungen der §§ 312 ff. FamFG, die eine Anfechtbarkeit eröffnen, verdrängt[865]. Wird die einstweilige Unterbringungsmaßnahme in Bezug auf einen Minderjährigen ohne mündliche Verhandlung erlassen, kann neben der der Einlegung der Beschwerde wahlweise der Antrag auf mündliche Verhandlung gem. § 54 Abs. 2 FamFG gestellt werden[866].

▶ *Zur Anfechtbarkeit bei Erledigung der Hauptsache vor einer Entscheidung über das Rechtsmittel vgl. unten Rn. 307 ff.*

11. Aufhebung und Verlängerung, §§ 329, 330 FamFG

§§ 329, 330 FamFG betreffen die Änderung von gerichtlichen Entscheidungen zu Unterbringungsmaßnahmen. Änderungen können in Form der Aufhebung (dazu § 330 FamFG) oder der Verlängerung (dazu § 329 FamFG) der Unterbringungsmaßnahme erfolgen. Die Vorschrift gilt für öffentlich-rechtliche und zivilrechtliche Unterbringungsmaßnahmen.

§ 329 FamFG Dauer und Verlängerung der Unterbringung

(1) ^{1}Die Unterbringung endet spätestens mit Ablauf eines Jahres, bei offensichtlich langer Unterbringungsbedürftigkeit spätestens mit Ablauf von zwei Jahren, wenn sie nicht vorher verlängert wird. ^{2}Die Genehmigung einer Einwilligung in eine ärztliche Zwangsmaßnahme oder deren Anordnung darf die Dauer von sechs Wochen nicht überschreiten, wenn sie nicht vorher verlängert wird.

(2) ^{1}Für die Verlängerung der Genehmigung oder Anordnung einer Unterbringungsmaßnahme gelten die Vorschriften für die erstmalige Anordnung oder Genehmigung entsprechend. ^{2}Bei Unterbringungen mit einer Gesamtdauer von mehr als vier Jahren soll das Gericht keinen Sachverständigen bestellen, der den Betroffenen bisher behandelt oder begutachtet hat oder in der Einrichtung tätig ist, in der der Betroffene untergebracht ist.

864 Bahrenfuss-Grotkopp, § 312 FamFG, Rn. 28
865 OLG Zweibrücken NJW 2012, 162; OLG Naumburg FamRZ 2011, 749; OLG Hamm MDR 2010, 1192; OLG Frankfurt am Main FamRZ 2010, 907; OLG Celle FamRZ 2010, 1844; OLG Dresden FamRZ 2010, 1845; a.A. OLG Koblenz NJW 2010, 880
866 OLG Naumburg NJOZ 2013, 531

(3) Bei der Genehmigung einer Einwilligung in eine ärztliche Zwangsmaßnahme oder deren Anordnung mit einer Gesamtdauer von mehr als zwölf Wochen soll das Gericht keinen Sachverständigen bestellen, der den Betroffenen bisher behandelt oder begutachtet hat oder in der Einrichtung tätig ist, in der der Betroffene untergebracht ist.

§ 330 FamFG Aufhebung der Unterbringung

[1]Die Genehmigung oder Anordnung der Unterbringungsmaßnahme ist aufzuheben, wenn ihre Voraussetzungen wegfallen. [2]Vor der Aufhebung einer Unterbringungsmaßnahme nach § 312 Nr. 4 soll das Gericht die zuständige Behörde anhören, es sei denn, dass dies zu einer nicht nur geringen Verzögerung des Verfahrens führen würde.

a. Aufhebung

§ 330 FamFG trifft Aussagen zu den Gründen für die Aufhebung einer Unterbringungsmaßnahme und besonderen, dabei zu beachtenden Verfahrensschritten. Gem. § 312 Nr. 3 und Nr. 4 FamFG gilt § 330 FamFG auch für die Anordnung bzw. die Genehmigung einer ärztlichen Zwangsmaßnahme. **277**

aa. Aufhebungsgründe

§ 330 Satz 1 FamFG verdeutlicht eine Selbstverständlichkeit: Eine Unterbringungsmaßnahme ist aufzuheben, wenn deren materielle Voraussetzungen entfallen sind. Kein Betroffener soll länger als erforderlich untergebracht oder freiheitsentziehenden Maßnahmen unterzogen sein[867]. Daraus folgt, dass das Gericht während einer Unterbringungsmaßnahme fortlaufend deren materielle Notwendigkeit zu überwachen hat. Die Vorschrift korrespondiert im Bereich der zivilrechtlichen Unterbringung mit §§ 1906 Abs. 3 Satz 2 und Abs. 4, Abs. 5 Satz 2, 1906a Abs. 3 Satz 2 BGB, der einen Betreuer bzw. Bevollmächtigten verpflichtet, die Unterbringung zu beenden bzw. die Einwilligung in eine ärztliche Zwangsmaßnahme zu widerrufen, wenn deren Voraussetzungen entfallen sind. § 330 Satz 1 FamFG verdeutlicht aber auch, dass das Gericht gegebenenfalls selbst gegen den Willen des gesetzlichen Vertreters[868] bzw. der zuständigen Behörde die Unterbringung zu beenden hat, wenn deren Voraussetzungen entfallen sind. Kein Betroffener soll länger als erforderlich untergebracht, freiheitsentziehenden Maßnahmen oder einer ärztlichen Zwangsmaßnahme unterzogen sein. Auch wenn die Behörde oder der gesetzliche Vertreter die Unterbringung bereits zuvor beendet hat, ist das Gericht gehalten, seine Entscheidung, sprich Genehmigung bzw. Anordnung der Unterbringung, aufzuheben. Nur so wird der von der Entscheidung ausgehende Rechtsschein beseitigt und ein erneutes Gebrauch machen von der Entscheidung ohne gerichtliche Nachprüfung verhindert[869]. **278**

bb. Verfahren

Das Verfahren zur Aufhebung einer Unterbringungsmaßnahme ist nicht besonders geregelt. Es finden sich in § 330 Satz 2 FamFG allein Sondervorschriften zur Beteiligung der zuständigen Behörde bei öffentlich-rechtlichen Unterbringungen. In diesen Fällen hat das Gericht der zuständigen Behörde vor der Aufhebung einer Unterbringung Gelegenheit zur Stellungnahme einzuräumen. Der Gesetzgeber wollte damit sicherstellen, dass die Behörde im Allgemeininteresse gegebenenfalls Bedenken gegen die Aufhebung vortragen **279**

867 BT-Drs. 11/4528, S. 186
868 Will der gesetzliche Vertreter die Unterbringung trotz Entfallens der Voraussetzungen nicht beenden, muss das Familien- bzw. Betreuungsgericht dagegen ggfs. mit den Mitteln der §§ 1666, 1837 BGB einschreiten; a.A. Marschner/Volckart/Lesting, Kap. D, § 330 FamFG, Rn. 4, der strafrechtliche Schritte nach § 239 StGB empfiehlt.
869 BayObLG BtPrax 1995, 144; BayObLG FamRZ 2001, 1561, Keidel-Budde, § 330 FamFG, Rn. 1

kann bzw. rechtzeitig alternative Hilfen im Rahmen der Nachsorge bereitstellt oder nach Bekanntgabe der Aufhebung gegebenenfalls Rechtsmittel einlegen kann. Sofern mit der Einräumung des rechtlichen Gehörs für die zuständige Behörde mehr als nur geringe Verzögerungen verbunden wären, kann das Gericht darauf verzichten. Zumindest sollte eine telefonische Rücksprache versucht werden. Einige Stunden Verzögerung sind noch hinnehmbar.

280 Ansonsten gelten bei öffentlich-rechtlichen und zivilrechtlichen Unterbringungsmaßnahmen keine besonderen Verfahrensregelungen.

Die im Einzelfall notwendigen Verfahrenshandlungen bestimmen sich in entsprechender Anwendung der für die Anordnung einer Unterbringungsmaßnahme maßgeblichen Verfahrensvorschriften, wobei die besonderen Verfahrensgarantien der §§ 319, 321 FamFG nicht gelten[870]. Das Gericht hat im Rahmen der Amtsermittlungspflicht nach § 26 FamFG zu prüfen, ob die sachlichen Voraussetzungen für eine Aufhebung der Unterbringungsmaßnahme erfüllt sind. Solange das Verfahren nicht abgegeben ist[871], bleiben das ursprünglich befasste Gericht und dort funktionell der Richter zuständig[872].

281 Bei eindeutiger Sachlage ist das Gericht verpflichtet, die Unterbringungsmaßnahme unverzüglich aufzuheben und jegliche Verfahrenshandlung zu unterlassen, die zu einer Verzögerung führen würde[873].

Die Benachrichtigung der Verfahrensbeteiligten und der in §§ 320, 325 Abs. 2 FamFG genannten Personen und Institutionen kann gleichzeitig mit der Aufhebung erfolgen.

Bei einer nicht so eindeutigen Sachlage sind die im Rahmen des § 26 FamFG gebotenen Verfahrenshandlungen vorzunehmen. Denkbar wären die Einholung einer sachverständigen Stellungnahme bzw. eines Gutachtens, die persönliche Anhörung des Betroffenen oder Beweiserhebungen. Innerhalb dieses Verfahrens können die §§ 312 ff. FamFG dann als Richtlinie gelten[874].

Die Entscheidung erfolgt durch Beschluss und kann auf Aufhebung der Unterbringungsmaßnahme bzw. Ablehnung der Aufhebung lauten. Die Entscheidung wird mit Bekanntgabe an den Betroffenen bzw. die zuständige Behörde wirksam, da sie ihrem Inhalt nach für sie bestimmt sind, § 40 Abs. 1 FamFG[875]. Bekanntgabe erfolgt im Übrigen nach § 41 Abs. 1 Satz 1 FamFG an die Beteiligten, also an den Betroffenen selbst, seinen gesetzlichen Vertreter, gegebenenfalls seinen Bevollmächtigten, seinen Verfahrensbevollmächtigten, gegebenenfalls den Verfahrenspfleger, die in § 315 Abs. 4 FamFG genannten und hinzugezogenen Beteiligten sowie an die zuständige Behörde, § 325 Abs. 2 Satz 2 FamFG.

Die Entscheidung kann mit der Beschwerde (§ 58 FamFG) angefochten werden. Die Beschwerdebefugnis bestimmt sich nach §§ 59, 335 FamFG.

▶ *Zu Einzelheiten der Rechtsmittel vgl. unten Rn. 288 ff.*

b. Verlängerung

282 Ergibt sich die Notwendigkeit, eine in der Hauptsache genehmigte bzw. angeordnete Unterbringungsmaßnahme vor Ablauf der im Beschluss genannten Frist (vgl. § 323 Abs. 1 Nr. 2 FamFG) zu verlängern, gelten nach § 329 Abs. 2 FamFG die Vorschriften für die erst-

---

870 Keidel-Budde, § 330 FamFG, Rn. 6
871 Dafür gelten die Abgabemöglichkeiten im Anordnungsverfahren entsprechend, Damrau/Zimmermann, § 330 FamFG, Rn. 6.
872 Selbst bei Verlegung des Betroffenen in eine auswärtige Klinik, vgl. LG Tübingen FamRZ 1995, 485.
873 BT-Drs. 11/4528, S. 186
874 Keidel-Budde, § 330 FamFG, Rn. 6 ff.
875 Jürgens-Marschner, § 330 FamFG, Rn. 5

malige Maßnahme entsprechend (Satz 1)[876]. Außerdem wird für die Fälle einer über vier Jahre andauernden Unterbringung bzw. einer über zwölf Wochen andauernden Anordnung oder Genehmigung einer Einwilligung in eine ärztliche Zwangsmaßnahme die Beteiligung eines anderen Gutachters vorgeschrieben (§ 329 Abs. 1 Satz 2, Abs. 3 FamFG).

aa. Grundsatz

Um Verlängerungen von Unterbringungsmaßnahmen nicht der gerichtlichen Routine preiszugeben, schreibt § 329 Abs. 2 Satz 1 FamFG vor, dass für die Verlängerung einer in der Hauptsache ergangenen Unterbringungsmaßnahme die Verfahrensgarantien des allgemeinen Teils und der §§ 312 ff. FamFG abermals gelten. Daraus folgt, dass das Gericht zuständig bleibt, das ursprünglich über die Unterbringungsmaßnahme entschieden hat, § 2 Abs. 2 FamFG. Etwas anderes gilt nur, wenn das Verfahren wirksam abgegeben wurde, § 314 FamFG, etwa weil der Betroffene in eine auswärtige Klinik verlegt wurde. Dann ist das übernehmende Gericht zuständig. Der Betroffene muss erneut persönlich angehört werden, § 319 FamFG. Es muss nach § 321 FamFG ein neues Sachverständigengutachten erstattet werden, es ist gegebenenfalls ein Verfahrenspfleger zu bestellen und § 320 FamFG ist zu berücksichtigen. Wird erst kurz vor Ablauf einer in der Hauptsache genehmigten Unterbringungsmaßnahme erkannt, dass diese fortdauern muss, kann eine Verlängerung zunächst auch im Wege der einstweiligen Anordnung nach § 331 FamFG erfolgen, wenn ein Hauptsacheverfahren nicht mehr rechtzeitig durchgeführt werden kann[877]. Inhalt und Wirksamkeit der Entscheidung richten sich nach §§ 38, 323 und 324, 325 FamFG. **283**

▶ *Zu Einzelheiten der Rechtsmittel vgl. unten Rn. 288 ff.*

bb. Anderer Gutachter

Damit langjährige Unterbringungsmaßnahmen nicht wegen einer festgelegten Meinung eines Gutachters über Gebühr ausgedehnt werden, soll das Gericht bei einer Gesamtunterbringungsdauer von mehr als vier Jahren bzw. bei einer Genehmigung der Einwilligung in eine ärztliche Zwangsmaßnahme von mehr als zwölf Wochen den Sachverständigen auswechseln[878]. Dabei reicht es aus, dass der mit der verlängernden Entscheidung ins Auge gefasste Unterbringungszeitraum über die 4-Jahres- bzw. 12-Wochenfrist hinausreicht. Die gesetzliche Vorschrift will gerade vermeiden, dass eine Unterbringung über einen Zeitraum von vier Jahren und die Genehmigung ärztlicher Zwangsmaßnahmen über 12 Wochen hinaus aufrechterhalten wird, ohne dass ihr das Gutachten eines außenstehenden Sachverständigen zugrunde liegt[879]. **284**

Insoweit ist das Auswahlermessen des Gerichtes also eingeschränkt. In der Regel soll dann kein Sachverständiger bestellt werden, der den Betroffenen bisher (zwangs-)behandelt bzw. begutachtet hat oder der der Einrichtung angehört, in der der Betroffene untergebracht ist. Es soll also ein externer, in den vergangenen Verfahren nicht als Gutachter oder behandelnder Arzt tätig gewordener Sachverständiger beauftragt werden. Damit soll sichergestellt werden, dass im Verlängerungsverfahren eine unvoreingenommene Begutachtung erfolgt. Es reicht nicht aus, dass zwischenzeitlich ein anderer Sachverständiger ein Gutachten erstattet hatte[880]. Nach dem Schutzzweck ist andererseits ein Sachverständiger, der den Betroffenen vor zwölf Jahren einmal behandelt hat und dann jahrelang nicht, nicht ausgeschlossen[881].

---

876 BGH FamRZ 2016, 802 f.
877 OLG Brandenburg BtPrax 2009, 124
878 Für die Fristberechnung ist auf das Wirksamwerden der Unterbringungsmaßnahme abzustellen, die bis zum Fristablauf ununterbrochen vollzogen wird, Keidel-Budde, § 329 FamFG, Rn. 14
879 BGH BtPrax 2017, 29 f.
880 BayObLG BtPrax 2005, 68
881 BayObLG FamRZ 1994, 320

Da es sich um eine Sollvorschrift handelt, kann das Gericht in Ausnahmefällen davon abweichen, etwa weil andere als nach dieser Vorschrift ausgeschlossene Ärzte nicht oder nur schwer erreichbar sind[882]. Ein Abweichen soll indes nur in atypischen Fallkonstellationen erfolgen und die Gründe dafür sind im Genehmigungsbeschluss konkret aufzuführen. Andererseits muss das Gericht unabhängig von den zeitlichen Vorgaben des § 329 Abs. 2 Satz 2, Abs. 3 FamFG einen anderen Sachverständigen auswählen, wenn es Zweifel an der Unvoreingenommenheit des bisherigen Sachverständigen hat.

Bei der Auswahl des neuen Sachverständigen gelten ansonsten dieselben Auswahlgrundsätze wie bei der erstmaligen Auswahl. Der neue Sachverständige muss die Qualifikation des § 321 Abs. 1 Satz 4 FamFG aufweisen (vgl. dazu oben Rn. 191 f.).

Da § 329 Abs. 2 Satz 2 FamFG von einem Sachverständigen spricht, gilt die Vorschrift nicht für Unterbringungsmaßnahmen nach § 312 Nr. 2 FamFG. Dafür reichen nämlich ärztliche Zeugnisse aus. Besteht allerdings eine Voreingenommenheit des ausstellenden Arztes, wird das Gericht nach § 26 FamFG einen anderen Arzt beauftragen müssen[883].

12. Mitteilungen, §§ 338, 339 FamFG

Die Vorschrift trifft Aussagen hinsichtlich der Notwendigkeit und Befugnis von Mitteilungen in Bezug auf Unterbringungsmaßnahmen an nicht am Verfahren Beteiligte durch das Gericht.

§ 338 FamFG Mitteilung von Entscheidungen

[1]Für Mitteilungen gelten die §§ 308 und 311 entsprechend. [2]Die Aufhebung einer Unterbringungsmaßnahme nach § 330 Satz 1 und die Aussetzung der Unterbringung nach § 328 Abs. 1 Satz 1 sind dem Leiter der Einrichtung, in der der Betroffene lebt, mitzuteilen.

§ 339 FamFG Benachrichtigung von Angehörigen

Von der Anordnung oder Genehmigung der Unterbringung und deren Verlängerung hat das Gericht einen Angehörigen des Betroffenen oder eine Person seines Vertrauens unverzüglich zu benachrichtigen.

285 § 338 FamFG schafft über die allgemeinen Regelungen zur Bekanntgabe in §§ 40 f. FamFG und die spezielle Regelung zur Bekanntgabe an Beteiligte in Unterbringungssachen eine gesetzliche Grundlage für Mitteilungen an Dritte in Unterbringungssachen[884].

Dies geschieht zunächst in Satz 1 durch Verweis auf:

- § 308 FamFG, der die Mitteilung von Entscheidungen in Betreuungsverfahren an andere Gerichte, Behörden oder sonstige öffentliche Stellen[885] zum Gegenstand hat;

▶ *Zu Einzelheiten vgl. die Ausführungen zu § 308 FamFG in Teil A Rn. 189 ff.*

- § 311 FamFG, der die Mitteilung von Entscheidungen oder Erkenntnissen im Betreuungsverfahren zum Zwecke der Strafverfolgung betrifft.

▶ *Zu Einzelheiten vgl. die Ausführungen zu § 311 FamFG in Teil A Rn. 195 f.*

Eine Verweisung auf die §§ 19 bis 21 EGGVG enthalten §§ 308, 311 FamFG nicht mehr. Aufgrund der Neufassung des § 2 EGGVG gelten dessen Vorschriften nunmehr unmittel-

882 BT-Drs. 11/4528, S. 186
883 Damrau/Zimmermann, § 329 FamFG, Rn. 5, rät unabhängig davon zu einem regelmäßigen Wechsel.
884 Bahrenfuss-Grotkopp, § 338 FamFG, Rn. 1
885 Nicht beteiligte Privatpersonen oder Betreuungsvereine können nicht informiert werden, vgl. Bahrenfuss-Grotkopp, § 338 FamFG, Rn. 4

bar auch für Betreuungs- und Unterbringungssachen. Deshalb sind die dort festgelegte Zweckbindung und Verwendung von übermittelten Daten sowie die Nachberichts- und Unterrichtungspflicht im Hinblick auf den Betroffenen und andere Personen zu berücksichtigen.

Die gerichtsinterne Abwicklung der Mitteilungen richtet sich nach der Anordnung über Mitteilungen in Zivilsachen (MiZi), dort 2. Teil, 1. Abschnitt, II, Nr. 1 bis 6[886]. Zuständig für die Veranlassung der Mitteilung ist der Richter. Soweit Mitteilungen im Rahmen des § 338 Abs. 1 FamFG erfolgen, ist dies in den Akten festzuhalten[887].

▶ *Zu Einzelheiten vgl. die Ausführungen zu § 311 FamFG in Teil A Rn. 196*

§ 338 Satz 2 FamFG sieht ergänzend Mitteilungen an den Leiter einer Einrichtung, in der der Betroffene lebt, vor. Dem Einrichtungsleiter ist die Aufhebung einer Unterbringungsmaßnahme nach § 330 Satz 1 FamFG und die Aussetzung einer (öffentlich-rechtlichen) Unterbringung nach § 328 Abs. 1 Satz 1 FamFG mitzuteilen. Damit soll der Schutz des Betroffenen vor einer weiteren Andauer einer Unterbringungsmaßnahme, die bereits vom Gericht aufgehoben bzw. ausgesetzt ist, weiter verstärkt werden. **286**

§ 339 FamFG sieht inhaltlich mit Art. 104 Abs. 4 GG übereinstimmend die Benachrichtigung eines Angehörigen bzw. einer Vertrauensperson des Betroffenen über die Anordnung oder Genehmigung der Unterbringung und deren Verlängerung vor. Benachrichtigung meint die Mitteilung der Beschlussformel. Die Benachrichtigung ist entbehrlich, wenn das Gericht bereits eine der in § 315 Abs. 4 Nr. 1, 2 FamFG aufgeführten Personen als Beteiligten hinzugezogen hat. **287**

Hat der Betroffene eine Vertrauensperson (dazu oben Rn. 163 a.E.) benannt, ist sie alternativ zu einem Angehörigen zu benachrichtigen, es sei denn, sie ist bereits als Beteiligter zum Verfahren hinzugezogen worden.

13. Rechtsmittel, §§ 58 ff., 70 ff. FamFG

§ 58 FamFG Statthaftigkeit der Beschwerde

(1) Die Beschwerde findet gegen die im ersten Rechtszug ergangenen Endentscheidungen der Amtsgerichte und Landgerichte in Angelegenheiten nach diesem Gesetz statt, sofern durch Gesetz nichts anderes bestimmt ist.

(2) Der Beurteilung des Beschwerdegerichts unterliegen auch die nicht selbständig anfechtbaren Entscheidungen, die der Endentscheidung vorausgegangen sind.

§ 59 FamFG Beschwerdeberechtigte

(1) Die Beschwerde steht demjenigen zu, der durch den Beschluss in seinen Rechten beeinträchtigt ist.

(2) Wenn ein Beschluss nur auf Antrag erlassen werden kann und der Antrag zurückgewiesen worden ist, steht die Beschwerde nur dem Antragsteller zu.

(3) Die Beschwerdeberechtigung von Behörden bestimmt sich nach den besonderen Vorschriften dieses oder eines anderen Gesetzes.

886 Anordnung über Mitteilungen in Zivilsachen (MiZi), vom 29. April 1998 (BAnz. S. 10705), zuletzt geändert durch Vierzehnte ÄndAnO vom 23. 12. 2016 (BAnz AT 24.5.2017 B1)
887 Bahrenfuss-Grotkopp, § 338 FamFG, Rn. 5

§ 62 FamFG Statthaftigkeit der Beschwerde nach Erledigung der Hauptsache

(1) Hat sich die angefochtene Entscheidung in der Hauptsache erledigt, spricht das Beschwerdegericht auf Antrag aus, dass die Entscheidung des Gerichts des ersten Rechtszugs den Beschwerdeführer in seinen Rechten verletzt hat, wenn der Beschwerdeführer ein berechtigtes Interesse an der Feststellung hat.

(2) Ein berechtigtes Interesse liegt in der Regel vor, wenn

1. schwerwiegende Grundrechtseingriffe vorliegen oder
2. eine Wiederholung konkret zu erwarten ist.

(3) Hat der Verfahrensbeistand oder der Verfahrenspfleger die Beschwerde eingelegt, gelten die Absätze 1 und 2 entsprechend.

§ 63 FamFG Beschwerdefrist

(1) Die Beschwerde ist, soweit gesetzlich keine andere Frist bestimmt ist, binnen einer Frist von einem Monat einzulegen.

(2) Die Beschwerde ist binnen einer Frist von zwei Wochen einzulegen, wenn sie sich gegen folgende Entscheidungen richtet:

1. Endentscheidungen im Verfahren der einstweiligen Anordnung oder
2. Entscheidungen über Anträge auf Genehmigung eines Rechtsgeschäfts.

(3) [1]Die Frist beginnt jeweils mit der schriftlichen Bekanntgabe des Beschlusses an die Beteiligten. [2]Kann die schriftliche Bekanntgabe an einen Beteiligten nicht bewirkt werden, beginnt die Frist spätestens mit Ablauf von fünf Monaten nach Erlass des Beschlusses.

§ 64 FamFG Einlegung der Beschwerde

(1) [1]Die Beschwerde ist bei dem Gericht einzulegen, dessen Beschluss angefochten wird. [2]Anträge auf Bewilligung von Verfahrenskostenhilfe für eine beabsichtigte Beschwerde sind bei dem Gericht einzulegen, dessen Beschluss angefochten werden soll.

(2) [1]Die Beschwerde wird durch Einreichung einer Beschwerdeschrift oder zur Niederschrift der Geschäftsstelle eingelegt. [2]Die Einlegung der Beschwerde zur Niederschrift der Geschäftsstelle ist in Ehesachen und in Familienstreitsachen ausgeschlossen. [3]Die Beschwerde muss die Bezeichnung des angefochtenen Beschlusses sowie die Erklärung enthalten, dass Beschwerde gegen diesen Beschluss eingelegt wird. [4]Sie ist von dem Beschwerdeführer oder seinem Bevollmächtigten zu unterzeichnen.

(3) Das Beschwerdegericht kann vor der Entscheidung eine einstweilige Anordnung erlassen; es kann insbesondere anordnen, dass die Vollziehung des angefochtenen Beschlusses auszusetzen ist.

§ 68 FamFG Gang des Beschwerdeverfahrens

(1) [1]Hält das Gericht, dessen Beschluss angefochten wird, die Beschwerde für begründet, hat es ihr abzuhelfen; anderenfalls ist die Beschwerde unverzüglich dem Beschwerdegericht vorzulegen. [2]Das Gericht ist zur Abhilfe nicht befugt, wenn die Beschwerde sich gegen eine Endentscheidung in einer Familiensache richtet.

(2) [1]Das Beschwerdegericht hat zu prüfen, ob die Beschwerde an sich statthaft und ob sie in der gesetzlichen Form und Frist eingelegt ist. [2]Mangelt es an einem dieser Erfordernisse, ist die Beschwerde als unzulässig zu verwerfen.

(3) [1]Das Beschwerdeverfahren bestimmt sich im Übrigen nach den Vorschriften über das Verfahren im ersten Rechtszug. [2]Das Beschwerdegericht kann von der Durchführung eines Termins, einer mündlichen Verhandlung oder einzelner Verfahrenshandlungen absehen, wenn diese bereits im ersten Rechtszug vorgenommen wurden und von einer erneuten Vornahme keine zusätzlichen Erkenntnisse zu erwarten sind.

(4) Das Beschwerdegericht kann die Beschwerde durch Beschluss einem seiner Mitglieder zur Entscheidung als Einzelrichter übertragen; § 526 der Zivilprozessordnung gilt mit der Maßgabe entsprechend, dass eine Übertragung auf einen Richter auf Probe ausgeschlossen ist.

§ 69 FamFG Beschwerdeentscheidung

(1) [1]Das Beschwerdegericht hat in der Sache selbst zu entscheiden. [2]Es darf die Sache unter Aufhebung des angefochtenen Beschlusses und des Verfahrens nur dann an das Gericht des ersten Rechtszugs zurückverweisen, wenn dieses in der Sache noch nicht entschieden hat. [3]Das Gleiche gilt, soweit das Verfahren an einem wesentlichen Mangel leidet und zur Entscheidung eine umfangreiche oder aufwändige Beweiserhebung notwendig wäre und ein Beteiligter die Zurückverweisung beantragt. [4]Das Gericht des ersten Rechtszugs hat die rechtliche Beurteilung, die das Beschwerdegericht der Aufhebung zugrunde gelegt hat, auch seiner Entscheidung zugrunde zu legen.

(2) Der Beschluss des Beschwerdegerichts ist zu begründen.

(3) Für die Beschwerdeentscheidung gelten im Übrigen die Vorschriften über den Beschluss im ersten Rechtszug entsprechend.

§ 70 FamFG Statthaftigkeit der Rechtsbeschwerde

(1) Die Rechtsbeschwerde eines Beteiligten ist statthaft, wenn sie das Beschwerdegericht oder das Oberlandesgericht im ersten Rechtszug in dem Beschluss zugelassen hat.

(2) [1]Die Rechtsbeschwerde ist zuzulassen, wenn

1. die Rechtssache grundsätzliche Bedeutung hat oder
2. die Fortbildung des Rechts oder die Sicherung einer einheitlichen Rechtsprechung eine Entscheidung des Rechtsbeschwerdegerichts erfordert.

[2]Das Rechtsbeschwerdegericht ist an die Zulassung gebunden.

(3) [1]Die Rechtsbeschwerde gegen einen Beschluss des Beschwerdegerichts ist ohne Zulassung statthaft in

1. Betreuungssachen zur Bestellung eines Betreuers, zur Aufhebung einer Betreuung, zur Anordnung oder Aufhebung eines Einwilligungsvorbehalts,
2. Unterbringungssachen und Verfahren nach § 151 Nr. 6 und 7 sowie
3. Freiheitsentziehungssachen.

[2]In den Fällen des Satzes 1 Nr. 2 und 3 gilt dies nur, wenn sich die Rechtsbeschwerde gegen den Beschluss richtet, der die Unterbringung oder die freiheitsentziehende Maßnahme anordnet. [3]In den Fällen des Satzes 1 Nummer 3 ist die Rechtsbeschwerde abweichend von Satz 2 auch dann ohne Zulassung statthaft, wenn sie sich gegen den eine freiheitsentziehende Maßnahme ablehnenden oder zurückweisenden Beschluss in den in § 417 Absatz 2 Satz 2 Nummer 5 genannten Verfahren richtet.

(4) Gegen einen Beschluss im Verfahren über die Anordnung, Abänderung oder Aufhebung einer einstweiligen Anordnung oder eines Arrests findet die Rechtsbeschwerde nicht statt.

§ 335 FamFG Ergänzende Vorschriften über die Beschwerde

(1) Das Recht der Beschwerde steht im Interesse des Betroffenen

1. dessen Ehegatten oder Lebenspartner, wenn die Ehegatten oder Lebenspartner nicht dauernd getrennt leben, sowie dessen Eltern und Kindern, wenn der Betroffene bei diesen lebt oder bei Einleitung des Verfahrens gelebt hat, den Pflegeeltern,
2. einer von dem Betroffenen benannten Person seines Vertrauens sowie

3. dem Leiter der Einrichtung, in der der Betroffene lebt,

zu, wenn sie im ersten Rechtszug beteiligt worden sind.

(2) Das Recht der Beschwerde steht dem Verfahrenspfleger zu.

(3) Der Betreuer oder der Vorsorgebevollmächtigte kann gegen eine Entscheidung, die seinen Aufgabenkreis betrifft, auch im Namen des Betroffenen Beschwerde einlegen.

(4) Das Recht der Beschwerde steht der zuständigen Behörde zu.

§ 336 FamFG Beschwerde des Untergebrachten

Der Betroffene kann die Beschwerde auch bei dem Amtsgericht einlegen, in dessen Bezirk er untergebracht ist.

a. Überblick

288 Die allgemeinen Regeln der §§ 58 ff. FamFG werden durch die speziellen Vorschriften der §§ 335 und 336 FamFG für das Betreuungsverfahren ergänzt. Diese Ergänzungen betreffen die Beschwerdeberechtigung und die Einlegung der Beschwerde des Untergebrachten. Trotz der Vereinheitlichung der Rechtsmittel kennt das FamFG für Unterbringungssachen weiterhin verschiedene Rechtsmittel.

- **Beschwerde, § 58 FamFG**

▶ *Zu Einzelheiten vgl. die Ausführungen in Teil A Rn. 197 ff.*

- **Sofortige Beschwerde, §§ 322, 284 Abs. 3 Satz 2 FamFG**

▶ *Zu Einzelheiten vgl. die Ausführungen in diesem Kapitel unten Rn. 291*

- **Fortsetzungsfeststellungsbeschwerde, § 62 FamFG**

▶ *Zu Einzelheiten vgl. die Ausführungen in diesem Kapitel unten Rn. 307 ff.*

- **Rechtsbeschwerde, §§ 70 ff. FamFG**

▶ *Zu Einzelheiten vgl. die Ausführungen in Teil A Rn. 213 f.*

- **Rechtsmittel in Unterbringungssachen**

Hinsichtlich der Anfechtbarkeit von Entscheidungen in Unterbringungssachen differenziert der Gesetzgeber. Zum Teil ist das Rechtsmittel der Beschwerde, teilweise das der sofortigen Beschwerde und teilweise überhaupt kein Rechtsmittel gegeben.

b. Beschwerde in Unterbringungssachen

289 Gegen die Entscheidungen des Betreuungsgerichts in Unterbringungssachen ist im Regelfall das Rechtsmittel der Beschwerde nach Maßgabe der allgemeinen Vorschriften der §§ 58, 59, 62 FamFG gegeben. Hat der Rechtspfleger entschieden, gilt das Gleiche. Anfechtbar sind lediglich Endentscheidungen des Betreuungsgerichts, nicht aber Zwischenentscheidungen. Nach § 51 Abs. 2 Satz 1 FamFG gelten die Verfahrensvorschriften des Hauptsacheverfahrens grundsätzlich auch in Bezug auf das statthafte Rechtsmittel für einstweilige Anordnungen. Demgemäß ist die Beschwerde in Unterbringungssachen das richtige Rechtsmittel bei Entscheidungen, durch die

- eine endgültige Unterbringungsmaßnahme (dazu oben Rn. 107 ff.) getroffen oder abgelehnt wird,

- eine vorläufige Unterbringungsmaßnahme im Wege der einstweiligen Anordnung nach §§ 331, 332 FamFG (dazu oben Rn. 240 ff.) getroffen oder abgelehnt wird[888],
- nach § 334 FamFG der Richter (dazu Rn. 258 ff.) eine Unterbringungsmaßnahme anordnet,
- eine Unterbringungsmaßnahme verlängert oder ihre Verlängerung abgelehnt wird (§ 329 Abs. 2 Satz 1 FamFG),
- eine Unterbringungsmaßnahme aufgehoben oder die Aufhebung abgelehnt wird (§ 330 Satz 1 FamFG)[889] oder
- die Vollziehung einer öffentlich-rechtlichen Unterbringungsmaßnahme ausgesetzt, die Aussetzung abgelehnt oder widerrufen wird (§ 328 FamFG)[890].

Gemäß § 64 FamFG ist die Beschwerde anders als nach bisheriger Rechtslage bei dem Gericht, dessen Entscheidung angefochten wird, also bei Unterbringungsmaßnahmen i.d.R. beim Amtsgericht, einzulegen und nicht beim Beschwerdegericht. Durch die Einlegung beim nicht zuständigen Gericht wird die Beschwerdefrist nicht gewahrt. **290**

§ 336 FamFG enthält allerdings eine Erleichterung für den untergebrachten Betroffenen. Dieser kann die Beschwerde auch bei dem Amtsgericht einlegen, in dessen Bezirk er untergebracht ist.

Das Amtsgericht kann der Beschwerde abhelfen, wenn es sie für begründet hält. Diese Abhilfemöglichkeit soll die Beschwerdegerichte entlasten. Über die Abhilfe oder Nichtabhilfe entscheidet das Gericht durch Beschluss. Hält es die Beschwerde für nicht begründet, legt es sie unverzüglich dem Beschwerdegericht vor. In Unterbringungssachen ist das Landgericht Beschwerdeinstanz (§ 72 Abs. 1 Satz 2 GVG).

Die Beschwerdefrist beträgt einen Monat, § 63 Abs. 1 FamFG, bei einstweiligen Anordnungen zwei Wochen, § 63 Abs. 2 Nr. 1 FamFG. Die Frist beginnt nach schriftlicher Bekanntgabe an den jeweiligen Beteiligten. Wird die Frist versäumt, kann gegebenenfalls auf Antrag Wiedereinsetzung in den vorherigen Stand gewährt werden, § 17 Abs. 1 FamFG. Ein solcher Fall liegt etwa vor, wenn glaubhaft gemacht wird, dass die Einhaltung der Frist ohne Verschulden nicht möglich war[891].

c. Sofortige Beschwerde in Unterbringungssachen

In Unterbringungssachen sieht das Gesetz nur noch bei der Anordnung der Unterbringung des Betroffenen zur Beobachtung und deren Verlängerung (dazu oben Rn. 64 ff.) die sofortige Beschwerde vor (§§ 322, 284 Abs. 3 Satz 2 FamFG). Als Sonderregelung zu § 58 FamFG ermöglicht das Gesetz damit die Anfechtung einer ansonsten nicht anfechtbaren Zwischenentscheidung. Für die sofortige Beschwerde gelten die §§ 567 bis 572 ZPO entsprechend. Die sofortige Beschwerde ist innerhalb einer Notfrist von zwei Wochen einzulegen, § 569 Abs. 1 Satz 1 ZPO. Dies kann schriftlich oder zur Niederschrift der Geschäftsstelle erfolgen, wobei der angegriffene Beschluss zu bezeichnen ist und die Erklärung, diesen Beschluss angreifen zu wollen, enthalten sein muss, § 569 Abs. 2 und 3 ZPO. **291**

888 Auch in Bezug auf Minderjährige, da für sie die Vorschriften über die Unterbringung Volljähriger Anwendung finden, OLG Zweibrücken NJW 2012, 162; OLG Naumburg FamRZ 2011, 749; OLG Hamm MDR 2010, 1192; OLG Frankfurt am Main FamRZ 2010, 907; OLG Celle FamRZ 2010, 1844; OLG Dresden FamRZ 2010, 1845; a.A. OLG Koblenz NJW 2010, 880.

889 Keidel-Budde, § 330 FamFG, Rn. 10

890 Keidel-Budde, § 328 FamFG, Rn. 8

891 BayObLG FPR 2002, 159: An den Betroffenen war ein Tag vor Verlegung in eine andere geschlossene Einrichtung im Wege der Ersatzzustellung eine Zustellung erfolgt und die Weitergabe war vor Verlegung offenbar unterblieben.

Das Gericht kann der Beschwerde abhelfen, § 571 Abs. 2 ZPO, anderenfalls hat es das Verfahren unverzüglich dem Beschwerdegericht, also dem Landgericht, vorzulegen. Das Beschwerdegericht kann den Vollzug der angegriffenen Entscheidung aussetzen, § 570 Abs. 2 ZPO.

292 Da Entscheidungen in Unterbringungssachen keine trennbaren Einzelaspekte aufweisen, kann ein Rechtsmittel nicht auf einzelne Bestandteile der Entscheidung (z.B. Bemessung der Unterbringungsfrist oder der Gewaltanwendung[892]) beschränkt werden. Auch eine unselbständige Anschlussbeschwerde scheidet aus, weil sich im Unterbringungsverfahren keine Verfahrensgegner gegenüberstehen[893].

d. Unanfechtbare Entscheidungen in Unterbringungssachen

293 Nach dem Gesetz sind folgende Entscheidungen überhaupt nicht mit einem Rechtsmittel angreifbar:

- Anordnung der Vorführung beim Sachverständigen zur Untersuchung (vgl. §§ 322, 283 FamFG)[894],
- Anordnung oder Ablehnung der sofortigen Wirksamkeit einer Entscheidung nach § 324 FamFG,
- Entscheidung über eine Maßnahme zur Regelung einzelner Angelegenheiten im Vollzug einer Unterbringungsmaßnahme nach § 312 Nr. 4 FamFG (§ 327 Abs. 4 FamFG),
- Zuständigkeitsbestimmung des Obergerichts nach § 5 Abs. 1 FamFG (§ 5 Abs. 3 FamFG),
- die Bestellung eines Verfahrenspflegers nach § 317 FamFG (vgl. dazu oben Rn. 142 ff.), die Feststellung, die Verfahrenspflegschaft erfordere anwaltsspezifische Kenntnisse[895] sowie seine Entlassung (§ 317 Abs. 6 FamFG),
- die Entscheidung, Beweis zu erheben[896].

e. Beschwerdeberechtigung

294 Zur Einlegung der Beschwerde ist gem. § 59 FamFG grundsätzlich nur derjenige befugt, dessen Recht durch die Verfügung betroffen ist. Hierdurch soll der Kreis der Beschwerdeberechtigten eingegrenzt werden. Erforderlich ist ein unmittelbarer, nachteiliger Eingriff in ein dem Beschwerdeführer zustehendes Recht. In Betracht kommt eine Beeinträchtigung in seinem eigenen subjektiven materiellen Recht oder dem Verfahrensgrundrecht des Art. 103 Abs. 1 GG. Letzteres steht allerdings nur den Beteiligten zu (vgl. oben Rn. 139 ff.). Es genügt nicht die Verletzung lediglich wirtschaftlicher oder ideeller Interessen. Um den Betroffenen nach seiner Entlassung ein möglichst unbelastetes Weiterleben zu ermöglichen, sollen neben den Beteiligten allein noch Personen mit engen sozialen bzw. familiären Kontakten zum Betroffenen beschwerdeberechtigt sein. § 335 FamFG räumt deshalb unbeschadet des § 59 FamFG nur einem eng begrenzten Kreis eine Beschwerdeberechtigung ein. Im Einzelnen gilt daher Folgendes:

---

892 Bahrenfuss-Grotkopp, § 335 FamFG, Rn. 18
893 Bahrenfuss-Joachim, § 66 FamFG, Rn. 2
894 BayObLG BtPrax 2002, 215: Die Unanfechtbarkeit erstreckt sich auf die Anordnung von Modalitäten wie Gewaltanwendung und Wohnungsbetretung. Schulte-Bunert/Weinreich-Rausch, § 283 FamFG, Rn. 22 ff. Eine Ausnahme lassen BGH BtPrax 2007, 167 ff. und LG Verden NJOZ 2011, 715, für krasse Ausnahmefälle zu, nämlich im Fall objektiver Willkür, fehlender vorheriger (persönlicher) Anhörung des Betroffenen oder unzureichender Feststellungen zur Unterbringungsbedürftigkeit. Vgl. auch BVerfG BtPrax 2011, 28; FamRZ 2011, 272 und 2010, 1970.
895 BGH BtPrax 2013, 207
896 OLG München FamRZ 2006, 557; BayObLG BtPrax 2005, 38, jeweils in Betreuungssachen

aa. Beschwerdeberechtigung nach § 59 FamFG

Danach steht jedem, dessen subjektives Recht oder dessen Verfahrensrechte[897] verletzt sind, eine Beschwerdeberechtigung zu. Dazu gehört insbesondere der Betroffene, dessen Freiheitsrecht betroffen ist. Auch der Minderjährige ist trotz Mitwirkung seiner Sorgeberechtigten beschwerdeberechtigt, § 60 Satz 1 FamFG. Führt eine Unterbringungsmaßnahme allerdings zu keiner Beschwer des Betroffenen, weil er sich z.B. freiwillig mit Freiheitsentzug behandeln lassen will, mangelt es an der Beschwerdeberechtigung. **295**

Ein Betroffensein in eigenen Rechten ist bei anderen Beteiligten in Unterbringungssachen kaum denkbar. Beim Verfahrenspfleger kann es zur Verletzung eigener Rechte allenfalls bei Ablehnung der beantragten Vergütung bzw. des Aufwendungsersatzes kommen[898]. Ist dem gesetzlichen bzw. gewillkürten Vertreter eine Genehmigung erteilt worden, entfällt eine Beschwerdeberechtigung. Er kann anstelle eines Rechtsmittels ebenso darauf verzichten, von der Genehmigung Gebrauch zu machen. Wird die Genehmigung bzw. Anordnung einer Unterbringungsmaßnahme abgelehnt, besteht für den Betroffenen grundsätzlich keine Beschwerdeberechtigung[899]. Nur ausnahmsweise – bei Verbleiben einer Beschwer – kann sie bejaht werden[900]. Im Übrigen kann ein Verfahrenspfleger dagegen weder im Namen des Betroffenen noch in eigenem Namen berechtigt Beschwerde einlegen[901]. Anders als die Anordnung oder Genehmigung einer Unterbringungsmaßnahme greift diese Entscheidung nämlich nicht in die Freiheitsrechte des Betroffenen ein und enthält ihm auch nicht die Verbesserung seiner Rechtsstellung vor.

Sonstige Personen oder Institutionen haben zwar häufig ein rechtliches oder berechtigtes, ideelles moralisches oder sonstiges Interesse in Bezug auf eine Unterbringungsmaßnahme. Ein solches rechtfertigt indes keine Beschwer im Sinne des § 59 FamFG[902]. Nachbarn, Verwandte oder behandelnde Ärzte, die eine Unterbringungsmaßnahme vergeblich angeregt haben, sind also nicht beschwerdeberechtigt. **296**

bb. Beschwerdeberechtigung nach § 335 FamFG

In § 335 FamFG wird bestimmten Personen, unabhängig davon, ob sie durch eine Unterbringungsmaßnahme in eigenen Rechten verletzt sind, eine Beschwerdeberechtigung eingeräumt. Anders als früher wird die Beschwerdebefugnis nicht nur eingeräumt, wenn eine (vorläufige) Unterbringungsmaßnahme getroffen oder ihre Aufhebung abgelehnt wird. Die Beschränkung der Beschwerdebefugnis auf Angehörige, die sich mit dem Betroffenen in einer gelebten Beistandsgemeinschaft befinden, ist mit dem grundgesetzlichen Schutz der Familie vereinbar[903]. **297**

---

897 Z.B. Anspruch auf rechtliches Gehör, Art. 103 GG. Zu weiteren Einzelheiten siehe OLG Frankfurt a.M. BtPrax 2002, 43
898 Keidel-Budde, § 335 FamFG, Rn. 3
899 BayObLG NJOZ 2005, 1610
900 OLG Hamm BtPrax 1994, 32: für den Fall, dass die Genehmigung einer Unterbringungsmaßnahme nach § 1906 Abs. 4 BGB wegen angeblich fehlenden Fortbewegungswillens verneint wird. Die Beschwer wurde darin gesehen, dass der Betroffene hier einem Freiheitsentzug ohne gerichtliche Überprüfung ausgesetzt wäre.
901 BGH FamRZ 2013, 1731: Es sei denn, der Betroffene erteilt ihm einen entsprechenden Auftrag; BayObLG BtPrax 2002, 165
902 OLG Frankfurt a.M. BtPrax 2002, 43
903 OLG Hamm NJOZ 2012, 1390

Beschwerdeberechtigt nach § 335 Abs. 1 FamFG sind, und zwar nur im Interesse des Betroffenen,[904] die bereits in § 315 Abs. 4 FamFG genannten Kann-Beteiligten, nämlich:

- der nicht dauernd getrennt lebende Ehegatte des Betroffenen, nicht der Lebensgefährte,
- der gleichgeschlechtliche Lebenspartner des Betroffenen,
- die Eltern bzw. ein Elternteil[905], bei denen/dem der Betroffene lebt bzw. bei Verfahrenseinleitung gelebt hat,
- ein Kind[906] des Betroffenen, wenn er bei ihm lebt, vgl. Nr. 1,
- eine Vertrauensperson des Betroffenen, vgl. Nr. 2,
- der Leiter der Einrichtung, in der der Betroffene lebt, vgl. Nr. 3.

Die Beschwerdeberechtigung besteht unabhängig davon, ob diese Personen in eigenen Rechten verletzt sind. Voraussetzung ist aber, dass die jeweilige Person im ersten Rechtszug nach § 315 Abs. 4 Satz 1 Nr. 1 bis 3 FamFG als Beteiligter zum Verfahren hinzugezogen worden ist[907] und eine Beschwer des Betroffenen geltend gemacht wird. Erfolgt keine Beteiligung im Verfahren, kann die Beschwerdeberechtigung nur dadurch erreicht werden, dass ein Antrag auf Beteiligung gestellt wird, gegen dessen Ablehnung die sofortige Beschwerde in entsprechender Anwendung der §§ 567 bis 572 ZPO gegeben ist, § 7 Abs. 5 Satz 2 FamFG[908].

298 In § 335 Abs. 2 bis 4 FamFG wird weiteren Beteiligten ausdrücklich eine Beschwerdebefugnis eingeräumt. Dabei handelt es sich um:

- den Verfahrenspfleger, der als Verfahrenspfleger beschwerdeberechtigt ist, soweit der Betroffene selbst beschwerdeberechtigt wäre. Er kann also nicht gegen die Ablehnung oder Aufhebung einer Unterbringungsmaßnahme berechtigt Beschwerde einlegen[909]. Im Namen des Betroffenen kann ein Verfahrenspfleger Beschwerde nur einlegen, wenn er von dem Betroffenen entsprechend beauftragt ist[910]. In Fällen, in denen unmittelbar bevorstehende Zwangsmaßnahmen Verfahrensgegenstand sind, ist der Verfahrenspfleger zusätzlich berechtigt, im Interesse des Betroffenen Verfassungsbeschwerde einzulegen[911]. Eine weitere Beschwerdeberechtigung besteht nach § 62 Abs. 3 FamFG im Interesse des Betroffenen.
- den (vorläufigen) Betreuer des Betroffenen bzw. den Vorsorgebevollmächtigten. Ihnen steht ein Beschwerderecht auch im Namen des Betroffenen zu, und zwar soweit eine Entscheidung ihren Aufgabenkreis betrifft. Zulässig wäre also eine Beschwerde gegen die Ablehnung oder Aufhebung einer Unterbringungsmaßnahme nach § 312 Nr. 1 und Nr. 2 FamFG sowie gegen eine Unterbringungsmaßnahme nach § 312 Nr. 3 FamFG, insoweit das Aufenthaltsbestimmungsrecht bzw. das Recht zur Entscheidung über die Gesundheitsfürsorge betroffen ist. Bei Minderjährigen treten anstelle des gesetzlichen Vertreters die sorgeberechtigten Eltern, der Vormund oder Pfleger.

---

904 Damit wird die Verfolgung ausschließlich eigener Interessen ausgeschlossen, Keidel-Budde, § 303 FamFG, Rn. 25 und § 335 FamFG Rn. 7
905 Nicht den Großeltern, BGH NJW-RR 2013, 65
906 Auch ein Stiefkind: LG Oldenburg BtPrax 1996, 31; nicht bei fehlender Hausgemeinschaft, OLG Schleswig BtPrax 2002, 271 (LS)
907 BGH FamRZ 2011, 966; LG Bielefeld BtPrax 2013, 35 und 2011, 182 (LS): Jeweils zu § 303 FamFG
908 BGH NJW-RR 2011, 1154 und Beschluss vom 14.8.2013 – XII ZA 50/13
909 OLG Hamm BtPrax 2006, 190 f.; BayObLG BtPrax 2002, 165; OLG Frankfurt a.M. FamRZ 2000, 1446
910 BGH FamRZ 2013, 1731 = BtPrax 2013, 261 (LS)
911 BVerfG BtPrax 2018, 111 f.

- die zuständige Behörde (dazu Rn. 160). Anders als früher besteht die Beschwerdeberechtigung nun auch im Hinblick auf die Ablehnung und Aufhebung einer Unterbringungsmaßnahme.

▶ *Zu Einzelheiten der Beschwerdeberechtigung vgl. auch Teil A Rn. 200 ff.*

f. Beschwerdeverfahren

Nach § 68 Abs. 3 Satz 1 FamFG gelten für das Beschwerdeverfahren die Vorschriften für das Unterbringungsverfahren im ersten Rechtszug entsprechend. Damit ist für das Beschwerdeverfahren in Unterbringungssachen die entsprechende Anwendung der §§ 312 ff. FamFG gemeint. Darüber hinaus sind die Vorschriften des allgemeinen Teils zu beachten. Im Beschwerdeverfahren ist daher folgenden Verfahrensschritten besondere Beachtung zu schenken: **299**

aa. Einlegung des Rechtsmittels

Die Beschwerde kann wirksam nur bei dem Gericht eingelegt werden, dessen Entscheidung angegriffen wird. Wie im Betreuungsverfahren kann der Betroffene sein Rechtsmittel auch bei dem Amtsgericht einlegen, in dessen Bezirk er untergebracht ist, § 336 FamFG. **300**

▶ *Zur Form und Frist der Beschwerde vgl. Teil A Rn. 208*

Der Betroffene ist auch im Beschwerdeverfahren verfahrensfähig, §§ 68 Abs. 3, 316 FamFG. Unter den Voraussetzungen des § 317 FamFG ist ihm ein Verfahrenspfleger zu bestellen.

Das Beschwerdegericht kann den in erster Instanz bestellten Verfahrenspfleger entlassen und einen neuen Verfahrenspfleger bestellen[912]. Beschwerdegericht ist das dem zuständigen Betreuungsgericht (dazu oben Rn. 114 ff.) übergeordnete Landgericht, § 72 Abs. 1 Satz 2 GVG[913]. War das Unterbringungsverfahren abgegeben und übernommen worden, so entscheidet das dem neuen Betreuungsgericht übergeordnete Landgericht[914]. War ein Gericht wegen besonderer Dringlichkeit nach § 313 Abs. 2 Satz 1 FamFG tätig geworden, ist das Verfahren nach Weiterleitung vom Hauptsachegericht fortzuführen[915]; für das Beschwerdeverfahren ist das diesem Betreuungsgericht übergeordnete Landgericht zuständig.

bb. Grundsätze

Nach § 68 Abs. 3 Satz 2 FamFG kann das Beschwerdegericht von solchen Verfahrenshandlungen absehen, die bereits im ersten Rechtszug – unter Beachtung der zwingenden Verfahrensvorschriften[916] – vorgenommen wurden und von deren erneuter Vornahme keine zusätzlichen Erkenntnisse zu erwarten sind[917]. Grundsätzlich ist allerdings davon auszugehen, dass sich im weiteren Verfahren neue Erkenntnisse ergeben, etwa aufgrund der inzwischen erfolgten medikamentösen oder therapeutischen Behandlung oder eingeleiteter Maßnahmen zur alternativen Gefahrenabwehr. **301**

---

912 OLG Hamburg FGPrax 1997, 28: Dem erstinstanzlichen Verfahrenspfleger steht dagegen keine Beschwerdeberechtigung zu.

913 Erteilt das Beschwerdegericht erstmals eine Unterbringungsgenehmigung, ist die Rechtsbeschwerde zum BGH gegeben, vgl. OLG München FGPrax 2006, 87 ff.

914 BayObLG MDR 1985, 1036; BtPrax 2001, 219 (LS); NJOZ 2004, 2155; LG Meiningen BtPrax 2018, 142 (LS); LG Darmstadt FamRZ 2017, 2036 = BtPrax 2018, 43 (LS)

915 BayObLG FGPrax 1996, 145

916 BGH NJW 2012, 2584. Daran fehlt es etwa, wenn der Verfahrensbevollmächtigte des Betroffenen nicht vom Anhörungstermin unterrichtet wurde, BGH BtPrax 2012, 25, dem Betroffenen das Gutachten nicht rechtzeitig und in vollem Umfang zur Verfügung gestellt wurde, BGH FamRZ 2018, 707, oder ein Verfahrenspfleger nicht rechtzeitig bestellt wurde, BGH BtPrax 2011, 125.

917 Das ist in der Entscheidung nachvollziehbar darzulegen, BGH FamRZ 2012, 968.

cc. Persönliche Anhörung des Betroffenen, § 319 FamFG

302 Auch im Beschwerdeverfahren ist der Betroffene in der Regel persönlich anzuhören und das Beschwerdegericht muss sich vom Betroffenen einen persönlichen Eindruck verschaffen. Die Anhörung dient nämlich nicht nur der Gewährung rechtlichen Gehörs, sondern soll das Gericht vor allem in die Lage versetzen, seine Kontrollfunktion gegenüber Gutachter und Zeugen wahrzunehmen[918]. Insbesondere, wenn die Entscheidung vom persönlichen Eindruck vom Betroffenen abhängt, bedarf es der wiederholenden persönlichen Anhörung[919]. Das gilt auch, wenn sich die Kammer veranlasst sieht, zum weiteren Unterbringungsbedarf telefonisch ärztliche Auskünfte einzuholen[920], oder die Unterbringung für die gesetzliche Höchstfrist von zwei Jahren genehmigt worden ist[921]. Eines persönlichen Eindrucks bedarf es nur dann nicht, wenn das Beschwerdegericht diesen ausreichend aufgrund des erstinstanzlich gewonnenen und niedergelegten Eindrucks nachvollziehen kann, der Eindruck für die Entscheidung nicht maßgeblich ist[922], keine neuen Erkenntnisse zu erwarten sind und das Beschwerdegericht zu keiner abweichenden Entscheidung gelangen will[923]. Auch der Umstand, dass der Betroffene bereits erstinstanzlich jegliche Kommunikation mit dem Richter verweigerte, kann einen Verzicht auf eine erneute Anhörung durch das Beschwerdegericht rechtfertigen[924].

In der Regel gebietet die Schwere des mit der Unterbringungsmaßnahme verbundenen Eingriffs allerdings die erneute persönliche Anhörung durch das Beschwerdegericht[925]. Bei der Ausübung des insoweit bestehenden Ermessens hat das Beschwerdegericht Art. 6 EMRK zu beachten[926]. War die erstinstanzliche Anhörung fehlerhaft, z.B. weil sich nach der Anhörung neue Umstände ergeben haben[927], nicht ausreichend begründet wurde, warum die Anhörung im Wege der Rechtshilfe erfolgte[928], ein Verfahrenspfleger nicht rechtzeitig bestellt worden[929] oder der bestellte Verfahrenspfleger nicht zum Termin geladen war, kann von einer erneuten Anhörung nicht abgesehen werden[930]. Gleiches gilt, wenn die Genehmigung einer Unterbringung mit Zwangsbehandlung zur Überprüfung steht[931] oder sich das Beschwerdegericht auf ein anderes Ermittlungsergebnis stützen will[932].

303 Wird eine persönliche Anhörung wiederholt, muss sie in der Regel vor der voll besetzten Kammer erfolgen[933]. § 68 Abs. 4 Satz 1 FamFG eröffnet die Möglichkeit, die Anhörung und die Verschaffung eines persönlichen Eindrucks einem beauftragten Richter[934] zu übertragen[935]. Die Gründe für die Übertragung der Aufgaben auf einen beauftragten Richter

918 OLG Hamm BtPrax 2001, 212; OLG Karlsruhe NJW-RR 2000, 1172 = BtPrax 2000, 224 (LS); OLG Schleswig BtPrax 1998, 238; Keidel-Sternal, § 68 FamFG, Rn. 59
919 OLG Frankfurt a.M. BtPrax 1997, 73; OLG Hamm FGPrax 2006, 230 ff. und FamRZ 2007, 227 ff.
920 OLG Schleswig FPR 2004, 709: OLG Frankfurt a.M. FGPrax 2005, 88
921 BayObLG, NJW-RR 2005, 1314 f.; BayObLG FamRZ 2005, 1278 (LS)
922 BayObLG FamRZ 2001, 365
923 BGH BtPrax 2013, 39; OLG Frankfurt a.M. BtPrax 1997, 73
924 BGH BtPrax 2016, 196
925 OLG Hamm BtPrax 2001, 212; BayObLG BtPrax 2003, 175 f. und FamRZ 2003, 1854 ff.
926 Zu Einzelheiten vgl. Keidel-Sternal, § 68 FamFG, Rn. 60
927 BGH FamRZ 2016, 802 f.
928 BGH BtPrax 2016, 194
929 BGH BtPrax 2011, 125
930 OLG Hamm FGPrax 2009, 135 ff.; OLG München FamRZ 2006, 729 (LS); BayObLG NJW-RR 2005, 1314 f. und NJWE-FER 2001, 324
931 OLG Hamm BtPrax 2009, 77 ff.
932 BGH BtPrax 2017, 36 und NJW-RR 2016, 1409
933 BGH BtPrax 2012, 25; BayObLG NJWE-FER 2001, 324
934 Also einem Mitglied der Beschwerdekammer beim Landgericht, nicht aber dem ersuchten Richter, OLG Naumburg FamRZ 2008, 1635 f.
935 So schon BGH BtPrax 2008, 169 ff.; KG FGPrax 2008, 226 f.

müssen sich aus der Beschwerdeentscheidung ergeben[936]. Ist der Betroffene außerhalb des Bezirks des Beschwerdegerichts untergebracht, kann die persönliche Anhörung und die Verschaffung eines persönlichen Eindrucks nur ausnahmsweise im Wege der Rechtshilfe durch einen ersuchten Richter erfolgen, §§ 68 Abs. 3 Satz 1, 319 Abs. 4 FamFG.

▶ *Zum Inhalt und zur Durchführung der persönlichen Anhörung sowie der Verschaffung des unmittelbaren Eindrucks vgl. oben Rn. 167 ff.*

dd. Beweisaufnahme, Zeugenvernehmung

Bereits durchgeführte Beweiserhebungen und Zeugenvernehmungen müssen nicht wiederholt werden, wenn der Inhalt der Beweiserhebung und Zeugenvernehmungen ausreichend aktenkundig sind, der persönliche Eindruck von den Zeugen niedergelegt ist, nichts Weiteres zu erfragen ist und gegen die Richtigkeit dieser Beweiserhebungen nichts vorgebracht ist oder sich aufdrängen müsste. **304**

Haben sich neue oder veränderte Tatsachen ergeben, richtet sich die Notwendigkeit neuer Beweisaufnahmen oder Zeugenvernehmungen nach § 26 FamFG (Amtsermittlung).

ee. Sachverständigengutachten

Nach § 68 Abs. 3 Satz 2 FamFG kann das Beschwerdegericht seine Entscheidung auf im ersten Rechtszug eingeholte Gutachten oder vorgelegte ärztliche Zeugnisse stützen. **305**

Etwas anderes kann sich im Rahmen des § 26 FamFG dann ergeben, wenn seit der Begutachtung bzw. Erstellung des ärztlichen Zeugnisses zu viel Zeit vergangen ist und/oder sich die Sachlage verändert hat, sich das Gutachten bzw. ärztliche Attest selbst als inhaltlich unzureichend oder widersprüchlich erweist, es mit erheblichem Vortrag angegriffen wird oder der Aussteller nicht ausreichend qualifiziert ist.

ff. Anhörung der sonstigen Beteiligten, § 320 FamFG

Die in § 320 FamFG genannten Personen bzw. Institutionen (dazu oben Rn. 167) müssen Gelegenheit zur weiteren bzw. erneuten Äußerung erhalten, wenn sie dazu in erster Instanz keine Gelegenheit erhalten haben, neue Tatsachen oder rechtliche Gesichtspunkte vorliegen oder ihre Beteiligung ansonsten geboten ist[937]. **306**

gg. Erledigung der Hauptsache vor der Beschwerdeentscheidung

(1) Überblick **307**

Die Erledigung eines Unterbringungsverfahrens kann sich durch die Entlassung des Betroffenen aus der Unterbringung oder Aufhebung der Unterbringungsmaßnahme während des laufenden Beschwerdeverfahrens ergeben. Weiter kann der Betroffene eine rechtserhebliche Freiwilligkeitserklärung abgeben, die Dauer der vorläufigen Unterbringungsmaßnahme kann enden, ohne dass die Voraussetzungen für eine Verlängerung vorliegen, oder der gesetzliche Vertreter entlässt vor Fristablauf der Maßnahme den Betroffenen endgültig[938].

§ 62 FamFG ist im Rechtsbeschwerdeverfahren entsprechend anwendbar[939].

Die frühere Rechtsprechung und überwiegende Literaturauffassung ging zwar dahin, alle Rechtsmittel im FGG-Verfahren, die sich vor oder nach ihrer Einlegung durch Erledigung prozessual überholt hatten, als unzulässig zu behandeln, wenn sie nicht auf die Kosten **308**

---

936 OLG Düsseldorf BtPrax 1995, 29
937 Keidel-Sternal, § 68 FamFG, Rn. 54
938 Keine Erledigung tritt durch die Anordnung der Strafhaft ein, BayObLG BtPrax 1999, 247.
939 Schulte-Bunert/Weinreich-Unger/Roßmann, § 62 FamFG, Rn. 4

beschränkt wurden[940]. Zweifel, die im Hinblick auf einen effektiven Rechtsschutz im Unterbringungsverfahren hieran geäußert wurden[941], führten schließlich zu verfassungsgerichtlichen Entscheidungen[942], die eine Änderung der Rechtsprechung nach sich zogen[943]. Diese Rechtsprechung wird den Anforderungen des Art. 5 EMRK gerecht[944].

Effektiver Rechtsschutz nach Art. 19 Abs. 4 GG verlangte nach dem BVerfG nämlich die Möglichkeit, in Fällen tief greifender, tatsächlich nicht mehr fortwirkender Grundrechtseingriffe auch dann die Berechtigung des Eingriffs gerichtlich klären zu lassen, wenn die direkte Belastung durch den angegriffenen Hoheitsakt sich nach dem typischen Verfahrensablauf auf eine Zeitspanne beschränkt, in welcher der Betroffene die gerichtliche Entscheidung in der von der Prozessordnung gegebenen Instanz kaum erlangen kann.

Diese Grundsätze der verfassungsgerichtlichen Rechtsprechung greift § 62 FamFG auf. Nach dessen Abs. 1 kann das Beschwerdegericht auf Antrag[945] nach Erledigung der angefochtenen Entscheidung aussprechen, dass die Entscheidung des erstinstanzlichen Gerichts den Beschwerdeführer in seinen Rechten verletzt hat. Insoweit muss der Beschwerdeführer aber ein berechtigtes Interesse besitzen. Ein solches besteht, wenn der Betroffene trotz Erledigung des ursprünglichen Rechtsschutzziels an der Feststellung der Rechtslage im Einzelfall in besonderer Weise schutzwürdig ist[946]. Zwei Regelbeispiele für ein berechtigtes Interesse nennt § 62 Abs. 2 FamFG. Danach liegt ein berechtigtes Interesse in der Regel vor, wenn schwerwiegende Grundrechtseingriffe vorliegen, Nr. 1, oder eine Wiederholung konkret zu erwarten ist, Nr. 2.

▶ *Zu Einzelheiten vgl. die Ausführungen in Teil A Rn. 215 ff.*

309 *(2) Antragsbefugnis und -inhalt*

Der Betroffene kann entweder die Feststellung der Rechtswidrigkeit der gegenstandslos gewordenen Unterbringungsmaßnahme begehren[947], soweit dafür ein Rechtsschutzbedürfnis besteht[948], oder das Ziel verfolgen, nicht mehr mit Kosten belastet zu werden[949]. Erfolgt eine solche Erklärung nicht ausdrücklich, kann ggfs. eine Auslegung des Antrags des Betroffenen ergeben, dass die Feststellung der Rechtswidrigkeit begehrt wird[950]. Der Betroffene muss sein Rechtsschutzbegehren konkretisieren[951], also klarstellen, ob sein Rechtsmittel nunmehr nicht auf Beendigung der Unterbringung, sondern auf Feststellung der Rechtswidrigkeit der Unterbringung gerichtet ist[952].

---

940 BayObLG FamRZ 1993, 720; 1998, 567; KG BtPrax 1993, 30; OLG Hamm NJW 1998, 463; OLG Karlsruhe BtPrax 1994, 213; 1998, 34; Keidel-Budde, § 62 FamFG, Rn. 1

941 OLG Köln BtPrax 1998, 35; LG Köln NJW 1998, 1323

942 BVerfG NJW 1997, 2163; NJWE-FER 1998, 163

943 Dazu Dodegge, NJW 2001, 2761, Fn. 60

944 EGMR NJW 2004, 2209 f.

945 Das Antragsrecht steht nur dem Betroffenen zu, OLG Frankfurt a.M. NJOZ 2005, 3620, nicht Angehörigen, OLG München BtPrax 2006, 231. Er ist auf sein Antragsrecht hinzuweisen, BGH BtPrax 2015, 241.

946 Schulte-Bunert/Weinreich-Unger/Roßmann, § 62 FamFG, Rn. 7

947 OLG Brandenburg BtPrax 2009, 124 f.; KG FGPrax 2008, 226 f.; selbst wenn vor Erledigung noch kein Rechtsmittel eingelegt war, OLG Hamm FGPrax 2006, 230 ff. und FamRZ 2007, 227 ff.: OLG München FamRZ 2006, 64 (LS)

948 Das Feststellungsinteresse ergibt sich regelmäßig aus dem Rehabilitationsinteresse, BGH FGPrax 2010, 154, bzw. der Bedeutung des grundgesetzlich geschützten Freiheitsrechts, BVerfG NVwZ 2011, 743.

949 BayObLG NJWE-FER 1999, 305; BtPrax 2002, 215 (bezüglich einer Unterbringung nach § 68b Abs. 4 FGG)

950 OLG Karlsruhe FGPrax 2003, 145 mit zu Recht kritischer Anmerkung von Demharter, S. 238

951 BayObLG FamRZ 2003, 786 (LS)

952 OLG Karlsruhe FGPrax 2003, 99

Dritte sind nicht berechtigt, einen Antrag nach § 62 FamFG zu stellen[953]. Aufgrund des mit Wirkung zum 22.7.2017 eingefügten § 62 Abs. 3 FamFG[954] ist aber neben dem Betroffenen der Verfahrenspfleger antragsberechtigt, wenn er ursprünglich die Beschwerde eingelegt hatte[955]. Nach dem Tode des Betroffenen können die in § 315 Abs. 4 Nr. 1 und 2 FamFG genannten Angehörigen einen Antrag nach § 62 FamFG nicht stellen, da kein postmortales Rehabilitationsinteresse besteht. Die Unterbringung erfolgt nämlich aufgrund einer schicksalhaften Erkrankung des Betroffenen. Mit ihr ist weder ein Schuldvorwurf noch ein Unwerturteil verbunden[956].

(3) Feststellungsinteresse 310

Die Rechtsprechung geht davon aus, dass eine Unterbringungsmaßnahme immer einen schwerwiegenden Grundrechtseingriff darstellt und damit das Regelbeispiel des § 62 Abs. 2 Nr. 1 FamFG generell zu bejahen ist[957]. Dies entspricht der früheren Rechtsprechung der Oberlandesgerichte, die ein Rechtsschutzbedürfnis für die Feststellung der Rechtswidrigkeit insbesondere dann bejahten, wenn die Dauer der – vorläufigen – Unterbringung auf bis zu sechs Wochen bemessen war, selbst wenn es sich um eine einstweilen verlängernde Genehmigung handelte[958]. Ein Feststellungsinteresse kann sich zudem aus drohender Wiederholungsgefahr, Rufschädigung oder Störung des beruflichen Fortkommens ergeben[959],

Hinsichtlich einer erledigten ärztlichen Zwangsmaßnahme folgt das Feststellungsinteresse zudem stets aus dem Rehabilitationsinteresse bzw. der Bedeutung des grundgesetzlich geschützten Persönlichkeitsrechts nach Art. 2 Abs. 1 i.V.m. Art. 1 Abs. 1 GG[960]. Der Gesetzgeber ist nämlich davon ausgegangen, dass die Eingriffsintensität einer ärztlichen Zwangsmaßnahme noch über die einer geschlossenen Unterbringung hinausgeht.

Dagegen fehlt ein Feststellungsinteresse, wenn die Unterbringungsgenehmigung auf 6 oder 12 Monate befristet war, weil hier der gegebene Instanzenzug ausreichend ist[961], sich der Betroffene der angeordneten Unterbringungsmaßnahme freiwillig unterzieht[962], der Betroffene eine rechtzeitige Hauptsacheentscheidung durch eigene, verzögernde Verfahrenshandlungen verhindert hat[963], der Betroffene erklärt, er wolle nicht entlassen, sondern nur beurlaubt werden, um den schützenden Klinikrahmen zu erhalten[964], die Maßnahme überhaupt nicht vollzogen wurde[965], oder der Betroffene vor der Entscheidung über den Feststellungsantrag verstirbt[966].

953 BGH NJW-RR 2014, 68 = ZKJ 2014, 69: Sorgeberechtigte Eltern; BtPrax 2013, 30; OLG Bremen FamRZ 2013, 1244 (LS): Nicht sorgeberechtigter Elternteil eines Minderjährigen
954 BGBl. I S. 2426
955 BGH FamRZ 2018,121 = BtPrax 2018, 42 (LS); NJW-RR 2017, 645 = BtPrax 2017, 163 (LS)
956 BGH BtPrax 2013, 30; OLG München NJOZ 2007, 3154. Zu einem Ausnahmefall i.R.d. § 428 vgl. BGH FamRZ 2017, 2056 = BtPrax 2018, 42 (LS) zu § 1906a BGB; FGPrax 2012, 44.
957 BGH BtPrax 2014, 229
958 BayObLG FamRZ 2000, 248 und 566; 2001, 191, 365, 578 und 657; 2002, 419; OLG Zweibrücken FamRZ 2000, 303; OLG Hamm BtPrax 2001, 212; OLG Köln NJWE-FER 2000, 151; OLG Schleswig FamRZ 2000, 247 = BtPrax 1999, 248 (LS); OLG Karlsruhe NJW-RR 2000, 1172 = BtPrax 2000, 224 (LS); KG FamRZ 2001, 172; 2002, 338
959 Damrau/Zimmermann, § 335 FamFG, Rn. 62
960 BGH, Beschluss vom 16.5.2018 – XII ZB 542/17 und BtPrax 2015, 204
961 BayObLG NJWE-FER 2001, 325: trotz vorzeitiger Entlassung nach neun Wochen; OLG Köln NJWE-FER 2000, 151
962 BVerfG NJW 1998, 2813
963 LG München I BtPrax 1999, 75 mit m.E. nicht zutreffender Begründung
964 KG FamRZ 2002, 338 = BtPrax 2002, 131 (LS)
965 BayObLG BtPrax 2005, 75 (LS); OLG Frankfurt a.M. FGPrax 2005, 88
966 BayObLG NJWE-FER 2001, 326: Den Erben des Verstorbenen steht kein berechtigtes Interesse mehr an der Feststellung der Rechtmäßigkeit zu.

(4) Verfahren und Gegenstand der Überprüfung

311 Verfahrensrechtlich muss das Beschwerdegericht dem Betroffenen wegen des Grundsatzes des rechtlichen Gehörs ausreichend Zeit zur Umstellung seiner Anträge einräumen[967]. Vor der Entscheidung muss das Beschwerdegericht von Amts wegen die erforderlichen Ermittlungen durchführen und die geeignet erscheinenden Beweise aufnehmen. In der Regel werden formlose Ermittlungen (Aktenbeiziehung, Urkundeneinsicht, Einholung amtlicher und nichtamtlicher Auskünfte) ausreichen. Eine persönliche Anhörung des Betroffenen wird als nicht sachdienlich erachtet[968].

Die ursprünglichen Voraussetzungen für die angegriffene Unterbringungsmaßnahme müssen sich regelmäßig aus der erstinstanzlichen Akte ergeben. Unklarheiten sind durch weitere Ermittlungen des Beschwerdegerichts auszuräumen[969].

Gegenstand der Nachprüfung ist allein, ob die angegriffene Entscheidung verfahrensrechtlich einwandfrei getroffen ist[970] und in sachlicher Hinsicht einer Nachprüfung standhält. Lässt sich anhand der Gerichtsakte und der Feststellungen der Instanzgerichte nicht mehr klären, ob die Entscheidung des Beschwerdegerichts verfahrensfehlerfrei zustande kam, ist von einem Verfahrensfehler auszugehen, der die Feststellung der Rechtswidrigkeit nach sich zieht[971]. Verfahrensgegenstand kann dabei sowohl die ursprüngliche Genehmigung der freiheitsentziehenden Maßnahme bzw. der ärztlichen Zwangsmaßnahme als auch deren Fortbestand bis zum erledigenden Ereignis sein[972]. Tritt das erledigende Ereignis erst nach der Entscheidung des Beschwerdegerichts ein, ist Verfahrensgegenstand der Rechtsbeschwerde sowohl die Rechtmäßigkeit der erstinstanzlichen Entscheidung als auch die Fortdauer der Unterbringungsmaßnahme bis zur Beschwerdeentscheidung des Landgerichts[973].

(5) Beispielsfälle

312 Ein Feststellungsantrag nach § 62 FamFG ist in der Regel gerechtfertigt, wenn der Verfahrensfehler so gravierend ist, dass der Entscheidung durch Nachholung der fehlerhaften Verfahrenshandlung der Makel der rechtswidrigen Freiheitsentziehung nicht mehr zu nehmen oder eine nachträgliche Heilung nicht mehr möglich ist[974].

Die Rechtswidrigkeit einer Unterbringungsmaßnahme kann sich daraus ergeben, dass

- das ärztliche Zeugnis nicht den gesetzlichen Anforderungen genügt und die erforderliche Amtsermittlung unterbleibt[975],
- der Sachverständige die Untersuchung des Betroffene schon vor seiner Bestellung durch das Gericht durchführt und der Betroffene über die Bestellung eines Sachverständigen nicht informiert wird[976],
- zum Gutachten kein rechtliches Gehör gewährt wird[977],

967 BayObLG FamRZ 2000, 248
968 OLG Schleswig FamRZ 2000, 247 = BtPrax 1999, 248 (LS)
969 OLG Schleswig FamRZ 2001, 938
970 BGH BtPrax 2013, 254 und 2012, 116
971 BGH, Beschluss vom 16.5.2018 – XII ZB 542/17; BayObLG NJWE-FER 2001, 177; OLG Hamm BtPrax 2001, 212
972 BayObLG BtPrax 2003, 268 f.; NJW-RR 2004, 8; OLG Zweibrücken BtPrax 2005, 72 f.
973 So inzwischen die herrschende Rechtsprechung, BGH BtPrax 2013, 254; OLG München BtPrax 2005, 155 f.; OLG Hamm FamRZ 2007, 227 ff.; a.A. noch OLG Zweibrücken BtPrax 2005, 72 f.; BayObLG BtPrax 2003, 268 f.; NJW-RR 2004, 8; OLG Hamm BtPrax 2001, 212
974 BGH BtPrax2014,137; 2012, 116; Heidebach, NJW 2011, 1708
975 OLG Zweibrücken FGPrax 2006, 235 ff.: für eine öffentlich-rechtliche Unterbringung
976 BGH FamRZ 2015, 2156
977 BGH, Beschluss vom 16.5.2018 – XII ZB 542/17; OLG Schleswig BtPrax 2008, 43 ff.

- die erforderliche Verfahrenspflegerbestellung unterbleibt oder zu spät erfolgte[978],
- die Unterbringungsmaßnahme nicht vollzogen wird[979],
- nach Anordnung der Unterbringung durch den Richter nicht unverzüglich ein Betreuer bestellt wird[980],
- der Betroffene im (Beschwerde)Verfahren nicht oder verspätet angehört wurde[981],
- eine Zwangsbehandlung ohne Beachtung des Verhältnismäßigkeitsgrundsatzes erfolgt[982] oder über die gesetzliche Höchstfrist hinaus genehmigt wird[983].

Der jeweilige Verfahrensfehler muss ursächlich für die Entscheidung und darf im Beschwerdeverfahren nicht geheilt sein, wobei die unterlassene vorherige persönliche Anhörung grundsätzlich zur Feststellung der Rechtswidrigkeit der Unterbringungsmaßnahme führt[984]. Im Zweifel ist – aufgrund des Zeitablaufes und der damit einher gehenden Änderung des Zustandes des Betroffenen – davon auszugehen, dass auch andere Verfahrensfehler ursächlich für eine Unterbringungsentscheidung war[985]. Für die Feststellung der Rechtswidrigkeit ist kein Raum, wenn das Vorliegen des Rechtsfehlers noch vor Eintritt der Erledigung zumindest inzidenter festgestellt worden ist oder das Beschwerdegericht einen Verfahrensfehler erkannt und geheilt hat[986].

hh. Entscheidungsinhalt

Die Entscheidung des Beschwerdegerichts kann nachstehenden Inhalt haben: **313**

(1) Zurückweisung der Beschwerde, weil die Beschwerde unzulässig und/oder unbegründet ist. Eine Kostenentscheidung entfällt.

Hatte das Betreuungsgericht eine Unterbringungsmaßnahme genehmigt bzw. angeordnet, kann das Beschwerdegericht diese nach herrschender Auffassung nicht verlängern[987]. Zu Recht wird gegen eine solche Möglichkeit der Grundsatz der reformatio in peius (Verschlechterungsverbot) angeführt.

(2) Bei Begründetheit der Beschwerde kann die Entscheidung des Beschwerdegerichts folgende Alternativen aufweisen: **314**

Hatte das Betreuungsgericht eine Unterbringungsmaßnahme genehmigt bzw. angeordnet:

- Zurückverweisung des Verfahrens an das Betreuungsgericht mit der Maßgabe, dass die getroffene Unterbringungsmaßnahme nach Ablauf einer bestimmten Frist aufgehoben wird. Eine solche Entscheidung kommt in Betracht, wenn das erstinstanzliche Verfahren unter wesentlichen Verfahrensfehlern leidet und deren Heilung durch das Beschwerdegericht nicht angezeigt ist, § 69 Abs. 1 Satz 3 FamFG[988].

978 KG BtPrax 2008, 42 f.; OLG Köln BtPrax 2008, 35 f.; OLG Naumburg FamRZ 2008, 186 f.
979 OLG Köln FGPrax 2006, 232 ff.
980 OLG München BtPrax 2008, 77 ff.
981 BGH BtPrax 2014, 137; KG BtPrax 2007, 137 ff.; OLG München NJW-RR 2006, 1377 ff.; OLG Hamm FGPrax 2006, 230 ff.
982 OLG Celle BtPrax 2007, 263 f.
983 BGH BtPrax 2014, 229
984 OLG Schleswig BtPrax 2008, 43 ff.: OLG Hamm BtPrax 2008, 37 f.
985 BGH BtPrax 2013, 254 und FamRZ 2012, 619
986 BGH BtPrax 2015, 236
987 OLG Hamm NVwZ 1995, 825 (für die Abschiebehaft); Keidel-Sternal, § 69 FamFG, Rn. 26 (Freiheitsentziehungssachen)
988 LG München I BtPrax 1996, 196 (LS)

- Aufhebung der Entscheidung des Betreuungsgerichts und gegebenenfalls Zurückweisung des dem Verfahren zugrunde liegenden Antrages, wenn die Voraussetzungen für die Unterbringungsmaßnahme nicht vorlagen. Ordnet das Beschwerdegericht in seinem Beschluss nicht dessen sofortige Wirksamkeit an, wird die Aufhebung der Entscheidung des Betreuungsgerichts erst mit der Bekanntgabe der landgerichtlichen Entscheidung an denjenigen, für den sie ihrem wesentlichen Inhalt nach bestimmt ist, wirksam, §§ 69 Abs. 3, 40 Abs. 1 FamFG[989].

  Die außergerichtlichen Auslagen des Betroffenen, z.B. für einen Bevollmächtigten, können dann bei einer zivilrechtlichen Unterbringung unter den Voraussetzungen des § 337 Abs. 1 FamFG der Staatskasse auferlegt werden. Dafür besteht allerdings keine Veranlassung, wenn ein Antragsteller bei Verfahrensbeginn vom Vorliegen einer psychischen Krankheit und einer Eigengefährdung beim Betroffenen ausgehen konnte[990].

  Bei einer öffentlich-rechtlichen Unterbringung kommt die Überbürdung der außergerichtlichen Kosten des Betroffenen auf die die zuständige Behörde tragende Körperschaft nur in Betracht, wenn von Anfang an kein Anlass für die (vorläufige) Unterbringungsmaßnahme bestand[991].

- Aufhebung der Hauptsacheentscheidung des Betreuungsgerichts bei gleichzeitiger einstweiliger Anordnung oder Genehmigung einer Unterbringungsmaßnahme[992].

315 Hatte das Betreuungsgericht eine Unterbringungsmaßnahme abgelehnt:

- Anordnung bzw. Genehmigung der Unterbringungsmaßnahme bei gleichzeitiger Aufhebung der Entscheidung des Betreuungsgerichts[993]. Eine Kostenentscheidung ist nicht erforderlich. Das Beschwerdegericht muss aber die Frage der Anordnung der sofortigen Wirksamkeit nach §§ 69 Abs. 3, 324 Abs. 2 FamFG prüfen.
- Aufhebung der Entscheidung des Betreuungsgerichts und Zurückweisung des Verfahrens.

316 (3) Nach Erledigung der Hauptsache und erfolgter Antragsumstellung auf Feststellung, dass der Betroffene durch die erstinstanzliche Entscheidung in seinen Rechten verletzt worden ist:

- Feststellung bzgl. Nichtfeststellung, dass der Betroffene durch die erstinstanzliche Entscheidung in seinen Rechten verletzt worden ist.

Für den weiteren Entscheidungsinhalt kann auf die Ausführungen zu § 323 FamFG verwiesen werden (oben Rn. 198 ff.). Die Entscheidung über die Verfahrenskosten eines Verfahrens nach § 62 FamFG richtet sich nach § 81 FamFG. Mangels ausdrücklicher gesetzlicher Regelung sind die Auslagen des Betroffenen bei erfolgreicher Antragstellung entspre-

989 Keidel-Sternal, § 69 FamFG, Rn. 53. Bisher trat Wirksamkeit erst mit Rechtskraft ein, vgl. BayObLG FPR 2002, 277, 279, was angesichts § 324 Abs. 1 FamFG allerdings nur noch bzgl. Genehmigung und Anordnung einer Unterbringungsmaßnahme gilt.

990 OLG Karlsruhe BtPrax 1994, 213. Erst recht nicht, wenn das Betreuungsgericht eine einstweilige Unterbringungsmaßnahme getroffen hatte, OLG Frankfurt a.M. FamRZ 1995, 558

991 OLG Frankfurt a.M. FamRZ 1995, 558

992 BayObLG FamRZ 1999, 1594

993 Das Beschwerdegericht kann nach § 334 FamFG eine Unterbringungsmaßnahme gemäß § 312 Nr. 1 FamFG anordnen, selbst wenn dem Beschwerdeverfahren eine Unterbringungsmaßnahme nach § 312 Nr. 3 FamFG zugrunde lag, OLG München NJOZ 2006, 1126 ff.

chend §§ 307, 337 FamFG diesem aus der Staatskasse zu erstatten[994]. Eine Rechtsbelehrung ist nach §§ 69 Abs. 3, 39 FamFG erforderlich.

ii. Bekanntmachung und Wirksamkeit

Die Bekanntgabe der Beschwerdeentscheidung richtet sich nach §§ 69 Abs. 3, 41 Abs. 1 FamFG und erfolgt an alle Beteiligte. Entspricht die Beschwerdeentscheidung dem erklärten Willen eines Beteiligten nicht, erfolgt die Bekanntgabe durch Zustellung, § 41 Abs. 1 Satz 2 FamFG. **317**

Wirksam wird die Beschwerdeentscheidung mit der Bekanntgabe an den oder die Beteiligten, für den/die er seinem wesentlichen Inhalt nach bestimmt ist, §§ 69 Abs. 3, 40 Abs. 1 FamFG. Bei einer abändernden oder aufhebenden Beschwerdeentscheidung tritt diese an die Stelle der Entscheidung des Ausgangsgerichts. Bei einem zurückweisenden oder verwerfenden Beschluss bleibt es bei der erstinstanzlichen Entscheidung[995].

▶ *Zur Bekanntgabe und Wirksamkeit vgl. die Ausführungen zu §§ 324 f. FamFG oben Rn. 219 ff.*

Bei mehreren Beschwerdeführern ist die Zulässigkeit jeder Beschwerde gesondert zu prüfen. Die Entscheidung hat aber einheitlich zu erfolgen. Zu prüfen ist daher, ob die Beschwerdefrist für alle Beteiligten abgelaufen und ob an alle zugestellt ist. Formelle Rechtskraft tritt mit der Rechtskraft der das Verfahren abschließenden Entscheidung ein. **318**

Der Geschäftswert für das Beschwerdeverfahren beträgt i.d.R. 5000,– €, §§ 36 Abs. 3, 61 GNotKG[996]. Wurde das Rechtsmittel vom Betroffenen oder in seinem Interesse eingelegt, ist das Beschwerdeverfahren gebührenfrei soweit das Gericht die Kosten keinem Beteiligten auferlegt hat, § 25 Abs. 2 GNotKG. Nach § 26 Abs. 3 GNotKG i.V.m. KV 31015 hat der Betroffene allerdings den an den Verfahrenspfleger gezahlten Betrag als Auslagen des Gerichts zu erstatten, wenn er vermögend i.S.d. §§ 1835c und d BGB ist und die Gerichtskosten nicht einem anderen auferlegt sind[997].

jj. Rechtsbeschwerde, §§ 70 ff. FamFG

In Unterbringungssachen ist gegen die Entscheidung des Beschwerdegerichtes ohne Zulassung die Rechtsbeschwerde gegen einen Beschluss möglich, der die Unterbringung oder die freiheitsentziehende Maßnahme in der Hauptsache anordnet, § 70 Abs. 3 Satz 1 Nr. 3 FamFG[998]. Insoweit formuliert das Gesetz ungenau, weil neben der Anordnung einer Unterbringung nach den Landesunterbringungsgesetzen und der richterlichen Maßregel nach §§ 334 FamFG, 1846, 1906 BGB auch die Genehmigung einer Unterbringungssache in der Hauptsache gemeint ist. Das Vorliegen eines auch in diesen Verfahren notwendigen Zulassungsgrundes für die Rechtsbeschwerde ist also ausnahmsweise erst durch das Rechtsbeschwerdegericht zu klären. **319**

Wird die Genehmigung einer Unterbringung[999] oder einer ärztlichen Zwangsmaßnahme abgelehnt[1000] oder das Verfahren vom Beschwerdegericht an das Amtsgericht zurückver-

994 Schulte-Bunert/Weinreich-Unger/Roßmann, § 62 FamFG, Rn. 22; vgl. auch die Kostenentscheidung in BGH FamRZ 2017, 2056 = BtPrax 2018, 42 (LS)

995 Keidel-Sternal, § 69 FamFG, Rn. 53

996 Zur früheren Rechtslage: BayObLG FGPrax 2005, 151 f.

997 Zimmermann, FamRZ 2013, 1264, 1265

998 In allen anderen Fällen bedarf es der Zulassung der Rechtsbeschwerde. Eine Zulassung hat zu erfolgen, wenn die Rechtssache grundsätzliche Bedeutung hat (dazu BAG NJW 2011, 1099) oder die Fortbildung des Rechts oder die Sicherung einer einheitlichen Rechtsprechung eine Entscheidung des Rechtsbeschwerdegerichts erfordert, § 70 Abs. 2 Satz 1 Nr. 1 und 2 FamFG

999 BGH BtPrax 2014, 171

1000 BGH, Beschluss vom 19.7.2017 – XII ZB 300/17

wiesen[1001], ist eine Rechtsbeschwerde nur bei Zulassung durch das Beschwerdegericht zulässig.

Formgerecht kann die Rechtsbeschwerde nach § 10 Abs. 4 nur durch einen beim BGH zugelassenen Rechtsanwalt erfolgen[1002]. Sachlich zuständig für die Rechtsbeschwerde ist der Bundesgerichtshof, §§ 119 Abs. 1 Nr. 1b, 133 GVG.

Gegen einen Beschluss im Verfahren über die Anordnung, Abänderung oder Aufhebung einer einstweiligen Anordnung oder Maßregel ist das Rechtsmittel der Rechtsbeschwerde nicht gegeben, § 70 Abs. 4 FamFG[1003]. Das Rechtsbeschwerdegericht kann in entsprechender Anwendung des § 64 Abs. 3 FamFG vor einer Entscheidung eine einstweilige Anordnung erlassen, insbesondere die Vollziehung des angefochtenen Beschlusses aussetzen[1004].

Neues tatsächliches Vorbringen findet im Rechtsbeschwerdeverfahren keine Berücksichtigung[1005].

▶ *Zu Einzelheiten vgl. die Ausführungen in Teil A Rn. 213 f.*

14. Aussetzung der Vollziehung, § 328 FamFG

320 § 328 FamFG sieht die Aussetzung der Vollziehung einer öffentlich-rechtlichen Unterbringungsmaßnahme (dazu oben Rn. 103), nicht aber die Aussetzung des Unterbringungsverfahrens vor. Lassen sich die Voraussetzungen für eine Unterbringungsmaßnahme nicht eindeutig feststellen, ist nicht auszusetzen, sondern die Unterbringungsmaßnahme abzulehnen[1006]. Für zivilrechtliche Unterbringungen gilt diese Vorschrift nicht. Diese Unterbringungen werden nämlich nicht von einer Behörde oder einem Gericht, sondern vom gesetzlichen bzw. gewillkürten Vertreter durchgeführt. Er kann eigenständig entscheiden, ob, wie lange und in welcher Form er von der Genehmigung der Unterbringungsmaßnahme Gebrauch macht[1007].

§ 328 FamFG Aussetzung des Vollzugs

(1) [1]Das Gericht kann die Vollziehung einer Unterbringung nach § 312 Nr. 4 aussetzen. [2]Die Aussetzung kann mit Auflagen versehen werden. [3]Die Aussetzung soll sechs Monate nicht überschreiten; sie kann bis zu einem Jahr verlängert werden.

(2) Das Gericht kann die Aussetzung widerrufen, wenn der Betroffene eine Auflage nicht erfüllt oder sein Zustand dies erfordert.

a. Voraussetzungen der Aussetzung der Vollziehung

321 Um einen flexiblen Vollzug von öffentlich-rechtlichen Unterbringungen nach § 312 Nr. 4 FamFG zu ermöglichen, sieht § 328 Abs. 1 Satz 1 FamFG die Aussetzung der Vollziehung der Unterbringung vor. Dafür müssen nachstehende Voraussetzungen erfüllt sein:

322 Vorliegen einer, auch vorläufigen[1008], öffentlich-rechtlichen Unterbringungsmaßnahme. Die Aussetzung kann mit der Anordnung der Unterbringungsmaßnahme verbunden sein

1001 BGH BtPrax 2015, 201
1002 BGH BtPrax 2010, 234
1003 BGH BtPrax 2015, 205. Daran kann auch die Zulassung der Rechtsbeschwerde durch das Beschwerdegericht nichts ändern, BGH NJW-RR 2013, 1470.
1004 BGH FGPrax 2010, 9 f.: für eine Freiheitsentziehungssache
1005 BGH BtPrax 2016, 196
1006 BT-Drs. 11/4528, S. 186
1007 Bienwald-Harm, § 328 FamFG, Rn. 3
1008 Jürgens-Marschner, § 328 FamFG, Rn. 1

oder im weiteren Verfahrensablauf erfolgen[1009]. Eines Antrags bedarf es nicht, das Gericht kann die Aussetzung von Amts wegen anordnen[1010].

Weiter müssen die Voraussetzungen für die Unterbringungsmaßnahme als solche noch erfüllt sein, gleichzeitig aber eine Besserung des Zustandes des Betroffenen und/oder durch Auflagen eine Verminderung der Gefährdungssituation eingetreten sein. Dem Gericht soll die Möglichkeit eröffnet werden, ein kalkulierbares Risiko einzugehen. Lässt sich allerdings feststellen, dass die Unterbringungsvoraussetzungen entfallen sind, ist die Maßnahme aufzuheben, § 330 Satz 1 FamFG, nicht auszusetzen. **323**

Nach § 328 Abs. 1 Satz 2 FamFG kann die Aussetzung mit Weisungen verbunden werden. **324**
Zulässige und sinnvolle Auflagen können sein[1011]:

- Aufnahme bzw. Fortsetzung einer fachärztlichen ambulanten Behandlung,
- bestimmte Medikamente unter Aufsicht zu nehmen,
- Unterstützungs- und Beratungsangebote des sozial-psychiatrischen Dienstes bzw. Gesundheitsamtes wahrzunehmen,
- Weisungen zur Lebensführung, z.B. bestimmte Gefährdungssituationen zu meiden.

Die Aussetzung ist zeitlich zu befristen, § 328 Abs. 1 Satz 3 FamFG, um belastende Schwebezustände nicht unnötig auszudehnen. Die Frist soll regelmäßig nicht länger als 6 Monate sein, kann unter Umständen auf 1 Jahr verlängert werden. Nach Fristablauf hat das Gericht jeweils zu prüfen, ob die Voraussetzungen für die Unterbringungsmaßnahme noch gegeben sind. **325**

Liegen die Voraussetzungen für eine Aussetzung – gegebenenfalls unter Auflagen – vor, muss das Gericht sie aussprechen. § 328 Abs. 1 FamFG gewährt kein Ermessen[1012]. **326**

Von der Aussetzung des Vollzuges ist die Beurlaubung des Betroffenen zu unterscheiden. Die Beurlaubung ist jeweils in den Landesunterbringungsgesetzen geregelt[1013].

b. Widerruf der Aussetzung

Sofern sich die Prognose des Gerichts hinsichtlich der Aussetzung des Vollzuges nicht bestätigt, sieht § 328 Abs. 2 FamFG unter den dort genannten Voraussetzungen den Widerruf der Aussetzung vor. Danach kommt ein Widerruf bei einem Verstoß gegen eine Auflage oder, wenn es der Zustand des Betroffenen erfordert, in Betracht. Das Instrument des Widerrufs ist nicht als Bestrafung gedacht[1014]. Deshalb kann ein Widerruf trotz Nichterfüllung einer Weisung oder Zustandsverschlechterung unterbleiben, wenn trotzdem eine Aussetzung (noch/oder mit zusätzlichen Auflagen) gerechtfertigt bleibt. Ein Widerruf wird daher nur bei massiven Auflagenverstößen und/oder Zustandsverschlechterungen, die einen (neuerlichen) Vollzug der Unterbringung erfordern, erfolgen müssen. Ein Verschulden des Betroffenen ist dann nicht notwendig[1015]. Auch hier entscheidet das Gericht von Amts wegen. **327**

1009 Jürgens-Marschner, § 328 FamFG, Rn. 1
1010 Bienwald-Harm, § 328 FamFG, Rn. 8
1011 Die Kritik von Keidel-Budde, § 328 FamFG, Rn. 2 verkennt die Praxisrelevanz.
1012 Damrau/Zimmermann, § 328 FamFG, Rn. 6
1013 Z.B. § 29 PsychKG NRW, Art. 22 BayUntbrG
1014 BayObLG FamRZ 1995, 1001; Keidel-Budde, § 328 FamFG, Rn. 3
1015 Damrau/Zimmermann, § 328 FamFG, Rn. 8

c. Gerichtsverfahren bei Aussetzung bzw. Widerruf

328 § 328 FamFG regelt das gerichtliche Aussetzungs- und Widerrufsverfahren nicht. Deshalb sind etwa die besonderen Verfahrensgrundsätze der §§ 319, 321 FamFG nicht anwendbar. Es verbleibt bei der Geltung allgemeiner Verfahrensgrundsätze, so dass

- sich die örtliche Zuständigkeit des Gerichts, funktionell der Richter, nach § 313 Abs. 3 Satz 2 FamFG richtet,
- sich Notwendigkeit, Art und Umfang weiterer Ermittlungen und Beweiserhebungen, einer persönlichen Anhörung des Betroffenen und Einholung eines Gutachtens nach § 26 FamFG bestimmt (bei einem Widerruf dürften danach persönliche Anhörung und ein ärztliches Zeugnis nötig sein),
- sich der Inhalt und die Bekanntgabe der Entscheidung nach den §§ 323, 325 FamFG auszurichten haben,
- gegen die Entscheidung als Rechtsmittel die Beschwerde gegeben ist, § 58 Abs. 1 FamFG[1016], sowie
- sich die Beschwerdeberechtigung nach §§ 59, 335 FamFG bestimmt.

15. Antrag auf gerichtliche Entscheidung, § 327 FamFG

329 Wie § 328 FamFG gilt § 327 FamFG nur für öffentlich-rechtliche Unterbringungsmaßnahmen (dazu oben Rn. 103). Als Ausfluss der Gewährleistung effektiven Rechtsschutzes (Art. 19 Abs. 4 GG) eröffnet diese Vorschrift für Anträge gegen Maßnahmen zur Regelung einzelner Angelegenheiten im Vollzug öffentlich-rechtlicher Unterbringungen den Rechtsweg zum Betreuungsgericht. Die verfahrensrechtliche Ausgestaltung des § 327 FamFG ist dem § 23 EGGVG nachempfunden.

Die Vorschrift hat ihr Vorbild in landesrechtlichen Vorschriften, wie z.B. Art. 6 BayUnterbrG a.F. In der gerichtlichen Praxis hat diese Vorschrift kaum Relevanz entwickelt. Für zivilrechtliche Unterbringungen fehlt es an einer vergleichbaren Regelung, weil es dort bei der Verantwortlichkeit des gesetzlichen Vertreters verbleiben sollte[1017].

§ 327 FamFG Vollzugsangelegenheiten

(1) [1]Gegen eine Maßnahme zur Regelung einzelner Angelegenheiten im Vollzug der Unterbringung nach § 312 Nr. 4 kann der Betroffene eine Entscheidung des Gerichts beantragen. [2]Mit dem Antrag kann auch die Verpflichtung zum Erlass einer abgelehnten oder unterlassenen Maßnahme begehrt werden.

(2) Der Antrag ist nur zulässig, wenn der Betroffene geltend macht, durch die Maßnahme, ihre Ablehnung oder Unterlassung in seinen Rechten verletzt zu sein.

(3) [1]Der Antrag hat keine aufschiebende Wirkung. [2]Das Gericht kann die aufschiebende Wirkung anordnen.

(4) Der Beschluss ist nicht anfechtbar.

a. Maßnahmen im Vollzug der Unterbringung

330 § 327 Abs. 1 FamFG ermöglicht einen Antrag auf gerichtliche Entscheidung gegen eine Maßnahme zur Regelung einzelner Angelegenheiten im Vollzug einer öffentlich-rechtli-

1016 Für die Einlegung, Frist und Form der Beschwerde gelten die allgemeinen Vorschriften, Bahrenfuss-Grotkopp, § 328 FamFG, Rn.11.
1017 BT-Drs. 11/4528, S. 187

chen Unterbringung nach § 312 Nr. 4 FamFG. Maßnahmen umfasst neben einem Verwaltungsakt auch jedes schlicht hoheitliche Handeln des Einrichtungsleiters bzw. seiner nachgeordneten Mitarbeiter. Solche Maßnahmen sind z.B.:

- ärztliche Behandlung,
- Regelung des Postverkehrs,
- Regelungen betreffend die Unterbringung innerhalb der Einrichtung,
- Regelungen zu Besuchen, Ausgängen, Beurlaubungen etc.,
- Zulassung von Kommunikationseinrichtungen,
- Durchführung von Zwangsbehandlungen[1018] oder besonderen Sicherungsmaßnahmen.

Keine Maßnahmen sind dagegen Meinungsäußerungen, Belehrungen, Ermahnungen[1019].

Unter Regelung einzelner Angelegenheiten versteht man die rechtliche Gestaltung von Lebensverhältnissen mit rechtlicher Wirkung[1020]. Allgemeine Weisungen oder Hausordnungen der Unterbringungseinrichtung sind keine Regelungen einzelner Angelegenheiten[1021]. **331**

Schließlich muss die Maßnahme zur Regelung einer einzelnen Angelegenheit im Vollzug der Unterbringung erfolgen. Damit scheiden Maßnahmen, die außerhalb der Rechtsbeziehungen zwischen der Unterbringungseinrichtung und dem Betroffenen im Rahmen der öffentlich-rechtlichen Unterbringung stehen, aus. **332**

Beispiel: Dem Betroffenen wird während der Unterbringung aus Anlass einer Straftat ein genetischer Fingerabdruck abgenommen oder es werden Besuchsbeschränkungen durch den Haftrichter vorgenommen.

b. Antragsvoraussetzungen

Die Voraussetzungen der Zulässigkeit eines Antrages nach § 327 Abs. 1 FamFG regelt der Abs. 2. Danach muss der Betroffene geltend machen können, durch die Maßnahme, ihre Ablehnung oder ihre Unterlassung in seinen Rechten verletzt zu sein. Eine entsprechende Behauptung, auch konkludent, genügt. Die Frage, ob die Rechte wirklich verletzt sind, ist später bei der Begründetheit zu klären. **333**

Zulässig ist auch ein Antrag auf Feststellung der Unzulässigkeit einer erfolgten oder beabsichtigten Maßnahme, wenn z.B. Wiederholungsgefahr besteht[1022]. Rechte im Sinne des Abs. 2 sind die durch Art. 19 Abs. 4 GG geschützten Rechte und rechtlichen Interessen[1023], nicht aber allein wirtschaftliche, ideelle oder berechtigte Interessen[1024].

Sonstige Zulässigkeitsvoraussetzungen bestehen nicht, so dass für den Antrag einfache Schriftform und Erkennbarkeit des Antragstellers genügt. Antragsberechtigt ist nach dem ausdrücklichen Wortlaut der Vorschrift nur der Betroffenen, nicht auch Außenstehen-

1018 LG Kleve BtPrax 2013, 118; a.A. Keidel-Budde, § 327 FamFG, Rn. 3; Bahrenfuss-Grotkopp, § 327 FamFG, Rn.2; , die verkennen, dass einige Landesunterbringungsgesetze weiterhin die Rechtsprechung des BVerfG zur Erforderlichkeit einer ausdrücklichen Rechtsgrundlage hinsichtlich einer ärztlichen Zwangsmaßnahme (dazu oben Rn. 40) nicht umgesetzt haben und keine anderweitige Überprüfung einer ärztlichen Zwangsmaßnahme ermöglichen.

1019 Damrau/Zimmermann, § 327 FamFG, Rn. 5

1020 Keidel-Budde, § 327 FamFG, Rn. 5

1021 Bahrenfuss-Grotkopp, § 327 FamFG, Rn. 5

1022 Jürgens-Marschner, § 327 FamFG, Rn. 3; a.A. AG Herborn, zitiert bei Dodegge, NJW 1998, 2713, Rn. 46

1023 Keidel-Budde, § 327 FamFG, Rn. 8

1024 Damrau/Zimmermann, § 327 FamFG, Rn. 16

de[1025]. Das können Personen sein, denen Brief-, Telefon- oder Besuchskontakte verwehrt werden. Antragsgegner ist die Unterbringungseinrichtung bzw. ihr Träger[1026].

c. Aufschiebende Wirkung

334 § 327 Abs. 3 FamFG stellt klar, dass entsprechende Anträge keine aufschiebende Wirkung haben, Satz 1. Im Einzelfall kann das Gericht sie aber anordnen, Satz 2. Das kann nötig sein, wenn die Folgen der Maßnahme nicht mehr rückgängig zu machen sind und das Interesse am sofortigen Vollzug nicht überwiegt, z.B. bei Disziplinarmaßnahmen[1027].

d. Verfahren

335 Besondere Verfahrensvorschriften enthält § 327 FamFG nicht, so dass allgemeine Verfahrensgrundsätze gelten. Zuständig ist das Gericht, in dessen Bezirk der Betroffene untergebracht ist, vgl. § 313 Abs. 3 Satz 2 FamFG, funktionell der Richter. Eingeleitet wird das Verfahren durch einen Antrag des Betroffenen oder Dritten (siehe oben Rn. 333), der den Willen, eine bestimmte Maßnahme überprüfen zu lassen, ausreichend klar werden lässt. Neben dem Antragsteller sind die Unterbringungseinrichtung und die zuständige Behörde beteiligt. Art und Umfang von Sachverhaltsermittlungen richten sich nach § 26 FamFG und den Erfordernissen eines effektiven Rechtsschutzes. Eine persönliche Anhörung des Betroffenen bzw. eine mündliche Erörterung mit den Verfahrensbeteiligten ist nicht zwingend, aber oftmals sinnvoll[1028].

e. Entscheidung

336 Die Entscheidung des Gerichts über die Zulässigkeit und Begründetheit des Antrages kann lauten auf[1029]:

- Aufhebung oder Bestätigung der angegriffenen Vollzugsmaßnahme, § 327 Abs. 1 Satz 1 FamFG,
- Verpflichtung der Einrichtung bzw. ihres Trägers eine unterlassene oder abgelehnte Maßnahme auszuführen, § 327 Abs. 1 Satz 2 FamFG, oder
- Feststellung der Rechtswidrigkeit einer vollzogenen oder beabsichtigten Maßnahme, § 327 Abs. 1 Satz 1 und 2 FamFG[1030].

Besteht in Hinblick auf die angegriffene Entscheidung ein Ermessen, hat das Gericht zu überprüfen, ob vom eingeräumten Ermessen überhaupt Gebrauch gemacht worden ist und die gesetzlichen Grenzen der Ermessensausübung eingehalten worden sind. Eine Kostenentscheidung ist nur erforderlich, wenn die Voraussetzungen für die Auferlegung außergerichtlicher Kosten zu Lasten der zuständigen Behörde vorliegen, § 327 Abs. 2 FamFG. Die Entscheidung ist zu begründen. Sie wird mit Bekanntgabe an die Beteiligten wirksam, dazu §§ 324 f. FamFG. Da die Entscheidung nach § 327 Abs. 4 FamFG unanfechtbar ist, bedarf es keiner Rechtsmittelbelehrung[1031] und Zustellung der Entscheidung.

1025 Keidel-Budde, § 327 FamFG, Rn. 8; Bahrenfuss-Grotkopp, § 327 FamFG, Rn. 4; a.A. Marschner/Volckart/Lesting, Kap. D, § 327 FamFG, Rn. 35
1026 Damrau/Zimmermann, § 331 FamFG, Rn. 14; a.A. Bienwald-Harm, § 327, Rn. 12: Die nach Landesrecht zuständige Behörde
1027 Keidel-Budde, § 327 FamFG, Rn. 13
1028 Keidel-Budde, § 327 FamFG, Rn. 13
1029 Zum Inhalt der gerichtlichen Prüfung siehe Jürgens-Marschner, § 327 FamFG, Rn. 4
1030 Keidel-Budde, § 327 FamFG, Rn. 15
1031 OLG Stuttgart FamRZ 2010, 146

f. Rechtsmittel

Die Entscheidung des Betreuungsgerichts ist nach § 327 Abs. 4 FamFG unanfechtbar. Der Gesetzgeber erachtete die Überprüfung in einer Instanz für ausreichend und angemessen. Bei schweren Verfahrensverstößen des Betreuungsgerichts und einer darauf beruhenden Entscheidung ließen die Obergerichte allerdings nach bisheriger Rechtslage generell eine Anfechtbarkeit mit der Beschwerde zu[1032]. Das muss auch hier gelten[1033]. Sofern das entscheidende Gericht den Anspruch eines Beteiligten auf rechtliches Gehör in entscheidungserheblicher Weise verletzt hat, kommt aber vorrangig der Rechtsbehelf des § 44 FamFG in Betracht. 337

1032 Etwa bei greifbarer Gesetzeswidrigkeit: BGH NJW-RR 1997, 1155
1033 Damrau/Zimmermann, § 327 FamFG, Rn. 27

III. Anhang: Muster

1. Antrag auf Genehmigung der Unterbringung

338 An das Amtsgericht .../Betreuungsgericht

Betreuung für ...
AZ: .../...

Betreuungsgerichtliche Genehmigung einer Unterbringung

Sehr geehrte Damen und Herren,

ich beantrage, mir die betreuungsgerichtliche Genehmigung zur Unterbringung von Frau/Herr ... in der Klinik/ psychiatrischen Einrichtung/...

- ☐ vorläufig im Wege der einstweiligen Anordnung zu erteilen.
- ☐ in der Hauptsache zu erteilen.

Zur Begründung teile ich folgendes mit:

Wie aus der Akte bekannt ist, ist bin ich für Frau/Herr ... seit dem ... als Betreuer bestellt. Der Aufgabenkreis der Betreuung

- ☐ umfasst die Befugnis zur Entscheidung über
  - ☐ die geschlossen stationäre Unterbringung, nämlich ....
  - ☐ die (psychiatrische) Gesundheitsfürsorge.
- ☐ umfasst die Befugnis zur Entscheidung über die Unterbringung und die Gesundheitsfürsorge bisher nicht, weshalb ich eine entsprechende (einstweilige) Erweiterung des Aufgabenkreises der Betreuung anrege.

Bei Frau/Herrn ... besteht

- ☐ eine psychische Krankheit.
- ☐ eine geistige bzw. seelische Behinderung, nämlich ...

Aktuell

- ☐ ist Frau/Herr ... in der Klinik/ psychiatrischen Einrichtung/... untergebracht.
- ☐ soll Frau/Herr ... in der Klinik/ psychiatrischen Einrichtung/...untergebracht werden.

Frau/Herr ... ist zu einer freiwilligen stationären Aufnahme nicht bereit, was sich dadurch zeigt, dass ...

Die Unterbringung ist zum Wohl von Frau/Herrn ... erforderlich, weil

- ☐ auf Grund der psychischen Krankheit oder geistigen oder seelischen Behinderung die Gefahr besteht, dass sie/er sich selbst tötet oder erheblichen gesundheitlichen Schaden zufügt. Diese Gefahr ergibt sich aus folgenden Umständen:
  - ☐ Frau/Herr ...
    - ☐ nimmt aufgrund eines Vergiftungswahns seit Wochen nur noch unzureichend Nahrung und Getränke zu sich und hat deshalb dramatisch abgenommen. Ihr/ Sein BMI beträgt aktuell weniger als 13 und aufgrund des Mangelzustandes kann jederzeit Lebensgefahr eintreten.

  - ☐ hat die ambulante Behandlung abgebrochen und die Medikamente abgesetzt, weshalb die Erkrankung wieder ein Ausmaß wie vor der letzten geschlossenen Unterbringung am … angenommen hat.
  - ☐ lebt in einer vermüllten Wohnung und ist körperlich völlig verwahrlost, weshalb eine körperliche Verelendung und Unterversorgung eingetreten ist.
  - ☐ hat suizidale bzw. parasuizidale Handlungen durchgeführt, die zum Tode oder irreversiblen Schäden führen können, nämlich … am …
  - ☐ …

- ☐ Zur Abwendung eines drohenden erheblichen gesundheitlichen Schadens ist eine Untersuchung des Gesundheitszustands, eine Heilbehandlung oder ein ärztlicher Eingriff notwendig, die ohne die Unterbringung von Frau/Herrn … nicht durchgeführt werden kann und auf Grund ihrer/seiner psychischen Krankheit oder geistigen oder seelischen Behinderung kann sie/er die Notwendigkeit der Unterbringung nicht erkennen oder nicht nach dieser Einsicht handeln. Dies ergibt sich aus folgenden Umständen:
  - ☐ Frau/Herr … hat sich den beabsichtigten ärztlichen Maßnahmen entzogen,
    - ☐ indem er/sie von einer offenen Station entwichen ist.
    - ☐ indem er/sie die ambulante Behandlung abgebrochen und die Medikamente abgesetzt hat, weshalb die Erkrankung wieder ein Ausmaß wie vor der letzten geschlossenen Unterbringung am … angenommen hat.
  - ☐ …

Krankheitsbedingt kann Frau/Herr … ihren/seinen Willen nicht frei bestimmen. Die fehlende Fähigkeit zur freien Willensbestimmung ergibt sich daraus, dass Frau/Herr …

- ☐ keine Krankheits- und Behandlungseinsicht aufweist.
- ☐ krankheitsbedingt nicht in der Lage ist, seinen Alkohol-/Drogenkonsum selbstverantwortlich zu steuern und einen Rückfall in lebensbedrohliche Zustände zu vermeiden, sodass eine Aufnahme in einer offenen Einrichtung bzw. der Einsatz einer Sozialfachkraft nicht ausreichen.
- ☐ unter dem Einfluss von akustischen Halluzinationen steht, denen sie/er nichts entgegen zu setzen hat.
- ☐ …

Der Verhältnismäßigkeitsgrundsatz ist gewahrt, weil

- ☐ aufgrund der fehlenden Krankheits- und Behandlungseinsicht Alternativen zur Unterbringung fehlen.
- ☐ Frau/Herr… im Vorfeld von der offenen Station entwichen ist.
- ☐ die häusliche Versorgung im Vorfeld durch einen ambulanten Pflegedienst mit Medikamenten gescheitert ist, weil kein Zutritt zur Wohnung gewährt wurde.
- ☐ die ärztliche Maßnahme für eine Rückbildung der Symptomatik und Herbeiführung und Stabilisierung der Einsichts- und Steuerungsfähigkeit von Frau/Herrn … geeignet ist, wie die frühere Behandlung vom … bis … gezeigt hat.
- ☐ es bei Unterlassen der ärztlichen Maßnahme wegen des Fortdauerns der erheblichen Eigengefährdung zu einer deutlichen Verlängerung der Verweildauer auf einer geschlossenen Station kommt.

☐ …

Ein Wegfall der Behandlungsbedürftigkeit ist

☐ in einem Zeitraum von … zu erwarten.

☐ noch nicht abzuschätzen.

☐ auf absehbare Zeit nicht zu erwarten.

☐ Es ist eine Entscheidung im Wege der einstweiligen Anordnung erforderlich, da mit dem Aufschub bis zur Entscheidung in der Hauptsache in einigen Wochen nicht gewartet werden kann, weil…

Mit freundlichen Grüßen

……………………………………

(Unterschrift)

2. Antrag auf Genehmigung einer Zwangsbehandlung

339 An das Amtsgericht …/Betreuungsgericht

Betreuung für …
AZ: …/…

Betreuungsgerichtliche Genehmigung einer ärztlichen Zwangsmaßnahme

Sehr geehrte Damen und Herren,

ich beantrage, mir die betreuungsgerichtliche Genehmigung zur Durchführung folgender ärztlicher Zwangsmaßnahme zu erteilen:

☐ Gabe des Medikaments … bzw. eines Medikaments mit dem Wirkstoff …

  ☐ in einer täglichen Dosis von …

  ☐ in einer Verabreichungsfolge von … zu je …

☐ unter Aufwendung folgender Zwangsmittel

  ☐ kurzfristige Fixierung

  ☐ …

☐ Kopie der erteilten Einwilligung/des ärztlichen Aufklärungsbogens liegt bei.

☐ Alternativ – bei nicht Anschlagen der Medikation – …

☐ Durchführung nachstehenden ärztlichen/operativen Eingriffs …

  ☐ unter Anwendung folgender Zwangsmittel

  ☐ kurzfristige Fixierung

  ☐ …

☐ Kopie der erteilten Einwilligung/des ärztlichen Aufklärungsbogens liegt bei.

Zur Begründung teile ich folgendes mit:

Wie aus der Akte bekannt ist, ist Frau/Herr … seit dem … geschlossen stationär untergebracht.

Aktuell widerspricht die beabsichtigte ärztliche Maßnahme dem natürlichen Willen von Frau/Herrn … Die Ablehnung hat Frau/Herr … dadurch manifestiert, dass …

Auf Grund ihrer/seiner □ psychischen Krankheit □ geistigen oder seelischen Behinderung kann Frau/Herr … keinen freien Willen bilden und die Notwendigkeit der ärztlichen Maßnahme nicht erkennen bzw. nicht nach dieser Einsicht handeln.

Die fehlende Fähigkeit zur freien Willensbestimmung ergibt sich daraus, dass Frau/Herr …

□ keine Krankheits- und Behandlungseinsicht aufweist.

□ …

Hinsichtlich der geplanten ärztlichen Maßnahme besteht

□ eine Patientenverfügung, die die jetzige konkrete Behandlungssituation betrifft und die beabsichtigte ärztliche Maßnahme

  □ zulässt.

  □ nicht zulässt.

□ Die Patientenverfügung vom … füge ich in Kopie bei.

□ keine Patientenverfügung, die die jetzige konkrete Behandlungssituation betrifft.

  □ Es bestehen aber Behandlungswünsche mit folgendem Inhalt …

  □ Es bestehen auch keine Behandlungswünsche.

□ Es fanden vor der Unterbringung folgende erfolglose Versuche statt, ein Therapieverständnis und eine Behandlungseinwilligung von Frau/Herrn … zu erreichen:

  □ Gespräch des ambulant behandelnden Arztes … am …

  □ Gespräch zwischen mir und Frau/Herrn … am …

  □ Einbindung folgender Vertrauensperson … am …

Auch im Rahmen der seit dem … andauernden stationären Behandlung blieben die Versuche der behandelnden Ärzte, eine Therapiebereitschaft bei Frau/Herrn … zu erzielen, erfolglos. Ärztlicherseits gab es folgende Tätigkeiten zur Erzielung einer Therapiebereitschaft …

Auf Grund ihrer/seiner psychischen Krankheit oder geistigen oder seelischen Behinderung droht Gefahr, dass sich Frau/Herr … einen erheblichen gesundheitlichen Schaden zufügt. Diese Gefahr ergibt sich aus folgenden Umständen: …

Dieser drohende gesundheitliche Schaden kann nicht durch andere, Frau/Herrn … zumutbare Maßnahmen abgewendet werden, da

□ vorhandene Alternativen, nämlich …, erfolglos geblieben sind.

□ ärztlicherseits keine Alternativen bestehen.

□ …

Der zu erwartende Nutzen der ärztlichen Zwangsmaßnahme überwiegt die zu erwartenden Beeinträchtigungen deutlich, da

□ die ärztliche Maßnahme für eine Rückbildung der Symptomatik und Herbeiführung und Stabilisierung der Einsichts- und Steuerungsfähigkeit von Frau/Herrn … geeignet ist, wie die frühere Behandlung vom … bis … gezeigt hat,

□ es bei Unterlassen einer ärztlichen Maßnahme wegen des Fortdauerns der erheblichen Eigengefährdung zu einer deutlichen Verlängerung der Verweildauer auf einer geschlossenen Station kommt.

□ …

Auf der anderen Seite sind

- ☐ keine
- ☐ lediglich folgenden …

(medizinischen, sozialen bzw. persönlichen) Nachteile zu erwarten: …

Deshalb hat mein Abwägen von Nutzen und Beeinträchtigung ergeben, dass der Nutzen der beabsichtigten ärztlichen Maßnahme die Beeinträchtigungen deutlich überwiegt.

Ein Wegfall der Behandlungsbedürftigkeit ist

- ☐ in einem Zeitraum von … zu erwarten.
- ☐ noch nicht abzuschätzen.
- ☐ auf absehbare Zeit nicht zu erwarten.
- ☐ Es ist eine Entscheidung im Wege der einstweiligen Anordnung erforderlich, da mit dem Aufschub bis zur Entscheidung in der Hauptsache in einigen Wochen nicht gewartet werden kann, weil …

Mit freundlichen Grüßen

……………………………………

(Unterschrift)

3. Beschwerde des Verfahrenspflegers gegen die Unterbringungsgenehmigung

340 An das Amtsgericht …/Betreuungsgericht

Betreuung für …
AZ: …/…

Beschwerde gegen den Unterbringungsbeschluss vom …

Sehr geehrte Damen und Herren,

gegen den Beschluss vom …, mit dem durch einstweilige Anordnung die Unterbringung der/des … mit sofortiger Wirksamkeit genehmigt worden ist, lege ich Beschwerde ein. Dieser Beschluss, mit dem ich gleichzeitig zum Verfahrenspfleger bestellt worden bin, wurde mir am … zugestellt.

Die/Der Betroffene befindet sich in der …-Klinik.

Die Voraussetzungen für eine einstweilige Unterbringungsgenehmigung nach § 1906 BGB sind nicht erfüllt:

Verfahrensrechtlich ist zu beanstanden, dass die/der Betroffene bisher nicht persönlich angehört worden ist. Weiterhin ist anzuführen, dass …

Materiell-rechtlich fehlt es sowohl an einer erheblichen Eigengefährdung als auch an der Notwendigkeit einer Heilbehandlung im Rahmen einer geschlossenen Unterbringung i.S.d. § 1906 BGB. Im Einzelnen: …

Letztlich ist der Verhältnismäßigkeitsgrundsatz nicht beachtet, da die/der Betroffene sich in laufender fachärztlicher Behandlung bei Frau/Herrn Dr. … befindet und bereit ist, diese – ausreichende – Behandlung fortzusetzen.

Mit freundlichen Grüßen

…………………………………………

Unterschrift

4. Antragsumstellung nach Erledigung der Unterbringungsmaßnahme im Beschwerdeverfahren

An das Landgericht … 341

Betreuung für …
AZ des Amtsgerichts …/…
AZ des Beschwerdeverfahrens …/…

Beschwerde gegen den Unterbringungsbeschluss vom …
hier: Antragsumstellung

Meinen Antrag vom …, mit dem ich als Verfahrenspfleger am … Beschwerde gegen den Unterbringungsgenehmigungsbeschluss vom … eingelegt hatte, stelle ich wie folgt um:

Es wird beantragt, die Rechtswidrigkeit der vorgenannten Unterbringungsmaßnahme festzustellen. Hilfsweise wird beantragt, die notwendigen Auslagen der/des Betroffenen der Staatskasse aufzuerlegen.

Die/Der Betroffene wurde zwischenzeitlich vor Ablauf der im Beschluss genannten Frist und vor einer Entscheidung über das Rechtsmittel vom … aus der …-Klinik entlassen.

Zur Begründung der Rechtswidrigkeit der Unterbringungsmaßnahme verweise ich auf die Ausführungen in der Beschwerde. Ergänzend weise ich darauf hin, dass die/der Betroffene bis zum Zeitpunkt der Entlassung weder vom Amts- noch vom Landgericht persönlich angehört worden ist.

Mit freundlichen Grüßen

…………………………………………

Unterschrift

Teil H
Ende der Betreuung

▶ *Zu Fragen der Änderung/Verlängerung der Betreuung vgl. Teil A Rn. 31 ff.*

I. Automatische Beendigung der Betreuung

Ein automatisches Ende der Betreuung kennt das Betreuungsrecht nicht[1]. Vielmehr muss sie durch eine Entscheidung des Betreuungsgerichts ausdrücklich aufgehoben werden. Hierin unterscheidet sich die Betreuung von der Vormundschaft, was sich daraus ergibt, dass § 1908 i BGB nicht auf § 1882 BGB verweist.[2] Etwas anderes gilt nur bei **Tod des Betreuten**, hier bedarf die Beendigung der Betreuung naturgemäß nicht der Entscheidung des Betreuungsgerichts.[3] Ungefähr 90% der Betreuungen enden mit dem Tod des betreuten Menschen.[4] Eine Ausnahme davon wurde im Fall einer hirntoten Schwangeren gemacht, weil der Schutz des ungeborenen Lebens eine Weiterführung der Betreuung veranlassen soll[5]. Im Ergebnis ist diese Entscheidung aber abzulehnen, weil die Betreuung nicht allein im Drittinteresse ohne Bezug zum Betreuten weiterbestehen kann. Eine Betreuung für die Leibesfrucht ist nicht zulässig. 1

Nicht zur Beendigung der Betreuung führt hingegen der **Tod des Betreuers** (zur Anzeigepflicht siehe unten Rn. 36) oder dessen **Entlassung** (vgl. dazu Teil B Rn. 83 ff., 111). Obwohl der Betreute ab diesem Zeitpunkt nicht mehr betreut wird, wird die Betreuung als fortbestehend fingiert, bis ein neuer Betreuer bestellt wird[6]. Dadurch soll gewährleistet sein, dass Einwilligungsvorbehalte (§1903 BGB) und gerichtliche Genehmigungen ihre Gültigkeit behalten und Verfahren von dem neuen Betreuer ohne Wiederholung der früheren Verfahrenshandlung fortgesetzt werden können[7]. Zeigt sich anlässlich des Todes oder der Entlassung des Betreuers, dass eine Betreuung nicht (mehr) erforderlich ist, wird kein neuer Betreuer bestellt, sondern die Betreuung nach § 1908d BGB aufgehoben (dazu sogleich)[8]. 2

1 Erman-Roth, § 1908d BGB, Rn. 2
2 Jürgens-Jürgens, § 1908d BGB, Rn. 1
3 Zum Tod des Betreuten: Passmann, BtPrax 1994, 202
4 Deinert, BtPrax 2016, 96
5 AG Hersbrück, FamRZ, 1992, 1471
6 So BT-Drucks. 11/4528, S. 119
7 Damrau/Zimmermann, § 1908c BGB, Rn. 1
8 Damrau/Zimmermann, § 1908c BGB, Rn. 1

II. Aufhebung der Betreuung und des Einwilligungsvorbehalts (§ 1908d BGB)

§ 1908d BGB Aufhebung oder Änderung von Betreuung und Einwilligungsvorbehalt

(1) [1]Die Betreuung ist aufzuheben, wenn ihre Voraussetzungen wegfallen. [2]Fallen diese Voraussetzungen nur für einen Teil der Aufgaben des Betreuers weg, so ist dessen Aufgabenkreis einzuschränken.

(2) [1]Ist der Betreuer auf Antrag des Betreuten bestellt, so ist die Betreuung auf dessen Antrag aufzuheben, es sei denn, dass eine Betreuung von Amts wegen erforderlich ist. [2]Den Antrag kann auch ein Geschäftsunfähiger stellen. [3]Die Sätze 1 und 2 gelten für die Einschränkung des Aufgabenkreises entsprechend.

(3) [1]Der Aufgabenkreis des Betreuers ist zu erweitern, wenn dies erforderlich wird. [2]Die Vorschriften über die Bestellung des Betreuers gelten hierfür entsprechend.

(4) Für den Einwilligungsvorbehalt gelten die Absätze 1 und 3 entsprechend.

1. Aufhebung der Betreuung

3 Auch in § 1908d BGB kommt der das ganze Betreuungsrecht überspannende Subsidiaritätsgrundsatz zum Ausdruck, wonach eine Betreuung nur insoweit zulässig ist, als sie auch erforderlich ist. Deshalb kann das Gericht seine Entscheidung jederzeit an veränderte Situationen anpassen, indem es die Betreuung aufhebt oder einschränkt. In den letzten Jahren wurden z.T. über 40.000 Betreuungen jährlich aufgehoben[9].

a. Aufhebungsgründe

4 Wenn und soweit die Voraussetzungen für eine Betreuung weggefallen sind, hat das Betreuungsgericht von Amts wegen Sorge dafür zu tragen, dass der Aufgabenbereich des Betreuers entsprechend eingeschränkt oder die Betreuung ganz aufgehoben wird. Meist wird das Gericht eine entsprechende Kenntnis durch eine Mitteilung der Betreuungsbehörde oder des Betreuers erhalten. Dem dient die Auskunftspflicht des § 1901 Abs. 5 BGB.

5 Ein **Wegfall der Voraussetzungen** ist gegeben, wenn der Betroffene nicht mehr an der psychischen Krankheit oder körperlichen, seelischen oder geistigen Behinderung leidet, bzw. nur noch in dem Maße, dass er seine eigenen Angelegenheiten ganz oder teilweise selbst zu regeln in der Lage ist. Eine Überprüfung hat daher bei Heilung oder erfolgreicher Rehabilitation zu erfolgen. Erforderlich ist allerdings eine nicht nur vorübergehende Besserung des Zustands, da bei konkret zu erwartenden Krankheitsschüben eine Aufhebung nicht angezeigt ist[10]. Bei Krankheiten, für die eine mittel- oder langfristige Besserung in Aussicht steht, ist eine Überprüfung des Betreuungsbedarfs daher angezeigt.

Ebenso ist die Betreuung aufzuheben, wenn und soweit ein Bevollmächtigter bestellt und damit dem Fürsorgebedürfnis abgeholfen wurde[11] (vgl. Teil C Rn. 2 ff., 6 f.). Das Gleiche gilt, wenn eine anderweitige Hilfe die Betreuung überflüssig macht.

6 Eine Aufhebung hat zu erfolgen, wenn der Betreuer die **einzige Angelegenheit**, für die er bestellt ist, beispielsweise ein medizinischer Eingriff oder die Führung eines Rechtsstreits, **erledigt** hat. Allein die Tatsache, dass möglicherweise irgendwann einmal der Be-

9 2015: 41.465, 2016: 36.417, vgl. Bundesamt für Justiz, Verfahren nach dem Betreuungsgesetz, abrufbar unter www.bundesjustizamt.de > Themen > Bürgerdienste > Justizstatistik > Betreuung; zu weiteren Zahlen siehe: www.bundesanzeiger-verlag.de/betreuung/wiki/Betreuungszahlen.

10 BayObLG FamRZ 1994, 319

11 BGH BtPrax 2012, 164

treute erneut in einen Rechtsstreit verwickelt oder eine Operation notwendig werden wird, rechtfertigt die Aufrechterhaltung der Betreuung nicht. Anders sieht das aus, wenn ein konkreter Fall unmittelbar bevorsteht.

Ist die Betreuung auf Antrag eines nur körperlich Behinderten bestellt, so ist sie grundsätzlich aufzuheben, wenn der körperbehinderte Betreute dies beantragt[12]. Eine Ausnahme gilt nur dann, wenn er zum Zeitpunkt der Aufhebungsentscheidung seinen Willen nicht mehr frei bestimmen kann[13]. Denn der maßgebliche Beurteilungszeitpunkt ist die Entscheidung des Gerichts. Ganz allgemein gilt, dass ein Antrag auf Aufhebung nur abgelehnt werden darf, wenn der Betroffene keinen freien Willen bilden kann[14]. 7

b. Verfahren

Das Tätigwerden des Betreuungsgerichts wird zum einen durch die Mitteilungspflicht des Betreuers nach § 1901 Abs. 5 BGB und zum anderen durch die gesetzliche Überprüfungspflicht nach spätestens 7 Jahren (§ 295 Abs. 2 FamFG) gewährleistet (vgl. dazu Teil A Rn. 22). 8

Eine Anhörung oder die Einholung eines Gutachtens sind vor der Aufhebungsentscheidung nicht vorgeschrieben, da die Beendigung nicht als Eingriff in die Rechte des Betroffenen verstanden wird. Gleichwohl kann die Einholung im Einzelfall sinnvoll sein[15]. Notwendig ist das Gutachten, wenn bisher kein Gutachten eingeholt wurde, weil die Betreuung mit Einverständnis des Betroffenen angeordnet worden war und nunmehr die von diesem verlangte Aufhebung der Betreuung abgelehnt werden soll[16]. Die Bestellung eines Verfahrenspflegers ist nur geboten, wenn aufgrund veränderter Sachlage tatsächliche Ermittlungen anzustellen sind[17]. 9

Die Entscheidung über die Aufhebung oder Einschränkung der Betreuung wird entweder mit der schriftlichen oder mündlichen Bekanntgabe an den Betreuer wirksam (§§ 287 f. FamFG) oder mit der bloßen Übergabe der Entscheidung an die Geschäftsstelle im Falle der Anordnung der sofortigen Wirksamkeit (§ 282 Abs. 2 Nr. 2 FamFG). Der Betreuer darf allerdings die Vermögenssorge so lange noch ausüben, bis er von der Einschränkung oder Aufhebung Kenntnis erlangt (§§ 1908 i Abs. 1 Satz 1, 1893 Abs. 1, 1698a BGB). Sobald er diese Kenntnis besitzt, ist er gegenüber dem Betreuungsgericht verpflichtet, die Bestellungsurkunde zurückzugeben (§ 1908i, § 1893 Abs. 2 BGB), gegenüber dem Betreuten das verwaltete Vermögen herauszugeben und Rechenschaft abzulegen (§ 1890 BGB).

Eine rückwirkende Aufhebung ist nicht möglich[18].

2. Aufhebung/Einschränkung des Einwilligungsvorbehalts

Geht von den Willenserklärungen des Betroffenen keine erhebliche Gefahr für seine Person oder sein Vermögen mehr aus oder ist sie nur noch in einem engeren Bereich als vorher gegeben, ist auch der Einwilligungsvorbehalt aufzuheben oder entsprechend einzuschränken. 10

▶ *Zu Einzelheiten der Aufhebung bzw. Einschränkung des Einwilligungsvorbehalts vgl. Teil A Rn. 92 ff.*

12 MK-Schwab, § 1908d BGB, Rn. 12
13 MK-Schwab, § 1908d BGB, Rn. 12
14 BGH BtPrax 2016, 34 = FamRZ 2015, 2158
15 BGH BtPrax 2011, 130; OLG München BtPrax 2006, 79
16 KG Berlin FamRZ 2007, 81 = BtPrax 2006, 192 (LS)
17 BGH BtPrax 2011, 211
18 BayObLG FamRZ 2004, 485

3. Auswirkungen der Beendigung der Betreuung auf anhängige Beschwerdeverfahren

11 Durch die Beendigung der Betreuung tritt im Beschwerdeverfahren gegen die Bestellung eines Betreuers **Erledigung** in der Hauptsache ein. Das Rechtsmittel wird unzulässig, da den Beschwerdeführern das Rechtsschutzbedürfnis fehlt. Diese können jedoch die Verwerfung der Beschwerde dadurch verhindern, dass sie den Beschwerdeantrag auf die Kosten beschränken[19].

Keine Erledigung tritt hingegen ein, wenn der Betreuer seine Entlassung oder einen angeordneten Einwilligungsvorbehalt mit der Beschwerde angefochten hat. In diesen Fällen besteht das Rechtsschutzbedürfnis an der Überprüfung der Entscheidung des Betreuungsgerichts fort. Denn mit Aufhebung des Einwilligungsvorbehalts als ungerechtfertigt würden die mit ihm verbundenen Beschränkungen rückwirkend entfallen. Die Wirksamkeit der von oder gegenüber dem Betreuten vorgenommenen Rechtsgeschäfte könnte nicht mehr auf Grund des Einwilligungsvorbehalts in Frage gestellt werden[20].

4. Rechtsmittel gegen die Aufhebungsentscheidung

12 Nach § 58 FamFG[21] ist das einheitliche Rechtsmittel die befristete Beschwerde.

19 BayObLG FamRZ 2000, 1328
20 BayObLG 1997, 198, 199; FamRZ 2000, 1328
21 MK-Schwab, § 1908d BGB, Rn. 8

III. Pflichten bei Ende der Betreuung

1. Vermögensherausgabe und Rechnungslegung, § 1890 i.V.m. § 1908i Abs. 1 Satz 1 BGB

§ 1890 BGB Vermögensherausgabe und Rechnungslegung

[1]Der Vormund hat nach der Beendigung seines Amtes dem Mündel das verwaltete Vermögen herauszugeben und über die Verwaltung Rechenschaft abzulegen. [2]Soweit er dem Betreuungsgericht Rechnung gelegt hat, genügt die Bezugnahme auf diese Rechnung.

§ 1891 BGB Mitwirkung des Gegenvormunds

(1) Ist ein Gegenvormund vorhanden, so hat ihm der Vormund die Rechnung vorzulegen. Der Gegenvormund hat die Rechnung mit den Bemerkungen zu versehen, zu denen die Prüfung ihm Anlass gibt.

(2) Der Gegenvormund hat über die Führung der Gegenvormundschaft und, soweit er dazu imstande ist, über das von dem Vormund verwaltete Vermögen auf Verlangen Auskunft zu erteilen.

§ 1892 BGB Rechnungsprüfung und -anerkennung

(1) Der Vormund hat die Rechnung, nachdem er sie dem Gegenvormund vorgelegt hat, dem Betreuungsgericht einzureichen.

(2) [1]Das Betreuungsgericht hat die Rechnung rechnungsmäßig und sachlich zu prüfen und deren Abnahme durch Verhandlung mit den Beteiligten unter Zuziehung des Gegenvormunds zu vermitteln. [2]Soweit die Rechnung als richtig anerkannt wird, hat das Betreuungsgericht das Anerkenntnis zu beurkunden.

Nach Beendigung des Amtes durch den Tod des Betreuten, Entlassung des Betreuers oder die Aufhebung der Betreuung muss ein Betreuer, der die Vermögenssorge innehatte, das Vermögen herausgeben und über die Vermögensverwaltung Rechenschaft ablegen (§ 1890 BGB). Auch bei Teilbeendigung findet die Vorschrift Anwendung. **13**

a. Herausgabe des Vermögens

Zunächst hat der Betreuer das Vermögen dem Betreuten, seinen Erben oder dem neuen Betreuer herauszugeben. Es handelt sich um eine private Pflicht, die regelmäßig ohne die Mitwirkung des Betreuungsgerichts erfolgt und bei Weigerung des Betreuers im Prozessweg durchgesetzt werden muss. Aufsichtsmittel des Gerichts sind insoweit nicht zulässig. Zusammen mit dem Vermögen hat der Betreuer gegebenenfalls auch die Urkunden (z.B. Sparbücher, Vertragsunterlagen, Schuldscheine, Hinterlegungsscheine) herauszugeben, die erforderlich sind, um Forderungen oder hinterlegte Werte geltend zu machen[22]. Die Löschung der Sperrvermerke ist Sache des nun nicht mehr Betreuten, seiner Erben oder – falls die Betreuung durch einen anderen Betreuer fortgesetzt wird – des neuen Betreuers[23]. **14**

Da es sich um die Herausgabe eines Inbegriffs von Gegenständen handelt, ist der Betreuer auch zur **Vorlegung eines Bestandsverzeichnisses** (§§ 260, 261 BGB) und gegebenenfalls zur Abgabe einer Versicherung an Eides statt vor dem Amtsgericht verpflichtet (§ 261 BGB, §§ 361, 410 FamFG)[24]. Der Betreuer kann wegen etwaiger Gegenansprüche (Ersatz

22 Vgl. Erman-Schulte-Bunert, § 1890 BGB, Rn. 2 a
23 Vgl. Damrau/Zimmermann, § 1890 BGB, Rn. 2
24 Vgl. Erman-Schulte-Bunert, § 1890 BGB, Rn. 3

von Aufwendungen aus § 1835 BGB und der Vergütung aus § 1836 BGB, soweit bewilligt) ein Zurückbehaltungsrecht geltend machen, bei geringerer Höhe des Gegenanspruchs jedoch nur in angemessener Beschränkung[25].

b. Rechenschaftspflicht

15 Die Rechenschaftslegung muss mit dem Stand des Tages der Beendigung der Betreuung enden. Sie hat alle Einnahmen und Ausgaben während der Zeit der Betreuung zu enthalten und zu belegen, wobei auf die einzelnen Jahresabrechnungen verwiesen werden kann. Inhaltlich erstreckt sich die Verpflichtung auf die Einreichung einer formell ordnungsgemäßen Schlussrechnung[26]. Die Rechenschaft wird nicht gegenüber dem Betreuungsgericht, sondern gegenüber dem Betreuten abgelegt, der, wenn er geschäftsfähig ist, auch darauf verzichten kann; das gilt auch für seine Erben[27]. Erfüllt der (ehemalige) Betreuer diese Verpflichtung nicht, kann Zwangsgeld nach § 35 FamFG verhängt werden[28]. Verpflichtet ist der Betreuer selbst (oder seine Erben). Ist ein Gegenbetreuer bestellt, so muss zunächst diesem die Rechnung vorgelegt werden (§ 1891 Abs. 1 BGB). Mit der Pflicht korrespondiert auf der anderen Seite ein Auskunftsanspruch gegenüber der Behörde, der nicht schon durch die Bezugnahme auf die Betreuungsakte erfüllt wird[29].

16 Anschließend hat der Betreuer beim Betreuungsgericht die Rechnung einzureichen (§ 1892 Abs. 1 BGB), das sie überprüft und durch Verhandlung mit den Beteiligten ihre Abnahme vermittelt (§ 1892 Abs. 2 Satz 1 BGB). Häufig genügt es, dass das Gericht die Abrechnung mit den von ihm gemachten Vermerken den Erben des Betreuten bzw. dem neuen Betreuer übersendet. **Abnahme der Rechnung** bedeutet, dass die Rechnung als mindestens förmlich ordnungsgemäß entgegengenommen wird[30]. Die Entlastung kann schriftlich erfolgen; wird sie mündlich erteilt, ist sie zu protokollieren. Wird sie durch den neuen Betreuer erteilt, bedarf sie der gerichtlichen Genehmigung gem. § 1812 BGB[31].

Vorsicht ist anzuraten, wenn ein neuer Betreuer dem ehemaligen Betreuer, der von der Rechnungslegung nach §§ 1854, 1857a BGB befreit war, Entlastung erteilen will. Die Entlastung wäre als pflichtwidrig einzustufen, wenn sich der neue Betreuer nicht zuvor die Rechnungsunterlagen des alten Betreuers zur Überprüfung hat vorlegen lassen. Das Gericht versucht die Ergänzung und Berichtigung der Schlussrechnung zu erreichen, wenn die Rechnungsprüfung oder die Beanstandung eines Beteiligten dazu Anlass geben[32]. Ein Anspruch auf Entlastung besteht allerdings nicht[33]. Wegen der streitigen Punkte haben die Beteiligten die Möglichkeit, den Rechtsweg zu bestreiten. Soweit die Rechnung als richtig anerkannt wird, hat das Gericht dies zu beurkunden (§ 1892 Abs. 2 Satz 2 BGB).

17 Eine vorbehaltlose **Entlastung** stellt nach h.M. ein **negatives Schuldanerkenntnis** dar[34]. Allerdings ist in der Regel anzunehmen, dass damit ein Verzicht auf unbekannte Ansprüche regelmäßig nicht gewollt ist; das Anerkenntnis erfasst nur den Bestand der aus der Abrechnung ersichtlichen Forderungen[35], es sei denn, es würde ein Generalverzicht

---

25 Vgl. RGZ 61, 128, 133

26 Vgl. BayOLG BtPrax 2001, 39, 40; LG Essen, Beschluss vom 18.5.2000 – 7 T 140/00 (unveröffentlicht), zum Inhalt vgl. Grothe, Rechtspfleger 2005, 173

27 LG Saarbrücken, BtPrax 2009, 195; Jürgens-von Crailsheim, § 1890 BGB, Rn. 10 (m.w.N. zu der Frage, ob ein neuer Betreuer zugunsten des Vorgängers verzichten kann)

28 Vgl. BayOLG BtPrax 2001, 39, 40; LG Saarbrücken BtPrax 2009, 195

29 OLG Schleswig-Holstein, FamRZ 2006, 574

30 Vgl. Erman-Schulte-Bunert, § 1892 BGB, Rn. 3; vgl. MK-Spickhoff, § 1892 BGB, Rn. 2

31 BayObLG BtPrax 2001, 39; MK-Spickhoff, § 1892 BGB, Rn. 5

32 Vgl. Erman-Schulte-Bunert, § 1892 BGB, Rn. 2

33 Damrau/Zimmermann, § 1892 BGB, Rn. 8

34 Vgl. Motive IV, 1188; vgl. Erman-Schulte-Bunert, § 1892 BGB, Rn. 3 a; Damrau/Zimmermann, § 1892 BGB, Rn. 7

35 Staudinger-Veit, § 1892 BGB, Rn. 19

erklärt, was sich aber nicht empfiehlt. Ein Anspruch des Betreuers auf Entlastung durch die Erben besteht nicht. Eine Klage gegen die Erben vor dem Prozessgericht, dass die Vermögensabrechnung ordnungsgemäß erfolgte, ist mangels Bestimmtheit unzulässig[36].

Die Rechenschaftslegungspflicht aus §§ 1890, 1892 BGB trifft auch solche Betreuer, die **18**
von der Rechnungslegung befreit sind, d.h. Vereins-, Behördenbetreuer und nahe Angehörige (siehe § 1857a Abs. 1 Satz 1, 2 BGB). Diese müssen eine abschließende Vermögensübersicht nach dem Stand des Todestags des Betreuten einreichen[37]. Eine Befreiung ist insoweit nicht angebracht. Allerdings wird man einen Überblick über die Entwicklung ausreichen lassen können, die in größeren Abständen eingereichten Übersichten genügen dagegen nicht[38].

2. Weitere verpflichtende Abschlusstätigkeiten des Betreuers

Neben der Rechnungslegung ist der Betreuer nach Beendigung der Betreuung verpflichtet, **19**
einen **Schlussbericht** (§ 1840 Abs. 1 BGB und eine **Schlussabrechnung** gemäß §§ 1840 Abs. 2, 1842 BGB) abzugeben, jeweils für die Zeit ab dem letzten Bericht (vgl. dazu Teil D Rn. 30 ff.).

Der Betreuer hat den Tod des Betreuten unter Vorlage der Sterbeurkunde dem Betreuungsgericht mitzuteilen[39]. Darüber hinaus sind die Verwandten zu ermitteln und zu informieren. Ist die Ermittlung aufwändig, besteht ein Bedürfnis, einen Nachlasspfleger zu bestellen (§ 1960 Abs. 2 BGB); dieses Amt kann auch der Betreuer übernehmen (vgl. dazu auch unten Rn. 29).

Nach Beendigung der Betreuung ist der Betreuer verpflichtet, seine Bestallungsurkunde **20**
zurückzugeben (§§ 1908i Abs. 1 i.V.m. 1893 Abs. 2 Satz 1 BGB); bei Verlust der Urkunde erfolgt keine Kraftloserklärung, weil die Urkunde nicht unter § 172 BGB fällt, mithin keinen Rechtschein begründet.

Der Betreuer hat ferner darauf zu achten, die Unterlagen bezüglich der Betreuung noch **21**
längere Zeit aufzubewahren, da er auch nach der Beendigung dem Betreuten gegenüber gemäß §§ 1833, 1908 BGB haftet. Dieser Anspruch geht bei Tod des Betreuten auf dessen Erben über.

Diese Abschlusstätigkeiten sind mit der vorherigen Pauschalvergütung abgegolten[40].

36 LG Rottweil FamRZ 2000, 33
37 OLG Thüringen Rpfleger 2001, 75
38 Jürgens-von Crailsheim, § 1892 BGB, Rn. 2
39 Zimmermann, ZEV 2004, 453
40 OLG München BtPrax 2006, 233; a.A. Deinert BtPrax Spezial 2005, 13/16

IV. Fortführung der Geschäfte, §§ 1893, 1698a und 1698b i.V.m. § 1908i Abs. 1 Satz 1 BGB

§ 1893 BGB Fortführung der Geschäfte nach Beendigung der Vormundschaft, Rückgabe von Urkunden

(1) Im Falle der Beendigung der Vormundschaft oder des vormundschaftlichen Amtes finden die Vorschriften der §§ 1698a, 1698b entsprechende Anwendung.

(2) [1]Der Vormund hat nach Beendigung seines Amts die Bestallung dem Betreuungsgericht zurückzugeben. [2]In den Fällen der §§ 1791a, 1791b ist die schriftliche Verfügung des Betreuungsgerichts, im Falle des § 1791c die Bescheinigung über den Eintritt der Vormundschaft zurückzugeben.

1. Fortführung der Geschäfte nach Beendigung der Betreuung, §§ 1893, 1698a BGB

1698a BGB Fortführung der Geschäfte nach Beendigung der elterlichen Sorge

(1) [1]Die Eltern dürfen die mit der Personensorge und mit der Vermögenssorge für das Kind verbundenen Geschäfte fortführen, bis sie von der Beendigung der elterlichen Sorge Kenntnis erlangen oder sie kennen müssen. [2]Ein Dritter kann sich auf diese Befugnis nicht berufen, wenn er bei der Vornahme eines Rechtsgeschäfts die Beendigung kennt oder kennen muss.

(2) Diese Vorschriften sind entsprechend anzuwenden, wenn die elterliche Sorge ruht.

22 Endet die Betreuung durch Tod des Betreuten oder wird das Amt eines konkreten Betreuers z.B. durch Entlassung beendet, darf der bisherige Betreuer die Geschäfte fortführen, bis er Kenntnis von der Beendigung der Betreuung erlangt hat oder sie kennen müsste (§§ 1893 Abs. 1, 1698a Abs. 1 Satz 1 BGB). Da der Betreuer von seiner Entlassung regelmäßig Kenntnis hat, kommt sie praktisch nur beim Tod des Betreuten in Betracht. Die Vertretungsmacht des Betreuers besteht also bis zum Zeitpunkt der Kenntnis fort. Durch diese Regelung wird eine Haftung nach § 1833 BGB ausgeschlossen, es sei denn, der ehemalige Betreuer geriert sich vorsätzlich entgegen besserem Wissen oder fahrlässig unwissentlich nach Beendigung der Betreuung als Betreuer.

23 Über die in dieser Zeit getätigten Geschäfte ist der vermeintliche Betreuer nach den Bestimmungen des Betreuungsrechts zur Rechnungslegung und Herausgabe verpflichtet. Er hat ein Recht auf Vergütung und Erstattung seiner Auslagen[41]. Von ihm während dieser Zeit getätigte genehmigungspflichtige Rechtsgeschäfte können vom Betreuungsgericht genehmigt werden, wenn dieses ebenfalls die Beendigung des Amts nicht kennt[42].

2. Geschäftsbesorgung bei Tod des Betreuten, §§ 1893, 1698b BGB

§ 1698b BGB Geschäftsbesorgung bei Tod des Kindes

Endet die elterliche Sorge durch den Tod des Kindes, so haben die Eltern die Geschäfte, die nicht ohne Gefahr aufgeschoben werden können, zu besorgen, bis der Erbe anderweit Fürsorge treffen kann.

41 Damrau/Zimmermann, § 1698a BGB, Rn. 2
42 Damrau/Zimmermann, § 1893 BGB, Rn. 3

Ist der Betreute verstorben und sein Erbe unbekannt oder verhindert, steht dem Betreuer unter besonderen Voraussetzungen ausnahmsweise eine **„Notgeschäftsführungsbefugnis"** zu (§§ 1893 Abs. 1, 1698b BGB). Danach ist der Betreuer beim Tod des Betreuten verpflichtet und berechtigt, die Geschäfte weiterzuführen, mit deren Aufschub Gefahr verbunden ist, bis der Erbe anderweitig Fürsorge treffen kann[43]. Es kommen grundsätzlich jedoch nur solche unaufschiebbaren Geschäfte in Betracht, zu deren Vornahme der Betreuer – sofern erforderlich – vor der Beendigung auch verpflichtet gewesen wäre[44]. Die Geschäfte müssen insbesondere in seinen Aufgabenkreis fallen. Unterlässt der Betreuer solche gebotenen Tätigkeiten oder verkennt er deren Dringlichkeit, unterliegt er der Haftung nach § 1833 BGB[45]. Auf der anderen Seite sind die im Rahmen des § 1698b BGB vorgenommenen Handlungen auch zu vergüten, da der Betreuer gesetzlich verpflichtet ist[46]. Allerdings ist hier eine Einzelaufstellung zu fordern[47]. **24**

Für Sachverhalte, die erst nach der Beendigung der Betreuung aufgetreten sind, ist der Betreuer nicht mehr zuständig.

Der Betreuer muss also genau abwägen, welche Geschäfte er vornimmt. Er sollte daher unverzüglich mit den Erben Kontakt aufnehmen. Insbesondere die Kündigung von Wohnraum des verstorbenen Betreuten und dessen Räumung oder die Beantragung eines Erbscheins unterliegen nicht der Dringlichkeit und sind deshalb regelmäßig den Erben zu überlassen[48]. Dagegen sind Gefahrenquellen zu beseitigen (z.B. Gefahr des Zufrierens von Heizungsrohren)[49].

3. Bestattung[50]

a. Öffentlich-rechtlich: Leichenverordnungen

Zur Betreuung gehört grundsätzlich nicht die Totenfürsorge, da die Betreuung schon ihrem Wesen nach auf die Sorge um einen lebenden Menschen ausgerichtet ist. Auch aus der Notgeschäftsführungsbefugnis ist dies nicht herzuleiten. Die Totenfürsorge umfasst insbesondere die Bestimmung des Orts der Bestattung oder die Sorge für die Bestattung an einem von dem Toten bestimmten Ort. Gegebenenfalls muss die Leiche dahin umgebettet werden. Maßgeblich ist in erster Linie der Wille des Verstorbenen hinsichtlich Art und Ort der Bestattung. Ist ein Wille nicht erkennbar, greifen die gesetzlichen Bestimmungen oder Gewohnheitsrecht[51]. **25**

In den Leichenverordnungen zu den landesspezifischen Polizei- und Ordnungsbehördengesetzen bzw. dem in einigen Ländern als Landesrecht weitergeltenden Gesetz über die Feuerbestattung vom 15. Mai 1934[52] ist festgelegt, dass die nächsten Familienangehörigen des Verstorbenen[53] für die Bestattung des Toten zu sorgen haben bzw. dafür sorgen **26**

43 Ansonsten haftet der Betreuer eventuell nach §§ 1833, 1908i Abs. 1 Satz 1; Erman-Schulte-Bunert, § 1893 BGB, Rn. 3
44 Bienwald, § 1908d BGB, Rn. 59; vgl. BGH FamRZ 1967, 462, 463
45 Erman-Schulte-Bunert, § 1893 BGB Rn. 3
46 OLG München BtPrax 2006, 233 = FamRZ 2006, 1787; Dodegge, NJW 2005, 1896, 1899
47 Anders wohl LG Stendal BtPrax 2006, 234: für Pauschalvergütung
48 Klinger/Roth, Der Tod des Betreuten – Abschlusstätigkeit des Betreuers, NJW-Spezial 2005, 253
49 Zu den vergütungsrechtlichen Aspekten bei Tätigkeiten nach dem Tod des Betreuten vgl. Deinert-Lütgens, Rn. 772 ff.
50 Vgl. Deinert, in: Festschrift für W. Bienwald, S. 33 ff.; ders., BtPrax 2016, 96 ff.
51 RGZ 154, 269, 270 f.; BGHZ 61, 238
52 RGBl. I S. 380; eine Sammlung der einschlägigen bundes- und landesrechtlichen Vorschriften findet sich in Deinert/Jegust, Todesfall- und Bestattungsrecht, 2. Auflage, Bundesanzeiger Verlag 2005.
53 D.h. Ehegatten, Kinder, Großeltern, Enkelkinder, Geschwister, Geschwisterkinder und Verschwägerte 1. Grades (in dieser Reihenfolge)

dürfen, auch wenn sie nicht zu Erben berufen sind[54]. Eine Ausnahme macht Rheinland-Pfalz, wo § 9 des BestattungsG an erster Stelle die Erben zur Durchführung der Bestattung verpflichtet.[55] In Ländern, in denen die Totenfürsorge nicht ausdrücklich geregelt ist, obliegt sie gewohnheitsmäßig dem Ehegatten oder den genannten nächsten Angehörigen in der gleichen Reihenfolge[56]. Näheres ergibt sich aus dem FeuerbestattG. War der Verstorbene im Todeszeitpunkt geschäftsunfähig, ist derjenige vorrangig vor den Totenfürsorgeberechtigten Angehörigen für die Bestattung zuständig, dem die Sorge für die Person des Verstorbenen oblag (§ 5 FeuerbestattG). War einer der Angehörigen zum Betreuer bestellt, so steht ihm vorrangig das Recht der Totenfürsorge zu[57].

Der Betreuer hat demnach grundsätzlich nur die Aufgabe, den Ehegatten oder die Angehörigen bzw. gegebenenfalls das Ordnungsamt oder den Leiter der Einrichtung über die bestattungsbedürftige Leiche zu informieren.

27 Sind Angehörige nicht vorhanden, nicht rechtzeitig erreichbar oder erheben sie keinen Widerspruch, handelt der Betreuer nicht unrechtmäßig, wenn er die Bestattung selbst vornimmt[58]. Er kann hierfür nach einer Ansicht allerdings keine Betreuungsvergütung verlangen, da es sich nicht um eine Notmaßnahme handelt[59]. Eine andere Ansicht geht davon aus, dass er die Kosten der Bestattung, die über das von anderen Erlangbare hinausgehen, aus dem verwalteten Vermögen zuschießen bzw. vorschussweise zahlen darf, wenn es ihm mangels Vorhandenseins, Erreichbarkeit oder aufgrund Verzichts eines vorrangig Berechtigten auf sein Bestattungsrecht erlaubt ist, die Bestattung zu veranlassen[60]. Aufwendungsersatz für Beträge, die der Betreuer anlässlich der Bestattung aufgewendet hat, sei nach § 1835 BGB analog zu leisten.

28 Eine Betreuungsvergütung kann der Betreuer auch dann nicht verlangen, wenn er von dem Betreuten mit der Durchführung der Bestattung beauftragt wurde. Er handelt in diesem Fall nämlich nicht in seiner Eigenschaft als Betreuer, sondern als Bevollmächtigter. Möglich ist aber ein Anspruch des Betreuers gegen den Erben aus Auftragsrecht gem. §§ 669 ff. i.V.m. § 1968 BGB[61].

b. Privatrechtlich: Erbe/Nachlasspfleger

aa. Nachlasspflegschaft

29 Die Sicherung des Nachlasses obliegt ebenfalls nicht dem Betreuer. Dafür ist das Nachlassgericht zuständig, und zwar grundsätzlich dasjenige, in dessen Bereich der Verstorbene seinen letzten Wohnsitz hatte (siehe §§ 343 ff. FamFG).

Ein Nachlasspfleger kann gem. § 1960 BGB Abs. 2 „für denjenigen, welcher Erbe wird" bestellt werden[62], wenn Erben unbekannt oder nicht erreichbar sind. Er hat die Pflicht, den

54 Siehe z.B. § 12 Hess. Friedhofs- und Bestattungsgesetz, § 18 Sächs. Bestattungsgesetz, § 2 LeichenVO NRW, Art. 15 Bayerisches Bestattungsgesetz

55 Bei Nichterreichbarkeit der Erben sind die Angehörigen berufen; diese Regelung geht dem Notgeschäftsführungsrecht des Betreuers vor, vgl. Deinert, BtPrax 2016, 97.

56 BGH FamRZ 1978, 15; BGH FamRZ 1992, 657

57 LG Bonn FamRZ 1993, 1121, 1122

58 Bienwald, § 1908d BGB, Rn. 65

59 LG Frankenthal Rpfleger 1995, 504; vgl. LG Koblenz, BtPrax 1995, 184, 185; vgl. MK-Fröschle, § 1835 BGB, Rn. 23; vgl. LG Bochum Rpfleger 1985, 147; Deinert-Lütgens, Rn. 778 ff.

60 Bienwald, § 1908d BGB, Rn. 67

61 Deinert-Lütgens, Rn. 781. In Sachsen ergibt sich abweichend von diesen Grundsätzen aus § 10 des Sächs. BestattG i.V.m. Ziff. 1.1 der Verwaltungsvorschrift zum Sächs. BestattG, dass „sonstige Sorgeberechtigte" nachrangig nach den Angehörigen die Bestattung durchführen müssen. Damit soll allerdings nicht der Betreuer gemeint sein (VG Leipzig FamRZ 2007, 1896).

62 Zur Nachlasspflegschaft insgesamt vgl. Jochum/Pohl, Nachlasspflegschaft, 4. Auflage, Bundesanzeiger Verlag 2009

Nachlass zu sichern, bis die Erben ermittelt sind. Der Nachlasspfleger kann personenidentisch sein mit dem ehemaligen Betreuer. In den Fällen, in denen der ehemalige Betreuer gegen den Nachlass noch Vergütungsansprüche geltend machen kann, kann er allerdings nicht zum Nachlasspfleger bestellt werden. Die beiden Ämter sind jedenfalls strikt zu trennen, da die Betreuung dem Wesen nach auf eine Tätigkeit zu Lebzeiten des Betreuten gerichtet ist und die Nachlasspflegschaft- bzw. -verwaltung auf eine Tätigkeit nach seinem Tod.

bb. Kosten der Bestattung

Der Erbe trägt die Kosten der Bestattung des Erblassers (§ 1968 BGB), so dass dem Bestat- 30
tungsberechtigten, der die Kosten der Beerdigung übernommen hat, ein Ersatzanspruch gegen den Erben zusteht. Falls die Kosten dem Erben gegenüber nicht durchsetzbar sind, haften die Unterhaltspflichtigen (§§ 1360a Abs. 3, 1361 Abs. 4 Satz 3, 1615 Abs. 2 BGB), wenn der Betreute unterhaltsberechtigt war [63]. Wenn der Betreute stirbt, entstehen dem Betreuer daher insoweit keine Kosten, es sei denn, er ist Erbe. Er kann gegebenenfalls als Bestattungsberechtigter (z.B., weil er Angehöriger ist) vom Erben Ersatz verlangen (§ 1968 BGB).

Legt der Betreuer den zur Bestattung erforderlichen Betrag vor, hat er folglich vorrangig gegenüber dem Erben, ansonsten gegenüber den Unterhaltsschuldnern einen Anspruch auf Aufwendungsersatz.

4. Privatrechtliches Handeln nach dem Ende der Betreuung

Nimmt der Betreuer ein Geschäft in Kenntnis der Beendigung der Betreuung vor, so han- 31
delt er im Außenverhältnis als Vertreter ohne Vertretungsmacht (§§ 177 f. BGB), im Verhältnis zum Betreuten oder dessen Erben als Geschäftsführer ohne Auftrag (§§ 677 f. BGB). Im Außenverhältnis hängt die Wirksamkeit des Handelns von der nachträglichen Genehmigung des Betreuten (oder seiner Erben bzw. seines neuen Betreuers) ab (§ 177 Abs. 1 BGB). Handelt der Betreuer ohne Vertretungsmacht und außerhalb der oben geschilderten Notgeschäftsführung, haftet er gemäß § 179 BGB[64].

Die Rechtsfolgen bestimmen sich entscheidend danach, ob das Geschäft im Interesse des 32
Geschäftsherrn, hier also im Interesse des Betreuten, liegt. Handelt der ehemalige Betreuer im Interesse des Betreuten, ist eine so genannte **berechtigte Geschäftsführung ohne Auftrag** gegeben. Durch diese berechtigte Geschäftsführung entsteht ein gesetzliches Schuldverhältnis, das sowohl für den ehemaligen Betreuer (Geschäftsführer) als auch für den Betreuten (Geschäftsherrn) Rechte und Pflichten begründet. Die wichtigste Pflicht des Geschäftsherrn (Betreuter) besteht darin, die Aufwendungen des Geschäftsführers für dieses Geschäft zu ersetzen, und zwar im gleichen Umfang, wie sie ein wirksam bestellter Betreuer zu beanspruchen hat (§ 683 Satz 1 i.V.m. § 670 BGB).

Fraglich ist, ob die reine Tätigkeit als „Aufwendung" zu charakterisieren und damit zu vergüten ist. Für die sogenannten freien Berufe, also beispielsweise Ärzte, wird dies in anderen Zusammenhängen[65] von der Rechtsprechung angenommen. Jedoch liegt die Situation hier etwas anders: Mit der Beendigung der Betreuung ist der Betreuer im Verhältnis zum (ehemals) Betreuten kein Betreuer mehr, sondern wie eine Privatperson zu behandeln. Als solche kann sie aber für ihre Zeit, die sie ja freiwillig geopfert hat, kein Geld verlangen[66].

---

63 Erman-Hom, § 1968 BGB, Rn. 4; LG Bonn FamRZ 1993, 1121, 1122
64 Vgl. Spranger, BtPrax 1999, 174, 176
65 Beispiel: Behandlung eines nicht ansprechbaren Unfallopfers
66 Anderes gilt für ein Handeln im Rahmen des § 1698b, vgl. oben Rn. 24.

Lediglich die darüber hinausgehenden Aufwendungen sind zu ersetzen. Die Ansprüche, die dem Betreuer aus solchen Geschäften zustehen könnten, muss er im ordentlichen streitigen Verfahren und nicht im Verfahren der freiwilligen Gerichtsbarkeit geltend machen[67].

33 Der ehemalige Betreuer hat als Geschäftsführer nach § 677 BGB das Geschäft so zu führen, wie es das Interesse des Geschäftsherrn mit Rücksicht auf dessen wirklichen oder mutmaßlichen Willens erfordert; verletzt er diese Pflicht schuldhaft, hat er den dadurch verursachten **Schaden zu ersetzen** (§§ 677, 280 Abs. 1 BGB).

Wurde der **Betreuer entlassen**, wird man generell davon ausgehen können, dass sein weiteres Handeln regelmäßig nicht dem Interesse des Betreuten entspricht, weil der Grund für die Entlassung gegen eine vernünftige Interessenvertretung spricht. Gleichwohl sind Fälle denkbar, bei denen ein Interesse des Betreuten am Tätigwerden des ehemaligen Betreuers gegeben ist. So kann man davon ausgehen, dass es im Interesse des Betreuten liegt, wenn der frühere Betreuer Zahlungen von Schuldnern des Betreuten entgegennimmt und diese an den Betreuten oder den neuen Betreuer weiterleitet.

Anders sieht es aus, wenn die Betreuung durch den **Tod des Betreuten** beendet wurde. Hier mag es häufiger im Interesse der Erben liegen, dass der Betreuer, der sich jahrelang um bestimmte Angelegenheiten des Betreuten gekümmert hat und die entsprechenden Erfahrungen erworben hat, noch über das Ende der Betreuung hinaus für den Nachlass tätig wird. Dies wird vor allem bei Vermögensangelegenheiten in Betracht kommen. Ist der Erbe an einer weiteren Tätigkeit des Betreuers interessiert, kann er ihn für sich selbst beauftragen; eine Tätigkeit als Geschäftsführer ohne Auftrag für den (verstorbenen) Betreuten ist dann nicht mehr notwendig oder gerechtfertigt.

34 Entspricht die **Geschäftsbesorgung** nicht dem Willen und Interesse des Betreuten, ist sie also **unberechtigt**, dann muss sie unterbleiben. Nimmt der ehemalige Betreuer dennoch Geschäfte für den Betreuten vor, handelt er rechtswidrig und hat einen dadurch verursachten Schaden nach § 678 BGB zu ersetzen, wenn er wusste oder fahrlässig nicht erkannte, dass er sich durch sein Verhalten im Widerspruch zum Willen des Betreuten setzte. Dieser Schadenersatz besteht auch dann, wenn der ehemalige Betreuer bei der Durchführung der Geschäftsbesorgung die notwendige Sorgfalt beachtete (so genanntes Übernahmeverschulden).

5. Zustimmung zur Organentnahme

35 Ist der Betreute verstorben, kann es im Einzelfall noch zur Kompetenz des Betreuers gehören, darüber zu entscheiden, ob dem Betreuten Organe entnommen werden dürfen. Gemäß § 4 Abs. 2 Satz 5 Transplantationsgesetz (TPG) steht dem nächsten Angehörigen eine volljährige Person gleich, die dem möglichen Organspender „bis zu seinem Tode in besonderer persönlicher Verbundenheit offenkundig nahegestanden hat"[68]. Der Betreuer kann eine solche Person im Sinne des TPG sein.

67 OLG Köln FamRB 2002, 176 f.
68 Zimmermann, ZEV 2004, 453, 454

V. Tod des Betreuers

§ 1894 Anzeige bei Tod des Vormunds

(1) Den Tod des Vormundes hat dessen Erbe dem Betreuungsgericht unverzüglich anzuzeigen.

(2) Den Tod des Gegenvormundes oder eines Mitvormundes hat der Vormund unverzüglich anzuzeigen.

Beim Tod des Betreuers muss dessen Erbe unverzüglich, d.h. ohne schuldhaftes Zögern (§ 121 BGB), dem Betreuungsgericht den Tod anzeigen (§ 1894 Abs. 1 BGB). Stirbt der Gegen- oder Mitbetreuer, ist dies Aufgabe des Betreuers. Die Anzeigepflicht soll den Betreuer schützen, weil der Erbe des Betreuers natürlich keine Rechte und Pflichten in Bezug auf den Betreuten besitzt. Das Gericht soll in die Lage versetzt werden, schnell zu handeln. 36

Die Informationspflicht des Erben resultiert aus einem gesetzlichen Schuldverhältnis zwischen dem Erben des Betreuers und dem Betreuten[69]. Ein schuldhaftes Unterlassen kann ihn schadensersatzpflichtig machen. Der Erbe ist über seine Anzeigepflicht hinaus nicht verpflichtet, die Geschäfte des Betreuers fortzuführen. Tut er dies doch, handelt er als Geschäftsführer ohne Auftrag (§§ 677 ff. BGB). Der Erbe muss die Unterlagen, die zur Besorgung der Geschäfte des Betreuten notwendig sind und die er erhalten hat, herausgeben, soweit es sich nicht um ganz persönliche Aufzeichnungen des Verstorbenen handelt[70].

Bei Vereins- oder Behördenbetreuern wird in der Regel der Arbeitgeber das Betreuungsgericht informieren[71].

Um im Falle des Todes eines Betreuers Abwicklungsschwierigkeiten zu vermeiden, sollte der Betreuer einem Dritten Vollmacht erteilen, damit dieser die Abwicklungspflichten erledigen kann.

69 Vgl. Staudinger-Veit, § 1894 BGB, Rn. 2
70 Diese gehören nämlich im Gegensatz zu den anderen Unterlagen zum Nachlass (Bienwald, § 1908c BGB, Rn. 13).
71 Man kann eine Verpflichtung hierzu als Konsequenz der Beteiligung bei der Bestellung sehen. Sie ist jedoch ausdrücklich nirgends festgelegt (Bienwald, § 1908c BGB, Rn. 2).

Teil I
Kosten

I. Gerichtskosten

Die Kosten für ein Verfahren setzen sich aus den Gebühren und den Auslagen des Gerichts zusammen. Wofür, von wem und unter welchen Voraussetzungen im gerichtlichen Verfahren auf Bestellung eines Betreuers, der Führung einer Betreuung sowie der Anordnung oder Genehmigung einer Unterbringung – gerichtliche – Kosten erhoben werden, regelt seit dem 1.8.2013 das **Gerichts- und Notarkostengesetz (GNotKG)**[1]. Das GNotKG gliedert sich in einen allgemeinen Vorschriftenteil und ein als Anlage beigefügtes Kostenverzeichnis (KV), das die anfallenden Kosten für einzelne Verfahren und Instanzen sowie die Auslagen auflistet und diese in Anmerkungen bzw. Vorbemerkungen erläutert. 1

Das GNotKG normiert überwiegend Verfahrensgebühren als Gerichtskosten, wobei jede Instanz ein Verfahren bildet. Sämtliche Handlungen des Gerichts – vom Eingang der Anregung/des Antrages bis zur Erledigung der Sache – werden durch die Verfahrensgebühr abgegolten. Zusätzlich sind noch die Auslagen des Gerichts zu zahlen. Gebühren sind auch zu zahlen, wenn ein Antrag zurückgenommen oder zurückgewiesen wird; es wird dann aber ein Nachlass gewährt[2]. Auslagen und Gebühren sind nach der Konzeption des GNotKG nur zu zahlen, wenn ein Kostenschuldner vorhanden ist, also vom Gesetz ausdrücklich bezeichnet oder durch eine Entscheidung des Gerichts bestimmt ist, § 27 Nr. 1 GNotKG.

Keine Aussagen trifft das GNotKG dagegen zu den so genannten außergerichtlichen Auslagen. Dies sind Auslagen, die dem Betroffenen und anderen Verfahrensbeteiligten im Rahmen des jeweiligen gerichtlichen Verfahrens entstanden sind. Dabei handelt es sich etwa um Schreibauslagen, Fahrtkosten oder Kosten für einen Verfahrensbevollmächtigten. Über ihre Erstattung kann im Rahmen des §§ 80 ff., 307, 337 FamFG entschieden werden (dazu unten Rn. 62 ff.).

Das GNotKG regelt auch nicht, wer die Kosten zu tragen hat, die im Rahmen von stationären Unterbringungen des Betroffenen anfallen. Die Kostentragung für die stationäre Aufnahme und ärztliche Behandlung richtet sich nämlich bei krankenversicherten Betroffenen vornehmlich nach §§ 27, 39 SGB V[3], bei nicht Krankenversicherten nach § 48 SGB XII.

1. Anwendungsbereich, § 1 GNotKG

Dass in gerichtlichen Betreuungs- bzw. Unterbringungsverfahren Gerichtskosten zu erheben sind, ergibt sich aus § 1 GNotKG. Er sieht nämlich für die Amtstätigkeit der Betreuungsgerichte in Angelegenheiten der freiwilligen Gerichtsbarkeit die Erhebung von Kosten vor, wenn dies im GNotKG vorgesehen und bundesrechlich nicht anders geregelt ist. Das GNotKG ist auch für Vollstreckungshandlungen des Gerichts der freiwilligen Gerichtsbarkeit anwendbar. 2

§ 1 GNotKG

(1) Soweit bundesrechtlich nichts anderes bestimmt ist, werden Kosten (Gebühren und Auslagen) durch die Gerichte in den Angelegenheiten der freiwilligen Gerichtsbarkeit und durch die Notare für ihre Amtstätigkeit nur nach diesem Gesetz erhoben.

(2) …

1 Artikel 1 des zweiten Gesetzes zur Modernisierung des Kostenrecht (2. Kostenrechtsmodernisierungsgesetz – 2. KostRMoG) vom 23. Juli 2013 (BGBl. I S. 2586)
2 Zimmermann, FamRZ 2013, 1264
3 Vgl. etwa BSG BtPrax 2007, 171 ff.

(3) Dieses Gesetz gilt nicht in Verfahren, in denen Kosten nach dem Gesetz über Gerichtskosten in Familiensachen zu erheben sind. [2]In Verfahren nach der Verordnung (EU) Nr. 655/2014 des Europäischen Parlaments und des Rates vom 15. Mai 2014 zur Einführung eines Verfahrens für einen Europäischen Beschluss zur vorläufigen Kontenpfändung im Hinblick auf die Erleichterung der grenzüberschreitenden Eintreibung von Forderungen in Zivil- und Handelssachen werden Kosten nach dem Gerichtskostengesetz erhoben.

(4) Kosten nach diesem Gesetz werden auch erhoben für Verfahren über eine Beschwerde, die mit einem der in den Absätzen 1 und 2 genannten Verfahren im Zusammenhang steht.

(5) Soweit nichts anderes bestimmt ist, bleiben die landesrechtlichen Kostenvorschriften unberührt für

1. in Landesgesetzen geregelte Verfahren und Geschäfte der freiwilligen Gerichtsbarkeit sowie

2. solche Geschäfte der freiwilligen Gerichtsbarkeit, in denen nach Landesgesetz andere als gerichtliche Behörden oder Notare zuständig sind.

(6) Die Vorschriften dieses Gesetzes über die Erinnerung und die Beschwerde gehen den Regelungen der für das zugrunde liegende Verfahren geltenden Verfahrensvorschriften vor.

a. Angelegenheiten der freiwilligen Gerichtsbarkeit

3 § 1 Abs. 1, 3 und 4 GNotKG nimmt die früheren Regelungen des § 1 KostO auf. § 1 Abs. 6 GNotKG stellt klar, dass die kostenrechtlichen Vorschriften über die Rechtsbehelfe als speziellere Vorschriften den Vorschriften im jeweiligen Verfahren vorgehen. Was der Begriff Angelegenheiten der freiwilligen Gerichtsbarkeit umfasst, ergibt sich aus § 23a Abs. 2 GVG[4]. Bei einem gerichtlichen Verfahren, das die Bestellung eines Betreuers, die Fortführung eines solchen Verfahrens nach Betreuerbestellung oder eine Unterbringungsmaßnahme betrifft, gelten die Vorschriften des FamFG, vgl. §§ 271 ff., 312 ff. FamFG. Insoweit handelt es sich jeweils um eine Angelegenheit der freiwilligen Gerichtsbarkeit, vgl. § 23a Abs. 2 Nr. 1 GVG. In § 1 Abs. 2 GNotKG sind die Verfahren aufgezählt, die in den Anwendungsbereich des GNotKG fallen sollen, aber nicht ausdrücklich in § 23a Abs. 2 GVG genannt sind[5].

Nach Abs. 3 Satz 1 wird das GNotKG nicht angewandt in Verfahren, in denen Kosten nach dem FamGKG zu erheben sind. Nach § 1 FamGKG gilt das Gesetz für Familiensachen. Darunter sind die im Buch 2 des FamFG geregelten Familiensachen zu verstehen. Die Familiensachen ihrerseits sind in § 111 FamFG aufgezählt. Das GNotKG findet mithin Anwendung auf die im Buch 3 des FamFG geregelten Verfahren in Betreuungs- und Unterbringungssachen.

Abs. 3 Satz 2 ist zum 18.1.2016 in Kraft getreten und stellt wegen der nach § 946 Abs. 1 ZPO geltenden Zuständigkeit des Gerichts der Hauptsache klar, dass sich die Gebühren auch dann nach dem GKG bestimmen, wenn das Gericht der Hauptsache, etwa bei der Kostenfestsetzung in FamFG-Angelegenheiten, ein Gericht der freiwilligen Gerichtsbarkeit ist[6].

---

4 Zimmermann, FamRZ 2013, 1264
5 BT-Drs. 11/471 (neu), S. 153
6 Korintenberg-Otto, § 1 GNotKG, Rn. 20

b. Gebühren

§ 1 Abs. 1 GNotKG unterteilt die Gerichtskosten in Gebühren und Auslagen. 4

Unter Gebühren versteht man pauschale Entgelte für die Tätigkeit des Gerichts und der Notare in Hinblick auf eine Amtshandlung[7]. Welche Tätigkeit im Einzelfall eine Gebühr auslöst, regelt das GNotKG ebenfalls.

▶ *Zu den einzelnen Kostentatbeständen vgl. unten Rn. 25 ff.*

c. Auslagen

Als Auslagen bezeichnet das GNotKG Aufwendungen, die das Gericht im Rahmen des gerichtlichen Verfahrens tätigt. Es kann sich um bare Aufwendungen, z.B. Zahlungen an den Sachverständigen, den Verfahrenspfleger oder für Zustellungen, Schreibauslagen, aber auch pauschale Aufwendungen handeln. 5

▶ *Zu den einzelnen Auslagen vgl. unten Rn. 57 ff.*

2. Kostenschuldner, §§ 22, 23 GNotKG

In den §§ 22, 23 GNotKG finden sich Regelungen dazu, von wem die bei Gericht im einzelnen Verfahren angefallenen Kosten zu erheben sind. Die Grundsätze legt § 22 Abs. 1 GNotKG fest. Danach sind bei reinen Antragsverfahren, das heißt gerichtlichen Verfahren, die nur auf Antrag vorzunehmen sind, die (die Gerichtstätigkeit veranlassende) Antragsteller Kostenschuldner. 6

Die bisherige Regelung des § 2 Nr. 5 KostO, wonach bei den so genannten Amtsverfahren derjenige, dessen Interesse wahrgenommen wird, Kostenschuldner ist, hat das GNotKG nicht übernommen. Insoweit wird nun in Verfahren zugunsten bestimmter Personen die Kostenhaftung ausdrücklich geregelt, für Betreuungssachen erfolgt dies in § 23 Nr. 1 GNotKG.

Für Unterbringungssachen war keine ausdrückliche Regelung notwendig, weil eine Inanspruchnahme des Betroffenen in Bezug auf Gebühren eines Unterbringungsverfahrens – wie bereits nach der früheren Regelung des § 128b Kost – unterbleiben soll[8]. Für die Erstattung von Auslagen im Unterbringungsverfahren findet sich eine Regelung in § 26 Abs. 3 GNotKG. Für die Freiheitsentziehungssachen sieht § 23 Nr. 15 GNotKG wie der bisherige § 128c Abs. 3 Satz 1 KostO u.a. den Betroffenen als Kostenschuldner vor, während § 32 GNotKG Regelungen dazu trifft, wie die Kostenhaftung bei mehreren Kostenschuldnern ausgestaltet ist.

Sieht das Gesetz keinen Kostenschuldner vor und hat auch das Gericht niemandem ausdrücklich die Kosten des Verfahrens auferlegt, sind keine Gebühren und Auslagen zu zahlen.

7 BT-Drs. 11/471 (neu), S. 153 f.
8 BT-Drs. 17/11471 (neu), S. 160

a. Kostenschuldner im Antragsverfahren und in bestimmten gerichtlichen Verfahren, §§ 22, 23 GNotKG

§ 22 GNotKG Kostenschuldner im Antragsverfahren, Vergleich

(1) In gerichtlichen Verfahren, die nur durch Antrag eingeleitet werden, schuldet die Kosten, wer das Verfahren des Rechtszugs beantragt hat, soweit nichts anderes bestimmt ist.

(2) Die Gebühr für den Abschluss eines gerichtlichen Vergleichs schuldet jeder, der an dem Abschluss beteiligt ist.

§ 23 GNotKG Kostenschuldner in bestimmten gerichtlichen Verfahren

Kostenschuldner

1. in Betreuungssachen und betreuungsgerichtlichen Zuweisungssachen ist der Betroffene, wenn ein Betreuer oder vorläufiger Betreuer bestellt oder eine Pflegschaft angeordnet worden ist;

...

aa. Betreuungssachen und betreuungsgerichtliche Zuweisungssachen

7 An die Stelle der bisher in § 2 Nr. 5 KostO geregelten Kostenschuldnerschaft des Beteiligten, dessen Interesse wahrgenommen wird, wird durch § 23 Nr. 1 GNotKG für Betreuungssachen der Kostenschuldner ausdrücklich bestimmt. Das ist – ohne Änderung der bisherigen Rechtslage – jeweils der Betroffene im Betreuungsverfahren. Er schuldet die Gebühren der in den Nummer 11101 bis 11105 KV GNotKG. Die Schuldnerschaft entfällt, soweit die Kosten einem Anderen nach § 81 FamFG auferlegt worden sind. Als Betreuungssachen definiert § 271 FamFG Verfahren zur Bestellung eines Betreuers, zur Aufhebung der Betreuung und zur Anordnung eines Einwilligungsvorbehalts sowie sonstige Verfahren, die die rechtliche Betreuung eines Volljährigen (§§ 1896 bis 1908i des Bürgerlichen Gesetzbuchs) betreffen, soweit es sich nicht um eine Unterbringungssache handelt.

Endet ein gerichtliches Verfahren ohne Bestellung eines (vorläufigen) Betreuers oder wird die Betreuerbestellung ausdrücklich abgelehnt, werden Gebühren und Auslagen nicht erhoben, weil das GNotKG in diesen Fällen ausdrücklich keinen Kostenschuldner – auch nicht den Betroffenen[9] – vorsieht. Auch ein Dritter, der die Bestellung eines Betreuers angeregt, haftet in diesem Fall nicht. Das Betreuungsverfahren ist nämlich ein Amtsverfahren, sodass für Dritte eine Kostenschuldnerschaft als Antragsteller nach § 22 GNotKG ausscheidet[10]. Etwas anderes gilt nur, wenn das Gericht insoweit einem Beteiligten die Kosten nach § 81 FamFG auferlegt[11].

Eine solche Auferlegung der Kosten könnte etwa erfolgen, wenn ein Bevollmächtigter, der gegen die Anordnung der Betreuung Beschwerde einlegt, nicht kenntlich macht, dass er im Namen des Betroffenen handelt[12].Kommt es aufgrund der Anregung durch einen Dritten nicht zu einer Anordnung der Betreuung oder Pflegschaft, kann dieser – da es sich um Amtsverfahren handelt – nicht nach § 22 als „Antragsteller" in Anspruch genommen werden.

Die Gebührenfreiheit für eine einstweilige Betreuerbestellung hat das GNotKG nicht übernommen. Nach Nummer 16110 KV GNotKG fällt für die einstweilige Bestellung eines Be-

---

9 BT-Drs. 17/11471 (neu), S. 333
10 Korintenberg-Wilsch, § 23 GNotKG, Rn. 2
11 Zimmermann, FamRZ 2013, 1264, 1266
12 OLG München FamRZ 2006, 1861 f.

treuers eine 0,3 Gebühr an. Nach Satz 1 und 2 Vorbemerkung zu Nummer 16110 KV GNotKG entsteht die Gebühr für die vorläufige Betreuerbestellung allerdings nicht, wenn die vorläufige Betreuung in eine endgültige Betreuung übergeht bzw. die einstweilige Anordnung – etwa vorläufige Erweiterung des Aufgabenkreises im Rahmen einer bestehenden Betreuung nach § 293 FamFG – erfolgt. Das GNotKG benennt insoweit aber keinen Kostenschuldner. Da das Betreuungsverfahren kein Antragsverfahren ist, gilt § 22 GNotKG nicht. Der Betroffene haftet nicht, weil § 23 GNotKG ihn nur zum Kostenschuldner hinsichtlich der Gebühren nach Nummern 11101 bis 11105 KV GNotKG bestimmt. Deshalb kommt eine Kostenerhebung nur in Betracht, wenn das Gericht nach § 27 Nr. 1 GNotKG ausdrücklich einem Beteiligten die Kosten des Verfahrens auferlegt.

Welche Kosten erhoben werden, regelt die Anlage 1 (zu § 3 Absatz 2) Kostenverzeichnis (KV), Tabelle A, dort die Nummern 11100 bis 11105 (dazu unten Rn. 25 ff.).

Als betreuungsgerichtliche Zuweisungssachen definiert § 340 FamFG Verfahren, die die Pflegschaft mit Ausnahme der Pflegschaft für Minderjährige oder für eine Leibesfrucht betreffen, Verfahren, die die gerichtliche Bestellung eines sonstigen Vertreters für einen Volljährigen betreffen sowie sonstige dem Betreuungsgericht zugewiesene Verfahren, soweit es sich nicht um Betreuungssachen oder Unterbringungssachen handelt.

Die Schuldnerschaft wird bei Kostenansatz (dazu § 18 Abs. 1 GNotKG) festgestellt.

bb. Unterbringungsverfahren

Im Unterbringungsverfahren stellt sich die Frage nach dem Kostenschuldner für Gerichts- 8
gebühren nicht, da solche wie nach dem früheren § 128b Satz 1 KostO nicht anfallen. Es fehlt nämlich insoweit – anders als in § 23 Nr. 15 GNotKG für Freiheitsentziehungssachen – an der Bestimmung eines Kostenschuldners. Ohne ausdrückliche Bestimmung eines Kostenschuldners sind keine Gebühren und Auslagen zu zahlen[13]. Auch für eine Verfahrenspflegerbestellung bzw. deren Aufhebung sind keine Kosten zu zahlen, Vorb. 1 Abs. 3 GNotKG[14]. An gerichtlichen Auslagen wird nur vom vermögenden Betreuten die von der Staatskasse an den Verfahrenspfleger gezahlte Vergütung nebst Auslagen erhoben, § 26 Abs. 3 GNotKG i.V.m. Nr. 31015 KV GNotKG (dazu unten Rn. 41, 49). Die Länder haben ihre Unterbringungsgesetze, soweit sie nicht ohnehin Kostenfreiheit vorsehen, dieser Regelung angepasst. Sofern das nicht erfolgt ist, geht § 26 Abs. 3 GNotKG i.V.m. Nr. 31015 KV GNotKG entgegenstehendem Landesrecht vor, Art. 31 GG.

cc. Beschwerdeverfahren

Nach Nr. 11200 KV GNotKG wird für das Beschwerdeverfahren eine 1,0 Gebühr erhoben. 9
Sie ermäßigt sich nach Nr. 11201 KV GNotKG auf eine 0,5 Gebühr, wenn das Beschwerdeverfahren ohne Endentscheidung beendet wird, etwa durch Beschwerderücknahme. Im Beschwerdeverfahren werden vom Betreuten keine Kosten erhoben, sofern das Beschwerdegericht sie ihm nicht ausdrücklich auferlegt, § 25 Abs. 2 Satz 1 GNotKG. Gleiches gilt für weitere Beteiligte, die im Interesse des Betroffenen Beschwerde eingelegt haben sowie gemäß § 25 Abs. 1 GNotKG für den Beschwerdeführer, dessen Rechtsmittel ganz oder teilweise erfolgreich war. Trifft das Rechtsmittelgericht keine Kostenentscheidung, bleibt das Verfahren mangels Kostenschuldner kostenfrei[15].

§ 25 Abs. 2 Satz 1 GNotKG gilt auch für das Rechtsbeschwerdeverfahren, vgl. § 25 Abs. 2 Satz 2 GNotKG. Hier wird nach Nr. 11300 KV GNotKG für das Verfahren eine 1,5 Gebühr erhoben. Sie ermäßigt sich nach Nr. 11301 bzw. 11302 KV GNotKG – je nachdem wie

13 Zimmermann, FamRZ 2013, 1264
14 Zimmermann, FamRZ 2013, 1264, 1267
15 BT-Drs. 17/11471 (neu), S. 161

frühzeitig die Rücknahme erfolgt – auf eine 0,5 bzw. 1,0 Gebühr, wenn das Beschwerdeverfahren ohne Endentscheidung beendet wird, etwa durch Beschwerderücknahme. Die erfolgreiche Rechtsbeschwerde bleibt gemäß § 25 Abs. 1 GNotKG kostenfrei.

b. Weitere Kostenschuldner, § 27 GNotKG

§ 27 Weitere Fälle der Kostenhaftung

Die Kosten schuldet ferner,

1. **wem durch gerichtliche Entscheidung die Kosten des Verfahrens auferlegt sind;**
2. **wer sie durch eine vor Gericht abgegebene oder dem Gericht mitgeteilte Erklärung oder in einem vor Gericht abgeschlossenen oder dem Gericht mitgeteilten Vergleich übernommen hat; dies gilt auch, wenn bei einem Vergleich ohne Bestimmung über die Kosten diese als von beiden Teilen je zur Hälfte übernommen anzusehen sind;**
3. **wer für die Kostenschuld eines anderen kraft Gesetzes haftet und**
4. **der Verpflichtete für die Kosten der Vollstreckung.**

10 Neben dem Betroffenen können weitere Kostenschuldner vorhanden sein, insbesondere, wenn das Gericht einem Verfahrensbeteiligten – nicht dem Betreuten – nach §§ 81, 307, 337 FamFG (dazu unten Rn. 62 ff.) die Kosten auferlegt. Er haftet dann nach § 27 Nr. 1 GNotKG. Ein solcher Fall kann z.B. vorliegen, wenn das Gericht die Bestellung eines Betreuers ablehnt und einem Dritten die Kosten des Verfahrens nach § 81 Abs. 4 FamFG auferlegt, weil dieser wider besseren Wissens behauptet hatte, der Betroffene sei psychisch krank und benötige Hilfe durch einen Betreuer. Es fällt dann eine 0,3 Gebühr nach Nummer 11100 KV GNotKG an.

c. § 32 GNotKG

§ 32 GNotKG Mehrere Kostenschuldner

(1) Mehrere Kostenschuldner haften als Gesamtschuldner.

(2) Sind durch besondere Anträge eines Beteiligten Mehrkosten entstanden, so fallen diese ihm allein zur Last.

11 Mehrere Kostenschuldner in einem Betreuungs- oder Unterbringungsverfahren sind in der Praxis äußerst selten. Es haften dann alle Schuldner als Gesamtschuldner (vgl. § 428 BGB).

Demzufolge kann die Staatskasse von jedem einzelnen Schuldner die gesamten Kosten verlangen, also z.B. einen potenten Schuldner auswählen. Eine Ausnahme ist nach Abs. 2 zu machen, wenn ein Kostenschuldner durch besondere Anträge Mehrkosten verursacht hat, z.B. weil damit ein zusätzliches Gutachten erforderlich wurde oder weitere Fahrtkosten entstanden sind. Sie sind allein diesem Schuldner zur Last zu legen.

3. Fälligkeit und Verfahren

12 Die Fälligkeit der Gerichtskosten bestimmt sich nach §§ 8, 9 GNotKG, die Nichterhebung im Einzelfall nach § 21 GNotKG, ihre Verjährung nach § 6 GNotKG. Verfahrensrechtliche Regelungen, auch im Hinblick auf zulässige Rechtsmittel, finden sich in §§ 18, 81 ff. GNotKG.

a. Fälligkeit, § 8 GNotKG

§ 8 GNotKG Fälligkeit der Kosten in Verfahren mit Jahresgebühren

[1]In Betreuungssachen und betreuungsgerichtlichen Zuweisungssachen werden die Jahresgebühren 11101, 11102 und 11104 des Kostenverzeichnisses, in Nachlasssachen die Jahresgebühr 12311 des Kostenverzeichnisses erstmals bei Anordnung und später jeweils zu Beginn eines Kalenderjahres fällig. [2]In diesen Fällen werden Auslagen sofort nach ihrer Entstehung fällig.

§ 9 GNotGK Fälligkeit der Gerichtsgebühren in sonstigen Fällen, Fälligkeit der gerichtlichen Auslagen

(1) Im Übrigen werden die gerichtlichen Gebühren und Auslagen fällig, wenn

1. **eine unbedingte Entscheidung über die Kosten ergangen ist,**
2. **das Verfahren oder der Rechtszug durch Vergleich oder Zurücknahme beendet ist,**
3. **das Verfahren sechs Monate ruht oder sechs Monate nicht betrieben worden ist,**
4. **das Verfahren sechs Monate unterbrochen oder sechs Monate ausgesetzt war oder**
5. **das Verfahren durch anderweitige Erledigung beendet ist.**

(2) Die Dokumentenpauschale sowie die Auslagen für die Versendung von Akten werden sofort nach ihrer Entstehung fällig.

§ 8 GNotKG übernimmt die Regelung des § 10 FamGKG und greift damit für die Betreu- 13
ungssachen die frühere Regelung des § 92 Abs. 1 Satz 6 KostO auf. Für die gerichtlichen Auslagen wurde die frühere Regelung des § 7 KostO in § 8 Satz 2 GNotKG beibehalten. Grundsätzlich werden die Jahresgebühren erstmals bei Anordnung und später jeweils zu Beginn des Kalenderjahres fällig. Als speziellere Regelung ist für Verfahren, die sich auf eine Betreuung für nur eine einzelne Rechtshandlung des Betreuers beziehen, z.B. Bestellung eines Verhinderungsbetreuers, § 9 GNotKG zu beachten, wonach die Gebühr auch zu anderen Zeitpunkten fällig wird.

b. Nichterhebung, § 21 GNotKG

§ 21 GNotKG Nichterhebung von Kosten

(1) [1]Kosten, die bei richtiger Behandlung der Sache nicht entstanden wären, werden nicht erhoben. [2]Das Gleiche gilt für Auslagen, die durch eine von Amts wegen veranlasste Verlegung eines Termins oder Vertagung einer Verhandlung entstanden sind. [3]Für abweisende Entscheidungen sowie bei Zurücknahme eines Antrags kann von der Erhebung von Kosten abgesehen werden, wenn der Antrag auf unverschuldeter Unkenntnis der tatsächlichen oder rechtlichen Verhältnisse beruht.

(2) [1]Werden die Kosten von einem Gericht erhoben, trifft dieses die Entscheidung. [2]Solange nicht das Gericht entschieden hat, können Anordnungen nach Absatz 1 im Verwaltungsweg erlassen werden. [3]Eine im Verwaltungsweg getroffene Anordnung kann nur im Verwaltungsweg geändert werden.

Wenn das Gericht Kosten verursacht, die bei richtiger Sachbehandlung nicht entstanden 14
wären, werden diese nicht erhoben, § 21 Abs. 1 Satz 1 GNotKG. Ein solcher Fall liegt etwa vor, wenn das Gericht unrichtigerweise annimmt, dass der bestellte Betreuer rechtlich verhindert ist (vgl. §§ 1908i Abs. 1, 1795 BGB), eine Betreuertätigkeit wahrzunehmen und

einen weiteren Betreuer bestellt[16]. Denkbar sind auch Konstellationen, in denen das Gericht überflüssigerweise einen beruflichen Verfahrenspfleger bestellt, z.B. weil übersehen wurde, dass ein geeigneter ehrenamtlicher Verfahrenspfleger vorhanden ist, oder ein Gutachten einholt, obwohl ein vorhandenes Gutachten des Medizinischen Dienstes nach § 282 FamFG hätte verwertet werden können. Von der Erhebung der dadurch verursachten Auslagen kann ebenfalls abgesehen werden.

Nach § 21 Abs. 1 Satz 2 GNotKG können Auslagen, die durch eine von Amts wegen veranlasste Terminverlegung oder Vertagung verursacht wurden, ebenfalls unerhoben bleiben. Das können Auslagen für Zustellungen oder Schreibauslagen sein.

§ 21 Abs. 2 GNotKG betrifft verfahrensrechtliche Aspekte.

c. Verjährung, § 6 GNotKG

§ 6 GNotKG Verjährung, Verzinsung

(1) [1]Ansprüche auf Zahlung von Kosten verjähren in vier Jahren nach Ablauf des Kalenderjahrs, in dem das Verfahren durch rechtskräftige Entscheidung über die Kosten, durch Vergleich oder in sonstiger Weise beendet ist. [2] Bei Betreuungen und Pflegschaften, die nicht auf einzelne Rechtshandlungen beschränkt sind (Dauerbetreuungen, Dauerpflegschaften), sowie bei Nachlasspflegschaften, Nachlass- oder Gesamtgutsverwaltungen beginnt die Verjährung hinsichtlich der Jahresgebühren am Tag vor deren Fälligkeit, hinsichtlich der Auslagen mit deren Fälligkeit. [3]Ansprüche auf Zahlung von Notarkosten verjähren in vier Jahren nach Ablauf des Kalenderjahres, in dem die Kosten fällig geworden sind.

(2) [1]Ansprüche auf Rückerstattung von Kosten verjähren in vier Jahren nach Ablauf des Kalenderjahres, in dem die Zahlung erfolgt ist. [2]Die Verjährung beginnt jedoch nicht vor dem jeweiligen in Absatz 1 bezeichneten Zeitpunkt. [3]Durch die Einlegung eines Rechtsbehelfs mit dem Ziel der Rückerstattung wird die Verjährung wie durch Klageerhebung gehemmt.

(3) [1]Auf die Verjährung sind die Vorschriften des Bürgerlichen Gesetzbuchs anzuwenden; die Verjährung wird nicht von Amts wegen berücksichtigt. [2]Die Verjährung der Ansprüche auf Zahlung von Kosten beginnt auch durch die Aufforderung zur Zahlung oder durch eine dem Schuldner mitgeteilte Stundung erneut; ist der Aufenthalt des Kostenschuldners unbekannt, so genügt die Zustellung durch Aufgabe zur Post unter seiner letzten bekannten Anschrift. [3]Bei Kostenbeträgen unter 25 Euro beginnt die Verjährung weder erneut noch wird sie oder ihr Ablauf gehemmt.

(4) Ansprüche auf Zahlung und Rückerstattung von Kosten werden nicht verzinst.

15 § 6 GNotKG entspricht weitgehend dem früheren § 17 KostO, der seinerseits dem § 5 GKG nachgebildet war. Gegenstand der Verjährung ist bei Dauerbetreuungen die einzelne Jahresgebühr[17], die einzelne Auslage. Ansprüche auf Zahlung von Kosten verjähren ebenso wie Ansprüche auf Rückerstattung von Kosten in vier Jahren nach Ablauf des Kalenderjahres, in dem der Anspruch fällig geworden bzw. die Zahlung erfolgt ist, Abs. 1 Satz 1 und Abs. 2 Satz 1. Mit der im Jahre 2014 erfolgten Änderung des Abs. 1 Satz 2 werden die Begriffe der Dauerbetreuung und -pflegschaft als Betreuungen und Pflegschaften gekennzeichnet, die nicht auf einzelne Rechtshandlungen beschränkt sind. Der Gesetzgeber hat damit klargestellt, dass auch bei einstweiliger Bestellung eines Betreuers gebührenrechtlich eine Dauerbetreuung vorliegen kann. Entscheidendes Kriterium für die Frage, ob eine Dauerbetreuung oder -pflegschaft vorliegt, ist also der Umstand, ob die Betreuung oder Pflegschaft auf einzelne Rechtshandlungen beschränkt ist. Unerheblich ist der Zeit-

16 Dies würde eine Gebühr nach Nr. 11103 KV GNotKG auslösen. Zur unrichtigen Sachbehandlung durch einen Notar vgl. OLG Düsseldorf JurBüro 2016, 589 = NJOZ 2017, 188.

17 Also die Gebühren der Nummern 11101, 11102 und 11104 KV GNotKG

faktor, sprich, ob die Betreuung oder Pflegschaft für bestimmte oder unbestimmte Dauer angeordnet ist[18]. Vorstehendes gilt auch für Auslagen[19].

Die Verjährung beginnt grundsätzlich mit der Fälligkeit der Kosten; hinsichtlich der Jahresgebühren wird indes klar gestellt, dass die Verjährung mit dem Tag vor der Fälligkeit beginnt, damit das Kalenderjahr, zu dessen Beginn die Gebühren fällig werden, mitgerechnet werden kann[20]. Außerdem wird so erreicht, dass die Verjährung bei den Jahresgebühren gleichzeitig mit deren Fälligkeit, also ab dem 2. Jahr zum Beginn des Kalenderjahres, zu laufen beginnt[21]. Da die Verjährung nicht von Amts wegen berücksichtigt wird, Abs. 3 Satz 1, 2. Hs., muss sie vom jeweiligen Schuldner geltend gemacht werden.

4. Geschäftswert

Um die Höhe der Kosten bestimmen zu können, bedarf es der Feststellung, welcher Wert der einzelnen gerichtlichen Tätigkeit zukommt. Nach § 3 GNotKG richten sich die Gebühren nach dem Wert, den der Gegenstand des Verfahrens oder des Geschäfts hat – dem so genannten Geschäftswert. Dieser Wert ist nach der allgemeinen Geschäftswertvorschrift des § 36 GNotKG zu ermitteln, es sei denn, dieser wird durch eine einschlägige Spezialnorm verdrängt. Nach § 36 Abs. 1 GNotKG berechnen sich die Gebühren in einer vermögensrechtlichen Angelegenheit nach dem Wert, den der Gegenstand des Geschäfts zur Zeit der Fälligkeit hat, §§ 3, 95 GNotKG, dem so genannten Geschäftswert. Sofern sich dieser nicht aus den Vorschriften des GNotKG ergibt und sonst auch nicht feststeht, ist er nach billigem Ermessen zu bestimmen. Da es sich bei Betreuungs- und Unterbringungsverfahren jedoch um nichtvermögensrechtliche Angelegenheiten handelt, ist an § 36 Abs. 2 GNotKG anzuknüpfen. Das Verfahren zur Feststellung und Festsetzung des Geschäftswerts richtet sich nach § 79 GNotKG (siehe unten Rn. 21 ff.). 16

a. Bestimmung des Geschäftswerts, § 36 GNotKG

§ 36 GNotKG Allgemeiner Geschäftswert

(1) Soweit sich in einer vermögensrechtlichen Angelegenheit der Geschäftswert aus den Vorschriften dieses Gesetzes nicht ergibt und auch sonst nicht feststeht, ist er nach freiem Ermessen zu bestimmen.

(2) [1]Soweit sich in einer nichtvermögensrechtlichen Angelegenheit der Geschäftswert aus den Vorschriften dieses Gesetzes nicht ergibt, ist er unter Berücksichtigung aller Umstände des Einzelfalls, insbesondere des Umfangs und der Bedeutung der Sache und der Vermögens- und Einkommensverhältnisse der Beteiligten, nach billigem Ermessen zu bestimmen, jedoch nicht über 1 Million Euro.

(3) Bestehen in den Fällen der Absätze 1 und 2 keine genügenden Anhaltspunkte für eine Bestimmung des Werts, ist von einem Geschäftswert von 5 000 Euro auszugehen.

(4) [1]Wenn sich die Gerichtsgebühren nach den für Notare geltenden Vorschriften bestimmen, sind die für Notare geltenden Wertvorschriften entsprechend anzuwenden. [2]Wenn sich die Notargebühren nach den für Gerichte geltenden Vorschriften bestimmen, sind die für Gerichte geltenden Wertvorschriften entsprechend anzuwenden.

18 BT-Drs. 18/3068, S. 7
19 Korintenberg-Otto, § 6 GNotKG, Rn. 6
20 BT-Drs. 17/11471 (neu), S. 155
21 Korintenberg-Otto, § 6 GNotKG, Rn. 6

17 In nichtvermögensrechtlichen Angelegenheiten – dazu gehören **Betreuungs- und Unterbringungsverfahren** – ist der Geschäftswert nach § 36 Abs. 2 und GNotKG zu bestimmen[22].

Nach Absatz 3 beträgt der Geschäftswert, wenn nicht genügend tatsächliche Anhaltspunkte für eine Bestimmung des Wertes vorhanden sind, regelmäßig 5.000,– €. Der Geschäftswert von 5000,– € wird vom Gesetzgeber allerdings nicht als Regelwert verstanden, der pauschal Anwendung für alle nicht ausdrücklich geregelte Sachverhalte angewendet werden soll[23]. Zuerst ist immer zu prüfen, ob der Geschäftswert nach § 36 Abs. 1 oder 2 GNotKG bestimmbar ist.

18 Nach Absatz 2 kann der Wert niedriger oder höher – je unter Berücksichtigung aller Umstände, insbesondere des Umfangs und der Bedeutung der Sache sowie der Vermögens- und Einkommensverhältnisse der Betroffenen – sein, darf 1.000.000,– € indes nicht übersteigen.

Anders als die frühere Vorschrift des § 30 Abs. 3 KostO benennt § 36 Abs. 2 GNotKG Kriterien für die Ermessensausübung zur Ermittlung des Wertes. Zu berücksichtigen sind alle Umstände des Einzelfalls. Insbesondere das wirtschaftliche Gewicht des Geschäfts für die Beteiligten, Auswirkung, Zweck und Wichtigkeit des Geschäfts, die Vermögens- und Einkommenslage der Beteiligten sowie die Müheverwaltung des Gerichts sind daraufhin abzuwägen, ob und inwieweit eine Über- oder Unterschreitung des Regelwertes innerhalb der durch Mindest- und Höchstwert gegebenen Grenzen angebracht erscheint[24].

In der Praxis hatten die Gerichte in der Vergangenheit überwiegend bei Betreuungs- oder Unterbringungsverfahren den Geschäftswert von 3.000,– €, also den Regelwert des damaligen § 30 Abs. 2 Satz 1, Abs. 3 KostO, zugrunde gelegt. Inzwischen geht die gerichtliche Praxis in der Regel entsprechend § 36 Abs. 3 GNotKG von einem Wert von 5000,– € aus[25]. Ein niedrigerer Wert wird allenfalls bei völlig komplikationslosen Betreuungsverfahren mit eng umgrenztem Aufgabenkreis oder entsprechenden Überprüfungs-, Erweiterungs- oder Einschränkungsverfahren in Betracht kommen. Höhere Werte lassen sich bei überdurchschnittlich guter Vermögenslage der Beteiligten, insbesondere des Betreuten, außergewöhnlich schwierigen persönlichen Verhältnissen des Betreuten[26], überdurchschnittlichen rechtlichen Schwierigkeiten, besonderer Bedeutung des Einzelfalles oder besonderen Interessen der Beteiligten rechtfertigen.

Teilweise legen die Gerichte aber auch einen pauschalen Prozentsatz des Reinvermögens des Betroffenen der Wertermittlung zugrunde[27].

19 Auch bei der **notariellen Beurkundung von Patienten- und bei Betreuungsverfügungen** sind die Regelungen des GNotKG zugrunde zu legen. Insoweit handelt es sich um nicht vermögensrechtliche Angelegenheiten i.S. von § 36 Abs. 1 GNotKG. Weder der Wunsch in einer Patientenverfügung nach würdevollem Sterben noch die Anweisungen an Ärzte und Pflegekräfte hinsichtlich zukünftiger ärztlicher oder pflegerischer Maßnahmen ist vermögensabhängig zu bewerten, so dass eine Patientenverfügung keinen unmittelbaren vermögensrechtlichen Bezug aufweist. Anders als nach bisheriger Rechtslage können das Einkommen und das Vermögen des Verfügenden als Kriterium herangezogen werden[28], § 36 Abs. 2 GNotKG. Deshalb dürfte der Wert der Verfügung regelmäßig be-

22 BGH FamRZ 2017, 647: Zur Kontrollbetreuung
23 BT-Drs. 17/11471 (neu), S. 164
24 BayObLG FamRZ 2004, 1302
25 LG Frankfurt/Oder FamRZ 2015, 786 (LS)
26 BayObLG FamRZ 2004, 1302: Selbstbewohntes angemessenes Hausgrundstück bleibt außer Betracht.
27 LG Freiburg FamRZ 2004, 45: 10% des Reinvermögens des Betroffenen
28 Nach altem Recht war das nicht möglich, vgl. OLG Hamm FamRZ 2014, 132 (LS) und 2006, 722 f.

stimmbar sein. Unter Berücksichtigung der Einkommens- und Vermögensverhältnisse des Verfügenden sowie des Umstandes, dass Patientenverfügungen in den letzten Jahren eine immer höhere Bedeutung und Wichtigkeit in der Gesellschaft zugemessen wird, erscheint im Einzelfall eine Erhöhung des Ausgangswertes des § 36 Abs. 3 GNotKG von 5000,– € auf das Zehnfache durchaus gerechtfertigt zu sein[29]. Wertmindernd kann auf der anderen Seite berücksichtigt werden, wenn es sich im Einzelfall um die Beurkundung einer Patientenverfügung mit größtenteils standardisierten Inhalten, also um ein rechtlich einfaches Geschäft des Notars, handelt.

Eine Betreuungsverfügung hat ebenfalls keinen vermögensrechtlichen Gegenstand, sondern ist als Wunsch und Anweisung ohne Außenwirkung eine rein nicht vermögensrechtliche Willenserklärung. Ihr Wert bestimmt sich somit nach § 36 Abs. 2 GNotKG. Für die Wertermittlung gelten bei der Betreuungsverfügung deshalb die vorgenannten Grundsätze.

Nach § 109 Abs. 2 Satz 1 GNotKG haben Patienten- und Betreuungsverfügung immer **20** denselben Gegenstand. Der Gesetzgeber hielt dies wegen des im Vordergrund stehenden nichtvermögensrechtlichen Charakters und des inneren Zusammenhangs für angemessen, auch wenn sie sich an verschiedene Adressaten richten[30]. Der beurkundende Notar erhält deshalb für die Beurkundung einer Patienten- und Betreuungsverfügung insgesamt nur eine 1,0 Gebühr. Beurkundet er daneben eine Vorsorgevollmacht, fällt dafür eine weitere 1,0 Gebühr an, weil die Beurkundung einer Vorsorgevollmacht einerseits und einer Patienten- und Betreuungsverfügung gemäß § 110 Nr. 3 GNotKG verschiedene Beurkundungsgegenstände sind. Da für beide Beurkundungsverfahren eine 1,0 Gebühr anfällt, sind nach § 35 GNotKG die Werte zusammenzurechnen und daraus ist die Gebühr zu berechnen[31].

b. Verfahren, §§ 79, 83 GNotKG

§ 79 GNotKG Festsetzung des Geschäftswerts

(1) [1]Soweit eine Entscheidung nach § 78 nicht ergeht oder nicht bindet, setzt das Gericht den Wert für die zu erhebenden Gebühren durch Beschluss fest, sobald eine Entscheidung über den gesamten Verfahrensgegenstand ergeht oder sich das Verfahren anderweitig erledigt. [2]Satz 1 gilt nicht, wenn

1. **Gegenstand des Verfahrens eine bestimmte Geldsumme in Euro ist,**
2. **zumindest für den Regelfall ein fester Wert bestimmt ist oder**
3. **sich der Wert nach den Vorschriften dieses Gesetzes unmittelbar aus einer öffentlichen Urkunde oder aus einer Mitteilung des Notars (§ 39) ergibt.**

[3]In den Fällen des Satzes 2 setzt das Gericht den Wert nur fest, wenn ein Zahlungspflichtiger oder die Staatskasse dies beantragt, oder wenn es eine Festsetzung für angemessen hält.

(2) [1]Die Festsetzung kann von Amts wegen geändert werden

1. **von dem Gericht, das den Wert festgesetzt hat, und**
2. **von dem Rechtsmittelgericht, wenn das Verfahren wegen des Hauptgegenstands oder wegen der Entscheidung über den Geschäftswert, den Kostenansatz oder die Kostenfestsetzung in der Rechtsmittelinstanz schwebt.**

[2]Die Änderung ist nur innerhalb von sechs Monaten zulässig, nachdem die Entscheidung wegen des Hauptgegenstands Rechtskraft erlangt oder das Verfahren sich anderweitig erledigt hat.

---

29 Ebenso Schmidt, JurBüro 2013, 398, 399
30 BT-Drs. 17/11471 (neu), S. 186
31 Schmidt, JurBüro 2013, 398, 399

§ 83 GNotKG Beschwerde gegen die Festsetzung des Geschäftswerts

(1) [1]Gegen den Beschluss, durch den der Geschäftswert für die Gerichtsgebühren festgesetzt worden ist (§ 79), ist die Beschwerde statthaft, wenn der Wert des Beschwerdegegenstands 200 Euro übersteigt. [2]Die Beschwerde ist auch statthaft, wenn sie das Gericht, das die angefochtene Entscheidung erlassen hat, wegen der grundsätzlichen Bedeutung der zur Entscheidung stehenden Frage in dem Beschluss zulässt. [3]Die Beschwerde ist nur zulässig, wenn sie innerhalb der in § 79 Absatz 2 Satz 2 bestimmten Frist eingelegt wird; ist der Geschäftswert später als einen Monat vor Ablauf dieser Frist festgesetzt worden, kann sie noch innerhalb eines Monats nach Zustellung oder formloser Mitteilung des Festsetzungsbeschlusses eingelegt werden. [4]Im Fall der formlosen Mitteilung gilt der Beschluss mit dem dritten Tag nach Aufgabe zur Post als bekannt gemacht. [5]§ 81 Absatz 3 bis 5 Satz 1 und 4 und Absatz 6 ist entsprechend anzuwenden. [6]Die weitere Beschwerde ist innerhalb eines Monats nach Zustellung der Entscheidung des Beschwerdegerichts einzulegen.

(2) [1]War der Beschwerdeführer ohne sein Verschulden verhindert, die Frist einzuhalten, ist ihm auf Antrag von dem Gericht, das über die Beschwerde zu entscheiden hat, Wiedereinsetzung in den vorigen Stand zu gewähren, wenn er die Beschwerde binnen zwei Wochen nach der Beseitigung des Hindernisses einlegt und die Tatsachen, welche die Wiedereinsetzung begründen, glaubhaft macht. [2]Ein Fehlen des Verschuldens wird vermutet, wenn eine Rechtsbehelfsbelehrung unterblieben oder fehlerhaft ist. [3]Nach Ablauf eines Jahres, von dem Ende der versäumten Frist an gerechnet, kann die Wiedereinsetzung nicht mehr beantragt werden. [4]Gegen die Entscheidung über den Antrag findet die Beschwerde statt. [5]Sie ist nur zulässig, wenn sie innerhalb von zwei Wochen eingelegt wird. [6]Die Frist beginnt mit der Zustellung der Entscheidung. [7]§ 81 Absatz 3 Satz 1 bis 3, Absatz 5 Satz 1, 2 und 4 sowie Absatz 6 ist entsprechend anzuwenden.

(3) [1]Die Verfahren sind gebührenfrei. [2]Kosten werden nicht erstattet.

§ 39 GNotKG Auskunftspflichten

[1]Ein Notar, der einen Antrag bei Gericht einreicht, hat dem Gericht den von ihm zugrunde gelegten Geschäftswert hinsichtlich eines jeden Gegenstands mitzuteilen, soweit dieser für die vom Gericht zu erhebenden Gebühren von Bedeutung ist. [2]Auf Ersuchen des Gerichts hat der Notar, der Erklärungen beurkundet hat, die bei Gericht eingereicht worden sind, oder Unterschriften oder Handzeichen unter solchen Erklärungen beglaubigt hat, in entsprechendem Umfang Auskunft zu erteilen.

(2) [1]Legt das Gericht seinem Kostenansatz einen von Absatz 1 abweichenden Geschäftswert zugrunde, so ist dieser dem Notar mitzuteilen. [2]Auf Ersuchen des Notars, der Erklärungen beurkundet oder beglaubigt hat, die bei Gericht eingereicht werden, hat das Gericht über die für die Geschäftswertbestimmung maßgeblichen Umstände Auskunft zu erteilen.

21 Anders als nach früherer Rechtslage wird der Geschäftswert nicht mehr grundsätzlich vom Urkundsbeamten der Geschäftsstelle nach den erforderlichen Ermittlungen in pflichtgemäßem Ermessen bestimmt. § 79 Abs. 1 Satz 1 GNotKG sieht nun nämlich als Grundsatz vor, dass das Gericht **von Amts wegen** den Wert festzusetzen hat. Die Änderung erfolgte vor dem Hintergrund, dass die Tätigkeiten des Kostenbeamten in den Gerichten zunehmend auf den mittleren Dienst verlagert worden waren und der Kostenbeamte zukünftig nicht mehr mit der Wertermittlung belastet sein soll[32]. Lediglich in einfachen Fällen – sie betreffen allerdings den überwiegenden Teil der in der Praxis auftretenden Fälle – soll das Gericht auf eine Wertfestsetzung verzichten können. Insoweit hat sich der Gesetzgeber in § 79 Abs. 1 Satz 2 Nr. 1 und 2 GNotKG von der Regelung des § 55 Abs. 1 Satz 1 FamGKG leiten lassen, zumal diese Vorschrift sich in der Praxis bewährt hat. Der Kostenbeamte be-

32 BT-Drs. 17/11471 (neu), S. 177, 336

nötigt in diesen Fällen – ebenso wie im Fall der Nr. 3 – die Angaben des Gerichts zum Geschäftswert nicht.

Von einer Wertfestsetzung kann im Betreuungsverfahren auch abgesehen werden, wenn das Gericht in der Hauptsache keinen Betreuer bestellt und ausdrücklich keine Kostenentscheidung trifft. Es fehlt dann an einem Kostenschuldner (dazu unten Rn. 47), sodass es keiner Wertfestsetzung zur Kostenerhebung bedarf. Sieht das GNotKG demgemäß Festgebühren vor, kann das Gericht nach § 79 Abs. 1 Satz 2 Nr. 2 GNotKG von einer Wertfestsetzung absehen. Sieht das Gericht in den genannten Fällen von einer Wertfestsetzung ab, kann diese nach § 79 Abs. 1 Satz 3 GNotKG nur erfolgen, wenn ein Zahlungspflichtiger bzw. die Staatskasse dies beantragt oder das Gericht eine Wertfestsetzung für angemessen erachtet.

Sachlich zuständig für die Festsetzung ist der für das jeweilige zugrunde liegende Verfahren funktional zuständige Rechtspfleger oder Richter. Zuständiges Gericht ist das mit der Hauptsache befasste Gericht, also das für das Betreuungs- oder Unterbringungsverfahren nach den §§ 271 ff., 312 ff. FamFG zuständige Gericht; im Rechtsmittelverfahren das jeweilige zuständige Rechtsmittelgericht.

Der nach § 80 GNotKG möglichen Beweisaufnahme zur Wertermittlung kommt weder im **22**
Betreuungs- und Unterbringungsverfahren noch in anderen Verfahren eine praktische Bedeutung zu[33].

Mit der in § 39 GNotKG geregelten Auskunftspflicht des Notars soll verhindert werden, dass das Gericht aus Unkenntnis bestimmter, dem Notar bekannter Umstände einen anderen Geschäftswert zugrunde legt als der Notar für eine Anmeldung oder Beurkundung. Die Auskunftspflicht des Notars beschränkt sich auf den Geschäftswert als solchen[34]. Relevant werden kann die Vorschrift im Bereich des Betreuungsverfahrens insbesondere dann, wenn es um betreuungsgerichtliche Genehmigungen im Rahmen zuvor beurkundeter Vorsorgevollmachten oder Patientenverfügungen geht, vgl. §§ 1904, 1906 BGB, Nrn. 11103 und 11105 KV GNotKG.

§ 39 Abs. 2 GNotKG stellt klar, dass die Gerichte zur Sicherung des Gleichlaufs zwischen gerichtlicher und notarieller Geschäftswertbestimmung zur Auskunft gegenüber Notaren hinsichtlich einer abweichenden gerichtlichen Geschäftswertbestimmung verpflichtet sind[35].

Die Festsetzung erfolgt durch Beschluss, der zu begründen, sofern er zum Verständnis ei- **23**
ner Begründung bedarf, und allen Beteiligten formlos mitzuteilen ist, § 41 FamFG. Die Begründung kann nachgeholt werden. Gegen einen Festsetzungsbeschluss kann gemäß § 83 Abs. 1 GNotKG Beschwerde eingelegt werden, wenn der Wert der Beschwerde 200,– € übersteigt bzw. die Beschwerde bei darunter liegendem Wert wegen der grundsätzlichen Bedeutung zur zugrunde liegenden Frage ausdrücklich zugelassen worden ist. Gemäß § 83 Abs. 1 Satz 3 GNotKG ist die Frist des § 79 Abs. 2 Satz 2 GNotKG zu beachten. Eine weitere Beschwerde ist gegen die Entscheidung des Beschwerdegerichts (Landgericht) innerhalb eines Monats seit Zustellung der Beschwerdeentscheidung möglich, § 31 Abs. 3 Satz 6. Die Beschwerde kann zur Niederschrift der Geschäftsstelle des Gerichts oder schriftlich ohne Mitwirkung eines Rechtsanwalts eingelegt werden, § 83 Abs. 1 Satz 6 GNotKG.

---

33 Korintenberg-Wilsch § 80 GNotKG, Rn. 3
34 BT-Drs. 17/11471 (neu), S. 165
35 BT-Drs. 17/11471 (neu), S. 165

c. Abgrenzung

24 Die Festsetzung für das gerichtliche Verfahren ist von der anwaltlichen Gebührenfestsetzung nach § 33 RVG zu unterscheiden. Insoweit ist § 23 Abs. 3 Satz 2 RVG maßgeblich für den Wert der anwaltlichen Gebührenfestsetzung[36]. Das führt indes zu keinen inhaltlichen Änderungen, da § 23 RVG mit 5.000,– € denselben Regelwert wie § 36 Abs. 3 GNotKG zugrunde legt.

5. Die einzelnen Kostentatbestände

25 Wie die Kostenordnung geht das GNotKG davon aus, dass die Tätigkeit des Betreuungsgerichts in Betreuungs- und Unterbringungsverfahren grundsätzlich gebührenfrei ist und nur in einzelnen, besonders geregelten Fällen Gebühren erhoben werden. Die die Gebühren auslösenden Tatbestände werden im Kostenverzeichnis (KV) zum GNotKG aufgeführt. Dabei sind im Teil 1 die Gerichtsgebühren und in Teil 2 die Notargebühren aufgelistet; in Teil 3 sind die gerichtlichen Auslagen geregelt. Der **Teil 1** ist wiederum in 9 Hauptabschnitte untergliedert. Die Gebührentatbestände für Betreuungssachen und betreuungsgerichtliche Zuweisungssachen (dazu siehe § 340 FamFG) sind im **1. Hauptabschnitt** zu finden. Einschlägig sind dort die Vorbemerkungen (Vorb.) 1.1 und 3.1, sowie die Nummern 11101 bis 11105, 16110, 13320, 17006, 19110 KV GNotKG und §§ 22 Abs. 1, 23 Nr. 1, 25, 26 und 27 GNotKG. Daneben kommt eine Kostentragung in Betracht, wenn das Gericht einem Beteiligten die Kosten nach § 81 FamFG auferlegt. Soweit das Kostenverzeichnis für bestimmte Verfahren keine Regelung enthält, sollen diese kostenfrei bleiben[37].

Die Höhe der einzelnen Wertgebühr bestimmt sich gemäß § 34 Abs. 1 GNotKG nach Tabelle A oder B. In Betreuungssachen ist die **Tabelle A** anzuwenden. Dies ergibt sich aus der rechten Spalte des KV GNotKG, die angibt, welche Tabelle im Einzelfall Anwendung findet. Soweit das GNotKG eine Verfahrensgebühr vorsieht, wird diese als Wertgebühr für jede Instanz gesondert erhoben. Sie deckt alle Tätigkeiten des Gerichts vom Eingang des Antrages/ der Anregung bis zur Beendigung des Verfahrens in der jeweiligen Instanz ab.

▶ *Zur Gebührenhöhe siehe Anlage 2 (zu § 34 Abs. 3 GNotKG), abgedruckt auf Seite 791*

26 Mit den Gebühren sind die Auslagen des Gerichts nicht abgegolten. Sie müssen deshalb grundsätzlich zusätzlich gezahlt werden, sofern im Einzelfall dafür ein Kostenschuldner (dazu Rn. 6 ff.) vorgesehen ist oder das Gericht die Kosten einem Beteiligten nach § 81 FamFG auferlegt hat. Die einzelnen zu erstattenden Auslagen sind im Teil 3, Hauptabschnitt 1 des KV GNotKG aufgeführt.

a. Dauerbetreuung und Dauerpflegschaft, § 3 GNotKG

§ 3 GNotKG Höhe der Kosten

(1) Die Gebühren richten sich nach dem Wert, den der Gegenstand des Verfahrens oder des Geschäfts hat (Geschäftswert), soweit nichts anderes bestimmt ist.

(2) Kosten werden nach dem Kostenverzeichnis der Anlage 1 zu diesem Gesetz erhoben.

---

36 Dieser Wert lag früher bei 4.000,– € als Regelwert des § 30 Abs. 2 und 3 KostO a.F., vgl. BayObLG FamRZ 2001, 1246 f., wenn nicht besondere Umstände einen höheren Wert rechtfertigen.

37 BT-Drs. 17/11471 (neu), S. 194

Anlage 1 (zu § 3 Absatz 2 GNotKG) Kostenverzeichnis

Teil 1 Gerichtsgebühren

Nr.	Gebührentatbestand	Gebühr oder Satz der Gebühr nach § 34 GNotKG – **Tabelle A**
	Hauptabschnitt 1 **Betreuungssachen und betreuungsgerichtliche Zuweisungssachen**	
Vorbemerkung 1.1: (1) Bei einer Betreuung werden von dem Betroffenen Gebühren nach diesem Abschnitt nur erhoben, wenn sein Vermögen nach Abzug der Verbindlichkeiten mehr als 25 000 € beträgt; der in § 90 Abs. 2 Nr. 8 des Zwölften Buches Sozialgesetzbuch genannte Vermögenswert wird nicht mitgerechnet. ...		
	Abschnitt 1 **Verfahren vor dem Betreuungsgericht**	
...		
11100	Verfahren im Allgemeinen ... Die Gebühr entsteht nicht für Verfahren 1. die in den Rahmen einer bestehenden Betreuung oder Pflegschaft fallen, 2. für die die Gebühr 11103 oder 11105 entsteht oder 3. die mit der Bestellung eines Betreuers oder der Anordnung einer Pflegschaft enden.	0,5
11101	Jahresgebühr für jedes angefangene Kalenderjahr bei einer Dauerbetreuung, wenn nicht Nummer 11102 anzuwenden ist .... (1) Für die Gebühr wird das Vermögen des von der Maßnahme Betroffenen nur berücksichtigt, soweit es nach Abzug der Verbindlichkeiten mehr als 25 000 € beträgt; der in § 90 Abs. 2 Nr. 8 des Zwölften Buches Sozialgesetzbuch genannte Vermögenswert wird nicht mitgerechnet. Ist Gegenstand der Betreuung ein Teil des Vermögens, ist höchstens dieser Teil des Vermögens zu berücksichtigen. (2) Für das bei der ersten Bestellung eines Betreuers laufende und das folgende Kalenderjahr wird nur eine Jahresgebühr erhoben.	10,00 € je angefangene 5 000,00 € des zu berücksichtigenden Vermögens – mindestens 200,00 €
11102	Jahresgebühr für jedes angefangene Kalenderjahr bei einer Dauerbetreuung, die nicht unmittelbar das Vermögen oder Teile des Vermögens zum Gegenstand hat ... Für das bei der ersten Bestellung eines Betreuers laufende und das folgende Kalenderjahr wird nur eine Jahresgebühr erhoben.	300,00 € – höchstens eine Gebühr 11101
11103	Verfahren im Allgemeinen bei einer Betreuung für einzelne Rechtshandlungen ... Die Gebühr wird nicht neben einer Gebühr 11101 oder 11102 erhoben.	0,5 – höchstens eine Gebühr 11101

Anlage 1 (zu § 3 Absatz 2 GNotKG) Kostenverzeichnis

Nr.	Gebührentatbestand	Gebühr oder Satz der Gebühr nach § 34 GNotKG – **Tabelle A**
11104	Jahresgebühr für jedes angefangene Kalenderjahr bei einer Dauerpflegschaft ... (1) Ist Gegenstand der Pflegschaft ein Teil des Vermögens, ist höchstens dieser Teil des Vermögens zu berücksichtigen. (2) Für das bei der ersten Bestellung eines Pflegers laufende und das folgende Kalenderjahr wird nur eine Jahresgebühr erhoben. (3) Erstreckt sich die Pflegschaft auf mehrere Betroffene, wird die Gebühr für jeden Betroffenen gesondert erhoben.	10,00 € je angefangene 5 000,00 € des reinen Vermögens – mindestens 200,00 €
11105	Verfahren im Allgemeinen bei einer Pflegschaft für einzelne Rechtshandlungen ... (1) Die Gebühr wird nicht neben einer Gebühr 11104 erhoben. (2) Erstreckt sich die Pflegschaft auf mehrere Betroffene, ist Höchstgebühr die Summe der Gebühren 11104. ...	0,5 – höchstens eine Gebühr 11104
	Hauptabschnitt 6 Einstweiliger Rechtsschutz	
...		
16110	Verfahren im Allgemeinen, wenn die Verfahrensgebühr für den ersten Rechtszug in der Hauptsache weniger als 2,0 betragen würde ... Die Gebühr entsteht nicht für Verfahren, die in den Rahmen einer bestehenden Betreuung oder Pflegschaft fallen. Sie entsteht ferner nicht für die Bestellung eines vorläufigen Betreuers, wenn in der Hauptsache ein Betreuer bestellt wird.	0,3

aa. Anwendungsbereich

27 Die bislang in in §§ 92 bis 93 KostO a.F. geregelten Gebührentatbestände finden sich nunmehr in den Nummern 11100 bis 11105, 16110 sowie der Vorbemerkung 1 Abs. 3 und der Anmerkung zu Nummer 31015 KV GNotKG. Mit der Überschrift zum Hauptabschnitt 1 stellt der Gesetzgeber klar, dass die nachfolgenden Gebührentatbestände nicht auf Unterbringungssachen (dazu § 312 Nr. 1 bis 4 FamFG) anzuwenden sind. Für Betreuungsverfahren beschreiben die Nummern 11101 bis 11105, 16110 KV GNotKG verschiedene Konstellationen, an die eine Gebührenfolge geknüpft wird.

Für das Betreuungs- und Unterbringungsverfahren sind die vorläufige (dazu §§ 300, 301 FamFG) und die dauerhafte Betreuung jeder Art (dazu §§ 1896 ff. BGB) die Hauptanwendungsfälle. Die Betreuung beginnt mit der wirksamen Bestellung des Betreuers (§§ 1896 ff. BGB, § 287 FamFG) und „überdauert" jedenfalls gebührenrechtlich auch betreuerlose Zwischenzeiten, etwa den Zeitraum zwischen dem Tod des bisherigen Betreuers und Bestellung eines neuen Betreuers, bis zu ihrer Beendigung durch den Tod des Betreuten oder Aufhebung (§ 1908d Abs. 1 Satz 1, Abs. 2 Satz 1 BGB).

Die Jahresgebühr fällt unabhängig von der Dauer der Betreuung, also auch für kurzfristige Betreuungen[38] an. Für vorläufige Betreuerbestellungen fällt – anders als nach der bisherigen Rechtslage[39] – nunmehr eine 0,3 Gebühr laut Nummer 16110 KV GNotKG an. Sie ist allerdings nur von demjenigen zu zahlen, dem das Gericht die Kosten des Verfahrens auferlegt hat (dazu Rn. 7 und 35). Unterbringungsverfahren sind dagegen gerichtsgebührenfrei (dazu unten Rn. 49).

Betrifft das Verfahren eine auf einzelne Rechtshandlungen beschränkte Betreuung, gilt Nummer 11103 KV GNotKG hinsichtlich der Gebühr und § 63 GNotKG hinsichtlich des Geschäftswertes (dazu unten Rn. 36 ff.).

bb. Freibetrag

Nach Vorbemerkung 1.1 (1) und 3.1 (2) KV werden Gebühren und gerichtliche Auslagen nur erhoben, wenn das Vermögen des Betreuten nach Abzug der Verbindlichkeiten 25.000,– € übersteigt. Unterhalb dieser Grenze besteht für den nach § 23 Nr. 1 GNotKG an sich haftenden Betreuten vollständige Gerichtskostenfreiheit. **28**

Das Einkommen des Betreuten bleibt – solange es dem Vermögen nicht zugeführt wird – außer Betracht. Maßgeblich ist das gesamte Vermögen des Betreuten, auch wenn es von einem Dritten verwaltet wird[40]. Von dem Gesamtvermögen sind die Verbindlichkeiten abzuziehen[41]; maßgeblich ist das Reinvermögen. Zum Vermögen rechnen Grundstücke, Bankguthaben, Wertpapiere, Forderungen sowie Renten – allerdings nur, wenn sie nicht zum Unterhalt benötigt werden. Bankguthaben von Konten, die vom Aufgabenkreis der Betreuung nicht erfasst werden, bleiben indes unberücksichtigt[42]. Vermögenswerte finden unabhängig von ihrer tatsächlichen Verfügbarkeit Berücksichtigung[43]. Als Vermögen gilt deshalb auch ein mit einer Nacherbfolge und Testamentsvollstreckung beschwerter Erbanteil, den der Betroffene im Rahmen eines Behindertentestaments erworben hat[44]. Ist der Betroffene allerdings nur Vorerbe, dürfte das dazu gehörende Vermögen um den Wert des Anwartschaftsrechts des Nacherben zu mindern sein[45].

Die Bewertung der aktiven und passiven Vermögensbestandteile erfolgt nach §§ 46 ff. GNotKG. Sachen sind nach §§ 51, 52 GNotKG auch Rechte, wiederkehrende Nutzungen und Leistungen sowie zweifelhafte Ansprüche und Ähnliches. Sie sind nach §§ 36, 51 GNotKG zu bewerten. Maßgeblich ist jeweils der Wert zum Zeitpunkt der Fälligkeit der Jahresgebühren, § 96 GNotKG. Die Feststellung des Vermögenswertes für die Bestimmung einer Jahresgebühr wirkt sich rechtlich auf die Folgejahre grundsätzlich nicht aus[46].

Nach Nummer 11101 Anmerkung (1) KV GNotKG werden Vermögenswerte, die dem § 90 Abs. 2 Nr. 8 SGB XII unterfallen, z.B. das eigengenutzte Eigenheim, bei der Bestimmung des Vermögenswertes zur Berechnung der Gebühr nach Nummer 11101 KV GNotKG nicht mitgerechnet (vgl. dazu die Ausführungen in Teil F Rn. 264 ff.). Belastungen, die auf einem **29**

38 LG Koblenz FamRZ 2005, 1000 (Betreuung für 2 Tage); LG München FamRZ 2004, 389 f., jeweils zur Rechtslage nach der KostO a.F.
39 OLG Köln BtPrax 2013, 161 f.; a.A. zu Unrecht OLG Zweibrücken FamRZ 2006, 875 ff.
40 Z.B. Testamentsvollstrecker, BayObLG FamRZ 1997, 833
41 Z.B. Darlehns-, Grundschuldverbindlichkeiten, aber auch Nießbrauchsbelastungen, Damrau/Zimmermann, Teil 6 KostO, Rn. 6
42 OLG Hamm BtPrax 2015, 81 (LS)
43 OLG Celle BtPrax 2017, 86 (LS)
44 OLG Hamm ZEV 2015, 641; a.A. LG Köln NJOZ 2015, 757
45 LG Augsburg BtPrax 2017, 249, mit Anm. Hofer, BtPrax 2017, 232: Soll der Vermögensstamm dem Nacherben erhalten bleiben, ist der abzusetzende Wert höher anzusetzen.
46 BayObLG FamRZ 2004, 1305 (LS): zur Rechtslage nach der KostO a.F.

solchen angemessenen Hausgrundstück ruhen, sind nach überwiegender Auffassung bei den vom Vermögen abzuziehenden Verbindlichkeiten zu berücksichtigen[47].

30 Entsprechend einer Entscheidung des BVerfG[48] zur teilweisen Verfassungswidrigkeit der früheren Regelung in § 92 Abs. 1 und 2 KostO a.F. findet sich in Nummer 11002 KV GNotKG eine gesonderte Gebührenregelung, wenn die Betreuung sich auf die Gesundheitsfürsorge oder die sonstige Personensorge beschränkt. Erfasst die Betreuung also vom Aufgabenkreis her *nicht* unmittelbar das Vermögen, entsteht (nur) eine Festgebühr von 300,– €, die in ihrer Höhe zudem durch die (fiktive) Gebühr aus dem vollen Vermögen nach Nummer 11001 KV GNotKG begrenzt wird. Diese Festgebühr fällt nach der Gesetzesbegründung auch an, wenn der Aufgabenkreis neben Bereichen der Personensorge auch sich hieraus ergebende Aufgaben erfasst, die vermögensrechtlicher Natur sind, z.B. wenn im Rahmen der Aufenthaltsbestimmung ein Heimvertrag abgeschlossen wird. Eine Differenzierung zwischen den möglichen – sehr unterschiedlichen – Geschäften fehlt, doch erscheint dies angesichts der Bedeutung jeder Maßnahme, jedes „Eingriffs" einerseits und der geringen Höhe der Gebühr andererseits noch vertretbar.

cc. Höhe und Fälligkeit der Gebühr

31 Für jede 5.000,– € des berücksichtigungsfähigen Vermögens, die den Freibetrag von 25.000,– € überschreiten, werden 10,– € Gebühr erhoben, vgl. Nummer 11101 KV GNotKG. Beträgt das Vermögen unter Abzug der Verbindlichkeiten 100.001,– € werden also 150,– € Gebühren erhoben; 160,– € würden erst ab 105.001,– € fällig.

Der Mindestbetrag einer Jahresgebühr beträgt allerdings 200,– €. Die Mindestgebühr bewirkt, dass bei berücksichtigungsfähigen Vermögen von unter 125 000,– € die Mindestgebühr anstelle der rechnerisch niedrigeren Jahresgebühr zu zahlen ist. In der Gesetzesbegründung wird dazu angeführt, dass Betreuungen einen erheblichen Verwaltungsaufwand bei den Betreuungsgerichten verursachen. Dieser Aufwand ergebe sich aus der gesetzlich vorgeschriebenen Aufsicht über die gesamte Tätigkeit des Betreuers, der Notwendigkeit der Prüfung der Rechnungslegung und der Festsetzung von Aufwandsentschädigungen und Vergütungen[49]. Nach Nummer 11101 Anmerkung (2) KV GNotKG wird für das bei erstmaliger Anordnung der Betreuung laufende und das darauf folgende Kalenderjahr nur eine Jahresgebühr erhoben.

32 Fällig wird die Jahresgebühr erstmals bei der Anordnung der Betreuung und später jeweils zu Beginn des Kalenderjahres, 8 Satz 1 GNotKG. Die Gebühr ist also jeweils im Voraus zu entrichten. Die letzte Gebühr fällt in dem Kalenderjahr an, in dem die Betreuung endet, z.B. durch Tod oder Aufhebung. Sie ist in voller Höhe fällig, auch wenn die Betreuung vor Ablauf des Kalenderjahres endet.

Zuständig für die Festsetzung der Gebühr nach Nummer 11101 KV GNotKG ist der Rechtspfleger[50]. Gegen seine Entscheidung ist das Rechtsmittel der Erinnerung gegeben, vgl. § 81 Abs. 1 GNotKG. Gegen die Entscheidung über die Erinnerung ist die Beschwerde statthaft, wenn der Wert des Beschwerdegegenstands 200,– € übersteigt, oder das Ge-

47 Zur Rechtslage nach der KostO a.F.: Damrau/Zimmermann, Teil VI KostO, Rn. 6: Kommt der Eigentumswohnung des Betreuten ein Wert von 54.000,– € zu und bestehen Belastungen von 30.000,– €, ist der Freibetrag nicht überschritten. Das LG Hamburg Rpfleger 2003, 503, will weiter gehend den Rechtsgedanken des § 1836c BGB zugunsten des Kostenschuldners berücksichtigen.

48 NJW 2006, 2246

49 BT-Drs. 17/11471 (neu), S. 299

50 OLG Köln JMBl. NRW 2000, 59

richt sie wegen der grundsätzlichen Bedeutung der zur Entscheidung stehenden Frage in dem Beschluss zulässt, § 81 Abs. 2 Satz 1 und 2 GNotKG.

▶ *Zu Einzelheiten der Erinnerung vgl. Teil J Rn. 53 ff.*

dd. Nummer 11104 KV GNotKG

Die Vorschrift betrifft den Fall einer Dauerpflegschaft für Volljährige, gilt also im Betreuungsverfahren nicht. Gemeint sind zum Beispiel eine Abwesenheitspflegschaft nach § 1911 BGB oder eine Pflegschaft für das Sammelvermögen nach § 1914 BGB. 33

ee. Mehrere Betreute

Betrifft ein Betreuungsverfahren mehrere Betreute, z.B. nach Verbindung zweier Betreuungsverfahren eines Ehepaares, muss für jeden Beteiligten die Gebühr gesondert berechnet werden. Die gegebenenfalls vorhandenen zwei Vermögensmassen werden also nicht addiert. 34

ff. Kostenrechtliche Verfahrenseinheit von vorläufiger und endgültiger Betreuung

Die 0,3 Gebühr nach Nummer 16110 KV GNotKG für die Bestellung eines vorläufigen Betreuers durch einstweilige Anordnung fällt nur an, wenn nach vorläufiger Betreuerbestellung keine Hauptsacheentscheidung folgt. Wird dagegen nach der vorläufigen Betreuerbestellung in der Hauptsache – endgültig – ein Betreuer bestellt, fällt die Gebühr nach Nummer 16110 KV GNotKG nicht an, wie sich aus der dortigen Anmerkung, Satz 2, ergibt. Nach Satz 1 dieser Anmerkung entsteht die Gebühr auch nicht, wenn die einstweilige Anordnung im Rahmen einer bestehenden Betreuung[51] erlassen wird. Wird das Betreuungsverfahren nach einstweiliger Bestellung eines Betreuers abgegeben und durch ein anderes Gericht fortgeführt, das anschließend einen Betreuer in der Hauptsache bestellt, fällt die Gebühr der Nummer 16110 KV GNotKG ebenfalls nicht gesondert an. Das Gesetz behandelt die Verfahren insoweit als Einheit, § 5 Abs. 1 GNotKG. 35

b. Betreuung und Pflegschaft für einzelne Rechtshandlungen, § 63 GNotKG i.V.m. Nrn. 11103 und 11105 KV GNotKG

§ 63 GNotKG Betreuungssachen und betreuungsgerichtliche Zuweisungssachen

[1]Bei Betreuungen oder Pflegschaften, die einzelne Rechtshandlungen betreffen, ist Geschäftswert der Wert des Gegenstands, auf den sich die Rechtshandlung bezieht. [2]Bezieht sich die Betreuung oder Pflegschaft auf eine gegenwärtige oder künftige Mitberechtigung, ermäßigt sich der Wert auf den Bruchteil, der dem Anteil der Mitberechtigung entspricht. [3]Bei Gesamthandsverhältnissen ist der Anteil entsprechend der Beteiligung an dem Gesamthandvermögen zu bemessen.

51 Zum Beispiel einstweilige Erweiterung des Aufgabenkreises oder einstweilige Erweiterung des Kreises der einwilligungsbedürftigen Willenserklärungen nach § 293 FamFG.

Anlage 1 (zu § 3 Absatz 2 GNotKG)
Kostenverzeichnis

Teil 1
Gerichtsgebühren

Nr.	Gebührentatbestand	Gebühr oder Satz der Gebühr nach § 34 GNotKG – **Tabelle A**
…		
	Abschnitt 1 **Verfahren vor dem Betreuungsgericht**	
…		
11103	Verfahren im Allgemeinen bei einer Betreuung für einzelne Rechtshandlungen … Die Gebühr wird nicht neben einer Gebühr 11101 oder 11102 erhoben. …	0,5 – höchstens eine Gebühr 11101
11105	Verfahren im Allgemeinen bei einer Pflegschaft für einzelne Rechtshandlungen … (1) Die Gebühr wird nicht neben einer Gebühr 11104 erhoben. (2) Erstreckt sich die Pflegschaft auf mehrere Betroffene, ist Höchstgebühr die Summe der Gebühren 11104.	0,5 – höchstens eine Gebühr 11104

aa. Regelungsinhalt

36 Während die Vorbemerkungen 1.1 und 3.1 sowie die Nummern 11101,11102, 11104, 16110 KV GNotKG die Gebühren in den Fällen einer Dauerbetreuung bestimmen, regeln § 63 GNotKG sowie die Nummer 11103 KV GNotKG den Geschäftswert und die Gebühren im Fall von Betreuerbestellungen für einzelne Rechtshandlungen. § 63 GNotKG gibt die Regelungen des § 93 Satz 1 und 2 KostO a. F. zum Geschäftswert wieder. Gemeint sind damit Betreuungen für zeitlich einmalige Angelegenheiten, also zur Vertretung in einem Gerichtsverfahren oder für einzelne Rechtsgeschäfte, zur Bestellung eines weiteren Betreuers, zum Abschluss eines Vertrages, zur Auseinandersetzung einer Erbschaft oder zur Vertretung bei einem Realakt. Aus §§ 1908i, 1846 BGB ergibt sich, dass die Bestellung eines Betreuers nicht zwingend für den Eintritt der Gebührenfolge ist. Die Abgrenzung zur Dauerbetreuung ist anhand der übertragenen Aufgabenkreise vorzunehmen. Eine Kontrollbetreuung fällt nicht darunter. Sie ist, auch wenn sie zusätzlich die Ermächtigung des Betreuers zum Widerruf erteilter Vollmachten beinhaltet, eine besondere Form der Betreuung. Sie ist aber grundsätzlich auf Dauer angelegt und bezieht sich damit nicht auf einzelne Rechtshandlungen i.S.v. § 63 Satz 1 GNotKG[52].

36a Auf den Umfang der einzelnen Rechtshandlung kommt es nicht an. Sie kann mithin die gesamte gesetzliche Vertretung des Betroffenen oder sein gesamtes Vermögen betreffen[53]. Folgen mehrere einzelne Rechtshandlungen aufeinander, lösen sie jeweils gesonderte Gebühren aus. Wird die Anordnung einer Betreuung für einzelne Rechtsangelegenheiten abgelehnt, entstehen keine Gerichtsgebühren, weil das GNotKG insoweit keinen Kostenschuldner vorsieht[54].

52 BGH FamRZ 2017, 647
53 Korintenberg-Klüsener § 63 GNotKG, Rn. 3
54 Zimmermann, FamRZ 2013, 1264, 1267

Nach § 63 Abs. 1 Satz 1 GNotKG ist für den Geschäftswert der Wert des Gegenstandes, auf den sich die Rechtshandlung bezieht, zugrunde zu legen. Der Wert einer Rechtshandlung ist anhand der Bewertungsvorschriften der §§ 46 ff. GNotKG zu ermitteln, hilfsweise gilt § 36 GNotKG[55]. Bei mehreren Verfahrensgegenständen in Hinblick auf einen Betroffenen gilt § 35 Abs. 1 GNotKG. Die einzelnen Verfahrenswerte werden also zusammengezogen.

Erhoben wird eine 0,5 Gebühr nach Tabelle A, höchstens einmalig die Gebühr nach Nummer 11101. Der Höhe nach richtet sich die Gebühr nach dem Wert des Gegenstandes, auf den sich die Rechtshandlung bezieht, § 63 Satz 1 GNotKG. Dabei werden vom Wert des einzelnen Gegenstandes die darauf ruhenden Verbindlichkeiten nicht abgezogen, § 38 Satz 1 GNotKG.

bb. Mitberechtigung

Nach § 63 Satz 2 GNotKG ist (nur) der Wert des Anteils des Betreuten bei der Wertberechnung zugrunde zu legen, wenn sich die einzelne Rechtshandlung auf eine Rechtsgemeinschaft – z.B. Erbengemeinschaft, BGB-Gesellschaft, OHG oder GmbH – bezieht. Ist der Betreute also an der auseinanderzusetzenden Erbengemeinschaft mit 1/5 beteiligt und beträgt der Nachlasswert 200.000,– €, ist bei der Wertberechnung von 40.000,– € auszugehen. Davon ist der Freibetrag in Höhe von 25.000,– € in Abzug zu bringen (vgl. Rn. 39). **37**

cc. Mehrere Beteiligte

Da sich eine Betreuung nur auf einen Betroffenen erstrecken kann, ist eine Regelung wie in Nummer 11105 KV GNotKG bei Pflegschaften für einzelne Rechtshandlungen bei mehreren Betroffenen entbehrlich. **38**

dd. Fälligkeit und Freibetrag

Die Gebühr wird nach § 9 Abs. 1 Nr. 5 GNotKG erst mit der anderweitigen Erledigung der Betreuung für die einzelne Rechtshandlung fällig. Bisher trat die Fälligkeit mit Anordnung der Betreuung ein. Den Interessen der Staatskasse hat der Gesetzgeber dadurch Rechnung getragen, dass nach § 14 Abs. 3 GNotKG ein Vorschuss zur Deckung von Auslagen erhoben werden kann[56]. **39**

Bei der Ermittlung der Gebührenhöhe gilt ein Freibetrag von 25.000,– €, was sich aus der Vorbemerkung 1.1 Abs. 1 ergibt[57].

ee. Nichterhebung

Besteht bereits eine Dauerbetreuung mit einem Aufgabenkreis, dem die einzelne Rechtshandlung unterfällt – z.B. bei Bestellung eines weiteren Betreuers wegen rechtlicher Verhinderung des bisherigen Betreuers –, wird neben der Gebühr nach Nummern 11101 oder 11102 eine weitere Gebühr nicht erhoben, was sich aus dem Wortlaut der Nummer 11103 ergibt. Gleiches gilt, wenn eine Dauerbetreuung gleichzeitig anzuordnen ist[58]. **40**

55 Korintenberg-Klüsener § 63 GNotKG, Rn. 5
56 BT-Drs. 17/11471 (neu), S. 156
57 Korintenberg-Fackelmann, KV GNotKG Vorb. 1.1, Rn. 6
58 Das wird auch zu gelten haben, wenn die Dauerbetreuung erst später angeordnet wird, ihre Voraussetzungen aber schon zum Zeitpunkt der Betreuerbestellung für die einzelne Rechtshandlung vorlagen.

c. Verfahrenspflegschaft

Anlage 1 (zu § 3 Absatz 2 GNotKG)
Kostenverzeichnis

Teil 1
Gerichtsgebühren

Vorbemerkung 1: (1) Im Verfahren der einstweiligen Anordnung bestimmen sich die Gebühren nach Hauptabschnitt 6. (2) Für eine Niederschrift, die nach den Vorschriften des Beurkundungsgesetzes errichtet wird, und für die Abnahme der eidesstattlichen Versicherung nach § 2356 Abs. 2 BGB erhebt das Gericht Gebühren nach Teil 2. (3) In einem Verfahren, für das sich die Kosten nach diesem Gesetz bestimmen, ist die Bestellung eines Pflegers für das Verfahren und deren Aufhebung Teil des Verfahrens, für das der Pfleger bestellt worden ist. Bestellung und Aufhebung sind gebührenfrei.
Hauptabschnitt 1 **Betreuungssachen und betreuungsgerichtliche Zuweisungssachen**
Vorbemerkung 1.1: (1) In Betreuungssachen werden von dem Betroffenen Gebühren nach diesem Abschnitt nur erhoben, wenn sein Vermögen nach Abzug der Verbindlichkeiten mehr als 25 000 € beträgt; der in § 90 Abs. 2 Nr. 8 des Zwölften Buches Sozialgesetzbuch genannte Vermögenswert wird nicht mitgerechnet. ...

Teil 3
Auslagen

Nr.	Auslagentatbestand	Höhe
	Hauptabschnitt 1 **Auslagen der Gerichte**	
	Vorbemerkung 3.1: (1) Auslagen, die durch eine für begründet befundene Beschwerde entstanden sind, werden nicht erhoben, soweit das Beschwerdeverfahren gebührenfrei ist; dies gilt jedoch nicht, soweit das Beschwerdegericht die Kosten dem Gegner des Beschwerdeführers auferlegt hat. (2) In Betreuungssachen werden von dem Betroffenen Auslagen nur unter den in Vorbemerkung 1.1 Abs. 1 genannten Voraussetzungen erhoben. Satz 1 gilt nicht für die Auslagen 31015. ...	
31015	An den Verfahrenspfleger zu zahlende Beträge ... Die Beträge werden von dem Betroffenen nur nach Maßgabe des § 1836c BGB erhoben.	in voller Höhe

41 Während in Vorbemerkung 1 Abs. 3 KV GNotKG die Regelungen des § 93a Abs. 1 KostO a.F. übernommen wurden, findet sich die Regelung des § 93a Abs. 2 KostO a.F. nun in Vorbemerkung 3.1 Abs. 3 KV GNotKG.

Vorbemerkung 1 Abs. 3 KV GNotKG stellt klar, dass die Bestellung eines Verfahrenspflegers (vgl. für Betreuungs- und Unterbringungssachen §§ 276, 317 FamFG) und deren Aufhebung Teil des Verfahrens ist, für das der Verfahrenspfleger bestellt ist, Satz 1. Dies bedeutet, dass für die entsprechenden Verfahrenshandlungen des Gerichts keine gesonderten Gerichtsgebühren erhoben werden. Satz 2 betont das (deklaratorisch) nochmals.

Vorbemerkung 3.1 Abs. 2 KV GNotKG i.V.m. Nummer 31015 KV GNotKG regelt, inwieweit die von der Staatskasse an den Verfahrenspfleger gezahlten Beträge (vgl. §§ 277, 318 FamFG) vom Betroffenen erhoben werden können. Kostenschuldner ist demnach in Betreuungssachen für Auslagen der Betroffene; für Unterbringungssachen enthalten §§ 3 Abs. 1, 26 Abs. 3 GNotKG die Regelung zur Kostenschuldnerhaftung des Betroffenen. In beiden Fällen besteht die Haftung des Betroffenen nur, sofern die Kosten nicht einem anderen Beteiligten nach § 81 Abs. 2 FamFG auferlegt sind (dazu unten Rn. 68 ff.) .

Nach Vorbemerkung 3.1 Abs. 3 Satz 1 KV GNotKG werden vom Betroffenen Auslagen allerdings nur dann erhoben, wenn dessen Vermögen nach Abzug der Verbindlichkeiten 25.000,– € übersteigt. Der Verweis auf § 90 Abs. 2 Nr. 8 SGB XII stellt sicher, dass ein angemessenes Hausgrundstück, das vom Betroffenen allein oder zusammen mit seinen Angehörigen ganz oder teilweise bewohnt wird und nach seinem Tod von seinen Angehörigen bewohnt werden soll, bei der Wertermittlung außer Betracht bleibt. Das gilt nach Vorbemerkung 3.1 Abs. 3 Satz 2 KV GNotKG allerdings nicht für die Auslagen nach Nr. 31015, für die der Betroffene nach Maßgabe des § 1836c BGB haftet. Bei den Auslagen nach Nr. 31015 KV GNotKG handelt es sich um die an den Verfahrenspfleger gezahlten Beträge, also dessen Vergütung und Aufwendungen. Was ein Verfahrenspfleger in Betreuungsverfahren an Vergütung bzw. Auslagenersatz erhält, legt § 277 FamFG fest. § 318 FamFG verweist für Unterbringungsverfahren auf § 277 FamFG. Der Aufwendungsersatz und die Vergütung des Verfahrenspflegers sind stets aus der Staatskasse zu zahlen, §§ 277 Abs. 5 Satz 1, 318 FamFG. Diese von der Staatskasse gezahlten Beträge können als gerichtliche Auslagen geltend gemacht werden. Für diese Aufwendungen haftet der Betroffene, wenn er bemittelt ist (dazu Teil F, Rn. 246 ff.). Sind die Kosten einem anderen Beteiligten auferlegt, gilt die Vermögensfreigrenze der Vorbemerkung 3.1 Abs. 3 Satz 1 KV GNotKG nicht[59]. Die Auslagen werden in Betreuungsverfahren nach § 8Satz 1 GNotKG sofort nach ihrer Entstehung fällig, in Unterbringungsverfahren erst nach Beendigung des Verfahrens, vgl. § 9 Abs. 1 GNotKG 42

▶ *Einzelheiten zur Vergütung und zum Aufwendungsersatz des Verfahrenspflegers vgl. Teil F Rn. 53 ff., 227 ff.*

Gegen den Kostenansatz kann eingewendet werden, dass die dem Verfahrenspfleger gewährte Vergütung der Höhe nach nicht gerechtfertigt ist[60]. 43

Die Kosten werden vom Betroffenen allerdings nur erhoben, wenn das Gericht das Verfahren, in dem der Verfahrenspfleger bestellt worden ist, stattgebend abschließt, also z.B. einen Betreuer bestellt, die Betreuung verlängert oder die Genehmigung erteilt, weil das GNotKG nur in diesen Fällen den Betroffenen als Kostenschuldner bezeichnet.

Die zu erstattenden Auslagen werden nach § 18 Abs. 1 GNotKG als Justizverwaltungsakt durch das Gericht des ersten Rechtszugs festgesetzt. Gegen diesen Kostenansatz kann der beschwerte Kostenschuldner nach § 81 Abs. 1 GNotKG Erinnerung einlegen. Eine Mindestbeschwer ist nicht erforderlich. Zuständig ist das Gericht, das den Kostenansatz nach § 18 Abs. 1 GNotKG festgesetzt hat bzw. das zuletzt mit der Sache befasste Gericht, § 81 Abs. 1 Satz 1, 2 GNotKG. Gegen die Entscheidung über die Erinnerung kann nach § 81 Abs. 2 *GNotKG Beschwerde* eingelegt werden, wenn der Beschwerdewert 200 Euro über- 44

59 BT-Drs. 17/11471 (neu), S. 194
60 OLG Stuttgart FamRZ 2004, 1305 ff.: aufgrund von Tätigkeiten, die über den gesetzlichen Aufgabenkreis hinausgingen

schreitet oder die zugelassen wurde § 81 Abs. 2 GNotKG. Zuständig ist das Landgericht als Beschwerdegericht.

44a Gegen die zugrunde liegende Festsetzung der Verfahrenspflegervergütung (dazu § 168 FamFG) ist das Rechtsmittel der Beschwerde nach den §§ 58 ff. FamFG gegeben bzw. bei Nichterreichen des Beschwerdewertes und fehlender Beschwerdezulassung der Rechtsbehelf der Erinnerung nach § 11 RPflG.

d. Nichterhebung von Auslagen in besonderen Fällen

45 § 96 KostO a.F. listete eine Reihe von Fallkonstellationen auf, in denen Auslagen vom Betroffenen nicht erhoben wurden. Relevant wurde die Vorschrift nur für Betroffene, die über ein Vermögen verfügen, das den Freibetrag des § 92 Abs. 1 Satz 1 KostO a.F. überstieg[61].

Das GNotKG hat die bisherigen Regelungen der KostO nicht übernommen, weil es den Betroffenen bereits nicht als Schuldner dieser Auslagen bestimmt und so eine gesonderte Regelung zur Nichterhebung von Auslagen entbehrlich ist.

e. Verfügungen des Betreuungsgerichts

Anlage 1 (zu § 3 Absatz 2 GNotKG)
Kostenverzeichnis

Teil 1
Gerichtsgebühren

Nr.	Gebührentatbestand	Gebühr oder Satz der Gebühr nach § 34 GNotKG – **Tabelle A**
	Hauptabschnitt 1 **Betreuungssachen und betreuungsgerichtliche Zuweisungssachen**	
…		
	Abschnitt 1 **Verfahren vor dem Betreuungsgericht**	
11100	Verfahren im Allgemeinen … Die Gebühr entsteht nicht für Verfahren, 1. die in den Rahmen einer bestehenden Betreuung oder Pflegschaft fallen, 2. für die die Gebühr 11103 oder 11105 entsteht oder 3. die mit der Bestellung eines Betreuers oder der Anordnung einer Pflegschaft enden.	0,5

46 Nummer 11100 bezieht sich nicht auf Betreute oder Pfleglinge und hat daher in Betreuungssachen nur Bedeutung in Bezug auf Tätigkeiten des Betreuungsgerichts nach §§ 1908i Abs. 1, 1846 BGB, 334 FamFG, wenn nachfolgend keine Betreuung mehr angeordnet wird[62]. Das sind Fälle, in denen der Richter wegen der besonderen Eilbedürftigkeit an Stelle eines noch nicht bestellten Betreuers zeitlich begrenzte oder einzelfallbezogene Maßnahmen unmittelbar für den Betroffenen tätigt (dazu Teil A, Rn. 98 ff.). Darüber hinaus gilt der Gebührentatbestand der Nummer 11100 KV GNotKG für vorläufige Maßnahmen vor einer Betreuung oder Pflegschaft über volljährige Ausländer (Art. 24

61 Lag das Vermögen unter diesem Betrag, wurden ohnehin keine Kosten erhoben.
62 Etwa weil der Betroffene vorher verstirbt, Zimmermann, FamRZ 2013, 1264, 1266.

EGBGB)[63]. Schließlich gilt die Gebühr für die Verfahren wegen Bestellung eines sonstigen Vertreters für einen Volljährigen, etwa für die Verfahren nach § 81 Abs. 1 AO, § 207 Abs. 1 BauGB, § 119 FlurbG, § 29a LandbeschG, § 15 Abs. 1 SGB X, § 16 Abs. 1 VwVfG und § 1141 Abs. 1 BGB[64].

Eine praktische Bedeutung kommt dem Gebührentatbestand auch im Hinblick auf das Tätigwerden von Bevollmächtigten nicht zu. Zwar könnte man dem Wortlaut der Nummer 11100 KV GNotKG entnehmen, dass eine Gebühr für das Verfahren auf die Genehmigung der Einwilligung eines Bevollmächtigten in eine Untersuchung zur Feststellung des Gesundheitszustands, eine Heilbehandlung oder einen ärztlichen Eingriff (§ 1904 Abs. 1 und 2 BGB) anfällt[65]. Da nach der KostO a. F. für diese Verfahren keine Gebühren anfielen, allenfalls eine Auslagenpflichtigkeit bestand, wird man weiterhin von einer Gebührenfreiheit auszugehen haben. Dafür spricht auch, dass ein entsprechendes Genehmigungsverfahren im Rahmen von Betreuungsverfahren gebührenfrei ist. Angesichts der Zielsetzung des Gesetzgebers, Vorsorgevollmachten zu fördern, wäre es nicht verständlich, in von Bevollmächtigten eingeleiteten Genehmigungsverfahren Gebühren zu erheben.

47 Eine praktische Bedeutung hat die Nummer 11100 KV GNotKG deshalb in Betreuungsverfahren nur, wenn das Gericht eine entsprechende Entscheidung nach § 81 FamFG trifft, § 27 Nr. 1 GNotKG. Da das Gericht in diesen Fällen nicht auf Antrag tätig wird, ist § 22 Abs. 1 GNotKG nicht einschlägig; der Betroffene ist ebenfalls nicht Kostenschuldner, da Nummer 11100 KV GNotKG in § 23 Nr. 1 GNotKG nicht aufgeführt ist. Sofern Gebühren nach Nummern 11101, 11103 und 11105 anfallen, kommt daneben ebenfalls keine Gebühr nach Nummer 11100 mehr in Betracht.

Nach der Gesetzesbegründung soll die Gebühr nach Nummer 11100 KV GNotKG insbesondere von dem gezahlt werden, der die Tätigkeit des Gerichts veranlasst hat, dem insoweit ein grobes Verschulden vorzuwerfen ist und dem das Gericht daher die Kosten nach § 81 Abs. 4 FamFG auferlegt hat (dazu unten Rn. 74 ff.)[66]. Den Betroffenen soll diese Gebühr nicht treffen, wie man dem Wortlaut des § 23 Nr. 1 GNotKG entnehmen kann.

f. Festsetzung von Zwangs- und Ordnungsgeld, Nummer 17006 KV GNotKG

Anlage 1 (zu § 3 Absatz 2 GNotKG)
Kostenverzeichnis

Teil 1
Gerichtsgebühren

Nr.	Gebührentatbestand	Gebühr oder Satz der Gebühr nach § 34 GNotKG – **Tabelle A**
…		
	Hauptabschnitt 7 **Besondere Gebühren**	
…		
17006	Anordnung von Zwangsmaßnahmen durch Beschluss nach § 35 FamFG: je Anordnung: …	20,00 €

63 BT-Drs. 16/6308, S. 335 für die Vorgängerregelung des § 97 KostO.
64 Korintenberg-Fackelmann, Nr. 11100 KV GNotKG, Rn. 2
65 Den Gesetzesmotiven lässt sich nicht entnehmen, ob das gewollt war.
66 Bt-Drs. 17/11471 (neu), S. 195

48 Die Regelung des § 119 Abs. 2 KostO a. F. zu Gebühren bei Zwangsmaßnahmen durch Beschluss nach § 35 FamFG in Betreuungssachen findet sich nun in Nummer 17006 KV GNotKG. Demzufolge wird eine Gebühr erhoben für ein festgesetztes Zwangsgeld. Ein Zwangsgeld gegen einen Betreuer kann z.B. im Rahmen der §§ 1908i, 1837 BGB nach § 35 FamFG festgesetzt werden. Die Gebühr wurde auf 20,– € erhöht; jede Wiederholung der Festsetzung des Zwangsgeldes gilt als eigenes, eine Gebühr auslösendes Verfahren[67].

Weiterhin kann dieser Gebührentatbestand in Betreuungsverfahren relevant werden, wenn das Betreuungsgericht Anordnungen zur Vornahme oder Unterlassung einer Handlung ausgesprochen hat, etwa die Herausgabe eines Volljährigen (§§ 1908 i Abs. 1 Satz 1, 1632 Abs. 1, 3 BGB). Sie wird von Amts wegen nach § 35 FamFG vollstreckt. Dabei kann das Gericht zur Erzwingung der Handlung Zwangshaft anordnen.

Schließlich kann dieser Gebührentatbestand in Verfahren nach § 285 FamFG relevant werden. Nach § 285 FamFG kann durch Beschluss angeordnet werden, dem Gericht eine Abschrift einer vorhandenen Betreuungsverfügung bzw. Vorsorgevollmacht zu den Akten zu reichen, vgl. § 1901c Satz 3 BGB. Durchgesetzt werden kann diese Anordnung bei Nichtbefolgung nach § 35 FamFG[68].

g. Unterbringungssachen, § 26 GNotKG

§ 26 GNotKG Bestimmte sonstige gerichtliche Auslagen

(1) …

(2) …

(3) In Unterbringungssachen schuldet der Betroffene nur Auslagen nach Nummer 31015 des Kostenverzeichnisses und nur, wenn die Gerichtskosten nicht einem anderen auferlegt worden sind.

(4) …

(5) …

49 Wie § 128b Satz 1 KostO a.F. hält das GNotKG daran fest, dass in Unterbringungsverfahren nach § 312 Nr. 1 bis 4 FamFG, also

- zivilrechtliche Unterbringungsmaßnahmen in Bezug auf Betreute oder Vollmachtgeber nach § 1906 Abs. 1, 2 i.V.m. Abs. 5 BGB (dazu Teil G Rn. 6 ff.) und Minderjährige nach § 1631b BGB,
- freiheitsentziehenden Maßnahmen in Bezug auf Betreute oder Vollmachtgeber nach § 1906 Abs. 4 i.V.m. Abs. 5 des BGB,
- ärztliche Zwangsmaßnahmen in Bezug auf Betreute oder Vollmachtgeber einschließlich deren Verbringung zu einem stationären Aufenthalt nach § 1906a Abs. 1, 2 und 4 i.V.m. Abs. 5 des BGB und
- öffentlich-rechtliche freiheitsentziehende Unterbringung und ärztliche Zwangsmaßnahme bei Volljährigen nach Landesrecht (dazu Teil G Rn. 103),

keine Gerichtsgebühren erhoben werden[69]. Gesetzestechnisch wird dies dadurch sichergestellt, dass das GNotKG in Unterbringungssachen keinen Kostenschuldner benennt und mit der Überschrift in Teil 1, Hauptabschnitt 1 des KV klar gestellt wird, dass dieser Haupt-

67 Korintenberg-Klüsener, KV GNotKG Nr.17006, Rn. 15
68 Schulte-Bunert/Weinreich-Rausch, § 285 FamFG, Rn. 2
69 Das gilt auch für unstatthafte Rechtsmittel, BGH NJW-RR 2014, 897

abschnitt nicht für Unterbringungssachen gilt[70]. Die Gebührenfreiheit gilt auch für einstweilige Anordnungen nach §§ 331, 332 FamFG und unabhängig davon, ob eine Unterbringungsmaßnahme genehmigt, angeordnet, abgelehnt, verlängert oder aufgehoben wird.

Soweit § 128b Satz 2 KostO a.F. die Erhebung von Auslagen nach § 137 Abs. 1 Nr. 16 KostO a.F. vom Betroffenen vorsah, sofern er nicht mittellos i.S.d. § 1836c BGB (dazu Teil F Rn. 246 ff.) ist, findet sich jetzt in § 26 Abs. 3 GNotKG i.V.m. Nr. 31015 KV GNotKG eine entsprechende Regelung. Der bemittelte Betreute hat also grundsätzlich die an den Verfahrenspfleger von der Staatskasse gezahlten Beträge zu erstatten. Sonstige Auslagen, z.B. Fahrtkosten, Sachverständigenkosten, Schreibauslagen etc., sind von ihm nicht zu erstatten, insoweit soll eine Inanspruchnahme des Betroffenen unterbleiben[71].

Weiter stellt § 27 Nr. 1 GNotKG klar, dass andere Beteiligte die Auslagen eines Unterbringungsverfahrens nur schulden, wenn ihnen diese durch gerichtliche Entscheidung ausdrücklich auferlegt worden sind, vgl. § 81 FamFG (dazu unten Rn. 62). Zwar schuldet die zuständige Verwaltungsbehörde im Verfahren auf eine öffentlich-rechtliche Unterbringungsmaßnahme nach § 312 Nr. 4 FamFG die Auslagen als Antragsteller gemäß § 22 Abs. 1 GNotKG, wenn das jeweilige Landesunterbringungsgesetz einen entsprechenden Antrag auf Unterbringung durch die zuständige Behörde vorschreibt[72]. Jedoch sehen die Landesgesetze[73] im Regelfall für die Tätigkeit der zuständigen Behörde eine Gebührenfreiheit vor, die sich gemäß § 2 Abs. 2 GNotKG auf Unterbringungssachen erstreckt. **50**

Unberührt bleibt eine Kostenentscheidung nach § 337 FamFG zulasten der Staatskasse, Abs. 1, bzw. der zuständigen Verwaltungsbehörde, Abs. 2 (dazu unten Rn. 81 ff.).

h. Kostenschuldner im Rechtsmittelverfahren, Gehörsrüge, §§ 25 GNotKG, Nummern 11200, 11201, 11300 bis 11302, 11400 und 19200 KV GNotKG

§ 25 GNotKG Kostenschuldner im Rechtsmittelverfahren, Gehörsrüge

(1) Die nach § 22 Absatz 1 begründete Haftung für die Kosten eines Rechtsmittelverfahrens erlischt, wenn das Rechtsmittel ganz oder teilweise mit Erfolg eingelegt worden ist und das Gericht nicht über die Kosten entschieden hat oder die Kosten nicht von einem anderen Beteiligten übernommen worden sind.

(2) [1]Richtet sich eine Beschwerde gegen eine Entscheidung des Betreuungsgerichts und ist sie von dem Betreuten oder dem Pflegling oder im Interesse dieser Personen eingelegt, so schuldet die Kosten nur derjenige, dem das Gericht die Kosten auferlegt hat. [2]Entsprechendes gilt für ein sich anschließendes Rechtsbeschwerdeverfahren und für das Verfahren über die Rüge wegen Verletzung des Anspruchs auf rechtliches Gehör.

(3) Die §§ 23 und 24 gelten nicht im Rechtsmittelverfahren.

70 BT-Drs. 17/11471 (neu), S. 194

71 BGH NJW-RR 2014, 897; BT-Drs. 17/11471 (neu), S. 160

72 So etwa § 12 Satz 1 PsychKG NRW

73 Vgl. etwa Gesetz über die Justiz im Land Nordrhein-Westfalen (Justizgesetz NRW) vom 26.1.2010 (GVBl. S. 30), zuletzt geändert durch Art. 20 Zuständigkeitsbereinigungsgesetz vom 23.1.2018 (GVBl. S. 90)

Anlage 1 (zu § 3 Absatz 2 GNotKG)
Kostenverzeichnis

Teil 1
Gerichtsgebühren

Nr.	Gebührentatbestand	Gebühr oder Satz der Gebühr nach § 34 GNotKG – **Tabelle A**
	Hauptabschnitt 1 **Betreuungssachen und betreuungsgerichtliche Zuweisungssachen**	
…		
	Abschnitt 1 **Verfahren vor dem Betreuungsgericht**	
…		
	Abschnitt 2 **Beschwerde gegen die Endentscheidung wegen des Hauptgegenstands**	
11200	Verfahren im Allgemeinen …	1,0
11201	Beendigung des gesamten Verfahrens ohne Endentscheidung: Die Gebühr 11200 ermäßigt sich auf … (1) Wenn die Entscheidung nicht durch Verlesen der Entscheidungsformel bekannt gegeben worden ist, ermäßigt sich die Gebühr auch im Fall der Zurücknahme der Beschwerde oder des Antrags vor Ablauf des Tages, an dem die Endentscheidung der Geschäftsstelle übermittelt wird. (2) Eine Entscheidung über die Kosten steht der Ermäßigung nicht entgegen, wenn die Entscheidung einer zuvor mitgeteilten Einigung über die Kostentragung oder einer Kostenübernahmeerklärung folgt.	0,5
	Abschnitt 3 **Rechtsbeschwerde gegen die Endentscheidung wegen des Hauptgegenstands**	
11300	Verfahren im Allgemeinen …	1,5
11301	Beendigung des gesamten Verfahrens durch Zurücknahme der Rechtsbeschwerde oder des Antrags, bevor die Schrift zur Begründung der Beschwerde bei Gericht eingegangen ist: Die Gebühr 11300 ermäßigt sich auf …	0,5
11302	Beendigung des gesamten Verfahrens durch Zurücknahme der Rechtsbeschwerde oder des Antrags vor Ablauf des Tages, an dem die Endentscheidung der Geschäftsstelle übermittelt wird, wenn nicht Nummer 11301 erfüllt ist: Die Gebühr 11300 ermäßigt sich auf …	1,0

Anlage 1 (zu § 3 Absatz 2 GNotKG) Kostenverzeichnis

Nr.	Gebührentatbestand	Gebühr oder Satz der Gebühr nach § 34 GNotKG – **Tabelle A**
	Abschnitt 4 **Zulassung der Sprungrechtsbeschwerde gegen die Endentscheidung wegen des Hauptgegenstands**	
11400	Verfahren über die Zulassung der Sprungrechtsbeschwerde: Soweit der Antrag abgelehnt wird …	0,5
…		
	Hauptabschnitt 9 **Rechtsmittel im Übrigen und Rüge wegen Verletzung des Anspruchs auf rechtliches Gehör**	
…		
	Abschnitt 2 **Rüge wegen Verletzung des Anspruchs auf rechtliches Gehör**	
19200	Verfahren über die Rüge wegen Verletzung des Anspruchs auf rechtliches Gehör: Die Rüge wird in vollem Umfang verworfen oder zurückgewiesen …	60,00 €

Mit dem GNotKG hat der Gesetzgeber die Gebührenregelungen des FamGKG auf die Rechtsmittelzüge in Betreuungs- und Unterbringungsverfahren übertragen[74]. Nach dem GNotKG werden im Rechtsmittelverfahren grundsätzlich Verfahrensgebühren erhoben, die nach § 25 Abs. 1 GNotKG vom Ausgang des Verfahrens unabhängig sind. Danach haftet grundsätzlich der Antragsteller für die Kosten des Rechtsmittelverfahrens. Der Antragsteller haftet nicht, wenn Rechtsmittel ganz oder teilweise mit Erfolg eingelegt worden ist und das Gericht keine Kostenentscheidung trifft oder die Kosten nicht von einem anderen Beteiligten übernommen worden sind[75]. Hinsichtlich einer Beschwerde gegen eine Entscheidung des Betreuungsgerichts, die vom Betreuten oder in seinem Interesse eingelegt wurde, schränkt § 25 Abs. 2 GNotKG die Haftung für das Beschwerdeverfahren dahin ein, dass nur derjenige Kosten des Beschwerdeverfahrens zu tragen hat, dem das Gericht sie auferlegt. Ob also in diesen Beschwerdeverfahren Kosten geschuldet werden und wer sie zu tragen hat, hängt von der nach §§ 81, 84 FamFG zu treffenden Entscheidung des Gerichts über die Kosten ab[76]. Die Nummern 11200 und 11201 KV GNotKG regeln die Gebühren für die Beschwerde (§§ 58 ff. FamFG), Nummern 11300 bis 11302 KV GNotKG die für die Rechtsbeschwerde (§§ 70 FamFG) und Nummer 11400 KV GNotKG die für die Zulassung der Sprungrechtsbeschwerde. Der Gesetzgeber hatte bereits im Rahmen des FGG-Reformgesetzes die Gebühren für das Beschwerdeverfahren deutlich angehoben. Im Beschwerdeverfahren sollen die Gebühren so deutlich über denen im Ausgangsverfahren liegen[77]. Mit dem GNotKG ist eine weitere Gebührensteigerung verbunden[78]. Die Kostenschuldnerschaft regeln §§ 22 Abs. 1, 25 Abs. 1 GNotKG. Regelungen zum Gegenstandswert finden sich in §§ 61, 59, 36 Abs. 2, 3 GNotKG. 51

74 BT-Drs. 17/11471 (neu), S. 196
75 Korintenberg-Wilsch, § 25 GNotKG, Rn. 2
76 LG Meiningen FamRZ 2015, 1523
77 BT-Drs. 16/6308, S. 337
78 Otto/Klüsener/Fackelmann/Düspohl/Thamke, S. 5

52 Nach § 61 Abs. 1 GNotKG bestimmt sich der Geschäftswert für das Beschwerdeverfahren nach den Anträgen des Rechtsmittelführers. Damit soll dem vom erstinstanzlichen Verfahrensgegenstand möglicherweise abweichenden Interesse des Beschwerdeführers Rechnung getragen werden. Ob ein beschränkter Beschwerdeantrag überhaupt zulässig und beachtlich ist, beantwortet sich nach dem Verfahrensrecht. In Betreuungssachen kann sich die Beschränkung etwa auf einen Aufgabenkreis oder die Auswahl des Betreuers beziehen. Begrenzt wird der Beschwerdewert durch den Geschäftswert des 1. Rechtszuges, § 61 Abs. 2 GNotKG. Im Verfahren auf Zulassung der Sprungrechtsbeschwerde ist der Gegenstandswert der für das Rechtsmittelverfahren maßgebende Wert, § 61 Abs. 3 GNotKG.

53 Da das Verfahren über die Bestellung eines Betreuers als eine nicht vermögensrechtliche Angelegenheit einzustufen ist, wird der Geschäftswert nach § 36 Abs. 2, 3 GNotKG regelmäßig auf 5.000,– € anzunehmen sein. Er kann im Einzelfall aber auch höher oder niedriger liegen. Der Regelwert von 5.000,– € kann zugrunde gelegt werden, wenn es im Beschwerdeverfahren um die Frage geht, ob ein Betreuer trotz bestehender Vollmachten[79] bzw. generell zu bestellen ist[80], wer Betreuer wird[81] oder ob ein Kontrollbetreuer zu bestellen ist[82]. Bei einer betreuungsgerichtlichen Genehmigung ist dagegen vom Wert des Gegenstands auszugehen, auf den sich das zu genehmigende Rechtsgeschäft bezieht[83]. Steht die Überprüfung eines Einwilligungsvorbehaltes und eines Betreuerwechsels durch das Beschwerdegericht an, dürfte ein Beschwerdewert von 10.000,– € angemessen sein[84]. Teilweise werden allerdings auch Prozentsätze des Reinvermögens des Betroffenen zugrunde gelegt[85].

54 Nach § 25 Abs. 2 GNotKG werden für Beschwerden, die der Betroffene in Betreuungs- und Unterbringungsverfahren einlegt, keine Gerichtsgebühren erhoben, es sei denn, das Gericht hat einem Beteiligten die Kosten ausdrücklich auferlegt. Dies gilt nicht allein nur für die vom Betroffenen persönlich eingelegte Beschwerde[86], sondern auch für die von seinem Verfahrensbevollmächtigten eingelegte Beschwerde. Darüber hinaus werden keine Gerichtsgebühren erhoben, wenn die Beschwerde im Interesse des Betroffenen von Dritten, z.B. dem Verfahrenspfleger[87] oder dem Betreuer bzw. bestimmten Beteiligten, die im erstinstanzlichen Verfahren als Beteiligte hinzugezogen worden sind (dazu §§ 303 Abs. 2, 335 Abs. 1 FamFG), eingelegt wird. Ob eine Beschwerde im Interesse des Betroffenen eingelegt ist, ist unter Berücksichtigung der Umstände des Einzelfalls nach objektiven Umständen zu entscheiden. Ein eigenes Interesse verfolgen Dritte z.B., wenn der Betreuer sich gegen die (nicht) bewilligte Vergütung oder seine Entlassung wendet[88] oder Verwandte selbst zum Betreuer bestellt werden wollen. In solchen Fällen hat der Beschwerdeführer die Gebühren nur zu tragen, wenn das Rechtsmittel nicht wenigstens zum Teil Erfolg und das Gericht

79 BGH FamRZ 2017, 1777 unter Aufhebung des LG München I, Beschluss vom 27.9.2016 – 13 T 21136/15 (nicht veröffentlicht), das 10 % des Vermögens des Betroffenen zugrunde gelegt hatte.

80 LG Magdeburg, Beschluss vom 12.10.2016 – 9 T 464/16 – juris; LG Frankfurt a.M., Beschluss vom 18.9.2015 – 2-29 T 137/15 (nicht veröffentlicht)

81 BayObLG NJOZ 2004, 390 = FamRZ 2004, 1308 (LS): zur Vorgängerregelung des § 30 Abs. 2 KostO a.F.

82 BGH FamRZ 2017, 647

83 BayObLG FamRZ 2005, 820 f.

84 BayObLG FamRZ 2003, 1302. Im einstweiligen Anordnungsverfahren kann der Wert niedriger sein, LG München I, Beschluss vom 27.5.2010 – 13 T 9201 und 9202/10: 3000,– € bzgl. Beschwerden gegen einstweilige Betreuerbestellung und Unterbringungsgenehmigung, jeweils zur Vorgängerregelung des § 30 Abs. 2 KostO a.F.

85 15% des Vermögens, wenn die Aufhebung einer Betreuung mit den Aufgabenkreisen der Vermögenssorge einschließlich Einwilligungsvorbehalt, Gesundheits- und Postangelegenheiten angestrebt wird, LG Mainz BtPrax 1998, 36: zur Vorgängerregelung des § 30 Abs. 2 KostO a.F.

86 LG Neuruppin, Beschluss vom 2.11.2016 – 5 T 64/16 (nicht veröffentlicht)

87 BGH Beschluss vom 25.1.2017 – XII ZB 534/15 – juris

88 Korintenberg-Wilsch, § 25 GNotKG, Rn. 7

über die Kosten entschieden hatte bzw. die Kosten nicht von einem anderen Beteiligten übernommen worden sind, §§ 22 Abs. 1, 25 Abs. 1 GNotKG.

Die Gebühr für das Beschwerdeverfahren beträgt 1,0 nach Tabelle A, vgl. Nummer 11200 KV GNotKG. Sie ermäßigt sich nach Nummer 11201 KV GNotKG auf 0,5, wenn das Verfahren ohne Endentscheidung endet. Das ist etwa bei Rücknahme der Beschwerde der Fall.

Vorstehende Ausführungen gelten auch für Auslagen, da die Kosten Gebühren und Auslagen meinen[89].

Ist die Beschwerde zum Teil erfolgreich, besteht die Auslagenfreiheit nur hinsichtlich des erfolgreichen Teils; bei nicht teilbarem Beschwerdegegenstand bleiben Auslagen unerhoben[90]. Erledigt sich das Beschwerdeverfahren vor der Entscheidung des Beschwerdegerichts, bleiben die Auslagen ebenfalls unerhoben, wenn die Beschwerde ohne Erledigung erfolgreich gewesen wäre. Wird die Beschwerde zurückgenommen und verbleibt es bei der angegriffenen Entscheidung, können die Auslagen grundsätzlich erhoben werden[91]. Beruht die Beschwerde auf unverschuldeter Unkenntnis, so kann entsprechend § 21 Abs. 1 Satz 3 GNotKG von der Kostenerhebung abgesehen werden[92]. **55**

Der Betroffene kann für die Erstattung von Auslagen im Beschwerdeverfahren aber nur herangezogen werden, wenn er ausreichend leistungsfähig ist im Sinne von Vorbemerkung 3.1 Abs. 2 Satz 1 KV GNotKG[93]. Danach werden vom Betroffenen Auslagen nur dann erhoben, wenn dessen Vermögen nach Abzug der Verbindlichkeiten 25.000,– € übersteigt. Eine Ausnahme gilt hinsichtlich der nach Nummer 31015 an den Verfahrenspfleger gezahlten Beträge. Für diese Aufwendungen haftet der Betroffene, wenn er bemittelt ist (dazu Teil F, Rn. 246 ff.), vgl. Vorbemerkung 3.1 Abs. 2 Satz 2 KV GNotKG.

Im Verfahren nach § 44 FamFG (dazu im Teil F Rn. 351) werden keine Gerichtsgebühren erhoben, wenn das Verfahren erfolgreich bzw. die Rüge im Interesse des Betroffenen von einem Dritten eingelegt worden war oder der Antrag vor der Entscheidung des Gerichts zurückgenommen wird. Wird die Rüge in vollem Umfang verworfen oder zurückgewiesen, wird eine Gebühr in Höhe von 60,– € erhoben, Nummer 19200 KV GNotKG. Zur Kostenschuldnerschaft siehe §§ 22 Abs. 1, 25 Abs. 2 GNotKG. **56**

---

89 Zimmermann, FamRZ 2013, 1264, 1268
90 Korintenberg-Wilsch, § 25 GNotKG, Rn. 2
91 BayObLG FamRZ 2003, 1411 ff.: Für Kosten des Sachverständigen, der die medizinischen Voraussetzungen einer Betreuerbestellung überprüft hatte
92 OLG München FamRZ 2006, 1861 f.: zu § 130 Abs. 5 KostO a.F.
93 Zum bisherigen § 92 KostO a.F.: BayObLG FamRZ 2003, 1411 ff.; LG Koblenz FamRZ 2004, 1308

i. Dokumentenpauschale und sonstige Auslagen, Nummern 31000 ff. KV GNotKG

Anlage 1 (zu § 3 Absatz 2 GNotKG)
Kostenverzeichnis

Teil 3
Auslagen

Nr.	Auslagentatbestand	Höhe
Vorbemerkung 3: Sind Auslagen durch verschiedene Rechtssachen veranlasst, werden sie auf die Rechtssachen angemessen verteilt. Dies gilt auch, wenn die Auslagen durch Notar- und Rechtsanwaltsgeschäfte veranlasst sind.		
Hauptabschnitt 1 **Auslagen der Gerichte**		
Vorbemerkung 3.1: (1) Auslagen, die durch eine für begründet befundene Beschwerde entstanden sind, werden nicht erhoben, soweit das Beschwerdeverfahren gebührenfrei ist; dies gilt jedoch nicht, soweit das Beschwerdegericht die Kosten dem Gegner des Beschwerdeführers auferlegt hat. (2) In Betreuungssachen werden von dem Betroffenen Auslagen nur unter den in Vorbemerkung 1.1 Abs. 1 genannten Voraussetzungen erhoben. Satz 1 gilt nicht für die Auslagen 31015.		
31000	Pauschale für die Herstellung und Überlassung von Dokumenten: 1. Ausfertigungen, Kopien und Ausdrucke bis zur Größe von DIN A 3, die a) auf Antrag angefertigt oder auf Antrag per Telefax übermittelt worden sind oder b) angefertigt worden sind, weil zu den Akten gegebene Urkunden, von denen eine Kopie zurückbehalten werden muss, zurückgefordert werden; in diesem Fall wird die bei den Akten zurückbehaltene Kopie gebührenfrei beglaubigt:	
	für die ersten 50 Seiten je Seite ...	0,50 €
	für jede weitere Seite ...	0,15 €
	für die ersten 50 Seiten in Farbe je Seite ...	1,00 €
	für jede weitere Seite in Farbe ...	0,30 €
	2. Entgelte für die Herstellung und Überlassung der in Nummer 1 genannten Kopien oder Ausdrucke in einer Größe von mehr als DIN A3 ...	in voller Höhe
	oder pauschal je Seite ...	3,00 €
	oder pauschal je Seite in Farbe ...	6,00 €
	3. Überlassung von elektronisch gespeicherten Dateien oder deren Bereitstellung zum Abruf anstelle der in den Nummern 1 und 2 genannten Ausfertigungen, Kopien und Ausdrucke:	

Anlage 1 (zu § 3 Absatz 2 GNotKG) Kostenverzeichnis

Nr.	Auslagentatbestand	Höhe
	je Datei ...	1,50 €
	für die in einem Arbeitsgang überlassenen, bereitgestellten oder in einem Arbeitsgang auf denselben Datenträger übertragenen Dokumente insgesamt höchstens ...	5,00 €
	(1) Die Höhe der Dokumentenpauschale nach Nummer 1 ist in gerichtlichen Verfahren in jedem Rechtszug, bei Dauerbetreuungen und -pflegschaften in jedem Kalenderjahr und für jeden Kostenschuldner nach § 26 Abs. 1 GNotKG gesondert zu berechnen. Gesamtschuldner gelten als ein Schuldner. (2) Werden zum Zweck der Überlassung von elektronisch gespeicherten Dateien Dokumente zuvor auf Antrag von der Papierform in die elektronische Form übertragen, beträgt die Dokumentenpauschale nach Nummer 3 nicht weniger, als die Dokumentenpauschale im Fall der Nummer 1 für eine Schwarz-Weiß-Kopie ohne Rücksicht auf die Größe betragen würde. (3) Frei von der Dokumentenpauschale sind für jeden Beteiligten und seinen bevollmächtigten Vertreter jeweils 1. bei Beurkundungen von Verträgen zwei Ausfertigungen, Kopien oder Ausdrucke, bei sonstigen Beurkundungen eine Ausfertigung, eine Kopie oder ein Ausdruck; 2. eine vollständige Ausfertigung oder Kopie oder ein vollständiger Ausdruck jeder gerichtlichen Entscheidung und jedes vor Gericht abgeschlossenen Vergleichs, 3. eine Ausfertigung ohne Begründung und 4. eine Kopie oder ein Ausdruck jeder Niederschrift über eine Sitzung. (4) § 191a Abs. 1 Satz 2 GVG bleibt unberührt.	
31001	Auslagen für Telegramme ...	in voller Höhe
31002	Pauschale für Zustellungen mit Zustellungsurkunde, Einschreiben gegen Rückschein oder durch Justizbedienstete nach § 168 Abs. 1 ZPO je Zustellung ... Neben Gebühren, die sich nach dem Geschäftswert richten, wird die Zustellungspauschale nur erhoben, soweit in einem Rechtszug mehr als 10 Zustellungen anfallen.	3,50 €
31003	Pauschale für die bei der Versendung von Akten auf Antrag anfallenden Auslagen an Transport- und Verpackungskosten je Sendung ... Die Hin- und Rücksendung der Akten durch Gerichte gelten zusammen als eine Sendung.	12,00 €
31004	Auslagen für öffentliche Bekanntmachungen ... Auslagen werden nicht erhoben für die Bekanntmachung in einem elektronischen Informations- und Kommunikationssystem, wenn das Entgelt nicht für den Einzelfall oder nicht für ein einzelnes Verfahren berechnet wird.	in voller Höhe

Anlage 1 (zu § 3 Absatz 2 GNotKG) Kostenverzeichnis

Nr.	Auslagentatbestand	Höhe
31005	Nach dem JVEG zu zahlende Beträge ... (1) Die Beträge werden auch erhoben, wenn aus Gründen der Gegenseitigkeit, der Verwaltungsvereinfachung oder aus vergleichbaren Gründen keine Zahlungen zu leisten sind. Ist aufgrund des § 1 Abs. 2 Satz 2 JVEG keine Vergütung zu zahlen, ist der Betrag zu erheben, der ohne diese Vorschrift zu zahlen wäre. (2) Nicht erhoben werden Beträge, die an ehrenamtliche Richter (§ 1 Abs. 1 Satz 1 Nr. 2 JVEG), an Übersetzer, die zur Erfüllung der Rechte blinder oder sehbehinderter Personen herangezogen werden (§ 191a Abs. 1 GVG), und an Gebärdensprachdolmetscher (§ 186 Abs. 1 GVG) gezahlt werden.	in voller Höhe
31006	Bei Geschäften außerhalb der Gerichtsstelle 1. die den Gerichtspersonen aufgrund gesetzlicher Vorschriften gewährte Vergütung (Reisekosten, Auslagenersatz) und die Auslagen für die Bereitstellung von Räumen ... 2. für den Einsatz von Dienstkraftfahrzeugen für jeden gefahrenen Kilometer ...	 in voller Höhe 0,30 €
31007	An Rechtsanwälte zu zahlende Beträge mit Ausnahme der nach § 59 RVG auf die Staatskasse übergegangenen Ansprüche ...	in voller Höhe
31008	Auslagen für 1. die Beförderung von Personen ... 2. Zahlungen an mittellose Personen für die Reise zum Ort einer Verhandlung oder Anhörung sowie für die Rückreise...	 in voller Höhe bis zur Höhe der nach dem JVEG an Zeugen zu zahlenden Beträge
31009	An Dritte zu zahlende Beträge für 1. die Beförderung von Tieren und Sachen mit Ausnahme der für Postdienstleistungen zu zahlenden Entgelte, die Verwahrung von Tieren und Sachen sowie die Fütterung von Tieren ... 2. die Durchsuchung oder Untersuchung von Räumen und Sachen einschließlich der die Durchsuchung oder Untersuchung vorbereitenden Maßnahmen ...	 in voller Höhe in voller Höhe
31010	Kosten einer Zwangshaft ... Maßgebend ist die Höhe des Haftkostenbeitrags, der nach Landesrecht von einem Gefangenen zu erheben ist.	in Höhe des Haftkostenbeitrags
31011	Kosten einer Ordnungshaft ... Maßgebend ist die Höhe des Haftkostenbeitrags, der nach Landesrecht von einem Gefangenen zu erheben ist. Diese Kosten werden nur angesetzt, wenn der Haftkostenbeitrag auch von einem Gefangenen im Strafvollzug zu erheben wäre.	in Höhe des Haftkostenbeitrags
31012	Nach dem Auslandskostengesetz zu zahlende Beträge ...	in voller Höhe

Anlage 1 (zu § 3 Absatz 2 GNotKG) Kostenverzeichnis

Nr.	Auslagentatbestand	Höhe
31013	An deutsche Behörden für die Erfüllung von deren eigenen Aufgaben zu zahlende Gebühren sowie diejenigen Beträge, die diesen Behörden, öffentlichen Einrichtungen oder deren Bediensteten als Ersatz für Auslagen der in den Nummern 31000 bis 31012 bezeichneten Art zustehen ... Die als Ersatz für Auslagen angefallenen Beträge werden auch erhoben, wenn aus Gründen der Gegenseitigkeit, der Verwaltungsvereinfachung oder aus vergleichbaren Gründen keine Zahlungen zu leisten sind.	in voller Höhe, die Auslagen begrenzt durch die Höchstsätze für die Auslagen 31000 bis 31012
31014	Beträge, die ausländischen Behörden, Einrichtungen oder Personen im Ausland zustehen, sowie Kosten des Rechtshilfeverkehrs mit dem Ausland ... Die Beträge werden auch erhoben, wenn aus Gründen der Gegenseitigkeit, der Verwaltungsvereinfachung oder aus vergleichbaren Gründen keine Zahlungen zu leisten sind.	in voller Höhe
31015	An den Verfahrenspfleger zu zahlende Beträge ... Die Beträge werden von dem Betroffenen nur nach Maßgabe des § 1836c BGB erhoben.	in voller Höhe
31016	Pauschale für die Inanspruchnahme von Videokonferenzverbindungen: je Verfahren für jede angefangene halbe Stunde ...	15,00 €

57 Die bisher in §§ 136, 137 KostO a.F. geregelten Tatbestände zur Dokumentenpauschale und sonstigen Auslagen sind nun im Wesentlichen in Nummern 31000 bis 31015 KV GNotKG aufgelistet. Neu ist lediglich die Differenzierung zwischen Schwarz-Weiß-Kopien und Farbkopien. Die Höhe der berechneten Auslagen blieb weitgehend gleich.

Auslagen sind Gebühren im Sinne des öffentlichen Rechts. Soweit die gesetzliche Regelung die Auslagen selbst bestimmt, ist damit sowohl dem Gesetzesvorbehalt für die Gebührenerhebung als auch dem Erfordernis der Bestimmtheit des Gebührentatbestandes Genüge getan[94]. Als Auslagen kommen grundsätzlich nur Beträge in Betracht, die auch tatsächlich gezahlt werden bzw. im KV ausdrücklich aufgeführt sind. Die Festsetzung von Auslagen ist im Rechtsweg voll überprüfbar.

Schuldner der Auslagen ist grundsätzlich derjenige, der die Gebühr schuldet. Sind nur Auslagen entstanden, ist der Schuldner nach §§ 22 ff. GNotKG zu ermitteln[95]. Der Betroffene ist nur Auslagenschuldner, wenn sein Vermögen 25.000,– € übersteigt, vgl. Vorbemerkung 3.1 Abs. 2 i.V.m. Vorbemerkung 1.1 Abs. 1. Dieser Freibetrag gilt indes nicht hinsichtlich der Nummer 31015 KV GNotKG, also bzgl. der an den Verfahrenspfleger gezahlten Beträge. Hier haftet der Betroffene, sofern er nicht mittellos i.S.d. § 1836c BGB ist (dazu oben Rn. 41 ff.).

aa. Dokumentenpauschale

58 Da gerichtliche Entscheidungen im Betreuungsverfahren an die Beteiligten bekannt zu machen sind (§§ 41 Abs. 1 Satz 1, 288, 325 FamFG), werden für sie keine Schreibauslagen als Dokumentenpauschale erhoben, Nummer 31000 Abs. 3 Nr. 2 KV GNotKG. Für Unterbringungsverfahren gilt dasselbe, weil insoweit ein Auslagenschuldner fehlt.

94 BVerfGE 20, 257, 269 und 19, 253, 267
95 Zimmermann, FamRZ 2013, 1264

Die Höhe der Dokumentenpauschale legt Nummer 31000 KV GNotKG in Nr. 1 fest. Danach werden bei Dauerbetreuungen in jedem Kalenderjahr für die ersten 50 Seiten 0,50 € je Seite[96] und für jede weitere Seite 0,15 € erhoben. Für Kopien oder Ausdrucke in Farbe und/ oder Großformat werden höhere Pauschalen erhoben. Wird das Dokument als elektronisch gespeicherte Datei überlassen, wird für jede Datei 1,50 € erhoben, wobei es auf Art oder Größe der Datei nicht ankommt. Für mehrere, in einem Arbeitsgang überlassene oder auf einem Datenträger übertragene Dokumente werden maximal 5,– € erhoben.

Der Schuldner der Schreibauslagen ist nach § 26 Abs. 1 GNotKG i.V.m. Nummer 31000 Nr. 1 a) KV GNotKG der Antragsteller, im Fall der Nr. 1 b) der Zurückfordernde. Der Betroffene ist nur Auslagenschuldner, wenn sein Vermögen 25.000,– € übersteigt, vgl. Vorbemerkung 3.1 Abs. 2 i.V.m. Vorbemerkung 1.1 Abs. 1. Dieser Freibetrag gilt indes nicht hinsichtlich der Nummer 31015 KV GNotKG, also bzgl. der an den Verfahrenspfleger gezahlten Beträge. Hier haftet der Betroffene, sofern er nicht mittellos i.S.d. § 1836c BGB ist (dazu oben Rn. 41 ff.).

bb. Sonstige Auslagen

59 An sonstigen Auslagen können im Betreuungs- und Unterbringungsverfahren unter anderem die an den **Sachverständigen** (vgl. §§ 280, 321 FamFG) gezahlten Beträge anfallen. Sie sind nach Nummer 31005 KV GNotKG in voller Höhe zu erstatten. Ein ärztlicher Sachverständiger enthält in Verfahren zur Einrichtung oder Aufhebung einer Betreuung und der Anordnung eines Einwilligungsvorbehalts gemäß § 1903 BGB eine Vergütung nach der Honorarstufe M 2, also 75,– € pro Stunde, vgl. Anlage 1 zu § 9 Abs. 1 JVEG. In Unterbringungsverfahren und in Verfahren nach § 1905 BGB wird eine Vergütung nach der Honorarstufe M 3, also 100,– € pro Stunde gewährt, vgl. Anlage 1 zu § 9 Abs. 1 JVEG.

59a Auslagen können auch durch die Heranziehung eines **Dolmetschers oder Übersetzers** für das Betreuungs- und Unterbringungsverfahren entstehen. Sie sind nach Nummer 31005 KV GNotKG in voller Höhe zu erstatten. Nach Abs. 2 zu Nummer 31005 KV GNotKG gilt eine Ausnahme nur für Übersetzer, die zur Erfüllung der Rechte blinder oder sehbehinderter Personen herangezogen wurden und für Gebärdensprachdolmetscher. Diese Regelung verstößt für das Betreuungsverfahren nicht gegen Artikel 6 Abs. 3 Buchstabe e MRK[97].

59b Da Anhörungen in Betreuungs- und Unterbringungsverfahren regelmäßig in der üblichen Umgebung des Betroffenen stattfinden sollen (§§ 278 Abs. 1 Satz 3, 319 Abs. 1 Satz 2 FamFG), können **Reisekosten** entstehen. Sie werden nach Nummer 31006 Nr. 1 KV GNotKG (Nr. 2 bei Benutzung eines Dienstwagens) als Auslagen erhoben.

59c Weiter können Auslagen dadurch entstehen, dass **Zustellungen** erfolgen. Sie werden neben einer Wertgebühr im selben Rechtszug allerdings nur erhoben, wenn mehr als 10 Zustellungen anfallen, vgl. Nummer 31002 KV GNotKG. Ansonsten wird für jede Zustellung eine Pauschale von 3,50 € erhoben, wenn sie mit Zustellungsurkunde, dazu § 182 ZPO, per Einschreiben mit Rückschein, dazu § 175 ZPO, oder durch einen Justizbediensteten bewirkt wurde, dazu § 168 Abs. 1 ZPO. Für andere Zustellungsformen, z.B. durch Übersendung gegen Empfangsbekenntnis an einen Berufsbetreuer oder Rechtsanwalt, können Auslagen mangels Nennung in Nummer 31002 KV GNotKG nicht erhoben werden. Gleiches muss für mangelhafte Zustellungen gelten[98].

---

96 Gemeint ist eine optische, auch angefangene Seite, Korintenberg-Klüsener, KV GNotKG Nr. 31000, Rn. 4

97 OLG München FamRZ 2014, 153. Im Unterbringungsverfahren besteht mangels Kostenschuldner ohnehin nur bei ausdrücklicher Auferlegung der Kosten eine Erstattungspflicht.

98 Schulte-Bunert/Weinreich-Keske, Nr. 2000-2015 KV FamGKG, Rn 12

Schließlich fallen Auslagen an, wenn die Betreuungs- bzw. Unterbringungsakte auf Antrag auf dem Postweg übersandt wird, z.B. an den bevollmächtigten Rechtsanwalt oder ein anderes Gericht zur Einsicht, vgl. Nummer 31003. Nach dem Wortlaut wird die **Aktenversendungspauschale** nur erhoben, wenn tatsächlich Auslagen anfallen, also nicht, wenn die Akte lediglich in ein Gerichtsfach des Rechtsanwaltes eingelegt wird. Die Pauschale soll nicht die Personal- und Sachkosten der Gerichte abdecken, sondern nur die reinen Versandkosten und die dadurch bedingten Transportkosten sowie die bei der Aktenversendung anfallenden baren Auslagen der Justiz ersetzen[99]. Die Pauschale fällt dann auch bei Übersendung einer elektronisch geführten Akte an. Die Auslagenpauschale nach § 31003 KV GNotKG schuldet nur derjenige, der die Versendung der Akte beantragt hat, § 26 Abs. 2 GNotKG. **60**

Hinsichtlich der vorgenannten Auslagen ist der Betroffene nur Auslagenschuldner, wenn sein Vermögen 25.000,– € übersteigt, vgl. Vorbemerkung 3.1 Abs. 2 i.V.m. Vorbemerkung 1.1 Abs. 1. Sofern Verfahrenspfleger in Betreuungs- und Unterbringungsverfahren bestellt werden, erhalten sie Aufwendungsersatz und Vergütung aus der Staatskasse, §§ 277 Abs. 5 Satz 1, 318 FamFG (dazu Teil F, Rn. 226 ff.). Die von der Staatskasse nach dem JVEG gezahlten Beträge können nach Nummer 31015 KV GNotKG ebenfalls als Auslagen angesetzt werden. Hier haftet der Betroffene bereits dann, wenn er nicht mittellos i.S.d. § 1836c BGB ist (dazu oben Rn. 41 ff.). **61**

99 Volpert, NJW 2016, 218

II. Umfang und Grundsatz der Kostenpflicht

§ 80 FamFG Umfang der Kostenpflicht

[1]Kosten sind die Gerichtskosten (Gebühren und Auslagen) und die zur Durchführung des Verfahrens notwendigen Aufwendungen der Beteiligten. [2]§ 91 Abs. 1 Satz 2 der Zivilprozessordnung gilt entsprechend.

§ 81 FamFG Grundsatz der Kostenpflicht

(1) [1]Das Gericht kann die Kosten des Verfahrens nach billigem Ermessen den Beteiligten ganz oder zum Teil auferlegen. [2]Es kann auch anordnen, dass von der Erhebung der Kosten abzusehen ist. [3]In Familiensachen ist stets über die Kosten zu entscheiden.

(2) Das Gericht soll die Kosten des Verfahrens ganz oder teilweise einem Beteiligten auferlegen, wenn

1. der Beteiligte durch grobes Verschulden Anlass für das Verfahren gegeben hat;
2. der Antrag des Beteiligten von vornherein keine Aussicht auf Erfolg hatte und der Beteiligte dies erkennen musste;
3. der Beteiligte zu einer wesentlichen Tatsache schuldhaft unwahre Angaben gemacht hat;
4. der Beteiligte durch schuldhaftes Verletzen seiner Mitwirkungspflichten das Verfahren erheblich verzögert hat;
5. der Beteiligte einer richterlichen Anordnung an einem kostenfreien Informationsgespräch über Mediation oder über eine sonstige Möglichkeit der außergerichtlichen Konfliktbeilegung nach § 156 Absatz 1 Satz 3 oder einer richterlichen Anordnung zur Teilnahme an einer Beratung nach § 156 Abs. 1 Satz 4 nicht nachgekommen ist, sofern der Beteiligte dies nicht genügend entschuldigt hat.

(3) Einem minderjährigen Beteiligten können Kosten in Kindschaftssachen, die seine Person betreffen, nicht auferlegt werden.

(4) Einem Dritten können Kosten des Verfahrens nur auferlegt werden, soweit die Tätigkeit des Gerichts durch ihn veranlasst wurde und ihn ein grobes Verschulden trifft.

(5) Bundesrechtliche Vorschriften, die die Kostenpflicht abweichend regeln, bleiben unberührt.

§ 84 FamFG Rechtsmittelkosten

Das Gericht soll die Kosten eines ohne Erfolg eingelegten Rechtsmittels dem Beteiligten auferlegen, der es eingelegt hat.

§ 85 FamFG Kostenfestsetzung

Die §§ 103 bis 107 der ZPO über die Festsetzung des zu erstattenden Betrags sind entsprechend anzuwenden.

§ 307 FamFG Kosten in Betreuungssachen

In Betreuungssachen kann das Gericht die Auslagen des Betroffenen, soweit sie zur zweckentsprechenden Rechtsverfolgung notwendig waren, ganz oder teilweise der Staatskasse auferlegen, wenn eine Betreuungsmaßnahme nach den §§ 1896 bis 1908i des Bürgerlichen Gesetzbuchs abgelehnt, als ungerechtfertigt aufgehoben, eingeschränkt oder das Verfahren ohne Entscheidung über eine solche Maßnahme beendet wird.

§ 337 FamFG Kosten in Unterbringungssachen

(1) In Unterbringungssachen kann das Gericht die Auslagen des Betroffenen, soweit sie zur zweckentsprechenden Rechtsverfolgung notwendig waren, ganz oder teilweise der Staatskasse auferlegen, wenn eine Unterbringungsmaßnahme nach § 312 Nr. 1 bis 3 abgelehnt, als ungerechtfertigt aufgehoben, eingeschränkt oder das Verfahren ohne Entscheidung über eine Maßnahme beendet wird.

(2) Wird ein Antrag auf eine Unterbringungsmaßnahme nach den Landesgesetzen über die Unterbringung psychisch Kranker nach § 312 Nr. 4 abgelehnt oder zurückgenommen und hat das Verfahren ergeben, dass für die zuständige Verwaltungsbehörde ein begründeter Anlass, den Unterbringungsantrag zu stellen, nicht vorgelegen hat, hat das Gericht die Auslagen des Betroffenen der Körperschaft aufzuerlegen, der die Verwaltungsbehörde angehört.

1. Überblick

Über welche Kosten in Betreuungs- und Unterbringungssachen grundsätzlich zu entscheiden ist, legt § 80 FamFG fest. Das sind zum einen die Gerichtskosten (dazu Rn. 4 und 5). Zum anderen sind das die notwendigen Aufwendungen der Verfahrensbeteiligten, die ihnen zur Durchführung des Verfahrens und der Teilnahme an ihm erwachsen. Das meint etwa Anwalts- oder Fahrtkosten, aber auch Kosten, die ein Beteiligter aufwenden musste, um Gutachten einzuholen. Zur Bestimmung notwendiger Auslagen verweist § 80 Abs. 2 FamFG auf § 91 Abs. 1 Satz 2 ZPO. Ordnet das Gericht neben der Erstattung der außergerichtlichen Kosten auch die der Gerichtsgebühren an, tritt der insoweit Verpflichtete nach § 32 Abs. 1 GNotKG als Gesamtschuldner neben den Kostenschuldner. **62**

Der Verweis auf § 91 Abs. 1 Satz 2 ZPO stellt klar, dass die Erstattung notwendiger Reisekosten sich nach dem JVEG richtet. Mangels Verweis auf § 91 Abs. 2 ZPO ist die Erstattungsfähigkeit von Anwaltskosten – wie nach der alten Rechtslage – nicht zwingend[100]. **63**

Aufwendungen der Beteiligten sind als notwendig anzusehen, wenn ein verständiger und wirtschaftlich vernünftiger Beteiligter die Kosten auslösende Maßnahme im Zeitpunkt ihrer Vornahme als sachdienlich ansehen durfte und den Grundsatz sparsamer Verfahrensführung beachtet[101]. Ein unterliegender Beteiligter soll vor einer übermäßigen Kostenbelastung geschützt werden. Es gilt also ein verobjektivierter Standpunkt. Für einen juristisch nicht Vorgebildeten ist es oft nur schwer abzuschätzen, ob die Hinzuziehung eines Rechtsanwaltes notwendig ist oder nicht. Für sie gilt, dass nur bei ganz einfach gelagerten Sachverhalten oder erkennbar fehlender Notwendigkeit einer Anwaltsbeauftragung die Notwendigkeit zu verneinen ist[102]. Können sie dagegen das konkrete Verfahren nach ihren persönlichen Fähigkeiten ohne Gefahr eines Rechtsnachteils nicht führen, ist die Beauftragung eines Rechtsanwaltes als notwendig zu erachten[103]. **63a**

Erstattung kann ein Beteiligter nur verlangen, wenn zuvor eine entsprechende Gerichtsentscheidung ergangen ist, die so genannte Kostenentscheidung. Sie legt fest, ob und gegebenenfalls wer von wem in welchem Umfang seine Kosten erstattet bekommen kann. **63b**

100 BGH FamRZ 2017, 643
101 BGH FamRZ 2017, 643: Auch nach Antrags- oder Rechtsmittelrücknahme entstandene Kosten des Antrags- oder Rechtsmittelgegners können erstattungsfähig sein.
102 OLG Brandenburg FamRZ 2015, 1226 m.w.N.
103 OLG Celle FamRZ 2016, 82

Zuständig für diese Entscheidung ist bei Gericht der für das jeweils zugrunde liegende Verfahren zuständige Rechtspfleger oder Richter. Eine Kostenentscheidung kann

- mit oder nach Abschluss eines Verfahrens oder einer abschließenden Verfügung hinsichtlich eines selbständigen Abschnitts in einem Verfahren[104],
- mit Erledigung der Hauptsache[105],
- mit Antragsrücknahme,
- bei einstweiligen Anordnungen[106] oder
- mit Vergleichsabschluss, nicht aber
- bei Zwischenverfügungen und
- einer Teilentscheidung

ergehen.

Welche Kosten einem Beteiligten im Einzelnen zu erstatten sind, ist dann Gegenstand des in § 85 FamFG durch Bezugnahme auf §§ 103 bis 107 ZPO geregelten Kostenfestsetzungsverfahrens. Zuständig ist in diesem Verfahren der Kostenbeamte.

2. Allgemeine Voraussetzungen der Kostentragungspflicht

a. Überblick

64 § 81 FamFG legt die grundsätzlichen Voraussetzungen fest, unter denen die Kosten eines Verfahrens einem oder mehreren Beteiligten ganz oder teilweise auferlegt werden können. Kommt es zu einer Kostenentscheidung, hat das Gericht einheitlich über die Tragung der gerichtlichen Kosten und der Erstattung der außergerichtlichen Kosten zu entscheiden. In den Verfahren der freiwilligen Gerichtsbarkeit ist – trotz der Neuregelung durch das FamFG – weiterhin von dem Grundsatz auszugehen, dass jeder Beteiligte seine Kosten im erstinstanzlichen Verfahren selbst zu tragen hat[107].

§ 81 FamFG schreibt eine Kostenentscheidung nicht zwingend vor, das Gericht kann nach billigem Ermessen entscheiden, Abs. 1 Satz 1, dabei auch von der Erhebung der Kosten absehen, Abs. 1 Satz 2. Eine Kostenentscheidung sollte immer dann erfolgen, wenn es dem Gericht angemessen erscheint bzw. sie beantragt ist. § 81 Abs. 2 FamFG grenzt das Ermessen des Gerichts ein und nennt – nicht abschließend – Konstellationen, in denen es regelmäßig der Billigkeit entspricht, einem Beteiligten die Verfahrenskosten ganz oder zum Teil aufzuerlegen. Abs. 4 eröffnet die Möglichkeit, einem Nichtbeteiligten Verfahrenskosten aufzuerlegen.

Dagegen kann eine Kostenentscheidung in Betreuungs- und Unterbringungsverfahren unterbleiben, wenn sich der zugrunde liegende Verfahrensgegenstand ohne Entscheidung in der Hauptsache erledigt und die Auferlegung von Kosten auf einen Beteiligten weder beantragt ist noch der Billigkeit entspricht. Es fehlt dann an einem Kostenschuldner.

104 Z.B. Rechtsmittelentscheidung nach einer (nach überwiegender Auffassung unzulässigen) Beschwerde gegen eine Zwischenentscheidung, etwa Verfahrenspflegerbestellung, Gutachtenanordnung.

105 Über § 83 Abs. 2 FamFG kommt § 81 FamFG zur Anwendung.

106 Über § 51 Abs. 4 FamFG gelten die §§ 80 ff. FamFG entsprechend. Das einstweilige Anordnungsverfahren ist nach § 51 Abs. 3 Satz 1 FamFG ein eigenständiges Verfahren, an das sich nicht mehr zwingend ein Hauptsacheverfahren anschließen muss.

107 OLG Frankfurt a.M. FamRZ 2012, 1163; OLG Nürnberg FamRZ 2010, 998; a.A. OLG Schleswig FamRZ 2014, 1217; NJW-RR 2011, 576; OLG Karlsruhe FamRZ 2010, 526; OLG Saarbrücken FGPrax 2010, 270

Die Regelungen des § 81 FamFG werden ergänzt für Fälle, in denen das Verfahren durch Rücknahme oder auf andere Weise ohne Entscheidung in der Hauptsache beendet wird, § 83 FamFG, sowie ein Rechtsmittel erfolglos bleibt, § 84 FamFG. Schließlich sind für Betreuungs- und Unterbringungsverfahren die speziellen Regelungen der §§ 307, 337 FamFG zu beachten. 65

Umfangmäßig kann das Gericht die Kosten einem Beteiligten ganz oder teilweise auferlegen. Denkbar ist z.B., die Kosten nach Quoten (1/4 der außergerichtlichen Kosten) oder nach Kostenarten (Fahrtkosten, Anwaltskosten) zu verteilen.

b. Mehrere Beteiligte

Es müssen an einem Verfahren zumindest zwei (natürliche oder juristische) Personen beteiligt sein. Wer am Verfahren beteiligt ist, regelt allgemein § 7 FamFG, für das Betreuungsverfahren § 274 FamFG und für das Unterbringungsverfahren § 315 FamFG. Diese Personen müssen am Verfahren beteiligt sein und sich selbst nicht unbedingt am Verfahren aktiv beteiligen. Allein die Hinzuziehung einer Person zum Verfahren durch das Gericht vermittelt die Beteiligtenstellung mit dem Risiko, ggf. Kosten auferlegt zu bekommen[108]. Auch eine Behörde, z.B. die Betreuungsbehörde oder das Ordnungsamt bei einer öffentlich-rechtlichen Unterbringung, sind als Beteiligter anzusehen, wenn sie im Einzelfall die Hinzuziehung beantragt haben, vgl. dazu §§ 274 Abs. 3, 315 Abs. 3 FamFG. Erhält die Behörde im Rahmen der Bekanntgabe von Beschlüssen, dazu §§ 288 Abs. 2, 325 Abs. 2 Satz 2 FamFG, die Endentscheidung des Gerichtes, wird sie damit nicht beteiligt i.S.d. § 81 FamFG[109]. Die Staatskasse kann in dem Fall des § 304 FamFG Beteiligter i.S.d. des § 81 FamFG sein[110]. 66

Weiter müssen sich die Beteiligten in entgegengesetztem Sinne beteiligen. Das ist zu bejahen, wenn sie unterschiedliche Ergebnisse anstreben, z.B. wenn der Betreuer die Genehmigung der Unterbringung beantragt, der Betreute sich dagegen wendet.

Sind mehr als zwei Beteiligte am Verfahren beteiligt, kann entsprechend dem Gewicht der einzelnen Interessen eine gleichmäßige oder auch andere Verteilung der Haftung nach dem Rechtsgedanken des § 420 BGB vorgenommen werden[111].

c. Rechtsschutzbedürfnis

Weiterhin muss ein Rechtsschutzbedürfnis für eine Kostenentscheidung bestehen. Sind also offensichtlich keine oder nur geringfügige Kosten bei einem die Erstattung begehrenden Beteiligten angefallen[112], hatte er sich gar nicht an dem Verfahren beteiligt[113] oder entstehen einer am Verfahren beteiligten Behörde keine über den bloßen Verfahrensaufwand hinausgehenden Kosten[114], fehlt ein Rechtsschutzbedürfnis[115]. 67

d. Kostentragung nach § 81 Abs. 2 FamFG

Da § 81 Abs. 1 Satz 1 FamFG die Kostenerstattung grundsätzlich von Billigkeitserwägungen abhängig macht, die nach pflichtgemäßem Ermessen zu treffen sind, ist vorab zu prüfen, ob die in Absatz 2 vorliegenden Gründe zur zwingenden Kostentragungspflicht erfüllt 68

---

108 A.A. Keidel-Zimmermann, § 81 FamFG, Rn. 30: Der sich fernhaltende, hinzugezogene Beteiligte sei zu schützen.
109 Keidel-Zimmermann, § 81 FamFG, Rn. 37
110 Zur alten – anderen – Rechtslage vgl. BayObLGZ 90, 37, 41; HK-BUR-Hoffmann, § 13a FGG, Rn. 25
111 BayObLG Rpfleger 1977, 26; Keidel-Zimmermann, § 81 FamFG, Rn. 15
112 Zu einem solchen Fall, BayObLG FamRZ 1996, 878, 879
113 Zu einem solchen Fall, OLG Bamberg FamRZ 1985, 524; MK/FamFG-Schindler, § 81 FamFG, Rn. 27
114 BVerwG Rpfleger 1989, 255
115 Zu weiteren Fallkonstellationen vgl. Keidel-Zimmermann, § 81 FamFG, Rn. 42

sind. Das FamFG hat hier fünf Regelbeispiele auf der Grundlage der Rechtsprechung zum § 13a Abs. 1 FGG a.F. aufgeführt. Die Aufzählung in Abs. 2 ist allerdings nicht abschließend.

69 Nach Nr. 1 hat das Gericht einem Beteiligten die Kosten aufzuerlegen, die er durch **grobes Verschulden** veranlasst hat. Grobes Verschulden ist einem Beteiligten anzulasten, wenn er vorsätzlich oder unter Missachtung der nach den Umständen erforderlichen Sorgfalt in ungewöhnlich großem Maße unter Nichtbeachtung dessen, was jedem einleuchten muss, handelt[116]. Fälle vorsätzlichen Handelns sind z.B. falscher oder bewusst unvollständiger Sachvortrag. Unterhalb der Schwelle des Vorsatzes muss dem Beteiligten ein ungewöhnlich großer Sorgfaltsverstoß vorzuwerfen sein[117]. Aufzuerlegen sind dem Beteiligten dann allerdings nur diejenigen Kosten – einschließlich der Gerichtsgebühren –, die auf dem groben Verschulden beruhen. Das können etwa die Kosten für eine ansonsten nicht erforderliche Beweisaufnahme sein.

70 Nach Nr. 2 hat das Gericht einem Beteiligten die Kosten aufzuerlegen, wenn dieser einen Antrag ohne Erfolgsaussichten gestellt hatte und dies erkennen musste[118]. Das können etwa formale, nicht zu beseitigende Mängel sein. Die Aussichtslosigkeit muss für den Antragsteller schon bei Antragseinreichung erkennbar gewesen sein, etwa weil er ein Verfahren gewählt hat, mit dem er in der Sache nicht hätte durchdringen können[119]. Als speziellere Regelung sieht § 337 Abs. 2 FamFG für öffentlich-rechtliche Unterbringungsmaßnahmen in diesem Fall zwingend die Auferlegung der Kosten auf den Antragsteller vor (dazu Rn. 86 ff.).

71 Nach Nr. 3 hat das Gericht einem Beteiligten die Kosten aufzuerlegen, wenn dieser zu einer wesentlichen Tatsache schuldhaft[120], also zumindest fahrlässig unwahre Angaben gemacht hat. Das kann auch durch Verschweigen geschehen. Zur Wahrheitsverpflichtung vgl. auch § 27 Abs. 2 FamFG. Wird die Unwahrheit bereits während des Verfahrens aufgedeckt, kann sich die Kostenfolge nur auf die durch die falschen Angaben verursachten Mehrkosten beziehen[121].

72 Nach Nr. 4 hat das Gericht einem Beteiligten die Kosten aufzuerlegen, wenn dieser durch schuldhaftes Verletzen seiner Mitwirkungspflichten das Verfahren erheblich verzögert hat. Zu den Mitwirkungspflichten vgl. § 27 FamFG. Da in Betreuungs- und Unterbringungsverfahren der Grundsatz der Amtsermittlung nach § 26 FamFG gilt, sind auch Fälle der Nr. 4 in der Praxis kaum denkbar.

Die Nr. 5 betrifft nur Familiensachen.

e. Kostentragung aufgrund des Billigkeitsgrundsatzes

73 Außerhalb der Regelbeispiele des Abs. 2 kann das Gericht einem Beteiligten die zur zweckentsprechenden Erledigung der Sache für einen anderen Beteiligten erforderlichen Kosten auferlegen, wenn dies der Billigkeit entspricht, § 81 Abs. 1 Satz 1 FamFG. Bei dieser Ermessensentscheidung ist hinsichtlich der Gerichtskosten und der Auslagen des Gerichts sowie der Beteiligten zu differenzieren. Dabei kann hinsichtlich der Gerichtskosten Berücksichtigung finden, ob sich unmittelbar aus dem Gesetz eine Kostentragungspflicht ergibt. Ist das der Fall, ist für eine Kostenentscheidung entgegen der geltenden gesetzlichen Rege-

---

116 OLG Celle FamRZ 2012, 1896; OLG Brandenburg FamRZ 1996, 496
117 In der Gerichtspraxis kommen solchen Fälle nicht vor, Keidel-Zimmermann, § 81 FamFG, Rn. 53
118 OLG Schleswig FamRZ 2011, 923; vgl. bereits OLG Naumburg FamRZ 2005, 2077 f. Der Antragsteller muss von Anfang an böswillig sein, was kaum nachweisbar sein dürfte, vgl. Zimmermann, FamRZ 2009, 377, 381.
119 OLG Brandenburg FamRZ 2005, 2078
120 Einfache Fahrlässigkeit genügt, OLG Schleswig FamRZ 2013, 719, 721
121 Schulte-Bunert/Weinreich-Keske, § 81 FamFG, Rn. 36

lung kein Raum. Zu befinden ist nur noch über die Auslagen des Gerichts und außergerichtlichen Kosten der Beteiligten[122].

Zu berücksichtigen ist zudem, dass im Rahmen der Angelegenheiten der freiwilligen Gerichtsbarkeit im Grundsatz jeder Beteiligte – vor allem erstinstanzlich – seine außergerichtlichen Kosten selbst trägt[123]. Deshalb kann bloßes Unterliegen bzw. die Zurückweisung eines Antrages oder eines Rechtsmittels die Kostenübertragung nicht rechtfertigen[124]. Auch der Umstand der beharrlichen Verweigerung des Betroffenen zu Gesprächen mit Behörden und Gerichten in Betreuungsverfahren vermag eine Kostenübertragung nicht zu rechtfertigen[125]. Spielt sich der dem Verfahren zugrunde liegende Streit im Familienrahmen ab, ist generell Zurückhaltung bei der Auferlegung von Kosten auf einen der Beteiligten geboten. Es müssen also besondere Gründe, wie: **73a**

- offensichtliche Aussichtslosigkeit der Rechtsverfolgung war erkennbar,
- schuldhafte Veranlassung des Verfahrens, z.B. Vortrag unwahrer Behauptungen, oder schuldhafte Verzögerungen,
- Vorliegen besonderer persönlicher oder wirtschaftlicher Verhältnisse,
- bloßes – nicht grobes – Verschulden, das also noch nicht die Voraussetzungen des § 81 Abs. 2 Nr. 1 FamFG erfüllt,

hinzutreten. Es ist allerdings nicht erforderlich, dass diese besonderen Gründe in Art und Bedeutung den Regelbeispielen des § 81 Abs. 2 FamFG gleichkommen[126].

f. Auferlegen der Kosten auf nicht beteiligte Dritte

Einem Dritten können nach § 81 Abs. 4 FamFG die Kosten des Verfahrens ganz oder teilweise auferlegt werden, soweit die Tätigkeit des Gerichts durch ihn veranlasst wurde und ihn ein grobes Verschulden trifft. Damit wird es ermöglicht, Nachbarn, Verwandten, aber auch Mitarbeitern einer nicht beteiligten Behörde[127], die wider besseres Wissen grob schuldhaft ein Betreuungs- oder Unterbringungsverfahren veranlasst, die Kosten des Verfahrens aufzuerlegen. Ebenso können einer Bank, die, trotz fehlender Anhaltspunkte für eine Unwirksamkeit einer Vollmacht, diese nicht anerkennt und damit die Bestellung eines Betreuers für Vermögensangelegenheiten auslöst, die Kosten des Betreuungsverfahrens nach § 81 Abs. 4 FamFG auferlegt werden[128]. **74**

▶ *Zum Begriff der Betreuungs- und Unterbringungssache vgl. unten Rn. 82 f.*

aa. Nicht beteiligter Dritter

Ein an sich am Verfahren nicht beteiligter Dritter muss die Verfahrenstätigkeit des Gerichts veranlasst haben. Eine Veranlassung für das Verfahren ist gegeben, wenn das Verhalten des Dritten zur Einleitung, maßgeblichen Aufrechterhaltung oder Beendigung des Verfahrens geführt hat[129]. Solche nicht beteiligte Dritte können Nachbarn, nicht zum Verfahren **75**

---

122 OLG Hamburg FamRZ 2014, 1729: Verfahren auf Erteilung eines Erbscheins- und Testamentsvollstreckerzeugnisses
123 OLG Köln FamRZ 2012, 1162 f.; OLG Nürnberg NJW 2010, 1468 f. (jeweils Sorgerechts- und Umgangsverfahren); Bork/Jacoby/Schwab, § 81 FamFG, Rn. 6; OLG Frankfurt a.M. Rpfleger 1993, 17, 18; a.A. Keidel-Zimmermann, § 81 FamFG, Rn. 44
124 LG Koblenz BtPrax 1998, 190: zu der Rücknahme einer Beschwerde des ursprünglichen Betreuers gegen die Bestellung eines neuen Betreuers
125 BGH BtPrax 2018, 154: Ihr kann mit den Maßnahmen des § 278 Abs. 5 bis 7 FamFG begegnet werden.
126 OLG Düsseldorf FamRZ 2014, 685
127 Schulte-Bunert/Weinreich-Keske, § 81 FamFG, Rn. 42
128 LG Hamburg BtPrax 2018, 79, zuvor AG Hamburg-Wandsbek FamRZ 2018, 293 = BtPrax 2018, 83 (LS). Zur Haftung der Bank siehe auch LG Detmold NZFam 2015, 335
129 Bork/Jacoby/Schwab, § 81 FamFG, Rn. 16

hinzugezogene Verwandte, Sozialdienste, Träger von Heimen, Kliniken etc.[130] sein, die sich an das Gericht wenden, um ein Tätigwerden in eine bestimmte Richtung, z.B. Bestellung eines Betreuers, Anordnung bzw. Genehmigung einer Unterbringung, zu erreichen.

bb. Grobes Verschulden

76 Das Verhalten des nicht beteiligten Dritten muss grob schuldhaft sein und sich auf die Veranlassung des Verfahrens beziehen. Ein schuldhaftes Verhalten in einem laufenden Verfahren genügt also nicht[131]. Gemeint sind auch hier leichtfertige, auf falschen Behauptungen beruhende, entstellende Anregungen an das Gericht[132]. Im Einzelfall kann ein grobes Verschulden auch darin liegen, dass ein Angehöriger des Betroffenen seiner Pflicht zur Vorlage einer Abschrift einer Vollmacht entgegen § 1901c Satz 2, 3 BGB nicht nachkommt[133].

▶ *Zum Begriff des groben Verschuldens vgl. oben Rn. 69*

Bei nicht aufklärbarer Schuld entfällt die Möglichkeit, einem Dritten die Kosten aufzuerlegen.

cc. Ermessen

77 Die Entscheidung, einem Dritten die Kosten aufzuerlegen, hat das Gericht nach pflichtgemäßem Ermessen zu treffen. Dem Dritten ist vor der Entscheidung rechtliches Gehör zu gewähren.

g. Umfang der Kostenauferlegung

78 Es kann eine Auferlegung der Kosten des Verfahrens und der Auslagen der Beteiligten erfolgen. Zu den Kosten des Verfahrens gehören die Gerichtskosten, also die Gerichtsgebühren und die gerichtlichen Auslagen, sowie die außergerichtlichen Auslagen des Betroffenen (z.B. Kosten für Privatgutachten, für Einlieferung und Verwahrung in einer geschlossenen Einrichtung).

Einem Beteiligten können die Kosten des Verfahrens ganz oder teilweise auferlegt werden (dazu oben Rn. 65). Entscheidet das Gericht, die Kosten gegeneinander aufzuheben, ist im Zweifel davon auszugehen, dass jeder der Beteiligten die anteiligen Gerichtskosten und im Übrigen seine eigenen außergerichtlichen Kosten zu tragen hat[134].

Wurde dem Betroffenen für das Verfahren Verfahrenskostenhilfe unter Beiordnung eines Rechtsanwaltes bewilligt, ist bei (teilweisem) Erfolg seines Rechtsmittels kein Raum für eine – positive oder ablehnende – Entscheidung über die Auferlegung notwendiger Auslagen zur zweckentsprechenden Rechtsverfolgung auf die Staatskasse[135].

h. Kostentragung hinsichtlich Rechtsmittelkosten

79 Für das Rechtsmittelverfahren gilt § 84 FamFG. Er regelt indes nur das erfolglose Rechtsmittel (Beschwerde oder Rechtsbeschwerde, nicht aber Erinnerung, weil diese lediglich ein Rechtsbehelf ist). Er spricht aus, dass derjenige, der das Rechtsmittel ohne Erfolg eingelegt hat, die in der Rechtsmittelinstanz erwachsenen Kosten zu tragen hat. Erfolgloses Rechts-

---

130 MK/FamFG-Schindler, § 81 FamFG, Rn. 66
131 Keidel-Zimmermann, § 81 FamFG, Rn. 75; vgl. auch LG Berlin BtPrax 2008, 275 (LS)
132 MK/FamFG-Schindler, § 81 FamFG, Rn. 71; Zimmermann, FamRZ 2009, 377, 381. Nicht ausreichend sind solche Behauptungen gegenüber der zuständigen Betreuungsbehörde, da diese eine eigene Prüfung der Sach- und Rechtslage vor Einschaltung des Betreuungsgerichts vorzunehmen hat, a.A. Bahrenfuss-Wittenstein, § 81 FamFG, Rn. 20, der das Schaffen von Umständen, aufgrund derer ein gerichtliches Verfahren eingeleitet wird, ausreichen lassen will.
133 AG Sinzig FamRZ 2006, 146 (LS) hinsichtlich darauf beruhender Kosten für eine zusätzliche Begutachtung.
134 OLG Brandenburg FamRZ 2006, 279 (LS)
135 OLG München BtPrax 2006, 150

mittel meint auch das unzulässige oder das ohne eine Besserstellung des Beschwerdeführers endende Rechtsmittel[136]. Das Rechtsmittel ist auch ohne Erfolg, wenn das Beschwerdegericht es erst nach weiteren – an sich dem Amtsgericht obliegenden – Ermittlungen zurückweist[137]. Besondere Umstände können jedoch eine andere Beurteilung rechtfertigen. Ein solcher besonderer Umstand liegt etwa vor, wenn der Streit zwischen zwei Familienangehörigen ausgetragen wird[138]. Bei Familienstreitigkeiten ist nämlich hinsichtlich der Kostenauferlegung auch im Beschwerdeverfahren Zurückhaltung geboten. Auch aus dem Umstand, dass der Betroffene aufgrund seiner psychischen Erkrankung untergebracht und dadurch besonders belastet ist, können sich Gesichtspunkte ergeben, die ein Abweichen vom Grundsatz des § 84 FamFG rechtfertigen[139]. Auch wenn der Rechtsmittelführer das Rechtsmittel zunächst vorsorglich einlegt und es später zurücknimmt, kann dem Rechtsmittelgegner zugemutet werden, mit Aufwendungen für das Rechtsmittelverfahren zu warten, bis klargestellt wird, ob es durchgeführt wird[140].

Dagegen ist ein Rechtsmittel, das zur teilweisen Aufhebung der Betreuung führt, nicht erfolgslos i.S.d. § 84 FamFG[141]. Soweit kein Fall des § 84 FamFG vorliegt, gilt § 81 FamFG auch für die Kosten im Rechtsmittelverfahren[142].

Die für die Ermessensausübung maßgeblichen Umstände sind in der Entscheidung darzulegen und können vom Rechtsbeschwerdegericht nur beschränkt dahingehend nachgeprüft werden, ob das Gericht bei seiner Entscheidung die gesetzlichen Grenzen überschritten oder sein Ermessen fehlerhaft ausgeübt hat, § 72 Abs. 1 FamFG.

3. Kostentragungspflicht im Betreuungs- und Unterbringungsverfahren

Da im Betreuungs- und Unterbringungsverfahren oftmals ein – erstattungspflichtiger – anderer Beteiligter fehlt, sieht § 307 FamFG die Möglichkeit vor, die Auslagen der Betroffenen in Betreuungssachen der Staatskasse aufzuerlegen. § 337 FamFG eröffnet die Möglichkeit, für zivilrechtliche Unterbringungssachen nach § 312 Nr. 1 bis 3 FamFG (dazu Teil G Rn. 107) in seinem Absatz 1, und für öffentlich-rechtliche Unterbringungsverfahren nach § 312 Nr. 4 FamFG (dazu Teil G Rn. 108) in seinem Absatz 2, die Auslagen der Betroffenen der Körperschaft, der die antragstellende Behörde angehört, aufzuerlegen. Neben der Gerichtsgebührenfreiheit für einige Betreuungs- und Unterbringungsentscheidungen tritt die Möglichkeit, die außergerichtlichen Kosten erstattet zu erhalten. 80

a. Auferlegung der Kosten auf die Staatskasse

Nach §§ 307, 337 Abs. 1 FamFG können die zur zweckentsprechenden Rechtsverfolgung nötigen Auslagen des Betroffenen in einem eine Betreuungs- und zivilrechtliche Unterbringungsmaßnahme nach §§ 1896 bis 1908i BGB, 271, 312 Nr. 1 bis 3 FamFG betreffenden Verfahren der Staatskasse auferlegt werden, wenn es zu einer bestimmten Art und Weise der Verfahrensbeendigung kommt. 81

136 Keidel-Zimmermann, § 84 FamFG, Rn. 16
137 Keidel-Zimmermann, § 84 FamFG, Rn. 16
138 BayObLG FamRZ 2001, 1405, 1406: Zwei Kinder des Betroffenen stritten darüber, wer von ihnen zum Betreuer bestellt wird.
139 LG Bremen, Beschluss vom 24.4.2015 – 5 T 443/14 (nicht veröffentlicht)
140 KG FamRZ 2004, 710 f.
141 BGH BtPrax 2018, 154
142 OLG Nürnberg NJW 2010, 1468 f.; Zimmermann FamRZ 2009, 377, 382

aa. Betreuungs- und Unterbringungsmaßnahme

82 Nach dem Sinn und Zweck der Vorschrift sind alle Betreuungs- und zivilrechtlichen Unterbringungsmaßnahmen[143] – einschließlich der Genehmigungsverfahren nach §§ 1904, 1905 BGB – im Rahmen der genannten Vorschriften umfasst. Eine Ausnahme gilt nur für solche Maßnahmen, die sich nicht direkt auf den Betroffenen beziehen, etwa

- Genehmigung einer Grundstücksveräußerung[144],
- Verfahren auf Anerkennung eines Betreuungsvereins nach § 1908f BGB[145] oder
- Bestellung bzw. Abberufung eines Ergänzungsbetreuers für ein Grundstücksgeschäft[146].

Ohne Bedeutung ist, ob das Verfahren auf Antrag oder von Amts wegen eingeleitet wurde.

bb. Bestimmte Verfahrensbeendigung

83 Weiter muss das Verfahren auf die Betreuungs- oder Unterbringungsmaßnahme eine bestimmte Art der Beendigung gefunden haben, nämlich:

- Ablehnung der Maßnahme[147] – ganz oder teilweise – als unzulässig oder unbegründet. Denkbare Fälle sind die Ablehnung, einen Betreuer zu bestellen oder einen Einwilligungsvorbehalt anzuordnen bzw. unterbringungsähnliche Maßnahmen zu genehmigen.
- Aufhebung als von Anfang an ungerechtfertigt, weil die Maßnahme schon ursprünglich nicht ergehen durfte. Ein solcher Fall kann vorliegen, wenn das Gericht verfahrensfehlerhaft einen vorläufigen Betreuer bestellt[148] oder verfahrensfehlerhaft eine Unterbringung genehmigt[149]. Das Gleiche gilt, wenn das Betreuungsgericht einen Betreuer bestellt hat, obwohl der nicht einverstandene Betreute nicht an einer psychischen Krankheit litt oder seine freie Willensbestimmung nicht aufgehoben war[150] bzw. eine vorrangige Vorsorgevollmacht bestand[151]. Entfallen die Voraussetzungen für die Betreuerbestellung dagegen erst nachträglich, ist keine Kostenerstattung möglich[152].
- Einschränkung einer Maßnahme. Wie bei der Aufhebung einer Maßnahme sind auch hier nur Fälle erfasst, in denen eine Maßnahme von Anfang an zum Teil nicht ergehen durfte, z.B. Bestellung eines Betreuers für die gesamte Gesundheitsfürsorge, obwohl sie nur für die psychiatrische Gesundheitsfürsorge erforderlich war. Eine Kostenerstattung scheidet aus, wenn es sich nur um eine unwesentliche Einschränkung oder eine solche aufgrund später veränderter Umstände handelt. Da Anwaltskosten regelmäßig unabhängig vom Umfang einer Maßnahme entstehen, können sie ebenfalls nicht erstattet werden. Ähnliches gilt für Gutachtenkosten, es sei denn, sie sind zusätzlich erforderlich geworden.

---

143 Zu den öffentlich-rechtlichen Unterbringungsmaßnahmen siehe Rn. 86 ff.
144 OLG Schleswig SchlHA 1994, 206; a.A. Keidel-Budde, § 307 FamFG, Rn. 2
145 Das Verfahren nach § 1908f BGB ist ein Verwaltungsverfahren, für das im Streitfall der Verwaltungsrechtsweg gegeben ist, Jürgens-Winterstein, § 1908f BGB, Rn. 4
146 OLG Karlsruhe FamRZ 1997, 1547 f.; a.A. Keidel-Budde, § 307 FamFG, Rn. 2
147 Wird zunächst vorläufig ein Betreuer bestellt, die Bestellung in der Hauptsache aber abgelehnt, lag nach alter Rechtslage ein solcher Fall vor, LG Koblenz BtPrax 1998, 156 (LS); LG Krefeld Rpfleger 1999, 222. Angesichts der Selbständigkeit des einstweiligen Verfahrens nach § 51 Abs. 3 Satz 1 FamFG gilt das nicht mehr.
148 OLG Zweibrücken FamRZ 2003, 1126 f.: Es fehlte ein ärztliches Zeugnis, aus dem sich eine Erkrankung im Sinne des § 1896 BGB ergibt und eine Verfahrenspflegerbestellung.
149 BGH FamRZ 2013, 1725
150 Vgl. OLG München FGPrax 2009, 113
151 BGH FamRZ 2012, 868
152 Keidel-Budde, § 307 FamFG, Rn. 4

– Beendigung ohne Entscheidung über eine Maßnahme, z.B. nach Antragsrücknahme oder Erledigung der Hauptsache[153].

Tritt die Beendigung des Verfahrens dagegen aufgrund veränderter Umstände oder Tod des Betroffenen ein, ist kein Raum für eine Kostenerstattung nach §§ 307, 337 FamFG[154].

cc. Ermessen

Sind die vorgenannten Voraussetzungen erfüllt, kann das Gericht der Staatskasse die Auslagen des Betroffenen ganz oder teilweise auferlegen. Insoweit besteht für das Gericht pflichtgemäßes Ermessen[155]. Berücksichtigung kann schuldhaftes Veranlassen durch den Betroffenen finden. Die Ermessensspielräume sind im Rahmen der wertenden Gesamtbetrachtung aber eher eng[156]. Andererseits ist es nicht angemessen, eine Kostenerstattung für das Verfahren anzuordnen, wenn im Unterbringungsverfahren zwar die Anhörung des Betroffenen unterblieb, ansonsten die Anordnung der Unterbringung aber rechtens war[157]. **84**

dd. Umfang der Erstattung

Der Betroffene kann seine Auslagen, also die von ihm zu tragenden Gerichtskosten (Gebühren und Auslagen) und außergerichtliche Kosten, wie Kosten für einen Anwalt, den Verfahrenspfleger, Fahrtkosten etc., erstattet erhalten. Zu den erstattungsfähigen Auslagen gehört in Betreuungsverfahren aber nicht die vom Betroffenen gezahlte bzw. geforderte Vergütung des zu Unrecht bestellten Betreuers für seine erbrachten Leistungen[158]. Gleiches gilt im Unterbringungsverfahren für die Unterbringungskosten[159]. **85**

Ob sie zur zweckentsprechenden Rechtsverfolgung erforderlich waren, wird erst im Festsetzungsverfahren vom zuständigen Rechtspfleger geprüft. Da nicht auf § 91 Abs. 2 ZPO verwiesen wird, sind Anwaltskosten nicht stets zu erstatten. Ihre Erstattungsfähigkeit ist aber zu bejahen, wenn die Hinzuziehung eines Rechtsanwaltes nach objektiver allgemeiner Verkehrsanschauung, etwa wegen der Bedeutung der Entscheidung für die Lebensführung des Betroffenen, erforderlich ist[160]. Das dürfte im Betreuungsverfahren in der Regel zu bejahen sein[161].

Die Erstattung der Auslagen des Betroffenen kann ganz oder teilweise angeordnet werden (dazu oben Rn. 65). Ein solcher Fall kann auch eintreten, wenn der Betroffene mit seinem Rechtsmittel in Beschwerdeverfahren in einem Punkt erfolgreich und in einem anderen Punkt erfolglos ist. Sind insoweit ausscheidbare Kosten angefallen, kommt die Auferlegung dieser Auslagen auf die Staatskasse in Betracht[162].

153 Beispiele: Der Betroffene begibt sich freiwillig in stationäre Behandlung oder willigt im Verlaufe einer Unterbringung mit natürlichem Willen in eine zuvor abgelehnte ärztliche Maßnahme ein; Betreuung wird nicht erforderlich, weil eine wirksame Vollmacht erteilt wird.
154 KG FGPrax 2006, 182
155 LG Saarbrücken FamRZ 2011, 1094
156 P/H/Fröschle, § 307 FamFG, Rn. 13; Schulte-Bunert/Weinreich-Dodegge, § 307 FamFG, Rn. 11
157 OLG Hamm BtPrax 2001, 212
158 OLG München BtPrax 2006, 32 f.; Zimmermann, FamRZ 2009, 377, 382
159 Zimmermann, FamRZ 2009, 377, 382. Sie betreffen nämlich nicht das Verfahren und werden im Fall der zivilrechtlichen Unterbringung i.d.R. von Sozialversicherungs- oder Sozialhilfeträgern übernommen. Zum Fall der öffentlich-rechtlichen Unterbringung OLG Hamm BtPrax 2004, 75 ff.
160 OLG Frankfurt a.M. NJW 2018, 874: Ohne Bedeutung sind subjektive Bewertungen der Beteiligten oder eine ex-post-Betrachtung. Bei Zahlungsverzug ist noch in sachlich einfach gelagerten Fällen die Beauftragung eines Rechtsanwalts zweckmäßig und erforderlich, BGH NJW 2015, 3793. Keidel-Zimmermann, § 80 FamFG, Rn. 28; nicht aber die Zuziehung mehrerer Rechtsanwälte oder der Rechtsanwaltswechsel, vgl. Zöller-Herget, § 91 ZPO, Rn. 12: Es besteht die Verpflichtung, die Prozesskosten niedrig zu halten.
161 OLG Zweibrücken FGPrax 2003, 220 f.
162 BayObLG FamRZ 2003, 1128 (LS)

b. Kostentragung in Verfahren auf öffentlich-rechtliche Unterbringungsmaßnahmen

86 Die Kostentragungspflicht hinsichtlich einer öffentlich-rechtlichen Unterbringungsmaßnahme nach § 312 Nr. 4 FamFG (dazu Teil G Rn. 108) regelt § 337 Abs. 2 FamFG. Lehnt das Gericht einen Unterbringungsantrag oder einen Antrag auf Durchführung einer ärztlichen Zwangsmaßnahme ab oder wird er zurückgenommen und hat sich im Verfahren ergeben, dass kein begründeter Anlass für die Stellung des Antrages vorlag, hat das Gericht die Auslagen des Betroffenen der Körperschaft, der die Verwaltungsbehörde angehört, aufzuerlegen.

Zu den einzelnen Voraussetzungen:

aa. Öffentlich-rechtliche Unterbringungsmaßnahme

87 § 337 Abs. 2 FamFG gilt nur für öffentlich-rechtliche Unterbringungsmaßnahmen i.S.d. § 312 Nr. 4 FamFG. Das sind Anordnungen zur Unterbringung nach den einzelnen Landesunterbringungsgesetzen.

▶ *Zur öffentlich-rechtlichen Unterbringung vgl. auch Teil G Rn. 103*

bb. Bestimmte Verfahrensbeendigung

88 Das Verfahren muss durch Zurückweisung oder Zurücknahme des Antrages enden, z.B. Ablehnung der Genehmigung einer Unterbringung als unverhältnismäßig. Andere Verfahrensbeendigungen[163] werden nicht erfasst, insbesondere im Fall der Erledigung der Hauptsache ist auf die Regelungen des allgemeinen Teils, dort §§ 83 Abs. 2, 81 FamFG, zurückzugreifen[164]. Unerheblich ist, ob ein Antrag als unzulässig oder unbegründet zurückgewiesen wird. Auch die Zurückweisung des Antrages, eine einstweilige Anordnung (§§ 331 f. FamFG) zu erlassen, kann eine Kostenauferlegung nach sich ziehen, da das einstweilige Anordnungsverfahren ein selbständiges Verfahren ist, vgl. § 51 Abs. 3 Satz 1 FamFG. Es muss nicht in der Hauptsache zu einer Ablehnung oder Rücknahme des Antrages kommen. Unerheblich ist, in welcher Instanz es zur Ablehnung oder Zurücknahme des Antrages kommt.

cc. Kein begründeter Anlass

89 Die Zurückweisung bzw. Zurücknahme des Antrages allein genügt nicht. Es muss hinzutreten, dass zum Zeitpunkt der Antragstellung kein begründeter Anlass für das Stellen eines Unterbringungsantrages vorgelegen hat[165]. Liegt – später – zum Zeitpunkt der gerichtlichen Entscheidung kein begründeter Anlass für die Antragstellung mehr vor, schadet das nicht.

90 Ein nicht begründeter Anlass zu Antragstellung besteht, wenn

- bei entsprechenden Erkundigungen über die Sach- und Rechtslage der Antrag nicht gestellt worden wäre,
- die Behörde Erkenntnisquellen überhaupt nicht oder nicht in zumutbarem Umfang in Anspruch genommen hat[166],
- vor Antragstellung keine medizinischen Stellungnahmen eingeholt worden sind,

163 Etwa durch Tod des Betroffenen, KG FGPrax 2006, 182
164 Keidel-Budde, § 337 FamFG, Rn. 6 m.w.N.
165 OLG Frankfurt a.M. FamRZ 1996, 558
166 Dodegge/Zimmermann, § 34 PsychKG NRW, Rn. 3

- das Vorliegen der Unterbringungsvoraussetzungen nicht wenigstens wahrscheinlich war[167], etwa, weil der Betroffene die Unterbringung mit freiem Willen ablehnt,
- Rechtsfehler begangen worden sind[168] oder
- der Betroffene nicht vorher von der Behörde angehört wurde[169].

Das Verhalten der Behörde muss nicht schuldhaft sein.

Hat die Behörde ihren Antrag bereits kurze Zeit später wieder zurückgenommen, weil das Gericht Zweifel an seiner Erfolgsaussicht geäußert hat, kann regelmäßig keine Verpflichtung zur Kostentragung festgestellt werden[170]. Allein die sofortige Rücknahme indiziert nicht, dass ein begründeter Anlass fehlte. Insoweit muss das Gericht dann keine weiteren Ermittlungen mehr anstellen. 91

Dagegen besteht begründeter Anlass zur Antragstellung, wenn der Betroffene wiederholt Suizidgedanken äußert, selbst wenn ungeklärt bleibt, ob er es ernst meint[171] oder das Gericht dem Antrag der zuständigen Behörde entspricht[172].

dd. Ermessen

Anders als in Abs. 1 räumt Abs. 2 dem Gericht kein Ermessen ein. Liegen die zuvor dargestellten Voraussetzungen vor, muss das Gericht die Kostenerstattung anordnen. 92

ee. Umfang der Erstattung

Das Gericht muss über die Erstattung der Auslagen[173] des Betroffenen insgesamt entscheiden. Als Auslagen kommen die außergerichtlichen Auslagen des Betroffenen sowie bei bemittelten Betroffenen die vom Gericht an den Verfahrenspfleger nach Nummer 31015 KV GNotKG gezahlten Beträge in Betracht. Eine Quotelung oder Aufteilung der einzelnen Auslagen ist nicht vorgesehen. Die Auslagen müssen aber wie in § 337 Abs. 1 FamFG notwendig bzw. erforderlich sein. Die Unterbringungskosten selbst rechnen nicht zu den Auslagen. Ihre Erstattung richtet sich nach den jeweiligen Landesunterbringungsgesetzen, z.B. Art. 25 BayUnterbrG, § 40 ThürPsychKG, § 32 PsychKG NRW. 93

ff. Erstattungspflichtiger

Die Erstattung ist nicht der antragstellenden Behörde, sondern der Körperschaft, der diese Behörde angehört, aufzuerlegen. Zu welcher Körperschaft eine Behörde gehört, bestimmt sich nach öffentlich-rechtlichen Normen. Regelmäßig wird der Landkreis oder eine kreisfreie Stadt zur Erstattung verpflichtet sein. Angesichts des § 62 FamFG besteht kein Bedarf mehr, § 337 Abs. 2 FamFG analog für die Festsetzung einer Erstattungsanordnung gegen die Staatskasse heranzuziehen[174]. 94

c. Rechtsmittelverfahren

§§ 307, 337 FamFG gelten auch im Rechtsmittelverfahren, § 68 Abs. 3 Satz 1 FamFG. Wird also im Beschwerdeverfahren oder im Verfahren der weiteren Beschwerde eine Betreuungs- oder Unterbringungsmaßnahme abgelehnt, als ungerechtfertigt aufgehoben, ein- 95

167 BayObLGZ 97, 379; FamRZ 2003, 1777 (LS): Selbst- bzw. Fremdgefährdung war nicht feststellbar.
168 Keidel-Budde, § 430 FamFG, Rn. 9, 12 f.
169 OLG Schleswig SchlHA 1994, 65, 66
170 OLG Karlsruhe FamRZ 2005, 2077
171 BayObLG FamRZ 2004, 1899
172 KG FGPrax 2006, 182
173 Gebühren werden im Unterbringungsverfahren nicht erhoben, vgl. § 26 Abs. 3 GNotKG.
174 So noch OLG München FamRZ 2006, 1617 f., für den Fall, in dem zwar für die zuständige Behörde ein begründeter Anlass bestand, sich aber das gerichtliche Verfahren als rechtsfehlerhaft erwies.

geschränkt oder das Verfahren ohne Entscheidung beendet, ist über die Auslagen des Betroffenen zu entscheiden. In den Fällen der öffentlich-rechtlichen Unterbringung gilt § 337 Abs. 2 FamFG.

4. Kostenfestsetzung

96 Ordnet das Gericht – durch Beschluss – eine Kostenerstattung an, schließt sich das Festsetzungsverfahren an, das in § 85 FamFG durch Verweisung auf die §§ 103 bis 107 ZPO geregelt ist. Die Entscheidung zur Kostenerstattung ist für das Festsetzungsverfahren bindend. Funktionell zuständig für das Verfahren ist der Rechtspfleger, § 21 RPflG.

96a Die Kostenfestsetzung erfolgt nur auf Antrag des Erstattungsberechtigten. Der Antrag muss die Kostenberechnung enthalten, also den Erstattungsanspruch beziffern, die Berechnungsgrundlagen angeben und erforderlichenfalls belegen. Der Antrag kann schriftlich oder mündlich zur Niederschrift der Geschäftsstelle gestellt werden[175]. Die Einreichung per E-Mail ohne elektrische Signatur ist nicht ausreichend[176].

Die Verweisung auf die ZPO-Vorschriften beinhaltet im Einzelnen Folgendes:

a. § 103 ZPO

97 Nach § 103 Abs. 1 ZPO bedarf es eines zur Vollstreckung geeigneten Titels. Einen solchen Titel stellt die wirksame Kostenentscheidung dar[177]. Nach § 82 FamFG ist eine Kostenentscheidung durch Beschluss spätestens mit der Endentscheidung (dazu § 38 FamFG) zu treffen. Ein Beschluss seinerseits ist ein vollstreckbarer Titel, § 86 Abs. 1 Nr. 1 FamFG, der mit seinem Wirksamwerden vollstreckbar ist, § 86 Abs. 2 FamFG. Dieser Titel bedarf nur noch in Ausnahmefällen einer Klausel, vgl. §§ 53 Abs. 1, 86 Abs. 3 FamFG. Aus § 103 Abs. 2 ZPO lässt sich ableiten, dass der Feststellungsantrag beim Betreuungsgericht einzureichen ist. Ihm muss eine Kostenberechnung nebst Abschrift sowie Belege für die einzelnen geltend gemachten Beträge beigelegt werden.

b. § 104 i.V.m. § 91 Abs. 1 Satz 1 ZPO

98 Nach § 104 Abs. 1 ZPO mit § 21 Nr. 1 RPflG entscheidet der Rechtspfleger. Er prüft, ob er zuständig ist, ein vollstreckbarer Titel vorliegt und der Antragsteller berechtigt ist. Weiterhin überprüft er, ob die geltend gemachten Kosten zur zweckentsprechenden Erledigung der Angelegenheit notwendig waren, § 91 Abs. 1 Satz 1 ZPO. Das ist für Kosten zu bejahen, die in dem Zeitpunkt, in dem sie aufgewendet wurden, nach allgemeiner Verkehrsanschauung aufzuwenden waren, um das streitige Recht zu verfolgen bzw. zu verteidigen[178].

Da § 85 FamFG nicht auf § 91 Abs. 2 ZPO verweist, sind Anwaltskosten nicht zwingend erstattungsfähig[179]. Ihre Erstattung kommt in Betracht, wenn und soweit sie zur Wahrung der Interessen des vertretenen Beteiligten notwendig waren. Das ist im Kostenfestsetzungsverfahren selbständig überprüfbar[180]. Die Notwendigkeit der Hinzuziehung eines Rechtsanwaltes im Betreuungsverfahren wird sich in der Regel allerdings bereits aus der Bedeutung eines Betreuungsverfahrens für den Betroffenen ergeben. Das gilt erst recht, wenn das Gericht über zwei Jahre hinweg nicht über die Beschwerde des Betroffenen gegen die Anordnung der Betreuung entschieden hat[181]. Sofern das Gericht in seiner Ent-

175 Schulte-Bunert/Weinreich-Keske, § 85 FamFG, Rn. 3
176 OLG Hamm FGPrax 2013, 84
177 Wirksamkeit tritt regelmäßig mit der Bekanntmachung ein, vgl. § 40 FamFG.
178 OLG Hamm MDR 1996, 103 f.
179 BayObLG JurBüro 1990, 761; Bassenge/Herbst, § 80 FamFG, Rn. 3
180 OLG Nürnberg FamRZ 2012, 735
181 OLG Zweibrücken FGPrax 2003, 220 f.

scheidung den Aspekt der Notwendigkeit der Hinzuziehung eines Rechtsanwaltes mit einbezieht, ist der Rechtspfleger daran gebunden. Rechtsanwaltsgebühren können grds. in dem dem Rechtsanwalt nach dem RVG und dem Vergütungsverzeichnis zustehenden Umfang berücksichtigt werden.

Vor der Kostenfestsetzung ist dem Antragsgegner rechtliches Gehör zu gewähren, § 104 Abs. 1 Satz 3 ZPO. Der Kostenfestsetzungsbeschluss ist zu begründen, wenn geltend gemachte Kosten abgelehnt werden, die Festsetzung zweifelhaft ist oder über schwierige Fragen zu befinden ist[182]. **99**

c. § 105 ZPO

Das Kostenfestsetzungsverfahren kann auch in vereinfachter Form – wie in § 105 ZPO vorgesehen – erfolgen. **100**

d. § 106 ZPO

§ 106 ZPO will doppelte Kostenfestsetzungen in den Fällen vermeiden, in denen die Kosten ganz oder teilweise nach Quoten verteilt sind. Nach Abs. 1 ist der Antragsgegner vom Gericht aufzufordern, seine Kostenrechnung innerhalb einer Woche bei Gericht einzureichen. Nach fruchtlosem Fristablauf kann das Gericht festsetzen, ohne dessen Kosten zu berücksichtigen, Abs. 2. **101**

e. § 107 ZPO

§ 107 Abs. 1 ZPO ermöglicht auf Antrag eine Abänderung der Kostenfestsetzung, wenn nachträglich eine Entscheidung zum Geschäftswert ergeht, die von dem im Kostenfestsetzungsverfahren zugrunde gelegten Wert abweicht. **102**

Abs. 2 enthält Regelungen zu Form und Frist eines solchen Antrages.

Nach Abs. 3 ist es möglich – solange die Entscheidung im Kostenfestsetzungsverfahren noch nicht rechtskräftig ist –, anstelle des Antrages nach § 107 Abs. 1 ZPO Rechtsmittel nach § 104 Abs. 3 ZPO einzulegen.

f. Zwangsvollstreckung

Aus Kostenfestsetzungsbeschlüssen findet die Zwangsvollstreckung erst statt, wenn der Beschluss zugestellt, § 87 Abs. 2 FamFG, und eine Wartefrist von 2 Wochen eingehalten ist, §§ 95 FamFG, 794 Abs. 1 Nr. 2, 795, 795a, 798 ZPO. **103**

g. Rechtsmittel gegen die Kostenfestsetzung

Gegen die Entscheidung des Rechtspflegers über die Kostenfestsetzung[183] findet bis zu einem Beschwerdewert von 200,– € die befristete Erinnerung, bei darüber liegendem Beschwerdewert die sofortige Beschwerde statt. Dies ergibt sich aus §§ 104 Abs. 3, 567 Abs. 2, 569 ZPO, 11 Abs. 2 RPflG[184]. Die Beschwerdefrist beträgt 2 Wochen seit Zustellung der Entscheidung. **104**

Der insoweit zuständige Rechtspfleger kann der Erinnerung bzw. sofortigen Beschwerde selbst abhelfen[185]. Hilft er nicht oder nicht vollständig ab, entscheidet der Richter – derselben Instanz, § 28 RPflG – anschließend. In den Fällen der sofortigen Beschwerde besteht **105**

182 Keidel-Zimmermann, § 85 FamFG, Rn. 9
183 Nicht gegen die Kostenentscheidung; gegen sie ist das Rechtsmittel nach § 58 ff. FGG gegeben, dazu unten Rn. 107 ff.
184 Vgl. bereits BGH FamRZ 2007, 1809 sowie Schulte-Bunert/Weinreich-Keske, § 85 FamFG, Rn. 17
185 Keidel-Zimmermann, § 85 FamFG, Rn. 14 und 16

für den Rechtspfleger nach Änderung des § 572 ZPO, der auch auf § 11 Abs. 2 RPflG anwendbar ist[186], ebenfalls die Möglichkeit der Abhilfe.

▶ *Zur Abhilfe durch den Rechtspfleger vgl. die Ausführungen zu § 11 RPflG in Teil J Rn. 47 ff.*

106 Gegen die Entscheidung des Beschwerdegerichts ist die Rechtsbeschwerde nur zulässig, wenn sie ausdrücklich vom Beschwerdegericht zugelassen wird, § 574 ZPO[187]. Sie ist allerdings trotz Zulassung nicht statthaft, wenn bereits im Beschwerdeverfahren die Beschwerdesumme nicht erreicht war[188]. Sie ist beim Rechtsbeschwerdegericht (BGH) durch einen dort zugelassenen Rechtsanwalt innerhalb einer Frist von einem Monat einzulegen.

186 Zöller-Gummer, § 572 ZPO, Rn. 2
187 Zum Teil wird vertreten, dass § 70 FamFG einschlägig ist. Zu Einzelheiten vgl. Schulte-Bunert/Weinreich-Keske, § 85 FamFG, Rn. 18
188 BGH NJW-RR 2011, 143

III. Rechtsmittel

In § 20a FGG a.F. fanden sich Regelungen zur Anfechtung von Kostenentscheidungen, d.h. Entscheidungen, in denen das Gericht über die Kostentragungspflicht gegenüber der Staatskasse bzw. die Kostenerstattung zwischen den Beteiligten eines Verfahrens entschieden hat. Das FamFG hat die Regelungen des § 20a FGG a.F. nicht übernommen. Insbesondere das Verbot der isolierten Anfechtung einer Kostenentscheidung wurde abgeschafft[189]. Soweit bisher § 20a Abs. 1, Satz 2, Abs. 2 FGG a.F. als Ausnahme gegen eine Entscheidung über die Erstattung der zur zweckentsprechenden Rechtsverfolgung notwendigen Auslagen des Betroffenen ein Rechtsmittel zuließ, wenn ein bestimmter Beschwerdewert überschritten war, hat das FamFG nichts daran geändert[190]. 107

1. Kostenentscheidung

Nach § 82 Satz 1 FamFG soll eine Kostenentscheidung grundsätzlich mit der Endentscheidung ergehen. Kostenentscheidungen sind Entscheidungen, die über die Auferlegung von Gerichtskosten und/oder die Anordnung der Kostenerstattung unter Verfahrensbeteiligten eine Aussage treffen[191]. Das kann ausdrücklich im Tenor der Entscheidung, aber auch in den Entscheidungsgründen erfolgen. Da das Gesetz in Betreuungs- und Unterbringungssachen eine Kostenentscheidung in das Ermessen des Gerichts stellt, lassen sich zwei Arten von Kostenentscheidungen denken: 108

a. Kostenentscheidung in der Endentscheidung

Von einer solchen Kostenentscheidung spricht man, wenn sie zusammen mit einer Endentscheidung ergeht. Endentscheidung meint eine den Verfahrensgegenstand ganz oder teilweise erledigende Entscheidung. Unerheblich ist, ob es sich um eine Sachentscheidung oder die Abweisung als (verfahrensrechtlich) unzulässig handelt[192]. Ein solcher Fall ist etwa gegeben, wenn das Gericht die Bestellung eines Betreuers ablehnt und einem Beteiligten die außergerichtlichen Kosten des Betroffenen auferlegt. Eine solche Kostenentscheidung kann auch zeitlich nach der Hauptsacheentscheidung ergehen[193]. 109

b. Isolierte Kostenentscheidung

Eine Kostenentscheidung kann auch isoliert ergehen[194], z.B. nach Antragsrücknahme, Rechtsmittelrücknahme oder Erledigung der Hauptsache bzw. Beendigung des Hauptsacheverfahrens ohne ausdrückliche Entscheidung. 110

c. Isolierte Anfechtbarkeit

Da der Gesetzgeber unter der Geltung des FamFG eine isolierte Anfechtung der Kostenentscheidung ermöglichen wollte, kann sich ein Rechtsmittel im Fall der Kostenentscheidung im Rahmen einer Endentscheidung auf die Kostenentscheidung beschränken[195]. 111

---

189 BT-Drs. 16/6308, S. 216; BGH NJW 2013, 3523 m.w.N. Zur alten Rechtslage etwa OLG Celle FamRZ 2006, 1619 f.; OLG Oldenburg FGPrax 2006, 268
190 Keidel-Zimmermann, § 81 FamFG, Rn. 81
191 Dazu siehe §§ 81, 307, 337 FamFG.
192 Keidel-Meyer-Holz; § 38 FamFG, Rn. 10 ff.
193 Etwa weil die Endentscheidung zunächst keine Kostenentscheidung traf und auf Antrag nach § 43 Abs. 1 FamFG nachgeholt wurde.
194 BGH FGPrax 2012, 91
195 BGH NJW 2013, 3523 m.w.N.; Keidel-Zimmermann; § 81 FamFG, Rn. 83

2. Rechtsmittel gegen Kostenentscheidung

112 Die Zulässigkeit von Rechtsmitteln gegen die Kostenentscheidung bemisst sich nach §§ 58 ff. FamFG und 11 RPflG[196]. Gegen Kostenentscheidungen des Gerichts ist regelmäßig die Beschwerde nach §§ 58 ff. FamFG gegeben, wenn der Wert des Beschwerdegegenstands 600,– € übersteigt bzw. das Gericht des ersten Rechtszuges die Beschwerde zugelassen hat, § 61 Abs. 1, 2 FamFG.

Das gilt nicht für isolierte Kostenentscheidungen. § 61 Abs. 1 FamFG ist nämlich nicht anwendbar, weil es sich bei Betreuungs- und Unterbringungsverfahren um keine vermögensrechtlichen Angelegenheiten handelt[197].

Soweit der Rechtspfleger über die Kostentragung entschieden hat, ist nach § 11 Abs. 2 RPflG die Erinnerung als Rechtsmittel gegeben.

a. Beschwerde

113 Nach §§ 58 Abs. 1, 61 Abs. 1, 2 FamFG ist das Rechtsmittel der Beschwerde gegen die im ersten Rechtszug ergangenen Endentscheidungen der Amts- und Landgerichte gegeben, wenn der Beschwerdewert 600,– € übersteigt bzw. das Gericht des ersten Rechtszugs die Beschwerde bei darunter liegendem Beschwerdewert ausdrücklich zugelassen hat. Eine Kostenentscheidung stellt eine Endentscheidung dar (dazu oben Rn. 109). Wie nach bisheriger Rechtslage ist die Beschwerde ohne Zulassung zulässig, auch wenn der Beschwerdewert 600,– € nicht übersteigt, weil es sich bei Betreuungs- und Unterbringungsverfahren um keine vermögensrechtlichen Angelegenheiten i.S.d. § 61 Abs. 1 FamFG handelt[198].

114 Die Beschwerde ist innerhalb einer Frist von einem Monat einzulegen, § 63 Abs. 1 FamFG. Die Frist beginnt für jeden Beteiligten – für die Staatskasse ist das der Bezirksrevisor – mit der schriftlichen Bekanntgabe, spätestens mit Ablauf von fünf Monaten seit Erlass des Beschlusses, § 63 Abs. 3 FamFG. Wird die Zustellung durch Niederlegung bewirkt, läuft die Frist mit diesem Tag. Zur Fristberechnung vgl. §§ 16 Abs. 2 FamFG, 222 ZPO, 191 BGB. Die Frist beginnt nicht vor der schriftlichen Bekanntgabe des Beschlusses zu laufen, § 63 Abs. 3 Satz 1 FamFG, spätestens aber nach Ablauf von 5 Monaten seit Erlass der Entscheidung.

Das Rechtsmittel muss innerhalb der Frist bei dem Gericht eingegangen sein, das die Entscheidung erlassen hat, und kann schriftlich oder mündlich zur Niederschrift der Geschäftsstelle erfolgen, § 64 Abs. 1, 2 FamFG.

Über die Beschwerde entscheidet das übergeordnete Beschwerdegericht. Das ist in Betreuungs- und Unterbringungsverfahren das Landgericht, § 72 Abs. 1 Satz 2 GVG.

Das erstinstanzliche Gericht, das die Entscheidung erlassen hat, hat ein Abhilferecht bzw. eine -pflicht, wenn das Rechtsmittel begründet ist, § 68 Abs. 1 Satz 1 FamFG. Die Form der Abhilfeentscheidung ist nicht vorgeschrieben. Sie sollte aber als begründeter Beschluss ergehen[199], insbesondere bei erfolgter Abhilfe wird eine erfolgte Endentscheidung abgeändert, was nach § 38 Abs. 3 Satz 1 FamFG begründet werden muss.

115 Beschwerdeberechtigt sein können die Staatskasse, der Betroffene, der Dritte (im Fall des § 81 Abs. 4 FamFG) sowie – bei öffentlich-rechtlichen Unterbringungsmaßnahmen – die Körperschaft, der die antragstellende Verwaltungsbehörde angehört (im Fall des § 337 Abs. 2 FamFG). Es muss aber eine Beschwer dieser Beteiligten vorliegen, was zu bejahen

196 Keidel-Zimmermann; § 81 FamFG, Rn. 81
197 BGH NJW 2013, 286 f. mit eingehender und zutreffender Begründung
198 BGH NJW 2013, 286 f.; OLG Nürnberg NJW 2010, 468 f.
199 OLG Düsseldorf FGPrax 2013, 288; OLG Hamm FGPrax 2010, 266; Schulte-Bunert/Weinreich-Unger/Roßmann, § 68 FamFG, Rn. 19

ist, wenn dem Betroffenen Kosten nicht erstattet werden bzw. den übrigen genannten Beteiligten Kosten auferlegt werden.

Die vom Amtsgericht getroffene Ermessensentscheidung bezüglich der Verfahrenskosten kann vom Beschwerdegericht nur darauf überprüft werden, ob das erstinstanzliche Gericht sein Ermessen fehlerfrei ausgeübt hat[200].

b. Erinnerung

Übersteigt der Beschwerdewert 600,– € nicht und wird die Beschwerde nicht zugelassen, ist gegen die Kostenentscheidungen des Rechtspflegers das Rechtsmittel der (befristeten) Erinnerung zulässig, § 11 Abs. 2 RPflG. Es gilt eine Frist von zwei Wochen, § 11 Abs. 2 Satz 1 RPflG[201]. Der Rechtspfleger kann der Erinnerung abhelfen, § 11 Abs. 2 Satz 5 RPflG. Auf die Erinnerung sind im Übrigen die Vorschriften der Zivilprozessordnung über die sofortige Beschwerde sinngemäß anzuwenden, § 11 Abs. 2 Satz 7 RPflG. **116**

▶ *Zur Erinnerung siehe die Ausführungen in Teil J Rn. 53 ff.*

Es sind in der Sache folgende Entscheidungen möglich:

- der Rechtspfleger hilft ab, d.h., er gibt dem Erinnerungsführer Recht,
- der Rechtspfleger hilft (ganz oder teilweise) nicht ab und legt sie dem Richter des Betreuungsgerichts gemäß § 11 Abs. 2 Satz 6 RPflG zur Entscheidung vor. Dieser kann
- das dann als Beschwerde geltende Rechtsmittel (ganz oder teilweise) zurückweisen und dabei die Beschwerde zum Landgericht zulassen[202] oder nicht,
- dem dann als Beschwerde geltenden Rechtsmittel (ganz oder teilweise) stattgeben und dabei wiederum die Beschwerde zum Landgericht zulassen oder nicht.

Die Entscheidung des Richters ihrerseits ist unanfechtbar[203].

c. Rechtsbeschwerde

Gegen die Entscheidung des Beschwerdegerichts kann die Rechtsbeschwerde, §§ 70 ff. FamFG, 574 ZPO, eingelegt werden, wenn das Beschwerdegericht das wegen der grundsätzlichen Bedeutung der zur Entscheidung stehenden Frage, zur Fortbildung des Rechts oder zur Sicherung einer einheitlichen Rechtsprechung zugelassen hat, §§ 70 Abs. 1, 2 Satz 1 Nr. 1 und 2 FamFG, 574 Abs. 1, 2 ZPO. **117**

Die Zulassung kann sich auf einzelne Aspekte der Entscheidung beschränken. Bei unzulässiger Zulassungsbeschränkung gilt die Zulassung als unbeschränkt[204]. Ohne ausdrückliche Zulassung ist die Rechtsbeschwerde nicht zulässig. **118**

Grundsätzliche Bedeutung liegt vor, wenn entscheidungserhebliche neue oder sonst ungeklärte Rechtsfragen zu entscheiden sind, die aus Sicht des Beschwerdegerichts zweifelhaft sind[205] und die sich über den Streitfall hinaus in einer unbestimmten Vielzahl weiterer Fälle stellen können und deshalb das abstrakte Interesse der Allgemeinheit an der einheitlichen Entwicklung und Handhabung des Rechts berühren[206]. Zudem muss die Frage für die Entscheidung bedeutsam sein und nicht nur einen Einzelfall betreffen. **119**

---

200 OLG Düsseldorf Rpfleger 2014, 20 ff.
201 Keidel-Meyer-Holz, Anh. § 58 FamFG, Rn. 5
202 BGH FamRZ 2017, 1318 und 1158
203 Keidel-Meyer-Holz, Anh. § 58 FamFG, Rn. 7
204 OLG Schleswig NJW-RR 2005, 1093 ff.
205 Keidel-Meyer-Holz, § 70 FamFG, Rn. 21. Das Begehren auf Feststellung, die Staatskasse sei nicht in Anspruch zu nehmen, genügt nicht, BayObLG BtPrax 1999, 195
206 BAG NJW 2011, 1099

120 Zur Fortbildung des Rechts ist eine Entscheidung des Rechtsbeschwerdegerichtes erforderlich, wenn der vom Beschwerdegericht entschiedene Fall Veranlassung gibt, Leitsätze für die Auslegung und Anwendung von Vorschriften des materiellen oder formellen Rechts aufzustellen oder Gesetzeslücken zu schließen[207].

121 Mit der Zulassung ist die Rechtsbeschwerde statthaft. Über ihre Zulässigkeit, z.B. Beschwerdebefugnis, und Begründetheit sagt sie nichts aus. An die Zulassung ist das Rechtsbeschwerdegericht gebunden, § 70 Abs. 2 Satz 2 FamFG. Nach § 74a Abs. 1 FamFG kann das Rechtsbeschwerdegericht die vom Beschwerdegericht zugelassene Rechtsbeschwerde durch einstimmigen Beschluss ohne mündliche Verhandlung oder Erörterung im Termin zurückweisen, wenn es davon überzeugt ist, dass die Voraussetzungen für die Zulassung der Rechtsbeschwerde nicht vorliegen und die Rechtsbeschwerde keine Aussicht auf Erfolg hat.

122 Gegen die Nichtzulassung der Rechtsbeschwerde gibt es keinen Rechtsbehelf. Das Rechtsbeschwerdegericht ist an die Nichtzulassung der Rechtsbeschwerde durch das Beschwerdegericht gebunden[208]. Zur Sprungrechtsbeschwerde siehe § 75 FamFG.

▶ *Zu Frist, Form und Verfahren der Rechtsbeschwerde vgl. in Teil F Rn. 349*

207 BGH NJW-RR 2007, 1022
208 OLG Düsseldorf FamRZ 2001, 1325; OLG Zweibrücken BtPrax 1999, 156; BayObLG BtPrax 1999, 195

Anlage 2 (zu § 34 Absatz 3 GNotKG)

Geschäftswert bis … €	Gebühr Tabelle A … €	Gebühr Tabelle B … €
500	35,00	15,00
1 000	53,00	19,00
1 500	71,00	23,00
2 000	89,00	27,00
3 000	108,00	33,00
4 000	127,00	39,00
5 000	146,00	45,00
6 000	165,00	51,00
7 000	184,00	57,00
8 000	203,00	63,00
9 000	222,00	69,00
10 000	241,00	75,00
13 000	267,00	83,00
16 000	293,00	91,00
19 000	319,00	99,00
22 000	345,00	107,00
25 000	371,00	115,00
30 000	406,00	125,00
35 000	441,00	135,00
40 000	476,00	145,00
45 000	511,00	155,00
50 000	546,00	165,00
65 000	666,00	192,00
80 000	786,00	219,00
95 000	906,00	246,00
110 000	1 026,00	273,00
125 000	1 146,00	300,00
140 000	1 266,00	327,00
155 000	1 386,00	354,00
170 000	1 506,00	381,00
185 000	1 626,00	408,00
200 000	1 746,00	435,00
230 000	1 925,00	485,00
260 000	2 104,00	535,00
290 000	2 283,00	585,00
320 000	2 462,00	635,00
350 000	2 641,00	685,00
380 000	2 820,00	735,00
410 000	2 999,00	785,00
440 000	3 178,00	835,00
470 000	3 357,00	885,00
500 000	3 536,00	935,00
550 000	3 716,00	1 015,00
600 000	3 896,00	1 095,00
650 000	4 076,00	1 175,00
700 000	4 256,00	1 255,00
750 000	4 436,00	1 335,00
800 000	4 616,00	1 415,00
850 000	4 796,00	1 495,00
900 000	4 976,00	1 575,00
950 000	5 156,00	1 655,00
1 000 000	5 336,00	1 735,00
1 050 000	5 516,00	1 815,00
1 100 000	5 696,00	1 895,00
1 150 000	5 876,00	1 975,00
1 200 000	6 056,00	2 055,00
1 250 000	6 236,00	2 135,00
1 300 000	6 416,00	2 215,00
1 350 000	6 596,00	2 295,00
1 400 000	6 776,00	2 375,00
1 450 000	6 956,00	2 455,00
1 500 000	7 136,00	2 535,00
1 550 000	7 316,00	2 615,00
1 600 000	7 496,00	2 695,00
1 650 000	7 676,00	2 775,00
1 700 000	7 856,00	2 855,00
1 750 000	8 036,00	2 935,00
1 800 000	8 216,00	3 015,00
1 850 000	8 396,00	3 095,00
1 900 000	8 576,00	3 175,00
1 950 000	8 756,00	3 255,00
2 000 000	8 936,00	3 335,00
2 050 000	9 116,00	3 415,00
2 100 000	9 296,00	3 495,00
2 150 000	9 476,00	3 575,00
2 200 000	9 656,00	3 655,00
2 250 000	9 836,00	3 735,00
2 300 000	10 016,00	3 815,00
2 350 000	10 196,00	3 895,00
2 400 000	10 376,00	3 975,00
2 450 000	10 556,00	4 055,00
2 500 000	10 736,00	4 135,00
2 550 000	10 916,00	4 215,00
2 600 000	11 096,00	4 295,00
2 650 000	11 276,00	4 375,00
2 700 000	11 456,00	4 455,00
2 750 000	11 636,00	4 535,00
2 800 000	11 816,00	4 615,00
2 850 000	11 996,00	4 695,00
2 900 000	12 176,00	4 775,00
2 950 000	12 356,00	4 855,00
3 000 000	12 536,00	4 935,00

Teil J
Nebengesetze

I. Rechtspflegergesetz (RPflG)

§ 4 RPflG Umfang der Übertragung

(1) Der Rechtspfleger trifft alle Maßnahmen, die zur Erledigung der ihm übertragenen Geschäfte erforderlich sind.

(2) Der Rechtspfleger ist nicht befugt,

1. eine Beeidigung anzuordnen oder einen Eid abzunehmen,
2. Freiheitsentziehungen anzudrohen oder anzuordnen, sofern es sich nicht um Maßnahmen zur Vollstreckung
   a) einer Freiheitsstrafe nach § 457 der Strafprozessordnung oder einer Ordnungshaft nach § 890 der Zivilprozessordnung,
   b) einer Maßregel der Besserung und Sicherung nach § 463 der Strafprozessordnung oder
   c) der Erzwingungshaft nach § 97 des Gesetzes über Ordnungswidrigkeiten handelt.

(3) Hält der Rechtspfleger Maßnahmen für geboten, zu denen er nach Absatz 2 Nr. 1 und 2 nicht befugt ist, so legt er deswegen die Sache dem Richter zur Entscheidung vor.

§ 5 RPflG Vorlage an den Richter

(1) Der Rechtspfleger hat ihm übertragene Geschäfte dem Richter vorzulegen, wenn

1. sich bei der Bearbeitung der Sache ergibt, dass eine Entscheidung des Bundesverfassungsgerichts oder eines für Verfassungsstreitigkeiten zuständigen Gerichts eines Landes nach Artikel 100 des Grundgesetzes einzuholen ist;
2. zwischen dem übertragenen Geschäft und einem vom Richter wahrzunehmenden Geschäft ein so enger Zusammenhang besteht, dass eine getrennte Behandlung nicht sachdienlich ist.

(2) Der Rechtspfleger kann ihm übertragene Geschäfte dem Richter vorlegen, wenn die Anwendung ausländischen Rechts in Betracht kommt.

(3) [1]Die vorgelegten Sachen bearbeitet der Richter, solange er es für erforderlich hält. [2]Er kann die Sachen dem Rechtspfleger zurückgeben. [3]Gibt der Richter eine Sache an den Rechtspfleger zurück, so ist dieser an eine von dem Richter mitgeteilte Rechtsauffassung gebunden.

§ 6 RPflG Bearbeitung übertragener Sachen durch den Richter

Steht ein übertragenes Geschäft mit einem vom Richter wahrzunehmenden Geschäft in einem so engen Zusammenhang, dass eine getrennte Bearbeitung nicht sachdienlich wäre, so soll der Richter die gesamte Angelegenheit bearbeiten.

§ 7 RPflG Bestimmung des zuständigen Organs der Rechtspflege

[1]Bei Streit oder Ungewissheit darüber, ob ein Geschäft von dem Richter oder dem Rechtspfleger zu bearbeiten ist, entscheidet der Richter über die Zuständigkeit durch Beschluss. [2]Der Beschluss ist unanfechtbar.

§ 8 RPflG Gültigkeit von Geschäften

(1) Hat der Richter ein Geschäft wahrgenommen, das dem Rechtspfleger übertragen ist, so wird die Wirksamkeit des Geschäfts hierdurch nicht berührt.

(2) Hat der Rechtspfleger ein Geschäft wahrgenommen, das ihm der Richter nach diesem Gesetz übertragen kann, so ist das Geschäft nicht deshalb unwirksam, weil die Übertragung

unterblieben ist oder die Voraussetzungen für die Übertragung im Einzelfalle nicht gegeben waren.

(3) Ein Geschäft ist nicht deshalb unwirksam, weil es der Rechtspfleger entgegen § 5 Abs. 1 dem Richter nicht vorgelegt hat.

(4) [1]Hat der Rechtspfleger ein Geschäft des Richters wahrgenommen, das ihm nach diesem Gesetz weder übertragen ist noch übertragen werden kann, so ist das Geschäft unwirksam. [2]Das gilt nicht, wenn das Geschäft dem Rechtspfleger durch eine Entscheidung nach § 7 zugewiesen worden war.

(5) Hat der Rechtspfleger ein Geschäft des Urkundsbeamten der Geschäftsstelle wahrgenommen, so wird die Wirksamkeit des Geschäfts hierdurch nicht berührt.

§ 9 RPflG Weisungsfreiheit des Rechtspflegers

Der Rechtspfleger ist sachlich unabhängig und nur an Recht und Gesetz gebunden.

1. Überblick

1 Die Auswahl und Bestellung eines Betreuers ist durch das Betreuungsgesetz in einer Hand als so genannte Einheitsentscheidung konzentriert worden, um das bis 1992 geltende System des Auseinanderfallens von Sach- und Personalentscheidung zu beenden. Es sollte keine abstrakte Anordnung der Betreuung geben. Die Einheitsentscheidung ist dem Richter zugewiesen. Auch die Unterbringungssachen (§§ 312 bis 339 FamFG) sind dem Richter vorbehalten. Der durch das 2. BtÄndG eingefügte § 19 Abs. 1 Nr. 1 RPflG ermächtigt die Landesregierungen, den Verfahrenszustand wiederherzustellen, der vor dem Inkrafttreten des Betreuungsrechts im Jahre 1992 bestand. Die Ermächtigung ermöglicht es den Landesregierungen, durch Rechtsverordnung die im Betreuungsrecht nach § 15 RPflG geltenden Richtervorbehalte für bestimmte Aufgaben ganz und teilweise aufzuheben. Bislang wurde von der Ermächtigung in Hinblick auf Betreuungssachen von Rheinland-Pfalz und Bayern Gebrauch gemacht[1].

▶ *Zu Einzelheiten vgl. unten Rn. 19 ff.*

Grundsätzlich hält das Betreuungsrecht auch nach dem 2. BtÄndG an der Grundstruktur der Arbeitsteilung zwischen Richter und Rechtspfleger fest.

Die allgemeine Aufsicht über die gesamte Tätigkeit der Betreuung, insbesondere über die Vermögenssorge, aber auch bezüglich der Personensorge, obliegt dem Rechtspfleger[2].

2 In diesem Rahmen trifft der Rechtspfleger alle erforderlichen Maßnahmen, § 4 Abs. 1 RPflG. Nach § 4 Abs. 2 RPflG darf er allerdings keine Beeidigung anordnen oder einen Eid abnehmen bzw. Freiheitsentziehungen androhen oder anordnen. Im Rahmen seiner Tätigkeit ist der Rechtspfleger sachlich unabhängig und nur an Recht und Gesetz gebunden, § 9 RPflG.

Da das Gesetz von der Regelzuständigkeit des Rechtspflegers und nur von der ausnahmsweisen Zuständigkeit des Richters ausgeht, spricht die Vermutung zunächst für die Rechtspflegerzuständigkeit. Im Einzelfall kann die Abgrenzung problematisch sein, insbesondere aufgrund der Verweisungen des Betreuungsrechtes auf das Vormundschaftsrecht. Gilt im Vormundschaftsbereich ein Richtervorbehalt, erstreckt sich dieser auch auf das Betreuungsrecht. Andererseits müssen aber immer betreuungsrechtliche Besonderheiten berücksichtigt werden. Deshalb ist im Vormundschaftsbereich der Rechtspfleger für den Entzug

1 Vgl. jeweils § 1 bayBetrVerfAufV vom 15.3.2005, GVBl. 2005, S. 170 und PPflAÜVO vom 15.5.2008, zuletzt geändert am 15.4.2010, GVBl. 2010, S. 83
2 Vgl. §§ 1908i Abs. 1 Satz 1, 1837 BGB

der Vertretungsmacht in einzelnen Angelegenheiten (§ 1796 BGB) zuständig. Wird eine entsprechende Regelung im Betreuungsverfahren nötig – § 1908i Abs. 1 Satz 1 BGB verweist auf § 1796 BGB –, ist der Richter zuständig, weil es sich um eine Teilentlassung des Betreuers bzw. Einschränkung des Aufgabenkreises handelt[3].

Stellt der Rechtspfleger im Rahmen seiner Tätigkeit fest, dass eine dem Richter vorbehaltene Maßnahme zu erledigen ist, z.B. eine Unterbringungsgenehmigung nach § 1906 BGB, oder die Entlassung eines Betreuers nach § 1908b Abs. 1 BGB angeregt ist, schaltet er den Richter ein, indem er veranlasst, dass diesem die Akte vorgelegt wird[4]. **3**

Nach § 5 Abs. 1 Nr. 2 RPflG kann der Rechtspfleger das ihm übertragene Geschäft dem Richter zur weiteren Bearbeitung auch vorlegen, wenn zwischen dem ihm übertragenen Geschäft und einem vom Richter wahrzunehmenden Geschäft ein so enger Zusammenhang besteht, dass eine getrennte Behandlung nicht sachdienlich wäre. Ein solcher Fall kann gegeben sein, wenn der Rechtspfleger über die Bestellung eines Kontrollbetreuers nach § 1896 Abs. 3 BGB zu entscheiden hat, gleichzeitig aber Bedarf besteht, darüber hinaus einen Betreuer zu bestellen (etwa weil die Vollmacht nicht den Anforderungen der §§ 1904 Abs. 2 Satz 2, 1906 Abs. 5 BGB entspricht).

Mit der Vorschrift des § 5 Abs. 1 Nr. 2 RPflG korrespondiert die des § 6 RPflG, der für die vorgenannten Fälle des engen Zusammenhangs von Rechtspfleger- und Richtergeschäft die gesamte Bearbeitung durch den Richter vorsieht. Der Richter ist allerdings nicht berechtigt, eine solche Angelegenheit zur Bearbeitung an sich zu ziehen[5]. Entsteht Streit über die Zuständigkeit, entscheidet der Richter darüber durch unanfechtbaren Beschluss, § 7 RPflG. Bearbeitet der Richter eine in die Zuständigkeit des Rechtspflegers fallende Angelegenheit, bleiben seine Entscheidungen wirksam, § 8 Abs. 1 RPflG. Umgekehrt wäre die vom Rechtspfleger getroffene Entscheidung über eine Angelegenheit, die ihm weder vom Gesetz übertragen ist noch übertragen werden kann, unwirksam, § 8 Abs. 4 Satz 1 RPflG. Eine Ausnahme gilt nur, wenn der Richter ihm diese Angelegenheit durch eine Entscheidung nach § 7 RPflG zugewiesen hatte, § 8 Abs. 4 Satz 2 RPflG.

Für die vom Rechtspfleger durchzuführenden Verfahren (dazu unten Rn. 6 ff.) gelten die allgemeinen Verfahrensvorschriften im Betreuungsverfahren. **4**

▶ *Zu den allgemeinen Verfahrensvorschriften des Betreuungsrechts vgl. Teil A Rn. 105 ff.*

2. Aufgaben des Rechtspflegers

§ 3 RPflG Übertragene Geschäfte

Dem Rechtspfleger werden folgende Geschäfte übertragen:

1. ...

2. vorbehaltlich der in den §§ 14 bis 19b dieses Gesetzes aufgeführten Ausnahmen die nach den gesetzlichen Vorschriften vom Richter wahrzunehmenden Geschäfte des Amtsgerichts in

a) ...

b) Betreuungssachen sowie betreuungsgerichtlichen Zuweisungssachen nach den §§ 271 und 340 des Gesetzes über das Verfahren in Familiensachen und in den Angelegenheiten der freiwilligen Gerichtsbarkeit,...

---

3 Jürgens-Kretz, § 15 RPflG, Rn. 6

4 Bezüglich Maßnahmen, zu denen der Rechtspfleger nicht befugt ist, schreibt § 4 Abs. 3 RPflG dies ausdrücklich vor.

5 Arnold-Rellermeyer, § 6 RPflG, Rn. 3

3. die in den §§ 20 bis 24a, 25 und 25a dieses Gesetzes einzeln aufgeführten Geschäfte

a) ...

b) in Festsetzungsverfahren,

...

e) auf dem Gebiet der Aufnahme von Erklärungen

...

a. Grundsatz

5 In Betreuungs- und Unterbringungssachen beschränkt sich die Zuständigkeit des Rechtspflegers auf die Betreuungssachen, die nicht dem Richter nach § 15 RPflG (dazu unten Rn. 25 ff.) vorbehalten sind. Für Unterbringungsmaßnahmen im Sinne des § 312 FamFG (dazu Teil G Rn. 109) ergibt sich das schon aus verfassungsrechtlichen Gründen. Nach Art. 104 Abs. 2 GG obliegen diese Entscheidungen allein dem Richter. Auch vorbereitende Tätigkeiten im Rahmen der dem Richter vorbehaltenen Aufgaben, z.B. Anhörungen nach § 319 FamFG oder Verfahrenspflegerbestellung nach § 317 FamFG (nicht aber die Festsetzung der Verfahrenspflegervergütung[6]), unterfallen der Zuständigkeit des Richters[7].

b. Einzelzuständigkeiten

6 Nachstehend eine Übersicht über die dem Rechtspfleger im Betreuungsverfahren obliegenden Aufgaben:

aa. Aufnahme von Anträgen und Erklärungen

7 Im Rahmen eines Betreuungsverfahrens erfolgt die Aufnahme von Anträgen und Erklärungen durch den Rechtspfleger, soweit deren Schwierigkeit und Bedeutung der Aufnahme von Rechtsbehelfen, Klagen und Klageerwiderungen gleichkommt, §§ 3 Nr. 3e, 24 Abs. 2 Nr. 3 RPflG i.V.m. § 25 Abs. 2 FamFG. Fehlt es an einer solchen Schwierigkeit oder Bedeutung, bleibt es bei der Zuständigkeit der Geschäftsstelle des Betreuungsgerichts, § 25 Abs. 2 FamFG[8].

bb. Entscheidung über einstweilige Maßregeln nach § 1846 BGB

8 Hier ist der Rechtspfleger zuständig, sofern bereits ein Betreuer bestellt ist und kein dem Richter vorbehaltenes Verfahren (z.B. Unterbringungsmaßnahme) betroffen ist.

cc. Bestellung eines oder mehrerer Kontrollbetreuer

9 Für die Bestellung eines Kontrollbetreuers gilt der Richtervorbehalt nach § 15 Abs. 1 Satz 2 RPflG nicht. Neben der Entscheidung nach §§ 1896 Abs. 3, 1899 BGB sind auch später eventuell erforderliche Entscheidungen zu Entlassung und Neubestellung des Kontrollbetreuers und Aufhebung oder Verlängerung der Kontrollbetreuung umfasst.

▶ *Einzelheiten zum Kontrollbetreuer vgl. Teil A Rn. 27 ff.*

---

6 So zu Recht BGH NJW 2011, 453: Vergütungsfestsetzung für Verfahrenspfleger im Unterbringungsverfahren; Keidel-Engelhardt, § 168 FamFG, Rn. 6; Jürgens-Kretz, § 15 RPflG, Rn. 50; a.A. LG Kaiserslautern Rpfleger 1994, 453; Arnold-Meyer-Stolte, § 15 RPflG, Rn. 55

7 Bassenge/Roth, § 15 RPflG, Rn. 14

8 Schulte-Bunert/Weinreich-Brinkmann, § 25 FamFG, Rn. 19; a.A. Jürgens-Kretz, § 15 RPflG, Rn. 35, der von einer generellen Zuständigkeit der Rechtspfleger ausgeht. Die Gerichtspraxis ist uneinheitlich.

dd. Verpflichtung des Betreuers, § 289 Abs. 1 FamFG

Nach § 289 Abs. 1 Satz 1 FamFG wird ein Betreuer mündlich verpflichtet und über seine Aufgaben unterrichtet. Die Verpflichtung entfällt nach § 289 Abs. 1 Satz 2 FamFG, wenn ein ehrenamtlicher Betreuer bereits mehr als 1 Betreuung führt oder in den letzten 2 Jahren geführt hat sowie bei Berufsbetreuern. Neben der Verpflichtung hat der Rechtspfleger – soweit erforderlich – ein Einführungsgespräch mit dem Betreuer und dem Betreuten durchzuführen, § 289 Abs. 2 FamFG. Die Zuständigkeit des Rechtspflegers besteht unabhängig davon, ob er oder der Richter den Betreuer bestellt hat. **10**

ee. Beratung der Betreuer

Nach §§ 1908i Abs. 1, 1837 Abs. 1 BGB berät der Rechtspfleger die Betreuer und wirkt daran mit, sie in ihre Aufgaben einzuführen. Nach allgemeiner Auffassung gebietet es § 1837 Abs. 1 BGB auch, den Betreuer zu unterstützen, ihn z.B. auf die Pflichtwidrigkeit einer beabsichtigten Handlung hinzuweisen[9]. **11**

ff. Aufsicht über die Betreuer

Die Aufsicht über die Betreuer, §§ 1908i Abs. 1, 1837 Abs. 2, 3 BGB, umfasst deren gesamtes Tätigkeitsfeld[10]. Im Einzelnen sind hier folgende Tätigkeiten zu nennen: **12**

(1) Einschreiten gegen Pflichtwidrigkeiten des Betreuers durch Ge- und Verbote, §§ 1908i Abs. 1, 1837 Abs. 2 Satz 1 BGB.

(2) Verlangen an den Betreuer, eine Versicherung gegen Schäden, die er dem Betreuten zufügen kann, einzugehen, §§ 1908i Abs. 1,1837 Abs. 2 Satz 2 BGB.

(3) Anhalten zur Befolgung der vorgenannten Ge- und Verbote durch Festsetzung von Zwangsgeld, §§ 1908i Abs. 1, 1837 Abs. 3 Satz 1 BGB.

(4) Überprüfung der den Betreuer nach §§ 1908i Abs. 1, 1802–1809 BGB im Vermögensbereich treffenden Aufzeichnungs-, Verwendungs- und Anlegungspflichten. Dazu gehören u. a. die Pflicht, das Vermögen zu verzeichnen und es gesperrt unter Beachtung der regelmäßigen Anlageformen anzulegen.

(5) Erteilung von Befreiungen nach §§ 1908i Abs. 1, 1817 BGB bzw. Aufhebung oder Beschränkung von gesetzlich vorgesehenen Befreiungen, §§ 1908i Abs. 2 Satz 2, 1857a BGB. Hier kann unter Umständen die Zuständigkeit kraft Sachzusammenhangs (§ 6 RPflG) für den den Betreuer bestellenden Richter angenommen werden[11].

(6) Prüfung der Rechnungslegung der Betreuer, soweit diese über ihre Vermögensverwaltung Rechnung zu legen haben, §§ 1908i Abs. 1, 1843 BGB.

(7) Anordnung der Erstellung und Prüfung eines Betreuungsplanes des Berufsbetreuers, § 1901 Abs. 4 Satz 2 BGB. Diese durch das 2. BtÄndG aufgenommene Möglichkeit unterliegt nämlich nicht dem Richtervorbehalt des § 15 Abs. 1 Nr. 1 RPflG.

gg. Erteilung von Genehmigungen in vermögensrechtlichen Angelegenheiten

Gemeint sind die nach §§ 1908i Abs. 1, 1810 ff. BGB vorgeschriebenen Genehmigungen sowie die in § 1825 BGB vorgesehene allgemeine Ermächtigung. Weitere Genehmigungsvorbehalte gelten im Rahmen der Errichtung, Anfechtung und Aufhebung von Erbverträgen durch den Betreuten, vgl. §§ 2275 Abs. 2, 2282 Abs. 2, 2290 Abs. 3, 2291 Abs. 1, **13**

---

9 Damrau/Zimmermann, § 1837 BGB, Rn. 8
10 Sowohl die Personen- als auch die Vermögenssorge, Jürgens-Kretz, § 15 RPflG, Rn. 41
11 Jürgens-Kretz, § 15 RPflG, Rn. 41

2292 BGB, und bei Erbverzichtsverträgen, §§ 2347, 2351, 2352 BGB. Schließlich können Genehmigungen im Rahmen des § 1903 Abs. 1 Satz 2 BGB erforderlich werden.

hh. Erteilung von Genehmigungen im Bereich der Personensorge

14 Aus dem Bereich der Personensorge sind zwei Genehmigungstatbestände relevant, nämlich

- Erteilung der Genehmigung für den Betreuer zur Beendigung eines Mietverhältnisses des Betreuten über Wohnraum bzw. über die Genehmigung von Miet- und Pachtverträgen nach § 1907 BGB.
- Erteilung der Genehmigung, die Ausstattung aus dem Vermögen des Betreuten zu versprechen bzw. zu gewähren, § 1908 BGB.

ii. Entscheidungen über Vergütung und Aufwendungsersatz

15 Die Entscheidungen nach Maßgabe der §§ 168, 277 FamFG, 1908i Abs. 1, 1835 ff. BGB über Vergütung und Aufwendungsersatz der Betreuer und Verfahrenspfleger[12] einschließlich Erfüllung der Ansprüche nach Maßgabe der §§ 1836 Abs. 1 Satz 3 BGB, 1 ff. VBVG sowie Entscheidungen zu Regressansprüchen gegen den Betreuten bzw. seine Erben nach § 1836e BGB fallen in den Aufgabenbereich des Rechtspflegers.

jj. Entlassung und Neubestellung eines Betreuers

16 Über die Entlassung und Neubestellung eines Betreuers entscheidet der Rechtspfleger, wenn:

- der Betreute eine übernahmebereite Person als neuen Betreuer vorschlägt, § 1908b Abs. 3 BGB,
- der Verein oder die Behörde die Entlassung des Vereins- oder Behördenbetreuers verlangt, § 1908b Abs. 4 BGB (auch wenn nach Satz 2 ausgesprochen wird, dass der bisherige Vereinsbetreuer die Betreuung als Privatperson fortführt),
- ein Beamter die notwendige Nebentätigkeitsgenehmigung zur Ausübung des Amtes nicht vorweisen kann, §§ 1908i Abs. 1, 1888 BGB[13], oder
- es sich um einen Kontrollbetreuer handelt, § 1896 Abs. 3 BGB.

Insoweit gilt der Richtervorbehalt des § 15 Abs. 1 Nr. 1 RPflG nicht.

kk. Führung des jeweiligen Verfahrens

17 Das jeweilige Verfahren in dem zuvor aufgezeigten Zuständigkeitsbereich des Rechtspflegers wird ebenfalls von diesem geführt. Er hat also die notwendigen Ermittlungen durchzuführen, nimmt die persönlichen Anhörungen vor, kann einen Verfahrenspfleger bestellen, ein anderes Gericht um Rechtshilfe ersuchen und einstweilige Anordnungen treffen. Die nach §§ 308, 310 und 311 FamFG vorgesehenen Mitteilungspflichten in Betreuungs- und Unterbringungsverfahren sind jeweils vom Rechtspfleger zu veranlassen, soweit es Verfahren betrifft, die in seine sachliche Zuständigkeit fallen[14], ansonsten vom Richter. Die Umsetzung erfolgt durch den Geschäftsstellenbeamten. Die Mitteilung nach § 309 FamFG ist vom Richter zu veranlassen[15] (dazu unten Rn. 46).

---

12 Vgl. Jürgens-Kretz, § 15 RPflG, Rn. 43 ff.
13 Arnold-Rellermeyer, § 15 RPflG, Rn. 9
14 Arnold-Rellermeyer, § 15 RPflG, Rn. 37; Schulte-Bunert/Weinreich-Rausch, § 308 FamFG, Rn. 38, § 310 FamFG, Rn. 17, § 311 FamFG, Rn. 10
15 Schulte-Bunert/Weinreich-Eilers, § 309 FamFG, Rn. 21

Soll die Abgabe einer Betreuungsverfügung (§ 1901c BGB) außerhalb eines anhängigen Betreuungsverfahrens erzwungen werden, ist der Rechtspfleger solange zuständig, bis Haft angeordnet werden soll (zu Einzelheiten vgl. unten Rn. 42 und Teil C Rn. 141 f.).

Für Abgaben und Übernahmen von Betreuungsverfahren ist der Rechtspfleger nur im Rahmen der ihm zugewiesenen Aufgaben zuständig, also z.B. bei einer Kontrollbetreuung nach § 1896 Abs. 3 BGB[16]. Ansonsten besteht die Zuständigkeit des Richters[17].

II. Landesrecht

In Baden-Württemberg wurden die Aufgaben in Betreuungs- und Unterbringungssachen **18**
bis zum 31.12.2017 von den Amtsnotaren und den Amtsgerichten wahrgenommen[18]. Richtervorbehalte bestanden für die Anordnungen bzw. Genehmigungen nach §§ 1903 bis 1906 BGB, Anordnungen nach §§ 278 Abs. 5, 283, 284 FamFG, Maßregeln nach §§ 1908i, 1846 in Bezug auf eine Untersuchung des Gesundheitszustandes, eine Heilbehandlung oder einen ärztlichen Eingriff sowie die Bestellung eines Betreuers aufgrund dienstrechtlicher Vorschriften, vgl. § 37 Abs. 1 Nr. 1 bis 4 LFGG (Bad.-Württ.).

c. Landesrechtliche Aufhebung von Richtervorbehalten

§ 19 RPflG Aufhebung von Richtervorbehalten

(1) [1]Die Landesregierungen werden ermächtigt, durch Rechtsverordnung die in den vorstehenden Vorschriften bestimmten Richtervorbehalte ganz oder teilweise aufzuheben, soweit sie folgende Angelegenheiten betreffen:

1. **die Geschäfte nach § 14 Abs. 1 Nr. 9 und 10 sowie § 15 Abs. 1 Satz 1 Nummer 1 bis 6, soweit sie nicht die Entscheidung über die Anordnung einer Betreuung und die Festlegung des Aufgabenkreises des Betreuers auf Grund der §§ 1896 und 1908a des Bürgerlichen Gesetzbuchs sowie die Verrichtungen auf Grund der §§ 1903 bis 1905 und 1908d des Bürgerlichen Gesetzbuchs und von § 278 Abs. 5 und § 283 des Gesetzes über das Verfahren in Familiensachen und in den Angelegenheiten der freiwilligen Gerichtsbarkeit betreffen;**
2. **die Geschäfte nach § 16 Abs. 1 Nr. 1, soweit sie den nach § 14 Abs. 1 Nr. 9 und 10 dieses Gesetzes ausgeschlossenen Geschäften in Kindschaftssachen entsprechen;**
3. **die Geschäfte nach § 16 Abs. 1 Nr. 2;**
4. **die Geschäfte nach § 16 Abs. 1 Nr. 5, soweit der Erblasser den Testamentsvollstrecker nicht selbst ernannt oder einen Dritten zu dessen Ernennung bestimmt hat;**
5. **die Geschäfte nach § 16 Abs. 1 Nr. 6 und 7 sowie Absatz2;**
6. **die Geschäfte nach § 17 Nr. 1.**

[2]Die Landesregierungen können die Ermächtigung auf die Landesjustizverwaltungen übertragen.

(2) In der Verordnung nach Absatz 1 ist vorzusehen, dass der Rechtspfleger das Verfahren dem Richter zur weiteren Bearbeitung vorzulegen hat, soweit bei den Geschäften nach Absatz 1 Satz 1 Nr. 2 bis 5 gegen den Erlass der beantragten Entscheidung Einwände erhoben werden.

---

16 Damrau/Zimmermann, § 15 RPflG, Rn. 4

17 OLG München FGPrax 2008, 67; OLG Zweibrücken FGPrax 2008, 210 und 2005, 216; OLG Frankfurt a.M. FGPrax 2007, 119 f.: bzgl. der Vorlage eines Abgabestreits nach § 5 Abs. 1 Nr. 5 FamFG

18 Die entsprechende Regelung des § 36 LFGG (Bad-Württ.) ist mit Wirkung zum 1.1.2018 durch das Gesetz vom 29.7.2010 (GBl. S. 555) aufgehoben worden, sodass die Aufgaben in Betreuungs- und Unterbringungssachen seither allein von den Amtsgerichten wahrgenommen werden. Zu Einzelheiten siehe Bühler, BW NotZ 1991,153

(3) Soweit von der Ermächtigung nach Absatz 1 Nr. 1 hinsichtlich der Auswahl und Bestellung eines Betreuers Gebrauch gemacht wird, sind die Vorschriften des Gesetzes über das Verfahren in Familiensachen und in den Angelegenheiten der freiwilligen Gerichtsbarkeit über die Bestellung eines Betreuers auch für die Anordnung einer Betreuung und Festlegung des Aufgabenkreises des Betreuers nach § 1896 des Bürgerlichen Gesetzbuchs anzuwenden.

aa. Überblick

19 § 19 RPflG wurde durch das Erste Gesetz zur Modernisierung der Justiz (1. JuMoG) im Jahr 2004 eingefügt und bestimmte zunächst diejenigen Richtervorbehalte im Bereich der Aufgaben des Handelsregisters und der Nachlasssachen, zu deren Aufhebung die Landesregierungen ermächtigt werden. Das 2. BtÄndG erweiterte die Ermächtigung in der nunmehrigen Nr. 1 für bestimmte, jetzt in § 15 RPflG aufgeführte Richtervorbehalte in Betreuungsverfahren. Die im Entwurf des 2. BtÄndG zunächst vorgesehene Ermächtigung war deutlich weiter gefasst. Der Rechtspfleger sollte in Betreuungsverfahren als vorrangiger Ansprechpartner umfassende Zuständigkeiten erhalten. Der Richtervorbehalt sollte auf die Bereiche beschränkt werden, in denen verfassungsrechtliche Vorgaben eine Tätigkeit des Rechtspflegers untersagen. Angedacht war, den Richtervorbehalt auf die Verrichtungen nach den §§ 1903 bis 1906 BGB und die jetzigen §§ 278 Abs. 5 und 283 FamFG zu beschränken, da es sich hierbei um schwerwiegende Grundrechtseingriffe handelt[19]. Diese Pläne stießen auf massive Bedenken hinsichtlich ihrer Verfassungskonformität und der beabsichtigten Straffung der Ablauforganisation und der Effizienzsteigerung[20]. Im Ergebnis ermöglicht § 19 Abs. 1 Nr. 1 RPflG jetzt noch, den Verfahrenszustand herzustellen, der vor dem Inkrafttreten des Betreuungsrechtes im Jahre 1992 hinsichtlich der Zuständigkeitsverteilung zwischen Richter und Rechtspfleger bestand. Unklar bleibt, warum der Gesetzgeber das Prinzip der Einheitsentscheidung zur Disposition der Länder stellt, obwohl sie sich nach den Ausführungen im Gesetzesentwurf bewährt hat[21]. Soweit § 19 Abs. 1 Nr. 1 RPflG seit dem 1.9.2013 insgesamt auf den § 15 RPflG verwies, handelte es sich um ein Redaktionsversehen des Gesetzgebers, da die in § 15 Abs. 1 Nr. 7 bis 9 RPflG genannten Richtervorbehalte nicht der Aufhebung unterliegen[22]. Dieses Versehen wurde mit Wirkung zum 1.1.2013 beseitigt[23]. § 19 RPflG beschränkt die Öffnungsklausel auf die in § 15 Abs. 1 Satz 1 bis 6 genannten Geschäfte und stellt damit den Rechtszustand wieder her, der bis zum 30.8.2009 galt[24].

Es bleibt den Ländern überlassen, ob und in welchem Umfang sie von der Ermächtigung Gebrauch machen. Soweit der Richtervorbehalt aufgehoben wird, ist der Rechtspfleger im Umfang des § 4 RPflG für alle zur Erledigung des Geschäfts erforderlichen Maßnahmen zuständig[25]. Bis dahin bleibt es bei der Richterzuständigkeit. Von der Möglichkeit, in Betreuungssachen einzelne Tätigkeiten dem Rechtspfleger zu übertragen, haben bislang die Länder Bayern[26] und Rheinland-Pfalz[27] Gebrauch gemacht. Die Befugnis des § 19 Abs. 1

---

19 BT-Drs. 15/2494, S. 38f

20 Dodegge, FGPrax 2004, 153, 158 f.; Sonnenfeld, FamRZ 2005, 941, 944 m.w.N.

21 BT-Drs. 15/2494, S. 22

22 Rellermeyer, Rpfleger 2013, 65; Arnold-Rellermeyer, § 19 RPflG, Rn. 1

23 Siehe Gesetz zur Einführung einer Rechtsbehelfsbelehrung im Zivilprozess und zur Änderung anderer Vorschriften vom 5.12.2013 (BGBl. I S. 2418)

24 Rellermeyer, Rpfleger 2013, 65

25 Bassenge/Roth, § 19 RPflG, Rn.1

26 § 1 Nr. 1 und 2 bay BetrVerfAufV vom 15.3.2006 (GVBl. 2006, S. 170), zuletzt geändert durch VO vom 30.7.2013 (GVBl. 2013, S. 542). Die Übertragung erfasst die Bestellung eines Ergänzungsbetreuers nach § 1899 Abs. 4 BGB und Bestellung eines neuen Betreuers nach Tod des Betreuers.

27 § 1 Abs. 1 Nr. 1 RhPf Landesverordnung zur Übertragung von Aufgaben auf den Rechtspfleger vom 15.5.2008 (GVBl. 2008, S. 81), zuletzt geändert durch VO vom 15.4.2010 (GVBl. 2010, S. 83). Die Übertragung erfasst die in § 14 Abs. 1 Nr. 4 RPflG a.F. genannten Verrichtungen, jetzt § 15 Abs. 1 Nr. 1 – 6 RPflG.

Satz 2 RPflG, die Ermächtigung des Abs. 1 auf die Landesjustizverwaltungen zu übertragen, nutzten etwa Niedersachsen[28] und Mecklenburg-Vorpommern[29].

bb. Regelungsinhalt

Abs. 1 Nr. 1 ermächtigt die Landesjustizverwaltungen für weitere Aufgaben im Betreuungsverfahren, insbesondere für die Auswahl und die Bestellung eines Betreuers, die Zuständigkeit des Rechtspflegers vorzusehen. **20**

▶ *Zu den bisherigen Zuständigkeiten des Rechtspflegers siehe oben Rn. 6 ff.*

Demzufolge können durch Rechtsverordnung Teile der bisher einem Richter nach § 15 Abs. 1 Nr. 1, 2 RPflG vorbehaltenen Aufgaben übertragen werden.

▶ *Zu den bisherigen Zuständigkeiten des Richters siehe unten Rn. 25 ff.*

Die Landesregierungen können von der Ermächtigung ganz, aber auch teilweise Gebrauch machen. Nachstehende Aufgaben können demzufolge (einzeln oder insgesamt) auf den Rechtspfleger übertragen werden:

- (Vorläufige) Auswahl und Bestellung des Betreuers als Teil der Entscheidung nach den §§ 1896, 1908a BGB sowie die damit verbundenen Entscheidungen nach den §§ 1897 bis 1900 BGB. Dazu gehört zum Beispiel die Bestellung eines weiteren Betreuers nach § 1899 BGB, etwa die eines Ergänzungs- oder Verhinderungsbetreuers nach Abs. 4. Hier kann eine Übertragung auf den Rechtspfleger erfolgen, soweit mit der Bestellung eines Ergänzungs- oder Verhinderungsbetreuers nur ein Ausschnitt aus dem Aufgabenbereich des Hauptbetreuers auf einen zweiten Betreuer verlagert wird, ohne den von der Betreuung erfassten Aufgabenkreis insgesamt zu erweitern oder zu beschränken. Bei einer solchen Zuständigkeitsverlagerung bleibt nämlich die richterliche Grundentscheidung über die Anordnung der Betreuung einschließlich der Festsetzung des Aufgabenkreises in ihrer Gesamtheit unberührt[30]. Umfasst sind aber auch alle anderen Betreuerbestellungen, die nicht mit der Grundentscheidung über die Anordnung der Betreuung und dem Zuschnitt der Aufgabenkreise verbunden sind. Das können z.B. Entscheidungen nach einer Betreuungsanordnung aufgrund dienstrechtlicher Vorschriften nach § 3 BDG i.V.m. § 16 Abs. 1 Nr. 4 VwVfG sein[31]. Streitig ist, ob der Rechtspfleger auch für die einstweilige Auswahl und Bestellung eines Betreuers zuständig ist[32] oder bei einstweiliger Anordnung einer Betreuung eine einheitliche richterliche Zuständigkeit auf Grund des Eilcharakters der Maßnahme besteht[33]. Meines Erachtens ist der ersten Meinung der Vorzug zu geben. Demzufolge besteht grundsätzlich die Zuständigkeit des Rechtspflegers. Sofern nach einstweiliger Anordnung durch den Richter die Auswahl- und Bestellungsentscheidung durch den Rechtspfleger wegen der besonderen Eile nicht abgewartet werden kann, kann der Richter diese Entscheidung selbst treffen, vgl. §§ 6, 8 Abs. 1 RPflG.
- (Vorläufige) Entscheidung über die Entlassung eines Betreuers nach § 1908b BGB und die sich daran anschließende (vorläufige) Bestellung eines neuen Betreuers nach § 1908c BGB.

---

28 § 1 Nr. 7 Nds. Subdelegationsverordnung-Justiz
29 § 1 Nr. 31 Mec-Pom Ermächtigungsübertragungslandesverordnung Justiz
30 BGH FamRZ 2017, 549 = BtPrax 2017, 127 (LS)
31 Dazu § 15 Abs. 1 Nr. 6 RPflG
32 So Sonnenfeld, FamRZ 2005, 941, 949
33 Fröschle-Fröschle, Anhang II zu § 1 FamFG, Rn. 37

cc. Kernbestand richterlicher Aufgaben

21 Sofern die Landesregierungen von der Ermächtigung in vollem Umfang Gebrauch machen würden, verbliebe eine richterliche Zuständigkeit noch für folgende Angelegenheiten:

- Anordnung einer (vorläufigen) Betreuung nach § 1896 BGB für einen Volljährigen bzw. vorsorgliche Anordnung einer (einstweiligen) Betreuung für einen Minderjährigen nach §§ 1908a, 1896 BGB.
- Auswahl und Bestellung eines (vorläufigen) Betreuers für einen Angehörigen eines fremden Staates, vgl. Art. 24 EGBGB.
- (Vorläufige) Festlegung, Einschränkung und Erweiterung des Aufgabenkreises der Betreuung.
- Verlängerung der Betreuung nach § 295 Abs. 1 FamFG.
- Aufhebung der Betreuung nach § 1908d BGB.
- (Vorläufige) Anordnung, Erweiterung, Aufhebung oder Einschränkung eines Einwilligungsvorbehaltes nach §§ 1903, 1908d Abs. 4 BGB, auch als vorsorgliche Anordnung für einen Minderjährigen nach § 1908a BGB.
- (Vorläufige) Genehmigungen nach §§ 1904 bis 1906a BGB, im Einzelnen dazu unten Rn. 32 ff.
- Anordnung der Vorführung:
  - zur Anhörung nach §§ 278 Abs. 5, 319 Abs. 5 FamFG,
  - zur Vorbereitung eines Gutachtens nach §§ 283, 322 FamFG.
- Anordnung der Unterbringung zur Vorbereitung eines Gutachtens nach §§ 284, 322 FamFG.
- Maßnahmen und Anordnungen nach den §§ 6 bis 12 des Erwachsenenschutzübereinkommens-Ausführungsgesetzes.

dd. Verfahrensrechtliches, Abs. 3

22 Sofern die Landesregierungen von der Ermächtigung des Abs. 1 Nr. 1 Gebrauch machen werden, führt dies zur Auflösung des Prinzips in der Einheitsentscheidung. Die Anordnung der Betreuung und die Festlegung der Aufgabenkreise würden in einem richterlichen Verfahren, die Auswahl und Bestellung des Betreuers in einem Verfahren des Rechtspflegers erfolgen. § 19 Abs. 3 RPflG schließt die Lücke, die sich dadurch ergeben würde, dass die §§ 271 ff. FamFG sich ihrem Wortlaut nach nur auf die Bestellung und Auswahl eines Betreuers beziehen. Kommt es zur Übertragung der richterlichen Aufgaben im Bereich der Auswahl und Bestellung des Betreuers auf den Rechtspfleger, sieht § 19 Abs. 3 RPflG vor, dass die Regelungen der §§ 271 ff. FamFG auch für das richterliche Verfahren auf Anordnung der Betreuung und Festlegung der Aufgabenkreise anzuwenden sind.

Soweit die Landesregierungen darüber hinaus ergänzende Regelungen für nötig erachten, können diese als landesrechtliche Ausführungsbestimmungen erlassen werden. Hier wird sich insbesondere eine Klarstellung hinsichtlich der Regelung des § 287 Abs. 1 FamFG anbieten. Danach wird die Entscheidung über die Anordnung der Betreuung in der Regel mit der Bekanntmachung an den Betreuer wirksam, was erst mit der – zeitlich nachfolgenden – Auswahl- und Bestellungsentscheidung des Rechtspflegers eintritt. Andernfalls müsste der Richter regelhaft die sofortige Wirksamkeit seiner Entscheidung nach § 287 Abs. 2 FamFG anordnen.

23 Ungeklärt bleibt auch nach der Neufassung des Verfahrensrechts durch das FamFG, welche Verfahrensvorschriften nach Übertragung der Auswahl und Bestellung eines Betreuers

auf den Rechtspfleger für dessen Verfahren Geltung beanspruchen. Der Gesetzgeber ging davon aus, dass es bei den bisherigen Regelungen der §§ 271 ff. FamFG verbleiben kann[34]. Diese Vorschriften passen allerdings zum Teil nicht oder nur schlecht. So kann sich für die Auswahl und Bestellung eines Betreuers weder die Notwendigkeit ergeben, nach § 280 FamFG ein Sachverständigengutachten einzuholen, noch ein Bedürfnis für die Festlegung einer Überprüfungsfrist nach § 294 Abs. 3 FamFG bestehen[35]. Schließlich geht § 278 Abs. 2 Satz 3 FamFG für den Regelfall davon aus, dass sich die persönliche Anhörung des Betroffenen auf die Frage erstreckt, welche Person oder Stelle als Betreuer in Betracht kommt. Deshalb wird – sofern die maßgeblichen Gesichtspunkte zur Auswahl des Betreuers nicht bereits Gegenstand der richterlichen Anhörung waren – der Rechtspfleger hierzu eine erneute persönliche Anhörung durchzuführen haben. Dem Ziel des Gesetzgebers, eine Verfahrensstraffung und bessere Effizienz im Verfahren auf Bestellung eines Betreuers zu erreichen, wird durch solche doppelten Anhörungen und Belastungen des Betroffenen, auch mit zusätzlichen Kosten, nicht Rechnung getragen werden können. Dieser Gesichtspunkt wird von den Landesregierungen in Erwägung gezogen werden müssen, wenn es zu einer Aufhebung des Richtervorbehaltes kommt.

Auch die in § 279 FamFG vorgesehenen Anhörungspflichten und die Notwendigkeit der Verfahrenspflegerbestellung nach § 276 FamFG sind vom Rechtspfleger gegebenenfalls erneut zu beachten.

Letztlich wird der Rechtspfleger im Rahmen von einstweiligen Anordnungen nicht auf die in § 302 Satz. 1 FamFG vorgegebene Frist abstellen können, sondern muss den durch die einstweilige richterliche Anordnung vorgegebenen Fristablauf beachten[36].

Am ehesten wird sich die Aufhebung von Richtervorbehalten für den Bereich der Entlassung und die Neubestellung von Betreuern anbieten[37]. Zum einen sind bislang in diesem Bereich die Zuständigkeiten von Rechtspfleger und Richter unklar. Zum anderen obliegt dem Rechtspfleger ohnehin die Überwachung und Kontrolle der Betreuer, so dass ihm die Möglichkeit zustehen sollte, die Betreuer im Einzelfall nach Ausschöpfung der sonstigen Aufsichts- und Kontrollmittel entlassen zu können. **24**

3. Aufgaben des Richters

§ 15 RPflG Betreuungssachen und betreuungsgerichtliche Zuweisungssachen

(1) [1]Von den Angelegenheiten, die dem Betreuungsgericht übertragen sind, bleiben dem Richter vorbehalten

1. **Verrichtungen auf Grund der §§ 1896 bis 1900, 1908a, 1908b Abs. 1, 2 und 5 des Bürgerlichen Gesetzbuchs;**
2. **die Bestellung eines neuen Betreuers im Falle des Todes des Betreuers nach § 1908c des Bürgerlichen Gesetzbuchs;**
3. **Verrichtungen auf Grund des § 1908d des Bürgerlichen Gesetzbuchs, des § 291 des Gesetzes über das Verfahren in Familiensachen und in den Angelegenheiten der freiwilligen Gerichtsbarkeit;**
4. **Verrichtungen auf Grund der §§ 1903 bis 1905 des Bürgerlichen Gesetzbuchs;**

34 BT-Drs. 15/4874, S. 28: zur Rechtslage nach dem 2. BtÄndG
35 Fröschle, Rn. 888 f.
36 Sonnenfeld, FamRZ 2005, 941, 949
37 Ebenso Jürgens-Kretz, § 19 RPflG, Rn. 5

5. die Anordnung einer Betreuung oder einer Pflegschaft über einen Angehörigen eines fremden Staates einschließlich der vorläufigen Maßregeln nachArtikel 24 des Einführungsgesetzes zum Bürgerlichen Gesetzbuche;

6. die Anordnung einer Betreuung oder Pflegschaft auf Grund dienstrechtlicher Vorschriften;

7. die Entscheidungen nach § 1908i Abs. 1 Satz 1 in Verbindung mit § 1632 Abs. 1 bis 3, § 1797 Abs. 1 Satz 2 und § 1798 des Bürgerlichen Gesetzbuchs;

8. die Genehmigung nach § 6 des Gesetzes über die freiwillige Kastration und andere Behandlungsmethoden;

9. die Genehmigung nach § 3 Abs. 1 Satz 2 sowie nach § 6 Abs. 2 Satz 1, § 7 Abs. 3 Satz 2 und § 9 Abs. 3 Satz 1, jeweils in Verbindung mit § 3 Abs. 1 Satz 2 des Gesetzes über die Änderung der Vornamen und die Feststellung der Geschlechtszugehörigkeit in besonderen Fällen;

10. die Genehmigung für den Antrag auf Scheidung oder Aufhebung der Ehe oder auf Aufhebung der Lebenspartnerschaft durch den gesetzlichen Vertreter eines geschäftsunfähigen Ehegatten oder Lebenspartners nach § 125 Absatz 2 Satz 2, § 270 Absatz 1 Satz 1 des Gesetzes über das Verfahren in Familiensachen und in den Angelegenheiten der freiwilligen Gerichtsbarkeit.

[2]Satz 1 Nummer 1 bis 3 findet keine Anwendung, wenn die genannten Verrichtungen nur eine Betreuung nach § 1896 Absatz 3 des Bürgerlichen Gesetzbuchs betreffen.

(2) Die Maßnahmen und Anordnungen nach den §§ 6 bis 12 des Erwachsenenschutzübereinkommens-Ausführungsgesetzes vom 17. März 2007 (BGBl. I S. 314) bleiben dem Richter vorbehalten.

§ 15 RPflG regelt die funktionelle Zuständigkeit des Richters. Danach sind ihm – sofern das Landesrecht nicht von der Ermächtigung des § 19 Abs. 1 Nr. 1 RPflG Gebrauch gemacht hat – nachstehende Tätigkeiten vorbehalten:

25 (1) Bestellung eines (vorläufigen) Betreuers[38]

Das umfasst die Bestimmung des Aufgabenkreises (§ 1896 Abs. 2 BGB), die Auswahl eines Betreuers (§ 1897 BGB) sowie später erforderlich werdende Einschränkung (§ 1908d Abs. 1 Satz 2 BGB), Erweiterung (§ 1908d Abs. 3 BGB), Verlängerung (§ 295 Abs. 1 FamFG) oder Aufhebung der Betreuung (§ 1908d Abs. 1 Satz 1 BGB).

26 (2) Bestellung eines (vorläufigen) Betreuers nach dienstrechtlichen Vorschriften

Zu nennen sind §§ 19 Abs. 2 Nr. 1 BDO und 85 Abs. 2 Nr. 1 WDO. Im beamtenrechtlichen Verfahren auf Versetzung in den Ruhestand, §§ 44 BDG, 26 BRRG, ist ein besonderer Betreuer nicht mehr vorgesehen. Insoweit gilt die allgemeine Bestimmung des § 16 Abs. 1 Nr. 4 VwVfG und der jeweiligen Landesgesetze, wonach durch den Richter des Betreuungsgerichtes (vgl. § 340 Nr. 2 FamFG) ein besonderer Vertreter zu bestellen ist[39].

▶ *Zur Betreuerbestellung in diesen Sonderfällen vgl. die Ausführungen in Teil A Rn. 40 ff.*

27 (3) Bestellung eines Betreuers für einen Angehörigen eines fremden Staates einschließlich vorläufiger Maßnahmen, vgl. Art. 24 EGBGB

▶ *Zu Fragen der Internationalen Zuständigkeit vgl. die Ausführungen in Teil A Rn. 113 ff.*

38 Mit Ausnahme eines Kontrollbetreuers nach § 1896 Abs. 3 BGB
39 Arnold-Rellermeyer, § 15 RPflG, Rn. 17

(4) Bestellung eines Vertreters zur Wahrnehmung der Rechte in einem Verwaltungsverfahren **28**

Ein solcher Betreuer ist zu bestellen, wenn der entsprechende Beteiligte infolge psychischer Krankheit oder körperlicher, geistiger oder seelischer Behinderung nicht mehr selbst tätig werden kann, § 16 Abs. 1 Nr. 4, Abs. 4 VwVfG sowie §§ 81 Abs. 1 Nr. 4, Abs. 4 AO, 15 Abs. 1 Nr. 4, Abs. 4 SGB X[40].

(5) Vorsorgliche Bestellung eines Betreuers und Anordnung eines Einwilligungsvorbehaltes für einen Minderjährigen, § 1908a BGB **29**

(6) Bestellung mehrerer Betreuer, § 1899 BGB **30**

Im Einzelnen sind zu nennen:

- Auswahl mehrerer Betreuer und Abgrenzung ihrer Aufgabenkreise;
- Bestellung und Auswahl eines Sterilisationsbetreuers (§ 1899 Abs. 2 BGB);
- Bestellung eines Gegenbetreuers[41];
- Bestellung eines Ergänzungsbetreuers (§§ 1908i Abs. 1, 1795, 1796 BGB).

(7) Anordnung eines Einwilligungsvorbehalts (§ 1903 BGB) **31**

Dazu rechnen auch die Erstreckung auf geringfügige Angelegenheiten des täglichen Lebens (§ 1903 Abs. 3 Satz 2 BGB) sowie später eventuell erforderlich werdende Einschränkung oder Erweiterung (§ 1908d Abs. 4 BGB) bzw. Verlängerung (§ 295 Abs. 1 FamFG) oder Aufhebung (§ 1908d Abs. 4 BGB).

(8) Genehmigungen nach § 1904 bis 1906a BGB **32**

Dies umfasst im Einzelnen Folgendes:

- Genehmigung der Einwilligung eines Betreuers oder Bevollmächtigten in bestimmte gefährliche Untersuchungen des Gesundheitszustandes, Heilbehandlungen oder ärztliche Eingriffe (§ 1904 Abs. 1 BGB) sowie der Nichteinwilligung oder des Widerrufs der Einwilligung des Betreuers oder Bevollmächtigten in eine Untersuchung des Gesundheitszustandes, eine Heilbehandlung oder ärztlichen Eingriff, wenn diese ärztliche Maßnahme medizinisch indiziert ist und die begründete Gefahr besteht, dass der Betroffene aufgrund des Unterbleibens oder des Abbruchs der Maßnahme stirbt oder einen schweren und länger dauernden gesundheitlichen Schaden erleidet (§ 1904 Abs. 2 BGB). **33**
- Genehmigung der Einwilligung des Betreuers in eine Sterilisation (§ 1905 Abs. 2 BGB). **34**
- Genehmigung von mit Freiheitsentzug verbundenen Unterbringungen oder unterbringungsähnlicher Maßnahmen durch den Betreuer oder Bevollmächtigten (§ 1906 Abs. 1, 2, 4, 5 BGB). **35**
- Genehmigung der Einwilligung eines Betreuers oder Bevollmächtigten in eine ärztliche Zwangsmaßnahme (§ 1906 Abs. 1, 2, 5 BGB). **35a**

(9) Entscheidung bei Meinungsverschiedenheiten mehrerer Betreuer, §§ 1908i Abs. 1, 1797 Abs. 1 Satz 2, 1798 BGB, vgl. § 15 Abs. 1 Satz 1 Nr. 7 RPflG **36**

40 Zu diesen Verfahren vgl. Firsching/Dodegge, Rn. 157 ff.

41 Die Aufgabenverteilung zwischen Richter und Rechtspfleger wollte das FamFG nicht ändern, vgl. BT-Drs. 16/6308, S. 322. Bisher hielt die h.M. den Richter für zuständig, Bienwald, § 1896 BGB, Rn. 203; Damrau-Zimmermann, § 15 RPflG, Rn. 4. A.A.: LG Bonn Rpfleger 1993, 233, und Jürgens-Kretz, § 15 RPflG, Rn. 16 m.w.N.

37 (10) Entscheidung über die Herausgabe des Betreuten, §§ 1908i Abs. 1, 1632 Abs. 1 und 3 BGB sowie über seinen Umgang mit Dritten, §§ 1908i Abs. 1, 1632 Abs. 2 und 3 BGB, vgl. § 15 Abs. 1 Satz 1 Nr. 7 RPflG.

38 (11) Entscheidung über die Entziehung der Vertretungsvollmacht für einzelne Aufgabenkreise, §§ 1908i Abs. 1, 1796 BGB

Da mit dieser Maßnahme eine teilweise Entlassung des Betreuers verbunden ist, ist sie dem Richter vorbehalten[42].

39 (12) Entscheidungen über die Entlassung eines Betreuers

Dem Richter vorbehalten sind die Entlassungsentscheidungen:

- wegen mangelnder Eignung oder eines sonstigen wichtigen Grundes (§ 1908b Abs. 1 Satz 1 BGB)[43];
- wegen vorsätzlich falscher Erteilung einer erforderlichen Abrechnung (§ 1908b Abs. 1 Satz 2 1. Alt. BGB);
- wegen nicht ausreichendem persönlichen Kontakt (§ 1908b Abs. 1 Satz 2 2. Alt. BGB);
- wegen später auftretender Umstände, aufgrund derer dem Betreuer die Fortführung der Betreuung nicht mehr zugemutet werden kann (§ 1908b Abs. 2 BGB);

oder weil

- der Verein bzw. die Behörde als Betreuer zu entlassen ist, da eine natürliche Person die Betreuung übernehmen kann (§ 1908b Abs. 5 BGB), bzw.
- der Berufsbetreuer zu entlassen ist, weil ein geeigneter ehrenamtlicher Betreuer die Betreuung übernehmen kann (§ 1908b Abs. 1 Satz 3 BGB).

40 (13) Entscheidung über die Bestellung eines neuen Betreuers, § 1908c BGB

Die Zuständigkeit des Richters besteht in den Fällen der vorherigen Entlassung des Betreuers durch ihn (dazu Rn. 39) sowie nach dem Tode des Betreuers.

41 (14) Entscheidungen nach § 291 FamFG

Nach § 291 FamFG kann der Betreute sich gegen die Auswahl der vom Verein oder der Behörde nach § 1900 Abs. 2, 4 BGB mit der Wahrnehmung der Betreuung bestimmten Personen wenden (dazu Teil B Rn. 151 ff.). Der Richter entscheidet dann darüber, ob eine andere Person auszuwählen ist.

Eine Ausnahme gilt, wenn es sich um einen Kontrollbetreuer (§ 1896 Abs. 3 BGB) handelt, insoweit ist der Rechtspfleger zuständig (vgl. Rn. 9).

42 (15) Entscheidungen nach § 285 FamFG

Sofern der Richter vor einer Entscheidung über die Bestellung eines Betreuers die Ablieferung einer Betreuungsverfügung bzw. einer Abschrift einer Vorsorgevollmacht benötigt, ist er für das Verfahren auf Durchsetzung der Ablieferung bzw. Vorlage einer Abschrift zuständig[44]. Nach § 285 FamFG erfolgt die Anordnung der Ablieferung bzw. Vorlage einer Abschrift durch Beschluss. Dieser Beschluss ist ein vollstreckbarer Titel nach § 86 Abs. 1

42 Jürgens-Kretz, § 15 RPflG, Rn. 17

43 In der Gerichtspraxis gibt es hier immer wieder Überschneidungen bei der Tätigkeit von Rechtspfleger und Richter. Der Rechtspfleger führt zwar die Aufsicht über den Betreuer und hat Ge- und Verbote auszusprechen, kann einen ungeeigneten oder pflichtwidrig handelnden Betreuer (mit Ausnahme des Kontrollbetreuers) aber nicht entlassen. Hier bedarf es deshalb der harmonischen Zusammenarbeit von Richter und Rechtspfleger.

44 Jürgens-Kretz, § 15 RPflG, Rn. 33. Eine Ausnahme gilt für das Verfahren auf Bestellung eines Kontrollbetreuers. Insoweit ist der Rechtspfleger zuständig.

Nr. 1 FamFG, der nach § 95 Abs. 1 FamFG nach der Regeln der ZPO vollstreckt wird. Dabei kann das Gericht Zwangsgeld und Zwangshaft festsetzen oder die Abgabe einer eidesstattlichen Versicherung erzwingen, §§ 95 Abs. 4 FamFG, 883 Abs. 2, 888 ZPO. Für die Anordnung der Zwangshaft ist allein der Richter zuständig[45].

(16) Entscheidungen nach dem Erwachsenenschutzübereinkommens-Ausführungsgesetz **43**

Gemeint sind hier die Maßnahmen und Anordnungen nach §§ 6 bis 12 des Erwachsenenschutzübereinkommens-Ausführungsgesetzes[46]. §§ 6 und 7 regeln die gerichtliche Zuständigkeit und Zuständigkeitskonzentration. §§ 8 bis 12 betreffen die Anerkennungsfeststellung, Vollstreckbarerklärung, das Konsultationsverfahren und Bescheinigungen in Hinblick auf ausländische Ersuchen um Unterbringung im Inland mit ggf. konzentrierten allgemeinen Betreuungssachen[47]. Für diese Verfahren ist der Richter nach § 15 Abs. 2 RPflG zuständig.

(17) Führung des jeweiligen Verfahrens **44**

Das jeweilige Verfahren in dem zuvor aufgezeigten Zuständigkeitsbereich des Richters wird ebenfalls von diesem geführt. Er hat die nötigen Ermittlungen und Beweisaufnahmen sowie die verfahrensrechtlichen Nebenentscheidungen zu treffen. Dazu gehört es, die vorgeschriebenen (persönlichen) Anhörungen durchzuführen (§§ 278, 279 bzw. 319, 320 FamFG), Sachverständigengutachten einzuholen (§§ 280, 321 FamFG), einen Verfahrenspfleger zu bestellen (§§ 276, 317 FamFG) oder über einstweilige Anordnungen (§§ 300, 301 bzw. 331, 332 FamFG) bzw. Maßregeln (§§ 1908i Abs. 1, 1846 BGB, 334 FamFG) zu entscheiden. Auch für die Festsetzung von Zwangsgeldern oder -haft ist der Richter im von ihm geführten Betreuungsverfahren zuständig.

Zu den verfahrensrechtlichen Nebenentscheidungen des Richters gehört auch die Abgabe des Verfahrens, sofern es sich nicht um ein ausschließlich dem Rechtspfleger vorbehaltenes Verfahren handelt (z.B. nach § 1896 Abs. 3 BGB)[48]. Dies ergibt sich schon daraus, dass der Richter für die Hauptsacheentscheidung betreffend die Betreuung oder die Unterbringung zuständig ist. **45**

Die in §§ 308, 310 und 311 FamFG vorgesehenen Mitteilungspflichten fallen zum Teil in die Zuständigkeit des Richters. Soweit die dort vorgesehenen Mitteilungen auf Erkenntnissen des Richters im Rahmen seiner Hauptsacheentscheidung beruhen, hat der Richter die Mitteilung zu veranlassen[49]. Mitteilungen nach §§ 309 und 338 FamFG sind immer vom Richter zu veranlassen (vgl. auch oben Rn. 17). **46**

Nach der Anordnung über Mitteilungen in Zivilsachen (MiZi)[50] obliegt es dem Richter auch, Mitteilungen nach Art. 24 EGBGB (Betreuungsmaßnahmen für Angehörige fremder Staaten) zu veranlassen[51].

45 Schulte-Bunert/Weinreich-Rausch, § 285 FamFG, Rn. 3
46 Arnold-Rellermeyer, § 15 RPflG, Rn. 61 f.
47 Arnold-Rellermeyer, § 15 RPflG, Rn. 61 f.
48 OLG München FGPrax 2008, 67; OLG Zweibrücken FGPrax 2008, 210 f.; BayObLG FamRZ 1993, 448; KG FamRZ 1996, 1340; OLG Düsseldorf Rpfleger 1998, 103; Damrau/Zimmermann, § 15 RPflG, Rn. 17; a.A. Jürgens-Kretz, § 15 RPflG, Rn. 30: Rechtspfleger ist zuständig, soweit nicht eine dem Richtervorbehalt unterliegende Entscheidung ansteht.
49 Schulte-Bunert/Weinreich-Rausch, § 309 FamFG, Rn. 21; § 310 FamFG, Rn. 17; § 311 FamFG, Rn. 10: Geschäftsstelle ist für sich an richterliche Entscheidungen anknüpfende Mitteilungen zuständig.
50 Dazu Firsching/Dodegge, Rn. 443 ff.
51 Damrau/Zimmermann, § 15 RPflG, Rn. 17; Jürgens-Kretz, § 15 RPflG, Rn. 34: Die Geschäftsstelle ist für die sich an richterliche Entscheidungen anknüpfende Mitteilungen zuständig.

4. Rechtsbehelfe gegen Rechtspflegerentscheidungen, § 11 RPflG

47 Da der Rechtspfleger als nicht richterliches Rechtspflegeorgan öffentliche Gewalt ausübt, muss nach Art. 19 Abs. 4 GG gegen seine Entscheidungen ein Rechtsweg eröffnet sein. Dieses verfassungsrechtliche Gebot setzt § 11 RPflG um. Seine jetzige Fassung beruht auf dem FGG-Reformgesetz vom 17.12.2008 und dem Gesetz zur Einführung einer Rechtsbehelfsbelehrung im Zivilprozess und zur Änderung anderer Vorschriften vom 5.12.2012. Als Grundsatz sieht § 11 Abs. 1 RPflG das nach den allgemeinen Verfahrensvorschriften zulässige Rechtsmittel als Rechtsmittel vor. Sofern nach den allgemeinen Verfahrensvorschriften kein Rechtsmittel gegen eine Entscheidung des Rechtspflegers in den ihm übertragenen richterlichen Geschäften gegeben ist, sieht § 11 Abs. 2 RPflG binnen einer Frist von zwei Wochen, die Erinnerung an den Richter als Rechtsbehelf vor. Sie stellt einen Rechtsbehelf gegen solche Entscheidungen dar, die – hätte der Richter sie erlassen – nicht anzufechten wären.

§ 11 RPflG Rechtsbehelfe

(1) Gegen die Entscheidungen des Rechtspflegers ist das Rechtsmittel gegeben, das nach den allgemeinen verfahrensrechtlichen Vorschriften zulässig ist.

(2) [1]Kann gegen die Entscheidung nach den allgemeinen verfahrensrechtlichen Vorschriften ein Rechtsmittel nicht eingelegt werden, so findet die Erinnerung statt, die innerhalb einer Frist von zwei Wochen einzulegen ist. [2]Hat der Erinnerungsführer die Frist ohne sein Verschulden nicht eingehalten, ist ihm auf Antrag Wiedereinsetzung in den vorigen Stand zu gewähren, wenn er die Erinnerung binnen zwei Wochen nach der Beseitigung des Hindernisses einlegt und die Tatsachen, welche die Wiedereinsetzung begründen, glaubhaft macht. [3]Ein Fehlen des Verschuldens wird vermutet, wenn eine Rechtsbehelfsbelehrung unterblieben oder fehlerhaft ist. [4]Die Wiedereinsetzung kann nach Ablauf eines Jahres, von dem Ende der versäumten Frist an gerechnet, nicht mehr beantragt werden. [5]Der Rechtspfleger kann der Erinnerung abhelfen. [6]Erinnerungen, denen er nicht abhilft, legt er dem Richter zur Entscheidung vor. [7]Auf die Erinnerung sind im Übrigen die Vorschriften der Zivilprozessordnung über die sofortige Beschwerde sinngemäß anzuwenden.

(3) [1]Gerichtliche Verfügungen, Beschlüsse oder Zeugnisse, die nach den Vorschriften der Grundbuchordnung, der Schiffsregisterordnung oder des Gesetzes über das Verfahren in Familiensachen und in den Angelegenheiten der freiwilligen Gerichtsbarkeit wirksam geworden sind und nicht mehr geändert werden können, sind mit der Erinnerung nicht anfechtbar. [2]Die Erinnerung ist ferner in den Fällen der §§ 694, 700 der Zivilprozessordnung und gegen Entscheidungen über die Gewährung eines Stimmrechts (§§ 77, 237 und 238 der Insolvenzordnung) ausgeschlossen.

(4) Das Erinnerungsverfahren ist gerichtsgebührenfrei.

a. Beschwerde, § 11 Abs. 1 RPflG

48 Im Betreuungsverfahren ist das nach den allgemeinen verfahrensrechtlichen Vorschriften gegebene Rechtsmittel gegen Endentscheidungen die Beschwerde, §§ 58 ff. FamFG. Entscheidungen meint nicht nur Beschlüsse, mit denen der Rechtspfleger den Verfahrensgegenstand ganz oder teilweise, gegebenenfalls auch vorläufig erledigt, sondern auch Verfügungen und Anordnungen, mit denen der Rechtspfleger in der Sache selbst oder über eine Verfahrensfrage bindend entscheidet[52]. Das können Genehmigungen, z.B. nach §§ 1908i i.V.m. 1821, 1822 oder 1907 BGB, aber auch Aufsichtsmaßnahmen nach §§ 1908i Abs. 1, 1837 BGB oder die Anordnung der Erstellung eines Betreuungsplanes nach § 1901 Abs. 4 Satz 1 BGB sein. Entscheidungsqualität fehlt auf der anderen Seite den lediglich verfah-

52 Keidel-Meyer-Holz, Anh. zu § 58 FamFG, Rn. 3

rensleitenden und -fördernden Maßnahmen, wie z.B. Terminsbestimmung, bloße Meinungsäußerung oder Beweisanordnungen.

Die Beschwerde ist – je nach zugrunde liegender gesetzlicher Regelung – innerhalb von einem Monat, § 63 Abs. 1 FamFG, oder unter Einhaltung einer Frist von zwei Wochen bei einer Beschwerde gegen eine einstweilige Anordnung oder Genehmigung eines Rechtsgeschäftes, § 63 Abs. 2 FamFG, einzulegen. Die zweiwöchige Frist gilt auch im Fall der Erinnerung, § 11 Abs. 2 Satz 1 RPflG. **49**

▶ *Zu Fristbeginn und -wahrung vgl. unten Rn. 53 ff.*

Die Beschwerde kann nur bei dem Gericht eingelegt werden, dem der Rechtspfleger angehört. Die Beschwerde muss nach § 64 FamFG schriftlich oder zur Niederschrift der Geschäftsstelle eingelegt werden und die angefochtene Entscheidung bezeichnen. Weiter muss erkennbar sein, dass diese Entscheidung angegriffen werden soll. Die Beschwerde muss unterzeichnet werden. Ein Begründung soll erfolgen, ist aber nicht zwingend, § 65 FamFG. Anwaltszwang besteht nach § 13 RPflG nicht. **50**

Weiterhin muss eine Beschwer des Beschwerdeführers vorliegt. Sie ist zu bejahen, wenn die angefochtene Entscheidung zum Nachteil des Beschwerdeführers von seinem Antrag abweicht oder in seine Rechte eingreift (§ 59 FamFG). Schließlich muss – soweit vorgesehen – die Beschwerdesumme erreicht sein.

In Kostensachen sieht § 567 Abs. 2 ZPO (mehr als 200,– €) ebenso wie § 61 Abs. 1 FamFG im Vergütungsfestsetzungsverfahren (mehr als 600,– €)[53] solche Beschwerdesummen vor.

Ist der Beschwerdewert nicht erreicht, ist eine gleichwohl eingelegte Beschwerde als Erinnerung zu deuten und bei Nichtabhilfe dem Richter vorzulegen[54].

Der Rechtspfleger hat zu entscheiden, ob er der Beschwerde abhilft, § 68 Abs. 1 Satz 1, 1. Hs. FamFG[55]. Er kann also die zugrunde liegende Entscheidung ganz oder teilweise im Rahmen des Rechtsbehelfs abändern. Die Abhilfeentscheidung erfolgt durch Beschluss. In ihm hat der Rechtspfleger zu begründen, dass und warum er dem Rechtsmittel (nicht) abhilft. Die Abhilfeentscheidung kann wie die Ausgangsentscheidung durch den durch sie Beschwerten mit der Beschwerde angegriffen werden[56]. Hilft der Rechtspfleger nicht oder nicht vollständig ab, legt er das Rechtsmittel dem zur Entscheidung berufenen Beschwerdegericht, § 68 Abs. 1 Satz 1, 2. Hs. FamFG, vor[57]. **51**

Die Beschwerde hat keine aufschiebende Wirkung[58]. Die Vollziehung der angefochtenen Entscheidung kann aber nach § 64 Abs. 3 FamFG ausgesetzt werden. **52**

b. Erinnerung, § 11 Abs. 2 RPflG

Der Rechtsbehelf der Erinnerung ist gegen Entscheidungen des Rechtspflegers für solche Fälle gegeben, in denen – wäre diese Entscheidung vom Richter getroffen worden – es keine Rechtsmittel gegeben hätte, sie also unanfechtbar gewesen wäre. Unanfechtbarkeit einer Entscheidung kann aufgrund ausdrücklicher gesetzlicher Regelung oder mangels Erreichen der vorgesehenen Beschwerdesumme eintreten[59]. In Betreuungs- und Unterbrin- **53**

53 Ausnahme: Der Rechtspfleger lässt die Beschwerde nach § 61 Abs. 2, 3 FamFG zu.
54 BGH BtPrax 2012, 253
55 Arnold-Hintzen, § 11 RPflG, Rn. 64
56 Keidel-Meyer-Holz, Anh. zu § 58 FamFG, Rn. 7a
57 Eine Ausnahme gilt, wenn nach allgemeinen verfahrensrechtlichen Vorschriften kein Rechtsmittel gegeben ist, dazu unten Rn. 53. Die Vorlageentscheidung des Rechtspflegers muss in den wesentlichen Punkten die Tatsachen benennen, die die Grundlage der Entscheidung des Rechtspflegers sind, OLG Düsseldorf FGPrax 2013, 288.
58 Schulte-Bunert/Weinreich-Unger/Roßmann, § 64 FamFG, Rn. 21
59 Jürgens-Kretz, § 15 RPflG, Rn. 11

gungssachen kommt die Rechtspflegererinnerung bei Nichterreichen des Beschwerdewertes und fehlender Zulassung in Betracht.

54 Nach § 11 Abs. 2 Satz 1 RPflG ist dann binnen zwei Wochen die Erinnerung als Rechtsbehelf gegeben. Die Frist beginnt jeweils mit der schriftlichen Bekanntgabe des Beschlusses an den Beteiligten, spätestens mit Ablauf von fünf Monaten seit Erlass des Beschlusses, § 63 Abs. 3 FamFG.

Zur Form der Bekanntgabe vgl. § 15 FamFG. Die Bekanntgabe hat durch Zustellung zu erfolgen, wenn der Beschluss dem ausdrücklich erklärten Willen eines Beteiligten widerspricht, § 41 Abs. 1 Satz 2 FamFG. Die Frist ist nur gewahrt, wenn die Erinnerung fristgerecht bei dem Gericht eingeht, dem der Rechtspfleger angehört. Zur Fristberechnung vgl. §§ 16 Abs. 2 FamFG, 222 ZPO, 191 BGB (siehe auch Teil F Rn. 187 f.).

54a Ist ein Beteiligter ohne Verschulden gehindert, die Frist zur Einlegung der Erinnerung einzuhalten, kann er die Wiedereinsetzung in den vorherigen Stand unter Darlegung und Glaubhaftmachung der Hinderungsgründe beantragen, § 11 Abs. 2 Satz 2 RPflG. Dieser Antrag kann ebenfalls nur innerhalb einer Frist von zwei Wochen seit Wegfall der Verhinderung gestellt werden. Nach der gesetzlichen Wertung des § 11 Abs. 2 Satz 3 RPflG fehlt ein Verschulden, wenn die angegriffene Entscheidung eine fehlerhafte oder keine Rechtsmittelbelehrung enthielt. Ist seit dem Ende der versäumten Frist mehr als ein Jahr verstrichen, ist ein Wiedereinsetzungsantrag unzulässig, § 11 Abs. 2 Satz 4 RPflG. Über den Wiedereinsetzungsantrag entscheidet der Rechtspfleger im Rahmen seiner Abhilfeentscheidung[60].

Der Rechtsmittelführer muss durch die Entscheidung des Rechtspflegers beschwert sein (dazu oben Rn. 50). Für die weiteren Zulässigkeitsvoraussetzungen gelten die Vorschriften über die sofortige Beschwerde (§§ 567 – 572 ZPO) sinngemäß, § 11 Abs. 2 Satz 7 RPflG. Eine Erinnerungssumme ist nicht einzuhalten[61].

55 Der Rechtspfleger ist zur Überprüfung seiner (angegriffenen) Entscheidung berechtigt[62] und auch verpflichtet. Er kann dem Rechtsbehelf ganz oder teilweise abhelfen, § 11 Abs. 2 Satz 5 RPflG. Hilft der Rechtspfleger dem Rechtsmittel ganz oder teilweise nicht ab, legt er das Verfahren dem Betreuungsrichter zur Entscheidung vor, § 11 Abs. 2 Satz 6 RPflG. Die (teilweise) Nichtabhilfeentscheidung des Rechtspflegers ist zu begründen, da es sich um eine echte Endentscheidung handelt[63].Der nach § 28 RPflG zuständige Richter entscheidet dann durch unanfechtbaren Beschluss[64], es sei denn, er lässt die Beschwerde ausdrücklich zu[65].

56 Eine Besonderheit gilt im Vergütungsfestsetzungsverfahren nach §§ 292, 168 FamFG. Hier kann der Rechtspfleger die Beschwerde zulassen, wenn der Beschwerdewert des § 61 Abs. 1 FamFG (mehr als 600,– €) nicht erreicht wird. Wird die Beschwerde nicht zugelassen, verbleibt es bei der Erinnerung, über die der Betreuungsrichter – also der Richter der gleichen Instanz – entscheidet. Dieser kann allerdings wiederum die Beschwerde zulassen (dazu Teil F Rn. 344).

Die Erinnerung hat keine aufschiebende Wirkung. Die Vollziehung der angefochtenen Entscheidung kann aber nach §§ 570 Abs. 2 ZPO, 11 Abs. 2 Satz 7 RPflG ausgesetzt werden.

60 Rellermeyer, Rpfleger 2013, 63
61 Arnold-Rellermeyer, § 11 RPflG, Rn. 57 f.
62 Arnold-Rellermeyer, § 11 RPflG, Rn. 64.
63 OLG Hamm Rpfleger 1996, 99
64 BayObLG Rpfleger 2003, 19 f.
65 BGH FamRZ 2017, 1318

c. § 11 Abs. 3 RPflG

Nach § 11 Abs. 3 RPflG ist in bestimmten Fällen die Erinnerung gegen Entscheidungen des Rechtspflegers ausgeschlossen. Für Betreuungsverfahren ist diese Vorschrift in einer Hinsicht relevant. Zu den von Satz 1 genannten Verfügungen des Rechtspflegers rechnen nämlich auch Genehmigungsentscheidungen des Rechtspflegers, die von dem Zeitpunkt an, in dem der Betreuer von der Genehmigung oder ihrer Ablehnung Gebrauch macht, einem Änderungsverbot unterliegen, § 48 Abs. 3 FamFG. Erfasst werden von § 48 Abs. 3 FamFG alle Genehmigungen des Betreuungsgerichts, die materielle Voraussetzung privatrechtlicher Rechtsgeschäfte sind. Solche so genannten Außengenehmigungen finden sich in § 1908i Abs. 1 i.V.m. §§ 1812 Abs. 1, 3, 1814, 1819, 1820, 1821, 1822, 1824 BGB[66], aber auch in § 1907 BGB. Diese vom Rechtspfleger erteilten Genehmigungen werden nunmehr erst mit Rechtskraft wirksam, § 40 Abs. 3 Satz 1 FamFG. Dies gewährleistet im Einzelfall die Möglichkeit einer richterlichen Überprüfung im Beschwerdeverfahren. Mit der Neuregelung hat der Gesetzgeber den Bedenken des Bundesverfassungsgerichts Rechnung getragen, das die Vorgängerregelung des § 55 FGG als verfassungswidrig befunden hatte, weil sie faktisch eine richterliche Überprüfung der Genehmigungsentscheidung unmöglich machte[67]. Wann eine Genehmigung einem Dritten gegenüber wirksam wird, regelt das materielle Recht in § 1908i Abs. 1 i.V.m. §§ 1829 Abs. 1 Satz 2, 1831 BGB[68]. 57

Die Unabänderlichkeit gilt auch in der Rechtsmittelinstanz, §§ 68 Abs. 3 Satz 1, 48 Abs. 3 FamFG.

II. Betreuungsbehördengesetz (BtBG)

Im Rahmen des Betreuungsgesetzes ist es weitgehend den Bundesländern überlassen worden, die Arbeit der Betreuungsbehörden zu organisieren und auszugestalten. Das Betreuungsbehördengesetz (BtBG) gibt allerdings einen Rahmen für den Behördenaufbau, örtliche und sachliche Zuständigkeiten sowie einen Aufgabenkatalog vor. 58

Zum 1.7.2014 traten eine Reihe von Veränderungen innerhalb des BtBG in Kraft. 58a

Die vorgenommenen Veränderungen beruhen auf den Vorschlägen einer Interdisziplinären Arbeitsgruppe zum Betreuungsrecht. Diese Interdisziplinäre Arbeitsgruppe hatte unter dem Vorsitz des Bundesjustizministeriums in elf Sitzungen beraten, ob zum Wohl der Betroffenen das Betreuungsrecht verbessert und weiterentwickelt werden kann. Gegenstand der Überlegungen waren insbesondere die Fragen einer Strukturreform und eines Handlungsbedarfes aufgrund der Ergebnisse der Evaluation zum 2. BtÄndG und im Lichte der UN-Behindertenrechtskonvention.

Die Interdisziplinäre Arbeitsgruppe hat in ihrem Abschlussbericht vom 20.10.2011[69] – unter Beibehaltung des Systems der rechtlichen Betreuung – Verbesserungen des Betreuungsrechts vorgeschlagen, die der Gesetzgeber mit dem **Gesetz zur Stärkung der Funktionen der Betreuungsbehörde** vom 28.8.2013 umgesetzt hat[70]. Der Gesetzgeber wollte so die Funktion der Betreuungsbehörde insgesamt stärken, um unnötige Betreuer- 58b

66 Zu Einzelheiten s. Teil E, Übersicht Rn. 53; Firsching/Dodegge, Rn. 347, 348
67 BVerfG FamRZ 2000, 731. Zu Einzelheiten siehe 2. Auflage, Teil J, Rn. 40
68 Zu Einzelheiten Keidel-Meyer-Holz, § 40 FamFG, Rn. 8 ff.; 27 ff.
69 Abgedruckt in der BtPrax, Sonderausgabe 2012 „Interdisziplinäre Arbeitsgruppe zum Betreuungsrecht – Abschlussbericht vom 20. Oktober 2011"; siehe www.btprax.de > Downloads > Interdisziplinäre Arbeitsgruppe – Abschlussbericht (Abruf 15.6.2018)
70 BGBl. I S. 3393. Die Interdisziplinäre Arbeitsgruppe hat weitere untergesetzliche Vorschläge zur Verbesserung der Effizienz im Betreuungswesen unterbreitet, vgl. Abschlussbericht (siehe vorstehende Fn.) unter C. III.

bestellungen besser vermeiden zu können. Dies soll dadurch geschehen, dass die Aufgaben und Pflichten der Betreuungsbehörden sowohl im Vorfeld eines gerichtlichen Betreuungsverfahrens als auch in Gerichtsverfahren selbst erweitert und präzisiert werden. Der Gesetzgeber wünscht, das Selbstbestimmungsrecht der Betroffenen durch selbstbestimmte Vorsorge bzw. andere Hilfen, die eine Betreuerbestellung entbehrlich machen, zu stärken. Aufgrund der gesetzlichen Änderungen im FamFG und im BtBG verspricht er sich, Betroffenen frühzeitig Wege zu anderen Hilfe aufzeigen und ebnen zu können, die dann letztlich eine Betreuerbestellung entbehrlich machen und so Eingriffe in das Selbstbestimmungsrecht auf das Notwendige begrenzen. Dies soll im Wege der Unterstützung und Assistenz erfolgen. Sofern eine Betreuung unvermeidbar bleibt, erhofft sich der Gesetzgeber durch die Stärkung der Funktion der Betreuungsbehörde zumindest eine häufigere Bestellung ehrenamtlicher Betreuer[71].

58c Im BtBG werden diese Ziele dergestalt umgesetzt, dass der Gesetzgeber die Aufgaben der Betreuungsbehörde in § 4 BtBG erweitert und präzisiert, in §§ 279 Abs. 2 Satz 2, 280 Abs. 2 Satz 2 FamFG eine verpflichtende Einholung eines – inhaltlich qualifizierten – **Sozialberichts** durch die Gerichte vorsieht und in § 9 BtBG die Wahrnehmung dieser Tätigkeiten durch **Fachkräfte** sicher gestellt wissen will. So soll ein qualifizierter Sachverstand der Betreuungsbehörden gesichert und durch Einbindung dort vorhandenen anderen Professionen der Erforderlichkeitsgrundsatz hinsichtlich einer Betreuerbestellung in der Praxis besser umgesetzt werden. Der Gesetzgeber misst den Betreuungsbehörden die Funktion einer Schnittstelle zwischen Betreuungs- und Sozialrecht zu, was durch die Änderungen im BtBG zum Ausdruck gebracht werden soll[72].

1. § 1 BtBG (Betreuungsbehörde)

§ 1 BtBG

[1]Welche Behörde auf örtlicher Ebene in Betreuungsangelegenheiten zuständig ist, bestimmt sich nach Landesrecht. [2]Diese Behörde ist auch in Unterbringungsangelegenheiten im Sinne des § 312 Nr. 1 bis 3 des Gesetzes über das Verfahren in Familiensachen und in den Angelegenheiten der freiwilligen Gerichtsbarkeit zuständig.

59 § 1 Satz 1 BtBG überlässt es den Bundesländern, die im jeweiligen Bundesland auf örtlicher Ebene zuständigen Behörden zu bestimmen. Zumeist erfolgen generelle Zuweisungen an die (kreisfreien) Städte oder Landkreise bzw. – entsprechend dem jeweiligen Kommunalrecht – an die Magistrate, Oberbürgermeister, Landräte, Kreisausschüsse etc.

▶ *Zu den landesrechtlichen Bestimmungen vgl. unten Rn. 91 ff.*

60 § 1 Satz 2 BtBG ergänzt die sachliche Zuständigkeit der örtlichen Betreuungsbehörde. Neben den Betreuungsangelegenheiten (§§ 1896 ff. BGB, 271 ff. FamFG) sind sie für die Unterbringungsangelegenheiten im Sinne des § 312 Nr. 1 bis 3 FamFG zuständig. Das sind die so genannten zivilrechtlichen Unterbringungsmaßnahmen (dazu Teil G Rn. 1 f.), nämlich die Unterbringung nach § 1906 Abs. 1 und 2 BGB, die freiheitsentziehenden Maßnahmen nach § 1906 Abs. 4 BGB und die Einwilligung in eine ärztliche Zwangsmaßnahme einschließlich einer Verbringung zu einem stationären Aufenthalt nach § 1906a Abs. 1, 2 und 5 BGB durch den Betreuer (in Eilfällen durch den Richter) bzw. den Bevollmächtigten.

---

71 BT-Drs. 17/13419, S. 1 und 7. Für den Bereich aktiver Betreuungsbehörden belegen Studien und Praxiserfahrungen, dass weniger Betreuungen eingerichtet werden.

72 BT-Drs. 17/13419, S. 8

Keine Zuständigkeit der Betreuungsbehörden besteht demnach für die Unterbringung Minderjähriger (zuständig ist das Jugendamt, §§ 50 Abs. 1 Satz 2 Nr. 1 SGB VIII, 162 Abs. 1 Satz 1 FamFG) sowie für die Unterbringung nach den Landesunterbringungsgesetzen (zuständig sind die jeweiligen vom Landesrecht bestimmten Behörden, zumeist das Ordnungsamt).

Die einzelnen Aufgaben der örtlichen Betreuungsbehörde ergeben sich aus §§ 4 bis 9 BtBG.

2. § 2 BtBG (weitere Behörden)

§ 2 BtBG

Zur Durchführung überörtlicher Aufgaben oder zur Erfüllung einzelner Aufgaben der örtlichen Behörde können nach Landesrecht weitere Behörden vorgesehen werden.

Von der Möglichkeit, überörtliche Betreuungsbehörden einzurichten und mit bestimmten 61 (überörtlich wahrzunehmenden) Aufgaben zu betrauen, haben bis auf Hamburg, Niedersachsen und Schleswig-Holstein alle Bundesländer Gebrauch gemacht, allerdings in unterschiedlicher Form. So haben Hessen und Mecklenburg-Vorpommern die Landesregierungen ermächtigt, durch Rechtsverordnung überörtliche Betreuungsbehörden zu schaffen.

▶ *Zu den landesrechtlichen Bestimmungen vgl. unten Rn. 91 ff.*

Auf örtlicher Ebene kommt es in vielen Bundesländern zunehmend zur Übertragung der Ermittlungsaufgaben nach § 8 BtBG auf vorhandene allgemeine soziale Dienste. In Hamburg ist die Vollzugshilfe in Unterbringungsverfahren und die Hilfe bei Vorführungen auf einen besonders geschulten Zuführungsdienst übertragen[73].

3. § 3 BtBG (zuständige Behörde)

§ 3 BtBG

(1) [1]Örtlich zuständig ist diejenige Behörde, in deren Bezirk der Betroffene seinen gewöhnlichen Aufenthalt hat. [2]Hat der Betroffene im Geltungsbereich dieses Gesetzes keinen gewöhnlichen Aufenthalt, ist ein solcher nicht feststellbar oder betrifft die Maßnahme keine Einzelperson, so ist die Behörde zuständig, in deren Bezirk das Bedürfnis für die Maßnahme hervortritt. [3]Gleiches gilt, wenn mit dem Aufschub einer Maßnahme Gefahr verbunden ist.

(2) Ändern sich die für die örtliche Zuständigkeit nach Absatz 1 maßgebenden Umstände im Laufe eines gerichtlichen Betreuungs- oder Unterbringungsverfahrens, so bleibt für dieses Verfahren die zuletzt angehörte Behörde allein zuständig, bis die nunmehr zuständige Behörde dem Gericht den Wechsel schriftlich anzeigt.

Zur Vermeidung von Kompetenzkonflikten regelt § 3 BtBG die örtliche Behördenzuständigkeit bundeseinheitlich.

a. Abs. 1

Wie in § 272 Abs. 1 Nr. 2 FamFG wird im Grundsatz an den gewöhnlichen Aufenthalt an- 62 geknüpft, § 3 Abs. 1 Satz 1 BtBG.

Hat der Betroffene keinen gewöhnlichen Aufenthalt, weil er zum Beispiel obdachlos ist oder sich nur vorübergehend in der Bundesrepublik Deutschland aufhält (Deutscher mit

73 Jürgens-Winterstein, § 2 BtBG, Rn. 5

gewöhnlichem Aufenthalt im Ausland, Ausländer), ist nach Abs. 1 Satz 2 die Betreuungsbehörde zuständig, in deren Bezirk das Fürsorgebedürfnis auftritt. Diese Regelung entspricht § 272 Abs. 1 Nr. 3 FamFG. Die Zuständigkeit gilt auch, wenn eine Vielzahl von Personen mit verschiedenem gewöhnlichem Aufenthalt oder strukturelle Maßnahmen betroffen sind. Wie in § 272 Abs. 2 Satz 1 FamFG sieht Abs. 1 Satz 3 in Eilfällen die örtliche Zuständigkeit der Behörde am Ort des Fürsorgebedürfnisses vor. Ein Eilfall kann bei Eintreten von Nachteilen für den Betroffenen infolge der mit der Einschaltung der an sich örtlich zuständigen Behörde verbundenen Verzögerung bejaht werden. Solche Fälle treten auf, wenn der Betroffene etwa auf einer Reise akut psychisch erkrankt und am Urlaubsort untergebracht werden muss.

▶ *Weitere Einzelheiten hierzu vgl. auch die Ausführungen zu § 272 FamFG in Teil A Rn. 115 ff.*

b. Abs. 2

63 Ändert sich im Verlaufe des Betreuungs- oder Unterbringungsverfahrens der gewöhnliche Aufenthaltsort des Betroffenen, ändert sich ebenfalls – ohne dass es einer ausdrücklichen Entscheidung bedarf – die Behördenzuständigkeit. Auf der anderen Seite ermöglichen die Landesverfahrensvorschriften es der bisher zuständigen Behörde unter bestimmten Umständen, das Verfahren fortzuführen. Um Probleme bei der Beteiligung der zuständigen Behörde im Betreuungs- oder Unterbringungsverfahren zu vermeiden, ordnet Abs. 2 an, dass die im Verfahren zuletzt angehörte Behörde so lange zuständig bleibt, bis die neu zuständig gewordene Behörde den Zuständigkeitswechsel bei Gericht schriftlich anzeigt.

Demzufolge sind Zustellungen an die bisher zuständige Behörde für das Verfahren wirksam vorgenommen, wenn sie vor Eingang der Anzeige des Zuständigkeitswechsels veranlasst wurden, auch wenn sie rein tatsächlich erst danach ausgeführt werden.

War die bisher zuständige Betreuungsbehörde zur Betreuerin bestellt, ist sie nach dem Zuständigkeitswechsel auf ihren Antrag zu entlassen und die neue Behörde zu bestellen[74], wenn kein vorrangig zu berücksichtigender Betreuer vorhanden ist.

4. § 4 BtBG (Beratung und Unterstützung)

§ 4 BtBG

(1) Die Behörde informiert und berät über allgemeine betreuungsrechtliche Fragen, insbesondere über eine Vorsorgevollmacht und über andere Hilfen, bei denen kein Betreuer bestellt wird.

(2) [1]Wenn im Einzelfall Anhaltspunkte für einen Betreuungsbedarf nach § 1896 Absatz 1 des Bürgerlichen Gesetzbuchs bestehen, soll die Behörde der betroffenen Person ein Beratungsangebot unterbreiten.[2]Diese Beratung umfasst auch die Pflicht, andere Hilfen, bei denen kein Betreuer bestellt wird, zu vermitteln.[3]Dabei arbeitet die Behörde mit den zuständigen Sozialleistungsträgern zusammen.

(3) Die Behörde berät und unterstützt Betreuer und Bevollmächtigte auf deren Wunsch bei der Wahrnehmung von deren Aufgaben, die Betreuer insbesondere auch bei der Erstellung des Betreuungsplans.

74 OLG Zweibrücken FamRZ 1992, 1325; OLG Hamburg BtPrax 1994, 138; HK-BUR-Walther, § 3 BtBG, Rn. 18

a. Überblick

Die jetzige Fassung des § 4 BtBG geht auf einen Vorschlag der Interdisziplinären Arbeitsgruppe zum Betreuungsrecht und deren Abschlussbericht vom 20.10.2011[75] zurück. § 4 BtBG verzichtete ursprünglich auf eine ausdrückliche Regelung einer Verpflichtung zur Beratung durch die Betreuungsbehörde. Dies hing damit zusammen, dass sich eine solche Verpflichtung für eine Behörde im Rahmen ihrer Zuständigkeit bereits aus allgemeinen verwaltungsrechtlichen Grundsätzen ergibt[76]. Ursprünglich normierte § 4 BtBG allein die Beratung und Unterstützung der Betreuer als eine Pflicht der örtlichen Betreuungsbehörde. Gemeint sind ehrenamtliche und berufliche Betreuer[77]. Durch das 2. BtÄndG wurde diese Verpflichtung entsprechend den Regelungen für Betreuungsvereine auf die Bevollmächtigten erstreckt, und zwar insbesondere für Fälle, in denen der Vertretungsfall eingetreten ist. Nach der Gesetzesintention sind nur zur Abwendung einer Betreuerbestellung Bevollmächtigte gemeint. 64

Mit der Regelung in den Absätzen 1 und 2 hat der Gesetzgeber die generelle Beratungspflicht näher ausgeführt und ausdrücklich schon für die Zeit vor einem betreuungsgerichtlichen Verfahren gesetzlich für die Betreuungsbehörden verankert werden. Mit Hilfe dieser sog. Vorfeldberatung sollen schon rechtzeitig Fälle, in denen eine Betreuerbestellung nicht erforderlich ist, erkannt werden und gar nicht erst zu den Gerichten gelangen.

b. Beratung und Information, Abs. 1

Absatz 1 ermöglicht es der Betreuungsbehörde, Betroffene und Außenstehende – andere interessierte Personen – über allgemeine betreuungsrechtliche Fragen zu informieren und außerhalb konkreter einzelner Hilfestellungen allgemeine Hilfen zu leisten. Die Beratung umfasst grundsätzliche Aufklärung und Informationen zu Rechten und Pflichten in Hinblick auf das Betreuungsrecht, kann im Einzelfall aber bis hin zur Vermittlung eines Pflegedienstes gehen[78]. 65

Eine Beratung innerhalb einer bestehenden Betreuung soll im Rahmen des Abs. 1 nicht erfolgen, um die Betreuungsbehörde nicht der Gefahr auszusetzen, Aufsichtsfunktionen zu übernehmen. Diese soll dem Betreuungsgericht vorbehalten bleiben. Zwar sieht Abs. 3 eine Beratung auch im Rahmen einer bestehenden Betreuung oder Bevollmächtigung vor. Sie wird aber nur auf Wunsch des Betreuers bzw. Bevollmächtigen gewährt und kann demzufolge keine aufsichtsrechtlichen Inhalte haben, weil sie jederzeit seitens des Betreuers bzw. Bevollmächtigten beendet werden kann.

Zu den allgemeinen betreuungsrechtlichen Fragen gehören insbesondere die einzelnen Arten von Vorsorgeinstrumenten, also Vorsorgevollmacht, Betreuungs- und Patientenverfügung, sowie ihre jeweiligen rechtlichen Rahmenbedingungen[79].

b. Beratungsangebot und Hilfevermittlung, Abs. 2

Über die allgemeine Beratung hinaus ermöglicht Abs. 2 Satz 1 eine Beratung des Betroffenen im Einzelfall, nicht aber eine Vertretung des Betroffenen durch die Betreuungsbehörde. Eine spezielle Beratung des Betroffenen setzt dessen Einverständnis voraus, da Hilfen weder aufgedrängt noch erzwungen werden können. Zudem darf eine Beratung des Betroffenen nur erfolgen, wenn es Anhaltspunkte für einen Betreuungsbedarf nach § 1896 Abs. 1 BGB gibt. Da das Beratungsangebot der Betreuungsbehörde dem Zweck 66

75 Abgedruckt in der BtPrax, Sonderausgabe 2012 (siehe oben Fn. 69)
76 Bt-Drs. 11/4528, S. 198
77 Jürgens-Winterstein, § 4 BtBG, Rn.10
78 BT-Drs. 11/4528, S. 198
79 Abschlussbericht der Interdisziplinären Arbeitsgruppe (siehe oben Fn. 69) unter C. 4 c (3)

dient, unnötige Betreuungen zu vermeiden, sind dem Betroffenen nach Satz 2 betreuungsvermeidende Hilfen aufzuzeigen – auch wenn bereits eine Betreuung eingerichtet worden ist.

Die Beratung umfasst auch Hinweise auf sozialrechtliche Hilfen und Assistenzen. Dem Gesetzgeber war bewusst, dass es oft nicht ausreichen wird, diese Hilfe aufzuzeigen. Deshalb kommt neben der beratenden Hilfe der Betreuungsbehörde auch die Verpflichtung zu, den Zugang zu diesen Hilfen zu vermitteln. So kann die Betreuungsbehörde beispielsweise anderen Fachbehörden den Hilfebedarf aufzeigen und den Betroffenen an die zuständigen Stellen vermitteln[80]. Vermitteln meint ein aktivierendes Hinführen zur Annahme vorhandener Angebote. Damit verdeutlicht Satz 3 die Kooperationspflicht zwischen Betreuungsbehörde und den zuständigen Trägern sozialer Hilfen. Im Einzelfall darf also seitens der Mitarbeiter der Betreuungsbehörde eine aktive Einzelarbeit nach sozialpädagogischen Grundsätzen erfolgen, um so ein absehbares Ziel zu erreichen und damit eine Betreuerbestellung zu vermeiden. Denkbar sind etwa die Vereinbarung von Terminen bei anderen Fachbehörden und die Begleitung des Betroffenen dorthin.

Die Träger sozialer Hilfen sind ihrerseits allerdings wiederum verpflichtet, dafür zu sorgen, dass jeder Berechtigte die ihm zustehenden Sozialleistungen in zeitgemäßer Weise, umfassend und zügig erhält, und der Zugang zu den Sozialleistungen möglichst einfach gestaltet ist, § 17 Abs. 1 Nr. 1 und 3 SGB I. Weiter haben sie in Zusammenarbeit mit den gemeinnützigen und freien Einrichtungen und Organisationen darauf hinzuwirken, dass sich ihre Tätigkeit und die der genannten Einrichtungen und Organisationen zum Wohl der Betroffenen wirksam ergänzen, § 17 Abs. 2 Satz 1 SGB I. Sie sind verpflichtet, persönliche Hilfen nach § 11 SGB I zu gewähren, Betroffene aufzuklären, § 13 SGB I, und zu beraten, § 14 SGB I. Wenn erforderlich, müssen Träger sozialer Hilfen den Betroffenen auch weiter leiten.

Als betreuungsvermeidende andere Hilfen kommen hinsichtlich gesundheitlicher Angelegenheiten die Unterstützung durch den Sozialpsychiatrischen Dienst, die Pflegeberatung und -dienste, die Sozialdienste im Krankenhaus und in Einrichtungen sowie die Beratung durch das Gesundheitsamt nach § 59 SGB XII, Pflegestützpunkte, aber auch die Hinführung zur Annahme eines ambulant betreuten Wohnens nach SGB XII und andere Eingliederungshilfen in Betracht. Im finanziellen Bereich können unterstützende Dienstleistungen der Schuldnerberatung sowie der Sozialhilfeträger – Sozialamt, Jobcenter, Renten-, Kranken- und Pflegeversicherungsträger – angeboten und vermittelt werden. In solchen sozialrechtlichen Verfahren ist auch die Bestellung eines Vertreters von Amts wegen nach § 15 Abs. 1 Nr. 4 SGB X als betreuungsvermeidende Hilfe zu prüfen. Bei straffällig gewordenen Betroffenen kann im Einzelfall die Unterstützung durch die Bewährungshilfe die nötigen Hilfen herbeiführen. Sind aufenthaltsrechtliche Fragen betroffen, können Mietervereine, bei größeren Vermietungsgesellschaften deren Sozialdienste, ansonsten die kommunalen Stellen zur Vermeidung von Obdachlosigkeit eingeschaltet werden, notfalls Notschlafstellen bzw. -unterkünfte angeboten werden. Besteht Hilfebedarf in arbeitsrechtlichen Angelegenheiten, kommen Unterstützungsleistungen durch die Sozialhilfeträger, aber auch die Schwerbehindertenvertretungen, Gewerkschaften, Betriebs- bzw. Personalräte in Frage, um die Bestellung eines Betreuers entbehrlich zu machen.

Sofern ausreichende Geschäftsfähigkeit beim Betroffenen besteht, kann auch der Kontakt zu Personen aufgebaut werden, die bereit sind, sich vom Betroffenen bevollmächtigen zu lassen. Denkbar ist auch der Kontaktaufbau zu einem Rechtsanwalt, damit dieser zur Durchsetzung bestehender Ansprüche bzw. zur Abwehr von Ansprüchen, die gegen den

80 BT-Drs. 17/13419, S. 11

Betroffenen geltend gemacht werden, bevollmächtigt werden kann. Bei Mittellosigkeit des Betroffenen kann die Finanzierung über Beratungs- bzw. Prozesskostenhilfe sichergestellt werden.

Diese Kooperationspflicht soll in der Praxis durch **Netzwerkarbeit** ergänzt und befördert werden[81]. Der Gesetzgeber hat der Betreuungsbehörde allerdings keine „Lotsenfunktion" hinsichtlich der Durchsetzung sozialrechtlicher Ansprüche zuweisen wollen[82]. Als wünschenswert bezeichnet er indes eine bessere Umsetzung sozialrechtlicher Beratungs- und Unterstützungselemente, etwa durch Einführung gemeinsamer Servicestellen der Rehabilitationsträger oder Nutzung des Instruments der Bestellung eines Vertreters im Sozialverwaltungsverfahren nach § 15 Abs. 1 Nr. 4 SGB X. **67**

c. Abs. 3

Absatz 3 gibt die Regelungen des ursprünglichen Absatz 1 wieder. Er regelt die Beratungs- und Unterstützungspflicht der Betreuungsbehörde gegenüber Betreuern und Bevollmächtigten. Gegenüber Verfahrenspflegern besteht keine entsprechende Verpflichtung[83]. Die Beratung und Unterstützung soll Betreuern und Bevollmächtigten ermöglichen, ihre Aufgaben besser wahrzunehmen. Ein gesetzlich gesondert geregelter Fall der Unterstützung findet sich in § 326 Abs. 1 FamFG. Danach hat die Betreuungsbehörde den Betreuer oder den Bevollmächtigten auf deren Wunsch bei der Zuführung zur Unterbringung nach § 312 Nr. 1 FamFG oder bei der Verbringung in ein Krankenhaus zur Durchführung einer ärztlichen Zwangsmaßnahme nach § 312 Nr. 3 FamFG zu unterstützen. **68**

Die Pflichten nach Abs. 3 sind von der Behörde selbst auszuüben, da sie mangels gesetzlicher Ermächtigung nicht delegiert werden kann[84]. Die Beratung und Unterstützung wird nur auf Wunsch gewährt, kann also nicht aufgedrängt werden. **68a**

Neben der Betreuungsbehörde steht dem Betreuer auch das Betreuungsgericht zur Beratung und Unterstützung zur Verfügung, vgl. §§ 1908i Abs. 1, 1837 Abs. 1 BGB, dem Bevollmächtigten neben der Betreuungsbehörde der Betreuungsverein, vgl. § 1908f Abs. 1 Nr. 2 BGB. Betreuungsbehörde, -verein und Betreuungsgericht sollten daher ihre Beratungs- und Unterstützungsangebote[85] aufeinander abstimmen. Beratung kann durch Aufzeigen von Handlungs- und Entscheidungsalternativen bis hin zum Nahelegen einer bestimmten Entscheidung gehen[86]. Unterstützung meint dagegen die konkrete Vollzugshilfe für den Betreuer[87], z.B. Unterstützung bei der Beantragung von Sozialleistungen, bei der Wahrnehmung der Pflichten gegenüber dem Betreuungsgericht, bei der Durchführung einer Unterbringung etc.

Der durch das 2. BtÄndG eingefügte letzte Halbsatz verdeutlicht, dass die Verpflichtung zur Beratung und Unterstützung sich auch auf Berufsbetreuer bezieht. Diesem ist im Einzelfall insbesondere bei der Errichtung eines Betreuungsplanes (vgl. § 1901 Abs. 4 Satz 2 BGB) Hilfestellung zu leisten. Sinnvoll wird dies insbesondere bei der Planung von Rehabili- **68b**

---

81 Abschlussbericht der Interdisziplinären Arbeitsgruppe (siehe oben Fn. 69) unter C. 4 c (3). Zu den Möglichkeiten besserer Vernetzung im Betreuungswesen vgl. die Dokumentation der Fachtagungen der überörtlichen Arbeitsgemeinschaft für das Betreuungswesen in NRW unter www.ueag-nrw.org > Fachtagung 2018 (Abruf 11.6.2018)

82 BT-Drs. 17/13419, S. 11: „Die Betreuungsbehörde leistet ... keine allgemeine Erwachsenenhilfe."

83 Bienwald, § 4 BtBG, Rn. 2

84 Deinert/Walther, S. 91; Damrau/Zimmermann, § 4 BtBG, Rn. 1; a.A. Jürgens-Winterstein, § 4 BtBG, Rn. 22, der eine Delegation auf Betreuungsvereine für zulässig erachtet.

85 Zu deren Inhalten und Zielen vgl. Jürgens-Winterstein, § 4 BtBG, Rn. 13 ff.

86 Deinert/Walther, S. 92 ff.

87 Bienwald, § 4 BtBG, Rn. 26

tationen und dem Einsatz von Sozialleistungen sein. Hier hat die Betreuungsbehörde wegen ihrer Fach- und Netzwerkkenntnisse besondere Kompetenzen[88].

Neben den Betreuern und Bevollmächtigten sind auch solche Personen zu beraten, die überlegen, ein Betreueramt bzw. eine Bevollmächtigung zu übernehmen, oder die einen Angehörigen besitzen, für den ein Betreuer bestellt ist. Personen, die sich bevollmächtigen lassen wollen, dürfen allerdings nur allgemein beraten werden, vgl. § 6 Abs. 1 Satz 2 BtBG[89]. Die individuelle Einzelfallberatung obliegt insoweit den rechtsberatenden Berufen und – soweit sie es anbieten – den Betreuungsvereinen, vgl. § 1908f Abs. 4 BGB.

Schließlich ergibt sich aus allgemeinen verwaltungsrechtlichen Grundsätzen die Verpflichtung, den Betroffenen selbst zu beraten und zu unterstützen[90]. Dabei ist aber darauf zu achten, dass keine Konflikte zwischen Betreuer bzw. Bevollmächtigtem und Betroffenem gelegt oder verstärkt werden.

5. § 5 BtBG (Einführung und Fortbildung)

§ 5 BtBG

Die Behörde sorgt dafür, dass in ihrem Bezirk ein ausreichendes Angebot zur Einführung der Betreuer und der Bevollmächtigten in ihre Aufgaben und zu ihrer Fortbildung vorhanden ist.

69 Mit der Neufassung des § 5 BtBG zum 1.7.2014 (Einfügung der Wörter „und der Bevollmächtigten") hat der Gesetzgeber dem Umstand Rechnung getragen, dass das Vorsorgeinstrument der Vorsorgevollmacht immer größere Verbreitung erfahren hat[91] und damit auch der Bedarf nach Beratung und Hilfestellung seitens der Bevollmächtigten bei der Wahrnehmung ihrer Aufgaben zugenommen hat. Schon im Rahmen des 2. BtÄndG hatte der Gesetzgeber daher den § 4 BtBG dahin ergänzt, dass sich die Beratung und Unterstützung der Betreuungsbehörde auch auf Bevollmächtigte zu erstrecken hat. Diesem Gedanken folgend soll die Anleitungspflicht der Betreuungsbehörde nun ebenfalls die Bevollmächtigten erfasst. Sofern der Bevollmächtigte es wünscht, wird er von der Betreuungsbehörde in seine Aufgaben, Rechte und Pflichten[92] als Bevollmächtigter eingeführt und fortgebildet.

Da die Betreuungsbehörden allerdings oftmals die Namen und Anschriften von Bevollmächtigten nicht kennt[93], kann sie die Bevollmächtigten nicht initiativ zu Fortbildungen laden[94]. Vom Grundsatz her soll die Anleitungspflicht der Betreuungsbehörde nicht allein die Betreuer, sondern auch die Bevollmächtigten umfassen

69a Die örtliche Betreuungsbehörde hat in ihrem Bezirk ein ausreichendes Angebot zur Einführung der Betreuer in ihre Aufgaben und zu ihrer Fortbildung vorzuhalten. Die Einführung von Betreuern geschieht durch die individuelle Vermittlung eines Mindestmaßes an Kenntnissen, die für die Führung einer Betreuung unerlässlich sind (zu Einzelheiten vgl. Teil B Rn. 17). Fortbildung meint einen organisierten Lehr- und Lernprozess mit dem Ziel, fach-

88 Jürgens-Winterstein, § 4 BtBG, Rn. 14 f.
89 Zu den Inhalten einer solchen Beratung vgl. Fröschle, Rn. 65 ff.
90 Bt-Drs. 11/4528, S. 198
91 Allein bei der Bundesnotarkammer waren zum 31.3.2018 bereits über 3,9 Millionen Vorsorgevollmachten hinterlegt, vgl. www.vorsorgeregister.de > Presse > Statistik (Abruf 5.7.2018)
92 Diese ergeben sich für einen Bevollmächtigten aus den Regelungen der §§ 662 ff. BGB zum Auftrags- und Geschäftsbesorgungsverhältnis.
93 Allenfalls, wenn sie die entsprechende Vollmacht nach § 6 Abs. 2 BtBG beglaubigt und registriert hat. Die Kenntnis über bestellte Betreuer wird durch § 288 Abs. 2 FamFG sichergestellt.
94 BT-Drs. 17/13419, S. 12

spezifische Kenntnisse und Fertigkeiten zu vermitteln und zu erweitern, auch ein Erfahrungsaustausch gehört dazu[95].

Die Art und Weise der Wahrnehmung dieser Aufgabe obliegt der Betreuungsbehörde. Sie kann diese Aufgabe oder Teile davon delegieren. Eine Einführung und Fortbildung von Bevollmächtigten sieht § 5 BtBG nicht vor[96].

6. § 6 BtBG (Förderung)

§ 6 BtBG

(1) [1]Zu den Aufgaben der Behörde gehört es auch, die Tätigkeit einzelner Personen sowie von gemeinnützigen und freien Organisationen zugunsten Betreuungsbedürftiger anzuregen und zu fördern. [2]Weiterhin fördert sie die Aufklärung und Beratung über Vollmachten und Betreuungsverfügungen.

(2) [1]Die Urkundsperson bei der Betreuungsbehörde ist befugt, Unterschriften oder Handzeichen auf Vorsorgevollmachten oder Betreuungsverfügungen öffentlich zu beglaubigen. [2]Dies gilt nicht für Unterschriften oder Handzeichen ohne dazugehörigen Text. [3]Die Zuständigkeit der Notare, anderer Personen oder sonstiger Stellen für öffentliche Beurkundungen und Beglaubigungen bleibt unberührt.

(3) Die Urkundsperson soll eine Beglaubigung nicht vornehmen, wenn ihr in der betreffenden Angelegenheit die Vertretung eines Beteiligten obliegt.

(4) [1]Die Betreuungsbehörde hat geeignete Beamte und Angestellte zur Wahrnehmung der Aufgaben nach Absatz 2 zu ermächtigen. [2]Die Länder können Näheres hinsichtlich der fachlichen Anforderungen an diese Personen regeln.

(5) [1]Für jede Beglaubigung nach Absatz 2 wird eine Gebühr von 10 Euro erhoben; Auslagen werden gesondert nicht erhoben. [2]Aus Gründen der Billigkeit kann von der Erhebung der Gebühr im Einzelfall abgesehen werden.

(6) [1]Die Landesregierungen werden ermächtigt, durch Rechtsverordnung die Gebühren und Auslagen für die Beratung und Beglaubigung abweichend von Absatz 5 zu regeln. [2]Die Landesregierungen können die Ermächtigung nach Satz 1 durch Rechtsverordnung auf die Landesjustizverwaltungen übertragen.

a. Überblick

§ 6 BtBG sah ursprünglich als Aufgabe der Betreuungsbehörde nur die Anregung und Förderung von Tätigkeiten zugunsten Betreuungsbedürftiger durch einzelne Personen sowie durch gemeinnützige und freie Organisationen vor. Mit dem durch das 1. BtÄndG angefügten Satz 2 kam die Verpflichtung der örtlichen Betreuungsbehörde zur Aufklärung und Beratung über Vollmachten und Betreuungsverfügungen hinzu. Das 2. BtÄndG ergänzt die Vorschrift seit dem 1.7.2005 um die Absätze 2 bis 6. Sie regeln die Beglaubigungskompetenz der Betreuungsbehörde für Vorsorgevollmachten und Betreuungsverfügungen. Der Gesetzgeber verband damit insbesondere die Hoffnung, die Akzeptanz einer Vorsorgevollmacht im Rechtsverkehr durch ein einfaches und kostengünstiges Verfahren der Beglaubigung zu erhöhen. Eine derart beglaubigte Vorsorgevollmacht ist auch als Eintragungsgrundlage im Grundbuchverfahren ausreichend. Dies stellte der Gesetzgeber durch die mit dem Gesetz zur Änderung des Zugewinnausgleichs- und Vormundschaftsrechtes vom 6.7.2009 erfolgte Einfügung des Wortes „öffentlich" in § 6 Abs. 2 BtBG klar[97]. 70

---

95 BT-Drs. 11/4528, S. 198. Zu denkbaren Angeboten der Einführung und Fortbildung vgl. Deinert/Walther, S. 101 ff.

96 Deinert/Walther, S. 99

97 Vgl. BT-Drs.16/13027, S. 12

b. Anregung und Förderung, Abs. 1

71 Nach Abs. 1 Satz 1 soll die Betreuungsbehörde Tätigkeiten zugunsten Betreuungsbedürftiger anregen und fördern. Anregung kann insbesondere durch Öffentlichkeitsarbeit, Förderung durch finanzielle, sachliche oder personelle Unterstützung erfolgen. Eine finanzielle Förderung ist nicht zwingend vorgesehen, sollte aber nach Maßgabe des Haushaltes zu einem Mindestmaß geschehen.

Zielgruppe sind neben gemeinnützigen und freien Organisationen auch Einzelpersonen. Gemeinnützige und freie Organisationen (§ 17 Abs. 3 SGB I) sind vor allem Vereinigungen, die im Rahmen der freien Wohlfahrtspflege tätig sind oder die Voraussetzungen des § 52 AO erfüllen[98]. Gemeint sind aber auch Selbsthilfegruppen oder Interessenverbände sowie nach § 1908f BGB anerkannte Betreuungsvereine.

Nach Abs. 1 Satz 2 fördert die örtliche Betreuungsbehörde die Aufklärung und Beratung über Vollmachten und Betreuungsverfügungen. Als Ergänzung wurde den Betreuungsvereinen nach § 1908f Nr. 2a BGB als Anerkennungsvoraussetzung auferlegt, über Vorsorgevollmachten und Betreuungsverfügungen planmäßig zu informieren. Der Gesetzgeber wollte damit einem weiteren Ansteigen der Betreuungszahlen entgegenwirken. Anders als die Vereine muss die Betreuungsbehörde nicht nur über Vorsorgevollmachten und Betreuungsverfügungen informieren, sondern darüber hinaus beraten und sie fördern, z.B. durch finanzielle Unterstützung.

Die Beratung und Förderung erfolgt allerdings allgemein und nicht auf den Einzelfall bezogen. Die individuelle Beratung obliegt allein den rechtsberatenden Berufen[99] bzw. den Betreuungsvereinen, wenn sie von der Befugnis des § 1908f Abs. 4 BGB Gebrauch machen. Da Patientenverfügungen in § 6 BtBG nicht genannt sind, besteht insoweit keine Verpflichtung der Betreuungsbehörden zur Beratung und Förderung.

c. Beglaubigungskompetenz der Betreuungsbehörde, Abs. 2 bis 6

aa. Überblick

72 Mit den Absätzen 2 bis 6 schafft das Gesetz eine weitere Pflichtaufgabe für die Betreuungsbehörde. Nach Abs. 4 muss die Betreuungsbehörde nämlich geeignete Beamte und Angestellte ermächtigen, Unterschriften oder Handzeichen auf Vorsorgevollmachten oder Betreuungsverfügungen zu beglaubigen. Die Beglaubigung soll insbesondere die Akzeptanz einer privatschriftlich erstellten Vollmacht erhöhen, weil sie geeignet ist, Bedenken gegen ihre Authentizität und die Identität des Ausstellers auszuräumen[100]. Die Befugnis zur Beglaubigung und ihre Grenzen ergeben sich aus den Absätzen 2 und 3. In den Absätzen 5 und 6 finden sich Regelungen zu den Gebühren und Auslagen für die Beratung und Beglaubigung.

bb. Gegenstand einer Beglaubigung, Abs. 2

73 Nach Abs. 2 Satz 1 können beglaubigt werden:

- Betreuungsverfügungen

▶ *Zu Einzelheiten der Betreuungsverfügung vgl. § 1901c Satz 1 BGB und Teil C Rn. 131 ff.*

sowie

98 Deinert/Walther, S. 34
99 BT-Drs. 15/2494, S. 15; Damrau/Zimmermann, § 6 BtBG, Rn 4
100 BT-Drs. 15/2494, S. 15; Damrau/Zimmermann, § 6 BtBG, Rn 5

– Vorsorgevollmachten, also Vollmachten, die geeignet sind, gemäß § 1896 Abs. 2 Satz 2 BGB die Erforderlichkeit einer Betreuerbestellung entfallen zu lassen. Vorsorgevollmacht meint dabei eine gewöhnliche Vollmacht im Sinne von §§ 164 ff. BGB[101]. Eine Vorsorgevollmacht ist durch ihren speziellen Anlass gekennzeichnet. Sie dient der Vorsorge für den Fall der Betreuungsbedürftigkeit und einer vom Gericht angeordneten Betreuung[102]. Nach außen handelt es sich regelmäßig um eine Generalvollmacht. Wichtige Indizien dafür, eine Vollmacht als Vorsorgevollmacht zu bezeichnen, sind Regelungen zur Gesundheitsfürsorge und zu freiheitsentziehenden Maßnahmen[103]. Inhaltliche oder zeitliche Begrenzungen sind mit dem Begriff einer Vorsorgevollmacht nicht verbunden. Sie kann auch transmortal sein[104].

▶ *Zu Einzelheiten der Vorsorgevollmacht vgl. Teil C Rn. 2 ff.*

Nicht beglaubigt werden können:

– Patientenverfügungen, da sie ausdrücklich nicht erfasst werden. Sie können jedoch beglaubigt werden, sofern sie gleichzeitig eine Betreuungsverfügung bzw. eine Vorsorgevollmacht enthalten[105]. Die Beglaubigung bezieht sich dann allerdings nur auf die Betreuungsverfügung bzw. die Vorsorgevollmacht.

▶ *Zu Einzelheiten der Patientenverfügung vgl. Teil C Rn. 100 ff.*

Betreuungsbehörden können eine Vollmacht nicht beurkunden, sondern dürfen nur die **74**
darunter gesetzte Unterschrift beglaubigen. Die Urkundsperson ist deshalb im Rahmen der Beglaubigung nur zur Prüfung der Identität des Unterzeichnenden verpflichtet, nicht aber zu einer inhaltlichen Überprüfung[106]. Beglaubigt werden können also nur Unterschriften oder Handzeichen mit dazugehörigem Text (einer Betreuungsverfügung oder einer Vorsorgevollmacht), Abs. 2 Satz 1; Blankobeglaubigungen sind unzulässig, Abs. 2 Satz 2. Die Unterschrift bzw. das Handzeichen müssen in der Regel unter dem Vollmachtstext in Gegenwart der Urkundsperson vorgenommen werden bzw. der Unterzeichner muss der Urkundsperson persönlich erklären, dass die vorab erfolgte Unterschrift bzw. das vorab geleistete Handzeichen von ihm stammt. Handzeichen meint das Zeichen, dessen sich ein Schreibunkundiger oder eine sonst am Schreiben gehinderte Person (z.B. aufgrund einer Erkrankung) anstelle der Namensunterschrift zur Formwahrung bedient, § 126 Abs. 1 BGB[107]. Eine Form ist allerdings in der Regel weder für die Betreuungsverfügung noch für die Vorsorgevollmacht, vgl. § 167 Abs. 2 BGB, vorgeschrieben. Lediglich in den Fällen, in denen eine Vollmacht die in §§ 1904 Abs. 1, 1906 Abs. 1 und 4, 1906a Abs. 1 und 4 BGB genannten Befugnisse umfassen soll, bedarf es der Schriftform. Die Schriftform gilt nach § 1901a Abs. 1 Satz 1 BGB auch für die Patientenverfügung[108]. Wird ein entsprechender Text mit einem Handzeichen unterschrieben, verlangt § 126 Abs. 1, 2. HS BGB die notarielle Beglaubigung des Handzeichens. Sie kann nunmehr durch die Urkundsperson der Betreuungsbehörde ebenso erfolgen wie durch einen Notar. In allen anderen Fällen kommt der Beglaubigung nur die Funktion zu, die Akzeptanz der Betreuungsverfügung bzw. der Vorsorgevollmacht im rechtsgeschäftlichen Verkehr zu erhöhen. Eine Beglaubigung belegt nämlich, dass die Urkunde vom Aussteller herrührt und seinen Willen wiedergibt (dazu siehe unten Rn. 78).

101 Zimmermann, NJW 2014, 1573
102 OLG Karlsruhe FamRZ 2016, 577 m.w.N.
103 Spanl, Rpfleger 2007, 372
104 OLG Karlsruhe FamRZ 2016, 577 m.w.N.
105 Fröschle, Rn. 133, Deinert/Walther, S. 60
106 OLG Karlsruhe FamRZ 2016, 577
107 Zum Beispiel drei Kreuze oder ein Fingerabdruck
108 Dodegge, Behindertenrecht 2009, 193

cc. Zuständigkeiten, Abs. 2 und 4

75 Nach §§ 6 Abs. 2 Satz 1, 9 Satz 2 (ab 1.7.2014: § 10 Satz 2) BtBG ist die Betreuungsbehörde funktional und sachlich zuständig. Die örtliche Zuständigkeit richtet sich nach § 3 BtBG (dazu siehe oben Rn. 62 und 63). Bei der Prüfung der örtlichen Zuständigkeit ist an den gewöhnlichen Aufenthaltsort des Vollmachtgebers bzw. den Ort des Bedürfnisses für die Maßnahme, also den Ort, an dem die Beurkundung unterzeichnet werden soll, anzuknüpfen. Die mit § 6 Abs. 2 BtBG erfolgte Schaffung einer Urkundsperson innerhalb der Betreuungsbehörde ist erforderlich, um über die amtliche Beglaubigung durch die Behörde hinaus die rechtlichen Wirkungen einer öffentlichen Beglaubigung zu erreichen.

Wer intern befugt ist, die Ermächtigung zur Beglaubigung auszusprechen, ergibt sich aus den Bestimmungen, die für die Körperschaft bzw. Behörde, bei der die Betreuungsbehörde angesiedelt ist, maßgebend sind[109]. Welche fachlichen Anforderungen an die Urkundsperson zu stellen sind, überlässt der Gesetzgeber den Regelungen des Landesgesetzgebers, vgl. Abs. 4 Satz 2. Es sollten aber zumindest ausreichende Kenntnisse des Beurkundungsrechtes bei der Urkundsperson vorhanden sein.

Die Zuständigkeit der Notare, anderer Personen oder sonstiger Stellen für die öffentliche Beurkundung und Beglaubigung bleibt unberührt, § 6 Abs. 2 Satz 2[110].

dd. Grenzen der Beglaubigung, Abs. 2 und 3

76 Nach § 7 BeurkG kann die Urkundsperson keine Betreuungsverfügung oder Vorsorgevollmacht beglaubigen, die ihr selbst, ihrem aktuellen oder früheren Ehegatten oder einem mit ihr in gerader Linie Verwandten erteilt wird. Die Beglaubigung wäre unwirksam, nicht aber die zugrunde liegende Betreuungsverfügung oder Vorsorgevollmacht. Gleiches gilt nach § 6 BeurkG, wenn die Urkundsperson eine von ihr selbst, ihrem Ehegatten oder einem mit ihr in gerader Linie Verwandten erstellte Betreuungsverfügung oder Vorsorgevollmacht beglaubigen würde.

77 Nach § 6 Abs. 3 BtBG soll die Urkundsperson ferner die Beglaubigung nicht vornehmen, wenn ihr in der betreffenden Angelegenheit die Vertretung eines Beteiligten obliegt. Nach der Gesetzesbegründung ist die Vorschrift dem § 59 Abs. 2 SGB VIII nachgebildet und soll Interessenkollisionen vermeiden. In der Praxis sind solche Fälle kaum denkbar, da grundsätzlich eine Vertretung bei der Errichtung einer Vorsorgevollmacht oder einer Betreuungsverfügung wegen der Höchstpersönlichkeit dieser Entscheidung nicht in Frage kommt. Relevant werden kann die Vorschrift allenfalls dann, wenn eine Untervollmacht erteilt werden soll oder der entsprechende Behördenmitarbeiter für den Vollmachtgeber als Betreuer tätig ist[111].

Die Geschäftsfähigkeit des Ausstellers der Vorsorgevollmacht hat der Urkundsbeamte nach § 40 Abs. 2 BeurkG nicht zu überprüfen. Nur bei offensichtlicher Geschäftsunfähigkeit ist die Beglaubigung abzulehnen[112].

ee. Rechtsfolgen der Beglaubigung

78 Die durch die Urkundsperson der Betreuungsbehörde vorgenommene Beglaubigung stellt eine amtliche Beglaubigung dar, der die rechtliche Wirkung einer öffentlichen Beglaubigung zukommt. Als ausdrückliche Spezialregelung zu den allgemeinen Bestimmungen der §§ 126, 129 BGB kommt ihr die Beweis- und Vermutungswirkung der §§ 416, 440 Abs. 2

---

109 Im Zweifel derjenige, der die laufende Verwaltung leitet, in der Regel der (Ober-)Bürgermeister bzw. Landrat.
110 Etwa nach Landesrecht der Ratschreiber in Baden-Württemberg, vgl. §§ 61 Abs. 4 BeurkG, 32 Abs. 4 Satz 1 LFGG Bad-Württ.
111 Jürgens-Winterstein, § 6 BtBG, Rn. 12
112 Damrau/Zimmermann, § 6 BtBG, Rn 15

ZPO zu. Die entsprechende Urkunde erbringt demzufolge den vollen Beweis dafür, dass die in ihr enthaltenen Erklärungen von dem Aussteller abgegeben worden sind (§ 416 ZPO). Weiter gilt für die über der Unterschrift oder dem Handzeichen stehende Schrift die Vermutung der Echtheit (§ 440 Abs. 2 ZPO).

Mit Hilfe einer öffentlich beglaubigten Vorsorgevollmacht kann der Bevollmächtigte den Vollmachtgeber etwa bei der Ausschlagung einer Erbschaft gegenüber dem Nachlassgericht oder der Beantragung einer Eintragung gegenüber dem Grundbuchamt oder dem Handelsregister vertreten, vgl. §§ 1945 Abs. 3 BGB, 29 Abs. 1 Satz 1 GBO[113], 12 HGB.

ff. Kosten der Beratung und der Beglaubigung, Abs. 5 und 6

§ 6 Abs. 5 Satz 1 BtBG regelt die für die Beglaubigung zu erhebenden Gebühren und legt sie auf zehn Euro fest. So soll ein Ausgleich zwischen den Interessen der Betreuungsbehörde an einem Äquivalent für ihren Aufwand und dem Ziel der weiteren Verbreitung von Vorsorgevollmachten erreicht werden. Die Gebühren eines Notars für eine entsprechende Beglaubigung liegen nämlich – je nach dem zugrunde zu legenden Geschäftswert (§ 121 GNotKG, Nummer 25 100 KV GNotKG) – zwischen 20,– und 70,– € zuzüglich Mehrwertsteuer. Die einer notariellen Beglaubigung oft entgegenstehende Hemmschwelle wird also auch in finanzieller Hinsicht herabgesetzt. Das gilt umso mehr, als Abs. 6 Satz 2 im Einzelfall aus Gründen der Billigkeit das Entfallen der Gebühren ermöglicht. Ein solcher Fall kann vorliegen, wenn der Vollmachtgeber nur Einkünfte bzw. Vermögen besitzt, die ihn als mittellos im Sinne der §§ 1836c, d BGB erscheinen lassen. **79**

Abs. 6 eröffnet schließlich den Ländern die Möglichkeit, durch Rechtsordnung die Gebühren und Auslagen für die Beratung und Beglaubigung abweichend von Abs. 5 zu regeln. Die Ermächtigung kann durch weitere Rechtsordnung auf die Landesjustizverwaltungen übertragen werden. Von beiden Möglichkeiten wurde bisher nicht Gebrauch gemacht. **80**

7. § 7 BtBG (Mitteilungen)

§ 7 BtBG

(1) Die Behörde kann dem Betreuungsgericht Umstände mitteilen, die die Bestellung eines Betreuers oder eine andere Maßnahme in Betreuungssachen erforderlich machen, soweit dies unter Beachtung berechtigter Interessen des Betroffenen nach den Erkenntnissen der Behörde erforderlich ist, um eine erhebliche Gefahr für das Wohl des Betroffenen abzuwenden.

(2) Der Inhalt der Mitteilung, die Art und Weise ihrer Übermittlung und der Empfänger sind aktenkundig zu machen.

▶ *Zur Mitteilungsbefugnis der Behörde vgl. die Kommentierung der Vorschrift in Teil A Rn. 108 ff.* **81**

Die Vorschrift ermöglicht die Weitergabe von Daten, die der Betreuungsbehörde vorliegen, an das Betreuungsgericht. Dies kann unter den Voraussetzungen des Abs. 1 erfolgen. Für Daten, die die Betreuungsbehörde im Rahmen des § 8 BtBG erhoben hat, gilt § 7 BtBG nicht.

Insoweit ist allerdings problematisch, ob im Bericht nach § 8 BtBG bereits vorhandene Erkenntnisse verwertet werden dürfen. Das wird zu bejahen sein, wenn der Betroffene dem auf Befragen zustimmt. Ist das nicht der Fall, wird die Behörde im Rahmen von allgemeinen

113 Dazu OLG Karlsruhe FamRZ 2016, 577; OLG Jena FamRZ 2014, 1139; OLG Saarbrücken NJOZ 2014, 253; OLG Naumburg NotBZ 2014, 234; OLG Dresden NotBZ 2010, 409

Rechtfertigungsgründen – in Betracht kommen mutmaßliche Einwilligung oder übergesetzlicher Notstand – das Interesse des Betroffenen auf Schutz seiner Daten mit dem Interesse des Betroffenen, dass die Behörde dem Gericht ausgewogen und im Sinne des Betroffenen auch zu dessen Schutz zu berichten hat, abzuwägen haben. Vorerkenntnisse, die die Betreuungsbehörde dem Betreuungsgericht offenbart, unterliegen im gerichtlichen Verfahren keinem Verwertungsverbot[114].

Der Bundesrat hat im Jahre 2006 einen Gesetzesentwurf vorgelegt, der die datenschutzrechtlichen Beschränkungen der Betreuungsbehörden auflockern soll[115]. Er wurde in der Folgezeit nicht mehr aufgegriffen[116].

8. § 8 BtBG (Unterstützung des Gerichts)

§ 8 BtBG

(1) [1]Die Behörde unterstützt das Betreuungsgericht.[2] Dies umfasst insbesondere folgende Maßnahmen:

1. **die Erstellung eines Berichts im Rahmen der gerichtlichen Anhörung (§ 279 Absatz 2 des Gesetzes über das Verfahren in Familiensachen und in den Angelegenheiten der freiwilligen Gerichtsbarkeit),**
2. **die Aufklärung und Mitteilung des Sachverhalts, den das Gericht über Nummer 1 hinaus für aufklärungsbedürftig hält, sowie**
3. **die Gewinnung geeigneter Betreuer.**

(2) [1]Wenn die Behörde vom Betreuungsgericht dazu aufgefordert wird, schlägt sie eine Person vor, die sich im Einzelfall zum Betreuer oder Verfahrenspfleger eignet. [2]Steht keine geeignete Person zur Verfügung, die zur ehrenamtlichen Führung der Betreuung bereit ist, schlägt die Behörde dem Betreuungsgericht eine Person für die berufsmäßige Führung der Betreuung vor und teilt gleichzeitig den Umfang der von dieser Person derzeit berufsmäßig geführten Betreuungen mit.

a. Überblick

82 Auch in seiner zum 1.7.2014 geänderten Fassung regelt § 8 BtBG die Gerichtshilfe. Die vorgenommenen Änderungen ergeben sich daraus, dass die Betreuungsbehörde aufgrund des ebenfalls zum 1.7.2014 geänderten § 279 Abs. 2 FamFG im Betreuungsverfahren obligatorisch einen sog. Sozialbericht zur Erforderlichkeit der Betreuerbestellung zu erstatten hat. Die Regelungen des § 8 BtBG dazu finden sich in Abs. 1 Satz 1 Nr. 2 und Nr. 3 sowie in Abs. 2. Darüber hinaus wird in Abs. 2 Satz 2 der Vorrang ehrenamtlicher Betreuer ergänzend zu der materiellen Regelung des § 1897 Abs. 6 Satz 1 BGB verfahrensrechtlich im Gesetz verankert.

b. Unterstützung

83 § 8 Abs. 1 Satz 1 BtBG legt als allgemeine Aufgabe der Betreuungsstelle die Unterstützung des Gerichts fest. Die Behörde bleibt in ihrer Tätigkeit aber unabhängig und nicht vom Gericht abhängig, unterliegt keinen Weisungen[117]. Die Betreuungsbehörde entscheidet auch, wie sie ihrer Unterstützungspflicht nachkommt. Denkbar ist es, diese Aufgaben – soweit

114 BGH FamRZ 2010, 1726 = BtPrax 2010, 291: zum ähnlich gelagerten Problem der Verwertung von Vorkenntnissen durch den Sachverständigen.
115 BR-Drs. 16/1339
116 Zu den Fragen des Datenschutzes vgl. Guy Walther, BtPrax 2016, 167 ff.
117 BT-Drs. 11/4528, S. 200; Bienwald, § 8 BtBG, Rn. 7

sie keinen hoheitlichen Charakter aufweisen – zu übertragen, z.B. auf Betreuungsvereine[118].

Eine Konkretisierung der Unterstützungspflicht findet sich in Satz 2 Nrn. 1 bis 3.

c. Obligatorischer Sozialbericht, Abs. 1 Nr. 1

In § 279 Abs. 2 FamFG hat der Gesetzgeber Regelungen geschaffen, die Tätigkeit der Be- **84**
treuungsbehörden und der medizinischen Sachverständigen im Rahmen der Begutachtung besser miteinander zu verbinden und abzustimmen, indem eine inhaltliche Verknüpfung hergestellt wird[119]. Dem trägt § 8 Abs. 1 Nr. 1 BtBG dadurch Rechnung, dass er die Erstellung eines Berichtes nach den Vorgaben des § 279 Abs. 2 FamFG (sog. obligatorischer Sozialbericht) als besondere Unterstützungsmaßnahme der Betreuungsbehörde benennt. Die Erstellung dieses Berichts wird so als ausdrückliche Aufgabe der Betreuungsbehörden benannt. Da das BtBG einen Rahmen für die landesrechtliche Ausgestaltung der Tätigkeit der Betreuungsbehörden vorgibt, ist diese Vorgabe in der Praxis bindend zu beachten. Die zuständigen Träger der Verwaltung haben – auch unter Berücksichtigung der §§ 4, 9 BtBG – für eine ausreichende räumliche, personelle und fachliche Ausstattung der Betreuungsbehörde Sorge zu tragen.

Der Sozialbericht hat sich nach der nicht abschließenden Regelung des § 279 Abs. 2 Nrn. **84a**
1 bis 4 FamFG insbesondere auf die persönliche, gesundheitliche und soziale Situation des Betroffenen, die Erforderlichkeit einer Betreuung, einen möglichen – ehrenamtlichen – Betreuer und die Sichtweise des Betroffenen zu erstrecken[120]. Um einen qualifizierten Bericht erstatten zu können, wird die Betreuungsbehörde ihrerseits den Betroffenen zuvor persönlich anzuhören haben. Vertrauliche Informationen der Behörde und solcher Personen, die Vertraulichkeit verlangen, sind unverwertbar[121]. Werden wesentliche Tatsachen bestritten, müssen sie im Wege des Strengbeweises vom Gericht aufgeklärt werden, § 30 Abs. 3 FamFG. Der Bericht soll bei der Erstellung des Gutachtens einfließen, § 280 Abs. 2 Satz 1 FamFG.

d. Sachverhaltsaufklärung, Abs. 1 Nr. 2

Die früher in § 8 Satz 2 BtBG geregelte Unterstützung des Gerichts durch die Betreuungs- **85**
behörde bei der Sachverhaltsaufklärung und der allgemeinen Gewinnung geeigneter Betreuer findet sich nun – inhaltlich unverändert – in § 8 Abs. 1 Satz 2 Nrn. 2 und 3 BtBG. Nach § 26 FamFG ist das Gericht im Betreuungsverfahren verpflichtet, den Sachverhalt von Amts wegen zu ermitteln. Zur Feststellung von Sachverhalten, die das Gericht für aufklärungsbedürftig erachtet, kann es selbst ermitteln und Beweise erheben.

▶ *Zur Amtsermittlungspflicht des Gerichts vgl. Teil A Rn. 105 und Teil G Rn. 130 ff.*

Alternativ können die Betreuungsbehörde oder Sozialdienste im Heim oder Krankenhaus **85a**
um Hilfe zur Feststellung des Sachverhaltes vom Gericht gebeten werden. Zur Vermeidung überflüssiger Betreuungen wünscht der Gesetzgeber die regelmäßige Mitwirkung der Betreuungsbehörde bei der Sachverhaltsaufklärung. Dies wird durch § 279 Abs. 2 Satz 1

---

118 HK-BUR-Klie/Deinert, § 8 BtBG, Rn. 20; vgl. auch zum „Bochumer Modell" Ehl/Wessels, BtPrax 1994, 79 ff. sowie zu den allgemeinen Aufgaben der Betreuungsbehörde und ihrer Organisation Bruckner, NDV 1996, 330 ff. Die Betreuungsbehörde bleibt trotz Delegation in ihrem Aufgabenbereich nach außen hin zuständiges Organ, Bienwald, § 8 BtBG, Rn. 56.

119 Abschlussbericht der Interdisziplinären Arbeitsgruppe vom 20. Oktober 2011, unter C. 4 b (3), siehe oben Fn. 69

120 Zu einem Muster eines Sozialberichts vgl. Firsching/Dodegge, Rn. 397. Siehe auch die überarbeiteten Empfehlungen der BAGüS zur Sachverhaltsaufklärung durch die örtliche Betreuungsbehörde, abrufbar unter www.lwl.org/spur-download/bag/15_2015an1.pdf (Abruf 15.6.2018).

121 Jürgens-Kretz § 279 FamFG, Rn 4.

FamFG abgesichert (dazu zuvor Rn. 84). Die Einholung eines Sozialberichts ist auch sinnvoll, um das soziale Umfeld des Betroffenen kennen zu lernen und von Anfang an sozialarbeiterisches oder -pädagogisches Wissen für das Verfahren nutzbar zu machen[122]. Zudem kann die Betreuungsbehörde in diesem Rahmen prüfen, ob anderweitige Hilfen angeboten und realisiert werden können, die eine Betreuerbestellung entbehrlich werden lassen.

86 Ob die Betreuungsbehörde um Unterstützung gebeten wird, liegt im Ermessen des Gerichts. Die Betreuungsbehörde kann ihrerseits keine Relevanzschwellen für ihre Unterstützungspflicht konstruieren. Sie darf allenfalls in dem kaum denkbaren Fall des greifbar sachfremden gerichtlichen Nachsuchens eine Tätigkeit verweigern[123]. Die Durchführung des gerichtlichen Ersuchens obliegt allein der Betreuungsbehörde, und zwar innerhalb des vom Gericht vorgesehenen Umfangs. Die Ermittlungen sollen die Tätigkeit und Überzeugungsbildung des Gerichts vorbereiten, nicht ersetzen[124]. Zu berücksichtigen ist auch, dass die Betreuungsbehörde keinen Zeugen zur Aussage zwingen kann, über keinerlei Zwangsmittel im Ermittlungsverfahren verfügt und ihr Bericht im Betreuungsverfahren weder als Gutachten noch als Urkunde oder Beweiserhebung Verwendung finden kann[125]. Das Gericht wird daher das Ergebnis der Ermittlungen der Betreuungsbehörde im Wege des Freibeweises verwerten und entscheiden, welche (weiteren) Ermittlungen noch notwendig bzw. welche Beweise zu erheben sind[126].

e. Gewinnung geeigneter Betreuer, Abs. 1 Nr. 3

87 Soweit Nr. 3 von der Unterstützung bei der Gewinnung geeigneter Betreuer spricht, bezieht sich dies darauf, generell geeignete und bereite Personen zur Übernahme von Betreuungen zu interessieren[127]. Nach dem Wortlaut der Nr. 3 ist die Betreuungsbehörde nicht verpflichtet, sich allgemein um die Gewinnung ehrenamtlicher Verfahrenspfleger zu bemühen. In der Praxis existiert insoweit häufig eine interdisziplinäre Zusammenarbeit der Betreuungsbehörde mit dem Gericht, aber auch Betreuungsvereinen und anderen Institutionen.

f. Betreuer- und Verfahrenspflegervorschlag, Abs. 2

88 § 8 Abs. 2 BtBG enthält – zum Teil modifiziert – die früheren Regelungen des § 8 Satz 3 und 4 BtBG. In der Neufassung wurde der Vorrang der ehrenamtlichen Betreuung nochmals betont.

Um sicherzustellen, dass die Gerichte im konkreten Einzelfall einen geeigneten Betreuer bzw. Verfahrenspfleger finden und bestellen können, verpflichtet § 8 Abs. 2 Satz 1 BtBG die Betreuungsbehörde, auf gerichtliche Anforderung einen geeigneten Betreuer bzw. Verfahrenspfleger vorzuschlagen. Das entbindet die Gerichte nicht davon, sich zunächst selbst darum zu bemühen, einen geeigneten Betreuer zu finden[128]. Die Verpflichtung zur Benennung eines geeigneten Verfahrenspflegers wurde erst durch das 2. BtÄndG aufgenommen. Sie korrespondiert mit dem in §§ 1897 Abs. 6 Satz 1 BGB, 276 Abs. 3, 317 Abs. 3 FamFG verankerten Vorrang des Ehrenamtes bei Verfahrenspflegschaften. Nach dem Wortlaut der Vorschrift hat sich der Vorschlag auf eine (natürliche) Person (dazu Teil B Rn. 3 ff.), nicht also auf die Betreuungsbehörde selbst oder einen Betreuungsverein zu

122 Jürgens-Winterstein, § 8 BtBG, Rn. 4
123 LG Hamburg FamRZ 1997, 118 f.
124 Jürgens-Winterstein, § 8 BtBG, Rn. 7. Zur Reichweite der Unterstützungspflicht siehe auch Bienwald, BtPrax 1997, 226 ff.
125 Damrau/Zimmermann, § 8 BtBG, Rn. 3
126 Ebenso Damrau/Zimmermann, § 8 BtBG, Rn. 3
127 Bienwald, § 8 BtBG, Rn. 28; HK-BUR-Klie/Deinert, § 8 BtBG, Rn. 17
128 Deinert/Walther, S. 127

beziehen. Die Betreuungsbehörde kann aber z.B. eigene Bedienstete als Behördenbetreuer bzw. -verfahrenspfleger vorschlagen. Der Vorschlag der Betreuungsbehörde hat aber immer unter Beachtung der gesetzlichen Rangfolge bzgl. der Betreuerauswahl zu erfolgen[129].

Aus § 8 Abs. 2 Satz 1 BtBG lässt sich kein Recht ableiten, von der Betreuungsbehörde als geeigneter Betreuer anerkannt und dem Betreuungsgericht als Betreuer vorgeschlagen zu werden[130]. Gleiches gilt für einen Verfahrenspfleger.

g. Auskunft der Betreuungsbehörde

Die früher in § 8 Satz 4 BtBG geregelte Verpflichtung, dem Gericht bei Vorschlag eines Berufsbetreuers den Umfang der von diesem geführten berufsmäßigen Betreuungen mitzuteilen, findet sich nun unverändert in § 8 Abs. 2 Satz 2 a. E. BtBG. Danach schlägt die Betreuungsbehörde einen Berufsbetreuer vor und teilt dem Gericht zugleich mit, wie viele Betreuungen aktuell von diesem bereits geführt werden, sofern kein ehrenamtlicher Betreuer zur Verfügung steht. Erfolgt diese Mitteilung, muss das Gericht seinerseits nicht noch zusätzlich diese Auskunft nach § 1897 Abs. 8 BGB erfragen. **89**

▶ *Zu Einzelheiten siehe oben Rn. 88 f.*

Vom Gesetzessinn her soll die Auskunft es dem Gericht ermöglichen, abzuschätzen, ob der vorgeschlagene Betreuer zur Übernahme noch einer weiteren Betreuung geeignet oder durch die geführten Betreuungen bereits ausgelastet ist. Inhaltlich wird die Auskunft daher die Zahl der aktuell geführten Betreuungen sowie die geschätzte wöchentliche Arbeitsbelastung durch diese Betreuungen umfassen müssen[131]. So kann das Gericht zugleich ermessen, ob die vom Gesetzgeber angestrebte Mischkalkulation des Betreuers erreicht werden kann. In der Praxis werden diese Auskünfte indes häufig ins Leere gehen, weil zwischen Vorschlag und Bestellung oft Monate vergehen und die übermittelten Zahlen im Entscheidungszeitpunkt nicht mehr zutreffen dürften. **89a**

Zwar gilt § 8 Abs. 2 Satz 2 BtBG nach seinem Wortlaut auch, wenn die Betreuungsstelle einen (beruflichen) Verfahrenspfleger, der gleichzeitig Betreuungen führt, vorschlägt. Da über Verfahrenspflegschaften aber anders als für Betreuungen (vgl. § 1897 Abs. 8 BGB) keine Auskunft zu erteilen ist, erübrigt sich eine entsprechende Mitteilung. **89b**

Adressat der Mitteilung ist der Richter; der Rechtspfleger nur, wenn ihm die entsprechende Aufgabe nach Landesrecht übertragen ist (vgl. § 19 Abs. 1 Nr. 1 RPflG, dazu oben Rn. 19 ff.).

Die Ernennung eines Berufsbetreuers ohne Einholung einer Auskunft nach § 1897 Abs. 8 BGB bzw. Mitteilung nach § 8 Satz 4 BtBG ist fehlerhaft, aber nicht nichtig.

---

129 Deinert/Walther, S. 127. Siehe dazu auch die Empfehlungen der BAGüS für Betreuungsbehörden bei der Betreuerauswahl (Stand: Januar 2017), abrufbar unter: www.bagues.de > Veröffentlichungen > Empfehlungen (Abruf 10.7.2018)

130 VG Frankfurt a.M. BtPrax 1997, 83 f.

131 Fröschle-Kuhrke, § 8 BtBG, Rn. 43

9. § 9 BtBG (Ausstattung der Betreuungsbehörden mit Fachkräften)

§ 9 BtBG

Zur Durchführung der Aufgaben werden Personen beschäftigt, die sich hierfür nach ihrer Persönlichkeit eignen und die in der Regel entweder eine ihren Aufgaben entsprechende Ausbildung erhalten haben (Fachkräfte) oder über vergleichbare Erfahrungen verfügen.

90 § 9 BtBG wurde mit Wirkung zum1.7.2014 eingefügt. Er regelt die **Fachlichkeit** der innerhalb der Betreuungsbehörden beschäftigten Mitarbeiter und soll die Ausstattung der Betreuungsbehörden mit gut ausgebildeten Fachkräften sicherstellen[132]. Vorbild für die Regelung des § 9 BtBG sind §§ 72 Abs. 1 SGB VIII, 6 Abs. 1 SGB XII. Obwohl § 9 BtBG eine Selbstverständlichkeit beschreibt, erfolgte eine ausdrückliche gesetzliche Regelung, um dem Erfordernis der Fachlichkeit der Betreuungsbehörde eine besondere Aufmerksamkeit zu schenken.

Die bisherige Regelung des § 9 BtBG findet sich nun in § 10 BtBG.

Der Gesetzgeber will durch die Regelung des § 9 BtBG sicherstellen, dass innerhalb der Betreuungsbehörden Fachkräfte beschäftigt werden, die besonderes Wissen in Hinblick auf betreuungsvermeidende Hilfen besitzen. Dies sind insbesondere Personen, die über ein Fachwissen zu anderen sozialrechtlichen Hilfen verfügen[133]. Der Gesetzgeber geht nämlich davon aus, dass selbst in einfach gelagerten Fällen eine soziale Einschätzung zum Sachverhalt wichtige, betreuungsvermeidende Kenntnisse vermittelt. Gleichzeitig soll eine Stärkung der Betreuungsbehörde innerhalb ihrer eigenen Körperschaft erreicht werden.

Wie bereits auf der gerichtlichen Ebene mit der Schaffung der Betreuungsgerichte soll auch auf der kommunalen Ebene durch Schaffung einer Fachbehörde das Prinzip der Fachlichkeit gelten[134].

10. § 10 BtBG (sonstige Aufgaben der Behörde)

§ 10 BtBG

[1]Die Aufgaben, die der Behörde nach anderen Vorschriften obliegen, bleiben unberührt. [2]Zuständige Behörde im Sinne dieser Vorschriften ist die örtliche Behörde.

91 Satz 1 stellt klar, dass der Betreuungsbehörde nicht nur die Aufgaben nach diesem Gesetz übertragen sind, sondern weitere Aufgaben nach anderen Vorschriften zu erfüllen sind. Weitere Aufgaben ergeben sich für die Betreuungsbehörde insbesondere aus dem BGB und dem FamFG[135], nämlich:

- Übernahme von Betreuungen und Verfahrenspflegschaften[136] durch Mitarbeiter, §§ 1897 Abs. 2 BGB, 276, 317 FamFG, oder die Behörde selbst, §§ 1900 Abs. 4 BGB, 276, 317 FamFG;
- Überprüfung, ob ein Einzelbetreuer bestellt werden kann, § 1900 Abs. 3, 4 BGB;

132 Zu den Aufgaben und Anforderungen an eine Fachkraft in der Betreuungsbehörde und ihre tarifliche Einbindung vgl. BAG FamRZ 2015, 1796 und Deinert/Walther, S. 260 ff.: Stellenbeschreibung.

133 BT-Drs. 17/13419, S. 12

134 Abschlussbericht der Interdisziplinären Arbeitsgruppe vom 20. Oktober 2011, unter C. 4 d (3), siehe oben Fn. 69

135 Zu weiteren Aufgaben nach den Landesausführungsgesetzen zum BtG vgl. HK-BUR-Walther, § 9 BtBG, Rn. 115 ff.

136 Jürgens-Winterstein, § 10 BtBG, Rn. 1, aber durch die Regelung des § 277 Abs. 4 Satz 3 FamFG vom Gesetzgeber anerkannt.

- Äußerung zur Frage der Eignung eines Betreuers und zur Berufsmäßigkeit seiner Tätigkeit, § 1897 Abs. 7 Satz 1 BGB;
- Vorführung des Betroffenen beim Gericht, § 278 Abs. 5 FamFG, beim Sachverständigen zur Untersuchung, § 283 Abs. 1 FamFG, sowie zur Unterbringung und Beobachtung zwecks Gutachtenerstattung, § 284 i.V.m. § 283 FamFG;
- Abgabe von Äußerungen vor Bestellung eines Betreuers oder der Anordnung eines Einwilligungsvorbehaltes, § 279 Abs. 2 FamFG[137], bei Aufhebung, Veränderung oder Verlängerung dieser Maßnahmen, §§ 293 Abs. 1, 294 Abs. 1, 295 Abs. 1 FamFG[138], sowie bei Bestellung eines weiteren oder eines neuen Betreuers, § 296 Abs. 2 Satz 2 FamFG, und vor der Genehmigung der Einwilligung eines Betreuers in eine Sterilisation, § 297 Abs. 2 FamFG;
- Entgegennahme von bestimmten Entscheidungen in Betreuungssachen, § 288 Abs. 2 FamFG;
- Prüfung, ob Rechtsmittel einzulegen sind, § 303 Abs. 1 FamFG;
- Auswahl eines anderen, mit der Wahrnehmung der Betreuung zu beauftragenden Behördenmitarbeiters, § 291 FamFG;
- Tätigkeiten nach § 10 VBVG (Entgegennahme, Auswertung und Weiterleitung der Mitteilungen der Berufsbetreuer, gegebenenfalls Erzwingung der entsprechenden Mitteilungen);
- Geltendmachung von Aufwendungsersatz und Vergütung für Behördenbetreuer, § 8 VBVG;
- Aufnahme eines Vermögensverzeichnisses auf Anordnung des Gerichts, §§ 1840 Abs. 3, 1908i Abs.1 BGB;
- Äußerung vor einer Unterbringungsmaßnahme, § 320 Satz 2 FamFG, sowie vor ihrer Verlängerung, § 329 Abs. 2 Satz 1, 320 Satz 2 FamFG;
- Vorführung des Betroffenen auf Anordnung des Gerichtes zur Anhörung, § 319 Abs. 5 FamFG, beim Sachverständigen zur Untersuchung, §§ 322, 283 Abs. 1 FamFG, sowie zur Unterbringung und Beobachtung zwecks Gutachtenerstattung, §§ 322, 284 FamFG;
- Entgegennahme einer Entscheidung, die eine Unterbringungsmaßnahme genehmigt, anordnet oder aufhebt, § 325 Abs. 2 Satz 2 FamFG;
- Unterstützung des Betreuers bzw. Bevollmächtigten bei der Zuführung und gegebenenfalls bei der Gewaltanwendung zur Unterbringung bzw. bei der Verbringung zu einem stationären Aufenthalt, § 326 FamFG;
- Prüfung, ob Rechtsmittel einzulegen sind, § 335 Abs. 4 FamFG.

Satz 2 verdeutlicht, dass als zuständige Behörde im Sinne anderer Vorschriften stets die örtliche Betreuungsbehörde anzusehen ist. **92**

---

137 Seit dem 1.7.2014 hat diese Stellungnahme als sog. obligatorischer Sozialbericht regelmäßig zu erfolgen, § 279 Abs. 2 Satz 2 FamFG.

138 Seit dem 1.7.2014 sind Äußerungen nur erforderlich, wenn der Betroffene die Anhörung der Betreuungsbehörde verlangt oder sie zur Sachaufklärung erforderlich ist, vgl. §§ 293 Abs. 1 Satz 2, 294 Abs. 1 Satz 2, 295 Abs. 1 Satz 3 FamFG.

III. Landesausführungsgesetze zum Betreuungsgesetz – Überblick

1. Baden-Württemberg[139]

93 Nach dem AG-BtG[140] sind die Stadt- und Landkreise als örtliche Betreuungsbehörde zuständig; der Kommunalverband für Jugend und Soziales als überörtliche Betreuungsbehörde. Bis auf den Bereich der Förderung der Betreuungsvereine führen sie ihre Aufgaben als weisungsfreie Pflichtaufgaben durch.

Nach einer Rundverfügung des Landesjustizministeriums vom 21.7.1992 können Betreuungsverfügungen (§ 1901c BGB) und Vorsorgevollmachten (§ 1896 Abs. 2 BGB) vom zuständigen Betreuungsgericht am gewöhnlichen Aufenthaltsort des Erklärenden in Verwahrung genommen werden.

2. Bayern[141]

94 Nach dem AG-BtG[142] sind die Landkreise und kreisfreien Städte als örtliche Betreuungsbehörde zuständig mit der Bezeichnung Betreuungsstelle. Auf überörtlicher Ebene ist den Regierungen die Anerkennung, staatliche Förderung und Beratung von Betreuungsvereinen übertragen.

Nach § 34a AGGVG war eine Betreuungsverfügung (§ 1901c BGB) auf Verlangen vom zuständigen Vormundschaftsgericht in Aufbewahrung zu nehmen. Durch Gesetz vom 7.3.2007[143] wurde diese Möglichkeit in Hinblick auf die Hinterlegungsmöglichkeiten im Zentralen Vorsorgeregister der Bundesnotarkammer mit Wirkung zum 1.4.2007 aufgehoben.

3. Berlin[144]

95 Nach dem AG-BtG[145] sind die Bezirksämter als örtliche Betreuungsbehörde zuständig; die für das Sozialwesen zuständige Senatsverwaltung als überörtliche Betreuungsbehörde.

Regelungen zur Verwahrung von Betreuungsverfügungen oder Vorsorgevollmachten existieren nicht. Es ist den Betreuungsgerichten freigestellt, solche Urkunden in Verwahrung zu nehmen, eine Verpflichtung dazu besteht aber nicht[146].

4. Brandenburg[147]

96 Nach dem AG-BtG[148] sind die Landkreise und die kreisfreien Städte als örtliche Betreuungsbehörde mit eben dieser Bezeichnung zuständig; das Landesamt für Soziales und Versorgung als überörtliche Betreuungsbehörde. Die örtlichen Betreuungsbehörden führen die Aufgaben in Betreuungsangelegenheiten als weisungsfreie Pflichtaufgaben der Selbstverwaltung durch.

---

139 Landesgesetze und Rundverfügungen sind abgedruckt bei HK-BUR, Bd. 5, Nr. 4011 ff.
140 Gesetz vom 19.11.1991 (GBl. 1991, S. 681), zuletzt geändert am 29.7.2014 (GBl. 2012, S. 378)
141 Landesgesetze, Verordnungen und Runderlasse sind abgedruckt bei HK-BUR, Bd. 5, Nr. 4021 ff.
142 Gesetz vom 27.12.1991 (GVBl. 1991, S. 496), zuletzt geändert am 17.12.2014 (GVBl. 2014, S. 539)
143 GVBl. 2007, S. 212
144 Landesgesetze und Verordnungen sind abgedruckt bei HK-BUR, Bd. 5, Nr. 4031 ff.
145 Gesetz vom 17.3.1994 (GVBl. 1994, S. 86)
146 KG FamRZ 1995, 1295
147 Landesgesetze, Förderrichtlinien und Verordnungen sind abgedruckt bei HK-BUR, Bd. 5, Nr. 4041 ff.
148 Gesetz vom 14.7.1992 (GVBl. 1992, S. 294), zuletzt geändert am 22.4.2003 (GVBl. S. 119)

Regelungen zur Verwahrung von Betreuungsverfügungen oder Vorsorgevollmachten existieren nicht.

5. Bremen[149]

Nach dem AG-BtG[150] sind in der Stadtgemeinde Bremen das Amt für soziale Dienste und in der Stadtgemeinde Bremerhaven der Magistrat als örtliche Betreuungsbehörde zuständig; der Senator für Jugend und Soziales als überörtliche Betreuungsbehörde. **97**

Regelungen zur Verwahrung von Betreuungsverfügungen oder Vorsorgevollmachten existieren nicht. Gemäß einer Verfügung des Präsidenten des Amtsgerichtes Bremen vom 20.1.2002 erfolgt aber eine Aufbewahrung[151].

6. Hamburg[152]

Nach dem AG-BtG[153] ist die Behörde für Arbeit, Gesundheit und Soziales als örtliche und überörtliche Betreuungsbehörde zuständig. Die Aufgabe der örtlichen Betreuungsbehörde nimmt das Bezirksamt Altona wahr[154]. **98**

Regelungen zur Verwahrung von Betreuungsverfügungen oder Vorsorgevollmachten existieren nicht.

7. Hessen[155]

Nach dem AG-BtG[156] sind die Magistrate der kreisfreien Städte sowie die Kreisausschüsse der Landkreise als örtliche Betreuungsbehörde zuständig mit der Bezeichnung Betreuungsstelle. Die Landesregierung kann durch Rechtsverordnung überörtliche Betreuungsbehörden einrichten bzw. bestimmte Behörden mit den entsprechenden Aufgaben betrauen. **99**

Nach einem Runderlass des Justizministeriums vom 27.10.1995[157] werden Betreuungsverfügungen vom zuständigen Betreuungsgericht am gewöhnlichen Aufenthaltsort des Erklärenden auf dessen Verlangen aufbewahrt, Vorsorgevollmachten dagegen nicht.

8. Mecklenburg-Vorpommern[158]

Nach dem AG-BtG[159] sind die Landräte und die Oberbürgermeister (Bürgermeister) der kreisfreien Städte als örtliche Betreuungsbehörden zuständig. Sie nehmen die Aufgabe als Pflichtaufgabe innerhalb des eigenen Wirkungskreises war. **100**

Eine überörtliche Betreuungsbehörde kann durch Verordnung der Landesregierung bestimmt werden.

Regelungen zur Verwahrung von Betreuungsverfügungen oder Vorsorgevollmachten existieren nicht, ist den Betreuungsgerichten aber nach einem Erlass des Justizministers vom 16.8.2001 freigestellt[160].

---

149 Landesgesetze und Förderrichtlinien sind abgedruckt bei HK-BUR, Bd. 5, Nr. 4051 ff.
150 Gesetz vom 18.2.1992 (GVBl. 1992, S. 31), zuletzt geändert am 23.6.2009 (BremGVBl. 2009, S. 233)
151 Bienwald, § 1901c BGB, Rn. 39
152 Landesgesetze und Verordnungen sind abgedruckt bei HK-BUR, Bd. 5, Nr. 4061 ff.
153 Gesetz vom 1.7.1993 (GVBl. 1993, 149), zuletzt geändert am 1.10.2013 (HmbGGVBl. 2013, S. 425, 430)
154 Deinert/Walther, S. 27
155 Landesgesetze, Förderrichtlinien und Runderlasse sind abgedruckt bei HK-BUR, Bd. 5, Nr. 4071 ff.
156 Gesetz vom 5.2.1992 (GVBl. I 1992, S. 66), zuletzt geändert am 7.9.2012 (GVBl. I 2012, S. 270)
157 JMBl. 1995, 774
158 Landesgesetze, Förderrichtlinien und Verordnungen sind abgedruckt bei HK-BUR, Bd. 5, Nr. 4081 ff.
159 Gesetz vom 30.12.1991 (GVOBl. 1992, S. 2), zuletzt geändert am 9.11.2010 (GVOBl. 2010, S. 642)
160 Bienwald, § 1901c BGB, Rn. 39

9. Niedersachsen[161]

101 Nach dem AG-BtG[162] sind die Landkreise und kreisfreien Städte als örtliche Betreuungsbehörden zuständig mit der Bezeichnung Betreuungsstelle. Sie nehmen die Aufgaben im eigenen Wirkungskreis wahr. Überörtliche Betreuungsbehörden sind nicht bestimmt. Allerdings nimmt das Landesamt für Soziales, Jugend und Familie als Landesbetreuungsstelle nach § 1 Abs. 2 AG-BtG überörtliche Aufgaben wahr.

Ein Erlass des Justizministeriums vom 14.4.2002 ermöglicht die Verwahrung von Betreuungsverfügungen oder Vorsorgevollmachten beim Betreuungsgericht[163].

10. Nordrhein-Westfalen[164]

102 Nach dem AG-BtG[165] sind die kreisfreien und die großen kreisangehörigen Städte sowie für die übrigen kreisangehörigen Gemeinden die Kreise als örtliche Betreuungsbehörde zuständig mit der Bezeichnung Betreuungsstelle; die Landschaftsverbände Rheinland (LVR) in Köln und Westfalen-Lippe (LWL) in Münster als überörtliche Betreuungsstelle. Letztere nehmen ihre Aufgaben als Pflichtaufgabe zur Erfüllung nach Weisung wahr.

Regelungen zur Verwahrung von Betreuungsverfügungen oder Vorsorgevollmachten existieren nicht. Das Justizministerium stellt die Verwahrung indes den Betreuungsgerichten frei[166].

11. Rheinland-Pfalz[167]

103 Nach dem AG-BtG[168] sind die Kreisverwaltungen und in den kreisfreien Städten die Stadtverwaltungen als örtliche Betreuungsbehörde zuständig; das Landesamt für Soziales, Jugend und Versorgung als überörtliche Betreuungsbehörde. Erstere erfüllen diese Aufgaben als Pflichtaufgaben der Selbstverwaltung.

Regelungen zur Verwahrung von Betreuungsverfügungen oder Vorsorgevollmachten existieren nicht.

12. Saarland[169]

104 Nach dem AG-BtG[170] sind die Landkreise, der Regionalverband Saarbrücken und die kreisfreien Städte als örtliche Betreuungsbehörde zuständig; das Ministerium für Justiz, Gesundheit und Soziales als überörtliche Betreuungsbehörde. Erstere führen die Aufgaben als Selbstverwaltungsangelegenheiten durch.

Regelungen zur Verwahrung von Betreuungsverfügungen oder Vorsorgevollmachten existieren nicht. Ein Erlass des Justizministeriums vom 26.2.1992 ermöglicht die Verwahrung von Betreuungsverfügungen oder Vorsorgevollmachten beim Betreuungsgericht[171].

---

161 Landesgesetze und Förderrichtlinien sind abgedruckt bei HK-BUR, Bd. 5, Nr. 4091 ff.
162 Gesetz vom 17.1.1991 (GVBl. 1991, S. 367), zuletzt geändert am 23.3.2012 (GVBl.2012, S. 30)
163 Bienwald, § 1901c BGB, Rn. 39
164 Landesgesetze, Richtlinien und Verordnungen sind abgedruckt bei HK-BUR, Bd. 5, Nr. 4101 ff.
165 Gesetz vom 3.4.1992 (GVBl. 1992, S. 124), zuletzt geändert am 30.6.2016 (GV NRW 2016, S. 442)
166 Bienwald, § 1901c BGB, Rn. 39
167 Landesgesetze und Verwaltungsvorschriften sind abgedruckt bei HK-BUR, Bd. 5, Nr. 4111 ff.
168 Gesetz vom 19.2.2010 (GVBl. 2010, S. 42)
169 Landesgesetze und Förderrichtlinien sind abgedruckt bei HK-BUR, Bd. 5, Nr. 4121 ff.
170 Gesetz vom 15.7.1992 (Abl. 1992, S. 838), zuletzt geändert am 21.11.2007 (Abl. 2007, S. 2393)
171 Bienwald, § 1901c BGB, Rn. 39

13. Sachsen[172]

Nach dem AG-BtG[173] sind die Landkreise und die kreisfreien Städte als örtliche Betreuungsbehörde zuständig; der Kommunale Sozialverband Sachsen als überörtliche Betreuungsbehörde. Sie führen diese Aufgaben als weisungsfreie Pflichtaufgaben durch. **105**

Nach einer Verwaltungsvorschrift vom 8.1.1993[174] werden Betreuungsverfügungen vom zuständigen Betreuungsgericht am gewöhnlichen Aufenthaltsort des Erklärenden auf dessen formlosen Antrag aufbewahrt.

14. Sachsen-Anhalt[175]

Nach dem AG-BtG[176] sind die kreisfreien Städte und Landkreise als örtliche Betreuungsbehörde zuständig; das für Sozialwesen zuständige Ministerium als überörtliche Betreuungsbehörde. Erstere nehmen die Aufgaben als Pflichtaufgabe des eigenen Wirkungskreises wahr. **106**

Nach einer AV des Justizministeriums vom 22.7.1996[177] werden Betreuungsverfügungen vom zuständigen Betreuunggericht am gewöhnlichen Aufenthaltsort des Erklärenden auf dessen Verlangen aufbewahrt.

15. Schleswig-Holstein[178]

Nach dem AG-BtG[179] sind die Kreise und kreisfreien Städte als örtliche Betreuungsbehörde zuständig. Sie erfüllen dieser Aufgaben in eigener Verantwortung (§ 1). Eine überörtliche Betreuungsbehörde ist nicht bestimmt. **107**

Regelungen zur Verwahrung von Betreuungsverfügungen oder Vorsorgevollmachten existieren nicht. Das Justizministerium stellt die Verwahrung von Betreuungsverfügungen den Betreuungsgerichten frei[180].

16. Thüringen[181]

Nach dem AG-BtG[182] sind die Landkreise und die kreisfreien Städte als örtliche Betreuungsbehörde zuständig; das Landesverwaltungsamt als überörtliche Betreuungsbehörde. Erstere erfüllen die Aufgabe im eigenen Wirkungskreis (§ 1). **108**

Nach einer Verwaltungsvorschrift des Justizministeriums vom 7.5.1993[183] werden Betreuungsverfügungen vom zuständigen Betreuungsgericht am gewöhnlichen Aufenthaltsort des Erklärenden auf Antrag aufbewahrt.

---

172 Landesgesetze, Förderrichtlinien und Verordnungen sind abgedruckt bei HK-BUR, Bd. 5, Nr. 4131 ff.
173 Gesetz vom 10.11.1992 (GVBl. S. 539), zuletzt geändert am 14.12.2012 (GVBl. 2012, S. 748)
174 Abl. 1993, S. 116
175 Landesgesetze, Förderrichtlinien und Verordnungen sind abgedruckt bei HK-BUR, Bd. 5, Nr. 4141 ff.
176 Gesetz vom 17.6.1992 (GVBl. 1992, S. 478), zuletzt geändert am 13.4.2010 (GVBl. 2010, S. 192)
177 JMBl. vom 23.8.1996, S. 220
178 Landesgesetze, Förderrichtlinien und Verordnungen sind abgedruckt bei HK-BUR, Bd. 5, Nr. 4151 ff.
179 Gesetz vom 17.12.1991 (GVOBl. 1991, S. 693), zuletzt geändert durch Gesetz vom 4.11.2015 (GVOBl. 2015, S. 385)
180 Bienwald, § 1901c BGB, Rn. 39
181 Landesgesetze, Förderrichtlinien und Verordnungen sind abgedruckt bei HK-BUR, Bd. 5, Nr. 4161 ff.
182 Gesetz vom 19.7.1994 (GVBl. 1994, S. 905), zuletzt geändert am 25.10.2012 (GVBl. 2012, S. 418)
183 JMBl. 1993, S. 253

Anhang
Sozialhilferechtliche Vorschriften

I. Sozialgesetzbuch (SGB) Zwölftes Buch (XII) – Sozialhilfe –

vom 27. Dezember 2003 (BGBl. I S. 3022, 3023), zuletzt geändert durch das Gesetz vom 10. Juli 2018 (BGBl. I S. 1117)

– Auszug –

...

Elftes Kapitel
Einsatz des Einkommens und des Vermögens

Erster Abschnitt
Einkommen

§ 82 Begriff des Einkommens

(1) [1]Zum Einkommen gehören alle Einkünfte in Geld oder Geldeswert mit Ausnahme der Leistungen nach diesem Buch, der Grundrente nach dem Bundesversorgungsgesetz und nach den Gesetzen, die eine entsprechende Anwendung des Bundesversorgungsgesetzes vorsehen, und der Renten oder Beihilfen nach dem Bundesentschädigungsgesetz für Schaden an Leben sowie an Körper oder Gesundheit bis zur Höhe der vergleichbaren Grundrente nach dem Bundesversorgungsgesetz. [2]Einkünfte aus Rückerstattungen, die auf Vorauszahlungen beruhen, die Leistungsberechtigte aus dem Regelsatz erbracht haben, sind kein Einkommen. [3]Bei Minderjährigen ist das Kindergeld dem jeweiligen Kind als Einkommen zuzurechnen, soweit es bei diesem zur Deckung des notwendigen Lebensunterhaltes, mit Ausnahme der Bedarfe nach § 34, benötigt wird.

(2) [1]Von dem Einkommen sind abzusetzen

1. auf das Einkommen entrichtete Steuern,
2. Pflichtbeiträge zur Sozialversicherung einschließlich der Beiträge zur Arbeitsförderung,
3. Beiträge zu öffentlichen oder privaten Versicherungen oder ähnlichen Einrichtungen, soweit diese Beiträge gesetzlich vorgeschrieben oder nach Grund und Höhe angemessen sind, sowie geförderte Altersvorsorgebeiträge nach § 82 des Einkommensteuergesetzes, soweit sie den Mindesteigenbeitrag nach § 86 des Einkommensteuergesetzes nicht überschreiten, und
4. die mit der Erzielung des Einkommens verbundenen notwendigen Ausgaben.

[2]Erhält eine leistungsberechtigte Person aus einer Tätigkeit Bezüge oder Einnahmen, die nach § 3 Nummer 12, 26, 26a oder 26b des Einkommensteuergesetzes steuerfrei sind, ist abweichend von Satz 1 Nummer 2 bis 4 und den Absätzen§ 3 und 6 ein Betrag von bis zu 200 Euro monatlich nicht als Einkommen zu berücksichtigen. [3]Soweit ein Betrag nach Satz 2 in Anspruch genommen wird, gelten die Beträge nach Absatz 3 Satz 1 zweiter Halbsatz und nach Absatz 6 Satz 1 zweiter Halbsatz insoweit als ausgeschöpft.

(3) [1]Bei der Hilfe zum Lebensunterhalt und Grundsicherung im Alter und bei Erwerbsminderung ist ferner ein Betrag in Höhe von 30 vom Hundert des Einkommens aus selbständiger und nichtselbständiger Tätigkeit der Leistungsberechtigten abzusetzen, höchstens jedoch 50 vom Hundert der Regelbedarfsstufe 1 nach der Anlage zu § 28. [2]Abweichend von Satz 1 ist bei einer Beschäftigung in einer Werkstatt für behinderte Menschen oder bei einem anderen Leistungsanbieter nach § 60 des Neunten Buches von dem Entgelt ein Achtel der Regelbedarfsstufe 1 nach der Anlage zu § 28 zuzüglich 50 vom Hundert des diesen Betrag übersteigenden Entgelts abzusetzen. [3]Im Übrigen kann in begründeten Fällen ein anderer als in Satz 1 festgelegter Betrag vom Einkommen abgesetzt werden.

(4) Bei der Hilfe zum Lebensunterhalt und Grundsicherung im Alter und bei Erwerbsminderung ist ferner ein Betrag von 100 Euro monatlich aus einer zusätzlichen Altersvorsorge der Leistungsberechtigten zuzüglich 30 vom Hundert des diesen Betrag übersteigenden Einkommens aus einer zusätzlichen Altersvorsorge der Leistungsberechtigten abzusetzen, höchstens jedoch 50 vom Hundert der Regelbedarfsstufe 1 nach der Anlage zu § 28.

(5) [1]Einkommen aus einer zusätzlichen Altersvorsorge im Sinne des Absatzes 4 ist jedes monatlich bis zum Lebensende ausgezahlte Einkommen, auf das der Leistungsberechtigte vor Erreichen der Regelaltersgrenze auf freiwilliger Grundlage Ansprüche erworben hat und das dazu bestimmt und geeignet ist, die Einkommenssituation des Leistungsberechtigten gegenüber möglichen Ansprüchen aus Zeiten einer Versicherungspflicht in der gesetzlichen Rentenversicherung nach den §§ 1 bis 4 des Sechsten Buches, nach § 1 des Gesetzes über die Alterssicherung der Landwirte, aus beamtenrechtlichen Versorgungsansprüchen und aus Ansprüchen aus Zeiten einer Versicherungspflicht in einer Versicherungs- und Versorgungseinrichtung, die für Angehörige bestimmter Berufe errichtet ist, zu verbessern. [2]Als Einkommen aus einer zusätzlichen Altersvorsorge gelten auch laufende Zahlungen aus

1. einer betrieblichen Altersversorgung im Sinne des Betriebsrentengesetzes,
2. einem nach § 5 des Altersvorsorgeverträge-Zertifizierungsgesetzes zertifizierten Altersvorsorgevertrag und
3. einem nach § 5a des Altersvorsorgeverträge-Zertifizierungsgesetzes zertifizierten Basisrentenvertrag.

[3]Werden bis zu zwölf Monatsleistungen aus einer zusätzlichen Altersvorsorge, insbesondere gemäß einer Vereinbarung nach § 10 Absatz 1 Nummer 2 Satz 3 erster Halbsatz des Einkommensteuergesetzes, zusammengefasst, so ist das Einkommen gleichmäßig auf den Zeitraum aufzuteilen, für den die Auszahlung erfolgte.

(6) [1]Für Personen, die Leistungen der Hilfe zur Pflege erhalten, ist ein Betrag in Höhe von 40 vom Hundert des Einkommens aus selbständiger und nichtselbständiger Tätigkeit der Leistungsberechtigten abzusetzen, höchstens jedoch 65 vom Hundert der Regelbedarfsstufe 1 nach der Anlage zu § 28.[2]Für Personen, die Leistungen der Eingliederungshilfe für behinderte Menschen erhalten, gilt Satz 1 bis zum 31. Dezember 2019 entsprechend.

(7) [1]Einmalige Einnahmen, bei denen für den Monat des Zuflusses bereits Leistungen ohne Berücksichtigung der Einnahme erbracht worden sind, werden im Folgemonat berücksichtigt. [2]Entfiele der Leistungsanspruch durch die Berücksichtigung in einem Monat, ist die einmalige Einnahme auf einen Zeitraum von sechs Monaten gleichmäßig zu verteilen und mit einem entsprechenden Teilbetrag zu berücksichtigen. [3]In begründeten Einzelfällen ist der Anrechnungszeitraum nach Satz 2 angemessen zu verkürzen. [4]Die Sätze 1 und 2 sind auch anzuwenden, soweit während des Leistungsbezugs eine Auszahlung zur Abfindung einer Kleinbetragsrente im Sinne des § 93 Absatz 3 Satz 2 des Einkommensteuergesetzes oder nach § 3 Absatz 2 des Betriebsrentengesetzes erfolgt und durch den ausgezahlten Betrag das Vermögen überschritten wird, welches nach § 90 Absatz 2 Nummer 9 und Absatz 3 nicht einzusetzen ist.

§ 83 Nach Zweck und Inhalt bestimmte Leistungen

(1) Leistungen, die auf Grund öffentlich-rechtlicher Vorschriften zu einem ausdrücklich genannten Zweck erbracht werden, sind nur so weit als Einkommen zu berücksichtigen, als die Sozialhilfe im Einzelfall demselben Zweck dient.

(2) Eine Entschädigung, die wegen eines Schadens, der nicht Vermögensschaden ist, nach § 253 Abs. 2 des Bürgerlichen Gesetzbuches geleistet wird, ist nicht als Einkommen zu berücksichtigen.

§ 84 Zuwendungen

(1) [1]Zuwendungen der freien Wohlfahrtspflege bleiben als Einkommen außer Betracht. [2]Dies gilt nicht, soweit die Zuwendung die Lage der Leistungsberechtigten so günstig beeinflusst, dass daneben Sozialhilfe ungerechtfertigt wäre.

(2) Zuwendungen, die ein anderer erbringt, ohne hierzu eine rechtliche oder sittliche Pflicht zu haben, sollen als Einkommen außer Betracht bleiben, soweit ihre Berücksichtigung für die Leistungsberechtigten eine besondere Härte bedeuten würde.

Zweiter Abschnitt
Einkommensgrenzen für die Leistungen nach dem Fünften bis Neunten Kapitel

§ 85 Einkommensgrenze

(1) Bei der Hilfe nach dem Fünften bis Neunten Kapitel ist der nachfragenden Person und ihrem nicht getrennt lebenden Ehegatten oder Lebenspartner die Aufbringung der Mittel nicht zuzumuten, wenn während der Dauer des Bedarfs ihr monatliches Einkommen zusammen eine Einkommensgrenze nicht übersteigt, die sich ergibt aus

1. einem Grundbetrag in Höhe des Zweifachen der Regelbedarfsstufe 1 nach der Anlage zu § 28,*
2. den Aufwendungen für die Unterkunft, soweit diese Aufwendungen hierfür den der Besonderheit des Einzelfalles angemessenen Umfang nicht übersteigen und
3. einem Familienzuschlag in Höhe des auf volle Euro aufgerundeten Betrages von 70 vom Hundert der Regelbedarfsstufe 1 nach der Anlage zu § 28 für den nicht getrennt lebenden Ehegatten oder Lebenspartner und für jede Person, die von der nachfragenden Person, ihrem nicht getrennt lebenden Ehegatten oder Lebenspartner überwiegend unterhalten worden ist oder für die sie nach der Entscheidung über die Erbringung der Sozialhilfe unterhaltspflichtig werden.

(2) [1]Ist die nachfragende Person minderjährig und unverheiratet, so ist ihr und ihren Eltern die Aufbringung der Mittel nicht zuzumuten, wenn während der Dauer des Bedarfs das monatliche Einkommen der nachfragenden Person und ihrer Eltern zusammen eine Einkommensgrenze nicht übersteigt, die sich ergibt aus

1. einem Grundbetrag in Höhe des Zweifachen der Regelbedarfsstufe 1 nach der Anlage zu § 28,*
2. den Aufwendungen für die Unterkunft, soweit diese Aufwendungen hierfür den der Besonderheit des Einzelfalles angemessenen Umfang nicht übersteigen und
3. einem Familienzuschlag in Höhe des auf volle Euro aufgerundeten Betrages von 70 vom Hundert der Regelbedarfsstufe 1 nach der Anlage zu § 28 für einen Elternteil, wenn die Eltern zusammenleben, sowie für die nachfragende Person und für jede Person, die von den Eltern oder der nachfragenden Person überwiegend unterhalten worden ist oder für die sie nach der Entscheidung über die Erbringung der Sozialhilfe unterhaltspflichtig werden.

---

* Ab 1.1.2018: € 832,00

[2]Leben die Eltern nicht zusammen, richtet sich die Einkommensgrenze nach dem Elternteil, bei dem die nachfragende Person lebt. [3]Lebt sie bei keinem Elternteil, bestimmt sich die Einkommensgrenze nach Absatz 1.

(3) [1]Die Regelbedarfsstufe 1 nach der Anlage zu § 28 bestimmt sich nach dem Ort, an dem der Leistungsberechtigte die Leistung erhält. [2]Bei der Leistung in einer Einrichtung sowie bei Unterbringung in einer anderen Familie oder bei den in § 107 genannten anderen Personen bestimmt er sich nach dem gewöhnlichen Aufenthalt des Leistungsberechtigten oder, wenn im Falle des Absatzes 2 auch das Einkommen seiner Eltern oder eines Elternteils maßgebend ist, nach deren gewöhnlichem Aufenthalt. [3]Ist ein gewöhnlicher Aufenthalt im Inland nicht vorhanden oder nicht zu ermitteln, ist Satz 1 anzuwenden.

§ 86 Abweichender Grundbetrag

Die Länder und, soweit landesrechtliche Vorschriften nicht entgegenstehen, auch die Träger der Sozialhilfe können für bestimmte Arten der Hilfe nach dem Fünften bis Neunten Kapitel der Einkommensgrenze einen höheren Grundbetrag zu Grunde legen.

§ 87 Einsatz des Einkommens über der Einkommensgrenze

(1) [1]Soweit das zu berücksichtigende Einkommen die Einkommensgrenze übersteigt, ist die Aufbringung der Mittel in angemessenem Umfang zuzumuten. [2]Bei der Prüfung, welcher Umfang angemessen ist, sind insbesondere die Art des Bedarfs, die Art oder Schwere der Behinderung oder der Pflegebedürftigkeit, die Dauer und Höhe der erforderlichen Aufwendungen sowie besondere Belastungen der nachfragenden Person und ihrer unterhaltsberechtigten Angehörigen zu berücksichtigen. [3]Bei Pflegebedürftigen der Pflegegrade 4 und 5und blinden Menschen nach § 72 ist ein Einsatz des Einkommens über der Einkommensgrenze in Höhe von mindestens 60 vom Hundert nicht zuzumuten.

(2) Verliert die nachfragende Person durch den Eintritt eines Bedarfsfalles ihr Einkommen ganz oder teilweise und ist ihr Bedarf nur von kurzer Dauer, so kann die Aufbringung der Mittel auch aus dem Einkommen verlangt werden, das sie innerhalb eines angemessenen Zeitraumes nach dem Wegfall des Bedarfs erwirbt und das die Einkommensgrenze übersteigt, jedoch nur insoweit, als ihr ohne den Verlust des Einkommens die Aufbringung der Mittel zuzumuten gewesen wäre.

(3) Bei einmaligen Leistungen zur Beschaffung von Bedarfsgegenständen, deren Gebrauch für mindestens ein Jahr bestimmt ist, kann die Aufbringung der Mittel nach Maßgabe des Absatzes 1 auch aus dem Einkommen verlangt werden, das die in § 19 Abs. 3 genannten Personen innerhalb eines Zeitraumes von bis zu drei Monaten nach Ablauf des Monats, in dem über die Leistung entschieden worden ist, erwerben.

§ 88 Einsatz des Einkommens unter der Einkommensgrenze

(1) [1]Die Aufbringung der Mittel kann, auch soweit das Einkommen unter der Einkommensgrenze liegt, verlangt werden,

1. soweit von einem anderen Leistungen für einen besonderen Zweck erbracht werden, für den sonst Sozialhilfe zu leisten wäre,
2. wenn zur Deckung des Bedarfs nur geringfügige Mittel erforderlich sind.

[2]Darüber hinaus soll in angemessenem Umfang die Aufbringung der Mittel verlangt werden, wenn eine Person für voraussichtlich längere Zeit Leistungen in einer stationären Einrichtung bedarf.

(2) Bei einer stationären Leistung in einer stationären Einrichtung wird von dem Einkommen, das der Leistungsberechtigte aus einer entgeltlichen Beschäftigung erzielt, die Auf-

bringung der Mittel in Höhe von einem Achtel der Regelbedarfsstufe 1 nach der Anlage zu § 28 zuzüglich 50 vom Hundert des diesen Betrag übersteigenden Einkommens aus der Beschäftigung nicht verlangt. § 82 Absatz 3 und 6 ist nicht anzuwenden.

§ 89 Einsatz des Einkommens bei mehrfachem Bedarf

(1) Wird im Einzelfall der Einsatz eines Teils des Einkommens zur Deckung eines bestimmten Bedarfs zugemutet oder verlangt, darf dieser Teil des Einkommens bei der Prüfung, inwieweit der Einsatz des Einkommens für einen anderen gleichzeitig bestehenden Bedarf zuzumuten ist oder verlangt werden kann, nicht berücksichtigt werden.

(2) [1]Sind im Fall des Absatzes 1 für die Bedarfsfälle verschiedene Träger der Sozialhilfe zuständig, hat die Entscheidung über die Leistung für den zuerst eingetretenen Bedarf den Vorrang. [2]Treten die Bedarfsfälle gleichzeitig ein, ist das über der Einkommensgrenze liegende Einkommen zu gleichen Teilen bei den Bedarfsfällen zu berücksichtigen.

Dritter Abschnitt
Vermögen

§ 90 Einzusetzendes Vermögen

(1) Einzusetzen ist das gesamte verwertbare Vermögen.

(2) Die Sozialhilfe darf nicht abhängig gemacht werden vom Einsatz oder von der Verwertung

1. eines Vermögens, das aus öffentlichen Mitteln zum Aufbau oder zur Sicherung einer Lebensgrundlage oder zur Gründung eines Hausstandes erbracht wird,
2. eines nach § 10a oder Abschnitt XI des Einkommensteuergesetzes geförderten Altersvorsorgevermögens im Sinne des § 92 des Einkommensteuergesetzes; dies gilt auch für das in der Auszahlungsphase insgesamt zur Verfügung stehende Kapital, soweit die Auszahlung als monatliche oder als sonstige regelmäßige Leistung im Sinne von § 82 Absatz 5 Satz 3 erfolgt; für diese Auszahlungen ist § 82 Absatz 4 und 5 anzuwenden,
3. eines sonstigen Vermögens, solange es nachweislich zur baldigen Beschaffung oder Erhaltung eines Hausgrundstücks im Sinne der Nummer 8 bestimmt ist, soweit dieses Wohnzwecken behinderter (§ 53 Abs. 1 Satz 1 und § 72) oder pflegebedürftiger Menschen (§ 61) dient oder dienen soll und dieser Zweck durch den Einsatz oder die Verwertung des Vermögens gefährdet würde,
4. eines angemessenen Hausrats; dabei sind die bisherigen Lebensverhältnisse der nachfragenden Person zu berücksichtigen,
5. von Gegenständen, die zur Aufnahme oder Fortsetzung der Berufsausbildung oder der Erwerbstätigkeit unentbehrlich sind,
6. von Familien- und Erbstücken, deren Veräußerung für die nachfragende Person oder ihre Familie eine besondere Härte bedeuten würde,
7. von Gegenständen, die zur Befriedigung geistiger, insbesondere wissenschaftlicher oder künstlerischer Bedürfnisse dienen und deren Besitz nicht Luxus ist,
8. eines angemessenen Hausgrundstücks, das von der nachfragenden Person oder einer anderen in den § 19 Abs. 1 bis 3 genannten Person allein oder zusammen mit Angehörigen ganz oder teilweise bewohnt wird und nach ihrem Tod von ihren Angehörigen bewohnt werden soll. Die Angemessenheit bestimmt sich nach der Zahl der Bewohner, dem Wohnbedarf (zum Beispiel behinderter, blinder oder pflegebedürftiger Menschen), der Grundstücksgröße, der Hausgröße, dem Zuschnitt und der Ausstattung

des Wohngebäudes sowie dem Wert des Grundstücks einschließlich des Wohngebäudes,

9. kleinerer Barbeträge oder sonstiger Geldwerte; dabei ist eine besondere Notlage der nachfragenden Person zu berücksichtigen.

(3) [1]Die Sozialhilfe darf ferner nicht vom Einsatz oder von der Verwertung eines Vermögens abhängig gemacht werden, soweit dies für den, der das Vermögen einzusetzen hat, und für seine unterhaltsberechtigten Angehörigen eine Härte bedeuten würde. [2]Dies ist bei der Leistung nach dem Fünften bis Neunten Kapitel insbesondere der Fall, soweit eine angemessene Lebensführung oder die Aufrechterhaltung einer angemessenen Alterssicherung wesentlich erschwert würde.

§ 91 Darlehen

[1]Soweit nach § 90 für den Bedarf der nachfragenden Person Vermögen einzusetzen ist, jedoch der sofortige Verbrauch oder die sofortige Verwertung des Vermögens nicht möglich ist oder für die, die es einzusetzen hat, eine Härte bedeuten würde, soll die Sozialhilfe als Darlehen geleistet werden. [2]Die Leistungserbringung kann davon abhängig gemacht werden, dass der Anspruch auf Rückzahlung dinglich oder in anderer Weise gesichert wird.

...

Dreizehntes Kapitel
Kosten

Erster Abschnitt
Kostenersatz

§ 102 Kostenersatz durch Erben

(1) [1]Der Erbe der leistungsberechtigten Person oder ihres Ehegatten oder ihres Lebenspartners, falls diese vor der leistungsberechtigten Person sterben, ist vorbehaltlich des Absatzes 5 zum Ersatz der Kosten der Sozialhilfe verpflichtet. [2]Die Ersatzpflicht besteht nur für die Kosten der Sozialhilfe, die innerhalb eines Zeitraumes von zehn Jahren vor dem Erbfall aufgewendet worden sind und die das Dreifache des Grundbetrages nach § 85 Abs. 1 übersteigen. [3]Die Ersatzpflicht des Erben des Ehegatten oder Lebenspartners besteht nicht für die Kosten der Sozialhilfe, die während des Getrenntlebens der Ehegatten oder Lebenspartner geleistet worden sind. [4]Ist die leistungsberechtigte Person der Erbe ihres Ehegatten oder Lebenspartners, ist sie zum Ersatz der Kosten nach Satz 1 nicht verpflichtet.

(2) [1]Die Ersatzpflicht des Erben gehört zu den Nachlassverbindlichkeiten. [2]Der Erbe haftet mit dem Wert des im Zeitpunkt des Erbfalles vorhandenen Nachlasses.

(3) Der Anspruch auf Kostenersatz ist nicht geltend zu machen,

1. soweit der Wert des Nachlasses unter dem Dreifachen des Grundbetrages nach § 85 Abs. 1 liegt,
2. soweit der Wert des Nachlasses unter dem Betrag von 15.340 Euro liegt, wenn der Erbe der Ehegatte oder Lebenspartner der leistungsberechtigten Person oder mit dieser verwandt ist und nicht nur vorübergehend bis zum Tod der leistungsberechtigten Person mit dieser in häuslicher Gemeinschaft gelebt und sie gepflegt hat,
3. soweit die Inanspruchnahme des Erben nach der Besonderheit des Einzelfalles eine besondere Härte bedeuten würde.

(4) [1]Der Anspruch auf Kostenersatz erlischt in drei Jahren nach dem Tod der leistungsberechtigten Person, ihres Ehegatten oder ihres Lebenspartners. [2]§ 103 Abs. 3 Satz 2 und 3 gilt entsprechend.

(5) Der Ersatz der Kosten durch die Erben gilt nicht für Leistungen nach dem Vierten Kapitel und für die vor dem 1. Januar 1987 entstandenen Kosten der Tuberkulosehilfe.

§ 103 Kostenersatz bei schuldhaftem Verhalten

(1) [1]Zum Ersatz der Kosten der Sozialhilfe ist verpflichtet, wer nach Vollendung des 18. Lebensjahres für sich oder andere durch vorsätzliches oder grob fahrlässiges Verhalten die Voraussetzungen für die Leistungen der Sozialhilfe herbeigeführt hat. [2]Zum Kostenersatz ist auch verpflichtet, wer als leistungsberechtigte Person oder als deren Vertreter die Rechtswidrigkeit des der Leistung zu Grunde liegenden Verwaltungsaktes kannte oder infolge grober Fahrlässigkeit nicht kannte. [3]Von der Heranziehung zum Kostenersatz kann abgesehen werden, soweit sie eine Härte bedeuten würde.

(2) Eine nach Absatz 1 eingetretene Verpflichtung zum Ersatz der Kosten geht auf den Erben über. § 102 Abs. 2 Satz 2 findet Anwendung.

(3) Der Anspruch auf Kostenersatz erlischt in drei Jahren vom Ablauf des Jahres an, in dem die Leistung erbracht worden ist. Für die Hemmung, die Ablaufhemmung, den Neubeginn und die Wirkung der Verjährung gelten die Vorschriften des Bürgerlichen Gesetzbuchs sinngemäß. Der Erhebung der Klage steht der Erlass eines Leistungsbescheides gleich.

(4) Die §§ 44 bis 50 des Zehnten Buches bleiben unberührt. Zum Kostenersatz nach Absatz 1 und zur Erstattung derselben Kosten nach § 50 des Zehnten Buches Verpflichtete haften als Gesamtschuldner.

§ 104 Kostenersatz für zu Unrecht erbrachte Leistungen

[1]Zum Ersatz der Kosten für zu Unrecht erbrachte Leistungen der Sozialhilfe ist in entsprechender Anwendung des § 103 verpflichtet, wer die Leistungen durch vorsätzliches oder grob fahrlässiges Verhalten herbeigeführt hat. [1]Zum Kostenersatz nach Satz 1 und zur Erstattung derselben Kosten nach § 50 des Zehnten Buches Verpflichtete haften als Gesamtschuldner.

...

II. Verordnung zur Durchführung des § 82 des Zwölften Buches Sozialgesetzbuch

vom 28. November 1962 (BGBl. I S. 692), zuletzt geändert durch das Gesetz vom 21. Dezember 2015 (BGBl. I S. 2557)

Auf Grund des § 76 Abs. 3 des Bundessozialhilfegesetzes vom 30. Juni 1961 (Bundesgesetzbl. I S. 815) verordnet die Bundesregierung mit Zustimmung des Bundesrates:

§ 1 Einkommen

Bei der Berechnung der Einkünfte in Geld oder Geldeswert, die nach § 82 Abs. 1 des Zwölften Buches Sozialgesetzbuch zum Einkommen gehören, sind alle Einnahmen ohne Rücksicht auf ihre Herkunft und Rechtsnatur sowie ohne Rücksicht darauf, ob sie zu den Einkunftsarten im Sinne des Einkommensteuergesetzes gehören und ob sie der Steuerpflicht unterliegen, zugrunde zu legen.

§ 2 Bewertung von Sachbezügen

(1) Für die Bewertung von Einnahmen, die nicht in Geld bestehen (Kost, Wohnung und sonstige Sachbezüge), sind die auf Grund des § 17 Abs. 2 des Vierten Buches Sozialgesetzbuch für die Sozialversicherung zuletzt festgesetzten Werte der Sachbezüge maßgebend; soweit der Wert der Sachbezüge nicht festgesetzt ist, sind der Bewertung die üblichen Mittelpreise des Verbrauchsortes zu Grunde zu legen. Die Verpflichtung, den notwendigen Lebensunterhalt im Einzelfall nach dem Dritten Kapitel des Zwölften Buches Sozialgesetzbuch sicherzustellen, bleibt unberührt.

(2) Absatz 1 gilt auch dann, wenn in einem Tarifvertrag, einer Tarifordnung, einer Betriebs- oder Dienstordnung, einer Betriebsvereinbarung, einem Arbeitsvertrag oder einem sonstigen Vertrag andere Werte festgesetzt worden sind.

§ 3 Einkünfte aus nichtselbständiger Arbeit

(1) Welche Einkünfte zu den Einkünften aus nichtselbständiger Arbeit gehören, bestimmt sich nach § 19 Abs. 1 Ziff. 1 des Einkommensteuergesetzes.

(2) Als nichtselbständige Arbeit gilt auch die Arbeit, die in einer Familiengemeinschaft von einem Familienangehörigen des Betriebsinhabers gegen eine Vergütung geleistet wird. Wird die Arbeit nicht nur vorübergehend geleistet, so ist in Zweifelsfällen anzunehmen, dass der Familienangehörige eine Vergütung erhält, wie sie einem Gleichaltrigen für eine gleichartige Arbeit gleichen Umfangs in einem fremden Betrieb ortsüblich gewährt wird.

(3) Bei der Berechnung der Einkünfte ist von den monatlichen Bruttoeinnahmen auszugehen. Sonderzuwendungen, Gratifikationen und gleichartige Bezüge und Vorteile, die in größeren als monatlichen Zeitabständen gewährt werden, sind wie einmalige Einnahmen zu behandeln.

(4) Zu den mit der Erzielung der Einkünfte aus nichtselbständiger Arbeit verbundenen Ausgaben im Sinne des § 82 Abs. 2 Nr. 4 des Zwölften Buches Sozialgesetzbuch gehören vor allem

1. notwendige Aufwendungen für Arbeitsmittel,
2. notwendige Aufwendungen für Fahrten zwischen Wohnung und Arbeitsstätte,
3. notwendige Beiträge für Berufsverbände,
4. notwendige Mehraufwendungen infolge Führung eines doppelten Haushalts nach näherer Bestimmung des Absatzes 7.

Ausgaben im Sinne des Satzes 1 sind nur insoweit zu berücksichtigen, als sie von dem Bezieher des Einkommens selbst getragen werden.

(5) Als Aufwendungen für Arbeitsmittel (Absatz 4 Nr. 1) kann ein monatlicher Pauschbetrag von 5,20 Euro berücksichtigt werden, wenn nicht im Einzelfall höhere Aufwendungen nachgewiesen werden.

(6) Wird für die Fahrt zwischen Wohnung und Arbeitsstätte (Absatz 4 Nr. 2) ein eigenes Kraftfahrzeug benutzt, gilt Folgendes:

1. Wäre bei Nichtvorhandensein eines Kraftfahrzeuges die Benutzung eines öffentlichen Verkehrsmittels notwendig, so ist ein Betrag in Höhe der Kosten der tariflich günstigsten Zeitkarte abzusetzen.
2. Ist ein öffentliches Verkehrsmittel nicht vorhanden oder dessen Benutzung im Einzelfall nicht zumutbar und deshalb die Benutzung eines Kraftfahrzeuges notwendig, so sind folgende monatliche Pauschbeträge abzusetzen:
   a) bei Benutzung eines Kraftwagens

      5,20 Euro,
   b) bei Benutzung eines Kleinstkraftwagens (drei- oder vierrädriges Kraftfahrzeug, dessen Motor einen Hubraum von nicht mehr als 500 Kubikzentimeter hat)

      3,70 Euro,
   c) bei Benutzung eines Motorrades oder eines Motorrollers

      2,30 Euro,
   d) bei Benutzung eines Fahrrades mit Motor

      1,30 Euro

für jeden vollen Kilometer, den die Wohnung von der Arbeitsstätte entfernt liegt, jedoch für nicht mehr als 40 Kilometer. Bei einer Beschäftigungsdauer von weniger als einem Monat sind die Beträge anteilmäßig zu kürzen.

(7) Ist der Bezieher des Einkommens außerhalb des Ortes beschäftigt, an dem er einen eigenen Hausstand unterhält, und kann ihm weder der Umzug noch die tägliche Rückkehr an den Ort des eigenen Hausstandes zugemutet werden, so sind die durch Führung des doppelten Haushalts ihm nachweislich entstehenden Mehraufwendungen, höchstens ein Betrag von 130 Euro monatlich, sowie die unter Ausnutzung bestehender Tarifvergünstigungen entstehenden Aufwendungen für Fahrtkosten der zweiten Wagenklasse für eine Familienheimfahrt im Kalendermonat abzusetzen. Ein eigener Hausstand ist dann anzunehmen, wenn der Bezieher des Einkommens eine Wohnung mit eigener oder selbstbeschaffter Möbelausstattung besitzt. Eine doppelte Haushaltsführung kann auch dann anerkannt werden, wenn der Bezieher des Einkommens nachweislich ganz oder überwiegend die Kosten für einen Haushalt trägt, den er gemeinsam mit nächsten Angehörigen führt.

§ 4 Einkünfte aus Land- und Forstwirtschaft, Gewerbebetrieb und selbständiger Arbeit

(1) Welche Einkünfte zu den Einkünften aus Land- und Forstwirtschaft, Gewerbebetrieb und selbständiger Arbeit gehören, bestimmt sich nach § 13 Abs. 1 und 2, §§ 15 Abs. 1 und 18 Abs. 1 des Einkommensteuergesetzes; der Nutzungswert der Wohnung im eigenen Haus bleibt unberücksichtigt.

(2) Die Einkünfte sind für das Jahr zu berechnen, in dem der Bedarfszeitraum liegt (Berechnungsjahr).

(3) Als Einkünfte ist bei den einzelnen Einkunftsarten ein Betrag anzusetzen, der auf der Grundlage früherer Betriebsergebnisse aus der Gegenüberstellung der im Rahmen des Betriebes im Berechnungsjahr bereits erzielten Einnahmen und geleisteten notwendigen Ausgaben sowie der im Rahmen des Betriebes im Berechnungsjahr noch zu erwartenden Einnahmen und notwendigen Ausgaben zu errechnen ist. Bei der Ermittlung früherer Betriebsergebnisse (Satz 1) kann ein durch das Finanzamt festgestellter Gewinn berücksichtigt werden.

(4) Soweit im Einzelfall geboten, kann abweichend von der Regelung des Absatzes 3 als Einkünfte ein Betrag angesetzt werden, der nach Ablauf des Berechnungsjahres aus der Gegenüberstellung der im Rahmen des Betriebes im Berechnungsjahr erzielten Einnahmen und geleisteten notwendigen Ausgaben zu errechnen ist. Als Einkünfte im Sinne des Satzes 1 kann auch der vom Finanzamt für das Berechnungsjahr festgestellte Gewinn angesetzt werden.

(5) Wird der vom Finanzamt festgestellte Gewinn nach Absatz 3 Satz 2 berücksichtigt oder nach Absatz 4 Satz 2 als Einkünfte angesetzt, so sind Absetzungen, die bei Gebäuden und sonstigen Wirtschaftsgütern durch das Finanzamt nach

1. den §§ 7, 7b und 7e des Einkommensteuergesetzes,
2. den Vorschriften des Berlinförderungsgesetzes,
3. den §§ 76, 77 und 78 Abs. 1 der Einkommensteuer-Durchführungsverordnung,
4. der Verordnung über Steuervergünstigungen zur Förderung des Baues von Landarbeiterwohnungen in der Fassung der Bekanntmachung vom 6. August 1974 (Bundesgesetzbl. I S. 1869)

vorgenommen worden sind, dem durch das Finanzamt festgestellten Gewinn wieder hinzuzurechnen. Soweit jedoch in diesen Fällen notwendige Ausgaben für die Anschaffung oder Herstellung der in Satz 1 genannten Wirtschaftsgüter im Feststellungszeitraum geleistet worden sind, sind sie vom Gewinn abzusetzen.

§ 5 Sondervorschrift für die Einkünfte aus Land- und Forstwirtschaft

(1) Die Träger der Sozialhilfe können mit Zustimmung der zuständigen Landesbehörde die Einkünfte aus Land- und Forstwirtschaft abweichend von § 4 nach § 7 der Dritten Verordnung über Ausgleichsleistungen nach dem Lastenausgleichsgesetz (3. LeistungsDV-LA) berechnen; der Nutzungswert der Wohnung im eigenen Haus bleibt jedoch unberücksichtigt.

(2) Von der Berechnung der Einkünfte nach Absatz 1 ist abzusehen,

1. wenn sie im Einzelfall offenbar nicht den besonderen persönlichen oder wirtschaftlichen Verhältnissen entspricht oder
2. wenn der Bezieher der Einkünfte zur Einkommensteuer veranlagt wird, es sei denn, dass der Gewinn auf Grund von Durchschnittssätzen ermittelt wird.

§ 6 Einkünfte aus Kapitalvermögen

(1) Welche Einkünfte zu den Einkünften aus Kapitalvermögen gehören, bestimmt sich nach § 20 Abs. 1 bis 3 des Einkommensteuergesetzes.

(2) Als Einkünfte aus Kapitalvermögen sind die Jahresroheinnahmen anzusetzen, vermindert um die Kapitalertragsteuer sowie um die mit der Erzielung der Einkünfte verbundenen notwendigen Ausgaben (§ 82 Abs. 2 Nr. 4 des Zwölften Buches Sozialgesetzbuch).

(3) Die Einkünfte sind auf der Grundlage der vor dem Berechnungsjahr erzielten Einkünfte unter Berücksichtigung der im Berechnungsjahr bereits eingetretenen und noch zu erwar-

tenden Veränderungen zu errechnen. Soweit im Einzelfall geboten, können hiervon abweichend die Einkünfte für das Berechnungsjahr auch nachträglich errechnet werden.

§ 7 Einkünfte aus Vermietung und Verpachtung

(1) Welche Einkünfte zu den Einkünften aus Vermietung und Verpachtung gehören, bestimmt sich nach § 21 Abs. 1 und 3 des Einkommensteuergesetzes.

(2) Als Einkünfte aus Vermietung und Verpachtung ist der Überschuss der Einnahmen über die mit ihrer Erzielung verbundenen notwendigen Ausgaben (§ 82 Abs. 2 Nr. 4 des Zwölften Buches Sozialgesetzbuch) anzusetzen; zu den Ausgaben gehören

1. Schuldzinsen und dauernde Lasten,
2. Steuern vom Grundbesitz, sonstige öffentliche Abgaben und Versicherungsbeiträge,
3. Leistungen auf die Hypothekengewinnabgabe und die Kreditgewinnabgabe, soweit es sich um Zinsen nach § 211 Abs. 1 Nr. 2 des Lastenausgleichsgesetzes handelt,
4. der Erhaltungsaufwand,
5. sonstige Aufwendungen zur Bewirtschaftung des Haus- und Grundbesitzes, ohne besonderen Nachweis Aufwendungen in Höhe von 1 vom Hundert der Jahresroheinnahmen.

Zum Erhaltungsaufwand im Sinne des Satzes 1 Nr. 4 gehören die Ausgaben für Instandsetzung und Instandhaltung, nicht jedoch die Ausgaben für Verbesserungen; ohne Nachweis können bei Wohngrundstücken, die vor dem 1. Januar 1925 bezugsfähig geworden sind, 15 vom Hundert, bei Wohngrundstücken, die nach dem 31. Dezember 1924 bezugsfähig geworden sind, 10 vom Hundert der Jahresroheinnahmen als Erhaltungsaufwand berücksichtigt werden.

(3) Die in Absatz 2 genannten Ausgaben sind von den Einnahmen insoweit nicht abzusetzen, als sie auf den vom Vermieter oder Verpächter selbst genutzten Teil des vermieteten oder verpachteten Gegenstandes entfallen.

(4) Als Einkünfte aus der Vermietung von möblierten Wohnungen und von Zimmern sind anzusetzen

bei möblierten Wohnungen	80 vom Hundert,
bei möblierten Zimmern	70 vom Hundert,
bei Leerzimmern	90 vom Hundert

der Roheinnahmen. Dies gilt nicht, wenn geringere Einkünfte nachgewiesen werden.

(5) Die Einkünfte sind als Jahreseinkünfte, bei der Vermietung von möblierten Wohnungen und von Zimmern jedoch als Monatseinkünfte zu berechnen. Sind sie als Jahreseinkünfte zu berechnen, gilt § 6 Abs. 3 entsprechend.

§ 8 Andere Einkünfte

(1) Andere als die in den §§ 3, 4, 6 und 7 genannten Einkünfte sind, wenn sie nicht monatlich oder wenn sie monatlich in unterschiedlicher Höhe erzielt werden, als Jahreseinkünfte zu berechnen. Zu den anderen Einkünften im Sinne des Satzes 1 gehören auch die in § 19 Abs. 1 Ziff. 2 des Einkommensteuergesetzes genannten Bezüge sowie Renten und sonstige wiederkehrende Bezüge. § 3 Abs. 3 gilt entsprechend.

(2) Sind die Einkünfte als Jahreseinkünfte zu berechnen, gilt § 6 Abs. 3 entsprechend.

§ 9 Einkommensberechnung in besonderen Fällen

Ist der Bedarf an Sozialhilfe einmalig oder nur von kurzer Dauer und duldet die Entscheidung über die Hilfe keinen Aufschub, so kann der Träger der Sozialhilfe nach Anhörung des Beziehers des Einkommens die Einkünfte schätzen.

§ 10 Verlustausgleich

Ein Verlustausgleich zwischen einzelnen Einkunftsarten ist nicht vorzunehmen. In Härtefällen kann jedoch die gesamtwirtschaftliche Lage des Beziehers des Einkommens berücksichtigt werden.

§ 11 Maßgebender Zeitraum

(1) Soweit die Einkünfte als Jahreseinkünfte berechnet werden, gilt der zwölfte Teil dieser Einkünfte zusammen mit den monatlich berechneten Einkünften als monatliches Einkommen im Sinne des Zwölften Buches Sozialgesetzbuch. § 8 Abs. 1 Satz 3 geht der Regelung des Satzes 1 vor.

(2) Ist der Betrieb oder die sonstige Grundlage der als Jahreseinkünfte zu berechnenden Einkünfte nur während eines Teils des Jahres vorhanden oder zur Einkommenserzielung genutzt, so sind die Einkünfte aus der betreffenden Einkunftsart nur für diesen Zeitraum zu berechnen; für ihn gilt als monatliches Einkommen im Sinne des Zwölften Buches Sozialgesetzbuch derjenige Teil der Einkünfte, der der Anzahl der in den genannten Zeitraum fallenden Monate entspricht. Satz 1 gilt nicht für Einkünfte aus Saisonbetrieben und andere ihrer Natur nach auf einen Teil des Jahres beschränkte Einkünfte, wenn die Einkünfte den Hauptbestandteil des Einkommens bilden.

§ 12 Ausgaben nach § 82 Abs. 2 Nr. 1 bis 3 des Zwölften Buches Sozialgesetzbuch

Die in § 82 Abs. 2 Nr. 1 bis 3 des Zwölften Buches Sozialgesetzbuch bezeichneten Ausgaben sind von der Summe der Einkünfte abzusetzen, soweit sie nicht bereits nach den Bestimmungen dieser Verordnung bei den einzelnen Einkunftsarten abzuziehen sind.

§ 13

(gestrichen)

§ 14 Inkrafttreten

Diese Verordnung tritt am 1. Januar 1963 in Kraft.

III. Verordnung zur Durchführung des § 90 Abs. 2 Nr. 9 des Zwölften Buches Sozialgesetzbuch

vom 11. Februar 1988 (BGBl. I S. 150), zuletzt geändert durch Verordnung vom 22. März 2017 (BGBl. I S. 519)

Auf Grund des § 88 Abs. 4 des Bundessozialhilfegesetzes in der Fassung der Bekanntmachung vom 20. Januar 1987 (BGBl. I S. 401) wird mit Zustimmung des Bundesrates verordnet:

§ 1 (Kleinere Barbeträge)

(1) Kleinere Barbeträge oder sonstige Geldwerte im Sinne des § 90 Abs. 2 Nr. 9 des Zwölften Buches Sozialgesetzbuch sind:

1. für jede in § 19 Absatz 3, § 27 Absatz 1 und 2, § 41 und § 43 Absatz 1 Satz 2 des Zwölften Buches Sozialgesetzbuch genannte volljährige Person sowie für jede alleinstehende minderjährige Person, 5.000 Euro,
2. für jede Person, die von einer Person nach Nummer 1 überwiegend unterhalten wird, 500 Euro.

Eine minderjährige Person ist alleinstehend im Sinne des Satzes 1 Nummer 1, wenn sie unverheiratet und ihr Anspruch auf Leistungen nach dem Zwölften Buch Sozialgesetzbuch nicht vom Vermögen ihrer Eltern oder eines Elternteils abhängig ist.

§ 2 (Notlage der nachfragenden Person)

(1) Der nach § 1 maßgebende Betrag ist angemessen zu erhöhen, wenn im Einzelfall eine besondere Notlage der nachfragenden Person besteht. Bei der Prüfung, ob eine besondere Notlage besteht, sowie bei der Entscheidung über den Umfang der Erhöhung sind vor allem Art und Dauer des Bedarfs sowie besondere Belastungen zu berücksichtigen.

(2) Der nach § 1 maßgebende Betrag kann angemessen herabgesetzt werden, wenn die Voraussetzungen der §§ 103 oder 94 des Gesetzes vorliegen.

§ 3 (Berlinklausel)

Diese Verordnung gilt nach § 14 des Dritten Überleitungsgesetzes in Verbindung mit § 136 des Zwölften Buches Sozialgesetzbuch auch im Land Berlin.

§ 4 (Inkrafttreten)

Diese Verordnung tritt am 1. April 1988 in Kraft.

Literatur

I. Kommentare

Arnold/Meyer-Stolte/Rellermeyer/Hintzen/Manfred, RPflG, Kommentar zum Rechtspflegergesetz, 8. Auflage, Bielefeld 2015 (zitiert: Arnold-Bearbeiter)

Bahrenfuss (Hrsg.), FamFG, 3. Auflage, Berlin 2017 (zitiert: Bahrenfuss-Bearbeiter)

Bassenge, Peter/Roth, Herbert, FamFG/RPflG, 12. Auflage, Heidelberg 2009

Bienwald, Werner/Sonnenfeld, Susanne/Harm, Uwe, Betreuungsrecht, 6. Auflage, Bielefeld 2016 (zitiert: Bienwald-Bearbeiter)

Bork, Reinhard/Jacoby, Florian/Schwab, Dieter, FamFG, Kommentar, 2. Auflage, Bielefeld 2013 (zitiert: B/J/S-Bearbeiter)

Bumiller/Harders, Freiwillige Gerichtsbarkeit FamFG, 9. Auflage, München 2009

Damrau, Jürgen/Zimmermann, Walter, Betreuungsrecht, Kommentar zum materiellen und formellen Recht, 4. Auflage, Stuttgart 2011

Dauner-Lieb, Barbara/Heidel, Thomas/Ring, Gerhard, Anwaltskommentar BGB, Band 4, Familienrecht (Hrsg. Kaiser/Schnitzler/Friederici), 2005

Dodegge, Georg/Zimmermann, Walter, PsychKG NRW, 4. Auflage, München 2018

Erman, Handkommentar zum Bürgerlichen Gesetzbuch (Band 1 und 2), 15. Auflage, Köln 2017 (zitiert: Erman-Bearbeiter)

Fröschle, Tobias, Praxiskommentar Betreuungs- und Unterbringungsverfahren, 3. Auflage, Köln 2014 (zitiert: Fröschle-Bearbeiter)

Friederici, Peter/Kemper, Rainer, Familienverfahrensrecht, Handkommentar, 1. Auflage, Baden-Baden 2009 (zitiert: Friederici/Kemper-Bearbeiter)

Heidelberger Kommentar zum Betreuungs- und Unterbringungsrecht, Kommentar zum materiellen und formellen Recht von Bauer, Axel/Birk, Ulrich-Arthur/Klie, Thomas/Rink, Jürgen, 5. Auflage, Heidelberg 2009 ff., Stand: 116. EL, 2018 (zitiert: HK-BUR-Bearbeiter)

Jauernig, Othmar, Bürgerliches Gesetzbuch, 16. Auflage, München 2015 (zitiert: Jauernig Bearbeiter)

Jürgens, Andreas, Betreuungsrecht, Kommentar zum materiellen Betreuungsrecht, zum Verfahrensrecht und zum Betreuungsbehördengesetz, 5. Auflage, München 2014 (zitiert: Jürgens-Bearbeiter)

Keidel, FamFG Familienverfahren Freiwillige Gerichtsbarkeit, Kommentar, 19. Auflage, München 2017 (zitiert Keidel-Bearbeiter)

Knittel, Bernhard, Betreuungsgesetz (BtG), Starnberg-Percha, Stand: 48. Erg. Oktober 2009

Kopp, Ferdinand/Ramsauer, Ulrich, Verwaltungsverfahrensgesetz, 13. Auflage, München 2012

Korintenberg, Werner, Gerichts- und Notarkostengesetz, 20. Auflage, München 2017

Münchener Kommentar zum Bürgerlichen Gesetzbuch, Band 1: Einleitung und Allgemeiner Teil, §§ 1 bis 240, 7. Auflage, München 2015; Band 4, 7. Auflage München 2016; Band 7: Familienrecht I §§ 1297 bis 1588, München 2017; Band 8: Familienrecht II, §§ 1589 bis 1921, 7. Auflage, München 2017; Band 9: §§ 1922 bis 2389, München 2017 (zitiert: MK-Bearbeiter)

Münchener Kommentar zum FamFG (zitiert: MK/FamFG-Bearbeiter), 2. Auflage, München 2013

Otto, Klaus/Klüsener, Werner, u.a., Das neue Kostenrecht – 2. Kostenrechtsmodernisierungsgesetz, Köln 2013

Palandt, Bürgerliches Gesetzbuch, 77. Auflage, München 2018 (zitiert: Palandt-Bearbeiter)

Prütting, Hanns/Helms, Tobias, FamFG, Kommentar mit FamGKG, 4. Aufl., Köln 2018 (zitiert: P/H-Bearbeiter)

RGRK, Das Bürgerliche Gesetzbuch mit besonderer Berücksichtigung der Rechtsprechung des Reichsgerichts und des Bundesgerichtshofs, Kommentar, 12. Auflage, 1974 ff.; (zitiert: RGRK-Bearbeiter)

Schönke, Adolf/Schröder, Horst, Strafgesetzbuch, 28. Auflage, München 2010 (zitiert: Schönke/Schröder-Bearbeiter)

Schulte-Bunert/Weinreich, FamFG Kommentar, 4. Auflage, Köln 2014 (zitiert: Schulte-Bunert/Weinreich-Bearbeiter)

Soergel, Hans, Bürgerliches Gesetzbuch (zitiert: Soergel-Bearbeiter), Allgemeiner Teil §§ 1 bis 240, 13. Auflage Stuttgart 2000; Familienrecht II, §§ 1589 bis 1921, 13. Auflage, Stuttgart 2000

Staudinger, Julius von, Kommentar zum Bürgerlichen Gesetzbuch, §§ 1773–1895, Neubearbeitung, Berlin 2014 (zitiert: Staudinger-Bearbeiter), §§ 1896–1921 Berlin 2017.

Stelkens, Paul/Bonk, Joachim/Sachs, Michael, Verwaltungsverfahrensgesetz, 9. Auflage, München 2013

Zimmermann, Walter, Bayerisches Unterbringungsgesetz, 4. Auflage, München 2015

Zöller, Richard, Zivilprozessordnung, 32. Auflage, Köln 2018

II. Lehrbücher/Monographien

Bioethik-Kommission Rheinland-Pfalz (Hrsg.), Sterbehilfe und Sterbebegleitung. Bericht der Bioethik-Kommission des Landes Rheinland-Pfalz vom 23. April 2004

Albrecht, Andreas/Albrecht, Elisabeth, Die Patientenverfügung, Bielefeld 2010

Bade, Ulf, Der Arzt an den Grenzen von Leben und Recht, Lübeck 1988

Beckert, Frauke, Strafrechtliche Probleme um Suizidbeteiligung und Sterbehilfe unter besonderer Berücksichtigung historischer und ethischer Aspekte, Aachen 1996

Bohnert, Cornelia, Unterbringungsrecht, München 2000

Coeppicus, Rolf, Sachfragen des Betreuungs- und Unterbringungsrechts, Stuttgart 2000

Conradi, Matthias, Der Arzt an den Grenzen seines Behandlungsauftrages, Frankfurt am Main 2002

Deinert, Horst/Walther, Guy, Handbuch der Betreuungsbehörde, 4. Auflage, Köln 2015

Deinert, Horst/Lütgens, Kay, Die Vergütung des Betreuers, 6. Auflage, Köln 2012 (7. Auflage 2018 in Vorbereitung)

Deinert, Horst/Lütgens, Kay/Meier, Sybille, Die Haftung des Betreuers, 3. Auflage, Köln 2018

Dellingshausen, Ulrike Baronin von, Sterbehilfe und Grenzen der Lebenserhaltungspflicht des Arztes, Düsseldorf 1981

Dölle, Hans, Darstellung des Familienrechts mit rechtsvergleichenden Hinweisen, Band II 1965

Ehlers, Alexander P. F., Die ärztliche Aufklärung vor medizinischen Eingriffen, Köln 1987

Eibach, Ulrich, Sterbehilfe – Tötung aus Mitleid? 2. Auflage, Wuppertal 1998

Esch, Heike, Der Patientenanwalt, Frankfurt/M. 2000

Eser, Albin/Bringewat, Peter, Suizid und Euthanasie als human- und sozialwissenschaftliches Problem, Stuttgart 1976

Eser, Albin/Koch, Hans-Georg, Materialien zur Sterbehilfe, Freiburg 1991

Firsching, Karl/Dodegge, Georg, Familienrecht, 2. Halbband: Das Betreuungsgericht sowie andere Rechtsgebiete der freiwilligen Gerichtsbarkeit, 8. Auflage, München 2015

Fritsche, Paul, Grenzbereich zwischen Leben und Tod, Stuttgart 1973

Fröschle, Tobias, Betreuungsrecht 2005, Köln 2005

Füllmich, Reiner, Der Tod im Krankenhaus und das Selbstbestimmungsrecht des Patienten, Frankfurt am Main 1990

Geigel, Reinhart, Der Haftpflichtprozess, 25. Auflage, München 2007

Gernhuber, Joachim/Coester-Waltjen, Dagmar, Lehrbuch des Familienrechts, 6. Auflage, München 2010

Jürgens, Andreas/Lesting, Wolfgang/Loer, Annette/ Marschner, Rolf, Betreuungsrecht kompakt, 8. Auflage, München 2016, (zitiert: J/L/L/M)

Kern, Bernd-Rüdiger/Laufs, Adolf, Die ärztliche Aufklärungspflicht, Berlin 1983

Kretz, Jutta/Albrecht, Andreas/Wittkämper, Ulrich, Betreuungsrecht Formularbuch, 4. Auflage, München 2018

Koch, Hans-Georg/Meran, Johannes Gobertus/Sass, Hans-Martin, Patientenverfügung und stellvertretende Entscheidung in rechtlicher, medizinischer und ethischer Hinsicht, Bochum 1994

Kollmer, Norbert, Selbstbestimmung im Betreuungsrecht, Regensburg 1992

Kühlmann, Alexandra von, Sterbehilfe – eine Studie geltenden Rechts in der Bundesrepublik Deutschland, der Deutschen Demokratischen Republik, in Österreich, der Schweiz und den Niederlanden, München 1990

Kuhlmann, Jens-Michael, Einwilligung in die Heilbehandlung alter Menschen, Frankfurt am Main 1996

Langenfeld, Andrea, Vorsorgevollmacht, Betreuungsverfügung und Patiententestament nach dem neuen Betreuungsrecht, Konstanz 1994

Langenfeld, Gerrit, Handbuch der Eheverträge und Scheidungsvereinbarungen, 7. Auflage, München 2014

Laufs, Adolf/Uhlenbruck, Wilhelm, Handbuch des Arztrechts, 4. Auflage, München 2010

Lawin, Peter/Huth, Hanno, Grenzen der ärztlichen Aufklärungs- und Behandlungspflicht, Stuttgart 1982

Lipp, Volker, Freiheit und Fürsorge – der Mensch als Rechtsperson, Tübingen 2000

Lipp, Volker, Patientenautonomie und Lebensschutz. Zur Diskussion um eine gesetzliche Regelung der Sterbehilfe, Göttingen 2005

Marschner, Rolf/Volckart, Bernd/Lesting, Wolfgang, Freiheitsentziehung und Unterbringung, 5. Auflage, München, 2010

Matta, Vanita/Engels, Dietrich/Brosey, Dagmar/Köller, Regine/u.a., Qualität in der rechtlichen Betreuung, Abschlussbericht, Köln 2018

May, Arnd T., Autonomie und Fremdbestimmung bei medizinischen Entscheidungen für Nichteinwilligungsfähige, Münster 2000

Medicus, Dieter, Allgemeiner Teil des BGB,10. Auflage, Heidelberg 2010

Meier, Sybille/Deinert, Horst, Handbuch Betreuungsrecht, 2. Auflage, Heidelberg 2016

Mitko, Bernhard, Der Einwilligungsvorbehalt, Aachen 1995

Möllering, Jürgen, Schutz des Lebens – Recht auf Sterben, Stuttgart 1977

Nedopil, Norbert, Forensische Psychiatrie, 5. Auflage, Stuttgart 2017

Nolting, Hans-Dietrich/Zich, Karsten/Tisch, Thorsten/Braeseke, Grit, Umsetzung des Erforderlichkeitsgrundsatzes in der betreuungsrechtlichen Praxis im Hinblick auf vorgelagerte „andere Hilfen", Köln 2018

Oberloskamp, Helga/Balloff, Reiner/Fabian, Thomas, Gutachtliche Stellungnahmen in der sozialen Arbeit, 7. Auflage, Neuwied 2009

Raack, Wolfgang/Thar, Jürgen, Leitfaden Betreuungsrecht, 6. Auflage, Köln 2014

Reuter, Birgit, Die gesetzliche Regelung der aktiven Sterbehilfe in den Niederlanden, Frankfurt 1999

Rickmann, Sabine, Zur Wirksamkeit von Patiententestamenten im Bereich des Strafrechts, Frankfurt am Main 1987

Roth, Andreas/Schlatmann, Birgitta, Eugenik im Recht. Die Geschichte der sogenannten Zwangssterilisation in den letzten 100 Jahren, in: Düwell, Franz-Josef/Vormbaum, Thomas: Themen juristischer Zeitgeschichte, Schwerpunktthema: Recht und Nationalsozialismus, Baden-Baden 1998, S. 152 ff.

Röver, Julia, Einflussmöglichkeiten des Patienten im Vorfeld einer medizinischen Behandlung, Frankfurt am Main 1997

Rudolf, Michael/Bittler, Jan/Roth, Wolfgang, Vorsorgevollmacht, Betreuungsverfügung, Patientenverfügung, 4. Auflage, Angelbachtal 2015

Ruffing, Heide, Das Betreuungsrecht – Auswirkungen auf die Bankpraxis, Münster 2000

Sachsen-Gessaphe, Karl August Prinz von, Der Betreuer als gesetzlicher Vertreter für eingeschränkt Selbstbestimmungsfähige, Tübingen 1999

Saueracker, Luise, Die Bedeutung des Patiententestamentes in der Bundesrepublik Deutschland, Frankfurt am Main 1990

Schmidt, Gerd/Böcker, Felix, Betreuungsrecht, 2. Auflage, München 1993

Schmidt, Gerd/Bayerlein, Rainer,/Mattern, Christoph/Ostermann, Jochen, Betreuungspraxis und psychiatrische Grundlagen, 2. Auflage, Bundesanzeiger Verlag, Köln 2011

Schöllhammer, Lutz, Die Rechtsverbindlichkeit des Patiententestaments, Berlin 1993

Schweidler, Walter/Neumann, Herbert A./Brysch, Eugen, Menschenleben – Menschenwürde. Interdisziplinäres Symposium zur Bioethik, Berlin 2001

Sellin, Christine/Engels, Dietrich, Qualität, Aufgabenverteilung und Verfahrensaufwand bei rechtlicher Betreuung, Köln 2003

Sichtermann, Siegfried, Das Recht der Mündelsicherheit, 3. Auflage 1980

Sonnenfeld, Susanne, Betreuungs- und Pflegschaftsrecht, 2. Auflage, Bielefeld 2001

Uhlenbruck, Wilhelm, Selbstbestimmtes Sterben durch Patientenverfügung, Betreuungsverfügung und Vorsorgevollmacht, Berlin 1997

Uhlenbruck, Wilhelm/Rollin, Marion, Sterbehilfe und Patiententestament, Berlin 1983

Voll, Doris, Die Einwilligung im Arztrecht, Frankfurt am Main 1996

Walczak, Martin, Umfrage unter Interessenten des Patiententestaments zu Tod und Sterben, in: Uhlenbruck/Rollin, Sterbehilfe und Patiententestament, Berlin 1983

Walter, Ute, Die Vorsorgevollmacht, Bielefeld 1997

Wolf, Dieter, Die Haftung des Einzelvormunds mit Berücksichtigung der Pfleger- und Betreuerhaftung, Bonn 1997

III. Aufsätze in Fachzeitschriften, Festschriften und Sammelbänden

Alberts, Hermann, Sterben mit Genehmigungsvorbehalt? BtPrax 2003, 139

Albrecht, Andreas/Albrecht, Elisabeth, Die Patientenverfügung – jetzt gesetzlich geregelt MittBayNot 2009, 426

Bauer, Axel/Knieper, Judith, Haftung des Betreuers wegen Verletzung der Aufsichtspflicht über einen drittschädigenden Betreuten? BtPrax 1998, 123

Bauer, Axel/Rink, Jürgen, Kritik des Entwurfs eines Gesetzes zur Änderung des Betreuungsrechts sowie weiterer Vorschriften, BtPrax, 1996, 158

Baumann, Wolfgang/Hartmann, Christian, Die zivilrechtliche Absicherung der Patientenautonomie am Ende des Lebens aus der Sicht der notariellen Praxis, DNotZ 2000, 594

Berger, Christian, Privatrechtliche Gestaltungsmöglichkeiten zur Sicherung der Patientenautonomie am Ende des Lebens, JZ 2000, 797

Bienwald, Werner, Zum Diskussions-Teilentwurf eines Gesetzes über die Betreuung Volljähriger (Betreuungsgesetz-BtG), FamRZ 1988, 902

Bienwald, Werner, Zur Umsetzung des Betreuungsrechts in der Praxis, FamRZ 1992, 1125

Bienwald, Werner, Anmerkung zum Beschluss des KG vom 25.4.1995, FamRZ 1996, 358

Bienwald, Werner, Anmerkung zum Beschluss des LG Mönchengladbach vom 6. März 1997 betreffend Sperrvermerk im Sparbuch des Betreuten, BtPrax 1998, 15

Bienwald, Werner, Die Vorsorgevollmacht – ein gleichwertiger Ersatz der Betreuerbestellung? BtPrax 1998, 164

Bienwald, Werner, Anmerkung zum Beschluss des OLG Frankfurt am Main vom 15.7.1998, FamRZ 1998, 1138

Bienwald, Werner, Zur übergroßen Zahl von Betreuungsfällen, BtPrax 2002, 3

Bienwald, Werner, Die Notwendigkeit der Schaffung einer Zentrale für Vorsorgeverfügungen, BtPrax 2002, 244

Bienwald, Werner, Anmerkung zum Beschluss des BGH vom 13.2.2002, FamRZ 2002, 746

Bienwald, W., Maßgeblichkeit einer Patientenverfügung; Weigerung in lebenserhaltende Maßnahmen einzuwilligen, MDR 2003, 694

Bienwald, Werner, Zum Entwurf eines Gesetzes zur Stärkung der Funktionen der Betreuungsbehörde, FamRZ 2013, 258

Birkenfeld, Wolfram, Rechnungslegung und Rechnungsprüfung in Vormundschafts- und Nachlasssachen, FamRZ 1976, 198

Bobenhausen, Dieter, Konkurrenzen zwischen dem Willen des Betreuten und des Betreuers: Gesetzliche Vertretung, Kontosperre, Schenkung, BtPrax 1994, 158

Bobenhausen, Dieter, Wohnungskündigung durch den Betreuer, RPfleger 1994, 13

Böckmann, Martin, Die Demenzerkrankung als Hauptursache für Vorsorgemaßnahmen, FPR 2004, 648

Böhmer, Christoph, Das Betreuungsgesetz und seine Bedeutung für die Tätigkeit des Standesbeamten, StAZ 1992, 67

Böhmer, Martin, Verfügungen des Betreuers im Rahmen der vorweggenommenen Erbfolge, MittBayNot 1996, 405

Boemke, Burkhard, Unterlassen lebenserhaltender Maßnahmen bei einwilligungsunfähigen Patienten, NJW 2013, 1414

Bork, Reinhard, Die Prozessfähigkeit nach neuem Recht, MDR 1991, 97

Brosey, Dagmar, Zur Zulässigkeit einer stationären Zwangsbehandlung des Betreuten – Anmerkung zu BGH 12. Zivilsenat, Beschluss vom 23.1.2008 – XII ZB 185/07, BtPrax 2008, 108

Brosey, Dagmar, Der Wille des Patienten entscheidet – Übersicht über die gesetzlichen Regelungen zur Patientenverfügung, BtPrax 2009, 175

Bruder, Jens, Empfiehlt es sich, das Entmündigungsrecht, das Recht der Vormundschaft und der Pflegschaft über Erwachsene sowie das Unterbringungsrecht neu zu ordnen? Gutachten C zum 57. Deutschen Juristentag, Mainz 1988, München 1998

Brüggemann, Dieter, Ausschaltung des Vormundschaftsrichters durch den Prozessrichter, FamRZ 1989, 1137

Brüggemann, Dieter, Der sperrige Katalog, FamRZ 1990, 5 und 124

Bühler, Martin, Einführung einer gesetzlichen Vertretung durch Angehörige als Alternative zur Betreuung und zur Vorsorgevollmacht?, FamRZ 2002, 76

Canaris, Claus-Wilhelm, Verstöße gegen das verfassungsrechtliche Übermaßverbot im Recht der Geschäftsfähigkeit und im Schadensersatzrecht, JZ 1987, 993

Casper, Matthias, Geschäfte des täglichen Lebens – kritische Anmerkungen zum neuen § 105a BGB NJW 2002, 3472

Christl, Gerhard, Anmerkung zum Beschluss des BayObLG vom 7.7.1997, FamRZ 1997, 1566

Coeppicus, Rolf, Durchführung und Inhalt der Anhörung in Betreuungs- und Unterbringungssachen, FamRZ 1991, 892

Coeppicus, Rolf, Die Betreuung mit dem Aufgabenkreis der Aufenthaltsbestimmung, das Selbstbestimmungsrecht der Betroffenen und ihr Wohl, FamRZ 1992, 741

Coeppicus, Rolf, Verschaffung des unmittelbaren Eindrucks vom Betroffenen, Anhörung in der üblichen Umgebung und Anhörung durch den ersuchten Richter nach dem Betreuungsgesetz, FamRZ 1992, 16

Coeppicus, Rolf, Vorschläge für ein sachgerechtes Verfahren in Betreuungs- und Unterbringungssachen, ZRP 2000, 91

Coester, Michael, Von anonymer Verwaltung zu persönlicher Betreuung, Jura 1991,1

Cypionka, Bertram, Die Auswirkung des Betreuungsgesetzes auf die Praxis der Notare, DNotZ 1991, 571

Damrau, Jürgen, Das Ärgernis um §§ 1812, 1813 BGB, FamRZ 1984, 842

Damrau, Jürgen, Vormundschaftsgerichtliche Genehmigung bei Löschen letztrangiger Eigentümergrundschuld auf Mündelgrundstück, Anmerkung zum Beschluss des BayObLG vom 18.8.1984, RPfleger 1985, 26

Deichmann, Marco, Vormundschaftsgerichtlich genehmigtes Töten durch Unterlassen? MDR 1995, 983

Deinert, Horst, Die Aufgaben der Betreuungsbehörde, DAV 1992, 332

Deinert, Horst, Gewöhnlicher (Heim-)Aufenthalt und pauschale Betreuervergütung, FamRZ 2005, 954 ff.

Deinert, Horst, Zur Neuregelung der Berufsbetreuer-, Berufsvormünder- und Berufspflegervergütung, BtPrax Spezial 2005, 13 ff.

Deinert, Horst, Betreuung und Bestattung, Festschrift für Werner Bienwald zum 70. Geburtstag, Bielefeld 2006, 33

Deinert Horst, Betreuungszahlen 2012, BtPrax 2013, 242

Deinert, Horst, Zur Höhe der Aufwandspauschale nach Inkrafttreten des 2. Kostenrechtsmodernisierungsgesetzes, BtPrax 2013, 198

Deinert, Horst, Betreuungszahlen 2015, BtPrax 2016, 9

Deinert, Horst, Zur Bestattungspflicht bei Betreuern beim Tod von Betreuten und ihren Angehörigen, BtPrax 2016, 96

Deinert, Horst, Betreuungszahlen 2016: Leider verspätet und unvollständig, BtPrax 2018, 14

Deinert, Horst, Betreuung als Nebentätigkeit in Dienstverhältnissen, Recht im Amt 2017, 245

Detering, Jutta, Forum – § 216 StGB und die aktuelle Diskussion um die Sterbehilfe, JuS 1983, 418

Deutsch, Erwin, Der Zeitpunkt der ärztlichen Aufklärung und die antizipierte Einwilligung des Patienten, NJW 1979, 1905

Diehn, Thomas/Rebhahn, Ralf, Vorsorgevollmacht und Patientenverfügung, NJW 2010, 326

Dieckmann, Albrecht, Empfiehlt es sich, das Entmündigungsrecht, das Recht der Vormundschaft und der Pflegschaft über Erwachsene sowie das Unterbringungsrecht neu zu ordnen?, JZ 1988, 789

Dieckmann, Jochen/Jurgeleit, Andreas, Die Reform des Betreuungsrechts. Zum Zwischenbericht der Bund-Länder-Arbeitsgruppe „Betreuungsrecht“, BtPrax 2002, 135, 197

Dickmann, Roman, Versicherungsschutz und Haftung für ehrenamtliche Tätigkeit, VersR 2016, 489 ff.

Diekmann, Andrea, Reformdiskussion zur Änderung des Betreuungsrechts, FPR 2004, 678

Dodegge, Georg, Das Unterbringungsverfahren, NJW 1987, 1910

Dodegge, Georg, Die Elektrokrampftherapie, FamRZ 1996, 74

Dodegge, Georg, Das Betreuungsrechtsänderungsgesetz, NJW 1998, 3073

Dodegge, Georg, Die Gestaltung der Einweisungspraxis aus der Perspektive eines Unterbringungsgerichts, BtPrax 1998, 43

Dodegge, Georg, Die Vorsorgevollmacht im Lichte des Betreuungsrechtsänderungsgesetzes, BtPrax 2000, 99

Dodegge, Georg/Fritsche, Ingo, Zur Rechtslage bei der Entscheidung über den Abbruch medizinischer Behandlungen, NJ 2001, 176

Dodegge, Georg, Wegen Einsparpotentials bevorzugt – die weitere Reform des Betreuungsrechts, FGPrax 2004, 159

Dodegge, Georg, Das 2. Betreuungsrechtsänderungsgesetz, NJW 2005, 1896

Dodegge, Georg, Voraussetzungen für eine Betreuung des erkrankten Elternteils und die rechtliche Bedeutung der Betreuung für Sorge- und Umgangsverfahren, FPR 2005, 233

Dodegge, Georg, Zwangsbehandlung und Betreuungsrecht, NJW 2006, 1627

Dodegge, Georg, Selbstbestimmung trotz Einwilligungsvorbehalt, FuR 2008, 381

Dodegge, Georg, Der Schutz des freien Willens durch die Rechtsinstitute Betreuung, Vorsorgevollmacht, Betreuungs- und Patientenverfügung, FPR 2008, 591

Dodegge, Georg, Die gesetzliche Regelung der Patientenverfügung, Behindertenrecht 2009, 193

Dodegge, Georg, Keine betreuungsrechtliche Zwangsbehandlung von untergebrachten Betreuten? NJW 2012, 3694

Dodegge, Georg, Ärztliche Zwangsmaßnahmen und Betreuungsrecht, NJW 2013, 1265

Dodegge, Georg, Ärztliche Zwangsmaßnahmen außerhalb einer Unterbringung? Anmerkung zu BGH, Beschluss vom 1.7.2015, XII ZB 89/15, BtPrax 2015, 185

Dörner, Klaus, Hält der BGH die „Freigabe der Vernichtung lebensunwerten Lebens" wieder für diskutabel? ZRP 1996, 93

Dose, Matthias, Medikamentöse Versorgung als Heilbehandlung gemäß § 1904 BGB, FamRZ 1993, 1032

Eickmann, Dieter, Vormundschaftsgerichtliche Genehmigungen im Zwangsversteigerungsverfahren, RPfleger 1983, 199

Enderlein, Wolfgang, Geschäftsunfähigkeit und Einwilligungsvorbehalt, JR 1998, 485

Engisch, Karl (Hrsg.), Der nächste Schritt, in: Festschrift für Friedrich Schaffstein zum 70. Geburtstag, Göttingen 1975

Epple, Dieter, Die Betreuungsverfügung, BwNotZ 1992, 27

Epple, Dieter, Einfluss der Betreuungsverfügung auf das Verfahren, die Führung und Überwachung der Betreuung, BtPrax 1993, 156

Fiala, Johannes/Behrendsen, Ursula, Gefahren bei der Anlage und Verwaltung von Fremdgeldern, RPfleger 1997, 281

Frister, Helmut, Anmerkung zum Beschluss des OLG Frankfurt vom 15.7.1998, JR 1999, 73

Fröschle, Tobias, Haftung im Verein und der Behörde – Finanzielle Folgen von Fehlern der Mitarbeiter, BtPrax 2008, 190

Fröschle, Tobias, Beteiligte und Beteiligung am Betreuungs- und Unterbringungsverfahren nach dem FamFG, BtPrax 2009, 155

Gerhard, Rudolf, Klarheit „Im Namen des Volkes"? – (Sprach-)Kritische Anmerkung zum neuen Sterbehilfe-Urteil des BGH (NJW 2003, 1588 ff.), DRiZ 2003, 256

Giesen, Dieter, Ethische und rechtliche Probleme am Ende des Lebens, JZ 1990, 929

Gregersen, Anke, Ausgewählte Fragen zum Betreuungsrechtsänderungsgesetz, BtPrax 1999, 16

Grotkopp, Jörg, Medizinische Zwangsbehandlung untergebrachter Personen – in Grenzen – wieder möglich, BtPrax 2013, 83

Grube, Lars, Vormundschaftsgerichtliche Genehmigung eines Gesellschaftervertrages, der zum Betrieb eines Erwerbsgeschäfts eingegangen wird, RPfleger 1990, 67

Guy, Walther, Das Beschwerderecht der Betreuungsbehörde, BtPrax 2002, 207

Guy, Walther, Betreuungsbehörde und Datenschutz, BtPrax 2016, 167

Hahne, Meo-Michaela, Zwischen Fürsorge und Selbstbestimmung – Über die Grenzen von Patientenautonomie und Patientenverfügung, FamRZ 2003, 1619

Haider, Befundgraduierung und Stadieneinteilung in der Intensivmedizin, Der Internist 1992, 536

Hanack, Ernst Walter, Euthanasie in strafrechtlicher Sicht, in: Hiersche, Hans- Dieter, Euthanasie, München 1975, 121

Harm, Uwe, Schutz betreuter Menschen vor faktischer Wohnungsaufgabe, BtPrax 2013, 99

Hartmann, Tanja, Patientenverfügung und psychiatrische Verfügung – Verbindlichkeit für den Arzt? NStZ 2000, 113

Heck, Michael/Heck, Rita, Fünf Jahre Umsetzung des Betreuungsrechts in einem Landkreis, FuR 1996, 268

Helms, Tobias, Reform des internationalen Betreuungsrechts durch das Haager Erwachsenenschutzabkommen, FamRZ 2008, 1995

Hirsch, Hans Joachim, Behandlungsabbruch und Sterbehilfe, in: Küper, Festschrift für Karl Lackner zum 70. Geburtstag, Berlin 1987, 597

Hoffmann, Birgit, Anmerkung zum Beschluss des OLG Hamm vom 28.2.2000, BtPrax 2000, 235

Hoffmann, Birgit, Freiheitsentziehende Unterbringung in Einrichtungen der Kinder- und Jugendhilfe, FamRZ 2013, 1346

Hoffmann, Franz, Die vormundschaftsgerichtlich genehmigte Vernichtung von Mündelvermögen nach § 1811 BGB, BtPrax 2000, 242

Hoffmann, Michael/Schumacher, Bettina, Vorsorgevollmachten und Betreuungsverfügungen: Handhabung in der Praxis, BtPrax 2002, 191

Hoffmann/Tomayo/Korte/v. Färber, Zum Forschungsprojekt über die Lebenslage älterer Menschen mit rechtlicher Betreuung, BtPrax 2005, 91

Hoffmann/Tomayo Korte, Rechtliche Betreuung im Alter, BdB-Argumente Band 5, Köln 2005

Höfling, Wolfram/Rixen, Stephan, Vormundschaftsgerichtliche Sterbeherrschaft?, JZ 2003, 884

Höfling, Wolfram, Das neue Patientenverfügungsgesetz, NJW 2009, 2849

Holzhauer, Heinz, Abhebungen des Betreuers vom Konto des Betreuten unter 5.000,– DM immer genehmigungsfrei? Zur Auslegung von § 1813 I Nr. 2, BtPrax 1994, 42

Holzhauer, Heinz, Betreuungsrecht in der Bewährung, FamRZ 1995, 1463

Holzhauer, Heinz, Zweifelsfragen zur Sachverständigenbegutachtung im Betreuungsrecht, NZS 1996, 255

Holzhauer, Heinz, Schenkungen aus dem Vermögen Betreuter, FamRZ 2000, 1063

Holzhauer, Heinz, Justizverwaltung in Schicksalsdingen – Anmerkungen zum Beschluss des BGH v. 17.3.2003 – XII ZB 2/03, FamRZ 2003, 991

Holzhauer, Heinz, Von Verfassungs wegen, Straffreiheit für passive Sterbehilfe ZRP 2004, 41

Hufen, Friedhelm, Verfassungsrechtliche Grenzen des Richterrechts – Zum neuen Sterbehilfe-Beschluss des BGH – ZRP 2003, 248

Jensen, Rita/Röhling, Hans Werner, Subsidiarität der Betreuung, BtPrax 2001, 197

Jürgens, Andreas, Betreuung wider Willen, BtPrax1992, 47

Jürgens, Andreas, Der Betreuer zwischen rechtlicher Vertretung und persönlicher Betreuung, BtPrax 1998, 129

Jürgens, Andreas, Ist der Tod genehmigungsfähig? Zum Beschluss des OLG Frankfurt am Main vom 15.7.1998, BtPrax 1998, 159

Kern, Bernd-Rüdiger, Die Bedeutung des Betreuungsgesetzes für das Arztrecht, MedR 1991, 61

Kern, Bernd-Rüdiger, Arzt und Betreuungsrecht, MedR 1993, 245

Kern, Bernd-Rüdiger, Zum Aufgabenkreis „Scheidungsangelegenheiten" bei der Betreuung, Festschrift für Werner Bienwald zum 70. Geburtstag, Bielefeld 2006, 137

Kirsch, Sebastian/Hirsch, Rolf D., Freiheitsentziehung durch Medikamente nach § 1906 Abs. 4 BGB, BtPrax 2016, 12

Klie, Thomas, Datenschutz in der Arbeit der Betreuungsbehörde, BtPrax 1998, 93

Klie, Thomas, Vertretungsrecht für Angehörige, BtPrax 2002, 91

Klie, Thomas/Bauer, Axel, Wie ist eine Betreuung vermeidbar? – Praktische Gestaltungsfragen von Vorsorgevollmachten und der Grundsatz der Subsidiarität der gesetzlichen Betreuung, FPR 2004, 672

Klinger, Bernhard F./Roth, Wolfgang, Der Tod des Betreuten – Abschlusstätigkeit des Betreuers, NJW-Spezial 2005, 253

Klüsener, Bernd, Grundstücksschenkung durch die Eltern, RPfleger 1981, 258

Klüsener, Bernd, Vormundschaftsgerichtliche Genehmigung im Liegenschaftsrecht, RPfleger 1981, 461

Klüsener, Bernd, Der Minderjährige im Unternehmensrecht, RPfleger 1990, 321

Klüsener, Bernd, Vormundschaftsgerichtliche Genehmigungen nach § 1822 BGB, RPfleger 1993, 133

Knieper, Judith, Vormundschaftsgerichtliche Genehmigung des Abbruchs lebenserhaltender Maßnahmen, NJW 1998, 2720

Knittel, Bernhard, Auf dem Weg zur FGG-Reform – Kritische Betrachtungen zur geplanten Beschränkung der Rechtsmittel in Betreuungs- und Unterbringungssachen, BtPrax 2008, 99

Körkel, Joachim, Das Menschenbild als Dreh- und Angelpunkt des Umgangs mit Suchtkranken (auch) in der rechtlichen Betreuung, BtPrax 2015, 9

Kretz, Jutta, Einstweilige Anordnungen in Betreuungs- und zivilrechtlichen Unterbringungssachen nach dem FamFG, BtPrax 2009, 160

Kurz, Gabriele, Die Problematik des § 1822 BGB, NJW 1992, 1798

Kurze, Dietmar, Tätigkeit des Vorsorgebevollmächtigten aus anwaltlicher Sicht, BtPrax 2018, 47

Kutzer, Klaus, Die Auseinandersetzung mit der aktiven Sterbehilfe – Ein spezifisches Problem der Deutschen?, ZRP 2003, 209

Lachwitz, Klaus, Das neue Betreuungsrecht, Perspektiven für Menschen mit geistiger Behinderung, FuR 1990, 266

Laufs, Adolf, Das Aufklärungsformular, Der Gynäkologe 1989, 374

Laufs, Adolf, Zivilrichter über Leben und Tod? NJW 1998, 3399

Leeb, Christina-Maria/Weber, Martin, Patient wider Willen. Die Neuregelung der betreuungsrechtlichen Einwilligung in eine ärztliche Zwangsmaßnahme aus Sicht des Verfahrenspflegers, BtPrax 2013, 95

Lipp, Volker, Die neue Geschäftsfähigkeit Erwachsener, FamRZ 2003, 721

Lipp, Volker, Sterbehilfe und Patientenverfügung, FamRZ 2004, 317

Lipp, Volker, Erwachsenenschutz und Verfassung – Betreuung, Unterbringung und Zwangsbehandlung, FamRZ 2013, 9113

Maurer, Hans-Ulrich, Die Rechtsmittel in Familiensachen nach dem FamFG, FamRZ 2009, 465

Mayer, Jörg, Der Anspruch auf vormundschaftsgerichtliche Genehmigung von Rechtsgeschäften, FamRZ 1994, 1007

Meier, Sybille, Grenzen der ärztlichen Behandlungspflicht Probleme der aktiven und passiven Sterbehilfe, BtPrax 1996, 161

Müller, Gabriele, Altersvorsorgevollmacht – Gestaltung ihres Inkrafttretens, DNotZ 1997, 100

Müller, Markus, Hat sich was geändert und wenn ja, was? Erste naturalistische Daten aus der Berliner Psychiatrie zur Änderung des § 1906 BGB, FamRZ 2014, 173

Müller-Freienfels, Wolfram, Privatfürsorge und Staatsfürsorge im Altenrecht, in: Festschrift für Max Keller zum 65. Geburtstag, Zürich 1989, 35

Münder, Johannes, Der Anspruch auf Herausgabe des Kindes, NJW 1986, 811

Nacimento, Wilhelm, Das apallische Syndrom – Diagnose, Prognose und ethische Probleme, DÄBl. 1997, 661

Nedopil, Dieter, FamRZ 1991, 1014

Nedopil, Dieter, Diskussion: Die medikamentöse Versorgung als Heilbehandlung gemäß § 1904 BGB, FamRZ 1993, 24

Olzen, Dirk/Lilius-Karakaya, Juliane, Patientenrechtegesetz und rechtliche Betreuung, BtPrax 2013, 130

Opderbecke, H.W., Grenzen der Intensivmedizin, MedR 1985, 23

Otto, Harro, Straftaten gegen das Leben, ZStW 1983, 39

Pähler, Hans H., Recht und Gefühl. Das unabweisbare Bedürfnis des Betreuungsrechts am Lebensende, BtPrax 2003, 141

Pardey, Karl-Dieter, Schutz persönlicher Daten Betreuter, BtPrax 1998, 92

Paßmann, Thomas, Wahlrecht und Betreuungsbedürftigkeit, BtPrax 1998, 92

Paul, N. W./Fischer, A., Patientenverfügung: Wahrnehmung und Wirklichkeit, DMW 2008, 175

Pawlowski, Hans-Martin, Willenserklärungen und Einwilligungen in personenbezogene Eingriffe, JZ 2003, 66

Pohl, Kay-Thomas, Verfahrenspflegschaft, BtPrax 1992, 19 und 56

Pöld-Krämer, Silvia, Sterilisation gegen den Willen des Betroffenen – das falsche Signal, BtPrax 2000, 237

Probst, Martin, Betreuungsrecht – wohin? BtPrax 2002, 7

Probst/Knittel, Gesetzliche Vertretung durch Angehörige – Alternative zur Betreuung, ZRP 2001, 55

Reis, Hans, Sterilisation bei mangelnder Einwilligungsfähigkeit, ZRP 1988, 318

Renesse, Margot v., Die Patientenverfügung in der Diskussion, BtPrax 2005, 47

Renner, Thomas, Nur „alter Wein in neuen Schläuchen"? – Zur gesetzlichen Regelung der Patientenverfügung, ZNotP 2009, 376

Rink, Jürgen, Anforderungen an das Vormundschaftsgericht und die Vormundschaftsrichter aufgrund des Betreuungsgesetzes, FuR 1990, 253

Rink, Jürgen, Kritische Anmerkungen zum Verfahren in Betreuungs- und Unterbringungssachen, RuP 1991, 152

Rink, Jürgen, Gerichtlich genehmigte Sterbehilfe, BtPrax 1999, 86

Rogalla, Catharina, Mehr Rechtsschutz durch den Verfahrenspfleger, BtPrax 1993, 146

Rosenow, Roland, Warum es jedes Jahr mehr Betreuungen gibt, BtPrax 2002, 111

Roßner, Hans-Jürgen, Verzicht des Patienten auf eine Aufklärung durch den Arzt, NJW 1990, 2291

Roth, Andreas, Die Einwilligung des Betreuers in den Abbruch einer lebenserhaltenden Maßnahme BtPrax 2003, 215

Roth, Andreas, Die Verbindlichkeit der Patientenverfügung und der Schutz des Selbstbestimmungsrechts, JZ 2004, 496

Roth, Andreas, Ehe und Betreuung, BtPrax 2007, 100

Roth, Andreas, Aktuelle Probleme der Beschwerde in Betreuungssachen, Festschrift für Werner Bienwald zum 70. Geburtstag, Bielefeld 2006, 259

Schaffer, Wolfgang, Patientenautonomie am Ende des Lebens, BtPrax 2003, 143

Scheffen, Erika, Zivilrechtliche Neuregelung der passiven Sterbehilfe und Sterbebegleitung, ZRP 2000, 313

Schirmer, Stefan/Bublath, Katharina/Simon, Vanda, Alkoholabhängigkeit und ihre Behandlung, NZFam 2018, 492

Schmidt, Holger, Einführung in das neue Kostenrecht, JurBüro 2013, 396

Schmidt-Recla/Diener, Zwangsmittel im Betreuungs- und Unterbringungsverfahrensrecht, NJW 2010, 969 ff.

Schmidt-Recla, Adrian, Änderungen im Betreuungs- und Unterbringungsverfahrensrecht im Jahr 2013, FamRZ 2013, 255

Schreiber, Lothar Hans, Die medikamentöse Versorgung als Heilbehandlung gemäß § 1904 BGB n.F. im zukünftigen Betreuungsgesetz, FamRZ 1991, 1014

Schumacher, Klaus, Überprüfung des § 1908k BGB auf seine praktische Umsetzung und Verwertbarkeit der Daten, BtPrax 2000, 227

Schwab, Dieter, Das neue Betreuungsrecht, FamRZ 1990, 681

Schwab, Dieter, Probleme des materiellen Betreuungsrechts, FamRZ 1992, 493

Schwab, Dieter, Betreuung und private Fürsorge, in: Festschrift für Joachim Gernhuber zum 70. Geburtstag, 815

Schweitzer, Karl-Heinz, Heilbehandlung und Selbstbestimmung, FamRZ 1996, 1317

Seitz, Walter, Das OLG Frankfurt am Main und die Sterbehilfe, ZRP 1998, 417

Sonnenfeld, Susanne, Das 2. BtÄndG, FamRZ 2005, 941

Sikora, Markus/Tiedke, Werner, Grundlegende Änderungen durch das Gerichts- und Notarkostengesetz, NJW 2013, 2310

Sonnenfeld, Susanne, Rechtsmittel im Betreuungs- und Unterbringungsverfahren, BtPrax 2009, 167

Spann, Wolfgang, Das Patiententestament, MedR 1983, 13

Spickhoff, Andreas, Anmerkung zum Beschluss des BGH von 17. März 2003 – XII ZB 2/03, JZ 2003, 739

Spickhoff, Andreas, Rechtssicherheit kraft Gesetzes durch sog. Patientenverfügungen? Zum Dritten Gesetz zur Änderung des Betreuungsrechts, FamRZ 2009, 1950

Spickhoff, Andreas, Nach der Reform ist vor der Reform: Zur Neuregelung der Zwangsbehandlung im Zivilrecht, FamRZ 2017, 1636

Spieker, Wilk, EU-Datenschutzgrundverordnung (DSGVO): Die Auftragsdatenverarbeitung und Fremddatenspeicherung in der betreuungsrechtlichen Praxis, BtPrax 2018, 63

Stackmann, Nikolaus, Keine richterliche Anordnung von Sterbehilfe NJW 2003, 1568

Stalinski, Dirk, Gerichtlich genehmigte Sterbehilfe, BtPrax 1999, 43

Sternberg-Lieben, Detlef, Strafbarkeit des Arztes bei Verstoß gegen ein Patiententestament, NJW 1985, 2734

Tachau, Benjamin, Die strafrechtliche Garantenstellung des Betreuers – Zugleich Besprechung von OLG Celle, BtPrax 2008, 86, BtPrax 2008, 195

Tamayo Korte, Miguel, Altern – ein Risiko für die Autonomie?, FPR 2004, 643

Taupitz, Jochen, Empfehlen sich zivilrechtliche Regelungen zur Absicherung der Patientenautonomie am Ende des Lebens? Gutachten A zum 63. deutschen Juristentag in Leipzig 2000, Band I, München 2000

Treber, Jürgen, Neuerungen durch das Anhörungsrügengesetz, NJW 2005, 97 ff.

Uhlenbruck, Wilhelm, Der Patientenbrief – die privatautonome Gestaltung des Rechtes auf einen menschenwürdigen Tod, NJW 1978, 566

Uhlenbruck, Wilhelm, Die Altersvorsorgevollmacht als Alternative zum Patiententestament und zur Betreuungsverfügung, NJW 1996, 1583

Uhlenbruck, Wilhelm, Entmündigung des Patienten durch den Gesetzgeber? ZRP 1998, 46

Uhlenbruck, Wilhelm, Bedenkliche Aushöhlung der Patientenrechte durch die Gerichte NJW 2003, 1710

Unruh, Peter, Zur Verfassungsmäßigkeit der Vergütung von Berufsbetreuern nach dem 2. Betreuungsrechtsänderungsgesetz (BtÄndG), BtPrax 2005, 121 ff.

Vogt, Michael, Mündelgeldsicherheit der Anlage in Investmentanteilscheinen, RPfleger 1996, 389

Volpert, Joachim, Aktuelle Fragestellungen zur Aktenversendungspauschale, NJW 2016, 218

Vorwerk, Volkert, Einstweilige Anordnung, Beschluss, Rechtsmittel und Rechtsmittelbelehrung nach dem FGG-RG, FPR 2009, 8

Wagenitz, Thomas, Anmerkung zum Beschluss des OLG Frankfurt am Main vom 15.7.1998, FamRZ 1998, 1256

Walter, Ute, Vorsorgevollmacht und Überwachungsbetreuung, ZEV 2000, 353

Walther, Guy, Das Betreuungsrechtsänderungsgesetz (BtÄndG) und seine Auswirkungen auf die Arbeit der Betreuungsbehörden, BtPrax 1998, 125

Walther, Guy, Möglichkeiten und Grenzen der Mitteilungspflichten nach § 1908k BGB, BtPrax 2000, 6

Walther, Guy, Betreuungsbehörden und Datenschutz, BtPrax 2016, 167

Westermann, FamRZ 1967, 645

Wiebach, Konrad/Kreußig, Michael/Peters, Heidi/Wächter, Claus/Winterstein, Peter, Was ist „gefährlich"? – Ärztliche und juristische Aspekte bei der Anwendung des § 1904 BGB, BtPrax 1997, 48

Wiegand, Ernst, § 1846 BGB als allgemeine Ermächtigungsgrundlage des Vormundschaftsrichters für eine zivilrechtliche geschlossene Unterbringung hilfloser Erwachsener? FamRZ 1991, 1022

Wilhelm, Jan, Aufforderung zur Erklärung über die Wirksamkeit eines schwebend unwirksamen Geschäfts und Widerruf des Geschäfts, NJW 1992, 1666

Wojnar, Jan, Der Betreute – ein unbekanntes Wesen? BtPrax 1992, 16

Wojnar, Jan, Der Einsatz von Psychopharmaka in der Betreuung demenzkranker Menschen, BtPrax 1999, 11

Wolf, Alfred, Personenbezogene Entscheidungen im Diskussionsentwurf eines Betreuungsgesetzes, ZRP 1988, 316

Wolter-Henseler, Dirk, Betreuungsrecht und Arzneimittel – Wann ist eine medikamentöse Behandlung genehmigungspflichtig im Sinne des § 1904 BGB? BtPrax 1994, 183

Zimmermann, Walter, Das neue Verfahren in Betreuungssachen, FamRZ 1991, 270

Zimmermann, Walter, Die Betreuer- und Verfahrenspflegervergütung ab 1.7.2005, FamRZ 2005, 950 ff.

Zimmermann, Walter, Die Kostenentscheidung im FamFG, FamRZ 2009, 377 ff.

Zimmermann, Walter, Die Gerichtskosten in Betreuungs- und Nachlasssachen im neuen GNotKG, FamRZ 2013, 1264

Zöller, Mark-Alexander, Passive Sterbehilfe zwischen Selbstbestimmungsrecht des Patienten und mutmaßlicher Einwilligung, ZRP 1999, 317

Sachregister

Die Buchstaben in Fettdruck beziehen sich auf die Teile des Werkes, die Ziffern bezeichnen die Randnummern innerhalb der Teile.

Teil **A**	Die Betreuung	Teil **F**	Aufwendungsersatz und Vergütung
Teil **B**	Der Betreuer	Teil **G**	Unterbringung
Teil **C**	Möglichkeiten der Vorsorge	Teil **H**	Ende der Betreuung
Teil **D**	Führung der Betreuung	Teil **I**	Kosten
Teil **E**	Genehmigungen	Teil **J**	Nebengesetze

A

B

D

L

M

N

O

P

T

U

V

W